欧洲大学史

A HISTORY OF THE UNIVERSITY IN EUROPE

（修订版）

总主编　瓦尔特·吕埃格

译　者　贺国庆　张斌贤　等

第二卷　近代早期的欧洲大学（1500—1800）

VOLUME II UNIVERSITIES IN
EARLY MODERN EUROPE (1500-1800)

本卷主编

希尔德·德·里德-西蒙斯

本卷译者

贺国庆　王保星　屈书杰　张婷姝　张薇　金传宝

本卷审校人员

贺国庆　王保星　张薇　金传宝

本卷修订人员

贺国庆　屈书杰　何振海

河北大学出版社

·保定·

译校者序

本卷作者来自英国、荷兰、波兰、德国、美国、丹麦、比利时、西班牙、瑞士、意大利和法国等 10 余个国家，可以说，本书是国际学术交流和合作的结晶。

本卷结构和特色与第一卷基本相同，由于第一卷译校者已做详尽交代，此处不再赘言。

众所周知，现代大学制度诞生于中世纪的欧洲，关于中世纪大学的研究汗牛充栋。然而，关于中世纪以后直到 19 世纪之前欧洲大学的发展，我们知之甚少，有关研究即使在欧美也不多见。人们根据并不充分的资料或在未能充分挖掘已有资料的情况下，以“僵化”“颓废”“麻木”等词来描绘这一时期的大学，更有人把这段时间比喻为大学发展的“冰河期”，认定大学在这二三百年间处于一种与世隔绝的状态，不仅落后于时代的要求，而且对科学和学术贡献甚微或毫无贡献。实际情况果真如此吗？本卷研究近代早期（1500—1800）欧洲大学的历史，以大量翔实的材料和确凿的事实，纠正和消除了以往研究的偏差和误区，使我们对近代早期大学的认识更趋全面和客观。本书的学术价值是不言而喻的。

本卷的翻译工作，主要是由河北大学教育学院部分教师和个别博士生承担的。在翻译过程中，我们遇到了前所未有的困难和障碍。仅举一例，本书除了英文外，涉及大量拉丁文、德文、法文、西班牙文及意大利文词汇，有的词汇在词典里根本查不到，只能根据上下文推测其意，这就难免有出错的时候，但因为出版日期所限，这些错误只能留待将来改正了。

本书分工如下：贺国庆翻译前言和第一章，张薇翻译第二章、第三章、第四章，屈书杰翻译第五章、第六章、第七章，张婷姝翻译第八章、

第九章、第十章，王保星翻译第十一章、第十二章、第十三章，金传宝翻译第十四章、尾声，张弛、檀慧玲翻译人名索引，孙冬青、何振海翻译主题索引。译稿完成后，王保星对前言、第一章、第二章、第三章、第四章、第五章，金传宝对第六章、第七章、第八章、第九章、第十章，张薇对第十一章、第十二章、第十三章、第十四章、尾声分别进行了校对，全书由贺国庆终校。

在本书翻译中，何振海、檀慧玲、张宛承担了部分技术性工作。

最后要感谢河北大学出版社前社长宫敬才教授和责任编辑们为本书翻译出版付出的心血和劳动。

贺国庆

2007 年 9 月于河北大学教育学院

欧洲大学史

总主编　瓦尔特·吕埃格

本书系四卷本《欧洲大学史》的第二卷，由瓦尔特·吕埃格教授担任总主编的一个国际作者团队撰写。这套丛书由欧洲大学校长常设会议（CRE）发起，既面向专家学者，也面向普通读者。它涵盖了欧洲（包括东欧和西欧）大学从创始至今的整个发展历程，重点关注的不是个别机构的历史，也不是任何某一国家的大学，而是从欧洲视角来看待若干重要主题。

这部作品的独创性在于它的比较性、跨学科性、协作性和跨国性。它不是一部思想史——尽管每卷都有“学术”部分，涉及当时大学的教学内容——而是在不断变化的条件、思想和价值观的背景下，对大学作用和结构的评鉴。

第二卷“近代早期的欧洲大学”努力将大学置于1500年至1800年这三个世纪的社会和政治背景中（加以考察）。

目录

第二编 结构

vii

第三编　学生

第四编　学术

地图[1]

xi

---

❶ 此处页码为原书页码，特加译者注。另，本套书中的译者注序号均采用此种形式，以与作者注相区别，特此说明。

xii

作者与主编

阿萨·布里格斯（英国），1921 年出生于约克郡。勋爵，目前已经退休，曾任牛津大学沃斯特学院院长（1976—1992）、苏塞克斯大学校长（1967—1976）、英国社会历史学会会长、巴黎欧洲教育与社会政策研究所所长（1974—1990）。1978—1994 年他是开放大学名誉校长。

劳伦斯·布罗克里斯（英国），1950 年出生于肯特郡的贝克汉姆。牛津大学莫德林学院研究员、牛津大学现代史专业的导师，1986—1993 年任《大学史》的编辑。他的许多著述主要集中在法国大学的哲学教学和医学教学，以及 17 世纪和 18 世纪法国的学院和大学的智力作用方面。

威廉·弗里霍夫（荷兰），1942 年出生于聚特芬。鹿特丹的伊拉斯谟大学近代早期文化和智力史教授，目前关注的研究领域为近代早期欧洲的阅读文化、脑力职业，以及文化传递的非正式方式。他是《大学史》编委会的成员，荷兰皇家人文科学院的成员。

亚历山大·盖伊什托尔（波兰），1916 年出生于莫斯科。曾任波兰科学院院长（1980—1984 和 1990—1994）、华沙皇家城堡主管（1980—1992），目前是华沙大学历史学名誉教授。

诺特克尔·哈默施泰因（德国），1930 年出生于美因河畔的奥芬巴
xiii 赫。美因河畔法兰克福大学近代早期史教授，出版了数本关于德国大学史和教育史的著作，目前是《大学史》编委会成员。

尤尔根·赫布斯特（美国），1928 年出生于布朗斯威格。威斯康星州麦迪逊大学教育政策研究和历史学名誉教授、全国教育学会委员，1988—1991 年任教育史国际常务会议主席。其著作和教学主要集中在美国教育史、美国历史和美国文明等领域。

赖纳·A. 穆勒（德国），1944年出生于奥尔珀的北莱茵-威斯特伐利亚。先在慕尼黑大学中世纪史研究所做助教，随后在“拜恩历史之家”担任了一个时期的科学顾问，后被任命为艾希施泰特天主教大学的历史学教授。

奥拉夫·彼德森（丹麦），1920年出生。奥胡斯大学科学史名誉教授、剑桥圣埃德蒙德研究所的访问研究员、国际科学哲学与科学史学会副主席和国际天文学学会历史委员会主席。

罗伊·波特（英国），1946年出生于希钦。曾在剑桥大学进行了一段时间的历史教学和研究工作，之后在1982年被任命为伦敦威尔克姆医学史学院的医学社会史教授。著述广泛，并且担任《科学史》杂志编辑。

希尔德·德·里德-西蒙斯（比利时），1943年出生于布鲁塞尔的圣扬斯-莫伦贝克。阿姆斯特丹自由大学的中世纪史教授、根特大学比利时国家科学研究基金会的准研究员；自1985年起，一直担任国际大学史委员会秘书长。

约翰·罗伯茨（英国），1928年出生于巴斯。曾在牛津大学默顿学院任院长，之前他是现代史专业的研究员和导师（1983—1994），还担任了几年南安普敦大学的副校长，1967—1976年任《英格兰历史评论》的联合主编。

阿格达·玛丽亚·罗德里格斯·克鲁斯（西班牙），1933年出生于加那利岛上的塔泽科特。曾在西班牙、委内瑞拉和哥伦比亚受过教育，是多明我会成员，1985年起任萨拉曼卡大学的正式教授（此前她曾在该大学 xiv
任短期教授）。她是拉丁美洲教育史方面的专家，并且在该领域发表了不少著述。

瓦尔特·吕埃格（瑞士），1918年出生于苏黎世。伯尔尼大学社会学名誉教授，法兰克福大学社会学前教授，1965—1970年任法兰克福大学校长，目前是《欧洲大学史》的总主编。

威廉·施密特·比格曼（德国），1946年出生于奥尔珀。现在是柏林自由大学哲学教授，研究主要集中在中世纪和近代早期的哲学史和人文主义方面。

爱德华·希尔斯（美国），1910 年出生于马萨诸塞州斯普林菲尔德，1995 年在芝加哥去世。《密涅瓦》的创办者和编辑，曾任芝加哥大学社会思想和社会学教授，剑桥大学彼得学院、伦敦经济学院的研究员。

玛丽亚·罗萨·迪西莫内（意大利），1949 年出生于罗马。曾在罗马大学以副教授身份教授意大利法律史，1986 年被任命为的里雅斯特大学教授。出版了数本关于法律教学、政治和社会机构史及大学史的著作。

彼得·范德梅尔斯（比利时），1961 年出生于托尔豪特。在根特大学学习历史，曾在比利时国家科学基金委员会中担任研究员，之后在安特卫普大学担任助教，目前是比利时日报《标准》的记者。

雅克·韦尔热（法国），1943 年出生于波尔多附近的塔伦斯。巴黎高等师范学校中世纪史讲师、国际大学史委员会的副主席。

读者指南

xv

本套丛书尽管是由专家们编撰的，却面向一般读者。因此，各章所附的注释和精选文献都尽量精简。这些注释要么是引文出处（一般是与该主题相关的最主要或最新的资料），要么是一些量化的数据或用以解释某个问题的两种阐释之间的区别的。每一章后面都有一份精选文献。这些文献并不是详尽无遗的，目的只是鼓励进一步的阅读。读者可以在本书文献中涉及的著作里找到更完整的参考书目。由于这一时期有一些著名的作品在几章中都被引用，所以在注释中就使用这些著作题目的缩写形式。本书中有注释文献缩写表。另外，读者在第二章（《模式》）末可以看到较为笼统的参考书目和一些地图，因为这一章确定了近代早期大学的存在和性质。为了避免各章之间过多的重复，编者们相互参照其他章节的内容及注释，从而告知读者关于某一主题可以在本卷丛书的其他地方找到更为充裕的资料（也可参考地名与主题索引）。整卷书都使用标准英语专有名词的写法；必要的时候，通过在人名索引中的相互参照也会采取一种在欧洲大陆更为常用的表达形式。

注释文献缩写

Ajo González, *Universidades hispánicas*

C. M. Ajo González de Rapariegos y Sáinz de Zúñiga, *Historia de las universidades hispánicas, Orígenes y desarrollo desde su aparición a nuestros días*, 11 vols. (Madrid, 1957-1977).

Brockliss, *French Higher Education*

L. W. B. Brockliss, *French Higher Education in the Seventeenth and Eighteenth Centuries. A Cultural History* (Oxford, 1987).

Chartier, *Education en France*

R. Chartier, M.-M. Compère and D. Julia, *L'Education en France du XVIe au XVIIIe siècle* (Paris, 1976).

Coing, *Handbuch I*

H. Coing (ed.), *Handbuch der Quellen und Literatur der neueren europäischen Privatrechtsgeschichte*, vol. I (Munich, 1973).

Coing, *Handbuch II*

H. Coing (ed.), *Handbuch der Quellen und Literatur der neueren europäischen Privatrechtsgeschichte*, vol. II (Munich, 1977).

Conrads, *Ritterakademien*

N. Conrads, *Ritterakademien der frühen Neuzeit. Bildung als Standesprivileg im 16. und 17. Jahrhundert* (Göttingen, 1982).

Frijhoff, *Gradués*

W. Frijhoff, *La Société néerlandaise et ses gradués 1575-1814. Une recherche sérielle sur le statut des intellectuels à partir des registres uni-*

versitaires (Amsterdam/Maarssen, 1981).

Hengst, *Jesuiten*

K. Hengst, *Jesuiten an Universitäten und Jesuitenuniversitäten* (Paderborn/Munich/Vienna/Zurich, 1981).

History of Oxford Ⅲ

J. McConica(ed.), *The History of the University of Oxford*, vol. Ⅲ: *The Collegiate University* (general editor: T. H. Aston) (Oxford, 1986).

History of Oxford Ⅴ xvii

L. S. Sutherland and L. E. Mitchell(eds.), *The History of the University of Oxford*, vol. Ⅴ: *The Eighteenth Century* (general editor: T. H. Aston) (Oxford, 1986).

I collegi universitari

D. Maffei and H. de Ridder-Symoens(eds.), *I collegi universitari in Europa tra il* XIV *e il* XVIII *secolo. Atti del Convegno di Studi della Commissione Internazionale per la Storia delle Università, Siena-Bologna* 16-19 *maggio* 1988 (Milan, 1990).

Kagan, *Students and Society*

R. L. Kagan, *Students and Society in Early Modern Spain* (Baltimore/London, 1974).

Kearney, *Scholars and Gentlemen*

H. F. Kearney, *Scholars and Gentlemen: Universities and Society in Pre-Industrial Britain, 1500-1700* (London, 1970).

Klinge, *Kuningliga Akademien*

M. Klinge, A. Leiloka, R. Knapas and J. Stömberg, *Kuningliga Akademien i Åbo 1640-1808*, Helsingfors Universitet 1640-1990, vol. Ⅰ (Helsinki, 1988).

McClelland, *State, Society and University*

C. E. McClelland, *State, Society and University in Germany 1700-1914* (Cambridge, 1980).

Paulsen, *Geschichte des gelehrten Unterrichts*

F. Paulsen, *Geschichte des gelehrten Unterrichts auf den deutschen Schulen und Universitäten: vom Ausgang des Mittelalters bis zur Gegenwart mit besonderer Rücksicht auf den klassischen Unterricht*, vol. Ⅰ (Leipzig, 1885; 3rd edn, Leipzig, 1919); vol. Ⅱ, 3rd edn (Leipzig/Berlin, 1921).

Populations étudiantes

D. Julia, J. Revel and R. Chartier (eds.), *Les Universités européennes du XVI e au XVIII e siècle. Histoire sociale des populations étudiantes*, 2 vols. (Paris, 1986-1989).

Roche, *Le Siècle des Lumières*

D. Roche, *Le Siècle des Lumières en province. Académies et académiciens provinciaux 1680-1789*, 2 vols. (The Hague/Paris, 1978).

Stone (ed.), *The University in Society*

L. Stone (ed.), *The University in Society*, 2 vols. (Princeton, N. J., 1974).

Universität und Gelehrtenstand

H. Rössler and G. Franz (eds.), *Universität und Gelehrtenstand 1400-1800* (Limburg/Lahn, 1970).

Universités européennes

Les Universités européennes du XIV e au XVIII e siècle. Aspects et problèmes (Geneva, 1967).

Verger (ed.), *Universités en France*

J. Verger (ed.), *Histoire des universités en France* (Toulouse, 1986).

前言

xix

总主编　瓦尔特·吕埃格

“直到20世纪50年代早期，大学的历史都是一个未知的领域，只是由那些虔诚的圣徒传记作者、目光短浅的编年史家，以及史前动物中最危险的一种——教育史家所占据。这后一种人……似乎只关心为当代教育不切实际的思想搜集历史的证据，或者找出那些符合现代认可标准的最早的教学实践方面的实例。”[①]这种判断来自于一篇关于16世纪和17世纪英格兰大学的论文，尽管含有一定的夸大和侮辱的意味，但包含了事实的核心，它应该对那些忙于寻找过去的美好根源的人们起到警示的作用。这是因为，正像另外一位历史学者曾经说的：“作为一个一般原则，一所大学的历史是由一些特别指定的历史学者所写的一份‘官方’历史。在这样的情况下，这种描述通常把其表现得一点儿缺陷都没有。”[②]

现在的这套《欧洲大学史》是由欧洲大学校长常设会议（CRE）发起编写的，该组织拥有东欧和西欧的大约500所大学作为会员。然而，它绝不是欧洲大学的“官方”历史。正像在丛书第一卷的介绍中所说的那样，CRE定期开会讨论其成员当前的问题和将来的任务，在20世纪80年代初决定，它需要对大学的历史有更深入的了解。由于这项工作到目前为止是 xx
没有人做过的，CRE建议召开一次大学历史学者和社会学者的会议来考虑这一计划的可行性。1983年，CRE决定可以实施这一计划之后，它将

① V. Morgan, 'Approaches to the History of the English Universities in the Sixteenth and Seventeenth Centuries', in G. Klingenstein, H. Lutz and G. Stourzh (eds.), *Bildung, Politik und Gesellschaft. Studien zur Geschichte des europäischen Bildungswesens vom 16. bis zum 20. Jahrhundert*, Wiener Beiträge zur Geschichte der Neuzeit, 5 (Vienna, 1978), 142.

② Kearney, *Scholars and Gentlemen*, 11.

详细策划该计划并将其付诸实施的任务交给了一个编委会。

筹划全部四卷著作、选择撰稿人、整理和编辑稿件，过去是、现在也完全是编委会的职责。编委会的唯一指导原则是，吸收以下几方面最新的研究成果：社会环境和社会职责、不同的智力和体制特色、从中世纪至今欧洲大学的结构和主要问题，进行比较性与综合性的分析。本著作要论述的是欧洲各大学基础性和永久性的特征，包括各大学普遍具有的特征及它们的民族差异和地区差异。对编委会会议的经济资助和人力支持、学术帮助和翻译都是由各私人慈善基金会和各大学提供的。大学校长常设会议的总秘书处负责编委会的管理工作。

正像 1992 年问世的关于中世纪大学的第一卷所显示的那样，许多在 1950 年之前出版的关于中世纪大学的研究著作，即使写作的目的是周年庆典，或者是为了证明现在的目标的正确性，也在相当大的程度上直接和间接地增添了对大学史未知领域的阐释。尽管这样，我们还是屡次碰到一些研究尚未涉及的、迄今尚无定论的问题。

这一点在 1500—1800 年表现得更为明显。以这些资料为基础研究高等教育与大学发展、课程与教学，以及经济、政治与智力环境的详细著作只有一部，但是该书并没有涵盖整个欧洲，而仅仅局限于讲德语的地区。该书的作者在前言中写道："使我全神贯注于过去的，是对于我们高等教育的未来的兴趣。"③ 事实上，该书作者、柏林大学哲学兼教育学教授弗里德里希·保尔森 1890 年在柏林的一次著名的教育会议前的公开讨论上说，他的目的是打破文科中学里古典语言的垄断。正是由于这个原因，他试图证明古典语言在纯人文主义教育中是毫无用处的。不过，他坚信一条
xxi 古老格言："历史只能教给那些倾听它的人，而不是那些想告诉历史点儿什么东西的人。"这项成果在 1888 年以两大卷的形式首次出版，成为 1500—1914 年其第三版面世期间德语国家的关于文科中学和大学史的经

---

③ Paulsen, *Geschichte des gelehrten Unterrichts*, vol. Ⅰ(Leipzig, 1885; 3rd edn, Leipzig, 1919), xvi.

典性著作。④

正如雅克·韦尔热在 1981 年所评论的那样，近代早期的大学并不享有什么好名声。当谈到当时的大学时，人们往往使用“僵化”“颓废”“麻木”这样的词汇。造成这种情况的原因之一是，可以利用的丰富文献却被非常有限地使用。⑤ 1984 年，海科·奥伯曼总结了这种情况的三个成因：其一，由于大学史是中世纪问题专家的专门领域，现代历史学者对于可以研究“现实”生活的其他一些领域更感兴趣，他们对大学领域只是谦恭地点头表示一下而已；其二，根据奥伯曼的观点，对文艺复兴时期的早期研究仅局限于 16 世纪初的人文主义与经院哲学之间的冲突；其三，最优秀的大学史学者也承认这一点，即 1500—1800 年的大学不那么令人感兴趣，因为在社会最需要它们的时候，它们却忽视了自己的社会功能，陷入危机。⑥

同时，关于近代早期大学的研究前景被明显看好，因而降低了前面那些说法的可信性。在过去的 10 年中，出现了一批重要的调查研究，特别是一些关于科学、教育发展，以及关于学生的社会流动性与职业定向的研究。这些调查报告在很多方面扭转了对大学衰落的负面印象。在关于文艺复兴的近期研究中，表现了人文主义与经院哲学之间的矛盾并非那么尖锐，今天它们其实只在几点上有联系。大学的社会角色是我们四卷书的主题。本卷显示，大学的功能的确是变化了，以适应即时的社会需要和要求。

也许正是这种从追求真理到满足社会需要的社会功能的转变，阻碍了

---

④ Paulsen, *Geschichte des gelehrten Unterrichts*, vol. Ⅱ, 3rd edn (Leipzig/Berlin, 1921).

⑤ J. Verger, 'Les universitiés *à* l'époque moderne', in G. Mialaret and J. Vial (eds.), *Histoire mondiale de l'éducation*, vol. Ⅱ (Paris, 1981), 247-272; M.-M. Compère, 'Les universitiés: d'une cléricature à l'autre', in Chartier, *Education en France*, 249; J. Le Goff, 'La conception française de l'université *à* l'époque de la Renaissance', in *Universités européennes*, 96-98.

⑥ H. A. Oberman, 'University and Society on the Threshold of Modern Times: the German Connection', in J. M. Kittelson and P. J. Transue (eds.), *Rebirth, Reform and Resilience: Universities in Transition 1300-1700* (Columbus, Ohio, 1984), 21-25.

xxii 1500—1800 年综合性的大学史的出现。第二章后面有题为“综合性的著作”的文献调查，该调查参考了我们的撰稿人弗里约夫和韦尔热的两份简短的调查报告、关于这一主题的不同方面的三篇文章，以及把欧洲看作一个整体背景的三本书。斯特凡·德伊尔绍伊的给予人深刻印象的书用 168 页的篇幅概括了直到 1933 年的知识发展状况。1984 年问世的《欧洲大学的历史概略》，与我们的主题有很紧密的联系，该书包括各大学的最重要的历史时代和文献目录。意大利出版的《欧洲大学史》，装帧考究，有很多插图，在第二卷中包括了 1500—1650 年这一时期。该书由一批杰出学者撰写，描述了不同欧洲国家的大学的历史，但它每章的参考文献非常有限。

关于欧洲大学的最重要的历史著作，如德里弗勒、坎弗曼和拉什德的那些著作，都局限在中世纪这一时期中，这与作者的意图部分相左。为避免出现这一危险，本丛书编委会在准备第一卷之前两年就开始着手本卷的工作。本卷在第一卷出版之后，花费一年时间才完成出版前的准备工作，这一点可以作为本卷所面临的困难的一个证明，这些困难是由将某些章节联系起来所引起的，它要求一次次的修订，甚至需要变更撰稿人。

查尔斯·B. 施密特是 16 世纪大学史的权威，他也是开拓性的国际《大学史》年鉴的创始人，他在 1975 年写道：

> 不仅对于一些甚至是最重要和最有影响的大学中心而言，还有很多基础性的工作没做，而且迫切需要我们对一些大学之间的关系进行综合性的和比较性的研究。然而，即使是在目前出版的这些资料的基础上，我们也仅处于开始进行某种形式的综合分析的阶段。

我们自己的著作不会超越施密特对他自己的论文的主张：“简言之，我所遵从的只不过是整体分析的一项基础性尝试。”⑦

本卷在结构上与第一卷类似，只有两点不同。在第二编（《结构》）中提供了一份关于欧洲大学模式向其他大陆输出的报告（正如在第一卷前言中指出的那样），在 16 世纪和 17 世纪是向中美洲、南美洲和北美洲输出。尽管起初我们计划设计两个二级标题，但后来还是决定，从把整个著作看作一个总体的欧洲的观点出发，将两个独立的二级标题合并成比较性的、单一的一章。在第四编（《学术》）中，我们没有按照中世纪的科系（faculties）划分，部分原因是由于在我们所写的这一时期，科学的发展打破了旧的科系界限，还有部分原因是这种发展的一些部分是在大学之外发生的。这部分内容在第十一章（《传统与创新》）中有所介绍，它是对科学的历史分析，正如科学在中世纪的发展及它们在大学内外的复兴和发展一样。大量的关于在这四个科系中所教授的内容的呈现，构成了这一部分的结论。在这两个部分之间，还有一章题为“知识的新结构”，它论述了各种力图将快速发展的知识体系进行概念化和体系化的努力，从中世纪和宗教改革时期作为主导科学的神学，到 17 世纪成为主导科学的法学，再到 18 世纪获得类似地位的哲学。关于科学发展的这一章，考察了这一时期的科学历史的主题——科学革命。它表明，在远比我们想到的广得多的程度上，科学在英国各大学中有了很大的发展，它还涉及这种发展对大学的影响。 xxiii

与第一卷一样，本卷的各章先是由编委会的专任主编修订，继而由各位作者修订。最后的定稿，也与第一卷一样，是由本卷主编希尔德·德·里德-西蒙斯完成。

---

⑦ C. B. Schmitt, ‘Philosophy and Science in Sixteenth Century Universities: Some Preliminary Comments’, in J. E. Murdoch and E. D. Sylla (eds.), *The Cultural Context of Medieval Learning* (Dordrecht, 1975), 485-537; 引自 485 及 486。

xxiv

鸣谢

《欧洲大学史》的准备工作一直获得下述机构的无私支持：伯尔尼大学的马克斯和埃尔斯·比尔-布朗温德基金会，埃森的德国促进科学与人文捐赠者协会，阿姆斯特丹欧洲文化基金会，波恩的康拉德·阿登纳基金会，马德里的拉蒙·阿雷塞斯基金会，葡萄牙高等教育政府秘书处、国家科学研究院及里斯本的卡勒斯特·格尔本肯基金会，波尔图的安东尼奥·德·艾尔美达基金会，苏黎世-维塔-艾尔皮纳保险公司朱比利基金会，巴塞尔霍夫曼-拉·洛克公司，沃韦的雀巢公司，苏黎世的瑞士信贷银行，汉诺威的沃克斯温基金会，以及科隆的弗里茨·蒂勒森基金会。我们真诚地感谢这些赞助机构。我们同样感谢承办我们的会议和讨论会的那些大学，特别是伯尔尼大学、萨拉曼卡大学、科英布拉大学、艾希施泰特大学、牛津大学、波鸿大学、博洛尼亚大学和根特大学。我们还在此表达我们对以下两位教授的敬意，他们是格拉茨大学的格雷特·克林斯坦和伦敦大学名誉教授 W. 罗伊·尼布利特。与编委会的成员一样，他们在本计划的初期阶段帮助我们列出了《欧洲大学史》的框架。另外，我们还要感谢尼古劳斯·洛布科维茨的建议和支持。作为慕尼黑大学的前校长、艾希施泰特天主教大学的现任校长，洛布科维茨在界定和发起整个工作中发挥了关键作用。最后，我们还要感谢遍布整个欧洲各国的联络员，他们非常慷慨地奉献了他们的时间和知识，帮助我们使本卷丛书在其范围上更“欧洲
xxv 化”，这些人是罗马格列高利大学的米格尔·巴特罗瑞教授、伯明翰阿斯顿大学的约翰·弗莱彻博士、乌普莎拉大学的托雷·弗兰斯米尔教授、格拉斯哥大学的迈克尔·莫斯先生、克拉科夫·捷吉伦吉安大学的卡米拉姆罗佐乌斯卡教授、奥伯托大学的路易斯·德奥利韦拉·拉莫斯教授、瓦伦

西亚大学的玛里亚诺·佩塞特·雷格教授，以及当时在雷尼格拉德国家文化学院工作的格里高瑞·季什金教授。我们尤其应该感谢的是欧洲大学校长常设会议（CRE）秘书长安德里森·巴伯兰和副秘书长艾利森·德·皮默热-布朗宁，正是他们的热忱和机智，使这么多欧洲学者得以和谐的——实际上是友好地——合作相处。

第一编 主题与模式

第一章　主题 3

瓦尔特·吕埃格

引言

《欧洲大学史》每一卷的第一部分都旨在向读者提供各个时期大学全貌的概况或鸟瞰。随后的每章都各自围绕一个主题，向读者进行具体阐述。当然，第一章并不刻意提前概括后面几章要论述的所有问题。例如，本卷第一章就未概括 16 世纪的宗教改革和反宗教改革运动的历史框架，也不试图概括针对法国大革命的极权统治的历史框架。同第一卷一样，本卷力图使大家注意那些在大学的发展过程中出现的主题，目的是阐明这些主题产生的前提，就如同考古时在进行挖掘之前，总要先对地貌进行空中拍照以弄清这一地形深层次的结构。接下来的第二章将以具体细节描绘大学全貌的特征，其中包括大学的各种机构形式。这一章以宽广的视野考察 1500—1800 年大学的地域性扩展和分布情况。

一个贯穿全卷始终的主题是，在大学所经历的演变过程中人文主义的重要性。人文主义不仅反映在课程中，同样还出现在影响大学发展的各种思想流派中，新的智力中心的出现也与之有关。此外，有关的因素还包括某些大学相对更具吸引力、大学师生的流动等，这些在后面的各章中将有详细的论述。

然而，导致人文主义产生不同效果的原因是什么？难道只是大量新发
现的古代神学、法学、医学、哲学和历史学文献所造成的吗？上述这些文 4
献都大大拓宽了知识的范围，并且对高等教育做出了相应要求。然而，虽然存在着百科全书式的教育观、科学观和学术观（这种百科全书式的观点

也渗透进数学和自然科学中），但仍无法解释人文主义教育的影响是如何导致科学上的新发现乃至科学革命的，像哥白尼在天文学方面和维萨里在解剖学方面所做的贡献，这些是由人文主义促成的吗？还是与人文主义无关？

1500—1800年大学史还有第二个主题，这就是政治世界的分裂。这种分裂是伴随着宗教团体与各国之间的分离而产生的。政治世界的分裂带来的是一系列无休止的迫害和战争。在这种背景下，欧洲学术界怎么可能独善其身甚或自我拓展与深化呢？

毫无疑问，中世纪的欧洲文明还远没有达到完美的智力统一。然而，在那时的学术界，天主教权力机构还是培养了一定的统一性，各地教学许可证保障了普遍的教学权，经院主义的教学方法及巴黎大学和博洛尼亚大学对较新的和较小的大学的榜样作用也助长了这种统一性。但当这些因素不复存在的时候，如在近代欧洲早期，使欧洲学术界联系在一起的因素又是什么呢？

正像前言中所讲的那样，大学的社会作用是我们这套丛书的基本主题。欧洲大学是否忽视了对它们各自社会的责任呢？当社会最需要大学提供帮助的时候，大学是否正由于内部的危机而无能为力呢？还有，关于前面已经提到过的“最好的大学史学者”的争论，早在十年前就已经过时了。引用那些观点的奥伯曼指出，在三十年战争之前，谈论德意志帝国大学的危机是不可能的；他说，恰恰相反，从教会会议开始，“文职官员这一新的阶层，即教师的地位大大提高”。针对他后来的对手、因戈尔施塔特大学教授兼副校长埃克博士设定的模式，马丁·路德主张作为神学博士有权自由讨论关于教会的重要议题。马丁·路德的这一观点得到了他所在的维滕堡大学及该大学领导人、选帝侯“智者腓特烈”的支持，后者不是以个人身份，而是作为这所大学一个杰出成员的身份来支持马丁·路德的。①

由于教会特权和利益的暂时取消，宗教改革先是引起大学学生数量的 5
锐减，接着又出现了大学学生人数剧增的情况。为什么大学对各王国和各市政当局如此重要，使得它们在一有足够的资金的情况下就马上建立自己的新大学？它们期望从大学中得到些什么？大学又在多大程度上能满足这些期望呢？

本章认为，人文主义、学术团体及大学的社会作用，三者都可以追溯至一个共同的源头，就是关于时代和世界的概念的改变，以及受过人文主义教育的知识分子对其专业作用及其在社会中权利与义务设想的相应改变。这一改变源自于意大利的人文主义，它在近代早期影响了全欧洲的每一所大学。

第一卷以人文主义的出现为结尾，本卷则概述了在近代早期的大学发展中人文主义的源头这一背景，这是与第一卷相呼应的。

时代感的变化首先表现在人们相信一个新时代已经开始，而目前这个时代与古代和中世纪都不相同。人们不再把现在看作世界历史的最终阶段，而是把现在看作两个时代之间的一个过渡时期。

从一个时代到另一个时代的过渡期是由多种多样的历史事实和日期来界定的，如但丁和彼特拉克的诗歌、印刷术的发明、1453 年君士坦丁堡的陷落及 1492 年美洲新大陆的发现等，是否把过去作为人类行为的中心，这要视历史评论而定。人们试着尽量精确地描述古代的个人和复杂的往事，并且把这些人物和事件置于确切的日期和记载之中。大学教师们发现了像“君士坦丁的捐赠”这种伪造的教会财产。

最后但并非最不重要的一点是，从一个时代过渡到另一个时代的感觉，使得一种现世未来的观念变得富有意义，其间个人好奇心和关注点得以进行水平性的探究，不受外部世界的干扰，由此创造了一个广阔的视

① H. A. Oberman, 'University and Society on the Threshold of Modern Times: the German Connection', in J. M. Kittelson and P. J. Transue (eds.), *Rebirth, Reform and Resilience: Universities in Transition 1300-1700* (Columbus, Ohio, 1984), 30-35.

角。历史还未被视为进步观念的体现。虽然如此，随着美洲新大陆的发现，对于科学家和学者来说，“新”成了一个重要的术语，他们都很自豪地指出他们的发现及他们描绘这些发现的文字的“新”之处。他们借此把
6 自己与“旧”的发现和作品区别开来。这表明了判断标准方面的转变：由过去基于权威的、传统的规范判断标准，转变为与将来新的、有价值的和发现的可能性相一致的新的判断标准。对于新奇、变化的追求，对于名声的渴望，所有这些在原来都不被认为是学者的美德，现在在大学中却被认为比旧的美德更为重要，如与世无争、沉思和自制。

不仅仅是时间作为人类行为的一个维度获得了新的意义，整个世界，作为人类行动的舞台都将成为科学、学术好奇和努力的目标。这种现象并非只出现在发现美洲之后，在发现美洲之前，就有许多其他航海旅程及偶尔有商人前往东亚的旅行。这些旅行的口头报告用拉丁文记录了下来，这样全世界的人（包括全世界的学术界）就可以阅读这些报告了。在 15 世纪中期前后，人文主义学者开始汇集关于邻国及那些原来只知道名字的遥远国度的地理和历史资料，这项工作的完成，部分是靠书本上的资料，部分是靠含有第一手观察资料的旅行记录。人文主义的这种努力产生了许多成果，宇宙结构学和关于世界的描述就是其中两项。这些作品与制图学一起，在具有发现意义的航海准备和航海过程中起到了重要作用。

不久，大学就注意到了这些航海发现并很快得出结论，即必须放弃关于地球形状和人类居住情况的传统观点。由于征服了许多美洲土著人并努力使他们改信基督教，这导致关于人类整体权利和人类个体权利的讨论增多。这些发现进入大学教学大纲的速度则较慢一些。但这些大纲同样也表明，人们已经认识到，对当时以为彻底知晓的世界还有一些新的东西需要学习。弗朗西斯·培根的《新工具》及《伟大的复兴》的卷头版画都显示船只通过海格立斯之柱驶向广阔的大海。版画下面是这样的题词：拓展见

闻，增长知识。②

在已知的范围之外，航海这一概念表明了对科学知识的新的、富有生气的理解。沙特尔的伯纳德（卒于约 1130 年）曾有一个著名的比喻：中 7
世纪的科学家和学者据说是站在古代人的肩膀之上的，所以他们能够看得更远。人文主义者则通过与古代人进行对话及人文主义者内部进行讨论，从而在科学知识和学术知识的增长进程中加入了新的个人的成分，而在这样做的时候，他们在某种程度上将其相对化了。16 世纪，科学和学术开始像航海发现一样得到开展，这是因为从准备工作、辅助程序和装置到调查的一般方向都依靠目前的技术和科学知识状况。然而，人们很清楚地认识到，学术和科学知识的增加在于发现和探索新的领域。

这种新的态度改变了学者的角色。早在 1518 年，就有一位法国政治家把人文主义学者之间的友谊看作高于他们对各自国家的忠诚。在以后的许多年中，不乏一些著名的大学教师把自己对科学的义务看作高于对教会的义务。确定无疑的是，他们对教义的顺从是被严密监视的，持异端学说的学者在加尔文统治的日内瓦被烧死，这和在教皇统治的罗马的情形是一样的。甚至到了 18 世纪，也有如伊曼纽尔·康德这样著名的大学教师因其异端思想而受到普鲁士督导的谴责。然而，对于异端的审判和检查员的行动都不能阻止知识的进步。之所以会这样，一个重要的原因正像培根的作品首页插图上的说明文字所说的，“许多人”正准备向前超越已有知识的界限。对世界的科学研究已成为知识界的责任和存在的理由，超越了民族、国家和宗教的界限。这一国际性的知识界不是像中世纪大学那样依赖于教会的普遍权威，它更依赖于一种新的交流形式，即对话。这种对话可以从不同的出发点来讨论共同的问题，它渗透进高级中等学校和大学的教学方式中，正如同它开始支配知识分子之间的口头和书面交流及城镇居民和大学全体师生之间的交流一样。

---

② 版画见 A. Grafton, with A. Shelford and N. Siraisi, *New Worlds, Ancient Texts. The Power of Tradition and the Shock of Discovery*(Cambridge, Mass., 1992), 199。这部著作提供了航海发现方面的最新调查及参考书目。

在这一变化过程中，科学和学术知识的社会地位，以及仍旧作为这种新知识的发现和传播的最重要中心的大学，也同样变化了。与中世纪相比，近代早期的大学更关注各自社会的需求。当然，中世纪大学的毕业生
8 也常常会进入宗教及世俗权力机构中，但是，“沉思的生活”仍然是中世纪大学的主要理想。在人文主义的支配下，大学教师把自己置于“行动的人生”，投身于社会实际生活的服务中，甚至达到了这样的程度：莱顿大学和鲁汶大学教授于斯特斯·利普西乌斯在教学中关于罗马管理艺术和罗马军事技巧的内容，都被统治者和军人们应用于实际。

这种状况产生的一个结果便是增强了大学教师的自信心。他们开始把自己看作不仅是自己学生的教师，而且是他们所处社会中精英们的教师。智力训练不再像中世纪时那样只关注培养大学师资，它比以往在更大程度上关注形成更大的社会中的广泛的精英阶层的思想。③ 大学随即获得了这样一项重要任务：为社会训练与“斯文”“文明”或“文化”的规范相一致的“文人学士”或“绅士”。这种教育包括与古代先驱、古代思想模式和古代艺术形式进行对话。这些做得越彻底，他们与社会现实就越不一致。导致了人文主义的僵化和欧洲教学声誉的瓦解，以及 18 世纪大学所面临的挑战的原因，并不是他们忽视了社会责任，而是仅仅过分地关注“行动的人生”——所有这些我们都将在以后的章节中谈到。

历史转折点

“噢，世纪！噢，知识！活着真快乐，但是不能放松，维利巴尔德！知识领域正在扩大，精神正在激奋，而你，野蛮，拿好绳子，做好流亡的准备吧！”这是激进的人文主义者乌尔里希·冯·胡滕（1488—1523）的一段著名的讲话，1578 年，他在给纽伦堡议员维利巴尔德·皮克海默的

---

③ J. Le Goff, *Les Intellectuels du Moyen Age* (Paris, 1957), 4.

自传式报告中就是以这段话为结尾的。[4]

正像第一卷的结语中所显示的那样，意大利的人文主义者早在14世纪就把自己的时代看作与中世纪彻底划分界限的时代。1450—1550年，这种开创新时代的自我意识变得更为明显。佛罗伦萨哲学家马尔西利奥·菲奇诺（1433—1499）迄今为止被认为是“柏拉图派学园之领袖”，按照 9
最近的研究，他成为大学史上的一个重要人物。[5] 菲奇诺感到，自己生活在一个新的黄金时代。在这个时代，由于重新发现了柏拉图哲学，诗歌与修辞、绘画与雕塑、建筑与音乐都再次出现，天文学趋于完善；在德国，则发明了用于活版印刷书籍的切割工具。[6] 智力生活的创新则体现在以下方面：[7] 人文主义不仅在人文科学，而且在自然科学中开始了新的道路；由于发现了柏拉图的原始作品，哲学思想丰富了；书籍印刷革命性地发展了书面语言及其在大学内外的影响。

人文主义的大学教师阿尔都斯·马努提修斯（1452—1515）在1494年转换了职业，成为一名书籍印刷商兼出版商。同年，法王查理八世依仗他的火炮入侵意大利，直至那不勒斯，军队几乎都没遇到什么抵抗。意大利的政府体制崩溃了，许多当时的人及后来的历史学者都认为，这一事件标志着欧洲争夺权力斗争的一个新纪元的开始。到16世纪，人文主义从意大利现象发展为整个欧洲的运动。[8] 在这一进程中，阿尔都斯的威尼斯出版公司起到了重要作用。阿尔都斯创办了一座图书馆，正像1508年鹿

---

④ U. von Hutten，‘Epistola vitae suae rationem exponens’，H. Scheible and D. Wuttke (eds.)，*Willibald Pirckheimers Briefwechsel*，vol. Ⅲ(Munich，1989)，400-425.

⑤ J. Hankins，‘The Myth of the Platonic Academy of Florence’，*Renaissance Quarterly*，44-43(1991)，429-475 确凿地证实了菲奇诺并不是柏拉图学园的领袖，而是临时充任一所私立文科中学的校长和大学的教授。在第2章将出现人文主义者用于称呼这两种教育机构的词“academia”。第Ⅰ卷第451页对菲奇诺的“柏拉图学园”的注释也被“academia”取代。

⑥ E. Garin，‘Die Kultur der Renaissance’，in G. Mann and A. Heuss(eds.)，*Propyläen Weltgeschichte*，vol. Ⅵ(Frankfurt-on-Main/Berlin/Vienna，1964)，468.

⑦ 参见第11—14章。

⑧ 由第Ⅰ卷结论而出。

特丹的伊拉斯谟在他的带注解的谚语集《谚语》中所写的那样，该图书馆不像过去那些伟大的图书馆一样局限在墙内，而是能够到达整个世界。托马斯·莫尔是伊拉斯谟的亲密朋友，他在其《乌托邦》(1516 年出版）中写道，在欧洲文化的所有成就中，只有那些“阿尔都斯珠状式的铅字”，即印刷成书籍的希腊诗人、历史学家、医学家的作品才允许进入“乌托邦”这一理想国度。⑨

北欧在吸收人文主义的时候，同样也获得了它的划时代的自我意识。菲利普·梅兰克顿是教育和哲学方面路德的主要支持者，也是继路德之后
10 德国新教的领袖。1518 年，在维滕堡大学的就职演说中，梅兰克顿肯定了卡洛林王朝时代和 12 世纪代表着古代作家们的圣本笃会全体修士的努力。他进一步说，12 世纪以后，对亚里士多德作品的翻译相当拙劣，这种拙劣的翻译导致了学术界的争论。这二者损坏了大学、教会的道德形象。这位 21 岁的教授坚信，人文主义大学改革的一个主要目标应该是回归到诗歌、科学、神学的源头上去。这样，人们就可以回到事物的本质，在神学上，就是直接回到耶稣的智慧上去。⑩ 1526 年，在纽伦堡市新建的高级人文主义学校的开学仪式上，梅兰克顿发表演讲，他认为佛罗伦萨的美德不仅仅在于接纳那些从君士坦丁堡逃来的学者，而且在于向这些希腊教授提供可观的薪水。还应该感谢佛罗伦萨保存了希腊语言，使它免于消亡，并且造成“诚实学科”即光荣的科学进入了新时代。这种新的教育运动从佛罗伦萨向四面八方辐射，导致了本国语言的发展、国内法律的改

---

⑨ M. Mann Phillips, *Erasmus on his Times, a Shortened Version of the 'Adages' of Erasmus* (Cambridge, 1967), 10; T. More, *Utopia*, ed. P. Turner (London, 1965), 100 quoted by M. Lowry, *The World of Aldus Manutius. Business and Scholarship in Renaissance Venice* (Oxford, 1979), 258.

⑩ P. Melanchthon, 'Sermo habitus apud iuventutem Academiae Witebergensis de corrigendis adolescentiae studiis', in R. Nürnberger (ed.), *Melanchthons Werke in Auswahl*, vol. Ⅲ (Gütersloh, 1961), 32-40.

进，以及宗教的纯净化。[11]

从很多角度上看，梅兰克顿关于时代的概念都显得意味深长。他认为，新时代开始于 1453 年土耳其人征服君士坦丁堡，而这个时期正是被许多历史学者最近才确定的中世纪的结束时期。梅兰克顿和 19 世纪的德国新人文主义者都认为，人文主义的新颖之处在于对希腊语的研究，即回归原始资料，回到本源。关于人文主义教育改革，梅兰克顿认为，它对于民族语言文化、社会秩序及宗教改革运动都有实际效果。[12]

彼得吕斯·拉谟斯（1515—1572）的哲学和教育学著作首先在那些受加尔文教义影响的大学里引起轰动性的效应。[13] 他在巴黎的普莱斯雷学院 11
开始其教师生涯的就任演讲中，宣称在旧大学和新大学之间有着一条彻底的裂痕，他是这样比喻的：

> 让我们设想一下：一位 100 年前去世的大学教师现在回到我们中间了。如果他比较一下他去世以来法国、意大利和英格兰人文主义学科和自然科学的发展，把这些与他自己的时代相比，会深感震撼和震惊。他只知道人类用粗劣的野蛮人的方式讲话，而现在却看见无数的各年龄段的人可以优美地讲并书写拉丁文。至于希腊文，以前他不时听到‘那是希腊文，看不懂’，现在他不仅可以听到人们非常轻松地读希腊文，还会碰到一些能够熟练地教这种语言的学者。如何能将那曾经遮盖着所有的艺术的黑暗与今天的光明相比较呢？在 100 年前，

---

⑪　P. Melanchthon,‘Oratio... in laudem novae scholae habita Noribergae in corona doctissimorum virorum et totius ferme Senatus’, in Nürnberger(ed.), *Melanchthons Werke*(注释 10), 67.

⑫　第 2 章和第 3 章将阐述这些主题。

⑬　A. Grafton and L. Jardine, *From Humanism to the Humanities. Education and the Liberal Arts in Fifteenth-and Sixteenth-Century Europe*(Cambridge, Mass., 1986), 162; W. J. Ong, SJ, *Ramus, Method, and the Decay of Dialogue. From the Art of Discourse to the Art of Reason*(Cambridge, Mass., 1958; 2nd edn, 1983), 295, 提及约有 800 个‘拉谟斯著作的版本和改编本’，塔隆［他的学生］‘拥有作品（如果将发表于著作集中的作品单独计算的话，大约有 1100 部）和将近 400 名拉谟斯主义教育者及社会名流’。

> 语法学家、诗人和演说家们只知道维尔迪厄的亚历山大和费斯特斯及格雷斯莫斯的作品，[14] 在哲学方面只有司各脱和西班牙人，医学上只有阿拉伯人，神学方面则少之又少，连他们来自哪里都不知道。现在，他们可以听到特伦斯、恺撒、维吉尔、西塞罗、亚里士多德、柏拉图、加伦、希波克拉底、摩西、先知们、使徒们及其他真正的福音传道师说着各自的语言。他如何能不惊讶？这几乎就像他把视线从地上提升到天上，第一次看到太阳、月亮和星星一样。[15]

这位法国人文主义者认为，正确地进行语言教育是新教育运动的核心。他还一再表现出他的意大利前辈们的偏见。他说，在中世纪大学，语言是未经训练的、粗野的；经院哲学的教科书使智力黯然失色。正是通过用原来的语言阅读古代和关于圣经的著作，才使光明进入大学教育。

与梅兰克顿的看法不同，拉谟斯像意大利的人文主义者一样，并不太关心从希腊原始资料中传递的那些智力实质内容，而是更关心与古罗马和古希腊那些信奉多神教的作者和圣经作者们之间进行对话。这是因为，在那些人文主义的大学中，能够“听到用各种民族语言讨论”这些内容。

在拉谟斯进行比较后的结束语中，他援引了柏拉图的山洞比喻，却不
12 接受它的含义。人文主义的教育计划并非由努力避免人类的各种意见和转向对于纯粹思想的理解所组成的。1550 年，拉谟斯提出一项课程计划，这个计划会引导学生一步步地分析学过的东西，然后把它运用到自己的智力活动中去。“文雅而优美的演说，敏锐的理性，熟练地掌握数学和几何，具有关于苍穹和整个世界的知识，这些将一起塑造精神，给精神一个形式，使它坚定、优雅和完美”。而所有这些都不是为了精神本身，而是为

---

[14] 参见第Ⅰ卷，312，344。

[15] P. Ramus, ‘Oratio de sudiis philosophiae et eloquentiae conjugendis Lutetia habita anno 1564’, in *P. Rami et Audomari Talei collectaneae prefationes, epistolae, orationes* (Paris, 1577), 305.

了普遍的知识，将先前的完美知识通过教学转化成可信赖的公众行为。⑯

1550年，“关于整个世界的知识”包括了“新世界”，这在1503年出版的阿梅里戈·韦斯普奇的《新世界》的译本中可以看到，在拉丁文、德文、荷兰文及捷克文的版本中也都可以看到。⑰ 1545年，法国内科医生让·费内尔·达米安斯在他的《事物的隐藏原因》一书中，认为新时代的特征是环球航行（由麦哲伦实施，1519—1521）、新大陆的发现、书籍印刷和枪的发明，古代书籍的重新发现及科学的复兴。⑱ 西班牙编年史作家弗朗西斯科·洛佩斯·德·戈马拉在1552年则说，1492年美洲大发现是“自世界产生以来除了我们的救世主献身和复活之外最伟大的事件”。⑲ 很多历史学家都把发现美洲这一年，即1492年，作为近代史的开端。⑳

1508年以后，“关于苍穹的知识”，特别是在1543年纽伦堡出版的哥白尼的《天体运行论》中，扩展为关于地球在行星及恒星的轨道上自转的日心说。早在1538年，路德就因这种新天文学“不符合圣经”而拒绝接受它，这种新天文学也一直不被注意，甚至罗马天主教会直到1616年才把这种新天文学放在禁书目录中。㉑

同时代的人认为，1527年罗马经受的洗劫是一个关键性事件。对于 13

---

⑯ P. Ramus, ‘Pro philosophica parisiensis academiae disciplina oratio’(Paris, 1557), in *P. Rami et Audomari*(注释15), 307-401.

⑰ D. Beers Quinn, ‘New Geographical Horizons: Literature’, in F. Chiapelli(ed.), *First Images of America. The Impact of the New World on the Old*, vol. Ⅱ(Berkeley, Calif./Los Angeles, Calif./London, 1976), 639ff.

⑱ Garin, ‘Kultur der Renaissance’(注释6), 474.

⑲ R. Konetzke, *Überseeische Entdeckungen und Eroberungen*, in Mann and Heuss(eds.), *Propyläen Weltgeschichte*(注释6), 537.

⑳ G. R. Potter(ed.), *The Renaissance 1493-1520*, The New Cambridge Modern History, vol. Ⅰ(Cambridge, 1957; new edn, 1975).

㉑ H. Binder Johnson, ‘New Geographical Horizons: Concepts’, in Chiapelli(ed.), *First Images*(注释17), vol. Ⅱ, 617-618. 佛罗伦萨多明我会的托洛萨尼（1470—1549）与哥白尼之间的讨论并未公布，直到 E. Garin, ‘Alle origini della polemica anticopernicana’, in E. Garin, *Rinascite e rivoluzini. Movimenti culturali dal XV al XVIII secolo*, 2nd edn(Bari, 1990), 283-295。

意大利人文主义者来说，它终结了文艺复兴的黄金时代；北欧的神学家和诗人则把这一事件看作上帝的审判。[22] 最后，在 1517 年 10 月 31 日，路德贴出了自己的论纲，这一事件被新教历史学家不仅看作宗教改革运动的开端，还看作近代的开端。

今天，历史学者一般都尽量避免对某个时代的起始时间做精确的描述。正像上面的那些例子所表明的那样，他们只是提一下历史变化的部分方面。[23] 他们更愿意使用诸如“历史转折点”[24] 或“这一时代的变化趋势”等说法来描绘有重大变革发生的持续不断的转变过程。

总的来说，今天我们认识到，从“中世纪”到“近代”的转变是一个渐进的过程，而不是相反。[25] 许多我们认为是“近代”的东西，如理性的经济和政治思想、个体的自我意识、对古代知识的仔细利用等，其源头都在中世纪。同时，“中世纪的”这一概念也经历了相当多的变化。大多数历史学家都认为，经院哲学、天主教的宗教法庭、迷信、社会分化为领主和农奴、政治和教会权力的形式及农村地区人口的卫生、物质和社会生活状况，都只有通过 17、18 世纪的“革命”才发生了决定性的改变：从哥白尼（1523）到牛顿（1666）的“科学革命”、以 1769 年蒸汽发动机的使用为开端的使用新能源的“工业革命”，以及 1776 年在美国和 1789 年在法国发生的政治革命。在 16 世纪和 17 世纪里，中世纪大学的结构也几乎没有什么改变。伏尔泰在其《哲学辞典》一书中的“大学”（1764）条文中，描绘了受经院哲学统治的大学。在法国大革命期间，大学随着法国旧

[22] D. Cantimori, 'Reason, Unreason and Faith', in D. Hay(ed.), *The Renaissance*(London, 1967), 158.

[23] 关于阶段划分参见 N. Hammerstein, 'Bildungsgeschichtliche Traditionszusammenhänge zwischen Mittelalter und früher Neuzeit', in *Der Übergang zur Neuzeit und die Wirkung von Traditionen*(Göttingen, 1978), 32-54。

[24] L. von Muralt, 'Das Zeitalter der Renaissance', in W. Andreas(ed.), *Die Neue Propyläen-Weltgeschichte*, vol. Ⅲ(Berlin, 1941), 3.

[25] P. von Moos, 'Das 12. Jahrhundert-eine "Renaissance" oder ein "Aufklärungszeitalter"?', *Mittellateinisches Jahrbuch*, 23(1988), 9.

14

制时代的其他机构一起消失了。

然而，“历史转折点”这种思想表明，在1450—1550年，的确出现了一些决定性的变化。不仅生活在那个时代的人经历了这些变化（正像我们前面引证所证明的那样），而且当代的历史学者同样认识到了这种变化。[26]这些变化中有五个特征影响了大学的历史：通过哥伦布和瓦斯科·达·伽马穿越大西洋航海而使欧洲获得的“新的革命性内容”、欧洲历史性地向世界开放、交流的新方式和“一种新的文化自我意识”的形成、[27]人文主义的渗透，以及由于各王朝受到不同教派的限制而导致的大学僵化。

发现的渴望和开放

新大陆的发现对于欧洲大学的意义何在？对这些伟大事件做出了反应的制图学、水文学和航海技术等新学科都是在大学之外发展起来的。[28]尽管如此，大学也确实做出了回应。与中美洲和南美洲土著居民的冲突及国际法的发展成了大学教学的主题。[29]这种显然是非常有限的“新的革命性内容”对于大学的渗透是如何发生的呢？

哥伦布使用的文献，包括托勒密和其他古代作家的作品、人文主义的教皇庇护二世（1405—1464）关于亚洲的一本著作，以及佛罗伦萨人文主义者、医生、数学家保罗·波佐·托斯卡内利（1397—1482）绘制的地图

㉖ N. Hammerstein, '"Klassik" im Blick auf die Geschichte der Universitäten und Wissenschaften?', in W. Vosskamp (ed.), *Klassik im Vergleich. Normativität und Historizität europäischer Klassiken*, DFG-Symposion, (Stuttgart/Weimar, 1993), 594: '[Es] Lässt sich alsogrob gesprochen-um 1500 gleichsam ein neuer Abschnitt der Universitätsgeschichte ansetzen.'

㉗ F. Braudel, *L'Europe* (Paris, 1982), 142. E. Hassinger, *Das Werden des neuzeitlichen Europa 1300-1600*, 2nd edn(Braunschweig, 1964), ⅰxx.

㉘ 参见第11章, pp. 464-470。

㉙ 参见第14章, p. 602；参见 p. 576，其中提到卡昂大学的一位修辞学教授曾讲授法国远征加拿大的情况。

15 与文字叙述。[30] 关于东亚的地理概念，则是以威尼斯附近的基奥贾的商业航海家尼科罗·德·康蒂（1397—1469）所写的报告为依据的，他的报告经人文主义者波吉奥·布拉乔利尼（1380—1459）用拉丁文编辑，流传很广。[31] 活跃在大学之外的这三位意大利人文主义者代表了16世纪的大学中更为显著的三种趋势：对新奇事物的开放、科学作为控制自然的一个手段，以及新旧知识的宇宙结构学排序。

在中世纪的价值观念中，好奇心并非被算作美德。从彼特拉克（1304—1374）之后，好奇、好动、坚持力这些在旅行中得到证明的价值观，也与安静、自制和沉思这些传统美德一起出现了。[32] 发现美洲之后，“新”成为一个非常重要的词。的确，哥伦布认为自己只不过是找到了一条通向印度的更短的路线。在这一过程中，他发现了几座在当时未被人知的岛屿。然而，早在1493年11月，彼得·马蒂尔就将他称作“新世界的发现者”。彼得罗·马蒂尔·丹费拉（1457—1526）是新式的不安分学者的代表：既渴望创新，同时又尽责地把所有这样的创新记录下来。丹费拉是一名意大利人文主义者，1485年被一位西班牙大公带到西班牙，他曾在萨拉曼卡大学做关于古罗马讽刺作家尤维纳利斯的演讲，曾参军与摩尔人作战，1492年格兰纳达陷落之后，他活跃在教坛上，并且在西班牙法庭任“印第安人委员会”的秘书。所以，所有关于发现的报告都送到他手里，由他负责出版作为当时的文献，其间得到了他的朋友、人文主义教授安东尼奥·德·内夫里哈（1444—1522）的不少帮助。丹费拉理想化了印第安人及他们的行为方式，他经常将其与古代的神话相比，其实是与黄金

---

[30] D. B. Quinn, ‘The Italian Renaissance and Columbus’, *Renaissance Studies*, 6.3-6.4 (1992), 355-356 ends with:“我倾向说没有意大利文艺复兴所取得的智力和务实的成就，哥伦布探险就永远不会发生。”

[31] V. M. Godinho, *Mito e mercadoria*, *Utopia e pratica de navigar*, *séculos* XIII-XVIII (Lisbon, 1990), 160, 172, 286.

[32] C. Trinkaus, ‘Renaissance and Discovery’, in Chiapelli (ed.), *First Images* (注释17), vol. Ⅰ, 6-8.

时代做比较。但他同时也自豪地指出这些发现的新奇和伟大，“与它们相比，萨图恩和海格立斯的事迹都显得无关紧要了”。[33]

“新”在这里的意思是指古人所不知道的东西。“新奇取悦于每一个人”，这是1507年出版的《宇宙学概论》一书的“给读者的前言”中所坚 16
持的观点。[34] 这本著作所包含的新颖之处比前言中所说的要多得多。在书中，第一次使用“美洲”这一名称来称呼新世界（南美洲）。正像后来所看到的那样，关于新世界的信息慢慢向大学渗透。但是，“新”的思想不但改变了学术交流的内容，还改变了它的形式，先是大学之外的学术交流，然后是大学之间的学术交流。很快，不仅是那些新发现的岛屿和地球的部分地域被称作新的，关于这些发现的报告也被称作新的。科特关于他1521年征服墨西哥的阿兹台克帝国的报告被称作“新纪元”。事实上，这份报告与哥伦布及麦哲伦的作品一起以“辉煌的新记载”为书名出版。[35]

相对于古人而言，18世纪的大学教师和其他学者在其著作的标题中，就宣称各自知识和作品的新颖性，如罗马哲学教授弗朗西斯科·帕特里兹（1529—1597）所著的《新普遍哲学》（1591）、莱布尼茨（1646—1716）所著的《新方法》（1684），或是那不勒斯的修辞学教授詹巴蒂斯塔·维科（1668—1744）所著的《新科学》（1725）。在这些著作中，把那些新学科与航海发现紧密联系在一起，以至于前面提到过的那本培根的《新工具》（1620）的扉页上的插图就是一艘帆船通过海格立斯之柱驶向开阔的海域；他的《新大西岛》（1624）一书的书名中也同样强调了这一点。

从彼特拉克开始，在学者中传播这些新知识就成了人文主义者撰写作品的目标，其初衷就是要复制和出版。1665年，学术杂志和科学杂志的

---

[33] Quoted by J. N. H. Lawrance, ‘Humanism in the Iberian Peninsula’, in A. Goodman and A. MacKay (eds.), *The Impact of Humanism on Western Europe* (London/New York, 1990), 255.

[34] Quoted by D. Wuttke, ‘Humanismus in den deutschsprachigen Ländern und Entdeckungsgeschichte 1493-1534’, *Pirckheimer-Jahrbuch*, 7 (1992). *The Cosmographiae introductio* 发表时所谓的原创者是瓦尔德塞弥勒；实际上该文本是阿尔萨斯的人文主义者林曼的作品。

[35] R. Hirsch, ‘Printed Reports on the Early Discoveries and Their Reception’, in Chiapelli (ed.), *First Images* (注释 17), vol. Ⅱ, 557, 附录 nos. 102, 103.

出现扩大了这些知识的传播，如法国的《学者报》及英格兰皇家协会的《哲学学报》。有时候，这些出版物的名称都指向革新，如皮埃尔·培尔（1647—1706）在1684年创办了《共和国新闻》，以批判所有过时的知识为目的，当时培尔是鹿特丹大学的哲学教授。在德国，第一份学术杂志为《博学者论坛》，是由莱比锡大学的道德哲学教授奥托·门克（1644—
17 1707）于1682年创办的。他的儿子约翰·贝恩哈德·门克（1674—1732）是同一所大学的历史教授，他继续发行《博学者论坛》，并于1715年创办了一份本国语言的杂志《博学者新报》。1702年，哈勒大学教授尼古拉斯·贡德林（1671—1729）出版了一份本国语杂志，但没提他自己的名字：这份名为“新交流”的刊物，既具科学严谨性，又不乏幽默感；既受到博学人士推崇，又能让普通人喜爱，它所涉及的问题发人深省、促人明智。在18世纪，各个大学都开始出版自己的杂志。[36]

科学作为控制自然的一种手段

这些新的科学不仅仅是指知识实质，还指培根所强调的一个特征，即它们用于作为控制自然的手段。科学研究不再是冥思苦想的理论知识，而是更实际的生活，它是人文研究的教育理想，既包括语言教育和道德教育，也包括数学方面的训练。拉谟斯的教育计划就包括了上面这些内容，这项教育计划还试图涉及那些“关于苍穹和整个世界的知识”。这在哥伦布时代的第二个科学先驱、佛罗伦萨内科医生保罗·波佐·托斯卡内利的身上得到了体现。1474年，他写了一封信给马蒂纳斯·德·罗里斯，后者是葡萄牙国王阿方索五世的忏悔神父。在信中，他提到了已送给国王的一幅海洋图，并且推荐了一条西方通往东亚宝藏的更短的路线。哥伦布一定十分清楚这封信，因为这封信出现在庇护二世的作品《亚洲》的附录

---

[36] 相关信息参见刊物 B. G. Struvius，*Introductio in notitiam rei litterariae et usum bibliothecarum*，1st edn(Jena 1704；6th edn by I. C. Fischer；Frankfurt/Leipzig，1754)，490，511，514，523-527，537，549-550，577-580。

中，并且是哥伦布本人亲自注解的。[37]

托斯卡内利既是内科医生、数学家，也是天文学家，他对地理学和制图学的兴趣则是第二位的。建筑师布鲁内莱斯基正是从托斯卡内利那里获得了建造佛罗伦萨大教堂的自撑屋顶所需要的数学知识。托斯卡内利与库萨的尼古拉斯及著名的德国天文学家雷乔蒙塔努斯（又名约翰·米勒·冯·柯尼希斯贝格，1436—1476）之间经常书信往来，探讨复杂的天文学和数学问题。他为大教堂建造了当时最大的日晷仪以进行天文学计算；他 18
观察气象现象，包括彗星，并且对占星学很感兴趣。当时与他同住一城的最杰出的人文主义者有建筑师阿尔贝蒂（1404—1472）、哲学家菲奇诺和外交家兼史学家马内蒂（1396—1459），这些人文主义者都在自己的作品和书信中谈到他们是多么仰慕托斯卡内利这位人文主义者同伴。[38]

雷乔蒙塔努斯也和他的老师普尔班奇一样，在维也纳大学做讲席教授，讲授的内容主要是关于古代诗歌的。然而，他因自己的天文学著作而闻名。在哥伦布于1503年第四次穿越大西洋时，正是雷乔蒙塔努斯的《方位表》中的知识救了他的命。[39]

18世纪之前，“两种修养”在大学中并不存在。伊曼纽尔·康德（1724—1804）一方面能够成为一名诗歌教授，另一方面他讲授的内容涉及人类科学的各个领域：从教育学、人类学、自然法则、哲学的各个领域到地理学、数学和天文学。他1755年的早期作品甚至对天文学体系的出现起了重要作用。

在以菲奇诺为中心的佛罗伦萨圈子中，占星术沿着赫耳墨斯-柏拉图的方向深入下去。[40] 直到17世纪，占星术在大学教学中也一直占据着重要

---

[37] E. Schmidt(ed.), *Dokumente zur Geschichte der europäischen Expansion*, vol. Ⅱ: *Die grossen Entdeckungen* (Munich, 1984), 9-11.

[38] E. Garin, ‘Ritratto di Paolo dal Pozzo Toscanelli’, in E. Garin, *La cultura filosofica del Rinascimento italiano. Ricerche e documenti* (Florence, 1961; 2nd edn 1979), 313-334.

[39] Schmidt(ed.), *Dokumente*(注释37), 181.

[40] 16世纪赫耳墨斯-柏拉图的发展方向在第12章第495—497页中描述。

地位。梅兰克顿被称为“德意志的师表”，也是新教教会的智力领袖，他对包括释梦和占星术在内的这些神秘科学也持严肃态度。当时人们接受这样一种观点：天地中存在的东西比学校中传授的智慧所能把握的要多，要从学术上和科学上去对待这些神秘的东西，特别是要从人类行为的目的出发去推断它们就更需要科学和学术了。克雷斯蒂安·沃尔夫（1679—1754）是一位曾在哈勒和马伯格两所大学任教的学者，驰名整个欧洲，他用一句拉丁文箴言来描述这种新科学的目的，“直面生活”；他说：“我从小就非常渴望获得知识的确定性，特别是那些为人类提供幸福快乐的知识。”[41]

宇宙结构学的开端

19 追求、获得和传播与人类、事物、个体自身及外部世界有关的“确定的知识”，成为人文主义的教皇庇护二世著书建立关于整个世界的历史-地理的宇宙结构学的动因。此书名为《世界生物地理结构的历史》。甚至在巴塞尔会议（1431—1449）期间，当时还在为参会红衣主教服务的世俗人士埃涅阿斯·皮科洛米尼（即后来的教皇庇护二世），也成功地利用他的多次旅行来描述自己所去过的那些城市和国家，包括它们的大小、气候、动植物分布、居民数量、农业产品和手工业产品、建筑、人们的生活方式、历史、政治制度、国家中贵族和中产阶级的地位、政治态度、学术和法律机构等，他通过直接研究原文及接触见多识广之士获取了这些知识。皮科洛米尼用信件的形式把这些情况报告出来，后来又将这些与古代和中世纪的资料相结合，描述欧洲各国的情况。埃涅阿斯·皮科洛米尼在1458—1464年任教皇时，“不停地、不知疲倦地”在整个意大利和梵蒂冈罗马教廷统治下的地方游历，这招致了与他共事的许多人的不满。[42] 庇护

---

[41] *450 Jahre Martin-Luther Universität Halle-Wittenberg II* (Halle, n. d. [1952]), vi, 33.

[42] G. Voigt, *Enea Silvio de' Piccolomini, als Papst Pius der Zweite, und sein Zeitalter* (Berlin, 1862), vol. II, 302-309, 334-336.

二世在已计划好的对土耳其人的圣战开始之前死于安科纳。

无论是作为庇护二世的土耳其政策框架的一个部分，还是出于普通的人文主义兴趣，不管怎样，作为一名教皇，庇护二世进行了重要的调查，从早于他的同时代人的旅行报告中整理出了关于亚洲的信息。这项工作的最初设想是，从东至西对整个世界的国家都进行地理方面和历史方面的描述研究，当然，庇护二世没有实现自己的初衷。然而，这项以亚洲为对象的工作获得了极大反响，这种反响不仅仅局限于那些对亚洲有着政治方面和贸易方面兴趣的圈子里，如伊比利亚的宫廷及热那亚航海者。这位教皇还为超越古代地理学家的宇宙结构学这门学科做了准备。

1493 年，哥伦布讲述自己 1492 年发现的信札《发现者之旅》以拉丁文在安特卫普、罗马和巴塞尔出版。1494 年，巴塞尔大学教授塞巴斯蒂安·布兰特（1457—1521）祝贺西班牙国王“在海中发现了王国”。同年，布兰特教授的讽刺作品《愚人之船》使他扬名于大学之外。在这部作品中，他讲到了新发现的岛屿，上面有黄金和未开化的人类，他认为这种发现是好奇心的结果，而这种好奇心并不仅仅是出于知识方面的收益。在伊比利亚半岛以外，对于地理详细情况的兴趣首先出现在人文主义圈子里，出现在如纽伦堡和奥格斯堡这样的商业城市里，或者出现在皇宫中，如由瓦尔德塞弥勒-林曼出版的《宇宙结构学导言》一书就是受洛林公爵的委托而出版的。[43]

1514—1517 年，这些新型知识由乔科姆·冯·瓦特（又名瓦狄亚努 20
斯，1484—1551）引入理论地理学中。瓦狄亚努斯是王室册封的桂冠诗人、维也纳大学的校长，还任德国最著名的人文主义讲席的教授。自从“韦斯普奇发现了美洲”、葡萄牙人到达了加尔各答之后，赤道附近由于炎热而不适宜居住的陈旧观点被最终推翻了，而新的观点是与教父拉克坦提乌斯和圣奥古斯丁的意见完全相反的。后来，瓦狄亚努斯放弃了教授职位而就任其故乡圣加伦市的医生和市长，成为一名改革者。此后，他的宇宙

[43] Wuttke，‘Humanismus’（注释 34），21，27-29，49-51.

结构学方面的著作虽然声称“努力追求真理，将考察和批评那些可疑的传统”，但这些著作仅得到有限的反响。[44]

格拉雷阿努斯（1488—1563）是巴塞尔大学和弗莱堡大学的教授，1517 年，伊拉斯谟称赞他是一位无与伦比的地理学家。他在绘制从北极看北半球的地图时就描绘了欧亚之间的新大陆，他的《地理学》于 1523 年第一次出版，很快成为西欧各大学普遍采用的教材并一再重印。该书完全以托勒密的观点为基础，只是在书的结尾处很简略地提到那些托勒密所不知道的西方国家，即“称作美洲”的那些国家，而这些国家维吉尔在《埃涅阿斯纪》第六卷中已经讲到过了。彼得·阿皮亚努斯（1495—1552）从 1527 年开始在因戈尔施塔特大学任数学教授，1524 年出版了《世界志》一书，该书也成为使用广泛的教科书，书中有一章是介绍美洲的，但内容空洞贫乏。[45]

塞巴斯蒂安·明斯特（1489—1552）是巴塞尔大学的希伯来语教授，他的《宇宙》一书再版达 46 次。1550 年该书第一版首页上的插图显示了人们对新世界的好奇：一个穿着兽皮衣服的猎人和一个裸体女人，旁边的树枝上挂着一个摇篮。[46] 关于埃塞俄比亚和拉普兰的地理知识，[47] 明斯特
21 参考了葡萄牙学者达米昂·德·戈伊斯（1502—1574）的著作，因为戈伊斯曾在弗莱堡待过一段时间。关于美洲，明斯特了解的知识并未超过格拉雷阿努斯。[48]

---

[44] W. Näf, *Vadian und seine Stadt St. Gallen*, vol. Ⅰ: *Bis 1518. Humanist in Wien* (St Gallen, 1944), 263-277, 引自 277.

[45] 关于格拉雷阿努斯：A. Dürst, 'Glarean als Geograph und Mathematiker', in R. Aschmann *et al.* (eds.), *Der Humanist Heinrich Loriti, genannt Glarean 1488-1563. Beiträge zu seinem Leben und Werk* (Glarus, 1983), 122-144。关于阿皮亚努斯：D. Briesemeister, 'Das Amerikabild im deutschen Frühhumanismus', in G. Siebenmann and H.-J. König (eds.), *Das Bild Lateinamerikas im deutschen Sprachraum*, Beihefte zur Iberoromania, 8 (Tübingen, 1992), 97。

[46] Grafton, *New Worlds* (注释 2), 98.

[47] J. Lawrance, 'The Middle Indies: Damião de Góis on Prester John and the Ethiopians', *Renaissance Studies*, 6: 3-4 (1992), 315.

[48] Johnson, 'Concepts' (注释 21), 619.

奥维多·y. 巴尔德斯（1478—1557）、何塞·德·阿科斯塔（1535—1600）和迭戈·德·科多（1542—1616）等西班牙和葡萄牙的编年史学家，都对新世界进行了详细叙述，但他们的叙述直到 20 世纪末才被法国和英国的地理学家注意到。让·博丹于 1566 年出版的《通晓历史之方法》一书中众多的参考书只提到了三本有关新世界的著作。在牛津，理查德·哈克卢特自 1577 年始在基督教堂学院教授地理学，他在 1580 年为《新法兰西两次航海简述》一书的出版提供了资助。1582 年，他出版了自己的《水手之旅：美洲及一些岛屿的发现》，1589 年出版了著名的《英国的重要航海和发现》第一卷。1608 年，牛津大学埃克塞特学院的一名自费生罗伯特·斯塔福德出版了一本世界地理学。[49]

直到 17 世纪，地理学才从“对于景色和居民的描述”发展为“一门科学”。这一发展的动因在很大程度上来自于巴索洛梅厄斯·凯克尔曼（1572—1608），他是但泽大学的哲学教授，他从实际应用的目的出发将不同的学科予以“分类”。[50]

西班牙的一些编年史作家撰写了许多报告，介绍了新世界中迄今为止不为人知的各种动植物，这些报告逐渐进入了植物学和动物学教科书中及百科全书中。莱昂哈德·富克斯（1501—1566）是图宾根大学的教授，他所著的《植物学》（1542）一书中关于美洲的植物只提到了葫芦和玉米两种。弗拉芒人文主义者和植物学家卡罗吕斯·克鲁西乌斯（1526—1609）在其 1583 年出版的著作中也只描述了几种美洲植物。[51] 1589 年，克鲁西乌斯成为新创办的莱顿大学的植物学教授，1605 年出版了《异国奇闻》，该书翻译了一些关于南美洲和美洲西部的植物的作品，这些作品有些是葡

---

[49] M. P. Gilmore, ‘The New World in French and English Historians of the Sixteenth Century’, in Chiapelli(ed.), *First Images*(注释 17), vol. Ⅱ, *519-523*; *History of Oxford Ⅲ*, 716f.

[50] 关于 Keckermann's ‘Systeme’ 参见 W. Schmidt-Biggemann, *Topica universalis. Eine Modellgeschichte humanistischer und barocker Wissenschaft*(Hamburg, 1985), 89-94。

[51] J. Ewan, ‘The Columbian Discoveries and the Growth of Botanical Ideas with Special Reference to the Sixteenth Century’, in Chiapelli(ed.), *First Images*(注释 17), vol. Ⅱ, 808.

萄牙哲学家兼植物学家加西亚·达·奥尔塔（1504—1579）所写，有些是由西班牙内科医生尼古拉斯·莫纳德斯（卒于1583年）所著。[52]

22 新世界的动物群较早地吸引了学术圈的注意。苏黎世大学教授、多才多艺的学者格斯纳（1516—1565）的百科全书式的著作，以及博洛尼亚大学教授阿尔德罗万迪（1522—1605）更为详细的著作，都用文字概括并设想出16世纪获得知识的情况，这些知识可以从古代和中世纪的自然历史及神话书籍，以及关于新近发现和重新发现的国家的旅行记录中建构出来。格斯纳的《动物研究》出版于1551—1558年，在此书中，他从整个欧洲汲取知识，为了描述美洲鳄鱼的类型，他甚至采用从巴西得来的鳄鱼皮。[53] 然而，他也和他同时代的人一样，只要其他学者提过的关于神话动物的叙述他都深信不疑，如他描述了传说中的海蛇怪。[54]

人权与国际法

上述这些新发现，对关于人类在宇宙中的命运问题的神学、哲学和法学等方面的争论产生了最为迅速和持久的影响。被征服地区的土著居民是否对自己的财产拥有权利？由于他们的异常的风俗习惯，如裸体、乱伦、人祭和吃人肉，他们是否应该服从征服者的统治？是否应该迫使他们转而信仰基督教并为他们的儿童洗礼？所有这些问题使人们对传统法律的范围和正确性进行根本性反思，使人们开始思考征服的合理性、全世界适用的宗教和自然法律、个体的自治和可教育性这些问题。

西班牙各大学根据《圣经》、中世纪的自然法理论及关于宽容的人文主义思想，对这些问题进行了讨论。1539年，时任萨拉曼卡大学最著名

---

[52] G. Sarton, *Six Wings. Men of Science in the Renaissance* (Bloomington, Ind. /London, 1957), 144.

[53] G. Petit, 'Conrad Gessner, Zoologiste', in *Conrad Gessner 1516-1565, Universalgelehrter, Naturforscher, Arzt* (Zurich, 1967), 51.

[54] Sarton, *Six Wings*（注释52）, 153-156.

的神学讲席教授的佛朗西斯科·维多利亚（1486—1546），在《古印度新解》中讨论了地球上新发现的地区所引发的必须加以解决的新问题。他认为，西班牙对于新发现的那些国家的统治只有在如下情况下才是合理的，即它的统治与自然法和宗教法则所约定的情况相一致。这就要求殖民者尊重印第安人的人权和财产权，以及高度宽容他们的异族风俗习惯，同时在
改变其宗教信仰和文明化活动中持慎重态度。这与1537年教皇保罗三世 23
在诏书《高贵的上帝》中提出的观点是一致的。然而，殖民者对于当地人的军事征服、剥削和虐待仍在继续。在与拉斯·卡萨斯（1474—1566）的一场著名的争论中，印第安人权利的保护者、博学的神学家、菲利普王子的老师塞普尔韦达（约1490—1572）认为，西班牙王室拥有使野蛮的印第安人摆脱非人性的风俗习惯并信奉基督教信仰和道德的权利，必要的时候可以使用武力来做到这一点，塞普尔韦达以此为根据为这一政策进行辩护。

与塞普尔韦达认为欧洲-西班牙文化优于印第安人的文化相反，维多利亚从普遍假设出发，认为每个个体都具有自由、行动、定居、贸易和结社的人权，还认为人以出生地为基础具有公民权。同时，他设想了一些国际法的基本原理，包括航海自由、外国的法律地位、限制军事权力的行使和摈弃殖民者在立法方面的独裁权力。这些基本原理由于维多利亚在西班牙的巨大教育成就而获得进一步发展，随后经由格劳秀斯（1583—1645）、普芬道夫（1632—1694）和托马西乌斯（1655—1728）等人的努力，在荷兰、德国也得到长足发展。[55]

承认“野蛮人”是具有理性且是可以受教育的人，这一点对于历史思考有相当的影响。1568年，法国学者雷吉厄斯（1510—1577）论述说，

---

[55] E. Grisel, ‘The Beginnings of International Law and General Public Law Doctrine: Francisco de Vitoria's *De Indiis prior*’, in Chiapelli(ed.), *First Images*(注释17), vol. Ⅰ, 305-325; H. Pietschmann, ‘Aristotelischer Humanismus und Inhumanität? Sepúlveda und die amerikanischen Ureinwohner’, in W. Reinhard(ed.), *Humanismus und Neue Welt*, Mitteilung XV der Kommission für Humanismusforschung(Weinheim, 1987), 143-166.

3000年前，欧洲居民也与西班牙人和葡萄牙人新发现的这些野蛮人同样粗野和不开化。文明化被认为等同于认识字母。1599年，历史学家波普兰耐（约1540—1608）写道："在美洲和非洲的海岸线上，我们发现了很多生活在水边的人群，他们没有用于书写的文字。希腊人能够过一种文明的社会和政治生活，因为先前的腓尼基人已经创造了文字。"[56] 这样，这些新发现就与人文主义的文化理论直接联系在一起了，而人文主义的文化理论又是以古希腊智者派的理论为基础的。智者派认为，人类可以通过掌握语言而实现文明化。

24

大学教育的新目标

在西塞罗式的对话形式中，不同的人陈述各种观点或学说，而且通过将其与个人的经历和反思相联系而变得具体化，这种对话方式被称作"16世纪对北欧最为成功的文化输出之一"。[57] 这种表述与认为人文主义甚至不是对于古代的重新发现，而是一种对待古代作家的新的态度这种观点有一些不同。这些作家不再被认为是永远正确的权威，而成了另一个时代的对话者，他们从感情上和理性上激发读者，就读者的问题给予他永远不过时的令人信服的答案，并且以这种方式使读者在与具有异族的自我理解方式的人的对话中形成他自己的文化自我意识。[58]

这种情况影响到大学。对话交流的领域扩展了，包括社会内部及社会之间的对话；伴随着教皇权威下的教会统一性的衰落，共和国教育得以形成；这又依次导致礼仪、文明和文化的理想成为大学教育的目标；它还促

---

[56] 引自 G. H. Huppert, 'The Idea of Civilization in the Sixteenth Century', in A. Molho and J. A. Tedeschi(eds.), *Renaissance Studies in Honor of Hans Baron*(Florence,1971),763-767.

[57] M. B. Becker, *Civility and Society in Western Europe, 1300-1600*(Bloomington, Ind., 1988),12.

[58] 第Ⅰ卷,pp. 446-450; W. Rüegg, 'Humanistische Elitenbildung im antiken Rom und in der europäischen Renaissance', in S. B. Eisenstadt(ed.), *Kulturen der Achsenzeit*, vol. Ⅱ, Part 3: *Buddhismus, Islam, Altägypten, westliche Kultur*(Frankfurt on Main,1992),358-384, esp. 373-377。

使大学对各自社会所关注的事情进行回应，并且因之形成了民族文化自我意识；就大学教师个体来说，它促进了他们作为智力职业的集体自我意识的增强。

“此时，对话形式成为哲学讨论所青睐的形式”，[59] 它允许各种分歧的观点以各种方式进行对峙。它可以使作者不必承认是自己的观点，而表达一些与基督教教义不同的观点。这种表达方式使伽利略有可能在他的《关于两种世界体系的对话》中得到教皇的允许来扩展哥白尼学说体系。伽利略曾任比萨大学和帕多瓦大学的教授，当时是佛罗伦萨的宫廷天文学家。这种对话以托勒密体系的胜利而告终，这是确定无疑的。然而，伽利略作 25
为一名受人文主义训练的文体家，他能够在讨论会的参加者和体系的内容之间形成科学的论辩，从而使自己的立场变得非常明显。在这种情况下，这种对话形式就无法保护作者免于被定罪和被要求收回自己的观点的命运了。

这种用文学对话的形式为纠正口语争论的缺陷提供了可能性。焦尔达诺·布鲁诺（1548—1600）就这样做了，当时（1583）他不光彩地结束了在牛津大学三个月的教学生涯。在伦敦，他在其对话集《圣灰星期三晚餐》中，把牛津教师描写得荒谬可笑，而把自己的观点阐述得非常成功，以至于他在随后留居伦敦的两年中又用意大利文写了五本哲学对话集。《无限的宇宙与世界》就是其中一本，也正是这本书导致他 1600 年被烧死在火刑柱上。[60]

这种对话形式也可以用在学术性的著作中。例如，于斯特斯·利普西乌斯在 1579—1591 年任莱顿大学历史学教授，1593—1606 年任教于鲁汶大学，在关于罗马人的军事组织和军事技术的著作中，他安排一位年轻的

---

[59] L. Olschki, *Galilei und seine Zeit*, Geschichte der neusprachlichen wissenschaftlichen Literatur, vol. Ⅲ (Halle, 1927), 29, 331-404, 伽利略关于世界体系的对话。

[60] Olschki, *Galilei*（注释 59），12-67; D. W. Singer, *Giordano Bruno, His Life and Thought, with Annotated Translation of His Work on the Infinite Universe and Worlds* (New York, 1950), 26-45.

“听众”提出问题并对作者的观点进行简短陈述，由此激发作者提出自己的观点，进而做出更为详尽的阐释。一群朋友也起到了同样的作用，他们在利普西乌斯 1596 年出版的补充著作《围城术》一书中扮演文职官员的角色。[61]

这里的对话形式似乎是一种基本的手段，能够更加生动地呈现那些枯燥的材料。在两本书中，利普西乌斯都使用专门化的术语“对话”作为题目名称的一部分。但更为重要的是，学生听众和处于高位的文职官员都在对话中具有平等的权利，尽管事实上还是把他们看作需要作者的指导。在构成 1582 年出版的《布道论文集》的复杂对话中，利普西乌斯更为忠实
26 地采用了西塞罗模式——各个不同的参与者平等地共同论述各个主题，即使是关于古罗马人的餐桌礼仪及格斗比赛的问题也是一样，而不像大卫·休谟的《关于自然宗教的对话》(1751/1779) 中讨论的都是一些哲学问题。

这种文字形式的对话与社会关系中的对话同样重要。它始于意大利，然后传遍整个欧洲，形成了各种谈话圈子，如俱乐部、同事聚会、朋友聚餐，有时甚至以学术界的名义出现，具有智力方面兴趣的人和其他从事实际事务的人定期聚集在一起，进行学术讨论。这些活动逐渐从非正式的会议发展成为有章程的正规机构。不论它们是私人组织或是受王室资助，目标都是推进科学知识和学术知识的发展。[62]

国际、国内学术交流

欧洲学者之间的交流都是以信件形式进行的。18 世纪被称为“信件世纪”，还有人曾这样阐释信件：它们是中产阶级“发现作者的自我意识

---

[61] J. Lipsius, *De militia romana libri quinque*, *Commentarius ad Polybium. Editio ultima* (Antwerp, 1614); J. Lipsius, *Poliorceticon sive de machinis*, *tormentis*, *teils libri quinque*, *ad historiarum lucem. Editio quarta*, *correcta et aucta* (Antwerp, 1625).

[62] 详细说明见第 11 章，pp. 480ff.。

及发现自己所处的社会”的证明。信件把个人自我的解放与一种新的团体意识结合在一起，“这种新团体意识”可以扩展为对友谊的追求。[63] 密切的信件往来和友谊早在 16 世纪的人文主义圈子里就很显著了。纪尧姆·比代是建立法兰西学院的前身皇家语言学院的积极鼓动者，1518 年，比代收到瑞士教授瓦狄亚努斯寄来的一本书和一封信，他立刻觉得自己是瓦狄亚努斯朋友圈子中的一员。他在回复瓦狄亚努斯的感谢信中加上了这样的话：他们之间的友谊不会因任何法国与瑞士联盟之间可能发生的战争而受到损害。在这个时期，没有哪个在外国找到朋友的人文主义学者会因为本国统治者厌倦了和平想要进行军事计划而宣布中止与朋友的友谊。[64]

这种态度使我们能够理解欧洲教会统一性崩溃之后，一个欧洲知识界是如何建立起来的。在这个知识界里，拉丁文信件的第二人称单数只是一个外在标志，表明所有参与者的平等和事实上的友谊。多方的书信交流把 27
大学教师们互相联系在一起，这种联系超越了阶级、地位、宗教信仰及政治派别，并且使他们与各自社会中的其他精英人物有所接近。这就促成了各种新思想在整个欧洲的传播和讨论。约自 1665 年起，杂志或评论书籍取代了信件的功能。[65] 然而，私人之间以信件形式进行的对话一直是最受欢迎的智力交流方式，这种情况一直持续到后来电话的广泛使用。

就智力问题进行交流的信件量相当巨大。梅兰克顿有 10 000 封信保存下来，他在苏黎世的对手布林格则有 12 000 封，这说明他们二人分别在新教教会和新教归正会中居于领袖地位。利普西乌斯的信件交流包括他写的和从 800 个不同的人那里收到的共 4300 多封信。这 800 多人几乎包

---

[63] R. Wittman, ‘Das Jahrhundert des Briefes’, in *Einladung ins 18. Jahrhundert, Ein Almanach aus dem Verlag C. H. Beck im 225. Jahr seines Bestehens* (Munich, 1988), 151-152.

[64] Text in W. Rüegg, ‘Humanistische Elitenbildung in der Eidgenossenschaft zur Zeit der Renaissance’, in G. Kauffmann (ed.), *Die Renaissance im Blick der Nationen Europas*, Wolfenbütteler Abhandlungen zur Renaissanceforschung, 9 (Wiesbaden, 1991), 133.

[65] 参见 p. 485。

括了当时欧洲所有主要的知识分子。[66] 汉堡州图书馆和汉堡大学图书馆保存的宗教改革时期至 1735 年最杰出学者的信件达 35 000 封之多，这些信件是由 6700 个人写的，收信人则约有 2000 人。[67] 其中，有 1000 多封是贝尔内吉尔（1582—1640）来往的信件，贝尔内吉尔是“当时最受爱戴的大学教师之一，1613—1640 年在当时著名的德国斯特拉斯堡大学任历史学教授”。[68] 贝尔内吉尔信件往来的对象包括当时那些最伟大的人物，如古斯塔夫二世·阿道夫、奥克森谢尔纳、伽利略、开普勒、格劳秀斯和奥皮茨。[69]

这种书信形式也用来向读者介绍作品。15—18 世纪时期的学术或科学书籍都没有前言或序言，一般是以两封信开头的。第一封信是给某个特定读者的，常常是写给资助人的，该资助人要么是帮助出版了此书，要么是以某种方式赞赏了此书；或是写给某个朋友的，他要么会因此书而增
28 光，要么是会为这部作品带来荣耀。第二封信是写给该书所有读者的，信中常常把读者称作“朋友”，[70] 并且阐明该书的写作意图。

[66] G. Oestreich, ‘Justus Lipsius als Universalgelehrter zwischen Renaissance und Barock’, in T. H. Lunsingh Scheurleer and G. H. M. Posthumus Meyjes(eds.), *Leiden University in the Seventeenth Century. An Exchange of Learning* (Leiden, 1975), 185.

[67] C. Schultess, ‘Aus dem Briefwechsel des französischen Philologen und Diplomaten Jacques Bongars(1554-1612)’, in E. Kelter, E. Ziebarth and C. Schultess(eds.), *Beiträge zur Gelehrtengeschichte des siebzehnten Jahrhunderts* (Hamburg, 1905), 149; N. Krüger, *Supellex Epistolica Offenbachii et Wolfiorum. Katalog der Offenbach-Wolfschen Briefsammlung*, 2 vols. (Hamburg, 1978).

[68] G. Oestreich, ‘Justus Lipsius als Theoretiker des neuzeitlichen Machtstaates’, *Historische Zeitschrift*, 181(1956), 39.

[69] E. Kelter, ‘Die Briefwechsel zwischen Matthias Bernegger und Johann Freinsheim(1629. 1633-1636)’, in Kelter *et al*. (eds.), *Beiträge*(注释 67), 3.

[70] E. g. Daniel Heinsius, *Orationum editio nova*, ed. N. Heinsius(Amsterdam, 1657), 552: title: ‘Amico lectori’; text: ‘Amice lector...’.

雄辩的时代

对话形式主要关心的是说服读者、听众或参加谈话的人承认作者论断的正确性。在学术辩论中，人文主义对话没有使用学科特有的技术语言或论证模式。伴随着学术对话的开放性，演说者与他人在经历、知识和信仰方面开始碰撞，在18世纪以前，这种学术交流的语言主要是拉丁语。

相应地，正像本书许多章节中都表明的那样，修辞学在大学教学中占据着中心地位。曾有人把16、17世纪称作“雄辩的时代”，[71] 15、16世纪则被称作“西塞罗时代”，这是与亚里士多德的中世纪时代相对的。[72] 在1528年出版的《西塞罗》一书中，伊拉斯谟尖锐地指责对于西塞罗作品形式的机械模仿。他说，值得模仿的不是古代语言模式，而是这种语言模式所表达的具体观点。正如西塞罗本人也会认同的那样，由于语言是在社会中获得其意义的，同时代的基督教徒就必然与异教徒有着不同的表达方式。正确模仿西塞罗成了一件大事，整个16世纪的各所大学都专注于此。[73] 随着哥廷根大学设立相应的教授席位，人们就西塞罗所主张的口才与智慧之间的联系也达成了共识。这样，修辞就被理解为以其理性和感情的所有成分将说服的艺术带到完美的顶峰，它不仅适用于政治行为和社会交往，还适用于解决自然的神秘问题。[74]

早在1402年，弗吉里奥就曾对对话交流的目标进行了论述，弗吉里 29
奥原是博洛尼亚大学的逻辑学教授，后来在把人文主义介绍到匈牙利方面

[71] M. Fumaroli, *L'Age de l'éloquence, rhétorique et 'res literaria' de la Renaissance au seuil de l'époque classique* (Geneva, 1980).

[72] E. Gilson, 'Le message de l'humanisme', in F. Simone (ed.), *Culture et politique en France à l'époque de l'humanisme et de la Renaissance* (Turin, 1974), 4; volume Ⅰ, p. 449; R. Tuck, 'Humanism and Political Thought', in Goodman and MacKay (eds.), *Impact* (注释 33), 51-65.

[73] Fumaroli, *L'Age* (注释 71), 101-175.

[74] J. C. Briggs, *Francis Bacon and the Rhetoric of Nature* (Cambridge, Mass. /London, 1989).

起到了重要作用，他于 1444 年在布达佩斯去世。在弗吉里奥的第一本且是广泛流传的著作中，他说，以“一系列令人愉快的书籍”进行对话交流，其目标是形成一种高雅的举止，而这需要博雅的知识及与基于道德的雄辩相结合的历史知识；它面向城市，面向公民社会。[75] 这样，贵族社会的军事举止将会更温文尔雅，新兴的城市精英们也将会在社会和政治方面受到更好的教育。

1519—1522 年，伊拉斯谟写了《家庭谈话标准》，写作此书的目的很简单，即该书首页上所说的：“不仅为了教给学生高雅的语言，而且最为重要的是，为生活而教育他们。”[76] 在那些充满着机智的批判性的对话中，他允许一种声音以几乎是夸张的形式来谈论当代社会、僧侣、商人、士兵和娼妓等问题。同时，他向学生们展示了在面对成人世界中口头的、虚假的宗教信仰行为、政治虚伪和性过失时，如何能在社会行为中获得和表现他们内心的信仰。这一著作获得了巨大的成功，而且是在一般阅读和作为教材两方面都获得了巨大的成功。通过这本书，连同伊拉斯谟其他教育方面的著作，如王子生活的写照、行为举止的书籍等，伊拉斯谟引领了整个欧洲的潮流，在这里，仁爱、修养和礼仪成为智力精英的显著特征。[77] 古罗马天主教的研究计划和 16—18 世纪的新教大学的计划都分享了明智、雄辩、虔诚的教育思想，这一教育理想是 1538 年斯特拉斯堡大学的教育改革家约翰·斯图谟系统提出的，后来被新建的黑尔姆施塔特大学纳入其章程之中。[78]

---

[75] J. M. McManamon, ‘Innovation in Early Humanist Rhetoric: the Oratory of Pier Paolo Vergerio the Elder’, *Rinascimento*, 32(1982), 3-32.

[76] D. Erasmus, *Familiarum colloquiorum formulae, ..., non tantum ad linguam puerilem expoliendum utiles verum etiam ad vitam instituendam* (Basle, 1522).

[77] Huppert, ‘Idea’(注释 56); Becker, *Civility*(注释 57).

[78] A. Schindling, *Humanistische Hochschule und Freie Reichstadt. Gymnasium und Akademie in Straβburg 1538-1621* (Wiesbaden, 1977), 31.

新集体自我意识

“人文主义者，我的意思是指那些影响国家事务的知识和历史的人。”这是英国外交大臣法因斯·莫里森（1566—1630）在1607年所认识到的教授或研究文明的业余爱好者的作用。到1589年，在英语里已经把这些人称作“人文主义者”了。[79] 这些人对“沉思的生活”不感兴趣，也不为 30
了知识而对知识感兴趣。相反，他们对“行动的人生”感兴趣，对现实生活更感兴趣，从知识对公民社会的作用出发而对知识感兴趣。中世纪大学智力方法的教学和学习所产生的一个受欢迎的副产品成了16世纪大学的主要任务，那就是培养神职人员、教士、医生、律师、法官和国家公务员。

然而，使大学及其教师与公众权威的拥有者之间的关系更为紧密（前者甚至常常过分地依赖后者）的，不仅仅是出于这种对职业的关心。

大学教师希望为自己所处的社会贡献一些有用的东西。为此，他们首先对古代资源进行哲学-历史的研究，这种研究使大学教师及其同时代人可以掌握他们自己时代的问题。先前佛罗伦萨人文主义者已经在古罗马的机构中发现了保卫共和国的政治和军事防御模式。莱昂纳多·布鲁尼（1370—1444）是历史学家、佛罗伦萨大学校长及人文主义翻译家，他曾翻译亚里士多德的《伦理学》，他的《战争论》就是建立在古罗马资料基础之上的，目的是支持当时有关建立民众民兵团、反对雇佣军的讨论。马基雅维利（1469—1527）则承担了一项毫无希望的任务：按照古代模式建立普遍的民兵组织以拯救佛罗伦萨的共和政体。[80]

于斯特斯·利普西乌斯关于古罗马人军事生活的对话体作品取得了更

---

[79] *Oxford English Dictionary*(Compact edition,Oxford,1971),1345;引自 Becker,*Civility*(注释57),31.

[80] C. C. Bailey,*War and Society in Renaissance Florence*,*the* De militia *of Leonardo Bruni* (Toronto. 1961).

大的成功。这些作品描述了罗马军队的组织、战术、武器和防御工事的技术和围攻的技术等，并且把它们与当代的军事活动做比较。早在 1589 年，利普西乌斯在其《针对政府的政治六书》中就提出了一些基本原则，内容涉及军事训练、纪律、操练和演习及武装力量的内部结构等。正像这部作品的题目所显示的那样，尽管这部书主要是针对君主而言的，但其中关于军纪的讨论甚至被纳入新的荷兰战争条款（1590）。到 1750 年，人们还一字不漏地复述它们。《罗马军事论》这部书在 1596 年一出版就被立法会议送给著名的军事改革家、拿索的莫里斯王子，后者与他的高级官员一起研究这部作品，并且尝试了其中的一些具体原则。通过作者的亲自指导，莫里斯王子懂得了古罗马军队的优越性并不在于它特定的武器，而是在于军队各个不同部分之间的战术合作。他对军队的成功改革就主要依靠他对利
31 普西乌斯的理论的认真研究。这对约翰·冯·拿索-西根（他是拿索那所著名军事学校的创建者）来说也是同样适用的，这一点我们可以从他在《战争论》中提出的改革中看出来。这也同样地适合 17 世纪相应的法文和英文军事教科书。[81]

在《政治》和其他一些著作中，利普西乌斯阐述了自己关于政治事务的一些观点，包括对塔西佗和斯多葛学派哲学思想的评论，以及对与他同时代的人，如维多利亚的思想的评论。这些观点产生的影响更为深远。利普西乌斯所获得的巨大影响力不仅在于他作为文学家、历史学家，以及在新教大学和改革后的大学中任修辞学教师的能力，还在于他改信天主教后对罗马天主教大学的影响。在德国、英格兰、西班牙、奥地利和法国的政治圈子中，人们热切地阅读利普西乌斯的政治作品，甚至还有人剽窃它们。瑞典的古斯塔夫二世和他的女儿克里斯蒂娜及年轻的丹麦国王克里斯

[81] G. Oestreich, *Neostoicism and the Early Modern State* (Cambridge, 1982); A. Grafton, 'From Ramus to Ruddiman. The *Studia humanitatis* in a Scientific Age', in N. Phillipson (ed.), *University, Society and the Future. A Conference held on the 400th Anniversary of the University of Edinburgh, 1983* (Edinburgh, 1983), 65-68.

蒂安四世都是自学习利普西乌斯的《政治》而开始进入实际政治事务的。[82]

就利普西乌斯的个人生活来说，他在宗教信仰方面的改变幅度同外表改变一样大，但这些变化并没有影响利普西乌斯持续稳定的影响。利普西乌斯的这种生活是当时知识分子新自我意识的突出例子。宗教和政治方面的忠诚都让步于个体作为大学教师的信仰，并且是为他的工作和影响而牺牲的。大学教师开始不仅把自己看作广泛的知识界的一员，而且从能力方面认为自己是同红衣主教和政治家们具有平等地位的对话者。利普西乌斯就把他的《政治》“送给所有的王子”。他这样做体现了超凡的自我意识。[83] 历史学家已在其他大学教师中发现了相似的增强了的自我意识，[84] 哲学院（或文学院）的教授们尤为如此。在中世纪大学中，只有在该领域的学习伴之以神学、法学和医学学位的授予，哲学教授才可以给予其学生更高的社会地位。学术职业的这种新集体自我意识通过其著作的插图和首页深刻地影响了现代读者。

自我意识可使人们认为自己的观点是正确无误的，它可能导致走向极 32
端派系的激烈论辩。16—18 世纪，以“主义”结尾的党派标签更多了。伊拉斯谟从《旧约全书》及教父们那里借用了如“希腊主义”“犹太主义”“基督教主义”等这些教条主义的名称。从 1570 年起，类似的党派标签用在了当时的宗教派别上，如加尔文主义、卡特里主义、再浸礼教主义、天主教主义。就哲学派别来说，则有柏拉图主义、伊壁鸠鲁主义、斯多葛主义、自然神论和怀疑论。在 18 世纪和 19 世纪，所有这些新词的使用都大量增加。在 1808 年，人们在一次辩论中创造了“人文主义”一词以对抗

---

[82] Oestreich,‘Justus Lipsius’(注释 66),191.

[83] W. Dilthey,‘Weltanschauung und Analyse des Menschen seit Renaissance und Reformation’,in *Gesammelte Schriften*,vol. Ⅱ(Leipzig/Berlin,1914),269.

[84] Olschki,*Galilei*(注释 59),20;M. Greschat,‘Humanistisches Selbstbewusstsein und reformatorische Theologie’,in *L'Humanisme allemand*(*1480-1540*),*XVIII e colloque international de Tours*(Paris,1979),371-386,esp. 374.

“慈善主义”。[85]

自我意识并不局限于个体自我意识或学术集体自我意识。一种民族自我意识在学术圈子内变得明显起来。这一点常常令人感到困惑：关注重建古典资源的人文主义者，同时也是对他们本国的文献和历史进行重新发掘和研究的最为活跃的先驱。然而，这种困惑仅仅是对那些把人文主义界定为对古代模仿的人来说的。这种从古代学习来的对话方式是与民族集体自我意识相匹配的。这的确发生在大学教师中间，他们常常与业余人文主义者进行合作。这样，1501 年，维也纳大学教授康拉德·采尔蒂斯编辑了甘德尔希姆的赫罗斯维塔的著作。他通过在因戈尔施塔特、海德堡、纽伦堡、维也纳、奥格斯堡建立“知识学会”，开始了中世纪德国历史和文献资料的收集和编辑。[86] 巴黎则以让·道拉特（也叫道拉特，1508—1588）为中心形成了一个圈子，道拉特是皇家学院的教授，该圈子中的人希望通过对古典模式的创造性改造，实现法国文学的复兴。龙萨是道拉特最有才华的学生之一。[87]

在西班牙，阿尔卡拉大学修辞学教授阿方索·加西亚·马塔莫罗斯（1501？—1572）写了《西班牙文化寓言》一书，该书对从图巴尔和西庇
33 阿家族时代到作者自己所处时代的西班牙文学进行了历史性叙述。[88]

在荷兰，起初一些业余人文主义者开始关注民族历史和语言，如科内

---

[85] W. Rüegg, *Cicero und der Humanismus, formale Untersuchungen über Petrarca und Erasmus* (Zurich, 1946), 2.

[86] H. Lutz, ‘Die Sodalitäten im oberdeutschen Humanismus des späten 15. und frühen 16. Jahrhunderts’, in W. Reinhard (ed.), *Humanismus im Bildungswesen des 15. und 16. Jahrhunderts*, Mitteilung XII der Kommission für Humanismusforschung (Weinheim, 1984), 49-56.

[87] A. Grafton, *Joseph Scaliger. A Study in the History of Classical Scholarship*, vol. I (Oxford, 1983), 74-78; S. Dresden, ‘The Reception of the Italian Renaissance in France’, in H. O. Oberman and T. A. Brady (eds.), *Itinerarium Italicum. The Profile of the Italian Renaissance in the Mirror of its European Transformations*, Studies in Medieval and Renaissance Thought, XIV (Leiden, 1975), 128-133.

[88] Lawrance, ‘Humanism in the Iberian Peninsula’(注释 33), 249.

利乌斯·奥雷利乌斯（约 1460—1531）和德尔克·沃克尔茨·科恩赫特（1522—1590）；约翰尼斯·贝坎纽斯（1519—1572）则在其《安特卫普语起源》（1569）中把本族语言和历史追溯到亚当那里。后来，莱顿大学的教授们开始关心自己的母语，这些教授包括数学家西蒙·斯泰芬（1548—1620）及著名的古典文学家丹尼尔·海因修斯（1580—1655），后者于 1616 年出版了长诗《尼得德斯克诗集》。[89]

在英格兰的非专业人文主义者中，这种关注更为显著。托马斯·莫尔的《理查德三世》（1513—1516）和托马斯·斯塔基的《波尔和勒普塞特的对话》都论述了英国的历史和英国的体制。1532 年出现了关于乔叟和约翰·高尔的人文主义版本，这些版本在前言中涉及英语和英国文学的地位。[90]

在体现个体和民族自我意识方面，恐怕没有其他人像德国的乌尔里希·冯·胡滕那样钟爱使用争辩的方式，胡滕是德国骑士、桂冠诗人，还是六所大学的校友。他在本章第二部分开始这样赞美人文主义："看！后代们！诗人胡滕的歌，你完全可以声称是属于你自己的……他以把祖国从无知中解放出来为目标，以把祖国从罗马的桎梏中解放出来、把自己的文化提升到高于意大利文化为目标。"[91]

人文主义与大学

然而，许多人文主义的教育和交流形式都对新的自我意识的形成有促成作用。大学及与大学同时发展起来的高级中学和学园都是这些观点的主

---

[89] E. Strietman, 'The Low Countries', in R. Porter and M. Teich(eds.), *The Renaissance in National Context*(Cambridge, 1992), 79-80.

[90] D. Starkey, 'England', in Porter and Teich(eds.), *Renaissance*(注释 89), 154-158.

[91] L. W. Spitz, 'Humanism in Germany', in Goodman and MacKay(eds.), *Impact*(注释 33), 212-213.

要据点。[92] 德国的情况同样也适用于中欧和东欧的其他一些国家。“在德
34 国，所有早期建立的大学，包括维也纳大学和布拉格大学，以及 15 世纪反映学校的世俗和教会捐助人文化和政治愿望的新建大学的迅速发展都是由人文主义教育的迅猛发展激励的。”[93] 甚至在那些古老的学院中，人文主义的影响也很盛行。尽管这并非毫无困难，但即使是经院哲学与人文主义之间的紧张关系所导致的也往往是相互丰富，而不是争论性的夸张和夸大。

医学院的教授们大都学习过人文主义的课程，在进行教学的时候，常常在教授医学之外，还要教“三艺”或“四艺”，有时甚至还以“三艺”或“四艺”代替医学教学，他们还编辑、评注及翻译新发现的和经过重大改编的古代中世纪的作品。伊拉斯谟曾赞扬了三位这样的医学方面的人文主义重建者：尼科洛·莱昂希诺（1428—1524），他在费拉拉大学教授哲学、数学和医学长达 60 年之久；托马斯·利纳克尔（1460—1524），他是亨利八世的私人医生及伦敦皇家医学院的创建人；以及威廉·科普（卒于 1536 年），他曾任巴黎大学教授，后成为法国国王的私人医生。下一代的内科医生有让·费内尔·达米安斯（1487—1558），他是巴黎的宫廷医生，还是生理学方面的一些重要教科书的作者；约翰·凯厄斯（1510—1551），他是英国的宫廷医生和剑桥大学克伦威尔学院的捐助人；康拉德·格斯纳（1516—1565），苏黎世大学的医学教授，一位博学者；以及特奥多尔·茨温格（1533—1588），巴塞尔大学教授，他的继任者是一部百科全书式著作的作者。上面提到的所有这些人都运用文献学方法，目的是使古代科学发现能为现代医学所采用。

---

[92] 参见 W. Rüegg，‘Die humanistische Unterwanderung der Universität’，in *Antike und Abendland*，*Beiträge zum Verständnis der Griechen und Römer und ihres Nachlebens*，38(1992)，115-122，全面论述了‘ad fontes’。

[93] L. Boehm，‘Humanistische Bildungsbewegung und mittelalterliche Universitätsverfassung’，in J. IJsewijn and J. Paquet(eds.)，*The Universities in the Late Middle Ages*，Mediaevalia Lovaniensia，series 1，studia 6(Louvain，1978)，324.

安得列亚斯·韦萨琉斯（1514—1564）接受的也是人文主义教育，在1537年成为帕多瓦大学教授之前，他就已经出版了关于古希腊医生加伦的著作。为了检验加伦在解剖学方面的观点，他还开始亲自进行解剖。六年后，即1543年，他出版了《人体结构》一书。[94]

人文主义对法学的影响始于16世纪，后来波及阿尔卑斯山以北，主要中心是法国，特别是在布尔日，在这里受到伊拉斯谟高度赞扬的米兰人文主义者安德烈亚斯·阿西亚特斯在1530年开始对《国法大全》进行人文主义的评论和解释。雅克·居雅斯（1522—1590）正是因为对法律资料进行了人文主义的编撰而获得了杰出法学家的美名。尤德雷卡斯·察修斯（1461—1535）是弗莱堡法学家、伊拉斯谟的朋友，他早已认识到这些资料要比中世纪的评论文章更为重要。[95] 但是，当时发现并利用的不仅仅是 35
罗马法的资料。“人文主义与西塞罗的碰撞……特别是与希腊法律哲学家的碰撞”打开了“获取关于法律原理和法律机构的新知识之门”。学法律的学生所用的教科书都是以著名人文主义者的方法论方面的著作为中心的，如伊拉斯谟、阿格里科拉、维韦斯和梅兰克顿等人的著作。事实上，他们的目标在于“使来自于人文主义的、西塞罗式的，最终是古希腊式传统中的那种课程得到实现，也就是和谐发展的理想”。[96]

由伊拉斯谟开创的圣经人文主义的影响则更为深远。1518年，梅兰克顿认识到，在让神学重新回到原始资料方面，伊拉斯谟起到了重要作用。[97] 后来“回到源头去”（也许只是在19世纪）成了人文主义复兴的战斗口号。梅兰克顿第一个明确以呼唤回到原始资料作为他在新教大学中学

---

[94] Sarton, *Six Wings*（注释52），175.

[95] R. Stintzing, *Ulrich Zasius. Ein Beitrag zur Geschichte der Rechtswissenschaft im Zeitalter der Reformation*（Basle, 1857; reprint Darmstadt, 1961），103.

[96] H. E. Troje, ‘Die Literatur des gemeinen Rechts unter dem Einfluss des Humanismus’, in Coing, *Handbuch* II，614-793，引自 p. 615.

[97] ‘Nondum satis Erasmus probatur qui primus, etiam doctorum iudicio, theologiam ad fontes revocavit’（Dedication to Bernardus Maurus in January 1519 to Melanchthon’s ‘Rhetorica’ printed in Haguenau: *Corpus reformatorum*, vol. I（Halle, 1834），63）.

科改革的出发点。他在维滕堡的就职演讲题目是纲领性的《论改正青年的学习》，在这篇演讲中，他允诺向学生提供一种具有最高价值的教育，在这种教育下，他们“可以利用最好的作家们提供的科学原始资料。任何希望在神学或法学上获得一些有价值东西的人都必须熟悉人文主义教育”。他说，包括历史和自然哲学两个方面的人文主义教育的目标是一种哲学的和修辞学的教育，它传递处理公共事务时所需的伦理责任，同时也为神学研究做准备。神学部分是希伯来语，部分是希腊语的。人们必须学习古罗马人创作其著作时使用的这些外国语言。研究原文才能显现词语的出色外表和内在价值及它们的真正意义，这会使人认识到事物的本质。当“我们把注意力转向原始资料时，我们才能开始理解基督”。[98]

在阿尔卑斯山以北，正是伊拉斯谟推动了希腊语和希伯来语的研究。这种研究不再是为东方培养教士所需要的（像那些只是偶尔实施的天主教
36 维埃纳会议所建议的那样），也不是像意大利人文主义者所期望的那样，仅仅是为了与古希腊的哲学家、诗人、科学家和历史学家进行对话。其主要动机是希望回到源头来改进神学研究。1511 年，在剑桥大学，伊拉斯谟作为女王资助的神学教授职位的任职者，首先开始了希腊文的研究。1540 年，剑桥大学获得了希腊文和希伯来文的皇家教授职位。1546 年，牛津大学也获得了同样的殊荣。1517 年，在鲁汶大学，伊拉斯谟的一个朋友杰罗姆·布斯雷登建立了三语学院，该学院后来成为整个欧洲人文主义研究的主要中心。在法国，弗朗西斯一世接受了纪尧姆·比代的建议，以鲁汶大学为榜样，建立了皇家语言学院，研究拉丁文、希腊文和希伯来文（该学院正是法兰西学院的前身）。

1499 年，红衣主教希门内斯建立了阿尔卡拉大学，以神学研究的人文主义改革作为大学的目标。这一目标的第一个成果就是 1517 年印刷、1523 年出版的《多语种圣经》，该书包括未经改动的拉丁文《圣经》及其希伯来的、古叙利亚的和古希腊的资料。虽然这部著作在文献学方面并不

---

[98] Melanchthon，‘Sermo habitus’（注释 10），引自 pp. 38-40，参见 p. 19。

完善，它既未获得普遍的成功，也未获得像伊拉斯谟在1516年编辑和重新翻译的希腊文《新约全书》所获得的教会方面的影响，但它仍不失为一部杰出的作品。[99]

梅兰克顿吸引了成百上千的学生参与其经过改革的学科课程计划。他还在1529年建立的马伯格大学中从制度方面巩固该计划的地位。1536年，他在维滕堡大学进一步发展了自己的计划——在文学院创建了10个新的教授职位，其他高级学院每个只给1—3个教授职位。在传统教授职位，即文法、辩证法、数学、物理学和天文学的基础上，新增希伯来语、希腊语、历史学和诗歌的教授席位，并且通过新增两个教授席位来加强雄辩术，这成为当时新建的大学和学园追随的范式。旧大学也按人文主义方向进行了改造。对于新教神职人员来说，以人文主义为基础的神学训练是不可或缺的。在反宗教改革过程中，学习人文主义成为训练罗马天主教神职人员的教规。[100]

随着时间的推移，人文主义学习的目标也变化了：它们力图培养一种与日常生活要求相一致的世俗虔诚的行为，不再是作为促进由教义主导的
那种虔敬方式。正像萨卢塔蒂所表述的，它们努力限制自己，“为正确的 37
写作开启大门，以使人可以自己努力去处理那些更具有神学性质的、更困难的问题”。[101] 这类问题有精神不朽、上帝旨意与自由意志之间的关系、快乐与努力奋斗之间的关系、荣耀与虔敬之间的关系等。这些问题都曾以信件或对话的形式进行讨论。对这些问题的各种不同答案，不是从信条的正确性方面来判断的，而是通过把它们作为主观经验和知识的表现进行比较，并且将它们与要面对的实际情况进行比较，从而进行判断。不论是新教正统派还是反宗教改革派，都将这种宽容放在优先位置，这二者都是由渗透着人文主义观点的大学毕业生作为主要代表的。

“懂得越多，就越容易犯错误”，这一谚语被再浸礼派用来指经受过人

---

[99] Lawrance,‘Humanism in the Iberian Peninsula’(注释33),252.

[100] 见第9章,pp. 371-372。

[101] C. Salutati, *Epistolario*, ed. F. Novati, vol. Ⅲ(Rome,1896),614.

文主义训练的神学家，但不仅是再浸礼派这样用。巴塞尔大学的希腊语教授塞巴斯蒂安·卡斯特略（1515—1563）同样如此：在塞尔维特斯被处死之后，卡斯特略判定加尔文派的所作所为使“耶稣在希伯来、希腊和拉丁语言中都被处死了，这在今天仍然是一样，难道你们没有看见懂得三种语言的人也是迫害的唆使者吗?”。确实，受到攻击的加尔文教徒可以指出，卡斯特略和其他反对迫害异教徒的人也是人文主义者。阿姆斯特丹的传道士德温格洛，由于编辑卡斯特略的作品而被怀疑有罪，他指责受人文主义教育的“神学者”允许权威之剑来保卫自己的地位，这种指责无疑是有道理的，医师或商人可能永远不会做这种事情。[102]

早期的历史学家认为，16 世纪后半期和 17 世纪前半期的多次宗教战争是导致大学衰落的原因。但在这一时期，大学其实是发展了的，它们取得了一些真正的科学和学术成果，今天的人们比 19 世纪的人更看重这些成果。然而，科学和学术的中心则慢慢转移了。帕多瓦和莱顿变得比博洛尼亚和巴黎更为重要。对于帕多瓦大学和莱顿大学来说，不知是因为它们成为威尼斯和阿姆斯特丹的商业中心，还是因为它们对持不同观点的人更宽容，这二者是哪个促成了它们的发展仍然是一个悬而未决的问题。在 16 世纪，萨拉曼卡大学对新大陆殖民地来说是一所重要的大学，对欧洲
38 本身来说也是一所重要的大学。在 17 世纪，苏格兰的几所大学超越了牛津和剑桥。18 世纪，哈勒大学和哥廷根大学快速领先于古老的中欧和东欧的大学。

同时，大学正在逐渐失去它们在中世纪时享有的那种对科学和学术研究及培养精英的垄断地位，在某些程度上也失去了一些宗教会社性质的学院机构。最具创新精神的那些学者和科学家纷纷离开大学，为各王权政府服务、参加学园或去追求那种他们作为私人进行研究所需要的愉悦和自

[102] C. Gilly,‘Das Sprichwort “Die Gelehrten die Verkehrten” oder der Verrat der Intellektuellen im Zeitalter der Glaubensspaltung’, in A. Rotondo(ed.), *Forme e destinazione del messaggio religioso, aspetti della propaganda religiosa nel Cinquecento*(Florence, 1991), 229-375, 引自 pp. 232, 330.

由。然而，大学并未远离 17、18 世纪被称作科学革命的运动，正像本书将讲到的那样，也像最近证明的哈勒大学的化学教学。[103] 然而，这一时期最伟大的那些科学发现都是与大学无关的，这一点与 19 世纪的情况形成了强烈的对比。关于大学没有成功地对科学革命做出更多的贡献，部分原因可能是由于各个不同宗教团体对他们信仰的教条似的确认或是由于信仰审查，而更深层次的原因则必须在大学的人文主义支配地位中去寻找了。

人文主义占领了各所大学。接下来的任务就变成了对这些被占领的地区进行巩固和加强。实现巩固所采用的方式有创设教授席位、编制学习课程大纲和教科书等。这样，所有关于哲学、数学、语文学和历史学的著作的产生就可以与人文主义的科学和学术思想保持一致：建立植物园、解剖中心、博物馆和图书馆，并且出版各类学术性的书籍和百科全书，从哲学上和神学上去证明人文主义对于教会和政府的价值并将它付诸实践。在巩固其胜利的这一过程中，人文主义失去了它们最初的动力，它们的特征也改变了。人文主义大学的中心任务变成了将它的客观成果进行应用，而不是学者或学生在与古代作家进行个体交流时得到智力和道德上的体验。而这正是梅兰克顿在维滕堡的就职演说中蕴涵的主要观点：在古代作家中找出人文学科的来源，在《圣经》和教父们的著作中找出神学的来源。

声称应该把古代这些作者看作各种事实、思想体系和信仰实质的主要来源，这意味着什么呢？关于这个问题，有一本书首页上的版画给出了明确的答案，该书是 1536 年出版的由慕尼黑公务人员沙伊顿莱塞尔翻译的 39
德文版《奥德赛》。那幅画是这样的：从荷马的口中流出四股溪流，分别流向维吉尔、贺拉斯和奥维德和后面一位辨不清是谁的诗人的口中；最后这个人可能就是指荷马传统的当代接受者。在文中，荷马被说成是“最古老的、最有艺术天赋的所有诗人之父”。

这里我们发现在两种意义上人文主义研究观点的转变。这位古代的作者不再是和我们具有同等地位的朋友，而是精神之父，他的重要性在于他

[103] 见第 13 章，p. 546 及注释 53。

一成不变地成为传给后来的接受者的知识的源头。这样，古代作者再一次成为权威，而古代则成为现代仿效的典范。

1519年出版的《社会》是梅兰克顿的一本开创性的作品。梅兰克顿在该书中所表述的思想暗含着这样的结论：应首先把古代的这些作者看作源头。这里他指的是“所有以某种方式能与实际生活相联系或与科学和学术思想相联系的各种事物的形式”。这些“事物形式”是从《旧约圣经》《新约圣经》和古代作者那里提取的基础性的、普遍的、符合逻辑的、合乎道德的那些概念，所以梅兰克顿写道，这些概念“并非随心所欲的发明结果，它们的根源在事物的深层次性质之中，它们实际上是所有事物的原始影像或原始准则”。[104] 按照《社会》的说法，大学应该遵循这种“普遍正确的方法论的原则”，[105] 就是在思考、写作和讲话的时候，无论是正规的还是实质上的这种文学修辞性质的教育，都应该追求那些精选出来的权威们的模式。

当以人文主义为中心的时候，对话中个体经验的质量是被提升了的。现在又降低它以培养在科学和学术活动中对古代的形式和成果的绝对和完全的忠诚，并且尽可能地模仿古代的这些形式和成果。前面我们提到的关于罗马军事技术和统治艺术的应用可以成倍地增加乃至达到无限。[106]

一些关于古代作者或古代主题的作品首页展现了这一进程。1550年以后，穿着古代服装的历史人物或神话人物越来越多，他们常常出现在纪
40 念碑上，这些纪念碑其实是古代大理石棺的一部分；他们不再是早期首页

---

[104] P. Joachimsen, '*Loci communes*, Eine Untersuchung zur Geistesgeschichte des Humanismus und der Reformation', *Jahrbuch der Luthergesellschaft* (1926), 32；再版在 N. Hammerstein(ed.), *Gesammelte Aufsätze* (Aalen, 1970), 387-442; Schmidt-Biggemann, *Topica* (注释50), 19-20。

[105] W. Bruckner, '*Loci communes* als Denkform', *Daphnis. Zeitschrift für mittlere deutsche Literatur*, 4(1975), 4.

[106] S. Gaukroger(ed.), *The Uses of Antiquity: the Scientific Revolution and the Classical Tradition*, Australian Studies in History and Philosophy of Sciences, 10(Dordrecht/Boston/London, 1991) and the imformative review by A. Grafton in *Isis*, 84/1(1993), 151-152.

上充满生气的必需事物。[107] 古代作者们不再是以客人或朋友的身份进入现代人的家中，而更多的是现代人闯入了古代世界，以他自己的研究进行判断，达到了皮拉内西（1720—1778）的《古罗马》里所描述的那种程度。在该书中，他像一个在古代雄伟的残垣中搜寻、挖掘被埋宝藏的小小的考察者或探索者。

16 世纪的大学完全被西塞罗式的辩论所占据，在这种情况下，大学的任务就是找到对待古代模式的正确方式。到了 17 世纪末，这些进而发展成古今之争。就后者来说，问题不再是应该采取什么方式来模仿古代人，而是把进步的现在与古代世界的过时成就进行比较的问题。一些具有批判意识的学者，如法国科学院秘书丰特奈尔（1657—1757）便对自然科学的进展与精通语言使用进行了区分。伏尔泰（1694—1778）则在蓬帕杜侯爵夫人与西塞罗的女儿图利娅之间的一段机智的对话中总结出下面的结论：

> 我们对那些曾控制我们那么长久的粗俗的经院哲学家们嗤之以鼻，但我们尊重西塞罗和所有那些教导我们去思考的古代人。尽管我们的自然法则与你们那个时代的不同，但我们关于雄辩的规则是相同的。这也许正是解决古代人与现代人之间争执的方式。[108]

古代成了教育的内容。1767 年，即在被任命为爱尔福特大学哲学教授的两年前，克里斯托弗·马丁·威兰（1733—1813）写了第一本德文的教育小说《阿迦通的故事》。这部作品描述了一位年轻人在古代人中间进

---

[107] G. Finsterer-Stuber, *Geistige Väter des Abendlandes, eine Sammlung von hundert Buchtiteln antiker Autoren, mit einem Essay von W. Rüegg* (Stuttgart, 1960).

[108] 'Des anciens et les modernes, ou la toilette de Madame de Pompadour'，引自 J. von Stackelberg, 'Die "querelle des anciens et modernes". Neue Überlegungen zu einer alten Auseinandersetzung', in R. Toellner (ed.), *Aufklärung und Humanismus*, Wolfenbütteler Studien zur Aufklärung, 6 (Heidelberg, 1980), 35-56，引自 p. 51。关于 'querelle' G. Highet, *The Classical Tradition, Greek and Roman Influence in Western Literature*, 3rd edn (New York/London, 1953), 261-292: ch. 14: The Battle of the Books。

行一次巴洛克式的重要游历，目的是寻找自我意识的人文性的方式。在这些古代人中，教士和哲学家们代表着保守的精神，而交际花和智者则代表着自然和理性的本质特征。威兰非常清楚古代太遥远了，翻译西塞罗的作品的时候，他把经历“遥远的爱”当作一件痛苦的事情。人文主义已失去
41 了它们对人类特别的、人文主义的力量。人文主义不再是一种与古代作者们友谊的有生命的集体，而越来越变成了一个陌生的舞台，这个舞台呈现了世界，并且最终揭示了世界的虚构。[109]

柏林大学教授奥古斯特·伯克（1785—1867）写了《语言学大全及方法论》一书，他在书中批评那些伟大的荷兰学者们对古代这一时期是匆匆掠过，就好像他们走在城外大道上，只看到事物的表面。“这种做法不能理解事物的性质。而唯一正确的方法是收集各种资料，然后从这些资料出发从外围考察事物的各个部分。”[110] 在伯克看来，这个中心点不是个体的人，而是“一个民族或一个时代的原则”，或者是黑格尔所说的“真正的普遍精神的实质”。[111] 这一范式转变是以洪堡的新人文主义及其关于教育的概念为基础的。这种新人文主义和教育的概念在大学的历史上开辟了一个新纪元，它也正是本书第三卷所要探讨的主题。

精选文献

Becker, M. B. *Civility and Society in Western Europe, 1300-1600*, Bloomington, Ind., 1988.

Chiapelli, F. (ed.) *First Images of America. The Impact of the New World on the Old*, Berkeley, Calif. /Los Angeles, Calif. /London, 1976.

Fumaroli, M. *L'Age de l'éloquence, rhétorique et 'res literaria' de la Re-*

---

[109] F. Sengle, *Wieland. Leben, Werk, Welt* (Stuttgart, 1949), 558.

[110] A. Boeckh, *Enzyklopädie und Methodologie der philologischen Wissenschaften*, ed. E. Bratuschek (Leipzig, 1877), 3-14, 47, 56.

[111] G. W. F. Hegel, *Werke*, vol. XVI (Berlin, 1834), 144.

naissance au seuil de l'époque classique, Geneva, 1980.

Gaukroger, S. (ed.) *The Uses of Antiquity: the Scientific Revolution and the Classical Tradition*, Australian Studies in History and Philosophy of Sciences, 10, Dordrecht/Boston, Mass. /London. 1991.

Goodman, A. and MacKay, A. (eds.) *The Impact of Humanism on Western Europe*, London/New York, 1990.

Grafton, A. and Jardine, L. (eds.) *From Humanism to the Humanities: Education and the Liberal Arts in Fifteenth and Sixteenth Century Europe*, Cambridge, Mass., 1986.

Grafton, A., with Shelford, A. and Siraisi, N. *New Worlds, Ancient Texts. The Power of Tradition and the Shock of Discovery*, Cambridge, Mass., 1992.

Kaufmann, G. (ed.) *Die Renaissance im Blick der Nationen Europas*, Wolfenbütteler Abhandlungen zur Renaissance-Forschung, 9, Wiesbaden, 1991.

Kearney, H. F. *Scholars and Gentlemen: Universities and Society in Pre-* 42
Industrial Britain, 1500-1700, London, 1970.

Kittelson, J. M. and Transue, P. J. (eds.) *Rebirth, Reform and Resilience: Universities in Transition 1300-1700*, Columbus, Ohio, 1984.

Lunsingh Scheurleer, T. H. and Posthumus Meyjes, G. H. M. (eds.) *Leiden University in the Seventeenth Century. An Exchange of Learning*, Leiden, 1975.

Porter, R. and Teich, M. (eds.) *The Renaissance in National Context*, Cambridge, 1992.

Schmidt-Biggemann, W. *Topica universalis. Eine Modellgeschichte der humanistischen und barocken Wissenschaft*, Hamburg, 1983.

Stichweh, R. *Der moderne Staat und die europäische Universität. Zur Interaktion von Politik und Erziehungssystem im Prozess ihrer Ausdifferenzierung (16.-18. Jahrhundert)*, Frankfurt-on-Main, 1991.

43

第二章　模式

威廉·弗里霍夫

大学的目的

大约在本卷所讨论时期的 2000 年前，有人问亚里士多德，在他那个时代教育的确切目的是什么：是培养有知识的人？是培育美德？还是满足社会的物质需要？知识、美德和实用，也即推动知识的进步，促进社会、道德和宗教行为规范的遵守，以及为高级职位或专业培养人才，是大学在整个历史上最主要的三个目的，而在关于大学目的的讨论中，不断有人提到，大学的侧重点常常在这三个目的中摇摆。高等教育外貌的不断变化以及欧洲诸大学概貌的不断改变都在很大程度上与这种侧重点的改变有关，与这三种目的的重要性的变化有关，以及与社会（或者更确切地说是社会主导的经济、社会和文化集团）对于每一种目标的优先考虑程度有关。

提及古代某位思想家并不像乍看上去那么随意。本卷的时期以 1502 年维滕堡大学的建立为开端，这所大学成立后很快发起了一场伟大的宗教运动，该运动进一步演变为各大学改革的热潮。然而，这所大学自豪地宣称自己是“维滕堡大学”，这就表明了它属于真正的知识来源于古希腊和古罗马的那种传统，而对于中世纪经院哲学的黑暗持骑墙态度。[①] 中世纪
44 大学学科结构中教师与学生之间的关系表明，权威观点也即那些有名望学者的意见在多大程度上影响着知识的发展。至少从理论上说，中世纪大学

---

① 参见 E. C. Reinke and G. G. Krodel(eds.), *Nicolaus Marschalk's Commencement Address Delivered at the University of Wittenberg, January 18, 1503*(Valparaiso, 1967), 8; M. Grossmann, *Humanism at Wittenberg 1485-1517*(Nieuwkoop, 1975)。

的这种师生关系必将被一种新型的学术理想所取代，即在新型的大学机构中，将师生联系在一起的是对学术、人文研究的共同追求，它对个性的塑造丝毫不亚于对精神和智力的培养。②

在17世纪和18世纪，当近代大学失去其动力和很多它们原来所拥有的期望的时候，这种学术交往的模式也体现在文学和科学学会的学术交流之中，这些学会的成员——专业研究者和业余研究者们，对待新知识分支的态度都是开放的。③ 在下卷书讨论的时期的一开始，这种学术模式通过洪堡的理想，④ 在大学中重新焕发生机。

源自古希腊的术语“学术界”，早在15世纪就为人所知，这一新术语的使用有另外一个原因：它直接指出我们现在需要对学术模式进行改革，⑤ 这是因为它表明历史文献学的方法已经被用来作为理解科学事实的一种新方法。然而，在整个近代早期，这种模式并不是一直占主导地位的。文献学必须给精确科学让路，而在精确科学中，数学是17世纪普遍的试金石。在18世纪，数学也开始不得不给实验方法让路了。⑥

这样，在本卷所论述的三个世纪中，每一个世纪都有各自支配的科学

---

② W. Reinhard(ed.), *Humanismus im Bildungswesen des 15. und 16. Jahrhunderts* (Weinheim, 1984); G. M. Bertin, *La pedagogia umanistica europea nei secoli XV e XVI* (Milan, 1961); N. Hammerstein, 'Humanismus und Universitäten', in A. Buck(ed.), *Die Rezeption der Anike* (Hamburg, 1981), 22ff.; A. Grafton and L. Jardine(eds.), *From Humanism to the Humanities: Education and the Liberal Arts in Fifteenth and Sixteenth Century Europe* (Cambridge, Mass., 1986).

③ 关于不同科目的学术学会，参见精选文献，pp. 109-110。

④ C. Menze, *Die Bildungsreform Wilhelm von Humboldts* (Hanover, 1975); L. Boehm, 'Wilhelm von Humboldt(1767-1835) and the University: Idea and Implementation', *CRE-Information*, 62(1983), 89-105.

⑤ 参见 T. S. Kuhn, *The Structure of Scientific Revolutions* (Chicago, Ill., 1962; 2nd enlarged edn. Chicago, Ill., 1970)。

⑥ 参见 T. S. Kuhn, 'Mathematical versus Experimental Traditions in the Development of Physical Science', *Journal of Interdisciplinary History*, 7(1976), 1-31; republished in T. S. Kuhn, *The Essential Tension: Selected Studies in Scientific Tradition and Change* (Chicago, Ill., 1977), 31-65; 亦参见第13章精选文献。

影响力，都有各自成为那个世纪的捍卫者的杰出人物。16 世纪是文献学的世纪，也是对神学基础进行重大修订的世纪，文学家和神学家们是居于主导地位的。这一时期的文学家和神学家有德西迪里厄斯·伊拉斯谟（1469—1536）、维滕堡的修道士马丁·路德（1483—1546）和约翰·加尔
45 文（1509—1564），以及所有那些活跃在新教改革运动和天主教反宗教改革运动中的新教神学家和天主教神学家。[7] 16 世纪末，这种文学模式达到了顶峰，标志是约瑟夫·贾斯特斯·斯卡利杰（1540—1609）和于斯特斯·利普西乌斯（1547—1606）的著作，这几位学者服务的大学是通过相互竞争才聘任到他们的。但是当人文主义成为政治奴仆或大学机构的奴仆的时候，它就失去了生命力，事实上就是失去了它的可信性。于斯特斯·利普西乌斯就是这样一个悲剧性的例子：尽管他本人是斯多葛派人文主义者，却为火刑辩护，说火刑是维护国家意志的一种方式。[8] 这种文学模式的时期结束了。

另外一种模式逐渐取代了它的地位。追随像尼古拉斯·哥白尼（1473—1543）和皮埃尔·德·拉·拉谟斯（1515—1572）这样的前辈们的足迹，伟大的数学家们出现了，著名的有西蒙·斯泰芬（1548—1620）、弗朗索瓦·维埃特（1540—1603）、加利莱奥·伽利略（1564—1642）、勒内·笛卡尔（1596—1650）、皮埃尔·德·费马（1601? —1665）和克里斯蒂安·惠更斯（1629—1695）。值得注意的是，这些人并不都是在大学

---

⑦ 有关教学进展的不同内容，参见第 12、13、14 章。有关大学转变的问题，参见 J. M. Fletcher,'Change and Resistance to Change: a Consideration of the Development of English and German Universities during the Sixteenth Century', *History of Universities*, 1(1981), 1-36。有关宗教改革与大学的关系，参见 L. Grane(ed.), *University and Reformation* (Leiden, 1981); L. Petry, 'Die Reformation als Epoche der deutschen Universitätsgeschichte', in L. Petry(ed.), *Festgabe J. Lortz*, vol. Ⅱ: *Glaube und Geschichte* (Baden-Baden, 1958), 317-353; O. J. de Jong, 'States, Churches and Universities during the Reformation', *CRE-Information*, 72(1985), 47-60; G. A. Benrath, 'Die Deutsche Evangelische Universität der Reformationszeit', in *Universität und Gelehrtenstand*, 63-84。

⑧ A. Gerlo(ed.), *Juste Lipse (1547-1606). Colloque international tenu en mars 1987* (Brussels, 1988).

中任教的，其中许多人仍保持着那种以自己的方式或靠津贴为生的知识分子的生活方式，有时他们这么做是自己选择的，但同样也是由于许多大学对这种新知识怀有敌意。事实上，科学的伟大复兴主要是在大学外进行的，虽然各地并非都是如此。大学切实地认识到，新知识会威胁它们已建立的学科秩序，这是因为17世纪的哲学家和数学家们的作品都非常重要，它们远远超越了那些学科的狭隘限制。例如，笛卡尔的争论在一定程度上影响了大学所有的学院，这是因为笛卡尔的方法深入到了科学的根源，它对当时的教学和实践方法提出了挑战。[⑨]

与此同时，新的范式使实验方法的轮廓更加清晰。《伟大的复兴》是弗朗西斯·培根（1561—1626）未竟的著作，他是这一方法的先驱，更确切地说，他是这一方法的倡导者而非缔造者。[⑩] 随着著名的学者，如化学 46
家罗伯特·玻意耳（1627—1691）、物理学家伊萨克·牛顿（1642—1727）和医师赫尔曼·布尔哈夫（1668—1738）等人的努力，实验方法已成为科学工作的坚实操作基础。由此才出现了18世纪实验科学的惊人发展，以及随之而来的一系列应用科学的发展。这些应用科学导致在大学之外建立了工程学、林学、兽医学和其他学科的专门学校。

随着主导模式的变化，传统的中世纪教会对大学的控制也在缓慢却不可避免地减弱。在本卷我们所论述时期的最后阶段，在改革的混乱时代之前建立的最后两所大学就是这种双重趋势的典型例子。这两所大学都是德国大学，一所是由科隆的选帝侯建立的波恩大学，该大学于1784年获得皇帝约瑟夫二世的批准，是德语国家中第一所没有教皇特许权的大学（它却建立在由主教统治的疆域里！）。[⑪] 另外一所是1781年建立的、存在时间

---

⑨ L. W. B. Brockliss, 'Aristotle, Descartes and the New Science: Natural Philosophy at the University of Paris 1600-1740', *Annals of Science*, 38(1981), 33-69; L. W. B. Brockliss, 'Philosophy Teaching in France, 1600-1740', *History of Universities*, Ⅰ(1981), 131-168.

⑩ 参见 C. Webster, *The Great Instauration. Science, Medicine and Reform 1626-1660* (London, 1975)。

⑪ M. Braubach, *Die erste Bonner Universität und ihre Professoren. Ein Beitrag zur rheinischen Geistesgeschichte im Zeitalter der Aufklärung* (Bonn, 1947).

很短的斯图加特大学，该大学在名称和结构上都摈弃了传统大学的做法，为了避免冒犯附近的图宾根大学里的神学家，它小心翼翼地称自己为“高级中学”；为了与古代的传统保持一致，它也赞同大学的传统特权，但是它的课程是全新的。前身为军事学园的斯图加特大学，在课程上摈弃了文学和哲学、医学、法学、神学这四种传统的学院课程结构，而是采用六个部分：法律、军事科学、公共管理、林学、医学和经济学。[12] 在教学上，既注重纯科学，又注重应用科学，还总是考虑到国家及公共利益。这所大学是现代西方大学体系的先声，与几年后法国革命建立的、用以代替革命所废除的大学的专科学校是一模一样的。

轻视名称改变的重要性是错误的。当一所新大学采取了一个通用的名称时，表明它加入了其他使用这种名称的大学之列，表明它宣布共享其他大学的历史，而且常常采用其他大学的结构、传统、惯例和标志。它采用了一种借来的身份，而且必须去践行这种身份。而一所大学如果改变了名称的话，就意味着它改变了自己的特性，至少在其自身观点方面是如此。
47 因此，我们就得考虑大学馆或综合性大学或母大学与18世纪后期出现的专门的专科学校之间有什么相同之处。大学馆或综合性大学或母校是中世纪晚期的包罗万象的组织，它承担着管理其成员全部生活的任务，并且覆盖所有的知识内容，无论是纯科学，还是应用科学知识。萨拉曼卡大学、博洛尼亚大学、克拉科大学和鲁汶大学都是这种“贪婪的机构”的好例子。而专科学校则具有限制的、专门化的功能，如巴黎的土木工程学校（1795年称作“多科技术学校”）。这种名称上的改变以及名称改变所表达的大学观点的改变，阐明了中世纪大学向19世纪大学发展的长期且艰难的过程。虽然大学不断地应社会上使用群体的需要而进行形式和功能的改变，但是它始终保持了自己身份的认同感。

维滕堡的大学-学园是由那些发誓要为上帝和教会服务的奥古斯丁派

---

⑫ H. Wagner, *Geschichte der hohen Carlsschule*, vol. Ⅰ (Würzburg, 1856); J. H. Voigt, *Die Universität Stuttgart: Phasen ihrer Geschichte* (Stuttgart, 1981).

修士的大学，而斯图加特的国家大学-高级中学建立的目的则是培养军队官员和政府官员，这二者之间似乎存在着巨大的鸿沟。然而，这二者都把各自的起源追溯到一个共同的具有公共机构特征的组织，它们认为它们属于同一种传统，并且为社会提供类似的服务。在这两所大学建立中的这一时期里，在欧洲建立、复原或重组了约140所大学。1500—1800年，包括那些在近代早期还存在的大学，总共有190所大学存在了或多或少的时间（见本章的附录）。要想系统研究大学与社会之间的关系，就得对这些机构进行分类，把它们区分开来，或者把它们与其他类似的在不同水平上的机构区分开来，或者反过来说，使我们有可能认识到不同名称下面的相似结构，或者至少是在不同名称下共有的那些目标。

近代早期的大学是什么

那么，我们该怎样定义大学呢？自称大学，这不是一个充分的判断标准。在近代早期，地中海沿岸国家仍然经常使用中世纪的术语“大学馆”，甚至一些新建大学也是如此，但在德语国家和斯堪的纳维亚国家中，大多数大学都使用“学园”（Academy）这一名称。这就导致了与其他教育水平的学园之间的混淆，如提供中等水平或专门指导的贵族学园，[13] 或者甚至与那些15世纪以来不断增加的以“学园”为名的知识社团相混淆。另 48
外，在像苏格兰和西班牙这些国家中，由于大学的组织方式的不同，那里的大学使用学院（college或*collegio*）这一名称。

东欧的例子可以清楚地表明，依赖传统术语从完整意义上界定大学是非常困难的。1578年斯蒂芬·巴托里国王（1579年由教皇格列高利十三世批准）在立陶宛首都维尔纽斯建立了一所新的天主教学园，1594年王国大臣简·扎莫伊斯基在波兰城镇扎莫希奇建立了一所天主教学园，1632年大主教彼得·莫希拉在乌克兰的基辅建立了一所东正教学园，称作学院

⑬ Conrads, *Ritterakademien*.

(*Kollegia*),[14] 后来这一学园归波兰管辖。在俄罗斯帝国，此类例子出现在 1687 年，当时在莫斯科建立了一所斯拉夫-希腊-罗马学园。在基辅和莫斯科的教育机构里，教授博雅学科、语言和神学，这与西欧的那些“完全”大学只有哲学院和神学院的教学情况是一样的，也与几所耶稣会大学的情况是一样的。但是，在俄罗斯帝国（乌克兰在 1667 年回归俄罗斯帝国）中，由于缺乏成熟的大学，俄国和乌克兰的这些学园发挥了更大的影响力：它们的教学帮助培养了各种职业的许多专业人士（政治家、律师、医师和文学家）。在俄罗斯内部，尤其把基辅学院看作一所“真正的”大学。1724 年，彼得大帝（1672—1725）在圣彼得堡建立了科学院，这一机构的建立无疑又增加了在术语上的混乱。该科学院由三个相互联系的机构组成一个有机整体：一个西欧模式的科学院，一所其学者可以进行高水平学科教学的大学，以及一个这些学者的学生可以向更年轻的人们传递一些基础科学知识的学院。[15] 1747 年圣彼得堡大学成为一所自治机构，许多人还继续称它为学园。在俄罗斯，第一所使用大学名称的学校是莫斯科大学，该校是在著名的圣彼得堡科学家米哈伊尔·瓦西列维奇·罗蒙诺索夫（1711—1765）的建议下，由彼得大帝的女儿伊丽莎白（1709—1761）于 1755 年创建的，罗蒙诺索夫的一些学生被任命为该校教授。然而，尽管这所大学包括两个讲学所（一个为贵族服务的讲学所，一个为其他精英服
49 务的讲学所，与三年后即 1758 年在喀山建立的二元讲学所相同）和三个系，但这所完全大学在最初并未授予学位。[16]

总的来说，很明显，只有在英国和法国，有权授予学位的高等教育机构才一直被称作大学，但这样概括还不完善。对大学史进行研究的一个谨慎方法也许就是不那么严格地界定大学，即把大学界定为施行某种高级教

⑭ Z. I. Khizhnyak, *Kievo-Mogilyanskaya Academia* (Kiev, 1988).

⑮ Y. D. Margolis and G. A. Tishkin, *Otechestvu na polzu, a rossiyanam vo slavu. Iz istorii universitetskogo obrazovaniya v Peterburge v XVIII-nachale XIX veka* (Leningrad, 1988); E. Donnert, *La Russie au siècle des Lumières* (Leipzig, 1986), 68-92.

⑯ I. A. Fedosov (ed.), *Letopis Moskovskogo universiteta, 1755-1979* (Moscow, 1979), 16-18.

育并授予证书的机构。但是如果更细致地考察大学历史的话，这一定义中的每一个术语都会引起争议。

让我们从这个问题开始吧：大学是不是指政府当局建立的或至少由政府当局在法律上所承认的机构呢？当一所大学的创立是教皇或皇帝的唯一特权，或者最好是两者共有时，只要这种权威不受质疑，这就是标准。然而，在近代早期，政治权力分裂成无数的管理机构，这种体制合法性的判断标准就靠不住了。当然，在这一时期，政治权力还可以继续行使其批准建立大学的特权，如通过地区政府、地方政府甚至个人（如 1594 年在扎莫希奇）来行使。它还可以通过系统地建立大学而采取主动，如在 18 世纪伟大的教育改革中，从意大利到西班牙，都在改革那些被认为是不适宜的、数量过多的或偏离正轨的大学制度。

有些大学未经合法权力机构批准就建立起来了。这能证明德国皇帝及他那些拥护君主政体的王储们多年来一直拒绝承认 1575 年由荷兰反叛者建立的莱顿大学的行为就是合理的吗（据说，该校伪造的假创建证书是由国王菲利普二世颁发的，但后来他很快否认是自己做的）?[17] 在近代早期，这是持不同政见者面临的一个主要问题。只要持某种不同观点的人在法律上成为少数，他们就只有出国去留学，正像爱尔兰的天主教徒跑到在法国和低地国家中那些为他们建立的学院中去一样，或者像非国教徒在英格兰一样，建立私立学校；[18] 但是只要某个君主或地方统治者接受这种不一样 50
的意见，他就赶紧把当地的大学变成他自己教派的机构。这种事情首先发生在海斯，1527 年，菲利普·黑塞伯爵在未获得教皇特许或皇帝许可的情况下，建立了一所路德教派的大学（1541 年皇帝给予了批准）。

---

[17] M. W. Jurriaanse, *The Founding of Leyden University* (Leiden, 1965).

[18] 关于英格兰非国教徒的学园，参见 I. Parker, *Dissenting Academies in England* (Cambridge, 1914; 2nd edn New York, 1969)。一些新教徒努力在剑桥建立一些具有新教精神的学院；对他们来说，学习是非常重要的。关于这方面的论述，参见 J. Morgan, *Godly Learning. Puritan Attitudes towards Reason, Learning and Education 1560-1640* (Cambridge, 1986)。夸美纽斯关于包括高等教育在内的新教育制度的计划，参见 C. Webster (ed.), *Samuel Hartlib and the Advancement of Learning* (Cambridge, 1970)。

加尔文主义信徒就没有这么幸运了。最初，德国的皇帝不给加尔文主义的学园或高等学校授予学位的权利，从而不承认它们是大学。日内瓦学院同样也没有授予学位的权利，它只能向就读者发放一纸“接受教育的证明”。然而，在一些加尔文主义的国家中，人们从法律上认可这种“证明”等同于学位。[19] 但是，在日耳曼帝国中的加尔文学园，不论是黑博恩、不来梅或施泰因福特，还是任何其他的文法学园，都没有获得过特许状。唯一的例外是成立于 1654 年的杜伊斯堡学园，它依据 1566 年皇帝批准在杜伊斯堡这座城市建立一所大学的特许状（然而这一特许状从未被完全认可），可以把自己当作一所真正的大学。当时，加尔文主义事实上已经由皇帝在《威斯特伐利亚和约》（1648）中予以承认。对于加尔文派教育机构的这种抵制产生了一个引人注目的结果：出现了一种大学，在其中，授予学位及系科设置都不那么重要，而且其中各加尔文大学已采取的斯图谟式的教学法比在其他任何地方都更加兴旺。[20]

其次，任何试图通过大学的教学水平来界定大学的努力都会带来其他问题。这种教学水平应该如何评估？当然不是根据质量。即使是在那些最为著名的大学中，在此仅举几个无可争议的例子，如在巴黎、科英布拉、萨拉曼卡、剑桥、牛津、博洛尼亚、克拉科和海德堡大学中，教学也并非总能达到非常模范的等级。在 16 世纪和 18 世纪，当时有很多埋怨之词，说大学正在大幅衰落，其原因是大学教学不再令人满意。在我们现在看来，这种到处都有的大学教学的所谓“危机”似乎是一种流行病，是大学的迟钝反应与它对正在形成发展的社会不断变化的责任之间的紧张状况的

---

⑲ T. Heyer,‘Lettres patentes des Provinces-Unies des Pays-Bas en faveur des docteurs et autres gradués de l'Académie de Genève, 1593-1599’, *Mémoires et documents publiés par la Société d'histoire et d'archéologie de Genève*, 11(1859), 161-191.

⑳ 参见 N. Hammerstein,‘Schule, Hochschule und Res Publica Litteraria’, in S. Neumeister and C. Wiedemann(eds.), *Res Publica litteraria. Die Institutionen der Gelehrsamkeit in der frühen Neuzeit*, Wolfenbütteler Arbeiten zur Barockforschung, 14(Wiesbaden, 1987), 93-110; G. Menk, *Die Hohe Schule Herborn in ihrer Frühzeit (1584-1660). Ein Beitrag zum Hochschulwesen des deutschen Kalvinismus im Zeitalter der Gegenreformation*(Wiesbaden, 1981)。

必然结果。但是，毫无疑问，也许是有足够理由去怀疑大学的教学质量 51
的。那种质量应不仅仅单纯以学术形式进行评估，它更多取决于课程能在多大程度上满足支持大学的社会团体的需要，也许甚至在一定时期更取决于它们没有完全调和大学的学术与人们期待大学完成的责任之间的矛盾。当然，在这里人们常常发现大学并非那么令人满意。㉑

于是，我们必须采取那些更为客观和更为正式的评判标准：高等教育机构的建立应该是由拥有法定资格的官方认可的，而官方之所以认可它，要么是由于它引领着教育制度等级，要么是由于它与某个传统模式是一致的，如把大学的各学科分成系这种传统模式。但是，按照这样的标准，我们还面临着其他的隐患。1520 年，当教皇被宣布为反基督教者的时候，他在各新教国家中马上就失去了确认大学的特权。在神圣罗马帝国各国中，相较于教皇，这一特权被皇帝保留了很多年；但是帝国的版图也在逐渐减小，最后它的疆域与德国差不多了。从那时起，各地方的统治者作为神圣罗马帝国的下属成员，或各地方共和国的政府作为最高统治者，就拥有了在各自国土上创办大学并赋予其学位垄断权的特权，或者至少是拥有对其国民进行高等教育的特权。这两种权利都受到了其毗邻者的质疑，也受到那些无法阻止它们的高一级的权力机构的质疑。从成熟的大学馆起步的大学，常常最后不过成为一所地区性的学校。㉒ 当时的人就对这些大学的教学水平及其颁发的学习证书或文凭的有效性非常迷惑。近代早期出现的不计其数的旅行指南或大学一览表就是试图尽最大能力解除这种迷惑。大多数此类著作也包括欧洲大学史的内容，这一领域最早的重要学术著作之一是赫尔曼·康林的《六篇关于古代学术的论文》（黑尔姆施塔特，

㉑ 关于 18 世纪欧洲大学衰落的问题，以下著作进行了简要地讨论：R. Chartier and J. Revel，'Université et société dans l'Europe moderne：position des problèmes'，*Revue d'histoire moderne et contemporaine*，25(1978)，353-374；R. Chartier，'Student Populations in the Eighteenth Century'，*The British Journal for Eighteenth-Century Studies*，2(1979)，150-162。

㉒ P. Baumgart and N. Hammerstein(eds.)，*Beiträge zu Problemen deutscher Universitätsgründungen der frühen Neuzeit*，Wolfenbütteler Forschungen 4(Nendeln/Liechtenstein，1978).

1651)。值得注意的是，这种大学分类的著作在那些概念不清、急需质量指导的大学所在的欧洲地区尤为受欢迎。而在诸如西班牙这样的国家，并不存在这种大学概念上的问题。[23]

52

高等教育的地位

由上我们可以知道，这一时期的公众虽然充分认识到了大学的重要性（对他们来说，大学是指有授予学位权利的机构），但还是对高等教育持一种宽泛的看法。他们这种宽泛的看法就是从学术水平考虑，或者像我们今天所说的，从大学的水平考虑。那些从未获得过学位授予权利的学校，或者是那些学位授予权利有限的学校，只要它们的水平被认为是合格的，或者它们自称具有大学地位，就能相当容易地获得与有称号的大学平等的地位。此类的例子有黑博恩的文法学园、阿姆斯特丹或代芬特尔的精英学校、布兰斯堡的大学学院、米兰和巴勒莫的耶稣会学校、瑞士各州（苏黎世、伯尔尼和洛桑）的神学学园，以及所有在中欧东部边界建立的大学。这些大学都从未明确获得过大学地位，只有多尔帕特的路德教派大学和维尔纽斯的天主教大学及克拉科的国立大学属于例外。

以克拉科为首的一些古老大学，通过阻止后建立的那些大学成为成熟的大学，加强其自身的地区垄断权。因此，海乌姆诺、波兹南和许多其他波兰城市中的学校都只不过是克拉科大学的分部而已。[24] 在法国，图尔农建立的耶稣会大学在四年之后（1626）不得不关闭了，原因是愤怒的竞争对手的攻击。1756 年，莱顿大学阻止在济里克泽建立一所泽兰省大学，

[23] 见 A. Álvarez de Morales, 'La universidad y sus denominaciones', in M. Peset (ed.), *Universidades españolas y americanas. Época colonial* (Valencia, 1987), 57-66。数目众多的近代早期大学目录见精选文献，pp. 107-108。

[24] 总共有大约 30 个这样的“学院群”，而第一个就是在拉科城建立的“paedagogium”。“学院群”包含从初等小学到高等学院众多不同层次。见 W. Grzelecki, *Szkoly-kolonie Uniwersystetu Krakowskiego 1588-1773* (Wroclaw, 1986)。

济里克泽城的摄政团则以指责莱顿大学的建立是不合法的（也确实是这样）来予以回击。[25] 一个世纪之前，在 1631/1632 年，阿姆斯特丹曾残暴地对待莱顿的对手。从阿姆斯特丹大学致法庭的信中，我们可以特别清楚地知道，阿姆斯特丹大学清晰地认识到它所参与的欧洲大学建立运动，参与者包括各层次和各教派的教育机构。[26] 英格兰仍然由心胸狭隘的牛津和剑桥这两所大学垄断控制，这两所大学都成立于遥远的中世纪。当时有试图促进教育水平的努力或使教育对社会更有用的努力（如律师学院的建 53
立、内科医生学院的医药教学），以及下放高等教育权的努力（如未能实现的 1640—1657 年在曼彻斯特、约克郡和达勒姆建立大学的计划，或者是在那些宗教团体中，著名的沃灵顿或北安普顿的不信奉国教的学园），所有这些努力都是针对牛桥和英格兰教会的垄断而进行的。

大学网的逐步细分，以及将大学或学园的能力范围和招生对象限定在特定地区，这些影响了学生与教师的流动性及学术声望，甚至还影响了大学的模式。这样，统治者就能够禁止学生去国外学习。当评估大学对社会的影响及大学的国际声望的时候，一定得考虑这个因素。就新建大学模仿的大学模式的发展来看，在近代早期有一个值得注意的趋势，就是趋向于模仿所谓的教派大学家族，如路德教派、加尔文派或天主教派，在这些教派中还进一步形成了各国大学子家庭。16 世纪的大学通常是移植早于它们的模式（如巴黎大学、博洛尼亚大学或牛津大学），但是这些 16 世纪的大学模式自己以一种适合当时条件的形式也成了在同一国家宗教派别相似的新建大学的模仿对象。

这样，苏格兰的几所大学（在 16 世纪下半期进行了重大改革）就在大学结构上与荷兰的那些加尔文派的大学区别开来。在苏格兰的大学中，学院其实就是整个大学，另外有一个完全的学院管理体系。西班牙的大学

㉕ W. Frijhoff, 'Zeelands universiteit: hoe vaak het mislukte, en waarom', *Archief Koninklijk Zeeuws Genootschap der Wetenschappen* (1987), 7-41.

㉖ P. C. Molhuysen (ed.), *Bronnen tot de geschiedenis der Leidsche universiteit*, vol. Ⅱ (The Hague, 1916), 214*-252*, 286*-289*.

及学院与法国的大学是大不相同的，在西班牙的大学中存在的学院体系有另外的功能。西班牙学院-大学形式容易由政府控制，这一形式特别适合于那些通过征服而扩大疆域的国家的需要，正像后来 17 世纪和 18 世纪时天主教欧洲的东部边界的那些伟大的准大学学院一样。最后，当所有天主教国家都采取超国家模式的时候，像耶稣会大学那样，大学体系的复杂情况达到了极致。

上面提到的这种尝试性的大学定义带来了进一步的问题：在近代早期，还未建立一个清晰的教育分级系统，这类的分级系统常常是由历史学家在后来建立起来的，所以与当时的情况并不一定一致。事实上，中世纪大学实施的教育我们今天应该叫作中等教育，有时候甚至还有初等教育，
54 这是因为所有中世纪的制度化的教学（包括来自传统教科书的读写教学）都是用拉丁文进行的。这能够解释当代文献中记载的当时文科生的数量这么大，其实并不能完全归因于统计时代之前对数字的草率处理。从 16 世纪开始，许多正规的满员大学中，学生数量陡降。那些没有发挥新功能（如为社会机构或政府机构的就业提供培训）的大学，大部分消亡了。[27]

当时有些观察家认为这是一个令人焦虑的危机，但是也许这只不过是困难萌芽期的一个阶段。随着人们认识到新的知识运动，即人文主义正在形成中等程度的“中等教育”部分（即普通教育学院），这又进一步界定了“高级”水平，即高等学校，在有些国家中开始把它们称作高级中学或大学，情况就变得明朗化了。[28] 从那时起，教学水平而不是机构建制成为大学的标志和特征。

换句话说，在 16 世纪，老大学分裂为两个部分。第一部分是教授人

㉗ 参见 L. W. B. Brockliss, ‘Patterns of Attendance at the University of Paris, 1400-1800’, *The Historical Journal*, 21(1978), 503-544; revised version in *Populations étudiantes*, vol. Ⅱ, 487-526。

㉘ M. -M. Compère, ‘Les collèges de l'Université de Paris au ⅩⅥe siècle: structure institutionnelle et fonctions éducatives’, in *I collegi universitari*, 101-118; M. -M. Compère, *Du collège au lycée(1500-1850). Généalogie de l'enseignement secondaire français*(Paris, 1985).

文学科的学院网络（或称文法学校），这种类型的学校遍布各地，它们从旧的文学院中吸引了大量学生。而那些在近代早期流失了大量学生的院系，除非它们能够并入学院，否则就失去了大多数学生。并入学院恰恰是被耶稣会接收的斯图谟大学模式的长处之一。第二部分则是严格意义上的大学，它们现在被集合在一个特定的中心，即只为某些职业培训学生：科学、教学、天主教和新教神职人员、专业人士（医学和法律）及文职部门。在这种教学计划中，文科课程往往都只是些预备学科。而教授人文学科的学院或文法学校，则是与大学相联系的，仍然保持着教学特征，也即普通教育的学院一般遵从巴黎大学的模式，将教学建立在一种渐进的年级制度上，这种体系在今天也仍然是很普遍的。同时，大学却仍然延续循环的权威课程体系。

这些变化深刻地影响了高等教育。虽然变化是缓慢和渐进的，但最后几乎所有地方大学都完全停止教授普通文化（这一功能由文法学校接手了），变成了培训精英的工具（虽然法律培训也许会被看作一种当时新型 55
的普通文化）。较之以前，大学的规模变小了，更为相似了，也变成了社会上产生教会和政府官员阶级的属地。这样，大学有时就成了教会和共和国的摇篮。在17世纪，德国的大学曾被叫作“家庭大学”，这是由于教师之间的家庭纽带网络及它们在一定程度上从社会上的同一个阶级中吸收学生。[29] 这些变化的步伐在各地并不是相同的，但是它们显示了高等教育对社会流动性和精英阶级培养的影响力。

当然，文法学校仍旧与大学紧密联系在一起（它们在很长的一段时间里都一直提供基础的读写教学）。在许多拥有大学的城镇中，文法学校继续与大学联系在一起，这是因为文法学校高级班级的学生被认为是文学院的一个部分，所以必须注册入大学。这就使得我们在解释大学生的数据和关于他们年龄信息的时候应该非常小心——许多似乎是超前发育的天才也许实际上只不过是一个年轻的文法学校学生。然而，我们的主要问题是，

㉙ P. Moraw, *Kleine Geschichte der Universität Giessen 1607-1982* (Giessen, 1982).

在一个单独的教育机构中，各个不同水平的教育机构之间存在着相互的影响，很难说什么时候中等教育结束、什么时候高等教育开始。

如果把大学教授的学科作为衡量标准的话，仍然无法解决这个难题。例如，可以把大学定义为至少有四个或五个传统的学院的机构（文学或哲学、医学、民法或教会法及神学）。如果用这一标准来衡量的话，那些不设立正规科系而是围绕着一些教授讲席进行分散教学的大学就会被排除在外，而这种分散教学却是一种能够更快地满足新型教学需要的更为简单的体系。另外，这也会排除那些只有两个学院（文学和神学）的大学，许多天主教大学，尤其是那些宗教会社的大学就是这样的大学。甚至有些著名的大学也开始变成纯粹的神学院（一般附设一个文学院进行哲学的初步教学，有时，特别是在后来，还附设一个简单的医学院和一个法学院）。对于大学毕业的医生和受过很好训练的律师的需求则受到一个旧制度社会能在多大程度上吸收所有受到良好培训的专业人才的限制，也受到是否有与大学培养的这些人的才能相称的职业的限制。

相反，不论是圣彼得堡学园，还是莫斯科大学，都不曾有神学院或神学系。在俄国，神学培训继续牢牢地掌握在东正教教会手中，教会在基辅
56 （1632）和莫斯科（1687）拥有自己的教会学园。这样，从最初开始，教会对俄国大学的影响就非常有限。

17 世纪以后，受过教育的人的失业问题及随之发生的社会动荡成为对大学批评的主题。[30] 人们还指责大学采用过时的方法教授过时的知识。确切地说，在 17 世纪，大学培养的过剩人员主要是文科和文学方面的，而在 18 世纪则是专业学院的。人们也许要问：这种过剩是否真正存在？

㉚ W. Frijhoff, 'Grandeur des nombres et misères des réalités: la courbe de Franz Eulenburg et le débat sur le nombre d'intellectuels en Allemagne, 1576-1815', in *Populations étudiantes*, vol. Ⅰ, 23-63; R. Chartier, 'Espace social et imaginaire social: les intellectuels frustrés au XVII e siècle', *Annales. Economies, Sociétés, Civilisations*, 37 (1982), 389-400; D. Roche, 'L'intellectuel au travail', *Annales. Economies, Sociétés, Civilisations*, 37 (1982), 465-480, reprinted in D. Roche, *Les Républicains des Lettres. Gens de culture et Lumières au XVIII e siècle* (Paris, 1988), 225-241.

或者它是否只是由于对大学功能的看法不断变化而引起的一种错觉？以及对于社会和职业分级系统、知识分子应该做的工作种类、智力与休闲之间关系问题不断变化的看法所引起的错觉？知识分子逐渐被看作闲人，意思是他们好逸恶劳，甚至是社会的寄生虫。在18世纪，正像我们现在所知道的，公众舆论开始出现。主导的观念趋势——重商主义，重农主义，以及复兴手工劳动、文科与文学的启蒙运动都毫无疑问地带来了思想上的混乱。同样，这种公开的矛盾状况表明，成功的职业与先进的培训之间应该是有联系的，并且这种联系是允许出差错的。就17世纪和18世纪的舆论来看，非常明显，大学的目的就应该是提供职业培训。

在很大程度上，在那些世纪中由当局进行的改革被期望达到两个目标：第一个目标是减少大学学生数（如果必要的话，减少大学数），以平衡大学毕业生的数量与社会吸收他们的能力（今天我们称劳动力市场）之间的矛盾；第二个目标是修订大学课程，以为当时社会能提供的职业提供更实际的培训（或者用今天的话说，就是使高等教育职业化）。这种大学从属于社会需求的做法引起了强烈的反对。实际上，在洪堡的观点中，大学并不是从属于社会的需求的；与此相反，大学的特定职责就是生产知识。

大学及其对手 57

把大学仅看作有传统科系的机构还有其他缺点：它会形成恶性循环，拒绝往课程中增加任何新的东西，认为这些新东西都不值得加入大学。这种已有的价值确定性与创新的冒险之间的紧张状态，当然在所有的教学机构中都是存在的，但是在那些了无生气的大学中，这一紧张状态会很快变得非常严重。最后，如果它们执意拒绝自己的教学适应在社会上出现的新知识分支的话，或者是拒绝提供上面我们所列出的那些新学科的教学的话，这些大学就会最终失去它们的学术价值。这类拒绝与16世纪早期出现的那些可供选择的教育机构的增多有关，如法兰西皇家学院。皇家学院受到巴黎大学的抵制，没有成为巴黎大学的一部分。不像鲁汶大学的三语学院（它也是历史文献学这一新学术学科的发源地），它后来把火炬传给了莱顿大学。[31] 即使是在莱顿大学，吸收另外一门学科——精密科学的时机也是不成熟的；1600 年，由莫里斯王子建立的数学与工程学校采用的是西蒙·斯泰芬（1548—1620）所设计的模式，这所学校一直被挡在大学的大门之外，只不过是一个二流的附属物。经过激烈的斗争，精密科学才被认可为一门新的学科，直到 18 世纪，精密科学才在严格意义上的大学教学中获得了正式的地位，最初是建立专业化的精密科学教授席位，很久之后才建立真正的科学学院。

这并不意味着从广义上讲科学是被完全排除在高等教育之外的。在那些以专业讲座进行教学的大学中，甚至在相对大学而言组织灵活的教学学园（精英学校、大学和高级学校）中，当需要的时候，也是会介绍精密科学的。在苏格兰的几所大学中，课程改革帮助了工业革命，这种新的课程促进实业家与大学教师之间协调行动。当然，它们属于同一派系，但是在建立这种对话中起决定作用的也许是格拉斯哥大学和爱丁堡大学都位于工
58 业区中心。这些大学与那些位于小镇上、远离工业和商业活动的英格兰大学之间的不同之处是相当显著和富有意义的。[32]

然而，决定性的影响则是来自于另外一场运动，这一运动最终严重地冲击了大学作为采纳新学科的发展中心的根本理念，这就是专科学校的创办。每所专科学校都只涵盖一个有限的知识领域，并且更多地教授这些知识的实际应用并开展职业训练，而不关注于科学研究和普通教育。列举一

---

[31] P. S. Allen, 'The Trilingual Colleges of the Early Sixteenth Century', in P. S. Allen (ed.), *Erasmus. Lectures and Wayfaring Sketches* (Oxford, 1934), 138-163; A. Lefranc, *Histoire du Collège de France depuis ses origines jusqu'à la fin du Premier Empire* (Paris, 1893); H. De Vocht, *History of the Foundation and the Rise of the Collegium Trilingue Lovaniense 1517-1550*, 4 vols. (Louvain, 1951-1955).

[32] 参见 R. H. Campbell and A. S. Skinner (eds.), *The Origins and Nature of the Scottish Enlightenment* (Edinburgh, 1982); R. B. Sher, *Church and University in the Scottish Enlightenment. The Moderate Literati of Edinburgh* (Princeton, N. J., 1985)。

下此类学校是冗长而乏味的，它们包括外科专门学校（海牙1637年，巴黎1724/1731年，等）、炮兵专门学校（杜埃1679年，伍利奇1741年，曼海姆1754年，波尔图1779年，等）、行政管理专门学校（凯撒斯劳滕1779年）、兽医学专门学校（里昂1762年，都灵1769年，德雷斯顿1774年，等）、工程学专门学校（莫斯科1712年，维也纳1717年，梅济耶尔1749年，等）、农业学专门学校（凯斯特海伊1797年）、采矿学专门学校（塞麦克巴亚1735—1762年，弗莱堡1765年，圣彼得堡1773年，克劳瑟1775年，巴黎1783年，等）、东方语言专门学校（那不勒斯1732年，维也纳1753年）和商业专门学校（汉堡1768年，巴塞罗那1769年）。这些专门学校并不都拥有建立大学所要求的所有学科，但是它们与大学的课程都有部分相同。当这种重叠很多的时候，即会出现控制这门学科的真正斗争，就像在巴黎发生的贯穿整个18世纪的医学院与皇家外科学园之间的斗争一样。[33]

毫无疑问，作为大革命时期前夜欧洲最为僵化的大学体制，法国体制被密集的专门学校网络所复制。这种复制活动非常成功，致使1793年被废止、继而又在19世纪复兴了的法国大学呈现单一学科的学校（法学、医学、科学、文学或神学）形式，这些学校同时存在，但并非有机地联系在一起。因此，在1790年前后的巴黎，有单科的学院、学科较少的学院或学园，它们都讲授高水平的文科、外科学、自然史、军事科学、采矿学和土木工程学。1795年多科性技术学校的建立甚至可以被看作高等教育的另一种观念的决定性胜利，因为正是在这两个日期之间，法国大学被废

---

[33] T. Gelfand, *Professionalizing Modern Medicine. Paris Surgeons and Medical Science and Institutions in the* 18th *Century*(Westport, Conn. /London, 1980). 关于法国技术教育：F. B. Artz, 'L'éducation technique en France 1700-1789', *Revue d'histoire moderne et contemporaine*, 13(1938), 361-407。

除了。㉞

59 巴黎远非以专门化的教学机构替代大学的唯一例子。此外，18 世纪的专门学校可以声称它们是更古老的传统承袭者，这是因为伴随着特伦托城教令建立的神学院及贵族学园，从本质上讲，也是专门学校，就像它们的前身——16 世纪意大利的外科学学校一样。考察一下在这一时期末德意志帝国内一些较大城市中建立的高等教育机构和专门学校数量表（见表 2.1），就可以清楚地看出这方面的广泛性和多样性。㉟

与大学或是那些具有类似大学的高级课程（即为培养未来的教师和神职人员开设的哲学和神学课程）的学院同时存在的，还有一些广泛面向公众的神学院，以及内部的一些宗教会社学院。以培养贵族和未来的军官（实际上，他们属于社会的同一阶级）为目的的教育也得到繁荣发展，还有大范围的专门学校一直教授一些科目，直到大学以各种原因制止这种做法为止。

最后，专门学校的兴起令人对大学的用途产生了怀疑。这是否能够解释俄国大学建立非常迟缓的原因：当时俄国的高等教育仅限于文科和神学。实际上，彼得大帝一世考虑到当时俄国经济发展的需要，早在 1698/1699 年游历欧洲之后就设想要建立一所俄国大学。㊱ 但是值得注意的是，俄国第一所大学水平的教学机构（圣彼得堡大学，1724）是按照科学学园的模式建立的。它的体系并非传统的学院制，而是采取把新旧科学分开的现代做法，这决定了这所大学的教学结构。此外，俄国的第一所完全大学（莫斯科大学，1755）学习的是普鲁士的模式，把重心放在公用服务上，

㉞ D. Julia, *Les Trois Couleurs du tableau noir: la Révolution* (Paris, 1981); T. Shinn, *Savoir scientifique et pouvoir social: l'Ecole Polytechnique, 1794-1914* (Paris, 1980); J. Langins, *La République avait besoin de savants. Les débuts de l'Ecole Polytechnique: l'Ecole Centrale des Travaux Publics et les cours révolutionnaires de l'an III* (Paris, 1987).

㉟ 依据 K. Goldmann, *Verzeichnis der Hochschulen* (Neustadt an der Aisch, 1967)。

㊱ P. Pekarsky, *Istoria imperatorskoy academii nauk v Petersburge, vol. I: Zhizneopisaniye presidentov i chlenov Academii nauk, vsupivshikh v neyo 1725-1742 godakh* (St Petersburg, 1870), xvii.

表 2.1　1800 年前神圣罗马帝国一些经过选择的大城市的高等教育学院*

	布拉格	柏林	慕尼黑	维也纳	德累斯顿	斯图加特
大学	超国家的 1347 耶稣会的 1558 联合 主教制的 1635—1654	（1810 年建立）	（1826 年由兰茨胡特迁来）	1365 匈牙利人 1623	—	1781—1794
神学院	诺贝尔特会的 1635—1776 本都会的 1683		—	教父 1751	—	—
宗教会社大学馆	多明我会的 1635—1785 西多会的 1756	—	嘉布遣会的 1600 圣方济各会的 1619 奥古斯丁修会的（约 18 世纪）	多明我会的 1401 加尔默罗会的 1385 西多会的 1385—1623	—	—
文科中学	耶稣会的 1556 （国家的 1773）	科林 1579 乔奇姆塞尔 1607 法国的 1684	1597/1598	耶稣会的 1558 （1623 年与大学合并）	—	—
精英中学	路德教派的 1609—1620	—	—	卢温堡 1748	1724	1685
贵族学院	1744—1745（本笃会的）	1705—1723 1765	—	耶稣会的 1565 国家的 1693—1748 塞利希纳姆学院 1746 伊曼纽尔 1749	约 18 世纪	—
军校	—	1701	1778—1790	1760	1692	—
军事学园	—	—	1790	1752	—	1770（1775）

续表

	布拉格	柏林	慕尼黑	维也纳	德累斯顿	斯图加特
专门学校和学园 医学和外科	1778—1791	1724(军事的 1797)	1772	1775	1710；1748	—
兽医学	—	1790	1790	1767	1780	—
美术	1799	1694	1770	1692	1705；1764	1761—1764
民用和军事工程	1718	1776	1780	1717	1742	—
炮术	—	—	—	1778	1716	—
采矿	—	1770	—	—	—	—
林学	—	1770	1790	—	—	1772
建筑学	—	1799	—	—	—	—
商业	—	1791	—	1770	—	1779
管理	—	—	—	1763	—	—
东方语言	—	—	—	1753	—	—

* 表中的单独年份是那些永久性学校的教学开始的年份。

强调职业训练。它实际上只不过是当时共存的一些专门学校与一些提供职业培训（在神学、农业和艺术方面）的非大学学校及一些军事学园的融合。狄德罗受叶卡捷琳娜女皇委托制订了《俄罗斯建立大学的方案》（1775）。在这个方案书中，他建议教学计划应该超越当时政府的最低要求。他这么说是正确的，事实上，建立莫斯科大学并非主要为了改进教学 61
质量，而是因为政府希望摆脱对地方人员招聘的依赖，希望自由地选择它的官员，自由地培养他们且让他们听候自己的调遣。[37]

到现在可以看出，界定大学的困难是多么明显。近代早期的大学借助于自身惯性、漠视公众利益、实施一项有关具体科学范式维护的自愿性限定政策或基于社会文化的原因（扩大或限定精英数量）而逐渐缩小自身规模。这一事实与纯制度的研究关系不大，正像在大学史上有许多人仅仅凭大学自己所说的规模来研究大学一样。

我们这部著作还有其他追求的目标：它致力于研究大学与社会之间的联系，它们是如何互相影响的，或者更确切地说，它们是如何相互作用的。所以我们就应该以长远、实际的眼光看待大学这一教育机构，考察大学在多大程度上实现了自己的目标，或者在多大程度上达到了自己应有的水平，以及它是否真正地考虑到社会（或者社会中受教育的少数人）的需求和批评。我们应该考察在任何社会都可能存在的教学的整个范畴，并且评估大学在试图成功支配这种教学的广度，或者大学在多大程度上允许这一权利被那些对教会和政府或对家庭、精英、城市或职业更具吸引力的教育机构所掌控。

这就引出了大学定义的第四个部分，那就是通过授予学位或证书而被

---

[37] 参见 J. C. McClelland, *Autocrats and Academics. Education, Culture and Society in Tsarist Russia*(Chicago, Ill. /London, 1979), 5-28; Donnert, *La Russie*(注释 15), 54-96。关于早期近代欧洲大学模式及中、东欧科研机构中科学的影响参见 R. G. Plaschka and K. Mack(eds.), *Wegenetz europäischen Geistes. Wissenschaftszentren und geistige Wechselbeziehungen zwischen Mittel-und Südosteuropa vom Ende des 18. Jahrhundert bis zum Ersten Weltkrieg*, Schriftenreihe des österreichischen Ost-und Südosteuropa-Instituts, 8(Munich, 1983)。

批准进行教学。这一点使大学最为成功地保住了它从最高当局获得的垄断特权。有些职业（如医生、律师、法官）没有大学学位是不能从事的。大学教授在任教之前也要求取得学位，但往往是他们在就职之时才被授予荣誉学位。这样，近代早期的大学首先是法律和医学的培训中心，而不像在中世纪时，这些只是大学中处于边缘的高级学院，常常受到臃肿膨胀的文
62 学院的挤压。因此，把两种法律学习区分开来是可能的：一种是大学在严格意义上进行的更为理论化的法律学习，一种是面向那些不需要学位的学生（如秘书、律师助手、公证员、低级官员）的更为实际的法律学习，这些人现在的学习可以比从前花销更少，而且不用到很远的大学去，也不用在大学所在的城市里待上好几年，他们只需参加应聘时的竞争考试就可以了。有时，这种情况也适用于神学学科，就神学学习来说，大学学位的重要性因国家、教派和职位要求的不同而不同。这里的问题则是，培训与任职资格要求之间不断变化的关系使国民技能证书而非教学水平成为任职的关键，而国民技能证书有时决定了大学及其学生的学习方向。在18世纪，当开明的专制君主对一些职业设置了入职要求后，仅仅是国民技能证书本身就不够了。除了学术证书，日益普遍的做法是要求拥有国民技能证书（发放数量极少，采用竞争性考试的形式）或拥有在高等教育机构教学的能力证书（采用职业准入考试的形式）等。

这一实践产生了两个结果。第一，从15世纪末开始，在人文主义理想的帮助下，对所有参与宗教和政治精英文化肯定的人的培训在近代早期得到稳步提高。[38] 第二，全体人口的一般教育水平提高了。人们不再把神职人员、学校校长和政府官员看作拿薪俸的官员，而是把他们看作为社会

㊳ W. Frijhoff, ‘L'Etat et l'éducation(ⅩⅥ e-ⅩⅦ e siècle) : une perspective globale’, in J. C. Maire Vigueur and C. Pietri(eds.), *Culture et idéologie dans la genèse de l'Etatmoderne. Actes de la table ronde organisée par le CNRS et l'Ecole française de Rome*, Rome, *15-17 octobre 1984*, Bibliothèque de l'Ecole française(Rome, 1985), 99-116; C. Tilly(ed.), *The Formation of National States in Western Europe*(Princeton, N. J. , 1975); G. Geison(ed.), *Professions and the French State, 1700-1900* (Philadelphia, 1984); P. Lundgreen, *Sozialgeschichte der deutschen Schule im Áberblick*, vol. Ⅰ: *1770-1918*(Göttingen, 1980), 26-52.

服务的人，这里的社会包括教区、教会、地方政府或国家。结果，为他们服务的教育则慢慢变得更为实用，并且更加适应全体人民的需要。

这两个特征解释了当时为什么新建了大量的大学或准大学或高等教育机构，这些教育机构中有许多都是在大学网络之外的，其组织非常复杂并具有自治权利。这些新建的教育机构并不轻易隶属于大学，事实上，有时它们还是作为大学的替代品而建立的。在建立中等教育机构或少量新型的教育机构的过程中，教会与政府互相竞争。由于受到新教改革或著名的特 63
伦托会议法令（1563）的鼓舞，[39] 欧洲各国纷纷建立了许多神学院和神学学校：瑞士和胡格诺派的学园，荷兰的一些精英学校，西班牙的女隐修会大学或学院大学，教授哲学和神学课程的法国普通教育学院，以及由 4 个未成熟的学院组成的、上层结构具有准大学性质的德国精英学校。[40] 在欧洲各天主教国家中，由于在大学之外存在着一个神学院的大网络，这使对天主教神学院与新教神学院的招生和教学进行比较变得极为困难。例如，在 18 世纪的波兰，几乎所有的神学教学都是在大学之外进行的：要么是在耶稣会学校，要么是在主教学院。另一个问题，我们在这里仅提一下，是要知道有多少宗教团体的人员是在他们自己的学校（所谓的特殊研究机构），甚至是在他们宗教机构的围墙之内完成其哲学和神学教育的。

所有这些机构的存在，得益于扩张高等教育的诸多政策，这些政策的制定，使人们更容易接受高等教育和教学所能提供的服务，并且通过更严格地控制教学水平与内容来更紧密地控制宗教人士和官员（文官）。这类学校是大学的竞争对手，这是因为它们毫无疑问地威胁到了大学传统的招生领域。但是这些大学同时又不受旧式大学的影响，它们为外部更多的新

---

[39] J. O'Donohoe, *Tridentine Seminary Legislation. Its Sources and its Formation* (Louvain/Boston, Mass., 1957); H. Tüchle, 'Das Seminardekret des Tridentiner Konzils und die Formen seiner geschichtlichen Verwirklichung', *Theologische Quartalschrift*, 144(1964), 12-30.

[40] 如可参见 1787 年法国学院中的哲学讲席及神学院地图，in D. Julia, H. Bertrand, S. Bonin and A. Laclau (eds.), *Atlas de la Révolution française*, vol. Ⅱ: *L'Enseignement 1760-1815* (Paris, 1987), 71. Further: A. Degert, *Histoire des Séminaires français jusqu'à la Révolution*, 2 vols. (Paris, 1912)。

主顾服务。这种竞争行为无疑常常会对大学所提供的教学质量产生正面的影响，使大学更愿意创新，并且有助于提高大学适应不断变化的情况的能力。因而，近代早期最重要的大学都是处在竞争机构密集网络的中心——如在意大利北部、下德意志地区、联合省及苏格兰，这并非偶然。

我们因此必须估量这种教育机构网络的价值和密集程度，考察评价它们的成败得失，甚至试图查明为什么有些教育机构一事无成。我们还须考
64 虑到由社会文化运动激活了的一些替代大学的高等教育机构——承担教学功能的高级学校；那些延续着大学社会化功能的贵族学院和教士学院；以及那些现代意义上的学园，在大学变得越来越职业化或变得保守的时候，这些学园承担起传递知识的任务。

类型

上面提到的这些对界定大学的考虑难免显得过于笼统，但是它们的确表明了本卷论述的教育机构类型的一些特征。不过还是有必要讲明两个初步的、有限的观察结果。

第一个结果是在不同的国家，大学的发展是不同的，并且在近代早期出现的各个民族文化彼此也有很大不同。对此进行全面的描述是相当困难的。大学是把很久以前的范例作为自己的模式，但实际上它们又因循着近在眼前的一些范例。我们可以把在西班牙、瑞士、下德意志地区和联合省发展起来的那些大学称为国家大学。莱顿大学的章程学习的是鲁汶大学，但实际上它更像其加尔文派的姊妹大学，而所有这些加尔文派大学都是学习斯图谟的斯特拉斯堡模式。换句话说，近代早期大学的正规模式对于我们了解其实际组织是没有什么帮助的。

第二个影响我们进行分类的观察结果是国家的干预限制了建立者和管理者的行动自由。非常奇怪的是，这一点在开明君主时代通过规范大学与申请入学者之间的关系，国家的限制和介入反而使大学恢复了家庭似的特征。

大学的类型可以从多方面探讨。所有大学都呈现复杂的社会-文化制度、高等教育网络的某一具体特征，而且不局限于此。从法定组织这一单纯角度来看，巴黎大学模式与博洛尼亚大学模式之间存在着传统的差异：巴黎模式的大学是由教授组成的，学生是受教授管理的，学生只不过是大学的成员而已；而博洛尼亚模式的大学，大学是由学生建立的，由学生来招聘教师。其实，古老的博洛尼亚式大学早已有之，虽然这些大学存在于近代早期，但这种模式明显是属于过去的事情。教会比以前变弱了，政府则变强了。这使学生完全不可能进行自我组织；在近代早期的大学中，权 65
力由教师评议会行使或掌握在统治者代表手中。公共当局创办并控制大学。

这一点其实不是什么新东西。巴黎大学模式仍然是常见的模式，但现在它有三种形式：

1. 教师大学。实行集中教学，建立在学院制的基础上，按学科将教师分组，授予的学位都精确表明学位的内容。这种结构旨在培养专家。

2. 以牛津大学模式为榜样的学院大学或导师大学。在这类大学中，教学是分散的，有各种日常生活组织，组织中既包括导师也包括学生。这类大学仍然设立系科体制，但更多地传授“通才”知识。

3. 中间模式（即学院-大学）。这一模式结合了集中组织和学院制的优点，并且在此基础上还加上了规模小的优点，由于规模不大，使学生管理更为有效，同时学习的费用也相对少些。这些密集分布的小型大学一般集中在一片半隐修院式的建筑群中，它们在整个欧洲以不同的形式出现。在欧洲的边缘地区，这种小型大学尤为多见，如在苏格兰、爱尔兰、西班牙、德国及其东部扩展地区。对于那些想增加自己对大学体系控制的统治者来说，这类大学是理想的模式。

从学习组织这一角度来看，重要的是一些新模式的出现，如三语学院，其实是荷兰的那些人文主义学校的派生物。这类新模式的大学主要教授文科，拒绝应用学科，认为应用学科不适合大学。在这些新模式的大学中，建立于1538年、由约翰·斯图谟制定章程的斯特拉斯堡大学是最具影响力的大学之一。这所大学有一个双层结构：一是一所传授人文学科的学院，采用的是逐级上升的年级体系；另外一层是一个准大学性质的上层结构，教授文科，以大学讲席的形式进行循环授课。㊶ 这一模式的目的是促进一种博学的和雄辩的虔诚行为，加尔文派的大学采取了这种模式，而耶稣会教派的大学，虽然其学院（拉丁语学校）逐渐脱离了大学，但后来也采用了这种模式。大学讲席制仍然是由菲利普·梅兰克顿（1497—
66 1560）进行的改革的实质（菲利普·梅兰克顿被称作“德意志师表”），后来路德教派各大学都在不同程度上采用了这一模式。㊷

另外一种被普遍采用的模式是神学院-大学，这类大学同样也出现在西班牙、意大利、德国和波兰。当然，这一模式是宗教改革的一部分，其目标是培养哲学和神学专业的学生。但是它的精神则传播得更远一些，如果把根据鲁汶大学章程建立起来的杜埃大学称作唯一一所大的反宗教改革的神学院的话，那是一点儿也不夸张的。

很明显，在某种程度上，学习组织在某种形式上决定了大学在实践中的思想开放程度，也决定了它是否愿意接受新思想，或者更进一步，是否

㊶ A. Schindling, *Humanistische Hochschule und Freie Reichsstadt. Gymnasium und Akademie in Straßburg 1538-1621* (Wiesbaden, 1977); N. Hammerstein, ‘Bildungsgeschichtliche Traditionszusammenhänge zwischen Mittelalter und früher Neuzeit’, in *Der Übergang zur Neuzeit und die Wirkung von Traditionen. Vorträge gehalten auf der Tagung der Joachim Jungius Gesellschaft der Wissenschaften, Hamburg 13. u. 14. Oktober 1977* (Göttingen, 1978), 32ff.; G. Codina Mir, *Aux sources de la pédagogie des Jésuites. Le ‘modus Parisiensis’*, Bibliotheca Instituti Historici S. I., 28(Rome, 1968).

㊷ K. Hartfelder, *Philipp Melanchthon als Praeceptor Germaniae* (Berlin, 1889; reprint Nieuwkoop, 1964); G. Müller, ‘Philipp Melanchthon zwischen Pädagogik und Theologie’, in Reinhard(ed.), *Humanismus im Bildungswesen* (注释 2), 95-106. 参见 also W. Fläschendräger, ‘... mocht geschehenn ... gutte reformation der universitetenn ... -Zu Luthers Wirken als Professor und als Universitätsreformer’, *Jahrbuch für Regionalgeschichte*, 10(1983), 26-36。

愿意把这样的新思想纳入自己的教学之中。像在天主教的西班牙，保守的科系有时不得不以很大的灵活性来接纳新学科。而在德国等科系结构不那么僵化保守的地方，则很容易改组这些新学科，特别是在那些按照大学讲席准则组织的大学中更是如此。实际上，由约翰·斯图谟首先提出的教授讲席制模式，以及直接影响了胡格诺派学园的在尼姆（1540）的克洛德·巴迪埃尔模式中的教授讲席制，都鼓励进行新学科的教学，并且都有专门化的趋势。[43] 这样，在苏格兰，教授讲席制的引进对确保新学科的成功起到了很大的作用。

这里我们涉及中间领域：许多准大学性质的精英学校也有许多教授讲席，这使它们实际上也是一个科系，但它们无意于达到完全大学的地位。由于这些学校不能授予学位，有些大学被鼓动承担授予学位这一任务。在克拉科的国立波兰大学就是一个典型的例子，这里只有一所大学垄断高等教育并垄断学位授予，但是它把实际教学任务分散在许多教育机构中，所以在全国的许多大学“殖民地”中都可以进行教学，而这些教学还是由母机构即国立波兰大学控制的。

还可以用传统的方式来确认大学，即通过大学创立者的性质。以这种方式进行确认的时候，一定要谨慎：在近代早期，大学的创立者与实际指导大学的团体之间的关系也许是非常疏远的。例如，埃武拉大学是葡萄牙皇室建立的，却是由耶稣会以他们的超国家模式进行管理和运行的。近代早期的大学创立者多种多样。除教皇、皇帝和君主这些传统创立者之外，
还包括如德意志的地方统治者、宗教界、地方团体（在加泰罗尼亚、联合 67
省和德意志地区），甚至各地方权贵，如甘迪亚公爵、奥苏纳伯爵-公爵及扬·扎莫伊斯基参赞（在扎莫希奇）。不过，随着近代早期的结束，最初这种创建大学的自由似乎减少了；君主或公共当局重建它们的权威，破坏了由教会和宗教团体发展起来的那些超越国家的教育模式。

毋庸置疑，不同的教派创办的大学之间是有许多差异的。但除了教派

---

[43] M. J. Gaufrès, *Claude Baduel et la réforme des études au XVIe siècle* (Paris, 1880).

差别之外，各大学因其教派特性而在授予学位的严格程度方面也有差异。这样，神职人员的大学与世俗大学之间的差别就很显著：前者在很长一段时间里不容忍其他教派，后者虽然也有强加于教授身上的宗教宣誓，但从整体上说还是非教派性质的。最为明显的例子是在联合省的那些大学，它们总是能（在不同的程度上）避免受到新教归正会的控制，同时又对教会表示口头支持，并且为其培养神职人员。在德意志地区，一些大学由于教派的频繁变化而被迫采取一种双教派主义。于是，爱尔福特大学、林特尔恩大学、海德堡大学和奥德河畔法兰克福大学就与法国的尼姆大学和奥兰治大学一样，在或长或短的一段时间内采取的是由官方认可的双教派主义。然而，一般的情况则是，各教派之间存在着竞争，特别是在那些有好几个被正式认可的宗教派别的城镇里，这些教派为了取得教学方面的优先地位而互相竞争，如不来梅、格拉茨、林茨和马斯特里赫特等地的情况就是如此。到了18世纪，这种竞争变得没那么激烈了，这是因为大学都开始关注专业教学和为政府服务。在旧制度末期，教派问题已不再非常重要，就连起初只被限制在几所大学中选择的犹太学生，当时也有许多大学向他们敞开了大门。㊹

我们还可以按照大学在社会中的主要职能将其分类。根据这个标准，有五种主要职能：

1. 教育是整个人生的一部分，对于那些拥有庞大文学院的大学来说，这常常是它们最为重要的功能。

2. 提供一种普通教育。

3. 为某项职业培养从业者或促进科学知识发展，这一功能往往会导致专门学科。

4. 培养精英——社会化的功能。

5. 监护功能，即在一个集体内传授生活方式的准则，那些学院

㊹ 参见第7章，注释37—40。

式大学尤其体现这一功能。

把所有这些类型方面的特点综合在一起，我们就有可能界定几种主要的大学机构类型。首先，正式的大学网络与实际存在的大学网络是有差别的。严格地讲，只有由教皇和皇帝建立的才是大学。但是，法令本身又是谁建立的呢？从严格的法律字面意义上讲，那些不是由教皇或皇帝建立的大学是否是真正的大学值得探讨。但这种探讨立刻就会取消大多数加尔文派大学和许多其他大学的大学资格。毫无疑问，旧制度的正统主义者是这样认为的，但是现在我们还这样认为，就不切实际了。从严格的意义上讲，可以把大学界定为所有自称大学并由管辖它的实际最高权力机构通过给予它授予学位的权利进而承认或正式批准它为大学的那些高等教育机构。符合这些条件的教育机构见本章末的名册。 68

而广义的大学定义还应该包括以下两类教育机构：一是教学学园，二是高级学校或精英学校，或者在德意志帝国称作文法学院的机构；换言之，所有那些凭借其教学组织和教学质量都可以称自己具有大学地位，但并未获得大学的某些特权，特别是未获得学位授予权的教育机构。正是由于这类教育机构的存在，促使一些大学在正规教学之外，授予一些在其他地方学习过或根本未学习过的学生一些廉价的学位。布尔日、杜伊斯堡、哈尔德韦克、瓦伦斯、兰斯、威尼斯，特别是奥尔良都有兜售学位的尴尬名声——这一名声甚至在有些政府的有力管制下也未曾消除。第二类教育机构可以进一步分为三种：一是组织上与大学完全一样的，二是只有一个或两个“科系”的（这里用“系”这个术语甚至还不太准确），还有一种是只有教授讲席的。在这段时间内，许多充分成熟的高等学校（如斯特拉斯堡、因斯布鲁克、布雷斯劳、耶拿和哈尔德韦克）获得了授予学位的权利，但其他一些学校（如黑博恩、哈瑙、哈姆、施泰因福特、林根、不来梅和汉堡）一直都只不过是有 4 个“系”的精英学校，而它们中的许多都已经名声传到国外去了。系科少或讲席少的教育机构似乎不那么著名，但它们仍然是各类教师任教和学生学习的统一网络中的一部分。有些教育机构，如尼斯学校、林茨学校、墨西拿学校和米兰学校都以不同的理由获得了授予学位的有限权利，但它们并未进一步发展，而是继续作为教学学园与完全大学之间的教育机构而存在。

69 这类教育机构中的耶稣会学院则是特例。它们一般都是不完全大学，只有一个学制三年的文学院和一个学制四年的神学院，但是它们获得了教皇的特许状（保罗四世，1556/1561）以授予第一级的学位。[45] 而有些这类教育机构后来的确成了完全大学，如在澳洛穆茨 1570 年建立了一所教学学园，后来又转变为一所耶稣会学院，其文学讲席和神学讲席则发展成了学院，于 1581 年获得了授予学位的权利。从此以后，这所学园就可以被看作一所大学了。然而，它的法学院成立于 1670 年，其医学院则到 1753 年才成立。耶稣会班伯格大学则是第二个著名的例子。班伯格神学院成立于 1586 年，后在 1611 年由耶稣会接管。1648 年，耶稣会把它变为一个拥有授予学位权的学园，在 1735 年增加了法律系和医学系。虽然直到耶稣会撤离后的 1773 年它才获得大学的称号，但是从 1648 年开始就应该把班伯格归为大学了。

第三种类型的教育机构，很难与中等学校区别开来，虽然没有关于整个欧洲此类教育机构的详细记载，但是它们可能是最为普遍的一种类型。这就是教授人文学科的学院，在这类学院中，哲学和神学课程要么作为为升入大学做准备的课程来教授，要么是一种单纯的高等教育的初级形式，低级教士在进入住宿制神学院之前要学一些宗教课程已成为一种惯例。毫无疑问，这类教育机构可以与大多数神学院归为一类，而这些神学院同样也是没有详尽分类的。[46]

---

[45] Hengst, *Jesuiten*; M. Batllori, 'Les universités et les collèges jésuites du XVIe au XVIIIe siècle', *CRE-Information*, 72(1985), 61-73, 用于明确的类型; G. P. Brizzi, 'Strategie educative e istituzioni scolastische della Controriforma', in *Letteratura italiana*, vol. I (Turin, 1982), 899-920.

[46] 关于法国神学院的分类，参见 D. Julia, 'L'éducation des ecclésiastiques en France aux XVIIe et XVIIIe siècles', in *Problèmes d'histoire de l'éducation. Actes des séminaires organisés par l'Ecole française de Rome et l'Università di Roma-La Sapienza* (*janvier-mai 1985*) (Rome, 1988), 141-205, esp. 142-149。

在实际中，一、二、三级分级系统更为复杂，这是因为三级中又有许多中间的形式，而令这种复杂化进一步加剧的则是它们在各国的情况又不尽相同，许多只具有局部的意义，在此我们无法一一进行介绍。但这一类型的分级系统还包括其他分级系统，如由于学生质量而产生的社会名望，或者由于教师的较高名望而带来的文化声誉等。有些并未获得授予学位权利的学园（如黑博恩或阿姆斯特丹）在一定时期内名气要大过许多大学；在大学网络中，有些类型的大学，如耶稣会大学网，同样是著名的。 70

大学建立的速度

在近代早期，大学网络经历了许多变化，其中一些变化我们在上文中已经提及。不过，现在需要从整体上对大学网络的这种发展做出描述，这一点相当重要。这种发展在一定程度上能够解释近代早期欧洲大学体系的变迁。所以，我们就试图以一系列的地图（见第 91—98 页[1]），以 50 年为一时段来描述大学网络的发展情况，并且对从 1500 年这一时期开始至这一时期接近结束的 1790 年的情况做一个概述，而 1790 年正是在变革时代废止大学和重建大学的大运动开始的前夜。最后一幅地图上的扼要介绍预示了在本著作下一卷中将要论述的激变。有些已关闭的大学重新复兴或是奄奄一息的大学重新获得改造，还包括新建了一些大学，这些都表明了大学精神的活力。同时，将那些未获得授予学位资格的准大学作为例子，它们可以通过一些比较小的迹象从可靠的来源中被确认出来。无须多言，这一分类无疑是不完全的。[47]

必须记住的是，大学可以溯源到久远的中世纪。第一幅地图清楚地表明了这一点，它表示的是 1500 年存在的大学网络。当时在意大利、法国（在法国有许多存在时间很短的大学这时已经消失了）及阿拉贡有许多大

[1] 此为原书页码，下同。

[47] 本章精选文献将提供大学和准大学目录的有关资料。

学。这三个地方正是中世纪文化的三个重要地区，而中世纪文化基本上是地中海式文化的沿袭。在最近取得重要地位的一些地区，仍然没有几所大学。这幅地图尤其显示了大学建立体制方面的惰性。同时，我们从图中也可以看出，1450—1500 年建立的大学是受新的人文主义哲学影响的。这一点在德意志帝国和斯堪的纳维亚各国（如巴塞尔大学、弗莱堡大学、图宾根大学、哥本哈根大学和乌普萨拉大学）及法国（布尔日大学和瓦伦斯大学）和西班牙表现得尤为明显。在西班牙，南进运动表明了天主教政权对重新被征服的各省份控制的加强。1501—1550 年的地图则清楚地显示了这一点：耶稣会甘迪亚大学建立的目的就是要专门培训那些新转变信仰
71 （转为基督徒）的巴伦西亚王国的摩里斯科人，并且对他们的文化发展进行监督管理。

从大学的严格意义上讲（也就是说，正式确认那些有授予学位权利的大学），从表 2.2 中可以很明显看出，在 1500—1800 年整个时间段中，新建大学的数目是有起伏的，在 1650 年左右达到了饱和状态。之后，废止的大学与新建大学的数目大抵相同，有些大学则搬迁到其他地方，这常常表明它们试图通过把大学处于中央权力机构更紧密控制之下而对大学体系进行合理化改革，如贝桑松、斯特拉斯堡、南锡和布达佩斯就是如此。在大学建立的过程中，可以看出两种“攻势”，一个始自 16 世纪的天主教，另一个稍晚一些，来自新教。新教的攻势似乎从整体上比天主教的结束得早，其影响的区域也较天主教小。从 1527 年路德教派建立马伯格大学开始，新教的网络在其后的 150 年发展起来，主要是通过建立文法学院和精英学校来发展的。这首先出现在瑞士和德国，然后是法国（在法国，甚至在 1685 年南特敕令被废除之前，除奥兰治外的其他所有胡格诺派学园都被取消了），[48] 后来又进一步在地区上有所扩展：英国诸岛（在英格兰，不可战胜的牛桥垄断遮住了不信奉国教的新教徒的活力）、斯堪的纳维亚、

[48] P. D. Bourchenin, *Etudes sur les académies protestantes en France aux XVIe et XVIIe siècles*(Paris,1882).

联合省，以及（在瑞士的影响下的）波罗的海各国。

表 2.2　1500—1790 年成立和废止的大学数量

时期	建立、恢复和改造的大学			废止、搬迁和合并的大学
	天主教的	新教的	总数	
1501—1550	22	4	26	3
1551—1600	31	16	47	3
1601—1650	14	10	24	3
1651—1700	5	7	12	12
1701—1750	10	2	12	13
1751—1790	13	3	16	16
总计	95	42	137	50

新教的进攻可以部分地归因于领土权的原则。正如三十年战争期间瑞典在其占领的各国中都实行积极的建立大学的政策。在德国的海斯地区这一特点表现得更为明显；1605 年，海斯地区被分割，马伯格大学成为一所加尔文派大学，在吉森（1607）相应地建立了一所新的路德教派大学。第二次分裂导致建立了一所加尔文派学院卡塞尔（1627/1633）及吉森大学与马伯格大学的合并，马伯格大学 1625 年再次成为路德教派大学。最后，强大的政治和宗教重组使路德派的吉森大学又从马伯格大学分离出来（此时马伯格大学又恢复为加尔文派），并且导致 1653 年废止了当时看来多余的加尔文派卡塞尔学院。大学是宗教和文化政策的有力工具，这表明大学的历史与政治疆域的宗教派别组织的关系是相当紧密的。 72

同时，复地运动和西班牙帝国的经济发展二者共同的影响，使天主教的攻势得到了加强（西班牙从 16 世纪开始将自己的大学模式向其殖民地输出），组成这种力量的因素还有特伦托会议后进行的天主教改革和其东进运动。表 2.3 显示在神圣罗马帝国广泛地建立了大学，而 1551—1650 年建立的大多数大学和文法学园，要么是新教的，要么是天主教的。后来这些大学比已有的学园在程度上并未提高多少。网络已经分布好了，只不

表 2.3　神圣罗马帝国（包括瑞士和荷兰）及东欧创办的大学

类别		1501—1525	1526—1550	1551—1575	1576—1600	1601—1625	1626—1650	1651—1675	1676—1700	1701—1725	1726—1750	1751—1775	1776—1800	总数
天主教创办	大学[1]	2[2]	—	6（2）	3（1）	3	2	3（2）	—	2（2）	1（1）	2（2）	1（1）	25（11）
	学园、文法学校等	2	1	6	5	8	4	6	3	4	3	1	1	44
路德教派创办	大学[1]	—	2[3]	1（1）	1	4（3）	1（1）	3（1）	2	—	2（2）	1	1（1）	18（9）
	文法学校	1	7	4[5]	8	7	8	6	5	4	3	2	1	56
加尔文教派创办	大学[1]	—	—	2	1	1	3（3）	2（2）	—	—	—	—	—	9（5）
	精英学校、文法学校等	—	3[4]	1	6	8	11	2	3	1	—	—	—	35
总计	大学[1]	2	2	9（3）	5（1）	8（3）	6（4）	8（5）	2	2（2）	3（3）	3（2）	2（2）	52（25）
	其他	3	11	11	19	23	23	14	11	9	6	3	2	135

1. 括号内的数字指这些大学作为 gymnasia academica 起源时的数量。
2. 维滕堡大学和法兰克福大学/奥德河畔都成了路德教派大学。
3. 其中一所（马堡大学）于 1605 年成为加尔文派大学。
4. 其中一所（杜塞尔多夫大学）于 1621 年成为耶稣会大学。
5. 同上（诺伊堡/多瑙河）于 1617 年。

过这些教育机构的教学水平后来出现较大变化。加尔文派的大学网络很快就停止扩展了。正像在第 100 页上的地图所显示的，只有耶稣会的攻势继续到 18 世纪。

第 100 页上的地图清晰地显示了这种双管齐下的政策。首先，耶稣会进入各个仍是信奉天主教的国家，在已有的大学网络中，耶稣会学院被吸纳进大学或组成大学的系。其次，在那些受到新教威胁的天主教国家的边界地区系统地创办大学和不完全的大学，作为一种堡垒或防御物。然而，耶稣会在伊斯兰国家的边界地区没有这么活跃。在 1683 年土耳其人撤出的一些地区中，耶稣会并不急于取代土耳其人的地位。而且，到 18 世纪末期，耶稣会的影响力已逐渐减弱。在欧洲中部，其他一些现代教派取代了耶稣会在教育体系中的地位，但并未延续大学模式。正如撒丁岛的缩影所显示的，在欧洲的其他地方情况有所不同。17 世纪初，撒丁王国首府卡利亚里市政府机关原本计划在该市建立一所大学，但后来未能成功。活跃的耶稣会则承担了这项任务，耶稣会由于受卡利亚里的竞争对手萨萨里的推动，在他们于 1559/1562 年在卡利亚里建立的教授人文学科的学院中 74
逐步增加了神学讲席、医学讲席、民法和教会法讲席等。1612 年，骑士团的将军给予这所学院授予学位的权利，这一权利在 1617 年又获西班牙国王批准。卡利亚里市非常羡慕这种支持，终于在 1626 年开办了自己的大学，但这所大学后来很快就失去了活力，于 1679 年前后关闭了。[49]

从整体上说，17 世纪下半期建立的大学比较少。就外表来看，大学的标准类型过时了。人们不仅早已觉得大学太多了，而且对大学体系的质量不太满意。这就导致出现了大量的大学外的高等教育机构，其形式有对大学进行补充或与大学进行竞争的选择性学校。在 18 世纪后半期，整个大学体系都经历了巨大的改革。本章末列出的那些大学地图的持续变化就预示了 18 世纪末和 19 世纪初在法国、西班牙、荷兰和德国这些国家中由

㊾ R. Turtas, *La nascita dell'università in Sardegna. La politica culturale dei Sovrani spagnoli nella formazione degli Atenei di Sassari e di Cagliari* (*1543-1632*) (Sassari, 1988).

革命所带来的一系列改革。在所有这些国家里，大学网络都以当时存在的一些被证实质量较好的大学为样板进行了合理化改革。

南部和北部：大学地图中的虚实空间

上面我们所做的一般考察还需要两个注解。一是这些大学地图给了我们一种错觉，似乎大学大多数都位于完全由新教控制的欧洲北部地区。但是，如果审视整个时期的话，三所欧洲大学中至少有两所是在天主教领地内的，也就是在当时欧洲人口最为密集的地方。这些天主教大学，许多建校的时间可以追溯到中世纪鼎盛时期，它们成为欧洲大学体系的中心，它们的组织最接近于古老的模式和章程。近代早期的一些先驱大学，如日内瓦大学、莱顿大学、哈勒大学、哥廷根大学、埃朗根大学、爱丁堡大学、格拉斯哥大学和柯尼斯堡大学，最初大多是以新教大学的面目出现的，但是仔细审视后，可能发现并非如此。

最近，人们重新恢复了对大学史的兴趣，并且考察大学历史的角度也与以前不同了——不再视之为学术和巨匠的编年史，而更对大学与社会之间的各种关系感兴趣——这就使我们更为注意发生在欧洲南部（即天主教地区）的情况。北欧或反教权主义的历史学者对蒙昧主义的地中海式大学
75 的描述就不那么可信了。[50] 当然，在南欧也有一些伟大的学者，特别是在意大利——仅举加利莱奥·伽利略（1564—1642）、马克切洛·马尔皮基（1628—1694）、路易吉·伽伐尼（1737—1798）、詹巴蒂斯塔·维科（1668—1744）、洛多维科·安东尼奥·穆拉托里（1672—1750）和西班牙

[50] 参见 M. Peset and J. L. Peset, *La universidad española* (*siglos XVIII y XIX*). *Despotismo ilustrado y revolución liberal* (Madrid, 1974); M. Roggero, 'Professori e studenti nelle università tra crisi e riforme', *Storia d'Italia. Annali*, 4 (Turin, 1981), 1037-1081; M. Roggero, *Il sapere e la virtù. Stato, università e professioni nel Piemonte tra Settecento ed Ottocento* (Turin, 1987)。关于西班牙与欧洲的差异，参见 M. Peset 所写的简短而精辟的评论'Universidades españolas y universidades europeas', *Ius Commune*, 12 (1984), 71-89。

的格利戈里·马扬斯（1699—1781）的例子——在南欧，知识也并不是被局限在大学之中的。然而，问题的关键在于，在南方，大学是否没有像在北方那样更彻底地保持自己的地位，即在社会服务中作为普遍的文化载体。如果从学生的数目来考虑的话，答案当然是肯定的。在整个北欧，17—18世纪，大学的学生数减少了。但在南方的情况则不同，虽然南部各国的情况或各大学的具体情况是不一样的，但从整体上看比北方要好。[51]

此外，在18世纪南部的各大学中，一种充满活力的智力氛围再次发展起来了，这是因为这些大学为政府服务更为彻底。文化精英们获得了解放（在18世纪的意大利，首次允许女子上大学）；[52] 大学与教会疏远；一些开明的君主，要么是统治者，要么是政府的有权力的顾问，如葡萄牙的塞巴斯蒂昂·德·卡瓦略侯爵、奥地利的范格哈德·斯威滕和西班牙的阿兰达伯爵，他们都积极介入大学网络进行合理化改革，并且通过使大学的功能与政府的事务更紧密联系来改变大学。还是在欧洲南部，启蒙运动最大限度地影响了大学的改革，这也许是因为人文主义从前并未像它在北部那样改变了南部的大学，所以南部的大学此时仍旧在等待着一种新的职责，这种职责是由集权化的国家给予它们的。

鉴别大学中进行的这些改革的真正特征是非常重要的。诚然，大学一
直都是不断改革的，在一些大学里，有改革者（如在博洛尼亚），偶尔还 76
有官方的督察员。这些持续的或反复进行的改革是必需的，因为大学必须与它早期的或原来的模式保持一致，改革就意味着回到从前。但在17世纪，特别是在18世纪，在更新法令之后，逐渐产生了一种新的精神，这一精神不那么关注其本源的纯正性，而是更注重使大学的组织能担负一些

[51] 有关西班牙，参见 Kagan, *Students and Society*; M. Peset and M. F. Mancebo, 'La población universitaria de España en el siglo XVIII', in M. Peset and M. F. Mancebo (eds.), *El científico español ante su historia. La ciencia en España entre 1750-1850. I Congreso de la Sociedad Española de Historia de las Ciencias* (Madrid, 1980), 301-318; republished in French as 'La population des universités espagnoles au XVIIIe siècle', in *Populations étudiantes*, vol. I, 187-204。

[52] 参见第7章，注释43—47。

新的职责。

这些改革波浪式前进，首先在 17 世纪初期（如 1617 年鲁汶大学、1621 年哥本哈根大学和 1625 年萨拉曼卡大学的改革），[53] 然后在 18 世纪初（1714—1717 年的加泰罗尼亚大学和 1729 年的皮德蒙特大学），最后是 1760—1780 年的改革巨浪，它在废止耶稣会（常常只不过是以适合自己需要的借口）后又恢复了其规程。这一改革浪潮在 1763 年席卷了法国，1758 年和 1772 年在葡萄牙，1773 年在波兰，西班牙则是从 1769 年开始的，1774—1777 年在哈布斯堡帝国的各个国家，1777 年在那不勒斯，1779 年在普鲁士及 1782 年在俄国。[54] 整个欧洲（主要是在南部）的这些改革并不是偶然进行的，而是基于两条原则。第一，人们开始认识到教育

---

[53] 关于鲁汶，参见 E. Reusens，'Documents relatifs à l'histoire de l'Université de Louvain, 1425-1797'，*Analectes pour servir à l'histoire ecclésiastique de la Belgique*，vol. Ⅰ(Louvain, 1881)，600-684。For Salamanca：L. E. Rodríguez-San Pedro Bezares，*La Universidad Salmantina del Barroco，période 1598-1625*，3 vols.(Salamanca，1986)；M. Peset，'La monarchie absolue et les universités espagnoles'，*CRE-Information*，72(1985)，75-104.

[54] R. Chartier and D. Julia，'L'école：traditions et modernisation'，in *Septième Congrès international des Lumières，Budapest 26 juillet-2 août* 1987：*rapports préliminaires*(Oxford，1987)，107-117，with a bibliography；M. Kulczykowski (ed.)，*Les Grandes Réformes des universités européennes du* ⅩⅥ*e au* ⅩⅩ *e siècles. IIème Session scientifique internationale，Cracovie，15-17 mai 1980*，Zeszyty Naukowe Uniwersytetu Jagiellonskiego，DCCLⅪ. Prace Historyczne，Z. 79(Warsaw/Cracow，1985)；A. Álvarez de Morales，*La Ilustración y la Reforma de la universidad en la España del siglo* ⅩⅧ(Madrid，1971)；N. Hammerstein，*Aufklärung und katholisches Reich. Untersuchungen zur Universitätsreform und Politik katholischer Territorien des Heiligen Römischen Reichs deutscher Nation im 18. Jahrhundert*，Historische Forschungen，12(Berlin，1977)；J. Cobb，'The Forgotten Reforms：Non-Prussian Universities 1797-1817'，Ph. D.，Wisconsin，1980；N. Hammerstein，'Besonderheiten der österreichischen Universitäts-und Wissenschaftsreform zur Zeit Maria Theresias und Josephs Ⅱ'，in R. G. Plaschka and G. Klingenstein(eds.)，*Österreich im Europa der Aufklärung. Kontinuität und Zäsur in Europa zur Zeit Maria Theresias und Josephs Ⅱ.*，vol. Ⅱ(Vienna，1985)，787-812；M. Peset and J. L. Peset，*Gregorio Mayans y la Reforma universitaria*(Valencia，1975).

国民是政府的职责；[55] 第二，人们坚信教会应有一个高度娴熟的官僚机构，政府更是如此。大学教育对于优秀官员来说是必需的，这一古老的观点在欧洲南部比在北部更为盛行。所以，教育上的改革就以为政府服务为目标，如在西班牙查里三世统治时期，萨拉曼卡、巴利亚多利德和阿尔卡拉等帝国大学的改革目标直接指向公共服务的方向。[56] 这些改革更多的是满足政府的需要，也就是满足教育源头的需求，而不是为支撑教育的文化服务。 77

第二个需要附加说明的注解与地图上那些空白地区有关。在 1790 年的地图上有一些空白的地方，这是因为那些地方是山区（中央高原、阿尔卑斯山脉和喀尔巴阡山脉），而在下德国、匈牙利和特兰西瓦尼亚，则有一些属于前述分类中第二类的教学学园网络。其他一些地区之所以空白，是由于当地人口稀少（如斯堪的纳维亚）或处在土耳其占领之下（如多瑙河南部的一些国家）。还有一些空白的地区是人为留下来的，如经塞巴斯蒂昂·德·卡瓦略侯爵大规模改革后的葡萄牙，或者在英格兰和波兰由于一些中世纪就建立起来的教育机构自私地把大学的垄断权紧紧地抓在自己手中。

把大学网络的密集度和人口进行对比，做出总体描述，也许是很有价值的（见表 2.4）。在 1790 年前后，欧洲平均一百万多一点儿的人口即拥有一所大学。在取消大学的改革之前，1790 年左右欧洲共有 143 所大学，

---

[55] 关于政府与大学，参见第 3、4 章。关于政府干预教育的哲学观点，参见 U. Krautkämer, *Staat und Erziehung. Begründung öffentlicher Erziehung bei Humboldt, Kant, Fichte, Hegel und Schleiermacher*(Munich, 1979); L. Ferry, J. P. Pesron and A. Renaut(eds.), *Philosophies de l'université. L'idéalisme allemand et la question de l'université. Textes de Schelling, Fichte, Schleiermacher, Humboldt, Hegel*(Paris, 1979); H. Chisick, *The Limits of Reform in the Enlightenment*(Princeton, N. J., 1981)。

[56] 参见 Kagan, *Students and Society*, 109-158; D. De Lario, 'Mecenazgo de los colegios mayores en la formación de la burocracia española (siglos XIV-XVIII)', in Peset(ed.), *Universidades españolas*(注释 23), 277-309。参见 P. Zabala y Lera, *Las universidades y los colegios mayores en tiempos de Carlos III*(Madrid, 1906)。

这些大学的分布明显是相当不均衡的。法国和斯堪的纳维亚各国拥有的大学数相当于欧洲的平均值，而拥有大学相对多的国家要么是那些有古老文化的国家（意大利），要么是那些其大学努力促进科学发展的国家或地区（联合省和苏格兰）。英格兰、奥属荷兰、葡萄牙和爱尔兰的大学数则殿后，在这些国家中，不仅大学数量少，大学与其人口的比例也小。换言之，在这些国家中，进入大学或进入大学所代表的文化领域是相当困难的。在爱尔兰，情况甚至更糟，因为在那里大学是英国国教会的，而当地的人口绝大多数都是信奉天主教的。这里未来的学生（或他们的家长）比其他地方的人更会遇到这一难题——为学生到很远的地方去求学而筹措资金。不仅是由于离家太远这一缺点，粗略地分析肯定还有成本效益的原因，使许多年轻人无法进入大学，也就无法获得一些专门知识，不能进入他们所选择的职业。

78 表 2.4　1790 年大学网络的密集度

国家	严格意义上的大学的数量	人口[1]（百万）	每百万人中的大学生数
苏格兰	5	1.50	3.3
爱尔兰	1	5.25	0.2
英格兰及威尔士	2	9.25	0.2
联合省	5	2.10	2.4
奥属荷兰	1	3.25	0.3
斯堪的纳维亚各国	4	5.25	0.8
俄国的欧洲部分	2	36.00	0.1
德意志帝国	34	24.00	1.4
瑞士	2	1.75	1.1
奥属匈牙利	12	20.75	0.6
意大利	26	19.00	1.4
法国	25	29.00	0.9
西班牙	23	11.50	2.0

续表

国家	严格意义上的大学的数量	人口[1]（百万）	每百万人中的大学生数
葡萄牙	1	2.75	0.4
总计	143	171.35	0.8

1 1800年的数据。

来源：C. McEvedy and R. Jones, *Atlas of World Population History* (Harmondsworth, 1978)。

地图上的最后一类空白面积小些，但同样重要。这就是没有大学的大城镇。[57] 即使是在中世纪，有些城市也坚决拒绝成为大学城，这些城市惧怕管理那么多享有社会和法律特权的难以驯服的学生，正如他们在18世纪时惧怕学生中的政治颠覆活动一样。当时，人们并没有正确理解贸易与教育和科学之间的关系，只有一些国家可能例外，特别是在联合省，那里有一些由市政当局建立的大学。1632年，在阿姆斯特丹精英学校的开办典礼上，卡斯帕·巴勒乌斯（1584—1648）发表了他的著名的《有知识的商人》的演讲。一些新近发展起来的城镇之所以没有大学，是因为在它们的邻城已经有了一所——一般是古代就建立的。这种大学的缺乏带来了一个问题，即如果我们认同在近代早期城市化是现代化最重要的因素之一的 79
话，我们就得问大学与城市动态之间的关系到底是什么。

有一点非常惹人注目，近代早期，在大部分大的正在扩展的城市中，没有严格意义上的大学，并且一直没有大学，至少到本卷论述截止的时间是如此，如伦敦、阿姆斯特丹、布鲁塞尔、汉堡、柏林、德累斯顿、慕尼黑、马赛、里昂、马德里、里斯本和华沙等。我们应该考察这些城市是如何将它们的文化生命力转移到其他教育机构中去的，如从业者学校（伦敦

[57] W. Brulez, *Cultuur en getal. Aspecten van de relatie economie-maatschappij-cultuur in Europa tussen 1400 en 1800* (Amsterdam, 1986), 22-23，在更广泛的背景下对欧洲城市职能体系进行了讨论。亦可参见 E. Maschke and J. Sydow (eds.), *Stadt und Universität im Mittelalter und in der früheren Neuzeit* (Sigmaringen, 1977)。

律师学院）、不完全的大学学院（如在米兰）、拥有教授讲席的精英学校（如在阿姆斯特丹）和职业学校（如巴塞罗那商业专门学校）或一些研究性学园和学术性组织。据推测，这些教育机构受大学传统和限制的束缚相对较少，所以它们可以更有效地发挥作用，并且更具批判性和更新颖的精神。毕竟，这些教育机构对新学科和新知识的态度都是更为开放的。彼得大帝在新首都圣彼得堡建立的高等教育机构采用的是科学学园的结构，而不是传统大学的形式，这一点是不是令人惊异呢？

1790 年已存在大学的地图主要表明了过去的遗产，这更进一步证明了这一体系的迟钝多于其活力。如果继续进行仔细考察的话，就可以看出高等教育的活力为各高级教育机构的多样性开辟了一条途径。对大学期望过多是不合情理的，重要的并不是大学是否总是先锋，而是大学是否吸收整个社会产生的创新成果，并且在其能力范围内传递给学生。在这一方面，近代早期的大学非常灵活，特别是我们考虑到它们的组织形式是多么僵化，而许多大学又是几个世纪前的模式，它们能做到这一点就更为不易了。

可以借用加劳斯基对 19 世纪大学模式进行评论的三个关键词来形容近代早期大学网络的发展状况，即扩展、分化和职业化。[58] 扩展是与大学数量的增长相联系的，所以在近代早期大学网络达到饱和状态的时候，大学覆盖了整个基督教欧洲地区。在 18 世纪的一些国家中，大学与宗教分离，公众舆论对于文化问题愈渐关注，政府介入大学以确保大学满足其重
80 要的需求，所有这些都为对大学网络进行合理化改革扫清了障碍，促进了大学的内部改革，使大学更好地为国家服务。分化是由各种不同种类的高级教育机构的建立体现出来的，大学形式只不过是其中的一部分。在这一段时期内，大学不再关注中等教育、纯技术、应用技术和许多科学研究了，大学这样做的时候常常是心照不宣的。而这样做是否使大学更为连贯

---

[58] K. H. Jarausch (ed.), *The Transformation of Higher Learning, 1860-1930: Expansion, Diversification, Social Opening, and Professionalization in England, Germany, Russia and the United States* (Chicago, Ill., 1983).

统一，这一点值得怀疑。当然在近代早期就奠定了职业化的基础，虽然这一点直到19世纪末才表现得很明显。大学与职业之间的差距变小，大学受政府的鼓励开始观察市场。大学的这种质变，即从生产它们或多或少喜爱的知识的机构转变为由市场需求引导的机构，也许是这一时期最为显著的特点。这一特点无疑也是对大学发展影响最明显的，直到今天仍是如此。

近代早期欧洲大学清单

下表是把1500—1800年存在（即使是存在时间很短的）的大学按照其建立的时间顺序排列。这里的大学指的是由其所在地公共当局建立或认可或具有与大学同等水平的学园的所有高等教育机构。这些教育机构都是在1500—1800年的某个时间由教会权力机构和（或）世俗权力机构的统治者承认其授予的学位。而那些未获得官方特许状而试图建立的大学则未包括在内（如昂古莱姆，1516年；拉弗莱什，1603年；尚贝里，1679年）。那些虽然建立起来但并未获得授予学位权利的大学也不在此列（达勒姆，1657）。此外，一些自行授予学位，其授予的学位并未被任何合法权力机关认可的高等教育机构在这里也被省略掉了。

这给我们以下的信息：

——城镇的名称（如果名称变化了，是现在的名称）在某些情况下是教育机构的名称。

——那些人们对其大学地位还有争议的机构在这里用括号表示。

——成立日期，就那些在1500年及之后建立的大学来说，也说明了它们在各个阶段中教育机构的类别，如建立了一所精英学校、高级文科中学、学园等。

——管理这些大学的宗教派别，如果有的话。 81

——1500—1800年它们被取消的日期，或者是大学在18世纪末到约1820年的大学重建浪潮中成为牺牲品的日期，有些大学在那一时期后又重新开办了。

——文学院和神学院中的宗教信仰和主导的宗教教规（如果有的话）。

——“*”表示一直没有完全的大学结构（主要的四个学院：文学、医学、法学和神学）或一批没有涵盖所有这些学科的大学讲席的那些大学。

至于本清单的来源，可见本章末精选文献。

博洛尼亚（12世纪末）。天主教的。

巴黎（始于13世纪）。1793年被查封。天主教的。外科学自治学院（1698）和药学自治学院（1777）。法兰西皇家学院（未获颁发学位的授权）成立于1529/1530年，1733年开始隶属于大学，1793年自治（法兰西学院）。大革命所创立的机构：国家自然历史博物馆（1793）；皇家公园（1626/1636）；卫生学校（1794），在1795年更名为医学院；师范学校（1794）；公共工程中心学校（1793/1794），1795年成为理工学校；现代东方语言学校（1795）；民用工程学校（1775）与采矿学校（1783—1790），后者1794/1795年重组。

牛津（13世纪初）。天主教的，后来成为英国国教会的（信纲，1553）

蒙彼利埃（13世纪初）。松散的大学结构（自治的法科大学和医科大学，文科系和神学系）1723年联合成一个单一的机构，1793年被查封。天主教的（文科系，耶稣会的，1596年；神学系，耶稣会的，1681年）。1598—1617年独立的加尔文神学园。1795年卫生学校。

剑桥（1209—1225）。天主教的，后来成为英国国教会的（信纲，1553）

萨拉曼卡（1218—1219 年前）。1555 年将三语学院合并。天主教的。

帕多瓦（1222）。天主教的。

那不勒斯（1224）。1458 年被查封；1465 年简短重建；1507 年 82
全面重建。天主教的。

图卢兹（1229）。1793 年被查封。天主教的。

萨莱诺（1231）。医学和文科大学，1231 年第一份章程。1811 年被查封。天主教的。*

奥尔良（约 1235）。法科大学；1306 年正式获官方承认；1793 年被查封。天主教的。自治的医学院（1484），1533 年成为医学系，在 17 世纪（?）重获自治地位。1561 年自治的神学院；1568 年被查封。加尔文派的。*

锡耶纳（1246）。天主教的。

安格斯（约 1250）。1793 年被查封。天主教的。

巴利亚多利德（13 世纪末）。天主教的。

里斯本（1290）。1537 年迁往科英布拉。天主教的。

莱里达（1300）。1717 年迁往塞尔韦拉。天主教的。

阿维尼翁（1303）。1793 年被查封。天主教的。

罗马（1303）。乌尔比斯学馆（也称萨皮恩）。天主教的。

科英布拉（1308，见里斯本 1290），1308—1338 年和 1354—1377 年迁自里斯本，1537 年最终完成迁移。天主教的。

佩鲁贾（1308）。天主教的。

卡奥尔（1332）。1751 年被查封并合并进图卢兹。天主教的。

格勒诺布尔（1339）。1542 年重组；1565—1567 年迁往瓦伦斯。天主教的。

比萨（1343）。天主教的。

布拉格（1347）。这所饼酒同领派大学（Carolinum）在 1622 年成为耶稣会大学，但于 1638 年在没有耶稣会的参与下重组；1654 年与耶稣会团体合并。胡斯派的，1622 年起为天主教的。

佩皮尼昂（1350）。1793 年被查封。天主教的。

韦斯卡（1354）。天主教的。

帕维亚（1361）。1541 年重组。天主教的。

克拉科（1364）。天主教的。在库姆（海乌姆诺）、波兹南等地设有大学分支机构。

奥兰治（1365）。1562 年被查封。天主教的。1583 年重建，1793 年被查封。天主教的（1583—1703 年与一所加尔文学园合在一起*）。

维也纳［奥地利］（1365）。天主教的。1551 年为耶稣会大学学院*，1623 年并入大学。

卢卡（1369）。1552 年前后停办至消失。天主教的。

爱尔福特（1379）。1804（1816）年被查封。天主教的，后为路德教派的（1631 年，一些讲席设立于 1566 年），1648 年又成为天主教的（路德教派神学论者讲席设在大学之外）。

83 海德堡（1385）。多次迁徙（如 1576—1583 年哈尔特山的诺伊施塔特；1689—1700 年美因河畔法兰克福和魏恩海姆）；1626—1629 年及 1632—1652 年被关闭。天主教的；1558 年为路德教派的，1559 年为加尔文派的，1629 年又成为天主教的（耶稣会的），路德教派的（1631），加尔文派的（1652），自 1700 年起（保留了加尔文派的一些讲席）为天主教派的（耶稣会的）。

科隆（1388）。1798 年被查封（成为一所中心学校）。天主教的（通过三一文科中学处于耶稣会影响之下，1556 年合并）。

费拉拉（1391）。1559 年重组。天主教的。

布达佩斯（1395）。1400 年被查封；1410—约 1460 年重建。1777 年，瑙吉松博特（特尔纳瓦、图尔瑙）大学迁往布达，1784 年又迁往佩斯。天主教的。

维尔茨堡（1402）。1413 年后消失。1561 年精英学校；1575 年大学。天主教的（耶稣会的）。

都灵（1404）。1558 年被查封。1566 年重建。天主教的。

莱比锡（1409）。天主教的，自 1539 年起为路德教派的。

艾克斯省（1409）。1793 年被查封。天主教的。

圣安德鲁斯（1411）。天主教的，后为长老会的。

帕尔马（1412）。1512 年重建。天主教的。

罗斯托克（1419）。大学的一部分作为分支于 1760—1789 年迁往比措。天主教的，后为路德教派的（1531）。

多勒（1422）。1691 年迁往贝桑松。天主教的。

鲁汶（1425）。1788—1790 年，除神学系外的所有系都迁往布鲁塞尔。1797 年被查封。天主教的。

普瓦捷（1431）。1793 年被查封。天主教的。

卡昂（1432）。1793 年被查封。天主教的。

波尔多（1441）。1793 年被查封。天主教的。

卡塔尼亚（1444）。天主教的。

巴塞罗那（1450）。1714—1717 年迁往塞尔韦拉。天主教的。

格拉斯哥（1451）。1577 年恢复。天主教的，后为长老派的。

瓦伦斯［法国］（1452）。1793 年被查封。天主教的。1565/1567 年与格勒诺布尔大学合并。

特里尔（1454）。1798 年被查封。天主教的（处于耶稣会影响之下）。

格赖夫斯瓦尔德（1456）。1527—1539 年关闭。天主教的。1539 年恢复后成为路德教派的。

布赖斯高的弗莱堡（1457）。1686—1698 年及 1713—1715 年短期迁往康斯坦茨。天主教的（自 1620 年起处于耶稣会影响之下）。

巴塞尔（1459）。天主教的，1532 年起为新教的，后转变为加尔文派。

因戈尔施塔特（1459）。1800 年迁至兰茨胡特，1826 年迁至慕尼黑。天主教的（自 1556 年起为耶稣会的）。

84 南特（1460）。1793 年被查封。天主教的。

布尔日（1464）。1793 年被查封。天主教的。

布拉迪斯拉发（帕塞尼，布莱斯堡）（1465）。大概于 1492 年后讲课就停止了；1784 年哲学系和法学系由特尔纳瓦迁来。天主教的。*

［威尼斯（1470）。具有大学地位的医学院。天主教的*］

热那亚（1471）。在 1513 年仅作为学馆开放；1773 年成为公共大学。天主教的。

萨拉戈萨（1474）。大学在 1542 年重建，1583 年开学。天主教的（在耶稣会影响之下）。

哥本哈根（1475）。1537 年重组。天主教的；自 1537 年起为路德教派的。

美因茨（1476）。1792 年迁往阿莎芬堡，1798 年被查封（成为一所中心学校）。天主教的（自 1563 年起处于耶稣会的影响之下）。

图宾根（1476）。天主教的；从 1534 年起为路德教派的。

乌普萨拉（1477）。1515 年被查封。天主教的。1595 年重建；路德教派的。

帕尔马，马约卡岛（1483）。1718 年被查封（失去授予学位权）。天主教的。

斯古恩萨（1489）。1807 年被查封。天主教的。

（老）阿伯丁（1495）。1505 年国王学院在大学内建立。天主教的，后为长老派的。1641 年与竞争对手（新阿伯丁大学）短暂联合。

奥德河畔法兰克福（1498）。1506 年才开放；1811 年被查封并与布雷斯劳大学合并。天主教的；1539 年成为路德教派的；1613 年成为加尔文派的（路德教派讲席得以保留）。

阿尔卡拉（1499）。学院式大学，1508 年开学。天主教的。

巴伦西亚［西班牙］（1500）。天主教的。

维滕堡（1502）。1817 年与哈勒大学合并。天主教的（奥古斯丁教派），1517 年起为路德派的。

塞维利亚、圣玛丽亚·德·赫尔斯（1505）。学院式大学，1623 年成为市立学院。天主教的。

塞维利亚，圣托马斯（1516）。学院式大学（多明我派的），为奥德大学一所关闭的学院；1539 年成为公共大学；1662 年失去在奥德大学外授学位的权力；继续作为恺撒勒雅学院存在。天主教的。*

托莱多（1521）。学院式大学；1807 年被查封。天主教的。

圣地亚哥·德·孔波斯特（1526）。1504 为学馆。天主教的。

马伯格（1527）。1541 年获皇家特权。路德教派的，1605 年为加尔文派的。1625 年为路德教派的（与吉森合并）；1653 年又成为加尔文派的。

格兰纳达（1531）。1526 年为学院。天主教的。*

撒哈干（1534）。修道会大学（本笃会的）；约 1550 年迁往埃拉克。天主教的。* 85

尼姆（1539）。1530 年为市办学校；1539 年为大学文科学院；1795 年被查封，1798 年作为一所中心学校恢复。天主教的；自 1561 年起加尔文派占支配地位；1634 年耶稣会介入；1666 年由耶稣会主宰，1765 年起由学理派支配。*

马切拉塔（1540）。天主教的。

奥尼亚特（1540）。学院式大学；1807 年被查封。天主教的。*

巴埃萨（1542）。1538 年为学院，1807 年被查封。天主教的。*

柯尼斯堡（加里宁格勒）（1544）。1561 年获波兰皇家特权。路德教派的。

甘迪亚（1547）。1544 年为新信仰学院，1547 年为大学（耶稣会的）；1807 年被查封。天主教的。*

兰斯（1548）。1793 年被查封。天主教的（1609 年耶稣会学院并入）。

墨西拿（1548）。1548 年为大学馆（耶稣会的）；1591 年重组；

1678年被查封。1778年为大学地位的学园（只在哲学和神学两科地位较低）。天主教的。

图尔农（1548）。1538年为学院，1542年获大学地位；1622年获教皇和皇家特权，1626年撤销。天主教的（自1561年起为耶稣会的）。

奥苏纳（1548/1549）。学院式大学；1807年被查封。天主教的。

埃拉克（约1550）。撒哈干本笃会女修道院大学迁至埃拉克；1807年被查封。天主教的。

阿尔马格罗（1550）。女修道院大学（多明我会的），1807年被查封。天主教的。*

托尔托萨（1551）。女修道院大学（多明我会的），1717年迁至塞尔韦拉；天主教的。*

奥里韦拉（1552）。女修道院大学（多明我会的），一所宗教会社封闭的大学；1569年开放；1807年被查封。天主教的。

迪林根（1553）。1549年为文法学校（自1563/1564年起为耶稣会的）。天主教的。

布尔戈斯·德·奥斯马（1555）。学院大学；1770年被查封。1778年重建，1807年又被查封。天主教的。

米兰（1556）。大学地位的学院（耶稣会的）。天主教的。*

布拉格（1556）。宽容学院。1556年为学园（耶稣会的），1654年与大学合并。天主教的。*

罗马（1556）。格列高利的。1553年为学院（耶稣会的），1556年为大学（耶稣会的），天主教的（自1773年起由一个称作教皇大学的世俗机构管理）。*

耶拿（1557/1558）。1548年为学术文科中学。路德教派的。

埃武拉（1558/1559）（耶稣会的）。1759年被查封。天主教的。

[日内瓦（1559）。大学地位的学园。加尔文派的]

尼斯（1559）。1559年为法律学校（1640年被确认）；1720年失去学位授予权；1793 年学校被查封。天主教的。*

杜埃（1559/1560）。1793 年被查封。天主教的。 86

蒙多维（1560）。1719 年被查封。天主教的。

安科纳（1562）。1739 年被查封。天主教的。

[埃斯特利亚，纳瓦尔（1565）。从未发挥职能。天主教的]

[布兰斯堡（布拉涅沃）（1568）。1564 年为神学院，1568 年为大学水平的学院（耶稣会的）；建立大学的努力未获成功，但在 1642 年获得学位授予权；1781 年为文科中学。天主教的]

澳洛穆茨（1570）。1566 年为学院（耶稣会的），1570 年为大学（耶稣会的），1778 年迁往布吕恩（现在的布尔诺）。1782 年作为学园重建。天主教的。

蓬塔穆松（1572）。大学（耶稣会的）；1768 年迁往南锡。天主教的。

奥维耶多（1574）。1534 年为学院，1574 年为大学（1604 年获得确认）。天主教的。

塔拉戈纳（1574）。神学院大学；1717 年迁往塞尔韦拉。天主教的。*

莱顿（1575）。大学。加尔文派的。

黑尔姆施塔特（1575/1576）。1570 年在甘德希尔姆建立的精英学校，1574 年迁到黑尔姆施塔特；1809 年与哥廷根大学合并，1810 年被查封。路德教派的。

阿维拉（1576）。1504 年为学馆（多明我派的），1576 年为女修道院大学；1787 年失去授学位权；1807 年大学被查封。天主教的。*

巴勒莫（1578）。1560 年为学馆（耶稣会的），1578 年为大学（耶稣会的）；1767 年被查封。1779 年重建。天主教的。

维尔纽斯（1578；1579 年获教皇特许状确认）。大学（耶稣会的）。天主教的。

爱丁堡（1582/1583）。1621 年获皇家大学特许状确认。长老派的。

奥尔泰兹（1583）。1566 年为学园，1583 年为大学（1591—1609 年迁往莱斯卡尔）；1620 年被查封。加尔文派的。

费尔莫（1585）。天主教的。

弗拉讷克（1585）。1811 年被查封。加尔文派的。

格拉茨（1585/1586）。1573 年文科中学，1585/1586 年为大学（耶稣会的）。天主教的。*

艾斯克瑞尔（EL）（1587）。小型神学院；1587 年成为一所学院式大学（圣杰雷米的修道士）。天主教的。*

赫罗纳（1587）。大学，1446 年获皇家特许状，1587 年被确认，1717 年迁往塞尔韦拉。天主教的。

都柏林（1592）。大学（三一学院）。圣公会的。

阿伯丁（新）（1593）。马歇尔学院；1641 年短暂地与老阿伯丁大学合并。长老派的。

扎莫希奇（1594）。1784 年被查封。天主教的。

87 索米尔（1596/1604）。学园（授予文科和神学学位）；1685 年被查封。加尔文派的。*

蒙托邦（1598）。学园（只授予文科学位）；1659 年迁往皮洛朗；1685 年被查封。加尔文派的。

威奇（1599）。1717 年迁往塞尔韦拉。天主教的。*

色当（1599/1602）。1576 年为学院，1599/1602 年为学园；1681 年被查封。加尔文派的。

迪（1601/1604）。学园（授予文科和神学学位）；1684 年被查封。加尔文派的。*

艾克斯省（1603）。波旁皇家学院（1621 年起为耶稣会的）；1763 年与艾克斯大学合并。天主教的。*

卡利亚里（1606）。1626 年开学；约 1679 年关门。1775 年重组。天主教的。

吉森（1607）。1605 年文科中学；1607 年为大学（1624—1628 年与马伯格大学合并），1650 年重建。路德教派的。

格罗宁根（1612/1614）。加尔文派的。

萨塞纳（1614）。女修道院大学（多明我派的），1717 年迁往塞尔韦拉。天主教的。*

帕德伯恩（1614/1616）。1585 年文科中学（耶稣会的）；1614/1616 年大学（耶稣会的）。1818 年被查封。天主教的。*

萨萨里（1617）。1562 年为学院（耶稣会的）。天主教的。

莫尔塞姆（1617/1618）。1580 年文科中学（耶稣会的），1617/1618 年为大学（耶稣会的）；1701 年迁往斯特拉斯堡。天主教的。*

潘普洛纳（1619）。1619 年为女修道院大学（多明我会的）；1771 年被查封（失去授予学位权）。天主教的。*

林特尔恩（1620）。1610 年文科中学（在斯丹德萨根），1620 年为大学（在林特尔恩）；1809 年被查封。路德教派的［1631—1633 年为路德教派与天主教（本笃会）的；自 1647 年起部分为加尔文派的］。

萨尔茨堡（1620/1625）。1617 年为文科中学（本笃会的），1619 年为大学地位的学园，1620/1625 年为大学（本笃会的）。天主教的。

斯特拉斯堡（1621）。1538 年为文科中学，1566/1567 年为学园（授文科和神学学位），1621 年成为全科大学。1793 年被查封。路德教派的。1795 年为卫生学校。

阿尔特多夫（1622/1623）。1577/1578 年为哲学文科中学（学园）；1809 年被查封。路德教派的。

明斯特-西费利亚（1622/1629）。1588 年为文科中学（耶稣会的），大学（耶稣会的）建于 1622/1629 年（1631 年获特权）但并未成为现实。1771 年为大学（1780 年开学）。天主教的。

曼图亚（1625）。耶稣会的；1771/1773 年被查封。天主教的。

奥斯纳布吕克（1629/1632）。1625 年为文科中学，1629/1632 年为大学（耶稣会的）；1633 年被查封。天主教的。

多尔帕特（塔尔图）（1632）。1630年为文科中学，1632年为大学，1656年被查封（1657—1665年在雷瓦尔，后来在帕努仍继续上
88 课）。1690年重建，1699年迁往帕努；1710年关闭。路德教派的。

卡塞尔（1633）。1599年为贵族学园，1627年为精英学校，1633年为大学学院。1653年被查封并与马伯格大学合并。加尔文派的。

特尔纳瓦（瑙吉松博特，特尔纳）（1635）。大学（耶稣会的），1777/1784年迁往布达佩斯，1784年迁往帕塞尼。天主教的。

乌得勒支（1636）。1632年为精英学校。加尔文派的。

奥布（图尔库）（1640）。1630年文科中学。路德教派的。

哈尔德韦克（1647/1648）。1599/1600—1600年为精英学校；1811年被查封。加尔文派的。

班伯格（1648）。1586年为神学院和文科中学（耶稣会的）；1648年获大学地位，1773年成为完全大学；1803年迁往维尔茨堡。天主教的。

基尔（1652）。1665年开学。路德教派的。

杜伊斯堡（1654）。1561/1566年天主教机构未能建立。1636年为文科中学，1654年为大学，1804年被查封。加尔文派的。

奈梅亨（1655）。1653年为精英学校；1679年被查封。加尔文派的。

卡塞（科希策）（1657）。耶稣会的。天主教的。*

利沃夫（伦贝格）（1661）。大学（耶稣会的），1773年被查封；1784年成为国立大学，1803年被查封。天主教的。

艾普尔杰斯（普莱绍夫）（1665）。讲课经常中止。路德教派的。*

隆德（1666/1668）。路德教派的。

因斯布鲁克（1668）。1562年文科中学（耶稣会的）；1668年为大学（耶稣会的）；1673/1677年获授予学位权。天主教的。

乌尔比诺（1671）。1506年为法学院；1564年获授予学位权；1671年成为大学。天主教的。

蒙贝利亚尔（1671）。1598 年为学园，1677 年关闭。路德教派的。

林茨（1674）。1629 年文科中学（耶稣会的），1674 年获大学地位（仅授予低级学位）。天主教的。*

斯特拉斯堡（1685）。1685 年文法学校（耶稣会的）。莫尔塞姆大学（耶稣会的）1701 年迁至斯特拉斯堡；1765 年两大学合并。天主教的。*

贝桑松（1691）。1564 年建立，1567 年被撤销。多勒大学于 1691 年迁至贝桑松；1793 年被查封。天主教的。

哈勒（1693/1694）。1531 年官方设立的一所天主教大学但并未成功。1685/1688 年为贵族学园，1693/1694 年为大学。路德教派的。

拉古纳（La）（1701）。1744 年以女修道院大学（奥古斯丁派的）开学；1747 年被查封并被一所大的神学院取代。官方规定于 1792/1793 年设立新机构但并未实现。天主教的。*

布雷斯劳（弗罗茨瓦夫）（1702）。1659 年文科中学（耶稣会 89
的）；1702 年为大学（耶稣会的）。天主教的。

塞尔韦拉（1714/1717）。由所有加泰罗尼亚的大学联合组成（巴塞罗那、赫罗纳、莱里达、萨塞纳、塔拉戈纳、托尔托萨、威奇）；1821 年回到巴塞罗那。天主教的（处于耶稣会的影响之下）。

第戎（1722）。1516 年宣布成立但未能成为现实。1722 年成为大学（只有法学系）；1792 年被查封。天主教的。*

波城（1722）。1629 年的一个耶稣会机构但未能实现。1722 年为大学（耶稣会的）；1793 年被查封。天主教的。

圣彼得堡（1724）。在科学学园内作为一个吕克昂建立；1747 年自治。东正教的（没有神学）。*

卡梅里诺（1727）。1808 年被查封。天主教的。

罗马（1727）。圣特玛索（安杰利科姆）。1580 年为神学院（多明我会的）；1727 年获大学地位。天主教的。*

富尔达（1732/1734）。1572 年文科中学（耶稣会的），1584 年与教皇神学院联合；1803年被查封。天主教的（耶稣会和本笃会的；自1773年起属本笃会）。

哥廷根（1733/1737）。1586年文科中学。路德教派的。

雷恩（1735）。法学院由南特迁来；1793年被查封。天主教的。*

埃朗根（1742/1743）。1701年为贵族学园，1741年文科中学（与拜罗伊特文科中学合并），1742年为大学；1743年从拜罗伊特迁往埃朗根。路德教派的。

阿尔塔穆拉（1748）。1799年被查封。天主教的。

莫斯科（1755）。（在东正教教会的管理下神学教学继续存在）*

比措（1760）。作为罗斯托克的一个分支建立的大学；1789年与罗斯托克重新联合。路德教派的。

卡蒂（1765）。1768年被查封。天主教的。

南锡（1768）。由蓬塔穆松迁至南锡的大学，1793年被查封。天主教的。

摩德纳（1772/1773）。1682年为学馆（圣卡洛的宗教团体）。天主教的。

波恩（1777）。1730年文科中学（耶稣会的）；1777年为大学，1784年被给予特权；1798年关闭（变成一所中心学校）。天主教的。

斯图加特（1781）。1773年为军事学园；1775年为大学学院；1781年为大学；1794年被查封。路德教派的。*

穆尔西亚（1783）。1777年为神学院；1783年获大学地位（有学士学位授予权）。约1804年消失。天主教的。*

90 地图

地图2-7：1501—1800年建立的大学机构

这些机构存在的每一个阶段都在各个地图中独立地表示出来。在每一阶段大学机构的地位若有变化的，地图表示的是其较高的地位。

地图 8-11：天主教和新教的大学

土耳其帝国的边界线以疆土最广的时候为准（1683 年前）。

在地图 9 中，接收大学指的是完成合并或接收某个迁移过来的学校的大学。

按字母顺序排列的大学城表

这些地图上的数字指的是大学城的字母顺序的数字。如果一座大学城拥有多所大学，则会提及其不同的成立年份。

1. 阿伯丁（老）（1495）；阿伯丁（新）（1593）
2. 奥布（图尔库）（1640）
3. 艾克斯省（1409）
4. 阿尔卡拉（1499）
5. 阿尔马格罗（1550）
6. 阿尔塔穆拉（1748）
7. 阿尔特多夫（1622/1623）
8. 安科纳（1562）
9. 安格斯（约 1250）
10. 阿维尼翁（1303）
11. 阿维拉（1576）
12. 巴埃萨（1542）
13. 班伯格（1648）
14. 巴塞罗那（1450）
15. 巴塞尔（1459）
16. 贝桑松（1691）
17. 博洛尼亚（12 世纪末）
18. 波恩（1777）
19. 波尔多（1441）

20. 布尔日（1464）
91 21. 布兰斯堡（布兰涅沃）（1568）
22. 布雷斯劳（弗罗茨瓦夫）（1702）
23. 布达佩斯（1389）
24. 布尔戈斯·德·奥斯马（1555）
25. 比措（1760）
26. 卡昂（1432）
27. 卡利亚里（1606）
28. 卡奥尔（1332）
29. 剑桥（1209—1225）
30. 卡梅里诺（1727）
31. 卡塔尼亚（1444）
32. 塞尔韦拉（1714/1717）
33. 科英布拉（1308）
34. 科隆（1388）
35. 哥本哈根（1475）
36. 卡蒂（1765）
37. 克拉科（1364）
38. 迪（1601/1604）
39. 第戎（1722）
40. 迪林（1553）
41. 多勒（1422）
42. 多尔帕特（塔图）（1632）
43. 杜埃（1559/1560）
44. 都柏林（1592）
45. 杜伊斯堡（1654）
46. 爱丁堡（1582/1583）
47. 艾普尔杰斯（普莱绍夫）（1665）

48. 爱尔福特（1379）
49. 埃朗根（1742/1743）
50. 艾斯克瑞尔（EL）（1587）
51. 埃斯特利亚，纳瓦拉（1565）
52. 埃武拉（1558/1559）
53. 费尔莫（1585）
54. 费拉拉（1391）
55. 弗拉纳克（1585）
56. 奥德河畔法兰克福（1498）
57. 布瑞斯高地区弗莱堡（1457）
58. 富尔达（1732/1734）
59. 甘迪亚（1547）
60. 日内瓦（1559）
61. 热那亚（1471）
62. 赫罗纳（1587）
63. 吉森（1607）
64. 格拉斯哥（1451） 92
65. 哥廷根（1733/1737）
66. 格兰纳达（1531）
67. 格拉茨（1585/1586）
68. 格赖夫斯瓦尔德（1456）
69. 格勒诺布尔（1339）
70. 格罗宁根（1612/1614）
71. 哈勒（1693/1694）
72. 哈尔德韦克（1647/1648）
73. 海德堡（1385）
74. 黑尔姆施塔特（1575/1576）
75. 韦斯卡（1354）

76. 因戈尔施塔特（1459）
77. 因斯布鲁克（1668）
78. 埃拉克（约 1550）
79. 耶拿（1557/1558）
80. 卡塞（科希策）（1657）
81. 卡塞尔（1633）
82. 基尔（1652）
83. 柯尼斯堡（加里宁格勒）（1544）
84. 拉古纳（La）（1701）
85. 莱顿（1575）
86. 莱比锡（1409）
87. 莱里达（莱里达）（1300）
88. 林茨（1674）
89. 里斯本（1290）
90. 鲁汶（1425）
91. 卢卡（1369）
92. 隆德（1666/1668）
93. 利沃夫（伦贝格）（1661）
94. 马切拉塔（1540）
95. 美因茨（1476）
96. 曼图亚（1625）
97. 马伯格（1527）
98. 墨西拿（1548）
99. 米兰（1556）
100. 摩德纳（1772/1773）
101. 莫尔塞姆（1617/1618）
102. 蒙多维（1560）
103. 蒙托邦（1598）

104. 蒙贝利亚尔（1671）
105. 蒙彼利埃（13 世纪初）
106. 莫斯科（1755）
107. 明斯特-西费利亚（1622/1629） 93
108. 穆尔西亚（1783）
109. 南锡（1768）
110. 南特（1460）
111. 那不勒斯（1224）
112. 尼斯（1559）
113. 奈梅亨（1655）
114. 尼姆（1539）
115. 澳洛穆茨（1570）
116. 奥尼亚特（1540）
117. 奥兰治（1365）
118. 奥里韦拉（1552）
119. 奥尔良（约 1235）
120. 奥尔泰兹（1583）
121. 奥斯纳布吕克（1629/1632）
122. 奥苏纳（1548/1549）
123. 奥维耶多（1574）
124. 牛津（13 世纪初）
125. 帕德伯恩（1614/1616）
126. 帕多瓦（1222）
127. 巴勒莫（1578）
128. 帕尔马，马约卡岛（1483）
129. 潘普洛纳（1619）
130. 巴黎（13 世纪初）
131. 帕尔马（1412）

132. 波城（1722）

133. 帕维亚（1361）

134. 佩皮南（1350）

135. 佩鲁贾（1308）

136. 比萨（1343）

137. 普瓦捷（1431）

138. 蓬塔穆松（1572）

139. 帕塞尼（布拉迪斯拉发，普雷斯堡）（1465）

140. 布拉格（1347）；金文泰纳姆（1556）

141. 兰斯（1548）

142. 雷恩（1735）

143. 林特尔恩（1620）

144. 罗马，萨皮恩察（1303）；格雷戈里亚纳（1556）；安杰利科姆（1727）

145. 罗斯托克（1419）

146. 撒哈干（1534）

147. 萨拉曼卡（1218/1219 年前）

148. 萨莱诺（1231）

94 149. 萨尔茨堡（1620/1625）

150. 圣地亚哥·德·孔波斯特（1526）

151. 萨拉戈萨（1474）

152. 萨萨里（1617）

153. 索米尔（1596/1604）

154. 色当（1599/1602）

155. 塞维利亚，圣玛丽亚·德·赫苏斯（1505）；圣托马斯（1516）

156. 锡耶纳（1246）

157. 斯古恩萨（1489）

158. 萨塞纳（1614）

159. 圣·安德鲁斯（1411）
160. 圣·皮特斯伯格（1724）
161. 斯特拉斯堡（1621）；耶稣会精英学校（1685）
162. 斯图加特（1781）
163. 塔拉戈纳（1574）
164. 托莱多（1521）
165. 托尔托萨（1551）
166. 图卢兹（1229）
167. 图尔农（1548）
168. 特里尔（1454）
169. 特尔纳瓦（瑙吉松博特，特尔纳）（1635）
170. 图宾根（1476）
171. 都灵（1404）
172. 乌普萨拉（1477）
173. 乌尔比诺（1671）
174. 乌得勒支（1636）
175. 瓦伦斯（1452）
176. 巴伦西亚（1500）
177. 巴利亚多利德（13 世纪末）
178. 威尼斯（1470）
179. 威奇（1599）
180. 维也纳（1365）
181. 维尔纽斯（1578/1579）
182. 维滕堡（1502）
183. 维尔茨堡（1402）
184. 扎莫希奇（1594）

95

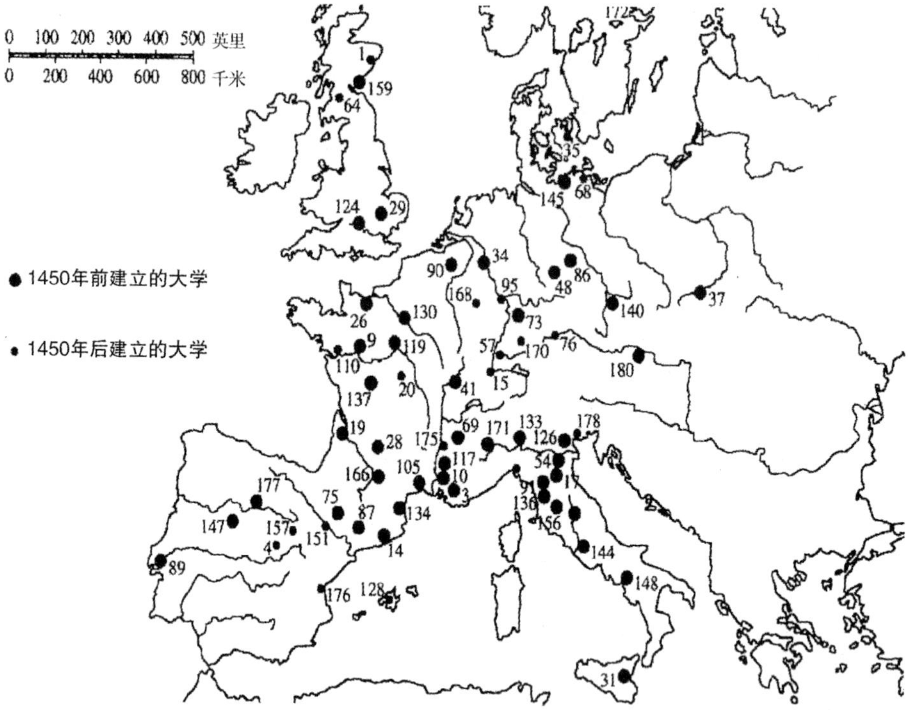

图 1　活跃于 1500 年的大学

96

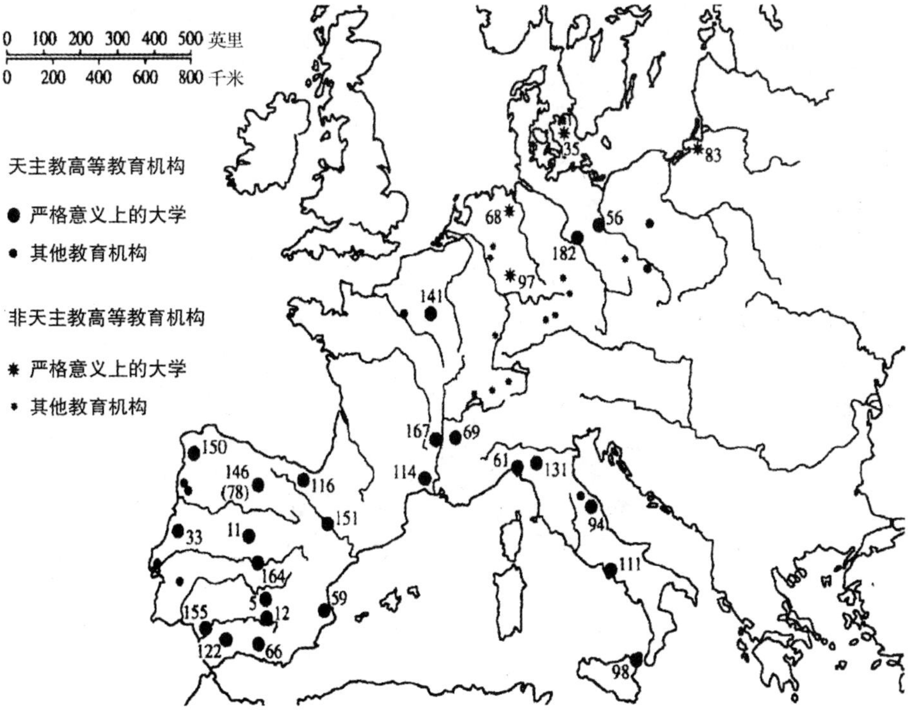

图 2　1051—1550 年成立的大学

97

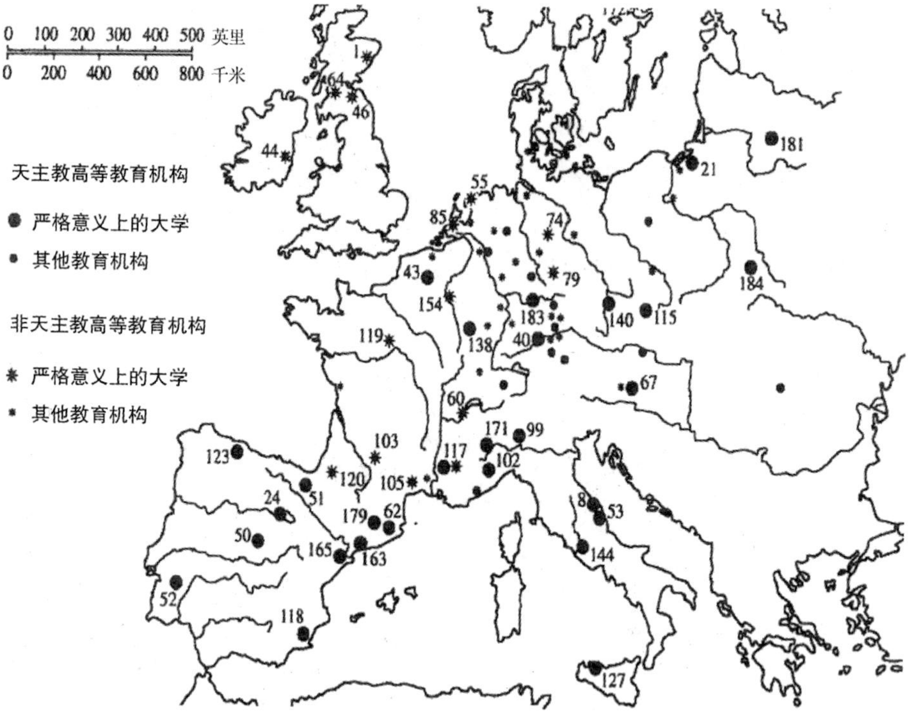

图 3　1551—1600 年成立的大学

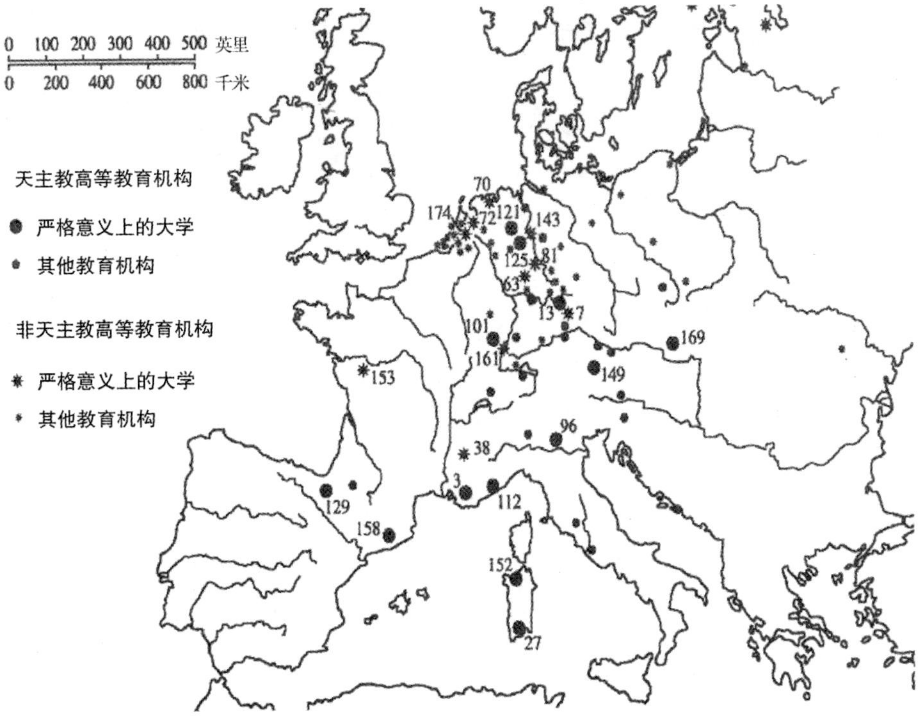

98

图 4　1601—1650 年成立的大学

99

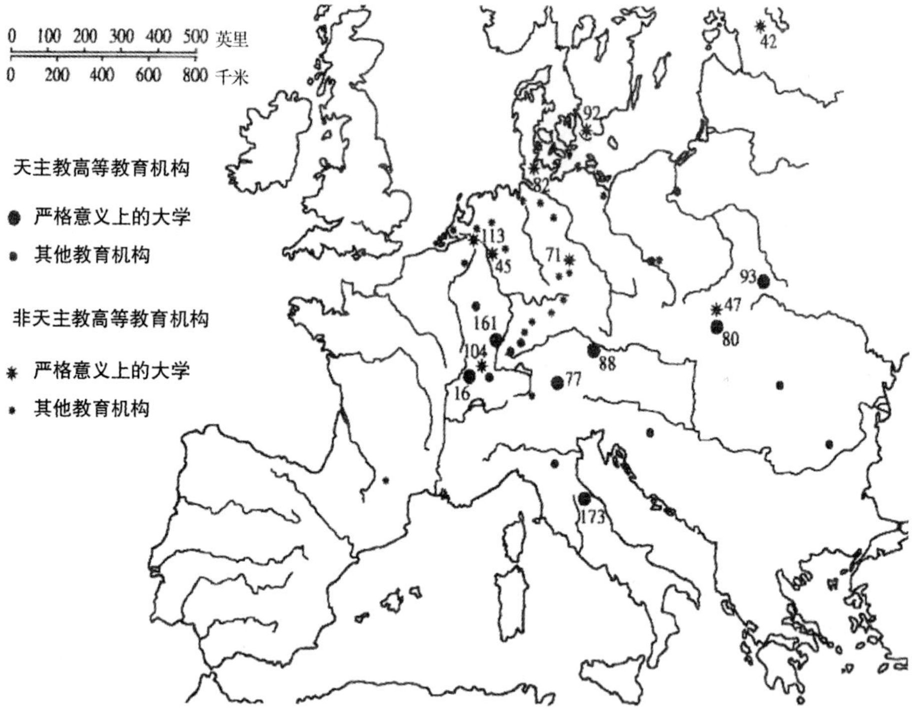

图5 1651—1700年成立的大学

100

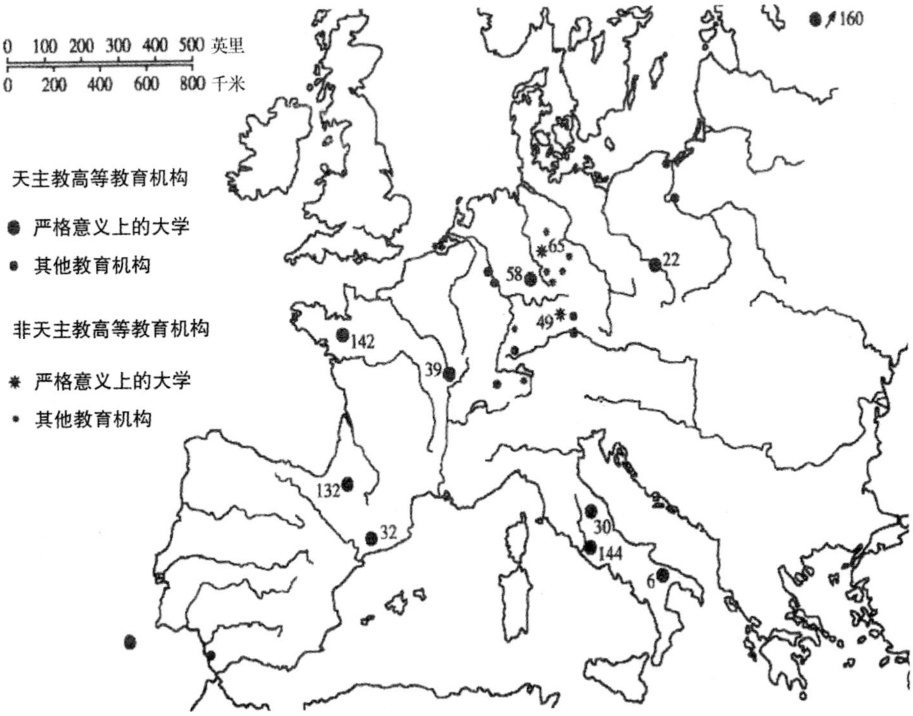

图 6　1701—1750 年成立的大学

图 7　1751—1800 年成立的大学

102

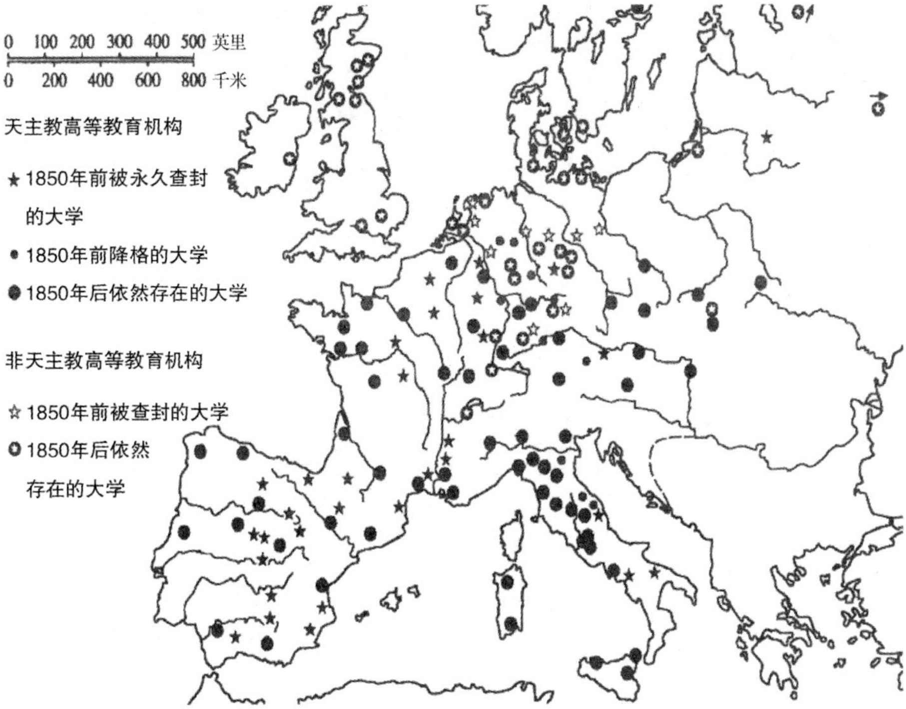

图 8　活跃于 1790 年的严格意义上的大学

103

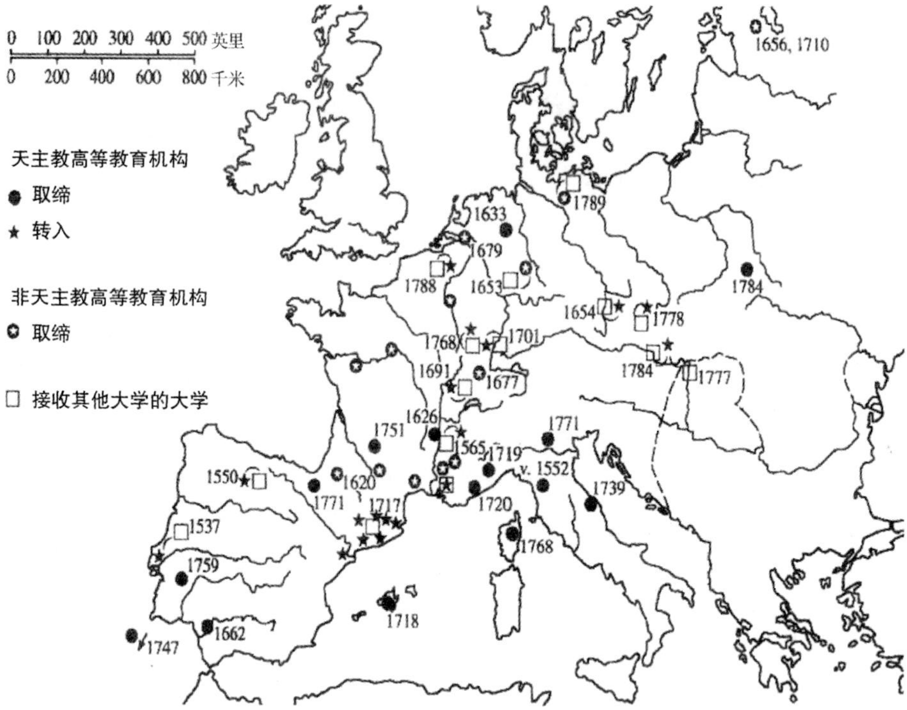

图 9　1500—1790 年取缔、迁移转入或永久并入其他大学的严格意义上的大学

104

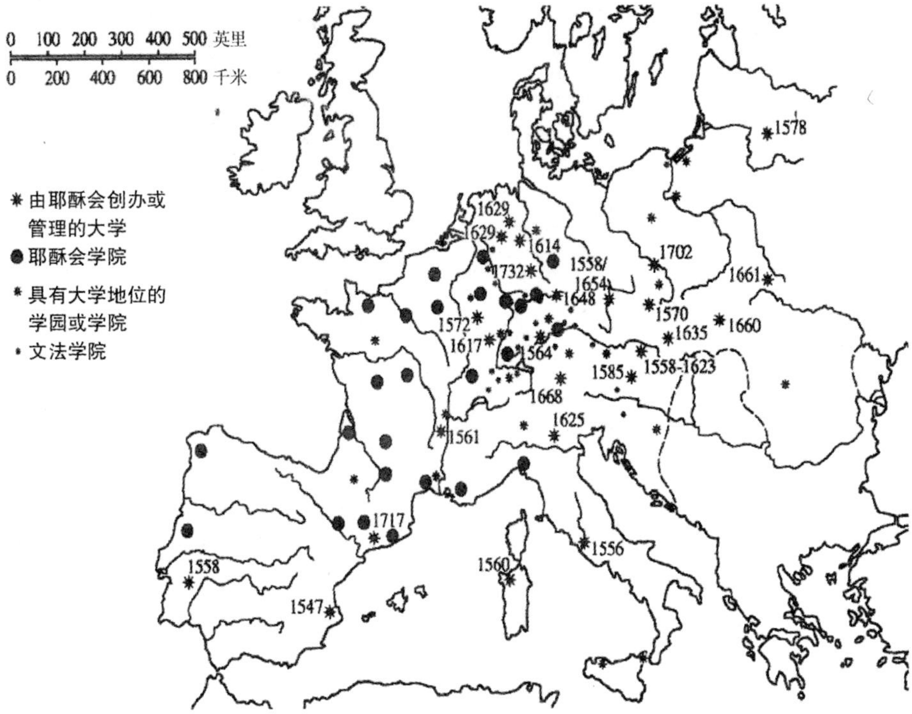

图 10　耶酥会大学的攻势

105

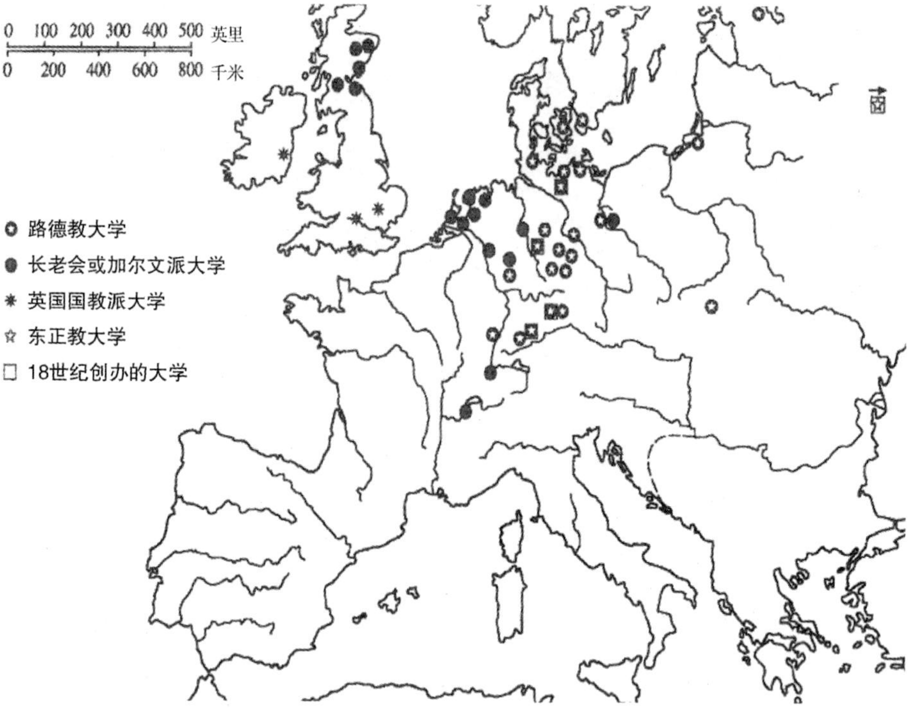

图 11　18 世纪的非天主教大学

精选文献 106

文献目录

Bibliographie internationale de l'histoire des universités, vol. Ⅰ: *Espagne-Louvain-Copenhague-Prague*, by R. Gilbert, J. Paquet, S. Ellehój, F. Kavka, J. Havránek, Geneva, 1973, and vol. Ⅱ: *Portugal-Leiden-Pécs-Franeker-Basel*, by A. Moreira de Sà, R. Ekkart, M. Fényes, A. de Kalbermatten, L. Haebarli, Geneva, 1976.

Coing, H. (ed.) *Handbuch der Quellen und Literatur der neueren europäischen Privatrechtsgeschichte*, vol. Ⅱ, Ⅰ, Munich, 1977, 3-102.

Craigie, J. *A Bibliography of Scottish Education before 1872*, London, 1970.

Ermann, W. and Horn, E. *Bibliographie der deutschen Universitäten*, 3 vols., Leipzig/Berlin, 1904-1905; reprint, 1965.

Fletcher, J. M. (ed.) *The History of European Universities. Work in Progress and Publications*, 5 vols., Birmingham, 1977-1981.

Fletcher, J. M. and Deahl, J. 'European Universities 1300-1700: the Development of Research 1969-1981, and a Summary Bibliography', in J. M. Kittelson and P. J. Transue (eds.), *Rebirth, Reform and Resilience: Universities in Transition 1300-1700*, Columbus, Ohio, 1984, 324-357.

Fletcher, J. M. and Upton, C. A. 'Publications of University History since 1977: a Continuing Bibliography', *History of Universities*, 7 (1988), 371-468 (annual).

Gabriel, A. L. *Summary Bibliography of the History of the Universities of Great Britain and Ireland up to 1800, Covering Publications between 1900 and 1968*, Notre-Dame, Ind., 1974.

García y García, A. 'Bibliografía de historia de las universidades españolas', *Repertorio de historia de la ciencias eclesiásticas en España*, 7 (1979),

599-627.

Guenée, S. *Bibliographie de l'histoire des universités françaises des origines à la Révolution*, 2 vols., Paris, 1978-1981.

Hammerstein, N. 'Jubiläumsschrift und Alltagsarbeit. Tendenzen bildungsgeschichtlicher Literatur', *Historische Zeitschrift*, 236(1983), 601-633.

Hammerstein, N. 'Neue Wege der Universitätsgeschichtsschreibung', *Zeitschrift für Historische Forschung*, 5(1978), 449-463.

Hammerstein, N. 'Nochmals Universitätsgeschichtsschreibung', *Zeitschrift für Historische Forschung*, 7(1980), 321-336.

Petry, L. 'Deutsche Forschungen nach dem Zweiten Weltkrieg zur Geschichte der Universitäten', *Vierteljahrsschrift für Sozial-und Wirtschaftsgeschichte*, 46(1959), 145-203.

De Ridder-Symoens, H. 'Universiteitsgeschiedenis als bron voor sociale geschie-denis', *Tijdschrift voor Sociale Geschiedenis*, 10(1978), 87-115.

De Ridder-Symoens H. and Paquet, J. 'Bibliografisch Overzicht Universiteitsgeschiedenis der Nederlanden', *Batavia Academia*, 2(1984), 18-21. This is a current bibliography which is published every year.

107 Stark, E. and Hassinger, E. (eds.) *Bibliographie zur Universitätsgeschichte. Verzeichnis der im Gebiet der Bundesrepublik Deutschland 1945-1971 veröffentlichten Literature*, Munich, 1974.

Steiger, G. and Straube, M. 'Forschungen und Publikationen seit 1945 zur Geschichte der deutschen Universitäten und Hochschulen auf dem Territorium der DDR', *Zeitschrift für Geschichtswissenschaft*, 7 (special issue)(1960), 563-599.

Stelling-Michaud, S. 'L' histoire des universitiés au Moyen Age et à la Renaissance au cours des vingt-cinq dernières années', in *Rapports du XI e Congrès international des Sciences historiques*, vol. I, Stockholm, 1960, 97-143; revised Italian translation: 'La storia delle università nel medioevo e nel Rinascimento: stato degli studi e prospettive di ricerca', in G. Arnaldi(ed.), *Le origini dell'Università*, Bologna, 1974, 153-217.

Vico Monteoliva, M. 'Bibliografía sobre la historia de las universidades españolas', *Historia de la Educatión*, 3(1984), 281-290.

Zanella, G. 'Bibliografia per la storia dell'università di Bologna dalle origini al 1945, aggiornata al 1983', *Studi e memorie per la storia dell'Università di Bologna*, new series, 5(1985).

现代早期大学一览(按年代顺序)

Justus[=Jobst], W. *Tractatus de academiis et scholis in Europa*, Frankfurt-on-Oder, 1554.

Cholinus, M. *Tractatus de academiis orbis Christiani*, Cologne, 1572.

Middendorpius, J. *In Ⅷ libris academiarum celebrium universi terrarum orbis*, Cologne, 1572.

Junius[=du Jon], F. *Tractatus de academia, cum catalogo omnium orbis academiarum*, Heidelberg, 1587.

Anon. *Academiarum quae aliquango fuere et hodie sunt in Europa catalogus et enumeratio brevis*, London, 1590.

Burchardus, A. *Speculum catalogicum et chronologicum academiarum orbis Christiani*, Magdeburg, 1615.

Voetius, G. *Sermoen van de Nuttichey dt der Academien ende Scholen*, Utrecht, 1636.

Schwimmer, J. M. *Tractatus de academicis omnium facultatum professoribus, academiis et studiosis*, Jena, 1672.

Parchitius, S. *Catalogus de origine et fundatione academiarum totius Europae*, Frankfurt-on-Oder, 1692.

Thurmannus, C. *Bibliotheca academica*, Halle, 1700.

Ludovici, G. *Historia rectorum, gymnasiorum scholarumque celebriorum*, 5 vols. ,Leipzig/Coburg,1708-1725.

Lucae,F. *Europäischer Helicon,auff welchem die Academien oder Hohe Schulen von Anfang der Welt bis jetzo aller Nationen,besonders Europae*,Frankfurt-on-Main,1711.

de Launoy,J. *De scholis celebribus*,Hamburg,1717.

Hagelganss,J. G. *Orbis literatus academicus Germanico-Europaeus*, Frankfurt-on-Main,1737.

108 Anon. *Academische uitspanningen of beschryving der voornaamste universiteiten,academiem en illustre-schoolen*,Utrecht,1777.

Anon. *Guía histórica de la universidades, colegios, academias y demás cuerpos literarios de España y América, en que se da noticia de sus fundaciones y estado actual*,Madrid,1768.

综合性的著作

Brizzi,G. P. and Verger,J. (eds.)*Le università dell'Europa. Dal Rinascimento alle reforme religiose*,Milan,1991.

Frijhoff, W. ' Universities: 1500-1900 ', in B. R. Clark and G. R. Neave (eds.)*The Encyclopedia of Higher Education*, vol. Ⅱ, Oxford/New York/Seoul/Tokyo,1992,1251-1259.

D'Irsay,S. *Histoire des universités françaises et étrangères des origines à nos jours*,2 vols. ,Paris,1933-1935.

Jílek, L. (ed.)*Historical Compendium of European Universities/Répertoire historique des universités européennes*,Geneva,1984.

Julia,D. ,Revel,J. and Chartier,R. (eds.)*Les Universités européennes du XVI e au XVIII e siècle. Histoire sociale des populations étudiantes*, 2 vols. ,Paris,1986-1989.

Stone,L. (ed.)*The University in Society*,2 vols. ,Princeton,N. J. ,1974.

Les Universités européennes du XIV e au XVIII e siècle. Aspects et problèmes.

Actes du colloque international à l'occasion du VIe centenaire de l'Université Jagellone de Cracovie, Geneva, 1967.

Verger, J. 'Les universités à l' époque moderne', in G. Mialaret and J. Vial (eds.), *Histoire mondiale de l' éducation*, vol. II, Paris, 1981, 247-272.

关于各具体国家大学的著作

Ajo González de Rapariegos y Sáinz de Zúñiga, C. M. *Historia de las universidades hispánicas. Orígenes y desarrollo desde su aparición a nuestros días*, 11 vols., Madrid, 1957-1977.

Boehm, L. and Müller, R. A. (eds.) *Universitäten und Hochschulen in Deutschland, Oesterreich und der Schweiz. Eine Universitätsgeschichte in Einzeldarstellungen*, Düsseldorf, 1983.

Chartier, R., Compère, M.-M. and Julia, D. *L'Education en France du XVIe au XVIIIe siècle*, Paris, 1976.

Engelbrecht, H. *Geschichte des österreichischen Bildungswesens*, 3 vols., Vienna, 1981-1984.

Frijhoff, W. *La Société néerlandaise et ses gradués, 1575-1814. Une recherche sérielle sur le statut des intellectuels à partir des registres universitaires*, Amsterdam/Maarssen, 1981.

Goldmann, K. *Verzeichnis der Hochschulen*, Neustadt an der Aisch, 1967.

Guenée, S. *Les Universités françaises des origines à la Révolution. Notices historiques sur les universités, studia et académies protestantes*, Paris, 1982.

Kagan, R. L. *Students and Society in Early Modern Spain*, Baltimore, 109
Md./London, 1974.

Kagan, R. L. 'Le università in Italia 1500-1700', *Società e storia*, 7(1985), 275-317; English version: 'Universities in Italy 1500-1700', in D. Julia, J. Revel and R. Chartier (eds.), *Les Universités européennes du XVIe au* XVIII *e siècle. Histoire sociale des populations étudiantes*, vol. I, Paris, 1986, 153-186.

Kearney, H. F. *Scholars and Gentlemen: Universities and Society in Pre-Industrial Britain, 1500-1700*, London, 1970.

McClelland, C. E. *State, Society and University in Germany 1700-1914*, Cambridge, 1980.

O'Day, R. *Education and Society 1500-1800. The Social Foundations of Education in Early Modern Britain*, London/New York, 1982.

Paulsen, F. *Geschichte des gelehrten Unterrichts auf den deutschen Schulen und Universitäten: vom Ausgang des Mittelalters bis zur Gegenwart mit besonderer Rücksicht auf den klassischen Unterricht*, vol. I, Leipzig, 1885; 3rd edn, Leipzig/Berlin, 1919.

Peset, M(ed.) *Universidades españolas y americanas. Época colonial*, Valencia, 1987.

Peset, M. and Peset, J. L. *La universidad española (siglos* XVIII *y* XIX*). Despotismo ilustrado y revolución liberal*, Madrid, 1974.

Verger, J. (ed.) *Histoire des universités en France*, Toulouse, 1986.

学术团体

Boehm, L. and Raimondi, E. (ed.) *Università, accademie e società scientifiche in Italia e in Germania dal Cinquecento al Settecento*, Bologna, 1981.

Faij, B. 'Learned Societies in Europe and America in the Eighteenth Century', *American Historical Review*, 37(1931-1932), 255-266.

Hammermayer, L. 'Akademiebewegung und Wissenschaftsorganisation. Formen, Tendenzen und Wandel in Europa Während der zweiten Hälfte des 18. Jahrhunderts', in E. Amburger, M. Ciésla, L. Sziklay (eds.), *Wissenschaftspolitik in Mittel-und Osteuropa. Wissenschaftliche Gesellschaften*,

Akademien und Hochschulen im 18. und Beginnenden 19. Jahrhundert, Berlin, 1976, 1-84.

Hammermayer, L. *Die Bayerische Akademie der Wissenschaften*, 2 vols., Munich, 1983.

Hartmann, F. and Vierhaus, R. (eds.) *Der Akademiegedanke im 17. und 18. Jahrhundert*, Bremen/Wolfenbüttel, 1977.

McClellan III, J. E. *Science Reorganized: Scientific Societies in the Eighteenth Century*, New York, 1985.

Mijnhardt, W. W. *Tot Heil van 't Menschdom. Culturele Genootschappen in Nederland 1750-1815*, Amsterdam, 1987.

Müller, K. 'Zur Entstehung und Wirkung der wissenschaftlichen Akademien und Gelehrtengesellschaften des 17. Jahrhunderts', in H. Rössler and G. Franz (eds.), *Universität und Gelehrtenstand 1400-1800*, Limburg an der Lahn, 1970, 127-144.

Ornstein, M. *The Rôle of Scientific Societies in the Seventeenth Century*, 110
Chicago, Ill. 1928.

Roche, D. *Le Siècle des Lumières en province. Académies et académiciens provinciaux 1680-1789*, 2 vols., The Hague/Paris, 1978.

Roche, D. 'Sciences et pouvoirs dans la France du XVIIIe siècle (1666-1803)', *Annales, Economies, Sociétés, Civilisations*, 29 (1974), 738-748.

Voss, J. 'Die Akademien als Organisationsträger der Wissenschaften im 18. Jahrhundert', *Historische Zeitschrift*, 231 (1980), 43-74.

Yates, F. A. *The French Academies of the Sixteenth Century*, London, 1947.

Yates, F. A. 'The Italian Academies', in F. A. Yates, *Renaissance and Reform: the Italian Contribution*, London, 1983, 6-29.

第二编 结构

第三章　与当局的关系 113

诺特克尔·哈默施泰因

除天主教会外，欧洲大学是欧洲存在时间最长的机构，它们反映了许多独立于各自国家背景的一般特征和发展过程。大多数大学（包括许多新近建立的大学）都以巴黎大学和博洛尼亚大学作为它们仿效的对象，这绝不是偶然的。在这两所最为古老的大学中发展起来的学习和教学组织形式成了范本。以它们为榜样，大学作为一个学习中心，人们设想它应该是具有特权的，希望它享有教皇和帝国、皇家或贵族的许可和授权。

考虑到大学的中世纪背景，用一个现代化的表述来说，大学的法律史和教学史一直与教会和国家两方面相联系。易于理解的是，这种联系因地点、时间和个人影响而异，在具体情况下，有时会更依赖教会，有时则会偏向政府。不同地点、时间的大学具有相对地自由度。现在看来，当时大学、教会和政府之间的关系是相当复杂的。在近代早期，这些关系更为复杂，因为教会与政府之间的整体关系发生了许多变化。①

即使仅仅考虑大学的众多数量，对于任何一般规律来说，也会有例外。所以，我们先要考察那些对 14 世纪和 15 世纪的所有大学都很重要的那个时期的各种趋势和一般状况，然后还要继续讨论特定国家中的大学的 114
特色，以及那些在最重要和最典型的欧洲社群中出现的具体实例。

在中世纪晚期，越来越多的新大学出现，与早已建立的那些大学并存，而这些新的教育机构看待自己的方式不可避免地也发生了改变。② 与以前一样，这些大学把它们行为的正当性建立在它们是科学的培育者这一

---

① 参见第 2、9 章，pp. 371-376。

② 参见第Ⅰ卷，第 2 章。

角色上，而不再论及整个基督教社会了。因此，至少在地理上，视野更加有限。如果大学的捐赠人和创立者（教皇或世俗帝王）不将其目标确切地表达出来的话，当大学数量迅速增多时，他们吸引学生的领域就会变小，这正是事物本身的性质。同时，大学在这种更受局限的领域中的重要性会得到加强。

宗教改革之前，与阿维尼翁教皇相关的压力就已经存在，这些压力的形成直接与教会内部的各种分裂有关。教皇对普遍管辖权的主张，已经失去了对封建领主和教会利益的效力。当然，教会仍然为欧洲各国培养有学识的神职人员，以便他们在各自的国家中担任重要职务，并且 15 世纪的各个议会都让欧洲各地的世俗统治者认识到，大学可以多么成功、多么重要，大学可以提供多少社会和管理方面的优势。[3] 这些统治者自己也在寻找更有效的管理方法和更精确的能力范围。

宗教分裂和教会会议还加强了另外一种趋势。与中世纪大学所表达的那种普遍性理想不同，现在一种爱国主义的（民族主义的）独立自主感在增强。当时各个区域内的集体感和“祖国”感都增强了，结果是大学内各个国家并存的旧体系就坍塌了。莱比锡大学的建立就表明了当时的这种紧张状况：居于布拉格大学的 1409 名日耳曼人屈服于国王文策尔四世的压力，前往迈森王国，成立了莱比锡大学。当然，这是一个相当极端的例子。

近代早期国家的发展

为了巩固国家的统一，力量不断增强的国家不仅要使用新技术，还要
115 发展新技术。政府还得准备好负责那些以前由教会负责的领域。在近代早期的每个世纪里，这一进程都在继续，确切地描述它需要很多笔墨。然而

③ J. Helmrath, *Das Baseler Konzil 1431-1449. Forschungsstand und Probleme* (Cologne/Vienna, 1987), 132-160.

以前被认为是永恒的东西在15世纪发生了剧烈的变化。这些变化决定了人们的生活方式，也决定了政府与教会之间的关系，以及大学运转所面临的那些条件。

除了直接在宫廷或教会服务（如在教皇教区），在统一的国家内，一些必要的知识和技能也被交流、使用着。世俗智慧和知识因其自身的价值而获得了某种重视，而科学也不再被认为是为神学服务或代表神学研究了。在印刷的新时代，由于印刷术加快了交流，同样还出现了保存手写记录和公共生活理性化这种一般趋势。

无论是教会还是国家，其资金需求都在增长，这又与早期外交方式及新的军事秩序（雇佣军取代了封建骑士军队）的发展相联系，这些都要求一份“公共资金预算”，以及制定更为清楚的规则。最后，人们越来越意识到学习对日益多样化的私人追求和公共服务的重要性。路德曾经指出——因其他原因而提出的——包括学术在内的任何职业都是上帝对人的召唤，有了这种认识，各种趋势就彻底融合在一起了。

人文主义——宗教改革——反宗教改革

在这些不断变化的情况中，人们一直对教育及大学作为实施教育的场所给予了很高的评价，“人文主义”也给予了决定性的支持。最后，人文主义“运动”几乎席卷了欧洲每个国家，虽然它在北欧和东南欧的影响不如在欧洲其他地方那么深入，但这足以使各国的人文主义者将自己的工作定义为“欧洲的”了。

毫无疑问，人文主义起初主要关心的是文科，并未想提供一种知识体系，它也确实没有这样做。但是，人文主义把文科中的所有活动（由古代模式构成）都看作解放个性的，并且把教育和智慧当作更文明化的道德行为模式的保证。这样，人文主义实际上支持了追求那些更好的、理论上更自觉的同时又是更实用的存在准则的其他趋势。它决定性地表明了教育的重要性（不仅是为君主），它只尊重那些文明的、受过教育的人。对于任 116

何想从事公共服务的人来说，教育都是必需的：教士和俗人在这场教育性的、致力于智力活动的运动中具有同等的地位。

虽然人文主义在不同的国家、不同的外部情况和出现的不同时间表现不同的特征，④ 但是只要在它存在的地方，人们都以意大利文艺复兴的人文主义这一样本来衡量它。在阿尔卑斯山以北，是一种封建的环境，人们对于国家和教育有着不同的理解，由于这里没有意大利的那种城市政府，人文主义在这里就不得不努力发展一些能够与南部的目标对抗或竞争的生活方式。但是就他们的基本信念而言，特别是他们对教育及其方法和内容的态度，以及他们认为训练和教育是必不可少的，在这些方面其实南北之间是没有什么区别的。

起初，马丁·路德的宗教改革代表了对这一教育概念的严重倒退，宗教改革将教育导向世俗的、实用的和现世的道德方向。路德本人甚至觉得有责任谴责大学，说大学是教皇的危险的代表，是异教的亚里士多德的信徒们的中心。然而，政治上的动荡、新教育传播中遇到的困难，还有最重要的一点是菲利普·梅兰克顿的建议和支持，所有这些使路德认识到学校和大学可以成为新信仰的工具。⑤ 因此，路德派就强烈建议世俗政府扶植这类机构，并且由于其他教派也意识到他们不能落后，这样大学就普遍发展起来了。随着大学的发展，大学形成了独立的、面向未来的、后宗教改革和后文艺复兴的自我形象。

这一过程中出现的“智慧（sapiens）、雄辩（et eloquens）、虔诚（pietas）”的构想，是两场智力运动——人文主义运动和宗教改革运动之间达成的一种折中方案。此后，君主的目标就是有合格的教会人员和世俗人

---

④ H. A. Oberman and T. A. Brady Jr(eds.), *Itinerarium Italicum. The Profile of the Italian Renaissance in the Mirror of its European Transformations*, Studies in Medieval and Reformation Thought, 14(Leiden, 1975); P. Joachimsen, *Gesammelte Aufsätze*, ed. N. Hammerstein, vol. Ⅰ(Aalen, 1970).

⑤ K. Hartfelder, *Philipp Melanchthon als Praeceptor Germaniae* (Berlin, 1889; reprint Nieuwkoop, 1964). Hammerstein, N. 'Universitäten und Reformation', *Historische Zeitschrift*, 258(1994), 339-357.

员可以使用。这些人员必须是“正统”的，同时又能胜任政府和教会的繁重工作。

这种信仰统一性的丧失，以及它在16世纪所带来的不可避免的各个教派的出现，决定了几个世纪以来各国之间及欧洲各地区之间的关系，并且导致了分裂、冲突、国内战争及欧洲战争。然而，各教派很快就认识到 117
它们必须控制教育的场所——学校和大学，这一事实非常重要。他们认为，正确的信仰和真正的知识都只能通过正确的教学获得。于是，教育和实施教育的地方就在各地引起高度重视。结果，在16世纪，在对已存在的教育机构进行积极改革的同时，还建立了更多的新大学。

大体上，我们可以根据三种教派将大学机构划分为三种类型。第一种是维滕堡模式。维滕堡大学的改革是受人文主义和宗教改革运动两者共同激励的，并且是在梅兰克顿的决定性影响下进行的。大约1530年以后，维滕堡大学开始影响其他地方的大学。约翰·斯图谟构想了斯特拉斯堡模式，即斯图谟教学法。⑥ 大多数新教大学都采取以上这种模式。而不久以后，大多数天主教大学，特别是受到耶稣会影响的，也都向这一类型转变。1533年罗马成立的日耳曼和匈牙利学院在这一背景下具有重要意义，此外受到新教主义威胁的那些国家中的耶稣会大学，特别是神圣罗马帝国中的大学和欧洲德语区的大学都属于此种类型。⑦ 而一些大学，诸如因戈尔施塔特大学、迪林根大学，甚至维也纳大学，则有着自己独特的类型模式。

对于加尔文主义者来说，日内瓦学园（1599）是极具影响力的，但在日内瓦学园建立之前，早在16世纪20年代，苏黎世、伯尔尼和洛桑就都已建立了实施“高等教育的地方”，这部分是受茨温利的影响。日内瓦学园是受斯特拉斯堡和德国北部大学模式的启示，它没有得到皇帝、贵族或

⑥ A. Schindling, *Humanistische Hochschule und Freie Reichsstadt. Gymnasium und Akademie in Straßburg 1538-1621*（Wiesbaden, 1977）.

⑦ A. Steinhuber, *Geschichte des Collegium Germanikum und Hungarikum in Rom*, 2 vols.（Freiburg, 1906）; Hengst, *Jesuiten*.

教皇的特许，和许多在成立时间晚于它的学园（高等教育学校或文科中学）一样，有着独特的结构。它并不是按照一般的系科来划分的，尽管它也拥有一个文学院——显然是最大的——还有一个拥有班级、固定课程和规定考试的神学院分部。[⑧] 虽然这里有法学和医学讲座，但这些科目不需
118 要成立系，这使随机教学成为可能。黑博恩、不来梅、施泰因福特、色当、索米尔等这类重要的和具有影响力的教育机构都曾取法这一类型。[⑨]

一些加尔文派的大学则是采取另外一种更为传统的模式，这类大学包括海德堡和莱顿大学。海德堡大学是约 1570—1610 年欧洲主要的加尔文派大学之一。这所大学和其他类似的教育机构都不以神学为主导，也不像日内瓦学园那样受亚里士多德学说支配，他们从宗教监管下获得了更多的自由。虽然它们也和其他加尔文主义的教育机构一样紧密地与正统加尔文主义联系在一起，但是它们还能够保留更多的人文主义遗产。[⑩]

那些采取学院制的大学则是例外，如英格兰的那些大学。但是，这些大学也遵循一个常规趋势来组织教学，即按照国家和教会的程序促进智慧和雄辩能力的发展。[⑪] 经历了宗教改革时的停滞和某些方面的衰退之后，欧洲很多地方的大学及大学中的科学研究在经过对这些程序的激烈讨论之后获得了复苏，其结果在任何情况下都不是由教派决定的。

大学在宗教和政治领域里所被赋予的新的意义，使世俗政权和教会势力都企图对大学施加更多的影响。国王、枢密院官员、市政官员，即路德所说的“管理团体”，还包括教会法庭、主教会议、长老会、咏礼司铎、

---

⑧ U. Im Hof, 'Die reformierten Hohen Schulen und ihre schweizerischen Stadtstaaten', in E. Maschke and J. Sydow(eds.), *Stadt und Universität im Mittelalter und in der früheren Neuzeit* (Sigmaringen, 1977), 53-70.

⑨ N. Hammerstein, 'Schule, Hochschule und Res Publica Litteraria', in S. Neumeister and C. Wiedemann(eds.), *Res Publica Litteraria. Die Institutionen der Gelehrsamkeit in der frühen Neuzeit*, Wolfenbütteler Arbeiten zur Barockforschung, 14(Wiesbaden, 1987), 93-110.

⑩ N. Hammerstein, 'The University of Heidelberg in the Early Modern Period: Aspects of its History as a Contribution to its Sexcentennary', *History of Universities*, 6(1986), 105-133.

⑪ *History of Oxford Ⅲ*, 151-201.

主教座堂全体教士、宗教修会的上层成员、主教或堂区牧师，所有这些人都认为，在任何情况下，自己都有责任确定如何正确追求学问及如何将学问付诸实践。所以，这些人就努力通过管理机构的规定和法令、通过走访及通过特别指定的委员会对大学进行监督和管理。普遍应用的各种法令都要求签名承认某一教派，或在注册入学时或毕业时宣誓效忠玛丽女王，这都反映了这种控制和管理。

然而，近代早期政府控制的范围还不完备，其集中化也是松散的，这
就使大学有可能常常避开这些政府条例的控制。在实践中，自由的范围往 119
往大一些，即比 19 世纪时所享有的自由要多。如果仔细研究这些规定和原则本身的话，就会发现相互间的让步比想象中的更为常见。当政府的要求有时与大学传统的、有特权的、以社团为基础的自由需求之间发生冲突时，大多数情况下都是达成一种可接受的折中方案。当然，有一点是不言自明的，对于正在出现的国家、教会及不同的教派来说，不可能完全丢弃那些源自中世纪的古老的特权。在这一方面，尽管存在着政府或教会的监督，但在整个近代早期，大学都保存了一种虽脆弱却有价值的独立性。

可以这样总结，16 世纪以来，关于世俗教士优先地位的争论和关于大学宗教倾向的争论几乎遍及各地。在信奉天主教的欧洲地区尤为如此，特别是在法国、德国的天主教地区和西班牙属荷兰。在这些地方，耶稣会的作用发挥得非常成功，这常常使那些已有大学中的事务复杂化，导致当地政府的介入。可以理解，当耶稣会自己开始积极地建立大学或资助大学时，如格拉茨大学、莫尔塞姆大学和帕德伯恩大学，这种紧张状况和争论就不再出现了。[12]

在新教地区，关于真正的信仰及它的代表是什么也存在着类似的争论，这些争论常常同样严酷，并且一直持续到 17 世纪末。在 16 世纪和 17

---

[12] Hengst, *Jesuiten*, *passim*; A. Seifert, 'Studienordnung und Studienfreiheit zwischen Reformation und katholischer Reform', in R. Bäumer (ed.), *Reformatio Ecclesiae: Beiträge zu kirchlichen Reformbemühungen von der alten Kirche bis zur Neuzeit. Festgabe für Erwin Iserloh* (Paderborn/Munich/Vienna/Zurich, 1980), 661-677.

世纪，由于并不把政治问题和宗教问题分开来看，而是作为“社会存在的一致形式”，这就不可避免地导致这样的情况：试图影响或决定主要问题不同答案的对立尝试可能无法相互补充或同时存在。这些答案也许是混乱的或可能导致冲突。即使是在那些把大学和学校看作政府事务的地方，如在路德教会或英国国教会，也无法保证宗教势力会戒绝干涉或避免与世俗政府竞争。它们也许会对自己的城镇提出要求或试图影响有关事务。

最后，君主们仍然依靠宗教方面的显贵来维持他们所认为的真正信仰
120 或正统。在这些显贵中，除了主教、宫廷教士和宗教委员会之外，还包括神学教授。这些教授能够确保在一些情况下，大学本身能够在教会与政府的任何冲突中决定自己的位置。劳德在牛津大学的改革，日内瓦学园及莱顿大学在加尔文主义的特定方面，如“海德堡教义问答”中所扮演的角色，都是例证。

在 16 世纪末和 17 世纪，对正统的路德派教学信条，莱比锡、图宾根、海斯和耶拿都施加了权威性的影响，甚至在那些规模较小、更为地方化的教育机构里，地方乡绅的作用也许不会少于最初在大学中形成的神学教学信条的力量。当勃兰登堡的统治家族转而信奉加尔文主义的时候，奥德河畔法兰克福大学为统治者的决定提供了神学根据。建立于 1692/1694 年的哈勒大学是德国著名的有改革精神的大学之一，在德国的启蒙运动开始时，这所大学首先采取行动，它将矛头对准它认为是过于正统的神学研究模式——由莱比锡或维滕堡大学的勃兰登堡-普鲁士学生所采用的方式。

在天主教影响的地区，这类教育机构就不常见了。尽管已有罗马教皇与君主之间达成的宗教协定，但是天主教会仍继续阐明君主实利主义的教皇权力。结果，那种与大学有关的个别教学的趋势就不那么显著了。此外，政府介入的可能性受到严格限制。只有在教会活动的政治领域，特别是在信奉天主教的法国、西班牙及后来的奥地利，思想偏离才有空间。

1564 年，意大利的特伦托市颁布了一份教皇诏书，确定了学术隶属

教会的必要性。该诏书规定一定要宣誓效忠正统信仰才能毕业。[13] 在耶稣会中，教会获得了采纳和阐明这些要求的权力。此后，天主教大学在所有文科和神学学科中都遵从一种相对统一和清晰的命令，这就是不以任何方式违背世俗利益或与世俗利益抗争。耶稣会严格的和制度化的教学纲领，为君主们争取在他们的领地和政府中实行统一的、集中化控制的斗争提供了热情的支持。

在18世纪启蒙运动的觉醒中，耶稣会要求在公众生活的许多方面延 121
续其影响，导致了它与世俗势力的冲突。然而，在15世纪以后，政府为了国家的利益将越来越多的公共生活纳入其管辖领域，正是因为这一点，君主与神职人员更多是在互为补充，而不是相互对立。考虑到对学术重要性的互相承认，所以没有什么争议的问题或严重的冲突。这样，大学继续作为教会机构或世俗机构存在，二者之间的平衡随着当时的公共生活而改变。同时，它们的章程都把注意力集中在这样一个事实上，即学问的培养是君主的最“伟大的责任”之一，他们既可以通过建立新的学校也可以通过对已存在的学校实施改革来履行这一责任。

尽管各领地的教派之间存在着不可避免的分隔，但在教育的一些领域中还是存在着一个超教派的、非争议的范围，这可以称为学科的“前教派”课程，这一点也进一步反映了教会与政府之间的关系不时有所改善。在16世纪和17世纪，贵族阶层的人可以紧跟迁徙的大学，这会使他们进入国外的“非正统的”大学中。法学和医学毕业生在这类大学中尤为常见。[14]

这种迁徙，不论它们导向何处，都只是在中欧、北欧和东欧才出现的现象，它们会使受教育者在本国获得更好的职业，甚至（在少数情况下）对神学家和文科专业的学生也是一样。以此为目标的特定教育机构就建立

---

⑬ S. Merkle, *Das Konzil von Trient und die Universitäten* (Würzburg, 1905); A. Seifert, *Weltlicher Staat und Kirchenreform. Die Seminarpolitik Bayerns im 16. Jahrhundert* (Münster/Westfalen, 1978), 95-105.

⑭ 参见第10章。

起来了，如罗马的日耳曼学院、神圣罗马帝国的迪林根大学、东中欧的格拉茨大学和后来的维尔纽斯大学。日内瓦大学和莱顿大学，有段时间还有海德堡大学和黑博恩大学，为加尔文主义者提供同样的服务，斯特拉斯堡大学、莱比锡大学和维滕堡大学则是为路德派教徒服务的。

异国游学成为近代早期研究中一个并不是不重要的阶段特征。大学仍然继续保持伊拉斯谟所称的“学术共同体”的定位——是基督教的中心，而不是各教派决定的智力社会；它们可以培养一个以同伴关系为基础的社会，在这个社会中，社会阶级特征被同化或完全消失了。有了君主的许可，而且这些许可往往不一致、不自觉，常常受到枢密院大臣的影响，因
122 此尽管存在着教派争论，真正的学术自由也能继续下去，例如，在德意志帝国的海德堡、黑尔姆施塔特、耶拿、奥德河畔法兰克福和萨尔茨堡，以及一段时期的法国奥尔良、布尔日和蒙彼利埃都保持一种自由状态。在意大利，具有自由主义观点的大学是博洛尼亚大学、锡耶纳大学和帕多瓦大学，巴塞尔大学和莱顿大学也在很长一段时期内拥有这种自由。

专制主义与启蒙运动

随着人们普遍认识到通过武力重获天主教统一性的希望的破灭，随着君主获得了权力和声望，以及专制政府实践的广泛传播，世俗政权的注意力直接指向它们自己对大学和对学问的责任。同时，大学中更为实用、不那么引起争辩的神学和系统的自然权利法的发展逐渐使世俗权力机构清楚地认识到了它们的责任范围。

17 世纪下半叶，这种新观点就开始发展。最初，发展是迟疑的，主要在荷兰和德意志帝国信奉新教的地区流行。在路易十四统治下的法国，也认为政府优于教会。从 17 世纪末开始，启蒙运动的传播使像西班牙、托斯卡纳、荷兰、苏格兰、德意志帝国和波兰这些把大学看作学术教育的重要机构的地方，认为大学应属于世俗势力的看法也加强了。

然而，在近代早期，政府从未独享管理大学的权力，甚至在政府迫切

要求这样做的时候也未能做到。教会从未完全放弃这种独享权力。在18世纪的欧洲，大学仍与教会紧密联系，这时也没有一种教义神学退出大学的科学范围。在受到启蒙运动影响的那些天主教国家里，尽管它们明显落后于非天主教国家，但是它们也仿效这一形式。

与此同时，由于严格遵循1599年制订的《教育计划》，曾一度非常成功并在学术上非常突出的耶稣会变得落伍了。1772年耶稣会解散被看作朝向现代科学教育可能性的一个解放时刻。在这之前，天主教国家中的宗教改革团体早已开始反对耶稣会了。不管这些人是詹森主义者、马林斯主义者、所谓的穆拉托里圈、圣约瑟夫在罗马开办的宗教学校的成员，还是具有世俗职能的教会高层，他们都认为君主应该管理世俗事务。

在整个近代早期，人们常常希望引入更多实际问题，即现实的教学， 123
在18世纪下半叶启蒙运动带来的思想变革中，这种愿望进一步加强了。那时与此相联系还有更为普遍的评论。从那时起，人们就致力于为自然科学寻找更多空间，为机械-技术学科寻找更多空间，研究大学所忽视的领域，并且致力于介绍那些与神学联系较少的相关知识，所有这些努力就导致了新建的诸如学园之类的非大学机构。[15] 现在人们还表达了这样一个观点，即大学作为教育机构来说，已经过时了，并且过剩，应该建立一些目的更明确的、跟上时代的特殊机构，主要进行有用的和必不可少的学科的教学。这里所说的学科包括外科学、药学、兽医学、管理学、产科学、农学和军事学。

18世纪，愚昧无知、顽固的态度、与世隔绝的理智主义及这种社会惯性在许多地方都是大学的敌人，如在法国、英格兰和意大利，伊比利亚半岛在某种程度上也是如此。然而，在那些大学随启蒙运动的到来而获得新动力的地方，特别是在德国、新教地区和后来的天主教地区，在荷兰、苏格兰，某种程度上在瑞典和波兰，大学还是生机勃勃和受人尊敬的教育

---

⑮　参见第11章，480ff.。J. Voss，'Die Akademien als Organisationsträger der Wissenschaften im 18. Jahrhundert'，*Historische Zeitschrift*，*231*(1980)，43-74；N. Hammerstein，'The Modern World，Sciences，Medicine and Universities'，*History of Universities*，8(1989)，151-178.

机构。大学为政府提供适宜的合格人员，使政府能够进行“启蒙改革”，这样大学有时会获得繁荣发展，如在格拉斯哥和爱丁堡、比萨和莱顿、哥廷根、因戈尔施塔特、莱比锡、维也纳、斯特拉斯堡、克拉科和隆德。

在这些大学中，人们以不同的方式阐述经济学，这种阐释常常与道德哲学联系在一起，这增加了成功的可能性，与语言学这一新学科的情况相同。与此相反，神学虽然仍然属于大学学科体系且能够革新，却处于较低的地位。它仍然为科学提供理论基础，并且从方法论的角度构建了自己的理解。

在俄国，彼得大帝的西方中心政策及其女儿伊丽莎白想将其国家现代化的企图，导致在18世纪建立了莫斯科大学和圣彼得堡学园。莱顿大学、德意志帝国的一些大学和其他一些北部的大学成为俄国效法的对象。所
124 以，支持和创办这些教育机构的是君主，而不是教会。实际上，东正教教会长期对这些教育机构持保留和不信任的态度。

然而，并非每个地方都把大学看作有意义的机构。伴随着持续的启蒙运动，在18世纪下半期，政府取缔这些大学并代之以新的机构似乎只不过是个时间问题。在法国大革命期间，这种事情确实发生了，尽管并非所有的地方都效法法国的这种做法。然而，从那时起，政府作为与宗教势力相对的世俗政权，开始独享组建这些教育机构的权利了。

法国的大学

法国的大学早在中世纪晚期就享有很高的声望，其中巴黎、蒙彼利埃和奥尔良大学是最为古老的。这些都是欧洲的大学，是中世纪学术的主要中心，一般都是自治的机构，主要满足宗教需要。大学内的教士和大学外的教会对这些大学拥有监管职能，但把它们说成由神职人员管理的教育机构未免过于简单化了。正像巴黎大学的历史特别显示的，大学本身包括和

影响了教会的重要部分，它们共同决定神学教学。[16]

百年战争后，法兰西王国发展得更为统一。君主的权力加强，不仅使世俗权力与国王更紧密地联系在一起，而且使教会——如法国天主教机构——更紧密地融入社会之中。在这一层面，天主教会在法兰西王国中享有某种不寻常的地位。它享有一种双重功能，既是“最笃信基督的国王”治下的国家的一部分，也是普世的、正统的罗马教会的一部分。然而作为“国家教会”，它通过教会中的显要与君主紧密联系，它与教皇权力平等，甚至还高于教皇权力。

在教会分裂及宗教议会会议时期，教会显现弱点，这又使有学问的神职人员愈加有权势，也使世俗政权企图将自己的影响力和权力延伸于大学之上。因而，在 15 世纪，新建了许多教育机构，这些教育机构主要集中
在一些地区的中心地带，它们开始为（地方）政府的利益服务。而各议 125
会，特别是巴黎议会、各省议会、皇家法庭及其他机构更多地增加了对高等教育场所的责任。起初，这些大学继续保持着一定程度的独立性，但特别是在 16 世纪，大学主要在各利益团体所怂恿的诉讼基础上，开始服从于新的规则，这涵盖了它们的内外组织。那些位于议会所在地和主教辖区所在地的新的大学中心，现在成了为世俗政府和教会培养人才的中心。所以，它们与旧制度有着紧密的联系。

法国的大学从一开始就对人文主义倾向有些犹豫。于是，法国大学，至少是一些重要学科只是很缓慢地开始接受人文主义的影响。提倡新的典雅艺术和生活方式则支持了这一发展：这样，弗朗西斯一世资助了一些教授职位，并且听从比代的建议，于 1530 年建立了人文主义的皇家阅读学院，该机构后来成为法兰西学院。许多其他有权势的人也以自己的方式效法这一模式。在这一进程中，法国的文艺复兴文化和采用人文主义的目标和方法意味着大学的进步和鼓励重要的创新，特别是诸如奥尔良、布尔日、图尔兹、蒙彼利埃和巴黎等大学里主要的法学院和一些医学院。这种

---

⑯ Verger(ed.),*Universités en France*,127-128,223-231.

复兴本身是世俗性的，目标在于改善社会生活。它并不直接反对僧侣干预世俗事务。

法国的神学具有强烈的经院主义特征，人文主义对它的影响非常小，以致其最终并未被人文主义改变，这就鼓励了大学中的保守主义。只是随着非正统运动的发展，伴随着宗教战争，神学才受到压力，巴黎大学的情况尤为明显。随后，巴黎的神学成了保守的正统主义的守卫者，它以经院主义为基础，更强调辩论学科和道德学科。实际上，法国的神学以自己的方式促进了生活各领域的宗教化，这就导致了许多新教育机构的建立和新教学实践的发展，而这几点中的每一点都与近代早期出现的教育制度有着相当重要的联系。

各地纷纷开办了为进入大学提供入门准备的学院，还有一些地方用新思想改革原有的学院。那些早已存在的学院或那些起源更为久远的学院，在宗教改革时期显得非常容易接受改革的影响。现在，随着议会与大学联合起来反对宗教改革，情况就改变了，学院也许被迫与新的反宗教改革联
126 盟联合。此时学院的教学组织从观念上偏离了人文主义，1563 年特伦托法令颁布之后，地方行政官、地主、牧师和主教从各自的立场要求普遍强化正统观念，在这种政策的实行过程中，新建了许多学校，[17] 16 世纪下半期，君主和地方官员，不论是世俗的还是教会的，为了达到自己的目的而不断增强对耶稣会的利用。

这不仅遭到了胡格诺派的反对，还部分遭到一些议会和大学本身的抵制，因为它们害怕失去自己的特权。法国天主教或人文主义的天主教的支持者都对这一状况不满意。然而在法国处于优势地位的耶稣会很难被击败，这与其他天主教国家的情况是一样的。特别是 1603 年以后，亨利八世为了表明他对耶稣会的信任，颁布了鲁昂法令，给予耶稣会可靠的教学保证。自 16 世纪 70 年代起，耶稣会就可以控制许多（虽然不是全部）大

---

⑰ Chartier, *Education en France*; M. -M. Compère, *Du collège au lycée* (*1500-1850*). *Généalogie de l'enseignement secondaire français* (Paris, 1985); R. Mousnier, *Les Institutions de la France sous la monarchie absolue 1598-1789*, vol. Ⅱ (Paris, 1980).

学的神学科目和文科科目。但是，它们不能像在神圣罗马帝国中那样建立自己的大学，1571 年洛林地区蓬塔穆松的情况则是个例外，耶稣会在该地向以前建立的加尔文主义的学校教育宣战。

除了耶稣会之外，其他宗教派别和组织，如奥拉托利会和巴纳比特会，也在地方政府的许可下，进入天主教的大学预科教育领域。巴黎大学顽固地拒绝隶属于耶稣会，它因为自己的“正统性”而不受惩罚。

教派分裂意味着法国的学校和大学都处于严格的控制之下。即使最初还未触动大学内部的一些法规章程，大学教授和学生也保留着一定的自我管理的自由，但是后来他们都要进行忠诚宣誓，他们的阅读材料受到审查，而去国外学习（特别是去那些明显是“反对派”的教育机构里学习）则是被禁止的。

亨利二世下决心与新教徒斗争之后，世俗政权就开始重视对大学和学院的监护和管理。依据两个重要的皇家法令——1561 年的奥尔良法和 1579 年的布卢瓦法，全国的教育机构都处于正统信仰的灌输之下。因此，胡格诺派教徒重视教育的重要意义对这种老的信仰却起了反作用。

成功的加尔文派“准大学”纷纷建立，它们要么是基于新教领主及议员的积极支持，如色当（1599），要么是依靠地方官员的积极支持，如索
米尔（1604）和蒙托邦（1598），[18] 天主教的世俗势力和宗教势力看到这 127
种情况，自然而然地认识到他们也应该好好利用教育机构。当内战爆发后，君主与教会不得不协调行动，把阻碍它们成功反击的关于优先地位的争论放在一边。不可避免的是，大学也无法免受这些战争的后果，并且由此蒙受损失。

只有当这些教派战争结束之后，随着 1598 年南特赦令的颁布（该法附带提及允许新教徒获得学位），有关政府与教会对大学管辖权的不同意见才有了调和的可能。然而，前面我们所提到的法国（高级）教士与政府之间的紧密联系，以及君主对那些担任教会最重要职位的人的影响力，都

---

⑱ Brockliss, *French Higher Education*.

成为这种调和的阻碍因素。

宗教战争期间的大学衰落一直未能完全修复。此后，大学继续与天主教政府利益紧密地联系在一起，越来越成为那些希望进入政府和教会任职的人的单纯的预备学校。作为这样一种机构，它们仍然是最重要的，因为从 15 世纪以来，大学毕业成了在高级世俗或教会政权中任职的条件；而且人们认为确保正确传播关于君主、议会和教会的知识也是大学的责任。然而，除了那些被教会接受的之外，宗教改革的思想是没有什么市场的，在神学领域尤其如此。同时，越来越多的教士开始在神学院中接受教育，这一迹象表明神学的重要性在下降：它不再处于宗教生活的中心了。新颖的且常常是富于创造性的法庭上、议会中或巴黎的演讲，很少是受大学影响的。

与公共的职业一样，大学职业继续通过带有裙带关系的世袭血统方式进行。从自己的阶层中选出的教授加强了这一进程。同样也缺乏进入大学的动因。除了当地出现有利条件的时候——如在那些大面积的未开拓领域持续提供大量就业机会的时候——学生数量与 16 世纪相比迅速下降。贵族阶层更喜欢他们自己的教育机构，即“贵族的学园”，而不喜欢大学法学院，他们仅仅是由于想获得毕业资格才需要大学。

因此，无论是就政府还是就教会来说，都没有什么理由过多关注 17
128 世纪的大学，尽管在路易十四和科尔贝尔的统治下，曾努力想引入一种更好的教学责任组织，并且通过 1679 年的章程重新组织了法律学科。在其他方面，设立了关于法国法律的教授职位，其他教授职位则局限在一些具体科目的教学范围之内。依据 1700 年的一份皇家声明，学习的期限同样也被严格地限制了，并且在 1701 年重新组织了医学学科，然而这一重组的意义仅仅限于蒙彼利埃大学和巴黎大学。

这些改革并未产生太大的影响。相反，依据 1700 年法令所建立起来的不成熟的但就当时来讲相当进步的法国法学学科，实际上阻碍了后来的启蒙运动。相应地，对于如公法或自然法之类的科目，大学从未有任何举动。结果，在 1700 年前后，非常僵化的法国法律体系变得像神学一样对改革充满敌意。[19] 在许多方面，政府确立的法律规则后来影响了拿破仑时期的立法。

一般来说，进入巴黎大学是获得最好职业的推荐书，而且常常能确保进入国家的上层谋得职位。由于中央集权化，在18世纪，许多法国大学在规模上都很小，有些大学甚至不能包括所有的四个学院，特别是医学院，常常是缺失的。三所拥有法学院的大学中的两所——雷恩大学和第戎大学——都不具有全国性的影响。仅奥尔良大学具有全国性的影响。

就大学的学生数量及其成就水平来讲，各个大学的情况差别很大。仅有一点全国大学是一致的，即大学应拒绝公开有关空缺职位的详细信息，也应拒绝17世纪和18世纪末议会要求的关于职位竞争性考试的设想。这样，大多数法国大学的这种眼光狭小的、一般来说比较狭窄的大学形式就被保留下来了。

在这样的情况下，大学中就没有团体精神。它们保留一种被忽视的高贵地位，这对某些职业是相当重要的，但是缺乏社会声望。它们不再是民族才智自我表现的场所了。

当教会和政府从意图和方式上就建立和发展一种强大的君主政体步调一致，并且君主把教会看作它本身权威的一个支撑时，法国教会和政府就没有理由在对国家的那些大学施加影响力方面进行竞争了。现在，它们要求大学尽心完成指派给它们的任务，而在大多数情况下大学是能够完成的。大学在其内部组织和一般组织方面保有一定的活动自由——在立法机构所规定的框架之内——这样大学的存在多多少少也令自己满意。大学在思想上不再有什么更伟大的目标，人们也不期望大学有什么目标。因此，大学才能在一定程度上自成一体。

伊比利亚半岛上的大学

一些宗教界的显要人物，以及为数相对少些的世俗界要人，偶尔还有

---

[19] Verger(ed.),*Universités en France*,231-239.

各领地的行政官吏，使在伊比利亚半岛上建立教育机构（常常是获得教皇特许的）成为可能。这些教育机构主要是仿效博洛尼亚大学的模式，重视教会法和世俗法的研究，它们在中世纪时期整个欧洲大学的发展中发挥了举足轻重的作用。君主在大学的落成和法定体制中的影响是间接多于直接，但是君主成功地确保了大学的地位。

15 世纪末期，斐迪南和伊莎贝拉统治下的西班牙王国的联合，后来的哈布斯堡的查理五世（1516—1556）实行的海外扩张和国际政策，这些不仅仅意味着西班牙的大学拓展了视野，也意味着在政府和教会服务方面还有许多新任务和新职位向大学毕业生敞开了大门。的确，新国家的统一还是松散的，但是这个国家从非基督教的统治下解放了出来并发展为世界帝国，这都拓宽了学术的领域。结果在 16 世纪前半期，卡斯蒂利亚的三所著名大学阿尔卡拉大学、萨拉曼卡大学和巴利亚多利德大学在人数上都有极大的增加，提出的主张对学术讨论产生的长期影响远远超出了西班牙的范围。

由于大学常常要对自己负责，并且各地的大学都要对当地权威机构负责，所以查理五世基础广泛的各项政策就不可能专注于这些教育机构。因此，许多大学得以向时代精神开放。神学领域的人文主义思想（即源自于伊拉斯谟及其追随者的思想）不仅使神学繁荣发展，还促进了哲学和古代研究的繁荣发展，如促使 1542 年萨拉曼卡大学建立了一个阿拉伯语讲座。不过，法律学科，特别是教会法仍保持着重要的地位。

1480 年，在斐迪南和伊莎贝拉的准许下，托莱多省伯爵发布政令，宣布当学生申请政府职位时，君主有权要求他出具学位证书，于是大学就组织教学以适应这一要求。然而，在政府对招收接受过现代模式教育的有
130 技能的工作人员所表现的日益增长的兴趣方面，这并不是唯一的表现形式。随着伊拉斯谟的学说在西班牙受到热烈欢迎，同样毋庸置疑的是，高级学科的正统性也是建立在这种政府服务基础上的。神职人员、王室和政府人员对这一点的认识是一致的。

然而，与其相联系，在 16 世纪出现了一种想在古老的学院与大学之

间建立更紧密联系的企图，以促使学生为其将来成为人文主义者做准备。它们同时既提供必需的组织，也提供必需的知识内容，而自己却不管理教学——这与后来欧洲其他地方的情况一样。[20] 在某种意义上，大学学科有一种基督教的世俗偏见。所以，许多西班牙的宗教会社就寻求获得对下一代进行教育的权力，并且将培养一般神职人员的场所从大学转移至纯教会机构中去。后来，这种转移使大学面临着严峻的竞争。

由于与国外世界的异教要发生联系，教会还担心基督教徒对使人不安的非天主教信仰的态度过于宽容，这二者都是促成新政策迅速实行的重要因素。君主与教会再一次协调行动，连菲利普二世（1556—1598）也毫不怀疑天主教的教会政策是针对西班牙的。就教育问题来说，它被认为是政府的一个重要职责，教师应该培养与君主颁布的天主教西班牙政策相一致的教会和政府的有用雇员。这样，教育的终极目的就由天主教最高统治者决定了，尽管有时他与教会协商行事，实际上他发挥了首要的作用。

对于大学来讲，产生了许多无法避免的后果，这也与西班牙成为欧洲反宗教改革运动的主要世俗强权这一认识有关。伊拉斯谟的开放精神不可避免地让位于更为严格的信仰。对正统观念进行规定、控制、审查，以及最大可能地隔离所有与传统有关的危险观点，成为教会存在的理由和教会的戒律。1559 年，进入国外大学被明令禁止，西班牙的臣民只有符合非常严格的条件才能被准许就学于罗马大学、那不勒斯大学、科英布拉大学或博洛尼亚大学的西班牙学院。菲利普二世时期的西班牙越来越回归天主教传统，虽然这一点有时也许还产生强化影响，但对大学来讲，这些结果带来的更多的是负面影响。大学越来越衰落成为狭隘的墨守成规的教育机 131
构，仅培养教会或世俗职业人员。一般法学院的数量超过了神学院，教会法仍处于中心地位。在这里，没有像在西班牙以外的欧洲地区一样引进新的法学科目。

---

[20] R. L. Kagan, 'Universities in Castile 1500-1810', in Stone(ed.), *The University in Society*, vol. Ⅱ, 355-405; Kagan, *Students and Society*, 109-158.

文学院和神学院逐渐落入宗教会社的控制之中，多明我会及耶稣会都形成了一种狭隘的观点，它们在某种程度上为了会社的利益阻碍了学院的发展或改变了学院的方向，这些又进一步给大学本身带来前所未有的竞争。1605 年萨拉曼卡大学为多明我会教徒设立了一些颇具影响的讲座席位，但是遵循自己《教育计划》的耶稣会只是提供了一些狭隘的传统主义的激励性教学，从长远来看并没有产生深远的影响。从 17 世纪下半叶开始，耶稣会在智力发展方面开始停滞不前了。

这样，我们就很容易理解为什么在 1650 年以后大学入学率大幅下降，并且西班牙的智力生活也不再与其大学的智力生活相一致。还有一个对改革同样敌视和约束的重要因素，那就是重要的世俗和教会职位在大学及其附属机构中的垄断情况。最初的高等学校被看作家族财产，成为分配圣俸的机构。这些机构当时所吸纳的大学毕业的学者在获得想要的职位之前，首先做短期的大学教师，特别是在法学院中从事教学工作。这也导致这些学院的衰落。在这种情况下，至多传授一些正统的陈腐的法律知识。[21]

尽管有些皇家顾问时而对这一体系提出反对意见，但他们也无法将其废除。各种检查与其他改革努力同样都失败了。由于卡斯蒂利亚的皇家督导员们实际上也是遵循这样的方式获得职位，行使权力，所以他们只保有对大学所负的义务，并未仔细考虑根本性的改革。此外，随着在那些由教派们互相竞争建立起来的各种学校逐渐开始培养“正规教士”和人文技能，教会和君主都认为没有必要坚持对教育进行改进了。具有法律工作知识的官员和神学院学生为数甚众。的确，新的波旁王朝在 18 世纪上半叶
132 曾做出改革的努力，意在鼓励法学学生更注重国内法和自然法的概念。但这些努力都失败了，其失败是由教会和政府两方面的势力在教育体制中的阻碍力量及大学本身僵化的传统主义造成的。

这与 16 世纪末期和 17 世纪的景象是一致的，即大学态度怠惰和学生

---

[21] M. Peset, ‘Universidades españolas y universidades europeas’, *Ius Commune*, 12(1984), 71-89; M. Peset, ‘La monarchie absolue et les universités espagnoles’, *CRE-Information*, 72(1985), 75-104; Kagan, *Students and Society*, 62-73.

广受虐待。随着智力方面令人兴奋的事情的缺失，发展了一种“亚文化”，但无论是大学还是世俗机构或教会机构，都不能或不愿意管理这种亚文化。同时，关于民族文化事宜如风格、式样和文学等问题的决定是在马德里市做出的，而该市只有议会而没有大学。

这就很容易理解 1750 年后开始在西班牙获得越来越多支持的启蒙运动的提倡者为什么在处理这种状况时遇到了极大的困难了。值得注意的是，只有他们在与君主联盟的时候，才有机会对事物施加影响，在查理三世统治下（1759—1788），他们取得了一些成功。教会改革者和世俗改革者（可以理解地，后者更为重要）首要关注的是发展哲学院，所以哲学院在数量上很快就超过了法学院，这一事实对改革中那些开明的大胆努力具有关键性的作用。他们成功地打破了高等学校的权威，使教学减少了对教会的依赖。与国家经济和政治方面的转变相一致，阿拉贡的高校逐渐获得了控制权。然而，总的来说，18 世纪所取得的成就只不过是开始向正确的方向发展而已。事实证明，传统主义者的势力过于强大。此外，随着法国大革命而来的一系列战争使所有这些发展都中断了，各种新的推动力只是在 19 世纪才开始获得成功。

里斯本大学及后来的科英布拉大学的发展都应归功于葡萄牙王室，尽管它们与欧洲其他地方的大学一样，同样把自己看作从属于教会的机构。15 世纪，君主的影响力获得了决定性的增长；特别要感谢航海者亨利，促成了许多能够为满足政府的重要航海需要的学科发展。在埃曼纽尔一世统治时期（1495—1521），对大学的服务提出了进一步的要求，同时人文主义思想进入了葡萄牙，国王作为“保护者”直接监管研究和教授。在埃曼纽尔的后继者约翰三世统治时期（1521—1557），已经把国王有权力决定任命教授讲座看作相当正常的现象了。

1537 年，正是在约翰三世统治期间，里斯本大学遭到解散，各种研 133
究活动遂集中于科英布拉大学了。在科英布拉大学，国王成功地（以相当昂贵的费用）招募了一些优秀教授，这些教授能够在所有四个学院中提供高水平的学科教学。科英布拉大学很快就获得了声望，其声名甚至传至葡萄牙以外很远的地方。

葡萄牙的学生通常有去国外学习的习俗，至于学习的地方，他们最经常选择的是巴黎大学和萨拉曼卡大学，以及波尔多的古耶纳学院。为了进一步提升学术成就，约翰三世当时为在巴黎大学圣·巴比学院就学的葡萄牙优秀学生设立了50个奖学金名额。1542年，与当时的思想及人文主义的思想相一致，这位君主也建立了一个葡萄牙自己的学院，其目的在于促进学生为大学的学习做出更好的准备。

随着反宗教改革运动的发展，与大学的意愿相反，耶稣会出现于科英布拉，并且于1555年控制了学院。从那以后，他们明确地决定了课程的内容，有时这种决定与当地的宗教法庭是一致的。许多教授因被认为是极端的“人文主义者”而被关入监狱。此外，耶稣会还额外地从国王那里获得了在文学院教授拉丁文和哲学的独有权利，这就决定性地强化了人们对严格的反宗教改革运动教育方针的顺从。科英布拉的亚里士多德哲学当时刚好达到其顶峰，曾对欧洲许多地方产生影响，特别是对宗教改革者们颇具影响。事实上，如果没有弗朗西斯科·苏亚雷斯和佩德罗·达·丰塞卡，没有17世纪萨尔茨堡的本笃会的新经院哲学，路德派的亚里士多德哲学是不可想象的。

正是由于国王的兄弟亨利的功劳，该学院在1558—1559年成了一所耶稣会的大学，亨利是红衣主教及埃武拉的大主教。这一教育机构既有文学院也有神学院，此外还教授教会法。耶稣会还获得了建立一种提供预备课程学院的权利，主要培养在巴西和印度传教的牧师和传道士。埃武拉拥有一名其名声和影响力都远远超出葡萄牙国界的教师，他就是路易斯·德·莫利纳。

在始于1580年的葡萄牙和西班牙的短暂统一中，大学、教授及学生是统一的强硬反对者。在对那些反对西班牙王朝的人进行惩罚之后，科英布拉的旧皇宫被卖给了科英布拉大学，该大学的一些特权被保住了，它还有一系列的新章程，其中最后一个章程是1612年章程，该章程1653年获得了葡萄牙国王的批准，一直延续到卡瓦略侯爵时代。然而，在1640年后对西班牙的战争中，各学术机构都是布拉干萨王室的积极支持者。不过，新国王使大学保持在适合它们的水平上，他任命和管理（最有声望的）大学校长、其他大学行政官员和专业官员。重要的宗教界显要是从大学中招聘的，正是这些人负责各殖民地的基督教化和文明化。虽然君主试图将教学的内容和组织引向为世俗目的服务，但它是和抗争的教会的反宗教改革理想有关，该理想得到了耶稣会的支持。

在葡萄牙，启蒙运动改革是与约瑟夫一世统治时期首席牧师卡瓦略侯爵（1750—1777）的名字联系在一起的，正是他将开明的专制主义推向极致，他坚持世俗势力应该主导所有的领域，包括教育。埃武拉作为一所提供高等教育的学校于 1759 年被关闭，耶稣会被普遍禁止。科英布拉大学被改革，1772 年颁布了一个皇家章程，详细地规定了大学生活。诸如数学和实验自然科学这些实用学科获得了发展，一些独立的学院教授这些学科。作为一种基础科学的亚里士多德哲学则被排除在外。

卡瓦略的改革的特点是国家列出必读书目、更强调法学以反对不再是占主导地位的神学、教授具有更多的自治权利和责任（在他们的指定任务的框架之内），以及对詹森主义的优待。这些改革使大学恢复了活力，按照天主教的开明思想重新组织了大学。[22] 在这个意义上，这些改革为 19 世纪确立自己地位的那些新学科的发展铺平了道路。

不列颠群岛上的大学

都铎王朝时君主与政治国家之间存在着紧密的关系，这就使英格兰在近代早期获得一种统一的意识。亨利八世统治时期（1505—1543），宗教改革运动通过国家法令的形式进入英格兰。不久以后，与罗马的分裂则呈现更为宗教性的特色。然而，这一分裂对英国国家及其教育体制都产生了

㉒ M. Brandão and M. Lopes de Almeida, *A Universidade de Coimbra. Esboço da sua história* (Coimbra, 1937).

深远的影响。1534 年的《至尊法案》宣布，英国国王是“英格兰教会的唯一最高领袖”，随后很快就建立了政治司法权与教会司法权之间的紧密
135 联系，而曾在英格兰极具势力的教会，从那时起就臣属于君主了。1532 年，教会已经失去了它曾在整个国家拥有的神职人员的审判权，而在 1538 年，由于隐修院的解散，教会连其财产也失去了。这些变革都伴以对教育系统的重组。

托马斯·史密斯爵士 1538 年在《盎格鲁共和国》中写道：“在英格兰王国中，君主是所有事物的生命线、领袖和权威。”而这个国家的两所大学，即牛津大学和剑桥大学，每一所都具有这样一个长期的传统，即它们越来越把自己看作独立的社团，这一传统在 15 世纪得到加强。现在，两所大学也被迫接受这一新的情况。然而，就教学内容和教学组织来说，起初并没有什么变化，只是禁止教授《教会法》和某些神学经院主义思想。

在经历了爱德华和玛丽统治时期的一段动荡变化之后，即进入了伊丽莎白一世的稳定时期，君主宣称自己及英国国教会对这两所大学有绝对的权力。这两所大学与其他一些具有特许状的机构一起，合并后归属英格兰王国，并且于 1604 年各自在议会中获得了两个席位。与《统一法案》及相应的一些信仰教规相一致，两所大学的成员也必须是英国国教会的忠诚追随者。1581 年，一项规定要求牛津大学进行效忠宣誓。剑桥大学无疑也被期望进行类似的宣誓。

在 16 世纪开始出现的其他一些趋势则更为重要。其中一个最值得纪念的就是在英国法律体系中心开始给予习惯法及习惯法律师优先地位，并且随之带来了实践法学教育从大学中的迁出。的确，大学仍继续教授罗马法，但是英国“律师”现在都须通过伦敦律师学院培养。所以，不论在牛津还是在剑桥，都不存在任何大陆意义上的法学院了。

宗教改革之后，英国的文艺复兴才成为一个颇具影响、被广泛接受的运动。文艺复兴带来了许多变化，其中之一就是使大学入学率戏剧化地增长，上大学在当时几乎是“时髦”的事情，在几十年里，大学的门槛几乎被学生挤破。在这一背景下，入大学的目的并不是“职业化”，而是促进

“绅士”的“有礼貌的交谈”的教育，而这一目的的实现无疑是由法学学生的匮乏促成的。在大学度过的时光使学生建立有助于以后生活的各种关系，但是就重要性来说，这一好处注定要从属于培养好的礼仪和正确的宗 136
教和政治观点的目的。学生的家长也同意这一看法。

独特的英国学院体制很好地适合于这一目的的实现。16 世纪，学院逐渐从老社区手中接管了学生宿舍。1570 年以后，在这些建筑中，由导师、学院董事实施教学，采取教授既管理又教学的模式。直到 18 世纪，对教师来说，教学功能一直都不是很显著。当时各个学院中发展起许多不同的传统，这些传统的形成与发展取决于宗教界和世俗界两个方面捐赠者的意愿（包括君主本身的意愿），对学生进行关爱式的督导并进行文雅的正统教育则是所有学院都普遍接受的。[23]

大学自治机构的逐渐收紧，这非常符合都铎王朝的政策，即使国家更加统一并通过教会而集中，而教会又朝着寡头政治和中央集权的方向发展。1570 年在剑桥大学，大学章程规定只有各学院的领导才能代表和领导大学，整个教学机构丧失了其职责。这一行动的目的是为了反对许多学院的开放态度，即使学院的情况从整体上来看是加强了。在牛津大学，也取得了类似的发展，1636 年的劳德章程遵循与剑桥大学一样的模式，大学依附于“皇家最高权力及大学的惯例”。这种情况一直持续到 19 世纪。大学师生们的服装仍然是宗教服装，学院院士是不得结婚的，这与大学外的牧师截然不同。当然，这一规则也有例外的情况，总的来说是由经济决定的。大学学院不太充足的资金使它们无法向已婚的人（及其家庭）提供足够多的薪水。

在都铎王朝时代，君主与议会及英国国教会都一致采取行动，根本不考虑来自天主教徒和清教徒的反对。后来的《议会法案》剥夺了天主教徒获取学位的权利，而清教徒则是后来的不信奉国教者，他们热心支持教会进行更深入的改革。免受反对的自由并没有激励大学独立地、有想象力

---

[23] Stone(ed.), *The University in Society*, vol. Ⅰ; *History of Oxford Ⅲ*, *passim*.

地、有远见地进行它们的研究，它们主要满足于传统规定的思想的再现。
137 在伊丽莎白一世时期，学术质量方面超过牛津大学的剑桥大学不像牛津大学那样皇家化和国教化。

然而，这两所大学越来越多地受到学术改革者们的批评也不是没有原因的。学生数量的下降和大学的相对非生产性是17世纪英国出现的诸多斗争的背景中令人关注的问题。此外，在这一时期，许多职位，包括大学职位，逐渐变成世袭的。由于家族，特别是教会家族的力量，真正开放的新的职业机会非常之少。最后，虽然所有的政党都认为决定国家的信仰是政府和君主的责任，但国内战争仍然不可避免地对大学产生了影响。1640—1660年，人们从夸美纽斯和唯实论者的思想角度讨论了大学研究的改进问题，但这一努力就像1633以后耶稣会企图控制英国学校一样，没有什么成功的机会。

随着斯图亚特王朝的复辟，对于古老原则的阐述更为明确。1662年的《统一法案》使所有非英国国教徒都不可能进入大学，这也使许多不信奉英国国教的学园在“国家和教会”的庇护之外建立起来，还有一些向国外发展的，如天主教徒到欧洲大陆就学，不信奉国教的人则更多地去了苏格兰。18世纪时英格兰大学的智力空虚促使人们向外求学。就政府—教会的政策来说，除了18世纪建立为数不多的几个自然科学教授讲座，以及偶尔的几次改革努力之外，回应是很有限的。

君主与教会之间紧密的相互作用，以及斯图亚特王朝最后两个国王和威廉·奥兰治统治期间相对宽松的政策，都基本上未允许对英国的大学实施其他的政策。信奉异教仍然以叛国罪论处，“宗教和道德”的教育仍然十分重要，甚至在教堂和教区中，只能听见对君主和教会的正面评价。当时有许多“开明的”思想家，但是没有开明的君主。结果，英国没有出现在欧洲大陆上进行的在开明的专制政治支持下的改革。由于为其毕业生提供的职业机会相当有限，大学已退化成为一种“教士学院”。18世纪，虽然大学仍然继续发挥重要的教育功能，但它们实际上已经与英国当时杰出人物的智力生活隔绝开来。

尽管苏格兰与大不列颠联合王国合并了，但就教育体系的组织来讲，138
苏格兰仍然保留其制定得比较完备的课程。由于在中世纪末期教会遇到了一些困难，再加上英法战争的影响，使神职人员难以在法国学习传统学科，而这一时期的苏格兰教会正热切地建立它自己的教育体制。所以，在15世纪兴建了许多新的机构，这些机构都以培养未来的大教堂教士和提供与此相关的研究科目（包括教会法和世俗法）为目标。然而，即使是在那时，直至18世纪，苏格兰依旧经常模仿法国和意大利的教育，其中莱顿成为18世纪苏格兰人最喜爱的大学城。

在苏格兰宗教改革运动期间及以后，本来没有特别繁荣发展的大学研究与教会思想和实践之间的紧密关系发生了变化。根据约翰·诺克斯在其《约律首卷》中所概括的观点，随着更多的公民将接受基础教育，这会使“政府和教会中的公务人员”更为密集。诺克斯写道：“必须强迫所有家长培养其子女具有知识和美德。”作为加尔文派的教徒，这些孩子们必须知道他们为什么坚持这种信仰，以及他们坚持信仰的目的是什么。只有这样，“公众才会从他们那里获得安慰”。[24] 公共权威机构，一般是城镇议会、教会长老和各学院理事会特别应该对此予以支持和负责。爱丁堡大学建立时，苏格兰议会批准了该大学的章程和法规，城镇议会和新的教会也是如此。在这方面，宗教势力和世俗势力共同合作以建立和保持一种令人满意的高等教育体制。

苏格兰的大学也和英格兰的大学一样划分成许多学院，而每个学院都对市政委员们负责。学生们在所有被认为重要的学科经常受到一名导师的指导，导师一般还管理这些学生。学科的组织被清楚构建，采取的是苏格兰学院的伟大改革者安德鲁·梅尔维尔从大陆学来的模式。学校则按年龄分组并定期考试，注重纪律和循序渐进的学习，或者至少是想这么做。[25]

---

[24] R. O'Day, *Education and Society 1500-1800. The Social Foundations of Education in Early Modern Britain* (London/New York, 1982), 223-225.

[25] D. B. Horn, *A Short History of the University of Edinburgh* (Edinburgh, 1967); J. D. Mackie, *The University of Glasgow 1451-1951* (Glasgow, 1954).

尽管一般的实践还无法满足教会的理论需求，但在苏格兰，能够实现的意图比英格兰更多。事实上，苏格兰优于英格兰的地方也是有限的。同样，
139 在苏格兰，近代早期大多数人口的教育还是可望而不可即的。尽管如此，苏格兰的学院看起来更为开放，并且人们认为它们是满足整个国家的需求的。

顺便说一下，非苏格兰的学生无须进行任何宗教测验或政治测验，只要在《威斯敏斯特忏悔书》上签字就足够了。只有天主教徒仍被排除在苏格兰的大学之外，就这一问题，政府与教会达成了一致的协议。梅尔维尔在 1574 年后也试图向导师和授课教师引进划分学科的原则，但这种划分明显没有持续多久。直到 18 世纪，凭借着各个“教授”的“综合能力”，由一个高级教师包揽所有科目教学的导师制一直保留了下来。

这一体制是从教会中得来的，同时又与市政委员会合作，甚至将监督的任务留给了市政委员会。这一形式大致上与大陆上那些建立不完全大学或学园的地方是一致的。那里不分系部，但是所有的教授讲座一起组成一个学院。在宗教改革运动以后，许多科目如法学和医学要么是根本没有，要么是被中止了或只是偶尔被包括在课程中。教育主要强调道德教学，特别是文科学科，目标不是“抽象的学问”，而是道德和实际教育，目标直指提升社会的幸福感。结果，那些“日常生活中的实际事务”就得以充分掌握。

从所有的世俗问题和宗教问题的直接相互联系中很容易看出，这些目标和结果并不单纯是世俗的事情。在 17 世纪，苏格兰的各教育机构一直都饱受主教制信奉者和长老制支持者之间的冲突之苦。由于这些学校被认为对普通公众开放而不仅为上层阶级服务，所以这种冲突的影响就非常深远，如当时其他欧洲国家的大学一样，学生的成绩水平下降，大学几乎停滞不前了。

18 世纪重建运动的目的在于以更优雅的方式教育教士和教师，更倾向于达成共识。学习的内容仍然力求吸引那些有身份的年轻人。大学通过母语教学、取消导师制和引进 18 世纪前 20 年中尚不为人知的法学科目

（如公法和民法），以及引进医学教学（由市政议会极力提倡）等做法，开始孕育一种新的精神。各种不信奉英国国教者和启蒙思想家，特别是道德 140
哲学家，一起合作，共同使苏格兰的大学经历了一个大发展和大成功的时期。

在18世纪，爱丁堡大学取代了莱顿大学，成为一个进步的、开明的学习场所，吸引了许多外国学生前来就学。格拉斯哥大学也同样享有很高的声望。与牛津和剑桥那种狭隘的、某种程度上是地方性的教育机构相反，苏格兰的大学在学院围墙之外提供许多吸引人的机会。苏格兰的大学成为交流经验和知识的商业和制造业的国际中心，而且促使了各种联系和接触的实现，这一点与英格兰大学形成鲜明对比。[26]

神圣罗马帝国的大学

从第一所大学布拉格大学建立开始，德国大学的建立主要靠王室的捐赠（偶尔也有靠市政捐赠建立的情况）。在中世纪后期，德国已经有14所大学了。这表明了从15世纪后期起被称作联合体的神圣罗马帝国的特定的政治发展。

与此同时，中世纪晚期发生的一些重大教会事件对大学的发展起着重要作用。这些事件包括教派分裂、各次基督教教会会议及教皇的“阿维尼翁监禁”，它们都对神圣罗马帝国的发展产生了影响。实际上，由于神圣罗马帝国的软弱，15世纪帝国内部的许多地方统治集团都纷纷单独与罗马教廷签订宗教协定，这些人中的每一个（包括帝国皇帝）又作为最高主宰实行各自独立的教会政策。

发生的这些事情与帝国当时的一般情况相对应，在当时的帝国中出现了朝向近代早期国家发展的以各地方为基础的趋势。有较大权力的各地方统治者特别是选帝侯们感到，为了获得更多的声望和与之相匹敌的地位，

---

[26] J. Kerr, *Scottish Education: School and University* (Cambridge, 1910).

他们必须拥有自己的“地方大学”。他们的做法很快就被其他统治者所仿效。特别值得一提的是，某个地区政府的性质是教会的还是世俗的，这一点与建立大学没有什么关系。各地统治者都颁布大学法，取得各种教皇特许状或皇家特许状，并且管理大学资金的筹措。[27]

141 然而，正是那些王室、王储及也许是最主要推动力量的有学问的地方议会议员将人文主义的新文化带入大学之中。马丁·路德的出现（也是在他的统治者的特别庇护下）所产生的深远影响，我们在前面已经讲过了。由于这位宗教改革者将他的学说与帝国的几个特定地区联系在一起，就明显支持了那种业已存在的发展各地方公国的趋势。在经历了内部的疑惑之后，对于大学教育的极大尊崇，加上路德对王储和地方行政官关于建立、装备和管理学校和大学的明确告诫，这些都保证了世俗领导者对教育事务有着长期的管辖权。起初，这一实践仅影响了那些倾向于宗教改革的地区，但是后来天主教地区也很快仿效了。

由菲利普·梅兰克顿和约翰·斯图谟系统阐述的方法和目标，以及表现为四个系部、院长制等的巴黎大学/博洛尼亚大学模式早已在帝国的一些章程中予以承认和发展了，现在它们仍是帝国所有教育机构的标准。天主教大学，甚至少数的加尔文主义的大学，也采取这种标准。

虽然在信条方面存在巨大差异，但是君主们在各地都履行了对宗教改革运动后的人文主义教育义务。在天主教的帝国中，王储和地方议会议员们就像在新教地区一样，是进行管理和限制的强有力的力量。由于常常面对业已存在的那些大学及这些大学中的教授的抵制，他们常常利用耶稣会维护他们国家反宗教改革运动的稳定局面。这一进程从巴伐利亚和哈布斯堡地区开始，迅速蔓延到了其他天主教地区，耶稣会在这些地区几乎已经

[27] Paulsen, *Geschichte des gelehrten Unterrichts*; P. Moraw, 'Aspekte und Dimensionen älterer deutscher Universitätsgeschichte', in P. Moraw and V. Press(eds.), *Academia Gissensis. Beiträge zur älteren Giessener Universitätsgeschichte* (Marburg, 1982), 1-44; N. Hammerstein, 'Zur Geschichte und Bedeutung der Universitäten im Heiligen Römischen Reich Deutscher Nation', *Historische Zeitschrift*, 241(1985), 287-328.

获得对神学院和文学院教学的完全控制。然而，在那些其统治者没有完全听从耶稣会要求的地区，独立的神学院不依赖耶稣会而存在也并不罕见，但这种特例没有太大意义。

更有意义的是，在帝国中，法学院和医学院能够独立于教会的影响而运作，由此受到了地方贵族或执政官的保护。各地都对培养受过法律教育的雇员很感兴趣，再加上耶稣会对这类科目的教学不感兴趣，以及这些系部的大多数都与地方需求之间存在紧密联系（通过上诉、审判和裁决法庭），这就保证了它们的影响和巨大的声望及作为世俗势力的联盟地位。
很明显，这对各城镇和各省的政治领导者是有许多益处的，对于大学来说 142
也是有很多益处的，大学变得实用、积极、活跃和有影响力了。这种情况在帝国的新教地区比天主教地区更为明显，但是即使是在天主教地区，法学院也享受着相对的独立。[28]

只有在那些仅有不超过两个学院（神学院和文学院）的耶稣会高等学校中是缺乏大学本身的参与的，而恰是这种参与能够支持国家权限。然而，也会有例外，有时神学院对君主（教会）的政策会产生影响。这种情况在 16 世纪末和 17 世纪比较常见，甚至在新教地区也是如此。

启蒙运动之后，与法学和重商主义的官房学相比，18 世纪对神学教育和神学院的尊重有所下降，这一派事实说明了大学的基本原则几乎没有变化。大学仍旧是统治者为共同的利益所制定的各种进步政策的有价值的工具，至少在那些地方（这些地方有很多），他们可以适当地处理这些任务。许多大学都进行了改革，首先学习哈勒模式，后来学习“哈勒模式的产物”——哥廷根大学的模式，大学经过改革变得更为开明，开始接受一些实际科学和实用科学。这样，就像在帝国的天主教地区一样，政府对大学的影响增强了。由于教会支持改革派的王储，这些地方的王储在所有社会事务中的主导作用都得到鼓励并经法令被确立和加强。在那里，特别是

[28] N. Hammerstein, *Jus und Historie. Ein Beitrag zur Geschichte des historischen Denkens an deutschen Universitäten im späten 17. und im 18. Jahrhunderts* (Göttingen, 1972).

哈布斯堡的一些大学中，哥廷根大学是仿效的原型，在此之前，美因茨、维尔茨堡和因戈尔施塔特就早早仿效了这一模式。例如，在玛丽亚·特蕾西娅统治下，范格哈德·斯威滕得以依照开明的专制方针改造维也纳大学。著名的世俗界和宗教界人士支持他这样做，其他一些人则想阻止他却未能成功。

进程一旦开始，常常可能被耽搁，但无法被终止。约瑟夫二世在这一领域的过分努力（要求建立一种完全功利主义的“国家教育”）并没有改变这样一个事实：所有的哈布斯堡的大学都或多或少地更愿意且更成功地仿效了维也纳大学的模式。因斯布鲁克大学、布瑞斯高的弗赖堡大学和澳洛穆茨大学都是如此，甚至耶稣会的格拉茨大学和布拉格大学也是如此。在伦贝格（利沃夫）建立一所大学的努力也是按照同样的精神，但是这一努力未能成功。㉙

143 当时存在着许多与王侯政权及各地统治者或市镇议会联系紧密的知识型顾问，这也确保了政府对于这些大学的维护、支持和关心。这些教育机构通过教育为发展职业做出了早期贡献。已经毕业的、现在往往在一些小规模法庭和一些自由城市工作的学生，仍旧与他们的学校和教授联系紧密。他们把自己看作国家的某种文化人。㉚

在几乎整个近代早期，大学在智力探究和科学讨论中的地位都比较重要，这使得它们对于世俗政权和教会来说都极具吸引力。它们常常代表着一位国王的骄傲与喜悦，因而，与他们有关的实际举措常常源于王宫。改革取得了君主及其权力机构的支持。对于学院来说，缺少这些人的兴趣是不利的，正像1700年以后的海德堡、弗赖堡和维滕堡的状况一样。

㉙ N. Hammerstein, ‘Besonderheiten der österreichischen Universitäts und Wissenschaftsreform zur Zeit Maria Theresias und Josephs Ⅱ’, in R. G. Plaschka and G. Klingenstein (eds.), *Österreich im Europa der Aufklärung. Kontinuität und Zäsur in Europa zur Zeit Maria Theresias und Josephs Ⅱ.*, Vol. Ⅱ (Vienna, 1985), 787-812.

㉚ N. Hammerstein, ‘Res Publica Litteraria-oder Asinus in Aula? Anmerkungen zur “bürgerlichen Kultur” und zur “Adelswelt”’, *Res Publica Guelpherbytana-Cloe*, *Beihefte zum Daphnis*, *6* (1987), 35-68.

联合大学

至少在16世纪和17世纪早期，类似的情况已出现在巴塞尔这所成功的大学之中。由于巴塞尔是一所由教会-教皇建立的大学，其所处的地理位置又十分有利，所以它能够通过其位置，甚至更多的是通过人文主义而获得很高的声望，这一声望在宗教改革运动之后也并未失去。依据1532年该市半自治性质的城镇委员会下达的命令，委员会从自己的利益出发，确保了巴塞尔大学传统的自由得以留存，并且使颁布的章程不受教派影响。这种情况一直延续到17世纪才有所改变。在17世纪，巴塞尔大学和其他联合大学处在虔诚的城市政府目光短浅的严格护卫之下。地方的重要性被保留下来，但是失去了全国性的影响。[31]

茨温利派和加尔文派的大学模式在很大程度上成为其他国家大学学习的榜样，这种模式即所谓“准大学”，不分系部，而是通过讲座将各学科连接起来，也没有任何皇帝或教皇批准的特许状。这些教育机构和路德派的大学，甚至耶稣会的大学相比，在组织上更为严格。如在苏黎世大学 144
（1525）、洛桑大学（1537）、伯尔尼大学（1528）或日内瓦大学（1559），由当地政府和教会制定了详细的制度，规范大学生活，使之与教会的准则相一致，但同时也允许保留相对开放的、人文主义的追求。[32] 除日内瓦大学外，宗教对生活的所有方面（包括一般对大学的生活）的渗透不是那么严格和广泛。随着启蒙运动的临近，这些学校的重要作用（特别是在欧洲背景下的作用）迅速下降了。在18世纪，它们已退化为一种“教士学

㉛ E. Bonjour, *Die Universität Basel von den Anfängen bis zur Gegenwart 1460-1960* (Basle, 1960).

㉜ U. Im Hof, 'Die Entstehung der reformierten Hohen Schule. Bern/Zürich/Lausanne/Geneva', in P. Baumgart and N. Hammerstein (eds.), *Beiträge zu Problemen deutscher Universitätsgründungen der frühen Neuzeit*, Wolfenbütteler Forschungen 4 (Nendeln/Liechtenstein, 1978), 243-262.

院”。当然，它们在政治-历史教育中及在加强联盟的学术身份方面还起着重要作用。

低地国家的大学

北荷兰的情况则完全相反，随着莱顿大学（1575）、乌得勒支大学（1632）和格罗宁根大学（1612）的建立，具有全国性重要意义的完全大学出现了。的确，这些大学都没有获得特许状，但是它们都在习惯上的教育机构框架下设立通常的系部和学科，并且很快就凭自己的实力授予人们乐意接受的学位。当时的各种征兆都是好的，因为这些大学一般拥有许多令人尊敬的教授，如后期人文主义学者、政治家贾纳斯·杜萨就是一位多产的学者；并且尽管存在着严格的教会教规，它们还是对学者持一种容忍的态度，因为他们对小却富足的共和国有用，这个小共和国本身也正在为能否存在而斗争。在这些加尔文派的学校中，也有一种强烈的“国际主义”趋势强加给这些数目居少数的大学。有些大学与当地政权有冲突，但是大多数都与各个社会阶层和城镇委员会建立了和谐的人际关系（这种和谐的关系是通过新教的牧师建立起来的）。这些大学很快就具有了国际声望，吸引了许多外国人来学习、访问。牧师的那些成熟的政策（强调成就的政策）及大学时常对智力方面做出的贡献，使这些大学得以在一个相对自由的内部争论的环境中对科学做出贡献。

众所周知，随着荷兰的独立和启蒙运动的发展传播，学者们的表达方
145 式具有了更多的自由，也可以更为自由地进一步建立各种教育机构了。随着越来越多的市镇委员会委员或各阶层的代表们发展了其他的一些兴趣，他们更多地被认为是商人而不是学者，这样大学就获得了另一种自由领域。虽然严格地讲，这些大学是由教会控制的，但相对于教会审查而言，

这些控制者都对世俗利益、对他们自己的生存和对一般社会阶层更感兴趣。[33] 于是，荷兰的大学保持了相对的开放，并不主要为教会目的服务。教会肯定是不愿意将它的学生送进这些大学中的，但是没有其他教育机构可选择。于是它们就用自己的方法来设法纠正，实行一种考试，未来的牧师在被聘任之前要通过这种考试。

鲁汶大学位于荷兰的南部，是天主教的大学，它与荷兰北部的大学一样是个例外。这所大学是布拉班特公爵建立的，具有教皇特许状。由于鲁汶大学与三语学院的联系，并且因为具有伊拉斯谟式人文主义的倾向，它在 16 世纪成为颇受欢迎的伊拉斯谟式知识和学术的场所。红衣主教布斯雷登的慷慨遗赠也吸引了许多外国学生。[34] 当地的城市当局与大学一起，负责大学的直接管理和制定合法规章。

在路德出现以后，查里五世（像后来的菲利普二世一样）遗赠了皇家教授讲座席位，以服务于反宗教改革的目的。由于在 16 世纪及以后的时期里，鲁汶大学几次直接受到战争的影响，这所大学的吸引力减退了。该大学继续严格要求正统性，这一趋势在 1607 年阿尔布雷希特大公的各项改革中进一步得到加强。国家与教会，连同城市，共同努力将大学置于正确的轨道。在对鲁汶大学进行的经常的审查中，真正对大学事务拥有决定权的实际上是世俗权力机构。还有一点也值得一提，那就是尽管这所大学处于不断的异教包围之中，也一直保持天主教的教条，但一直未变成耶稣会的学校。事实上，教会和世俗两方面的权力机构都在尽力避开耶稣会的要求。它们成功地培养了一种以自己的传统为基础的天主教主义和学术。像萨尔茨堡的本笃会（成立于 1622 年）一样，它们不促进有争议的神学教学，但是相对于耶稣会，它们更关注神学教义及晚期人文主义方法。 146

很长一段时期里，鲁汶大学都被认为是詹森主义的中心，是天主教持

---

[33] T. H. Lunsingh Scheurleer and G. H. M. Posthumus Meyjes(eds.), *Leiden University in the Seventeenth Century. An Exchange of Learning*(Leiden, 1975); Frijhoff, *Gradués*.

[34] H. De Vocht, *History of the Foundation and the Rise of the Collegium Trilingue Lovaniense 1517-1570*, 4 vols. (Louvain, 1951-1955).

异端教义的捍卫者。㉟ 然而，由于不同的教派和不同的教会教师就真正的信仰问题继续进行争论，鲁汶大学得以在城镇委员会和布拉班特各阶层组成的议会，甚至在大主教的帮助下，成功地捍卫了自己的地位和特权，虽然当时它作为一个知识中心的全国性名望和吸引力都已成为过去，但它仍然能够做到这一点。

另一方面，西班牙属荷兰的杜埃大学则更多地受到反宗教改革运动的影响，于是耶稣会在那里获得了影响力。耶稣会这样做是与菲利普二世达成协议并得到后者支持的。但是，这位国王按照他的天主教化政策安排耶稣会和大学的成员。这所大学虽然受耶稣会领导，但实际上它是一个国家的，或者说是王室的机构，这种情况一直持续到 1667 年该城并入法国。

波兰的大学

波兰的那些大学——特别是克拉科大学——则是“国家的”教育机构，是由教会和君主建立并支持的。宗教改革之后，这些大学很快就为反宗教改革运动的目的服务。这一点在维尔纽斯大学的例子中表现得十分清楚，该大学是由耶稣会在 1579 年建立的，由于君主与各个阶层之间不稳定的内部关系根本无法使政府为大学提供任何可靠的保护，所以大学也有许多困难。另一方面，获得传统特许状的克拉科大学拒绝成为耶稣会教育体系的一部分，因而就失去了它的独立性。对于这一问题和其他问题的长期辩论使克拉科大学要求在君主、政权、国家权力机构和教会之间达成一种微妙的平衡。结果是责任不明确，更未建立强有力的领导。政府和教会哪一方都没有管理这所大学，这的确解释了曾经非常辉煌的克拉科大学衰落的原因。在波兰，没有决定性的全国势力能够明确地领导这所大学和其

㉟ E. Lamberts and J. Roegiers(eds.), *Leuven University 1425-1985* (Louvain, 1990).

他高等教育机构。[36]

在 18 世纪，国家权力机构对大学及教会指导下的教士教育越来越失去兴趣，这加剧了上面提到的那种进程。只是在耶稣会解散之后，才考虑到有必要重新组织教育体制。在王室首创精神的努力下，尝试了一种表现 147
改良主义意图的普通教育计划，并且该计划得到部分实现。然而，这种国家性的、启蒙实践的和科学的尝试的大学模式不久就由于国家的分裂而中止了。

北欧国家的大学

宗教改革运动之后，北欧的大学，如哥本哈根、乌普萨拉、隆德和奥布大学都效法了德国路德派的模式。哥本哈根大学就是成功地学习了维滕堡大学的模式，后建立的一些瑞典大学也同样采取德国模式。在丹麦，哥本哈根大学早就是国家大学，受到君主的保护，并且为君主的政治利益服务。[37] 瑞典的情况则与丹麦相反，五所瑞典大学都是在古斯塔夫二世·阿道夫在位期间及之后才自觉发展起来的，各所大学的发展进程也不是一致的。的确，这几所大学也努力服务于统治者的要求，并且努力为国家培养正统的官员和虔敬的教士。但是，由于它们各自所处的地理位置不同，世俗环境也不相同，它们的目标也是不同的。如乌普萨拉大学是最古老的大学，在宗教改革运动时期，它几乎被遗忘了。在 16 世纪末期，它归于拉谟斯主义的系统中。古斯塔夫二世·阿道夫通过其专制主义的意图和严格的路德主义改变了这种情况。由于受到相应的德国模式的吸引，许多教授和许多德国学生都从神圣罗马帝国来到这所大学。在这一层面，这所大学保持了与德国北部路德派的教学和科学概念相对密切的联系。

㊱ L. Hajdukiewicz and M. Kara, *L'Université Jagellone. La tradition, le présent, l'avenir* (Cracow, 1975).

㊲ S. Ellehoj and L. Grane (eds.), *Københavns Universitet 1479-1979*, vols. V-XIII (Copenhagen, 1979-1991).

多尔帕特大学（1630）也是按照瑞典专制主义的利益进行组织的，而当时的奥布大学则坚持一种严格的亚里士多德主义，并且面向贵族学生。在奥布大学中，有一种反对德国思想和倾向本土观念的趋势，这一趋势可以被看作权宜的。多尔帕特大学，后来还有隆德大学（1668）也同样服务和支持“瑞典政策”，该方针是由王室成员提出来的。就这方面来说，可以把这两所大学看作支持瑞典霸权要求的政治机构。[38]

对于更古老一些的格赖夫斯瓦尔德大学来说，却并非如此，格赖夫斯瓦尔德大学是从 1637 年一直到神圣罗马帝国末期存在的一所瑞典高等教
148 育机构。这所大学旨在为波罗的海地区培养教士和律师。格赖夫斯瓦尔德大学有自己非常独特的特点。当时还建立了一所法律学校，该学校熟悉神圣罗马帝国的法律体系，但并不教授神圣罗马帝国的法律，它从整体上说对波罗的海地区至关重要，该学校与乌普萨拉大学和隆德大学及其神学院实现了德国思想与北欧各国思想之间的联结。然而，这几所学校中体现的优先考虑政府（或直接说贵族）的利益与所有其他斯堪的纳维亚的大学毫无二致，教会仍旧是最高统治的一部分。

意大利的大学

在由文艺复兴（盛期）和人文主义所促进的发展中，许多意大利的大学都发挥了作用。在意大利城邦增多的背景下——亚平宁的大学数量相当于这类“城邦”的数量——文学院实际上在智力方面不占主导地位，但尽管如此却特别鼓励文学院与医学院的发展。传统上较强的且在数量上居多的法学院在 16 世纪仍紧紧保住它的主导地位。公共服务中职位数量的增多，提供了许多好的职业机会，进而促进了与主要的城邦原则保持一致的

---

[38] S. Lindroth, *A History of Uppsala University 1477-1977* (Uppsala, 1976); G. Johannsson, *Lunds universitets historia*, 2 vols. (Lund, 1982); Klinge, *Kuningliga Akademien*, vol. Ⅰ; G. V. Pistohlkors, T. U. Raun and P. Kaegbein (eds.), *Die Universitäten Dorpat/Tartu, Riga und Wilna/Vilnius 1579-1979* (Cologne, 1987).

法学院保持了一种强烈的侧重实际的特点。这类学习对于那些非意大利籍的法学学生也具有吸引力。在意大利大学获得的学位仍旧能确保他们在自己的祖国从事好的甚至是极好的职业。[39]

从未被意大利的大学看重的神学则继续扮演着无关紧要的角色。许多大学甚至没有神学课程。为了与意大利政治的世俗倾向一致，也为了满足城市生活的那些紧迫需要，世俗权力机构将教育重心放在与 15 世纪和 16 世纪初的社会生活相联系的一些实际科目上。在那些著名大学中，外国学生和外国教授占比甚高，外国学生有时甚至占到所有注册人数的一半，他们都明确支持这一实用的、倾向于实际的态度，这解释了为什么公共权力机构会对大学表现了很大的兴趣。政府机构将改良过的方法及改革后的课程，即更清晰、更简洁的课程推荐给大学，这样，大学就能够满足（欧洲的）各国的需要。在法国人到来之后，城市国家日益追求“礼仪”使米兰、佛罗伦萨、威尼斯的新统治者及教皇治下的各国新统治者都坚持倾向 149
于实际的学科。这种情况同样也适用于那不勒斯大学，该大学是皇家建立的，从一开始就由政府控制。然而，大学并不需要在这些国家中领导或形成公开的知识讨论。而这种在其他地方都进行的争论，虽然不是必需的，却能够起到联系大学成员的作用。

反宗教改革运动之后，意大利的这种相对开放的情况发生了改变。1564 年由庇护四世颁布的新教皇诏书就是力求满足卡尼修斯和波塞维的愿望，防止意大利的大学让外国的新教徒“不负责任地毕业”。诚然，这一政策并未得到完全实施。如 1587 年，威尼斯总督就将对学生的裁判权掌握在他自己的特别法庭之中，这样就使他们免受宗教法庭的迫害。1616 年，威尼斯议会还建立了自己的审查委员会，这一委员会越过了教皇的诏令。在这一层面，帕多瓦大学就得以长期免于向正统性宣誓。欧洲其他地

---

[39] R. L. Kagan,‘Le università in Italia 1500-1700’, *Società e storia*, 7(1985), 275-317；英文版：‘Universities in Italy 1500-1700’, in *Populations étudiantes*, vol. Ⅰ, 153-186；L. Simeoni, *Storia dell'Università di Bologna*, vol. Ⅱ: *L'età moderna* (*1500-1888*)(Bologna, 1940)；A. Favaro, *L'Università di Padova*(Venice, 1922)。

方都没有像这里这么宽松；甚至连犹太学生都可以获准在帕多瓦大学受教育。[40]

但是在其他的意大利的大学中，非天主教徒的自由活动也不是不可能的。在博洛尼亚大学，日耳曼民族享受了新的、额外的特权，这使在16世纪下半期，来自新教地区，特别是德国地区的学生数量增多。托斯卡纳大学与锡耶纳大学的情况类似，在16世纪末和17世纪初，有许多非天主教的学生持续涌入托斯卡纳大学。毕业与入学并不是一回事，所以尽管教皇诏书规定不得让新教徒不负责任地毕业，但许多大学一直许可新教徒入学。另一方面，如果说16世纪中叶意大利学生的活动自由逐渐受到了限制（在任职时本国毕业的学生被优先考虑），这也不是由教派传统所致。国家教育机构要保持活力，还要得到发展，特别是那些传统上外国学生比例较低的地方尤其如此。这样就很容易理解这些法令导致17世纪出现了明显的大学地方化，以及随之产生的非意大利学生减少的情况了。

政府权力机构对大学及其教学的兴趣在17世纪普遍减弱。工作市场紧缩，而部分竞争又部分联合的耶稣会教育，连同在许多大学居优势地位
150 的法学教学都不那么吸引人。教授的微薄薪金反映了这种公众兴趣的缺乏，并且进一步加剧了这种状况。

为了生存，教授们常常除了从事第二职业外别无选择。为了赚钱，他们开设私人讲座，互相竞争，所以在原来大学的旁边往往出现了第二所大学。此外，由于16世纪以后修道会和学院吸引了更多的学生，大学就愈加衰落了。在17世纪，许多古老的大学都变成了职业学校，而当时在那些职业学校中，正统性比创新更为重要。

经济条件好的人一般进入那些新建立的贵族学园，追求学术的人则进入皇家学园，如博洛尼亚、那不勒斯和帕尔马的学园。同时，专业人员则转移到他们自己的新专业学院，如维罗纳的自然科学学院（1669）。结果，随着政府权力机关努力满足培养专业技术人员的需要，大学就越来越处于

---

[40] 参见第10章，pp. 426，430。

教会的控制之下。

人们围绕着重新使大学更适合政府的需求和世俗的利益也做了一些努力，但都未取得任何实质性的成功。如在奥地利控制的区域中，玛丽亚·特蕾西娅从 1753 年开始尝试复兴大学，这一努力与哈布斯堡王朝的改革几乎同时进行。在教皇统治下的各国，特别是克莱门特十四世，试图让大学凌驾于国家权力之上。所有这些努力都是不成功的，尽管在 18 世纪还是有许多优秀的学者在各个大学中工作，其中一些还努力与北欧的模式一致起来。由于缺乏政府的支持和贫乏的资金状况使这一点很难被做到。

根据欧洲不同地区的情况，可以得出一些共同要点。

伴随着近代早期社会的发展，以及政府控制的增加、地方意识的增强和越来越依靠成文的程序这些趋势的出现，从 15 世纪末起，大学的重要性加强了。国王、地方统治者和教会都对大学拥有权威，他们各自在“自己”的大学中直接反映自己的利益。教育的资金问题越来越被看作社会的事务。那些较古老的大学拥有特许状，实施自我管理，反映了面对政府和教会权威时的活动自由，但这类自我管理行为虽未完全消失却也减弱了。由于日渐松散的集权化组织和政府对日常生活的介入，大学仍继续享有较 19 世纪时更多自治发展的可能。

由于缺乏宗教上的统一性，旧教会和新教会都努力对大学施加直接的 151
影响。教会着手达到这一目标的方式有审查、宗教法庭及许多其他的“精神”方法。在 16 世纪和 17 世纪，政治和宗教是互相联系的，所以这类直接影响与那时的世俗政治势力和宗教势力的意图都不冲突。正在发展的国家需要更多的内在稳定性，而这需要教会的支持，也需要大学的服务。而政府、教会和大学这三者都为同一个目的而奋斗，即保持正统性和促进公共生活。只有在那些政府的利益感相对较弱的地方，尤其是天主教的国家里，教会才能够获得较强的地位，并且能够把高等学校视作教会的教育机构。确实，在 16 世纪和 17 世纪，教会的影响常常被减弱，这一定程度上取决于教会权力机构的人与国王或贵族密切联系的程度——经常是血缘关系的程度。

在近代早期的所有欧洲国家都或多或少地存在着一种地方教会主权，这一主权要么由教会控制，要么由世俗势力控制。这种情况不仅存在于拥有新教教会的那些国家中，也同样存在于那些拥有旧教教会的国家里。由于这个原因，政府的利益与教会的要求常常会发生冲突，从而产生紧张状态和摩擦，而这些冲突一般都与教育目的，即为宗教性的国家服务关系不大，而更多的是与教育的方式或个人影响有关。

然而，随着近代君主政体形式的进一步发展，很明显，只有在政府允许的情况下，教会的要求才会实现。毕竟，君主对他们自己的大学具有决定性的和特殊的兴趣，他们在章程中和课程中规定大学的教学范围，他们也决定大学的存在状态。正是他们给大学下达任务，使大学走向辉煌，也正是他们既支持又促进大学的发展。如果大学衰落了，那是由于他们缺乏兴趣或忽视大学，而在这种情况下，有时（但不是总是）教会的管理就会恢复。

总的说来，可以这样概括：改革带来的复兴及之后的活力总是由国王所保证的。实际上，即使在大学自己开始发起的改革中，这也是一个先决条件。君主对于一所教育机构的兴趣保证了教授或大学的观点可以传达到君主或他的顾问那里，从而影响他或他们的态度。

然而，非大学权力机构这种强有力的地位并不一定意味着大学及其成
152 员的传统和特许的自由被严格限制或明确减小。在近代早期，横向的分散责任及相互竞争的各权力机构明显相互矛盾的主张一点儿都不奇怪，也不是行不通的。这种表面上的冲突在生活的许多方面都存在着。结果，它使政府和社会都无法对大学行使裁判权，从而使大学常常拥有相当广泛的自由。

精选文献

Ajo González de Rapariegos y Sáinz de Zúñiga, C. M. *Historia de las universidades hispánicas. Orígenes y desarrollo desde su aparición a nuestros días*, 11 vols., Madrid, 1957-1977.

Blettermann, P. A. *Die Universitätspolitik August des Starken 1694-1733*, Mitteldeutsche Forschungen, 102, Cologne/Vienna, 1990.

Brandão, M. and De Almeida, M. L. *A Universidade de Coimbra. Esboço da sua história*, Coimbra, 1937.

Brockliss, L. W. B. *French Higher Education in the Seventeenth and Eighteenth Centuries. A Cultural History*, Oxford, 1987.

Chartier, R., Compère, M.-M. and Julia, D. *L'Education en France du XVIe au XVIIIe siècle*, Paris, 1976.

Claeys-Bouuaert, F. *L'Ancienne Université de Louvain. Etudes et documents*, Louvain, 1956.

Coing, H. (ed.) *Handbuch der Quellen und Literatur der neueren europäischen Privatrechtsgeschichte*, vol. II, Munich, 1977, 3-102.

Curtis, S. J. *History of Education in Great Britain*, 2nd edn, London, 1950.

Ellehoj, E. and Grane, L. (eds.) *Københavns Universitet 1479-1979*, vols. I-XIV, Copenhagen, 1979-1991.

Frijhoff, W. *La Société néerlandaise et ses gradués, 1575-1814. Une recherche sérielle sur le statut des intellectuels à partir des registres universitaires*, Amsterdam/Maarssen, 1981.

Hajdukiewicz, L. and Kara, M. *L'Université Jagellone. La tradition, le présent, l'avenir*, Cracow, 1975.

Johannsson, G. *Lunds universitets historia*, 2 vols., Lund, 1982.

Kagan, R. L. *Students and Society in Early Modern Spain*, Baltimore, Md./London, 1974.

Kagan, R. L. 'Le università in Italia 1500-1700', *Società e storia*, 7(1985), 275-317; English version: 'Universities in Italy 1500-1700', in D. Julia, J. Revel and R. Chartier (eds.), *Les Universités européennes du XVIe au XVIIIe siècle. Histoire sociale des populations étudiantes*, vol. I,

Paris, 1986, 153-186.

Klinge, M., Leikola, A., Knapas, R. and Strömberg, J. *Kuningliga Akademien i Åbo 1640-1808, Helsingfors Universitet, 1640-1990*, vol. Ⅰ, Helsinki, 1988.

Lindroth, S. *A History of Uppsala University 1477-1977*, Uppsala, 1976.

Lunsingh Scheurleer, T. H. and Posthumus Meyjes, G. H. M. (eds.) *Leiden University in the Seventeenth Century. An Exchange of Learning*, Leiden, 1975.

Mackie, J. D. *The University of Glasgow 1451-1951*, Glasgow, 1954.

153 McClelland, C. E. *State, Society and University in Germany 1700-1914*, Cambridge, 1980.

McConica, J. (ed.) *The History of the University of Oxford*, vol. Ⅲ: *The Collegiate University*, Oxford, 1986.

O'Day, R. *Education and Society 1500-1800. The Social Foundations of Education in Early Modern Britain*, London/New York, 1982.

Paulsen, F. *Geschichte des gelehrten Unterrichts auf den deutschen Schulen und Universitäten: vom Ausgang des Mittelalters bis zur Gegenwart mit besonderer Rücksicht auf den klassischen Unterricht*, vol. Ⅰ, Leipzig, 1885; 3rd edn, Leipzig/Berlin, 1919.

Scheel, O. (ed.) *Das akademische Deutschland*, vol. Ⅰ, Berlin, 1930.

Stichweh, R. *Der moderne Staat und die europäische Universität. Zur Interaktion von Politik und Erziehungssystem im Prozess ihrer Ausdifferenz-ierung (16.-18. Jahrhundert)*, Frankfurt-on-Main, 1991.

Sutherland, L. and Mitchell, L. E. (eds.) *The History of the University of Oxford*, vol. Ⅴ: *The Eighteenth Century*, Oxford, 1986.

Verger, J. (ed.) *Histoire des universités en France*, Toulouse, 1986.

第四章　管理与资源 154

希尔德·德·里德-西蒙斯

值得注意的是，关于近代早期大学机构的结构和组织的严肃研究是如此之少，似乎这些研究无关紧要或不激发人的兴趣一样。的确，中世纪后大学的结构或组织都没有出现什么基础性的变革，中世纪时期发生的那些变化也为人所共知，但是不应该忘记，自 16 世纪初期以后，欧洲各大学的统一性受到冲击，并且国家政府或其他政治实体虽然没有激进地改造中世纪大学的模式，却逐渐把新的教育机构移入旧大学之中。① 由于对欧洲近代早期管理和资源情况缺乏全面的比较研究，所以关于这一主题只有一些相当零散的文献资料，也只能提供一个初步印象。

事实上，首先，大学的基本结构在 1500—1800 年没有什么根本性的变化。在第一卷第四章中谈到的两种大学类型，即“教师型”和“学生型”继续存在。总的说来，在这几个世纪中，术语未改变，学术规范和标志也仅仅发生了微小的改变。当然，这并不是说这些教育机构未受到在第三章中所描述的那些变革的影响。恰恰相反，例如，意大利北部政治结构的变革和学生群体特征的变化都使学生型大学承受了相当的压力。其次，自 17 世纪以来，“几乎所有大学的民族化”或更确切地说是“地方化”在很大程度上降低了国家的重要地位。各学院也被赋予了另外一种功能，而 155
这就意味着结构和组织上的变化。各大学，或者更确切地说，一些大学努力在已存在的学院结构和课程中为“新知识”和科学变革的经验寻找一席之地。这对大学的基础设施产生了明显的影响：重新分配教授讲座、改装

---

① 有关早期近代大学历史的评论参见 W. Frijhoff，‘Conclusions：vers une autre histoire des collèges universitaires’，in *I Collegi universitari*，185-196。

教室，解剖室、实验室、天文台、植物园和图书馆则逐渐成为好大学的必需之物。财政方面的结果也同样意义重大。

一般大学结构

第二章已详细论述了中世纪大学的演变，以及从“古典”模式中发展起来的一些新大学类型：（1）传统的四个学院（或称系部）大学（或者偶尔也有的是五院大学，即民法和教会法各自组成一个单独的院）；（2）教授制大学；（3）联合大学；（4）学院制大学。这些类型都各不相同。在第一种类型中，以院系划分的一些学科实行集体讲授指导，膳宿也未成为大学的必需。联合大学则是具有在课程和住宿（教师和学生住在一起）等方面享有自治权的学院的联合体，这一组织决定了这类大学的管理方式。学院制大学与联合大学有些类似，它由一个中央组织和一些提供学院教育的基础结构共同组成。②

1500年之后，教师型大学、学生型大学和混合的教师-学生型大学仍然保留着中世纪时的差别。教师型大学中既包括教师，也包括学生，而由前者任主导（典型的是巴黎大学和牛津大学）。学生型大学只包括学生，教授们有他们自己的建立在学科基础之上的社团——博士协会（以博洛尼亚大学为典型）。典型的混合型大学则有蒙彼利埃大学和萨拉曼卡大学。

16世纪初，意大利北部和蒙彼利埃的大多数大学，仍然是由各部分学生组织协调组成的集合体。这些组织有些是同乡会的，如博洛尼亚大学、帕多瓦大学和锡耶纳大学；有些则是系部组织，如蒙彼利埃大学。

在后宗教改革运动时期，政府权力机构对大学的影响显著增加，它们对学生的控制也加强了。它们尽可能地压制学生组织或使这些组织边缘化。③ 权力机构的代表和博士协会开始作为系部委员会发挥作用。因此，

② 关于大学不同模式的阐述参见第2章，pp. 64-70(类型)。

③ 后文将对此予以解释。

从 17 世纪开始，地中海地区的学生型大学的组织与西北欧的大学不再如 156
此明显不同。新建大学都遵循北方的模式，并且在 16—18 世纪隶属于西班牙或奥地利的那些大学都彻底重新组成四院系模式。1541 年西班牙和 1771 年奥地利当局都先后授予帕维亚大学新的、相似的章程，那不勒斯大学也在 1614—1617 年由西班牙总督进行了彻底的改革。④

根据意大利之外的欧洲地区的通常标准，一所完全大学仍旧要包括四个学院，即一个水平较低的（文学院）和三个水平较高的学院（神学、法学和医学）。然而，还是有些重要的例外。例如，大多数耶稣会大学都是不完全大学，仅包括两个院，即文学院和神学院。如果我们把短命的医学院和新教神学院放在一起，中世纪的奥尔良大学（1306）、雷恩大学（1722）和第戎大学（1735）都是只教授法学的大学。

大多数传统教育机构都教授全部四种学科，当然这并不意味着一个学院会长时间地一直运转，因为常常有些讲座是空缺的。直到 17 世纪，医学院经常会遇到这种情况，虽然科学革命的影响和医学知识的进步的确提高了医学学科和医生的声望，医学讲座空缺情况还是时常发生。这对医学院在大学中地位的影响毋庸置疑，但它并不足以使一些古老大学，以及诸如法国的普瓦捷大学和布尔日大学等一些重要的大学⑤将医学排除在其教学计划之外。而其他国家的情况（除了意大利）也好不了多少。在意大利北部的一些较大的大学，医学院继续和文学院在一起，组成一个文学和医学部。在该部中，根据西北欧的标准，文学院受到某些限制，而给予了医学院较高的地位。近代早期的更为古典的一些大学则主要由法学院主导。这类大学享有很高的声望，部分是由于这些大学的教授们行使着一些重要的社会职能，部分是由于，一般来说，它们的学生属于社会精英。神学院的情况则较为复杂。在神学院中，中世纪时起主导作用的是托钵僧，而在
近代早期，耶稣会会士分享了他们的重要角色。在那些较为传统的大学 157

④ *Statuti e ordinamenti della Università di Pavia dall'anno 1361 all'anno 1859*（Pavia，1925），155ff.，201ff.；*Storia della Università di Napoli*（Naples，1924），255.

⑤ Brockliss，*French Higher Education*，15-16；亦可参见第 11、13、14 章。

里，神学院是四院之一。某些神学院与文学院形成了教育性的混合体，还有其他一些神院独自构成了一个学院或培养神职人员的高等教育机构，而不是一所真正的大学。

在结构和功能方面变化最大的则是文学院，在各地都是如此。不同级别教育的划分（初等、中等和高等），16世纪在人文主义教育思想影响下形成的特色，都赋予了文学院新的功能。既然在文法学校或拉丁学校中教授语法和其他形式的“文科”入门课程，文学院就得以发展成为完全的哲学和文学院。然而，同一时期出现的精英学校，尤其是法国出现的称为专科学院的机构，⑥ 模糊了这类学院中高级课程与文学院之间的差别。事实上，在15世纪末期和16世纪上半叶，在1500年左右拥有40个学院的巴黎大学的许多住宿学院都变成了教授人文主义（和科学）的教育机构。这类教育机构的地位一般是介于中等教育机构、文法学校和附设哲学教学的大学学院之间。1789年，法国只有33所学院是真正属于巴黎大学的（其中有10所在巴黎）。⑦ 鲁汶大学和阿尔卡拉大学的三语学院，以及巴黎的法兰西学院都创立于16世纪上半叶，它们都教授拉丁文、希腊文和希伯来文，有的还教授如数学等科目，这些机构并不是文学院的一部分，它们存在于大学的边缘，并且不总是与那些已建立的机构保持着特别好的关系。⑧ 这一进展所带来的结果则是，除了提供哲学方面的高等教育之外，文学院的基本功能是组织期末考试和授予学位。这种情况也存在于法国其他大学城中，但范围要小一些。⑨

在法国之外，则是南荷兰的鲁汶和杜埃大学与这一模式最为相似。严

---

⑥ 对照第2章第63、68页及第7章第290—291页。

⑦ R. R. Palmer, *The Improvement of Humanity: Education and the French Revolution* (Princeton, N. J., 1985), 14.

⑧ P. S. Allen, 'The Trilingual Colleges of the Early Sixteenth Century', in P. S. Allen (ed.), *Erasmus. Lectures and Wayfaring Sketches* (Oxford, 1934), 138-163；可进一步参见 pp. 461, 570.

⑨ Brockliss, *French Higher Education*, 13, 20; M. M. Compère, 'Les collèges de l'Université de Paris au XVIe siècle: structure institutionnelle et functions éducatives', in *I collegi universitari*, 101-118; Chartier, *Education en France*, 252-256。

格地讲，自15世纪中期以来，鲁汶大学（1425）的文学院是由四个教学单元（或学院）组成，即里利学院、卡斯托学院、范尔肯学院和普拉克学院，1500年后又增加了斯坦德克学院，该文学院是以巴黎的蒙台格学院为样本的。学院会举办一些公开讲座，文学院还组织集中考试，其采取的是竞争性的考试体系。通过在1657年开办了一所文法学校（圣三一学院），鲁汶大学文学院根据知识水平将学生明确地区分开来。[10] 158

学院与同乡会

文法学校与大学学院相衔接的做法在英格兰始于14世纪，并且一直延续到近代早期。这类模式著名的有牛津的新学院与温切斯特公学、莫德林学院与莫德林学院附属学校及韦恩弗利特学校（林肯郡），剑桥的国王学院与伊顿公学、圣约翰学院与塞德伯学校（约克郡）。[11] 在英格兰，没有像法国那样的两种类型学校的混合物（即提供中等教育水平的文法教学和大学水平的普通教育）。然而，学院体制在英国的发展较其他国家更进一步，时间也更长。直到15世纪末，牛津大学与剑桥大学的各个学院还是些规模不大的教育机构，主要教授研究生。大多数研究生和本科生都住在学院外面的学生宿舍学堂里或与他人住在一起。在16世纪期间，学生逐渐集中住在学院而不是宿舍学堂。1500年前后，牛津只剩下大约8个学生宿舍学堂，每个宿舍平均有27名学生，还有13所学院，平均每所学院有34人。从伊丽莎白一世统治时期开始，学院获得了为本科生提供住宿和教育的特权，这种情况一直持续到19世纪。[12] 结果，几乎所有的教学都

---

⑩ *De Universiteit te Leuven 1425-1985*, Fasti Academici, 1(Leuven, 1986), 61-64.

⑪ J. McConica, 'The Rise of the Undergraduate College', in *History of Oxford Ⅲ*, 2-3; C. I. Hammer Jr., 'Oxford Town and Oxford University', in *History of Oxford Ⅲ*, 108-110; N. Orme, *English Schools in the Middle Ages*(London, 1973), 187-188, 198-199, 207-210, 267, 283.

⑫ W. A. Pantin, *Oxford Life in Oxford Archives*(Oxford, 1972), 10, 19; McConica, 'Rise'(注释11).

是在学院中进行的。正像在欧洲大陆上一样，系部拥有授予学位的特权。

由于教学性的学院主要是培养文科学生（本科生），所以就为高级学院中的学生设立了一些其他设施。当然，中世纪的这种有膳食设施的住读
159 学院为学生提供了便利。正像前面已经说过的那样，在牛津和剑桥大学，学生宿舍的数量已急剧紧缩，教学学院更受青睐。然而，各大学，特别是新教国家的那些大学，不情愿或没有能力保证在传统学院模式中为学生提供住宿设施。中世纪的学院生活是与修士生活和教会的收入联系在一起的。许多大学只愿意为贫困学生提供物质设施、学生宿舍、公共活动室和免费伙食，只有在日耳曼帝国中的几个大学城中，如阿尔塔穆拉、海德堡、图宾根和卡塞尔，富裕的学生才能住在舒适的学院里。为适应贫困学生的需要，废弃的修道院被改装成宿舍或普通房间。[13] 在乌普萨拉大学，这一“住宿地”在 1637 年关闭了，原因是学生与管理员之间不断发生争吵，学生们指责管理员不诚实，提供的食物和饮料质量太差。用以维持这种住宿地的资金变成了奖学金。[14] 在耶拿，学生也有类似的抱怨，但并没有产生如此极端的后果。[15] 1575—1648 年在北荷兰建立的所有大学都采取同样的组织模式。这些大学只提供进行教育、管理和研究工作的房间。为数不多的几所为（贫困的）神学学生提供教育的学院则是例外。[16] 虽然在 1583 年成立“汤尼斯学院”的时候，爱丁堡的市政委员会头脑中的模式是中世纪苏格兰的圣安德鲁斯大学、格拉斯哥大学和阿伯丁大学，而这些大学本身也是仿效牛桥的，但是学术权力机构还是未能将爱丁堡大学变成

---

⑬ N. Hammerstein, ‘Protestant Colleges in the Holy Roman Empire’, in *I collegi universitari*, 163-172.

⑭ S. Lindroth, *A History of Uppsala University 1477-1977* (Uppsala, 1976), 46.

⑮ M. Steinmetz (ed.), *Geschichte der Universität Jena 1548/58-1958. Festgabe zum vierhundertjährigen Universitätsjubiläum*, vol. Ⅰ (Jena, 1958), 57, 101.

⑯ P. Karstkarel and R. Terpstra, ‘Van Jeruzalem tot het Friese Athene: het kruisherenklooster en de academiegebouwen te Franeker’, in G. Th. Jensma, F. R. H. Smit and F. Westra, *Universiteit te Franeker 1585-1811* (Leeuwarden, 1985), 212-213.

一所具有学院精神的住宿制大学。学生的住宿问题依靠该城镇中的市民解决。[17]

中世纪的这种学院原型在新教国家中仍继续存在，但它被赋予了一种不同的功能。骑士学院和与之联系的培养贵族学生的教育机构建立于 17 世纪，而专门学校和技术学校大部分创办于 18 世纪，专门学校和技术学校一般是在一所教育机构中和一系列建筑群中集住宿、教育和社会化于一体。不同之处在于它们是由世俗机构创办的。[18]

虽然天主教国家也有上面所提到的专门培养贵族的教育机构，但其趋 160
势是在寄宿学校中容纳尽可能多的学生。当时是个“大动乱”的时代（福柯），有必要把容易受影响的年轻人与“邪恶的”外部世界隔离开来，住在严格的、常常是宗教性质的寄宿学校里。可以这样说，学院的高墙，连同紧锁的、有人把守的大门，代表着大学将学生置于自己的照顾、保护之下，以及将学生塑造成负责任的、守纪律的公民这一意图。学习场所的数量与奖学金的数目都在增长，并且建立了一些新的、大的学院。在 1625 年，除了鲁汶已有的 4 所教学园以外，还活跃着 41 所寄宿制学院，杜埃大学可以被看作寄宿学校的混合体。杜埃大学除了有 25 所大学学院和神学院之外，还有 35 个宗教住所（19 个为男性而设，16 个为女性而设），这些宗教住所也与大学紧密联系。在西班牙的大学中，住宿学院的数量也急剧增长。然而，这一变化体现得最为突出的是意大利。在中世纪，意大利各大学很少有学院设施。除了一些为贫困学生准备的学院之外（如萨皮兹学院、锡耶纳学院、佩鲁贾学院），还有一些让来自同一地区的学生居住的教育机构。在这些教育机构中，最为著名的是博洛尼亚大学的西班牙学院。从 16 世纪开始，寄宿学院网络发展迅速，如在帕多瓦大学，18 世纪下半期，14 所学院容纳了学生总数的三分之一。有的新学院是专为贫

[17] R. M, Pinkerton, ‘Of Chambers and Communities: Student Residence at the University of Edinburgh, 1583-1983’, in G. Donaldson (ed.), *Four Centuries of Edinburgh University Life 1583-1983* (Edinburgh, 1983), 116-118.

[18] Frijhoff, ‘Conclusions’(注释 1), 186-189；可进一步参见第 7 章，pp. 317-322。

困学生设立的，如比萨的萨皮兹学院就是由科西莫大公一世在1543年建立的，进而由被梅迪契宣判为非法而没收的图斯坎的资产维持。[19] 与这些学院同时存在的还有一些为贵族学生创设的特别教育机构，这类教育机构不仅在意大利，在阿尔卑斯山以北也有，第七章将对此详述。最后，我们不能忘记，在大学城中，许多宗教团体还拥有隐修院，其成员在大学学习时就住在隐修院中。

近代早期学生越来越多地在大学住宿这一事实，对于同乡的重要性和
161 参与两方面都有着显著的影响。即使是在中世纪时期，也有几所学院或住宿学堂是从特定的地区招募学生，通常是创办者或捐助人所在的地区。在意大利，自16世纪以后，出现了大量这类的“同乡人”学院。这些学院一般都具有强烈的反宗教改革运动的特性，如博洛尼亚大学的安格鲁-伊利雷克学院或德意志学院（吉曼尼克姆学院），杜埃大学、鲁汶大学、巴黎大学、萨拉曼卡大学中的为数众多的英格兰和爱尔兰学院，罗马大学也有类似的特质。[20] 学生们在这里找到了他们所需要的保护和保障，而这种保护和保障往往是由学生的同乡会提供的。然而，在这一新型的反宗教改革运动学院中，其主要的提倡者是卡洛·博罗梅奥和教皇庇护五世，真正的学生生活是没有空间的，如学生不得参与校长的选举或不能参与其他的

---

[19] J. Fletcher, 'The History of Academic Colleges: Problems and Prospects', in *I collegi universitari*, 16-17; M. Roggero, 'I collegi universitari in età moderna', in *L'università in Italia fra età moderna e contemporanea. Aspetti e momenti* (Bologna, 1991), 131; 参见, for the colleges of Pavia, A. Milanesi, *IL Nobile Collegio Caccia (1671-1820)*, Fonti per la storia dell'Università di Pavia, 16 (Milan, 1992), 17-22; and of Pisa C. B. Schmitt, 'The University of Pisa in the Renaissance', *Histroy of Education*, 3. 1 (1974), 9.

[20] Roggero, 'I collegi' (注释19), 120ff.; H. de Ridder-Symoens, 'The Place of the University of Douai in the Peregrinatio Academica Britannica', in J. M. Fletcher and H. de Ridder-Symoens (eds.), *Proceedings of the Second Biannual Conference of Belgian, British and Dutch Historians of Universities Held in Oxford September 1989*, Studia Historica Gandensia (Ghent, 1994), 21-34; L. W. B. Brockliss, 'The University of Paris and the Maintenance of Catholicism in the British Isles, 1426-1789: a Study in Clerical Recruitment', *Populations étudiantes*, vol. Ⅱ, 577-616.

学生典礼和宗教仪式。[21] 一般来说，16 世纪后，在大学中，同乡会的权力和获得的尊重都逐渐让位给各个学院。此外，正像我们已经说过的那样，在意大利，学生型大学已经在精神上（如果不是在结构上的话）发展成了教师型大学，而这就减少了学生积极参与"政治"或管理的空间。[22] 然而，随着同乡会继续在大学中形成一个基本的要素并享有特权，在几所教育机构中，它们使高等教育的"地方化"及学院化运动继续进行着。如博洛尼亚大学的德国同乡会就是在 1530 年获得查尔斯五世的特许状之后，暂时巩固了地位，授予特许状是教皇在博洛尼亚大学的皇家加冕典礼上进行的；在学生的压力之下，几位教皇都不情愿地认可了这些特权。[23] 这就解释了为什么德意志同乡会、英格兰-苏格兰同乡会及东欧各国的同乡会活跃的时间最长，并且存续的机会最大。这对意大利北部和奥尔良的大学同乡会来说更是如此。巴黎大学也是一样，但程度要轻一些。在学生们去 162
国外学习期间，正是那些拥有强大的同乡会的大学吸引了大多数游学的学生。

这些同乡会的管理组织在近代早期没有发生什么大的变化。[24] 然而，它们确实失去了一些自治性。在巴黎大学，文学院 4 个同乡会（即法兰西同乡会、皮卡第同乡会、诺曼同乡会和盎格鲁-德意志同乡会）合而为一，在 15 世纪末，特别是 16 世纪，这些同乡会的重要性都降低了。这对巴黎作为"母大学"的国际性特征的衰退产生了影响，就像政治形势（百年战争和大分裂）造成了大学自治权的丧失和改变了文学院的教育体制一样。同乡会逐渐失去其独立性，成为文学院中的一个经过改变的教育体系。

㉑ Roggero,'I collegi'(注释 19),121.

㉒ 关于博洛尼亚和帕多瓦的例子参见 M. Wingens,'Gli studenti nel XVII e XVIII secolo: privilegi, tradizioni e costumi', *Studi belgi e olandesi per il IX centenario dell'alma mater bolognese*(Bologna,1990),241-243。

㉓ P. Colliva,'Le "nationes" a Bologna in età umanistica: i privilegi degli studenti germanici (1530-1592)', *Annali dell'Istituto storico-italo-germanico in Trento*,5(1979),63-83.

㉔ 参见第Ⅰ卷,pp. 114-116,282-284。

1619 年，路易十三世废止了整个王国的同乡会大会。[25] 在奥尔良大学，同乡会也被置于政府的管理之下，1538 年，10 个同乡会被减少到 4 个。直到那时，奥尔良的同乡会通过其代理人作为喉舌，仍然在大学的管理中积极地发挥着作用；例如，他们选举了校长，虽然剩下的 4 个同乡会（法国同乡会、皮卡第安同乡会、诺曼同乡会和德意志同乡会）直到 17 世纪时一直比其他大学的同乡会更为积极，然而它们真正的繁荣时期是在宗教战争之前。[26] 在其他一些主导学院为法学院的大学里，如普瓦捷、艾克斯、安格斯和巴伦斯，只有法学学生的同乡会和奥尔良大学的情况一样。然而，这些同乡会从未获得奥尔良大学同乡会所获得的尊重和自治权，至少在近代早期如此。同样的现象也发生在诸如萨拉曼卡和莱里达这样的西班牙大学里。[27] 苏格兰和神圣罗马帝国里许多在 14 世纪和 15 世纪建立的大学也采用巴黎大学的四同乡会模式。有的大学仅限于文学院（圣安德鲁斯、格拉斯哥、阿伯丁、鲁汶），而其他一些教育机构中，所有的学生都在同乡会里（维也纳、布拉格、莱比锡、法兰克福）。[28] 这种情况有时甚至是违背学生意愿的，如在维也纳大学，同乡会在 16 世纪初就已失去了重要性。虽然强迫学生要具有同乡会会员资格，但学生们已不再加入同乡
163 会，所以该大学的校长在 1749 年做出规定，学生们在注册入学的时候，不论他们的出身如何，都可以加入任何一个同乡会。[29] 在莱比锡大学，情

---

[25] P. Kibre, *The Nations in the Mediaeval Universities*, Mediaeval Academy of America, 49(Cambridge, Mass., 1948), 109-113.

[26] H. de Ridder-Symoens, 'La Révocation de l'Edit de Nantes (1685) et la nation germanique de l'Université d'Orléans', in C. M. Ridderikhoff and R. Feenstra (eds.), *Etudes néerlandaises de droit et d'histoire*, special issue of *Bulletin de la Société archéologique et historique de l'Orléanais* NS, vol. IX, 68(1985), 171-177.

[27] Kibre, *Nations*（注释 25），132-158.

[28] Kibre, *Nations*（注释 25），167-183.

[29] G. Kaufmann, *Geschichte der deutschen Universitäten*, vol. II (Stuttgart, 1896; reprint Graz, 1958), 64.

况也是一样，在 1720 年之前，都要求学生必须加入四个同乡会之一。[30] 同乡会存在时间最长的地方是帕多瓦大学，这是由于这所大学对外国人极具吸引力，特别是那些讲德语国家的学生。这里的同乡会提供许多非学术服务：银行和邮政服务、签证服务等。然而，由于欧洲的战争和宗教冲突，在 16 世纪，该大学法学 10 个阿尔卑斯山南的同乡会和 10 个阿尔卑斯山北的同乡会部分人员遇到了一些困难。大约在 16 世纪中叶，山北同乡会的人数增多，这表明该大学的意大利化。在有些大学里，同乡会一直存续到 19 世纪并继续在大学的管理中发挥着基础性的作用，如选举系主任（鲁汶）或选举校长（阿伯丁、圣安德鲁斯、莱比锡），任命教师（莱比锡、鲁汶）或确定大学的管理权（鲁汶）。[31]

同乡会之间及同乡会内部不同“民族”之间的冲突是所有国家的特色（苏格兰人反对英格兰人、德国人反对荷兰人或波兰人、波兰人反对列日人等），在 16 世纪，由于“民族国家”的形成导致这种紧张状态的加剧。由于有些事件有时甚至会以身体搏斗的形式告终，1545 年在帕多瓦大学，一群来自法学院和文学院的学生成立了一个持不同政见的德意志社团，叫作“优异的日耳曼人”，该社团有它自己的管理机构、注册方式、章程，以及来自威尼斯和学术机构的正式认可。这一社团一直存续到 1801 年。1592 年，波兰社团和立陶宛大公国社团也以类似的方式成立了。[32] 其他大学中也成立了同类的学生组织。在鲁汶大学，“优异的日耳曼人”社团的成立时间鲜为人知，其他那些波兰社团或“同乡”学生社团的成立日期也不详。这与帕多瓦大学著名的同名组织不同，鲁汶大学的德意志同乡会未

---

[30] Kibre, *Nations*(注释 25), 179.

[31] Kibre, *Nations*(注释 25), 181-183; S. Schumann, ‘Die “nations” an den Universitäten Prag, Leipzig und Wien. Ein Beitrag zur älteren Universitätsgeschichte’, Ph. D. (Berlin, 1974), 216-217; L. van der Essen, ‘Les “nations” estudiantines *à* l'ancienne Université de Louvain. Documents inédits’, *Bulletin de la Commission royale d'histoire de Belgique*, 89(1925), 240, 245.

[32] G. Mantovani (ed.), *Acta nationis Germanicae iuristarum (1650-1709)*, Fonti per la storia dell'Università di Padova, 9(Padua, 1983) and the review of H. de Ridder-Symoens in *History of Universities*, 6(1986-1987), 152-155.

164 能从学校当局那里获得正式地位。[33] 荷兰共和国中的为数众多的基于地理来源地的学生社团也遭到了同样的命运。这些与荷兰大学同时出现的社团组织或兄弟会，它们不受约束和嘈杂的特征使它们不容于学术权力机构；哥罗宁根大学的那些社团最为糟糕。有时它们解散了，但是随后又在地下存在，并且在一段时间之后重新露头。17 世纪下半叶，它们消失得无影无踪，具体原因不详。[34] 在其他国家和大学中，也存在着类似的学生社团，但是由于它们没有留下太多史料，所以很难追溯它们的轨迹。然而，学术法庭的报告的确为这一主题提供了大量资料。在德国，学生社团兄弟会声名狼藉，在 19 世纪尤为如此。

内部管理

特权与章程

许多大学在结构和组织上的相似性可以从大学的章程中看出来。和中世纪的时候一样，这时也存在着大量的章程。这些教育机构从上到下都是以同样的方式建立的。与中世纪的那些章程相比，近代的更为详细。尽管如此，大量对于近代早期大学章程的研究仍旧等待历史学者来做。

大学是由教师和学生组成的享有特权的机构，而教师与学生们的特权源于大学的创立者或权力机构。大体上中世纪时教育机构所获得的特权都延续到近代早期。这些特权包括特别司法权、自我管理的权利（拟订章程、吸收成员、管理自由和学术自由）、豁免权（免于各种赋税或兵役或为部队设营），以及一些特别的保护措施（对于所在市镇的物品价格进行

㉝ J. Wils, *Les Etudiants des régions comprises dans la nation germanique à l'Université de Louvain*, vol. Ⅰ (Louvain, 1909), 10ff.

㉞ A. C. J. de Vrankrijker, *Vier eeuwen Nederlandsch Studentenleven* (Voorburg, n. d.), 117-136.

控制、在食物缺乏的情况下优先获得食物）。[35] 除此之外，作为公认的政府机构，大学中的成员还具有一些特定的社会和政治权利和特权地位（派代表参与会议或议会、保留宗教薪俸、拥有议会席位）。从 16 世纪起，获 165
得了一些新的特权——印刷垄断权、合法的存款形式、较温和的审查形式、被允许穿一些有时是贵族专用的服装——但是事实上，由于权力机关对学术事务的干涉，许多特权都减弱了或在政治危机中受到限制，甚至被侵犯。[36] 权力机关的这种干涉可以不同的形式表现出来。例如，虽然大学仍保留拟定自己章程的权利，但这些章程必须经过皇家批准才获得法律效力，在法国则还要获得国会的批准。[37] 后来，权力机构本身越来越多地对章程的制定进行干涉。在有些情况下，这种干涉采取制定某种专门的禁止性法律的形式，要么针对某一个教育机构，要么针对政府当局认为的所有学校。此类尽人皆知的例子是那些对于国内大学的一些保护性条例（禁止到国外学习；获得某些职位必须在某所特定的大学毕业）。[38]

中世纪时，特别是从 16 世纪起，国王和统治者们都拟定了许多章程法规，有为某所特定的教育机构制定的，也有的是将所有的教育机构置于其权力机构之下。这些立法活动往往是在视察之后进行的。权力机构可以各种不同的理由进行视察。当某所大学所在的地区落入新统治者之手，新统治者们就会要求在推行法定的改革之前对情况进行一次调查。他们可能会在收到关于这一教育机构的运作不良的投诉之后开始这类调查。而当一位新统治者上台之时，这些申诉就常常会出现。学术团体的成员，与其他社会团体一样，对于新统治者提出一系列请求，然后新统治者就会成立一

---

[35] 第Ⅰ卷，pp. 113-114；P. Kibre，*Scholarly Privileges in the Middle Ages. The Rights，Privileges and Immunities of Scholars and Universities at Bologna-Padua-Paris-Oxford*，Mediaeval Academy of America，72（Cambridge，Mass.，1961）对 16 世纪以后的时期同样适用。

[36] 参见第 3 章。

[37] M. de Villardi de Montlaur，'Le pouvoir royal et les universités dans la première moitié du XVIIIe siècle（1700-1762）'，*Positions des thèses*（1970），231-232.

[38] 参见 pp. 420-421。

个调查委员会来调查这些不满和抱怨。如巴伐利亚公爵马克西米利安在1598年的就职典礼上，由于有人抱怨因戈尔施塔特大学拖欠工资，即命令就此事进行细致的调查。调查报告导致在1642年拟订了一些新章程，目的是希望恢复原来运作混乱的大学事务秩序。[39] 1607年，阿尔布雷西特
166 大公和大公夫人伊莎贝拉命令对鲁汶大学的功能发挥不良情况进行一次调查。这一调查的结果是由阿伯特·约翰尼斯·德鲁西伊斯和斯德普汉那斯·范·克雷斯贝克公布的，前者是布拉班特公国三级会议的成员，后者是鲁汶大学前法学教授。这一调查结果导致了在1617年颁布了一项关于高等教育的基础性法令，该法令一直到1788年由约瑟夫二世发布新的总章程时才废止。[40] 类似地，从15世纪末期起，法国各省议会也都系统地改革了法国的大学，给予了这些大学新的章程。这一进程一直持续到1793年所有的大学关闭为止。[41] 在大学改革的大框架之中，18世纪的统治者的立法活动更为系统化，他们的立法是由政府官员，包括当时处于筹建阶段的教育部来设计和实施的。[42]

如果把每所大学的法规活动都列在这里的话，就是一件无穷尽的大工程了。这是因为大多数大学的章程都被保存下来了，有的是以陈旧的印刷形式，有的是在现代编辑整理的。这些章程组成了书面成文法规。著名的例子是剑桥大学的章程，这些章程是由三一学院的院长约翰·惠特吉夫特在1570年起草的。而这些章程对大主教劳德在1636年起草《剑桥章程》及在1637年为都柏林的三一学院起草章程中给予了许多启发。对都柏林来说，急需起草章程，正如自1627年起任该院院长的威廉·贝代尔所说

㊴ K. von Prantl, *Geschichte der Ludwig-Maximilians-Universität in Ingolstadt, Landshut, München*, vol. Ⅰ(Munich, 1872; reprint Aalen, 1968), 383ff.

㊵ *Leuven*(注释10), 39-41.

㊶ Verger(ed.), *Universités en France*, 154.

㊷ M. Peset Reig, 'Modelos y estatutos de las universidades españolas y portuguesas(siglos XIII - XVIII)', in A. Romana(ed.), *Dall'università degli studenti all'università degli studi*(Messina, 1991), 65-106.

的那样："章程部分是用拉丁文写的，部分是用英文写的，而且毫无条理。"[43] 这些规章文件涉及学术管理的方方面面，甚至细致到对穿着也进行了规定，它们一直沿用到 19 世纪中期。1655 年，乌普萨拉大学从查尔斯十世那里得到的特许状就是由阿克塞尔·奥克森谢尔纳和荣誉校长约翰·斯屈特在 1626 年起草的章程的改进版本。该章程在旧制度消亡后影响了瑞典所有大学的生活，这是由于它是所有改革或新建大学的榜样（多尔帕特大学，1632；格赖夫斯瓦尔德大学，1637；奥布大学，1640；隆德大学，1667）。[44] 由菲利普二世在 1559/1560 年建立的杜埃大学的实例则最有趣。该大学的组织形式、章程及最初的教授都是来自鲁汶大学。这在当时非常独特：两所高等教育机构（即使它们坐落在同一个国家中）由中央政府认定是完全同样的，直到 1667/1668 年，官方的立法还是同时适用于这两所大学。该情况一直持续到 1749 年，当年由法国模式精简而来的新法兰西大学新章程获得路易十五的批准。[45] 海斯郡的马伯格大学和吉森大学的规章方面的联系也是类似的。这二者之间的关系是章程大量出现的一个有趣的例子。马伯格大学 1629 年开始使用的章程被吉森大学在 1650 年一成不变地效法，这是因为吉森大学认为自己是路德派马伯格大学的后继者，这些章程一直使用到 1879 年。而同时已变为加尔文派大学的马伯格大学则使用该章程一直到 19 世纪。马伯格章程的制定者注意到其 1629 年和 1650 年的章程设计中有大量参考莱比锡、耶拿、维滕堡、林特尔恩、

167

---

[43] L. S. Sutherland, 'The Laudian Statutes in the Eighteenth Century', in *History of Oxford V*, 191-203; H. C. Porter, *Reformation and Reactions in Tudor Cambridge* (Cambridge, 1958), 163-168; J. V. Luce, *Trinity College Dublin: First 400 Years*, Trinity College Dublin Quatercentenary Series, 7 (Dublin, 1992), 15-19; 引自 p. 15。

[44] Lindroth, *Uppsala* (注释 14), 40-41, 50; M. Klinge, *Eine nordische Universität. Die Universität Helsinki 1640-1990* (Helsinki, 1992), 116-135.

[45] G. Cardon, *La Fondation de l'Université de Douai* (Paris, 1892), 213ff.; L. Mahieu, 'Les statuts de l'Université de Douai, principalement des facultés des arts et de théologie d'après la déclaration royale de 1749', *Mélanges de sciences religieuses*, 12 (1955), 169-186.

罗斯托克，甚至帕多瓦和莱顿大学章程的地方。[46]

大学大会[47]

大学代表、大学立法机构和大学管理机构组成了全体大会，16 世纪

---

[46] 参见第 2 章，pp. 73，89；H. G. Gundel，*Statuta Academiae Marpurgensis deinde Gissensis de anno 1629. Die Statuten der Hessen-Darmstädtischen Landesuniversität Marburg 1629-1650/Gießen 1650-1879*，Veröffentlichungen der Historischen Kommission für Hessen，44(Marburg，1982)，9*-21*；也可参见 H. Gundel，'Die Statuten der Universität Marburg von 1560'，in W. Heynemeyer，T. Klein and H. Seier(eds.)，*Academia Marburgensis. Beiträge zur Geschichte der Philipps-Universität Marburg*，Academia Marburgensis，1(Marburg，1977)，111-147。

[47] 本节有关大学大会的内容是在阅读众多关于单个大学的研究及精选文献中涉及的参考著作基础之上完成的。如非特别说明，所举事例均来自于 Pantin，*Oxford Life*(注释 12)；J. Twigg，*The University of Cambridge and the English Revolution 1625-1688*，The History of the University of Cambridge：Texts and Studies，1(Woodbridge，1990)；Porter，*Reformation*(注释 43)，163-168；P. B. Boissonnade(ed.)，*De l'Université de Poitiers. Passé et Présent(1432-1932)*(Poitiers，1932)；G. Cascio Pratelli，*L'università e il principe. Gli studi di Siena e di Pisa tra Rinascimento e Controriforma*(Florence，1975)；M. Fernández Álvarez，L. Robles Carcedo and L. E. Rodríguez-San Pedro Bezares(eds.)，*La Universidad de Salamanca*，vol. Ⅰ：*Historia y proyecciones*；vol. Ⅱ：*Docencia e investigación*，Acta Salmanticensia，Historia de la Universidad，47-48，2 vols. (Salamanca，1990)；F. Javier Alejo Montes，*La reforma de la Universidad de Salamanca a finales del S. XVI：los estatutos de 1594*，Acta Salmanticensia，Historia de la Universidad，51 (Salamanca，1990)；Lindroth，*Uppsala*(注释 14)；Klinge，*Helsinki*(注释 44)；G. Schormann，*Academia Ernestina. Die schaumburgische Universität zu Rinteln an der Weser(1610/1621-1810)*，Academia Marburgensis，4(Marburg，1982)，199ff.；G. A. Will，*Geschichte und Beschreibung der nürnbergischen Universität Altdorf*，2nd edn(Altdorf，1801；reprint Aalen 1975)；Steinmetz，*Jena*(注释 15)；Gundel，'Marburg'(注释 46)；K. H. Wolf，Die *Heidelberger Universitätsangehörige im 18. Jahrhundert. Studien zu Herkunft，Werdegang und sozialem Beziehungsgeflecht*(Heidelberg，1991)；H.-W. Thümmel，*Die Tübinger Universitätsverfassung im Zeitalter des Absolutismus*(Tübingen，1975)，146ff.；L. S. Sutherland，'The Administration of the University'，in *History of Oxford* Ⅴ，205-225；L. Simeoni，*Storia della Università di Bologna*，vol. Ⅱ：*L'età moderna(1500-1800)*(Bologna，1947)；Prantl，*Ingolstadt*(注释 39)，vol. Ⅰ；E. Wolgast，*Die Universität Heidelberg 1386-1986*(Berlin，1986)；F. Canella Secades，*Historia de la Universidad de Oviedo y noticias de los establecimientos de enseñanza de su distrito*，2nd edn(Oviedo，1903/1904；再版 Oviedo，1985)；M. W. Jurriaanse，*The Foundation of Leyden*(Leiden，1965)。

以后受人文主义的拉丁文影响则一般被称作评议会。评议会的组成随大学 168
的不同而有所不同。

在中世纪，每个毕业生都是全体大会的一名成员。从16世纪起，文学院出现了削弱越来越多的青年教师和讲师权力的趋势。在法国的大学里，与在德意志帝国和瑞典的那些大学中一样，把全体大会称作“庄严集会”，只有常任教授才能参加。在牛桥，所有的住校导师和具有牛津或剑桥学位的博士都是大会或校务评议会（牛津）或理事会（剑桥）的成员。后者由两院组成：摄政院和非摄政院。然而，在牛津和剑桥这两所大学里，从16世纪末开始，评议会能力及其权力都减弱了，代之以副校长和两院院长权力的增长。另一方面，在那些有同乡会的大学里，如普瓦捷大学和奥尔良大学，全体大会由系主任、同乡会代理人和教师代表组成。还存在着一些其他的混合形式，如在萨拉曼卡大学，全体大会由讲座教授和学生代表共同组成。在学生型的大学里，如博洛尼亚、帕多瓦和卡塔尼亚大学，全体大会仅由学生组成，特别是由同乡会会长组成，教授们则有他们自己的以学院为单位的大会。

原则上，所有的立法、管理和法定的工作都是全体大会的管辖范围。全体大会的成员可以为履行某些特定任务而组成委员会并任命代表。例如，全体大会的成员可以被委任为图书管理员、档案保管员、账单审计员或印刷所监管员。

为了对大学进行日常管理，产生了一个精简的理事会（评议会）。理事会是一个行政委员会，其组成差别很大。它可以由校长和代表组成，可以由校长和院长组成，可以由校长和每个学院一名或多名教授组成，也可以有其他的组成方式。在牛津大学，这一精简委员会被称作全体会议，由所有在职的教师组成，这就意味着包括所有教学人员，而文学院的青年教
师则需要另外一或两年的“必需的任职期”才可以成为全体会议的成员。 169
为了限制为数众多的文学院教师的影响（他们常常在行为上表现为桀骜不驯的“小狮子”），所以某些决定日益由常务副校长和各学院院长做出。在剑桥大学，这一精简的理事会有四名成员：常务副校长，神学、法学和

文学院（或称艺学院）共同选出的一名代表，以及评议会的两名代表（上院、下院各一名）。首先始于剑桥，然后是牛津大学，常务副校长和两院院长以及大学学监和一些教授开始每周聚会。这些每周开会的委员会成为大学的真正管理机构。另一方面，在萨拉曼卡大学，其评议会则是由学生-校长和 8 名选出的学生督导组成，这些学生必须年满 21 岁，还须是来自不同主教教区的神职人员。评议会的基本职责是选举讲座教授、校长、理事会会员、财务主管、评议会会员、仪仗官和图书管理员。真正的管理权掌握在一个由 20 名代表组成的委员会（10 名讲座教授和 10 名贵族）手中，即普通评议会。博洛尼亚大学，在 16 世纪上半叶，偶尔要任命博洛尼亚专员来调停改革派（见下文第 182 页）和学生委员会之间的矛盾。在 16 世纪中叶前后，这一调停委员会成为一个固定机构，称作安全保障委员会，直到 1796 年，它构成了该大学真正的管理机构。在荷兰的大学中，称作“监督人”的由大学校外人士组成的组织也成为管理机构的一部分。在莱顿大学（1575），行政委员会的组成是省长任命的校长、四个学院各选出一人组成的四名评估人，以及由荷兰省和莱顿市委派的有资格的校外人士。

在后宗教改革时期，人们可能会疑惑这些委员会的权力到底能延伸多远，或者更确切地说，这些委员会的权限有多大，这是因为在当时存在着这样一个事实，“中央”政府正日益直接干涉大量的学术事务：任命学术权威（校长和常务副校长、学院院长、讲座教授）和教授，起草规章制度、规定教学科目等，所有这些传统上属于学术委员会的事务。

学院大会[48]

和大学一样，各学院也同样有它们自己的委员会，由各学院院长任主
170 席。通常院长是从委员会的成员中选出来的。一名秘书和一名司库辅助院长的工作。学院的成员对学院的工作负责，在成员任命或增选上具有相当

---

[48] 参见注释 47。

大的自治权。他们制定章程，决定教学、课程及考试的实际组织和学位授予。然而，根据最高当局对学术直接干预程度，这种自治的程度也有不同。当局尤其干预教授的任命，在旧制度末期也越来越多地干预课程的内容，这通常是对教授们过分保守态度的一种回应。[49]

保守主义是学院越来越明显的近亲繁殖和约束性特征所导致的结果。从 16 世纪起，与评议会的情况一样，也出现了不再吸收所有教职人员进入学院大会，而只是吸纳常任教授的趋势，这对法国的学院结构产生了影响。从那以后，可将大学区分为三种类型：

(1) 最传统的大学。教师与学生以同乡会联系在一起，归属于学院大会（如巴黎大学和奥尔良大学的文学院）。

(2) 个别指导的大学。每位博士以一种或另外一种方式教学，归属于学院（巴黎大学医学院）。

(3) 以教授学院组织的大学。只有少数讲座教授是学院成员（16 世纪后的蒙彼利埃大学医学院）。17 世纪和 18 世纪，君主特别青睐这种类型，它能确保秩序、纪律和传统。[50]

在近代早期，德国的法学院大会被赋予了一项重要的、超出大学之外的职责。它们有咨询功能，在一些司法案件中，尤其是在女巫审判这种异端审判中，需要向地方和区域法院提供审理计划或评定意见方面的咨询，它们的建议具有约束力。在其他国家，为低级法庭提供咨询的任务由高级法庭来完成，如巴黎的议会。神学院则被要求在关于宗教正统性的事务中

---

[49] 亦参见第 5、14 章。

[50] Chartier, *Education en France*, 251-252.

充当审查者，而医学院则有权任命医生和管理大城市中的医学院。[51]

171

行政人员[52]

在近代早期，校长作为大学领导者的任命和作用没有什么显著变化。在巴黎大学，校长仍然由文学院的四个同乡会中的在任教师选出。而在普瓦捷大学、布尔日大学（直到1552年）和奥尔良大学，校长由同乡会的会长们选出的。然而，在阿尔卑斯山以北的大多数大陆国家的大学里，校长是由全体大会在常任教授中选出，任期很短（一般是一年或一个学期）。总的说来，这一选举程序只不过是个形式，因为教授们轮流担任校长职务。在那些新建的大学里，校长常常是由统治者直接任命的，这一事实清楚地表明了政府对大学的干预。

在神圣罗马帝国的所有大学里，除科隆大学外，将大学领导职位定期地授予王族成员或高级贵族出身的学生已成为一个传统。真正的职责是由代校长或将任校长的教授来负责。事实上，这与北意大利和西班牙的学生型大学的情况是类似的，在这些大学中，学生同乡会中最杰出的成员被推选为校长。大学希望校长的权力和声望会对大学产生影响，大学校长可以成为它们与最高政治界和社会阶层之间的“中间人”。[53]

虽然在许多西班牙和意大利的大学里仍然保持着推选学生校长的中世

---

[51] R. Stichweh, *Der moderne Staat und die europäische Universität. Zur Interaktion von Politik und Erziehungssystem im Prozess iher Ausdifferenzierung* (*16.-18. Jahrhundert*) (Frankfurt-on-Main, 1991), 169-170; H. de Ridder-Symoens, ‘Intellectual and Political Backgrounds of the Witch-Craze in Europe’, In S. Dupont-Bouchat (ed.), *La Sorcellerie aux Pays-Bas-Hekserij in de Nederlanden*, Anciens Pays et Assemblées d'Etat-Standen en Landen, 86 (Kortrijk/Heule, 1987), 44-56; 关于大学教授的建议性活动亦可参见第5章，p. 218。

[52] 本节关于行政人员的内容是在阅读有关单个大学的众多专著及精选文献涉及的参考著作的基础上完成的。如非特别说明，所举事例均来自于注释47中提及的文献。

[53] 关于荣誉校长职务的详细内容参见 B. Jäger, ‘Die Ehrenrektoren der Universität Gieβen 1609-1723’, in P. Moraw and V. Press (eds.), *Academia Gissensis. Beiträge zur älteren Giessener Universitätsgeschichte* (Marburg, 1982), 221-246。

纪传统，但是这一校长职位的选举也经历了某些改动。它成为一种荣誉职位。在一些大学中，甚至取消了学生校长这一职位，学生只保有选举的权利；校长必须在教授中选举产生。最后，在几所由外国势力控制的意大利大学里，校长职位完全从学生手中被剥夺了，这是 1500 年以后建立的那些大学中的一个再平常不过的情况。下面这些例子可以说明上面这些论断。在博洛尼亚大学，从 16 世纪起，只有一名校长是从学生中选出的，而不是传统上的两名学生校长（一名法学学校校长，一名文科和医学大学 172
校长）。1604 年，令该市市政权力机构和主教权力机构高兴的是，没有校长候选人。这样，学生校长制度就悄悄地消失了，从那以后，学生校长的职责就由学生同乡会的主席轮流行使。学科的保护者做了实际的工作。在前面提到的 1771 年由玛丽亚·特蕾西娅发起的教育改革的框架中，帕多瓦大学的校长的确还是由学生推选的，但实际上他是由四所大学的教授轮流选出的。后中世纪时代的摩德纳大学，成立于 1682 年的圣卡罗大学，从一开始就采取山南模式和从教师中选举校长。[54]

市政当局和教授们发现，很难严肃地对待这些学生校长。结果，过了几个世纪以后，年轻校长的权力被全面地削弱了。对于这一演变，西西里岛的卡塔尼亚大学（成立于 1434 年）提供了一个很好的例证。卡塔尼亚大学的名誉校长（主教）定期接受请求来调解由校长决定的问题，改革者（见下文第 182 页）则对校长保持警觉的态度。此外，从 1590 年起，任命教师的权力从校长及他的学生顾问手中转移到了两名城市贵族（选帝侯）手里。1687 年由西班牙王室进行的伟大的大学改革中，在此之前由校长及其委员会掌握的学术裁判权被委托给了校长和主教。[55]

在中世纪末期的英格兰，校长这一职位的演变也经历了前文所述的过程。从 15 世纪起，不再是选举一位院士做荣誉校长（与大陆上的学生校

---

[54] C. G. Mor and P. di Pietro, *Storia dell'Università di Modena*, Storia delle Università Italiane, 2, vol. I (Florence, 1975), 58.

[55] M. Catalano *et al.*, *Storia della Università di Catania dalle origini ai giorni nostri* (Catania, 1934), 47-51, 115-118.

长类似的一个职位）了，而是选举一位非住校的显贵，因为他能够在王室法院维护大学的利益。而大学的真正领导（或校长）则变成了常务副校长，常务副校长起初是由评议会（牛津大学）或理事会（剑桥大学）在研究员中选出，后来则是从摄政和非摄政两院院长中选出，牛津大学 1569 年起由校长、1586 年起由理事会正式任命常务副校长。[56]

在学院制大学里，情况则稍显复杂。大学与学院之间的关系取决于学院院长在大学中的地位。在阿尔卡拉大学和都柏林大学，解决这一问题所
173 采取的方式是由同一个人兼任大学校长与学院院长。另外的解决办法则是委以学院院长在大学一个重要职位。在阿伯丁大学，按照院长这个词的字面含义，即把大学金库的三把钥匙中的一把交给院长。[57]

校长/常务副校长的职责非常繁多。作为大学的领导，他对外代表着大学，对内协调管理共同组成大学的那些学术组织，如系院、学院、同乡会，可能还有其他如大学出版社等团体。他是理事会（评议会）或全体大会的主席，是学术法庭的法官，负责教育、学科、管理和财政。在这些功能中，他是所有委员会和所有大会的主席，并且管理大学中的晋升。当校长辞职的时候，须经过审计之后，将大印章、账簿和现金交给继任者。校长是大学等级体系中的最高者，他在城镇或中央政府的等级体系中也享有很高的地位。[58]

在几所大学中，还任命一名副校长作为校长的助手。

此外，校长在履行职责时，由一个或几个秘书（登记员、抄写员、记账员、文书）、评议会特别委员会委员和仪仗官来协助。这些人员至少是文科硕士毕业，或者具有法学学士或执业资格证。对于评议会特别委员会的律师委员来说更是如此要求，律师委员负责所有的法律事宜和起草所有

---

[56] See Twigg, *Cambridge*（注释 47），4-5；Pantin, *Oxford Life*（注释 12），22-23.

[57] J. M. Fletcher, 'The College-University: its Development in Aberdeen and Beyond', in J. J. Carter and D. J. Withrington (eds.), *Scottish Universities: Distinctiveness and Diversity* (Edinburgh, 1992), 16-17.

[58] 关于在布拉班特等级体学中鲁汶大学校长的地位问题，参见第 253 页。

的官方文献并使其合法化。在近代早期，仪仗官常常都是受过大学教育的。从 1570 年开始起用的马伯格大学的章程清楚地写道："要选择两名仪仗官，如果可能的话，他们应是文科硕士，至少也应是文科学士。"[59] 这些官员既可以是大学的成员，也可以是校外人士。他们的职能与中世纪时几乎是一样的。[60] 在学生型大学里，司库、秘书、公证人和仪仗官不是由学生来担任，而是由市镇市民来担任。

信使是中世纪时一个重要的非学术官员，他保持大学与学生家乡之间的联系。在近代早期的大学中，这一职位不那么重要了。[61] 当然，这是有 174
了更好的联系方式和更安全的付款方式的缘故。虽然在资料中仍继续提及信使，但信使的功能则更多的是城市公民的一个荣誉职位了。

在牛桥，每年选出的两名学监是主要的管理官员，正如在 1636 年牛津大学的劳德法规中所提到的，由学监来保证大学各项事务的顺利进行。学监组织辩论、考试和公开仪式，并且监督城镇市场。他们还有一项基本职责就是维持学生的秩序和纪律（见下文第 176 页）。在牛津大学，学监在大学委员会中拥有否决权。直到 1628 年，牛津大学的学监都是由大学委员会推选的，但之后又恢复到由各学院推选了。[62]

大学管理中另外一个重要的人物是财务（或经济）官员，为方便起见，这里称作财务主管。当然，在近代早期，这一职位更为多样化，这可以从对这一职位的称呼上反映出来：司库、财会总监、金库保管员、财务专员、膳食供应员、收银官、总管、消费督察、管理者。司库掌管物资、

---

[59] Gundel,'Marburg'(注释 46),144-145.

[60] 参见第 I 卷,pp. 126-129 和详细的研究参见 E. Th. Nauck,'Das Pedellenamt und die Pedelle der Universität Freiburg im Breisgau bis zum Anfang des 19. Jahrhunderts',in C. Bauer *et al.*,*Aufsätze zur Freiburger Wissenschaftsgeschichte*(Freiburg im Breisgau,1960),183-219。

[61] 请勿将信使/nuntius 与摩德纳出现的 nuntius 相混淆；这是赋予低级官员的称谓［参见 Mor and di Pietro,*Modena*(注释 54),59］。

[62] Pantin,*Oxford life*(注释 12),76-84;J. Griffiths(ed.),*Statutes of the University of Oxford Codified in the Year* 1636 *under the Authority of Archbishop Laud*,*Chancellor of the University*(Oxford,1888),172.

资金，以及组织大学的物质生活。协助司库工作的是收款员（如法官、会计、税官或税吏、接收员等）。每年，大学中的一些成员都会被指派去审查账目。大多数大学和学院都聘有好几个财务主管，有专管地产的，有专管资金的，有专管校内事务的。萨拉曼卡大学有不少于四个财务主管（两名学术人员、一名神职人员和一名市民）。对于 18 世纪下半叶萨拉曼卡大学经济生活的详细研究有趣地表明，当时大学的资金管理和经济管理是相当复杂的。[63] 财务主管在完成某些专门职责时，可以得到特定官员的协助。如为了收取什一税和地税，除财务主管外，奥布大学还任命了一名学院监护人。财务主管可以是由大学成员任命的学术集体中的一员，或者是
175 一位校外人士（在这种情况下他是由大学委派的）。在乌普萨拉大学，财务主管必须是大学毕业生，但他不是大学教授。他由国王任命。

正如我们后面将详细看到的那样，更多的大学开始有专业的图书管理员、档案管理员和印刷商。具有执照的印刷商和书商是大学成员，由于具有这一地位，他们享有学术团体的所有特权。然而，他们不是大学官员，这一点与牛桥大学出版社的印刷商不同。

这也适用于在市镇挂牌开店的药商，他们为大学医学院提供必需的化学制品和药品或是开一家他们自己的大学药店。[64] 17 世纪以后，一些较时髦的大学开始为满足观光旅行的学生的需要而聘用语言、舞蹈和音乐教师，击剑和骑术教练，军事工程师和军事战略师等。这些人要么受大学委派，要么是自由职业者。[65]

在旧制度接近结束的时候，随着大型学术庆祝活动的增多，在大学章程和工资表中开始出现了仪式主持人和公共演说家。

然而我们在大学职员中发现管理员、司膳总管和各类维修工人，但他们在学院和学生宿舍中尤其常见。本章将不再进一步提及学院官员。学院

[63] F. Méndez Sanz, *La Universidad salmantina de la Ilustración (1750-1800): hacienda y reforma*, Acta Salmanticensia, Historia de la Universidad, 50 (Salamanca, 1990).

[64] Wolf, *Heidelberger Universitätsangehörige* (注释 47), 64-65.

[65] 参见第 10 章，p. 432。

作为学术组织，可以被看作小规模的大学。当然，教职人员是根据需要配备的，大学常常拥有大量的膳食服务和维修人员。

林特尔恩大学是一所贫穷、小型的德国大学，它的工资单可以很好地说明当时大学工作人员的情况。[66] 1665 年，该大学除了 12 位教授（工资从 150 泰勒到 350 泰勒不等）之外，一名秘书（60 泰勒）、一名印刷商（50 泰勒）、两位仪仗官（每人 50 泰勒）的工资则是用大学资金以外的钱支付的。1748/1749 年，工资单更长了一些：13 名教授（工资介于 100 泰勒到 547 泰勒之间），一名学术助理（20 泰勒），一名法律顾问（50 泰勒），一名管理人员（81 泰勒），一名督导员（27 泰勒），一名物品管理员和一名仪仗官（每人 60 泰勒），一名击剑教练（100 泰勒），一名舞蹈教师、一名印刷商和一名园丁（每人 50 泰勒），一名装订工人（25 泰勒），最后还有学生宿舍主任（740 泰勒）。在 1761/1762 和 1781/1782 年，工资单几乎是一样的，只是多了一名掌马官（350 泰勒）和一名法语教师（50 泰勒）。林特尔恩大学支付的工资与耶拿大学的工资差不多，但是仅是哈勒大学工资的一半。

司法 176

对于维持纪律的官员也要给予特别的注意。纪律问题是学生团体中的固有问题。前面已经提到，关于这一问题的敏感性增强了。学术权力机构不仅想把这些“年轻、鲁莽、缺乏经验和追求快乐的”学生关在学院和其他学生宿舍中，正如 1600 年左右新阿伯丁大学法规所表明的，[67] 他们还需要在学院高墙之外对这些学生进行指导和管束。所以各大学都任命了一些负有监管学生这一特定职责的人：阿伯丁大学的理事会会员；牛津大学的两名学监并由各街区长协助；萨拉曼卡大学的法官；海德堡大学的仪仗官；鲁汶大学的辅导员；莱顿大学的市政官副手，叫作督察官。中世纪和

---

[66] Schormann, *Academia Ernestina*（注释 47），187-189；Steinmetz, *Jena*（注释 15），229.

[67] C. A. McLaren, ‘Discipline and Decorum: the Law-codes of the Universities of Aberdeen, 1605-1686’, in Carter and Withrington(eds.), *Scottish Universities*（注释 57），132.

近代早期学术法庭和纪律官员的职责差别很大。直到 16 世纪中期，校长还是大学中的最高司法官员，他主要负责维持秩序和避免暴力行为；此后，更加关注学生的道德和合规行为。

学术法庭中积累的资料显示，这些年轻学生不是那么容易管教的。对于近代早期这些司法法庭的情况我们知道的要比中世纪多，这要归功于关于这一时期情况较丰富的原始资料，还有几本关于这一主题的专著。[68]

并非所有 1500 年以后建立的大学都有自己的法庭。例如，荷兰共和国中的乌得勒支（1636）学术团体的成员、德意志帝国中的马伯格大学
177 （1527）、耶拿大学（1558）和维尔茨堡大学（1582）都是由高一级的省法庭和国家法庭来审判。

在所有的大学里，校长都是法庭的领导。然而，在学生型大学里，这一职责落在了荣誉校长、前任校长、副校长、改革者或其他执行校长职责的校外官员身上。法庭的其他成员常常因地而异。在奥布大学，全体大会执行了司法法庭的职责，[69] 和牛津大学的情况差不多。在牛津大学，评议会是主要的申诉法庭（名誉校长的法庭，但通常被称作副校长的法庭）。另一方面，在普瓦捷大学，直到 1768 年，它的大学法庭都是由校长及各

---

[68] 关于伊比利亚半岛：A. De Vasconcelos，'Génese e evolução histórica do foro académico da universidade portuguesa. Ectinção do mesmo（1290-1834）'，in A. De Vasconcelos，*Escritos vários relativos à universidade dioniziana*，vol. Ⅰ（Coimbra，1938），297-334；J. González Prieto，*La Universidad de Alcalá en el siglo XVII*（Madrid，1939；再版，1989）；关于低地国家：C. Vandenghoer，*De rectorale rechtbank van de oude Leuvense Universiteit*（*1425-1797*）（Brussels，1987）；M. F. M. Wingens，'Zur Vermeidung der Schande：Organisation und strafrechtliche Tätigkeit der Universitätsgerichte in der Republik der Niederlande（1575-1811）'，in H. Mohnhaupt and D. Simon（eds.），*Vorträge zur Justizforschung. Geschichte und Theorie*，vol. Ⅰ（Frankfurt-on-Main，1992），79-100；C. M. Ridderikhoff，'De Franequer Los-Kop'，in Jensma *et al.*，*Franeker*（注释 16），119-132；for Germany：F. Stein，*Die akademische Gerichtsbarkeit in Deutschland*（Leipzig，1891）；S. Brüdermann，*Göttinger Studenten und akademische Gerichtbarkeit im 18. Jahrhundert*，Göttinger Universitätsschriften，Series A，no. 15（Göttingen，1990）；在很多专著中未找到有关大学法庭的资料。

[69] Klinge，*Helsinki*（注释 44），112-113.

院和各同乡会选出的两名代表共同组成的，名誉校长和特权监督官也可以参加法庭的开庭。从1768年起，法庭仍旧由校长、各院院长、每个同乡会的一个代表、首席检察官和一名秘书长共同组成。[70] 弗拉讷克、哥罗宁根和哈尔德韦克大学的法庭就是由校长和几名教授组成的。在莱顿大学，由于莱顿市对莱顿大学的建立做出了很大的贡献，想要继续保持其对大学的影响。结果，大学的法庭就由校长、四位助理（从四个学院中选出的）、四名市长和两名高级市政官员组成。鲁汶大学则仅由一名校长和一名陪审员组成。公证员、文书、特别评审员、律师、初级律师和仪仗官都协助进行学术审判。目前还不清楚是谁承担在大学监狱里监管学生的职责。有些这类监狱的墙上仍留有学生的字迹（哥本哈根、海德堡、克拉科）。

从理论上讲，大学法庭有权审判大学所有成员的民事案和刑事案。这里所说的所有成员包括学生，教师，他们的妻子、子女和仆人，大学任命的校外官员，以及所有从事书籍印制和买卖的人。但实际效果则要具体到各案例来看。我们注意到，在有些大学里，刑事案件是被移交给民事法庭审理的（弗拉讷克、哥罗宁根、哈尔德韦克），但有时则要先经过校长的同意（帕多瓦）。那些执行并判决的人则可能因时间及大学和世俗或宗教权力机构与城市关系的不同而不同。

最为常见的犯罪行为有宗教过失、不道德行为、常伴有口头或身体暴 178
力行为的醉酒、谋杀、偷盗、破坏他人财物、决斗、非法拥有武器、失职、欠债、赌博、伪造罪等。但是大学法庭也可以审理婚姻案件（阿尔特多夫大学）。[71] 在近代早期，公开谴责、罚款、体罚和关押在大学监狱中都可以作为惩罚的方式，但大多数情况下，犯罪者往往是交纳罚金了事。大学的章程上列出各种犯罪的价目表。学生或教师犯罪严重就会被驱逐。只能向国家最高法庭提出申诉（英格兰的国王委员会、法国的议会、低地国家的省或中央委员会、意大利的市镇自治委员会）。

---

[70] Boissonnade, *Poitiers*（注释47），29.

[71] Will, *Altdorf*（注释47），53.

很容易理解，市镇与大学之间因司法问题存在着非常紧张的关系。市民们批评大学权力机构对大学成员过于宽容，批评它忽视了许多案件，特别是那些针对城镇居民的犯罪。非大学人士越来越无法容忍这些学院人士的特殊地位。有些大学找到了解决这一问题的办法。在剑桥大学，所有涉及大学成员的道德案件都由校长法庭审理。但是，当某位市民指控大学某位成员有较严重的犯罪（如叛国罪）时，那么陪审团成员只有一半是大学成员。从整体上说，17 世纪末和 18 世纪，学术法庭的权力很明显被严重削弱了。在牛津大学的校长法庭，当时审理的案件多数都是有关债务的，而在 18 世纪的法国，几乎所有的争端和犯罪行为都是由皇家法官审理的。附带说一下，法国的大学在议会和在皇家特权法庭都有常驻的律师和初级律师代表。[72] 但是，即使是在学院法庭仍然正常运转的那些国家里，这些特殊法庭的意义和可取之处在旧制度末期也受到怀疑。它们与获得审判和管理的统一性和中央化的努力不一致。按照哥廷根大学教授迈纳斯的说法，[73] 这些法庭的基本形式应该保留，这是因为学院法官比地方法官更有能力，并且对犯罪者行为的类型有着更深入的了解。迈纳斯还说，这一问
179 题的另外一个因素是，它们自己的学术审判权是唯一一种历经 700 年不但未被侵犯反而还扩展了的特权。他说，这就是保留学院法庭的充足理由。这位哥廷根教授未提及大学当局的担心：如果外人得知许多著名家庭的子女在其学生生涯中的不端行为的话，这些家族的声望就会受损。大学当局和父母们都确信，既然这些“有过失的少年”在安定下来之后将成为有责任感的社会领导者，就没有必要泄露其年轻时所犯的过失了。

[72] 参见 Cambridge Twigg，*Cambridge*（注释 47），xiv；for Oxford Pantin，*Oxford Life*（注释 12），54-67；for France Villardi，‘Pouvoir royal’（注释 37）；Boissonnade，*Poitiers*（注释 47），39。

[73] C. Meiners，*Ueber die Verfassung und Verwaltung deutscher Universitäten*，vol. Ⅰ（Göttingen，1801），103ff.

外部管理

从大学建立伊始，它们就处于一个高级的主教权力——荣誉校长的监管之下。[74] 在中世纪，荣誉校长常常是教会的教长（巴黎大学、维也纳大学、海德堡大学、科隆大学）、当地的主教（因戈尔施塔特大学）或领班神父（博洛尼亚大学）。在 16 世纪的新教国家中，这一职责被君主或省长接管。在路德派和天主教的国家中，君主从神职显要（主教、修道院院长等）及世俗显要（市镇政务会委员、前任教授、贵族等）中选择荣誉校长。荣誉校长的职责在许多情况下都是委托给一名代理校长或副校长。在阿尔特多夫，副校长是纽伦堡市镇委员会的成员；在图宾根大学和马伯格大学，副校长分别由知名人士和该校毕业的博士担任。[75] 当国王古斯塔夫二世·阿道夫在 1622 年就任乌普萨拉大学的荣誉校长时，他委任他的私人顾问兼密友约翰·斯屈特行使副校长职责；后者后来在奥布大学和多尔帕特大学也担任了同样的职务。协助荣誉校长的副校长，在乌普萨拉大学一般是瑞典的红衣主教，在奥布大学是奥布的主教，在多尔帕特大学是利沃尼亚的教长。副校长常常参加教会议会的会议，通过参加这些会议，他们就比其他地方的人更多地参与到大学事务中，而这又导致了他与学术界之间的紧张关系。在英格兰，直到 1677 年（大主教谢尔登去世的那年），一名神职人员，常常是一名红衣主教和一名俗人一起被任命为副校长，如伊丽莎白一世时的莱斯特伯爵。后来，只有世俗人士才被任命担任这一管理职务。

---

[74] 关于这一职能，*inter alia*，R. A. Müller，*Geschichte der Universität. Von der mittelalterlichen Universita zur deutschen Hochschule*（Munich，1990），23-24；Pantin，*Oxford Life*（注释 12），85-90；Lindroth，*Uppsala*（注释 14），37，41，47；Klinge，*Helsinki*（注释 44），31，114-115；K. Siilivask（ed.），*History of Tartu University 1632-1982*（Tallinn，1985），25-27，38-39；Will，*Altdorf*（注释 47）；Boissonnade，*Poitiers*（注释 47），31-42。

[75] Will，*Altdorf*（注释 47），61-64；Gundel，'Marburg'（注释 46），133；Thümmel，*Tübinger Universitätsverfassung*（注释 47），113.

180 这一职责的执行情况各大学各不相同，并且在很大程度上取决于荣誉校长或副校长的个性。正如在萨拉曼卡大学，当荣誉校长履行着真正的校长职能时，他对该大学的影响就是相当全面的。但是其他一些荣誉校长也非常尽责，并且通过制定合适的新章程为全面改革奠定了基础。我们只要记住牛津大学的荣誉校长劳德主教和乌普萨拉大学的荣誉校长约翰·斯屈特。还有一些荣誉校长把这一职位更多地看作一个形式上的职位，这种态度在 18 世纪有所加强，这时教育，特别是高等教育被看作国家的事务。结果，更多的专业人士和更多的官员开始管理（高等）教育事务。

在法国，我们可以清楚地看到这一进展。作为皇家大臣的首脑，荣誉校长是所有大学和学院的管理者，他监督议会对各大学的审查，批准所有有关教育的特许证，还监督皇家法规在每一件事情上的应用。此外，各地荣誉校长还参加授予学位的典礼，并且与具有特权的监督官进行磋商，确保这些特权得以遵行。18 世纪，大学的经济事务由财政部和国务秘书管理。随着法国的大学日益成为国家大学，各政府机构、行政长官、省长、地方议会议员及次级的政府官员都在不同层次上管理大学事务。[76]

18 世纪，专门的教育部门即教育部开始建立。这与建立国立学校网络以取代耶稣会被驱逐后的那些耶稣会学校这种艰巨任务有关。在这一领域，玛丽亚·特蕾西娅女王特别活跃。在维也纳，她于 1760 年设立了由她监管的一个教育研究机构，该机构负责解决所有不同层次与教育相关的问题。[77] 在奥地利控制的地区也采取了类似的方式。例如，在 1771 年，米兰设立了一个最高教育研究管理机构，负责帕维亚大学和该地区所有公立
181 学校的组织和管理。这个委员会由一名负责人、从帕维亚大学的四个学院

[76] Villardi,'Pouvoir royal',(注释 37).

[77] J. Stanzel, *Die Schulaufsicht im Reformwerk des Johann Ignaz von Felbiger* (*1724-1788*). *Schule*, *Kirche und Staat in Recht und Praxis des aufgeklärten Absolutismus*, Rechts-und Staatswissenschaftliche Veröffentlichungen der Görres-Gesellschaft, NS 18 (Paderborn, 1976), 237-238, 379.

选出的四位代表、一名秘书、一名官员和一名文书组成。[78]

西班牙在这方面是先驱者，它早在 17 世纪上半叶就建立了一个教育委员会和一个学院委员会（1623）。这一类常设机构由六位前任学院负责人组成，受托监管学院事务。学院委员会的工作成效并不明显，这是由其成员与学院的关系过近所致。[79]

然而，波兰却可以宣称自己是第一个拥有真正教育部的国家。在废止耶稣会之后，波兰于 1773 年设立了一个全国教育委员会，该委员会的目标之一便是实现高等教育近代化。担任所有国民学校领导的正是克拉科大学的校长。他的职责之一就是监督大学为国立学校培养教师。[80]

视察大学越来越不再是荣誉校长的责任了。正如前面所提到的，负责这项事务的是特别督导员，也就是政府官员，他们大多数是高级教士选出的前任教授。如有必要，他们在做出详细报告之后往往继以实施具体行动。上面提到过，这些报告常常会导致拟定新规定或章程。在英格兰，对牛桥大学的第一次视察是在 1535 年。这次视察对牛桥来说极为重要，它重新界定了政府与大学的关系并引发了重要的学术改革。[81] 在西班牙，查尔斯五世在这一领域极其活跃，他的儿子菲利普二世更是有过之而无不及。根据查尔斯五世的命令，萨拉曼卡大学被视察了 3 次，而在菲利普二世统治时期，则被视察了不少于 11 次。这导致了 1594 年和 1625 年的重

---

[78] *Statuti*（注释 4），201.

[79] Kagan，*Students and Society*，78，146-147. 亦可参见第 2 章，注释 53—56。

[80] L. Hajdukiewicz，'Travaux préparatifs à l'édition du *Corpus Academicum Cracoviense*'，in M. Kulczykowski（ed.），*L'Histoire des universités. Problèmes et méthodes. Ière Session scientifique internationale*，*Cracovie 13-14 mai 1978*，Zeszyty Naukowe Uniwersytetu Jagielloskiego DLXVII. Prace Historyczne，Z. 67（Warsaw/Cracow，1980），87-88；L. Hajdukiewicz，'Du Moyen Age aux Lumières'，*CRE-Information*，69（1985），126-128.

[81] F. D. Logan，'The First Royal Visitation of the English Universities 1535'，*The English Historical Review*，106：421（1991），861-888；亦可参见 M. H. Curtis，*Oxford and Cambridge in Transition 1558-1642. An Essay on Changing Relations between the English Universities and English Society*（Oxford，1959），22-25，32-34，51-52，167-168。

大章程改革。[82] 然而，一般说来，我们可以说，从16世纪起，对大学所有方面（教学人员、教育、行为、纪律、建筑等）进行定期视察成为皇家干涉大学事务的一个基本形式。

182 特权监管人员的作用，确切地说是罗马教皇的监管人的作用，在近代早期衰退了。当然，这些功能仍然保留着，但仅仅是在天主教国家中保留着，并且和中世纪时一样，是由高级教士、男修道院院长或主教们负责这项任务。如果主教特权未被奉行，大学成员可以向他们提出申诉。

在法国，传统上不属于皇家特权的主管官的职责在近代早期由具有裁判权的司法官员和司法总管辖区法院来执行。留给主管官的唯一职责就是确保大学的这些特权得到奉行。[83]

然而，从各方面看，中世纪时掌膳宿质量和价格的管理员职位幸存了下来。[84] 税务官和管理官员（意大利）、膳食员（葡萄牙）、市场职员（牛津）等仍然在城市中活跃着。虽然当时日益出现将这一监管职能给予那些越来越长期深入大学管理的非大学人士，但是这一职责也可由大学人士、市民或管理人员和合作组成的委员会来行使。

在意大利北部的大学，市民参与大学的管理已经有很长的历史了，他们以改革建议者的身份出现。由于管理团体是由学生组成的，所以这一组织的责任并非无足轻重。任命教授、组织课程、纪律和司法都在他们的权限之内。从16世纪起，他们成为大学的真正管理者，特别是在博洛尼亚大学和帕多瓦大学，从16世纪早期开始就是这样了。在卡塔尼亚，三名改革者中最年长的一位被称作学校的保护者，这一头衔在博洛尼亚大学被授予了红衣主教使节，1544年，随着一位新的具有公爵爵位的官员被任

---

[82] Javier Alejo Montes, *La reforma*（注释47）, 24-25; M. Peset, 'La monarchie absolue et les universités espagnoles', *CRE-Information*, 72(1985), 82-89.

[83] Villardi, 'Pouvoir royal'（注释37）, 231.

[84] 详见第Ⅰ卷, pp. 131-132。

命为总管，比萨大学就更严格地处于外部监管之下了。[85]

意大利之外的大学，诸如鲁汶、科隆、爱尔福特、罗斯托克、巴塞尔，都是从它们建立伊始就处于强大的城镇影响之下。早在 15 世纪，市民们就已经密切地参与大学的管理了。这一趋势持续到以后的几个世纪。城镇居民以保护人的身份履行各种管理职能。在阿尔特多夫，正是纽伦堡 183 市（该大学的建立者）的四名市民来履行这些管理职能的。他们参与选举评议会的成员，参与任命校长和教授，定期视察大学，并且正式地参加所有典礼和庆祝活动。[86] 荷兰各大学从建立起就有校外的董事参与其学校管理委员会。这些人是大学管理和组织中的重要人物、地方政府的对话者，他们本身就是大学的高级监管者。

最后，需要提及一个在大学活动中起作用的外部官员——大法官或巴拉丁伯爵。在中世纪晚期和近代早期的德意志帝国及意大利，从卡洛林王朝起，大法官继续在帝王的名义下行使某些司法职权，如任命公证员或授予贵族头衔和学术学位，该职权是大学与教皇和皇帝共享的最后一项特权。一般来说，候选人必须通过一些大学教授为此目的而设立的一个考试。由于明显的滥用职权，教皇庇护五世（1566—1572）虽然有自己的巴拉丁伯爵（称作拉特朗），但仍废止了巴拉丁伯爵们决定升迁的权力，这一权力由皇帝继续执行。[87] 由皇帝、巴拉丁伯爵或后来的特别指定为此项任务的人而设立的博士被称作掌玺博士来执行。不用说，这些掌玺博士——应该更恰当地称之为荣誉博士，一般来说不被认为能与大学合法授

---

[85] Catalano, *Catania*（注释 55），51-52；C. Malagola, *I rettori nell'antico studio e nella moderna Università di Bologna. Note storiche e catalogo*（Bologna，1887），10-11；S. De Bernardin，'La politica culturale della Repubblica di Venezia e l'Università di Padova nel XVII secolo'，*Studi Veneziani*，16（1974），445；Wingens，'Studenti'（注释 22），242；Cascio Pratelli，*L'università e il principe*（注释 47），128-131.

[86] Will，*Altdorf*（注释 47），26-27.

[87] 关于宗教背景，见第 10 章，p. 426。

予的博士学位相提并论，后者是以正常的学术方式毕业的。[88]

财政

大学史上的一个不变的因素就是缺乏资金来源，无疑在中世纪和近代早期也是如此。有些大学或学术机构如学院在某些时候是比其他机构状况
184 好一些，但毫无疑问，许多教育机构都很难像样地运行，常常生活在温饱线之下。一位慷慨的捐献者也许能让大学短期内松一口气，但是只要大学不能从某些权力机构或其他部门获得可观的和系统化的资助，生存仍然是困难的。

当然，从15世纪起，各自治市和地区当局日益愿意从城市或国家资金中直接资助大学，但是作为交换，它们自然要求对大学的更多控制和权利。大学日益依靠当局的资金支持这一事实并未改变其（多数是不可靠的）经济状况：恰恰相反。在战争时期，或者经济危机和政治危机时期，那些统治者也不断需要钱，他们不会优先考虑这些教育机构。度过困难时期的唯一方法就是更节俭。在18世纪的大改革中，努力将大学的所有财产合并，将所有收入统一为一个集中的资金，以确保大学的花费。那些开明的君主常常希望，将预算合理化和收入集中化能使大学更有效率且会有节余。

撰写大学学院的经济史并不是一件容易的事，因为资金和经济来源总是最可靠的，这种撰写方面的困难让人感到奇怪。因此，缺乏资料并不是

---

[88] A. von Wretschko, 'Die Verleihung gelehrter Grade durch den Kaiser seit Karl Ⅳ.', in *Festschrift Heinrich Brunner zum 70. Geburtstag dargebracht von Schülern und Verehrern* (Weimar, 1910), 689-735; E. Horn, *Die Disputationen und Promotionen an den deutschen Universitäten* (Leipzig, 1893), 103ff.; F. Gall, 'Palatinatsverleihungen an italienische Universitäten und gelehrte Gesellschaften, 1530-1653', *Mitteilungen des Österreichischen Staatsarchivs*, 15 (1962), 93-113; E. Schmidt, *Die Hofpfalzgrafenwürde an der hessen-darmstädtischen Universität Marburg/Gießen* (Giessen, 1973).

关于大学经济史整体研究和综合研究如此少的主要原因。值得高兴的是，最近更多的多卷本著作常常有一章是讲述资金和经济状况的。本段文字就是以这些论述为基础的，但是我们显然无法在这里将所有这些著作全部提及。[89]

在关于林特尔恩大学（1620）资金的综合性的一章中，格哈德·肖尔曼解释了为何真正掌握大学账簿是如此之难。[90] 大学的各项收入很不相 185
同，各地产的契据也不相同，并且常常变更，财产会转换，账簿有时保存得不完好，各种资料常常意义太含糊而不易进行计算。此外，我们还得考虑这样一个事实：经济状况与战争的进行、疆域的改变和转入另外一个地区之间都有着密切的关系，这些因素都会对拥有的财产和牧师薪俸产生影响，而这又是教授工资的一个重要来源。像海德堡这样的一所大学，其名称变换了好几次，其地产组成和演变非常复杂[91]，并且杰拉德·艾尔默对

[89] Interesting information in Meiners, *Verfassung*（注释 73），48-99；Villardi, 'Pouvoir royal'（注释 37），232；G. E. Aylmer, 'The Economics and Finances of the Colleges and University *c.* 1530-1640', in *History of Oxford Ⅲ*，521-558；Fernández Álvarez, *Salamanca*（注释 47），399-441；Méndez Sanz, *La Universidad salmantina*（注释 63）；J. Michalewicz, 'Les bases économiques de l'Université Jagellonne et leurs aspects sociaux', in M. Kulczykowski (ed.), *L'Histoire des universités. Problèmes et méthodes. Ière Session Scientifique internationale, Cracovie 13-14 mai 1978*, Zeszyty Naukowe Uniwersytetu Jagielloskiego DLXVII：Prace Historyczne, Z. 67 (Warsaw/Cracow, 1980), 91-100；W. Bingsohn, 'Zur Wirschaftsgeschichte der Universität Gieβen von der Gründung bis zum Beginn des 18. Jahrhunderts', In P. Moraw and V. Press (eds.), *Academia Gissensis. Beiträge zur älteren Giessener Universitätsgeschichte* (Marburg, 1982), 137-161；F. Claeys Bouuaert, *Contribution à l'histoire économique de l'Université de Louvain*, Bibliothèque de la Revue d'Histoire Ecclésiastique, 32 (Louvain, 1959)；E. Schubert, *Matérielle und organisatorische Grundlagen der Würzburger Universitätsentwicklung 1582-1821* (Neustadt an der Aisch, 1973).

[90] Schormann, *Academia Ernestina*（注释 47），181ff.；see analogue remarks for Jena in Steinmetz, *Jena*（注释 15），73-76，123-124 and for the German universities in general McClelland, *State, Society and University*，88-93.

[91] Wolgast, *Heidelberg*（注释 47），29ff. and Wolf, *Heideberger Universitätsangehörigen*（注释 47），70ff.

于牛津大学各项收入的描述同样表明，解释这类账目是多么困难。[92]

各项收入

每所大学和发展完好的学院的财产可以分为两类：它们完全拥有所有权并可以自由处置的财产，以及它们只有使用收益权的财产。起初，什一税和神职人员的薪俸构成了第二类财产的最大部分，但从17世纪起，各君主逐渐形成一个规则，将他们地产的重要部分都只授予使用收益权。通过得到这种形式的资助，大学发现自己的行动自由和生存安全性受到削弱。

最初的动产和不动产捐赠构成了一所大学或学院财产的基础。不动产可以包括庄园、土地、教区长的圣俸、房屋、商店等。很多捐赠者以现金、租金和其他外部收入的形式进行补充捐赠。这些捐赠的目的是用于诸如购买设备和维修房屋和动产之类的事情。

除此之外，大学的收入还包括学生的注册和毕业费用、罚金、小量的常常为某一特定目的的礼物，如获得书籍、教育资料或家具。

186 最后，许多大学都拥有一些有价值的物品，如珠宝、地毯、装饰品等，这些物品大多都是捐献品。

从中世纪末开始，当局以一种直接和固定的资金支持给予大学一些特别补贴物，这往往是通过给予大学某些税收的部分或全部来实现的（法国的盐税、威尼斯共和国的运输税、官方文献的制作等）。除此之外，罚金、运费、彩票收入等也可能给予大学。通过受俸牧师推荐权而任命一些神职薪俸职位也是大学的一项重要的和长期的收入。18世纪末，克拉科大学就可以支配不少于300个的圣职。[93]

一些具体的例子有助于理解近代早期大学的各项收入情况。当1536

---

[92] Aylmer,'Economics'(注释89),550ff.;亦可见 Sutherland,'Administration'(注释47),210-211。

[93] M. Michalewiczowa,'Le bénéfice en tant qu'élément de la structure d'organisation de l'Université Jagellonne',in M. Kulczykowski(ed.),*L'Histoire*,101-104.

年哥本哈根大学作为一所路德派教育机构重新开放时，它的收入如下：被充公的教会财产和神职人员财产的收入、两个地区的主教什一税、两个教区的教堂需上缴的学习税、每年200泰勒的皇家津贴和由大修道院和主教提供的27份贫困学生奖学金。该大学还免交税款和其他费用，并且拥有向其学生和教授出售免税的啤酒和葡萄酒的权利。[94] 鲁汶市与鲁汶大学签订的为数众多的防止向市民走私的协定表明，这一权利会导致过分的行为。1640年，城镇估算大学所逃避的税款达几千荷兰盾。大学获自出售啤酒和葡萄酒的小额收益用来支付教授工资、校园建筑和维持图书馆。[95] 在其他一些城市，如乌得勒支，市长作为大学的创建者拥有更大的权力，1657年简单地废止了大学的免税权。作为学生入学数下降的补偿，乌得勒支市给予乌得勒支大学校长每年150荷兰盾作为年度津贴。[96]

古斯塔夫二世·阿道夫国王在乌普萨拉大学投入了大量资金，目的是 187
使这所大学达到其他欧洲大学的水平。这一举措是使伟大的瑞典成为一个现代化的、发达的国家的整个一系列措施的一部分。1620年，由于皇家的命令，乌普萨拉大学的教授数量增多，无牧师薪俸的教授则会收到一份固定的薪水。20份皇家奖学金，一年后增加到30份，都是由皇家基金以外的钱支付的。政府还提供一名财务主管和一名秘书的工资，提供扩大大学图书馆的资金，以及提供扩大恢复学生住宿场地的资金。1624年，国王将他自己在乌普兰和西曼兰的世袭地产给予乌普萨拉大学作为“永久的、不可剥夺的财产”。这部分财产包括这两个地区的264个可自由处置的农场、74个农场二分之一的收入和40个农场四分之一的收入，还有一些面粉厂和海尔辛兰和西曼兰两地8个教区的什一税（其收入约每年

---

[94] S. E. Stybe, *Copenhagen University. 500 Years of Science and Scholarship* (Copenhagen, 1979), 36-37.

[95] *Leuven*(注释10), 67.

[96] W. Frijhoff, 'Hoger onderwijs als inzet van stedelijke naijver in de vroegmoderne tijd', in P. B. M. Blaas and J. van Herwaarden (eds.), *Stedelijke naijver. De betekenis van interstedelijke conflicten in de geschiedenis. Enige beschouwingen en case-studies* (The Hague, 1986), 110-111.

14 000 雷克司泰勒)。这些收入足够支付所有的工资和其他经常性的花费了，每年还能有点剩余。该大学的财务总管负责经营管理这些财产。这一礼物在大学史上是绝无仅有的，它使乌普萨拉大学繁荣了两个多世纪。其他的一些瑞典大学同样完全从君主那里获得资助，但是方式不同。它们享受某些不动产所带来的收益，却并非这些财产的主人，它们还享有某些税收收入。当然，还有一些注册费、各种升级费用及罚金收入。

由于奥布大学和多尔帕特大学的财产都是由君主管理而不是由大学自己管理的，国库管理人对于拖欠款项的事情几乎没有任何补救措施，拖欠事件发生了不止一次，特别是在克里斯蒂娜女王统治时期（1632—1689），教授们因未能得到自己的工资而非常气愤。[97]

花费

以捐赠形式获得的收入大部分都用于一些特定目的（奖学金、购买某些不动产、建房子、支付指定的工资等）。直到旧制度末，各大学，特别是那些由当局管理的大学才开始拟定更现代的预算，它们的支出也变得不那么“随意”。

188 首先，大学要自己支付的费用有购买、改造和恢复大学建筑物及这些建筑物内部用具的花费。对大多数大学来说（从短期或长期来说），几乎都支付不起这些花费。其次，在 17 世纪和 18 世纪，大学还得出资获取书籍、设备，并且为此而提供必要的房屋，从整体上来说，大学是做不到的。另外，照明和取暖的费用也不能被小视。

近代早期的大学与它们中世纪时的前辈不同，它们将其预算的大部分用在了教授的工资及相对于教授人数较少的官员的工资上。与教授职位联系在一起的神职薪俸仍然是支付神学学者和人文学者工资的一个重要方式。此外，由中央、地方或自治城市各自提供的一些特别收入也会帮助支

[97] Lindroth, *Uppsala*（注释 14），36-40；亦可参见 Klinge, *Helsinki*（注释 44），24-33，40-47，135-144；Siilivask, *Tartu*（注释 74），27-28，39-40。

付工资。主要建立于16世纪的皇家钦定教授职位则使获得这一职位的人有了一定稳定的经济保障。其他个人也为设立教授职位提供资金，托马斯·利纳克尔（约1460—1524）和亨利·萨维尔（1549—1622）在牛津大学（分别设立了医学、几何学和天文学的教授职位），1622年荣誉校长约翰·斯屈特（政治学和修辞学）和主教安德利斯·卡尔森尼厄斯1754年（辩论神学）在乌普萨拉大学都设立了教授职位。在萨拉曼卡大学，两类教授（财产教授和董事教授）中甚至出现了明显的差别。某项财产的收益分发给前者，而后者则依赖于不那么固定的、更为短期的支付方式。[98]

第三个重要的支出项目是学生奖学金，该项支出几乎毫无例外地由专为此目的而捐献的基金来支付。没有任何基金供其支配的大学学生宿舍的维护费用，也被纳入同类范畴。

变得越来越重要的一项支出是学术官员的工资及支付给校外管理者的费用。被认为是属于公共关系领域的学术庆典、会议、会餐和活动也要花一大笔钱。

在所有的行会或其他组织中，均为组织内的寡妇、孤儿和病人提供特别基金。大学中也同样存在着类似的组织。这些在18世纪变得更加制度化，例如，在哈勒，1693年建立福雷德雷西纳学院时，就设立了一个寡 189
妇补助基金。1801年，迈纳斯写道，这一补助金仍由大学药店的租金、大学成员每年的捐款和投资收益来维持。[99]

门德斯·桑斯对于萨拉曼卡大学的研究为我们描述了18世纪大学支出的一幅清晰画面。工资和补贴占所有支出的38.5%；日常花费（管理、庆典、会餐）占4.3%—9.1%；维持大学附属教堂敬神活动的花费占2.0%—4.2%；购买资料和维修建筑占1.8%—7.9%；保管什一税和地产管理的费用占1.3%—3.2%；1.5%—2.9%用于神职津贴（付前任牧师什一税的酬劳）；学生医院占支出的0.9%—1.2%，0—0.1%用于救济

---

[98] 参见第5章，pp. 232-239；Lindroth，*Uppsala*（注释14），37-38，105；Méndez Sanz，*La Universidad salmantina*（注释63），15。

[99] Meiners，*Verfassung*（注释73），89-95.

品，还有少量的钱用于杂事（法律诉讼、佣金等）。[100]

一般来说，各学院的经济状况要比大学乐观一些。学院的创建者和后来捐资者给了这些学院很多捐赠。有效的管理又使这些学院有可能稳步地增长其基础财产。然而，也有些学院发现自己因政治和经济原因而陷入严重的困难之中。各大学也很容易受到经济情况变化的影响：它们受到不良投资、货币贬值，特别是租金和利息的下降所带来的负面影响。对于财产的不良管理常常又会加剧业已存在困难的经济状况。大多数大学和学院一样，在其整个历史中都不得不与这一状况做斗争。对当局来说，这却提供了一个很好的机会使它们能够干涉、审查及采取措施，这些举措持续地削弱着大学的自治性。

关于这一关系，读一下 C. 迈纳斯在 1801 年写的观点很有意思。[101] 他说，欧洲各大学的预算由不同的权力机构管理。有些大学选择从它们自己的学术团体中选出经济官员，其他一些学校则愿意将经济事务留给它们自己的政府为此目的指定的官员。根据迈纳斯的说法，他本人是哥廷根大学的一名教授，大学资金由向权力机构负责的专业官员负责是一种较好和较有效的方式。他说在意大利和其他一些国家中（他没有具体说是哪些国家），由于教授的管理不称职和不细致，大学发现自己陷入了严重的财务
190 困境。根据迈纳斯的观点，自主管理资金并不能确保不失去金钱，正如近来法国的发展情况所显示的那样；法国革命者没收了所有属于教会机构和大学的钱。

学院建筑

像牛津和剑桥、鲁汶和萨拉曼卡这些城镇里的建筑仍给予人这样一个印象，即学院主导大学。对于学院制大学来说，这一点肯定是没有错的；

[100] Méndez Sanz, *La Universidad salmantina*（注释 63）, 52-69.

[101] Meiners, *Verfassung*（注释 73）, 97-99.

一般说来没有多少建筑是属于大学的。大学的主楼通常由一所学院提供；它是校长的住所及其行政机构驻地，集会、晋升活动和其他庆典活动也在那里举行。罗马大学（萨皮兹学院）、巴黎大学（索邦学院）、克拉科大学（迈阿斯学院）、布拉格大学（卡罗林学院）和罗斯托克大学（迈阿斯学院和米纳斯学院）的情况都是如此。后三所大学乃是教师型学院。这些学院将自己声望带给了整个大学。[102] 和大学不同，各学院都已在中世纪时就有了它们自己典型的建筑形式。虽然它们都在 1500 年后重建，但其中一些，如牛津大学的默顿学院或新学院及博洛尼亚大学的斯潘格纳学院仍然给人留下了很好的印象。学生数量的增长，特别是富裕学生、付费学生的增多有助于产生对更大、更豪华建筑的需要。在近代早期的牛津和剑桥、在都柏林和北意大利的那些大学城中新建的学院，完全遵循了中世纪先辈的模式。我们到处都可以看到四方院，使门廊、大厅、附属教堂、图书馆、大钟和学院院长的住房连接起来。1493 年大火之后，在克拉科重建的新的迈阿斯学院的结构，则是整个欧洲大陆上的学院建筑呈现多样化的开端。四方院结构被取消了，屋顶结构和其他建筑成分都与中世纪的模式不同。那些新建的新教学园，如日内瓦学园（1559—1560）、阿尔克特多夫学园（1571—1583）和洛桑学园（1579—1587）都很紧密地仿效克拉科大学迈阿斯学院的建筑模式。它们宣告了一种教育建筑上新的新教建筑风格。[103]
在意大利，在大主教卡洛·博罗梅奥和费德里科·博罗梅奥的影响下，学 191
院建筑发展了一种新的风格，即设有内部馆厅的雄伟的宫殿。它们既保留

[102] J. Fletcher, 'The History of Academic Colleges: Problems and Prospects', in *I collegi universitari*, 15-16; J. Wyrozumski, 'Les collèges et les internats de l'Université Jagellonne aux XVe et XVIe siècles', in *I collegi universitari*, 135-137; M. Svatoš and J. Havránek, 'University Colleges at Prague from the Fourteenth to the Eighteenth Centuries', in *I collegi universitari*, 151, 154.

[103] K. Estreicher, *Collegium Maius. Stammsitz der Jagellonischen Universität Krakau* (Warsaw, 1974); B. Pradervand-Amiet, 'L'ancienne académie et l'architecture scolaire du XVIe siècle', in *De l'académie à l'Université de Lausanne 1537-1987. 450 ans d'histoire* (Lausanne, 1987), 67-73.

了普通修道院和大学学院建筑的元素，又增加了一个文艺复兴式或巴洛克风格的大殿。这是费了很大的努力将所有的功能统一在一个建筑或一组建筑中。它们反映了学生的社会组成和生活方式的变化，也反映了国家和教会对自己在高等教育事务中的作用的安排。在17、18世纪建立的耶稣会学院尤其在城镇中占据了主导地位。一个很好的例证是16世纪的维尔纽斯学园或17世纪布拉格的克莱门特姆学院，它们是城中除哈勒德卡尼城堡之外最大的建筑。虽然我们无法准确地说出真正的耶稣会建筑风格是什么样的，但是耶稣会的各学院建筑的确存在着某种一致性。新建筑的计划一般必须由罗马的大院长批准。在理论上和风格上它们与上面描述的反宗教改革运动以后建造的其他学院建筑是一致的。[104]

撇开典型的学院风格不谈，中世纪没有典型的大学建筑类型。[105] 已存在的建筑根据各种需要和财力进行改造，并且从15世纪起建了许多新建筑[106]。在16世纪的新教国家中，由于宗教改革运动，许多新建大学像老大学一样获得了废弃不用的教会建筑。各城镇还向新大学提供建筑物及其周围属地。他们最大限度地改造了这些建筑。不充足的资金来源意味着这些房屋常常是质量欠佳的。还有其他一些问题，我们可以从1537年新路德教派哥本哈根大学的首任校长约翰·布根哈根写给国王克里斯蒂安三世的一封信中看出：

> 我们将讲课的地点逐渐从大学转移到教堂；风雨迫使我们这样做。两位市长都批评了装玻璃的工人。木匠仍在长椅上工作；在我看

[104] M. Kiene, 'Die Erneuerung der italienischen Universitätsarchitektur unter Carlo und Federico Borromeo', *Architectura Zeitschrift für Geschichte der Baukunst* (1988), 123-168; K. Rückbrod, *Universität und Kollegium. Baugeschichte und Bautypen* (Darmstadt, 1977), *Passim*; R. A. Müller, *The Colleges of the "Societas Jesu" in the German Empire*, *in I collegi universitari*, 178-179; Svatoš and Havránek, 'University Colleges' (注释102), 152-153.

[105] M. Kiene, 'Die Grundlagen der europäischen Universitätsbaukunst', *Zeitschrift für Kunstgeschichte*, 46:1(1983), 63-114.

[106] 参见第Ⅰ卷, pp. 136-138; Rückbrod, *Universität und Kollegium* (注释104), 133ff., 187。

来，这是一种不寻常的工作方式，但代价高昂。所以我们还未能着手开始所有的讲课，辩论练习也未开始……所以，如果陛下希望为这所大学建更多房子的话，这极为必要，必须找到一种新的方式；这里的工人需要有人驱使他们努力干活。[107]

不同的大学根据各自的需要和财力水平购置了建筑。这不是一件容易 192
的事情。各教育机构都坐落在城市城墙之内，和各行业一样，尽可能聚集在同一条街上或同一地区内。然而，在城市城墙之内扩展的余地并不是很大，[108] 并且在大多数情况下，用于这种扩展的财力也同样缺乏。此外，如前所述，没有实用性的学院建筑详细的模型。

在近代早期，各学院和大学总部管理机构都希望拥有自己可以支配的单独的和专门构筑的建筑，以便更好地履行各种职能、进行教育和研究（特别是演讲厅和图书馆）、管理、官方庆典和住宿。特别是在医学教育方面，日益感觉到有必要为一些特定目的提供房屋和设施，如解剖中心、物理中心、化学中心或实验室、植物园和天文观测台等，但这一需求只能被慢慢满足。[109]

由于意大利北部的各大学紧紧追随荷兰北部各大学的做法，它们非常强调实践、技术和试验，它们为此目的设计了专门的基础设施。最早的一批植物园是 1544 年在帕多瓦大学和比萨大学、1567 年在博洛尼亚大学建立的，学生在这里研究植物学和药用植物。阿尔卑斯山以北的各大学很快竞相仿效；1580 年在莱比锡、1587 年在莱顿大学、1588 年在巴塞尔大学和 1593 年在海德堡大学分别建立了植物园。

帕多瓦大学尽管有着悠久的历史和一些著名的解剖学教授，但该大学直到 1594/1595 年才由希耶罗尼莫斯・法布里希乌斯・埃博・阿夸彭登特（1537—1619）建立了第一个独立的解剖中心。这些意大利北部大学的校

---

[107] Stybe, *Copenhagen*（注释 94），35-36.

[108] Rückbrod, *Universität und Kollegium*（注释 104），37.

[109] 参见第 14 章，pp. 609-612。

友将他们的教育体制转移到了荷兰共和国。[110] 但在这里还有所发挥。荷兰的解剖学中心，更确切地说，包括莱顿大学的解剖中心（1597）、代尔夫特的解剖中心（1614）和阿姆斯特丹的解剖中心（1619），这些中心不仅具有教育功能，它们还可被视为文化中心。一个解剖中心除了有一个科学图书馆和一个珍品（自然的和人工的）博物馆外，还包括一座艺术作品的博物馆。外科医生和助产士的教学在该大楼的特别房间里进行。植物园就在附近，是学者、业余爱好者和艺术家们相互启发和激励的聚会场所。各
193 植物园对公众开放。这些中心正是以这样的方式扮演了在其他国家中科学学园和科学社团的角色。[111] 在法国，只有蒙彼利埃大学（欧洲优秀的医学教育中心之一）有自己可支配的适宜医学学生的建筑。1566 年，它获得了自己的解剖中心，这是法国的第一个，但它仍旧没有独立的石楼，1593 年拥有了自己的植物园。在 17 世纪，甚至仅在 18 世纪，其他法国教育机构才开始缓慢地仿效，有些甚至无动于衷。巴黎大学甚至从未有过自己的植物园，学生们只能参观皇家花园，直到 1617 年才有解剖中心。[112] 与许多其他法国大学一样，波尔多大学不得不依靠建立于 1712 年的皇家科学院提供图书馆和其他科学和教育的设施。[113]

为了临床教学，医学教授及其学生们转向当地的医院。医学院、医学委员会与城市医院之间达成了协议。大学自己不提供所需要的基础设施。名副其实的第一所大学医院也许是有 40 个床位的教学医院，由莱顿大学

---

[110] H. de Ridder-Symoens, 'Italian and Dutch Universities in the Sixteenth and Seventeenth Centuries', in C. S. Maffioli and L. C. Palm(eds.), *Italian Scientists in the Low Countries in the XVII th and XVIII th Centuries*(Amsterdam, 1989), 37-38.

[111] J. Rupp, 'Theatra Anatomica. Culturele centra in het Nederland van de zeventiende eeuw', in J. Kloek and W. W. Mijnhardt(eds.), *De productie, distributie en consumptie van cultuur* (Amsterdam, 1991), 13-36;亦可参见第 11 章。

[112] Brockliss, *French Higher Education*, 397-398.

[113] L. Desgraves, 'Bordeaux au XVIII e siècle', in C. Jolly(ed.), *Histoire des bibliothèques françaises*, vol. II: *Les Bibliothèques de l'ancien régime, 1530-1789*(Paris, 1988), 477-487.

于 1798 年专为教育目的创建。[114]

由于在教学建筑上的这些变化，从 16 世纪末起，特别是在 17、18 世纪，大学开始对城市特征产生了影响（萨拉曼卡学校的内院、科英布拉的学校平台、巴黎的拉丁区、维也纳和维尔茨堡的阿尔特大学、牛津的四方院学院和阿什莫林博物馆）。[115] 事实上，与学院一样，官方的学院建筑从 16 世纪末起也经历了一个质变的过程。巴洛克风格成为重建或新建大学建筑风格的要素。人们努力将所有的功能以一座建筑或建筑复合群来体现，包括教室，供考试、宣传、管理和图书馆所用的房间。一个很好的例 194
子就是博洛尼亚大学的阿吉纳斯奥豪华宫殿，最初是所谓新学校的建筑，建于 1562—1563 年；博洛尼亚大学在该地一直呆到了 1803 年。这一具有纪念性的建筑包括 1 个附属教堂和 10 个作教室和图书馆用的房间。两个较大的、装饰得较好的大厅（一个属于文学院和医学院，另外一个用作法学院的大教室）用来进行重要讲座、考试、发表公告及其他官方庆典。1637 年，在该建筑中按帕多瓦和比萨模式建造了一个解剖中心。18 世纪，他们寻找新的地方来放置自然科学收藏品。赞博尼的三座建筑被改造为科学学院。[116] 18 世纪的大学建筑不再考虑大学师生的团体生活了。科学与教育的殿堂或宫殿必须反映国家和教会的权力，并且表现知识转化与职业教

---

[114] H. Beukers,'Clinical Teaching in Leiden from its Beginning until the End of the 18th Century',*Clio medica*,21(1988),139-152; V.-P. Comiti,'Le développement de la clinique en Europe au XVIII e siècle', in C. Bruneel and P. Servais(eds.),*La Formation du médecin: des Lumières au laboratoire*,Travaux de la Faculté de Philosophie et Lettres de l'Université Catholique de Louvain,37(Louvain-la-Neuve,1989),5-12.

[115] 详述见 Rückbrod,*Universität und Kollegium*(注释 104),103-132 and further 142-161;关于大学在城市中的功能见 Frijhoff,'Hoger onderwijs'(注释 96),92ff.。

[116] C. Colitta,*Il Palazzo dell'Archiginnasio e l'Antico Studio Bolognese*,2nd edn(Bologna,1980).

育的实际性和功利性特征。这就是为什么人们特别注意技术基础设施的原因。[117] 在萨拉曼卡大学，人们试图将新概念融入已有基础设施中。新建的中学必须在现有的高等学院和大学之间形成空间上的统一。[118]

所有这些变化都未能改变这样一个事实，即直到 19 世纪，许多学校仍不得不应对基础设施不足的情况，满足于临时解决方案。科隆大学提供了一个很好的例子。在 15 世纪末，建了两座综合楼，一座给法学院，另一座供文学院学生及少数医学院学生使用。这些建筑同样也是多功能的，有供学生住的房间、教室、一个图书馆及一个庆典用的大厅。在几个世纪中，重建工作一直在继续。直到 18 世纪，医学院才有了自己的一个解剖中心（1715）和一个植物园（1728）。[119] 在杜伊斯堡，1654 年，一个文法学园被改为一所大学，这也给人留下了一个好印象，即一所小型大学的住
195 房位于现有建筑中。该大学成立两年之后，将凯瑟琳女修道院和教堂转变为一所大学的行动就开始了。该教堂的一楼被改装成一个大厅，连着一个图书馆。楼上建成存放档案资料的房间；监禁室被置于楼顶之下。教授们住在修道院里，管理员和园丁们的住所、解剖中心和一个体操馆都设在修道院里。化学实验室设在地下室。修道院的花园则为带玻璃房的植物园提供了场地。该解剖中心和实验室对于邻居们来说是个非常令人讨厌的东西，直到该大学在 1818 年关闭时也没找到合适的解决办法。在 19 世纪，所有的建筑都被毁坏了。[120] 弗拉讷克的基督教兄弟会修道院在 1584 年成立之后也被改建成了大学，其改建计划大同小异。[121] 甚至在 17 世纪末，像哈

---

[117] Rückbrod, *Universität und Kollegium*（注释 104），142-161，根据 K. Rückbrod, 'Die Leitbilder der Universitäten in der geschichtlichen Entwicklung', *Information. Hg. Zentralarchiv für Hochschulbau*, 8:31(1975), 15-28；关于 18 世纪斯堪的纳维亚大学建筑的说明见 Klinge, *Helsinki*（注释 44），254-289。

[118] J. Álvarez Villar, *The University of Salamanca. Art and Traditions*, Acta Salmanticensia, History of the University, 32(Salamanca, 1980), 35-125.

[119] G. Binder and G. Müller, *Die Bauten der Universität zu Köln* (Cologne, 1988), 7-13.

[120] G. Born and F. Kopatschek, *Die alte Universität Duisburg* 1655-1818 (Duisburg, 1992), 32.

[121] 参见注释 16。

勒（1693）这样的一所“改革”大学也没有自己合适的建筑，该大学的大多数讲座和考试都在教授家里进行。要举行公众演讲，大学得租用城里的计重所，而且只能在没有城市庆祝活动或舞台演出的时候才可以租用。1731 年，该大学可以用面包房作为其行使管理职能的地方。1727 年，科斯希威茨教授自己出钱建了一个解剖中心，该解剖中心通过付费的方式，从一个解剖学教授转给另外一个解剖学教授。[122]

仅从 17 世纪起，大学图书馆（并非学院图书馆）才被建成具有专门功能的独立建筑。有时它们是建筑和装饰的珍品，正如从现在的一些图书馆中可以看到的，如牛津（博德利图书馆）、都柏林（朗卢姆学院和三一学院）、萨拉曼卡和科英布拉。

图书馆、档案馆和大学出版社

在中世纪，图书馆主要是由各学院建立的，少部分是由同乡会建立的，还有更少的一些是由各院系建的。几乎所有的大学图书馆都是开始于近代早期。实际上，从 16 世纪起，几乎所有新建的大学都有一个公共图
书馆。1853[123]年出版的尤利乌斯·佩佐尔特所著的德国图书馆概要，很清 196
楚地让我们看到神圣罗马帝国中各大学图书馆建立的方式。然而，这份概要显示，只有在 18 世纪，大多数图书馆才具有一定的规模和重要性，才有几千本藏书。在宗教改革国家的城镇里，如莱比锡、巴塞尔和马伯格，废弃不用的修道院常常成为大学图书馆的基础。当然，德意志帝国以外的国家中也存在同样的情况，如哥罗宁根、乌得勒支和斯特拉斯堡。1775 年玛丽亚·特蕾西娅女王宣布关闭耶稣会控制的图书馆时，维也纳大学图

[122] G. Mende(ed.), *450 Jahre Martin Luther Universität Halle-Wittenberg*, vol. Ⅱ: *Halle, 1694-1817, Halle-Wittenberg, 1817-1945* (Wittenberg/Halle, 1952), 490; W. Schrader, *Geschichte der Friedrichs-Universität zu Halle*, vol. Ⅰ (Berlin, 1894), 89-90.

[123] J. Petzholdt, *Handbuch Deutscher Bibliotheken* (Halle, 1853).

书馆才开始引起人们的注意。[124]

常见的情况是，建立一所主图书馆的动力来自于君主。君主为这一目的捐钱给一所新大学或一所业已存在的大学。成立于1379年的爱尔福特大学在1510年有了自己的第一个图书馆。该图书馆直到1717年才有了一些名气，因为1717年爱尔福特省长菲利普·威廉·布内贝格公爵将他自己的图书馆（当时最富有的私人图书馆之一）连同一笔3000盾的资金一同捐给了爱尔福特大学。这笔钱意味着可以请一名图书馆管理员并使图书馆的藏书更为完善。[125] 哥本哈根的公共图书馆也是直到1605年才发展为一家真正的科学图书馆，因为该年丹麦国王将自己的图书馆捐给了哥本哈根大学；在瑞典，乌普萨拉大学图书馆的建立始于国王古斯塔夫二世·阿道夫在17世纪20年代的一大笔捐赠。[126] 除极少数个别情况外，法国大学图书馆和学院图书馆在法国革命之前都是无足轻重的。捐献者对建立或支持私人图书馆和宗教社团的图书馆更感兴趣，而对那些小的、不繁盛的、常常只有几十本书的大学图书馆不感兴趣。1789年，当时存在的22所大学中只有四所（卡昂、杜埃、斯特拉斯堡和巴黎）拥有一个中央大学图书馆。在大多数情况下，一所学院、同乡会或院系的图书馆被当作一般图书馆来使用。[127]

然而，直到18世纪，几乎所有的大学图书馆仍旧是规模小、不被重视，由托马斯·博德利于1602年建立的牛津大学公共图书馆则是一个例外。牛津大学图书馆丰富的藏书和成百上千份手稿吸引了全欧洲的读

---

[124] W. Pongratz, 'Geschichte der Universitätsbibliothek', in *Studien zur Geschichte der Universität Wien*, vol. Ⅰ (Graz/Cologne, 1965), 22ff.

[125] Petzholdt, *Handbuch*, (注释123), 116-117.

[126] J. Vallinkoski, *The History of the University Library at Turku*, vol. Ⅰ: *1640-1722* (Helsinki, 1948), 46; Lindroth, *Uppsala* (注释14), 51-52, 60-64.

[127] J. Artier, 'Les bibliothèques des universités et de leurs collèges', in Jolly (ed.), *Bibliothèques françaises* (注释113), 45-46.

者。[128] 学院和系部图书馆或宗教界（特别是耶稣会）的图书馆相比而言则富裕得多。这一点与图书资料的获得方式密切相关。在中世纪，图书馆几乎都毫无例外地由捐赠和罚金收益维持，这一情况一直持续到 18 世纪。前面提到的佩佐尔特对于这一情况提供了大量的例证。 197

实际上，在“新知识”的影响下，人们对书籍的需求增加了，但常常缺乏获得书籍的手段。只有那些富裕的学院，如牛津大学、剑桥大学、鲁汶大学和巴黎大学的学院，拥有系统获取图书的资金。现存大量的牛桥或巴黎大学的学院图书馆的图书清单给我们提供了关于图书获取和选择政策的有趣信息。[129] 然而，大学机构证明其是有创新能力的，或者更确切地说，它们常常实施一种过去常用的制度，即“义务”捐赠。1566 年由奥伯特斯·吉范纽斯创办的奥尔良大学德国同乡会图书馆最开始只有一批藏书，之后每位成员离开时都必须捐给同乡会一本书。[130] 为了支持建立于 1693 年的哈勒大学的新图书馆，法学院的章程在 1694 年规定，每位博士生都得捐献一本价值 1 弗罗林（或 3 泰勒）的书给大学图书馆。[131] 甚至在此之前，许多德国大学就已形成了每位教授将自己出版的书捐一册给图书馆的传统。[132]

---

[128] J. Philip, *The Bodleian Library in the Seventeenth and Eighteenth Centuries*, The Lyell Lectures(Oxford, 1980-1981), 35-36.

[129] N. R. Ker, ‘The Provision of Books’, in *History of Oxford* Ⅲ, 441-477; R. Taton (ed.), *Enseignement et diffusion des sciences en France au* XⅧ *e siècle*, Histoire de la Pensée, 9 (Paris, 1964; 1986 年重印), 159-162.

[130] C. L. Heesakkers, ‘Le procurateur Obertus Giphanius (5 novembre 1566-4 janvier 1567)’, in R. Feenstra and C. M. Ridderikhoff (eds.), *Etudes néerlandaises de droit et d'histoire présentées à l'Université d'Orléans pour le 750e anniversaire des enseignements juridiques*, special issue of *Bulletin de la Société archéologique et historique de l'Orléanais*, NS, vol. Ⅸ, 68 (1985), 133-135.

[131] J. Dietze (ed.), *275 Jahre Universitäts-und Landesbibliothek in Halle (Saale). Entwicklung und Leistung einer Bibliothek* (Halle, 1971), 20.

[132] In Basle 1591, Jena 1592, Tübingen 1604, Vienna 1608, see Vallinkoski, *Turku* (注释 126), 45; Steinmetz, *Jena* (注释 15), 50.

198 另外一个获得经费的方法是对图书馆使用者收费。牛津大学在1780年开始实施收费的决定对于牛津大学图书馆图书的购买产生了直接的正面影响。在该图书馆刚成立的最初几年中，它几乎没有任何经济困难。由于该图书馆的建立者托马斯·博德利（1545—1613）的丰厚捐赠，图书馆最初不依赖大学补助金。由于受17世纪中期国内战争的影响和许多未偿还债务的影响，“公共图书馆”已无法跟上时代的步伐。作为暂时的解决办法，大学自己提供救助，但是在18世纪初，经济情况恶化得如此之快，以至于在1701年，牛津大学图书馆馆长托马斯·海德辞职了，因为他无法再获得图书。他的困难之一就是1662年制定的出版许可法案于1695年失效，以及随后发生的伦敦书籍印刷出版经销同业工会与博德利图书馆于1610年达成协议的解除，通过该协议，博德利图书馆可以免费获得该会注册每册书籍的免费副本。1709年实行了版权法后，情况有些好转，虽然据估计，在18世纪，英国的出版物中只有约10%得到了注册和保存。[133]

在法国，为了皇家图书馆的利益，法定上交图书制度于弗朗西斯一世（1537）时期建立起来。这一制度很快被其他各省仿效。1662年英格兰的出版许可法案不仅使皇家图书馆获得了每一种新出版的图书，还使牛津和剑桥的大学图书馆获得了这一好处。

1709年的版权法案把必须上缴图书的册数增加到了9册；苏格兰大学的图书馆也在该法案的范围之内了。在其他一些国家中，也强制性要求将出版的书放到大学图书馆。普鲁士各省也通过了这方面的一些法令，为柏林皇家图书馆和法兰克福、哥尼斯堡和哈勒的大学图书馆提供书籍。当局认为，大学出版社作为大学团体中的一员，有责任向大学图书馆捐赠一本其出版的图书。实际上，这些捐赠并不经常发生。[134] 同样，书商兼出版商

[133] I. G. Philip, 'Libraries and the University Press', in *History of Oxford* V, 725, 742.

[134] 关于登记和存放情况参见 R. C. B. Partridge, *The History of the Legal Deposit of Books throughout the British Empire* (London, 1938)。

也被认为必须将其出版的每种书捐赠一册给大学。[135] 由于在旧制度时期的
大多数图书馆都未执行一个制度化的获得图书的政策，而是依赖于捐赠，
这二者共同导致了大学图书馆的藏书相当杂乱。只是在文艺复兴早期，关
于“理想的图书馆”的更为体系化的思想才有所发展，图书馆学也发展起
来了。为此做出贡献的人诸如汉诺威和沃尔芬比特尔的图书馆馆长戈特弗
里德·威廉·莱布尼茨（1646—1716）和维也纳宫廷图书馆馆长彼得·兰
贝克（1628—1680）。他们都呼吁图书收集要成体系，而要达到这一目的 199
必须要有资金；藏书一定要有目录，要使读者更舒适；还有一些具体措施
如增加开放时间，改善照明、供暖和家具。[136] 在整个 18 世纪，许多大学图
书馆都将这一理念部分地或全部地实施了。与法兰克福大学同时存在的于
1506 年创建的法兰克福大学图书馆，在约翰·克里斯掩夫·贝克曼
（1641—1717）鼓舞人心的领导下进行了整修。在整修前，把该大学图书
馆称作图书收藏处比称作图书馆更为合适。[137] 爱尔福特、弗莱堡和罗斯托
克的图书馆都只在 18 世纪中期才获得了一定的地位，而创建于 1627 年的
鲁汶主图书馆只在 18 世纪才真正显示其重要性。科尔内耶·弗朗索瓦·
德·内利斯（1736—1798）在欧洲的每次重大拍卖会上都要系统地购书。
直到那时，学院图书馆都有满足师生需求的责任。[138] 哥廷根大学图书馆
（1733 年与大学同时建立）在 18 世纪可算得上是一个模范图书馆了，这要
归功于汉诺威选帝侯领地当局资金和道义上的支持，该大学图书馆可以支
配大量的资金用于购买图书、编目录、聘请足够的工作人员，于是，也就

---

[135] For Heidelberg: Wolf, *Heidelberger Universitätsangehörigen*（注释 47）, 53-60; for Jena: Steinmetz, *Jena*（注释 15）, 49; for Prague: Petzholdt, *Handbuch*（注释 123）, 307; for Halle: Dietze (ed.), *Halle*（注释 131）, 22.

[136] D. Schmidmaier, *Die Entstehung der bürgerlichen Bibliothekswissenschaft* (Freiburg im Breisgau, 1974), 72-77; for France: C. Jolly, ‘Bâtiments, mobilier, décors’, in Jolly (ed.), *Bibliothèques françaises*（注释 113）, 360-371.

[137] D. Schmidmaier, ‘Gedanken zu einer Bibliotheksgeschichte der Universität Frankfurt (Oder)’, in Die *Oder-Universität Frankfurt. Beiträge zu ihrer Geschichte* (Weimar, 1983).

[138] *Leuven*（注释 10）, 65-67.

能够提供充足的开放时间。歌德特别赞扬了这一为读者提供的优良服务。[139]

图书馆的质量还在很大程度上取决于馆长。图书馆馆长一般由一名教授或一名院士，有的时候甚至由一名研究生以第二职业的方式担任。所以，担任该职务的人的献身精神和热情决定了管理水平。很明显，在莱顿大学，人们对这一点深有体会。成立于1575年的该大学在历经三次筹备一所公共图书馆的努力均告失败之后，1585年任命贾纳斯·杜萨（1545—1604）为当时还处于萌芽时期的图书馆的馆长，贾纳斯·杜萨是名精干的学者，是大学董事会的主席，也是托马斯·博德利的熟人。位于一个教堂旧址的图书馆直到1595年才开始正常运转。由于有了一些重要的捐赠，以及那些具有很高科学声望的图书馆管理员的系统化采购政策，
200 莱顿大学图书馆发展成为主要的科学图书馆之一。[140] 弗拉纳克图书馆1626—1644年的历史同样表明，只有有影响的人对于大学图书馆有着个人兴趣时，大学图书馆才能成功发展。董事约翰尼斯·赛克马（1572—1636）任命一些称职的、爱书的人从事图书馆管理工作，并且执行一种自觉的添置图书政策，购置图书的资金部分来自预付图书版税、捐献及当局偶尔发放的补助金。[141] 但总之，可以这样说，只有在17世纪下半叶和18世纪，一些较大的图书馆才开始聘用较专业的图书管理员，并且适当地支付他们工资。[142] 在都柏林大学三一学院，直到20世纪中叶才任命一位全职

---

[139] Dietze(ed.),*Halle*(注释 131),32.

[140] E. Hulsoff Pol,'The Library',in T. H. Lunsingh Scheurleer and G. H. M. Posthumus Meyjes(eds.),*Leiden University in the Seventeenth Century. An Exchange of Learning*(Leiden,1975),394-459.

[141] M. H. H. Engels,'De Franeker academiebibliotheek 1626-1644',in Jensma,*Franeker*(注释 16),161-176.

[142] 例见 Sutherland,'Administration'(注释 47),207;J. C. T. Oates,*Cambridge University Library. A History:from the Beginnings to the Copyright Act of Queen Anne*(Cambridge,1986),119,295;M. Caillet,'Les bibliothécaires',in Jolly(ed.),*Bibliothèques françaises*(注释 113),372-390 and Artier,'Les bibliothèques des universités'(注释 113),46-47。

的专业图书馆馆长。[143] 图书馆馆长由馆员协助工作，馆员是进行手工操作的工人。[144]

购买这么多图书逐渐引发了场地问题。16 世纪下半叶找到的一个解决方法是不再把书籍水平摆放，用链子拴在书桌上，保存在箱子里，而是用许多水平书架把书系统垂直放置。在第一阶段，在斜面桌子上放两个或两个以上的书架（货摊式）。此类的著名大学例子有牛津大学（汉弗莱公爵图书馆、博德利图书馆、默顿学院和基督圣体学院），都柏林大学（朗卢姆学院、三一学院）。然而，在同一时期的欧洲大陆，16 世纪时，它们已变成了墙式：在一个大厅里，靠墙放着一些高书架（1567 年艾斯克瑞尔图书馆和梵蒂冈图书馆；英国最古老的例子是汉弗莱公爵图书馆和牛津博德利图书馆）。很快，高度的问题就通过建造一个与堆放书柜的墙一半高的可以站立的回廊来解决。当这些书柜横着放的时候，可以从三个侧面接近书架。这一形式在 17 世纪末和 18 世纪的大法兰西图书馆（非大学图书馆）中经常使用。克里斯托夫·雷恩通过在书柜上方的墙上开一些高窗户，改善了图书馆的照明（剑桥大学三一学院，灵感来自于都柏林大学三 201 一学院的朗卢姆）。在 17 世纪，链锁书籍的习惯消失了，但有些地方直到 18 世纪仍继续使用链子。[145] 由于书籍的丢失是个无法解决的问题[146]，与我们现在一样，大多数图书都是不外借的。唯一例外是那些讲课要用的书籍。根据地点和时间，学院图书馆和大学图书馆的图书管理员会允许教授们带几册书回自己的住处，但这并不是一个常规的程序。顺便说一句，大多数这类图书馆每周只对高级学院的研究生和教师开放几个小时。有些学院图书馆有为本科生准备的专门的参考图书馆。

起初，许多大学的主图书馆都是位于中心建筑之中，如鲁汶大学的图

---

[143] P. Fox(ed.), *Treasures of the Library*, *Trinity College Dublin*(Dublin,1986),5.

[144] Dietze(ed.), *Halle*(注释 131),23-26; Vallinkoski, *Turku*(注释 126),45.

[145] N. Pevsner, *A History of Building Types*(London,1976),91-110; Jolly,'Bâtiments'(注释 136),360-371.

[146] 显著的例子见 Philip,'Libraries'(注释 133),749-751。

书馆在礼堂里、哈勒大学的在计重所、杜伊斯堡大学的在评议会大楼、普瓦捷大学或奥尔良大学的在大校舍内，或者像阿尔特多夫大学和维尔茨堡大学那样在一所学院中。其他的一些大学则利用废弃的建筑，如莱顿、哥本哈根和奥布大学的图书馆都是在一所教堂里，维也纳大学的在一个修道院医院里，塔图大学的在一个学院印刷部中。[147] 后来这些大学才逐渐开始建造（常常是宏伟的）大楼，如都柏林、牛津、科英布拉、萨拉曼卡和克拉科等大学。

学院和大学的档案则保存在柜子里，放置在学院或大学的某座建筑中，保密体系非常复杂，要么是放在图书馆中锁好的箱子里，要么是放在一间特别用作保存档案的屋子里。当出现由于路过城市的军队而引起的危险时，马上尽力想办法把这些档案材料转移到安全的地方。在法国大革命时期，许多大学被取缔了，它们的档案材料遗失了，但后来大多数都在各个地方被重新找到了，最主要的是在当地的公共档案馆找到的。因此，虽然大多数法国大学的档案资料目前都被保存在部门档案馆，许多意大利大学档案都被保存在地区政府档案馆或城市档案馆，但鲁汶大学的档案最终被保存在布鲁塞尔的公共历史中心，杜伊斯堡大学的档案材料则被存放在波恩的大学图书馆里。

有些大学任命专职的档案管理员。牛津大学从 1636 年起实行的《劳德章程》提到了新设立的“档案保管者”的职责。他必须能够为保护大学
202 特权而传送必要的文献。他的工资从“保护特权”的一项税款中支出。[148]

此外，图书馆也常常充当博物馆。地图、钱币、地球仪、天文设备、艺术作品、绘画作品、动植物标本等都被保存在那里。简言之，图书馆更像个珍品博物馆。[149]

---

[147] Boissonnade, *Poitiers*（注释 47），24-25；Vallinkoski, *Turku*（注释 126），44-45，119；Born, *Duisburg*（注释 120），42.

[148] Sutherland, ‘Administration’（注释 47），208.

[149] 诸多事例见 Vallinkoski, *Turku*（注释 126），127-128 and Hulsoff Pol, ‘The Library’（注释 140），414-417。

从大学成立之初起，每个经营书籍的人都是大学的成员（称为学界平民）。随着印刷术的发展，印刷商在大学城镇中定居下来。最初印刷商、出版商与母校之间的关系并不总是很友好，后来则更糟。印刷商可以获得学院印刷事务（章程、课程计划、论文等）的垄断权。为大学工作的书籍装订工同样获得了大学成员的地位，负责在课程教学中分发教学手册的书商也获得了这一地位。在18世纪的海德堡大学，作为大学成员的、有名有姓的就有22名装订工人、4名（或5名）大学印刷商和9名书商。拥有大学成员地位的印刷商必须优先考虑所有大学的印刷事务，以固定的价格印刷，并且遵守当地关于印刷的法律。[150]

在印刷术发展的早期，由人文主义的印刷商资助、由学者们支持进行了各种实验。其中最著名的也许要数巴黎的菲谢・纪尧姆的印刷所（1470—1473）和剑桥大学的约翰・西贝奇的印刷所（1521—1522/1523）。它们引进了意大利人文主义者的（卡洛林小草书体的）字体。在意大利北部，有些大学就读学生众多（帕多瓦，帕维亚、比萨、锡耶纳），科学水平也很高，但15世纪70年代成立的那些印刷所生存很难；它们在16世纪的前几十年大多消失了。只有在博洛尼亚，情况看上去稍好一些。15世纪末和16世纪初，神圣罗马帝国里的人文主义的印刷所（莱比锡、罗斯托克、维滕堡）或在伊比利亚半岛上的印刷所（阿尔卡拉）同样都是短命的。这些“学院”出版社之所以不成功，原因很简单，显然是它们的组织商业化不足，并且过分依赖科学出版商的介入和同行们的信誉。起初，只有那些在大商业中心（威尼斯、安特卫普、巴黎和巴塞尔）里安顿下来的并因此能够控制发行方式和手段的印刷商才能在大学之外兴旺发展。鲁汶是个相当例外的例子，它的出版商有在1473年开始从事鲁汶的印刷业的约翰・威斯特法利亚（卒于约1502年）及他的后继者阿尔斯特的蒂埃 203
里・马滕斯（1446/1447—1534），鲁特格尔・雷希斯（约1497—1545）

[150] Wolf, *Heidelberger Universitätsangehörige*（注释47），53-60.

和斯特拉斯堡的约翰·斯图谟（1507—1589）。[151] 虽然这几个印刷商（他们本身也是学者）也都进入了大学的花名册并为大学印刷，但并不能说他们是学院印刷商。鲁汶大学从一开始就既不为他们提供住处，也不提供资金条件；然而，他们与三语学院的关系非常密切。[152] 很多大学印刷所发现它们也处于类似的情况，虽然有些印刷商成功地设法从大学获得了更多的权利。在17世纪80年代，爱丁堡学院的印刷商安德森夫人设法将她的印刷所设在与图书馆相同的层面，即在第二层楼上。阅读室中的读者是否还能集中精力则是另外一回事了。[153] 由于新成立的林特尔恩大学（1620）在1621年希望吸引一名享有特权的印刷商，该大学为来自于吉森的印刷商彼得·卢西乌斯（1590—1656）提供以下合同：除了每年付给他50雷克斯泰勒的年薪以外，他还可以免费使用大学建筑里的一个工作间和一个住处；但是，这些房间要由他自己花钱来整修。1656年卢西乌斯去世以后，他的妻子继任学院印刷商，之后是他的儿子和孙子。[154] 年轻的莱顿大学从1575年创办就任命了一名学院印刷商，在克里斯托弗·普朗坦（约1520—1589）和他的女婿弗朗西斯克斯·拉斐伦吉斯（1539—1597）的指导下，以普朗坦印刷社（1583—1619）为名的这一印刷出版机构获得了国际声望。它无疑有助于提高莱顿大学的吸引力。[155] 埃尔塞维尔家族的几位成员在1587年定居莱顿做书商之前是在安特卫普的普朗坦印刷社工作的，他们接手了拉斐伦吉斯的大学印刷活动。印刷商兼书商伊萨克·埃尔塞维尔（1596—1651）与莱顿大学在1620年签订的合同能很好地让我们了解

---

[151] 第Ⅰ卷，pp. 128，465；E. P. Goldschmidt，*The First Cambridge University Press in its European Setting*（Cambridge，1955），*passim*.

[152] H. de Vocht，*History of the Foundation and the Rise of the Collegium Trilingue Lovaniense，1517-1550*，vol. Ⅰ（Louvain，1951），87-88 and *passim*.

[153] J. Bevan，'Seventeenth-Century Students and their Books'，in G. Donaldson（ed.），*Four Centuries of Edinburgh University Life 1583-1983*（Edinburgh 1983），17-18.

[154] Schormann，*Academia Ernestina*（注释27），136-140.

[155] E. van Gulik，'Drukkers en Geleerden. De Leidse Officina Plantiniana（1583-1619）'，in *Leiden University*（注释140），367-389.

学院印刷机构的功能。然而，很明显，这无法与牛津和剑桥大学印刷所的实际运作方式相比较（见下文第 204 页）。莱顿的印刷社本身并不是大学 204 的一部分。埃尔塞维尔一直是一个独立的印刷商，他要对大学履行一定的合同责任，因此获得一些特权、50 荷兰盾的年薪，以及使用大学建筑中的一处地方。作为大学的合同印刷商，埃尔塞维尔必须总是留出一台半印刷机来印学院当局和教授的小文章，较大的作品则可商议后决定。印刷商必须确保有能够进行高质量工作的优秀校对员为他工作。莱顿印刷社印刷的每本书都要送给莱顿图书馆一本。印刷商兼书商必须承担风险自己出钱购买（主要是）法兰克福大学教授们愿意付印的所有的书，并且以一般的书店价格将其出售。此外，他还得尊重荷兰政府颁布的法令法规。[156] 每个国家的印刷商都被要求遵守关于书籍的生产和销售的官方法令。事实上，由于宗教改革运动及随之而来的反宗教改革运动的影响，各当局开始控制出版社并限制它们的自由。但大学城常常是具有特权的。正是这样，1586 年的《星法院法令》规定出版社仅限于伦敦、牛津和剑桥，后二者每地只允许有一个出版商。而在牛津和剑桥两城中，就在几年前，由大学支持的出版社已恢复了一些积极性（剑桥在 1583 年，牛津在 1584 年）。与欧洲大陆的情况一样，印刷与出版业仍是一个私人的事业。直到 1632 年（由 1636 年的《劳德章程》进一步确认），一所大学出版社可以在牛津营业，由牛津的管理机构（校务评议会）管理和资助。该出版社由学监任命的一名副校长和两名代表管理，但是直到 19 世纪，管理和运作一直存在着问题。在剑桥，直到 1698 年，大学官员才建立了一个出版联合会以保证大学出版社的组织和管理。这两个大学出版社都拥有从 1534 年国王印刷商所规定的印刷那些书籍的垄断权，包括《圣经》，仅仅是由于这个权利，

---

[156] A. Willems, *Les Elzevier. Histoire et annales typographiques* (Brussels/Paris/The Hague, 1880, reprint 1965), xlⅴ-l；亦参见 D. W. Davies, *The World of the Elseviers 1580-1712* (The Hague, 1954)。

才使它们能够生存下来。[157]

不管怎样，很明显，在近代早期，书籍的生产、销售、保存和评议都成为大学的一个基本组成部分。

205 学院标志物

和中世纪的大学一样，[158] 近代早期所有新建的大学都有自己的标志物。这些标志物牢不可破地与该教育机构本身联系在一起，并且具有象征意义。这些标志物意在说明，该教育机构具有的悠久历史；那时的许多人都认为（现在仍然是这样），大学越古老，就越能受到尊敬并拥有权威性。虽然可以说，近代早期的各学院标志物存在着许多相似的地方，但还是有许多变化值得注意。这不仅是由选择这些标志物的不同时间造成的，还由于它们代表着不同的象征意义。例如，在维也纳大学，注册簿是标志物的一部分，在巴塞尔大学，我们发现邮袋成为标志物，在克拉科大学，指环则是标志物的一部分。[159] 德意志和意大利的许多大学都把指环作为博士生的标志之一。

除了母校作为一个整体有一个大印章外，每所大学、系部和学院都有自己的印章。这些印章不仅被用来签盖正式文件，还是学院自治的一个象征。在 1654 年杜伊斯堡大学的开办典礼上，该大学的大印章就被放在一个垫子上游行展示。这个椭圆形的印章具有所有传统的特征：上面刻有大学创建者勃兰登堡的选帝侯腓特烈·威廉和皇帝马克西米利安二世的传奇和画像，二者都穿着大学服装，由所有象征他们权力的标志围绕着。这个

---

[157] H. G. Carter, *A History of the Oxford University Press*, vol. Ⅰ: *To the Year 1780* (Oxford, 1975); D. McKitterick, *A History of Cambridge University Press*, vol. Ⅰ: *Printing and the Book Trade in Cambridge 1534-1698* (Cambridge, 1992).

[158] 参见第Ⅰ卷, pp. 139-142 关于中世纪的情形，这种情形一直持续到其后的时期。

[159] F. Gall, *Die Insignien der Universität Wien*, Studien zur Geschichte der Universität Wien, 4 (Graz/Cologne, 1965), 11-12, 脚注中的综合性文献。

印章意在清楚地解释杜伊斯堡是由最高权力人——皇帝所认可的一所国立大学。[160] 大学印章常刻有圣母的画像，她是许多大学的庇护人，许多系部印章则常常刻有它们的庇护圣徒的画像。[161]

同样，节杖象征着教育机构具有合法的独立性及拥有自己的学院法庭的权力。[162]

大学、同乡会和学院对它们的盾牌同样引以为荣，丝毫不亚于那些君主、城市、贵族、皇家显要们对自己名称的自豪。他们在旗子上也绘制徽章。早在康斯坦茨会议（1414—1418）时，大学代表团就开始用绘有各自大学徽章的旗子来表明自己的身份。其他一些组织，如同乡会，也有自己的旗子，它们在游行和庆典的时候打着自己的旗子。[163] 206

在 16 世纪，布拉格大学的校长，也许还有学院院长们形成了戴标志公职项链的习惯。这一习惯是如何开始的并不清楚。戴有勋章的项链原本是贵族的封建传统；此外，高级官员同样也获得戴项链的特权，作为他们高贵地位的一个象征。[164] 然而，据加尔所述，弗莱堡大学校长是在玛丽亚·特蕾西娅统治期间第一个戴职位项链的校长。在维也纳，校长和院长戴职位项链始于 18 世纪末，当时不再使用官员袍服了。[165]

在维也纳，文艺复兴时期，校长职位的重要性日益增强，这可以通过在巴洛克时期对校长的称呼（殿下、首席长官、前辈、大学总长）表现出来，也可以从他们的官员袍服上表现出来，特别是那些专门为他们设计的西班牙式服装（黑长袍、带有缀金的披肩、镶白鼬皮的领子和下摆、白花边饰带、西班牙帽子）。各系部主任还将他们的服装调整得更为奢华。作

---

[160] Born,*Duisburg*(注释 120),28.

[161] Müller,*Geschichte*(注释 74),22.

[162] G. W. Vorbrodt and I. Vorbrodt,*Die akademischen Szepter und Stäbe in Europa*,Corpus sceptrorum,Ⅰ(2 vols. ,Heidelberg,1971-1978).

[163] Gall,*Insignien*(注释 159),71ff. ,91ff.

[164] *Die Karlsuniversität Prag. Geschichte und Gegenwart*(Prague,1989),13.

[165] Gall,*Insignien*(注释 159),74-76.

为他们身份的象征，校长的肖像都是穿全套学院服装的。[166] 事实上，这已成为系主任和学院院长们效法的一般传统了。每所拥有自己世袭财产的从文艺复兴时期就存在的大学都拥有一个肖像陈列室。

从文艺复兴开始，出现了穿更为实用、简单和舒适衣服的趋势，以适应工作条件和新的社会思想。学院服装也受到这一趋势的影响。最为重要的普遍特征是在长袍服前面有了开口及各种不同的袖子作为"装饰"（口袋袖、喇叭袖和翼状袖的长袍，带飘带的披风长袍，宽领口的、附加袖的长袍）和各种新型的帽子（学院帽、方呢帽和大学方帽）。[167] 在几个国家里，学院服装世俗化了，朝着当时流行的时尚做了改进（受西班牙的影响），变得更为丰富多彩和奢华。教授和学生越来越倾向于穿便服。起初，在那些宗教在大学生活中起支配作用的国家中，如英格兰、西班牙、葡萄
207 牙、德国南部和奥地利，学院当局曾努力限制穿着方面的过分行为，但是只是在上面提到的几个国家里才取得了成功，在这些国家里，学院服装仍然保持着它较为传统的形式。在其他国家里，学院当局只能听凭学院服装的世俗化，只有在学术庆典仪式时才要求穿学院服装，但在近代早期，世俗服装的穿着也有一些规定和限制。然而，在许多德国城镇中，大学人士，以及一般来说每个获得大学学位的人，都不受关于穿着的法律的约束。[168]

1784 年，学院服装的问题在神圣罗马帝国得到了解决，当时皇帝约瑟夫二世颁布了一条禁令，不许穿特殊的官员袍服。他这样做的原因是，这些袍服可以追溯到黑暗时代，当时教皇们仍垄断设立大学的权力；此

---

[166] Gall, *Insignien*（注释 159），14-15，40-42.

[167] General survey in W. N. Hargreaves-Mawdsley, *A History of Academic Dress in Europe until the End of the Eighteenth Century*（Oxford，1963），*passim* and glossary with drawings 190-195. 亦参见第 5 章，pp. 248-249 及第 8 章，pp. 348-349。

[168] L. C. Eisenbart, *Kleiderordnungen deutscher Städte zwischen 1350 und 1750. Ein Beitrag zur Kulturgeschichte des deutschen Bürgertums*, Göttinger Bausteine zur Geschichtswissenschaft, 32（Göttingen，1962），60-63.

外，大学服装也浪费金钱。大学校长和学院院长们只能戴一条带徽章的项链作为他们地位的象征。布拉格大学的仪仗官们当时的服装起源于文艺复兴时期，他们不受约瑟夫二世禁令的束缚，这是由于他们的服装被看作工作服装，所以不在禁令的范围之内。[169]

新成立的那些大学必须证明自己，并且树立一个能被外部世界接受的自我形象。在这个问题上，民事礼制发挥了重要的作用。为了强调新建教育机构的可信性，礼制都取自那些“古老的”、已被外部世界承认为传统的教育机构。学年开学、周年庆典及纪念捐献者和保护圣徒、教师职务的外迁、某些选举活动等都是属于礼制的场合，场面一般很大，有队列、学院演讲（常常由公共演说家用文学形式进行）和宴会。大学的这种豪华排场和体面既是给外部世界看的，也是给大学团体里的人看的。随着大学在多年来从半宗教性质的机构转变为具有更多贵族气派的机构，导致外部游行活动被广泛采用。事实上，为了被严肃对待，外部游行是必要的。结果当都柏林的三一学院建立时，效法了剑桥大学的“毕业典礼”，即授予学位的仪式。一场组织得很好的仪式包括所有该学院成员身穿高贵的服装的游行、佩戴各种象征物，接着是一个仪式晚宴，造就了三一学院的神话。208
完整的程序和礼仪在大学章程里有详细叙述。[170]

精选文献

Álvarez Villar, J. *La Universidad de Salamanca*, vol. Ⅲ: *Arte y tradiciones*, Acta Salmanticensia, Historia de la Universidad, 49, Salamanca,

---

[169] Gall, *Insignien*(注释 159), 50-51, 54; *Karlsuniversität Prag*(注释 164), 15-17.

[170] H. Robinson-Hammerstein, 'Commencement Ceremonies and the Public Profile of a University: Trinity College, Dublin, the First One Hundred Years', in A. Romano (ed.), *Università in Europa. Le istituzioni universitarie dal Medio Evo ai nostri giorni: strutture organizzazione, funzionamento*, Atti del Convegno Internazionale di Studi, Milazzo 28 settembre-2 ottobre 1993(Messina, 1995), 239-255.

1990. English version: *The University of Salamanca. Art and Traditions*, Acta Salmanticensia, History of the University, 32, Salamanca, 1980.

Barber, G. and Fabian, B. *Buch und Buchhandel in Europa im achtzehnten Jahrhundert-The Book and the Book Trade in Eighteenth-Century Europe*, Wolfenbütteler Schriften zur Geschichte des Buchwesens, 4, Hamburg, 1983.

Buxton, L. H. D. and Gibson, S. *Oxford University Ceremonies*, Oxford, 1935.

Fabian, B. (ed.) *Handbuch der historischen Buchbestände in Deutschland*, 19 vols., Hildesheim, 1992.

Fernández Álvarez, M., Robles Carcedo, L. and Rodríguez-San Pedro Bezares, L. E. (eds.), *La Universidad de Salamanca*, vol. Ⅰ: *Historia y proyecciones*, vol. Ⅱ: *Docencia e investigación*, Acta Salmanticensia, Historia de la Universidad, 47-48, 2 vols., Salamanca, 1990.

Frijhoff, W. 'Universities: 1500-1900', in B. R. Clark and G. R. Neave (eds.), *The Encyclopedia of Higher Education*, Oxford/New York/Seoul/Tokyo, 1992, vol. Ⅱ, 1251-1259.

Hargreaves-Mawdsley, W. M. *A History of Academic Dress in Europe until the End of the Eighteenth Century*, Oxford, 1963.

Jolly, C. (ed.) *Histoire des bibliothèques françaises*, vol. Ⅱ: *Les bibliothèques de l'ancien régime, 1530-1789*, Paris, 1988.

Kibre, P. *The Nations in the Mediaeval Universities*, Mediaeval Academy of America, 49, Cambridge, Mass., 1948.

Kiene, M. 'Die Grundlagen der europäischen Universitätsbaukunst', *Zeitschrift für Kunstgeschichte*, 46. I(1983), 63-114.

Kluge, A. *Die Universitäts-Selbstverwaltung*, Frankfurt-on-Main, 1958, reprint New York, 1977.

Kulczykowski, M. (ed.) *Les Grandes Réformes des universités européennes du XVI e au XX e siècles. III ème Session scientifique internationale, Cracovie, 15-17 mai 1980*, Zeszyty Naukowe Uniwersytetu Jagiellonskiego DCCLXI. Prace Historyczne, Z. 79, Warsaw/Cracow, 1985.

Maffei, D. and De Ridder-Symoens, H. (eds.) *I collegi universitari in Europa tra il XIV e il XVIII secolo. Atti del Convegno di Studi della Commissione Internazionale per la Storia delle Università, Siena-Bologna 16-19 maggio 1988*, Milan, 1990.

Meiners, C. *Ueber die Verfassung und Verwaltung deutscher Universitäten*, 2 vols., Göttingen, 1801; reprint Aalen, 1970.

Peset Reig, M. 'Modelos y estatutos de las universidades españolas y portuguesas (siglos XIII-XVIII)', in A. Romana (ed.), *Dall'università degli studenti all'università degli studi*, Messina, 1991, 65-106. 209

Peset, M. and Peset, J. L. *La universidad española (siglos XVIII y XIX). Despotismo ilustrado y revolución liberal*, Madrid, 1974.

Rückbrod, K. *Universität und Kollegium. Baugeschichte und Bautypen*, Darmstadt, 1977.

Schmidmaier, D. *Die Entsehung der bürgerlichen Bibliothekswissenschaft*, Freiburg im Breisgau, 1974.

Schumann, S. 'Die "nationes" an den Universitäten Prag, Leipzig und Wien. Ein Beitrag zur älteren Universitätsgeschichte', Ph. D. dissertation, Berlin, 1974.

Steczowicz-Sajderowa, Z. 'Etudes comparatives de la base économique de certaines universités européennes', in M. Kulczykowski (ed.), *L'Histoire des universités. Problèmes et mèthodes. Ière Session scientifique internationale, Cracovie 13-14 mai 1978*, Zeszyty Naukowe Uniwersytetu Jagiellońskiego DLXVII. Prace Historyczne, Z. 67, Warsaw/Cracow, 1980, 105-109.

Stegbauer, H. '200 Jahre "Algemeine Schulordnung" Maria Theresias',

Erziehung und Unterricht, 126(1976), 135-142.

Stein, F. *Die akademische Gerichtsbarkeit in Deutschland*, Leipzig, 1891.

Vorbrodt, G. W. and Vorbrodt, I. *Die akademischen Szepter und Stäbe in Europa*, Corpus sceptrorum, Ⅰ, 2vols., Heidelberg, 1971-1978.

Willoweit, D. 'Die Universitäten', in K. G. A. Jeserich, H. Pohl and G.-C. von Unruh (eds.), *Deutsche Verwaltungsgeschichte*, *Vol.* Ⅰ: *Vom Spätmittelalter bis zum Ende des Reiches*, Stuttgart, 1983, 369-383.

Wingens, M. F. M. 'Zur Vermeidung der Schande: Organisation und strafrechtliche Tätigkeit der Universitätsgerichte in der Republik der Niederlande (1575-1811)', in H. Mohnhaupt and D. Simon (eds.), *Vorträge zur Justizforschung. Geschichte und Theorie*, Frankfurt-on-Main, 1992, vol. Ⅰ, 79-100.

Wingens, M. F. M. 'Gli studenti nel XVII e XVIII secolo: privilegi, tradizioni e costumi', *Studi belgi e olandesi per il IX centenario dell'alma mater bolognese*, Bologna, 1990, 241-255.

第五章　教师 210

彼得·A.范德梅尔斯

在撰写关于近代早期欧洲大学教师的章节时，我们要面对一些重要的实际的和方法论上的难题。“教师”这一术语意味着同质性，但这一群体中的个人显然是非常不同的。此外，教授这一术语的历史演变也很复杂。我们知道拉丁语“professor”用来指所有博士学位的获得者，如常见的STP（Sanctae Theologiae Professor）意思是神学博士。[①] 同样可以肯定拉丁词“lector”或“praelector”在很长一段时间内也是后来演变为教授的通用的和官方的术语。尽管学者们在研究大学的社会历史方面取得了丰硕的成果，但他们忽略了大学中的教授们，忽略了教学群体的社会历史。

教师种类和教学体制

尽管近代早期大学教师与中世纪的同行在很多方面仍有相似之处，但新的教学形式和新的教师类别从15世纪末开始才逐渐赢得重要地位。经济的、政治的、宗教的变革，以及教学功能含义的变化，导致教授职位的改变和多样化。牛津大学和剑桥大学的变化过程非常显著，可以说它们提
供了一个极好的例证。[②] 在中世纪，施教者和受教者之间没有明显的界 211

---

① G. D. Duncan, ‘Public Lectures and Professorial Chairs’, *History of Oxford Ⅲ*, 335.

② 参见 W. A. Pantin, ‘The Conception of the Universities in England in the Period of the Renaissance’, in *Universités européennes*, 101-113。亦可参见 J. M. Fletcher, ‘The Faculty of Arts’, in *History of Oxford Ⅲ*, 185-188 and M. H. Curtis, *Oxford and Cambridge in Transition 1558-1642*。*An Essay on Changing Relations between the English Universities and English Society* (Oxford, 1959), 101-110.

限。例如，当一个学生成了一个学院的学士时，他就要开讲座。每一个想成为硕士或博士的人都需要在其获得学位后的几年中开设讲座，这被认为是必要的实习。这样通过源源不断的见习生或新毕业的学生（任课教师），讲座的课程至少在原则上有了保证。这种制度具有明显的优点：它保持了常新的讲座者队伍，而且不会对大学提出任何财政上的要求。

另一方面，它极大地延长了学生义务住校的时间并限制了高水平讲座者的加入。

16 世纪这种必要的实习制度得到了修正和补充。我们发现在 16 世纪 50 年代末的牛津大学有硕士“接受委托去做讲座”的说法，这意味着早期要求所有获得学位的学生必须做讲座的要求已或多或少被取消了。例如，虽然牛津大学神学院的许多讲座依然由那些攻读博士学位的学士们开设，但文学院采取了措施以保证选取 9 个硕士开设文科课程的讲座。

同一时期为讲座者设立一定数量的永久职位和捐赠职位的观念也出现了［讲师（lectores）或教授（professores），这两个名称一直被交替使用到 17 世纪］。1497—1502 年，亨利七世的母亲玛格丽特夫人在剑桥和牛津建立并捐助了神学讲席，这是首个成功实现这一基础的例子。对于剑桥来说，曾在 1506—1519 年担任高等民事法庭大法官的罗伯特·里德爵士，其遗嘱中有为哲学、逻辑、修辞学讲座者提供薪水的条款。亨利八世通过设立神学、法学、医学、希伯来语和希腊语教授职位为这股潮流提供了皇家的支持。托马斯·利纳克尔注意到，由于实习制度的衰落及从来没有人在牛津建立过“真正的或永久的讲席”，牛津大学缺乏医学的教学，他决定根据自己在帕多瓦的经验对此状况进行补救。莫顿学院院长亨利·萨维尔爵士也以同样的方式于 1619 年在牛津大学设立了几何学和天文学两个讲座席位。这样出现了设立公开的、永久性的资助讲师职位和讲师的趋势，这在意大利是始于 14 世纪，在欧洲其他国家是 15 世纪。

212 伴随着这一过程，在学院这方出现了试图自己提供教学的努力——这种需要在引入现代本科教育后更显著（如在莫德林学院）。莫德林学院章程（1479）就规定学院应该提供讲师和讲座，而学院的院士必须参加。从

16 世纪开始，牛津和剑桥每建一所新学院都有提供学院讲座的规定，绝大多数老学院也有这方面的安排。到了伊丽莎白执政时期，似乎所有的学院都有足够的讲师来承担整个教学工作。

在莫德林学院、基督圣体学院及基督教堂学院，寻求常任教师的过程和由学院提供教学的趋势相互交融并最终得到统一。学院为讲师和教授提供讲座席位，他们的讲座向整个大学开放。

最后，除了这些学院和大学的讲座，还有一种牛津和剑桥独有的盛行几个世纪的教学：由导师进行的个人教学。我们对 16 世纪这些导师的工作和他们采用的教学方法知之不多。但他们 17 世纪的后继者们对自身所为有所记录。一个名叫理查德·霍尔兹沃思的剑桥大学圣约翰学院院士拟订了详细的教学说明来指导他的学生。从这些可以看出学院的教学使大学讲师们几乎无用武之地。霍尔兹沃思为其学生规定的学习内容要比大学那些公共学院提供的更丰富、更全面、更彻底。③

因此在 1450—1550 年，牛津大学和剑桥大学已经建立了完备的由学生宿舍和学院提供教学的制度和导师制。导师制在 1550—1650 年变得更加重要。然而人们须记住的是，大学的公开教学至少延续到 17 世纪中叶，直到 18 世纪，大学的教学才萎缩，学院和导师几近垄断。

正如前文所言，教学制度的变化，以及随之而来的不同种类教师重要性的变化，在英格兰的大学中表现得最为显著。但在欧洲大陆的许多大学中，学院教学（或所谓的“教学法”中的文科教学）日益赢得重要的地位（巴黎、鲁汶、萨拉曼卡等）。在近代早期，大陆的大学也目睹了与学生有 213
显著差别的教授职位的发展。然而，若认为界定大陆大学的教师们更容易，那将是一个错误。即使在同一所大学里，教授、博士或讲师也有不同的特权、薪水、义务、工作或责任。

一般情况下，几乎每一所大学都有一个由有权势的“固定”教授组成的小核心，在其周围聚集着一个由各种教师构成的比较重要的群体，这些

③ Curtis, *Oxford and Cambridge*,（注释 2），102-111.

教师（博士、硕士、领有开业证书的人、学位应考者、学士）或帮助前者承担一定的职责，或通过提供专门的或辅导性的教学来谋生。鲁汶大学是一个极好的例子：与很多其他大学一样，在鲁汶，董事会教授和授课教授之间有着明显的界限。后者只能教学，而前者（通常是博士）不仅教书，而且还在学院委员会发挥作用：他们制订教学计划、代表学院、考查学生、主持辩论，以及在他们中间分配酬金。简而言之，董事会教授是报酬高、权力大的教授，他们令人羡慕的职位是授课教授所追求的。第二个区别体现在普通教授和特殊教授之间。与后者形成对比的是，普通教授在预定的时间里上课（上午）；他们教授最重要的科目，学生必须去听课。最后，第三个群体的教授是由国王或他的代表付酬和任命的：神学院、法学院和医学院的恺撒教授或皇家教授。这是查里五世模仿他在西班牙一些大学创建的席位而推出的。④

这种教授地位并非鲁汶大学所独有。德国大学的法学院在学院博士和非学院博士之间（相当于鲁汶大学董事会教授和授课教授之间的区别）、通过答辩毕业于该学院的与从其他地方获得学位的人之间、有酬讲课和无酬讲课的人（通常是年龄比较大的需要提供讲稿和授课以获得高级学位的学生）之间、阅读指导和非阅读指导教师之间，最后在普通教授、特殊教授和私人教师之间，都存在差别。⑤ 后者是既没有薪水又没有提供讲座义务的人，他们通过做私人教师来谋生。几年后，他们最终有望获得有薪水
214 的讲座席位。在巴黎大学，有权势的董事会博士的工作由授课的博士及一定程度上的名誉博士来辅助。

在西班牙和意大利的大学中，拥有首席教学身份的最重要的教授在上午授课，而拥有次级教学身份的年轻讲师在下午授课。前者享有典礼上的优先权，拥有进入大学委员会的权利，有机会参与所有的考试和学位授予仪式——一项可获得源于学生学费的大笔收入的特权——而且，很重要的

---

④ E. Lamberts and J. Roegiers(eds.), *Leuven University 1425-1985* (Louvain, 1990), 46-48.

⑤ K. H. Burmeister, *Das Studium der Rechte im Zeitalter des Humanismus im deutschen Rechtsbereich* (Stuttgart, 1974), 139-160.

是，他们固定的薪金平均比那些讲师高出两到三倍。

要全面了解这些情况，我们必须提及与大学有关的荣誉博士。他们是宗教界、政界、文学界和科学界的成员，尽管他们在一定程度上在大学生活中发挥着积极的作用，但他们通常被认为“他们身份的光环作用比实际发挥的效用要大得多”[6]。这个头衔实际上更多地被授予国家中领袖式的人物，而不是对学术水平的确认。

乍一看，相当混乱的教授地位的差异似乎既是形式上的又没有什么意义。然而，正如我们将要看到的，在研究薪金、社会地位和教师的职业生涯时，教授的等级很重要。考虑到这个群体的多样性，读者就会理解在近代早期对大学教师进行概括的描述该有多么困难。很明显，我们所知道的“教授”根本不存在。

作为一种职业的教学

> 与那些只知道为自己、为这个世界工作或对学生一无所施的学究，品行不佳或认为不值得把精力花费在为学生提供讲座上的天才，不加任何联系将所有事情混合在一起且无任何适当教学方法的充满了狂想的学者相比，一个有条理、正直、学识渊博、善于沟通的人更适合做教授。（L. H. 雅戈比，1798）[7]

在教学与学术这个问题上，18 世纪德国一些理论家在讨论中很极端地认为大学和它们的教授根本没有推进学术进步的义务。另一些人持比较中庸的看法，认为作为学者，教授的职责必须严格地从属于其作为教师的 215

⑥ M. A. Lemasne-Desjobert, *La Faculté de droit de Paris aux XVII e et XVIII e siècles*(Paris, 1966), 31-32, 有关 17 世纪巴黎大学的法学院。

⑦ 由 R. S. Turner 援引, ‘University Reformers and Professorial Scholarship in Germany 1760-1806’, in Stone(ed.), *The University in Society*, vol. Ⅱ, 516-517。

职责。然而，对如何强调教学的专一性缺乏共识，这为详细探讨作为学者的教授的广泛职责开辟了蹊径。例如，18 世纪德国的克里斯托弗·马丁·威兰就主张发表论文和著作是教授的职责之一："出版著作和论文本质上是学者的活动，对教授而言再合适不过了，因为通过出版物他可以有机会扬名于国外，而且由此提高了大学的声望。"⑧ 但实际上对大学教师在科学和文学领域出版成果的要求程度各大学和各学院间存在着极大的差异。

例如，不可否认，17 世纪和 18 世纪荷兰大学的教授们在推进科学和法学发展方面做出了重要的贡献（在这个国家，至少从事一些科学研究活动是不可缺少的身份的象征），很小的杜埃大学神学教授们的著作也对反宗教改革产生了深远的影响，人文主义者和科学家如于斯特斯·利普西乌斯、约瑟夫·斯卡利杰、安德烈亚斯·韦萨琉斯、伦伯特·多东斯等和其他许多人出版了重要的著作，或者许多教授为一些 17 世纪和 18 世纪科学期刊的成功做出了贡献，并且与学术界保持着密切的联系。约翰·戴维·米夏埃利斯在 1768 年指出，"绝大多数伟大的学者都在大学工作，其他的学者有些也以大学教授的身份实际上在大学教书"⑨。

这些例子证实了这种观点，即大学教师的作用是为了增进对其特定学科的理解，而不仅仅是传播现有知识。"正是由于这个原因，神学教授才如此深深地被同时代的学说争论所吸引，律师才试图去揭示成文法的合理性，医学教授们则经常推动医学科学的发展。"⑩

但是普遍的意见可能是 18 世纪提倡教授出版著作，克里斯托弗·迈

---

⑧ W. Stieda, *Erfurter Universitätsreformpläne im 18. Jahrhundert* (Erfurt, 1934), 176-177, quoted by Turner, 'University Reformers'(注释 7), 519.

⑨ Quoted by N. Hammerstein, 'Universitäten und gelehrte Institutionen von der Aufklärung zum Neuhumanismus und Idealismus', in G. Mann and F. Dumont (eds.), *Samuel Thomas Soemmerring und die Gelehrten der Goethe-Zeit*, Soemmerring-Forschungen, Ⅰ (Stuttgart/New York 1985), 311; N. Hammerstein, 'Zur Geschichte und Bedeutung der Universitäten im Heiligen Römischen Reich Deutscher Nation', *Historische Zeitschrift*, 241 (1985), 327-328.

⑩ Brockliss, *French Higher Education*, 45-46.

纳斯指出“绝大多数大学从前都倾向于将口头演讲的特殊才能看得比一个 216
写作者的天赋和名声更值得推崇”[11]。在关于18世纪德国大学的研究中，斯帝汶·特纳考察了成果的出版对在大学谋求发展的重要意义。[12] 在著名的哥廷根大学，刚入行的哲学院教师（1765—1766）平均出版著作的数量是5部，提升为正教授时出版著作的数量约为10部。而且，这些出版物质量不一，包括布道全集、百科全书摘要、论辩及学术著作。最终，哥廷根大学的情形要比那些小型的如罗斯托克大学、弗莱堡大学要好得多。只是在讨论的这一时期的最后几十年里，这种态度才开始发生转变。

简而言之，如在18世纪的德国，如果人们着眼于全体教授，就会发现良好的教学和大学的价值观念（诸如大学里的声望）显然与学术同等重要。在一些学院中，很明显，吸引大多数学生的不一定是文字作品为其赢得后代尊敬的学者。拥有良好教学声誉的教授做到了。不同的教学方法——普通授课法和特殊授课法、讲授教学法、论辩教学法、私人授课法——以及教授所教的科目或不教的科目将在第14章进行探讨。本章的问题局限于教授们——在他们的学院内，当然也在正统范围内——是否可以自由讲授他们喜欢的科目或主题并选择适当的方法。

关于大学教席法定安排的力度存在着很大的差异。例如，就法国一些大学而言，对于要拿学位的学生来说，几乎没有什么措施来保证他们在3年或4年义务学习，期间能够成功地完成全部课程。“一个教授可能会被要求教授一门完整的课程或只讲某一特定的方面，但不管在哪种情况下，偶尔会有特定的大纲规定在一定的时间内需要涉及的内容。讲师通常按照自己的步调并追求自己的兴趣。”[13] 对学生的期望是在学校期间学习一定
数量的由讲师提供的课程。另一方面，也有很多例子要求教授讲授某种特 217
定的科目或在一段确定的时间内宣读自己的整个讲稿。例如，牛津大学萨

---

[11] C. Meiners, *Über die Verfassung und Verwaltung der Deutschen Universitäten*, vol. Ⅱ (Göttingen, 1801), 55, quoted by Turner, 'University Reformers'(注释7), 519-520.

[12] Turner, 'University Reformers'(注释7), 515-528.

[13] Brockliss, *French Higher Education*, 45.

维尔教授职位（几何和天文学）的创立者亨利·萨维尔要求他的教授不仅应该教授欧几里得，还要教授阿波罗尼奥斯的锥线论和阿基米德的数学原理。而威廉·卡姆登——与大学官员的愿望相左——坚持让他的教授讲授民法史。但值得一提的是其他的职位（如牛津和剑桥的皇家物理学教授职位）界定不清且要求松懈，使有效教学在很大程度上取决于在职者的个人倾向。

有些大学和学院规章也试图指定教学中应使用的方法。就基督教堂学院（牛津大学）的公开讲座而言，他们规定讲师在每周开始要有指定的主题，每周末要对学生进行检查。周日和某些节日，每个教授要在其讲座室待一个小时，处理学生提出的任何问题。[14] 因此不仅教授的科目和教学方法要服从各种规章，教师勤奋也归于此。正如我们随后将要看到的（第238、242、250页），教师缺勤一直是17世纪大多数大学的一个难题。由此大学和政府当局采取了各种措施来保证教师履行职责。如果他们无故缺席，教授可能被罚款，甚至被除名。

除了教学，教授们对大学和学生还承担有其他方面的职责。对大学来说，教授们在大学或学院委员会及各种委员会拥有席位，担任校长、系主任、院长、图书管理员等。然而，在近代的早些时候，有一种限制教学人员行政管理之责的倾向。例如，1697年，符腾堡公爵提议图宾根大学委托王子视察委员会和一些公务员来管理大学的财产。由此教授有更多的时间用于教学。[15]

对于学生来说，教师视其职责不仅是向学生灌输必要的知识，还要在
218 学生不学习的时候监督他们的行为。在有些大学，教授需要督管学生的品行、他们的生活方式、业余时间的活动、宗教情感等。

但教授们所要做的远不止履行教学职责和或多或少地出版作品。即使

---

⑭ Duncan,'Public Lectures'（注释1）,340-341.

⑮ H.-U. Schwarz,'Von den "Fleischtöpfen" der Professoren. Bemerkungen zur Wirtschaftsgeschichte der Universität Tübingen', in H. Decker-Hauff, G. Fichtner and K. Schreiner (eds.), *Beiträge zur Geschichte der Universität Tübingen, 1477-1977* (Tübingen, 1977), 96.

不考虑他们从事私人教学和实践的时间（见下文第237页），他们的工作也远不止这些。一般而言，所有的大学和大学中的大部分教师都是向政府和教会当局提供咨询的智囊：在各种议会和会议上，在对付外国势力的时候，在草拟天主教徒禁书书目的过程中，在管理出版物和书籍销售方面，在自己传道和审查时，神学学者和律师是王子、主教、领主等的顾问，他们还是这些人精神上和医学上的顾问。他们在特伦托议会上露面，撰写无数有关宗教、教育或政治的论辩和建议，充当法律、信仰和正统的保护者。更特别的是，法学教授和法学院成为王室、市政当局、私人、咨询法庭就各种事情进行咨询的对象。这些活动在有些教授职位中是固有的，因为许多教师首先是领取牧师薪俸的人，是一种神职。当然，当时的人也意识到这些事情占去了教授们大量的时间，而这些时间本应用在研究或课堂上。因此，海德堡大学的奥托·海因里希（1502—1559）曾指出，教授们"不应当承担大臣们和法官们的职责并被其所累"⑯。但是，选帝侯卡尔·路德维希在1652年的海德堡大学规章中指出，法学院的特殊教授不仅应该教学，还要提供"各种人际关系、回应意见和建议"，虽然这样明确的职责是例外情况，但他的意思是"一个由训练有素的经验丰富的法学家组成的学院永久存在，随手可得，我们选帝侯在大学里可以拥有他们，并且可以在任何时候由我们支配"⑰。然而，大学教师的这种社会功能在近代早期的历史进程中变得越来越重要。这种现象解释了这一时期，如在德国，大学特别是法学院为什么赢得了如此重要的地位。

教师的委任 219

在描述教授职位的一般特点之前，我们必须问自己这样的问题，即候

⑯ N. Hammerstein, 'Universitäten—Territorialstaaten—Gelehrte Räte', in R. Schnur (ed.), *Die Rolle der Juristen bei der Entstehung des modernen Staates* (Berlin, 1986), 712.

⑰ G. Dickel, *Die Heidelberger Juristische Fakultät. Stufen und Wandlungen ihrer Entwicklung* (s. l., s. d.), 187-188.

选者需要满足什么样的条件，以及任命一个新教授时的决定因素是什么。

博士的晋升通常只是一个形式化的但非常奢华和隆重的典礼，象征着这个新产生的博士被教师圈子所接纳。然而，在许多大学，博士学位并不是获得职位的必要条件。这对于文学院的教师而言更是如此。他们中的大多数都是持有专业开业证书的人或硕士，他们在本学院教书，也在更高一级学院，特别是神学院学习。此外在其他的学院，许多教师没有博士学位。例如，在西班牙，大学的教职要求至少有学士学位，尽管大多数学校有附加的规定要求新任教师是半年到一年内毕业的持有开业证书的人或博士。[18] 在荷兰南部，只要求有开业证书。在鲁汶的医学院、法学院和神学院，1501—1797 年共任命了 339 位教授。其中只有 104 位（30.7%）在任命前获得了博士学位。103 位（30.4%）教师在他们首次任职后得到了博士学位，特别是当他们有机会在法学院获得一席之地的时候。132 位（39.9%）教师从未费力去获得博士学位。[19] 同样，1679—1793 年南部法国大学任命的 59 名法国法学教授中有 21 名也没有博士学位。[20] 另一方面，因戈尔施塔特法学院的 87 名教授中有 77 名是博士，科隆（1460—1559）83%的法学教授是博士，图宾根大学从 1601 年起要求每一位普通教授都要有博士学位（特殊教授有开业证书即可）。[21]

如果博士学位不是决定性的，那么负责任命的权威部门采用什么标准呢？这是一个相当难以回答的问题。

220 一般情况下，我们可以区分三种不同的任命制度：第一种是由一个学

---

⑱ Kagan, *Students and Society*, 165.

⑲ J. Roegiers, 'Professorencarrières aan de oude universiteit Leuven (1425-1797)', in G. Asaert *et al.* (eds.), *Liber amicorum Dr. J. Scheerder. Tijdingen uit Leuven over de Spaanse Nederlanden, de Leuvense Universiteit en Historiografie* (Louvain, 1987), 235-236.

⑳ C. Chêne, *L'Enseignement du droit français en pays de droit écrit (1679-1793)*, Travaux d'histoire éthico-politique, 39 (Geneva, 1982), 109.

㉑ H. Wolff, *Geschichte der Ingolstädter Juristenfakultät* (Berlin, 1973), 102; H.-W. Thümmel, *Die Tübinger Universitätsverfassung im Zeitalter des Absolutismus* (Tübingen, 1975), 190; H. Keussen (ed.), *Die Matrikel der Universität Köln*, vol. Ⅰ (Bonn, 1928), 70*-86*.

院委员会来判别一名申请者的优点并决定其任命；第二种是教授任命的决定权不在学院，而掌握在大学全体成员的手中；第三种是把任命权交予地方、省或国家一级的政府。这三种任命方式——由全体教师、由学生和由政府当局任命——看起来是混合在一起使用的：例如，在牛津大学，六位皇家教授是由国王任命的；一小部分教授是由大学议会选出的（神学的玛格丽特女王席位是由所有在大学获得神学学位的人选举，诗歌教授职位由学院在册的所有硕士选举）。但是，绝大多数教授是由比较小的委员会选出的，这些委员会通常由某些学院的院长和一些重要的官员组成。各个学院内的教学是由一些院士来承担的，他们由院长挑选或通过选举产生。[22]

在法国，[23] 任命权几乎一直属于学院委员会。根据大学条例，空缺职位要登广告，申请者要参加一系列严格的称为会考的公开考试。然后，学院委员会（教师团委员会）讨论候选者们的优点并按多数人的意见决定其是否被录用。例如，1742 年，图卢兹大学法学院教授职位的申请者们需要做一个 12 小时的有关教会法规和民法的主题演讲，还要主持两个关于法律争议的公开辩论，每次 8 小时。但有证据表明，在 17 世纪早期，这种“会考”被“提名”的过程所取代，委员会由此向国王推荐一个可能的人选并获得他同意的特许证书。此外，国王有时可能插手并直接任命教授，如发生在 17 世纪中叶巴黎法学教授的两个例子：弗朗索瓦·弗洛朗和皮埃尔·阿莱。但在法国，这种做法从没有波及其他学院，而且正常情况下只有在设立新教授职位时才运用提名这种方式。

声望高的学院的有些教授职位极具吸引力。五六个申请者是常有的事，但 1617 年有 12 个人争夺蒙彼利埃大学皮埃尔·多特曼医学教授席位。对于任期很短的任命，各学院从未组织过“会考”，特别是巴黎大学和安格斯大学的医学院，那里的教授只任职一两年。这里的教授由学院委 221
员会内部任命。然而，有时候任命部分地或完全地脱离学院委员会的控

㉒ A. Engel, ‘Emerging Concepts of the Academic Profession at Oxford 1800-1854’, in Stone (ed.), *The University in Society*, vol. Ⅰ, 305-306.

㉓ Brockliss, *French Higher Education*, 39ff.

制：法国法教授（1679年在所有法国大学法学院设立）在地方民众的建议下由国王直接任命，图卢兹大学的教授由各学院代表组成的代表大会任命，巴黎大学的神学教授不是完全由委员会选出，而是由一两个大学学院的神学家来决定。

西班牙也举行了类似的称为“竞聘会”的公开考试。这里的大学条例规定大学要向其他大学公布职位空缺并邀请合格的学者来申请，申请者要提前就一段商定好的经文准备一份评论。经判定最有能力的申请者获选。但是，在这里，不是由学院委员会而是由包括学生在内的整个学术圈子来决定。这些选拔有很多缺陷。哪些学生可以为一个特定学院的职位进行投票？谁是学生，谁不是？等等。此外，学院院长们采用一系列策略以确保他们自己的成员能够成功入选。例如，圣·克鲁兹学院每一个成员每年要交纳100瑞勒司用来收买学生的选票。甚至有人提到，萨拉曼卡的教授们曾使用“缺席者和死者”作为选举人，而修道会则在选拔快要结束时从很远的女修道院请教友来担任选举人。此外，选拔并不仅由选举决定。贿赂、腐败、暴力、恐怖各自扮演着重要的角色。尽管大学的官员和皇家委员会试图制止这些做法，但一位17世纪目睹了萨拉曼卡学生选举混乱状况的人士写道：“没有一百万条不可饶恕的大罪就没有终身的席位。”[24] 当我们了解到1700年左右在巴利亚多利德法学院不少于30人申请一个空缺职位，竞聘会变得腐败就很好理解了。西班牙议会和其他地方对这些过度腐败的抱怨和常常出现的暴力性学生选举导致菲利普四世于1623年下令皇家委员会负责大学教学人员的选拔。1641年以后，这种改变成了永久性的。

在近代早期，不仅卡斯蒂利亚而且几乎欧洲所有大学都不得不接受政府对学校人员任命越来越多的干预。这在新成立的大学更为明显，如在德意志帝国。尽管有些德国大学（在大多数情况下最差的那些）依然坚持自
222 治，但到了1760年，由官方决定学术职位的任命和晋升在公国内的许多

㉔ Kagan, *Students and Society*, 167.

大学中已变得合法了。即使有些机构和个别学院在整个世纪保留了自己遴选成员的权利，但领主们还是逐渐将这种古老的法人特权占为己有。[25] 但在德国和其他地方，早在18世纪以前政府就已考评申请者的素质，尽管在很多时候他们要征询学院委员会的意见。例如，在鲁汶任命教授的是镇议会，在帕维亚是米兰参议会，在因戈尔施塔特和图宾根是公爵，在海德堡是选帝侯，在萨拉戈萨学生、教师和市政当局在选拔中都有发言权，在爱丁堡镇当局对教授的任命具有很大的控制权。在帕多瓦，威尼斯参议院于1517年开始成立了一个由三名地方官员组成的特别小组，他们的任务就是接管大学的管理，这项工作包括任命新教员和决定课程的重要事宜，与此同时，在那不勒斯，西班牙总督日益控制了大学的管理。在牛津和剑桥，国王也利用权势和影响力左右学院院长的任命，以确保只考虑那些合意的人选。此外，通过设立"皇家席位"、国王捐赠和任命，正如在牛津、剑桥、巴黎和鲁汶出现的那样，官方加强了他们的地位。

显然，大学和教授们向任命机关提名候选人的法定权利在很多情况下是受到忽视的。西班牙国王的例子就是一个很好的说明，他在1799年发布了《卡斯蒂利亚建议》，以便在萨拉曼卡寻求一种没有大学插手的任命教授的途径。甚至有时领主顾问们的建议也受到忽视。例如，1586年，巴伐利亚公爵委派卡斯帕·赫尔做因戈尔施塔特大学法学院的教授，而他的顾问们认为这个候选人"甚至分不清巴尔托鲁❶和巴尔杜斯❷；他的教授是最靠不住的事情；他不会完美地拼读字词；而且，他和他的学生们一起逛酒店喝酒"[26]。但另一方面，官方专制的例子并非在每一所大学都很常见。大多数情况下，官方要征询有关大学和学院的意见，而且领主的顾问们通常本身就是大学的教授或至少在大学学习过。他们因此非常熟悉情 223
况，能够做出合适的决定。

㉕ Turner,'University Reformers'(注释7),511ff.

❶ 1314—1357年，意大利法学家、布拉格大学民法教授。

❷ 1327—1400年，意大利法学家。

㉖ Wolff, *Ingolstädter Juristenfakultät*(注释21),104.

教授职位的一般特点

简而言之，教授职位的特点如下：日益世俗化、政府控制日益加强、宗教控制日益增加、家庭和社会的影响日益增加、社团主义和地方主义日益增多。然而，也有一些重大例外。

近代早期欧洲大陆大学一个主要的特点无疑是教授职位的世俗化。（另一方面，在英格兰，大学教员必须是教士）例如，在巴黎大学，医学院教师于1452年实现了世俗化，法学院和文学院是在16世纪。1553年，教皇尤里乌斯二世提到海德堡大学教会法课程时指出，如果没有其他合适的人选，非教士也可被任命为教授。这种世俗化意味着教会在很大程度上失去了对大学的控制，特别是失去了对教授职位的控制。我们将看到，这对教授的社会地位和经济地位产生了重要的影响，现在的这些教授是为人夫且为人父的。

这种普遍的世俗化倾向并不意味着教士们完全被排除在大学教职之外。正如本书第三章所言，16世纪和17世纪，耶稣会日显其重要性。尽管他们遭到来自学院和大学的反对，耶稣会还是成功地占据了欧洲很多天主教大学中哲学和神学的重要教授席位，有的甚至还控制了整个学院或大学。除了耶稣会，在中世纪大学拥有重要地位的托钵僧会社，在意大利（如博洛尼亚）、西班牙和法国依然占据着重要的席位。在图卢兹，四个托钵僧团体分别负责维持神学公开席位，在17世纪中期的法国，同样也有其他的教派担任世俗的教席。尤其是多明我教派的修道士在许多神学院都是著名的教授。他们一般还在艾克斯省、波尔多、卡昂、阿维尼翁等地从事教学。1655年，当后来的大学设立公开教席的时候，特许状要求优先考虑多明我派的教士，哲学席位（1666）和神学道德席位（1719）设立时
224 也有同样的规定。就法国而言，只有巴黎和安格斯大学的公开席位从未由

正规的神职人员担任过。[27] 最后重要的是，我们不应该忘记德国新教神学院在 16 世纪和 17 世纪发挥着非常重要的作用。这些学院的许多教授都是罗马教会议会的成员。

在讨论教师职责和任聘时，我们已经强调了政府在大学生活中发挥的日益重要的作用。因此，很明显，教师不管是作为群体还是个体，都失去了很多（中世纪）自由。教授会再没有同样多的自由来决定自己的事情。政府的专员被派到大学来核实教授的正统性和他们工作的勤奋程度；校长们由国王任命，如威廉·塞西尔（剑桥，1559—1598）和威廉·劳德（牛津，1630—1645），他们负责对大学中高级及初级人员的学术和宗教生活进行日常管理；所教授的科目由政府指定；教授的出版物要上交政府的审核机构；[28] 教授成为公职人员，他们的教学执照及自由、豁免权和个人荣誉由政府来保证和限制。[29] 在有些情况下，这种干预是非常强的：在维也纳大学，这所大学在 18 世纪后半叶成为德国天主教大学的楷模之一（追随“改革派”的维尔茨堡、因戈尔施塔特及美因茨大学），范格哈德·斯威滕受君主邀请为医学院改革提供建议。这些干预包括通过政府派驻代表对学院进行严格控制、对教学的细枝末节进行规范，有的甚至到了规定教授使用哪本教科书的程度。[30]

在俄罗斯，国家控制具有不同的特点。国家对圣彼得堡大学的控制极为专制。这部分归咎于它靠近沙皇的住处冬宫。教授们所受到的限制源于官僚的体制和那些当权者使科学成为他们奴仆的努力。圣彼得堡大学的学者们“不得不耗费大量的时间和精力为宫廷节日准备焰火或为沙皇的家庭

㉗ Brockliss, *French Higher Education*, 34-35.

㉘ 例如，18 世纪的意大利，见 M. Roggero, 'Professori e studenti nelle università tra crisi e riforme', *Storia d'Italia. Annali*, 4(Turin, 1981), 1070ff. 。

㉙ L. Boehm, 'Libertas Scholastica und Negotium Scholare. Entstehung und Sozialprestige des Akademischen Standes im Mittelalter', in *Universität und Gelehrtenstand*, 44ff.

㉚ McClelland, *State, Society and University*, 72.

225 成员和他们的亲信撰写颂扬之词”[31]。有些教授为沙皇的家人讲课，教叶卡捷琳娜二世俄语，给她的孙儿们上课。由于交通和通信的障碍，建于1755年、离首都有600千米之遥的莫斯科大学则较少受到皇帝的干预。

简而言之，随着大学成为政府官员和贵族们控制学校教育的工具，绝大多数大学都失去了它们拥有的那些自治权利。尽管如此，还有重要的两点在这儿需要说明。首先，虽然政府和官僚控制可能是真实的，但这并不意味着当地的教授会停止对于诸如教授任命事宜发挥影响力。这些当地的教授会或一些有支配权的个人各自努力保持对教授任命的影响力，主要原因是政府往往对此缺乏控制。例如，整个18世纪，普鲁士对其大学的官僚控制就极为松散，除了短期的专制干预外，它对管理大学或利用权力干预教师任聘没有任何兴趣。大学一直参与教职的选聘，而且在整个18世纪都是如此。[32] 尽管政府偶尔也会不顾大学的意愿强加给大学有争议的教授，但在总体上，当地的教授会还是能够制定教师任聘的学术标准。其次，不能认定政府控制就意味着大学质量没有保障。值得一提的是许多18世纪的大学改革者和批评者并不谴责这种干预。相反！推崇日耳曼式开明专制的哥廷根大学教授克里斯托弗·迈纳斯（在哥廷根大学，政府当局一方面对教授任命控制极严，另一方面保证教学的绝对自由）赞许地写道：

> 伟大的闵希豪生几乎没有授予我们大学提名、任命和推荐的权力，他也没有授予我们自由选择的权力，因为他从以往的经验中了解到，尽管大学的教师们通常知道哪些人最适合这些空缺的职位，但他

---

[31] B. I. Krasnobagev, *Russkaya kultura vtocoy pohoviny XVII-nachala XVIII veka* (Moscow, 1983), 104.

[32] C. Bornhak, *Geschichte der preussischen Universitätsverwaltung bis 1810* (Berlin, 1900), 99-100; G. von Selle, *Geschichte der Albertus-Universität zu Königsberg in Preussen* (Würzburg, 1956), 158-161. 两部著作均由 Turner 援引，参见‘University Reformers’（注释 7），511。

们极少或从不会推荐他们所知道的最能干的人。[33]

克里斯托弗·马丁·威兰写到爱尔福特大学时说："在那些盛行相反习俗的学院如果把聘任教授的权力授予君主，那么不管是对于大学，还是 226
对于防止那些已经产生的弊端，都是极为有益的。"[34]

最后，值得一提的是大学教师的经济状况有所改善，这得归功于政府的资金援助。例如，1620 年，乌普萨拉大学得到瑞典国王古斯塔夫二世的大批捐款，这意味着大学经济的复苏。

在那个时代，教授任聘的另一个因素是宗教信仰。显然，16 世纪之前都是由官方管理师生的宗教事宜。例如，国教会控制下的牛津和剑桥要求所有成员，包括学生、院士、院长、辅导教师和公开讲座的教授都必须认同《至尊法案》，承认国王是英格兰教会最高权威，并且认同教会的《三十九条信纲》。这就是说，从 16 世纪开始公开宣称天主教的信仰和 1662 年后公开承认为非英国国教徒的人被排除在这些大学之外。

欧洲大陆也存在类似的情形。路德派和加尔文派的大多数大学都要求教师宣誓效忠国王和宗教，而 1564 年的特伦托会议规定天主教大学中的所有成员必须做信仰宣誓。一些大学甚至采取了更特殊的措施，哥本哈根从 1604 年开始禁止聘任任何曾在耶稣会学院学习的人。

然而，值得强调的是，在规范正统方面各地有很大不同。荷兰共和国大多数大学在对待学生的宗教信仰方面要比其他地方宽容得多，但几乎所有的地方都要求教师属于归正教会。事实上，在莱顿大学建立的最初几十年里，并不是所有的教师都对归正教表现了同样的热情。例如，法律教授托马斯·佐西乌斯公开承认他的天主教信仰，并且于 1593 年接受了正宗天主教大学维尔茨堡的教授职位。但自从他离开莱顿后，这所大学对应聘者的宗教信仰调查得更为彻底了。结果，1732 年路德派的戈特利布·海

[33] Turner, 'University Reformers'(注释 7), 512.

[34] Turner, 'University Reformers'(注释 7), 512.

内克丘斯由于其宗教信仰而未被聘用。[35]

227 教授宗教信仰的正统性不仅是教师得以任用的决定因素，还是教师被解雇的主要原因之一。历史上几乎每一个大学都能找到教师因为宗教信仰而被开除的例子。

在德国启蒙运动时期，尤其在哈勒和哥廷根，情况开始发生变化。哥廷根是 18 世纪路德教会中一所主要的大学，格拉赫·阿道夫·冯·闵希豪生曾尽力避免自 17 世纪末以来风行于新教教派之间的激烈争论。大学条例中禁止公开指责教师的“异教”观点。尽管神学家本该是优秀的路德教徒，闵希豪生还是力图通过任用在宗教信仰上持中立态度的教授以保证和平共事。从这点上，人们可以看到学术自由的起源，使哥廷根成了无与伦比的以思想、写作和出版自由而闻名的地方。[36]

通过考查 1681—1793 年 59 位法国法教授的聘用原因，克里斯蒂安·谢纳认为只有 15%的教授以律师身份得到任用，42%的因为服务于国王而得到任用，34%凭借与名人的关系而被任用；59 名申请者中的 36%在被任聘之前曾是声名狼藉的法官。[37]

事实上，改革者们在教师评估上主要看候选者被社会和团体的接受程度，而常常忽视其学术成就。在旧制度时期，这种情况发生在所有应聘者身上。大学教师当然也不例外。在这方面，教授女儿的支持是一个非常重要的因素。萨尔茨曼在《卡尔·冯·卡尔茨伯格》中描绘的一幕可能很有意义：一个年轻的大学教师抱怨说，凭资历他完全有资格获得一个空缺的教职，但所有负责此事的教授对他都很冷淡。“实际上，”一个同事说，“看来你并不知道如何在格吕纳得到一个职位……我们有很多漂亮的教授的女儿。娶一个！会怎么样呢？事情会变得好起来。”[38] 事实上，17 世纪和 18 世纪欧洲的大多数大学都存在近亲繁殖的现象。真正的学术王朝是

㉟ Frijhoff, *Gradués*, 56.

㊱ McClelland, *State, Society and University*, 39-40.

㊲ Chêne, *L'Enseignement du droit français*(注释 20), 30-41.

㊳ Turner, 'University Reformers'(注释 7), 513.

在以下几个大学得到发展的：在哥本哈根，在巴托林家族的支持下，其儿子或女婿们一直掌握大学的领导权；在吉森，马伯格大学和吉森大学教授、神学家门策（1596—1624）的子孙们支配了整个大学，使其在 228
1650—1700 年形成了一个典型的家族大学；在图宾根，维尔坦伯格家族（15—16 世纪）、布尔克哈德-巴尔代利家族（16—17 世纪）和格梅林家族（18—19 世纪）的成员们先后在大学担任教授和管理者；在日内瓦，图雷蒂尼家族的 7 名成员占据教授职位达 170 年之久；1666 年，巴塞尔大学中几乎所有的教授相互间都有某种关系；在爱丁堡医学院，1790—1800 年有 6 个教授职位易手，其中有 5 个传给了前任教授的儿子；等等。许多同时代的人谴责大学评议会的帮派精神。家族的利益凌驾于大学的普遍利益之上："教授职位的世代相传在一个家族中是一个光荣的传统。"[39]

因此，普鲁士的腓特烈·威廉一世在 18 世纪早期责骂他的大学学监就不足为奇了，称："我们不想对你们隐瞒我们的决定，将来当教授职位空缺时，你们要推荐给我们的须是那些已经在其他大学取得名誉和声望的人，并且愿意促进我们大学的繁荣和发展；你们要忽视那些血缘关系、婚姻和类似的问题。"[40] 在巴黎大学的法学院，一个 1712 年的声明要求相隔一两代的亲戚不能被同一所法学院聘为教授。[41]

在 18 世纪的意大利（例如，维克托·阿马迪厄斯二世在都灵，奥地利政府在帕维亚）和卡斯蒂利亚，人们做了类似的和成功的尝试去重新评价大学。在卡斯蒂利亚，菲利普五世试图消除皇家审议会任命大学教授职位时表现的裙带关系。值得记住的是，在 1641 年，由于学生选举过于腐败，这个审议会从大学的手中接管了任命教授的权利。但实际上，这个审议会滥用它的新权力，使在委任大学教席上已经存有偏见的任免方法和裙

㊴ U. J. Wandel, '"... in allen Stücken prudenter und reifflich eingerichtet". Tübinger Reformversuche im 18. Jahrhundert', in Decker-Hauff *et al*. (eds.), *Beiträge zur Geschichte Tübingen* (注释 15), 127.

㊵ Turner, 'University Reformers'(注释 7), 513.

㊶ Lemasne-Desjobert, *La Faculté de droit de Paris*(注释 6), 19.

带关系更加扩大化。这时教师由马德里委派，其选聘的原因常常与他们的
教学能力无关，而且甚至可以保证他们通过资历的积累晋升到最高职位。
绵绵不断的共同利益将审议会与阿尔卡拉、萨拉曼卡和巴利亚多利德的学
229 院院长们前所未有地紧密联系在一起。同时，一个学生如果其家庭与大学
毕业生、宫廷的高官显贵或有势力的贵族都没什么关系的话，他会发现自
己被排斥在教授职位之外。

我们应该意识到这样的事实，近亲繁殖和任人唯亲的做法虽然是普遍的和广泛的，但并不是对所有大学都产生了同样的影响。一些个别学院（像1730—1780年的爱丁堡医学院）或16世纪和17世纪的主要大学，如强调共和的莱顿和帕多瓦大学，以及18世纪哥廷根和哈勒这些年轻的大学，都没有受到太大的影响。这些大学都因认真选拔教授而闻名，他们注重学者们的声望、他们的学科成就和教学技能，虽然在这些情况下几乎每一次选聘都是众多讨论、游说和推荐的结果。

虽然一个大学的基础设施对吸引外国学生和游客来说是重要的，但是一个大学的成功在更大程度上取决于它的管理者是否有能力雇佣和留住优秀的教师，这些教师反过来会吸引大量的富人和贵族学生，使有价值的教育得以进行，并且使教师乐于留下。然而，缩小生源的社会基础的一个后果是地理区域的缩小。的确，近亲繁殖和裙带关系，以及欧洲国际性的政治和宗教集团，都对中世纪大学教学国际性的消失负有责任。这种国际性（或者说在一定情况下是地方性）的消失不是绝对的。例如，在因戈尔施塔特法学院，四分之一的教师（1472—1625）是外国人。[42] 在帕维亚大学（1499—1699）的法学院，我们可以数出39名“外国人”，69位教师出生在公国，117位教授来自帕维亚城。16世纪，有相当多的大学至少做过吸引外国教授的努力。然而，规章规定当地公民在重要的教授职位任用方面享有优先权，或者是法令要求大学教师发誓不接受外国职位，这些都导致了外国教师数量的减少。例如，虽然在意大利从中世纪晚期这些职位就开

---

[42] Wolff, *Ingolstädter Juristenfakultät*（注释21），98-99.

始排斥各种类型的“外国人”（意大利人和其他人），但是日益增长的竞争逐渐地但不可阻拦地导致了人们被迫接受关于这些尊贵职位的新的更严格的任职要求。例如，1624 年，那不勒斯的西班牙总督——阿尔巴公爵宣布那不勒斯人在大学教授职位的任聘中享有优先权。在帕多瓦、佩鲁贾和 230
比萨，教授职位受到类似的限制。甚至博洛尼亚，一所具有为外国学者保留 4 个杰出教授席位悠久传统的大学，也变得“地方化”了：到了 17 世纪中期，博洛尼亚人垄断了大学的所有教学职位。[43] 1664 年，教皇在博洛尼亚的使节把大学入学人数的下降归咎于大学缺少外国教师和博洛尼亚的教授不称职。[44] 类似的事情也发生在普鲁士，在那里一些法令禁止著名的教授离开他们在普鲁士的职位而去接受德国其他地方更有利的邀请。“1744 年，哈勒的施毛斯教授得以接受哥廷根的邀请，他只能告诉当局他在哈勒购买了另一套住房，把家用物品装上马车，然后迅速地驶过边境。”[45] 难怪 1768 年柯尼斯堡大学校长科尔夫抱怨：“本地人不出去；外面的人进不来；因此这里的一切都那么懈怠和自我陶醉。”[46]

这些抱怨真实地反映了近代早期教授职位的变化。16 世纪，教授们认为自己是学问王国的成员，是可以忽视国家边界的国际社会的成员。但在那个世纪末，一场变革开始了，使国家学者成为 18 世纪的典型。

招募新人地域范围的缩小反映在来自外国的教授数量逐渐减少上。如果我们看一下教师被任命前学习的地点，很明显，除了一些名声不佳的外，在 17 世纪和 18 世纪未来的教授们在越来越少的外国大学中学习。当然，这里也有例外。一些人游历了半个欧洲，并且在接受教授任命前在几个大学中学习过。此外，很明显，一些新大学，如隆德的卡罗来纳学院（1666/1668 年成立），至少在它成立后的头几十年里，可以依靠在国外大学学习过的教授们。

---

[43] R. L. Kagan, 'Universities in Italy 1500—1700', in *Populations étudiantes*, vol. Ⅰ, 169.

[44] Kagan, 'Universities in Italy'（注释 43）, 171.

[45] Turner, 'University Reformers'（注释 7）, 509.

[46] Turner, 'University Reformers'（注释 7）, 508.

17 世纪瑞士的巴塞尔（在 16 世纪享有国际盛誉）、日内瓦和伯尔尼大学，教授会与市政府联系紧密，几乎没有外国教师，甚至没有从市行政区
231 以外来的教师。17 世纪，在鲁汶，一个当地学生被任聘的机会是其同伴的两倍，在 18 世纪几乎是 4 倍。

然而，也有采取措施阻止这种趋势的例子。建立一所成功的大学要有能力为所有学院吸引到能干的教授和一些著名的人物。因此，在年轻的大学中，如马伯格大学，政府竭力保障教授们的薪水比更有声望的、年久的大学具有竞争力。此政策在莱顿非常明显，第一任董事会主席贾纳斯・杜萨利用在我们这个世纪非常熟悉的方法使大学不断发展，即通过提供高薪水、低教学任务吸引杰出的外国学者来大学任教（在开始的 15 年中，任聘的神学教授中有 3 个法国人、2 个德国人和 3 个荷兰南部人）。

同样的事情也发生在哥廷根，闵希豪生在那儿利用选帝侯的政治影响获取那些获准不再为其他统治者服务的教授。他偿付搬迁费用，安排教授们的住房，并且在哥廷根提供几乎无法拒绝的职位。他亲自监督教授的聘用。除了莱顿和哥廷根，类似恢复教授国际化的意图在帕多瓦（17 世纪）、都灵（1720—1730）和其他大学仅仅是个象征。在 1588 年海德堡大学的法令中，选帝侯强调在选聘方面，海德堡的学生与其他学生相比不享受优先权，“以避免破坏学问的研究或有损其声誉”。不幸的是，这种状况在 18 世纪彻底变了样，选帝侯们强迫大学从它的圈子中任命候选人。

18 世纪俄国的状况大不相同。在 1724 年圣彼得堡学院建立后的最初几十年里，它遇到的困难非常严峻。只有少数学生懂拉丁文并能听懂讲座的内容。也无法找到可以胜任的教师。因此，俄罗斯政府从欧洲大学中寻找教师。许多年轻教师如莱昂哈德・欧拉、约瑟夫・尼古拉斯・德里尔、戈特利布・西格弗里德・拜尔、约翰・西蒙・贝肯斯坦、乔治・沃尔夫冈・克拉夫特、约翰・乔戈・格梅林、约西亚斯・韦布雷赫特及其他人响

应这个建议并签订了合同。[47] 在他们的帮助下，一所文法学校和一所大学很快在涅瓦河畔建立起来。这种合作结出了果实。在评价欧洲学者对圣彼 232
得堡大学和科学院建立之初给予的帮助时，苏联科学院主席 S. I. 瓦维洛夫指出，在文化史中“几乎找不到其他如此迅速而有效地促进科学发展的例子”[48]。建校 20 年后，圣彼得堡大学拥有了一批称职的教授。在那儿工作的俄罗斯教授在圣彼得堡受到了训练，他们又到国外的大学去提高自身的素质——在斯特拉斯堡、巴黎或莱顿。其中有一位杰出的俄罗斯学者——圣彼得堡大学的校长——米哈伊尔·瓦西列维奇·罗蒙诺索夫。罗蒙诺索夫的一些出色的学生成了莫斯科大学的首批教授。

就招聘外国或著名教授而言，人们需要记住这样的事实，即这几乎一直就是钱的问题。正如我们在下面将要看到的，这些外国教授的薪水要比其他人高。小型的大学根本无法负担如此高的薪酬。但缺钱并不是大学难以聘到好学者的唯一原因。重视教学的传统与强调科学探寻和实验的新的学术理念产生了冲突。与此相对比的是，那些建在博洛尼亚、佛罗伦萨、那不勒斯、帕尔马和其他城市的法律学园通常把探究和实验置于教学之前。因此，毫不奇怪，相较于那些没什么机会做别的只有教学的大学，一些著名的学者更愿意待在这样的学园中。[49]

大学教师是高薪的职业吗？

1627 年西班牙的议会记录曾提道：

> 如今，大学里值得注意的是对学问缺乏奖励、大学经费和学生数

---

[47] E. S. Kulyabko, *M. V. Lomonosov i uchebnaya deyatelnost Peterburgskoy Academii nauk* (Moscow/Leningrad, 1962), 39.

[48] S. I. Vavilov, ‘Academia nauk SSSR i razvitiye otechestvennoy nauki’, *Vestnik Academii nauk SSSR*, 2(1949), 41.

[49] Kagan, ‘Universities in Italy’(注释 43), 174-175.

量不足，而且教师们的津贴与工资比以前低了很多，这种情况导致一些明智的、认真的学者不再留在大学里，而是去寻找其他更适合的谋生出路。[50]

乌得勒支大学教授赖茨在 1767 年的学术演讲中表达了这样的希望，即那份工资应足以让人过上有尊严的生活和能够购买一些必需的科学参考
233 书。[51] 1599 年，鲁汶的教授们抱怨说工资太低了，根本雇不起佣人。[52] 波尔多大学法国法的教职报酬低到“很难找到一个教师乐意从事或满足于自己的工作”[53]。罗斯托克大学的教授们对政府要求他们开设公开讲座的命令报以满腹牢骚，称他们工资太低，实际上又很少发放。[54] 1699 年，在帕维亚作为为数极少的外国教授中的一位，朱安·安格鲁·德·安帕特奎抱怨说他已经 6 年多没有拿到薪水了，而一份大学状况报告（1711）表明，教授的工资低到“很多人不能靠此来生活的地步”[55]。在欧洲的每一个地方，教授们都在抱怨他们的工资。

从这些激烈的言辞来判断，这种教学的回报远不能令人满意。在大学教书真的是一份薪水很低的工作吗？这取决于很多因素，其中包括大学及其所在城市或国家的经济状况，学院或职位的重要性，教师的知名度、年龄、教学经验和学生数量。

就大学的体系和经济状况而言，一些古老的大学，如牛津大学、巴黎大学、萨拉曼卡大学，都拥有自己继承的校产、资源和利息收入；在另一类大学中，教授享有领取牧师俸禄的资格；在第三类大学里，教师不得不

[50] Kagan, *Students and Society*, 174.

[51] J. Roelevink, *Gedicteerd verleden. Het onderwijs in de algemene geschiedenis aan de universiteit te Utrecht*, *1735-1839* (Amsterdam/Maarssen, 1986), 48-49.

[52] F. Claeys-Bouuaert, *L'Ancienne Université de Louvain. Etudes et documents* (Louvain, 1956), 82.

[53] Chêne, *L'Enseignement du droit français* (注释 20), 106.

[54] McClelland, *State*, *Society and University*, 89.

[55] Kagan, 'Universities in Italy' (注释 43), 171.

依靠本科生或研究生的学费；其他人就只能指望城市或政府的工资了。此外，很多大学除了工资、学费、酬谢礼物和其他形式的金钱收入外，还给予教授们实物和特权。海德堡大学的学者亚努斯·格吕特鲁斯愿意接受弗拉纳克大学聘任的条件仅仅是每年给他一车酒和住在有花园的房子里。木柴和食品都由租种大学土地的农民供应，或者发给教师们营业执照准许他们把酒窖的啤酒、葡萄酒向公众销售，这些都是常见的非货币薪酬的例子。最后更重要的一点是，有些大学中的大多数教师享有税收优惠或其他特权。例如，在帕维亚大学，不许强迫教授家中收住士兵，而且在米兰他们的财产是免税的。这种纳税豁免是大多数教师收入的一个主要来源。

尽管随着世俗化的深入，教授津贴没有了，教授工资有所增加，但无论如何，直到18世纪，大学教授们的生活依然主要依靠其俸禄和学生学 234
费而不是工资。甚至在教士俸禄制度消亡后，政府更多地干预大学的经济生活时（还包括行政和政治生活），那些古老的大学依旧主要依靠各种名目的捐赠生存。实际上，哥廷根大学是德国第一所完全没有捐款、全部依靠政府财政预算和学生学费维持的大学。

指望学生的学费生存当然是危险的，当这种收入的来源减少时，很多教师发现他们处于一个非常窘迫的经济状况之中。成功的教师如马丁·路德和梅兰克顿在维滕堡（1520）大学讲课时有400—600名男性听众，或者像阿西亚特斯，据说他在博洛尼亚时（1539）有600名学生，他们当然过着富裕的生活。但他们在海德堡大学的同事们就没那么幸运了，1525年，那里的老师比学生还多。到了1720年，在德国各个大学中大约有4400名学生。但从该世纪中叶起，学生人数急剧下降，1790年降至3400人，到1800年更跌至2900人。[56] 因此，教师们，尤其是文学院和哲学院里那些很大程度上依靠学生学费补贴少得可怜的政府工资的教师们，陷入了困境。总的来看，这种制度意味着资金不断减少，但还要用它去吸引能干的教师。简言之，对于他们中的一些人来说，就像歌德描述的那样，在

[56] Turner,'University Reformers'(注释7),497-498.

大学教书是一种绝望的存在。[57]

另一方面，这种课程薪酬制鼓励教师们专注于他们的工作。在《国富论》一书中，亚当·斯密认为增加教师的工资是不妥当的，那样“会使他们不那么专注于对学生的教学，或者不再依赖由于勤勉工作而获得的报酬”。在爱丁堡，1800 年有 5 位医学教授根本没有任何工资，学术市场中的这种课程薪酬制也确实导致教授们要求城镇议会改善教学条件。[58]

由于学生的数量影响教师收入，17—18 世纪，当中等学校开始取代文学院的预科功能而发挥作用时，较低层次学院的教师们不论是声望和收入，都急剧下降。1721 年，普鲁士奥德河畔法兰克福大学哲学院的教师
235 们的工资每年约是 100—175 泰勒，神学、法律、医学院的教师每年的工资则是 338—557 泰勒、200—500 泰勒和 100—300 泰勒。此外，高级学院的教师除了教书，还可以通过开业来补贴他们的收入，但哲学院的教师除了中等学校教学以外没有其他补助的渠道。[59] 因此，教师所在的学院在很大程度上影响了他们的收入。如果说教师所在的大学、学院的经济条件决定他们收入的话，那他们所教授的课程实质上也影响其经济状况。如果我们回到爱丁堡的例子上就会发现从事医学、化学、解剖学的教师通过他们熟练的教学实践活动从学费中获得了可观的收入，而且这种收入有望增加。从事那些非热门专业，如植物学、药物学的教师得到的很少。这种课程学费制造成的报酬差异促使那些有抱负的教师们调职到他们认为更赚钱的岗位上去。[60] 但是，即使在那些实行教师工资制的大学，不同的教授席位和教授地位也使收入存在极大差异。当然，在英格兰的大学，大量的教学任务是由各个学院的院士完成的，他们不是从大学而是从所在的学院获得固定的津贴，英格兰大学新设立的教授职位可以说明这一点：整个 18

---

[57] Hammerstein, ‘Universitäten und gelehrte Institutionen’(注释 9), 317.

[58] J. B. Morrell, ‘Medicine and Science in the Eighteenth Century’, in G. Donaldson(ed.), *Four Centuries of Edinburgh University Life 1583-1983*(Edinburgh, 1983), 41.

[59] Turner, ‘University Reformers’(注释 7), 499.

[60] Morrell, ‘Medicine and Science’(注释 58), 41-42.

世纪上半叶，剑桥大学的化学教授职位没有任何津贴。为了资助在职者，大学把教师从学生那儿收取的听课费合法化。因此，当在职的教授们想得到钱或需要钱时就会开课了。医学专业的李纳克尔讲师席位（设于1524年）每年的报酬为6—12英镑。到了17世纪晚期，通货膨胀使这个数目贬值，以至于席位选拔人把这些职位看成仅仅在学院院士中进行分配的美差。另一个极端是牛津大学萨维尔教授席位的教授们（几何学和天文学，设于1619年）每年得到160英镑；剑桥大学卢卡辛教授席位（数学，设于1663年）和普拉姆教授席位（天文学和实验哲学，建于1704年）每年的薪俸为100英镑。因此，难怪在17—18世纪上述4个教授职位吸引了一系列杰出的人物。

最后，当然还有其他的因素影响着教师的工资，如教师的声望、教学技艺和经验。一般情况下，外国教师的工资要高于本土教师，在帕维亚大学（15世纪），30%—50%的教师收入不超过50菲尔瑞尼（相当于一名熟 236
练劳动者的工资水平），同时约有5%的教师工资在600—2000菲尔瑞尼。[61] 这种工资的显著差异在17世纪表现得更甚。虽然大多数的意大利大学要应付财政危机，但是当局还是愿意招揽1—2位著名的高薪教师，与此同时其他教师的工资只能勉强维持温饱。在17世纪的罗马，一些教师的报酬是700思库尼，而有些人得到40—60思库尼就心满意足了。

所有这些因素使我们很难对教师工资进行总的概括，但是我们可以有所保留地说，在那些比较大的大学里，普通教师的收入是不错的。布尔迈斯特对15—16世纪德国法学院的研究表明，法学院的教授工资的上限在整个16世纪从100弗罗林（约1520）上升到200弗罗林（约1540），又再上升到300弗罗林（约1560）。有些教授，像维滕堡的法学教授（1565年获得了350弗罗林）获得了更高的工资。“正如有时断言的那样，这些绝不是解决温饱的工资。”[62] 这种情况不仅仅出现在德国的法学院。我们知

[61] Roggero,‘Professori e studenti’(注释 28),1042.

[62] Burmeister, *Das Studium der Rechte*(注释 5),165.

道17世纪在路德派的乌普萨拉大学和隆德大学的教师也得到了相当不错的报酬；例如，荷兰的大学也是如此，绝大多数的普通教师待遇都很好；萨拉曼卡、阿尔卡拉和巴利亚多利德的教师们也是过着舒适生活的人（16世纪他们的平均工资是500达克特，相当于一名熟练工人的5倍）。如上面所指出的，这种情况也见于英格兰大学教授的工资、个别大学和一些个别的教授职位。在18世纪，法国法学院教授的平均工资达到2000—3000里弗，而在第戎和巴黎则达到6000—8000里弗（在法国革命前夕，一般认为收入400里弗就可以基本保证一个人和他的家庭起码的生活）；但是也有例外，在蒙彼利埃和巴黎，神学和医学教授的工资很少超过1000里弗，但他们作为受俸牧师、开业医师或通过提供咨询（报酬很高）可以轻易地使收入翻倍。[63] 我们必须考虑到这样的事实，即很多教师通过做律师、牧师、学院院长、大学或学院委员会成员、图书管理员、私人教师等来获得额外收入。例如，一名鲁汶大学神学院的高级教师在学院委员会的
237 任职可以获得比他做教师多2—5倍的收入；作为杜埃大学的圣经教授，艾迪雷恩·戴尔古在1717—1740年通过做神学院的院长和圣皮埃尔大教堂教士大会的会长使他的收入增加了一倍多；约翰·比尔马克（卒于1801年）在芬兰的奥布大学做了38年的教授，他生前指导的学生论文不少于229篇。[64] 因此，我们可以推断出许多教师的经济状况还是比较稳定的。

另一方面，由于不能提供很好的薪酬或根本不能及时发放工资，17世纪和18世纪的很多大学（尤其是省立大学）很难吸引一流的教师。法国地方行政官若利·德·弗勒里在对18世纪法国教授工资的调查中发现，有些人的工资“绝对不能满足他们的生活所需”，他还说“低廉的待遇足以把这些人置于贫困的境地，他们的教师职业也无法得到应有的尊重”[65]。

正如本节已经介绍过的那样（第232页），每个国家几乎都能听到相

---

[63] Brockliss, *French Higher Education*, 44.

[64] Klinge, *Kuningliga Akademien*, 100, 165-167.

[65] Lemasne-Desjobert, *La Faculté de droit de Paris*(注释6), 28.

同的抱怨。此外，需要说明的是，在近代早期，随着教授职位的不断世俗化，很多教师结婚有了家庭。即使他们的工资足以满足他们自己的开销，也不意味着可以满足整个家庭。

在薪酬很低的大学里，教授们只拿出相当少的时间从事教学活动，他们通过接受校内外的其他职位来增加收入，这种现象在 16、17 世纪尤为突出。1778 年，在爱尔福特，低级学院里约有半数的教师在当地的学校里拥有第二职业，还有三分之一的教师在专业学院里同时担任其他职位。[66] 有些报告表明，课程通常被委托给那些二流的教员去完成，这些人常常不做演讲，经常不能完成指定的内容。同时，很多教师习惯为那些付费的学生提供私人的指导，经常是把最主要的内容用于私人辅导。私人辅导课程与大学提供的课程直接竞争，虽然大学试图禁止这种做法，学生却放弃大学的课程而支持此种私人教师。[67] 一些教师提供这种私人的教学可以保证他们拥有相当可观的收入。哥廷根大学的米夏埃利斯曾提到，不只医学、神学和法学的教师们普遍这样做了，大学也相应设定了很低的工 238
资，期望他们这样去做。阿西亚特斯甚至声称，每年做执业律师可以给他带来 600 菲尔瑞尼的收益。为了能够执业，很多教师忽略了他们的教学任务。例如，1681 年，两位在帕尔马的医学教师因为校外的工作太忙，以致他们根本无暇在课堂上露面。[68] 还有第三类教师，他们把教坛看成通向政坛的跳板，不断寻求新的工作（见下文第 242 页）。

如果我们考虑到这些教学工作外的兼职，就不会再对 16 世纪和 17 世纪几乎所有大学教师缺勤的情况感到惊讶了。1648 年，在萨拉曼卡有人抱怨说："学生宿舍区设置的文科教职教师连续一年进行教学是非常罕见的，有的甚至不到一个月，还有的只有两天。"[69] 在因戈尔施塔特大学

---

[66] Turner,'University Reformers'(注释 7),507.

[67] Kagan,'Universities in Italy'(注释 43),172-173.

[68] Kagan,'Universities in Italy'(注释 43),172.

[69] 引自 Kagan,*Students and Society*,156-157.

（1586）更离谱，“很多学生说他们非常想见到一两个老师本人”[70]。

简而言之，一些教师的工资不高导致他们没有把足够的精力放在教学上。防止这种忽视教学现象的唯一办法就是增加工资。从 16 世纪开始，几所大学的官员和一些开明之士就试图让有关当局对此负责。像 17 世纪莱顿大学那样，教授没有经济问题之忧，能够不断发展并享有良好的科学声誉，这绝不是巧合。而 18 世纪意大利教授职位的资格与工资增长或至少正常发放有直接关系，这同样不是巧合。例如，在维克托·阿马迪厄斯二世领导下的都灵大学和帕维亚大学也是如此。帕维亚大学的教授们在 18 世纪最后 25 年中可以获得 2000 里拉（同期，国家高级执政官为 10 000 里拉，中级执政官为 3000 里拉）。[71] 其他国家也有类似现象。在柯尼斯堡，政府禁止教授们承担教学以外的工作，其用意是让教师把全部精力集中到教学上。遗憾的是，这里的政府没有采取合理的措施——增加教授们的工资。不过，维也纳不是这样，那里的改革家像特劳特森大主教对此问题体会很深，即没有高工资和名头衔，大学吸引不到智者。而且，教授们还被
239 授予议政官的头衔（一个受社会尊敬的官方头衔，但这并不意味着他们就真正成为议员了）。通过这种途径，教授们最终获得了尊重。[72] 但这不是对所有教师而言的。比如很明显的是，那些耶稣会和天主教会的教师不能申请这样的荣誉职位，因此天主教徒与新教徒之间存在着明显的分歧。此外，只有那些法学院的教师而非来自哲学院的同事，才能享受这一特权。

职业生涯及其流动性

大体上我们可以说在近代社会早期，教学有一种向专业化发展的趋势。直到 16 世纪末，乃至 17 世纪，由一个教师教授如希伯来语、医学、

---

[70] Burmeister, *Das Studium der Rechte*（注释 5），177.

[71] Roggero，'Professori e studenti'（注释 28），1072.

[72] N. Hammerstein，'Zui Geschichte der Deutschen Universität im Zeitalter der Aufklärung'，in *Universität und Gelehrtenstand*，145-181.

神学和法学等科目的情况完全不是罕见的。然而，不同科学领域的发展迫使教授或学者们集中在某门特定的学科或专业上，尽管也有许多例外。这种现象显然在规模最大的大学里最为突出，它们的教授职位数量多，种类也多。在为数众多的小规模大学里，1—2 名教授原则上要负责整个学院的所有课程；但在比较大的大学里也存在这种状况，甚至在 18 世纪，一些教师在不同的学院里授课。例如，闵希豪生说“不应该有垄断”。正如我们下面所要看到的，大学教师的专业化同样被经济、制度等因素所阻碍。

然而，这种专业化的趋势并不意味着不能在大学里巩固其职业或不能改变职位。正如我们所提到的，大学里有各种各样的教席和教授身份，它们的声望不同，薪金也各异。从大学、教授占据的教席及教师付酬的方式上看（即使理论上有可能被替换，有牧师俸禄的老师几乎是终身制的），教师任聘或是终身制，或者有固定的期限。

在 16、17 和 18 世纪，人们对教授终身制的批评越来越多。在实行高级教授终身制的西班牙，一封给议会（1528）的请愿书上写道： 240

> 我们请求陛下像意大利和其他的地方一样，萨拉曼卡和巴利亚多利德的教学职位实行任期制而不是终身制。因为一旦实行终身制，就会出现许多问题和麻烦，尤其对那些一旦得到了教授职位，不再关心研究和帮助学生的人来说，就更容易出现问题。但是，如果职位是临时的，就会有许多竞争的益处，因为那些低一级的教师会努力争取重新成为高级教授，以便提高他们的薪水，拥有更多的学生。[73]

虽然在许多新建的西班牙大学里，甚至高级教授都有一个固定的任职期限，但直到 1771 年，所有终身制的教授职位才被转变为短期制。在其他国家，如德国，教授的任期很少是终身的，更多的情况是 1—5 年的任

---

[73] Kagan, *Students and Society*, 164.

期。一些大学如海德堡大学甚至禁止教授终身制。[74] 因此看起来很自然的是，在因戈尔施塔特大学里（1472—1625）只有 29％的法律教授任职超过了 10 年，17％的任职不到 1 年，22％的任职 1—3 年，13％的任职 3—6 年，20％的任职 6—10 年。[75]

在许多大学里，教师首先不得不接受文学院的职位，工作几年之后，他们会争取在高一级的学院获得一个职位。只是在 18 世纪，文学院的教授职位才被看作十分重要的教授之职。其他的教师作为特殊教授或私人教授开始他们的教学生涯，以后不断地在职位等级中向上攀爬，以期尽快成为普通教授，争取好一点儿的报酬。一旦成为某一学院的普通教授，他还需要尽量占据报酬较高的职位或声望最高的职位。了解了这些，就很容易理解在级别较低的院系和临时职位中人员流动率是最高的，这种做法在西班牙甚至成为一种制度（称作升迁制），它在每一个院系创造了一个从最低职位到最高职位的学术梯子。为了避免耗时的竞争和在职位变动中的职位空缺，教师们只能是随着他们上一级的教师空出位置而晋升。当这种做法在 1716 年成为一种正式的法律时，出现了这样一种情况，即教师的晋级取决于资历而不是工作成绩。一位批评者表示，“要想在萨拉曼卡成为
241 教授，没必要搞研究，只要活得年限比其他教师长就行；造就教授的是年龄而不是工作成绩”。即使这不是惯例，有时在其他大学也会出现同样的情况。例如，如果某一个资历很老的（高级）教师离开了帕维亚大学，米兰的校务委员有时不会让人去填补这个职位空缺，而是从教师阶梯的最低级中任命一位初级教授，这样所有的教师都提升了一级。这就意味着一些教师一年中有两三次的职位变动，结果使他们不能专注于自己的特定领域。但是，在其他一些情况下，教师也会因为不断寻求更高的报酬而不断变换职位。大学的改革者加利亚尼在他的《报告》（1735）一书中提到那不勒斯大学一位教授的例子，为了增加收入，他先后教过神学、哲学、教

[74] Burmeister, *Das Studium der Rechte*（注释 5），162.

[75] Wolff, *Ingolstädter Juristenfakultät*（注释 21），97-98.

会法，最后是民法。

不同国家、不同大学的教师对待工作有不同的态度。当然，他们获得报酬的方式最终决定了他们的工作态度。通常情况下，大学教师对他们的职业有两种不同的看法。

第一类人把教学看成一项真正的事业。正如前文所述，持有这种观点的大学教师或者在同一所大学里教学以谋求晋级，或者往来于各大学之间。例如，在弗拉讷克大学，177位教授中（1585—1811）仅有21位离开了他们的教职，从事了另一种工作（12.3%）；另外有43位教授转到另一所大学从事教学。这就是说，大约有88%的弗拉讷克教师把教学作为他们一生的事业，并且有66%的人一直待在这所小型大学里。[76] 在鲁汶大学，总数954位教授中（1501—1750）有191人（20%）离开了鲁汶（尤其是文学院和较低级的法学教授）：[77] 他们或者去了其他的大学，或者被任命为主教、议员或法官等一些职位。由于文学院的教授有获得重要任职提名的特别待遇，所以许多鲁汶大学的文学院教授都获得了牧师的俸禄，随后离开了学校。但是，即使鲁汶有五分之一的教授离开了教学岗位，还有80%的人留下了。总之，相当一部分大学教师把教学作为一种终生的事业。这些人一旦在大学里获得教学职位，就会一直待在大学里直到离世或转到另一所大学里任教。荷兰和有些地方的情况和上文描述的相同，就是在法国（只是就普通教授而言）也是同样的情况：17世纪中叶，让·
德-阿维赞在奥尔良教了33年的法学；18世纪后半期，爱尔兰人约翰·普 242
伦基特在巴黎的纳瓦尔学院教了37年的神学；一个叫让·沙特兰的蒙彼利埃医学教授1669年开始教学生涯，一直持续了将近半个世纪。[78]

最后，我们必须指出不仅存在教授级别之分，而且存在大学之间的等级。大学里的教师总是努力在更著名的大学里找到职位。

---

[76] F. Smit, 'Over honderdzevenenzeventig Franeker professoren', in G. Jensma, F. Smit and F. Westra(eds.), *Universiteit te Franeker 1585-1811* (Leeuwarden, 1985), 105-107.

[77] Roegiers, 'Professorencarrières'(注释 19), 238.

[78] Brockliss, *French Higher Education*, 46.

然而，在欧洲的其他地方，直到18世纪末，教授职业还不是一个发展充分的职业，而只被看作人们职业生涯中的一个阶梯。17世纪西班牙的情况可以解释这一点。正如我们已经提到的，大学教师旷工是当时西班牙大学面临的主要问题之一。除去疾病因素之外，造成这一问题的主要原因是个人事务干扰了教学责任的完成。对于许多教授来说（尤其是法律教授），当需要协商处理公职事务时（有时需要去马德里），冲突就产生了。热衷于担任政府公共职务的学院教师们很乐意放弃他们的教学工作。大学教授对教学工作的冷淡源于这样一种认识，即大学的教职并不是自己人生职业的终结，而是进一步担任政府公共职务的一个通行证。萨拉曼卡大学在给菲利普五世的一封信中做了这样的解释："学院的教师们把他们的教授职位看作一个荣誉称号并将它作为通往公职的一个台阶，因而他们忽略了教学工作。现在可以这样说，在6个法学教授中只有一个……教学；在剩下的教师中，一些人由于缺乏能力不能胜任工作，一些人以各种借口不给学生授课。"[79] 简言之，在西班牙，大学的教职只被认为是寻求公职的途径，而不是本质上值得特别重视的职业。那种把教学作为永久职业的观念已经被人遗忘了。至于西班牙大学的文学院和神学院，由于其中的教师逐渐由对世俗职业不感兴趣的牧师担任，教师不安于教学的现象就比法学院少一些。到17世纪，法学教师不离开大学去担任圣职或官职的人极为罕见，如此快的职业变动使许多教职在一年之中通常易手一二次。大学教授的离职源于收入水平的减少、大学租金的降低和学生数量的减少，学生减少反过来导致了教授学费收入水平的降低。针对西班牙大学的这一状况，卡根总结道："总之，大学已经流失了很多教师。到政府改革大学教
243 师任聘政策且教师们形成对学生的责任感的时候了，大学的课堂已变得空空荡荡，讲座也没人去听了。"[80]

在19世纪30年代的英国，人们在感叹教授职位缺乏严肃性的同时，

---

[79] Kagan, *Students and Society*, 156-157.

[80] Kagan, *Students and Society*, 175.

依然可以听到对几个世纪前引进的英格兰院士制的教师制度的抱怨。威廉·汉密尔顿在《爱丁堡评论》中指出：

> 通常情况下，那些承担（辅导）之责并长期履行其责的院士都希望从事圣职，但是他们的期望受到了学院生活的限制，在得到提升之前，他们甘愿用对职业的兴趣减轻对烦闷生活的厌倦，通过报酬改善收入来获得满足。因此，人们就不把教学当作一个重要的、任务艰巨的、责任心强的和永久性的职业，而只是当作一件随意的事情、顺便的事情、一种过渡状态和从事其他职业的敲门砖。[81]

对于大多数大学教师而言，确实不存在职业生涯规划，因为他们在从事10—15年的教学和研究工作之后，就会去教堂从事专职牧师工作。

将这些抱怨和我们所提到的有关大学教师的薪金和额外工作联系起来，我们就不得不得出这样的结论：在近代早期，大学教学只对那些把教学看作一个专门职业的学者们来说是一种全职的职业（从19世纪的意义上）。“由于教授职位还没有成为一项事业，所以教授并没有因为任何专门的学术和教学知识而变得与众不同，事实上正是这些专门知识使教授不再仅仅是一个简单的教书匠。”[82]

在任何时候，大学和社会的其他从业者之间，以及不同的大学之间都有紧密的相互联系。从大学教师的聘任方法上看，也可以得出这一结论。1648年之后哈尔德韦克大学招聘了71位教授，在那些可知以往职业的人中，22位曾在其他的大学或学校任教。11人以前是律师，12人当过拉丁学校的校长，还有15人以前是医生。所以，教授的任命机制不仅是“垂直”的，也就是初级教授不断晋升的机制，还是“水平”的，这是指直接从个体从业者或有过教学经验的人中任命。例如，在法国南部的大学

---

[81] Engel,‘Emerging Concepts’(注释22),314-315.

[82] Turner,‘University Reformers’(注释7),507.

(1681—1793) 里，61%的法国法教授是通过这种形式选聘的。[83]

244 因此，一位杰出的医生、律师和教师都有可能受到大学的聘用。他们中的一些人在保留自己原有工作的同时，将教学当成用来谋利或获得荣誉的职位，但是其他一些人会致力于他们的教学和学术工作。在大多数情况下，招募这些社会上的执业者可以激励学院或大学的工作。另一方面，许多大学为流失最著名的教师而遗憾，这部分教师更乐于离开学校去从事其他的工作（尤其是在16世纪末和17世纪初）。例如，德国大学的法学院流失了博尼法斯·阿默巴赫（巴塞尔大学）、约希姆·明辛格尔（弗莱堡大学）、克劳蒂乌斯·坎修恩古拉（维也纳大学）、维吉里·茨维姆斯（因戈尔施塔特大学）、约翰·阿佩尔（维滕堡大学），这些教授不仅能够吸引学生，而且能够提高教学水准。然而，不仅是流失了大量的好的法律教师。一些著名的神学家也离开了大学成了主教。[84]

教授是一个独特的、高贵的社会阶层吗？

正如在本章引文中提到的那样，我们缺乏把教授群体作为一个社会群体进行考察的研究。我们获得的资料也使我们很难明确地回答教授群体是否是一个与众不同的、高贵的社会群体。有人甚至要问能否将教授群体作为一个单独的社会经济和职业群体来考察。我们承认确实在很多时候大学教师没有也不能把教学工作当作全职工作。因此，我们下面讨论的只是其中一部分能够通过教学谋生的人。

如果我们考察一下中世纪末大学里的教授职位，就可以清楚地看到学生和教师之间的差距越来越大。由于教授的薪水和福利不断增加，教授对学生学费的依赖性越来越小。在英格兰，拥有民主章程的教师评议会或被各种学衔改变，或被各学院院长更寡头的规则取代。中世纪形成的教师和

---

[83] Chêne, *L'Enseignement du droit français*（注释 20），59.

[84] Burmeister, *Das Studium der Rechte*（注释 5），171ff.

学生共同的团体被削弱，最终形成两个差异显著的群体：教的群体和被教的群体。[85] 前者总是在尽力保护他们的特权、收入和权力。对教授的选拔 245 不考虑候选人的社会、经济和家庭地位，而更多的是受到教授团体和经济利益的左右。英国人对院士制度的不满集中在选拔中的受贿问题上。从辅导教师中选拔出来的人，并不是因为他们有才干，而是根据学校创办者变化无常的愿望和偶发的情况来确定。1511 年奥尔良大学教授职位的一位候选人抱怨说，这个学校的董事会博士职位在过去的 100 年中从不愿接受一位新博士：选聘之前总是有诉讼。[86] 正是因为巴黎议会丝毫无法使人确信教授们的公正性，因此它于 1532 年决定每一位教授候选人都必须面对巴黎议会代表在巴黎大学楼前举行的一个公开的复选。耶拿大学的教师对此也同样关注：1751 年，政府要求这个学校的教授提出一些改革的建议，但他们提不出超出旧法规之外的任何建议。实际上，教授们的“改革”建议倾向于通过各种手段限制教授们对收入和特权的竞争，这些手段包括强调信仰正统，禁止图林根的臣民到其他地方学习，以及减少低级别教授的数量，这些教授在自己的课堂上吸引付费的学生。[87] 举一个例子：鲁汶大学法学院和医学院的教师一直试图减少博士晋升的数量，而且把学生的学费在他们之间分配。18 世纪的改革者们不得不对付教授们的这种强烈的小集团意识，这种意识不但从内部产生不了改革，相反更容易使来自外部的改革遭受挫折或破坏。

而且，在大学团体的社会秩序中，不仅有教授和学生之间的区分，在这两个群体内部还有不同的小群体。人们根据教授的资历和他所在学院的尊贵程度来评价教授的地位。[88] 虽然在启蒙运动、大学世俗化，以及科学、哲学发展的影响下，法学院、医学院和文学院的地位在近代化的初期

---

[85] 见第 8 章。

[86] C. M. Ridderikhoff, *Jean Pyrrhus d'Anglebermes. Rechtswetenschap en humanisme aan de Universiteit van Orléans in het begin van de 16de eeuw*(Leiden, 1981), 104.

[87] McClelland, *State, Society and University*, 71-72.

[88] Brockliss, *French Higher Education*, 53.

得到了提升，但公认的关于院系重要性的顺序是神学院、法学院、医学
246 院，文学院位列最后。[89] 这在18世纪的法学院表现得非常明显，如在当时的哈勒大学，法学院成为最重要的院系。[90]

对那些除神学院之外的其他学院的重新评估表现在这些学院的教授不断增加的薪水上。在这些院系，教授的资历以前更多地反映在教师承担的职责的不同（初级教授讲入门性的和不重要的课程）上，当然也反映在薪水的高低上。教授的等级差别反映在行进的行列中、各种各样的仪式上，以及他们的穿着上。它甚至决定了他们发言和投票的次序。和中世纪一样，要授予博士帽子、外套、书、戒指和绶带作为博士的象征。象征崇高威望和高级牧师的戒指代表博士们被尊贵的思想界所接纳。[91] 并且，大学的章程规定了学袍的样式。例如，在因戈尔施塔特，三个高级学院的博士就像大主教似的，要戴红色的帽子，文学院的硕士要戴棕色的帽子，他们和较低级别的教长及大教堂教士享有同等的地位。[92] 在很多时候都会出现某一教授能否穿某种衣服的问题。如在法国，巴黎议会颁布一条法令去解决董事会博士和有学衔的博士之间的关于长袍颜色的争论。[93]

当教师团体逐渐失去其真正的权力，教授们越来越成为公职人员的时候，这种昭显教授和团体尊严的表现就越来越强烈。“……大学所关心的一个主要问题是在盛大的皇家仪式上，特别是在葬礼上，如何安排教授们的位置。”[94] 在各种典礼中的礼仪、各个学院和个别教授的位置、教授致辞时的头衔，这些似乎成了许多人关心的主要问题。我们在许多大学的档

---

[89] 见第8章。

[90] N. Hammerstein, ‘Die deutschen Universitäten im Zeitalter der Aufklärung’, *Zeitschrift für historische Forschung*, 10(1983), 76.

[91] Boehm, ‘Libertas Scholastica’(注释29), 48. 亦可参见 pp. 205 and 361。

[92] R. A. Müller, *Universität und Adel. Eine soziostrukturelle Studie zur Geschichte der bayerischen Landesuniversität Ingolstadt 1472-1648* (Berlin, 1974), 126-127.

[93] Lemasne-Desjobert, *La Faculté de droit de Paris*(注释6), 27.

[94] J. Le Goff, ‘La conception française de l'universités *à* l'époque de la Renaissance’, in *Universités européennes*, 96.

案中都会发现关于这一问题的无休止的讨论。

另一个反映教授们自我意识不断增长的现象是“教授画廊”。从 16 世
纪开始，在许多大学里，如巴黎、锡耶纳、博洛尼亚、那不勒斯和图宾 247
根，每一代教授都有画像。这些画像廊受到文艺复兴名人肖像画的启发而兴建，成了那些校友辉煌历史及许多伟大人物在那里任教的见证。学术界和社会人士对大学教师去世的普遍关注（悼词数量的不断增多证实了这一关注）是教授自我意识增长的另一个证据。

通常情况下，教授的社会地位是不太明确的。让我们先来考察一下教授们的社会出身。尽管这方面没有令人满意的统计资料，通常情况下，我们可以断定大学教授很少来自社会的最上层，大多数的大学教师出身于中下层阶级：他们是知识分子阶层如教士、拉丁语学校教师、教授们的后裔（如荷兰和法国），或者是专业阶层中小农场主的后裔（如英国和波兰）。

在 18 世纪，彼得堡大学和莫斯科大学的教授大多出身低微，他们的父母或是农民，或是农村的牧师，或是军人。那时候俄国贵族并不看重学问和把教授职位看作适当的职业。[95]

当然，我们也发现了有些大学教授属于贵族：法国南部的大学里（1681—1793），59 位法国法教授中有 24 位是贵族，尽管贵族阶级内部也存在许多差别。[96] 在许多国家，教授群体与城镇的行政长官和行政事务有紧密的联系（如一些德国和意大利的大学），在西班牙，他们和律师联系紧密。随着大学里教授选举中的近亲繁殖和团体主义越来越明显，越来越多的前任教授的儿子或女婿在大学里获得了教职。

社会地位在很大程度上是由财富的多少来决定的。我们在进行归纳时就特别费劲，也要冒一定的风险。例如，在波兰，作为小资产阶级和农民的后代，大学教师拥有的金钱少，社会地位相应也低。但是，尽管 17 世纪和 18 世纪大学教师的薪水距离他们满意的水平很远，而且需要辅助性

---

[95] G. K. Skryabin(ed.),*Ustavy Academii nauk SSSR*(Moscow,1974),74.

[96] Chêne,*L'Enseignement du droit français*,(注释 20),64.

的收入来补充（见上文第236页），许多教授还是属于富裕阶层的。在弗拉讷克（1749）列出的税收单里所估定的所有教授的收入均超过了1000
248 弗罗林，这就把他们归入了收入最高的阶层。我们还知道在18世纪下半叶，如爱丁堡的医学教授们通过授课、搞赚钱的私人业务及撰写教科书已变得非常有钱。他们当中有些人甚至富得让人嫉妒：约瑟夫·布莱克遗留下20 000英镑；威廉·卡伦在爱丁堡买了一套乡村别墅作为退隐之所；亚历山大·门罗二世在爱丁堡买了271英亩土地搞园艺，又在贝里克郡买了1200英亩土地作为农场。[97] 即使在教授们的实际财政地位下降的地方，他们依然可继续享用社会和财政特权，而这些使其成为有别于其他拥有特权的社会集团。这在普鲁士尤其明显，如那里的教授传统上拥有的很多特权及他们在某些贸易和生产方面的垄断权在1740年后才开始消失。然而，他们的审查权和在州议会中的权利，以及对有利可图的教会职位的控制仍然有效。即使在哈勒较新的学院里，教授也可享受到这些权利，还有使用市内专门教堂、拥有自己的啤酒和葡萄酒窖的权利。大概是由于这些共有特权的缘故，这个集团的成员往往十分相像，他们自成一体、向内发展，有着固定的成员，[98] 而教授的家人们则试图通过外表来彰显其身份，由此与贵族竞争。例如，当时符腾堡的路德维西公爵让雕刻家克里斯托夫·耶林为他雕刻了一座宏伟的墓碑，图宾根的舍克家族于是也要这位雕刻家雕刻一座在价钱和气势上都不逊色的纪念碑；一位法国当代学者考证说，18世纪巴黎最富有的法学教授可以“乘坐华丽的马车，并且能够让他们的妻子拥有其他有身份的人无法了解的优雅的风度”[99]。

那时教授的社交责任确实很重要，为此的花费也很大。教授及其家人通过穿着打扮炫示教授的职业地位和尊严，并且与贵族一争高低。在德国的服饰制度中，医生、教授和他们的家人有权通过穿戴特别的服饰和珠宝将自己与其他社会阶层区别开来。在这方面值得一提的是，自17世纪末

---

[97] Morrell,‘Medicine and Science’(注释58),42.

[98] Turner,‘University Reformers’(注释7),508.

[99] Lemasne-Desjobert,*La Faculté de droit de Paris*(注释6),21.

开始，几乎大陆所有的大学学术服都变了，变得高雅了、大众化了，牧师式的袍子不见了。一位荷兰学者证实，莱顿大学的教授却穿戴朴素，但这是由于有这样的准则：越朴素的就越高贵。[100] 着装的区别在当时的社会是 249
非常重要的，它表现了极端的阶层意识。我们也可据此了解教授在整个社会阶层中所处的位置。1661 年，德国的服饰制度将社会分为 7 个不同的等级：第一等是议员和贵族身份持有者，第二等由受封的平民和博士及有执照的律师和医生组成，我们在第三等中可以见到市政官、书记员、公务员和被封为贵族的商人，第四等由工匠和商人组成，从第五等到第七等我们可以找到地位更低的社会团体。另一个相似的法令甚至给予因戈尔施塔特大学的教授、他们的妻儿可以像贵族一样佩戴绶带、戒指和其他诸如此类的珠宝。[101] 在同一所大学里，法学院的博士们不仅可以得到帽子、指环、书，还可得到剑带（一种标志着尊贵和骑士阶层身份的腰带）。[102] 就后者我们谈谈教授或博士与贵族间的关系问题。是否一个博士身份就使人立显尊贵？是否博士的尊贵就要高于与生俱来的那种尊贵？直到 18 世纪，人们依然围绕上述问题争论不休。[103] 这种尊贵是有历史渊源的。如君士坦丁堡的教师们工作 20 年后就会荣获“dignitas vicaria”称号，15 世纪的注释学家将其解释为“伯爵”或“公爵”。另外，中世纪的注释者继承了知识贵族的标准概念。在此重复这场讨论有些过于离题，但有一点是非常明确的，那时德国、荷兰、意大利、法国的许多大学教授越来越将自己视为贵族。在 16 世纪，尤其是 17 世纪，鲁汶的法学和医学教授将“先生、贵族、人杰”等头衔据为己有，他们还使用贵族专属的纹章。即使纹章官员们抗议，也阻止不了这种霸占行为。再者，有些大学，如克拉科大学，教

---

[100] Roelevink, *Gedicteerd Verleden*（注释 51）, 48.

[101] Müller, *Universität und Adel*（注释 92）, 126.

[102] Müller, *Universität und Adel*（注释 92）, 41-42.

[103] 对于教授的贵族地位可见 A. Visconti, 'De nobilitate doctorum legentium in studiis generalibus', in *Studi di storia e diritto in onore di Enrico Besta, per il XL anno del suo insegnamento*, vol. Ⅲ (Milan, 1939), 221-241, and H. Lange, 'Vom Adel des Doctor', in K. Luig and P. Liebs (eds.), *Das Profil des Juristen in europäischer Tradition* (Ebelsbach, 1980), 279-294。

授工作20年后的确被封为贵族，博士一般也拥有贵族的很多特权。我们
250 已经讨论了着装的特权。在沃尔姆斯宗教改革时期（1498），我们发现另一个教授职业尊贵的例证。有条例规定，凡是开业的或从事教学工作的法律、医学博士及贵族在接受调查时都不能被拷打。在同一份文件中，我们看到“王子、伯爵、博士、主教、修道院院长、修女及病人”不必在法庭上作证。法官要亲自登门倾听所需证词。[104]

尽管存在着“归属于学术团体”这样的诸多言辞，教授也有一定的阶层精神和自我意识，但显然在很多情况下，对其他团体和专业圈子的认同感占据主流。仅以英国、西班牙的大学和宗教修会成员为例，他们更多地依附所在学院或所在修会，而没有把大学当作一个共同体。教授归属于贵族或某些地方执政者或其他类似人物的现象也可做同样解释。在所有大学里，教师团体都苦于缺乏凝聚力和团结。

当然，社会地位不仅仅取决于财富和特权。受人尊重程度和普遍的职业社会认知方式也同样重要。以下几个例子说明那个时代人们对待大学教师职业的态度从崇拜、热衷到粗鲁的抱怨、鄙视都有。正如我们曾经指出的，对教师的抱怨，如腐败、唯利是图、冷漠、旷工、对教学缺乏兴趣等，几乎是普遍性的。1638年，萨拉曼卡市的一位教授写道：“过去是有教师没有演讲厅，现在是有演讲厅却见不到教师。”[105] 而且，18世纪期间这种抱怨日益强烈，一些人认为教授们应付不了他们的教学工作。一个主张取消大学的德国人写道：“这里（指大学）的教育者和学生之间不会发生什么关系。学生们认为他们已经成人，不能再受纪律约束。为什么不可以呢？他们已是成人，都可佩带短剑了……谁来教育他们呢？绝对不该是教授们。谁会需要他们的教育呢？他们没有学过教育的理论。”[106]

不仅做教师的教授，即便连做学者的教授也成为批评和嘲笑的对象。

---

[104] Lange，'Vom Adel des Doctor'（注释103），291.

[105] Kagan，*Students and Society*，171.

[106] J. H. Campe，由Turner援引，参见，'University Reformers'（注释7），502.

对学者最刻薄的讥讽来自于伊拉斯谟写的《愚人颂》。[107]

然而，在荷兰，教授的职业让许多人羡慕。1767 年，韦恩写信给乌 251
得勒支大学的一名教授说："如果我是一名历史学教授，我就成了克罗伊斯国王了。"他又写道："如果学院课程秩序井然，那没什么会比做教授更轻松、更有意思的了。"但教授们自己不赞成这种观点。据他们讲，他们的职业根本不值得羡慕。在与亨德里克·冯·韦恩的通信中，戈恩斯教授将教授最初几年的工作比作锉刀坊或监狱中的强迫劳动。[108] 比他早两个世纪的梅兰克顿曾抱怨说："我们忍受着最傲慢的鄙视，不仅包括办事员、商人、藐视教育的人，还有皇室成员。"[109] 在阅读 1680 年法国宣言时，我们可从中看出，即使是学生也没有表现他们对教授应有的尊重：

> 以国王的名义……当陛下得知他们有些人拜访法学院……修习课程……既不尊重授课的教授们，也不理解教授在教授他们时付出的努力和关爱……陛下已下令要求他们谦虚，要向教授表示得体的尊重。[110]

1811 年，荷兰大学的两名法国巡视官在他们的报告中这样写道："教授的地位非常受尊重，在联盟面前人们认为它位列一等文职人员行列。"[111] 但这种尊重在近代早期肯定不是普遍性的，许多人仍认为它属于二流。从维吉里的朋友得知他被任命为因戈尔施塔特（1537）教授后所做的反应可看出这一点。维吉里以前是瑞奇斯卡姆翟雷克特的估税员。他的朋友大多不理解且不赞成他的决定。他们这样责怪他："维吉里，您从一个可以做决断的执政官，变成一个骗人的教师……"[112] 大概从 18 世纪时起瑞士流传

---

[107] Erasmus, *In Praise of Folly*(London, 1971), 144-163.

[108] Roelevink, *Gedicteerd Verleden*(注释 51), 48 及 112.

[109] Paulsen, *Geschichte des gelehrten Unterrichts*, 275.

[110] Lemasne-Desjobert, *La Faculté de droit de Paris* (注释 6), 36.

[111] Frijhoff, *Gradués*, 279.

[112] F. Postma, *Viglius van Aytta als humanist en diplomaat 1507-1549*(Zutphen, 1983), 67.

这样一句话："最聪明的儿子继承父亲的生意，稍差的做牧师，最蠢的只能当大学教授。"[113]

252 总的来讲，我们一方面可以确切地说教授的职业并不能得到特别多的尊重，但另一方面教授也确实有重要的特权。他们在管理国家和教会上履行着重要的职能，有些人写出了令人钦佩的著作，不一而足。许多宗教和法律事务要听取他们的意见。法庭和王室经常向法学教授咨询，通过这种咨询，教授也获得了很多权利。神学家成了正统学说的卫道士，医学教授被指定为御医。最终，他们在这些事情上获得的利益和权势是相当可观的。人们羡慕教授职业的这一面，从而将有名有权的教授放在最高的社会阶层中。

正如以上所述，相同的"教授"是不存在的，各种不同类型的教师各有不同的关注点、职责、社会背景和薪水。然而，在1500—1800年，教授成员仍有很多相同之处：他们是以团体化、日趋地方化、缺少职业化为标志的一个团体。教授从学术王国的成员变成了国家的学者，独立的教师变成公职人员，收取学费的教师变成了领取薪水的教师，等等。

纵贯整个时期，尤其是在18世纪，提高教授职位的严肃性、减少弊端、改革大学的尝试持续不断。提高固定工资、给予教授更多的社会尊重应该说是非常必要的。有些改革尝试产生了如下后果：17世纪的荷兰大学或18世纪的德国大学，如哈勒和哥廷根，确实可能吸引并形成严肃、多产、受关注的教授职业——一个人们视其有着特殊、特定需要并可持续终生的事业。

---

[113] U. Im Hof, 'Die reformierten Hohen Schulen und ihre schweizerischen Stadtstaaten', in E. Maschke and J. Sydow (eds.), *Stadt und Universität im Mittelalter und in der früheren Neuzeit* (Sigmaringen, 1977), 63.

1631年荷兰布拉班特个人纳税单[3]

这份税单特别从当时布拉班特公国人们的角度概括了平均收入水平及鲁汶大学教授们的收入水平。

100弗罗林	红衣主教、大主教、主教
	奈维里斯女修道院院长
	驻外大使
	王子、侯爵、伯爵
	国务院参事
	枢密院院长
	财务部大臣
	布拉班特首席法官 253
	骑兵、炮兵队长
	邮政大臣
60—75弗罗林	法官
	男爵、子爵
	枢密院参事
	总司库
	审计署署长
	营地指挥

---

[3] *Source*: R. Van Uytven, 'Vers un autre colloque: hiérarchies sociales etprestige au Moyen Age et aux temps modernes', in W. Prevenier, R. VanUytven and E. Van Cauwenberghe(eds.), *Structures sociales et topogra-phie de la pauvreté et de la ricbesse aux XIVe et XVe siècles. Aspectsméthodologiques et résultats de recherches récentes*, Studia Historica Gan-densia, 267(Ghent, 1986), 16.

	国务院官员
	财务院官员
	破产案总管理人
	布拉班特政府财务官
50 弗罗林	法院官员
	奈维勒斯女修道院主管
	城镇、自由地的领主
	布拉班特议院的议员
	审计署的议员
	司法官和主要的破产案管理人
	大学校长
	慈善事业督导官
30—40 弗罗林	市长、市镇养老金官员
	大学名誉校长和管理人
	高级神职人员
	造币厂主管
	慈善事业督导员
	司法官
18—25 弗罗林	教区牧师
	男爵出身的地主
	农村地主
	审计署的审计师和注册师
	破产案管理员
	股票交易所的商人
	医生、秘书、主要城镇牧师
	大学教授
	造币厂管事
	较小地区的司法官

	较小大学、学院的系主任
	骑士或有其他司法权的领主
	布拉班特议院的律师
	主要城镇的副官员、长老议员、财务官
	司法小官
12—15 弗罗林	丝绸、服装、绣帷商人
	知名画家 254
	小型学院教堂教士和城市教区教士
	大学讲师
	小镇司法官
	没有任何职业活动的地主
6—10 弗罗林	小教会的教士
	低等绅士或如此生活的人
	大城市的低等文职官员
	大城市的医生
	有或没有店铺的成功商人和手艺人
	较小城市的文职官员
	大城镇的律师
	农村教区的教士
	小记录官和破产管理人
3—5 弗罗林	有两套犁的农夫
	农村酿酒的人
	中等商人和手艺人
	农村地主
	牧师
	管家、绅士、单身绅士
	主要镇的律师和公证人
	客栈老板

	农村记录官
2弗罗林	仆人、送信人、向导
	农村巡官
	一套犁的农夫
	农村的手艺人和店铺老板
1弗罗林	男女仆人
	小工匠
	雇工
	日工
0弗罗林	赤贫的人和乞丐

255

精选文献

Brockliss, L. W. B. *French Higher Education in the Seventeenth and Eighteenth Centuries. A Cultural History*, Oxford, 1987.

Burmeister, K. H. *Das Studium der Rechte im Zeitalter des Humanismus im deutschen Rechtsbereich*, Stuttgart, 1974.

Busch, A. *Die Geschichte des Privatdozenten*, Stuttgart, 1959.

Chêne, C. *L'Enseignement du droit français en pays de droit écrit (1679-1793)*, Travaux d'histoire éthico-politique, 39, Geneva, 1982.

Curtis, M. H. *Oxford and Cambridge in Transition 1558-1642. An Essay on Changing Relations between the English Universities and English Society*, Oxford, 1959.

Dauvillier, J. 'La notion de chaire professorale dans les universités depuis le Moyen Age jusqu'à nos jours', *Annales de la faculté de droit de Toulouse*, 7(1959), 283-312.

Eisenbart, L. C. *Kleiderordnungen deutscher Städte zwischen 1350 und 1750*,

Göttingen, 1962.

Le Goff, J. and Köpeczi, B. (eds.) *Intellectuels français, intellectuels hongrois, XIIIe-XXe siècles*, Budapest/Paris, 1985.

Hammerstein, N. *Aufklärung und katholisches Reich. Untersuchungen zur Universitätsreform und Politik katholischer Territorien des Heiligen Römischen Reichs deutscher Nation im 18. Jahrhundert*, Historische Forschungen, 12, Berlin, 1977.

Hargreaves-Mawdsley, W. M. *A History of Academic Dress in Europe until the End of the Eighteenth Century*, Oxford, 1963.

Julia, D. 'La naissance du corps professoral', *Actes de la recherche en sciences sociales*, 39(1981), 71-86.

Kearney, H. F. *Scholars and Gentlemen: Universities and Society in PreIndustrial Britain, 1500-1700*, London, 1970.

Klinge, M. Leikola, A. Knapas, R. and Strömberg, J. *Kuningliga Akademien i Åbo 1640-1808*, Helsingfors Universitet historia, 1640-1990, vol. Ⅰ, Helsinki, 1988.

Klingenstein, G., Lutz H. and Stourzh, G. (eds.) *Bildung, Politik und Gesellschaft. Studien zur Geschichte des europäischen Bildungswesens vom 16. bis zum 20. Jahrhundert*, Wiener Beiträge zur Geschichte der Neuzeit, 5, Vienna, 1978.

McClelland, C. E. *State, Society and University in Germany 1700-1914*, Cambridge, 1980.

Müller, R. A. *Universität und Adel. Eine soziostrukturelle Studie zur Geschichte der bayerischen Landesuniversität Ingolstadt 1472-1648*, Berlin, 1974.

Roggero, M. 'Professori e studenti nelle università tra crisi e riforme', in *Storia d'Italia. Annali*, 4, Turin, 1981, 1037-1081.

Rössler, H. and Franz, G. (eds.) *Universität und Gelehrtenstand 1400-1800*,

Limburg an der Lahn, 1970.

Zorzolli, M. C. 'La carrera del professor de derecho en Pavia durante la etapa española(XVI - XVII)', *Historia de la Educación*, 5(1986), 107-129.

第六章　大学模式的传播 256

约翰·罗伯茨
阿格达·玛丽亚·罗德里格斯·克鲁斯
尤尔根·赫布斯特

序言

最初计划编写此卷时，我们曾设想把欧洲大学在新大陆的影响这一专题分别编入两个不同的章节，一章为南美，另一章为北美。基于此，克鲁斯和赫布斯特两位教授分别准备、提交了他们的初稿。随后，编委会征得两位作者的同意，决定将两份稿件的内容同另外一些材料共同构成一章。在这一章里，将勾勒第一批移植到海外的欧洲大学典范的主要特征，而不再像最初设想的那样详细介绍早期的美洲学院和大学的历史。编委会成员之一的罗伯茨博士凭借这些稿件及乌拉尔·佩雷斯教授的另一份稿件为此项工作提供了帮助。

新大陆的环境

大学教育不仅代表了智力生活和高等文化，而且从最广义上讲表明了一个社会的智慧。不管人们承认与否，大学教育都充分表达了人们的渴望与期盼，显露了施加于大学的限制与束缚。在欧洲人到达并定居新大陆之前，那里根本就没有大学。但到了 18 世纪末，北美、中美和南美都有了 257
很多大学及其他高等教育机构。这些大学不是被凭空发明创造出来的，而是从欧洲大学的传统和血脉中移植而来。

这种现象有过先例。早期很多欧洲国家的大学就是仿照博洛尼亚大学和巴黎大学建立的，16 世纪以前，这两所大学为绝大多数大学的创建者和发起者提供了样式、模型和典范。毫不奇怪，在 16、17、18 世纪，当定居在中、南美洲的西班牙人和在北美的英国人与法国人决定他们的社会需要有教养的人时，他们转向欧洲寻求帮助。如果美洲人想要建立大学，他们就须从欧洲的模式着手。随着时间的流逝，其他的模式在北美开始有所发展，但在西班牙帝国，整个殖民时期的大学都是以宗主国模式为标准的。

关于早期美洲殖民者心理世界的描述大多语焉不详。他们一直在寻求，但在美洲土著（很长时间在人数上占有优势）或土著文化中找不到他们所希望的可用于高等教育的东西（他们所发现的实际的、日常所用的是另一回事）。另外，不管在南方还是北方，他们只是偶尔设想过给当地的土著提供教育，但决不会在大学程度上。在殖民早期，人们曾尝试在美洲英语地区提供这样的教育机会：1619 年，弗吉尼亚公司筹集了资金，准备设立学院来教育印第安儿童，人们为了把这笔钱派上用场也采取了一些措施，但由于撤销了这家公司办学特许状，资助人及整个计划全成了泡影。因此，北美洲一直都没有为那些需要关注的印第安人提供教育，这种状况一直持续到 18 世纪一所传教士学校的建立。但是几年后，这所学校就变成了达特茅斯学院，它后来是以一所白人学院扬名。间接地为土著人提供一些福利是另外一回事。至少在西班牙殖民地内，对提供传教士给予了很大的关注。但是直到 20 世纪，真正让印第安人进入大学及学院才不是件稀罕事了。

为了更好地理解美洲新大陆大学的成型过程，我们必须考虑不同的殖民心理、看问题的不同视角及对殖民地的需求的不同理解。像前文提到的那样，不管是南方还是北方殖民地的居民，都有明显的区别。这不仅仅是
258 基因和语言的问题，还有很重要的是它们成为殖民地的时间不同：在里奥格兰德河以南建立的第一批大学要比在其北岸建立的任何一种大学水平的

教育机构早一个世纪。16 世纪，绝大多数欧洲人都共享天主教文化。1538 年，当新大陆第一所大学创办的时候，基督世界的统一被新教改革弄得四分五裂，但在西班牙殖民地区的高等教育没有反映这一点。建立西班牙帝国的那些人的精神世界还是中世纪的，而随后在北美建立英国殖民地的人属于一个不同的历史时期，有人把它称为近代早期。这种说法含义很广泛。从理论上说，至少在美洲西班牙殖民地的大学是追求文化绝对控制制度的一部分，其标志是不久之后大学就由天主教的宗教裁判所来监管。同样在北美，第一批大学也深受宗教的影响，但在一个宗教多元化的社会里，情况是完全不同的。

殖民地传统还有其他差异。西班牙帝国是由个体建立起来的，但获得了政府坚定的支持，因为政府从一开始就企图控制并领导一个帝国。相比之下，英国的新大陆殖民地却是由不同的种族几乎偶然地组合起来的。这种结构是不同的动机和企图的产物，这可以从政府的多种形式中很清晰地反映出来。非常显著的是，所有的殖民聚居区都缺乏宗主国的严格控制，有时候宗主国也没有这方面的愿望。英属殖民地早期出现的一些习俗和做法反映了英国人在早期欧洲人的海外扩张过程中所做出的独特贡献：包括把由男女老少、社会和宗教领袖组成的整个社区移植到新大陆。这种做法加深了他们同当地人的隔离甚至孤立的程度，而这种隔阂在西班牙或葡萄牙的殖民地中从未如此明显。

最后，殖民者到达的地方不同所造成的差异。两地气候间的差异，比如同处在大陆北部的马萨诸塞和卡罗莱纳的区别就足以说明这个问题；奴役黑人奴隶而使美国在内战中分为南北两部分也展现了这种地区差异。如果考虑到南美、中美及加勒比海群岛的诸多差异，就更不能简要地得出结论了。虽然如此，但可以做一个总体的相关观察。西班牙人最先入驻的地区同北美比人口要多。土著们有专门的，有时甚至可以说是先进的农业养活自己，并且能够产生经济上的剩余产品。正是靠着这些财富，他们才能
建立宏伟的纪念碑，支撑结构复杂的统治集团及管理系统。他们中的一些 259
已经有了简单的文字。在北美，英国人发现的要少得多，而且他们所发现

的也没什么可以给人以深刻的印象。土著不仅人数少，而且比西班牙人遇见的土著落后得多。尽管在英国人定居的一些地区已有较完善的农业，但他们所遇到的很多土著仍过着狩猎—采集的生活。从令人鼓舞或令人恐惧的意义上讲，他们都没碰见任何像西班牙征服者在墨西哥或秘鲁遇到的那样具有文化挑战性的事物。

可借鉴的范例

正是在这种历史背景下，殖民者不得不考虑提供高等教育并考虑可用的范例。中美、南美的殖民者向他们的政府及教会当局求助，他们依次考虑最为了解的大学，首先就是萨拉曼卡大学，它是西班牙大学中最古老、最有名的，在欧洲范围内享有盛誉。[①] 与之相比，尽管阿尔卡拉大学提供了另外一条与欧洲的传统相联系的纽带，但它的影响是轻微的，是形式而非实质的。至于巴利亚多利德大学，它除了参与创建第一所西班牙殖民大学外，根本没有参与其他大学的创建。选择哪种形式是非常重要的。萨拉曼卡大学将权力分散并让学生正式参与到大学的管理中，而阿尔卡拉大学是集权式的，学生没有任何机会参与实质性管理。最终，不管这些大学是否适应了美洲的具体情况，大多数大学在法定构成上基本上都是萨拉曼卡式的。它们中大约三分之二的学校都是按照萨拉曼卡的模式制定各项章程，这些大学章程经过了教皇的确认，各个国王发出的诏书中也经常提及它们要效仿萨拉曼卡。萨拉曼卡的毕业生往往长期在美洲工作，他们成为新大学的创立者、督导员、改革者、官员、学院院长、大学校长和教授。(不久以后，那些曾经返回西班牙学习的美洲西班牙人又重返美洲成为萨拉曼卡校友中的一员，他们中的有些人非常杰出)

---

① 关于萨拉曼卡大学卓越成就的有趣描述最早可以很便利地见于 J. Tate Lanning's lectures on *Academic Culture in the Spanish Colonies*, delivered in 1939(但于 1971 年在纽约和伦敦重印) and in A. M. Rodríguez Cruz, *Salmantica docet. La proyección de la Universidad de Salamanca en Hispanoamérica*, vol. Ⅰ(Salamanca, 1977)。

但这种形式上的安排只是整个事情的一方面。首先，这些新建的大学在多数情况下都只是希望成为萨拉曼卡的缩影。它们很难找到合适的教师、资源，教席也有限，甚至过了一个多世纪后，它们有一些才拥有了完整大学的所有院系。早期模式在形式上和法律上的持续影响意味着主要的西班牙美洲大学最后都有了神学、教会法和民法、医学和低一级的文学院等四个传统院系。但那些被称作小大学的一般只限于与神学和教会法有关的神学院，很少有文学院。其次，大学在实际中的运作方式（特别是大多数起源自修道院或神学院的大学）很可能既受到正式法规的影响，又受到掌管他们的修道会的影响。② 260

北美高等教育借鉴的那些模式则形形色色。如果讲英语的北美人愿意，他们可以效仿被称为住宿制学院联合的牛津和剑桥，也可以仿照苏格兰大学和（18 世纪）英格兰非国教徒的学园。北美说法语的人可以把索邦大学、耶稣会学院及神学院作为他们的榜样。但是完全模仿牛津和剑桥对北美的英国殖民者而言不是一个现实的选择，同样索邦大学对于他们的邻居而言也并非明智的选择。因为即使他们想建设那样大规模的学校，也没有哪个团体可以筹集到能够建造如此复杂和昂贵的学校的费用。因此，北美的法国人倾向于模仿耶稣会学院和神学院，而讲英语的北美人则直接把能找到的模式混合在一起。从牛津剑桥学院式的模式出发，有些殖民地为学生提供住宿并对学生采取准家庭式监护，从那些为他们提供很多人才的苏格兰大学那里采纳了多种多样的课程模式，而且随着时间的推移，新建的大学、学院渐渐显露类似于非国教徒学园的管理形式。另外，17 世纪英国殖民者不愿接受国家政府的指令，殖民政府在建立大学的过程中从未像西班牙帝国那样严密。

西班牙人创办的殖民大学在建立是否合法的模式上依然沿袭着宗教改革前的传统。他们总是寻求且通常会得到教皇或皇室的授权（有时是教皇 261

② 事例可见 A. M. Rodríguez Cruz, *El oficio de rector en la Universidad de Salamanca y en las universidades hispanoamericanos* (Salamanca, 1979), *passim*。

或皇室主动的结果)。皇家建立的学校一直恳求罗马教皇的认可，而有宗教背景的大学通常也同样寻求皇室的肯定。其他那些一开始是独立的僧侣学校、神学院的大学也要寻求教会和政府的确认。这种认可远远超出了形式上的意义。在早期西班牙殖民地，皇室官员或主教对制度上还非常原始的社会的干涉不仅具有决定作用，而且皇家西印度群岛议会至少想监督新建大学的所作所为，并且有时为了实现这个目的而采取必要行动。在利马大学成立之初的一年内，它进行了数次强制性检查来检验教学的学术程度(很明显，这已经是为人关注的一件事，尽管事实上到那时为止还没有实施任何教学)。③

与西班牙的殖民大学不同，在北美讲英语的各种教派的大学往往只得到地方当局首肯就建立起来了，它们可以不依赖罗马教皇，也没有向英王室求援的传统。它们往往让被大不列颠各教派所熟知的管理模式适应自己的需要，并且寻求当地社区的赞助与支持。至少在形式上他们很少依赖当地政府或国教会(当地的教区另当别论)，他们将办学的权力交给学院的院长及监督办学的董事会。这些人中虽有牧师和高官显贵，但通常由当地有名望的教友组成。这样就阻止了像牛津、剑桥那样学院自治模式的出现，并且在很长时间内不赞成建立教授团体。在相当贫穷且殖民地经济发展缓慢的北美地区，教职员只能从牧师、高年级的学生或刚刚毕业正准备实习的医学、法学毕业生中招募(对于他们的教学来说首先是没有任何规定)。

在财政问题上，外界权威与管理的关系具有重要意义。当各修道会为大学提供不需要固定津贴的教师时，西班牙王室几乎未花分毫就获得了一
262 系列美洲大学。王室总是很吝啬的。利马大学成立之初，只有文法和文学教授能够得到薪水。④ 在其他一些院校里，有一些捐助的职位，但为数不

③ J. Lafaye, 'Literature and Intellectual Life in Colonial Spanish America', *The Cambridge History of Latin America*, vol. Ⅱ: *Colonial America* (Cambridge, 1984), 675-676.

④ L. Díaz-Trehchuelo López-Spinola, *La vida universitaria en Indias. Siglos XVI y XVII* (Córdoba, 1982), 8.

多。北美高等教育也无法享有资助人提供的大部分捐赠，一些欧洲大学当然也不可能得到充分支持。尽管那里土地辽阔，学院也分得了一些，但总体来说，土地的收益很差。不管是斯图亚特，还是汉诺威王朝的统治者，都没有兴趣捐赠教授席位（尽管在英格兰他们这样做过），也没有富有的商人关注高教机构并进行捐赠。因此，北美的大学和学院尽管根植于欧洲的传统，但创办者所设想的这些模式的大部分潜能并没有实现。然而，尽管这些大学相对贫困，并且缺少帝国、皇室、教会及商业的资助，但学校的数量还是有所增加并变得兴旺起来：近代美国有 13 所大学可以追溯到 19 世纪以前，而英格兰只有两所。

殖民地大学的建立

现在，我们可以尝试在这个总体框架内为第一批大学及学院的创办做一个总结。就西班牙殖民地而言，很难对它做出系统精确的描述，因为学术方面的记录很不全面，还有很多令人困惑的地方，如授权（皇室或教皇）、正式建立及实际办学的情况。⑤ 然而，其发祥地是很清楚的。西班牙的多明我教派的僧侣于 1509 年登上了伊斯帕尼亚奥拉岛。在几年内，他们就拥有了比语法学校更高级的学校（最早是由圣方济修会的修道士在 1502 年为当地儿童创办的），还有一个捐助的神学教席。随后人们为当时存在的学校寻求教皇的认可和鼓励，要求提供牧师和受过教育的人去开展工作，否则这些工作就会落到从宗主国西班牙暂时移居过来淘金的人手
中。1538 年，在新发现的西半球上，根据教皇的敕令《最高使徒》，在位 263
于圣多明哥的多明我教派修道院中创办了第一所大学，这就意味着大学获

⑤　有关 19 世纪之前在海外（包括在北美）创办的西班牙大学的基本资料可见附录，L. Jílek (ed.), *Historical Compendium of European Universities/Répertoire historique des universités européennes* (Geneva, 1984), 325-339。所有记录参见 A. M. Rodríguez Cruz, *Historia de las universidades hispanoamericanas: período hispánico*, 2 vols. (Bogotá, 1973), and Díaz-Trehchuelo, *Vida universitaria*（注释 4）。

得了完全的实际的地位。[⑥] 这所修道院的院长就是大学的校长，他的最初目的就是为传教工作提供受过正规培训的神职人员。这所大学被授予了其本土的阿尔卡拉和萨拉曼卡大学所具有的特权，从一开始就拥有全部 4 个学院。但什么时候、如何真正运行起来还不清楚。[⑦] 在其后几年里，政府和教会差不多都是携手在美洲殖民地创办高等教育机构。1550 年曾经计划在危地马拉设立大学以培训传教士，但没有取得任何结果。第二年，在利马和墨西哥城由皇室创办了大学，这可以被视为一个重大进展。[⑧] 这些大学很快获得了教皇的认可，并且分别于 1571 年和 1595 年被正式授予与萨拉曼卡大学一样的特权。这三所大学标志着一个持续了两个半世纪的发展过程的开始，期间，西班牙人在美洲建立了 20 多所大学，其中最晚的一所是于 1812 年由加的斯议会在尼加拉瓜建立的莱昂大学。[⑨]

墨西哥大学在成立当年就开设了讲座课程，而利马大学是在 20 年后，但这两所大学都成了后来在美洲西班牙殖民地建立的大学、学院、高等教育机构的中心和典范。[⑩] 它们的教师在课程、授予学位的标准、学生录取方面有发言权。习惯上，它们不久就同圣多明哥一起被称为“大大学”，而其他的为“小大学”。[⑪] 但是很快就表明这三所最早的大学无法满足美洲巨大的教育需求：尽管圣多明哥的发起者曾经乐观地设想不仅从本地还

---

⑥ E. Rodríguez Demorizi, *Cronología de la Real y Pontificia Universidad de Santo Domingo, 1538-1970* (Santo Domingo, 1970), 7-19.

⑦ Díaz-Trehchuelo, *Vida universitaria*（注释 4）, 5-6. 其后，由于人口减少，导致了 17 世纪医学院的消失。

⑧ Rodríguez Demorizi, *Cronología*（注释 6）, 35; Rodríguez Cruz, *Universidades hispanoamericanas*（注释 5）, 151. 亦可参见 Díaz-Trehchuelo, *Vida universitaria*（注释 4）8, 有关利马总督的决定性角色。

⑨ J. Tate Lanning(*Academic Culture*（注释 1))在书中第 33 页指出西班牙在美洲“创办”了 10 所规模较大的和 15 所规模较小的大学，但书中第 23 页又说他们在殖民地时期“拥有”23 所大学。很显然，分类是很重要的。

⑩ 泛泛而言，与西班牙在利马和墨西哥创办的大学相比，留存下来的关于西班牙在美洲的大学的文献既不完整，也不丰富（鲜有研究）。

⑪ Díaz-Trehchuelo, *Vida universitaria*（注释 4）, 5.

要从“所有的地区”招收学生，但学校对于那些潜在的学生而言实在是太遥远了。[12] 1550年，当这位发起者与多明我教徒一起向国王请愿，要求在 264 远离西班牙的该城市建立一所大学时，地理因素在利马市政厅的讨论中已是一个很充分的论据。主教、高等法院和一些重要市镇里的宗教团体向教皇和国王请求大学的特许权，以便使分布广泛的移民能更容易受到大学程度的教育。

西班牙属西印度群岛上的大学有一个重要的特征，即大多数都是托钵僧发起的（尤其是多明我派），后来又有耶稣会的加入。第一批耶稣会员在1569年到达利马，并且很快在那里建了一所学院。修道僧经常向罗马教皇申请，要求允许已有的修道院和神学院授予学术学位。圣多明哥是几所大学中第一个由修道院和神学院转化而来的，而其他的大学脱胎于奥古斯丁教派的学院或特伦托神学院。高级神职人员常常与地方官员一起合作，全力支持这种做法，同时，国王竭力建立他的监管系统并控制它们。就某方面而言，学院直接受控于教皇。例如，他们得向教皇申请许可才能设立神学及教会法教席。各个教派常常争夺对大学教育的地方控制权。在基多同时存在三所大学，分属于奥古斯丁、耶稣会和多明我会，这三个教派时常公开争吵，就像他们在智利、圣多明哥、圣菲波哥达和危地马拉时常做的那样。他们在教学传统上也存在不同。多明我会和耶稣会都教授托马斯主义哲学，但后者对此特别推崇。在几年的时间里，墨西哥大学也成了奥古斯丁派批评的目标，说它的逻辑和辩证法偏离了它所应该做的事，即恢复信仰。

16世纪，在圣多明哥不久就建立了第二所大学，即圣地亚哥德拉伯茨大学，这所大学于1558年获得王室特许状，原来是一个主管教区学院，一个教徒在考虑到它即将获得大学的地位时，将自己的财产留给了它。位于厄瓜多尔基多的圣弗根西奥“大学”创立于1586年，并且获得了罗马教皇的许可，可以授予博士学位，但它的地位看来很值得怀疑。作为起源

[12] Rodríguez Demorizi, *Cronología*（注释6），16.

于奥古斯丁派的宗教学院，它就是下一世纪小型大学智慧荒芜的“有力证
265 据”（一位权威如是说）。[13] 17 世纪的新大学包括萨里奥的纽斯绰森诺拉大
学，建于智利圣地亚哥多明我派的一个女修道院，1685 年教皇的通告使其获得授予哲学和神学博士学位的权力。还有建于 1622 年、位于洛斯卡克斯的拉普拉塔（或者是丘基萨卡）的受耶稣会监管的第一所主要（主修）大学。同年，图库曼（在现在的阿根廷）科尔多瓦耶稣会学院得到王室认可，虽然直到 1761 年它才获得“主要”大学的地位。建于 1623 年波哥大的一所学院到 1704 年才成了真正的大学。位于基多的另一所耶稣会学院得到类似的认可（可能是皇家授予它颁发学位的特许证书），这所学校后来变成了圣格雷戈里乌曼格诺大学。1624 年在尤卡坦也出现了一所由耶稣会创办的大学。

耶稣会的活跃是非常明显的。其他那些起源于女修道院或神学院的大学包括多明我派于 1681 年在基多创办的圣托马斯大学，1681 年获得教皇授权可以颁发学位，1683 年获得皇家特许状。位于库斯科的圣安东尼奥大学，由皇家授权于 1691 年在多明我派神学院的基础上建立，一开始就拥有颁发学位的权力，次年获得教皇的认可。位于新格兰纳达王国圣菲波哥大的圣尼古拉斯大学创建于 1694 年，属于圣奥古斯丁教派。虽然它拥有颁发学位的特权，但是一所免受王室或政府监控的私立学院，对于惯例而言这是个例外。位于危地马拉的圣卡罗斯在多明我女修道院的基础上于 1676 年成为皇家大学，它于 1681 年获得教皇的批准并注定要拥有辉煌的历史。位于秘鲁阿亚库乔的哈曼格的圣克里斯陶伯大学由主教于 1677 年建立，在几年内就获得了王室和教皇的认可。位于特伦托的神学院，一直处于当地主教的有效控制之下，但形式上与利马大学一样享有同样的特权。

18 世纪美洲西班牙殖民地的三个最重要的大学是哈瓦那（1721）、加拉加斯（1725）和位于智利圣地亚哥的圣菲利普（1747）。这些都是最重

---

[13] Tate Lanning, *Academic Culture*（注释 1），29.

要的大学，后两所实际上提供医学课程。布宜诺斯艾利斯大学作为拉普拉塔的总督大学名义上建于 1778 年，但在西班牙人统治下没能运转。其他 18 世纪建立的高等教育机构与早期建立的一样都是获得了授予学位特权的神学院和学院，最终成了小的大学。建于 1744 年新格兰纳达的波帕扬大学就是这种机构，其前身便是一所学院兼神学院。短命的巴拿马的圣弗朗西斯科·泽维尔大学（1749）也是此种情况。巴拉圭的亚松森大学是另一所建于 1733 年的小的大学，教皇授予其在多明我派特权的基础上颁发 266
学位的权力，它于 1779 年获得王室特许状。最后一个令人称奇的是，直到 18 世纪，确切地说是在 1747 年，圣多明哥这所殖民地最老的大学才正式获得“皇家”的头衔，尽管在很早以前就已经被默认了。

在这很不充分的叙述中有着一个很清晰的正规的模式，王室和教皇的认可通常在很大程度上（尽管不总是这样）是对一般教士或当地的主教采取的自发行动的一种反应。至于这些大学后来的成就，不太容易进行总结，显然情况是多种多样的。由于所提及的一些大学的历史细节不确定，这就更强化了人们的模糊印象，人们无法获知在一个许多机构只有有限的授予学位权力的教育世界中，这些大学的真正地位是怎样的。在 1538—1827 年美洲西班牙殖民地建立的“大学”中，需要明确的是有些只是或多或少名义上存在着。其他的则是昙花一现，同时巨大的变化使那些不确定的大学的历史更加模糊不清。例如，尤卡坦大学，1767 年关闭，只是在独立后的 1824 年才重新开办。拉普拉塔大学，形式上创办于 1552 年，直到 17 世纪才真正运行。最重要的是，西班牙国王对耶稣会的驱逐导致了高等教育发展的中断。在那些最重要的大学中，巴拿马和波哥大的泽维尔大学被关闭，科尔多瓦学院于 1767 年被转让给了圣方济会。但同样可以肯定的是未受到干扰的那些正式机构对教育现实来说并不能说明太多问题。

我们在这里可以很方便地加一些其他的伊比利亚人在南美的主要区域巴西扩张的情况。与西班牙帝国的萨拉曼卡大学不同，科英布拉没有激发人们的任何尝试。土著的巴西人口居住极为分散，也很原始。在耶稣会被驱逐之前，殖民地的教育主要掌握在他们手中。从 1547 年耶稣会到达巴西起，他们就试图通过将印第安人组织到传道区的方式教育他们，有些机构后来成了能够颁发学士和硕士学位的学院。但这些在很长时间内是巴西唯一的文化活动中心，而且只局限于培养教士和法官的专业教育。官方的政策阻碍了这方面的努力，巴西在殖民地时期没有大学，18 世纪建立科学和文学学会的努力也未成功。希望接受高等教育的学生们只好回到葡萄牙，这样的学生在科英布拉大学为数很多。直到 1922 年通过将一些机构合并，巴西才建立了第一所大学——里约热内卢大学。

267 我们前面不止一次提到过北美英国殖民地大学的历史与西班牙帝国的不同，在产生的形式上也更加多样。它的历史可以从 1636 年马萨诸塞议会（管理已获授权的殖民地和公司的机构）拨款 400 镑建立学院算起。三年后这所学院被命名为哈佛学院以纪念它的一个捐助者——约翰·哈佛——一位富有的牧师，他捐赠的东西价值是原来拨款的两倍。1642 年指定了一个“监管人”委员会作为管理机构，1650 年哈佛获得最高法院的特许状。哈佛由此成了北美殖民地第一个能授予学位的高等教育机构。弗吉尼亚随后又建立了威廉·玛丽学院，此学院于 1693 年获得皇家特许状，次年后作为文法学校开始招生。耶鲁学院作为康涅狄格学院式的学校建于 1701 年，于 1745 年获得殖民地的特许状；与哈佛一样，它也以捐赠者的名字命名。新泽西学院（如今的普林斯顿大学）于 1746 年获得总督特许状。纽约的国王学院，现在的哥伦比亚大学，在商讨了 8 年之后于 1754 年开课。费城学院（1755 年合并）于 1791 年成为宾夕法尼亚大学。罗德岛学院，现在的布朗大学，作为浸礼教派的机构于 1764 年获得特许状。王后学院于 1766 年获得特许状，现在是新泽西的拉特格斯州立大学。达特茅斯学院是殖民地时期最后一个获得特许状的，时间是 1769 年。加拿大没有高于神学院（魁北克）层次的高等教育机构，但有一些文法学校，甚至在 18 世纪末仍是如此。

殖民地高等教育的功能

不管是南美还是北美，也不论是天主教还是基督教，首批美洲大学的创立者都有着强烈的宗教信仰。这对他们建校的目的产生了根本的影响。从美洲最早的征服者来看，西班牙国王就试图使印第安人皈依天主教，而且一直坚持把教授印第安人西班牙语作为改变其信仰的途径之一。在圣多明哥建立学校的一个论据就是它可以通过培养教士来传布福音。另外一些大学要满足当地的需要，即要教授传教士需要掌握的当地语言。而且这些大学形式上对印第安人开放，在 18 世纪以前对入学者没有正式的限制，西班牙与印第安人的混血儿、黑人、黑白混血儿、白人与半白人混血儿皆可入学。事实上，印第安人很多年以后才真正被接纳入学，而且成为学生 268
的可谓凤毛麟角。更确切地说，高等教育是为克里奥尔人准备的。印第安人的教育事实上仅局限于“神学院”，就像 1536 年圣方济会在圣克鲁兹·特拉特罗寇为印第安人部落重要家庭的男孩开办的学校一样，学生在这样的学校里学习教义问答和西班牙语，但这种在文化同化上的努力从没有超越中学的水平。[14] 不过尽管受到印第安人血统的实际限制，教会和政府还是竭尽所能保证西半球西班牙属地的大学教学与欧洲的一样好。国王也一直坚持这样的原则，即在西印度群岛大学接受过教育的当地人可以获得公职。1698 年 11 月 24 日的一项皇家法令规定，在那些王国出生的人应与在卡斯蒂利亚出生的人一样享有同样的荣誉与特权，“正如一直是无可争议的惯例一样，因为他们在过去已经获得所有的官职和尊严”[15]。实际上实施远没有政策想象的成功。这些历史片段表明情况就是这样。

在北美殖民地有两种相似的力量决定了诞生于此的高等教育机构的功能，一是回到欧洲本源的传统，二是要适应新环境新要求的需要。文法学

⑭ Lafaye，‘Literature’（注释 3），673-674.

⑮ J. Tate Lanning(ed.)，*Reales cédulas de la Real y Pontificia Universidad de México de 1551 a 1816*（Mexico，1946），no. 80.

校和学院被移植到了西印度群岛和北美大陆的殖民地。正如早先的苏格兰边境一样，这些移植的学校在这些地方繁荣起来。[16] 在一个经常充满敌意的环境中艰难生存，这些学校也确实获得了力量。而且这在加拿大的法属区及最南部的英属区情况确实如此。两者都从欧洲招募学者和教师，他们带着拉丁文法课本和基本的科学仪器加入那些已经打开了门路的早期移民、商人、传教士和冒险家的行列中来。

英国殖民地和西班牙的另一个不同是在确定早期北美文法中学和学院的目的方面，官方的影响是极为微小的。不管特许状是伦敦还是凡尔赛颁发，也不管学校由英国人还是由法国人、当地政府还是私人开办，同样不
269 管一所机构是属于公理会、国教会还是耶稣会，最重要的都是发端于地方。从最普遍的意义上说，所有新学校都试图做同样的事：通过传播欧洲的知识，尤其是宗教知识，使文明的生活方式得到保持。

这意味着最重要的任务是培养教士。因此在清教徒刚刚定居马萨诸塞湾的时候，他们就告诉英格兰的同胞们，在盖好了房子、教堂，解决了生计问题，建立了政府之后，他们就决心“促进学问的发展并使其得到繁荣；当我们现在的牧师撒手尘寰的时候，我们担心教会中会有目不识丁的教士”[17]。他们康涅狄格的邻居步其后尘，建立了一所学院级的学校，后来成为耶鲁学院，其目的是培养年轻人“供职于教会和政府”，这显然是英国说法的回音。[18] 至于英国国王，对于所有正式授予了特许状的位于弗吉尼亚和纽约的国教会学院，他的代表、殖民地的管理者们都只限于对个人和社区在这方面的努力进行支持。英国的官员们认为宗主国政府对学院的支持会强化殖民地英国人对王室的忠诚。也许是有了一些苗头，当他们

---

⑯ 与此相关的是，作为省属社会，在与都市权力之间保持的密切而又暧昧的文化关系方面，苏格兰和美洲有相似之处。参见 J. Clive and B. Bailyn,‘England’s Cultural Provinces: Scotland and America’,*William and Mary Quarterly*,3rd ser.,9(1954),200-213。

⑰ 引自 S. E. Morison,*The Founding of Harvard College*(Cambridge,Mass.,1935),432。

⑱ 参见 in F. B. Dexter(ed.),*Documentary History of Yale University*(New Haven,Conn.,1916),21。

看到（或教士们建议）学院的建立对国教会的统治地位构成了威胁且有目的这样做时，他们便阻止了这些努力。[19]

早在17世纪，在北美法语区的魁北克，耶稣会就开办了神学院和拉丁文法学校，他们首先为那些未来的教士服务，其次为那些寻求世俗职业的人提供教育。[20] 他们虽也考虑到将文明移植到蛮荒之地，但主要强调的还是宗教的传承。后来在英国人的统治下，他们的学校自然就成了维护罗马天主教信仰及在讲英语的新教环境下保存法语的中心。但它们没能发展成大学。1776年后，那些效忠于国王、对美国独立运动深恶痛绝的英国国教派的教士们计划去加拿大，并且请求教会在新斯科舍和新不伦瑞克建立学院。但是，在弗雷德里克顿（1787）和温莎（1789）两地开办的文法学校完全合并成学院的19世纪，这些设想才得以实现。 270

在不讲西班牙语的西印度群岛，不管是种植园主还是王室当局，都根本不重视教育。在英属的一些岛屿上有一些私人机构，这些学校的设施只能是当地有什么就装备些什么。1710年科德林顿留给巴巴多斯的遗产意味着培养神学家和医生，但是，像1735年的哈里逊学院一样提供的不过是文法学校的教育。大多数白人儿童被送往英国或美洲大陆的学院。在法属岛上，法国政府不信任克里奥尔人，害怕他们的自治运动。学校极少，并且为数不多的白人儿童被送往法国私立寄宿学校。[21] 当地没有建立学院。

在教职员工的配备、教学方法和课程等方面，最初的美洲大学和学院

---

⑲ 例如，在革命前后20年中的新罕布什尔、佐治亚和卡罗莱纳。参见 J. Herbst, *From Crisis to Crisis: American College Government 1636-1819* (Cambridge, Mass., 1982), *passim*, and esp. 131-133。

⑳ L. Campeau, 'La première mission des Jésuites en Nouvelle-France, 1611-1613, et les commencements du Collège de Québec, 1626-1670', *Cahier d'histoire des Jésuites*, 1(1972), 94-96; E. Chartier, 'The Classical Colleges of Quebec', *Proceedings of the National Conference of Canadian Universities and Colleges*, 12(1923), 25.

㉑ J. H. Parry and P. M. Sherlock, *A Short History of the West Indies* (London, 1960), 246; P. Pluchon (ed.), *Histoire des Antilles et de la Guyane* (Toulouse, 1982), 261, 222; W. Frijhoff and D. Julia, 'Les grands pensionnats de l'ancien régime *à* la restauration: la permanence d'une structure éducative', *Annales historiques de la Révolution française*, 53(1981), 180-184.

毫无疑问既要囿于引进的传统，又要受到当地环境的限制。美洲西班牙属地的主要大学中的五学院模式可以说是这方面最好的说明。但是可获得的资源常低于设想所需，更别说热情了，只有在修道会所在的一些“小型”机构才能为实现有限的教授神学和教会法的目的提供保障。利马大学从建立到16世纪70年代实际运行，其间有一段很长的间隔期，很显然资金短缺是造成这种间断延长的因素之一。在主要大学中，当第一批毕业生中的许多人还没有获得学位时，他们已经在这些学校中从事教学了。合格教授很难找到，同样也很难付给他们薪金。不管是什么原因，智利的圣菲利普大学在成立9年后才任命第一批教授（1756）。[22] 规模较大的综合性大学大部分依赖王室资助，他们极少的收入中的大部分来源于国库。规模小的大学，教授职位少，特权少，授予学位的权力很有限，但它们依然通过要求
271 扩大特权来争取获得大学的地位，而它们根本不清楚（至少是不易确定的）是否能有未来的资源支撑它们。

美洲西班牙大学的真正管理权通常是掌握在校长手中，而校长职位由传教士和教徒轮流担任。在大多数大学中，学生都有权参与大学管理（如在萨拉曼卡，校长就是学生），但是范围非常有限。与其他大学相比，主要大学更多遵循宗主国的模式，其中有些大学由学生选举教授，这种做法一直延续到18世纪，最终由于腐败和无序而被取消。

教学基于对当时学习的规定书目内容进行练习、阅读和解释，回答学生疑问，讲解教师选定的内容，学生展示所学，死记硬背。文学院的教学重点是语法（在这方面，如古典和文学研究方面，耶稣会会士被视为佼佼者）。在医学院，解剖课成为正常教学的一部分（从危地马拉大学章程中可知），如果没有其他不充分的证据抵消它的话，这可以被认为是智力得到尊重的标志。[23] 出勤一般靠经常性的测试来保障；学习成绩的评估借助

---

[22] J. J. Brunner, *Educación superior en América Latina: cambios y desafíos* (Santiago, Chile, 1990), 17-18. 受赠最好的西班牙殖民地大学已成为危地马拉大学。

[23] J. Tate Lanning, *The Eighteenth-Century Enlightenment in the University of San Carlos de Guatemala* (New York, 1956), 268-272.

于考试和其他的学术练习，这些与萨拉曼卡采用的方法极为相似，这些练习都为获得学士学位、职业资格证书、硕士和博士学位做准备。这些安排在传统的高级学院和低级的文学院中都有。学生校内外的行为受到规章制度的规范。要求学生们居住在体面的房子里，并且禁止学生购买物品时赊账，也不允许把武器带入校舍。学生的服装也有规定，得体而朴素，不能有金饰物、刺绣或抢眼的颜色。毫不令人奇怪的是，这些规定的作用远未发挥出来。随着时间的推移，学术和纪律方面的安排受到日益增长的不正之风的影响，科尔多瓦大学（图库曼）的一个寄宿制学院就是专门为了使部分学生免受当地学生的不良影响而开设的。[24]

西班牙殖民者驱逐耶稣教会形成了殖民地教育上的真空，其结果之一就是激起了政府对大学关注的热潮，这种关注有时用强调世俗教育的方式表现出来。但它导致了课程现代化和更广泛地将西班牙语作为教学语言。 272
在 18 世纪的最后 25 年中，查里三世的大臣们推行的改革席卷萨拉曼卡，尤其是 1771 年的课程改革在殖民地的大学得到全部重演。[25]

不管是在清教徒的新英格兰，还是在国教徒的弗吉尼亚，英国的殖民者都反对独立的学术团体。然而，与西班牙的做法形成鲜明对照的是，甚至在殖民地时期结束前，北美最终还是赞成新机构的多样性和独立性。尽管弗吉尼亚人对威廉玛丽学院的教授们存有疑虑（他们中的大部分以前曾经是牛津大学的教师），1729 年学院的财产还是从学院董事的手中转给了全体教师。当时新英格兰的人们清楚地认识到哈佛和耶鲁的教师没有能力管理学院。哈佛的创立者将其置于监管者的监督之下，这是一个由地方官员和牧师组成的外部委员会，类似于从瑞士的日内瓦到苏格兰的爱丁堡都

㉔ E. Martínez Paz, 'La Vida en el Colegio Real de Nuestra Señora de Monserrat', *Colleción de la Imprenta Jesuítica del Colegio de Monsarrat* (Córdoba, 1940), xvi-xviii.

㉕ 参见 A. M. Rodríguez Cruz, 'Las reformas de Carlos Ⅲ en la Universidad de Salamanca y su influencia en las universidades hispanoamericanas', in *Educación e illustración en Espana. Ⅲ Coloquio de Historia de la Educación* (Barcelona, 1984), 285-296; H. Cuenca, *La universidad colonial* (Caracas, 1967), 66-67. 参照 Ural Pérez 教授的草稿。

有的加尔文派监督教会、中学和大学的各种监督委员会。他们的康涅狄格的邻居们按信托方式开办学校，随后将牧师教员合并成了一个独立的委员会。威廉玛丽学院的特许状赋予它像剑桥、牛津大学一样的民事法人地位，并且允许在弗吉尼亚州立法机构中设立其教师代表。并不是教派专制减缓了独立委员会作为学院管理中心到来的步伐，而是学院植根于当地社区的现实愿望；在纽约的国王学院成立初期，当教派分化热情高涨之时，城市的环境和世俗的利益一度挽救了学院。[26] 人们认为远方的国王及当地的官员不是充满敌意，就是像 18 世纪后期对待威廉玛丽学院那样，过于支持与宗主国的联系。

如果殖民者在大学管理中愿意较多依赖自身资源的话，传统对课程还是具有强大的影响的。尽管美洲的殖民地学院倾向于采纳长老会的学院管
273 理模式，但古老的英格兰大学的课程模式对其产生了极大影响。讲座、课文讲解、诵读、宣讲、辩论等教学方法明显是欧洲作风的继续。因为在新英格兰早期有为数不少的投考剑桥的学生，所以剑桥影响可能尤为强烈。至于 17 世纪欧洲的其他影响，人们同意哈佛历史学家的观点：我们离剑桥越远，所得越贫乏。然而，苏格兰大学和长老会学园（在更有限的程度上，那些英格兰非国教徒开办的学园）的影响同样重要。通过后来的苏格兰人、苏格兰-爱尔兰的教士及在英国接受过非国教学园教育的人，这种影响被进一步强化。威廉玛丽学院的创建者和首任校长詹姆斯·布莱尔把集中了的大学和学院的特征引入学校，作为一种学术组织形式，这种做法证明在远离大都市中心和财政资源相对丰富的地区是非常合适的；这表明了布莱尔在爱丁堡本科学习经历的影响。在费城学院，第一任院长威廉·史密斯将一位教师教授所有科目改为专门教授某一科目，这是他在 18 世纪 50 年代在阿伯丁大学见到过的做法。

18 世纪中叶，道德和宗教传统日益多样化，宗教热情的爆发导致了“大觉醒”的出现，这使一度在早期北美高校中盛行的教派对学院生活的

---

[26] 参见 D. C. Humphrey, *From King's College to Columbia*, *1746-1800* (New York, 1976)。

严格控制很难继续维系下去了。在那些严格的教派学院中，其他基督教派的学生和教师获得了道德和信仰的自由。哈佛、威廉玛丽学院及耶鲁，所有这些教派创办的学校都要进行调整，但这并不易做到。尽管克拉普校长为耶鲁做了很多工作，服务时间很长（1740—1766），同时还有学校董事会撑腰，但就因为他在维护公理会在学院中的正统地位方面无所作为，人们便要求他辞职。到处存在的歧视被宽容所冲淡。例如，在费城，学院对所有新教徒开放，并且国教会和长老会分享管理权。在罗德岛，浸礼会控制着学院，但招收犹太学生。然而宗教依旧在大学生活及学校身份方面占据中心位置。在纽约，国教会的国王学院是可以自由招收其他教派学生的地方，但它的支持者们通过激烈的斗争成功地阻止了与一所同之竞争的公立学院的合并，那个学院允许任何教派参与学校管理。随着教派间的壁垒
成为学院管理的标准模式，不满意的迹象开始出现。在新泽西，荷兰归正 274
教会的支持者们憎恶长老会对位于普林斯顿地方学院的控制，他们恳请地方官员建立自己的大学并获得成功。王后学院作为新泽西的第二个学院，它的出现标志着一个时代的结束，那时特许状中明令禁止在宗教立场上歧视学生。王后学院的特许状中特别指出学院的特殊使命是为荷兰归正教会培养年轻人，同时也责令学院促进所有新教教派的进步。由此在殖民地时期学院内形成了对宗教差异的宽容，但整个世俗化的学院管理还要等到独立战争之后。

建立大学和学院的一个新时期出现在随后的几十年中。与殖民地时期相比，独立伴随着更加的多样化及创建更多的私立机构。这一时期虽可一瞥而过，但它在欧洲再一次产生巨大影响之前（洪堡重视研究的启发），使美国大学的历史更加完美。18 世纪的后 20 年中出现了一种新型的学院，新罕布什尔的达特茅斯学院、马萨诸塞州的威廉姆斯学院和宾夕法尼亚的迪金森学院。这类小型学院远离沿海富裕的商业和社交城市中心，依赖个人或团体的捐款，生源来自农村和内陆较贫困地区。从此，大学教育不再是有钱阶层后代的特权，一种新型的社会多样化由此衍生。

随着组织机构的变化，课程也在继续变化。课程依然是根植于传统上

壤之中的拉丁文，其目的是为文科的学习做准备。北美第一批拉丁语法学校是由魁北克的耶稣会及马萨诸塞湾的清教徒几乎同时开办的。魁北克的学校开办于1635年，到1663年，除了一般的拉丁语法教学外，该学校还提供人文学科、修辞学、哲学、数学和神学课程。它的一些毕业生成为魁北克神学院教士的候选人。马萨诸塞州的拉丁文法学校为学生进入哈佛学院提供预备教育。一旦进入大学，学生们将继续学习拉丁语法，此外还有逻辑、希腊语、希伯来语、修辞、自然史和神学。一年后，通常伦理和政治取代逻辑学，随后又有自然哲学、算术、几何学和天文学。最后一年开
275 设道德哲学和形而上学，通常由学院院长授课，它们是学生接受教育的顶点。到18世纪下半叶，现代学科如地理、历史、法语开始出现。但在费城和纽约这样的商业中心多有重视实用的倾向，更多地强调应用技能，如测量、航海、商业、农业、法律及管理。在有些地方更强调科学学科的学习，如数学、化学、植物学、矿物学等。[27]

18世纪，三段论式的辩论在殖民地学院中逐渐消失，取而代之的是法庭式辩论，它是一种非正式的课外活动。当归纳、经验、实验成为质疑的主要组成部分时，严格的经院式的三段论解释模式开始显现局限性。随着时间的推移，辩论中的自由度由于政治的关系而逐渐增加。[28] 到1750年，学生文学社团开始出现。它们是练习辩论和演说的场所，吸引了未来的教士、政治家和律师。他们关注当时的关于政治或文学问题的小册子和文章，而且有些社团获得了比学校图书馆更大的图书馆，在引进纯文学研究方面这些尤其重要。直到18世纪，在教学中及在三段式辩论中使用的拉丁语丧失了它作为交流媒介的地位，在正规辩论中被取代。如同中南美

---

[27] 更简明的概述参见 F. Rudolph, *Curriculum: a History of the American Undergraduate Course of Study since 1636* (San Francisco, Calif., 1977)。亦可参见 J. W. Kraus, 'The Development of a Curriculum in the Early American Colleges', *History of Education Quarterly*, 1 (1961), 64-76。

[28] D. Potter, *Debating in the Colonial Chartered Colleges: an Historical Survey, 1642 to 1900* (New York, 1944).

大学使用西班牙语一样，英语在这些学院中被广为使用，英文教科书早在17世纪就在美洲出现了。

申请进入北美学院学习的申请人通常由校长面试，他要考查投考者的拉丁语、希腊语和算术能力。在年轻人进入大学的自我介绍中，这样的面试比严格选拔的手段更重要。学院需要学生，大多数情况下，会给小到11、12岁的学生在语法预备班开设补习性的课程。大多数学生的入学年龄在15—17岁，他们或是已在新英格兰的拉丁语法学校、各种脱胎于苏格兰或英格兰非国教徒的学园，或是通过家庭教师、当地牧师等接受了教育。[29] 只是在独立战争后，在内地新建的学院中的学生入学年龄才有了大 276
的提高。

起初，殖民地学院发展的最大障碍是贫穷。约翰·哈佛的慷慨是罕见的，几乎没有什么捐赠资金来资助教授职位或支付其他教育经费。倒是可以向学校提供土地，但是（就像哈佛的历史学家指出的那样）新英格兰的土地很便宜、很充裕，而且难以变成收入。[30] 除去学生的学费，早期学院所得到的资金有多方面的来源：通常来源于法定的拨款、补助和指定的国家税收，在哈佛学院来源于摆渡查尔斯河所得的款项，在为威廉玛丽学院筹款时，甚至有一部分钱来源于与以往海盗的交易（归还海盗财产，但须付一笔费用）。因此，能够招收到的付费学生的数量对学校的生存极为重要。学院院长努力吸引学校附近及州内的潜在的学生，为那些不能住在家里的学生提供住宿以节省他们的开支。学费及食宿的费用同入学人数的对比表明，耶鲁、新泽西学院和罗德岛学院在这方面的努力是很成功的。[31] 尽管这种情况在18世纪确实有所改变，但对于学院和大学来讲，私人抵押品、遗产和彩票所得利益成为其普遍的收入来源。一般地，这些资金来

㉙ B. MacAnear, 'College Founding in the American Colonies, 1745-1775', *Mississippi Valley Historical Review*, 42(1955), 24-44.

㉚ Morison, *Harvard College*(注释 17), 322.

㉛ B. MacAnear, 'The Selection of an Alma Mater by Pre-Revolutionary Students', *Pennsylvania Magazine of History and Biography*, 73(1949), 429-440.

自于城市和学院的临近地区，但资金的筹集还来自更远的地区、其他殖民地、西印度群岛，甚至来源于英国和欧洲大陆。在筹集资金的过程中，常常要诉诸宗教感情，要强调支持受过教育的牧师们进行文明开化和传教的需要及改变印第安人信仰的需要。然而，到独立战争时期，捐赠越来越少。随着由私人及基金会创立的学院迅速蔓延，导致学校以新的方式更加依赖地方和教派的支持。[32]

除了贫穷，影响发展的另外一个障碍是缺少合格教师。除了哈佛学院的校长，其他所有殖民地学院的校长都是教会的牧师，他们经常把自己在
277 当地教会中的工作同在学校中的教学和管理工作结合在一起，而且常常把学校的工作视为他们职业责任的一部分。即使仅有几年，在学院工作也是牧师的职责。哈佛的马瑟校长就不大愿意担任此职。当要求他从波士顿的住地和教堂搬到他早已是其教员的学院时，他回答说：“我应该仅仅为了给四五十个孩子讲课而放弃向 1500 个灵魂讲道吗?”最初他拒绝了，但最终还是于 1686 年就职，直到 1701 年，他的政治对手使他无法按照自己的意愿在波士顿履职，他才去职。[33]

校长要负责行政和教学，也要负责学院教堂或小礼拜堂中的祈祷和礼拜。他通常教授道德哲学，并且指导住校的研究生和辅导教师的神学方面的专业训练。耶鲁的克拉普校长还在学校董事会的要求下担任神学教授，校长通常面试申请人，对本科生进行管理、提供咨询和进行纪律约束，主持毕业典礼和授予学位。他们是学院的资金筹集者，通常是仅有的管理者，他们被看作殖民地重要的公众人物。威廉玛丽学院的布莱尔当过一届弗吉尼亚州的州长，而新泽西学院的校长约翰·威瑟斯宠是《独立宣言》的签署者之一，也是美洲大陆会议的代表（尽管威瑟斯宠的实际情况可能

---

[32] 参见 B. MacAnear,‘The Raising of Funds by the Colonial Colleges’,*Mississippi Valley Historical Review*,38(1952),591-612。

[33] 引自 J. Quincy,*History of Harvard University*,vol. Ⅰ(Boston,1860),499-500. The article on Increase Mather in D. Malone(ed.),*Dictionary of American Biography*,vol. Ⅻ(New York,1933),是一篇关于有趣职业的很有帮助的文章。

表明公共事业的需要同一个学校领导的职责并不总是很容易取得一致）。抱着对学校和学生负有普遍责任的态度，有些校长还要挤出时间编写课本和撰写学术论文。[34]

在我们所找到的殖民地学院特许状中，仅有两份提到了教师或教授群体，而且只有到18世纪下半叶，北美才出现专职的学术职业。威廉玛丽学院的特许状中规定哲学和神学院中各有两名教授，费城学院的特许状则将学术人员规定为校长、副校长、各学院院长和教授。需要指出的是，这两所学院在一定程度上有赖于国教会成员的支持，而且希望能从英国的大学吸引教师。在威廉斯堡的所有早期的教师都来自牛津大学。在同弗吉尼 278
亚大学视察员的争论中，他们作为英国国教的牧师自然地向伦敦的基督教会和政府官员寻求援助。另一方面，费城学院的教授可能在当地更知名。他们受到该市领导人、学院董事会的尊重，同样作为经验丰富的教师受到人们的尊敬。因此，他们很容易被一视同仁并被给予专业人员的身份。他们不需要来自英格兰教会或政府的支持。至于其他殖民地学院，在财政允许的时候任命了第一批教授。神学和数学专业通常被放在优先的位置。大多数早期的教授是作为牧师在美洲的学院中接受教育，而许多后来聘请的新学科（不仅是医学和法学，还有自然科学及现代语言）教授都是在国外接受的培训。

据估计，1750—1800年，在学院工作的全部教授不超过210位。早些年只有10位在职。在这种情况下，早期学院的院长通常承担着学院的全部责任，并且依赖于那些毕业后重返学院继续为牧师生涯做准备的学生从事教学工作。对这些年轻人的聘任多半是临时的。18世纪，在哈佛学院辅导教师的平均指导期为9年（虽然一个哈佛导师的在职时间是55年），在耶鲁学院是3年。在被聘任之前，这些年轻人有时毕业后以院士身份继

---

[34] 参见 R. G. Durnin,'The Role of the Presidents in the American Colleges of the Colonial Period',*History of Education Quarterly*,1(1961),23-31。关于殖民地学院教授的详细传记参见 W. D. Carrell,'Biographical List of American College Professors to 1880',*History of Education Quarterly*,8(1968),358-374。

续留在学院里，也有的担任膳食管理员或图书管理员职务。那些离校的在他们返回学校以谋求发展之前，一直努力与学校保持联系。这些辅导教师把自己看成学徒或临时工，目的是为在教会、法律、医学和科学方面的职业生涯做准备。他们的教学被称为“代课”，每一位辅导教师负责一个班，他在这个班里要教除校长所教课程之外的所有科目。只是到 18 世纪下半叶这种授课方式才被取消，辅导教师和教授一样可以专攻某个学科。然而甚至在 18 世纪末，学院的教学才刚刚开始提供除神学之外的各种专业课程。很多教授是从一些其他的职业中开始其专业生涯的，他们通常是在教会、医学或法学等领域，并且有些人通过做自由撰稿人、在中学教书或出版著作来谋生。学院为这些人提供了使其专业能在舒适的和受人尊敬的环境中实践的机会。所以一旦这些人进入学院，他们会对其学术事业保持非
279 凡的忠诚。只有不足一半的殖民地学院的教授在开始教学之后转向其他工作。[35]

也许有些奇怪，北美首先提供专业教育（不同于在学院和文学院所接受的自由教育）的是耶稣会开办的魁北克大神学院，时间是 1667 年，此校由魁北克主管教区的第一任主教创办。但是神职人员的培养（最早专业形成的例子）在早期的英国殖民地就被看作理所当然的事情，学院院长和神学教授们使住校的研究生及辅导教师通过非正式的方式获得这种训练。尽管如此，直到 1785 年，第一所独立于学院的神学院才由荷兰归正教会在纽约开办。除此以外，北美的学院不追求专业教育，而且在很长一段时间里不试图提供法学和医学的教学。对这些职业的培训只靠学徒方式。如果殖民地人想得到医学学位，他们通常横渡大西洋去欧洲的大学，虽然大陆的大学也吸引着他们，但爱丁堡大学是首选。直到 1765 年，第一所医学院才在费城学院建立。1767 年国王学院设置了医学教授职位，很快威廉玛丽学院和哈佛学院开始仿效。正规的法律教育最终是以 1784 年开办

[35] W. D. Carrell, 'American College Professors: 1750-1800', *History of Education Quarterly*, 8(1968), 289-305; K. McDaniel Moore, 'The War with the Tutors: Student-Faculty Conflict at Harvard and Yale, 1745-1771', *History of Education Quarterly*, 18(1978), 115-127.

于利奇菲尔德（康涅狄格）的一所私立法律学校为开端的。很快在威廉玛丽学院、宾夕法尼亚大学和国王学院先后设立了法学教授职位。我们可以从有记录可查的毕业生职业的变化中看到其影响。在 17 世纪，大约有 60%的美国学院毕业生从事神职工作，而到了 18 世纪，这一比例缩小到不足 40%，到 18 世纪下半叶，更降到 29%。医生和律师职业在数量上有所增加，同时到 18 世纪 70 年代，律师的数量超过了其他两种职业。这些情况折射出一个更加复杂和富裕的社会。这些变化表明，日益增加的专业之间的区别是为了适应需要和机会，而不是牧师地位的下降。我们也应该永远记住，在早期殖民地时期，在那个缺少专业合格人才的社会里，那些仅仅被称为“牧师或神父”的人也要承担实际生活中的法律上的和医疗方面的一些工作。[36]

与许多著名的殖民地富商、地主及政治家一道，费城和波士顿的教授 280
具有比教学更重要的文化影响力。他们根据欧洲模式（特别是伦敦皇家学会）帮助建立了北美最早的学习团体和学会，尽管初次尝试夭折了。直到 18 世纪 60 年代，在费城建立的以“促进有用知识”为目的的美国哲学学会才长久地建立起来。美国艺术与科学学会于 1780 年在波士顿成立。奇怪的是纽约没有这样的举动。也许是城市的商业趣味、国教会对国王学院的垄断及重视实际而非喜爱哲学讨论的倾向使纽约未能建立学术团体。[37]

可以简要指出的是，19 世纪早期北美大陆的进一步发展对未来具有重要意义。在加拿大两个讲英语的学院与其他学院合并了，但是讲法语的魁北克神学院尽管一直很兴旺，但直到世纪中期才获得特许状成为大学。

---

[36] 参见 B. B. Burritt,‘Professional Distribution of College and University Graduates’,*US Bureau of Education Bulletin 1912*,19(1912),144 中的图表 69,与 P. D. Hall 提供的数据进行比较,P. D. Hall,*The Organisation of American Culture*(New York,1982),310。

[37] 参见 J. C. Greene,‘Science,Learning,and Utility:Patterns of Organization in the Early American Republic’,in A. Oleson and S. C. Brown(eds.),*The Pursuit of Knowledge in the Early American Republic:American Scientific and Learned Societies from Colonial Times to the Civil War*(Baltimore,Md.,1976),1-20;B. Hindle,‘The Underside of the Learned Society in New York,1854-1954’,in *The Pursuit of Knowledge*(注释 37),84-116。

虽然19世纪上半叶奥格兰德河以南出现的教育上的大倒退看起来很不适当，甚至是可悲的（按照旧制度的模式建立学校），但是在北美殖民地时期奠定的基础已经充分证明它不但足以维持现有机构的发展，还将为19世纪提供充分的扩展空间。

美洲的欧洲大学模式取得的成就

我们很难排除这样的判断，即在殖民时代末期，前英国殖民地大学比美洲西班牙大学更具智力和学术创造力。同时，必须承认西班牙殖民地大学已经有效地达到对其的要求。它们对独立后中南美洲未来的影响是极为深远的。这是因为它们没有背离这个制度的主要目的——培养殖民地社会
281 所要求和允许的精英、教士和教徒。它们代表着权力、教会和王室，当权者们按其意志来建立，直到独立后它们才能够把自己同那些当权者们分开。[38] 典型的西班牙殖民地大学可以描述为“坚守教会和国家的目的，以为社会提供寡头统治者为主要任务的正统机构”[39]。在里奥格兰德河以南，大学适量地培养数量很少的教士、律师和行政人员以满足社会再生产所需，在履行其职责的过程中，也满足克里奥尔人的渴望。事实上，如果这一成就的代价是为了意识形态的正确而牺牲智力创造力（它们并不总是互不相容的），那么它们不过是处于旧秩序之下的绝大多数欧洲大学罢了。

一个重要的结果是留给未来的思想遗产，即大学是公共生活的中心，这使独立后的大学更容易政治化，不论好坏，其目标几乎总是确定为公众的和集体的，而不是私人的和个体的。这是一种意义不明确的遗产——但并非毫无益处。相反，北美从殖民地时代继承下来的学校的结构和目标多样，而且表现了足够的宽容。与西班牙的大学相比，这些机构可能对其所处社会的总体教育水平的提升贡献更大，并且在一定程度上体现了一种新

---

[38] Brunner, *Educación superior*（注释22），15.

[39] J. Maier and R. W. Weatherhead (eds.), *The Latin American University* (Albuquerque, N. M., 1979), 4.

的社会多样性。当有些内陆新学院也开始做出自己贡献的时候，这种多样性要比仅仅增加入学人数更有意义。

到18世纪末，从欧洲引进新大陆的各种大学模式在其适应新环境的过程中及时间的磨砺下不可避免地经历了一些改变。美洲环境的最显著特点之一是其范围广大，只要有这一点，它们的环境必然鼓励扩张。在陆路交通困难的时代，美洲在地理位置上的偏远和分散决定了许多大学在西班牙印度群岛的分布。第二个促其改变的因素——我们可以称之为“历史”——可能在北美殖民地有更显著的影响，在宗教改革后的殖民地相对更开放的社会背景下，北美更喜欢多样性和制度上的实验。教会和国家专制主义的争论，甚至耶稣会瓦解的动荡都没有起到什么刺激性作用。最 282
后，也许所能显示的最有趣的结论是，正是在美洲殖民地，欧洲大学模式第一次令人信服地显示了其潜力和适应力，而且在接下来的两个世纪中，在其他地区和全球的其他地方也反复地表明了这一点。

精选文献

Brunner, J. J. *Educación superior en América Latina: cambios y desafíos*, Santiago, Chile, 1990.

Cremin, L. A. *American Education: the Colonial Experience, 1607-1783*, New York, 1970.

Cuenca, H. *La universidad colonial*, Caracas, 1967.

Díaz-Trehchuelo López-Spinola, L. *La vida universitaria en las Indias. Siglos XVI y XVII*, Córdoba, 1982.

Harris, R. S. *History of Higher Education in Canada 1663-1960*, Toronto, 1976.

Herbst, J. *From Crisis to Crisis: American College Government 1636-1819*, Cambridge, Mass., 1982.

Herbst, J. '*Translatio studii*: The Transfer of Learning from the Old World to the New', *History of Higher Education Annual*, 12(1992), 85-99.

Hofstadter, R. and Smith, W. (eds.) *American Higher Education: a Documentary History*, Chicago, 1961.

Maier, J. and Weatherhead, R. W. (eds.) *The Latin American University*, Albuquerque, N. M., 1979.

Oleson, A. and Brown, S. C. (eds.) *The Pursuit of Knowledge in the Early American Republic: American Scientific and Learned Societies from Colonial Times to the Civil War*, Baltimore, Md., 1976.

Potter, D. *Debating in the Colonial Chartered Colleges: an Historial Survey, 1642 to 1900*, New York, 1944.

Robson, D. W. *Educating Republicans: the College in the Era of the American Revolution, 1750-1800*, Westport, Conn., 1985.

Rodríguez Cruz, A. M. *Historia de las universidades hispanoamericanas: período hispánico*, 2 vols., Bogotá, 1973.

Rodríguez Cruz, A. M. *Salmantica docet, La proyección de la Universidad de Salamanca en Hispanoamérica*, vol. Ⅰ, Salamanca, 1977.

Rudolph, F. *The American College and University: a History*, New York, 1962.

Rudolph, F. *Curriculum: a History of the American Undergraduate Course of Study since 1636*, San Francisco, Calif., 1977.

Sloan, D. *The Scottish Englishtenment and the American College Ideal*, New York, 1971.

Tate Lanning, J. *Academic Culture in the Spanish Colonies*, New York/London, 1971.

第三编　学生

第七章　入学 285

玛丽亚·罗萨·迪西莫内

大学新生的录取

16 世纪早期，大学注册的原则来自于中世纪传统，并且整个欧洲大体一致。它们通常是学术法规，在学术法规里几乎或根本没有它们的位置，这些原则直至 18 世纪末期也没有什么变化，在这一时期不同版本的大学条例中，它们不断被总结或逐字逐句地被重复。

大学的招生在一年的任何时候都会进行，包括星期日和其他节日。对学生注册时间有明确规定的地方如维也纳大学，这些日子被排除在外。[①]最基本的手续是交纳一笔费用，发誓遵守学院当局的决定并在学生名单上注册。

所交纳费用的多寡根据学生社会地位和年龄的不同而有差异，贵族通常要比其他人多付一些，25 岁以下的有资格减少，最贫穷的和那些不打算毕业的人则完全免费。[②]

交纳学费是获准入学的一个重要部分，然而宣誓后入学过程才算完
成。宣誓是学生获准进入大学最关键的时刻，没有它，其他的行为是毫无 286
价值的，注册也会无效。任何一个立志成为学生的人都必须严肃遵守大学的权利、特权、章程和惯例，促进并保持它的和平、安宁与和谐，“在合

---

① F. Gall, *Die Matrikel der Universität Wien*, vol. I (Graz/Cologne, 1956), xv-xvi.

② 例如，比较 P. F. X. De Ram(ed.), *Codex veterum statutorum Academiae Lovaniensis* (Brussels, 1861), ch. XXIII, I, 30 and H. Hermelink, *Register zu den Matrikeln der Universität Tübingen 1477-1600* (Stuttgart, 1931), xi.

法和诚实的事情上”服从校长。这三个誓言与当时学校的组织结构特点紧密相连，并且随着时间的流逝这三者之间相互协调，反映了宗教斗争的加剧及对考查学生信仰的关注。因此，从 1545 年开始，鲁汶大学要求注册的学生发誓憎恶路德派及其他所有异教的教义，发誓忠于罗马教廷。③ 只有那些 14 岁以下的人才可以不必发誓遵从罗马天主教教义和教会法规，④ 但这要取决于校长的判断力，有时他并不被注册中记录的内容所左右，而是靠他自己对候选人身体和心理能力的评价。海德堡的地方君主曾试图解决这个问题，1546 年颁布法令进行干预，要求只有达到青春期的人注册才进行宣誓，但他的规定在很大程度上被忽略。⑤

在注册时记录学生的名字几乎没有什么意义，因为对大学成员进行注册既不精确又不是决定性的，而是确认收费和宣誓。注册本身对获准入学来说是不够的，如果遵从要求进行宣誓，缺少它不会导致申请无效，而且可以用其他的方式来证明，如使用证人。

从原则上说，注册由校长本人负责。实际上通常由办事员或校长助理来代理，这些人经常不记录学生的名字，或者是由于他们做不到那么快或足够准确。⑥ 这就是为什么保存下来的这个时期的登记簿显得混乱、无序及不完整的原因之一，这使当今的研究者无法准确评价学生的数量、他们的家庭出身及他们在不同大学间流动的情况。更进一步说，登记簿记录的
287 可能不仅是那些注册学习者的名字，还包括以下这些人的名字：佣人、公职人员、访客、学生家庭成员，以及个别利用注册享受大学成员才拥有的特权的人。有时候，这种类型的注册者比例非常高，而许多真正的学生却不在册，这或是因为学校管理者的疏忽和错误，或是因为这些人的意愿，

---

③ De Ram(ed.),*Codex veterum statutorum*(注释 2),31n.

④ 关于中世纪法学家对未成年人宣誓所规定的条例,参见 E. Cortese,*La norma giuridica. Spunti storici nel diritto comune classico*,vol. Ⅰ(Milan,1962),1ff.。

⑤ G. Toepke(ed.),*Die Matrikel der Universität Heidelberg von 1386 bis 1662*,vol. Ⅰ(Hei-delberg,1884),xlviiiff.

⑥ Toepke(ed.),*Matrikel Heidelberg*(注释 5),xxxff.;Hermelink,*Register Tübingen*(注释 2),xi.

尤其在宗教冲突激烈的时候，他们中有很多人不愿意注册或用假姓名注册。因此我们所获得的资料是很不可靠的，要想从中梳理出可靠的内容，就需要对注册登记簿所提供的复杂而多样的信息进行深入的必要的评估。

直到18世纪末，对于任何一个想进入大学的人来说，宣誓都是最重要的活动。当局对节日里注册入学持猜疑态度，因为在这些日子里宣誓是被禁止的。然而根据作家所写及实际情况，可以看出人们逐渐重新评价注册目的，而且宣誓的重要性有所降低。另一方面，1611年，格赖夫斯瓦尔德大学法学院讲师马提亚·斯特法妮宣称，学生就如士兵，只有宣完誓才成为学生。⑦ 几十年以后，西班牙法学家阿方索·埃斯科瓦尔坚持认为宣誓的作用并非真正确立校长对学生的管辖权，而仅仅是确认这种权力。他认为，由于校长的权力来自大学本身，正如封建法律中所规定的，诸侯纵然从未发过适当的誓言，也要效忠封建君主，所以学生永远是校长的“下属”。⑧ 按照他的观点，宣誓不再被看作入学的标志，因为在这之前校长就已享有管理学生的权力。根据埃斯科瓦尔的观点，学生的头衔是通过将自己的名字登记在册和实际上课获得的，学生应享有的特权依赖于这些标准。⑨ 同样，埃武拉大学的神学讲师贝尼托·佩雷拉（1535—1610）也主张学生应局限于既登记在册又经常上课的那些人，那些注了册但自己在校外学习或上课但没有注册的都应该被排除在外。⑩ 就这两位伊比利亚的 288
作者而言，大学的教学功能应根据其社团功能来评估，要真正通过强调学生实际参与学术生活的重要性和降低宣誓这种正式行为的重要性来实现。从这一点上看，他们所说的肯定了萨拉曼卡和埃武拉出现的明显的倾向，

---

⑦ M. Stephani, *Tractatus de jurisdictione qualemque habeant omnes iudices tam saeculares, quam ecclesiastici in imperio romano*, book Ⅲ, part Ⅱ: *De Academiis* (Frankfurt, 1611), ch. v, paragraph 16ff.

⑧ A. Escobar e Loaisa, *De pontificia et regia iurisdictione in studiis generalibus et de iudicibus et foro studiosorum* (Madrid, 1643), ch. Ⅶ, 56ff.

⑨ Escobar, *De pontificia* (注释8), ch. XXXII, 347ff.

⑩ B. Pereyra, *Academia seu respublica literaria utiliter et nobiliter fundata* (Ulyssipone, 1662), book Ⅸ, 528.

即减少在欧洲普遍遵守的惯常标准的重要性。这些标准规定，一个注过册的人，即使缺席不上课，也可以享受长达 5 年的学生特权。在萨拉曼卡，实际上缺席的人必须每年通过信件或信差重新注册，其目的是为了弄清他们是否重返学校，[11] 然而在埃武拉则没有这种选择权，而是要求学生坚持上课。[12]

实际上，注册的重要性越来越强。部分原因是越来越需要对学生的宗教信仰进行控制，由于大学很想防止可疑因素的渗透，因此逐渐采纳更加严格的、明确的标准来管理注册学生。在一定程度上，注册也受到各国向早期现代集权和专制形式发展的影响。从中世纪起，宣誓便成为行会成员所要求的手续之一。尽管大学维护宣誓，认为它表达了它们的独立性，但它的本意（在增加了具有宗教特点的其他因素后）也许是抵制政府的专制政策，因为政府并不认可特殊性及中世纪式的态度。1782 年皇家的法令迫使鲁汶大学废除所有宣誓，只保留具有严格宗教特点的部分，这一法令激起了强烈的反对。一旦政治形式允许，大学便立即恢复旧的体制。[13]

无论校长在宣誓或注册中的作用是什么，习惯上他在学生的录取方面有最终发言权（有时候得到学院教务委员会的帮助）。然而，大学章程往往不提及应该达到的标准或很含糊且很概括。年龄并非障碍，申请者可以很小或很大，但是办事人员倾向于反对未成年人或年老的人入学，因为年
289 轻和成熟是最适合学习的条件。[14] 社会的、经济的条件原则上也不会对入学产生影响。对于教育程度，大学章程通常对此规定得十分含糊，只要求拥有足够的拉丁语知识能够听懂讲课并准确地表达自我就可以了。

---

⑪ Escobar, *De pontificia*（注释 8），ch. XXXII，350-351.

⑫ Pereyra, *Academia seu respublica*，（注释 10），book III，136.

⑬ De Ram(ed.), *Codex veterum statutorum*（注释 2），33n.

⑭ Pereyra, *Academia seu respublica*（注释 10），book IX，530.

必备的智力条件

学生的智力背景和接受过的训练实际上都存在很大差异。有些人已经在学校上过硕士或私人辅导教师的课，而另一些人则从未接受过训练，因此在大学中不得不学习最基础的知识。实际上，这一时期的大学常常有不同层次的教学，从初级到高级，它欢迎所有年龄阶段的学生、各种知识水平的学生。因此，在这样的情况下，文学院作为其他学院的预备学院就不奇怪了。尽管文学院的声望明显低一级，但它负责为学生提供下一阶段学习（通常参加学习的人数最多）所必需的普通文化基础知识。然而，早在16世纪，某些大学就已经意识到这种由如此多样的学生组成的培养系统的弊端和不足，而且进行了多次努力以纠正这种局势。例如，1556年，耶拿大学的教师们建议招生应局限于那些通过了所在学校最后考试的人，他们希望通过这种方式提高学生的整体水平，使其更具一致性。⑮ 这一计划遭到当地统治者的反对，当局害怕这会造成某些学生转到那些没有这一规定的地方去，而那些以教学为生、为学生进入大学提供帮助的硕士和已毕业的学生就会破产。但是教师为了使教授“三艺”的那些学校提供一种考虑到大学需要的教学形式，他们还是试图影响这些学校的教学大纲，他们还把按照维滕堡的模式制订的教学计划置于自己的控制之下，此计划实施一种基础的人文教育。直至18世纪末期，进入大学也没有学术资格的要求，而且在中等教育和大学之间没有真正的联系。然而，从16世纪起，一个有组织的、分等级的系统开始出现。在拿破仑时期，这种制度更系统化且具有更确定的形式。

在16世纪大学不断膨胀的主要因素中，需要指出的一个事实是，越 290
来越多的家庭感到有必要在他们的儿子接受更高层次的学习之前有更充分

⑮ M. Steinmetz(ed.), *Geschichte der Universität Jena 1548-1958. Festgabe zum vierhundertjährigen Universitätsjubiläum*, vol. Ⅰ(Jena, 1958), 58.

的准备。同时人们日益感到需要通过某种宗教信仰的教育在思想上控制年轻人。“学院”（college）这一单纯的字眼包含了各种不同的组织，它们与大学之间的联系因地域不同而不同。然而，从广义上讲，在某些国家，学院是中等学校的雏形，在初等和高等教育中起着中介的作用。有些则起源于大学的制度，或者和它们保持紧密的联系。在法国，大部分学院是在文学院附近形成的，而且尽管它们建立的目的是为了给那些听学术讲座的人提供庇护之所，并且给他们提供辅助性的教育机构，它们还是扩大了教育范围，经常招收那些刚刚踏上学习之旅的非常小的男孩入学。因此，随着时间的流逝，这些机构失去了它们原来的作用，主要被赋予了颁发文凭的功能。[16]

这种转变始于巴黎，在那儿，尤其在人文主义的影响下，语法的学习渐渐发展成完整的结构——纯文学的形式。学院专门引进人文学科，文学院把它限定在传统课程计划中。学院也引入了班级的制度，这源于“共同生活兄弟会”。这种模式以“巴黎模式”闻名，被介绍到法国其他大学或欧洲的大学中（如鲁汶）。[17]

英国学院建立的方式同法国差不多，但它们与传授初等教育的文法学校有明显区别。因此，英国的学院欢迎那些致力于高等教育的更加成熟的学生。在某些情况下，文法学校由某个大学学院的捐助者建立。例如，温切斯特学院就由牛津大学新学院的创建者建立（1379）。从 14 世纪起，学院中出现了本科生，他们与资格较老的成员共同生活，这就引发了教学安排的问题。学院提供了完备的学院讲座制度，以此补充公共讲座的不足。
291 本科生的考试由学院教师负责。然而，毕业则由高一级的大学的委员会负责。剑桥也步其后尘。与欧洲大陆国家的学院不同的是，英国的学院赢得了决定自己命运的自由。大陆学院与大学的院系及管理联系紧密，而且由

⑯ D. Julia, ‘La constitution du réseau des collèges en France du XVIe au XVIIIe siècle’, in J. Karafiáith and G. Granasztói (eds.), *Objet et méthodes de l'histoire de la culture. Actes du colloque franco-hongrois de Tihany 10-14 octobre 1977* (Budapest, 1982), 73-94.

⑰ 进一步论述参见第 8 章，第 329 页，注释 7。

它们来操纵。[18]

在西班牙，学院增长的步伐与大学保持一致。在萨拉曼卡，1500 年仅仅有两所学院，到世纪末增加到 28 所（不包括各教派为本教派建立的机构）。在巴利亚多利德，同一时期建立了 6 所学院，在阿尔卡拉则是 8 所。在西班牙大学中，学院内不进行有组织的教学。除了学生宿舍学堂之外，学院最初的目的是为那些希望到大学听课的贫穷的本科生提供住宿。有 6 所有别于其他学院的学生宿舍学堂（4 所在萨拉曼卡、1 所在巴利亚多利德、1 所在阿尔卡拉），它们富有且拥有特殊的毕业授予学位特权。因此，进入这些学院的学生不是小小年纪的初学者，而是成熟的学者。他们的选拔建立在竞争的基础上，而且他们要有学士学位，来自于不同的地区。其他的标准是贫穷和血统（非犹太或非摩尔人血统）。这些学院的目的是培养学术和社会精英。[19]

在这些学院之外，与大学世界紧密相连的类似于上述机构但与大学没有直接联系的教育机构也建立起来了。这在德国和荷兰共和国很普遍。在它们的许多公国和城市中，无法承担建立真正大学的任务，只好建立所谓的精英学校来代替。这些机构不仅提供初级和中等教育，而且常常给予学生学习神学、法学、哲学和医学课程的机会，因此尽管它们从未获得授予学位的权利，但的确与大学非常相像。[20] 有很多升级成为真正的大学，它们大多不是由国王而是由市民出钱维持的，最有名的要数由约翰·斯图谟在斯特拉斯堡开办的学校。学校以一种很合理的方式安排宗教教育和科学 292
教育，这种方式以划分班级和年级为特征。这所学校开办后，在校生已达

---

⑱ M. H. Curtis, *Oxford and Cambridge in Transition 1558-1642. An Essay on Changing Relations between the English Universities and English Society* (Oxford, 1959), 77ff.; J. McConica, 'Scholars and Commoners in Renaissance Oxford', in Stone (ed.), *The University in Society*, vol. Ⅰ, 151.

⑲ M. A. Febrero Lorenzo, *La pedagogía de los colegios mayores a través de su legislación en el siglo de oro* (Madrid, 1960); Kagan, *Students and Society*, 65-73, 109-158.

⑳ 参见第 2 章，第 68 页。

336人，而且学生数量以极快的速度增长。到16世纪40年代，在校生已达600人。1566年，学院获得了授予哲学学士和硕士学位的权利。㉑

在天主教国家，教育机构的主要组织者是耶稣会会员。16世纪下半叶出现了大量的耶稣会学院，由于他们教学严谨、方法现代、对罗马教廷忠诚，因此取得了极大成功。一些耶稣会学院常升级为大学，有时耶稣会也受托管理一些已有的机构。㉒ 尽管他们反对校际竞争，但大学无力阻止文学院和神学院的学生流入耶稣会学院。到16世纪末，耶稣会学院已拥有相当规模的在校生。16世纪末，罗马学院拥有来自各个国家的2000名学生，㉓ 慕尼黑学院拥有在校生665人，1554年升级为大学的迪林根学院有750人的在校生规模。㉔ 埃武拉学院以拥有1000名学生而自豪，㉕ 塞维利亚在1563年拥有500名学生，而1590年学生数量增加到1000人，加利西亚的蒙特雷学院的学生数从1560年的400增加到1588年的1200人，㉖ 而位于杜埃的安辰学院在1600年有400名学习拉丁文法的学生、600名学习文科的学生和100名神学专业的学生。㉗

耶稣会学校的影响有时有助于大学加强入学学术资格的管理。在耶稣会控制其他学院的城市里确实如此，在有些严格规定教育阶段的城市也是

㉑ F. Collard,'La pédagogie de Sturm',in *Mélanges d'histoire offerts à Charles Moeller*, Recueil de Travaux de l'Université catholique de Louvain 41,vol. Ⅱ(Louvain/Paris,1914),149ff.; A. Schindling,*Humanistische Hochschule und Freie Reichsstadt. Gymnasium und Akademie in Straßburg 1538-1621*(Wiesbaden,1977).

㉒ G. Codina Mir,*Aux sources de la pédagogie des Jésuites. Le 'modus Parisiensis'*,Bibliotheca Instituti Historici S. I.,28(Rome,1968),218ff.

㉓ D. Grasso 'I quattrocento anni di vita dell' Università Gregoriana',*La civiltà cattolica*, 104,vol. Ⅳ(1953),418. 关于罗马学院,参见 R. G. Villoslada,*Storia del Collegio Romano dal suo inizio 1551,alla soppressione della Compagnia di Gesù 1773*(Rome,1954)。

㉔ Paulsen,*Geschichte des gelehrten Unterrichts*,vol. Ⅰ,402-403.

㉕ Ajo González,*Universidades hispánicas*,vol. Ⅱ,121.

㉖ Kagan,*Students and Society*,55.

㉗ L. Salembier,*L'Etudiant de l'ancienne Université de Douai*(Lille,1911),368;G. Cardon,*La Fondation de l'Université de Douai*(Paris,1892),478-479.

如此，这些城市的教育计划从小学到大学毕业有一系列明确规定的顺序。 293
科英布拉就是一个特例，其学士学位和资格证书由文学院（1555 年由耶稣会授权）授予，这是注册大学各学院的必备条件。[28]

学术的限制

如果所受学校教育不是成为学生的不可缺少的前提条件的话，那么宗教信仰便是问题的关键。一方面，许多基督教大学强迫学生改信新教；另一方面，教皇庇护四世于 1564 年发布“至圣”训令，规定只向信仰天主教的人授予学位。[29] 后一种举措引起一些意大利大学采取抵制措施，他们害怕流失外国学生，而在注册学生中这部分的比例一直很高。在其他一些地方，罗马教皇的训令不仅适用于大学学位的授予，还被应用于注册的实际操作中。[30] 例如，鲁汶大学 1579 年就规定教皇的训令不仅适用于学生毕业，而且适用于实际登记注册的时候。

然而，在 16 世纪，基督教和天主教两个阵营并没有明显的界限划分。在讲德语的国家里，对大学的选择只在极为有限的程度上受个人宗教信仰的影响，这对于小的、不妥协的团体来说是唯一的障碍。哈布斯堡皇室采纳的对新教学校的限制政策，既没有导致新教大学学生人数的减少，也没有给天主教大学带来学生人数的增多。[31] 此外，在意大利，统治者、学术

㉘ *Estatutos da Universidade de Coimbra*（*1559*），S. Leite 写的引言（Coimbra，1963），227-228；相关内容也可参见 M. Brandão and M. Lopes de Almeida，*A Universidade de Coimbra. Esboço da sua história*（Coimbra，1937），part 2，35。

㉙ 此训令的原文参见 *Bullarum diplomatum et privilegiorum Sanctorum Romanorum Pontificum*，Ⅶ（Turin，1862），323ff.。

㉚ De Ram（ed.），*Codex veterum statutorum*（注释 2），32n.

㉛ A. Kohler，‘Bildung und Konfession. Zum Studium der Studenten aus den habsburgischen Ländern and Hochschulen im Reich（1560-1620）’，in G. Klingenstein，H. Lutz and G. Stourzh（eds.），*Bildung*，*Politik und Gesellschaft. Studien zur Geschichte des europäischen Bildungswesens vom 16. bis zum 20. Jahrhundert*，Wiener Beiträge zur Geschichte der Neuzeit，5（Vienna，1978），64ff.

权威和市政当局的行为既温和又老练，这削弱了罗马教皇训令实施的严厉性。这样，在佩鲁贾，1579—1600 年登记注册的 402 名学生属于德意志同
294 乡会，[32] 在博洛尼亚，只在 1553—1554 年西班牙学院发生了针对 9 名学生的异端学说审判，[33] 德国学生一直很多，到 16 世纪末，其数量不断增加。同样，在博洛尼亚，罗马教皇圣谕的影响力被许多特权抵消，特别是德意志同乡会学生保有的特权，诸如授予代理人特殊的头衔和法律权利、每年准许一名德意志学生免费获得学位、免交各种费用、有携带武器的权利，等等。在帕多瓦，这里的大学常常被看作宽容和自由的天堂，1550—1559 年，各学院共有 6000 名德意志学生。因为他们的基督教信仰意味着他们常会与天主教宗教法庭发生冲突，1587 年，总督授予他们一项特殊的豁免权，使他们不在宗教法庭权力管理的范围之内。[34] 为了弥补罗马教皇“至圣”训令实施造成的博士人数的减少，威尼斯政府于 1616 年创建了一所医学院，此学院不受天主教信仰限制而授予文学和医学学位，为与此相称，1635 年又成立了一个小学院，授予法学学位。[35] 16 世纪，尽管有罗马教皇的规定，但即使在托斯卡纳也拥有相当数量的德意志学生。例如，在锡耶纳，1573—1600 年德意志同乡会注册的在校生超过了 3000 人。[36]

㉜ F. Weigle(ed.), *Die Matrikel der deutschen Nation in Perugia*(*1579-1727*)(Tübingen, 1956).

㉝ L. Simeoni, *Storia dell'Università di Bologna*, vol. Ⅱ: *L'età moderna* (*1500-1888*) (Bologna, 1940), 10.

㉞ B. Brugi, 'Gli studenti tedeschi e la S. Inquisizione a Padova nella seconda metà del secolo XⅥ', in *Atti del R. Instituto Veneto di scienze, lettere ed arti*, vol. Ⅴ, ser. Ⅶ (1893-1894), 1015-1033.

㉟ Brugi 'Gli studenti tedeschi'(注释 34), 1032；关于此论证，参见 A. Stella, 'Tentativi controriformistici nell'Università di Padova e il rettorato di Andrea Gotinski', in *Relazioni tra Padova e la Polonia. Studi in onore dell'Università di Cracovia nel Ⅵ centenario della sua fondazione*, edited by the Comitato per la storia dell'Università di Padova(Padua, 1964), 75ff.。最近的一项研究显示威尼斯式学院的医生不同于帕多瓦式的，这早在 1316 年就存在了，可参见 R. Palmer, *The 'Studio' of Venice and its Graduates in the Sixteenth Century*(Padua/Trieste, 1983)。

㊱ F. Weigle(ed.), *Die Matrikel der deutschen Nation in Siena* (*1573-1738*), 2 vols. (Tübingen, 1962).

对于那些属于不同基督教派的人来说，如果宗教信仰的限制不是不可逾越的障碍的话，那么宗教标准对犹太人来说是非常苛刻的，他们不能获得学位。从法律角度看，这种限制是他们被普遍排除在公职之外的一个直接后果，而不准犹太人担任公职可以从公元384年罗马皇帝狄奥多西一世和瓦伦提尼安统治时期颁布的法律中找到依据。中世纪的法学家认为博士意味着特权、尊严和法律权利，但这些又与非基督教成员的身份相矛盾。
于是在16世纪，教皇保罗四世和教皇庇护五世禁止犹太人开业作基督教 295
徒的医生。[37] 尽管有这种规定和这些教义，在17世纪，许多犹太人在罗马教皇的特许下获得了学位，他们中的许多人在锡耶纳、佩鲁贾、帕维亚甚至帕多瓦这些大学中很受欢迎。在帕多瓦大学，1517—1619年有不同“国籍”的80名犹太人先后毕业，而这个数量在1619—1721年增加到149名。[38] 无论来自哪个国家，他们总是被归入罗马人同乡会。入学注册的费用是其他学生的3倍，尽管存在这种歧视，帕多瓦在很长一段时间内成为吸引欧洲犹太人的中心。[39]

17世纪期间，荷兰大学效仿意大利大学开始授予犹太人学位。到1700年，德国许多大学虽然不允许犹太人获得博士学位，但已经许可其接触这些课程。实际上，传统的限制到18世纪才真正土崩瓦解。因此，在奥德河畔法兰克福大学，19世纪前10年中犹太人毕业生大约有130名；在杜伊斯堡，1708—1807年有21名犹太人毕业。[40] 在哈布斯堡的大学中，

㊲ C. Roth, ‘Le università del medioevo e gli ebrei’, *La rassegna mensile di Israel*, Ⅵ/9-10(1932), 431ff.; G. Kisch, *Die Universitäten und die Juden: eine historische Betrachtung zur Fünfhundertjahrfeier der Universität Basel*, Philosophie und Geschichte, 77(Tübingen, 1961), 15-16.

㊳ E. Veronese Ceseracciu, ‘Ebrei laureati a Padova nel Cinquecento’, *Quaderni per la storia dell'Università di Padova*, 13(1980), 151-168.

㊴ B. Brugi, *Gli scolari dello Studio di Padova nel Cinquecento*, 2nd edn(Verona, 1905), 48-49.

㊵ G. Kisch, *Die Prager Universität und die Juden 1348-1848. Mit Beiträgen zur Geschichte des Medizinstudiums* (Mährisch/Ostrau, 1935), 25ff.

这样的发展起初较缓慢。例如，在布拉格，犹太人社区早就建立了一个被誉为真正的大学（虽然多次禁止使用这个词）的高等教育中心，但城市大学直至18世纪末都未对犹太人开放。这种局面得到缓解的标志出现在1774年，当时允许犹太人参加医学院考试，条件是他们只在自己的社区内行医。1781年和1782年颁布的法令最终解除了对入学和毕业的最后限制。[41]

性别方面的限制需要更长的时间来克服。一般情况下，革除这些限制的阻力较大，所以在这方面真正取得进展是在19世纪期间。当公立学校
296 接收女生时，佩雷拉宣称自己会全力反对这个自古就有的先例。他担心学生中会产生混乱的行为。另外，他不赞成年轻人在只有女性的低等和高等学校接受教育，认为她们的学习可能使其不能专心于家庭责任。[42] 佩雷拉同时认为，女性从事教学的观念是完全不能接受的。这与拒绝女性毕业的法学的观点相同（也与剥夺犹太人权利的观点相同）。他强调，学习一门无法得到适当结局的课程是没有任何意义的。然而，这一时期也出现了一些观念上变化的零星迹象。一般说来，当女性的名字出现在大学的花名册上时，我们可以肯定她们不是学生，而是佣人、寡妇等，她们注册的目的只是为享受学生的权利。然而，17世纪期间出现了两次重大事件。例如，在乌得勒支大学，一个非常勤奋的年轻女子安娜·玛丽亚·范·舒尔曼获准进入大学课堂，但前提是她只能隐藏在帘子后面听课。[43] 1678年，帕多瓦的埃莱娜·卢克雷齐娅·科尔娜萝·皮斯科皮亚在申请神学学位未果之后，获得了哲学博士学位，她是欧洲第一位获得大学学位的女性。[44] 这个在整个欧洲引起轰动的事件部分归因于埃莱娜家族所具有的巨大影响力。

---

[41] Kisch, *Die Prager Universität*（注释40），48ff.

[42] Pereyra, *Academia seu respublica*，（注释10），book Ⅸ，530-531.

[43] U. Birch, *Anna van Schurman Artist, Scholar, Saint*（London，1909），53ff.；A. M. H. Douma, *Anna Maria van Schurman en de Studie der Vrouw*（Paris/Amsterdam，1924），13ff.

[44] F. L. Maschietto, *Elena Lucrezia Cornaro Piscopia（1646-1684）prima donna laureata nel mondo*（Padua，1978）；M. Tonzig，'Elena Lucrezia Cornaro Piscopia（1646-1684）prima donna laureata'，*Quaderni per la storia dell'Università di Padova*，6（1973），183-192.

她的家族属于古老而显赫的威尼斯贵族，但这件事给其他女性带来的希望却化为了泡影。帕多瓦的一位教授的女儿卡拉·加夫列拉·帕坦提出申请博士学位，立即遭到了学校当局的反对，那些人明显担心这种现象会蔓延。[45] 与此相距 50 年后，第二位女性才获得了博士称号。这位女性名叫劳拉·芭茜，1732 年毕业于博洛尼亚哲学专业；她赢得了曾为加埃塔娜·阿涅西提供数学教职的教皇本尼狄克十四世的支持，[46] 她也因此获得了同一所大学的讲师职位。在德国，在设立了哲学博士后（维滕堡 1733 年， 297
格赖夫斯瓦尔德 1750 年），女性获得专业学院的第一个学位是 1754 哈勒颁发的医学博士，获此学位的女性为多萝西娅·埃茨勒本，其父为奎德林堡的一位医生，本人也是一位活跃的女性主义作家。[47] 1777 年，玛丽亚·佩莱格里娜·阿莫蕾蒂毕业于帕维亚，主修法学，1785 年在阿尔卡拉大学拉·塞尔达获得了哲学和文学博士学位。[48] 尽管这些是零散的例子，但 18 世纪的学校机构对女性入学教育的限制比以前减弱了。同时，女性的受教育问题成为许多欧洲学者谈论的日益严肃的话题。同时，17 世纪为宗教信仰和忏悔的目的建立的女子学校网络在整个欧洲大陆开始蔓延。

学生入学倾向

以往对欧洲各国大学的社会和文化作用评价一般以教师和教材的情况为依据。然而，今天的历史学家已经转到对入学人数的定量调查研究上来了。就像为了使作为机构的大学的历史趋于完美一样，这个话题一定会成

---

[45] Maschietto, *Elena Lucrezia Cornaro*（注释 44），133ff.

[46] 关于劳拉·芭茜，参见 C. Villani, *Stelle femminili. Dizionario bio-bibliografico*（Naples/Rome/Milan, 1915），70ff.；关于加埃塔娜·阿涅西提，参见 C. Villani, *Stelle femminili. Dizionario bio-bibliografico*（Naples/Rome/Milan, 1915），9ff.；M. Gliozzi and G. F. Orlandelli, 'Agnesi Maria Gaetana', in *Dizionario biografico degli Italiani*, vol. Ⅰ（Rome, 1960），41ff.。

[47] L. Bucheim, 'Erxleben Dorothea Christiane', in *Neue Deutsche Biographie*, vol. Ⅳ（Berlin, 1959），637-638.

[48] Tonzig, 'Elena Piscopia'（注释 44），183ff.

为学术界与更广阔的现代欧洲的社会和政治现实的一条重要纽带。这要对诸如课堂之间的关系或整个大陆的不同文化潮流传播的渠道等一般性问题给予清楚的说明。事实上，学生群体的规模和结构不仅与特定机构的生活环境相关，诸如个别教师享有的在文化方面的声望、入学和毕业的费用、最终考试的难易程度、纪律的严格性等，还与更具有普遍性的事情相关，如战争、政府的法律和法规、它们之间的政治关系、流行病或不同阶级之
298 间的权利之争等。从这个角度看，如果考虑到欧洲一些国家所经历的重大转变，从中世纪世界观出发的普遍主义到接受日益现代和集权的特性，16世纪到18世纪末这一段时期是特别值得探寻的。

过去，一些有关的专题研究大部分是由统计学家来做的，他们习惯上只注重研究登记册上的资料数据，而不去关注与这些数据有关的情况，事实证明这些情况有时会对研究结果有明显影响。[49] 用许多遭受毁损的或本身存在问题的注册材料来做研究，意味着要估计任何一个指定大学的在校生的数量都是一项既复杂又困难的工作。另外，有关这方面的研究过分强调某些国家，这种研究对象的不平衡又使这种困难复杂化了。在某些时候，我们拥有了供我们使用的丰富而清楚的文献，但对许多学院至今都还无法进行透彻的研究。每个人都应知道，欧洲大学的发展在每一个国家都不相同，即便是在同一国家里，在一些具体的问题上出现重大的差异也是司空见惯的。了解到这一点，还想去全面勾画欧洲学生数量上的变化是草率和冒险的。然而，尽管有许多不可否认的个体差异，甚至还有例外和复杂的情况，但确定一些欧洲大学中看来具有的相同之处，而且可以用其进行总体评估的发展领域还是可能的。

总体上来讲，16世纪似乎是欧洲大学充满生机和发展的阶段，基督教的分裂和宗教的纷争都未能压制人文主义文化激起的遍地热情。因此，在经历了充满混乱和纷争的第一阶段之后，精神领域的冲突导致了新大学

---

[49] W. Frijhoff, 'Grandeur des nombres et misères des réalités: la courbe de Franz Eulenburg et le débat sur le nombre d'intellectuels en Allemagne, 1576-1815', in *Populations étudiantes*, vol. Ⅰ, 23-27.

的纷纷建立，有新教教派的，有天主教教派的，这就需要锻造意识形态的武器，而这也就意味着不遗余力地创建现代的、高效的教育机构。另一方面，不同的国家转变成集权的、专制的政体需要建立新的官僚制度，它的形成要依赖于大学。这就意味着许多致力于公共事务的市民要进入大学，这个数量是前所未有的。这些情况综合在一起意味着，尽管各国学生增加的幅度不同，在一些国家中招收的学生数量也无规律，但 16 世纪任何地 299
方的学生数量都是很多的。

注意到牛津大学和剑桥大学的这种情况，劳伦斯·斯通提出了一个命题，即 16 世纪末到 17 世纪初发生了教育革命。[50] 这一论断在国际引起了共鸣。自从斯通提出的主要证据——大学在校生曲线也在其他地方被发现之后，共鸣者就更多了。通过对已经出版的类似研究或正在进行的其他国家的研究进行暂时性的评价（卡斯蒂利亚、科英布拉、帝国、鲁汶、联合省），[51] 罗杰·沙尔捷和雅克·雷韦尔得出论断，认为英国的发展模式具有典型性。除了葡萄牙，所有反映几个世纪的高校发展状况的图表都有相似之处：在 16、17 世纪之交呈上升趋势，而在随后的一个多世纪中有一个明显的回落。只是曲线的顶点不同，卡斯蒂利亚的顶峰时期大约在 1590 年，德意志帝国在 1610 年，英格兰为 1630—1640 年，而联合省在 1640—1650 年，鲁汶是在 1660 年。[52] 在所有这些国家里，社会文化机制发挥了重要作用，它使正在崛起的资产阶级的教育需求与教会、政府对合格文职人才的需求结合在一起。此外，在联合省、德意志帝国的某些地区及瑞士（日内瓦），加尔文教徒发挥了类似英国清教徒的作用。然而，正如新教徒在教育上付出了很多一样，我们不能低估同一时期天主教改革所

[50] L. Stone, 'The Educational Revolution in England 1560-1640', *Past and Present*, 28 (1964), 41-80; L. Stone, 'Literacy and Education in England', *Past and Present*, 42(1969), 69-139; L. Stone, *The Crisis of the Aristocracy 1558-1641* (Oxford, 1965).

[51] R. Chartier and J. Revel, 'Université et société dans l' Europe moderne: position des problèmes', *Revue d'histoire moderne et contemporaine*, 25(1978), 353-374.

[52] 关于杜埃大学的入学考试我们一无所知，乃至西属荷兰地区的其他大学也是如此（该地区于 1667—1668 年被法国占领），Chartier 和 Revel 将西属荷兰作为整体来讲是不正确的。

做出的教育努力。正如我们现在所知道的，他们主要致力于培养教士、虔信的教徒。

我们还可以加上类似的曲线：例如，位于克拉科的波兰国立大学，它的在校生曲线在 1640 年达到顶峰（这一曲线趋势没有西欧的明显）。[53] 因此，我们看到从英国到波兰的广大区域内，各国都呈现着同样的教育趋
300 势。但南欧的情况有所不同。如果这里的资料非常不同，特别是就意大利而言，我们所得到的结果就的确很集中。它们展现的是一个发展迥异的模式。当然，我们也不能否认在整个罗马欧洲学生的注册人数在 16 世纪末增加了。理查德·卡根的全球性研究已经充分证明了这一点，西班牙学生的增加主要归咎于学习民法和教会法学生的增多。一个对萨拉曼卡进行更为详细的研究表明，1600 年之后持续的增加是错觉，原因是学生同时在不同的院系注册[54]——这是一个需要耐心和不厌其烦地将每一个教学班重新组织才能够解决的问题，然而这并不意味着卡根的结论是无效的。由于像意大利、葡萄牙这样的国家高等教育起步早，这使地中海地区国家高等教育的发展不是那么明显。[55] 就法国而言，由于 16 世纪的数据太零碎，以至于我们无法对这个国家的整体情况做个评判。一旦减去在此求学的外国学生，我们能够找到的某些院系的罕见资料并不能表明 16 世纪法国大学中出现了注册人数显著的增长，因此它们也无法证实大学教育革命普遍的观点。总体上看，整个 17 世纪似乎每个地方进展都比较缓慢。然而，18 世纪并没有慢慢恢复，而是展现了医学专业学生人数的巨大增长，这是大

---

[53] I. Kaniewska, 'La conjoncture étudiante de l'Université de Cracovie aux XVIIe et XVIIIe siècles', in *Populations étudiantes*, vol. I, 135-152.

[54] L. E. Rodríguez-Sampedro Bezares, 'La matrícula en la Universidad de Salamanca 1598-1625', *Historia de la educación*, 5 (1986), 71-106; L. E. Rodríguez-Sampedro Bezares, *La Universidad salmantina del Barroco, período 1598-1625*, vol. III (Salamanca, 1986), 72-73, 178; J.-M. Pelorson, *Les 'Letrados', juristes castillans sous Philippe III. Recherches sur leur place dans la société, la culture et l'état* (Poitiers, s. d. [1980]), 101.

[55] R. L. Kagan, 'Le università in Italia 1500-1700', *Società e storia*, 7 (1985), 275-317；英语版本：'Universities in Italy 1500-1700', in *Populations étudiantes*, vol. I, 154-186.

学为满足社会需要所做的努力。[56]

如果说16世纪是大学发展的时期，那么17世纪则向我们展示了另外一幅不同的画面。到处可见的停滞与衰落实质上是复杂的意识形态、社会因素和政治因素的产物。三十年战争、英国资产阶革命和法国投石党运动、新教徒和天主教信仰之间的堡垒及贵族阶级势力的增强，所有这些都对学术生活产生了深刻的影响，在这些影响中最显著和普遍的后果是几乎 301
所有地方都出现了注册学生人数的下降。[57]

尽管地点和时间不同，17世纪的大学世界不如16世纪的繁荣。注册人数的普遍下降不仅是由战争和宗教的巨大变化所致，还由于获得公职的机会有所减少。因为在那时这些职位大部分成了世袭的权利，或者由极少数的社会集团所控制。由于大学毕业后就业机会减少，大学的文化水平出现倒退，其教学不是依赖于科研及传递新方法和新知识，而是重复那些过时的形式。

18世纪大学的情形更加多样和复杂，更不容易将它作为一个整体来把握。尤其是在前半个世纪，许多国家的学生注册人数持续低迷，甚至还继续下降，但在有些地方有一定程度的改善，因此在18世纪下半叶，有些地方出现了根本性的恢复。然而，到目前为止，处于同一国家的不同大学开始受到不同的影响。

一般来说，我们能够注意到北欧大学和罗马天主教欧洲大学学生数量发展趋势的明显不同。这种差别的原因在于18世纪罗马天主教国家大学的衰落恢复得较早，但我们可以声明日耳曼欧洲和英国是例外。这是因为在18世纪下半叶，我们可以看到苏格兰的爱丁堡（英国的雅典）和格拉

[56] D. Julia and J. Revel, 'Les étudiants et leurs études dans la France moderne', in *Populations étudiantes*, vol. Ⅱ, 25-486.

[57] 具体数据参见第302—311页。

斯哥、[58] 斯堪的纳维亚半岛都有相似的增长趋势。那时也正是沙俄的大学建立的时候。

因此，即使欧洲大学在校生情况从总体上看呈现根本的一致性，但就同时代的人而言，16 世纪后期、17 世纪和 18 世纪早期在校生人数的巨大增长也开始成为人们关注的目标，并且成了遭受众多严厉批评的靶子。早在 17 世纪，霍布斯、夸美纽斯和泽肯多夫就已指出大学过度拥挤造成的
302 社会和文化弊端，但在 18 世纪，尤其是在日耳曼地区，这一问题成为强调的重点。尤斯图斯·莫泽、约翰·戴维·米夏埃利斯和约瑟夫·冯·索南费尔斯还特地呼吁要控制大学入学的人数，从而使毕业生数量和现有的职位保持一致，借此避免知识分子的失业而引起的诸多问题。[59] （关于“被疏远的知识分子”讨论，见第九章）

学生的数量

让我们更仔细地考察几个国家。

劳伦斯·斯通采取了所有必要的关键的预防措施，勾画了大致从 1500 年到 1910 年这几个世纪中英格兰两所大学（牛津和剑桥）入学人数的曲线图。[60] 在 16 世纪的前几十年中，学生数量有所增加，只有 1530—1550 年有急剧的下降。造成在校生人数下降的原因主要是宗教的。当时，牛津大学和剑桥大学的主要功能是培养基督教会的精英，大多数的学生学习教会法。1535 年，当亨利八世废除了这个科目的教学、取消了相关的

---

[58] 相关背景，参见 N. T. Phillipson, ‘Culture and Society in the 18th-Century Province: the Case of Edinburgh and the Scottish Enlightenment’, in Stone(ed.), *The University in Society*, vol. Ⅱ, 407-448。

[59] 关于索南费尔对他所处时代的大学的批评，参见 M. R. Di Simone, *Aspetti della cultura giuridica austriaca nel Settecento*(Rome, 1984), 160。参见注释 145。

[60] Kearney, *Scholars and Gentlemen*, 15ff.; L. Stone, ‘The Size and Composition of the Oxford Student Body’, in Stone(ed.), *The University in Society*, vol. Ⅰ, 3-110，尤其是图表 1A 及图表 1B, 91-92; Stone, ‘Educational Revolution’(注释 50).

学位后，大学的课堂很快就空了。与此同时，解散修士会，没收他们的财产，也导致了修习其他学科学生人数的急剧下降。然而，在 1550 年后的三十年里，学生人数恢复得很快，在随后的几十年中，即从 1580—1640 年，每年进入牛津和剑桥的学生平均达 450 人。真正的危机始于 1670 年并一直持续到 19 世纪初。1680—1689 年，每年进入牛津和剑桥的人数分别是 321 人和 294 人；1690—1699 年，人数进一步下降到 303 人和 238 人。到 18 世纪，这种危机加剧了。在这一时期，情况较好的时候每年进入牛津的人数低于 300 人（所记录的最低年份是 1750—1759 年，每年只有 182 名入学），18 世纪 30 年代后，剑桥大学每年的入学人数都低于 200 人。这样，尽管英格兰采取了一系列积极措施为各社会阶层提供教育，英格兰的初等和中等教育机构一直持续发展，但大学没能从它们早期的颓废 303
状况中恢复过来。[61]

对欧洲大陆大学所做的同样的研究也得到相似的结果。

德国的修正了的数据是弗朗茨·奥伊伦堡计算的，他没有把远游的学生所积累的总人数考虑进去，这些学生的数量在近代早期要比晚期多很多。这使德国的在校生达到顶峰的时间几乎晚了一个世纪，大约在 1700 年，但这影响不了曲线图的外观。同样，18 世纪的标志便是在校生的总数缓慢并稳步地下降。[62]

根据这些新的统计数据，在 16 世纪初期，德国共有在校大学生 4200 名，与 14 世纪通常在校生数量大约是 1200 名相比，这是一个很可观的数字。巨大的增长受到 16 世纪 20 年代的社会及宗教纷争的阻碍。1526—

---

[61] J. Pons, *L'Education en Angleterre entre 1750 et 1800. Aperçu sur l'influence pédagogique de J. J. Rousseau en Angleterre* (Paris, 1919), 12ff.; M. L. Clarke, *Classical Education in Britain 1500-1900* (Cambridge, 1959), 46ff.

[62] W. Frijhoff, 'Surplus ou déficit? Hypothèses sur le nombre réel des étudiants en Allemagne à l'époque moderne (1576-1815)', *Francia*, *7* (1979), 173-218；修订版：Frijhoff, 'Grandeur' (注释 49)；修订：F. Eulenburg, *Die Frequenz der deutschen Universitäten von ihrer Gründung bis zur Gegenwart*, Abhandlungen der philologischhistorischen Klasse der königl. sächsischen Gesellschaft der Wissenschaften, XXIV, 2 (Leipzig, 1904).

1530 年，学生总数降至 650 人，许多学校发现他们所接纳的学生降至以前的三分之一。[63] 然而，这不是一个典型的调整阶段。如果大量的学生弃大学而不入，最根本的原因是有相当大的比例的在校学生是教士。对于那些不得不离开修道院、放弃圣俸、不知自己的未来在何方的教士们来说，那真是一个令人迷失方向的历史时期。然而，随着一些新教大学的建立（马伯格、柯尼斯堡和耶拿）及政治生活恢复正常，在校生的人数又开始增长，这种增长一直持续到 17 世纪早期。[64]

在天主教国家里，宗教信仰影响着学生入学。学生人数在 16 世纪早
期有增长，只是在后来急剧下降，其原因既有宗教斗争，也有来自新建教
育机构的具有竞争力的吸引，尤其是来自耶稣会开办的学校的吸引，虽然
304 这些机构通常都和大学紧密相连。例如，维也纳大学（大约在 15 世纪中
叶，约有 800 名学生，在 16 世纪初期，在校生人数达到 1000 人，因此成
为所有讲日耳曼语国家的大学中最显著的）在 16 世纪后期在校人数下降
极快，到 1580 年只有 200 人。[65]

德国注册学生数量的增加一直持续到 1620 年。然而，三十年战争突然扭转了这一趋势，虽然不是每所大学都受到同样的影响。那些没有受到战争影响的——其中有柯尼斯堡大学和耶拿大学——实际上发展显著。但是，大多数大学受到战争的重创。例如，黑尔姆施塔特大学在战争冲突中实际上被摧毁了，斯特拉斯堡大学在被法国征服后全面衰落。[66] 坦白地说，天主教大学受到的影响较小，因为它们在组织上与耶稣会学院联系在一起，这些学院不断地将它们的学生输送到大学的院系。因此，迪林根大学的学生数量在整个世纪中相当稳定，[67] 因戈尔施塔特大学在 1641—1648

---

[63] Eulenburg, *Die Frequenz*（注释 62），51-52.

[64] Eulenburg, *Die Frequenz*（注释 62），75-76.

[65] O. Redlich, 'Die geistliche Stellung und Bedeutung der Universität Wien', in O. Redlich, *Ausgewählte Schriften*（Zurich/Leipzig/Vienna, 1928），103ff.；F. Gall, *Alma Mater Rudolphina 1365-1965. Die Wiener Universität und ihre Studenten*（Vienna, 1965），165ff.

[66] Eulenburg, *Die Frequenz*（注释 62），75ff.

[67] Eulenburg, *Die Frequenz*（注释 62），96.

年学生超过1000人；毫无疑问，这比20年前招收的一半还少，但是和同时期德国的平均水平相比，数量还是相当可观的。[68]

18世纪初，德国拥有的28所大学敞开大门招收了大约9000名学生，每所大学平均290名（应当注意的是，低于三十年战争前计算的平均400人的数量）。随后，这种情况不仅没有改善，反而走向全面恶化，以致到18世纪60年代平均每所大学注册学生数降至220人左右。不过，在一些大学（罗斯托克、格赖夫斯瓦尔德、杜伊斯堡和帕德伯恩）难以为继的时候（每所大学不到100人），其他一些大学（维滕堡、莱比锡和哈勒）有500多名学生。1733年创立的哥廷根大学，1750年注册的学生有625名，1790年为800名。[69]

在哈布斯堡领土内的一些大学也成功地度过了这次危机，学生的数量甚至增加了，原因部分要归功于政府实施的明智的改革政策。例如，维也纳大学18世纪总共有150 000名学生，对比前一个世纪的63 000人，增 305
长很显著。[70] 17世纪末创立的因斯布鲁克大学，哲学院注册的学生数从1700—1701年的138人上升到1734—1735年的303人。[71]

在16世纪上半叶的低地国家，尤其在布拉班特人文主义影响下，鲁汶大学吸引了相当数量的初学者或称新生（达到每年800名新生）。但是，16世纪后半叶，大灾难降临了，来自杜埃大学的竞争（1562年创立）、经济危机和宗教、政治动乱导致了学生数量的显著下降。16世纪80年代，学生数量下降到鲁汶大学不得不临时关门的地步。随着1585年后天主教低地国家的复苏，可以看到注册人数稳步上升，一直持续到1645—1660年（一度达到每年新注册800名的最高纪录）。在显著的增长之后是急剧

---

[68] R. A. Müller, *Universität und Adel. Eine soziostrukturelle Studie zur Geschichte der bayerischen Landesuniversität Ingolstadt 1472-1648* (Berlin, 1974), 60ff.

[69] McClelland, *State, Society and University*, 28.

[70] Gall, *Alma Mater Rudolphina* (注释65), 165.

[71] F. Huter, *Die Matrikel der Universität Innsbruck*, vol. Ⅰ: *Matricula philosophica*, 2 parts (Innsbruck, 1952-1954), part 2, xxxiiff. and table 1, xli.

的下降和停滞，直到 1797 年这所大学关闭前每年注册人数不到 500 人。[72]

相反，北部低地国家的大学对荷兰人和外国人都很有吸引力。荷兰毕业生图表曲线接近教育革命的模型，但是这里的最高点是在 1665—1690 年这一时期（每年平均 107 名毕业生）。而且，即使到联合省修读学位的外国人的比例被打了折扣（1675—1725 年平均为 30%），也可以看到从共和国建立到 1670—1680 年毕业生曲线的显著增长。[73]

这些特例毫无疑问大部分要归功于那一时期宽松的宗教氛围和荷兰的文化生活水平，使荷兰高教机构对本国和其他国家的学生都很有吸引力。[74]

斯堪的那维亚人在这些其他民族的人中非常突出。例如，17 世纪 30 年代，有 100 多名瑞典人（在荷兰）注册入学。同期在瑞典自己的大学中，新生注册人数也有显著增长（阿普萨拉、多尔帕特、奥布和隆德），从 1610—1614 年的 288 人增加到 1640—1644 年的 1596 人；最高纪录直
306 到约 1700 人，但是，1690—1695 年新生有 2129 人。[75]

克拉科遵循着同样的模式。在 16 世纪后半叶和 17 世纪上半叶，学生注册平均数（在间隔 50 年的基础上计算）保持在 248.8 人，在 1620—1640 年达到最高值。大多数学者认为学生的大量流入是因为贵族阶层在反对耶稣会的斗争中感到与大学休戚相关。但是，1650 年后，注册生数稳定下降，一直持续到 18 世纪后半叶，平均值为 176.3 人。[76]

伊比利亚半岛在 16 世纪后半叶是一个扩张的时期，因为这期间建立了众多新大学（1474—1620 年建立了 28 所），增强了已有大学的实力。实

---

[72] E. Lamberts and J. Roegiers(eds.), *Leuven University 1425-1985* (Louvain, 1990), 48-49.

[73] Frijhoff, *Gradués*, 97ff. and 379ff.；入学与毕业之间的关系参见第 9 章，pp. 377-387.

[74] Frijhoff, *Gradués*, 97ff.

[75] Kaniewska, 'La conjoncture étudiante'(注释 53), 135-152.

[76] L. Pinborg, 'Danish Students 1450-1535 and the University of Copenhagen', *Cahiers de l'Institut du Moyen Age grec et latin*, *37* (Copenhagen, 1981), 96; L. Niléhn, *Peregrinatio academica. Det Svenska Samhället och de utrikes studieresorna under 1600-talet* (Lund, 1983), 138 and 165.

际上，阿尔卡拉每年招收 2000 人，[77] 1537 年创立的科英布拉大学，到
1540 年已经拥有注册学生 537 名，到 1578 年增加到 2882 名。[78] 到这个世
纪末，萨拉曼卡每年招收学生近 7000 人，阿尔卡拉为 3000—4000 人，圣
地亚哥每年招收学生数量超过 3000 人，巴利亚多利德大约 2000 人。
1592—1602 年爆发的瘟疫阻止了学生数量的增长，但是到 1620 年情况又
恢复到以前的样子。[79] 17 世纪的经济危机和盛行于大学中的暴力及偏执风
气引起了学生注册人数的急剧下降。根据一些学者的研究，1650 年萨拉
曼卡大学的学生注册数下降到不足 3000 人，同年阿尔卡拉下降到大约
2000 人。在这个世纪末，注册学生数继续下降。[80] 但是，还有其他的大学
学生数量没有突然下降。例如，科英布拉大学学生注册数有所增长，在 307
1679—1684 年达到平均每年 1877 人（虽然就整个世纪来说增长速度非常
不均衡）。学生最多的专业是教会法，接着是民法学、医学和神学，从
1573—1772 年一直保持这种状态，据计算，这段时期教会法专业的学生
占总数的 74.77%，而民法专业的占 13.29%、医学的占 6.87%、神学的
占 5.07%。[81] 在 18 世纪的西班牙（当时处于波旁王朝统治之下），规模较
大的大学学生数持续下降，萨拉曼卡学生数量徘徊在 2000 人左右，阿尔
卡拉学生数量最高仅到 1000 人，巴利亚多利德人数更少。可是，规模较

---

[77] V. De la Fuente, *Historia de las universidades, colegios y demás establecimientos de enseñanza en España*, 4 vols, vol. Ⅲ. (Madrid, 1884-1889), 194ff.; M. Peset and J. L. Peset, *La Universidad Española (siglos XVIII y XIX). Despotismo ilustrado y revolución liberal* (Madrid, 1974), 51.

[78] A. De Vasconcelos, 'Estatística das matriculas efectuadas na Universidade de Coimbra durante dois séculos(1573-1772)', in A. De Vasconcelos, *Escritos vários relativos à universidade dioniziana*, vol. Ⅰ(Coimbra, 1938), 111ff., 特别是 118 页。

[79] R. L. Kagan, 'Universities in Castile 1500-1700', *Past and Present*, 40(1970), 44-71; revised version in Stone(ed.), *The University in Society*, vol. Ⅱ, 355-405; Kagan, *Students and Society*, 197-198.

[80] De la Fuente, *Historia de las universidades*(注释 77), vol. Ⅲ, 198-199; Peset and Peset, *La universidad española*(注释 77), 51.

[81] De Vasconcelos, 'Estatística das matriculas'(注释 78), 118ff.

小的大学情况有些不同。格兰纳达在 18 世纪 50 年代只有大约 50 名学生，但是在那个世纪末超过了 600 名学生。[82] 葡萄牙的科英布拉大学一直是一个特例，正如 17 世纪没有表现下滑的迹象一样，18 世纪带来的是最后一次学生人数的巨大扩张，在 1764—1769 年达到巅峰，有人估计平均每年甚至超过 4000 人，大多数学生最后毕业于教会法专业。[83]

就意大利来说，情况看上去地区差别很大。这一时期意大利大学注册登记存在的差距排除了获得详尽而精确数字的可能性，但一些大致的估计表明，16 世纪对于一些大学来说是一个显著的扩张期，而对于另外一些来说则是一个明显的衰落期。因此，那不勒斯大学经过 15 世纪的停滞后发展相当快，注册学生有数千人。帕多瓦大学学生注册数稳步上升，直到超过 1000 人。[84] 16 世纪末，博洛尼亚大学和比萨大学学生注册数徘徊在 600—700 人。[85] 费拉拉大学在 1543—1555 年每年新生数约为 513 人。[86] 即
308 使在帕维亚大学，注册生数也只有约 500 人。但是，其他大学，如佩鲁贾大学和锡耶纳大学（这些大学在 15 世纪曾有显著增长）入学人数日益减少。[87] 意大利大学学生数量变化的历史在某种程度上和当时半岛上分裂成不同国家的特殊事件（和一般环境）有关，尤其是意大利各政府的大学政策不是总能将外国学生数量维持在传统的较高水平上。意大利也深深地受到欧洲其他地区事件的影响。因此，17 世纪大学学生注册数像其他地区

---

[82] M. Peset and M. F. Mancebo,'La población universitaria de España en el siglo XVIII',in M. Peset and M. F. Mancebo,*El científico español ante su historia. La cienca en España entre 1750-1850. I Congreso de la Sociedad Española de Historia de las Ciencias*(Madrid,1980),301-318;法语版'La poppulation des universités espagnoles au XVIIIe siècle',in *Populations étudiantes*, vol. Ⅰ,187-204.

[83] De Vasconcelos,'Estatística das matriculas'(注释 78),119 and 121.

[84] Kagan,'Università'(注释 55).

[85] Kagan,'Università'(注释 55),284-285;关于比萨大学,参见 E. Mango Tomei,*Gli studenti dell'Università di Pisa sotto il regime granducale*(Pisa,1976),119-120。

[86] C. Pinghini,'La popolazione studentesca dell'Università di Ferrara dalle origini ai nostri tempi',*Metron*,7(1927),120-139.

[87] Kagan,'Università'(注释 55),285-286.

一样出现了下降。帕多瓦大学学生名册上经常不到1000人[88]，博洛尼亚减少到平均400人[89]，费拉拉登记名册上还不到100人[90]，锡耶纳大学还达不到此数[91]。18世纪学生注册数通常更低了。帕多瓦大学常降到300人以下[92]，费拉拉大学和比萨大学常常不到100人[93]，博洛尼亚大学徘徊在200人左右[94]。这个世纪早期的罗马大学实际上一片荒凉。即使在教皇本尼狄克十四世改革后（1748），学生数也一直低于300人[95]。帕维亚这个时期大多数时间估计平均值为150人[96]。摩德纳大学1785年达到的最高纪录是315人。[97] 尽管也有诸如费拉拉和帕维亚的例子，18世纪末的改革导致了某种程度的复苏，但都灵大学是前半世纪普遍衰落情况下的仅有的一个例外。它在18世纪20年代的改组标志着一个转折，从上一世纪的极度衰落状态中振奋起来，1721年学生注册数达到901人，1730年增长到 309
2000人。[98]

和意大利的情况一样，法国的一系列数据尤其是注册登记簿太不完

---

[88] M. Saibante, C. Vivarini and S. Voghera, 'Gli studenti dell'Università di Padova dalla fine del' 500 ai nostri giorni(studio statistico)', *Metron*, 4(1924-1925), 163-223, 特别是177。

[89] Simeoni, *Università di Bologna*（注释33）, 88-89.

[90] Pinghini, 'La popolazione'（注释86）, 132.

[91] Kagan, 'Università'（注释55）, 296.

[92] Saibante, 'Gli studenti'（注释88）, 177-178.

[93] Pinghini, 'La popolazione'（注释86）, 132; N. Carranza, *Monsignor Gaspare Cerati provveditore all'Università di Pisa nel Settecento delle riforme*(Pisa, 1974), 366-367.

[94] Simeoni, *Università di Bologna*（注释33）, 101-102.

[95] M. R. Di Simone, *La 'Sapienza' romana nel Settecento. Organizzazione universitaria e insegnamento del diritto*(Rome, 1980), 295.

[96] B. Peroni, 'La riforma dell'Università di Pavia nel Settecento', in *Contributi alla storia dell'Università di Pavia*(Pavia, 1925), 120.

[97] G. C. Mor and P. di Pietro, *Storia dell'Università di Modena*, vol. Ⅱ(Florence, 1975), 535-536 和表格, 543.

[98] G. Quazza, *Le riforme in Piemonte nella prima metà del Settecento*, vol. Ⅱ(Modena, 1957), 396, 420; D. Balani, D. Carpanetto and F. Turletti, 'La popolazione studentesca dell'Università di Torino nel Settecento', *Bollettino storico-bibliografico subalpino*, *76*(1978), 9ff.

整，我们很难得出一个关于整个王国大学发展情况的判断。大学很多，大学网络复杂，而且绝不是同质的。16—17 世纪，大量的大学机构被重新分类，这使任何关于大学情况的研究严重复杂化，特别是某些时候由于王室立法（尤其是 17 世纪和 18 世纪之交）改变了大学发展的规律（游戏规则）。[99] 我们只有 16 世纪巴黎大学的充足数据。

1520—1550 年，每年有 1500—1750 名年轻人在巴黎大学文学院注册学习。学者们据此推断学生总数大概有 10 000 人或 11 000 人。但是，宗教战争后，学生数量在约 20 年间减少了一半，而且一直持续下降到这个世纪末，当时学生人数大约只有这个世纪前些年数量的五分之一。[100]

16 世纪后半期，巴黎大学文学院学生数量惊人下降的原因很大程度上是三艺教学转向了大学以外的完全独立的学院。因此，大学成了真正的高等教育机构，文学院三艺教学结束后授予文学硕士学位，此学位成为神学学习的必备条件，后来也成了进入其他学院的前提。因此，在 17 世纪中期，巴黎大学文学硕士学位数量同样惊人地增长，1680 年达到 250 多个，超出了 15 世纪的水平，而那时已经很高了。但是，从那以后，这些学位具有了完全不同的意义。直到 16 世纪文学硕士都是文科学习结束的主要标志，两个世纪后文学硕士学位只是进入更高学院的必备条件。[101]

310 实际上，在这个世纪下半叶，17 世纪 80 年代，神学院和法学院学生的注册数量增长都很快。事实是，尽管宗教团体开办学院导致的竞争对文学院的入学产生了深刻的影响，但其他院系发展的根本原因是它们需要为反改革的力量制造意识形态的武器，为不断扩大的国家机构培养公务员。[102]

法国 18 世纪的情况比 17 世纪好些。早在 1700 年，巴黎法学院的重

---

[99] Julia and Revel, 'Les étudiants'（注释 56），27-32.

[100] L. W. B. Brockliss, 'Patterns of Attendance at the University of Paris, 1400-1800', *The Historical Journal*, 21 (1978), 503-516，特别是 511-512；修订版用同一标题 *Populations étudiantes*, vol. Ⅱ, 487-526.

[101] 参见第 9 章第 359—360、365、381 页。

[102] Brockliss, 'Patterns of Attendance'（注释 100），512ff.

组使学生数量迅速上升，在 17 世纪 80 年代超过 600 人，在校生比前十年记录的 3 倍还多。[103] 18 世纪，这个学院继续保持高水平的招生数量，达到 800 人，而文学院在这个世纪下半叶徘徊在约 100 人的水平。两个数据都极大地超出了前期的记录。布尔日和奥尔良大学经受着入学人数和文化水平的下降。如果说首都法学院的发展潜在地影响了它们的发展，大多数其他大学则看到了法学院学生注册人数的实际增长。总体上看，法学院在这个世纪初超过每年 2000 人，在 18 世纪 70 年代约有 3000 人。[104]

显然，所有这些数据只有和总的人口数量比较时才有意义，而且我们必须承认，大多数时候，在开辟了一个革命纪元的大规模人口普查前，我们对这些知之甚少。然而，获得大体的人口数量，提出几个一般性的问题还是可以的（见表 7.1）。比如，我们可以考查一下从 18 世纪南欧观察到的学生数量的增长在很大程度上是否不只是人口出生率增长的结果？意大利、法国和伊比利亚半岛的国家在那个世纪人口都有 20%—30%的增长，英国和德国也一样。现在，学生数和毕业率可以计算，因此可以看出它们和人口数量的比例在各种情况下都在下降。那些无法计算一系列比例的国家（法国、西班牙），18 世纪末得出的比例和其他西欧国家非常相似。在卡斯蒂利亚和葡萄牙，过分重视教会法专业使这种规律发生了改变，在 18 世纪的葡萄牙仅此专业的学生就占了注册数的五分之四。但是，应当 311
注意的是，当这个系科一消失，葡萄牙和欧洲的一般情况就一致了。每个地方的高校学生占他们同龄人口的 1%或大约 1%，他们中三分之二的人得到了学位，这意味着学习和学位是紧密联系的，但也不总是这样。实际上，这些数据有不同的轨迹：当注册生数曲线在 17 世纪上半叶继上升之后下降时，得到的数据表明学位数曲线却在上升。[105]

---

[103] Brockliss,'Patterns of Attendance'(注释 100),514ff.

[104] R. L. Kagan,'Law Students and Legal Careers in Eighteenth-Century France',*Past and Present*,68(1975),62-63;Julia and Revel,'Les étudiants'(注释 56),*passim*.

[105] 有关毕业率的详细表格参见第 9 章，第 378 页。

表 7.1* 欧洲国家或地区大学生（a）和毕业生（b）占同年龄组的近似百分率⑩⑥

国家/地区	近似年份									
	1575	1600	1625	1650	1675	1700	1725	1750	1775	1800
英格兰（a）	2.7		2.4			1.5				
牛津（a）	1.2	0.9	1.1		1.0	0.6		0.3	0.2	
牛津（b）	0.3?	0.4	0.6		0.4	0.3		0.2		0.1
德意志帝国（a）	1.2	1.3	1.4	2.8		2.2		1.7	1.3	0.9
荷兰共和国（a）				1.8				1.5		1.2
荷兰共和国（b）		0.2	0.4	0.5	0.7	0.7	0.6	0.7	0.6	0.6
上艾瑟尔省（a）					3.6		1.5	1.2	1.1	1.0
上艾瑟尔省（b）					1.3		0.8	0.7	0.8	0.9
波兰（a）	0.3		0.3				0.2		0.2	
波兰（b）	＜0.1									
科英布拉（a）		1.4		1.8		2.4		3.3	3.4	1.2
卡斯蒂利亚（a）		2.4						2.2		
西班牙（a）									1.2	
法国（a）									1.2	
芬兰（a）										0.9

* 制表：威廉·弗里霍夫。

⑩⑥ 该表格由 W. Frijhoff 在以下资料的基础上整理而成：Stone，'The Size and Composition'（注释 60），95，103；Frijhoff，'Surplus ou déficit'（注释 62），212；Frijhoff，*Gradués*，209；W. Frijhoff，'Université et marché de l'emploi dans la République des Provinces-Unies'，in *Populations étudiantes*，vol. Ⅰ，220；Chartier and Revel，'Université et société'（注释 51）. Frijhoff 从 A. De Vasconceles 得出的自己的计算结果，*Escritos vários*（注释 78），vol. Ⅰ，120-124[Coimbra]；Kaniewska，'La conjoncture étudiante'（注释 53），vol. Ⅰ，127；Pelorson，*Les 'Letrados'*（注释 54），101；Rodríguez，*La Universidad salmantina*（注释 54），vol. Ⅲ，72-73，178；Peset，'La población'（注释 82），190；Klinge，*Kuningliga Akademien*. 由 C. McEvedy 和 R. Jones 得出的人口数字，*Atlas of World Population History*（Harmondsworth，1978）.

学生的社会出身

学生注册人数的变化反映了16—18世纪可认识到的欧洲大学的真实功能，探询注册学生的社会出身可以使我们更准确地了解那一时期高等教育机构究竟在做些什么。早在15世纪，中世纪大学的功能就已经在某些重要方面发生了改变。古老的学习探究吸引了来自不同社会背景的学生，在欧洲北部，贫困学生在数量上占优势，而在欧洲南部，富家子弟和贵族极多。基督教关于教育应该免费的原则帮助建立了财政资助机构，从而减少了贫困学生的开支，这些贫困学生往往不纳税，而且由适当的基金会提供食宿。由于大学的环境推崇朴素节俭的生活方式，因而这种大环境使那些不富裕的人很容易成为大学的组成部分，并且他们可以通过学习将自己提升到博士的高度。然而，在15世纪贫困学生逐渐发现他们受到排挤，特别是在法学院和医学院，他们很可能注册学习那些短期的且声望不高的课程，获得博士学位所需的费用大幅上涨。与此同时，学术生活变得更加贵族化，越来越多的人追求奢华，追求舒适的生活方式，推崇贵族式的礼仪，追求精致的服装款式和先前并不为人所知的礼节。学院里的位置现在常被富人占据，他们自己有佣人和私人教师，贵族们在大学受到特别的礼遇。[107] 312

这种向更贵族化机构转变的最初表现在16世纪向更深层次发展。[108] 在1500年以前，英国贵族几乎不上大学，因为他们的教育建立在音乐、舞蹈，使谈吐举止赏心悦目、优雅得体的艺术之上，不需要学术性学科的知识。但是，早在亨利八世统治时期，许多有贵族头衔的人开始到大学注册，到了伊丽莎白时期，社会精英中的大部分是大学毕业生。1563年，议会中只有67人上过大学，然而到了1584年，数量增加了一倍，1593

[107] 参见第Ⅰ卷，第7章，第202—211页。

[108] 关于大学贵族化的论述参见第9章，第368—370页。

年，议会中的大学毕业生达到了161名。到了16世纪下半叶，牛津和剑桥大学中来自平民家庭和绅士家庭的学生比例是5∶3，到了17世纪初，
313 学校中出身平民与出身贵族的学生比例是5∶6。[109]

我们可以从两点说明大量贵族涌入高等学校的原因：一是新的人文主义文化观和智慧观的影响（特别是托马斯·埃利奥特的《统治者》和巴尔达萨雷·卡斯蒂利奥内的《侍臣论》的英译本发挥了促进作用）；二是贵族们日益感觉到的一种需要，即要通过更坚实的、更专门化的训练来武装自己，使自身适应高级政府官员的需要。然而，在牛津和剑桥不断增长的注册学生中，那些被描述成“平民子弟”的学生的数量也是非常显著的。这些学生来自境况普通的家庭，如体力劳动者、手艺人、农民，他们进入大学是希望自己能成为牧师或文法学校的教师。当时，文法学校正以空前的速度拓展。平民学生常受益于奖学金，或者得到主教、富有者的经济支持，提供资助的富有者有时会雇佣这些平民学生为他们服务。这些“穷学生”常常成为富有同学公寓的佣人。16世纪末期，这个社会群体达到注册学生人数的50%，但在随后的几年里，这个数量有了明显下降；到1601年降至42%。[110]

在宗教改革前的德国，教士们在大学里享有很高的声誉，这种情况在一定程度上是因为大学的环境使许多修道院的特征得到重现。在某些情况下，甚至是与天主教决裂之后，很多修道院的传统仍被保留下来（比如，校长必须独身）。在天主教大学，来自教会的注册者不再保持较高比例（如在迪林根，16世纪和17世纪他们占总人数的11%），但有时候也有增长（如在弗莱堡，1530—1540年20%—40%的学生是神职人员）。但是，在新教大学里，神职人员消失了，大批后来的牧师充斥了神学院。[111] 在神

[109] J. H. Hexter, 'The Education of the Aristocracy in the Renaissance', *Journal of Modern History*, 22(1950), 1-20; Curtis, *Oxford and Cambridge in Transition*（注释18），59ff.; Stone, 'The Educational Revolution'（注释50），41-80.

[110] Stone, 'The Size and Composition'（注释60），18ff. 和表2，93.

[111] Eulenburg, *Die Frequenz*（注释62），65ff.

圣罗马帝国，学生的社会身份与前面有史可查的英国情况相似。1500 年之前，作为贵族的一员而到大学注册是相当罕见的事情，如果他想从事神职才会这么做。然而，纵观这个世纪，贵族介入学院生活逐渐增多，纵然这种增长在所有的大学里不是同样明显。因而，当斯特拉斯堡成为大量来 314
自洛林和法国的贵族追求的目标时，莱比锡和爱尔福特的学生中资产阶级仍然占主要地位；迪林根大学中 14%的学生是贵族；在德国南部最大的大学——因戈尔施塔特，贵族学生的比例从世纪初的 4.5%上升至世纪末的 17.5%，与此相伴的是来自教会各个级别教士的比例从 25.8%下降到 8.4%。[112] 在德国，贵族们也试图从整体上在学生群体中赢得更多的特权地位，他们一方面通过正式的认可巩固他们作为一个阶层的至高地位，这种地位已经受到野心勃勃的资产阶级的威胁，另一方面也通过给予大学更高层次的社会形象为大学增添光彩。非常特别的是，贵族成员们对考试和学术资格嗤之以鼻。事实上，只有极小部分贵族愿意屈尊毕业，因为他们生来就享有的身份地位使任何其他的头衔都变得多余。[113]

在哈布斯堡王朝的各个公国里，贵族和资产阶级相互竞争。资产阶级不断地把神职人员从公共职位中驱逐出去，他们要么使古老的家族无法继续从事以往的事业，要么使贵族们担任的职位变得无足轻重。而贵族们反过来则通过接受大学里适当的训练，特别是在法学方面的训练试图巩固自己的地位。即使是担任侍奉封建诸侯的男侍，都被认为是学习如何进入更高社会圈子的良好途径，此时采取的做法是把这种尊严和礼貌教育更多地同文学、语言学教育联系在一起，正如我们从 1537 年斐迪南一世发布的政令中了解到的，政令要求封建诸侯为他们的男侍设立各种科目的课

[112] Müller, *Universität und Adel*（注释 68），60ff.

[113] Müller, *Universität und Adel*（注释 68），159ff.

程。[114] 然而，维也纳大学的学生群体继续保持着原来的资产阶级特征，因为贵族们更愿意到国外或德国其他地方学习。波希米亚人和摩拉维亚人对阿尔特多夫有特别的偏爱，奥地利人喜欢迪林根和因戈尔施塔特，匈牙利人选择因戈尔施塔特和海德堡。[115]

315 虽然贵族的在校人数在增加，但神圣罗马帝国的大部分学生还是公务员和商人子弟。也有一小部分是被免除了费用的穷人，促使他们进入大学的仅仅是通过获得食宿和奖学金得以生存。在莱比锡，16 世纪中期，这种学生占总人数的 9%，[116] 在维也纳，他们的数量可能相当大，因为从政府下发的禁止他们乞讨的法令中可以看出这一点。[117]

在西班牙，上层贵族们不屑让他们的孩子到大学里注册，而更愿意请私人教师在家里进行教育。拉丁语、现代语、军事的和骑士的技艺都在教育之列，这使他们可以追求绅士的理想，而绅士意味着有教养且博学，但是，最重要的是对军事的精通。为了说服西班牙贵族放弃这种传统，菲利普二世于 1583 年设立了一所宫廷学校。学校设置各种与军事相关的技术科目，如建筑学、炮兵学、水力学，但这个举措并不像所希望的那样成功。[118] 然而，16 世纪大学中地位较低的贵族显著增长，他们偏好法学，这为步入公共管理领域或法律相关职业打开了一条通路。当穷人发现大学城里高昂的生活费用是一个无法克服的障碍时，他们不得不勉强去学习次要的学科。来自城市的一些人则代表了中产阶级。一般而言，大部分学生来自北部和中部的富有地区。只有一小部分学生获得了学术头衔。实际上，据计算，在 16 世纪末只有不到三分之一的人最终毕业，其他的人经常由

---

[114] G. Heiss, 'Bildungsverhalten des niederösterreichischen Adels im gesellschaftlichen Wandel: zum Bildungsgang im 16. und 17. Jahrhundert', in G. Klingenstein and H. Lutz (eds.), *Spezialforschung und 'Gesamtgeschichte'. Beispiele und Methodenfragen zur Geschichte der frühen Neuzeit*, Wiener Beiträge zur Geschichte der Neuzeit, 8 (Vienna, 1981), 139ff.，特别是 141ff.

[115] Kohler, 'Bildung und Konfession'（注释 31），64ff.

[116] Eulenburg, *Die Frequenz*（注释 62），70.

[117] Gall, *Alma Mater Rudolphina*（注释 65），121.

[118] Kagan, *Students and Society*, 80ff., 226ff.

于经济拮据而过早中断学业。[119]

学院的惊人扩张也对大学中注册者的构成产生了影响。中世纪建立起来的这些机构是为非常贫困的学生提供庇护并使他们能在大学期间养活自己，但从16世纪起，这种机构增多了，而且改变了原来的作用。他们的社会福利功能逐渐被削弱，因此那些富裕的男生（他们要偿付食宿费用）就逐渐获得了优先权。例如，在耶稣会学院里，虽然这些机构是免费的并 316
因此吸引了贫困子弟，但其中更多的学生来自中等或上等阶层，这些家庭在孩子上学期间能够长时间供养他们，或者能够支付食宿费用。一般来讲，从16世纪开始，越来越多的学院似乎倾向于抑制家庭不富裕的人入学。一方面，为穷人保留大多数位置的中世纪制度被大多数人付钱完成学业的方式所取代；另一方面，在许多情况下，对于任何想获得基础教育而不必支付高昂的大学生活费用的人来说，越来越多的文法学校相对于大学都是一个正确的选择。

这样的发展贯穿了整个17世纪。学者们注意到，一般来讲，那些档案记录表明不富裕的学生和贵族学生的人数在下降，而富裕家庭及资产阶级家庭子弟的注册人数在相应增长。就像指出的那样，如果自中世纪后穷人的学习机会有了某种程度的减少，那么这种趋势在17世纪因为多种原因更进一步得到了加强。学术生活的费用不断增长和普遍的经济危机是两个重要因素，但是，除此之外，还有一个因素就是奖学金越来越难以获得，原因是富有者往往垄断了这些奖学金。

在英格兰，16世纪末，平民学生（牛津，剑桥，或者二者都包括）的百分比是55%，1637—1639年降至37%，而且在此后的一百年里一直在下降，直至1810年跌至1%的低谷。[120] 实际上，在就业市场已经饱和的情况下，教士子弟和富家子弟间的竞争意味着贫困者失掉了寻求资金偿付大学费用的信心，大学里形成的奢华文雅的生活氛围很不适合他们。在德

[119] Kagan, *Students and Society*, 246.

[120] Stone, 'The Size and Composition'(注释60), 37ff. and table 2, 93.

国，甚至连学术服饰也越来越以贵族服饰为模式。教授和学生们甚至到了穿贵族或骑士服装的地步，这与整个 16 世纪都保持的中世纪传统——教师和学生的装束要与教士一样——形成了鲜明的对比。[121] 实际的情形是完美的知识分子的理想在逐渐被完美绅士的理想（一个从法兰西文化中借来的概念）所取代，随后这种理想开始对欧洲的精英施加深远的影响。在这
317 个时期，接受严格训练、勤恳学习、致力献身于知识的模式不断受到挑战，代之的是尘世之人的形象——一个综合了健谈者、舞蹈家、骑师的才能，在政治、法律方面受到肤浅的人文主义训练的人。然而，当大学生活越来越向贵族化观念靠近时，贵族自身极少进入不再体现文雅教育新要求的大学了。

在英格兰，16 世纪 30 年代至 1661 年，贵族（公、侯、伯、子、男爵）、准男爵和骑士子弟的年度注册量从 45％左右降至 16％。[122] 在德国，17 世纪初出现了贵族入学的高峰后，我们发现在"三十年战争"期间其注册人数急剧下降，即使绝不能忽视贵族的入学率（因戈尔施塔特大学达到了 17.5％，海德堡大学为 14.8％，阿尔特多夫大学为 10.5％，迪林根大学为 9.5％）[123]，也没能恢复到早期的水平。

在"三十年战争"期间，德国贵族试图重新恢复在社会中的领导地位，这个地位已经受到了新兴资产阶级的威胁。同样，在教育领域，他们试图重新构筑与其他阶层间的鸿沟，成为在专有机构中特定模式的传递者。古老的传统——贵族之家的子弟在私人教师指导下在家中学习之风又重新兴起，同时，大量的特别致力于为贵族们服务的上流学校也建立起来。在这些学校中，除了有培养政府高级官员所需要的科目（现代语、政治、财政科学、法律、历史和纹章学），还教授骑士技艺（如剑术、舞蹈、马术）。早在 1589 年，在图宾根建立了一个专为贵族服务的高级学院，

---

[121] Paulsen, *Geschichte des gelehrten Unterrichts*, 494ff. 参见第 4 章，第 206—207 页。

[122] Stone, 'The Size and Composition'(注释 60), 78.

[123] R. A. Müller, 'Aristokratisierung des Studiums? Bemerkungen zur Adelsfrequenz an süddeutschen Universitäten im 17. Jahrhundert', *Geschichte und Gesellschaft*, 10(1984), 31-46.

1599 年，一个相似的机构——毛里塔纳学院在德国东部的卡塞尔建立。但是，这些机构在德国真正开始增多是在“三十年战争”之后。[124] 法国也出现了类似的情况。1638 年，路易十三授予由“奥拉托利会”创建的朱利学院皇家学院的称号，准许它在财政上免税，拥有形式上和司法上的特权。他的意图是为贵族子弟建立一所专门的学校。学院是寄宿性的，与其他学院相比，课程要容易些，而且分量较轻。校长经常在学校里，可以很 318
好地管理学生的生活。其他地方也仿效这种做法。[125] 1629 年，西班牙的菲利普四世和奥利瓦雷斯公爵帮助建立了一所帝国学院或称圣埃西卓皇家学院的教育机构。这所学院侧重于培养那些极少在大学接受教育的贵族的长子。[126] 他们的学习计划丰富多样，从军事科学到经济、政治、数学、历史，但是学院并不像人们期望的那样成功，注册的人非常少，以至于卡斯蒂利亚议会主张终止学校的资金。这次尝试失败的原因部分在于西班牙贵族具有轻视教育机构的传统，但是我们也应该知道学校是在耶稣会的控制之下，这些耶稣会教士不大胜任教授学生们军事知识，还是大学一方猛烈抨击的对象。与此同时，学生宿舍学堂日益精英化，随着较低阶层的人越来越被排除在外，它们古代创立者提出的规章开始被搁置起来。贫穷这一标准受到彻底的漠视。在 17 世纪时，学生们往往大多是大学讲师、王室侍臣或有权有钱人家的子孙。他们毕业后一般留在大学里教书或在官僚机构、宗教法庭、教会里担任较高的职位。一个真正的通过大学教育产生的社会阶层形成了，他们把大学在管理、教席和奖学金方面的关键职位掌握在自己手中，结果这些人在学术的严肃性及学术生活中道德标准的日益下降的过程中起了重要的作用。在其他方面的发展中，我们也可以注意到，奖学金从 141 个增加到 170 个，并且改变了最初的分配，这些都是出于对这一势力集团利益的考虑，因此神学和医学奖学金被大幅度削减，而民法

[124] Conrads,*Ritterakademien*,关于卡塞尔还有更多特别的介绍在 115—131 页。

[125] R. Taton(ed.),*Enseignement et diffusion des sciences en France au XVIII e siècle*,Histoire de la Pensée,9(Paris,1964;reprint Paris,1986),15ff.,67ff.,261ff.

[126] Kagan,*Students and Society*,38-39,234.

和教会法的奖学金增加。1646 年，各学院成立了一个永久性的联合组织，但这也没能恢复人们对过去大学章程的重视。[127]

在意大利，17 世纪开办的贵族学院大部分由耶稣会教士控制，他们
319 努力吸引更多的学生，其中包括许多外国贵族，特别是德意志贵族。帕尔马的贵族学院建于 1601 年，它的课程包括许多骑士教育的内容。在这一世纪的后半期招收的学生 40%为欧洲贵族。[128] 在博洛尼亚和锡耶纳的大学有相当多的贵族，而在摩德纳则相对少一些。[129] 在意大利大学的德国学生的社会结构也发生了一些变化，伴随着世纪的脚步，小贵族和资产阶级逐渐减少消失，大贵族的数量增多。这种现象可以解释为年轻的贵族们接受教育的目的不再是接受完整的高等教育，而是通过在大学的短暂停留拓展他们在家乡获得的知识。因此，1600 年锡耶纳大贵族的数量是 11，其他阶层为 149，而在 1700 年这个比例是 88∶22。[130]

然而，耶稣会学校学生的社会构成在整个欧洲是不一样的。如果说在意大利是大贵族支持耶稣会学院，那在西班牙（如果除了破产的圣埃西卓学院）大部分学生则是政府官员和商人的子孙。[131] 在法国，耶稣会把持的学院迅速扩张，学生总数超过 5000 人，但当时的情况很复杂。一两个学院（克莱蒙，拉弗莱什）的大部分学生来自上流阶层，但从总体上看，耶稣会学校中的贵族学生只占 4%—6%，80%的学生来自中层或更低的第

---

[127] Kagan, *Students and Society*, 109-158; J. L. Abellan, *Historia crítica del pensamiento español*, vol. Ⅲ: *Del Barocco a la Illustración (siglos XVII y XVIII)* (Madrid, 1981), 581ff.

[128] G. P. Brizzi, 'Educare il principe, formare le élites: i Gesuiti e Ranuccio I Farnese', in G. P. Brizzi, A. D'Alessandro and A. Del Fante (eds.), *Università, principe, Gesuiti. La politica farnesiana dell'istruzione a Parma e Piacenza (1545-1622)* (Rome, 1980), 133-211. 参见第 10 章，第 432—433 页。

[129] G. P. Brizzi, *La formazione della classe dirigente nel Sei-Settecento. I: 'Seminaria nobilium' nell'Italia centro-settentrionale* (Bologna, 1976), 30ff.

[130] Weigle (ed.), *Matrikel Siena* (注释 36), 11.

[131] Kagan, *Students and Society*, 97.

三等级。[132] 在这一世纪的前期，社会各阶层所占的比例比较均衡。而1654—1661年，由于经济巨变，劳动阶层注册的人数大幅度减少，虽然在这一世纪末有所回升。与耶稣会学校同时并存的还有法国迅速发展的奥 320
拉托利会的寄宿学校。奥拉托利会是成立于1611年的一个罗马天主教教派，他们献身于教育小资产阶级和工匠、农民中的精英人才，他们的学校建在没有耶稣会学校的中小城市。[133] 除了一些特例，总的看来，在欧洲大学里注册的贵族减少，与此同时，他们在学院里就读的人数增多。这种现象的结果是，虽然大学曾一度成为各阶层相互联系、相互接触的场所，但在17世纪学生各自遵循自身社会出身轨迹的趋势又有所增长。

在18世纪，排除不富裕的阶层依然是学术生活的特色，而且这一趋势更加明显。实际上，就学生的社会构成成分而言，启蒙时期的大学还不如文艺复兴时期开放。学校更多的是面向资产阶级和上流社会子弟，穷人很少有机会到学校学习。相关的研究表明，英国和法国的奖学金几乎全都是给予那些大学教师、高级公务员、富有及有影响力的人的亲戚或子孙。[134] 1729年在皮德蒙特区——萨沃依建立了省立学院，使穷孩子可以通过入学考试进入大学，他们不用交纳学费，可以参加哲学、文学和神学等方面的特殊讲座，通过这种学习可以成为初级学校的教师。最初这一学院的这种名额为100人，在这一世纪的中期达到174人。对于意大利这个小

[132] F. De Dainville, 'Collèges et fréquentation scholaire au XVIIe siècle', *Population*, 12(1957), 467-494. 也可参见 E. Schalk, *From Valor to Pedigree. Ideas of Nobility in France in the Sixteenth and Seventeenth Centuries*(Princeton, N. J., 1986), ch. 8 and G. Huppert, *Bourgeois et gentilshommes. La rèussite sociale en France au XVIe siècle*(Paris, 1983), ch. 6, 都是关于教育的。

[133] P. Costabel, 'L'oratoire de France et ses collèges', in Taton(ed.), *Enseignement*(注释125); 125 Chartier, *Education en France*, 175ff.

[134] H. Chisick, 'Bourses d'étude et mobilité sociale en France à la veille de la Révolution. Bourses et boursiers du Collège Louis-le-Grand(1762-1789)', *Annales. Economies, Sociétés, Civilisations*, 30(1975), 1562ff.; Stone, 'The Size and Composition'(注释60), 40ff.

城邦的中下层社会子弟来说，这是进入高等教育领域的重要通道。[135] 这种举措应该被看成皇家总的政策的一部分，即提高中下阶层地位以反对力量仍很强大的封建势力。这是对国家仍然努力维护专制主义的一种反应。然而，从大多数情况看，新产生的欧洲教育机构又恢复招收贵族，因此这些教育机构延续了 17 世纪的传统。哈勒的培训学校在世纪之初进行了改革，
321 它除了为那些来自孤儿院的孩子提供拉丁文法学校的基础外，主要关注为贵族们建立寄宿学校组织，这些贵族大部分进入法学院学习。他们的教学原则建立在世俗和宗教的理想之上。[136] 在德意志许多其他类似学院也受到哈勒学校的启发，尽管大学里贵族的比例持续下降。例如，在维尔茨堡、图宾根、斯特拉斯堡和耶拿，这一比例始终徘徊在 5%左右。在莱比锡大学、海德堡大学和哈勒大学，这一比例为 7%。研究表明，只有在哥廷根大学这一比例超过了 13%。[137] 实际上，由于哥廷根大学的文化声望及在传统和现代之间确立明智的平衡，它成了唯一一所对德国贵族阶层有强烈的持久吸引力的大学，上流社会几乎以把孩子送进这所大学当作一种时尚。

在哈布斯堡版图内，骑士学院的发展缓慢。尽管到 17 世纪，布吕恩（布尔诺）和因斯布鲁克学院已经明显面向贵族教育，在 18 世纪初也采取了一些类似的举措，但直到 1746 年，随着维也纳的塞利西纳姆学院（它也是在耶稣会控制下）和骑士学院的建立，这种教育才有了广泛的前景和切实的物质基础。到 1750 年，塞利西纳姆学院已经招收了 135 名学生，这些学生大部分来自意大利的公国。[138]

波兰面向贵族的教育机构也经历了相当大的发展，许多学校由教士发起建立，如建在吕内维尔、华沙的贵族学校，它们仿效罗马的纳兹雷尼学

---

[135] Quazza, *Le riforme in Piemonte*（注释 98）, vol. Ⅱ, 407; Balani, ‘La popolazione studentesca’（注释 98）, 36.

[136] Paulsen, *Geschichte des gelehrten Unterrichts*, 567ff.

[137] McClelland, *State, Society and University*, 46ff.

[138] E. Guglia, *Das Theresianum in Wien. Vergangenheit und Gegenwart*（Vienna, 1912）, 16ff., 63-64.

院、华沙的斯蒂尼学院和许多由耶稣会教士在全国的主要城市为贵族开办的寄宿学校。1765 年，这些学校都被合并进了斯坦尼斯拉斯·奥古斯特国王为贵族们建立的一所军事院校。它带有明显的世俗性，并且允许低级的、没落的贵族子弟入学。这所学校的 60 个名额由国家基金支持，20 个名额交费上学。随着时间的流逝，这所学校明显的军事性教育被中和了一 322
些，因此它变得更像一个普通的上流学校，拥有军事工程和法律专业。[139]

西班牙贵族教育的问题一直没有解决，这成了一个棘手的问题，直到 1714 年，波旁王朝仍然提出建立特殊学校的计划，这一学校的课程包括骑士技艺、音乐、舞蹈。1725 年，菲利普五世复兴了古老的帝国学院，重新命名为皇家贵族学院，这一举措和先前一样不成功。因为，总体来说，上流社会家庭的孩子仍在家里接受教育，即使耶稣会教士在卡拉塔尤、巴塞罗那、巴伦西亚为贵族建立了其他寄宿学校也是如此。[140] 另一方面，大学里的宗教学生，尤其是属于某个教派的神职人员的数量增长很快。当大多数欧洲大学经历着高等教育的世俗化时，最初具有世俗化特点的西班牙的大学却经历着一个向反方向发展的过程，这一过程一直持续到 18 世纪中叶。这种发展达到顶峰时，阿尔卡拉和巴利亚多利德大学的神职人员占据全体学生的 40％。[141] 在葡萄牙，建立皇家贵族学院的计划表明一些人的改革要求得到了一些回应，这些人提出应该改变贵族子弟在家里接受教育的古老传统。[142]

在丹麦，有关当局对贵族的教育问题也很感兴趣，目的是找到一个解

---

[139] S. Litak, 'Wandlungen im polnischen Schulwesen im 18. Jahrhundert', in F. Engel-Janosi, G. Klingenstein and H. Lutz(eds.), *Formen der europäischen Aufklärung. Untersuchungen zur Situation von Christentum, Bildung und Wissenschaft im 18. Jahrhundert*, Wiener Beiträge zur Geschichte der Neuzeit, 3(Vienna, 1976), 96ff.

[140] 参见注释 126。

[141] Kagan, *Students and Society*, 186-190.

[142] T. Braga, *História da Universidade de Coimbra nas suas relaçoes com a instrucção publica portuguesa*, 4 vols, vol. Ⅲ. (Lisbon, 1892-1902), 349ff.; Brandão and Lopes de Almeida, *A Universidade de Coimbra*(注释 28), part 2, 68ff.

决他们国家官员教育的办法。在这方面也采取了一些举措，但是并没有真正成功，因为有关当局既没有投入什么时间精力，更没有投入保证他们建立的机构正常运转的财力（为年轻贵族在赫鲁夫萨姆建立的学院和为贵族和一般人建立的萨若学院都成立于1600年前后，在哥本哈根为贵族建立的学院成立于17世纪90年代）。[143]

另一个促进贵族教育的途径依然还是大学。如在都灵，最高统治者很
323 成功地把贵族聚集到大学中。1721年，在901名学生中贵族的数量是120名，在这一世纪的下半叶，各院系的贵族学生数量都有所上升。[144]

到18世纪末，贵族教育的问题开始在那些受启蒙思想影响特别强烈的地方以各种方式得到解决。在奥地利，行政管理改革家约瑟夫·冯·索南费尔斯公开宣布他对保留贵族学院持反对态度。他认为，不能根据学生所处的社会阶层而教授不同的知识。他在许多场合里都劝告那些贵族努力地投入学习，从而使他们在与生俱来的职位上表现得更令人尊敬。索南费尔斯指出，应该用使贵族融入社会并与其他阶层一致的教育来代替那些提升贵族特有的习俗和生活方式的教育。他强调对贵族们来说和帝国的其他阶层一起在大学里学习非常重要。这样可以促进社会团结，加强人们对公共利益的共同责任意识。[145] 约瑟夫二世实施的措施和索南费尔斯的方法不谋而合。1783年，他废除了维也纳的两个学院（这两个学院在1778年合并为一个），用它们的资金资助公立学校的学生。他把贵族家庭的教师纳

---

[143] S. Bagge, 'Nordic Students at Foreign Universities until 1660', *Scandinavian Journal of History*, 9(1984), 27; L. Jespersen, 'Rekrutteringen til rigsrådet', in K. J. V. Jespersen(ed.), *Rigsråd, adel og administration 1570-1648*(Odense, 1980), 51ff.

[144] Balani, 'La popolazione studentesca'(注释98), 45 and 52ff.

[145] J. von Sonnenfels, 'Das Bild des Adels. Zum Anfange des Studiums in der k. k. adelichen Savoyschen Akademie', in J. von Sonnenfels, *Gesammelte Schriften*, vol. Ⅷ (Vienna, 1786), 147ff.; J. von Sonnenfels, 'Über den Beweggrund der Verwendung. Vor dem jungen Adel der Savoyschen Akademie im Jahre 1768', in J. von Sonnenfels, *Gesammelte Schriften*, vol. Ⅷ (Vienna, 1786), 177ff. 另可参见注释59。

入一个严格的控制系统，强迫他们参加和其他教师一样的考试。[146] 在西班牙，虽然吸引上流社会的学生进入大学的举措不是很成功，但是对学生宿舍学堂排他主义的批评更加激烈。这样在这一世纪下半叶进行了各种各样尝试性的改革后，这些学校在 1798 年最终被取缔。[147]

当时有两种发展趋势：一是需要对贵族阶层的构成进行监督，另一种日益增长的趋势是把贵族教育引入公共教育机构。这两种发展趋势都是和中央集权国家模式的发展相联系的。中央集权的政府需要遏制独立的离心力量，并且要收回在新的政治环境下贵族潜在的力量。在这一方面，大学 324
被看作促进社会各阶层融合，使每个城邦的文化更一致的重要途径，这种文化不应反映某个阶级的特殊利益，但是它可以奠定公民忠诚于国家的思想基础。

从 16 世纪到 18 世纪，欧洲大学经历了一个漫长的发展过程之后，它的结构和作用都逐渐发生了变化。从团体性质的独立的机构发展成为培养统治阶层的公共教育机构。一方面，面对中世纪本质上完全同一的文化，如果人们要求大学传播一种根据各个国家需要和意识形态不同而不同的知识形式，那么另一方面大学的目标是让新的、更具民族性的国家所依赖的阶层更大程度上参与大学教育。古代中世纪教育机构的普遍主义功能消失了，但是一些国家大学人数的不断增多、对扩大招生形式的普遍要求，以及作家和改革家对这些问题表现出来的兴趣，所有这些都表明欧洲大学正开始摆脱它曾在近代早期经历的深刻的文化和组织危机。

精选文献

Ajo González de Rapariegos y Sáinz de Zúñiga, C. M. *Historia de las uni-*

[146] P. B. Bernard, *Joseph II* (New York, 1968), 103.

[147] J. E. García Melero (ed.), *Discurso crítico-político sobre el estado de literatura de España y medios de mejorar las universidades y estudios del reino* (Madrid, 1974).

versidades hispánicas. Orígenes y desarrollo desde su aparición a nuestros días, 11 vols., Madrid, 1957-1977.

Bowen, J. *A History of Western Education*, vol. Ⅲ: *The Modern West—Europe and the New World*, London, 1981.

Braga, T. *História de Universidade de Coimbra nas suas relaçoes com a instrucção publica portuguesa*, 4 vols., Lisbon 1892-1902.

Chartier, R., Compère, M.-M. and Julia, D. *L'Education en France du XVI e au XVIII e siècle*, Paris, 1976.

Compère, M-M. *Du collège au lycée (1500-1850). Généalogie de l'enseignement secondaire français*, Paris, 1985.

Di Simone, M. R. 'Per una storia delle università europee: consistenza e composizione del corpo studentesco dal Cinquecento al Settecento', *Clio*, 12-13(1986), 349-388.

Eulenburg, F. *Die Frequenz der deutschen Universitäten von ihrer Gründung bis zur Gegenwart*, Abhandlungen der philologisch-historischen Klasse der königl. sächsischen Gesellschaft der Wissenschaften, XXIV, 2 (Leipzig, 1904).

325 Frijhoff, W. 'Surplus ou déficit? Hypothèses sur le nombre réel des étudiants en Allemagne à l'époque moderne(1576-1815)', *Francia*, 7(1979), 173-218; a revised version: 'Grandeur des nombres et misères des réalités: la courbe de Franz Eulenburg et le débat sur le nombre d'intellectuels en Allemagne, 1576-1815', in *Populations étudiantes*, vol. Ⅰ, 23-63.

Frijhoff, W. *La Société néerlandaise et ses gradués, 1575-1814. Une recherche sérielle sur le statut des intellectuels à partir des registres universitaires*, Amsterdam/Maarssen, 1981.

Huppert, G. *Bourgeois et gentilshommes. La réussite sociale en France au XVI e siècle*, Paris, 1983.

Julia, D., Revel, J. and Chartier, R. (eds.) *Les Universités européennes du*

XVI e au XVIII e siècle. Histoire sociale des populations étudiantes, 2 vols., Paris, 1986-1989.

Kagan, R. L. *Students and Society in Early Modern Spain*, Baltimore, Md./London, 1974.

Kearney, H. F. *Scholars and Gentlemen: Universities and Society in Pre-Industrial Britain, 1500-1700*, London, 1970.

Maffei, D. and De Ridder-Symoens, H. (eds.) *I collegi universitari in Europa tra il XIV e il XVIII secolo. Atti del Convegno di Studi della Commissione Internazionale per la Storia delle Università, Siena-Bologna 16-19 maggio 1988*, Milan, 1990.

McClelland, C. E. *State, Society and University in Germany 1700-1914*, Cambridge, 1980.

O'Day, R. *Education and Society 1500-1800. The Social Foundations of Education in Early Modern Britain*, London/New York, 1982.

Overfield, J. 'Nobles and Paupers at German Universities to 1600', *Societas*, 4(1978), 175-210.

Paulsen, F. *Geschichte des gelehrten Unterrichts auf den deutschen Schulen und Universitäten: vom Ausgang des Mittelalters bis zur Gegenwart mit besonderer Rücksicht auf den klassischen Unterricht*, vol. I, Leipzig, 1885; 3rd edn, Leipzig/Berlin, 1919.

Peset, M. and Peset, J. L. *La universidad española (siglos XVIII y XIX). Despotismo ilustrado y revolución liberal*, Madrid, 1974.

Schalk, E. *From Valor to Pedigree. Ideas of Nobility in France in the Sixteenth and Seventeenth Centuries*, Princeton, N. J., 1986.

Stone, L. (ed.) *The University in Society*, 2 vols., Princeton, N. J., 1974.

326 第八章　学生的教育与生活

赖纳·A.穆勒

对宗教改革和资产阶级大革命之间的欧洲大学生生活很难一概而论。国家的特点和地方的差异难以了解，有关的著作和资料不是含糊不清、过于浅显，就是参差不齐。① 只能将关注的焦点放在主要问题上，概述最重要的方面。我们应当努力揭示近代早期学术生活中通常的和典型的东西，而并非那些少数例外和特殊的方面。

职业化和世俗化

在近代早期，政府当局对大学的规章制度、所授科目及学习研究计划等逐渐增强干预。② 大学受到越来越强烈的管理、调查和控制。这种来自政府的干涉，在德国、西班牙、北欧和东欧要比在意大利、英国和法国更加有力。经济式的行政管理及新的国家观念使其得以实现，这种新观念将大学主要视作培养政府公务员和教会神职人员的“工厂”，这些人员的培养受国家功利主义规范支配。因此，大学的社会性质只得改变，屈从于掌管资金的政府的要求，并且放弃它的社会豁免权。

政府对原先几乎是自给自足的大学所实施的干预和监管不可避免地带有社会利益和条件的影响，这种影响是持久的。第一个非常重要的变化是
327 大学的世俗化。大学引进了以公务员阶层为主的非教派人士做教授，他们的报酬不再依赖学生的学费，而是从捐赠基金中获得固定薪金。如此，原

① 参见第Ⅰ卷第7章、第Ⅲ卷第9章及精选文献。

② 参见第3章。

本大学中教师和学生之间的社会依存关系发生了本质的变化，成为上级和下属的关系。以前师生间的关系和联系十分密切，现在他们之间的距离却加大了，表现得更为正式，并且具有更多等级。由于教授本身并不一定从事实际的教学工作，所以即便是英国导师制也没能真正地改变这一状态。

诚然，中世纪时大学师生之间的关系并不总是和谐的，但两者均将自己视作大学的组成部分，享受着大学的特权和地位。大学生活的旧模式发生了变化，举个普通的例子来说，在学校的基金和会堂中越来越多地充斥了社会礼仪，这使教授与学生之间的距离日益加大。（尽管意大利大学的同乡会在进入近代早期时仍保持着中世纪学生大学的某些原则）教授逐渐开始或多或少地成为大学唯一的代表，学生的共同管理被缩减到最低限度。

尽管神职人员的领域仍然得到继续的肯定，但是大学中各学院等级的重大变化在一定程度上导致了大学世俗化的趋势。先前占优势的神学院开始与法学院竞争，法学院对国家而言变得更加重要。大约在 1550 年之前，神职人员的训练和神学仍然在近代早期大学里扮演一个主要角色。此后，提供职业训练的学院——法学院逐渐在大学里占据明显的优势。而那些不能提供职业训练的文学院，由于当时大学预科性质的文法学校的存在，也逐渐发生了改变。这种情况并没有在英格兰发生，因为国家利益和精英教育目标能够通过非职业的文科教育得到最好的实现。

在西班牙、德国、意大利和法国，法学逐渐成为精英们的学科。它对贵族和资产阶级的吸引力、在行政和法律公务员训练中的功能，以及它对公众利益的重要性，都反映在法学注册人数的多寡上，这就使大学的社会构成发生了永久性的变化。那些世俗的和文雅的学生取代了哲学或神学学生的教士风格和行为，并且在大学里占支配地位。

世俗化的另一个也是十分重要的特征是社会经济形势迫使学生们在学

328 术训练中接受新的职业化。③ 学习时间的长短和学习的标准日益由职业的要求决定。学历在社会上变得越来越有价值。尽管各学科的学习仍然遵循理论原则，但实践的需要影响了学科的课程（尤其是法律和医学）。学术界越来越多的竞争使考试对进入某个职业或某项事业变得更加重要。因此，近代的学生经历了比少有约束的中世纪学生更多的限制。学生只能更加高效地学习。毕业和考试制度变得更加紧张，学习年限通常更短。中世纪时 10—15 年的学习年限缩减到 5—8 年（具体情况要依各大学而定）。④由于各种原因，特别是学生所在国家强加给学生的种种限制、严禁出国学习的禁令、经济的压力及宗教上的反对派，欧洲学生的生活较中世纪少有国际性。游学⑤，尤其是贵族子弟的游学在近代早期仍然存在。这些贵族子弟在游学时通常有贫穷子弟和助手做随行人员。像巴黎大学、莱顿大学、鲁汶大学、萨拉曼卡大学、博洛尼亚大学、帕多瓦大学、海德堡大学、维也纳大学和克拉科大学仍保持着以往的吸引力，但即便是它们的学生比中世纪晚期也具有更少的国际性。博洛尼亚大学的法学、帕多瓦大学的医学、萨拉曼卡大学的神学和巴黎大学的哲学等一些重要系科享有盛名，吸引德国的学生到博洛尼亚大学或莱顿大学、一些波兰学生到维也纳大学、英国学生到巴黎大学或图卢兹大学求学，但是从招生来看学生群体变得日益本国化甚至本地化。此外，欧洲大学的数量也导致国际交流的减少。大学中不仅出现针对所在国家的课程，而且语言障碍越来越大。当时，拉丁文在所有大学或所有学院都不再是唯一的教学语言，本民族语言在法学院中成为主要的教学语言。

---

③ 参见第Ⅰ卷，第 8 章和第 9 章；也可参见 H.-W. Prahl，*Sozialgeschichte des Hochschulwesens*（Munich，1978）98ff. and 142ff.；R. Graf von Westphalen，*Akademisches Privileg und demokratischer Staat. Ein Beitrag zur Geschichte der bildungspolitischen Problematik des Laufbahnwesens in Deutschland*（Stuttgart，1979）；L. Boehm，'Libertas Scholastica und Negotium Scholare. Entstehung und Sozialprestige des akademischen Standes im Mittelalter'，in *Universität und Gelehrtenstand*，15-61。

④ 参见第 9 章，第 359—362 页。

⑤ 参见第 10 章关于学生流动性。

学术生活逐渐丧失了其在社会中特有的地位。其他社会团体，即资产阶级和贵族同化了学术界，或者说，学术界在很大程度上屈从于资产阶级的人文主义或是贵族化的巴洛克生活方式。[6] 简而言之，大学内部封闭的 329
领域向社会规范敞开，必须对它们的存在做出新的且不同的解释。

两种学习系统：巴黎大学模式和博洛尼亚大学模式

欧洲学生文化的基本模式主要取决于其所处的各个国家或大学区域通常采取的学习形式。在所谓的巴黎大学模式[7]和博洛尼亚大学模式[8]之间存在基本的区别，前者或多或少地采用封闭式寄宿或学院体系，后者则采用相对自由的出勤并可在私人处食宿。通常，在英国、法国和西班牙的大学中占主导地位的是封闭式教育系统，而在意大利、德国和北欧、东欧大学中学生的学习形式相对自由。这两种学习形式以不同的方式影响着学生文化和每天的学校生活。然而，这两种形式并不能完全展示所有欧洲大学，在两种学习类型内部都混合着其他类型的因素，层层相叠。

那些有着显著大学制度的国家都或多或少地继承了巴黎大学的传统，除贵族学生和法学学生外，学院生活都是必需的。在英格兰，大部分学生

---

⑥ P. O. Kristeller, *Humanismus und Renaissance*, ed. E. Kessler, 2 vols. (Munich, 1974-1976); A. von Martin, *Soziologie der Renaissance* (Stuttgart, 1932).

⑦ 关于 *modus Parisiensis*，参见 M.-M. Compère, 'Les collèges de l'Université de Paris au XVIe siècle: structure institutionnelle et fonctions éducatives', in *I collegi universitari*, 110; G. Codina Mir, *Aux sources de la pédagogie des Jésuites. Le 'modus Parisiensis'*, Bibliotheca Instituti Historici S. I., 28 (Rome, 1968)，并没有探讨旧巴黎的学习组织结构，但是提及耶稣会对 *ratio studiorum of* 1599 的修改。

⑧ 关于 *modus Bononiensis*，参见 S. D'Irsay, *Histoire des universités françaises et étrangères des origines à nos jours*, vol. Ⅰ (Paris, 1933), 75ff.; W. Steffen, *Die studentische Autonomie im mittelalterlichen Bologna* (Berne, 1981), 127ff.。

在其学生生涯中都住在学院；[9] 在法国只有少部分学生，主要是一些文学
330 院或神学院的学生住校；[10] 在西班牙，16 世纪时就为贫穷学生创建了专业学院，但是到 17 世纪和 18 世纪它们已成为富人和贵族的活动领域。[11]

在意大利、波兰、俄国、斯堪的纳维亚和德国的大学，则不要求必须在像学院一样的机构内共同生活和学习。虽然常常在巡视员或导师的监督之下，但这些国家的学生，至少那些高级学院的学生可以住在大学城中的私人住所单独地去听课。这些国家的学院制或多或少地只限于教师。在布拉格大学、克拉科大学、帕维亚大学和基辅神学院[12]等校内，有一些为有需要的文科和神学学生设立的小的学院，类似于德国大学里的神学院和学生公寓。[13]

在天主教盛行的欧洲，耶稣会信徒[14]在学院和神学院系统中将两种学习形式结合起来，这两个系统是为文法学校的学生和文科及神学学生建立

---

⑨ L. Stone, 'The Educational Revolution in England 1560-1640', *Past and Present*, 28 (1964), 41-80; Kearney, *Scholars and Gentlemen*; R. O'Day, *Education and Society 1500-1800. The Social Foundations of Education in Early Modern Britain* (London, 1982).

⑩ Compère, 'Les collèges de Paris' (注释 7); J. De Viguerie, 'Les collèges en France', in G. Mialeret and J. Vial (eds.), *Histoire mondiale de l'éducation*, vol. Ⅱ (Paris, 1981), 301-315.

⑪ Kagan, *Students and Society*, 66, 92-109, 130-155; M. A. Febrero Lorenzo, *La pedagogía de los colegios mayores a través de su legislación en el siglo de oro* (Madrid, 1960); J. García Mercadal, *Estudiantes, sofistas y pícaros* (Madrid, 1934); A. M. Carabias Torres, *Colegios mayores: centros de poder*, Historia de la Universidad, Acta Salmanticensia, 46, 3 vols. (Salamanca, 1986). 也可参见第 7 章。

⑫ J. Wyrozumski, 'Les collèges et les internats de l'Université Jagellonne aux ⅩⅤe et ⅩⅥe siècles', in *I collegi universitari*, 131-142; M. Svatoš and J. Havránek, 'University Colleges at Prague from the Fourteenth to the Eighteenth Centuries', in *I collegi universitari*, 143-154; Z. I. Khizhnyak, *Kievo-Mogylyanskaya Academiya* (Kiev, 1988), 175.

⑬ R. C. Schwinges, 'Sozialgeschichtliche Aspekte spätmittelalterlicher Studentenbursen in Deutschland', in J. Fried (ed.), *Schulen und Studium im sozialen Wandel des hohen und späten Mittelalters* (Sigmaringen, 1986), 527-564, 有额外的文献说明。

⑭ Hengst, *Jesuiten*; F. Charmot, *La pedagogía de los Jesuitas, sus principios y su actualidad* (Madrid, 1952).

的。在西班牙、法国、意大利、东欧和德国南部，数以百计的耶稣会学院有自己的食宿和教学设施，但是由于《1599 年学习条例》及自行实施的学习计划，他们只对学习哲学和神学的学生感兴趣。[15] 直到进入 18 世纪，中世纪修道院的传统痕迹仍在耶稣会学院中延续，耶稣会学院对它的学校教学方法及封闭的教育理想仍然紧追不舍。

因此，我们能够说大学在近代早期的欧洲处于两个不同的社会范围里发展。在学院中，学生每日所需，如食宿和课程表基本上是学院来安排的。在自由的系统中，学生得为自己寻求食宿处所，并且依靠自己完成学业。这些学习和生活方式的不同也反映在学院的日常生活及近代早期学生的精神状况上。

尽管存在这些变化和差异，国家也有所不同，但在欧洲大学及它们的 331
学习体系之间有许多类似的地方。不仅学术社会以拉丁语为通用语言，学业成绩以等级来表示，还给予大学种种特权和法规，以演讲、背诵和辩论的形式进行学术活动，这些都作为国际性的常规在欧洲保留下来。这些大学惯例从中世纪持续到近代，被作为规则保留下来，各国都大同小异。直到现代，教学、考试和毕业都保留了它们在中世纪时的基本形式。

欧洲大学系统的这个一体化特征在很大程度上也包括了学生每日的生活。在所有国家中，学生具有不同的社会等级、特殊的地位和传统。尽管存在众多同化的现象，国家也有标准化的期望，然而，无论是属于学院式的还是“自由的”，学生的日常文化在许多方面都保持自治和独立。年轻大学生典型的团体行为、所表现的精神面貌的差异性及生活方式都表明，他们总是不太容易与所处的社会相适应。[16]

---

⑮ G. M. Pachtler(ed.), *Ratio studiorum et institutiones scholasticae Societatis Jesu*, Monumenta Germaniae Paedagogica, 2, 5, 9, 16, 4 vols. (Berlin, 1887-1894).

⑯ R. C. Schwinges, *Deutsche Universitätsbesucher im 14. und 15. Jahrhundert. Studien zur Sozialgeschichte des alten Reiches* (Stuttgart, 1986), 2ff.; Prahl, *Sozialgeschichte* (注释 3).

学术特权

依照各国惯例，学生在大学注册后，大学院系、学院或同乡会赋予学生与学术特权有关的各种权利，这些权利从中世纪起传承下来，包括学习和毕业的权利、特殊的学术权限、免除赋税和徭役的权利。简而言之，学生成为享有特权的学术团体的成员。⑰

作为大学成员，学者和教授都受制于特别的权限。在不同的大学城，管辖权可能会有所不同，有由院长、校长或教授委员会管辖的学术权限到大学与社区或教会（法官、主教等）混合管辖的权限。只有极少数大学、
332 学院及其相关成员受到普通公共法庭的控制。然而，这种控制越来越频繁。社区和国家努力逐渐缩小大学的这些豁免权，但是被大学录取的学生在近代早期仍然在很大程度上继续享有特权。大学其他成员一样享有特权，如药剂师和图书馆员。⑱

自中世纪延续下来的免税特权和大学生免除兵役的特权也同样特别重要。这些学术界的自由时常引起大学与无特权团体的冲突，使学术阶层的地位高于其他市民阶层，或多或少地与享有类似特权的贵族和神职人员处于平等地位。尤其是大学或学院不受消费税和各种关税的限制，简化了食品供应，降低了学习成本。这些特权常常影响大学的选择。进口食物时免税、自由免税地购买啤酒和葡萄酒、大学药剂师或书商的自由贸易特权、

---

⑰ P. Kibre, *Scholarly Privileges in the Middle Ages. The Rights, Privileges and Immunities of Scholars and Universities at Bologna-Padua-Paris-Oxford*, Mediaeval Academy of America, 72 (Cambridge, Mass., 1961); A. Kluge, *Die Universitäts-Selbtsverwaltung. Ihre Geschichte und gegenwartige Rechtsform* (Frankfurt-on-Main, 1958)；也可参见 H.-G. Herrlitz, *Studium als Standesprivileg. Die Entstehung des Maturitätsproblems im 18. Jahrhundert* (Frankfurt-on-Main, 1973). 也可参见第 4 章，第 164—167 页。

⑱ F. Stein, *Die akademische Gerichtsbarkeit in Deutschland* (Leipzig, 1891); H. Maack, *Grundlagen des studentischen Disziplinarrechts* (Freiburg, 1956)；可进一步参见第 4 章注释 68 所提及的文献。

学院或神学院的特权，这些都是城镇里生意人和旅馆主的眼中钉，却说明了教授和学生在国家和社会所扮演的特殊角色。

更多的特权与大学毕业相关。[19] 不但专业资格、社会声望和公务员或神职人员的职业的获得要依靠学士学位或博士头衔等大学毕业文凭，而且大学成员被并入社会精英之列，在公共活动、游行、庆典活动中享有优先权，在这些活动中，大学成员与贵族享有同样的待遇，与普通的市民有很大不同。在服装[20]和佩带的武器[21]方面也有更多的特权。因为享有特权和福利，学生和教授在封建社会等级制度中都有很高的地位。

与大学机构及其成员显著的特权和自由相对应，学院、大学拥有制定 333
自己章程的权利。这些拥有或多或少自治权的机构受内部章程支配，内部章程用来管理课程、保证学科的教学秩序、制定学习和考试的时间、决定毕业生质量、整顿教学事务等。所有诸如此类的事情全部与大学成员有关。这种决定的自由在16—18世纪几乎毫无例外受到政府的限制，因此到19世纪大学成员的地位降至与普通市民一样的水平。然而，尽管学术特权有所下降，但它们仍然是大学生活和日常学生文化中的决定性常量。

---

[19] W. Bleek, *Von der Kameralausbildung zum Juristenprivileg. Studium, Prüfung und Ausbildung der höheren Beamten des allgemeinen Verwaltungsdienstes in Deutschland im 18. und 19. Jahrhundert*(Berlin,1972)；E. Horn, *Die Disputationen und Promotionen an den deutschen Universitäten*(Leipzig,1893)；Klinge, *Kuningliga Akademien*, vol. Ⅰ,382-416,432-485. 有关毕业,参见第9章。

[20] J. Dauvillier,'Origine et histoire des costumes universitaires français', *Annales de la faculté de droit de Toulouse*, 6(1958),3-41；W. M. Hargreaves-Mawdsley, *A History of Academic Dress in Europe until the End of the Eighteenth Century*(Oxford,1963)；L. C. Eisenbart, *Kleiderordnungen deutscher Städte zwischen 1350 und 1750*(Göttingen,1962).

[21] 有关武器佩带及决斗,参见 F. Hielscher,'Zweikampf und Mensur', *Einst und Jetzt*, 11(1966),171-199。

学院系统

在中世纪晚期发展起来的法国和英国学院是欧洲大学中最为典型的。[22] 他们在基金会、董事会、有共同利益的团体（兄弟会、行会）等基础上发展起来，或者由僧侣机构转化而来。这种共同生活和学习的形式在大学里发展成为学生可以在不同时期生活和工作的制度。在这种制度下，学生要么免费学习，要么缴纳一定的费用。有了土地、房屋和收入，学院可以为学生提供食宿，是其成员或享受奖学金的学生的“家”。这些学院模仿中世纪的寄宿舍，那些支付学费的学生可以住在大学附近。

学院通常由神职人员创建，但有时也由贵族创建，它们原则上是自治机构，有其自身的章程和特权。学院通常由一个主要的综合性学生住宿部（单间或普通宿舍）、一个食堂、一个小礼拜堂和一座图书馆构成。这些学院模仿僧侣学校的惯例，管理非常严格，为学生提供相对好的生活和学习条件。学院内部结构依据等级原则，但英国学院内尤为民主，因为成员数量可以通过共同选择来增加。校长也是由选举或任命产生，权利被广泛地
334 分享。在法国，这些自我管理的权利保留了较少的广泛性，教会或其他外界的权力对学院具有更多的监控权利。

14 世纪是学院创建的主要时期，各地学院的创建情况为巴黎 37 所、牛津 5 所、剑桥 7 所、图卢兹 8 所、意大利 11 所、西班牙 2 所。在德意志帝国，很少有学院的控制权再继续保留在教师手中。15 世纪里诞生的新学院要比 14 世纪少，但在法国、英国、意大利、波兰和德意志帝国仍然分别有 36 所、9 所、8 所、3 所、27 所新学院诞生。结构的变化与其数量的扩充同时快速地进行。更好的经济条件（增加的捐赠和收入、更大规模

---

[22] 综合性介绍参见 J. Verger,‘ Collegi e università tra medio evo ed età moderna’,in *I collegi universitari*,1-12 and J. M. Fletcher,‘The History of Academic Colleges. Problems and Prospects’,in *I collegi universitari*,13-22. 也可参见第 4 章和第 7 章。

的建筑物和更多的学生）使学院能够发展它们自己的教学设备。除了由高年级学生（导师）监督低年级学生必须进行的复读和练习外，学院现在还开设了自己的讲座。尤其是文学院，学院的讲座逐渐代替了大学的讲座，因此教师常常只需要举行考试。到 16 世纪，在很多国家创建更多学院的要求趋于缓和，仅有少数几个新创办的学院，但天主教国家中的耶稣会人士仍积极地继续创建学院。在 17 世纪的西班牙、法国和德国，分别维持着约 100 所学院及学生宿舍。[23]

巴黎的索邦学院、哈考特学院和那瓦学院，牛津的默顿学院、基督圣体学院、新学院，剑桥的彼得豪斯和圣约翰学院，以及博洛尼亚的西班牙学院等，在中世纪晚期和近代早期设定了制度上的标准。在 15、16 世纪，更多著名的新学院建立起来，成为后来学院仿照的模式。它们有剑桥的国王学院、王后学院和三一学院，牛津的众灵学院、莫德林及基督教堂学院，巴黎的耶稣会司库学院和克莱蒙学院等。[24]

学院制度的理想及基于寄宿舍的学院体系的原则在欧洲得到进一步的发展，然而，它们的发展是不均衡的。在德国、意大利、东欧和荷兰，[25]
几乎没有什么重要的发展，那里的神学院及寄宿舍作为慈善机构只是为了 335
满足部分文科和神学学生的需要，因为大多数学生都有私人住所。然而，在英国、法国和西班牙，学院在大学生活中占主导地位，但是甚至在这些国家，学院制度的发展也不一致。英国学院形成了它自己像大学一样的中心；法国的学院则成为像中学或大学预科一样的机构；西班牙的学院主要是学生住宅，没有自己的教学设施。耶稣会学院表现为一种混合的形式，

---

[23] Codina Mir, *Aux sources de la pédagogie*（注释 7）；A. P. Farell, *The Jesuit Code of Liberal Education. Development and Scope of the Ratio Studiorum*（Milwaukee, 1938）；也可参见注释 14、15。

[24] L. Liard, *L'Université de Paris*（Paris, 1909）；J. Verger, 'Les universités à l'époque moderne', in Mialeret and Vial(eds.), *Histoire mondiale*（注释 10），247-272.

[25] 在此不可能列出所有关于单个学院的专著，可参见精选文献的有关部分：Di Fazio（意大利）、Carabias Torres 和 Martín Hernández（西班牙）、Hammerstein 和 Müller（德国）、Compère（法国）、Little（剑桥）。

集文法学校和哲学或神学学习的特点，既有严格的寄宿制，也有自由开放的制度。

在中世纪晚期，英国大学的发展进入学院聚集期，也就是单个学院只是大学整体的很小的一部分。学院的建筑物通常包括教师和学生宿舍、个人书房和一个可供暖的大礼堂，实行集体供餐。学院一般有一个教堂或一个小礼拜堂，在某些特殊的日子里，学院成员为创办者的灵魂祈祷。当然，还附有一个带厨房和洗衣房的房子。

学院的日常生活被严格地控制着。在近代早期，学院的管理规章是严格的，与中世纪的制度几乎没什么不同。学院采用拉丁文授课，要求学生课堂上专心，甚至在进餐时都不放弃学习研究；不同的学院有不同的穿戴标准；严格限制缺席，教学时间由时钟控制。课程本来是为了概括和增强大学讲座的，但在中世纪晚期及 16 世纪有所改变，它逐渐由大学转移至学院。此时，学生们在学院中进行小团体式的学习，大学则仍负责学生的考试和毕业。在 16 世纪下半叶，一种特定的情况在英国出现——导师制。每位学生被指定一名导师，负责指导其学业和生活。这种一对一的关系是英国学院和大学体制中特有的，在其他国家则很少见。导师早已通过考试，他帮助青年学生解决学术及其他方面的问题，让学生为申请学士学位做好准备。他得确保他的学生去听讲座，让学生重复讲座的内容，给学生布置书面作业，和学生一起做练习。作为学术导师，他还要对学生的道德和经济方面负责。因此，教育和学习的质量就直接依赖于导师的能力。不是所有的教师都是导师。

英国大学有些慈善的特征，它们为贫穷学生提供学习的机会，但大多
336 数学院学生必须支付相当数量的费用。个人书房的家具包括一张简单的床、一张书桌、一把椅子，还有一个可以放衣服和少量书的柜子。这些房间不能取暖，蜡烛也很少。厕所及其他的卫生设施也不总是最好的。餐饮质量依各学院的标准有所不同。但无论如何，面包和饮料（啤酒或葡萄酒）可以随意获取，每个学院每日供两餐。

一些学院有他们附属的所谓学生宿舍，由专人负责监管，为本科生提

供食宿。这些宿舍的每个房间配备一张床和一个柜子，其他的任何物件须交租金。

在英国学院，虽然注册时不是特别强调生源地，但生源仍主要来自特定地区。学院中的学生来自整个社会的各个层面。学院的专业主要集中在神学、哲学和文献学。伦敦的律师学院里进行法学的教学，它也具有学院的特征。

在16、17世纪，英国大学和学院专注于神职人员的训练，因此，这些机构的僧侣特征与其教学目标完全相符合。然而，在17和18世纪，非神职人员的教育，尤其是贵族教育获得扩展。

法国学院较英国学院更多地受控于大学或教堂。校长通常通过任命产生，并且由校外人士定期视察学院的管理和训练（英国学院也如此）。中世纪时建立的学院主要为了贫穷的奖学金受领者——通常是哲学或神学学生，但在近代早期这些学院的特征有很大改变，它们不仅为所谓的奖学金获得者提供食宿和训练，还为更多支付膳宿费用者提供食宿和训练。

在15、16世纪，法国学院具有越来越大的吸引力，至近代初始，它几乎为所有哲学和神学学生提供膳食。在16世纪中期，政府甚至禁止私人膳宿部的存在。那些居住在私人处所的被称为“严格守纪者”的学生被迫寻求一所学院接纳他们，因为政府认为只有这样才能保证最佳的教育和训练。政府当局对消除宗教团体举办的旅宿和私人小旅店十分感兴趣，因为这些在很大程度上不在他们的控制之下。

在16、17世纪的法国学院，贫穷的学生群体与富有而“自由的”学
生一起，构成大学制度的两个不同的方面：一方面，奖学金持有者接受传 337
统的寄宿学校教育；另一方面，比较富有的资产阶级和贵族学生则另有独立自由的住所。只有法学和医学专业的学生被允许住在私人住所。

随着数量和物质上的扩充，法国学院日益承担了教学的任务。尤其是哲学和神学讲座，当然也有其他学科的讲座，但都不由大学本身进行。因此，大学的责任减少到提供考试、论文答辩和学术典礼等方面。医学和法学院的学习课程也对外专业学生开放。大学院和小学院有所区别，前者教

授的哲学和神学水平较高，后者则类似于中学的水平。

处于宗教改革和大革命时期英国的法国大学与英国大学类似，由各种不同的学院组成，教师和学生在学院里共同生活和工作。然而，法国学院往往教些中小学水平的基础知识，而大学本身应该教专业知识，因此，法国的学院陷入了难以应付的危急境地。当时人们纷纷指责法国大学教师的教学质量低，认为法国大学只是出卖文凭的地方，等等。

法国修道院的寄宿制教育几乎没有摆脱当时的教育模式：纪律严格、权威式教学、每日连续的学习及公共生活等。他们通过禁止缺席、着装管理等手段使学生远离社会环境，达到最高的教育效率。这些教育信条一直保持到 18 世纪以后。启蒙运动时期在各种教育理想的冲击下，法国学院由于其伪教士的特征遭受了猛烈批评，最后在法国大革命期间被解散。

大多数西班牙学生在 1500—1650 年住在大学所在城市的私人处所，也有一小部分学生住在学院的学生宿舍，几乎每个大学城里都有一些这样的地方。[26] 萨拉曼卡有 28 个、阿尔卡拉约有 15 个这样的机构，这两个地
338 方成为这种机构的主要中心。博洛尼亚大学的西班牙学院（建立于 1367 年）就模仿了这样的做法。毕业生，即学士住在高等学院，更为年轻的学生住在初等学院，此类学院自 16 世纪末成为耶稣会众多学院中的一种。

虽然高等学院在内部结构自治、选举校长、增选新成员等重要方面与英国学院很相似，但从未行使像英国学院那样的功能。高等学院也不像法国学院那样，提供大学预科知识。尽管高等学院没有自己的讲座，但是它们的住所实施半自治化，有严格的纪律和学习制度。他们的教学实践仅由背诵和练习组成，没有系统的和个别的教学。学院学生在大学听讲座、参加考试，并且在母校获得他们的学术成绩。[27]

西班牙学院的学生按照严格的规章制度生活，这些规章制度由学院的负责人制定。他们每天按照规章制度忙碌于课程之间。高强度的宗教活动

---

[26] 参见注释 11 及 A. Galino and J. Ruiz Berrio，'L'éducation en Espagne et en Amérique latine'，in Mialeret and Vial(eds.)，*Histoire mondiale*(注释 10)，123ff.。

[27] Kagan，*Students and Society*，65. 该书与以下内容亦相关。

和紧张的学习节奏是学院生活的特色。入学时要求血统纯正（不能是犹太血统，不能出身于伊斯兰教）、严格遵守天主教教义、家庭有名望受人尊重。贫穷也是西班牙学院接纳学生的一个传统标准，但从 17 世纪起，贫穷标准在学院接纳学生时被完全忽略。最初，学院通常在教会内部获取创办人的财产，为那些贫穷而优秀的学生提供慈善性的帮助，创办人通常要求申请人拥有特定的地域背景。有些学生名额会为出身于社会上较高层次的学生保留。贵族逐渐取得了对高等学院的控制权，这些西班牙绅士将学院的培养目标定在文职人员的职业培训上（如律师）。奖学金被分给了贵族，用来确保奖学金获得者的生活和学习。在 15、16 世纪普遍存在的地区和地方出身的选拔入学原则，被裙带制度所取代，即派系和一些家庭决定谁将被大学录取，而这往往违背学院举办人的意望。因此，18 世纪西班牙学院制有所退步，变得封建化，使贫穷者难以进入。于是，西班牙学院的慈善特征消失，免费膳宿让位于高额收费。

即使后来贵族成为最重要的受益人，西班牙高等学院每天的生活大体上也是贫困而不舒适的，学院只提供生活必需的食物、衣服和睡觉的地方。入学年龄通常在 22 岁左右，学习年限平均为 7—9 年。在西班牙学院 339
制度中有一个意义重大的变化：学院制度社会的、慈善的和修道院式的特征让位于贵族专有的形式，这就导致了学生精神面貌（行为、穿着等）及大学标准等方面的变化。

约至 1700 年，学院中“免费”学生比例有了非常显著的变化，至少半数的学生住在学院里，这在很大程度上缘于耶稣会的大量活动，因为 18 世纪西班牙的学生数量下降，而学院学生数量保持不变，故在 18 世纪末学院学生占所有学生总数的比重上升至约三分之二。

除了为学生提供哲学和神学训练的众多耶稣会学院及与耶稣会相关的中学和寄宿舍，其他欧洲国家没有西班牙这样的学院制度。即使是那些基金会建造的、由宿舍管理人监管的供学生食宿的住所，在宗教改革之后也都在新教和天主教地区被废弃。这种住所过去曾以多种形式存在于德国、奥地利、波希米亚、波兰和荷兰等国。能够与学院体制在各方面相当的机构只有为获得奖学金的学生准备的神学院及住所，这些学生通常都学习哲学或神学，而文学院那样的寄宿学校主要接纳文法学校学生。[28] 法学和医学专业的高年级学生通常来自比较富有的阶层，倾向于更舒服的私人住所。这就解释了为什么在意大利以学生住宿为主的学院也如此少。另外的原因就是本来为贫穷学生提供食宿而建立的意大利学院在 17 世纪有所改变，成为服务于富有的资产阶级和小贵族的寄宿学校。在博洛尼亚，学院发展也很成功，在 1500 年以前有 8 所学院建立，在 16、17 世纪又有 13 所学院创建。[29]

学院一日

1585 年，海德堡萨皮兹学院典型的一天通常这样度过：早晨 5 点开始读《旧约全书》并唱赞美诗，然后按海德堡教义问答并进行祈祷，在这些
340 宗教活动之后复习上一天学过的内容。6 点大学准时开课，上课时学生离开宿舍。上 4 小时的课之后吃午餐，由向上帝祈祷开始，就餐时伴随着圣经的阅读，并且由一个同学或一个教师加以解释。不用说，午餐最终在祈祷中结束。

晚餐约在下午 5 点进行，与午餐的程序相似。两餐之间有短时的消遣娱乐，其他下午的时间都用来复习和记忆上午讲课的内容，傍晚也大多如此。晚上 8 点所有学生再次在宿舍汇集，唱宗教歌曲、读圣经、祈祷之后睡觉，晚上大都这样度过。宿舍大约在晚上 9 点熄灯。[30]

16、17 世纪英国学院的工作日与此几乎没有什么不同。我们能够通

㉘ 例如，在以下文献中提及的鲁汶大学的四所文学院：E. De Maesschalck, 'Foundation and Evolution of Colleges at Louvain in the Late Middle Ages', in *I collegi universitari*, 155-161。

㉙ G. P. Brizzi, 'I collegi per borsisti e lo studio bolognese. Caratteri ed evoluzione di un'istituzione educativo-assistenziale fra XIII e XVIII secolo', *Studi e memorie per la storia dell'Università di Bologna*, NS 4(1984), 9-51.

㉚ 依据 Paulsen, *Geschichte des gelehrten Unterrichts*。

过剑桥大学基督圣体学院一名学生的笔记设想英国学院的一天：

> 每天有三节课：早晨6点开始学习亚里士多德的哲学、亚里士多德的《工具论》和《物理学》；中午12点是有关希腊的课，包括荷马、狄摩西尼、赫西奥德、伊索克拉底等人作品的释义和文法；下午3点，用“图利的部分作品”上修辞课。在这些常规的学习内容外有一些补充的内容，即每周三和周五早晨由一个教师“按自己的顺序”讲解圣经中的某个章节，下午有许多常规的练习活动。[31]

听课和训练的数量仅仅体现了学习和研究的强度，在导师的管理和指导下听课和训练的效果会更好。这种日常的安排和严格的秩序只有在师生聚餐时才会中断。

17世纪巴黎的学院及当时的图卢兹、奥尔良或布尔日的学院，每天的日程安排如下：在工作日早晨6点起床，7点45分吃早饭前是首段工作时间，即晨读。早饭后从8点15分至10点15分上课，然后弥撒。弥撒后学生复习他们刚听过的内容，并要用心地记住一些段落。午饭时伴有虔诚的教义阅读，饭后稍休息一会儿。下午的课，夏天从2点30分至4点 341
30分，冬天从3点30分至5点。下午的课以吃古特❶结束，接着进行更深入的复习。学生晚上8点吃饭，并以集体祈祷结束，然后9点上床睡觉。星期三下午自由活动。星期六进行评估，如果必要，惩罚也在星期六进行。[32]

这里所描述的日常生活显示，寄宿舍或学院学生每天过着类似僧侣的生活，这不仅涉及学习和吃饭的时间，还涉及对宗教活动的安排。18世纪一位曾经在德国耶稣会学院生活的耶稣会学生在其记录中提到严格的训练准则、精密单一的生活秩序和修道院式的教学方法，但他的记述同样对

㉛ 依据 O'Day, *Education and Society*, 112-113。

❶ 一种巴黎点心。

㉜ 依据 K. A. Schmidt, *Geschichte der Erziehung*, vol. Ⅳ (Stuttgart, 1902), 1。

西班牙和意大利的学院适用。

> 规定每天早晨5点起床准备功课，7点开始做弥撒，之后被领着去餐厅，所有其他的组也都一起来到那里。学校里的大小行政官员坐着指导双方辩论。铃声响时做祈祷，之后吃早饭。早饭有奶汤或另一种被称作蜜阿法的汤，我一直不知道这种汤是用什么做的……白面包充足。进餐时禁止说话。

早饭后在校园里稍事休息，学生们取回课本和作业到体育馆或会堂，上课至10点。“10点到10点30分休息，11点到12点是音乐、绘画或一门现代语（法语、意大利语和英语）的个别教学时间。12点吃午饭。伙食很好，在一些喜庆的节日伙食更好。”每两个学生领半升酒，年龄小的文法学生只能喝水。午餐伴随讲经进行，饭后休息到2点，下午的课4点结束。给每个饥饿的人发一片白面包；可以买些法国人特别喜欢的水果、巧克力或其他类似的东西搭配食用。休息到5点，再学习到7点，然后吃
342 晚餐。接着在各自学习的会堂里进行常规的晚间祈祷和自省；9点时学生们安静地回宿舍睡觉。[33]

尽管这种生活范式在一些耶稣会学院易于实行，并且与住在私人处所的贵族生活很不一样，但是大学本身的教学计划构成了一种严格的体制。许多现存针对缺席、懒惰、无知的训令都表明，在意大利、波兰或德国的“自由”学生的日常生活与人们所期望的大不相同。

在18世纪开始的30多年间，耶稣会的一名成员为那些不住在宿舍或学院的学生制定了基本规范。

---

[33] 引自G. Weicker, *Das Schulwesen der Jesuiten nach den Ordensgesetzen*（Halle, 1863），120-121。

青年学生日常规范[34]

> 早晨 5 点起床，在寒冷季节不超过 5 点 30 分。迅速而优雅地穿戴梳洗，接着做早间祈祷，向上帝表达这一整天的美好意图。然后学习到做弥撒的时候。一旦听到弥撒的召唤，就要马上带着学习用品，也就是课本和书写工具去体育馆，在那里要默背功课。要以最大限度的虔诚参加神圣的弥撒，然后尽力地学习。课后如果可能，在路过教堂时要进去做短时的敬拜。回到家还是坐下学习，尤其要精读在学校做的作文，修改其中的错误。然后规规矩矩地吃午饭。之后放松一会儿或处理一些杂事……出于健康考虑建议饭后一小时内不要学习，但也不要进行紧张剧烈的体力活动。剩下的时间还是默默地学习。学校铃声一响，立即又带上学习用品去学校积极参加所有活动。放学后再去教堂一下，然后回家专心学习到晚饭时间，尤其要完成书面作业，可以在刚回来的时候或学习中间休息约一刻钟。房东在下午 6 点以后开饭。晚饭后休息约一小时，接着最好是浏览两三遍次日需要记忆的 343
> 功课。然后做祈祷，在晚上 8 点 30 分至 9 点上床睡觉。

除上述基本规范外，还有对青年学生更多的指导和建议。通常工作日会从早晨 5 点到晚上 9 点。开始时主要是听讲课、写作和抄写，然后才是各自阅读经典、抄写摘录和记忆短语。单元学习时间不能超过两小时，中间应该做短时休息，学生应在所有时间说拉丁语，只有在休息放松时才能说本地话。原则上他们在寄宿处或家里睡觉。

理论上讲，除星期日下午自由活动和公休假日外，学院或寄宿舍里的学生们几乎没有任何闲暇时间。严密而有规律的日程、持续的管理、严格的纪律、住所的惯例和学院的体例在很大程度上压缩了学生的所有自由，

㉞ G. Mertz, *Die Pädagogik der Jesuiten nach den Quellen von der ältesten bis in die neueste Zeit* (Heidelberg, 1898).

冲突和抗议、酗酒、吵闹和打架成为发泄情绪的方式。[35] 近代早期闲暇的可能性要依据不同的社会地位有所限制和区分。学生们很少有机会散步、进入公共场所和做各种游戏。他们囿于戒律，在学监和督导的监视下不断地学习。密集的考试制度、课本作业的控制、无数的测试对学生形成了巨大的压力。学生们被迫不断地"苦干"，以迎合父母对他们的期望，即接受学术训练并使父母的花费有所值。对完不成学习任务的惩罚、考试和努力学习、听课管理、学监和教授的监督，都是近代早期学院生活的特色。

教学形式和教学实践

尽管大学的结构在各个国家都有所不同，但不管有无学院制，课程的形式在整个欧洲普遍存在。[36] 正如普通教育——教师和学生的大学是学术时代的产物一样，大学的教学方法也是科学的辩证法的结果，即命题和反命题的运用。从这种学术性的教学实践发展成为大学教学的主要形式：讲演和辩论。

讲演是由教师或教授大声朗读某一本书，并且以个人观点逐段地加以评注、解释和评议。从中世纪晚期开始，上下午的讲演有所区别。上午是最重要的和必学的内容，如亚里士多德的《公众正义全集》。下午则读一些不太重要的书。前者主要由一般的教授来讲演，后者由那些没有自己讲座的特职教授讲演。

讲演时，教师坐在讲坛上，学生则坐在长椅上，前面是否有桌子要看其社会地位。教师逐段地念，甚至在印刷术使学生更容易获得书本之后，教师还习惯大段地解释给学生听。尽管遭到某些批评，但直到 18 世纪口述的方法在讲演中仍很普遍。教师宣读讲义和学生记笔记，仍是大学的一

---

[35] 在精选文献中提及的 Bauer，Gladen，Klose，Krause，Reicke 和 Schultze 的著作中有范例。

[36] 在 Paulsen 的 *Geschichte des gelerhten Unterrichts* 中有所体现；也可参见 K. Rückbrod，*Universität und Kollegium. Baugeschichte und Bautypen*（Darmstadt，1977）。

个惯例。讲演的时间是 90 分钟或 45 分钟，源于修道院每天三小时的修道节奏，180 分钟减半或其四分之一。

从中世纪晚期尤其是从 16 世纪开始，讲演课设置严密了，阅读每一本书的日期都是确定好的，如果一个教授在规定的时间内讲不完他的材料，要么受惩罚，要么退还一部分报酬。这个对普通的和特别的两种讲演都适用。对前者，也即学院公共课或必修课，规定同一科目不能有相互竞争的讲演。

这些讲演由指定的教授主持，他们有自己的科目和讲座，硕士和学士可以对其做非评论性的补充讲演，但通常私下进行。以下情况经常发生：有固定薪水的教授常常逃避其本职的教学任务，而宁愿上那些更加有利可图的私课。但是，基本上大学安排的课优先于其他课。普通讲演课经常在上午的第一和第三个小时进行，即 6—9 点。在 17、18 世纪，也可上到 12 点。而那些特别讲演则不能在第五个小时前进行，也就是下午 3 点或
4 点以前。然而，有些大学允许在午饭祈祷后上课。由于在布告栏上印刷 345
和贴出了讲课的详细内容，大学的讲课系统变得更加清晰和容易被理解了。

其他教学形式和讲演相联系，如复述和简述，这些通常不在大学而在学院或导师及学监的房间里进行。一般而言，复述、记忆是封闭式学院的典型要素，这个要素是在大学中发展起来的，通常由硕士或学士承担。在英国学院里则通常由导师负责上这种课。

第二种典型的大学教学形式是辩论，它反映了学生就正反两面进行的辩证性的讨论。针对某一问题，在正方和反方之间展开讨论，最后导出一个综合性的结论。这种辩论可以在学年中特定的时间进行，尤其是在圣日或赞助人的节日会有一场大型的自由辩论活动。辩论是修辞和逻辑的一种锻炼，也证明了学生在某一科目方面的能力，因此一直是大学的一个基本训练项目。不参加一定数量辩论的学生很少能毕业。[37]

---

[37] Horn, *Disputationen und Promotionen*(注释 19).

直至17世纪中期，讲演与辩论通常用拉丁文进行。18世纪末前，拉丁文一直作为大学语言，被视作真学问的表现。然而，在17世纪中期，使用本民族语言的倾向产生。至18世纪末，在大学中使用本民族语言已普遍盛行。

膳宿

学生“日常文化”与青年学生是住在私人处所还是住在提供膳宿的学院或寄宿舍有关。

一般来说，除了上层资产阶级和贵族，近代早期学院和私人会馆的学生住处设备都很简单，只配备一张床、一个箱柜（箱子/衣橱）、一张桌子和一把椅子。学生可以在这里存放他的生活必需品、少量的书和被褥。学生的住处一般不会舒适，并且学院和私人处所的房间都具有同样的功能和相似的家具。有时供应蜡烛用来照明，但通常一天的生活在日落后就结束
346 了，除非学生去旅馆住宿。住处通常无供暖，学院和大的私人会馆的公共休息室和学习就餐的大厅在供暖方面也有所限制。

虽然学院的伙食是“免费的”，花样不多，但是由于学院资金较为充足（捐款和学费），他们在校舍上的花费又比较节俭，所以供应的膳食比那些租来的房子和小旅馆里的要好。在私人旅馆或合租的学生住所中，学生不得不与房东、教授或旅店主人商议伙食的质量，并且不得不接受给他的供应。也许学生的伙食与一个普通的市民相比并没有太多不同，或者仅有些微小的差别，通常有几道菜和葡萄酒。另一方面，大学城中有一种传统，每过一段时间由收税委员会检查租金、住房供给和食物情况，在一定限度内规定最高价格。租金和住所必须彼此合理。租金必须提前一年或半年支付，有时经协商也可缩短这一时间。租金过高及缺乏木材、被褥、饮料等情况每天都会发生，这些都是引发冲突的根源，社区、同乡会和大学必须对此加以干涉。有关租金和食物的约定、质量的说明或账单的审核属于近代早期大学日常事务的范围。对个别国家和整个时期的学费、书价和

生活费进行比较研究应当是有价值的，但这个工作难以实现。

在东欧国家及意大利和德国，大多数学生住在市民、旅店主人或教师的私宅（有时作为教师助理安排得比较好），也有不少人（尤其是贵族学生）与自己的随从住在一起。在西班牙也如此，有些没有在学院学生宿舍找到住处的学生只能到别处寻找更合适的地方。在贵族占据这些住所后，所谓的学生只能在小旅店和穷学生聚集的贫民窟中寻找住处。在这里可被称作最下层阶级的穷学生们，只能生活在像小说中描写的流浪汉生活的环境中。法律和医学专业的学生，通常出身于贵族或至少是富裕家庭，他们生活在更加奢侈豪华的处所里。同乡会对学生的膳宿保证必要的管理和质量。

近代早期学生的膳宿主要取决于他的社会地位和父母给予的钱财，除非他有助学金或在学院里有住处。在饮食习惯上也稍带民族特征。有一个16 世纪嘲讽性的学生悲歌，表现了当时的伙食状况。这首悲歌是这样的：

> 我们吃了美食……中午和晚上共两餐，都是七道菜。第一道永远 347
> 是稀粥，第二道仍然是汤，第三道每日必有的是蔬菜，第四道经常有的是瘦肉，第五道很少有的是烤肉，第六道从来没有的是乳酪，第七道有时会有的是水果。[38]

除此之外，还有水、葡萄酒或啤酒，以及必有的面包。比较奢侈的食品如咖啡、茶、白兰地甚至巧克力则不提供，学生们可以根据自己的经济情况酌情消费。

为了在一定程度上减少对社会的压力，许多大学有免费餐桌，贫困学生可以在那里免费吃饭。在基辅神学院，贫困的低年级学生每天会得到一些罗宋汤（甜菜根汤）和麦片粥。一些贫民住在两个会馆中的一个。他们

㊳　引自 H.-W. Prahl and I. Schmidt-Harzbach, *Die Universität-eine Kulturund Sozialgeschichte*(Munich,1981),38。

不能获得赠予，只能靠乞讨、做工，甚至是抢劫市场和商店为生。[39]

然而，社会压力也可以体现在另外一个方面，那就是学生信贷。几乎所有国家都有对房东、旅店主和其他店主的严厉指示和规则，不能向学生提供长期的赊欠。因为陷入债务的危险无所不在，并且由于学生的住址经常变化而几乎不可能对学生进行债务控告。也有些税务规章用来限制学生在寄宿、食物、洗涤或衣物等方面的借贷数量。通常禁止学生为奢侈品，如烟草、茶、咖啡或其他的花哨商品而借贷，也不许为台球、租用马匹或雪橇等借贷。1796 年，普鲁士信贷法律规定：

> 用于食物和洗衣店的钱、支付假发制造费用及理发的钱，赊欠不得超过一个月；租用房间、床及服务的费用赊欠不能超过三个月；买药和看医生的费用不得超过半年；交给学院的学费最晚不得迟于本学期末。[40]

然而，学生债务在英格兰、意大利、萨拉曼卡和巴黎仍旧是一个很严重的问题。

与生活在具有学院体制的国家的学生相比，自由生活在大学城居民社
348 区里的学生或多或少地适应了他们所生活的环境。他们的生活方式是市民化的生活方式。他们比住在旅店中的同学有了较多的学术自由，但是也有较多的问题需要解决。这种独立和常规性社会生活的混合状况，既反映在学生的饮食起居状况上，也表现在他们的穿着和行为举止上。

16 世纪的学生通常穿着教士式学者服，然而在 17 世纪和 18 世纪贵族

---

[39] Khizhnyak, *Kievo-Mogylyanskaya Academiya*（注释 12）, 175ff.

[40] J. W. F. Koch, *Die Preussischen Universitäten: eine Sammlung von Verordnungen*（Berlin, 1839-1840）.

服饰成主流。[41] 至少对自由的学生是如此。这些服饰从式样到颜色在各大学中均不同，就是不同年纪和不同的系也有变化。16 世纪学生的衣帽服装和他的阶层相称且起源于中世纪的教士服。黑色是大学生服饰的主要颜色，尤其是神学和哲学学生，而法学和医学学生则穿着比较鲜亮的衣物显现他们的学科。与自由的学生不同，学院学生直到 17 世纪和 18 世纪仍保留着他们的教士服。当自由的学生可以紧跟流行服饰时，学院学生则必须遵照学院法令继续穿着那些通常暗色的教士式学者服，各个学院有各自的袍子和帽子。不同学院的服饰可以被区别开来，如果无法从颜色区别，至少从徽章或其他的特点加以区别，如西班牙就是根据学院的不同在长袍、披肩和帽子上辅以某种特定颜色的饰带。这些衣饰符合既不奢华也不昂贵的原则。各个国家有时也有他们自己的特色。

即使学术服在大学和学院领域里是不可或缺的，尽管学生能够在一个以服饰表明其阶层的社会里证明他的社会地位，但在闲暇时间里学生也仍然遵从资产阶级或贵族的时尚。真正自由的学生，尤其是那些学习法律的学生，在学院的教学和演讲期间都穿着时髦的衣服。时髦的打扮，如绅士或骑士服饰取代了教士制服。西班牙的贵族服饰在全欧洲流行：松松垮垮的裤子、一件贴身的紧身上衣带宽松的袖子、环状领、一把轻巧而细长的剑和一顶帽子构成了服饰的主体。尖头鞋和后面插有羽毛的帽子（两个角和三个角的）使这套鲜亮的服饰更加完备。18 世纪，长尾服盛行，裤子变长，长袜变鲜亮，尖尖的领带取代了宽边环状皱领。尖角型胡须不再流行，头发却留得更多，假发和辫子开始出现。

总之，可以说近代早期学生的着装明显地体现了年轻学者所渴望的社 349
会地位，与其精英也最为相符。大学生期望在校外获得关注，即使人们注意到他的学院成员资格。大学服装法规和学院章程不时抨击夸张的时装表

[41] Prahl, *Die Universität*（注释 38），60ff.；F. Schulze and P. Ssymank, *Das deutsche Studententum von den ältesten Zeiten bis zur Gegenwart*（Leipzig，1910），95ff.；M. Bauer, *Sittengeschichte des deutschen Studententums*（Dresden，1928），36ff.

现形式，并且禁止佩带武器，发布着装条例，但是来自社会各个阶层的学生仍将流行服式作为首选。

学生典礼

除了诸如守护神等学校常规典礼外，在学术论文和举行辩论期间，学生也得以大学成员的身份出现，这种特定的学生习俗早在中世纪就发展起来了。在一些大学这是入学的部分程序，因此具有官方性质。这是一种证明，是新注册的学生告别不成熟的典礼。但它是一种具有一定民族属性的现象，反映了16世纪到18世纪早期整个欧洲学生生活的历史文化特征。这种学生加入同乡会、学院或大学的学术仪式常常带有轻浮、夸张的特点。[42]

这种学生脱角典礼象征新生摒弃了学童的稚嫩，并且赢得了进入大学后必要的尊重。新生被视作“野生动物”，需要通过不同的工具除去他的“角”，经过某仪式后，他变成一个经过重新塑造的人。这一过程通常由一个被称作“废黜者”的校长或教授指导完成，包括一个通常幽默有时粗俗的考试。不庄重的正式活动最终以严肃的赦免仪式结束，随后是一场狂欢，一场盛宴。

有一份17世纪的瑞典论文记录了一个脱角典礼的过程，如下所示。[43]

> 被称为“废黜先生”的典礼主持人让那些希望被承认的年轻学生
> 350 穿着各种材质和颜色的衣服。学生们的脸被抹得黑黑的，长长的耳朵
> 和角黏附在帽子上，帽檐翻下来，嘴角插着长长的猪牙，他们必须将

[42] 关于陈规和惩戒，参见 W. Fabricius，*Die akademische Deposition*（Frankfurt，1895）；Schulze and Ssymank，*Deutsche Studententum*（注释41），85ff.；Bauer，*Sittengeschichte*（注释41），75ff.；P. Krause，*O alte Burschenherrlichkeit，die Studenten und ihr Brauchtum*（Graz，1979），22ff.，32ff.。

[43] 引自 Prahl，*Die Universität*（注释38），60。

其像小烟斗一样叼在嘴里，还得忍受被戳的痛苦。另有一件长长的斗篷吊挂在肩上。这样，这些学生装扮得比被宗教裁判所置于火刑柱下的人更骇人且可笑。废黜先生让他们出了房间并在后面像赶牛或驴一样把他们赶进一个大厅，那儿有个观众正等着他们。他让他们站成一个圈儿，他则站在中央做怪脸，表演哑剧，笑话他们显现的奇怪表情，然后向他们致辞，内容涵盖了从嘲讽性到严肃性的话题。他谈到年轻人的过失及失败，并且向他们展示在学习中提高自我、被惩罚及使自己更加完美是多么的必要。为此他问他们各种不同的问题，这些问题他们必须回答。但是，他们嘴中的猪牙使他们无法清楚地说话，所以他们像猪一样哼哼，废黜先生为此称呼他们为猪猡，用拐杖轻轻击打他们的肩膀并说上他们几句。他说这些猪牙象征放纵，青年人过度放纵地吃喝使他们的理解力减弱。然后，他从一个麻布口袋里拽出一个木制夹具，用它环压在他们的脖子上并长时间地摇晃，直到猪牙跌落到地。他说，如果他们准备勤勉地学习，就像丢弃猪牙一样摒弃放纵和贪欲。然后，他扯下他们的长耳朵，使他们明白如果他们不愿像蠢驴一样，就必须勤勉地读书。进而他取下了代表野蛮粗鲁的角并拿起一个刨子。每个新生必须先俯卧，再仰卧，然后是双侧卧。在每一个体位上，他用刨子“刨”着他们的身体并说：文学和艺术会使他们的思想更加完美。

惩罚在废黜的背景下发展起来，几乎成为一种永久的废黜形式。它起源于法国大学并开始在全欧洲传播。在这一粗鲁的行为框架下，年长学生施虐于腰带上有羽毛标志的年轻学生。有关这样的行为传统和习惯已根深蒂固，年轻学生遭受年长学生的奴役和束缚，蒙受来自年长学生的各种竭尽所能的羞辱。体罚、强行灌醉及其他各种折磨构成了痛苦折磨的一部分，这种情况直到 18 世纪才在大学校园里绝迹。

也有其他的学生习俗，如城镇中各类学生队伍、考试典礼或授予学位仪式，但是他们远不如废黜和惩罚仪式那样重要。例如，在西班牙，无论

351 是庆祝校长的选举，还是取得毕业证书和博士学位，斗牛都是表演节目之一。法国和意大利大学中的同乡会就像在英国学院或法国学院中一样，依照特别的规则举行他们的庆祝仪式。同乡会的节日经常发展成为“民族意识”及“民族主义”的节日，学生借此在异国他乡展示各自民族的优势。

在天主教国家的学院内有学生剧场，[44] 其重要性不如庆典活动或典礼。克里斯托夫·斯蒂莫尔的戏剧《学生》（1545）广为人知，但当时在某种程度上更加暴烈粗俗的学生行为都可以被耶稣会和学校剧院的道德教化所抵消，因此这种学校剧院可更多地被归为教育手段。

假日及休闲时间

学年的划分，国与国不同，大学与大学不同，甚至各院系也不同，然而无论怎样都存在一些相似之处。[45] 所有的学术机构都依据其开课时间和假期来决定确切的计划。在近代早期的欧洲，通常从九十月份到次年的六七月份为教学时间，除七八月份一个长假——暑假外，在圣诞节和复活节时还有 8—14 天的假期。学年可被划分为两学期、三学期或四学期（牛津大学），在此期间学生按计划学习某些书本的全部或部分内容。

除上述假期外，还有许多为消遣提供时间的自由假期。除星期日必须去教堂参加礼拜外，还有许多没课的宗教节日。在有些大学，这样自由的日子几乎有 100 天之多，但官方倾向于将数量众多的假日削减一些。每所大学或学院都有自己的日程安排，确定了具体的教学时间和休息时间。

近代早期，大学对学生进行严格的准则管制，除了自由活动日或下午，学生的消遣几乎没有什么自由度。这里我们得再次把自由学生同学院或住寄宿舍的学生区别开来，自由学生更有可能把他们的自由支配时间组

㊹ F. S. Boas, *University Drama in the Tudor Age* (Oxford, 1914); J. M. Valentin, *Le Théatre des Jésuites dans les pays de langue allemande*, 3 vols. (Berne, 1978).

㊺ H. Boiraud, *Contribution à l'étude historique des congés et des vacances scolaires en France, du Moyen Age à 1914* (Paris, 1971).

织起来。在城市里散步或组队到郊外游玩是学习间隙、星期日和假期里常 352
规的消遣方式。富家子弟或贵族子弟可能会参加诸如击剑、骑马、游泳、跳舞甚至打猎[46]等运动项目。绝大部分家境贫寒的学生只能参加一些适度的活动，过度行为是例外情况。

正如学业要服从道德和伦理规范的支配一样，大学或社区的法规条例管理着学生的课余时间。针对争吵打架、夜不归宿和团伙行为、酗酒、冒险游戏、掷骰子、投机、玩纸牌和打台球等活动都有严格的批评和处罚章程。伴有音乐的蒙面游行、火炬游行、滑雪橇和坐马车、玩烟火、观看不雅的戏剧或舞蹈演出——所有这些甚至更多的其他活动都被禁止。另外，公共法律和大学法规都不允许诸如在公共场馆或私宅内狂欢及学生间的决斗等行为。偶尔也会见到配备刀或剑的全副武装的学生，由于那段时期人们荣誉感很强，动辄以刀刃相见，所以常常导致伤亡，官方和大学试图对此加以防范和限制。通常是不同民族互有偏见的团体间的纯粹羞辱、争论或是关于优先权的争议导致决斗，在西班牙则变成学院或团体间的战争。此外，学生团体的看法经常与当地居民的看法发生冲突。

饮酒、赌博和恋爱：这三个古老的话题是有关大学日常生活的同期作品中经常提及的，对酒神和维纳斯的特别崇敬引起官方极大的关注。几乎所有条例都规定对与名誉不好的女人有染或常游荡在公共场所的行为进行惩罚，这样的惩罚从关押到劝退直至被大学开除。然而，这些事件不能仅因为它们都在文献和文件中被提及就该被过高地估计。可以确信的是，近代早期学生犯过有悖于所在阶层的错误，与资产阶级有过摩擦，有学术傲慢的倾向。尽管如此，学院生活，包括学习时间和课余时间，积极面要多于消极面。

---

[46] R. A. Müller, *Universität und Adel. Eine soziostrukturelle Studie zur Geschichte der bayerischen Landesuniversität Ingolstadt 1472-1648* (Berlin, 1974); Conrads, *Ritterakademien*; J. H. Hexter, 'The Education of the Aristocracy in the Renaissance', *Journal of Modern History*, 22(1950), 1-20, reprinted in J. H. Hexter, *Reappraisals in History* (London, 1961), 45-70; Kearney, *Scholars and Gentlemen*.

353 # 精选文献

Barycz, H. *Uniwrsytet Jagiellónski w zyciu narodu polskiego*, Wroclaw, 1964.

Bauer, M. *Sittengeschichte des deutschen Studententums*, Dresden, 1928.

Boiraud, H. *Contribution à l'étude historique des congés et des vacances scolaires en France, du Moyen Age à 1914*, Paris, 1971.

Brockliss, L. W. B. *French Higher Education in the Seventeenth and Eighteenth Centuries. A Cultural History*, Oxford, 1987.

Cabanès, D. 'La vie des étudiants', in *Moeurs intimes du passé*, Paris, 1949.

Carabias Torres, A. M. *Colegios mayores: centros de poder*, Historia de la Universidad, Acta Salmanticensia, 46, 3 vols., Salamanca, 1986.

Chartier, R., Compère, M.-M. and Julia, D. *L'Education en France du XVI e au XVIII e* siècle, Paris, 1976.

Compère, M.-M. *Du collège au lycée (1500-1850). Généalogie de l'enseignement secondaire français*, Paris, 1985.

Coutin, A. *Huit siècles de violence au Quartier Latin*, Paris, 1969.

Dauvillier, J. 'Origine et histoire des costumes universitaires français', *Annales de la faculté de droit de Toulouse*, 6(1958), 3-41.

Di Fazio, C. *Collegi universitari italiani*, Rome, 1975.

Febrero Lorenzo, M. A. *La pedagogía de los colegios mayores a través de su legislación en el siglo de oro*, Madrid, 1960.

Fletcher, J. M. 'The History of Academic Colleges. Problems and Prospects', in D. Maffei and H. de Ridder-Symoens (eds.), *I collegi universitari in Europa tra il XIV e il XVIII secolo. Atti del Convegno di Studi della Commissione Internazionale per la Storia delle Università, Siena-Bologna 16-19 maggio 1988*, Milan, 1990, 13-22.

García Mercadal, J. *Estudiantes, sofistas y pícaros*, Madrid, 1934.

Garin, E. *L'Education de l'homme moderne 1400-1600*, Paris, 1968.

Gladen, P. *Gaudeamus igitur. Die studentischen Verbindungen einst und jetzt*, Munich, 1986.

Guenée, S. *Les Universités françaises des origines à la Révolution. Notices historiques sur les universités, studia et académies protestantes*, Paris, 1982.

Hargreaves-Mawdsley, W. M. A *History of Academic Dress in Europe until the End of the Eighteenth Century*, Oxford, 1963.

Harraca, E. *Des conditions de résidence à Paris de l'étudiant autrefois et aujourd'hui*, Paris, 1925.

Kagan, R. L. *Students and Society in Early Modern Spain*, Baltimore, Md. / London, 1974.

Klose, W. *Freiheit schreibt auf eure Fahnen*, Oldenburg, 1967.

Krause, P. *O alte Burschenherrlichkeit, Die Studenten und ihr Brauchtum*, Graz, 1979.

Kulczykowski, M. (ed.) *Les étudiants-Liens sociaux, culture, moeurs du Moyen-Age jusqu'au XIX e siècle. Vème session scientifique internationale, Cracovie 28-30 mai 1987*, Zeszyty Naukowe Uniwersytetu Jagiellonskiego CML, Prace Historyczne, Z. 93, Warsaw/Cracow, 1991.

Lepszy, K. (ed.) A *History of the Jagellonian University in the Years 1364-1764*, Cracow, 1964.

Little, B. *The Colleges of Cambridge 1286-1973*, London, 1973. 354

Maffei, D. and De Ridder-Symoens, H. (eds.) *I collegi universitari in Europa tra il XVI e il XVIII secolo. Atti del Convegno di Studi della Commissione Internazionale per la Storia delle Università, Siena-Bologna 16-19 maggio 1988*, Milan, 1990.

Prahl, H. -W. *Sozialgeschichte des Hochschulwesens*, Munich, 1978.

Prahl, H. -W. and Schmidt-Harzbach, I. *Die Universität-Eine Kultur-und*

Sozialgeschichte, Munich, 1981.

Reicke, E. *Magister und Scholaren*, Leipzig, 1901.

Schmidt, K. A. *Geschichte der Erziehung*, 5 vols., Stuttgart, 1884-1902.

Schulze, F. and Ssymank, P. *Das deutsche Studententum von den ältesten Zeiten bis zur Gegenwart*, Leipzig, 1910.

Stone, L. 'The Educational Revolution in England 1560-1640', *Past and Present*, 28(1964), 41-80.

Verger, J. 'Collegi e università tra medio evo ed età moderna', in D. Maffei and H. De Ridder-Symoens (eds.), *I collegi universitari in Europa tra il XVI e il XVIII secolo. Atti del Convegno di Studi della Commissione Internazionale per la Storia delle Università, Siena-Bologna 16-19 maggio 1988*, Milan, 1990, 1-12.

Vrankrijker, A. C. de *Vier eeuwen Nederlands studentenleven*, Voorburg, n. d.

Waxin, M. *Le Statut de l'étudiant étranger dans son développement historique*, Paris, 1939.

第九章　毕业与职业 355

威廉·弗里霍夫

学位：象征与现实

我们不希望把大学的社会角色降至一个学位机器，但我们必须意识到，社会赋予大学的首要任务是尽可能地培养年轻人在智力、文化和科学方面的素质，以备他们将来生活之需。大学在一个特定社会里所处的位置，或者更确切地说，它的地位，至少部分取决定于它培养这种素质的能力，同时除了向年轻人传授一般文化外，还取决于能否教会年轻人使用工具。所谓的工具，即那些年轻人在以后的职业生活中所要用到的工具（也包括个人生活，在法国大革命之前，这两者紧密交织在一起）。

大学的这一任务影响极其巨大，因为学生的大学岁月标志着其培训时期的结束。它甚至标志着青年时期的结束，因为不要忘了，在罗马法中成人期是从25岁开始的，这个年龄也适用于旧制度下的欧洲，而且许多公共机构或其他行业职位把年龄期限定在25岁左右。[①] 离开大学就等于进入职业生活，如果学生的宗教身份允许的话，随之而来的就是结婚。学生在学习终结或国外求学结束之时获得学位，这种情况意味着双重流动的结束，即年轻单身汉的地域流动和成年前的智力流动。一旦获得了学位，年 356
轻人就会安定下来，开始职业生涯和家庭生活。因此，对于学生来说，无

---

① 例如，J.-M. Pelorson, *Les 'Letrados', juristes castillans sous Philippe III. Recherches sur leur place dans la société, la culture et l'état* (Poitiers, s. d. [1980]), 37, 60; D. Julia and J. Revel, 'Les étudiants et leurs études dans la France moderne', in *Populations étudiantes*, vol. II, 116-119.

论隆重抑或低调，最终学位的授予都是使他从年轻的被训练者转变为成人的一种开端仪式（值得注意的是，在那个时代，只有知识极为渊博出众的女性才有可能允许获得大学的荣誉学位）。[②] 这就是为何在萨拉曼卡一名新博士只有在博士游行时杀死一头公牛并用它的血在城墙上写下自己的名字才算完全获得自己的头衔。在这里，进入学术世界之门与进入成人世界之门有力地结合在一起。

然而，这一双重通道在整个欧洲也有其他那么残酷、不那么具有仪式性的表现方式存在：在毕业之日，喝一场酒作为欢送仪式，不禁让人想到年轻人在婚礼前夕和同伴们一起的单身聚会。奢华的博士后宴会有时会消耗不小一笔财产，有时候大学当局会努力禁止这种奢华的做法，或者至少对其加以管理和限制，然而往往徒劳无功。这个宴会也相当于为一个即将离开去开创新生活的成熟者举行的典礼。因此，最终学位正式宣告学生训练阶段的结束，之后他会发现他与学生世界的自由相隔绝，再也不能指望其他公民对他疯狂的放纵了。从那时起，即使他属于博士群，并且仍是大学的一员，但他的责任在其他地方，在整个社会。尽管他可以通过去其他大学学习或接受训练将学生生活延长几年，但从此必须考虑不可避免地要进入职业生活。

可以从三个方面考虑学生离开大学的情况。离开的行为（文凭、考试、口试难，也可能是没有这三种方式任何一个就提前离开），资格的获得，以及最后依据以往学生的职位和职业的相互影响来评价的大学的社会文化角色。我们必须谨慎地避免将一种观点过分简单化。在法国大革命前的大学里，文凭不会自动地保障真正资格的获得，它标志着学习的结束而不象征着任何特定才能。它是我们所称的习得社会行为的一部分：学习课
357 程，学术游历，拜见科学领军人物并学习良好行为举止的教育旅行，取得学位，然后结婚，所有这些都是成功生涯的必需步骤。文凭并非知识，它认可的是一个学习阶段，以及达到一定社会地位或开始职业生活的社会和

② 参见第 7 章第 296—297 页。

文化态度。在真正的学者职业生涯可以看到一种相反的情况。由于战乱，不来梅官员的儿子约翰尼斯·弗里德里克斯·赫罗诺维厄斯（1611—1671）在故乡没有前途，因而背井离乡去了联合省，我们从他留下来的信中可以得知，尽管他已成为国际知名的年轻语言学家，但他仍感到有必要从安格斯获得一个完全正式的法律博士学位，以提高自己的社会地位。然而，实际上，他刚升至研究生就有大量工作机会出现。而且，他刚当上教师就结婚了。[③] 此处存在双重不一致性，其一是在学科间（研究文学与法学学位），其二是知名学者的学问与纯粹正式行为的空间惯例。准确地讲，这一时期取得的基本成就就是公众对这些不一致性的承认。从那时起，人们通过密切学问和文凭的关系及附加考试来努力纠正这种状况。这些考试有的属于选拔性考试，如公职人员需要持有大学文凭，这些职位的考试是择优录取。有的考试则属于能力考试，旨在保证通过考试者具有从事特定职业的资质。

同样，我们必须注意不能将大学学位或获得的资格直接等同于学生以后的职业。我们单凭学生大学课程的知识不足以预测他将来的职业前景。在法国大革命前，欧洲没有国家拥有我们所说的完全开放的脑力劳动就业市场，雇主也没有真正痴迷于学位。血统、才能和经验非常重要，三者的结合是好职位的保障。雅尼纳·法亚尔曾就才能、出身和财产对任职卡斯帝利亚议会所发挥的作用对一些毕业生（未经过高等学院的皇家途径毕业的毕业生）做出评估，他发现学业、博士学位（已足够稀有）及教学经验 358
所占比例不超过三分之一。[④] 尽管大学学位是执业的必要条件，但只有学位本身还非常不够。事实上，在有关公共机关就业市场上的成功受很多因素支配，如应征者的血统、家庭地位、在受保护者或庇护体系中的位置、与掌权人物的关系、教养、社会乃至金融资本关系等。第二个不一致性会

③　P. Dibon and F. Waquet, *Johannes Fredericus Gronovius, pélerin de la République des Lettres: recherches sur le voyage savant au XVIIe siècle* (Geneva, 1984).

④　J. Fayard, *Les Membres du Conseil de Castille à l'époque moderne (1621-1746)* (Geneva/Paris, 1979).

导致第二个尖锐的问题，即知识分子的过剩，这个问题至少自 17 世纪起就困扰着官方。因为大学资格水平与可获得的就业岗位之间的不一致性成为怨恨的根源，继而成为社会秩序紊乱的潜在源泉。正因为“受挫的知识分子”擅长写作，他们在大众面前能够强有力地宣泄他们的不满，所以这一问题甚至变得更加难以应付。我们可以从潦倒文人身上清楚地看到这一点，那些生活在法国大革命末期的新闻工作者们被指控利用自己的文章引发了革命。这一点在那些没有开业的医生身上也有体现，例如，让-保罗·马拉（1743—1793），他是阿图瓦伯爵侍卫的医生，对思想上的“贵族”充满仇恨，他认为这些人的专横占领了本应人人平等的文学界，使他不能得到他应得的东西。⑤

就形式而言，大学学位制度自中世纪以来没有任何改变。然而，几个世纪以来，每个国家甚至每一个大学都制定了一些规则，就学习期限、考试性质、学位间的间隔、花费和其他必需，以及授予方式等进行管理。因此，实际上是不可能将这些极其多样化的做法都予以介绍。然而，伴随着这些实践，在现代各个时期欧洲大学的本土化得到加强。接下来的叙述仅仅着眼于概括一个整体的印象，而不是完成无遗漏式的描述，实际上那也是不可能的。

学位总是分为三种：学士、硕士和博士。从理论上讲，三种或四种高级学院（医学、民法和教会法、神学）仅仅接收完成文科学习并获得硕士
359 学位的学生，在硕士学位之前是更低的文科学位。然而，自 16 世纪始，欧洲所有地方的普通教育都通过人文学院获得独立。⑥ 有时这些学院还同大学保持着有机的联系。鲁汶、科隆和某些法国大学，以及遵循斯图谟神学院模式的德国大学、耶稣会学院或其他纳入文学院的学院等，均属此例。⑦ 在其他地方，文学院与大学的分离更为严格，文学院能够更加自由

---

⑤ R. Darnton, 'The High Enlightenment and the Low-Life of Literature in Prerevolutionary France', *Past and Present*, 51(1971), 81-115, 在这篇文章中，他开展了一系列此领域的研究。

⑥ 参见第 7 章第 290—291 页，第 8 章第 333 页至本章结束。

⑦ 参见 The *ratio studiorum* of the Jesuit order, as analysed in Hengst, Jesuiten, 59-71。

地发展，成为真正的高级学院，分别提供哲学、语言学、数学及科学的高层次教学。有时文学院实际上被学院合并，大学仅负责颁发学位，而在此之前的准备则在其他地方进行（实际上，在这种情况下仅有硕士学位）。有时，文科教学发展成科学的课程，颁发更高的学位。尽管旧有的文科硕士依然与这种更高学位相衔接，但它逐渐被称为哲学博士学位（据被认可的划分，哲学博士在文科硕士之后）。[8]

显然，这两种情况下的文学院是截然不同的，它们毫无共同点可言。就学生的流动或学生的数量及学位状况来说，试图把两者进行比较是毫无意义的。比如，第一种类型是设在鲁汶和科隆的大量的文学院，实际上只不过是遍布在几个学院（人文学院）中的中学，邻近莱顿大学的高级学院，学生数量少，几乎没有文科科目的预备教育。然而，无论是因为进入高级学院的学生知识水平低，而日益专业化的这些学院需要更扎实的文化基础，还是因为教会和国家提出了更高的要求，所有欧洲国家在现代的整个时期都努力地在文学院恢复和重建预备教育角色。这正是再三采取将强迫学习一段时间文科或将文科硕士学位作为升入高级学院条件的措施的目的。然而，这些措施及由此引来的抱怨反复出现，表明这些措施的效率并不高。

所有国家的法律都规定学位获得与学习期限挂钩。我们甚至可以进一步说，学习期限对于学位而言是比所获资格等级更加重要的先决条件。[9] 360
自学习期限由注册的年数、学期数（神圣罗马帝国的两学期制或法国的三学期制）及后来的课程数确定，并且成为进入公共机构的决定性条件后，这种趋势更是得到加强。正如法国，在那里要得到教会的圣职必须要五年时间。然而，在要求固定学习期限方面也有例外。在 18 世纪，法国至少

---

⑧ Frijhoff, *Gradués*, 42-43.

⑨ 关于西班牙，参见 Pelorson, Letrados（注释 1），106；L. E. Rodríguez-San Pedro Bezares, *La Universidad salmantina del Barroco, período 1598-1625*, vol. Ⅱ（Salamanca, 1986），727-735。法国：J. Verger, 'Les universités à l'époque moderne', in G. Mialaret and J. Vial（eds.），*Histoire mondiale de l'éducation*, vol. Ⅱ（Paris, 1981），251。

有三分之一的毕业生因为年龄超过了 24 岁而获得学习期限减免，他们获准在取得学位时不必提供学习期限的证明，但这并不表明他们根本没有学习。[10] 法国在学习期限上这种减免成为这些毕业生名副其实的灾难。在牛津大学，文科硕士学位以法令形式规定，可以授予那些表明自己已经学习一定时间的学生“贵族”和“绅士—平民”称号。学习期限通常会很长，而且不同学院有不同要求，神学的学习期限一般要求更长。在 16 世纪初的图宾根，学生在获得文科硕士学位之后，必须再花 10 年才能取得神学学位，6—8 年取得法学学位，5 年取得医学学位。牛津大学的《劳德章程》(1636) 规定文科硕士学位的学习期限为 7 年，然后再学 3 年可获得医学或法学博士学位，而神学博士学位则需 7 年。在法国，1679 年改革后，法学硕士学位需 3 年，神学学位需 5 年。从理论上讲，医学硕士学位开始是 5—6 年，1696 年之后需 4 年，最终 1707 年之后是至少 3 年，但这种逐步（无疑是可行的）的改革是伴随着对出勤的严格考核进行的。[11]

可以看出，近代学生们在逐步缩短他们的学习年限。这种年限的减少也导致当局有时采纳一些更实际的方法，将学习时间缩减到最少。因此，西班牙于 1770 年将学士学位的年限固定为 4 年，这显然是在适当训练与
361 学生迫切毕业之间的一种妥协。同时，尽管不能确定法国的法学学生年龄是否从 17 世纪到 18 世纪有所降低，学生们似乎都趋向于仅仅读够最低年限。按常规，学士学制为 8 个学期，硕士为 12 个学期（4 年），这也正是大部分学生实际就读的时间。[12] 不过，从长远看，学制也的确在缩短。1546—1565 年，布雷斯劳的学生在大学学习 5—6 年，而 1626—1645 年则

---

⑩ Julia and Revel, ‘Les étudiants et leurs études’(注释 1).

⑪ Julia and Revel, ‘Les étudiants et leurs études’(注释 1), *passim*; P. Huard, ‘L’enseignement médico-chirurgical’, in R. Taton(ed.), *Enseignement et diffusion des sciences en France au XVIIIe siècle*, Histoire de la Pensée, 9(Paris, 1964; reprint Paris, 1986), 177-179; Chartier, *Education en France*, 261-263.

⑫ Julia and Revel, ‘Les étudiants et leurs études’(注释 1), 151-158. Against R. L. Kagan, ‘Law Students and Legal Careers in Eighteenth-Century France’, *Past and Present*, 68(1975), 38-72.

只需在大学里待 4 年。[13] 17 世纪的哈布斯堡王朝和德意志，大学学习年限与布雷斯劳相似，4 年或稍少一点儿。[14] 联合省也表现了类似的趋势，那里对学制的管理比较宽松，获得文凭的平均年龄从 17 世纪的 24 岁降到 18 世纪后半期的 21—22 岁。[15]

学位颁发之前，通常都有检验学位申请者才能的测试，它可能是考试、公开辩论、论文答辩或一场乃至几场公共演讲。就论文答辩而言，可为一篇论文中的见解进行辩护，或者为提交申请学位的论文进行辩护（不要将这篇论文与练习性的论文相混淆，那些论文是在课程学习过程中进行的，不能被视为考试）。公共讲演在牛津大学被称作墙壁演讲，因为学位申请者通常对着空屋子演讲。颁发学位时要举行极其古典的传统仪式。例如，博士学位颁发典礼通常包括开幕词、训词、学位申请人的颂词、博士宣誓（通常包括忏悔宣誓，特别是教皇庇护四世 1564 年的《圣训》中规定在任何辩护前都要进行这一宣誓后更是如此），典礼上还有一些象征性的仪式（书被打开再合上，戒指象征着与缪斯女神的结合，赠给学位申请人手套、帽子，有时还有马刺或其他象征贵族身份的物品，将它们放到博

---

⑬ G. Kliesch, *Der Einfluss der Universität Frankfurt (Oder) auf die schlesische Bildungsgeschichte dargestellt an den Breslauer Immatrikulierten von 1506-1648* (Würzburg, 1961), 36-37.

⑭ A. Kohler, 'Bildung and Konfession. Zum Studium der Studenten aus den habsburgischen Ländern an Hochschulen im Reich (1560-1620)', in G. Klingenstein, H. Lutz and G. Stourzh (eds.), *Bildung, Politik und Gesellschaft. Studien zur Geschichte des europäischen Bildungswesens vom 16. bis zum 20. Jahrbundert*, Wiener Beiträge zur Geschichte der Neuzeit, 5 (Vienna, 1978), 102; W. Frijhoff, 'Surplus ou déficit? Hypothèses sur le nombre réel des étudiants en Allemagne *à* l' époque moderne (1576-1815)', *Francia*, 7 (1979), 186-189.

⑮ Frijhoff, *Gradués*, 163-167.

362 士席上），最后由权威机构向他们颁发盖有印章的学位证书。⑯ 隆重的公共典礼从游行和宗教活动开始。此外，学位证书通常在特别的似圆形剧场的建筑物前的大学教堂被授予，那些圆形剧场似的建筑物就像牛津大学的歇尔顿尼安剧场（1669）一样。在有的大学，学位证书颁发典礼可能是个性化的（这种情况下的答辩就没有盛典，只是私下里进行），或一年一次，或甚至每隔两三年一次，给一批学生同时颁发。博士宴会在任何地方都是强制性的，但费用往往由税款支付。

学位颁发实践多样化的主要后果之一是大学、公众和教会权威机构对外国学位证书的不信任，他们怀疑这些学位证书的价值。有时他们甚至怀疑国立大学的考试。在联合省，尽管首批大学特意为训练牧师而创建，但是归正教会从未真正信任过他们。从 16 世纪末开始，他们仅仅承认那些通过由教会会议和古典权威代表主持的神学考试的神学学生做牧师候选人。此外，大学训练直到 17 世纪末才被正式要求。起初，正如英格兰清教徒所预言的那样，在职训练就足够了。实践中，这种情况导致了神学学位在实质上的消失，神学学位只为一些雄心勃勃的学者保留或作为新近任职教授的荣誉。⑰

宗教的分裂和诸侯们控制他们未来合作者训练水平的要求强化了他们对外国学位文凭的限制，因为他们希望他们的合作者有专门的能力。这是欧洲日益增强的区域化的一部分，看似同公共行政部门的集权化程度成比例（参见第十章）。然而，如果不伴随着对职业实践施以有效的制裁，这种限制作用会变得微乎其微。因此，1591 年荷兰总议会颁布的对天主教

---

⑯ 例如，参见处在 18 世纪的牛津：L. Sutherland，'The Curriculum'，in *History of Oxford V*，469-491；在卡昂：W. Frijhoff，'Le médecin selon Jacques Cahaignes（1548-1617）. Autour de deux soutenances en médecine *à* Caen au début du XVII e siècle'，*Lias*，10（1983），193-215；在萨拉曼卡：Rodríguez-San Pedro Bezares，*La Universidad salmantina*（注释 9），vol. Ⅱ，700-820；在巴塞尔：E. Bonjour，*Die Universität Basel von den Anfängen bis zur Gegenwart 1460-1960*（Basle，1960），278-282；在格拉斯哥：D. Murray，*Memories of the Old College of Glasgow*（Glasgow，1927），306-309.

⑰ Frijhoff，*Gradués*，45-47.

大学的警告只是一纸空文，南荷兰的君主们的限制却得到尊重，因为违反 363
规定会对学生的职业生涯产生不利影响。但是，总体而言，这些制裁的前提是，职业实践同具有民事后果的文凭相联系，这种后果是可以被质疑的。在17世纪之前，要求具有大学学位的行业或职业非常稀少。通常，能够提供证据表明自己在大学学习过一段时间就已足够，一名教授或系主任签字的证书亦可证明。

花费与收益

通常，学位是很昂贵的，它至少要花费相当于几个月的工资，更多时候要花费一年或一年以上的工资收入。在英国需要几十英镑，在德国需要100泰勒，在荷兰则需要差不多200弗罗林。但是，根据系科、大学，尤其是学位类型的不同，花费也极不相同。博士学位当然比硕士学位要贵，而硕士学位贵于学士学位。最重要的是，学位费用是一种限制市场竞争的手段。法国大学医学博士学位就是马尔萨斯学说运用的一个明显的例子。从18世纪开始，几乎在所有地方，这个博士学位都要花费几百图尔斯镑（相当于一个工人一年的工资）。但是，到了18世纪中期，这一总数在巴黎已增长到5614镑，这是一笔可观的财富。更进一步讲，像安格斯或兰斯这样的大学存在两种贵贱不同的博士学位。一种比较昂贵（安格斯要2000镑，兰斯称之为“最普通的”需要3500镑），想获取这种博士学位的学生可以在大学城内执业，也可以作为在读的博士生在大学里授课；另一种博士学位（兰斯称之为“不普及的”）比前者便宜7倍，它是为那些愿意走出去到大学城外行医的人设计的。另外，还有一种专为外国人设计的既便宜又容易获得的博士学位。[18]

这种花销最多时相当于一个熟练工人10年的工资，的确很贵。但是，我们也应该考虑到它的实际价值。事实上，必须对两个学位授予制度加以

⑱ Julia and Revel，‘Les étudiants et leurs études’（注释1），279-281.

区分。第一个学位制度继承于中世纪，学位要求被连续地获得，低一级的
学位是进修高学位的前提条件。在 1789 年法国大革命前的社会政治制度
下，这一制度在所有中央集权制国家（法国、西班牙、英国等）被实施。
364 更广泛地说，在所有的欧洲南部地区都得以实施。国家法令经常重提这一
制度的重要性，毫无疑问这是因为它似乎能够在知识控制方面确保一定的
规范性。但是，学位多样性也允许其功能的多样化。在这一制度中，硕士
学位作为获得一门专业课程最终认可的组成部分，可以使毕业生有资格在
几乎任何地方作为一名医生或律师开业。在卡斯蒂利亚，甚至是学士学位
获得者都足以胜任律师业的工作。[19] 一般来说，博士学位可以紧随硕士学
位之后获得，而不需要任何特别的间隔，结果它经常在授予硕士学位当天
或第二天授予。博士学位不呈现认知认可的特征，但通过一套象征性的训
练保证毕业生获准进入学者队伍。这是一种真正的开端仪式，博士学位获
得者正式成为那些决定和维护大学科学水平集体中的一员。加入这一团体
（被冠以博士头衔），这位新博士就被赋予一份责任，这种优秀群体的成员
资格对科学、科学的发展及科学的教学都负有责任，而这一切都会在博士
典礼上有所庆贺。学位层次和功能的多样化在很大程度上解释了它们相对
比例的不同。16 世纪，在克拉科只有四分之一的文科学士能继续攻读硕
士学位。[20] 17 世纪初，在萨拉曼卡，当一名学士有足够资格成为一名律师
或医生时，也只有 2% 的学士能获硕士学位，0.7% 的学士能获博士
学位。[21]

第二个学位制度是在现代化的进程中从第一个制度中逐渐发展而来的，尤其是在德意志境内。我们可以从莱顿的情况很清楚地看到这一点，

---

⑲ Pelorson, *Letrados*（注释 1），17.

⑳ L. Hajdukiewicz, 'Travaux préparatifs *à* l'édition du "Corpus Academicum Cracoviense"', in M. Kulczykowski (ed.), *L'Histoire des universités. Problèmes et méthodes. Ière Session scientifique internationale, Cracovie 13-14 mai 1978*, Zeszyty Naukowe Uniwersytetu Jagiellonskiego DLXVII. Prace Historyczne, Z. 67 (Warsaw/Cracow, 1980), 81.

㉑ Rodríguez-San Pedro Bezares, *La Universidad salmantina*（注释 9），vol. III, 520-522.

1589年莱顿颁布的条例仍然规定了学士、硕士和博士的学位次序，但实际上学士学位在16世纪末就消失了。半个世纪之后，硕士学位只为外国人保留。学士学位被“候选人”的头衔所取代，该头衔通过考试获得。博士学位依然保留着。然而，有的贵族想要突出自己的高贵，并且表示不需要以博士学位替代贵族身份，他们也会满足于一个普通的硕士学位。自此以后，在联合省（和在神圣罗马帝国）申请博士学位比在其他国家申请其他学位制度更加普遍。事实上，尽管研究生只有一个硕士学位，但博士的 365
头衔已经很快变成了“研究生”的同义词，更易让人产生混淆的是，法律专业的研究生不论是硕士或博士，都使用“硕士”这一称号。[22] 这种单学位制度实际上存在于北欧的许多国家。它可以解释学位在一个国家的稀有，如瑞典，文科硕士（哲学硕士）就是一种一般的非专业头衔。高级学位只能由未来的教授和学者去努力获取。瑞典的法院和教会认可那些通过了它们自己的最终考试的人。[23] 在其他的学位制度下，因为内涵的改变也产生同样的混淆。塞万提斯和克维多抓住一切机会嘲讽地指责那些只有学士学位却冒充硕士或自称博士的卡斯蒂利亚人。[24] 事实上，在这两种情况下，正是博士称号的社会声望决定了人们对它的使用。

博士学位是一种通过或开端仪式，确保最终进入学者世界，这一本质使其因盛典的花费而变得非常昂贵。不同国家会稍有变化，但是告别宴会或荣誉典礼及赠送新同行的礼物等的数量都有严格的管理规定，下述内容都在预期中：餐会、酒宴、作为礼物的手套、兔子、糖果、水果等。[25] 无论什么时候计算这项开支，这些辅助花销都很大。如果谁想取消这项开支，不幸就会降临在他身上。在卡斯蒂利亚，博士学位的花销已经达几百

---

[22] Frijhoff，*Gradués*，43-45. 关于德国，参见 H.-W. Prahl，*Sozialgeschichte des Hochschulwesens*（Munich，1978），131。

[23] 参见 S. Lindroth，*Uppsala Universitet 1477-1977*（Stockholm，*1976*）；in English *A History of Uppsala University 1477-1977*（Uppsala，1977）；Klinge，*Kuningliga Akademien*。

[24] Pelorson，*Letrados*（注释 1），108-111.

[25] 参见 1619 年萨拉曼卡大学法学或医学博士学位典礼上列出的令人难以忘记的礼物清单，载于 Rodríguez-San Pedro Bezares，*La Universidad salmantina*（注释 9），vol. Ⅲ，910-912。

达克特。[26] 1611年5月30日，察哈里亚斯·赫尔曼牧师在奥德河畔法兰克福花费了总额高达622泰勒和23格罗特（至少相当于他预期年工资的4倍）来获得他的神学博士学位。这一小笔财富包括他从布雷斯劳来的旅行花销，事实上，只有12%（73泰勒和32格罗特）用于付给大学，其他的花在了餐席宴会上。这些“额外花销”主要用于筹备典礼，标明新博士身份。[27]

博士学位的高昂花销使一些候选人安心于硕士学位，而硕士学位通常
366 具有与博士学位类似的民事效力。因此，在法国，根据1707年3月颁布的皇室法令，医学硕士学位是从医的唯一要求，但是产生博士学位的公共典礼可以在授予硕士学位之后立即进行。在花销之外还有一点不同，就是要举行一次非常庄严的大考试（约5个小时），通过了才可以得到博士头衔并进而成为教授。[28] 因此，由于博士学位的高昂成本，财富的选择也是一种职业依据。另外，由于各大学学位花销存在显著不同，这也在一定程度上解释了学习型大学与毕业型大学之间的差异。

尽管如此，学位花销还是可以和预期收益成正比的；这种收益可以是精神上的，也可以是物质上的，有时二者兼具。重点研究表明一个大学毕业生在他的专业领域可以期望比非大学毕业生挣得更多。[29] 在1789年法国大革命前的社会政治制度下，社会依据荣誉和尊严来建构，大学学位是获得社会权利和特权的基本源泉。拥有了最高的学位，博士就可以预期获得最高声望。

博士学位的显赫地位可以从宗教改革家对它模棱两可的态度上略知一二。在中世纪，教会是社会价值的裁定者，因此神学家持续地控制当时关

---

[26] Pelorson, *Letrados*（注释1），200-203.

[27] Kliesch, *Der Einfluss*（注释13），29-30.

[28] Julia and Revel, ‘Les étudiants et leurs études’（注释1），246-249.

[29] W. Frijhoff, ‘Université et marché de l’emploi dans la République des Provinces-Unies’, in *Populations étudiantes*, vol. Ⅰ, 226-229.

于上帝、造物和社会的基本辩论。[30] 神学博士学位允许博士宣称自己的权威，并且在中世纪后期的宗教改革运动中已经获得了正式的圣职授任。在康斯坦茨（1414—1418）和巴塞尔（1431—1443）的会议上，神学博士和主教拥有同样的选举权。马丁·路德个人就非常自豪于1512年获得的神学博士学位，这赋予了他神学权威。博士学位既没有受到政府当局的眷顾，也未蒙恩于教会，它赋予博士们挺立于这两种势力之间的权威。路德从1517年提出著名的论纲到通过辩论进行的桌边谈话等一系列的改革活动，都深深得益于采纳或模仿了学问交流的形式——在这个社会领域里，367
博士就是国王（领导者）。但是，路德没有认可博士们的傲慢自大。因为他们利用自己的职位来断言尚未被科学研究证实的事物。他尤其厌恶法学博士，并且明确地告诉他的儿子："如果你成为法科学生，我就吊死你。"[31] 但是，与此同时，随着王子典范（马基雅维利，1513年；伊拉斯谟，1515年；格瓦拉，1529年；等等）或议员典范（德国的劳特贝克或奥尔登多夫，西班牙的卡斯蒂利亚或博瓦迪利亚）[32] 等一系列启蒙思想被提出之后，他也提倡为法官提供较好的法律训练，并且坚持认为从事行政管理、法律工作的政府官员及选取的公务员都应该具有与他们的职位相一

[30] G. H. M. Posthumus Meyjes, 'Het gezag van de theologische doctor in de Kerk der Middeleeuwen: Gratianus, Augustinus, Triumphus, Ockham en Gerson', *Nederlands Archief voor Kerkgeschiedenis*, 63(1983), 105-108; H. A. Oberman, 'University and Society on the Threshold of Modern Times: the German Connection', in J. M. Kittelson and P. J. Transue(eds.), *Rebirth, Reform and Resilience: Universities in Transition 1300-1700*(Columbus, Ohio, 1984), 29-31.

[31] M. Luther, *Tischreden*(WA 1913, 26): 'Wen du solst ein jurist werden, so wolt ich dich an ein galgen hengen.' 参见 H. Thieme, 'Le rôle des *doctores legum* dans la société de l'Allemagne du XVIe siècle', *Recueil de mémoires et de travaux publiés par la Société d'histoire du droit et des institutions des anciens pays de droit écrit*, vol. VI(Montpellier, 1967), 45-49.

[32] G. Lauterbeck, *Regentenbuch*(Leipzig, 1557); J. Oldendorp, *Politischer Unterricht für die Ratsherrn in Städten und Kommunen*(1634); 对于西班牙: J. Castilla y Aguayo, *El perfecto regidor*(Salamanca, 1586); J. Castillo de Bobadilla, *Política para corregidores y señores de vasallos*(Madrid, 1597)。

致的教育水平。[33]

但是，分裂宗教改革者的正是基督教徒的权威原则。马太福音第23章第8节（“你们不要受拉比的称呼”）在这里起到决定性的作用。宗教改革的激进派拒绝一切有关《圣经》解释的高级权威，声称那些都是他们自己的意见。路德起初表示支持1523年维滕堡取消神学博士学位。把福音书的自由反映在学术自由上是不对的吗？神学院主任卡尔施塔特于是放弃了他的头衔和博士长袍，退休到奥拉明德，换上农夫的工作服，不过成了一名“新的世俗门徒”而已。巴塞尔随后也效尤。卡皮顿和布塞尔进行干预，但到1533年，维滕堡的博士学位还是得以恢复，然后在巴塞尔也得到恢复。[34] 这场争论使我们得以洞察博士学位的巨大价值，一种象征性的价值却具有真正的社会文化作用。教会没有搞错，神学博士学位确实是
368 教会复兴的象征，这种复兴倾向于以一种更具智慧的、更具认知的和更有教育意义的理念取代以往神职人员的仪式性角色。正如加尔文派信徒称呼的那样，宗教的护卫者成为圣言的护卫者，即圣言牧师。对于加尔文派来说，博士未必是牧师，但牧师都应当是博士。[35] 再者，废除主教也导致了博士在归正教会中神学职责的扩大。在天主教会概述的伟大的改革运动中，特伦特会议反过来强调了改革领导者所受智力训练的重要性。它规定教会的高级职位，尤其是主教要保留给那些学习神学或教会法的硕士及博

㉝ B. Singer, *Die Fürstenspiegel in Deutschland im Zeitalter des Humanismus und der Reformation* (Munich, 1981); N. Hammerstein, ' "Groβer fürtrefflicher Leute Kinder." Fürstenerziehung zwischen Humanismus und Reformation', in A. Buck (ed.), *Renaissance-Reformation. Gegensätze und Gemeinsamkeiten*, Wolfenbütteler Abhandlungen zur Renaissance-Forschung, 5 (Wiesbaden, 1984), 265-286.

㉞ E. Kähler, 'Karlstadts Protest gegen die theologische Wissenschaft', in L. Stern (ed.), *450 Jahre Martin Luther Universität*, vol. Ⅰ (Wittenberg/Halle, 1952), 299-309; H. Barge, *Andreas Bodenstein von Karlstadt*, vol. Ⅱ (Leipzig, 1905), 15; on Luther's position: Y. Congar, *Vraie et fausse réforme dans l'église* (Paris, 1969), 455-465.

㉟ W. F. Dankbaar, 'L'office des docteurs chez Calvin', *Revue d'histoire et de philosophie religieuses*, 44 (1964), 364-385.

士（第十二章第 24 节）。在路德教会境内，神学博士的高贵地位长久以来都反映在大学中，那里神学教授的地位在其他学科教授之上。但是，特伦托会议的规定已经作为法律高于神学的胜利的先导，也导致学习研究向更加实用的方向发展。

法学博士被认为是贵族（法律伯爵），至少从中世纪晚期开始就是如此。[36] 这完全是个人的、不可转让的贵族身份，是“参与性”的。地中海地区的国家（西班牙、意大利）似乎是这一观念的发源地。意大利法学家争相赞美自己的贵族尊严，认为自己比那些出身贵族的人更加高贵（劳伦佐·坎蒂尼），著名的佩鲁贾法学家巴尔托鲁斯·德·萨克费拉托（1314—1357）声称，贵族尊严与有博士学位的人结合在一起，即使在停止了教学活动之后，他仍保有这一尊严。当然，这种超前的精英论调在中世纪的意大利有着特殊的背景，即旧贵族与城市新兴资产阶级之间的斗争。然而，同样存在的状况是，阿尔卑斯山南侧的学生们在游学过程中将这种观念带了回来。16 世纪大学的贵族化给予这一观念新的刺激，使用“文学贵族”表达的含义更加宽广，而不再像以前总是只有“博士学位”一个特定的内涵。就这样，它可以被用来支持曾受更好教育的城市贵族的权力，在意大利半独立的城市、神圣罗马帝国及低地国家更是如此。它也成为欧洲各地新兴资产阶级要求的社会大改组的重要武器。因而，1595 年，德国人约
翰·劳特巴赫在赞美他们的联盟的卓越性之前，先是赞美了文学较之武器 369
更重要的地位。[37] 我们正处于“武器与学问的争执”当中，即一种牧师与骑士之间口头论争的现代翻版。这场争论中最著名的当数《堂吉诃德》（1606—1615），这是米格尔·德·萨韦德拉·塞万提斯的小说，这部小说

[36] H. Lange, ‘Vom Adel des Doctor’, in K. Luig and P. Liebs (eds.), *Das Profil des Juristen in europäischer Tradition* (Ebelsbach, 1980), 279-294; I. Baumgärtner, ‘De privilegiis doctorum. Über Gelehrtenstand und Doktorwürde im späten Mittelalter’, *Historisches Jahrbuch*, 106 (1986), 298-332.

[37] J. Lauterbach, *Tractatus novus de armis et litteris* (Wittenberg, 1595). 西班牙的与其同观念的人：F. Nunez de Velasco, *Diálogo de contención entre la milicia y la ciencia* (Valladolid, 1614)。

戏剧性地强调了这些问题对于涉及的所有社会阶层的重要性。[38]

在撰写了一批有关博士特权的重要论文的同时，埃弗拉德·布龙乔斯特（1554—1627）还写了一本小手册。此人是瑞士巴塞尔的一名法学博士、荷兰莱顿大学的教授。这本小册子提供了对当时激进形势的纵览。[39]在职20年后，法学博士成为贵族，他们有权获得伯爵或“帕拉丁伯爵”的头衔，这就使他们有时候可以忽视大学，而有权根据皇权自己授予博士学位。[40] 杜埃和萨拉曼卡这种高贵的地位使他们收入颇丰。作为贵族，他们有权佩带武器，也可以希望由学生供养（一种封建领地关系的陈规的余留?），他们被免除徭役和赋税，不必因为欠债而坐牢，也不会受刑。他们的子女有权免费接受教育，他们的妻子有权穿着奢华的盛装。因而，在如美因河畔法兰克福那样的非大学城的着装规则（1731）中，法学和医学博士及贵族被列在首位，位居富裕的商人之上。[41] 这些特权通常也为大学博士们所固有，大学教授或甚至于大学中的一般成员也可享有。这是许多大学名单中出现博士的原因之一。作为大学的一员，他们也能因此获得特权，尤其是赋税和兵役的豁免权。大学在16世纪贵族化的根源之一就在
370 这里。[42] 然而，这一特权被延伸，只要是博士们能够享有特权的地方，贵

㊳ J. A. Maravall, *El humanismo de las armas en Don Quijote* (Madrid, 1948); J.-M. Pelorson, 'Le discours des armes et des lettres et l'épisode de Barataria', *Les Langues néo-latines*, 212 (1975), 40-58.

㊴ E. Bronchorstius, *Tractatus brevis, perspicuus et succinctus de privilegiis studiosorum, tum professorum et doctorum* (Leiden, 1621; new edn Franeker, 1695).

㊵ 参见第4章，注释88。

㊶ 参见 C. Huerkamp, 'Die preussisch-deutsche Ärzteschaft als Teil des Bildungsbürgertums: Wandel in Lage und Selbstverständnis vom ausgehenden 18. Jahrhundert bis zum Kaiserreich', in W. Conze and J. Kocka (eds.), *Bildungsbürgertum im 19. Jahrhundert*, vol. Ⅰ: *Bildungssystem und Professionalisierung in internationalen Vergleichen* (Stuttgart, 1985), 380-381.

㊷ H. de Ridder-Symoens, 'L'aristocratisation des universités au XVIe siècle', in M. Kulczykowski (ed.), *Les Grandes Réformes des universités européennes du XVIe au XXe siècle. IIIème Session scientifique internationale, Cracovie, 15-17 mai 1980*, Zeszyty Naukowe Uniwersytetu Jagiellonskiego DCCLXI. Prace Historyczne, Z. 79 (Warsaw/Cracow, 1985), 37-47.

族们也可以享有。优先权之争时常充斥着整个欧洲，因为具有博士学位就可以脱离普通资产阶级的层次而将自己提升到第二阶层的水平——在有次序的社会中一种重要的象征性的进步。于是就不难理解，为何那些知识分子职业通常被描述为介于贵族与平民之间的“中等职业”。

学位作为从业资格

在有关自知之明的短篇中，伟大博学的格拉尔杜斯·约翰内斯·福西厄斯（1577—1649）批评了他所处时代的大学，表明在法国一名法学学生可以在五天内成为一名法官。在奥尔良，第一天被提升的法学候选人在第二天就应当获得他的从业执照，他必须在第三天从奥尔良旅行至巴黎，依靠可怜的一点儿经验第四天就能被律师行业认可（被认定可以免于考虑实践时间的长短），然后在第五天就任法官职务。[43] 这位学者的批评在许多方面都是非常有意义的：它指出了大学在功用上的一分为二，即以一定资格水平为目标的科学家们的完美理想，以及大多数人纯粹的机械实践。它同时揭示了学位的晋升更像一种开始就职的行政行为，而不是一种认可学习身份的考试。最后，它还指出学习能够与学位的获得完全分开。（有关学习大学和学位晋升路线，参见第十章第 432—434 页）

在中世纪，学位根据公认的大学认可系统来授予，作为一段时期学习的正规结束。在现代，学位制度变得越来越多样化，它的意义也有所改变。在 18 世纪末期的大变革之前，除了寄宿学院的导师制度，事实上在课程进行中，没有依靠连续和必需的考试来提升的制度（学生认可制度）。在授予学位之前，只有唯一的年终考试。然而，更多的是仪式的而非严格 371
审查的，他们没有真正建立考试制度，很少通过考试展示候选资格的真正水准。辩论的题目和学位论文常常是传统的、可预知的且很容易准备，在

---

[43] G. J. Vossius, 'De cognitione sui libellus', § XVII in T. Crenius (ed.), *Consilia et methodi aureae studiorum optime instituendorum* (Rotterdam, 1692), 675-677.

任何情况下，它们都没有涵盖学科的全部范围。例如，在英格兰，直到18世纪末期，客观的评价学业成绩的考试才在剑桥大学出现，这导致了1801年在牛津和剑桥实行的精英式的“新考试章程”。[44]

结果是雇主们，即教会和政府，缓慢而坚决地制定了替代性的考试制度。因为在学生离开大学时没有对学生资格水平的严格评价，所以雇主们对申请出任公职的候选人组织选拔考试。考试不仅可以用来拒绝特别愚蠢的候选人，而且能测试出一定数量的持有诸如实用知识等出任公职所必需的首要条件的候选人，还可用来任意调整获得认可的候选人的数量。尽管在现代人们很清楚能力或功绩在很大程度上与文化传统（归属）相交织，但事实上这些职前考试一面见证并加速了向任人唯贤制度的过渡，一面又为候选人的学位成就提供证明。

为授予公职，教会设立考试或提出其他附加条件，他们是首先采取这种做法的一员。天主教神学院的创建被认为是对大学不信任的举措。即便在像法国这样的国家，长期以来，在与学院和宗教社团的竞争中，神学院也只是为那些注定要当牧师但在大学学习的学生提供长期简陋的寄宿屋或宿舍，而到了17世纪末期，神学院开始教授神学，从而直接与大学相竞争。[45] 路德教牧师候选人的考试也出现相同的趋势，这些候选人得坐在一
372 位主教、教会议会议员（在萨克森）、教会法庭成员（在海德堡）或一名

㊹ 参见 S. Rothblatt, 'The Student Sub-culture and the Examination System in Early 19th-Century Oxbridge', in Stone(ed.), *The University in Society*, vol. Ⅰ, 247-303.

㊺ H. Tüchle, 'Das Seminardekret des Tridentiner Konzils und die Formen seiner geschichtlichen Verwirklichung', *Theologische Quartalschrift*, 144(1964), 12-30; D. Julia, 'L'éducation des ecclésiastiques en France aux XVII e et XVIII e siècles', in *Problèmes d'histoire de l'éducation. Actes des séminaires organisés par l'Ecole française de Rome et l'Università di Roma-La Sapienza(janvier-mai 1985)* (Rome, 1988), 141-205; 关于德国: A. Seifert, *Weltlicher Staat und Kirchenreform. Die Seminarpolitik Bayerns im 16. Jahrhundert* (Münster/Westfalen, 1978)。关于波兰: A. Petrani, *Nauka prawa kanonicznego w Polsce XVIII i XIX e wieku* (Lublin, 1961); S. Litak, 'Das Schulwesen der Katholiken in Polen. Entwicklung und Verfall', in Klingenstein *et al.* (eds.), *Bildung, Politik und Gesellschaft* (注释 14), 124-137。

大学教授面前，或许和其他加尔文教徒一起坐在宗教会议或一流权威面前。[46] 甚至在英格兰，学生们被迫同意《至尊法案》和《英国国教声明》，并且大学和国教完全和谐相处。从 16 世纪下半叶开始，英格兰牧师职位候选人的能力由基督教权威来考核。诚然，他们很快就把培养的重担转嫁给了大学，大学也接受了，因此控制权优先于学位的授予。[47] 在细节上做必要的修正之后，斯堪的纳维亚国家采用了这一制度。直至 17 世纪中期，国家把牧师的培养和考核交给了大学，深深地融入了教会和国家的共生关系，这是很多路德教区的特征。

教会的做法很快被国家所注意。这就出现了三种情况：国家相信大学，国家不相信大学，以及国家试图在大学和社会需要之间建立一种共生关系。1498 年，法国国王要求各司法行政管辖区的执行官必须具有民法硕士或博士学位。毫无疑问，大学考试是不够的，因为 1546 年的《摩林斯敕令》规定了对出任议会法庭的法官们进行资格考试的条件。整整一个世纪之后，在路易十四时代，科尔贝尔对法律学习进行了彻底的改革，使之更符合专业需求。[48] 应该指出的是，在法国，国家信任大学，并且努力唤起大学的诚意，以此来获得更好的教育；但与此同时，国家对高等教育也进行严密的控制。这种体制只是在法国大革命期间才被摧毁。革命后新的规定更加接近专业需要。但是甚至在大革命之前，国家和大学为了提高

---

[46] B. Vogler, *Le Clergé protestant rhénan au siècle de la Réforme (1555-1619)* (Paris, 1976); G. Franz (ed.), *Beamtentum und Pfarrerstand 1400-1800* (Limburg an der Lahn, 1972); C. Homrichhausen, 'Evangelische Pfarrer in Deutschland', in Conze and Kocka (eds.), *Bildungsbürgertum* (注释 41), vol. Ⅰ, 248-278; C. A. Tukker, 'The Recruitment and Training of Protestant Ministers in the Netherlands in the Sixteenth Century', in D. Baker (ed.), *Miscellanea historiae ecclesiasticae*, vol. Ⅲ (Louvain, 1970), 198-215.

[47] R. O'Day, *Education and Society 1500-1800. The Social Foundations of Education in Early Modern Britain* (London, 1982), 132-150.

[48] D. Julia, 'Frontières étatiques, clivages confessionnels et cloisonnements intellectuels dans l'Europe des ⅩⅥe-ⅩⅧe siècles', in J. P. Genet and B. Vincent (eds.), *Etat et Eglise dans la genèse de l'Etat moderne. Colloque organisé par le Centre national de la recherche scientifique et la Casa de Velázquez, Madrid, 30 novembre et 1er décembre 1984* (Madrid, 1986), 78-82.

373 教师资格，开始走上根据才能选拔的道路。1766 年，他们创立了一种教师竞争考试的制度，当时为哲学、纯文学和文法等领域的博士们预留了 60 个巴黎文科教师的位置，给那些最应当获得这些位置的博士们。[49] 尽管"对话"这个词有些夸张，但一般说来，18 世纪西班牙查里三世（1759—1788）和查里四世（1788—1808）时期的改革也可归结为信任大学和在平等地位上获得二者合作的要求。为了克服颓态，在不触动既定结构的情况下改革偶尔出现的弊端，尽可能地保持大学独立的假象，这就是波旁王朝在西班牙改革政策的特点。[50]

第二种情况是国家在某种程度上不信任大学，并且在大学考试之外设立自己的考试。这种情况主要发生在北欧，并且引出这样一个问题，即它和罗马人的法律在 15—17 世纪在这些地方民事司法实践之间迟来的渗透有多大联系。在德国的小型、地域性"家庭"大学中，政府控制是直接通过个人进行的，但是在较大的国家情况就不一样了。比如，1620 年瑞典为法庭的审计官引入了实践培训，国王查里十一世在 1678 年设立副公共检察官就职考试。[51] 在 18 世纪，丹麦（1736）和瑞典（1750）在公共服务机构引进任职前的考试。

但是普鲁士很特别，政府通过一贯坚定的努力使所有知识分子国有

㊾ D. Julia, 'La naissance du corps professoral', *Actes de la recherche en sciences sociales*, 39(1981), 71-86.

㊿ 参见第 3 章，注释 11。

51 K. Å. Modéer, 'Die Rolle der Juristen in Schweden im 17. Jahrhundert. Eine rechtshistorische Skizze', in G. Rystad(ed.), *Europe and Scandinavia. Aspects of the Process of Integration in the Seventeenth Century* (Lund, 1983), 119-134.

化、专业化，并且没有忽视在新的公共服务机构规范基础上进行改革。[52]此外，约翰·戈特利布·海内克丘斯等学者把普鲁士的做法合法化。在意 374 大利，这个角色是由洛多维科·安东尼奥·穆拉托里（1749）扮演的，在法国则是路易斯·勒内·卡拉代克·德·拉·夏洛泰（1763）。第一种职业考试是关于进入国家服务机构的律师考试，于1693年腓特烈一世时开始，于1737年普及，在1755年最终形成制度。规定要求有三个阶段的考试和考试中间的实践训练课程。除了控制律师，普鲁士政府在哈根部长1770年改革期间，通过提供官房主义的课程旨在给予公共官员（这些人从1743年以后必须参加职位考试）更好的培训。这些行政管理学的第一批讲座1727年开办于哈勒和奥德河畔法兰克福大学，通常在哲学院进行教授（奥地利和瑞士是在法学院），但是到了18世纪末，在一些地区成立了独立的学院或讲座（吉森，1777年；斯图加特，1781年；美因茨，1782年）。尽管如此，大学教育对公共官员并不是必须的，有证明教育水平的职位考试就足够了。准确地说，缺少国家职业考试是造成1800年体制危机的原因之一。最后，自由职业者、律师（1709）、医生（1718）和路德教牧师也必须参加类似的国家考试。[53] 此外，1723年，律师和医生被

---

[52] H. Rosenberg, *Bureaucracy, Aristocracy and Autocracy. The Prussian Experience 1660-1815* (Cambridge, Mass., 1958); W. Bleek, *Von der Kameralausbildung zum Juristenprivileg. Studium, Prüfung und Ausbildung der höheren Beamten des allgemeinen Verwaltungsdienstes in Deutschland im 18. und 19. Jahrhundert* (Berlin, 1972); H.-E. Müller, *Bureaucracy, Education, Monopoly. Civil Service Reforms in Prussia and England* (Berkeley, Calif., 1984); P. Lundgreen, 'Zur Konstituierung des "Bildungsbürgertums": Berufs-und Bildungsauslese der Akademiker in Preussen', in Conze and Kocka (eds.), *Bildungsbürgertum* (注释41), 79-108; R. Graf von Westphalen, *Akademisches Privileg und demokratischer Staat. Ein Beitrag zur Geschichte der bildungspolitischen Problematik des Laufbahnwesens in Deutschland* (Stuttgart, 1979); H. Hattenhauer, *Geschichte des Beamtentums* (Cologne, 1980), 96-102. 普鲁士并不是德国第一个采取这种议案的地方；关于巴伐利亚，参见 Prahl, *Sozialgeschichte* (注释22), 136-142。关于奥地利：B. Schimetschek, *Der österreichische Beamte. Geschichte und Tradition* (Munich, 1984)。

[53] H. Hermann, 'Die "Freien Berufe". Herkunft, Wandlung und heutiger Inhalt des Begriffs', dissertation, Frankfurt-on-Main, 1971, 52-53; Prahl, *Sozialgeschichte* (注释22), 171-172.

要求在王国一所大学中拿到他们的学位。普鲁士政府很快意识到，如果想控制毕业生流动，那么也要控制大学的录取水平。1708 年通过设置“专有预科”尝试干涉这一领域，而 1788 年指定拉丁学校为控制大学学生学术能力的常规机构。[54] 普鲁士的解决方案中反映的制度分化趋势为后来的发展带来了启示。按照洪堡的思想，大学作为教授的堡垒拒绝通过最终考
375 试来认可教育成就，在大学之外，政府也采用了一套结构合理而严密的专业考试制度，规定了自己的录取标准和实训经历。

18 世纪天主教专制政府主要的改革中就有很多属于第三种情况的例子：国家的权威渗透到大学的最核心处，并且根据需要进行改造。当然，在这想到的第一件事是自彼得大帝时期以来，俄国沙皇逐步建构的与职业密切相关的教学机构网络。[55] 人们也不会忘记范格哈德·斯威滕的伟大的奥地利改革。[56] 但最引人注目的例子是维克托·阿马迪厄斯二世（1675—1730）在皮德蒙特的改革，主要是因为他的早熟及他意识到他是通过教育的统一来实现国家的统一。这次改革抓住了垄断教学和职业许可这两个头等类型的团体：培养医生和律师的专业学院和统治神学及文科的宗教团体。萨沃伊公爵在 1719 年压制了前者，又于 1729 年收服了后者，成功地建立了一个新的体制，在大学课程、学术学位和职业选择之间建起了精准的联系。专业人员和大学之间新的共生关系是在政府控制下实施的，目的是在职业选择上达到更好的平衡，同时也为了精英的流动。此外，现在新

[54] 参见 H.-G. Herrlitz, *Studium als Standesprivileg. Die Entstehung des Maturität-sproblems im 18. Jahrhundert*(Frankfurt-on-Main, 1973)。

[55] J. C. McClelland, *Autocrats and Academics. Education, Culture and Society in Tsarist Russia*(Chicago, Ill. /London, 1979).

[56] E. Wangermann, *Aufklärung und staatsbürgerliche Erziehung. Gottfried van Swieten als Reformator des österreichischen Unterrichtwesens 1781-1791*(Munich, 1978).

的职业（工程、建筑、外科、测量）可以在大学体系中进行培训。[57]

就这样，政府或专业团体从有学问的教师团体手中夺走了确定某种职业入职条件的权力，并且使之成为他们的特权。通过这个双重过程（政府控制、专业化），学位逐渐没有了以前的社团意义。从此，它从外在权威设定的专业先决条件中获得价值。然而，在那些任职考试已经完全替代大学考试的地方，如普鲁士，已逐渐采用新的方式，它不是职业资格考试，而是学术资格考试。于是，作为独立科学研究能力的证明，人们自由地重新定义学位。这是 19 世纪的一个重要发展，它伴随着对大学概念和模式 376
（洪堡和他的教化概念）的重新定义。但是这种开端的标志已在近代出现。从此，荣誉博士学位的增加使受益者的学术水平得到明确的尊重，这种改变或许很难被记录下来，但在就职答辩或毕业论文的概念中，它的原则似乎已被普遍接受。

起初，教师提供一个题目或文章作为接受博学教育的练习在 19 世纪突变成真正独创的综合性研究论文之前，这些论文逐渐成为候选人学识的证明。[58] 随之而来一个新的准大学职业应运而生——“论文写作者”，即代笔人，他们为那些没有才华或懒惰或过于匆忙的候选人服务。[59] 对于没有学术抱负的学生，他们越来越满足于在没有听众的辩论中简单地为论文中的几个观点进行辩护。

这带给我们有关自由职业者的问题，恰恰因为他们独立的性质而逃避

---

[57] M. Roggero, *Il sapere e la virtù. Stato, università e professioni nel Piemonte tra Settecento ed Ottocento*（Turin, 1987）; M. Roggero, ‘La politica scolastica nei ducati padani nel secolo dei Lumi. Realtà locali e problemi generali’, in G. P. Brizzi（ed.）, *Il catechismo e la grammatica*, vol. Ⅱ（Bologna, 1986）, 165-194.

[58] 关于大学练习及毕业论文写作者的争论性问题，参见 G. Schubart-Fikentscher, *Untersuchungen zur Autorschaft von Dissertationen im Zeitalter der Aufklärung*（Berlin, 1970）; Brockliss 的 *French Higher Education* 中的有些部分在论文收集基础上建议对法国大学低水平教学的传统形象做出修正。

[59] 例如，参见 L. Dulieu, ‘Un faiseur de thèse: le docteur Hugues Gourraigne’, *Languedoc médical*, 5（1963）, 3-16.

了控制。这里有一个混合的解决方法：律师和医生经过同行的考试后方可允许开业。这种考查通常仅限于承认在大学适时获得的学位并向律师协会或医生院提交证书。

当学位成为一个职位的必要条件时，没有太多才华或不幸运的学生就会受引诱而去作弊。替考和作弊这两种形式有所区别。很容易想象，在没有摄影技术的社会，身份识别比今天要困难得多，作弊是多么频繁的事。然而，还是有一些很有效的方法来阻止这种欺骗现象。首先，很多大学规模都较小，学生的学区也有限。一般说来，从接受中等教育时起，同学间就互相认识，大学当局经常怀疑外来者。其次，出生证明、学习证明、护照，其中包含持证人的体貌描述。最重要的是，在荣誉仍是价值观核心的社会里，欺骗要冒被发现的危险，一旦被发现，这个学生就要被他想要进
377 入的圈子排除在外。最后，一个人如果有钱去游学，很可能不用下多少功夫学习就可以从专门颁发学位的大学里得到学位。因此，尽管欺诈行为的广泛超乎我们的想象，但很有可能是因为那些不富裕的学生实在需要一个学位来挣钱糊口，如将来当医生或律师。欺诈的例子各国都有。然而，我们这里的目的不是要展示这些现象，而是要分析其中的机制。

此外，医生协会经常要保证新入行的人遵循一种毕业后持续学习的制度，在米兰或其他意大利北部的大城市就是这样，他们不自己培养和考核候选人。[60] 毫无疑问，近代欧洲大学的学位研究是一个微妙的课题，应当考虑各国的具体情况。

数量

从总体情况看，大学入学（预科）名录要比毕业生卷宗被保存得更

---

[60] E. Brambilla,'Il "sistema letterario" di Milano: professioni nobili e professioni borghesi dall età spagnola alle riforme teresiane', in A. De Maddalena, E. Rotteli and G. Barbaresi(eds.), *Economia, istituzioni, cultura in Lombardia nell'età di Maria Teresa*, vol. Ⅲ(Bologna, 1982), 79-160.

好。无论如何，它们都得到了更好地研究（录取学生数量参见第七章第297页）。这是否可被视作大学自我认识的一种表现，更多是向内看而不是向外看？对大学所开辟职业的全面评估必须同时考虑学生注册和学位颁发两件事情。毕业生并非都为人所知，注册学生的姓名也不完全清楚，而且并非所有预科生都继续攻读学位。无论如何，我们应放弃考察单个学校机构而从地区或国家的范围上来研究。这样做有若干个理由：大学极少仅从某个既定的城市和地区招生，即便大学这样做了，在本国或国外的其他地方也能寻求到学位。这样一来，简单的叠加就不科学了——学校应重组学生档案，或者至少应依据地区和社会标准重新分组。把注册学生人数和毕业生人数先比较一下，就会发现它们的数量关系在整个欧洲既不恒定，也不完全相同。首先，欧洲不同地区甚至相同地区的大学都有着巨大的差 378
异。北欧和中欧不像南欧及欧洲边缘地区那样注重学位。1550—1620年，只有5%的海德堡大学学生获取学位。16世纪，奥德河畔法兰克福大学有17 847名学生，仅有566人毕业（即3.2%）；[61] 即使1750—1800年，也只有16%的因戈尔施塔特大学生得到当地大学授予的学位，主要是哲学和法学学位。然而，在剑桥、阿尔卡拉和圣地亚哥，获得学位的学生比例到16世纪末上升至50%。[62] 这种差异与院系选择无关。在瑞典辖区奥布和多尔帕特内的路德教会大学，哲学和神学占据统治地位，但毕业率极低。17世纪的奥布只有6%的文学学生拿到硕士学位。耶稣会学院也以神学和哲学为盛，但有大量的文学硕士。诚然，在两种情况下学位是不同的，尽管有相同的名称，天主教国家的文学硕士是初级阶段，而新教地区文学硕士是高层次的哲学学位。除了由不同地区引起的学位级别的差异外，大学院系的功能也不相同。

---

[61] Kliesch, *Der Einfluss*（注释13），44-45.

[62] 参见 Kagan, *Students and Society*, 178; Pelorson, *Letrados*（注释1），104。

其次，不同时期的注册与学位的关系也是变化的（表 9.1）[63]。

表 9.1　学生获得学位的百分比

	人口	1600	1650	1700	1750	1800
	巴黎（文学硕士）	19.4	67.3			
	牛津（文学学士）	35.0	39.0	48.0	54.0	58.0
大学	弗拉纳克	6.0	22.6	40.5	56.8	70.8
	奥布			6.3	10.5	15.9
	多尔帕特		5.7	5.8		
	聚特芬镇	8.4	19.4	32.8	51.4	48.2
城镇/地区	北布拉班特		35.2	40.4	47.2	
	上艾瑟尔省		27.4	35.5	46.9	90.4

尽管毕业生与注册生的比例暂时会下降，但总趋势是上升的，因此注册生人数与毕业生人数越来越趋向一致，至少在学位要求一定的就读时间情况下总是这样。换句话说，从一个世纪到下一世纪，中途辍学的学生数在持续减少。让我们以经过很好研究的荷兰为例。15 世纪奥尔良的布拉班特大学里有 17%的学生获得法学学位，而 16 世纪这一数字上升至 28%。[64]
379 在 17 世纪中期的上艾瑟尔省，每四名学生中有一名拥有学位；一个世纪之后，则每两名学生中就有一名学生拥有学位。如果再算上那些完成学业

[63] 资料来源：L. W. B. Brockliss，'Patterns of Attendance at the University of Paris，1400-1800'，in *Populations étudiantes*，vol. Ⅱ，490，表 1；Frijhoff，*Gradués*，224；Frijhoff，'Université et marché'（注释 29），220；L. Stone，'The Size and Composition of the Oxford Student Body'，in Stone（ed.），*The University in Society*，vol. Ⅰ，95；Klinge，*Kuningliga Akademien*，463-465；A. Tering，*Album academicum der Universität Dorpat（Tartu）1632-1710*（Tallinn，1984），83；J. A. H. Bots and W. Frijhoff，'De studentenpopulatie van de Franeker academie：een kwantitatief onderzoek（1585-1811）'，in G. Th. Jensma，F. R. H. Smit and F. Westra（eds.），*Universiteit te Franeker 1585-1811*（Leeuwarden，1985），68。

[64] H. de Ridder-Symoens，'Brabanders aan de rechtsuniversiteit van Orléans（1444-1546）. Een socio-professionele studie'，*Bijdragen tot de geschiedenis*，61（1978），210.

但没有学位的牧师，注册生与毕业生的数量会更趋向一致。两份学生档案抽样调查证实了这些事实：17 世纪中期毕业率从 20%（聚特芬镇）至 35%（北布拉班特）不等（存在这个差异是因为在这一天主教地区有相当多的鲁汶大学文科毕业生）；18 世纪中期，这两个地区毕业率均为 45%—50%。

另外，毕业率还会因学科而异。18 世纪的巴塞尔，30%的法学学生、50%的文科学生和 65%的医学学生获得了学位。[65] 学位获得率与就业前景有明显的联系。对医生而言，学位是必需的，但对于从事法律或行政管理的人来说，学位并不如医生那样重要。从各学院毕业生的分布可看出大学功能缓慢而明确的变化。1477—1534 年，图宾根有 5800 人注册，其中的 2891 人，即约占半数获得学位。在这些学位中，90%是文科，5%是法学，3%是神学，2%是医学。[66] 但是 1569 年海德堡的文科学位获取率明显下降，毕业生中 39%是文科、40%是神学、17%是法学、4%是医学。医学所占比重仍然很小，法学却开始在欧洲各地迅猛发展。[67] 1600—1700 年，如同黄金世纪的荷兰一样，西班牙律师的培养情况也是如此，法学毕业生呈 10 倍增长。我们可以看到荷兰的这个趋势是依情况而定的，因为 380
法学毕业生与医学毕业生的数量关系（平均 3.5∶1）并不是不变的。在 17 世纪中期和 18 世纪末，医学毕业生数量明显增长。一项详尽的分析表明，医学的第一次扩张同荷兰省的扩张有关，第二次则与内陆省为弥补过去不足而加速发展有关。[68]

尽管我们的知识还很不完善，但发展趋势似乎非常明显：先是文科占统治地位（15 世纪），之后神学急剧膨胀（16 世纪），进而是法学（16—17 世纪），最后是医学（18 世纪）。从中世纪直至 16 世纪初是文科的黄金时期。然而，在人文学院的兴起和以培养教士为最终目的的两次宗教改革

---

[65] Bonjour, *Die Universität Basel*（注释 16），278-279.

[66] W. Kuhn, *Die Studenten der Universität Tübingen zwischen 1477 und 1534. Ihr Studium und ihre spätere Lebensstellung*（Göppingen, 1971），32.

[67] Kliesch, *Der Einfluss*（注释 13），47.

[68] Frijhoff, *Gradués*, 134-137.

的双重影响下，神学迅速发展。虽然神学起初与哲学联系很紧，后来才脱离哲学完全独立，但它的确是 16 世纪重要的学科。在文学院学习，即便没有学位，也足够可以在教会谋个低级职位，或者从事大多数的教学工作。这就是为什么文科一直存在，而与此同时神学学位数量少的原因。这些少量的神学学位为那些教授神学的知识渊博的宗教学者、教授和教堂的权贵们（大教堂教士、主教、高级执事等）所拥有。[69] 因此，我们可以证实，随着神学的发展，文科毕业生的工作机会发生了某种变化。布拉格的学生为我们很好地证明了这一点。从那时起，文科毕业生不再单纯地从事教学，还在教堂工作或从事公共服务。还有一点不能忘记的是，文科学位也吸引着那些为学习文科、为更好地生活、为做更明智选择的人们，他们并非为谋生而攻读文科学位。[70] 在其他地方，如英格兰，文科学位发展成为高级学习做准备的本科课程。

381 神学部分地取代了文科，然而要弄清大学神学学习与整个欧洲天主教和新教牧师就职之间的确切关系并非易事。这方面我们遇到了多种不同的情况。法国及整个天主教地区的教士们更多地信赖于教区体系本身而不是培训课程。[71] 另一方面，如果牧师在大学里不能主导全部或部分课程，他

[69] 关于早期大学毕业的标准，参见 H. de Ridder-Symoens，'Internationalismus versus Nationalismus an Universitäten um 1500 nach zumeist südniederländischen Quellen'，in F. Seibt and W. Eberhardt(eds.)，*Europa 1500. Integrationsprozesse im Widerstreit：Staaten，Regionen，Personenverbände，Christenheit*(Stuttgart，1986)，410.

[70] F. Ŝmahel，'L'Université de Prague de 1433 à 1622：recrutement géographique，carrières et mobilité sociale des étudiants gradués'，in *Populations étudiantes*，vol. Ⅰ，79-84. *Mercator sapiens* 是 1632 年 1 月 9 日卡斯帕·巴勒乌斯在阿姆斯特丹精英学校就职典礼上的著名开场演讲的标题。

[71] 参见 D. Julia，'Système bénéficial et carrières ecclésiastiques dans la France d'ancien régime'，in *Historiens et sociologues aujourd'hui. Journées d'études annuelles de la Société française de sociologie，Université de Lille Ⅰ，14-15 juin 1984*(Paris，1986)，79-107。

们往往参加自己的教育课程。[72] 大学在训练教士方面只起到次要作用；学院和神学院的作用至少同样重要，所以根据文学硕士学位的数量来衡量情况可能会更好。不过，对于有些天主教会的牧师来说，接受神学或宗教法律的训练并获得学位是至关重要的。那些希望跻身教会上层或渴求教会俸禄的牧师需要大学学位。[73] 然而，一般说来，牧师就业情况同天主教神学院的学位状况并不完全一致。尽管如此，事实上职业岗位数量的减少与学校出勤率的下降是吻合的。至少法国如此，因为在 18 世纪末西班牙的神学学生数量似乎有了增加。[74]

在信奉英国国教、路德教和加尔文派的国家，大学教育与教会圣职之间的共存关系因国家而异，但在 17 世纪两者的相互渗透和融合似乎已成事实。圣职的单一性、博学牧师的榜样作用及奖学金制度对此产生了积极影响，向牧师子女发放的奖学金被视为牧师薪水的补充。诚然，向没有财产的学生开放就业机会引发了人们认为这样可能会造成就业市场上知识分 382
子过剩的讨论。整个 18 世纪，各地新教牧师团体都抵制那种不严格的为神职做准备的神学学习。事实上，天主教徒中博学的神职人员模式正渐渐地被另一种模式取代——公务神职人员（兼任神职与公职）。正是这种转变，使神职人员在关于过剩知识分子争论的大背景下，对在职的公务员产

---

[72] 有关开始阶段，参见 J. H. Overfield，'University Studies and the Clergy in Pre-Reformation Germany'，in Kittelson and Transue(eds.)，*Rebirth，Reform and Resilience*（注释 30），254-292；P. Polman，'De wetenschappelijke opleiding van den Noord-Nederlandschen clerus secularis in de XVI e eeuw'，*Ons Geestelijk Erf*，8(1934)，398-417. 有关在巴黎和图卢兹的爱尔兰牧师的课程的更为详尽的研究，参见 L. W. B. Brockliss and P. Ferté，'Irish Clerics in France in the Seventeenth and Eighteenth Centuries: a Statistical Study'，皇家爱尔兰学院的做法，vol. 87，C. no. 9 (Dublin，1987)，527-572。

[73] 参见 P. Loupès，*Chapitres et chanoines de Guyenne aux XVII e et XVIII e siècles*(Paris，1985)；Julia and Revel，'Les étudiants et leurs études'（注释 1），191-241。

[74] T. Tackett，'L'histoire sociale du clergé diocésain dans la France du XVIII e siècle'，*Revue d'histoire moderne et contemporaine*，26(1979)，198-234；T. Tackett，*Priest and Parish in Eighteenth-Century France*(Princeton，N. J.，1976). 关于西班牙：M. Peset and M. F. Mancebo，'La population des universités espagnoles au XVIII e siècle'，in *Populations étudiantes*，vol. Ⅰ，197。

生一种实质的威胁。安东尼·拉·沃帕展示了在新教普鲁士的贫困学生中，在虔敬主义背景下回应这些辩论并对关于才能和成就的新观念做出反应的过程中，一种强调世俗化意义的侧重行业的新的职业精神是如何产生的。从那时起，两种独立而具学识的职业（教授、牧师）对自己的领域（语言学、神学）重新界定，作为对此的回应，人们建构了两种新的职业观，为19世纪职业的专业化开辟了道路：大学教授的文化意识形态，以及追求对民众的更广泛文化使命的教士身份的意识形态，两者都建立在“教化”的基础上，而“教化”本身又是新人文主义的庇护所。[75] 鉴于17世纪大学注册生数的普遍增加，尽管相对数量教育之有所下降，但在绝对数量上并没有减少。

例如，在丹麦，16世纪神学院学生占学生总数的40%，17世纪跌至25%。而学法律的学生大量增加，其中很大一部分来自平民。不久，瑞典也出现同样的趋势。[76] 尽管在出发点上各国相异，但从16世纪开始出现的法学热和平民学生潮（这暗示着平民法学家开始担任为贵族法学家所鄙视的低级职位）在大多数欧洲国家一直持续到17世纪。[77] 蒙田在《随笔录》
383 （122）中极富讽刺意味地把这种新的法学家等级称为王国的“第四等级”。西班牙和法国最先呈现这种趋势，这显然不仅由于这些中央集权的国家建立了官僚政治，还因为教会法作为神学和民法之间桥梁作用的重要性。如果说18世纪人们对法律的兴趣有一点淡泊的话，就要归因于新的政府职

[75] A. J. La Vopa, *Grace, Talent and Merit. Poor Students, Clerical Careers, and Professional Ideology in Eighteenth-Century Germany* (Cambridge, 1988).

[76] S. Bagge, 'Nordic Students at Foreign Universities until 1660', *Scandinavian Journal of History*, 9(1984), 1-29; G. Rystad, 'The King, the Nobility and the Growth of Bureaucracy in 17th-Century Sweden', in Rystad (ed.), *Europe and Scandinavia* (注释51), 59-70; L. Niléhn, 'Swedish Society and Swedish Students Abroad in the 17th Century', in Rystad (ed.), *Europe and Scandinavia* (注释51), 97-117.

[77] 这种“民主化”的例子：B. Guenée, *Tribunaux et gens de justice dans le bailliage de Senlis à la fin du Moyen Age (vers 1380-vers 1550)* (Paris, 1963); E. Friedberg, *Die Leipziger Juristenfakultät. Ihre Doktoren und ihr Heim* (Leipzig, 1909)。

能分工：决策部门在吸收新成员时往往要求从法学学生中选拔具有较高教育水平的人（平均而言，这部分学生的社会地位总是高于其他学院的学生），而从属或非决策部门则从人文学院（如财政学）或大学外吸纳新成员。这就是为什么不提贵族法学家群体的高自我繁衍率，而我们却对18世纪法律学生圈贵族化有清晰印象的原因。[78] 在这一时期，大学院系与其毕业生自始至终都和政治领域有密切的关系，这正是引起这些学院独特招生现象的原因，反过来又是其造出的结果。这种交错关系正是学位的内在价值同社会价值相混淆的根源。学位仅是政治赛场上撑门面的装饰品。在德国，某些法学院还为法律事务提供立案和审查方面的正式意见，这使大学成为直接的参政者。[79] 但总的说来，法学院及其成员的言论通常都会被视作权威。这就难怪在宗教战争、法国17世纪40年代投石党运动及法国大革命等政治动乱时期，法学家总会冲到前线。[80]

在法学家中，律师因为最早具有团体意识而很快脱颖而出。律师数量迅速增长，这与人们诉讼观念的提高、社会中法律活动的增多（代替了旧形式下双方的相互妥协）密不可分，[81] 还与人们日益对法律产生广泛的兴 384
趣，并且把它作为社会组织的新的信标学科有关。更进一步讲，它无疑反

---

[78] 参见 Kagan，'Law Students and Legal Careers'（注释 12）；N. T. Phillipson，'The Social Structure of the Faculty of Advocates in Scotland 1661-1840'，in A. Harding（ed.），*Law-making and Law-makers in British History*（London，1980），146-156。

[79] 如参见 H. Liermann，'Die Altdorfer Juristen. Ein Beitrag zur Geschichte des Juristenstandes'，in F. Elsener and W. H. Ruoff（eds.），*Festschrift Karl Siegfried Bader*（Zurich，1965），267-280。

[80] 参见 R. Schnur，*Die französischen Juristen im konfessionellen Bürgerkrieg des 16. Jahrhunderts. Ein Beitrag zur Entstehungsgeschichte des modernen Staates*（Berlin，1962）；A. Lloyd Moote，*The Revolt of the Judges：the Parlement of Paris and the Fronde，1643-1652*（Princeton，N. J.，1971）；B. Stone，*The French Parlements and the Crisis of the Old Regime*（Chapel Hill/London，1986）；M. P. Fitzsimmons，*The Parisian Order of Barristers and the French Revolution*（Cambridge，Mass.，1987）。

[81] J. Bossy（ed.），*Disputes and Settlements. Law and Human Relations in the West*（Cambridge，1983）.

映了适应书写文化的过程。事实上，律师的增加在那些大学尚未教授法律的国家持续了更长时间，如英格兰和爱尔兰，法律知识由律师学院教授，为律师职业培养适用普通法的律师。在罗马法一度胜过习惯法的国家也是如此，如神圣罗马帝国（在我们这个时代之初，罗马法曾被视为绝对权威）和其他一些国家。律师界的人数发展趋势在这方面是非常清晰的：西班牙的巴利亚多利德在 16 世纪的最后 25 年达到顶峰，英格兰、联合省、南布拉班特（荷兰南部）在 17 世纪中后期达到顶峰，苏格兰则于 1700 年前后达到顶峰。[82] 无论是在西班牙、联合省还是我们所能知道的德国等地，在经历这次高峰以后，能够被准许进入律师职业的人数开始迅速减少，速度要超过法学学生或毕业生减少的速度。这当然是由于工作出路的问题，因为法律职位已经不再增多。依据申诉到法庭的案件数量来看，法律活动大大减少了。[83] 实际上，法律作为解决社会问题全能手段的鼎盛时期已经结束。一种新型的更为职业化的法学家类型逐渐形成。我们可以从 18 世纪末期（如在苏格兰）在律师认证缓慢的民主化进程及大量对律师职业标准等的批判作品中看出这一演变的前奏。

18 世纪的主要事件就是医学的兴盛。我们不能忘记医学专业化的进程（后面还要讨论这一问题），医学的繁荣与实验科学的兴盛是分不开的。

---

[82] W. Prest, *The Rise of the Barristers. A Social History of the English Bar 1590-1640* (Oxford, 1986); Phillipson, 'The Social Structure'(注释 78); Frijhoff, *Gradués*, 246-264; and the contributions in W. Prest, *Lawyers in Early Modern Europe and America* (London, 1981); F. Ranieri, 'Vom Stand zum Beruf. Die Professionalisierung des Juristenstandes als Forschungsaufgabe der europäischen Rechtsgeschichte der Neuzeit', *Ius Commune*, 13(1985), 83-105; 英语的缩略译本：'From Status to Profession: the Professionalization of Lawyers as a Research Field in Modern European Legal History', *Journal of Legal History*, 10. 2(1989), 180-190。

[83] 关于欧洲演变的综合性观点，参见 F. Ranieri, 'Die Tätigkeit des Reichskammergerichts und seine Inanspruchnahme während des 16. Jahrhunderts', in B. Diestelkamp(ed.), *Forschungen aus Akten des Reichskammergerichts* (Cologne/Vienna, 1984), 41-73.

另外，这也表明资产阶级的新阶层进入大学并通过大学进入自由职业领 385
域。[84] 16 世纪和 17 世纪是精密科学的全盛时期，在意大利和荷兰从大学毕业的医生数量显著增长。[85] 荷兰的这种兴盛使医生密集。1675 年前后，联合省共和国每 2900 名居民有一名大学毕业的医生为其服务，在城镇则是每 1500—2000 名居民就有一名大学毕业的医生为其服务。在欧洲其他地区这一密度有所不同，地中海沿岸城市的医生密度最高。经历一个短暂的衰落期后，1800 年，医生的密度又回升到原有水平。但此后，我们将外科医生人数也计入其中，于是获得一幅更为全面的专业医学渗透画面。在荷兰，每 700—800 名居民中就有一名外科或内科医生（整个巴达维亚共和国这一比例是 1∶1100），所以我们有充分理由认为当时医生数量严重地超饱和。[86] 这些比例与法国南部和过多补充的其他地区的比例相当。但与过低比例的中部地区相比并不协调：在法国北部，每 2700 名居民中才有一名医生。[87] 一般来说，除有医生协会实施自愿限制措施的伦敦、巴黎和其他大城市外，医生同居民之比在某个地区可能从一个极端走到另一个极端。[88] 所以，医生同居民之比的大小与这些地区的城市化程度密切相关。将 1730 年萨沃伊 1∶1700 的医生居民比和 1750 年皮德蒙特区 1∶

---

[84] 这种情况在德国犹太人身上表现显著，参见 M. Richarz, *Der Eintritt der Juden in die akademischen Berufe. Jüdische Studenten und Akademiker in Deutschland 1678-1848* (Tübingen, 1974)。关于犹太人，另可参见第 7 章第 294—296 页和第 430 页。

[85] 参见希尔德·德·里德-西蒙斯对博洛尼亚大学医学毕业生数量的统计，'Italian and Dutch Universities in the Sixteenth and Seventeenth Centuries', in C. S. Maffioli and L. C. Palm (eds.), *Italian Scientists in the Low Countries in the XVII th and XVIII th Centuries* (Amsterdam, 1989), 54; Frijhoff, *Gradués*, 230-246.

[86] W. Frijhoff, 'Medische beroepen en verzorgingspatroon in de Franse tijd: een dwarsdoorsnede', *Tijdschrift voor de geschiedenis der geneeskunde, natuurwetenschappen, wiskunde en techniek*, 8(1985), 92-122.

[87] J.-P. Goubert, 'La médicalisation de la société française *à* la fin de l'ancien régime', *Francia*, 8(1980), 245-256.

[88] 参见例子 G. Clark, *A History of the Royal College of Physicians of London*, 2 vols. (Oxford, 1964-1966)。

4300 的医生居民比，以及荷兰的医生居民比相比，足以看出这种差异。[89] 再如，我们可以比较布列塔尼与安茹的医生居民比，1786 年布列塔尼每 5000 名居民中拥有一位医生（包括毕业生和外科医生），安茹（布满了小城镇和自治市镇）则每 1350 名居民就拥有一位医生。[90] 16 世纪，西班牙
386 不足 5000 名居民的城镇没有大学毕业的医生，乡村更是如此。在较大的城镇里，医生居民比与德国城镇几十年以后达到的相近：1∶2000—2500。[91] 然而，在 18 世纪下半期，大学医学飞速发展，皮德蒙特区医生和法律人员之比很快达到 1∶4。[92] 爱丁堡、格拉斯哥、蒙彼利埃和斯特拉斯堡、爱尔福特和吉森的医学得到惊人的发展。[93] 因此，这一时期医学发展成为一门新的信标学科，并且为 19 世纪科学的繁荣开辟了道路。

社会功能

直至 20 世纪 60 年代社会科学及其概念体系登上舞台之后，大学史的一些假设才得以形成。这些假设或是关于大学状况与社会需求之间的关系，或是关于高等教育在社会上不断变化的角色和功能，很久以前有些注

---

[89] Roggero, *Il sapere e la virtú*（注释 57），112.

[90] F. Lebrun, *Les Hommes et la mort en Anjou aux 17e et 18e siècles*（Paris/The Hague, 1971），217-235.

[91] Rodríguez-San Pedro Bezares, *La Universidad salmantina*（注释 9），vol. Ⅲ，56-62.

[92] D. Balani, D. Carpanetto and F. Turletti, 'La popolazione studentesca dell'Università di Torino nel Settecento', *Bollettino storico-bibliografico subalpino*, 76（1978），9-183；参见 Roggero, *Il sapere e la virtú*（注释 57），119.

[93] E. T. Nauk, 'Die Zahl der Medizinstudenten deutscher Hochschulen im 14. -18. Jahrhundert', *Archiv für die Geschichte der Medizin und der Naturwissenschaften*, 38（1954），175-186；Julia and Revel, 'Les étudiants et leurs études'（注释 1），277，482-483.

册学生曲线图就反映了大学功能演变的概貌。[94] 这些假说中至少有三种被同时应用到了大部分（甚至是所有）欧洲国家。在 17 世纪上半叶的教育革命（见第七章）后，出现了一种社会问题，这个问题归因于大学毕业生过剩（被疏远的知识分子）、大学贵族化，以及大学及其学生就业所面临的专业化进程，该进程引起各个国家极大的关注和积极的行动。在 20 世纪 60、70 年代进行的历史研究中，出现了使用定量研究方法的倾向。这一倾向无疑使教育改革假设受到了热烈欢迎。然而，现在高等教育专业化的假设取代定量研究方法已经有若干年了。17 世纪大学生数量的增长（见第七章）能与国家对高素质公务员的需求增长相联系吗？“大学贵族 387
化”的命题正是从这里引出的。这个问题包含了许多复合性因素，这些因素共同确认了一点：与过去相比，贵族在大学里占据了更大的领域。这些复合性因素主要包括三点：第一，官僚主义机构不断膨胀，需要有学识的议员；第二，意大利人文主义教育理念的影响，贵族们渴望获得知识；第三，贵族们必须面对争夺权力的竞争，这种竞争来自更富有、更有文化、素质更高的资产阶级的“威胁”，这些资产阶级不惜耗时费财从那些缺钱的领导人手中买得贵族头衔。[95] 16 世纪后半期，大学似乎吸引了大量为在政府谋职而学习知识的贵族。[96] 并且，这项求学运动一直持续到 16 世纪末和 17 世纪初，同时我们也可以看到，在整个 17 世纪的 7 所德国大学中，

---

[94] 入学考试参见第 7 章第 297 页至本章结束，另可参见 L. Stone，‘The Educational Revolution in England 1560-1640’，*Past and Present*，28(1964)，41-80；参见 L. Stone，‘Literacy and Education in England’，*Past and Present*，42(1969)，69-139；L. Stone，*The Crisis of the Aristocracy 1558-1641*(Oxford，1965)。

[95] 关于这一问题，参见 J. H. Hexter，‘The Education of the Aristocracy in the Renaissance’，*Journal of Modern History*，22(1950)，1-20，reprinted in J. H. Hexter，*Reappraisals in History*(London，1961)，45-70；H. de Ridder-Symoens，‘Adel en universiteiten in de zestiende eeuw. Humanistisch ideaal of bittere noodzaak?’，*Tijdschrift voor geschiedenis*，93(1980)，410-432；De Ridder-Symoens，‘L'aristocratisation des universités’(注释 42)；W. Kühlmann，*Gelehrtenrepublik und Fürstenstaat*(Tübingen，1982)。

[96] 如以上所列参考文献，另可参见 J. Simon，‘The Social Origins of Cambridge Students 1603-1640’，*Past and Present*，26(1963)，58-67；Kearney，*Scholars and Gentlemen*。

每10名学生中就可能有1名贵族学生。[97] 由于大多数贵族对大学共同的社团式的生活方式产生了显著的影响，因而使其所在大学受到人们的关注。贵族们带来了新的内容——单独入学、携带武器和纹章、特权和用于区分的标识，至于对课程偏科或傲慢地拒绝学位的获得就更不用提了。这些新内容势必加剧社会的分化。

然而，我们不应夸大追求高级职位的贵族对职业市场的真正影响。军人贵族接受另一种模式的教育，即贵族学院或骑士学院的教育，他们与就业市场无关。[98] 学者的学术游历也很快从骑士游历中寻求到相应的内容。[99]
388 如果帝国、皇家和王室议会与主权法院在近代由贵族议员组成，那么他们也只占现有职位总数的一小部分，而且只代表少数学生。这种情况除了英国大学再次出现外，其他大学都不存在这种情况。比贵族渗入大学更加重要的事情似乎是在17世纪和18世纪公务人员与贵族条件之间的联系更加紧密了。并非贵族刻意去追求职务，而是职务创造了贵族身份。在某种程度上，这些职务都是行政管理部门或司法部门里的高级职位（如法国国会议员、德国的法院或议会官员）。这种通过仕途成为贵族的变化趋势不断

---

[97] R. A. Müller, *Universität und Adel. Eine soziostrukturelle Studie zur Geschichte der bayerischen Landesuniversität Ingolstadt 1472-1648* (Berlin, 1974); R. A. Müller, 'Aristokratisierung des Studiums? Bemerkungen zur Adelsfrequenz an süddeutschen universitäten im 17. Jahrhundert', *Geschichte und Gesellschaft*, 10(1984), 31-46.

[98] J. R. Hale, 'The Military Education of the Officer Class in Early Modern Europe', in C. H. Clough(ed.), *Cultural Aspects of the Italian Renaissance* (New York, 1976), 440-461; Conrads, *Ritterakademien*.

[99] H. de Ridder-Symoens, 'Die Kavalierstour im 16. und 17. Jahrhundert', in P. J. Brenner, *Der Reisebericht. Die Entwicklung einer Gattung in der deutschen Literatur* (Frankfurt-on-Main, 1989), 197-223.

增大，反过来又影响着大学的招生。[100]

然而，任何一个简单的概括似乎都太过草率，各个国家都有其自身的资格要求。从一项对15、16世纪布拉班特议会议员的详细分析可以看出，在1531年规定了议员们必须具有法学学位，这实际上是对当时即有状况的认可，尽管如此之前有半数议员都是贵族。然而，来自公共服务机构的议员数量不断增加的事实也是不容忽视的。因此，并非贵族或资产阶级身份在起作用，也并非大学因素在起作用，而是处于精通行政管理或法律实践的环境氛围在起作用，换言之，即家庭习惯在发挥着作用。那么，贵族的愤怒是可以理解的，他们在某些事情上反应并不慢。[101] 同样的情况也在德国发生了。如果说16世纪以来学法律的人垄断了政府部门，这未免夸大其词。君主的需要远比大学的供应要大，正因为如此，贵族们才得以在议会中保持强势，能成功地反对任何由公职自动贵族化的行为。然而，在许多领域，非贵族的大学毕业的议员们构成了一个社会阶层，该阶层仅允 389
许一小部分相关家庭参与，从而在贵族和平民之间形成了一个中间阶层。[102]

有人指出，英格兰学生人数增加和大学招生的社会扩展，主要是由于

---

[100] 有关批判性的全面的概要，参见 J. V. Vives，'Estructura administrativa estatal en los siglos XVI y XVII'，in J. V. Vives，*Coyuntura económica y reformismo burgués*（Barcelona，1969），99-141。两个例子参见 F. Bluche，*Les Magistrats du Parlement de Paris au XVIIIe siècle*（Paris，1960）；B. Wunder，'Die Sozialstruktur der Geheimratskollegien in den süddeutschen protestantischen Fürstentümern（1660-1720）'，*Vierteljahrsschrift für Sozial-und Wirtschaftsgeschichte*，58（1971），145-220。

[101] H. de Ridder-Symoens，'Milieu social，études universitaires et carrière des conseillers au Conseil de Brabant（1430-1600）'，in G. Asaert，*et al.*（eds.），*Recht en instellingen in de Oude Nederlanden tijdens de Middeleeuwen en de Nieuwe Tijd. Liber amicorum Jan Buntinx*（Louvain，1981），257-301；参见 H. de Ridder-Symoens，'Possibilités de carrière et de mobilité sociale des intellectuels universitaires au Moyen Age'，in N. Bulst and J. P. Genet（eds.），*Medieval Lives and the Historian. Studies in Medieval Prosopography. Proceedings of the First Interdisciplinary Conference on Medieval Prosopography held at Bielefeld，3-5 December 1982*（Kalamazoo，Mich.，1986），343-357.

[102] N. Hammerstein，'Universitäten-Territorialstaaten-Gelehrte Räte'，in R. Schnur（ed.），*Die Rolle der Juristen bei der Entstehung des modernen Staaten*（Berlin，1986），718-732.

奖学金数量的相应增加，从而增加了大学培养的神职人员的数量。这种出身普通的学生似乎越来越表现了一种自我招收的过程。与教士家族一起产生了一种世袭的神职人员，因而在 18 世纪约有四分之一的学生（一半是非贵族）出身于牧师家庭，而 1580 年这样的学生仅有 3%。[103] 与上述学生截然不同的还有另一种学生，他们具有更高的社会出身（贵族、绅士），满足于接受非专业性的更世俗、更广泛的文化知识教育。这些精英成员并不获取学位，毕业后回自己的家乡，在那里无论如何他们的前途都是有保障的。[104] 从数量上看，这两类学生不相上下。根据这一假设，英国大学比欧洲其他大学发展得晚，因为在那些大学里神学在 16 世纪繁荣起来并成为主要课程，而从 16 世纪末开始，法律开始取代神学的地位，成为占主导地位的学科，即使在贵族中也是如此。[105] 在英国，法律确实是律师学院中教授的主课，并且在当时确实吸引了大批学生。

联合省共和国则是另一种情况，这个由小的国家组成的联邦里没有中央集权和官僚机构，无论新生还是毕业生，在不到一个世纪的时间里人数扩充为原来的四倍，而人口只增加了不到一倍。对政府为何鼓励人们上大学或拿学位的行为，似乎无法解释。在长时间建立的城市文化的推动下，以人文主义精神为鼓舞，人们纷纷把儿童送往学校。这是一场来自社会内部的运动，它的动力源泉既有文化性（读与写的扩张），又有社会性（自
390 由职业发展成学术型职业，学术头衔的声望可以与贵族头衔媲美），但政治性不强。贵族学生并不多，远远少于商人和律师的后代。然而，不管怎样，正如在英国一样，大学最主要的任务还是培养受过高等教育的新教神职人员，因而这就像建立一个训练基地，通过这里的培训，教会就能源源

[103] Stone, 'The Size and Composition'(注释 63), 93.

[104] V. Morgan, 'Approaches to the History of the English Universities in the Sixteenth and Seventeenth Centuries', in Klingenstein *et al*. (eds.), *Bildung, Politik und Gesellschaft*(注释 14), 138-164.

[105] 参见 W. Frijhoff, 'Universiteit en religie, staat en natie in de zestiende eeuw: een comparatieve benadering', in W. P. Blockmans and H. Van Nuffel(eds.), *Etat et religion aux XVe et XVIe siècles*(Brussels, 1986), 121-141.

不断地为大众的加尔文化选取代理人。[106] 像英国一样，在 17 世纪上半期，这种有学问的神职人员成为宗教争端的导火索及宗教分裂的起点。在这两个国家，教会都在政治斗争中起关键作用。1640—1649 年英国资产阶级革命在莫里斯亲王反对奥尔登巴内费尔特的派系斗争中发现了相应的内容，1619 年这场斗争受到多德雷赫特教会会议的强烈抗议和谴责。

西班牙的情况恰恰相反。毋庸置疑，西班牙的情况支持了国家对公职人员需求不断增多的假设。[107] 在那里国家和教会都需要经过严格培训并具有文化知识的公职人员，大学的扩充与这种双重需求存在密切的联系。1493 年 7 月 6 日颁布的天主教教皇律令特别规定行政和司法方面的职位只留给那些能证明真有 10 年学习民法或教会法经验的人。实践上并不那么严格，但自此以后，要在政府部门工作必须经过一定水平的法律学习；另外，尽管在欧洲唯利是图的官员随处可见，但在西班牙则很少，这助长了功利主义和职业流动，以及皇室对公共服务机构职务的控制。[108] 实际上，在主教区、教士团体、法院、地方政府及皇家议会（诸如卡斯蒂利亚的国家会议、调查委员会、印度皇家最高议会、税收法院议会等）中存在数千个职务，它们构成特权阶级的顶峰，我们不能忘记它有一个较为广泛的基础。[109] 在 18 世纪的前 25 年里，据统计，学生总数达到一个最大值——5 万人（不包括殖民地在内，每 200 个居民中就有一个学生），其中 10 000—20 000 人是法学学士，1000—2000 人有律师执业资格或法学博士学位。[110]

---

[106] Frijhoff, *Gradués*, 246-279.

[107] Kagan, *Students and Society*; R. L. Kagan, 'Universities in Castile 1500-1810', in Stone (ed.), *The University in Society*, vol. Ⅱ, 355-405.

[108] 参见 K. W. Swart, *The Sale of Offices in the Seventeenth Century* (The Hague, 1949)。

[109] Kagan, *Students and Society*, 109-158; L. Sala Balust, *Reales reformas de los antiguos colegios de Salamanca anteriores a las del reinado de Carlos Ⅲ (1623-1770)* (Valladolid, 1956); J. A. Maravall, *Los hombres de saber o letrados y la formación de su conciencia estamental* (Madrid, 1967); Pelorson, Letrados (注释 1); Rodríguez-San Pedro Bezares, *La Universidad salmantina* (注释 9), vol. Ⅲ, 30-44.

[110] Pelorson, *Letrados* (注释 1), 117-118.

391 有些学生毕业后没有职业；而那些执业律师和法学博士在萨拉曼卡、巴利亚多利德和阿尔卡拉的 6 所大学高级学院学习了有关课程后，分享了统治阶级中的高层职位（不要忘记博洛尼亚的西班牙学院也有同样的特权）。[111] 高级学院是为学士们保留的，在这里平民学生吸纳了那些获得奖学金的贵族学生的生活方式，建立了强大的客户和朋友网络。他们不事学术，建立自己强大的客户和交友网络，垄断社会上有影响的职位，在西班牙 17 世纪以来伟大的近现代政府的基础上形成人源组织。这些前贵族化的精英阶层之下，是大量的牧师、律师和公职人员，还有那些没有找到工作的学士和没有大学毕业的低级雇员、公证员、法院职员、检察官、秘书等。在为获取人文科学学位的三年学习过程中，平均有一半学生离开大学，而另一半学生则留下来学习 4—5 年的法律课程。[112] 那些没有坚持取得大学学士学位的学生并不意味着通常意义上的失败，他们所追求的在政府部门取得职务的标准显然是较低的。教学（以追求贵族化为标准的）与公共服务机构密切交织在一起，这种体制对大学的各个层面（学生、毕业生及正在等待行政部门工作的教授）产生了影响，使大学受到一定程度的腐化。它对周围的卡斯蒂利亚世界（西班牙）及法学与神学以外的科学丧失了兴趣。在这一演变过程中，卡根目睹了大学在 18 世纪的迅速衰落，主要原因之一就是当时提供的职位越来越少。不过 17 世纪后半期以来学生数量的下降另有原因。近代国家的基础一经奠定，就要任用一些毕业的法学专家帮助建立其主要机构，就会需要更多的执行人员，而不是精通法律知识的学究。他们需要的是下属职员、文案秘书、收税人、接待员和警察等。17 世纪末军事技术的发展造成对技师、工程师的需求，而这根本不涉及大
392 学。殖民地的管理也同样如此。在西班牙，经历了最初的热情之后，殖民

[111] A. M. Carabias Torres, *Colegios mayores: centros de poder*, Historia de la Universidad, Acta Salmanticensia, 46, 3 vols. (Salamanca, 1986); D. De Lario, 'Mecenazgo de los colegios mayores en la formación de la burocracia española (siglos XIV - XVIII)', in M. Peset (ed.), *Universidades españolas y americanas. Época colonial* (Valencia, 1987), 277-309.

[112] Kagan, *Students and Society*, 178, figs. 4-5.

地的管理就很少受到尊重。荷属的印度群岛由贪婪的商业雇员管理，而英国的殖民地管理则是赤贫者的避难所。

此外，大学第一波贵族化的幕后推手——博学的公务员或博学绅士的典范开始遭到批判。那种理想化的正直类型的人，既继承了意大利文艺复兴时期人类普遍存在的形式上的东西，又被赋予了自身所处时代的具有真实内容的文化，他们逐渐被一种时髦型的人所取代。后一种是宫廷风气的产物，因为外表和时髦在那里被视作最高的价值标准。无论以欧洲资产阶级社会地位的不断更新为标志的贵族化进程如何，行政管理（德国）、贵族等级（意大利、低地国家）或法国长袍贵族等方面都发生了变化。然而，这些在欧洲随处可见的变化使上层社会指挥阶层的精英内部出现新的分化。贵族阶层（与其一起执政的盟友）在其生活方式、文化及所盛行的价值观等方面都与另一类型的精英保持了距离，后者一般包括企业主、商人、工程师、科学家。如果这两类精英无论在个人方面还是由于他们客户的互相混合或是由于他们的关系网等因素仍然有很近的联系，那么他们会试图在文化上走自己的路，遵循不同的教育过程。前者会继续学习拉丁语并接受大学教育，而后者即企业精英们则选择现代语言，并且接受职业训练。

从这种意义上讲，我们可以有效地谈及 18 世纪大学的再度贵族化。英国的大学表现得特别明显，从 18 世纪以后，那里的一半多学生都出身贵族家庭。[113] 但我们已经看到，精英阶层的分化从一开始就是高等教育体制的组成部分。这在那些贵族学院再度兴盛的专制主义国家中体现得同样明显。[114] 我们甚至可以在诸如罗马日耳曼学院由培养普通教士的专业学校

---

[113] Stone,'The Size and Composition'(注释 63),93.

[114] 参见 G. P. Brizzi,*La formazione della classe dirigente nel Sei-Settecento. I 'Seminaria nobilium' nell'Italia centro-settentrionale*(Bologna,1976);G. P. Brizzi,'I Gesuiti e i seminari per la formazione della classe dirigente',in G. P. Brizzi and A. M. Matteucci(eds.),*Dall'isola alla città. I Gesuiti a Bologna*(Bologna,1988),145-155。

向培养贵族高级教士学院的转变中看到这一点。[115] 最后，我们还可看到，在很多德国、荷兰地区，学校贵族化引起学生人数的缩减。当所有的一切
393 都完成之后，像这种贵族们把自己委托给国家并接受国家安排的教育课程情况，难道不是国家对贵族实行明确教化的一种迹象吗?

最后还有一种因素控制着18世纪大学的发展，就是意大利的玛丽娜·罗杰罗提出的意大利的“省级化”，以及佩塞特和曼塞博所谓的西班牙的“区域化”。欧洲其他地方也存在这种情况。对于拥有较大规模国际声誉的大学来讲，所能触及的区域已经缩小，而且有向国家内部发展的趋势。也就是说，在那些领域里，大学能控制学位的发放，或者说它们自然地或正式地担当起“精英生产者”的角色。大学之所以能不断发展，是由于其所在地区经济发达；如果不是这个因素，则是由于当地领导人自觉实施了有关的大学政策。如果这些大学仍能吸引远方的青年学生，那么这些学生在数量上与一两个世纪以前的学术游历所处的黄金时期招收的学生相比还是少得多。然而，一项成功的国家政策与大学改革相结合并适应被管辖地区的需求之后，有时就会给学术带来一次提高，保证精英们的新老交替，刺激新职业的繁荣，正如我们从18世纪末的帕维亚大学和都灵大学看到的那样。[116]

被疏远的知识分子

在法国大革命爆发前的大部分时间里，一直存在一个很严重的问题，即知识分子相对于社会需求的过剩。大学不是只培养依赖劳动阶级的寄生虫吧？对升入大学的学生数量庞大这件事的反省，使该时代的观察者们感到很迷惑。大学生的数量需要通过更多基于毕业生人数的确切资料来修

---

[115] P. Schmidt, *Das Collegium Germanicum in Rom und die Germaniker. Zur Funktion eines römischen Ausländerseminars* (*1552-1914*)(Tübingen,1984).

[116] 参见 M. Roggero, ‘Professori e studenti nelle università tra crisi e riforme’, in *Storia d'Italia. Annali*, 4(Turin,1981), 1037-1081, 特别是 1077-1081。

正。然而，要使这些有关毕业生人数的确切资料覆盖整个地区是不可能的。我们也可以好好地思考一下，是否可以把学生入学曲线和根据离校学生估计的就业前景联系起来，对于所考虑的全部时期是否有任何意义，或者是对于所有国家来讲在某个同一时期内有何意义。近代关于大学的所有争论都会涉及知识分子过剩这一问题，我们必须尝试理解这种情况。

25 年前，M. H. 柯蒂斯在他的一篇被后人奉为经典的文章中提到，职
位应聘者（以离开大学的毕业生人数估量）数量与提供的职位数量之间不 394
均衡，这种不相称造成的社会影响则是 17 世纪所面临的问题。同时，这两个数字之间的伸缩余地必然很小。[117] 柯蒂斯得出这样一个结论：在英国内战期间，那些不能找到预期工作并到处散布分歧意见的被疏远的知识分子，在数量上有明显增长。此外，达恩顿的著作指出，一些类似的记者或小文人作家的社会抱负遭受很大挫折，因而在一个半世纪以后，革命时代成为他们的替罪羊。[118] 无论这个假设有多么吸引人，它都掩盖了相当一部分需要事前证实的情况。这些有关“受挫的知识分子”的理论，意味着在大学学业、就业规划及职位之间建立一种有效联系，这有点儿像现今所讲的教育事业与就业市场之间的关系。的确如此，布尔迪厄在这里适当引证了莱布尼茨提出的自然法概念。据此，布尔迪厄指出，学生们在大学学习期间养成的习惯促使他们让自己的抱负去适应社会部门形式上的轨道，而此后又期待着从他的大学学位中获取其他人已从中取得的一般价值。[119] 换言之，即当职位缺乏时，应征者却发现很难相应地降低自己的要求，因而就会受到打击。

但是，我们能够真正地讨论法国大革命之前有关知识分子就业市场的

---

[117] M. H. Curtis, 'The Alienated Intellectuals of Early Stuart England', *Past and Present*, 23(1962), 25-49.

[118] Darnton, 'The High Enlightenment and the Low-Life'（注释 5）; R. Darnton, *Bohème littéraire et Révolution. Le monde des livres au* XVIII*e siècle*(Paris, 1983).

[119] P. Bourdieu, *Homo academicus*(Paris, 1984), 188-189.

情况吗?[120] 那时根本就没有现代意义上的知识分子就业市场，甚至连微小的组织都没有。与需求相关联的就业市场呈现的饱和状态或有效的公开性，这种现象往往可能在事情发生后很长时间才被关注，对于接受教育过程还是调整职业过程来讲，时间都太长了。恰恰由于这一原因，在 18 世纪出现第一份刊登全国范围内空缺岗位广告的专业期刊。联合省的《会堂学刊》就是个例子，1692 年它由文法学校的教师皮特·拉布斯（1660—1702）创建，当时是一个学术杂志，后来在 17 世纪转变成一种职业评论性的杂志。一定学术职业的自由特性包含着一种不确定的附加因素。律师和医生可以通过自己的专业实践谋生，但他们不一定必须如此。相反，独
395 立职业的自由性被视作资产阶级的最高价值之一。[121] 很多例子可以证明，有财产的自由职业者更喜欢以自己的方式谋生。他们为了或多或少的受人尊敬的职责，或者没有什么利益可图的委托而致力于服务城市，只是偶然才施展一下他们的专业。此外，当个人仍然遭受各种灾难的打击，以及常常优先于个人计划的家庭计划其目的只是保住一个位置而非提升它的时候，我们还把抱负看成社会地位攀升的手段，这不是太草率了吗?[122] 很显然，成功实现社会地位的攀升通常要经过两代甚至几代人的努力：零售商的儿子在奖学金资助下可以成为一位牧师或顶多成为一名医生。只有在他进入文化圈之后，他的孩子才能渴望得到更好的东西。[123]

“知识分子过剩”的命题也经常出现在近代作家的作品中，所以我们

---

[120] 参见 J. Ben-David and A. Zloczower, 'The Idea of the University and the Academic Market-place', *Archives européennes de sociologie*, 2(1961), 303-314。

[121] 参见 D. Roche, 'L'intellectuel au travail', *Annales. Economies, Sociétés, Civilisations*, 37(1982), 465-480, reprinted in D. Roche, *Les Républicains des Lettres. Gens de culture et Lumières au XVIIIe siècle* (Paris, 1988), 225-241。

[122] 这一主题参见 J. W. Oerlemans, 'Historische sociale mobiliteit', *Theoretische geschiedenis*, 8(1981), 161-186; J. W. Oerlemans, *Sociale ongelijkheid als cultuurhistorisch thema* (Groningen, 1986)。

[123] 参见 Frijhoff, *Gradués*, 194-201; J. A. H. Bots, I. Matthey and M. Meyer, *Noordbrabantse studenten, 1550-1750* (Tilburg, 1979), 94-97。

在谈论这个“老掉牙的故事”时就不会出错，这已成为事实。从1614年三级会议到黎塞留的《政治遗嘱》，法国人一直抱怨文科毕业生数量过多，而他们总不想负担租税，还要剥夺国家所需的农民和手工艺人。这是一个重商主义者青睐的主题，它将在下个世纪成为经济学家研究的主题。自从马特奥·阿莱曼（1559—1602）所写的以流浪汉及其冒险为题材的小说《阿尔福拉克的卡兹玛》出版以来，在西班牙就产生了关于过剩的知识分子的讨论。1655年，芒努斯·德·拉·加尔迪在瑞典发出警告：行政机构中知识分子过多。在这个问题成为德国和奥地利的经济学家（索南费尔斯、莫泽、米夏埃利斯和许多其他的经济学者）关注的热点之前，18世纪的报纸上早已充斥了有关这一话题的惊叹之词。这一新的公务员阶层实际上承担了通过控制就业市场来调节社会地位等级的使命。因此，该阶层还想控制生产阶层，也就是那些手工艺人和农民中无法预计的学习者的扩充，并且与政府针对因文化职业的自发繁衍采取的控制措施相联系。[124] 试举一例，在1768年任何一个人都可以读到荷兰的报纸《哲学》上的这段话：“看，那些所有强壮的家伙们变成侏儒，所有快乐的挑夫们变成穷困潦倒的乡村牧师、挨饿的律师、倒霉的医生、发牢骚的家庭教师和萎靡的教师！”[125] 卫生学家和社会学的马尔萨斯主义者的话语在这里相互支持，并且恳请大学改革其职能，但不是适应社会上的所有需求。虽然他们确实认识到社会下层阶级对大学教育的需求，但也反映了富人观念中的组织 396

[124] 参见 Herrlitz, *Studium als Standesprivileg*（注释54）；R. A. Müller, 'Sozialstatus und Studienchance in Bayern im Zeitalter des Absolutismus', *Historisches Jahrbuch*, 95(1975), 120-141; G. Klingenstein, 'Akademikerüberschuss als soziales Problem im aufgeklärten Absolutismus. Bemerkungen über eine Rede Joseph von Sonnenfels aus dem Jahre 1771', in Klingenstein *et al.* (*eds.*), *Bildung, Politik und Gesellschaft*（注释14），165-204; F. Quarthal, 'Öffentliche Armut, Akademikerschwemme und Massenarbeitslosigkeit im Zeitalter des Barock', in V. Press, E. Reinhard and H. Schwarzmaier (eds.), *Barock am Oberrhein* (Karlsruhe, 1985), 153-188; J. Van Horn Melton, *Absolutism and the Eighteenth-Century Origins of Compulsory Schooling in Prussia and Austria* (Cambridge, 1988), 107-144。

[125] *De Philosooph*, no. 110 (Amsterdam, 1768).

模式。

那么这似乎成为问题的核心。对于能够说明应征一种职务、职业或类似职务的求职者存在暂时性过剩的有关资料并不匮乏，但恰恰是这种论调出现的时候，这种资料很少了。[126] 尤其是在18世纪，尽管像索南费尔斯一样的官房主义者努力给这些数字提供统计学上的合理解释，在这种言论最为恶毒的国家，学生的数量仍持续下降。换言之，对一个潜在社会问题的感知实际上是社会整体洞察力的一个功能，社会需要受过良好教育的知识分子，但在数量上必须限制他们。因此，面对求职失败而产生愤恨的有些机械的解释，一种新观点被提出来，即在社会缺乏足够就业机会的事实上少放些精力，而应更多地关注同时代的知识分子和社会之间的联系，以及那些由于智力性职业市场的饱和（现实的或虚构的）而无法获得期望的职业的人们的职业再转变策略。17世纪过剩的知识分子成了教会的神职人
397 员，而在18世纪，很多教会人士又转入教师行业。[127]

职业与职业化

在近代，大学的社会与文化角色无疑是个十分复杂的问题。实际上，它涉及两个截然不同的问题，每个都需要进行具体明确的分析。首先，笼统地说，问题涉及大学作为教育和培训机构的功能。它让我们注意到一个学生在大学期间所能期望的智力水平、社会和文化条件因素。其次，更确

---

[126] 此处不是讨论大学出席率特点中周期性运动这一有趣论题的恰当的地方，这一论题应当与对受过教育者过剩这一现象的理解相关联。参见 R. C. Schwinges，'Immatrikulationsfrequenz und Einzugsbereich der Universität Giessen 1650-1800. Zur Grundlegung einer Sozialgeschichte Giessener Studenten'，in P. Moraw and V. Press(eds.)，*Academia Gissensis. Beiträge zur älteren Giessener Universitätsgeschichte*（Marburg，1982），247-295；H. Titze，'Áberfüllungskrisen in akademischen Karrieren：eine Zyklustheorie'，*Zeitschrift für Pädagogik*，27(1981)，187-224。

[127] Frijhoff，'Surplus ou déficit?'（注释14）；R. Chartier，'Espace social et imaginaire social：les intellectuels frustrés au XVII e siècle'，*Annales. Economies，Sociétés，Civilisations*，37(1982)，389-400.

切地说，这一问题涉及 16—18 世纪大学与大学毕业后学生的职业、专业、事业及他们在社会中的智力投资等各方面作为一个整体之间的关系。

大学毕业生可选择的职业是非常多的，可以认为越贴近一般社会生活的学科在择业时就越有较大的选择空间。例如，文科在中世纪受到青睐，宗教和语言学在 16 世纪被偏爱，法学在 17 世纪地位显赫，医学在 18 世纪最受重视（因为它开辟了精密科学发展的先河）。毋庸置疑，所有这些都与这些学科在不断发展的科学分类系统中的一般地位密切相关。

大学中各学科交替占据优势的情形清晰地展现了文化价值的导向。这些学科可以帮助学生在一种更为宽广的文化整体视野下以新的方式看待事物。因而，这一成功与其说是对某一特殊学科兴趣的证明，不如说是一种典型的趋势：每一门学科都是通向知识、驾驭世界的理想入门。受激情驱使的学生则可能在对今后想干什么还没有确切想法的情况下，就选择了最时髦的学院。

尽管如此，大学教学总有一个与之相伴的职业面向。尤其是导致少数几个职业总是留给有大学学位或至少可以提供有考试结业的大学学历证明的人。在这些职业中，需要广博知识而又有较大自由度的职业占据特殊地位。这些“贵族”职业依据国家情况享有某些特定权利（结社的自由、等级职位、特权和豁免权），这些职业也因为其智力特性而有别于体力工作。 398
因此，它们接近于中世纪时期自由技艺与手工匠技艺的差别。[128] 另外，这些自由职业者们既没有薪水，也不隶属于任何一个社团。恰恰相反，他们在职业中显示一种超越获取的服务精神。[129] 面对工作，自由职业者看重闲暇的价值。在近代，律师和医生到处都成为自由职业公认的代表，而自由职业显然还可以包括更多（如公证人、咨询员、家庭教师），另有一些像

---

[128] 参见第Ⅰ卷第 1 章“主题”。

[129] Hermann，‘Die “Freien Berufe”’（注释 53），31-56. 关于专业，参见 T. Parsons，‘Professions’，in *International Encyclopedia of Social Sciences*，vol. Ⅻ（New York，1968），536-547；C. M. Cipolla，‘The Professions：the Long View’，*Journal of European History*，2（1973），37-52；P. Macry，‘I professionisti. Note su tipologie e funzioni’，*Quaderni storici*，48（1981），922-943.

建筑师、工程师、测量员、艺术家和雕刻家等新职业也在一定程度上加入这一行列，或者至少是形成一个更倾向于技术问题或物质创造的次级群体。[130]

从教育的视角来看，这些自由职业的特点就在于它们有着双重的就任程序（学位/准入）。它证明了由一群同行对在其职业范围之外获得的专业资格的认可。这种就任程序使法律和医学由原来偶然性的转变为确定性的、有保障的职业。[131] 在一定程度上，由于决定资格的专业人员与大学学科有关联，自由职业就与大学保持了密切的联系。法国大革命前，自由职业仅与大学或高级文学院有联系。从 16 世纪起，律师进入法律界的先决条件之一是在“著名”大学（即在法学研究方面有声誉的大学）获得一个法学学位。到 17 世纪，大城市中出现了一些医生协会并取得了颁发医生文凭的垄断权。18 世纪，首次将建筑师与艺术家的培养纳入特有的教育课程中。

“职业”的思想是与“职业化”的概念相联系的。[132] 这一术语被研究
399 法国大革命之前大学的历史学家们广泛使用。有一些人用它来表明大学对其所教授科目中职业和实用领域的日渐重视，如教牧神学、法律实践、临床教学、教学法等。另一些人则使用这一概念来说明围绕特定职业出现的学科日益分化的现象。最终在法国大革命期间专门的职业学校得到创办，如医学学校、法律学校、大学校。这类学校最主要的特征是为划分精细的

---

[130] 参见 W. Prest(ed.),*The Professions in Early Modern England*(Beckenham,1987)。

[131] P. Bourdieu,‘Les rites d'institution’,in P. Bourdieu,*Ce que parler veut dire. L'économie des échanges linguistiques*(Paris,1982),121-134.

[132] 关于专业化,特别要参见 R. Bucher and A. Strauss,‘Professions in Process’,*American Journal of Sociology*,66(1961),325-334;C. Turner and M. N. Hodge,‘Occupations and Professions’,in J. A. Jackson(ed.),*Professions and Professionalization*(Cambridge,1970),19-50;D. Rüschemeyer,‘Professionalisierung. Theoretische Probleme für die vergleichende Geschichtsforschung’,*Geschichte und Gesellschaft*,6(1980),311-325;C. E. McClelland,‘Zur Professionalisierung der akademischen Berufe in Deutschland’,in Conze and Kocka(eds.),*Bildungsbürgertum*(注释 41),vol. Ⅰ,233-247。

职业做培训，同时又不忽视理论方面的教学，这一点使它们与纯粹的实用技能培训课程有所不同。最后，根据“职业化”的第三种概念，即当代社会学公认的一个概念——大学教育是促使一种“职业”转变成一种独立“专业”的一系列因素中的一部分，这个独立“专业”的成员与专业团体相联系，它们自己控制着准许进入本行业的前提条件（包括培训的水平），在职业伦理标准和从业道德方面都有相应的规范。通常，这一转变的过程被社会学家们纳入 19 世纪和 20 世纪社会发展的进程中。[133] 然而，一些历史学家追溯职业化进程的源头至近代或中世纪。正因如此，也由于这一术语在使用上过于混乱，我们将它的范围和特征界定清晰就显得十分重要。

职业与专业在职业活动范围中占有同样的位置。就我们的主题而言，它们之间的区别主要在于二者的地位及它们与培训课程的关系。[134] 例如，在法国大革命之前，律师和医生的职业特征首先表现为它们的非手工劳动和独立性，这两个方面都被社会意识所肯定和推崇，因为当时社会意识包含特权等级社会、免费服务（如城镇医生有责任为穷人义诊）的概念及贵族化的价值观（致力于研究、博雅文化或艺术的闲暇）。这些职业在 19 世 400
纪被定义为旧式职业，并且被新兴的职业所取代。新兴的职业有三个典型特征。首先，这类职业具有很高的独立性：由此以后它确定自己的职业形象、职业活动、能力范围和职业道德。其次，它趋向于淘汰其他竞争者或将他们组织在一个以它为首的职业等级制度下。最后，它控制了这一行业相关的教育计划，并且在可能的情况下自己吸纳新生力量。

然而，从旧制度的视角看，新式职业与旧式职业的不同并不在于这三

---

[133] 参见 H. Perkins, *The Rise of Professional Society. England since 1880*(London, 1989)。

[134] 医学专业的演变，参见经典研究由 E. Freidson, *Profession of Medicine. A Study of the Sociology of Applied Knowledge*(New York, 1972); N. and J. Parry, *The Rise of the Medical Profession. A Study of Collective Social Mobility*(London, 1976); P. U. Unschuld, ‘Professionalisierung im Bereich der Medizin. Entwurf zu einer historisch-anthropologischen Studie’, *Saeculum*, 25(1974), 251-276; I. Waddington, ‘Medicine, the Market and Professional Autonomy: Some Aspects of the Professionalization of Medicine’, in Conze and Kocka (eds.), *Bildungsbürgertum*(注释 41), vol. Ⅰ, 388-416。

个特点，而在于社会阶层总体意识的变更，在这个社会阶层中，工艺仅是一成不变的齿轮，成就各个职业的正是自身的工作。换句话说，这种新式职业的形成依靠任人唯贤的原则和对在薪水最高的医疗职业领域内工作的渴望。法国大革命以前，自由职业者是通过和平地加入自由职业来实现自己社会地位的，但 18 世纪以后，新的律师或医生将不得不通过进行一些有偿的法律或医疗活动，以及不断地研究自己的领域或专长来实现这一目的。医生的公众形象恰好显示这一对比。法国大革命以前的医生几乎是全才，他们对哲学比对医学更感兴趣。从实践的观点看，他们不是天才，而且他们的生意操于病人之手，这些情况正如莫里哀在 1673 年的讽刺戏剧《没病找病》中描绘的那样。然而，当代（20 世纪）的医生则大不相同，他们接受严格的医疗培训，他们所学专业化程度越高，在职业等级中的地位也就越高。技艺最娴熟（专业化程度最高）的外科医生身价最高。最后，在诊疗中下诊断开处方及培养客户的是医生而不是病人。

然而，即便可以肯定这个世纪里社会已发生质的改变，但认为职业化完全是 19 世纪的一种现象则未免过于极端。仅从教育方面考虑，它的源头也应追溯到更为久远的年代。但是为了避免混乱，最好依照德国史学家的划分，将围绕职业概念的法国大革命前的职业化与 19 世纪的专业化区
401 分开。[135] 的确，在法国大革命前，“职业”处于教师工作职业化的中心，这一点尚未得到充分研究。由于法国和德国文法学校及葡萄牙初等学校教师职业的存在，已经表明教学在 18 世纪时就已从传教的功能中分离了出来（或者说是围绕一系列完全不同的辅助活动的形成），教师们在成为领取薪金的一族之前已经有了独立的趋势。教学功能不再只是一个指向职业（常常是神职）或一个有学识的职业的中间阶段，而成为一种真正意义上的职业，其代表组织的社会团体为世人所认可。这个社会团体有着它的凝聚力。一方面，由于拥有共同的知识和技能，“教育领域”、学术文化都被

---

[135] 参见 H. Hartmann，‘Arbeit，Beruf，Profession’，*Soziale Welt*，19(1968)，197-212；W. Conze，‘Beruf’，*Geschichtliche Grundbegriffe*，vol. Ⅰ(Stuttgart，1972)，490-507。

视为这一群体自己的活动领域。另一方面，由于共同的伦理准则和文化传递原则使教育的使命被这一团体视为己任。如此，教学这一行业自身必定要有专门的训练计划，这一计划伴随着考试甚至是选拔，这一领域的准则便很快在这一过程中出现。1766 年，巴黎文学院开始进行竞争性的教师资格考试，此后成为从教的正常途径，在德国获得这一领域职业的先决条件是通过文科中学最后的考试。[136]

然而，在 19 世纪以前，最能清楚地体现职业化进程的例子是医疗行业。在法国大革命之前的学科中，医学是最明确地为一种专门的职业活动做准备的学科。研究与实践二者之间关系的密切程度在继承古制并经历了几个世纪后直至现在仍可被看到，很多国家都保留了这种用法。不论内科医生本身是否具有博士学位，都被冠以博士头衔。相反，如在法国，只有医学毕业生被叫作“博士”。此外，在旧制度行将结束的时候，人们注意到虽然外科医生仅是职业团体的一员，但他们也自称“博士”，从而获取了拥有大学学位的内科医生才享有的某些威望。这里对“博士”的使用反映了一种社会文化的演变。图比·盖尔范德指出，对法国而言，不是 19 世纪的科学发展催生了近代医生，而是从 18 世纪开始的一系列社会的、制度的、教育的因素催生了这一职业的出现。[137] 外科医生社会地位的迅速 402
变化是伴随着启蒙运动时代对体力劳动重新估价而发生的，它导致了实验和临床方法在医学中的胜利。从 18 世纪末开始，法国的内科医生携同他

[136] 关于大学教授，参见第五章“教师”。关于早期中等教育专业，参见 D. Julia，‘La naissance’（注释 49）；A. Nóvoa，*Le Temps des professeurs. Analyse socio-historique de la profession enseignante au Portugal*（*XVIII e-XX e siècles*），2 vols.（Lisbon，1987）；J. G. Prinz von Hohenzollern and M. Liedtke（eds.），*Schreiber，Magister，Lehrer. Zur Geschichte und Funktion eines Berufsstandes*（Bad Heilbrunn，1989）。

[137] T. Gelfand，‘A “Monarchical Profession”，in the Old Regime：Surgeons，Ordinary Practitioners，and Medical Professionalization in Eighteenth-Century France’，in G. L. Geison（ed.），*Professions and the French State，1700-1900*（Philadelphia，Pa.，1984），149-180. 临床学教学，参见 M. Foucault，*Naissance de la clinique*（Paris，1963；2nd edn Paris，1972）；英文译文由 A. M. Sheridan Smith，*The Birth of the Clinic；an Archeology of Medical Perception*（New York，1975）。

们周边国家的同事，大批地追随巴黎皇家外科学院的“示范者”，成百上千次地到外科医生协会的护理所、法国的主宫医院（在皮埃尔·迪索带领下）或德国的查瑞特（在路易·德布瓦带领下）参加临床教学。[138] 这样一来内外科医生逐渐接近，直到 1794 年大革命二者合为一体，成为一种单一的新的医学职业。[139] 这样，理论医学和实践医学也合为一体，一个人可以在单一医学机构——医学院中接受培训。然而，不是仅有法国经历了这一变化趋势。在皇家外科学院创立之前，柏林查瑞特医院（1710）也出现类似的变化趋势。医学大师布尔哈夫的莱顿学生几乎将新的教学和组织医疗的方式传播到了各地；这些学生都是很有影响力的改革者，如哥廷根大学的阿尔布雷希特·冯·哈勒、奥地利维也纳大学的范格哈德·斯威滕（1700—1772）。[140] 从 1749 年开始，因为天主教徒被禁止在莱顿讲学，布尔哈夫的得意门生范斯威滕在奥地利致力于医学教学的改革，它通过一系列考试，把教学同整个医学行业的新组织联系起来，这个新组织中包括内科医生、外科医生和药剂师。[141]

接近 18 世纪中叶，爱丁堡大学，随后是格拉斯哥大学，传承了莱顿大学改革的火炬。1729 年皇家内科医师学会与大学共同建立临床医院
403 （1794 年只有格拉斯哥大学这样做）——皇家医院，这是发展新型医学尤其是培养一批新型内科医生的重要场所，这些新型内科医生学会将自身的实践与包括化学、药理学、植物学等更加理论性的培训结合起来。再者，

---

[138] W. Frijhoff, ‘Le recrutement étranger de l’Académie Royale de Chirurgie de Paris (1752-1791): la place des Allemands’, in M. Parisse (ed.), *Les Échanges universitaires franco-allemands du Moyen Age au XX e siècle. Actes du colloque de Göttingen-Mission historique française en Allemagne 3-5 novembre 1988* (Paris, 1991), 73-106; W. Frijhoff, ‘L’école de chirurgie de Paris et les Pays-Bas: analyse d’un recrutement, 1757-1791’, *Lias*, 17(1990), 185-239.

[139] L. W. B. Brockliss, ‘L’ enseignement médical et la Révolution. Essai de réévaluation’, *Histoire de l’éducation*, 42(1989), 79-110. 英国发展，参见 I. Loudon, *Medical Care and the General Practitioner 1750-1850* (Oxford, 1986)。

[140] H. Schneppen, *Niederländische Universitäten und deutsches Geistesleben von der Gründung der Universität Leiden bis ins späte 18. Jahrhundert* (Münster in Westfalen, 1960), 105-116.

[141] E. Lesky and A. Wandruszka (eds.), *Gerard van Swieten und seine Zeit* (Vienna, 1973).

授予的文凭数量证明了一个不可靠的标准。1800年左右，爱丁堡大学有660名医科学生（占其全部学生的52%），然而，学校每年平均只授予30个博士学位，总体而言，每5个医学生中只有1个获得博士学位。[142] 格拉斯哥大学的情况也是如此。然而，到19世纪末，格拉斯哥大学授予的医学学位与其他学科学位的总和一样多。如同巴黎大学一样，这种比例失调的原因在于苏格兰外科医生们的先驱作用，他们将医学研究融入自我培训之中。这样，医学教学仍然产生医学博士的“旧职业”，但同时也产生一个新的职业习惯，这是19世纪新职业形成的基础之一。[143]

但我们可以进一步追溯到更远的过去。中世纪医学院的设立在某种程度上限制了医学实践，它们只授予有限数量的学位（给那些经学院证明已具备医学知识的人），这些学位的授予就构成了内科医生工作职业化的开端。在14—16世纪，为城镇或王室服务的普通或特权医生制度（如首席医生、特许开业医生等）在西欧得到普及，这是内科医生职业化发展的第二步。它使这一职业明确脱离了神职人员的掌控，标志着这一职业的世俗化。[144] 这些医生很快以君主或城镇的名义或出于社会的利益，被赋予了控制同行或竞争对手的权力——这是医疗等级制度的开端。[145] 在近代，这种 404

---

[142] R. H. Campbell and A. S. Skinner(eds.), *The Origins and Nature of the Scottish Enlightenment*(Edinburgh, 1982); R. G. W. Anderson and A. D. C. Simpson(eds.), *The Early Years of the Edinburgh Medical Schools*(Edinburgh, 1976); J. B. Morrell, 'Medicine and Science in the Eighteenth Century', in G. Donaldson, *Four Centuries of Edinburgh University Life 1583-1983* (Edinburgh, 1983), 38-52.

[143] V. L. and B. Bullough, 'Intellectual Achievers: a Study of Eighteenth-Century Scotland', *American Journal of Sociology*, 76(1971), 1048-1063; V. L. and B. Bullough, 'The Causes of the Scottish Medical Renaissance of the Eighteenth Century', *Bulletin of the History of Medicine*, 45(1971), 13-28; V. L. Bullough, *The Development of Medicine as a Profession. The Contributions of the Medieval University to Modern Medicine*(New York, 1966).

[144] 参见第Ⅰ卷第372页及 P. Delaunay, *La Médecine et l'église. Contribution à l'histoire de l'exercice médical par les clercs*(Paris, 1948)。

[145] A. W. Russell(ed.), *The Town and State Physician in Europe from the Middle Ages to the Enlightenment*(Wolfenbüttel, 1981). 以及 C. M. Cipolla, *Public Health and the Medical Profession in the Renaissance*(Cambridge, 1976)。

职业化进程的两个方面仍在发展。首先，一般而言，医学博士学位在16、17世纪突出地显示在医学能力上，但更多的是理论上的能力，在临床方面有所忽视。内科医生与外科医生完全对立，他们发展自己的道德规范和世界观。这一点可以从托马斯·布朗的《医生的宗教》(1642)中看到。[146]中世纪时，欧洲地中海沿岸（西班牙、法国南部—蒙彼利埃—意大利）的内科医生似乎比北欧多，内、外科医生差别也更大，发展趋势似乎也有所不同。到16世纪时，内科与外科逐渐靠拢，他们学习一些共同的大学课程（解剖学、临床医学）。尽管如此，内科毕业生的威信最终还是被施加于各地。

具有领导权的机构是医生协会，它们是为维护职业利益建立的。在意大利、德国或荷兰等半独立的城市，这些协会是带有贵族气派的真正权威。[147] 它们的权限一般是地区性的，有时可以扩展到整个国家，如伦敦的皇家内科医师协会（1518年建立）就是如此，更不消说卡斯蒂利亚法院对医生职业的规定了。[148] 然而，伦敦医师协会不愿意承认住在伦敦以外的内科医生，以至于1800年时的179名内科医生中竟有153人住在伦敦。[149]因此，通过学位认可或更少见的真正的考试，医学博士们不仅控制了开业内科医生的数量，还控制他们的执业资格。为了提高医疗质量并以此提高专业能力，医学博士们扩大了自己对各个医学专业的控制和监督，包括外科医生（利用解剖学考试及为解剖学教学创建教学场地）、助产士和药剂师。正是通过这种途径，医学等级制度最终在17、18世纪确立。例如，

---

[146] 参见 R. S. Gottfried, *Doctors and Medicine in Medieval England, 1340-1530* (Princeton, N. J., 1987)。

[147] 意大利，参见 E. Brambilla, 'Le professioni scientifico-tecniche a Milano e la riforma dei collegi privilegiati(sec. XVII-1770)', in G. Barbarisi(ed.), *Ideologia e scienza nell'opere di Paolo Frisi 1728-1784* (Milan, 1987), 347-445。

[148] J. T. Lanning, *The Royal Protomedicato. The Regulation of the Medical Profession in the Spanish Empire* (Durham, 1985).

[149] Clark, *Royal College of Physicians*（注释88）, vol. II, 738.

在法国，整个医学职业都按 1696 年和 1707 年的皇家法规进行了改革。[150] 405
但内外科融合的步伐早已在悄然进行。尽管对于这个问题我们尚知之甚少，但可以设想，人们认为在公众团体（慈善机构、军队、海军、殖民地等）中服务的有薪水的内外科医生的立场对加快医学职业化的发展起到关键作用，他们更关心能力而非社会性的因素。因此法国皇家海军卫队的组建（1689）要先于民间医学的改革。[151] 但另一重要因素是市场经济的发展，它使病人更愿意购买速效药，而不愿听医生们那些精深的理论和他们所主张的烦琐乏味的饮食。在这种压力下，复合型医生（接受过外科培训的内科医生、有学位的外科医生）和混合教学增加了，同时也期待着外科学位的设立（早在 1599 年莱顿大学就有这样的要求，但并未成功）。与此同时，内外科医生通过“联姻”及他们对公共卫生和健康达成共识的方式日趋融合。这在卫生专家的作品医学局部解剖学及新的专业人员的协会论坛上都可以看到。[152] 产科医生是一种新职业（一种男性职业，与助产妇相比，它本身有一定的等级地位），它似乎与内科和外科医生在从业资格上

---

[150] Julia and Revel，‘Les étudiants et leurs études’（注释 1），246-249.

[151] P. Pluchon（ed.），*Histoire des médecins et pharmaciens de marine et des colonies*（Toulouse，1985），69-87；A. M. Kerkhoff，*Over de geneeskundige verzorging in het Staatse leger*（Nijmegen，1976）.

[152] 参见如 T. D. Murphy，‘The French Medical Profession’s Perception of its Social Function between 1776 and 1830’，*Medical History*，23（1979），259-278；H. F. J. M. van den Eerenbeemt，‘Arts en sociaal besef in Nederland in historisch perspectief’，*Sociale wetenschappen*，12（1969），231-280；J. Brugelmann，*Der Blick des Arztes auf die Krankheit im Alltag*，*1779-1850. Medizinische Topographien als Quelle für die Sozialgeschichte das Gesundheitswesens*（Cologne，1982）。在荷兰的发展的综合性考察，参见 W. Frijhoff，‘“Non satis dignitatis...” Over de maatschappelijke status van geneeskundigen tijdens de Republiek’，*Tijdschrift voor geschiedenis*，96（1983），379-406。

获得平等，这就引起一个关键问题，即它属于外科还是内科。[153] 于是在1746年的阿姆斯特丹，围绕着谁能组织妇产科医生的考试问题展开了一场激烈的内外科医生的权力之争。

所以，这些发展的因素成为这两种职业融合的前奏，这种融合在19
406 世纪几乎随处可见。[154] 同时，这些发展的因素也表明，在某些方面“旧的医学职业”和“新的医学职业”有根本性的差异。首先，旧的医学职业“主要是一个社会的而非功能的概念”[155]。它不寻求专业的合法性，而是依靠与社会价值观相联系的已确立的科学等级制度。[156] 因此毫不奇怪，旧的医学职业覆盖的医疗需求范围非常不全面，一个完全相似的领域得以发展，即公共医疗，但也有专家（疝气外科医生、牙医、手术师）、经验主义者、民间治疗师或江湖郎中的流动职业。[157] 拉姆齐十分准确地将这个旧医学的特征描述为“杂乱的医学网”，这与19世纪即将诞生的界定明确清晰的等级性职业恰好相反。[158]

---

[153] J. Gélis，'Regard sur l'Europe médicale des Lumières：la collaboration internationale des accoucheurs et la formation des sages-femmes au XVIII e siècle'，in A. E. Imhof（ed.），*Mensch und Gesundheit in der Geschichte*（Husum，1980），279-300. 其他新专业也将很快产生类似的问题，参见 J. Goldstein，*Console and Classify. The French Psychiatric Profession in the Nineteenth Century*（Cambridge，1988）。

[154] 见后面的第Ⅲ卷第13章。

[155] T. Gelfand，'Public Medicine and Medical Careers in France during the Reign of Louis XV'，in Russell（ed.），*The Town and State Physician*（注释145），117.

[156] B. Elkeles，'Medicus und Medikaster. Zum Konflikt zwischen akademischer und"empirischer" Medizin im 17. und frühen 18. Jahrhundert'，*Medizinhistorisches Journal*，22（1987），197-211.

[157] F. Lebrun，*Se soigner autrefois：médecins，saints et sorciers aux XVII e et XVIII e siècles*（Paris，1983）；W. F. Bynum and R. Porter（eds.），*Medical Fringe and Medical Orthodoxy*（London，1987）；R. Porter，'The Patient's View. Doing Medical History from Below'，*Theory and Society*，14（1985），175-198.

[158] M. Ramsey，*Professional and Popular Medicine in France 1770-1830*（Cambridge，1988）.

职业与社会流动性

毫无疑问，人们对大学体系了解最少的方面就是学生们离开大学后的情况。当然，关于某些特殊职业类型（议员、公务员、医师、牧师，等等）的地区性或全国性的研究确实大量存在，但实际上没有任何研究跟踪调查整个学生群体的职业前景，学生群体中不仅包括毕业生，还包括那些在获得毕业文凭之前离校的学生。只有这样一个整体的画面，才能使我们了解在大学学习对学生职业和大学的专业设置产生怎样的影响。对由这一任务引起的种种问题我们不应视而不见。在各种情况下，档案资料都是不充足或不完备的，它们自然会给毕业生或那些进入公共行政部门的学生及服务于某些公众团体的“成功”学生留有重要的位置。结果很轻易夸张了大学同教会或国家行政的联系。对于那些我们不能推想其职业的学生，在某种程度上是问题的要素，这个问题要素允许我们估定大学体系中的冲突，它在多大程度上“坚持”由大学规章、职业标准或国家指令制定的理想。这些学生中有移居殖民地者，有重返商业、手工业或农业者，有各种 407
“地位降级”的人，他们构成了身份不明的边缘人，数量众多，常常超过学生总数的一半，这就使仅基于职业可以认定的那部分学生的研究结果事实上没有价值。

有时碰巧一位大学校长或大学秘书记录下某一群学生的命运，但是空缺的资料仍很多。尽管如此，一份珍贵的原始资料确实可使我们形成对这一群学生后来职业生涯的粗略印象。这里有联合省两个地区性学生联合会的名册，它们是莱顿大学的海尔德兰和上艾瑟尔两个省的学生名册（我只取用上艾瑟尔省的学生名册），[159] 以及弗拉纳克的福瑞森大学吕戈登学院

---

[159] O. Schutte(ed.), *De wapenboeken der Gelders-Overijsselse studentenverenigingen*(Zutphen, 1975), 33-85；参见 W. Frijhoff, ‘Deventer en zijn gemiste universiteit. Het Athenaeum in de sociaal-culturele geschiedenis van Overijssel’, *Overijsselse historische bijdragen*, 97(1982), 68-69.

以前的那些学生名册。[160]

建立于大学同乡会模式上的这些组织在1650—1675年受到当局的打压。这些协会的存在是为了向地域缩小的学生群体提供帮助，因此其成员的职业生涯很容易被他们的秘书所掌握。在这里，未知元素的比例是低的。而且有一次他们给出了学生死亡率的确切数据，这个死亡率比通常想象的要高得多（学生的6%—8%，通常属于身份不明群体）：1656年和1666年的鼠疫肆虐，导致很多学生丧生，但打架滋事和意外事故也是重要原因。在多尔帕特，学生的正常死亡率低于3%，但是在鼠疫盛行的年份，学生死亡率可以上升至10%。[161] 然而，在18世纪，这两种因素对死亡率的影响较小。鼠疫消失，学生们也平静下来。学生的职业情况被知晓，从表9.2中能够立即看出学生中几乎有一半的人从事了法律或行政管理职业，三分之一的人从事教学或在教堂里任职，只有二十分之一的学生做了医生（在巴塞尔是五分之一）。莱顿（与巴塞尔一样）显然比弗拉纳克或奥德河畔法兰克福更能吸引具有较高社会抱负的人。对那些选择不需渊博知识的职业的人来说，成为贵族和加入军队是他们的首选，他们占学生总数的六分之一。很少有学生重返贸易、手工业或农业，即使算上那些就业情况不明的学生，其比例也不高于四分之一。总而言之，从这个简明
408 的概观中可以看出，大学作为一个机构，充分完成了其作为教会和国家神学院的使命，为教会和政府提供了官员。在17世纪，法律占有明显的优势地位，而神学在布雷斯劳仍然盛行。自由职业在每个地方都是重要的，但不可能占据优势地位。那些倾向于自由职业的毕业生的分布情况，在这里我们只能提供一份非常不完善的图画：律师和医生都是大学毕业生，从政者和政府官员中有一半以上是大学毕业生，而其他职业的情况则不清楚。

---

[160] J. Visser(ed.), *Album Collegii studiosorum ex Gymnasio Leovardiensi* (*1626-1668*) (Franeker,1985). 由于文献保存不好，最后几年，即1664—1668年被忽略。

[161] Tering, *Album academicum Dorpat*(注释63),117.

表 9.2　一些学生群体的职业：16—17 世纪（在所有明确职业中的百分比）

社会职业群体	学生（和大学）来源（百分比）			
	上艾瑟尔省（莱顿）1617—1659	吕戈登市（弗拉讷克）1626—1663	布雷斯劳（法兰克福）1506—1648	（巴塞尔）1601—1603
贵族、领主	12.9	3.8	4.5	19.6
军官	4.5	10.9	2.7	1.8
城市官员	15.5	1.8	—	2.4
公务员	20.7	16.8	8.5	7.1
律师	20.0	24.2	18.1	22.6
医生	5.2	4.1	6.2	19.6
牧师	15.5	31.9	41.5	14.2
教师	5.8	4.1	15.0	9.5
手工业者、商人	—	1.8	3.5	1.2
农业者	—	0.6	—	—
总比例之和	100.0	100.0	100.0	100.0
学生总人数	155	339	260	168
死亡学生	14	33	?	3
身份不明学生（%年龄）	61（26.4）	43（10.4）	339（56.6）	103（38.0）
合计	230	415	599	271

资料来源：上艾瑟尔省和吕戈登市的数据是根据最初的记载推算出的；布雷斯劳：G. Klieschy, *Der Einfluss der Universität Frankfurt (Oder) auf die schlesische Bildungsgeschichte dargestellt an den Breslaue Immatrikulierten von 1506-1648* (Würzburg, 1961), 47；巴塞尔：H. G. Wackernagel (ed.) *Die Matrikel der Universität Basel, 1460-1800*, vol. Ⅲ (Basle, 1962), 1-26。

如果说查明学生毕业后的职业状况比弄清他们的社会职业出身（见第七章）更难的话，那么要将大量人口的社会出身及职业前景联系起来则更是难上加难，但这是研究社会流动性唯一可靠的办法。尽管是基于大范围的研究，1550—1750 年在布拉班特登记的 5947 名学生中不到 20%的人的

409 两种情况都是清楚的。[162] 剑桥大学曾尝试从 J. A. 维恩不久以前建立的学生名单中抽取样本，但非常普遍的结果使史学家们失望了。[163] 他们最多可以记录一些毫无新意的结论：出身于教士或自由职业者家庭的学生明显比出身于地主家庭的学生的学习成绩要好。事实上，这两类群体的人在大学中追求的并非同一件事情，一类是职业培训，另一类则是普通文化。

鉴于非常不完全的研究情况，我们应当设法进行一些调查，这些调查与其说是为欧洲的职业流动状况描绘一个全景图，不如说是为了指明职业流动的发展趋向或问题及对研究线索提出建议。奥布大学（图尔库）的有关社会职业出身和后来的职业发展资料是充足的，它是芬兰（后来在瑞典人统治下）本土上唯一的大学。有些芬兰人也进入其他一些在瑞典或波罗的海国家的大学。[164] 从总体上，大学帮助那些低等或上等中产阶级出身的学生进入教会或政府部门工作。对于贵族和高级神职人员而言，大学首先完成了这一阶层及其文化的复制。然而，在政府部门内也有一种明显的职业流动倾向。在 17 世纪，大学造就了大量低级神职人员和中小学校长，同时也附带地提高了军官的文化水准。但是到了 18 世纪初则出现明显变化，教会的吸引力部分地转移到了政府。后来便出现一种职业抱负的世俗化，这对国家是有益的。在 18 世纪初还可看到，贵族尤其是城市新兴贵族的比例在增加。人们的职业相应地从神职向世俗职业转移。此外，牧师的过剩在近 18 世纪教育学讨论中也占据一席之地。

在一个相当晚的时期（1740—1839），这个时期超出了本卷的时间范畴，马修在格拉斯哥大学对学生进行了一项类似的研究。[165] 他的研究结果与前人的研究结果并不存在本质上的差异。然而，此时工业和贸易界提供

---

[162] 参见本人有关总量的估算在 *Annales. Economies, Sociétés, Civilisations*, 36(1981), 243-246, ; Bots, *Noordbrabantse studenten*(注释 123)。

[163] H. Jenkins and D. Caradog Jones, 'Social Class of Cambridge University Alumni of the 18th and 19th Centuries', *The British Journal of Sociology*, Ⅰ(1950), 93-116.

[164] J. Strömberg, 'Studenterna', in Klinge, *Kuningliga Akademien*, 291-354.

[165] W. M. Matthew, 'The Origins and Occupations of Glasgow Students, 1740-1839', *Past and Present*, 33(1966), 74-94.

了几乎近一半的学生，农业出身的学生占 20%。直至 18 世纪末，教会依然消化着大学教育的基本成果，因为 40%—50%的学生进入教会，只有 12%的人进入生产领域，没有人从事农业。公共管理部门似乎对大学生并 410
不感兴趣（4%的人进入这些部门）。马修在这并无惊人之处的结论中指出，教会为产业阶级提供了从事文化性职业的机会，需要渊博学识的职业多由大学产生，各行业中大学毕业生的占比分别为医学 69%、神职 50%、法律 44%。

地方性的细致的调查研究证实并完善了这些结论。教会（路德教的）吸纳了 1521—1814 年在尼尔廷根（符腾堡）小城出生的 339 名学生中的 55%，另外 17%的学生进入教育领域。但是，只有不到三分之一的人出身牧师家庭，未来的教师中有近一半出身教师家庭。律师行业的情况也是如此。只有医生在圈内进行自我更新。实际上，小镇里为数不多的世俗官员被教堂的职位所征用，这些人主要来自商人、中等阶层的手艺人及农民家庭。在 164 名有着产业阶级父母的学生中，仅有一个学生回到那里成了一名药剂师。[166] 我们在这里可以清楚地看到通过大学实现的社会流动。

像这种以周围农村地区为服务对象的小镇的例子，使我们能够对既定的大学职业机会被国家愈加支配的情况做出必要的修正。事实上，这种流动分两个阶段运转。首先，低中级商人、中等手工艺人及乡村中的精英将其子女培养成牧师或教师。从此，学者不仅可以离开他们的环境，而且可

[166] A. Rach, 'Nürtinger Studenten auf deutschen Hochschulen, 1410-1648. Ein Beitrag zur Matrikelforschung unter bildungshistorischen und sozialhistorischen Aspekten', *Informationen zur erziehungs-und bildungshistorischen Forschung*, 9(1978), 117-152. 类似的研究还有 G. Jaritz, 'Kleinstadt und Universitätsstudium', *Mitteilungen des Kremser Stadtarchivs*, 17/18(1978), 105-161; M. Mahr, *Bildungs-und Sozialstrukturder Reichsstadt Schweinfurt* (Würzburg, 1978); W. Frijhoff, 'Le rôle des études universitaires dans une société locale: la ville de Zutphen en Gueldre du Moyen Age au début du XIX e siècle. Premier bilan d'une recherche', in M. Kulczykowski (ed.), *Les Étudiants-liens sociaux, culture, moeurs du Moyen-Age jusqu'au XIX e siècle. Vème Session scientifique internationale, Cracovie 28-30 mai 1987*, Zeszyty Naukowe Uniwersytetu Jagiellonskiego CML, Prace Historyczne, Z. 93(Warsaw/Cracow, 1991), 87-114。

以离开他们的乡村。他们在更大的城镇定居，这些地方是宗教、政治、法律活动的中心，他们在这里可以进入社会流动的下一个阶段，在大学的水准上进入自由职业领域或政府部门。在乡村成长起来的知识分子不能被乡村全部吸纳。然而，在城镇，知识分子数量充足，形成属于他们的社会人文环境。知识分子的生活方式和习惯也随之形成。这种生活方式和习惯将
411 他们引入新的职业领域或统治阶层内部。对于居民超过 20 000 人的法国城镇，按 5%—15%的比例，可以确定独立从业者的人数。[167] 在荷兰，规模相似的城镇（多得雷赫物、莱顿、代尔夫特、哈勒姆、鹿特丹），不包括贫困阶层，在 1674 年、1715 年和 1742 年的人头税登记中，自由职业占 10%—20%，这个比例在 18 世纪增长了 50%。[168]

然而，我们不能由此得出结论，认为知识分子都聚集在城市中。教士和牧师们虽然是城镇或乡村唯一的知识分子，但他是多么有效啊！在所有的知识分子中，说来说去牧师的数量往往是最多的。在东弗里斯兰（德国），牧师、律师和医生之比是 11∶6∶1。但在这种基本上是农村的地区，牧师们居住在乡村，律师和医生则居住在镇上。[169] 在更大规模的统计上，可以得出类似的结论。我们可以计算出牛津大学、剑桥大学及律师学院的年平均 1280 名英国学生中，430 名将从事神职工作，160 名将从事法律工作，30 名将从医，剩下的 660 名学生并不立即凭借他们的学位找工作，他们很多时候甚至根本拿不到学位。[170] 居住在农村的这些牧师们即使与城镇保持着密切的联系，但注定要过一种乡村生活。换言之，城镇理所当然地成为学习和职业专业化的推动者，而且确实带来了社会流动或小幅度的社会攀升，但这远不是大学教育的唯一目标。

---

[167] Roche, *Le siècle des Lumières*, vol. Ⅰ, 77-96; vol. Ⅱ, 348-374; D. Roche, 'L'intellectuel au travail'(注释 121).

[168] 由以下材料计算得出：W. F. H. Oldewelt, 'De beroepsstructuur van de bevolking der Hollandsche stemhebbende steden volgens de kohieren van de familiegelden van 1674, 1715 en 1742', *Economisch-historisch jaarboek*, 24(1950), 90-101.

[169] J. C. Stracke, *5 Jahrhunderte Arzt und Heilkunst in Ostfriesland* (*s. l.*, 1960), 29.

[170] Stone, 'Educational Revolution'(注释 94), 41-80.

然而，大学毕业生在市镇行政部门的地位还值得进一步考察。在旧体制下，大学毕业生进入统治集团行列需要两方面的调查研究，一方面是法学或行政管理方面的资格条件，另一方面是学位的威望。这样的调查研究主要在西北欧的城镇辖区进行。这里应当强调两者之间有一个明确的区分，即一方面通过选举产生的政治精英（如镇长、市政官员、镇议员，等等），他们通常并不是行政专业人士；另一方面是长期从事公共服务的行政公务员（如理事、顾问、秘书，等等），它们在吸收新成员时往往有一 412
个资格标准，即使这一职位是家族世袭或依靠庇护获得的也不例外。再者，在职位遴选中，即使没有获得学位，哪怕只是有在大学学习的经历，也能增加胜出的可能。

人口密集的都市地区引导了这种发展。让我们以荷兰北部和南部为例。1430—1580 年，鲁汶和安特卫普分别有 31%和 38%的市议员曾在大学就读。18 世纪，安特卫普的这一数字提高至 72%。在这两个例子中，不可能区分出哪些学生仅有大学学习经历，而哪些达到毕业水平。但是，在聚特芬（海尔德兰）的案例中则是可能的，1500—1590 年选举的市议员中有 29%的人上过大学（大部分在科隆大学），其中的三分之二（总数的 20%）获得了学位。17 世纪，聚特芬有 64%的市议员接受过一种课程的学习。到 18 世纪，这一数字则多达 80%，但是 1795 年革命自治政府的这一数字只达到 48%。在 17 世纪，议会中大学毕业生的占比依然很低，仅有 33%，但到 18 世纪则上升至 63%（尽管贵族议员们在头脑中仍轻视学位）。大学学习的泛化属于 17 世纪，18 世纪则是法学学位的繁荣时期。日益增长的资格需求伴随着对声望的寻求，以及对法学毕业生的半贵族世界成员标志的社会地位的追求。[171] 然而，在像鲁汶这样的城镇，行会在议会中仍占有重要地位，律师议员的数量仍然很低，到18世纪末占到20%。司库的情况同样如此，他们常常从下层商人或工匠中招募而来。

这些比例适用于联合省的所有大中型城镇。1675年左右，在阿姆斯特丹、鹿特丹、豪达或济里克泽，超过半数的市议员是大学毕业生。到18世纪，毕业生的比例已上升至三分之二。另一稳定的特征是16世纪的
413 大学毕业生通常为文科毕业生，有时也有医学毕业生，而少有法学毕业生。自17世纪初开始，法学学位变得重要，这是由于法国和意大利年轻贵族的学术旅行，这种旅行通常以一个法学学位告终。尽管如此，不同的城镇由于规模不同，情况仍然有明显差异。在大革命前夕，居民不足5000名的荷兰城镇中有不到四分之一的议员是大学毕业生。与此相反，在拥有25 000多名居民的城镇却有81%的议员是大学毕业生。这个趋势在16世纪正好相反，当时议会中商人占统治地位，拥有法学学位的议员在议会中通常只是一个小人物。两个世纪以后，议会成员则是清一色的大学毕业生。

德国和波罗的海诸国的城镇情况相似。[172] 但越往东这一倾向发生的时

---

[171] 安特卫普和卢维恩，参见 H. de Ridder-Symoens，'De universitaire vorming van de Brabantse stadsmagistraten en stadsfunktionarissen'，*Varia Historica Brabantica*，Ⅵ-Ⅶ(1978)，22-126；L. van Buyten，'Universitaire vorming van Brabantse stedelijke mandatarissen en functionarissen，17de-18de eeuw，Antwerpen-Leuven-Diest'，*Varia Historica Brabantica*，Ⅵ-Ⅶ(1978)，135-144。荷兰共和国，参见 Frijhoff，*Gradués*，187-208；W. Frijhoff，'Opleiding en wetenschappelijke belangstelling van het Nederlandse regentenpatriciaat tijdens de Republiek：uitgangspunten，kenmerken，ontwikkelingen'，*Bulletin Werkgroep Elites*，8(Leiden，1987)，6-20。

[172] O. Brunner，'Souveränitätsproblem und Sozialstruktur in den deutschen Reichsstädten der frühen Neuzeit'，*Vierteljahrsschrift für Sozial-und Wirtschaftsgeschichte*，50(1963)，329-360；K. Wriedt，'Stadtrat-Bürgertum-Universität am Beispiel norddeutscher Hansestädte'，in B. Moeller，H. Patze and K. Stackmann(eds.)，*Studien zum städtischen Bildungswesen des späten Mittelalters und der frühen Neuzeit*(Göttingen，1983)，499-523；E. François，'Städtische Eliten in Deutschland zwischen 1650 und 1800. Einige Beispiele，Thesen und Fragen'，in H. Schilling and H. Diederiks(eds.)，*Bürgerliche Eliten in den Niederlanden und in Nordwestdeutschland*(Cologne/Vienna，1985)，65-83.

间越迟：半个世纪以后它才在德国北部实现，波罗的海诸国则更晚。因而在17世纪，作为大学城的多尔帕特（塔尔图）、帕努和雷瓦尔（塔林）自以为荣的只是其议员中有20%拥有大学学历。只有里加，这个西方国家重要的商业伙伴，追随着德国模式，国会中有50%的议员曾在大学就读，但他们中很少有人毕业。[173] 地区差异在一定程度上归于议员们对其职能的认知。荷兰和神圣罗马帝国自由城镇的议员们相信自己应当被授予统治权并能像王室议员一样行使权力。16世纪在那些城市贵族的商业因素古老而影响巨大的地方，与新大学毕业议员的关系很是紧张。科隆就是个明显的例子。在16世纪的最后25年，在这个大学城的人民议会中仍鲜有大学毕业生的身影。他们要进入人民议会非常困难，17—18世纪他们在人民议会中的占比稳定在10%—12%。这一低比例印证了城市政府对大学长久以来的不信任，类似的情况晚些时候在莱顿也有。然而，这种情况必然会或多或少有所改变，即此后律师的经验对良好的政府来说是不可或 414
缺的。[174]

常任行政官员或法官的情况就很不相同。从15世纪开始，所有鲁汶和安特卫普的政府公职人员和法官都拥有法学学位，书记员与秘书也在相当程度上步了这场运动的后尘。[175] 1775年，在联合省居民超过5000名的城镇中，80%的市政官、政府顾问或秘书，以及所有高级法院的公诉人和法官都是大学毕业生，高级法院中非贵族出身的议员也是如此。这里应该强调的是，统治集团的社会功能之一就是造就了大学的传统和法律习惯。[176] 事实上，这场运动可分为三个阶段。第一阶段，城镇议会吸纳了具

---

[173] Tering, *Album academicum Dorpat*（注释63），111，表25.

[174] W. Herborn, 'Der graduierte Ratsherr. Zur Entwicklung einer neuen Elite im Kölner Rat der frühen Neuzeit', in Schilling and Diederiks(eds.), *Bürgerliche Eliten*（注释172），337-400.

[175] De Ridder-Symoens, 'Possibilités de carrière'（注释101）.

[176] Frijhoff, *Gradués*, 201-205.

有很强法律应用能力（能称职提供法律服务的）并受过高层次教育的有薪族。[177] 第二阶段，从 17 世纪开始，这些专业人士逐渐以议员和市政官的身份被市议会所接受，从此便依靠法律的强大力量增强他们自身作为决策者的政治竞争力。第三阶段，凭借文化环境，他们确切的法律应用能力在统治阶级的整体文体中被淡化。于是，他们求助于一个新的、合格的受薪阶层；尽管“专业化”程度很低，但地位仍在不断上升的官僚，即现代意义上的“公务员”，在 18 世纪登上历史舞台。[178] 这些公务员是因为他们的能力而非在大学中学习的课程而当选。从此，大学学位失去其资格特征，开始成为才干和正规化的象征，而非证明。它保证其成员出身于知识环境而并非具有某种专门知识。

本章主要学习的是促使大学及其功能迅速转变的一系列过程，这些过
415 程长期以来一直都在进行且相互作用。大学成员的世俗化及工作的可能性，社会再生产体系向更重视资格而非社会地位的精英体制运动的开始，国家和职业团体在职业培训课程确定方面日益增强的影响，学习范围的国家化，等等，所有这些都是相当大规模的进程，它们日益使不同国家乃至同一国家中的大学在外观、角色和价值取向等方面多样化。我们还能说在 1800 年时只有一种欧洲大学吗？

精选文献

Bengeser, G. *Doktorpromotion in Deutschland. Begriff, Geschichte, gegenwärtige Gestalt*, Bonn, 1964.

Conze, W. and Kocka, J (eds.) *Bildungsbürgertum im 19. Jahrhundert*, vol.

---

[177] 德国的术语源于 Wriedt 的用法。H. Schilling, 'Vergleichende Betrachtungen zur Geschichte der bürgerlichen Eliten in Nordwestdeutschland und in den Niederlanden', in Schilling and Diederiks (eds.), *Bürgerliche Eliten*（注释 172）, 9-17.

[178] 参见，例如，B. Wunder, *Privilegierung und Disziplinierung. Die Entstehung des Berufsbeamtentums in Bayern und Württemberg (1780-1825)* (Munich/Vienna, 1978).

Ⅰ: *Bildungssystem und Professionalisierung in internationalen Vergleichen*, Stuttgart, 1985.

Frijhoff, W. *La Société néerlandaise et ses gradués, 1575-1814. Une recherche sérielle sur le statut des intellectuels à partir des registres universitaires*, Amsterdam/Maarssen, 1981.

Frijhoff, W. 'La univerisdad como espacio de mediación cultural', *His-toria de la Educación*, 5(1986), 41-60.

Hattenhauer, H. *Geschichte des Beamtentums*, Cologne, 1980.

Horn, E. *Die Disputationen und Promotionen an den deutschen Universitäten*, Leipzig, 1893.

Julia, D., Revel, J. and Chartier, R. (eds.) *Les Universités européennes du XVIe au XVIIIe siècle. Histoire sociale des populations étudiantes*, 2 vols., Paris, 1986-1989.

Kagan, R. L. *Students and Society in Early Modern Spain*, Baltimore, Md./London, 1974.

O'Day, R. *Education and Society 1500-1800. The Social Foundations of Education in Early Modern Britain*, London/New York, 1982.

Pelorson, J.-M. *Les 'Letrados', juristes castillans sous Philipe III. Recherches sur leur place dans la société, la culture et l'Etat*, Poitiers, s. d. [1980].

Prahl, H.-W. 'Gesellschaftliche Funktionen von akademischen Abschlu-ssprüfungen und Graden (Sozialhistorische und ideologiekritische Untersuchungen zur akademischen Initiationskultur)', dissertation, Kiel, 1975.

Ranieri, F. 'Vom Stand zum Beruf. Die Professionalisierung des Juristenstandes als Forschungsaufgabe der europäischen Rechtsgeschichte der Neuzeit', *Ius Commune*, 13(1985), 83-105.

Stone, L. (ed.) *The University in Society*, 2 vols., Princeton, N. J., 1974.

Verger, J. 'Les universités à l'époque moderne', in G. Mialaret and J. Vial (eds.), *Histoire mondiale de l'éducation*, vol. II, Paris, 1981, 247-272.

416

第十章　流动

希尔德·德·里德-西蒙斯

人文主义与文艺复兴

> 人们惊异地发现，我们都是如此人为地自我封闭、目光短浅，或者我可以将这种认识称为人类缘于商业发展和频繁走向国外而产生的一种判断力的启蒙。最终，我将这一世界画面纳入我精心完成的书中：如此多奇异的想法、众多的流派、各式的评价、形形色色的观点、迥异的法律和奇幻的习俗。所有这些教会我们如何正确地判断自己，并且指导我们承认人类的不完美和天生的弱点，这并非一件易事。①

蒙田并非第一位称赞到国外游历的教育价值的人文主义者。接触其他的国家和意识形态可以使青年人的判断力更加敏锐，文化视野更加开阔，并且教会青年人如何运用外国语。② 德国学者保罗·亨岑纳在其游记（1596—1600）中特别提到，德国学生被吸引到杰出的法国奥尔良大学，不仅因为它的教学，还因为纯正的奥尔良法语："奥尔良法语是如此的纯

---

① 转引自英译本：*Essayes written in French by Michael Lord of Montaigne... done into English, according to the last French edition by John Florio*(London, 1613), 74-75。参见 the original in P. Villey(ed.), *Les Essais de Michel de Montaigne*(Paris, 1965), 157-158。

② E. Garin, *L'Education de l'homme moderne 1400-1600*(Paris, 1968), 190-194.

正，以至于‘奥尔良法语’在现在就是通常所说的‘高雅的言辞’的意思。”③ 在莱比锡大学，学生们听到并学会说纯正优雅的德语；在16世纪意大利的一些大学里，有许多西班牙学者，学生们可以同时学习意大利语 417
和西班牙语。大学的学习于是有了一个双重的目标：人文主义教育和职业教育。

文艺复兴时期的教师将在国外学习视作年轻精英接受人文主义教育的巅峰。在文艺复兴时期，一些学生被诸如阿西亚特斯和居雅斯等教师的名声深深地吸引，他们跟随着老师从一个大学游历到另一个大学。但是，这并不是后来17世纪学生所期望的游历欧洲大陆的大旅行。

16世纪产生大量的旅行指南。被命名为《旅行的艺术》《旅行的方法》的书籍出现在欧洲各国。它们在形式和用途上不同于中世纪时期类似的版本：有的提供了旅行必需的实用信息，但大多数主要关注的是教育旅行的文化和智力益处。④

15世纪末，欧洲大学的学生数量，尤其是外国学生的数量有所增加。16世纪后半叶和17世纪上半叶，欧洲大学的学生和教师地域流动性无论在绝对数量还是占比上都达到顶峰。在新人文主义教学思想的鼓励下，这一时期学生向国外流动的盛况空前，从而帮助贵族在快速变化的社会中应付新出现的文化和智力上的需求，大学也适应了这些新的需求，但速度很慢。大学和大学生比以往更加贵族化。

人文主义在一些大学中获得了一席之地。文艺复兴时期，学生们真诚而狂热地寻求知识和文化的源泉。意大利之旅是要想成为人文主义者的任

---

③ A. Babeau, *Les Voyageurs en France depuis la Renaissance jusqu'à la Révolution* (Paris, 1885; reprint Geneva, 1970), 70.

④ 介绍到这一领域并附有详尽参考书目的有 J. Stagl, 'Die Apodemik oder "Reisekunst" als Methodik der Sozialforschung vom Humanismus bis zur Aufklärung', in M. Rassem and J. Stagl (eds.), *Statistik und Staatsbeschreibung in der Neuzeit vornehmlich im 16-18. Jahrhundert* (Paderborn/Munich/Vienna/Zurich, 1980), 131-204。

何人所必需的。⑤ 年轻的英国人、德国人、荷兰人、斯堪的纳维亚人、西班牙人和葡萄牙人造访大量位于博洛尼亚和帕多瓦、帕维亚、锡耶纳和比萨，以及少量位于费拉拉和佩鲁贾的意大利大学，对这些文化源泉进行智力上的朝圣之旅。大学有广泛的课程体系，将健全的法学和医学训练与古代的古典课程结合起来。第一代到意大利学习的学生将希腊研究介绍到阿
418 尔卑斯山脉北部各国。在这个世纪稍后的时期，医学研究流行起来，成为17 世纪到意大利旅行的主要目的。

这个时期阿尔卑斯山南麓的学生认真地在意大利进行长期的学习，意大利学生中较高的非意大利毕业生占比就是证明。例如，15 世纪末，锡耶纳和帕维亚的大学毕业生中 50%是阿尔卑斯山南麓的学生。在 16 世纪上半叶，约有 28%的比萨和佛罗伦萨的大学毕业生及 23%的费拉拉的大学毕业生也是阿尔卑斯山南麓的学生。⑥ 与此相似，在意大利北部的所有大学中，意大利学生的数量很多，但意大利学生在毕业生中的占比较之在

---

⑤ 另可参见 H. A. Obermann and T. A. Brady Jr(eds.),*Itinerarium Italicum. The Profile of the Italian Renaissance in the Mirror of its European Transformations*,Studies in Medieval and Reformation Thought,14(Leiden,1975)。

⑥ 计算基于 G. Minnucci,*Le lauree dello studio senese alla fine del secolo XV*,Quaderni di 'Studi Senesi',51(Milan,1981);G. Minnucci,*Le lauree dello studio senese all'inizio del secolo XVI(1501-1506)*,Quaderni di 'Studi Senesi',55(Milan,1984);G. Minnucci,*Le lauree dello studio senese all'inizio del secolo XVI. II(1507-1514)*,Quaderni di 'Studi Senesi',58(Milan,1985)。图表参见本人有关 Minnucci 的研究:*Tijdschrift voor Rechtsgeschiedenis*,54(1986),205;A. Verde,'Dottorati a Firenze e a Pisa 1505-1528',in R. Creytens,P. Kunzle and T. Kaeppeli(eds.),*Xenia medii aevi historiam illustrantia oblata Thomae Kaeppeli O. P.*(Rome,1978),607-785;G. Pardi,*Lo studio di Ferrara nei secoli XV e XVI*(Ferrara,1903),208;P. Vaccari,*Storia della Università di Pavia*,2nd edn(Pavia,1957),74-75;E. Picot,'Les étudiants de langue française à l'università de Pavie du XIVe au XVI siècle',*Bulletin historique et philologique du Comité des travaux historiques et scientifiques*(1917),71-83;A. Sottili,'Tunc floruit Alamannorum natio:Doktorate deutscher Studenten in Pavia in der zweiten Hälfte des 15. Jhs',in W. Reinhard(ed.),*Humanismus im Bildungswesen des 15. und 16. Jahrhunderts*(Weinheim,1984),25-44;A. Sottili,'Le contestate elizioni rettorali di Paul van Baenst e Johannes van Dalberg all'Università di Pavia',*Humanistica Lovaniensia*,31(1982),29-75。

所有学生中的要小一些。

大学的选择似乎不是轻松的事情。在锡耶纳和费拉拉大学，德国学生最多，占四分之三，然后是伊比利亚人和荷兰人。在比萨和佛罗伦萨，外国学生中以西班牙和葡萄牙学生居多（40%），其次是德国学生（23%）和来自法国南部和西南部的学生（14%）。帕维亚大学的学生绝大多数来自德国或与德意志帝国相邻的萨沃伊和佛朗什-孔泰。那时博洛尼亚大学也有各国的学生，但是，正如其他所有的意大利大学一样，其毕业生中很少有来自北欧和东欧的学生。我们可以确切地说，16 世纪的前几十年是大学生游历的黄金时期。知识分子和人文主义者被著名的教授或其他有名望的人吸引着，从东到西、从北至南地遍游欧洲各国，从一个学习中心转移到另一个学习中心。甚至迄今仍无很大名望的大学也吸引了数以百计的外国学生，如鲁汶大学（那里的三语学院和著名学者伊拉斯谟吸引了各地的学生和年长者）、瓦伦斯大学和布尔日大学，居雅斯的名望吸引了很多 419
学生来到这里。神圣罗马帝国的大学觉得有必要适应新的学术标准，尤其是在法学方面，因为罗马法在他们的国家已被接受，但在整个欧洲，尤其是神圣罗马帝国陷入混乱的重大危机之前，他们没有时间去适应。⑦

异国游历求学一般有常规的路线。文科的预科学习通常在本国完成。其后学生去法国，再到意大利。路线有两条，可选其中之一。第一条路线是巴黎、奥尔良、布尔日、蒙彼利埃、多勒，第二条路线是巴黎、多勒、斯特拉斯堡、巴塞尔。中欧和东欧的学生通常不必经过法国而直接去意大利。

在 16 世纪，自然科学日益引起人们学习的兴趣，这在学习选择上有

⑦ 参见注释 6 及 H. de Ridder-Symoens, 'Italian and Dutch Universities in the Sixteenth and Seventeenth Centuries', in C. S. Maffioli and L. C. Palm(eds.), *Italian Scientists in the Low Countries in the XVII th and XVIII th Centuries*(Amsterdam, 1989), 31-64; H. de Ridder-Symoens, 'Internationalismus versus Nationalismus an Universitäten um 1500 nach zumeist südniederländischen Quellen', in F. Seibt and W. Eberhardt(eds.), *Europa 1500. Integrationsprozesse im Widerstreit: Staaten, Regionen, Persönenverbände, Christenheit*(Stuttgart, 1987), 397-414。

所体现。法学文凭意味着成功的职业，而文学和自然科学的学习形成了文艺复兴时期的“通才”。因而，几个学科被结合起来，尤其是在 16 世纪末和 17 世纪初的第二次人文主义时期，⑧ 这种结合更加显著。学生转换三所、四所，甚至八所大学去寻找最好的老师学习成为很普遍的事情，因为那时意大利的医学或法学博士头衔或蒙彼利埃的医学学位提升了持有者在本国的声望，甚至是他的职业前景。

宗教改革与反宗教改革

在接近 16 世纪中期的时候，学生流动的模式受到宗教改革与反宗教改革的破坏与重塑，它既改变了大学的教派性质，学生对大学和学科的选择也深受影响。

“让每个国家都遵循统治者的宗教信仰”的格言同样适用于大多数大学。统治者通过立法禁止学生去国外学习，试图将他们限制在国内。统治者的论据总是同样的：外国大学是宗教和政治污染的源泉，而且学生移民
420 出境对其所在的大学城造成很大的经济和财政损失。每个统治者都具有这样的野心——拥有受其“控制”的大学。他的官员和神职人员可以在这所大学里按照他独特的宗教和政治思想来培养。违反规定最常见的惩罚是被排除在公职之外。

那些寻求自由的学生和那些希望在国外大学得到不凡成就的人最初不被这些限制所困扰，这些没有得到有效执行。因为在那些混乱、动荡、非常危险的年代，官僚机构还很少。随着 16 世纪末和 17 世纪初社会的日益稳定，这一限制性的立法开始奏效，对大学的国际性特征产生深远影响。在有些国家，统治者阻止学生去外国大学学习。哈布斯堡王朝对此限制得非常严格。早在 1555 年，查里五世就颁布法令，要求国民议会的议员，

⑧ 借助于本人对第二次人文主义的主要理解，即第二次人文主义是涉及自然科学的智力运动，本人认为第一次人文主义（15 世纪末至 16 世纪）带有更多的语言学和文学的特征。

无论是贵族还是非贵族，都至少要在皇帝认可的一所大学里学习至少五年的法律。[9] 1559 年，他的儿子、西班牙国王菲利普二世禁止他的西班牙国民去其他的大学学习，只上西班牙的大学或科英布拉大学、罗马大学、那不勒斯大学和博洛尼亚大学（西班牙学院）。[10] 由于菲利普二世与其他西班牙天主教的哈布斯堡皇室（1570 年通过了更加苛刻的法令）的限制性立法，几乎所有来自荷兰南部的学生只能安心在鲁汶、杜埃、多勒和罗马等被允许的大学学习，而来自荷兰北部的学生则继续大批量地横跨欧洲。[11] 1566 年，托斯卡纳大公要求锡耶纳大学和比萨大学的学生宣誓忠诚于正统信仰，1544 年还要求学生们宣誓忠诚于大公，1575 年这一要求更加迫切。这两个誓言导致了来自新教国家学生数量的显著下降，相反直至 17 世纪 20 年代，西班牙学生的数量却在不断地增长。这可能与 1585 年西班牙国王认可比萨大学学位的有效性有关，此后曾一度受 1559 年法令限制的西班牙学生有可能更多地来到比萨。[12]

其他大多数国家也颁布了类似的限制性立法，以保护当地大学（如波 421
兰在 1534 年、葡萄牙在 1538 年、勃兰登堡在 1564 年和 1610—1614 年、法国在 1603 年和 1629 年）。在许多国家（如瑞典、巴伐利亚和奥地利），这种法令要么执行时间短，要么只在部分地区实施。晚至 1798 年，俄国

---

[9] A. Laufs(ed.), *Die Reichskammergerichtsordnung von 1555* (Cologne/Vienna, 1976).

[10] M. Peset, 'Universidades españolas y universidades europeas', *Ius Commune*, 12(1984), 78.

[11] H. de Ridder-Symoens, 'L'évolution quantitative et qualitative de la pérégrination académique des étudiants néerlandais méridionaux de la Renaissance *à* l'époque des Lumières', in M. Kulczykowski(ed.), *Pérégrinations académiques. Ⅳème Session scientifique internationale, Cracovie 19-21 mai 1983*, Zeszyty Naukowe Uniwersytetu Jagiellonskiego DCCCLXX. Prace Historyczne, Z. 88(Warsaw/Cracow, 1989), 87-97; Frijhoff, *Gradués*, *passim*.

[12] D. Julia and J. Revel, 'Les étudiants et leurs études dans la France moderne', in *Populations étudiantes*, vol. Ⅱ, 59-60.

沙皇保罗一世禁止学生到国外学习。[13]

由此西欧和中欧被明显地分为三个宗教区域——天主教、路德教和新教，完全改变了学生迁移的模式。[14] 从此，就有了三种类型的大学：第一类是新教大学，它们中有很多人劝诱他人改信新教，热衷于培养牧师（如维滕堡、海德堡、日内瓦和斯特拉斯堡等大学）；第二类是反宗教改革的天主教大学，也劝诱他人改信天主教，专注于培养精干的神职人员（耶稣会在这方面扮演了最重要的角色），巴黎、鲁汶、因戈尔施塔特、维也纳、格拉茨、维尔茨堡、科隆、蓬塔穆松、多勒及其他地方的大学，还有伊比利亚的大学，都属于这一类型；第三类包含几所有意识地采取宽容态度的大学，它们不愿意拒绝它们宗教外的学生，如帕多瓦和锡耶纳、奥尔良和蒙彼利埃都是天主教大学，而莱顿和其他荷兰大学却是加尔文派大学的典范。三种大学类型的存在解释了近代学生迁移的模式。几条固定的游学路线由此出现。

新教大学

改革为德意志帝国大学带来了极大声誉，而在此之前它们几乎被其他国家的学生所忽视。从 1536 年或其前后的维滕堡开始，许多大学转向新

---

⑬ Julia,'Les étudiants et leurs études'(注释 12),59-60;H. Hattenhauer,*Geschichte des Beamtentums*(Cologne,1980),49-57,72-73;R. Kohler,'Bildung und Konfession. Zum Studium der Studenten aus den habsburgischen Ländern an Hochschulen im Reich(1560-1620)',in G. Klingenstein,H. Lutz and G. Stourzh(eds.),*Bildung,Politik und Gesellschaft. Studien zur Geschichte des europäischen Bildungswesens vom* 16. *bis zum* 20. *Jahrhundert*,Wiener Beiträge zur Geschichte der Neuzeit,5(Vienna,1978),111,及表;S. Göransson,*De Svenska studieresorna och den religiösa kontrollen från Reformationstiden till Frihetstiden*,Acta Universitatis Upsaliensis,8(Uppsala/Wiesbaden,1951).

⑭ D. Julia,'Frontières étatiques,clivages confessionnels et cloisonnements intellectuels dans l'Europe des XVIe-XVIIIe siècles',in J. P. Genet and B. Vincent(eds.),*Etat et église dans la genèse de l'État moderne. Colloque organisé par le Centre national de la recherche scientifique et la Casa de Velázquez,Madrid,30 novembre et ler décembre 1984*(Madrid,1986),79-80.

教，并且有新的改革派大学建立。 422

任何需要人文主义文学和神学教育的新教信徒首先考虑的是德国大学。在北欧、中欧和东欧传播福音的主要是维滕堡大学的校友，莱比锡大学的要少一些。全欧洲的学生从神圣罗马帝国的四周来到路德教的大学，他们来自不列颠群岛、北欧国家、西班牙和意大利，乃至包括俄国在内的所有东欧国家，甚至还有少数来自达尔马提亚、克罗地亚、斯洛文尼亚和土耳其。在16世纪中期的莱比锡，所有注册学生中有三分之一是外国人，他们并非全部来自东部或北部内陆。[15]

对欧洲大学的外国学生的任何分析必须考虑大学的地理位置。在他们国家外围的大学的位置十分特殊，因为它们的服务范围超越了国家的边界，达到内地。因而耶拿吸引了大量奥地利新教徒、俄国人、说德语的波兰人、匈牙利人、波希米亚人和摩拉维亚人。罗斯托克、格赖夫斯瓦尔德和柯尼斯堡的大学在波罗的海和弗里斯兰群岛国家中招募学生。在帝国另一端的科隆和斯特拉斯堡有大量荷兰人、法国人及佛朗什-孔泰当地人或瑞士人。萨拉曼卡大学几乎成为葡萄牙大学，因为它的许多学生来自毗邻的葡萄牙。

像维滕堡一样，海德堡和日内瓦大学积极培养加尔文派的神职人员。1600年前后，在海德堡注册的所有学生中几乎有五分之二是外国人，很

---

⑮ R. A. Müller, 'Sozialstatus und Studienchance in Bayern im Zeitalter des Absolutismus', *Historisches Jahrbuch*, 95(1975), 124-126; Kohler, 'Bildung und Konfession'(注释13); G. Langer, C. Prokert and W. Schmidt, *Vom Einzugsbereich der Universität Wittenberg*(*Kartographische Darstellung und Ortsregister*), vol. Ⅰ: *1502-1648*(Halle/Saale, 1967); vol. Ⅱ: *1649-1815*(Halle/Saale, 1973); M. Drobisch, 'Beiträge zur Statistik der Universität Leipzig innerhalb der ersten hundert und vierzig Jahre ihres Bestehens', *Berichte über die Verhandlungen der Königlich sächsischen Gesellschaft der Wissenschaften zu Leipzig*, vol. Ⅱ(Leipzig, 1848), 60-96.

多学生也在斯特拉斯堡、巴塞尔和日内瓦学习。[16] 这些加尔文派大学里的外国学生主要来自瑞士、法国和荷兰，其次来自不列颠群岛、西班牙、意
423 大利及北欧和东欧。第一所加尔文派大学（黑博恩大学，建于 1584 年）有大量的波希米亚和匈牙利的本地人，诸如采尔布斯特和不来梅等精英学校也有不少。[17] 由于年轻的共和国与拿索伯爵领地间的君主关系，黑博恩受到荷兰学生的欢迎。

16 世纪其他欧洲国家的新教大学只是偶尔地吸引大量学生，其中的原因将在后面论述。16 世纪联合省成为对新教知识分子最具吸引力的地方。莱顿无疑是 17 世纪新教徒最大的国际中心，这里的新教徒是如此之多，故 1765 年的《百科全书》记载："文学界所有著名的人物似乎都在那里学习过，使其从建立就繁荣兴旺。"[18] 古典语言和东方语言、历史学、加尔文派神学、笛卡儿哲学、人文主义罗马法（文雅学派）、自然科学及医学等方面的教学在那里享有盛名。其他的荷兰大学从它的名声中获益，时常充当在荷兰之行的中继站和授予学位的大学（很多事后才被告知）。17 世纪莱顿有三分之一至二分之一的学生是外国人，在小弗里斯兰群岛的弗拉讷克大学也曾在短期内出现这样的情况。[19]

如同维滕堡和莱比锡的情况，宗教改革之后大学的重组促进了高等教育机构的国际化。例如，1580 年后圣·安德鲁斯大学就是如此。作为

---

⑯ F. Eulenburg, *Die Frequenz der deutschen Universitäten von ihrer Gründung bis zur Gegenwart*, Abhandlungen der philologisch-historischen Klasse der königl. sächsischen Gesellschaft der Wissenschaften, XXIV, 2(Leipzig, 1904), 112. The edition of the matriculation lists of Basle mentions also the other visited universities: H. G. Wackernagel(ed.), *Die Matrikel der Universität Basel, 1460-1800*, 5 vols. (Basle, 1951-1975).

⑰ N. Hammerstein, 'Schule, Hochschule und Res Publica Litteraria', in S. Neumeister and C. Wiedemann(eds.), *Res Publica Litteraria. Die Institutionen der Gelehrsamkeit in der frühen Neuzeit*, Wolfenbütteler Arbeiten zur Barockforschung, 14(Wiesbaden, 1987), 93-110.

⑱ 引自 H. Schneppen, *Niederländische Universitäten und deutsches Geistesleben von der Gründung der Universität Leiden bis ins späte 18. Jahrhundert*(Münster in Westfalen, 1960), 7。

⑲ H. T. Colenbrander, 'De herkomst der Leidse studenten', *Pallas Leidensis* (Leiden, 1925), 273-303, with tables; Frijhoff, *Gradués*, 380-382.

“文学共和国”的一部分，它成为来自国外的新教徒重要的教育中心，16世纪晚期和17世纪上半叶在新教青年学生的哲学和神学教育领域中占据一席之地。[20]

在荷兰共和国以外，只有像斯特拉斯堡这样的加尔文派大学或像海德 424
堡和巴塞尔这样早先建立的新教大学有多学科的教学，它们有完善的法学院和医学院，其他很多大学只教授文科和神学。在路德教的大学中，神学和法律是主要学科，文科只被视作预备教育。医学院装备很差，因此学生改去意大利、联合省或一两所像蒙彼利埃和巴黎这样的法国大学。[21]

天主教大学

16世纪的宗教分歧使一些反宗教改革的大学脱颖而出，其热情丝毫不亚于新教大学，其中许多大学热衷于劝教改宗。在耶稣会的帮助下，世俗人士和教会当局非常积极地重组现存的大学，并且在受异教威胁的地区和国家建立新的教育机构，将哲学和神学教学放在首位。老牌大学，如那些西班牙和意大利大学，努力维护它们法律上和事实上的中世纪的传统，即意大利大学传统。在17世纪后半叶前，像统计学和自然法等新学科都没有被引入大学，到18世纪许多医学院也没有现代化。因此，尽管违背法律，但是许多寻求现代最新式教育的年轻天主教徒觉得有必要在“异教”大学学习。然而，历史的事实是，除少数外，天主教国家，尤其是西班牙、西属荷兰、波兰、巴伐利亚和奥地利的少数地区，高等教育和其他

[20] J. K. Cameron, ‘Some Students from the Netherlands at the University of St Andrews in the Late Sixteenth and the Early Seventeenth Centuries’, in C. G. F. de Jong and J. van Sluis (eds.), *Gericht Verleden. Kerkhistorische opstellen aangeboden aan prof. dr. W. Nijenhuis-Essays on Church History Dedicated to Prof. Dr. W. Nijenhuis*(Leiden, 1991), 49-72.

[21] 医学周游路线，参见 Julia, ‘Les étudiants et leurs études’(注释 12), 73-76。

一些活动一样都比新教国家更加封闭。[22]

西班牙和葡萄牙大学的名望在16世纪和17世纪早期达到顶峰。萨拉曼卡神学院、西班牙法学院和科英布拉大学的哲学院具有国际声望，然而它们并没有从其他也是天主教的国家吸引很多学生。非常奇怪的是，甚至西属荷兰和西西里的学生也不去西班牙的大学学习或获取学位。直至法国
425 大革命爆发，伊比利亚国家一直处于封闭与孤立的社会状况。如果鲜有外国学生移民入境到伊比利亚半岛，以及伊比利亚半岛本地学生移民出境，就会有大量的国内学生流动。因此，在按地理分布接收一定比例学生的制度下，高级学院尽可能地接收半岛各个地方的学生。博洛尼亚的西班牙学院接收了成功地离开其本国的“少数幸福者”。[23]

在西属荷兰和神圣罗马帝国中那些仍信奉天主教的国家，大学采取了毫不妥协的立场。杜埃、鲁汶、科隆和因戈尔施塔特成为反宗教改革的堡垒。在因戈尔施塔特只有1.5%的法学学生是外国人（大多数是波兰人），但也有大量的国内移民。科隆和弗莱堡的大学主要在荷兰、瑞士和阿尔萨斯等邻近国家招生。1530年之前，维也纳大学是个相当国际性的中心。它虽然在16世纪衰退了，但在17世纪又变得重要起来，并且对外国人更加开放。当时，它的学生包括波兰人、匈牙利人、摩拉维亚人、波希米亚人，以及荷兰南部的本地人。[24]

耶稣会的高等教育中心（如迪林根、格拉茨、帕德伯恩、莫尔塞姆、奥斯纳布吕克和班伯格）与众不同，耶稣会也在很多古老大学的神学院系留下印记，如特里尔、美因茨、维尔茨堡、科英布拉和埃武拉大学。在国

㉒ E. Schubert, ‘Zur Typologie gegenreformatorischer Universitätsgründungen: Jesuiten in Fulda, Würzburg, Ingolstadt und Dillingen’, in *Universität und Gelehrtenstand*, 85-106; Hengst, *Jesuiten*; P. Baumgart and N. Hammerstein (eds.), *Beiträge zu Problemen deutscher Universitätsgründungen der frühen Neuzeit*, Wolfenbütteler Forschungen, 4 (Nendeln/Liechtenstein, 1978).

㉓ Kagan, *Students and Society*.

㉔ 图表，参见 W. Dotzauer, ‘Deutsche in westeuropäischen Hochschul-und Handelsstädten, vornehmlich in Frankreich, bis zum Ende des alten Reiches. Nation, Bruderschaft, Landmannschaft’, *Geschichtliche Landeskunde*, 5 (1969), 89-159；另可参见注释11。

外最有名的耶稣会高等教育机构是格拉茨、维尔茨堡和迪林根大学。它们的外国学生主要是匈牙利、波兰和捷克的贵族，但是波兰、捷克和匈牙利国内有耶稣会大学，它们分布在布劳恩斯贝格、伦贝格、维尔纽斯、布拉格和瑙吉松博特等地。这些 17 世纪耶稣会高等教育中心的建立导致了国外留学的减少。在 1592—1599 年西格蒙德国王短期执政时，波兰对瑞典实现了短暂的统治，期间瑞典天主教徒经常造访波兰的高等教育机构。然而，瑞士的天主教徒很快为他们自己选择了一个高等教育机构，即 1620 年成立的萨尔斯堡本笃会修士大学，进而离开了曾受他们青睐的迪林根大学。[25]

由于 1564 年神圣罗马教会要求表白忠诚的做法阻碍了新教年轻人到罗马教皇统治国家求学，当然也不能在那里获得学位，这就造成博洛尼 426
亚、罗马、费拉拉和佩鲁贾等意大利大学中外国留学生的流失；从此它们的外国学生都是阿尔卑斯山南麓的天主教徒。[26]

宽容的大学

1600 年前后，帕多瓦大学的学生数超过其母校博洛尼亚大学，这主要是因为它对非正统派学生持宽容的态度。作为威尼斯共和国的大学，通过法律上的推定，它已经避免了正统派的强制监督。在威尼斯共和国，新教徒可以在私人会议上由巴拉丁伯爵获准毕业，而不是必须在正式的公共会议上由主教批准。这一特权主要是为神圣罗马帝国天主教地区的新教学生的利益服务，尤其是意大利，那里的大多数地方在取得学位时要求天主教的宣誓。它赞成由君主而非教会来授予学位的假设。1600 年前后，有一份盖有帕多瓦大学印章的教皇私人谕旨。但是在 1613 年后，威尼斯参议院接受了这样的做法，即在威尼斯共和国，学位由一位外国君主授予，

㉕ 参见注释 22。

㉖ R. L. Kagan, 'Universities in Italy 1500-1700', in *Populations étudiantes*, vol. Ⅰ, 153-186.

即德意志皇帝。学生可以通过官方权威机构获准毕业，如由参议院决定。对医学学生来说，还存在另外一个可以逃避帕多瓦学位高额花费及天主教教会控制的方法——去威尼斯。因为英国天主教徒或波兰新教徒，以及许多其他的非正统派学生被允许作为医学博士在威尼斯比较廉价的医学院毕业，这里已经有权为那些通过严格考试的专业候选人授予学位。这一医学方面的规定非常受来自不列颠群岛和波兰的学生的欢迎，以至于他们到16世纪末在帕多瓦拥有了自己的同乡会。这并非由帕多瓦的教授们向阿尔卑斯山南麓的学生提供的唯一好处：1578年，该大学在其法令汇编（罗马法书籍）中引进人文主义者（主要是高卢的）课程，从而顺应了德意志民族的愿望。[27]

锡耶纳大学改变其策略以吸引阿尔卑斯山南麓的学生。1596年，锡耶纳大学为德国人、荷兰人、波兰和波希米亚人设立了宿舍，在那里他们可以吃到依他们本国口味烹制的食物。毫无疑问，在16世纪70年代和80
427 年代对异教学生的迫害并导致大量学生离开锡耶纳之后，锡耶纳大学及城邦一直努力地在外国人中追求好名声。随着宗教和解（1590年前后）的到来，新教和天主教都被允许进入锡耶纳，锡耶纳的萨皮恩扎大学成为意大利第三大外国留学生中心。比萨、佩鲁贾、费拉拉和帕维亚等地的其他意大利大学在意大利之旅中只是中间站，因为作为观光或朝圣，意大利之旅通常在罗马结束。[28] 因此，通常很难确定一个生活在罗马的阿尔卑斯山以南、在萨皮恩扎或一所慷慨地向非教士教师支付酬金的宗教或传教士学院的学生是否勤奋，也很难分辨他究竟是一个观光者还是朝圣者。巴黎大学也存在同样的情况。

16世纪初，巴黎大学的学生几乎不能被称作国际性的群体，但是任何旅行途经法国的外国人，无论是天主教徒还是新教徒，都要在巴黎停留

---

[27] R. Palmer, *The 'Studio' of Venice and its Graduates in the Sixteenth Century* (Padua/Trieste, 1983); L. Giard, 'Histoire de l'université et histoire du savoir: Padoue (XIVe-XVIe siècles)', *Revue de synthèse* III, 120 (1985), 439.

[28] De Ridder-Symoens, 'Italian and Dutch Universities' (注释7).

一段时间。因为巴黎智力和文化方面的发展是如此显著，它确实值得人们不辞辛苦一游；事实上，它值得一趟专门之旅。在法国，就像在意大利一样，即使是在宗教论战期间及 1598 年《南特敕令》颁布之后的一段时期，无论一个人的宗教信念如何，他仍可以旅行、学习并获得大学学位。[29]

然而，像洛林的蓬塔穆松，天主教大学主要从邻近国家招生。新教大学则主要为培养法国胡格诺教派神职人员而建立，如那些在索米尔、色当和奥兰治的大学。在 17 世纪上述大学被包含于游历欧洲大陆的大旅行之中，关于这一点下文还会有详细说明。除了奥尔良、布尔日、蒙彼利埃和巴黎等几个国际中心外，从 16 世纪下半叶起，法国大学只从特定地区招生。截至 1688 年，奥尔良的大学一直受到很多来自德国的法学学生的欢迎。由于《南特敕令》的废除，更因为路易十四在东部边境的战争，奥尔良大学里不再有外国留学生，其他的国际中心则仍旧受欢迎。路易十四的政策和战争也影响了到蒙彼利埃——医生的麦加般的朝圣之旅。高卢之旅由此结束。[30]

对学生流动性的两个主要影响因素仍未被提及。第一，16 世纪和 17 世纪欧洲出现大量宗教和/或政治流亡者。与近代的大规模迁徙运动比较， 428
那时的大学与人口流动有着更加密切的关系。第二，在现代，必须区分用来培训的大学、授予学位的大学和学生寻访游历的大学。这些不同的教育类型在整个 17 世纪游历欧洲的大旅行盛行时能够被比较容易地分清。

大学作为避难所

宗教战争、各种新教教会的崛起及天主教在特伦托会议后的攻势等产生了大量的逃亡者，他们移居欧洲各地，试图在一个可以为他们提供安全

[29] L. W. B. Brockliss, 'Patterns of Attendance at the University of Paris, 1400-1800', *The Historical Journal*, 21 (1978), 503-544, revised version in *Populations étudiantes*, vol. Ⅱ, 487-526; Julia, 'Les étudiants et leurs études'（注释 12）, *passim*.

[30] Julia, 'Les étudiants et leurs études'（注释 12）, *passim*.

和工作的国家找到自己的同教信徒。[31] 这些逃亡者的孩子们在接纳他们的国家的大学里学习。大部分情况下他们仍将自己的国籍视为原来他们所逃亡出的国家，而不是接纳他们的国家。也有的流亡者从一所大学转向另一所大学，从一个国家转向另一个国家，有时长达数年之久。依照具体情况，他们或独自旅行，或结队旅行。

在反抗西班牙叛乱期间逃出低地国家的新教徒，或者在16世纪后半叶法国宗教战争期间及英格兰血腥玛丽统治时期的新教徒，以及白山战役中战败的捷克人，在荷兰共和国、神圣罗马帝国及瑞士的新教大学中寻找到避难所，他们在那里被训练为传教士。维滕堡、日内瓦、莱顿和许多其他新教大学为新建立的新教教会培养牧师。在“三十年战争”期间，许多德国人逃往乌普萨拉和多尔帕特新建的或重建的大学，这些大学在此之前很少吸引外国人。罗斯托克和柯尼斯堡由于没有卷入战争，因此也是吸引外国人的中心。

英格兰和苏格兰大学仅是在这不稳定及宗教移民时期才吸引了一些外国学生。通常因为政治上的原因，甚至是苏格兰人都喜欢首选欧洲大陆的大学，而不是牛津或剑桥。荷兰人比尔德狄克（1756—1831）说：大陆学生之所以不选择英格兰或苏格兰大学的一个原因是他们不懂那里说的拉丁
429 文，[32] 但是很明显这个调侃并不能完全讲得通。因为牛津和剑桥的学生或毕业生名录里很少出现宗教性流亡者，所以不可能从牛津和剑桥举出确切的数字。无论如何，最多的流亡者侨民出现在伦敦，大陆学生在牛津大学的数量不超过全体学生的1%。由于进入牛津和剑桥必须赞同有关英国国教的三十九条信纲，因此只有英格兰人和威尔士的英国国教徒进入牛津和剑桥的学院就不足为奇。在那里，英国非国教派者、爱尔兰人、苏格兰人

㉛ H. de Ridder-Symoens,‘The Place of the University of Douai in the *Peregrinatio Academica Britannica*’, in J. Fletcher and H. de Ridder-Symoens(eds.), *Lines of Contact between Great Britain and the Low Countries. Proceedings of the Second Conference of Belgian, British and Dutch Historians of Universities Held in Oxford, September 1989* (Ghent, 1994), 21-34.

㉜ Frijhoff, *Gradués*, 91.

及欧洲人极少被吸收成为其学生或教工。直至法国大革命爆发，除在18世纪末爱尔兰人的比例达到2%—5%外，其他时期都没有超过1%。[33]

从不列颠群岛、荷兰北部、帝国的部分地区、斯堪的纳维亚的国家及瑞士等地驱逐或移民出来的年轻天主教流亡者受到非常有组织的欢迎，尤其是受到耶稣会的欢迎。大学里专门有一些新创建的特殊学院来接纳和培养年轻的避难者，并且训练他们去重新改变他们的国家。鲁汶、杜埃、巴黎、萨拉曼卡、罗马和科隆成为苏格兰人、英格兰人、爱尔兰人、荷兰人和德国人的教育中心。他们对上述人员的接待是在国际范围内组织的。如此，来自不列颠群岛的天主教徒通常在鲁汶或杜埃寻求教育，他们被接收到特殊学院。他们当中的一些人从这里被派往巴黎或萨拉曼卡，住在爱尔兰学院（现在的丰塞卡学院）。他们当中最有才华和热情的在罗马结束他们的游历。罗马有很多训练神父和传教士的学院，其中最重要的要数日耳曼和匈牙利（1552年建立）学院、罗马学院（1553年建立）和都市学院（1627年），他们就被这样的学院接纳。同样，几乎每一宗教团体在罗马都有大学馆，团体中最有天赋的成员在那里接受高质量的培训。[34]

在1685年《南特敕令》撤销至法国大革命前的最后一次重大的避难者浪潮中，好几万胡格诺教徒离开法国，在新教国家中寻求庇护。他们以"宗教流放者"或"逃亡者"的身份出现在荷兰大学的注册簿上。[35] 430

也有希腊人和犹太人被流放。在1453年君士坦丁堡沦陷后，希腊学

㉝ T. H. Aston, G. D. Duncan and T. A. R. Evans, 'The Medieval Alumni of the University of Cambridge', *Past and Present*, 86(1980), 9-86.; T. H. Aston, 'Oxford's Medieval Alumni', *Past and Present*, 74(1977), 3-40; L. Stone, 'The Size and Composition of the Oxford Student Body', in Stone(ed.), *The University in Society*, vol. Ⅰ, 35-101.

㉞ 参见注释31及P. Guilday, *The English Catholic Refugees on the Continent 1558-1795* (London, 1914), 4-19; L. W. B. Brockliss, 'The University of Paris and the Maintenance of Catholicism in the British Isles, 1426-1789: a Study in Clerical Recruitment', in *Populations étudiantes*, vol. Ⅱ, 577-616与注释31。

㉟ S. J. Fockema and T. J. Meijer (eds.), *Album Studiosorum Academiae Franekerensis (1585-1811; 1816-1844)*, vol. Ⅰ: *Naamlijst der studenten* (Franeker, 1968), 240ff.

生跨过亚得里亚海，到意大利大学里学习。在15世纪后半叶，他们的数量迅猛上升，帕多瓦大学成为希腊知识分子最常出入的避难所。[36]

在中世纪，犹太人被拒于大学之外，直到15世纪末教皇才允许犹太人在意大利医学专业注册。帕多瓦成为欧洲人和北非犹太人学术训练的重要中心，也有一些欧洲人和北非犹太人进入锡耶纳学习。在中世纪，大多数西班牙和葡萄牙的犹太人选择待在蒙彼利埃，他们在那里被宽容对待。在其他大学只有改换信仰的犹太人才能被接受。犹太人、摩尔人、中世纪被迫改信基督教的犹太人和摩尔人，以及新皈依的基督教徒再三地被从西班牙和葡萄牙驱逐，特别是在1480—1492年及1609年。他们在任何能够接受他们、允许他们并能够让他们学习的国家寻求庇护。在15、16世纪里，他们主要定居在法国的大商业城市和低地国家，尤其是比利时的安特卫普省。17世纪，荷兰变为他们的庇护所，荷兰的大学也成为他们的学习中心。当德国大学对犹太人敞开大门的时候（新教大学在17世纪末，更重要的是天主教大学在18世纪），宗教融合的进程加快，犹太人甚至被其他的文学院和法学院接受。[37] 因此，那些向尚未融入犹太学生敞开大门的大学，就是那些远离了普遍存在的宗教偏执和不宽容的大学，他们接受甚至保护其他宗教信仰或政治信念的学生，使他们自己远离了占主导地位的宗教偏狭。这些大学有帕多瓦、锡耶纳、莱顿、弗拉讷克、乌得勒支、蒙彼利埃，甚至是巴塞尔的大学，它们只能提供医学课程。这些城市或地
431 区在其他问题上表现的宽容并非巧合，仅举一例，猎巫者在荷兰共和国、

[36] A. Vacalopoulos, 'The Exodus of Scholars from Byzantium in the Fifteenth Century', *Cahiers d'histoire mondiale*, 10(1966-1967), 463-480; G. Fabris, 'Professori e scolari greci all'Università di Padova', *Archivio veneto*, ser. V, vols. 59-62(1942), 121-165.

[37] G. Kisch, *Die Universitäten und die Juden: eine historische Betrachtung zur Fünfhundertjahrfeier der Universität Basel*, Philosophie und Geschichte, 77(Tübingen, 1961); S. Kottek, 'Sur l'ouverture progressive des universités de l'Europe centrale aux étudiants en médecine juifs au XVIIIe siècle', *Revue d'histoire de la médecine hébraïque*, 27(1974), 113-118; M. Richarz, *Der Eintritt der Juden in die akademischen Berufe. Jüdische Studenten und Akademiker in Deutschland 1678-1848*(Tübingen, 1974).

威尼斯共和国及安特卫普或巴塞尔都没有发现支持者。帕多瓦、莱顿和蒙彼利埃的医学专业、莱顿和 1615—1625 年巴黎的法学专业进行了磋商，在此期间他们谴责了不能宽恕的猎巫行为及其残忍的审讯流程。[38]

游历欧洲大陆的教育大旅行

1500 年时，学生们主要来自资产阶级或贵族家庭。整个 16 世纪到约 1600 年，贵族子弟大量涌入大学。尽管为鼓励大学生在最近的大学里做好从事神职工作的准备，大学为他们提供奖学金和寄宿，但是在法国大革命前大学里很少有穷学生，更没有什么贫困的流浪学者。[39] 不过，他们仍然可以通过一个方法参加 17、18 世纪流行的大旅行，即他们可以作为指导教师或管理者陪伴一位年轻的贵族进行他们的欧洲之旅。[40] 旅行者指南及旅游说明强调游历的成功要依靠管理者或导师。一次成功的大旅行有可能使职业出身低贱但具有雄心与才干的年轻人在其学生家庭的赞助下在一所著名的大学学习，或者至少可以在那里取得学位。汉堡的约翰尼斯·弗里德里克斯·赫罗诺维厄斯（1611—1671），一位从本土战争的惊骇中逃亡的人，担任了劳伦斯和斯蒂文·杰勒德这两个阿姆斯特丹的贵族青年的指导教师。赫罗诺维厄斯希望到法国的某个地方查阅手稿并取得法学学位，但对于这两个阿姆斯特丹年轻人来说，大旅行有另外一个目的。他们的父亲希望通过它能够使他们的行为举止文雅优美，使他们悉知贵族们的闲暇嗜好和知识范围。1639 年 4 月—1642 年 1 月，三个年轻人追随着古典的旅程：英国、法国（他们在安格斯和奥尔良的骑术学校停留了一段时间，并且劳伦斯和斯蒂文在那里获得法学博士学位），然后他们继续访问

---

[38] H. de Ridder-Symoens, 'Intellectual and Political Backgrounds of the Witch-Craze in Europe', in M. S. Dupont-Bouchat(ed.), *La Sorcellerie dans les Anciens Pays-Bas*, *Hekserij in de Nederlanden*, Etats et Assemblées-Standen en Landen(Heule/Kortrijk, 1987), 37-64.

[39] 参见第 7 章第 311—312 页。

[40] 参见精选文献中有关游历欧洲大陆的大旅行的综合性文献。

了意大利、德国南部，最后抵达瑞士。[41]

432 古典时期的贵族子弟非常认真地遵循人文主义者的建议，通过在欧洲旅行完成他们的教育，却赋予这一建议一种新的观点。到 1600 年，贵族教育已经历激烈的变化。贵族不再只是培养骑士精神，也学习文学和法律，为以后服务于国家和外交做准备，高等教育与这些新要求相适应。大学调整自身来适应这类新型学生，通过减少对下层社会学生的物质和经济资助及引入精英主义氛围等措施抵制来自于他们的竞争。只有那些提供特定学科教学的大学，才有希望吸收年轻的贵族，即那些在大城镇里的贵族、处于中上等社会阶层及名门望族家庭的子弟。这种教育首先必须在一个国家进行，要能提供诸如数学和筑城学、政府行政和管理体制、外交、文学和造型艺术学等新兴学科的教学。大多数年轻的旅行者早已在本地大学为一种职业做了准备。他们之中的很多人没能在本地获得学位，但他们对此漠不关心，有些具有很高名誉的大学已经准备好授予他们博士学位，在支付一定费用的情况下，甚至还可以颁发证书，证明他们以前学习过必要的课程。这些“授学位”大学也为贵族提供初始或继续文雅技艺的学习，如骑马、击剑、舞蹈和用现代语会话。因为相关资料匮乏，所以很少有证据表明旅行者在教师家里进行私人课程的学习。如果这样的学生未能在大学注册，有关他们的学习情况也就无法留下记录，除非他们在同学友情册上有过登记。在 16 世纪晚期流行这样的做法：途中请同事、朋友或学者在一本书的空白页上写下一些东西（一首诗、引语、谚语、格言或一幅画）。[42] 这种做法有助于再现学生或学者们的行程。

为满足本土精英分子的教育需要，鼓励他们留在自己的国家，专门学校在欧洲各处迅速出现：法国的高等专科院校、德意志的骑士学院、意大

---

[41] P. Dibon and F. Waquet, *Johannes Fredericus Gronovius, pélerin de la République des Lettres: recherches sur le voyage savant au XVII e siècle* (Geneva, 1984).

[42] W. Klose (ed.), *Stammbücher des 16. Jahrhunderts*, Wolfenbütteler Forschungen, 42 (Munich, 1988); J.-U. Fechner (ed.), *Stammbücher als kulturhistorische Quellen*, Wolfenbütteler Forschungen, 11 (Munich, 1981).

利的贵族学院和联合省的精英学校。虽然西班牙的高级学院中贵族只占少数，但那些学院逐渐成为有赖于家庭出身、政治关系和社会地位的社会精英培训中心（如律师）。牛津和剑桥的学院也存在相同的情况，它们主要 433
关心培养社会精英，通过教他们如何使自己适合社会、行政部门、法律和外交等方面的工作来为他们在未来社会中扮演的角色做准备。贵族学校像升级后的大学一样提供同样的课程，但没有授予学位的资格。虽然这些大学和学院是为培养国家精英而建，但贵族们在他们的大旅行中也常去造访，因为这些久经世故的绅士发现，虽然许多传统大学也在努力地适应新时尚，但这些机构比那些传统大学更适合他们的口味。[43]

英国人和德国人以最热心的学术旅行者著称，正如他们自己所承认的那样，因为他们缺乏文化修养。大旅行的狂热者也包括荷兰、波兰、匈牙利，以及捷克的贵族。总而言之，欧洲精英追随了这种时尚。新教徒比天主教徒更热衷于大旅行。与法国人、意大利人和西班牙人相比，有更多说英语、德语和斯拉夫语的人追求这种时尚。

在法国、意大利、英格兰和联合省等旅行者喜欢的国家里，有很好的接待中心。奥尔良的德意志同乡会甚至设计了专门的签字簿，供那些为荣誉或子孙希望将名字记在其上的旅行者使用。这种做法并不是唯一的，在意大利的德意志同乡会、帕多瓦的波兰同乡会和其他国家及地区都有这样的做法。法国大学的学术水准跌落得非常低，费利克斯·普拉特尔的父亲建议儿子在巴塞尔而不是蒙彼利埃取得医学博士学位，因为这更“体面”。“如果我在法国取得学位，人们一定会说我达不到巴塞尔大学的标准。因为每个人都知道法国大学是‘我们收了他们的钱，但送他们回德国时他们还是一样无知’。”[44] 在奥尔良、布尔日、安格斯、卡昂、兰斯和奥兰治（只提到最常有外国人来访的大学）等处的大学贩卖学位是很普通的事情。[45] 但法国不是唯一以这种随意方式授予学位的国家：格尔德兰的哈尔

[43] 有关机构参见第 7 章第 318—324 页。

[44] 引自 Julia，‘Les étudiants et leurs études’（注释 12），39。

[45] Julia，‘Les étudiants et leurs études’（注释 12），83-86.

德韦克大学、离荷兰边界不远的德国杜伊斯堡大学，在 18 世纪的一个喜剧中赢得这样的嘲弄：“他的学位是‘德国制造’，或者可能是他在哈尔德
434 韦克花了整整一百块买的；全然不需费一丝努力，不必说一句拉丁文，他便可以在公众面前炫耀，冒充一个学者。”[46]

这样的例子还有很多。这些例子说明不了大学的教学质量，它们是两类大学分裂的结果，即学生选择学习课程的大学与选择获取学位的大学。游历学者的做法是，合理地在国内或国外选择一所或多所大学接受知识培训，再基于不同的理由选择在另一所大学获得学位。一些学生被一些学业管理松散或收费适中的大学所吸引。巴黎大学医学乃至法学博士头衔的花费简直就是天文数字：在 17 世纪，医学博士头衔要花到 3000—5000 里弗（相当于一个年收入 500 里弗的熟练工匠 10 年才能赚到的钱）；[47] 而兰斯、安格斯或卡昂收费要低一些。荷兰著名的莱顿大学的博士学位花费昂贵，其他大学会少一些。西班牙人喜欢在甘迪亚拿学位，那里民法或教会法的学士学位需要花费 33 里弗，而在西班牙的巴伦西亚则需 53 里弗。[48] 那瓦公国规模不大的奥尼亚特大学在最兴旺的时候有这样的常规做法：前一天从比较大的西班牙大学中录取学士并随即在第二天就授予其更高的学位。奥尼亚特大学教授相当一部分的收入来自于授予学位的费用。其他较小的 18 世纪西班牙大学以同样的方式吸引学生，如奥苏纳、埃拉克和阿尔马格罗。[49] 1570—1571 年，奥格斯堡的乔治·瓦格纳发现要决定在哪里获得学位很难。他已经在帕多瓦学习法律，但是在帕多瓦一个博士头衔花费要多于 50 斯库，太昂贵了。博洛尼亚也不便宜。所以，他可以在锡耶纳或

---

[46] 引自 Frijhoff, *Gradués*, 34。

[47] L. W. B. Brockliss, ‘Medical Teaching at the University of Paris, 1600-1720’, *Annals of Science*, 35(1978), 221-251.

[48] P. García Trobat, ‘Los grados de la Universidad de Gandía (1630-1772)’, in M. Peset (ed.), *Universidades españolas y americanas. Época colonial* (Valencia, 1987), 17; M. Peset and M. F. Mancebo, ‘La population des universités espagnoles au ⅩⅧe siècle’, in *Populations étudiantes*, vol. Ⅰ, 193.

[49] Kagan, *Students and Society*, 210-211.

费拉拉之间选择，前者需要 34 斯库，后者需要 28 斯库。经过长时间的考虑，他选择了锡耶纳，因为费拉拉的学术名声不好。在费拉拉，懒惰的学生甚至比锱铢必较的学生还要多。[50]

在 17 世纪上半叶神圣罗马帝国几乎没有大旅行。三十年战争使这个
区域的很多地方遭受毁坏，动荡不安。像因戈尔施塔特和斯特拉斯堡等少 435
数大学城在战争的恐怖中幸存下来。它们的大学借其时髦的外表成功地吸引一些年轻的贵族来此旅行，但是来的都是本国人而非外国人。有中欧和东欧的学生，特别是新教贵族的大旅行中，可以看到有两个受欢迎的线路：阿尔特多夫、斯特拉斯堡、巴塞尔；海德堡、黑博恩、不来梅。[51]

尽管有些费力，但还是可以给“授学位大学”或至少当时流行的大学下一个定义：某个机构（如政府参议会、国会、市议员或教会团体）的成员获得学位之所。这种研究还有另外一个好处，即阐明了随着时间的流逝而发生的变化。1660—1792 年属于明斯特国王法庭的律师和法官喜欢在博洛尼亚、奥尔良、17 世纪的杜伊斯堡及 18 世纪的哈尔德韦克获得学位。[52]

1580—1794 年，列日公国圣·兰伯特大教堂接纳的约 60％的大教堂教士都是本地人，其中 88％的人大学毕业。相反，贵族大教堂教士主要来自荷兰和神圣罗马帝国。鲁汶大学是未来的大教堂教士们最常出入的地方（在 236 名大教堂教士中有 182 名，约 77.1％，曾在那所大学学习）。在德国大学中，只有科隆大学有很强的代表性（有 41 名毕业于此的大教

---

[50] Palmer，The ‘*Studio*’（注释 27），16.

[51] 参见以下成果：G. Hölvényi，E. Donnert，G. Grimm，R. G. Plaschka and J. Sota in R. G. Plaschka and K. Mack（eds.），*Wegenetz europäischen Geistes*，vol. Ⅱ：*Universitäten und Studenten. Die Bedeutung studentischer Migrationen in Mittel-und Südosteuropa vom 18. bis zum 20. Jahrhundert*，Schriftenreihe des österreichischen Ost und Südosteuropa-Instituts，12（Munich，1987），117-126；F. Hrubý，*Etudiants tchèques aux écoles protestantes de l'Europe occidentale à la fin du XVI e et au début du XVII e siècle*（Brno，1970）。参见以下成果：L. Hajdukiewicz，J. Pešek and M. Svatoš，K. Kubik and Z. Hojda in Kulczykowski（ed.），*Pérégrinations académiques*（注释 11）。

[52] Schneppen，*Niederländische Universitäten*（注释 18），47-48.

堂教士，约占17.4%）。意大利大学在16世纪末吸引了少量学生，总共17名。在法国大学中，兰斯培养了最多的（30名）未来的大教堂教士（主要是1670年之后；在那之前，奥尔良培养了14名大教堂教士）。[53]

1723—1725年在爱丁堡建立医学院的9名医师均是布尔哈夫大学的校友，但只有1名毕业于莱顿。3名已经在兰斯取得学位，1名在安格斯，1名在帕多瓦。多年以后，另外3名苏格兰人各自选择了一所苏格兰大学：格拉斯哥大学、圣·安德鲁斯大学和爱丁堡大学。[54] 在卡斯蒂利亚王国，
436 90%以上西班牙最让人羡慕的职业主要由那些出身于上层社会家庭、出自萨拉曼卡和巴利亚多利德大学高级学院的毕业生包揽，至少也要毕业于阿尔卡拉。[55]

17世纪（1649—1699）在布鲁塞尔医学院注册的103位医生中，68%在鲁汶取得学位，10名（9.7%）在杜埃获得学位，其次是帕多瓦（8名）、博洛尼亚（5名）、多勒（3名）、罗马（2名）、兰斯（2名）、莱顿（2名）、帕维亚（1名）和比萨（1名）。18世纪登记在册的77名医师中，74名（96%）在鲁汶、2名在博洛尼亚、1名在哈尔德韦克取得学位。[56] 在荷兰北部，情形十分类似：1640—1699年，75.8%在阿姆斯特丹注册的医师是荷兰大学的毕业生；在18世纪，这一数字为87%。1675—1799年，83.9%在海牙注册的医师分别在他们自己的国家里取得学位。在17世纪，阿姆斯特丹的医师喜欢的是法国和意大利的大学，到18世纪则更喜欢德国大学。[57] 之所以在选择外国大学方面存在这样的差异，主要是因为阿姆斯特丹医学院里有很多外国人，尤其是德国人和犹太人；在荷兰南

[53] O. Chapeau, 'La formation universitaire des chanoines gradués du chapitre cathédral de Saint-Lambert à Liège', *Annuaire d'histoire liégeoise*, 20(1979), 79-114.

[54] G. A. Lindeboom, *Herman Boerhaave. The Man and his Work* (London, 1968), 372.

[55] Kagan, *Students and Society*, 80, 97-98.

[56] C. Broeckx, *Histoire du Collegium Medicum Bruxellense* (Antwerp, 1862), appendix: list of admitted physicians.

[57] W. Frijhoff, 'Université et marché de l'emploi dans la République des Provinces-Unies', in *Populations étudiantes*, vol. Ⅰ, 212; Frijhoff, *Gradués*, 230-245.

部这种情形并不常见。

启蒙运动

这些事例说明，出国拿学位的风尚到18世纪已然消亡。大旅行不再被视为一流教育的顶点，更像愉快之旅。启蒙运动的信徒们所热衷的实用观念也开始在教育学思想中占据优势。只是在某些特殊情况下，出国学习仍被视作有益甚至是可取的。年轻的知识分子在精心选择的机构里寻求高级的职业训练，如果国内没有，他们就去国外寻找。简而言之，国内学校设施不足时，才去国外大学。当时的风尚倾向于切断宗教联系，而且愈发倾向于宗教宽容，因此大学的官方宗教已不太重要。由于在从事政府工作、申请学校记录在册或求职时必须提交毕业证书，所以参加国内大学的考试也是必要的，或者如果国外大学在授予学位方面收费较低，也可以参加国外大学的考试，除非国内政府找外国文凭持有者的麻烦。到17世纪末，这种限制重又兴起。当时，统治者并不太担心国外旅行带来的宗教方面的异教危险，而更担心可能带来的政治影响及对经济和财政的损害。他们怀疑大旅行甚至怀疑国外学习的益处，担心过多的知识分子会成为国家的负担。[58] 哈布斯堡的情形清楚地表明这一观点。17世纪时，他们禁止他们在荷兰的臣民去杜埃（杜埃在1687年成为法国领土），认为“在杜埃居住（他们说）会给予青年人有害于政府部门的思想”[59]。 437

17世纪后期的欧洲战争，特别是路易十四发动的那些战争结束了大规模的学生流动。与其说1685年《南特敕令》的撤销，不如说是1687年开始的巴拉丁领地继承权战争，使德国人和荷兰人从法国逃走。1688年，丹纳斯伯爵三个儿子的管理者写信给他们的父亲：“在都灵学院每天都充

---

[58] 参见第9章第387—388页。

[59] 引自G. Dehon, 'Frontière et culture: le conflit entre l'Université de Douai et l'Autriche (1755-1763)', *Les facultés catholiques de Lille*, 30(1973), 13-17。

斥着从法国逃来的德国骑士。”[60] 1697 年赖斯韦克和约并没带来什么改变；法国大学只是偶尔吸引外国学生到来。兰斯大学则有些例外；在 18 世纪早期，兰斯大学医学毕业生中的外国人不少于 60%，在 18 世纪末仍保持在 30%。这些外国人几乎都是不列颠群岛人，18 世纪前半期主要是英格兰人和苏格兰人，1750 年以后则是爱尔兰人。英格兰和苏格兰的新教徒去莱顿听布尔哈夫演讲，这在当时是革命性的行为，并且大概在返回家乡的途中，他们继续在兰斯取得学位。莱顿的学位申请者得写一篇博士论文，但是在兰斯的外国人如果付了学费并答应不在法国就业则可获得学位。[61] 信奉天主教的爱尔兰人似乎在巴黎学习过，18 世纪后期，那里的医
438 学研究绝对是最新式的。外科学院更是由于其先进的实践训练吸引了很多外国医学专业的学生。[62]

布尔哈夫在莱顿的听众非常国际化。1701—1738 年，有 1910 名学生听过他的演讲，其中三分之一（659 名）来自医学训练水平很低的英语国家。他的学生（共 178 名，其中 43 名说英语）在莱顿获得学位的相当少。[63] 在苏格兰启蒙运动的影响下，苏格兰的大学在 18 世纪繁荣起来，其中爱丁堡是在 18 世纪中，格拉斯哥则是在 18 世纪末。因为这些大学不要求学生向苏格兰教会进行宣誓，而且他们的医学教学计划十分灵活，就医学院来说，那是爱丁堡大学引以为荣的，后来格拉斯哥的医学也成为其骄傲，因此它们吸引了世界各地的学生，有斯堪的纳维亚人、葡萄牙人和其他国家的人（在他们当中也有俄国人），还有来自英格兰和爱尔兰的非国

---

[60] N. Conrads,‘Politische und staatsrechtliche Probleme der Kavalierstour’, in A. Mączak and H. J. Teutenberg (eds.), *Reiseberichte als Quellen europäischer Kulturgeschichte* (Wolfenbüttel, 1982), 55.

[61] Julia,‘Les étudiants’(注释 12), 61-82.

[62] W. Frijhoof,‘Le recrutement étranger de l'Académie Royale de Chirurgie de Paris(1752-1791): la place des Allemands’, in M. Parisse(ed.), *Les Echanges universitaires francoallemands du Moyen Age au XX e siècle. Actes du colloque de Göttingen-Mission historique française en Allemagne 3-5 novembre 1988* (Paris, 1991), 73-106.

[63] Lindeboom, *Herman Boerhaave* (注释 54), 356-357.

教派的人和美洲殖民地的加尔文教徒。[64] 然而，他们中很少有人获得学位。与 17 世纪的莱顿一样，爱丁堡大学在 18 世纪成为学习型大学的优秀范例；因而在 18 世纪 80 年代其医学院每年有 500 学生，只有 20—30 人能在那里取得学位。[65]

新建立的哈勒大学和哥廷根大学是帝国最吸引留学生的地方，但对其国际性不能估计过高。它们的确吸引了大量北欧、东欧和几乎只有以英格兰人为代表的西欧的年轻人。[66] 在玛丽亚・特蕾西娅统治时期，维也纳大学的改革使它在哈布斯堡帝国具有更广泛的吸引力。匈牙利的加尔文派学生在继续从他们的家庭获得支持之外，当他们旅行至荷兰共和国或瑞士的时候还得到东道国的支持（在整个 18 世纪，至少 400 名学生去过荷兰，约 210 名学生去过瑞士）。[67]

意大利大学完全落伍了。接近 18 世纪中期的时候，那里的外国人同乡会由于缺少生源而关闭，就像 1745 年在帕多瓦的波兰同乡会一样。[68] 在 439
帕维亚，1772—1796 年有一半多的法学毕业生是来自米兰和帕维亚的年轻人，只有一个维也纳人和两个瑞士人是来自阿尔卑斯山南麓的学生。[69]

总之，启蒙运动的确复兴了大学的生活，在某种程度上鼓励了学生迁

---

[64] Anon., *Evidence, Oral and Documentary Taken by the Commissioners for Visiting the Universities of Scotland*, vol. XI: *University of Glasgow* (London, 1837), 525.

[65] J. B. Morrell, 'Medicine and Science in the Eighteenth Century', in G. Donaldson (ed.), *Four Centuries of Edinburgh University Life 1583-1983* (Edinburgh, 1983), 38-52.

[66] N. Hammerstein, 'Die deutschen Universitäten im Zeitalter der Aufklärung', *Zeitschrift für historische Forschung*, 10 (1983), 73-89.

[67] G. Hölvényi, 'Studenten aus Ungarn. Ihr Studium an verschiedenen Universitäten im 18. Jahrhundert', in Plaschka and Mack (eds.), *Wegenetz europäischen Geistes* (注释 51), 118-126.

[68] A. Brillo, 'Gli stemmi degli studenti polachi nell'Università di Padova', in *Ommaggio dell' Università di Padova all'Academia polacca di scienze e lettere in occasione del VII congresso internazionale di scienze storiche in Varsavia* (Padua, 1933), 4-5.

[69] M. C. Zorzoli, *Le tesi legali all' Università di Pavia nell'età delle riforme 1772-1796* (Milan, 1980)；以下文献也给出了类似图形：M. C. Zorzoli, *Università, dottori, giureconsulti. L'organizzazione della 'Facoltà legale' di Pavia nell'età spagnola* (Padua, 1986), 72-74。

移，但这种迁移主要在内部并被局限于少数中心，这些中心给予了适合启蒙国家需要的现代教育。

总趋势

这种按年代顺序进行的描述自然会对学生在近代的流动带来一些全面的评论和对现状的思考。

欧洲边缘国家流动学生的行为表现了明显的一致性，并且与大量来自欧洲中部国家的学生大不相同。尤其是苏格兰和斯堪的纳维亚国家（丹麦、瑞典、挪威、冰岛和芬兰）的移民学生，他们有着惊人的相似。15世纪建立的“民族性”大学（1411年建立的圣·安德鲁斯大学、1495年建立的阿伯丁大学、1477年建立的乌普萨拉大学和1479年建立的哥本哈根大学）在学校的巩固和赢得自己国家学生的认可方面存在很大困难。这些本国的大学所提供的训练被视作不充分，大学中的高级学院尤其如此，因而出国旅行成为苏格兰和北欧知识得以欧化并加深对欧洲文化、欧洲科学和经济进步认识的唯一途径。

直到17世纪晚期，更多的苏格兰人和北欧的学生在国外而不是国内的大学学习，但是很少有外国人在苏格兰或北欧的大学学习。17世纪后半叶，在苏格兰或斯堪的纳维亚乃至所有其他欧洲国家的大学的外国学生数量都有所下降。改善国民教育的努力获得成功，为将年轻人留在本国学习，一些新大学建立起来。例如，1630年建立的多尔帕特大学（塔尔图）和1640年建立的奥布大学（图尔库）。为促进和保护本国的高等教育体
440 系，斯堪的纳维亚和苏格兰当局的民族主义者及其中央集权的政策开始着手通过一些法令限制以学习为目的的出国旅行。

意大利之旅几乎没有丧失其对欧洲边缘学生的吸引，高卢之旅和荷兰之旅一度也受到他们的欢迎；但是另一方面，那些学生选择了离自己国家不太远的外国大学。如此，葡萄牙学生涌入西班牙大学，尤其是萨拉曼卡；苏格兰人喜欢去西北欧（巴黎、奥尔良、低地国家和科隆）；北欧人

主要在波罗的海诸国的大学（多数质量很低）或靠近神圣罗马帝国的大学学习（格赖夫斯瓦尔德、罗斯托克、布拉格、维滕堡和柯尼斯堡）。波兰人、摩拉维亚人和波希米亚人的选择余地更多一些，或者与天主教学生在国内大学学习，或者在最近的外国大学（克拉科、布拉格或哈布斯堡大学）学习。16 世纪上半叶，维滕堡是路德教成员最喜欢的大学，16 世纪后半叶和 17 世纪早期，海德堡是加尔文教徒最青睐的大学。在 17 世纪，荷兰的大学仍受欢迎。因为沙皇彼得大帝对西方的偏好，所以尽管荷兰大学及总体上学生的流动趋于衰退，但在荷兰大学学习的俄国学生数量在接近 18 世纪中期时仍然在增长。在彼得大帝之前，学习并取得学位的需求相当有限，那时这种需求取决于对专家的实际需要。那么仍然想在国外获得学术教育的极少数俄国年轻人则去德国（柯尼斯堡）或意大利的一些大学。1755 年建立的莫斯科大学最初只有基础教育。学生们被送往巴黎、斯特拉斯堡、莱顿和哥廷根深造并毕业。[70] 西西里岛人和意大利人一般很少离开意大利半岛，他们中有很多人去意大利北部规模较大的大学。大多数来自塞浦路斯（由威尼斯统治直至 1570 年）和克里特（由威尼斯统治直至 1669 年）的学生甚至在他们的国家陷入土耳其统治下时仍在帕多瓦学习，并且联合组成海外同乡会。据记载，孤立的希腊学生在阿尔卑斯山北部的大学学习，几十个土耳其人曾在 17 世纪就学于荷兰。

与国家人口成比例，大国的年轻人在国内学习的相对较多。但要引用数字说明是不可能的。尽管下面的设想不是一种被证明的事实，但它是基 441
于多方面材料获得的。依照奥伊伦堡[71]的资料，1800 年以前所有上过大学

---

⑳ G. A. Novický, 'L'origine de l'enseignement supérieur en Russie et la fondation de l'université de Moscou', in *Universités européennes*, 162.

㉑ Eulenburg, *Frequenz*（注释 16）, 126 and W. Frijhoff, 'Grandeur des nombres et misères des réalités: la courbe de Franz Eulenburg et le débat sur le nombre d'intellectuels en Allemagne, 1576-1815', in *Populations étudiantes*, vol. Ⅰ, 33, 50.

的德国人中有10%是在意大利学习的。游历学生的总数更高。尼莱恩[72]统计了17世纪在瑞典和外国大学（主要在神圣罗马帝国和联合省）注册的瑞典人的数量：在世纪初，有五分之四的瑞典学生已在外国大学学习，但到世纪末这一比例下降到仅仅10%。整个17世纪的平均百分比为13.3%。1560—1620年，波希米亚、摩拉维亚、西里西亚和福拉尔贝格（奥地利）的贵族几乎全部在国外学习，除了大旅行，他们最喜欢在神圣罗马帝国学习。将贵族和平民都算上，四分之三的哈布斯堡学生去德国大学，而不去维也纳大学。[73]

根据I.卡纽斯卡的计算[74]，1510—1560年，约有20%上过大学的波兰人在国外学习。她估计有1300—1500名游历学生，与在克拉科注册的7438名学生不同，她没有将所有在克拉科及在国外的学生全部计算在内。

1575—1814年，至少有10%来自荷兰北部的大学毕业生在外国大学获得学位。尤其在17世纪这一数字曾上升到18%。大多数毕业生在他们于国内获得基本的学术教育之后进行的大旅行期间获得文凭。[75]

从已有的资料可以估算，到约1600年，大概15%的荷兰南部学生在外国大学注册。在17世纪这一数字有了相当的下降。在西班牙、奥地利统治下的荷兰地区，大旅行是稀罕事。安特卫普城有更加精确的数字。[76]
442 大约四分之一的安特卫普学生上了外国大学。这一数字在16世纪达到最

---

[72] L. Niléhn, *Peregrinatio Academica. Det Svenska Samhället och de utrikes studieresorna under 1600-thalet*(Lund, 1983), 165, with tables. 参见有关瑞典在欧洲科学研究网络的特殊论点：*A Scandinavian Journal published by the Finnish Society for Science Studies*, 5.2(1992) and more especially P. Eliasson, 'Peregrinatio Academica: the Study Tours and University Visits of Swedish Students until the Year 1800. 600 Years of Travelling Students', 29-42。

[73] Kohler, 'Bildung und Konfession'(注释13), 110-111 and tables.

[74] I. Kaniewska, 'Les étudiants de l'Université de Cracovie aux XVe et XVIe siècles(1433-1560)', *in Populations étudiantes*, vol. Ⅰ, 127.

[75] Frijhoff, *Gradués*, 383.

[76] H. de Ridder-Symoens, 'Het onderwijs te Antwerpen in de zeventiende eeuw', in *Antwerpen in de XVII de eeuw*(Antwerp, 1989), 233-237.

高，尤其是在下半叶。然而，安特卫普不是荷兰南部的代表性城市，当然在16世纪也是如此，那时候它迅速地发展成为国际贸易和金融中心。它的国际重要性完全体现在其市民去外国学习的流行程度上。

从上述不完全数字资料可以清楚地看出，旧制度时期前或直至约1700年，欧洲学生的流动性是大学史既重要又基本的一个部分。在学生流动过程中，路途艰险、交通工具简陋、旅馆严重不足且质量极差；军事上的行动常常伴随前行，还有沙文主义和仇外心理的爆发及冗长的宗教和政治上的争论。尽管如此，成千上万的年轻人仍历尽艰辛游遍欧洲，或者为寻求知识、文化、冒险、安全、与他们的宗教相同的人们，以及声望更高的学术学位，或者只是附庸当时的风雅。

与此相比较，1985年，只有不到1%的欧洲学生有在国外学习的经历。为使大学的学习更具国际性，欧洲共同体委员会发起伊拉斯谟计划（欧洲大学生流动行动计划），希望到1992年其成员国学生中能够有10%到共同体其他国家进行一段时间的正式学习，[77] 而在旧制度时期我们的前辈学者早已达到10%。

有关学生的旅行故事及家信为他们的游历提供了生动而丰富多彩的记述。他们首先选择旅行的方式——坐船、赶马车、骑马或坐驿站的四轮大马车；其次选择结伴的对象——商队或外交使团、其他旅行者或他们自己。那时的旅行指南给予了他们有价值的信息，关于在国外应该看什么及他们很可能遇到的困难、办理护照必需的条件、外国货币及其兑换、天主教国家的宗教裁判所、一路的风土人情，等等。很多事情对他们来说都是新奇的。旅行指南还包括旅馆、食物和酒的信息，当然还有住宿的费用，以及与教育更直接相关的建议，如在哪里学习、学习什么课程、有效的社交，以及可能涉及的目的地国家的政治、行政和宗教方面的信息，等等。

正如旅行日记清楚地表明的那样，有些国家不受外国人喜欢是可以理 443

---

[77] Anon.,'Commission des communautés européennes. Pour un nouvel essor de la mobilité des étudiants en Europe',*CRE-Information*,72(1985),128-129.

解的。英国旅游者发现在法国、意大利和荷兰旅行是最舒适的。在波希米亚、波兰和神圣罗马帝国东部（威斯特伐利亚邦和萨克森）等地旅行却是困难的，因为旅馆容量不足，带轮子的交通工具在路上无法通行，公共交通工具又难以获得。在西班牙和葡萄牙旅行纯粹被视作一种冒险：伊比利亚半岛几乎只能通过其海港进入，任何想冒险进入其内部的人必须自带烹饪器具和被褥，因为旅馆缺乏最基本的条件，甚至不能提供适用的食物。路途危险且不能使用带轮的交通工具，唯有骑骡子。要避免夏天的酷热，因此在冬天或春天旅行是明智的。对一个外国学生来说，即便“和蔼可亲的法国”也不是完美的，举例来说，安格斯就是一座“贫民窟和尖塔、富有的娼妓和贫穷的学者”共存的城市。[78] 维滕堡是路德教的圣地，但也好不到哪里去，是一个“贫穷与肮脏，学生、妓女和猪猡云集之所”[79]。

毋庸置疑，有时物质条件会影响学生对大学的选择，其他的障碍可能更严重。瘟疫的爆发引起学生和教师从城市逃走：1502—1530 年，奥尔良先后爆发几次瘟疫，人口骤减，大学荒芜。然而，1500 年伊拉斯谟在从巴黎的瘟疫中逃出后在奥尔良寻找避难所。1564—1565 年，瘟疫迫使海德堡大学关闭；大量学生移民埃平根，他们在那里找到的避难所现今仍存。[80]

军事行动是另一个阻碍移民学生自由流动的障碍。战争能够中断旅行，因为 16 世纪上半叶弗朗西斯一世与查理五世之间在皮卡第地区发生战争，截断了学生去巴黎和奥尔良学习的道路。在本国发生的战争即使本国的学生不能出去，也使外国的学生不能到来。每所欧洲大学时不时地要受到战争的干扰。所有这些灾祸在学生注册中均有体现，这有助于解释本

---

[78] E. S. Bates, *Touring in 1600. A Study in the Development of Travel as a Means of Education*(Boston, Mass. /New York, 1912), 158.

[79] 引自 Bates, *Touring in 1600*(注释 78), 121。

[80] C. Cuissard, 'La peste noire à Orléans, 590-1668', *Mémoires de la Société d'agriculture, des sciences, belles-lettres et arts d'Orléans*, 36(1897), 105-165; F. Meuthen, *Kölner Universitätsgeschichte*, vol. Ⅰ: *Die alte Universität*(Cologne/Vienna, 1988), 244.

国学生和外国学生在数字上的波动，但并不能改变既定的趋势。瘟疫或战争可以在一段时间内使大学孤立，但是好战的民族主义，往往再加上民族 444
的偏狭和宗教孤立，则会无限期地将外国学生拒之门外。1433 年胡斯信徒动乱后的布拉格就是一个明显的例子。

如此多的因素限制着大学的选择。学生通常根据以下因素来选择大学：家族传统、大学或城市的声望、宗教及政治状况、经费的考虑，另外还有诸如距离、是否容易进入或生活是否舒适、学术特权、精通外国语的机会、风尚（对贵族尤为重要）等方面实际的考虑，以及各种偶然的和无法预见的因素。

外国学生享有的最重要的特权是安全保障。统治者发给外国留学生的保障函（实际上是安全行为证明）的目的是使他免于被报复，一般指保护其人身、所携人员和财产免遭任何形式的侵害。但是，在与外国作战时，有时统治者就“忘记”了这样的特权，而且这时公众对外国人的仇恨常常高涨，使统治者不得不命令他们的国民来尊重、保障条款特权。在近代，统治者对其领土内的移民控制得很紧，外国学生也受到影响，他们受护照制度的约束。护照的要求也能够使当局密切注视他们自己国民的行动，并且能够执行禁止出国学习的法令。如果一位青年学生设法离开他的国家并获得外国大学学位，从而有资格就业，回国后想要获得为国内大学毕业生保留的职位，就必须向当局申请特许。如果申请者到国外学习能够填补国内教育的空白，那很容易得到批准。

应当怎样评定学生个人的学术游历及其对思想传播的影响程度呢？这些问题很难回答，尤其是尚未彻底探讨过这些议题。关于著名思想家对思想观念和知识的影响，已有较多论述，但对多数青年知识分子在他们探索知识和文化过程中面对的危险和困难少有涉及。如果不是这些青年人，思想观念及欧洲偏僻地方普通文化的传播就是不能想象的。学生的流动使欧洲边缘国家从孤立状态中解放出来，使它们在整个欧洲大陆的发展中成为合作伙伴，促进欧洲大陆在智力、文化和物质上的进步。J. 佩塞克和 D. 萨曼在其有关波希米亚的论著中明确了这一点，他们写道：“在国外学习 445

促进了波希米亚和国外的文化和科学的关系，同时在国外的学生也是波希米亚获得有关国内外政治、意识形态和宗教等事务信息的来源。”[81] 希腊裔俄罗斯宗教作家马克西姆与西欧之间有了密切的智力联结，是因为他15世纪末曾在意大利大学长期逗留。正是通过他，拉丁文化和人文主义思想才首次进入莫斯科。16—19世纪，毕业于帕多瓦的希腊学生通过建立希腊学校，使希腊和拉丁文化在奥斯曼帝国的东正教民族中存活。在大学里学会与基督教成员共存的知识分子则促进了犹太人与欧洲的融合。[82]

欧洲的“学术共和国”是由成千上万的游历知识分子维持和丰富起来的，即使它的存在确实不是他们的功劳。一个国家对另一个国家的影响及在欧洲思想的传播等方面的研究越来越多，那些游历学生和教授在其进程中所起的至关重要的作用是毋庸置疑的。因而，法国法律学校及后来荷兰法律学校对苏格兰法律和机构的影响是广为人知的。

K. Å. 莫德在关注瑞典时清楚地表述：“欧洲法学家在17世纪瑞典的法律生活中扮演一个非常重要的角色。他们中的许多人活跃在欧洲化进程中，在促使瑞典熟悉新的法律形式方面做了许多工作，通过这些工作促进了瑞典的法律进程，继而促使其成为一个强国。”[83] 正如17世纪科学革命由在国外科学中心学习过的科学家传入反对新科学的国家一样，意大利模式和高卢模式是通过游历的学生和教师在欧洲广为传播的。几乎全欧洲的医学院乃至远处的俄国都按照布尔哈夫在莱顿的医学课程和教学程序的模式重新改造，哈夫被称为“全欧洲的教师”。[84] 这一模式由他的毕业生传播到所有欧洲国家。

---

[81] J. Pešek and D. Šaman, ‘Les étudiants de Bohême dans les universités et académies d’Europe centrale et occidentale entre 1596 et 1620’, in *Population étudiantes*, vol. Ⅰ, 110.

[82] E. Denisoff, *Maxime le Grec et l’Occident. Contribution à l’histoire de la pensée religieuse et philosophique de Michel Trivolis* (Paris/Louvain, 1943).

[83] K. Å. Modéer, ‘Die Rolle der Juristen in Schweden im 17. Jahrhundert. Eine rechtshistorische Skizze’, in G. Rystad (ed.), *Europe and Scandinavia. Aspects of the Process of Integration in the Seventeenth Century* (Lund, 1983), 133.

[84] Lindeboom, *Herman Boerhaave* (注释54), 355.

学生迁移的影响也体现在其他方面。学生流动在欧洲宗教改革的传播中的重要性已被重复强调过。正如16、17世纪的帕多瓦和17、18世纪的莱顿都是欧洲医学教学改革的中心一样，维滕堡、海德堡、黑博恩和日内瓦可被视作宗教改革的孕育地。 446

在“三十年战争”期间，大量德国学生先在塔图，然后去一座瑞典城市，德国学生的习惯和风俗对学生生活产生了一些不良的影响，如团伙意识和斗酒。[85]

从官方观点看有很好的理由支持禁止在国外学习法律。霍布斯写道：大学是激进分子和共和主义者的温床，他们传播颠覆学说。就低地国家而言，他毫无疑问是对的。16世纪60年代的荷兰革命者就是从国外获得的启示。荷兰的几个起义领导人都曾于1561—1572年在奥尔良学习，那时奥尔良是胡格诺教徒的要塞。在那里法学学生直接接触传统叛逆者、加尔文教徒的共和政体形式及有关加尔文教徒神学教义的介绍。C.希尔在其《英国革命的智力起源》书中写道：“要评估英国人从外界获得的智力激励比较容易……在智力影响方面，好战的法国和荷兰的新教徒甚至比光荣的威尼斯（帕多瓦）新教徒更重要。”[86] 1662年，勃兰登堡的选帝腓特烈·威廉因为维滕堡大学反对其在公侯国内努力实现加尔文教徒和路德教徒的和解，命令其国民离开萨克森的维滕堡，不遵从命令者将被剥夺所有进入政府部门的权利。[87]

下面引证威廉·冯·洪堡的一段话来结束对欧洲学生流动性的考察，

---

[85] S. Goštautas, 'The Early History of the University of Vilnius. A Crossroads between East and West', in G. von Pistohlkors, T. U. Raun and P. Kaegbein (eds.), *Die Universitäten Dorpat/Tartu, Riga und Wilna/Vilnius 1579-1979*, Quellen und Studien zur Baltischen Geschichte, 9 (Cologne, 1987), 3.

[86] C. M. Ridderikhoff and C. Heesakkers (eds.), *Deuxième livre des procurateurs de la nation germanique de l'ancienne Université d'Orléans, 1547-1567. Première partie: Texte des rapports des procurateurs*, vol. Ⅰ (Leiden, 1988), XLⅡ-XLⅣ; C. Hill, *Intellectual Origins of the English Revolution* (London, 1972), 276.

[87] Conrads, 'Probleme' (注释60), 57.

他曾在1810年成功地恳请普鲁士国王废除以前执行的禁令，使学生重新
447 获得在国外学习的自由。“普鲁士人不再只是被迫仅仅在国内大学学习。”[88]
洪堡自己就是一个游历学生，他开辟了大学史的新纪元。

精选文献

Bates, E. S. *Touring in 1600. A Study in the Development of Travel as a Means of Education*, Boston, Mass. /New York, 1912.

Black, J. *The British and the Grand Tour*, London/Sydney, 1985.

Black, J. 'France and the Grand Tour in the Early Eighteenth Century', *Francia*, 11(1983), 407-416.

Brizzi, G. P. 'La pratica del viaggio d'istruzione in Italia nel Sei-Settecento', *Annali dell'Istituto Storico Italo-Germanico in Trento*, 2(1976), 203-291.

Burgess, A. and Haskell, F. *The Age of the Grand Tour*, London, 1967.

Conrads, N. 'Politische und staatsrechtliche Probleme der Kavalierstour', in A. Maçzak and H. J. Teutenberg(eds.), *Reiseberichte als Quellen europäischer Kulturgeschichte*, Wolfenbüttel, 1982, 45-64.

Csáky-Loebenstein, E. —M. 'Die adelige Kavalierstour im 17. Jahrhundert. Ihre Voraussetzungen und Ziele', Ph. D. dissertation, Vienna, 1966.

Dotzauer, W. 'Deutsches in westeuropäischen Hochschul-und Handel-sstädten, vornehmlich in Frankreich, bis zum Ende des alten Reiches. Nation, Bruderschaft, Landsmannschaft', *Geschichtliche Landeskunde*, 5 (1969), 89-159.

Dotzauer, W. 'Deutsches Studium und deutsche Studenten an euro-päischen Hochschulen (Frankreich, Italien) und die nachfolgende Tätigkeit in

[88] W. von Humboldt, 'Ueber Aufhebung des Verbotes, fremde Universitäten zu besuchen, 4. April 1810', in W. von Humboldt, *Gesammelte Schriften*, vol. Ⅹ (Berlin, 1903), 237.

Stadt, Kirche und Territorium in Deutschland', in E. Maschke and J. Sydow (eds.), *Stadt und Universität im Mittelalter und in der frühen Neuzeit*, Sigmaringen, 1977, 112-141.

Frank-van Westrienen, A. *De Groote Tour. Tekening van de educatier-eis der Nederlanders in de zeventiende eeuw*, Amsterdam, 1983.

Le Goff, J. and Köpeczi, B. (eds.) *Intellectuels français, intellectuels Hongrois, XIIIe-XXe siècles*, Budapest/Paris, 1985.

Hammerstein, N. 'Prinzenerziehung im landgräflichen Hessen-Darmstadt', *Hessisches Jahrbuch für Landesgeschichte*, 33 (1983), 193-237.

Helk, A. V. *Dansk-Norske Studierejser fra reformationen til enevael-den 1536-1660. Med en matrikel over studerende i udlandet*, Odense, 1987.

Julia, D. and Revel, J. 'Les étudiants et leurs études dans la France moderne', in D. Julia, J. Revel and R. Chartier (eds.), *Les Univer-sités européennes du XVIe au XVIIIe siècle. Histoire sociale des populations étudiantes*, vol. II, Paris, 1989, 25-486.

Kibry, P. F. *The Grand Tour in Italy*, New York, 1952.

Kühnel, H. 'Die adlige Cavaliers-Tour im 17. Jahrhundert', *Jahrbuch für Landeskunde Niederösterreichs*, NS 36 (1964), 364-384.

Kulczykowski, M. (ed.) *Pérégrinations académiques. IVème Session scien- 448
tifique internationale, Cracovie 19-21 mai 1983*, Zeszyty Naukowe Uniwersytetu Jagiellonskiego DCCCLXX. Prace Historyczne, Z. 88, Warsaw/Cracow, 1989.

Mathorez, J. *Les Etrangers en France sous l'ancien régime. Histoire de la formation de la population française*, 2 vols., Paris, 1919-1921.

Meed, W. E. *The Grand Tour in the Eighteenth Century*, Boston, Mass./New York, 1914.

Natio Polona. Le Università in Italia e in Polonia (secc. XIII-XX). Mostra documentaria-Uniwersytety w Polsce i we Wloszech (Wieki XIII-XX).

Wystawa Archiwalna, Perugia, 1990.

Plaschka, R. G. and Mack, K. (eds.) *Wegenetz europäischen Geistes. Wissenschaftszentren und geistige Wechselbeziehungen zwischen Mittel- und Südosteuropa vom Ende des 18. Jahrhundert bis zum Ersten Weltkrieg*, Schriftenreihe des österreichischen Ost-und Südosteuropa-Instituts, 8, Munich, 1983.

Plaschka, R. G. and Mack, K. (eds.) *Wegenetz europäischen Geistes*, vol. Ⅱ: *Universitäten und Studenten. Die Bedeutung studentischer Migrationen in Mittel-und Südosteuropa vom 18. bis zum 20. Jahrhundert*, Schriftenreihe des österreichischen Ost-und Südosteuropa-Instituts, 12, Munich, 1987.

Stagl, J. 'Die Apodemik oder "Reisekunst" als Methodik der Sozialforschung vom Humanismus bis zur Aufklärung', in M. Rassem and J. Stagl (eds.), *Statistik und Staatsbeschreibung in der Neuzeit vornehmlich im 16.-18. Jahrhundert*, Paderborn/Munich/Vienna/Zürich, 1980, 131-204.

Trease, G. *The Grand Tour*, London, 1967.

Treue, W. 'Zum Thema des Auslandreisen im 17. Jahrhundert', *Archiv für Kulturgeschichte*, 35(1953), 199-211.

第四编 学术

第十一章　传统与创新 451

奥拉夫·彼德森

最早的欧洲大学出现于12世纪和13世纪，其表现形式为由教师和学生组成的行会。在此类行会中，高等教育受到重组并沿着明确反映社会某些基本需要的方向发展。事实上，文、法、神、医四类传统学院之中的每一类学院均是为以一定标准专业知识的掌握为必要条件的特定领域的社会需求提供服务的专业学院。

这一相当简单的体制似乎表明，对专业知识的需要仅限于某些特定领域。然而，这只是一种错觉。很明显，一方面，日益复杂的社会经济生活必然对教育提出新的要求，而这些要求必须在已确立的教育体制的内部或外部得到满足。但另一方面，有足够的证据表明，即便是在发展的初期阶段，大学也无力满足对高等教育提出的所有现实要求。在有些情况下，大学通过把教学范围扩展到和社会有直接联系的新领域的方式来改正自身存在的缺点，从而促进了科学和学术的真正进步。在其他情况下，大学甚至忽视了一些很明显的问题。结果，与那些非大学学院和其他一些更能适应新的挑战的机构相比，大学的教学变得日益陈旧，社会影响日益减弱。17世纪中叶，这些非大学机构已成为教育体制的一部分，它们涵盖的领域极其宽广复杂，在我们这里尽可能逐学院展示其中一些主要领域，以说明大学如何通过适当的内部改革或设立替代性的机构来克服自身的缺点。

医学院 452

医学院在许多方面表现了自己的独立性，因为医学院一开始就意识到理论与实践的脱离是实施全面教育的障碍，后来其他学院也逐渐意识到了这一问题，并且较其他类型学院而言，医学院更懂得如何解决这一问题。结果是医学不仅在大学之内获得了发展，而且保留了其作为高等教育教学和研究基础领域的理想地位。

以萨莱诺医学院为最重要代表的中世纪最初的主要医学院，比较重视狭义上的医学而忽视外科。这一传统延续到最初的那些大学医学院，并且在下述两种不同的情况下得到加强：

首先，外科需要相当程度的手工技能，因此在传统上被认为是一种实际技能或技术。像其他手艺一样，外科应该由受过专门训练的实践人员，如外科医生、理发师或更低级的专业人员来从事。所有这些人员逐渐加入大量的社团或行会，专门为自己的学徒提供教育，并且努力让非社团或行会的人员无法进入此项职业。结果，中世纪的医学不得不这样将自身限定在通过纯粹的药物治疗、饮食疗法或保健疗法治愈疾病的范围内。大学医学课程的内容就由这些治疗方法组成，并且通过希腊文或阿拉伯文教材以一种“理论的”方式传授给学生。尽管医学课程通常也包括在行业医生监督下的一些临床知识教育，但如此的医学课程设置恪守了当时流行的作为一种非手工技能知识领域的大学教育理念。①

其次，影响医学与外科全面结合的障碍还来自基督教会。1215 年第四次拉特兰会议在其第 18 条教规中宣布，所有高阶祭司、执事和副执事均不得出现在任何流血现场。该措施最初的直接目的是反对在司法程序中使用酷刑，强化它的是一些与医学毫不相干的原因。但后来这一措施得到普遍实施，并且明确禁止以上人员参与割切和烧灼消炎的手术。其结果是
453 大学被禁止将外科引入医学课程体系，世俗人士或低阶修士只能在大学外的其他地方学习外科课程。会议准许这些修士结婚的条令则有助于把普通医学转变成一种世俗职业。②

然而，即使是狭义上的医学院也不能自给自足。内科医生需要使用药

---

① 参见第Ⅰ卷第 11 章。

② P. Diepgen, *Die Theologie und der ärztliche Stand* (Berlin, 1922)；参见 P. Delaunay, *La Médicine et l'Eglise. Contribution à l'histoire de l'exercice médical par les clercs* (Paris, 1948)。

材和内服药品，而这些又是由不属于学术行业的药剂师和草药师协会提供的。同时，药物学的理论知识是由医学教授传授的，这一事实促使后来药学在医学院得到设立。

这样一来，医学、药学和外科之间的分离就成为中世纪医学生活的一大特点。这种分离有多严格也许很难说清，不过重要的一点是虽然大学只培养医学行业人员，但是从一开始在医学院以外还存在培养医学外科人员的替代性高等教育。这种二分法带来了许多困难。内科医生和外科医生常常出现在同一个病人的床前，常常很难划分他们之间的明确界限。同一个伤口须经外科医生擦干净，再敷上一些内科医生所开的药膏。为什么不允许外科医生独自完成这一治疗呢？另一方面，内科医生觉得没有必要让外科医生打开一个对他自己所开的药膏具有抗药性的疖子。随着时间的推移，这两种职业彼此需要，将这两种职业结合起来变得越来越迫切。不过，这是一项困难的任务，部分原因在于两个职业行会彼此嫉妒，互相争夺原来属于他们各自独立处理病例的权利；部分原因在于，赋予外科学术地位将暗含着要与解剖这个棘手的问题联系起来。

人人都认为外科医生需要具有丰富的人体解剖学知识。但是古罗马法律禁止解剖尸体，因此用于科学研究的解剖也是非法的，在古代和中世纪，人体解剖被认为是件令人憎恶的事情。结果，盖伦和其他人编撰的传统的解剖学手册常常是根据人体解剖和猪解剖的实际的和臆测的类比完成的。盖伦等人的解剖学手册的固有错误可能只有借助于外科医学的手术或解剖获得的新见而逐渐被认识到。只是到了 1300 年左右，一种否认传统偏见的新的认识才开始出现，意大利率先于 1308 年在博洛尼亚大学设立 454
了一个大学外科教授职位。

在法国，事情进展更为迟缓。直到 1366 年蒙彼利埃才允许解剖尸体，1404 年巴黎才许可尸体解剖行为（参见第一卷第十一章）。在巴黎，这两种学科结合的第一步是外科医生根据自己此前的教育基础提交进入医学院学习的申请。1436 年巴黎大学医学院允许外科医生听取医学讲座，但不能获取医学学位，以阻止他们取得行医者资格。③ 1494 年这一令人不满的情况变得更糟：学院竟向外科医生的宿敌——理发师敞开了大门，这使外科医生陷于绝望之中。1506 年双方达成一项协议；圣孔市的外科医生声明自己是医学院的学生，并且向医学院院长进行法定宣誓，该协议在 1515 年最终得到确认。从这时起，巴黎大学里开始进行医学和外科合并的教育。这一体制也逐渐在其他地方推行。④ 在英格兰，1540 年的议会法案规定，伦敦所有理发师、外科医生和军事外科医生集中在伦敦的一个行会里；但是皇家内科医师学会（1518 年由托马斯·利纳克尔创办）被授予一种王室特权——把解剖重罪犯尸体（1565）作为 1569—1570 年为内科医生举办解剖学讲座的前提条件。⑤

医学教育主要分支学科的融合对社会非常有益。这可以为社会培养一种新型的全科医生；这种全科医生较其中世纪的前辈更有能力处理更多的病例，然而，此举对大学发展所产生的影响可能更大。毫无疑问，医学和外科的结合不仅是大衰退时期大学医学院能够幸存下来的主要原因，而且是大学医学院发展成为一个新型的科研中心的主要原因。这首先是因为人们意识到解剖学是一门值得大学重视的科学和学术科目，也体现在一批令人印象深刻的解剖学家身上，他们在 16 世纪令帕多瓦大学成为欧洲的医学中心。现代解剖学就是在帕多瓦大学的解剖学教室诞生的，这里设立了
455 第一个解剖学教授职位（1609），从而使解剖学与外科终于分离开来。在随后的两个世纪里，全欧洲此类解剖学教室的增多足以证明医学院已认识到学术生存的实现取决于出于研究和教学的考虑而必须接纳新的学科——其他学院却不愿意汲取这一教训。但是这些昂贵的解剖室也表明，要保持

③ H. Denifle and E. Châtelain(eds.), *Chartularium Universitatis Parisiensis*, vol. Ⅳ (Paris, 1897), 594, no. 2496.

④ E. Wickersheimer, *Commentaires de la faculté de médicine de l'Université de Paris 1395-1516* (Paris, 1915). 亦可见第 9 章第 375 页、第 403—406 页。

⑤ G. Clark, *A History of the Royal College of Physicians of London*, 2 vols. (Oxford, 1964-1966).

大学作为高等教育固有的中心地位，还需要相当数量的经济投资。⑥

法学院

较其他三类学院而言，法学院处理的是明显关涉公共利益的事务，并且更加直接地与社会各种机构保持联系。国王、王子和主教要在法学院的毕业生中挑选地方议会成员、法官和文职人员，这些人员对他们领地的日常管理是必不可少的；在许多情况下，要召集所有的法学院成员就国内和国际事务中的棘手问题或没有把握的政策提出建议。单单基于这个原因，在早期的大学中，神学院不太常见，也并非每一所大学都设有医学院，但是任何地方的大学都设有法学院。并且，就教师和学生数量来说，法学院都堪称大学中的“高等”学院。

法学院对中世纪社会的影响在很大程度上取决于两大法律体系成为主要的教学课程，每一个体系又组成了一个独立的系或学院，即教会法和罗马法（参见第一卷第十二章）。作为一种学术学科，罗马法不能为满足大多数欧洲国家的需要做准备，但是为学生们提供了法律事务方面的正规训练，这对他们在不同的国家从事整理或执行地方法规（非罗马法），以及运用更为国际上接受的封建法规的工作时提供了帮助。⑦

然而，1679 年科尔贝尔在巴黎改革法学院时，不仅引进了罗马法的教学（自 1219 年以来已被禁止），而且增设了一个新的法国法教授职位。

在英格兰，对罗马法的反对以一种明确的方式表达出来。在这里，普 456
通法获得传统的强有力支持，并且因 13 世纪中期亨利·德·布雷克顿编纂的《英格兰法律和习惯法》（拉丁文）而得到加强。这本书是根据不同

---

⑥ G. Richter, *Das anatomische Theater*, Abhandlungen zur Geschichte der Medizin und der Naturwissenschaft, 16 (Berlin, 1936).

⑦ 参见 H. D. Hazeltine 所做的详细研究，'Roman and Canon Law in the Middle Ages', in J. R. Tanner, C. W. Prévite-Orton and Z. N. Brooke (eds.), *The Cambridge Medieval History*, vol. Ⅴ (1st edn Cambridge, 1926; 8th edn Cambridge, 1979), 697-764。

法院实际判决的判例法实践和司法程序编纂而成的。[8] 然而，大学似乎从没考虑到把国家法律作为他们教学内容一部分的可能性。

这一失误导致了一种有组织的大学教学替代方案的出现，即伦敦的“律师学院”（又译“法院旅馆”）。这些“律师学院”远离牛津和剑桥。[9] 这类独特的机构要追溯到1400年，那时，多数案件是在国王法院、衡平法院和其他中央高等法院中审理的，因此地方法官必须在伦敦度过他们法定的任职期限。地方法官于是自发组成行会或俱乐部，每一行会或俱乐部都拥有自己的馆舍、厨师和佣人，这可以解释“馆舍”名字的由来。法院在休庭期间教导学生时创立了一种制度，这种制度在约翰·福蒂斯丘撰写《论专制与法制》（约1470年）时得到最终定型。都铎王朝时期，律师学院异常繁荣，以至于可以和大学平起平坐；如其他新教国家一样，宗教改革后，律师学院的相对重要性增强，如同其他新教国家的教会法学校被关闭一样，牛津和剑桥的教会法学校也被关闭。威廉·哈里森在1577年所著的《英格兰记事》中甚至写道：“我们这个时代，英格兰有三所尊贵的大学，一所在牛津，另一所在剑桥，第三所在伦敦。”学生数量证实了这一说法。约在1560年，格雷律师学院大约有220名学生，内殿律师学院和中殿律师学院各大约拥有190名学生，林肯律师学院大约有160名学生。另外还要加上10家规模较小的衡平法院律师学院的学生。

英国律师学院的发展或许是最初也是最为有趣的范例之一，其表明在时机适当和社会压力足够大的情况下，就有可能打破大学法学院的教学垄断。没有律师学院，就不可能维持传统的英国法律体系，并且依此反对大学持续提升罗马法的地位。

诺曼人把法语确定为英国法定的司法语言表明，如果不充分掌握法
457 语，就不可能从事英国法工作。现在，没有哪所中世纪大学传授过一种“现代”本国语言，所以在这一点上大学也未能满足明确的需求。约1300

---

[8] F. Pollock and F. W. Maitland, *The History of English Law* (Cambridge, 1952).

[9] W. Prest, *The Inns of Court* (London, 1972).

年，牛津大学的一些教师开始讲授“写作艺术、起草公文和讲说法语”，教师与大学就此问题达成了某些协议。这说明大学已意识到这一事实。[10]这些教师宣誓遵守大学的章程，每年支付一定数量的款项补偿文学院的教师。这意味着大学原则上意识到有责任传授一门不寻常的课程，却把它承包给法学院以外的教师。1362 年英语被确定为法院正式工作语言，此前开展校外教育的动机消失了，校外教育是否还能继续进行我们不得而知。

文学院：人文主义的影响

在文学院，现当代语言备受忽视，拉丁语作为西方学者们的通用语言和文献学、文学唯一重视的语言而居于主导地位。罗马作家和诗人的地位为人们所公认，罗马作家和诗人的作品被广泛选用为“三艺”教学中的修辞学教材。然而，在大学里，文法和辩证法使修辞学晦涩难懂。

人文主义的起源和发展已在第一卷的后记述及。在遭受此前数个世纪的相对忽视之后，人文主义引发了一场不容置疑的修辞学复兴，很自然，修辞学与处于人文主义学者兴趣中心的文学教材直接相关。

然而，人文主义运动绝不仅是文献学的复兴。人文主义运动与崭新的关于人的哲学观联系在一起。这一雏形最早可追溯到彼特拉克所认为的“美好生活”即教育目的这一思想。在历史学家那里，同样的倾向造成从内在的政治原因而不是以最终的神学观点分析历史发展过程——马基雅维利在其《佛罗伦萨史》（1525）中对历史的世俗化曾有完美的表述。然而这种哲学运动在大学中反响微弱；哲学运动的精英人物喜欢聚集在私人的

---

⑩　H. Rashdall, *The Universities of Europe in the Middle Ages*, ed. F. M. Powicke and A. B. Emden, vol. Ⅲ (Oxford, 1936; reprint, London, 1942-1958; reprint Oxford, 1988), 162; H. G. Robinson, 'Business Training in Medieval Oxford', *American Historical Review*, 46(1941), 259-280; B. Bischoff, 'The Study of Foreign Languages in the Middle Ages', *Speculum*, 36(1961), 209-224; 有关法律语言见 W. Stubbs, *The Constitutional History of England*, vol. Ⅱ (Oxford, 1877), 414 and M. Mckisack, *The Fourteenth Century* (Oxford, 1959), 524.

458 小圈子里，其中最著名的就是佛罗伦萨学园或柏拉图学园，他们与洛伦佐·梅迪奇宫廷和马尔西利奥·菲奇诺保持着联系。[11] 这是一些相当排他的学者社团，其影响主要通过印刷的作品传播。印刷书籍的引进成为传播新、旧学术的主要因素。印刷术的传播呈燎原之势，结果造成早期阶段几乎所有的欧洲国家都拥有多家出版社。在这一初级阶段，数千种书籍的出版表明存在一个需求所有知识领域书籍的巨大而多样化的市场。最畅销的就是关于礼拜仪式方面的书籍。《弥撒书》出版了 1200 次，《每日的祈祷书》出版了 400 次，拉丁语《圣经》出版了大约 100 次，还有用方言写成的 30 个《圣经》版本。[12] 但是也有关于数学、科学、星占学、技术和医学方面的 3000 册书籍（其中包括 650 名不同作者撰写的 1000 册书籍）。致力于古典文学艺术的作家大量出现，[13] 也出版了许多为学龄儿童编写的语法、算术入门读物。

一段时期里，15 世纪有名望的书籍收藏家对这些缺乏美感、印制装帧粗糙的新书投以睥睨的目光。但是，众多普通学者热情地称赞这一发明实为出版廉价课本的有效办法。1470 年，索邦大学建立的出版公司印制发行了法国第一本书籍。[14] 然而，还有美学以外的担忧。1464 年左右，天文学家约翰尼斯·雷乔蒙塔努斯（卒于 1476 年）指出印刷术这一新发明使真理实现更便捷的传播，但当粗心的出版商迅速出版他们碰巧得到的错误百出的手写稿时，这一新发明还会扩大和保存错误。[15] 这就是出版业兴

---

[11] A. Della Torre, *Storia dell'Accademia platonica di Firenze* (Florence, 1902); P. O. Kristeller, *The Philosophy of Marsilio Ficino* (New York, 1943). 见第 9 页注释 5。

[12] C. F. Bühler, *The University and the Press in Fifteenth-Century Bologna* (Notre Dame, Ind., 1958), 26.

[13] A. D. Klebs, 'Incunabula scientifica et medica', *Osiris*, 4 (1938), 1-359; 参见 M. Bingham Stillwell, *The Awakening Interest in Science during the First Century of Printing 1450-1550* (New York, 1970)。

[14] A. Claudin, *The First Paris Press. An Account of the Books Printed for G. Fichet and J. Heynlin in the Sorbonne, 1470-1472* (London, 1898).

[15] 有关这一事件参见 O. Pedersen, 'The Decline and Fall of the Theorica Planetarum', *Studia Copernicana*, 16 (1978), 157-186。

起之后即出现校勘艺术的原因。为出版对学者真正有价值的学术著作，15世纪末成立的大型出版社开始和文献学专家合作。在巴黎，亨利·埃蒂安纳出版社得到法国最有名的希腊语专家台塔普勒的支持；在巴塞尔，弗罗贝纽斯出版社与鹿特丹的伊拉斯谟合作；在威尼斯，阿尔都斯公司专门赞 459
助出版由许多学者编写的希腊语教材。这样，印刷术的发明为学术界提供了一门新人文主义学科——古典文献学。[16]

印刷书籍在全世界范围内产生了更大的影响。通过提供大量用方言编写的书籍，进一步降低了已经呈下降趋势的非学术界人口的文盲率。在博洛尼亚最早印刷的500种书籍中，至少有104种书籍是以意大利语编写的。[17] 在伦敦，威廉·卡克斯顿出版公司出版的约90种书籍中，竟有74种是以英语写成的。[18] 这一情况促使出版商决定要采用地方语言。就像现代意大利语从意大利大多数出版商钟爱的托斯卡纳方言中分离出来时一样，卡克斯顿出版公司选择伦敦和伦敦周围各郡的方言作为出版时使用的语言，这一方言不久即成为全英国的通用语言。这样，出版业有助于在大国中形成一种民族认同感，并且在众多较小的语言群体中保持这种认同感。就像加泰隆语也许会因为用这种方言出版的文学作品的存在而免于灭绝一样，荷兰人也得益于第一本用荷兰语出版的《圣经》(1477)。

从更广阔的前景来看，印制书籍成为16世纪欧洲伟大的知识分子运动或大众运动的主要媒介。在意大利，人文主义在手抄本时期已经出现并得到发展；但在阿尔卑斯山以北，人文主义显然是由于印刷书籍的出现而得到了传播；然而，在宗教改革初期，宗教改革是由造访过维滕堡的巡游学者以古老的方式传播的，不久就演变成用方言写成的印刷品、书籍、小册子大战。如果没有每个人都能负担得起的廉价出版物的普遍吸引力，它就永远不会渗透到广大民众当中，正如在随后的几个世纪里，路德的《教

⑯ E. J. Kenney, *The Classical Text* (Berkeley, Calif., 1974); B. Weinberg, *A History of Literary Criticism in the Italian Renaissance*, 2 vols. (Chicago, Ill., 1962).

⑰ Bühler, *The University and the Press*(注释12), 34 n. 24.

⑱ S. M. Steinberg, *Five Hundred Years of Printing* (London, 1955), 71 n. 23.

理问答》成为欧洲北部所有国家学生书包里的必备读物。⑲

这样，印刷术极大地刺激了生活的方方面面，没有哪个特别的领域免受印刷术的影响。更重要的是印刷术引发了人们态度的改变，学者们总是设法与他的同事和学生交换新的想法。现在，印刷机和方言的使用使人们
460 有可能和自然地与越来越多的阅读书籍的社会各阶层认识，彼此分享各自的见解。只有在此背景下，才能够解释随后的数个世纪里公众辩论日益激烈的原因。⑳

有两个特殊的因素增加了人文主义对大学的压力。首先是一些学校为了向城市中富有和受过教育的市民的孩子提供较传统的文法学校更广泛的教育，把人文主义课程引入大学前的教学之中。一个典型的例子就是维多里诺（卒于1499年）在曼图亚创办的“学园”。1425年，维多里诺离开帕多瓦大学，在一所学校或学院里为弗朗西斯科·迪贡扎加公爵的孩子和其他市民的孩子授课。这一方案以许多方式体现了教育要为年轻人适应“美好生活”做好准备的古希腊“派地亚”思想的复活，并且在大学理论教育之外提供了一种富有吸引力的选择。此类学校的教学以古典文学作品为基础，注重对古典文学作品的分析和背诵，重视语言和文体的学习，还进行散文和诗歌的写作练习，学生在娱乐时间则进行体操、击剑和骑马之类的体育锻炼。显而易见，此类学校的创立显示整个人文主义运动有绕过大学进行的危险。㉑

圣经研究兴趣的高涨使希伯来语和希腊语的重要性日益突出。瓦拉根据拉丁语圣经和三本希腊语小册子出版了一套《新约全书》的注释，从而

---

⑲ E. L. Eisenstein, ‘L’avènement de l’imprimerie et la Réforme. Une nouvelle approche au problème du démembrement de la Chrétienté occidentale’, *Annales. Economies, Sociétés, Civilisations*, 26(1971), 1355-1382.

⑳ E. L. Eisenstein, *The Printing Press as an Agent of Change*, 2 vols. (Cambridge, 1979); L. Febvre and H. J. Martin, *L’Apparition du livre* (Paris, 1958); J. Carter and P. H. Muir, *Printing and the Mind of Man* (London, 1967).

㉑ 有关曼图亚学园的记载参见 R. C. Jebb in *The Cambridge Modern History*, Vol. Ⅱ (Cambridge, 1934), 556ff.。

使这一“新学问”成为与神学相关的学问。1498 年红衣主教希门内斯为实现借助一系列激进改革措施改革神学教学的目的，率先创办（也许是重建）了阿尔卡拉大学（马德里）。在这所大学里，按照人文主义思想至少设立了两所文学院，罗马法被废除，教会法被转至神学院。神学院教授承担了编纂多语言版本的整本圣约，复制拉丁语和希伯来语、希腊语和古叙利亚语等原始语言版本的圣经的任务。这部六卷本巨著于 1517 年完成，其中，从 1514 年起开始编著的第五卷收录了首版的希腊语《新约全书》，这比鹿特丹的伊拉斯谟编写的版本早了两年。[22]

在其他国家，古典语言的研究与教学这一新学问以一种并不引人注目 461
的方式逐渐向大学渗透，并且经常受到曾经访问意大利的巡游各地的学者的促进（参见第一卷后记）。在德国，荷兰学者鲁道夫·阿格里科拉（卒于 1485 年）成为海得堡大学的第一位希腊语教授，罗伊希林（卒于 1522 年）夯实了希腊语研究的稳固基础。正是曾先后执教于巴塞尔、因戈尔施塔特和图宾根大学，职业生涯多变不定的罗伊希林，引发了古典语言研究与教学这一新学问的坚信者与以科隆大学里的多明我派为代表的传统体系的支持者之间的第一次激烈斗争。

在巴黎，拜占庭学者约翰·拉斯卡里斯（1445—1535）巩固了希腊语研究。拉斯卡里斯曾把数百册希腊语手稿从君士坦丁堡带到梅迪奇宫廷，并且为教皇利奥十世创立了一家希腊语出版社。在英格兰，大约 1509 年，约翰·科利特（1466/1467—1519）在伦敦创办了一所男子学校，该校首次讲授希腊语；科利特与其友人托马斯·莫尔在把伊拉斯谟学说传播到英格兰的过程中发挥了重要作用，他们的合作促进了两所大学里的希腊语研

---

[22] K. J. von Hefele, *Cer cardinal Ximenes* (Tübingen 1844; English translation, London, 1885)；也见 B. Hall, ‘Biblical Scholarship: Editions and Commentaries’, in S. L. Greenslade (ed.), *The Cambridge History of the Bible. The West from the Reformation to the Present Day* (Cambridge, 1963)。

究，这一举动遭到牛津大学（1518）特罗伊派的反对。[23] 然而，新语言的引进在鲁汶大学进展顺利，大约 1517 年，鲁汶大学成立了一个新的希腊语、拉丁语和希伯来语的“三语学院”，从而使鲁汶大学一时间成为西欧人文主义学习的主要场所。

虽然人文主义倾向能够对大学的教学产生某些影响，但是如果不依靠政治力量的干预，人文主义者仅仅凭借他们自己的力量，能否在 16 世纪迅速取得胜利还值得怀疑，因为这时的政治力量已经进入课程现代化的斗争中。在法国，这一运动发轫于 1530 年，该年在鲁汶大学“三语学院”的直接启发下，著名希腊语学者纪尧姆·比代（1467—1540）建议法国国王弗朗西斯一世成立一个由国王直接命名并独立于巴黎大学的新的希腊语、拉丁语和希伯来语行会，即皇家学院；后来还增设了其他学科，皇家学院遂成为法国高级研究的主要中心。在法国学院中，皇家学院是法国大革命中唯一幸存下来的高等学府。皇家学院从未对大学构成威胁，因为它既不参与学位审查，也不颁授学位。[24]

462 虽然是以不同的方式，英格兰政治力量还是对古典语言教学与学习这一新学问的发展发挥了促进作用。早在 1502—1503 年，玛格丽特女士（国王亨利七世的母亲）即在她的告解神父[1]约翰·费希尔的帮助下，在牛津大学和剑桥大学新设了两个神学讲师职位。费希尔在 1504 年出任剑桥大学名誉校长之前，曾是本校第一位神学讲师，他醉心于圣经人文主义，并且帮助伊拉斯谟在 1511 年获得玛格丽特女士授予的剑桥大学讲师职位。该职位成为剑桥大学的第一个希腊语职位。继而，国王亨利八世于

㉓ 参见托马斯·莫尔于 1518 年 3 月 29 日写给牛津大学的信，信的内容是为希腊研究辩护：T. More, *Selected Letters*, ed. E. F. Rogers(New Haven, Con. /London, 1967), 94-103。

㉔ A. Lefranc, *Le Collège de France (1530-1930). Livre jubilaire composé à l'occasion de son quatrième centenaire* (Paris, 1932); A. Lefranc, *Histoire du Collège de France depuis ses origines jusqu'à la du fin du Premier Empire* (Paris, 1893); H. De Vocht, *History of the Foundation and the Rise of the Collegium Trilingue Lovaniense 1517-1555*, 4 vols. (Louvain, 1951-1955).

❶ 听其忏悔的神父。

1535年正式颁布了一项皇家强制令，要求每所大学在每天举办的讲座中使用希腊语和拉丁语。这一举措好像在1540年被剑桥大学的神学、民法、医学、希腊语和希伯来语5个皇家钦定讲座教授职位所取代。1546年，牛津大学设立神学、民法、医学、希腊语和希伯来语教授职位。由于牛桥两校从被解散的修道院中获得了大量财物捐助，两校把传授两门新人文主义课程置于特别突出的位置。直到下个世纪的1622年，威廉·卡姆登才在牛津大学设立一个历史学职位，1628年剑桥大学也设立了同样的职位。[25]

在德国，路德教的大学按照菲利普·梅兰克顿提出的教育方针进行了重组。梅兰克顿曾是罗伊希林的学生，深受人文主义运动的影响，于1518年出任维滕堡大学的第一位希腊语教授。梅兰克顿的就职演说包含了一份完整的以人文主义为原则的大学改革计划；在保留正式文科框架体系的基础上，梅兰克顿强调希腊语知识对神学和哲学的绝对必要性；除道德哲学和自然哲学外，后来的学科体系也都应该包括历史学。[26] 在维滕堡大学，梅兰克顿亲自主讲历史课程，后来加斯帕·波伊策尔任其助手。当梅兰克顿负责筹建新的马堡大学时（1529），即设立不下10个的文科教授职位——修辞学两个，希腊语、希伯来语、辩证法、文法、诗歌、历史学、物理学和数学（其中包括天文学）各一个。其他学校也逐渐开始传授类似的课程，进而显示人文主义教育思想的盛行。这样大学在与人文主义 463
者长期的斗争中赢得最后的胜利。就“三艺”而言，新教国家的文学院有能力迎接挑战。在内部学术压力与外部政治、社会压力的驱使下，大学有能力克服自身缺点，实施课程改革，以至于在古典语言教学与研究领域，大学教育不会被任何替代性教育所取代。

---

[25] 有关皇家讲席的记载见 J. Bass Mullinger，*The University of Cambridge*，vol. Ⅱ（Cambridge，1884），52ff.；C. E. Mallet，*History of the University Oxford*，vol. Ⅱ（London，1924），71；参见 K. Sharpe，‘The Foundation of the Chairs of History at Oxford and Cambridge：an Episode in Jacobean Politics’，*History of Universities*，2（1982），127-152。参见第5章第211页。

[26] P. Melanchthon，‘Dissertatio de corrigendis adulescentiae studiis’，*Opera omnia*，ed. H. Brettschneider，vol. Ⅸ（Braunschweig，1843），cols. 15-25；参见他的‘De artibus liberalibus（1517）’，*Opera omnia*，ed. H. Brettschneider，vol. Ⅸ（Braunschweig，1843），cols. 5-14。

然而，在某些情况下，尤其在像德国南部、法国、西班牙和意大利等天主教国家，这种课程的必要性突变促使一种特殊的机构应运而生，这就是学院。作为收留贫穷学生的良善之所，学院诞生于13、14世纪的中世纪大学。到中世纪末和16世纪，学院制度的发展参照了巴黎的纳瓦尔学院（建于1304年）和荷兰共同生活兄弟会的学校模式。一些著名学院聘任了一些住院教师，使日常的大学讲座对学生的作用下降了。传统学院仅成为学位颁授机构。文学院和神学院在与学院的竞争中遭受了很严重的损失，其中，文学院的损失更加严重。

除学位授予和其他权力外，与大学联成一体的学院和那些在大学城镇之外设立的学院之间并不存在太大差别。这两种学院均代表了一种新的人文主义的知识倾向：文法和修辞学取代了荣誉学位课程，但是又不摒弃较多的哲学学科课程。它们还运用一种把学生分为各种“班级”的更先进的教学方法，这就满足了旧式学院很难实现的发展人文主义思想的要求。尽管现代由耶稣会和奥拉托利会等新教教派团体所创办的学院能否融入已有大学尚未可知，但这些学院的创办很明显地代表了一种新的教育观念的成功，即学院实施人文学科的中等教育与仍由大学垄断实施的“高一级”教育之间存在的传统隔膜被打破。[27] 至于自然学科“四艺”，学院的扩张还不足以矫正中世纪大学中存在的明显缺点。[28]

464 英格兰学院制度的发展则遵循着不同的方式。在中世纪的牛津大学和剑桥大学，学生们居住在设备齐全的学生旅馆或学生宿舍里，而学院则是专为住院教师或高级学院的学生设立的。宗教改革后很多高级学院的学生离开学院，于是学院在接纳住院教师的同时，也向“本科生”敞开了大门，而宿舍的数目则锐减至零。这样就出现了直至近期还风行于旧式大学的学院结构。

---

[27] M.-M. Compère, *Du collège au lycée (1500-1850). Généalogie de l'enseignement secondaire français* (Paris, 1985). 参见第4章、第7章和第8章。

[28] J. McConica, 'The Rise of the Undergraduate College', in *History of Oxford Ⅲ*, 1-68.

文学院：技术的挑战

在“四艺”许可的限度内，中世纪科学取得较大的进展。这种进展既表现为数学和天文学等理论学科的发展，也表现为光学和磁学等有效运用实验方法的物理学科的发展。这就导致一些深刻影响我们日常生活的实践创新的出现，如13世纪眼镜的发明和14世纪机械钟表的引进。但总的来说，科学和技术之间的联系仍很微弱。即使在大学发展开始步入盛期的15世纪，没有中世纪大学拥有实验室，也没有中世纪大学梦想实验室。毫无疑问，如果“四艺”能够有幸获得后来建设解剖实验室的巨额费用的话，那将获得更快的发展。

中世纪后期整个社会经济结构包括了由工匠和手工艺人组成的技术世界。他们日益按照行会或协会的形式组织起来，拥有一些政治机构授予的权利和特权。每个行会由掌握同一种手工技艺的人员所组成，以便他们的人数随着社会技术复杂性的提高而增加。行会的目的在于保护其成员免受来自外面非组织的劳动力的竞争，从而保持一种相当程度的专业水平。这意味着对学徒实施正规培训，这种培训常常在本行会的一个资深成员的作坊里进行，这位作坊主就是大家公认的师傅。中世纪技术以这种方式日益被封闭在固定的小圈子里，每个行业对其手工技艺都守口如瓶，这与学校和大学里的公开教学形成了对比。

实践教学和理论教学之间的二分法自然成为科学与技术之间建立有效联系的障碍。精通一门手工技艺要比精通一门艺术需要更长的时间，鲜有人能够同时“毕业”于这两个领域，即便有也属凤毛麟角。然而，这二者之间的因果联系在当时表现得并不是很明显；牛津大学学者、圣尔本修道院（英格兰）院长、沃林福德的理查德在其任职的修道院建造了第一台天 465

文钟。[29] 但自15世纪开始，社会步入迅速发展时期，快速发展的社会技术问题提出了大学“四艺”无法应对的挑战。

航海学和制图学就是最早明显体现大学不能应对这一挑战的领域。中世纪欧洲的海上贸易仅限于地中海和欧洲西海岸，带有海岸线和路标说明的领航员手册就够用了。然而，地中海贸易使制图学以地图或拥有航海经验的人员绘制“港口寻找图”的形式获得很大发展，这些航海图与学者们绘制的常常像轮子形状的地图有很大的不同。因此，1275年左右的《比萨航海图》在地中海海岸线上就标有一个叠加的矩形网格；一个世纪之后，得益于罗盘的引入与使用（罗盘在12世纪引入），大幅的《加泰罗尼亚地图集》在一套海图上标出了整个地中海海域，海图上以不同的线条标出航向。大学没有关注到这一革新，只是在15世纪初托勒密所著的《地理学》及意大利人文主义学者所译的《地理学》拉丁文译本被重新发现后，数学家们才开始了解数学制图学的原理。[30]

15世纪初期的数十年间，葡萄牙航海家们开始探索非洲西海岸。1474年他们第一次越过赤道，8年后在艾尔迈纳建立了第一个欧洲殖民地，这一地区未知的风向和水流使航海者和船长有必要掌握更多的水文地理方面的知识。但有趣的是，航海事务的主管机构从未要求科英布拉大学为此设立一个航海系；相反，航海家亨利（卒于1460年）却在圣文森特角建立了一个几内亚—印度航海公司，这是一家专司航海图绘制、修改及发明、检测航海工具的水文地理公司。1484年葡萄牙国王约翰二世组建了一个特别委员会，以发现借助观察太阳确定海上纬度的天文学方法。1492年美洲大陆被发现以后，西班牙政府也以同样的途径在塞维利亚省

---

[29] J. D. North, *Richard of Wallingford*, 3 vols. (Oxford, 1976)：关于圣·阿尔波斯的钟表参见 vol. Ⅰ, 441-523 and vol. Ⅱ, 309-370.

[30] L. Bagrow, *Geschichte der Kartographie* (Berlin, 1951). 关于航海术参见 E. G. R. Taylor, *The Haven-Finding Art* (London, 1956)。

建立了自己的水文地理机构并命名为贸易公司。[31] 466

西班牙和葡萄牙以这样的方式表明，通过建立和大学没有任何联系的专业学校就可以满足紧急的需要。接下来的时间里，所有与航海有关的国家均建立了它们自己的航海学校，这些学校有的由政府资助，有的则由私人资助。有时一些大学毕业生任教于此类学校，正如 16 世纪绘图学家格拉德·墨卡托（卒于 1594 年）在跟随与其同住在一个城镇的行医者吉马·弗里西斯学习数学之前，曾在鲁汶大学学习神学一样，知名的佩德罗·努涅斯（卒于 1578 年）在出任皇家宇宙结构学家（1529）、科英布拉大学数学教授（1544）和首席宇宙结构学家（1547）之前，曾在萨拉曼卡大学获得医学学位。然而，日益明显的是，人们有关现实世界的科学技术必须在专业机构或从 16—18 世纪为非大学教育做出突出贡献的私人“数学实践家”那里获得。[32]

航海学和绘图学的发展仅是体现这一总体趋势的例证之一。这一趋势还可以在大商业城镇中富有市民的身上发现。这些富有的市民意识到必须尽快使本阶层人们接受高等教育，而不是坐等大学实施课程改革或招收语法学校和公立学校之外的学生。一个典型的例子是一位伦敦商人，托马斯·格雷欣爵士（卒于 1579 年），他创办了一所皇家证券交易所（1565），还被认为是经济理论的创始人之一。格雷欣爵士捐资兴建格雷欣学院，此学院于 1597 年在伦敦建成，设立天文学、几何学、医学、法学、神学、修辞学和音乐学 7 个教授职位，学院向所有人开放。[33] 这一机构以此方式发展成为一所公立大学，并且使牛津和剑桥大学意识到社会中还有一些被它们冷落的阶层。

---

[31] Pulido Hurtado, *La Casa de la Contratación de las Indias* (Madrid, 1907); J. P. Rubio, *El piloto mayor de la Casa de la Contratación de Sevilla* (Sevilla, 1923).

[32] E. G. R. Taylor, *The Mathematical Practitioners of Tudor and Stuart England* (Cambridge, 1954).

[33] F. R. Johnson, 'Gresham College, Precursor of the Royal Society', *Journal of the History of Ideas*, 1(1940), 413-438.

数个世纪中日益显得重要的另一领域就是土木工程和军事工程。这里我们只能简要说明一下一些新生的、急迫的问题是如何通过各种各样的手段解决的，并且一些解决手段如何对整个教育制度产生了重要的影响。

467 至于建筑，中世纪最好的建筑家同时身兼建筑师和工程指挥二职，他们的手艺是在石匠行会中习得的。但是后来更专业的技术知识证明具有更大的用途，例如，我们会有趣地注意到，布鲁内莱斯基（卒于 1446 年）之所以能承担建造佛罗伦萨大教堂的任务，原因在于他懂得如何制造一架巨大的起重机，可用来建造圆顶，而不需要昂贵的脚手架。[34] 这一时期机械技术发展的状况可以在达·芬奇（卒于 1569 年）的素描册里略见一斑，他不仅绘制了自己的发明图纸，还对整个中世纪的机械实施了一种不太系统的分类。

磨坊主在很大程度上解决了动力供应问题，他们制造了水力磨和风力磨，在一种纯实验的基础上磨炼着他们的手艺。桥梁、道路、运河和船闸的建造者们也是如此。中世纪后期矿石和煤矿开采出现了新的问题，当竖井越来越深时，由于矿坑中大量的积水，生产必须停止。这就必须建造水泵和其他排水设备。乔治·阿格里科拉（卒于 1555 年）在其所著的《金属学》（1530）中对许多此类设备均有描述，阿格里科拉曾任乔约阿希姆斯塔尔矿区的内科医生。[35]

在很大程度上，16 世纪机械技术的理论基础是由一批具有实践特长的学者们奠定的。每一种机器都取决于静力学，这门学科对中世纪来说绝非新生事物，但静力学常常作为数学的一个分支被讲授，人们并不考虑它的技术应用。在 16 世纪的意大利，通过自学或接受私人教育成才的学者

---

[34] F. D. Drager, 'Brunelleschi's Inventions', *Osiris* 9(1950), 547-554.

[35] 对这一时期技术发展所做的最完整的研究是 vol. Ⅲ of Ch. Singer, E. J. Homyard, A. R. Hall and T. I. Williams(eds.), *History of Technology*(Oxford, 1957)，第 3 章关于采矿学（J. U. Nef），第 4 章关于风车（R. Wailes），第 12 章关于排水设备（L. E. Harris），第 13 章关于机械（A. P. Usher），第 14 章关于军事工艺（A. R. Hall），第 20 章关于制图学、测量术和航海学（E. G. R. Taylor），第 23 章关于科学仪器（D. J. Price）。

塔尔塔利亚（卒于 1559 年）和本尼狄克（卒于 1590 年）在这方面取得了
一些进步。吉德乌巴尔铎·蒙特侯爵（卒于 1607 年）在此方面表现得尤
为突出：他曾在帕多瓦大学学习数学，之后又作为一名军事工程师在梅迪
奇家族任职，直到最后放弃公职，成为一名私人绅士-学者而安享宁静的
生活。与此相似，水处理导致流体静力学和水力学的产生，斯泰芬（卒于
1620 年）为之奠定了坚实的基础，此人曾在军队中接受训练，并且作为
公共工程师效力于荷兰政府。后来，矿井排水问题促使萨弗里（卒于 468
1715 年）和纽科门（卒于 1729 年）发明了蒸汽泵和空气蒸汽机，前者的
教育背景不详，后者在达特茅斯做“五金商人”之前，曾接受一名非国教
派牧师的教诲。

军事技术有它自己的问题。14 世纪火炮的引入使中世纪的炮术获得革新性的发展，并且由此产生了弹道学问题。弹道学问题是亚里士多德的机械学所不能解决的，毫无疑问，这一问题促成了亚里士多德的机械学在 17 世纪的最终衰落，其衰落的标志为 1638 年伽利略（卒于 1642 年）首次发表有关发射物体运动的现代理论（虽然只是接近现代理论）。火器使用对已发展成为实用几何学分支的筑城术产生了久远的影响：堡垒必须设计成尽可能地抵御炮火的攻击，并且允许要塞最大限度地使用自己的炮火；另一方面，使用布雷和挖坑道袭击的方式攻击要塞的艺术必须具备使用指南针和从平常测量获得的三角学方法在地下“导航”的能力。

在某种程度上，在 16 世纪和以后的几个世纪里，筑城学是由数学教授讲授的。实践证明，这一做法既不充分又不符合实际，因为现役军官中很少有人达到录取条件。尽管很多军官出身贵族并受过一些前期教育，但是军队生活和大学生活是不能相提并论的。很多情况下，他们通过家庭教师或想借此补充微薄收入的大学教师的教育中获得必要的数学知识。伽利略在帕多瓦大学的个人活动就是这方面的一个典型例子。也许只有在 16 世纪末以后的荷兰大学里，高等职业教育才和科学理论教育并存。荷兰共和国的两次执政者“沉默的威廉”之子莫里斯王子为培养在抵抗西班牙的战争中所需要的合格土地测绘员和堡垒筑造者，创建了一所（军事）工程

学校。尽管学校课程讲授均使用荷兰语，但这所被称作“德斯克算术学校”的学校建在莱顿大学附近，学校的课程是由著名的工程师斯泰芬设计的（1600）。该校的学生经过一个时期的数学理论科目学习后，就要参加一段实习，实习有时在军队里进行。其他荷兰大学里也实施了同样的专业教育。㊱

17 世纪，一种更加正规的军事教育以设立于大学之外的军官学校或
469 军事学院的形式建立起来——此类院校讲授的内容不仅包括方方面面的战争艺术，还包括筑城术和火枪射击术，以及包含绘图学和测量在内的所有与桥梁建造或特殊机械制造相关的机械技术。鉴于在此类军事院校曾接受其最初的数学和统计学教育的科学家的数量，人们不能否认，这种特殊形式的非大学教育事实上对整个科学的发展产生了一些影响。火器使用的一个意外后果就是 16 世纪外科手术得益于军队外科医生的艰难经历，以及军马外科发展为兽医科学分支学科的主要起点之一。

葡萄牙和西班牙的航海学校，以及遍布全欧洲的军事院校为技术教育问题的解决指明了方向。技术教育在 18 世纪步入最后发展阶段，并且以明显揭示大学当时被冷落程度的方式得到实现。大学从未被要求设立技术或多科技术学院，大学本身也无意采取此类措施。相反，各地政府部门却更愿意为接踵而至的具体学科设立专门学校，还设立了几所具有综合性质的学院，如布拉格的技术学院（1717）或不伦瑞克的卡罗林那学院（1745）。1744—1747 年，法国公路和桥梁工程师部队被桥梁-道路学校所取代。1735—1762 年在塞麦克巴亚（匈牙利）、1765 年在弗赖贝格（萨克森州）、1775 年在克劳瑟（汉诺威）、1783 年在巴黎均建立了矿业学院。1766 年在阿尔福特（法国）创立了第一所兽医中学，随后在维也纳

㊱ P. J. van Winter, *Hoger beroepsonderwijs avant-la-lettre. Bemoeiingen met de vorming van landmeters en ingenieurs bij de Nederlandse universiteiten van de 17e en 18e eeuw*(Amsterdam/Oxford/Paris, 1988).

(1776)、汉诺威（1778）和哥本哈根（1778）也建立了类似的学校。[37]

“四艺”应对技术挑战的失败也反映了流行的文科理论的失败。人们常常把这些文科视为一系列的专门学科，而不是一般性的知识领域。“四艺”被认为是四门数学—物理的专业学科，而不是一门普遍的“自然科学”。这样就不可能在现实中扩充“四艺”以与那些没有（或者还没有）从属于数学方法的自然科学联系起来。

这解释了为什么科学课程最显著的拓展是在医学院的激励下完成的，而没有得到文学院“四艺”的帮助。这一点在植物学方面的表现尤为明
显。植物学一般科学的地位是由古代亚里士多德门徒泰奥弗拉斯托斯确立 470
的。后来植物学的范围常常被限制在药材知识方面，这构成了中世纪药物学的主要部分。但是在 16 世纪，一些与医学保持某种关联的学者把植物学作为一门普通学科加以重建。在这些学者中，奥托·布隆费尔斯（卒于 1534 年）和让·博欣（卒于 1613 年）均是行医者；瓦勒雷斯·科杜斯（卒于 1544 年）是维滕堡大学的医学教授，加斯帕·博欣（卒于 1624 年）是巴塞尔大学医学院的教授，加斯帕·博欣在此讲授解剖学和植物学知识，并且拥有希腊语教授职位。在同一时期，康拉德·格斯纳（卒于 1565 年）发展了动物学，他在担任苏黎世城内科医生之前，曾在洛桑学院教授希腊语。[38]

当法国国王亨利四世在蒙彼利埃（1593）设立一个植物学兼解剖学教授职位时，这一新的学科凭借自己的力量被承认为一门学术性科目。植物园的建立促进了这一成功。植物园最初由个别教授建立，不久医学院也建立了植物园。第一所植物园可能是由卢卡·基尼（卒于 1556 年）在比萨（1545）建立，后来帕多瓦（1546）和博洛尼亚（1561 年后）及随后一所又一所的欧洲大学也相继建立了植物园。只有医学院能在教学和科研的设

---

[37] 关于德国参见 K. Glodmann, *Die deutschen technischen Hochschulen*(Munich, 1942) and his *Verzeichnis der Hochschulen*(Neustadt an der Aisch, 1967)。

[38] M. Möbius, *Geschichte der Botanik*(Jena, 1937).

施建设上做出如此巨大的经济投入。

科学家们的大批退出

文学院之外的世界对科学的兴趣日渐高涨伴随着文学院内挫折感、不安感的日益萌生。这一形势的严峻性可以用大批科学家纷纷离开文学院的事实加以说明。这些科学家意识到，只有在一种不同的文化环境中才能很好地完成自己想做的事情。他们的成批退出使大学丧失了一批科学发展的开创者。在天文学方面可以找到这一趋势的最初例子，这也许是因为自12世纪以来，这一学科要比其他许多学科更能够以一种积极的方式发展。除此之外，天文学在一些地方的文学院也获得独立的教授职位（克拉科，1394）。

15世纪50年代，乔治・佩尔巴赫（1423—1461）在维也纳讲授天文学，并且深受到访维也纳的意大利人文主义者的影响。乔治・佩尔巴赫以一种典型的人文主义方式提出，只有返回其古典源头，天文学才能实现更
471 新并从中世纪的沉积物中净化出来。实际上，这相当于开展一项新的翻译项目，佩尔巴赫与自己的学生约翰尼斯・雷乔蒙塔努斯（1436—1476）合作，以希腊语翻译托勒密的《至大论》，但他的过早辞世中断了这一计划。之后雷乔蒙塔努斯继任了佩尔巴赫的天文学教授职位，并且一直出任天文学教授，其间仅在第二年和贝萨利翁一起造访意大利。在国王马提亚斯・科尔万的资助下，在匈牙利停留了一段时间，最后出于要在一个没有大学的小镇追求一种纯粹的科学生涯而定居纽伦堡（1471）。在纽伦堡，雷乔蒙塔努斯设立了一个小型天文台，装备了一部印刷机，用于出版历法及其他天文学和数学作品。[39]

雷乔蒙塔努斯也英年早逝，曾任其助手的一个富有的公民伯纳德・沃

㊴ E. Zinner, *Leben und Wirken des Johannes Müller, genannt Regiomontanus* (Munich, 1938), 27.

瑟（卒于 1504 年）在其谢世后继续了他的工作。后来一个曾经在因戈尔施塔特和罗马学习的名为约翰内斯·韦尔纳（卒于 1522 年）的牧师继承了此项工作。在拉丁语一统天下的欧洲，纽伦堡的事业代表了一种全新的事业—— 一个科学研究和出版中心，免受教学干扰、独立于大学之外并获得当地一个有影响力的捐赠者的资助。这是即将发生的事情的一个先兆。本可以居留维也纳的雷乔蒙塔努斯之所以决定永久地离开大学肯定是基于这样一种信念：天文学从文学院分离出来是有好处的，但他没有考虑到大学会因此失去一个本世纪最好的天文学家和数学家。

哥白尼（1473—1543）的情况表现某种程度的不同，但可以同样显示科学与大学之间的关系正在发生变化。哥白尼曾在克拉科大学文学院接受人文教育，这里的天文学可与维也纳的天文学相媲美，他从这里前往帕多瓦大学学习医学课程，并且在博洛尼亚大学与天文学家诺瓦拉共同度过了一段时光，直到 1503 年在费拉拉大学获得教会法学位。随后哥白尼永远离开了大学，在以后 40 年的生涯里，他一直担任阿姆兰德大教区牧师之职，没有任何证据表明他曾经希望与那时的科研机构建立更加密切的联系。重要的是，对大学的这一脱离并没有阻止哥白尼的作品成为 16 世纪最有影响的著作之一。[40]

哥白尼天文学所提出的科学问题引起大学天文学家们的浓厚兴趣，但一项重要的事实是，解决天文学问题的两项主要贡献由大学之外的人士完成。第谷·布拉赫（1546—1601）认识到，首先，天文学的“复兴”必须
始于运用能够长时间固定和性能稳定的仪器对所有的天体现象进行全新的 472
观察性探测；其次，任何一所大学对该计划的支持都是不充分的。结果，布拉赫离开了哥本哈根大学（在仅从事几周的教学之后），而到赫温岛上创建自己的科研机构——一个永久的观测站、一个仪器车间、一家造纸厂和一台印刷机。所有这些均获得丹麦国王的支持，这样国王就把政府每年

[40] 有关哥白尼的著作很多。近期的研究结论参见 *Studia Copernicana*（Wroclaw/Warsaw/Cracow，1970ff.）。

1% 以上的收入用于资助纯粹的科学研究活动。[41]

作为皇帝鲁道夫二世的“宫廷数学家”，布拉赫在布拉格度过了自己的余生。在这里，布拉赫的全部财富就是在丹麦 20 余年的工作中所做的观测记录。这些观测记录成为约翰内斯·开普勒（1571—1630）理论研究的基础，正是开普勒成功发现了行星运行的规律。开普勒曾就读于图宾根大学，但作为一个非正统的路德教成员，他不能在大学里谋取一个职位，然而在为皇帝服务的过程中他做出了划时代的科学成就。

在这一方面，伽利略的职业生涯也饶有趣味。在大学体系中，伽利略凭借自己的勤奋工作从比萨的一位薪水微薄、职位低微的教员一跃成为薪水丰厚的帕多瓦大学数学教授。繁重的教学任务和极有限的科学研究时间使其难于开展科学研究工作，于是伽利略就私下里与佛罗伦萨宫廷协商以便成为佛罗伦萨的“宫廷数学家”。当伽利略使用望远镜进行天文观测而在欧洲赢得自己的声望后（1610），即获得了佛罗伦萨“宫廷数学家”这一职位。[42]

大学科学家的流失贯穿于整个 17 世纪。譬如，先锋解剖学家和地质学家尼尔斯·斯滕森（1638—1686）在哥本哈根大学执教 18 个月后，为恢复其在梅迪奇宫廷的职位而离开了哥本哈根大学；牛顿（1642—1727）放弃剑桥大学教授的职位而出任伦敦铸币厂的督办。当然，这一运动并非一种普遍趋势，因为大多数科学家仍在传统的框架下工作。然而，它剥夺了众多大学成为历史上最杰出的科学发展先驱大学的可能性。[43]

473 导致科学家从大学大批流失的原因似乎不是单一的。就天主教徒斯滕森来说，他决定从哥本哈根重返佛罗伦萨，无疑是由于在一个路德教的环

㊶ J. L. E. Dreyer, *Tycho Brahe: a Picture of Scientific Life and Work in the Sixteenth Century* (Edinburgh, 1890; 2nd edn New York, 1963)；参见 O. Pedersen, 'Tycho Brahe and the Rebirth of Astronomy', *Physica Scripta*, 21(1980), 693-701。

㊷ 有关伽利略生产的最新研究由 S. Drake 所做, in *Dictionary of Scientific Biography*, vol. Ⅴ (New York, 1972), 237-249。

㊸ G. Scherz, *Niels Stensen. Eine Biographie*, 2 vols. (Leipzig, 1987-1988).

境里，觉得自己是一个局外人而感到不适，在这里即便他想听弥撒（在一个大使馆的小教堂里），也要征得皇家同意。同样，开普勒的宗教信仰也促使他远离大学。但一般说来，科学家们离开大学的主要动因在于寻求足够的时间和经费以开展科学研究工作的愿望。

伽利略的情况当然也一样，在与佛罗伦萨宫廷的通信中，他明确表述了离开帕多瓦大学的原因。在大学任教的18年间，伽利略身心疲惫且深感失望。虽然他举办正式讲座的压力有所减轻，但是他的薪水并不能养活他的家庭，于是被迫自己招收学生并提供食宿，还经营一家仪器加工厂以从仪器销售中获得一些收入。这使他的住处嘈杂不安，使其不能集中精力从事科学研究，尤其是不能撰写反映自己机械学研究成果的著作。毫无疑问，伽利略的许多同事必然也深有同感。

17世纪，许多大学试图通过添置新设施，尤其是为天文学家添置新设施来阻挡教授离开大学的潮流。这通常是在耶稣会的动议下或模仿耶稣会学院而实现的。在因戈尔施塔特耶稣会大学，天文学家克里斯托弗·沙伊纳（卒于1650年）首次引进配有采取赤道装置载片❷的开普勒望远镜（用来观察太阳黑子）；1637年，该大学建立了一个测算瞭望台或天文台。在新教徒的土地上，莱顿大学则成为这一潮流的引导者（1632）。1642年乌得勒支镇在城墙上为大学提供了一个观测台，同年哥本哈根大学的圆塔竣工。在德国，毗邻纽伦堡的路德教的阿尔特多夫大学建设了藏品丰富的药物标本室（1626）、解剖室（1650）、观测台（1657），最后但并非最不重要的是，还设立了化学实验室（1682），这是最早设立的实验室之一。这样，至少一些大学意识到忽视对科学研究的物质投资是很危险的。但是，大学中的观测台没有能与但泽市的约翰尼斯·赫维留的大型私人天文台（1641），或者巴黎的国家天文台（1671）和伦敦的国家天文台（格林尼治，1675）相提并论。后两家国家天文台由法国和英国政府建造，主要用来进行天文观测。这些天文台与大学毫不相干，拥有强大海军的政府似

❷ 赤道装置，即围绕与地球自转轴平行的极轴及垂直于极轴的赤纬轴旋转的装置。

474 乎对大学失去了信任，至少在涉及国家经济这些严肃的事情时不信任大学。㊹

就这样，天文学成为教学和科研分离并各自开展截然不同活动的最早的学科之一。科学研究在很大程度上得到政府的支持，而教学的地位相对较低且被局限于获得较少资助的学院内。同样的趋势还可以在其他领域被发现，早在16世纪科研与教学分离的力量就在静悄悄地发挥作用，而当时宗教在大学里的作用也发生了意义深远的变化。

神学院

从其诞生之日起，神学院就被置于一个特殊的位置。一方面，由于神学院致力于使自己成为一个对理解社会具有重要意义的基督教学科，即把社会理解为一个由超越所有政治派别的共同信仰维系在一起的基督教共同体，既而，神学院就不可避免地被卷入关于人类社会的本质、宗教和国家之间的关系，以及公共生活和私人生活的道德准则等诸如此类问题的争论之中。由于基督教教会法建立在神学的基础之上，因此神学院就和法学院有着紧密的联系，并且与后者一起成为政治和经济思想的一个天然论坛。

另一方面，神学院出现在教会发展的后期，那时教会已经确立自己最迫切的知识任务——以自己的方式开展神职人员教育。就总体来说，大学是基于行会概念而出现的一种新的学校类型，对于基督教教会法来说，大学是一个外来事物，基督教当局对大学也深感困惑。我们可以从大学名誉校长（作为一名教会官员代表）与大学校长（作为一名行会代表）之间对这一新机构的最终控制权的争夺中发现这一点。神学院站在校长一边，意味着其将永远不能被作为教会结构的一部分而为教会所接纳。在很多情况下，教会甚至会对一所独立神学院的工作表示怀疑。这就是直到14世纪

㊹ O. Pedersen,'Some Early European Observatories',in A. And and P. Beer(eds.),*Vistas in Astronomy*,vol. XX(Oxford,1976),17-28. 该卷还有巴黎天文台和格林尼治天文台的历史记录。

末，教皇们都不愿意准许在巴黎、牛津和其他几个传统宗教中心之外的区域设立神学院的原因。直到“教会大分裂”[3]之后，为在王子、主教和欧洲的城镇中争取尽可能多的支持者，由教皇和反教皇派批准建立的神学院 475
才真正多了起来。

教会教育制度的确立虽经历了数个世纪的演变，但依旧没有严格明确的形式。[45]一般说来，每一个教区教堂均有一个以主教、修道院、行会甚至普通信徒形式存在的赞助者。他们的职责就是为教堂寻找一个神职人员，并且把他引荐给当地主教，由主教考查其资格。在中世纪，基督教教育的标准还不太高，并且在黑死病爆发之后的岁月里似乎有所下降，那时有必要吸纳一些没有受过太多教育的人来补充严重枯竭的牧师队伍以维持教堂的正常运行。这一时期之后，到处可以听到人们对不称职牧师的抱怨，因此急需大量的小册子来告诉教区的牧师如何履行他们的职责。

在这种情形下，神学院不能够提供任何直接的帮助。它们使其学生通过接受正规的课程教育获得教学资格证书，而教学资格证书（如果允许这一表述的话）却被牢牢地掌握在主教们的手中。

总的来说，低级神职人员的文化水平非常低。高级神职人员均接受过神学方面的大学教育，或者常常受基督教教会法方面的教育。但是，毫无疑问，中世纪后期神职人员的总体受教育状况是招致人们众多批评的原因，教会也偶尔采取一些措施来提高神职人员的文化修养。为此设立了一些新学院以开展神职人员培训活动，然而这一状况的根本性改变有待宗教改革时期的到来。宗教改革不仅使神学院卷入激烈的教义争论中，还开辟了神学教育的新时代。在这个新时代中，罗马天主教和新教以不同的形式开展了教会教育。

作为宗教改革影响大学的一个相当典型的范例，我们可以考察一下丹

---

[3] 教会大分裂指 1347—1417 年西欧天主教会内部的大分裂。

[45] F. W. Oediger, *Über die Bildung der Geistlichen im späten Mittelater* (Leiden, 1953); G. Le Bras, 'Le clergé dans les derniers siècles du Moyen Age', in G. Bardy, A.-M. Henry, R. Laprat, G. Le Bras, J.-F. Lemarignier and M.-H. Vicaire, *Prêtres d'hier et d'aujourd'hui*, Unam Sanctam, fasc. 28 (Paris, 1954), 155-181.

麦的情况。1526年丹麦的许多省市创设了一些培养路德教牧师的私立学
校。1529年，丹麦国王在向其中一所培养路德教牧师的市立学院授予特
许状的同时，却将哥本哈根唯一的一所学院（专门招收加尔默罗派信徒的
机构）予以充公。第二年信奉天主教的教授被开除，大学教堂被攻击传统
信仰的暴民捣毁。一年以后，重新任命一位大学校长已不可能，教学实际
476 上陷于停滞。这样哥本哈根大学也就停办了，1539年在一位德国神学家
的组织下，以维滕堡大学为榜样，哥本哈根大学被重建成为一所纯粹的路
德教大学。㊻ 一些类似的事件也说明，许多路德教教区内或实施宗教改革
地域内的其他大学也面临相同的命运。起初这对牧师们没有任何影响，因
为在一段时间内牧师教育一直是归正宗大教堂各分会的责任。但是在
1564年，萨克森州选帝侯规定，没有受过大学教育的人不能被任命为牧
师。这一制度不久在其他信奉路德教的国家盛行，如此这些国家的大学就
被赋予一项中世纪大学禁止从事的重要任务。从更广泛的角度来看，这是
宗教改革最重要的结果之一。

在法国的改革派教会中，情况却有些不同。尽管路德能够利用已有的维滕堡大学作为活动中心，但是1533年约翰·加尔文离开巴黎后，就与新任教区牧师尼古拉·科普一起，缺乏固定的大学作为基础。科普在其就职演讲中表现了自己的新教信仰倾向。加尔文在巴塞尔、日内瓦和斯特拉斯堡度过了以后的岁月，直到1541年最终在日内瓦定居下来。这时唯一一所为使用法语的新教教派牧师开办的学校就是洛桑学院。洛桑学院由伯尔尼政府在兼并沃州后建立。只要这所学校存在，加尔文就不能实现在日内瓦创办一所新教教派大学的计划。直到1559年，加尔文创办新教教派大学的计划才得以实现。这一新教教派大学引进了洛桑学院的大多数教授，其中包括后来成为日内瓦学院首任院长的著名希腊语学者西奥多·

㊻ S. Ellehoj and L. Grane(eds.), *Københavns Universitet 1479-1979*, vol. Ⅴ (Copenhagen, 1980), 68; E. H. Dunkley, *The Reformation in Denmark*, Church Historical Society(London, 1958).

德·贝兹。[47]

日内瓦大学创办后，其他加尔文神学院便有可能从日内瓦大学获得教师。1573年加尔文教信徒拿索的路易伯爵重建了奥兰治大学（当时隶属德意志帝国）。在蒙彼利埃、尼姆、奥尔泰兹、蒙托邦、索米尔、色当和迪等城市也创设了许多小规模的学院，这些学院均没有发展成为完整的大学。一段时间内法国的加尔文主义者似乎不得不依靠此类中等教育机构；然而，所有这些学校在路易十四领导下的宗教统一运动中均告停办。结果，学习新教教派神学的学生不得不转往他方，可能去海德堡，或者去一所加尔文主义已占据神学系统主导地位的苏格兰大学。但学生更多的是去了荷兰，1575年奥兰治公国王子加尔文主义者威廉建立了莱顿大学，作 477
为与鲁汶大学相抗衡的一所新教教派大学。

在信奉天主教的地区，宗教改革被认为是低级神职人员缺乏足够的神学训练所造成的后果之一，改进这一状况成为特伦托会议的一项重要任务。但在这里，问题遭受非难的方式是绕开大学，努力使教区教育的传统体系现代化。早在1546年，第五届会议就规定每一个信奉天主教的大教堂教士会都应该为教士和贫寒学者传授拉丁文法和《圣经》知识。1553年依纳爵·罗耀拉在罗马为德国基督教教会的学生创办了一所学院。红衣主教波尔深慕此举，返回英国以后即提议建立同样的机构并将其命名为神学院。终于，1563年第23届会议下令为所有天主教大教堂配备一个神学院，专门为12岁以上的男孩提供完整的基督教教育——家境贫寒者优先接受教育——直到他们具备从事圣职的资格。课程应该包括通常的文科课程（就像在大学里一样）和一些能够使他们从事布道、教授一般信徒、做礼拜及主持圣事所必需的神学知识和履行牧师职责方面的知识。[48]

这一久远而从未中断的传统表明，已找到一个切实可行的解决天主教

㊼ P. F. Geisendorf, *L'Université de Genève* (Geneva, 1959). 有关日内瓦学院的地位参见第50页。

㊽ J. O'Donohoe, *Tridentine Seminary Legislation. Its Sources and its Formation* (Louvain/Boston, Mass., 1957).

神职人员教育问题的方案，但是很难评价在信奉天主教的国家里这些神学院对高等教育的整体影响。这些神学院的确实现了为教会培养神职人员的目的，这些神职人员接受了较其中世纪前辈更加优良的教育和训练，并且教育费用由教会承担，从而吸引了来自社会各个阶层的学生。由于经济原因，这些学生本来是不可能接受一般的大学教育的。另一方面，很多神学院受到宗教会社的管辖，这些会社把一些或多或少的修道院规定强加给学生，把他们禁锢在一个苦修的、封闭的世界里，而与他们将来要履行牧师职责的外部社会缺乏有效的接触。这样导致很多学者和科学家以圣职终其一生，他们有时并没有任何虔诚的宗教信仰，这种状况在启蒙运动时期产生了深远的影响。

在为此目的专设的红衣主教委员会的指导下，这一制度慢慢地在各地
478 推行。1565 年，第一所神学院在罗马创设。随后在米兰的大主教辖区又创立了三所神学院，其中一所是为希望完成学业的神父们设立的。在德国，第一所神学院于 1564 年在艾希施泰特创立，随后于 1610 年明斯特市也创办了一所神学院，此后“三十年战争”的爆发使神学院的开办计划搁浅。在法国创立神学院的最初尝试也以失败告终，直到 1642 年第一所法国神学院才在巴黎建立。18 世纪，一些神学院并入大学，如法国的南锡或阿维尼翁神学院。这也促使文学院和神学院的枯竭和衰落。后来，神学院这一制度逐渐普及化，并且一直存续到第二次梵蒂冈会议（1962—1965）的召开，其间没有出现较大的改变。

少数宗教团体的问题

宗教改革运动强化了高等教育的宗教特征，各地高等教育的发展应该尽可能地遵照所在国家已经确立的教会教义，因此世俗的或非教派性大学的发展只能是属于未来的事情。在信仰加尔文派教义的日内瓦，任何不按照官方教理问答签署一份公开的宗教信仰声明的任何一科学生均不得被录取。这一规定一直延续到 1576 年，之后这一要求仅限于教授和讲师，而

其他教派的学生则被允许入学，以便能够受益于日内瓦教会的教诲。其他改革派教会却没有这么宽松。在法国加尔文派的学院中，学生被强制发誓信仰加尔文教并接受加尔文教教会的戒律。在德国和斯堪的纳维亚的路德教的大学里，信守奥格斯堡信纲成为学生入学的一个必要条件。在路德正统教派统治时期，甚至对加尔文教或天主教信仰的怀疑就足以使一个学生被降级或一个教授被解雇。在英国，牛津大学与剑桥大学被改造成为纯粹的英国圣公会机构，从《统一法案》《至尊法案》（1559）直到《大学测验法》（1871）实施期间，所有的成员必须遵守英国教会的信纲。

理想的情况是，这些规定旨在实现在不同国家的学术世界中保持宗教一致性，而这种一致性被认为对政府职能的顺利实施是不可或缺的。实际上，这些规定在学术界导致一大批宗教上的少数派的产生。起初这些少数派包括了由于这些新措施的实施而被很快剥夺职位的学者，后来又增加了一些由于不能与本国已确立宗教保持一致性而被阻挡在大学门外的潜在的学生。这些少数派的成员如何接受教育成为一个严峻的问题，他们设法以各种方式解决这一问题。 479

在这些国家里，宗教歧视非常严重，唯一的选择就是移民到一个能够接受他们的宗教信仰的国家。在整个 16 世纪和 17 世纪，欧洲到处都是根据国内和国外的宗教情况在不同国家之间漫游的学者。[49] 这里可选择的余地常常是很有限的。比如，加尔文派信徒在信奉路德教的国家里是不受欢迎的；当 17 世纪法国宗教宽容程度下降时，胡格诺派信徒的避难者将首选一些荷兰大学，他们的加尔文派信仰在这里不会受到威胁；在英格兰，各种各样不信奉英国国教的不断增多的教派提出了更加多样的需求，而苏格兰、荷兰、德国，尤其是日内瓦的一些大学则可以满足其中的一些需求。

然而，英格兰也成为不信奉英国国教的人选择的地方。1689 年所谓的《宽容法》使非英国圣公会成员开办自己的学校成为可能，结果导致不

---

[49] 本书第 10 章谈学生的流动性。

信奉英国国教的私立学校数量骤增。[50] 这些学校的基本目的在于培养牧师，但其中一些学校也招收其他学生，并且常常出人预料地向这些学生讲授一些与数学、法语和现代历史课程相关的知识。此类学校办学时间较短，大多随着其创立者的去世而停办，但它们填补了教育体系中的一个空白。它们有时招收的学生人数高达 300 人，如 1669—1698 年在拉斯韦尔（约克郡）开办的里查德·弗兰克兰学院就是如此，该学院在某种程度上发挥了一所北方大学的作用。1660—1780 年大约开办了 50 所类似的学校。此类教育机构为英国文化生活做出了不容置疑的贡献，学校培养的许多优秀学生就是证明。这也说明当时的统治集团对这些学校充满了敌意，他们或错或对地认为这些学校会对牛津大学和剑桥大学构成威胁，成为不受欢迎的政治思想和宗教思想的温床。

新教国家的罗马天主教徒的处境多少有些不同，因为他们从未被包含在针对不信奉国教的新教徒的偶然的宽容范围内。[51] 另一方面，法国、南荷兰、意大利和西班牙等的所有天主教大学均对非国教徒开放，并且乐意
480 接受个别学生。然而，在一些国家，宗教改革从没有取得彻底的胜利，天主教仍占主导地位，并且急需大量的神职人员。这一情况迫使英国非国教信徒不仅在罗马恢复了由教皇格列高利十三世授予特许状（1576）的传统英语学院，而且在杜埃开设了一所特殊大学。该大学由菲利浦二世在 1559—1560 年创办，是一所反宗教改革的大学。大学获得罗马教皇训谕的同意，设立了四所传统学院。该大学一直开办到法国大革命时期。[52]

大学里宗教的兴衰在许多国家造成了严重的问题，在爱尔兰却导致了一场灾难。爱尔兰直到 1592 年才拥有自己的大学——该年设立都柏林三一学院，为爱尔兰民众中信奉新教的少数宗教团体提供服务。信奉天主教

---

[50] I. Parker, *Dissenting Academies in England* (Cambridge, 1914; 2nd edn New York, 1969); J. F. Fulton, 'The Warrington Academy (1757-1786) and its Influence on Medicine and Science', *Bulletin of Medicial History* (1933), 50-80.

[51] A. C. F. Beales, *Education under Penalty* (London, 1964).

[52] M. Williams, *The English College in Rome* (London, 1982). 参见第 2 章第 66—67 页。

的大多数学生已被他们在宗教改革之前经常就读的英格兰大学和苏格兰大学排除在外，结果他们被迫远赴欧洲大陆，因为在那里许多爱尔兰学院均属于天主教大学，如萨拉曼卡大学（1592）、里斯本大学（1593）、杜埃大学（1603）、巴黎大学（1623）、鲁汶大学（1624）和其他大学等。该问题表现为这样一个事实：在梅努斯创设爱尔兰地方神学院（1795）之前，爱尔兰大陆学院的数量已超出 11 所，共有 44 名教授和 824 名学生。[53]

学园的兴起

一项具有全欧洲意义的重要发展起源于意大利，这里的一些特殊条件促成了打破中世纪大学作为高级教学和科研场所的垄断地位。随着许多独立自治的城邦凭借工业、国际贸易和银行业变得富足起来，一个新的富有的市民阶层出现了。这些市民文明、睿智且能够意识到高等教育的价值，这一阶层的存在是意大利较其他欧洲地区拥有更多大学和更多受过高等教育人数的主要原因之一。

除威尼斯共和国和热那亚共和国等重要例外，最初的城邦民主或寡头 481
政体被王子和公爵世袭制的君主政体所取代。君主政体的宫廷逐渐吸引了艺术家和博学之士。除传统的宫廷医生外，还增加了宫廷占星家、教育贵族子弟的接受过学术训练的教育家、建筑师、工程师及出任衡器和量具勘测员或管理员的数学家。这样意大利宫廷就成为大学之外的文化活动中心，常常得到比大学更多的捐助，拥有一技之长的知识分子在世俗世界里也可以拥有一份有钱可赚的职业。

这些宫廷学者聚集在一起讨论一些大家关心的问题是很自然的事情。前面已经提到所谓的佛罗伦萨学园或柏拉图学园就是作为与梅迪奇宫廷保

[53] W. P. Treacy, *Irish Scholars of the Penal Days: Glimpses of their Labours on the Continent of Europe* (New York, 1887); H. [Robinson]-Hammerstein, 'Aspects of the Continental Education of Irish Students in the Reign of Queen Elizabeth Ⅰ', *Historical Studies*, 7 (Dublin, 1971), 137-153.

持联系的人文主义哲学家和教育家们聚集的场所而出现的。这一事例具有传染性，并且毫不夸张地说，在16世纪，几乎每一所意大利城镇均有一所或多所致力于哲学或科学探索的“探古”学园和“艺术业余爱好者”学园。这些学园有时得到政府的资助，但更多的是由私人建立的。一些学园研究的领域很广，还有一些学园致力于一些更专门的领域。[54]

佛罗伦萨市的两位地方行政官——诗人格拉齐尼和语言学家萨维亚蒂——于1582年成立秕糠学园，其目的在于研究和推广托斯卡纳方言。他们把该方言记录在1612年首次出版的一部大词典中。同一年，1606年成为该学园成员的伽利略决定用托斯卡纳方言出版自己的科学研究成果，这一事实与该词典一起极大地促使托斯卡纳方言成为意大利所有地方的官方语言。

大约1560年，内科医生詹巴蒂斯塔·德拉·波尔塔（卒于1615年）在那不勒斯创立了一个由更具有科学头脑的人士组成的自然界奥秘学园。波尔塔曾经周游法国、西班牙和意大利各国，参观当地的图书馆，与了解“任何新奇的东西”的学者和艺术家们进行交流，这是他后来通过大量的通信保持下来的一种研究方法。任何成员只要做出了一项新发现或观察了一种自然现象均可加入这个团体。这样做的一个直接结果是波尔塔出版了自己的《自然界魔法》（1589），一部20卷的物理技术百科全书。早些时候，西班牙和德国也拥有了自己的具有人文主义倾向的学园。

482 另一家久负盛名的学园是罗马山猫学园，由年轻王子费德里戈·希西（1585—1630）于1603年创立，不过罗马山猫学园存在的时间较短。希西是一个天才的业余博物学家，他不仅预见了林奈的植物分类研究，还是第一位在显微镜下研究昆虫的人。在罗马山猫学园为数不多的成员中，伽利略（1611年加入学院）的一些最重要的著作就是由该学园资助出版的。该学园还出版了一部名为“新西班牙新百科全书”的著作。该书记录了从弗朗西斯科·埃尔南德斯（卒于1587年）的作品中摘录的大量关于美洲

[54] M. Maylender, *Storia delle accademie d'Italia*, 4 vols. (Bologna, 1926-1930).

自然历史的记述。后来，希西关于创造一个国际性学园网络的计划失败了，他自己的学园也随着他的早逝而结束。1847年建立并于1875年重建的新的意大利国家学园采用了他的名字并接管了他的图书馆。由意大利费迪南多二世·德·梅迪奇于1657年创办的佛罗伦萨西门托学园仍然存在，其目的在于促进实验科学，伽利略最后的一个学生维维亚尼是该学园的著名成员。[55]

17世纪，学园运动在阿尔卑斯山以北尤其是法国和英国发展迅速，深受这里外部政治和宗教形势的影响而在很大程度上发生了变化。在巴黎，方济各会神父梅森（卒于1648年）许多年来主持着一个科技信息交流中心，梅森搜集信息，然后通过大量的信件把它传播到欧洲各地。同一时期，他的女修道院成为法国一批著名数学家、科学家和工程师的聚会之所，并且在事实上成为一家私立的信息型学园。上面所有这些事情都发生在1635年，也正是在这一年，黎塞留为推广法语创办了法语文学学园。以后的岁月里，梅森团体的活动就不太出名了。他去世以后，其他私立学园开始出现。1648年马萨林创立了一所雕刻绘画学园，以此证明新政府希望继承黎塞留的传统。这一举动在科尔伯特那里表现得更加明显，他在1663年创立了文学学园，1666年又创办了科学学园，最后在1671年重组了雕刻学园和一家新的建筑学园。显而易见，这是科尔伯特实施普遍重商主义政策的结果。通过把科学和艺术领域的专家聚集在此类的共同体中，政府就能够使法国上层知识分子共同体为其服务并控制他们的活动。[56]

克伦威尔摄政期间，英国内战的爆发和宗教暴乱极大地扰乱了大学生 483
活，许多学者很难开展日常的学术活动。早在1645年，许多科学家和数学家开始在伦敦私下会面，地点先是在一家小酒馆，后来是格雷欣学院。许多年来，一个类似的团体聚集在牛津一位药剂师的备有实验设备的药房

[55] W. E. Knowles Middleton, *The Experimenters. A Study of the Academia del Cimento* (Baltimore, Md., 1971).

[56] R. Hahn, *The Anatomy of a Scientific Institution: the Paris Academy of Sciences 1666-1803* (Berkeley, Calif., 1971)；参见 Roche, *Le Siècle des Lumières*。

里，或者聚集在瓦德海姆学院。这些团体被统称为“隐形学院”。它没有欧洲大陆上的学院正规。许多成员深受培根著作中倡导的有关哲学和科学观念的影响，认为科学研究是一种独特的活动，应与教学分离，由政府来组织。

当1660年君主制恢复的时候，隐形学院以“哲学家协会”的名义出现在社会中，从学术界、技术界及贵族中招募的成员人数激增。1662年此类隐形学院又获皇家许可，更名为伦敦皇家自然科学知识促进协会。法令规定该协会的任务在于促进关于“自然万物、实用艺术、工具制造、机构实践、工程动力和实验发明的知识”，以及以一种批判和公正的精神通过实验和推理对科学理论做出进一步的检验，为此还聘任了一位受薪实验演示员。很明显协会把自己看作一个研究机构，不需承担任何教学任务。[57]

另一个有趣的决定就是协会不得“干预神学、形而上学、伦理学、政治学、文法、修辞学或逻辑学”。英国的人文学科不得不等到1902年创建自己的人文学园，这不仅意味着英国皇家学会希望远离宗教冲突，因为宗教冲突仍然阻碍着大学成为真正的国家机构。协会成员既不需要发表自己对宗教的看法，也不用签订任何信仰声明，这一宽容的态度使协会得以接纳具有任何宗教信仰的著名科学家，并且为那些来自对宗教信仰和政治不宽容成为学者自由交流障碍的国家的避难者提供支持和庇护。

法国的情况恰恰相反。1685年《南特敕令》的撤销结束了宗教信仰
484 宽容的状况，结果，虽然一些科学学园的著名成员可以作为平等的学园成员留居法国，但他们还是离开了。这一混乱时期一直持续到1699年，该年法国政府按照明确的学园结构和学园活动方案对学园进行彻底重组：学园园长由国王任命，直接接受一个大臣的领导，并且有义务履行许多法定的职责，如检验新的技术发明并报告其用途；学园成员人数由法令规定，

[57] H. Lyons, *The Royal Society 1660-1940* (London, 1944); T. Spratt, *History of the Royal Society* (London, 1667; fasc. reprint St Louis, Miss. /London, 1959)；参见 R. E. Schofield, *The Lunar Society of Birmingham, a Social History of Provincial Science and Industry in Eighteenth-Century England* (Oxford, 1963)。

成员还必须具备学术资格，他们均领取薪水并被分成 4 个等级，包括 10 名“领取薪酬者”，以及来自“学园提供食宿者”“学员”和“带薪学员” 3 个等级的各 20 名人员。其中，“学园提供食宿者”包括数学、天文学、解剖学、化学和植物学 5 门学科各 3 名代表，以及 1 位秘书和 1 名财务主管。以上这些成员必须住在巴黎，而“学员”这一级别可以任命 8 名外国成员。

“带薪学员”这一阶层不是学生而是具有发展前途的年轻学者，他们中的每一人都出任“学园提供食宿者”的导师。这样科学学院就变成了一个高度科层化的、高效运转的国家科研部门。[58]

而伦敦皇家学会的发展却与此形成了鲜明的对比，它保存了自己作为一个自由团体的地位和独立性。法令没有对协会成员人数做出限制，许多成员为业余研究者或绅士科学家，或者甚至是没有任何科学倾向的贵族。国家对学会不提供任何财政援助，会员必须每年缴纳会费来支付一切费用。另一方面，不同于法国的同类协会，伦敦皇家协会成员可以自由确定自己的科研方向，而且伦敦皇家协会从没有为政府做太多的工作。

这样就存在两种不同的学术性协会模型。在几乎所有欧洲国家中，新协会的创办者或多或少地效仿了这两种类型的学园。[59] 在德国，这一运动肇始于 1652 年施韦因富特学园的创立。在皇帝的资助下，该学园于 1677 年重组为利奥波尔迪纳学园，由于没有固定校址，只得把总部移到新当选学园园长所居住的小镇。1700 年，普鲁士国王腓特烈一世采纳莱布尼兹的计划，1711 年在柏林按照法国模式创办了一家作为国家机构的科学院（Akademie der Wissenschaften）；这一模式又被设于圣彼得堡的俄罗斯皇 485
家学园所效仿。创设俄罗斯皇家学园的计划由彼得大帝提出，后由叶卡捷琳娜于 1725 年将该计划变为现实。这一运动波及斯堪的纳维亚，在斯德

---

[58] 重组学院的方案登载在 *Histoire de l'Académie Royale des Sciences. Année M. D C. XCIX*（3rd edn Paris，1732），3-6。

[59] F. Hartmann and R. Vierhaus（eds.），*Der Akademiegedanke im 17. und 18. Jahrhundert*（Bremen/Wolfenbüttel，1977）.

哥尔摩（1741）和哥本哈根（1742）也创立了受皇家保护的学术性协会。

学园在整个欧洲的扩展表明，独立于大学的学术性学园必须满足当时社会中的现实需要。[60] 事实上，这一运动获得成功和政府对学园所表现的仁善姿态具有几个方面的原因：从国家的角度来说，这样做可以直接依靠一批专家，委托给他们一些由于太繁重而任何大学学院均不能胜任的公共事务。这方面的一个典型的例子就是 17 世纪和 18 世纪法兰西学园（French Academy）承担的大地测量工作，包括长途跋涉到秘鲁和拉普兰等偏远国家进行长期而昂贵的科学考察。这类任务也只有政府资助的科层组织才有可能完成。在如此宽广的领域，没有大学学院能够与此类学园开展竞争，然而学术或知识界从多个方面受益于这种学园运动。学园通过对国家经济技术发展问题的参与提出了刺激科学探索的新问题，在某些情况下，政府委托的研究成为公共生活的一个新特点。另外，学园还是地方性的或国际性的科学学术交流的伟大推进器。定期集会——在巴黎一星期两次——提供了一个鲜活的、思想能够得到迅捷交流和讨论的知识氛围，国外成员和国内同仁组成的学术网络开拓了人们的视野，这一影响只能慢慢地渗透到大学世界。最后，科学杂志或学术杂志的引进又是一项全新的冒险事业，从而极大地促进了新知识的传播和应用。

此类科学期刊不是学园的发明。它开始于 1665 年法国国会议员丹尼斯·德·萨洛律师创办的法语期刊《学者杂志》，该刊每周出版。同年，伦敦皇家协会的《哲学会刊》创刊，该会刊刊载的内容包括协会收到的一些有价值的科学论文，此外还刊发在其他国家发表的论文摘要、船长的海外来信及书评。第二年，法国科学学园开始印行两个系列的备忘录或科学
486 论文，以及记录法国科学学园会议和日常工作的历史年鉴。仅仅在两年以后，罗马出版了意大利首份期刊《博学杂志》，作为大学世界意识到这一新型交流方式重要性的一项证据是，莱比锡大学的学者团体自 1682 年起

[60] J. Voss, 'Die Akademien als Organisationsträger der Wissenschaften im 18. Jahrundert', *Historische Zeitschrift*, 231(1980), 43-74.

开始出版《博学者论坛》，莱布尼兹是主要撰稿人之一。这证明大学也意识到这一新兴信息工具的重要性。[61]

借助期刊，学园可以将自己的影响扩大到其学术成员组成的圈子之外。它们可以使大学教授、“爱好数学”的教师、数学从业者及私人“贵族科学家”能够跟上科学或学术进步的步伐。

这样学术协会就成为18世纪知识分子生活中的一个特别重要的因素，知识分子很好地适应了启蒙运动的意识形态。1750年，莫佩尔蒂（卒于1759年）把柏林学园的成员们描绘成自由主义者和文学共和国公民，只是稍微暗示了大学的顽固和政府的专制。[62] 1767年他的继任者——约翰·福默（卒于1797年）在一次演讲中把所有这些学术团体的任务解释为在知识分子的世纪里驱散人类的无知。这篇讲话几乎全文出版，成为对启蒙运动及伟大的百科全书派（1776）思想的最典型、最全面表述的补充。[63]

然而，学术团体作为知识界自由和进步开拓者的充满乐观色彩的图画中也含有暗淡的色彩。德国启蒙运动的拥护者克雷斯蒂安·沃尔夫（卒于1754年）毫不迟疑地把学园的任务界定为生产和传播新的科学知识和科学发现，这与大学的教学目的背道而驰。同样，哥廷根协会的首任会长阿尔布雷希特·冯·哈勒（卒于1788年）认为大学是教学性学园，而协会是研究性学园，从而把大学和协会区分开来。[64] 这样，启蒙运动见证了教学和科研的日益分离。大学继续从事教学，而研究越来越集中在其他机构和协会中。一方面，这日益延长了把一项新的科学事实或理论引入课程的
时间。另一方面，它也把专职研究者与年轻学生活跃的思想分裂开来，无 487
疑，这会丧失许多闪光的思想。19世纪的大学要想办法补救这种不幸的局面。

---

[61] D. A. Kronick, *A History of the Scientific and Technical Press 1665-1790* (New York, 1976).

[62] 参见 Voss, 'Die Akademien'（注释60），44 n. 73.

[63] Voss, 'Die Akademien'（注释60），71.

[64] Voss, 'Die Akademien'（注释60），45.

精选文献

Allen, P. 'Scientific Studies in the English Universities of the Seventeenth Century', *Journal of the History of Ideas*, 10(1949), 219-253.

Ben-David, J. *The Scientist's Role in Society: a Comparative Study*, Englewood Cliffs, N. J., 1971.

Van Berkel, K. *In het voetspoor van Stevin. Geschiedenis van de Natuurwetenschap in Nederland 1580-1940*, Amsterdam, 1985.

Brown, H. *Scientific Organizations in Seventeenth Century France (1620-1680)*, New York, 1934.

Bullough, V. L. 'Training of the Non-University Trained Medical Practitioners in the Later Middle-Ages', *Journal of the History of Medicine and Allied Sciences*, 14(1959), 446-458.

Van Caenegem, R. C. *Judges, Legislators, and Professors. Chapters in Euro-pean Legal History*, Cambridge, 1987.

Crosland, M. P. (ed.) *The Emergence of Science in Western Europe*, London, 1975.

Debus, A. G. *The Chemical Philosophy. Paracelsian Sciences and Medicine in the Sixteenth and Seventeenth Centuries*, New York, 1977.

Eisenstein, E. L. *The Printing Press as an Agent of Change*, 2 vols., Cambridge, 1979.

Feingold, M. *The Mathematicians' Apprenticeship. Science, Universities and Society in England, 1560-1640*, Cambridge, 1984.

Frijhoff, W. 'Geleerd genootschap en universiteit: solidair of complementair in de wetenschapsontwikkeling? Nederland en de omringende landen tot in de negentiende eeuw', in *Wetenschapsbeoefening binnen en buiten de universiteit*, Nieuwe verhandelingen van het Bataafsch genootschap der proefondervinde lijke wijsbegeerte te Rotterdam, 3rd ser., vol. V, Rotterdam, 1990, 6-19.

Hall, A. R. 'The Scholar and the Craftsman in the Scientific Revolution', in M. Clagett (ed.), *Critical Problems in the History of Science*, Madison, Wis., 1962, 3-32.

Heers, J. 'L'enseignement *à* Gênes et la formation culturelle des hommes d'affaires en Méditerranée *à* la fin du Moyen Age', *Etudes islamiques*, 44 (1976), 229-244.

Jones, R. F. *Ancients and Moderns: a study of the Battle of the Books*, St Louis, Miss., 1936.

Kearney, H. F. *Origins of the Scientific Revolution*, London, 1964.

Kulczykowski, M. (ed.) *L'Université et l'enseignement extra-universitaire XVI e-XIX e siècles. IIème Session scientifique internationale*, *Cracovie 11-12 mai 1979*, Zeszyty Naukowe Uniwersytetu Jagiellonskiego DCLVII. Prace Historyczne, Z. 73, Warsaw/Cracow, 1983.

López Piñero, J. M. *Ciencia y técnica en la sociedad española de los siglos* 488
XVI y XVII, Barcelona, 1979.

Maffioli, C. S. and Palm, L. C. (eds.) *Italian Scientists in the Low countries in the XVIIth and XVIIIth Centuries*, Amsterdam, 1989.

O'Malley, C. D. (ed.) *The History of Medical Education*, Berkeley, Calif., 1970.

McClellan III, J. E. *Science Reorganized: Scientific Societies in the Eighteenth Century*, New York, 1985.

De Moulin, D. *A History of Surgery with Emphasis on the Netherlands*, Dordrecht, 1988.

Ornstein, M. *The Rôle of Scientific Societies in the Seventeenth Century*, Chicago, Ill., 1928 (many reprints).

Prest, W. *The Inns of Court*, London, 1972.

Roche, D. *Le Siècle des Lumières en province. Acadèmies et académiciens provinciaux 1680-1789*, 2 vols., The Hague/Paris, 1978.

Roche, D. 'L'intellectuel au travail', *Annales. Economies, Sociétés, Civilisations*, 37(1982), 465-480; reprinted in D. Roche, *Les Républicains des lettres. Gens de culture et Lumières au XVIIIe siècle*, Paris, 1988, 225-241.

Shapiro, B. J. 'The Universities and Science in Seventeenth-Century England', *Journal of British Studies*, 10(1971), 47-82.

Vierhaus, R. (ed.) *Wissenschaften im Zeitalter der Aufkärung*, Göttingen, 1985.

Van Winter, P. J. *Hoger beroepsonderwijs avant-la-lettre. Bemoeiingen met de vorming van landmeters en ingenieurs bij de Nederlandse universiteiten van de 17e en 18e eeuw*, Amsterdam/Oxford/Paris, 1988.

第十二章　知识的新结构 489

威廉·施密特·比格曼

大学里的学术和科学

在近代早期的四大经典学院——神学院、法学院、医学院和哲学院中，神学院是宗教改革世纪的主导性学院。神学院的主导地位归功于其“神性启示”这一主题。然而，虽然神学院为宗教改革的成功付出了一些努力，但宗教改革的结果导致神学院失去了主导地位。到了 17 世纪，法学成为最重要的科学。而医学虽然不能在大学的知识等级体系中占据有利地位，但它凭借成为近代早期最早接受笛卡尔机械科学模式的学科之一而闻名。在这三大高级学院之下，则是普遍开设的哲学院。

尽管在学科声誉等级体系中排位较低，但科学概念——给予大学科学知识并赋予大学内在知识的连贯性——和哲学学科的理论与制度主张密不可分。不考虑哲学院的双重作用，就无法对大学的知识历史进行理论性或制度性的考察。作为排名第四的学院，哲学院是起始性的和初学者的学院，既是传播学，又是教育学。哲学院虽然居于知识体系的最低位置，但决定着什么是有序的理性知识，哲学院也声称有能力为作为一个机构的大学确立知识性衔接的基础。同时，哲学院讲授的是最基础的学科。从长远来看，作为有序知识的科学概念决定了高一级大学学院的基本办学理念。

因此，哲学院的科学重要性取决于它的制度性作用（institutional 490

role）和概念实质，因而也取决于哲学学科。[①] 在这一更迭中，很显然，科学概念的变化导致制度性结果的产生；制度性的变化与变动中的科学信仰之间又产生交互作用，并且科学信仰并不总是与制度化的现实相一致。大学的影响无论何时超出其自身的范围，大学无论何时趋于实用化，大学的观念无论何时被转化为大学外的社会活动，皆取决于哲学院所阐述的内容。为此，我们现在所说的人文科学和社会科学只有凭借反复地跨出大学和学园与其他科学、政治机构建立联系，才能在大学学科的大致框架内得到发展。重要的思想家往往是廷臣和民间人士，而不是大学教师。然而，他们的思想极大地影响了人文科学和社会科学的本质，因此他们在这一章里占有重要地位。

与过去不同的是，现在的人文科学和社会科学已不再像过去那样被局限于大学之内了。各个科学领域的内容及各领域之间关系的变化，伴随着各大学学院之间制度方面的紧张关系而产生。早在近代初期就存在着一些不太和谐的种类繁多的科学门类，它们构成了大量的潜在争论领域：亚里士多德科学；具有神学取向的一元化科学，自运用严格亚里士多德方法的司各脱主义，中经赫耳墨斯主义和犹太教神秘哲学在内的各种形式的新柏拉图主义；最后是同时有着历史学和语言学倾向的西塞罗科学。所有这些学说概念也在大学中被发现，当然，它们对大学学院和有关学科知识工作产生了影响，其影响程度则与概念的适用性直接相关。一方面，由于不同种类科学之间的内部紧张关系，另一方面由于不同科学对政治的依附和由此产生的结果，萌生了一种使大学成为某一特殊学科占据领导地位的知识机构的学术动力。科学的历史就表现为一些学科维持了自己的领导地位，一些学科丧失了自己的领导地位，一些学科赢得了领导地位。

---

① 关于“哲学院”的文章参见 K. Gründer(ed.), *Historisches Wörterbuch der Philosophie*, vol. Ⅶ(Darmstadt, 1989), 572-878。

科学门类 491

亚里士多德科学

科学史——科学机构、科学对象、科学成就及其缺点——可以从“科学”及其同根词的历史中被清晰地发现。科学也只是从 19 世纪起才开始被划分为自然科学和人文科学。为界定近代早期“科学”的含义，我们必须结合其主要的形式和实质性概念来理解它：学识、技艺、才智、百科全书、历史学和哲学。这些术语所表示的科学研究领域在存在许多相似之处的同时，也对应着不同的科学研究方向。人文主义时代和宗教改革时期所有典型的科学概念在哲学领域均有与之对应的概念。当它们像“向量”一样超越哲学院的时候，代表的是 16 世纪已被发现的神学，介入政治进程的法学，以学识、才智和技艺为主要特征的文献学等科学类型。[②]

经院哲学产生后的 4 个多世纪里，亚里士多德科学一直是流行的科学形式。受研究对象的引导，亚里士多德科学以形而上学为原型。适用于科学的概念本身是永恒的，但也构成了变化的科学概念框架。自然实质上是不变的，却是事物成长和衰落的框架。时间与空间一样是连续不断的，却是预示变化的永恒存在。“存在”这一形而上学概念思考的是永恒不变的物质，“存在”构成了所有变化的东西的基础，以及静止的动体，或者拥有不变结构的灵魂。[③] 有关概念基本原理的科学是真正的科学，它把科学理解为通过对研究对象的思索与理性观察而获得的认识。严格说来，科学

---

② 详细论述在 J. Zarabella, *De methodis and De natura Logicae*(1578), in *Opp. Logica* (Frankfurt-on-Main, 1608), in *Opera Logica* (Frankfurt-on-Main, 1966)。参见 W. Schmidt-Biggemann, *Topica universalis. Eine Modellgeschichte der humanistischen und barocken Wissenschaft* (Hamburg, 1983), 70ff.。

③ 参见 C. B. Schmitt, Q. Skinner, E. Kessler, J. Kraye(eds.), *The Cambridge History of Renaissance Philosophy* (Cambridge, 1988)。

探索仅仅是为科学自身开展的，科学研究的唯一目的就是认识研究对象，这有时要以挑战神性启示理论的理性为代价。阿威罗伊学说就是这样一个
492 例子，该学说从中世纪一直延续到现代，并且在16世纪的帕多瓦大学获得最后充分的发展。按照起源于阿拉伯的阿威罗伊学说对亚里士多德科学概念的解释，运用严格的亚里士多德方法既不能揭示灵魂的永恒性，也不能说明世界作为被创造现实（如它的可毁灭性）的特点。④ 与理论对象一样，物理学、形而上学和神学等概念所指的对象既不以人为取向，也不以社会为取向。它们都是认可无知具有不可改变的尊严的科学，只有神学才能够提供此类科学的最完整形式。什么概念比上帝更能满足科学的主张？神学获得领导性科学的地位，一方面得益于至高无上的科学概念——永恒科学，另一方面还得益于神学的研究对象。⑤ 这一观点对正处于经院哲学第二次浪潮中的西班牙、意大利和法国的罗马天主教大学中的学院产生了影响。它也成为路德教正统神学的一大特征。

自古以来，实践科学与理论科学之间就有了区分。当然，在16世纪，理论和实践的关系还未成为一个“改变”世界的问题。这是一个用科学分析永恒概念的方式分析行动的例子。行动是有目的的。因此，在行动科学和实践科学中，适当地、明智地选择实现具体目的的手段便成为重要的事情。才智是一门选择适当的方法来达到某种善、实现人们行动目标的艺术。⑥ 关于才智的科学是关于运用适当手段的科学。从科学方法的角度而言，伦理学、政治学和经济学因而被视为实践科学。法学也关注手段的合法性和适当性。即使法学不想与哲学发生紧密的联系，它也不能否认与实

---

④ 关于阿威罗伊学说参见 F. Van Steenbergn, *Maître Siger de Brabant* (Paris, 1977); P. O. Kristeller, 'Paduanensischer Averroismus und Alexandrinismus im Licht neuerer Studien', in P. O. Kristeller, *Humanismus und Renaissance*, ed. E. Kessler, vol. Ⅱ (Munich, 1976), 124-131。参见 Kessler 关于哲学的作品, in Schmitt *et al*. (*eds*.), *Renaissance Philosophy* (注释3) 455-463。

⑤ 参见 Thomas Aquinas, *Summa theologiae*, vol. Ⅰ, Q. I and Cajetan's commentary, ed. Leonina, vol. Ⅳ (Rome, 1888), 6ff.。

⑥ Thomas Aquinas, *Summa theologiae*, vol. Ⅱ, 2, Q. 48, and Cajetan's commentary, ed. Leonina, vol. Ⅷ (Rome, 1895), 395ff.

践哲学的联系，这可以从法学家的教学法则和法学家的教学中发现。[7] 如果严格意义上的科学仅仅是沉思的话，理论科学就是实践行动目的之尊严的科学。就像形而上学解释的那样，实践科学仅仅把手段传递到目的。实 493
践科学是另一物（为了别的事物），它是手段的艺术。

哲学院里实践科学与人文科学的讲授和分析与它们作为实现一些目的而需要的智慧、才智、技能的地位是一致的，并不是以行动本身为目的。人文科学始于语言科学——语法、修辞和逻辑，只是在15世纪末才发现遗失的亚里士多德的《诗学》。这些人文科学也不仅仅为自己而存在，而是被用来传授知识和管理知识。逻辑学确保真理之间的正确联系，修辞学服务于主题或事实的发现、处理和展示的实用目标。

这种学识、才智和技艺观——以托马斯-亚里士多德学说[8]及古代后期潜在的斯多葛哲学元素为框架——被修改以适应作为基础科学的哲学与神学之间的密切关系。科学这一概念的实际变体就是法学。相对来说，理论医学在学术领域一直相对孤立，既不属于理论科学，也不属于真正意义上的实践科学，它更属于不同于修辞学或逻辑学的一门艺术。

一元化科学

在学识、才智和技巧之间加以区分的科学概念，即便在中世纪也不是没有遇到过挑战。反对在不同类型的科学之间、科学学科之间做出区分，反对不同科学概念存在明确联系，存在着两种朝着一元化科学发展的主要取向：司各脱主义者和以启示为基础的神学至上的拥护者。

通过解析实体（存在概念）和科学预言，邓斯·司各脱（约1266—1308年）及其学派试图按照严格的科学规则建立一个基本上适应所有学科的形而上学。基于“存在”这一概念——考虑到人类有限的认识能力，

[7] 参见 *Hugo Grotii et aliorum dissertationes de studiis instituendis*（Amsterdam，1645），esp. Grotius himself（1-6）and Joh. Coccenius（559-565）.

[8] Thomas Aquinas，*Expositio super Boetium librum de Trinitate*，ed. B. Decker（Leiden，1955）.

"存在"是所有不能超越自身的概念中最具综合性的概念——所有客观领域的科学都要以最严格的方式被推导出来。[⑨] 13世纪，司各脱主义概念的严格性是概念论或唯名论的起点之一。当然，就概念论而言，这些概念仅
494 仅就人类有限的能力来说是无效的，而且被解释为人类不能对超精神世界的实质内容做出进一步说明的征兆。正如司各脱主义所认为的那样，唯名论的科学理想承认只有概念性的组织才算得上纯粹的科学。但在司各脱主义中，"存在"概念为建立纯粹的形而上学提供了可能，而在唯名论或概念论中，所有概念均是超精神世界之外领域的征兆的思想阻塞了通向客观形而上学的道路。

正像托马斯·阿奎那那样，司各脱主义和唯名论的科学概念也改造了亚里士多德学说的概念；它们把亚里士多德学说概念的一方面做了极端化的理解，然后把结果应用到居于主导地位的学科——神学中去。虽然唯名论在正式的大学科学中没有发挥根本性的作用，但亚里士多德学说及稍后的托马斯主义的改造汇聚发展成为经院哲学和新经院哲学后期的第二大潮流。[⑩] 从教育史的角度来说，直到18世纪，托马斯主义和司各脱主义均为天主教大学奠定了基础。1526年，西班牙多明我会成员佛朗西斯科·德·维托利亚成功地在萨拉曼卡大学将阿奎那的《神学大全》确定为天主教神学的主要教材。托马斯的《神学大全》成为基督教教义本源读物的普遍声誉即从这时开始。同时，托马斯·德·比奥·卡耶坦为《神学大全》

---

⑨ 参见 L. Honnefelder, *Scientia transcendens: Die formale Bestimmung der Seiendheit und Realität in der Metaphysik des Mittelalters und der Neuzeit* (*Duns Scotus-Suárez-Wolff-Kant-Peirce*), Paradigmata, 9 (Hamburg, 1990)。

⑩ 参见 M. Grabmann, *Die Geschichte der katholischen Theologie seit dem Ausgang der Väterzeit*, 2nd edn (Darmstadt, 1974), 161-172; U. Leinsle, *Das Ding und die Methode. Methodische Konstiution und Gegenstand der frühen protestantischen Metaphysik* (Augsburg, 1985); U. Leinsle, *Reformversuche protestantischer Metaphysik im Zeitalter des Rationalismus* (Augsburg, 1988)。

撰写了著名的书评（1507—1522）。[11] 著名的西班牙耶稣会会士弗朗西斯科·德·苏亚雷斯所著的《形而上学论文集》于1597年在萨拉曼卡首次出版。该书为神学确立了司各脱式的形而上学概念。[12] 与此同时，唯名论的传统——以一种次要的方式——被保留延续到英国的霍布斯和洛克时期。

以虔诚为基础、以神学的至高无上地位为先决条件的这类科学在大学里发挥着重要作用，并且超越大学而扩展到学园和修道院，这类科学并不承认亚里士多德学说的排他原则和分析逻辑。这类科学的主张还源于神学客观对象的特殊尊严，而神学必然包含所有的科学。在中世纪全盛时期被博纳旺蒂尔[13]视为权威的这类科学还以虔诚的方式认识自己。这类科学自 495
认源于“基督教真理”，较亚里士多德主义拥有更多的上帝的荣耀。就像尼古劳斯·卡杉内斯（1401—1464）或法国人文主义者雅克·勒费弗尔·德·台塔普勒（约1460—1536）所解释的那样，这类科学也可以用新柏拉图主义的观点加以解释。正如巴黎大学校长让·格尔森（1363—1429）所做的，这类科学还可以与经院哲学和神秘主义联系在一起。这类科学还为伊拉斯谟旨在促进各种宗教分歧和解的语言科学提供了背景。最后它还支持路德教观点和神学教义原则。[14] 总之，在所有教派的科学家眼里，这类科学是非赫耳墨斯式的虔诚模式。这种情况一直延续到17世纪，尤其对夸美纽斯（1592—1670）和安东尼·阿纳德（1612—1694）来说更是如此。他们提出了知识和技能有所区别这一问题，一元化科学的各种不同倾向也未能成功地消除这一差异。以亚里士多德学说为基础的一元化科学对

---

⑪ 关于托马斯主义参见 *Lexikon für Theologie und Kirche*, vol. Ⅹ (Freiburg, 1958), 158-167。还有 C. Giacon, *La seconda scholastica*, 3 vols. (Milan, 1944-1950)。

⑫ 参见 R. Specht's introduction to his selection of passages from F. Suárez, *Disputationes metaphysicae* (Hamburg, 1976)。

⑬ Bonaventura, 'De reductione omnium scientiarum ad theologiam', in Bonaventura, *Tria opuscula* (Quaracchi, 1938).

⑭ C. F. Stäudlin, *Geschichte der Theologischen Wissenschaften seit der Verbreitung der alten Literatur* (Göttingen, 1808-1811).

用不同方式把形而上学、逻辑学与神学（亚里士多德物理学）联系在一起产生兴趣的同时，却把古代晚期延续下来的自由技艺领域排除在外，以新柏拉图学说，或者语言学、圣经术语，或者综合运用三者的方式阐述神学首要地位的科学却表现了另外的情形。

赫耳墨斯-柏拉图科学

在未以亚里士多德学说的术语确立神学主导地位的地方，出现了一种不同于经院式神学的形而上学神学。这时的形而上学并不是现在意义上的关于存在的完整学说，而被视为一种对本质上不可理解的有关神学真理独创性洞察力的哲学解释。就人类智慧而言，人类只能以类推的方式理解神性智慧；同时，历史就是在历史救赎的过程中意识到神圣智慧的场所，至少从文艺复兴时期的哲学家马尔西利奥·菲奇诺和乔万尼·皮科·德拉·米兰多拉开始就是这样，异教派的柏拉图哲学和犹太教的神秘哲学[❶]也是如此。从梵蒂冈图书馆馆长阿戈斯帝诺·施托科（1497/1498—1548）生
496 活的时代起，这一传统被称为永恒哲学。[⑮] 传统本身成为稳定器。真理越古老，就越接近神圣的天堂传统。这就有可能把传统的内容解释为神学真理。于是无论是对独创性地洞察潜在的、稳定的历史性信仰的神性智慧，还是对独创性地洞察神的存在、神的公正、三位一体和灵魂不朽等奥秘而言，传统都是至关重要的。那时这些富有启发性的观念构成可与神性启示相提并论的智慧宝藏。无论对之相信或怀疑，神性启示的奥秘弥补了缺乏任何概念性形而上学的不足，也弥补了缺乏理性的、逻辑的和形而上学思考的不足。

首先，奥秘（神秘）这一概念最初仅仅意味着神的知识与人类知识之间的差别。由于不能体悟神的意图，人类需要神性启示。自然和《圣经》的启示本身便是一种神性奥秘。朝向人类的仅仅是神在创造万物和历史中

---

❶ 由中世纪一些犹太教士发展而成的对《圣经》做神秘解释的学说。

⑮ C. B. Schmitt, 'Perennial Philosophy: from Steuco to Leibniz', *Journal of the History of Ideas*, 27(1966), 505-532.

体现的神性智慧的一面。

无论出于何种原因，当亚里士多德形而上学落伍时，就需要提供一种自然哲学取而代之，以解释并服务于纯理论神学。佛罗伦萨的新柏拉图主义者——菲奇诺、皮科·德拉·米兰多拉、施托科、帕拉切尔苏斯——及其后继者——韦格尔（1533—1588）、弗卢德（1574—1637），以及基督教派的犹太教神秘哲学家——伯麦（1575—1624）、弗兰肯贝格（1593—1652）——在提供一种替代性理论的努力中均使用了新柏拉图式的概念模式。人文主义自然神学家阿格里帕·冯·内特斯海姆（1486—1535）和波尔塔（1534—1615）描述了未被西塞罗传统涵盖的部分科学知识，即自然哲学和自然神学。为取代亚里士多德形而上学概念的准确性，就柏拉图、赫耳墨斯（菲奇诺）、毕达哥拉斯和犹太秘法师传统（图宾根大学希腊语和希伯来语教授皮科、罗伊希林）所做的新柏拉图主义的阐释，被评价为已涉及自然的神秘力量［尤其是由特勒肖（1509—1588），费拉拉大学、帕多瓦大学和罗马大学哲学教授帕特里兹（1529—1597），以及布鲁诺（1548—1600）和康帕内拉（1568—1639）做出这样的评价］。来自于自然和历史的神性启示取代了经院式的形而上学概念。犹太教秘法师的自然科学和赫耳墨斯医学似乎具有等同于思辨神学的效用。⑯ 在巴洛克学者阿塔纳修斯·基歇尔（耶稣会，1602—1680）和拥有本杰明·惠奇科特 497
（1609—1683）、约翰·史密斯（1618—1652）、亨利·莫尔（1614—1687）和拉尔夫·卡德沃斯（1617—1688）等学者的新柏拉图主义剑桥学派那里，17 世纪这一哲学迎来了其最后一次繁荣。⑰

凭借对神性启示的强烈期盼，赫耳墨斯科学视自己为普遍性科学。他

⑯ W. Pagel, *Das medizinische Weltbild des Paracelsus. Seine Zusammenhänge mit Neuplatonismus und Gnosis*(Wiesbaden, 1962); W-D. Müller-Jahnke, *Astrologisch magische Theorie und Praxis in der Heilkunde der frühen Neuzeit*(Wiesbaden/Stuttgart, 1985); A. G. Debus, *The Chemical Philosophy. Paracelsian Science and Medicine in the Sixteenth and Seventeenth Centuries*(New York, 1977).

⑰ 参见 C. A. Patrides(ed.), *The Cambridge Platonists*(Cambridge, 1980)。

们对普遍性的要求源于参与隐藏于自然界及《圣经》中有待发现的神性智慧，自然被视为神性智慧的一个普遍性参考框架。宏观世界和微观世界、宇宙和人类是相互制约的，而且证明了占星术和顺势疗法医学的合理性。在所有可见的事物中，总有一个指向不可见的事物，这就是符号学、炼丹术和教诲文学直至玫瑰十字会运动的原动力。在神学激进的偶然性意识中，上帝的精神性存在成为一个焦点。这种意识的最后是神秘和消极的神学，其隐含目标是剥夺神学作为大学科学的地位。[18]

西塞罗式科学

西塞罗主义以其历史文献学方法，接受了赫耳墨斯-柏拉图式的推测。由于使用历史文献学方法的西塞罗主义是一种没有发展成为任何独立形而上学或神学的一种学问形式，因而常常觉察不出西塞罗科学与赫耳墨斯-柏拉图神秘主义之间的界限。对这种学问类型而言，一切事情均要追溯到历史和百科全书。这一类型的学术与科学领域没有任何关系，它仅仅被局限于自由技艺中。

“技艺”一词——与科学概念相对立——远不仅是理论科学与实践智慧的对立面。自古代末期以来（先是马提努斯·卡佩拉，继而是瓦罗），自由技艺是制度化学习的领域，是从形而上学获得自身的地位，而非文献学和数学。16世纪，甚至在17世纪，自由技艺中的前三艺——文法、修辞和辩证法——确定了学术性学院与大学哲学学院的边界。[19] 对分析性形
498 而上学和经院式亚里士多德学说的敌意越强烈，依赖文献学（伊拉斯谟）或偶尔依赖理论数学（尼古劳斯·卡杉内斯、勒费弗尔·德·台塔普勒、彼得吕斯·拉谟斯及开普勒）的人数也就越多。理论数学曾以音乐理论、

---

[18] 参见 M. De Molinos, *Guida spirituale* (Rome, 1675), on the Catholic side, and on the Protestant side G. Arnold, *Das Geheimnis der göttlichen Sophia* (Leipzig, 1700) and G. Arnold, *Historie und Beschreibung der mystischen Theologie* (Frankfurt-on-Main, 1703)。

[19] Paulsen, *Geschichte des gelehrten Unterrichts*; W. Barner, *Barockrhetorik. Untersuchungen zu ihren geschichtlichen Grundlagen* (Tübingen, 1970).

天文学、算术和几何学的形式出现在自由技艺的“四艺”中。[20]

自由技艺与哲学的结合包含了对修辞、诗歌和历史研究的接近，大学中与这一科学领域最为接近的学科是法学。法学自认为是一门大学科学，以罗马法为基础。这样，自罗马法被重新发现以来，一种广义上的西塞罗科学的历史类型出现了。这一科学类型不仅不倾向于亚里士多德科学体系，还运用文献学的和历史学的方法巧妙地避开了后期经院哲学的严格科学方法，并且借此重新塑造了科学体系。这样处于发展巅峰初期的文献学家们——从彼特拉克（1304—1374），经过瓦拉（1407—1457），直到莱顿大学的波利齐亚诺（1454—1494）、伊拉斯谟（1466—1536）、约瑟夫·贾斯特斯·斯卡利杰（1540—1609）和布尔日的法学家雅克·德·居雅斯（1522—1590）——开发了一整套的文本评论方法。[21] 这一技艺的实践催生了一种调和式的西塞罗“哲学”。这一类型的西塞罗哲学把历史视为最重要的知识储存所（需要仔细地筛选），辩论和逻辑的结合成为探索知识的工具。这种文献学方法和历史学观点与经院神学和强调形而上学的哲学是对立的。

历史史料的丰富弥补了形而上学的不足。既然重要的不再是一个基本的形而上学概念问题，而是一个把丰富的历史发现汇编在一起的问题，那么继古代修辞学传统之后，百科全书就成为必要的了。从文艺复兴开始，文献修辞学传统以百科全书著称，这是一种与基本的形而上学主张截然对立的历史研究传统，一种至今还存在于我们的生活之中并仍然发挥作用的传统。[22]

---

[20] 有关该方面的记载参见 E. Cassirer, *Individuum und Kosmos in der Philosophie der Renaissance*(Leipzig/Berlin, 1927)。

[21] P. Koschaker, *Europa und das römische Recht*(Munich/Berlin, 1947); F. Wieacker, *Privatsrechtsgeschichte der Neuzeit unter besonderer Berücksichtigung der Deutschen Entwicklung*, 2nd edn(Göttingen, 1967); K. H. Burmeister, *Das Studium der Rechte im Zeitalter des Humanismus im deutschen Rechtsbereich*(Stuttgart, 1974).

[22] Schmidt-Biggemann, *Topica universalis*(注释 2).

近代早期的百科全书最初并不是按照字母顺序排列，而是按照学科排列的。这种排列方式在传统主题和地方社区中展现了历史智慧，即特定见
499 解、格言、谚语、定理和文献资料。这些均源于历史，源于书本学习、自然和传统的经验领域。让·博丹（1529—1596）是一个对现阶段产生巨大影响的博学之士、公法专家、巫术专家和自然神秘主义者，他曾在自己的历史哲学著作中提供了这一连贯性的最清晰的阐述。[23] 历史研究中的场所似乎是作为学科间知识交流的教学原则而安排的，这样就在经验的科学概念与教育中介方法之间实现了对应。下面摘录于约翰·海因里希·阿尔斯泰德（参见精选文献）的图1说明了这一方法。

哲学院百科全书工作的开展始于中世纪G.赖施《玛格丽特哲学》（斯特拉斯堡，1502）的出版。在关于法国人文主义者彼得吕斯·拉谟斯的逻辑学争论中，依据概念的不同对百科全书工作实施了全面修正，并且在下
500 述著作中发展到顶峰：巴塞尔内科医生特奥多尔·茨温格的《人类生活汇览》（巴塞尔，1565）；培根的《论学术的发展与价值》，一项作为《伟大的复兴》的尝试（伦敦，1623）；赫伯恩哲学家、神学家约翰·海因里希·阿尔斯泰德编纂的百科全书（1620—1630）；巴洛克时期耶稣会成员阿萨纳修斯·基歇尔所著的《伟大的科学》（阿姆斯特丹，1669）；英国皇家学会早期的普遍性科学计划，该计划后来衍生了罗伯特·波义耳的化学符号体系；[24] 夸美纽斯的“泛智教育”思想；最后是莱布尼兹的“普遍性特征计划”。一直到18世纪，随着伊弗雷姆·钱伯斯编纂的《百科全书》（1728）、泽德勒的《大辞典》（莱比锡，1732）和狄德罗、达朗伯的《大百科全书》（1750）的出版，百科全书依照字母顺序编排的制度才得到确立，以致力于总结他们所生活世纪的科学知识。

即使是按照字母顺序编排的百科全书，也是西塞罗主义的继承者。西

---

[23] A. Seifert, *Cognitio historica. Die Geschichte als Namengeberin frühneuzeitlicher Wissenschaften* (Berlin, 1976).

[24] 参见 J. Knowlson, *Universal Language Schemes in England and France 1600-1800* (Toronto, 1975)。

塞罗主义确立了16世纪的文献学和历史学研究，并且成为1500—1800年大学中讲授的所有历史科学和哲学科学的出发点。

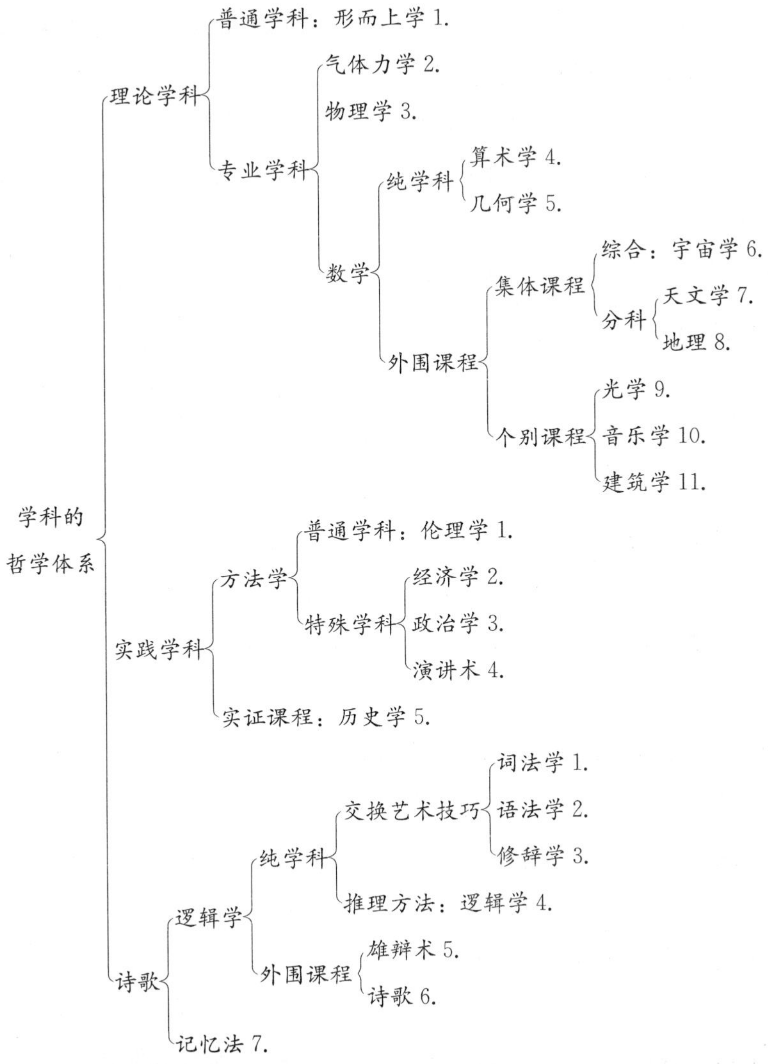

图 1　学科的哲学体系（摘自 Alsted, *Encyclopaedia*, col. 81）

神学：16 世纪的主要学科

作为 16 世纪初两种对立的学术类型，亚里士多德学说和西塞罗学说在大学中实现了完全的制度化。赫耳墨斯-新柏拉图学说倾向于站在大学之外，并且间或表示对亚里士多德学说和西塞罗学说的敌视态度。然而，在大学的四个学院中，围绕各种学术模式进行了争论，而这些学术模式也必须证明其在神学、文学、法学和医学领域的价值。

在 16 世纪的前三分之二的时间里，在亚里士多德学说、西塞罗学说和赫耳墨斯-新柏拉图学说中，人们对神学的主要学科地位毫不置疑。在大学科学共同体、借助于大学开展的学术活动和政治领域里，神学言语就是法律（这就是关于主要学科的界定）；无论是天主教还是新教，神学都是最主要的学科。因为神学规则和原理能够为人们在解决普遍性或个别疑难问题时提供指导，譬如跨越某一具体学科的知识边缘，或者借助于单一学科的方法难以解决富有争议的问题的时候。主导性学科就是神学，这一
501 学科在科学事业中享有优先权，各类教学职位的不同工资标准即体现了这一优先权。

主导性学科的功能在于成为科学政策的一部分，并且这种功能取决于此类学科的成功。如果 16 世纪初神学在大学未发挥主导作用的话，德意志帝国、法国和英国的宗教改革运动将是不可想象的。神学理论设计了对 16、17 世纪的宗教动乱和政治动荡产生巨大影响的模型。但是神学并未能维持自己的主导地位。运用历史学和文献学方法的西塞罗学说不仅成为宗教改革神学的一门辅助科学，而且最重要的是，西塞罗学说还得以与法学结合起来。在实施罗马法的地方，历史学和文献学知识对法律程序来说是必要的。赫耳墨斯-柏拉图科学不仅仅局限于理论神学，它取代 16 世纪阿威罗伊学说和加伦派医学，进而确立了一个非亚里士多德的自然观念。

原则上来说，所有的大学学科均有可能成为主导性学科。实际上，法学首先取代了神学。继而，随着 18 世纪出现的对自然概念的重新解释，

哲学又取代了神学的主导地位。哲学在18世纪的最后三分之一的时间里变得愈发重要，并且曾在19世纪的一段时间内拥有主导性学科的地位。这在与洪堡这一名字相关的大学改革中表现得尤为明显。

神学学科的门类

16世纪初，亚里士多德学说、西塞罗学说和赫耳墨斯-柏拉图科学均与神学保持着密切联系，这一联系具有方法论上的优势。对于运用神性启示神学与逻辑学术语阐释上帝概念及其含义的神学而言，亚里士多德学说与形而上学和逻辑学的结合是有意义的，这也是经院式亚里士多德神学的一个标准。路德教和加尔文派的宗教改革神学家们均希望一个在较大程度上独立于经院哲学的神学的存在，具有人文主义倾向的西塞罗学说为此开辟了道路。这是伊拉斯谟、科利特和勒费弗尔·德·台塔普勒理解基督教哲学的基础，同时也是路德神学体系中文献学与圣经绝对主义之间实现独特结合的基础。[25]

在宗教改革神学中，文献学首先是研究《圣经》[2]的一门辅助性学科。历史文献学是从宗教改革的角度开展研究的。伊拉斯谟和勒费弗尔·
德·台塔普勒利用圣经文献为宗教改革铺平了道路。这种学究式的方式在 502
16世纪和17世纪得到加强。当斯卡利杰在莱顿大学建立曾在17世纪占据主导地位的荷兰文献学的时候，托多·德·贝札在日内瓦大学创立了神学文献学，格劳秀斯和多才多艺的学者福西厄斯成为该学科最重要和最具神学能力的代表。文献学和历史研究相互依存，成为与宗教改革关系最紧密的学科。圣经科学获得了文献学的帮助，神学则采纳了历史研究的典型的事例方法。

亚里士多德科学在新教教派中从没拥有其在天主教派中的地位。如梅兰克顿所说，当宗教改革开始穿上亚里士多德学说的“衣服”时，这实际

---

[25] Stäudlin, *Geschichte der Theologischen Wissenschaften*（注释14），14.

[2] 基督教指《旧约圣经》和《新约圣经》，犹太教指《律法书》《先知书》和《圣录》。

上是一种西塞罗式的亚里士多德学说，一种缺乏严格形而上学和逻辑学概念并偶尔带有修辞学和斯多葛学派色彩的亚里士多德学说。[26] 其结果，教义学不是在使用逻辑学和形而上学概念的本质和注解中形成的，而是在主题、在地方社区中形成的。

赫耳墨斯-新柏拉图主义学说也以神学为中心。该学说的主要代表人物——佛罗伦萨的柏拉图主义者菲奇诺和皮科、梵蒂冈图书管理员阿戈斯蒂诺·施托科、古典派学者约翰尼斯·罗伊希林、内科医生帕拉切尔苏斯和弗朗西斯卡斯·梅屈里厄斯·范·黑尔蒙特（1618—1699），以及基督教派的犹太教神秘哲学家克诺尔·冯·罗森洛斯（1636—1689）——均声称能够把异教派、基督教派和犹太教神学理论结合为一体。显现在天国里的本原智慧适用于所有的人。在历史长河中，无知者已难以洞察这种智慧。主要教义为三位一体、灵魂不朽、爱的戒律、宇宙审判，这些均被认为是赫耳墨斯-柏拉图学说的启示及基督教的神性启示。可以肯定地说，赫耳墨斯哲学从没有以正式教会的方式与神学结合起来，就像亚里士多德哲学与天主教哲学或西塞罗哲学与宗教改革神学的结合那样。赫耳墨斯-新柏拉图哲学不过是所有教派发起的绝大多数的神秘主义者和唯灵论者运动的科学模型。[27]

从科学政策的观点来看，宗教改革结束后神学的胜利恰恰是它毁灭的原因。因为虽然一方面宗教改革有能力把神学分裂为新教派和天主教派，另一方面从长远的观点来看，无论是新教教派或天主教教派，其神学都没
503 能战胜其对手而取得最终胜利。在17世纪行将结束之时，文学界已难以忍受拥有彼此对立的真理主张的各神学派别之间的竞争。这种状况从整体上败坏了教派神学的声誉，并且为非教派的自然神学提供了空间。

㉖ P. Petersen, *Geschichte der aristotelischen Philosophie im protestantischen Deutschland* (Hamburg, 1924).

㉗ 参见 A. Haas, *Sermo mysticus. Studien zur Theologie und Sprache der deutschen Mystik* (Fribourg, 1979); H. Brémond, *Histoire littéraire du sentiment religieux en France depuis la fin des guerres de religion jusqu'à nos jours*, 12 vols. (Paris, 1916-1936)。

新教神学

虽然在宗教感情上仇视罗马的新教神学对法国、德国和英国早期各种形式的民族主义具有吸引力，但新教神学成功的基础在于其激进的神学特征。通过把唯一圣经和唯一信仰的原则确定为基督教信仰的基础支柱，神学教授马丁·路德对神学实施了重组。在此之前，神学一直以传统的托马斯主义、司各脱主义或偶尔以唯名论的方式，在较大篇幅和晦涩难懂的圣经评论文章中宣传自己的主要主张。坚持单独把《圣经》作为信仰基础的主张是以《圣经》文本的主体作为先决条件的。作为具有神性启示特征的《圣经》文本，其有关神学的主张也是充分的。这意味着文献学可以有组织地渗透到神学之中去。文献学、历史学与神学的密切关系是不可避免的，因为它们之间的合作使确立《圣经》的基本文本成为可能，并且进而满足了人们诠释圣经和布道的需要。与此同时，神学被宣称在与经院哲学的关联性中具有自主性。哲学辅助是不需要的，因为这与它们与《圣经》的充分性原则相悖。

单凭因信称义学说（唯一信仰）使信仰行为成为宗教信仰的陈词滥调。这里，上帝的恩典和人类的赎罪即刻结为一体。通过圣子，上帝宽恕了人类的罪恶。圣子以人的形式隐藏着，人类只有相信耶稣，相信作为人的耶稣，才能理解上帝的爱。但是，对信仰者来说，信仰毫无价值。即使是个人相信的可能性，也是基于上帝的恩典，而非人类的自由意志。面对绝对的上帝，什么是自由的人类意志？当造物均源于造物主的创造时，造物又怎么可能为自己要求一些什么呢？[28]

这一神学产生了深远的影响。教会只是传达上帝旨意的信使。在新教的教会里，曾经并仍在统治天主教会的圣礼神学被削减为洗礼和圣餐礼。从神学上讲，不再需要对神性启示和宗教崇拜实施统一管理，拥有各自法律的不同地域和城市社区的教会出现了分裂。教派代表人物在神学方面达 504

㉘　参见 R. Seeberg, *Lehrbuch der Dogmengeschichte*, vol. Ⅴ, 5th edn(Darmstadt, 1959)。

成的共识逐步成为有权威的教义。而教派代表人物大多是大学教师，新教大学的神学院获得特别的关注。这些新教大学有的隶属于市政机构，有的隶属于地区权力机构。这些神学院所发挥的作用表现在它们常常成为根本性教义问题的上诉法院。在 16 世纪末和 17 世纪的前半个世纪里，欧洲所有新教大学均是如此——德国路德教大学，法国、日内瓦、荷兰和苏格兰的改革教派学院，克伦威尔时期的英格兰也是这样。无论如何，即便不可能对这些有争议的教义达成结论性共识，大学毕竟为讨论比较深奥的教义问题提供了场所。当然，还存在许多争议性的问题，就逐渐实现体系化的富有争辩性的反天主教神学来说，尤其如此。其中一个最著名的例子就是马丁·开姆尼茨（1522—1586）的《特伦托会议研究》（四部分，1565—1573）。

但是，论辩神学也将改革派神学家（茨温利派和加尔文派）与路德教分裂开来。不久这一分裂就明显地表现为两个问题的争议：一个是加尔文派与茨温利教派在“称义”与“得救预定论”关系上一直存有的分歧，另一个是加尔文派与路德教之间在圣餐问题上存在的分歧。[29] 正当性教义以神的恩典为基础，人类拥有的是完全服从上帝的恩典的主权自由。对上帝的恩典的依赖，是否意味着上帝对其要拯救之人和诅咒毁灭之人已预先做出决定，成为一个富有争议的问题。为此，加尔文主义者坚持“得救预定论”；与此相反，路德教却对此不置一词。

路德与茨温利也已经意识到他们难以在“圣餐”问题上达成共识。路德强调耶稣在圣礼活动中的真实存在；茨温利则认为耶稣的存在只是“象征性”的。路德的立场后又被理解为上帝晚餐中的神圣存在。茨温利的立场则为加尔文派越来越严格地祛除所有祭祀崇拜元素铺平了道路。

大学神学院的代表们对这些不可调和的基本神学观点最初表示关注，后来又就此展开激烈的争论，以至于难以寻求到一个和平解决方案。结
505 果，16 世纪后半期，新教神学体制的统一性被打破了。在萨克森、巴拉

[29] 参见 K. Heussi, *Kompendium der Kirchengeschichte*, 12th edn(Tübingen, 1960)。

丁、荷兰等地，这一分裂过程有时还引发路德教与改革派神学家之间的激烈冲突。在英格兰，改革派神学家们之间的神学信仰分歧还成为克伦威尔时期革命爆发的原因之一。这也是“狂犬病神学”（神学家的狂热主义）一词出现的最初环境。

天主教神学

在宗教改革和特伦托会议（1545—1563）的推动下，16 世纪中期之前一直使用经院哲学或西塞罗学说的术语表述自己的天主教神学步入了经院哲学的第二个时期，即由西班牙流派[30]和意大利流派[31]占主导地位的哲学与天主教神学的合流。在这种新经院神学和哲学中居于主导地位的，首先是多明我会成员，继而是耶稣会会士。这种主导地位并非仅仅存在于西班牙和意大利，它还适用于德国信奉天主教的地区，[32] 而此时在法国发挥最重要作用的则是奥拉托利会派。[33]

特伦托主教会议之后的教义是以教会为中心的圣礼（圣事）神学，这是一种激烈反对路德教的两项核心主张——唯一圣经和唯一信仰的反新教教派教义。以教会为中心的教义特征清楚地表现在对传统教义的强调中。作为一种等级制度，制度化的教会证实自己为耶稣的尘世代表，这意味着教会传统拥有宣布神学权威的权利，唯一信仰的原则就因此被废除了。圣礼（圣事）神学保留了以下七大圣礼，即洗礼、忏悔、圣餐、坚信礼、婚

㉚ 参见 H. Jedin(ed.), *Handbuch der Kirchengeschichte*, vol. Ⅳ: *Reformation, katholische Reform und Gegenreformation*, (Freiburg/Basle/Vienna, 1967)。

㉛ Giacon, *La seconda scholastica*(注释 11).

㉜ B. Duhr, *Geschichte der Jesuiten in den Ländern deutscher Zunge*, 4 vols. (Freiburg/Regensburg, 1907-1928).

㉝ 参见 M. Dupuy, *Bérulle et le sacerdoce. Etude historique et doctrinale*(Paris, 1969)。

礼、牧师的授圣职礼和终傅[3]，主张“圣餐变体论”[4] 和耶稣在面饼与葡萄酒中的真实存在[5]，与主张耶稣无处不在的路德教教义和坚持圣餐象征意义的茨温利教派的观点相对立。

自由意志神学反对新教教派仅凭信仰辩护，这种神学摒弃了将概念绝对性归因于上帝的观点。自由意志神学不仅没有在可计量的神的正义层面
506 强调神的全能，而且人类对上帝的依赖也没有被教条地解释为恩典即信仰，进而废除自由意志。自由意志神学由近代早期西班牙神学家、耶稣会会士路易斯·莫利纳（1535—1600）、苏亚雷斯（1548—1617）系统阐述，前者曾在埃武拉大学[34]教授神学，后者曾在罗马、阿尔卡拉、萨拉曼卡等大学担任神学教授。他们将人类置于与上帝负责且合法的关系之中，教会就是正义的和慈爱的上帝在人世间的代表；在对上帝的崇拜中，各教派必须颂扬上帝的光芒和荣耀。这是鲁本斯和莫扎特在雕塑艺术和音乐中着重强调的对天主教的崇拜的神学基础，也是18世纪神学日益退却到对上帝的崇拜之后的前提。

宗教改革极大地改变了天主教神学的状况。首先，神学学习得以在大学之外进行。梵蒂冈的图书管理员阿戈斯蒂诺·施托科就是一个例证。不过在较大程度上，新教大学神学很快将其制度体系强加给天主教国家。特伦托会议坚持对牧师实施强制性神学培训，这就为学术神学的复苏提供了制度依据。较意大利神学和法国神学而言，自西班牙神学更密切地附属于大学以来，学术神学的复苏变得更加容易。16世纪后半期，新教国家或者接管各区域内的大学或学院，或者在各个区域内重建大学或学院。[35] 天

❸ 这是基督教的临终仪式，是天主教、东正教神父为病危教徒所做的临终敷擦圣油仪式，又称“涂油礼”。

❹ 天主教神学理论，历史上，欧洲的基督教徒们将面包和葡萄酒在弥撒中经过神父祝圣后称为耶稣的身体和血。

❺ 面包和葡萄酒变为耶稣的身体和血。

㉞ 参见 H. Jedin, *Geschichte des Konzils von Trient*, 4 vols. (Freiburg, 1949-1975)。

㉟ 参见第2章和第3章。

主教大学的地位大致如下：古典大学——巴黎大学、博洛尼亚大学、萨拉曼卡大学、科英布拉大学、帕多瓦大学、布拉格大学和维也纳大学——甚至在特伦托会议之后，也能够传授一种不仅仅对建立一个代表政治上具有双派性神学感兴趣的神学体系。16 世纪末以后，当耶稣会的大学得到重建或耶稣会成员在大学神学院中恢复其领导地位之后——尤其在西班牙、德国和意大利的许多大学也是这样[36]，天主教神学越来越成为反宗教改革的强有力工具。[37] 耶稣会会士、红衣主教罗伯托·贝拉明对天主教神学产生了决定性的影响。他曾是鲁汶大学的神学教授（1570—1576），在鲁汶大学选择托马斯的《神学大全》作为教材，从 1588 年起他又成为罗马大学论证神学❻教授。[38] 17 世纪和 18 世纪，大学神学因其作为反宗教改革思想的代表而饱受国际争议，使天主教神学倒退至边缘地位。天主教神学无 507
法接受以宗教改革为线索的司法创新。此类创新既导致独立于教会的主权国家的诞生，也促成了 18 世纪的哲学解放。

自然神学

三大主要教派之间教义冲突的结果，使神学作为三大教派统一的主要学科成为可能，神学不再宣称对真理的主张。[39] 如果大学和学院里这些信仰基督教的教派神学方面的专家尚不能在核心教义问题上达成共识，那么可以说没有什么要取得一致意见的问题。这一持续数代人的辩论，既不再诋毁参与辩论的双方选手，也不再诋毁整个基督教神学领域。这为自然神

---

[36] Hengst, *Jesuiten*.

[37] 参见 Grabmann, *Geschichte der Katholischen Theologie*（注释 10），178ff.

❻ 基督教神学课题之一，以驳斥谬误为研究对象。

[38] J. von Döllinger, *Geschichte der Moralstreitigkeiten in der römisch-katholischen Kirche seit dem 16. Jahrhundert*, 2 vols. (Nördlingen, 1889). Also S. Tromp's article on Bellarmine in *Lexikon für Theologie und Kirche*, vol. Ⅱ (Freiburg, 1958), 160-162.

[39] K. Werner, *Geschichte der apologetischen und polemischen Literatur der christlichen Theologie*, vols. Ⅰ-Ⅴ (1861-1867; reprint Osnabrück, 1966).

学开辟了道路。[40]

有两个等待自然神学填补的空缺。一方面，自然神学为各教派信仰提供了基础；另一方面，自然神学填补了由于形而上学的缺席而在西塞罗式学科中形成的空缺。

西塞罗学说是一种人文主义学科，倾向于文献学和历史学的研究，是关于修辞和政治方面的学说。后来当所谓的“终极问题”——上帝、自由和不朽论的问题——的确已被西塞罗学说解决之后，这些问题仍然存在继续讨论的余地，处于被搁置、仅仅停留在理论上、几乎是中立的境地。所有哲学被纳入并服从于国家和共和政体民事责任的轨道。对于菲利普·梅兰克顿的宗教改革神学——以不同的方式——加尔文宗教改革神学来说，这一形而上学和神学的中立性成为认同西塞罗文献学和历史学学说的关键。《圣经》教义代替了愈发松散的形而上学主张。

由于基督教各教派之间争端的存在，《圣经》教义本身成为争论的焦点，进而失去其原来的可信性，致使基督教神学的可信度招致了怀疑，因此有必要恢复《圣经》教义的可信度。关于如何实现这一恢复，还没有规
508 定具体的方式。为恢复《圣经》教义的权威性可以采取任何可以采取的方法，其中就包括可以利用自然神学传统。

教派神学因自身的正义而妥协，但并非神学本身。神学可信度的丧失仅仅影响到那些隶属于这些教派的神学领域，如属于宗教改革派的精通圣经文学的称义神学就是如此，把经院式的亚里士多德的形而上学和神学结合在一起的天主教派也是如此。在神学家们的争辩之后幸存下来的就是真正独立于各教派的神学，也就是教派神学自此不再对其进行研究的神学领域。换句话说，就是哲学家们的神学，这是哲学取代神学并在大学神学领域成为具有主导地位学科的第一步。在自然神学中，上帝、自由和不朽论被赋予了一种新的解释，以取代各种教派所缺乏的真理主张。这些真理主

[40] 参见 W. Philipp, *Das Werden der Aufklärung in theologischer Sicht*(Göttingen, 1957)；K. Feiereis, *Die Umprägung der natürlichen Religion in Religionsphilosophie*(Leipzig, 1965)。

张在一种非亚里士多德形而上学神学中得到确认，这一形而上学曾在西塞罗-斯多葛派学说和赫尔斯-柏拉图主义之间徘徊不定[41]。处于这一新阶段的自然神学在两方面发挥了补偿作用：在西塞罗学说中取代形而上学，必须恢复教派神学的信度。因此自然神学具备发挥补偿作用的所有特征，其内容无法精确确定。赫耳墨斯-柏拉图主义普遍流行——甚至在大学里——的一项不可忽视的原因相当一部分应归功于自然神学为教派神学日益减弱的可信度所发挥的补偿作用。早期得以流行的路德神学学说所体现出来的帕拉切尔苏斯派的自然神秘主义也是一个很明显的例子，如约翰·阿恩特（1555—1621）[42]、克里斯托夫·贝措尔德（1577—1638）[43]或戈特弗里德·阿诺德（1666—1714）[44]。加尔文派的学者也是如此，例如，玫瑰十字会[7]会员米夏尔·梅尔（1568—1622）和罗伯特·弗卢德（1574—1637），以及梅森和伽桑狄就是通过弗卢德参与争论的。[45] 剑桥大学新柏拉图学派深受犹太教神秘哲学家和帕拉切尔苏斯学说的影响。[46] 在天主教方面，自然神秘主义只在大学之外才被发现，而大学在组织上严格遵循亚里士多德主义。比如弗朗西斯库斯·帕特里兹（1529—1597）和耶稣会会 509
士阿塔纳修斯·基歇尔（1602—1680）就是这样。自然神学所发挥的普遍化的补偿作用保证了现代自然概念获得确定性含义进程的平稳推进。

这一进程得到佛罗伦萨新柏拉图主义自然哲学的支持，这是一种永恒哲学的传统。1569 年蒙田改编了中世纪后期新柏拉图主义者雷蒙德斯·

---

[41] Aristotle was in the end claimed either as Catholic or for Protestant orthodoxy；参见 W. Sparn，*Wiederkehr der Metaphysik. Die ontologische Frage in der lutherischen Theologie des frühen 17.* Jahrhunderts（Stuttgart，1976）。

[42] *Vier Bücher vom wahren Christentum*（美因河畔法兰克福首次发行，1605）.

[43] *Axiomata philosophico-theologica*，2 vols.（Strasburg，1616-1626）.

[44] Arnold，*Historie und Beschreibung*（注释 18）.

[7] 该会系始于 17—18 世纪的秘密会社，该会成员自称有古传秘术。

[45] R. Lenoble，*Mersenne et la naissance du mécanisme*（Paris，1943）.

[46] E. Cassirer，*Die platonische Renaissance in England und die Schule von Cambridge*（Leipzig/Berlin，1932）；S. Hutin，*Henry More：essai sur les doctrines théosophiques chezles platoniciens de Cambridge*（Hildesheim，1966）.

萨本德斯（卒于1436年）（巴黎，修订本出版于1589年）所著的《自然神论》以后，最重要的是自从纳瓦尔省亨利四世的顾问、加尔文学说的信奉者菲利普·迪普莱西·莫内的重要著作《论基督教信仰的真实性》（安特卫普，1587）问世以来，哲学和神学所共享的传统相应地得到加强。从那时起出版了许多自然神学的著作，其中格劳秀斯所著的《基督教之真理》（1617）无疑是其中最有影响的一部著作。[47] 自然于是成为神学和哲学中毫无争议的最为重要的概念。反过来，自然神学的这一发展强化了一种自然宗教思想。这一过程在莱布尼兹所著的《自然神学》中达到了高峰，[48] 并且对17世纪自然哲学产生了决定性的影响，甚至在大学之外，以伽桑狄、笛卡尔、梅森和霍布斯为代表的自然神学家开始用机械学的术语解释自己的学说。[49] 直至启蒙运动时期，能够对天启神学发起强烈挑战的自然神学才开始出现。这可以从英国自然神论者和其争论对手之间就自然给人带来的神示和历史为人带来的启示所展开的争论中清楚地发现，[50] 后来就与莱辛所著《片断》有关的自然主义对《圣经》提出批评的合理性展开的争论也体现了这一点，并且最清楚的是——这儿再一次在大学里——从康德所著的《宗教信仰：理性的彰显》（1793）和《范科特之辩》（1798）中也可以发现这一切。

法学：巴洛克时期的主要学科

作为在大学中居于主导地位的思想模式，神学并未立即被自然哲学所取代。法学成为主导学科的时间是在16世纪末，并且把这种地位保持了

---

[47] C. Chesneau, *Le Père Yves de Paris et son temps 1590-1670*(Paris, 1947).

[48] W. Schmidt-Biggemann, *Theodizee und Tatsachen*(Frankfurt-on-Main, 1988), 61-72.

[49] M. Mersenne, *L'Impiété des déistes*(Paris, 1624)；参见 Lenoble, *Mersenne*(注释45)。

[50] G. V. Lechler, *Geschichte des englischen Deismus* (Stuttgart/Tübingen, 1841; reprint Hildesheim, 1965)；E. Hirsch, *Geschichte der neueren evangelischen Theologie im Zusammenhang mit den allgemeinen Bewegungen des europäischen Denkens*, vol. Ⅰ (Gütersloh, 1949).

近乎一个半世纪。如果缺乏曾经为解释神学提供帮助的自然概念，即使法学也寸步难行。但是自然法的兴起部分弥补了神学信度的丧失。自然法和 510
主权法为接受由发现美洲和宗教改革而带来的政治性后果提供了一种认识方法，[51] 其结果就是法律的政治化，必须由法学家和法律哲学家们来实施。而在人文主义方面，对罗马法实施富有权威性的历史和文献处理的是由法国法学家雅克·居雅斯首先完成的。[52] 宗教改革以后，随着政治问题的凸显，解决国家的行政和宪法问题成为法学家的主要任务。同时，随着国家和法律之间新的联系的建立，政治经济学作为一门新学科开始出现。或者因为基于西班牙托马斯主义传统，国家和司法机构认为它们同受普通自然法的支配，[53] 或者基于亚里士多德-阿尔都斯联盟传统的伦理基础，[54] 或者因为就像博丹和霍布斯所指出的那样，国家凭借自身的绝对权威缔造了法律体系。[55] 所有上述因素导致整个司法管理与国家建立紧密联系这一最终结果的出现，神学只有符合上述三种模式中的一种时，才会被考虑在内。

自然法

随着美洲的发现，西方法律实践的传统模式被打破，与宗教改革同时出现但又独立于宗教改革的关于自然法的清醒反思成为必要事务。西班牙统治“新世界”所需要的法律原则并不以基督教的启示内容为基础，而是自然适应于所有人，因为只要新世界没有完全实现基督教化，新发现的美

---

[51] J. Höffner, *Christentum und Menschenwürde. Das Anliegen der spanischen Kolonialethik im Goldenen Zeitalter*(Trier, 1947).

[52] Wieacker, *Privatrechtsgeschichte*(注释 21), 167ff.

[53] E. Reibstein, *Völkerrecht*(Freiburg/Munich, 1957); E. Reibstein, *Volkssouveränität und Freiheitsrechte*, 2 vols. (Freiburg/Munich, 1972).

[54] O. von Gierke, *Johann Althusius und die Entwicklung der naturrechtlichen Staatstheorien*(Breslau, 1880; reprint Aalen, 1958).

[55] 参见 C. Schmitt, *Die Diktatur*, 2nd edn(Munich/Leipzig, 1928); C. B. Schmitt, *Der Nomos der Erde und das Ius Publicum Europaeum*(Cologne, 1950)。

洲居民就不得不成为能够确立合同契约关系的法律主体。同样，适用于所有人的这一法律标题意味存在并接受一整套适用于所有人的法律规则。在我们所知什么是善、什么是恶的限度内行善避恶；己所不欲，勿施于人；诸如“共有之地”规则等，众人公认且良心上可以接受的根本性道德准则。

511 就神学而言，在托马斯主义的基础上确立道德自律是可能的。事实上，西班牙大学的神学家们，尤其是萨拉曼卡大学的佛朗西斯科·维多利亚的确把它当作抵抗殖民主义者剥削的一种准则。[56] 自然法并不强调对外部世界的洞察，而是注重对上帝所创造的（世界）秩序的洞察，这与自然神学相类似。基于司法方面的考虑，在西班牙殖民地以自然法取代教会和神学家的法律讨论成为必要，这里基督教的令状尚未生效。正如自然法独立于积极的基督教一样，它与自然神学的结合使以萨拉曼卡大学佛朗西斯科·维多利亚、加夫列尔·瓦斯克斯和弗朗西斯科·苏亚雷斯为代表的后期西班牙法学家在法律学领域取得杰出的学术成就。[57] 这一传统在新教的自然法中得到了体现，如格劳秀斯所著的《战争与和平法》（1625）和塞缪尔·普芬道夫所著的《自然法与国际法》（1672），这两位作家的主要著作成为法律研究的基础；启蒙运动时期克雷斯蒂安·沃尔夫则奠定了司法在自然法中的稳固基础。

公法和政治

国家与国民在一种愈发紧密的联结系统中的结合，虽然促进了自然概念的大众化，但这种结合并没有考虑到教派与其教会的政治性格。“基督教徒的自由”，无论是什么，都不是他的政治自由！早在 14 世纪，法国国王——还有德国皇帝——均成功地从教会—国家有关政治优先权的争论中

---

[56] 参见 Höffner，*Christentum*（注释 51）and Reibstein，*Völkerrecht* and *Volkssouveränität*（注释 53）；F. *de Vitoria*，*De Indis recenter inventis et de jure belli Hispanorum in barbaros*. Lectures held in 1538-1539（1st edn Lyons，1557）。

[57] E. Reibstein，*Johannes Althusius als Fortsetzer der Schule von Salamanca*（Karlsruhe，1955）.

胜出。但是，教会政治功能的争论在单一宗教与世俗权力代表之间进行，在这场斗争中，国民与世俗权力的法律关系继续坚持同一宗教信仰而获得保障。这场法律论争是对公民权利的关注，然而宗教改革改变了这一形势。一方面因为宗教改革派神学不能够从整体上改革古代教会，另一方面各种天主教派也不能废除宗教改革，结果各教会团体发现自己受制于敌对的世俗权威。如果一位王子颁布一项改变宗教团体的命令，教派团体以此作为发动战争的理由，那么经常以宗教方式获得法律认可的权威统治领域 512
将受到挑战。这种情况发生在1530年的德意志帝国，《奥格斯堡和平条约》只是表面上解决了这一争端。在16世纪的法国，这一问题表现得更加严峻：胡格诺教派与天主教派之间的教派分歧成为主要由相互矛盾的政治主张和神学主张引发的旷日持久的内战的导火索。[58]

从长远来看，由于教派神学不能够完成自身政治合法化的任务，也无法证明自己作为论辩神学的统一的神学力量的存在，因此神学不仅在神学领域不被人相信，而且在确立政治秩序方面不再令人信服。于是出现了主权概念——让·博丹在《国家六论》（1587）中对此进行了重新构想，托马斯·霍布斯在《公民论》（1642）与《利维坦》（1651）中也对此进行了解释。[59] 随着主权和世上无一匹敌的最高权力的出现，国家拥有对所有教派法律主张的绝对约束力，具有约束力的法律威力成为国家的特权。因此，神学问题甚至是教派的问题均须隶属于世俗权威的管辖范围。原则上，这是一种保留国家教会而把其他教会排除在外的主张，该主张与标准的基督教自然法水火不容，因为自然法将权利与义务加诸国家和个人身上。如果国家作为最高的世俗权力机构确立了法律，结果对除它以外的任何人均不承担责任的话，它就不接受一个有可能与其竞争的自然法的限

---

[58] N. O. Keohane, *Philosophy and the State in France*(Princeton, N. J., 1980).

[59] 参见 Schmitt, *Die Diktatur*(注释55), 40; H. Quaritsch, *Staat und Souveränität*(Frankfurt-on-Main, 1970)。

制。国家唯一的自然法就是国家本身，即国家理性。[60]

既然从法律角度来看，唯一被主权国家认可的教会就是受国家法律管制的国家教会，那么自认为原则上超越国家的天主教会便不可能接受正在公法领域中形成的主权概念。因此，随着时间的推移，各个地区的天主教派日益被迫效仿国家教会的模式，法国就是这样[61]——在法国法学家的帮助下——德国18世纪的约瑟主义者就是这样做的——他们也得到了法学
513 家们的帮助，只是这次是帝国的法学家。[62] 在没有做出如此努力的地方，天主教的法学家们不得不从主权的讨论中退出。17世纪初，开始于西班牙反宗教改革大学的公法讨论，脱离天主教神学学科，进入新教法学家和政治哲学家阿尔特胡修斯、格劳秀斯和霍布斯的讨论领域。

人权

对主权原则在法律上体现的“国家理性”至高无上地位的反对来自两个方面。从自然法或从自愿签订的契约中获得合法性的自称“反马基雅维利主义”派的成员。[63] 无论来源如何，为了生存而开展宗教活动必须获得批准的各宗教团体。基于帕多瓦的马西利乌斯在《捍卫和平》（1324）中竭力主张的中世纪国家契约理论，他们设想了一个依据被统治者一般意愿的世俗威权制度，而在一个非法的威权制度中被统治者一般意愿是不会受到尊重的。（威权制度）非法原则的标准就是引进了一个错误的教派，换句话说，也就是其他教派的引入。自德国的宗教改革战争、荷兰摆脱西班

---

[60] F. Meinecke, ‘Die Idee der Staatsraison’, in F. Meinecke, *Collected Works*, vol. Ⅰ, 3rd edn (Munich, 1963).

[61] V. Martin, *Les Origines du Gallicanisme*, vols. 1-2 (Paris, 1939).

[62] 关于 Josephinism 参见 H. Jedin, *Die Kirche im Zeitalter des Absolutismus und der Aufklärung*, Handbuch der Kirchengeschichte, vol. Ⅴ (Freiburg/Basle/Vienna, 1970); E. Winter, *Der Josefinismus. Die Geschichte des österreichischen Reformkatholizismus* (Berlin, 1962).

[63] 参见 Gierke, *Althusius*（注释 54）, 39 及 Reibstein, *Volkssouveränität*（注释 53）, 39。

牙统治的斗争，以及16世纪法国内战和17世纪英国革命以来，[64] 原来用于实现世俗原则合法化的契约模式改变了自身的功能，从而成为各教派基于宗教原因反对接受一个与其对立的教派统治的工具。[65]

所有教派的神学家和法学家们均提出了“君主政体”理论——比较激进的路德教成员弗拉希乌斯·伊里利卡斯，[66] 日内瓦大学加尔文的继任者托多·德·贝札，亨利四世的顾问菲利普·迪普莱西·莫内，[67] 西班牙耶稣会会士、神学家、哲学家、法学家弗朗西斯科·德·苏亚雷斯，君主政体理论在赫伯恩法学家约翰尼斯·阿尔特胡修斯的《论政治条理化》（1603）中得到系统化。加尔文主义可以说是这一理论的忠实代表；按照对抗性神学理论，1649年英格兰查理一世被推上断头台也被视为一件合 514
法的事情。

当授予政府合法地位的社会契约为人们所接受，宗教虽然仍受尊重，却降级为一项私人事务时，一种解决国家君主政体和宗教至高无上权力之间对抗的方法便出现了。宗教信仰仍被视为一种个人权利，不过关于宗教机构的重要性将威胁到政府和其合法性的认识大大减弱了。事实上，我们可以发现法学家和政治哲学家们为人权和现代意义上的公民所做的最初的和最重要的成就：约翰·洛克在其《论宗教宽容》（写于1667年，1685年匿名出版）中要求将宗教信仰降低为个人事务，[68] 1686年法学家和历史学家塞缪尔·普芬道夫提出，将宗教系私人事务作为公法的一项理性原则，

---

[64] 参见 R. Saage, *Herrschaft, Toleranz, Widerstand. Studien zur politischen Theorie der Niederländischen und der Englischen Revolution* (Frankfurt-on-Main, 1980)。

[65] G. Paia, *Marsilio da Padova nella Riforma e nella Controriforma* (Padua, 1977).

[66] W. Schmidt-Biggrmann, 'Althusius' politische Theologie', in K. W. Dahm, W. Krawietz and D. Wyduckel (eds.), *Politische Theorie des Johannes Althusius* (Berlin, 1988), 213-231.

[67] A. Elkan, *Die Publizistik der Bartholomäusnacht und Mornays Vindiciae contra tyrannos* (Heidelberg, 1905).

[68] S. Pufendorf, *De habitu religionis Christianae ad vitam civilem* (Bremen, 1686; reprint Stuttgart/Bad Cannstatt, 1972).

这一原则成为洛克个人权利思想的核心和关键。[69] 于是历史上第一次出现了一个不受政府约束的私人领域，一个可以借助合法的手段劝说国家放弃有关主张的领域，宗教成为与政治无涉的事情使界定国家事务中的私人领域成为可能。因而，宗教自由起初成为政治自由的关键部分；按照洛克的人权观，这一权利被延伸为“生存权、自由权和财产权”；[70] 哈勒大学法学家、哲学家克里斯蒂安·托马西乌斯在《神圣的法律体系》（1688）中把其又发展成为“私人领域（礼仪）”的理论。[71] 如果公民希望获得国家的宽容，他们在与其他人的交往中就需要尊重对方的自由权利。这也是启蒙运动着力形成的宽容观念的法学核心。

人们只有在一个在教派信仰中立的主权国家中才能真正快乐的生活。正如政治哲学和法学所希望的那样，只有现代世俗的主权国家为个人私人领域和公民宽容提供并将继续提供普遍性的保障时，人们才能真正幸福。这也正是开明的君主政体国家理论的本质所在。[72]

515 从公法学到政治经济学

民法、公法契约实现神学合法化的失败使国家有可能得以运用自身的“理性”做出解释，这一“理性”就是国家机制在促进国家繁荣和实现各部门有效运转过程中所发挥的作用。自 17 世纪以来，当有关法律解释对国家变得重要，法学家开始通过设立医疗检查团，制定管理准则、贸易规则和创建新的商业体制等使国家保持安定时，教会法变得次要，宪法、公

[69] 参见 Reibstein, *Volkssouveränität*（注释 53）。

[70] J. Locke, *Second Treatise on Government*（London, 1690）.

[71] C. Thomasius, *Institutiones jurisprudentiae divinae*, 7th edn（Halle, 1730; reprint Aalen, 1963）.

[72] 参见 C. G. Svarez, *Vorträge über Recht und Staat*（1791）, ed. H. Conrad and G. Kleinheyer（Opladen, 1960）。

法和经济学成为司法领域最重要的部分。[73] 作为最有用的科学，法学成为现代国家结构中的主导学科，[74] 这在德意志帝国、荷兰、意大利和苏格兰等国家表现得尤为突出。

17 世纪末，现代公法学诞生。现代公法学研究宪法和行政效率的效能，并且有效地促进了 18 世纪的大学改革。[75] 由于拥有克里斯蒂安·托马西乌斯（1655—1728）及以他为代表的流派，哈勒大学成为宣传政治法学思想的中心，政治法学也首次全面分析了普鲁士的国家管理体系和中世纪后期的国家管理体系；由于约翰·史蒂芬·帕特（1725—1807）的缘故，哥廷根大学在这一公法传统中享有特殊的声誉。[76] 然而，从历史和实用方面来说，在国家发展过程中，为服务于国家利益和实现国家职能，法学家们在哲学层面上处理自身合法性问题显得软弱无力。法学为政治进步所付出的代价则是自身批判性能力的丧失。

由于现代国家是以司法术语来理解的，因此界定其内部秩序和经济状况就更容易了。使国家更有效地发挥作用是中欧“政治科学”的目的，它们研究的是行政管理、公民生活、公民福利的适当形式，并且为国家立法提供建议。国家繁荣总是依赖于经济繁荣。由于政府效能已成为法学研究的主要任务，经济科学——属于实践哲学、法学和政治学的共同领域——
研究成为大学主要科学研究任务之一。法国重商主义者的讨论就是基于中 516
央集权国家的需要。自约翰·约阿希姆·贝歇尔（1635—1682）的时代开始，正像他们的社会状况所要求的那样，德国财政学家们就把德意志帝国

[73] M. Stolleis, *Geschichte des öffentlichen Rechts in Deutschland*, vol. Ⅰ: *Reichspublizistik und Policeywissenschaft 1600-1800* (Munich, 1988); H. C. Recktenwald, *Geschichte der politischen Ökonomie* (Stuttgart, 1971).

[74] 法国有所不同，参见 Keohane, *France*（注释 58）。

[75] N. Hammerstein, *Jus und Historie. Ein Beitrag zur Geschichte des historischen Denkens an deutschen Universitäten im späten 17. und im 18. Jahrhundert* (Göttingen, 1972).

[76] Stolleis, *Reichspublizistik*（注释 73），298-333.

领域内的小国变成他们争论的基础。[77] 首先确立经济自由主义的文化基础的却是有着扎实实用哲学功底的在苏格兰大学任教的经济学家们。洛克在《再论政府》中，把财产定义为一种自然权利。以此基础为起点，未能实现作为一名大学教师愿望的大卫·休谟（1711—1776）把工作和商业看作一个高效运转的政府体制的根本成分，而一个有效运转的政府体制必须以公民的劳动成果保证其物质幸福。[78] 亚当·弗格森（1763—1816）[79] 和亚当·斯密（1723—1790）[80] 两位教授又把休谟的这些思想系统化为“政治经济学”。如此一来，这一学科一方面从重商主义和官方主义领域中解脱出来，另一方面也从道德哲学中解脱出来。[81]

17 世纪中期，法学取代神学成为主导学科。国家成为主权国家的过程导致法学的政治化程度日益提高；同时，政治法学也确立了国家凌驾于教会之上的统治权，这在启蒙运动早期导致了宗教的私人化。宗教的私人化使将宗教自由视为一种自由模式成为可能，使宗教自由成为天赋人权之一。在洛克看来，这些天赋人权包括生存权、健康权、自由权和财产权。18 世纪的英格兰被表述为一个自由宪政国家，[82] 而 18 世纪末前后的普鲁士和奥地利开明专制君主（1784）的立法宪制（1811）是国家、教会和个人之间司法和政治冲突的结果，这些在政治、哲学圈子的辩论是由明智的
517 受过教育的公众进行的，其中的一部分人是接受过大学中的哲学法学家的教育和培养的。1789 年 8 月启蒙性与革命性兼具的《人权和公民权利宣言》也是这一群体争论的结果。这一争论所产生的第三个结果就是把政治经济学重新解释为基于个人权利和财产权利的承认而得出的逻辑上的必然结论。

---

[77] A. Nielsen, *Die Entstehung der deutschen Kameralwissenschaft im 17. Jahrhundert* (Jena, 1911); H. E. Bödecker, 'Das staatswissenschaftliche Fächersystem im 18. Jahrhundert', in R. Vierhaus (ed.), *Wissenschaft im Zeitalter der Aufklärung* (Göttingen, 1985), 143-162.

[78] D. Hume, *Essays, Moral and Civil* (Edinburgh, 1741).

[79] A. Ferguson, *Essays on the History of Civil Society* (Edinburgh, 1767).

[80] A. Smith, *An Inquiry into the Nature and Causes of the Wealth of Nations* (London, 1776).

[81] 参见 Recktenwald, *Ökonomie*（注释 73），47。

[82] Voltaire, *Lettres sur les Anglais* (London, 1728).

启蒙运动时期科学重组和哲学的首要任务

自然形而上学

18世纪末，在启蒙运动的影响下，开明专制主义、个体人权或以获取个人幸福为目的的经济学均可以宣称自己是“自然”的。18世纪，与自然的一致可以被视为神学、政治学、法学或财产所有权的基础。自17世纪以来，“自然”概念经历了一个令人意想不到的漫长历程，其间哲学的作用也发生了转变。但这是一种什么样的“自然”概念？还有另外更有价值的其他概念吗？自然又几乎同时是所有事物的代名词：外在的自然、可能洞察现实的自然、政治或经济状况的稳定器、法律保障，同时又是经验和理性的对象。但是，无论以何种形式出现，自然总是和某种观念或深受人类随心所欲和变化无常影响的某些真理相联系。自然是客观性的一种保证。

起初，“自然”概念的一致性获得了神学保证。就事物的本质而言，如果一切均是富有理性的上帝的造物，富有理性的造物便构成了自然的一致性，富有理性的造物便实现了自然神学和自然法的合法化。就定义来说，形而上学的任务就是解释和表达自然存在的理性原则，由于教派神学的衰败，形而上学获得了新的角色，在现在已经成为学术神学和哲学之间的过渡术语。

当需要用造物神学来帮助解释形而上学时，由此而生的形而上学就是一神论的，就是一种和自然神学无法做出明确区分的神学形而上学。对自然神学或自然形而上学而言，三种科学（亚里士多德学说、西塞罗学说和赫耳墨斯-新柏拉图学说）均是大学哲学院最初开设的课程。

由于亚里士多德学派在大学里拥有最牢固的地位，初看上去，亚里士多德形而上学似乎最有可能赢得不同学术模式之间的竞争。特伦托会议之

518 后，天主教世界的学术领域尤其如此，[83] 自17世纪以来，路德教的学术界也是如此。亚里士多德形而上学的论断由“存在”这一中心概念所决定，[84] 作为人类意识所能提出的一个最具普遍性的概念，“存在”概念必须同样适用于上帝和人类。如果以上帝的存在为起点的话，这一论断是可能的。于是人们可以说上帝“他”与他创造出来的生物一样是存在的。只有在“存在”既适用于上帝的本性，同时又适用于造物的本性的前提下，亚里士多德派形而上学才能成立。巴洛克时代最有影响的经院哲学家、西班牙耶稣会会士弗朗西斯科·德·苏亚雷斯的《形而上学论辩》（萨拉曼卡大学，1597）就是以这一司各脱主义者的论断为基础的。如果这些假设被接受——天主教正教和路德教正教同样准备接受这些假设，那么可以清楚地看到建立在“是（is）”这一系动词即“存在”的一种形式基础之上的逻辑是有助于解决神学问题的。诸如“这是我的身体”或“耶稣就是基督”之类的说法就是合乎逻辑的关于真实“存在”的话语。甚至类似的神学问题也都是“存在”的问题。因此，可以认为在天主教范畴内，耶稣在圣礼中的存在问题，或者在路德教中基督的化身问题，均是逻辑学和形而上学问题，[85] 以这种方式可以揭示神学的科学特征，可以显示神学对自然和理性的趋同性。

为了公正地完成自然神学的任务（即界定上帝、人类和自然界的关系），赫耳墨斯-柏拉图学派科学也需从“造物”开始。当然，他们没有必要把世界的依赖性解释为对“存在”概念的分析，这里所说的世界就是指上帝“按照大小、数量和重量”创造的。相反，形而上学概念也可以从完美的上帝这一观念出发，这一完美上帝显示和其造物相和谐的完美特性。这一和谐被人类尊崇为“微观世界”，它同时代表并解释了造物。这种形而上学包括两方面：一方面，这一学说主张人可以洞察到受神庇佑的完美

---

[83] 参见 G. M. Pachtler(ed.),*Ratio studiorum et institutiones scholasticae Societatis Jesu*, Monumenta Germaniae Paedagogica,2,5,9,16,4 vols.(Berlin,1887-1894;reprint,Osnabrück,1968)。

[84] Sparn,*Wiederkehr*(注释41).

[85] Sparn,*Wiederkehr*(注释41).

事物的本质；另一方面，造物的和谐性是可以觉察的。这些主张是剑桥大学柏拉图主义者拉尔夫·卡德沃思（1617—1688）在其《真实的宇宙知识体系》一书中所提出的。[86] 继拉尔夫·卡德沃思之后，柏拉图主义就成为 519
大学之外学者们的兴趣所在：沙夫茨伯里（1671—1713）把这些思想作为理解自然界的一种模式，[87] 莱布尼茨把这种思想融汇到他的《自然神学》（1710）和《单子论》（1716）中，赫德[88]和后来的威廉·冯·洪堡[89]以此为基础发展了他们关于自然和历史的有机哲学。因此，从内部来看，这种形而上学很明晰，从外部来看可运用于实践。形而上学既具有先验性，又具有实用性和历史性。

自然历史

西塞罗派科学没有自己的形而上学，该学派的形而上学常常是通过对别的学派的形而上学实施文献学和历史学的改造之后转借而来的。在大学里，西塞罗学说的显著影响主要体现在实践哲学、文献学、法学和历史研究等方面，在此类学科的形而上学主张中，西塞罗科学依赖的是改造过的历史。如果历史学意味着自然神学和历史神学的启示，就不会出现“存在”的意义的问题了，因为历史学不关注形而上学中包含的任何问题。由于西塞罗科学完全运用秩序概念，并且将历史预设为经验，因而这一经验的概念性状况便超出了其研究范围。

西塞罗学说预先假定与历史观念相融合的历史，正是赫耳墨斯-新柏拉图学说基于对造物本质的独创性的洞察及以哲学家的眼光考察古人的独创观点的历史思想——古代作品的一脉相承性——因为古人更接近于真理

---

[86] R. Cudworth, *The True Intellectual System of the Universe* (London, 1678); Cassirer, *Die platonische Renaissance*(注释 46).

[87] A. A. Cooper, Earl of Shaftsbury, *The Moralist* (London, 1705) and *A Letter concerning Enthusiasm* (London, 1708).

[88] J. G. Herder, *Ideen zu einer Philosophie der Geschichte der Menschheit* (Riga/Leipzig, 1784-1791).

[89] W. Von Humboldt, *Über die Verschiedenheit des menschlichen Sprachbaus* (Berlin, 1836).

的来源。[90] 最后，上帝的创造和上帝对人类的其他行动结合在一起成为启示的源泉。历史和诗歌的发展均受到表述超凡的神圣智能的引导，这一神圣智能是一种神秘知识，必须借助文献的方式才能被揭示。归根结底，古
520 人比现代人略胜一筹，构成自然神学思想的一些原始、实用的和精妙的观点正是在古人身上发现的。因此，自然和历史是一致的，它们本身就是经验的对象。把历史划分为教会历史、政治历史、自然历史和智慧史——正如让·博丹在他的《认识历史之方法》（1560）[91] 反复申述的那样——这一分类对把与人类能力相称的现实历史经验和关于现实的见解结合在一起的领域进行了说明。

这一“历史”概念和法学中的自然概念根本没有任何区别；二者均以自然法概念为出发点。当然，前者是后者的基础。这里法律的本质源于对人类所拥有的共同智慧原则的独特洞察。唯有如此，驾驭自然法，使其发挥一种稳定动力的跨宗教和跨教派的作用才成为可能。自然法只能在传统主题的目录中加以描述，这对法律的基本见解具有普遍的效用。为此，有必要——这也正是莱布尼兹试图要做的[92]——从这些传统主题的角度来分析法律的历史，梳理其强制性特征和彼此之间的联系。

这里，历史和自然是一致和统一的。因为只有在康德的《形而上学的基础》（1786）中，作为法律原则的理性的自主性才在哲学上表现得清晰起来。法学的任务就是寻找真正的自然智能，在历史宝库或在自然和人类的既定秩序中，每一个人都能够通晓这些真正的自然智能。这也是一项考证任务，需要一种分类学方法：按照标准实现关于实用智能见解的系统化和组织化。这适用于所有形式的现代法学学科：普通法、基督教自然

---

[90] “西塞罗派科学”见注释 1，“哲学”见注释 15。

[91] Seifert, *Cognitio historica*（注释 23）；Schmidt-Biggemann, *Topica universalis*（注释 2），30.

[92] H. P. Schneider, *Iustitia universalis. Quellenstudien zur Geschichte des christlichen Naturrechts bei Gottfried Wilhelm Leibniz*（Frankfurt-on-Main, 1967）.

法[93]、政治法、公法[94]和主权法[95]。

18世纪初基督教自然法理论和国家主权理论得到确立。现在法学的作用有所改变：它不再从内部借助签订一些社会契约、提出一些宪法提案，或者制订一些具有普遍性质的神学和政治计划等举措来完成国家的合法化任务；恰恰相反，法学从内部借助于具有历史性合法地位的专门机构 521
来巩固一个国家。由于接受这一委托，大学法学丧失了其作为法律制定者和国家批评者的哲学能力。哲学家们重新担负了这一使命：18世纪，孟德斯鸠、沃尔夫、卢梭、休谟和后来的康德对政治哲学的研究范畴重新进行了界定——这些人中只有德国哲学家是大学教师。

相反，法学却从历史和系统的角度对自然法、国家主权法和公法进行了分类和系统化，这一方法与启蒙运动时期自然法的分类要求是一样的，如布丰（1707—1788）[96]或林奈（1707—1778）[97]使用的就是这种方法。自然提供的启示——如果用编码的形式——是一些在历史中也可以获得的见解，这是自培根的《新工具》（1620）和《伟大的复兴》（1624）问世以来就很清楚的事情。作为经验和秩序的范畴，自然包括所有自然的和历史的真理。在揭示这些真理的过程中，自然科学、形而上学和法学都是一致的，对它们来说，自然是限于所有个人经验的准则。

自然是一种既不以人类意志也不以政治活动而转移的领域。尽管神学家们围绕上帝的积极启示主题争论不休，但自然仍然是上帝和他所规定秩序的伟大见证。同时，自然也不受不断变化着的善恶行为的摆布，它的规律性和这种规律性的机制都是稳定的。自然不受人类冲突和政治矛盾影响的特性使它成为在秩序、经济、法律和财富方面实施纯真教导的领域。因

---

[93] Schneider, *Iustitia universalis*（注释92）.

[94] Stolleis, *Reichspublizistik*（注释73）, 42.

[95] Quaritsch, *Staat*（注释59）. 参见 Schmitt, *Der Nomos*（注释55）。

[96] G. L. L. De Buffon, *Histoire naturelle générale et particulière*, 44 vols. (Paris, 1749-1804).

[97] C. Linnaeus, *Systema naturae* (1735), complete in 3 vols. (Stockholm, 1765-1768). 全面的论述见 W. Lepenies, *Das Ende der Naturgeschichte* (Munich, 1976)。

此，自然这一概念适用于神学、医学、法学和哲学等所有学科。

从形式质料学说到数学

近代初期，自然概念的一个最显著的变化在于，自17世纪以来人们越来越多地运用数学术语来理解自然的内部结构，而在16世纪人们是用形式质料学的模型对自然内部结构进行全面描述的。这一具有决定性意义的变化主要不是发生在保守的亚里士多德式的大学里；相反，发生在大学之外对自然哲学感兴趣的知识分子圈子里，以及科学研究会和科学协会中。

522 大学亚里士多德主义关于自然形式质料学模式的根源在于古代把世界划分为星球世界和地球世界、天上世界和尘世世界。数学似乎只适合研究星球世界，而不适合研究处于现象状态、可生可灭的地球。尘世世界可以用分析所有存在物的方式来分析，如用质料和形式。一个实体的形式就是组成它的要素，也就是说能够断定那个实体的物质。实体的质料保证了其在意识之外的客观存在。

就自然概念内部结构的转变而言，关键点在于现在人们认为数学不仅可以用来研究星球空间，还适用于解释地球现象。这在自然概念方面和与其相关的现象状态方面均是一个根本性的转变。如果形式质料学的自然概念特别适合解释运动、存在和动植物的消亡，如果这一自然概念包含后来被称作生物学的领域，这一新的自然概念、这一数学化的概念就适用于解释机械运动。在帕多瓦大学数学教授伽利略和笛卡尔的教导下，通过把天文几何学和最新发展起来的代数学运用到现实的机械现象中，这一新的关于自然的描述便成为可能。[98]

在自然概念的这一转变中，我们还同时可以看到古代晚期“自由技艺”概念的深远影响。自形式质料学被运动几何学，即机械学取代以来，

---

[98] 概要在 E. J. Dijksterhuis, *The Mechanization of the World Picture*（Oxford, 1981）；英文版 *De mechanisering van het werldbeeld*（Amsterdam, 1950）。关于哲学的推论参见 H. Blumenberg, *Die Genesis der kopernikanischen Welt*（Frankfurt-on-Main, 1975）。

四艺——音乐、天文学、几何和算术（在大学哲学院的数学系也讲授此类课程）中的“数学”学科——表明了亚里士多德物理学和形而上学所占据的领导地位。无论如何，运用毕达哥拉斯的数学术语理解天文学成为可能，就像开普勒所描述的毕达哥拉斯的新柏拉图主义那样处于宫廷和大学的边缘[99]——可以把天文学解释为几何结构性科学。以此为基础，可以把数学领域关于上帝的神学解释为关于造物的自然神学。从理论上来说，天文学中的空间和时间均是预先假定的。如果这适合于所有创造物的话，那 523 么也可以用几何学术语重构地球上的物理运动。伽桑狄（1592—1655）尝试从原子论角度重新解释自然的构成要素，并且以此将自然看作空间的组成部分。[100] 伽利略把“自然书籍”看作用几何术语写成的。[101] 在对自然所做的物理学描述中，笛卡尔只承认数量性的机械测量，[102] 牛顿则用数学方法阐明了这一机制。笛卡尔哲学的新形而上学又充实了这一革新性的物理学观点，新形而上学的主要概念包括意识、广度和上帝确保空间物体有序运动。这一场物理学革命同时又是一场形而上学革命，它促使人们对形而上学形式质料学的亚里士多德学术模式及其概念提出了怀疑。

近代早期数学领域内的变革导致了自然概念的变化，这一变化引发了神学和哲学之间关系的变化。在主导性学科、法学和国家为神学颁布而形成的强制性和平的掩盖下，新的自然概念成为各教派之间无可争辩的领域。在缺乏教义争执的条件下，就有可能运用哲学手段从自然方面揭示上

---

[99] J. Kepler, *Mysterium cosmographicum* (Tübingen, 1596); J. Kepler, *Harmonice mundi* (Linz, 1619).

[100] P. Gassendi, *Syntagma philosophiae Epicuri* (Lyons, 1649).

[101] G. Galilei describes this especially vividly in *Il saggiatore*, in *Opp. ed. nazionale*, vol. Ⅵ (Florence, 1890-1909), 232. 亦可参见 G. Galilei, *Dialogo sopra i due massimi sistemi del mondo, tolemaico e coperniano* (Florence, 1632), in *Opp. ed. nazionale*, vol. Ⅶ (Florence, 1890-1909), 21-520 及 G. Galilei, *Discorsi et dimostrationi matematiche intorno a due nove scienze attenti alla mecanica & i movimenti Locali* (Leiden, 1638), in *Opp. ed. nazionale*, vol. Ⅸ (Florence, 1968), 39-312。

[102] R. Descartes, *Principia philosophiae*, Ⅱ, *Oeuvre*, ed. by C. Adam and C. Tannéry, vol. Ⅷ (Paris, 1905), 78ff.; *De principibus rerum materialium*, part Ⅱ, 40-49.

帝的伟大。哲学辨惑学能够利用神的爱心和万能从形而上学方面揭示世界特征，因为在造物和仁慈的造物主之间一定存在着某种相似性。哲学辨惑学存在于神学笛卡尔主义结束后的时期里，而神学笛卡尔主义的理论观点介于尼古拉斯·德·马勒布朗士的《真理的探索》（1675）与约翰·洛克的《基督教的合理性》（1695）之间。在“所有可能世界中最优秀”的理论的引导下，莱布尼兹的《神正论》吸纳了17世纪辩护性自然哲学，并且与牛顿物理学的形而上学解释一起，很大程度上在塑造启蒙运动时期自然哲学的过程发挥了或积极或消极的作用。[103]

524 在自德勒姆的《天体神学》、丰特奈尔的《论世界的复杂性》到汉堡文献学家、哲学家和圣经评论家赫尔曼·塞缪尔·赖马鲁斯的《论动物的艺术本能》延续下来的自然哲学中，均对世界秩序进行了分类并对此表示尊重。但是，由于描述自然神学方法的纯粹哲学性质，自然哲学昭显主荣这一论点逐渐背离其辩护目的。无论如何，如果哲学处于确立自然启示的地位，如果哲学降低了人们对源于圣经启示的兴趣，圣经启示自身的教条主义后果和问题使其丧失资格，那么哲学便承担了与圣经启示相关的法官职责。[104] 所幸自然科学新理性的存在，大学哲学发现自己的地位变得至为关键。这就是唯理主义者的圣经批判主义产生的源泉，也为启蒙运动行将结束的时候批判性哲学成为大学里的主导学科奠定了基础。

西塞罗科学的衰落和关于文献学与历史学的重新解释

文献学与历史学一直是西塞罗历史科学的组成部分，最初与神学保持着紧密联系。文献学宣称自己是神圣的历史“宝藏”的卫士，管理、保存并传播在神圣历史和世俗历史中所揭示的至圣智慧。在发挥这一职能的过程中，文献学家们编纂了古代文献，并且就西方历史文献中蕴含的智慧做出了睿智的评述，最终出版了以下诸多古典语言的同义词辞典：亨利·斯

[103] Schmidt-Biggemann, *Theodizee*（注释 48），7-116.

[104] Lechler, *Deismus*（注释 50）；E. Hirsch, *Geschichte*（注释 50）.

特凡努斯（埃蒂安纳）编著的《希腊语同义词大全》（1572ff.）、埃吉迪奥·福尔切利尼编著的《拉丁语词汇大全》（1771）和约翰·布克斯托夫编著的《希伯来语占星术辞典》(1607)。统一历史年表的编订就是根据约瑟夫·贾斯特斯·斯卡利杰所著的《太阳历校订》（1583）和约翰·海因里希·阿尔施泰德所著的《历史年代类书辞典》(1624）完成的。

文献知识汇编是大型文献百科全书的最主要目的。这一目的不仅体现在约翰·戈特弗里德·塞德尔巴斯特所著的四卷本《〈圣经〉的捍卫与亵渎——史学的视角》（1697—1700）之中，最重要的是，同样的目的还体现于约翰·艾尔伯特·法布里希乌斯[105]所著的《拉丁语希腊文献：从古代到中世纪》(1734—1746）及其学生约翰·克里斯托夫·沃尔夫所著的四卷本《希伯来书册》（1715—1733）之中。[106] 文献学的核心仍然是神圣历史和世俗历史中关于上帝多重智慧的启示。这些不同的文献作品的发展依赖于启示文献学。这适用于将教堂神父和异教徒作家并排编写的古典文献学，也适用于最初为研究希伯来语《圣经》而设立的一门辅助学科的东方学。从文献学家塞缪尔·博查德（1599—1667）或爱德华·波科克 525
（1604—1691）就可发现这一点。所有伟大的文献学家，从彼特拉克到波利齐亚诺，从伊拉斯谟、比代和梅兰克顿到荷兰学者约瑟夫·贾斯特斯·斯卡利杰、约翰·乔戈·格雷菲乌斯、约翰尼斯·弗里德里克斯·赫罗诺维厄斯及其子雅各布均延续了这一传统，这些学者对圣经启示和异教启示的智慧原则均表现了兴趣。最杰出的天主教《圣经》文献学家、奥拉托利会会友里理查德·西蒙，圣公会成员爱德华·波科克，以及哥廷根路德派东方学家约翰·戴维·米夏埃利斯也表现了同样的兴趣。[107]

---

[105] J. A. Fabricius, *Bibliotheca graeca* (Hamburg, 1704-1728); J. A. Fabricius, *Bibliotheca latina* (Hamburg, 1697); J. A. Fabricius, *Bibliothecae mediae et infimae latinitatis* (Hamburg, 1734-1746).

[106] J. C. Wolff, *Bibliotheca Hebraea*, 4 vols. (Hamburg, 1715-1734).

[107] 全部参见 J. E. Sandys, *A History of Classical Scholarship*, 3 vols. (Cambridge, 1903-1908); U. von Wilamowitz-Moellendorff, *Geschichte der Philologie*, 3rd edn (Leipzig/Berlin, 1921).

牛津大学古典学者理查德·本特利（1662—1742）暗示了这一变革。当然他的出发点仍是启示的统一，不过对他而言，自然启示秩序、关于牛顿宇宙秩序的形而上学解释已经为古代著作和基督教著作中的真理提供了衡量标准。历史学作为神圣智慧宝库被自然秩序所取代。[108] 本特利的情况表明西塞罗科学的组成部分已发生分化。世俗历史和神学历史所揭示的神性智慧的概念已经把文献学和历史学维系在一起。最初，自然只是整个宇宙历史经验的一部分。由于运用数学术语而不是约定俗成的术语加以解释的具有启蒙意义的新概念的出现，历史统一体所拥有的经验领域的地位已经丧失。从神正论的护教概念来看，唯有自然才是上帝的理性证据；自伏尔泰有关世俗宇宙历史的新思想面世以来，拯救历史的辩护学科性质导致其被排除在外。[109] 这也是伏尔泰的主要著作《风俗论》（1763）所要表达的主题。哲学变成了诉讼的法庭，宗教批评与圣经启示相对抗，文学和历史学获得新地位。它们都必须用自然秩序加以衡量。对于文献学而言，这
526 意味着完全放弃神学主张，同时也意味着能力的实质性丧失。其结果是，文献学的形式主义更加突出，在某种程序上成为一门纯粹的文本学科，从而在启蒙运动时期丧失了它在历史科学领域的重要地位。历史学和文献学之间的联系趋于松散。自 18 世纪上半期以来，历史学在法学领域谋得一席之地，[110] 并且为折中主义法学家们提供了实际争论的话题。[111] 自 18 世纪以来，即便在神学领域中，历史事实也不再被视为神圣智慧的象征，这一智慧被分成语言历史和事实历史。

如此，甚至《圣经》也仅仅作为诸多文献资料来源的一种而存在。这一世俗化的过程使《圣经》成为文献评论和实体评论的对象，而不再是公

---

[108] 这方面参见 R. Pfeiffer, *History of Classical Scholarship from 1300 to 1850*（Oxford, 1976），143ff.。

[109] Voltaire, *Essai sur les moeurs et l'esprit des nations*（Geneva, 1756）. 具体内容参见 K. Löwith, *Meaning in History*（Chicago, Ill., 1949）。

[110] Hammerstein, *Jus und Histoire*（注释 75）.

[111] Schmidt-Biggemann, *Theodizee*（注释 48），31-50，203-222.

理的基础。虽然英国自然神论主张自然和启示的融合（托兰所著的《基督教并不神秘》）[112]，赖马鲁斯则试图以新确立的自然概念与《圣经》相对抗。[113] 为使《圣经》的可信度免遭破坏，必须对其重新进行道义性的解释。18 世纪《圣经》信度的逐渐丧失也是文献学概念发生变化的标志。没有了基督教西塞罗主义的支持，也不再受历史启示观点的束缚，各种形式的文献学能够自由地集中探讨各自的实体问题和各自的历史。自赫德（1744—1803）和维科（1688—1744）以来，人们逐渐把各种语言的个体特征解释为民族的教育原则，并且与新的历史进化观点相联系，又加之民俗学与文献学的结合，有助于我们理解试图以一种新的思辨历史概念的形式为日益差别化的个体语言学寻求新的统一。[114]

然而，历史性神学启示的作用并非一概被闲置。采纳新柏拉图主义观点的 18 世纪文化希腊主义就把约翰·约阿西姆·温克尔曼（1717—1768）所著的《古代艺术史》（1764）作为自己的基础。至少在使用德语的地区，文化希腊主义是神学在文献学职能方面无法发挥任何作用的结果。文艺复兴和巴洛克风格的启示文献学从基督徒与异教古人的统一体中确定自己的 527
前进方向，这是它的永恒哲学。在启蒙运动后半期，崇奉“高贵的单纯与宁静的伟大”的希腊古人重新占有了这一主导地位。温克尔曼把文献学与哲学结合在一起，成就了 19 世纪的洪堡大学，并且在尼采对希腊人新的塑造中达到高峰。这一结合也基本上是自启蒙运动以来对文献学进行重新解释的结果。

批判哲学：各种学科的裁判

在大学里，自然和历史领域某些方面的改组，甚至文献学的重新安排，均是依赖哲学而不是其他高级学科来完成的。关于自然规律、自然之

---

[112] Lechler, *Deismus*（注释 50），62.

[113] H. S. Reimarus, *Apologie oder Schutzschrift für die vernünftigen Verehrer Gottes*（约 1765 年完成，1972 年在美因河畔法兰克福首次发行）.

[114] 洪堡的著作尤其重要。

美及对自然进行机械学描述可能性的沉思，超出了教会神学的范围。其中对自然进行力学描述的可能性思考可使天文学、物理学与教会神学之外的各种力量结合起来。虽然自然一直是自然神学研究的主题，但是神学从总体来说已经确立，因此自然神学不属于制度化的神学领域，而属于哲学范畴。由于自然哲学的这一新角色，文献学和神学之间的联系被切断。温克尔曼的希腊式理想取代了以此前神学为基础的美学理想。信奉新柏拉图主义的剑桥学派为温克尔曼的希腊式理想铺平了道路，而后来安东尼·沙夫茨伯里所引导的美学方向使温克尔曼的希腊式理想得到加强。这种亲希腊的态度成为洪堡教育观念中最具本质性的东西，也是他改革大学的公理。

自从伏尔泰的世俗历史哲学出现以来——尤其是自赫德所著的《关于人类发展的另一种历史哲学》（1774）发表以来——古老的拯救历史的地位被普遍性的历史哲学所取代。这一过程在 19 世纪黑格尔的国家哲学和历史哲学中达到高峰。在以自然法为基础的争论中，法学预设了一个自然哲学概念；在公法中，为实现政府效能的最大化，强调修改包含人权的自然法的规范条文，并且顾及效用和历史起源。

18 世纪下半叶，以历史文学、自然、政治和教会的统一体为基础的古老学术理想已不复存在。教派神学既不能束缚新的自然概念，也不能驾驭多种方式的文献学。法学日益与实际的政府行政管理联盟，遂不能完成
528 实现国家的合法化的任务，无论这一国家是专制独裁的，还是以自然法为基础的，而这一任务恰恰是法学最初承担的古老的哲学和政治任务。另一方面，所有学科基本上都以新的自然概念作为它们的讨论基础：超教派宗教神学使用自然神学概念，哲学法学运用自然法概念，在克雷斯蒂安·沃尔夫的学派更是如此。自然概念是神学、法学和哲学的共同基础，但是由于大学中的神学（由于其特定的教派联系）和法学（由于它与国家之间存在的服务联系）不能够对这一概念的所有来源进行探究，因此 18 世纪后半期自主地把自然概念解释为自然法、自然宗教、人性便成为哲学的任务。

如此一来，哲学便逐渐成为自然和宗教之间、自然和国家之间关系的

裁判。正如康德在启蒙运动末期已牢固确立的那样，哲学能够像法学那样，运用自然法的概念从哲学方面实现国家的合法化；[115] 法学家也能像神学家那样，自然而然地“在纯理性的范围内”理解宗教。[116] 然而，与神学和法学的不同之处在于，哲学能够凭借自己的新能力同时完成这样两项任务。在基督教沃尔夫学派的传统中，哲学凭借对自然有条不紊的处理而确立了自己的理论概念，凭借对历史的批判性处理而确立了实践哲学概念。这就是折中主义的传统。[117] 当康德赋予哲学对经验进行全方位评判的能力时，他是以理性的自主性为前提的。批判哲学描述了自然领域机械而又理性的规律性，并且用类似于自然而构建的自主规律性来检验关于实践经验、历史及启示的那些主张。这样，哲学以一种非派别性的和自主的方式宣告自身独立于宗教和政治活动之外。哲学将其角色设定为一个独特的自主真理的公正管理者，能够超越和抵制那些未被理性界定的他律机构的主张和指令。

18 世纪末，哲学，与康德共同——甚至在大学里——获得了伽桑狄、笛卡尔、洛克、莱布尼兹早在一个世纪之前就提出的学科裁判职位。作为学科裁判，启蒙运动时期的哲学出任了主导性学科的新角色，并且在此过 529
程中完成自身的制度和理论重构。18 世纪——借助克雷斯蒂安·沃尔夫的理性主义学派和休谟的不可知论——哲学发展成为知识活动的一个自主分支，并且借助德国折中主义对历史所持有的批判态度，借助伏尔泰建立一种普遍世俗历史的计划——哲学发展成为历史经验的司法机构和关键的上诉法院。哲学解释了自然神学和获得历史性和评论性启蒙的神学。哲学确立了理性的自然法和公共法的准则。

教派神学的瘫痪促使新的神学基础的诞生，并且导致一个新兴的且具有政治合法性的主权建设的必要性。这两项任务是借助修正自然概念、自

---

[115] I. Kant, *Metaphysik der Sitten* (Königsberg, 1797).

[116] I. Kant, *Die Religion innerhalb der Grenzen der blossen Vernunft* (Königsberg, 1793).

[117] Schmidt-Biggemann, *Theodizee*（注释 48）, 7-61, 202-223; H. Holzhey, ‘Philosophie als Eklektik’, *Studia Leibnitiana*, 15 (1983), 20-29.

然神学概念和自然法概念完成的。由于神学保留了教派性，法学趋于政治化，哲学于是能够成为主导学科。启蒙运动时期哲学就梦想获得这一学科地位，此时终于梦想成真。

精选文献

Alsted, J. H. , *Cursus encyclopaedia libris 27 complectens universae philo-so-phiae methodum*, Herborn, 1620.

Barner, W. *Barockrhetorik. Untersuchungen zu ihren geschichtlichen Grundlagen*, Tübingen, 1970.

Blumenberg, H. *Die Genesis der kopernikanischen Welt*, Frankfurt-on-Main, 1975.

Brockliss, L. W. B. *French Higher Education in the Seventeenth and Eighteenth Centuries. A Cultural History*, Oxford, 1987.

Debus, A. G. *The Chemical Philosophy. Paracelsian Sciences and Medicine in the Sixteenth and Seventeenth Centuries*, New York, 1977.

Garin, E. (ed.) *Storia della filosofia italiana*, Turin, 1967.

Grabmann, M. *Die Geschichte der katholischen Theologie seit dem Ausgang der Väterzeit*, 2nd edn, Darmstadt, 1974.

Hirsch, E. *Geschichte der neueren evangelischen Theologie im Zusammenhang mit den allgemeinen Bewegungen des europäischen Denkens*, 5 vols., Gütersloh, 1949-1954.

Höffner, J. *Christentum und Menschenwürde. Das Anliegen der spanischen Kolonialethik im Goldenen Zeitalter*, Trier, 1947.

Jedin, H. (ed.) *Handbuch der Kirchengeschichte*, vol. Ⅳ: *Reformation, katholische Reform und Gegenreformation*; vol. Ⅴ: *Die Kirche im Zeitalter des Absolutismus und der Aufklärung*, Freiburg/Basle/Vienna, 1967, 1970.

Keohane, N. O. *Philosophy and the State in France*, Princeton, N. J., 1980.

Müller-Jahncke, W.-D. *Astrologisch-magische Theorie und Praxis in der Heilkunde der frühen Neuzeit*, Wiesbaden/Stuttgart, 1985.

Pfeiffer, R. *History of Classical Scholarship from 1300 to* 1850, Oxford, 1976. 530

Quaritsch, H. *Staat und Souveränität*, Frankfurt-on-Main, 1970.

Recktenwald, H. C. *Geschichte der politischen Ökonomie*, Stuttgart, 1971.

Reibstein, E. *Volkssouveränität und Freiheitsrechte*, 2 vols., Freiburg/Munich, 1972.

Sandys, J. E. *A History of Classical Scholarship*, 3 vols., Cambridge, 1903-1908.

Schmidt-Biggemann, W. *Topica universalis. Eine Modellgeschichte der humanistischen und barocken Wissenschaft*, Hamburg, 1983.

Schmitt, C. *Der Nomos der Erde und das Ius Publicum Europaeum*, Cologne, 1950.

Schmitt, C. B., Skinner, Q., Kessler, E., Kraye, J. (eds.) *The Cambridge History of Renaissance Philosophy*, Cambridge, 1988.

Stolleis, M. *Geschichte des öffentlichen Rechts in Deutschland*. vol. Ⅰ: *Reichspublizistik und Policeywissenschaft 1600-1800*, Munich, 1988.

Áberweg, F. *Die Philosophie der Neuzeit bis zum Ende des 18. Jahrhunderts*, revised by M. Frischeisen-Köhler and W. Moos, Berlin, 1924.

Vierhaus, R. (ed.) *Wissenschaften im Zeitalter der Aufklärung*, Göttingen, 1985.

Wollgast, S. *Philosophie in Deutschland zwischen Reformation und Aufklärung*, Berlin, 1988.

531 第十三章　科学革命和大学

罗伊·波特

处于被动局面的大学

16、17世纪科学的一个显著特点就是科学处于一个堪称“革命”的时期，而不仅仅是一个变化的时期。许多倡导科学革命的人坚信正统的科学在总体上是有缺陷的：其原理和方法、事实和理论、精神和观点都是错误的。评论家包括大学外部激进的布鲁诺、康帕内拉和英国革命的教派成员，以及布拉赫和伽桑狄等喜怒无常的保守派人员。但他们普遍轻视已经在学术领域内拥有牢固地位的科学。并且在排斥学者的时候，抨击学院。布拉赫认为，新的天文学必须推翻亚里士多德科学在学院里拥有的“压迫性权威”。[①]

近代早期，评价科学的声音掩盖了对大学失误的批判。这一过程至少从帕拉切尔苏斯在巴塞尔接受教授席位并公开销毁阿维森纳和加伦的著作时就开始了，中间历经布鲁诺用刻薄的语言抨击都铎王朝后期牛津大学的书呆子，并且表现在对圣像崇拜反对者的谩骂所进行的剖析之中。大学忽视科学并标榜自己为改革者。大学里对自然界的探索充满浓厚的学究气，
532 盲目照搬古人文章；探究自然的主要目标不是揭示自然真相，而是一些徒劳的胜利和咬文嚼字的争论。大学里的科学是一片荒野，既无成果，也无

---

① R. S. Westman, ‘The Astronomer’s Role in the Sixteenth Century’, *History of Science*, 18(1980), 124. 同时反对大学的记载见 R. F. Jones, *Ancients and Moderns: a study of the Battle of the Books* (St Louis, Miss., 1936); A. G. Debus, *Science and Education in the Seventeenth Century; the Webster-Ward Debate* (London, 1970)。

光明。培根是这样谴责大学的：

> 在学校、学园、学院和类似注定要成为学者住所和培养学术的地方的习惯和制度中，一切均和科学的发展背道而驰……因为在这些地方人们的研究被禁锢在某些作家的著作中，如果任何人对他的看法持有异议的话，他就会受到排斥并作为一个暴乱分子和革新者接受审判。[②]

（批评家们宣称）大学不仅未能充当科学的保护神，还坚决地把最先进的现代观察排除在外。正像 17 世纪 40 年代清教徒改革家约翰·霍尔抨击牛津大学和剑桥大学时所说的那样："在哪里我们和机械化学有过联系？……在哪里对实验进行过检验和推理？……在哪里我们持续阅读过关于生物活体或尸体解剖的有关材料，或者亲眼见证任何草药的疗效？"[③]

在 17 世纪很难找到一位未对经院哲学和学院科学提出批评的杰出科学家。就像圣乔治以斩杀学术浅薄之龙而闻名一样，诸如伽利略之类的科学家声名鹊起。

有足够的理由认为，20 世纪历史学家赞同对学院科学发起的这一攻击不足为奇。在论及布鲁诺对书呆子进行的分析时，耶茨把都铎王朝时期的牛津大学描述为"非科学且语法学家占绝对优势的机构"，"亚里士多德式的顽固特点日益突出"，并且深受"亚里士多德派系"的蛊惑。[④] 一个世纪之后，根据牛顿主要传记作家韦斯特福尔的说法，斯图亚特王朝后期剑桥大学的状况更糟："已濒临知识荒漠的地步"，"在剑桥大学里我找不

---

② F. Bacon, *Novum organum* (London, 1620)，引自 H. F. Kearney, *Origins of the Scientific Revolution* (London, 1964), 144.

③ 引自 C. Hill, *Intellectual Origins of the English Revolution* (London, 1972), 305。

④ F. A. Yates, 'Giordano Bruno's Conflict with Oxford', *Journal of the Warburg Institute*, 2 (1938-1939), 231.

出任何科研的团体”，“我甚至不能确定存在一个知识团体”。[⑤] 如何准确界定科学革命的争论仍在继续并变得越来越强烈。[⑥] 但大多数历史学家在 533 有关大学在科学发展方面发挥的作用非常微弱这一点上，认识是一致的。[⑦] 艾瑞克·阿什比爵士写道：“科学革命的历史几乎完全与大学无关……任何情况下，欧洲的大学都不能被认为是科学革命的发起者。”[⑧] 伯纳尔以更加肯定的语气认为在科学的发展上，大学是一种确定的障碍：“尽管科学在教育中占有一定地位，但 17、18 世纪科学的巨大发展并不是因为大学在教育中所拥有的这一地位。就科学知识而言，19 世纪中期之前所有的伟大科学家都是自学成才的……科学在古老的大学里并没有立足之地。”[⑨]

但后来这一解释受到了挑战。修正论者告诫我们不要按照字面意思理

---

⑤ R. S. Westfall, 'Isaac Newton in Cambridge: the Restoration University and Scientific Creativity', in P. Zagorin(ed.), *Culture and Politics from Puritanism to the Enlightenment* (Berkeley, Calif., 1980). These issues, respecting England and many other European nations, are now extensively discussed in R. Porter and M. Teich(eds.), *The Scientific Revolution in National Context* (Cambridge, 1992), which contains a lengthy introduction with an up-to-date bibliography.

⑥ 不同的观点参见 G. Basalla, *The Rise of Modern Science* (Lexington, 1968); R. Briggs, *The Scientific Revolution of the Seventeenth Century* (London, 1969); Kearney, Origins(注释 2); P. Heimann, *The Scientific Revolution* (London, 1983)。

⑦ 该观点的表述见 *inter alia*, Hill, *Intellectual Origins* (注释 3); P. Allen, 'Scientific Studies in the English Universities of the Seventeenth Century', *Journal of the History of Ideas*, 10(1949), 219-253; W. Costello, *The Scholastic Curriculum at Early Seventeenth Century Cambridge* (Cambridge, Mass., 1958); Kearney, *Scholars and Gentlemen*。

⑧ E. Ashby, *Technolgy and the Academies* (London, 1966), 4, 引自一篇十分具有启发性的文章 J. Gascoigne, 'The Universities and the Scientific Revolution: the Case of Newton and Restoration Cambridge', *History of Science*, 23(1985), 391.

⑨ J. Bernal, *The Social Function of Science* (London, 1967), 71.

解关于大学的批评。[10] 批评者常常是自身观点的宣传者或自身利益的服务者。在任何情况下，每一个人的学术见解都是在为自己的观点辩护。[11] 因此，我们必须超越这些表面的词句来审视学院的实际工作。如此，我们便会获得一些十分不同的认识。的确，在一百所或更多的欧洲大学中，大多数和科学几乎没有联系，那些和科学有联系的大学几乎都不是加州理工学院的原型（这些大学为什么应该与科学研究建立联系？就像霍尔提醒我们的，“大学应该是教育机构，而不应该是研究机构”）。[12] 如果大学不是科学的绿洲，那么它也不完全是科学的沙漠。

我们不应该被正式法规和官方课程所误导。在有关亚里士多德、托勒 534
密、加伦及其评注者等传统研究占据垄断地位的大学，新科学生存于夹缝间，并且通过课外讲座、私人讲授及由教师和学生举办的专门研讨班而得到发展。历史学家的目光一旦从法令和职位移开，开始详细地检查一些私人的、手稿式的证据——学生笔记和信件、传记、图书馆目录、讲座笔记——他们就会发现一些远较人们的想象更加丰富多彩的科学动力和科学活动的证据。例如，在剑桥大学科珀斯克里斯蒂学院的一位名不见经传的

---

⑩ 修正论者的观点例见 M. H. Curtis, *Oxford and Cambridge in Transition 1558-1642. An Essay on Changing Relations between the English Universities and English Society*(Oxford, 1959), ch. 9; B. J. Shapiro, 'The Universities and Science in Seventeenth-Century England', *Journal of British Studies*, 10(1971), 47-82; R. G. Frank, 'Science, Medicine and the Universities of Early Modern England: Background and Sources', *History of Science*, Ⅱ(1973), 194-216, 239-269; N. Tyacke, 'Science and Religion at Oxford before the Civil War', in D. Pennington and K. Thomas(eds.), *Puritans and Revolutionaries. Essays in Seventeenth-Century History Presented to Christopher Hill*(Oxford, 1982), 73-93; M. Feingold, *The Mathematicians' Apprenticeship. Science, Universities and Society in England, 1560-1640*(Cambridge, 1984); I. Adamson, 'The Administration of Gresham College and Its Fluctuating Fortunes as a Scientific Institution in the Seventeenth Century', *History of Education*, 9(1980), 13-25; I. Adamson, 'The Foundation and Early History of Gresham College, London, 1596-1704', Ph. D., Cambridge, 1975。

⑪ 参见 Debus, *Science and Education*（注释 1）for reprintings of John Webster's *Academiarum examen* and John Wilkins's and John Ward's *Vindiciae academiarum*。

⑫ A. R. Hall, *From Galileo to Newton, 1630-1720*(London, 1970), 133.

教师亨利·戈斯特林（1667—1675年任学院研究员）所保留下来的120本书中，至少有23本数学书籍，其中包括维埃特、梅森、笛卡尔、沃利斯和塞思·沃德的著作。在戈斯特林的同代人拉尔夫·卡德沃思留下的2200本书中，有420本“数学、医学和哲学的小册子”，有66本数学书籍。⑬ 因此大学里面还存在一所大学。17世纪中叶牛津大学章程仅提及只有亚里士多德和托勒密的著作成为自然哲学和天文学的教材。但是，塞思·沃德认为，讲座实际上是按照物理学的“原子和磁性假设”及“天文学的哥白尼学说”举办的。⑭

修正论者的研究确切无疑地表明，近代早期大学并非蒙昧无知、墨守成规、僵化而不思变革的机构，也没有被陈腐的经院学术评论冲昏了头脑而仅仅关注僵化的科学与医学食谱。有关个别机构工作及教授、学生工作学习生涯的研究说明学院的科学研究活动十分活跃。譬如，后来的查尔斯·施密特展示了16世纪意大利大学对植物学和自然历史表现的浓厚兴趣。西班牙的情形与此类似，西班牙大学对在“新世界”发现的动植物群做出了积极反应。⑮ 布罗克里斯的研究显示虽然巴黎医学院素以保守主义著称，然而17世纪前半期该院学生的学位论文表明他们诚心接受新思想。⑯ 最近的研究表明意大利北部和低地国家在发展新科学方面处于领先
535 地位。在这些国家和地区，新科学的发展主要是在帕多瓦大学和莱顿大学完成的。⑰ 英格兰学者法因戈尔德在自己的数学研究中令人信服地提出，

---

⑬ 参见 Gascoigne, 'Universities and the Scientific Revolution'(注释8), 416。

⑭ 引自 R. G. Frank, *Harvey and the Oxford Physiologists* (Berkeley, Calif., 1980), 48。

⑮ 参见 C. B. Schmitt, 'Science in the Italian Universities in the Sixteenth and Early Seventeenth Centuries', in M. P. Crosland (ed.), *The Emergence of Science in Western Europe* (London, 1975), 35-56。

⑯ L. W. B. Brockliss, 'Medical Teaching at the University of Paris, 1600-1720', *Annals of Science*, 35(1978), 221-251.

⑰ C. S. Maffioli and L. C. Palm (eds.), *Italian Scientists in the Low Countries in the XVII th and XVIII th Centuries* (Amsterdam, 1989); T. H. Lunsingh Scheurleer and G. H. M. Posthumus Meyjes (eds.), *Leiden University in the Seventeenth Century. An Exchange of Learning* (Leiden, 1975). 参见精选文献。

传统史学认为大学，尤其是格雷欣学院滞后于大都市发展的观点是错误的。牛津大学和剑桥大学的数学研究取得了丰硕成果——以至于某些激进分子对这里的数学理论进行了攻击，将其视为虚假的、蒙昧主义的和精英主义的产物。⑱

关于科学研究在大学里得到广泛培育的证据不胜枚举。但是关键的问题仍是大学在此类的科学革命中发挥了什么作用——如果发挥了作用的话——是不是正如巴特菲尔德所说的，这一非凡的转变“促使基督教诞生以来的一切均黯然失色；与这一转变相比，文艺复兴和宗教改革只是一个小插曲而已，只是中世纪基督教体制的内部更迭而已”，就其重要性而言，这一转变是科学史上无与伦比的插曲：“因为科学革命推翻了中世纪和整个古代世界的科学权威——因为科学革命不仅导致经院科学的黯然失色，而且促使亚里士多德物理学的毁灭？”⑲

科学革命这一概念并不浅显易懂和简单明了。科学革命这一术语只是最近才出现的，似乎是在半个世纪以前由科伊尔引进的。⑳ 关于科学革命这一现象的具体本质、规模或开展的时机还未获得共同的认识——的确，有关这一现象的解释千差万别，以至于阿诺德·撒克里总结，虽然它仍是一个“主要的探索手段……和各种教材和课程的主题”，但科学革命最初的解释很少：“随着时间的推移，越来越难以相信一个独一无二的科学革命的存在，越来越难以相信科学革命连贯性的存在。”㉑

然而，我仍然认为谈论科学革命是有价值的，下面我着重说明科学革

---

⑱ 参见法因戈尔德的著作，*Apprenticeship* and Adamson，‘Gresham College’（注释 10）。

⑲ H. Butterfield，*The Origins of Modern Science 1300-1800*（London，1949），viii.

⑳ A. Koyré，*Etudes galiléennes*（Paris，1939），6-9. 学术性的评价见 R. Porter，‘The Scientific Revolution：a Spoke in the Wheel?’，in R. Porter and M. Teich（eds.），*Revolution in History*（Cambridge，1986）。

㉑ A. Thackray，‘History of Science’，in P. Durbin（ed.），*A Guide to the Culture of Science，Technology and Medicine*（New York/London，1980），28. 一个最新的优秀评述是 P. Corsi，‘History of Science，History of Philosophy and History of Theology’，in P. Corsi and P. Weindling（eds.），*Information Sources in the History of Science and Medicine*（London，1983），3-26。

命的本质。

536

科学革命

很明显，大学为科学革命所做的贡献必须取决于如何准确看待科学革命。一份有影响的读物将其描绘为一场“漫长的革命”，以中世纪为起点，绵延数个世纪。巴特菲尔德认为“与16世纪和17世纪具有普遍联系的科学革命，事实上可以沿着一条毫无疑义的路线追溯到一个更早的时期”㉒；同样，克龙比认为，虽然“16世纪末科学革命获得加速发展”，但事实上科学革命的起点应“远远追溯到13世纪”。㉓

这里并非探索中世纪科学遗产这一棘手问题的场所。然而，可以明确的是，如果我们把科学革命发生的时间向后延伸，即把中世纪末期包含进来，我们就会自觉地把大学置于这场科学革命的中心位置，因为中世纪末期的科学发展完全展示了学术研究成果及随之而来的综合性研究机构所取得的哲学研究成就，展示了13世纪起巴黎大学、牛津大学、博洛尼亚大学、帕多瓦大学及其他地方讲授亚里士多德哲学的成就。㉔

然而，最后的情形是主张科学革命可以追溯到中世纪的读物又把科学革命视为一张普罗克汝斯忒斯之床❶。恰当地说，“革命”这一概念包含了真正的间断，直到（在某种程度上）16世纪和（更远些的）17世纪我们才发现了明确的和全面的断裂：拒绝接受传统的科学遗产，希望科学能够、必须和一定超越古代科学，以及全新的科学理论的实际胜利。受篇幅

㉒ Butterfield, *Origins*（注释19），viii.

㉓ A. C. Crombie, *Augustine to Galileo*, vol. Ⅰ (London, 1961), 28.

㉔ 当代对中世纪和文艺复兴时期科学发展的重新评判见 C. B. Schmitt, 'Recent Trends in the Study of Medieval and Renaissance Science', in Corsi and Weindling (eds.), *Information Sources*（注释21），221-242。

❶ 出自希腊神话，普罗克汝斯忒斯系阿蒂卡巨人，羁留旅客，缚之床榻，体长者截其下肢，体短者拔之使之与床齐长，在这里意为强求一致的制度、主义或政策。

所限，这里无法详细列举 17 世纪科学发生的令人惊奇的主要变化，但是值得强调的是那些体现了 17 世纪科学特征的某些关键因素。首先，许多主要人物把自己塑造为激进的“新科学”斗士，与学院古板沉闷的教条进行生死攸关的搏斗：培根的《新大西岛》、开普勒的《新天文学》和伽利略的《两种新科学》等著作的名称就体现了这一争论不止的革新语调。实验自然哲学家亨利·鲍尔在 1644 年所写的文章中也很好地表达了这一新奇的感觉：

> （我认为）这是一个哲学大潮涌动的时代；亚里士多德学派弟子 537
> 也许希望阻止这一潮流，或者（与薛西斯一世联手）改善海洋，就像遏制自由哲学泛滥一样：我认为我看到了这一潮流如何以排山倒海之势把所有的旧垃圾，把年久失修的建筑物推倒并清除出去。这是为一个更伟大的永远不会被推翻的哲学奠定新基础的时代：这一时代将要以经验主义的和感性的方式彻查自然现象，从自然的本源中推测万事万物的发生原因，正如我们所观察到的这些是由艺术造成的，是机械师的无误证明；当然这就是建立一个真正的、永久哲学的方法。舍此，别无他法。㉕

培根和伽利略对正统观念不散的阴魂和僵死的思想尤其不屑一顾，其不屑的程度甚至哥白尼和韦萨琉斯也不能与他们相提并论，更不用说他们的先辈了。毫无疑问，其间多是一些虚饰巧辩之词；毫无疑问，备受责难讽刺的主要是经院哲学家；毫无疑问 17 世纪的自然哲学家所继承的学术遗产远较他们承认的要多。㉖ 然而 17 世纪确实见证了相互对立的自然哲学流派之间的激烈斗争，要求脱离沉闷的正统观念的呼声贯穿整个世纪，并且在有关古（自然哲学）今（自然哲学）之争及书籍之战中达到顶峰，最

㉕ 引自 by Jones, *Ancients and Moderns*（注释 1），195。

㉖ 关于伽利略的科学体系中哪些创新，特别是哪些是承袭，先辈学术遗产的新观点见 W. A. Wallace, *Galileo and his Sources*（Princeton, N. J. ,1984）。

后以现代（自然哲学）的胜利而结束。

新科学的旗手们的确面临着一场斗争。传统的自然哲学规则已经深深地植根于神学院和大学之中，植根于教材、课程和受教育者的心灵之中。不仅在火焚布鲁诺、审判伽利略之类的事件中，传统自然哲学受到知识正统派、基督教教会，尤其是教皇的庇护，同时还受到其他教派的保护。这在斯图亚特王朝早期劳德派安立甘主义的保守作用上得到体现。把这一场冲突描绘为黑暗力量和光明之子之间的斗争是愚蠢的漫画手法；然而，17世纪在互为竞争对手的自然哲学派别之间发生了激烈冲突，这些派别常常决意将自身投入旧派和新派之间的斗争，其结果——超越16世纪——是新自然哲学一派的胜利。

另外，在概念基础和精微的（理论）构造方面，许多科学的确发生了根本性的转向。几个例子就足以说明这一点。在天文学领域，地面压力体系和地心说在1600年仍占绝对优势，但到1700年所有国际科学界的精英
538 们均支持日心说。1600年，亚里士多德物理学关于限度、位移和四因素的说法仍很普遍，在许多情况下以经过提炼和重新注入活力的方式表现出来。然而，到了1700年，物理哲学的一种或其他模式削弱了亚里士多德物理学对知名科学家的影响。那时的物质理论不是用传统的四元素和质量的语言表述，而是运用粒子和有限动力的语言表述的，粒子和有限动力体现了新的运动法则和力学原则。伽利略的发现最终削弱了关于天体科学和地球科学传统划分的根基，并且由牛顿的万有引力在二者之间架起了桥梁。在方法论方面，望远镜、显微镜等科学仪器的发展鼓励并刺激了观察法的使用。新的可观察、可认识的宏观世界和微观世界被呈现在世人面前，这为仪器制造的整体发展做出了贡献，而仪器制造已经发展成为现代科学的一个重要因素。与此同时，实验法催生了新的实践科学研究方法，增进了关于“客观真理”的认识。另外，数学的进步——著名的笛卡尔解析几何、牛顿和莱布尼兹的无穷小理论——赋予科学计算和控制此前曾属

于印象派知识领域的能力。此类例子举不胜举。[27]

必须强调的是，这些变化不仅仅是一场“纸上革命”，也不仅仅是关于一次伟大复兴的虔诚希望。[28] 这些变化的成就是巨大而永恒的，充满了对未来的憧憬和希望。单一言之，的确，开普勒、笛卡尔、伽利略和玻意耳的工作制造了多少混乱就解决了多少混乱。整体言之，在以牛顿为首的综合体系被视为结构严密、范围和潜力令人惊叹且已成熟到足以解决实际问题（库恩的“范式科学”）的地步之前，开普勒、笛卡尔、伽利略和玻意耳等人的研究已对科学的基本原理进行了富有成效的阐述，牛顿则使长期争论的问题达成了一致。[29]

这样，许多具体科学——动力学、水力学、气体力学、光学等——的概念和实践发生了转变，新的自然理论得到建立。物理科学的信心使其力学模型得以向新领域扩展，博雷利生理学方面的情形就是如此，这一扩展 539
提高了自然哲学的声望，自然哲学成为真实知识的集中表述——贯穿于整个 18 世纪的把牛顿学说运用到美学、社会和道德哲学、政治学和心理学方面的热情就是见证。[30] 对启蒙运动时期激进的知识分子来说，科学的成功使形而上学和神学成为明日黄花。在洛克看来，哲学是科学的仆役，哲学的工作在于为科学的“建筑大师们”扫除一切垃圾。对狄德罗和达朗

㉗ T. S. Kuhn, *The Copernican Revolution* (Cambridge, Mass., 1957); A. Koyré, *From the Closed World to the Infinite Universe* (Baltimore, Md., 1957); M. Boas, *Robert Boyle and Seventeenth-Century Chemistry* (Cambridge, 1958); E. J. Dijksterhuis, *The Mechanization of the World Picture* (Oxford, 1981).

㉘ 相反，有观点认为 16—17 世纪早期赫尔墨斯学派哲学家们的努力并未取得系统化的成就，参见 F. A. Yates, *The Rosicrucian Enlightenment* (London, 1972), and for a slightly later cadre of reformers, C. Webster, *The Great Instauration. Science, Medicine and Reform 1628-1660* (London, 1975)。

㉙ 参见 I. B. Cohen, *The Newtonian Revolution: with Illustrations of the Transformation of Scientific Ideas* (Cambridge/New York, 1980)。

㉚ 18 世纪对牛顿的崇拜见 H. Guerlac, 'Where the Statue Stood: Divergent Loyalties to Newton in the 18th Century', in E. R. Wasserman (ed.), *Aspects of the Eighteenth Century* (Baltimore, Md., 1965), 31-34; P. Beer (Ed.), *Newton and the Enlightenment* (Oxford, 1978)。

伯、普里斯特利和达尔文来说，科学是进步的发动机。

我一直想表明的最重要一点是，科学发生变革正是在 17 世纪。这种变革包括有关科学理论基本概念的重新界定、旧有正统观念的推翻及新生的、经得起时间考验的科学概念的确立。在一个更加广博的层面上，这一变革意味着人在自然界中拥有了新的地位，确立了人类对自然的控制权，丰富了人们对力量（物质力量和知识力量）、进步、启蒙，尤其是科学在社会中的基本作用的认识。我们该如何解释这场非同寻常的变革？

一种流行的解释认为，除非把科学革命视为对欧洲正在发生的更深刻变革的一种回应，否则科学革命是难以理解的，如马克思主义者就把科学革命看作从封建秩序向资本主义秩序转变的一个必要条件。资本主义在朝向商业化、工业化和帝国化扩张的前进道路上遭遇了技术瓶颈的阻碍，而科学革命则提供了解决这一问题的科学技术方案。天文学革命解决了越洋商业资本主义所遇到的精确导航问题，即其中的一个明证，月球运动理论则曾希望解决经度问题。进一步来说，科学将成为资产阶级的新宗教，依据自然法则实现社会秩序的合理化。[31]

同时，其他历史学家以一种平行的方式，把科学革命看作宗教改革的
540 附带现象。据说，新教带来了一种新的认识自然的态度，反对权威，尊重经验和实验，怀疑魔力和神秘，把自然看作一种神圣的工具。新教科学家声称他们在科学革命中发挥了一种与其数量不相称的重要作用。[32] 最近，

㉛ B. Hessen, 'The Social and Economic Roots of Newton's *Principia*', in J. Needham and P. G. Werskey (eds.), *Science at the Crossroads. International Congress of the History of Science and Technology London, June 29th to July 3rd, 1931* (London, 1931), 147-212; D. Dickson, 'Science and Political Hegemony in the Seventeenth Century', *Radical Science Journal*, 8 (1979), 7-38. 有关评价参见 J. Ravetz and R. S. Westfall, 'Marxism and the History of Science', *Isis*, 72 (1981), 393-405。

㉜ 关于"新教改革与科学革命"关系的争论有一部十分有价值的文集，参见 C. Webster (ed.), *The Intellectual Revolution of the Seventeenth Century* (London, 1974)。批判观点参见 A. R. Hall, 'Merton Revisited', *History of Science*, 2 (1963), 1-16; 霍尔观点 (p. 10) 'mind determines social forms'。

人们认为谷登堡时代的到来在科学革命中发挥了关键作用。借助于印刷书籍媒介而实现的准确、可无限复制的信息的大众传播，消除了人们对旧学术的迷信崇拜；借助于无尽的评论繁荣营造了一种科学争论、科学批评和科学竞争的氛围。[33]

很明显，以上关于科学革命的任何解释均不承认大学在科学革命中曾经发挥任何开创性或形成性的作用。这些解释均强调物质文化和社会变化，从而我们就会认为科学革命最初依赖的是手工艺人，而不是学者；科学革命的发源地在大学较少的伦敦而不是牛津，在里昂而不在巴黎，在阿姆斯特丹而不在莱顿，在日内瓦而不在比萨。实际上，在所有的这些解释中，尤其是马克思主义者的解释，大学似乎是旧科学制度的典型堡垒，是一种阻碍变革的彻头彻尾的障碍。[34]

所有这些假设在一定程度上确认了16、17世纪刺激科学发展的社会经济和文化变革动力，这些力量确保后来科学获得更高地位。然而，资本主义或新教的压力能否解释科学革命自身的关键概念尚值得怀疑。的确，至少自鲍里斯·黑森的开创性著作《牛顿原理的经济学基础》（1931）面世以来，[35] 很多人试图解释新科学理论如何对新兴资本主义经济学做出反应或反映。然而，这些解释难以令人信服。运用经济总需求、阶级冲突或广泛的宗教转变作为变量解析一些假说的兴衰似乎烦琐不堪，被解析的这些假设包括日心说、原子论、四元素化学和三元素化学之间的斗争或自然 541

㉝ S. Drake, 'Early Science and the Printed Book: the Spread of Science beyond the Universities', *Renaissance and Reformation*, 6(1970), 43-52; E. L. Eisenstein, *The Printing Press as an Agent of Change*, 2 vols. (Cambridge, 1979). 批判观点参见 W. Eamon, 'Arcana Disclosed: the Advent of Printing, the Books of Secrets Tradition and the Development of Experimental Science in the Sixteenth Century', *History of Science*, 22(1984), 111-150。

㉞ 附录中包含一个有力的陈述('A Note on the Universities') to Hill, *Intellectual Origins*（注释 3）。

㉟ 参见 Hessen, 'Roots'(注释 31)。

摈弃真空学说等。[36]

然而对知识直接反映社会的怀疑不能走向另一个极端，也不能赞同这样一种观点，即科学革命根本就没有社会基础，纯粹是因为为它所拥有和所需要的只是一种精神归宿。在科伊尔工作的激励下，包括霍尔、吉利斯皮和巴切拉德（以一种更复杂的方式）在内的对许多科学革命最具历史影响力的历史学家，提出了一种理想主义解释。这种解释倾向于否认外部社会或意识形态压力对具有创造性的科学家的影响，将科学家视为孤独的天才，他们运用自己的大脑完成复杂的理论创新。[37] 吉利斯皮讲述的关于牛顿的一件轶闻很好地说明了这一点。当牛顿的一位崇拜者问及“你是如何发现的?”时，牛顿说“总是想着它们”。[38]

依据这种相当浪漫主义的观点，科学革命成为个体开拓者的产物。这些个体开拓者是超凡脱俗的，甚至不受权力、政治和名誉的影响，他们只是一些学院成员。作家华兹华斯对牛顿肖像的浪漫主义描述体现了这一点：“（牛顿）有一副棱角分明的和沉默的面孔，独自遨游在陌生的思想海洋里。”弗兰克·曼努埃尔在剑桥大学对牛顿简洁有力的刻画更具有代表性：“在一片知识的荒漠中，一位孤独的人构建了一个世界的体系。”[39] 韦斯特福尔的评论也赞同这一观点：“我们对剑桥大学的了解表明，它作为一所机构未在引导牛顿走向新哲学方面发挥什么作用。”[40] 的确，人们常

㊱ 唯物主义者对此进行了尖锐的批判，参见 A. R. Hall, The Scholar and the Craftsman in the Scientific Revolution', in M. Clagett(ed.), *Critical Problems in the History of Science*(Madison, Wis., 1962); A. R. Hall, 'On the Historical Singularity of the Scientific Revolution of the Seventeenth Century', in J. Elliott and H. Koenigsberger(eds.), *The Diversity of History*(London, 1970), 199-222; A. R. Hall, *Ballistics in the Seventeenth Century*(Cambridge, 1952)。

㊲ 科学史上理想主义者的解释见 Corsi, 'History of Science'(注释 21) and P. B. Wood, 'Philosophy of Science in Relation to History of Science', in Corsi and Weindling(eds.), *Information Sources*(注释 21), 116-136。关于 *Bachelard* 参见 M. Tiles, *Bachelard: Science and Objectivity*(Cambridge, 1984)。

㊳ C. C. Gillispie, *The Edge of Objectivity*(Princeton, N. J., 1960), 117.

㊴ F. Manuel, *A Portrait of Isaac Newton*(Cambridge, Mass., 1968), 133.

㊵ Westfall, 'Newton'(注释 5), 147.

常指出的是，牛顿在他“奇迹迭出”的一年，也就是1665—1666年做出了许多伟大的发明，而为躲避瘟疫，牛顿这一年的许多时间是在林肯郡的乡下老家度过的。关于自己于1665—1666年在剑桥大学和林肯郡所做的发明，牛顿做过一段著名的描述：

> 1665年初，我发现了近似数列的方法及把任何二项式缩略为此 542
> 类数列的原则。同年5月，我找到了格列高利和斯吕希乌斯正切的方法，11月发现了正流数法，第二年1月发现了色彩原理，5月开始涉及反流数法。还在这一年，我开始思索涉及月球的地球引力问题，并且找到了如何估算围绕行星运转的天体给该行星表面带来的压力的方法：依据开普勒关于据轨道中心3∶2距离处行星的周期次数法则，我推断出使行星处在轨道中的力量一定是可以互逆的，相当于行星与运转中心之间距离的平方，因此把使月球处于轨道内的力与地球表面的重力相比，我发现它们很接近。所有这些均在发生瘟疫的1665—1666年完成。因为与我生命中的任何时间相比，这段日子我都处在发明的黄金时期，处在对数学、哲学产生浓厚兴趣的黄金时期。[41]

在这一解释中，大学在科学革命中发挥的作用很小——也许只是为一些科学天才提供膳宿——因为大学把这些天才们视为在大脑中设有自己的研究中心的人。但是，如果说关于科学革命所做的宽泛的社会学解释假设过多的话，那么这种理想主义的解释的确否定太多。因为我们一旦仔细审查一下科学家和科学革命时期的科学的话，一些重要的科学家对机构的忠诚模式就会浮现出来。

证据的考察

毋庸置疑，科学革命在很多方面都是大学的产物。一方面，无论依据

[41] 引自A. R. Hall, *The Revolution in Science 1500-1750* (London, 1953), 307。

任何标准对科学革命做出贡献的人中，绝大多数都接受过大学教育。一些统计数字可以说明这一点。因在科学研究方面做出重要贡献而被载入《国家传记辞典》的生活在17世纪末的65名英国科学家中，75％的科学家曾在牛津大学和剑桥大学接受教育，还有5％是其他大学的毕业生。[42] 同样，1663年伦敦皇家学会的115名成员中，65名成员在大学学习过。[43] 如果对
543 整个欧洲进行列举的话，就会牵涉到方法和可比性等令人头疼的问题（准确地讲，何类教育机构可以称得上大学？科研成果的底线在哪里?）。但只要粗略地浏览一下科学名人录就会很快证实上述印象。阿尔德罗万迪曾在帕多瓦大学就读，培根与巴罗曾就读于剑桥大学，伊拉斯谟·巴托林曾在荷兰大学接受教育，三位著名的伯努利，即雅各布·伯努利（1654—1705）、约翰·伯努利（1667—1748）和丹尼尔·伯努利（1700—1782）赴巴塞尔大学就读，布尔哈夫是在莱顿大学接受的教育，玻意耳住在牛津大学，第谷·布拉厄在哥本哈根大学接受教育，卡梅拉里乌斯在图宾根大学，卡尔达诺在帕维亚大学和帕多瓦大学接受的教育，卡西尼在热那亚的耶稣会学院接受教育，摄尔西乌斯就读于乌普萨拉大学，切萨皮诺就读于比萨大学，雷亚多·科隆坡赴帕多瓦大学就读，哥白尼曾在克拉科夫大学、博洛尼亚大学、帕多瓦大学和费拉拉大学接受教育，如此可以依据字母顺序列举下去。[44] 在为科学革命做出贡献的最杰出的二三百名科学家中，只有极少数人没有接受过大学或按照宗教原则创办的提供类似高等教育的学院（尤其是耶稣会或奥拉托利会）的教育。特殊的例外情况是，一些人出生在富有家庭，可以接受私人教育。比如，惠更斯（一个有名望的知识分子的儿子）和帕斯卡就是其中的两人。其他的人出生在不能为他们提供大学教育的贫穷家庭，必须通过自己艰难的努力或其他渠道取得成功：外科医生安布鲁瓦·帕雷就是通过做学徒来获得成功的，化学家利巴

---

[42] 数据引自 Gascoigne，'Universities and the Scientific Revolution'（注释8），393。

[43] M. Hunter，*Science and Society in Restoration England*（Cambridge，1981），60，62.

[44] 传记材料来自 C. C. Gillispie（ed.），*Dictionary of Scientific Biography*，16 vols.（New York，1970-1980）。

威斯和最早的冶金学家比林古乔通过为意大利王子服务而获得盛名。少数人在市场上获得了成功：最早的显微镜专家列文虎克最初是一位布商，本杰明·富兰克林起初是以印刷工人开始自己的生涯的。然而这些均是特殊的例子。在名人录上按照字母顺序从阿尔德罗万迪到雷恩，在科学革命中享有盛名的绝大多数人均在大学中接受了他们全部或部分的高等教育。

这样陈述似乎是在不厌其烦地说些显而易见的东西，然而就像我在前面引述贝尔纳的话（“就他们的科学成就而言，19 世纪中期以前所有伟大的科学家均是自学成才的”）[45] 所表明的那样，为了纠正错误的成见，强调这一点是有必要的。另外，这一点也并非微不足道，因为在后来的世纪中，绝没有这么多在科学上取得成就的科学家接受过大学教育，或者在类似于大学的机构中学习过。在 18、19 世纪科学发展的长河中有许多从未被大学录取的伟大人物——地理学先驱威廉·史密斯和自然选择进化理论的共同提出者阿尔弗雷德·拉塞尔·华莱士就是其中的两位，这些人有的 544
出身贫寒，有的出身显贵，受过私人教育，是科学事业的业余爱好者。同样在实践和实验科学领域，许多主要实践者都是在店铺或工厂中取得成就的。物理科学领域更是如此。伦敦皇家学院最初的两位伟大科学家——哈姆弗里·戴维和迈克尔·法拉第——从没有上过大学。然而，在近代早期，大学教育与科学声望之间的联系尤为明显。

我们可以更有说服力地说明这一点。在近代科学发展早期，绝大部分的伟大科学家实际上是在大学里以教授为业的（或者至少是以大学教授开始自己职业生涯的）。我们的确听到许多这样的故事：第谷拒绝出任哥本哈根大学校长一职（他认为，教授是“追求虚幻的人”，是“沉溺于不切

---

[45] Bernal, *Social Function*（注释 9）.

实际的繁文缛节和空洞文字职业的人”),[46] 而希望在赫温岛上创办自己的研究基地;哥白尼在弗劳恩伯格担任主教堂神父;开普勒经常巡游;笛卡尔独自寓居荷兰;这些都是事实。但是不知还有多少知名科学家是地地道道的大学教授呢!阿尔比努斯在莱顿大学拥有教授职位,阿尔德罗万迪在博洛尼亚大学,阿塞利在帕维亚大学,巴罗在剑桥大学,巴托林在哥本哈根大学,伯努利家族成员在巴塞尔大学,布尔哈夫在莱顿大学,博雷利在墨西拿大学,布拉得雷在牛津大学,卡梅拉里乌斯在图宾根大学,卡尔达诺在帕维亚大学和博洛尼亚大学,聂尔西乌斯在乌普萨拉大学执教等,许多富有创造性的科学家均在大学里拥有教授职位。很可能直到本世纪才有如此高比例的顶尖科学家都再次拥有教授职位。

当然,科学家在大学里拥有职位不能说明一切问题。一些著名的大学在职成员(如 17 世纪剑桥大学医学教授弗朗西斯·格利森)事实上是一个缺席者,总是指派其助手完成他的职责。与今天的情形一样,许多人在领取薪水的同时,还对大学经费短缺牢骚满腹。一些人离开了大学。伽利略庆幸自己在 1610 年放弃了帕多瓦大学的教授职位,成为佛罗伦萨托斯卡纳公爵宫廷的科学家和哲学家;牛顿在 1696 年离开了剑桥大学成为铸币厂的厂长(然而他直到 1702 年才放弃他的大学职位)。就伽利略而言,认为他最好的工作是在放弃大学职位以后完成的是有争议的(大学毕竟为
545 他完成这些工作做好了准备)。[47] 但是,就像牛顿一旦离开剑桥大学赴伦敦后,他的科学发明实际上已经停止了一样,韦萨琉斯在放弃帕多瓦大学

[46] Westman,'Astronomer's Role'(注释 1),123. 关于第谷参见 J. L. E. Dreyer, *Tycho Brahe: a Picture of Scientific Life and Work in the Sixteenth Century* (Edinburgh,1890;2nd edn New York,1963);W. Norlind, *Tycho Brahe: en levnadsteckning med nya bidrag belysande hans liv och verk*, Skansk senmedeltid och Rınassans, skriftserie utgiven au Vetenskaps-Societeten, 1 (Lund,1970)。

[47] S. Drake, *Galileo at Work: his scientific Biography* (Chicago, Ill. ,1978);S. Drake, *Galileo Studies: Personality, Tradition and Revolution* (Ann Arbor, Mich. , 1970);W. R. Shea, *Galileo's Intellectual Revolution: Middle Period 1610-1632* (London/New York,1977).

职位出任查理五世的宫廷内科医生后，在解剖学方面也毫无建树。[48]

仅根据许多著名科学家在大学里拥有教授职位这一事实，就认为大学孕育了科学革命也是荒谬的。但是当我们反思一下地位显赫和具有创造性的科学家如韦萨琉斯、牛顿、三位伯努利家族成员、布尔哈夫、格斯纳、哈勒、林内乌斯、马尔皮基、莫尔加尼等，在他们发明创造处于旺盛时期的大部分时间内均在大学里拥有职位，就有理由认为“这次科学革命的历史几乎完全是在大学之外完成的”（和阿什比一样）这一观点尤其不合情理。[49] 一方面，在 16 世纪和 17 世纪，是大学为这些人提供了生活保障——为他们发放薪水（虽然往往薪水不太高）和提供相对稳定的职位——没有这些很难想象一个备受支持的永恒且稳定的国际科学共同体的存在。诚然，自皇家科学院建立之日起，在皇室的保护下，科研机构为科学家提供了少数几个定期付酬职位；[50] 当然，在此之前，各地也有少数几位以皇家科学家、皇家占星家、皇家内科医生和类似职位获得资助的科学研究者。但是近代早期大学是科研事业的生命线。

另外，这一时期为科研人员提供的大学付酬职位的数量激增。关于绝大多数大学教授职位设立的分析表明大学付酬职位数量表现了明显的扩张。以牛津大学和剑桥大学为例，它们在 17 世纪的增长是相当显著的。16 世纪的牛津大学和剑桥大学教授职位的数量非常有限：牛津大学 1527 年设立利纳克尔讲座职位，1540 年和 1546 年设立钦定物理讲座教授职位。但是牛津大学在 17 世纪早期扩展很快，在 1619 年设立萨维尔几何学和天文学教授职位，1621 年设立塞德雷安自然哲学教授职位，1622 年拥有但比伯爵植物园，1624 年设立汤姆林斯解剖学准教授职位，1669 年设植物

---

[48] R. S. Westfall, *Never at Rest: a Biography of Isaac Newton* (Cambridge, 1980).

[49] Ashby, *Technology*（注释 8）.

[50] 参见 R. Hahn, 'Scientific Careers in Eighteenth-Century France', in Crosland(ed.), *Emergence*（注释 15）, 127-138; M. P. Crosland, 'The Development of a Professional Career in Sciences in France', in Crosland(ed.), *Emergence*（注释 15）, 139-160. And R. Hahn, *The Anatomy of a Scientific Institution: the Paris Academy of Sciences 1666-1803* (Berkeley, Calif., 1971)。

学教授职位。剑桥大学的扩展紧随其后。1663 年设立卢卡森数学教授职
546 位——牛顿的职位——接着 1702 年设立化学教授职位，1704 年设立解剖学教授职位，1724 年设立天文学和几何学教授职位。[51] 当然，对大学教授职位快速增长的理解必须置于整个欧洲大背景之下，欧洲大学总数稳步增长，1650 年大学总数约 100 所。

如果说大学在为科学发展提供基本生存基础方面发挥着关键作用，那么大学还发挥着其他功能。大学为许多学生了解自然科学并与大师级教师进行面对面交流提供了机会。不知开普勒在图宾根大学从曾经教导他的梅斯特林那儿受益多少？也不知牛顿在剑桥大学学习期间从老师巴罗那儿获得多少教益？但是，年轻学子受过导师的启发和引导是不容置疑的。当然绝不是所有知名的科学教授都开办讲座或指导学生。牛顿一年中仅举办 8 场讲座（由于当时牛顿讲座的内容在于帮助理解《数学原理》，任何参加或能够理解讲座内容的人均在科学研究领域做出了突出成就）。

但许多著名科学家都为他们的教学使命、拥有吸引学生和赢得年轻人拥护的才能而深感骄傲。尤其在文艺复兴时期的意大利和其他地方的医学院里，教室和解剖实验室的合二为一使教授的课堂成为宣传解剖学和病理学革新的重要场所，从而使大批杰出的学生投身著名教授的门下：哈维是法布里希乌斯的学生，他对静脉的瓣膜和胎儿感兴趣也许是受他老师的影响；而法布里希乌斯曾经是法洛皮奥的学生，法洛皮奥又是安东尼奥·穆萨·布拉萨沃拉的学生；等等。[52] 1450—1650 年在对医学做出贡献的人中，绝大多数得益于在意大利大学里所接受的医学教育。稍后的蒙彼利埃大学，尤其是布尔哈夫领导下的莱顿大学、霍夫曼和施塔尔时期的哈勒大学，[53] 以及接着从 18 世纪中叶起拥有以卡伦、布莱克、门罗家族和詹姆斯

---

[51] 参见 Frank，'Science，Medicine and Universities'（注释 10）。

[52] 例见 J. J. Bylebyl(ed.)，*William Harvey and his Age*(Baltimore，Md.，1979)。

[53] 最近的记述见 J. Geyer-Kordesch，'German Medical Education in the Eighteenth Century：the Prussian Context and its Influence'，in W. F. Bynum and R. Porter(eds.)，*William Hunter and the Eighteenth-Century Medical World*(Cambridge，1985)，177-206。

为首的教授队伍的爱丁堡大学，不仅成为训练执业内科医生的重要中心，还成为创新和传播解剖学和生理学新知识的关键场所。[54] 自然历史学的最伟大的推动者——林内乌斯成年后一直出任乌普萨拉大学的教授，他把对 547
分类学的热爱与教学职责的履行有机地结合起来，并且率先把他的学生组成一个科研团队，就像 19 世纪吉森大学的李比希在有机化学领域所做的那样。[55]

大学显然还为科学研究提供了至关重要的物质材料，否则这些材料将无法被获得，或者因超出个人的财力而不能获得。图书馆的重要性自不待言，但提供书籍并不是全部内容。到 16 世纪，大多数意大利大学已富足到拥有自己的药物园及大量自然历史收藏品的程度，数个世纪以来，这些藏品不断增加并成为鉴定植物和化石的指南。[56] 米兰大学、博洛尼亚大学、布拉格大学、莱顿大学里陈列着大量的收藏品，牛津大学建立了拥有丰富自然历史收藏品的阿什莫林博物馆，伍得沃蒂恩把收藏品捐赠给剑桥大学，都为自然历史的研究奠定了基础。[57] 另外，（虽然就重要性而言，任何一所大学观测站都不能与那些规模较大的私人或皇家观测站相比）随着望远镜的出现，对大学观测站的投入也开始增加。医学院学生解剖设备的配置、化学实验室的逐步建立为学生们提供了实践的机会，集体性的尝试变得真实具体起来。

但是有组织的科研活动的开展究竟从大学那里获得多少激励？与拥有

---

[54] 关于爱丁堡大学医学教育的最新研究见 C. J. Lawrence，'Ornate Physicians and Learned Artisans: Edinburgh Medical Men, 1726-1776', in Bynum and Porter (eds.), *Hunter*（注释 53），153-176。

[55] 关于林内乌斯，参见 T. Frängsmyr (ed.), *Linnaeus. The Man and His Work* (Berkeley, Calif., 1983)；S. Lindroth, *A History of Uppsala University 1477-1977* (Uppsala, 1976), 92-146。关于李比希，参见 J. B. Morrell，'The Chemist Breeders: the Research Schools of Liebig and Thomas Thomson', *Ambix*, 19 (1970), 1-46。

[56] 参见 Schmitt，'Italian Universities'（注释 15）。

[57] 参见 O. Impey and A. MacGregor (eds.), *The Origins of Museums. The Cabinet of Curiosities in Sixteenth and Seventeenth-Century Europe* (Oxford, 1985)。

研究经费、做研究的学生及政府合同的19世纪末或20世纪的大学相比，作为一个机构，近代早期大学一般不鼓励集体性的科学探索。然而大学常常是有价值的思想融会之所——学生、教授、访问学者汇聚于此并交流思想。比如，17世纪50年代，牛津大学有幸拥有几个为科学献身的团体。一个团体以万灵学院为聚会之所，成员包括克里斯托夫·雷恩和约翰·梅奥，马修·雷恩和罗伯特·玻意耳也前来访问出席。另一个小团体在基督教堂学院附近聚会，成员包括托马斯·威利斯、约翰·沃德、理查德·洛厄、罗伯特·胡克、纳撒尼尔·霍奇斯、亨利·施图贝和约翰·洛克。在沃德海姆学院，以约翰·威尔金斯为中心也形成了一个学术团体，成员包括劳伦斯·鲁克、沃尔特·波普、克里斯托夫·雷恩和塞思·沃德。这些团体中的许多成员均在科学领域取得了成功——确实有，多数人很快成为
548 皇家学会成员，也许诸如西门托学院和皇家学会等聚集点的建立表明专家们缺少一个聚在一起讨论科学问题的地方，而这一方面大学明显不能充分提供。[58] 但我们也应该把大学之外的这些团体看作17世纪大学开启构建的那种科学网络在外部世界的延续，[59] 并且这些团体可能具有科研的作用。17世纪50年代牛津大学科学团体的许多成员都在（罗伯特·弗兰克认为）自觉地按照哈维划定的路线从事科学研究工作。玻意耳、威利斯、洛厄、梅奥和胡克等人都以不同的方式使哈维理论在呼吸作用、发酵活动和肌肉运动研究领域取得进展。

大学和科学思想

我一直认为，近代早期的大学是具有代表性地传播和扩散科学知识、激发科学兴趣的地方。对开展科学活动变革来说，造就足够数量的具有科学素养的人才或许是不可或缺的。这并不是说大学就是促进科学发展的理

---

[58] 参见 Frank，*Harvey*（注释14）。

[59] 参见第11章第484—487页。

想之地。以下事实将充分证明这一点：这一时期绝大多数关于理想科学活动蓝图的规划均不是在大学或学院中完成的，而是在一些专业性更强、更自足、更独立的研究机构中完成的。培根的“所罗门俱乐部”就是一项富有远见的计划，斯威夫特的“拉甘都大学园”即效仿“所罗门俱乐部”的结果。[60] 这些乌托邦式的愿景得以实现。17 世纪在欧洲大学之外出现了各种非正式的科学团体——比如，布拉格的鲁道夫二世宫廷周围的学者群体。[61] 后来，如巴黎蒙莫学园之类的更多正规团体开始出现，随后产生了一些有组织的科学学园，如林西学院、西门托学院或稍后出现的皇家科学学园和伦敦皇家学会。[62] 许多科学家聚集在这些机构之中，不需承担教学义务，而且常常免受正统派神学观念的影响，这里为科学家提供了一个比 549 大学更具活力、更安全的科学环境。因此，一个世纪以来，理想的科学研究场所不在学术世界之内，而在学园或学术团体的世界之内。直到哥廷根大学和后来的柏林大学实现“教学自由”与“学习自由”的新理想之后，大学再一次成为探索真理的典范。[63] 然而，尽管如此，如果缺乏大学提供的基本训练和保护，很难想象科学起初如何在社会中确立自己的地位。

如果我们把目光从科学家移向科学思想的话，这一点将被表现得更明确。这两者之间存在明显的相关。16、17 世纪，那些发生了巨大变革的科学领域，那些取得令人难以置信的进展的科学领域，恰恰正是大学里最突出的课程。我们要把从哥白尼到牛顿的科学革命与天文学和宇宙论领域的巨大革新联系起来，与物质理论方面的转变联系起来（从亚里士多德的

---

[60] 参见注释 28 所引的著作。

[61] R. Evans, *Rudolph II and His World* (Oxford, 1973); R. Evans, 'Learned Societies in Germany in the Seventeenth Century', *European Studies Review*, 7 (1977), 129-151; B. T. Moran, 'Science at the Court of Hesse-Kassel: Informal Communication, Collaboration and the Role of the Prince-Practitioner in the Sixteenth Century', Ph. D., Los Angeles, Calif., 1978.

[62] H. Brown, *Scientific Organizations in Seventeenth-Century France (1620-1680)* (New York, 1934); M. Ornstein, *The Rôle of the Scientific Societies in the Seventeenth Century* (Chicago, Ill., 1928).

[63] 参见 McClelland, *State, Society and University*。

元素论到微粒、机械哲学的转变)，与新的运动理论、机械规律、动力学、惯性和动力思想联系起来，与接受普遍性自然规律支配的无限空间论和同质性宇宙论的胜利联系起来，而且至少要与定量的出现，尤其是在牛顿《数学原理》(1687) 中达到顶峰的自然科学的数学原理联系起来。自 13 世纪以亚里士多德、欧几里得、托勒密、海桑及其评论家为中心，以传授“三艺”“四艺”为基础的大学形成以来，所有这些广泛的科学领域——天文学、物理学、数学，以及更广泛的自然哲学——均深深地植根于大学的土壤之中。

虽然早期历史学家认为学究们的科学不久就趋于僵化，但是现在关于中世纪末期和文艺复兴时期学术物理学和形而上学的研究修正了这一判断。[64] 研究发现，各类大学——尤其是 14 世纪的牛津大学和文艺复兴时期的帕多瓦大学——就惯性和运动理论等展开了激烈讨论。学者们还不断地发现 16 世纪亚里士多德理论经严格彻底的清理后所发生的变化，而这一
550 变化是通过摒弃陈旧的阿拉伯式评论、重新研读原始的纯洁文本，尤其是随着人文主义思想与希腊观念的引入，加上对柏拉图哲学、斯多葛派学说及其他补充性的思想的吸收而实现的。[65]

同等重要的是，研究表明数学在文艺复兴时期的大学里取得了巨大进步。最初，至少 16 世纪的意大利大学里设立了无数个数学教授职位；随后在其他大学里也取得了类似的进步——尤其在拉谟斯主义者们的影响下——结果，与笛卡尔曾就读的拉弗莱什学院情况相同的耶稣会学院的优势之一就是数学教育。这样的发展或许并不令人惊奇，数学对向柏拉图主

---

[64] 参见第Ⅰ卷第 11 章；C. B. Schmitt,‘Towards a Reassessment of Renaissance Aristotelianism, *History of Science*, 11(1973), 159-193; C. B. Schmitt,‘Philosophy and Science in Sixteenth-Century Universities: Some Preliminary Comments’, in J. E. Murdoch and E. D. Sylla (eds.), *The Cultural Context of Medieval Learning* (Dordrecht, 1975), 487-537。

[65] 经院哲学与其后的科学二者之间的联系见 S. C. Reif,‘The Text-book Tradition in Natural Philosophy 1600-1650’, *Journal of the History of Ideas*, 30(1969), 17-32; C. B. Schmitt,‘The Faculty of Arts at Pisa at the Time of Galileo’, *Physis*, 14(1972), 263。

义和毕达哥拉斯主义的文化解释宇宙的基本和谐至关重要。[66] 对于帮助天文学之类的学科实现诸如矫正历法错误之类的社会和宗教目的而言，准确的计算至关重要。然而，在 16 世纪人文主义的影响下，数学已获得越来越大的纯文化声誉。数学已不再是一门纯粹的辅助课程，不再仅仅是一门基础学科，而更成为一门具有成效的学科。[67]

当然，从根本上来说，15、16 和 17 世纪大学所讲授的自然哲学框架基本上是属于亚里士多德理论学派的，形而上学、道德和神学的整个理论大厦依赖于这一自然哲学基础的牢固性和统一性。然而，在亚里士多德理论体系中存在许多值得怀疑、询问、争论和修正的地方。正像对存在于关于宇宙的数学解释和物理学解释之间联系的争论一样，运动原理（惯性、动力）也长时间处于激烈的争论之中。现在，科学革命的伟大变革当然涉及对亚里士多德理论教条的一系列批判。但这些都是学者们的工作，他们所接受的大学教育使他们不仅精通亚里士多德学派的传统理论体系，而且对来自亚里士多德学派传统理论体系内部的许多反对意见也非常熟悉。这些学者一般善于援引亚里士多德的观点来反对亚里士多德，学者们在大学中所掌握的数学知识为他们实现将以定性为主的自然模式转换成具有更多
定量因素的自然模式提供了强有力的工具。这些伟大的科学革新者摒弃了 551
亚里士多德，但正是他们所拥有的亚里士多德理论的学术基础使他们具备了摒弃亚里士多德理论的能力。这样，培根（曾在剑桥大学接受教育）否定了先验学派的逻辑，但他是以一种与亚里士多德提出的非常相似的归纳逻辑的名义来进行的。[68] 哈维（受教于剑桥大学和帕多瓦大学）拒绝了加

---

[66] 数学的发展见 F. De Dainville，'L'enseignement des mathématiques dans les collèges Jésuites de France du seizième au dix-huitième siècle'，*Revue d'histoire des sciences et de leurs applications*，7（1954），6-21，109-123；republished in F. De Dainville，*L'Education des Jésuites*（*XVIe-XVIIIe siècles*），ed. M.-M. Compère（Paris，1978），323-354；P. L. Rose，*The Italian Renaissance of Mathematics*，*Studies on Humanists and Mathematicians from Petrarch to Galileo*（Geneva，1975）。

[67] Westman，'Astronomer's Role'（注释 1）.

[68] L. Jardine，*Francis Bacon. Discovery and the Art of Discourse*（Cambridge，1974）.

伦有关血液的讲述，然而他依据亚里士多德的理论和目的论证实了血液循环的原理。[69] 笛卡尔（在一所耶稣会学院接受了一种经院式的教育）摒弃了在校所学的运动原理，却提出了和亚里士多德理论中的“可怕的真空”相似的“广延”的概念。[70] 而伽利略——也许是历史学家争论最多的人——的确是所有人中反对经院哲学、反对传统思想呼声最高的一位，据说保留和运用了大量学究气很足的术语和论据，尤其坚持宇宙的异质性原理，坚持月球轨道的内外之分。[71] 强调这一点并不是论证“连续性”的问题，而是说明科学革命涉及一场理论和学术科学方面的“内部革命”。

科学革命在学院教育倡导按照严格的理性和形而上学进行理论建设的一些领域表现得最为显著。这可以用另一种较为消极的方式说明：17 世纪的科学革命对那些处于大学边缘领域的探索并不太成功，大量的化学实验、航海、农业、矿业和其他科学探索活动都是在大学之外进行的，但那些包含强有力新理论的全新的科学学科不属于上述领域。

这样，至少到 17 世纪后半期之前，由于偶然的原因化学被列为一门大学学科，寻求这方面知识的主要是炼丹家和药剂师之类的专业人士。当然，化学在 16 世纪和 17 世纪由于受到帕拉切尔苏斯的医学化学之类的激
552 励而获得较快发展。[72] 然而，大多数历史学家都否认化学在此基础上曾经经历一场根本性的革命，譬如化学的发展建立在一个确定的基础之上。这就是那么多 18 世纪的化学家仍在积极寻求他们自己的“牛顿革命”的原

[69] 特别要参见 E. Lesky，‘Harvey und Aristoteles’，*Sudhoffs Archiv*，41(1957)，289-316，349-378；J. S. Wilkie，‘Harvey's Immediate Debt to Aristotle and Galen’，*History of Science*，4(1965)，103-124；C. Webster，‘Harvey's *De generatione*：its Origins and Relevance to the Theory of Circulation’，*British Journal of the History of Science*，3(1967)，264-274；W. Pagel，William Harvey's Biological Ideas(Basle/New York，1967)；W. Pagel，‘William Harvey Revisited’，*History of Science*，8(1969)，1-31；9(1970)，1-41。

[70] E. Gilson，*Etudes sur le rôle de la pensée mediévale dans la formation du système cartésien*(Paris，1951)。

[71] 参见 Drake，*Galileo Studies*(注释 47)。

[72] A. G. Debus，*The Chemical Philosophy. Paracelsian Sciences and Medicine in the Sixteenth and Seventeenth Centuries*(New York，1977)。

因，就是拉瓦锡的工作被戏称为“迟延的化学科学革命”的原因。[73] 当然这也说明虽然牛顿在自己的化学实验室花费了大量时间，也许想在冶金术和化学之间寻求某种联系，但他最终把自己所有的研究成果完全变成了私人的、没有公开发表的东西。[74] 总的来说，经济压力与机遇、改革者们的化学梦想、社会中的手艺人和专家们还不足以在化学领域发动一场真正的变革。

主要在大学外进行的其他研究也面临同样的命运。毫无疑问，16 世纪和 17 世纪野外科学、地理和航海学科的发展进一步扩展了对水陆地球的探索，积累了大量的实用知识。但是，用更精确的科学标准来衡量的话，这些学科那时还没有经历一场类似“哥白尼式的革命”或“牛顿式的革命”。因此，直到 18 世纪末，诸如地质学一类学科的现代形式才得到确立。的确也只是在 18 世纪末才出现“地质学”这个术语。[75] 同样，对物体的物理性质，如热、磁和电的研究也是在这时广泛实施的——有时就像磁一样，是在准神秘主义学科框架内开展的。这些研究主要是在大学自然哲学的课程之外进行的，因而往往缺乏重新界定基本概念所必需的关联性和缜密性。[76] 当然，认为只有依赖大学精英们超乎寻常的脑力才能进行科学革命是荒唐的。然而，我是说，一些特定的科学领域——那些属于“七艺”范畴，形而上学、古典几何学和数学等纯粹理论性学科——特别适合于思想革命；这是一些大学里教得最多、研究最多、争论也最多的学科。 553
科学的其他分支——应用性、描述性、经验性较强的科学或野外科学，那些主要在大学外进行研究的科学分支——到目前为止很少（像其他学科那

---

[73] 有关讨论参见 I. B. Cohen, *Revolution in Science* (Cambridge, Mass., 1985), 229ff.。

[74] 参见 B. J. T. Dobbs, *Foundations of Newton's Alchemy* (Cambridge, 1975)。

[75] R. Porter, *The Making of Geology* (Cambridge, 1977); M. Guntau, 'The Emergence of Geology as a Scientific Discipline', *History of Science*, 16 (1978), 280-290.

[76] 参见 T. S. Kuhn, 'Mathematical versus Experimental Traditions in the Development of Physical Science', *Journal of Interdisciplinary History*, 7 (1976), 1-31; republished in T. S. Kuhn, *The Essential Tension: Selected Studies in Scientific Tradition and Change* (Chicago, Ill., 1977), 31-65。

样）拥有足够清晰的概念，很少拥有常规性的公共活动领域的科学分支以同样的方式形成。

科学的出走

然而这一判断冒着描绘一幅过于静态的画面的危险。借助于对经院逻辑学的评判，接受过大学教育的人在文学院的学科范围内发起的科学革命打破了传统科学的束缚。当伽利略、培根和（较为不明确的）笛卡尔抨击传统科学权威的时候，他们强烈呼唤通过革新而不是依照传统设立科学发展和验证科学成效的新场所，呼唤革新而不是传统，呼唤眼睛观察到的事实而不是课本或大部头著作，呼唤人类的共识而不是教授们武断的结论。观察、经验尤其是实验成为新的口号。[77] 17 世纪确立了一整套例证显示了观察和实验如何打破学院教条：比如，托里拆利管（或者托里拆利真空）演示实验即摧毁了亚里士多德学派关于自然界拒绝（不存在）真空的看法，另外还有其他演示热量、体积、压力和膨胀之间关系的实验。

值得提出的是，许多此类新的使人大开眼界的实验工作是在大学之外开始的：帕斯卡是在山上进行的气压实验；最著名的气压检验实验——冯·居里克的实验——是由马德堡的一位市长进行的，这位市长接受过大学教育；在佛罗伦萨公爵的资助下，西门托学园把物理实验作为他们的理论基础；[78] 开展实验和接受实验报告成为伦敦皇家学会的主要活动之一。在许多方面，正是大学把机械哲学作为理论进行公开传播的，但是当科研人员全神贯注于机械设备（水泵、望远镜、显微镜、弹簧、阀门、杠杆和类似设备）时——就像他们在 17 世纪末期所做的那样，大学之外的场所

---

⑦⑦ 参见 B. J. Shapiro, *Probability and Certainty in Seventeenth-Century England* (Princeton, N. J., 1983)。

⑦⑧ W. E. Knowles Middleton, *The Experimenters. A Study of the Accademia del Cimento* (Baltimore, Md., 1971).

能更好地满足他们开展科学实验的需要。[79] 地处商业城镇的科学社团常常 554
在皇家或贵族的资助下，有能力购买仪器设备并接近工艺技能。实验吸引了一些业余的科学爱好者及追逐时尚的观众。从 17 世纪中叶开始，机械哲学促使人们对热、火、光、声、气压等现象进行实验，促使科学知识生产的重心从大学转向封闭性学园或开放的学会。[80]

在另外一个科学领域也出现了类似的转变。受人文主义激发的数学兴趣的推动，并且得益于笛卡尔解析几何及后来牛顿和莱布尼兹对无穷小的发展，自然越来越数学化。自 17 世纪后期以来，日益复杂的代数技术逐渐被用于解决自然哲学中最复杂的问题——月球轨道、地球轨迹、流体静力学、刚体特性等。到了 18 世纪，新数学家精英——克莱劳特、欧拉、雅各布·伯努利、约翰·伯努利和丹尼尔·伯努利——所运用的技术完全摒弃了传统文科课程中的欧几里得几何。他们所研究的数学完全脱离了大学教学，并且与大学教学格格不入。这些极其深奥的研究主要不是在大学里开展的，而是从王侯和封闭的学园那里获得庇护和资助：比如，在大部分工作时间里欧拉受聘于圣彼得堡学园。[81] 如此一来，开始出现不一致。诸如爱丁堡大学和剑桥大学之类的进步大学普遍运用流数来讲授新的数学，如微积分、附加几何学。这对实现教学目的而言是最佳的，但事实证明，这对新的探索来说是一个死胡同。[82] 相比之下，少数几个声望卓著的精英人物组成的团体却成为理论力学和理论数学的研究中心。

因此，我一直想要说明的是大学及其学术传统至少为科学革命提供了一个矩阵。事实证明，科学革命是如此的成功，如此的充满活力，以至于

---

[79] S. Shapin, 'Pump and Circumstance: Robert Boyle's Literary Technology', *Social Studies of Science*, 14(1984), 481-520; S. Shapin and S. Schaffer, *Leviathan and the Air-Pump: Hobb Boyle, and the Experimental Life* (Princeton, N. J., 1985).

[80] 最好的讨论是 T. Hankins, *Science and the Enlightenment* (Cambridge, 1985), ch. 2。

[81] 参见 C. Truesdell, *Essays in the History of Mechanics* (Berlin, 1968). 比较 R. W. Home, 'Science as a Career in Eighteenth-Century Russia: the Case of Aepinus', *Slavonic and Eastern European Review*, 51(1973), 75-94。

[82] G. Davie, *The Democratic Intellect* (Edinburgh, 1961).

555 它迅速超越了大学的界限。并且，基于许多根本性的彼此独立的原因，这一过程还与下列事实联系在一起：从17世纪下半叶起，欧洲大学的招生总数递减，大学作为文化精英的中心地貌下降。从17世纪下半叶起，对于科学的知识地位来说，关键在于知识探索中心——尤其伴随大学之外从事科学职业的机会增加——获得规模空前的增加。

这些知识探索中心中有一些是私立的或非正式的。从17世纪40年代蒙特摩学园到拿破仑时期的阿尔塞维尔协会，由科学精英组成的小规模的团体在法国科学研究发展过程中发挥了关键作用。[83] 在英格兰，从18世纪60年代起，月亮协会把科研人员、生产者和科学研究的业余爱好者聚集到正处于工业化进程中的西米德兰兹地区。[84] 其他中心均是正式建立的自愿性团体，如伦敦皇家学会。还有几个中心超载了这一点，成为国家发展的发动机。科学学园、柏林学园和圣彼得堡学园均为一批经过仔细遴选的杰出科学工作者提供了科研工作的机会，以换取科学工作者的科研活动为王室赞助者带来声誉和一定程度的国家服务。[85] 对研究者来说，皇家学园可以为他们提供免于从事枯燥的教学工作的自由、免于宗教测试或免于领受圣职的义务，并且提供一个教授所缺乏的进入权力的入口。为实现科学自身的进步，学会性科研机构承诺成为科研活动的发电机、科学信息交流中心，尤其要凭借科学出版物成为国际性的科学知识传播和知识产权登记的渠道，而大学几乎无望做到这一点。如果说，对于文艺复兴时期的科学来说，大学是国际文学共和国的庇护所的话，那么全国性的科学协会在启蒙运动时期则继承与革新了大学的这一作用。就哲学来说，如德·达朗贝

---

[83] Brown, *Scientific Organizations*（注释62）；Ornstein, *Scientific Societies*（注释62）；M. P. Crosland, *The Society of Arceuil*（London, 1967）. 亦可见 Roche, *Le Siècle des Lumières*。

[84] R. E. Schofield, *The Lunar Society of Birmingham, a Social History of Provincial Science and Industry in Eighteenth-Century England*（Oxford, 1963）. 亦可见 R. Porter, 'Science, Provincial Culture and Public Opinion in Enlightenment England', *British Journal for Eighteenth-Century Studies*, 3(1980), 28-39。

[85] J. E. McClellan Ⅲ, *Science Reorganized: Scientific Societies in the Eighteenth Century*（New York, 1985）.

尔或休谟就认为知识应该脱离学院，与社会结合在一起；新兴的科学协会在此过程中发挥了关键作用，麦克莱伦恰当地将其表述为科学知识的“社 556
会化”。[86]

然而，认为启蒙运动时期新式学园在科学发展中的作用令大学相形见绌，并不是说大学把新科学拒之门外，或者在思想上排斥新科学。很明显，很多大学对发展新科学态度漠然。宗教正统、审查制度及大学作为培养神职人员和律师基地的重要地位等综合因素，当然导致西班牙大学对科学漠不关心。就 18 世纪西班牙的科学研究而言，是在基于经济发展目的而设立的国家学园内由个别神职人员进行的。[87] 同样，大多数以德语为教学语言的大学一直维持着较小的规模，并且仍然过多地卷入宗教改革和反宗教改革对神学所造成的后果之中，因而对科学发展缺乏兴趣。[88] 但绝不是到处都是这样令人沮丧的暗淡画面。17 世纪和 18 世纪，为吸纳新的科学发现成果，欧洲国家主要大学中包含自然哲学内容的标准本科生文科课程进行了可持续修订。当然这种转变是渐进的和谨慎的。这并不奇怪，古老的亚里士多德自然哲学的上层体系是一个更加广泛的知识体系的有机的基础理论部分，这一知识体系包含伦理学、逻辑学、形而上学和神学。整

---

[86] McClellan,*Science Reorganized*(注释 85),xxiii.

[87] D. Goodman,'Science and the Clergy in the Spanish Enlightenment',*History of Science*,21(1983),111-140;G. Delpy,*L'Espagne et l'esprit européen:l'oeuvre de Feijóo(1725-1760)*(Paris,1936);M. E. Burke,*The Royal College of San Carlos:Surgery and Spanish Medical Reform in the Late Eighteenth Century*(Durham,1977);Ajo González,*Universidades hispánicas*;*Kagan*,*Students and Society*.

[88] J. M. Fletcher,'Change and Resistance to Change:a Consideration of the Development of English and German Universities during the Sixteenth Century',*History of Universities*,1(1981),1-36;J. Engel,'Die deutsche Universitäten und die Geschichtswissenschaft',*Hundert Jahre Historische Zeitschrift*,*1859-1959*(Munich,1959),248-249. 关于德国科学的发展,参见 K. Hufbauer,'Social Support for Chemistry in Germany during the Eighteenth Century:How and Why Did it Change?',*Historical Studies in the Physical Sciences*,3(1971),205-231;R. S. Turner,'University Reformers and Professorial Scholarship in Germany,1760-1806',in Stone(ed.),*The University in Society*,vol. Ⅱ,495-532。

体的有效性取决于各部分的一致性。任何情况下，亚里士多德的自然哲学绝不仅仅是机械学、流体静力学、光学等学科中纯粹技术假设的综合；为维持传统形式、物质、天国的完美与永恒性法则，人们相信应把深奥的真理与自然理性和造物主在其造物中所体现的智慧联系起来。

557 因此，事实证明把新科学纳入教学课程是一个非常琐碎的过程。[89] 在莱顿大学，在法国学院，在日内瓦学园，在意大利学院，在有限宇宙和四因素学说的传统框架中，诸如伽利略自由落体定律等新学说在遭遇或多或少的抵制后，被纳入课程与教学中。实际上到处均废除了托勒密的宇宙论（1619 年，亨利·萨维尔爵士坚持认为牛津大学的天文学教授应该传授托勒密学说和哥白尼学说的理论体系）；托勒密学说常常被替换，特别在法国，托勒密的宇宙论普遍被第谷（宇宙）体系取代。尽管还保留着宇宙不可毁灭的一般理论体系，但是像太阳黑子、木星卫星的发现和月亮外彗星存在的事实还是常常被接受。这无疑表明学术界某种保护性保守主义的存在。但是关于新科学的种种反应也说明大学学界的思想自由和思想独立，并且再一次提醒我们科学革命中获胜方的最终胜利并非预先注定的。

事实上，大学如何迅速、广泛地吸收新科学的确给我们留下了深刻印象。甚至在 17 世纪和 18 世纪之交之前，荷兰大学，尤其是在赫拉弗桑德和穆申布鲁克的推动下，莱顿大学引进了关于牛顿学说的一种解释和试验哲学（穆申布鲁克发明了“莱顿广口瓶”）。[90] 从 1709 年起，波伦尼在帕多瓦大学的课堂上一直运用实验的方法。[91] 也许最突出的一点是，从 18 世纪初剑桥学院的导师们似乎就放弃了亚里士多德经院哲学的全部内容，形

---

[89] 详见第 14 章(有文献资料)。

[90] P. Dibon, *La Philosophie néerlandaise au siècle d'or*, vol. Ⅰ: *L'Enseignement philosophique dans les universités à l'époque précartésienne 1575-1650* (Paris, 1954); E. G. Ruestow, *Physics at Seventeenth-and Eighteenth-Century Leiden* (The Hague, 1973); C. L. Thijsen-Schoute, 'Le cartésianisme aux Pays-Bas', in E. J. Dijksterhuis, C. Serrurier and P. Dibon, *Descartes et le cartésianisme hollandais* (Paris/Amsterdam, 1950), 183-260.

[91] B. Dooley, 'Science Teaching as a Career at Padua in the Early Eighteenth Century: the Case of Giovanni Poleni', *History of Universities*, 4(1984), 115-178.

成一种流行的牛顿学说的原创性综合理论体系，一种基于洛克经验主义的心理学、认识论的逻辑学，而其中最重要的是以标准的日常应用数学体系和欧几里得几何学取代了传统的学院形而上学体系。

准确地说，这一组合——数学荣誉学位考试的前身——出现的原因还很难被说明（毕竟牛津大学没有效仿此类做法），并且考虑到乔治时代剑 558
桥大学的麻木状态，它对科学所产生的短期影响并不鼓舞人心。但是从长远来看，一门以数学为基础的独特本科课程的出现不仅对学生教育（尤其是为升级、分班的笔试铺平了道路），而且对18世纪末英国数学物理学的蓬勃发展都发挥了极大的促进作用。[92] 与此类似的发展——洛克的归纳逻辑推理和牛顿的机械哲学取代了亚里士多德的形而上学，也成为18世纪苏格兰大学的一大特色。[93]

虽然一般来说直到法国革命后的改革时期大学才成为新科学发展的主要场所，但是这样就得出大学对新科学充满敌意的结论是错误的。但是有一门学科的教学和发展一直完全是以大学为中心的，那就是医学。的确也偶尔听到一些不同的声音，例如，据报道，托马斯·西德纳姆主张“药物学知识不能通过大学教育来获得”；[94] 但是这种情况很少。虽然存在一些很少的例外，自中世纪以来欧洲顶级医生的教育一直是在大学里进行的，并且大多数解剖学、生理学和医学理论方面的重大进展均是在大学环境里发生的。一些特殊的学科时盛时衰，但是没有出现任何一种竞争性机构，威胁能够成为医学教育和医学权威的中心。尤其是就整个欧洲而言，医学

---

[92] Gascoigne, 'Universities and the Scientific Revolution'（注释 8）; J. Gascoigne, 'Mathematics and Meritocracy: the Emergence of the Cambridge Mathematical Tripos', *Social Studies of Science*, 14(1984), 547-584; J. Gascoigne, 'Politics, Patronage and Newtonianism: the Cambridge Example', *The Historical Journal*, 27(1984), 1-24.

[93] J. R. R. Christie, 'The Rise and Fall of Scottish Science', in Crosland(ed.), *Emergence*（注释 15）, 111-126; J. B. Morrell, 'The Audience for Science in Eighteenth-Century Edinburgh', *History of Science*, 12(1974), 95-114; P. B. Wood, 'Thomas Reid, Natural Philosopher: a Study of Science and Philosophy in the Scottish Enlightenment', Ph. D., Leeds, 1984.

[94] 引自 J. Ward, *Diary of the Rev. John Ward*, 由 C. Severn 整理(London, 1839), 242。

行会有权颁发行医资格证，却不提供医学教育或推动医学方面的研究。

大学主导医学教育的原因不难找到。有志成为内科医生的人渴望获得大学自由教育所带来的声誉，而不是仅仅拥有诸如学徒制所赋予的工具性的、实用性的地位。进一步来说，医学学位可以充当颁发行医资格证的权威部门大门的通行证。另外，数世纪以来不同国家的大学成为可以合法而安全地解剖尸体的为数不多的地方之一。解剖实验室里的技能——演示的
559 技能而不仅仅是解剖的技能——为韦萨琉斯、法洛皮奥和其他人赢得了大批的观众。在整个 16 世纪和 17 世纪的大部分时间内，意大利医学院成为吸引来自欧洲各地学生的场所，因为它把精良的教学设施（包括最早搜集的自然历史的材料和植物园）与医学发展中心的名声融合在了一起。文艺复兴时期医学界的著名人物——切萨皮诺、法洛皮奥、雷亚多·科隆坡、法布里希乌斯、桑克托雷斯、马尔皮基等几乎全是意大利医学院的教授。稍后，得益于自己在学院附属教学诊所的工作，布尔哈夫在莱顿大学医学院取得卓越成就而声名显赫；在德国，施塔尔和霍夫曼领导下的哈勒学院发挥了同样的作用；到 18 世纪中期，以卡伦、门罗家族和格列高利为首的爱丁堡大学，也在教授大批部分原因被其优良的临床设施吸引而来的讲英语的学生。只有在英格兰，大学和主要医学教学中心之间才存在分界线，如在伦敦。这种情况为欧洲所仅有。[95]

在常被指责与社会失去联系的世纪里，大学在医学领域很明显满足了社会的和职业的需求，在“城市大学里”，如意大利和苏格兰，城市元老们有时非常慷慨地为医学院提供丰厚的薪水和资源，承认城镇居民的利益和大学师生们的利益是一致的。[96] 并且，只有通过医学需求的推动，植物学、药物学和化学等服务性学科才能最终在大学里获得真正的发展。

---

[95] 参见第 11 章第 454 页。

[96] C. D. O'Malley(ed.), *The History of Medical Education* (Berkeley, Calif., 1970)和注释 16(Brockliss), 64(Schmitt), 93(Morrell).

新科学和大学

以“17世纪大学的失败”为标题，约瑟夫·本-戴维提出“为什么17世纪的新科学一直徘徊在大学之外?”这一疑问。[97] 这一问题基于以下两个原因而显得不够恰当：一方面，认为科学革命产生于大学之外——尽管存在哥白尼、第谷和笛卡尔的情况——有些夸大其词；另一方面，新科学的确——必须承认，不是马上却局部地——渗透进了大学课程里面。（正如我已经提到的那样）如果科学革命的实质主要是17世纪自然概念的根 560
本性转变的话，很难想象若没有一套连贯的、抽象的科学理论——大学文科课程的主要组成部分——和没有一大批曾接受大学教育的学者努力解决大学教育所产生的问题的话，如何实现这一根本性的转变？这样，科学革命就是一场从现存的学院科学内部发动的革命（虽然毫无疑问，如神秘学之类的学院“外部”思想传统极大地推动了这次革命）。[98] 换句话说，科学革命不是以迥异于经院传统的思想方式取代哲学的、理性的教学。科学革命不是魔力的胜利，不是神秘主义的胜利，也不是赫耳墨斯文本的胜利。[99] 同样，科学革命也不是对崇拜实践艺术的胜利，不是对农业秘诀的崇拜的胜利，不是对民间医学的崇拜的胜利，也不是应用化学的胜利。或许令历史学家感到遗憾的是，玫瑰十字会把学术世界转换成泛智的体系的希望终告破灭，改革者们把大学变成传授实际技能和实用知识的“开放大

---

[97] J. Ben-David, *The Scientist's Role in Society: a Comparative Study* (Englewood Cliffs, N. J., 1971).

[98] 参见 P. M. Rattansi, 'Some Evaluations of Reason in Sixteenth-and Seventeenth-Century Natural Philosophy', in M. Teich and R. M. Young (eds.), *Changing Perspectives in the History of Science* (London, 1973), 148-166。

[99] R. S. Westman and J. E. McGuire, *Hermeticism and the Scientific Revolution* (Los Angeles, Calif., 1977); M. Feingold, 'The Occult Tradition in the English Universities of the Renaissance: a Reassessment', in B. Vickers (ed.), *Occult and Scientific Mentalities in the Renaissance* (Cambridge, 1984), 73-94.

学”的计划也没有实现。[100] 事实仍然是，1500年或1600年，学院自然哲学因为成为精英分子垄断的领域和唯理性而遭到批评。1700年仍以拉丁语的形式大量传播的新大学科学也遭到了同样的批评，只是现在又增加了一种晦涩的数学语言。一种充满活力和行之有效的新科研传统，即机械哲学和数学哲学取代了即将消亡的科研传统。但事实证明大学是探讨和传播新哲学的最持久的主要场所。

当然，大学并没有为新科学获得垄断地位提供保证。在启蒙运动时期，科学的巨大成功和科学思想本身意味着科学已涌入正发生快速变化的社会的许多角落，在这一社会中，民众受教育程度更高，拥有更多闲暇，更少受宗教困扰，更追求实效。此后，大学和其他知识生产机构共同分享了科学进步的成果，这类知识生产机构包括皇家学会、志愿协会和诸如天文台之类的专业性知识研究中心。较大学而言，这类知识生产机构在18世纪可能更好地满足了科学研究的需要。在新科学里，大学养育了一个回头的浪子。浪子回家颇费时日。

561

精选文献

Allen, P. 'Scientific Studies in the English Universities of the Seventeenth Century', *Journal of the History of Ideas*, 10(1949), 219-253.

Ben-David, J. *The Scientist's Role in Society: a Comparative Study*, Englewood Cliffs, N. J., 1971.

Brockliss, L. W. B. 'Medical Teaching at the University of Paris, 1600-1720', *Annals of Science*, 35(1978), 221-251.

Brockliss, L. W. B. *French Higher Education in the Seventeenth and Eighteenth Centuries. A Cultural History*, Oxford, 1987.

Brown, H. *Scientific Organizations in Seventeenth-Century France* (1620-

[100] 参见注释28所引的Yates和Webster的著作。

1680), New York, 1934.

Crosland, M. P. *The Society of Arceuil*, London, 1967.

Crosland, M. P. (ed.) *The Emergence of Science in Western Europe*, London, 1975.

Eisenstein, E. L. *The Printing Press as an Agent of Change*, 2 vols., Cambridge, 1979.

Feingold, M. *The Mathematicians' Apprenticeship. Science, Universities and Society in England, 1560-1640*, Cambridge, 1984.

Frank, R. G. 'Science, Medicine and the Universities of Early Modern England: Background and Sources', *History of Science*, 11(1973), 194-216, 239-269.

Gascoigne, J. 'The Universities and the Scientific Revolution: the Case of Newton and Restoration Cambridge', *History of Science*, 23(1985), 391-434.

Geyer-Kordesch, J. 'German Medical Education in the Eighteenth Century: the Prussian Context and its Influence', in W. F. Bynum and R. Porter (eds), *William Hunter and the Eighteenth-Century Medical World*, Cambridge, 1985, 177-206.

Hall, A. R. 'The Scholar and the Craftsman in the Scientific Revolution', in M. Clagett (ed.), *Critical Problems in the History of Science*, Madison, Wis., 1962, 2-32.

Hammerstein, N. 'The Modern World, Sciences, Medicine and Universities', *History of Universities*, 8(1989), 151-178.

Heyd, M. *Between Orthodoxy and the Enlightenment. Jean-Robert Chouet and the Introduction of Cartesian Science in the Academy of Geneva*, The Hague, 1982.

Hill, C. *Intellectual Origins of the English Revolution*, London, 1972.

Holmes, F. L. 'Eighteenth-Century Chemistry as an Investigative Enterprise', *Berkeley Papers in History of Science*, 12(1989).

Jones, R. F. *Ancients and Moderns: a Study of the Battle of the Books*, St Louis, Miss., 1936.

Kearney, H. F. *Origins of the Scientific Revolution*, London, 1964.

Lindroth, S. *A History of Uppsala University 1477-1977*, Uppsala, 1976, 92-146.

López Piñero, J. M. *Ciencia y técnica en la sociedad española de los siglos XVI e y XVII*, Barcelona, 1979.

Maffioli, C. S. and Palm, L. C. (eds.) *Italian Scientists in the Low Countries in the XVII th and XVIII th Centuries*, Amsterdam, 1989.

562 McClellan III, J. E. *Science Reorganized: Scientific Societies in the Eighteenth Century*, New York, 1985.

McClelland, C. E. *State, Society and University in Germany 1700-1914*, Cambridge, 1980.

Ruestow, E. G. *Physics at Seventeenth-and Eighteenth-Century Leiden*, The Hague, 1973.

Schmitt, C. B. 'Recent Trends in the Study of Medieval and Renaissance Science', in P. Corsi and P. Weindling (eds.), *Information Sources in the History of Science and Medicine*, London, 1983, 221-242.

Shapiro, B. J. 'The Universities and Science in Seventeenth-Century England', *Journal of British Studies*, 10(1971), 47-82.

Taton, R. (ed.) *Enseignement et diffusion des sciences en France au XVIII e siècle*, Histoire de la Pensée, 9, Paris, 1964.

Turner, R. S. 'University Reformers and Professorial Scholarship in Germany, 1760-1806', in L. Stone (ed.), *The University in Society*, vol. II, Princeton, N. J., 1974, 495-532.

Tyacke, N. 'Science and Religion at Oxford before the Civil War', in D. Pennington and K. Thomas (eds.), *Puritans and Revolutionaries. Es-*

says in Seventeenth-Century History Presented to Christopher Hill, Oxford, 1982, 73-93.

Westfall, R. S. 'Isaac Newton in Cambridge: the Restoration University and Scientific Creativity', in P. Zagorin (ed.), *Culture and Politics from Puritanism to the Enlightenment*, Berkeley, Calif., 1980.

Westman, R. S. 'The Astronomer's Role in the Sixteenth Century', *History of Science*, 18(1980), 105-147.

563

第十四章　课程

劳伦斯·布罗克里斯

近代早期大学的课程研究仍处于初级阶段。19 世纪和 20 世纪早期的历史学家主要叙述其母校的制度问题，而不大关心大学的文化功能，研究极少涉及课程，而且绝大多数只是将讨论限定在由大学章程的颁布带来的阶段性变化上。然而，大学章程所提供的信息往往并不能真实反映各个“学院”的实际情况。这是因为，其一，正常情况下大学很少对章程进行修改，以至于章程所强化的往往只是很久以前发生的变化，或者需要革新时，这些章程在改变之前已被废弃了许多年。例如，巴黎文学院的章程在 1400 年至法国大革命期间只修改了两次，一次在 1453 年，另一次在 1598 年。其二，即便学院的章程能够定期审查，也不能确保它们就能提供有关课程的有价值的资料。例如，巴黎医学院不仅在 1453 年和 1598 年，而且在 1660 年、1696 年和 1751 年对其章程进行了修改。然而，它们所展现的不过是不同教授对其学科的简介而已，而且到了 17 世纪和 18 世纪甚至没有规定该课程所依据的权威标准。

实际上，正像研究近代早期大学课程的今天的历史学家所认识到的那样，重现这一时期真实课堂教学情况的唯一可靠的方法就是重建教授的实际课程。这个任务并不难，因为在欧洲各图书馆和档案文献中保存下来的有用的原始资料非常丰富。著名的教授以使用方便的手册的形式出版了他
564 们的讲稿，同时很多学生在笔记本上详细地记录了他们老师的思想，并且在结业时的学位论文中进行了拷贝。[①] 另一方面，从这类材料中筛选出有代表性的样本是一项长期的工作，而且只是在最近的 10 年或 15 年里，大

① 这些内容见第 2 章。

学史学家才开始发表他们的研究成果。在这一重建的孕育阶段，人们不可避免地倾向于将注意力集中在特定的学院上面，甚至集中在某些以独创性而闻名的个别教授身上，当然也有一些国家将对这一事业的热情放在了其他事情上。其结果是几乎没有出现全国性的综合研究，我们的研究中还存在巨大空白。尤其是神学教学基本上为研究者所忽视，这种轻视令人吃惊，因为至少在1700年以前神学还是大学学术的皇后。[②] 当然我们不敢说下列关于大学课程的说明是确切无疑的定论，根据现在的有限文献只能进行尝试性的描述，但是有一点我们希望能做到，那就是描绘课程概貌的主要结构，当然将会不可避免地把握不住其细微的差别和变化。

简述一下本章的结构是必要的。为方便起见，我们假设每所大学都包括四个学院：文学、神学、法学和医学。实际上，只有以巴黎和牛津为模式的北欧大学才是这种情况。在大多数意大利学校里，文学院和医学院是结合在一起的，而如奥尔良法律大学这样的学校只有一门学科。[③] 也是为了方便，我们还假设每一所文学院既提供传统的哲学学科（包括自然科学）的教学，也提供一种宽泛的多种新学科：数学，古典、东方和现代语言，历史和地理。但是，这又需要加以限定。首先，几乎没有学校曾经在语言和历史科学的每一个分支都提供自始至终的训练，只有哲学能够做到。其次，即便引入了这些新课程科目教学的学校也没有在文学院里设立专门的教学席位。特别是希伯来语和教会史经常在神学院里讲授，但随着时间的流逝，古典和现代语言的教学任务逐渐主要由独立学院、学园及文法学校来承担了。实际上，在像法国这样的国家里，哲学变成了以独立学院为基础的学科，并且文学院完全放弃了它们的教学职责，自此以后只作为颁发学位的机构。

无论如何，两种假设都有用处，这种编排也不至于使人误入歧途。近 565
代早期的教育家将提供知识本身的大学学科和提供预备教育的那些学科区

---

② 所说见第12章。

③ 见第Ⅰ卷第4章和本卷第4章。

分开来。第一类包括神学、法学和医学三门“科学”；第二类包括语言和历史学科；而哲学则极不舒服地处于二者之间，毫无疑问它是一门“科学”，但又是一种预备教育，为在三种“较高级”学院的学习提供所谓的必需的认识工具。这种等级化的分类在学生的教育经历中有所反映。毕业后从事教会、法律和医学职业的大学新生首先接受预备性的文科教育，然后转到哲学上，再修完他们所选的较高级学科的学业。这就是“大学”学程，尽管他们的大部分教育是在大学围墙之外完成的。因而就有了以下几页里关于四类学院模式的假设和一种百科全书式的标准的文科课程。唯有如此，才能在大学背景下对学生学习过程进行成功的描述。另一种做法是集中在学生专业学习上，而不去理会属于其智力发展组成部分的冗长的预备训练阶段。

教学方法

描述信息传递的方式有助于认识近代早期大学对文化的影响。每所学院所使用的教学方法都非常形式化，并且在这一时期几乎没有什么改变。每天，一般每周五天，大学教授都要在学院规定的授课时间登上讲台进行长达 1—1.5 小时的演讲。演讲通常分成三部分。首先，这位教授诵读来自权威典籍的内容，这时要求每位学生坐在教授前面的长凳上，膝上放着一本要学习的经典著作（或手抄或印刷形式）。接下来，该教授将继续提供所选段落的详细解释，将不同的解释介绍给他的听众，对其中的一些解释予以否定，对另外一些予以部分接受，并且提出自己的修正意见，然后做出一个权威的结论。这一授课阶段显然最为重要，所占时间最多。正是在这个阶段，学生通常逐字记下教授的讲解。最后，讲课以一种问题—回答式的辩论结束，教授以学生对其注释的理解为标准测试其功课。然而，
566 有大量证据表明这种总结性的练习常常被忽视，当然，如果到场的学生非常多这也是可以被理解的。

这种极度缺乏个性化的教学方法源于中世纪后期。由于即便在 18 世

纪时神学者仍然首先围绕着一系列问题组织他们的解释，对这些问题的答案又被不断地挑战和捍卫，因而这一方法的确依然称得上是“经院的”。尽管它有很多缺点，而且在16世纪早期时还被人文主义者特别利用，它的作用甚至比以前更大了。从本质上看，这种严格的形式化的教学方法确保了所有教授不管其作为交流者的能力如何，都能为他们的学生提供有关要讨论问题的清楚的、全面的，虽然并非一定简练的说明，而且这种方法被证明是适应性最强的。在这一阶段，正如我们将要看到的，通过引进有关实践医学的演讲使医学课程获得了新生（见医学院部分，第609—611页）。然而，实践解剖学的教学方法与理论生理学完全相同。教授们很少亲自做各类解剖，而是留给助手（通常是外科医生）去做。助手的工作正如教授在对解剖教科书做说明的过程中所分析的那样，向学生们展示人体每个部分的组织结构。

只有最有才气的教授才提供当场的解释。教授通常根据精心准备的讲义授课，读的时候一般以听写的速度为准以方便学生记下来。如果教授们完全即席演讲，他们也只是从已经准备好的讲稿中抽取要点。其结果是学生在课程结束时拥有了两种不可缺少的文本：权威典籍和权威注释。有时二者合在一起，前者被包含在后者里。如果权威典籍太长或太复杂（如托马斯·阿奎那的《神学概论》），教授就可能从正文中将要讨论的主要问题提取出来，并且将对作者论点的解释与他们后来详细的分析结合起来。另一方面，如果知识处于快速变化中且传统的典籍已丧失信用而又未能找到永久的替代者，教授们就会准备一种完全个人化的课程。例如，在17世纪末和18世纪的法国，哲学教授们虽然继续以亚里士多德为基础组织他们的自然科学教学，但将其范围主要限定在亚里士多德关于物理学的论述，这些论述提供了置疑的问题并决定了讨论的顺序。④

其中许多个人的纲要和讲义最终被付印了（常常在去世以后），其中 567
那些包含极其高深思想的往往被大学推荐为教科书，成为后来的教授进行

④ Brockliss, *French Higher Education*, ch. 7, sect. Ⅰ.

解释的起点。为表明这些讲义包含了常规但又相对浓缩的可以获得的知识的精华，继为6世纪的皇帝查士丁尼所准备的罗马法指南之后，这些讲义常常被冠予“基本原理”这一名称。必须承认，随着时间的推移，花费在这类摘要上的学费越来越多。在中世纪后期，一个学生要获得学位通常要在他所选择的“学院”里接受5—7学年的教育，于是作为教授们课程的基础权威典籍就不免包罗万象，课上讨论的内容也冗长无比。这反映了这样一个事实，即开始的时候所有学科，即便是医学的教授都将教育的主要任务视为为下一代学者的成长做准备。然而，如果考虑到越来越多的毕业生作为初出茅庐的人被教会和政府机构所吸收，在1500年以前的很长时间里这种观念就已过时了。事实上，不仅仅是医学院，而是所有的学院都产生了越来越多的野心家。在16世纪和17世纪早期的大多数国家里，学位不只是一种有效的条件，还是许多世俗和教会职位的一个基本要求，大学也几乎成了政府机构，所以学生也就对他们所选择的专业的高深学问基本不感兴趣，大多数学生都想尽快结束他们在高等学校中的学业。学校最终对学生的这种愿望进行迎合及在校学习时间的大大缩短就是可以理解的了。毕业所需时间缩短到三四年甚至更短，教学的重点开始放在教授学科的基本要素上。在这种情况下，教科书不可避免地取代了综合性的权威。

然而，学生在他们的大学课程中并不只是使用这种极端程式化的教学方法。首先，许多被引入文学院课程的新学科都以一种非常不正式的方式教授。在古典和现代语言的基本教学中尤其如此，教授们试图通过鼓励大多数学生参与学习来保证其对文法和句法获得快速的理解（见文学院部分，第571—572页）。其次，学院所提供的演讲对许多学生来说只是他们教育经历的一部分。在寄宿学院，尤其在神学院寄宿的学生更是受益者，
568 在其整个大学生涯中，他们或以个人或以小组的形式得到了现任教师和学者的额外辅导。在牛津和剑桥大学，其个别辅导制一直延续到了今天，这类课外教学的组织通常处于无政府状态。从16世纪中期开始，（牛津和剑桥大学中）每个学院院士都有责任照顾一些男生的学习以避免或尽可能避免受到外部的干涉。与其他地方形成对照的是，学院和神学院逐渐采用了

耶稣会寄宿学院的模式，其中对学生的管理控制集中在校长和受指派专人的手中，他们负责监督相同年龄和能力的学生。例如，在巴黎大学，自1670年以后，学院各类助学金很少光顾他们自己的寄宿学生。[5]

而且，在这一时期末，德国的两所大学——哥廷根和哈勒大学第一次出现这一征兆：小组教学在官方大学里也获得了认可。在新哥廷根大学，自格斯纳（1691—1761）始，18世纪后半期的许多语文教授不仅运用程式化的注释进行高级的教学，而且定期举办研讨班。哈勒大学沿着哥廷根大学的路线于1786年由沃尔夫（1759—1824）建立了一个语言学研讨班。每一种教学方法都有自己特殊的教育作用：讲座，相对于那些无知的学生听众来说，是传递有关学科原理的最有效的方法；相反，研讨班则是一种媒介，教授们借以向他的助手们展示自己对学科的研究情况。[6] 哥廷根大学的创新清楚地指出了19世纪学校向研究型大学发展的一种新途径。然而，研讨班的出现并不是一种从无到有的发展。这是因为在整个这一时期，许多教授，尤其是医学教授都对一些热衷学习的学生提供较高水平的私人教学，研讨班只是已有作法的制度化。例如，在16世纪的帕多瓦，这种私人化的教学就是学习医学的一个重要组成部分。[7]

语言课堂寄宿学院的辅导及大学学院研讨班的轻松氛围得益于从一开 569
始就非常重视用本族语进行教学。传统的大学学院讲座主要是用拉丁语。在16世纪，一些热心者受文艺复兴人文主义的影响，当要学习的著作的最初写作语言是希腊语时，也偶尔将他们的注释建立在希腊文本的传统典籍（如亚里士多德或加伦的著作）之上。例如，图宾根大学的哲学教授詹

---

⑤ M. H. Curtis, *Oxford and Cambridge in Transition 1558-1642. An Essay on Changing Relations between the English Universities and English Society* (Oxford, 1959), chs. 4 and 5; Brockliss, *French Higher Education*, ch. 2, sect. Ⅳ.

⑥ U. von Wilamowitz-Möllendorf, *History of Classical Scholarship*, ed. H. Lloyd-Jones (London, 1982), 93.

⑦ J. J. Bylebyl, 'The School of Padua: Humanistic Medicine in the Sixteenth Century', in C. Webster (ed.), *Health, Medicine and Mortality: the Sixteenth Century* (Cambridge, 1979), 339-350.

姆斯·舍克（1511—1587）就曾根据《工具论》[8] 的希腊文本教授逻辑学。然而，这些教授顽固地坚持用拉丁语传递他们对课文的分析，但大量的希腊典籍的新的、可靠的译本的出现使他们这种求助于原文的教学行为日益显得多余。另一方面，本土语言只是在 1700 年以后才真正被采用。如果说在此之前它被用作交流的工具，通常是医学教授所用，他们有时向那些缺乏古典正统训练的外科医生和药剂师学徒讲授外科学和药剂学。

即便在 18 世纪，本土语也从来没有对拉丁语的至高无上地位造成真正的威胁。可以理解的是，法律教授用本土语讲授新的法令或习惯法（见法学院部分，第 600—601 页），但是在课程的其他部分则几乎都使用拉丁语。医学教授在讲授实践医学时也越来越多地使用本土语，但是在学科核心理论的教学中则很少使用。例如，在苏格兰，最先于 1748 年在格拉斯哥用英语讲授病理学和生理学的教授是威廉·卡伦（1710—1790）。本土语对哲学和神学教学的影响甚至更小。在法国大革命前夕，偶尔有哲学教授，如兰斯的安托万·米若（1730—1794），在自然和数学学科的教学中使用本土语，但其他课程通常没有发生任何变化。布达大学在 1779 年可能被要求用德语进行教学，但这是个别情况，毫无疑问这是来自哈布斯堡皇室的有关授意，目的是使匈牙利的教会日耳曼化。[9]

570
文学院

语言

在整个近代早期，学生语言教育的最主要任务是学习拉丁语。这是可以理解的，因为在 18 世纪以前，拉丁语仍是有教养者的写作媒介。文艺

---

⑧ N. W. Gilbert, *Renaissance Concepts of Method* (New York, 1960), 158.

⑨ C. J. Lawrence, 'Medicine as Culture: Edinburgh and the Scottish Enlightenment', Ph. D., London, 1984, 315; Brockliss, *French Higher Education*, ch. 5, sect. Ⅰ; S. D'Irsay, *Histoire des universités françaises et étrangères des origines à nos jours*, vol. Ⅱ (Paris, 1935), 134.

复兴以后，在欧洲知识阶层中可能已经很少有人会选择这种语言进行交流，但确定无疑的是，它仍然是出版界的通用语言。牛顿在 1687 年发表他的数学《原理》时用的是拉丁语 Principia，而不是英语 Principles。首先，正如我们所注意到的，拉丁语是大学学生在学科学习和检查中使用的语言（见文学院部分，第 519 页）。由于对即将毕业的学生主要的测试是一系列口试，所以既掌握书面拉丁语，也懂口语是非常基本的要求。

然而，与中世纪后期的地位相比，拉丁语不再是文学院可以学习的唯一语言。首先，从这一时期初，教学开始用希腊语和希伯来语进行。在人文主义学者和早期宗教改革家，如西班牙人希门内斯·德·西斯内罗斯（1437—1517）的促动下，这两种语言的教学迅速的制度化了：1450—1500 年首先在意大利（那儿的教授席位主要是用希腊语建立的）实现，然后是欧洲的其他地区在 16 世纪的第一个十年得到落实。这种发展在许多大学里因专门学院的建立得到巩固，尤其是鲁汶大学（三一学院）、牛津大学（基督圣体学院）、阿尔卡拉大学（圣·杰罗姆学院）、巴黎大学（法兰西学院）和维也纳大学（圣·尼克鲁斯学院）。[⑩] 其次，许多规模较大的大学急于提升圣经研究的学术水平，也逐渐实施基于东方语言的教育。例如，在 18 世纪早期的牛津和剑桥一度设立不少于两个阿拉伯语的教授席位。[⑪] 最后，在 18 世纪末已迈出了以本民族语言教学的第一步。许多城市大学与相邻的国家维持着密切的商业和文化交流，在这一时期的大部分时间里提供一到两种现代外语教育。甚至早在 16 世纪末期，波尔多

---

⑩ P. S. Allen, 'The Trilingual Colleges of the Early Sixteenth Century', in P. S. Allen (ed.), *Erasmus, Lectures and Wayfaring Sketches* (Oxford, 1934), 138-163. 更进一步参看第 11 章第 461 页。

⑪ L. Sutherland, 'The Origin and Early History of the Lord Almoner's Professorship in Arabic at Oxford', in L. Sutherland, *Politics and Finance in the Eighteenth Century*, ed. A. Newman (Oxford, 1984), 519-530.

571 （大学）有一位荷兰语教授，莱顿（大学）也有一位法语教授。[12] 但是母语在18世纪上半叶之前被严重忽视，那时只有一些热心的教授，如牛津大学的亚当·斯密（1723—1790）和莱比锡大学的约翰·克里斯托夫·戈特舍德（1700—1766），开始用母语提供私人教育。然而，进展是缓慢的，而且即便在这一时期末也很少有大学步巴黎大学的后尘，将本土语的研究培育成为羽翼完全丰满的课程学科。[13]

近代早期大学的语言教育在教育方式上与中世纪后期先驱有很大不同。传统上教授们都将他们的教学围绕着亚历山大·维勒迪约（约1170—约1250）的极为复杂的文法教科书来进行，目的主要不是向初学者介绍拉丁语的文法规则，而是对它的神秘句法进行哲学分析。他们的这种课程与其说是文法不如说是语言学。[14] 然而，由于人文主义者对这种无效方法的渐次激烈的严厉批评，确保了拉丁语学习的目的是成为杰出的古典文体学家而不是逻辑学家，到16世纪20年代亚历山大·维勒迪约的文法教科书就几乎销声匿迹了。从此以后，拉丁语和其他大学语言的教学开始围绕着经过精心准备且清楚简洁地记录了各种规则的文法手册来进行。到1510年，维腾堡大学的教学已经采用了意大利人文主义者韦鲁利人焦万尼·安东尼·苏尔皮齐奥编写的拉丁语初级读本，10年以后因戈尔施塔特大学在教学中使用了巴伐利亚人阿文提努斯（1477—1534）的著作。[15]

在16世纪的前50年中，语言教育还在全新的方向上被重新定位。学生不只是学习文法规则，还通过学习适当的古典课文、口头练习及散文写作真正理解语言的用法。同时，语言课不再被视为围绕演讲的某一部分而

---

⑫ E. Gaullier, *L'Histoire du Collège de Guyenne*(Paris, I874), 440; D'Irsay, *Histoire des universités*(注释9), vol. Ⅱ, 14; W. Barner, *Barockrhetoric. Untersuchungen zu ihren ges-chichtlichen Grundlagen*(Tübingen, 1970), 415-417, 444-446.

⑬ Brockliss, *French Higher Education*, ch. 3, sect. Ⅰ.

⑭ 参见J. Heath, 'Logical Grammar, Grammatical Logic and Humanism in Three German Universities', *Studies in the Renaissance*, 18(1977), 9-16。

⑮ M. Grossmann, *Humanism at Wittenberg 1485-1517*(Nieuwkoop, 1975), 53; Heath, 'Logical Grammar'(注释14), 37.

组织的静态实体，而是从最简单的文法规则向最复杂的文法规则流畅过渡的动态过程。和今天不同，那时的学生在完全掌握了动词变化及各种词的词尾变化之后才能转到句法的学习上。这种发展的结果是，课程按部分被分为班级，每个班级有自己的教授，学生则根据其能力水平被分入不同班级。此外，如果文法规则没有教完，则课程不结束。由于接受了人文主义 572
者关于学生应成为文体家的主张，因此最后要让学生接受修辞学教育。

语言教育的这一新形式似乎于 16 世纪 20 年代和 30 年代早期首先在巴黎大学出现了。它是一小批特别有天分的教师共同努力的结果，他们包括马瑟林·科迪尔（约 1480—1564）、德国人约翰·斯图谟（1507—1589）和苏格兰人乔治·布坎南（1506—1582）。它被称为巴黎模式。[16] 诚然，它的创造者并不是凭空变出了他们的教学系统，它的基础来自各个方面的资源。文法教育应该是一个不断前进的过程这一思想在 15 世纪时就已产生了，持这种主张的是“共同生活弟兄会”在荷兰和德国北部的其他传统主义教派。[17] 当时的教育家如伊拉斯谟已经在积极提倡必须将古典文学和修辞学的学习引入课程中。同时由于在各地游学的众多人文主义教授的努力，文法教授们已对原文解释的课程教学技术非常熟练。像维也纳大学的乔治·普尔班奇（1423—1461）和巴黎大学的科尔内纽斯·维特利乌斯（约 1450—约 1500）等人围绕他们喜欢的拉丁语演说家和诗人提供私人的临时性课程，因此成为这方面的先驱。[18]

对近代早期课堂语言教育所使用的教科书的研究到现在才开始全面进

---

⑯ 最好的研究是 G. Codina Mir, *Aux sources de la pédagogie des Jésuites. Le "modus Parisiensis"*, Bibliotheca Instituti Historici S. I., 28(Rome, 1968)。

⑰ A. Hyma, *The Christian Renaissance. A History of the Devotio Moderna* (New York, 1924); A. Hyma, *The Brethren of the Common Life* (Grand Rapids, Mich., 1950).

⑱ A. Renaudot, *Préréforme et humanisme à Paris pendant les guerres d'Italie, 1494-1517* (Grenoble, 1917), 121-125; P. L. Rose, *The Italian Renaissance of Mathematics. Studies on Humanists and Mathematicians from Petrarch to Galileo* (Geneva, 1975), 91. 伊拉斯谟最重要的教育论文是 *Declaratio de pueris statim ac liberaliter instituendis of 1529*，法语版由 J. C. Margolin(Geneva, 1966)翻译。

行。从对拉丁语和希腊语教学中受欢迎的作家的研究来看，初始阶段明显处于混乱状态，之后两个世纪是教科书内容统一的时期。在16世纪的前半个世纪里，所有流行的文法课本中只有荷兰人约翰尼斯·德斯伯特里斯（1480—1520）和尼古劳斯·克伦纳达斯（1495—1542）的拉丁语和希腊语初级读本被证明具有持久影响力。尽管这些初级读本在1600年以后常常以修改过的形式呈现给学生，但它们的影响直到1750年仍非常普遍。⑲
573 所有为人文主义教育家所提倡并被大学和学院章程允许的异教的和基督教的作家中只有屈指可数的几位的作品一直被使用，其中拉丁语作家有西塞罗、李维、维吉尔、贺拉斯和奥维德，希腊语作家有荷马、狄摩西尼和卢西恩。有蛛丝马迹可表明像塔西佗这样难度更大的文体学家的作品在17世纪和18世纪也赢得了一些追随者，但这无须反复说明。当然，我们不能想象，由于塔西佗在当时本土语言文体发展中的影响，他就必然被提升为课堂上的典范。近来的研究所显现的一个事实是品味的一致性。16世纪时斯特拉斯堡大学学习的课文一个世纪以后巴塞尔大学及法国大革命前的巴黎大学都在背诵，只是版本不同而已。学生很少能直接接触到古典文本：原作都根据学校应遵循的教会的、政治的和道德的原则被删改了。⑳

人们关于巴黎模式的各个组成部分在课堂教学中要花费多长时间所知甚少。据推测，学习的重点很灵活，取决于正在学习的语言所要达到的目的。主要用于口头表达的语言与只用于阅读的语言（如希伯来语）在教法

⑲ For the many different editions of Despauterius and Cleynaerts used in France, see Brockliss, *French Higher Education*, ch. 3, sect. Ⅱ. A useful intellectual biography of Cleynaerts is to be found in M. Breda-Simoes, 'Un pédagogiste du XVIe siècle. Nicolas Clénard', in *Pédagogues et juristes: Congrès du Centre d'études supérieures de la Renaissance de Tours: été 1960* (Paris, 1963), 157-172.

⑳ A. Schindling, *Humanistische Hochschule und Freie Reichsstadt. Gymnasium und Akademie in Straßburg 1538-1621* (Wiesbaden, 1977), 210-235, 265-270; W. Rother, 'Zur Geschichte der Basler Universitätsphilosophie im 17. Jahrhundert', *History of Universities*, 2 (1982), 162-164. A good example of the bowdlerization of Horace's Odes is given in J. Maillard, *L'Oratoire à Angers* (Paris, 1975), 176.

上存在差异。也许只有拉丁语是以上面所描述的那种古典方式进行教学。的确只有拉丁语是每位学生都必须认真学习的语种。源于这种必要性，学生每天4—5小时用6—7年的时间沉浸于它的神秘中。毫不奇怪，在修辞课结束时他们能流利地说拉丁语，并且能写出得体的诗歌或论文。然而，这也使人们对其他语言的兴趣大大减少，尽管神职人员（尤其是新教牧师）被认为在希腊语和希伯来语方面表现出色，非常明确的是，希腊语从未产生如人文主义者所期望的那样的影响，主要原因在于许多有价值的文学和哲学遗产以译文的形式存在。的确，即便在那些将希腊语视为人文课程必修部分的学校，学生的投入也明显较少。根据17世纪早期巴黎博韦学院院长让·格朗热（1574？—1644）的说法，当希腊语课开始时，学生就会走出教室。㉑

绝大多数语言教授仅仅是教师而已，对语言学的研究没有做出什么贡 574
献。但有些学者是例外，他们成功地将教学职责与积极的研究事业结合起来，尤其是大学在整个时期几乎庇护了所有古典研究领域最具创新精神的人物。14世纪和15世纪时的情况则不是这样，因为意大利人文主义者发起的对古典遗产的恢复主要是在学校外进行的。但是，当文艺复兴转移到阿尔卑斯山以北且发现的时代让位于评注的时代之后，学术界就成了原文注释易于产生丰硕成果的土壤。这一时期大多数大学都自夸至少拥有一位有国际声望的古典注释家，但只有个别大学是文化的温室。

在16世纪中期（1540—1570），最重要的古典学术中心无疑是巴黎大学，它拥有三位成绩显赫的教授：让·多拉（1508—1588）、阿德内安·蒂尔内布（1512—1565）和丹尼斯·朗班（1520—1572）。前两位是修正和解释希腊诗人和剧作家文本的专家。我们必须感谢多拉，是他将卡利马科斯的赞美诗重新引入欧洲文化中来。而朗班则是一位拉丁语学者，因对卢克莱修和贺拉斯的可靠注释而名垂千古。所有这三位向我们展示了提高对文本理解的做法，即首先整理现存的手稿，然后利用其他同时代文本中

㉑ J. Grangier, *De l'estat du Collège de Dormans, dit Beauvais* (s. l., 1628), 79.

的信息来解开难题。

然而在即将进入 17 世纪时，巴黎大学的这种卓越地位被新的莱顿大学所取代。这所荷兰大学作为古典学术研究中心达一个半世纪之久。其古典学派的奠基人是约瑟夫·贾斯特斯·斯卡利杰（1540—1609），他对优西比乌斯遗失著作的富有灵感的重建是古代年代学之学术性研究的肇端。斯卡利杰的后继者包括 17 世纪以出版塞内卡的《悲剧》的可信版本而闻名于世的约翰·弗里德里奇·赫罗诺维（1611—1671）及 18 世纪的泰比里厄斯·赫姆斯特赫斯（1685—1766）。后者是 18 世纪中期步剑桥神学家理查德·本特利（1662—1742）后尘，开辟一条新的路线提供古典诗人更好版本的许多荷兰教授中的一位。他们的重建不像他们的前辈那样对各种文本进行侦探性地仔细校勘，而是对诗人的措辞和韵律手法进行直观地把握。

莱顿的古典学术明星地位最终在 1760 年之后暗淡了下来。这一时期
575 末最著名的大学（参看第 568 页所述就可理解了）是哥廷根大学和哈勒大学，这两所大学在海涅（1729—1812）和沃尔夫（1759—1824）的游说下创立了真正的历史文艺批评学派。受未在大学中担任教职的审美学家和艺术史家温克尔曼的影响，这两位教授主张只能通过作品产生时的文化背景来理解文艺作品。所以，研究古典名著的教授如果想成为成功的评论家就必须是考古学家、古钱学家和人类学家，而不能只是语言学家。这两位教授则都非常热衷于将他们的方法论运用到对荷马的研究中去，要是沃尔夫在其结论中真正具有独创性就好了。后者在《荷马诗作导论》（1795）中强调，对《伊利亚特》和《奥德塞》的分析与对《埃涅伊德》的分析不能采取相同的方式，因为这些诗作最初曾经通过口头传诵下来，不是一个人

的作品，其艺术整体经过了后来修订者的重重添加。[22]

历史和地理

在16世纪和17世纪早期，许多欧洲大学，尤其在新教国家的大学，开始设立大量的历史学教授席位。1529年和1537年在马伯格大学和维也纳大学设立的教授席位属于第一批，1622年和1627年在牛津大学和剑桥大学设立的教授席位属于最后一批。[23] 这些教授席位的设置源于两个孪生因素。首先，它们的设置源于人文主义信念，即古典文学研究不仅具有体裁的价值，而且具有道德的价值。古代历史学家是一个独特的智慧宝库。然而，作为较后的这些古代史学家，尤其是塔西佗，不应老是被作为文体家的典范来看待，进行个别阅读而不是作为语言教育的一部分似乎更符合逻辑。另外，宗教改革时期政治和宗教的竞争又重新诱发了对年代学和一般历史的研究。当关于教义或国王权利问题的争论常常主要围绕缺乏记录的教会或贵族议会的日期或意义时，将社会专业精英引入以建立适当的结论就成为必然。

所以，在这一阶段前半期，人们寄望于历史学教授履行两项不同的职 576
责。当然，在两项职责中有所侧重是不可避免的。同样不可避免的是历史学教授对学科的发展贡献很少：他们或者是普通的文本解释者，或者是不加批判的年代学者，跟在《四君主统治论》——作为大学课本在1701年左右最少出了80个版本——的作者约翰·斯莱丹（1506—1550）后面详

[22] J. E. Sandys, *A History of Classical Scholarship*, vol. Ⅱ (Cambridge, 1908), 185-191, 199-204, 319-321, 401-410, 447-453; vol. Ⅲ (Cambridge, 1908), 38-44, 51-60; Wilamowitz-Möllendorf, *History*(注释6), 49-53, 55, 72, 79-82, 85, 100-102, 108-110; R. Pfeiffer, *History of Classical Scholarship from 1300 to 1850* (Oxford, 1976), 103-106, 111-112, 115-118, 143-157, 163, 171, 173-177.

[23] E. C. Scherers, *Geschichte und Kirchengeschichte an den deutschen Universitäten* (Freiburg, 1927), 43; K. Sharpe, 'The Foundation of the Chairs of History at Oxford and Cambridge: an Episode in Jacobean Politics', *History of Universities*, 2(1982), 127-152.

细解释“四君主政治”计划。[24] 当然有些教授在他们的职位上做出了创造性的贡献，尤其是16世纪晚期莱顿大学和鲁汶大学教授于斯特斯·利普西乌斯（1547—1606）。在他的领导下，对塔西佗的注释启动了现代政治艺术的研究并成为为专制主义辩护的着力点。沿着他的路线的其他人，特别是斯特拉斯堡大学的马蒂亚斯·贝尔内吉尔（1582—1640），像利普西乌斯一样，拒绝马基雅维里式的塔西佗的思想，而运用《赫马尼亚》支持他对有限君主制的信仰。[25]

但是，必须指出，这只是有限的发展。大多数16世纪晚期和17世纪的学生都获得了有关当时欧洲国家制度的知识，即使从根本上讲不是从历史学教授就是从修辞学教授那儿获得的。后者为使作为文体样本学习的有关雄辩和诗歌的名著更容易理解，常常为学生讲解蓬波尼厄斯·梅拉关于古代世界的地理学以提供背景知识。当然，他们这样做除了对旧的世界进行分析外，往往还将分析延伸到了对当今和新的世界的文化和制度问题上。因而卡昂大学的安托万·阿莱（1592—1676）在17世纪60年代时曾对他的学生详细讲解近代法国人远征加拿大的问题。[26]

只有在18世纪，当时一些著名的教育家，如巴黎人查尔斯·罗林（1661—1741），对历史学教授的职责进行了重新界定，才使大量的历史学教授脱离了古典文学和年代学桎梏的束缚。[27] 依据新的思想学派，古代的历史学家们不再是人类智慧的唯一宝库：从本质上说，现在这一作用只属

---

[24] Scherers, *Geschichte und Kirchengeschichte*（注释23），46-53.

[25] G. Ostreich, 'Justus Lipsius', in T. H. Lunsingh Scheurleer and G. H. M. Posthumus Meyjes (eds.), *Leiden University in the Seventeenth Century. An Exchange of Learning* (Leiden, 1975), 177-201; Schindling, Straβburg（注释20），280-289.

[26] Brockliss, *French Higher Education*, ch. 3, sect. Ⅴ. 耶稣会似乎已将这一惯例传入法国，参见 F. De Dainville, 'Les découvertes portugaises à travers des cahiers parisiens de la fin du seizième siècle', in F. De Dainville, *L'Education des Jésuites* (XVI e-XVIII e *siècles*), ed. M.-M. Compère (Paris, 1978), 455-462。

[27] Author of *De la manière d'enseigner et d'étudier les belles lettres*, 4 vols. (Paris, 1726-1728). 他对历史作为一门课堂学科的详细讨论见第Ⅲ卷和第Ⅳ卷。

于过去了。同时，通史也不再等同于年代学，而是对主要帝国的兴衰原因进行分析。结果，对那些热心的历史学教授来说，不仅可以发表关于相对较晚时期历史的演讲，而且将自佛罗伦萨人弗朗西斯科·圭恰尔迪尼（1483—1540）时代即兴盛于大学以外的复杂的当代历史地理学传统引入课程中来。而且，到这一时期末时，教授们不再总是讲授他们所钟爱的内容，而是必须根据完整连贯的课程大纲进行教学。例如，1786 年后布尔日大学教义学院的学生必须依次学习《旧约全书》、古典历史和法国历史，同时要学习自然地理学及近东、地中海和欧洲的地形学。课程是如此之新，以至于学习要结束时教师的演讲涉及了美国独立战争。[28] 577

最初 18 世纪的教授们依赖别人所撰写的教科书是可以理解的，但随着时间的推移，他们自己的教科书问世了。帕尔马大学的前耶稣会士教授克洛德·米约（1726—1785）尤其多产，除了著名的《世界通史》外，还出版了便于使用的英国历史和法国历史。但是，这些著作中没有能像同时代的哲学家伏尔泰（1694—1778）的历史杰作《路易十四时代》那样表现了作者的写作天赋和作品的持久生命力，而这部历史著作全部都是在大学外撰就的。用一种一维的方式去探讨复杂的历史变化常常是这些著作的硬伤。米约认为英国混乱的政治和宗教历史完全可以追溯到盎格鲁-撒克逊人天生的狂热和变化无常的性格上。[29] 那不勒斯人詹巴蒂斯塔·维科（1668—1744）的通史是个例外，尽管我们都知道他只是一位修辞学教授，而且很可能从来没有在他的课堂上宣扬过他的历史哲学。维科于 1727 年发表的《新科学》尽管在当时为人们所忽视，今天却被视为历史名著。和他的同代人一样，维科也热衷于对文化的变化做出具体的解释，但他在深入探究异教宗教（也就是基督教）的发展时一直避免陷入单一因果关系的

[28] Brockliss, *French Higher Education*, ch. 3, sect. Ⅴ.

[29] Brockliss, *French Higher Education*, ch. 3, sect. Ⅴ.

陷阱。[30]

但是如果说大学历史学在18世纪进行了彻底改革的话，它仍具有显著的非学术特点。尽管许多教授如米约口头上表示在处理资料时应该采用
578 批判的方法，但他们的作品并没有表现应有的严密和深刻。具有讽刺意义的是，最具批判倾向的课程都是由那些仍然抱有传统职责观念的教授提供的。乌得勒支大学的教授彼得·韦斯林（1692—1764）在18世纪中期仍然将通史等同于年代学，但在处理这一学科时对于历史事实的不可靠性表现了令人钦佩的清醒认识。[31] 但实际上守旧的年代学家不会增进历史知识的总体数量。在18世纪，真正的历史学研究似乎一直是德国法学院的专利。在那里，公法教授都热衷于文献研究和评价宪法内容。[32] 历史学教授真正开始进行学术研究时，18世纪已接近尾声，这时施勒策（1737—1809）及其前辈们在新的哥廷根大学拓展了其同事在法学领域的工作并发起成立了历史研究学派，利奥波德·冯·兰克（1795—1886）所做出的成就使之达到了巅峰。[33]

哲学

哲学课程在中世纪后期被分成了四门独立的学科：逻辑学、伦理学、形而上学和物理学。伦理学包含了政治学和经济学，形而上学包含了自然

㉚ M. H. Fisch and T. G. Bergin(eds. and trs.), *The Life of Giambattista Vico Written by Himself*(Cornell, 1944), esp. 136-140 and 198-199；关于维科理论变革的介绍，参见 L. Pompa, *Vico. A Study of the 'New Science'*(Cambridge, 1975)。

㉛ J. Roelevink, '*Lux Veritatis, Magistra Vitae*. The Teaching of History at the University of Utrecht in the Eighteenth and Early-Nineteenth Centuries', *History of Universities*, 7(1988), 149-174.

㉜ N. Hammerstein, *Jus und Historie. Ein Beitrag zur Geschichte des historischen Denkens an deutschen Universitäten im späten 17. und 18. Jahrhunderts*(Göttingen, 1972), esp. chs. 4-5，关于哈勒大学两位法学教授的贡献 J. P. von Ludewig(1668-1743) and N. H. Gundling(1661-1729).

㉝ Hammerstein, *Jus und Histoire*（注释 32), ch. 7.

神学和心理学，而物理学则包含了所有的自然科学。除逻辑的学习外，课程的每一部分都建立在从亚里士多德文集中抽选的著作之上，逻辑的学习则通常从对西班牙的彼得（卒于1277年）的《逻辑学大全》的分析开始。彼得的这本著作是一本基础性的教科书，也包括了大量的关于命题逻辑的论述。[34] 然而，亚里士多德的文本是教授们解释的唯一起点，从根本上它为教授们提供了一系列取之不尽的问题，可以独立地或随机地对这些问题进行不停的探究和讨论。几个世纪以来，“问题”已经证明是一种富有成效的工具，使教授在传统许可的范围之内进行创造性的工作。

然而，在16世纪初，中世纪后期的哲学课程受到了抨击。文艺复兴时期的人文主义者对亚里士多德独一无二的凌驾于其他古典哲学家（尤其 579
是柏拉图）的统治地位、过长的课程（一般5—7年）及以粗俗的拉丁语讨论深奥的哲学问题所花费的大量时间（在他们的眼里）感到悲痛。许多人希望大学完全放弃哲学教学。其他较中庸的一些人只是要求引入选择性的新柏拉图主义的文本使这门课程获得新生，并且进行彻底重组以保证学生在合理的时限内覆盖所有的哲学问题。另外，许多新教教育家反对这种四分法。他们认为形而上学应被清除出课程，因为构建一种理性神学的努力是超出凡人的能力之外的，必定会以亵渎和错误告终。

无论这种批评怎样有力，人文主义者和改革家对课程变革的影响只成功了一部分。在整个16世纪和17世纪上半期，哲学课程仍是四分结构，亚里士多德哲学还是最强的声音。不可否认，大多数新教大学的确取缔了形而上学的教学，但它的出局只是暂时的，即使最初往往得不到当局的鼓励。1600年左右又恢复了这门学科的教学，[35] 同样不可否认的是，有人试

---

[34] Heath,'Logical Grammar'(注释14),41-55.

[35] J. S. Freedman,'Philosophy Instruction within the Institutional Framework of Central European Schools and Universities during the Reformation Era',*History of Universities*,5(1985),124-125;P. Dibon,*La Philosophie néerlandaise au siècle d'or*,vol. Ⅰ:*L'Enseignement philosophique dans les universités à l'époque précartésienne 1575-1650*(Paris,1954),1-70,*passim*;J. Prost,*La Philosophie à l'académie protestante de Saumur 1606-1685*(Paris,1907),10,51,55.

图介绍新近发现的柏拉图学派的课本，但热心者的努力往往是毫无结果。尤其是耶稣会士担心过多地接触柏拉图可能会对青少年的心灵造成腐蚀性的影响，因为他的哲学既不是彻底的异教也不是正统的天主教。结果柏拉图主义者的教授席位只是在四所大学里曾经设立，均在16世纪末期和17世纪早期的意大利：比萨大学、费拉拉大学、罗马大学和帕维亚大学。[36]如果学生想将自己沉浸在另一种传统中，那他不得不私下去做或封闭在牛津和剑桥大学的课外辅导中。后者确实使大学的柏拉图哲学在英国处于活
580 跃状态，并且于17世纪中期在剑桥大学的拉尔夫·卡德沃思（1617—1688）和亨利·莫尔（1614—1687）周围发展成为一个真正的学派。[37]

真正发生变化的，除了西班牙的彼得的书被简单得多的波菲利（约234—约305）的《普遍问题》所取代外，还有其解释的方法。虽然亚里士多德的著作被保留了下来，但许多教授都认为他的全部作品不再被视为（如果它是的话）一座由教授们根据一时的兴致去筛选、打磨并向学生展出的充满了未加任何个人雕琢的各种珍宝的大的钻石矿山。相反，要求教授们将亚里士多德的文本视为一个整体，概括他的一般论点，按顺序进行并只详细阐述大师提出的重要观点。另外，为鼓励规范，大学的改革者继续沿着14、15世纪的革新动向，将学习时间划分为几个具体的阶段，每个阶段分配的课文内容必须讲解完。结果到1600年左右时，哲学课程的学习时间基本上不超过2—3年。换句话说，作为人文主义者批评的一个结果，即在哲学的教学上越来越强调统一性。但这也有代价：注释这种新

---

[36] C. B. Schmitt, 'Platon et Aristote dans les universités et les collèges du XVIe siècle', in J. C. Margolin and M. de Gandillac (eds.), *Platon et Aristote à la Renaissance. XVIe Colloque international de Tours* (Paris, 1976), 193-194; A. C. Crombie, 'Mathematics and Platonism in the Sixteenth-Century Italian Universities and Jesuit Educational Policy', in Y. Maeyana and W. G. Saltzer (eds.), *Prismata. Naturwissenschaftsgeschichtliche Studien* (*Festschrift für Willy Hartner*) (Wiesbaden, 1977), 63-94.

[37] 关于此学派及其成果，参见 C. A. Patrides (ed.), *The Cambridge Platonists* (Cambridge, 1980). The 1570s Cambridge statutes permitted Plato's *Republic* to be read in the official course of ethics: Curtis, *Oxford and Cambridge* (注释5), 87。

方法更适合教授式埋头工作的人，而不适合文艺鉴赏家式的工作者。

在这种新结构的框架下可以区分出两种不同的亚里士多德学派。与帕多瓦和意大利的许多大学联系在一起的是第一种，也是最著名的一种，强调要抓住亚里士多德教学的本质，揭示许多世纪以来各种观点背后隐藏着的大师的精神。它的成员寻求的是真实的亚里士多德，而不是真理本身；他们既是解释者，又是哲学家。[38] 第二种学派最先在巴黎大学形成，但兴盛于整个北欧地区，尤其是得到了耶稣会士的支持，是非常传统的学派。它的拥护者并不完全避开人文主义者的解释技巧，但主张其主要任务乃是以批判的精神分析亚里士多德的文本。大师可能说过什么或可能没说过什么是很重要，但是其最终的重要性是有限的。学生要学的是亚里士多德应该得出的结论，就这一目的看，阿拉伯和基督教学究的解释工具是助手而不应是累赘。[39] 就短期效应来看，帕多瓦学派表现得更具创新性，更加激进，因为当提出一些违背天主教正统的哲学观点特别是关于精神的唯物主 581
义观点时，注释的方法就被帕多瓦学派用来作为掩护。然而，从长远来看，巴黎学派对未来西方哲学的发展贡献更大。

首先，耶稣会士曾受命为特伦托主教会议的基督教教义做一种托马斯主义的辩护，对亚里士多德的全部著作做了一系列具有重要意义的批判的且常常是创造性的解说，这在 17 世纪理性主义的起源过程中起到了种子的作用。特别值得一提的是 16 世纪末期和 17 世纪早期与葡萄牙的科英布拉大学有关的出版物，因为这些出版物被整个欧洲广泛阅读，成为天主教和新教解释亚里士多德文本的共同起点。尤其重要的是西班牙人弗朗西斯科·德·苏亚雷斯（1548—1617）于 1597 年出版的《形而上学论争》。苏西雷斯在移居葡萄牙之前曾在罗马大学和阿尔卡拉大学执教。虽然亚里士多德的《形而上学》在很大程度上为帕多瓦学派所忽视，但它作为对上帝

---

[38] 一般介绍见 A. Poppi，'Lineamenti di storia della scuola padovana di filosofia'，in A. Poppi, *Introduzione all'aristotelismo padovano*（Padua，1970），17-46。

[39] 关于亚里士多德在整个 16 世纪和 17 世纪早期的情况，参见 C. B. Schmitt，'Towards a Reassessment of Renaissance Aristotelianism'，*History of Science*，Ⅱ（I973），159-193。

之特性进行理性探究的基础对耶稣会会士仍具有特殊的价值。《形而上学论争》很快在国外出版了，并且对许多其他形而上学方面的教科书有所启发，特别是在信奉路德教的德国，此书也确立了把存在本身作为哲学关怀的基本问题。[40]

其次，巴黎大学本身产生了一位前培根时代最有影响且争议最大的亚里士多德哲学的批评家，就是彼得吕斯·拉谟斯（1515—1572）。他的重要性在于他研究逻辑学所使用的革命性的方法。拉谟斯反对中世纪晚期（及亚里士多德学派）关于逻辑学是与正确推理规则有关的学科这样一种信念，坚决主张它只是一种确定和排列论据的实用技术。所以，他不大注意修辞和逻辑的传统区别而致力于发展一种简易的程序化的辩证方法，作为调查和传播知识的工具。[41]

在这里需要强调的是，拉谟斯不是第一个与传统逻辑断交的人，因为
582 到处游历的人文主义者鲁道夫·阿格里科拉（1444—1485）早就预想过这种方法，而且阿格里科拉的《发明论》在17世纪30年代的巴黎大学已广为人知。然而，正是拉谟斯将方法论的工具加进了新的逻辑学，也正是拉谟斯主义在16世纪下半期强烈地影响了新教欧洲。实际上，每一所新教大学或早或晚都将拉谟斯的《辩证法》定为教科书，值得注意的是，在这些大学里都对如何教育未来的律师和牧师进行了清楚的和令人信服的辩论。例如，由于注意到拉谟斯主义教学法的潜力，拉谟斯主义的方法在加尔文派所属的黑博恩大学受到了如此高的赞誉，以至于学校当局要求各个学院的所有教授在他们的授课中都要使用这种辩证方法。但是到17世纪

---

[40] K. Werner, *Die Scholastik des späteren Mittelalters*, vol. Ⅳ. 2: *Der Übergang der Scholastik in ihr nachtridentisches Entwicklungstadium* (Vienna, 1887),一直是巴黎学校工作的标准依据 For Suárez in Germany, see M. Wundt, *Die deutsche Schulmetaphysik des 17. Jahrhunderts* (Tübingen, 1939), esp. 41-47, 173-225, *passim*, 263-273.

[41] 近来的研究：Gilbert, *Renaissance Concepts*（注释 8），xxiv and ch. 5; N. E. Nelson, *Peter Ramus and the Confusion of Logic, Rhetoric and Poetry* (London, 1947); W. J. Ong, *Ramus, Method and the Decay of Dialogue* (Cambridge, Mass., 1958), esp. 171-292.; R. Hooykaas, *Humanisme, science et réforme: Pierre de la Ramée (1515-1572)* (Leiden, 1958)。

早期，拉谟斯的星光暗淡了下来。在天主教的各个大学里，他的逻辑学从未取代过亚里士多德（甚至在他的母校也未能做到），而在新教学校中，科学教学也回到了传统的道路上来，或者至少像在联合省共和国一样，发展了一种折中性的亚里士多德-拉谟斯课程。[42]

从长远看，巴黎模式则更具灵活性和生命力。面对当代实验哲学家的各种发现，帕多瓦模式只能提供一种消极的因而不够迅速的反应。尽管自称其兴趣主要在于揭示真实的亚里士多德，但像塞萨尔·克雷蒙尼尼（1550—1631）等许多教授仍本能地相信亚里士多德和真理是同义词。[43]另一方面，巴黎学派及其同盟者并不将亚里士多德视为唯一的哲学权威，因而他们更能适应科学革命的新世界。17 世纪 50—70 年代，他们全都根据天文学、生理学、动力学和气体力学的新成果对传统的物理学课程进行了改造。巴黎大学教授皮埃尔·巴尔贝（大约卒于 1675 年）于 1675 年首次出版了最受欢迎的教科书《证据》。毫无疑问，巴尔贝是亚里士多德学派的人，根据存在独立的物质形式这样一种信念专注于对自然现象做出定性解释。但是当他放弃亚里士多德的世界转而支持 16 世纪晚期丹麦天文 583
学家第谷·布拉厄（1546—1601）的秩序时同样没有困难。布拉厄的世界可能仍是以地球为中心的，但是现在只有太阳和月亮直接围着地球转动，而其他的星星则是围着太阳旋转。他可能仍然支持月上天和月下天的区

---

[42] Ong, *Ramus*（注释 41）, 93-130, 297-306; G. Menk, *Die Hohe Schule Herborn in ihrer Frühzeit*（1584-1660）. *Ein Beitrag zum Hochschulwesen des deutschen Kalvinismus im Zeitalter der Gegenreformation*（Wiesbaden, 1981）, 203-217, 274-281; J. Moltmann, 'Zur Bedeutung des Petrus Ramus für Philosophie und Theologie im Calvinismus', *Zeitschrift für Kirchengeschichte*, 67（1957）, 295-318. 近来的研究表明拉谟斯的影响可能没有最初想象的那么大；参见 J. McConica, 'Humanism and Aristotle in Tudor Oxford', *English Historical Review*, 94（1979）, 298-314. 日内瓦自身从来没有接受拉谟斯的观点，参见 M. Heyd, *Between Orthodoxy and the Enlightenment. Jean-Robert Chouet and the Introduction of Cartesian Science in the Academy of Geneva*（The Hague, 1982）, 15。

[43] M. A. Del Torre, *Studi su Cesare Cremonini. Cosmologia e logica nel tardo aristotelismo-padovano*（Padua, 1968）; C. B. Schmitt, *Cesare Cremonini, un aristotelico al tempo di Galilei*（Venice, 1980）.

别，但他已经接纳了伽利略的发现，宇宙不再是静止的。[44]

由于具有灵活性，巴黎模式的亚里士多德哲学在整个17世纪仍然是一种具有创造性的、生机勃勃的哲学力量，而帕多瓦模式很快就凋败死亡了。然而，巴黎模式的这种适应性毕竟是有限的。这种折中主义可以毫不费力地将最新科学发现融入他们的课程中去，但是正如巴尔贝立场的基本内容所揭示出来的，他们不可能摆脱与亚里士多德基本原理的干系。所以，发展一种全新的理解自然现象的解释策略即机械论哲学只能由一些仅与大学界保持着松散联系的个人来完成就不奇怪了。在17世纪主张仅根据物质和运动就可对自然现象做出更科学的解释的第一代哲学家中，只有（法国）艾克斯省的哲学教授、伊壁鸠鲁原子论者皮埃尔·伽桑狄（1592—1655）于1616—1624年拥有大学的教授席位。

17世纪中期（从根本上讲源于另一种德谟克利特的古典传统）多种形式的机械论哲学的出现对亚里士多德学派的教授提出了无法回避的挑战。16世纪，柏拉图哲学和赫耳墨斯哲学日益相互对立，但它们并未成功地俘获文化权威仲裁者的精神和头脑。相反，机械论哲学不仅很快地得到了当时大多数实验哲学家的支持（不包括耶稣会的科学家是很容易理解的），还在大师们和上等阶层中赢得了强大的支持者。最重要的是它抓住了17世纪后半期的新科学学术团体，在这儿当局和实验哲学家有时进行了富有成效的联手努力，尽管他们不大可能进行实质性的联姻。结果大学的亚里士多德学派要么对抗，要么屈服。最初（成为巴黎学派生命力的一种标志），很多教授拾起了逍遥学派的大棒。然而，从根本上讲，反对他
584 们的力量太强大，又由于世俗的公共舆论日益反对亚里士多德学派的形式主义，他们最终，尽管非常迟缓，承认了自己的失败。

亚里士多德哲学在欧洲大学被机械论哲学取代的历史尽管只是现在才

[44] L. W. B. Brockliss, 'Aristotle, Descartes and the New Science: Natural Philosophy at the University of Paris 1600-1740', *Annals of Science*, 38(1981), 43-46. 法国大学和耶稣会大学中其他折中主义的类似例子见 Brockliss, *French Higher Education*, ch. 7, sect. Ⅱ。

有人注意，但其主要的轮廓已变得明晰了。这种转变在新教国家中那些经济较为繁荣的大陆国家始于1650年左右，这些国家处于沃什河和波河之间的南北轴线上，然后稳定地向外扩展。所以，机械论哲学在剑桥大学、莱顿大学、黑博恩大学及日内瓦大学讲授时是在17世纪50—60年代，但到这个世纪末时只在匈牙利的加尔文教区得到承认。[45]而在天主教世界这种转变往往开始得更迟：鲁汶大学在17世纪50—70年代对其课程进行了修改；巴黎大学和帕多瓦大学到18世纪左右时还没有放弃原来的课程；西班牙的大学就更晚了，在1750年之后查里三世统治时才极不情愿地放弃了原来的哲学课程。[46]

在欧洲天主教地区，这么顽固地为定性物理学辩护是很容易理解的：教会的势力较大。不论是在新教国家还是在天主教国家，神职人员对机械论哲学的直接反应总是充满敌意。各种教派的基督教神学家都不喜欢似乎只是将上帝视为原动力的哲学，它摧毁了“伟大存在之链”这种观念，并且接受了哥白尼的学说，不再将人置于宇宙的中心。然而，只有天主教会拥有有效宣传支持传统哲学的组织和能力，特别是耶稣会这种形式。

在欧洲大部分地区，亚里士多德的定性主义为机械论哲学的笛卡尔哲学形态所取代。在这方面，教派间的差别是不重要的。在机械论者积极性

㊺　E. G. Ruestow, *Physics at Seventeenth and Eighteenth-Century Leiden* (The Hague, 1973), ch. 4; Heyd, *Between Orthodoxy and the Enlightenment* (注释42.), ch. 4; J. Gascoigne, 'The Universities and the Scientific Revolution: the Case of Newton and Restoration Cambridge', *History of Science*, 23 (1985), esp. 405-413; J. Zimplèa, 'The Reception of Copernicanism in Hungary', in J. Bukowski (ed.), *The Reception of Copernicus' Heliocentric Theory* (Torùn, 1973), 330-339.

㊻　Brockliss, 'Aristotle, Descartes' (注释44), 52-60; G. Vanpaemel, *Echo's van een wetenschappelijke revolutie. De mechanistische natuurwetenschap aan de Leuvense Artesfaculteit (1650-1797)* (Brussels, 1986); M. Soppelsa, *Genesi del methodo galileiano e tramonto dell' Aristotelismo nella scuola di Padova* (Padua, 1974), ch. 4; B. Dooley, 'Science Teaching as a Career at Padua in the Early Eighteenth Century: the Case of Giovanni Poleni', *History of Universities*, 4 (1984), 115-152; D. Goodman, 'Science and the Clergy in the Spanish Enlightenment', *History of Science*, 21 (1983), 118-124.

585 的第一波影响下，天主教徒和加尔文教徒一样根据笛卡尔的《哲学原理》（1644）提出了一种先验主义的机械论哲学，强调获得关于真理的完美知识是可能的，精神和物质尽管有联系但有本质上的差别，宇宙是一个充满物质的实体。然而，在大部分地区的大学中所讲授的笛卡尔哲学体系的基本要素仅仅来自笛卡尔本人。通常情况下，教授们所讲授的机械论是经后来的笛卡尔哲学信徒或新笛卡尔哲学家用批判的棱镜折射出来的哲学。法国受到的间接影响来自以巴黎人为基础的笛卡尔哲学家尼古拉斯·马勒布郎士（1638—1715），他是奥拉托利会会友的教学组织成员，虽然讲授哲学原理，但他自己并不是一位大学教授。[47] 在北欧路德教地区则相反，占有优势影响地位的是更为折中的克雷斯蒂安·沃尔夫（1679—1754）。他是哈勒大学和马伯格大学的教授，尽管他的哲学体系主要源于笛卡尔哲学，但像他的导师莱布尼兹一样，仍保留了亚里士多德哲学的许多内容。汉诺威人莱布尼兹是一位唯理论哲学家，也不在大学工作。[48]

与此相对照，在不列颠群岛，笛卡尔机械论哲学形态仅仅是曾经得到了有限的支持。[49] 相反，从 17 世纪晚期开始，许多大学为更加具有经验主义倾向的伽桑狄的虚无主义的机械论所占领。但是这儿的机械论哲学通过本土化大熔炉的提炼也带有了较强的民族特色。一方面，当约翰·洛克（1632—1704）1690 年出版的《人类理智论》还在编写时，伽桑狄的经验主义的和或然主义的偏见已在大学之外的世界中被打磨得相当完美了。另一方面，法国人对笛卡尔实体的拒绝因伊萨克·牛顿（1642—1727）的引

---

[47] Brockliss, *French Higher Education*, ch. 4, sect. Ⅲ. 要了解笛卡尔的这位最初的法国信徒的生活和工作，参见 D. Radnor, *Malebranche: a Study of a Cartesian System*(Assen, 1978)。

[48] M. Wundt, *Die deutsche Schulphilosophie im Zeitalter der Aufklärung* (Tübingen, 1945), 122-230; T. Frängsmyr, *Wolfianismens genombrott i Uppsala*, Acta Universitatis Upsaliensis, 26(Uppsala, 1972)英语梗概：'The Emergence of Wolfianism at Uppsala'. 关于沃尔夫，参见 W. Schneiders(ed.), *Christian Wolff 1679-1754* (Hamburg, 1983)，特别是由以下作者所著的文章 Scheiders, Corr, Hammerstein 和 Rühling。

[49] 最全面的研究是 A. Pachi, *Cartesio in Inghilterra da More a Boyle*(Bari, 1973)。

体物理学获得了坚固的数学基础。[50] 需要指出的是，牛顿这位剑桥大学卢卡斯数学教授并不是牛顿传记中所说的孤立天才，而是17世纪后半期大多数英国实验哲学家所信奉的经验主义和现象学传统特别娴熟的一位从业者。[51] 和他的同事一样，牛顿的主要兴趣在于获得对宇宙的精确（用他所 586
理解的术语就是数学的）描述，而不是对源于第一法则的自然现象做出机械论的解释。所以，当他1687年发表《原理》时，其目的在于证明维持太阳系的引力的存在，而不是解释它的原因。牛顿呈现给世人的机械主义的物理学与大陆所提倡的完全不同，在大陆上仍在试图找到原因问题，所以牛顿的著作最初不被理解也就不足为奇了。在大陆哲学家如莱布尼兹看来，牛顿学说又回到了亚里士多德的定性物理学。

自1687年《原理》出版后的大约50年的时间里，欧洲大陆的大学一直沿着大学外世界哲学高手的路线前进，并且毫不掩饰他们对机械主义的伽桑狄和牛顿学说的轻视。牛顿是一位伟大的数学家，他计算出了维持行星在它们的轨道上绕太阳运转所需的力，但是作为哲学家他是习惯性的定性主义者。在牛顿学说的缔造者去世前的时期，只能在荷兰和意大利才能找到一些教授接受了牛顿的哲学革命。莱顿的数学和天文学教授赫拉弗桑德（1688—1742）早在1723年出版了引力学方面的教科书，那不勒斯人尼科洛·德·马蒂亚诺在18世纪20年代晚期讲授过牛顿的物理学课程。[52] 然而，到1740年，越来越多的大陆科学机构逐渐认识到牛顿物理学可提供证据的优越性，而且认识到要为笛卡尔的旋涡理论（是法国人机械论宇宙哲学的核心）提供数学论证是不可能的。结果，学者们倒向了引力论，而且可以预见的是，这将使这些教授处于觉醒状态。在18世纪40—60年

---

[50] 英国大学接受牛顿主义的时间的详细研究是 C. M. King, 'Philosophy and Science in the Arts Curriculum of the Scottish Universities in the Seventeenth Century', Ph. D., Edinburgh, 1975。

[51] J. Henry, 'Occult Qualities and Experimental Philosophy: Active Principles in PreNewtonian Matter Theory', *History of Science*, 24(1986), 335-381.

[52] Ruestow, *Physics at Leiden*（注释45）, ch. 8; V. Ferrone, *Scienza, natura, religione: mondo newtoniano e cultura italiano nel primo settecento*(Naples, 1982.), 498-500.

代先验的、独断的笛卡尔哲学在短暂的风光之后就被人们随意抛弃了，经验的、或然主义的、“机械主义的”牛顿学说取而代之，登上了殿堂。

牛顿学说革命于18世纪中叶在全欧洲得到展开。18世纪60年代及70年代初，耶稣会被迅速废除使之在天主教国家成为可能。耶稣会的分解和最终的灭亡确实使天主教欧洲失去了成千上万的具有献身精神的教师，但正如发布废除令的开明专制君主所期望的那样，这的确解放了（哲
587 学）这门课程。所以在有些国家大学能够直接从亚里士多德时代转到牛顿时代，根本就没有笛卡尔哲学这个中间过渡。结果，随着近代早期的渐近结束，一个多世纪以来不为人知的物理教学出现了新的统一性。机械论哲学，特别是以牛顿学说的现象学形式最终获得了胜利。[53]

牛顿哲学在大学中地位的确立对传统哲学造成的威胁远比笛卡尔哲学的引进大得多。不论是亚里士多德哲学还是笛卡尔哲学，其所有的哲学分支最终都依赖于一套共同的形而上学原理，并且可以通过使用语言逻辑以相似的方式进行探究。教授们在采用机械论哲学的牛顿学说形态时都自觉或不自觉地背弃了这一信条，承认物理学是自成一格的，是日益建立在数学基础上的经验主义的科学。这样，物理学就独立了出来。既然物理学已经这么做了，其他的哲学学科为什么还要结合在一起呢？逻辑学、形而上学、伦理学及它们的各个子学科作为独立的研究学科，按照牛顿的经验主义方式且不受先验主义假设或神学命令的限制进行研究，不就可以得到更好的发展吗？随着18世纪的过去，启蒙运动的主要领军人物，当然包括牛顿学派，都认为这样做可以使各个学科得到成功的发展，这样社会科学的各个分支的独立研究就出现了。

不可否认，19世纪的大学圈内献身于早期实证主义研究的狂热者寥寥无几。在学校中，哲学家通常被视为神秘的无神论者和公共道德败坏者而被摈除了。只是在某些新教国家，特别是苏格兰，启蒙运动才在一定程

---

[53] 要了解牛顿主义在法国大学和学院中的胜利，参见 Brockliss, *French Higher Education*, ch. 7, sect. Ⅳ。

度上于高等教育机构中生根发芽。然而，在这些地区，个别教授常常对这种运动做出了重要的贡献。苏格兰人亚当·斯密（1723—1790）就是一个例子，他在1750年拥有格拉斯哥大学的道德哲学教授席位。斯密的创造性在于他将现世主义者的、功利主义的伦理哲学作为严肃的经济学研究的起点。[54] 而18世纪时不论在大学内或大学外都几乎没有人将后者视为一门学科。从根本上讲，如果哲学教授涉及这一学科，他们往往只是在有效管理家庭方面进行一种布道式的说教。文学院中在新的财政学或公共管理方 588
面拥有教授席位的人讨论国家经济。但是甚至连他们也没有形成有关这一学科的理论认识，故往往将分析限制在政府在目前经济增长中的作用这个具体问题上（见法学院部分，第603—604页）。所以，出版于1776年的《国富论》尝试建立以经济变化为中心的一般机制，标志着一门新学科的创立就没有什么争论的余地了。

另一方面，如果大多数教授都对启蒙事业表示怀疑，并且相信它导致了道德混乱，那么通过仔细的辩论，他们中最有才智的人就会认识到必须认真对待伦理和政治科学的新的世俗主义和经验主义方法，并且通过仔细的论证加以反驳。这一点对真正在西方文明的前沿生活和工作的一位教授、柯尼斯堡的伊曼纽尔·康德（1724—1804）来说尤其正确。康德一直被哲学史家视为启蒙运动的顶点和浪漫主义的先驱，实际上他反对这种绝对的分类法。康德基本上是他所在大学环境的产物，作为18世纪的哲学教授，虽然确信牛顿的方法是研究自然科学的正确方法，但由于随后的相对主义和环境主义流向的影响，他对当时哲学一统的瓦解及经验主义对道德研究及美学批判的突破一无所知。1781—1790年，康德在出版他的三部哲学名著的过程中，试图在自己更为满意的方向上为18世纪的哲学重新定向，一方面为牛顿主义提供其明显缺少的形而上学，另一方面又主张实验方法不是探索世界的唯一方法。伦理学、美学和生物学都可以通过一

[54] 他的《道德情感理论》出版于1759年，到1790年再版了6次，了解对它的介绍见T. D. Campbell, *Adam Smith's Science of Morals*(London, 1971)。

种不同的认知方法得到科学的探索。[55]

从康德哲学在德国新教大学扩展的速度可以看出，他对牛顿学说的辩护及其绝对道德实现了长期以来大学世界在以上帝为中心的过去和以人类为中心的现在之间所缺乏的不稳定的平衡状态。[56] 的确，如果没有法国大革命的介入，康德哲学也许已经成了在整个大陆占支配地位的哲学流派。
589 实际上，法国大革命的到来使经验主义者在法国及其后来征服的地区免遭毁灭的厄运。启蒙运动的追随者作为革命者摧毁了旧的文学院，使孔狄亚克（1714—1780）而不是康德成了哲学的主角。[57] 英国人也反对康德哲学的折中性，直截了当地宣称赞成牛顿的方法，并且依靠凯尔特人的机智避开针对经验知识之可靠性可能提出的一些令人尴尬的问题。18 世纪末，爱丁堡大学教授杜格尔·斯图尔特（1753—1828）通过巩固业已确立的有关经验主义的常识性辩护，即先承认形而上学问题再矫饰其不存在，在边界以北建立了一个创造性的破坏时代。[58] 结果，伴随着欧洲的大学被划分为两个各具特色的哲学阵营（一个在东部地区，另一个在西部地区），欧洲进入了近代时期。

数学

在进入 16 世纪的时候，想获得文科硕士学位的哲学学生被要求花一

---

[55] 要了解康德体系的一般理论，参见 S. Körner, *Kant* (London, 1959)。要具体了解康德道德理论的发展，参见 E. Cassirer, *Rousseau, Kant, Goethe. Two Essays* (Princeton, N. J., 1965)(由 J. Gutmann, P. O. Kristeller and J. H. Randall 翻译)。

[56] 康德甚至影响到德国天主教大学，参见 T. Blanning, 'The Enlightenment in Catholic Germany', in R. Porter and M. Teich (eds.), *The Enlightenment in National Context* (Cambridge, 1981), 124。

[57] The *écoles centrales*, established in 1795 to replace the arts colleges of the *ancien régime*, gave instruction in psychology, logic and ethics, which closely reflected the ideas of the utilitarian Idéologues. See in particular S. Moravia, *Il tramonto dell' Illuminismo. Filosofia e politica nella società francese (1771-1810)* (Bari, 1968), 347-369.

[58] S. A. Grave, *The Scottish Philosophy of Commonsense* (Oxford, 1960)，关于斯图尔特及其流派的其他成员。

定时间在文学院并学习数学。大多数大学对学生的最低要求是通过参加有关 13 世纪的数学家约翰·坎帕内斯和约翰·萨克罗博斯科（霍利伍德）的教科书的讲座，初步了解欧几里得的《原理》和托勒密的天文学。然而，在许多情况下，学生接受的古典和阿拉伯数学遗产的教育可能要精深得多，因为从大量保存下来的手稿可以明显看出，整个中世纪大学课程都是相当复杂的。维泰洛（1210—1285）的教科书可能提供光学教育；可能有关于音乐理论的教学；既然天文学课程可能包含额外的有关计算和占星术方面课本的大量注释，由此可以推断学生可能不仅要学习天文学理论，而且可能要学习如何自己制作图表。自这一阶段早期开始，占星术一直是大事，对那些将来要运用有关治疗技术科学的内科医生来说具有特殊的价值。

然而，无论这些数学训练有多复杂，它都与文科课程的主要内容——哲学课关系不大。中世纪末期大学所教授的亚里士多德的物理学几乎没有 590 数学内容。只有主要在 14 世纪牛津和巴黎大学曾经兴盛过的一个学派的成员——计算者通过自己的能力将集中运动和分散运动做了区分，领会到可以运用数学来研究自然现象。结果，数学从文科课程中被分离出来，并且很可能成为一门学生很容易就能逃避的课程。数学的意义在于学生通过对萨克罗博斯科的学习可以获得一种完全不同的考察自然现象的方法：与亚里士多德物理学强调用目的论的、因果关系的方法去认识世界不同，萨克罗博斯科将宇宙视为一个可以仔细观察然后用数学形式加以描述的实体。[59]

在整个 16 世纪和 17 世纪，数学和物理一直被当作两门分离的大学学科。亚里士多德学派的教授认为，由于数学要研究的自然现象是从它们的自然背景中提炼出来的，所以数学在研究真实世界的变化中没有什么作用。而且，数学是一门特殊的混合学科，因为它既不是一门艺术，也不是关于因果关系的科学。如果把它作为文科课程的一个要素，就应该在哲学

---

[59] 见第Ⅰ卷第 10 章第 2 页。

课程之后，顺理成章地留到最后。所以，在这一时期的这一阶段对即将毕业的文科学生在数学知识上的要求并不比中世纪后期更高也就不奇怪了，尽管数学在当时的进步很大：在代数分析、对数发明、坐标几何和微积分方面都有很多成就。伊丽莎白一世时期的剑桥大学明显是个例外，它不但要考查文科硕士候选学生的欧几里得几何学原理和天体学，而且要考查他们透视画和宇宙学方面的知识。[60] 一般官方规定的文科硕士课程仅有的显著变化在于推荐的数学课本上。因此，常常规定欧几里得几何学原理的教学要使用纯希腊文本的现代译文或新编辑的教科书，如杰罗拉莫·卡尔达诺（1501—1576）的《算术》，而萨克罗博斯科则被现代的教科书如巴黎大学教授奥龙斯·菲内（1494—1555）的著作所取代。然而，即便是这些发展也不应被夸大。尤其是在整个 16 世纪，萨克罗博斯科的教科书仍然是一个标准的文本，受到新教徒和天主教徒的拥护。

然而，如果说物理学在 16 世纪和 17 世纪仍然是一门主要依靠语言逻
591 辑的学科，那么正如中世纪晚期一样，在许多大学还有可能接受相对先进的课外数学教育。正像文艺复兴激起了人们对古典诗人的兴趣一样，它也激起了人们对古典数学家的兴趣。15 世纪晚期，在各地漫游的许多人文主义者通过托勒密的天文学原著提供技术课程使大学数学获得了新生。正是由于这个原因，哥白尼于 15 世纪 90 年代在克拉科大学获得了良好的数学教育。[61] 特别是在意大利，永久性数学教授席位的设立使 16 世纪这种传统得到巩固。传统上大学的数学教授职位都是从大学内部的文科硕士中每年遴选一次，而且不必是该学科的专家或热心的实践者。相反，这些新的教授职位常常不是在学院中选择，而是吸引优秀的候选人并有选择教学内容的自由。同时像弗朗切斯科·毛里利柯（1494—1575）等热心者坚持数学知识具有独特的应用价值，应确保新教授能有更多的受众。为此辩解的人认为，该学科的学习对要进入正在成长的专业如测量和海员的新手来

[60] Curtis, *Oxford and Cambridge*（注释 5），87-92.

[61] 这一运动的一个主要人物是 Regiomontanus（1436-1476），在维也纳大学和帕多瓦大学教学，参见 Rose, *The Italian Renaissance*（注释 18），91-123。

说，是社交礼节上的需要，这些行业的成员通常不会为大学增色。[62] 的确，正是对这种论点的普遍接受使在接下来的世纪中将许多具有永久基础的涓涓细流变成了一股巨大浪潮。17 世纪，数学教授职位在全欧洲建立了起来，尤其耶稣会教士在它们的创立中是强有力的支持者。[63]

这些不受约束的数学教授在科学革命的启动和促进过程中是不可或缺的参与者。首先，16 世纪的许多意大利教授通过讲授至今鲜为人知的潜在的古典课文帮伽利略铺平了道路。诚然，最先出版关于阿基米德主要遗产的学术著作的最重要的人文主义数学家并不是大学教师，但是这不应该减损像帕多瓦大学教授彼得罗·卡泰纳（1501—1576）等人所做的贡献：
卡泰纳向多届学生介绍了假冒亚里士多德所写的《力学》，这部著作在伽 592
利略《动力学》的产生过程中起着非常重要的作用。[64] 其次，17 世纪遍布欧洲的许多数学教授打着讲授发射学、航海和其他实用数学学科的幌子，将静力学、动力学、光学和天文学方面的最新著作融合到了他们的课程中，对新科学的传播起到了推动作用。当然，他们这么做与其物理学领域的同事所起的作用一样，但他们积极得多。由于摆脱了亚里士多德的束缚（或者任何解释实验哲学家著作的要求），他们能够对数学语言领域里最新的发现做出详细的和准确的描述。只有当讨论到宇宙论的时候，他们才不得不小心翼翼，确保未超出圣经的条条框框。这一点至少在天主教国家是这样，因为新教国家受的约束要少得多。正是图宾根大学的数学和天文学

---

[62] C. B. Schmitt, 'Science in the Italian Universities in the Sixteenth and Early Seventeenth Centuries', in M. P. Crosland (ed.), *The Emergence of Science in Western Europe* (London, 1975), 47-48; Crombie, 'Mathematics and Platonism' (注释 36), 62-63; J. M. Fletcher, 'Change and Resistance to Change: a Consideration of the Development of English and German Universities during the Sixteenth Century', *History of Universities*, 1 (1981), 22-30, *passim*.

[63] F. De Dainville, 'L'enseignement des mathématiques dans les collèges jésuites de France du seizième au dix-huitième siècle', in De Dainville, *L'Education des Jésuites* (注释 26), 323-354; G. Consentino, 'L'insegnamento delle matematiche nei collegi gesuistici nell' Italia settentrionale', *Physis*, 23 (1971), 206-216.

[64] Rose, *The Italian Renaissance* (注释 18), 223, 243, 285.

教授米夏尔·梅斯特林（1550—1631）第一个拥抱了哥白尼的学说，是哥本哈根大学的数学教授克里斯蒂安·隆哥蒙塔努斯（1562—1647）设计了最为流行的折中的半哥白尼学说，所以在他设计的理论中，虽然地球每天都在旋转，但仍沿着第谷宇宙体系的说法将地球放在宇宙的中心。[65]

数学和物理学的完全分离最早在笛卡尔时代受到了挑战。毋庸置疑，17 世纪下半期和 18 世纪早期的笛卡尔学派教授对精确的数学物理学的兴趣并不比亚里士多德学派的教授更多。然而，他们确实相信，正如在他们之前的笛卡尔一样，几何学知识有助于训练人们形成清晰严密的论点。结果，他们开始在讲授物理学之前加上了数学入门。最初这种入门很少占用教授们的大量时间。巴黎大学教授热罗姆·伯苏恩（1686—1763）在 18 世纪 10 年代将其两年哲学课程的一半时间用于研究物理学，而用于讲授预备性的《欧几里得几何学原理》的时间不到一个月。但巴黎的第二代笛卡尔学派的教授则大胆得多。据多里瓦德记载，18 世纪 30 年代的数学入门占去了当时物理学学年中 3 个月的时间，除几何学原理外，还包括代数学基础和三角学。[66]

593 然而，只有到牛顿时代，这种情况才发生了根本性的改变。不用说，牛顿的《原理》是最杰出的数学著作。不管是牛顿对笛卡尔旋涡理论的否定，还是他对平方反比规律（正是它确立了行星间的关系）的证明，都不可能被数学文盲所理解。就在这一点上，需要物理学学生掌握圆锥几何学技能和更适宜的微积分技能。结果，从那时起牛顿的宇宙哲学才真正被大陆大学所理解，物理学课程才能够以详细的数学教育为开端。这样新一代物理学教授在二三十年内在许多大学里出现了，不管他们是牛顿哲学世界的支持者还是反对者，都将坚实的数学物理学当作教学任务。但是这种革命是以很高的代价换来的。尽管在 18 世纪初的法国，其数学课程仅占物

---

[65] K. P. Moesgaard, 'How Copernicanism Took Root in Denmark and Norway', in Bukowski (ed.), *The Reception of Copernicus*（注释 45）, 126-134; R. S. Westman, 'The Comet and the Cosmos: Kepler, Mästlin and the Copernican Hypothesis', *Colloquia Copernicana*, 1(1973), 7-30.

[66] Brockliss, *French Higher Education*, ch. 7, sect. Ⅵ.

理学学年中一个月的时间，但到法国大革命谢幕的时候已占据了半年的时间。[67] 由于这些情况的存在，物理学的学习不得不缩短时间，许多传统的原理被抛弃了。物理学课程被减少到只学习动力学原理及其在宇宙哲学中的应用。

然而这种发展适逢自然科学迅速扩张的时代，可能会妨碍物理学教授将电学和磁学方面的最新成果引入该课程中。所以，到本时期末出现了一种比认识论更紧迫的要求，促使大学机构将物理学从其他哲学学科中解放出来。数学物理学的产生提出了一个逻辑难题，这个难题只能通过设立两门独立的哲学课程来解决。

神学院

大学神学课程的教学在宗教改革之前分为两个部分。第一部分是讲解《圣经》，第二部分讲解 12 世纪巴黎神学家彼得·伦巴第关于《圣经》文句的四部书。后者不仅被视为系统的、全面的神学教科书（主要涉及《圣经》和教父遗书的文句问题），还以正统的方式解答了许多不同的教义争论，正是对这些教义的不同理解使教会一开始就出现了分裂。同时，自拉特兰第四次会议（1215）时期开始，它就一直被视为年轻神学者捍卫自己 594
的信仰以反对异教徒（不必提及许多无知的君主）的理想指南。两部分课程的教学都以核准的经院哲学模式进行。这些《圣经》文本为一系列的问题提供了起点，这些问题可以使学生远离讨论中的原始问题，并且使教授能够运用亚里士多德逻辑学的全部严谨性来审视对立的立场。像学习哲学一样，许多较难和有趣的问题从其具体的情境中被抽离出来，成为一系列神学争论的主要内容。由于要符合正统，所以要将无拘无束地自由探究的可能性降至最低是很容易理解的，但是大量的“灰色”地带（在这里教会至今没有放弃这一法则）的存在使神学的创新没有被完全阻塞。可以这么

[67] Brockliss, *French Higher Education*, ch. 7, sect. Ⅵ.

说，正是由于这个原因，人们在中世纪末才会花那么多的精力来讨论释罪和感恩祈祷的本质问题。[68]

基督教人文主义者在15世纪末和16世纪初发现了这种完全无益于教化的、存在于许多学院的投机性神学课程。在进入16世纪的时候，人们在欧洲北部基督教的世俗精英和宗教中坚中看到了一种精神的大觉醒，那时有许多人第一次要求对福音的基本问题做出令自己满意的回答：主啊，我应该做什么才能得到永生呢？像伊拉斯谟等人文主义者是这一运动的发言人，他们认为要找到这一问题的正确答案只能是对复原其原貌的学术版本的《圣经》和早期圣徒们进行逐字逐句的仔细研究。结果，他们觉得学院的课程不是像它应该做的那样帮助人们获得这种启迪，而是绝对的阻碍。有关《圣经》文句的演讲很明显对处于痛苦中的基督徒的灵魂没有什么实际的帮助，伦巴第应该被扔到历史的垃圾堆里。学院中关于《圣经》的演讲也同样没有价值。那些通行的演讲对其以之为基础做出解释的公认的《圣经》文本的正确性不感兴趣，即他们的注意力不是放在作者的本意上，而是揭示和破解往往是模糊不清的所谓寓意和神秘性。确实，人文主义者对他们认为的大学对《圣经》研究的缺失非常恼火，他们错误地认为圣约也一起被完全忽视了。他们将自己关于《圣经》和教会早期领袖的解释提供给学校作为范本，其目的在于提供一个准确的阅读文本。

595 随着大学自身也受到了来自这一巨大精神觉悟的影响，人文主义者很快在学术机构里找到了信徒。尤其是在16世纪10年代新建立的维滕堡大学里，一位处于极度精神煎熬状态、名叫马丁·路德的奥古斯丁教派修士，在他一系列关于《保罗书信》字面意义的演讲中（1515—1518），开始向学生提供自己艰难获得的关于人类拯救问题的解决方案。不可否认，路德并不是一个羽翼完全丰满的人文主义者。他始终认为成功的解释是受到神而非学术的启发，但在1518年维滕堡大学的菲利普·梅兰克顿到来之前，他基本上不懂希腊语，就更不用说希伯来语了。另一方面，如果他

---

[68] 见第Ⅰ卷第13章。

是那种传统的惯于缄默的学者的话，也就不可能出现路德宗教改革了。毕竟，德国人仅凭信仰论证来解决时代的重大问题的方式并没有什么异常；英国人文主义者约翰·科利特于15世纪90年代后期，在牛津曾部分地预测过它的出现；伊拉斯谟在他1516年整理翻译的《新约全书》中也提出过。不过，维滕堡大学的这位教授和提倡者就敢从他的解决方法中推导出一系列可能对已有教会造成破坏的教会学结论来。天生不愿妥协又被因戈尔施塔特大学教授约翰·埃克（1486—1543）逼到绝路上的这位大学教授，在1519年莱比锡大学的辩论中宣称自己绝对可靠，将自己推到了伟大的宗教改革运动的潮头上。教授变成了改革家，基督教王国则支离破碎了。[69]

新教徒自然完全同意人文主义者对当时神学教学的批评。由他们控制的大学很快对现有的课程进行了改革，神学教授变成了对最初的希伯来语和希腊语的文本做字面分析的解释者。与此相对照，天主教徒的热情则不高，因为他们认为虽然这不公平但可以理解，在特伦托主教会议后的世界里，路德只是将伊拉斯谟下的蛋孵出来而已。尽管新的重点是学习《圣经》的字面意义，并且对它的隐喻分析不被提倡，但传统的经院哲学理论从来就没有被扔掉。确实，对神学问题的研究仍是课程的核心。例如，17世纪结束之前，巴黎大学12个教授职位中只有1个属于经文研究，而且据称供职时间最长的神学教授马丁·格朗丹（1604—1691）根本不懂希伯来语。[70]

同样，在新教和天主教学院间不应该存在太大的差别。首先，新教一般不会将神学课程仅仅限制在经文的字面解释上。在英国这样的一个国家是可能的，因为英国在16世纪末的时候，天主教重新回归的危险已经消除了。但在那些两种信仰一直存在且有时竞争激烈的地区，神职人员既要 596

---

[69] 要了解路德作为圣经解释者的情况，参见 Grossmann，*Humanism at Wittenberg*（注释15），74-82。

[70] Brockliss，*French Higher Education*，ch. 5，sect. Ⅰ；C. Gerin，*Recherches historiques sur l'Assemblée du clergé de France de 1682*，2nd edn（Paris，1870），518-519.

做守护“迷途羊群”的传道人，又要做辩论家，就有必要在宗教辩论方面进行适当的训练。这类简单的《圣经》学习永远不可能存在，因为《圣经》不会只是一种神学教科书。相反，它只能通过基本的神学教义的独立教育来实现，这样才能简便地描述两种信仰的联系和差别。维滕堡大学的梅兰克顿在宗教改革早期就认识到宗教课程应该如此，而且在宗教分裂具有根基的德国和法国这样做也是可以理解的。16 世纪路德教的标准教科书是梅兰克顿的《论神学主题的通用论题》(1521)，约翰·加尔文派的标准教科书是首版于 1536 年的法国改革家的《基本原理》。然而，尤其是梅兰克顿的文本被认为离标准权威相去甚远。所以，至迟于 17 世纪初，教授们编写了内容更丰富的教科书，其中耶拿大学教授约翰·格哈特(1582—1637) 的《神学总成》最具影响力。格哈特的著作全面系统，从详细研究《圣经》的权威性和充分性开始，而《圣经》是路德教神学的基石。[71]

其次，如果天主教教职人员继续过分地注重教科书式的神学，就必须对该学科的教学方法进行相当大的改革。在 16 世纪末，信誉不高的彼得·伦巴第的课本已经被普遍抛弃。通常它的替代课本为托马斯·阿奎那的《神学大全》。阿奎那作为神学家得到了耶稣会教派和多明我教派（后者企图独霸神学教育）的支持。例如，在萨拉曼卡，这种替代因 1561 年大学章程的修改而合法化。确实，在 17 世纪和 18 世纪，如果不采用阿奎那的书，其他可供选择的似乎只有 13 世纪的芳济各修会修道士邓斯·司各脱的著作和 16 世纪的耶稣会教士弗兰西斯科·德·苏亚雷斯的著作。
597 这两位作家是设立了独立的司各脱学派和苏亚雷斯学派教授职位的许多西

---

[71] P. Althaus, *Die Prinzipien der deutschen reformierten Dogmatic im Zeitalter der aristotelischen Scholastik* (Leipzig, 1914; reprint, Darmstadt, 1967); P. D. Bourchenin, *Etudes sur les Académies protestantes en France aux XVI e et XVII e siècles* (Paris, 1882), 245-247.

班牙大学评议的对象。[72]

更重要的是，这里也接纳了人文主义者的批评。不管哪种课本受欢迎，它都被当作一个不可分割的整体，禁止教授们从中抽出一些有趣的问题进行详细的和煽动性的分析，而是对著作中所论述的更重大的问题进行全面的和合乎传统的解释。有时教授们将这类教科书当作一个整体来处理，但更常见的是将其分成两部分，教授们或者提供神学教义性课程，或者提供精神神学课程。此外，随着课程时间的不断减少，神学毕业生一直被要求学习科学（见第566—567页，教学方法论），通过易于使用的手册来缩减无所不包的托马斯主义的总论和演讲成为一种惯例。仅在18世纪的法国，主要用于神学院的手册就有14种。在整个世纪中频繁再版且特别为苏尔比斯会会员所拥护的最著名的手册，是普瓦捷的主教让·克洛德·德·拉·普瓦普·德·韦尔特涅（卒于1732年）的《神学制度简论》(1717)。[73]

同样重要的是，新教和天主教教授们在构建和捍卫他们的强有力的神学领地时对理性的作用表现了相似的态度。路德完全将神学视为建立在《圣经》基础上的一门科学，反过来它又成了一部被解译而不是被人理解的著作。通过神的启示、人类的注解工具和早期教会领袖的指引，他的目的只是抽取每个段落的含意，而不是去判断它的合理性。作为人类，想走得更远一些是夜郎自大的行为，是一种灾难。所以，路德坚决反对在神学院中花时间用理性去考查具体教义的合理性及其含意。只要教义有《圣经》的根据就足够了。然而，宗教改革者的观点在这一阶段对天主教神学

---

[72] 在1625年萨拉曼卡有三位教授讲授阿奎那，两位教授讲授丹斯·斯科特斯的《命题》(Sentences)，约1720年增设了一个苏亚雷斯学派教授席位，参见 G. M. Addy, *The Enlightenment in the University of Salamanca* (Durham, 1966), 45; F. L. Cross (ed.), *The Oxford Dictionary of the Christian Church* (London/Oxford/New York/Toronto, 1971), 1299-1300, *sub* Suárez。

[73] The manuals published in France are discussed in A. Degert, *Histoire des séminaires français jusqu'à la Révolution*, vol. Ⅱ (Paris, 1912), ch. Ⅰ.

家根本没有影响，即便对紧接着的新教继任者也影响不大。梅兰克顿和加尔文一样热衷于对神学教义进行理性探究。对教派立场的理性辩护可能不如对《圣经》和早期教会先贤的辩护有影响，但它们是辩论者的合法盔甲。此外，当《圣经》的段落间存在矛盾及神父们的观点不一致时，理性
598 的辩论是必不可少的。正是由于这一原因，像 17 世纪晚期的日内瓦人路易斯·特龙金（1629—1705）等新教徒发现，笛卡尔的形而上学是一种特别有用的论辩工具：它从圣餐变体论中获得了理性主义的支柱，而这来自于将本质和偶然性分开的托马斯亚里士多德主义。[74]

所以，在后宗教改革时代，不管是天主教的教义学或是新教的教义学，都和中世纪晚期的神学理性主义一样，让 16 世纪早期的人文主义者很不满意。可以说，人文主义会发现这些争论将越来越没有结果，因为这些教授都局限于自己狭窄的宗教圈子里，而且与他们的那些受到更多诽谤的前辈相比，他们展示宗教创意的自由更少。在后宗教改革世界里，理性主要被视为一种扰乱对手的消极的工具，很少进行创新性的探索。最重要的是，理性作为一种工具从来没有对被所有主流教派奉为真理加以信仰的基督教的基本原理构成挑战。所以，没有教授能够用理性去怀疑《圣经》的神性或《尼西亚信经》的绝对地位。像日内瓦人让-阿方斯·图雷蒂尼（1671—1737）一样的神学家可以相当合理地提出一种自然神学，小心地将加尔文宗教神学中理性的和超理性的成分区别开来。然而，没有任何人被允许模仿 18 世纪的自然神论信仰者和无神论者，并且断言基督教中只有那些可以用理性证实的信条是正确的。如果不在神学院内，那么在大学里也确实存在基督教批判家，但是通常情况下他们都很低调。汉堡文科中

---

[74] 对这一现象最全面的研究，参见 J. Bohatec，*Die Cartesianische Scholastik in der reformierten Dogmatic des 17. Jahrhunderts*，vol. Ⅰ：*Entstehung*，*Eigenart*，*Geschichte und philosophische Ausprägung der Cartesianischen Scholastik*（Leipzig，1912）；也可参见 E. Bizer，'Reformed Orthodoxy and Cartesianism'，*Journal for the History of Theology and the Church*，2（1965），20-82。要了解 Tronchin，参见 Heyd，*Between Orthodoxy and the Enlightenment*（注释 42），73。

学的希伯来语和东方语言教授 H. S. 赖马鲁斯（1694—1768）逐渐认识到耶稣基督的超自然使命是他死后人们虚构的，耶稣本人是一个纯粹世俗的犹太弥赛亚。但是，他在《沃尔芬比特尔片断》一书中集中体现的思想直到他死后才由 G. E. 莱辛（1729—1781）出版。那些公开说出他们怀疑的人，即便他们只是对教派之间的争论做出反应，也都不可避免地受到了迫害。所以，18 世纪早期主管哈勒学院的虔信派教徒（路德教中的原教旨主义者）对克雷斯蒂安·沃尔夫不理智的关于教派和平的理性辩护的反应，就是将其从哲学教授职位上赶下来。18 世纪的神学家，不管是天主 599
教的或是新教的，都被要求证明纯自然宗教的不足，而不是被要求使信仰的标准合乎理性。结果，在《圣经》研究和神学中令人瞩目的发展［人们会记起斯宾诺莎（1632—1677）或理查德·西蒙（1638—1712）的著作］往往发生在学院之外。只有哥廷根大学的建立指出了通向 19 世纪较少注重教派分歧的神学院的道路（至少是在新教国家），因为这所大学的教授，如果必须是路德教的话，都被明确禁止成为教派分歧的狂热者。然而，往往直到这一时期末，神学教授的主要职责就是重复各自教派的观点。[75]

法学院

尽管大多数欧洲人都生活在某种习惯法的制度之下，但中世纪末期的法学课程几乎都被用于罗马法和教会法的学习。教授们的讲授在两种情况下都主要围绕两种相互关联但又各具特色的法律选集。罗马法学习的主要内容来自《法典》和《学说汇纂》，二者都是根据 6 世纪东罗马帝国的皇帝查士丁尼的法典编辑而成，但前者是关于皇帝颁布的帝国未来法令的编辑版本，而后者则是罗马被赋予“解答权”的法律学者们的学说汇编，用来作为法律工作的参考。另一方面，教会法学习的主要内容来自 12 世纪

---

[75] 研究 18 世纪将理性批评用于教派教条主义的杰作，参见 K. Aner，*Die Theologie der Lessingzeit*（Halle，1929）。关于 Turrettini 参见 G. Kaiser，*François Turrettini：sa vie et ses oeuvres et le consensus*（Lausanne，1900）。

的僧侣格拉齐安的《教令集》和罗马教皇格列高利九世（13 世纪）的《教令集》。前者是教会法的一个选集，它包括了自早期教会起由帝国议会、各民族地区和各个省议会公布的教会法，作者根据公认的权威等级进行了排序。后者是一系列罗马教皇认可的有关教会法的正式教令，只是将权威的典籍单纯地编辑在一起，很少或根本没有内在逻辑性。不过，阅读的顺序按照编辑的顺序进行，这些汇编的教学内容被划分为若干部分，分配给教授们依次对每项法律进行研究。学院通常为毕业生同时提供两种法律制度的教学。然而，在一些大学里，特别是西班牙的大学，还为每一门学科设立独立的学院。[76]

600 在近代早期，传统的法律课程发生了许多重大的变化。[77] 首先，在这个时期的大部分时间里，法律课程往往沦为只学习一种单一的法律制度。在中世纪晚期，民法教学被教皇洪诺留三世禁止以后，巴黎大学从 1215 年起只提供教会法课程，这件事并不怎么为人所知。而在 16 世纪和 17 世纪这种做法则相当普遍。新教学院放弃了教会法的教学（至少放弃了教令集的两种形式）也就不难理解了，而在许多新成立的天主教大学里，教授职位大多为耶稣会教士所把持，从未出现过民法教授。

其次，从 16 世纪末开始，逐渐放弃了权威教科书教学所使用的传统方法。教授们在解释过程中不再总是忠实地按照编写的循序来进行，而是在一些特定的学科主题下根据一种合理的顺序呈现材料。有时创新仅局限于围绕着某个个别的题目建立新的解释，而不是围绕着它所包含的法律内容。所以教授们的解释是从一个题目到另一个题目，而不是从一项法律到另一项法律。然而，教授们也常常将一些特别的题目从课文中分离出来，组成了一门特别的课程。例如，帕多瓦大学在 1540—1768 年，根据从

---

[76] 见第Ⅰ卷第 12 章。

[77] 到目前为止，对近代早期法律课程进行的最系统的研究是 H. Coing，'Die juristische Fakultät und ihr Lehrprogramm'，in Coing，*Handbuch* Ⅰ，3-102 and *Handbuch* Ⅱ，part Ⅰ，39-128。

《学说汇纂》和《法典》中抽取出来的内容组成了一个关于刑法的特殊课程。[78] 相应地，学校也不再常常要求学生听未经仔细准备的关于权威典籍的演讲。这样，《法典》和《学说汇纂》的学习通常开始于查士丁尼的《法学总论》（法学阶梯）和题为“法规概要”之类的入门课程。后者通行的是马伯格大学和莱顿大学教授埃弗拉德·布龙乔斯特（1554—1627）的版本。于是，反过来在学习《学说汇纂》之前要先学习一个基本纲要（或者只学习纲要），如哈勒大学教授海内克丘斯（1681—1741）编写的纲要在这一时期末被整个德国和奥地利帝国所使用。[79]

最后，也是最重要的一点，在17世纪早期是试探性的，但在1700年
以后则成为惯常做法，这就是开始在成文法和习惯法、公法及自然法和国 601
际法等新的学科领域建立教授职位。前两个领域与罗马法或标准的教会法实践不同，涉及当时实际生活的各项法律。成文法和习惯法主要是地方和国家制定的关于财产关系问题的法令，虽然在欧洲南部和神圣罗马帝国这些罗马法管辖的区域，它的范围明显要小得多。公法涉及的是国家机关组成和统治当局对人民和外部权力的问题。而自然法和国际法处理的是个人（以及延伸到国家）之间的行为，当他们的关系不受成文法或上帝启示的约束，只靠理性指导的时候，就需要自然法和国际法的介入。这在任何时代和任何地方都是如此。

这些革命性课程革新的震中位于德国北部和联合省的新教大学。国内法律课程的引进起因于17世纪民法研究比较方法上的创新。除了试图对法律文本进行说明外，这一时期的许多教授着手对一些特殊的罗马法与当时的法律现实进行仔细的比较。这种解释的新方法，大概在进入17世纪时首先由斯特拉斯堡大学教授乔治·奥布雷希特（1547—1612）引入，特

---

[78] H. Coing, 'Das juristische Vorlesungsprogramm der Universität Padua im XVII. und XVIII. Jahrhundert', *Studi in onore di Edoardo Volterra*, vol. IV (Milano, 1971), 181, 187-188, 194.

[79] R. Feenstra and C. J. D. Waal, *Seventeenth-Century Law Professors and their Influence on the Development of Civil Law: Bronchorst, Vinnius, Voet* (Amsterdam, 1975), 18-23, 55, 70-71, 88, 106.

别是阿诺德·温尼尔斯（1588—1657）和约翰·富特（1647—1713）使之在莱顿大学获得充分发展。温尼尔斯 1642 年关于《法学总论》的评论及富特在 1698—1704 年关于《学说汇纂》的评论是运用比较方法的杰作，在整个 18 世纪被欧洲当作注释学的典范。以“现代方法”闻名的研究罗马法的这种比较方法最终成了阿尔卑斯山以北大学中这一学科教学的权威方法，一直到这一时期结束时都被视为一种使罗马法研究与法律实践联系更加密切的途径。然而，在 17 世纪结束前的很长一段时期里，它作为引导学生学习本国法律传统的唯一方法就开始遭到怀疑，其原因在于人们认为法律和法令都有其独特性，不可能仅通过民法研究这一途径就都能获得正确的解释。特别是德国的法学顾问开始鼓动进行独立的教学，这种要求在 18 世纪的第一个十年得到实现，如在 1702 年的莱比锡大学。[80]

602 公法的课程制度最初也同样与民法解释的发展有关。这门学科的出现又可追溯到 17 世纪上半期，这时包括奥布雷希特在内的许多新教派教授以与《法典》有关的一些书籍为基础向学生提供关于专门比较罗马法和德国宪法的课程。不过，更深入和更重要的推动似乎来自于德国哲学教授 1650 年以后对政治理论的极大兴趣。这门学科的教学一般属于哲学课程的伦理学部分，但在 16 世纪和 17 世纪早期被整个欧洲严重地忽视了。如果存在这方面的教学的话，也是在历史学教授的领地，或者存在于天主教神学家解释彼得·伦巴第和阿奎那的课程中。然而，从 17 世纪中期开始，黑尔姆施塔特大学的赫尔曼·康林（1606—1681）教授和海德堡大学的塞缪尔·普芬道夫（1632—1694）教授又将政治学引入哲学课程中来。康林和他的追随者研究这门学科仍像传统的做法一样将他们的课程建立在亚里士多德的《政治学》之上。而普芬道夫则拒绝教授任何现存的关于这门学科的权威陈述，通过对前政治的自然状态中人类关系的由因及果的考察，

[80] Schindling, *Straßburg*（注释 20），304-320；Feenstra and Waal, *Seventeenth-Century Law*（注释 79），24-41，57-106，*passim*；Coing，'Die juristische Fakultät'（注释 77），44-46；K. Luig，'The Institutes of National Law in the Seventeenth and Eighteenth Centuries'，*Juridical Review*（1972），193-226，*passim*.

形成了他自己的政治学“笛卡尔”体系。但是不管这些教授的出发点是什么，他们的目的最终都是一致的：根据理想的政治理论考察德意志宪法的本质。因而他们为一种全新的公法课程打下了基础：一种完全独立于罗马法的课程。[81] 然而，将这种课程引进法学院只是在进入 18 世纪时在哈勒大学的克里斯蒂安·托马西乌斯（1655—1728）的革新中才得以成功实施。托马西乌斯坚决主张不仅公法应从《法典》中独立出来，还要脱离政治理论，在他看来，从事这门独立学科的研究应根据历史的法则而不是理性主义的法则。[82]

相反，自然法和国际法课程的建立与民法研究的发展没有直接的联系，可以说，正如我们将看到的，它源于一种新的需要，即通过分析可能影响所有法律制度的普遍的正义原则来支持成文法的教学。因此，源于一种专门课程的自然法学习没有过渡阶段，这种课程致力于讨论《学说汇 603
纂》开始题目的概念，而且可以这么说，由于建立在 17 世纪中期许多北欧新教大学（发端于 1658 年的莱顿大学）的课程之上，它一出现就享受了良好的待遇。在热心的、知识渊博的人士的努力下，自然法的内容很快就超出了对抽象原则的讨论。那些最出色的教授将课程扩大到对当时一直以各种形式被完全拒之门外的国际法和海事法的讨论中。然而，并不是所有的自然法的教授职位都设立在法学院中。有时，如在 1661 年的海德堡大学，教授职位就设在文学院。这使普芬道夫时代对自然状态的人的研究对法学院学生和对哲学院学生都有明确的意义。同时，在具体的实践上也倾向于贬低自然法研究作为法学研究重点的地位。许多天主教学校的决定也是如此，如 1764 年的帕多瓦大学，将自然法和公法的教学委托给同一

---

[81] M. Stolleis(ed.), *Herman Conring (1606-1681). Beiträge zu Leben und Werk*(Berlin, 1983), part Ⅳ; H. Denzer, *Moralphilosophie und Naturrecht bei Samuel Pufendorf, Eine geistes-und wissenschaftsgeschichtliche Untersuchung zur Geburt des Naturrechts aus der Practischen Philosophie*(Munich, 1972).

[82] Hammerstein, *Jus und Historie*(注释 32), 91-117; Coing, ‘Die juristische Fakultät’(注释 77), 42-43.

个教授。从17世纪发展的角度及所在地区的教授未受托马西乌斯历史主义方法影响的角度来看，这也有同样的意义，但是它也再一次表明，自然法与法学课程的其他部分缺乏基本的联系。[83]

自然法并不是这两个学院共有的唯一一门新学科。在17世纪下半叶和18世纪早期，那些对政治学理论有特别兴趣的德国教授可能属于“亚里士多德学派”“笛卡尔学派”或像克雷斯蒂安·沃尔夫一样属于折中学派，都曾经促成了这一概念的形成，即政府是社会—经济发展的发动机。国家不再是个法律的共同体，而是一个致力于使它的公民文明和富足的社会救济组织。结果，他们政治学课程的一部分补充内容讨论政府促进增长的机制问题，或者逐渐成为世人所知的重商主义的官房学。在18世纪，它又变成了独立的研究学科，政治学领域的第一批教授职位是1727年在奥得河畔法兰克福大学和哈勒大学设立的。特别是在哥廷根大学教授冯·尤斯蒂（1720—1771）的领导下，这门新科学的发展超出了政府税务政策和学科管理领域，成为包括人口统计学和公共卫生在内的一门科学。教授们也越来越关注资料的收集问题，并且将课程的一部分时间用于统计学的学习。然而，关于这门新学科属于哪个学院还存在一些争论。很明显官房学是政治学的一个分支，但它也与公法有密切的联系，因为政府采取行动
604 促进国家富裕的自由可能会严重受制于现实的宪法。结果，虽然在所有的学院都设立了教授职位，但该学科确定无疑的地位从来没有实现过。难怪冯·尤斯蒂在他1758年出版的杰出的官房学教科书中大声呼吁建立一个独立的经济学院，这个学院将提供化学、博物学、机械学和政治学，并且特别提及它们的社会效用。[84]

将这些新的课程学科引入德国北部和联合省之外的法学院的进程很慢，只是在路德教和加尔文派控制的欧洲其他地区才得到较快的实现。例

---

[83] Coing,‘Die juristische Fakultät’(注释77),46-47;Coing,‘Padua’(注释78),194.

[84] J. Brückner, *Staatswissenschaft, Kameralismus und Naturrecht*(Berlin,1977);E. Hellmuth, *Naturphilosophie und bürokratischer Werthorizont. Studien zur preussischen Geistes-und Sozialgeschichte des 18. Jahrhunderts*(Göttingen,1985).

如，爱丁堡大学、巴塞尔大学和乌普萨拉大学很快地走上了莱顿大学和哈勒大学的路线，但信奉英国国教的英格兰地区的许多大学则不是这样。当然，在英格兰，习惯法的教学通常发生在大学之外的伦敦律师学院里。所以也就不奇怪直到 1800 年之前民法才停止了它作为剑桥大学课程中唯一的官房学科的地位，而习惯法教授职位在牛津大学是从 1753 年开始设立的。[85] 在欧洲南部天主教地区引进这些新学科的步伐极为缓慢。尽管维尔茨堡大学和因戈尔施塔特大学的伊克斯塔（1702—1776）做了许多开拓性的工作，但在德国南部，只是随着 18 世纪 70 年代早期耶稣会被驱逐，这种变化才得以成功的实现。[86] 这种情况在伊比利亚半岛各大学也同样存在。卡斯蒂利亚的大学本应从 1713 年就应该提供《卡斯蒂利亚法典》的教学，但国王的意愿被无视，直到 18 世纪 70 年代初，萨拉曼卡才开始开设西班牙法律课程。[87] 即便在法国这个早在 1679 年就引入了习惯法和皇室法令教学的国家，这种革命也进行得不彻底。不管布歇·德-阿吉斯（1708—1791）等当时的法学家对这种情况表现了多大的悲哀，许多教授对发生在莱茵河两岸的这些变化仍然熟视无睹。在法国大革命前夕，基本上没有关于公法或官房学的授课（除了斯特拉斯堡提供神圣罗马帝国宪法 605
的教学之外），而且唯一的自然法教席设在独立的法国巴黎学院。[88]

法律课程扩张最显而易见的根本原因在于 1600 年以后近代早期国家的发展。在中世纪末，作为今天人们所理解的国家尚不存在。当然也存在

---

[85] L. Sutherland, 'William Blackstone and the Legal Chairs at Oxford', in Sutherland, *Politics and Finance*（注释 11）, 551-562.

[86] N. Hammerstein, *Aufklärung und katholisches Reich: Untersuchungen zur Univer-sitätsreform und Politik katholischer Territorien des Heiligen Römischen Reichs deutscher Nation im 18. Jahrhundert*, Historische Forschungen, 12(Berlin, 1977), esp. chs. 2. and 3 on Ickstatt.

[87] Addy, *The Enlightenment*（注释 72）, 108, 113-114; Luig, 'The Institutes of National Law'（注释 80）, 198-199, 214-215.

[88] Brockliss, *French Higher Education*, ch. 6, sect. I; J. Portemer, 'Recherches sur l'enseignement du droit public au XVIIIe siècle', *Revue historique de droit français et étranger*, 37(1959), 341-397; C. Chêne, *L'Enseignement du droit français en pays de droit écrit (1679-1793)*, Travaux d'histoire éthico-politique, 39(Geneva, 1982).

一个具有司法和财政功能的中央政府机构，但它管理的范围很小。尤其是司法行政通常高度分散。即便在被称为罗马法的地区，人们通常在一种独特的乡村庄园法庭统治下生活，几乎没有国家拥有一套与地方传统严重冲突或需要全国遵守的政府法律。结果，中央政府的司法机构主要关注的是难以处理的民事诉讼及特别恶性的犯罪案件。在这种情况下，培训通晓罗马法的律师就要比培训当代法学律师有意义。许多毕业生将成为政府司法和财政机构的成员，在那儿他们的大部分时间都用于解决愤怒的商人、地主和纳税人带到他们面前的争端，这些商人、地主和纳税人认为他们的既有权益受到了邻居或政府的粗暴侵犯。在以博学的和不偏不倚的方式解决这些争端中，罗马法的知识是一种有用的工具。罗马法被视为一种基于自然公平法则理想的百科全书式的合理、统一的法律制度。所以，它是一种完美的工具，有助于帮助律师处理矛盾重重的传统制度或发现习惯法不能提供的解决问题的方法。此外，在公法问题上，特别是在《查士丁尼法典》的最后几卷中，罗马法巧妙地加强了君主对臣民的权威。

然而，1500—1800 年，国家变得更加活跃和庞大。不再满足于担当司法仲裁的角色，15 世纪末期和 16 世纪的许多国家主张应将各种习惯法收编起来并使之合理化。自此以后，如果不得到皇室的许可，君主往往只允许他的臣民在传统习惯法的统治下生活。同时，尤其是一些不合理的习惯法都被政府立法废除了，而那些内在比较统一的法律（如巴黎的习惯
606 法）在处理冲突时被优先使用。在 16 世纪和 17 世纪早期，系统的国家法律很快形成，比之更快的是由人口增加引起的经济增长和社会混乱，其带来的各种问题只有中央政府着手解决。至迟在 17 世纪，政府要在过去认为不属于自己权限范围内的广泛区域进行立法，这些区域包括货币改革、对外贸易、教育、消除贫困等。而且一旦它掌握了立法大权，就不可能再停下这项工作。1650—1730 年是一个经济相对停滞的时期，然而，实际的结果是政府的干预甚至更强了，而且一直持续到 18 世纪中期经济恢复增长的时候。事实上，到这一时期末时，人类生活的各个领域几乎都被某些开明君主在某些时候干预过。在那时立法的成果如此巨大以至于许多国

家都开始着手法律编纂工作。这种竞赛的持续向前产生了与一个查士丁尼的《法典》相媲美的国家成果，在 1791 年（1794 年修订）这一荣誉为这些国家中政府官僚化程度最高的普鲁士所获得。[89]

近代早期国家演变为立法巨兽，使详细学习罗马法的意义不可置疑地变得越来越小。既然许多习惯法都已公共化和合理化，并且不断增加的政府立法为几乎所有法律事件提供了解决方法，那么作为衡平法的罗马法的价值就大大降低了。另一方面，掌握当代民法和公法的丰富知识成了法律培训的基本组成部分。这些法律太复杂以至于学生仅靠自己很难消化这些无序的知识，它的学习就必然要成为学院课程的内容。同时也很容易明白为什么需要一门法学原理或自然法方面的课程。由于要经常面对各种相互冲突的罗马法不包括的一些问题的解决方法，律师需要一套明确的法则作为参考以辨清某个行为的合法性。此外，由于许多法学学生变成了服务于这个崇尚干涉的机构的官员，使他们大学课程中对新的官房学的学习有了重要意义。可以说，通常是国家启动课程改革，因为正是国家的发展使其有了改革的必要。

这意味着人们必须认识到，法律解释的根本变革也导致了民法地位的 607
降低。在进入 16 世纪的时候，民法教授加入了 14 世纪的博洛尼亚的巴尔托鲁创立的分析学派。他们的主要目的是以逻辑分析的方法论证《法典》或《学说汇纂》所包括的每一条法律和意见是如何与支持这个体系的一系列基本法律原则联系起来的，以使人们相信罗马法具有一致性和合理性。这样做必然导致教授们不注意揭示仅仅是他们的出发点的法律文本的本来含义。如果文本模棱两可或不容易进行理性的分析，他们就提供一种合适的解释。他们将重点放在维持体系的完整性上，而不是忠于立法者或法律顾问的精神。

---

[89] H. Weill, *Frederick the Great and Samuel Von Cocceji* (Madison, Wis., 1961). 路易十五的顾问德-阿格索起初试图在法国创建一种统一的国内法，参见 F. Olivier-Martin, *Histoire du droit français des origines jusqu'à la Révolution* (Paris, 1951), 352-355；奥利弗-马丁的著作就是近代早期国内法迅猛发展的说明。

这种对法律文本本来意义的傲慢的漠视必然与主张任何文本解释的首要目的都是揭示作者本意的人文主义者相悖。所以，在16世纪不可避免地出现了一个与之相对抗的历史学派，他们致力于对《法典》和《罗马法典》进行语源学的分析而不是理性的分析。从一开始这个新的学派就是在大学世界里发展起来的。虽然这一学派在本世纪初首先在意大利出现，却在法国得到充分的发展，安德烈亚斯·阿西亚特斯（1492—1550）在16世纪20年代末将它介绍到了布尔日大学。结果，它变成了与信奉巴尔托鲁主义的意大利学派相区别的高卢学派的代名词。这一学派最伟大的实践家是布尔日大学教授雅克·居雅斯（1522—1590），他对民法文本的人文主义的分析成了下两个世纪的权威标准。高卢学派从法国传播到了德国和荷兰的大学，但是在17世纪最出色的解释工作逐渐地都是由大学之外的学者完成的，尤其是以文雅学派闻名于世的著名的荷兰古文物研究学派，他们的成员很少在大学供职。[90]

近代早期对法学理性主义的放弃不可避免地对罗马法的地位产生了重要的影响。虽然居雅斯口头上仍表示罗马法有内在连贯的衡平法体系，但他解释的重点是文本的语源学意义，并且对巴尔托鲁主义的毫无兴趣似乎暗示罗马法只是人为的历史作品。那么作为一种对当代法律的解释性支持
608 的罗马法到底有什么价值：公共的、私人的还是习惯的？对于以习惯法为主的北欧地区的法律工作者来说，认识到民法研究在专业上毫无意义只是个时间早晚的问题。事实上，居雅斯在布尔日大学的一个同事弗朗索瓦·奥特芒（1524—1590）早在1570年就已指出过，不过那时正处在17世纪中期，这种认识尚未得到普遍认可。[91]

这一时期的后半段，那些受人文主义者启发的教授们倒不是想使当代

[90] H. E. Troye, 'Die Literatur des gemeines Rechts unter dem Einfluss del Humanismus', in Coing, *Handbuch* Ⅰ, *615-796*; D. Maffei, *Gli inizi dell'umanismo juridico* (Milan, 1956); D. R. Kelley, *Foundations of Modern Historical Scholarship* (New York, 1970); K. H. Burmeister, *Das Studium der Rechte im Zeitalter des Humanismus im deutschen Rechtsbereich* (Stuttgart, 1974).

[91] D. R. Kelley, *François Hotman: a Revolutionary's Ordeal* (Princeton, N. J., 1970).

法学完全脱离理性主义的方法。18世纪早期，成功地将居雅斯的技术运用于德国公法的研究中的哈勒大学的托马西乌斯确实这样做了，但他是个例外。[92] 大多数不很崇尚历史决定论的教授仍然希望有一种绝对的标准，如果必要的话可以依靠此标准来批判性地审查本国法律体系的合理性。正是由于这一原因，自然法的研究在1650年以后成为许多国家法学课程非常重要的组成部分。虽然罗马法和衡平法被认为是同义词，但对自然正义的单独审查是无关紧要的。确实，在16世纪它的研究几乎完全成了西班牙神学家的专利，无疑他们受到了西班牙远征新世界的刺激，对未受过神的启示的原始人的权利和义务的思考比中世纪末期他们的前辈的思考要深得多。是这些重要人物，如萨拉曼卡大学的多明我会会员佛朗西斯科·德·维多利亚（约1485—1546）、耶稣会会员苏亚雷斯等人，最初使这一学科得到了发展。[93] 在新教神学家中也偶尔有人对自然法感兴趣，如哥本哈根大学的教授尼尔斯·赫明森（1513—1600）。[94]

然而，一旦民法失去了它永恒的信任状，了解人与人之间的自然关系也就成了法学工作者关心的问题，尽管他们对待这门学科的方法截然不同。神学家们假定了一种《圣经》中的自然状态，类似于人类堕落之前的伊甸园，在那儿充满了甜美和光明。相反，将这一学科引入法学课程的新教教授偏爱更加讲究实际的世俗方法，这种方法源于广为流行的普芬道夫的先验主义的教科书和大学外的荷兰法学家许戈·格劳秀斯（1583—1645）编写的先验主义倾向更加明显的手册。

---

[92] 参见 the comments in Hammerstein, *Jus und Histoire*（注释32），54-62，72-147，*passim*。

[93] J. Kohler, 'Die spanischen Naturrechtslehrer des 16. und 17. Jahrhunderts', *Archiv für Rechts-und Wirtschaftsphilosophie*, 10(1916-1917), 235-263; B. Hamilton, *Political Thought in Sixteenth-Century Spain* (Oxford, 1963).

[94] 参见 S. E. Styke, *Copenhagen University: Five Hundred Years of Science and Scholarship* (Copenhagen, 1979), 43-46。

609 # 医学院

在转入16世纪的时候，没有几所大学设立了功能完善的医学院。[95] 尽管大多数大学已经得到了教皇的允许可以建立医学教育机构，但只有蒙彼利埃大学和巴黎大学设立了医学院，是仅有的不在意大利的重要的医学教育中心。这反映了在阿尔卑斯山以北地区人们对医学专业的不重视。如果那些富人在什么时候想获得医学方面的建议，他们可能会像咨询他们的理发师一样去咨询有资格开业的医师。然而，在整个近代早期富有的北方人对他们身体的病痛变得越来越在意，在选择医师的时候越来越挑剔。结果，到18世纪末，事实上每个国家都至少有一所有声望的医学院，初学者不再被迫长途跋涉到帕多瓦和博洛尼亚去求学。诚然，意大利的大学及蒙彼利埃大学和巴黎大学也一直保持着他们的国际声誉。但在1500年以后，他们不再是医学银河系中仅有的几颗明星。图宾根大学在16世纪时开始闪耀，然后是一个世纪后的莱顿大学，到18世纪中期，哈勒大学、维也纳大学、哥廷根大学、斯特拉斯堡大学和爱丁堡大学都发出了同样的光芒。

这样看，医学是一门特殊的传统课程科目，因为随着时代的进步，它才逐渐成熟起来。除帕多瓦大学和蒙彼利埃大学之外，当初被所有大学视为灰姑娘的这个高级学科的穷亲戚在启蒙运动时期已变成了公认的公主，并且哲学家们认为它是三门学科中唯一值得学习的课程。此外，作为大学的一门学科，由于它日益注重课程的实践倾向，即便它地位上升后，也一直保持着它的特殊性。哲学、神学和法学无一例外地都围绕着理论知识组织教学。正如我们所看到的，这种教学就是由以小时为单位的程式化的演讲所构成：教授登上讲坛，从规定的课文中选取一段进行阅读，然后提供一些个人的解释，可能逐字提供，或者更为常见地从一系列经过仔细准备

---

[95] 见第Ⅰ卷第11章。

的注释中口述。相反，到 18 世纪时，每一所医学院都既提供理论的教学，也提供实践的教学。当教授们在讲台上讲课时并不只是涉及实际的医学实践，所以他们总是在一定程度上对病理学，或者如人们所经常称呼的实践医学进行讨论。更正确地说，自此以后他们的充满学识的话语将明显地在解剖学、外科学、植物学和药剂学等伴随性课程中体现出来。实际的医学教学可能继续高度程式化地以课本为中心的方式进行，但现在学生的目光 610
不再是盯着教授的讲台，而是坚定地专注于操作演示台上的那些活动。

这些近代早期的发展仍始于 16 世纪上半叶意大利的大学。在这一时期初有两所意大利大学，即帕多瓦大学和博洛尼亚大学，已经开设了规范的解剖学课程，并且在 16 世纪头几十年整个意大利半岛都开始效仿其做法。到 16 世纪中期，许多意大利大学都已经建立了严格的实践训练制度，并且像实施解剖学的教学一样，普遍提供外科学、植物学和药剂学的课程。而且，教授职位头衔的设立确保了教学的持久性。帕多瓦大学在 1533 年、博洛尼亚大学在 1534 年、费拉拉大学在 1541 年、比萨大学在 1544 年分别设立了植物学教授席位。[96] 意大利的这些改革很快蔓延到阿尔卑斯山以北。到 16 世纪结束时，解剖和植物采集在许多医学院的日历中是经常出现的常规活动，尽管很长时间教学只是由私人爱好者进行。例如，巴黎大学声称拥有许多伟大的 16 世纪的解剖学家，如第一个在解剖实验中运用彩色染料的雅克·西尔维乌斯（1478—1555）。不过，在 1623 年之前还没有出现官方组织的一年一度的解剖。[97] 相反，药剂学和外科学在北欧医学课程中站稳脚跟的时间要长得多。传统上这两门学科一直是药剂师和外科医生的知识特权，在阿尔卑山以北这两门学科的人员被视为医学技工和受过正规学校训练的医师的辅助人员，所以，医学学生往往不重

---

[96] Schmitt,'Science in the Italian Universities'(注释 62),42-43;Bylebyl,'The School of Padua'(注释 7),352-368;E. A. Underwood,'The Early Teaching of Anatomy at Padua with Special Reference to a Model of the Paduan Anatomy Theatre',*Annals of Science*,19(1963),5.

[97] Brockliss,*French Higher Education*,ch. 8,sect. Ⅰ. Underwood,'The Early Teaching of Anatomy'(注释 96),8,给出了 16 世纪最先知道的阿尔卑斯山以北的 10 所大学解剖学出现日期。

视这两门学科。因此，虽然在17世纪中期学院为实习外科医生和药剂师提供了这方面的教学，但也很少坚持要求他们的学生必须参加。但在意大利学校这种偏见要轻得多，因为尤其在半岛北部地区至少外科医生和内科
611 医生的身份差别没有这么明显。[98] 事实上，即便在16世纪时，外科医生不是必须接受大学的课程教育以后，才能在一些意大利大学获得外科学学位。

16—17世纪，实践医学教育的事实只能在地位最低的那些学校才能看到。而在18世纪时实践医学的进一步扩张影响的只是那些最有声望的学校。首先，许多传统上在外科学和药剂学名下实施教学的学科，其地位提高后上升为独立的科学，特别是产科学和化学。后者的转变具有特别重要的意义。虽然化学通常仍属于医学学科，一般被视为药剂学的预备学科，但自实验学派的先驱如约瑟夫·布莱克（1723—1799）等人在爱丁堡大学讲授以后，它就从治疗学的教学中独立了出来。我们确实必须注意到，当化学教授席位在瑞典的大学（乌普萨拉大学于1750年，隆德大学于1758年，奥布大学于1761年）纷纷设立的时候，并不是设在医学院，而是作为政治学课程的组成部分设在文学院。[99] 其次，一些学校开始提供临床医学教育。临床教学的某些形式似乎由帕多瓦大学的G. B. 孟他努斯（1498—1552）在16世纪中期引入课堂，但从来没有被纳入正规课程。可以确定，是赫尔曼·布尔哈夫（1668—1738）于18世纪早期首先在莱顿大学创立了临床课程。虽然这位荷兰人的改革在他去世时失败了，但是他的革新工作由他的弟子在其他地方继续实施，特别是在维也纳大学、爱丁堡大学和斯特拉斯堡大学。这样他们就为临床医学在1789年之后的15年

---

[98] C. M. Cipolla, *Public Health and the Medical Profession in the Renaissance* (Cambridge, 1976), 74-79，作者认为在16世纪和17世纪早期的意大利，外科医生和内科医生的身份差别也很大。关于外科医生与内科医生的差别，也可参见 chapters 9, pp. 403-406, and 11, p. 454。

[99] C. Meinel, 'Artibus Academicis Inserenda: Chemistry's Place in Eighteenth and Early-Nineteenth Century Universities', *History of Universities*, 7 (1988), 89-116. 关于布莱克和爱丁堡大学的化学，参见 A. L. Donovan, *Philosophical Chemistry in the Scottish Enlightenment. The Doctrines and Discoveries of William Cullen and Joseph Black* (Edinburgh, 1975)。

中的迅速成长奠定了坚实的基础。[100] 最后，必须提及兽医课程在帕多瓦大学的引进。这一门学科在 1750 年之前在任何地方都找不到专门的教育机构。传统上走在医学发展前列的维也纳大学从 1773 年开始开设这门 612 课程。[101]

然而，在实践课程的实施和全体学生对它的掌握上存在巨大差异。这是因为要使实践课程或吸引人或使学生受益，就必须将它们置于一个构造特殊的手术室或实验室中。如果学生不能在通风良好且光照充足的室内坐在阶梯座位上围着一个置于中央的工作台的话，那么他们能看到的除了相邻同学的帽子之外恐怕就什么也看不见了。如果没有植物园，那么植物采集活动只能退化为在乡间的漫游。可在 1600 年之前几乎没有大学具备这些条件。尽管比萨大学和帕多瓦大学早在 1544 年就建立了第一批植物园，但在帕多瓦大学和莱顿大学分别于 1595 年和 1597 年建造他们的会堂之前，任何地方都没有永久性的解剖学手术室。即便在 17 世纪许多大学也只是缓慢地获得了适当的实践场所：巴黎大学和牛津大学在 17 世纪 20 年代；哥本哈根大学在 1640—1643 年；乌普萨拉大学则更晚，是在 1662 年。实际上，在法国一些规模较小的大学，如图卢兹大学，在这一时期根本就没有建立植物园。[102] 当缺乏这些设施时，各院系只好尽其所能将就从事。各种解剖就在临时搭建的沉闷的木制手术室或在冬天寒冷刺骨的露天

---

[100] Bylebyl, 'The School of Padua'(注释 7), 339-347; G. A. Lindeboom, *Herman Boerhaave. The Man and his Work*(London, 1968), 282-305, 363-372; F. J. Brechka, *Gerard Van Swieten and His World 1700-1772*(The Hague, 1970), 134-170; O. Keel, 'The Politics of Health and the Institutionalization of Clinical Practices in the Second Half of the Eighteenth Century', in B. Bynum and R. Porter(eds.), *William Hunter and the Eighteenth-Century Medical World*(Cambridge, 1985), 207-256; T. Gelfand, *Professionalizing Modern Medicine. Paris Surgeons and Medical Science and Institutions in the 18th Century*(Westport/London, 1980), chs. 6-8; M. Foucault, *Naissance de la clinique*(Paris, 1963; 2nd edn Paris, 1972); English translation by A. M. Sheridan Smith, *The Birth of the Clinic: an Archeology of Medical Perception*(New York, 1975).

[101] P. Bandelli, 'La medicina veterinaria nell'Università di Padova', *Atti e memorie dell'Academia patavina di scienze, lettere ed arti*, 59(1942), 213.

[102] Brockliss, *French Higher Education*, ch. 8, sect. Ⅰ.

进行。没有场所只能寄希望于吸引那些具有战斗精神的热心者，只有他们愿意且能够奋勇向前。

实际上，即便在1700年之后，通常这些设施都有了很大改善的时候，也很难吸引一般的学生参加，因为很少对他们进行明确具体的考查。在这整个阶段，大多数即将毕业的医学学生，与他们神学和法学的同伴一样，仅接受一些私人的或公开的口头考查，使其在争论中通过维护自己的观点来表现他们的能力。要求他们展现的完全是理论知识。只有少数几个学院在18世纪期间设法将实践标准引入考试题目中。巴黎大学制定的要求最严格，学生只有在解剖实践上通过了为期两周的解剖学和外科学方面的考查才能获得博士头衔。一般的医学院缺少这些评价学生的严格方法，因为要获得大量的尸体是很困难的，只要这一个原因就够了。然而，巴黎大学就能供应得起这种奢侈，因为一年当中也就是两三个学生在那儿获得学位。获得巴黎大学学位付出的这种极为高昂代价的结果是它能使这些毕业
613 生立刻获得在法国首都这个具有巨大吸引力的大都市开业的许可证。[103] 据推测，多数医学院的毕业生在离开大学时几乎没有什么实际的知识。许多毕业生在获得学位之后，只能通过作为实习医生工作或依靠某位成功的医师来获得必需的经验，然后安心地从事一般的实践工作。

因此，可以理解的是，如17世纪中期，作为学生主要评判依据的理论医学课程经历了与1650年以前的哲学课程相同的认识论转变。在1650年之前，教授们完全根据身体某一部分组织形式的良性或恶性活动来探索健康和疾病的秘密。之后，定性的生理学和病理学逐渐被机理医学所取代。身体不再是一个活的有机体，而是一个不能活动的机器，它的正常工作依赖于保持运动和压力的适当水平。关于这种转变的年表我们所知甚少，这也就意味着这种情况下很难从时间的角度在欧洲的新教地区和天主教地区做出细分。当然，是新教首先理解了笛卡尔的医学思想，确实，乌

[103] Brockliss, *French Higher Education*, ch. 2, sect. Ⅲ, and ch. 8, sect. Ⅰ. In contrast, the requirements demanded of graduates at even so prestigious a faculty as Leiden were trivial; see Lindeboom, *Boerhaave*(注释100), 36-38.

得勒支大学的教授亨利·雷吉厄斯（1598—1675）早在 1640 年就公开表示支持机理医学，[104] 但是天主教派教授似乎也很快就改变了立场，也许是由于神学对医学院约束较少的缘故。至迟在 17 世纪 70 年代早期，机理医学已确定无疑地在蒙彼利埃大学获得了听众，而 20 年后 G. 巴利维（1668—1707）在罗马大学向学生们介绍这种新的哲学时，已经没有什么阻力了。[105]

然而，理论医学教育的历史在两个重要方面被打上了个人的烙印。其一，定性医学哲学的主流并不简单地只是亚里士多德哲学。不可否认的是，这位逍遥学派大师曾经撰写了几篇重要的且实际上是经验主义的生理学论文，但他的著作后来被纠正，并且在 2 世纪时被罗马医生加伦所取代，而亚里士多德在这一领域中没有什么贡献。首先是加伦将一群公元前 5 世纪和公元前 4 世纪的医生留下的论文（在近代早期将其视为希波克拉底一个人的著作）进行了发展完善并综合为一个体系。所以，在 16 世纪和 17 世纪上半期医学院讲授的医学哲学是加伦的而不是亚里士多德的， 614
尽管亚里士多德为其提供了认识论基础。

其二，机械论哲学在医学院从未像在文学院一样获得一个安全可靠的坚实的立足点。牛顿哲学对笛卡尔哲学的批评也许曾经使人们怀疑机械论物理学的本体论基础，但它从未对机械论方法在研究自然现象方面的有效性构成根本的挑战。即便那些相信宇宙万有引力、信仰牛顿学说的人，也承认通过接触产生推动力是正常的运动方式。然而，在机械论时代之初，就总是有一些反对机理医学基本信条的医学教授。在他们看来，人体生理学太过复杂，不可能单纯用机械的方式就能解释：生理的作用常常超出所有与外显的机械的力量相对应的内容。因此，人不是一种机械，而是一个具有生命能力的有机体，其潜力可能是通过机械原因实现的，但这些从严

---

[104] K. E. Rothschuh, 'Henricus Regius und Descartes', *Archives internationales d'histoire des sciences*, 21(1968), 36-66.

[105] Brockliss, *French Higher Education*, ch. 8, sect. Ⅱ; C. C. Gillispie(ed.), *Dictionary of Scientific Biography*, 16 vols. (New York, 1970-1980), *sub* Baglivi.

格的意义上说都是次要的。

这种相对抗的生机论哲学在转向18世纪的时候由新哈勒大学教授乔治·恩斯特·施塔尔（1660—1734）最先加以阐明。然而，在18世纪期间，由于J. P. 巴尔泰兹（1734—1816）等人的努力，使蒙彼利埃大学成了生机论最大的支持者。[106] 不可否认，蒙彼利埃的榜样不具有传染性。几乎没有学校成为全心全意的生机论者，因为大多数教授都是被生机论者对机械论的批判所吸引，养成了怀疑主义的不可知论。[107] 从1760年开始讲授理论医学的爱丁堡大学的教授威廉·卡伦（1710—1790）就是一个典型的例子。[108] 换句话说，与其说生机论是一个竞争者，不如说是一种刺激物。不管怎么说，它都同样起到了一种影响发展的重要作用。可以说，生机论对形成一个更加崇尚经验主义且表达更加谨慎清楚的机械论是一种积极的刺激。通过嘲弄机械论理论的不足，生机论的批评使18世纪后半期的机理医学的独断和哲学独尊主义变少了。

这是一种有益的影响。第一代医学机械论者，如巴利维和莱顿大学教授阿奇博尔德·皮特凯恩（1652—1713），是傲慢的、常常是肤浅的构建
615 系统的人，自以为是且毫无根据或很少有根据地解释人体的内部结构。他们相信体内的生理过程很容易在体外复制，但对实验验证知之甚少。同时，他们还偏爱简单的一维的解决方案。相反，在1750年之后，医学机械论者就谨慎和温和多了。他们认识到对健康和疾病的机制所知甚少，不再企图构建一个体系。相反，许多教授或者在蒙彼利埃大学的疾病分类学家弗兰克斯·布瓦西耶·德·索瓦热斯（1706—1767）的领导下对症状学有了新的兴趣，或者效法帕多瓦大学伟大的病理学家詹巴蒂斯塔·莫尔加

[106] L. King, 'Stahl and Hoffmann. A Study in Eighteenth-Century Animism', *Journal for the History of Medicine and Allied Sciences*, 19(1964), 118-130; E. Haigh, 'J. P. Barthez: Clash of Monism and Dualism', *Medical History*, 21(1977), 1-14.

[107] The best recent study of the development of vitalism in the late seventeenth and eighteenth centuries is F. Duchesneau, *La Physiologie des Lumières. Empiricisme, modèles et théories* (The Hague, 1982.), esp. 1-64, 103-171.

[108] Lawrence, 'Medicine as Culture'(注释9), ch. 8, esp. 315-336.

尼（1682—1771）致力于确定疾病在体内的生发区，仅此而已。这样，在第一种情况下，他们效仿博物学家的做法，因为自文艺复兴以来特别是植物学家一直忙于寻找完整的分类系统。然而，疾病分类学很快就还清了这个债务。曾在乌普萨拉大学医学院教学的18世纪瑞典伟大的博物学家林奈的灵感就来自于布瓦西耶·德·索瓦热斯的著作。[109]

怀疑主义的医学机械论的不断向前发展，解释了为什么在18世纪后半期最受欢迎和尊重的医学哲学家是临床医学的先驱赫尔曼·布尔哈夫。18世纪早期的这位莱顿大学教授在许多方面不过是持有疾病完全是固态的身体受到伤害这种偏见的另一个构建系统化机理医学的人。同样，他将自己的理性主义与经验主义者的谦卑进行调和，总是承认他的解释是一种假设，如何看重观察的作用。通过他的许多外国弟子的努力及阿尔布雷希特·冯·哈勒（1708—1777）、范格哈特·斯威滕（1700—1772）的著作中对他的思想的传播，布尔哈夫实际上变成了在各个医学院的权威标准。在18世纪70年代，布尔哈夫的著作甚至在曾经害怕新教颠覆的萨拉曼卡大学得到了推荐，确认这位荷兰人，即使不是医学界的牛顿，也是确定无疑的第二个加伦。[110]

关于在文艺复兴时期大学陷入了只能依赖19世纪的改革和创新来激活这样一种智力迟钝状态的传统观点的疑问，我们在前文已说了很多。[111]即便大学对自然哲学的革命没有做多少积极的贡献（尽管我们从来没有忘记伽利略和牛顿都出身于大学），它们在其他科学领域新思想的产生中也 616
做出了重要的创造性工作。路德、居雅斯、布尔哈夫和康德只是大学这个星系中几颗最明亮的星星而已，在他们所选择的领域的创造性工作给他们带来了世界性的和永久的声誉。这些巨人，如果不是许多我们都记不起来

---

[109] Gillispie, *Dictionary*（注释105）, *sub* Morgagni; R. J. Martin, 'François Boissier de Sauvages(1706-1767)', M. Phil., Cambridge, 1984, esp. 5-7, 9.

[110] Lindeboom, *Boerhaave*（注释100）, 74, 266-282, 356-372; G. A. Lindeboom, *Bibliographie Boerhaaviana*(Leiden, 1959).

[111] 也见第13章。

的专业同仁为其奠定了坚实的根基，可能永远也登不上他们专业的珠穆朗玛峰。如果没有阿西亚特斯的奠基性工作，居雅斯怎么能获取法学的人文主义基础呢？这些大学世界的智慧巨人中很少有人在与世隔绝的状态下工作，尽管他们的工作有相当多的创新，但总是在一种学术传统中工作，他们极大地发展了这种传统并将之留给后来者继续发展。

那就是说，我们得承认大学在近代早期丧失了其在思想创新方面领头人的专利权，这不只是体现在自然哲学领域，而且在人类知识的所有分支科学中，特别是在认识论和形而上学方面，但在神学和法学方面则更甚。18 世纪在圣经批评领域，最具创新精神且最大胆的工作，正如我们已注意到的，是由大学以外的人士，如赖马鲁斯等完成的。然而，从文化赞助的广泛传播来看，这种与前一个时代情况的根本背离是可以理解的。在中世纪后期，除意大利外，大学是学者自然的也是唯一的家园。相反，在欧洲近代初期，越来越多的法庭、贵族甚至商业巨头都为文人提供可以选择的避难所，这些避难所在 1650 年专业学院创建之后也最终被赋予了制度上的形式。这种发展反映了贵族社会一种新的财富和文明。这绝不是大学颓废的一个必然标记。这种可以选择的避难所之所以有如此大的吸引力，只是因为世俗的赞助人通常付出多、要求少。通过远离大学世界，这些知识分子常常能够，虽然不总是，逃脱繁重的教学任务，并且在从事研究时不必考虑是否超出了神学规定的界限。同样地，他也为这种自由付出了代价：赞助人可能脾气古怪、背信弃义且常常乐于将这些缺乏独立性的客户禁锢在牢笼式的乡间小屋里。真正的事实是，这一时期有这么多伟大的知识巨人不断地在大学这个大世界里发现适当的位置，表明许多学者都在安全的充满学术友谊的环境下找到了他们最初的灵感。

当然，也不是每所大学都是思想的动力中心。相反，大多数大学对当代欧洲文明根本没有什么积极的贡献，或者在创造力上仅是昙花一现。圣安德鲁斯大学的教授曾在哪些方面赢得了国际的声望呢？在居雅斯死后，
617 谁还将布尔日大学看作民法学的中心呢？但这是事实，没有什么可奇怪的。在 1700 年欧洲是一个大约有 1 亿居民的前工业社会，要供养这么多

的大学，而在这些大学中教育的只不过是有限的社会职业精英的男性后裔而已。这个社会，特别是由于那些潜在的明星不停地向法庭和乡间小屋付出心血，就从来没有生产足够多的有创造性的思想者以使每所大学都成为文化发展的动力源。当然，在这种环境下，为了证实这个作为一种文化创造力量的机构发挥了作用，我们只要记得，在整个阶段中，每个国家不管其规模大小，实际上都至少拥有一所具有国际声望的大学也就足够了。这一点在 18 世纪尤其正确，因为这段时间通常被视为大学历史的最低点。每一个圣安德鲁斯都有一个爱丁堡，每一个布尔日都有蒙彼利埃和巴黎。

此外，仅仅以创造性来评判大学的文化作用是不公平的。大学主要是教育机构。我们不是要求教授们去发展知识，而是将知识组织成为大众易于消费的形式。如果仅以课程是否过时或学生是否能与当时的学术发展并肩前进这样的标准衡量，近代初期的大学作为文化恐龙就应被解散。然而，这远不是真实的情况。不管这些新的思想是在大学环境内还是在大学环境外产生的，倘若它们不带政治色彩或在宗教上不是异端，它们最终都会融入最微不足道的学校的课程大纲中。事实上，在 18 世纪学校对这种思想的吸收特别迅速，即便是异端思想也能找到如果不是同情的也是认真的听众。关于无神论和自然神论，巴黎大学的学生没有什么不知道的。[112]

所以，近代早期大学的真正作用是充当传播文化的代理机构，并且在这种外衣下提供基本的服务。在这一时期的三次伟大的智力运动，即宗教改革和反宗教改革、科学革命和启蒙运动，之所以在欧洲文明中烙下了永久的印迹，主要是由于它们都在社会精英的文化自觉中扎了根。但是产生这种结果并不是历史发展的某种必然法则。这些运动起了作用是因为它们发生的时期也正是那些处于性格形成时期的精英成员在大学中接受教育的时期。在 1750 年之前当书籍的广泛阅读尚不普遍，并且除英格兰和联合省共和国之外尚不知报纸杂志为何物的时代，教授的讲坛就是信息交流链条上最重要的一环。教授如牧师一样塑造精英的头脑，而教区牧师则塑造 618

---

[112] Brockliss, *French Higher Education*, ch. 4, sect. Ⅲ; ch. 5, sect. Ⅱ; conclusion.

穷人的头脑。大学是欧洲文明一个至关重要的助手；离开了它们，文化就是一潭死水。

最后，我们必须强调指出，近代早期大学中智力活力不能只以官方的课程来衡量。至少在规模较大的大学的周围，在整个近代早期阶段都存在着大量丰富的教育资源。这不单指学生有时有权进入的装备精良的那些大学图书馆，如莱顿大学图书馆[113]；另外，学院、医院和其他机构也供养了许多公众的和私人的教师和讲师，他们在课程和课外科目的辅助教学必然为文化盛宴增添相当多的调味品。事实上，有时正是这些另类的教育资源首先将学生吸引到大学中来。在 18 世纪来到巴黎大学的医学学生很少是受了学院官方课程的吸引。他们来到这儿是为了学习贾丁·杜·罗伊开设的公开课及一些重要人物如外科医生弗朗索瓦·勒·德罗（1685—1770）和化学家皮埃尔·富克鲁瓦（1755—1809）的私人课程。[114] 私人教学有时也在大学课程中起重要作用，而不仅仅是辅助作用。正如在其他大学一样，牛津和剑桥的导师制度最初就是作为一种为在某个学院中接受教育的富裕青年绅士提供道德和学术监督的方法发展起来的。然而，学院的许多院士（教师）几乎立即就承担了责任，不只是作为对教学的支持，而是提供了另一种更具创新意义的教育课程。18 世纪，独立的学院几乎完全接管了附设于大学学院的功能，后者只是一种执行考试的机构。[115] 所以，很明显，任何有关近代早期大学之文化作用的描述如果只集中在大学的几个学院上，都只是描述了故事的一半。然而，尽管只是一直用这种有缺憾的、如果是可以理解的途径来考察这种公共机构，从前述的概观中也完全

---

[113] E. Hulsoff Pol, 'The Library', in Lunsingh Scheurleer and Posthumus Meyjes (eds.), *Leiden University* (注释 25), 394-459. 也可见第 4 章第 195—205 页。

[114] U. Boschung (ed.), *Johannes Gesners Pariser Tagebuch (1727)* (Berne, 1985), 44-49, 89-105; R. Rouault de la Vigne, 'Une correspondance d'étudiants à la fin du XVII e siècle. Les études et l'installation d'un médecin', *Revue des sociétés savantes de Haute Normandie*, 31 (1963), 38-45.

[115] L. Sutherland, 'The University of Oxford in the Eighteenth Century: a Reconsideration', in Sutherland, *Politics and Finance* (注释 11), 504; Curtis, *Oxford and Cambridge* (注释 5), chs. 4-5; Kearney, *Scholars and Gentlemen*, ch. I.

可以看出它是多么值得我们称赞，这正是公共机构有活力的一个标志。

精选文献 619

Ashmann, M. *Collegia en colleges. Juridisch onderwijs aan de Leidse Univer-siteit 1575-1630 in het bijzonder het disputeren*, Groningen, 1990.

Blettermann, P. A. *Die Universitätspolitik August des Starken 1694-1733*, Mitteldeutsche Forschungen 102, Cologne/Vienna, 1990.

Brechka, F. J. *Gerard Van Swieten and His World 1700-1772*, The Hague, 1970.

Brockliss, L. W. B. *French Higher Education in the Seventeenth and Eighteenth Centuries. A Cultural History*, Oxford, 1987.

Brückner, J. *Staatswissenschaft, Kameralismus und Naturrecht*, Berlin, 1977.

Burmeister, K. H. *Das Studium der Rechte im Zeitalter des Humanismus im deutschen Rechtsbereich*, Stuttgart, 1974.

Coing, H. 'Die juristische Fakultät und ihr Lehrprogramm', in H. Coing (ed.), *Handbuch der Quellen und Literatur der neueren europäischen Privatrechtsgeschichte*, vol. Ⅰ, Munich, 1973, 3-102 and vol. Ⅱ, Munich, 1977, 39-128.

Crosland, M. P. (ed.) *The Emergence of Science in Western Europe*, London, 1975.

Dibon, P. *La Philosophie néerlandaise au siècle d'or*, vol. Ⅰ: *L'Enseignement philosophique dans les universités à l'époque précartésienne 1575-1650*, Paris, 1954.

Goodman, D. 'The Spanish Enlightenment', *History of Science*, 21 (1983), 118-124.

Hammerstein, N. *Jus und Histoire. Ein Beitrag zur Geschichte des historischen Denkens an deutschen Universitäten im späten 17. und im 18.*

Jahrhundert, Göttingen, 1972.

Hellmuth, E. *Naturphilosophie und bürokratischer Werthorizont. Studien zur preussischen Geistes-und Sozialgeschichte des 18. Jahrhunderts*, Göttingen, 1985.

D'Irsay, S. *Histoire des universités françaises et étrangères des origines à nos jours*, 2 vols., Paris, 1933-1935.

Julia, D. and Revel, J. 'Les étudiants et leurs études dans la France moderne', in D. Julia, J. Revel and R. Chartier (eds.), *Les Universités européennes du XVIe au XVIIe siècle. Histoire sociale des populations étudiantes*, vol. II, Paris, 1989, 25-486.

Lindeboom, G. A. *Herman Boerhaave: the Man and his Work*, London, 1968.

Lunsingh Scheurleer, T. H. and Posthumus Meyjes, G. H. M. (eds.) *Leiden University in the Seventeenth Century. An Exchange of Learning*, Leiden, 1975.

Maffioli, C. S. and Palm, L. C. (eds.) *Italian Scientists in the Low Countries in the XVIIth and XVIIIth Centuries*, Amsterdam, I989.

Nielsen, A. *Die Entstehung der deutschen Kameralwissenschaft im 17. Jahrhundert*, Jena, 1911.

Porter, R. and Teich, M. (eds.) *The Enlightenment in National Context*, London, 1981.

Porter, R. and Teich, M. (eds.) *The Renaissance in National Context*, London, 1992.

620 Roelevink, J. *Gedicteerd verleden. Het onderwijs in de algemene geschiedenis aan de Universiteit te Utrecht, 1735-1839*, Amsterdam/Maarssen, 1986.

Vanpaemel, G. *Echo's van een wetenschappelijke revolutie. De mechanistische natuurwetenschap aan de Leuvense Artesfaculteit (1650-1797)*, Verhandelingen van de Kon. Academie voor Wetenschappen, Letteren en Schone Kunsten van Belgii, Klasse der Wetenschappen, Jg. 48, Nr.

173, Brussels, 1986.

Wansink, H. *Politieke wetenschappen aan de Leidse Universiteit 1575-1650*, Utrecht, 1981.

621 # 尾声：启蒙运动

诺特克尔·哈默施泰因

18世纪期间，几乎所有欧洲国家发展的一般过程和个别事件在相当大的程度上都受到了启蒙运动思想及其引起的要求和行为的影响。这种影响可能采取了完全不同的形式，但在总的趋势上没有差异，[1] 即便是彼得大帝和后来的叶卡捷琳娜二世时的俄国也加入了这种潮流。它想方设法地，尤其是在大学教育领域，虽然不总是始终如一地或成功地模仿欧洲的这些成就。

启蒙运动

始于英国、得名于法国的启蒙运动为整个欧洲大陆既提供了思想的模式，也提供了行动的模式，渗透到所有的学校和高等教育机构中。这种渗透在不同的国家和传统中差异显著，形式多样。不过，不管是在新教地区还是在天主教地区，在启蒙运动理想的实现上都极具特色。对实施人类启蒙法则的教育和实践教育的高度重视要求必须逐渐将所有的教育机构置于人类关注的焦点上。全面改善人类生活的要求以实践教育和发展智力为前提。

正如理性是人类的共性，正如各种社会在它们的契约关系中遵循基本
622 相同的法则，也正如大自然接受普遍规律的支配，这些都需要人类用头脑去发现，所以，每个个体也都平等地接受启蒙的洗礼，并且都能同样产生

[1] E. Cassirer, *Die Philosophie der Aufklärung*, 2nd edn (Tübingen, 1932); P. Gay, *The Enlightenment* (London, 1973).

进步的思想和行动。依靠这种启蒙，他们分享那些普遍的和共同的东西。从这点上讲，人类通过其理性能力分享世界的文化，这种世界文化不是一定需要人类的实际经验才能实现。这种尚未受过启蒙的经验毕竟可以置之不理，所以与启蒙法则的普遍有效性并不必然相悖。通过进行激活精神的教育和克服“自己导致的依赖状态”（康德）的实际训练，也就是通过知识批判的训练，那些非理性的和只被传统神圣化的东西就能够且应该得到抑制并最终完全消灭。所以，不管是对政治的、科学的、宗教的还是社会的批判，都是思想启蒙课题不可分割的组成部分。[②]

很自然，人们对这种课题具体应承担哪些内容的认识各异，这取决于历史的、民族的、政治的和宗教的环境，但基本的观点各地没有什么差异，其目的永远是为了改善生活并消除现存的各种异常，它们在现有的生活和社会环境中比比皆是。这种基本的认识对传统的秩序是一种威胁。面对这些批判的意见，是为传统的秩序寻找一个新的理论基础，还是沿着批判意见所暗示的路线进行改革，人们必须做出选择。如果两者都不，则只有消失。

各个教会跟旧制度时期最后几十年的国家和社会一样都面临这些选择，即便是科学及其机构和各个社会阶层，也必须顺应这些思想的要求。不管这种理想的构成如何，无论是称为“所有人的幸福”“公众的幸福”“公共事业”，还是“最大多数人的最大幸福”，这些对人类的祝福都会实现，一旦有什么障碍挡路，如所有那些非理性和非自然的东西，都会被置于一边或被清除。

这种批判可能是尖锐的、激烈的并可能引起分裂，特别是美国的独立战争，使欧洲意识到一种新的自信的自由的可能性，它引导着法国大革命去实践这些指向未来的批判热情。[③] 这种批判，通过渐进的改善，通过和 623

---

② P. Hazard, *La Pensée européenne au XVIIIe siècle de Montesquieu à Lessing* (Paris, 1946); P. Chaunu, *La Civilisation de l'Europe des Lumières* (Paris, 1971).

③ R. R. Palmer, *The Age of the Democratic Revolution*, 2 vols. (Princeton, N. J., 1959-1964); C. Brinton, *A Decade of Revolution* (New York/London, 1934).

平的启蒙，通过历史发展过程中所透露的理性，可唤起人们的正确信念，并且对那些曾因不正确的使用而丧失了活力和信誉的各种公共机构产生信心。具体的行动、决议和事务将不得不改变，但理性的批判一定要带来改善、活力和复兴，它必须促进改革。与18世纪上半叶相比，18世纪下半叶似乎更令人兴奋，更令人心潮澎湃，更令人振奋，对自身的认识更加不确定，并且更迫切地实施更激烈的变革。

18世纪下半叶，这种弥漫于整个欧洲且在某种意义上的全球性发展日益为一些趋势所陪伴，即似乎逐渐从这些理性主义的普遍信仰中走向了它的反面。从根本上看这种表面的反向趋势并不是事实，它们实际上是启蒙发展成果的组成部分。更加明确的强调所谓重视民族特色价值的“前民族性”得到了巩固。正如在人文主义时代曾出现的一样，尊崇爱国与古老的传统逐渐合拍，一个民族独有的艺术、政治和语言学成就在欧洲国家竞争中的作用被夸大。孟德斯鸠所谓的民族精神为这种观点提供了典型的解释：只有那些与其传统行为模式和信仰标准相和谐的法律、教令和规范才是正确的，才对国家有益。持这种观点的人绝不只是孟德斯鸠自己：神圣罗马帝国的御用宣传员、荷兰的某些语言学流派、穆拉托里在意大利和其他地方的追随者及与孟德斯鸠一脉相承的英国的罗伯逊和吉本都持有这种观点。伏尔泰将历史视为文化史的历史学观念被赫德关于文化民族的观念所吸收，他同样指出“一个民族的才智”是特定民族对世界不可或缺的贡献。所有这些都在欧洲的传统知识界产生了骚动和冲突。

科学的民族化

这个过程的一个明显的征兆乃是欧洲不同社会的学者和科学家在过去都曾参加的国际对话的衰减。许多国家效仿伦敦皇家学会和法兰西科学院的做法，成立了自己的科学和学术机构，这样就减少了国际讨论的机会。
624 先前曾在自然科学领域及同样在其他领域流行的国际性知识交流削弱了。自16世纪西班牙人、后来的法国人、意大利人和英国人被禁止到国外大学学习以来，禁止出国留学的规定就一直没有出现过，而这一规定再次被作为专制君主政体制定的商品主义政策的一部分来实施。学生被强制在自己国家所属的大学里学习。曾经是通用的学术语言的拉丁语被各种各样的自然的本土语取代，甚至在神学领域也是这样。虽然拉丁语从来没有完全消失，但它作为学术王国的通用语的垄断地位丧失了。虽然在18世纪后半期书籍的产量在总体上增长迅速，但增长的主要是不同语言的出版物。在每个国家中，拉丁语出版物所占的比例只有20%—30%。

这种趋势的另一个表现是作为年轻人经验之必需要素的教育旅行传统丧失了它的魅力和作用，并且几近完全消失。年轻中产阶级骑士在故土之外遍游欧洲的教育大旅行又一次成为时髦，并且以学术机构自己的方式延续着它的传统。然而，它与早期的教育大旅行相比还有其他的目的和理想，其目标乃是拓宽知识面及培养年轻旅行者的职业能力。④

教育的实用主义

18世纪后半期的主要特征是仍然对启蒙将会带来好处这一点充满信心。它是对未来的希望——一个被赋予了越来越多价值的时间范畴；它是这样一种希望，即流行的愚蠢会被克服；它是对许多现有秩序的批判。在这种观点看来，在实际事务中有用的东西比理论更重要。大学和类似的机构要讲授的不应是形而上学和神学，而是像经济学、技术学、医学和自然科学这类学科——不是语言的而是真实的东西。在许多大学里，像这类学科，如法国的医学和各种自然科学、德国和意大利的官房学、苏格兰的道德哲学，以及许多欧洲国家的自然法学，都得到了加强或第一次开设。神 625

④ M. Rassem and J. Stagl (eds.), *Statistik und Staatsbeschreibung in der Neuzeit vornehmlich im 16.-18. Jahrhundert* (Paderborn/Munich/Vienna/Zurich, 1980) (esp. the articles of M. Rassem, I. Toscani, J. Stagl and A. Seifert); D. Julia and J. Revel, 'Les pérégrinations académiques, XVIe-XVIIIe siècles', in *Populations étudiantes*, vol. II, 32ff. 关于学生的流动性也可参见第10章。

学丧失了它在大学的领导地位，不再是最重要的学科。无法证明的信念和对权威的无条件顺从被放弃了，学校越来越多地教育学生自己思考。⑤

那些僵化的传统大学——正如那时所称呼的“经院哲学的”——在启蒙运动的支持者看来似乎常常没有能力实现这些目标。特别是在法国，但也在伊比利亚半岛和意大利，人们认为大学不适合实现启蒙运动的这些雄心壮志。很明显从某些新的公共机构的建立来看，创办专门化的培训机构，如医学、农业技术、军事战术和战略、工程学、（重商主义的）财政学或官房学、美术和自然科学，似乎更好。较早的学术机构，如伦敦皇家学会、科学院、古典和现代文学院、都柏林哲学学会、利奥波尔迪纳、柏林莱布尼茨科学院，以及在马德里、里斯本、乌普萨拉、哥本哈根、博洛尼亚、罗马、澳洛穆茨和在斯德哥尔摩与巴勒莫之间、圣彼得堡与费城之间的其他许多地方建立的从 18 世纪之初就仿效他们榜样做法的新机构的活动，就是不再依赖大学这种趋势的明证。所以，自 1764 年之后，在圣彼得堡、克拉根福、格拉茨、伽斯、维也纳、因斯布鲁克、布格豪森、策勒、曼彻斯特、伯明翰、德比、格拉斯哥、纽约、马德里、拉科鲁尼亚和 70 多座西班牙和其他地方的城市都建立了一整套经济学的和爱国的学术团体。虽然他们的名称不同且有不同的专门化的活动领域，但都认为他们有责任传播启蒙思想并教授技术的和实用的知识。在大多数情况下，这些机构都是由大学以外的人领导，因而他们主动并欢迎与其一样的团体交流，他们模仿主要的学术机构，拥有专门的学术成员。这些都体现了这种

⑤ 见第 14 章；Brockliss，*French Higher Education*。

普遍的趋势。⑥

其结果是许多专门学院的建立，如柏林的面向农业和外科的查瑞特学院和派彼尼尔学院，这些都是提倡官房学的机构。它们对那些停滞不前的大学是一种威胁，因为这些大学在许多欧洲国家确实处于停滞状态。科学家和启蒙运动的支持者将希望寄托在了这些研究院、技术学校、学术团体和学会身上（见第二章）。 626

在一些国家，大学能够改变自身以接受各种类型的新知识并承担新任务。我们将不讨论这一问题，即在不同的情况下，在多大程度上是学院自身主动变革，在多大程度上对它们来说这么做是与政府合作，或者部长们，甚至君主们在多大程度上为这些大学的改革提供了权力和必要的推动。无论如何，其结果是作为标准学科的神学从根本上为法学所取代，大学更加世俗化，各种自然科学和科学家努力变得"谦恭"和"优雅"，并且变得更能接受各种疑问和更加现代的各门学科。不管采取什么途径——是否是通过学院的内部改革或学科和教育培养的重新设计——其结果是在现有的学术界，在某种程度上是在大学里发生了激烈的变化。后一种类型的变革只发生在那些在活力和智力方面一直保有积极性的大学里，在荷兰和德语民族的神圣罗马帝国就是这种情况。⑦

---

⑥ L. Hammermayer, 'Akademiebewegung und Wissenschaftsorganisation. Formen, Tendenzen und Wandel in Europa während der zweiten Hälfte des 18. Jahrhunderts', in E. Amburger, M. Ciésla and L. Sziklay(eds.), *Wissenschaftspolitik in Mittel-und Osteuropa. Wissenschaftliche Gesellschaften, Akademien und Hochschulen im 18. und beginnenden 19. Jahrhundert* (Berlin, 1976), 1-84; J. Voss, 'Die Akademien als Organisationsträger der Wissenschaften im 18. Jahrhundert', *Historische Zeitschrift*, 231(1980), 43-74; W. Frijhoff, 'Geleerd genootschap en universiteit: solidair of complementair in de wetenschapsontwikkeling? Nederland en de omringende landen tot in de negentiende eeuw', in *Wetenschapsbeoefening binnen en buiten de universiteit*, Nieuwe verhandelingen van het Bataafsch genootschap der proefondervindelijke wijsbegeerte te Rotterdam, 3rd ser., vol. Ⅴ(Rotterdam, 1990), 6-19.

⑦ 参见 Frijhoff, *Gradués*; N. Hammerstein, 'Zur Geschichte und Bedeutung der Universitäten im Heiligen Römischen Reich Deutscher Nation', *Historische Zeitschrift*, 241(1985), 287-328。

神学院的地位——自反宗教改革时代，但在大多数情况下甚至时间更早的这种领导地位——跟它声称的解释《圣经》的垄断权利和检查员的作用一起被削弱继而被废除了。自此以后，文学院发现它们不用再像以前那样充当神学婢女的角色，它们希望为已成为领导学科的法学院提供预备教育。这一过程是在不同的时间以完全不同的方式完成的，并且在内容和突破的深度上也不一样。尽管在具体的细节上有这么多差异，但在欧洲是一个普遍的现象。

世俗化

在天主教地区，这种发展主要指向耶稣会教派。1759 年他们受到迫
627 害并被逐出葡萄牙之后，仅仅过了 14 年，教皇克莱门特十四世（主及救赎主）迫于世俗的压力又将他们解散了。这对教育前景特别是天主教国家的教育前景有着深远的影响并造成了许多问题。[8]

学科的世俗化是其在启蒙运动时期得以生存的条件，不是所有大学都追求并要实现的目标，那些神学仍保持着主要地位的大学就没有这种学科发展上的兴趣。

大致说来，牛津和剑桥，以及许多法国、意大利、西班牙和葡萄牙的大学就是这种情况。偶尔在地中海地区的一些天主教国家，改革者反对耶稣会教派的斗争及其胜利有时延缓甚至避免了大学的衰落。实际上，凡是发生这种情况的地区，那里的一些大学就变成了启蒙运动的代言人。

在国家与教会关系特别密切和牢固的国家，人们对教会和神学抱有强烈的敌意。代表启蒙力量的斗争有时没有将神学从大学中驱逐出去，那些最严肃的学术争论只在这些学校身边一掠而过。这使它们孤零零地留在了它们的正统中，不能在主要的学术争论中发挥任何重要的作用，并且阻止

---

⑧ B. Plongeron, 'Recherches sur l'Aufklärung catholique en Europe occidentale(1770-1830)', *Revue d'histoire moderne et contemporaine*, 16(1969), 555-650.

了它们采取措施走向自身的复兴。这对神学的未来、对大学，甚至对这些国家教会的地位都有重要的影响。

大量的秘密组织，特别是共济会会员，对这些大学进行了有力的补充，他们还与大学竞争，并且在学习和与学习不太相关的事务上与大学互补。这些组织也认为，自己有责任通过无视阶层和等级界限的科学和文化活动，推动人类和科学知识的进步。尽管他们在许多方面依旧保持排他性，但还是希望有一种人人都能自由参与且没有宗教界限的启蒙运动。他们想要一个人人都将相互帮助的世界。深奥而又实用的各种科学知识是为了使这些团体的成员有能力实现他们的目标。[9] 像“爱国的”和“实践上有用的”学院、“哲学研究会”及“鼓励艺术、制造和商业”的学会等这 628
些秘密组织，同样极力反对审查制度宗教专制、知识分子的傲慢——尤其是大学及其神学院霸占这些权力的地方。人们认为科学和学术能够脱离行会精神的羁绊。

尽管启蒙运动坚决支持的努力并不总是成功，但在限制教会和政府审查方面的确是成功的，在有些地方后者甚至完全消失了，这样出版自由在很大程度上实现了。甚至是印刷自由——正如席勒所谓的在这个“恣意泼墨”世纪较早出现的重要的舆论机构——在很多地方得到实现，并且在其他地方也可以容忍，尽管在每个地方都是法律规范的目标。印刷自由是启蒙运动为确保自己的思想能够传播，特别是确保书面语言能被普遍理解的计划的一部分。结果书籍的生产达到了一个前所未有的水平，并且许多以

---

⑨ P. F. Barton, *Maurer, Mysten, Moralisten* (Vienna, 1982); L. Hammermeyer, 'Zur Geschiche der europäischen Freimaurerei und Geheimgesellschaften im 18. Jahrhundert', in É. H. Balazs (ed.), *Beförderer der Aufklärung in Mittel-und Osteuropa* (Berlin, 1979), 9-68; H. Reinalter (ed.), *Freimaurer und Geheimbünde im 18. Jahrhundert in Mitteleuropa* (Frankfurt-on-Main, 1983).

科学普及、教育和娱乐为目的的期刊对书面语言的广泛传播起到了补充作用。[10]

然而，不管它们怎么宣称如何具有全球性质，这些报纸、期刊及很多书籍在受众和影响范围上都常常被限定在一国之内。只有法国启蒙运动最伟大的成就——大百科全书及伏尔泰、孟德斯鸠和卢梭的著作——驰名于整个欧洲。之所以如此，首先是因为法国的语言在许多地方是教养阶级的通用语，其次是因为法国人的思想本身具有先进性，代表了时代的发展趋势。除了这些法国作家外，一些英国作家的作品也远近闻名，如洛克、休谟和许多自然科学家特别是牛顿的著作。就不那么杰出和成功的其他作家来看，书籍翻译有助于他们思想的传播。许多同时代的著作被译成了其他文字，如果不是这样做，它们几乎不会产生什么影响，或者甚至不为很多公众所知。需要再次指出的是，尽管有普遍性的主张，但限制在相当狭隘的地区内是很常见的。然而，由于启蒙运动的全球性目的是知识分子的殷
629 切期望并渗透到了他们的著作中，尽管接触到它们的受众比整个人类的范围要小，但使用“全球性”这个术语不算不当。

学科地位

在大学仍然保持着重要性和影响的那些国家里，学科的地位和影响发生了变化。启蒙运动计划的成功降低了神学的重要性：神学院以前是最主要的学院，其教授的工资也最高，现在神学院降级了。

法学院取代了它。最迟从 18 世纪中期开始，“哲学院”——从 17 世纪起更喜欢被人称为“人的学科”——承认了它作为新的领导学科的“婢女”的角色，虽然非常不情愿。哲学院要求具有平等的地位和独立，甚至

---

[10] O. Dann (ed.), *Lesegesellschaften und bürgerliche Emanzipation* (Munich, 1981); Roche, *Le Siècle des Lumières*; R. Gruenter, *Leser und Lesen im 18. Jahrhundert* (Heidelberg, 1977); W. Martens, *Die Botschaft der Tugend*, 2nd edn (Stuttgart, 1971); J. Wilke, *Literarische Zeitschriften des 18. Jahrhunderts (1688-1789)*, 2 vols. (Stuttgart, 1978).

声称自己是真正的中心学院（见十二章）。

那种情况发生在大学在启蒙运动的传播和移植上起了决定性作用的地区，如在德国、苏格兰和荷兰。哲学院的一些学科在 18 世纪后期已经坚决要求至少应与先前较高级的学院具有平等的地位。改革的认识、方法和实质内容对每一门学科都似乎是不可缺少的，以便能向广泛的学生做适当的推荐，并且在一些大学这是普遍的做法。在柏林大学建立及进行学科重组很早之前，哥廷根大学，这个 18 世纪德国最受欢迎的领袖大学，就提供了一些极好的例子。

也是在这种情况下，人们关于科学和学术学科及其组织方法的传统观点开始发生变化。各学科的百科全书式、专题式、多学科式的安排和排序变得更加动态，进行了改革和重组。强调学科的有用性和实践性，哲学院关于其学术地位至尊的新主张和神学院地位的降低，共同促使这个不怎么承认各门学科相对平等而重视科学观念的改革形成了气候。自此以后不再追求百科全书式的博学——尽管这继续是一种广泛流行的实践——而是对一些具体学科进行系统整理和研究。以前博学的学者开始转变为热衷于研 630
究的科学家。[11]

按科学的方法认识和掌握未知的宇宙秩序，这个在逻辑上与将世界视为世俗现象这种认识相一致的任务，从法国大革命中获得了持久的动力催化剂。自美国独立战争开始，人类基于科学的知识自由地进行决策，并且采取合理的行动以改善世界，已成为人们显而易见的共识。通过对世界和人类的科学研究，人们可以获得正确的认识。以科学知识为基础，人们对进步变得更加有信心，直到 19 世纪它变成了对科学的乐观自信的信念。

不用说，对理性的这种信心，事实上是对理性的过度崇拜，遭到了多种力量的反对。关于这一点要注意到，大多数的斗争和渴望是对神学的正统、强大的教会等级、关于科学知识的行会性质的垄断和严格的社会身份

---

⑪ P. Moraw, 'Aspekte und Dimensionen älterer deutscher Universitätsgeschichte', in P. Moraw and V. Press (eds.), *Academia Gissensis. Beiträge zur älteren Giessener Universität-sgeschichte* (Marburg, 1982), 1-44.

界限抱有敌意，这是非常重要的。这种反对来自世界主义的自然神论、虔信主义、詹森主义、审美个人主义和天才崇拜。前浪漫主义和非理性主义的早期历史主义都各自以自己的方式加固了这一批判倾向，并且为重新评价科学的内容和方法铺平了道路。在 18 世纪，这些不同的思潮已经开始摆脱启蒙运动的世界观，只是看起来不那么明显。它们一起侵蚀现有的教育理想，并且促使这些教育理想及其体现这种理想的教育机构发生变化。

大学模式的分化和学院改革

18 世纪启蒙运动中与世界主义并存的爱国主义和特殊主义促成了近代以来欧洲大学模式的分化。尽管科学和在整个欧洲大陆占主导地位的某种学术理论和方法，以及某些具体的教学方法存在共同的特征，但这些不同的大学继续以自己独特的途径进行发展，并且同时它们仍然只是普遍的欧洲大学模式的不同表现。这种发展是由其自身实践和认识的理论基础本身所固有的性质决定的。

631 法国大学的情况与德意志民族神圣罗马帝国、荷兰和北欧社会的那些大学的情况有着明显的差异。除此之外，牛津和剑桥仍然坚持它们自己特有的模式，作为学院制大学不设法学院，坚持保留以培养未来牧师为目的的机构。[12] 同时，苏格兰的大学则依照启蒙运动的精神在运行。[13] 在地中海地区，启蒙运动采取了不同的形式，其领导的改革或改革的努力，改变了这些国家教育的特征。在伊比利亚半岛，遵循的是启蒙运动的法国模

---

⑫ *History of Oxford* V.

⑬ A. Chitnis, *The Scottish Enlightenment* (London, 1976); N. T. Phillipson, 'The Pursuit of Virtue in Scottish University Education', in N. T. Phillipson (ed.), *Universities, Society and the Future* (Edinburgh, 1983), 82-105.

式，[14] 而在意大利[15]——也像在俄国，在莫斯科大学一样[16]——采取的是荷兰和德国大学的改革模式。与意大利天主教改革有联系的亲詹森教派留下了印记，并且对非意大利国家产生了直接的影响。

简短的概括评论可能有助于对欧洲大学的不同模式进行描绘。

在 18 世纪的法国，大学对法国社会的智力生活及其启蒙讨论过程不再有任何显著的影响。[17] 文学院在反宗教改革的耶稣会教派的影响下，已经降低为只是颁发毕业文凭的机构。学院均接受教会或修道会的管理，承担的只是预备教育的任务，已变得完全僵化，不可能去发展科学学科。启蒙讨论只发生在各种沙龙和到处涌现的学术团体中。大学和学院仍将自己限于执行纯粹社会性的自我复制训练功能的这种与世隔绝状态，从本世纪中期就已经招致了日益猛烈的抨击，亟待改革。达朗贝尔在《大百科全书》的“学院”词条，只是受到不合理责难且同时要求进行基本改革的众 632
多出版物中的一篇。在现代外语、自然科学、历史领域需要更好的教学方法，同时也要求为大学注入活力。

虽然自 18 世纪初以后要求教育改革的出版物的数量增加了 5 倍，但宫廷和教会都没有表现任何兴趣。它们没有沿着启蒙运动要求的路线进行改进，甚至连杜尔哥引入改革的努力也没有取得任何进展。1752 年耶稣会被废除的确对法国教育进而对大学的入学带来了严重的问题。然而，政府并没有承担曾经由耶稣会所做的工作，而且它缺乏承担这项任务必要的素质和技能，政府将任务转交给了其他天主教修会，如奥拉托利会或本

---

[14] J. Sarraih, *L'Espagne éclairée de la seconde moitié du XVIII e siècle* (Paris, 1954); R. Herr, *The Eighteenth-Century Revolution in Spain* (Princeton, N. J., 1953).

[15] M. Fubini (ed.), *La cultura illuministica in Italia*, 2nd edn (Turin, 1964); A. Wandruszka, *Leopold II*, 2 vols. (Vienna/Munich, 1963-1965); F. Venturi, *Settecento riformatore* (Turin, 1969).

[16] G. A. Novick, 'L'origine de l'enseignement supérieur en Russie et la fondation de l'Université de Moscou', in *Universités européennes*, 160-168.

[17] Chartier, *Education en France*, esp. 207ff.; L. W. B. Brockliss, 'Le contenu de l'enseignement et la diffusion des idées nouvelles', in Verger (ed.), *Universités en France*, 199-260.

笃会。

难怪越来越多受过启蒙的法国公众觉得，大学除了能满足人们获得资格证明的机会和需要之外是一种多余的东西。专业的机构如农业学院、外科学院及在 1701 年进行了改革的科学院、医学院是仅有的促进科学发展并进行适当的培训和教育活动的机构。这些职责是由各省的众多的研究院、共济会地方分会集会处、巴黎人的沙龙和 18 世纪 80 年代新建立的国立中学及博物馆来完成的。宫廷早就不再提供智力活动的典范；人们的思想更多地受一个既包括贵族又包括资产阶级的社会的影响。[18]

只是在法国大革命以后，在拉·夏洛泰的领导下才颁布了《公共教育法令》（几乎完全失败了），至此流行的教育制度被废除了。在 1793 年，国民公会的一项法令取消了研究院和学会。之后不久，督政府根据四年雾月三日（1795 年 10 月 23 日）热月党人的思想和准备，建立了国家科学和文学院。它的三个分支——行政-数学、文学和美术及道德和政治学对培训、传播和推进一种文明公民但不是真正平等主义的科学观念有重要的意
633 义。教育和培训在世俗化方面取得了彻底的成功。尽管根本的改革意图无法实现，但教会的垄断似乎已经结束，这一点在与学院相关的方面很快就表现出来了。[19]

拿破仑对大学教育的重组（我们在这儿不予讨论）从法令的视角来看只赋予了高等教育机构有限的科学意义。它们被指令提供某些专门职业的培训。真正的科学和高等教育由专门的机构提供。拿破仑在颁布这一政策时做了一些符合启蒙运动支持者长期要求的事情。在更全面的预备教育之后的专门训练的法则在一定程度上得以实现。自 17 世纪始，法国大学持续的衰败（只有某些机构和学科如巴黎大学和蒙彼利埃大学的医学是例外）几乎是不可避免地选择了这种解决方法。

日耳曼民族的神圣罗马帝国的发展过程走上了完全不同的方向，大学

---

[18] J. Voss, *Geschichte Frankreichs*, vol. Ⅱ (Munich, 1980), 151-167; Roche, *Le Siècle des Lumières*.

[19] V. Karady, 'De Napoléon à Duruy', in Verger (ed.), *Universités en France*, 261-366.

在它们各自社会的学术生活中仍发挥着关键作用。在17世纪即将结束的时候，根据启蒙运动的思想和某些启蒙原理进行的首次对高等教育的改革就成功地实现了——我们在这里首先应该想到克里斯蒂安·托马西乌斯和哈勒大学。然后，这种运动扩展到了其他大学。1737年建立的哥廷根大学，成了天主教会处理启蒙运动的学科和引导公开的学术讨论的榜样。（由耶稣会解散引起的问题是如何建立科学知识的新结构）自宗教改革以来，神圣罗马帝国中有学问的人、知识分子和在学术上受过培训的人，第一次可以用单一的语言相互交谈。一旦这种事情发生了，教会的分裂就不再有什么特别重要的意义了。[20]

在许多大学里，在方法上已现代化了的进步的法学主宰着科学知识的结构。科学的所有学科和主体（包括神学）都吸收了法学的成就。包括神学在内的这些学科根据启蒙运动的思想对自身进行了改革，这在神圣罗马 634
帝国引入了一种明显的历史方法。这种新的方法赢得了所有学院的参与和合作，并且进行了全面普遍的讨论。这些教师对神学的敌意比他们的法国同行少得多。神学家们在这些讨论中发挥了重要的作用。这样他们对他们的学科进行了现代化的改革，这些进步的教授还对大学和学科的世俗化做出了贡献。当然，在神圣罗马帝国也出现了“爱国的”“伦理-经济学”社团，“实用知识学会”和许多“学会”，也出现了梅森学派和一些秘密学会，但它们的目的和行为方式都已经为那些改革了的大学所接纳了。它们与大学绝对不矛盾：在许多大学城，这些人与许多学院都有广泛而深远的联系。地方性和地区性很久以来就是神圣罗马帝国的固有特征，这与启蒙运动的世界主义特点一点儿也不矛盾。德国古典主义和理想主义甚至是浪

[20] Hammerstein, 'Zur Geschichte und Bedeutung'（注释7）; McClelland, *State, Society and University*, 34-98; N. Hammerstein, 'Universitäten und gelehrte Institutionen von der Aufklärung zum Neuhumanismus und Idealismus', in G. Mann and F. Dumont (eds.), *Samuel Thomas Soemmerring und die Gelehrten der Goethe-zeit*, Soemmerring Forschungen I (Stuttgart/New York, 1985), 309-329; N. Hammerstein, *Aufklärung und katholisches Reich. Untersuchungen zur Universitätsreform und Politik katholischer Territorien des Heiligen Römischen Reichs deutscher Nation im 18. Jahrhundert*, Historische Forschungen, 12 (Berlin, 1977).

漫主义，从世界主义那儿继承了更明确的遗产，比从那个时代欧洲其他国家的学术环境特征中继承的财产更多。

自 18 世纪 80 年代始，在大学里和从前一样在学院之上对科学知识和精深的知识进行划分，因此学科内的学术讨论将促进对哲学学科及其子学科的发展。后者现在作为与以前的“高级”学科平等的身份出现了，事实上哲学学科宣称（最后成功了）它是其他学科的理论和方法论基础。即便当人们将重心放在历史和文献学科及“唯心主义”哲学的时候，那也没有真正阻止“四艺”中的学科（自然科学及其主旨和方法）吸收这些学科以自己的方式产生的影响。[21] 在荷兰，大学所起的作用与神圣罗马帝国的大学所起的作用类似，其改革也获得了成功。[22]

都源于神圣罗马帝国的新教地区是大多数成功改革的共同特征，它们
635 常常是教授们和那些自身在大学里接受过教育的君主的顾问合作的结果，所以这些改革主要都是内部的学术创新。罗马天主教会的教育机构之所以采纳这些改革，通常源于一些教授的坚持，但更多地源于地区政府、君主的顾问和君主们本人的作用。结果，他们首先考虑的是政府的利害关系，而不是教会的利害关系。但是如果说那些在或多或少都属倒退的公共机构里成功地取得了一些必然的进步的话，那必定是重商主义的财政学即官房学起到了“改革—学科”的突出作用。这种情况在其他罗马天主教国家里有多方面的表现，俄国也是这样。君主们为了使其社会符合当代的标志，不得不将专业培训当作通向目标的可靠途径。神圣罗马帝国大学在学术上的重要作用在一定程度上是这一事实的结果，即它是一个没有首都的政府，它没有一个学术中心能够通过沙龙或研究院或宫廷来提供一个有说服力的模式。从 1760 年开始，人们对帝国的这种状况日益感到悲哀。人们呼吁改变神学和哲学专业学生地位下降的状况。在对贵族政府的激烈批评

---

[21] N. Hammerstein, ‘Die deutschen Universitäten im Zeitalter der Aufklärung’, *Zeitschrift für historische Forschung*, 10(1983), 73-89; L. Hammermayer, *Geschichte der bayerischen Akademie der Wissenschaften*, vol. Ⅰ, 2nd edn(Munich, 1983).

[22] Frijhoff, *Gradués*.

中伴随着这些抱怨。他们的主要目标在于为以前的哲学院和新教神学院的学生争取获得与法学院学生以前所享受的平等地位，并且因此为他们赢得获得公共职位的权利。大学重组以后，在对新柏林大学的效法中，这种不满的感觉在哲学院的毕业生和学生的身上转变成了各种优越的情绪并体现出来。[23]

启蒙运动中专门学院比综合大学更受青睐的趋势在总体上并没有成功地赢得德国、荷兰或北欧国家有关当局的支持。的确，柏林的派彼尼尔学院和矿业学院、维也纳的玛丽亚-塞丽西厄那姆和兽医学校，以及慕尼黑的财政学院都表明大学并非一统天下。然而，即便是星期三改革者学会，即在柏林致力于启蒙运动法则的改革者的圈子在讨论这些问题（主要在1795年）的时候，也公然宣称他们反对大学的“废除或彻底地转化”。将大学分成学院尽管是陈旧的和“修道士的”，但有人认为这是学科的最佳 636
秩序。只有改革，而不是彻底的变化才是明智的。

在西班牙和在葡萄牙一样，王权或它的负责大臣宣布根据启蒙运动的原则对大学进行改革。改革不只是关心如何确保政府在所有公共事务中的统治，还明显地反对教会或反对耶稣会。改革者极为关心如何改善大学的荒凉状况，因为它们已没落到了为专业从业者提供预备教育的培训学院和机构的水平。那些在17世纪曾经发挥重要作用的为数不多的学科已经无足轻重了。尽管它们受控于神学和神学家，在他们的神学工作中完全缺乏任何智力力量，僵化的教授和机构仍阻止每一种改革的尝试，同时继续提供很久以来就已过时的传统培训。

首先是查里三世（1759—1788）试图对大学进行改造，他对那不勒斯的启蒙运动思想相当熟悉，并且试图通过他的大臣伯纳多·塔努奇对之施

---

[23] U. Muhlack, ‘Die Universitäten im Zeichen von Neuhumanismus und Idealismus: Berlin’, in P. Baumgart and N. Hammerstein (eds.), *Beiträge zu Problemen deutscher Universitätsgründungen der frühen Neuzeit*, Wolfenbütteler Forschungen, 4 (Nendeln/Liechtenstein, 1978), 299-340; T. Nipperdey, *Deutsche Geschichte 1800-1866. Bürgerwelt und starker Staat* (Munich, 1983), 470-482.

加影响。[24] 1753年协定同意给予王权的职责及对耶稣会的驱逐，为改革提供了有利的条件。从这些改革开始，每所大学均设四个学院。法学院特别受到青睐，它们被赋予了实现法国启蒙运动理想的任务，并且被视为提供了所有改革努力的正确模式。虽然上层宣布进行这些改革，但没有获得受教育不足的教授们的多少支持。结果，改革只停留在表面上。然而，从中也形成了一种在19世纪才被充实内容的制度结构，并且在知识分子和部分上层阶级中间持有亲法国政府而反对教会特权的态度。然而，这种态度的广泛程度和深入程度都不足以提供一种能够使短短20年的改革活动走向成熟和持久有效的环境。尽管如此，许多省属的学院确实使农学和技术
637 取得了进步。正如省属学院在其他欧洲国家所起的作用一样，这些学院在共济会会员和许多秘密社团的支持下，使改革者的这种绵长的努力得到了加强。他们遇到了财产分配制度和蕴藏于不加批判公认的传统中的社会制度所强加的种种限制。

尽管与在西班牙相比需要更大的努力，卡瓦略侯爵这位杰出的葡萄牙大臣还是试图根据他那个世纪的进步和启蒙运动颁布法令。当卡瓦略向耶稣会宣战（这是一场对整个欧洲都产生了影响的战争）的时候，约瑟夫一世授予了他放手大干的权利。在约瑟夫一世加冕12年之后，卡瓦略开始收回耶稣会的教育特权，他受法国启蒙运动的启发，希望将教育建立在世俗的法理之上。耶稣会在反宗教改革时期建立的埃武拉大学被废除了，并且将科英布拉大学纳入了国立大学，根据启蒙运动的原则进行管理。科英布拉的地位于1777年得到确认，由此宣布了经院哲学的结束，也使各门科学开始转到了经验主义和实际应用的方向上。葡萄牙似乎是进步的天主

㉔ E. Passerin d'Entrèves, *L'Italia nell'età delle riforme 1748-1796*, 2nd edn (Turin, 1965); G. Procacci, *Geschichte Italiens und der Italiener* (Munich, I983), 186-219; A. Omodeo, *Die Erneuerung Italiens und die Geschi-chte Europas* (Zürich, 1951); R. Lill, *Geschichte Italiens vom 16. Jahrhundert zu den Anfängen des Faschismus*, 2nd edn (Darmstadt, 1987), 31-60.

教社会的先锋；它被新大陆急切地吸收，又获得了进一步的发展。[25]（在19世纪早期法国大学改革之前这些都已完成了）

在组织结构上，苏格兰大学与大陆大学存在着较大差别。首先，它们没有采用大陆大学的做法将大学分成学院。不过，它们的教学和教科书影响了许多参与了欧洲启蒙运动的国家，并且对美国的教学和培训产生了非常重要的影响。苏格兰大学的优势于19世纪逐渐消失。苏格兰大学囿于各种学术危机及其聘任杰出教师的危机，逐渐走向欧洲学术圈子的边缘。

18世纪下半叶，整个欧洲的大学都从神学院的统治中解放了出来，这与他们希望讲授有用的、实践的和易于应用的知识的想法相吻合。正如在法国不久发生的那样，这导致培训专门人才的专业成为教育的重点。它也导致了新学科的引进和大学里已经在教授和学习的那些学科发生了变化。无论如何，对科学和学术本身在方法上和本质上的认识变化了，并且由于这种认识的变化，发展科学和学术的那些人的行为和自我认识也同样变化了。

在欧洲不同大学的一种普遍的变化绘制了一幅五彩缤纷的图画。在某 638
种程度上，法国在培训、大学、学院和其他高等教育机构方面比其他欧洲国家更全面地坚持实施了启蒙运动的思想。在由拿破仑领导的法国对欧洲部分地区的占领期间，一些被占国家接受了法国的模式，但没能在总体上保持多长时间。

启蒙运动时期，西班牙、葡萄牙和俄国的改革在大学里没有多少持久的效力。在法国大革命之后，来自上层的压力一旦缓和，改革的热情马上就烟消云散了。因而大多数大学保持的仅是在科学和学术命题建立过程中留给它们的那些东西，除此之外它们没有增加任何内容及变化。它们仍停留在旧的传统之中，没有什么变化，成了纯粹的培训机构。

某些学科的革新在牛津和剑桥曾出现了许多良好的开端，并且出现了

㉕ B. Romano, *L'espulsione dei Gesuiti dal Portogallo* (Città di Castello, 1914); A. Ferrło, *O marquês de Pombal e as reformas dos estudos menores* (Coimbra, 1915).

对大学改革的激动人心的公开讨论，但是英国大学对其以前的组织模式及科学本质和方法的理解抱有相当忠实的信念。从根本上看，它们坚持已有的古老传统。

在意大利则相反，某些城邦国家里的一些大学发生了深刻而持久的改革，为科学和学术工作释放了新的活力。它们以自己的方式期待在意大利半岛出现各种更广泛的运动，这些运动将导致社会和学术更具有全面的活力，国家更加统一。在波兰也是这样，大学教育和培训的革新也带来了相当明显的进步学术运动的成果。然而，国家的支离破碎为这些努力画上了句号。[26]

苏格兰大学，特别是爱丁堡大学，经历了一个具有广泛交错影响的巨大的高潮。启蒙运动的某些思想、科学和技术的某些观念，以其最具活力的形式出现在苏格兰。但与神圣罗马帝国的大学不同，苏格兰大学的这些革新没能维持下去。

在法国大革命和拿破仑时代的挑战之后，发生在哈勒大学和哥廷根大学的改革及德语国家的大学仿效它们所进行的改革，因一些重要的革新得以延续，这些革新在许多方面为大学教育和培训及理论科学和学术的应用建立了一种新的模式。这是一种能够发展和成长的模式。虽然柏林大学的改革在其重点上有创新，并且确实提出了一种在广泛的意义上认识研究、科学进步和科学价值的新途径，但它们仍是建立在以前的发展、理论和方法之上的。显然自此以后，大学成了科学和学术，为现代国家对自己的合法性和能力充满信心提供理论基础，并且使人们认识到现代社会需要教育和培训的适当场所。

639

[26] Jobert, *La Commission d'éducation nationale en Pologne*, *1773-1794* (Paris, 1941); M. Ciésla, 'Die polnische Hochschulreform der siebziger und achtziger Jahre des 18. Jahrhunderts', in Amburger *et al*. (eds.), *Wissenschaftspolitik* (注释 6), 348-358; B. Lésnodorski, 'Les universités au siècle des Lumières', in *Universités européennes*, 143-159.

精选文献

Álvarez Morales, A. *La ilustración y la reforma de la universidad en la España del siglo XVIII*, Madrid, 1971.

Amburger, E., Ciésla, M. and Sziklay, L. (eds.) *Wissenschaftspolitik in Mittel-und Osteuropa. Wissenschaftliche Gesellschaften, Akademien und Hochschulen im 18. und beginnenden 19. Jahrhundert*, Berlin, 1976, 1-84.

Boehm, L. 'Wilhelm von Humboldt (1767-1835) and the University: Idea and Implementation', *CRE-Information*, 62(1983), 89-105.

Brockliss, L. W. B. *French Higher Education in the Seventeenth and Eighteenth Centuries. A Cultural History*, Oxford, 1987.

Chartier, R., Compère, M.-M. and Julia, D. *L'Education en France du XVIe au XVIIIe siècle*, Paris, 1976.

Donnert, E. *La Russie au siècle des Lumières*, Leipzig, 1986.

Hammerstein, N. *Aufklärung und katholisches Reich. Untersuchungen zur Universitätsreform und Politik katholischer Territorien des Heiligen Römis-chen Reichs deutscher Nation im 18. Jahrhundert*, Historische Forschungen, 12, Berlin, 1977.

Hammerstein, N. 'Universitäten und gelehrte Institutionen von der Aufklärung zum Neuhumanismus und Idealismus', in G. Mann and F. Dumont (eds.), *Samuel Thomas Soemmerring und die Gelehrten der Goethe-Zeit*, Soemmerring-Forschungen, I, Stuttgart/New York, 1985, 309-329.

Kulczykowski, M. (ed.) *Les Grandes Réformes des universités européennes du XVIe au XXe siècles. IIIème Session scientifique internationale, Cracovie, 15-17 mai 1980*, Zeszyty Naukowe Uniwersytetu Jagiellonskiego DCCLXI. Prace Historyczne, Z. 79, Warsaw/Cracow, 1985.

Lésnodorski, B. 'Les universités aux siècle des Lumières', in *Les Universités européennes du XIV e au XVIII e siècle. Aspects et problèmes*, Geneva, 1967, 143-159.

McClelland, C. E. *State, Society and University in Germany 1700-1914*, Cambridge, 1980.

640 McClellan Ⅲ, J. E. *Science Reorganized: Scientific Societies in the Eighteenth Century*, New York, 1985.

Plaschka, R. G. and Klingenstein, G. (eds.) *Österreich im Europa der Aufklärung*, 2 vols., Vienna, 1985.

Plaschka, R. G. and Mack, K. (eds.) *Wegenetz europäischen Geistes. Wissenschaftszentren und geistige Wechselbeziehungen zwischen Mittel- und Südosteuropa vom Ende des 18. Jahrhundert bis zum Ersten Weltkrieg*, Schriftenreihe des österreichischen Ost-und Södosteuropa-Instituts, 8, Munich, 1983.

Roche, D. *Le Siècle des Lumières en province. Académies et académiciens provinciaux 1680-1789*, 2 vols., The Hague/Paris, 1978.

Taton, R. (ed.) *Enseignement et diffusion des sciences en France au XVIII e siècle*, Histoire de la Pensée, 9, Paris, 1964; reprint Paris, 1986.

Verger, J. (ed.) *Histoire des universités en France*, Toulouse, 1986.

主编关于索引的说明 641

因为一些实际原因，本书将索引分成两部分：一是人名索引，二是地名与主题索引。

第一部分索引包括本卷中涉及的所有人名。在近代早期卷中，几乎在所有情况下，所使用的字母顺序根据姓而不是教名。这意味着对大多数中世纪的学者和人物，以及通常以其教父名而闻名的人文主义者来说，出现在字母顺序表中表示特征的名字是他们的姓。名字的变体显示于相应条目后的括号里，作者的著作没有列在索引里。

地名与主题索引经过了仔细的编辑。换言之，文中出现的各种各样的主题没有必要在索引中反复重现或列在地名之下，而是改为将其纳入更普遍的题目下的集体条目下，并且索引中包括的仅是那些与大学史有直接关系的主题。地名提供的是英语形式，当这个地名继续存在时，则提供（现代的）国家和行政划分（县、州、省、地区，等等）。鉴于历史的精确性，索引中的地名一般使用当时的名称用法。现代的地名或其他用法都标在相关条目后的括号中。

所有有关个人的参考资料需要读者查阅人名索引。然而，在某些情况下，也有必要查看主题索引，像亚里士多德学说、拉谟斯主义、加尔文派、笛卡尔哲学、牛顿学说等概念。只要有可能，就可以确定人物和地点。

这两部分索引的编辑是在根特的约翰·汉塞莱尔的帮助下完成的。我们向他表示最诚挚的感谢，感谢他的辛勤劳动和对具体细节的注意。

642

人名索引❶

❶ 人名索引及地名与主题索引中的页码为原书页码。

M

O

P

T

地名与主题索引 663

B

C

E

J

K

M

 685

686

T

欧洲大学史

A HISTORY OF THE UNIVERSITY IN EUROPE

（修订版）

总主编　瓦尔特·吕埃格
译　者　张斌贤　贺国庆　等

第三卷　19世纪和20世纪早期的大学（1800—1945）

VOLUME III UNIVERSITIES IN THE NINETEENTH AND EARLY TWENTIETH CENTURIES (1800-1945)

本卷主编

瓦尔特·吕埃格

本卷译者

张斌贤　杨克瑞　林薇　刘冬青　陈露茜

本卷审校人员

张斌贤　张弛　陈露茜

本卷修订人员

张斌贤　陈露茜

河北大学出版社

·保定·

谨以此纪念亲爱的同事约翰·罗伯茨和爱德华·希尔斯，他们的人格和学识令人景仰。

译校者序

由欧洲大学校长常设会议（现更名为欧洲大学协会）组织编写，瓦尔特·吕埃格任总主编的《欧洲大学史》第一、二卷的中文译本已于2008年由河北大学出版社出版。现在摆在读者面前的是该书第三卷的中文译本（该书第四卷英文版已于2011年出版）。本卷主要探讨1800—1945年间欧洲主要国家大学发展的基本问题和基本格局，并叙述和分析了欧洲大学模式在全球的拓展和影响。关于《欧洲大学史》的结构、编写特色等，中文译本的第一、二卷都已作了说明，不再赘述。

尽管我本人对《欧洲大学史》“情有独钟”，并以有机会将这套书译介到国内而感到荣幸，但学界和高等教育界将对该书持何种态度，既是我非常在意的，但同时也是我难以把握的。让我感到欣慰的是，《欧洲大学史》第一、二卷中文译本出版后，学界的评价非常积极，南京大学龚放教授、南京师范大学胡建华教授、北京师范大学周作宇教授、北京大学阎凤桥教授、华东师范大学阎光才教授等人都曾以不同方式推介该书。多有学界的朋友相继索书，我先后购买的一百五十多套书如今只剩下三套。在部分高校，该书被列为高等教育学等相关专业研究生的重要阅读文献。我还记得一个细节：2008年10月，中国教育学会教育史分会在河北大学召开年会。会议期间，出版社曾设摊展销，原意不过是借机宣传一下，让与会的教育史学科的师生知道有这么一套书。不料，在很短的时间内，带去展销的书就被“一抢而光”。有的同行一边抱怨书价太高，一边又抓紧掏钱购买，同时还不忘批评我“太抠”（因我未曾赠书）。那个场景至今想来仍让人“忍俊不禁”。

高校行政管理干部对该书的热情是出乎我意料的。据《欧洲大学史》第一、二卷中文译本的责任编辑臧燕阳告诉我，一些院校把该书作为校领导中心组学习或中层干部培训的学习材料。有的院校直接驱车去出版社，一下就购置数十套。原国家教育行政学院党委副书记庄益群先生也曾告诉我，在该校接受培训的部分高校领导干部对《欧洲大学史》具有浓厚的兴趣。他认为把这样的好书译介过来是做了一件好事。

多年从事教育史教学科研的经历告诉我，除教材外，教育史类的书籍由于专业性强，读者的面通常都不大，“销量”也都不会很大。像《欧洲大学史》这样的著作能在短短的两三年销售两千多套实属不易（当然，我很清醒地意识到，这并不是我的功劳，而是原书作者和编者的贡献）。

由此，我想到的另一个深层次的问题是，为什么一套专业性很强的历史类著作能有一定的社会效益或赢得一定数量的、超出专业圈子的读者？以我的判断，在经历了从 20 世纪末到 21 世纪前十年中国大学教育快速增长和扩张之后，在中国大学教育正在逐渐进入改革的深水区、面临着更为复杂的困难和挑战之际，确实有一部分人已经开始理性和深入地思考中国大学教育更为深层的问题。而对这些深层问题的思考，确实不能仅仅依靠对现实和当代需求的了解、把握，还必须进一步深入到大学作为教育组织、学术组织和社会组织的本质。只有深入理解大学教育的本质，才有可能真正把握大学教育改革的基本方向，才有可能形成科学的改革方案，也才有可能产生预期的改革成效。而这一切，都离不开对大学历史发展的深入认识和领悟。我相信，随着大学教育发展方式转变进程的不断推进，会有越来越多的有识之士开始关注大学的历史。

本书由张斌贤组织翻译和校对。参加翻译的有张斌贤、杨克瑞、陈露茜、林薇和刘冬青。翻译完成后，译者之间交叉校对，然后由陈露茜负责初校。我和张弛负责复校。

正如《欧洲大学史》第一、二卷的翻译和出版一样，本书得到了河北大学出版社有关人士的大力支持。臧燕阳编辑虽由于工作变动，不再担任责任编辑，但几年来他一直非常精心地关心支持本书的翻译和校对工作。在此一并表示衷心感谢。

张斌贤

2012 年 3 月 20 日

欧洲大学史

总主编　瓦尔特·吕埃格

本书为四卷本《欧洲大学史》中的第三卷，由瓦尔特·吕埃格教授领导的国际专业团体完成。该丛书得到了欧洲大学校长常务会议（即今天的欧洲大学协会）的赞助，旨在为一般读者及专业人员提供一种普通读物。它包括欧洲（东欧和西欧）大学自起源至今的发展，它所关注的不是一所大学或一个国家的历史，而是一系列欧洲视野中的重要主题。

本书的创新之处在于比较的、跨学科的、合作的和跨国的特征。尽管每卷《学术》部分涉及该时期大学的教学内容，但本书并不是思想史，而是从变化中的条件、观念和价值背景下对大学功能的评价。

第三卷是《19 世纪及 20 世纪早期的大学》，试图将大学置于 1800—1945 年这一个半世纪的社会与政治关系中加以考察。

目录

第二编　结构

第三编　学生

第四编　学术

作者与主编 xiii

保罗·博克斯特勒（Paul Bockstaele，比利时），1920 年出生于根特附近的米勒，是鲁汶天主教大学的数学及数学史荣誉退休教授，比利时皇家佛兰芒科学学会会员和国际科学史学会会员。

阿萨·布里格斯（Asa Briggs，英国），1921 年出生于约克郡，1976 年成为刘易斯布里格斯勋爵，曾任牛津大学伍斯特学院院长（1976—1992）、苏塞克斯大学校长（1967—1992）、开放大学校长（1978—1994）、巴黎的欧洲教育与社会政策研究所所长（1974—1980）以及英国社会史学会会长（1966—1971）。其著作领域涵盖经济史、社会史、文化史以及传播史。他也是英国及美国人文与科学院院士。

艾丽森·布朗宁（Alison Browning，英国/美国），1951 年出生于白金汉郡，是欧洲大学校长常设会议及欧洲大学协会副秘书长（1986—1994），曾负责许多国际或跨学科组织项目，包括这套《欧洲大学史》的筹备，现在主要活动于美国和欧洲两地。

克里斯托弗·查理（Christophe Charle，法国），1951 年出生于巴黎，是巴黎第一大学（索邦）现当代史教授和现当代史研究所主任（巴黎高等
师范学校），已出版多本 19 世纪和 20 世纪的欧洲知识分子史、文化与社 xiv
会比较史方面的著作，其中有些已被翻译成多种文字。

保罗·热尔博（Paul Gerbod，法国），1925 年出生于巴黎，是法国多所大学当代史荣誉退休教授，法国大学当代史协会和法国科学史理事会主席，在教育与文化史方面已出版十多本专著和发表上百篇论文。

利夫·赫韦尔斯（Lieve Gevers，比利时），1947 年出生于蒂伦豪特，是鲁汶天主教大学神学院宗教史教授，担任近代宗教史的教学。她曾在宾

夕法尼亚大学访问，在欧洲和比利时宗教文化史、中等和高等教育、宗教和民族主义、学生运动以及青年协会等方面出版或发表了多种著作或论文。

安娜·瓜尼尼（Anna Guagnini，意大利），1952 年出生于米兰，为博洛尼亚大学哲学系研究员。她的研究兴趣在于 19 世纪及 20 世纪初的欧洲技术史，出版了多种关于英国和意大利技术教育和研究组织的著作。

诺特克尔·哈默施泰因（Notker Hammerstein，德国），1930 年出生于美因河畔的奥芬巴赫，缅因河畔法兰克福大学早期现代史荣誉退休教授，出版了数本关于德国大学史和知识史的著作，也是《大学史》编委会成员。

康拉德·加劳斯基（Konrad Jarausch，德国/美国），1941 年出生于德国的马格德堡，北卡罗来纳大学欧洲文明史的客座教授，德国波茨坦大学《中央历史研究》（*Zentrum für zeithistorische Forschung*）主编之一。他也是 20 多本关于德国近现代史著作的作者或编者，最近又与迈克尔·盖耶（Michael Geyer）合著了《往事不堪回首：德国重建史》（普林斯顿，2003）一书。

马尔蒂·克林格（Matti Klinge，芬兰），1936 年出生于赫尔辛基，巴黎索邦大学副教授（1970—1972）和赫尔辛基大学历史学教授（1975—2001），并指导了赫尔辛基大学的纪念史研究。他曾讲授并出版了大量北欧国家政治文化史以及它们与欧洲其他地区关系方面的著作，为芬兰 17 世纪教育学会（the *Société d'étude du XVIIe siécle*）前会长以及芬兰科学学会（*the Societas Scientiarum Fennica*）会长，乌普萨拉大学荣誉博士，斯德哥尔摩皇家历史与文学院院士。
xv

安托·莱伊克拉（Anto Leikola，芬兰），1937 年出生于赫尔辛基，从 1988 年起任赫尔辛基大学科学史教授，直至 1997 年退休。1980—2002 年任奥卢（Oulu）大学科学史编外教师，1998—2002 年任赫尔辛基大学科学史编外教师。他从 1976 到 1997 年担任芬兰科学和观念史协会会长，是国际科学史学会、芬兰科学协会以及拉脱维亚科学学会会员。

安东尼·卢伊迪克-艾苏特（Antonie M. Luyendijk-Elshout，荷兰）1921年出生于霍林赫姆，莱顿大学医学史荣誉退休教授。她积极参与莱顿的布尔哈夫（Boerhaave）博物馆工作，已出版与医学史相关的大学史研究方面的著作。

希尔德·德·里德-西蒙斯（Hilde de Ridder-Symoens，比利时），1943年出生于布鲁塞尔的圣·詹斯·莫伦贝克。根特大学（比利时）早期现代史教授，国际大学史委员会主席，出版有欧洲大学史、中世纪和近代的早期教育史方面的著作。

弗里茨·林格（Fritz Ringer，德国/美国），1934年出生于德国的路德维希港，是华盛顿特区乔治敦大学德国和欧洲BMW中心历史学兼职访问教授，匹兹堡大学荣誉退休梅隆历史教授，曾讲授并出版了大量有关近代欧洲知识分子史、高等教育史以及文化和社会科学的历史或哲学研究方面的著作。

约翰·罗伯茨（John Roberts，英国），1928年生于巴斯，2003年卒于萨默塞特郡。他曾任牛津大学默顿学院院长（1984—1994），之前曾为该院现代史研究员和导师，还担任过南安普敦大学的副校长（1979—1983），1967—1976年任《英格兰历史评论》的共同主编。

瓦尔特·吕埃格（Walter Rüegg，瑞士），1918年出生于苏伊士，伯尔尼大学社会学教授（1973—1986），缅因河畔法兰克福大学社会学教授（1961—1973），曾于1965—1970年任缅因河畔法兰克福大学校长。他是西德校长会议（Westdeutschen rektorenkonferenz）会长（1967—1968）、社会科学协会国际联盟（International Federation of Social Science Associations）主席（1976—1978）和欧洲科学艺术学院院士（Academia scientiarum et artium europea），其丰富的著作主要集中于人文主义、历史社会学和高等教育史方面。 xvi

爱德华·希尔斯（Edward Shils，美国），1910年生于马萨诸塞的斯普林菲尔德，1995年卒于芝加哥。他曾任芝加哥大学社会思想（委员会）和社会学教授，剑桥大学彼得豪斯学院和伦敦大学经济学院的研究员，

《密涅瓦》（*Minerva*）的创办人和编辑，出版了许多社会学著作，着重研究当代社会的科学或学者的作用。

雅克·韦尔热（Jacques Verger，法国），1943 年出生于波尔多附近的塔伦斯，巴黎第四索邦大学中世纪史教授，高等师范学校研究所主任（巴黎），著名的中世纪专家，其著作集中于知识分子和文化领域，特别是中世纪大学史，已被翻译为多国语言。

路易斯·沃斯（Louis Vos，比利时），1945 年出生于摩尔，鲁汶天主教大学文学院历史学教授，曾为宾夕法尼亚大学和尼杰梅根（Nijmegen）大学访问教授，讲授欧洲当代史波兰历史，已出版关于学生运动史、比利时青年协会和民族主义方面的多种著作或论文。

读者指南 xvii

本套丛书尽管是由专家们编撰的，但却面向一般读者。因此，各章所附的注释和精选文献都尽量精简。这些注释要么是引文出处（一般是与该主题相关的最主要或最新的资料），要么是一些量化的数据或用以说明对某个问题的两种阐释之间的区别。每一章后面都有一份精选文献。这些文献并不是详尽无遗漏的，其目的只是鼓励进一步的阅读。读者可以在本书文献中涉及的著作中找到更完整的参考书目。由于这一时期有一些著名的著作在几章中都被引用，所以在注释中就使用这些著作题目的缩写形式。本书中有注释文献缩写表。此外，第二章《模式》论述了本分卷整个时期的大学状况和特征，读者可在该章结尾处找到更加丰富的文献。为了避免各章之间过多的重复，编者们相互参照其他章节的内容及注释，从而告知读者关于某一主题可以在本丛书的其他地方找到更为丰富的资料（也可参考主题索引）。全书都使用标准的英语的专有名词的写法；必要的时候，通过在人名索引中的相互参照，也会采取一种在欧洲大陆更为常用的表达形式。

注释文献缩写

Bildungsbürgertum

W. Conze and J. Kocka (eds.), *Bildungsbürgertum im 19. Jahrhundert*, vol. Ⅰ: *Bildungssystem und Professionalisierung in internationalen Vergleichen* (Stuttgart, 1985).

Charle, *République des universitaires*

C. Charle, *La République des universitaires (1870-1940)* (Paris, 1994).

Forschung im Spannungsfeld

R. Vierhaus and B. vom Brocke (eds.), *Forschung im Spannungsfeld von Politik und Gesellschaft. Geschichte und Struktur der Kaiser-Wilhelm-/Max-Plauk-Gesellschaft* (Stuttgart, 1990).

Gerbod, *Condition universitaire*

P. Gerbod, *La Condition universitaire en France au XIXe siècle* (Paris, 1965).

Hammerstein, *Universität Frankfurt am Main*

N. Hammerstein, *Die Johann Wolfgang Goethe Universität Frankfurt am Main*, vol. Ⅰ: *1914 bis 1950* (Neuwied and Frankfurt-am-Main, 1989).

History of Oxford Ⅵ

M. G. Brock and M. Curthoys (eds.), *The History of the University of Oxford*, vol. Ⅵ: *The Nineteenth Century* (general editor: T. H. Aston) (Oxford, 1997).

History of Oxford Ⅶ

M. G. Brock and M. Curthoys (eds.), *The History of the University of Oxford*, vol. Ⅶ: *The Nineteenth Century Oxford* (Oxford, 2000).

History of Oxford Ⅷ

B. Harrison (eds.), *The History of the University of Oxford*, vol. Ⅷ: The *Twentieth Century* (general editor: T. H. Aston) (Oxford, 1994).

Jarausch, *Students Imperial Germany* xix

K. H. Jarausch, *Students, Society and Politics in Imperial Germany: The Rise of Academic Illiberalism* (Princeton, NJ, 1982).

Jílek, *Historical Compendium*

L. Jílek (ed.), *Historical Compendium of European Universities/ Répertoire historique des universités européennes* (Geneva, 1984).

Kassow, *Students Tsarist Russia*

S. D. Kassow, *Students, Professors and the State in Tsarist Russia*, V. E. Bonnell and L. Hunt (eds.), Studies on the History of Society and Culture 5 (Berkeley, Los Angeles and London, 1989).

Klinge, *Universität Helsinki*

M. Klinge, *Eine nordische Universität. Die Universität Helsinki 1640-1990* (Helsinki and Göttingen, 1992).

Nipperdey, *Bürgerwelt*

T. Nipperdey, *Deutsche Geschichte 1800-1866. Bürgerwelt und starker Staat* (Munich, 1983).

Paul, *Knowledge*

H. W. Paul, *From Knowledge to Power: The Rise of the Science Empire in France 1860-1939* (Cambridge, 1985).

Peset, *Universidad Española*

M. Peset and J. L. Peset, *La Universidad Española (siglos XVIII y XIX). Despotismo ilustrado y revolución liberal* (Madrid, 1974).

Ringer, *Education and Society*

F. K. Ringer, *Education and Society in Modern Europe* (Bloomington and London, 1979).

Schwabe, *Deutsche Hochschullehrer*

K. Schwabe (ed.), *Deutsche Hochschullehrer als Elite 1815-1945* (Boppard, 1988).

Shinn, *Savoir scientifique*

T. Shinn, *Savoir scientifique pouvoir social: L'Ecole polytechnique, 1794-1914* (Paris, 1980).

University of Cambridge Ⅳ

C. N. L. Brooke, *A History of the University of Cambridge*, vol. Ⅳ: *1870-1990* (Cambridge, 1993).

Verger, *Universités en France*

J. Verger (ed.), *Histoire des Universités en France* (Toulouse, 1986).

Weisz, *Emergence*

G. Weisz, *The Emergence of Modern Universities in France (1863-1914)* (Princeton, NJ, 1983).

前言 xxi

总主编　瓦尔特·吕埃格

Nonumque Prematur in annum："在痛苦中成熟/十年磨一剑。"这句话出自贺拉斯（Horace）的《诗艺》（*Ars poetica*），用于说明诗歌的创作。如果一部历史著作的出版花费了同样长的时间——本书从1994年就已经计划并精心筹备，那么我们也有必要向读者说明缘由。

正如第一卷前言所述，在1982年，当欧洲大学校长常设会议（即现在的欧洲大学协会）与其650多个成员大学召开常规会议，讨论当前面临的问题和未来的需要时，协会认为需要对大学史有更加充分的了解。由于缺乏这方面的新近著作，在大学历史学家和社会学家的帮助下，协会进行了可行性研究。1983年3月，在瑞士伯尔尼召开的一次会议对这项可行性工作给予了充分的肯定。同年9月，欧洲大学校长常设会议任命了一个编写委员会启动四卷本的《欧洲大学史》的编写出版工作；它要求编写委员会基于当前的学术状况，着重对大学的历史变化和区域差异进行比较的和综合性的主题分析。第一卷于1991年出版了英文版，1992年出版了德文版，第二卷则于1996年用两种语言同时出版。1994年开始了西班牙语和葡萄牙文版的翻译，俄文版的翻译正在莫斯科进行，中文版的翻译在中国河北积极准备。

1985年7月，在西班牙的萨拉曼卡大学（the University of Salamanca），开始了第三卷的筹备工作。鉴于19世纪和20世纪早期大学史的复杂性，1986年3月，在美因河畔法兰克福附近的巴特洪堡（Bad Homburg），专家们开展了"头脑风暴"。作为这次会议的成果，同年9月，在葡萄牙的 xxii
圣马尔科斯宫（the São Marcos）——一座隶属于科英布拉大学（the University of Coimbra）的历史建筑中，编委会拟出了编写大纲。1988年6

月，预计参加写作的作者们在牛津大学与编委会进行了第一次研讨，并于 1990 年在德国波鸿大学（the University of Bochum）提交了供讨论的初稿。1992 年 9 月，编委会在比利时根特大学（the University of Ghent）审阅了第三卷的初稿（当时有三章初稿尚未提交）。鉴于以前的教训——第二卷的一位作者在耽搁很久后方才提交了差强人意的初稿，编委会决定替换这位不守信誉的作者，代之以承诺能在 1993 年底完成任务的作者。但这个办法也只解决了部分问题。即使如此，有一章的提交还是拖延了几年。为催促稿件的提交，主编曾两次跋涉数百英里。直到 2002 年 9 月，主编才最终收到延误多时的章节部分。

虽然我们在 1994 年就已收到第一章，但因我们的同事爱德华·希尔斯身患绝症，并于 1995 年去世，因此，本书的出版又推迟了数年。爱德华·希尔斯对现代大学及其科学研究的全球扩展和社会影响进行了深入的社会学研究，他有着敏锐的判断力和友善可行的劝诫力，他不仅是编委会非常活跃的成员，而且完成了第三卷三章内容的初稿。第一章《主题》在全书中具有指南的作用，但它需要根据其他作者的结论进行修改。由于他的去世，这一版的引言不再适用，只能由主编择时重写。希尔斯起草的第六章初稿（欧洲模式在欧洲之外的传播）充分表明了他对各洲大学的深入了解，但是，他的去世中断了这个主题的研究。在各地专家的帮助下，我们的合作者约翰·罗伯茨及时修改了全部稿件，并补充了参考文献和最新信息。在有关社会科学的章节中，却出现了相反的情况。由于爱德华·希尔斯对这个主题非常熟悉，因此，他将初稿扩展到了一部专著的篇幅，而疾病又使他不能进行删减。最后，我们的合作者阿萨·布里格斯决定在第十一章中增加关于历史学（这是第二次世界大战前社会科学中最为重要的发展）的章节。事实上，在 20 世纪 50 年代之前除了法律和新兴的经济学，绝大部分社会科学，诸如社会学、社会人类学、政治科学等并未普遍地进入欧洲的大学课程体系。

虽并非有意推脱，但这些情况也许可以说明第三卷比原计划推迟 9 年
xxiii 后付印的原因。本卷的结构与前两卷基本相同，但为了反映大学史的三项

重大变化，我们也对其进行了调整：第一，18 世纪末之前在整个欧洲普遍存在的传统大学模式为高等教育的不同模式所取代；第二，现代大学日益关注专业化的科学研究；第三，学生运动开始在争取个人、社会或政治自由的国内和国际运动中发挥重要的作用。

基于上述原因，我们将前两卷的《学生教育与生活》的内容集中到本卷的《学生运动》一章中。这意味着我们第一次以比较的视角分析从大学中的内容涌现出来的政治权力，并以欧洲诸多不同国家的大量事例加以说明。除在结语中论及的两次世界大战时期外，该时期的学生生活在学院、亲友关系或私人社交等其他方面基本上没有变化。学生流动性问题，在前面两卷是单独一章描述的，在这一代的学生中也已失去了其教育与文化意义。学生教育方面最重要的变化是，该部分的人文、科学、医学和技术的创新逐渐被吸收到相关的课程中，这些创新在第四编《学术》中论述。

研究导向的急剧扩张与专业化使得传统大学的四大学科为高等教育的三种不同组织模式所取代，它们分别是学部、学院和学系。这将在第一编《主题与模式》和第二编《结构》中分析。前两卷第二章后的《欧洲大学名录》已经扩大到《1812—1944 年间的欧洲大学及其类似机构》，并置于书的最后；除大学外，它也包括了从 18 世纪开始出现的诸如技术、商业和教师培训等领域的类似高等教育机构。为适应多种需要，该名录尽可能地介绍新的学院或学系。

继 1995 年希尔斯去世后，编委会又失去了其他几位成员：1997 年丹麦科学史专家彼德森（Olaf Pedersen）去世，1999 年波兰历史学家亚历山大·盖伊什托尔（Aleksander Gieysztor）去世。他们的专长以及宽广的欧洲视野，不仅确保了前两卷的成功，而且还对其进行修改、完善：盖伊什托尔参与了第一卷，彼德森参与了第二卷。2003 年 5 月 30 日，编委会又失去了一位极其重要的成员，约翰·罗伯茨。罗伯茨教授智识超群，是一位知识宽广的历史学家，在多个领域硕果累累，他的一本著作被誉为“当代最好的世界史成果”。作为一名务实的学术管理者，罗伯茨教授曾担任南安普顿大学的副校长和牛津大学默顿学院的院长。作为一位良师益友， xxiv

罗伯茨教授对这项工作的筹划与评价做出了巨大贡献。罗伯茨教授参编了第二、三卷欧洲大学模式的世界性影响部分，并计划撰写第四卷的导论，却因疾病而被迫终止，但这并不会有损于其坚韧的品格。

1995 年，编委会迎来了一位新成员，这就是欧洲大学校长常设会议副秘书长艾丽森・布朗宁。她精力旺盛、敏锐和友善，促进了众多欧洲学者的合作，在《欧洲大学史》的编写，尤其是本书英文版的编辑中发挥了重要作用。

鸣谢

XXV

《欧洲大学史》的准备工作得到了下列机构与人士的无私支持：他们有荷兰、德国、葡萄牙、瑞典、西班牙和瑞士的基金会和赞助人，阿姆斯特丹的欧洲文化基金会，科隆的弗里茨·蒂勒森基金会，圣奥古斯丁的康拉德·阿登纳基金会，斯图加特的罗伯特·博施基金会，埃森的德国促进科学与人文捐赠者协会和德意志银行，汉诺威的大众汽车基金会，葡萄牙高等教育部秘书处、国家科学研究院以及里斯本的卡勒斯特·格尔本肯基金会，西班牙马德里的拉蒙·阿雷塞斯基金会，波尔图的安东尼奥·艾尔美达基金会，斯德哥尔摩的瑞典银行三百周年基金会，苏黎世的瑞士信贷银行，巴塞尔霍夫曼-拉·洛克公司，以及苏黎世-维塔-艾尔皮纳保险公司朱比利基金会，伯尔尼大学的马克斯和埃尔斯·比尔-布朗温德基金会，沃韦的雀巢公司和伯尔尼的瑞士国家资助科学研究基金会。

在第二卷提到的各国通讯人员中，沃尔特·霍夫勒纳（Walter Höflechner，格拉茨大学），马里安诺·佩塞特·雷格（Mariano Peset Reig，巴伦西亚大学），伊拉里亚·波尔奇尼（Ilaria Porciani，博洛尼亚大学）和格里戈里·A. 季申（Griigori A. Tishkin，圣彼得堡大学）在本卷中对“欧洲”的界定给予了很大帮助，其他同事的帮助会在有关章节中提及。

对所有在经济与学术上对本项目的支持，我们都表示非常感谢，感谢那些承办会议或讨论的大学，特别是伯尔尼大学、萨拉曼卡大学、科英布拉大学、艾希施泰特大学、牛津大学、波鸿大学、博洛尼亚大学和根特大学。我们还要感谢欧洲大学校长常设会议及其继任者欧洲大学协会，它们

xxvi 的秘书长安德里森·巴伯兰博士及其在日内瓦办公室同事的重要帮助。虽居其后但不失重要的是，我们还要感谢各位作者、赞助人、出版社在长期的拖延中所表现出来的耐心和理解。

第一编 主题与模式

第一章　主题 3

瓦尔特·吕埃格

导言

法国大革命和拿破仑战争所引发的政治动荡，对欧洲大学产生了毁灭性的影响。1789 年，欧洲有 143 所大学；到 1815 年，仅有 83 所。法国有 24 所大学停办，在 12 个城镇中，它们分别为专科学校或独立的学院所取代。德国 34 所大学中，消亡了 18 所。西班牙 25 所大学中也仅有 10 所勉强生存。到 19 世纪中叶为止，加之后来新建的 15 所大学，欧洲共有 98 所大学。到第二次世界大战前夕，这个数字又翻了一倍，约有 200 所大学，60 多万名学生和 3.2 万名教授。而当 19 世纪 40 年代大学统计数据开始汇编成册时，只有 80 000 名学生和 5000 名教授。这意味着，在 100 年的时间里，学生数量增长了 700%，教授人数增长了 500%。①

专门学校或职业学校在数量和规模上的迅猛的扩张，不仅令人震惊，而且意味着自启蒙运动以来持有的高等教育应为服务于公共利益的实用知识和有用职业负责的观念的延续。事实上，在 20 世纪 30 年代，除了有 200 所大学外，还有大约 300 所军事、技术、多种工艺、商业、医学、兽医、农业、教育、政治和音乐等领域的高等教育机构。但它们并没有取代大学，而且入学人数较少。

1895 年，法国大学重建；东欧新兴的民族国家也急于建立自己的大

① 见第二章和第四章，“List of European Universities and Similar Institutions”。

4 学；这使得“大学是欧洲最为卓越的机构”的观念得以充分体现。② 在法国，大学校因其严格的选拔与培养体制而居于高等教育的顶端。在法国以外，专门学校在努力争取大学的特权与认可——在德国和奥地利，它们获得了成功；而在英国和意大利，它们则被并入大学。这些特殊的高等教育机构现在也已成为欧洲大学协会670个会员中的成员。19世纪初，大学开始向欧洲以外的地区扩展（但不包括拉丁美洲），在那里，原来只有一些学院、学园、讲习所、穆斯林学校或其他学校，负责培训知识精英、政治精英和宗教精英。如何解释现代大学命运的这种转机？这是本书要回答的基本问题。我将从不同大学模式的竞争着手，尝试进行归纳，这种竞争开辟了走向现代大学的道路。

法国大革命前，欧洲大学虽然可以划分为天主教或新教的势力范围，但是，大学的组织方式是相同的，都在四五个古典学院传播大同小异的知识。高等教育结构和内容的同质性受到卢梭的批评。1772年，卢梭指出：“现在已不再有法国人、德国人、西班牙人甚至英国人了，只有欧洲人。他们都有着相同的品味、相同的感情和相同的道德，因为他们都受着同样的熏陶。”③

法国与德国的大学模式

19世纪初，出现了两种崭新的大学模式，并开启了传统大学的根本性变革。首先是以专门学院为代表的法国模式，它纪律严明，常带有军事
5 性质，组织严密，并由一套开明的专制制度来统辖课程、学位的授予，并

② 见本套丛书第一卷，前言，xix。

③ J-J. Rousseau, *Considèrations sur le gouvernement de Pologne et sur sa réformation projetée*, ed. Jean Fabre, *Œuvres complètes*, ed. B. Gagnebin and M. Raymond (Paris, 1964), vol. Ⅲ, 620. The incorrect attribution to Voltaire, e. g. in O. Dann and J. Dinwiddy (eds.), *Nationalism in the Age of the French Revolution* (Lindon and Ronceverte, 1988), 14, has been corrected thanks to the insight of Charles Wirz, curator of the Voltaire Institute and Museum in Geneva.

要求其观点与官方学说保持一致，甚至是个人的习惯都受到严格的管理，例如，1852年就曾禁止蓄胡。

该模式的实施源于大革命时期的“白板论”（*tabula rasa*），完成于拿破仑时期。但是一些基本特征，如中央政府控制、独立学院以及专门学校的设立等，在启蒙时代就已有萌芽。法国模式在政权的不断交替中得以持续，直到19世纪最后30年，它才为德国模式的影响所渗透。有些法国历史学家甚至认为它持续到1968年，因为受1968年1月6日西德大学校长们起草的改革计划影响的埃德加·富尔（Edgar Faure）的《高等教育方向指导法》（*loi sur l'orientation de l'enseignement supérieur*）在这一年颁布。④

德国模式与洪堡大学相联系。该殊荣的确应归功于著名博物学家亚历山大的哥哥、学者兼政治家的威廉·洪堡（Wilhelm von Humboldt），他劝说了曾赞赏法国模式的普鲁士国王，以神学家和哲学家施莱尔马赫（Friedrich Schleiermacher）的自由思想为宗旨，于1810年在柏林建立一所大学。根据施莱尔马赫的思想，大学的职能不是像一些学校或学院那样传授已知、直接可用的知识，而是要展现这些知识是如何被发现的，“以激发学生们的科学观念，鼓励他们运用科学的基本法则来进行思考”⑤。

学习方式、教学内容以及大学和政府的关系，都是以“自由”为特性的。以洪堡之见，政府对大学只有两项任务：保证自由和任命教授。这种理想模式不如拿破仑的干涉主义模式那么简易可行。洪堡为大学提供大片土地以保证其财政独立的设想也被其后继者放弃，自由的思想由于控制和审查措施而于1819年以及此后的学生运动而受阻，直到1848年才得以

---

④ 参见第四章，第120页。J. G. Passeron,'L'explosion institutionnelle de 1968:Légendes noires et dorées',in Verger(ed.),*Universités en France*,378-389.

⑤ F. Schleiermacher,*Gelegentliche Gedanken über Universitäten im deutschen Sinn. Nebst einem Anhang über eine neu zu errichtende*(Berlin,1808),32-33,See W. Rüegg,'Der Mythos der Humboldtschen Universität',in M. Krieg and M. Rose(eds.),*Universitas in theologia—theologia in universitate*,*Festschrift für Hans Heinrich Schmid zum 60. Geburtstag*(Zurich,1997),162-166.参见第二章,第48页。

复兴。

6 同样的，通过研讨和实验来引导学生进行科学研究，其发展也是步履蹒跚。尽管如此，自由主义的改革依然硕果累累。⑥ 19 世纪初，巴黎曾是全世界学者和科学家心目中的“麦加”（Mecca），但从 19 世纪 30 年代开始，法国政府就开始向德国派遣代表，了解高等教育的发展。同样的，年轻的法国人和后来的美国人都在德国大学中受到了新的科学方法的训练。从 19 世纪末开始，德国模式就成了现代大学的代表，它不仅出现在欧洲，而且也出现在美国和日本。

世俗化、官僚化、专门化

大学的世俗化、官僚化与专门化是伴随着民族国家的世俗化和官僚化而出现的。《欧洲大学史》第二卷中截止到 18 世纪末的图表，已经对天主教大学和新教大学进行了区分。尽管有些国家在启蒙运动时期就开始了世俗化的进程，但绝大多数大学从本质上说依然是教会机构，在一定程度上，它们要么直接受到各自教会的监督，要么通过对教师的聘任、招生，以及学术研究与职业的意识形态导向，与各自的教会紧密地联系在一起。19 世纪，各地的公立大学相继转化为世俗机构。在法国和西班牙，虽然少数天主教神学院再度“开张”，但也难以为继，并最终在公共教育中消失，“神学消遁到了习明纳（seminaries），而政府的大学几十年来则一直继续着那些数百年来主导着并充盈于教育殿堂的研究”⑦。

同时，大学逐步隶属于政府当局，政府也将大学的管理视为国家教育政策的一部分。19 世纪初，君主开始在宠臣和尚不成熟的行政系统的帮

---

⑥ 参见：B. vom Brocke, 'Die Entstehung der deutschen Forschungsuniversität, ihre Blüte und Krise um 1900', in R. C. Schwinges (ed.), *Humboldt International, Der Export des deutschen Universitätsmodells im 19. und 20. Jahrhundert*, Veröffentlichungen der Gesellschaft für Universitäts-und Wissenschaftsgeschichte 3 (Basle, 2001), 367-401。

⑦ Peset, *Universidad Española*, 717（注释译者，非特别说明均为本章原作者——原注）。

助下直接干预大学事务。1806年，拿破仑建立了“帝国大学，这是一个专门负责帝国内部公共教育和教学事务的机构”⑧，其负责人直接向皇帝 7
报告，享有极大的独立性。两年后，他成为中央行政部门的负责人。在后来的政治体制中，这一模式得以延续和扩大，并于1828年升格为教育部。⑨ 1810年，在16个月成功的实践后，在柏林大学即将开学之际，洪堡辞去了内务部宗教事务与教育司负责人的职务，这是因为国王不愿意将该部门升格为教育部，并赋予其必要的政治权力。

7年后，宗教事务与教育司实现了升格。在19世纪的欧洲大陆，类似的“部”相继出现，这是公共教育的方方面面在民族国家总方针和国家预算中的重要性不断增长的结果。部门式的行政管理决定了一个国家整体高等教育的类型和构成，例如统一后的西班牙和意大利；它控制着大学的入学、课程与考试。它为大学提供了现代化的建筑和实验室，例如，法国政府在1871年战败后的举措——舆论大多将其归结为德国先进的高等教育。

最后，该进程最重要的结果就是实现了大学职业的专业化。在欧洲大陆，教授成了世俗的官僚国家的公务员。最典型的例子就是法国高等学校教师精英的培训机构——高等师范学校。它招收“17岁以上的学生”，并“通过考试和竞争从中学生中”选拔，其毕业生必须同意毕业后为公共教育服务至少十年。⑩ 因此，公共教育成为政府行政的一个部门。在旧政权下建立起的学术学位和通过竞争和考试来进行选拔的制度，整合为一种等级制度：获得学士学位是在学院中谋得职位的关键；获得高级证书（license）是教席晋升和担任高级官员的必需；通过竞争激烈的“会士考试”

---

⑧ Loi du 10 mai 1806, Art. Ⅰ; V. Karady, 'De Napoléon *à* Duruy: origines et naissance de l'Université contemporaine', in Verger (ed.), *Universités en France*, 269. See G. Schubring, 'The Impact of the Napoleonic Reforms on the Educational System in Europe', in L. Blanco and L. Pepe (eds.), *Stato e pubblica istruzione. Giovanni Scopoli e il suo viaggio in Germania (1812)*, *Annali dell'Istituto storico italo-germanico in Trento 1995*, 21 (Bologna, 1996), 435-443.

⑨ Karady, 'Napoléon' (注释8), 284.

⑩ *Ibid.*, 277.

(*agrégation*)，则为进入“行政管理职业……和高等教育教席，开辟了道
8 路”[11]。该制度的优越性是与官僚化和世俗化密切联系的，并可以从 1822 年和 1830 年反动分子在法国重新掌权中找到证据：他们关闭了高等师范学校，并将“大批教职任命给教会成员，其中大多都是没有学位的”[12]。

在大学的学位中，博士学位意味着其获得者已掌握了他所学的学术科目，并已达到大学层次的教学资格。在 18 世纪末，考试是由论文陈述和讨论组成的，由在几页印刷纸上发展的学科是毫无科学原创性和价值可言的。1830 年后，在巴黎，这种在文学院或理学院的教师们面前进行的论文答辩开始让位于更加宽泛的研究，并常常因其具有的真正意义上的科学价值而受到关注。[13] 这种转向主要应归功于维克多·库新（Victor Cousin)，他的自由主义思想受到了康德和费希特的启发，这使得他丢掉了哲学教席，在 1830 年七月革命后，他成了重建后的高等师范学校的负责人。他前往德国考察了那里的公共教育状况，并出版了研究报告。[14] 尽管由此引发的改革遭到了牧师与左翼分子的联合抵制，但由于库新在教授培养中的重要地位，这使得他能够将普鲁士采用的科学标准引入博士论文中。[15] 科学教育作为柏林大学的根本理念需要体现在“著作”之中，而这就成就了一种以科学精神为特征的职业。

德国大学教授也是政府官员。但是德国是由诸州组成，教授可以自由地选择最佳的职位。他的职业是封闭性的，像法国一样，它位于一个官员的等级体制之内，必须服从上级。通常，德国教授的大学职业是从编外讲师（*Privatdozent*）开始的，他向全体教师展示学科教学能力后，可以很容易地获得该头衔，但要自己掏腰包。之后，他就要不畏艰难地学习进

---

⑪ 参见:Gerbod,*Condition universitaire*,57-64;注释 64。

⑫ *Ibid.*,57.

⑬ *Ibid.*,65.

⑭ V. Cousin,*De l'instruction publique dans quelques pays de l'Allemagne*,*et particulièrement en Prusse*(Paris,1832),2 vols.

⑮ 参见:Gerbod,*Condition Universitaire*,74-75。

取，锻炼自由讲学（*libertas docendi*）能力，如果幸运的话，坚持下来直到成为教授。

法国模式将科学价值置于封闭的和中央集权的框架中，赋予了大学教授像基于竞争和自由的德国模式同样多的权力和尊严。他获得了国家授予的公职，这是因为他在公共利益中的重要性不断提高；并且通过垄断进入 9
专业职位必需的文凭和学位的授予，他的权力也在不断增强。另一方面，他的个人声望也日益依赖于其专业或科学专业化的集体声望。

在法国，巴黎理工学院、巴黎高等师范学校以及其他大学校的毕业生，都愿意将自己和学校联系起来，以借助学校的声望。在德国模式的大学系统中，正是这种学科的专业化，为教授们引入了新的交流、认同和荣誉形式。在教派分裂的年代，建立于中世纪教皇庇护下的“神圣之学术共同体”（*sancta quaedam communitas eruditorum*），在人文主义者的信件交往、学会以及大众读物中得以延续，在 19 世纪日益分裂为若干学科。教授们开始通过专业期刊来交流观点和成果，通过组织全国性的会议（在世纪末甚至是国际会议）来会面，并按照学科来组织社团。⑯ 因此，这不再只是个人的行为和荣誉，而是属于有组织的学科，这首先赋予教授以社会威望。科学学科的专业化，以及他们学术和社会地位的改变，构成了现代大学的特征。

---

⑯ L. Daston,‘Die Akademien und die Einheit der Wissenschaften. Die Disziplinierung der Wissenschaften’,in J. Kocka *et al*.（eds.）,*Die Königlich Preussische Akademie der Wissenschaften zu Berlin im Kaiserreich*（Berlin,1999）,73-74.（德国、法国和英国科学杂志比较表；引自 Hermann Diels 的作品；1906 年，他自惭形秽地说：德国 1887 年就有“数量众多的各类专业科学协会”和多达 892 家学者社团，到 1900 年已有 1278 家数学和自然科学杂志。）根据 C. Grau,‘Profildifferenzen und Profildifferenzierung der Preussischen Akademie und anderer deutscher Wissenschaftler-Gemeinschaften im 19. Jahrhundert’,in Kocka *et al*.（eds.）,*Preussische* Akademie,48,the *Gesellschaft deutscher Naturforscher und Ärzte*,1828 年它被分为 7 部分,1894 年为 41 部分。1821 年创立的 *The Societas pro Fauna et Flora Fennica*,是自然科学领域成立的第一家专业社团,参见:A. Leikola,‘The Importance of Scientific Societies for Biological Research in Finland’,*Memoranda Soc. Fauna Flora Fennica*,72(1996),99-102。

欧洲各国对两类模式的采纳

在被拿破仑所吞并的国家中，大学并没有消亡，而是为1815年后重建的学院所取代，但依然保留了文理学院的分治。遍布于这些国家的专科学院、师范学院、高等学院以及专业学院，都没有达到法国大学校或者德国高等学校（*Hochschulen*）的水平和层次。在意大利，1933—1937年前，学院就被整合进大学。拿破仑强加给那些被占领国家的法国模式，并没有留下深厚的历史印迹；该模式集权化的特征是开明专制的产物，它影响了18世纪法国、西班牙和奥地利的高等教育。除昙花一现的拿破仑帝国之外，仅有拉丁语系的小国罗马尼亚，在学术组织和从大学向公职输送人才的路径方面，采用了法国模式。1861年，在这个新兴国家的首都成立的大学，用于培养统治阶级。

法国模式中的成功典范之一，就是培养工程师和炮兵军官的巴黎理工学院，其在理论导向方面有广泛而又深远的影响。18世纪，由德国、奥地利、匈牙利和俄国政府建立的，旨在对公务员进行实践培训的矿业和民用工程学院，到19世纪由于数学和物理的高等理论教学的引进，被转化为高等理工学院（*Higher Polytechnical Schools*）。但是，在军事化和政府的严格控制方面，它们与法国模式的关系不大。相反，它们渴望有大学的基本权力。它们先是获得了内部组织的法人自治，后来又得到了任命编外讲师的权力，到19世纪末，它们又获得了授予博士学位的权力，并进而得以跻身于大学的行列。

法国模式的另一变式则是俄国大学的发展。它们拒绝了法国的学院模式而接受了德国的大学模式，而且这一选择也因任命德国讲师或在德国受过教育的俄国讲师而得以强化。但是，与此同时，政府又向这些致力于科学原理、至少理论上享有自治的大学分派任务，要求它们像法国的大学校那样为政府培养官吏。此两种模式之间的紧张关系也表现在自由主义与压制和专制之间的两极摇摆。1830年革命之后，政府当局要求学生统一着装，将他们纳入政府行政管理体系之中。1848 年后，这些措施与校长的官方任命、肃清教师队伍、查禁宪法及哲学等危险学科的方式相结合，加强了对学术和学生的管制，这些都成为自由主义时代专制主义大学模式的主要特点。苏维埃政权时期，这一幕又再次上演，并得以强化，1930—1931 年间甚至试图将大学分解为专科学院。两年后，以提供高深理论课 11
程和诸多专业培训为使命的大学得以重建，所有的高等教育和研究也都在政府的严格控制之下。

在英伦诸岛，1800 年时的 7 所大学比欧洲大陆的大学享有更多的自由。它们保持着中世纪大学法人自治的模式。牛津、剑桥、圣三一学院和都柏林大学，代表着牧师型大学，它们是建立在寄宿学院的基础之上，并提供广泛的经济支持，在校内导师的协助下进行人文陶冶。大学的主要功能是授予学位。政府赋予新大学全部的自治权，这为创新和灵活性打开了天窗，而这些在欧洲大陆都是闻所未闻的。1832—1905 年，有 13 所未经周全规划的地方大学得到皇家特许状的认可，它们大多在大城镇中。它们由富裕的个人、团体和市政当局建立并提供资助，提供医学、综合职业技术和商业等学科的大学教学。四所苏格兰大学在财政上更依赖于政府，但另一方面它们又独立于政府。它们没有采用住宿制和导师制，而是更多地采用讲座的方式。亚当·斯密等人的现代思想借此得以传播。它们大多向社会底层开放，进行专业训练，特别是医学和临床教学，在 18 世纪的英伦诸岛这些已经成了大学学科。它们的开放性和灵活性有利于新学科的引入，例如，在格拉斯哥（Glasgow）引入了造船学，该学科教席的设立要归功于一位船主遗孀的资助。到 19 世纪末，这四所大学都设立了理学院，爱丁堡又设立了音乐学院。除理学院是由议会提议改革的结果外，所有这些创新都源自地方创新，毫不受外部模式的影响。

牛津和剑桥则不同。根据阿那多·蒙明哥列诺（Arnaldo Momigli-

ano）的说法，“牛津运动失败后，牛津就成了德意志”[17]。的确，1834 年的《评论季刊》（*Quarterly Review*）也证实了，在古代研究方面——这曾是牛津精英教学的核心，德国人已达到了难以企及的水平，他们的历史批判也变革了圣经研究和古典研究。[18] 专业杂志于 1831 年和 1845 年出现
12 在不列颠，但是几年后又消失了。[19] 从 1880 年开始，这些杂志又陆续发行，直至今天。[20] 从德国考察归来的学者也开始介绍其科学精神，引导大学教师走向科学研究。到 19 世纪末，牛津和剑桥已吸纳了德国模式，科学研究在现代大学中的重要性已经确立。

在《牛津大学史》有关 19 世纪的分卷中，劳伦斯·布罗克利斯（Laurence Brockliss）认为，比起德国的大学，牛津和剑桥更为忠实地实践了洪堡所提出的现代研究型大学的理念，这是因为牛津、剑桥保留了法人自治与大学自治，而且它们的首要职责是非专业化的教育。相反，大陆的大学则从属于政府当局，其首要的任务是培养医生、法学教师或其他专业人才，而只有最有天资的学生才能与教授进行科研合作，进而从科学教育中获益。[21]

当人们回想起洪堡曾主张以公共捐赠的形式来保障柏林大学的经济独立的时候，当人们回想起美国著名的研究型大学以洪堡标榜自我，而德国的洪堡大学则为学生团体压抑得毫无生机的时候，以上的这种坚持是值得我们深思的。事实上，欧洲大陆的高等教育系统从来没有将大学生的普通教育（general education）与洪堡的科学教育有机地结合起来，而在英美国家则极好地做到了这一点。

---

⑰ A. Momigliano, *Quinto Contributo alla Storia degli studi classici e del mondo antico* (Rome, 1975), vol. Ⅰ, 128.

⑱ *Quarterly Review*, 51(1834), 144-145.

⑲ *The Philological Museum* 1831-1833; *The Classical Museum* 1845-1850. 参见：*History of Oxford*, Ⅵ, Part Ⅰ, 528-529。

⑳ *Journal of Hellenic Studies* 1880-, *Classical Review* 1887-, *Classical Quarterly* 1907-.

㉑ L. W. B. Brockliss, ‘The European University 1789-1850’, in *University of Oxford*, Ⅵ, Part I, 131-133.

然而，尽管其过程是曲折的，科学精神也征服了法国模式的大学。从1866年开始，当罗曼语语言学的教席、杂志和科学协会在法国建立时，一位巴黎的法国文学教授曾说“这些都是德国人发明的垃圾”[22]，1892年，《两个世界月刊》抱怨道：“他们想把我们变成德国人。”事实上，1868年，教育部长迪吕伊（Victor Duruy）在巴黎成立了“高等研究实践学校” 13
（*Ecole Pratique des Hautes Etudes*），其目的是为了让感兴趣的学生像在德国大学的习明纳和实验室里一样熟悉科学研究。路易·巴斯德（Louis Pasteur）绝大多数的发酵实验是在阁楼上的两个房间里进行。1868年，他曾向皇帝抱怨说，德国、不列颠、美国和奥地利都有大型的大学实验室，而法国却没有。[23]

在意大利也是如此，从19世纪初开始，德国模式影响了皮德蒙特王国（Kingdom of Piedmont）的大学政策，并在意大利统一后，特别是普法战争后，成为意大利大学的理念。[24] 到19世纪末，博士论文已开始呈现严肃的科学研究，而不再仅仅是文献汇编；[25] 专业教席得以建立，科学杂志也实现了连续出版。

---

[22] ‘Ces cochonneries, cette invention des Germains’，参见：W. Hirdt(ed.), *Romanistik, Eine Bonner Erfindung*(Bonn, 1994), 1012。参见第十章，第416页，以及W. Rüegg, ‘Humboldt in Frankreich’, in R. C. Schwinges(ed.), *Humboldt International. Der Export des deutschen Universitätsmodells im 19. und 20. Jahrhundert*, Veröffentlichungen der Gesellschaft für Universitäts- und Wissenschaftsgeschichte 3(Basle, 2001), 247-261。

[23] R. Vallery-Rabot, *La Vie de Pasteur*, 2nd edn(Paris, 1905), 216. 参见第十三章，第529页。

[24] M. Moretti, ‘La commissione reale e la relazione Ceci’, in I. Porciani(ed.), *L'Università tra Otto e Novecento: i modelli europei e il caso italiano*(Naples, 1994), 277ff.

[25] M. Isnenghi, ‘Per una storia delle tesi di laurea. Tracce e campioni a Padova fra Ottocento e Novecento’, in F. De Vivo and G. Genovesi(eds.), *Cento anni di università. L'istruzione superiore in Italia dall' Unità ai nostri giorni*(Naples, 1986), 102-105.

新科学精神

这也许有助于解答本章开篇提出的问题：怎样才能解释现代大学在19 世纪的巩固？我们已经看到，正是在德国，首先是在新建的柏林大学发展起来的科学精神，在 19 世纪 30 年代初改变了德语国家的大学和少数英语、法语国家的大学，到 19 世纪末遍及了全欧洲。之所以这样说，是因为科学精神把学生引向大学和准大学的习明那、实验室和研究机构的研究，对博士论文的科学内容提出了要求，开办了专业的科学杂志和学会，举办了按学科召开的国内和国际学术会议，产生了同行和公众对这些新鲜事物的反应。本书的各章都将列举许多实例，但为了形成一个完整的图景，还有许多工作要做。有必要更为深入地研究在这个过程中扮演不同角色的“演员”：经常得到学界指导和建议的官员、大学机构、学生和教学机构、先驱者、不同社会团体的压力和倡议等。

14 这种科学精神成功的原因何在？如果将法国、德国模式与英国模式进行比较，就可以得出令人惊奇的结论：科学精神的成功强化了一种将传统大学的法人自治与其成员在教学、学习和研究中的自由相结合的模式。洪堡和他的顾问施莱尔马赫最大的成功在于，他们拒绝了法国的专门学院模式，并使中世纪大学的结构现代化。从长远的观点看，这为摆脱政府对学术自由的干预提供了保障。英美大学的实例证明了学术自由和法人自治的重要性。

但更加引人注目的是，科学精神在日益增长的大学自治和公共权威的关系中所扮演的角色，这是包括英美高等教育在内的所有高等教育赖以存在的基础。现代史上绝大多数的专制和压迫政权都对大学进行了监督管理，在监管权威的控制与压迫的交互关系中，本书既分析了其中的消极因素，也分析了其中的积极因素，这些政权有法西斯主义和民族社会主义等。

大学的法人自治及其成员的自由进程不能仅从外在原因解释，其成功的真正原因在于科学精神自身。但本书难以达此深度，因为19世纪大学发展的具体研究现状要求我们应首先搭建原因分析的历史事实。但在重读手稿的过程中，我感到其答案可能蕴含在以下方面。

柏林大学的精神之父将它们与人文主义大学进行了区分，在他们看来，那些大学仅满足于探索事物的外在现象，而没有探究其本质。神学家、哲学家施莱尔马赫在他的柏林大学建校方案中提出了习明纳制度，认为“这样的哲学教学所唤醒的科学精神，可以更深入到具体问题的深层，以研究、组合并形成对事物的真正认识，并通过完善认识，从而获得对所有知识的本质及其关系的真知灼见”[26]。

伟大的罗马法史学家萨维尼（Friedrich Karl von Savigny），在其著作《中世纪罗马法史》的前言中对这种“科学精神”给出了一个具体的事例。它将自身与法律史和法律文献史之间肤浅的分立区分开来。为超越早期研究的描述性著作，萨维尼要寻找一个核心，“一个关键点，以解释最近的 15
法律是如何真正地直接源于西罗马帝国形成的罗马法及其持续的演变”[27]。

批判史学的先驱尼布尔（Barthold Georg Niebuhr）在其《罗马史》的序言中也曾提到，他与萨维尼谈话中所提及的“关键点”，促使他开始从事历史批判工作。早期著作将罗马史视为“历史图表或印刷图景，从未尽力从这些原始资料中抽取客观对象的内在理念”[28]。

作为语言哲学家，洪堡在“观念的集合中探究这个关键点，其深度与广度将影响世界事件的进程，在其中必将隐藏着人类神秘发展的根本原理

---

[26] F. Schleiermacher, *Gelegentliche Gedanken*（注释5），39.

[27] F. C. von Savigny, *Geschichte des römischen Rechts im Mittelalter*, Vol. Ⅰ: *Vorrede zur ersten Ausgabe*（Darmstadt, 1956, reprint），vii.

[28] B. G. Niebuhr, *Römische Geschichte*, Berichtigte Ausgabe in einem Bands, 5th edn（Berlin, 1853），vol. Ⅰ, xv-xvi.

与各种方式”㉙。

这种科学精神源泉的“核心”“关键点”“结点”或“基本原则”，也可用其他事例说明。它将自然科学引向哲学思辨并逐步取代了经验研究。在施莱尔马赫之后，对科学精神的最佳解释者，以及对柏林大学影响最大的就是语言学家、古希腊历史学家菲利普·伯克（August Böckh）。在他看来，唯一合适的科学方法就是“循环法，它将所有的现象与核心相联系，并以此为出发点逐步向周边扩展”。根据伯克的观点，此核心存在于“整体相关的最内核”（*im innersten Kern seines Gesamtzusammenhanges*）。㉚ 因此，新方法应以“内核”相称，因为其目标就是核心，是哲学的本质，是自然和精神现象的历史或物质起源。

在尼布尔看来，这种新科学精神的“热情和喜悦”（Begeisterung und Seligkeit）将使柏林大学在其建立之初就焕发出生命活力，㉛ 此核心方法推动了对一切事物最核心的研究，也开启了现代大学的快速发展之路。

从哲学时代到科学时代

拥有 36 名教授、11 名编外讲师的柏林大学，在建校之初就充满着“热情和喜悦”，㉜ 这是非常奇怪的现象，特别是如果将其与 10 年前洪堡在柏林时的不快相比，更是如此。他曾抱怨说：“我在柏林已经待了几个月

㉙ W. von Humboldt, ‘Über die Verschiedenheit des menschlichen Sprachbaus und ihren Einfluss auf die geistige Entwicklung des Menschengeschlechts (1830-1835)’, in *Werke in fünf Bänden*, ed. A. Flitner and K. Giel, vol. Ⅲ, *Schriften zurSprachphilosophie* (Darmstadt, 1965), 392. 新版（2002）结论（*Nachwort*）中描述了从 1981 年来对洪堡的研究，并增加了 1981—2001 年的参考书目。

㉚ A. Boeckh, *Encyclopädie und Methodologie der philologischen Wissenschaft*, ed. E. Bratuschek (Leipzig, 1877), 47, 56.

㉛ Niebuhr, *Römische Geschichte* (注释 29), xvi.

㉜ 参见：‘Übersicht über die Zahl der Lehrer’, in M. Lenz, *Geschichte der königlichen Friedrich-Wilhelms-Universität zu Berlin* (Halle, 1910), vol. Ⅲ, 490。

了，我很不高兴。如果一定要我挑个地方的话，除了巴黎之外的所有城市都很糟糕。”[33] 事实上，客观地说，19 世纪初的柏林的确是一片荒地。当然，皇家内阁也曾决定在 1801 年建立一所“与科学院相结合的高等教育机构”。所以当 1806 年在哈勒大学失陷后国王再次提起该计划时，包括物理学家胡夫兰德（Hufeland，1800 年以来他一直是科学院的正式成员）在内的专家权威们都对科学院的科学水平持否定态度。他们认为那仅是一种满足院士虚荣的荣誉勋章（*Légion d'honneur*），仅是老学究们聚会的场所。就高等教育机构而言，科学院几乎没有什么贡献。尽管如此，它仍可以从新组织中有所科学借鉴模仿。[34] 在 1809—1810 年间，这使得洪堡将柏林大学构建于施莱尔马赫撰写的非官方文件之上，并要求他负责实施，进而将科学知识引入大学的真正使命之中。

威廉·洪堡于 1789 年 8 月初，即巴士底狱风暴后的几个星期，参观过巴黎，并于 1797 年作为一名私人学者，作为“公民洪堡”，与其家人定居于此，继续他的人类学和语言学研究。他对法国首都的知识状况非常失望，他在那看到了某种“疲惫与虚弱”（*Mattigkeit und Schwäche*）。但是，那里的数学与自然科学家的水平给他留下了深刻的印象，[35] 其中有些 17
人是洪堡在后来接替法兰西科学院的“全国科学与艺术研究所”（*Institut national des sciences et des arts*）举办的会议上认识的；有些则是通过经常造访巴黎植物园（*Jardin des Plantes*）认识的，该园于 1795 年成为新建

㉝ ‘Ich bin also auf einige Monate in Berlin, was mir nicht lieb ist; da, wenn man einmal eine Stadt zum Aufenthalt nehmen muss, alle anderen, ausser Paris, doch rein unangenehm sind und bleiben.’ W. von Humboldt, letter to J. G. Schweighäuser, Berlin, 22 October 1801, in R. Freese(ed.), *Wilhelm von Humboldt. Sein Leben und Wirken, dargestellt in Briefen, Tagebüchern und Dokumenten seiner Zeit*(Darmstadt, 1986), 339ff. 247.

㉞ W. Rüegg, ‘Ortsbestimmung. Die Königlich Preussische Akademie der Wissenschaften und der Aufstieg der Universitäten in den ersten zwei Dritteln des 19. Jahrhunderts’, in Kocka *et al.*(eds.), *Preussische Akademie*(注释 17), 24.

㉟ 洪堡 1798 年 10 月 26 日与巴黎 F. H. Jacobi 的通信，参见：Freese(ed.), *Wilhelm von Humboldt*(注释 34), 268-269。

的“全国历史博物馆”（*Muséum national d'histoire naturelle*）的一部分。[36] 因此，1798 年夏天，他就引介并安排他的弟弟亚历山大拜访了研究所的数学家彼埃尔·拉普拉斯侯爵（Pierre Simon Marquis de Laplace，1749—1827）、巴黎理工学院的路易·拉格朗日（Louis comte de Lagrange，1736—1813），以及博物馆两位活跃的自然学家乔治·居维叶男爵（Georges Baron Cuvier，1769—1832）和艾蒂安·圣-伊莱尔（Etinne Geoffroy Saint-Hilarie，1772—1844）。在巴黎，亚历山大受到启发，开始了他的拉丁美洲自然科学研究之旅。归来后，他发现只有巴黎最适合他潜心分析 20 余年的研究。

1830 年后，情况发生了变化。德国已经成为比巴黎更为重要的医学和科学研究的重镇。到 19 世纪中叶，在自然科学方面德国已经超过了法国。这种成功的超越仅靠德国研究者的聪明才智是无法实现的。在其他国家也出现了自然科学和医学的重大发现。但是，德国的大学系统使得科学研究成为专业的、组织严密的活动。实际上，到 19 世纪中叶，所有活跃于德国的自然科学和医学的研究者要么是研究所或大学实验室的负责人，要么是其合作者；而在不列颠和法国，这些领域的研究仍停留在业余爱好者或大学外的个体学者或机构的兴趣上。[37]

在德国，研究的贡献成为全社会各阶层有科学天赋男性和 20 世纪有科学天赋的女性获得学术职业的重要条件。1840 年后，柏林出现了三位著名的教授，他们通过发明创造以及培养的遍及德国各地的诸多杰出弟子，进而改革了医学研究，他们是出生于鞋匠家庭的生理学家约翰内斯·缪勒（Johannes Müller，1801—1858）、出生于造绳业主家庭的病理学家、

---

[36] *Idem*，Tagebuch，1 April 1798，*ibid.*，254. 参见：Brief an Goethe aus dem Frühjahr 1798，*ibid.*，252。

[37] J. Ben-David，*The Scientist's Role in Society*：*A Comparative Study*（Englewood Cliffs，N. J.，1971），108-138；L. K. Nyhart，'Civic and Economic Zoology in Nineteenth-Century Germany：The "Living Communities" of Karl Möbius'，*Isis* 4，85（1998），605-607. 其案例研究的导论提供了整个主题研究现状的概述。

临床医学教师约翰·卢卡斯·舍恩莱因（Johann Lukas Schönlein，1793—1864）和出生于中学教师家庭的外科医生约翰·弗里德里希·迪芬巴赫（Johann Friedrich Dieffenbach，1795—1847）。 18

约翰内斯·缪勒在25岁的时候就已经成为波恩大学的教授。8年后，他又在柏林接替了他的老师——著名的解剖学家卡尔·鲁道菲（Carl Asmund Rudolphi，1771—1832）。在向普鲁士教育部长申请该职位时，缪勒说明了他所具备的并得到国际认可的领导大型科学研究所的能力，而这正是波恩所不具有的。因此，他写道，他的任命“将在多年之中决定着从柏林这所伟大的机构中折射出的精神，将决定着人们期望它所彰显的精神，并赋予那里其他的自然科学以巨大的生机与活力”㊳。

一位年轻教授将自己引荐给上级的信件中所展示出的自信是引人注目的，而这种态度后来也被证实是恰如其分的，这是因为，正是在缪勒的领导下，柏林才成了欧洲比较解剖学的中心。更有意思的是，他反复提到了“精神”在伟大的大学机构中的重要性，正是有了这种“精神”，医学问题才得以与自然科学联系在一起，进而得到系统、完整、全面的研究。为获得该机构所需的资金，就必须得到柏林当局——国王、教育部长和国王的私人顾问的支持，其中就有1827年从巴黎返回柏林的亚历山大·洪堡。这位被称为“国王陛下日常餐桌伴侣、旅行伴侣和永不忘怀的忠诚朋友，是弗里德里希·威廉三世（Friedrich Wilhelm Ⅲ）及其之后时代难得的一位发展科学的天才”，他在一定程度上以自己的影响促进了科研，并推进了自然科学中年轻研究者的职业发展。㊴

法国的情况则相反。克劳德·贝纳尔（Claude Bernard，1813—1878）

㊳ 见第十三章，第523—524页。

㊴ ‘[Alexander von Humboldt] der tägliche Tischgenosse, der stete Begleiter auf Reisen, der vertraute Freund des unvergesslichen königlichen Herrn, Schutzgeist der fortschreitenden Wissenschaft in der Zeit Friedrich Wilhelms Ⅲ. und noch darüber hinaus’. R. Virchow, ‘Die Gründung der Berliner Universität und der Übergang aus dem philosophischen in das naturwissenschaftliche Zeitalter’, Rektoratsrede 3 August 1893(Berlin, 1893), 20-29; here 20, 22.

不得不在地下室从事重要的生理学发现。而路易·巴斯德也在两间阁楼上进行其大部分的发酵实验。直到普法战争后，他才得到了实验室。之前他也曾多次向国王恳求但都未成功："应该将实验科学从贫困的流亡中解放出来。30年前的德国，就已经有了配备了必要研究设备的大型实验室，
19 并且每年都会涌现出新的机构；英国、美国、奥地利和巴伐利亚也为此进行了巨大的投资，甚至是意大利也开始了这方面的准备。"[40]

和他的同事一样，缪勒痴迷于自然哲学研究，并终生仰慕亚里士多德。"核心"方法同样地引领着柏林古代科学教授伯克在不放弃将其作为教学模式的前提下，通过历史学与语言学的研究来挖掘希腊古典主义的新人文主义理念，也使得自然科学家们通过实验研究做出了革命性的发现，例如，缪勒及其学派发展了细胞理论，并承认是哲学的动力激发了他们的研究兴趣。

一战前，德国只有图宾根（1869）、斯特拉斯堡（Strasburg，1872）、海德堡（Heidelberg，1890）和缅因河畔的法兰克福（1914）有数学和自然科学系。它们对哲学可以从机制层面上保障人文科学、自然科学和社会科学在理智上的大一统有着如此深刻的信念，基尔（kiel）、科隆（Cologne）、马尔堡（Marburg）直到20世纪的60年代还维持着统一的哲学系，而格拉茨和维也纳则一直维持到1975年。[41]

提出细胞在分裂中生长而发展了其老师缪勒的细胞理论的鲁道夫·菲尔绍（Rudolf Virchow，1821—1902），1893年在柏林大学皇家奠基周年纪念活动中发表了演讲。在演讲中，他发展了电子工程学的奠基人维系纳·冯·西门子（Werner von Siemens，1816—1892）提出的人类已经进入科学时代，自然科学将主导实践运用的论点，进而实现了培根（Francis Bacon，1561—1626）设想的由科学主导自然的理念。

作为校长和一名研究者，霍尔姆赫兹从柏林大学建立之日起就开始赞

[40] 参见第十三章，第529页（前面第13页已经提到）。

[41] 参见第十章，第415—416页。具体内容参见"1812—1944年的欧洲大学及其类似机构：年表"。

美自然科学的进步。而作为一名活跃的自由主义政治家和有责任感的医生，他也对“被一些冒险家灌输给人们灵魂中的神秘冲动”力量提出了警告，并以当时的反闪米特主义（anti-Semitism）为例说明，没有人真正了解它（反闪米特主义）在追求平等权利时代的目的，尽管如此，或者说正是这一原因，它吸引了受过教育的年轻人”㊷。

菲尔绍提出了“从哲学时代到科学时代的过渡”。1895 年，他的同 20
事，哲学家、教育史学家弗里德里希·包尔生（Friedrich Paulsen，1846—1908）更清晰地将此过渡概括为“德国绝对哲学之后的绝对缺乏哲学的时代”。㊸ 德国的哲学与法国或英国有所不同，因为它丧失了普遍理智生活的意义。这并非是小事，因为德国精英没有打造足够多的知识分子抗体以对付伪科学意识形态。

“我相信的自由就在我心中”㊹

菲尔绍与包尔生的观点不同。包尔生一再徒劳地强调把作为中学科目的哲学当作学术精英培养的基础。而菲尔绍则认为，哲学已经在 19 世纪末的教育中发挥了作用。他在演讲的结尾曾回忆，在柏林大学，“学生的学术教育提供了大量的自由”，“这也赋予他们无限的责任，以便使每个人都以自己的方式成为独立的人”。所期待的结果是“自由地构建均衡、真

㊷ ‘Stärke der mystischen Regungen, welche von einzelnen Abenteurern in die Volksseele getragen werden... [Antisemitismus], von dem niemand weiss, was er eigentlich in dieser Zeit der Rechtsgleichheit will, und der trotzdem, vielleicht auch deshalb, fascinirend selbst auf die gebildete Jugend wirkt.’ 见：Virchow, ‘Gründung’(注释 40), 27。

㊸ ‘Es folgte in Deutschland auf das Zeitalter der absoluten Philosophie ein Zeitalter der absoluten Unphilosophie.’ 见第十章。

㊹ ‘Freiheit, die ich meine, die mein Herz erfüllt.’为自由而战期间，马克斯·冯·申肯多夫（Max von Schenkendorf，1783—1817）所写的著名学生歌曲及其他学生爱国歌曲第一节和最后一节的开头。

诚和美好的人格”。[45]

这种理想在柏林大学也受到国家考试制度、习明纳的实施和学生日常生活方面的社会压力等问题的制约。尽管如此，与其他国家相比，学生的自由依然是 19 世纪德国大学最主要的成就。

13 世纪末，博洛尼亚大学的学生，以及巴黎大学的师生都不是本地的市民，他们联合组成了称之为“大学”（*universitates*）的社团。其主要任务是抵制当地霸道的势力集团，维护个人自由，保护学生免受政治、宗教当局的司法处置，在生活消费中与房东和商贩们进行斗争，以及监督“教师”履行教学义务——尤其是在博洛尼亚。大学是由学生共同生活的“学院”（college）以及基于籍贯的“同乡会”（nations）组成。当这些共
21 同体在近代早期丧失了权力之后，籍贯相同的学生便组织了学生会或学生俱乐部，在那里，“自由”往往从会员的个人自由退化为侮辱性的入会仪式或酗酒仪式。

与中世纪和近代早期大学的学生自由不同，个人自由在柏林大学的模式中意味着为学生提供学术教育，意味着将研究视为教育活动的中心，并赋予其应有的职责。威廉·洪堡将此视为其大学理念的根本，“在大学中，人只能通过自己、在自我中洞悉科学。自由是必需的，孤独有助于自由的自主施展。大学所有的外部组织都以这两点为旨归。听课是次要的，重要的是一个人常年与年龄相同、心智相仿的人处于紧密的联系中，他们都意

---

[45] Virchow, ‘Gründung’ (注释 40), 29.

识到在同一个地方有许多饱学之士，正全身心地致力于科学的发展与传播”㊻。

作为大学教授，为强调学生自己对学业负责的自由观念，施莱尔马赫赋予讲演和听课以新的意义，他比作为个体学者和政治家的洪堡更为明确地指出：“教师必须向学生提供一切：他一定不能只描述他所知道的，而应再现他获取知识的方式和行为本身。学生不仅应当搜集知识，更应直接地观察获取知识的智力行为，并通过观察掌握自己如何获取知识的方式。”㊼

施莱尔马赫和洪堡，以及后来所谓洪堡大学模式的追随者都不再将教授视为在现有知识水平上按部就班地进行授课的教书匠，而是将其视为学生学习的榜样，进而使其能够客观地掌握学习内容，发展出新的、经过理性审视的知识。至少，研究应以掌握专业知识和解决问题的能力为目标， 22
这也使得专业知识出现了科学的学科分化。

因此，在本卷讨论的历史时期内，在以德国大学为模式的大学中，除医学外，是不存在进行出勤率考核或考试的强制性课程的。只是在学期末，候选人需要参加他选修领域中的学术考试或官方考试。尽管如此，个

㊻ ‘Der Universität ist vorbehalten, was nur der Mensch durch und in sich selbst finden kann, die Einsicht in die Wissenschaft. Zu diesem Selbst Actus im eigentlichsten Verstand ist nothwendig Freiheit und hülfreich Einsamkeit, und aus diesen beiden Punkten fliesst zugleich die ganze äussere Organisation der Universitäten. Das Kollegienhören ist nur Nebensache, das Wesentliche, dass man in enger Gemeinschaft mit Gleichgesinnten und Gleichaltrigen und dem Bewusstseyn, dass es am gleichen Ort eine Zahl schon vollendet Gebildeter gebe, die sich und der Erhöhung und Verbreitung der Wissenschaft widmen, eine Reihe von Jahren sich nur der Wissenschaft lebe.’ W. von Humboldt, ‘Unmassgebliche Gedanken über den Plan der Errichtung eines Litthauischen Stadtschulwesens(1809 年 9 月 27 日)’, *Werke*(注释 30), 191.

㊼ ‘Der Lehrer muss alles, was er sagt, vor den Zuhärern entstehen lassen; er muss nicht erzählen, was er weiss, sondern sein eignes Erkennen, die Tat selbst, reproduzieren, damit sie nicht etwa nur Kenntnisse sammeln, sondern die Tätigkeit der Vernunft im Hervorbringen der Erkenntnis unmittelbar anschauen und anschauend nachbilden.’ Schleiermacher, *Gelegentliche Gedanken*(注释 5), 63.

人的学习方式完全是由自己决定的。学生可以根据自己的喜好来制定学习方案，并且这也正是那些已获得文凭的成功学生所采用的科学方法，这一点我们可以从他们的自传信息中看出。他们时常参加他们自己选修领域之外的讲座和习明纳，或者，有些编外讲师会展示基于他们的研究的一些新知识。因此，对柏林大学的创办者而言，学习自由和自我负责不再是乌托邦式的理念。并且，直到 20 世纪中叶，在那些效法德国大学模式的大学中，学习自由始终是其主要标志。

个体自由与个体职责并不仅限于大学的改革。这仅是 1807 年卡尔·冯·施泰因（Karl Reichsfreiherr vom und zum Stein，1757—1831）和 1810 年卡尔·奥古斯特·冯·哈登贝格侯爵（Karl August von Hardenberg，1750—1822）为解决普鲁士专制国家现代化过程中出现的问题而进行的改革中的一部分。两人都主张实行独立的政府行政、解放农民、解放科学，并施行全民兵役制度。从这些个意义上来说，普鲁士人应该成为为个人生活负责、为公共利益负责的自由公民。

正如康德在柏林的追随者费希特（Johann Gottlilb Fichte，1976—1814）和施莱尔·马赫宣称的那样，以个体自由和个体职责的精神来改革国家与社会，需要广泛的教育改革。在 1809 年至 1810 年洪堡任普鲁士内政部宗教事务和教育司司长的短暂时期内，他不仅为柏林大学奠定了基础，而且还根据瑞士教育学家裴斯泰洛齐（Johann Heinrich Pestalozzi，1746—1827）教学教育一体化的学校实验，改革了初等教育。学生们相互负责，他们并不是机械地重复着规定的技能，而是独立思考，学会如何负责任地行动。“如此清晰、明确、自发的教学方法，必然产生清晰认识和准确的行动。”洪堡不仅要通过裴斯泰洛齐的基础教育巩固解放农民的成
23 果，而且进一步朝着“脑、心和手”统一的方向发展。最重要的是，他希望用从小学到大学的自由和负责的精神来塑造和团结整个民族，进而践行学校教学就是普遍的文化教育的理念，并将其作为对抗法国高等专科学校

模式的另一种模式。[48]

高一级的、所谓“学术性”的学校，即高级文科中学（*Gymnasien*）的情况也是如此。洪堡在“论全面教育”（*allgemeine Menschenbidung*）和“完善的个性培养”（*allseitige Bildung der Persönlichkeit*）中说，其目标是构建于古希腊理想化的概念模式之上的，这种概念在希腊的学说中得到了辉煌的阐述。[49] 1806 年和 1807 年在罗马时，洪堡就已经在他的语言哲学的研究中确立起他对古希腊和当时的德意志之间的内在精神联系的信念，并像歌德一样表达出对古希腊精神中世界公民理念的关注。

在德国，古希腊人反抗强权、争取独立的战争被用作教育学生抵抗拿破仑侵略的光辉例证。教师们把回归希腊精神视为世界清新明朗的早晨，并将这种回归比作年轻一代德国人从几个世纪以来玷污纯粹德意志精神的拉丁罗马文化霸权中获得精神解放。经过人文主义者的整合并使拉丁文化更为丰富从而成为欧洲精英教育基础的希腊语，常常成为德国文科中学民族沙文主义教育的基础。[50]

从大学建立之日起，摆脱权力的滥用和为共同事业负责就已将学生们团结在一起。因此，他们关注自身的自由，以及与他们的学习直接相关的责任。1800 年左右，学生们开始感到他们也要对整个民族的其他社会阶层的自由负责。1794 年，波兰学生组建了自己的军事组织，参加了由塔德乌什·柯斯丘什科（Tadeusz Kos'ciuszko，1746—1817）领导的一场失 24

㊽ Humboldt,*Werke* Ⅳ(注释 30),delegation of young pedagogues to Pestalozzi's *Schulanstalt* in Yverdon:65,135;'planmässige Verbreitung einer besseren 〈Pestalozzischen〉 Unterrichts-Methode über das ganze Land',221,here 225,*Landschulwesen*,225-228. 关于教育的整体讨论,参见:K. -E. Jeismann,'Schulpolitik, Schulverwaltung, Schulgesetzgebung', in K. -E. Jeismann and P. Lundgreen(eds.),*Handbuch der deutschen Bildungsgeschichte*,vol. Ⅲ:*1800-1870. Von der Neuordnung Deutschlands bis zur Gründung des Deutschen Reiches*(Munich,1987),106-109。

㊾ Jeismann and Lundgreen(eds.),*Handbuch*,108.

㊿ W. Rüegg,'Die Antike als Begründung des deutschen Nationalbewusstseins', in W. Schuller(ed.) *Antike in der Moderne*,Xenia Konstanzer Althistorische Vorträge und Forschungen 15(Konstanz,1985),267-287.

败了的起义。在拿破仑统治下的德国也出现了类似的争取自由的起义，并获得成功。1806 年，在普鲁士遭到毁灭性打击后，大学教授们发起了一场真正意义上的爱国主义觉醒运动，如费希特的《告德意志国民书》、施莱尔马赫的布道和恩斯特·莫里茨·阿恩特（Ernst Moritz Arndt，1769—1860）的诗篇；1810 年后，这场运动通过学生组织得以传播，最重要的是，于 1813 年在耶拿成立了“学生联盟”（*burschenschaften*）。就这样，学生志愿者们以自己的方式加入了这场斗争。[51]

学生参与到为国家争取政治自由和个人职责的斗争，成了学生运动的典范。1815 年后，经验丰富的学生战士们尝试通过一部自由民主主义宪法来统一德国，因而激怒了已经击败拿破仑的政府。1819 年，同盟国通过了由奥地利政治家梅特涅建议的措施，对学生聚会和自由观念进行镇压。这导致了学生运动在整个欧洲的扩散。在初始阶段，这一新现象的诸多核心方面纷纷涌现，并在进一步的发展中得以审视，最终在大学史发挥了重要的作用。

学生运动并不意味着学生学习和大学组织的更多自由与更多职责的使命感。法国学校或学院高度规整的课程没有激发出任何形式的学生抗议。在 1830 年的七月革命中，巴黎理工学院的学生们也装模作样地穿上了象征着军事教育的制服。1816 年，芬兰的奥布大学（University of Åbo）效法德国的“学生联盟”，但它仅要求更多的“学术自由”。1817 年，当其目标达成后，抗议也随之结束了。有历史影响的学生运动仅出现在芬兰，当时它在政治上依附于俄国当局，在文化上依附于瑞典语，这些都挑战着芬兰的民族意识。

学生运动标志着学生已开始关注社会环境中政治或社会自由的缺失，并用他们的特殊地位来加以捍卫。这也常与内部的学术要求相关联。佛兰德学生正是这样经过几年的斗争获得了用自己语言上课的权利。这仅是佛兰德作为整体追求政治与文化解放的前哨战。学生运动不仅要求在学习中

---

[51] 参见第八章，下面其他未注明者均相同。

获得平等的语言权，它还发动了一场要求佛兰德语作为佛兰德人唯一官方 25
语言的斗争，并进而引发了摆脱法兰西瓦龙人统治的政治解放运动。用自助组织和联盟的方式来表达学生的共同教育利益时，也是如此，尤其是当他们有了一个普遍的社会目标时，他们愈加积极。19 世纪 60 年代，在俄国出现的骚乱废除了农奴制，这引发了学生团体与联盟的强烈反应，使得该运动充满生机，就是其中的一个例子。

因此，学生团体的政治或社会参与是孕育学生运动的必要但不充分条件。无论是旨在提高农村人口智力和物质条件的成功的学生改革（特别是在不列颠和斯堪的纳维亚），还是社会主义学生团体的发展都没有引发学生运动。只有通过整个民族或某一社会阶层的政治或社会解放运动，学生才会产生使命感，才会引发学生运动。

大卫与歌利亚

这使我们回到学生运动的起源，回到德国反抗拿破仑的自由战争，回到法国大革命和美国宪法所引发的人民自由战斗中去。在 20 世纪之前，学生运动主要是为实现整个民族的政治自由、反抗外来统治而斗争。在德国解放战争后，它们又活跃于战败后的波兰，以及北欧和南欧受外族统治的其他民族，还有欧洲在非洲和亚洲的殖民地。另一方面，它们往往还和民族解放运动联系在一起，投身于本国的公民自由运动，如德国、法国、意大利和俄国。

上述两种情况中，学生都不得不与非常强大的对手做斗争。他们与本国的其他大学学生，以及后来的国外大学学生形成了强烈的团结意识，他们在物质上和精神上相互支持，并提高了自信心，组成了全国性的同盟（federations），后来又形成了国际性的联盟（unions）。首先，他们战胜了意识形态上的弱点，使其目标合法化和理想化。因此，学生运动从一开始就连续不断地受到精神领袖们的鼓励，他们大多是大学教授，如费希特的演讲或施莱尔马赫的布道，他们以口头、书面或冠名等形式赋予学生运动

合法性。高年级的学生往往在组织和安排上扮演着运动领导人的角色。如
26 果他们必须付出生命，他们便慷慨就义。精神领袖的名号已简化为战斗的呐喊，发挥着象征性的作用，既为学生运动提供了有力的感情支撑，也为他们的合法性提供了意识形态基础。

将具体的物体或个人作为共同事务的象征，有助于团结，并从情感上强化这种团结，而当个体与其他组织分离开，并遇到来自对手的挑战时，只有其目标能与这一群体的身份认同达成共识，如某种颜色总与奖牌或服饰联系在一起，或使用某人的名号来彰显其纲领时，其手段才是有竞争性的。因此，象征在集体的迷惘中有多样的形式。[52] 在学生运动中也是如此，从其产生之初，富有想象力地使用象征形式就成为其标志，其使用范围，我们从现代集体运动，如足球或曲棍球中，便可见一斑。

1817 年，在埃森纳赫的瓦特古堡（the Wartburg in Eisenach），学生们就德意志学生运动的创立进行了详细地筹划，并由此形成了历次的纪念活动。在纪念活动中充溢着象征性的文化与政治形式，起初是以追忆从路德开始的德国宗教自由领袖的聚会为主，后来退化为焚烧反动著作的仪式。[53] 战士所穿戴的黑色、红色和金黄色的徽章是具有民族政治的象征意味的，并产生了不可预见的影响。[54] 这使人想到流传甚广的吕佐（Lützow）学生自由军，它在德意志学生运动中广为流传并成为为争取自由和国家统一而战的象征。魏玛共和国就使用黑、红、金黄色的旗帜代替了帝国的黑、白、红旗帜，用于代表今天的德国。

---

[52] W. Rüegg, 'Symbole als politische Ausdrucksformen', in A. Zweig (ed.), *Symbolforschung mit politischen, religiösen und ästhetischen Ausdrucksformen. Akten des 4. und 5. Symposions der Gesellschaft für Symbolforschung Bern 1986, 1987*, Schriften zur Symbolforschung 5 (Bern, Frankfurt-am-Main, New York and Paris, 1988), 9-32.

[53] 关于维滕伯格仪式的具体内容以及参考书目，参见：J. Bauer, 'Zur Geschichte einer Festlegende 1817-1848-1867', in H.-W. Hahn and W. Greilling (eds.), *Die Revolution von 1848/1849 in Thüringen* (Rudolstadt, 1998), 535-561。

[54] W. Klose, *Freiheit schreibt auf eure Fahnen. 800 Jahre deutsche Studenten* (Oldenburg and Hamburg, 1967), 136-141.

意识形态和象征意义上的大团结战胜了反抗强权、为自由和自治而战的斗争中带来的不安定因素，成为学生运动史上一以贯之的主题，它以自治自由的斗士为起点，后来却沦为法西斯主义和纳粹主义的专制学生组织。

意大利学生反对奥地利霸权、教皇国及其所保护的公国，争取国家统 27
一和个人自由的斗争，清晰地展示了学生运动的三大核心趋势。早在文艺复兴，小城市的大学便更受人关照，因为这里的学生组织比大地方的更便于监视。因此，洛伦佐·德·美第奇（Lorenzo de' Medici，1449—1492）就将佛罗伦萨大学迁往了比萨。米兰人在帕维亚（Pavia），威尼斯人在帕多瓦（Padua）有了自己的大学。1831 年 9 月 12 日，负责管理“留守”大学的教皇国当局取消了有“大学之母”之称的博洛尼亚大学的法律地位，仅保留了它的学术头衔，成为一个考试机构。各系被遣散到不同地区，教授则在教会的监控下教授管理当地的学生。

教廷希望借此瓦解学生的团结，但却引发了一场自 1830 年巴黎七月革命以来更大规模的、遍及大部分欧洲地区的革命运动。1831 年 2 月 4 日，博洛尼亚政府被临时政权和平取代。仅两天后，“好战的学生之歌”就已流行，这是一首完全称颂为自由而战的歌曲。当时有两份文献也表明，博洛尼亚的学生运动是需要精神领袖的。一份是学生向革命政府宣读的大学改革意见。当时的公共教育部部长是数学家、哲学家弗朗切斯科·奥里奥希（Francesco Orioli，1785—1856），毫无疑问，他对学生的建议提供了帮助；该建议也几乎被政府逐条接受。另一份是 3 月 9 日出版的致巴黎学生的团结宣言，在宣言中公开颂扬了教授给予的智力支持。博洛尼亚的学生回顾了七月革命，在强调法国哲学家在为自由而进行的斗争中发挥的重要作用的同时，也逐一列举了老师的名字，称他们为意大利的楷模。该宣言赞扬了学生在为自由而战中形成的国际团结，并以寻求军事援助的外交辞令为结尾。两星期后，博洛尼亚被奥地利军队占领，根据梅特涅的命令，大学被关闭。[55]

这些命令规定按系科拆分大学，并准确无误地说明只有那些过着清白的基督徒生活的年轻人才能获准学习并参加学术考试。其实际意义可以从对奥地利占领下的伦巴底的中等规模的帕维亚国立大学和由奥大利大公们
28 开办的微型的摩德纳大学的学生生活所进行的新普查中看出。[56] 1814 年，摩德纳大学拥有 4 个系，28 名教授，200 名学生。到 1859 年，学生数量增长为原来的 3 倍，而教授的数量则为原来的 2 倍。其职责是培养公国所需的毕业生。不允许招收留学生，本地人也只能在摩德纳学习。半数的申请者被退回，但有 90%的学生可通过学位考试。学生的日常作息制度十分严格，他们的一天是从早上七点的弥撒开始，晚上十点半熄灯。在上午的讲座结束后，他们对下午和晚上的自习也有严格的规定。学生必须请假才能在晚祷前离开学院，这在理论上仅起到监督的作用。

1815 年，政府训令禁止学生在咖啡馆赌博；1821 年，又对学生观看剧场演出进行了限制。这说明学生在这些规定颁布之前能更自由地利用他们的闲暇时间。咖啡馆是休闲和自由的场所，在那里阅读报纸，不仅能展开学生之间的交流，而且能拓展学生与公众之间的交流，因此，它在政治

---

[55] A. Sorbelli,'L' Università di Bologna e la rivoluzione del 1831',*Studi e memorie per la storia dell'Università di Bologna* Ⅸ(Biblioteca de 'l' Archiginnasio',Serie Ⅰ,vol. Ⅸ)(Bologna,1926),147—186 页:大学解散，第 167 页；the *Sagra Congregazione degli Studj* 法令，第 167—170 页；学生歌，第 152 页；大学改革建议，第 159 页；巴黎学生团结宣言，第 157—158 页；Metternich 干涉，第 164 页。

[56] 1995 年，Gian Paolo Brizzi 提出，现代研究集中于外在影响和结果，对学生运动，特别是意大利的学生运动，没有给予重视，见：G. P. Brizzi,'Studenti:una storia ancora da scrivere',in *Gaudeamus igitur. Studenti e goliardia 1885-1923*(Bologna,1995),10-11。我也要对下列资料的作者表示感谢:S. Polenghi,'Studenti e politici nell'Università di Pavia durante il Risorgimento(1814-1860)',*Università e studenti nell'Ottocento*,Storia in Lombardia,21,3(2001),5-38。A. Magnani,'Gli studenti pavesi fra contestazione e impegno politico(1885-1894)',*ibid.*,39-58. R. Gambiglioni Zoccoli,'Gli studenti nel' Università estense della Restaurazione. Un caso di studio',*ibid.*,59-74;70 页,注释 42,Brizzi's 上面提到的发展状况。

上所具有的重要性正处于意大利当局的调查之中。[57] 哪些地方还能让摩德纳的学生与秘密的烧炭党接头呢？在街头徘徊使得富有想象力的学生将其与政治上的重要象征形式联系起来。这也使得政府当局以监禁相威胁，禁止学生在街面或广场上穿戴贝雷帽、抽烟斗或长雪茄烟。后者与军事行动相联系，它为学生所效法，作为反奥的一种挑衅姿态；而前者则象征着他们与群众起义的大团结。[58] 事实上，对学生生活极为严格的管制，使得人们更容易理解摩德纳的学生为什么特别愿意参与到群众运动之中去，尽管他们必须为此付出代价。1821 年，有 19％的学生被开除；到了 1831 年，被开除的学生达到 32％。

像摩德纳这种地方大学在学生运动中的领袖地位也很好地培养了一批公众人物，诸如首领尼古拉·法布里齐（Nicola Fabrizi，1804—1885）和曼弗雷多·凡廷（Manfredo Fanti，1806—1865），1831 年后他们都逃离 29
了意大利。1832 年又加入了由马志尼（Giuseppe Mazzinl，1805—1872）在马赛建立的遭禁的秘密社团——“青年意大利”（Young Italy），并最终通过各种渠道在 1859—1860 年的民族统一战争中成为将军和作战部部长。曼弗雷多·凡廷毕业于摩德纳大学的军事学院，1830 年获得了数学博士学位，后到西班牙开始了军事生涯，1848 年他作为伦巴第旅的将军（major-General）参加了米兰的解放战斗，是 1859—1860 年反奥地利和罗马教皇战争中的陆军将领，1860 年被卡米洛·本索·卡武尔伯爵（Camillo Benso，conte di Cavour，1810—1861）任命为作战部长，负责整规军事力量。在其流放期间，法布里齐法官与马志尼一起组织了秘密社团，后来又组织了自己的“意大利兵团”（Italian Legion），并指挥自己的部队参加了 1860 年西西里的解放战斗。他被朱塞佩·加里波第（Giuseppe Garibaldi，

---

[57] M. Agulhon, *Il salotto, il circolo e il caffé* (Rome, 1993). E. François, ‘Il caffé’, in H. G. Haupt(ed.), *Luoghi quotidiani nella storia d'Europa* (Rome and Bari, 1993).

[58] Zoccoli，‘Studenti’（注释 57）：入学：第 59—61 页；考试：第 68—69 页；日常制度：第 67 页；咖啡馆：第 71 页；剧院：第 72 页；雪茄烟、贝雷帽：第 71 页；纪律：66ff.；开除：第 73 页。

1807—1882）提升为陆军将军，并成为新民族国家的国防部长，开始了他动荡的政治生涯。[59]

摩德纳的情况形象地说明了在这些封闭的高等教育机构中潜藏着学生运动的发展，这在19世纪前半叶的欧洲一直是非常普遍的。它们受外国或地方专制统治者的统治，唯一的任务就是在严格的纪律下训练其领土范围内需要的专业人才。帕维亚则是另一种较为开放的大学类型。该大学不仅为伦巴底的经济发展培养专业人才，而且也一直受到外国学生的追捧。帕维亚濒临由撒丁岛国王统治的较为自由的皮埃蒙特（Piedmont），而且伦巴底与法国在历史上一直有密切的关系。

司汤达（Stendhal）在1816年指出，帕维亚学生的反德（即说德语奥地利人）情绪十分激烈，以至于他们常常以在夜晚的小巷中用木棍惊吓德裔年轻人取乐。学生们追忆着彼特拉克（Petrarch）的名言，憧憬着一个统一的意大利。而他们所希望的仅仅在1821年就由他们的法国先师和1831年后在马志尼的呼吁和密谋中得以实现。

1821年，在帕维亚的893名学生中有84人越过了与皮埃蒙特接壤的边境，帮助那里起义的学生同伴们。尽管如此，他们中只有一半人幸运地回来，并以生病为由告假，以避免惩罚。而那些被逮住的“反叛者”，虽
30 说他们中有一部分人被流放，但大多很快就被赦免了，而参加暴动的老师则受到了严厉的制裁。1825年，政府进一步严格了对学生自由的规定。不再招收那些主要来自皮埃蒙特或著名的被流放自由战士的政治避难所——瑞士的学生。本国出生的学生也受到了严格的行为限制，要按照所谓的基督徒的生活方式生活，教授则应成为监督者。许多学生，有时在教授的帮助下，努力摆脱教堂的限制。但是，与医学院的学生相比，法学院的学生要难得多，这是因为医学院的学生可以以清晨的解剖课为由来逃避要求其必须参加的弥撒。首先，学生常常使用具有象征意味的外衣来进行

[59] 参见：G. Monsagrati，'Nicola Fabrizi'，*Dizionario biografico degli italiani*，43（Rome，1993），803-812；V. Caciulli，'Manfredo Fanti'，*ibid.*，44（Rome，1994），635-638。

挑衅。他们蓄胡，尽管屡遭禁止（因为蓄胡总与军事行动相联系），不过最后学校当局还是允许蓄胡。或者他们以服饰来表达与普通民众的团结，他们穿戴各种各样的头饰——到1821年一种名为“àla Sand”的贝雷帽就已成为造反的暗号。1848年，军事当局严禁穿戴有政治嫌疑的卡拉布里亚帽；到1849年，学生则有意地戴上饰以红、白、绿玫瑰样的草帽。剧院的事件——特别是威尔地（Verdi）的歌剧或贝利尼（Vincenzo Bellini）的诺玛（*Norma*）——激发了强大的爱国力量。总之，学生运动总是能找到那些在政治上无伤大雅的物体，来象征性地表达他们对个人自由和政论自由的渴望。

1832年，年轻牧师托马索·比安基（Tommaso Bianchi，1804—1834）开始在熙列里（Ghislieri）自由学院向学生讲授马志尼的作品。1834年，他被一个助手举报而遭逮捕，不久死于狱中。但除了马志尼追随者“殉难”的这种方式之外，马志尼的作品还通过手抄本的形式传遍了整个大学。在某种程度上可以说正是由于马志尼的失败，才使得他的追随者遍及全国。他在法国、瑞士或伦敦流放中发起的密谋或起义的失败越多，其强烈要求自由的信念对学生运动的影响就越大。这一直持续到民族统一之时——甚至更长一段时间。在1848年前后，帕维亚的学生还阅读了其他疑似为危险分子而遭禁的作家的著作，例如黑格尔、大卫·弗里德里希·施特劳斯（David Friedrich Strauss，1808—1874），其中首先是著名的法国作家，从圣西门（Saint-Simon，1760—1825）、本亚明·贡斯当（Benjamin Constant，1767—1830）到儒尔·米什莱（Jules Michelet，
1798—1874）和布朗基（Louis Auguste Blanqui，1805—1881）。[60] 人们发 31
现，在意大利人对其复兴时代大学史的研究中，几乎没有不提及马志尼的，时常是仅有一句话，它使意大利的读者认识到这是一位神秘的、具有激进主义思想的、为自由而战的现代典范，尽管他屡屡受挫。

---

[60] Polenghi，‘Studenti e politici’（注释57），司汤达：第11—12页；1821革命和1825措施：第12—15页；政治标志的衣服、帽子、胡须：第16—18页，第26页，第29—30页；工作：第17页；雪茄烟：第35页；马志尼：第20页，第31页；颠覆性读物：第21页。

* * *

本章试图勾勒出本卷重点关注的新问题，并审视其结论。在本卷以及前面的各卷中，习惯做法仅是提出了一系列初步的论点，而远非定论。尽管目前已有许多成果和大有前途的努力，但是在欧洲现代大学史这个庞杂的领域中，确实需要我们通过系统地研究，来更加深入地对待其中一些突出的主题。

本章的切入点是德国人通过强调大学科学研究、教学和学习自由的理念，进而揭开了现代研究型大学之路。在与拿破仑时代由政府主导的专门学校模式竞争的过程中，德国开启了自然科学的胜利征程，并导致了大学制度结构的第二次划时代的复兴。本章以第三次，也是同样重要的创新——学生运动——为终点，大学因之也成了争取自由的政治斗争的“兵工厂”。意大利的学生运动表明，“我要自由”已很快地割裂了与要自由的普鲁士战争之间的血缘联系，并拓展成为囊括整个欧洲的自由斗争，其中以巴黎 1820 年、1831 年和 1848 年革命为典范。为自由而战在不同的国家各不相同。但自由的内在理念则是遍布各地，尤其以那些要求大学成为践行自由的场所的教授和大学毕业生为代表。

第二章　模式 33

克里斯多弗·查理

导言

以法国大革命和拿破仑帝国为肇始，在 1800 年至 1945 年的漫长历史中，欧洲大学发生了很多变化，它有时是以渐变的方式进行着，有时则是革命式的突变。现代早期的一些大学结构，来自中世纪的传统，这的确在 19 世纪欧洲的诸多地区得以延续，尤其是在英伦诸岛以及欧洲南部和北部的半岛地区，但与此同时，截然不同的、新的大学组织模式也开始在法国和德国渐露头角。它们引发了这些国家的旧大学里的一系列变革，并为新建立的民族国家的大学奠定了基础。德国模式，即所谓的洪堡模式，在 19 世纪末横扫了整个欧洲大陆，并影响到其他两种模式——法国模式和英国模式。尽管如此，最终它也发现自己身处危机之中，这是因为它逐渐发现无法适应工业社会中社会和知识的发展需要，以及大学作为一个社会机构的需求。在柏林大学成立一百年之后，1910 年成立了威廉皇帝协会(Kaiser-Wilhelm-Society)。这开启了以大规模的研究和教学、科研逐步分离为特征的时期，标志着变革的继续深化。

德国、法国和俄国的大学变革

1789 年，欧洲仍在运行的 143 所大学中①，有 35 所在**德国**，它共有

---

① J. Verger, 'Universités, pouvoir et société *à* l'époque moderne(XVIe- XVIIIe siècle)', in C. Charle and J. Verger(eds.), *Histoire des universitiés*(Paris, 1994), 35.

34 学生 7900 名，其中“四大巨头”，即哈勒、哥廷根、耶拿和莱比锡拥有其中 40%的学生。在大革命期间，18 所旧大学及斯图加特大学停办了；16 所幸存的大学是爱尔兰根（Erlangen）、弗莱堡（Freiburg）、吉森（Giessen）、哥廷根、格瑞夫斯沃德（Greifswald）、哈勒、海德堡、耶拿、基尔、柯尼斯堡（Königsberg）、兰茨胡特（Landshut，1825 年迁往慕尼黑）、莱比锡、马尔堡、罗斯托克（Rostock）、图宾根（Tübingen）和维尔茨堡（Würzburg）。普鲁士建立了 3 所新大学，其中最有影响的就是 1810 年在柏林建立的弗里德里希-洪堡大学，其目的是为了弥补《提尔西特和约》（Peace of Tilsit）后哈勒大学划归威斯特伐利亚所造成的损失。1811 年布雷斯劳大学（Breslau）及 1818 年波恩大学的重建，意在强化普鲁士的统治。1815 年之后，普鲁士在从波兰被占领的部分领土到受天主教和法国影响的莱茵地区之间广大的、截然不同的区域内得到了普遍的复兴。在 19 世纪的后半叶，三所重要的普鲁士大学合并到洪堡模式中，这种模式将随后详加讨论。②

在**法国**，变化更为明显。从 1789 年 12 月 22 日（将大学与新成立的政府各部相联系）至共和三年风月 7 日（7th *ventôse of the Year* Ⅲ，即 1794 年 2 月 27 日），法国的专门学校以及神、医、文、法学院为接二连三

---

② 关于统计与历史资料：H. Titze, with H. -G. Herrlitz, V. Müller-Benedikt and A. Nash, *Wachstum und Differenzierung der deutschen Universitäten 1830-1945*, Datenhandbuch zur deutschen Bildungsgeschichte 1, Hochschulen 2(Göttingen, 1995), 71-73, 122-123。关于三所普鲁士大学：M. Lenz, *Geschichte der Königlichen Friedrich-Wilhelms Universität zu Berlin, 1810-1910*, 5 vols. (Halle, 1910-1918); M. Braubach, *Kleine Geschichte der Universität Bonn 1818-1968*(Bonn, 1968); F. Andreae and A. Grisebach(eds.), *Die Universität Breslau*(Berlin, 1928)。关于法国和普鲁士高等教育趋势的比较，参见：G. Schubring, 'Spezialschulmodell versus Universitätsmodell. Die Institutionalisierung von Forschung', in G. Schubring(eds.), *Einsamkeit und Freiheit neu besichtigt. Universitätsreformen und Disziplinenbildung in Preussen als Modell für Wissenschaftspolitik im Europa des 19. Jahrhunderts. Proceedings of the Symposium of the* XⅧ*th International Congress of History of Science at Hamburg-Munich, 1-9 August 1989* (Stuttgart, 1991), 276-326。

的法律法令所取缔，专门学校停办。[③] 在国民大会（National Convention）统治下相对具有创造性的阶段后，随着罗伯斯比尔（Robesperre，1758—1794）的倒台和督政府（Directory，1795—1799）的建立，拿破仑执政府（National Consulate）和帝国执行了严格的官僚行政管制，这使得大学自治成为一纸空文。大学被专业学院所取代：从 1794 年始，巴黎、斯特拉斯堡（Strasburg）、蒙彼利埃（Montpellier）有 3 所医学院；1804 年前后，整个帝国只有 12 所法学院；至于文学院和科学院，在每个学区都各有两所此类学校——它们隶属于国立高等学校（lycées）和中央政府，并 35
颁发学士学位，即最低的正规学术学位，也是国立高等学校的毕业文凭。幸运的是，拿破仑宽恕了学术创新的真正核心，即伟大的国家教育机构。诸如法兰西学院和皇家学园（*Jardrn du Roi*，动植物园），从某种程度上说，它们起源于旧制度，后来成了博物馆。在大革命时期成立的其他机构有艺术与商业博物院（*Conservatoire des arts et métiers*）、法兰西研究所（*Institut de France*，五大学院的中心）、东方语言学院（*École des langues orientales*），以及诸多的专门学校，有培养军事工程和炮兵军官的巴黎理工学院（*École polytechnique*）、培养其他军官的圣西尔军校（*Saint Cyr*）和培养大学教师的巴黎高等师范学校（*École Normale*）。[④]

如此精细的分化与专门化的格局，解释了法国大学的多样化，而这恰好与德国大学形成了鲜明对比。的确，在整个 19 世纪，它都受制于政治

---

③ L. Liard, *L'Enseignement supérieur en France*(Paris, 1888), vol. Ⅰ, 119-120; J. Schriewer, *Die französischen Universitäten* 1945-1968(*Bad Heibronn*, 1972), 24-25.

④ 参见巴黎理工学院和巴黎高等师范学校 200 周年的出版文集：B. Belhoste *et al.* (eds.), *La formation polytechnicienne*(Paris, 1994); B. Belhoste *et al.* (eds.), *La France des* Ⅹ, *deux siècles d'histoire*(Paris, 1995); J.-F. Sirinelli(ed.), *École normale supérieure. Le livre du bicentenaire*(Paris, 1994); 以及他们的前辈：Shinn, *Savoir scientifique*; *École normale supérieure 1795-1895, le livre du centenaire*(Paris, 1895), J. Verger 重印的历史研究(Paris, 1994)。关于 St. Cyr: S. W. Serman, *Le Corps des officiers français sous la Deuxième République et le Second Empire*, 3 vols. (Lille, 1978)。关于博物馆：C. Blanckaert, C. Cohen, P. Corsi and J.-L. Fischer (co-ord.), *Le Muséum au premier siècle de son histoire*(Paris, 1997)。

和知识的变革。为了应对领土的沦陷和财政上的不济，1816 年复辟时期一举取缔了 17 所文学院和 3 所理学院，而在七月王朝和第二帝国时期则新建了一些学校，并取得了不同程度的成功。第三共和国遭到了来自地方的巨大压力，使其无法像德国一样集中打造几所大学的中心。1896 年，虽然改革者认为要打破巴黎高校一家独尊的沉闷氛围只需 10 所大学就足够了，但他们重建了 16 所大学。[⑤]

在**俄国**，也发生着类似的急速的统制方式的变革。除 1755 年建立的莫斯科大学外，19 世纪最初 10 年里又出现了 5 所大学。1802 年，亚历山大一世（Alexander Ⅰ，1777—1825）重建了 1710 年关闭的、位于多尔帕特（Dorpat）的德语塔尔图大学（Tartu），之后，1803 年在维尔纽斯（Vilnius）［维尔纳（Vilna），立陶宛］，1804 年在恰尔科夫（Charkov，乌克兰），1805 年在喀山（Kazan，俄国）建立了新大学。1819 年他又将圣彼得堡（St Petersburg）科学院的教学部提升到帝国大学（Imperial U-
36 niversity）的位置。维尔纽斯大学于 1832 年被关闭，其神学院和医学院被作为独立的学院迁至基辅（Kiev）。[⑥] 19 世纪下半叶，敖德萨（Odessa，1865）、托木斯克（Tomsk，1888）、萨拉托夫（Saratov，1909）的大学，特别是居于首都的大学，均增设了技术学院。[⑦] 欧洲其余各地的大学的变革则更为缓慢、持久。

西北欧和南欧大学的缓慢发展

相对于其他国家，**英国**在固守传统方面是最为坚定的。1800 年，爱

---

⑤ V. Karady,'De Napoléon à Duruy:origines et naissance de l'Université contemporaine', in Verger(ed.),*Universités en France*,282-288;Weisz,*Emergence*,134-161.

⑥ D. Beauvois,*Lumières et société en Europe de l'Est:l'Université de Vilna et les écoles polonaises de l'Empire russe(1803-1832)*(Lille,1977).

⑦ A. Besançon,*Education et société en Russie dans le second tiers du XIXe siècle*(Paris and The Hague,1974).

尔兰仅有 1 所大学（都柏林三一学院），苏格兰有 4 所（阿伯丁、爱丁堡、格拉斯哥和圣安德鲁斯），英格兰有 2 所（牛津和剑桥），威尔士则一所也没有。伦敦大学成立于 1828—1836 年间。在没有特别的全国性规划的情况下，地方性的大学纷纷涌现：达拉谟（Durham，1832）、曼彻斯特（Manchester，1851）、阿伯里斯特威斯（Aberystwyth，1872）、利兹（Leeds，1875）、伯明翰（Birmingham，1875）、布里斯托尔（Bristol，1876）、谢菲尔德（Sheffield，1879）、利物浦（Liverpool，1881）、诺丁汉（Nottingham，1881）、加的夫（Cardiff，1884）和班戈（Bangor，1884）、里丁（Reading，1902），以及南安普敦（Southampton，1902）。1858 年，苏格兰大学进行了改革。1870 年后，牛津和剑桥也进行了改革。因此，在第一次世界大战之前，一个全国性大学系统开始出现。[⑧]

质疑传统并使其适应社会经济的变革，对意大利和伊比利亚半岛而言，是极为困难的；而同样的情况也出现在阿尔卑斯山脉以北的小国和斯堪的纳维亚半岛的国家中。政府几乎没有关闭已有的机构，而且还更倾向于新建一些具有特定功能的新机构以满足社会和政治的需要。其结果导致了大学的分布具有不均衡性和随意性。

意大利在统一前有 21 所大学，其规模差异巨大，并不能适应社会的实际需要。由于历史的原因，这些大学集中在意大利的北部和中部，而南部除一所巨型的那不勒斯大学外，则是一片教育荒漠。1861 年，卡洛· 37
马托伊斯（Carlo Matteucci，1811—1868）尝试关闭一些小规模的学院以调整大学布局，但以失败告终。只有 1923 年由墨索里尼（Mussolini，

⑧ R. D. Anderson, *Universities and Elites in Britain since 1800*, Studies in Social and Economic History (Basingstoke and London 1992), 12-23; W. H. G. Armytage, *Civic Universities: Aspects of a British Tradition* (London, 1990); A. H. Halsey and M. A. Trow, *The British Academics* (London, 1971); R. Lowe, 'The Expansion of Higher Education in Britain', in K. H. Jarausch (ed.), *The Transformation of Higher Learning, Expansion, Diversification, Social Opening and Professionalization in England, Germany, Russia and the United States* (Stuttgart, 1983), 37-56; G. Sutherland, 'Education', in F. M. L. Thompson (ed.), *The Cambridge Social History of Britain* (Cambridge, 1990), vol. Ⅲ, 137-140, 154-158.

1883—1945）颁布的《改革法案》（*Riforma Gentile*）才真正对大学进行了调整，该法案对政府资助的、高效的、综合性大学和天主教资助、政府部分赞助的小型免费大学进行了明确地区分。[9] 与此同时，在巴里（Bari）、佛罗伦萨和米兰等一些较大的城市中也引入了类似大学的高等教育机构，它们于 1923 年开始成为大学。20 世纪 30 年代之初，除了技术和商贸学院之外，意大利共有 27 所大学，它们大多为商业大学，诸如米兰的博可尼（L. Bocconi），这些大学多为私人赞助，[10] 并且在它们中仅有 15 所大学（即占全部大学数的一半稍多些）拥有超过 1000 名学生。[11] 由于意大利民族国家由于议会制里的地方利益冲突，上述法国雅各宾模式的改革被证明是不成功的。

西班牙则恰恰相反。其中央集权的传统，使得伊比利亚的大学格局在整个 19 世纪始终表现为一种单一化的特征。1807 年、1824 年和 1845 年，陆续关闭了一些旧大学，保留了 10 所大学作为各学区的“首脑机关”，而它们是以法国的学院为模式形成的。这 10 个学区是巴塞罗那（Barcelona）、格拉纳达（Granada）、马德里（Madrid）、奥维耶多（Oviedo）、萨拉曼卡（Salamanca）、孔彼斯特拉的圣地亚哥（Santiago de Compostela）、萨拉戈萨（Zaragoza）、塞维利亚（Seville）、巴伦西亚（Valencia）、瓦来

---

⑨ I. Porciani, ‘Lo stato unitario di fronte alla questione dell'università’, in I. Porciani (ed.), *L'Università tra Otto e Novecento: i modelli europei e il caso italiano* (Naples, 1994), 135-184; T. Tomasi and L. Bellatalla, *L'Università italiana nell'età liberale (1861-1923)* (Naples, 1988), 22-23, 100-103, 116-118; S. Polenghi, *La politica universitaria italiana nell'età della Destra storica (1848-1876)* (Brescia, 1993) with multiple tables.

⑩ D. Musiedlak, *Université privée et formation de la classe dirigeante. L'exemple de l'Université L. Bocconi de Milan* (Rome, 1990).

⑪ *Statistiche sul Mezzogiorno d'Italia 1861-1953* (Rome, 1953), quoted by V. Karady, *Relations interuniversitaires et rapports culturels en Europe (1871-1945)*, rapport de fin d'ètude, décembre 1992, 177-178.

多利（Valladolid）。[12] 1836 年，阿尔卡拉大学（University of Alcalá）迁至马德里之后，西班牙的大学就像法国一样，完全陷入首都气息的影响之下，出现了众所周知的“中央大学”（Central of University）的特权。同时期的还有巴塞罗那大学，这是唯一一所拥有所有学院的大学，也是唯一一所可以授予博士学位的大学。在首都还出现了效法法国模式，以为国家培养工程师为己任的专门技术学院。

荷兰、比利时、瑞士和斯堪的纳维亚的国家中也存在着合理组织大学 38
系统的问题。在现代早期，受宗教传统和全国或地方利益冲突的影响，畸形地催生了一大批为迎合实际需求而成立的大学。尽管如此，它们仍间接地促进了社会的发展和开放。这些大学几乎得不到地方和国家的支持，其所依赖的国外留学生的学费成了大学经费的重要来源。

最典型的例子是**瑞士**，1910 年，它拥有 375 万居民和 7 所大学，其中有 4 所是面向 80 万说法语的瑞士人。它们共招收 8000 多名学生。其中绝大部分是由原有的中学升格为大学的：1872—1873 年的日内瓦（其前身为 1559 年成立的学院）、1890 年的洛桑（Lausanne）（1537 年成立学院）、1889 年的弗里堡（Freiburg）（1763 年成立的法律学园，后来 1882 年成为法律学院）、1909 年的纳沙泰尔（Neuchâtel）（1838 年成为学院）。在德国的影响下，瑞士的德语地区，提前半个世纪进入大学转型时期，苏黎世是在 1833 年（其前身是 1525 年成立的神学学校）、伯尔尼是在 1834 年（其前身是 1528 年成立神学学校）。此外，还有 1459 年成立的巴塞尔大学（University of Basel），1855 年成立的苏黎世联邦综合技术学校（1911 年更名为“联邦技术中学”），以及 1911 年由贸易学园转型而成的圣加仑高等商业学校（Business High School of St Gallen，并于 1996 年最终升格为

---

[12] P. Melon, *L'enseignement supérieur en Espagne* (Paris, 1898); Peset, *Universidad española*; J.-L. Guereña, 'L'université espagnole vers 1900', in J. Schriewer, E. Kleiner and C. Charle (eds.), *Sozialer Raum und akademische Kulturen. Studien zur europäischen Hochschullandschaft im 19. und 20. Jahrhundert/A la recherche de l'espace universitaire européen. Etudes sur l'enseignement supérieur aux XIXe et XXe siècles* (Frankfurt-am-Main, 1993), 113-331.

大学)。[13]

39 **荷兰**与比利时一样，是法兰西帝国的一部分，拿破仑的野蛮政策对其大学也有着深刻影响。到 1815 年，仅有莱顿（Leiden）、乌特勒支（Utrecht）和格罗宁根（Groningen）大学得以保存。曾有着辉煌历史的莱顿大学尚未来得及完全吸收法国大学的模式，就几乎已经完全消亡，1814—1815 年间仅有学生 328 人。[14] 1815 年，威廉一世（King William Ⅰ，1772—1843）对全国的大学系统进行了改革，他对莱顿、乌特勒支和格罗宁根的完全国立大学的地位做出限制，允许在那些没有大学的省份重建没有博士授予权的大学（如雅典学院，*Athenaea*），对弗拉讷克（Franeker）和哈尔德韦克（Harderwijk）提供财政支持，直至它们因缺少生源而分别于 1843 年和 1818 年关闭。1848 年宪章运动使得国家监督下的私立大学得以成立，1905 年的法律还赋予它们学术资格的国家认证。

---

⑬ 学生人数取自 the Schweizer Hochschulstatistik 1890-1935(Bern,1935) by Karady, *Relations interuniversitaires*(注释 11),23。关于瑞士大学：E. Bonjour, *Die Universität Basel von den Anfängen bis zur Gegenwart 1460-1960*(Basle,1960); R. Feller, *Die Universität Bern 1834-1934*(Bern and Leipzig,1935); U. Im Hof *et al.*, *Hochschulgeschichte Berns 1528-1984. Zur 150-Jahr Feier der Universität Bern 1984. Ergänzungsband: Die Dozenten der bernischen Hochschule*(Bern,1984); R. Ruffieux *et al.* (eds.), *Histoire de l'Université de Fribourg 1889-1989-Institutions, enseignement, recherche = Geschichte der Universität Fribourg 1889-1989. Institutionen, Lehre und Forschung*, 3 vols. (Fribourg, 1989-1991); M. Marcacci, *Histoire de l'Université de Genève 1559-1986* (Geneva, 1987); A. Delessert, *L'Université au déft. Une histoire sociale de l'Université de Lausanne* (Lausanne, 1991); R. Lorusso, D. Nilles, with E. Golay, *Histoire de l'Université de Lausanne. Aspects économiques et financiers* (Lausanne, 1996); L. Tissot, *Politique, société et enseignement supérieur dans le canton de Vaud: l'Université de Lausanne* 1890-1916(Lausanne,1996); *Histoire de l'Université de Neuchâtel*, vol. Ⅰ: *La première Académie* (Hauterive,1988); vol. Ⅱ: *La seconde Académie 1866-1909*(Hauterive,1944); G. Thürer, *Hochschule St Gallen für Wirtschafts-und Sozialwissenschaften 1899-1974* (St Gallen, 1974); G. Guggenbühl *et al.*, *Eidgenössische Technische Hochschule 1855-1955*(Zurich,1955); J.-F. Berbier and H. W. Tobler(eds.), *Eidgenössische Technische Hochschule Zürich 1955-1980* (Zurich, 1980); E. Gagliardi, H. Nabholz and J. Strohl, *Die Universität Zürich 1833 bis 1933 und ihre Vorläufer*(Zurich,1938); P. Stadler, *Die Universität Zürich 1933-1983*(Zurich,1983)。

⑭ W. Frijhoff, *La Société néerlandaise et ses gradués 1575-1814*(Amsterdam,1981),23.

1876 年，雅典学院关闭，并升格为大学。其中决定性的因素不再是博士学位的授予权，而是拥有完整的学院。就这样，1877 年，阿姆斯特丹的市立雅典学院成为城市大学。3 年后，加尔文教徒建立了独立于政府和宗教的“自由”大学，并得到了国家的承认，同样的还有 1923 年天主教建立的奈梅亨大学（University of Nijmegen）和在提耳堡（Tilburg）成立的天主教商业学校，后者的建立可回溯至 1919 年，并于 1939 年获得大学资格，但与其他“部分大学”一样，它被称为“应用科学大学”（*Hoogeschool*）。1937 年，在国家认可了鹿特丹的商业学校后，这所始于 1913 年的私立学校也获得承认，成为应用科学大学，它仅有一个学院，1973 年它发展成为伊拉斯谟大学（Erasmus University）。⑮

在**比利时**的新王国中，由于政治、宗教而非语言的原因（一战后，佛兰德语才在北方获得认可），大学供大于求。1816 年，威廉一世下令在当时尼德兰联邦（United Netherlands）的南部建立 3 所大学，以制衡上面提到的 3 所荷兰大学。这样，根特（Ghent）和列日（Liège）大学得以重建，1797 年被法国关闭的鲁汶大学（Louvain）也得以重新开放。1834 年，在独立的比利时又建立了 2 所私立大学，即天主教马林丝大学 40
（Catholic University of Malines）和自由思想者和互济会会员（Free Thinkers and Freemasons）赞助的布鲁塞尔“自由大学”。1835 年的重组导致大学数缩减为根特和列日的两所国立大学、鲁汶的一所天主教大学和布鲁塞尔的自由大学。

在**斯堪的纳维亚**，大学的格局也出现了类似的变化，其根源在于由政治事件引发的学术改革。自治权以及最终完全独立的获得，使挪威和芬兰能够分别效法丹麦和俄罗斯建立了自己的大学系统。已有的大学是哥本哈根（Copenhagen，1475）、乌普萨拉（Uppsala，1447）和隆德（Lund，

⑮ W. Frijhoff, 'Netherlands', in B. R. Clark and G. Neave (eds.), *The Encyclopaedia of Higher Education*, vol. Ⅰ (Oxford, 1992), 491-504; W. Frijhoff, 'Netherlands', in Jílek, *Historical Compendium*, 43-46; M. Groen, *University Education in the Netherlands, 1815-1980* (Eindhoven, 1988).

1668)。1811 年，挪威又建立了天主教奥斯陆大学（Oslo），在 1905 年获得独立之前，它一直是挪威民族主义的核心重镇。芬兰也是如此，1828 年它脱离俄罗斯帝国，成为独立的大公国，这使得奥布大学（Åbo）搬到了新首都赫尔辛基。[16] 瑞典的斯德哥尔摩（*Stockholms Högskola*）建立于 1877 年，是一所享受政府资助的私立高校，其遭遇不同于乌普萨拉和隆德——对它们而言，需要的是更加现代的大学教育，且以实际需求为导向的。1891 年，哥德堡（Gothenburg）也建立了类似的私立大学。[17] 这两类大学的冲突主要集中在大学法人特权的授予上，并可回溯至中世纪。自由主义者要求将瑞典的大学集中在首都，以联合医院和其他研究机构，并集中加强对实际问题的研究。1873 年，随着授予罗林斯卡研究所（Karolinska Institute）在不贬低传统大学地位的基础上，颁发医学学士学位的权力，意味着一种妥协的达成。尽管哥德堡和斯德哥尔摩分别从 1893 年和 1904 年始获准采用政府认可的考试，但它们直到二战后才获得承认，成为大学。[18]

中欧和东欧的民族国家与大学发展

现代早期，中欧和东欧大学的光景一片惨淡。三十年战争、土耳其入侵及其在一定程度上的长期占领，阻碍了学术的发展。只有宗教与种族的
41 对立、民族主义或自由主义运动的出现、西欧大学中地方精英的培养、新国家的建立、战胜西欧的统治等因素，才逐渐填补了大学图景的空白。

奥地利产生了很好的大学。那里有 6 所大学，以建立时间先后排序：

---

⑯ M. Klinge *et al.*, *Kejserliga Alexanders Universitetet 1808-1917* (Helsinki, 1989); Klinge, *Universität Helsinki*, 198-671.

⑰ E. Crawford, *The Beginning of the Noble Institution: The Science Prizes 1901-1915* (Paris and Cambridge, 1984).

⑱ S. Lindroth, *A History of Uppsala University, 1477-1977* (Stockholm, 1976), 150. 关于 Gothenburg and Stockholm: Jílek, *Historical Compendium*, *158-159*, 286。

布拉格（Prague，1348）、克拉科（Cracow，1364）、维也纳（Vienna，1365）、格拉茨（Graz，1586）、莱姆伯格［Lemberg，原名为利沃夫（Lwów），1661］和因斯布鲁克（Innsbruck，1668）。萨尔茨堡大学（University of Salzburg）始建于1622年，在1810年成了研究神学和哲学的“吕克昂”（Lyceum）。这种局面在整个19世纪中几乎都没有变化。1875年切尔诺维茨（Cernowitz）建立了一所大学，1882年布拉格大学分裂为德语大学和捷克语大学。[19] 此外，还有许多技术大学。在布拉格，大学中的工程学教职于1806年被调至理工学院（Polytechnic Institute），该学院在1868年又分裂为德语学院和捷克语学院。1879年，它们又被调整为相应的技术大学（Technical Universities）。成立工程学院的地方有：格拉茨（1811）、维也纳（1815）、布尔诺（Brno，1846）、莱姆伯格（1873）；莱昂本（Leoben，1840）和普日布拉姆（Pribram，1843）成立了矿业学院；大多数重要的城镇还有艺术学校。1898年维也纳建立了“出口学院”（Export Academy），并于1919年成为“世界贸易学院”（Institute for World Trade）。[20]

匈牙利王国在19世纪初只有一所大学能授予博士学位。1777年建于瑙吉松博特（Nagyszombat），后来迁至布达（Buda），最后于1784年迁至佩斯（Pest）。布达（1395）、佩奇（Pécs，1367）和布拉迪斯拉发（Bratislava，1465）都曾成立了“大学”（*Studia generalia*），但都夭折了。直到旧多瑙河君主国（Danube Monarchy）末期才建立了一些新的大学机构，即1872年在克卢日（Cluj）的科洛斯堡（Kolozsvar）、1874年萨格勒布（Zagreb）的阿格拉姆（Agram）、1912年在布拉迪斯拉发的（Bratislava）帕塞尼（Poszony）和1914年的德布勒森（Debrecen，1922年开始）。在《特里亚农条约》（Treaty of Trianon）后，除德布勒森外的

---

[19] T. Vetter, 'Die Entwicklung des Universitätswesens in der Habsburgermonarchie 1815-1918', *Etudes danubiennes*, 3, 2(1987), 97-115.

[20] H. Engelbrecht, *Geschichte des österreichischen Bildungswesens*, 5 vols. (Vienna, 1982-1988).

所有新大学都位于多瑙河君主国崩溃后形成的国家疆域内。1921 年匈牙利又新建了佩奇和塞格德（Szeged）两所大学，以代替布拉迪斯拉发和科洛斯堡的大学。但是，匈牙利内战期间的贫穷和隔绝使得庞杂的大学系统难以为继，特别是许多犹太学生因“名额限制”（*numerus clausus*）而被迫出国留学。[21]

42 **在波兰**，从 1795 年被周边帝国分割到 1919 年重新独立，其大学系统的发展有着很大的不同。被压迫的波兰民族的精英们在这块特殊的地方更依赖于他们的大学。在德国西西里亚的波兰人到柏林和布雷斯劳（Breslau）求学，但却因其行政职务而被拒绝，因而转向天主教神学。在奥地利的加利西亚（Galicia），有两所以波兰人为主的大学城，它们是克拉科（Cracow）和莱姆伯格。很多有志向的波兰学生来到了维也纳，甚至成了首都的政府公务员。受压迫最严重的大学位于俄国统治下的“波兰王国”。1830 年起义后，华沙大学从 1831 年起一直关闭到 1862 年。在此期间，那些希望学习的波兰人不得已要前往基辅或圣彼得堡。1864 年后，华沙大学被“俄化”（Russified），而由私人方式资助的某种自由大学，也难以为继，并于 1869 年丧失了独立性。到 19 世纪末，波兰的精英人士，要么出国留学或在秘密的教学点学习，要么在相对自治的波兰语加利西亚地区的大学学习。而其中受压迫最严重的是那些渴望学习的犹太人，他们必须应对来自波兰和俄国两方面的反犹太主义（anti-Semitism）。无论是在分裂的彼兰，还是在国外，幸好或多或少地有不同的合法获得教育的手段，这使得波兰的大学系统犹如凤凰涅槃一般于 1920 年迅速崛起，共拥有 13 所

---

[21] Z. Magyari, *Die Entstehung einer internationalen Wissenschaftspolitik* (Leipzig, 1932), 444-450; V. Karady, 'Une nation de juristes. Des usages sociaux de la formation juridique dans la Hongrie d'ancien régime', *Actes de la recherche en sciences sociales*, 86/87 (1991), 106-124; V. Karady and I. Keményi, 'Antisémitisme universitaire et concurrence de classe: la loi du numerus clausus en Hongrie entre les deux guerres', *Actes de la recherche en sciences sociales*, 34 (1980), 67-96; V. Karady and I. Keményi, 'A l'ombre du "numerus clausus". La restratification du système universitaire hongrois dans l'entre-deux-guerres', in Schriewer, Kleiner and Charle (eds.), *Sozialer Raum* (注释 12), 345-351.

高等教育机构，690 名教授，其中大多都是从国外返回的。[22]

在欧洲的边缘，罗马尼亚、希腊和保加利亚，在强有力的外来势力的影响下，它们的大学是与民族国家同时出现的，前者受到法国的影响，后两者受到德国的影响。在这些落后的小国中，在首都建立大学成为国家独立的标志，它是在长达数个世纪的与外国统治力量的斗争中实现的。

在**罗马尼亚**，雅西大学（Iasi University）成立于 1860 年，它是在
1835 年成立的一所学园的基础上发展形成的，布加勒斯特（Bucharest） 43
的理学院、法学院、政治学院和哲学院以及高等文学语言学院，都是各自独立建立的，1860 年它们合并为一所大学，1869 年增加了医学院，1884 年又加入了东正教神学院。这两所大学反映了摩尔达维亚（Moldavian）和瓦拉几亚（Walachian）精英从邻邦奥匈帝国的（Austro-Hungrian）教育中心争取独立的斗争过程。罗马尼亚大学系统的政治意义体现在大学研究与政治官员之间的密切联系之中。尽管如此，罗马尼亚是个小国，罗马尼亚语也是以法语为取向的。大多数教授和相当比例的学生，特别是法学院和医学院的师生，都曾在巴黎受教育。[23]

在**希腊**，由巴伐利亚国王（King of Bavaria）之子奥托一世（King Otto Ⅰ，1815—1867）统治的新王国，从一开始就决心要用自己的大学来加强民族意识。1837 年 5 月 3 日，雅典大学成立，它在 19 世纪成为沟

---

[22] N. Koestler, 'Intelligenzschicht und höhere Bildung im geteilten Polen', in *Bildungsbürgertum*, vol. Ⅰ, 186-206; *The University of Warsaw* (Warsaw, 1967); J. B. Neveux, 'Les universités de Galicie dans les conflits de nationalités 1851-1914', *Etudes danubiennes*, 4, I(1988), 1-20; J. Buszko, 'L'Université Jagellonne de Cracovie(1869-1914)', *ibid.*, 21-28; S. Grodziski, 'Le rôle de l'Université de Lemberg dans la vie scientifique de la monarchie des Habsbourg', *ibid.*, 29-38.

[23] O. Bozgan, 'Din istoria Universitatii din Bucuresti in perioada 1864-1940(Ⅰ)', *Revista Istorica*, Serie noua, 2(1991), 155-170(with French summary); O. Bozgan, 'L'Université de Bucarest et la France de 1864 aux années 1940', *Cahiers d'histoire*, 37, 2(1992), 151-171; C. Durandin, *Révolution à la française ou à la russe* (Paris, 1989); J. Sadlak, *Higher Education in Romania 1860-1990: Between Academic Mission, Economic Demands and Political Control*, Special Studies in Comparative Education 27(Buffalo, NY, 1990).

通奥斯曼帝国的希腊裔离散犹太人的桥梁。它有超过 40%的学生出生于希腊境外。在他们返回土耳其统治下的出生地后，他们依然抱有希腊的精神，直至祖国最终实现统一。雅典大学是以普鲁士的方式来组织的，分为神、医、法、哲四所学院。哲学院于 1904 年被分为文学院和理学院。随着 1840 年药物学校（School of Pharmacy）和 1860 年综合技术学院的建立，技术和科学学科也得到了深化发展。[24]

在**保加利亚**，索菲亚大学（University of Sofia）建立于 1904 年。其前身为 1888 年在“吕克昂”中引入的哲学、辩证法、语言和文化研究中的高等教育学专门课程，这使得 1889 年出现了一所独立的中学，并且还增加了自然科学。一战后，大学又获准建立了医学、神学、农业和兽医学。1920 年，斯沃博登大学加入其中。这是一所私立学院，以培养外交和行政人员的已任，它是效法巴黎的政治科学自由学校建立的，1940 年被政府接管，成为财政与管理大学（University of Finance and Adminis-
44 tration）。除该学院和艺术学校（1896）、音乐学校（1904）以及瓦尔纳（Varna）的商业学校等几所专科学校外，索菲亚大学一直是保加利亚唯一的学术机构。[25]

在**土耳其**，直到一战之前，高等教育都是以奥斯曼的迈德萨斯为基础的，这可上溯至中世纪。第一卷已经探讨了伊斯兰教和欧洲大学的关系以及其对学术史的重要意义。[26] 19 世纪，发现的热情一直让位于传统主义，它在各方面都制约了现代化的进程。尽管如此，1771 年，伊斯坦布尔帝国航海工程学校（*Mühendischan-i Bahri-i Humayun*）依然顺利地得以建立，1883 年又加进了市政工程学校（*Hendese-i Mülkye*），并经过 1909 年和 1928 年的整改，于 1944 年升格为大学，并更名为伊斯坦布尔·泰克

---

[24] K. Zormbala, ‘Die Gründung der athener Universität 1837 durch die Bayern-nach welchem “deutschen” Modell?’, in Schubring, *Einsamkeit und Freiheit*（注释 2）, 268-273.

[25] Jílek, *Historical Compendium*, 20-21, 284; M. M. Chambers (eds.), *Universities of the World outside USA* (Washington, 1950), 163-166.

[26] 参见第一卷《地名与主题索引》中的“阿拉伯世界”。

尼大学（*Istanbul Tekni Universitesi*）。事实证明，按照欧洲模式在伊斯坦布尔建立大学是比较困难的。1863 年成立的“学术宫”（House of Scholarship），经过 17 年的准备，其中经历了两度的停办与重开，并最终于 1900 年成为大学学院，拥有伊斯兰神学、哲学、数学科学和语言学系，并于 1921 年引进 20 名德国教授，逐步提高了学术水平。直到 1931 年，加尔文派教授、教育部长阿波特·麦尔奇（Albert Malche，1876—1956）才在政府的倡导下，引入了欧洲大学系统。1933 年，伊斯坦布尔大学根据德国模式进行了整改，它引入了诸多德国教授，并增设了各学院，但却不包括神学院。首都安卡拉也于 1946 年进行了类似的变革。[27]

拿破仑的大学模式

19 世纪上半叶的法国大学系统与欧洲其他国家有很大的不同。在许多地方它都是建立在“白板”之上的，而在欧洲其他地方，源自中世纪或旧政权的结构依然得以延续，尽管也有部分地改革。拿破仑的大学政策既保留了 18 世纪的某些创新，如专门学院，又恢复了面向所有人开放的大 45
学系统，保留了激进革命时期的特征。它的三个首要目标：首先，为保障革命后的国家与社会的安全，为政治和社会稳定培养必要的官员；其次，要确保教育与新的社会秩序保持步调和谐，防止新的专业阶级的产生；再次，如可能对国家造成危害，就可限制思想自由。除了为数不多的让步外，其政策在诸多方面都表现出了开明专制的特征：体现在学校的主导模式之上——实际上在某些地方也被称为学院；体现在国家对文凭的控制上，这为公务员或特定专业开辟了一条狭窄但却具有确定性的道路；体现在对候选人及其考试进行分级，即便对那些对此无要求的职业，也是如此；体现在对统一的学习方案的详尽规定之上；体现在国家对学位授予的垄断上。帝国大学是唯一的法人，这是在大革命后重建起来的，而且它与

[27] A. Kuran, 'Turkey', in Jílek, *Historical Compendium*, 59-60, 174-175.

旧制度中的大学毫无相似之处。它吸纳了中学和学院的教学组织，是一个由国家控制的法人团体，并被整合到文官等级之中。

该系统涵盖了学院与职业专门化的僵硬划分。简言之，它代表了高等教育的结构，这与我们后面所说的洪堡的大学观是截然相反的。德国大学的哲学院，即具有学术性的文理学院，肩负着激励创新的职能，这在法国大学模式中无从体现。巴黎大学是一个例外，其职责是严格负责举行学位考试，并为业余爱好者举办讲座。其他研究和创新只限于在著名的教育机构中进行，例如，索邦和法兰西学院（*Collège de France*）、法兰西研究所（*Institut de France*）或其他学术社团。在 1860 年之前，在巴黎之外的法国大学的图景就是一片学术的沙漠；尽管这遭到了当代的批判，历届政府也反复尝试改变现状，但教授职业本身的终极目标就是回归首都，而且他们中大多人都在一所或多所大学校中学习过。因此，在 19 世纪末的改革之前，它都无法进行真正的学术活动，以及为公众提供文学讲座。

与商业贸易一样，高等专业教育是由中央政府负责进行的。大学的学费涵盖了大部分的花销。事实上，在第二帝国时期，文学院和法学院的确
46 十分富足。由于大部分的研究是在学院外进行的，因此，图书馆、教室和实验室，以及其他辅助人员等方面的学术投入，都受到了严格的限制。其结果是使得德国大学在学术方面遥遥领先于法国。

根据教学机构和学生教育路径的分野，教学团体的等级地位也有所不同，这也造成了学院与学校之间隔膜的加深。以法学为例，资格证书考试要求三年的学习，需 570 法郎的学费。而相应的，文学只需学习一年，学费仅为 150 法郎。医学博士需 1300 法郎，而理学则是 140 法郎。㉘ 经文理学科的学习后，可获得法国省一级的教学职位，收入微薄——尤其是在各省，但从第二帝国开始，专业职业可收取巨额学费——尤其是在巴黎。学生的社会出身也像面镜子一样反映了法学、医学、文学、理学和药学的等

㉘ Karady,'De Napoléon à Duruy'(注释 5),298.

级差异。[29]

同样的不公平逻辑也塑造着大学教师的职业等级。由于他们的收入中有一部分是来自偶然的、额外的考试费，因此在专业学院中那些学生多的教授的收入往往也较为丰厚，特别是在巴黎。额外的专业收入也进一步加大了收入的差别，尤其是对律师和医生而言。特别是巴黎的文理学科教授，竭尽全力地试图通过额外的学术和行政职位来增加收入。这就导致了以连任为目的的非正常任命，从而对研究产生了消极影响。德国则与此不同，学者向另一所大学的流动往往提高了其学术声望。

同时，拿破仑的模式对南欧也有间接的影响：在意大利，它影响了对政治统一的渴望；在**西班牙**，它影响了对拿破仑文化殖民的反抗。在反法运动中，学生成了领袖，这也导致了 1811 年的罢课。在波旁王朝复辟之后，反对自由主义的反法政策成了主流，但政府对大学的态度则与拿破仑政权时毫无差别。1857 年立法加强了马德里政府对大学的专制控制。就
像巴黎统治着法国的大学系统一样，在整个 19 世纪，马德里也主导着西 47
班牙的大学，类似的中央大学系统也被引入南美的殖民地中。[30]

在**意大利**也是如此，拿破仑的大学系统是其模板，但其效法的成功度则存在着地域上的差别。[31] 在复辟后出现了倒退现象，伦巴底的大学处于维也纳政府的严格控制之下。在基督教国家，主教就是权威。这两种情况

---

[29] 关于法国学生的社会出身，仅有部分的研究：J. Burney, *Toulouse et son université* (Toulouse and Paris, 1988), 165(1841—1844 年统计); J.-C. Caron, *Générations romantiques. Les étudiants de Paris et le Quartier latin* (*1814-1851*) (Paris, 1991), 96 (pharmacy); V. Karady, 'Scientists and Class Structure: Social Recruitment of Students at the Parisian *École Normale supérieure* in the Nineteenth Century', *History of Education*, 8, 2 (1979), 105 (艺术与科学 1830—1849)。

[30] S. d'Irsay, *Histoire des universitiés françaises et étrangères des origines à nos jours* (Paris, 1935), vol. Ⅱ, 253-256; Peset, *Universidad española*, 401-429.

[31] R. Boudard, *Expériences françaises de l'Italie napoléonienne* (Rome, 1988).

都导致了诸多学生暴动，它们都是以追求自由和反教士为目标的。[32] 在1821 年动乱之后，皮埃蒙特国王将部分教学交付给了耶稣会士；但在他改宗自由主义之后，从 1840 年开始，他对大学系统进行了改革，设立了许多新的教席，拓展了医学研究，引入了教育学。另一方面，博士论文仍保留了其纯粹的正规风格，学生仍以地域为差别进行组合。为了应对律师潮，他又增设了其他限制。[33] 在下一阶段到来之前，这两个地中海国家以巨大的努力进行其大学系统的现代化。

普鲁士的大学模式

普鲁士的大学系统是以 1810 年洪堡创办柏林大学为形成标志的，它完全不同于拿破仑的大学系统。[34] 在 19 世纪哥廷根大学和哈勒大学的改革
48 中，独特的因素就已形成。这包括了研究对教授教学的重要性，以及由此形成的用习明纳来补充讲座、进而鼓励以研究为基础的学习，为学生进入专业学习做准备。[35] 哲学院获得了与其他学院平等乃至更高的地位，成为

㉜ *La città del sapere. I laboratori storici e i musei dell'Università di Bologna*(Bologna 1987),94-96;G. Forni,'L'università di Bologna dalla Restaurazione all'Unità nazionale',*Convegno di studi sul Risorgimento a Bologna e nell'Emilia*(*27-29 febbraio 1960*),Parte seconda:*Comunicazioni*(Bologna,1960),490-509;F. Gasnault,'La réglementation des universitiés pontificales au ⅩⅨème siècle:1. Réforme et restaurations:les avatars du grand projet zelante(1815-1834);2. Pie Ⅸ et le monopole universitaire',*Mélanges de l'École française de Rome*,*Moyen Age Temps Modernes*,96(1984),177-237,1105-1168;F. Gasnault,*La cattedra*,*l'altare*,*la nazione. Carriere universitarie nell'Ateneo di Bologna 1803-1859*(Bologna,2001).

㉝ F. Traniello(ed.),*L'Università di Torino*(Turin,1993),36-44.

㉞ G. Schubring,'Spezialschulmodell versus Universitätsmodell. Die Institutionalisierung von Forschung',in schubring(ed.),*Einsamkeit und Freiheit*(注释 2),276-326;K. Stierle,'Zwei Hauptstädte des Wissens:Paris und Berlin',in O. Pöggeler and A. Gethmann-Siefert(eds.),*Kunsterfahrung und Kulturpolitik im Berlin Hegels*,Hegel-Studien(Bonn,1983),83-111;R. vom Bruch,'Il modelle tedesco',in Porciani(ed.),*L'Università tra Otto e Novecento*(注释 9),35-59.

㉟ R. S. Turner,'University Reforms and Professorial Scholarship in Germany 1760-1806',in L. Stone(ed.),*The University in Society*(Princeton,1974),vol. Ⅱ,495-532.

柏林模式中的一个核心要素，并在康德、费希特和施莱尔马赫的著作中日益成为突出的主题。施莱尔马赫认为，大学是通过“师徒”交流、提供以哲学为基础的学术教育的场所。大学是师徒交流的理想所在，因为“大学是大师云集的场所”[36]。他这样描述大学的使命：

> 唤醒已由多种知识武装起来的心灵高贵的年轻人的学术观念，帮助他们掌握有志于从事研究的专门领域的知识，以便使他们将从学术观点看待任何事物变成为第二天性，使他们不是孤立地而是在与知识整体的密切联系中认识个别事物。这样，在他们的思想中，就意识到了学术的原理，从而获得开展研究、发现、呈现和解决问题的能力。这就是大学的职责。[37]

这种雄心勃勃的学术教育的理想有意识地否定了法国的专门学校，这是因为它歪曲了大学的真正目的，即大学是要唤醒学术精神、培养各领域研究中的关联意识，并为研习科目提供自由的选择。德国的唯心主义塑造了柏林大学的蓝图，但该蓝图在执行过程中却没有完整地在洪堡大学表现出来。尤其值得关注的是，尽管教学和科研之间的联系是普鲁士模式的核心要素，但至少在一开始，研究处于从属地位，它们是后来才逐步渗透到 49
习明纳和之后的各学院的研究所之中的。[38]

德国大学的另一特征是编外讲师制度，教授便是从中选聘产生的，它因促进了学术更新而受到外国人士的青睐，但在 19 世纪前半期的天主教

---

[36] F. Schleiermacher, *Gelegentliche Gedanken über die Universitäten im deutschen Sinn. Nebst einem Anhang über eine neu zu errichtende*(Berlin 1808),22-23（总的说来，后者是前面的再版）．关于施莱尔马赫对柏林大学模式的理念、实践和运作意义的论述，参见：W. Rüegg, ‘Der Mythos der Humboldtschen Universität’, in M. Krieg and M. Rose(eds.), *Universitas in theologia-theologia in universitate*, *Festgabe für Hans Heinrich Schmid*(Zurich,1997),155-174。

[37] Schleiermacher, *Gelegentliche Gedanken*（注释 36),33.

[38] M. Lenz, *Geschichte der königlichen Friedrich-Wilhelms-Universität zu Berlin*, vol. Ⅲ: *Wissenschaftliche Anstalten*, *Spruchkollegium*, *Statistik*(Halle,1910),3-446.

帮国中是不存在这种制度的。除了医学院和理学院之外，这一制度的创新潜能是有限的，这是因为政府决定着教师的聘用，它们往往拒绝不受欢迎的候选人。这种情况也出现在许多著名的事件中。[39]

柏林模式的特定动力机制也许并非源于费希特严格的唯心主义，而是源于施莱尔马赫和洪堡的自由主义[40]，这使得它与其他系统相比，在面对 19 世纪理性和社会的发展过程中更具开放性。政治上的分权也有利于地方以各种方式采纳或至少部分效仿该制度。而且，学生的流动性（这在法国是几乎不存在的）也在一定程度上减少了教育体制自身难以避免的惰性。因此，为了吸引那些高要求和志向的学生，教授们往往通过在其他大学举办新讲座的方式来补充教学量，这不仅满足了教授们的物质利益，而且还促进提升了学术研究。各地之间的竞争也为教授们提供了自由的尺度，使得他们能够商谈更有利的条件，特别是设备和助手的配备。个别地方也通过招聘知名教授来提高自己的声望，这在法国这样中央集权的国家中几乎是不可能的。但这些和那些因素并不能归因于某一特定的大学理念，而应归因于德国历史的特殊本质。

19 世纪上半叶，大学学生人数的迅猛增长也改善了教授的收入，这是因为他们可以从学生缴纳的学费中分得一部分。18 世纪末，莱比锡大学的教授收入仅为 225 塔拉（Taler，德国旧银币名），1820—1830 年间，
50 柏林、图宾根、马尔堡和罗斯托克的教授收入为 400—1400 塔拉。[41] 物质条件的逐步改善，使得教授们可以不再从事以往他们在旧制度中从事的兼职工作，从而使其能将更多的时间用于研究。大学的角色也随着各个学院比重的相应变化而变化着。法学院和神学院的地位有所下降，而在 19 世

[39] A. Busch, *Die Geschichte der Privatdozenten. Eine soziologische Studie zur grossbetrieblichen Entwicklung der deutschen Universitäten* (Stuttgart, 1959). 关于编外教师的起源与发展，参见第五章。

[40] Rüegg, 'Humboldt'sche Universität'(注释 36), 169-170.

[41] C. E. McClelland, 'Die deutschen Hochschullehrer als Elite 1815-1850', in Schwabe (ed.), *Deutsche Hochschullehrer*, 37.

纪80年代的医学院和哲学院则显示出增长的势头，分别占学生总数的21.5%和40.3%。当时尚未分为文学院和理学院的哲学院成了高等教育师资的摇篮，当这些教师通过制度竞争分布到各地，模仿便到处发生。教学形式也发生了变化。除讲座外，习明纳逐渐被引入神学、古典和现代哲学、历史学和经济学之中。[42] 诸如吉森的化学家李比希（Liebig，1803—1873）所拥有的习明纳研究所和实验室，以及临床诊所日益受到关注，成为未来的学者、教授或研究者教育的必需。这种发展使得大学生活的实际状况日益接近于19世纪初改革者们所设想的理念。

当然，旧有的制度还继续存在着。例如，在诸如巴伐利亚之类的天主教地区中，信仰上的偏见依然和哲学院的从属地位联系在一起，日耳曼的王子们依然保留着原有的传统，维持对“他们的”大学的政治监视。1819年，梅特涅（1773—1859）呼吁召开的德意志诸邦的卡尔斯巴德会议（Carlsbad conference，1819），决定在每所大学中任命一位政府代表。1848年后，在普鲁士，政府代表被学监（curator）取代，其职责仅限于负责与国家直接相关的事务。理论上自由竞争的系统（这个系统具有欧洲难以相比的众多参与者）由于委任教授职位中任人唯亲所产生的潜在惰性而被破坏，这种现象尤其存在于那些规模较小的大学，如基尔、吉森和马尔堡大学。[43] 政府试图为非专业的或私人讲座者提供大量的教学岗位，进而鼓励年轻学者间的竞争，但与此同时，这也限制了教授对职位的控制，使其倾向于录用自己的学生，而不是外部的竞争者。非学术领域的竞争也同样遭到破坏，在一战之前，在由新教主导的地区，天主教徒受到歧视， 51

---

[42] B. vom Brocke, 'Verschenkte Optionen. Die Herausforderung der Preussischen Akademie durch neue Organisationsformen der Forschung um 1900, Tabelle 2: Gründungswellen geisteswissenschaftlicher Seminare an den 21 Universitäten des Deutschen Reiches im 19. Jahrhundert', in J. Kocka, R. Hohlfeld and P. T. Walther (eds.), *Die Königlich Preussische Akademie der Wissenschaften zu Berlin im Kaiserreich* (Berlin, 1999), 129.

[43] P. Moraw, 'Humblodt in Giessen. Zur Professorenberufung an einer deutschen Universität des 19. Jahrhunderts', *Geschichte und Gesellschaft*, 10(1984), 47-71.

而犹太人则被排斥在教授职位之外。[44]

奥地利，毫无疑问，由于同样使用德语，它也效仿了普鲁士的模式，但与德国大学相比，它们所采用的形式更为传统与专制。1773 年，在驱赶了耶稣会士后，根据 1777 年的《教育法令》（*Ratio educationis*），整个教育系统都被置于维也纳政府的管辖之下，甚至在帝国的非德语地区也是如此，而 1815—1848 年间专制主义的延续也使得德国改革模式的引入日益维艰。大学系统的全部职责就在于为一个差异很大的帝国培养其所需的官员、牧师、公务员和教师。因此，教学计划制定得极为详尽，与德国盛行的教学自由形成了鲜明的反差。除维也纳的医学院外，奥地利大学的学术荒废，但学生“同乡会”和博士学院（doctoral colleges）等中世纪的传统依然存在。

在 1848 年革命中，维也纳和匈牙利的学生扮演了领导者的角色，他们强迫政府逐步采纳了普鲁士的模式。1849—1860 年间的教育部长恩施泰因（Count leo von Thun und Hohenstein，1811—1888），按照德国模式组织了文科中学（*Gymnasien*）和学院，并从德国邀请了大批优秀的大学教师来到奥地利。文科中学的教学时间延长了两年，大学也不用再像过去的文学院那样教授初学者，这样，通过中学毕业考试也就成了升入大学的必要条件。就这样，与德国一样，哲学院取得了与其他学院对等的地位。政府废止了学生的“同乡会”，并根据学生入学人数按比例为教师发放津贴。编外讲师数量的增加，加速了对教授席位的需求，而德国教授的引入也强化了竞争，逐步提高了其学术水平。尽管如此，直到一战之前，奥匈帝国的大学系统还是不同于德国，学院对学生进行的是专业化的培训，尤其是法学院，它往往要比文学院大得多。1860 年，维也纳有 45.7%的学

---

[44] N. Hammerstein, 'Bildungsdefizit und Bildungschancen der Katholiken im 19. Jahrhundert: Universitäten und Wissenschaften', *Rottenburger Jahrbuch für Kirchengeschichte*, 14(1995), 131-152; N. Hammerstein, *Antisemitismus und deutsche Universitäten* (Frankfurt, 1995).

生在法学院注册，1909 年达到了 53.8%。在匈牙利，该比例在 60%左 52
右。[45] 这就是“约瑟夫主义”（Josephism）的官僚传统，它在拿破仑体制中发挥到了极致。

在沙皇**俄国**，普鲁士的模式发生了更大的变化。19 世纪初的高等教育改革，否定了法国专门学校的模式，而采用了德国模式。第一批教授就是德国人或者在德国（尤其是在哥廷根大学）受教育的俄国人。新体制的内在矛盾贯穿于整个沙皇时期，这就是在以研究和自治——至少在理论上是如此——为特征的德国模式的大学中，进行着与法国的大学校极为相似的公务员教育。这种紧张关系导致了在自由和压迫间的“钟摆”运动，在自由时期彰显的是学生们渴望并为之行动的西方理念和政治参与，而在压迫军事化阶段则是国家在加强控制。

第一次变化发生在 19 世纪 30 年代，这是对 1830—1832 年西欧和波兰革命的反应。从 1835 年开始，学生被迫穿制服，这明确地表明他们必须接受政府的管辖。同时还规定了严格的课程，教授被迫宣誓效忠于东正教、独裁政治与沙皇当局。欧洲 1848 年革命事件导致了俄国大学的军事化管制。由政府任命的校长统治着教学队伍，持不同政见者被清除，讲课内容要送交接受初步审查。大学提高了学费，以减少学生人数，并要求学生轮流服兵役，接受严格的监视。诸如宪法、哲学等具有政治风险的学科从教学大纲中消失了。但在 1860 年后，崭新的、更为强盛的自由主义再次盛行，学科控制逐渐放松，讲座也对外开放。

为了与初衷保持一致，即将贵族纳入政府部门，大学仅招收少量的非贵族学生。1831 年，在莫斯科有 65.9%的学生，要么是贵族要么是高级官员的儿子，在基辅、喀山和圣彼得堡的比例也是如此。[46] 教学体制非常
严格，每周有 20 多个小时的必修课，年考必须过关，否则无法升学，正常 4 53

---

[45] Engelbrecht, *Bildungswesens*（注释 20）, vol. Ⅳ, 237; Karady, 'Nation de juristes'（注释 21）, 196.

[46] 数据计算来源：Besançon, *Éducation et société en Russie*（注释 7）, 82。其他信息同样出自此书。

年的学习自动延长至 6 年。但仍有超过 2/3 的学生通过了毕业考试。由于其精英结构和与学术资格息息相关的社会便利，因此，即使他们无法实现其教育理想，大学也在俄国享有很高的威望。

欧洲的大学模式：大不列颠

说英国大学是一种“模式”，只是一种比喻。英格兰和苏格兰大学的最突出特点，与其说是国家政策的结果，不如说是数个世纪的传统与长期的局部改革的妥协。此外，正如英国大学调查显示的那样，也有新的机构试图通过私人或市政创设来弥补传统大学的不足。其结果是使得高等教育机构出现了多样化的形式，这与缺少内部联系的法国模式和德国模式形成了鲜明的对比。只有到本卷所涵盖的历史阶段的后期，才可称得上“模式”，这是因为在原有的纷繁复杂的英国大学系统中已出现了一定程度的全国一致性。这其中有多种因素在发生作用：新大学的成功、德国模式的影响、重建旧大学的尝试，以及学术职业轨道的形成，由于新大学中的教授都十分向往牛津—剑桥，这就意味着在各类大学中出现诸多的一致性。[47]

19 世纪初，苏格兰大学不同于两所古老的英国大学。[48] 它们更像其大陆的同伴，但主要受国家的财政支持，也时常受到社会中产阶级的资助。它们不要求学生住校，也没有导师，与英格兰的学院相比，它们的教学更依赖于教授讲座。此外还有慷慨的资助体制、灵活的学习课程和入学程序，这也使得那些有职业的人能够学习。1828 年与 1876 年的两部皇家委托令和 1858 年与 1889 年的两部议会法案，促使它们先于英格兰进行改革，增进了学术研究的新领域。从 1820 年始，其学生数为 4250 人，这与学生数不足 1000 人的英格兰相比而言，算是较高的了；[49] 改革的批评者认

---

[47] Sutherland，‘Education’(注释 8)，138.

[48] R. D. Anderson，*Education and Opportunity in Victorian Scotland*(Oxford，1983).

[49] *Ibid.*，347.

为他们制衡了“民主理性”的权力。[50] 牛津和剑桥提供的是人文主义教 54
育，职业培训是在校外进行的，而苏格兰大学则像欧洲大陆的大部分大学一样，提供这两类教育。它们是第一批提供医学临床教学的英国大学，这也吸引了来自北欧，甚至英格兰的学生。

19 世纪初，牛津和剑桥在各个方面都表现出另一番景象。它们正慢慢地从 18 世纪的停滞中苏醒。到 1829 年前后，每年注册人数达 840 名，终于恢复到了 17 世纪的一般水平。[51] 强制性的寄宿制、高额的学费、除牧师外不进行任何职业培训，以及必须是国教徒的规定，限制了学生数量。正规的考试制度的引入，如剑桥大学的荣誉学位考试（Tripos），渐渐地提高了学习及学生的质量。由于它们丰厚的财产及地产，以及与国教的密切联系，这两所大学可以从政府那里享受到完全的自治。其教育理想是培养受到良好教育的绅士，对他们而言，美德与知识具有同样的价值。因此，大学的师生比较低，尤其是当它们与欧洲大陆进行比较时。1814 年，牛津的师生比为 1∶19，1900 年为 1∶16。[52] 荣誉学位考试，就像法国的大学荣誉考试（concours）一样，的确也导致了某种程度的精英竞争。这也为未来职业提供了重要的资质，而且正如其名称所示，它们从其所反映的挑战性到学生个人的智力才能上都赢得了应有的价值。

在 1870 年法案宣布废除牛津和剑桥的宗教限制之前，1828 年，它们就已经处于伦敦第一所非国教学院的围困之中了，这就是后来的大学学院（University College）。作为回应，1831 年，英国国教建立了国王学院（King's College）。1836 年，自由主义的辉格政府将两校合并为伦敦大学，
并给予它授予伦敦学院毕业生学位的权利。这样，新大学的建立促进了英 55

---

[50] G. Davie, *The Democratic Intellect: Scotland and Her Universities in the 19th Century*, *Edinburgh* University Publications: History, Philosophy and Economics 12(Edinburgh, 1961).

[51] L. Stone, 'The Size and Composition of the Oxford Student Body, 1580-1910', in Stone (ed.), *University*（注释 35），3-109.

[52] A. J. Engel, *From Clergyman to Don: The Rise of Academic Profession in 19th-Century Oxford*（Oxford and New York, 1983），288.

国大学系统的多样化，它不再要求学生寄宿，但与苏格兰大学不同的是，它没有形成内部一致性。[53] 它也授予“校外学位”（external degrees），并鼓励在南安普敦和莱斯特（Leicester）等郡建立大学学院。

英国大学发展的第三阶段是由城市大学（civil universities）的建立构成的，其中有些是以这种形式建立的，另外一些，如伯明翰等，则是地方企业及实际需要的产物。此外，还有大量被认定为是准大学的机构（sub-University institutions），主要从事技术学科与艺术教育。

法国的局部改革：1868—1904[54]

从1860—1940年，这段时期的教育史和社会史是以大学系统的多样化、扩张和专业化为特征的。[55] 这三方面的现象是随着德国模式影响的加剧而出现的，但也因民族差异和具体情况的不同而不同。

从1830年开始，拿破仑学院系统的衰败逐渐显迹，并遭到了来自教授和政治家们的公开批判。[56] 在对1871年战争失利的原因调查中，以德国模式来发展学院中的科学研究，并减少教育组织系统的过度集权这双重任务成了重中之重，这也为改革派带来了新的驱动。1868年，由维克多·迪吕伊推进的高等研究院第一批四个机构的成立，完成了第一项任务。肩负教学任务的研究所和传递知识的习明纳，也开始出现。这与学院面向公众举办公开讲座的传统方法有很大的不同。而第二项任务则难以很快实
56 现。这是因为，它需要有效的地方支持，需要共和主义的自由化，选举产生的自由派的治安官参与大学城的事务。同时，这也需要加强教学力量以

---

[53] S. Rothblatt, ‘London: A Metropolitan University?’, in T. Bender (ed.), *The University and the City: From Medieval Origins to the Present* (Oxford, 1991), 119-149.

[54] 特别参见Karady和Weisz的成果，在注释5中有引用。

[55] 参见Jarausch(ed.)的副标题，‘Transformation’(注释8). Titze *et al.*, *Wachstum und Differenzierung*(注释2)。

[56] 参见：V. Cousin, *Rapport sur l'état de l'instruction publique dans quelques pays d'Allemagne et particulièrement en Prusse* (Paris, 1832)。

及财政投入力度。事实上，从1865年至1919年，教学人员的数量较之从前翻了3番，而1875—1913年的学院开支也翻了3番。大多数大学都有了新建筑或规模更大的建筑。学院（academic faculties）也加入了专业行列，因此，也更加接近于德国模式。行政结构方面的改革，证明是最为困难的。根据1896年的相关法律，学院再次被整合形成大学，正如德国模式一样，由选举的委员组成法人团体，他们可掌控部分的经费，创建或撤销教席、接受赠予——简言之即具有自主权。

与德国模式相比，这仅是局部的改革。分权化在实际中并没有发挥作用，所有的权力仍然集中在巴黎。1876年，有55%的法国学生在巴黎注册；1914年，该数据为43%；1934—1935年，又上升到54.9%。而且，各类学院以对等的身份与大学合并（但在意大利和西班牙却出现了一流大学和二流大学的区分），这便阻碍了能与巴黎抗衡的区域精英中心的形成。而在1900年后采取的某些措施又进一步加强了中央集权，例如，1903年，决定将巴黎高等师范学校整合到巴黎大学中去。最后但却同样重要的是，财富集中于首都也意味着地方大学的私人捐赠再也无法与巴黎大学获得的捐赠同日而语，但应用科学除外。这些私人资助促进了新的教席或研究所的建立，进一步扩大了巴黎大学对地方大学的优势。[57]

改革也促进了学科教学的多样化。新教职的建立充实了教学队伍。后者是由各级别构成的：与德国讲座教授（*Ordinarien*）相对应的是讲座教授（*professeurs titulaires*）；与编外教授（*Extraordinarien*）对应的是课程教师（*chargés de cours*）或副教授（*professeurs adjoints*）；在整个大学讲师（*maîtres de conferences*）的入门层次还引进了（德国）编外讲师的模式——但他们拥有与公务员相当的地位，常常在短时间内就可被提拔为正式讲师。大学改革对文、理学院有特别的影响。而法学院、医学院和药物学院，尽管受到严厉的批评，却仍然保留了高等教师资格考试（*con-*

---

[57] R. Fox and G. Weisz(eds.), *The Organization of Science and Technology in France (1808-1914)*(Paris and Cambridge, 1980); M.-J. Nye, *Science in the Provinces: Scientific Communities and Provincial Leadership in France 1860-1930*(Berkeley, 1985); Paul, *Knowledge*.

cours d'agrégation）制度。这使得各种形式的大学职业准入制度建立起来
57 了。文法讲师主要来自高等学校，而科学家们也有机会凭借他们在实验室的高超技艺而获得提升。这些差别与各学院之间的其他差异共同阻碍了大学中各系间团结意识的形成，而在德国却不是这样。[58]

国家监督仍是难以忍受的，大学的实际负责人——校长（*recteur*）仍是由国家任命的，他们要对行政职权内的整个教育体系统，即学院（*acdémie*）负责。考试制度束缚着知识创新。改革尤其受到了控制着技术和行政职业准入资格的大学校的掣肘。[59] 尽管共和党人进行了各种的改革尝试，但那些精英学校不仅依旧保持着他们的主导地位，而且还保留并扩充了他们的特权。除早期的一些学校外——矿业学校（*École des mines*）、路桥学校（*École des ponts et chaussées*）、巴黎高等师范学校和中央工艺与手工制造学校（*École centrale*）——1881年又增加了一些商业学校，如高级商业研究学院（*HEC*）和高等商学院（*hautes études commerciales*）；新技术学校，如1894年的高等电气学校（*École supérieure d'électricité*）和1909年的高等航空学校（*École supérieure d'aéronautique*）；行政管理学校，如殖民地学校（*Ecole coloniale*）和高等邮电学校（*École supérieure des PTT*），以及1871年成立的政治科学自由学院（*École libre des sciences politiques*），它是为政府部门的高级管理职位入门考试做准备的私立学校。1875年后建立的天主教学院，也是为学生的专门职业发展做准备的。这些学校的毕业生所属的社会阶级之广超出了普遍的预期，由于他们都是通过考试进入大学的，因此他们往往以其技术和专业知识见长，以竞争精神和对某特定精英集团的归属感见长，而这一切都是与大学的教育理念相矛盾的。

---

[58] Charle, *République des universitaires*.

[59] 参见：Belhoste *et al*.（eds.），*Formation polytechnicienne*（注释4）。

德国模式的危机

在19世纪末以及内战期间，当德国模式横扫整个欧洲以及欧洲以外的地区时，它在德国本土却遭遇危机，暴露出其原始概念在设计时忽略的诸多问题。这涉及将现代技术整合入大学和教学人员等级化所带来的问题。这些危机不仅影响到大学的发展，而且也影响到大学目标的实现。

1830—1865年，学生人数几乎没有变化，而到1914年却长了4倍，总数达到61 000人。这种增长对小型大学和文学院尤为有利。几个世纪 58
以来，文学院学生的数量第一次超过法学院，但在1830—1914年间神学院的注册学生人数则锐减至原来的一半。这些发展反映了大学学习向现代职业的转向。除已有的大学外，技术大学也从原来的国立专门学院或私立专门学院中应运而生，如1879—1880年的亚琛（Aachen，原为综合技术学校，建于1865年）、1879年的柏林（原为1799年的皇家建筑学会）、1877年的不伦瑞克（Brunswick，原为1745年的卡洛琳学院［*Collegium Carolinum*］）、1904年的但泽（Danzig）、1868年的达姆施塔特（Darmstadt，原为1812年的建筑学校）、1890年的德累斯顿（Dresden，原为1742年的工程学院）、1879年的汉诺威（Hanover，原为1831年的高等商业学校）、1865年的卡尔斯鲁厄（Karlsruhe，原为1800的Weinbrenner建筑学校）、1868年的慕尼黑（原为1827年的综合技术中心学校）、1876年的斯图加特（原为1829年的文、理、商联合学校）。[60] 这些学校学生人数增长也远远超过了大学：从1871—1872年冬的5000人增长到1903年的17 000人，约为原来的三倍，而同期大学学生数仅为原来的两倍。但这些技术学校仍为大学轻视，被视为二等公民。在经过艰难的斗争后，1865年，它们最终获得了自主权，并于1899年获得了授予博士学位的权

[60] 参见：'European Universities and Similar Institutions in Existence Between 1812 and the End of 1944',673-709。

利，进而获得了与大学同等的地位。

这些新学生与之前的学生相比，大多不是来自有文化的中产阶级。因此，他们持有的是一种更加实用的观点。学习就是为了谋生，他们对洪堡的教育理念不感兴趣，他们需要的是特定的职业培训。这也导致了教授们的误解，他们在特定领域内的专业化程度不断提高，并日益脱离社会，他们中有些人甚至还沉湎于对德国沦陷的深刻缅怀之中。[61] 学生人数的增长与可能的研究领域的多样化的出现，促进了保守主义情绪的抬头，他们开始担忧“学术无产阶级”（an academic proletariat）的出现。的确如此，因为在德国大学系统中缺少像法国考试制度一样的规范机制。此外，专业渠道的自由化意味着法、医、文和理学院的学生增长已超过了实际需要发
59 展的临界点。到世纪之交，德国系统的灵活性使其可以无须通过强制来解决毕业生供大于求的问题，但到魏玛共和国期间，这个矛盾再次趋于尖锐。[62]

比学生人数危机产生的影响更为严重的危机，是德国模式的理念危机，这导致了大学内部的分裂。洪堡大学是以学术方法来造就教育精英，他们大多来自有文化的中产阶级和贵族阶级。但这一切都发生了变化，大学中的学生主体大多希望从所受的教育中获利，在 1900 年后，它们甚至开始招收女生。学生中只有部分是从人文主义的文科中学里毕业的，这使得他们对人文学科价值毫无兴趣；他们的学习也完全集中于实践领域，集中于职业的实用性与专门性。在帝国建立之后，一些个别邦国的政府依然要为大学事务负责，它们通过在现有高等教育机构和大学中开设满足工业社会需求的课程来鼓励这种趋势。他们也支持构建研究与商业的联系，以扩大德国的影响，便于外国学生进入德国大学。这些新的职责不可避免地引发了对原有大学理念的质疑。

---

[61] 参见：Jarausch，*Students Imperial Germany*； J. Craig，*Scholarship and Nation Building：The Universities of Strasbourg and Alsatian Society，1870-1939*（Chicago and London，1984）。

[62] H. Titze，*Der Akademikerzyklus. Historische Untersuchungen über die Wiederkehr von Überfüllung und Mangel in akademischen Karrieren*（Göttingen，1990），389-422.

教师群体的结构、社会构成和意识形态的变化中所显现的危机，也影响到了支持原有大学理念的教授们。首当其冲的变化就是非专业教职工的迅速增长，他们大多处于特定的学科，如科学或医学，并构成了学院中的主体，但却没有发言权。教授与高级讲师（reader）或私人讲师之间在数量上的差异逐步缩小，并使其事业上的发展日益艰难。所有这些不满情绪，都在1914年前一场由非专业的教职工组织的抗议运动中得到了体现。[63] 非专业教职工数量的迅猛增长一方面可以从邦国的财政政策方面进行解释，它可以使政府从这些低工资甚至根本没有工资的教师中节省大批经费。这也是教授社会地位优越的结果，进而吸引了越来越多的候选人。另一个深层次的原因是，学术专门化的持续发展，往往意味着新的研究领域将被委派给非专业的同行们，至少在一开始是这样。这将对他们的创新能力产生积极的影响，但同时也将带来挫败感，这是因为学校不可能提拔所有的人。地位上的差异也反映在收入水平上。教授的候选人们要么是在 60
获得任命后取得其收入，要么就要接受二等公民的地位。一战刚结束时，马克斯·韦伯（Max Weber，1864—1920）就声称，“德国的学术职业从根本上说是建立在财阀政治的基础上的。”[64] 其结果就是当学生群体日益向社会开放时，教师群体则日益隔绝。1918年后，许多“旧官僚”仍效忠于皇帝，这是因为他们大多对民主持保留意见，甚至反对民主，并日益与整个德国社会相隔绝。[65]

---

[63] R. vom Bruch, 'Universitätsreform als soziale Bewegung. Zur Nicht-Ordinarienfrage im späten deutschen Kaiserreich', *Geschichte und Gesellschaft*, 10(1984), 72-91.

[64] M. Weber, *Wissenschaft als Beruf* (1917-1919), ed. W. J. Mommsen and W. Schluchter (Tübingen, 1992), 71-72.

[65] 参见：F. K. Ringer, *The Decline of the German Mandarins: The German Academic Community, 1890-1933* (Cambridge, Mass., 1969); F. K. Ringer, 'A Sociography of German Academics, 1863-1938', *Central European History*, 25, 3(1993), 251-280。

此外，大学自治也日益受到政府的干预，这体现在教授的任命中[66]——事实上整个欧洲都是如此；体现在科学研究所、医学和研究开销对政府财政依赖性的日益加强；体现在文科图书馆扩充对政府的资助的依附。1860 年，柏林的教授工资构成了大学预算的主要部分。但从 1870 年开始，习明纳、研究所及其开支日益增加，并超过了人员工资，因此，到 1910 年，大学预算的一半已为研究所和习明纳的运行经费所占用，此外还有建设和仪器设备的花费。1882—1907 年间，普鲁士大学共增加了 9 个新的法学习明纳、4 个神学习明纳、77 个文理习明纳或研究所，以及 86 个医学研究所、实验室和临床诊所。[67] 1887 年，柏林建立了帝国物理技术学院（Imperial Physical-Technical Institute），1911 年又建立了威廉皇帝研究所，它们将大学之外的政府、企业和研究紧密地联系在一起，迈出了
61 教学与科研分野的重要一步。[68] 一方面，1890 年，应西奥多·蒙森（Theodor Mommsen，1817—1903）的要求，撤销了“巨型研究”（*Grossforschung*），意在防止大学演变为“大工厂”（*Grossbetrieb*），这是由威廉皇帝研究所主席、神学家阿道夫·冯·哈纳克（Adolf von Harnack，1851—1930）首次使用的概念，这实际上维持了大学中研究与教学的联系。而另一方面，如果忽视了考试制度以及以大学校为表现形式的精英大学的话，

---

[66] B. vom Brocke, 'Hochschul-und Wissenschaftspolitik in Preussen und im Deutschen Kaiserreich 1882-1907: Das System Althoff', in P. Baumgart(eds.), *Preussen in der Geschichte*, vol. Ⅰ: *Bildungspolitik in Preussen zur Zeit des Kaiserreiches*(Stuttgart, 1980), 9-118.

[67] McClelland, 'Die deutschen Hochschullehrer', (注释 41), 280-281.

[68] R. Riese, *Die Hochschule auf dem Wege zum wissenschaftlichen Grossbetrieb. Die Universität Heidelberg und das badische Hochschulwesen 1860-1914* (Stuttgart, 1977); *Forschung im Spannungsfeld*; D. Lee Cahan, *An Institute for the Empire: The Physikalisch-Technische Reichsanstalt*(Cambridge, 1988); B. vom Brocke, 'Forschung und industrieller Fortschritt: Berlin als Wissenschaftszentrum', in W. Ribbe and J. Schmädeke(ed.), *Berlin im Europa der Neuzeit*(Berlin, 1990), 165-197; B. vom Brocke, 'Im Grossbetrieb der Wissenschaft. Adolf von Harnack als Wissenschaftsorganisator und Wissenschaftspolitiker—zwischen Preussischer Akademie und Kaiser-Wilhelm-Gesellschaft. Auch ein Beitrag zur vergeblichen Reform der deutschen Akademien seit 1900', *Sitzungsberichte der Leibniz-Sozietät*, 45, 2(2001), 59-144.

那么作为一个整体的德国大学及其学术制度，就将陷入当初它们所反对的拿破仑模式的泥潭中。

1900—1945年间，企业大学在曼海姆（Mannheim，1908）的建立，法兰克福（1914）、科隆和汉堡（1919）三所城市大学中新的社会研究与经济学院的建立，以及以汉堡为例的教师教育机构的建立，都说明了人们已意识到古典大学中的缺陷。但这种摇摆不定的变革并不足以适应内战时期毕业生所面临的社会危机。任何改革都受到了纳粹政权对大学所采取的敌对政策的阻碍。对教授创新能力与自由意志的大清洗，进一步加剧了教师群体中的反抗力量，虽然他们削减了学生人数，缓和了毕业生的失业问题，但是大学中结构性变革的问题依然存在。[69]

英国体制内的变革与调整[70]

19世纪末，英国大学经历了自13世纪早期大学建立以来最重要的变革。19世纪70年代，牛津和剑桥受到议会法令的压力，开始面向现代社会，招收非国教徒和妇女学生。学院也逐步开始允许学生结婚。[71] 现在，真正的学术职业开始出现，而在从前，在大学中任教往往只是通向教会职业、专业职业或公务员职业的过渡阶段。学生人数经过长期的低迷之后有了明显的增长。[72] 19世纪中叶左右尚仅限于古典学科和数学的课程，也已 62
经扩展到了自然科学、历史、法学和外语。研究终于有了起色，特别是在剑桥，要感谢德文郡八世公爵卡文迪什（Spencer Compton Cavendish，

---

[69] H. Titze, 'Hochschulen', in D. Langewiesche and H. E. Tenorth (eds.), *Handbuch der deutschen Bildungsgeschichte*, vol. Ⅴ: *1918-1945. Die Weimarer Republik und die nationalsozialistische Diktatur* (Munich, 1989), 209-240.

[70] Anderson, *Universities and Elites* (注释 8); C. Brooke and R. Highfield, *Oxford and Cambridge* (Cambridge, 1988); *History of Oxford*, Ⅷ; N. Boyd Harte, *The University of London, 1836-1986* (London, 1986).

[71] Engel, *From Clergyman to Don* (注释 52), 288.

[72] Lowe, 'Expansion' (注释 8), 45, 表 1.

8th Duke of Devonshire，1833—1908）的遗赠，这使得卡文迪什实验室得以在 1871 年成立，并从此成了英国科学精英的摇篮。

尽管如此，英国大学图景中最为重要的变化却是发生在牛津、剑桥之外，即城市大学在地方大城市中的繁荣，其主要任务是为工业化的城市社会培育新的领袖。在它们完全获得皇家特许状的认可之前，是由伦敦大学为其毕业生颁发文凭的；在大部分地区，它们通过整合各类专门机构进而实现了飞速的扩张，例如：各医院的医学学校、皇家矿业学校、皇家科学学院、中央技术学院于 1907 年合并为帝国科学与技术学院，1898 年成立了伦敦经济学院和许多女子学院。1898 年，伦敦大学，这所巨型大学拥有了自己的章程。[73]

打破中世纪传统的第二项创新是政府提高了对大学的资助水平，这既包括了能够通过投资收入实现自给自足的牛津和剑桥，也包括了通过私人或城市基金会来维持的城市大学。1889 年，就政府资助达成了一致意见，到 1906 年便达到了 10 万英镑；尽管该额度与欧洲大陆的大学获得的资助相比要少得多，但仍实属可观。例如，1890 年法国对 15 所学院的资助是英国的 4 倍。苏格兰大学则比其英格兰大学更依赖于政府资助。从 1892 年起，它们每年获得政府 7.2 万英镑的资助。此外，还有基建投资、地方商业人士对建立实用学科的捐赠；从 1901 年起，美国亿万富翁安德鲁·卡内基（Andrew Carnegie，1835—1919）设立的基金会还为其提供 100 万英镑的资助。[74]

在牛津、剑桥学习的学生依然大多出身于精英阶层。在新大学，特别
63 是在苏格兰的大学，则出现了与欧洲大陆相似的情况。1910 年，在格拉斯哥大学有 24%的学生来自工人阶级家庭，有 20%的学生出身于鞋商、

[73] Boyd Harte, *University of London*（注释 70），166-167.

[74] 1913 年，剑桥各学院收入总计为 45.15 万英镑，支出为 43.76 万英镑；牛津各学院的收入为 56.52 万英镑，支出为 56.09 万英镑。参见：J. P. D. Dunbabin, 'Oxford and Cambridge College Finances', *Economic History Review*（1975），640。关于苏格兰大学的财政，参见：Anderson, *Education*（注释 48），285。

小店主和书记员家庭，尽管这两大群体共占不列颠总人口的90%，但在牛津，它们所占的比重却只有10%。[75] 社会构成方面的差异，在很大程度上是由经济状况决定的。在苏格兰，学生只需交纳很少的学费，并且还能获得诸多奖学金中的一部分。而且，学校体制也发展得较为成熟。在英格兰，尽管也有各类的学院奖学金，但是牛津、剑桥的学生大多来自收费高昂的公学，他们每年需要支付的学费为200镑，这相当于一个中产阶级家庭一年的收入。1910年，在英格兰的大学里，仅有7%的学生获得奖学金，而且还主要是由市政当局为技术培训提供的奖学金。

这一时期，英国大学系统的社会角色也开始发生变化。在新大学于特定领域树立起威望之前，牛津和剑桥几乎培养英国的所有精英。正是由于它们能够从公学和文法学校中选取最好的学生，并根据时代的需要改革课程，因此，它们也就决定了学术标准。[76] 与此同时，地方大学的一些学生在牛津、剑桥中完成了他们的学业，他们中的有些人成了新大学中的教授。这便进一步促使了苏格兰大学的"英格兰化"。[77] 事实上，1889年后，在一个新组成的委员会的领导下，变革开始了，通过引入入学考试，设立新教席，设置助教与讲师以扩充教职，建立理学院，安排研究任务并使之与博士培养相联系，拓宽课程并设立荣誉课程等渠道，削弱了苏格兰大学模式的主要特征。[78] 但英格兰模式的基本结构却没有变化：学科等级森严，这使得社会学或商学难以进入大学；高度重视通识教育；实行个人导师制；并尽可能地保留学院制。[79]

---

[75] Anderson,*Education*,310-311;Stone,'Size and Composition'(注释51),103,表11.关于剑桥:*University of Cambridge*,Ⅳ,602:between 1752 and 1886 3.2 per cent were 'Plebeians'。关于牛津:*History of Oxford*,Ⅷ,56,表3.3(1900-1913,1920-1939,1946-1967)。

[76] 参见:B. Simon,H. Steedman,J. Honey and R. Lowe,in D. K. Müller,F. Ringer and B. Simon(eds.),*The Rise of the Modern Educational System,Structural Change and Social Reproduction 1870-1920*,3rd edn(Cambridge and Paris,1989)。

[77] Anderson,*Universities and Elites*(注释8),17;Anderson,*Education*(注释48),16-24.

[78] Anderson,*Education*,(注释48),268-275.

[79] Halsey and Trow,*British Academics*(注释8).

64 两次大战期间的英国大学没有根本性的变化，但是，与日俱增的财政困难也导致国家的进一步介入。1920 年后，政府设立了学生奖学金（男生及女生），到 1936 年已达到 360 个名额。1919 年，成立了大学拨款委员会（University Grants Committee），它是一个自治性的大学组织，主要负责在各大学中分配政府拨款，很快地，它便成为大学财政的支柱之一。[80] 即便是在牛津和剑桥，由战争引发的通货膨胀使其财力大打折扣，被迫依赖于政府资助。1936—1937 年间，资助的额度达 231 万英镑，占英国大学收入的 36.06%。[81] 但与欧洲大陆的大学相比，其拨款比例仍较低，这说明英国的大学在很大程度上依然是一个自足的实体。

德国模式影响下的变化

19 世纪后半叶，奥匈帝国以及新建立的巴尔干国家都受到了德国模式的影响。大学因此也在两个不同的体系中摇摆。一方面，它们实现了现代化，并与德国保持密切的联系，向在奥地利和远在布达佩斯的说德语的教授和学生开放。但在另一方面，它们主要受内地不发达农业的影响，因此，与 19 世纪上半叶的西方大学相比，其学术职业的前景更多地依赖于政府部门、教会、法律或医疗部门，而不是科学与艺术。约瑟芬时代的重要遗产之一就是孕育了大量的技术学院。这一时期大学景象中的更深层次的特征，就是诸多由民族和教派冲突引发的矛盾与紧张关系。越是来自东部的学生，他们想去西方，去维也纳或去德国、瑞士的大学的渴望就越强烈，后来他们也愿去巴黎。其结果就是，新近建立的一些大学未能吸引到最有抱负的学生。

奥匈帝国的大学渐渐获得了使用本地语言进行教学的权利，就这样，

---

[80] E. Hutchinson, 'The Origins of the University Grants Committee', *Minerva. A Review of Science, Learning and Policy*, 13, 4(1975), 583-620.

[81] *Ibid.*, 612, 表Ⅳ；参见：Sutherland, 'Education'（注释 8），157；Halsey and Trow, *British Academics*（注释 8），63。

匈牙利语首先出现在布达佩斯，然后逐渐扩展到科洛斯堡（Koloszvar）、德布勒森（Debrecen）和布拉迪斯拉发（Bratislava）；波兰语出现在莱姆伯格（Lemberg）和克拉科（Cracow）；捷克语出现在布拉格的技术大学； 65
克罗地亚语出现在萨格勒布（Zagreb）等。通过这种途径，它们成了民族主义运动的中心，这使得它们既疏远了德国大学的模式，又抛弃了国际文化生活。

匈牙利大学的特征在于强调法学，这也受到了统治阶级的支持，匈牙利因此也以“律师国家”[82] 而著称。这种数量上的优势可以从1867年妥协后匈牙利文官制度的发展以及法律知识在自由经济中的重要作用得到解释。由于地租的消逝，使得依赖地租为生的中低贵族热衷于学习法律，以期获得公务员职务。世纪之交，他们遭到了来自中产阶级，特别是犹太人的竞争，犹太人充分利用了多学科的知识，并对其进行整合，形成了一种与相关活动结合在一起的、易于掌握的学习模式。随着日耳曼裔和斯拉夫裔融入主流的匈牙利文化，通往法律界的道路就变得更加平坦。

在两次世界大战期间，匈牙利的功用就像“熔炉”，这给匈牙利的少数民族带来了不便。《特里亚农条约》留下的是一个满目疮痍、危机四伏的民族国家，并导致了学院和官员的过剩，但尽管贫困，他们还是将大学和精英们从沦陷的领土中送回了祖国。为了应对这种情况，统治阶级出台了一项法案，提出了反犹主义的“名额限制”方案，这使得许多匈牙利的犹太人去国外学习，甚至永久定居于国外。[83] “名额限制”法也针对那些战前就已成功获得高等教育教席的年轻女性。由此引发了两大变革：一方面，科学、技术和医学研究开始与法学比肩，另一方面，匈牙利的学生数下降，而国外的留学生则增多。

在**比利时和尼德兰**，19世纪80年代之前，大学的校门是相当开放的，

---

[82] Karady, 'Nation de juristes'(注释 21), 106-124; V. Karady, 'Jewish Over-Schooling: Its Sociological Dimensions', in V. Karady and W. Mitter(eds.), *Sozialstruktur und Bildungswesen in Mitteleuropa*(Vienna and Cologne, 1990), 209.

[83] Karady and Kenényi, 'Antisémitisme'(注释 21), 67-96.

这是之前提及的大学网络密集化引起的结果。1876 年开始在大学外举行考试之前，留学生的数量很多。1876 年，1800 学生中有 450 名是外国人。世纪之交，法国的语言帝国主义导致了语言战争的爆发。1920 年，佛兰
66 德的大学最终获得了使用母语教学的权利，而根特则是到 1932 年才获得该权益。比利时制度的独创性在于它的开放性，它可以不受限制地从法国、德国和英国招收最好的学生。比利时不仅从法国和德国借鉴了大学的组织结构，而且还吸引了大批的教授，因此，在比利时的大学中就形成了不同文化的交汇。[84]

荷兰大学的情况也是如此。1815 年的法律将文学院分为了哲学与文学学院和数学与物理学学院。不可否认的是，它们继续承担着为高级学院做准备的职责，但它们可以为应试者授予文凭，甚至是博士学位，因此它们也获得了同等的地位。[85] 其他诸如注重科研与教学的联系、引入习明纳等个别因素，与讲师（编外讲师）制度的运用一起，都是效法自德国模式。在使用管制模式管理大学，以及使用中央集权的大学立法认可私立大学方面，荷兰走出了一条自己的道路。

在**斯堪的纳维亚**，普鲁士模式在 1811 年奥斯陆等新大学[86]的建立以及哥本哈根、隆德和奥布等老大学[87]的现代化中起到了关键的作用。在 19 世纪的发展中，德国在学术工作和研究方面的影响逐渐增加，这不仅体现在路德神学、法学和文学上，也体现在化学和物理学上。1909 年至 1914 年间，赫尔辛基大学约有半数的博士论文是以德文写作的；到 1916 年，大部分的教学用语都是德语。[88]

---

[84] E. Lamberts and J. Roegiers(eds.),*Leuven University 1425-1985*(Louvain,1990). 参见第十章,第 427 页。

[85] W. Frijhoff,'Netherlands'(注释 15),492.

[86] S. Langholm,'Norway',in Jílek,*Historical Compendium*,42.

[87] Klinge *et al.*,*Kejserliga Universitetet*(注释 16),48;Klinge,*Universität Helsinki*,240.

[88] Klinge *et al.*,*Kejserliga Universitetet*(注释 16),906-910;Klinge,*Universität Helsinki*,565-567.

在**俄国**，之前提及的高等教育的矛盾日益突出。[89] 一方面，由于其开明专制的传统，政府将大学视为现代化与西方化的栋梁。另一方面，在周期性的地方革命暴动后，反对势力往往占据优势地位，他们迅速地将大学视为孕育反动观点、颠覆社会秩序的温床。引人注目的是，学生数量增长 67
的起点很低。1860 年，在 9 所俄罗斯大学中，注册了 5000 名学生，其中大多数在莫斯科或圣彼得堡。50 年后，这个数字增长至 37 000 名，尽管 1881 年在亚历山大二世（Alexander Ⅱ，1818—1881）遭暗杀后曾出现了对犹太裔学生和贫困学生的配额制度。学生人数的快速增长，可以从大学学习在社会中的威望以及由此进入公职并获得较高社会声望等方面来进行解释。除直接提供进入公职渠道的法学院外，医学院也是颇具吸引力的，这是因为在整个国家有着庞大的卫生服务需求，而其自身也被证明是与贫困和无知进行斗争的最有效武器。

中产阶级与社会下层的所取得的社会进步，也可以从大学和技术学校中贵族学生比例的减少中反映出来。1865—1914 年，大学中贵族学生的比例从 67%下降到 35%，技术学院中的比例则从 55%下降到 25%。由于政府为那些小资产阶级、中产阶级和犹太社区的人们设置了很多障碍，他们的子女便成群结队地出国留学，以期获得大学文凭。在巴黎、柏林和瑞士大学中有如此庞大的俄国学生聚居区，以致他们的人数必须加入沙皇俄国的官方统计中。女子也争取学习的机会，她们往往通过私立机构或出国留学来绕开官方的限制。一战前 10 年，这些障碍才逐渐消除，1914—1915 年间，女学生已占到大学生总人数的 30%。

世纪之交，政治上的暴动仍在继续，这说明沙皇大学已无法适应变革之中的社会需求。当局对学生组织的无视及其专制的镇压手段引发了革命。革命在 1905 年达到了高潮，而引发十月总罢工的源头正是大学。

---

[89] 参见：D. R. Brower，'Social Stratification in Russian Higher Education'，in Jarausch (ed.)，'Transformation'（注释 8），247-248；J. C. McClelland，*Autocrats and Academics：Education，Culture and Society in Tsarist Russia*（Chicago and London，1979），39，64。

俄国的大学系统已难以发挥其社会作用，这清晰地表现在出身上层社会和贵族家庭的教授们（1904 年的比例为 39%）对自由主义和改革的支持。他们理想中的大学是洪堡模式的，而沙皇权力当局则反对学术研究必需的学术自由。[90] 在亚历山大二世被暗杀后，1884 年的《大学规程》加强了政府对大学的控制，更倾向于实践培训，而不是学术教育，但却没有取
68 得任何进展。由于缺少合格的教师，使得德国模式的讲师制也没有带来成功的希望。平庸的收入以及艰苦的工作环境，消除了学术职业的吸引力。[91] 1900 年至 1914 年间，大学的工作环境因财政困难而进一步恶化。政府仅提供 60%的大学预算，其余的就要从学费中收取。尽管学生人数增长，却没有增加新的教席。教授与非教授之间的内在紧张关系，以及教授和学生与国家权力之间的外在紧张关系的加剧，都导致了该体制的崩溃。1902 年任命的委员会对此也无济于事。他们建议采纳德国大学的章程。但这项建议却成了一纸空文。

1917 年革命完全改变了俄国的制度：它加速了学生构成的变化，建立了全新的大学结构。布尔什维克开放的高等教育政策增加了学生的人数，使其从 1914 年的 127 000 人增加到 1922 年的 216 000 人；并建立了新大学以及上百所专门技术学校，尤其是在俄国以外的地区。20 世纪 20 年代，学生人数有所下降，这是因为当时采用了有利于工人阶级的“配额”制度。之后，高等教育便成了计划经济中的一部分，工程学和其他应用科学更受推崇，这是因为其他学科受到了当权者的质疑，并因此受到了严密的监视。学术精英也源于人民大众，他们也以技术为取向，并具有政治上的可靠性。就 4.3%的适龄人口受过大学教育而言，苏联以社会精英完全倒置的形式达到可与西方社会比肩的水平。[92] 尽管政治制度发生了各种变化，但俄国大学的政策仍是以自上而下的管制为特征，在这种制度

[90] McClelland, *Autocrats*, 78ff.

[91] Kassow, *Students Tsarist Russia*, 31ff.

[92] P. L. Alston, 'The Dynamics of Educational Expansion in Russia', in Jarausch (ed.), 'Transformation'(注释 8), 107.

中，自治是不存在的。

在对德国模式的改造和适应中，比较顺利的是**瑞士**。这个时期瑞士大学制度有三个特点：第一，它不是一个统一的制度，除苏黎世的联邦理工学院外，大学就是各大学区政机构；第二，大学区直接干预大学的运行，这使得大学直接受到政治变革的影响；第三，大学城之间距离较近，大学城外同一语言区或瑞士其他两个语言区的学生也能轻易入学。这就为竞争 69
提供了一个重要的机制，并使之与德国相媲美。为了筹集必要的经费，实现旧学院向研究型大学的转型，招收外国留学生是不可避免的；而向女性开放则成为一个更具原创性的解决问题的方案，这是因为在当时，在其他地方都是不可能实现的。1914 年前，瑞士大学女学生数占总人口的 1/5，是当时法国的两倍。国外学生份额同样很高。1880 年在日内瓦占 44%，1910 年达到 80%；在整个瑞士，1900 年占 47%，1910 年占 57%。由于中欧和东欧的大学发展，外国学生在两次世界大战期间的比例下降到 25%，1940 年在日内瓦的比例为 25%。[93]

尽管采用了德国模式，但上述特点使得小规模的瑞士大学不乏创新。例如，在日内瓦，1912 年建立的教育科学学院（*École des sciences de l'éducation*），于 1929 年与大学合并；1915 年，一所经济与社会学习学院开始招生；1927 年，成立了高等国际关系大学（*Institut universitaire des hautes etudes internationales*），并与大学相联系。1941 年，翻译学院（*École de traduction et d'interprétation*）应运而生，并成了大学中的一部分。

与此同时，原先主要从大学城的贵族家庭中募集的教师队伍，也开始接纳外国人，其中有些人是为外国当局所驱逐的。[94] 1851 年拿破仑三世（Napoleon Ⅲ，1808—1873）政变的受害者保罗·阿尔芒·沙拉梅尔-拉库尔（Paul Armand Challemel-Lacour，1827—1896）、1848 年革命失败后的

---

[93] Marcacci, *Université de Genève*（注释 13），164-165.

[94] 从 1822 年德国神学家开始，参见第十章，第 429 页。

那不勒斯的弗朗切斯科·德·桑克蒂斯（Francesco De Sanctis，1817—1883）和德国人西奥多·施沃恩（Theodor Schwann，1810—1882），都曾在苏黎世的高等院校中寻求避难，或暂时避难。在日内瓦，出身于伯尔尼教授家庭的法兰克福国民议会（Frankfurt National Assembly）成员、吉森大学教授卡尔·福格特（Karl Vogt，1817—1895），出任地质学教席，他在其他曾在德国受教育的同事帮助下，按德国方式将日内瓦学院重组为大学。[95] 1834—1855年间，40%的伯尔尼教授来自德国，这与来自伯尔尼本州的人数相当。[96] 到20世纪初，所有的瑞士大学都有了讲师。在医学院
70 和理学院，还增加了助教和实验人员（demonstrators），像在德国一样，他们由教授来任命，以免后继乏人。但学术职业仍无任何安全保障，地区流动仍是最佳的升迁途径。在所有州，教授的任命仍集权于政府，尽管政府会向学院咨询。科学的传播和现代大学设施的建立，突出了研究工作的重要性。1878年，在日内瓦，以德国模式建立了化学学校（*École de chimie*）[97]，1888年，洛桑也接受了捐赠，在路文尼宫（*Palais de Rumine*）建立了大学。[98]

南欧大学创新的艰难历程

在**意大利**，重建大学系统是新的民族国家的主要任务之一。但这是极为艰难的，其原因在于大学的中世纪及近代遗产十分强势，再加之教会在意大利社会中的特殊角色，这使得现代化的每一步都看作是对宗教特权的挑衅。1859年的《卡萨蒂法》（*Legge Casati*）试图以法国模式来实现高等教育系统的集权，教会被排除在大学教学之外，但事实证明，要废除小

---

[95] Marcacci, *Université de Genève*（注释13），145.

[96] Im Hof, *et al.*, *Dozenten der bernischen Hochschule*（注释13），226.

[97] Marcacci, *Université de Genève*（注释13），149-153.

[98] Delessert, *L'Université au défi*（注释13），207.

而古老的城市大学是行不通的。[99] 19 世纪末，意大利拥有 17 所国立大学、4 所“自由”大学。就人口与领土面积而言，与法国（15 所大学）和德国（20 所大学）相比，意大利的大学显然过剩了。更重要的是，其分布是非常不平衡的。在艾米利亚-罗马涅地区（Emilia-Romagna）共有 8 所大学，即博洛尼亚、卡美日诺（Camerino）、费拉拉（Ferrara）、马切拉塔（Macerata）、摩德纳、帕多瓦、帕尔马（Parma）、乌尔比诺（Urbino）；在托斯卡纳和翁布里亚（Tuscany/Umbria）有 3 所，即比萨、锡耶纳（Siena）、佩鲁贾（Perugia）；西西里也有 3 所，即卡塔尼亚（Catania）、墨西拿（Messina）、巴勒莫（Palermo）；撒丁岛有 2 所，即卡利亚里（Cagliari）和锡耶纳（Sassari）；利古里亚（Liguria）、热那亚（Genoa）、伦巴底（Lombardy）、帕维亚（Pavia）、皮埃蒙特（Piedmont）和都灵（Turin）则各有 1 所；而整个意大利南部却仅有 1 所大学（那不勒斯）。1892 年，不足 500 学生的大学有 10 所，其中 3 所大学不到 100 人。而那不勒斯则处于另一极端，它有 4592 名学生。[100] 尽管有多种努力试图简化大学格局，但教育部长和议员们（他们中间许多人就是大学教授[101]）都未能克服地方利益集团的阻力。唯一重大的变化是 1873 年废除了神学院。

尽管受到德国学术的影响，在 1870 年后这种影响日益增强，但旧制 71
度的缺陷仍然存在：以法律研究为主、大学规模小且缺乏自治权、教学方法与课程的陈旧。特别是后两项因素使其出现了以学术和公职为取向的学科的过剩，以及以商业和贸易为取向的现代学科的缺失。[102]

由于个人的努力，高等教育取得了大规模的扩张。在热那亚（1874）、巴里（1886）和罗马（1906）建立了公立商业学校。1902 年，米兰建立了一所私立的商业大学，名为博科民商业大学（*Università commerciale*，

---

[99] Porciani, *L'Università tra Otto e Novecento*（注释 9）.

[100] *Minerva*, *Jahrbuch der gelehrten Welt*, 2(1892-1893)(Strasburg, 1893), 736.

[101] 1859—1876 年间，17 名公共教育部长中有 10 名大学教授，1848—1874 年间，议会中有 159 名教授议员。参见：Polenghi, *Politica universitaria*（注释 9），表 4, 509—516。

[102] M. Barbagli, *Disoccupazione intellettuale e sistemo scolastico in Italia*（Bologna, 1974）.

'*Luigi Bocconi*')[103]。都灵（1859）、米兰（1862）和那不勒斯（1863）也建立了工程学校，其职责是为意大利的新兴工业培养劳动力。小规模的城市大学，如锡耶纳、费拉拉、佩鲁贾等，由于地方银行的支持而得以生存发展。大学讲师工资很低，因此他们不得不寻找第二职业，而法学院往往也成了步入政坛的跳板。与德国模式一样，法国模式也继续发挥着作用。教席的授予是需要通过考试制度才能获得的，大学系统处于公共教育部的管辖之下，其自主性十分有限。[104] 一战前的意大利就是这样的一个国家，从中可以找到各种欧洲大学模式的影响，即中欧的法学院和医学院的主导地位，法国的中央集权，德国的研究取向，以及如同英国的地方法团组织。

一些最重要的变革出现在两次世界大战期间，尤其是在法西斯统治之下，但战后随之而来的危机使其难以为继。由于通货膨胀，教授们更加依赖第二职业，并进而开始损害教学质量。学生的数量几乎翻倍，但许多学生不得不寻找工作以维持生存，从而使其远离课堂。1920 年，哲学家、教育部长本尼狄托·克罗齐（Benedetto Croce，1866—1952）引入了与德国的习明纳相似的学术训练，并将其作为获得博士学位的前提之一。他的哲学家同事、1922—1925 年的教育部长乔瓦尼·泰梯利（Giovanni Gen-
72 tile，1875—1944），在 1923 年大学改革中再次借助了洪堡的大学理念。尽管如此，他却以一种专制主义的方式来进行改革，这使得他原本的自由理想主义反而为法西斯主义对大学与日俱增的控制铺平了道路。根据大学的重要性、规模和拥有学院的数量，将其分为三类，国家依次控制着其投资水平。严格的教授选拔考试条件，使得申请人数大减。1919 年到 1929 年间，学生人数也从 5 万下降到 4 万，并被强行纳入到相应的法西斯组织

---

[103] Musiedlak, *Université*（注释 10）; L. Lenti, *Gli ottant'anni della Bocconi*（Crassina/Firenze, 1984).

[104] A. Santoni Rugiu, *Chiarissimi e Magnifici. Il professore nell'università italiana*（*dal 1700 al 2000*）(Scandicci and Florence, 1991); Tomasi and Bellatella, *L'Università italiana*（注释 9).

中去。对此持反对态度的教授，或者被迫保持缄默，或者被驱逐移民。[105]

西班牙的大学系统，与19世纪下半叶地中海其他国家的大学系统相同，远远落后于它们的北欧同伴们。直到1898年被美国击败后才引发了改革。而在此之前，西班牙大学一直深受拿破仑模式之害：极端的中央集权，这点也体现在前面提到的马德里中央大学中。除学生人数下降外，管理模式极度官僚化，公务员思维模式制约了教授们的创造力。绝大多数学生就读于法学院。仅在巴塞罗那和马德里有技术学校，在科尔瓦多（Córdoba）、里昂（León）、马德里、孔彼斯特拉的圣地亚哥（Santiago de Compostela）和萨拉戈萨（Zaragoza）有兽医外科学校，在巴塞罗那、马德里和帕尔马（Palma）有商业学校，在马德里有农业学校。[106]

1900年，在1.7万注册学生中，有8000人听讲座，有2000人获得大学证书（Licentiate），166人获得博士学位。在466名教授中，有99人在马德里执教，约占总数的1/5。与专业学院相比，文理学院由于现代学科导致了“灰姑娘”（Cinderella）的延续。有2/3的教授工资仅为5000比塞塔，或者更低，他们被迫从事第二职业或在马德里另谋生计。改革运动始于奥维耶多的一小群年轻的大学教师，而奥维耶多也是全国最小的大学。他们的建议被教育部长所接受，并从1900年开始付诸实践。文理学院引进了新课程，社会研究被整合入法学院，并设立了奖学金。然而，周期性
的资金匮乏制约了改革。萨拉戈萨最先出现了解决办法，然后被其他大学 73

[105] On Croce：Santoni Rugiu，*Chiarissimi*（注释104），160-162；On Gentile，*ibid.*，162-197，and Tomasi and Bellatella，*L'Università italiana*（注释9），116-128. 关于法西斯大学政策：M. Ostenc，*L'éducation en Italie pendant le fascisme*（Paris，1980），65ff.。

[106] *Minerva*（注释100），23（1913-1914），lxi-lxii.

效仿：由教授和外部讲师联合执教，有的甚至在大学城外执教。[107] 1917 年后，[108] 西班牙大学学生人数有了极快的增长，学生和教授也形成了保守与改革两大阵营，这也与当时的政治斗争密切相连。在奥瓦内哈（Rivera y Orbaneja，1870—1930）专政期间（1923—1930），根据普遍的法团主义意识形态，大学作为独立的法人实体或法团获得了自治权力。但是，对教会教育机构的偏袒引起了学生的极大不满和动乱，当局只能以关闭马德里大学来应对。1931 年，第二共和国赋予了大学真正的自治权力，尤其是在地方。多年后，在加泰罗尼亚（Catalonia）地区举办的讲座也可使用加泰罗尼亚语来进行授课。

在佛朗哥（Francisco Franco，1892—1975）掌权后，教师队伍却遭受了严厉肃清，支持前共和国的教授被流放。1943 年通过了一部法律，长枪党[1]人和传统天主教大学的支持者达成了妥协。新大学应当在道德、教义，以及西班牙语、权威等级秩序上高度尊重天主教的训导。传统价值的结合葬送了之前的所有改革，这个局面直到 20 世纪 60 年代才被打破。

结语

如果人们比较一下本卷所涵盖的历史时期之初与结束时的大学图景，很明显，读者会发现在包括苏联的欧洲部分，从 1790 年至 20 世纪 30 年代，大学的数量增长了一倍多，从 143 所增长到 308 所。如果除去苏联，因为其大学结构因专门大学的大规模增长而被完全改造，则大学数量几乎

---

[107] Guereña，'L'université espagnole'(注释 12)，113-131.

[108] P. Sosa Alonso，'Reforma y cambio social de la universidad española de principios de siglo'，in *Higher Education and Society*：*Historical Perspectives*(Salamanca，1985)，vol. Ⅱ，642-651；R. López Martin，'Análisis Legislativo de la política universitaria primoriverista'，*ibid.*，416-426；S. Marquès i Sureda，'La universidad en Catalunya de la Ⅱ República al actual estado de las autonomía'，*ibid.*，444-453；J. M. Fernández Soria and A. Mayordomo Pérez，'En torno a la idea de universidad en la España de la post-guerra(1939-1943)'，*ibid.*，249-261.

[1] phalangists，长枪党是成立于 1933 年的一个西班牙法西斯政党。

保持不变，维持在 156 所左右。但是，该数目并不包括 240 所左右受普鲁士模式影响的学术学院、大学分部或私立大学，它们拓展到了大学之外的诸多地区。加上大学性的学术机构，总数则增长为原来的 3 倍。

到 1939 年，大学已成为遍布欧洲的教育机构，而在 19 世纪初，作为中世纪和现代早期传统的遗产，大学仅限于欧洲大陆的部分地区，主要在西部和南部。大学的生命力体现在 19 世纪和 20 世纪上半叶多种多样的政治、经济、文化和社会危机之中。作为新兴民族国家的象征，几乎所有的新大学，特别是中欧的大学都采用了德国模式，建立了四五个学院，将教学人员也被分为三级，讲座教授、副教授和讲师。拿破仑的专业学院模式，在 1800 年前后曾风靡一时，但随着 19 世纪的发展渐渐地失去了其基础。然而，它仍在那些现代研究和教学为大学所忽视的地区盛行，甚至在德国模式的核心地带流行着，因为在那里出现了教学与科研的分离。 74

这种双重运动也可从学生人数的巨大变化——从 1800 年前后的 8 万人增长到 20 世纪 30 年代的 80 万——若不包括苏联，则为 60 万——以及大学职责的拓展中体现出来。在 19 世纪，古典大学已充分适应了这种新的需求，但却在两次世界大战期间，在其主要任务的重压之下走向了瓦解。基于其功能、财政、地位、位置或大学活动的延伸性，大学组织越来越向底层机构下移。政府开始为大学财政负责，并成功地促进了大学结构与其他组织之间的调和。所有这些都支持了学院的设置以及大学巨型化的趋势。意大利、德国、西班牙和俄国的专制政权采取这种极端手段，而在之后的大学大众化的时期，这一发展得到了延续。

然而，尽管存在这些趋势，但人们不应忽视本卷研究阶段大学史中的另一个方面，那就是，穿越国境的“无形大学”（invisible university）的出现。它构建于教授和学生的流动基础之上，并且战胜了个别民族国家中大学政策内在的政治与机制障碍。[109] 对教授来说，有会议或国际学术组织

---

[109] Karady, *Relations interuniversitaires*（注释 11）.

进行学术交流。[110] 而对这些欧洲组织所发挥的桥梁功能的研究才刚开始，75 它们迈出了构建“无形大学”的第一步。[111] 它甚至比“真正的”大学更符合洪堡的理念，它是建立在所有对学术知识感兴趣的各民族开放合作的基础之上的，它跨越了所有地理和制度的限制，预示着教学的自由是不受任何课程限制的。学生何处求学的选择取决于自由竞争和各门课程的创新或成功的程度。教授的流动在另一方面也标志着各种语言领域和文化之间学术的紧密联系，以及一两个国家特定的学术专业的吸引力。因此，这一时期以可憎的民族主义为终结的大学史，可以看作是以中世纪为基石的欧洲大学的复兴之路。

第一至四章精选文献

文献目录

‘Bibliographie d’histoire de l’éducation française’, published yearly since 1979 in the review *Histoire de l’Education*.

Coing, H. (ed.) *Handbuch der Quellen und Literatur der neueren europäischen Privatrechtsgeschichte*, vol. Ⅲ, 1-5 Munich, 1982-1988.

Craigie, J. *A Bibliography of Scottish Education Before 1872*, London, 1970.

De Ridder-Symoens, H. (and J. Paquet, until 1996), ‘Bibliografisch Overzicht Universiteitsgeschiedenis der Nederlanden/Bibliographie de l’histoire des Universités aux Pays Bas et en Belgique’, *Batavia Academica*, 2 (1984)-12(1994), continued since 1995 in *Nieuwsbrief Universiteitsgeschiedenis/Lettred’infomation sur l’histoire des universités*.

Erman, W. and Horn, E. *Bibliographie der deutschen Universitäten. Systematisch geordnetes Verzeichnis der bis Ende 1899 gedruckten Bücher*

---

[110] Charle, *République des universitaires*.

[111] Karady, *Relations interuniversitaires*(注释 11).

und Aufsätze über das deutsche Universitätswesen, 3 vols. , Leipzig and Berlin, 1904-1905; rpt. 1965.

Fletcher, J. M. and Deahl, J. *The History of European Universities: Work in Progress and Publications*, 5 vols. , Birmingham, 1977-1981.

Fletcher, J. M. and Upton, C. A. 'Publications on University History Since 1977: A Continuing Bibliography', *History of Universities*, 7 (1988)-13 (1994).

García y Garcia, A. 'Bibliografía de historia de las universidades españolas', *Repertorio de historia de las ciencias eclesiásticas en España*, 7 (1979), 599-627.

Hammerstein, N. 'Jubiläumsschrift und Alltagsarbeit. Tendenzen bildungsgeschichtlicher Literatur', *Historische Zeitschrift*, 236 (1983), 601-633.

'Neue Wege der Universitätsgeschichtsschreibung', *Zeitschrift für historische Forschung*, 5 (1978), 449-463.

'Nochmals Universitätsgeschichtsschreibung', *Zeitschrift für historische* 76
Forschung, 7 (1980), 321-336.

Lubenow, W. C. 'University History and the History of Universities in the Nineteenth Century', *Journal of British Studies*, 39 (2000), 247-262.

Parker, L. (ed.) *Institutions of Higher Education: An International Bibliography*, New York and Westport, 1990.

Pester, T. *Geschichte der Universitäten und Hochschulen im deutschsprachigen Raum von den Anfängen bis 1945. Auswahlbibliographie der Jahre 1945-1968*, Jena, 1990.

Petry, L. 'Deutsche Forschungen nach dem zweiten Weltkrieg zur Geschichte der Universitäten', *Vierteljahrsschrift für Sozial und Wirtschaftsgeschichte*, 46 (1969), 145-203.

Porciani, I. (ed.) *L'Università italiana. Repertorio di atti e provvedimenti ufficiali 1859-1914*, Biblioteca di bibliografia italiana, CLXVI, Florence,2001.

Porciani, I. and Moretti, M. (eds.) L 'Università italiana. *Bibliografia 1848-1914*, Biblioteca di bibliografia italiana, CLXXII, Florence, 2002.

Stark, E. *Bibliographie zur Universitätsgeschichte, Verzeichnis der im Gebiet der Bundesrepublik Deutschland 1945-1971 veröffentlichten Literatur*, ed. E. Hassinger, Freihurg and Munich, 1974.

Steiger, G. and Straube, M. 'Forschungen und Publikationen Seit 1945 zur Geschichte der deutschen Universitäten und Hochschulen auf dem Territorium der DDR', *Zeitschrift für Geschichtswissenschaft*, 7 (special issue) (1960), 563-599.

Straube, M. and Fläschendräger, W. 'Forschungen zur Geschichte der Universitäten, Hochschulen und Akademien der DDR', in *Historische Forschungen in der DDR 1960-1970. Analysen und Berichte. Zum XIII. Internat. Historikerkongreß in Moskau 1970*, Berlin, 1970, 187-209 (=*ZfG*, Sonderbd. 18. Jg.).

Straube, M., Fläschendräger, W., Grau, C., Klaus, W., Köhler, R., and Kraus, A. *Forschungen zur Geschichte des Hochschulwesens, der Akademien der DDR sowie der Wissenschaften in den 70er Jahren*, Institut für Hochschulbildung Berlin, 1981.

Vico Monteoliva, M. 'Bibliografía sobre la historia de las universidades españolas', *Historia de la Educación*, 3 (1984), 281-290.

Zanella, G. 'Bibliografia per la storia dell'università di Bologna dalle origini al 1945, aggiornata al 1985', *Studi e memorie per la storia dell' Università di Bologna*, new series, 5 (1985).

一般著作

Boehm, L. and Müller, R. A. (eds.) *Universitäten und Hochschulen in Deutschland, Österreich und der Schweiz. Eine Universitätsgeschichte in Einzeldarstellungen*, Dusseldorf, 1983.

Charle, C. and Verger, J. *Histoire des universités*, Paris, 1994.

Conze, W. and Kocka, J. (eds.), *Bildungsbürgertum im 19. Jahrhundert. Bildungssystem und Professionalisierung in internationalen Vergleichen*, Stuttgart, 1985.

d'Irsay, S. *Histoire des universités françaises et étrangères des origines à* 77 *nos jours*, 2 vols., Paris, 1933-1935.

Frijhoff, W. 'Universities: 1500-1900', in B. R. Clark and G. R. Neave (eds.), *The Encyclopaedia of Higher Education*, vol. Ⅱ, Oxford, New York, Seoul and Tokyo, 1992, 1251-1259.

Higher Education and Society: Historical Perspectives. 7th International Standing Conference for the History of Education, 2 vols., Salamanca, 1985.

Karady, V. 'La migration internationale d'étudiants en Europe, 1890-1940', *Actes de la recherche en sciences sociales*, 145 (December 2002), 47-60.

Jílek, L. (ed.) *Historical Compendium of European Universities/Répertoire historique des universités européennes*, Geneva, 1984.

Minerva, Handbuch der gelehrten Welt I, Die Universitäten und Hochschulen usw., ihre Geschichte und Organisation, Strasburg, 1911.

Minerva. Jahrbuch der gelehrten Welt, 1 (Strasburg, 1891/1892)-33 (Berlin, 1938), Abt. Universitäten und Fachhochschulen, Ⅰ. Band: Europe.

Müller, D. K., Ringer, F. and Simon, B. (eds.) *The Rise of the Modern Educational System: Structural Change and Social Reproduction, 1879-1920*, Cambridge and Paris, 1987; 3rd edn, 1989.

Ringer F. K. *Education and Society in Modern Europe*, Bloomington and London, 1979.

Romano, A. (ed.) *Università in Europa. Le istituzioni universitarie dal Medio Evo ai nostri giorni. Strutture, organizzazione, funzionamento*,

Atti del Convegno Internazionale di Studi, Milazzo 28 Settembre-2 Ottobre 1993, Messina, 1995.

Romano, A. and Verger, J. (eds.) *I poteri politici e il mondo universitario (XIII-XX secolo)*, Atti del Convegno Internazionale di Madrid 28-30 Agosto 1990, Messina, 1994.

Rothblatt, S. and Wittrock, B. (eds.) *The European and American University Since 1800: Historical and Sociological Essays*, Cambridge, 1993.

Schriewer, J., Keiner, E. and Charle, C. (eds.) *Sozialer Raum und akademische Kulturen. Studien zur europäischen Hochschul-und Wissenschaftsgeschichte im 19. und 20. Jahrhundert/A la recherche de l'espace universitaire européen. Étude sur l'enseignement supérieur aux XIXe et XXe siècles*, Frankfurt-Am-Main, 1993.

Schubring, G. (ed.) *'Einsamkeit und Freiheit' neu besichtigt. Universitätsreformen und Disziplinenbildung in Preussen als Modell für Wissenschaftspolitik im Europa des 19. Jahrhunderts. Proceedings of the Symposium of the XVIIIth International Congress of History of Science at Hamburg-Munich, 1-9 August 1989*, Stuttgart, 1991.

国别研究

比利时

Demoulin, R. 'L'université en Belgique', in M. Gresset and F. Lassus (eds.), *Institutions et vie universitaire dans l'Europe d'hier et d'aujourd'hui. Actes du Colloque de l'Association interuniversitaire de l'Est, Besançon, 27-28 septembre 1991*, Besançon and Paris, 1992, 243-261.

78 Woitrin, M. 'Belgium', in B. R. Clark and G. R. Neave (eds.), *The Encyclopedia of Higher Education*, vol. 1, Oxford, New York, Seoul and Tokyo, 1992, 61-70.

法国

Charle, C. *La république des universitaires (1870-1940)*, Paris, 1994.

Condette, J.-F. *La Faculté des lettres de Lille de 1887 à 1945. Une Faculté dans l'histoire*, Lille, 1999.

Gerbod, P. *La Condition universitaire en France au XIXe siècle*, Paris, 1965.

Neveu, B. *Les facultés de théologie catholique de l'Université de France (1808-1885)*, Paris, 1998.

Verger, J. (ed.) *Histoire des universités en France*, Toulouse, 1986.

Weisz, G. *The Emergence of Modern Universities in France (1863-1914)*, Princeton, 1983.

德国

Espagne, M. *Le creuset allemand, histoire interculturelle de la Saxe XVIIIe-XIXe siècles*, Paris, 2000.

Handbuch der deutschen Bildungsgeschichte, vol. Ⅲ: *1800-1870. Von der Neuordnung Deutschlands bis zur Gründung des Deutschen Reiches*, ed. K. E. Jeismann and P. Lundgreen, Munich, 1982; vol. Ⅳ: *1870-1918. Von der Reichgründung bis zum Ende des Ersten Weltkriegs*, ed. C. Berg, Munich, 1991; vol. Ⅴ: *1918-1945. Die Weimarer Republik und die nationalsozialistische Diktatur*, ed. D. Langewiesche and H. E. Tenorth, Munich, 1987.

Jarausch, K. H. *Students, Society and Politics in Imperial Germany: The Rise of Academic Illiberalism*, Princeton, 1982.

McClelland, C. E. *State, Society and University in Germany, 1700-1914*, Cambridge and New York, 1980.

Müller, R. A. *Geschichte der Universität. Von der mittelalterlichen Universität zur deutschen Hochschule*, Munich, 1990.

Paulsen, F. *Geschichte des gelehrten Unterrichts auf den deutschen Schulen und Universitäten: vom Ausgang des Mittelalters bis zur Gegenwart mit besonderer Rücksicht auf den klassischen Unterricht*, 2 vols., 3rd edn, Leipzig and Berlin, 1919-1921; rpt. 1985.

Ringer, F. K. *The Decline of the German Mandarins: The German Academic Community, 1890-1933*, Cambridge, Mass., 1969.

Titze, H. 'Die Evaluierung des Bildungswesens in historischer Sicht', *Zeitschrift für Erziehungswissenschaft*, 5(2002), 552-569.

Titze, H., with Herrlitz, H.-G., Müller-Benedict, V. and North, A. *Hochschulstudium in Preussen und Deutschland, 1820-1944*, Göttingen, 1982.

意大利

Fioravanti, G., Moretti, M. and Porciani, I. (eds.) *L'Istruzione universitaria (1859-1915)* (Pubblicazioni degli Archivi di Stato, Fonti XXXVIII; Archivio Centrale dello Stato, Fonti per la storia della scuola V), Rome, 2000.

79 Gasnault, F. *La cattedra, l'altare, la nazione. Carriere universitarie nell' Ateneo di Bologna 1803-1859*, Bologna, 2001.

Malatesta, M. (ed.) *Society and the Professions in Italy, 1860-1914*, Cambridge, 1995.

Palma, B. *L'Università fra accentramento ed autonomia*, Urbino, 1983.

Polenghi, S. *La politica universitaria italiana nell'età della Destra storica (1848-1876)* (Brescia, 1993)

Porciani, I. (ed.) *L'Università tra Otto e Novecento: i modelli europei e il caso italiano*, Naples, 1994.

Università e scienza nazionale, Naples, 2001.

Tomasi, T. and Bellatalla, L. *L'università italiana nell'età liberale (1861-1923)*, Naples, 1988.

荷兰

Frijhoff, W. 'The Netherlands', in B. R. Clark and G. R. Neave(eds.), *The Encyclopaedia of Higher Education*, vol. Ⅰ, Oxford, New York, Seoul and Tokyo, 1992, 491-504.

Groen, M. *University Education in the Netherlands, 1815-1980*, Eindhoven, 1988.

西班牙

Ajo Gonzáles de Rapariegos y Sáinz de Zúñiga, C. M. *Historia de las universidades hispánicas. Origenes y desarollo desde su aparición a nuestras dias*, 11 vols., Madrid, 1957-1977.

Aulas y Saberes. Ⅵ Congreso Internacional de Historia de las Universidades Hispánicas(Valencia, December 1999), 2 vols. Valencia, 2003.

Claustros y estudiantes. Congreso internacional de historia de las universidades americanas y españolas en la edad moderna, Valencia, noviembre de 1987, 2 vols. Valencia, 1989.

Guereña, J.-L., Fell, E.-M. and Aymes, J.-R. *L'université en Espagne et en Amérique latine du Moyen Age à nos jours*, vol. Ⅰ: *Structure et acteurs*, Tours, 1991; vol. Ⅱ: Enjeu, conditions, images, Tours, 1998.

Peset, M. and J. L. *La universidad española (siglos XVIII y XIX). Despotismo ilustrado y revolución liberal*, Madrid, 1974.

Rodríguez-San Pedro Bezares, L. E. (ed.) *Las Universidades Hispánicas de la monarquía de los Austrias al centralismo* liberal. V Congreso Internacional sobre Historia de las Universidades Hispánicas, Salamanca, 1998, 2 vols., vol. Ⅱ: *Siglos XVIII y XIX*, Salamanca, 2000.

Torres, P. R. (ed.) *Doctores y Escolares*. Ⅱ Congreso Internacional de Historia de las Universidades Hispánicas, Valencia, 1995, 2 vols. Valencia, 1998.

英国

Anderson, R. D. *Education and Opportunity in Victorian Scotland*, Oxford, 1983.

Armytage, W. H. G. *Civic Universities: Aspects of a British Tradition*, London, 1990.

Brock, M. G. and Curthoys, M. C. (eds.) *The History of the University of* 80
Oxford, vol. Ⅵ: *Nineteenth-Century Oxford*, part 1, Oxford, 1997; *Nineteenth-century Oxford*, part 2, Oxford, 2000.

Brooke, C. N. L. *A History of the University of Cambridge*, vol. Ⅳ: *1870-1990*, Cambridge, 1995.

Dahrendorf, R., *LSE: A History of the London School of Economics and Political Sciences, 1895-1995*, Oxford, 1995.

Searby, P. *A History of the University of Cambridge*, vol. Ⅲ: *1750-1870*, Cambridge, 1997.

第二编 结构

第三章　与当局的关系 83

保罗·热尔博

自高等教育机构创建以来，它们与权力当局之间那些宗教的、政治的或者经济利益的关系问题总是表现得非常复杂，这些问题有些是临时性的，有些则是结构性的。它们引发了关于大学师生是否在教育、科学和管理方面拥有独立性的这一重要和持久的争论。只要回想一下 13 世纪欧洲大学面对主教或王室的霸权所爆发的许多、有时是悲剧性的冲突就足够了。[①]

1800 年之前，由于欧洲政治体制的世俗化和与教会（天主教、新教和东正教）的分离，因此这种频繁的冲突关系较之前数个世纪带来了截然不同的问题，到了 19 世纪和 20 世纪后更是如此。政府往往竭力扮演“教师—国家”（teacher-state）的角色，试图根据其政治或“哲学”目标，将统一的教育制度强加给既有的教学机构。1806 年后，法国形成了大学垄断机制，由帝国大学独享这种垄断的权力。[②] 大学不得不适应新的教学以
及科学任务，提供当时还未知的课程，接纳人数日益增多的教师和学生。 84
在从大西洋到乌拉尔山脉的整个欧洲，在一个部分是崭新的但却又具有显著的不安定因素的社会背景中，这种古老的“独立—从属”的两难困境再次出现，并随着时空的变化，随着政治经济、社会和文化的变化而变化。

---

① 参见第一卷，第 12—13、48—52、83—84、101—105 页。关于 19 世纪和 20 世纪大学与其监督机构关系的研究，还没有成为专门的研究和出版主题。于是，我们不得不求助于第二章结尾的《精选文献》提及的一般著作、各个大学的大量手稿以及发表在法国的 *Revue Britannique*（自 1826 年）和 *Revue des Deux-Mondes*（自 1839 年）、英国的 *Quarterly Review*（自 1809 年）和德国的 *Preussische Jahrbücher*（自 1858 年）这些期刊上关于高等教育的文章。

② 参见第二章，第 44—46 页；A. Aulard, *Naopléon Ier, et le Monopole universitaire* (Paris, 1911); J. Godehot, *Les institutions de la Révolution et de l'Empire* (Paris, 1951)。

任何对大学与权力当局之间关系属性的界定，首先要必须分析 1800 年后大学机构的各种依赖形式，其次要描述外部当局所使用的压力类型，最后要描述大学团体反抗这些“外部”威胁的抵制形式。

财政依赖

1800 年之后，在欧洲大学中可能存在着的依赖形式首先要属财政依赖。从法国大革命结束到 1939 年第二次世界大战爆发之前，在这不到 150 年的时间里，几乎所有的大学机构都或早或晚，或快或慢地丧失了它们的经济独立性。在中世纪大学创立之初，它们曾被赠予财产（土地、农田租金、建筑及各种圣俸），其目的就是保证将来可以尽可能地享有物质上的独立性。牛津大学和剑桥大学的学院就是极好的例子。1477 年自乌普萨拉大学创建之时，它就接受了国王阿道弗斯·古斯塔夫二世（Gustavus Adolphus Ⅱ，1594—1632）的慷慨捐赠，这包括了小片农场、教会的牧师俸禄和各种财产，其目的是为了保证大学享有完全的独立性。[3] 然而，到了第二次世界大战前夕，政府却要承担起绝大部分的大学开支。隆德（Lund）大学就是这种情况，它在 1668 年建立之初，天主教教会赠予它很多财产与收益，以及城镇的牧师职位（包括 30 个牧师俸禄和 900 份小块地）。在丹麦，1479 年创建的哥本哈根（Copenhagen）大学，在 1539 年得到了天主教牧师的收入（什一税和地产）。在匈牙利，自 1773 年以来，布达佩斯（Budapest）大学的可支配收益就能保证其经济上的独立，直到 1869 年为止。[4] 毫无例外，直到 18 世纪末，这些大学所拥有的捐赠以及
85 私人和市政的捐献，从整体上至少部分保证了它们的自足；这使得其中一些大学的私心作祟，只剩下少许教师和少得可怜的资产，尤其是在法兰西王国。

---

③ 参见第二卷，第 187 页。

④ *Minerva*, *Jahrbuch der gelehrten Welt*, 1-23(Strasburg, 1891/1892-1914), 24-32(Berlin and Leipzig, 1920—1936), 33/31: *Europa* (Berlin, 1938).

这种传统在法国拿破仑时期后依然得以延续，但与之矛盾的是，这位皇帝建立了帝国大学并赋予其教学的垄断权力。拿破仑向帝国大学赠予了1789年前大学的财产（或至少是国民大会决定出售的国家财产后剩下的部分）以及中学生、大学生和私立世俗教育机构所支付的“学费”（university fees）。所有这些收入都由大学司库管理，不受任何政府控制。所以，法、医、神、理和文学院这些在法国代替了大学的学院从一开始在物质方面就是自治的，这种情况一直持续到1896年，[⑤] 甚至到1968年《富尔法案》（Edgar Faure Law）颁布之时。[⑥]

这个“黄金时代”，对大多数大学而言，多多少少是个神话般的回忆。紧接而来的就是“钢铁时代”，权力当局，尤其是政府，用铁棒统治着大学的财政。但从英伦列岛到沙俄帝国，从斯堪的纳维亚到地中海诸国的这些地区，这些控制的程度和出现的时间是不同的。

比如，牛津和剑桥大学得以保持它们在财政上的独立性。尤其牛津大学的绝大多数学院都拥有巨额收入，这些收入保证了其校长和教师的实际收入。而且，在19世纪中期之前，无论是在道义上还是在法律上，议会都不能对这些大学收入实行哪怕是最微弱的控制，甚至无法得知这些收入的准确状况和来源。即使是在一些极端例子中，20世纪30年代后政府也加强了控制，英国大学整体上只是在大学拨款委员会的资助下才幸存下来；在1934—1935年间，大学拨款委员会的资助占大学收入的34%。[⑦] 在20世纪30年代之前，19世纪创建的英国大学（即“红砖”大学），诸如伯明翰或曼彻斯特，则主要受益于市政当局的财政支持。在爱尔兰，从19世纪开始，贝尔法斯特长老会学院和梅努斯（Maynooth）的皇家天主教学院就受益于公共补助金。苏格兰的大学也是如此，甚至在1900年之

---

⑤　参见第四章，第120页。

⑥　C. Jourdain, *Le Budget de l'Instruction Publique de 1802 à 1856* (Paris, 1857); P. Gerbod, 'Le financement de l'enseignement supérieur et de la recherche en France au XIXe siècle', *Revue administrative*, 35(1983).

⑦　参见第二章，第55、62页。

前，政府就开始为其提供经费。

86 在法国，1806—1808 年创建的学院已享有物质上的独立，政府的财政控制是逐渐介入的。从 19 世纪 20 年代开始，在复辟时期，财税法庭（Revenue Court）获得了管理大学财政的权力，而在此之前，大学财政一直是由大学司库独掌。1834 年，大学预算已经成了公共教育部预算的一部分，因而也成了每年国民议会（Parliamentary Assemblies）要讨论和投票决定的政府普通预算的一部分。⑧ 也正是在这一时期，大学自身日益入不敷出（特别是有赖于注册费和预科费的那一部分），也迫使学院开始接受国家的财政支持。从那时起，政府的物质监管逐年加大。其严重程度可以从 1939 年 7 月开始的连续数款财政法规中看出，这些法规详细记载了大学机构的年度经费与投资基金。⑨

同时，“教师—国家”保证了对一定数目大学校的全额资助，如巴黎理工学校（通过战争部），海军学校（*Ecole navale*）和中央艺术与制造业学校（*Ecole central des arts et manufactures*，1829 年建立的时候是一所私立学校）和教师培训的高等师范学校［如：乌尔姆街、塞夫尔（Sèvres）、圣-克罗德（Saint-cloud）和玫瑰泉（Fontenay-Aux-Roses）］。同时还应注意的是，从大革命开始，各主要的人文科学机构［自然历史博物馆（*Musée d'histoire naturelle*）、法兰西学院和巴黎工艺技术学院（*Conservatoire des arts et métiers*）］就已完全由政府资助了。

德国也是一种典型情况。德国大学的建立得益于自治城市的统治者或教会的慷慨捐赠，因此它们往往有充裕的资金来保证经济上的独立。但到了 19 世纪，这些都成为往事，前神圣罗马帝国的各邦国政府在 1815 年组成了德意志联邦，它们开始介入大学的收支预算。1894—1895 年，柏林大学的政府赠予达到 84％，海德堡大学则高达 86％。即使是在那些大部

⑧ 议会档案集和集会辩论的记录也出版在 *Journal Officiel* 里，记录了关于政府（自 1835 年关于高等教育）预算的年度讨论。

⑨ 参见第四章；学院总赠款和花费的统计分析，可以在公共教育部的准确支出记录以及议会投票表决的财政法案文本中发现。

分收益来自捐赠的大学中，从 1853 年到 1894—1905 年间，政府的经济干预也在逐步加强。如，格瑞夫斯沃德接受政府赠予比例从 2%上升到 50%，莱比锡从 39%增加到 78%。[⑩] 在奥匈帝国，政府的财政负担明显要 87
轻得多：1895 年，政府支付了维也纳大学 49%的开支，布拉格大学 53%的开支，布达佩斯大学 60%的开支。[⑪] 之后，这种惯例便被巩固下来。在第一次世界大战后，无论是在魏玛共和国（以及之后的纳粹政权），还是在奥地利共和国中，大学财政完全依赖于当局是大势所趋，且不断强化。

在沙皇俄国，虽然中央政权从开始就或多或少地确保了大学的物质独立性，但也不得不满足大学的物质需求。在 1900 年，政府投入约占大学收入的 56%（约 650 万卢布）。但对某些大学而言，比例则更高，例如，圣彼得堡和恰尔科夫（Charkov，在乌克兰）大学都超过了 70%。1917 年革命及共产主义政权建立以后，快速重组了俄国高等教育的历史结构，政府承担了全部的财政职责。

这一长久的进程统治了整个欧洲并最终以大学在经济和物质上完全依赖于政权而告终，它与美国的情况不同，唯一的例外就是剑桥和牛津（但也只是部分独立）。1935 年，两所瑞典大学，即乌普萨拉和隆德大学，有将近 92%的资金依赖于政府。在意大利，政府几乎支付了大学的所有花费，那些保持其宗教和私立地位的大学当然不在此列。西班牙和葡萄牙也是如此，这两个国家自中世纪以来就是由国王创建和资助大学的。希腊也是如此，1837 年在雅典建立了第一所大学。

在教会、君主、自治城市和私人机构倡导下赋予大学的经济和物质上的独立性，既为这些机构奠定了基础，又保护了这些机构，使它们在教学和科学上享有完全的独立性，而这是师生思想自由的必需。绝大多数欧洲

---

⑩ R. S. Turner, 'Universitäten', in K.-E. Jeismann and P. Lundgreen (eds.), *Handbuch der deutschen Bildungsgeschichte*, Ⅲ: *1800-1879. Von der Neuordnung Deutschlands bis zur Gründung des Deutschen Reiches* (Munich, 1987), 234.

⑪ 除特别说明，关于大学预算的统计信息来自 *Minerva*, *Jahrbuch der gelehrten Welt*（注释 4）。

大学至少起初是如此。事实上，从 19 世纪到 20 世纪，高等教育的自由成了大学机构日益依赖于外部世俗或宗教权威而带来的各种限制的牺牲品。88 这种依赖性体现在以下四个特定领域：由政府控制教育的管理部门的创建，教师聘用，学习规章以及对研究的控制。

公共教育部的创建

在大多数国家，创建公共教育部的首要任务是将高等教育事务列为它们的行政管理职责。当威廉·冯·洪堡以其爱国热忱和科学创新思想，不畏艰难地成功创办了柏林大学之时，他正是普鲁士内务部宗教事务与教育司司长。[12] 然而，在成功地主持了 16 个月的工作后，他于 1810 年辞职，原因是他不能把该司提升为部。这样的一个宗教、公共教育和卫生部是 1817 年建立的。[13] 1806 年，法国成立了帝国大学，两年后又成立了中央行政组织，由帝国大学总监、诗人和政治家路易·德·丰塔纳（Louis de Fontanes，1757—1821）领导。就这样，国立学院的管理便委托给一个建立在政治权威之上的外部权威。后来这种行政结构也为历任政权沿用，并被冠以不同的名称：公共教育委员会、宗教和公共教育的政府秘书、公共教育和宗教部、国民教育部（1932 年后）。[14] 在其他国家，如丹麦、意大利、西班牙和俄国，也存在着类似的结构，有的甚至成立时间更早些。可以说，直到“国家社会主义”的第三帝国之前，公共教育行政管理一直是

---

⑫ 参见第二章，第 1、22 页；第二章，第 47—49 页。

⑬ W. Vogel, 'Karl Sigmund Franz von Altenstein', in W. Treue and K. Gründer (eds.), *Berlinische Lebensbilder, Wissenschaftspolitik in Berlin, Minister, Beamte, Ratgeber*, Einzelveröffentlichungen der Historischen Kommission zu Berlin 60 (Berlin, 1987), 98. M. vom Broche, 'Kultusministerien und Wissenschaftsverwaltungen in Deutschland und Österreich', in *Wissenschaften und Wissenschaftspolitik*, ed. R. vom Bruch and B. Kaderas (Stuttgart, 2002), 192-214.

⑭ Gerbod, 'Le financement, (注释 6); P. Bousquet *et al.*, *Histoire de l'Administration de l'enseignement en France (1789-1981)*, Publications de l'Ecole des Hautes Etudes, Ⅳe Section: Histoire et philologie V. Hautes Etudes Médiévales et Modernes 49 (Geneva, 1983), 19-56.

德意志各邦的特权，然后是“国家”（Länder）的特权，1934 年 5 月 1 日，德意志第三帝国创建了公共教育部。[15] 在苏联，大学机构依赖于加盟共和国的管理，但就苏联作为一个整体而言，它有一个公共教育部长（Minis- 89
ter of Public Instruction），作为苏联部长会议的成员之一管理着高等教育。1932 年 9 月 19 日的法令进一步加强了这种行政管理等级。从 19 世纪和 20 世纪建立的教会、自治市和私立大学中，[16] 我们能看到这种外部监督体制的出现。英国大学则是这种准通行规则（quasi-General rule）的一个明显例外。

外部权力正是通过这些中央行政管理影响着教育和研究。比如，教师的聘任逐渐脱离了大学本身。大学的议事机构［学术理事会（academic senate）和教授评议会（faculty council）］或西班牙的全国认证委员会和法国的高等教育咨询委员会无疑能够做出任命决议，但最后的选择决定仍属于皇家特权。独裁或极权国家完全实施了上述做法。而民主国家也并不能完全免俗。比如：在英格兰，君主能够任命一些教席；在 19 世纪的德国，终身教授的任命是君主或皇家的权力；在西班牙，由五名教授成员组成的委员会（oposición procedure）负责全国范围内的竞争招聘，而在此之外还有一个程序被称为“开考”（concurso），它允许部长任命一个由他挑选的候选人。[17] 在法国，从一开始，学院评议会就有为空缺职位提名候选人的权利，但公共教育部部长也总是能够推翻先前的决定，甚至录用一个先前并无希望的局外人。纵览上一世纪部长的选择结果，我们可以看出，部长极少尊重学院的意愿。这种依赖性持续的时间已经超出了 19 世纪，但在像法国这样的民主国家中，它已明显走向下坡。1924 年，公共

---

[15] 1934 年 5 月 1 日法令创建了第三帝国科学、教育和公共教育部（*Reichsministerium für Wissenschaften*，*Erziehung und Volksbildung*），其中，被称作科学办公室（*Amt Wissenschaft*）的部门负责高等教育；参见 H. Huber，*Der Aufbau des deutschen Hochschulwesens*（Berlin，1939），16-22。

[16] 参见第二章，第 37、39、40、57 页。

[17] 参见第五章，第 134—140 页。

教育部部长反对巴黎法学院评议会的提议，转而任命乔治·塞勒（Georges Scelle，1878—1961），塞勒那时在左翼联盟（Cartel des Gauches）选举胜利后的爱德华·赫里欧（Edouard Herriot，1872—1957）的政府劳工部任首席私人秘书。这次任命被认为是有政治倾向性的，并有悖于大学的传统，因此激起了法国学生的暴力反抗，并在整个拉丁区引发了暴乱反抗。[18] 希特勒时期的德国、墨索里尼时期的意大利都加强了政府干预。应
90 该注意的是，在教会或私立大学中，监督部门的监管权利也并非无足轻重的。在整个欧洲，这是学术依赖的一种真实的形式，它在逐年加强，而非减弱。

教育依附

从严格意义上说，在学习的规章制度方面，教育的依赖性是十分显著的，它表现为政府要求建立国家标准，不仅是针对医学[19]和法学[20]的职前训练，而且还针对未来的文理学科教师而设定。[21] 而且，高等教育机构的现代化需要进行新学科的教学，并废除陈旧学科。在各种教学部门中，从 19 世纪到 20 世纪的政府干预逐步蔓延，甚至是势不可当。

在西班牙，1845 年后，政府取代了之前的大学联合会，而在那之前，教学一直保持它的独立性，并且固守传统，反对变革。之后，政府便设置了新的学习课程并制定了考试规章。[22] 在 1867 年的妥协后建立的奥匈帝国中的匈牙利，也是如此。它是由公共教育部长来确定教席的数量、课程的内容、考试的顺序，以及批准讲师的任命。1830 年后，德国和比利时的

---

⑱ J. F. Sirinelli,*Génération intellectuelle*(Paris,1994)。

⑲ 参见第十四章，第 553—563 页。瑞士大学依赖于州，联邦政府控制医学和兽医学的课程和考试。

⑳ 德国是自 1877 年后。

㉑ 普鲁士是由威廉·冯·洪堡实施的（1810 年 7 月 12 日法令），参见：W. Lexis(ed.), *Die Reform des hoheren Schulwesen in Preussen*(Halle,1902),373。

㉒ Peset,*Universidad Española*.

绝大部分地区中也出现了干涉主义。在法国，1808 年在建立了国立学院之后，学习和考试章程不再是机构自身的权限，而成了中央行政部门下达的法律（laws）、政令（decrees）、命令（orders）、布告（edict）和通告（circulars）的对象，这也为各学院的教学以及每个学科确定了构架。中央行政部门得以修改这些规章。在 1852 至 1856 年间，希波吕忒·福托尔（Hippolyte Fortoul，1811—1856）部长甚至要求教师团体要在三年内教授所有的专业，并且每年都要向部长汇报课程内容。[23]

一战后，政府与大学之间的教育关系几乎没有变化。只有几所像牛津和剑桥那样的古老大学保留了完全的教育独立。“红砖”大学在某种程度上也是如此，它们更好地适应了国家的需要。然而，在欧洲大陆，我们只 91
能说国家干预在日益增强。这一点可以从受共产主义意识形态主导的俄国大学的命运中看出。苏维埃政府规定了课程内容、学习规则、考试章程和高等教育入学条件（它们以社会学的“招生限额”为由赋予工人阶级的子女以优先地位）。[24] 在希特勒的德国，政府对大学实行了真正的学术专制。还应该提及的是，20 世纪 30 年代，在波兰的军事政权统治下，它像匈牙利或安东尼奥·德·萨拉萨尔（Antonio de Salazar，1889—1970）统治下的葡萄牙一样，专制政府要求对高等教育进行更为严厉控制的意愿是不可抗拒的。

19 世纪，政府干预通过开办大学之外的高等教育机构（政府对这些机构拥有独一无二的控制权），也留下了一个更圆滑、更间接的教育标记。1800 年后，我们可以看到一些为绝大多数专门职业（军事、商业和工业）提供高级技术培训的专门学校在成倍增长。这些学校也许依附于不同的部

---

[23] Gerbod, *Condition universitaire*.

[24] 19 世纪，俄国政府数次颁布法规限制大学学生注册（参见第二章）。1917 年后，工人学院（rabfak）发展迅速，从 1928 年的 177 所增加到 1932 年的 694 所。那时这些学院拥有近 30 万名学生。在同一时期，“无产阶级”生源的百分比从 30%增加到 55%。

门，但它们都是由政府来运作的。[25] 教会或私立大学的教育依附也很典型。罗马、比利时、西班牙或波兰的天主教大学都直接或间接依附于（通过当地的教会当局）罗马教宗（Roman Holy See）。法国的天主教神学院尤其如此。1875 年以后，巴黎、里尔、安格斯（Angers）、里昂和图卢兹的天主教研究所也是这样；这也同样适用于斯特拉斯堡，1919 年，阿尔萨斯-洛林光复后，当地唯一的一所天主教神学院就开始依附于国家。[26]

在一个完全不同的领域，科学研究似乎也无法避免对外部的依赖。在大学机构中，教师应肩负着知识进步的职责，这是一个古老的欧洲传统。除了不可小觑的、积极的业余科学家之外，大学在人文与自然科学，以及神学和医学知识的进步中扮演着重要角色。[27] 19 世纪，这一传统得以延续，但也受到了一定的限制。这些限制主要是一些物质障碍：在法国和其
92 他国家，大学不断抱怨由其研究者掌握的经济和物质资源日益匮乏，它们还抱怨用于建造现代的实验室和充实图书馆的资金配给不足。在法国，以科学发现而闻名的路易斯·巴斯德对国家的吝啬和漠不关心表示愤慨；20 世纪初，费迪南德·洛特（Ferdinand Lot，1866—1952）在《双周书刊》（*Cahiers de la Quinzaine*）中抗议国立大学的经费不足（将其与德国大学得到的慷慨赠予相比）。但这可能还不是一个真正重要的因素。政府干预还影响了研究的本质与取向。研究不得不迎合现行政府或主流宗教的官方哲学，并与其意识形态架构保持一致。所有的异常行为都将受到斥责与责备。在法国旧政权统治下，索邦神学院是正统神学研究的审判者，它可以公开处罚那些离经叛道者。在大革命之后，随着政局的更迭（这是法国历史的特点），政府会接连惩罚那些“错误”的历史或哲学研究（例如，复辟时期“自由的”史学家所面临这样的困境）。在神学研究方面，教会往往非常拘泥于形式，这一点我们可以从 20 世纪初期现代主义的危机时代

[25] 参见：‘European Universities and Similar Institutions in Existence Between 1812 and the End of 1944’，692-702。

[26] 参见第十章，第 397 页。

[27] 参见第二卷，第十一至十四章。

对数位解释学家的审判中看出。[28] 在斯大林时期的苏联，马克思、列宁主义成为官方思想体系，所有教师和学生必须尊重学习，尤其是在哲学、历史，甚至是自然科学全领域。特罗菲姆·李森科（Trofim Lysenko，1898—1976）获得性状遗传理论被立为国家正统理论。无论是从潜在的可能性角度上来看，还是从历史的角度上来看，教学和科学上的依附性成了大学与其权力部门之间紧张关系的根源。

这种依附形式无论其有害程度和广度如何，只能说明另一种形式的依附，那就是政治和意识形态上的依附性。自中世纪以来，官方教会就已表现了这种意识形态的歧视。这种歧视在 19 世纪的天主教大学和学院中依然十分普遍。[29] 在大不列颠，成为国教徒是在牛津和剑桥大学学习的必要条件（*sin qua non*），这种情况一直持续到 1871 年。[30] 1833 年，牛津大学 93
爆发了“丑闻”运动❶，其中涉及到几位像约翰·亨利·纽曼（John Henry Newman，1801—1890）这样的学者。宗教权力机构反应强烈，牛津运动的领导者不得不在屈服或与教会断绝关系之间做出选择。[31] 在严格的教派大学之外，我们也可以看到主流的或排外的宗教意识形态的负隅顽抗。在法国，在 1831—1857 年间废除大学垄断的激烈斗争中，文学院受到了部分主教的恶意批评，这是因为他们认为哲学教授们正在进行反宗教的教学。[32] 几年后，《耶稣的一生》的作者、语言学家欧内斯特·勒南（Ernest Renan，1823—1892）成了一场反对其教学的观点争论的受害人，因而不得不放弃法兰西学院的教授席位。[33]

在这方面，严格地讲，政治依附从未停止过对高等教育自由的限制

---

[28] 参见第十章，第 401—405 页（The Papacy's Pyrrhic Victory over Modernism）。

[29] 参见第十章，第 395—400 页。

[30] *University of Cambridge*，Ⅳ，99-102.

❶ 当时国教派试图恢复天主教的运动，即“牛津运动”。

[31] P. B. Nockles '"Lost Causes and... Impossible Loyalties": The Oxford Movement and the University', in *History of Oxford*, Ⅵ, Part 1, 191-267.

[32] Gerbod, *Condition universitaire*, 141-185.

[33] 参见第十章，第 400 页。

（当它还未被废除时），这是因为，特别是在 19 世纪，大学似乎很快就能够推翻政府了。在法国，从帝国大学创建之日起，帝国大学的总监就必须向皇帝宣誓效忠，作为大学成员的教师和学生也被强行邀去指责那些损坏拿破仑政权的行为。这一义务是由 1808 年 3 月 17 日颁布的帝国敕令，即法兰西大学宪章规定的，显而易见，1815 年后，历任政权也没有废除这一义务。其结果是使得政府能够使用大学的处罚条例来采取法律措施，用于对抗政治异端，并在 1811 年对这些处罚条例进行了更为细致的规定。之后，在 1815 年、1830 年、1848 年、1851 年和 1871 年的政治动荡中，教师团体也遭到了接连不断的、合法的清洗。[34] 1820—1822 年间、1832 年和两次世界大战期间的学生“骚动”也受到了制裁，当时“国王的报贩”（属于“法兰西行动”组织的年轻人）控制了拉丁区，并组织了反对共和国政府的暴力示威游行。

在沙皇俄国，已经有了一套严格的大学控制系统。[35] 在欧洲其他国家，尽管这种约束毫无疑问没那么明显，也没那么露骨，但它们依然是存
94 在的。当 1819—1820 年革命骚动在德意志各邦的学生中发展起来的时候，1815 年神圣同盟框架下的卡尔斯巴德大会（Congress of Carlsbad）要求政府采取高压措施。1837 年，当汉诺威的国王废除自由宪法时，哥廷根大学的 7 位教授公开抗议这种政变，因此不得不放弃教席。[36] 在奥地利统治下的意大利，一直到 19 世纪中期，维也纳政府都对亚本宁半岛大学实行煞费苦心的监管。后来，在 20 世纪 20 年代法西斯统治的意大利和 30 年代希特勒统治的德国，对教授和学生的政治监控成为新政权的主要关注点之一，并以之前闻所未闻的清洗和制裁为特征。

总而言之，这三种主要依附形式是紧密相连的，目的是防止高等教育

---

[34] P. Gerbod, 'Les Epurations administratives (XIXe et XXe siècles)', *Actes du Colloque*, Publications de l'Ecole des Hautes Etudes, IVe Section: Histoire et Philologie V: Hautes Etudes Médiévales et Modernes 29 (Geneva, 1977), 81-98.

[35] 参见第二章，第 52 页；第八章，第 303—308 页。

[36] 参见第五章，第 152 页。

机构引发政治或意识形态的动荡或颠覆政权。宗教正统或意识形态上的正统是以牺牲思想自由为代价来维持的，尽管思想自由是高等教育的特权之一。而政府也需要采取法律手段来确立这种宗教“正统”或意识形态“正统”。

法律保障和学术自由的实际衰落

为了实现防范和镇压的合法化，监管当局，尤其是政府首先做的就是强化立法，它们往往废止了大学成立之时特许状的内容，以及自中世纪以来形成的高等教育传统。许多国家的宪法都明确而又坚定地宣布了要尊重无形但却是神圣不可侵犯的思想自由，尤其是要尊重高等教育应享有的自由。1924 年苏联宪法，魏玛共和国宪法的 142 条款（“艺术、科学及其教学是自由的——国家为它们提供保护和鼓励……”），就是这样的例子[37]；明确波兰政府和大学之间的统领关系的 1933 年的法律（1933 年 3 月 15 日法案，1937 年 3 月和 7 月修订），也表达了同样的意思。1848 年的匈牙利宪法，也明确地说明了教学自由的问题。在罗马尼亚，1931 年的《约尔加法》（Jorga Law）授予高等教育完全的独立地位；1937 年，自由的范围 95
受到《安杰列斯科法》（Angelesco law）的限制。1933 年，随着西班牙共和国的成立，出现了一份自由主义大学法案，但却从未投票表决过。在法国，1806 年法创建了帝国大学，并赋予政府在事实上的教育垄断权力，被称为“大学垄断”。对高等教育自由的认可仅始于 1875 年，即经由君主主义者和自由派右翼主导的国民大会投票表决后，通过了 1875 年 7 月 12 日法律，自 1830 年开始的由天主教教会为争取教育自由而展开的斗争宣告终结。实际上，这场战斗在 1850 年就已经结束了，这要归功于关于初

[37] R. A. Müller, ‘Vom Ideal der “libertas philosophandi” zum Dogma der “Freiheit der Wissenschaft”(1848-1918/1919)’, in C. Friedrich, *Die Friedrich-Alexander-Universität Erlangen-Nürnberg 1743-1993. Geschichte einer deutschen Hochschule*(Erlangen and Nürnberg, 1993)，第 65—95 页，引自第 71 页。

等和中等教育的法卢（Falloux，1811—1886）法。随着1877年下议院中“共和派”多数的来临，1875年法律被修订；授予大学学位的联合评委会（公立高等教育和私立高等教育）被废除了，且自1880年起，私立高等教育机构不再被称作大学。

此外，政府往往通过君主的旨意或议会的表决来限制、有时甚至是废除大学理应享有的自由。欧洲因而也积累了一笔由复杂的法律或立法武器构成的“非凡财富”：法律、法令、命令、布告和通告。立法和规章的例子有很多，不胜枚举。[38] 在西班牙，起源于中世纪的大学特权被1845年和1857年法所废除。[39] 在大不列颠，1850年，像牛津和剑桥这样的古老大学享有的特权似乎还未被触及，但建立了“调查牛津大学及其学院的纪律、研究和收入状况的皇家委员会”。两年后剑桥大学也建立了同样的委员会。在这两个委员会的努力下，议会投票通过了两个法案，一个是在1854年，另一个更重要的是在1877年，并还任命了一个执行委员会，肩负起保障实施该议会立法的职责。对苏格兰大学来说，它们也遭到了政府干预。1858年，英国议会免除了爱丁堡市议会管理大学的职能。

在俄国，1755—1912年间，沙皇政权别出心裁地连续为大学颁布章
96 程。在罗马尼亚王国，通过1864年、1898年、1907年和1912年法为大学戴上了“紧箍咒”。[40] 国家社会主义党执政后，德国1935年4月1日的法令加强了政府对教育的控制。[41] 在意大利王国，1859年11月13日颁布的《卡萨蒂法》（Casati Law）强制推行统一制度，并强化了政府对教育的控制。该法案虽然在特定细节上进行了修改，但还是被新兴法西斯政府

---

[38] 例如：A. de Beauchamps, *Recueil des lois et règlements sur l'enseignement supérieur de 1798 à 1880* (Paris, 1886)；E. R. Huber, *Dokumente zur deutschen Verfassungsgeschichte*, 4 vols. (3rd edn, Stuttgart, 1978-1991)；I. Porciani (ed.), *L'Università Italiana. Repertorio di atti e proffedimenti ufficiali 1859-1914* (Florence, 2001)。

[39] Peset, *Universidad española*, 430, 461ff.

[40] J. Sadlak, *Higher Education in Romania: Between Academic Mission, Economic Demands, and Political Control*, Special Studies in Comparative Education 27 (Buffalo, NY, 1990).

[41] Huber, *Aufbau des deutschen Hochschulwesens* (注释15), 17.

颁布的两部法令所取代，它们分别是1923年法（*Decreto Gentile*）和1935年法（*Decreto-Lesse De Vecchi*）。[42]

就天主教大学而言，权力掌握在罗马教宗手中，并由地方主教或那些管理教学秩序的人来执行。

由于这些立法逐年复杂且名目繁多，因此它们在大学机构中的真正贯彻程序则是另外一回事。政府在大学内外安排了公务员或协调人，以确保所有这些立法的实施。公共教育部部长处在监督层级的顶端，政府办公室的成员则在政治权力（君主或立法会议）和教学机构之间扮演了中间人的角色。以法国为例，自大学建立以来［实际上是自从花月法案（Floréal Law，1802年5月15日）以来］，它们就有被称作总监（inspectors general）的高级公务员，其使命就是每年对各种机构进行视察（“巡视”）并向部长汇报大学的运作状况。第二帝国时期设立了高等教育总监，以及初等和中等教育总监，这种特殊的视察制度一直延续到1887年。[43] 而且，在各学区内（包括几种划分，1856年后是包括阿尔及利亚的17个学区，1871年阿尔萨斯、洛林被德国合并之后是16个学区），学区总长（rector）这一职位负责监督其区域内建立的所有学校教育机构（包括国立高校）。

在法国之外似乎很难找到一个与此类似的机构，当然英国在1919年 97
设立的大学拨款委员会员在一定意义上与之相近，这是一个管理申请贷款大学活动的常设机构。而在大学和政治权威之间扮演管理中间人角色的人们，在不同的国家有着不同的称呼。当这些人不是地方主教的时候（例如达拉漠大学或乌普萨拉大学），它可能只成为一个荣誉头衔，例如，英国君主的“视察员”或者是牛津、剑桥和苏格兰大学的荣誉校长（通常是等

[42] T. Tomasi and L. Bellatella, *L'Università italiana nell'età liberale (1861-1923)* (Naples, 1988), 94-128. A. Santoni Rugiu, *Chiarissimi e Magnifici. Il Professore nell'università italiana (dal 1700 al 2000)* (Scandicci and Florence, 1991), 201ff.

[43] P. Gerbod, "Inspection générale et inspecteurs généraux de l'instruction publique de 1802 à 1880', *Revue historique*, 217 (1966), 79-105.

级较高的贵族，他也许与皇室联姻，也许没有）。在一些日耳曼国家，以及俄国的广大地区，最普遍的头衔是“总监”。他拥有广泛的内部管辖和财政权力；由政府当局任命，并肩负着协调政府与大学机构的职责。在缺少协调人的时候，因为政府有时扮演中间人角色会的人会偏袒他所负责的机构，这时政府当局就会任命一个他们完全信任的教师来担当机构的管理人或校长。在天主教的鲁汶大学，校长（rector magnificus）是由比利时主教指派的。

面对来自大学内部的反抗，当局总能够采取各种高压措施对付对手或其认定的对手（教师和学生）。所以教学组织也无法摆脱制裁。在法国，自帝国大学建立以来，特别是自 1811 年法颁布以来，由法律、法令、布告和通告编纂而成的大学法律条文统治着大学，为惩罚大学成员提供了诸多细节：责备、自动调职、开除和被迫辞职或离职。[44] 通过这些法律规定，政府才有可能在必要的时候“清洗”教学队伍中的异己。按照法律程序，制裁决议首先是由学术委员会和大学委员会提出，但在危机时刻或政权更迭时代，当局常常无视这一程序。这就是 19 世纪法国的状况，清洗运动频繁地出现在 1814—1815 年间镇压波拿巴主义教师的时候，1819—1822 年间镇压自由派教师的时候，索邦的弗朗索瓦·基佐（François Guizot，1787—1874）和维克托·库新被迫停课，以及在 1830 年和 1848—1851 年间镇压拥护王位（Carlist）的大学教师中。在后来的政治危机中，比如 1871 年巴黎公社、1889 年布朗热主义（Boulangism）、19 世纪末的德雷福斯事件（the Dreyfus Affair）或在 1880—1909 年间共和国和天主教会之间挑起的冲突中，它们采用了新的个别制裁方式。

98 法国并不是例外，清洗事件遍及整个欧洲。在俄国，1820—1822 年间，政府采取了激进的措施，把大学置于严格的监管之下。它免除了彼得堡大学和喀山大学的校长（rector），并直接任命了主管（director）以取

---

[44] A. Rendu, *Code universitaire*（Paris 1811, 1827, 1836, 1846，连续出版的版本）；参见：de Beauchamp, *Recueil des lois*（注释 38），*passim*, *and Bulletin administratif du Ministère de l'Instruction Publique*（1850-1932），20。

代他们，并决定驱逐所有的外国教师。在整个 19 世纪里，对自由派教师的迫害以及 1890—1905 年间对那些（或多或少）政敌的迫害，从未停止过。实际上，各国政府显然都或多或少地通过镇压那些传播“不健康”和“革命”思想的教师来保护自己。这种政治迫害在第一次世界大战后建立的独裁政权中演变成一种体制。意大利墨索里尼政府打击了反法西斯的教授，并解除了他们的教授职位；在德国，1933 年后，迫害的对象扩展到那些反对希特勒独裁的教师以及犹太裔教师。这种清洗行动也扩展到其他国家，比如葡萄牙，扩展到 1939 年前被佛朗哥控制的西班牙，扩展到匈牙利和罗马尼亚，并最终影响到法国，1940—1944 年间维希政府加入了清洗犹太人、共济会会员和共产党教师的行列。[45] 与此同时，迫害还扩展到那些通过各种途径对现行政权持敌对态度的学生身上。[46]

政治权力机构（以及宗教势力，以天主教机构为例）总是依据某些法律条文来向大学施加他们的观点。一般而言，他们所依据的法律条文总是因时、因事而变。有各种各样的机构和部门（intermediary）来负责确保这些法律的实施，还有针对教师和学生的各种制裁措施。而且，当公共秩序被扰乱时，政治权威往往会派出警察和军队。他们的对手（学生和教师）能抵抗这各种各样的政治高压吗?

大学的抵抗

大学在反抗监管权威的威胁与高压政策时的手段看似有限，但却是不容忽视的。其中有以评议会为代表的合法手段，虽然它们在各国的名称各不相同，但其职责都是对大学机构进行学术管理。[47] 从原则上说，英国大学有三个评议会，它们组织学习、授予学术学位、接受遗产、争取和管理 99
地产或向民众引见神职人员。所以，得益于源自中世纪的特权的支持，英

[45] C. Singer, Vichy, *l'université et les juifs. Les silences et la mémorie*(Paris, 1992).

[46] 参见第八章。

[47] 参见第四章，第 117—121 页。

格兰和苏格兰的古老大学很长时间内能够抵制议会的压力和干预的企图。

在欧洲大陆也是如此，大学通常是由评议会来运作的，虽然它们的名称各不相同。大学的法规授权它们组织方案、制定课程、授予学术学位、维持内部秩序和纪律。在某些地区，独立性还拓展到物质和经济领域，但这种独立性是有限的。在一些重要问题（人员任命、课程大纲、教授席位的增减、财政和设备）上，评议会仅能提出建议，甚至这种提建议的权利也是 19 世纪才慢慢出现的。以对高等教育负责的部长为代表的政治权力，才有权决定这些事务。在一般情况下，它会遵循评议会的意见，但当出现冲突矛盾时，政治权力便无视评议会的反抗。在独裁政权中，这种抵制完全是形式上的。

如果大学的抵抗希望引起人们的注意，使政治当局聆听它们的声音，它们就必须采用“非法的”或“合法途径以外的”手段，并多多少少地引起政府部门的激烈反应才行。程度最弱的“非法”反抗形式就是向公众呼吁。因而，1819 年德国以政治原因撤销德·韦特（De Wette，1780—1849）在柏林大学的神学教席，[48] 1837 年开除哥廷根大学 7 位教授，这些事件都引起了广泛的公众抗议运动。19 世纪 30 年代的英格兰，非国教派的人为让非国教派者能够进入牛津和剑桥大学学习而进行了斗争，并通过请愿等方式来取得公众的支持，但他们的目标直到 1854 年才达成。反对派们有时在出版界和反对派政治议会阵营中寻求外部支持，这种努力通常是徒劳的。19 和 20 世纪的法国尤其是如此。

大学抵抗也会采取教师辞职乃至流亡形式。在 1851 年 11 月 2 日的政变之后，1852 年，库新的继承人、索邦神学院哲学教授朱尔·西蒙（Jules Simon，1814—1896）宁肯放弃教授职位，也不对政变后产生的新政权宣誓效忠。法兰西学院的教授——儒尔·米什莱和埃德加·基内（Edgar Quinet，1803—1875）在 1852 年后宁愿流亡也不愿意继续上课。
100 这仅仅是部分事例。20 世纪，辞职和流亡是许多反对派在面对遍布欧洲

[48] 参见第十章，第 404 页。

的独裁政权时所采用的一种间接抵抗形式。在 1925 年后墨索里尼统治的意大利和 1933 年后的德国也都是如此，比如，古典学者库尔特·冯·弗里茨（Kurt von Fritz，1900—1980）拒绝向希特勒宣誓，尽管这些事例都是少数的，但却都是自愿的。

学生的抵抗不再像中世纪时那样，把整个大学迁移到另外一个城镇来躲避政治权力的高压。在德国，许多学生跟随被开除或辞职的教师，来到其他大学寻求庇护。更普遍的是，非法的学生运动往往更加活跃。在两次世界大战之间，莫拉斯（Maurras）右翼组织的抗议活动（拉丁区的“国王的报贩”）持续了相当长的时间，正如之前提及的那样，在 1925 年塞勒事件中和在 1936 年反对法国法律顾问加斯东·热兹（Gaston Jèze，1869—1953）教授的事件中，他在意大利占领埃塞俄比亚后赞成国际联盟对其进行经济制裁，抗议活动恶化为名副其实的暴乱。

因而，在近一个半世纪中，大学与其权力监督机构之间的关系是冲突，其冲突不仅局限于技术和专业事务上（课程、预算、考试和教职的任命），而且往往因为政治和意识形态的问题而加剧。它们提出了关于教学和科学研究中思想自由这一永恒的问题。无论多么民主的政权都不能真正接受大学的全部自治。虽然由于中世纪的传统——那是一个大学与西方基督教教会保持有机联系的时代，它们保留了一定的独立性，但在高压之下，大学也或多或少地被迫接受了对其物质和精神上的独立性的严格限制。在 19 世纪和 20 世纪初的欧洲，由于各国在政治、意识形态和社会上的动荡，因此与政治权力达成的任何妥协都是靠不住的。

101 第四章 资源与管理

保罗·热尔博

导言

从 1800 年到 1939 年，由于日新月异的教学和科学目标、快速发展的科学和技术，以及持续增长的学生人数（男生如此，女生逐渐也如此），高等教育机构、特别是大学不得不应对一些史无前例的，通常是极其困难的问题。1789 年，法国约有 12 500 名注册学生，比 400 年前只有 6000 名学生的时候翻了一番。① 1937 年，巴黎大学已经有 32 144 名学生，罗马大学有 14 203 名，比 1800 年意大利所有大学的学生总数还要多。②

日益增长的学生人数带来了新的、更为尖锐的物质和财政问题。陈旧的基础设施大多是不足和不适用的。19 世纪末，古老大学的修缮和新大学的建设使得上述问题充斥着整个欧洲。日益增长的学生人数以及与之相伴的大规模的教师需要支付报酬、提供住宿和进行管理；与此同时，学科的多样化（特别是精确科学的空前重要性）要求提供新的条件（实验室、科学材料和设备、图书馆），以更好地适应教学与研究的需要。

只有在高等教育的专门学校里（法国的大学校、德国的高等技术专科学校，以及农业研究所和美术学院）才在一定程度上获得了管理的自治权，大体上避免了过度增长所带来的问题。许多机构采用竞争性入学考试
102 来限制录取人数，但是，这部分学生仅仅是欧洲学生总数的一小部分。本

① C. Charle and J. Verger, *Histoire des Universités* (Paris, 1994), 46.

② *Minerva, Jahrbuch der gelehrten Welt*, 1 (Strasburg, 1891/1892), 33, *Abt. Universitäten und Fachhochschulen I: Europa* (Berlin, 1938). 关于巴黎，第 33、754 页；罗马，第 870 页。

章将依次探讨财产结构、财政、学生补助金，以及财政、教学和行政管理问题，欧洲大学虽处在因战争和革命引发的不稳时局却成功地解决了这些问题。

再议设施

19世纪初，绝大多数大学使用的仍然是1800年之前的建筑物。依旧是在中世纪的建筑之中，牛津和剑桥的学院为一代又一代的大学教员、学生、领取奖学金的学生提供住宿。科英布拉（Coimbra）和萨拉曼卡继续使用它们的华丽房屋。在法国，文理学院和神学院将其师生安置在“老索邦神学院”的阴暗房间里，令人非常不舒服，在其周边是根据红衣主教黎塞留（Richelieu，1585—1642）的倡议而建造的小教堂。[3] 在其他地方，（在整个19世纪）城市还使用原本为其他目的而建造的建筑来安置大学，如修道院、私人住宅和府邸。普罗旺斯地区艾克斯（Aix-en-Provence）的法学院坐落于15世纪建造的收容所里，贝桑松（Besançon）的文学院隐藏在一个古老的本笃会（Benedictine）修道院中。莫斯科大学直到1812年火灾后才搬出烈普宁（Repnin）王子的宫殿。1884年的维也纳大学仍在使用兴建于16世纪早期的建筑，“这是一个庞大建筑，其门廊前面有一段楼梯并饰以雕刻”[4]。在意大利的一些大学城里，中世纪或近代的宫殿被用作教室，虽然其环境优美，但却是残破不堪且无法满足需求。

绝大多数古建筑和大厦都引起了使用者的抱怨和愤慨。1938年，只有牛津的学院或多或少地引起了造访者的称颂，“名副其实的宫殿，既简

---

③　K. Rückbrod, *Universität und Kollegium. Baugeschichte und Bautyp* (Darmstadt, 1977), 121-123.

④　A. Wurtz, *Les hautes études pratiques dans les universitiés allemandes et d'Autriche-Hongrie* (Paris, 1879)，具体描述了实验室、学院（institute）和图书馆。旅行指导在描述大学城的时候也会提及大学建筑。

朴又辉煌，设计和建造得非常宏伟”⑤。它们的内部装饰几个世纪以来几乎丝毫未变，但还是宏伟而令人向往。但在大多数地方，情况就不同了，
103 那些老建筑物很明显不适合于教学和研究。在法国，这种批评在 1865 年前的总督学报告里反映得日益激烈。1868 年，第一份教育部统计报告对绝大多数学院的物质条件进行了否定性的评价，并敲响了警钟。⑥

19 世纪后半期，整个欧洲都急切建造新的大学建筑。虽然在法国，始于 1855 年的“新索邦”的建设直到 1901 年才完成，但其他地方的房屋修缮和建设则要快得多。这是一个关乎要在城市中心或郊区建设新的“知识殿堂”的问题。在瑞典，乌普萨拉和隆德大学重建于 19 世纪 80 年代。⑦在大不列颠，旧大学获得了许多新建筑，而新大学则在诸如利兹（Leeds）、伯明翰（Birmingham）、曼彻斯特（Manchester）或利物浦（Liverpool）等工业城镇中拔地而起。在德意志帝国，1870 年后国家和市政当局在捐助大学建设“宏伟建筑”方面做出了重要的财政努力，哈勒、海德堡、哥廷根、慕尼黑和卡尔斯鲁厄（Karlsruhe）都从中受益。这一建设的成果在法国被广为传颂，⑧ 但在巴黎之外的“大学殿堂”却寥寥无几。20 世纪初，许多文学院、法学院和理学院仍然坐落在非常狭窄的、不卫生的且不舒适的建筑中，格勒诺布尔（Grenoble）、卡昂（Caen）和雷恩（Rennes）都是这样的例子。

---

⑤ P. Gerbod, *Voyageurs français à la découverte des Iles britanniques* (Paris, 1996).

⑥ 第一份关于高等教育的教育部统计报告起草于 1865 年，当时维克多·迪吕伊（Victor Duruy）是部长，出版于 1868 年；1878、1889 和 1900 年的统计调查描述了国家学院获得的物质条件（建筑、收藏、图书馆）。关于 1865 年前的信息，参见：*Archives de France*, *rapports d'inspection générale des facultés*, F17/13068ff; *bâtiments* F17/13255ff.。

⑦ C. Hippeau, *L'Instruction Publique en Scandinavie* (Paris, 1879); P. Ponnelle, *Les universités scandinaves* (Paris, 1882).

⑧ R. Blanchard, *A propos des universitiés allemandes* (Paris, 1884); F. Minssen, *A propos de l'enseignement supérieur en Allemagne* (Paris, 1866); Wurtz, *Hautes études* (注释 4). 参见：P. Gerbod, 'L'enseignement à l' étranger vu par les pédagogues français (1800-1914). Approche bibliographique', *Histoire de l'éducation*, 5 (1979), 19-29。

一战后，随着学生人数和大学数量的增加，大学建设再次兴起，特别是在那些根据1919年条约建立的新兴国家中。在匈牙利，有3/4的大学是1920年后在政府的财政支持下修建的。捷克斯洛伐克［新的布拉迪斯拉发大学（Bratislava）］、波罗的海诸国和南斯拉夫也是这样。在大不列颠、法国、荷兰和意大利还出现了进一步的建设。在西班牙，直到1920—1939年间才开始在马德里大学城中修建新建筑，这包括新的实验室、图书馆和学生宿舍。1920年苏维埃的政策是要实现高等教育中心的多样化，尤其是在中亚和东西伯利亚共和国。

1800—1939年间，大学之外的高等教育机构也在建设热潮中受益。虽然女子高等师范学校（*Ecole Normale Supérieure de Jeunes Filles*， 104
1882）占用了前塞夫勒（Sèvres）工厂17世纪的旧建筑，但其中绝大多数人员被安置在专门建造的建筑里。又如，在1845年之前，综合高等师范学校（*Ecole Normale Supérieure de Jeunes Gens*）一直位于邮政路（Rue de Postes）的临时建筑中，后来才迁到位于云姆路（Rue d'Ulm）的新校舍里。在整个欧洲，这些例子比比皆是，尤其是在那些由技术和商贸学校发展而来的准大学中。

19世纪的许多大学建筑都具有新古典主义或新文艺复兴风格，⑨ 比如，法国的"新索邦"；芬兰赫尔辛基大学的主楼、图书馆、天文台和临床诊所；⑩ 在奥地利和德意志各邦，希腊-罗马式的塔形三角墙和柱廊则被饰以雕廊画栋。就像马尔堡和弗顿堡采用了新哥特式的建筑一样，大不列颠的建筑师们也发现他们自己难以摆脱新哥特式的风格。尽管如此，这些"红砖大学"偶尔也使用了铁和玻璃这样的新材料。

一流的建筑师开始对建造所谓的"科学的殿堂"产生了浓厚的兴趣：如苏黎世的戈特弗里德·森佩尔（Gottfried Semper，1803—1879）、维也

---

⑨ 参见：Rückbrod，*Universität und Kollegium*（注释3），155；H.-D. Nägele，*Hochschulbau im Kaiserreich. Historische Architektur im Prozess burgerlicher Konsensbildung*（Kiel，2000）。

⑩ R. Knapas，'Universitetets Byggnader'，in M. Klinge（ed.），*Keyserliga Alexanders Universitetet 1808-1917*（Helsinki，1989），216-276；Klinge，*Universität Helsinki*，291-292，304ff.

纳的海因里希·费雷赫尔·冯·费斯特尔（Heinrich Freiherr von Ferstel，1828—1882）、牛津的阿尔弗雷德·沃特豪斯（Alfred Waterhouse，1830—1905）和托马斯·格雷厄姆·杰克逊爵士（Sir Thomas Graham Jackson，1835—1924），以及巴黎的亨利-保罗·内诺（Henri-Paul Nénot，1845—1934）。从整体上来说，新古典主义或新哥特式的风格依然保持着与宗教的联系，这体现在院墙和回廊式的四方院上。尽管如此，在 20 世纪，特别是在两次世界大战期间，我们依然可以看到由多样化的建筑所构成的大学校园的理念在隐约闪烁，例如，在新建的马德里大学中。同样地，在 1920 年后，巴黎大学的学生宿舍在首都的南部落成，其中的建筑之间的间隙较大，在整个区域都覆盖着草坪，植有绿树，周边还有风景如画的人行道围绕。当然，在英国城市的郊区还存在着一些红砖宿舍楼。

随着时间的推移，大学的建设开始强调拥有科学设备与仪器标本。大学学科中精确科学的重要性的日益突显，尤其要求建设教学与科研所使用的实验室。19 世纪上半期，物理和化学实验室，以及矿物学和动物学的
105 标本都是微不足道的，经常被安置在大学建筑的地下室或阁楼里。所有这些在 19 世纪下半期都发生了变化。[11] 但关于科学设备投资政策的结果在各国间是不一样的。德国又一次树立了榜样。在一次访问莱茵河对岸大学的过程中，法国教授阿道夫·武尔茨（Adolphe Wurtz，1817—1884）在其报告（1871 和 1878 年）中强调了要建造像柏林和莱比锡大学那样宏伟、现代和设备精良的化学、物理、生理学和解剖学研究所。德国模式同样也出现在奥匈帝国的维也纳和格拉茨，在那里，建筑位于壁垒之外的广大空地之中，“充溢着阳光和清新的空气”。[12]

法国的发展则比较迟缓。19 世纪 80 年代初的一份部长调查说明许多理学院实验室经常处于悲惨的状态：年代久远且不舒适的房屋，陈旧无用

---

⑪ P. Gerbod, ‘Le financement de l’enseignement supérieur et de la recherche en France au XIXe siècle’, *Revue administrative*, 35(1983).

⑫ Wurtz, *Hautes études*(注释 4).

的科学设备，极其原始且危险的卫生和安全条件。[13] 然而，由于政府资金的支持、教职工的贡献和市政当局的帮助，到 1914 年，这些缺陷已得到部分解决。在两次世界大战期间，科学的威望得以确立，在 20 世纪 30 年代，实验室进入了大学机构，虽然这些设备依然很有限，且不适用。面对这些困难，各主要的科学中心依然开始了实验与研究，例如剑桥的卡文迪什实验室。

几个世纪以来，高等教育本身也要求向学生和教师提供学术著作——这也被认为是大学不可或缺的一个重要部分。自成立之日起，大多数大学都持之以恒地扩大藏书。[14] 从 19 世纪开始，这些藏书就成了大学生活的核心要素。起初，图书馆往往被安置在主楼的旮旯里，后来才逐渐被搬入更适宜的建筑中，并往往和教学楼相分隔。一些图书馆还占据了历史遗迹、前君主的宫殿、修道院和私人官邸。但在 1850 年后，图书馆大多被安排在新建筑里。巴黎的圣·吉纳维芙（Sainte Geneviève）图书馆建于第二帝国时期，而 1901 年大学图书馆才被搬到新索邦。除大学图书馆外，确切地说，在欧洲各国的首都，由国王、政府或市政当局资助和管理的大型公共图书馆也对大学活动的发展做出了贡献。

表 4.1　一些大学和公共图书馆提供的书籍[a] 106

	创建	c. 1830[b]	1890[c]	1910[d]	1938[e]
雅典	1837		160′	314′	400′
贝尔格莱德	1926		30′	63′	200′
柏林	1831		140′	558′	987′
kgl. /pr. Staatsb.	1659		875′	1480′	2698′
布鲁塞尔	1887			80′	100′
皇家图书馆（B. royale)	1837		375′	600′	900′
布达佩斯	1635		190′	480′	700′

⑬ *Enquêtes et documents sur l'enseignement supérieur*, 9(1883).

⑭ 参见第一卷和第二卷《地名与主题索引》中的“图书馆”。

续表

	创建	c. 1830[b]	1890[c]	1910[d]	1938[e]
科英布拉	1591		95′	160′	500′
哥本哈根	1482		300′	350′	430′
皇家图书馆	1665		500′	750′	920′
克拉科	1517		205′	403′	620′
根特	1797		300′	350′	600′
哥廷根	1735	300	450′	600′	960′
赫尔辛基	1640，1827		170′	230′	800′
莱顿	1587		310′	520′	1200′
伦敦[f]	1838			85′	310′
英国博物馆	1753		1600′		4450′
隆德	1671		150′	200′	500′
马德里	1822		52′	289′	295′
国立的	1711		450′	1650′	1400′
莫斯科	1756		180′	414′	990′
奥斯陆	1811		307′	450′	872′
牛津	1602	400	550′	800′	1500′
巴黎索邦神学院	1765		142′	902′	1000′
圣日内维耶夫	1624	112	120′	400′	520′
路易的/国立的	1518	430′	2016′	3500′	4000′
罗马	1661		90′	240′	516′
国立的	1815		491′	818′	1129′
梵蒂冈的	1450（c.）		220′	445′	650′
圣彼得堡					
研究院	1728		160′	500′	4520′
帝国/国立图书馆	1814		1000′	1807′	6520′
维也纳	1775		417′	856′	1226′
霍夫/国立	1526		500′	1000′	1313′

a 通常包括小册子和学位论文，但不包括古版书，以三位数计。

b J. -L. -A. Bailly，'Aperçu statistique sur les bibliothèques anciennes et modernes'，*Journal des*

Travaux de la société française de statistique(1831);J. Laude,*Les bibliothèques universitaires allemandes et leur organisation*(Paris,1900).

c *Minerva*(注释 2),2(1892-1893).

d 同上，23（1913—1914）。

e 同上，32（1937），*Abt. Forschungsinstitute. Observatorien*,*Bibliotheken usw*。

f 没有学院图书馆。

高等教育机构发展所必需的投资还包括那些为建设大学宿舍而进行的投资。这可以上溯至中世纪，当时，君主、王子、主教或有钱人主动资助学院建设，为贫穷学生提供食宿，例如，1253 年，由罗伯特・德・索邦 107
（Robert de Sorbon，1201—1274）在拉丁区创建的学院。[15] 1800 年后，保存下来的仅有牛津和剑桥的学院，它们为教职工、房客和获得奖学金的学生提供住宿。尽管如此，在许多高等教育机构中，寄宿制的传统依然得以延续，例如法国的巴黎高等师范学校和巴黎理工学校。总体而言，学生都住在大学之外。19 世纪末，“学生之家”的理念在学生组织的框架内重新出现。[16]

直到第一次世界大战结束之后，由大学主办的学生宿舍才开始成形。20 世纪 20 年代，在巴黎南部落成了巴黎大学城，其中就包括了拥有 350 个房间的德奇拉默尔大楼（*Deutsch de la Meurthe* Hall）。1935 年，在其他国家或法国社团的资助下又建造了 19 幢宿舍楼，这些宿舍可为 2500 名男女学生提供膳宿。20 世纪 30 年代，在巴黎模式的引领下，部分省城也建造了宿舍楼。也是在 20 世纪 30 年代，我们看到了建于首都近郊的马德里大学城（*ciudad universitaria*）的主体轮廓，它是由教学和研究建筑以及为西班牙人和拉丁美洲学生提供住宿的宿舍楼构成的。在两次世界大战期间，在其他国家，诸如罗马尼亚和捷克斯洛克，也出现了学生寄宿的兴盛，它们大多由天主教和新教组织来进行管理。在罗马大学的赞助下，关

[15] 参见第一卷，第 213—222 页。

[16] 参见第八章。

于建造学生宿舍的讨论也拉开了帷幕。

最后，在大学的附属建设中还包括新的或扩建的植物园、动物园、天文观测台以及自然科学和历史教学所必需的自然史和考古学方面的标本。在英国，还包括了运动场。在两次世界大战之间，在其他国家，大学体育也变得日益重要。

日益沉重和庞杂的支出

大学修建新校舍、收藏科学著作和搜集科学材料，预示着增加财政资源的长期战略开始出现。大学的“额外”预算逐年增长。还有年度运营的负担，这包括取暖、照明以及招聘大批教职工的需要。而“正常”的开支管理，其中一些是专用开支，也日益加重了机构的负担。

108 为这些五花八门的开支记账也变得越来越复杂。各种类型和身份的教学人员和研究人员不断增多。在 19 世纪初，服务性雇员仅包括几位门卫、秘书和司库，可能还有一两名图书管理员。[17] 科学学科的拓展、学生实验的引入、行政管理任务的增加，这些都需要一支更大、更多样化的服务队伍来各司其职：实验室助手、助理图书管理员、解剖员和秘书处的会计员。[18]

教学人员也随着大学学科专业化的发展和高等教育入学人数的增加而变得日益庞杂。19 世纪 30 年代，法国的教职人员大约共为 200 名；而到 1860 年和 1940 年时，则分别为 360 人和 1500 人。1840 年，荷兰乌特勒支大学有 19 名教师，而 1937 年有 150 名教师。在同一时期，如果算上助教和讲师的话，爱丁堡大学的教学人员增加了 3 倍。在西班牙，随着学生人数的增长，大学讲座教授（*catedráticos*）的人数从 1847 年的 276 名增

⑰ 参见第二卷《地名与主题索引》中的“大学官员（officials）”。

⑱ 1835 年以来公共教学部的预算草案包括详细的教学和服务人员职位的清单，并附带说明了各自的工资。

加到1935年的540名。[19] 总而言之，在一个半世纪的时间里，大多数机构的教学人员至少增至原来的3倍，在一些机构甚至增长了10倍。[20]

各国和各机构之间的工资水平也有着巨大的差别，尤其是在大不列颠和德国。在受拿破仑模式影响的各国中，中央政府当局很早就开始根据资格、功能和资历来对教师工资水平的制定进行干预。法国是在1809年后才出现这种情况的，而在西班牙和意大利，到19世纪后半期才如此。在第一次世界大战后，欧洲所有国家的工资调整变得更加精确和严格。但国与国之间的差别仍然很大。[21] 在一些国家，普通工资是由大学预算或国家支付，并辅以讲座和考试的学费、公职津贴等，这些构成了各式各样的“奖金”。[22] 在牛津和剑桥，自治的学院支付其教学人员的报酬。

支出的第二大项是学生资助，主要包括提供奖学金。这种援助形式的 109
确立可以追溯到中世纪。自13世纪以来，大多数欧洲大学都创建了学院，为贫困且应获经济援助的学生提供食宿。尽管法国的学院及其提供的奖学金在大革命时期被废除，但在其他地方，奖学金大多被保留了下来。在1858年之前，苏格兰的4所大学里共设有463项奖学金，在接下来的半个世纪中则有458项。[23] 在牛津和剑桥，教员实际上代替了原来的学者，但每个学院依然在入学时及以后为有需要的学生提供资助。[24] 在法国，为中学教师及高校教师资格候选人提供的学习补助在19世纪80年代重新出现。在德国、奥地利和比利时大学，为学生提供的财政援助相对丰厚一些(1868年列日和根特的援助是5万法郎，哥廷根的是10万法郎)。1876年，俄国的喀山大学提供了95项奖学金，哈尔科夫大学提供了170项。

---

⑲ *Minerva*(注释2).

⑳ 关于工资，又可参见第五章，第140—147页。

㉑ *Annuaire international d'éducation*(1934-1936).

㉒ 参见第二章，第46—47页；第五章，第140—147页。

㉓ *Minerva*(注释2).

㉔ *Statutes of the University of Cambridge*(Cambridge,1985),Index,s. v. 'Exhibitions, Funds,Studentships,Prizes,' etc.; *Statutes and Regulations of the University of Oxford*(Oxford,1969),Index,s. v. 'Scholarships and Studentships'.

20 世纪，尤其在两次世界大战之间，虽然奖学金的总额度相对较少，但种类却急剧增多。1937 年，法国提供了 2911 项奖学金。西班牙在奖学金方面花费了 100 万西班牙银币。就资助而言，该额度仍不算大。大不列颠、德国和苏联，财政资助规模更大。

从严格意义上说，在奖学金中还包括了由教育部或公共教育部的预算提供的其他形式的资助。19 世纪初，一些学生获得了学费的豁免；1925—1934 年间，法国有 7000 多名学生获得信用贷款（prêts d'honneur）。在某些高等教育机构中，机构自身能为学生提供物质资助。法国的巴黎理工学校和巴黎高等师范学校就是这样；在许多其他欧洲国家也能发现类似的例子。19 世纪早期，在学生援助的花费中包括了学生住宿补助金、交通补助以及补助性的大学餐厅。19 世纪末，学生会在数量上有所增加，[25] 它们也获得了财政支持。

第三，高等教育机构更加担心物质方面的花费。这不仅是指大学建筑维护、取暖和照明的费用，或是行政管理方面的花费（办公室供给、邮
110 费、课程和讲座海报的印刷费），而且是指科学设备或图书馆书籍的购置（比如物理和化学试验和实验室工作的设备更新以及持续升级）。花费逐年不同，但却是持续增长。

另外还有所谓的"额外"花费。这主要是就大学建筑而言。如前所述，19 世纪后半期，需要开始更换被毁坏的、不实用的和不当的建筑。同时还要考虑修建实验室和图书馆等附属建筑。所以，国立大学的建设政策日益重要，并成为管理高等教育预算的机构的沉重负担。德意志诸邦，尤其是在 1871 年后，为新的教学楼和最重要的现代的、设备精良的实验室投放了巨额资金，这些都被法国观察家心怀妒意地记录下来。[26] 对 20 世纪 30 年代的罗马大学而言，涉及的数目总计是 7000 万里拉。对德国、意大利和法国新建的"大学殿堂"而言，市政当局以建设土地补助的方式所

---

[25] 参见第八章，第 315—324 页。

[26] F. Lot, 'De la situation faite *à* l'enseignement supérieur en France', in *Les Cahiers de la Quinzaine*(11 Febrary and 14 June 1906); Wurtz, *Hautes études*(注释 4).

做的贡献是至关重要的，如里昂、波尔多和图卢兹。巴黎市承担的新索邦的费用，在 1881 年时总计为 2500 万法郎。[27]

私人赞助者也对新建筑及其运作费用做出了贡献。许多英国的大学就是这样的例子，西班牙为马德里大学城投资的阿摩基金会也是如此；法国的德奇拉默尔学生宿舍和政治科学自由学院（*Ecole libre des Sciences politiques*，1872）也是由私人资助的。斯德哥尔摩（*Stockholms*，1977[❶]）、哥德堡学院（*Göteborg Högskola*，1891），以及 1914 年法兰克福的一所被升格为大学的社会和商业科学学院（*Akademie für Sozial-und Handelswissenschaften*，1901）、芬兰的私立土尔库大学（*Turku*，1917）和丹麦的奥尔胡斯大学（*Aarhus*，1928），同样如此。

19 世纪至 20 世纪之间，院校支出的多样化与国际增长使得大学预算恒定增长了 10 倍。19 世纪 30 年代和 40 年代，法国高等教育花费约近 300 万法郎，而在第二次世界大战前夕，则上升到 4 500 多万法郎。在意大利，1870 年到 1937 年之间花费的增长比例接近 1 比 5（从 1860 年 550 万里拉增加到 1937 年 14 600 万里拉）。在半个世纪中（从 1850 年到 1900 年），柏林大学的花费增至原来的 3 倍。[28]

财政来源 111

从 19 世纪开始，大学的财政需求越来越倾向于由政府来包揽。在法国，1800 年后，帝国（1815 年后，皇家）大学获得了 400 000 法郎的资助和收取各种学费的权利。在 1834 年之前，它能够自主管理收支，不受

㉗ O. Gréard, *Education et Instruction*, Vol. Ⅳ: *Enseignement supérieur* (Paris, 1885). 各处的法郎数目是基于 1914 年的黄金法郎计算的。

❶ 原著为 1977，估计是排版错误，推测应为 1877。

㉘ 关于机构预算的信息在 1890 年前是稀少的。此后，*Minerva*（注释 2）和 *Index Generalis* 大体上提及年度总体花费（尤其是奖学金、图书馆）和收入（政府的角色、自身的资源和大学费）。

政府的干预，而此后，学校和大学的预算就被纳入政府的总体预算之中。多亏了学生交纳的学费，学院才能在大学基金会（University Fund）不定期的帮助下，成功地解决自己的开销问题。法学院和医学院的收入甚至超出了支出。从 1809 年到 1819 年，法学院的累积利润增长到 630 454 法郎。但在七月王朝时期（1830—1848），这种收支平衡被打破，政府不得不进行干预。[29] 1840 年，学院不得不接受公共教育部 516 000 法郎的补助金来平衡各项预算。最初这种政府补助金仅是杯水车薪，但后来逐年得到了适当增加；1860 年是 807 000 法郎，到 1880 年是 4 100 000 法郎，到 1898 年是 10 200 000 法郎。这种年度资助是包括在政府总体预算之中的，在整个 19 世纪，它反映了政府资助在学院收入中所占比重的持续攀高。1898 年，在 17 所法国大学中，这种资助占到了 74%。但就巴黎大学而言，由于它收取学费，因此，政府拨款在其收入中的比重仅为 57%，但在省府大学中的比重则要高得多。贝桑松大学有 93.5%的收入来自政府拨款，第戎（Dijon）大学是 86%，普罗旺斯地区艾克斯大学是 85.5%。

同样地，在德国，由于一般性支出和额外支出的普遍增长，大学自身收入的比重则逐年下降。19 世纪 60 年代，柏林大学的学生学费仅占其收入的 4%。同一时期，7 所普鲁士大学的收入（学费、捐赠和基金收入）仅占其总收入的 23%。1880 年后，德国政府接管了高等教育的所有开支。[30] 在匈牙利，1869 年之前，布达佩斯大学一直是自负盈亏，之后，才出现了政府干预。意大利、西班牙、俄国和斯堪的纳维亚诸国的情况也相似，其收入难以应付日益增长的大学开支，不得不利用公共手段加以补充。

112 牛津和剑桥大学是两个例外，至少在 19 世纪是这样。这两所机构中的一些学院拥有丰富的捐赠基金，其收入是相当丰厚的。据估计，1860 年，牛津诸学院的收入大约为 20 万英镑（相当于 1914 年的 600 万金法

[29] C. Jourdain, *Le Budget de l'Instruction Publique de 1802 à 1854* (Paris, 1857).

[30] Blanchard, *Universités allemandes*（注释 8）.

郎)。1900 年，总计约为 34 万英镑，足够支付校长、400 多位教师和 770 项奖学金所需的费用了；但在 20 世纪 30 年代初，牛津大学的总收入仅为 800 万法郎，其中还包括通过大学拨款委员会得到的政府援助，其他大学的情况也是如此。剑桥大学的情形也与之相似。19 世纪 60 年代，剑桥大学学院的收入总计 600 万法郎，其中最殷实的学院有近 100 万法郎的收入。而在 1933 年，剑桥大学的收入约为 1150 万法郎。

从整体上来看，在欧洲，只有那些获得了丰厚的捐赠，以及那些历经数个世纪且无重大变故的大学才能保持真正意义上的经济自主权。事实上，从 19 世纪到 20 世纪，大学学费一般都保持在一个较低的水平，收入与开支之间的差距继续扩大。更重要的是，1800 年后，除少数个案之外，捐赠与遗赠日益萎缩。因此，政府，有时还有地方团体，与天主教、新教教会一起进行了干预。

1800 年前，政府经济财政干预包括了皇室与王室的捐赠，到 19 世纪，政府的角色日益重要且更加有条不紊。不仅是大学，而且还有专门的军事、科学、文学、教育教学机构都在政府的资助下进行建设与重组。[31] 地方或地区的社团在资助大学方面承担的份额难以细述。当出现了诸如房屋建设或修葺等关于资产转让的问题时，它们都身处其中，甚至有时是被迫如此。这些团体的慷慨解囊还涉及资助新兴的或专门的课程，颁发奖学金或购买图书资料。19 世纪和 20 世纪，这种赞助形式实际上在各地逐渐减少。但还是有相关机构接替了它们的职责。它们是公共或私人团体，诸如工商联合会、雇主协会乃至商会组织。在 19 世纪 90 年代的大不列颠和一战后的德国，商会参与了大学推广运动和工人学院的创建。[32] 大学与企业 113
之间开始出现密切的联系。尤其是在德国，公司通过拨款或科学设备的赠予来鼓励大学实验室的科研工作。甚至是在法国，也出现了理学院与当地企业有密切联系的应用科学研究所的合并［例如，格勒诺布尔（Greno-

---

㉛ 基于比较的原因，数字是以金法郎的形式给出的。

㉜ 在法兰克福，the *Akademie der Arbeit* 附属于大学，1921 年为了给工会培训职员而创立：Hammerstein,*Universität Frankfurt am Main*,50-56。

ble）理学院中的工业和水力电学和电化学]。

欧洲教会的经济角色也不容小觑。从某种程度上来说，大批成立于中世纪的大学依赖教会的捐赠为生，因此教会也就保留了财政监管的权利。随着 19 世纪非教派政府的出现，这种联系便日益衰弱，甚至消亡。[33] 甚至是神学院都避开了教会当局的财政控制。在这种形势下，教会的财政输入是微不足道的。尽管如此，教会（主要是天主教教会）对高等教育的再征服产生了局部但又不可小觑的影响。教会发展了一套以受教皇权威控制的神学院系统，这使得法国出现了天主教神学院的中立化。在罗马，教皇的机构得以创建或重新开放，其中最有声望的格里高利大学于 1824 年重回耶稣会；天主教大学在都柏林、弗里堡（Fribourg，瑞士）、巴黎、安格斯和里昂得以创建，在鲁汶、卡梅里诺（Camerino）和乌尔比诺（Urbino）得以重新开办。[34]

最后，政府援助的普遍化使得院校得以应付逐年增长的年度一般性开支和承担额外开支。1938 年，政府参与欧洲大学财政的比重，根据各大学的不同，保持在 25%—100%之间。从某种程度上来说，由于这些经费来自公共教育预算或政府总体预算，因此，它们也受到了政治（与经济）变迁的影响，受到了政府及其立法团体意愿的影响。这就开始了一个与政治和经济变更相联系的预算沉浮的过程。大学的财政稳定性因而成了问
114 题，受经济理性观点控制的政府干预也延伸到教学和研究之中，诸如废除或建课程、制定员工工资、控制开支和承担额外开支。

尽管如此，从 19 世纪末到第二次世界大战，在高等教育发展中政府经济参与的整体性较大增长是值得关注的，尽管批判、声援、愤怒之声往往也不绝于耳。在一些国家和大学中，1900 年与 1936—1937 年度的政府资助额度之间的比较（我们的分析基于 1914 年恒定金法郎），使我们得出结论，即政治当局变得日益慷慨。从更大的范围来看，20 世纪初和 20 世

[33] 参见第十章，第 315—317 页。

[34] 参见第二章和‘European Universities and Similar Institutions in Existence Between 1812 and the End of 1944’，参见有关的大学名称。

纪 30 年代末的高等教育支出之间的比较（照例换算为 1914 年金法郎），揭示了政治当局、地方与地区团体、全国性协会、教会与个人以及特别要记住的全国人口统计趋势，对其持续的、不可否认的关注（表 4.2 和表 4.3）。

表 4.2　每名学生的居民数

	欧洲	德国	法国	俄国	大不列颠	意大利	希腊	西班牙	荷兰
1800		8200							
1815			6000						
1840	3375[a]								
1850				17500					
1870		1578	3958	8242					
1900	1410	818	1384	4200					
1913					1470	1270	1438	1022	1074
1934		604	480	1340	887	808	760	655	522
1938	950								

a 每 2.7 亿居民中有 8 万名学生。

表 4.3　年度费用，(t) 以百万法郎总计，(s) 每名学生，(i) 每位居民❷

	欧洲			法国			德国		大不列颠		
	(t)	(s)	(i)	(t)	(s)	(i)	(t)	(i)	(t)	(s)	(i)
1840/50	65	810[a]	0.25	3							
1900	270	900	0.60	17	833	0.40	41	0.70	43	2150	1.10
1934/35									33		0.70
1937	1000	1700[b]	2.50	47							

a 德国、法国、意大利和英国大学的平均数。

b 32 所大学的平均数。

这些例子显示了国与国之间的巨大差别，尽管这种差距不像 1900 年

❷ 该表在原版书第 115 页。

牛津大学生均费用约 3000 法郎，而西班牙生均不到 200 法郎之间的差距那么大。但从整个欧洲来看，大学年度收入的增长是毋庸置疑的。由于高等教育在公共舆论中的良好形象，大学年度收入在 1900—1937 年间得以加速增长。在整个欧洲，高等教育推广与专门化与平均水平的提高有着密切的联系，从外部环境来看，这也与 20 世纪 30 年代初经济危机时毕业生的失业有着密切联系。㉟

115 管理任务的日益多样化与复杂化

在 19 世纪初以前，大学的行政管理都没遇到过问题，这是因为学生和教师的人数都很少。在法国，19 世纪的大部分时间里，行政管理通常仅由一位学院秘书负责，并有一位会计秘书、若干守门人和服务人员的协助。㊱ 物质方面的问题也仅限于供暖和可能出现的教学场所的照明问题。地下室和阁楼的旮旯成了实验室，图书收藏也无须雇佣一支庞大的职工队伍。这些状况大多在这一个世纪中发生了变化，这使管理方面临着更加烦琐、细致与繁重的任务。

首先，它必须确保对教学和服务人员的日常管理；19 世纪和 20 世纪，教职工人数迅猛增长。一些大学聘请了上百名员工，其中一些在二战前的雇员人数就超过了数千人。这些雇员各自有着不同的身份地位：教师、兼职讲师、助教、实验室助理、办公室人员等。他们的招聘需要通过学院的集体决议、公开的竞争性考试或简单的口头商议。教师的推荐、筛选和提拔需要遵守极为严格的公式程序。此外，作为一种职业，教学职责的各个阶段需受行政部门的管辖。至少在 19 世纪的大部分欧洲大学中，教师之间在工资和奖金（考试和学费）方面存在着巨大的差别。

管理机构的管理还延伸到了教学之中。教师必须开设一定数量的课程

㉟ A. Rosier, *Du Chômage intellectuel*: *De l'encombrement des professions intellectuelles* (Paris, 1934); P. Allard, *Que faire de nos filset de nos filles* (Paris, 1934).

㊱ 参见: *Almanach de l'Université* (1810—1840), *passim*。

并监督实验室或研讨班工作。规章也因时因地而异。频繁使用与某些教席 116
相关的代课教师，尤其是在法国和德国，破坏了现行的规章。教师必须在学年开始之前对其课程进行说明，并由管理部门进行公示。在一些地方——如19世纪的法国和俄国——政治当局通过教育部来了解课程内容。[37]

从科学和意识形态的角度而言，教学人员享有的自由，既不意味着无序，也不意味着管制。作为公仆，教学人员如果在行使职责（或在其私人生活中）犯错，他们就要接受大学纪律的处罚。在法国尤其是这样，第一帝国确立了针对所有大学成员的训诫程序规则和各种司法团体（学院评议会、学术评议会、大学评议会，然后是公共教学高级评议会）的权限和程序。[38] 在俄国和法国国内政治关系紧张时期，这些限制是很有意义的，也是非常重要的。第一次世界大战后，专制政权利用了训诫程序来镇压大学中的异议者。

管理学生团体是管理部门的第二大任务。这种管理逐渐扩展到整个领域。学生事务首先是选拔性的入学考试。在大多数国家，中等教育证书是进入大学教育的一个先决条件（*sine qua non*）。在法国，学士学位被认为是大学中的第一级学位，是由文理学院授予的。一般来说，在理学、文学或技术高中，授予学位的数量是有限的，并且需由一个高水平的机构来组织入学考试，如法国的巴黎理工学校或巴黎高等师范学校的入学考试。在大不列颠，牛津和剑桥的学院也是通过入学考试来选拔有潜能的学生。在极权政府中，往往还要考虑诸如种族、社会阶层或意识形态倾向性等问题。

每位被录取的学生必须登记注册。这意味着要向相关的负责部门缴纳学费（例如，印花税、文凭和考试费）。这些程序是可以更新的，每一学年都有部分的更新。在教学方面，行政管理的监督还延伸到管理讲座和实

---

[37] 参见第三章，第97—98页。

[38] A. Rendu, *Code Universitaire* (Paris, 1846).

117 验室的出勤率、举行考试、开放图书馆和教室。其他服务人员，比如守门人或图书管理员，也参与其中。

学生日常生活中的问题——比如大学内发生的过错、决斗、食宿、助学金、贷款、国内和国际学生组织——仅仅部分增添了大学行政管理部门的责任。除了赞助协会之外，他们还建立了地方性和全国性的组织以便于接收留学生，鼓励交换学生和教师。这就是两次世界大战期间建立起来的全国大学办公室的职责。20 世纪 30 年代，当经济危机在欧洲继续加剧，且大学毕业生失业率节节攀升之时，学生的就业问题就变得非常尖锐。在一些国家，大学当局通过建立组织尽力给予帮助，找到解决问题的办法，尽管他们认为不应对此状况负责。在法国，1932 年，在巴黎创建了大学统计局（*Bureau Universitaire de Statistique*，BUS），在 1939 年之前它在个人救济方面发挥的作用不可小觑。

由于人事（教师、服务人员和学生）管理任务的增加，处理财产、实验室设备和图书馆的任务也随之增加了。19 世纪后半期，这些物质方面的问题日益增多，并日益棘手。这不仅是一个经年累月、不断恶化的财产管理问题，也不是数世纪以来在拮据的环境中增添藏书的问题。新的基础建设要开工，实用的实验室要创建，图书馆应扩建并实现现代化。管理部门天天面对的是应急事件（维修房屋、更新科学设备）的处理和财产持有政策的制定，这意味着他们要与政府、地方社团以及使用者本人进行协商。

对年度账目清楚、精确和客观的要求，额外增加了财政管理的负担，就像 1835 年后的法国那样。只有像牛津和剑桥这样自治的大学才能在账目中使用“近似值”，这种情况一直持续到 19 世纪末。[39] 最后，在管理任务的不断膨胀中，通讯联系的任务不断增加。

---

[39] 参见第二章，第 54—64 页。

大学治理 118

由于根深蒂固的中世纪传统，当时的大学被定义为教师和学生自治的共同体，[40] 并在理论上受到地方主教或君主、教皇的监护，因此欧洲的大学也成功地将这种基本的管理形式延续到18世纪之后。尤其是在大不列颠，英国议会通过枢密院，只拥有为大学颁发特许状、部分地修改章程、下令对学习制度和院校的财政管理进行调查的权利。除学生交付的学费外，苏格兰大学从1705年开始接受国王的资助，从1858年到1889年间接受政府的资助，而19世纪英格兰的城市大学则接受当地政府和私人赞助者的资助。直到1919年，中央政府的补助金才得以推广。但是这些补助金受到了制约，它们的分配受到了由大学代表构成的大学拨款委员会的控制。因此，无论是拨款还是监管，都因触犯了大学自治而招来骂名。[41]

大学在财政上主要依赖国家政府。无论是尼德兰还是斯堪的纳维亚，无论是纳粹统治下的德意志诸邦还是奥匈帝国，情况大多如此。一直到19世纪中期，西班牙和意大利的大学仍为自治性的团体，它们墨守成规，既没有意识到文化与社会变革，也反对任何形式的改革。尽管西班牙的改革于1845年由安东尼奥·吉尔德·萨拉塔部长（Antonio Gil de Zárata，1793—1861）发起，并在1857年至1868年间经由克劳迪奥·莫亚诺·桑南涅戈（Claudio Moyano Samaniego，1809—1890）及相应法令得以落实；[42] 尽管意大利的多位教育部长也进行了改革，即1857年的卡萨蒂（Casati）、1861年的马托伊斯（Matteucci）和1923年的乔瓦尼·泰梯利（Giovanni Gentile，1875—1944），并且政府在一定程度上也成功地实现了

[40] 参见第一卷和第二卷的第四章。

[41] F. Hutchinson, 'The Origins of the University Grants Committee', *Minerva, A Review of Science, Learning and Policy*, 13, 4(1975), 583-620.

[42] Peset, *Universidad Española*, 406-407, 461-491.

管理监督，但大学自治的传统依然十分强势。[43] 法国和俄国也是如此，尽管这两国的政府已对大学进行了强有力的控制，正如第二章和第三章所述。然而，俄国的大学（它与法国单一的国立大学一样。后者于 1887 年被分解为学院和大学校）保留了某些法人自治，这与那些 19 世纪末、20 世纪初建立的、完全受政府控制的高等教育机构不同。

显而易见，许多国家大学管理的自治受到了一系列外部束缚的制约，
119 政府只是其中之一。尽管如此，各地的大学在一定程度上依然努力坚持着自治的历史传统。这种自治基于法人的原则。其应用的模式随国家和大学而异。不过，我们依然可以界定出欧洲大学的一系列共有特质。

校务委员会成员选举官员并决定所有学术事务。牛津和剑桥通过“文科硕士”保留了法人自治的中世纪传统。其最高机关在牛津被称为“大评议会”（Convocation），在剑桥被称为理事会（Senate），均由所有注册的研究生组成，在中世纪他们是可以甚至是必须从事教学的。[44] 在牛津，其成员人数“在 20 世纪 20 年代平均有 7691 人，但几乎没有人露过面，长期以来，其权力不断削减，而且他们也几乎不集会”[45]。其最重要的任务是选举校长（终身）。大学的立法机关，担负着授予学位和决定重要管理事务的职责——在牛津被称为“教授会”（Congregation），在剑桥被称为“众议院”（House of Residents），后来被称为“评议院”（Regent House）——是由大学中的所有成员构成，大多是评议会的教学人员。它有数百名成员，除了颁布章程与选举副校长和其他官员之外，还担负着表决的职能，它制定决议，并在《牛津大学公报》或《剑桥大学通报》上公布决议，其少数法定成员还具有否决权。两大最高机构，即处理日常事务的主要执行机构——在牛津被称为每周“评议会”（Hebdomadal Council），在剑桥被称为“理事会会议”（Council of Senate）——以及学院评议会和专门委员

[43] 参见第二章，第 70—73 页，以及相应的精选文献。

[44] 参见第一卷，第 147 页。

[45] *History of Oxford*，Ⅷ，678.

会——例如学生助学金委员会、大学图书馆委员会、大学出版社委员会——它们都由学院主导，学院的特殊利益仅勉强和大学的公共利益保持一致。[46]

在其他地方，在19世纪，由评议会主导的大学治理往往把教席主持人以外的所有教师排除在外。在20世纪，一些国家则允许副教授和讲师往评议会中派送代表。[47] 在20世纪70年代之前，学生和职工是被排除在外的。而大学的立法机构则是由所有的讲座教授组成——在效法德国模式的大学里被称为“教授会”（*Konzil*，*Konsistorium*，*Senat*），在意大利被称为“教授大会”（*Assemblea Generale dei professori*，1875）、“大学教授总会”（*Collegio Generale dei professori*，1923）“学术委员会”（*Corpo accademico*，1944）[48] ——处理与整个大学公共利益密切相关的事务，特 120
别是章程，在一些地方还可提名教授、选举校长（如果校长不是由政府任命的话，由政府任命校长是拿破仑大学模式的特征）。执行机关，如评议会委员会（*Senatsausschuss*）、评议会理事会（*Kleiner Senat*）、大学评议会（*Conseil de l'Université*）、学术评议会（*Consiglio accademico*，1875）等由学院代表组成。学院评议会负责选举院长（在那些不是由政府指派的地方）以及他们参加其他团体的代表，处理所有课程和考试事务，准备任命教授的提案。在意大利，从1875年开始，除了任命程序外，所有教师都可参加学院评议会。

尽管它们办事拖拖拉拉、毫无生气，简言之，就是它们的墨守成规往往遭到批评，但评议会却在维护自治和自我管理方面扮演着重要的角色。通过它们，教学人员参与到管理之中，并承担了一定的职责。在第二次世

---

[46] 同上，第39—43页，第683—719页；*University of Cambridge*，Ⅳ，第341—369页。*Statutes, Decrees and Regulation of the University of Oxford*. *Statutes and Ordinances of the University of Cambridge*. 参见：J. Rose and J. Ziman, *Camford Observed* (London, 1964), 195-216。

[47] 参见第五章，第138页。

[48] B. Palma, *L'Università fra accentramento ed autonomia* (Urbino, 1983), 90, 141, 168.

界大战和欧洲专制政体终结之后，它们促进了真正意义上的大学自治的复兴。

其他高等教育机构也要求更大程度的自治。通常，它们的校长（presidents或rectors）、院长以及管理委员会（governing board）会受到来自教育部、市政府或私人捐赠者的影响。在德国，理工学院（*Technische Hochschulen*）在大学的法人权利方面经历了一个世纪的反抗之后，最终赢得了选举院长和校长和授予“大学授课资格”（*Habilitation*），即博士后的资格（1899）。在法国，直到1968年才由埃德加·富尔的《方向法》（*Loi d'orientation* of Edgar Faure）授予大学法律、管理、财政和教育的自治权；[49] 直到1984年，由教育部管理的其他高等教育机构才被《萨瓦里法》（*Loi Savary*）授权授予学术学位。

从教授会中挑选出来的管理者，基本上仅是各种评议会的执行代理。事实上，在从大西洋到乌拉尔山脉的所有大学中，他们都只是充当闲职。在外部的政治机构、市议会以及宗教、民间或军事权贵面前，他们充当大学或其成员的代表。在教师、学生和服务人员的机构内部，他们则代表着权力。他们准备评议会的审议，引导和保证评议会的决议得以实行。他们掌管着负责执行评议会颁布的措施的部门。一般情况下，他们的职能是临
121 时的，可能是一到两年，很少会超过数年。只有在偶然情况下才会出现永久性的职务，如比利时、意大利和法国的天主教大学的管理者们。[50] 英国大学的校长也是如此。他们一般属于上流社会，日常事务由副校长代理，因此，他们能够代表并保护大学的利益，免受外部政治机构的侵犯。一般而言，这个时期大学管理是讲座教授的职责，从原则上说，他们是轮流执

㊾ C. Fourrier, *Les institutions universitaires* (Paris, 1971), 42-56.

㊿ 关于比利时，见鲁汶大学的校长de Ram的例子，参见第十章第401页；关于意大利乌尔比诺自由大学（the Free University of Urbino）的校长们，参见：F. Marra & L. Scirollo (eds.), *Relazioni dei rettori. Discorsi inaugurali dei docenti nella Libera università degli studi di Urbino, 1864-1946*, 3vols. (Urbino, 1997)。Carlo Bo(1911—2001)从1947年担任其校长长达54年，直至其去世。

行其职责。在这里，中世纪法团自我管理的传统得以延续。

就其管理结构而言，欧洲大学几乎完全继承了几个世纪的传统。他们因其悠久的历史而自豪，循规蹈矩，有时甚至是固执的、盲目地反对变革。但是，学生的增长潮淹没了大学的自治和自我管理的理念。有必要修建“大学殿堂”或“知识殿堂”，即使在多年之后往往被证明是太小了。大学的财政管理日益成为负担，也日益复杂，财政的紧急状况驱使他们寻求政府给予更多的资金。政府对大学和学校职能的干预也因此日益加剧。这使得大学自治在 19 世纪消逝了。但评议会自我管理原则的传统则成了重要的遗产被保留下来，并在二战之后得到了重新确立。

123 第五章　教师

马尔蒂·克林格

总体情况

19 世纪初，尽管经历了启蒙运动和普遍的世俗化[①]，但是，大学教师（特别是教授）仍被看作是古老社团的成员，这些社团大多是宗教的，但也包括法学和医学的社团。在许多欧洲国家，大学教师身着传统的长袍，以区别于贵族和中产阶级。大学是教会世界的重要组成部分。在本卷所涉及阶段的末期，即 20 世纪中叶前后，只有神学院的教师依然保留了神职，他们是神父（ordinati）。而在 19 世纪早期，文理学院教授的神父资格并不意味着他们被授予神职。

18 世纪中期，诸如哥廷根等新大学已经是现代意义上的大学了，它们不再与宗教社团有联系，而哥廷根本身也不是一所古老的、重要的主教大学（Episcopal See）。[②] 从 1755 年开始，莫斯科大学也不再是教会的一部分了；俄国的大学制度起源于西欧，并且从来不是宗教社团的一部分。1802 年，当俄国沙皇亚历山大一世在利沃尼亚创立了崭新的、现代的多帕特大学（位于塔尔图，17 世纪在这里曾有过一所瑞典大学）时，的确曾设有路德神学院，但大学并不由当地的主教来管辖，而是由一位专门的
124 长官，即校长来管理，他是政府的高级官员。这所大学在这古老的哥特式

① 参见第二卷之《尾声》。

② N. Hammerstein, 'Göttingen. Eine deutsche Universität im Zeitalter der Aufklärung', in A. Patschovsky and H. Rabe (eds.), *Die Universitäten Alteuropas* (Constance, 1994); A. Schindling, *Bildung und Wissenschaft in der frühen Neuzeit 1650-1800* (Munich, 1994).

大教堂的宏伟废墟上建立了图书馆，以彰显其现代性：科学与知识是真理的衣钵。③

在法国，旧政权的大学系统与宗教系统有着密切的联系，而大革命废除了这些大学，新建立的拿破仑帝国大学是世俗的大学。④ 在德国，拿破仑时代以另一种方式产生了相同的影响。许多与宗教世界或多或少有着密切联系的、古老的、小型大学在战争期间被迫停办，不再维持；另一方面，新的大学得以创建。这些大学，尤其是 1810 年创建的柏林大学，不再与教会有联系，当然神学院的专业联系除外。⑤

从属于宗教社团，意味着大学是在其与政府的关系中来保存其法人与自治特性的。在 16、17 世纪，这种关系在欧洲的许多地方的确发生了变化，但一般来说，大学仍被视为以教授为主、学生为辅的法人。其与教会的关联日益萎缩。牧师和军队是提供公共服务的主要工具，显而易见大学及其教师属于前一种。法学院和医学院的情况则更复杂，这是因为这些学院的教师也从属于专业社团。

19 世纪早期的普遍趋势是大学的都市化，它抛弃了与教会和主教城市的联系，从古老的土地基金与特权收益走向了政府预算，大多从为教会培养神职人员走向为政府培养官员。在整个欧洲，所有这些趋势都反映在教授和其他教师的地位、自我意识和身份等级之中，但其过程在欧洲大陆的广大地区则各不相同。在 18 世纪末大革命前的欧洲有许多相似之处⑥，
在第二次世界大战之后也是如此。而在此之间，则由于欧洲大陆各地在政 125

③　关于俄国大学的创建，参见第二卷《地名与主题索引》中的"俄国""莫斯科""圣彼得堡"；关于多尔帕特，参见：G. von Pistohlkors *et al*. (eds.)，*Die Universität en Dorpat/Tartu*，*Riga und Wilna/Vilnius 1579-1979*(Cologne and Vienna，1987)。

④　参见：第一章，第 6—7 页；V. Karady，'De Napoléon *à* Duruy：origines et naissance de l'université contemporaine'，in Verger(ed.)，*Universités en France*，261ff.。

⑤　参见：第十章，第 395—400 页；R. S. Turner，'Universitäten'，in K.-F. Jeismann and P. Lundgreen(eds.)，*Handbuch der deutschen Bildungsgeschichte*，第三卷：*1800—1879. Von der Neuordnung Deutschlands bis zur Gründung des Deutschen Reiches*(Munich，1987)，221ff.。

⑥　N. Hammerstein(ed.)，*Universitäten und Aufklärung*(Göttingen，1996).

治、经济和文化发展上的差别，呈现出巨大的差异。

芬兰的大学是 19 世纪早期大学改革的典型代表。1809 年，古老的瑞典王国的东部变为沙俄帝国的一个自治大公国，这使得大学的收益在 1811 年几乎翻了一番，并使其有能力为新政府培养一支优良的管理队伍。经济体制继而从土地收入转向了预算收入。1828 年，这所大学从古老的主教城市——奥布/图尔库迁移到新的行政首府赫尔辛基。从 1817 年开始，该校获得或者说被赋予了考核政府所有部门服务能力的专属特权，从行政、司法到神职；除非在这个国家的唯一一所大学中学习过，否则就无法获得公职或神职。教会的“副校长”（pro-chancellor），一职于 1817 年被撤销，而政府官员则成了“副校长”（vice-chancellor）；一般而言，他不是教会的人。这种发展在很大程度上得到了俄国部长斯佩兰斯基伯爵（Count Speransky，1772—1839）的支持，他希望把这一系统引入俄国，以建立高效的官僚制度。芬兰确实是现代化的一个典型，这种现代化是在德国的关于大学理念的生动讨论的强烈影响之下实现的。⑦

1800—1940 年，不同国家的不同大学之间存在相当大的差异。日趋古老的、法人式的大学在许多地区得以延续，它通常位于天主教或路德教主教所在的小城市中。摆脱了都市的艰难生活，这些城市的教授和学生开始过起了半浪漫主义的田园牧歌生活。海德堡成了一种理想；而贡纳尔·文纳贝里（Gunnar Wennerberg，1871—1901）谱写的二重奏——《格伦塔恩》❶ 因将 19 世纪 40 年代乌普萨拉大学学生生活理想化而誉满北欧诸国。在牛津、塔尔图或图宾根都出现了许多以《我的岁月》为名的纪念文章。到 19 世纪末，尤其是在 20 世纪，在诸如耶拿、剑桥和隆德等这样的较小城市的大学再次名扬四海，而这要归功于其所取得的科学成就。对教授和其他教师及其他们的家庭来说，古老的大学有着特殊的身份认同，这便是献身于科学与稍显迂腐的外表或行为的结合。这些大学更有可能保留

⑦ Klinge, *Universität Helsinki*, 198-302.

❶ 乌普萨拉大学的经典学生曲目。

着法人意识，他们以学术的分野与辩论、敌对与友爱等形式来彰显其归属。

这一时期的另一类模式是位于都市的大学，它们虽不再与宗教世界有 126
联系，但与中央政府组织的联系则日益紧密：公共生活及其机构、议会、政党、俱乐部和报纸。这造就了一类新型的教授和学院教师，他们更多地专注于外部联络，往往忽略了他们的学生，同时也遗失了法人认同感。在一些例子中，大学的迁徙把这些模式结合起来——例如，慕尼黑和赫尔辛基——但在许多国家里，新旧大学之间出现了紧张关系。由于把牛津大学迁往伦敦或把乌普萨拉迁到斯德哥尔摩的想法都没有成功，因此，在19世纪20—30年代，伦敦大学及其师生中出现了不同的身份认同。创建于1878年的斯德哥尔摩大学则在很大程度上不同于乌普萨拉——隆德国立大学传统，这是因为，从其创建之日起就没有考试制度，只有自然科学的教授和著名的作家、自由派记者维克多·吕德贝里（Viktor Rydberg，1828—1895）主持的文化史（以后改为艺术史与理论）讲座是一个例外。这个机构不像是所谓的大学，因此被命名为斯德哥尔摩学院（*Stockholms Högskola*）。从1904年开始，该学院获得了举办考试的权利；1907年，由于成立了新的法学和社会科学学院而获得了半市立大学的地位，成了事实上的大学；1960年，获得了国立大学的地位，更名为斯德哥尔摩大学。与其他国立大学相比，斯德哥尔摩学院中犹太裔教授的比例很高，世界第一批女性教授中的一位还在那里任教。

另一个例子是瑞典的哥德堡学院，它从一开始就是一个高度市政化的机构。自19世纪90年代以来，许多工商业城市及其中产阶级精英大多喜欢拥有自己的大学，这既出于实际的需要，又出于地位的考虑。而瑞典的范例影响了芬兰的奥布（Åbo）和丹麦的奥胡斯（Århus）。作为两个相对富饶的城市，它们在1920年前后建立了自己的大学。这些大学里的教师不得不在尽忠竭力的都市教师和原有的古典大学中以教学和研究为取向的知识渊博的教授之间寻求平衡。19世纪末，在工业、商业城市中的许多基于实用和地位的考虑而建立的大学中，教师也面临着同样的情况（这已在第2章中讨论过）。这些大学在教授任命中表现出了更大的开放性。法兰克福城市大学就是一个例子。1914年，它在私人基金的赞助下得以成立，它脱离了教会和国立大学遵循的传统，组建了经济和社会科学学院，
127 而不是神学院，并雇用这些领域的从业者担当教师。在这里，大学的精神再一次以高比例的犹太裔教授和以商贸和自由职业为取向的总体定位所标识。[8]

总体而言，在1800—1945年期间，教授和其他教师的角色和功能必须从社会官僚化（用马克斯·韦伯的话说）和新兴的社会政治化两个方面来进行审视。官僚化意味着引入或加强“功能性的”资格、能力层级、专业训练、专业纪律和法律认同，这与公共服务中的封建和世袭组织形成了反差。这种趋势可以从大学及教授的角色与整体国家、与大学内部组织之间的关系中看出。而第二点在一定程度上是不同于第一点的，这是因为1800—1945年这一时期，不仅是官僚专业化的阶段，也是公民参与的重要阶段，所以学生，尤其是教授，都在大学中扮演了重要的角色。

在公民参与的第一个方面，即教授的参与，是与现代官僚制的形成息息相关的。这一制度的本质是反对将出身和荫佑作为进入公职的手段，而主张引入一种新的职业可能性，进而造就了不同的传统。显而易见，在英格兰，旧制度得以保存。在牛津和剑桥这类古典大学中，教育依然保留了通识教育和公民教育的传统，其中，公共参与、辩论、礼仪与同辈人之间的联系是其核心；尽管英国的寄宿制传统本身强调公平与其他罗马式的公正德行，以及绅士风度，但这一传统还是有利于来自上流社会的学生。品格训练，无论是在修辞和拉丁语中，还是在运动和军事中，都是核心。[9]在英格兰，现代化的趋势并没有在古典制度中产生重要的变革，但新的理念却在新机构中得以展现，尤其是在伦敦大学和被冠以“红砖大学”绰号

---

⑧ Hammerstein, *Universität Frankfurt am Main*.

⑨ G. McCulloch, *Philosophers and Kings: Education for Leadership in Modern England* (Cambridge, 1991).

的大学群中，这个绰号污辱这些新大学是乡巴佬或暴发户。[10]

在法国以及其他受革命启发的国家，如意大利，考试制度得以生根发芽。原则上，公职是向所有人开放的，但以考试选拔候选人的方法却自然而然使其偏向学术研究。这从本质上说是古老的教会-大学关系的现代延 128
伸，大学教育几乎义不容辞地承担起培养高级神职人员的职责，但并不参与实际任命。[11] 另一方面，作为 18 世纪重要教育发明的军官学校（*cadet* schools）传统，在大学校组织中清晰可见，比如，巴黎理工学校和巴黎高等师范学校。而最重要的变化是 19 世纪初在普鲁士和俄国出现的关于公职的新类型与新理念。

新教席的发展

相对而言，1800—1940 年间见证了欧洲大学系统的巨大扩展。即使是 20 世纪 60 年代的扩展，也仅仅是纯粹数量上的超越。在新大学得以创立的同时，原有的大学也得到了极大的扩展，新建筑、实验室、图书馆，以及学生潮纷纷涌现。当然，在这一扩展中最为重要的一点莫过于新教席的出现。该时期伊始，许多大学是由 15 名左右的教授和其他一些教师组成。到 1939 年，一所具备四个或以上学院的好大学则拥有约 60 名教授，而那些在首府的大学拥有的教授人数增加到 150 名，助理教师和其他人员的数量则增长得更为迅速。因而，所有德国大学的教席数从 1840 年的 886 名（1840 年）增加到 1870 年的 1140 名、1892 年的 1650 名和 1938 年的 1850 名。拥有和没有教授头衔的编外讲师数目也从 324 名（1840 年）分

[10] D. R. Jones, *The Origin of Civic Universities* (London, 1988).

[11] Verger, *Universités en France*; I. Porciani (ed.), *L'università fra Otto e Novecento: i modelli europei e il caso italiano* (Naples, 1994).

别增加到 643 名（1892 年）和 2117 名（1938 年）。⑫ 尽管如此，教师数量的这种增长仍落后于学生数量的增长。第四章的作者保罗·热尔博曾估计，在 1840 年（从此开始，所有欧洲大学的统计信息都是已知的）大约有 5000 名大学教师，要教授约 8 万名学生，平均每位教师要教授 16 名学生。将此数据与 1937 年的数据相比，在整个欧洲，当时约有 32 000 名教师和大约 560 000 名学生，即一位教师要教授 17 名学生。如果我们再思考
129 一下当时众口一词的典范，即 19 世纪的德国大学，我们也可以看到相同的趋势，尽管在数据上有一些细微的差别（表 5.1）。

表 5.1　德国学院中每位教师或教授对应的学生数[a]

学院	神学院		法学院		医学院		哲学院	
	教师	教授	教师	教授	教师	教授	教师	教授
1840	18	26	16	30	8	17	5	10
1870	17	23	15	24	7	17	6	12
1892	23	33	31	47	12	41	6	14

a N. Hammerstein, "Bildungsdefizit und Bildungschancen der Katholiken im 19. Jahrhundert: Universtäten und Wissenschaften', *Rottenburger Jahrbuch für Kirchengeschichte*, 14(1995), 131-152; *idem*, *Antisemitismus und deutsche Universitäten 1870-1933* (Frankfurt-am-Main, 1995).

尽管如此，每个学院的平均数据并没有表明教职数量的增加有助于新教席和新学科的设立，特别是在医学、人文和自然科学领域。一般来说，新教席意味着知识领域的深刻变革，即各门类科学的系统化和专门化发

⑫ 关于 1840、1870 和 1892：F. Paulsen, *Die deutschen Universitäten und das Universitätsstudium*(Berlin,1902),229;1938 年的数字是根据 *Minerva*, *Jahrbuch der gelehrten Welt*, 33(1938)中关于个别大学的推测,Abt. *Universitäten und Fachhochschulen* 1. Bd.: *Europa* (Berlin 1938), and on *Empfehlungen des Wissenschaftsrates zum Ausbau der wissenschaftlichen Einrichtungen*, vol. Ⅰ: *Wissenschaftliche Hochschulen* (Tübingen, 1960), 表 10, 第 487 页。

展，同时在大多数情况下，也意味着对以研究为导向的大学教师（尤其是教授）角色认识的发展。这种演变不仅没有削弱教授作为讲座教授（*ordinarius*）或讲座主持人的职责，而是巩固了他在所从事领域中作为一流专家的地位，加强了他在自己知识分支中确定科研方向和学习课程方面的权威。这对文理学院的教授尤其是这样。而在神学院、法学院和医学院，课程更多是由充当学院评议会角色的教授会来制定，因此也就在这些领域中引入了额外的学术权威。而教授的权威也只有在其教席成为某一专门研究所或实验室的首席时，才能确立。由于拿破仑时代以来，政府或宗教的控制日渐削弱，所以，1800—1945 年间成了真正意义上的“教授大学”的时代。教授的作用得益于大学作为整体的出现，得益于大学在公务员培养方面的能力，得益于其在各类研究和知识的专业化方面的能力；政府控制削弱了，这使得大学内外没有团体提出参与院校治理的要求，因此，给大学带来了有益的结果。

这极好地描述了德国大学的模式。这一模式也出现在北欧，而且其核心要素对整个欧洲大陆来说，都是适用的。同时，还应指出的是，德国大学的模式是欧洲的典范，[13] 它也支持了德国式的教授权威的扩展。第 10— 130
15 章中讨论了它对个别学科的影响，但由于专业化水平的提高，学科也不再依附于个别教授。同事之间的交流和合作得了更多的重视，其中教授会是其典范；通常是每周集会一次，商讨擢升、大学授课资格和任命举荐的问题。这些联系也发生在非正式的聚会、学术咖啡圈或与大学联系密切的机构，诸如学园和学会中。在许多国家中，是由大学的最高权力机构，例如理事会或校务委员会来保护教授利益的；其中法国是一个例外，因为在 1896 年之前，法国的教职人员是直接依附于国家的。然而，直到 19 世纪末，在大城市和各主要大学的不同学院之间，仍然很少有同事间的跨学科联系。

19 世纪的一个新现象是大学校际会议和国际会议的出现，主要是在

---

[13] Paulsen, *Deutschen Universitäten*, 230.

自然科学领域。到19世纪末，在大多数知识的核心领域都出现了这种现象。例如在德国和斯堪的纳维亚，会议的初衷具有科学和政治的双重性，它旨在加强国内或国际的知识联合与学者联盟。在德国和意大利统一前，这些会议具有明确的政治意义，后来在泛斯拉夫、泛北欧地区和各种科学或科学群体的会议也是如此。

自相矛盾的是，会议现象也带来了科学出版物与科学信函的重大发展。科学出版的快速发展引发了对个人联络的需求。学术共同体仍然很小，但来自国外的年轻科学家可以见到像黑格尔这样的名人并向他请教一些无关的小问题，如："他何时决定出版《哲学全书》中关于自然哲学的那部分内容？"

学术职业入门

在英格兰，要想进入牛津或剑桥这样的老大学，就要成为国教徒，因为这是官方信仰。这反映了所有拥有官方教会的国家的共有模式。当由君主或国王来任命公职，且存有官方宗教时，那么只有那些依附于官方信仰
131 的人才能成为国王的官员也就很自然了。只要大学被当作为国家和教会培养官员的机构，那么这一点便是毋庸置疑的。但当大学日益成为科学教育和研究的场所，信仰的同质论也就值得商榷了。

信仰上的差异也意味着其他方面的差异，如民族、种族或社会背景。在不列颠诸岛，天主教和犹太教就是这样两类群体。在普鲁士以及德意志的其他新教邦国中，虽然天主教没有正式地被排除在学术职业之外，但实际上，他们几乎没有获得学术职位的任命。1918年前，信仰犹太教的大学教师一般无法被任命为讲座教授。⑭

---

⑭ N. Hammerstein, 'Bildungsdefizit und Bildungschancen der Katholiken im 19. Jahrhundert, Universitäten und Wissenschaften', *Rottenburger Jahrbuch für Kirchengeschichte* 14(1995), 131-152; N. Hammersein, *Antisemitismus und deutsche Universitäten 1870-1933* (Frankfurt am Main, 1995).

1919—1920年间，在那些曾发生内战或有革命企图的国家中，共产党人及其支持者被清洗出大学，例如波兰和匈牙利；右翼分子和许多其他人遭到驱逐，被迫移民，在俄国甚至遭到谋杀。在德国的国家社会主义政权期间，大约有三分之一的大学教师，即11 500位教授失去了教席，一些人死于集中营，大多数人则移居国外。[15]

关于1800—1940年间教授和其他大学教师的社会背景没有得到系统地研究。公务员数量的大幅增长和社会的官僚化，迫使整个社会（尤其是大学），响应这个世纪的口号——“唯才是举（*carrière ouverte aux talents*）!”这导致了世袭特权的消亡。但入职的正式障碍的消亡，并不总意味着实践中的巨变。[16] 显而易见，许多职业，比如法学和医学专业，便保留了许多世袭的职业忠诚。虽然有时任人唯亲确实存在，但普遍的趋势更多的是教授的儿子（后来，还有女儿）从小就立志并为学术职业做准备，因而也能在竞争中获胜。在这一时期，青年才俊与教授女儿的结合，仍时有发生。显而易见，许多新生家庭迅速地与古老的书香门第建立了姻亲关系。

如果说学术家庭的核心往往可以在大学教师队伍中看到的话，那么我们还可以考察一下其他输送人才的圈子。在世纪之交的德国，专门职业长
期以来是对外开放的，其中最大的群体，约占总数的20%，来自学术共 132
同体。在某些学院和某些大学中，贵族和资产阶级的上层将大学职业视为一种时尚。法学院具有很好的声望，法学教授能获得较高的行政职务或法院职务、政治职务，在一些情况下，还可进入金融业。在信仰路德教的国

⑮ H. Möller, ‘Wissenschaft in der Emigration-Quantitative und geographische Aspekte’, *Berichte zur Wissenschaftsgeschichte*, 7(1964), 1-9.

⑯ Charle, *République des universitaires*.

家中，神学教授往往能被擢升为主教。[17]

至此，我们可以划分在 18 世纪业已存在的两种模式。在许多家庭中都出现了学术法人的归属感。例如，在法律和医学职业中，以及新教牧师的职业队伍中，法人性质的从属关系具有双重的意义。学术职业成了从社会较低阶层向较高阶层流动的阶梯：农民或是小市民（*Kleinbürger*）的儿子能成为神学教授，儿子的儿子能成为主教；或是小市民的儿子能成为法学教授，儿子的儿子能成为银行家或外交官。在契诃夫（Anton Pavlovich Chekhov，1860—1904）的《沉闷的故事》中，那个著名法学教授的儿子是一个官员，他总是缺钱，因为其他同事大部分出身贵族和富裕家庭。[18]

在德语国家之外，哲学院分为文学院和理学院，并日益成为所有大学的核心。[19] 它从一个预科性的、年轻的学院成长为一个卓越超群的、科学的、以研究为取向的、成果丰硕的学院，这首先出现在德国，后来才拓展到其他地区。这也反映在那些学院教授的身份地位中。起初，他们只不过是教书匠，与中学老师联系密切；在英国和法国，他们还身着长袍，但后来，尤其是在大都市中，他们成了著名的、优雅的“知识王子”，在宏伟的阶梯教室中讲课，舒服地生活在拥有大型图书室、艺术绘画、时兴的晚餐和仆人的豪宅里。这就影响了贵族家庭，并向其子孙放开学术职业。

133 19 世纪末的技术大学为工业、银行业和应用科学，尤其是化学和电子物理学，搭建了社会的桥梁。1880 至 1914 年，自然科学和技术教授与

⑰ M. Schmeiser, *Akademischer Hasard. Das Berufsschicksal des Professors und das Schicksal der deutschen Universität 1870-1920* (Stuttgart, 1994); H. Titze with H.-G. Herrlitz, V. Müller-Benedikt and A. Nash, *Wachstum und Differenzierung der deutschen Universitäten 1830-1945*, Datenhandbuch zur deutschen Bildungsgeschichte 1, Hochschulen 2 (Göttingen, 1995); P. Moraw, 'Vom Lebensweg des deutschen Professors', *Beilage zu*: *Forschung*, *Mitteilungen der DFG*, 4(1988), 5.

⑱ 参见第 157 页。

⑲ 参见第十章，以及 'European Universities and Similar Institutions in Existence Between 1812' 和 'the End of 1944'。

工业和殖民主义一起增长。人文学科的教授与政界——新闻记者、作家、伟大且久负盛名的艺术家和作曲家结合在一起，所有这些都使学术职业更具吸引力。

尽管如此，相当多未来的教授仍来自社会底层。对有才华但却没有财产或有利家庭背景的年轻人来说，学术职业毕竟是实现向上层社会流动的最好方式，但它需要吃苦和奉献精神。就像在社会的其他部门一样，如有亲友在大学中身居要职，那么大学职业的入门则要容易得多。社会关系能在个人遭遇困境时，提供极为重要的帮助。尽管如此，许多新秀在实现其雄才大略之前就为疾病、酒精和精神错乱所压垮。

在 1800—1940 年这一时期，几乎没有女性能成为大学教授。但没有明文规定禁止聘用女性；事实上，在 18 世纪的博洛尼亚就已经出现了女性教授。[20] 但是女性成为科学家继而成为教授的突破发生在 19 世纪末。女性学习的主要科目是数学、物理和医学。1884 年，索妮亚·科瓦莱夫斯基（Sonia Kowalewsky，1850—1891）成为斯德哥尔摩自由大学的数学教授。出身贫寒的朱塞平娜·卡塔尼（Giuseppina Cattani，1859—1914），1884 年毕业于博洛尼亚大学，成了第一位药学与外科学的女博士，1886 年她申请了帕尔马大学普通病理学的教席，虽然得到了肯定，但却没有获得讲座教授的任命；1887 年和 1889 年，她分别获得了都灵大学和博洛尼亚大学的讲师职位。玛丽·居里（Marie Curie，1867—1934），是索邦的第一位女性教席主持人，1909 年她被任命为物理学教授。在 20 世纪，女性教授越来越普遍。她们一般具有很高的社会地位，其中许多人是教授的女儿，或是后来嫁给了雄心勃勃的青年才俊，夫妇两人都追求学术职业，

---

[20] 参见第二卷，第 296—297 页。M. Cavazza，'"Dottrici" e lettrici dell' Università di Bologna nel Settecento'，*Annali di storia delle università italiane*，1(1997)，109-126. M. Zannetti，'Giuseppina Cattani e la ricerca batteriologica sul tetano'，in *Alma Mater Studiorum. La presenza femminile dal XVIII a XX secolo*，*Ricerche sul rapporto Donna/Cultura Universitaria nell'Ateneo Bolognese*(Bologna，1988)，175ff.；参见：'Cattani，Giuseppina'，in *Dizionario biografico degli Italiani*，22(Rome，1979)，503ff.。

成为大学教师。[21]

134 20 世纪 20 年代，著名的文学史学家安托万·蒂博代（Antoine Thibaudet，1874—1936）将巴黎大学描述为首都中乡村因素的代表，这里用一种平等主义的方式来教育整个国家中最有前途的年轻人。他将此与英格兰进行比较，在那里贵族们出于同样的目的，将子女送到郊外的小城镇中去。很大程度上，教师队伍也是这种特征。尽管出身卑微要成为教授并不容易，但还是有可能的；但若想在部队或外交部门获得较高的职位，如缺少有利的家庭背景则是相当困难的。

尽管有这些因素和其他因素的影响，如日益重要的民族语言和公民权影响了教授的任命，1800—1940 年间的普遍趋势是大学教师学术地位的改善，以及教授和其他教师选拔的客观化进程。这在不同的国家以不同的方式导致了传统学术任命原则与中央政府利益之间的冲突。其总体趋势就是个人知识和举荐的作用逐渐降低。早期的程序，尽管并没有得到严格执行，但来自神职领域：申请人必须进行专题演讲，并参与答辩。在 19 世纪上半期，这似乎是一个更客观、更开放的任命程式。然而，这种方式没有考虑候选人早期的成就，因此就逐渐产生了要求考虑这些学术成就的需求。与纯粹的学术成就相比，教学技能、资历（*ancienneté*）以及社会优越性的重要性在下降。这一趋势可以从语言学中窥见端倪：尽管原有的名称还得以保留，[22] 但修辞学和诗学教席日益为拉丁语言学和希腊语言学的教席所取代，这使得作为诗人、翻译家、雄辩家或文学批评家的才能与学术成就（即发表在科学协会学报上的出版物和作为当代理论著作的参考书目）相比显得无足轻重。

---

[21] I. Costas, 'Der Kampf um das Frauenstudium im internationalen Vergleich', in A. Schlüter(ed.), *Pionierinnen*, *Feministinnen*, *Karrierefrauen*? (Pfaffenweiler, 1992), 115-144.

[22] 参见第十章。

任命程序

在很多国家，任命教授的权力掌握在君主和政府手中。这就为形成统一和客观的考察申请人的业绩提供了可能性。在经常更换教育部长的国家（例如第三共和国时期的法国），各种压力和党派政见会影响这个任命过 135
程。普鲁士的情形相反，像在其他国家一样，学院无权提出候选人。学院只能在评价晋职的学术资格和（柏林大学成立后）大学任教资格表达自己的意见。部长可以自由做出任命的决定，并经常亲自考察候选人。[23] 然而，当教席出现空缺时，部长在提出候选人时，通常会征求学院的意见和建议。虽然这随时都将受到政府的限制，但却已经成了一种惯例。在1882—1907 年的这 25 年间，前斯特拉斯堡大学法学教授阿尔特霍夫（Friedrich Althoff，1839—1908）局长阁下控制了普鲁士所有大学的任命政策。阿尔特霍夫的政策，在德国仍被称之为阿尔特霍夫制（*System Althoff*），它因其连贯性与成效而受褒奖，但也受到了自由派和保守派的批判。阿尔特霍夫的性格刚烈，他成功实施的政策使大学获得了更多的资源，但也迫使其必须最大限度地产生成效。他的影响可以从巨大的、新兴的物质资源和普鲁士大学的普遍兴起中看出，这包括 1911 年创建的威廉皇帝协会，即马克斯-普朗克科学促进协会的前身，并且还对其他采用了德国大学模式的国家，如奥地利、瑞士、俄国和北欧诸国，产生了重要的

---

[23] 参见 M. Lenz，*Geschichte der königlichen Friedrich-Wilhelm-Universität zu Berlin*，vol. Ⅰ：*Gründung und Ausbau*（Halle，1910），200—276 中所描述的新建柏林大学的任命程序。部长所进行的考察，参见 R. Fester（ed.），'Der "Universitätsbereiser" Friedrich Gedike und sein Bericht an Friedrich Wilhelm Ⅱ'，*Archiv für Kulturgeschichte*，*Ergänzungsheft 1*（Berlin 1905），部分内容在下书中重印：H. Bookmann（ed.），*Mehr als irgend eine andere in Deutschland bekannt. Die Göttinger Universität im Bericht des 'Universitätsbereisers' Friedrich Gedike aus dem Jahre 1789*（Göttingen，1996）。

影响。[24]

阿尔特霍夫制的成功必须从德国兴起的大背景中来考察。将教学和研究、大学和教授视为经济和生产过程的工具，这既不是第一次也不是最后
136 一次。这一时期意识到了专业化的需求，与工业的联系，学生潮以及经济竞争中的国家利益问题。[25] 阿尔特霍夫挖掘、提升和任命有才华的人——必要的时候，甚至不顾学院的意见，他以各种方式给德国学术生活以鼓励和荣耀。他并不反对将学术仪式和传统作为一种自重的手段，但所有的这一切都与学术自由和机构的独立无关。通过经济扩张，大学与其教师日益被视为国家教育制度的一部分。

阿尔特霍夫在德意志缔造了一个全国性的大学及其教师的结构。为了避免对普鲁士强权中习以为常的不信任，他请求其萨克森（Saxon）教育部的同事卡尔·海恩里希·温蒂希（Karl Heinrich Waentig，1843—1917）召集了一次“主管高等教育的德意志政府代表会议”；从长远来看，这次会议旨在促成一个普遍的高等教育系统，但同时又允许就任命问题进行适当的磋商。这种代表会议一直持续到 1933 年，每年都举行几次会议，总共举行了 47 次；后来，1937 年和 1941 年分别在柏林和斯特拉斯堡

㉔ B. vom Brocke, ‘Hochschul-und Wissenschaftspolitik in Preussen und im Deutschen Kaiserreich 1882-1907: Das System Althoff’, in P. Baumgart (ed.), *Preussen in der Geschichte*, vol. Ⅰ: *Bildungspolitik in Preussen zur Zeit des Kaiserreich* (Stuttgart, 1980), 9-118; B. vom Brocke (ed.), *Wissenschaftsgeschichte und Wissenschaftspolitik im Industriezeitalter. Das ‘System Althoff’ in historischer Perspektive* (Hildesheim 1991); B. vom Brocke, ‘Friedrich Althoff: A Great Figure in Higher Education policy in Germany’, *Minerva*, 29 (1991), 269-293.

㉕ T. Nipperdey, *Deutsche Geschichte 1866-1918*, vol. Ⅰ: *Arbeitswelt und Bürgergeist* (Munich, 1990), 588ff. D. Langewiesche, ‘Die Universität als Vordenkerä Universität und Gesellschaft im 19. Jahrhundert’, *Saeculum*, 45 (1994), 316-331.

举行。[26]

对阿尔特霍夫制以及“德国大学管理的联盟”的反对，导致了 1903 年在莱比锡召开的第一次“非正式的”大学校长会议，[27] 并促成了 1907 年 9 月的第一个德国大学教师节（*Hochschullehrertag*），同月，阿尔特霍夫辞职。会议在萨尔茨堡（Salzburg）而不是在普鲁士举行，在会议的组织者中仅有一位来自普鲁士，即立场坚定的左翼分子、国民经济学普鲁士皇家教授（*Königlich Preussische Professor der Staatsund Wirtschaftwissenschaften*）桑巴特（Wilhelm Sombart，1863—1941）。[28] 著名的非普鲁士教授，比如经济学家卢霍·布卢塔诺（Lujo Brentano，1844—1931）和马克斯·韦伯，指责阿尔特霍夫制“以专制独裁的形式来决定大学事务”，并 137
“将普鲁士之外的大学管理视为附庸”。[29] 总体而言，许多教授日益把自己定位为公务员，只有少数杰出的博学之士认为自己是独立和天才的学术传统之象征。学院反对政府官员介入的唯一响应是加强科学能力。

---

[26] B. vom Brocke and P. Krüger(eds.), *Hochschulpolitik im Föderalismus. Die Protokolle der Hochschulkonferenzen der deutschen Bundesstaaten und Österreichs 1898-1918* (Berlin, 1994). 包括 Althoff's(p. 395)和 Waentig's(p. 409)的传记。B. vom Brocke(ed.), *Hochschulpolitik im Föderalismus und Diktatur. Die Protokolle der Hochschulkonferenzen der deutschen Länder, Österreichs und des Reiches*, vol. Ⅱ: *1919 bis 1941* (Berlin, 2004).

[27] Konferenz der Universitätsrektoren des Deutschen Reiches im Sitzungssaale des akademischen Senats der Universität Leipzig, den 29 November 1903. Abschrift des Protokolls, 20 S. masch., in: A. B. R: Strasburg, A. L. 103 Paq 39 No 130, Rektorat, betr. Rektorenkonferenz. B. vom Brocke 正在编辑普鲁士和德国从 1898—1944 年 80 届官方与非正式的大学校长会议备忘录。

[28] *Verhandlungen des ersten deutschen Hochschullehrer-Tages zu Salzburg im September 1907. Hrsg. von dem engeren Ausschuss für 1907/1908* (Strasburg, 1908). On Sombart: B. vom Brocke, 'Werner Sombart 1863-1941. Eine Einführung in Leben, Werk und Wirkung', in B. vom Brocke(ed.), *Sombarts 'Moderner Kapitalismus'. Materialien zur Kritik und Rezeption* (Munich, 1987), 11-65.

[29] L. Brentano, 'Eine Professorengewerkschaft', in *Berliner Tageblatt*, No. 283, 7 June 1907, Morgenausgabe; M. Weber, *Verhandlungen des 4. Deutschen Hochschullehrertages 1911* (Leipzig, 1912), 71.

这一原则的制度基础，在其他国家眼中看来是独一无二的：[30] 即编外讲师或私人讲师（private lecturer），是不拿薪水的大学成员。按照大学的传统，以通过答辩为标识的博士学位的获得者是有资格在大学任教的。从1799年开始，一些政府为大学教师的招录设置了专门规定。当硕士或博士的学位论文得到了科学共同体的认可，或其演讲已经证实了其教学能力时，他就能成为一名编外讲师。[31] 柏林大学引入了附加考试，即大学授课资格考试。其采用的形式是，"在学院认为申请人的学术造诣已满足相关的规定要求后，申请人可就学院选择的一个专题或经学院的许可由申请人自选专题进行公开演讲"[32]。1831年的哥廷根大学、1834年的波恩大学、1838年的柏林大学、1840年的布雷斯劳大学、1842年的巴伐利亚大学、1883年的图宾根大学，以及1888年的奥地利和瑞士德语地区的大学章程中，还规定要提交一项独立于博士论文的科学研究，从质量上来看，该科研的要求往往略低一些。到19世纪末，在说德语的大学中几乎所有的学

---

[30] 参见第二章，第49页；第六章，第172—173页。

[31] Verordnung der Hochschule zu Ingolstadt vom 1799年11月25日；vgl. Heidelberg 1803；Halle 1804，Landshut 1804，in T. Nauck，*Die Privatdozenten der Universität Freiburg i. Br. 1818-1955*（Freiburg im Breisgau，1956），18-19. 关于教授资格获取程序的历史及史前情况，包括其实践效果，参见：E. Schubert，'Die Geschichte der Habilitation'，in H. Kössler（ed.），*250 Jahre Friedrich-Alexander-Universität Erlangen-Nürnberg*（Erlangen，*1993*），*115-151*；S. Paletschek，'Geschichte der Habilitation an der Universität Tübingen im 19. und 20. Jahrhundert. Das Beispiel der Wirtschaftswissenschaftlichen（ehemals Staatswirtschaftlichen/Staatswissenschaftlichen）Fakultät'，in H. Strecker *et al.*（eds.），*Tübinger Professoren der Wirtschaftswissenschaften*（*1817-1991*）*-Leben und Werk*（Stuttgart，2002）. M. Huttner，'Humboldt in Leipzig? Die "Alma Mater Lipsiensis" und das Modell der preussischen Reformuniversität im frühen 19. Jahrhundert'，in M. Hettling，U. Schirmer and S. Schötz（eds.），*Figuren und Strukturen. Historische Essays für Hartmut Zwahr zum 65. Geburtstag*（Munich，2002），552-553（'Habilitationsdisputation' in Leipzig，18. Jh.）。

[32] *Statuten der Universität zu Berlin v. 31. October 1816*，*Abschnitt* Ⅷ. *Von den Vorlesungen der Universität Ş4*，42. 关于规定的新精神，主要受施莱尔马赫的影响，参见 Schubert，'Geschichte der Habilitation'（注释31），125-129。

院都采纳了这一规定。[33] 由于博士学位获得者的数量日益增多——其中许多是医学博士——以及特定专业中学术头衔声望提高的普遍趋势，这使得大学授课资格的相关规定日益提高。[34] 编外讲师是大学职业的起点[35]，之后通常便是特聘教授（extraordinary professorship），主要从事某一领域的教学，再之后便是讲座教授，为整个领域的研究负责。教授通常是从其他大学聘请的，这是一种荣誉，也能获得更高的收入。 138

教授负责主要的讲座并决定考试内容，这极大地增加了他的收入。总的来说，在 1848 年前，只有教授才能被任命为院长或校长，而大学最高权力机关——理事会或校务委员会则由讲座教授组成。逐渐地一些特聘教授在其中也获得了席位，但数量十分有限，继而他们在学院中也获得了投票权。另一方面，私人讲师不参与大学的管理。他们仅有权在其“任教资格”（*venia legerdi*）领域范围内举办讲座，其内容不受规定限制，讲座听众所交纳的听课费是他们唯一的收入来源。在 19 世纪末的普鲁士，他们受到了国家有关部门的庇护，这对他们是有利的，因为这些任教讲师将来还要指靠养老金生活。[36] 总而言之，这一制度在大学内部和大学之间制造了各种矛盾。这些矛盾进而发展形成一场运动，来保护那些非教授人员的利益。1909 年，成立了普鲁士特聘教授联合会（*Vereinigung ausseror-*

---

[33] P. Daude, *Die Rechtsverhältnisse der Privatdozenten. Zusammenstellung der an den Universitäten Deutschlands und Österreichs, sowie an den deutschsprachigen Universitäten der Schweiz über die rechtliche Stellung der Privatdozenten erlassenen Bestimmungen*（Berlin, 1896）, 20ff.：Berlin; 36：Bonn; 75ff.：Göttingen. 感谢 Martin Schmeiser（Berne）, Heinz-Elmar Tenorth（Berlin）, Harmut Boockmann and Ulrich Hunger（Göttingen）, Walter Höflechner（Graz）以及 G. A. Nogler（Zurich）的帮助，编者能够以原始资料确证并补充 Daude 总结资料。参见：S. Paletschek, ‘Verbreitete sich ein “Humboldt'sche Modell” an den deutschen Universitäten im 18. Jahrhundert?’, in R. C. Schwinges（ed.）, *Humboldt International. Der Export des deutschen Universitätmodells im 19. und 20. Jahrhundert*（Basel, 2001）, 914-912。

[34] A. Kluge, *Die Universitäts-Selbstverwaltung*（Frankfurt-am-Main, 1958）, 186ff.

[35] A. Busch, *Die Geschichte der Privatdozenten. Eine soziologische Studie zur grossbetrieblichen Entwicklung der deutschen Universitäten*（Stuttgart, 1959）.

[36] R. Fick, *Auf Deutschlands hohen Schulen*（Berlin and Leipzig, 1900; rpt. 1997）, 146.

dentlicher Professoren Preussens），紧跟着，1910 年成立了德意志编外讲师协会（*Verbend Deutscher Privatdozenten*）。1912 年，这两大协会与德
139 意志其他邦国的机构合并，形成了德意志非教授联合会（*Kartell deutscher Nichtordinarien*）。[37]

牛津和剑桥的情况则大不相同。尽管从 19 世纪 30 年代以来建立了许多新大学，但牛津和剑桥仍然还是英国的一流大学。在这里，教学人员也有自己的等级。学院成了所有教学和研究的中心，而大学的主要任务是举行毕业所需的考试。因而几乎没有大学的教授。在学院中，那些特别有天赋的毕业生（学士和硕士学位获得者），获准执教，并受命成为导师，负责管理本科生，这便是他们的学徒期。在他们成为学院的研究员后，他们便获得了终身教职，并被擢升为讲师、高级讲师、副教授、教授（但这并没有改变他们作为学院研究员的身份地位，并享有所有同等的权利）。他们不是公务员，也无须通过研究或考试来证明其学术职业资格。

直到 19 世纪中期，某些专业才对学术资格或技术资格提出要求。在一些大学中，比如伦敦和曼彻斯特，这种要求促进了相关规定的出现，以及特定专业准入考试的发展。不过，对大学教师的新生代而言，传统的、模糊的、有弹性的筛选标准依然适用，但申请程序和选拔委员会依然要符合教授任命的规范。更高级的大学学位和出版物，开始与推荐、关系和半官方的偏好等因素一样，在人员选拔中发挥作用，但并没有具体的规定。这种招聘教学人员的方法，以相似的形式出现在苏格兰的四所大学、都柏林三一学院，但没有排除先前的研究，也没有对德国大学模式理论上的教学与科研的结合进行要求或作文字上的规定。

长期以来，法国都与这些理念相距甚远。君主制时期发展起来的集权

---

[37] F. Paulsen, *Geschichte des gelehrten Unterrichts auf den deutschen Schulen und Hochschulen vom Ausgang des Mittelalters bis zur Gegenwart*, 3rd edn(Berlin and Leipzig, 1921), vol. Ⅱ, 708-709. R. vom Bruch, 'Universitätsreform als soziale Bewegung. Zur Nicht-Ordinarienfrage im späten Deutschen Kaiserreich', *Geschichte und Gesellschaft*, 10(1984), 72-91.

式的教育制度为大革命和拿破仑完全废除。[38] 有抱负的大学教师也必须满足一定的条件。在 1820 年后，获得博士学位——并在毕业后从事一定时 140
间研究——成了申请教席的必要条件。部分由学院提供的高级证书和会士考试（后者逐渐仅由巴黎大学颁发），成了其他教职的必备资格，尤其是在结构松散的高等教育系统内。尽管，或者说正是因为集权化，使得不同大学使用的方法不具可比性。其唯一的共同特征是继承了自启蒙运动以来的以职业为基础的学术训练，这也在大学校、博物馆和学院中取得巨大的成功。直到 19 世纪末，大学学术（*universitas litterarum*）的理念才得以确立。1871 年的战败就部分归结于德意志教育制度优越性，这便使得德国大学模式的影响日盛。[39] 学院获得了更多的自主权，研究也得到鼓励，其重要性也在考试制度中得到突显，但考试仍为统一组织。[40]

随着意大利的统一，大学教师职业成了法国制度和德国制度的混合物。这些包括针对新的职位和教席的选拔性考试和证明其独立性的、得到全国认可的科学成果要求。在获得博士学位后，获得大学授课资格，并担任一段时间的私人讲师，也成了参加大学教席考试的前提条件。[41]

收入和生活方式

在 19 世纪大多数老大学中，教授和助教（在北欧国家被称作"*ad-*

---

[38] 参见第二章，第 56—57 页。

[39] 参见第一章，第 7 页；第二章，第 5—7 页；第十五章，第 616 页。V. Karady，'Les universités de la Troisième République'，in Verger(ed.)，*Universités en France*，325-326；Weisz，*Emergence*.

[40] Charle，*République des universitaires*.

[41] B. Brunello，*L'Università fra accentramento ed autonomia*（Urbino，1983），43-44. F. De Vivo and G. Genovesi（eds.），*Cento anni di università. L'istruzione superiore in Italia dall' unità ai nostri giorni*（Naples，1986），42，127，250. S. Polenghi，*La politica universitaria italiana nell'età della Destra storica*（*1848-1876*）（Brescia，1993），59；总结：M. Moretti and I. Porciani，'Il reclutamento accademico in Italia. Uno sguardo retrospettivo'，*Annali di storia delle università italiane*，1（1997），11-39.

juncti”）的工资从实物工资——诸如谷物、木材、酒或以其他封建租金的形式——转变货币工资。而在新大学中，工资来源于政府预算，已成为惯例。20 世纪初，乌普萨拉教授的部分收入仍来自大学的土地收入，神学教授仍然是受俸牧师；也就是说，除了完成纯粹的学术任务外，他们还是城市附近的教区中名义上或真正意义上的教区牧师。

141 在早些时候，所有教师都能从学生身上获得经济报酬，尤其是通过除公开授课之外的个别指导的方式。例如，这包括讲解公开授课的内容，起初是用拉丁语，后来是用本族语；或是解释课程中的难点与要点，如《圣经》的部分章节、古典作家或化学实验。追求效率的总体趋势意味着公开授课的次数越来越多、质量越来越高，而对私人讲学的需求则日益减少。但主要是在德国大学中，为讲座付费依然得以延续，并具体化为所有的教学活动支付“钟点费”（*Kolleggeld*）——钟点费的额度在不同教职的经济比较中发挥着作用。[42] 在像柏林大学这样的著名城市大学中，钟点费比在像图宾根这样的“小型学术”大学中重要得多。一旦被任命，德国的教授就会协商工资。在德国系统中，教授往往频繁地在各个大学中流动，并且总能商定更高的工资。但钟点费和其他形式的施庖特勒❷——诸如医疗从业者支付给医院主任教授的学费——往往要高于工资。施庖特勒制的最大缺陷在于它的不可预见性，以及由它造成的教授与其同事——特聘教授和编外讲师——之间的矛盾。

这种收入制度及其间存在着的工资差异随着由政府资金产生的额外收入的出现而进一步拉大，这也促进了大学教师之间和大学之间的竞争。[43] 这使得这一制度的不可预见性日益增强，并使得政府的权力和教授对其他教师的优势地位更为显著。1899 年，一位讲座教授的基本工资是 4000—6000 马克。相比之下，特聘教授的起点工资为 2100 马克，尽管他们还能

㊷ 参见：I. Jastrow，‘Kollegiengelder und Gebühren’，in *Das Akademische Deutschland*，vol. Ⅲ（Berlin，1930），219ff.；*Wirtschaft und Wissenschaft* 中重印，5，1（1997），2—9。

❷ Sporteln，即专门业务佣金，18 世纪德意志的一类手续费的统称。

㊸ 参见第二章，第 49—50 页。

从教授的服务年限中获得津贴。1897 年，普鲁士教育部通过使高额的钟点费折半的方法，设立了一个专门基金，用于支付额外的高额工资，并补贴没有工资的教师。[44] 非特聘教授甚至在退休金中也处于不利地位。

1919 年，当时的国务秘书，后来的普鲁士教育部长卡尔·海因里希·贝克尔（Carl Heinrich Becker，1876—1933）认为“这种状况是无法接受的”；在 1916 年之前，他曾任波恩大学的东方学教授。“对政府而言，特聘教席……是一笔极好的买卖。一份微薄的工资（在普鲁士仅为 2600 142
马克，20 年后则为 4800 马克）雇用到一位全职的大学教师。这年头，这些工资既雇不到中小学的老师，也雇不到铁路的护路工，事实上，只够雇一名日工（day-labourer）。”[45] 尽管遭到了大学的反对，尤其是柏林大学的反对，尽管他无法使得所有教授都在同一起点之上获得永久性的公职地位，但他还是成功地将特聘教授的职位转变为个别的讲座教授职位。[46]

法国的大学制度是建立在自由教学的基础之上的，但学生还是必须为考试付巨额的费用。在 19—20 世纪之交，获得法学学位共要通过 12 场考试，每场考试要花费 40 个金法郎。大学教师，尤其是教授的收入和个人财富差别很大。工资已有差别，学院里的老前辈、院长和其他身居要职的人员收入则更为丰厚。无论是老大学中的专门机构还是现代机构，它们都为一定的教席提供住房。教授的家人可以住在天文观测台，因为教授要在晚上观察星象；许多新诊所的修建使得教授的家属可以在里面居住，这是因为外科和产科的教授每天都要不定时地出诊。同样的模式也扩展到新的机构建设中——物理学、生理学、化学、植物学，等等——而 1890—1914 年也成了横扫整个欧洲的机构建设的伟大时代。医学教授总能在行医过程获得报酬，法学教授甚至神学教授也是如此。从布尔迪厄（Bour-

---

[44] Fick, *Deutschlands hohen Schulen*（注释 36），147.

[45] B. vom Brocke, ‘Hochschule und Wissenschaftspolitik’（注释 24），63-64.

[46] *Ibid.*, 69; W. W. Wittwer, ‘Carl Heinrich Becker’, in W. Treue and Kf. Gründer, *Berlinische Lebensbilder. Wissenschaftspolitik in Berlin, Minister, Beamte, Ratgeber*, Einzelveröffentlichungen der Historischen Kommission zu Berlin 60 (Berlin, 1987), 261.

dieu）对 1968 年前的巴黎大学教授的分析中推断，法学和医学教授似乎在那之前的几十年中就已经属于富有的中产阶级阶层，至少在大都市中如此。这是他们的中产阶级背景及其工资收入的结果。[47]

人文学科教授和自然科学教授的情况则较为复杂。1830—1850 年，随着新发明的出现，尤其是木质纸张的出现，印刷业翻开了新篇章，这使得人们有更多的机会购买书籍和报纸，人们学习和求知的能力与需求创建
143 了由博学家所掌握的不断扩张的知识市场。专业作家、随笔作家和新闻记者继续以 18 世纪的哲学家（*les philosophes*）的方式发挥着影响，而有着更坚实知识基础的大学教师则从业余爱好者中脱颖而出。这在 19 世纪末的德国和所有仿效德国的国家中尤其明显。布鲁克豪斯百科全书（Brockhaus Encyclopaedia）、基森·佩尔特斯（Justus Perthes，1747—1818）的绘图传统，以及高斯（Almanach de Gotha）的系谱精度和统计精度，都是为了满足社会需求而创作的成果。这为教授提供了许多赚钱的机会，尤其在《伯尔尼条约》开始保证作者翻译和再版的经济权益后，著名的布鲁克豪斯百科全书被译成俄文。恩斯特·海克尔（Ernst Haeckel，1834—1919）的《宇宙之谜》（*Welträthsel*）和卡尔·卡普雷茨（Karl Lamprecht，1856—1915）的《德意志史》（*Deutsche Geschichte*）都成了畅销书，编辑业发明了各种科普的方式，其中就包括连载长篇。这些活动的成功是与学习和教育标准的普遍提高密切相关的，是与作家们在变化时代的媒介中个人的表现密切相关：他们不仅是教师和雄辩家；同时也是面向城乡公众和从 20 世纪 20 年代起面向广播听众的演说家。

对所有拿政府工资的人而言，第一次世界大战后的一段时期是艰难的——在像德国和俄国这样的国家中甚至是悲惨的。一战前是学术人员工资增长、威望上升的时期，而现在工资和其他收入的锐减导致了大学教师

---

[47] P. Bourdieu, *Homo academicus* (Paris, 1984); P. Bourdieu and J.-C. Passeron, *La reproduction: éléments pour une théorie du système d'enseignement* (Paris, 1972). 关于 19 世纪法国教授的国际比较，参见：*Bildungsbürgertum*, 109-146, 458-494; C. Charle, *Intellectuels et élites en France (1880-1900)*, *Thèse d'ètat*, *Université Paris I* (Paris, 1985)。

及其家庭的准无产阶级化。他们的地位在20世纪20年代慢慢恢复并在30年代快速上升，但一般仅达到战前水平的四分之三。

在长期的质疑中，孤寡人员的抚恤金和津贴问题也被提上议事日程，并进行了改革。在这里，政府官僚制的普遍理性化再次成了发展趋势，但在欧洲的许多地方，古老的行政管理形式被保留了下来。在那里，出于以下目的，大学设立了专门的机构：例如，他们可以拥有自己的田地，学者的家人可以在田地上耕作并自己收益，也有互助基金以满足学术共同体的社会需求。但在大多数情况下，父亲的早亡往往会引发家庭中的经济问题。在许多学者家庭中，生活就是一场艰难的终身经济战，他们要花很长时期来偿还早期沉重的债务，这便缩短了他们为子女教育和退休积攒资金的时间。

大致说来，在1800—1945年这段时期内，按照活动的主要场所，大 144
学教师的工作可分为两部分。实验室把工作集中到一个专门的地方——研究所。老大学中的第一批化学实验室、植物园和天文台出现于前一时期，[48] 但在19世纪它们才真正地开始扩张。自然科学的实验室和研究所最初是与大学分离的，而且往往是鲜为人知、令人厌恶的场所，直到19世纪后期，它们才日益赢得尊重；在世纪之交，新的实验建筑几乎已经成了圣地。同样的发展也出现在图书馆和博物馆，但它们的发展较为平缓，对传统的破坏也较为轻微。大学的博物馆和图书馆成了公共机构，有时还是国家的或中央的机构。它们雇用的专门人员或多或少地都与大学有着密切的管理和机制上的联系。[49]

科学研究所、实验室，以及图书馆和博物馆的发展，产生了许多新的学术职位，在学术层次上，它们要低于教授和助教。在之前的层级中，它们是植物园解说员、解剖学解剖员、化学实验室助理员和天文观测员。但

[48] 化学实验室：1654年杜伊斯堡（Duisburg）（参见第二卷，第195页）；植物园：1544年帕多瓦，比萨（参见第二卷，第192页）；天文台：Ingolstadt 1637年（参见第二卷，第473页）。

[49] 参见第四章，第104—106页。

现在，层级得到进一步地扩大化，将助理人员以及照管设备与建筑的“技术”人员都囊括在内。所有的这些都要求大学管理机构更多地投入，这也进而促进了它的发展。

大多数的助理和秘书都是短期雇用（雇用期为三年），而且他们还要忙于自己的论文或其他科研工作。这导致了那些未长期聘任的年轻的（后来还有年纪大的）博士生数量的增长，他们都在寻找那些几乎是不存在的教席空缺。20 世纪初，“饥饿的讲师”第一次成了一个问题。一些人在大学外谋得了职业，例如，在企业和行政部门、中等教育领域等。一些人则待在学术领域等待提升的机会。正如一些文学作品，甚至是侦探小说中描述的那样，竞争是相当残酷的。另一方面，这也把公众的兴趣集中到大学现状并给教席竞争中的获胜者带来了更多的声誉。

教授地位的上升造成了那些学术职位较低人群的边缘化，尤其是对那些还未获得终身教职的人而言，更是如此。大学之外的研究者和“个体学
145 者”则遭到了更多的排斥。知识成了那些献身学术的大学教师和学生的领地。

诊所、实验室和研究所模式对人文学院、法学院和神学学院的影响程度相对较小。在这里，教师——通常是教授或讲师，因为这里没有助理和秘书——在家工作，并通常在大学的主建筑中的讲堂里授课。在大多数情况下，他们在家中接待学生和同事，这是因为他们在家中有自己的工作室或图书馆。这种非正式的氛围颇具中产阶级传统的古典牧师家庭的遗风，因此教授的妻子和女儿在学生生活中也扮演了重要角色。在 20 世纪 40 年代之前的整个时期，以及之后的一段时间内，家庭接待的方式依然得以延续；但在大都市，这种形式开始改变，这是由于学校教师开始安家于远离大学的郊区。

由于教师私人行医的发展，在医学院中另一类非正式的形式也得以维持：教授上午在诊所中工作或教学，下午或晚上在家中接待患者，这时通常得到家庭成员的帮忙。正如中产阶级商人或某一领域的专家在家中工作和生活，这种家庭氛围长期以来也为大学教师所效法，并且正如我们所

见，在一些情形中，当研究所的负责人在医学或自然科学的新建筑中得到家庭公寓时，这种形式依然得以延续。巴黎学院（Academy of Paris）的院长在索邦有一个私人公寓，而牛津或剑桥学院的教务长、学监或校长也正是如此。这种普遍的社会演变把中产阶级家庭的意识形态引入了学术界。1810 年的小城市和 1930 年的大城市之间的差距是显而易见的，但家庭音乐是两者的共同特征——教授的女儿弹钢琴，教授本人拉着小提琴或表演其他个人爱好，儿子则与同学们一起唱歌或表演室内乐。乌普萨拉的著名教授埃里克·古斯塔夫·耶耶尔（Erik Gustaf Geijer，1783—1847）本人就是一位相当著名的作曲家和诗人。在类似唱诗班的传统中，音乐与学术界得以结合。实际上，从 19 世纪初的哥本哈根、奥斯陆（克里斯蒂安娜）、赫尔辛基和哥廷根到 19 世纪末的维也纳、乌普萨拉、巴黎的新大学建筑的大讲堂中都设有音乐厅。

在前一时期的手工匠师傅的传统中，家庭与教师的生活融为一体，但随着时间的消逝，这种形式便逐步消亡了。随着女性教育标准的提升及其管家身份的消亡，教授的妻子——这时期几乎所有的教授都是男性——往 146
往成了科学和文学工作中的重要伴侣：她们阅读校样、从事翻译，并帮忙回信。出国留学和研究日益普及，在 20 世纪初，这往往成了大学教师家庭史及其身份认同的重要部分。在 19 世纪之前，“游学”（*grand tour*）是在结婚之前进行的。[50] 日益亲密的工作模式逐渐取代了父亲的工作与整个家庭无关的观念。1836 年，伟大的俄国历史学家尼古拉·米哈伊洛维奇·卡拉姆津（Nikolai Mikhailovich Karamzin，1766—1826）的子女谈到了其父亲的一位法国崇拜者的言论，这位崇拜者总是将卡拉姆津的著作随身携带：“尼古拉斯喊道：‘你为什么总要把这 40 本书放在车上？’——‘哦，那是因为爸爸这辈子写不了这 40 本书；你看，这多好啊！’——为什么我要知道？我不知道，也永远不想知道。”

在 19 世纪及其之后的岁月中，慈善是女性社交活动中的重心。有一

[50] 参见第二卷，第十章，流动，第 431—436 页。

个案例研究考察了赫尔辛基大学在慈善事业中的作用。19世纪40年代，慈善成了教授、学生及中上层妇女公共活动的新形式。赫尔辛基慈善妇女会（从1848年起有两大对立的协会）就是受到另一个大学城早期活动的启发而设立的。乌普萨拉则大不相同，这是因为赫尔辛基是一个小城市，而它受到的是圣彼得堡的影响。教授夫人和女儿在这些协会中发挥着核心作用。一位正在走红的历史学家、新闻记者和学生领袖，即后来的扎卡里亚斯·托佩柳斯（Zacharias Topelius，1818—1898）教授，是一个重要协会的秘书，而学生参加这些活动，进而借此结识这些年轻的未婚女性，进入这些家庭——慈善会往往是由舞会、音乐会和乐透奖组成的。1900年前后，一些著名教授的妻子往往继续为学术俱乐部、知识共同体的俱乐部和大学家属的社交生活出谋划策，但国家中政治矛盾的普遍化阻碍了它的延续。1950年前后，教授夫人协会成立，它将社交生活与大学中慈善活动，如贫困或残疾学生的扶助结合起来，这一直保留至今。

托佩柳斯教授是现代哲学家，是新闻记者、小说家、戏剧作家和抒情诗人，在北欧国家以学术界的安徒生，即童话作家而闻名。这并没阻碍他
147 成为一名教授，当选为校长，获得国务委员（*Staatsrat*）的头衔，终身受尊敬，在他去世后还塑有公共雕像、发行邮票来纪念他。女性和儿童的活动与普遍的中产阶级和公民发展结合在一起，这种结合给那些参与公共活动且在百科全书或童话写作中彰显出其写作能力的教授们带来了益处。

公共形象

奥诺雷·德·巴尔扎克（Honoré de Balzac，1799—1850）在《优雅的生活》（*Traité de la vie élégante*）中总结了宝隆·布兰麦（Beau Brummel）的思想，“人文学科教授远离优雅生活”。巴尔扎克在《科学家之间》（*Entre savants*）中专门论述了教授。普遍的观点是学者的生活方式是荒谬且不真实、不切实际或不风雅的。除巴尔扎克之外，奥诺雷·杜米埃（Honoré Daumier，1808—1879）、叙尔皮斯-纪尧姆·谢瓦利埃（Sulpice-

Guillaume Chevalier）和著名的加瓦尔尼（Gavarni，1804—1866）都创作了教授的形象。对哲学院、文理学院来说，确实如此，然而，法学和医学教授则属于他们自己的专业团体。当然关于荒唐学者的古老传统不仅可上溯至拉伯雷（Rabelais，1494—1553）和文艺复兴时期索邦的其他批评家，而且也与对法国教职人员的实际观察相符。学者不再受益于教会权威，并脱离了教会世界，而教会自身，无论怎样，也丧失了其社会地位。尤其自19世纪30年代以来，中产阶级的兴起及其自尊的出现，使得财富比以往任何时候都更为重要。

教授成了文学和轻歌剧中的喜剧人物，而德国的《教授先生》（*Herr Professor*）则在德国内外多多少少地代表了一个滑稽却正面的人物形象。在盎格鲁-撒克逊世界中，这也出现在威廉·吉尔伯特［Gilbert，（Sir William Schwenck，1836—1911）］和亚瑟·西摩·沙利文［Sullivan，（Sir Arthur Seymour，1841—1900）］的轻歌剧中。卡尔·策勒（Carl Zeller）的《鸟类经销商》（*Der Vogelhändler*）中有一段相当著名的两位教授的二重唱，“学院先生（*Herr Kollege*）”，提及了钟点费和考试费（*Prüfungsgeld*）。电影延续了这种路线，强调了德国教授“自以为是”（*Besserwisser*）的传统，习惯写多卷本的著作，其标题为“简论”。教授和科学家（大多数是物理学或医学领域的科学家）在科幻文学中是以英雄形象出现的，他们想象并制造了机器、空中交通工具，甚至怪物，正如雪莱（Mary Wollstonecraft Shelley，1797—1851）将瑞士科学家和德国南部教授塑造成“弗兰肯斯坦或现代的普罗米修斯”那样。在福尔摩斯（Sherlock Holmes）故事中的莫里亚提（Moriarty）教授也是世界上“最聪明的罪犯”。自20世纪30年代以来，雅各布（Jacob）的动画中的莫蒂默（Mortimer）教授就是一位在社会上有影响的、我行我素的英雄人物。 148
一般来说，教授尤其是人文学科的教授往往被描绘成一副心不在焉的样子，其他学科的教授也是如此。例如，20世纪三四十年代埃尔热（Hergé）［乔治·雷米（Georges Rémi，1908—1975）］的《丁丁历险记》（*Tintin*）中的地理学者卡尔库鲁斯教授（Professeur Tourneol）。对教授心不在焉的看法也许是从日常生活和象牙塔的强烈对比中产生的。

在 18 世纪的传统中，大学教师是学者（érudits），而社会的道德、政治和其他的准则则取决于哲学家（*philosophes*），其中主要有自由文学家、小册子作家。在法国和英国这种差别是清晰可辨的。本国语对拉丁语的连续胜利，尤其是 18 世纪欧洲较边远地区的精神王国（*esprit provincial*），使得教授与哲学家的角色融合在一起。主要例子包括柯尼斯堡（Königsberg）的伊曼纽尔・康德（Immanuel Kant，1724—1804）、格拉斯哥（Glasgow）的亚当・斯密（Adam Smith，1723—1790）和哥廷根的奥古斯特・路德韦希・冯・施勒策（August Ludwig von Schlözer，1735—1809），当然还有来自波尔多（Bordeaux）、土尔库（Turku）或其他地方的人也值得一提。19 世纪，在大学里任教的作家包括弗里德里希・冯・席勒（Friedrich von Schiller，1759—1805；耶拿史）；著名的瑞典孪生兄弟埃萨亚斯・特根纳（Esaias Tegnér，1782—1846，隆德的希腊语教授，后来成为主教）与埃里克・古斯塔夫・耶耶尔（Erik Gustaf Geijer，乌普萨拉的历史学教授）——他们俩都是诗人、作家和政治家，以及芬兰民族认同的三位奠基人，即约翰・威廉・鲁内贝格（Johan Vihelm Runeberg，1804—1881，修辞学教授）、埃利亚斯・伦罗特（Elias Lönnrot，1802—1884，芬兰语和文学教授）和约翰・威廉・斯内尔曼（Johan Vilhelm Snellman，哲学教授，后来是财政部长）。

显而易见，作为哲学家的大学教师，其在德国及东北欧地区的地位要比在西南欧重要得多；在西南欧，自由作家和新闻记者更受欢迎，但有时大学教师也是至关重要的，例如在巴黎。在北欧国家中，对新闻业和自由专业的经济支持并不发达，因而学术职业便满足了公众对评论员的需要。这导致了教授与讲师间忠诚度的分裂。一方面，他们是政府官员；另一方面，他们是评论员，是其时代与社会机制的潜在的批判者。对许多教授来说，这并没有造成问题，因为他们要对政府事务负责，比如作为议会议员，或者支持政府的政治纲领；但有时他们也发现自己处于沉默或公开对立的处境。

从19世纪20年代开始，索邦就常常出现这样的例子：1821年和1822年有许多政治性的学生游行，局面的动荡使得一些教授被解职，而其他人则被停课。1824年，其中一位被解职的教授保罗-弗朗索瓦·迪布 149
瓦（Paul-François Dubois，1793—1874）与其著名的同事，比如历史学家彼埃尔·纪尧姆（Pierre Guillaume，1787—1874）合作，创建了哲学杂志《环球》（*Le Globe*）。当从1827年和1828年开始再次获准进行公开讲座时，基佐（Guizot）的历史课、阿贝尔-弗朗索瓦·维尔曼（Abel-François Villemain，1790—1870）的文学课，以及维克多·库新（1792—1867）的哲学课风靡一时；他们的听众多达2000名，其讲座有速记员记录，报纸上有定期的栏目来刊登他们每周的课程。出席这些讲座并在那里结识其他人成为一种"必须"。大学已经成了一个媒介：成了报纸和文学沙龙的混合体。从19世纪30年代起，这一传统为历史学教授儒尔·米什莱（Jules Michelet，1798—1874）和文学教授埃德加·基内（Edgar Quinet，1803-1875）这样的学者所继承。他们都参与了政治：基佐、维尔曼和库新是部长，基内是议会议员，米什莱的讲座也为1848年的二月革命做好了智力上的准备。他的教席被吊销以及接下来的再次任命都成了1848年中的关键性事件，正如1852年他与基内、米茨凯维奇被法兰西学院开除一样。其他国家的情况也是如此，教授被解职或移居到像瑞士这样的国家。[51]

自然科学的公开课没有产生像人文课程那样的影响。乔治-路易·勒克莱·布丰伯爵（Georges-Louis Leclerc，comte de Buffon，1707—1788）在担任巴黎植物园（*Jardin des Plantes*）负责人时，曾做出了革命性的发现；但他从来就没当过大学教师。亚历山大·冯·洪堡（Alexander von Humboldt，1767—1859）也不是，1827—1828年间，当他就宇宙问题发表著名演讲时，是柏林皇家科学院的成员。但公开讲座这一现象本身是十分重要的。在19世纪，它与大学理念的联系日益密切。面向公众举办讲座是对大学教授的要求，同时，学校设施在建造时也日益兼顾这种公共

[51] 参见第二章，第69页。

职能。

在欧洲大部分地区，1800—1945 年间见证了宏伟的、新兴的大学建筑的拔地而起——成了世俗社会的新教堂。就柏林而言，大学成了打败拿破仑后国家复兴的象征，而雅典和赫尔辛基成了 19 世纪 30 年代以后新兴民族理念形成的标志。根特也成了尼德兰联省共和国，以及后来的新比利时的象征。从 19 世纪 70 年代到 1914 年这一时期所建造的宏伟建筑，是对世俗科学的赞扬，是对中世纪传统的欢呼，也满足了对新型实验室的实践需要。这种事例不胜枚举，但仅指出巴黎的新索邦和维也纳在环城大道
150 （Ring）的新大学复合建筑群就足够了。[52] 作为这些世俗教堂的“所有者”，在其装饰有细木护壁板、肖像和寓言壁画的大阶梯教室里进行公开演讲，确实提高了教授的地位。正如法国的例子展示的那样，大学教师的角色往往成了一种政治角色。

维尔纽斯（Vilnius）大学的历史学教授约阿希姆·勒莱韦尔（Joachim Lelewel，1786—1861）在 1831 年波兰起义的智力准备中发挥了重要作用，学生指责其他教师只是教他们“教父学、罗马诗和三角形”。后来，道德约定对纯粹科学的反抗成了批判大学及其教师的一种普遍现象，正如维克多·雨果（Victor Hugo，1802—1885）在一首诗中责备著名的科学家和数学家的那样[53]：

> 什么！我胸膛中跳动的心脏什么都不是。
> 什么！化学是一切，当我化为骨灰时，
> 一切灰烬，一切影子，我什么都不要！
> 化学平衡或能证明的，不是法律，而是强权，

---

[52] Weisz, *Emergence*.

[53] Victor Hugo, *La Légende des Siècles* (avec ‘La fin de Satan-Dieu’, dans l’ Edition de la Pléiade) (Paris, 1950), 688.

法律无处容身！约翰·布朗，斯巴达克，威尔伯福斯，[54]
如果毕奥无法拯救他们（奴隶），就不要耽搁！[55]
什么！在盖吕萨克面前，马志尼很渺小。[56]
加里波地不知道要对拉美特利说什么。[57]
什么！除了代数与几何外的一切，
一切，除了普安索，一切，除了贝佐特。[58]
除了二加二等于四之外的一切，都将毁灭！

从另一个角度看，年轻的奥古斯特·斯特林堡（August Strindberg，1849—1912）批评了乌普萨拉及其教授，声称他们不知道英国文化发展最重要的理论家亨利·托马斯·巴克尔（Henry Thomas Buckle，1821—1862）；他本人就不是一个大学教师。许多有才智的年轻人要求大学及其教授有“现代”意识并向他们解释当前的理性观念。然而其他许多学生以 151
及父母，都期望教授能专心传授传统知识，维护保守主义价值观。这样，大学受到了敌对两方的批判：一方面，为改革方案及其措施奠定基础；另一方面，其建议与措施削弱了大学的影响力，分化了他们的教师。

在法国，著名的作家往往也是最受敬重的思想家，但在维克多·雨果之后，知识分子的学者类型就普及开来了。入主法兰西学院、公开庆祝生

---

[54] 约翰·布朗（John Brown，1800—1859），美国废奴运动的拥护者；斯巴达克（Spartacus），死于公元前 71 年，罗马奴隶暴动的领导人；威尔伯福斯（William Wilberforce，1759—1833），英国奴隶解放的拥护者。

[55] 毕奥（Jean-Baptist Biot，1774—1862），法兰西学院的物理学教授和索邦的天文学教授。

[56] 盖吕萨克（Joseph-Louis Gay-Lussac，1778—1850），索邦的物理和化学教授；马志尼（Giuseppe Mazzini，1805—1872），意大利自由战士。

[57] 加里波地（Giuseppe Garibaldi，1807—1882），意大利统一的拥护者；拉美特利（Julien Offay de La Mettrie，1709—1751），唯物主义的自然哲学的先驱。

[58] 普安索（Louis Poinsot，1777—1859），几何学家；贝佐特（Etienne Bezout，1730—1783），数学家。诗中普安索代表几何，贝佐特代表代数。

日、神圣化，以及葬礼仪式都成了研究者与教师——教授——的理想，成就了新型的“伟人”（Grand Homme）形象。生理学家克劳德·贝纳尔（Claude Bernard，1813—1878）、生物学家路易·巴斯德（Louis Pasteur，1822—1895）、化学家马塞兰·贝特洛（Marcellin Berthelot，1827—1907）、宗教史学家欧内斯特·勒南（Ernest Renan，1823—1892），以及文学批评家希波吕忒·泰因（Hippolyte Taine，1828—1893），在 19 世纪 80 年代和 90 年代都成了民族的象征。显而易见，“学者”（Savant）的理想化受到了德国大学组织模式改革的影响。[59] 在拥有伟人传统的中央集权的法国，顶级学者的提升形成了具有长远影响的传统，在大部分学术教职人员就“德雷福斯案件”（Dreyfus affair）进行政治和道德评论时，尤其如此。[60]

作为学术理念的政治意义上的知识分子在意大利也日益产生了重要的影响，其具体形式也体现在 20 世纪 20 年代和 30 年代牛津学院主智主义中。在牛津（和剑桥），左翼分子、和平主义者和亲苏的主智主义在那个时期发挥了重要作用。

政治角色

1800—1945 年，这一时期的重要主题是两大（有时是对立的）原则之间的紧张关系。首先是社会的全面官僚化。这使大学成为培养公务员的重要基地，尤其是在德语国家中，但欧洲其他地区也大多如此。这意味着未来的建设是通过自上而下的筹划和理性改革来实现的。另一大原则就是蕴含自由思想的世俗社会的确立，这是另一股重要力量，通常或多或少意
152 味着对政府权威的公开反抗。即便如此，大学及其师生在这一段待考察的

---

[59] 参见第十章，第 400 页；C. Charle，‘Paris/Berlin-Essai de comparaison des professeurs des deux universitiés centrales’，参见：C. Charle（ed.），*Les universités germaniques XIX-XX siècles*（Paris，1994），75-103。

[60] J. Reinach，*Histoire de l' affaire Dreyfus*，7 vols.（Paris，1901-1911）.

时期中依然是至关重要的。

即便是在复辟时期（Restoration），这种反抗也是冲突之源。欧洲复辟政策的创始人和发言人梅特涅亲王（Prince Klemens von Metternich，1773—1859）将其视为“革命运动之先锋”。[61] 在俄国沙皇的支持下，他试图用政府控制的公务员培养机构来取代大学，但却在1818年的亚琛会议上惨遭失败。这要归功于普鲁士代表的抵制，其中就包括了威廉·冯·洪堡，他已经在柏林成功地抵制了这种大学模式，并建立了一所以施莱尔马赫的自由观念为基础的大学取而代之。[62] 尽管如此，在学生袭击了统治阶级的代表后，梅特涅在1819年的卡尔斯巴德会议（Carlsbad conference）上说服了德意志的君主们，取缔青年敢死团，对新闻界和教授进行严格的审查和控制，并派驻政府代表掌管大学。[63] 1825年，就在伦敦大学成立之前，他警告说，“请以我的名义转告陛下，我绝对可以确信该方案的执行将导致英格兰的毁灭”。

卡尔斯巴德决议一直执行到1848年。欧洲几乎没有大学被完全关闭，虽然经历了短时间的动乱，教授们时常有挑衅行为，但绝大部分教授还是保住了他们的教职。1822年，有四位教授离开了圣彼得堡大学，有两位教授离开了奥布/赫尔辛基大学；1823年，有多位教授离开了维尔纽斯大学。1837年，哥廷根的七位教授由于抗议更专制的王国新宪法而被解职。他们的行为遭到一些同事的批评；不过，他们的解职引起了轰动，这使得他们中的大多数人都能较轻松地在其他大学中谋得职位。[64] 在这同一时

---

[61] 参见第八章，第272—276页；Nipperdey, *Bürgerwelt*, 281ff.。

[62] 参见第一章，第5—6页；第二章，第47—49页。

[63] 参见第一章，第24页；第八章，第276页。

[64] Nipperdey, *Bürgerwelt*, 376; W. Sellert, ‘Die Aufhebung des Staatsgrundgesetzes und die Entlassung der Göttinger Sieben’, in E. Blanke, N. Kamp, A. Schöne, W. Sellert, R. vonThadden and H. Wellenreuther, *Die Göttinger Sieben. Ansprachen und Reden anlässlich der 150. Wiederkehr ihrer Protestaktion*, Göttinger Universitätsreden 85(Göttingen, 1988), 23-45. K. von 参见 *Die Göttinger Sieben. Kritik einer Legende*, Beiträge zur neueren Literaturgeschichte 155, 2nd edn(Heidelberg, 1997).

期，如前所述，一些被认为是极左翼的教授在巴黎大学被停职。在法国，对 19 世纪 20 年代初的右派和 1830 年后的左派来说，更经常遭解雇的是
153 中学教师而不是大学讲师。1848—1852 年的动乱时期也是如此，第二帝国使用许多新规定和规章来限制中学和大学教师，并最终导致了自身的灭亡。[65]

在 1830—1831 年和 1848—1849 年的动乱中，许多大学生，主要是那些来自首都的大学生，在暴乱和起义中扮演了积极的，甚至是决定性的角色。教授被分成保守和革命两大群体，一些教授拥护政府与秩序，而另一些教授则拥护革命青年。但从政府权威的观点看，教授应为学生的观点负责。在镇压了匈牙利起义之后，沙皇尼古拉最亲密的顾问，亚历山大·谢尔盖耶维奇·缅什科夫亲王（Aleksander Sergeievich Menshikov，1787—1869）在一封信中写道："这就是赫尔辛基所有大学里的全体下流教授和无赖学生的疯狂勾当！"[66]

这一时期，德国教授则扮演了另一种主要的政治角色（虽然是暂时的）。德意志国民大会（German National Assembly）1848 年在法兰克福的圣保罗教堂起草了一个新宪法，在其成员中有近 3/4 的人是大学毕业生，其中主要是法学专业的。在 830 名成员中仅占总人数的 6%的 49 名教授主导了这次讨论，以至于后来人们就统称之为"教授议会"。虽然在 1849 年，它没有实现一个统一的、如其宪法草稿中所述的"自由与秩序，民主，人民的意志与权力"那样受宪法约束的德意志帝国，但它却成功地终结了梅特涅的复辟时代，创建了公共的国民意识。[67] 后续的议会则不再由教授支配。在德意志帝国议会中（*Reichtstag*）中，教授代表约占总人数的 5%，而在世纪之交，该比例下降至 0.7%。在魏玛共和国中，其代

[65] Karady,'Napoléon à Duruy'(注释 4),287.

[66] Klinge,*Universität Helsinki*,386; M. Klinge,*Kejserliga Alexanders Universitetet 1808-1917*(Helsinki 1989),184.

[67] Nipperdey,*Bürgerwelt*,594-670; H. Thielberg,*Universität und Politik in der Deutschen Revolution 1848*(Bonn,1983).

表比例再次上升到 4%左右。[68] 在德意志诸邦国里，议会中仍然有很多的教授。

在其他国家中也是如此，教授在 1848 年运动中发挥了最重要的作用。1848 年法兰西第二共和国的著名领袖中有一些是大学教师，其中包括极端左翼的物理学教授多米尼克·弗朗索瓦·阿拉戈（Dominique François Arago，1786—1853），他在临时政府中担任战争和海军部长。在撒丁岛-皮德蒙特高原（Sardinia-Piedmont），都灵大学的教授、意大利统一的狂 154
热支持者温琴佐·焦贝蒂（Vincenzo Gioberti，1801—1852）曾于 1848—1849 年度担任首相。丹麦的情况则很有趣：在 1848 年之前，包括荷尔斯坦因公国和石勒苏益格公国在内的丹麦王国是受君主专制统治的。1842 年担任最后一位首相的是一位法学教授，名叫安德斯·厄斯泰兹（Anders Ørsted），他是因电磁学研究而闻名于世的物理学教授汉斯·克里斯蒂安·厄斯泰兹（Hans Christian Ørsted）的兄弟。1848 年，新国王决定采用立宪制，这次改革是由教授组成的执行管理委员会（*collegium*）着手准备的，而“教授党”（Professors' Party）也成了自由派的主要特征。在这次改革后，许多教授成了代表或部长，但安德斯·厄斯泰兹则继续担任首相，并担任了一段时间的内务和文化部部长。尽管他在自由主义阵营中不受欢迎，但还是成了文理学院（Academy of Letters and Sciences）的院长。教授们既可以是保守主义者，也可以是自由主义者，他们之间的合作取决于每个国家的特殊情况。

在欧洲大部分地区，19 世纪 60 年代见证了自由主义的突破性进展，这是一个新闻业、议会和工业从集权主义和军人手中夺取社会领地的时代；这也是一个国际化和世界博览（*Exposition universelle*）的时期。在 19 世纪 40 年代的三月革命（*Vormärz*）时期，学术圈中涌现出许多反对派人物，当然其中的长者和智者获得了各类公职。其总体趋势强调的是自

[68] B. vom Brocke, 'Professoren als Parlamentarier', in Schwabe, *Deutsche Hochschullehrer*, 55-92.

由企业，而这是与教育的大扩张紧密相连的。包括宗教在内的初等教育的重要性被普遍接受，同时也支持了教育系统中的高级阶段，而大学教师在其中正居首位。不仅在法国，教授成为教育部长，而且如前所述，在意大利任教育部长的教授人数更多。[69]

教授在国际政治事务中合作的一个有趣的事件是 1899 年的著名演讲——《为了芬兰》（*Pro Finlandia*），作为事件背景的海牙和平法庭（The Hague Peace Court）在很大程度上是由皇帝尼古拉二世（Nicholas Ⅱ，1868—1918）发起创建的。而现在学术界中的大部分人认为这位皇帝在芬兰的新政策是有悖于海牙原则的。这一主张是耶拿大学哲学教授鲁道夫·欧肯（Rudolf Eucken，1846—1926）提出的，他在 1908 年曾获诺贝尔文学奖。许多教授和其他文化界的著名代表都在他准备好的请愿书上签字，并由一个著名的代表团将该请愿书带到了圣彼得堡，但沙皇却没有接受。无论是法国反对“德雷福斯事件”的教授，还是自身深陷印度和南非
155 的民族主义问题的英国，都没有签署这份请愿书。在这里，像在 20 世纪中的每一个政治问题一样，学术界都没有形成一个政治统一体，与其说它是一个政党，不如说它是一个论战的舞台。

从传统上来看，在大多数欧洲国家中，大学可以在议会中占据一个或多个席位。牛津、剑桥和都柏林三一学院在众议院里都有代表。在瑞士，教授也经常是议会成员：在“四院”制中（即一直到 1866 年），他们属于牧师集团，后来在两院制中（即一直到 1974 年），教授往往也是议会代表和政党领袖。大多数政党都是如此，其中也包括自 1932 年开始执政的社会民主党。

在芬兰，1863 年“四院”制议会的重新组阁使得教授和教师不仅要出现在教士院中（House of Clergy），为此大学要选派代表，教授将作为全国各地区教师和牧师的代表，而且还可因出身门第或爵位，成为贵族院的代表；有时他们在城市院（House of Burgesses）中代表一个小城市，

---

[69] Polenghi, *Politica universitaria*（注释 41），516；参见第十章，第 455 页。

或担任农民院（House of Peasants）的顾问或代表。著名的数学教授劳伦兹·林德勒夫（Lorenz Lindelöf，1827—1908），最初在教士院里代表大学，后来又被选为赫尔辛基的城市代表，加入了城市院，再后来被授予爵位后，继续留在贵族院的下一届议会中。由于任命议长（Speaker）是君主的特权，因此林德勒夫被任命为副议长或三个院的议长。著名法学教授利奥波德·冯·梅克林（Leopold von Mechelin，1839—1914）长期以来是赫尔辛基市议会的领袖，他既是城市院的代表又是贵族院的代表。1905年，他成为第一位通过准议会选举产生的首相。当“四院”极速被改革为普选制和一院制时，1907年的投票选举选民增加了10倍，教授们几乎都被留任在新议会中。

在俄国第一次全国杜马（议会，1906年组建）中，重要党派宪法民主党（cadets）的代表大多来自学术界。俄国的自由传统在学术界具有极为坚实的基础，其中包括历史学家帕维尔·尼古拉耶维奇·米柳科夫（Pavel Nikolaievich Miljukov，1859—1943）等众多知名人物。在1900—1905年度担任莫斯科大学校长的谢尔盖·尼古拉耶维奇·特鲁别茨科伊亲王（Prince Sergei Nikolaievich Trubetskoi，1802—1905）是自由主义反对派的领袖人物之一，1905年，他的葬礼成了动乱时代的重大政治象征。

1910年后，身居要职的教授人数急剧上升。在美国，普林斯顿大学校长、法学和经济学教授伍德罗·威尔逊（Woodrow Wilson，1856—1924）成了美国第28任总统；芬兰共和国的第一任总统是法学教授卡洛·斯托尔贝里（Kaarlo Ståhlberg，1862—1952）；捷克斯洛伐克的第一 156 位总统（1918、1920、1927和1934年）是前哲学教授托马斯·加里格·马萨里克（Tomáš Garrigue Masaryk，1850—1937）；瑞典的历史学教授尼尔斯·埃登（Nils Edén，1871—1945）是1917—1920年度的首相；数学教授保罗·潘勒韦（Paul Painlevé，1863—1933）在1917年和1925年当选法国总理；科英布拉大学的政治经济学教授安东尼奥·德·奥利韦拉·萨拉萨尔（António de Oliverira Salazar，1889—1970）在葡萄牙确立了其位置，最初在1926年任财政部长，后来在1932年任首相及战争和外务部部长。

显而易见，在我们所讨论的这一时期，教授在政治生活中扮演了一个重要的角色，尤其是在从专制主义向官僚政治，而后又从官僚政治向议会制改变的过程中。后来，他们的角色，从公民参与的官僚层次——形成了新的管理核心，作为专家为管理事务做贡献——转向了议会层次。

社会地位

在英国，大学教师的社会地位并不高，而在一些老大学里还是有较高地位的，在牛津和剑桥学习的经历确保了个人的这种社会地位。19 世纪和 20 世纪之交英国大学科学水平的提高和相应的第一次世界大战后贵族精英的消亡，巩固了学术界的地位。在英国，自由的、非大学所属的科学家和作家的理想要比欧洲其他地区延续更长时间。

在英国及其殖民地，学术理念与其说是由大学及其教授来维持，不如说是由那些著名大学的历届毕业生来维持。对英国学术界而言，皇家协会俱乐部（Royal Socieites' Club，建于 1894 年）的成员名单是极为有趣的。学术界中的组织和互相认可成了学术协会中的首要因素。其成员仅限于“主要的皇家和学术协会的会员（fellows）和成员（members），皇家学院的院士（academicians）及会员（associates）大学成员和毕业生，校长，理事会成员，教授，大不列颠、印度及其殖民地的文学、科学和艺术机构的会员和成员，皇家陆军和海军委任官员，以及高级文职官员”。1914 年，该成员名单上共约有 7000 个人，俱乐部常常吹嘘它们拥有如下会员：喀土穆和布鲁姆的霍雷肖·赫伯特·基奇纳勋爵（Lord Horatio Herbert Kitchener），以及著名的科学巨匠，如威廉·汤姆森勋爵（Lord William Thomson Kelvin，1824—1907）；但成员中几乎没有外国人。

157 在法国，在七月革命（1830—1848）以及第三共和国（1870—1940）时期，教授的地位达到了顶峰，然而在第一帝国、君主复辟（1814—1830）以及第二帝国（1851—1870）时期，更多是由军队及富有的贵族和资产阶级来支配。如前所述，普遍而言，大学教师积极介入评论、政治、新闻和书籍出版领域。启蒙运动的突出传统就是强调教育和广博的知识。尽管如此，成为教授往往不是贵族子弟的目标。与英国一样，法国贵族进入资产阶级圈子的主要渠道是财富经营。军界职务和外交官依然是具有吸引力的职业，那些部门的精英团体（*esprit de corps*）也更偏爱有贵族和上层资产阶级背景的人员。

在法国，也许和其他地方一样，大学从其外表而言，是略具地方性的。那些地方大学确实如此，它们在其研究和教学中经常强调地区特性；然而在首都，大部分的教授和学生也来自外省。正如之前已展示的那样，著名的文学教授蒂博代（Thibaudet）所言，在20世纪20年代，（塞纳河）左岸和拉丁区就是巴黎的郊区省。法国教授的典型形象正如马塞尔·普鲁斯特（Marcel Proust，1871—1922）在克罗塔和布里绍的人物描述中写得那样，通常是较好的上流社会形象，但却不是最好的；这一时期，大学教师已获得了一定的地位。这是基于以下几个因素：共和国政府起用博学者，使其身居要职，塑造了“教授的共和国”（*la répubilique des professeurs*）；这一时期的总体趋势偏重于各类世俗知识；在法国，和在英国一样，一战后古老贵族势力的消亡引发了大学教师与博学者的地位的提高，但这并非立竿见影的影响。

俄国是由军人和文职官僚——他们大多为贵族——来支配的。1899年，契诃夫在《万尼亚舅舅》（*Uncle Vanja*）中描述了那位自以为是的退休文学教授瑟卜加科夫（Serebrjakov）。1889年出版的《沉闷的故事》也例证了一位著名医学教授、他的助教和他的儿子的狭隘世界，尽管财力有限，他还是偏爱武职。

德国的情况最有趣，也相当出名：从古老的、有序的、有着紧密家庭纽带的牧师集团，转变为极具科学实力的精英集团（*Leistungselite*），是很明显的。包括教授在内的、普遍意义上的知识世界，在政治统一以及贯穿其始终的民族统一、语言和道德统一的过程中发挥了重要作用。在这种意义上讲，许多教授都是价值精英（*Wertelite*）集团的重要成员。但与其

158 他地方一样，在德国，许多声望是与教授的社会背景、社会关系联系在一起的；因此，问题的关键依然是大学职业是提升了还是贬低了贵族或上层资产阶级门第出身的人们的社会地位。但总体而言，教授所属社会集团中的大多数人是来自牧师集团和中产阶级，这是与 19 世纪后期大学的兴起及其与工业、与德意志帝国的兴起的紧密联系密切相关的。[70] 当然，柏林、慕尼黑和莱比锡教授的地位与那些小城市教授的地位确实不可同日而语。虽然哥廷根、海德尔堡、耶拿、图宾根和其他小型大学也有一些非常著名的教授，但总体而言，他们对这一职业成为民族精英没有产生多大影响。

不同学院和学科的地位也大不同，在宗教界内部，路德神学教授享有极高的威望，但随着外部世界中宗教威望的普遍下降，其教授声望也随之下降。随着卫生保健制度与卫生保健意识的普遍成功，医学院也获得了威望。技术科学与新兴工业之间的联系，使其声望得以提升，而技术中学地位的改善就是最好例证。20 世纪初，国民经济与社会科学是极具吸引力的，并取代了 19 世纪哲学家和史学家所扮演的先知角色。

让我们再次以芬兰为例，这也与其他小国相关。赫尔辛基的亚历山大帝国大学（The Imperial Alexander University）及其教授在确立现代芬兰民族过程中发挥了根本性的作用，其原因是多方面的，但主要根源在于缺乏反对派。由于它只有少数贵族和为数不多的富裕资产阶级，皇帝也住在圣彼得堡，大主教居住在奥布，它使得这所大学和官僚机构才得以占据支配地位，并通过共同的信念和家庭关系联结在一起。在这种情况下，大学成员无处不在：他们出现在新闻界、议会、公众组织、保险公司、银行等一切场所。一战后，由于国家实现了完全主权，出现了共和国的总统，出现了拥有将军和海军司令的新军队，以及外交团体等，大学的声望才逐渐降低。然而在 20 世纪 30 和 40 年代，热门电影仍然把教授刻画为居于社

[70] C. E. McClelland, 'Die deutschen Hochschullehrer als Elite, 1815-1850', in Schwabe, *Deutsche Hochschullehrer*, 27-57; F. Ringer, 'Das gesellschaftliche Profil der deutschen Hochschullehrer schaft 1871-1933's', *ibid.*, 93-104.

会顶层的、有责任感的、杰出的绅士。

在整个欧洲，学术界造就了包罗万象的荣誉授予制度，既向其内部人员授予荣誉，也向其他人员授予荣誉，其形式有：授予荣誉博士学位、庆祝大学的百年校庆（这在19世纪的70和80年代非常流行）、委派和分配 159
纪念文集（Festschriften）以及肖像和勋章等，因此，他们也主要以会员身份或奖赏来分发学术荣誉。其中一些奖项非常有名，尤其是1903年以来的诺贝尔奖。

对某些观察者来说，学术自尊有时近乎荒谬，虽然周年庆典的中世纪情调包括了隆重的典礼和表演，但有时这会被认为是反现代精神的或太戏剧化。在这一阶段的初期，欧洲大陆的一些地方拒绝学院的长袍——隆德大学的教授、著名诗人和后来的主教特根纳（Tegnér），把校长的长袍描述为“滑稽”的服饰并拒绝穿上它；但另一方面，他总是带着他的博士圆筒尖帽，甚至在骑马的时候也这样。一般来说，不列颠群岛保留了学院服饰的地位，然而在像柏林和巴黎这样的首都城市，它们的使用更受限制，俄国和斯堪的纳维亚则是根本不使用它们，芬兰的大学校长（*rector magnificus*）却是个例外。

耶拿的恩斯特·海克尔（Ernst Haeckel），是最著名的教授之一，他以其《世界之谜》（*Welträthsel*）的出版而成为那个时代的象征；1914年，在他80岁高龄时，他在世界媒体刊登了大量的公告，为“恩斯特·海克尔基金会”（*Ernst-Hawckel-Stiftung*）筹集资金，但却未提他的其他荣誉与著作；这也引来了世人的嘲笑。

除了学术共同体自身授予的荣誉之外，政府首脑还通过颁发荣誉头衔和嘉奖令来为大学教师授予荣誉。尤其是德国、奥地利和俄国，其他像丹麦和芬兰这些国家也一样，荣誉头衔［枢秘院顾问（Geheimer Rat）、国务委员（Staatsrat）］受到高度尊重。在芬兰，如果大学校长能够在任六年或以上就会被封为贵族（这是因为在1906年之前，贵族是组成芬兰议会的四大阶层之一）。德国和奥地利也有加封贵族的行为，但在法国并没有这种做法。

一方面，教授对成为枢密院顾问和国务委员已习以为常；另一方面，“教授”本身也成了一种荣誉头衔，授予那些不是大学教授的人。这种情况在 18 世纪就发生过，此后变得更为普遍，尤其在德国和北欧国家。政府勋章被授予教授和其他教师。在法国，拿破仑一世为教师队伍建立了一套专门等级制度，即“学术骑士”（*Palmes académiques*）。1800 年，向教授授勋是非常罕见的，但到 1940 年，欧洲大部分国家的教授迟早都会被授予勋章，其他的大学教师有时也如此。

160 大学建筑最突出地反映出了学术界及其人员（包括学生，特别是教师）的地位，这一点已在前面的教授的公共角色中已经提到。

丹麦非常著名的文艺评论家格奥尔格·莫里斯·科恩·布兰德斯（Georg Morris Cohen Brandes，1842—1927）曾错过了哥本哈根大学的一个教席，20 年后他获得了一个荣誉教席作为补偿。1889 年，他在乌普萨拉新建的主楼上写道：“其整体就如同密涅瓦（Minerva）的巨大神殿，最好的房间是留给音乐和舞蹈之神缪斯（Muses）的祭仪，留给政府的权威，留给扬善罚恶的权威与宗教法院（*Consistorium*），但仅有一小部分房间和角落是留给神殿原本的女神。它向年轻人传达一种进步的精神。这里的一切都是要告诉年轻人：不断成长，不断向前成为一名教授！——之后你就会拥有舒服的椅子，墙上挂着艺术大师的美丽画作。”[71]

但从学术自由的立场来看，欢快、诗意和拉丁化的成排壮丽建筑的外部，以及对理性辩论和参与的需求，都是抵制大学官僚化的保守主义趋势，[72] 它们代表了学术风气的不同声音。这种风气，在不同的环境中代表了不同的层次和不同类型的大学师生。尽管如此，在学术自治中，教授自

---

[71] G. Brandes, ‘Tale i Upsala (1889)’, in Brandes, *Samlede Skriften* xv (Copenhague, 1905), 419.

[72] 关于学术仪式中的古老内容作为一个“非相同时代的同一时期”(contemporaneity of the noncontemporaneous)(Mannheim)和“人性的躁动”(ferment of humanity)(Horkheimer)，参见：W. Rüegg, ‘Die Bildungsgesellschaft. Antrittsrede als Ordinarius für Soziologie an der Johann Wolfgang Goethe-Universität Frankfurt am Main’, in W. Rüegg, *Anstösse. Aufsätze und Vorträge zur dialogischen Lebensform* (Frankfurt-am-Main, 1973), 264ff.。

然是在教学、研究和道德上扮演了最为重要的角色。

精选文献

Autio, V. -M. *Yliopiston virkanimitykset 1809-1952*, Helsinki, 1981.

Baumgart, P. (ed.) *Preussen in der Geschichte*, vol. Ⅰ: *Bildungspolitik in Preussen zur Zeit des Kaiserreichs*, Stuttgart, 1980.

Baumgarten, M. *Professoren und Universitäten im 19. Jahrhundert, Zur Sozialgeschichte deutscher Geistes-und Naturwissenschaftler*, Göttingen, 1997.

Berg, C. (ed.) *Handbuch der deutschen Bildungsgeschichte*, vol. Ⅳ: *1870-1918. Von der Reichsgründung bis zum Ende Ersten Weltkriegs*, Munich, 1991.

Charle, C. *Naissance des intellectuels*, Paris, 1990.

Ferber, Chr. von *Die Entwicklung des Lehrkörpers der Deutschen Universitäten und Hochschulen 1864-1954*, Untersuchungen zur Lage der deutschen Hochschullehrer 3, Göttingen, 1956.

Gerbod, P. *La Condition universitaire en France au XIXe siècle*, Paris, 1965. 161

Gerbod, P. 'Les Epurations administratives (XIXe et XXe siècles)', *Actes du Colloque*, Publications de l'Ecole des Hautes Etudes, Ⅳe Section: Histoire et Philologie V: Hautes Etudes Médiévales et Modernes 29, Geneva, 1977, 81-98.

Hammerstein, N. *Antisemitismus und deutsche Universitäten 1870-1933*, Frankfurt-am-Main, 1995.

Hammerstein, N. (ed.) *Universitäten und Aufklärung*, Göttingen, 1996.

Jeismann, K. E. and Lundgreen, P. (eds.) *Handbuch der deutschen Bildungsgeschichte*, vol. Ⅲ: *1800-1870. Von der Neuordnung Deutschlands bis zur Gründung des Deutschen Reiches*, Munich, 1982.

Jílek, L. (ed.) *Historical compendium of European Universities/Répertoire historique des universités européennes*, Geneva, 1984.

Klinge, M. *Eine Nordische Universität. Die Universität Helsinki 1640-1990*, Helsinki and Göttingen, 1992.

Košenina, A. *Der gelehrte Narr. Gelehrtensatire seit der Aufklärung*, Göttingen, 2003.

Maurer, T. *Hochschullehrer im Zarenreich, Ein Beitrag zur russischen Sozial-und Bildungsgeschichte*, Cologne, Weimar and Vienna, 1998.

McCulloch, G. *Philosophers and Kings: Education for Leadership in Modern England*, Cambridge, 1991.

Paletschek, S. 'Geschichte der Habilitation der Universität Tübingen im 19. und 20. Jahrhundert. Das Beispiel der Wirtschaftswissenschaftlichen (ehemals Staatswirtschaftlichen/Staatswissenschaftlichen) Fakultät', in *Tübinger Professoren der Wirtschaftswissenschaften (1817-1991)—Leben und Werk*, ed. H. von Strecker et al. Stuttgart, 2004.

Pedersen, O. *Lovers of Learning: A History of the Royal Danish Academy of Sciences and Letters 1742-1992*, Copenhagen, 1992.

Schmeiser, M. *Akademischer Hasard. Das Berufsschicksal des Professors und das Schicksal der deutschen Universität 1870-1920*, Stuttgart, 1994.

Schubert, E. 'Die Geschichte der Habilitation', in H. Kössler (ed.), *250 Jahre Friedrich-Alexander-Universität Erlangen-Nürnberg*, Erlangen 1993, 115-151.

Schwabe K. (ed.) *Deutsche Hochschullehrer als Elite 1845-1945*, Deutsche Führungsgeschichten in der Neuzeit 17, Boppard am Rhein, 1988.

Verger, J. (ed.) *Histoire des universités en France*, Toulouse, 1986.

第六章　欧洲模式在欧洲之外的传播 163

爱德华·希尔斯　约翰·罗伯茨

概述[①]

当西欧和中欧的新大学在新环境中延续着既有的模式时，19 世纪和 20 世纪初，欧洲之外的新大学与学院的成立继承了早期院校的模式。1800 年之前，中美洲和南美洲已经采用了西班牙的模式，而北美洲则采用了英国模式。19 世纪，明显受到施莱尔马赫和洪堡思想影响并在柏林大学中实现的德国式的大学，[②] 成为欧洲的另一种大学模式的源头，并影响了美国、日本和其他地区。古老与现代的英格兰和苏格兰大学的特征的融合也极大地塑造了北美以及加拿大、印度、澳大利亚和南非的新学院与大学。最后，尽管法国大学模式的传播是有限的，但在我们所考察这一时段的后期，北非、法属的西非、叙利亚和印度支那都受到了法国高等教育的影响。

因此，19 世纪形成的世界各国大学理念都源自欧洲。与宗教经文有 164

---

① 本章草稿由于爱德华·希尔斯的过早去世而未能完成，约翰·罗伯茨和本书主编进行了系统的修改编辑，更值得感谢的是以下人员的慷慨帮助和中肯意见：麦迪逊的 Jurgen Herbst（美国）、弗雷德里克顿的 Steven Turner（加拿大）、加拉加斯的 Orlando Albornoz 和 Erlangen 的 Hans-Albert Steger（中南美洲）、耶路撒冷的 H. Gerber（中东）、巴黎的 Jacques Verger（法属殖民地）、约翰内斯堡的 Philip V. Tobias（南非）、牛津的 Judith M. Brown（南亚）、堪培拉的 M. C. Rickleffs（菲律宾、泰国）、伦敦的 Patricia Herbert（缅甸）、伦敦的 Annabel TehGallop（马来亚）；莱顿的 Andries Teeuw（印度尼西亚）、墨尔本的 Don Garden（澳大拉西亚）、慕尼黑的 Herbert Franke 和北京的陈洪捷（中国）、牛津的 Ann Waswo（日本）。

② 参见第二章，第 47—49 页。

关的高等学术研究与教学中心，进行哲学讨论与教学的学园，进行军事、管理、法律和神学培训的专门学校，在古代欧洲，在古代的印度、伊斯兰世界的大部和封建时代的中国就已为人所知。但其中只有一所院校还保存至今，这就是开罗的爱资哈尔（al Azhar）大学。

欧洲以外所有大学在新建或再建时，都是根据其创办者心目中的欧洲大学图像而建立的。需要大学和渴望大学的坚定信念，是现代社会理想图景的一部分，也是关于大学在现代社会中的地位图景的一部分。这个信念是一个更为巨大信条的组成部分，这个信条是：社会需要正式建立的、得到官方认可的机构；在这个机构中，高级知识得以探索和传授，而个人将得到实际的专业训练；这些专业要求专门的理性知识和技能，不能仅仅通过学徒制和经验而获得。从大学是社会福祉之必需的信念出发，形成了另外一个信念，即这些知识的掌握必须由具有恰当资质的机构通过颁发证书和学位而进行权威认定。在一些国家中，人们还坚信，国家的权威和社会的尊严要求在其领土上建立大学，以有别于政府、教会和社会事务管理所表达的知识的功利性。大学成为进步文明和现代性的象征。

北美

英属北美殖民最早建立的学院被看作是久经考验的英国大学模式适应新环境的典范。[3] 与英国大学一样，殖民地学院与教会机构具有密切联系；保留了古典大学学院的拉丁语、希腊语和数学，实行寄宿制，并主要是教学机构，原创性的学术不是它们的最高目的。随着时间的推移，虽然苏格兰的大学逐渐对美国学院产生了广泛的影响，但是，殖民地学院和其他 1800 年前建立的北美学院通常只能把学生培养到本科层次。职业教育
165 不是通过学徒制而是由其他机构通过其他方式实施的，这些机构大多独立于学院和大学，并且是私立的和专有的。

---

③ 参见第二卷，第六章。

后来的北卡罗来纳（1776）和佐治亚（1785）的州立大学与先前的宗教依附关系决裂，并在苏格兰大学和后来的伦敦大学学院的影响下，扩充了教学范围。尽管获得了这些发展，但州立大学依然延续了之前学院的特征。值得注意的是，它们的创建和维持几乎没有得到政府的鼓励和援助；虽然也采用了苏格兰大学的道德哲学、政治经济学和科学，但它们依然基本原封不动地保留了牛津和剑桥的传统课程；严格制定课程，严格要求出勤率，学生的德行也受到严格的监督。尽管环境各异，但英国模式却都得到严格地遵守。与其先驱相似，19 世纪的新学院，甚至是最初的州立大学都未将丰富知识储备或鼓励学生丰富知识储备视为其使命。在教师中，也没有人将学术生活视为天职或将追求知识本身视为一种职业。在 19 世纪的大部分时间乃至 20 世纪的部分时间中，这种方式和氛围依然在许多学院中盛行。

组织机构也长期沿用英国模式。高等教育机构必须得到政治权力当局颁发的特许状。一旦获得特许状，私立学院就成为自治团体。统治它们内部运营和结构的章程和议事程序是由机构自身起草的，即由董事会起草的；既不是由政府——像在德国那样，也不是由教学人员——像在古老的英国大学里那样——来帮助颁布的。相反，北美的学院治理与 18 世纪英格兰的非国教派学园极为相似；通常有一个强大的外行管理者组成的董事会、一位行使权力的校长和一群无法有效表达意见的教职工群体。毫无疑问，即使是最资深、最有经验的教师也无权选举校长，这完全操纵在外行董事会手中。院长是由校长举荐并为校长服务。随着学院规模、教职工和学生人数的扩大，不同的学科形成了不同的系，并指派了系主任和院长。只有几百名学生的小规模学院，则没有达到这种分化和授权的阶段。美国学院借鉴了非国教派学园模式，而不是牛津和剑桥学院的模式，部分原因 166
在于其宗派和教派传统；英国国教及其奢侈、放任的声誉往往受到了严格的抵制。

小型的寄宿机构将教师和学生联系在一起，这有时还促进了他们之间的生活联系与个人友谊。强调教学引发了人们对教学的热爱，并激发了学生对教学的尊重，这持续了许多年。从这点上看这其实是对牛津和剑桥学院模式的选择性整合［后来则出现了更为有意地模仿，如在 20 世纪 20 年代和 30 年代，哈佛大学引入的“住宿制”（house system）和耶鲁的“寄宿学院”（residential colleges）］。甚至在那些大张旗鼓地要接受德国模式的大学——比如芝加哥大学——也提供了与牛津、剑桥的学院模式相关联的住宿安排，而且这往往还被视为标志性的建筑。

到 20 世纪，北美的文理学院和医学院模式也向外传播，特别是影响了中东和中国。这也是欧洲模式的传播，但只不过是间接传播：美国输出了经其改造的英国模式，在那些地区的文理学院烙下了自己的印记，并继续在 20 世纪初中启发了那里的本科生教学组织。

北美学院的教职工队伍往往规模很小，因此除了极明显的不同学科外，是无法实现教学的专业化或分别管理的。在 19 世纪的大部分时间中，研究资源非常有限，那些想从事研究的教职人员使用的是为教学提供的书籍和实验室。学生无法获得研究训练；博士学位的获得者非常少，且大部分是神学博士。即使是高级教学人员也没有终身制。在 19 世纪早期，学术职业是极少见的。许多教师也许为学院甚至大学贡献了他们的全部职业生涯——如在牛津和剑桥的学院，但却从未打算将教学作为其职业，他们大多将其视为等待合适的牧师职位时的一个过渡阶段；在英格兰的非国教派学园中也是如此，教师只不过是一个“帮手”。

美国的学院和大学的入学年龄较小，毕业时也较年轻。它没有提供职业准备课程；之后，毕业生也只能进入诸如牧师等行业。其目标是提供基础教育，认为这可以磨炼心智，形成并强化品格，以及为社会中负责任的
167 领导生活提供文化必须。这又是英国理念的改造品。其宣称的目标往往是塑造品格；这在今天美国本科生的生活中，在自我发现或发掘自我认同的梦想中依然存在。

主要的变革发生在 19 世纪 50 年代前后，这是因为德国大学模式日益成为影响美国各主要大学（无论新旧）的主要模式。一流大学，无论公立或私立，它们在发展研究生院的过程中都较明显地借鉴了德国模式。在英

国模式影响下形成的传统依然存在，但在 19 世纪三四十年代，尽管英国大学仍在美国学术界享有很高的威望，但越来越多的美国学院和大学的毕业生前往德国大学而不是英国大学留学。英国模式依然在发挥作用，并在那些以英语为母语或推崇英国大学的古风和成就，尤其是那些祖先是不列颠-爱尔兰移民的人群中得到强化。在 19 世纪末之前，这部分构成了美国学院和大学教师的主体。但是，由于研究生人数的剧增，由于训练学生进行研究的规定日益增多，德国的影响不断扩大。④

德国大学不可避免地成为一种模式，并得到积极的宣传。但也不乏反对的声音，早在 1828 年，耶鲁学院的教职工便宣称，由于德国大学主要是以专业研究为要，而美国学院的根基是自由教育，因此，他们怀疑德国大学能否成为美国学院效仿的模式。⑤ 尽管如此，德国模式依然大行其道。它还获得了强有力的支持，这不仅包括那些曾在德国大学学习过的人们，而且还包括那些坚持认为这将为美国社会的福祉和美国的国际威望提供强劲推动力的人们。年轻教师和许多大学校长坚定地支持德国模式，尽管受到批判，但这些归国的年轻科学家和学者希望他们曾经历过的培养高级人才的德国模式能够引入美国大学。

在 1837 年密歇根州加入联邦后，它便获得特许，准许它效仿德国大学模式建立密歇根大学，但它并没有成立神学院。显而易见，德国模式因其奠基人而获得崇高的威望，甚至是在大学开学前，在州境内就出现了许 168

---

④ 关于德国在宗教和人文方面的研究，参见第十章。

⑤ ‘Original Papers in Relation to a Course of Liberal Education’, *American Journal of Science and Arts*, 15(January 1829), 297-351.

多德国式的文科中学，让学生为升学做好准备。⑥ 另一个则是那些在德国观察了农业、采矿业和工程学院作用的年轻美国人宣传的结果。这促使了美国农工学院理念的迅速传播，这在内战后及提出向教育机构赠予公共土地的 1862 年《莫里尔法》（Morrill Act）颁布后快速扩张。⑦ 这些学院也成了亚非许多国家高等教育效仿的模式。

到 19 世纪末，美国已经有 9000—10 000 名学生在德国大学学习过。⑧ 他们回国后，那些成为大学和学院教师的人希望从事研究并且想要其他人也从事研究工作。用一种截然不同的、更接近于德国大学的机构来取代在英国模式上形成的、并且已在美国根深蒂固的学院，是不可能轻松地实现的。研究生院的理念因而成了一种可能的妥协。这是美国的创新。英国没有这种机制，而且还曾抵制像马克·帕蒂森（Mark Pattison，1813—1884）那样推崇德国实践的改革家的努力。⑨ 德国也没有这一机构，这是因为其大学本身就是研究生院，而且它本身就为美国研究生院提供了范式。

进行这一伟大创新的三所美国新大学的校长，或是在德国学习过，或

---

⑥ 关于密歇根大学和早期德国的影响：J. Turner and P. Bernard，'The "German Model" and the Graduate School：The University of Michigan and the Origin Myth of the American University'，*History of Higher Education Annual*，13（1993），69-83；H. H. Peckham，*The Making of the University of Michigan*，*1817-1967*（Ann Arbor，1967）；A. Creutz，'The Prussian System of Practical Training：The Educational Philosophies of the University of Michigan's First Two Presidents'，*Michigan History*，65（Jan. -Feb. 1981），37-39。关于密歇根预备学校：J. Herbst，*The One and Future School*：*350 Years of American Secondary Education*（*New York*，1996），58-60。

⑦ E. D. Ross，*Democracy's College*：*The Land Grant Movement in the Formative Stage*（Ames，1942）.

⑧ J. Herbst，*The German Historical School in American Scholarship*（Ithaca，1965），1ff.；K. H. Jarausch，'American Students in Germany，1815-1914：The Structure of German and U. S. Matriculants at Göttingen University'，in H. Geitz，J. Heideking and J. Herbst（eds.），*German Influences on Education in the United States to 1917*（Cambridge，1995），195ff.

⑨ 参见第十章，第 427 页。

是在他们成为新大学的校长时求教于德国。丹尼尔·吉尔曼（Daniel Coit Gilman，1813—1908）是位于巴尔的摩的约翰·霍普金斯大学的第一任校长，这所大学于1876年开学；[⑩] 格兰维尔·霍尔（Granville Stanley Hall，1844—1924）是位于伍斯特（马萨诸塞州）的克拉克大学的第一任校长，该大学于1887年获得特许状；[⑪] 威廉·哈珀（William Rainey Harper，1856—1906）是芝加哥大学的第一任校长，这所大学于1892年开学。[⑫] 引入德国模式的另一位主要人物是哈佛大学校长查尔斯·艾略特（Charles William Eliot，1834—1926），他曾在德国学习化学并亲身体验了德国大学。[⑬] 前三位人物想把美国大学建成像德国大学那样，作为进行研究和提供研究所需训练的场所。艾略特吸收了这种观点，但却冷静得多，他更关注本科生的教育。 169

并非德国大学的所有特点都被引入美国。他们没有引入学术自治（*akademische Selbstverwaltung*）的模式。校长负责制早已根深蒂固，并获得广泛认同。但在20世纪的前40年中，学术自治依然取得了显著进步。

在推崇“教学自由”和“学习自由”（Lehr-und Lernfreiheit）原则的

⑩ H. Hawkins, *Pioneer: A History of the Johns Hopkins University, 1874-1889* (Ithaca, 1960); F. Cordasco, *Daniel Coit Gilman and the Protean Ph. D.* (Leiden, 1960); A. Flexner, *Daniel Coit Gilman: Creator of the American Type of University* (New York, 1946).

⑪ D. Ross, *G. Stanley Hall: The Psychologist as Prophet* (Chicago, 1972); L. Pruette, *G. Stanley Hall: A Biography of a Mind* (New York, 1926); W. A. Koelsch, *Clark University, 1887-1987: A Narrative History* (Hanover, NH, 1987).

⑫ T. W. Goodspeed, *William Rainey Harper, First President of the University of Chicago* (Chicago, 1928); J. P. Wind, *The Bible and the University: The Messianic Vision of William Rainey Harper* (Decatur, GA, 1987); R. J. Storr, *Harper's University: The Beginnings* (Chicago, 1966).

⑬ H. Hawkins, *Between Harvard and America: The Educational Leadership of Charles W. Eliot* (New York, 1972); H. James, *Charles W. Eliot, President of Harvard University, 1869-1909*, 2 vols. (Boston, 1930); C. W. Eliot, *Educational Reform: Essays and Addresses* (New York, 1898).

德国大学模式出现之前，学术自由的理念很少被提及。但后来逐步从无足轻重的位置转变为受到大学教师的广泛认可，以及大学管理者、董事会和政论家极大尊重的理念。关注学术自由以及 1916 年❶旨在保护学术自由的美国大学教授联合会（American Assocration of University Professors）⑭的成立，并不仅是因为学术自由在美国经常被侵犯才出现的。这也是一个在学院开始寻求自由表达观点与信仰的权利并要求赋予机构神圣不可侵犯的权利之前，必然要求出现的一个关于学术职业尊严和大学作为社会团体
170 的价值的概念。没有学术自由的理念，就不会有对侵犯该原则的反抗，因此这个理念，也是美国学术界从德国吸收过来的。

"教学和科研相统一"（*Einheit von Forschung und Lehre*）的原则是德国化运动的主要目标，并在这个国家的主要私立和州立大学中获得了巨大成功。而其接受程度则在美国的学术圈中存在着巨大的差别。即使在那些最为成功的大学中，其程度也不是完全一样的；在最德国化的大学中仍然存在旧制度的孤岛。学习自由（*Lernfreiheit*）并不总是从德国回来的人们非常想要的东西。学生的学习自由始于选课制，这是 19 世纪 70 年代哈佛大学校长艾略特为本科生创设的制度。⑮ 没有证据表明艾略特所思所想的是德国模式，但之前普遍使用的课程大纲的限制如此之狭隘，这使得德国模式成了为学生寻求扩大知识面的极为重要的时机。但自相矛盾的是，在受德国影响最显著的研究生阶段，自由学习、自由选课和自由出勤却没有实现。德国学生可自由选择课程和要学习的科目，但同时代的美国

---

❶ 应为 1915 年。

⑭ W. P. Metzger, 'The German Contribution to the American Theory of Academic Freedom', *Bulletin of the American Association of University Professors*, 41(1955), 214-230; R. Hofstaedter and W. P. Metzger, *The Development of Academic Freedom in the United States* (New York, 1955); H. Mumford Jones, 'The Amercian Concept of Academic Freedom', *Bulletin of the American Association of University Professors*, 46(1960), 66-72.

⑮ H. C. Carpenter, 'Emerson, Eliot and the Elective System', *New England Quarterly*, 24(1951), 13-334; S. E. Morison(ed.), *The Development of Harvard University since the Inauguration of President Eliot, 1869-1929* (Cambridge, Mass., 1930). 也参见注释 13。

研究生要服从必修课、笔试以及在德国闻所未闻的课堂评分。但另一方面，美国的研究生可以不受“替代父母”（*in loco parentis*）原则的束缚，而本科生则要严格遵守该原则。

研究与教学相统一的理念，对像芝加哥、约翰·霍普金斯和克拉克这样的新大学而言，是至关重要的。它们任命的教师都理解应将研究和教学放在同等重要的位置，大学的管理者同样也认识到了这一点，因此他们为科学研究提供了所需的空间与设备，为人文科学和社会科学提供了所需的图书馆。新大学发现这样做更容易，因为它们不需要应对那些坚持传统模式的教师的抵抗。但克拉克大学却成了模式冲突的牺牲品；其创建者及资助者乔纳斯·吉尔曼·克拉克（Jonas Gilman Clark，1815—1900）原本希望他的大学能成为一所传统的本科生教育机构，而钟情于德国理念的霍尔则或多或少地悄悄地将它变成了一个研究生教育机构，为此克拉克不得 171
不追加剩余的资产，建造了本科生教育的克拉克学院。[16]

新机构在招聘教师时经常有意地吸收那些曾在德国学习过的年轻人。约翰·霍普金斯大学开学前，其校长就曾旅欧招募教师。曾在哥廷根获得博士学位的艾拉·雷姆森（Ira Remsen，1846—1927）就是他的杰作。在约翰·霍普金斯大学历史学和政治经济学的第一批教师中，赫伯特·巴克斯特·亚当斯（Herbert Baxter Adams，1850—1901）和理查德·西奥多·艾利（Richard Theodore Ely，1854—1943）都曾在海德堡学习过。哈珀曾在德国学习，他一被任命为校长就又回到德国，以了解柏林模式的运行，招募教师，并购置了柏林一位著名学术书商的全部库藏，为芝加哥大学图书馆奠定了基础。他力劝詹姆斯·亨利·布雷斯特德（James Henry Breasted，1865—1935）去柏林接受埃及古物学方面的训练。1894 年，布雷斯特德获得柏林大学的博士学位，成了美国最著名的埃及古物学家。芝加哥大学社会学系的第一任主任阿尔比诺·伍德伯里·斯莫尔（Albion Woodbury Small，1854—1926），就曾在德国学习历史学和经济学；罗伯

---

⑯ Koelsch, *Clark University*（注释 11）.

特·帕克（Robert Park，1864—1944）在芝加哥开始他的学术生涯前，也曾在柏林大学学习，在斯特拉斯堡的文德尔班（Windelband）的指导下获得了学位。在克拉克大学，由德国大学培养的人才不仅有霍尔，还有其他一些著名教师，比如人类学家弗朗兹·博阿斯（Franz Boas，1858—1942）和 1907 年获得诺贝尔物理学奖的德国人阿尔贝特·迈克逊（Albert Abraham Michelson，1852—1931）。年轻教师有时也会得到机会去德国休假。

曾在德国留学的美国人记忆中的标准的德国学术程序，极大地影响了研究生院教学模式。在他们的记忆中，除了受到导师个别指导之外，就是习明纳了，这也成了美国研究生院最主要的、最突出的特征。习明纳是让研究生们发表研究成果并由教师和同学们进行批判性讨论的场所。在实验室或教师办公室中，教师对学生研究进行严格地指导，也成为一大特征；而这也是从德国引进的。许多系的研究生还组织了读书会，这是另一种形式的习明纳，他们在这里主要是对研究进行批判性分析；正在考虑中的研究也可以在科学或学术期刊上发表，其中许多都是德文期刊或引注德文文
172 献的期刊。流利地阅读德文是必需的，否则就无法读懂大部分重要文献。为美国所采用的德国模式的另一个特征是在期刊和系列专著中出版研究成果。显然，美国大学成立出版社，不仅是向德国学习，而且也是向英国学习。

当习明纳制进入美国大学的时候，与教席相联系的研究却没能进入美国大学。各种原因很难解释。但其中的一个原因也许是美国大学起初是按学系以及教席任命的灵活性发展起来的，而不是按学院来发展的。在很长一段时间里，德国大学中每个主要学科仅有一位教授，而在美国许多大学中，在早期一个特定学科中往往有多名教授。德国制度是个人负责制，由一位教授负责他的整个学科，全权负责分配教学任务、资源及任命下级（编外讲师除外）。而研究所，也就是德语国家大学中的宗教与人文研究习

明纳，[17] 也是完全由教授负责，根据他所认为的该学科中的重点来划拨空间、设备和资金。在美国大学中，虽然系主任有时也是专横的，但并不一定是该领域最著名的科学家或学者，远不及德国的教授，他们往往就是最著名的学术人物。因此，在特定大学中，设立一个由非一流学者领导的研究所是十分困难的。美国人不希望给自己制造那样的困难。虽然美国的一些大学时不时地会设立“研究所”——例如，芝加哥大学的东方研究所、哈佛大学的哈佛-燕京学社、耶鲁大学的人类关系研究所——但它们都是跨学科和跨系的研究所。因而，它们不是某位教授的领地。它们允许多样化的研究；并能够在大学常规预算外获得经费，这使其可以购置专门的仪器和专门的图书，其成员也享有极大的自由。因此，美国研究所与德国的研究所（*Institut*）并无关联。大多数研究依然是在系的实验室中或大学图书馆中完成的。

另一个没有漂洋过海的德国大学的重要特征是“大学授课资格”制，
即要求在博士论文之外就某一学科发表一本专著，并就某一学科进行公开 173
演讲，接受答辩。[18] 直到 19 世纪末，在所有德语国家大学中，这是授予“任教资格”、获得教学权及编外教师头衔的前提条件。编外讲师授权其任职者从事教学，但却没有薪水，不享受教授享有的公职任期或地位，仅靠其讲座听众缴纳的人头费为生。获得“大学授课资格”和“编外教师”的身份是成为教授的必要条件。为什么这种极为苛刻的教授选拔程序没有在美国大学找到立身之处呢？原因是极难解释的，但其中最重要的原因，毫无疑问是财政问题。编外讲师的职位要么是依附私人财富、一个富有的妻子，要么依附于一份职业或生意，使其有闲暇时间用于研究和教学。大多数富有的美国人——东北部的一些人除外——几乎不考虑进入学术职业。

---

[17] 关于个人负责的习明纳主任的介绍，参见第十章，第 408、425—426 页。

[18] 关于‘Habilitationsschrift’的缓慢引入，参见第五章，第 37 页。参见：N. Rheingold, ‘Graduate School and Doctoral Degree: European Models and American Realities’, in N. Rheingold and M. Rothenberg(eds.), *Scientific Colonialism: A Cross-Cultural Comparison*(Washington, DC, 1986), 129-149。

成为一名鉴赏家、一名收藏家或一名私人学者是一回事，但如果要处于教授——大多是盛气凌人的教授的颐指气使之下，则就无法引起人们的兴趣和热情。美国的学者与德国的学者相比，更多地来自中低阶层：他们通常是农民和小生意人的后代，无薪工作会让他们无法糊口。无论其需求有多少，实际上，都不可能找到足够多的有能力的年轻人来承担这些无薪的教学工作。因而，美国大学虽然渴望像德国大学那样拥有“docent”（讲师）这一学术层级，但这一头衔是没有生命力的。因此，“docent”（讲师）消失了，取而代之的是“instructor”（讲师）。但在德国却没有类似“instructor”（讲师）的职称。

美国大学在图书馆设置方面也背离了德国模式。在欧洲，大学依赖于富足的帝国图书馆、皇家图书馆和其他类型的政府图书馆。[19] 19 世纪末，德国大学的研究所或习明纳能根据其负责人的科学或学术兴趣建造和发展自己的图书馆。在美国，一流的私立大学和一些州立大学营建了宏伟的、丰富的图书收藏；这在很大程度上归功于美国学术图书馆学职业的出现。
174 也许大家还注意到，在一些例子中，美国大学图书馆购买了已故的德国杰出学者的全部私人藏书。密歇根大学购买了奥古斯特·伯克（August Böckh）的图书馆，而锡拉库扎（Syracuse）大学购买了利奥波德·冯·兰克（Leopold von Ranke）的图书馆。

到 1914 年，美国学生的德国留学潮已经开始消退。那时研究生教育已在美国一流的私立和州立大学中确立下来，美国大学教师与研究生们也不再普遍认为能在德国大学中学到美国大学中学不到的东西，美国科学家和学者仍习惯于阅读德文，德国大学及其科学和学术仍受到高度重视。德国模式对美国大学研究生教育的深远的、显著的影响并没有消退，但在第一次世界大战后，美国大学几乎完全是从已吸收的传统中获取了灵感。德国影响已经成为美国传统的一部分，以至于它们不再是德国的，而已经成了美国的了；其驱动力现在仍是美国科学家和学者的理性灵感和动机。尽

---

[19] 参见第四章，第 106 页。

管如此，德国大学对美国大学的直接影响并没有消失。20 世纪 20 年代和 30 年代早期，曾在德国学习的教师仍然在岗；他们的学生也继续吸收他们的才智风格和信念。20 世纪 20 年代，随着美国物理学家开始大规模地到欧洲游学并接受当时最先进的物理学教育时，这种影响还得到了进一步地强化。虽然美国的物理学日渐成熟，但德国从未丧失其在物理学中的领先地位，美国人依然普遍认为能在德国大学中学到更多的东西。因而，20 世纪 20 年代和 30 年代，美国许多一流的物理学家都在德国大学中与像马克斯·玻恩（Max Born，1882—1970）、瓦尔特·赫尔曼·能斯特（Walther Hermann Nernst，1864—1941）、马克斯·冯·劳恩（Max von Laue，1879—1960）、维尔纳·海森伯（Werner Heisenberg，1903—1976）和埃尔温·薛定谔（Erwin Schrödinger，1887—1961）这样的科学家一起长期共事。他们大多都得到了由洛克菲勒基金会提供的旅德奖学金项目的资助。20 世纪 20 年代，该基金会还资助密歇根大学的理论物理学暑期习明纳，这对美国物理学接下来的发展而言意义重大，一流的德国物理学家成为这些习明纳中的嘉宾和教师。[20] 美国人也去德国学习数学，例如，师从克里斯蒂安·费利克斯·克莱因（Christian Felix Klein，1849—1925）这样的数学家。但美国人对具体事务更感兴趣；与其先辈一样，他们受到德国科学的启发，但却不再对新兴的、普遍的关于大学应是什么样 175
的问题感兴趣了。他们已从在美国大学的学习中得到了这些。

随着希特勒的掌权，从德国流向美国大学的知识分子潮日益活跃，许多一流的科学家和学者被迫离开了德国。[21] 意大利的种族法也驱逐了一些最好的意大利科学家和学者。他们也受教于德国模式，其中许多人——最

⑳ D. J. Kevles, *The Physicists: The History of a Scientific Community in Modern America* (New York, 1978).

㉑ D. Fleming and B. Bailyn (eds.), *The Intellectual Migration: Europe and America, 1930-1960* (Cambridge, Mass., 1969); L. A. Coser, *Refugee Scholars in America: Their Impact and Their Experiences* (New Haven, 1984); H. Lehmann and J. Sheehan (eds.), *An Interrupted Past: German-Speaking Refugee Historians in the United States After 1933* (Washington, DC, and Cambridge, 1991).

著名的是恩里科·费米（Enrico Fermi，1901—1954）——都在美国大学中找到了职位。早些时候，同样的情况也出现在俄国，在俄国十月革命之后，许多俄国的科学家和学者就离开了大学另谋生计，并在美国大学中找到职位，继续其学术事业。[22] 避难的科学家和学者提升了美国科学和学术教学与研究的质量，但他们没有带来关于大学应该如何组织和如何运作的新理念。美国人也没有在大学理念方面寻求他们的指导。

加拿大的大学也体现出了欧洲模式影响的多样性，但在其中英国传统占据了绝对优势。加拿大最古老的大学是位于温索尔（Windsor）的国王学院大学，它组建于 1809 年，其前身是一所文法学校，即新斯科舍（Nova Scotia）的国王学院，它是 1789 年由那些效忠国王的、从美国移民来的英国国教徒牧师创建的。加拿大的第一所国立高等教育机构是位于弗雷德里克顿（Fredericton）的新布伦瑞克（New Brunswick）大学，它始于 1785 年，其前身是一所文法学校，即省立文理学院，1828 年并入国王学院，1859 年成为新布伦瑞克大学。这两个机构起初都是以牛津学院为模式建造的，这反映了当地的英国国教徒精英在英属北美殖民地重建英国社会模式的决心。与其他省一样，在新斯科舍和新布伦瑞克，他们的努力遭到了其他教派的新教徒的强烈反对。他们游说省立法机构，强迫学院废除强制的英国国教教义或采用排外程度较小的古典课程，并创建了与牛津-剑桥模式相对立的学院。

爱丁堡大学为蒙特利尔（Montreal）的麦吉尔（McGill）学院大学、
176 为新斯科舍哈利法克斯（Halifax）的达尔豪西（Dalhousie）学院（创建于 1818 年，1841 年成为达尔豪西大学）提供了机构模式。这两个机构在早期史中一片混乱。1821 年，麦吉尔获得皇家特许状，即当时常见的英国司法措施，得以组建，但其启动资金却因法庭斗争而被冻结；除医学院外，直到 1843 年它才开始招收学生；从 1829 年起，它开始附属于大学。

---

[22] 德国模式对意大利和俄国大学的影响在第二章中已有论述，参见第 66—68、70—72 页。

在蒙特利尔商业精英的支持下，麦吉尔发展成为加拿大较大、较富足的机构之一，这也部分归功于它与蒙特利尔的其他机构以及加拿大国内的其他机构发展了联系。这些机构包括蒙特利尔的四所新教学院，他们的文科学生通过参加麦吉尔的考试获得学位；圣·安妮·贝勒由（St Anne de Bellevue）的麦克唐纳（Macdonald）学院、英属哥伦比亚（British Columbia）的麦吉尔大学学院、维多利亚（Victoria）的维多利亚学院，以及1827年获得特许状的多伦多不列颠哥伦比亚（BC. King's College）的国王学院。一所依据牛津模式建造的英国国教派学院——国王学院——引起了敌对教派及其位于上加拿大（Upper Canada，即安大略省）的学院的反对。1853年，国王学院解除了其宗教关系，更名为大学学院，重组为新多伦多大学的“教学部”。这使得多伦多大学很快成为加拿大最大的高等教育机构。它发展为一个举办考试和授予学位的实体，部分是通过联合多伦多地区的其他学院和职业学校达成的。这种机构模式在加拿大要比在美国更普遍，并反映了伦敦大学的影响。尽管如此，它的一些治理模式仍反映了牛津的影响。多伦多借鉴了牛津的通过召集所有毕业生投票选举校长的惯例。大学评议会的权限扩展到文学、科学和艺术研究的各个领域，并授予各附属机构以特权。多伦多大学还领导了加拿大各院校开展研究。数学家詹姆斯·劳登（James Loudon，1841—1916），1892—1906年任多伦多大学校长，他推崇德国高等教育系统，并于1898年引入了以研究为取向的博士培养模式。劳登的继任者、1907—1932年多伦多大学的校长、神学家和古典学者罗伯特·福尔克纳（Robert Falconer，1867—1943），进一步发展了研究生教育，他主要学习美国的机构模式，部分地限制了人才流失到美国的研究生院。[23] 麦吉尔在发展研究和研究生教育方面紧紧跟随多伦多大学，成了加拿大一流的自然科学和医学研究中心。

加拿大法语地区的高等教育效仿了法国的大陆模式。1663年，拉瓦 177

[23] P. N. Ross, 'The Origins and Development of the Ph. D. Degree at the University of Toronto, 1871-1932', Ph. D. diss. University of Toronto, 1975.

尔（Laval）主教在魁北克（Quebec）城建立了说法语的“圣神学院”（*Grand séminaire*）；1852 年，它发展成为拉瓦尔大学，其课程、学位和结构都受欧洲天主教高等教育机构和法国大学模式的影响。魁北克省已经拥有 13 所古典学院，它们代表了大学年轻学生教育的较高形式，新大学很快与其中的 5 所学院达成共识，接收他们的毕业生。1876 年，拉瓦尔大学在蒙特利尔创建了一个分校，但学生还是必须在魁北克的拉瓦尔大学参加考试。1887 年，拉瓦尔与始建于 1874 年的多科技术学校（*École polytechnique*）合并，后来与兽医学校（建于 1886 年）、牙科学校（建于 1894 年）、药剂学学校（建于 1906 年）以及农业研究所（1908 年）合并。[24]

拉丁美洲

18 世纪末和 19 世纪初，独立战争的风起云涌虽然没给拉美大学带来现实或立竿见影的变革，但在原则上发生了巨变。新政府以各种不同的方式、不同的速度应运而生并取代了西班牙和葡萄牙帝国。南部大陆的大学虽然与旧制度（*ancien régime*）保持着有机而密切的联系，但它们都是源自教会或政府机构，依赖于那些机构决议的效力而存在。革命和独立意味着其赖以生存的力量消失了。教会当局保住了它的大学，但去殖民化的结果明显地限制了它的行动自由。这终结了政教之间互相依赖、互相合作的悠久传统（由于专制主义现代化的影响以及世俗政策在西班牙本土的执行，到 18 世纪下半期，它已开始衰落），并带来了机制与宗教的重大变革。部分变革（例如，耶稣会的解散）在独立之前就已经发生，这是由君主专制造成的；而另一些变革则是直接或间接地受到了法国大革命的影响（最终调整了教会大学的权限，例如随着 1808 年西班牙宗教法庭的取缔而

---

[24] P. Axelrod, 'Higher Education in Canada and the United States. Exploring the Roots of Difference', *Historical Studies in Education*, 7, 2(1995), 141-175; R. S. Harris, *A History of Higher Education in Canada 1663-1960*(Toronto, 1976); A. B. McKillop, *Matters of Mind: The University in Ontario 1791-1951*(Toronto, 1994).

消亡)。更重要的是从长远发展来看，由于新兴的民族国家采取了反教会 178
的态度和政策，因此教会的合法地位也受到进一步的影响。[25]

有趣的是，这种发展自身却显示出了极大的历史连续性。许多拉美政治家和掌权者不愿意废除古老的王权至上论原则，这在革命前数十年间以及当时皇家大学成立时将“启蒙”理念部分地、然而有效地强加于大学之上的行为中得到了最佳的阐释。在旧制度末期，政府在大学发挥了前所未有的作用。那时的革新——特别是采用（甚至在教会大学中）西班牙语作为教学语言，并改革课程，以期反映“启蒙”与展现卡洛斯三世的部长们推崇法国理性引导的思想——极好地说明了，大学是一个服务公共的机构，而不是服务于自身自治的机构。[26] 因此，在独立时期，欧洲模式对拉美新大学的影响是极为显著的。不仅其课程与人事构成了新秩序的坚实物质保障，而且旧制度的持续世俗化与“启蒙”阶段也预示了未来将得到显著发展的某些方面；共和国也无意放弃古老的君主制的赞助。

起初，在19世纪，甚至是在1914年一战前，本土的拉丁美洲人是极少考虑大学的。从最宽泛和最普遍的概念与思想来看，大学的发展依然是受到了欧洲的启发。正如在旧制度中，持续不变的真理是，高等教育机构的首要职能是为社会培养充足的、受到专业训练的专门人才；而这也体现在源于法国拿破仑模式的管理形式和为此建立的专门学校中。另一种关注较少的影响是实证主义。它强调大学在塑造人的世界观与品格、民族认同与民族文化中以及在反宗教和唯物主义思想中的普遍教育作用。法国的文
化优势成了这些趋势的背景，再次唤起了人们对18世纪马德里“法国化” 179
(*afrancesados*）的关注；革命岁月仅仅是暂时中断了法国对拉丁美洲文化的影响。直到20世纪，法国依然对拉丁美洲的大学有着强势且清晰可

[25] 这些概括，像接下来的大多数内容一样，绝大部分也适用于前西班牙领地的大学。巴西的特例将作为一个独立主题来论述。

[26] Mario Gongora, ‘Origins and Philosophy of the Spanish American University’, in J. Maier and R. W. Weatherhead(eds.), *The Latin American University* (Albuquerque, 1979), 43-45 and *passim*.

辨的影响；英国和北美的影响逐步减弱，而德国研究型大学模式的影响也就更弱了。关于对法国影响的具体地方环境的讨论，需要我们对拉丁美洲的社会背景与环境有着更清晰的认识，而这一点直到19世纪末才被认识到。

法国理念首先体现在殖民地时期遗留下的机构中，后来也体现在个别国家政治和社会发展中出现的新情况和新环境中。从这个意义上来说，甚至到今天，还可以认为拉丁美洲大学特有的政治化根源可回溯至“旧制度”启蒙阶段的思想。抛开意识形态，仅论殖民地时期的实践与物质遗产是无用的。在19世纪初的西属美洲的确有25所大学，它们大多分布在墨西哥（8所）和秘鲁（4所），还有3所在哥伦比亚，3所在阿根廷，但除了那些老古董外，没有人会认为这些大学是著名大学。[27] 这种情景与北美学院和大学世界的繁荣多样和相对富有形成了鲜明对比。随着耶稣会机构的关闭和耶稣会教师的驱逐，大学教职工队伍受到严重的削弱。在1814年恢复耶稣会，并使其继续在南美洲发挥作用之前，其他宗教机构是无法从这一打击中完全恢复过来的。

就19世纪所有美洲新兴民族国家高等教育中的政治或管理趋势而言，它破坏或忽视（有时甚至是废除）了现有的大学。取而代之的是在人文学科和科学的具体领域中成立了新的学院和研究机构（这突出反映了文学和语言学研究而非自然科学研究的传统）。其他机构则提供专业培训。[28] 同样重要的还有一些国家中成立的师范学校（*escuelas normales*），这些教师培训机构，尤其是在墨西哥和阿根廷，事实上承担起了为有才能的贫困人
180 口普及中学后教育的职责，因而它也承担了一小部分的大学职能。这些措施旨在使得这些多样化的机构能够至少在理论和形式上达成协调与统一，更好地反映拿破仑的大学理念。它产生的另一个结果是将研究集中于非大学机构。新的安排是政府行为的结果，那些机构拥有极少或根本没有自治

---

[27] 参见第二卷，第六章，第262—266页。

[28] 鼓励力量不应该被夸大：Ouro Prete的矿业学校“创建”于1832年，后来成了 *Scuola Nacional de Minas e Metallurgia da Universidade do Brasil*，直到1876年才开学。

权。在这一过程中，幸存下来的旧大学有时退化为单纯的学位授予机构。尽管如此，它们几乎都与创建民族认同与文化的新目标保持一致，并在反教权主义和实证主义的旗帜下前行。到 20 世纪，政府对它们的兴趣日益高涨，但却不总是慷慨的赞助人。

实证主义的普遍影响虽然常常强化了现有的反宗教意识，但却没有在拉丁美洲产生真正意义上的革新或激进主义改革。事实上，从其对立面来看，它促进了一股逆流，而这逆流本身便是改革的担当者，即私立大学的出现。大多数共和国的宪法宣扬自由主义和宗教自由：正如一些人所见，这一点也被教会所利用，成立了自己的新大学。第一所这样的大学是 1888 年在智利的圣地亚哥成立的。事实上，私立大学的繁荣直到下个世纪下半叶才实现，当时只是私立大学繁荣发展的开端。但 1939 年之前成立的为数不多的大学却代表了高等教育的另一重要原则。当然，它们也反映了来自欧洲的其他影响，即来自天主教大学的影响，19 世纪的天主教大学在面对政府问题时采取了比以往更激进的教皇至上主义和防御的态度。[29]

在不同的共和国中，国家高等教育系统的变革受到了不同环境和不同的迫切程度的影响。智利较早地开始了变革之路。1842 年，一位出生于委内瑞拉的律师兼政治家安德烈·贝洛（Andrés Bello，1791—1865），在殖民时期建立的大学前身的基础上成立了圣地亚哥的智利大学；这所大学在结构上反映了拿破仑时期制度的影响，但其志向却是要造就一个能够通过研究为新兴民族国家的福祉做贡献的机构。后来出现的智利国家研究所（*Istituto Nacional*）成了国家教育的中心，它通过学院与其他组织的联合来监管各类教学机构，其中也包括习明纳和印第安传教学校。乌拉圭自
1849 年起拥有国立大学；它也采用了拿破仑的协调结构。墨西哥是一个 181
非常典型的案例，它以始于 1830 年的政教之间为争夺教育主导权而展开的斗争著称。古老的殖民地大学曾一度被废除但很快又在保守主义的支持

[29] 参见第十章，第 397 页。

下得以复兴。新墨西哥国立大学成立于 1910 年，这是革命的一年，它有意识地在思想上唤醒了另一场长达百年的革命斗争，这便是“多洛雷斯呼声”，它揭开了独立战争的序幕。20 世纪 20 年代，大学成为一个自觉和重要的观念的化身，这种观念把大学看作是民族主义自我意识的创造者。而这也许是诸多这方面实践中最为成功的事例。㉚

巴西是个特例。它从未有过殖民地大学，其独立的进程也非常特殊。1808 年，葡萄牙对巴西的统治受到削弱，但君主制的残余仍得以延续。1889 年前，巴西皇帝的皇宫一直在布拉干扎宫（royal house of Braganza）。与欧洲文化的传统联系始终很强，对 19 世纪追寻大学教育的大多数巴西人而言，和殖民地时期一样，葡萄牙的科英布拉大学是令人满意的，直到世纪末巴黎大学的吸引力才日渐突显。在 1889 年联邦共和国取代君主制之前，巴西出现的新型高等教育机构，要么从本质上来说是中等教育

㉚ 参见第二卷殖民时期的历史，下面是 1800 年以来各国新建的大学。阿根廷：Buenos Aires 1821，Cuyo 1939，Litoral 1919，La Plata 1897，Mendoza 1939，Santa Fé 1889，Tucumán 1912；玻利维亚（Bolivia）：Cochabamba 1832，La Paz 1832，Oruro 1892，Potosí 1894，René Moreno 1879，San Andrés 1830，San Simón 1832，Santa Cruz 1890，Tomás Frias 1892；智利：Católica de Chile 1898，Católica de Valparaíso 1928，Chile 1842，Concepción 1920；哥伦比亚：Antioquia 1801，Bogotá 1867，Cartagena 1827，Cauca 1827，Medellin 1886，Pontificia Medellin 1936，Popayán 1827；厄瓜多尔（Ecuador）：Central 1826，Cuenca 1867，Guyaquil 1867，Loja 1869；萨尔瓦多（El Salvador）：San Salvador 1841；海地（Haiti）：Port au Prince 1944；洪都拉斯（Honduras）：Tegucigalpa 1882，墨西哥：Chiapas 1826，Coahuila 1867，Culiacan 1918，Durango 1860，Guerrero 1869，Guadalajara 1925，Hermosillo 1938，Hidalgo 1869，Mérida 1848，Monterrey 1933，Morelos 1872，Nayarit 1925，Nuevo León 1933，San Luis Potosí 1826，Sinaloa 1874，Sonora 1928，Tabasco 1903，Yucatán 1922，Zacatecas 1832；尼加拉瓜（Nicaragua）：León 1812，Managua 1812；巴拿马（Panama）：Panama 1935；巴拉圭（Paraguay）：Asunción 1890；秘鲁：Agraria de la Molina 1902，Arequipa 1828，Ingenieria 1875，La Libertad 1824，San Agustin 1825，Trujillo 1824，Católica del Perú，Lima 1917；乌拉圭（Uruguay）：Montevideo 1849；委内瑞拉：Carabobo 1892，Los Andes 1810，Maracaibo 1891，Mérida 1805。参见：H.-A. Steger，*Die Universitäten in der gesellschaftlichen Entwicklung Lateinamerikas*（Bielefeld，1967）；T. Halperin Donghi，*Historia de la Universidad de Buenos Aires*（Buenos Aires，1962）；M. Pacheco Gómez，*La Universidad de Chile*（Santiago de Chile，1953）；G. I. Sánchez，*The Development of Higher Education in Mexico*（New York，1944）；I. Leal，*Historia de la Universidad Central de Venezuela*（Caracas，1961）。

机构［其中最著名、最好的可能是1803年创建于里约（Rio）的佩德罗二世皇家学院（*Colegio Imperial de Pedro Ⅱ*）］，要么是特定学科的学院或学校。人们还提出了许多进一步改进的主张，在19世纪，议会收到了诸多主张采取措施建立大学的议案，并就此展开了辩论（但都未通过并形成法律）。在佩德罗二世在位时的最后一次演讲中，他也认识到在巴西成立大学的必要性——最好是两所——一所在北方，一所在南方。 182

与此同时，法国的文化影响依然在巴西社会、文学和学术生活中占绝对支配地位。出现了许多提供高等教育的私立机构。最后，1920年，在合并现有的学术机构（一所多科技术学校、里约医学院和一所私立的法学院）的基础上，成立了里约热内卢（Rio de Janeiro）大学。1930年，增设了巴西第一所哲学院、文学院和理学院。那时，另一所大学已于1927年在米纳斯州（Minas Gerais）成立。值得注意的是，人们在讨论在圣保罗（São Paolo）建立第三所大学时，派出了一个代表团到法国，而法国一批杰出的社会科学家也回访来到巴西并帮助他们筹备大学，这所大学于1934年开学。但在二战前夕，这些生机勃勃的机构仍暴露出明显的不足。直到1930年之前，巴西都没有关于历史学和地理学的高级研究课程，而研究生院则直到20世纪60年代才出现。研究仍主要局限于一些有声望的非大学中心和私人机构中。

19世纪末，本土文化思潮开始在拉丁美洲的大学中抬头，知识分子们开始关注公共舆论中拉丁美洲文化认同不断削弱的现象，并将其与欧洲文化的移植区分开来。乌拉圭的何塞·恩里克·罗多（José Enrique Rodó）发表了一篇评论——《爱丽尔❷》，虽然这篇文章没有直接提出大学改革的问题，但它提出了两大危机形象，并在拉丁美洲的学术生活和辩论中引起了共鸣：即代表拉丁美洲文化与独立的爱丽尔与威胁拉美文化和独立的卡利班❸，卡利班代表了美国以及寡头政治资本主义的威胁。这些

❷ *Ariel*，莎士比亚剧本《暴风雨》中空气般的精灵。

❸ Caliban，莎士比亚剧《暴风雨》中半人半兽形怪物，比喻丑恶而残忍的人。

主题虽然仍是拉美大学激进主义的惯用手段，但具有讽刺意味的是，大多数拉美毕业生现在去美国大学攻读高级学位。

20世纪初，阿根廷学生怨声载道，这些不满情绪导致了1918年所谓的“改革”运动；它始于学生起义和科尔多瓦（Córdoba）大学发表的包
183 含了多年来布宜诺斯艾利斯学生理念的著名《宣言》。[31] 这些倡议很快地便得到了甚至是政府最高层的附和，这也许说明了（如同《宣言》在乌拉圭的迅速传播一样）地点是至关重要的。当时，柏拉特河地区是格兰德河南部最富庶、社会最稳定的地区，所住居民与欧洲的中产阶级极为相似。[32] 在初级农产品出口基础上形成的经济繁荣带动了实质上的城市化进程，这使得阿根廷和乌拉圭的政治稳定性要优于拉丁美洲的其他国家。因此，布宜诺斯艾利斯大学不久便采用了《宣言》中的部分具体建议也就不足为怪了。从这一地区开始，改革的理念便传播开来，它首先赢得了邻近国家——智利、玻利维亚和秘鲁——的学生支持，之后又得到进一步地推广。1921年，墨西哥城召开了国际学生代表大会，引起了国内外甚至是拉丁美洲之外的关注。

虽然该运动的起源具有特殊性和地方性，但它在实践中产生了深远的影响，毫不夸张地说，1918年以来拉丁美洲大学中大部分的内部政策都是《宣言》的长长的注脚。而科尔多瓦则没有受到外部的影响。那个城市有一所小型的传统大学，它的教授职位由派系和学术寡头所支配。这便导致了教学的不完善，以及那些本应受到良好教育的人们的怨恨。在运动爆

---

[31] O. Albornoz, ‘The Latin American University at the Beginning of the Twentieth Century: The Córdoban Movement and the Emergence of the Latin American Model of University’, in O. Albornoz (ed.), *The Latin American University Facing the 21st Century* (New Delhi, 1994), 11-15. 更详细的信息，参见：E. Garzon Valdes, ‘Die Universitätsreform von Cordoba/Argentinien’, in H.-A. Steger (ed.), *Grundzüge des Lateinamerikanischen Hochschulwesens* (Baden-Baden, 1965), 163-208, and Anhang I: *Das Manifest von Cordoba* (*12. 5. 1918*) *Manifiesto de la Juventud Argentina de Cordoba a los Hombres Libres de Sud-America*。

[32] 世纪之交创建的几所地方或省级的高等教育机构分别成了拉普拉塔（La Plata）（1906），Tucumán（1914）和Santa Fé（1919）的国立大学。

发前的几个月，因校方恣意关闭学生宿舍而导致了学生的不满。1918 年 3 月，医学院学生开始鼓动改革，并得到了布宜诺斯艾利斯民族政府的支持。总统本人也受到了委员会的邀请，进行干预，直到大学当局措施惨遭失败之后，局面才失去了控制。

这次改革的主要特征是呼吁通过大学来提升民族认同，促进独立（这一要求本身并不具新意），并抵制帝国主义——这意味着美国的影响及其 184
对拉美文化的威胁。迄今为止，这依然表现在许多知识分子对本土认同，包括民族认同与拉丁美洲认同的不断追寻之中。这当然也得到了政府的欢迎，因为政府当时正面临着来自美国的“罗斯福推论”（Roosevelt Corollarry）、门罗主义以及威尔逊总统野心勃勃地在中美洲推进民主与政治道德的威胁。《宣言》也部分地回到了关于教育在品格塑造中的首要意义的古老命题当中。改革者也表达出了强烈的反教权倾向（尤其是置疑耶稣会），他们认为大学自身的解放、自治的实现、面向大众敞开大门、最大限度地实现大众化都是当务之急。值得关注的是，那些传统上在拉丁美洲大学中承担大量教学工作的兼职教授，屈服于全职的教师，而学生则在大学治理中真正地获得一席之地。诸如此类的改革成就都是希望大学能真正地成为民族之魂。更重要的是，《宣言》的作者们认为，如果这些目标得以实现，那么每一所改革了的大学便能参与到纵贯整个拉丁美洲的、超越了国界的自由制度之中。另一方面，学生们认为对大学自治的重要性的肯定首先意味着回归欧洲传统。虽然至今为止这表达了他们对现行事务的具体的、强烈的不满，但他们也反对用既定的欧洲理念来统领拉丁美洲的大学。19 世纪，这些理念长期以来被视为不言自明的真理，但在实践中却导致了 20 世纪初大学中的典型缺陷。因此，不难理解的是，改革的真谛不在于制定具体的方案，而在于它宣告了一个新的事实，即拉丁美洲学生政治新纪元的开始，宣告了大学政治化的新高度。

在拉丁美洲学院激进主义者心目中，改革运动从未丧失其魅力。这一方式标志着对拉丁美洲大学思考的崭新的、本土化的出发点，而不再仅仅借用舶来品的理念。其本身的理念和口号，并非是来自欧洲和北美的影

响，为 20 世纪 20 年代和 30 年代旧大学的扩建和新大学的创立奠定了基
185 础，同时也前所未有地显现出对地方环境和特殊需求的日益敏感，但也仍存在着不足。这也使得政治当局出现了摇摆，出现了对大学政治化的新层次以及学生团体的不信任，乃至镇压现象。

1939 年，拉丁美洲大学成就中的制衡并不特别引人注目。当时拉美最好的科学研究工作仍不是在大学中进行，而是在与教学无关的专门机构中进行，这仍反映了最初的法国影响。大学正竭尽全力地成为大规模的高等教育与专门培训机构，生产出拉丁美洲传统社会所急需的法律、政治、医学和其他专业的专门人才（老式的拉美高等教育机构以律师大学为特征）。这样做的原因是，适应少数精英的需要，而在绝大多数为农村人口和文盲的总人口中，他们只占少数。虽然许多机构扩大了，但大部分仍没有像改革者所设想的那样，实现民主招生（1940 年，秘鲁 7 所大学的注册学生不到 4000 名，墨西哥大学则已走向了后来的巨型扩张以及与研究机构精心合作的道路[33]）。

拉丁美洲的大学继续为横扫拉美城市生活的、长期的、言过其实的理性思潮做贡献，这也反映了城市中产阶级在人口数量上的不足。它们既没有北美大学所表现出的目标的多元性与生机勃勃的灵性，也没有获得重要的经济资源来维持。拉美的大学被称作"疏远拉美的精英玩物"[34]，如果说在 20 世纪上半期就得出这一定论，显得过于苛刻，但到了本应是扩张的黄金时代的 20 世纪下半期，这便成了事实；人口压力、技术发展、精英社会观念的改变以及政治稳定都鼓励拉美大学调整规模、扩大数量以及提高质量。

㉝ H.-A. Steger, 'Die Entstehung von "El Colegio de México"', in *Wirkungen von Migrationen auf aufnehmende Gesellschaften*, Schriften des Zentralinstituts für fränkische Landeskunde und allgemeine Regionalforschung an der Universität Erlangen(Nürnberg, 1996), 119-132.

㉞ H.-A. Steger, 'Universitätsgeschichte und Industriegesellschaft in Lateinamerika', in *Die Universität in der Welt. Die Welt in der Universität*, *Schriften*(Nürnberg, 1994), 45-61; H. A. Steger, 'The European Background', in Maier and Weatherhead(eds.), *Latin American University*(注释 26), 89.

中东 186

1939年，中东地区现代大学的名单——区别于伊斯兰教神学院——是由伊拉克和叙利亚共和国的许多独立的学院、黎巴嫩的两所传教士大学和许多独立学院，以及巴勒斯坦的一所发展完善的大学组成的。

阿拉伯语地区的独立学院，通常是指医学（经常与药剂学联系在一起）、法学院和人文学院。它们具有不确定性，有时会停学相当长的一段时间。作为独立机构，它们不与其他学院相联系，其本质上体现了法国的理念，是废除了旧制度大学后革命与拿破仑高等教育改革的产物。在欧洲，没有其他国家拥有这样的机构。它们在法国被视为高等教育系统的“养子”。它们在公众心目中的地位远在政府嘉奖的大学校之下。[35] 但中东没有一个国家能够通过独立学院提供一连串至少是优于次好级学院的高等教育。在叙利亚和伊拉克共和国，只有奥斯曼统治者引入的学院。

伊拉克：1908年，伊拉克的奥斯曼统治者在巴格达（Baghdad）建立了一所法学院。这是美索不达米亚（Mesopotamia）的第一所世俗教育机构。1919年，这所法学院由司法部管理；1926年转由教育部管理。它提供四年制的课程。1923年，巴格达成立了一所教师培训学院，1931年关闭，但不久又重开。这所学院为未来的夜校教师提供两年制的课程。1939年改为提供四年制课程。随后，在1927年，巴格达又成立了一所医学院。这所医学院提供六年制课程。1933年又建立了化学和药剂学学院。在第二次世界大战期间，一所多科技术学校于1944年开学，它一开始附属于工程和通信部，而后又附属于教育部。所有这些学院都可以颁发证书和授予学位，起初是文学学士学位，后来一直往上到哲学和医学博士学位。[36]

---

[35] 参见第二章，第34—35、44—45页。

[36] *Encyclopaedia of Islam*, vol. Ⅱ, 3rd edn (Leiden, 1965), s. v. 'Djami'á; R. D. Matthews and M. Akrawi (eds.), *Education in Arab Countries of the Near East* (Washington, DC, 1949), 199-209; J.-J. Waardenburg, *Les universités dans le monde Arabe actuel*, vol. Ⅰ (Paris, 1966), 152-157.

伊拉克政府显然对奥斯曼帝国遗留下来的高等教育设置并不满意，并就该问题进行了多次汇报。但毫无结果。在 1945 年之前，伊拉克仍然没有大学。

187 **叙利亚：**像伊拉克一样，叙利亚的高等教育始于奥斯曼帝国，土耳其人为其奠定了基础，例如，1901 年在大马士革（Damascus）创建的医学研究所。到 1909 年，有 40 名学生注册了六年制课程。土耳其语是教学语言，教职人员也是由在伊斯坦布尔招聘的教授组成。1905 年，苏丹把这个研究所更名为帝国医学院。第一次世界大战期间，这所学院迁移到贝鲁特（Beirut），安置于原法国耶稣会所在地。1918 年停学，在其关闭之时，这所学院已经培养了 110 名内科医生和 152 名药剂师。1912 年，贝鲁特成立了一所法学院，这也是由土耳其教授用土耳其语来进行教学，实行五年制课程。1914 年，它迁到大马士革，占用前英荷学校的旧址。1918 年，该法学院迁回贝鲁特，但不久后就停办了。1913 年在大马士革出现了一所三年制的阿拉伯法学院；1931 年它按照德国法学教育的形式改为四年制学院。

1919 年，前土耳其帝国医学院得以重建，并增设了药剂学学院、牙科学院、护理学院和助产术学院。这所医学院被重新命名为阿拉伯医学院，阿拉伯语成了教学语言，虽然学院里的法国教授是用法语进行教学的。1919 年法学院在大马士革也重新开学。1923 年，叙利亚联邦总统颁布法令，旨在通过联合两所之前的独立学院来组建叙利亚大学。大多数教师是叙利亚人，还有一小部分法国人。1929 年，政府通过法令建立了高级文学研究高等学院（*École supérieure des hautes études littéraires*）。1929 年，它成了大学的一部分，1933 年关闭。[37]

黎巴嫩：黎巴嫩高等教育受到的影响与伊拉克和叙利亚受到的土耳其思想的影响大不相同。在黎巴嫩，振奋人心的理念来自美国和法国，并且

---

[37] Matthews and Akrawi(eds.), *Education*（注释 36），379-388；Waardenburg, *Universités*（注释 36），vol. Ⅰ，274-277.

都是宗教性的。黎巴嫩的第一所高等教育机构，即建于 1789 年的艾因瓦拉克（Ayn Warak），主要致力于培养马龙派[4]高级牧师。它不仅教授神学，而且还教授多样的人文课程，不仅招收有志于献身宗教事业的学生，而且还招收世俗学生。法国的影响占支配地位。1849 年，阿布赫（Abrih）开办了一所长老会神学院。

1863 年，叙利亚的新教学院在英美新教徒的支持下从纽约州获得了特许状。三年后这所学院开学。它起初是一所具有当时美国文理学院风格 188 的学院。1867 年，增设了一所医学院；1871 年，增设了药剂学学院；1900 年增设了商学院；1905 年增设了护理学院；1910 年，增设了牙科学院。到 1901 年，叙利亚的新教学院已经拥有学生 600 多人，成为该地区最大的现代教育机构；其学生来自中东各主要教会团体，不仅有穆斯林、犹太人，而且还有来自各教派的基督徒。1910 年，它更名为“贝鲁特美国大学”，并成为一所世俗机构。1924 年起，开始招收女性。它继续得到了美国和英国新教团体的经济支持，并于 1929 年按照美国农工学院的模式创建了农村生活研究所。

贝鲁特美国大学的大多数教师是从中东地区招聘的，起初曾占优势的欧洲人和美国人成了少数派。在很长一段时间里，校长的职位是由美国人把持的；第一位校长是一名传教士，但随着时间的推移，对聘用的宗教限制，尤其是对从教人员的宗教限制也随之被废除。在内部治理以及管理政策和宗教要求方面，叙利亚的巴勒斯坦学院和贝鲁特美国大学与美国文理学院的发展历程极为相似。校长由独立的董事会任命，并对董事会负责。学术任命最终由董事会决定，但通常是由校长提名并经董事会核准。直在第二次世界大战之前，并没有有效的自我治理制度。除了在教学中比美国的文理学院更强调阿拉伯语和伊斯兰科目外，贝鲁特美国大学是一所设在中东的美国学院。因此，它也是在这一地区倡导、接纳自由主义理念的重要力量。当时，穆斯林和基督教学生对它评价甚高。政论作家也如此。但

[4] Maronite，流行于黎巴嫩的天主教教派。

它仍是一件舶来品。尽管贝鲁特美国大学极受尊重，但其以外语为媒介的教学，以及非本土的起源和资助都引起了甚至是最虔诚的毕业生的不安。[38]

黎巴嫩的另一所主要高等教育机构是圣约瑟大学（*Université Saint Joseph*），这是另一件舶来品。它起源于 1850 年耶稣会在加吉尔（Ghazir）创建的罗马天主教神学院。1881 年，一所学院并入到这所神学院，升
189 格为主教大学，它所颁发的神学和哲学博士学位得到了利奥十三世的承认，并具有与格利高里大学同等的效力。虽然圣约瑟大学是一个教会机构，但代表着国内世俗和反教权势力的法国政府与负责管理该大学的耶稣会达成一致意见，于 1883 年成立了一所医学院。医学院和大学之间的法律关系是不明确的，法国的公共教育部授予了它医学院的地位。1889 年，增设了药学学院，因此更名为法国医学和药学学院。它的文凭得到了公共教育部的认证。1898 年，公共教育部声明该文凭与法国国家文凭（*diplômes d' état*）具有同等的效力。第一次世界大战结束后的五年中，它又增设了化学和细菌学研究所、物理疗法研究所、癌症研究和治疗研究所、牙科、助产术和护理学校。也正是在那时，圣约瑟大学建造了一座天文台。1902 年，增设东方学院（*Faculté orientale*）；1908 年，增设高等商业学校。

1913 年，贝鲁特的耶稣会与里昂市商会团体，以及约瑟大学的多位教授达成一致，成立了法国法律学校（*Ecole française de droit*）和法国工程师学校（*École française des ingénieurs*），并成为圣约瑟大学的一部分。这家里昂海外高等教育和技术发展协会（*Association Lyonnaise pour le développement à l'étranger de l'enseignement supérieur et technigue*）早在 1911 年就已提出提议，于 1912 年再次倡议并访问了黎巴嫩，负责调查在那里资助高等教育的可能性。1913 年，他们与耶稣会达成了一致意见。由他们组织和管理法国的学院，由协会和法国政府提供经济支持。教师任

[38] Matthews and Akrawi(eds.), *Education*（注释 36）, 487-499; Waardenburg, *Universités*（注释 36）, vol. Ⅰ, 186-194.

命则由他们共同决定。[39]

法学院扩展了其领域；它起先教私法，然后增加了公法和政治经济学。在法国成为托管国后，法国政府曾考虑创建一所新大学。到1925年，法国政府得出结论，认为此举不可行，应继续保持与圣约瑟大学的合作，为其提供经济资助。显而易见，一些经济支持直接给了学院，而没有通过大学，但无论支付的渠道是什么，资金最终都来自法国政府。有趣的是，法国政府采用了19世纪法国独立学院的模式，其目的也许是为了避免耶稣会大学管制的干预，但就法国而言，它早在1892年就废弃了这一制度，至少在原则是这样。[40]

巴勒斯坦：1924年建立在耶路撒冷的希伯来大学并没有遵循某一个国家的模式。虽然这是英国的属地，主要是受德国的影响，但其第一任校长却是一位美国拉比（rabbi）。这所大学致力于教学和研究的共同发展，其创建者坚定不移地深信学术自治和教学自由。其早期任命的学术人员把德国人和英国人推上了高级职位。当国家社会主义者在德国掌权后，其他杰出的德国学者在这里也得到任命，并将德国大学风格发扬到极致。[41] 190

尽管如此，希伯来大学的构成形式仍保留了英国特色。它不依赖于任何部门来批准其任命。大不列颠是巴勒斯坦的托管国，虽然它极慷慨地照管该地区，并提供经济支持，但它依然避免对大学事务的干预。在学术机构之外的外行治理模式使其与英国地方大学极为相似。它所授予的学位名称与英国一样；但与当时美国的同类学位一样，要获得文学硕士（MA）学位就必须完成一篇研究论文。

从本质上看，这所大学涵盖了20世纪20年代德国或英国大学中的所有学科，但它不像英国大学那样强调技术，从这个方面看，它更接近于德国模式。除了欧洲人文主义传统的基础科学学科外，它特别重视犹太人的

---

[39] Waardenburg, *Universités*（注释36），vol. Ⅰ，471ff.

[40] 参见第二章，第56页。

[41] *Encyclopaedia Judaica*，vol. Ⅷ（Jerusalem，1971），s. v. 'Hebrew University of Jerusalem'.

宗教史和思想史，并为伊斯兰和中东研究提供了必要的条件。教学语言是希伯来语。基础科学教师的研究结果大部分用英语发表，但在 1933 年前，也有一些是用德语发表的。在与地方利益相关的学科中，以及对那些对犹太研究（广义上的）感兴趣的人来说，希伯来语是主要的出版语言。

耶路撒冷的希伯来大学可能是第二次世界大战前西欧大学模式移植到亚洲的最为成功的例子。在基本忠实于其模式的同时，它并不只是简单地仿效。它将其作为自身特征的出发点。支撑这所大学的严格的学术规范，起先是由教师从国外带来的，并且教师们在教学和研究活动中也一再重申
191 和遵循这些学术规范。它的财政支持来自国外，在最初的 20 年中，其教学人员中几乎没有巴勒斯坦出生的犹太人，没有阿拉伯教师，实际上也没有阿拉伯学生。犹大·利昂·马格内斯（Judah Leon Magnes，1877—1948）是其第一任校长，他希望这所大学能成为一所通过共同追求科学和学术真理，使犹太人和阿拉伯人走在一起的机构，但他的这个愿望没有实现。

在海法（Haifa），柏林德国犹太人的救助协会（*Hilfsverein der deutschen Juden*）在来自莫斯科和纽约的赠予的支持下，于 1912 年开办了一所技术高等学院（*Technikum*）；但关于教学语言的争执——是德语还是希伯来语——耽搁了它的开学时间。一战后，犹太人复国运动组织获得了这所学校的所有权，1924 年开始，它成了一所以中东欧类似机构为模型的技术大学，并取名为“理工学院”（*Technion*）。[42]

非洲

埃及：爱资哈尔（al Azhar）大学，是世界上最古老的大学，始建于公元 970 年。在 20 世纪之前，它完全是一所伊斯兰神学大学。埃及的高级世俗教育直到 19 世纪才出现。在 19 世纪的前 30 年，穆罕默德·阿里

[42] *Ibid.*, vol. XV, s. v. ‘Technion, Israel Institute of Technology’.

(Mohammed Ali，1769? —1849）派遣300多名埃及人去欧洲学习，特别是去法国。1827年政府和军事学院负责创建了一所医学院——1838年增设了药剂学和助产术学校，1834年增设了兽医学校和多科技术学校，1837年增设了公民与贸易管理学校和语言翻译学校，1839年增设了一所技术学校。1886年创建了一所授予法学学位的法学院。1871年建立了一所训练阿拉伯教师的学校，1880年创建了师范学院，1911年创建了商业学校，在1925年它们都成了埃及大学的组成部分。尽管埃及是英国的殖民地，但其高等教育制度效法的却是法国模式。

在1894年之前，几乎没有人想过把这些学校合并成一所大学。当时，雅各布·阿尔廷·帕沙（Yacoub Artin Pasha，1842—1919）在巴黎发表文章，提出了要建立一所埃及大学的理念。经过充分的公开讨论，便开始募集资金，1908年成立了一所私立的埃及大学。它一开始主要关注人文学科、历史学、古典文学与思想以及社会科学，1914年建成了法律系。它能授予博士学位，却没有得到政府的承认。教学用语是阿拉伯语，教师却主要是欧洲人。

政府支持和管理的学校与学院各自为政。直到1917年，教育部才组 192
织一个委员会去考察组织公立或国立大学的问题。该委员会建议，现存的高等学校（*écoles supérieures*）应该集中于统一的管理之下。1923年，教育部和埃及大学的管理委员会达成一致意见，认为后者应该被合并到新的国立大学中；这样，1925年便成立了福阿德一世大学（Fuad the First University)。它有四所学院；文学院是通过将埃及大学的文学系和高级培训学院的相同部门合并而成的，高级培训学院成立于1922年，其前身是创建于1880年的师范学院。法国的影响盛行于法学院和文学院。英国的影响则反映在理学院和医学院以及后来的多科技术学院，它们于1935年实现了合并，同年农学院、商学院和兽医学院也被整合进入大学。[43] 1942年，在亚历山大（Alexandria）建立了第二所国立大学，名为法鲁克一世

[43] Waardenburg,*Universités*(注释36),vol. Ⅰ.226.

大学（Faruk the First University）。它由现有的文学院、法学院和多科技术学院组成，它们原为福阿德一世大学在亚历山大的分校。按照教育部的决定，还增设了医学院、理学院、商学院和农学院。尽管如此，埃及的高等教育不只受到了英法的影响。随着开罗美国大学（American University of Cairo）的成立，美国的文理学院模式也在埃及出现了。该规划始于 1914 年，1920 年与美国哥伦比亚特区合作。其董事会成员都居住在美国，经济支持也主要来自美国。从各个方面来说，它与贝鲁特美国大学都极为相似。它基本上是一个本科院校，但在某些领域也从事高级研究工作。其治理模式与贝鲁特美国大学或 19 世纪末 20 世纪初的美国私立文理学院极为相似，虽然它的学位没有得到埃及政府的承认，但它在埃及非常受尊重，肯定不会使那些持有该校学位的人丧失公职资格。[44]

苏丹：1902 年在喀土穆（Khartoum）成立的戈登纪念学院（Gordon Memorial College），是由私人创建的，为了响应建立一所学院纪念查尔斯·乔治·戈登（Charles George Gordon，1833—1885）将军的提议，公众募集了 10 万英镑，但从一开始，它就得到了私人慈善基金和苏丹政府的资助，而且苏丹政府承担了其绝大部分的开销。它有一个董事会和一个
193 执行委员会，维多利亚女王是其赞助人。其校长是苏丹的教育主管，它把学院置于政府官员的管理之下。其教师是公务员。1934 年，董事会将职权移交给总督。实际上，它不是高等教育机构。起初，它拥有附属职业学校、师范学校和技术工业学校。它还拥有一所小学，但于 1924 年停办，当时的政府决定把这所学院转变成一所中等学校。

1924 年在喀土穆建立了基奇纳（Kitchener）医学院。其治理当局与戈登学院相似，但没有与之合并。其校长是苏丹医疗服务主管。最初，这所医学院只颁发文凭。从 1940 年开始，医学校的毕业生可以参加由伦敦的两所皇家学院——内科学院和外科学院——举办的毕业文凭考试。获得该文凭后才能参加皇家学院的正规考试。

---

[44] *Ibid.*, vol. Ⅰ, 256-261.

1936年创建了一所法学院，它附属于苏丹政府的法律部门。东非高等教育特拉华委员会（de la Warr Commission）首肯了殖民地办公室提出的建立更多专门学校的主张。它还建议要将戈登纪念学院升格为“准大学”机构，并迟早成为一所真正的大学。1938年成立了农学和兽医学院，1939年成立了科学和技术学院，1940年成立文学院。这些学院彼此独立，也独立于戈登纪念学院，但在1942年，它们合并由高等学校指导委员会管理。1943年，所有这些独立学院都被合并进戈登纪念学院，并更名为戈登学院。它的文凭由伦敦大学授予，并由伦敦大学举行考试、任命考试官，并安排对它们的评估。

这些专门学校和它们的后继者以及随后的“联合体”——戈登学院，完全是英国的创造物，用英语教学。与大英帝国的其他部分相比，它们对殖民地政府的依附性更强。它们在学科设置和教学媒介方面效法英国模式，成了英国高等教育系统的外围部分，这是因为它由伦敦大学负责举办考试并给那些成功者颁发文凭。但至于它们的章程和内部治理，则与英国模式大相径庭。[45]

非洲的法属殖民地：法兰西第三共和国对其殖民地学校和大学教育的 194
政策是无力的，如与其在法国都市所取得的辉煌成就相比，就更是如此。[46] 部分的原因是殖民者担忧让当地居民接受高等教育不仅花费高昂，且具有政治危险，因此，把教育当作通向自由和民主的共和理想，在海外殖民地就被置之一旁。即使是对欧洲人而言，共和理想的实现也是有限的。只是在最早的殖民地（阿尔及利亚、塞内加尔）——那里的城市人口充足——才建立了差强人意的小学和中学网络。这些学校或者属于政府，或者属于教团。如果他们想上大学，殖民者家庭的子女往往要回到法国，去巴黎或者去像普罗旺斯地区艾克斯（Aix-en-Provence）或波尔多（Bordeaux）这样有着传统海外联系的城镇。

---

[45] *Ibid.*，vol. Ⅰ，267-268.

[46] 除非另外说明，下面的数据和统计来自 J. Thobie *et al.*，*Histoire de la France coloniale*，*1914-1990*（Paris，1990）。

对本地人而言，教育机会就更少了。已有的传统学校，如北非的古兰经学校（Koranic schools）和迈德拉斯学校（*madrasas*），得以保留。还建立了一些由法国人或本地人任教的小学或“高级小学”（*primaire supérieure*），但其数量则因地而异。关于中等教育，本地人可以去一些古老的有声望的学院［像拉巴特（Rabat）的穆莱·伊德里斯（Moulay Idriss）学院或突尼斯的沙迪基（Sadiki）学院］或一些国立中学（*lycées*），它们招收当地显要家庭与城市家族的子弟。至于本地人上大学的机会，就更少了。极少人能够去法国学习法学和医学。1932 年，在法国城市学习的北非学生（主要来自突尼斯）不到 200 名，来自“黑非洲”（Black Africa）和马达加斯加（Madagascar）的学生大约有 20 名。当然，这些数字也在稳步增长，到 1938 年几乎已经翻了一番。1927 年建立了非穆斯林学生会（*Association des étudiants musulmans nord-africains*），它很快就成了反殖民主义的政治中心和培养未来民族主义领袖的温床。

在海外，法国大学政策的成功也体现在一些具体案例上。这往往也取决于当地政府官员的个人能力。这些殖民地高等学校和大学多少也是意在给予年轻的欧洲裔学生在本地接受大学教育的机会（或至少打下基础）；对于本地学生而言，他们都属于严格意义上的地方精英，这也为他们进入
195 上层、往往还是与特定专业和技术专业相联系的上层职业做准备；后来也服务于支持特定领域的研究，如地方考古学、历史或语言学、人类学或殖民地医学。除了几个特例外，所有的教授都来自法国。

阿尔及利亚：第一所高等教育机构是创建于 1857 年的“医学和药剂学预备学校”（*École préparatoire de médicine et de pharmacie*）。[47] 1879 年 12 月 20 日的法律增设了法学院以及“文理高等学校”（*École supérieures des lettres et des sciences*）。这些学校起初并不是很成功的：1887 年，它们以法国新都市大学为原型，修建了“大学宫”（palais universitaire）。但到

---

[47] 关于阿尔及利亚大学：C. Taillart，‘L'Université d'Alger’，in *Histoire et historiens de l'Algérie*（Paris，1931），363-380；E. Guernier（ed.），*Algérie et Sahara*，L'Encyclopédie coloniale et maritime（Paris，1946），183-184。

1889 年，在这个宏伟的“大学宫”宽敞的空间里只有不到 300 名学生。关键是这些高等学校是不被允许授予大学学位的（尤其是博士学位），因此，它们的学生只能去法国完成学业；例如，医学学生通常会去蒙彼利埃（Montpellier）大学。1909 年，高等学校被重新改组为四所学院［法学、医学和药剂学、文科（文学）和理学］，成了新成立的阿尔及利亚大学的组成部分。它是按照都市模式建造的，并具有些许典型特征。学院没有自己的预算；仅有整个大学的预算，且这种预算本身就是阿尔及利亚总预算的一部分，而教授工资则是由在巴黎的教育部直接支付的。关于课程、考试制度和教师任命，同样也是由巴黎的教育部对阿尔及利亚大学施加影响，实行的是和都市大学完全一样的规则。

1918—1939 年，阿尔及利亚大学内兴建了几个研究所。其中一些研究所在多个领域（伊斯兰法、阿拉伯和柏柏尔语言、罗马非洲考古学）取得了很好的科学声誉，还有阿尔及利亚天文台、殖民地卫生学和医学研究所（*Institut d'hygiène et de médicine coloniales*）、全球地形研究所（*Institut de physique du globe*）、地理学研究所（*Institut de géographie*）、撒哈拉研究所（*Institut de recherches sahariennes*）和城镇规划研究所（*Institut d'urbanisme*）。

学生人数从 1910 年的 751 名上升到 1929 年的 1870 名和 1939 年的 2246 名，最大的学院是法学院（1929 年占学生总数的 44%）和医学院（占 29%），遥遥领先于文学院（16%）和理学院（11%）。但需要强调的是，它从本质上来说，依然是欧洲大学；到 1939 年，仅有 94 名穆斯林学生（4.2%）。

突尼斯和摩洛哥是法国的保护国；但法国政府保留了突尼斯古老的伊 196
斯兰“大学”——捷突纳（al-Zaytuna）和非斯（卡鲁因）。这两所学校和城市中的大清真寺都有联系；它们在突尼斯和摩洛哥当局的监督下教授伊斯兰神学和法律。此外，法国政府仅建立了一些“高等学校”（*Ecole supérieures*），但不允许它们授予学术学位，学术学位必须去阿尔及利亚或法国获取。就这样，突尼斯创建了农业高等学校（1898）、阿拉伯语言和文学高等学校（1911）以及法律研究中心（1922）。1912 年摩洛哥在拉巴特成立了摩洛哥高等研究所（*Institut des hautes Etudes marocaines*），致力于阿拉伯语和柏柏尔语、历史、文化和法律的研究；[48] 1914 年后，该研究所获准颁发一些阿拉伯语和柏柏尔语的“证书”“荣誉证书”与“文凭”，但它们并不是真正意义上的学术学位；在 1939 年间，它们共颁发了 198 项此类的“证书”“荣誉证书”和“文凭”。1920 年在拉巴特和卡萨布兰卡（Casablanca）建立了两所法学院，它们有权授予摩洛哥的法律和管理学习证书，甚至还有权授予和阿尔及利亚或波尔多大学授予的法学学位具有同样效力的法学学位；1939 年，拉巴特共授予了 63 个学位，主要颁给了法裔学生。最后，1940 年，拉巴特还创建了一个高级科学研究中心。

在非洲，法国在大学教育方面几乎无所作为。只有第一次世界大战后在达喀尔（Dakar）和塔那那利佛（Tananarive）建立的医学校，用来培养当地的辅助医师、药剂师以及护士和助产士。但他们仅接受基本的训练，当然也就不能获得医生的头衔。1918—1931 年，达喀尔的医学校大概培养了 97 名辅助医师、15 名辅助药剂师、150 名助产士和 12 名合格的护士。[49]

南非：1829 年在开普敦（Cape Town）成立的南非学院是南非第一所现代教育机构。它起初是一所私立的私营中小学，其中包括一个质量较差的附属大学分部。1857 年，它不再是一个私人机构，并开始提高学术水平。这便是后来的南非大学（University of South Africa）的主体，接下来，1858 年，它又成立了文理公共考试委员会。1873 年，“公共考试委员
197 会”停办，并成立了新的好望角大学。它于 1873 年获得皇家特许状，并严格地效法伦敦大学。[50] 惠灵顿（Wellington）的胡格诺教徒大学学院

---

[48] E. Guernier(ed.), *Le Maroc*, L'Encyclopédie coloniale et maritime(Paris, 1940), 159-160.

[49] G. Peter, *L'effort français au Sénégal*(Paris, 1933), 298-300.

[50] A. P. Newton, *The Universities and Educational Systems of the British Empire*(London, 1924), 36.

(Huguenot University Callege)，最初是1874年成立的女子学院，它主要帮助参加由好望角大学考试团体安排并评分的考试的女性做准备。1904年，拥有物理学、化学、动物学和植物学实验室的罗德斯（Rhodes）大学学院在格雷厄姆斯敦（Grahamstown）建立。1866年荷兰语市民建立了斯特伦博斯文科中学（Stellenbosch Gymnasium），1874年又增设高等教育部，并于1881年成为斯特伦博斯学院。1887年，在维多利亚女王50年金典之际，更名为维多利亚学院。这也是斯特伦博斯大学的前身。在约翰内斯堡（Johannesburg），威特沃特斯兰德（Witwatersrand）大学的前身是南非矿业学校，它始于1896年在钻石城市金伯利（Kimberley）成立的矿业学校。1906年，它成为德兰士瓦（Transvaal）学院，1910年成为南非矿业技术学院，并最终于1922年获得完全的大学资格。

1916年和1921年通过的国会法案，为南非设立了以下四所大学。一是比勒陀利亚（Pretoria）的南非大学（UNISA）。1918年它取代了好望角大学，并形成了囊括下列大学的联邦体制：由1855年创建于布隆方丹(Bloemfontein）的格雷学院（Grey College）发展而来的奥兰治自由邦(Orange Free State）大学学院；位于惠灵顿的胡格诺女子学院；1909年在彼得马里茨堡（Pietermaritzburg）成立的纳塔耳（Natal）大学学院；1904年在格雷厄姆斯敦成立的罗德斯大学学院，它是由1855年成立的圣安德鲁学院发展而来；1919年形成的波彻斯卓姆（Potchefstroom）大学学院，它是由1869年创建的荷兰归正宗神学学校的文科部发展而来的。[51] 二是建于1922年的威特沃特斯兰德大学。它是由位于约翰内斯堡的南非矿业技术学校逐渐发展而成。[52] 三是取代了维多利亚学院的斯特伦博斯大

---

[51] *Ibid.*,73;*University of Cape Town and University of the Witwatersrand*:*The Open Universities in South Africa*(Johannesburg,1957).

[52] B. K. Murray,*Wits the Early Years*:*A History of the University of the Witwatersrand*, *Johannesburg and its Precursors*,*1896-1939*(Johannesburg,1982).

学。[53] 四是组建于 1916 年的开普敦大学。一开始它就是一所一元制的大学。[54] 1930 年，比勒陀利亚的德兰士瓦大学学院成了比勒陀利亚大学，它
198 原本建于 1908 年，是从约翰内斯堡的德兰士瓦大学学院的文学系和理学系发展而来。除南非大学外，南非其余所有的大学都是联邦制大学，以伦敦大学为模式，效法像曼彻斯特这样的英国现代地方大学的模式。[55] 在这些高等教育机构中还要算上南非本土学院（South African Native College），它成立于 1916 年，是艾利斯（Alice）城的卫理公会教派的教育联合体和神学院的一部分，1951 年成为福塔雷萨（Fort Hare）大学学院。

时至所回顾的这一时期末，南非的大学在语言和社会学上可分成以英语大学（开普敦、威特沃特斯兰德、纳塔耳、罗德斯和福塔雷萨）和南非语大学（斯特伦博斯、比勒陀利亚、奥兰治自由邦和波彻斯卓姆）。在这些机构中，其中有 8 所大学的学生群体主要是白人或欧裔，在英语大学中，还有一小部分非洲黑人、“有色人种”和亚裔的学生。不过，福塔雷萨的学生几乎全是黑人［科萨人（Xhosa）］。[56]

南亚：印度和锡兰

印度：到 1800 年，印度还没有大学，到 1939 年则已经有了 17 所大

---

[53] H. M. Thom *et al.*, *Stellenbosh 1866-1966. Honderd Jaar Hoër Onderwys*(Cape Town, 1966).

[54] J. H. Louw, *In the Shadow of Table Mountain: A History of the University of Cape Town Medical School and its Associated Teaching Hospitals up to 1950, with Glimpses into the Future*(Cape Town, 1969).

[55] Newton, *Universities*(注释 50), 105-106.

[56] P. V. Tobias, *The African in the Universities*(Johannesburg, 1951). 关于南非大学教育的种族隔离问题：*Apartheid Medicine: Health and Human Rights in South Africa*(Washington, DC, 1990); M. Horrell, *Bantu Education to 1968*(Johannesburg, 1968); H. W. van der Merwe and D. Welsh(eds.), *Student Perspectives on South Africa*(Cape Town, 1972); P. V. Tobias, *The Sixth Freedom*, Edgar Brookes Academic and Human Freedom Lecture(Pietermaritzburg, 1977)。

学。印度代表了欧洲大学模式向一个没有本土类似机构传统的社会进行传播的典型。在远古时代，在塔克撒西拉有一所宏伟、精美的建筑，它是用于从事高深的宗教与哲学研究。到 1900 年为止，它早已了无痕迹，在纳兰院（Nalanda）也不再有类似的机构了。莫卧儿王朝统治印度期间，有许多穆斯林学校或伊斯兰学校，其中一些学校是从事高深的《可兰经》研究工作，但它们都不是大学。

印度的第一所提供欧洲学科和印度学科的高等教育机构是加尔各答（Calcutta）的印度学院（Hindu College），它成立于 1817 年，是由一位名
叫大卫·黑尔（1775—1842）的英国工匠和多位希望印度能够从西方科学 199
文明中受惠的孟加拉人——他们多为宗教改革家和倡导者——提议建立的。另一方面，政府希望建立一所“梵语学院”来教授传统的印度学科。改革主义者宗教协会“梵天运动”[5] 的精神领袖拉默洪·罗伊（Rammohun Roy，1772—1833）希望建立一所教授“数学、自然哲学、化学、解剖学和其他实用科学”的学院，[57] 并且由在欧洲受教育的人来进行教学。但在六年左右的时间内，梵语学院逐步消沉，多亏黑尔和一些印度朋友坚韧不拔的努力，从东印度公司获得了经济援助，学院才得以生存。东印度公司欣然接受了他们的求助。这是英国官方首次在印度为英国式的高等教育提供支持。到 1828 年，梵语学院已有 436 名学生。其课程大纲包括“自然哲学和实验哲学、化学、数学、几何、泰特勒（Tytler）的《通史要览》（Elements of General History）、罗素（Russell）的《现代欧洲》，以及弥尔顿（Milton）和莎士比亚（Shakespeare）的作品”[58]。此后，又新建了许多教授现代基础科目的学院，即物理和生物科学、数学、地理、

[5] Brahmo Samaj，也译作梵社，印度教内部的一神论改良派组织，1828 年由罗伊在加尔各答创建。

[57] Memorial to Governor-General, 11 December 1823, W. H. Sharp, *Selections from Educational Records*, vol. Ⅰ (Calçutta, 1920), 101.

[58] M. Sayeed, *A History of English Education in India 1781-1893* (Aligarh MAO College, 1895), 26.

历史和欧洲文学和语言——主要是英国的科目。1830 年，孟买（Bombay）创建了埃尔芬斯通学院（Elphinstone Institution），它由印度公共募捐来提供经费，并接受了东印度公司的赠予作为补充。但梵语学院和埃尔芬斯通学院都不能授予学位。这两所学院主要是由印度的慈善捐赠和学生学费来维持的。

19 世纪中期，印度大约有 25 所这样的学院。它反映了印度商人和专业阶层对现代科学和欧洲学科的高等教育的强烈持久的需求，而这两个阶层也开始在印度社会中形成了一个富有特色的“现代部门”。关于印度政府及其省政府应支持何种教学的问题，已经在英国国会和印度政界进行了多次讨论。印度“现代派”的舆论强烈支持现代欧洲学科的教学。而英国人，即那些著名的“东方通”则反对英国官方所鼓励的在印度进行现代学科的高等教育，他们希望能够通过梵语和波斯语的教学来培植印度和伊斯兰学科。他们的想法遭到了“英国通”的反对，这在总督理事会的立法成员和公共教育委员会主席托马斯·巴宾顿·麦考利（Thomas Babington Macaulay，1800—1859）1835 年的一份教育备忘录中得到了清晰的体现。他以贬抑的口气谈到“东方学问”，他说，印度全部的“本土文学”还不
200 如“欧洲一家好图书馆里的一个书架上的书多”；他的观点引起了持久的共鸣，其后印度政府的政策就转变为通过英语媒介弘扬欧洲的科学与文学。[59] 之后不久又决定，政府的官方语言将是英语，而不是波斯语；这个决议一作出，有教养的印度公众接受西方高等教育的需求就变得更强烈了。1854 年，东印度公司管理委员会主席查尔斯·伍德爵士（Sir Charles Wood，1800—1885）就教育政策发出了一份急件[6]。他提出要在印度创办现代大学。在 1857 年，印度民族大起义这一年，有 3 所大学开学，它们分别位于加尔各答、孟买和马德拉斯，它们由公共资金资助，效仿伦敦大

[59] Minute of 2 February 1835. See H. Woodrow(ed.), *Macaulay's Minutes on Education in India*(Calcutta,1862).

[6] 后来也被称为“伍德急件”。

学的模式。[60]

新大学的主要特征是以英语为教学语言。这一方面造就了新印度大学与其后来的附属学院之间的牢固联系，另一方面也建立了与某些英国模式的联系。语言相同大大促进了印度大学与一些英国大学课程大纲的相似度。新大学是“附属学院制大学”，并不从事教学，所有的教学是在附属学院中进行的。这便是伦敦大学的模式，其附属学院有伦敦大学学院和国王学院。伦敦大学是个举办考试、授予学位的权力机关，教学则是在所辖的学院中进行的。这也与牛津和剑桥模式有相似之处，牛津和剑桥的绝大多数教学是在学院中进行的，大学仅负责考试和学位授予。通过其对考试管理以及对课程大纲的相应影响，大学就能保证维持着统一的和高水准的教学与研究。

加尔各答大学的附属学院广泛分布在孟加拉（Bengal）、比哈尔（Bihar）、联合省和西部的旁遮普（Punjab）。孟买大学则接纳了孟买统辖区内的所有学院；马德拉斯大学也是把马德拉斯统辖区的学院都纳入麾下。为了响应一些“印度头面人物”（eminent Indians）的强烈要求，旁遮普大学于1882年在拉合尔（Lahore）建立；1888年，第五所大学在阿拉哈巴德（Allahabad）成立，与前三所大学采用了相同的组织模式。在一元制的教学大学出现后，这种形式在20世纪出现了一定程度的变化，但它 201
们没有改变“附属大学”模式的优势地位。

印度所实行和延续的这种模式并不是印度人的选择，渴望“现代知识”的印度人并不明确他们需要何种机构。英帝国政府之所以选择“附属大学”的模式，也在于成本的考虑。加尔各答、孟买和马德拉斯这三个统辖区已经有了三所学院，政府已感到其维持的成本不菲。中央政府也认为没有必要且也没有经济实力来独自创办三所教学型大学。尽管如此，将现

---

[60] B. T. McCully, *English Education and the Origins of Indian Nationalism* (Gloucester, Mass., 1940; rpt. 1966), 131ff. A classic account of education during British rule in India: S. Nurullah and J. P. Naik, *A History of Education in India* (Bombay, 1951).

有的辖区学院（Presidency colleges）升格为大学似乎也不可行；而且当时已有许多得到政府认可的非官方学院，满足了日益增长的教育需求。由于怀疑它们的教学水准，政府认为需要对它们进行一定程度的管理。官员对成本是非常敏感的，这部分是由于许多英国官员在不同程度上都是功利主义者。功利主义的倾向也有助于他们转向伦敦模式，因为伦敦大学在很大程度上就是功利主义的产物。虽然许多印度人也曾在牛津和剑桥就读，但他们认为该模式并不合适。当时它们的声誉正处于低潮：课程大纲与英国和苏格兰的新大学相比是陈旧的，在推选奖学金和招生方面有宗教要求，而这些不合理要求剥夺了非天主教印度人的资格。它们的开支很大，而且还无法得到公共资助。尽管如此，牛津和剑桥的学院在一定程度上对印度的一些英国传教士学院产生了影响。苏格兰大学模式更适用于印度，这是因为它们不拘泥于古典主义，对社会的所有阶层开放且没有宗教要求，但它们是教学大学。如果可以将辖区学院升格为大学，并授予它们颁发学位的权利的话，那么它们将成为极好的模式。但是，这将使私立学院摆脱控制，政府对此并不愿意。

在接下来的 80 年间，由印度及欧洲的教育家和慈善家创建的私立学院数量也在快速增长。例如，在 1881—1882 年和 1901—1902 年，英式文理学院的数目从 63 上升到 140，其学生从近 5500 名增加到 17 000 名以
202 上。到世纪之交，这些学院从本质上看大多数仍是私立机构。[61] 其中一些学院有较高的学术水平。它们中有一些是由英国传教士协会建立的，像孟买的威尔逊学院和加尔各答的苏格兰教会学院，是长老会建立的；而像德里（Delhi）的圣斯蒂芬学院，则是由英国国教派建立的；马德拉斯天主教学院也是由传教士建立的。罗马天主教传教士学院也成倍增加；其中有几所学院，比如孟买的圣沙勿略学院（St Xavier's College）和其他同名的学院，都是耶稣会学院。尽管对基督的领悟各异，但这些学院全是教授所

[61] A. Seal, *The Emergence of Indian Nationalism: Competition and Collaboration in the Later Nineteenth Century* (Cambridge, 1968), 22.

有的西方科目，而且其课程大纲也是由所隶属的大学校准。在这些欧洲教师中，有许多是牧师和宗教神职的人员，一般都受过良好的教育，能够进行高水准的教学。与伦敦大学学院和程度较低的伦敦国王学院不同，它们是从事科学和学术研究的重镇，而印度的学院和大学则不要求其教师从事研究，也几乎没有教师进行研究工作。学院，除了主要的辖区学院或政府学院外，大多依赖于学生的学费；传教士学院则得到其所属传教士协会的资助。省政府在大学资助方面存在严重不足，除了上述的特例外，政府几乎不资助学院。为了使其学生合格地获得学位，所有学院不得不在课程大纲方面严格遵守大学的要求。

伦敦大学有两个独特且相互独立的大学治理层次，一个是外行管理，一个是学术治理。外行管理委员会是自我征聘的，其成员不是由政府选派的。相反，印度被称为理事会的外行管理委员会，也是学术委员会。其部分成员是通过毕业生选举产生的，但主要是通过政府任命的方式产生的，其中只有一小部分学术代表。印度大学总是惧怕大学事务将引发不可预料的政治影响，教师也没有自我组织来制衡理事会与校长的权力。

政府学院和传教士学院，尤其是前者，都有严格的招生和任命教师的标准。政府学院的教师具有公务员的地位和任期。新教传教士学院的教师则没有这种保障；而在罗马天主教学院中，如果教师有神职，则就有保障。在新教和罗马天主教学院教学的世俗人士，没有无限期连任的保证。
在大多数私立学院中，教师是没有安全保障的，任凭校长处置。私立学院 203
也有外行管理委员会，但他们极不尊重自我权限与其所负责的学院内部学术权限之间的必要差异。私立学院的教师质量参差不齐，这是因为它们并没有明确的任命方式或资格要求。通常，他们是由校长任命，并征得了管理委员会的同意。除非他们也教授文科硕士学位的“大学课程”，否则，他们的任命便不是“大学任命”，“附属大学”也不得插手其任命事务。印度的学院不像牛津和剑桥的学院，大部分是独裁式的，在学院事务方面没有为教师表达自己意见提供制度保证。在形式上也没有保护教学自由和学习自由的措施。政府学院以及传教士学院的一些教师，也是杰出的学者或科学家。但其主要任务是教学，一些特定的管理职位也对他们虚位以待。

就这样，印度在实践伦敦大学模式中缺乏原创性。伦敦大学之所以成立，是因为它不需要监管其所属学院，以保证其学术标准，它们的教师也是如此。在这种意义上，伦敦大学是多余的。在印度，即使一些学院想要独立于它们所属的大学，但学生们希望获得学位；它们没有授予学位的权力，据认为这样做不会导致标准的降低。要想学位得到认可，就必须由主管部门来颁发学位。在印度，除了辖区学院和最好的传统式学院外，有关机构，即使是私立学院是十分脆弱的，管理委员会对教学和学习质量漠不关心，大学对由此产生的危害也不闻不问。不过，它仍可以决定课程大纲，安排并评估考试。决定候选人能否被授予学位的这三项活动，是由学院内的教师和大学管理委员会中选拔出的、最具权势的外行人员来操作的。

大学为其所附属学院安排学位课程，这与伦敦大学极为相似。除一小部分“东方”科目，尤其是梵语、波斯语及一些课文外，其主要科目与在伦敦学院教学的科目完全一样。为了获得学位，学生学习的科目种类一点也不比 19 世纪 50 年代牛津和剑桥正式提供的科目少。通过讲座和课堂背
204 诵，学院也采用在伦敦大学和苏格兰大学实行的方法来教学。偶尔也采用英国传统大学中的导师制，但这种模式极少能够实现，这是因为教师有繁重的常规课堂教学负担。

授予的低级学位是英国的学士学位。一些学院也可按照它们各自的大学规章，提供硕士学位的教学。学位的授予也无须提交严格的学术研究论文。在大学中引入研究生学习和研究的第一步，是由加尔各答高级法庭的法官和加尔各答大学的副校长（1906—1914，1920—1923）、杰出的数学家阿舒托什·慕克吉爵士（Sir Aschutosh Mookerjee，1864—1924）在 20 世纪 20 年代迈出的。虽然当时印度已有不少杰出的科学家和学者，但他们大部分都是自学成才。他们没有受过研究方法的训练，也没有接受过本身曾从事过研究的教师的指导。阿舒托什爵士对加尔各答大学的章程进行了修订，允许按照德国长期以来的既有传统和当时已在英国现代大学和美国大学研究生院中实践的方法来进行深入地培训。虽然慕克吉对这些发展

都了如指掌，但他不能确定采用何种改革模式。他曾一度提出希望能效仿约翰·霍普金斯大学。在加尔各答改革之后，印度其他大学也开始了研究生水平的教学。进行这一层次教学的教师是直接由大学任命的；一些人也来自学院中的教师队伍。

20 世纪，一些印度的新大学从一开始就是“一元制大学”，是集教学、考试和授予学位为一身的机构。其中的一些还可能鼓励其教学人员从事研究，但研究时间和设备却非常缺乏。长期以来偏向教学而无视研究是贫困的结果，但有时也被认为是效法牛津和剑桥的学院模式的产物。

在研究成为印度大学的常态之前，已有许多诸如印度考古发掘研究所（Archaeological Survey of India）这样的政府研究机构与诸如孟加拉皇家亚洲协会（Royal Asiatic Society of Bengal）[62] 和浦那的班德哈克研究学会（Bandharkar Research Institute）这样的私人研究机构。这些研究所出版
报告、期刊和专著。大学中研究生院的发展也产生了对印度科学期刊的需 205
求。加尔各答大学建立了加尔各答大学出版社，将印度的科学和学术著作以及关于印度学科的译著带给了更广泛的公众。在印度，所有的科学期刊和几乎所有的学术期刊都是用英语出版的。而且，印度的科学家和学者依然向往海外，这不仅是为了聚焦研究方向，而且也是为了出版。由欧洲出版社出版或在欧洲期刊上发表，将会得到更高的荣誉。求学于欧洲大学——主要是英国大学，也是如此，它们的管理、教学和研究都被认为是优于国内的教育机构。

虽然印度学院和大学的教师从一开始就主要是印度人，甚至在传教士学院和辖区学院中也是这样，但也有许多移居来的国外教师，他们通常是欧洲人，主要是英国人，其中许多人在印度获得了永久性的职业。在大学教授和传教士学院与辖区学院的院长中，移民现象十分普遍。许多来自欧洲大陆的人们，如奥雷尔·斯坦（Aurel Stein，1862—1943）和尤利乌斯·E. 约利（Julius E. Jolly，1849—1932），为了在印度做印度学研究，

[62] 参见第十二章。

便加入到印度教育服务处（Indian Educational Service），成了政府学院的教师。

从 19 世纪 70 年代以来，印度人开始出国留学，他们几乎都是去英国。那些去牛津和剑桥学习的人回印度后会获得非常高的声望，哪怕他们在那里只是拿到了一个本科学位。继牛津和剑桥之后，伦敦大学也吸引了许多印度人。比如，甘地（M. K. Gandi）曾在“律师学院”（Inns of Court）中学习，而印度第一任总理尼赫鲁（J. Nehru）也曾是剑桥的一名本科生。20 世纪 20 年代和 30 年代的伦敦经济学院非常吸引他们，一些人留在了英国，再也没有回印度，也有许多印度人想通过“律师学院”以寻求法律职业，但没有几个人与大学有什么联系。在 19 世纪的最后 30 年，去大不列颠学习，成为印度年轻人打算进入公职的准备阶段。后来，尤其在第一次世界大战后，越来越多的欧洲（几乎全是英国）大学的印度毕业生进入了印度的学术专业领域。他们的加入强化了印度高等教育中的英国大学模式。

但也有一小部分印度学生去了德国，因为他们在政治上反感听从英国人的指令。还有部分印度学生去了法国。去美国的人不是很多，他们中间
206 的一小部分在美国大学和学院里获得教职，但大多为二流学校。在第二次世界大战之前，美国及其大学才开始进入印度知识分子的视野。

曾在 19 世纪德国大学学习过的美国人回国后，通常决定以德国的所学为起点，继续提高。但从英国回国的印度人在选择个人志向时，往往要面临更为艰难的情形。他们面临的是一个顽固的模式，在此模式中大学与教学人员彼此分离；教师被分散在许多学院中，无力创建一种全国性的学术风气。由于附属大学的章程，他们不得不依据课程大纲进行教学，毫无发言权。印度在移植外国大学模式的过程中，更为重要的问题不仅是章程和结构的问题，而且还有教学内容的问题。虽然数学和物理科学以及大部分的生物科学具有普遍的有效性和相关性——但它们不是本土科学传统的产物——而课程大纲的其他部分，像历史和文学，则可能体现出欧洲中心的倾向。回国的印度学者可能十分欣赏欧洲，但也感受到它的不协调性，

特别是在 20 世纪民族主义运动不断增强的时候，他们宣称他们不仅需要政治上的独立，而且需要一个真正意义上的“民族的”教育制度，因此要用本族语来进行教学，而不能用帝国主义的制度。

对印度高等教育的批判并非都来自民族主义政治家和新闻记者，也有来自英国的批评。他们普遍认为大学应该更好地适应印度的国情。但要进行精心、有效且合意的改造是十分困难的。人们不断抱怨，对农业社会而言，年轻的毕业生已过剩了，这里没有足够的职位来接纳这些大学毕业生。而任何削减机会的建议或暗示都会激起巨大的反抗。在大学内广泛使用印度语教学成了最可行的改造方法。1882—1917 年关于印度高等教育的许多重要报告，都谈到了用外国语对年轻人进行教育所遇到的困难。英语的使用经常遭到批判，但即使是那些批判它的人，除了极端的民族主义者之外，最终还是接受了它，因为其他的选择更加不可行。

简而言之，没人对舶来的大学模式的现状表示满意，但却缺乏关于如
何使大学适应印度国情的建设性的、富有想象力的和实际的想法。英国和 207
印度的教育家似乎都不能找到解决方法。在 20 世纪要建立“真正的印度大学”的多项尝试中，就包括了在 1907 年抵制英国货运动时期创建的孟加拉国立学院（Bengal National College）。但它犹如昙花一现般消亡了，而更稳固、更持久的成就则是伟大的文学家罗宾德拉纳特·泰戈尔（Rabindranath Tagore，1861—1941）1917 年在孟加拉的桑地尼克丹（Shatiniketan）创建的大学。对于固定模式而言，即便这样著名的实验，也只是一个特例而已。印度的大学因而继续追随英国大学的模式。但考虑到用外国语教外国课程这一异常现象，以及最高权力与无形的、边缘化的附属大学的结合，这使得学术伦理难以在印度植根。但在辖区学院、主流的传统士学院和一些由印度人运营的学院，如浦那（Poona）的弗格森学院（Fergusson College）也存在一些突出的例外。但除了纯粹的学术意义之外，印度高等教育的出现还具有长期深远的影响。印度的毕业生是新型公共领域和新型公共身份的创造者，这在 1947 年的独立中发挥了政治作用。由于 20 世纪高等教育不仅向男性开放，也向女性开放，这使得性别

角色得以重塑，印度妇女日益在公共生活和专业职业的诸多领域中发挥重要作用。无论英国人移植过来的高等教育有多么光怪陆离，但如果没有这些经验，现代印度的政体和印度社会的巨大变革就不可能发生。

锡兰：锡兰（即斯里兰卡）的第一所高等教育机构是女王学院。这是由一所中学，即科伦坡学院（Colombo Academy）发展而来的，1859 年，它成为加尔各答大学的附属学院。它有了一个新的名字，皇家学院，提供入学后教育，并在一定程度上为伦敦大学的外部考试做准备。1870 年创建了锡兰医学院，提供医学教育。当地的慈善家为学校修建了校舍。而且它还得到了 1886 年医疗法（Medical Act）的认可。随后法学院也很快得以建立。但除了医学和法学之外，对 19 世纪的英国人和富有的锡兰家庭而言，如果希望他们的子女受大学教育，则不得不把他们送到大不列颠。锡兰大学教育的起步要晚于印度，其中以专业阶层和较富裕的商业阶层的大学教育需求最为突出，1906 年成立了锡兰大学协会。著名的知识分子要求建立大学，实现现代西方知识与传统知识的结合。而政府则必须成为
208 这一机构的代理人。对于这一点，政府既不反对，也不赞成。1912 年，立法委员会提议在皇家学院中成立一所大学。但由于第一次世界大战的干扰，一切都成了泡影。战后，1921 年建立了锡兰大学学院，它附属于伦敦大学，由它为锡兰大学学院学生组织外部考试。与此同时，对全职大学的需求也与日俱增，政府也在原则上接受了这个提议。1930 年起草了一份章程。1942 年终于成立了锡兰大学。与其前身大学学院一样，它完全依赖于政府的财政支持。

1940 年，杰出的英国宪法律师艾弗·詹宁斯（Ivor Jennings，1903—1965）成了大学学院的院长，1942 年成了大学的副校长。他坚持新大学的自治与统一。在大学内部权力运作的安排方面，它完全照搬两次世界大战之间的现代英国大学。据一位观察者说，帕拉代民亚大学（Peredeniya）

的新分校就像是“马哈维里（Mahaveli）的剑桥”[63]。它再一次效法了英国大学。但这一模式自印度第一所大学建立以来，已获得了较大的发展。印度附属制的经验足以证明将来必须避免这一情况的出现。同时，现代英国大学的发展已硕果累累，它们启发了新理念和新标准，这些在印度大学诞生之初都是不存在的。

东南亚

缅甸：仰光大学（University of Rangoon）开创于 1920 年，当时有 6 位教授和 829 名学生。它由两个学院组成，分别是：前仰光学院，最初是仰光高中的学院部（1904 年重命名为政府学院，1920 年再次更名为大学学院），1885 年成为加尔各答大学附属文学院；贾德森学院（Judson College，1918 年前为浸信会学院），它是由美国浸信会传教团创建的，1895 年成为加尔各答大学附属学院，成为“第一文科学院”，1909 年开始颁发文科学士学位。像印度大学一样，学院的创建大多是为了满足一小部分缅甸专业阶层和商业阶层对高等教育的需求；而另一推动力则是英国殖民政 209
府，他们认识到为附属国提供高等教育的责任。英语是教学用语，大部分教师是欧洲人；也有一些中国人、印度人和缅甸人，教学方法和学科课程沿用牛津和剑桥模式（而其前身加尔各答大学是效法古老的伦敦大学模式，其考试职能被明确地回避了）。[64] 这所大学逐渐扩张，1930 年成立了大学教师培训学院，农业学院和曼德勒（Mandalay）研究学会也于 1938 年也获得承认，附属的曼德勒中间学院（Mandalay Intermediate College，建于 1925 年）于 1948 年获得学位资格（到 1958 年才成为独立的大学）。

仰光大学从一开始就被学生视为具有帝国主义性质和限制性的大学，1920 年 12 月 1 日大学的开学也遭到了抵制，并在全国的学校中蔓延开来。

---

[63] K. De Silva, 'The Universities and the Government in Sri Lanka', *Minerva*, 15, 2 (Summer 1978), 251ff., quotation p. 254.

[64] H. Tinker, *The Union of Burma*, 4th edn (Oxford, 1967), 193.

随着缅甸民族主义呼声的增强，1936 年和 1938 年在仰光大学又爆发了两次罢工，仰光大学高度政治化的学生联合会的领导人成了缅甸独立的缔造者。[65]

马来亚：1905 年，（英属）海峡殖民地和马来亚联邦政府医学院（Straits Settlement and Federated Malay States Government Medical School）在新加坡建立。它的建立是应当地华人的需求，其目的仅为培养医疗辅助人员，但它却是当时马来亚第一所现代高等教育机构。1912 年，它更名为国王爱德华七世医学校（King Edward Ⅶ Medical School），1926 年伦敦医学总会（General Medical Council）认证了它的医学学位。1921 年，再次更名为国王爱德华七世医学院。1928 年，又在新加坡成立了莱佛士（Raffles）学院。它也是应受过教育的华人阶层的需求建立的，并与医学院合并。这两所学院都是英式机构。莱佛士学院自身不能授予学位或文凭，其学生不得不参加由英国的考试机构负责出题和判分的考试。教师主要是英国人，也有一小部分华人，高级管理者也是英国人。教学语言是英语，学科以及学位、文凭与教学方法，与现代英国大学相同。[66]

210 **泰国：**国王朱拉隆功（Chulalongkorn，1853—1910）从 19 世纪末开始就打算在泰国创建一所培训公务员的大学，但没有成功，于是 1911 年他将原建于 1906 年的皇家佩奇学校（Royal Pages' School）改组为行政学院（Civil Service College）。后来它成为 1917 年成立的朱拉隆功大学的核心部分，效法英国大学模式。它将已有的几所独立的医学院和工程学院合并为大学。新大学包括一所法学院以及一个道德政治科学系。最初的教师

[65] Nyi Nyi, 'The Development of University Education in Burma', *Journal of the Burma Research Society*, 47, 1(June 1964), 11-57.

[66] Chai Hon-Chan, *Education and Nation-building in Plural Societies: The West Malaysian Experience* (Canberra, 1977); P. Loh Fook-Seng, *Seeds of Separation, Educational Policy in Malaya, 1874-1940* (Kuala Lumpur, London and Oxford, 1975); R. Stevenson, *Cultivators and Administrators, British Educational Policy Towards the Malays, 1875-1906* (Kuala Lumpur, London and Oxford, 1975); S. Kanagasabai *et al.*, *Studies in Malaysian Education, An Annotated Bibliography* (Kuala Lumpur, 1980).

主要是外国人，大多数是英国人。许多教学是用英语进行的，这是因为许多学科都没有泰语教材，既没有原创性教材，也没有翻译教材。

1933年，成立了第二所大学，即国立法政大学（Thammasarat University）；它合并了之前的建立于朱拉隆功国王时代的一所独立的法学学校。它设有法学院、政治科学院、公共管理学院、社会工作学院和文学院，但没有自然科学学院或技术学院。尽管其缔造者极力避免过度依附于某一个欧洲国家及其大学模式，但国立法政大学依然与伦敦经济学院保持高度的相似性，其相关度远远胜过于大陆任何一所社会科学的专门学院。像伦敦大学一样，它允许外部学生参加其考试并获得学位。它也从巴黎的政治科学学院那里获得启发；其目标定位于现代统治阶级的教育。

第三所大学是位于班耿（Bang Kaen）的卡色萨（Kasetsart）农业大学，它成立于20世纪40年代初日本占领期间，是由各类部属的渔业、农业和林业部门官员的培训学校合并而成，以美国的农工学院为模式。与其他大学相比，它对政府财政的依赖程度较低，这是因为它得到了林业特许和农产品销售的收益。[67]

印度支那（柬埔寨和越南）：印度支那本地有着深厚的学校教育传统，提供着规范的学校教育：1932年，92%的南圻（Cochinchina）镇区（南越）都有学校。1932年，有21所学院（*lycées*）（其中有3所是女子学院），共有学生4800名。一些人去了法国，主要学习法学和医学。殖民地学生在巴黎的第一个协会是建于1926年的印度支那人互助协会（*Association mutuelle des Indochinois*）。1931年，巴黎城市大学（*Cité universitaire*）内的印度支那会馆（an Indo-China House）向印度支那的学生开放。 211

法属殖民地建立的唯一一所具有原创性的大学是位于北部湾（Tonkin）的河内大学（University of Hanoi，1917），主要是因为它是唯

[67] B. A. Batson, *The End of the Absolute Monarchy in Siam* (Singapore, 1984), 78; D. K. Wyatt, *Thailand: A Short History* (New Haven, 1984), 228; J. A. Stowe, *Siam Becomes Thailand: A Story of Intrigues* (Honolulu, 1991), 76, 85.

——所真正向本地人开放的大学。[68] 首次尝试是在 1907 年，主要是为了平衡日本大学对印度支那学生的吸引力，但由于学生发动的民族主义暴动，所以不得不在 1908 年关闭。河内大学的真正创建者是总督阿尔伯特·萨罗（Albert Sarraut，1872—1962）。为废除传统的官僚考试制度，他殚精竭虑以促使印度支那整个教育制度的发展和现代化。河内大学不仅接受法裔学生，而且还接受本土学生。早在 1920 年就建立了学生宿舍。它规划了 8 个学院和研究所（法学、医学、兽医学校、工程学、农业等），其中印度支那的美术和东方医学与欧洲科学共同成为教学科目；但是到了 1931 年，由于资金的匮乏，实际上只开设了法学、医学和美术课。1934 年，河内大学成了一所完全的法国式大学，其高级学院被授权授予理科学位，甚至法学或医学方面的博士学位。讲座采用法语和越南语。教学和考试标准似乎相当不错，类似殖民地学院也大同小异。

对殖民地资产阶级而言，河内大学是一次危险的革新，尽管民族主义运动依然对其表示不满。但它却是第三共和国海外大学政策最具开创性的成就，因为它是唯一一所考虑到当地文化和教育传统，且同时竭力支持本土精英的进步和团结的大学。

印度尼西亚：在高等教育方面，荷兰的东印度群岛（Netherlands East Indies）落后于英国和法国在南亚和东南亚的大多数殖民地。虽然荷兰的大学有非常重要的印度学和汉学研究中心——包括对印尼生活所有方面的研究——虽然荷兰官方、当地居民和访问学者在印尼作了大量研究，但直到我们所回顾的这一时期末，荷兰东印度群岛地区仍没有大学。1909
212 年为创建一所法律学校曾发起过一次运动，但却因殖民地荷兰律师的反对而受挫。不过 1924 年于巴达维亚（Batavia）还是建立了法学院。1926 年，雅加达（Djakarta）和苏腊巴亚（Surabaja）建立了医学院，取代了

[68] 必须注意到，在印度支那和北非，塞内加尔或马达加斯加岛，第一次真正提升某种高等教育的尝试与第一次世界大战紧密联系在一起。一战期间，本土军队大规模地参与了欧洲战场。这是提供给这些人的一种补偿。

曾在 1913 年遭到荷兰内科医生反对的荷兰印尼内科学校。1920 年万隆（Bandung）也建立了一所工程学校。由第一次世界大战造成的通讯中断的促进，印尼商人与荷兰商人都迫切要求建立这样一种机构。它最初是私立的，但殖民地政府在 1924 年接管了它。1914 年，普沃勒佐（Purworjedjo）成立了一所高级教师培训学校，茂物（Bogor）也开始筹建农学院。那些希望学习物理和生物科学、历史、社会科学等科目的印尼人不得不去国外留学，他们主要是去荷兰的大学，但人数是很少的。[69]

直到第二次世界大战之前，巴达维亚才开始筹建大学，它主要以三所专门学校为基础。然而，由于 1941 年 12 月太平洋战争的爆发，这些计划没有付诸实施。唯一的一个新发展是文学和哲学学院（*Faculteit der Letteren en Wijsbegeerte*）的建立，它于 1940 年 12 月 4 日在巴达维亚正式开学。这项建立大学的计划在日本军队投降之后再次被提起，当时荷兰试图在印尼实现自身重建，但却惨遭失败，它是通过所谓“印尼临时大学”（Nood-Universiteit van Indonesia）的创建才得以实现，该临时大学合并了战前的法学院、医学院与文学院。它于 1946 年 1 月 21 日开学，不久又增设了一个社会科学学院。1949 年 12 月在荷兰把主权转交给印尼共和国后，这所临时大学转变为印尼大学（Universitas Indonesia）。临时大学采用了经荷兰移民引入并改造过的德国模式，这些移民将自己关于大学何为的理念带到了东印度群岛。

菲律宾是第一个拥有欧洲高等教育机构的亚洲国家。1611 年，马尼拉（Manila）成立了圣·托马斯（Santo Tomás）学院。它从西班牙国王那里获得了授予学位的皇家授权，1645 年又获得了罗马教皇的特许状。在顺利起航后的一个世纪中，它又接管了多明我会（Dominican）创建的罗马天主教牧师的高级培训工作。它成了多明我会的机构，并在很长一段时间内，它的教师也是多明我会的成员。它效法了西班牙由教会秩序主导的学院模式。1743 年，它引入了民法的教学，同年，又获准授予民法和 213

---

[69] B. A. Knoppers, ‘Het hoger onderwijs in Indonesia’, *Indonesia*, 3(1949), 36-60.

教会法学位。直到18世纪中期，它的大部分学生都希望成为牧师。1871年，它开办了医学院。此时引入的改革是受西班牙自由主义改革者的理念启发，效法德国大学模式。当时它被称作圣·托马斯的马尼拉大学，是一所私立大学，主要依赖于学生所交费维持。教学人员是兼职的或是报酬很少的罗马天主教牧师。1896年，它组建了哲学与文学院，1907年建立了工程学院。

1901年，菲律宾被纳入美国的管辖，1909年菲律宾大学也在马尼拉建立。在许多方面，它效法了美国赠地学院的模式。资金主要来自政府。教授诸如兽医、商业、护士和新闻这样的实用学科。同时也教授一些人文学科方面的课程。

除这两所大学外，还有一些传教士大学，如1859年创建的雅典耀大学（Ateneo de Manila），其前身为一所小学。1865年，耶稣会引入了五年制的文学学士计划。1959年，雅典耀获得了大学特许状。相应的，1907年，新教创建了协和神学院（Union Theological Seminary）。菲律宾也有营利性的学院和大学，为私益运营。此类机构中最著名的是远东大学，它于1934年获得大学地位，之前是一所私立商业夜校。某些私立大学是单科性的。例如，亚诺妮塔（Araneta）大学以农学为专长。由于菲律宾是美国殖民地，所以它比美国以外的其他国家更早开始实现高等教育的大众化。

澳大利西亚[7]

澳大利亚（Australia）：19世纪后半期，当英国还只有少数几所可以追溯到几个世纪前的大学时，四个新生的、荒芜的澳大利亚殖民社区和新西兰殖民地，把有限资源中的大部分都用于建立大学，似乎是不适宜的。

[7] 澳大利西亚（Australasia）：一个不明确的地理名词，一般指澳大利亚、新西兰及附近南太平洋诸岛。

他们这样做的目的在于以祖国文化和哲思的彰显来掩饰自己，以证明虽然远离帝国中心，但英国文化与学识在外围依然得以延续。大学成为文明的机构，意在提高殖民地的道德品质。距离和殖民地的不利因素意味着，他们都渴求知识。

通过立法，在悉尼（1850）[70]、墨尔本（1853）[71]、阿德莱德（Ade- 214
laide）（1874）[72] 和塔斯马尼亚（Tasmania）（1890）[73] 创建了澳大利亚的殖民地大学。1901 年，澳大利亚建国后，又分别于 1909 年在昆士兰（Queensland）和 1911 年在西澳大利亚建立了新大学。[74] 澳大利亚殖民者的背景和大学经验的多样性意味着模式选择的多种可能。牛津和剑桥是难以企及的理想，然而都柏林三一学院和苏格兰的大学则常受追捧，因为它们在澳大利亚有许多毕业生。尽管如此，殖民地大学也是当代自由主义思想的产物，因而更普遍地反映了英国最新机构，如伦敦大学和爱尔兰大学的模式，因为它们是非教派主义的。在其他方面，殖民地大学与英国模式不同，因为它们基本上是州立学院，而不是私立或教会事业，它们与英国大学相比更世俗，因而也限制了教会的影响。它们还挑战了传统，因为教学成了教师的职责，而不是由学院承担的负责考核学生的大学当局的职责。它们允许甚至是鼓励建立教会学院，但它们大多是寄宿制机构，与英国相比，它们更多的是补充性和边缘性质的机构。悉尼的第一批学院有圣保罗学院（1854）和圣约翰学院（1857），以及墨尔本的三一学院（1872）、奥尔蒙德学院（1882）和女王学院（1888）。

澳大利亚的大学小而精，它们为数不多的学生主要来自社会经济的富

---

[70] H. E. Barff, *A Short Historical Account of the University of Sydney* (Sydney, 1902).

[71] G. Blainey, *A Centenary History of the University of Melbourne* (Melbourne, 1957).

[72] W. G. K. Duncan and R. A. Leonard, *The University of Adelaide 1874-1974* (Adelaide, 1973).

[73] R. Davis, *Open to Talent: The Centenary History of the University of Tasmania* (Hobart, 1990).

[74] F. Alexander, *Campus at Crawley: A Narrative and Critical Interpretation of the First Fifty Years of the University of Western Australia* (Melbourne, 1963).

裕阶层。直到19世纪80年代，学生仍只有男性。部分出于教学的考虑，部分出于可行性的因素，在课程范围和课程内容方面存在着激烈的争论，支持古典主义取向教育的传统主义者和那些出于自由主义与实用主义因素而支持医学、工程学、教育学等实用课程的人们之间，往往是剑拔弩张。最终，大学如果要维持下去的话，就必须采用后者。直到进入20世纪后，大多数教授还是来自英国，最优秀的学生也被送到英国进行研究生阶段的学习，这使英国制度的影响得以长期存在。

215 **新西兰**的大学也是英国传统与地方多样性相结合的产物。它创建大学的动机与澳大利亚相似，既包括城市和省之间、学生数量和资源之间的显著的地方竞争，也包括对建立完全的教学大学的倾向。该制度是一种集权式的学位授予制，并由地方学院承担教学。

苏格兰长老会主要负责1869年由奥塔戈省委员会在达尼丁（Dunedin）建立奥塔戈（Otago）大学，一所完全教学大学。不过，依然存在着建立国立大学的竞争压力使得殖民地政府通过立法于一年后（1874年由修订法案核准）建立了新西兰大学。它建在首都惠灵顿，其治理模式在某种程度上效法了伦敦大学。它不是一所教学大学，其职责在于录取、奖学金和学位的考核。附属的学院将负责教学。[75]

一开始并不存在附属学院。奥塔戈不愿意放弃了独立地位，而谈判又毫无结果。最终，1873年英国国教徒在克赖斯特彻奇（Christchurch）成立了坎特伯雷（Canterbury）学院，1874年奥塔戈最后放弃了授予学位的权力并成为附属机构，但仍保留奥塔戈大学的头衔。在财政和其他方面的延误之后，1882年世俗的奥克兰（Auckland）大学学院得以成立，1897年惠灵顿成立了维多利亚大学学院。

像澳大利亚的大学一样，这四所学院的教职工几乎完全依赖于英国学术界。像澳大利亚的政府一样，新西兰在一个人烟稀少的国家里奋斗了几十年用于支持几个规模虽小但却有着宽广的课程范围的机构，但非同寻常

---

[75] H. Parton, *The University of New Zealand* (Auckland, 1979).

的是大部分新西兰人都接受了大学教育。在多数情况下，这些学院的运作独立于惠灵顿的新西兰大学，它们也对联邦制的延续表示不满。竞争和资源的紧张意味着没有一所学院能够如其所愿地发展，也没有一所学院能坚持独立。[76]

在澳大利亚和新西兰，直到二战后的几十年间，随着经济的繁荣和人口的增长，对第三级教育的需求日益发展，才出现了第三级教育中英国因素的发展、转型与挑战。

东亚 216

中国香港：建于 1911 年的香港大学，一开始就与英国现代地方大学相似。它有四个学院——文学院、工程与建筑学院、医学院和理学院——和一个东方研究所。除中国文学、语言学和历史学外，其他所有学科的教学用语都是英语。在支出方面，它几乎完全依赖香港政府的财政支持，在经常性支出中也有超过一半的预算来自政府。这不可避免地给大学带来了约束，但政府并没有插手大学事务。其内部治理模式与英国现代大学极为相似。[77]

中国：除了现代西方文明之外，没有一种文明能像中华文明一样，在漫长的历史中将学术资质与政府高级官员的任命如此紧密地联系起来。毫无疑问，这将有助于解释为什么中国有着最为悠久和持续的、为文明涵养提供制度保障的历史。拥有圣贤（sages）及其弟子的学校、拥有学者和学生的学术机构（academy）在中国已有 2000 多年的历史。然而，这些学习机构在教学内容上与西方大学极为不同，其学位、文凭及证书的授予是建立在选择性考试的基础之上，这也成为中国历史最突出的特点之一。

19 世纪在列强面前软弱绝望的中国，在社会诸多方面慢慢地甚至急

---

[76] S. Keith and T. McNaughton, *A History of the University of Auckland*, *1883-1983* (Auckland, 1983).

[77] 参见《香港大学年鉴》(*Yearbook of the University of Hong Kong*)。

躁地采取激进的手段。然而，若要抛弃传统秩序和儒家学说，用“西方知识”来取而代之，则心存芥蒂。许多中国人已经在欧洲和北美大学学习过，或者在世界其他地方游历过；因而在 19 世纪末，现代大学机构形式和实质内容已为中国所了解。因此，在中国，辩论的焦点不是是否应效法西方建立大学，更为重要的、更为根本的、更为紧迫的是关于是否需要或是否必须学习西方科学技术的问题，如果答案是肯定的，那么是否有可能在不影响中国社会、政体与文化特质的情况下学习它们。[78]

217 对这些问题的第一个回答就是 1861 年建立了一所外国语学校[8]，其中包括英语、法语和俄语。它坐落在北京的政府兵工厂里，由一个等同于外事办公室的机构[9]进行管理。1863 年，广州和上海也建立了外国语学校。1866 年，天文、数学和其他自然科学也被加进了外国语学堂的课程大纲。19 世纪 80 年代，又建立了军事技术和电报学院。这些学校是应付西方挑战的首次努力，因为他们认识到要“师夷长技以制夷”。

成立于 1898 年的北京大学[10]，并不是对此问题做出的圆满回答。它于 1902 年停办，于次年重新开学，并取缔了原有的语言学研究所和医学研究所[11]。该大学教授中国的古典名著、政治与法律、医学、自然历史、农学、工程学和商学。对外，它也教授管理并提供教师培训。北京大学的行政组织、教学科目、促进科学和现代学术研究的教学目的、课程大纲的组织和学位的授予，大致上都受到欧洲的启发。除了广泛地讲授欧洲学科外，它还大规模地教授中国古典哲学、宗教和文学。在北京大学诞生之初，它是受政府管辖的。由于课程大纲一直变动，学习课程也难以述说，学生松懈不拘。校长大多没有学术经验，尤其是欧洲的学术经验。尽管如

---

[78] E-tu Zen Sun,‘The Growth of the Academic Community 1912-1949’, in J. K. Fairbank and A. Feuerwerker(eds.), *Cambridge History of China*, vol. XIII: *Republican China 1912-1949* (Cambridge, 1986), 361-420.

[8] 即京师同文馆。

[9] 即总理各国事务衙门。

[10] 即原京师大学堂。

[11] 实际上京师同文馆和京师大学堂均毁于 1900 年八国联军的战火，1902 年复校。

此，它始终秉持着一个模糊的信念，即要成为一所欧式的大学。

紧随京师大学堂建立而来的是1905年科举制度的废除和1910年要求各省都建立一所大学[12]法令的颁布。1911年，在中国诞生了一个共和国；1912年，民国教育部颁布《大学校令》，宣布“大学以教授高深学术、养成硕学宏材、应国家需要为宗旨”。[79] 北京大学少有进步。1911—1912年，严复（Yen Fu，1853—1921）曾短期任校长，他在英国居住了几年，是由政府派到英国学习航海技术和技艺的。旅英期间，他接受了英国政体与自 218
由主义的政治观念。回国后，他把斯宾塞（Herbert Spencer，1820—1903）、赫胥黎（Thomas Henry Huxley，1825—1895）、斯图亚特·密尔（John Stuart Mill，1806—1873）的著作和孟德斯鸠（Montesquieu）的《论法的精神》（*Esprit des lois*）翻译成中文，可他并不熟悉英国的大学。1908—1911年曾在莱比锡学习的蔡元培（1867—1940）回国后，掌管教育部，1917年他担任北京大学校长一职。他是德国大学的热情崇拜者，认为德国大学中教师培训与政府资助的科学研究和德国的崛起有必然的联系。他密切关注教职工的学术资质，并将其作为学术任命的唯一标准，进而提高了教职工的水平。他创建了附属于大学部的研究所，创建了处理学术事务的教授会和大学评议会。他为学生自己的报纸提供了经费。他为学生引入了选修制，并允许女性入学。作为一个德国大学理念的信徒，他与在法国学习过的李书华（1889—1979）的观点存在冲突，后者倾向于法国模式，把研究置于大学之外的独立研究所中。1918年，蔡元培起草了人文学科、自然科学、社会科学和法律方面的研究生方案。在关于研究生学习的理念中，他以柏林大学为范式。[80] 在政府武力镇压1919年的五四运动时，他辞职以示抗议，但被说服重回北大任职，直到1927年。

20世纪20年代和30年代，中国的学术自由主义希望中国能达到更高的学术标准，以使中国大学跻身于哈佛大学、巴黎大学、牛津大学和剑桥

[12] 即高等学堂。

[79] *Ibid.*,379.

[80] *Ibid.*,372.

大学的行列，其国家图书馆能与美国的国会图书馆、法国的国家图书馆和大英博物馆相匹敌。当时掌管中央政治学校的罗家伦（1896—1969）说，他希望这所四年制的学校能与伦敦经济学院和法国的政治科学学院相比肩。[81]

到 1922 年，（中国）共有 5 所国立大学、2 所省立大学和 7 所基督教学院。1936 年，在中国的 78 所大学和学院中，有近一半是私立的。在这些私立学校中，大约有一半以上是原先的传教士学院，得到外国的较多支
219 持。在 1936 年开办的 42 所大学中，将近 1/4 是国立大学，1/4 是省立大学。20 世纪 20 年代早期，其他重要机构有（仅北京一地）：国立师范大学，成立于 1898 年；燕京大学，由美国和英国的新教传教团体建于 1919 年，设有文科、理科和法学；北京协和医学院，建于 1906 年，自 1915 年起得到洛克菲勒基金会的资助；国立清华大学，这是一所旨在为青年出国做准备的学院，学者得到美国庚子赔款的资助，英语是其教学用语。总而言之，1922 年仅在北京，就有 40 所现代高等教育机构。它们的西方参照来源非常多元：吸收了英国、美国和法国模式，并进行自由组合。各个国家的基督教传教团体的努力，也带来了许多基督教教派的影响。传教士学院的明确思路是，效法美国文理学院的模式。

最主要的私立高等教育机构之一，就是天津的南开大学，这是前海军军官张伯苓（1876—1951）的贡献。他为了抗议中国对英国的让步而离开军队，转向教育，以期实现救亡图存。1917—1918 年，他在哥伦比亚大学师范学院学习了一年。1919 年，在朋友的经济支持下创办了南开大学。这所新大学起初设三大部门：文学、理学和商学。这位创始人多次旅美考察大学、募集资金。1928—1929 年，他把南开大学重组为三个学院：文学院，包括政治科学、历史和经济学；理学院，包括数学、物理学、化学和生物学；商学院，包括财政管理、银行业、统计和商学。

最有趣的是上海私立震旦公学，它成立于 1903 年，是由富裕地主、

---

[81] *Ibid.*, 408ff.

杰出的学者与外交家马相伯（1840—1939）创建的。马相伯是罗马天主教徒，在上海的圣·伊格内修斯学院（St Ignatius College）接受耶稣会的教育，并于1872年成了这所大学的校长。它的学生首先要集中学习中国古典名著，然后是西方学科。他也是一位数学家和天文学家，撰写了中国和西方的数学方面论文。1876年，他离开了耶稣会。他的弟弟马建忠（1844—1900）在巴黎获得学士学位，并在政治科学学院学习过。在经商和旅欧、旅美的诸多经历后，他萌发了要创建“与西方大学比肩的新大 220
学”的想法。[82] 后来，1903年他建立了震旦公学。震旦公学的学生人数不多——到1905年约有100人——在其周密筹划的课程中，中国古典课程与西方知识和科学得到有机结合，而不是像北京大学那样只是机械地结合。出于教学技能的考虑，马相伯雇用了耶稣会士。

1905年，趁着马相伯缺席之机，耶稣会士按法国耶稣会学院和法国高等教育的标准进行改革。改革大获成功。1908年，有241名学生，主要学习两类课程，一类将获得理科证书（*licence-ès-Sciences*），另一类将获得文科证书（*licence-ès-Lettres*）。1914年，震旦公学成立了文学、理学和医学三个院系。1909—1924年，约有1500名学生学习了这些课程。在1919年五四运动中，有200名学生支持大罢工，其中大多数人离开了学院。

在1905年危机后，马相伯离开了震旦公学并组建了新的复旦公学。复旦公学在定位上更注重中国而不是西方。一直试图成为“在中国的法国大学”的震旦公学[83]，保留了马相伯的捐赠，这是因为马相伯是用自己的财产建起这所学院的，这也使得复旦公学的根基较为薄弱，尽管它也得到了政府的资助。学生成了管理者，其中一些学生也负责教学。这所公学还有幸聘请了李登辉（1873—1947），他自1905年起任教务长，1913—1915年任校长。李登辉曾在耶鲁受教育，是最早在国外受过教育且在中国以学

[82] R. Hayhoe,‘Towards the Forging of a Chinese University Ethos: Zhendan and Fudan, 1903-1919’, *The Chinese Quarterly* 94(June 1983), 341.

[83] *Ibid.*, 333.

术管理为职业的专业学院派人士之一。头两年的课程分为法语和英语两部分。法语不久后便被废止，而英语成了教学语言。主要科目包括中国古典名著、政治学、法学、商学、自然科学、工程学和农业。1907 年，注册学生有 200 名；1911 年，有 57 名学生毕业。复旦公学没有达到震旦公学那样的高学术标准。同时，无论从事其他职业的教师还是教授，以及学生，都更密切地关注着中国当时的社会现实。

基督教传教士学院通常强调科学教育以及外国文化和语言。一些学院成就斐然，最著名的是由英国新教传教团体于 1906 年创办的北京协和医
221 学院。1934 年，中国有 26 所医学院，其中有 14 所是由洛克菲勒基金会赞助的传教士机构。创办于 1919 年北京的燕京大学，可能是最为卓越的，这也归功于其教师质量以及首都的地理环境。其他还有南京（即金陵）大学（1915 年）、岭南大学、广东大学，以及 1907 年创办于长沙的中国耶鲁医学院。[84] 同年，德国赞助者在上海创办了一所医学院，即同济大学。1919 年据《凡尔赛条约》（135 条款）收归法国所有，1924 年在私人捐赠的帮助下，才得以复学。[85]

传教士学院不同程度地放松了让学生皈依的尝试，并或多或少地转型为美国文理学院的模式。上海的圣·约翰大学，创办于 1879 年，曾在华盛顿特区注册，由文理学院、市政工程学院、神学院、医学院和一个研究生院组成，由美国圣公会传教士负责管理，拥有足够高的智力水平，其毕业生能获得美国的高级学位。教师主要是中国人，只有一小部分是外国人，其中主要是美国人和英国人。英语是教学用语。在罗马天主教大学中，应特别注意的是 1925 年创办于北京的辅仁大学。教师在气象学、地质学和考古学等方面做了显著的成绩，在这些领域中留下了中国的烙印。

---

[84] J. Chen, *China and the West* (London, 1979), 133.

[85] R. Bieg-Brentzel, *Die Tongji-Universität: Zur Geschichte deutscher Kulturarbeit in Shanghai* (Heidelberg, 1984); *Kuo-Li T'ung-Chi ta-Hsüeh ch'uang-Chiao pa-Shih chou-Nien chinien t'e-k'an* (Shanghai, 1987)；参见：R. Reinbothe, *Kulturexport und Wirtschaftsmacht. Deutsche Schulen in China vor dem Ersten Weltkreig* (Frankfurt-am-Main, 1992), 141-230。

其中著名的学者有利昂·维格（Leon Wieger，1856—1933）和德日进（Teilhard de Chardin，1881—1955）等人。传教士学院将现代科学和医学引入到中国，并开男女合校教育之先河，师生比例协调。与中国私立大学相比，它们拥有更好的图书馆和实验室，几乎比中国最好的国立大学的标准还要高，但它们的毕业生受到中国政府的歧视，而且它们也拒绝当时在中国政治中居主导地位的民族主义运动。他们因为有外国和基督教育背景而受到排挤。

科学的声望以及师夷长技以制夷的信念，使得中国的教育改革者相信，学院和大学应从事研究，而不仅仅局限于教学。在中国，这是一种新 222
理念。我们有理由相信，代表着 19 世纪与 20 世纪初期德国大学的教学研究相统一的模式，与美国大学以及英国地方大学模式相结合，成了中国新兴的关于大学教师必须从事科学研究的理念的源头。[86] 南开大学和交通大学聘用了近期从欧美回国的年轻科学家任教，教授科学科目。一群在康奈尔大学的中国学生于 1914 年成立了科学协会，更准确地说是中国科学促进会。1918 年以来，它在普及科学教育和传播科学知识方面做出了积极的贡献。

美国模式影响的另一源流，来自于美国政府决定返回“庚子赔款”余额，这笔赔款实际上大大超过了美国的损失。它有近 1200 万美元，将被用作中国学生到美国大学学习的奖学金。1909—1929 年，共授予了 1268 个这样的奖学金。1926—1929 年，庚子赔款的余额还被用于向 13 所中国大学和学院以及 3 个研究所提供赠款。[87] 为了使年轻人为深造做好准备，尤其在美国大学的学习做好准备，1909 年在北京建立了国立清华学堂。该学校强调英语、法语、德语、历史、地理、生理、物理和化学，后来发展成了中国最著名的大学之一。1928—1945 年在获得“庚子赔款”的奖

---

[86] 一份关于 1928—1940 年间中央研究院（Academia Sinica）的秘书长和主任的清单中有 19 人。其中 9 位曾在美国、6 位在英国、2 位在德国、1 位在比利时的大学学习过。

[87] 后来，为了同样的目的支付给英国、法国和意大利的部分“庚子赔款”也都返还了中国。

学金从事研究学习的 732 位科学家和学者中，有 327 位留在中国，有 208 位去了美国，有 64 位去了法国，有 56 位去了德国，有 39 位去了大不列颠。[88]

但不幸的是，政治上的极端混乱，干扰了大学，打击了那些希望通过科学研究和科学的现代化来振兴中国的人们的愿望。除了中国杰出知识分
223 子的理想难以实现的障碍外，中国学者与有识之士根深蒂固的儒家传统情节也使得他们不愿意接受外国的模式。1928 年以来，政府在这种抵制外国影响的过程中采取了排外的立场，并要求各个有外国渊源的大学和学院都要在教育部登记。宗教科目的学习完全出于自愿，执政党——国民党——要求孙中山的“三民主义”——民族、民权、民生——成为必修的科目。其他要求还有，大学和学院应该有中国人的校长和以中国人为主导的董事会。

共和政府虽然不信任大学，却又离不开大学。虽然在一定程度上，它们允许在中国引入大学机制，但却对其运行进行严格控制。因此，它们决定牺牲私立大学和传教士学院来加强国立大学。但由于政府无法提供充足的资金支持，这使得大学难以成为推动经济进步、实现民族团结的动力。国立大学有 90％的预算依赖于中央政府，这些必要的经费在许多情况下难以保证。尽管尝试使用了各种方法，但政府还是无法肃清那些虽然已扎根中国但有着海外渊源的、已饱受摧残的学校。中国大学，尽管是支离破碎的，但它们的存在本身，确证了效仿欧洲大学模式的坚韧之志。

日本：它与中国不同，日本自愿接受了欧洲和北美大学的制度模式。[89] 因而，它们的接受是果断的，移植的过程相对而言也较为顺畅。它同样也经历了简短的摇摆期，在那些希望将西方与儒家研究整合为“国

---

[88] E-tu Zen Sun,'Academic Community'(注释 78),405.

[89] Ikuo Amano,'Universities and Colleges',in *Kodansha Encyclopaedia of Japan*,vol. Ⅷ(Tokyo and New York,1983),170.

学、国史、国教”的神道教传统派支持者中也产生了矛盾冲突。[90] 但不像中国，寻求外国指导的决定是由具有公认权威的政府做出的，而且这个决定一旦做出，便能得以贯彻执行。它们经过适当的思考之后，便采用了那时所理解的德国大学模式。与中国一样，日本也有着高等教育的悠久历 224
史，培养政府高级官员，解决历法、占星术和占卜问题。它们有着同样模式、同样目的的地方机构，如教授日本传统文化的贵族学校和教授传统儒家课程的私塾。在德川幕府（Tokugawa Regime，1603—1867）后期，西方学科，如地理、外语、自然科学基础开始进入学校；这些科目有时被称为“兰学”，这是因为在两个多世纪的闭关锁国中，荷兰人是唯一能进入日本的欧洲人。1856 年，创办了蕃书调所（*Bansho Shirabesho*），这是一个学习西学的场所。这些作品起初是用荷兰语写的，但后来范围扩展到英语、法语、德语和俄语作品以及一些化学著作。在 1862 年后，这个学校也送一些学生到西方学习。

为了学习荷兰，西学的主要倡导者福泽谕吉（Yukichi Fukuzawa，1835—1901）于 1858 年创办了一所学校——庆应义塾（*Keiogijuku*）。当时，它成了教授英语、经济学、法学和其他工商学科的重镇。从 19 世纪 40 年代起，江户（Yedo）的一所私立医学校开始教授西医外科和医学；在这所学校一开始的 20 年中，共培养了约 3000 名学生。明治维新（Meiji Restoration）后，它成了东京大学医学院。疫苗中心——1849 年一位在日的德国医生从巴达维亚的疮痂病中提取了疫苗——在 1861 年成了西医中心。还有其他教授西医外科的私立医学学校，还开始教授化学和药剂学。之前的幕府（Bakufu）医学院由于德国教师教授医学和外科也得以复兴。

1863 年，开成所（*Kaiseijo*）取代了蕃书调所，旨在学习“夷学”；后来成了东京大学的一部分。1869 年，前儒家学院昌平学问所（*Shohei Gakko*）得以复兴并被纳入东京的大学，它还合并了开成所和医学校。这

[90] G. B. Samson, *The Western World and Japan* (New York, 1950), 478. 关于荷兰军事医学学校模式的影响，参见第十四章，第 557 页。

所大学如同昙花一现。居支配地位的日本和中国古典课程教授之间的矛盾，以及他们对西学教师的抵制，导致了它的失败。1877 年，它成为东京大学，重新开学，着重强调西学；没有日本和中国古典学校的立足之地。

从 1871 到 1873 年，岩仓具视（Iwakura）代表团游历了主要的西方国家，考察了西方大学及整体教育系统，其目的是举荐日本所应接受的模式。其成员之一田中不二麿（Tanaka Fujimaro，1845—1909）后来成了
225 教育部的高官，也为 1879 年教育法令的制定铺平了道路，这一法令更多的是基于分权式的美国制度，但由于它引起了教育的混乱和衰落，而受到严厉的批评。[91]

1886 年 3 月 1 日的《帝国大学令》（Imperial University Ordinance）规定："帝国大学的目的是教授国家所必需的那些文理学科，并进行未知领域的研究。"这一法令沿用了北美的强化监督模式，底层是各"学院"院长，顶层是由政府任命的校长，并辅之以由各"学院"院长和教授代表组成的大学评议会。大学拥有两大宗旨，第一个宗旨是基础的文理教学，被分为法学院、医学院、工程学院、文学院、理学院和农业学院，第二个宗旨为研究，即拥有研究生院——"大学堂（University Hall）"。[92] 事实上，几乎没有为研究提供必需的设备和材料，即使提供了，也分给了教学。

就这样，东京大学更名为东京的日本帝国大学；1897 年，又成立了京都（Kyoto）的帝国大学。开成学校（*Kaisei Gakko*）是东京帝国大学的萌芽形式。许多德国科学家和学者应邀来到这两所帝国大学任教。起初他们可以用德语教学，但两年后，他们就必须用日语做讲座。帝国大学起初被视为将西方知识引入日本的手段。但这种对日本和中华文学的忽视并没有持续多久，很快地便成立了日本法律史系和中国哲学系。[93] 然而，传

---

[91] Hideo Satô, 'Tanaka Fujimaro', in *Kodansha Encyclopaedia*（注释 89）, vol. Ⅶ, 336.

[92] Minerva, *Handbuch der gelehrten Welt*, 1(Strasburg, 1911), 547-549.

[93] Samson, *Western World*（注释 90）, 487.

统的宗教学科却从没有获得像在欧洲大学，或在中国的国立北京大学的前几十年里那样的重要地位。

1900 年至第二次世界大战之间成立的其他帝国大学：1907 年在仙台
（Sendai）建立的东北帝国大学，设有大学堂和理学院、医学院、工程学
院、法学院和文学院；1910 年，在福冈（Fukuoka）建立的九州帝国大
学，设有医学院、工程学院、法学院和文学院；1918 年，在札幌（Sa-
pporo）建立的北海道帝国大学，设有大学讲堂和农学、医学院、工程学
院和理学院；1924 年，在汉城（Keijo-Seoul，朝鲜）建立了设有医学、法
学和文学学院的帝国大学；1928 年，在台湾建立了台北帝国大学，设有 226
文学院和政治学院、理学院和农学院以及医学院。[13] 1929 年，建立的广岛
帝国大学（Hiroshima Bunrika Daigaku），设有教育学、哲学、历史、文
学、数学、物理学、化学和生物八个系；1931 年，建立了大阪帝国大学
（Osaka Teikoku Daigaku），设有大学堂和医学院、理学院、工程学院；
1939 年，名古屋（Nagoya）的医学校（Nagoya Ikwa-Daigaku）升格为帝
国大学。[94]

日本的私立大学也有着悠久传统。东京的私立大学：建于 1858 年的庆应义塾大学，由文学院、经济学院、法学院和医学院及其研究生课程组成；1882 年由大隈重信（Marquis Shigenobu Okuma）、小野梓（Azusa Ono）和坪内雄藏（Sanai Takata）创建的早稻田大学[14]，它仅设有一个含研究生课程的大学部和一个专业部。中央大学（Chûô University，1885）则是由法学院、商学院和经济学院组成；1881 年建立的明治法学院（Meiji Law School）也是如此，它于 1918 年发展成了明治大学（Meiji University）；还有一所女子学院。

---

[13] 日本于 1910—1945 年侵占朝鲜，1895—1945 年侵占中国台湾。

[94] Minerva, *Jahrbuch der gelehrten welt*, 33(1938), *Abteilung Universitäten und Fachhochschulen*, Ⅱ: *Die Aussereuropäischen Hochschulen* (Berlin, 1938); Ikuo Amano, 'Imperial Universities', in *Kodansha Encyclopaedia* (注释 89), vol. Ⅲ, 281.

[14] Waseda University，创建之初名为东京专门学校，1902 年更名为早稻田大学。

大学和仅有一个学院的大学研究所在几个城镇发展起来：在金泽（Kanazawa），有一所医学校和另一所药剂学校；在神户（Kobe），有商业大学（Kôbe Shôgyô Daigaku，1903）；在熊本（Kumamoto），有一所医学校（1931）；在大阪（Osaka），有商业大学（1928），它建于 1880 年，名为大阪商业研究所；在台湾，有商业学院（1910）；在东京，有商业大学（1920），建于 1875 年，名为东京高等商业学校。在没有教工程学的帝国大学的城镇中，建立了帝国的或其他的技术学院：例如 1907 年在福冈，在滨松（Hamamatsu）、广岛（Hiroshima）和金泽；鹿儿岛（Kagoshima）于 1908 年建立了帝国农业和林业学院。[95]

在所考察的这一时期中，日本大学及其管理者以牺牲学术自由的代价实现了大学的自治。[96] 1891 年，东京大学的久米邦武（Kume）教授因宣称神道教最初是一种原始崇拜而被剥夺了教授职位。日本在接受欧洲大学模式的过程中，对构成欧洲大学整体不可分割的西方学术伦理和学术自由的接纳，则是一个艰难的过程。

227

结语

欧洲大学模式传播的方式，以及它在世界其他地区传播的原因，显然是非常复杂的。尽管如此，接受的社会都经历了政治上的重组，大学的移植都不仅仅是不断扩张的欧洲中心的自发机能，而且在不同程度上，也激发了未来当地受众的创新精神。日本对欧洲模式的接受，与美国和印度一样，都属于这种情况。例如，在日本，虽然社会中存在着一定的需求，但稳固的本土政府依然进行了创新。在美国，中央政府一点都没发挥作用；在印度，中央政府扮演了重要角色。这两大社会中的本土外行人士成了决策的真正来源。在美国，留学归国的年轻学者，在德国大学模式的传播和

---

[95] *Minerva*（注释 94）.

[96] B. K. Marshall, *Academic Freedom and the Japanese Imperial University, 1868-1939* (Berkeley, and Los Angeles and Oxford, 1992).

移植过程中发挥了主要作用；在印度，是本地的专业阶层、商业阶层和有教养的地主阶层迫使外国统治者移植外国的大学模式。

印度以一种剧烈的形式例证了由殖民政府移植国外大学模式所遇到的主要问题。它出现在政治独立运动的背景之中，而这也塑造了对统治权力的不信任与愤恨的环境。其结果是，大学虽为殖民社会所急需，但也经常受到当地成年公众舆论和政治激进学生的严厉批评。在 19 世纪，尤其是 20 世纪上半期，欧洲大学模式所传播到的大多数国家中，除美国外，学生经常破坏大学的运营。确实可以说，学生的破坏行动，及其被证实了的政治信仰，往往成为大学模式扩张的衍生物。

总体而言，在我们所讨论的这一个半世纪中，殖民地官员和大城市的牧师们并不急于在其统治区域内建立大学。在自治的社会中，中央政府对建立大学也不感兴趣；通常是由个别积极的官员或一部分官员进行创新尝试。地方和国家的政府机构在依据外来模式创建新大学时发挥了重要作用，而这种外来模式是直接或间接地在仿效外国模式的本地机构中孕育而成的。

无论是在欧洲还是欧洲之外，往往是治理模式推动了欧洲大学模式的
传播。当一个被征服了的边缘集团希望与统治中心竞争并使其自身获得与 228
外国实体同等的尊严时，它往往把大学看作是提升其权力和地位的手段。外来中心与积极的本土外围往往就大学对社会的重要意义达成一致。当殖民地管理者希望发展其所统治的社会时，他们往往借助于大学。当然，其间也时常有来自民间的推动力，其中就包括一些曾在他们所效法的主要大学模式中学习过的人们。

主权社会之间的关系差别甚微。在美国，有教养的阶层大多相信，系统地、顺序地掌握知识有助于提升其所在个人与社会的尊严，也有助于更有效地行使权力。他们中的部分人就极其关注德国大学。但吸引美国注意力的，既不是德国的控制权力，也非德国的宣传。欧洲大学模式的传播，主要是受众期望的结果，而非随着时间的流逝被外围奉为典范的机构中的教授和管理者。伦敦大学的管理者并没有强迫伦敦的东印度公司或印度的

总督委员会（Governor General's Council）接受它，并将其作为孟买、马德拉斯和加尔各答大学的典范。莱比锡和柏林大学的教授也没有强迫任何美国巨头或新任命的准备筹建大学的校长——例如，哈珀（William Rainey Harper）——把它们或整个德国的制度作为新芝加哥大学的模式。德意志的君主邦国政府或帝国政府也没有发起运动来说服美国人让他们在 19 世纪末以德国大学为模式扩充、改革美国大学。也许 1872 年当日本的专员田中不二麿游历欧美以详察日本可能采用的备选模式时，他遇到的一些官员和教授可能会说服他接受他们自认为的最佳模式。但对日本而言，它们有充分的理由采用德国大学的模式：主要原因是德国大学在那时大致是公认的世界上最好的大学。

大学承载着掌握知识、传递知识和创造知识的渴望。国家的尊严不仅
229 需要有主权，而且还需要有大学。这种信念无论在本质上还是在现实中都彰显了知识的重要性。大学从欧洲传播开来是日益出现的世界共识的产物——虽然在某个社会中或世界上所有社会间的共享、传播的水平存在差异——即特定知识的掌握与传递是至关重要的，这种知识是经过系统地探究的，它是建立在严格搜索集的事实之上的，并对其最佳来源进行了审视，它们既验证了理论，也接受理论的检验。这种知识就是大学里的知识。这就是欧洲大学模式扩展的一个主要原因。

当时移植现象具有多面性。其模式很少是完全清晰可见的。它是由来自对第一手经验和传闻的想象构成的，松散而模糊。它也不是一个单一的存在，就像大学也不是单一的、个别的存在一样。就像任何一种大学模式一样，它们都不是坚固不可分割的构造，要么完全接受，要么完全拒绝。模式往往是形成之事实的改观。既然如此，它是不可能实现完全移植的，即使是打算如此，它也不可能完全实现。本土传统往往是强大而难以根除的，而 20 世纪的某些政权却自欺欺人地这样做了。本土传统的执着，意味着没有一个模式能够被移植并如同它所发迹的大学那样丝毫不差地实现繁荣。而且，模式从来都没有满足其受众的所有渴望与祈求（以及不适当之处）。

然而，欧洲大学模式本身——尽管具有多样性与模糊性，也无论这一模式的移植是多么笨拙和畸形——仍是世界文化史的主要一面。它已经改变了所有接受这一模式的国家的智力面貌，并生产出了知识的世界共同体。

精选文献

ChaiHon-Chan *Education and Nation-Building in Plural Societies*: *The West Malaysian Experience*, Canberra, 1977.

Coser, L. A. *Refugee Scholars in America*: *Their Impact and Their Experiences*, New Haven, 1984.

E-tu Zen Sun 'The Growth of the Academic *Commuity 1912-1949*', in J. K. Fairbank and A. Feuerwerker (eds.), *Cambridge History of China*, vol. XIII: *Republican China 1912-1949*, Cambridge, 1986, 361-420.

Geitz, H., Heideking, J. and Herbst, J. (eds.) *German Influences on Education in the United States to 1917*, Cambridge, 1995. 230

Harris, H. S. *A History of Higher Education in Canada*, *1663-1960*, Toronto and Buffalo, 1976.

Herbst, J. *The German Historical School in American Scholarship*, Ithaca, 1965.

Horrell, M. *Bantu Education to 1968*, Johannesburg, 1968.

Kanagasabai, S. *et al*. *Studies in Malaysian Education*: *An Annotated Bibliography*, *Kuala* Lumpur, 1980.

Kevles, D. J. *The Physicists*: *The History of a Scientific Community in Modern America*, New York, 1978.

Kreissler, F. *L'action culturelle allemande en Chine. De la fin du XIXe siècle à la Seconde Guerre Mondiale*, Paris, 1989.

Loh Fook-Seng, Ph. *Seeds of Separation*, *Educational Policy in Malaya*,

1874-1940, Kuala Lumpur, London and Oxford, 1975.

Maier, J. and Weatherhead, R. W. (eds.) *The Latin American University*, Albuquerque, 1979.

Marshall, B. K. *Academic Freedom and the Japanese Imperial University, 1868-1939*, Berkeley, Los Angeles and Oxford, 1992.

Matthews, R. D. and Akrawi, M. (eds.) *Education in Arab Countries of the Near East*, Washington, DC, 1949.

Newton, A. P. *The Universities and Educational Systems of the British Empire*, London, 1924.

Nurullah, S. and Naik, J. P. *A History of Education in India*, Bombay, 1951.

Parton, H. *The University of New Zealand*, Auckland, 1979.

Reinbothe, R. *Kulturexport und Wirtschaftsmacht. Deutsche Schulen in China vor dem Ersten Weltkrieg*, Frankfurt-am-Main, 1992.

Rheingold, N. and Rothenberg, M. (eds.) *Scientific Colonialism: A Cross-cultural Comparison*, Washington, DC, 1986.

Ross, E. D. *Democracy's College: The Land Grant Movement in the Formative Stage*, Ames, 1942.

Steger, H.-A (ed.) *Grundzüge des Lateinamerikanischen Hochschulwesens. Eine Einführung in seine Probleme*, Baden-Baden, 1965.

Tobias, P. V. *The Sixth Freedom*, Edgar Brookes Academic and Human Freedom Lecture, Pietermaritzburg, 1977.

Waardenburg, J. J. *Les universités dans le monde Arabe actuel*, Paris, 1966.

第三编 学生

第七章　入学[①] 233

弗里茨·林格

量化方法

在近期的高等教育史研究中，学者们试图用一种系统的跨国比较的方法来计算进入大学及其相关机构的学生人数。高等教育体系中一个最为重要的统计参数就是它的容纳度（inclusiveness）。所谓容纳度，即指它应能根据人口规模，接收大多数人。具有大学水平机构的注册总人数在人口中所占的比例，可以作为衡量容纳度的合理数据。但由于各个国家大学学习的平均期限都有所不同，这些数据可能不宜进行跨国比较。要绕开这个难题，一种方法是集中统计第一年的注册人数，计算出入学学生在适龄人口中所占的比例。另一种方法是估计出大学学习的平均期限，再计算总注册人数在适龄人群中所占的比例。无论采用哪种方法，我们都能得到在相应年龄段中大学学生的入学率。当然，这些计算都要取决于研究者所获数据的性质。由于在普鲁士/德国体系中的统计数据极为丰富，因此该体系的各项指标都将被作为本章其他部分的参照值。

以这种定量方法来考察高等教育体系，就会偏离叙述史的视界。单个机构的命运变得无足轻重，甚至连涉及整个体系的立法改革和行政革新，也常常显得没那么重要；这些内容在定量上的作用，不及它们在通常有关政治和机构发展的描述中那么重要。另一方面，一种新的模式出现，需要 234

① 尽管本章是数年前完成的，但是现在仍然可将其看作是本人下列著作第三章的缩写，即 F. K. Ringer, *Toward a Social History of Knowledge: Collected Essays*(New York, 2000)。

新的分析思路，也会提出有关它自身的新问题。在大学水平机构的注册人数的变化历程中出现了哪些重要的历史时期和转折点？入学人数的短期波动是否有别于长期趋势？造成短期变动、相对稳定以及容纳度长期发展的基本原因是什么？怎样看待高等教育的定量变化与社会发展其他方面的关系？在对各国主要的数量指标进行比较时，能发现哪些相似和不同之处，以及怎样来解释这些异同？既然对这些问题仍未得出结论性的答案，而且也不能囊括欧洲所有的大学体系，我只能就部分国家的情况，简要介绍一些初步的研究结果和假设。②

在高等教育史中，一个受到特别关注的问题是危机的循环周期，这种危机就是当代人提到的大学毕业生相对于为他们提供的适当就业机会“过剩”或“过量”的危机。在 19 世纪 30 年代和 40 年代，在 19 世纪 80 年代和 90 年代，在两次大战之间，尤其在 1930 年左右，一些欧洲国家都爆发了这种危机，并且欧洲所有国家都有爆发危机的可能。还有一些证据表明，在 18 世纪晚期，甚至更早时期，一些国家就已爆发了这种危机。当代人观察到大学毕业生供求的不平衡，认为它是一种典型的社会机能失调，是危险的。其实，“知识无产阶级”（academic proletariat）这一术语是在德国出现的，到 19 世纪末时就已在法国经常被使用；并且，这种现象本身出现得更早，因此那种担心青年（尤其是出身低微的青年）因接受过多教育而成为人口中非生产性、孤立的和破坏性部分的忧虑也早已存在。③ 这种忧虑通常会导致公众对文化职业（learned professions）试用期较长和存在潜在失业的情况发出警告。至少在德国，这种忧虑引起政府当局加强对考试和入学要求的限制，以此来引导中学毕业生不进入大学，（在 19 世纪晚期）政府还采取了减少贫困学生财政补助的政策。普鲁士的

② 除其他特别指出的地方外，本章的分析将基于 Ringer，*Education and Society* 一书中有关德国大学体系中的定量数据；但该书已经为 H. Titze（ed.），‘Das Hochschulstudium in Preussen und Deutschland 1820-1944’，in *Datenhandbuch zur deutschen Bildungsgeschichte*，vol. Ⅰ：*Hochschulen*，Teil 1（Göttingen，1987）所取代。也参见 Weisz，*Emergence*。

③ 参见第二卷，第 56、301—302、393—397 页。

著名高级中学毕业考试和证书（*Abitur*），最初是在1788年形成的，就是为了控制假想中过多的大学不合格入学者。1834年，文化“过剩”时期再次出现，政府为此补充了一条法令，极大限制了大学接受合格的高级中 235
学毕业生（*Abiturienten*）。这些限制性政策至少在短期内起到了预期的作用。而且，有关学术职业中从业人员过多的公开讨论，也会更多影响到那些出身比较低微的学生；比起较富裕的学生，他们更容易接受劝阻，以免承担学术失业（academic unemployment）的风险。因此，学术“生产过剩”（overproduction）危机的反复发生，至少会暂时减少从社会较低阶层进入大学的学生的比例。④

大学学习的容纳度

德国数据充分说明了大学录取率存在一种循环的模式，录取率增长的阶段经常是在“生产过剩”阶段之后。一些学科领域和职业对大学毕业生需求的报告，会刺激录取率的增长。由于学生需要时间来完成他们的学业，而这种需求似乎在提高了大学入学率后还继续存在，这样就导致毕业生人数超过了最初的需求。而且，这些波动还会产生一个结果，即各种职业的年龄结构变得参差不齐，从而加剧了就业机会增减之间的波动。这种循环模式源自教育体系本身；但人们也会构想出一些来自教育体系外部的

---

④ L. O'Boyle, 'The Problem of an Excess of Educated Men in Western Europe, 1800-1850', *Journal of Modern History*, 42(1970), 471-495; H.-G. Herrlitz and H. Titze, 'Überfüllung als Bildungspolitische Strategie', *Die deutsche Schule*, 63(1976), 348-369; D. K. Müller, 'Qualifikationskrise und Schulreform', in U. Herrmann(ed.), *Historische Pädagogik, Studien zur historischen Bildungsökonomie und zur Wissenschaftsgeschichte der Pädagogik, Beiträge zur Bildungstheorie und zur Analyse pädagogischer Klassiker, Literaturberichte und Rezensionen*, Zeitschrift für Pädagogik, Beiheft 14(Weinheim, 1977), 13-35; D. K. Müller *et al.*, 'Modellentwicklung zur Analyse von Krisenphasen im Verhältnis von Schulsystem und staatlichem Beschäf-tigungssystem', *ibid.*, 37-77; D. K. Müller, *Sozialstruktur und Schulsystem: Aspekte zur Theorie und Praxis der Schulorganisation im 19. Jahrhundert*; W. Rüegg and O. Neuloh(eds.), Studien zum Wandel von Gesellschaft und Bildung 9(Göttingen, 1977), esp. 274-280.

刺激因素，比如适龄年龄段人口的迅速变化。如果教育规划者认为这种人口的变化就能充分解释大学录取人数波动的话，几乎肯定是错误的；因为家长和教师会不自觉地平衡一个年龄段中大学入学人数的减少，例如，像此前大批有类似经历的人一样，找到几乎同等数量的大学招生对象。然而即使存在这些抑止性的“趋中”，“婴儿潮”（baby boom）也必然会引发大学入学率的波动，而且这种波动本身将以一种循环往复的方式持续下去。
236 如果进一步考虑到大学注册人数的增长会增加对受过培训的教师的需求，我们就会对高等教育体系中学生人数变化的内在因素持赞赏的态度了。[5]

德国大学录取人数的波动周期会持续 12 到 14 年；但各个学科的波动不一，这至少是因为各个学科的学习期限不同。事实上，德国数据的质量可允许研究者明确毕业生供给与主要学术和职业领域的就业机会多少和等待时间长短之间的关系。然而，无论德国的范例如何准确、如何有说服力，它们都不能完全解决下面两种问题。第一，除了进行直接观察外，德国模式不能预测不同学科领域中的“生产过剩”循环阶段是否将重合起来，从而导致学术失业的更普遍危机。人们还会问，出于职业前景的考虑，学生们在多大程度上能够并且愿意改变他们的学科领域。第二，这种循环模式只充分适用于那些为一种特定职业或一组狭小范围内的职业（政府法律服务和私人法律事务开业）设置系列固定学习课程的培养体系；19 世纪的教育规划者也确实将这种模式运用到了上述体系中。[6] 然而，它却不能适用于为无限可能的各种职业做准备的普通大学教育体系。另一方面，即使在上述体系中，当时人仍然会发觉大学毕业生“过剩”，而且他们的观察并非毫无道理。因为，即便抛开循环模式的计算方式，人们都会

⑤ H. Titze, 'Die zyklische Überproduktion von Akademikern im 19. und 20. Jahrhundert', *Geschichte und Gesellschaft*, 10(1984), 92-121. See Ringer, *Education and Society*, 49-50, 141-142, 327-328.

⑥ 除 Müller 注释 3 和 Titze 注释 1 中提到的德国例子外，1843 年法国教育部部长维尔曼（Villemain）的报告也是一个很好的例子。参见：Ministère de l'Instruction Publique, *Rapport au Roi sur l'instruction secondaire*(Paris, 1843), esp. 61-63。

认为，每个年龄组中毕业生的迅速增多，都将导致传统上适合他们的就业岗位的相对缺乏。

从历史来看，这种循环模式最适合 19 世纪早期和中期的情况，而且最适合法国和德国的大学体系——但却不适合英国。在德法体系中，进入传统的学术职业是与明确的学术先决条件、国家考试和标准化的职业认证联系在一起的。不过，随着 19 世纪晚期学生的增多，以及两次大战之间人数更明显的增长，即使在法国和德国，特殊资格和特定职业之间的联系也在逐渐减弱。在这段时期中，大学毕业生就业的狭小职业领域开始非常缓慢地扩展。事实上，这些较近发生的学术“生产过剩”危机，可能有助 237
于动摇有关高等教育接受者适合职位的传统的社会观念。魏玛时期的一些证据表明，这一时期的“知识无产阶级”首次包括了大批在普通商业雇主那里就业的大学毕业生。[7] 无论如何，对大学入学人数短时期波动的分析，都应将对容纳度水平的长期变化研究作为补充，这正是以下我们要做的工作。

表 7.1 显示了 18 世纪到两次大战之间德国体系的相关指标。数据表明，一直到 1800 年之前，学生的学术流动比率都较高，形成了多种大学入学考试。[8] 通过统计各年龄组新增的入学考试，我们发现，当时大学的容纳度比原先预料的更适度。但在 1870 年前，所有德国大学的入学率都没能再次达到 1800 年前后的比率（普鲁士在 1800 年前后的入学率可能超过 60%）。实际上，德国在 1650 年的入学率（2.8%）比 1800 年的（0.9%）更高。[9] 1740 年后，各年龄组的大学入学率经历了一段长时期的

---

⑦ Ringer, *Education and Society*, 98-100.

⑧ W. Frijhoff, 'Grandeur des nombres et misères des réalités. La courbe de Franz Eulenburg et le débat sur le nombre d'intellectuels en Allemagne, 1576-1815', in D. Julia, J. Revel and R. Chartier(eds.), *Les universités européennes du XVIe au XVIII siècle. Histoire sociale des propulations étudiantes* (Paris, 1986), vol. Ⅰ, 23-27. See vol. Ⅱ, pp. 298, 303-304 (M. R. di Simone, 'Admission').

⑨ *Ibid.*, 311.

下滑，其间有过短时期的迅速上涨。[⑩] 前文中提到的有关毕业生过剩的论调，从 18 世纪晚期就不断反复出现，从而导致诸如 1788 年普鲁士高级中学毕业考试和证书这样审慎的调控政策出台。在稍后部分，我们将尽可能地解释这一引人注意的问题。

表 7.1 显示，德国大学入学率在 1830—1831 年创下一个新高，尽管从图表上我们不能看出这一次回复的细节；这次回复引起 19 世纪三四十年代对受教育者“生产过剩”忧虑的回潮。在经历了 19 世纪 30 年代的显著下降后，从 1840 年到 1870 年，大学注册学生在绝对人数和相对比例上都形成一个低谷——0.3‰到 0.4‰。在这些年，有关学生过多的悲叹渐渐减弱，这似乎表明在 19 世纪中期前后大学毕业生达到了供求之间的平衡。

从 1870 年到第一次世界大战后，大学注册人数在总人口数和年龄组
238 人数中的比例又再次上升。表中最后两列数据显示了这次扩张，但它们有
两个不足之处。第一，1870 年后大学平均学习期限显著增长，一般是 4 到
5 年。1870 年后，从普鲁士和德国的数据来看，19—23 岁五岁年龄组的
学生比例会降低大学入学人数在每个年龄组中的比例。第二，该表只处理
了德国大学的数据。因此，它忽略了理工学院中注册人数的增加，理工学
院在 1870 年后蓬勃发展，到 1899 年已在名义上取得了与大学同等的地
239 位。而且，该表也没有列出 19 世纪晚期发展起来的很多学院以及其他教
育机构的数据，它们中有一些已经达到了大学水平。1900—1901 年，在具有大学水平的机构中注册的学生中，大学注册人数占了大约 68%，理工学院比例增加了约 22%，其他机构占了 10%。1930—1931 年，大学注册人数占总学生人数的 74%—75%，理工学院增加了 17%—18%。由于高等教育中非大学机构的平均学习期限比大学短，表 7.1 最后一列数据在 1900—1901 年可能增加到约 1.0，在 1930—1931 年可能为 2.1，这样才能反映出所有大学水平机构中大学新生的入学比例。

⑩ *Ibid*.

表 7.1　德国大学 1700—1930 年的入学情况α❶

时间	相应年龄段中中学毕业生的百分比	相应年龄段中大学新生的百分比	总注册人数(x 1000)	每千人中大学生的百分比	以 5 岁为一年龄段中大学生的百分比
1700		1.1			
1740		0.8			
1800		0.4			
1820—1821				0.3	
1830—1831			15.7	0.5	
1840—1841			11.5	0.4	
1850—1851			12.4	0.4	
1860—1861			12.4	0.3	
1870—1871	0.6	0.5	12.7	0.3	0.4
1880—1881	0.8		21.9	0.5	0.6
1890—1891	0.8	0.6	28.2	0.6	0.6
1900—1901	0.9		34.3	0.6	0.7/1.0
1910—1911	1.1	0.9	54.5	0.8	0.9
1920—1921	1.3		86.9	1.4	1.2
1930—1931	3.3		99.9	1.5	1.6/2.1

α 1800 年前的数据取自：W. Frijhoff，'Surplus ou déficit? Hypothèses sur le nombre réel des étudiants en Allemagne à l'époque moderne(1576-1815)'，*Francia*：*Forschungen zur westeuropäischen Geschichte*，7(1979)，173-218。1921 年中学毕业生在 19 岁人口中的比例，以及 1870 年和 1931 年每一个年龄段中大学新生的比例，取自 Ringer，*Education and Society*，Appendix Table Ⅰ，Ⅴ。其他所有数据取自或计算自 H. Titze(ed.)，'Hochschulstudium'(注释 1)。以上数据只是涉及大学，各个年龄段中的人数是男女总人数。1830—1831 年的数据统计了 1830—1830 年冬季学期和 1831 年夏季学期的平均人数（以及 1830 年和 1831 年的平均人数)。1820—1821 年入学率，以及 1910—1911 年中学毕业生的百分比，只是普鲁士的统计数据。1870—1871 年每个年龄段中大学新生人数实际上是 20—23 岁每 4 岁一个年龄组的总注册人数；1890—1891 年以及 1910—1911 年的第一学年学生人数，相当于 1923 年第五学年

❶ 该表在原版书第 238 页。

学生人数的 1/5。结果显示，从 1890 年起，大学入学率与蒂策（Titze）使用的 19—23 岁五岁年龄组学生入学率密切相关，参见表的最后一列。最后一列中 1900—1901 年和 1930—1931 年这两行斜线后的数据，包括了理工学院与其他非大学的高等教育机构（学习期限可能是 4 年而非 5 年）的学生人数。在 19 世纪 90 年代到第一次世界大战期间，德国大学中的外国学生比例（纳入上表的统计）为 7%—8%，20 世纪 20 年代也保持该比例，此后所占比例有所下降，在 20 世纪 30 年代初为 4%左右。

无论如何，1840—1870 年低谷后德国大学系统的注册人数至少经历了一次或者两次显著的增长。从 1870 年到第一次世界大战以及两次世界大战之间，大学入学人数稳定增长。于是，19 世纪 80 和 90 年代对“知识无产阶级”的关注再次兴起，而且这个术语就是在这一时期出现的。有关鉴定中等和高等教育各种竞争类型的争论变得白热化。限制大学入学的措施，尽管在短时期内取得了成功，但最后却不能阻止 20 世纪大学容纳度的扩大。实际上，一战后退伍士兵涌进德国大学，1923 年的通货膨胀以及 20 世纪 30 年代初的大萧条，都导致了注册人数空前增多，这种增长趋势只有在通货平抑的 1924 年才有所遏制。从 1933 年开始，纳粹党实行了非常严厉的大学入学控制措施，尤其影响了女学生。后来因为这些控制措施造成受过教育的专家数量锐减，所以最终被废止了。于是，这些控制措施在德国也只能暂时节制两次大战之间开始的入学率急增的趋势，而这种趋势在其他国家则持续到二战以后的时期。

如表 7.1 所示，自 1870 年起，普鲁士高级中学毕业生人数较同年龄段的德国大学入学人数多；但两组数据的差距不是太大。相关的数据包括了 1860 年以来的非完全古典中学［后来名为实科中学（*Realgymnasien*）］以及 1880 年以来的非古典中学的高级实科中学（*Oberrealschulen*）的情况。1870 年文科中学（*Gymnasium*）毕业生人数占中学毕业生总人数的约 90%，这个比例到 1900 年仍在 80%以上。因此，当大学以
240 几乎同等条件接受所有类型的中学毕业生时，通过古典中学考试而获得高级中学毕业考试证书的入学者，到 1911 年在入学总人数中所占的比例迅速滑落到 2/3，此后持续降低。但在 19 和 20 世纪之交前，非完全古典中

学和非古典中学的大量毕业生都进入理工学院中学习，这些数据没有包括在表 7.1 中。因此，在 1870 年后，进入某种类型的具有大学水平机构中学习的中学毕业生比例，应该比表 7.1 中的数据更高。

我们能用表格来比较准确地反映 19 世纪流入德国大学的学生人数，但对于 19 世纪 70 年代之前法国的情况，我们则缺乏比较可靠和可供比较的数据。在大革命前夜的法国大学（实际上是各个院系的松散联合）包括了文学院、神学院、法学院和医学院，文学院在理论上是为学生在后三个“高级”学院的学习做准备。拥有完全课程的专门学校（*collèges*）提供了一套古典中学的课程，也包括最后两年的“哲学”课程——相当于大学水平。根据所搜集的最佳数据估计，1789 年法国“高等”院系的学生占 18 岁年龄段总人数的约 0.6%（或占 18 岁男性总人数的 1.2%）。[11] 即使不算上哲学院的学生人数，这个比例和表 7.1 第二列中所有德国大学每年龄段 0.4%的比例（或者占每年龄段中男性人数的 0.8%）相比，也能反映出法国大学的容纳度达到了一个相当高水平，它非常接近估算中的普鲁士大学入学率。

当然，大革命扫荡了旧制度下的法国大学，还包括中等教育体系的一部分——以及一系列慷慨的奖学金捐赠体系。[12] 拿破仑创建了一个公立中学体系［主要靠帝国财政资助的国立中学（*Lycées*）被称为皇家学校（*colleges royaux*），另外还有市立学校（*collèges*）］与私立或教会中学（也称为 *collèges*）相竞争。他又在 1808 年的学士学位资格考试中设立了一个法国式的高级中学毕业考试证书，这成为接受高等教育以及获得学术职业的一个先决条件。旧有的法国大学被分解为机构各自独立的学院

[11] R. Chartier, D. Julia and M.-M. Compère, *L'Education en France du XVIe au XVIIIe siècle* (Paris, 1976), 249-297 (written by Compère), esp. 273-276, 292；也参见 294 页注释 7；R. Chartier and J. Revel, 'Université et société dans l'Europe moderne: position des problèmes', *Revue d'histoire moderne et contemporaine*, 25 (1978), 353-374, esp. 366-368.

[12] R. R. Palmer, 'Free Secondary Education in France Before and After the Revolution', *History of Education Quarterly* (1974), 437-452.

(faculties 或 school)。其中，法学院、医学与药学院这些职业性学院，较
241 之文理学院（前身是传统的文学院），长期保持着更大的规模和更重要的地位。直到 19 世纪晚期，文理学院实际上几乎招不到学生就读。它们负责学士学位考试，确认未来的中学教师的资格（主要测试内容为中学的课程），也为业余听众开设公开的讲座。到 19 世纪 70 年代末和 80 年代，这些非职业性的大学学院才开始招收正规学生，并进行严格的中学后教育；到 1896 年，当时已有的各学院开始联合起来组成地区性的“大学”。天主教神父的培养在高等神学院（*grands séminaires*）中占据了核心地位。[13] 但自 19 世纪以来，法国大学学院最强的竞争对手是著名的大学校（*grandes écoles*）。[14] 大学校每年通过竞争性的入学考试招收数量有限的学生，他们在接受 1 年或更长时间的特殊中学后“预备”课程学习后，通常还要学习 3 个学年的课程。从 19 世纪晚期开始，法国建立了非大学的高等教育机构，其中许多是技术专业，这些机构有时也被称为大学校。因此，在本章的时间范围内，我们在分析法国大学的入学人数时就要注意这一背景。

在 1843 年法国教育部提供可靠的统计数据之前，据估计，法国公立和私立中学在 1842 年的入学人数大致相当于 1789 年提供完全课程的学校的入学人数。[15] 从 1789 年到 1809 年，中学入学人数减少，随后大幅增加。1820 年和 1831 年，获得学士学位奖金的人数略超过 3000 人，但到 1842 年又降至 3000 人以下。这表明，19 世纪三四十年代发生在德国的受教育人口过剩的情况，在法国缺乏数据的支持。由于缺少 1789 年到 1870 年间的法国大学注册的统计，获得学士学位奖金者的比例就成为非常重要的数据。

假定在 1820 年到 1842 年间获得学士学位的人数相对稳定，再根据

---

⑬ 参见第四章，第 113 页；第十章，第 396、399—400 页。

⑭ 参见第二章，第 57 页。

⑮ D. Julia and P. Pressly, ‘La population scolaire en 1789; les extravagances du Ministère Villemain’, *Annales: Economies, Sociétés, Civilisations* (1975), 1510-1561.

1789年已有大学0.6%的入学率，我们可以得出一个假说：法国中等和高等教育的容纳度在19世纪早期保持着稳定的水平。应该指出的是，到19世纪末，法国学士学位奖金获得者在相应年龄段中的比例，通常要比大学入学人数所占的比例更高。很明显，不同于德国的高级中学毕业考试证 242
书，学士学位在19世纪经常是最终的学位。除了暂时性的起伏外，法国学士学位获得者的比例平稳但缓慢地增高，到两次大战之间，出现了一次急剧增长。大学入学率的变化呈现同样趋势，如果包括19世纪末、20世纪初的大学校、高等神学院以及其他技术学校的数据，情况也同样如此。

法国的情况与德国的一样，非古典和半古典中学至少从19世纪60年代起开始发挥它们的作用。从当时的国立中学和学校中，发展出一套“专门”或（后来的）“现代”课程。自19世纪80年代末以来，现代中学毕业生是否能够接受高等教育这个问题，引发了激烈的争论。虽然这些毕业生在1902年名义上取得了同等的地位，但学士学位奖金获得者的比例直到两次大战之间仍然保持相对稳定，1910—1911年还略微有所下降。不
过，在19世纪90年代，“知识无产阶级”在法国比在德国遭受到更严厉 243
的谴责。[16]可能是因为我们有关法国的数据不够准确，所以不能反映引发这种忧虑的短期注册人数的波动情况。

通过比较19世纪下半期法国和德国的数据，我们可以看出法国的中学毕业生比例稍高于德国。从19世纪90年代起，我们也能得到可靠的数据来计算法国大学注册人数在各年龄段中所占的比例，特别是我们还能将非大学的高等教育机构情况考虑进来。德国的理工学院在19世纪和20世纪之交才具有大学水平，它们在统计上的重要性有时不及我们所设想的。在法国，一流大学校在学术和社会声望上都高于大学学院，而一些声望不及它们的技术学校从19世纪末起也发展起来。因此，我们必须重新考察一项传统假设，即认为在德国高等教育对工业的推动比在法国更有力。事

---

⑯ 有关现代中学教育和法国“知识无产阶级”的争论在下书中进行了分析。F. K. Ringer, *Fields of Knowledge: French Academic Culture in Comparative Perspective*, *1890-1920* (Cambridge, 1922), 52, 127-140.

实上，考虑到数据必然不会精确无误，我们能从表 7.2 中得出的最重要的结论，便是在那一时期内，法国和德国的高等教育入学率非常接近，而且在用作比较的各时间段中，至少是到两次大战之间，两国的入学率都在增长。

表 7.2　法国大学和德国大学 1840—1930 年的入学情况[α]❷

时间	法国		德国		
	相应年龄段中中学毕业生的百分比	以 4 岁为一年龄段中大学生的百分比	相应年龄段中中学毕业生的百分比	相应年龄段中大学新生的百分比	以 5 岁为一年龄段中大学生的百分比
1842	0.5				
1854	0.7				
1865	0.9				
1870—1871			0.6	0.5	0.4
1876	0.8	0.5			
1880—1881		0.5	0.8		0.6
1886—1887	1.0	0.6			
1890—1891		0.8	0.8	0.6	0.6
1898—1901	1.2	1.2	0.9		0.7/1.0
1910—1911	1.1	1.7	1.1	0.9	0.9
1920—1921	1.4	2.1	1.3		1.2
1930—1931	2.3	2.1	3.3		1.6/2.1

α 该表数据取自或算自表 7.1，以及 Ringer, *Education and Society*, app. Tables Ⅸ, Ⅺ——根据出版的政府统计数据。学士学位奖金获得者的数据是他们在 17 岁男女青年中所占的百分比。法国大学注册学生在 19—22 岁年龄段（包括男女）中所占的比例，1880 年可能略低于大学入学率，在两次大战之间可能略高于大学入学率。法国非大学的高等教育机构（大学校、高等神学院以及一些高等技术学校）的学生人数没有被统计在该表中，大致估计它们招收的学生为大学生人数的 10%—15%。在法国大学的外国学生比例，从 1901 年的 6%，上升至 1911 年的 13%，到 1921 年再次达到 13%，在 1931 年为 22%。从 1900 年起，大学入学率明显超过学士学位奖金获得者的比率，这是由于学习期限的延长、外国学生的增多以及一些学生进入不授予学士学位的院系学习（作为不考学位的学生或特别生）。

❷ 该表在原版书第 242 页。

19世纪英格兰的中等教育是私立或“独立”的中学，包括持有特许状的“公学”（它们是寄宿学校），这些都在提供古典课程。1902年教育法颁布后，“保留下来的”文法学校的发展影响了相应年龄段的大部分学生。尽管“公学”和其他独立的寄宿学校的学生人数有所减少，它们却继续控制着进入牛津和剑桥两所古老大学的渠道。1836年伦敦大学作为考试和学位授予机构成立之前，这两所大学是英格兰仅有的两所大学。从1851年开始，特别是在1870年后，第二组具有大学水平的机构才发展起来。[③]

表7.3的第2列是牛津和剑桥大学的入学率。直到19世纪40年代，表中的数据都能反映英格兰和威尔士的大学入学全部情况，它们到1870年仍然是适当而又完整的数据。1870年后，伦敦大学系统以及“红砖”大学的迅速发展，很快使英格兰大学的注册人数在相应年龄段中所占的比例翻了一番。必须指出的一点是，表中的比例计算了1900年之前一部分 244
非全日制的学生人数，不过值得一提的是，19世纪晚期整个英格兰大学的入学率十分接近法国（和德国）的水平。1900年后，英格兰大学体系的发展却明显逊于法国大学学院的发展。如果加上教师教育学院以及其他继续教育机构（特别是技术教育）的入学人数，英国所有高等教育机构的容纳度指标在1901年为1.2%（占相应年龄段人数），在1924—1925年为2.7%。[④] 因此，英格兰与欧洲大陆国家在大学体系上主要的区别是，在1850年前两所古老大学入学率较低。牛津和剑桥当时的入学率仅为 245
0.2%—0.3%（占相应年龄段人数比例），这个数字远远落后于法国和德国大学体系的入学率。这种区别很大程度上，是因为在英格兰，律师和医生的职业培训分别是在培养律师的四个学院以及教学医院中进行的。两所古老大学在19世纪主要教授古典学科和文学，剑桥大学还包括数学。而

---

③　参见第二章，第53—55页。

④　更多这方面的数据，参见 Ringer, *Education and Society*, 228-230，取自 Great Britain, Committee on Higher Education, *Higher Education: Report of the Committee... under the Chairmanship of Lord Robbins*（‘Robbins Report’, London, 1961-1963）。

在 1870 年前，法国大学的文理学院几乎没有几个学生。

表 7.3　英格兰大学和法国大学 1700—1930 年的入学情况❸

（在相应年龄段男女人数中所占的百分比）[a]

时间	牛津和剑桥	英格兰大学	法国学士学位获得者	法国大学
1700s	0.5			
1800s	0.2			
1810s—1840s	0.3			
1850s—1860s	0.2	0.2	0.8	
1870s	0.3	0.3	0.8	0.5
1880s	0.3	0.6	1.0	0.6
1890s	0.3	0.8	1.2	0.9
1901		0.7		1.2
1911		1.0	1.1	1.7
1921		1.4	1.4	2.0
1931		1.3	2.3	2.9

α 牛津和剑桥每十年入学新生人数在相应年龄组（包括男女性）所占的比例计算自 L. Stone (ed.), *The University in Society*, vol. Ⅰ: *Oxford and Cambridge from the 14th to the Early 19th Century* (Princeton, 1974), 91-92, 103, 以及 B. R. Mitchell (ed.), *Abstract of British Historical Statistics* (Cambridge, 1962)；相应年龄段的人数包括英格兰和威尔士的数据。斯通有关 17 世纪早期的数据显示，牛津和剑桥入学人数在相应年龄段所占的比例为近 1%。1861 年、1871 年等英格兰和威尔士大学的注册人数，包括了一些非全日制学生的人数，取自 R. Lowe, 'The Expansion of Higher Education in England', in K. Jarausch (ed.), *The Transformation of Higher Learning, 1860-1930: Expansion, Diversification, Social Opening, and Professionalization in England, Germany, Russia and the United States*, Historisch-sozialwissenschaftliche Forschungen 13 (Stuttgart, 1983), 37-56, esp. 52；但洛（Lowe）的数据已经被校正（有所增长），以反映假定的 4 学年（不是 5 学年）学习期限，也使得这些数据与法国的数据有更大的可比性。直到 1961 年，54%进入牛津和剑桥的英国学生，是来自"独立"（independent）学校。也参见 Ringer, Education and Society, 220-230。有关法国的数据，参见注释 16。

❸ 该表在原版书第 244 页。

表7.4显示的是，如果考虑到平均学习期限的差异，19世纪在20—24岁(包括男女性)的5岁年龄段中所占的比例，除法国和德国以外的欧洲大多数国家的大学以及某些具有大学水平的机构的注册人数，可能与真实情况有不同程度的出入。

表7.4　欧洲各国大学注册人数在相应年龄段的比例

(在20—24岁的5岁年龄段中所占的百分比)[α]

国家	1840年	1870年	1880年	1890年	1900年	1910年
奥地利	0.9	0.7	1.0	0.9	1.1	3.8
比利时	0.5	0.7	1.0	1.0	0.9	1.3
英格兰		0.4	0.6	0.7	0.8	1.3
芬兰	0.3	0.4	0.4	1.1	1.2	1.2
意大利		0.5	0.5	0.8	1.0	1.1
荷兰	0.6	0.4	0.5	0.7	0.7	1.1
挪威		0.7	0.5	1.0	0.7	0.8
葡萄牙		0.2	0.2	0.3	0.3	0.2
苏格兰		1.4	1.9	1.8	1.4	1.9
西班牙		0.9	1.0			1.2
瑞典	0.6	0.5	0.6	0.9	0.7	0.9
瑞士			0.7	0.9	1.4	2.2

α H. Kaelble, *Soziale Mobilität und Chancengleichheit im 19. und 20. Jahrhundert* (Göttingen, 1983), 200-202. 各个国家对具有大学水平的教育机构的界定都各有不同，表中的一些数据也适用于较指定时期或早或晚一点的时间段。1900年前，奥地利的数据包括了奥匈帝国的数据；1900年后的数据只涉及以后的奥地利共和国的区域。英格兰的数据包括了威尔士。

由于平均学习期限比较接近4年而不是5年，表7.4中的数据可能较实际大学入学率低了近25%。我们可能很难充分了解表中所列的各个国家的教育体系。尽管如此，我们还是能够从表中的数据得出两个普遍性的结论。第一，除了个别因分类不同而带来的差异外，这组数据具有一定的典型性，与表7.1中由比较可信的德国数据推算出的情况相去不远。除少

246 数例外，我们可以得出1870年前后欧洲国家的大学入学率为0.4%—0.7%（入学人数占20—24岁5个年龄段的百分比）。第二，尽管从1840年到1870年没有数据显示入学率持续增高，但从1870年后大学容纳度的水平都普遍提高，在世纪之交达到0.7%—1.2%（占上述5个年龄段人数比例），入学率在第一次世界大战爆发前都保持了稳定的增长。鉴于所涉及的复杂性，这些都是精确界定的一致性模式。只有葡萄牙的数据明显低于标准，当然英格兰的入学率从1870年起也相对较低。作为补充的1900年前苏格兰的数据，显示出该地区大学入学率提前有了增长，这点也值得我们进一步关注。

学生的准备与分布

当我们考察大学新生（包括外国学生和女学生）在中等教育中接受的预备学习，以及他们进大学后对院系或专业的选择时，虽然我们提出了一些细节的差别，但也同样能够得出一些总体的模式。尽管从19世纪60年代起，法国和德国的"实科"或"现代"中学就发展起来，但直到世纪之交，学习这些课程以及从这些学校毕业的学生才普遍为大学所接受。即使在当时，德国大学的新生仍有超过80%的人都是从文科中学获得高级中学毕业证书的。19世纪90年代，进入牛津大学的英国学生中约有60%来自古典中等教育机构，即在当时已经获得承认的"公学"。其他接受捐赠或收费的文法学校，也提供古典课程的教育，就像1902年后"保留下来"的文法学校。因此，英格兰各类中学从未像法国和德国各类中学那样，在课程上有重大且明显的差异。另一方面，正如上文所提到的，精英性独立中学在1902—1904年为牛津和剑桥提供了近2/3的新生，20世纪30年代它们向牛津和剑桥大学输送的学生仍占新生的大多数。[17] 因此，英格兰的独立寄宿中学相当于德国的文科中学和法国（尤其是在巴黎）的国立中

---

⑰ *History of Oxford*，Ⅷ，53，表3.2.

学。19 世纪晚期，英格兰、法国和德国大学中的外国学生人数较多，在两次大战之间也比较多。下表（表 7.5）是他们在全部大学生中所占的比例。

表 7.5　德国、法国和英格兰外国学生情况（在全部大学生中所占的百分比） 247

	1900 年	1920 年	1930 年
德国	7		4
法国	6	13	22
牛津	6		12

瑞士大学同样吸引了较多的外国学生，包括一些有才华的女学生，她们在世纪之交通过这种途径来接受高等教育。[18]

从 1890 年到 1920 年的法国、德国和英格兰，女子中等和大学教育获得了重大发展。法国女子国立中学和学校在 19 世纪 90 年代取代了旧式的“女子中学课程”，到 1901 年，女学生在法国大学生中的比例达 3%。19 世纪 90 年代的德国，较早时期建立的“高等女子学校”增加了高级中学毕业考试证书的课程，少数女学生开始进入大学，她们通常是旁听生或不考学位的特别生。20 世纪前 10 年（普鲁士是 1908 年），德国建立起经过认证资格完备的女子中学（*Lyzeen*），大学也不再对招收女学生作任何限制。英格兰女子教育的变革开始得更早一些。从 1869 年到 1893 年，剑桥和牛津大学共成立了 8 个女子学院。[19] 从 1884 年起，女学生能够参加牛津的入学考试，从而促进了女子学院的发展；但直到一战后，女学生才能获得牛津和剑桥的学位。

表 7.6 显示了 1900 年到 1930 年间欧洲一些国家大学中女学生的比例。

---

⑱ 参见第二章，第 69 页；第十四章，第 585 页。

⑲ *University of Cambridge*, Ⅳ, 301-330.

表 7.6　1900—1930 年欧洲一些国家的女大学生在大学生中的比例❹

（在所有大学生中所占的百分比）[a]

国家	1900 年	1910 年	1920 年	1930 年
奥地利		8	14	17
法国	3	9	13	26
德国		4	9	18
英国	17	19	27	26
意大利		17	20	15
荷兰	7	14	15	18
西班牙			4	7
瑞典	3	8	10	15
瑞士	20	22	12	12

α 取自 Kaelble，*Soziale Mobilität*（表 7.4 的注释），222-224。1900 年到 1910 年的数据实际只包括英格兰和威尔士的数据，取自 J. Howarth and M. Curthoys，'The Political Economy of Women's Higher Education in Late Nineteenth and Early Twentieth-Century Britain'，*Historical Research*，60（1987），208-231，esp. 210-211。德国和法国的数据与 Titze，'Hochschulstudium'（注释 1）以及 Ringer，*Education and Society* 中的数据相同。一些时间段与表中所列的时间段有前后两年的出入。从 1910 年起，奥地利和荷兰的数据包含一些非大学的高等教育机构数据。

一战前，瑞士女大学生的比例非常高。这反映出，瑞士大学与欧洲很多国家，尤其是俄国的大学相比，在早期女大学生的培养中占据了重要地位。伯尔尼 1903—1904 年女大学生占全部学生的近 35%，但这些女大学生中只有 1/10 是瑞士人。英国大学中女大学生的比例更引人注意，特别是在考虑到牛津和剑桥的入学率增长缓慢的情况下。法国女大学生的比例同样增长迅速。而在德国，女子高等教育直到 1930 年前后才取得重大进
248 展，但不久之后纳粹党的政策又阻碍了这种发展。从 1920 年到 1930 年，意大利大学女学生比例下降，同样也是因为意大利法西斯政党的政策。另

❹　该表在原版书第 248 页。

外，西班牙的指标也特别低，极不正常。[22]

表7.7概括了法国和德国大学各主要院系及专业中学生分布的长期趋势。德国大学最重要的发展是天主教和新教神学的衰落，人文学科和自然科学的兴起，或更明显的“哲学院”的发展。这两种趋势几乎也能概括其他大学体系的发展特征。在法国，我们应该注意到，由于国家兴办的天主教神学院缺乏生源，它们最终在1885年停办；[23] 在整个19世纪以及20世纪伊始，文理学院取代了以前的人文学院，法学院占据了领先的地位。由于文理学院系不够突出，法国的法学院显然发挥了多方面的作用。这种模 249
式可能是由于在法国传统中法律职业拥有高贵地位的缘故。直至19世纪60年代，法国法学院的学生中也只有一半人去从事法律职业。[24] 从19世纪末起，法国的法学院还开设经济、政治和社会课程，力图加强对未来公务员的培训。

无论如何，19世纪法国大学中职业学科院系的发展与同时代牛津和剑桥大学课程所强调的重点之间的差异，并没有我们想象中的那么大。牛津大学尽管出现了一些新的学位科目（尤其是在1870年后），古典、文学和哲学课程却长期保持支配地位。剑桥大学数学和科学研究比较发达；伦敦大学体系提供了很多科学、技术与医学方面的专业。进入20世纪后， 250
正是在牛津和剑桥，而不是在德国大学，延续了洪堡的那种对通才教育的

---

[22] See J. C. Albisetti, *Schooling German Girls and Women: Secondary and Higher Education in the Nineteenth Century* (Princeton, 1988), 204-305, esp. 297-301; S. Ulivieri, 'Women and the University Studies in Italy', in *Higher Education and Society in Historical Perspectives* [7th International Standing Conference for the History of Education] (Salamanca, 1985), vol. Ⅰ, 658-667; *Alma Mater Studiorum. La presenza femminile dal XVII al XX Secolo*. Ricerche sul rapporto Donne/Cultura Universitaria nell'Ateneo Bolognese (Bologna, 1988); M. Raicich, 'Liceo, università, professioni: un percorso difficile', in S. Soldani and F. Angeli (eds.), *L'educazione delle donne* (Milan, 1989), 147-181; J. Stephenson, 'Girls' Higher Education in Germany in the 1930s', *Journal of Contemporary History*, 10 (1975), 41-69.

[23] 参见第十章，第396页。

[24] G. Weisz, 'The Politics of Medical Professionalization in France 1845-1848', *Journal of Social History*, 12 (1978-1979), 3-30, esp. 28. 接下来的论述也参见：Weisz, *Emergence*, 188-189。

偏好。这也正好有助于解释英格兰高等教育的容纳度为什么从 19 世纪早期起就远不及法国和德国了。

表 7.7 1830—1914 年法国和德国大学各院系及学科中学生的分布情况❺
（各列的数据为整数百分比）[α]

德国大学	1830—1860 年	1860—1890 年	1911 年
神学	30	20	10
法学、政治学	30	25	20
医学	15	20	20
人文	15	15	25
科学	5	10	15
辅修专业	5	10	10
法国大学及学院	1850—1870 年	1870—1890 年	1911 年
法学、政治学	50	40	40
医学	25	35	25
文学	5	10	15
科学	5	5	15
辅修专业	15	10	5

α 引自 Ringer, *Education and Society*, 60, 149, 根据 app. Tables Ⅴ, Ⅺ。所有百分比都是近似值，旨在反映出长期趋势。对德国大学，没有区分天主教和新教的神学院；法学与政治学包括了财政学或政治科学（*Staatswissenschaften*）；人文指的是人文学科（*Geisteswissenschaften*），通常还包括哲学院中的自然科学；辅修专业包括药学和农学。对法国大学，法学院实际上提供一些在德国大学被称为政治科学的专业；辅修专业指的就是药学；1850—1870 年的数据是根据学位奖金获得者的人数而非注册学生人数计算的。

大学学习的费用

在大致描述了一些欧洲大学系统学生的入学以及他们在各学习领域的

❺ 该表在原版书第 249 页。

分布后，我们应回到本章开始部分提出的一些问题上：导致大学注册人数的模式发生短期和长期变化的原因是什么，推动学生进入高等教育机构或者使他们不能进入的因素是什么？

在英格兰，天主教徒和非国教徒直到19世纪50年代才被获许进入牛津和剑桥，直到1871年才能获得高等学位。但这种情况只是一个绝对的例外。

到两次大战之间为止，欧洲的大学通常都要收学费；但学费一般都比较公道，只有牛津和剑桥的学院才收住宿费。对很多学生来说，多种正当的方式有助于减少他们大学学习的直接费用，例如“免费名额”和（或）减收学费，由宗教和慈善团体（尤其是在英格兰）、个人或国家（尤其在1800年后的欧洲大陆国家）赞助奖学金等。从现代早期到19世纪，赞助和帮助贫困学生，尤其是神学院新生，成为欧洲高等教育中一项重要社会特征。[25] 1899—1900年，普鲁士大学中约16%的普鲁士学生得到了奖学金，6%的学生获得了免费名额，17%的学生获得了某种资助；但这些比例不能叠加起来，因为一些学生接受了不同种类的资助，他们的人数不能确定。[26]

中学的直接费用可能会比大学学费产生更重要的社会影响，实行寄宿 251
制的英格兰“公学”以及法国的国立中学和私立或教会办的学校学费最贵。农村和小城镇的家庭，通常是付钱给离家最近的完全中学或较低水平的中学，让子女到这些中学读书。由拿破仑建立的国家奖学金所赞助的学生，还不及大革命前由基金和捐赠所资助的学生多；而且，法国的国家奖学金在19世纪往往落入下层官僚子女的囊中。[27] 巴黎的国立中学为大学校升学考试开设的专门课程，成为一道严峻的经济屏障，尤其阻碍了那些没

---

[25] 有关18世纪德国贫困的神学院学生生活环境和精神面貌的生动描述，参见：A. J. LaVopa, *Grace, Talent and Merit: Poor Students, Clerical Careers, and Professional Ideology in Eighteenth-Century Germany*(Cambridge, 1988)。

[26] Titze, ‘Hochschulstudium’(注释1), 282；不过，我们只能找到1886—1887年和1911—1912年的普鲁士大学的详细数据。因此，即使对一个国家，我们都很难概括出一个有关学费或资助机会的体系，更不用说进行跨国的比较研究了。也参见第四章，第108—109页。

[27] Palmer, ‘Free Secondary Education’(注释14).

有突出学术成绩的外省年轻人。对中学学费和资助机会，我们也没有进行过系统的或比较的研究。在我看来，从平均的中学直接费用来看，英格兰和法国的学费比德国高；德国中学形成了一种比较密集的非区域性网络，其中包括较低级的中学，因此它们的学费可能相对较低。

不过，高等教育和中等学校的直接费用并非是影响大学入学人数的决定性因素。延缓年轻人进入劳动力市场期间的间接费用可能更加重要。经过大学学习阶段的竞争后，学术职业的求职者，尤其是法学和医学的应聘者，通常还要进行几年没有薪水的实习，如果遇到就业机会减少的时期，他们的实习期可能还会延长。从 18 世纪起，普鲁士以及更多国家形成了强烈的精英和政府传统，努力控制进入官僚阶层和学术职业的标准，从而形成了一套复杂的正规证书制度，如果毕业生要从事政府法律服务以及自由职业，就比担任神职和当中学教师更需要这些证书。[28] 获得这些证书的间接费用必然会影响到一个家庭的计划，而且有关这些职业中人员过剩的说法也会得到认真考虑。因此，相对于全部间接费用，学费可能不是决定
252 性因素。例如，法国中学在 1928 年到 1933 年停收学费，但这一时期中学一年级的注册人数并没有迅速增加。[29]

另一方面，制度和课程方面的藩篱也意义重大，它们将初级和初级后（post-primary）学校与得到正式认可的中学区分开来，也与像德国的高级中学毕业考试和法国的学士学位考试这样的严格考试区分开来。实际上，正是中学的体制和课程真正调控着大学的入学情况。这再次引起我对 19 世纪晚期欧洲中等教育分轨重要社会意义的关注。我们能够实际观察到，甚至精确计算出中等教育体系迎合不同社会团体需要的不同“渠道”或“路径”。有关中学分轨的实例，在德国表现为文科中学与其他声望不高的中学在资格上的差异，在法国从 1860 年起表现为古典中学和“现代”中学之间的分野。在英格兰，中学在课程设置上似乎不存在差异，而这种独

㉘ See P. Lundgreen, ‘Zur Konstituierung des “Bildungsbürgertums”: Berufs-und Bildungsauslese der Akademiker in Preussen’, in *Bildungsbürgertum*, esp. vol. Ⅰ, 79-89.

㉙ Ringer, *Education and Society*, 141-142, 327-328.

特的社会化模式也发挥了相似的作用。教育中尤其是在中等教育水平上的分轨，会使人们社会或身份上的差距长期保持下去。正如马克斯·韦伯所说，它们滋生和维持的身份等级，并不必然与现有财富与经济势力的层级相对应。用彼埃尔·布迪厄的术语来说，“文化资本”的分配与“经济资本”的分配不存在简单的一致性。总之，教育分割所累积的影响能使阶级差异合理化，并进一步扩大。[30]

有关问题不再赘述。在此只想指出，中等教育体系的分轨如何影响到家庭对子女接受高等教育的规划。正如 19 世纪晚期法国教育改革家所指出的那样，一个独立的工匠、小店主或小商人，可能不太愿意负担自己儿子在古典中学所需的间接费用，因为一个年轻人在古典中学学习的东西，只有在他取得优秀成绩并完成全部课程时，对他才是有用的。如果他不能做到这点，他在学校里学到的东西对他家庭的生意就派不上用场了。因此，如果可能，尤其当古典中学长期强调古代语言的学习而具有排他性时，到一所非古典的、有实用价值的中学读书，从经济上看是一种合理的
选择。同时，一些纯粹的个人情绪也会妨碍来自殷实家庭的学生进入最有 253
声望的中学学习。这些学校所代表的小圈子的文化氛围，似乎令人难以接近；到它们中读书就像进入一个比较陌生的环境，可能遭受一些精神上的损失。因此，在某种程度上，那些在社会中不太有利的群体，可能会“自愿”放弃他们上大学的最可靠方式。

另一方面，当学生们真正进入中学后，由于各种原因，一些新的因素开始影响他们。对那些来自殷实家庭的、有前途的学生，老师们可能会鼓励他们去憧憬一个不同于他们父母所设想的未来。而且，既然每年读书都要花钱，那么学生们就更应该一直读完中学。因此，一些较低水平的中学逐渐（尽管有所反复）增加它们的课程，它们的毕业生人数也有所增多。

---

[30] 参见：Ringer，*Education and Society*，esp. 12-22，28-30；D. K. Müller，F. Ringer and B. Simon(eds.)，*Rise of the Modern Educational System：Structural Change and Social Reproduction 1870-1920*（Cambridge，1987），esp. the Introduction（F. Ringer），第二章（F. Ringer）和第四章（H. Steedman）。

比如，法国的“专门”或（后来的）“现代”中学的课程，在开办之初具有“实用的”倾向，后来就为一种更强调“通识性的”和学术性的课程所取代（“通才方向”）。这种课程呈现出那些最负名望的中学的许多特征，背离了教育规划者的明确意图。在这些学校中，教师和家长们更希望他们的学生能够获得同等的进入大学的资格；而那些更早设立的学校或课程体制的既得利益者则对此表示反对。因此，我们就有可能认清在 19 世纪欧洲中等教育体系的分割中存在着排斥和包容两种力量，也可以理解 1870 年后发生的教育冲突（至少是发生在法国和德国的冲突）。

另一个影响中学生进入大学的主要因素是社会对大学毕业生的“需求”。需求这一概念本身在某些方面就成问题。我们通常只知道大学生的“供给”，而对“需求”的认识是间接，甚至是推测出来的。当然，我们可以说，既然有供给就是有“需求”，可以用需求来“解释”供给。我们已经讨论了一些例子，它们能够证明或我们可以从中推论出：在短期内，（社会）对大学毕业生需求量的反复匮乏是能够发现或适当想象到的，然而入学人数的急增可能就会面临着受教育者的专业人员需求相对稳定的（矛盾）。从 19 世纪 60 年代起，法国建立了“专门”中学体系，中学入学人数的增多造成了直接且深刻的社会影响，从而将早已存在的社会需求问题相应地推向前台。但长期而言，大学入学的反复变化问题还存有争议，
254 我们要分析这个问题就更加困难。我们对短期内大学教育供需之间不平衡的理解，能否用来解释长期的循环趋势？实际上，我们又回到本章开始部分提出的一些问题上，回到那些与欧洲大学入学人数增长的主要趋势相关的问题上。到现在，我们是否应该对这些问题做一个总结性的回答呢？

大学入学人数的增长

我们需要对 1800—1870 年大学入学人数的增长做一个简要回顾。在德国，注册人数在 1830—1831 年首次增至一个高峰，接下来 10 年内持续减少，大约到 1870 年左右，相应年龄段中大学的入学率达到一个低谷。

在 1830—1831 年高峰期，德国出现了对受教育者“过剩”的担忧，其他一些国家也出现类似情况。这非常符合短期内需求量匮乏的模式，随后入学率保持一种稳定水平，更证明了上述模式。如表 7.4 所示，在 19 世纪中叶前后，欧洲大多数国家的大学入学率（在以 5 岁为一年龄段的人中所占百分比）相对稳定，大致为 0.4%—0.7%。在最近一项有意思的研究中，简·阿特（Jan Art）统计了比利时大学的登记（不是注册）情况后同样发现，学生人数在 1828—1831 年一度达到高峰，此后有所减少，到 1870 年前后开始出现比较稳定的增长。[31] 我提出的假设是，在早期工业时期毕业生的供需之间达到了平衡状态，这种平衡反映的是传统学术职业中入学率的稳定增长，而不是那些直接与经济发展相关的职业的就业情况。而且，我也认为，在 19 世纪，大学入学率的发展似乎与经济周期的变化相反。[32] 比利时的研究支持了上述短期模式，也反映出大学学习在一定程度上是对经商的代替。实际上，中产阶级可以根据他们从事的不同职业领域分为两个部分。其中一部分人是在工业化和经济资本的积累中发家的，他们通常并没有接受大学教育。另一部分人则是不同层次的受过教育的专业人员，包括普鲁士和其他一些大陆国家的政府职员，他们追求学历教育或“文化资本”。

1870 年后，大学入学的变化更为复杂。一方面，法国也明显出现了
蒂策所证明的那种发生在德国的学术“过剩”的短期反复模式。这种情况 255
可能由于“大萧条”而被夸大了。另一方面，更长时期内的结构性变化正在进行。尤其是德国中等教育的变化，德特勒夫·米勒（Detlef Müller）将之概括为一个“系统化”进程。他认为，19 世纪早期的普鲁士，文科中学招收了很多不准备读大学的学生，他们提前离开中学，从事各种不需要中学毕业资格的职业。这能使来自殷实家庭的学生接受中等教育，他们

---

[31] J. Art, 'Les Rapports triennaux sur l'état de l'enseignement supérieur: un arrière-fond pour des recherches ultérieures sur l'histoire des élites belges entre 1814 et 1914', *Revue belge d'histoire contemporaine*, 17(1986), 187-224.

[32] Ringer, *Education and Society*, 50-51.

中一部分人最终能够完成中学学业并升入大学。然而，当各种课程的区别被明确界定、课程之间相互分离后，这种模式潜在的推动力就遭到了破坏。从 19 世纪 60 年代起，特别是在 19 世纪末，各类中学之间的界线被更严格地划定；课程和毕业资格被仔细确定，整个中等教育体系中各个部分在功能上的关系也充分体现出来。系统化过程在某种程度上是一种带有官僚性的合理化过程，但它也反映出社会分工中的一种冲突。先前那些提早离开文科中学的学生，在此时则流入实科和高级实科中学，这两种中学在很长时期内都没有完全获得承认。在法国和英格兰，我们也能发现一种系统化的进程。精英的大学预备教育、非精英的中等教育与高级小学所构成的复杂的教育等级结构，取代了之前的那种精英中等教育与大众初等教育的二元体制。[33]

在我看来，法国和德国中等教育的分离是在 1870 年之后才最为突出。在有关承认古典和“现代”两组课程的激烈争论中，教育保守主义者相当清楚地表达了他们的社会排斥意图。伴随这股排斥力，包容力也在发挥作用。法国的情况最明显，非古典中等教育课程的出现和发展，也给中等教育体系增添了新的社会群体。当非古典课程逐渐转向通才教育的方向、呈现出更学术化的特征时，它们的支持者也开始为它们的毕业生寻求升入大学的途径，而他们的要求总会得到满足。在 19 世纪和 20 世纪之交，不仅在法兰西共和国，而且在德意志帝国，完成了中学课程的中学毕业生大致
256 都获得了进入大学学习的同等资格。中学毕业率和大学入学率，尽管暂时有所下降，最终都保持了增长趋势，直到第一次世界大战爆发，而在一战后又继续增长。

1870 年后高等教育的发展，不仅表现为大学入学率的增长，还表现为新大学（在英格兰）以及其他非大学高等教育机构的建立。这些非大学高等教育机构很多是技术和专门学校，它们逐渐取得了与大学同等的地位。一种观点认为，这一时期内高等教育机构的扩充，更加密切了中等和

---

[33] Müller, Ringer and Simon, *Rise*（注释 29），esp. 第一章（Müller）and 第三章（Simon）.

高等教育与工业发达时期的职业体系之间的相互联系。这些职业体系需要年轻的专业人员，尤其是科学与技术方面的专家；和早期工业时期的专业人员相比，他们需要接受更多教育，而且他们中更多人将从事商业和工业职业，而不是旧式的自由和学术职业。我们不能简单把这些变化看作是教育对经济"需求"的适应。在当时有关教育的讨论中，社会和政治因素至少是与经济因素同等重要的。更有甚者，19世纪末的普鲁士，直接决定了政府人员等级的严格的教育资格层级，对职业体系的塑造，远比职业体系对教育的影响更大。教育体系与职业体系之间是一种并不对等的互动关系。在这段时期内，我们可以毫不夸张地说是经济教育化，而不是教育产业化。总之，短期内大学毕业生供需的不平衡伴随着结构上的变化，这些变化在长期内引起对大学毕业生需求的增长。这就是我们对大学接纳度实际增长的解释，大多数欧洲大学的入学率在1914年前已经达到0.7%—1.2%（在以5岁为一年龄段的人数中所占的百分比）。

我们认为，大学毕业生人数的持续增长，甚至"过剩"，有时将会产生更大"需求"，因为新职业"需要"具有大学教育水平的从业人员。二战后，大多数欧洲国家的大学体系确实出现了这种情况。在晚期工业阶段的白领阶层中，接受高等教育成为一个必要而非充要条件。学术文凭的社会价值已经出现了一种"通胀"似的贬值。但大学入学发展的这一新阶段是从两次大战之间开始形成的；此时，女性开始大量进入中学和大学学习，中产阶级的改革者和稳健的社会主义政党逐渐消除了小学与中学教育之间的障碍，短期内注册人数的增长有助于削弱一种既有观念——不同层 257
次的职业对应着不同的受教育水平。

哈特穆特·克尔贝勒（Hartmut Kaelble）已经指出（没有进行精确的数字统计），从18世纪晚期到20世纪早期，欧洲教育机会的演变经历了一个从"慈善"时期到"竞争"时期，再到"国家福利"时期的历程。[34] 大致与他的三阶段对应，尤其考虑到教育系统与经济之间关系的改

㉞ Kaelble, *Soziale Mobilität*（表7.4），172-176.

变，我认为这一时期高等教育的发展也经历了三个阶段：“早期工业”阶段、“工业发达”阶段、“晚期工业”阶段。克尔贝勒还提到其他重要观点。在 18 世纪晚期到 19 世纪早期，虽然身份观念根深蒂固，但整个社会都接受，甚至积极支持一种个人的流动，即一些有资质的贫困学生可以通过教育来获得神职或教职。而 19 世纪以来，这种社会流动模式，不仅被教育机构之间的激烈竞争所破坏，也被民众寻求教育机会与保守主义者限制大学招生这两种力量的角逐所破坏。仅仅模糊地意识到这是一次涉及面广泛的变革，当然不足以解释它；对于 19 世纪欧洲高等教育入学的发展历程的重大阶段和其中的动力机制，我们仍然还没有完全认识和理解。

大学生的社会出身

我们已经谈到了很多有关大学生社会出身及其体现出的进步性内容。如果在一个高等教育体系所接受的学生中，有很大比例是来自社会的中低阶层和低层，我们就认为这个体系具有进步性。在由教育引起的社会流动中，教育的进步性只是一个必要，但非充分条件，衡量进步性的数据基本上都是相对的。例如，一个大学体系的入学率为 10%，而学生中有 20% 来自工人阶级家庭，工人阶级子女在这个体系中的入学机会或入学率就是 1∶2，这种体系就具有相当的进步性。同样，相应年龄段中工人阶级子女入学率为 5%，大学总入学率为 10%，那么工人阶级子女在这个体系中的入学机会或入学率也可视为 1∶2。实际上，由于数据的局限，我将着重强调来自各种职业群体的学生的比例。

258 表 7.8 简单勾勒了 1820—1930 年德国大学学生的社会出身情况。1886 年后有关普鲁士大学的数据就相当准确了，从 1928 年到 1941 年所有有关德国大学的数据也很准确。有关较早时期的数据，我是根据 1821—1837 年以及 1874—1876 年一些大学的相关研究计算出的。

表 7.8　1820—1930 年德国大学生的社会来源

（根据其父亲所在的不同社会群体来区分学生，

计算不同群体学生在学生总数中所占的百分比）[α]

父亲所在的社会群体	1821—1837 年符腾堡的哈勒大学	1777—1867 年五所大学	1874—1876 年符腾堡的哈勒/莱比锡	1887—1891 年普鲁士大学	1911—1912 年普鲁士大学	1931 年德国大学
贵族	3	12	4	2	5	1
学术职业	44	44	38	25	21	25
经济中上阶层	33	15	9	16	12	11
小独立业主	23	14	19	19	23	18
低级雇员				3	3	6
低级官员	20	8	16	20	27	32
农民	7		10	12	6	4
下层/工人	1	1	5	1	2	3

α 除 1777—1867 年五所大学的数据外，其他数据都取自 Ringer, *Education and Society*, app. Tables Ⅵ-Ⅷ，倒数第三列的数据现在也可以参考 Titze，'Hochschulstudium'（注释 1）。表中的数据根据以下绝对人数计算得出：（a）1821 年和 1834 年哈勒大学的人数，加上 1837 年符腾堡邦中德国大学生的人数；（b）1874 年哈勒大学的人数，以及 1875 年符腾堡邦中德国大学生的人数，再加上 1876 年莱比锡大学的人数。“学术职业”包括：高级官员（仅限于那些在 1887—1891 年和 1911—1912 年受过大学教育的人）、大学教授和中学教师（或受过大学教育的教师）、教士、律师、内科医生，其他“自由”或“学术”（受过大学教育的）职业，以及少数军官。“经济中上阶层”包括：“工业家”（哈勒和莱比锡），其他“大商人”（符腾堡）或“保险业的独立业主”（1887—1891 年普鲁士）；在最后两列中，他们通常是指：业主、经理以及大商业公司中的主管人员。在这两列之前，“小独立业主”几乎包括了所有层次的商人和店主。“低级官员”中包含了大量低层的教师（或没有受过大学教育的教师）。“下层/工人阶级”在 1874—1876 年中不包括工匠群体。有关五所大学的情况，参见注释 43。

我们暂时不看第二列的数据，其他数据大致反映出一些长时期的变化，很多详细的分析和注解都能说明这些变化。[35] 首先，19 世纪早期德国

㉟ Ringer, *Education and Society*, esp. 81-85, 89-94, 97.

的大学生主要不是来自地主贵族和产业资产阶级家庭，而是来自受过高等
259 教育的中上阶层家庭。他们的父亲来自一个非常重要的社会群体——高级官员、大学教授、“自由职业者”，尤其是医生和律师，教士和中学教师也在其中占了相当比例。19世纪前10年，这些受过教育的精英家庭子女，约占德国大学生的45%；在一些大学和一些时期中，他们的比例甚至超过了50%。他们这种优势地位在19世纪70年代之前开始削弱，直到一战，他们的比例更迅速减少。除了魏玛时期一段持续的上升，这一群体所占的比例跌至最初比例的一半，约为大学注册人数的20%—25%。他们“腾出”的部分，几乎都被来自另一个同样重要的社会群体的子女所填补，即下级官员，还包括很多小学教师。无论与哪个国家比较，这一群体都更突出地体现了德国现代大学体系的特点。在19世纪早期，就有相当数量的学生来自这一群体，占注册人数的15%—20%；到1930年，这个比例增至30%以上。他们的人数可以被准确统计出来。

然而，对于从事产业和商业职业的人，或者说经济上的上层和中低层，他们的人数我们就不太清楚。1911年以前，我们都没有资料来区分下列三个阶层：大业主、经理和企业主管这些经济资产阶级，小独立生产者和小商人这些旧式的“中产阶级”（*Mittelstand*），低级雇员和职员这些“新中产阶级”（*neuer Mittelstand*）。表中的“经济中上阶层”，在1821—1837年、1874—1876年和1887—1891年包括了“工业家”以及少数大商人和保险代理人。这段时期表中的“小独立业主”主要是商人、店主和旅店老板。低级雇员阶层中读大学的子女直到19世纪末都为数较少；农民子女所占的比例持续减少，工人阶级子女一直都被大学拒之门外，只有在1874—1876年中才有来自工匠群体的子女进入大学。19世纪早期，经济上的中产阶级主要包括：早期的产业“市民”、小商人、小生产者和独立工匠。因此，1870年后来自从事经济职业家庭的子女在德国大学生中的比例增长，并不能体现德国大学的进步性。工人和低级雇员在劳动人口中的比例显著增长，但他们的后代却很难进入大学。相比之下，到20世纪早期，人数只占很小比例的产业中上阶层，他们的子女在大学生中的比例

却超过了10%，从而为比例有所下降的旧式的受教育精英群体，注入了“财阀”势力。当然，我们这么说并不是要否定，从1820年后，尤其是 260
1870—1930年，德国大学的招生更具进步性。我们只是认为，德国大学这种进步性变化比很多人认为的更为适度，其实，德国大学在19世纪早期就比一般人观念中的更具进步性。㊱

无论如何，这些都不能说明，从1800年到1914年，德国大学在进步性上有多么重大的发展。表7.9也证明了这点。如果忽略表中划定的时间段，从1797年到1857年五所大学的统计表明，受教育的中上阶层的子女在大学生中的比例并没有持续下降，当然它们也表明经济中上阶层的子女的比例逐渐上升。因此，即使将贵族子女比例的降低考虑在内，来自上层
和中上阶层家庭的大学生比例实际上是从1797年的65%上升至1857年的 261
74%。当然，这些学生在19世纪70年代、90年代和1910年代所占比例的趋势，与1857年前的趋势并不一致；但这些年代的数据也表明，来自中低阶层的大学生的比例保持了相对稳定，并没有增长。

表7.9　1800—1910年德国一些大学的学生社会来源❻

（根据其父亲所在的不同社会群体来区分学生，

推算不同群体学生在学生总数中所占的百分比）[a]

父亲职业	1797年	1817年	1837年	1857年	19世纪70年代	19世纪90年代	1910年代
贵族	18	13	10	10			
学术职业	40	42	47	43	34	32	30
经济中上阶层	7	12	15	21	31	35	36
中低阶层	21	23	21	18			
下层/工人	1	1	1	1	34	32	35
不详	13	9	6	7			

㊱　参见Jarausch, *Students Imperial Germany*, 第80页；K. 雅拉什更简练、更准确地总结了我的结论；他的分析与我的一致，见第122—126页。

❻　该表在原版书第260页。

α 取自 K. H. Jarausch, 'Die neuhumanistische Universität und die bürgerliche Gesellschaft 1800-1870', in C. Probst(ed.), *Darstellungen und Quellen zur Geschichte der deutschen Einheitsbewegung*, 11(Heidelberg, 1981), 11-58, esp. 14-15, 32, 39, and Jarausch, *Students Imperial Germany*, 122-128. 雅拉什(Jarausch)是根据出版的图宾根大学（1776—1817）、哥廷根大学（1779—1837）、爱尔兰根大学（1798—1843）、基尔大学（1827—1864）和海德堡大学（1807—1870）的录取记录来计算的。表中数据是根据他采用的职业分类而得出的，除不详情况所占的 8%外，这些数据都印证了表 7.8 中"1777—1867 年五所大学"的数据。第一列中的数据是有关贵族（姓名中使用 von）家庭的；"经济中上阶层"包括土地所有者和商人。在 *Students*（注释 42），雅拉什展示了 1840 年到 1910 年波恩大学学生社会来源的图表，该图表与上表类似。最后，雅拉什根据对柏林大学的调查所使用的职业分类，发现波恩大学的数据与 19 世纪 60 年代到 1910 年代柏林大学、莱比锡大学以及来自符腾堡邦的学生的调查数据是一致的。表 7.9 的最后三列数据就是雅拉什对表中三个年代的统计结果；在这三列数据中，"经济中上阶层"包括了各个层次的企业家和商人，"中低阶层"包括了低级官员（包括教师）、工匠和农民。

表 7.10 显示了 1874 年到 1931 年德国大学中主要院系和专业领域的学生社会构成，主要统计了两个最为重要且界定明确的职业群体的子女的情况。在分析该表时，我们必须将某个院系或专业的比例与所有专业的比例对照着分析。这样，我们很快就会发现，新教神学院以及人文学科中的文理（"哲学"）学院，由于负责培养中学教师，所以对于低级官员和小学教师的子女来说，便成为通过教育来提高社会地位的地方。新教神学专业也招收比例不等的来自学术职业家庭的学生；据推测它吸引了很多牧师之子前来学习。正如表下注释所指出的那样，在天主教神学院中，农民的后代占了相当比例。在"哲学"的科学专业中，来自学术职业家庭的学生比例一直比较小；直到 1900 年，在这个专业中，来自低级官员和教师家庭的学生的比例才明显增长，因为当时科学已经在中学课程中牢牢地占据了自己的位置。到 1931 年，科学专业的招生情况比人文学科更具有进步性。

表 7.10　1874—1931 年德国各专业的大学生的社会来源

（其父亲属于表中指定社会群体的学生在学生总数中所占的百分比）[α]

学生所在的院系或专业	1874—1878 年莱比锡大学学术职业/低级官员	1900 年普鲁士的大学学术职业/低级官员	1931 年德国的大学学术职业/低级官员
法学	39/9	27/17	26/27
医学	40/10	25/20	31/25
新教神学院	50/19	38/33	
天主教神学院		4/22	
人文学科	30/20	20/28	19/37
科学	27/13	19/22	16/38
技术			17/28
所有专业	37/13	23/21	22/32

α 取自 Ringer, *Education and Society*, 88, 101。"人文学科"和"科学"专业的学生包括了文学与科学院的学生。"低级官员"包括了低级教师，与表 7.8 相同。在 1900 年，普鲁士大学的天主教神学院中，有近 26%的学生来自农民家庭，而在所有专业中，农民子女只占 11%。1931 年在德国理工学院（技术）中有约 18%的学生来自业主、经理或大公司的主管家庭，而在所有专业中，这些家庭的子女只占 11%。除了"技术"专业外，其他专业的学生都只是大学生（不是理工学院的学生）。

正如我们所指出的，在 19 世纪和 20 世纪早期，学生很大比例来自政 262
府文官和教师家庭，这是德国大学的一个突出特点。表 7.10 显示，这个特点主要体现在哲学和神学院中，主要体现在未来的中学教师和神职人员的培养中。相比之下，职业性系科则吸引了比例不等的来自中上阶层家庭的学生。1900 年前后，法学院在这个方面明显领先于医学院；但到了 1931 年，情况正好相反。进入医学和法学职业——包括需要接受法律培训的高等文官——所需的直接和间接费用，会使来自普通家庭的学生望而却步。最后到 1931 年，理工学院中来自经济上层和中低阶层的学生的比例，比来自表 7.10 中列出的社会群体的比例要高得多。正如表下注释所指出的，产业精英特别关注德国高等教育中的技术教育部分。我们可以说这形成了一个不太明显的分割。

表7.11所勾勒的法国大学生社会出身情况，与德国模式形成了鲜明对比。可以肯定的是，已有数据只适用于法国高等教育的一部分，而不是整体。在分析法国大革命前的三个外省法学院的情况时，我们忽略了它们与巴黎法学院在学术和社会地位上的差别。有关19世纪60年代的一列数据，实际是中学毕业生对自己教育所做的设想，并不是所有人都能实现自己的学术理想。而且，在文理学院的地位无关紧要时，这些数据只适用于两个重要职业院系的情况。声望显赫的法学院，一度吸引了相当多并不想从事法律职业的学生前去就读。相比之下，有关两种非常著名的大学校的数据，是在非古典中学扩张并逐步获得承认时期的数据，非古典中学的发展，甚至使这些精英学习机构中学生的社会出身都发生了进步性的转变。表7.11统计得出的数据充分证明了这一点。遗憾的是，我们没有文理学院改革后的资料，它们在招生上无疑要比主要的大学校更具进步性。因此，表7.11不能反映出法国高等教育中最明显的分割，即大学校与大学院系，尤其是文理学院的区别。

即便如此，表7.11仍然表明，从18世纪晚期到1880年前后，在法国大学的职业学院以及工科学校（*Ecole Ploytechnique*）中，来自中上阶层家庭的学生占了压倒多数的比例。在法国大学生中，大多数学生不仅来
263 自自由职业和学术职业家庭（这点与德国情况相似），而且来自旧制度下有权有势的富裕家庭，来自业主即19世纪的少数贵族地主和其他类型的资本所有者的家庭，以及产业精英家庭（他们的子女从19世纪晚期才开始大批到德国的大学学习）。在分析法国的情况时，我们可以使用“资产阶级”（*bourgeoisie*）这个术语，它指代了整个拥有资产和受过教育的中上阶层；到1864年，在法国的法学院中有75%—80%的学生来自资产阶级家庭，从1880年到1914年工科学校中有近60%的学生来自资产阶级家庭。而在1911—1912年，普鲁士的大学（见表7.8）中，来自土地所有者、学术职业、大商业和大工业的经济中上阶层、经理和主管人员家庭的

学生还不到40%。⑦

表7.11　1773—1914年法国大学水平教育机构学生的社会来源

（根据其父亲所在不同社会群体来区分学生，推算不同群体学生在学生总数中所占的百分比）[a]

父亲职业群体	1773—1789年4所外省法学院	1864年有升学愿望的学生		1880—1914年工科学校	1880—1909年师范学校
		法学	医学		
土地贵族	3—4				
学术职业和官员	65—77	37	37	20	38
经济中上阶层	2—9	39	33	38	20
中低阶层	10—25			30	36
低层工人阶级	1—5	24	30	11	6

α 有关外省法学院的数据取自 Chartier，Julia and Compère，*L'Education*（注释10），277—278。这些法学院所在地为：1773—1775年杜埃（Douai），1782—1789年南希，1785—1789年第戎。“学术职业”在此包括两个规模相当的群体：（1）“高级自由职业者”和“高级官员”；（2）“低级自由职业者”和“低级官员”。“经济中上阶层”包括“资产阶级”，农村“中低阶层”有时也包括“商人”。有关打算学习法学和医学的中学毕业生数据，取自 P. Hrrigan and V. Negila，*Lycéens et collégiens sous le Second Empire：Etude statistique sur les fonctions sociales de l'enseignement secondaire publique d'après l'enquête de Victor Duruy（1864-1865）*（Paris，1979），table 15。在来自“经济中上阶层”的中学毕业生中，打算学习法学的人有29%出自业主家庭，打算学习医学的人有22%出自业主家庭。工科学校的数据参见 T. Shinn，*Savoir scientifique et pouvoir social：L'Ecole polytechnique，1794-1914*（Paris，1980）；高等师范学校的数据参见 R. J. Smith，*The Ecole Normale Supérieure and the Third Repubilc*（Albany，1982）；上表中的数据直接取自 Ringer，*Education and Society*，175—178。在工科学校，“经济中上阶层”学生中有13%来自业主和食利者家庭；“中低阶层”中有10%的店主，10%的中级官员和10%的低级官员；“低层/工人阶级”包括了广大平民。在师范学院，“学术职业”群体中包括了18%的中学和大学教师；“经济中上阶层”中包括了8%的业主和大农场主；“中低阶层”中包括了14%的中级和低级官员，10%的低级教师和13%的店主、工匠和低级白领雇员；“低层/工人阶级”是指技术工人。

⑦ 参见：Ringer，*Education and Society*，170—180。

264 如果能找到1880年后法国文理学院的数据，这些数据肯定与相应的德国大学中的学院的数据更加接近。更进一步说，19世纪晚期法国大学的改革，使法国和德国的大学生在其社会来源上更加相似。从高级师范学校的招生情况中，我们就能找到19世纪法国与德国的高等教育在招生上的相似之处。因为这种与众不同的学校，它们的学生基本来自法国中产阶级中受过教育的群体的家庭，而不是业主家庭。1880—1909年，在这种培养优秀中学和大学教师的精英机构中，有超过1/3的学生来自中低阶层职业家庭，其中24%是中级、低级官员和教师（在1911—1912年的普鲁士大学中相应群体所占的比例是32%）。如果再加上来自大学和中小学教师家庭的学生人数，我们就会发现，有28%的学生的父亲是教师。在法国大学体系中，师范学校明显是一个相对进步和重视学术的机构。

有关19世纪英格兰高等教育的情况，我们只能找到牛津和剑桥大学的数据（见表7.12）。虽然表中各个社会群体之间的界线比较模糊，但还是足以让我们分析长时间段中的变化。19世纪早期的牛津大学，属于不详部分的比例还明显较低。不详部分也只是一种模糊的划分，在知道其社会出身的部分中，19世纪早期的牛津和剑桥大学中来自土地乡绅和国教牧师家庭的学生，分别占到近1/3的比例。当时，来自其他世俗职业群体的学生约占20%，来自中产阶级商人家庭的学生比例排在第四位，但几乎没有学生来自工匠群体。此时，英格兰的世俗中产阶级无疑比法国和德国的更加富裕。直到19世纪中期，这种模式才开始发生缓慢且有些反复的变化；到19世纪末，来自各专业职业和商业群体的学生比例增加到50%—60%。但即使在此时的牛津和剑桥大学中，我们仍然可以肯定，来自整个中低阶层以及低级文官和教师群体的学生所占的比例，不能与欧洲
265 大陆的大学，尤其是德国大学中的情况等量齐观。因此，直到20世纪，从所有欧洲大学的情况来看，英格兰高等教育中的牛津和剑桥大学几乎是最不具有进步性的。

表 7.12 1800—1900 年英格兰大学生的社会来源

（根据其父亲所在的不同社会群体来区分学生，

推算不同群体学生在学生总数中所占的百分比）[α]

父亲职业	剑桥		牛津			
	1800—1849 年	1850—1899 年	1818—1819 年	1848—1849 年	1878—1879 年	1897—1898 年
土地所有者	31	19	23	23	18	12
教士	32	31	25	23	25	16
专门职业	21	26	15	27	29	37
商业	6	15	12	9	18	27
零售商、职员和工人阶级			1	2	4	5
不详	10	9	24	16	6	3
总比例	100	100	100	100	100	100
净人数			378	444	740	795

α 剑桥大学的数据源自：H. Jenkins and D. Caradog Jones，'Social Class of Cambrige University Alumni of the 18th and 19th Centuries'，*British Journal of Sociology*，1(1950)，93-116，esp. 99. 根据 J. and J. Venn，*Alumni Cantabrigienses. A Biographical List of All Known Students，Graduates and Holders of Office at the University of Cambridge，From the Earliest Times to 1900*. Part Ⅱ：*From 1752 to 1900*，10 vols.（Cambridge，1940—1954）。牛津大学的数据源自：*History of Oxford*，Ⅶ，Part2，578，Table 24. 1。"土地所有者不属于专门职业群体"，"专门职业"包括法律、医生、教师和文官（政府部门官员、殖民地官员和外交官员）。有关剑桥大学，"不详"只包括"从事多种职业的人"（miscellaneous）。

最后，在表 7.13 中我们将大致介绍一战前夕瑞典和丹麦大学的情况。当时，瑞典大学体系在进步性上非常接近德国水平，来自学术职业家庭的学生的比例略高一些，来自农民和工人家庭的学生的比例也同样如此。不过，哥本哈根大学学生中来自中产阶级家庭的学生的比例，比德国相应学生的比例高一些。哥本哈根所有来自中低阶层家庭的学生的比例，比德国高等教育机构中相应学生的比例低一些，但来自农民家庭的学生的比例部分却弥补了这一比例的不足。总之，就英格兰、法国和德国大学的学生社会分类来看，它们在 1911 年之间的差异不再如 19 世纪早期时那么大。

表 7.13　1910 年前后德国、丹麦和瑞典大学的学生社会来源❼
（根据其父亲所在的不同社会群体来区分学生，
推算不同群体学生在学生总数中所占的百分比）[α]

父亲职业	1911—1912 年的普鲁士大学	1910 年瑞典大学	1913 年丹麦大学
土地所有者	5	2	2
学术职业	21	24	33
经济中上阶层	12	10	14
小独立业主	23	19	12
低级雇员	3		7
低级官员	27	29	13
农民	6	9	12
工人阶级	2	5	4
其他，不详		2	3

α 除普鲁士的数据是取自表 7.8 外，均源自 Kaelble，*Soziale Mobilität*（注释 21），204—205，根据于 F. T. B. Friis，'De studerende ved Kobenhavns universitet'，*Nationalokonomisk Tidsskrift*，57（1919）；S. Moberg，*Verm blev Student och vad blev Studenten*？（Malmö，1951）. 丹麦（哥本哈根大学）样本的绝对数目是 2692，瑞典样本的数目是 1285。一些在私立和地方学校的教师包含在"低级官员"中，这一群体通常还包括国立学校的教师。

自 18 世纪晚期以来，德国教育体系和就业体系之间就发生过一次交汇，我们还可以发现第二次这样的交汇。在晚期工业阶段，欧洲大学体系在其发展过程中呈现出一些特点，使它们有别于一个世纪之前的欧洲大
266 学。各国大学的进步性得到了不同程度的发展；尽管从整个欧洲大学体系来看，这种进步性在开始阶段发展得不太顺利，但在随后却较德国大学体系的发展还要迅速。很难讲教育较高水平的进步性是否也就增进了社会流

❼ 该表在原版书第 266 页。

动，但总体而言，我对此持怀疑态度。因为，当人们更容易接受高等教育时，高等教育本身就会丧失一些因稀缺而拥有的“市场”优势。虽然，当产业中产阶层开始赞助高等教育时，通过教育来实现向上的社会流动，在某种程度上取代了缺少大学参与的社会流动模式。但是，我们还远远不能理解其中的复杂性。本章中，我的目标只是初步勾勒出 19 世纪欧洲学生进入大学的情况。

精选文献

Albisetti, J. C. *Schooling German Girls and Women: Secondary and Higher Education in the Nineteenth Century*, Princeton, 1988.

Conze, W. and Kocka, J. *Bildungsbürgertum im 19. Jahrhundert. Bildungssystem und Professionalisierung in internationalen Vergleichen*, Stuttgart, 1985.

Jarausch, K. H. *Students, Society, and Politics in Imperial Germany: The Rise of Academic Illiberalism*, Princeton, 1982.

Jarausch, K. H. (ed.) *The Transformation of Higher Learning, 1860-1930: Expansion, Diversification, Social Opening, and Professionalization
in England, Germany, Russia and the United States*. Historisch-sozial- 267
wissenschaftliche Forschungen 13, Stuttgart, 1983.

Kaelble, H. *Soziale Mobilität und Chancengleichheit im 19. und 20. Jahrhundert*, Göttingen, 1983.

Müller, D. K. *Sozialstruktur und Schulsystem: Aspekte zur Theorie und Praxis der Schulorganisation im19. Jahrhundert*; W. Rüegg and O. Neuloh (eds.), Studien zum Wandel von Gesellschaft und Bildung 9, Göttingen, 1977.

Müller, D. K., Ringer, F. and Simon, B. (eds.) *The Rise of the Modern Educational System: Structural Change and Social Reproduction 1870-*

1920, Cambridge, 1987.

Ringer, F. K. *Education and Society in Modern Europe*, Bloomington and London, 1979.

Fields of Knowledge: French Academic Culture in Comparative Perspective, 1890-1920, Cambridge, 1992.

Toward a Social History of Knowledge, New York, 2000, esp. Ch. 3.

Titze, H. (ed.) *Das Hochschulstudium in Preussen und Deutschland 1820-1944*, Datenhandbuch zur deutschen Bildungsgeschichte Ⅰ: Hochschulen, Teil 1, Göttingen, 1987.

Weisz, G. *The Emergence of Modern Universities in France (1863-1914)*, Princeton, 1983.

第八章　学生运动 269

利弗·热韦尔　路易·福斯

在这部《欧洲大学史》的前面章节中，描述了大学生的社会生活，主要集中在日常生活的物质和教育方面。这种方法与学生生活历史的两个核心主题也是一致的。[①] 第三个核心主题就是政治参与，这有着完全不同的特征。（学生）的政治参与并不局限在大学这个小世界里，他们视大学为广阔社会的一种延伸。

对于 19 世纪和 20 世纪的历史而言，学生运动这一主题比局限于学生宿舍、酒馆和阶梯教室的学生日常生活的历史更具有意义。尽管 19 世纪以来，大学生的业余生活依然疏远政治，他们依然坚持着传统风俗，依然与城镇居民存在着隔阂，但他们也隐约听到了来自广阔社会的召唤。他们认为，这种召唤不仅是鼓励他们直接参与政治，也是为他们以后生活做准备。在某个特定的时间段，努力去实现一个宏伟目标，竟成为个别学生的首要任务和生存理由。要分析和描述这些发展，就要注意历史发展中各个事件和各种意识形态的相互作用，每一代人的形成及其相互差别，学生活动在历史中的影响，以及学生运动自身的发展。

从学生运动的“经典”范例看——无论是发轫于 19 世纪的学生运动，

---

① Jarausch, *Students in Imperial Germany*, 9-12.

270 还是 1968 年的“新”学生运动——学生运动具有下列特征:[②] 它是由学生自己领导的(程度不同地)、对社会产生影响的学生集体行动。它一般与更广泛的政治运动或社会解放运动紧密相关，并在其中扮演着一种激进的开拓者的角色，并作为一种社会动员渠道为前者服务。由于学生运动接受了更广泛的社会运动的奋斗理想和目标，它也会对社会运动产生影响。一方面，它影响了整个社会；另一方面，它为其成员实现未来的目标提供了锻炼和准备的机会。这种锻炼始终包含实践部分：未来领导者在实践中逐渐树立起自己的信念和理想。

任何社会运动都需要交流和动员的渠道，诸如集会、期刊和出版物。在社会运动中，各种社会组织可能会相互争斗以占据支配地位，也可能联合起来组成运动的核心。然而，某些组织的成员，实际上并不能代表那场运动的所有参与者。[③] 学生运动中的积极分子逐渐形成了他们自己的形象，发起了他们的运动，其结果是他们在历史和社会中获得了他们自身的地位。[④] 尽管随着时间的推移，这种“意识叙述”会发生变化，但每一个

② L. Vos, 'Rebelse generaties. Het studentenprotest van de jaren zestig', in L. Vos, M. Derez, I. Depraeterre and W. Van der Steen, *Studentenprotest in de jaren zestig. De stoute jaren* (Tielt, 1978), 43-52; L. Vos, 'Student Movements: Some Theoretical Aspects', in B. Henkens *et al.* (eds.), *Student Protest in Contemporary Europe. ISHA Journal*, 3 (Louvain, 1995), 3-18; L. Vos, 'Nationalism and Student Movements: Conceptual Framework and a Flemish Case-Study', in M. Norrback and K. Ranki (eds.), *University and Nation: The University and the Making of the Nation in Northern Europe in the 19th and 20th Centuries*, (Helsinki, 1996), 77-87.

③ G. Langguth, *Die Protestbewegung in der Bundesrepublik Deutschlands, 1968-1976* (Cologne, 1976), 23-24; K. R. Allerbeck, *Soziologie radikaler Studentenbewegungen. Eine vergleichende Untersuchung in der Bundesrepublik Deutschland und den Vereinigten Staaten* (Munich and Vienna, 1973), 37.

④ S. K. Morrissey, *Heralds of the Revolution: Russian Students and the Mythology of Radicalism* (Oxford, 1998), 5. Allerbeck, *Soziologie* (注释 3), 40-44. See J. R. Gillis, *Youth and History: Tradition and Change in European Age Relations. 1770 to the Present* (New York, 1974).

时代还会造就新的一代人，他们中不少人会前仆后继地投身到学生运动中去。⑤

在自19世纪以来兴起的现代-城市-社会中，大学生所具有的三个特点，使他们更容易受到一项事业的影响。第一，大学生享有一种不寻常的社会地位，在他们的日常生活中，他们几乎能够不与其他同学交往，因而摆脱了现代社会特有的多重角色。一个大学生就是他们所要扮演（或生活在其中）的全部角色，⑥ 因此角色冲突不会在他们身上发生；相对于大学 271
校园外的人，他们更容易产生发自内心的情感；他们想要进行反叛，也不需要付出高额的社会代价。这就是为什么大学生比工人或年轻工人更愿意选择一种纯粹的原则，并愿意以一种富有表现力的或"宣告"的方式来捍卫这种原则，而不会采用一种工具性的、实用主义的手段来达成一种缺乏热情的妥协。⑦ 第二，大学生所养成的理智习惯，使他们容易观察和分析社会的问题，能以一种批判的态度去审视当前的价值和真理，并很容易掌握一套意识形态概念。第三，学生运动是由特定的某一代人进行的。每一代人的形成，都有一些标志其形成的事件，年龄或年龄段相仿的一代人在其社会化过程中共同经历了这些事件。⑧ 每一代人都会用新的眼光去审视

---

⑤ Morrissey，*Heralds*（注释4），他分析了俄国学生运动中的"意识叙述"，认为学生运动是"类似阶级和国家的现象"，因为就如"对上述两种社会现象的界定"一样，学生运动主要通过"其成员的意识"而存在。

⑥ K. R. Allerbeck，'Eine Strukturelle Erklärung von Studentenbewegungen in entwickelten Industriegesellschaften'，*Kölner Zeitschrift für Soziologie und Sozialpsychologie*，23(1971)，482-490.

⑦ C. Verhoeven，'Dubieus idealisme'，*Jeugd en samenleving*，3(1973)，307-315.

⑧ K. Mannheim，'Das Problem der Generationen'，*Kölner Viertelsjahresheft für Soziologie*，7(1928)，157-185，309-330；E. Pfeil，'Der Kohortansatz in der Soziologie. Ein Zugang zur Generationsproblem?'，*Kölner Zeitschrift für soziologie und Sozialpsychologie*，19，4(1967)，645-657；A. B. Spitzer，'The Historical Problem of Generations'，*American Historical Review*，57，5(1973)，1353-1385；R. G. Braungart，'The Sociology of Generations and Student Politics：A Comparison of the Functionalist and Generational Unit Models'，*Journal of Social Issues*，30，2(1974)，31-54.

流传下来的文化，在这种新的接触中，遂形成一种不同于前代人的表达风格。因此，我们不能仅仅把学生运动作为一种特定类型的社会运动来考察，而是应该把它们视为社会繁衍和转变中的某一历史时刻的运动。⑨

在更广泛的社会解放潮流中，作为在学生自己领导下的、有组织的学生运动，在某个特定的时间段、在欧洲的一些国家兴起，并由特定的几代学生进行下去。在谈到 19 世纪时，我们还要注意民族国家这一背景的重要性。民族主义在欧洲各国都有不同的发展，这使我们更难真正做出一种全面的概括。因此，本章将集中描述一些国家的学生运动。⑩

为自由而战的学生（1800—1830）

随着 18 世纪末的启蒙运动和浪漫主义运动，第一场现代学生运动掀
272 开了序幕。自由和博爱的新观念，以其字面的和象征的意义，深深吸引着全欧洲的大学生，令他们感到自己肩负的使命，想要捣毁横亘在前方的路障，为自己所属的群体指出一条新的未来之路；因此，他们既是战斗中的先锋，又是理论上的先知。18 世纪 80 年代，剑桥大学爆发了一场不太为人所知的学生运动；这是学生运动的早期典范，但并没能坚持下去。在英格兰启蒙运动的激进自由主义鼓舞下，塞缪尔·泰勒·柯勒律治（Samuel Taylor Coleridge）及其朋友，投身于对“自由和平等”的追求，在学生群体中成功地建立了一个宽阔的基础。但由于法国大革命的爆发，作为原则问题当时的知识分子几乎都成了反革命者。随后，英格兰成为欧洲浪漫主

⑨ L. Rosenmayr, 'Jugend', in R. König (ed.), *Handbuch der empirischen Sozialforschung* (Stuttgart, 1976), vol. Ⅵ; See K. R. Allerbeck and L. Rosenmayr (eds.), *Aufstand der Jugend? Neue Aspekte der Jugendsoziologie* (Munich, 1971).

⑩ 我们将在某种程度上对德国、法国、俄国、英格兰、苏格兰、瑞典、芬兰、比利时、荷兰和旧多瑙河君主国（其中有波兰、捷克、斯洛伐克、斯洛文尼亚、克罗地亚和塞尔巴尼亚）的学生运动，作一个系统的分析。我们还会关注一下罗马尼亚、希腊、意大利和西班牙的情况。对于西班牙的学生运动，马里亚·费尔南多·曼塞沃（Maria Fernanda Mancebo）教授给我寄来一篇名为“Estudiantes”的论文。

义运动的发源地，涌现出威廉·布莱克（William Blake）、威廉·华兹华斯（William Wordsworth）、佩尔西·比希·雪莱（Percy Bysshe Shelley）、约翰·济慈（John Keats）以及柯勒律治（Coleridge）这些浪漫主义的代表。他们都讴歌大革命，站在“人民”的一方去反对复辟势力——它们在拿破仑政权垮台后重新掌权。然而，19 世纪早期的英格兰大学生却几乎没有被他们鼓动。[11]

在波兰第二次被瓜分后，波兰大学生于 1793 年发起了学生运动；这是第一次有组织的、打着民族主义旗帜的学生运动，它提出的目标为后来的学生运动所接受。[12] 1794 年，在塔德乌什·柯斯丘什科（Tadeusz Košciusko，1746—1817）的领导下，波兰的民族主义运动达到了高潮。学生们热情地支持这场运动，他们还组建了自己的军队进行战斗。1791 年，在克拉科大学 387 名注册的学生中有近 200 名参加了运动。但这次革命失败了。波兰从地图上消失了，直到由扬·亨里克·东布罗夫斯基（Jan Hendrik Dąbrowski，1755—1818）指挥的波兰军团与拿破仑的军队一起占领波兰并建立华沙大公国后，波兰才在一定程度上获得了独立。

当波兰学生寄希望于拿破仑时，德国学生却将他视为德意志民族存在
的威胁。1806 年普鲁士的战败，为当时的青年学生指明了奋斗的方向， 273
也锻造了他们那一代人。反抗法国的统治，最终使追求自由和市民解放的斗争摆脱了个人层面的奋斗，转变为整个德意志民族这一共同体的抗争。渴望祖国解放的梦想，引发了德意志民族精神的复兴，促进了德国疆域的

[11] B. Simon, ‘The Student Movement in England and Wales During the 1930s’, *History of Education*, 16, 3(1987), 189-203. 接下来的几代大学生遗忘了 1780 年的学生运动，因此它没能融入集体记忆之中。直到 150 年后，人们在历史研究中再次“发现”了它，根据 B. R. Schneider, Wordsworth's Cambridge Education (Cambridge, 1957) 和 F. Knight, *University Rebel: The life of William Frend. 1757-1841* (London, 1971)。

[12] L. Révész, *Jugendbewegungen im Ostblock*, (Vienna, 1985), 63; 它是根据 M. Francic, ‘Cztery pokolenia studentów krakowskich (Od Oswiecenia do powstania 1848 r.)’, in C. Bobińska (ed.), *Studia z dziejów mlodzieży Uniwersytetu Krakowskiego od oświecenia do polowy XX wieku*, vol. Ⅰ (Cracow, 1964), 19-106。

统一。1807—1808 年冬，受政治环境的影响，约翰·戈特利布·费希特（1762—1814）在其《告德意志人民书》中为这种文化民族主义提供了合理性。恩斯特·莫里茨·阿恩特（1769—1860）继续为民族主义摇旗呐喊，1813 年他在一首诗中写道："德意志啊！我的祖国，你在哪里？""但待德意志人民挣脱套环"。在"论德国大学生群体"（*Über den deutschen Studentenstaat*）一文中，他对当时那一代的学生寄予了厚望，并在学界引起了强烈共鸣。⑬

在这种新精神的影响下，学生运动在很多城市兴起。弗里德里希·路德维希·雅恩（Friedrich Ludwig Jahn，1778—1852）——体操运动的发起人——及其朋友、深受学生敬佩的哲学教授雅各布·弗里德里希·弗里斯（Jakob Friedrich Fries，1773—1843），1811 年在柏林成立了秘密学生组织德意志同盟（*Deutscher Bund*），准备迎接即将来临的解放斗争。两年后，耶拿的学生在一些教授的支持下，成立了首个"原初社团"（*Urburschenschaft*），提出"荣誉、自由、祖国"（Ehre，Freiheit，Vaterland）的口号。这是第一个战斗的德意志民族组织，其目标是要建立一个统一的自由立宪制国家。那些发起者还希望打破当时不问政治的同乡会（*Landsmannschaften*）制度；这种制度鼓励地区性招生，并形成了一种各自为营的独立主义风气。他们也反对学术特权，反对贵族学生的服饰，提倡进行"学生生活的道德重建"，认为这种重建能够解放"男学生"，使他们成为"学术共同体中的公民"。⑭ 当然，他们也从当时学生传统中采纳了一些惯例和做法，同样也汲取了某些日耳曼民族和反犹太人浪漫主义思想。

许许多多德意志学生自愿为祖国的解放冲锋陷阵。他们加入了路德维希·阿道夫·威廉·冯·吕措将军（Ludwig Adolf Wilhelm von Lützow，

---

⑬ M. Wawrykowa，'*Für eure und unsere Freiheit.*' *Studentenschaft und junge Intelligenz in Ostund Mitteleuropa in der ersten Hälfte des 19. Jahrhunderts*，(Stuttgart，1985)，42，49.

⑭ K. H. Jarausch，'The Sources of German Student Unrest. 1815-1848'，in L. Stone(ed.)，*The University in Society*，vol Ⅱ：*Europe*，*Scotland and the United States from the 16th to the 20th Century*(London，1975)，533-567. 这部分参见第 536—538 页。

1782—1834）的学生志愿军（*Freischar*），该组织成员一度达到 2800 名[15]，他们制服的颜色——黑色的平民制服、红色的袖口、黄铜色的纽 274 扣——后来成了德意志民族的象征色：黑、红、金。志愿者们希望，在德意志民族统一和自由之战后，能够建立起一个基于人民主权的宪政国家。战争的磨炼，提高了学生的声望，增强了他们的自信；他们从战场上凯旋后，以前的志愿者就成了新的学生组织的骨干力量。[16]

当时政治氛围相对自由的萨克森-魏玛邦的耶拿，1816 年制定出了一部耶拿宪法。再加上它位于德意志版图的中央地带，几乎每个德意志邦都有学生来到耶拿。因此，耶拿理所当然成为传播新思想和新活动的基地。此时，耶拿的学生再次掌握了领导权。[17] 学生社团（*Burschenschaft*）人员充足，成为学生们实践民主制度的场所，其中，每个学生都有权参与任何涉及该组织的重大事项的决策。该组织从最初的 143 名成员，发展到 1815—1816 年冬季学期时的 650 名成员。

耶拿的榜样具有强大的感召力，开创了这场学生运动的第一个阶段，即空想的狂热者（*Schwärmer*）阶段。[18] 学生社团很快就在海德堡、弗赖堡、图宾根和吉森成立起来。在哈勒，学生们成立了条顿学生会（*Teutonia association*），旨在强化日耳曼语言和文化的学习，激发对祖国的热爱。在德意志北部的基尔大学和哥廷根大学，以及规模稍小的格瑞夫斯沃德大学和罗斯托克大学，学生们也先后成立了学生社团。在当时新建立的柏林大学中，同乡会仍然占据支配地位，直到 1810 年代末情况才有所改观。

---

⑮ R. A. Müller, *Geschichte der Universität. Von der mittelalterlichen Universitas zur deutschen Hochschule*（Hamburg, 1996）, 74ff.

⑯ G. Bartol, *Ideologie und studentischer Protest. Untersuchungen zur Entstehung deutscher Studentenbewegungen im 19. und 20. Jahrhundert*（Munich, 1978）, 56-58, 60-61; Wawrykowa, *Freiheit*（注释 13）, 52.

⑰ Bartol, *Ideologie*（注释 16）, 82; W. Klose, *Freiheit schreibt auf eure Fahnen. 800 Jahre Deutsche Studenten*,（Oldenburg and Hamburg, 1967）, 142.

⑱ Bartol, *Ideologie*（注释 16）, 63; Wawrykowa, *Freiheit*（注释 13）, 42-44.

1817 年 10 月 18 日，即宗教改革开始 300 周年纪念日，耶拿的学生在爱森纳赫（Eisenach）发起了瓦尔堡节（*Warburgfest*），掀起了学生运动的新一次高潮。大约 450 到 500 名学生宣布要建立一个自由的德意志民族统一政体，他们象征性地焚烧了反动的书籍和标志，并选择黑、红、金三色旗作为德意志民族“平等和自由”的象征。他们中约有一半人来自耶拿，另一半人则来自柏林、爱尔兰根、吉森、哥廷根、哈勒、海德堡、基尔和莱比锡。一年后，一个名为全德学生社团联合会（*Allgemeine Deutsche Burschenschaft*）的组织在耶拿成立。它是一个联合会，成员来自 14
275 所德意志大学。他们代表了当时全德约 30%的大学生。[19]

德国学生运动中的意识形态，受到雅恩 1819 年出版的名为《德国的民族性》（*Deutsches Volkstum*）一书的强烈影响，该书带有浓厚的弥赛亚情结，几乎被学生们当作福音书来阅读。于是，“民族的”（*Volkstümlich*）和“大众性”（*Volkstümlichkeit*）成了公认的浪漫主义词汇。这也很快导致“民族的”一词带有了极端排外和反犹太人的特征。在这种氛围中，犹太学生 1819 年被赶出学生社团（尽管纽伦堡和法兰克福的学生社团分别在 1830 年和 1831 年废除了这条规定，但是在 19 世纪 90 年代中期又开始执行此规定）。[20] 然而在德意志民族主义这一共同旗帜下，纷繁多样的政

---

[19] J. Bauer, 'Die Wartburg und die Studenten-Festerlebnisse', *Aurora*, 59(1999), 225-236; Müller, *Geschichte*(注释 15), 75; D. Düding, 'The Nineteenth-Century German Nationalist Movement as a Movement of Societies', in H. Schulze(ed.), *Nation-Building in Central Europe* (Leamington Spa, 1987), 19-49, 28; R. Müth, 'Bekenntnis zu Schwarz-Rot-Gold. Die freiheitlich nationale Idee in der Tübinger Studentenschaft von 1813 bis 1848', in H. M. Decker, H. G. Richter and K. Schreiner(eds.), 500 *Jahre Eberhard Karls Universität Tübingen*. Beiträge zur Geschichte des Universität Tübingen, *1477-1977*(*Tübingen*, 1977), 251-284.

[20] D. Grieswelle, 'Antisemitismus in deutschen Studentenverbindungen des 19. Jahrhunderts', in O. Neuloh and W. Rüegg(eds.), *Student und Hochschule im 19. Jahrhundert. Studien und Materialien*, Studien zum Wandel von Gesellschaft und Bildung im Neunzehnten Jahrhundert 12(Göttingen, 1975), 366-379. 这部分参见第 367 页。

治策略继续存在。[21]

在学生运动的自由民族主义一翼中，“吉森黑衣人”（*Giessener Schwarzen*）或“绝对派”（*Unbedingten*）很快就成为激进组织的代表。他们的组织是由超凡魅力型的演讲家卡尔·福伦（Karl Follen，1795—1840）建立的，他阐述了一种新的意识形态，将法国大革命的影响与浪漫主义的思想融合起来。激进的“黑衣人”并非运动的主流，他们拥护福利事业，高歌普罗大众，希望发动由知识分子领导的民众起义来推翻统治阶级的压迫。因此，他们努力在普通民众中进行系统的宣传。[22]

政府当局自然把这种运动视为某种骚动。属于“吉森黑衣人”组织的海德堡大学神学院学生卡尔·路德维希·桑德（Karl Ludwig Sand，1795—1820），[23] 刺杀了德裔俄国外交官、作家奥古斯特·冯·科策比（August von Kotzebue，1761—1819），此事正好给了蓄谋对付学生运动的 276
梅特涅（1773—1859）一次机会。他在波希米亚（Bohemia）的卡尔斯巴德组织了一次由德意志各邦代表参加的会议，劝说他们同意德意志联邦议会（*Bundestag*）于 1819 年 9 月 1 日所通过的一系列法令，将大学置于了政府专员的监管之下。这样，只有得到特殊的许可，学生社团和学生组织才能存在，大学自治和影响力在整个欧洲都受到了限制。[24] 在接下来的 30 年中，德意志联邦一直执行着这些镇压措施，它们在一定程度上削弱了自

---

[21] Wawrykowa, *Freiheit*（注释 13），49-50；D. F. Burg, *Encyclopedia of Student and Youth Movements*（New York, 1998），36.

[22] Bartol, *Ideologie*（注释 16），70；Wawrykowa, *Freiheit*（注释 13），45-46.

[23] Wawrykowa, *Freiheit*（注释 13），46-48. 第一首献给他的“外国”诗歌是由俄国诗人亚历山大·谢尔盖耶维奇·普希金（Aleksandr Sergeevich Pushkin）创作的。参见：J.-C. Caron, *Générations romantiques. Les étudiants de Paris et le Quartier Latin*,（Paris, 1991），245。有关桑德的内容也请参见第十章。

[24] R. Dudkowa, ‘Les études des jeunes Polonais dans les universités étrangères au XIXe siècle. Une esquisse de problème’, in M. Kulczykowski（ed.），*Pérégrinations Académiques. IVième session scientifique internationale. Cracovie 19-21 mai 1983*. Prace Historyczne, Zeszyt 88（Cracow, 1989），131-160.

由主义运动（至少是合法的自由主义运动）。㉕ 检举制度使学生社团转入地下，同时也必然使它们成为激进的组织。

德国学生运动也影响到了芬兰。这个国家从 1809 年起成了一个由俄国沙皇统治的大公国。1816 年秋，奥布（土尔库）大学的学生模仿学生社团模式建立了独立的学生联谊会。但是，大学校方却并不赞同学生的举动，他们更愿意建立一个一般性的学术组织。学生痴迷和热爱着浪漫主义，校方则忠诚和执着于古典主义，双方的观念南辕北辙。这种紧张关系到 1817 年 4 月达到高潮，学生们为了争取更多的学术自由而发起了请愿和示威活动。校方最后满足了学生的大部分要求，两者的合作关系得以重建。㉖ 1826—1827 年，奥布（土尔库）学生与俄国军队之间的摩擦引发了几次事件，同年还发生了一场持续 3 天的火灾，将这个城市的大部分化为灰烬。于是，校方决定将大学迁至赫尔辛基，这也是芬兰大公国的新都城。1928 年出台了多部旨在对学生生活给予更严格监控的新法令。同乡会被允许继续存在，但前提是必须接受教授更密切监管。㉗

在西班牙，法学院的学生尤其倾向自由主义阵营。他们在 1820 年革
277 命中发挥了重要作用，他们要求恢复被废除的 1812 年宪法。㉘ 希腊 1821 年 5 月爆发了为争取民族独立的革命后，几乎所有在外求学的希腊学生和学者，都回到自己的家乡，参加到革命中去。㉙ 他们将欧洲的启蒙观念带

㉕ L. W. Cowie and R. Wolfson, *Years of Nationalism: European History 1815-1890* (London, 1985), 48-49; Nipperdey, *Bürgerwelt*, 281-285. 也参见第二章和第三章。

㉖ Klinge, *Universität Helsinki*, 239, 246-251, 253, 263-264.

㉗ *Ibid.*, 279, 283, 295, 298, 301.

㉘ Mancebo, 'Estudiantes'(注释 10). 也请参见：E. Hernández Sandoica, 'De la Universidad complutense a la universidad central', in J. L. Peset (ed.), *Historia y actualidad de la universidad española*, 6 vols. (Madrid, 1985), vol. Ⅱ, 466-502。

㉙ A. N. Tsirpanles, 'Die Ausbildung der Griechen an europäischen Universitäten und deren Rolle im Universitätsleben des modernen Griechenland', in R. G. Plaschka and K. Mack (eds.), *Wegenetz Europäischen Geistes*, vol. Ⅱ: *Universitäten und Studenten. Die Bedeutung studentischer Migrationen in Mittel-und Südosteuropa vom 18. Bis zum 20. Jahrhundert*, (Vienna, 1987), 250-272.

回希腊，并在1824年制定了一项在雅典建立希腊大学的计划。在希腊取得独立后，这项计划于1837年得以实现。

在波兰，大多数学生来自贵族（*Szlachta*）或乡绅家庭，而不像德国的学生和知识阶层大多来自城市中产阶级（the *Bildungsbürgertum*）家庭。直到18世纪末，乡绅这一社会阶层一直都自认为是国家的唯一承载者；当时在启蒙运动的影响下，他们逐渐转变为一个更为开放的“知识阶层”。[30] 当波兰丧失了国家独立时，波兰人民深信大学对于本民族的延续负有责任，这种信念使波兰的学术活动得以持续下去。因此，在这个充满爱国主义精神的国度里，无论是华沙、维尔纽斯、克拉科和莱姆伯格（利沃夫）的大学生，还是其他各地的大学生，都成为意在复兴整个波兰民族（“民族”一词逐渐开始指所有的波兰人了）的自由主义和爱国主义潮流的代言人。[31]

这股潮流的代表就是维尔纽斯圈子中的“科学之友学会”（*Towarzystwo Filomatów*，该名称取自古希腊语“科学之友”）；该组织类似德国学生的组织，于1817年由6名学生成立，其中包括亚当·米茨凯维奇（Adam Mickiewicz，1798—1855）。[32] 从1819年起，该组织开始进行政治性的密谋活动。尽管在当时它还是一个纪律严密的秘密封闭组织，但后来它发展成为波兰秘密组织中分支机构最多的一个。[33]

与芬兰的学生组织一样，波兰的科学之友学会抛弃了刻板的古典主义，选择了浪漫主义作为年轻一代的精神和理想。正如米茨凯维奇在他的

---

[30] Wawrykowka, *Freiheit*（注释13），13.

[31] B. Klimaszewski(ed.), *An Outline History of Polish Culture*(Warsaw, 1984), 163.

[32] J. Tazbir(ed.), *Zarys Historii Polski*(Warsaw, 1980), 401.

[33] Wawrykowka, *Freiheit*（注释13），84.

《青年颂》（*Oda dlo mlodości*）和《浪漫》（*Romantyczność*）[34] 中写道，
278 对于学生和其他年轻人来说，忠诚和爱情对他们的影响，大大超过了研究和学习的影响。[35] 从 1817 年到 1823 年，在前波兰的疆域以及其他波兰人学习的地方，学生们成立了大约 50 个学生组织。其中许多组织的规模都很小，而且存在时间也很短；只有少数组织的成员达到了数百名，且活跃多年。

这些秘密社团在整个欧洲形成了自己的网络。1820 年，昔日的学生们在瑞士建立了一个革命委员会，该委员会成为当时政治移民最重要的活动中心，多项密谋在其中酝酿。该委员会所成立的一个社团，即著名的“男子同盟”（*Männerbund*），下设有活动小组，组织的目标是通过人民起义（*Volksaufstand*）和人民革命（*Volksrevolution*）来使德意志成为一个自由的共和国。[36] 其中一个流亡活动家就是来自“吉森黑衣人”的前任领导者福伦，他也流亡到瑞士，并且与整个密谋网络保持联系，直到 *1823* 年这一网络遭到围剿为止。此后，他就移居美国没再回来。

学生密谋激进组织中最重要的代表就是烧炭党（*Carbonari*），该组织最早于 1807 年在卡拉布里亚（Calabria）出现，1820—1821 年再度在西西里王国活跃起来，尤其是在那不勒斯和萨莱诺（Salerno）两地。这是一个秘密的军事社团，有自己的兵团、大队、百人队和小队。每个烧炭党人都很难认识其他任何烧炭党人，但他们所有人都要无条件地服从领导。其领袖菲利普·邦纳罗蒂（Filippo Buonarotti，1761—1837）当时也居住在瑞

㉞ 《青年颂》写于 1818 年至 1824 年间。直到 1827 年，该诗才在（奥地利的）利沃夫出版（可能是因为检查制度?）。该诗的法文版于 1841 年第一次出版，参见 Z. Makowiecka, *Mickiewicz w Collège de France. Październik 1840-maj 1844*（Warsaw，1968），213。这两个文本都出自 A. Mickiewicz，*Dziela-Tom 1 Wiersze*（Warsaw，1949），参见第 9—11、102—104、436—437 页。感谢鲁汶天主教大学的伊德斯博德·戈德里（Idesbald Goddeeris）博士提供上述信息。

㉟ Wawrykowa，*Freiheit*（注释 13），58-65；L. Vos，*De strijd van de witte adelaar. Geschiedenis van Polen*（Louvain，2000），152-153，该书接受了 I. 戈德里的帮助。See Klimaszewski (ed.)，*History*（注释 31），169-170.

㊱ Wawrykowa，*Freiheit*（注释 13），75-78.

士，与其他志同道合的人在整个欧洲共同建立起了一个密谋的网络，来自德意志、波兰和法国的流亡学生都加入到他领导的运动中。因此，在欧洲各国，警察们都在跟踪外国学生，以所谓的阴谋罪拘捕部分人。这样，自由主义阵营形成了国际化的网络，同时欧洲各国的警察系统也实现了跨国界的合作。[37] 警察还试图通过假扮为革命者的卧底来打进这些网络。这些人中最引起轰动的是约翰·维特-冯·德林（Johann Wit-von Dörring）（1800—1863），他曾是“吉森黑衣人”的成员，后来成为普鲁士、奥地利、法国和波兰警察的密探。1824 年，“青年同盟”（*Jünglingsbund*）和“男子同盟”（*Männerbund*）的大部分成员都被逮捕。

1819 年春，在法国——巴黎和蒙彼利埃——爆发了罢课和示威游行，279
示威者反对图书馆中实行的书籍检查制度、强制性的宗教崇拜，以及对敢于批评时政的教授采取的处罚政策。[38] 1819 年 11 月，法国政府极力从保守主义的方向来修正当时的选举体制。这一举动再次引发了 1819—1820 学年学生的抗议运动，与此同时还爆发了由卡尔斯巴德法令导致的抗议运动。学生们在巴黎、图尔（Tours）和雷恩组织了请愿。“真理之友”（*Les Amis de la Vérité*）开始秘密组织武装的学生队伍，准备发动起义。1820 年 2 月皇储被谋杀，这一事件促使政府采取更严厉的镇压措施，于是引发了新一轮的学生抗议运动。1820 年 4 月，抗议运动蔓延开来，开始是在索邦，后来发展到普罗旺斯地区艾克斯、雷恩、图卢兹、第戎、斯特拉斯堡和格勒诺布尔。

1820 年 6 月 3 日，巴黎的示威人群遭到便衣警察的攻击，法学院学生尼古拉·拉勒马尔（Nicolas Lallemand）遭枪击而身亡。他的“殉难”使骚乱蔓延至工人阶级居住区，原因是工人阶级遭受的社会经济苦难日益深重。于是，在格勒诺布尔、卡昂、图卢兹、斯特拉斯堡和雷恩的学生发动了示威游行，不久后在布雷斯特（Brest）、南特、洛里昂（Lorient）和维

㊲ Caron, *Générations*（注释 23），271-272；Wawrykowa, *Freiheit*（注释 13），77-78.

㊳ Caron, *Générations*（注释 23），239-269.

特雷（Vitré）的工人和城市平民也发动了游行，普瓦捷、里昂和第戎还爆发了学生和民众一起参加的游行。“殉难者”也产生了长期的影响：它使法国学生萌生了“使命意识”，标志着真正学生运动的开始。少数站在既有秩序立场上的保皇党学生也频繁地发动示威游行。

法国政府对此进行了强有力地回击。1820 年 7 月初，当局制定了一套严格的纪律制度，将学生这一群体——无论其是否在教育机构内——严密控制起来，因为当时正值考试临近时期，该制度执行起来更为顺畅。有时，所有学院都被停办，正如格勒诺布尔大学发生的事情。六月运动的最后一搏是 1820 年 8 月 19 日发动的政变，结果失败了。发动此次政变的主力是波拿巴主义的军官，但“真理之友”的一支由 600 名青壮年组成的武装队伍，也在圣-阿芒·巴扎尔（Saint-Amand Bazard，1791—1832）和哲学教授维克多·库新（Victor Cousin，1792—1867）的指挥下参与了政变。正如预料的一样，学生中大多数人没有参与这场阴谋活动，但是他们
280 积极投身于 1821—1822 年间高涨的反教权主义运动之中。他们所反对的教权主义包括杂乱无章的宗教仪式和非理性的宗教崇拜。

1821 年 5 月，两名学生在巴黎成立了烧炭党在法国的第一个分支组织；这两名学生曾与那不勒斯的自由主义者并肩战斗过，学到了那场运动的原则。[39] 该组织迅速在巴黎的各学院中发展，并向外省扩展。其中，军人成为人数最大的支持者，占参加者近 40%的比例；而学生，特别是之前“真理之友”的成员，则只占 11.5%，远远少于前者。由于当时的波旁王朝加入了梅特涅体系，法国沦为第三等国家，所以该组织重在强调爱国主义精神和国家主权。烧炭党运动的政治倾向是自由主义的，尽管波拿巴分子并不是共和主义者。他们组织了一系列阴谋活动，但所有活动都失败了。[40]

1824 年，查理十世（Charles Ⅹ，1757—1836）继位后继续执行控制

---

[39] *Ibid.*，258.

[40] Wawrykowa，*Freiheit*（注释 13），84.

政策，为此还专门设立了宗教事务部与公共教育部部长一职。神职人员不断增多，教会势力日益强大，教会法规逐渐增加，全国各地兴建教堂，这些都增强了教权主义的势力。教会似乎希望横扫整个世俗社会。

然而，尽管建立了检查制度，19 世纪 20 年代法国的出版业仍然保持了自由主义主导的倾向。[41] 一本名为《环球》（*Le Globe*）的期刊——从 1824 年起由年轻人包括学生来担任编辑——产生了相当大的影响，它刊出政治诗歌，讴歌希腊人民为自由而战，在当时希腊独立主义的背景之下，希腊的独立运动吸引了整个欧洲的青年人。19 世纪 20 年代末出版了有关法国大革命新的历史研究，例如，由阿道夫・梯也尔（Adolphe Thiers，1797—1877）、奥古斯特・米涅（Auguste Mignet，1796—1884）和保罗・马蒂厄・洛朗・德・拉德切（Paul Matthieu Laurent de l'Ardèche，1799—1877）写作并讲授的法国革命史。因此，法国的年轻一代能够了解到 1778—1799 年革命岁月中的政治文化。法国大革命的理想重新得到关注，相比之下，当时法国的现实状况却令人感到痛心疾首。可能正是这些原因，1827 年 5 月法国学生再次发起了抗议运动。当时，有一个身为“教士”的人被任命为教授，此事成为公开的抗议示威游行的导火线。紧接着进行的法庭审判宣布学生们有罪，于是引发了一代青年学生政治热情的复苏。1830 年，他们已经为革命做好了准备。

革命和复辟（1830—1845） 281

1830 年自由主义和民族主义革命的浪潮中，学生们身先士卒，掀起了欧洲各地的革命斗争。[42] 在法国的七月革命中——著名的“光荣三日”（7 月 27 日、28 日和 29 日）——巴黎理工学院的学生最为引人注目，因为他们身着统一的制服参加战斗，很快被民众誉为“七月英雄”。法学院、

---

[41] Caron, *Générations*（注释 23），270-273，296.

[42] L. S. Feuer, *The Conflict of Generations: The Character and Significance of Student Movements*（New York，1969），264.

医学院和商学院的学生也筑起路障，参加了战斗，但是他们不太显眼，因为他们没有以学院为单位参加战斗，也没有穿上统一制服。学生是发动起义的决定性力量，还与其他社会群体一道共同投入到这次革命中。医学院学生为斗争双方的伤员都提供了看护和救助服务。[43]

社会舆论对于即将建立的新王朝的性质存在争议。如同大多数法国公民的看法一样，大部分学生已倾向于建立一个类似英国的立宪君主制王朝，拥立奥尔良的路易·菲利普（Louis Philippe of Orléans，1773—1850）成为君主。他积极与学生结盟，于 8 月 6 日向许多医学院和法学院的学生授予法国荣誉军团勋章（*Légion d'Honneur*），8 月 10 日又接见学生代表。然而，共和主义者却仍然在各种俱乐部中积极活动。同时，前政权的少数旧臣还在 10 月 17 日到 20 日发动了暴力示威。他们得到了一些国民自卫军（*Garde Nationale*）和一定数量学生的支持，但他们仍然只是少数派。

1830 年 11 月重新开学后，巴黎的学生们再次在政治运动中崭露头角，他们要求获得自由结社的权利。发起这场运动的学生领袖是朱尔·泰奥菲勒·桑比克（Jules Théophile Sambuc，1804—1834）。他曾在德国几所大学读书，受到德国学生运动的影响，后来在洛桑继续学习，1830 年 9 月回到巴黎成为法学院学生。他积极推动建立一个独立的学生组织，实行民主选举的管理制度，并创办一份独立的刊物。他还提出要建立一个国际学生组织，联动欧洲的学生运动，同时通过建立通讯员网络构建欧洲的青年知识阶层。

革命同时也在欧洲其他地区爆发。首先是在荷兰联合王国的南部地区
282 展开，这里的学生们早就表达出自由主义的反对意见，他们的观点得到了一些年轻德国教授的鼓励。鲁汶 1821 年成立了第一个政治性学生组织，它模仿德国学生社团模式，推崇希腊的独立运动。[44] 从 1827 年起，当天主

---

[43] Caron, *Générations*（注释 23），299，310-319.

[44] E. Lamberts and J. Roegiers, *De universiteit te Leuven. 1425-1985*（Louvain，1988），182.

教和自由主义反对派结成联盟后，大学开始明显政治化。学生们主要是在列日和鲁汶发起罢课，而根特的大学校园则相对平静。[45] 比利时的革命爆发于 1830 年的夏季，学生们成为抗议运动的主力军。在抗议运动中，比利时从 1830 年 11 月起赢得了事实上的独立，学生们的斗争因此获得了成功。1830 年后，天主教会与自由主义的共济会成员之间的差异日益扩大，导致鲁汶的国立大学的解体，也促成两所带有意识形态色彩的大学的建立：1834 年设于布鲁塞尔的具有自由主义（思想）的大学，以及 1835 年在鲁汶建立的一所天主教大学，它们毗邻当时根特和列日的国立大学。[46]

荷兰联合王国的北部地区，学生生活固守着传统，依然远离社会现实，珍视自己圈子中的交往和友谊，在评议会中打打闹闹，在社团里争论不休。只是 1823 年爆发了唯一的一次社会骚动，当时莱顿市当局试图终止给穷人分发"鲱鱼和白面包"的传统，学生们就自己组织起来在接下来几年延续这一传统。这里的学生也对浪漫主义作家怀着浓厚兴趣，例如，拜伦（Byron）、斯科特（Scott）、雨果（Hugo）和海涅（Heine）。第一个学生联合会于 1815 年在格罗宁根成立。紧接着其他各地的学生组织也建立起来。[47] 比利时的起义，在（北部的）荷兰掀起了一股爱国主义和奥兰治社团情结的浪潮。[48] 在阿姆斯特丹、格罗宁根、莱顿和乌特勒支，一些学生联合会组建了步兵志愿军。然而，前几个月的生活使这些学生志愿兵们极为不满：他们整天都要军事操练和站岗值勤，生活非常单调无聊。直

---

[45] R. L. Plancke(ed.), *Rijksuniversiteit Gent. 1817-1967* (Ghent, 1967), 15.

[46] 参见第二章第 40 页，第十章第 347 页；第 684 页的年代表。

[47] 参见 G. Brom, *De omkeer in't studentenleven* (Delft, 1923)，特别是第一部分：'Het geslacht van Klikspaan', 5—80，该书以文献材料为基础，对这部分情况做了详尽的叙述。L. D. Frank and H. B. Wiardi Beckman, *Geschiedenis van het Leidsche Studentencorps* (Leiden, 1927), 12, 22; A. C. J. de Vrankrijker, *Vier eeuwen Nederlandsch studentenleven* ([Voorburg], 1939).

[48] F. Santegoets, '*Togae cedant armis*: een generatie getekend door de Belgische opstand', in W. van den Broeke and P. van Hees (eds.), *Studenten en nationaal gevoel in Nederland. Utrechtse Historische Cahiers*, 19, 3 (1988), 21-33; R. Hagendijk, *Het studentenleven. Opkomst en verval van de traditionele studentencultuur* (Amsterdam, 1980), 44-46.

到 1831 年 8 月的“十日战役”，他们才得以一展“英雄风姿”。此外他们
283 就再也没有为自己赢得荣誉的机会了。当法国军队前来支援比利时后，战役结束了。但是，这些学生志愿军们在归途中却享受到像迎接英雄般的待遇：新学年为他们而延迟，他们还获得了一枚由校方颁发的青铜荣誉奖章。庆祝活动到 1832 年 6 月 22 日方结束，在最后的庆典上人们展示从比利时两个教士那里俘获的金属十字架。由于参加了此次战役——尽管站在既定秩序一方——荷兰的大学生完全融入荷兰民族之中。[49]

正当俄国沙皇准备帮助荷兰王子镇压比利时的叛乱时，一场反对俄国的起义于 1830 年 11 月在华沙爆发了。这场起义是由彼得·维索茨基（Piotr Wysocki，1797—1874）指挥的军校学生发动的，他们得到了社会反对力量的广泛支援，其中尤为突出的是华沙大学的学生。1831 年初，他们又得到了来自克拉科学生的支援，210 名志愿者——比克拉克学生人数的一半还多——前来加入他们的行列。战斗持续了 10 个月，一些学生被关进了俄国监狱，一些一直被关到 1834 年。[50] 另外一些学生成为“伟大的移民”（*wielka emigracja*），流亡国外，主要是到了法国（大约一半的华沙学生和大部分维尔纽斯的学生，维尔纽斯几乎所有的学生都参加了这次起义。[51] 在波兰失败后，华沙大学和维尔纽斯大学就被关闭了。

波兰起义在整个欧洲赢得了人们对波兰解放事业的热情支持，也加剧了人们对俄国的厌恶情绪。在法国发生的暴动尤其能体现这点，那里 1830 年冬季的经济危机首先打击了普通民众。1830 年 12 月 20 日，巴黎爆发了骚动，激进的共和主义学生参加了这次骚动，如朱尔·桑比克、奥古斯特·布朗基（Auguste Blanqui，1805—1881）以及后来的巴黎公社社员夏尔·德莱克吕兹（Charles Delescluzes，1809—1871）。圣诞节后当局

---

[49] Frank and Wiardi Beckman, *Geschiedenis*（注释 47），12-13.

[50] Révész, *Jugendbewegungen*（注释 12），63.

[51] B. Konarska, ‘Les étudiants d’universités polonaises dans les universités de France après l’Insurrection de novembre(1832-1848)’, in Kulczykowski(ed.), *Pérégrinations*（注释 24），161-180. 本书参见第 163 页。

很快便恢复了秩序，但共和主义学生却继续活动，坚持为自由结社而斗争。政府拒绝对结社权做出任何让步，校方也对激进学生采取了处罚措施。他们开除了桑比克和布朗基等人。为此，1831 年 1 月 22 日爆发了一次暴力示威，结果激进学生领袖被捕，这次事件也标志着争取结社权运动的结束。1831 年 9 月 15 日当华沙投降的新闻传来时，巴黎举行了多种活 284
动，展示人民的团结一致；同年 12 月传来波兰将领流亡到法国的消息，巴黎再次举行了类似活动，在此之前，这些将领已经得到了斯特拉斯堡学生的欢迎。[52]

1831 年 12 月，由于经济危机的打击和霍乱流行的威胁，巴黎再次动荡不安。政府认为新闻出版业过多地批判当局，于是立即对其进行了严厉的管制，还将激进的共和主义者抓去审判。[53] 这促使青年一代迅速转变为激进分子，他们这次选择了社会共和国，将 1793 年罗伯斯庇尔的《人权和公民权宣言》（*Déclaration des droits de l'homme et du citoyen*）作为动力源泉，并寻求建立与工人的联系。1832 年 3 月，霍乱真正蔓延开来，数百名学生自愿参加急救工作。同年 6 月 5 日，经过两年的酝酿，受压抑的张力终于得到释放，两年之前一位将军的葬礼成为导火索，法国再次爆发了起义，旨在建立一个共和国。这次起义的主力是工人，学生们也和他们在街垒边并肩战斗，起义在两天后被镇压。此次失败使共和主义者进一步发展秘密活动。工人和学生都加入了一个名为“人权协会”（*La Société des Droits de l'homme*）的秘密社团，随着 1830 年革命三周年的到来，该协会的成员也日渐增多。1834 年 4 月 13 日到 14 日，让政府当局惧怕的共和主义起义在巴黎爆发了；然而，几乎在同一天，这场起义就被扼杀，当局逮捕了嫌疑人，并在拉丁区挨家挨户搜缴武器。这次失败所产生的幻灭

---

[52] 尽管有相当数量的波兰造反学生在法国继续他们的学业，但他们在 1832 年后才得到法国当局的许可。在获得流亡许可后，很多波兰学生都继续在法国学习：从 1832 年到 1848 年，在巴黎有 89 人，在普瓦捷有 31 人，在图卢兹有 19 人，在普罗旺斯地区艾克斯、第戎和斯特拉斯堡有 10 人。Caron，*Générations*（注释 23），333，337-338，340.

[53] 这部分有关法国的情况，参见：Caron，*Générations*（注释 23），338—357。

感，使法国政治生活在接下来的10年中保持了一种平静的状态。在那些年中，学生的活动主要限于维护“社团主义”（corporatist）的利益，以免年轻学生完全沉迷于时尚、舞蹈和女人之中。路易·菲利普王朝的合法性不再受到质疑了。

法国的改朝换代，比利时和希腊的独立，以及波兰的失败，自然促使其他地区的学生转变为了激进分子。由于害怕爆发学生骚动，西班牙国王费迪南德七世（Ferdinand Ⅶ，1784—1833）1830年决定关闭大学，直到两年后才重新开学。[54] 在芬兰，波兰的起义也考验了芬兰与俄国的关系。一些小事件都被视为反俄事件，比如一个学生在赫尔辛基的一家咖啡馆里
285 为波兰的荣耀干杯，又如1831年4月一些喝醉酒的芬兰学生在东正教复活节的礼拜六晚上的仪式上闹事被认为是反俄事件。芬兰政府威胁要关闭大学。1831年夏季霍乱在芬兰爆发，成为1831—1832年秋季学期关闭大学的最佳借口。1832年春，芬兰政府决定为学生制作统一的制服。有些令人惊讶的是，这一决定得到了学生们的赞同。学生与政府之间似乎重新达成了默契。此后，俄国沙皇决定向芬兰人民让步。1833年2月，他成立了一个芬兰语言、文学和历史的研究中心，旨在弘扬芬兰的文化。1833年夏，沙皇到访赫尔辛基，学生们表现出了对他的忠诚。[55] 1840年俄国政府任命了第一位芬兰语言和文学教授。1842年俄国皇太子亚历山大·尼古拉耶维奇（Alexander Nikolayevich）出任新校长，在赫尔辛基受到了学术界的热烈欢迎。这些在赫尔辛基发生的卑下行径引起了在瑞典的芬兰移民的尖刻嘲讽。[56]

德国学生社团从1827年起进入第二活动阶段，即“民众领袖”（Demagogues）阶段。[57] 在活动早期，一个名为“条顿人”（Teutons）的组织尤为活跃，1830年和1831年举行了非法的学生日活动。他们赞美外

---

[54] Mancebo,‘Estudiantes’(注释 10).

[55] Klinge, *Universität Helsinki*, 305-320.

[56] *Ibid.*, 326, 340.

[57] Jarausch,‘Sources’(注释 14), 540.

国革命者，称他们为自由理想的斗士。他们计划组建一支“学术兵团”，去支援希腊人民和波兰人民的斗争，并随时准备在德意志发动一场革命。1831 年，哥廷根和海德堡两地的学生宣布两地为“被解放的地域”。[58] 1832 年在斯图亚特的社团活动日（*Burschentag*）上，学生们宣称，德意志的自由和统一将会通过革命来实现。[59] 宣传统一的观点也成为 1832 年 5 月 27 日举行的“汉巴赫节”（*Hambachfest*）的目标，共有 25000 人参加，其中多数是成年人，也有很多学生，他们主要来自“条顿人”组织。“汉巴赫节”曾举行过集会，导致当局对“新闻与祖国统一”（*Presse-und Vaterlandsverein*）口号采取打压措施。因此，反对活动逐渐开始采用另外不同的策略，即暗中策划和秘密准备起义。[60] 1833 年 4 月 3 日，大约 50 名激进学生积极响应“祖国统一”的号召，与知识分子和工匠一道，突袭 286
了法兰克福的警察总局，试图发动一场民众起义。这次哨兵暴动（*Wachensturm*）——德意志第一场武装暴动——失败了，导致当局对学生社团成员（*Burschenschäftler*）采取了更为严酷的镇压措施，即著名的第二次民众领袖迫害（*Zweite Demagogenverfolgung*）。从 1832 年到 1838 年，德意志 23 个邦总共对超过 1800 人提出了法律诉讼，其中至少有 1200 人是学生或学者。[61]

1837 年，汉诺威国王恩斯特·格奥尔格·奥古斯特（Ernst Georg August，1771—1851）罢免了 7 名教授的教职，因为他们批评了他废除宪法的决策。这一事件立即引发了学生的抗议，抗议遭到军队的镇压。[62] 主要关注自我教育“条顿人”和“阿米尼人”（Armins）几乎完全停止了他们的活动。因此，学生社团成员也暂时中止了他们对德意志统一所发挥的

---

[58] M. E. Boren, *Student Resistance: A History of the Unruly Subject* (New York, 2001), 32.

[59] 目标是通过发动革命，实现德意志的自由和统一，Bartol, *Ideologie*（注释 16），73—74.

[60] Düding, ‘Nineteenth-Century’（注释 19），35.

[61] L. Elm, ‘Von der Urburschenschaft zur bürgerlichen Revolution’, in L. Elm, D. Heither and G. Schäfer (eds.), *Füxe, Burschen, Alte Herren. Studentische Korporationen vom Wartburg bis Heute* (Cologne, 1992/1993), 38.

[62] Boren, *Resistance*（注释 58），33. 也参见第五章第 152 页。

重要作用。[63] 对学生社团成员活动的压制，使传统的非政治性的同乡会取得更大的发展。这些分布最广的组织逐渐发展为一个“学生联合会”（corps），它汇集了学生亚文化中很多古老的习俗。“学生联合会”是佩戴色标派（*farbentragend*）（通过服饰的颜色以示不同），他们戴的帽子、系的绸带和穿的服装都有特定的颜色；他们也是剑客（*schlagend*），他们保持了用剑来决斗的仪式，即比剑（*Mensur*），这种比赛只有身体的防护而不保护脸部。那些脸上因比赛而留下的伤痕，被视为勇敢的证明。每个“学生联合会”由一个老资格会员（*Seniorenconvent*）直接领导，成员包括有“新人”（*Füxe*，第一年的成员）和“骨干”（*Burschen*，入会一年以上的成员），它也会得到毕业校友（*Alte Herren*）的支持。它们在学生圈子里占据了支配性地位，因为它们至少被认为是一种传统的、政治危害性小的组织。从 19 世纪 40 年代起，它们获得了各地方当局和校方的默认，从 1848 年起它们逐渐获得了官方的承认。[64]

1844 年，第一个新教学生社团——维根弗联合会（*Wingolfbund*）在爱尔兰根成立。在“建立在宗教基础上的品德、学识与交往”（*Sittlichkeit*，*Wissenschaftlichkeit und Geselligkeit auf religiöser Basis*）这一座右铭下，类似的新教学生社团组织在其他地区也建立起来，如哈勒（1843 年）、柏林（1845—1846 年）、波恩（1846 年）、哥廷根（1851 年）。1848 年后，由于获得了自由结社的权利，天主教学生组织才开始形成，大部分是从读书俱乐部（*Lesevereine*）发展起来的，例如，慕尼黑［埃纳尼亚（Aenania），1851 年］，波恩［巴伐利亚（Bavaria），1853 年］，柏林
287 (Katholischer 读书俱乐部，1853 年)，布雷斯劳［温弗里迪亚（Winfridia），1856 年］。更为虔诚的天主教学生组织是成立于 1853 年的尤尼塔斯

[63] Jarausch, 'Sources'（注释 14），542；Bartol, *Ideologie*（注释 16），74.

[64] Müller, *Geschichte*（注释 15），77-80.

(*Unitas*)，（在 1887 年之前）其成员仅限于神学院的学生。[65]

19 世纪 40 年代初，学生圈子中充满斗志的激进民主主义阵营发起了新的进步运动（*Progressbewegung*）。这是学生社团成员活动的第三个阶段，强调社会平等。[66] 这场运动于 1839—1840 年开始在哥廷根兴起，很快就赢得了学生社团成员以及不结社学生（the *Finken* or *Wilden*）的支持。其目标是要消除存在于学生和公民之间的不平等。因此，他们反对“学生联合会”坚持的学生传统和仪式，特别是比剑。他们成立的读书俱乐部成了政治争论的中心。1844—1846 年，他们出版了德意志第一份重要的学生刊物《德意志高等学校》（*Zeitschrift für Deutschlands Hochschulen*），指责大学沦为政府的工具，不能在教养（*Bildung*）和科学（*Wissenschaft*）的张力中培养出洪堡式的富于创造的人。他们这种观点获得了一些年轻评论家的支持，但是却遭到当局和“学生联合会”的反对。

在哈布斯堡帝国，尤其是那些在维也纳大学的波兰、捷克、斯洛伐克和斯拉夫学生中间的密谋活动，1830 年都有所增加。像“新波兰”（*Nowa Polska*）这样的秘密组织，1837 年与“青年萨尔马提亚人”（*Mloda Sarmacja*）及其宣传组织“祖国之子”（*Synowie Oczyny*）联合起来，并与在巴黎的“伟大的移民”保持着联系。他们还与由弗尔霍夫斯基（Vrchovský）和什图尔（Štúr）领导的斯洛伐克学生建有联系，这种联系是从帕塞尼（布拉迪斯拉发）福音派的吕克昂（Lyceum，学园）发展而来。他们给斯洛伐克学生提供组织和意识形态方面的指导，帮助他们发展“青年斯洛伐克人”活动。在读完左翼民主主义的波兰政治流亡者约阿希姆·勒莱韦尔为他们撰写的文章后，年轻的斯洛伐克民族主义者决

---

[65] F. Schulze and P. Ssymank, *Das deutsche Studententum von den ältesten Zeiten bis zur Gegenwart* (Munich, 1931), 305-306; Burg, *Encyclopedia*（注释 21），203. ‘Unitas’是在纳粹政权下继续生存的最后一个天主教学生组织，直到 1938 年 7 月才被解散。

[66] Jarausch, ‘Sources’（注释 14），542.

定，他们必须反对封建制度，进一步向更为广大的人民群众开放。[67] 1834 年 8 月，在布尔诺（Brno）成立了秘密组织，标志着捷克—斯洛伐克—波兰学生的合作正式建立，该组织的发起人是医学院学生弗朗齐歇克·西里
288 尔·坎佩里克（František Cyril Kampelik），他随后成为维也纳斯拉夫人圈子中的核心人物。1837 年当局查禁了帕塞尼（布拉迪斯拉发）所有学生组织后，斯洛伐克学生亚历山大·博莱斯拉文·弗尔霍夫斯基（Alexander Boleslavín Vrchovský，1812—1843）成立了名为“互存”（*Vzájomnost*）的组织，该组织成为斯洛伐克民族复兴运动的核心组织，直至 1840 年被当局发现，其成员也被拘捕。19 世纪 40 年代，在卢多维特·什图尔（L'udovít Štúr，1812—1856）领导下形成了一个更为稳健的政治阵营，他们重点强调斯洛伐克民族的复兴，而没有过多地强调社会解放。

学生的抗议（1845—1850）

19 世纪 40 年代中期，一股社会批判浪潮横扫欧洲，其矛头不仅指向梅特涅体制，而且指向权力与所有制的内部关系。在各国政府看来，那股潮流似乎是一场国际阴谋，这主要是因为像“青年意大利”“青年德意志”“青年波兰”，以及“青年芬兰”一类的组织，无论其政治观点是否对立，都相继成立起来。[68] 他们不是通过阅读和讨论左翼读物去发现“社会问题”，而是亲眼看见了经济危机、歉收、冬季饥荒以及霍乱流行共同造成的悲惨情景。他们中一些人建立了一些组织，为处于危难之中的人提供社会援助；另一些人则对资本主义体制进行激进的批判。许多激进主义者梦想发动一场民族主义和社会主义的革命，以此来赢得自由和正义。实际

---

[67] V. Matula,'Die politische Kreise Slawischer Studenten in Wien. Ihre Bedeutung für die Weltanschaulich politische Heranbildung junger Ideologen der Slowakischen Nationalen Befreiungsbewegung in den dreissiger Jahren des 19. Jahrhunderts', in Plaschka and Mach(eds.), *Wegenetz* Ⅱ(注释 29),155-161.

[68] Klinge,*Universität Helsinki*,357-377.

上，学生们的观点变得更加多样化，从左派到右派的各种不同政治倾向都表现得更为明显，这些都反映出社会大背景下存在的思想差异。

在法国，“革命的葬礼”反映出学生思想上的这种变化。[69] 1844 年 5 月 30 日是 1830 年革命中民主运动领袖雅克·拉菲特（Jacques Lafitte，1767—1844）的下葬之日，有 1000 名学生加入了送葬的人流。在坟墓边，一个学生与一位工人的代表一起发表了争取更多民主权利的演讲，这是自 19 世纪 30 年代以来工人和学生首次一起参加公开活动。1845 年 5 月 7 日，在另一位 1830 年革命中的共和主义领袖费德弗鲁瓦·卡韦尼雅克（Godefroy Cavaignac，1801—1845）的葬礼上，他们再次走到一起。同年 6 月 8 日，第一份存在时间不长的期刊《学生》出版面世，该刊采用了一种独特的共和主义论调，梦想将“失去了一切影响力”的学生重新组织起来。在当局攻击三位深受学生尊敬的法兰西学院教授——米茨凯维奇、埃 289
德加·基内（1803—1875）和儒尔·米什莱（1798—1874）之后，学生运动的声势变得越来越大。1845 年 8 月，学生发起了第一次支持上述受威胁的教授的示威游行。1845 年 12 月，一名新上任的教育部部长提议解除基内的教职，结果有至少 3000 名学生团结起来举行示威。他们遭到巴黎警察的野蛮对待，有 11 名学生被捕。米什莱对学生们的表现非常满意，他宣称“青年民主主义”起义再次爆发，希望这场起义能够改变所有一切。

19 世纪 40 年代中期，实现现代化的诉求在芬兰也日益明显。在赫尔辛基，1844 年的毕业典礼是最后一场以传统方式、使用拉丁语进行的仪式。典礼中朗读的诗歌表达了要建立民族国家的愿望。诗中也提到几年前兴起的斯堪的纳维亚主义和大芬兰的团结。同时，它还表达了学生们受到革命的自由主义理想的鼓舞，希望将其付之于行动。由于民族情感和社会情绪的高涨，在学术语言中开始拒绝使用拉丁语。学生们积极参加文学活动，使用芬兰语的出版物不断增多，这些都表现出芬兰人民对自己民族语言的热爱。许多学生都深信，俄国和瑞典的文化令芬兰保持了一种可耻的

[69] Caron, *Générations*（注释 23），369-373.

奴隶身份，他们必须行动起来，争取“民族、语言和国家”的解放。1846 年春，芬兰兴起了一场改革学生组织的运动。如果整个民族都需要改革，那么学生群体必须成立一个广泛的学生联盟和一个学术阅读社团，包括修建一种设有餐厅和阅览室的学生宿舍。这样，学生和知识阶层就有机会通过阅读外国书刊来进行自学。这些计划在赫尔辛基、乌普萨拉和瑞典都付诸实践。

19 世纪 40 年代，瑞典（当时还包括挪威）和丹麦产生了一种新的“学生身份”，它有着“国际的”和“国内的”两面。在“国际”层面，斯堪的纳维亚主义增强了它的影响。它成为一代激进学生的“伟大设想”。他们希望为“一个统一的、拥有一部‘现代的’自由主义宪法的斯堪的纳维亚”而奋斗。[70] 结果，到当时为止，在斯堪的纳维亚国家中，学生之间观点的分歧消失了，达成了某种相互的理解。这种新设想得到激进学生的欢呼，却遭到丹麦和瑞典政府的反对。1843 年，他们计划在乌普萨拉举
290 行一次学生会议，结果由于丹麦参加者被捕而告终。1845 年，第二次会议在哥本哈根举行，遭到俄国政府以及丹麦和瑞典当局的反对。20 年后，瑞典国王奥斯卡一世（Oscar Ⅰ，1799—1859）以及丹麦国王弗雷德里克七世（Frederick Ⅶ，1808—1863）则对此表达赞成。他们为 1862 年举行的斯堪的纳维亚学生会议安排了一次宴会，因为当时丹麦与德意志联邦在石勒苏益格-赫尔斯泰因地区（丹麦在 1864 年最终丧失了该地区）的冲突迫在眉睫，他希望能以此唤起学生对此事的关注。1869 年和 1875 年，又召开了两次斯堪的纳维亚学生会议。此后，斯堪的纳维亚主义运动似乎就画上了句号。[71] 在“国内”层面，学生们不愿再成为听从教授和校方安排的消极的知识接受者。他们也不再愿意封闭在自己的社交圈子里而完全远离外部社会。1852 年新的瑞典大学校规，对新旧两种高等教育观念进行了调和；旧有观念认为，高等教育是传递知识的过程；新观念则认为，高

[70] C. Skoglund, *Vita Mössor under Röda Fanor. Vänsterstudenter kulturradikalism och bildningsideal I Sverige 1880-1940*（Stockholm, 1991）, 263.

[71] H. D. Baars, *Scandinaviё. Verwant cultuurgebied*（Meppel, 1951）, 170-172.

等教育是教养的过程，为大学中的科学研究活动留出了更大的空间。[72] 然而，在1848年之后革命才遍及欧洲各地。

在克拉科自由市，这场革命在1846年就已经爆发了。起义的“红色”波兰学生既反对政府，也反对大学校方。[73] 这次起义的失败导致克拉科被奥地利兼并，它也在其他欧洲国家激起了对波兰解放事业热情的高涨，增强了人们的左翼以及反俄反奥的倾向。1847年3月，在克拉科起义一周年纪念日上，1200名巴黎学生走上街头，显示了他们的团结。随着1846—1847年经济危机的冲击，他们进一步参与到社会事务当中。[74]

1848年1月，米什莱的讲座被禁止，这一事件促使学生们发起了一次示威游行，参加者大约有1000到3000名，给人留下了极其深刻的印象。学生刊物《拉丁区的明灯》（*La Lanterne du Quartier Latin*）（1847年5月创刊）、《先锋》（*L'Avant-garde*）和《学报》（*Journal des Écoles*）（1848年1月创刊）掀起了一股抗议的浪潮。“改革者们”——推动革命的人——指挥了1848年2月22日的示威活动；当学生们高唱着《吉伦特派之歌》（*le chant des Girondins*）向马德莱娜广场前进时，由工人和市民组成的队伍已经等在那里，并加入了他们的行列。[75] 示威游行横扫了波旁皇宫，闯入了议会。在接下来的一天中，示威者们在早金莲花大道遭到枪击，示威活动在当晚结束。2月24日，街道上垒起了路障。学生们（少于1830年革命时的人数）成为工人、市民和国民卫队的组织者和协调者；正是由于他们的斗争，国王才正式宣布退位。临时政府宣告了共和国的成 291

---

[72] Skoglund, *Vita Mössor*（注释70），264.

[73] C. Bobińska, 'Les générations d'étudiants en tant que groupes sociaux', in M. Kulczykowski, *Les étudiants-liens sociaux, culture, moeurs du moyen-age jusqu'an XIXe siècle. Vème session scientifique internationale. Cracovie 28-30 mai 1987*. Prace Historyczne, Zeszyt 93 (Warsaw, 1991), 135-145, 143.

[74] Caron, *Générations*（注释23），368-370.

[75] 古斯塔夫·福楼拜（Gustave Flaubert）用“朴实的叙事”来描述发生的事情，概括自Caron, *Générations*（注释23），375—376。

立，呼吁维持公共秩序，避免因政局的变化而引起社会的骚乱。[76] 革命的热情弥散到 1848 年 3 月的整个欧洲，也鼓舞了大学生。[77]

独立后的比利时理论上讲已经建立了一个自由主义政权，但选举权却只属于极少数人。1847 年，一个纯粹的自由主义政府首次掌权，提出了一项极为详尽的自由主义议程，旨在扩大选举权——增加一倍数量的选民。可能因为这项议程，比利时才没有爆发 1848 年革命。而且，由于担忧社会动乱，害怕被法国吞并，佛兰德运动放弃了革命。鲁汶的学生社团“时间与奉献”（*Met Tijd en Vlijt*）谴责了法国的二月起义，为了回应法国革命者在比利时边界发动的短暂的武力事件，该组织向比利时国王发表了一份充满爱国精神的祈祷宣言。[78] 但比利时的大学也不是对革命氛围一直无动于衷。最值得关注的是 1848 年春在鲁汶发生的事情。在圣西门主义鼓舞下，那里的学生打破了其他地区——维也纳、耶拿和柏林——学生的沉默，发动了一场争取更多自由权利和社会公正的起义。鲁汶大学校长对此进行了压制，从而引发了一场反对大学严格的权力结构的请愿运动。
292 当请愿运动毫无结果时，很多学生领袖离开鲁汶到其他地方继续他们的学业，因为他们认为此地已经成为保守主义的堡垒。在他们看来，布鲁塞尔或根特是更为开放的反教权的地方，在这两个地区形成了一个以进步的教授弗朗索瓦·于埃（François Huet，1804—1869）为核心的圈子，他们采

---

[76] Caron, *Générations*（注释 23），381-383.

[77] 彼埃尔·杜邦（Pierre Dupont）在其 1849 年出版的《学生之歌》（“Chant des Etudiants”）中描述了相关情景，引自 Caron, *Générations*（注释 23），385；Feuer, *Conflict*（注释 42），265。有关学生和国家工场的情况，参见：E. Thomas, *Histoire des ateliers nationaux*（Paris, 1848），概括自 H. P. G. Quack, *De socialisten. Personen en stelsels*（Amsterdam, 1911），vol. Ⅲ，400-401；A. Prost, *Histoire de l'enseignement en France. 1800-1967*（Paris, 1968），80-82。

[78] 自 1841 年 J. B. 大卫（J. B. David）教授成为该组织主席到 1866 年，“时间与奉献”一直采取稳健的立场，有关 J. B. 大卫的政治观点，参见他在 1840 年对该组织的演讲，出自：T. Hermans, L. Vos and L. Wils (eds.), *The Flemish Movement: A Documentary History. 1780-1990*（London, 1992），96-97。

取一致行动，援助在法国起义中遇难的工人。[79]

在荷兰，欧洲革命的浪潮令当局者进行了一场迅速的自上而下的自由化改革，试图以此来阻止平民运动的发生。荷兰各地在外国革命形势发展的影响下也开始爆发一些动乱时，学生们站到了既有秩序的一边，成立民兵组织，帮助政府维持秩序，莱顿大学校长还颁布了组建民兵的命令。[80]旗帜鲜明地反对欺负一年级学生的传统，主张在其他大学城建立具有民主程序的一系列的"学生联合会"——大多数都在后来若干年后被学校当局认可了——这些都最能反映出荷兰大学生中的自由主义精神。[81]

1848年3月，革命的浪潮到达了德国和哈布斯堡帝国。德意志各地的大学，比如慕尼黑、柏林、海德堡和波恩，进步的学生参加了宣传柏林和法兰克福议会的活动，寻求在知识阶层与民众之间建立联系，并试图唤起更多人，尤其是大学生的民主意识。维也纳起义的消息也使柏林成为动乱的温床。3月18日，一场为争取自由和宪法的示威游行转变为巷战，工人和学生垒起了路障。大约300人牺牲。一天后，普鲁士国王腓特烈·威廉四世（Frederik Wilhelm Ⅳ，1795—1861）撤走了所有的军队，许诺满足改革者提出的要求。[82]

在活跃的政治圈子中，民主主义和自由主义的知识阶层自3月起就高举起革命的火炬，他们很多都是以前学生运动的成员。议会筹备会（*Vorparlement*）于3月和4月在法兰克福举行会议，与会者中超过1/3的是从前学生社团的成员，另外还有118名教授。1848年5月，法兰克福议会发表了现代大学的基本原则，即"科学和学术研究以及教学的自由"（*die*

---

[79] L. Gevers, *Bewogen Jeugd. Ontstaan en ontwikkeling van de katholieke Vlaamse studentenbeweging. 1830-1894*, (Louvain, I 987), 26-28.

[80] Frank and Wiardi Beckman, *Geschiedenis*（注释47）, 210; G. Brom, *Omkeer*（注释47）, 57.

[81] Frank and Wiardi Beckman, *Geschiedenis*（注释47）, 35-47; Hagendijk, *Studentenleven*（注释48）, 46-50.

[82] Cowie and Wolfson, *Nationalism*（注释25）, 171-172; Boren, *Resistance*（注释58）, 38-41.

293 *Wissenschaft und ihre Lebre ist frei*)，[83] 这一原则在 1850 年普鲁士宪法和 1867 年奥地利宪法中获得承认。在 1848 年圣灵降临节举行的第二届瓦尔堡节上，1200 到 1500 名学生在爱森纳赫聚会，发表以下决议：建立有学生参与的大学自治，实现教学与研究的自由，废除卡尔斯巴德法令。[84] 这一改革的方向在 9 月 25 日到 10 月 3 日在瓦尔堡召开的学生议会中得到了肯定，当时还成立了一个德意志学生的民主主义广泛联盟，该组织不久后被命名为学生总会（*Allgemeine Studentenschaft*）。[85] 在自由民主主义支配下的“进步运动”，很快就得到右翼的和属于教派的学生的回应。1848 年 5 月，学生联合会的学生聚集到耶拿，成立一个联盟。7 月，新教维根弗联合会召集自己的成员举行了第二届黑城堡宗教会议（*Zweites Schwarzburger Konzil*），由此偏离了第二届瓦尔堡节决议。

在哈布斯堡帝国内，匈牙利率先回应了法国的二月革命。[86] 应拉约什·科苏特（Lajos Kossuth，1802—1894）的呼吁，学生们 1848 年 3 月 3 日走上布达佩斯的街头，要求进行自由民主和民族主义的改革。当时，正在布达佩斯参加一年一度传统集市的农民随即自发地加入了他们的行列。匈牙利、特兰西瓦尼亚（Transylvania）和克罗地亚（“圣斯蒂芬王冠之国”）合并成为一个独立的统一国家，并在 3 月中旬得到了哈布斯堡帝国皇帝的承认。匈牙利现代化者的强有力态度也促使学生和维也纳的进步市民采取行动。3 月 12 日，他们向皇帝提出下列要求：组建一个新政府，实行民主选举，撤销新闻检查制度，建立一支国民卫队。3 月 13 日，学生们发起的一场反对梅特涅的示威中爆发了枪战，在此以后抗议扩展到工人区。从 3 月 15 日开始，爆发了学生和工人的联合示威，皇帝被迫让步：

---

[83] Müller, *Geschichte*（注释 15），80.

[84] Jarausch，‘Sources’（注释 14），559-560；有关决议的文本见：Müller，*Geschichte*（注释 15），78。

[85] Elm，‘Urburschenschaft’（注释 61），42-43；D. Grieswelle，‘Zur Soziologie der Kösener Corps 1870-1914’，in Neuloh and Rüegg(eds.) *Student*（注释 20），346-347.

[86] Cowie and Wolfson，*Nationalism*（注释 25），154-157.

解散了梅特涅政府，撤销了新闻检查制度，许诺制定一部新宪法，组建国民卫队。革命进入到自由主义阶段，现代化进程得以巩固。然而，学生们提出了更多要求。他们成立一个政治团体——学生委员会，并组建了一支“学术兵团”（Academic Legion）作为其武装力量。来自布尔诺学生兵团的 600 名青年学生，以及来自奥洛穆茨［Olmütz（Olomouc）］学生武装的 250 名青年学生，都前来支持他们。布拉格的学生派来一个代表团，号 294
召在维也纳的斯拉夫学生参加这次起义。[87]

一个由学生和“国民卫队”成员组成的“革命委员会”掌控了维也纳政局，在郊区，工人们组成了社会主义委员会。“学术兵团”日益变得更加激进，新政府于 4 月提出的改革提案因被认为过于温和而遭到否决。从 5 月到 8 月，皇帝和政府在因斯布鲁克立稳脚跟，10 月又到了奥洛穆茨。10 月 31 日，经过 3 天的炮击，他们重新攻占了维也纳。这样，至少在奥地利又恢复了帝制。1849 年夏季，奥地利、克罗地亚和俄国军队最终打败匈牙利民族主义者，匈牙利重归哈布斯堡帝国。[88]

布达佩斯和维也纳发生的事件也令布拉格激动兴奋起来，自由主义和民族主义的强烈诉求结合了起来。[89] 1848 年 3 月 15 日，德意志和捷克学生共同阐明了对教育和社会民主化的要求，并且按照维也纳模式，组建了一支“学术兵团”，到当月底，该组织就已有 2360 名成员（学生总人数为 3500 人）。但是，该组织仍然处于教授的领导之下，他们能够限制学生们的激进主义。[90] 意见上的分歧使很多德意志学生进入到全德意志（*All-deutsch*）这一反犹太人阵营中，而捷克学生选择了联合工人进行革命的方式，希望能够以此建立一个捷克共和国。在 1848 年的圣灵降临节，布拉

---

[87] Révész, *Jugendbewegungen*（注释 12），39.

[88] G. Stimmer, ‘Die Mythologisierung der Revolution von 1848 als Modell einer Studentenrevolution’, in Neuloh and Rüegg (eds.) *Student*（注释 20），243-302.

[89] J. Koči, ‘Die Zusammenarbeit der Prager und Wiener Studenten während der Revolution von 1848’, in Plaschka and Mack (eds.), *Wegenetz Ⅱ*（注释 29），214-224.

[90] Révész, *Jugendbewegungen*（注释 12）.

格垒起了路障，在奥地利总司令阿尔弗雷德·温德施格拉茨王子（Prince Alfred zu Windischgrätz，1787—1862）的宫殿前爆发了示威游行和骚动，王子夫人在窗边被流弹击中身亡。[91] 总督撤离了布拉格市，并从周围的小山上对该城市进行了 12 小时不间断的炮轰，之后又下令攻城。在战斗中，只有不到 1200 人（该市共有 10 万居民）在路障边奋战，其中 800 人，占总数 2/3 的都是学生。起义的领导者被逮捕，大学恢复了日常活动。

当时，“学术兵团”在教授的领导下仍然存在，但维也纳的“学术兵团”在 11 月 1 日被查禁后，布拉格学生开始强调该组织的学生特征。为
295 了增强学生委员会在大学中的权威，他们选举出自己的代表。[92] 选举结果显示，激进民主一翼的影响力在逐渐增长。因此，政府于 1849 年 6 月查禁了“学术兵团”，并决定征召所有学生入伍。一个由 3 名捷克学生和 2 名德意志学生组成的学生代表团递交了一份请愿书，但却没有收到任何回应。于是，一个新成立的双语兄弟会准备于 1849 年 6 月同时在萨克森和布拉格发动一场起义。然而，这一密谋被发现了。14 名德意志学生 1850 年被判有罪，15 名捷克学生也于 1851 年被判有罪，但他们几年后就被释放了。[93]

在维也纳和格拉茨，斯洛文尼亚学生组织“斯洛文尼亚”于 19 世纪 40 年代中期诞生了，他们要求在卢布尔雅那（莱巴赫）［Laibach（Ljubljana）］建立一所斯洛文尼亚人的大学。然而，即使是在 1848 年的革命浪潮中，这一要求也没能得到满足，[94] 但到了 19 世纪 50 年代，尤其是 60 年代，新一代学生重新开始为此奋斗。[95]

---

[91] Cowie and Wolfson, *Nationalism*（注释 25），158.

[92] Kočí，‘Zusammenarbeit’（注释 89），220-224.

[93] Révész, *Jugendbewegungen*（注释 12），40.

[94] V. Melik and P. Vodopivec，‘Die slowenische Intelligenz und die österreichischen Hochschulen. 1848-1918’，in Plaschka and Mack(eds.)，*Wegenetz* Ⅱ（注释 29），134-154.

[95] H. Haselsteiner，‘Die Bedeutung Wiens als Universitätsstadt in der zweiten Hälfte des 19. Jahrhunderts am Modell der Slovenischen Studenten’，in Plaschka and Mack(eds.)，*Wegenetz* Ⅱ（注释 29），294-302.

直到3月10日，法国二月革命的消息才传到芬兰，它几乎没有影响到芬兰学生。只是在1848年4月6日，学生们在瑞典的乌普萨拉举行的斯堪的纳维亚学生宴会上赞美了新的法国革命，以此来表达对俄国的强烈不满。一周后，俄国当局就禁止芬兰教授和学生出国。[96] 大学校方、教授和学生共同参加1848年5月13日的五月节，当天他们升起了一面芬兰旗帜，高唱一首名为《我们的祖国》的芬兰民族颂歌。然而，与此同时，芬兰学生又向俄国沙皇——视他为国家的领导人——以及政府、校长和教授表示敬意，这种情形在1848年欧洲其他任何国家都没有发生过。至少在这次学生运动初期，由于1849年春季的形势，学生们很快就厌恶了前几代学生运动的哲学意识形态，而选择了一种以唯物主义社会分析为基础的民主主义的左翼意识形态。同时，大学生们的日常生活方式也发生了变化，还发生了各种违法乱纪的事件，当时各国政府当局都对越来越多的学生饮酒和逛妓院表示关注。1849年秋关于成立学生联盟的问题被提出来，该联盟将不依靠大学校方而独立活动。但由于一些同乡会的反对，这一设 296
想并没能实现。

随着欧洲各国对革命所逐渐做出的反应，法国学生的支持者与共和国的反对者之间出现了意见分歧。共和国被总统路易·波拿巴扼杀了，他发动了一次政变，并宣布自己为皇帝拿破仑三世。两天后，学生举行的示威抗议以及巷战都再次被镇压下去。在随后的日子里，大多数学生开始厌倦政治，恢复了他们传统的学生活动。尽管学生的主流逐渐“去政治化”，但仍有少部分学生继续在秘密小组中保存着革命的火种。这是一个“神话般”的年代：学生们在1848年革命中扮演了如此重要的角色，因此他们一直被视为学生革命的榜样而留存在集体记忆中。[97]

---

[96] Klinge, *Universität Helsinki*, 390-408.

[97] Stimmer, 'Mythologisierung'(注释88), 243-302.

整合或反抗（1850—1870）

1850 年法国的复辟并没有影响到德国学生组织的自由权利，在其后的 20 年中，多种多样的组织和联盟纷纷出现，并出台了各种制度规章，这些都成为此时学生运动的特征。“学生联合会”指出了发展的方向，1855 年成立了柯斯纳-会员-联谊会（*Kösener-Senioren-Convents-Verband*，*KSCV*），其他“学生联合会”和许多同乡会不久都加入了该组织。它们赞同该组织的成员规则，允诺在开展活动时相互保持联系，计划在每年的圣灵降临节召开一次柯斯纳会议。即使一些“学生联合会”只在一所大学中，它们也在各地设有自己的组织或老会员大会（*Senioren-Konvent*）。按照 KSCV 规定，1859 年所有“学生联合会”成员都必须接受比剑的仪式。虽然大多数同乡会接受了这些惯例和规章，但一些进步组织——集中在哥廷根——不承认这些传统，成立了非佩戴色标派（*nichtfarbentragende*）或著名的“黑色”（black）组织。没有参加学生联合会的组织还成立了很多庞大的联盟，但它们存在时间都不长，到 1868 年时只剩下了同乡总会（*Allgemeine Landsmannschaft*）。它既有“学生联合会”的一些特征，又与学生社团有类似之处。[98]

由于内部派系斗争，学生社团成员很难将其分支机构整合为一个广泛的联盟。1850 年，一些进步学生成功地建立了他们自己的庞大机构，但
297 这些组织只存在了两年。1855 年，进步的北德意志联盟（*Norddeutsches Kartell*）也发展了自己的分支组织；1862 年，与其相关的红色联盟（*Rotes Kartell*）加入到该组织中。保守的学生社团成员在 1861 年成立了南德意志联盟（*Süddeutsches Kartell*），接着又建立了绿白红联盟（*Grünweiss-rotes Kartell*）。

---

[98] Schulze and Ssymank, *Studententum*（注释 65），301-302；Grieswelle，‘Soziologie’（注释 85），346-347.

1852 年，新教的学生社团成员成立了黑城堡俱乐部（*Schwarzburger Verein*），该组织只存在了一年时间，到 1858 年又成立了一个黑城堡同盟（*Schwarzburgbund*），它的存在时间较长。但与之相比，爱尔兰根的维根弗联合会更为独特，这个组织基本上抛弃了一切与宗教礼拜相冲突的事情，并从 1860 年起组建自己的联盟。天主教学生组织也获得了发展，形成了两个庞大的机构：社团组织联合会（*Cartell Verband*，*CV*）和卡特尔联合会（*Kartell Verband*，*KV*）。1863 年的天主教日（General Catholic Day），来自慕尼黑、布雷斯劳和柏林的三个天主教学生组织参加了集会，这不仅标志着他们获得了德国天主教徒组织的承认，也表明他们被成功地整合到天主教体制中。在波恩、曼斯特（Münster）、图宾根和维尔茨堡，天主教学生也成立了自己的组织。从 1867 年起，很多大学城中的天主教学生都建立起“博尼法蒂乌斯协会”（Bonifatius associations）。大约同时，由于受到意大利民族主义者反对教皇国的威胁，德国的天主教学生成立了“庇护协会”（Pius associations）。

一种新现象也与此同时出现：很多学生决定不参加上述组织。他们就是不结社学生（*Finken*）。这段时间他们人数虽然众多，却没有形成影响，只是在 1859 年（席勒诞生一百周年），一个真正的不结社运动（*Finkenschaftsbewegung*）才开始形成——尤其是在哥廷根、耶拿和莱比锡，成员包括原“黑色”组织的成员和真正的不结社学生。1863 年，由于“黑色”组织与“野蛮”（wild）组织出现意见分歧，成立一个联合组织的计划流产了。进步学生成立了学生改革党（*Studentische Reformpartei*），他们反对“学生联合会”、决斗以及其他“中世纪”的制度。该组织首先在弗赖堡（1860—1864 年）成立，随后相继在哈勒（1865 年）、格瑞夫斯沃德（1865 年）、海德堡（1867 年）和柯尼斯堡（1867 年）成立起来。1868 年成立的“永久学生委员会”中，不结社学生获得了发言权；该组织首先在莱比锡成立，后来在柏林也发展起来。它开始出版《学术杂志》

(*Akademische Zeitschrift*)，该刊仅维持到 1870 年。[99]

1859 年席勒诞生一百周年，这一年民族主义的狂潮席卷了德意志全境，激起了学生们的民族使命感，在丹麦（1864 年）和奥地利（1866 年）还引发了战争。这进一步鼓舞了学生志愿军（*Freikorps*）或保卫队（*Wehrschaften*）。[100] 298 德国民族主义的右翼色彩日益浓厚，同时民主进步的潮流逐渐衰退。对讲其他语言的学生——尤其是波兰学生——来说，德意志大学的氛围，在萨克森以及德意志的南部和西部相对比较宽松，而在普鲁士和德意志北部则较为压抑。在普鲁士和德意志北部地区，他们的社会交往受到严格控制，活动也经常受到限制。[101]

1849 年，哈布斯堡帝国所有的学生组织都被明令禁止。1857 年，讲德语的奥地利学生组织了一次请愿，希望能再次成立读书俱乐部，但当局拒绝了他们的请求。虽然在 1858 年成立了“大学生合唱团”（*Akademischer Sangverein*），但连《让我们欢乐吧》（*Gaudeamus*）却都不能演唱，因为这首歌被认为有相当的政治危险性。克拉科在当时已经被奥地利并吞，该地 1858 年出现了一个秘密的学生政治组织，在波兰的其他大学也存在这样的组织。

从 1859 年席勒诞生一百周年起，学生活动得到了某种程度的宽容。学生对社会的批判也随之重新兴起。他们抱怨在正式禁令与实际的宽容政策之间缺乏一致性，他们批判受天主教会相当影响的维也纳大学中传统和封闭的氛围。在这一点上，他们得到了自由主义教授的支持。学生们此时要求承认他们的公民权和请愿权，并希望制定一条有关结社的新法律。[102]

1863 年，由于纪念莱比锡战役 50 周年以及石勒苏益格-荷尔斯泰因事件，爱国主义和政治化热情迅速高涨。维也纳学生强烈要求成立一个学生志愿军，并给基尔的学生写信，他们在信中提议将德意志民族的统一作为

---

[99] Schulze and Ssymank, *Studententum*（注释 65）, 303.

[100] *Ibid.*, 301-302.

[101] Révész, *Jugendbewegungen*（注释 12）, 64.

[102] Schulze and Ssymank, *Studententum*（注释 65）, 313.

一个伟大的理想，但是统一要采取在奥地利领导下的大德意志方案。由于极其厌恶普鲁士在俾斯麦的独裁下实行的帝国主义和军国主义政策，学生们转而向哈布斯堡王朝表示忠诚。因此，1863 年，当奥地利皇帝弗朗兹-约瑟夫（Franz-Joseph，1830—1916）在参加完法兰克福的王侯议会（*Fürstentage*）回国时，维也纳学生对他表示热烈的欢迎。但奥地利当局仍不允许在 3 月 12 日举行维也纳大学建校 500 周年的庆典，（因为）这个日子也是 1848 年革命的纪念日。虽然如此，学生们自己在 3 月 12 日进行了庆祝活动，并抵制后来官方举办的庆典。1867 年，很多学生给刚刚重新设立的帝国议会（*Reichsrat*）送去一份宣言；在宣言中，学生们对政府与天主教会之间的协议表示了抗议。他们抗议教会势力过度扩张，批判像 299
天主教教授那样的保守派，将这种抗议和批判视为 1848 年革命的继续。他们还得到天主教学生组织的支持，与此同时，天主教学生组织在德意志境内也迅速发展起来。[103]

针对结社的禁令一直执行到 19 世纪 60 年代，因此，在讲德语的奥地利学生中——而不像在德国学生中——都一致赞同大德意志方案，同乡会、学生社团和“学生联合会”之间的分歧也一直很小。[104] 这种一致也可能是因为在 19 世纪 60 年代奥地利出现了一个假日团队体系，它们在没课的时候聚集了来自不同大学和中学的学生。然而，也就是在 60 年代，学生中出现了观点的分歧，首先是对比剑仪式有不同的意见。布拉格和格拉茨的学生最早对此进行讨论，到 1863 年，维也纳的学生也开始讨论它。保守的学生捍卫这一传统，而进步的学生则反对它。1864 年，奥地利的第一个佩戴色标派组织（在因斯布鲁克）明确规定禁止比剑仪式。[105]

19 世纪 60 年代，讲德语的学生与那些讲其他语言的学生之间的分歧

---

[103] Heither, ‘Zwischen bürgerlicher Revolution und Erstem Weltkrieg’ in Elm, Heither and Schäfer(eds.), *Füxe*（注释 61）, 66-92; Müller, *Geschichte*（注释 15）, 80; Schulze and Ssymank, *Studententum*（注释 65）, 309-312.

[104] Stimmer, ‘Mythologisierung’（注释 88）, 271-277.

[105] Schulze and Ssymank, *Studententum*（注释 65）, 314-315.

更为明显和公开。[106] 布拉格的捷克学生和讲德语的学生之间首先发生了打斗事件。从1861年起，捷克学生离开了德意志联盟，成立了捷克学生自己的组织，在他们的期刊中明确反对德意志的文化霸权。普鲁士打败奥地利后，讲德语的匈牙利人与奥地利人之间关系紧张，这也导致1867年的“妥协”（*Ausgleich*），哈布斯堡帝国由此变成奥地利—匈牙利帝国。奥地利这方对大学进行了一次改革，使学生结社合法化。

从这一时期开始，学生组织在政治倾向上出现了更多差异。在维也纳，“马可曼尼亚”（*Markomannia*）联盟明确拒绝使用学生社团这个名称。维也纳的“撒克逊人”（Saxonia）以及格拉茨的两个组织则成立了奥地利的“学生联合会”，他们也接受不讲德语的学生。这种组织遭到渴望
300 统一日耳曼人的组织的反对，其中包括保守的学生社团和大学读书俱乐部。格拉茨和维也纳的一些学生组织与学生主流断绝了关系，选择了俾斯麦的路线，自认为是——就如维也纳的“西里西亚人”（Silesia）一样——民族自由派（*vorgeschobene Posten der nationalliberalen*）的先驱。另一方面，上述“学生联合会”组织也遭到左翼学生组织的反对，如进步学生社团，该组织强调的是社会-民主改革。[107] 自1866年普奥战争后，奥地利学生组织与德国学生组织之间的良好共识也成了过去。1867年，柯斯纳学生联合会就明确拒绝奥地利的学生联合会参加，德国的学生社团后来也如此表态。不过，在普法战争爆发后，一些奥地利学生宣誓要支援他们的德意志同胞，一些人甚至试图以志愿者身份加入普鲁士军队，但都未能实现。

19世纪中期，在哈布斯堡帝国内还有大约550万讲意大利语的人，他们主要居住在伦巴底（Lombardy）和威尼托（Veneto），但这两个地区先后在1859年和1866年被奥地利割让给新成立的意大利，其中也包括帕多

---

[106] S. Brzozowski, ‘Le problème d’études polonaises en Allemagne (1860-1918)’, in Kulczykowski (ed.), *Pérégrinations*（注释24），215-228.

[107] Schulze and Ssymank, *Studententum*（注释65），314-315.

瓦大学和帕维亚大学。从此以后，大约 53 万讲意大利语的居民仍留在哈布斯堡帝国，他们再也不能在帝国境内接受意大利语的学术教育。从 1864 年起，政府当局就试图解决奥地利境内的意大利人读大学的问题，在因斯布鲁克开办一些用意大利语授课的班级，并由一个中央考试委员会来举行用意大利语答题的国家考试。然而，在意大利民族主义的氛围中，讲意大利的学生对这些措施并不满意，他们要求建立一所独立的意大利人的大学，因为它有其象征意义。相应地，1859 年，德意志学生在因斯布鲁克成立了一个志愿军联合会（*Freikorps*），致力于保卫德意志文化。

法国第二帝国时期的大学体制大体上仍延续拿破仑一世时期的制度：各个学院和系科都彼此独立，不相互联系，注重职业培训。[108] 拿破仑三世的独裁统治对于理性自由是致命的威胁。1855—1856 年，索邦爆发了第二帝国时期唯一的一次学生抗议高潮，当时一些班级无法上课。当局采取了严厉的对策，两名教授和大约 10 名学生被捕入狱。[109] 尽管在 60 年代后 301
法国进入一个更为自由的时期，政府制定了高等教育改革计划，[110] 但是对学生中持不同意见者，政府仍坚持打压政策。1865 年的列日国际学生会议上，法国学生代表打出黑色的旗帜，以示对祖国失去自由的悲愤。[111] 学生们用解散协商会（*consilium abeundi*）来支付抗议活动的费用。[112] 1870—1871 年巴黎公社时期，学生们几乎没人参加巷战，除非他们由于个人原因而出现在那里。第二帝国成功地打破了法国学生的革命传统。

19 世纪 50 年代和 60 年代，比利时学生运动在进步主义和亲佛兰德情感之间建立了联系。根特大学 1854 年成立了名为“*t Zal wel Gaan*”的学生组织，该组织受到于埃协会（*Société Huet*）激进自由主义思想，以及

---

[108] R. D. Anderson, *Education in France, 1848-1870* (Oxford, 1975), 225-239.

[109] R. H. Guerrand, *Lycéens révoltés, étudiants révolutionnaires au 19e siècle* (Paris, 1969), 80-81.

[110] J. Minot, *Histoire des universités françaises* (Paris, 1991), 42-44.

[111] Anderson, *Education* (注释 108), 236; Feuer, *Conflict* (注释 42), 266.

[112] Prost, *Histoire* (注释 77), 80-82.

夹杂着狂热的反天主教主义的亲佛兰德情感的影响。[113] 19 世纪 60 年代，自由主义者掌握了比利时政权，于是声势浩大的进步主义学生运动再次出现在比利时大学中。社会主义成为布鲁塞尔、根特和列日学生运动发展的催化剂。而在鲁汶的天主教大学中，学生运动的动力则来自亲佛兰德的信念，其目标是联合非天主教徒，并且希望实现讲荷兰语的中产阶级和工人阶级的解放。在国际学生会议（1865 年在列日；1867 年在布鲁塞尔；1868 年在根特）上，来自布鲁塞尔、根特和列日的学生与法国的学生代表一起，力图成立一个社会主义学生国际，但该组织最终没能建立起来。[114] 19 世纪 60 年代，天主教学生和自由主义学生的思想都很开放，在保护佛兰德语言的问题上还相互合作，但是这种情况仅仅延续到 70 年代。

19 世纪的第三个 25 年中，荷兰大多数学生都怀着一种亲奥兰治的情感，其中夹杂着少许对社会主义的兴趣。莱顿大学学生联合会的书记员这样来总结 1865 年在列日召开的学生会议：这是一次“反对上帝存在和推翻秩序”的运动。[115] 但是，学生们也同情富有社会意识的作家，比如爱德华·道韦斯·德克尔（Eduard Douwes Dekker，1820—1887），他以穆尔塔图利（Multatuli）为笔名，于 1860 年在其小说《迈克斯·哈佛勒》（*Max Havelaar*）中批评了荷兰当局的殖民地政策；又如雅各布·扬·克雷默（Jacob Jan Cremer，1827—1880），他为工人阶级代言。[116] 从 1862 年起，穆尔塔图利在代夫特（Delft）一个名为“自由研究”（*Vrije Studie*）

302

[113] Gevers,*Bewogen Jeugd*(注释 79),40-49.

[114] J. Bartier ‘Etudiants et mouvement révolutionnaire au temps de la première internationale. Les congrès de Liège,Bruxelles et Gand’, in *Mélanges offerts à G. Jacquemijns*(Brussels,1968), 35-60.

[115] Minutes of ‘Leidsch Studenten Corps’ 1874 引自 Frank and Wiardi Beckman,*Geschiedenis*(注释 47),96.

[116] 克雷默在莱顿大学给学生做的一次讲演[See Brom,*De omkeer*(注释 47),89] 以 *Fabriekskinderen een bede,doch niet om geld*(Schoorl,2nd edn,1988)为名出版。他还写了 *Betuwsche Novellen en een reisgezelschap*(Leiden s. d. ,几次重印)和 *Distels in't weiland*:*Over-Betuwsche Novellen*(Leiden,1865)。

社团的讨论会里有了自己的听众，1867年他在乌特勒支也赢得了听众。当时，乌特勒支的学生十分仰慕左拉，因此穆尔塔图利的演讲有时能煽起学生们的激情。代夫特的学生联合会也同样对穆尔塔图利表示欢迎，而忘却了荷兰国歌《威廉》（the Wilhelmus）；1870年，莱顿的学生也热衷于自由主义的原则。这些都说明了荷兰学生运动的变化，甚至莱顿也不例外。1856年时，学生联合会接受威廉王子为荣誉成员；而到1870年时，是否照例接受其弟亚历山大王子为成员，则引起了热烈的讨论。[117] 19世纪60年代末国际形势的威胁（就如1830年时），也促使荷兰学生志愿者们建立起自己的军事组织，第一个这样的组织于1866年在莱顿成立，名为“为了祖国”（*Pro Patria*），随后在其他大学也成立了类似组织。[118]

1845年至1857年的西班牙，当时的教育部长克劳迪奥·桑南涅戈制定了一项包括纪律和学生管理规定的新法律，对大学进行了一次彻底的改革。[119] 1857年，马德里中央大学校长朱立安·桑斯·戴尔·里奥（Julián Sanz del Rió，1814—1869）在他的就职演说中明确号召学生投身政治运动，因为阻拦他们进行政治活动的传统障碍已经被清除了。桑斯·戴尔·里奥在19世纪40年代就在海德堡，因此非常熟悉德国的大学体制，他还在那里学习了卡尔·克里斯蒂安·弗里德里希·克劳斯（Karl Christian Friedrich Kraus，1781—1832）的哲学，再将这种哲学带回了西班牙，并设立一个教席来讲授。1865年，共和主义政治家埃米利奥·卡斯特拉尔（Emilio Castelar，1832—1899）教授——他在教学中着重介绍了“克劳斯主义”——因猛烈抨击女王伊莎贝尔二世（Isabel Ⅱ，1830—1904）而被解职。于是，一些教授和学生举行了示威游行，表示他们与卡斯特拉尔站在一起。他们在游行中与警察发生了冲突，此事最终导致更大数量的学生和教授举行抗议游行，其中就有桑斯·戴尔·里奥和费尔南多·德·卡斯

---

[117] Brom，*Omkeer*（注释47），92.

[118] Frank and Wiardi Beckman，*Geschiedenis*（注释47），95.

[119] Mancebo，‘Estudiantes’（注释10）；请对照 Peset，*Universidad española*，ch. ⅩⅧ：1857，la ley Moyano 461-490；ch. ⅩⅧ：El Estudiante burgués 525-550。

特罗（Fernando de Castro，1814—1874）。1868 年 9 月，西班牙爆发了一场革命，伊莎贝尔二世被驱逐，（第一）共和国建立。被解职的教授重获教职，费尔南多·德·卡斯特罗担任了大学校长。1873 年，埃米利奥·
303 卡斯特拉尔成为共和国总统。这段时间是“克劳斯主义”的黄金时期，学生们和教授都非常关心政治，还为大学制定了一个改革计划，但没能实行。1875 年西班牙的君主制复辟。

在俄国，1849 年，当局发现了圣彼得堡的一个秘密社会主义团体，这使得当局加强了对学生的控制。[120] 在赫尔辛基，由于录取条款的变化，那些经历了由“唯心主义”到“唯物主义”转变的学生被清除出学校。[121] 学生们必须每天身着校服，不得留胡须。相当于教授级别的学生督察，在 6 名助理人员的陪同下，负责监督学生的行为。芬兰还特别规定，要进入公共服务部门工作的法学院学生，在他们整个学习期间都必须师从俄国教师。从 1853 年 1 月起，新制定的法规开始生效，而且，从当年起，同乡会被视为叛乱的温床而被查禁。不过，它们仍秘密开展活动，而且变得更为激进，发展成为非法的带有特定政治色彩的组织。

1855 年，沙皇尼古拉一世逝世，亚历山大二世继位，标志着俄国进入一个在社会生活各个方面向自由主义转变的时期。真正的学生运动才得以开展。在当时的俄国大学中，只有波兰学生出于强烈的民族感情而进行政治活动，但他们和俄国同学并没有深交，因为他们之间的联系直到 19 世纪 70 年代几乎都是非法的。[122] 新沙皇放宽了对招生人数的限制，而且从原则上向俄国所有阶级的学生打开了大学的大门，因此大学入学人数从 1859 年的 5000 人增加到 1880 年的 8045 人。他还允许学生出国留学，放宽了购买外国书籍的检查制度。他还在大学中废除了军事纪律和强迫学生

[120] Burg,*Encyclopedia*(注释 21),155.

[121] Klinge,*Universität Helsinki*,399-404,414,423-425,537.

[122] Kassow,*Students Tsarist Russia*,3;Brzozowski,‘Problème d'études’(注释 106);有关 19 世纪的数据取自 Dudkowa,‘Etudes’(注释 24),229-246。

穿制服的规定。[123]

与此同时，学生组织开始扩展。在学生组织中最底层次的名为“*Zemliachestva*”，该组织聚集了所有来自同一地区的学生，他们能够在物质和精神上相互支持，这种组织在某种程度上类似德国的同乡会。另外，拥有相同思想观念的学生组成了一个叫“*Krushki*”的组织，该组织大约有10到20名成员。在这些学生组织中，圣彼得堡的“*Kassa Vzaimopo-* 304
moshchi”是独一无二的，该组织为学生提供便宜的食宿，以达到学生自助和互助的目的，最终它发展成为一个成员来自各个社会群体的庞大的核心组织。在其他大学，正规的和非正规的学生基础设施也得到发展，比如图书馆、读书俱乐部、经费资助机构、合作和劳动办公室，以及其他各种自助组织。[124] 波兰学生成立了类似的“*Bratniaki*”或“*Bratnie Pomocy*”［正式名称为“学生兄弟援助社团”（*Towarzystwa Bratniej Pomocy Studentów*）］，该组织致力于维护学生的利益，但在波兰学术生活复苏后，该组织开始逐渐有了自己的政治主场。[125]

此时形成的一个新传统便是学生大会（*skhodka*），学生们在会议中讨论一般性和涉及共同利益的问题，其会议风格类似自由农民公社中的平等主义作风。学生大会遂成为一个基点，由此发展起一整套众多机构、讨论团体和学术期刊的代表体系，其中直接民主的氛围成为主流。学生团体（*studentchestvo*）逐渐形成了明确的使命感，同时摒弃了那种以自我为中心的“庸俗”的和资产阶级的观念。[126] 这种新的学生自我形象以及使命意识，在新的文化知识阶层中得到强化。这一阶层被称为“*raznochinnia*”（字面意思是“不同阶级的人”），他们坚持在自然科学中进行理性的研

---

[123] Feuer, *Conflict*（注释42），113；Kassow, *Students Tsarist Russia*，16.

[124] Morrissey, *Heralds*（注释4），30；Burg, *Encyclopedia*（注释21），232；Kassow, *Students Tsarist Russia*，77-87.

[125] C. Wankel, *Anti-Communist Student Organizations and the Polish Renewal*（Houndmills，1992），7.

[126] Morrissey, *Heralds*（注释4），20-23.

究，信奉简单而真诚的人际关系，希望建立一个没有剥削和压迫的理性社会。[127]

19 世纪 50 年代末，喀山的学生要求解聘那些不称职的教授；1857 年，一些殴打学生的莫斯科警察受到了处罚。[128] 学生们还参与了有关废除农奴制的讨论，使得农奴制在 1861 年废止。在这个问题上，俄国学生与波兰和芬兰学生达成了良好共识。1861 年 2 月 15 日一位警察在华沙杀害一名波兰学生，警察的姓名并未公开。1861 年 3 月，来自圣彼得堡、莫斯科和基辅的学生为遇害学生举行了悼念仪式，随后举行了示威游行。[129]

警觉的俄国政府试图再度加强对大学的控制。但新的大学法规遭到了学生的抗议，抗议运动首先在 1861 年的 9 月和 10 月在圣彼得堡爆发，结
305 果数百人被捕，圣彼得堡大学被关闭。两年后，大学重新招生，入学人数从 1861 年时的 1442 人减少到 265 人。[130] 也是在 1861 年的 9 月和 10 月，莫斯科发生动乱，500 名学生签名请愿，与警察发生了冲突，结果几名学生遇害，340 人被捕，29 人被判入狱。喀山和哈尔科夫也发生了类似事件。[131] 为了消除弥漫在大学中的不满情绪，政府当局 1863 年 6 月 30 日颁布了新的大学法规，大学重获 1804 年到 1861 年间享有的自治权利。[132] 教授再次获得了更大的权力，他们有权选择校长、任命教授和监督学生，学生们则仍然不许组建“*skhodki*”或成立其他组织。然而，政府的这些措施还是不能恢复校园里的平静。

在俄国控制的波兰区域内，1855 年新沙皇亚历山大二世的继位也意味着一种社会氛围的变化。[133] 从 1857 年起，波兰人再次被允许担任公务

---

[127] *Ibid.*,22.

[128] Feuer,*Conflict*(注释 42),127-129.

[129] Révész,*Jugendbewegungen*(注释 12),14-16.

[130] Feuer,*Conflict*(注释 42),128;Burg,*Encyclopedia*(注释 21),169-170.

[131] Feuer,*Conflict*(注释 42),128-129.

[132] Kassow,*Students Tsarist Russia*,27-28.

[133] Vos,*Strijd*(注释 35),145-152;P. S. Wandycz,*The Lands of Partitioned Poland. 1795-1918*(Seattle,1974),155-179.

员，1858年波兰中学能够使用波兰语作为教学语言，华沙还开办了一所波兰人的医学院。在这种新的氛围中，俄国大学中的波兰学生开始重建他们的秘密社团，这些组织都与波兰移民建立了联系。基辅的波兰学生占学生总人数的4/5，他们试图在大学引入波兰语，但却遭到了乌克兰学生的反对。[134] 1861年3月，针对没有彻底执行废除农奴制法规的问题，华沙爆发了抗议运动，结果当局使用武力镇压，导致5人死亡。这一事件促使波兰人民组成了一个统一战线，士兵、农民、工人、贵族和教士都联合起来，共同反对俄国政府当局。俄国政府对此进行了更严厉的镇压，直到1862年春沙皇才再次放宽了统治政策，以“重点学校”（*Szkola Glówna*）之名重开了华沙大学。新的压制政策引发了更激进的运动。俄国政府征召青年入伍服役，被公认为是对俄国在波兰统治最后的致命打击。

1863年1月22日，华沙爆发起义。医学院和美术学院的学生是首批策划者中的一员。他们的领袖是斯特凡·博布罗夫斯基（Stefan Bobrowski，1841—1863），由他成立的委员会在起义初期还充当临时政府的角色。[135] 无论从参加的人数还是分布的范围来看，这次革命都是19世纪波兰爆发的最大规模的起义，它还扩展到了立陶宛和乌克兰境内。克拉科的左翼学生为革命的最后阶段制定了一份详细的计划，“红色的”罗穆亚尔 306
德·特劳古特（Romuald Traugutt，1826—1864）从1863年起成为这一阶段革命的领导人，上述计划得到实行，最终特劳古特于1864年4月被捕并被判处死刑。[136]

起义爆发后，俄国政府对波兰的教士和知识阶层采取了高压政策。[137] 至少有400人被判处死刑，上千人被流放到西伯利亚，好几千名波兰贵族的财产被没收。所有独立存在的波兰公共机构都被废除，“俄属波兰”

---

[134] Dudkowa，‘Etudes’（注释24），236；Wandycz，*Lands*（注释133），159-160.

[135] Wandycz，*Lands*（注释133），171-173.

[136] R. F. Leslie（ed.），*The History of Poland since 1863*（Oxford，1980），11；Bobińska，‘Générations’（注释73），143.

[137] Tazbir，*Zaris Historii Polski*（注释32），491-492；Wandycz，*Lands*（注释133），193-196.

(Congress Poland) 被改名为“维斯图拉兰德”(Vistulaland),波兰被分割成几个地区,全部受一个俄国总督统治。教育也被俄国化。1869 年波兰的“Szkola Glówna”被查禁,取而代之的是华沙俄国帝国大学。在所有俄国大学中,波兰学生的人数急剧减少。这次起义的失败标志着波兰浪漫主义起义传统的终结。

英国进行的工业革命,为现代化铺平了道路;同时,由于延续了许多中世纪的制度——尽管它们也逐渐转变,英国仍然存在一道传统主义的壁垒。这一时期,英国和欧洲大陆不同,国内没有发生学生运动。这主要是因为牛津和剑桥的大学体制,它们既不是培养职业精英的场所,也不是科学研究的中心。直到 19 世纪 70 年代,“牛桥”仍然坚持进行那种古典的和纯科学性的“自由教育”。这使得英国没有出现“低薪和低就业率的大学毕业生阶层的过剩,而这恰恰是欧洲大陆革命的动力所在”。[138] 这两所古老大学中,学生们的“课外活动”被学院制度有力地管束着;课余时候,两校学生经常进行竞争性的体育比赛(划船和板球比赛),这是在 19 世纪上半叶形成的传统,以彰显“学院精神”。这两所大学的学生们就很少会关心大学外面的社会问题。

1870 年,俾斯麦挑起普法战争,德国学生在民族主义的狂热情绪中消除了等级之分。在所有的大学城中,无论是“学生联合会”、学生社团、同乡会,还是维根弗联合会或其他教派的学生组织,都常常游行到深夜。在很多地方,他们都自愿参军,有时甚至集体入伍;比如在哈勒,他们到当地驻军报到,打着旗帜前进;在不伦瑞克,当地理工学院中机械系的全
307 体学生都在海军舰队中服役;在海德堡,学生们在开赴法国前线时,请求海恩里希·冯·特赖奇克(Heinrich von Treitschke,1834—1896)为他们赠言。他欣然应允,并最后用费希特在 1813 年讲的一句话来结束他的赠言:“不是胜利或者死亡,而是只能胜利!”在莱比锡,大众舆论却盛行反普鲁士的情绪,报纸轻蔑地发问,撒克逊人是否应该为普鲁士的国王卖

[138] M. Sanderson, *The Universities in the Nineteenth* Century(London,1975),4.

命。为此，学生们大批走上街头，从咖啡店和售货亭中搜出那些批判性的报纸，再把它们烧毁。然后，他们向普鲁士国王递交了一份有 800 名学生签名的宣言，表达他们愿意向祖国德国献出他们的赤诚。他们还以保卫德意志文化为名，呼吁奥地利学生支持他们反对法国的战斗。[139]

普法战争对德国学生的生活产生了重大影响，尽管他们没有单独成立“志愿军”，但相当多的学生参加了这场战争。在德国 1870—1871 年夏季学期，共有 13 765 名学生在大学注册，其中 1/3 的学生，即 4510 人都参了军，有 248 人战死。在很多地方，前线的学生士兵与“后方”的学生密切合作。例如，柏林的学生组织“行动”（*Motiv*）征召建筑学院的学生；1870—1871 年冬，莱比锡新成立的一个学生组织，向他们在前线的 60 或 70 名同学送发报纸和期刊。[140]

统一和反自由主义（1870—1885）

巴黎公社失败后，自由主义潮流开始在欧洲消退，新老民族国家都期望巩固国家的统一。西欧和德国实行资产阶级民主，有关学生运动的政治观念也发生了转变，大学进入了一个平静时期。学生们似乎对社会问题不抱任何兴趣：他们集体支持自己民族的发展，希望巩固和确保自己祖国的体制。在某些国家，这种统一无疑也受到意识形态和民族差异的威胁。旧多瑙河君主国中，在学生之间发生了民族冲突；俄国学生进行了艰苦的斗争，试图摆脱当局对大学自治的控制。

法国大学经历的变化比欧洲其他国家的大学都更加彻底。1875 年， 308
法国成立第三共和国，不仅开创了一个全新的政治局面，也创立了一套有关高等教育的新政策。19 世纪末，法国重建了自己的大学，“文理学院开

---

[139] Schulze and Ssymank, *Studententum*（注释 65），317-319.

[140] *Ibid.*，320-321.

始招生”[141]。法国的改革也模仿了德国大学模式，重点关注教育和在研究班及实验室中的科学研究。[142] 由于这些改革和入学学生的大量增多，学生状况发生了变化：大学生开始拥有独立的社会身份，学生们在这些年轻的学校中第一次形成了特有的社团生活。因此，法国大学在一定程度上赶上了德国大学的水平。在第三共和国政权巩固后，政府相当重视社会的整合，希望通过高等教育来弥合社会差异。学生组织被视为社会化的手段。1876 年，第一个学生组织在南希成立；到 1888 年，法国学生已经成立了 15 个学生组织。其中最著名的是“全国学生联合会”（*Association générale des étudiants*），它于 1884 年在巴黎建立，不久就以缩写字母“A”而闻名。其成立一年后就有 400 名成员。在很长时间里，该组织从校方和政府那里得到了财政资助。在他们看来，“A”提供了一个理想的场所，未来国家管理的精英与“完善法国共和民主制度”的精英在其中建立起密切的关系。[143] 该组织持一种中立的立场：谨慎避免参与有关政治和宗教的讨论。它致力于维护学生的利益，建立了学生之家，组织各种服务和娱乐性活动。几十年前学生们还在街垒边奋战，而在第三共和国建立后大学则恢复了少有的平静。[144]

英格兰城市学院的发展和威尔士学院的兴起，为中产阶级提供了一种改变社会地位、进入社会上层的方式。与此同时，牛津和剑桥也在进行改革，由此具备了现代大学的特点，并能更好地应对城市学院的竞争。然
309 而，它们仍带有独特的贵族精神，而且牛桥模式也成为城市学院模仿的标

---

[141] F. Mayeur, ‘Naissance de l’étudiant en sciences et lettres à la fin du XIX e siècle en France’, in Kulczykowski, *Etudiants*（注释 73），134-145. 参见第二章，第 55—57 页。

[142] Weisz, Emergence, passim; Ringer, *Education and Society*, 113-131.

[143] Y. Cohen, ‘Avoir vingt ans en 1900: à la recherche d’un nouveau socialisme’, *Le mouvement social*, 120(July-September 1982), 11.

[144] G. Weisz, ‘Associations et manifestations: les étudiants français de la Belle Epoque’, *Le mouvement social*, 120(July-September 1982), 31-38; Weisz, *Emergence*, 302-306.

准。[145] 从 1870 年左右起，英国大学生在课余时间里组织了规模更大的活动，学生的生活方式经历了一次重大的变革。[146] 一套广泛的俱乐部和社团体系形成并发展起来。“运动革命”尤其引人注目。大学生们一直都进行体育运动，但直到 1860 年左右，大学才开始模仿英国公学，组织运动会。当时，一个学生的体育素质与其个性塑造、纪律观念、道德意识、良性竞争和团体协作并列，成为校长或大学校方评估学生的一个方面。各个学院纷纷成立橄榄球俱乐部、网球俱乐部、板球俱乐部、划船俱乐部，以及其他体育运动的俱乐部；从 19 世纪 90 年代起，英国大学十分注重增建体育运动的基础设施，以此来吸引更多的学生。[147]

从社会角度来看，英国大学生身上仍体现着传统上的精英观念。他们无疑都支持托利党的政策，对工会活动、有关工人的社会措施和大学的民主化道路持谴责立场。他们又特别富有爱国热情，愿意献身大英帝国的宏图大业。[148] 另一方面，从 19 世纪七八十年代起，英国的大学和学院开始表现出日益强烈的社会参与意识。剑桥大学和牛津大学积极响应“大学扩展运动”，以满足社会中较少特权群体对高等教育的需求。[149]

荷兰的大学中，学生联合会继续为学生生活设定基调。它们的特征仍然是：“排他性的，负责指导新生，拥有优越的阶级意识，无限忠诚于奥兰治民族和合法的政权。”从其内部来看，它们都是“一个个争论的场所，年轻人的俱乐部，它们中的‘风俗’、肆意的欢笑、不同派别的争论、各种体育比赛、文化和消费，都延续着该组织的精神”[150]。然而，19 世纪最

---

[145] Sanderson, *Universities*（注释 138），19，75-84，142-147；R. D. Anderson, *Universities and Elites in Britain since 1800*（London，1992），17，21.

[146] J. Twigg, *A History of Queens' College, Cambridge 1448-1986*（Woodbridge，1987），265.

[147] Sanderson, *Universities*（注释 138），19-22；Twigg, *Queen's*（注释 146），252-261.

[148] Twigg, *Queens'*（注释 146），242-252.

[149] B. Simon, *Education and the Labour Movement 1870-1920*（Southampton，1974），86-92；Sanderson, *Unversities*（注释 138），146.

[150] Hagendijk, *Studentenleven*（注释 48），51；See Vrankrijker, *Vier eeuwen*（注释 47）；Frank and Wiardi Beckman, *Geschiedenis*（注释 47）.

后几十年，学生联合会开始瓦解。[151] 这种趋势是因为当时大学招收了更多310 来自中产阶级和受歧视宗教派别——天主教和归正宗（Reformed Church）——的年轻人，当然还有更多的女学生。联合会的高额费用使这些学生无法加入。而且，他们中很多人都反对联合会成员中盛行的贵族精神和联合会一些强制性的恶作剧规程。因此，他们开始在联合会外成立自己的组织。联合会傲慢地称这些新来者为“无政府主义者”“外来人”或“猪猡”，还提高联合会的会费，从而制造更多的障碍，不让粗鄙的“外省人”进入。而且，从 19 世纪中叶起，大学校方也不准备承认这些非联合会的组织，因为这可能会引起各阶层学生之间的冲突。[152]

在比利时的大学里，19 世纪七八十年代，学生生活也有了更好的组织，校园内建立了学生集团、区域性社会俱乐部、院系的社团，以及代表学生利益和维护他们利益的一般性组织。这种组织类似法国的“全国学生联合会”，分别于 1872 年和 1878 年在根特和鲁汶成立。尤其是在鲁汶的天主教大学，佛兰德学生运动非常强劲，新的佛兰德俱乐部纷纷创立。它们反映出，19 世纪 70 年代这一代正在成长的年轻人，具有复辟的思想和反自由主义的精神。他们支持统一语言，赞同天主教的信仰，认为保护语言是保护宗教信仰的一种方式。这些思想观念在天主教学院流传，从而促成“天主教佛兰德学生运动”的兴起，信仰天主教的中小学生、神学院学

[151] See P. A. J. Caljé, ‘De omkeer in ‘t studentenleven. de pogingen tot hervorming van het studentenleven rond 1920’, in *Groniek. Historisch Tijdschrift. Studentenleven* (Groningen, 1992), 75-82.

[152] Hagendijk, *Studentenleven*（注释 48）, 54; G. Jensma and H. De Vries, *Veranderingen in het hoger onderwijs in Nederland tussen 1815 en 1940* (Hilversum, 1997), 129-151; J. Kingma, W. R. H. Koops and F. R. H. Smit, *Universitair leven in Groningen 1614-1989. Professoren en studenten. Boek en uitgeverij* (Groningen, 1989), 55ff.; W. Otterspeer, *De wiekslag van hun geest. De Leidse universiteit in de negentiende eeuw* (The Hague and Leiden, 1992), 477ff.; *Studenten van Haver tot gort* (Delft, 1957), 11-63.

生与大学生也在这次运动中走向合作。[153] 在根特大学学习的亲佛兰德的自由主义学生，在这一时期则持一种更具挑衅性的反教权主义立场。[154]

西班牙 1875 年波旁王室复辟后，保守主义政府和教会都试图控制教育，也包括大学，使教育臣服于“王冠和宗教”。自由主义的学生和教授强烈反对这种企图，并发起抗议示威。从 1884 年 10 月到 12 月，动荡局 311
面从马德里大学扩展到其他的西班牙大学。同时伴随着一些院长和校长的解职和辞职。随后，反抗的情绪平静下来，但大学与政府、教会之间关系仍然紧张。[155]

德国 1870 年完成统一和建立帝国后，民族主义和反自由主义成为德国学生运动两大最重要的精神支柱。同时，学生之间的合作关系发展到巅峰，为其他国家提供了这方面的范例。在整个学生组织的体制中，学生社团成员不得不将领导权交给“学生联合会”（“柯斯纳-会员-联谊会”）。后者虽然没有具体的政治或社会目标，但宣称它能给学生提供发展个性的机会，从而弥补大学里进行的科学和职业教育的不足。“学生联合会”的训练包含三个主要方面：通过等级结构（社团新成员、入社一年的成员、老成员）和准入仪式，向成员传授有关秩序和权威的观念；通过强制性的决斗，培养学生的勇气和自律；通过强制性的饮酒，锻炼学生的酒量。“学生联合会”将军队中长官让下级无条件赎罪的理念带进了大学生活中。它的活动以独特的仪式主义和形式主义著称，其外在的标志包括帽子和缎带、制服和马刀。这种社团主义还带着浓厚的封建主义色彩，而这种中世

[153] L. Gevers,‘De Vlaamse studentenbeweging te Leuven(1836-1914)’,*Onze Alma Mater*, 29(1975),113-115;Gevers,*Bewogen Jeugd*(注释 79),65-126;L. Gevers and L. Vos,‘Studentenbeweging(Universitair onderwijs)Leuven’, in *Nieuwe Encyclopedie van de Vlaamse beweging* (Tielt,1998),2902-2903;L. Gevers and L. Vos,‘Le mouvement estudiantin Flamand et Wallon à Louvain’, in J. Roegiers and I. Vandevivere (eds.), *Leuven/Louvain-la-Neuve. Aller Retour* (Louvain,2001),161-162.

[154] Gevers,*Bewogen Jeugd*(注释 79),49-50;K. Palinckx,‘Studentenbeweging(Universitair Onderwijs)Gent’, in *Nieuwe Encyclopedie*(注释 153),2891-2892.

[155] Mancebo,‘Estudiantes’(注释 10).

纪的封建形态被赋予了浪漫主义的气息；其目标是通过它所提倡的学生活动，来展示一种在历史中被推崇的价值。一个联合会成员所过的生活，就像是一个上帝的选民在为自己的荣耀而战，他身上的伤痕正是其特权地位的象征。他应该鄙视“大众”，应该抛弃男女平等的观念。这样的社团“教育”培养出的学生，都愿意服从独裁政府的统治，通常属于社会的右翼精英分子。具备所有这些品质以及非政治化和保守的爱国主义特质的联合会成员学生，成为“魏玛时期的理想人物”[156]。

其他许多学生组织开始仿效联合会的模式。它们引入了“无条件赎罪”的观念和决斗的仪式，从而由佩戴色标的组织转变为战斗组织。学生联合会的老对手学生社团，就在1881年通过联合成为社团会员总会
312 （*Allgemeine Deputierten-Convent*，*ADC*）；同乡会也进行了重组，1882年合并为科堡同乡总会（*Koburger Landsmannschafter-Convent*，*LC*）。新教学生组织维根弗联合会基于基督教原则而反对决斗，继续佩戴色标。然而，1895年，它们为了避免内部的分裂也同意在特殊情况下举行决斗。在体操运动员协会（*Turnerschaft*）和歌咏团（*Sängerschaft*）中，社团主义的压力导致它们分裂为赞同决斗的一派和不进行决斗的一派。另一方面，在社团革新派（*Reformburschenschaft*）、天主教的社团组织联合会（*Cartell-Verband*，*CV*）和规模较小的新教黑城堡联盟以及犹太学生的组织中，仍然是纯粹的佩戴色标派组织。[157] 甚至在很多没有佩戴色标的非正式组织中，比如天主教卡特尔联合会（*Kartell-Verband*，*KV*）、类似的天主教统一联合会（*Unitasverband*）和新教的德意志基督教学生联合会（*Deutsch-Christliche Studenten-Vereinigung*，*DCSV*）、科学社团、体育和歌唱社团，社团主义的观念也普遍渗透进去；它们也有自己的仪式、旗帜和制服，以至于有时很难将它们与正式的佩戴色标的组织区分开来。

---

[156] Jarausch,*Students Imperial Germany*,239-250;Heither,'Revolution'(注释103),66-68;Schulze and Ssymank,*Studententum*(注释65),327ff.

[157] Jarausch,*Students Imperial Germany*,250-258;Schulze and Ssymank,*Studententum*(注释65),355-367,404-421.

50%以上的德国大学生都参加了某个组织。

从政治的角度看，从1880年左右起，德国学生运动的指导思想发生了变化：富有民族感情的自由主义让位于反自由主义的民族主义，大学生忠心支持新建立的政府。在德意志帝国时期，舆论普遍认为大学生不应该积极参与政治，而应该为他们以后将要扮演的重要角色做好准备，因此，这一时期的学生运动表现出非政治化的特征。但是，对学生保持政治中立的要求，又是与学生应该忠于并热爱自己的祖国这一前提分不开的。在学生社会化过程中，爱国精神最突出的一种表现形式就是到军队中当一年的志愿兵，许多学生都完成了这项任务。[158]

帝国成立的最初10年中，这种不断增强的民族主义主要针对的是那些被认为将威胁到德意志民族单一性的敌人。头号目标就是犹太人，其次是社会主义者、天主教徒和其他少数族裔，比如波兰人。1880年12月9日，在柏林成立了德意志学生联盟（*Verein Deutscher Studenten*，*VDSt*）。该组织的成立反映出大学生们民族主义热情的高涨，它很快就在其他大学中发展起来。1881年8月，各地方分支组织统一为屈弗霍斯联合会（*Kyffhäuser-Verband*）。通过组织起所有“真正的德意志学生”，这些组织希望积聚力量来重新唤起德国大学中的民族精神。犹太人被排斥在这些 313
组织之外。德意志学生联盟的许多分支组织都得到当地多数学生的支持。[159]

在哈布斯堡帝国中的奥地利部分，斯拉夫民族从1867年后逐渐获得了更多的权利，其中包括建立高等教育机构。[160] 相反在匈牙利，大学中兴起了一种强烈的马扎尔化趋势，非匈牙利的民族主义情绪几乎没有获得形

---

[158] Jarausch, *Students Imperial Germany*, 234-235, 258-262, 333-345.

[159] *Ibid.*, 348-353; Schulze and Ssymank, *Studententum*（注释65）, 342-354.

[160] Schulze and Ssymank, *Studententum*（注释65）, 368; G. Otruba, 'Die Universitäten in der Hochschulorganisation der Donau-Monarchie. Nationale Erziehungsstätten im Vielvölkerreich 1850 bis 1914', in Neuloh and Rüegg(eds.) *Student*（注释20）, 93-104.

成的机会。[161]

由于逐渐丧失了他们的霸权地位，奥地利讲德语的学生产生了一种受威胁感，他们急切要求更明确地肯定他们的地位。同时，1870 年德意志的统一在这些奥地利学生中激起了一股极端的德意志民族情感——其特征为反自由主义，也使他们寻求与德意志帝国建立更紧密的联系。1871 年在维也纳大学成立的维也纳德意志学生读书俱乐部（*Leseverein der Deutschen Studenten Wiens*）就能反映出上述观念。在其他奥地利大学中，比如在格拉茨、布拉格、因斯布鲁克和莱昂本，它们逐渐成为讲德语的学生的组织的支配思想。[162]

奥地利学生先于德国学生发表了第一份激进的反犹太人宣言。早在 1867 年，维也纳学生“奥林匹亚”社团就怀疑犹太人不具备日耳曼人的特征。到 1878 年，维也纳“解放”组织首次将犹太学生赶出该组织，这些犹太学生中还包括已经接受了基督教洗礼的人。从 1883 年起，许多其他学生组织：同乡会、学生社团、武装和社会俱乐部都纷纷效仿，只有在维也纳、格拉茨和布拉格的学生联合会抵制了这一政策，直到 1900 年为止。[163]

奥地利大学中斯拉夫裔学生的民族意识也日益增强，他们作为受压迫群体同样要求进行自由主义的改革。维也纳和格拉茨求学的“青年斯洛文
314 尼亚人”，先后于 1868 年和 1869 年在卢布尔雅那（莱巴赫）召开了两次泛斯洛文尼亚学生会议，提出了实现斯洛文尼亚统一，以及在此地建立一

---

[161] Otruba, ‘Universitäten’(注释 160), 78, 82, 104; P. Hanák, ‘Wandlungen der Österreichisch-Ungarischen wissenschaftlichen Beziehungen im Laufe des 19. Jahrhunderts’, in R. G. Plaschka and K. Mack, *Wegenetz. Europäischen Geistes*, vol. Ⅰ: *Wissenschaftszentren und geistige Wechselbeziehungen zwischen Mittel-und Südosteuropa vom Ende des 18. Jahrhunderts bis zum Ersten Weltkrieg* (Munich, 1983), 343-355.

[162] W. J. McGrath, ‘Student Radicalism in Vienna’, *Journal of Contemporary History*, 2, 3(July 1967), 183-201; A. J. P. Taylor, *The Habsburg Monarchy 1809-1918* (Harmondsworth, 1981), 169ff.; Schulze and Ssymank, *Studententum*(注释 65), 370.

[163] Schulze and Ssymank, *Studententum*(注释 65), 371.

所斯洛文尼亚大学的要求。[164]

斯洛伐克学生加入了进来，他们建立了塔特拉（*Tatran*，19世纪60年代末，维也纳）和代特瓦（*Detvan*，1882年，布拉格）等团体。从一开始，布拉格的斯洛伐克学生在他们的捷克学生同胞那里所受到的待遇，就要比他们在塔特拉里的同胞那里获得的更为友好。维也纳的斯洛伐克学生组织比较强调独立的身份认同；相比之下，布拉格的斯洛伐克学生更欢迎捷克-斯洛伐克学生的合作。[165]

波兰尽管被俄国、普鲁士和奥地利三国瓜分，但对被奥地利控制的区域来说，这一时期成为波兰大学体制发展的最佳时机。波兰加利西亚地区（Galician）的克拉科大学和莱姆伯格（利沃夫）大学，分别于1870年和1871年完全成为波兰人的大学，学生们再也不用为争取自由的浪漫主义斗争奔波求助，而更主要是学习一套“有组织的课程”，以发展波兰的科学、文化和经济。在俄国的华沙帝国大学，波兰学生中掀起了一场抗议浪潮，反对恐怖政策、警察制度和遍布各地的密探制度。许多俄属波兰的年轻人都来到加利西亚的波兰大学学习，他们的到来不仅增加了那些大学的入学人数，而且还推动了激进进步思想的发展。[166] 抗议活动是由“波兰青年联盟”（*Zwiazek Mlodzieży Polskiej*，以*Zet*闻名）领导的，该组织是在大学中成立的秘密组织，1886年时由齐格蒙特·巴利茨基（*Zygmunt Balicki*，1858—1916）创立。[167]

其他俄国大学的学生运动也遭到了俄国政府的镇压。尽责的学生们开始投入到一项有组织的工作中，即提高农民的文化和物质生活水平，增强

---

[164] Melik and Vodopivec，'Intelligenz'（注释94），145-147；Haselsteiner，'Bedeutung'，（注释95），298-300.

[165] E. Bosák，'Slowakische Studentenorganisationen in Wien，Prag und Budapest und ihre Zusammenarbeit'，in Plaschka and Mack（eds.），*Wegenetz* Ⅱ（注释29），164，173-178.

[166] J. Buszko，'Organisatorische und geistig-politische Umwandlungen der Universitäten auf Polnischem Boden in der zweiten Hälfte des 19. Jahrhunderts'，in Plaschka and Mack（eds.），*Wegenetz* Ⅰ（注释161），132-145；Klimaszewski（ed.），*History*（注释31），195.

[167] Vos，*Strijd*（注释35），172-173.

他们的政治意识。从 1872 年起，数百名学生来到农村，充当社会工作者、教师和医生。俄国政府认为此举是一种威胁，逮捕了近 1600 名民粹派成员（*narodniki*），其中 525 名被送审，79 名被流放。[168] 然而，广大农民并没有积极回应民粹派的运动，于是学生运动于 1875 年后转向革命的道路。

315 1876 年，秘密组织“土地与自由”（Land and Freedom）在圣彼得堡成立，3 年后该组织一分为二：“黑色分部”（Black Partition）或“完整领土分部”（Total Land Partition），选择渐进改革道路；革命的“人民意志”（Peoples' Will）组织则发动了一次反政府的暴力袭击，把沙皇作为攻击的主要目标。[169] 在他们刺杀圣彼得堡警察局长失败后，俄国政府 1879 年向大学派驻了检察官，授权他们对学生行使司法权。[170] 尽管如此，刺死沙皇的计划仍在进行。正当亚历山大二世宣布愿意考虑改革的提议时，他就遭到“人民意志”成员的暗杀。这一暗杀事件在俄国所有大学中都引起骚动，动荡局面一直持续到 1882 年。

社会和民族的解放（1885—1900）

以悠久的民主传统而著称的苏格兰大学，在 1884 年（爱丁堡、阿伯丁）到 1886 年间（格拉斯哥）成立了“学生代表委员会”（Student Representative Councils', SRCs），该组织的目标是代表学生们的利益，鼓励学生和大学校方达成协议。1888 年，它们组成苏格兰“学生代表委员会”联盟（1935 年更名为苏格兰学生联盟），1890 年它们组织了第一届苏格兰大学校际会议。两所英格兰城市学院尽管有些犹疑，但也先后参加了会

---

[168] Burg, *Encyclopedia*（注释 21），135.

[169] Feuer, *Conflict*（注释 42），131；Burg, *Encyclopedia*（注释 21），68-69，121；Boren, *Student Resistance*（注释 58），50-52；N. V. Riasanovsky, *A History of Russia*（New York and Oxford, 1984），382-384.

[170] Feuer, *Conflict*（注释 42），131-132；Kassow, *Students Tsarist Russia*，28.

议：利兹学院于 1891 年参加，利物浦学院于 1892 年参加。[171]

这一时期，在荷兰大学中，学生组织逐渐受到宗教的影响。莱顿大学的新教徒学生成立了“新教学生社团”（*Societas Studiosorum Reformatorum*，*SSR*，1886 年）和“荷兰基督教学生会”（*Nederlandsche Christen Studenten Vereeniging*，*NCSV*，1896 年）。天主教学生组织也在此时兴起：时刻忏悔团（*Teneamus Confessionem*，莱顿，1874 年），真理会（*Veritas*，乌特勒支，1890 年），圣奥古斯丁会（*Sanctus Augustinus*，莱顿，1893 年），圣托马斯·阿奎纳会（*Sanctus Thomas Aquinas*，阿姆斯特丹，1896 年），大阿尔伯特会（*Albertus Magnus*，格罗宁根，1896 年）和 R. K. 学生联合会（R. K. *Studenten-Vereeniging*，代夫特，1898 年）——1903 年更名为圣女会（*Sanctus Virgilius*）。1900 年前，这些组织的基本目标都宣称：要深化基督教信仰以及捍卫基督教原则，而这些都被理性化 316
和具有怀疑精神的大学视为批判的对象。[172]

在比利时，为解放事业而奋斗的亲佛兰德运动仍然支配着新兴的学生组织的活动。鲁汶的学生，以及来自根特、布鲁塞尔和列日的学者和学生，积极有力地在整个比利时鼓动起佛兰德情感。在短期内，这种热情促进了一系列语言措施和法律制度的出台，有利于推动佛兰德人公共生活的双语化。在这一时期，学生们怀着民主主义的思想而献身佛兰德运动，他

[171] Sanderson, *Universities*（注释 138），187，193；A. Marwick，‘Youth in Britain，1920-1960：Detachment and Commitment’，in *Generations in Conflict*，*Journal of Contemporary History*，5，1(1970)，41.

[172] J. Janssen and P. Voestermans，*Studenten in beweging*. *Politiek*，*Universiteit en student*（Nijmegen and Baarn，1984），43-46. 有关荷兰天主教学生组织的调查参见：T. Reul，‘Het ontstaan der katholieke studentenverenigingen in Nederland，ca. 1870-ca. 1900’，*Archief voor de geschiedenis van de Katholieke Kerk in Nederland*，17，1(1975)，10-42。有关新教学生组织参见：*De eeuwigheid nabij*. *Lustrumalmanak 1996 SSR Leiden*（Leiden，1996）。

们希望打破贵族的政治特权，实现中产阶级和民众的解放。[173]

19 世纪 80 年代初，在瑞典，新一波的学生激进主义潮流开始涌现，一直持续到 1910 年左右。起初，激进的学生反对 1852 年大学法规中有关教育方式的条文，认为它们有矛盾之处，且仍然不能确保学生完全自由地独立追求真知的权利。但该法规却帮助学生和知识分子扮演了一种新的角色：他们应该充当社会共同体中的独立批评家，只听从他们自己的良心。他们特别反对支配学术界五十多年的意识形态哲学。通过自然科学中的经验科学模式，他们形成了一种反形而上学和反教权主义的基本思想。他们追随赫伯特·斯宾塞的思想，认为世界和社会的发展是一个进化的过程，笃信“人之初，性本善”，认为个人通过独立研究和反思就能发展到一个更高的水平。这些理念在新成立的学生组织中得到充分体现，例如，乌普萨拉的“*Verdandi*”（1882 年），隆德的“*DUG*”（1885 年，因期刊 *Den Unge Gubben* 得名，意为“年轻的故人”），1896 年更名为“*DYG*”（*Den Yngre Gubben*，意为“更年轻的故人”）。伴随激进学生运动、工人运动开始兴起，社会民主党也于 1889 年成立了，他们联合起来共同反对保守的、意识形态化的、家长制权威。[174] 在乌普萨拉，保守的学生——“*Ver-*
317 *dandi*”的对手——于 1891 年成立了“*Heimdal*”组织，旨在捍卫瑞典的传统价值观念和教会的地位。[175]

法国的社会问题引起了很多学生的关心，他们一改当时大学生圈子中流行的对政治的消极态度。1891 年，“学生社会主义革命者国际”（*Étudiants Socialistes Révoulutionnaires Internationalistes*，*ESRI*）在巴黎创立；该组织起初倾向于无政府主义，后来逐渐接近于信仰马克思主义的朱尔·盖德（Jules Guesde，1845—1922）的“工人党”。在巴黎，他们在期

---

[173] Gevers, ‘Vlaamse studentenbeweging’（注释 153）, 115-120; Gevers, *Bewogen Jeugd*（注释 79）, 136-168; Gevers and Vos, ‘Studentenbeweging’（注释 153）, 2903-2906; Gevers and Vos, ‘Mouvement’（注释 153）, 162-163.

[174] Skoglund, *Vita Mössor*（注释 70）, 62, 80, 83, 265-267.

[175] Burg, *Encyclopedia*（注释 21）, 93.

刊《新纪元》（*L'Ère nouvelle*，1893—1895 年）上发表自己的观点，后来他们又在图卢兹创办了《青年社会主义者》（*Jeunesse socialiste*，1895 年）。然而，学生和知识分子在工人运动中所占的地位、所扮演的角色暂时还是不明确的。1894 年 8 月，国际学生会议在苏黎世举行，此次会议仍保留与正统马克思主义一致的“知识无产阶级”概念。[176] 1896 年，“学生联合组织”（*Groupe des Étudiants Collectivistes*）在巴黎成立，该组织代表了学生运动发展的第三种方向，它不同于无政府主义和盖德主义，旨在实现一种社会民主和人道主义意义上的社会主义现代化。它也为那些处于教育界中无产阶级地位的学生和知识分子指明了奋斗的目标，特别是在一种社会主义平民大学的语境中。该组织推动了法国社会主义的复兴，1901 年，改革家让·饶勒斯（Jean Jaurès，1859—1914）成立了“法国社会主义党”，将社会主义的思想观念付诸实践。[177]

与此同时，倾向于社会主义的左翼天主教运动兴起，它以《田野》（*Le Sillon*，1894 年）杂志为中心，马克·桑尼耶（Marc Sangnier，1873—1950）是其名义上的领袖。尽管从严格意义上讲，这场运动并不是学生运动，但它却得到了正在读书的学生们的有力支持。他们的目标是要在知识分子和工人之间建立起合作关系。为了达到这个目的，知识分子和工人一道成立了学习小组，他们在小组中都以平等的身份参加讨论。这场运动想要与社会主义平民大学运动（建立了很多平民学会）一较高低。《田野》还提倡成立合作社和工会组织。从 1906 年起，该运动步入法国的政治舞台。由于它反映出一种双元的政治倾向，即天主教左翼思想与进步社会纲要的结合，因此，它与宗教权威发生了冲突：1910 年，它遭到教

---

[176] Cohen，*Vingt ans*（注释 143），13-23；J. Maitron，'Le groupe des étudiants E. S. R. I.（1892-1902）. Contribution à la connaissance des origines du syndicalisme révolutionnaire'，*Le mouvement social*，46（January-March 1946），3-26.

[177] J. Verstraelen，*Geschiedenis van de Westeuropese Arbeidersbeweging 1789-1914*（Brussels，1954），216；Cohen，*Vingt ans*（注释 143），23-26.

皇庇护十世（Pius Ⅹ，1835—1914）的谴责。[178] 1900年前后，一批教授和
318 学生基于英国的“大学扩展运动”和“睦邻组织运动”（settlement movement）的模式，也开始致力于发展民众大学，而大学中支持左翼天主教运动的人数仍然相对有限。[179]

19世纪80年代，除“大学扩展运动”外，英格兰兴起了第二种旨在弥合学术界与工人阶级之间社会鸿沟的运动，即“睦邻组织运动”：英国国教会成员和大学师生（其中包括许多学生）到城镇的贫困社区中生活，从而发展当地的社会文化活动。1884年，牛津大学在伦敦东区创立了“汤因比厅”（Toynbee Hall），标志着这场运动的开始。这场运动没有受到社会主义的影响：相反，运动的参与者希望通过他们的投入来完善社会的和谐，并且实现他们建立一个有机社会的梦想。[180]

英格兰的模式启发了其他国家——比如荷兰。大约在1890年，阿姆斯特丹、代夫特和莱顿等大学都成立了“学生汤因比联合会”（*Studenten Toynbee Vereniging*）。同时，带有左翼倾向的学生杂志开始出现，在很多大学中还成立了一批社会主义组织或学习小组。然而，这些新创立的组织和刊物通常只存在了较短的时间，也只吸引到相当少的学生追随者。[181]

比利时鲁汶大学的教授和学生建立了社会天主教学习小组（1886年名为“社会经济会议”，1901年更名为“*Sociale Studiekring en Sprekersbond der Leuvensche studenten*”），他们在推动基督教民主主义潮流中发

---

[178] Cohen, *Vingt ans*（注释143），22；R. Aubert, ‘Die modernistische Krise’, in H. Jedin (ed.), *Handbuch der Kirchengeschichte*, vol. Ⅵ/2: *Die Kirche der Gegenwart*, 2nd edn (Freiburg, Basle and Vienna, 1985), 494-496; G. Cholvy and Y. M. Hilaire, *Histoire religieuse de la France contemporaine*, vol. Ⅱ: *1880/1930* (Toulouse, 1986), 166-167; *Marc Sangnier et les débuts du Sillon*, 1894 (Paris, 1995).

[179] Weisz, *Emergence*, 308-314.

[180] Simon, *Education*（注释149），78-85；Sanderson, *Universities*（注释138），147.

[181] Hagendijk, *Studentenleven*（注释48），62-68；Janssen and Voestermans, *Studenten*（注释172），32-34.

挥了重要作用。[182] 1892年，来自根特的自由主义教授和学生，以“高等教育为人民”为名，开始推广高等教育。他们的理念得到了布鲁塞尔自由大学中亲佛兰德派学生的支持，也得到了鲁汶和安特卫普的天主教学生的拥护。在这一时期，佛兰德情感和人民情感更加紧密地结合起来：佛兰德人中穷人和富人之间语言差距的缩小，一直在弥合社会鸿沟的过程中发挥了关键作用。除此之外，学生们还希望通过他们的努力，来证明荷兰语也适 319
用于高等教育的教学。[183]

1893年，讲法语的教授还在布鲁塞尔自由大学发起了“大学扩展运动”。1890年，该大学成立了“社会主义者学生小组”（*Cercle des Étudiants Socialistes*）；1891年12月，该组织成员组织了一次国际社会主义学生会议。他们还质疑自己在布鲁塞尔大学所接受的教育，并在1894年决定建立著名的“新型大学”（*Université nouvelle*）。这一新的机构以自由研究为基本原则，还保护了学生们的实证主义、无政府主义和无神论的信念，和布鲁塞尔自由大学相比，它给了学生更多的机会。该机构具有强烈的国际化特征，吸引了很多外国教授和学生。从根本上，它希望成为一个研究机构，尤其强调个人研究和学生以及学术界的社会使命。该机构还有一个附属的高等技术学校，为工人提供接受高等教育的机会。[184]

---

[182] L. Gevers, ‘Studenten en sociale kwestie. De “Sociale Studiekring en Sprekersbond der Leuvensche Studenten” ten tijde van Leo XIII’, *Onze Alma Mater*, 30(1976), 222-224; Gevers, ‘Vlaamse studentenbeweging’(注释153), 121-123; Gevers, *Bewogen Jeugd*(注释79), 201-207; Gevers and Vos, ‘Mouvement’(注释153), 163.

[183] Gevers, ‘Vlaamse studentenbeweging’(注释153), 125-126; Gevers and Vos, ‘Studentenbeweging’(注释153), 2906-2907; M. de Vroede, ‘Hogeschooluitbreidingen en volksuniversiteiten’, *Belgisch Tijdschrift voor Nieuwste Geschiedenis*, 10, 1-2(1979), 255-278; D. van Damme, ‘Hooger Onderwijs voor het volk’, in *Nieuwe Encyclopedie*(注释153), 1463; F. Scheelings, ‘Studentenbeweging(Universitair onderwijs)Brussel’, in *Nieuwe Encyclopedie*(注释153), 2885.

[184] W. Van Rooy, ‘L' agitation étudiante et la fondation de l'Université Nouvelle en 1894’, *Revue belge d'histoire contemporaine-Belgisch tijdschrift voor Nieuwste Geschiedenis*, 7, 1-2(1976), 197-241; E. Goblet d'Alviella, *L'Université de Bruxelles pendant son troisième quart de siècle. 1884-1909*(Brussels, 1909).

德国学生仍然对社会问题没有兴趣，而且激进社会主义也很难在保守的军国主义氛围中发展下去。19 世纪 70 年代，激进社会主义在柏林胡萝卜俱乐部（*Mohrenclub*）和莱比锡梨树会（*Birnbaum*）中兴起，但到 80 年代，它们或者被右翼思想压服，或者遭到无情的镇压。1890 年废除反社会主义法后，国家警察部门减少了对社会主义者的迫害，但由于大学校方继续反对社会主义，有社会主义倾向的学生仍很难公开成立自己的组织或参加无产阶级组织。1895 年前后，一些社会主义学生在柏林发起了自己的活动，开办讲座，出版《社会主义大学》（*Der sozialistische Akademiker*）期刊。但他们几乎没有得到社会的共鸣。在大学生中，社团和民族主义的学生组织成功地抵制了这些社会主义的影响。[185]

因此，学生对社会问题的兴趣被调整到一种“无害的”和反社会主义
320 的方向上。新教和天主教学生都以基督教提倡的和谐模式来研究社会问题。这些组织的代表有福音派社会科学学生联合会（*Evangelische Sozialwissenschaftliche Studentenvereinigung*，柏林，1893 年），以及在门兴格拉德巴赫（Mönchen-Gladbach）成立的天主教学生工作秘书处（*Sekretariat Studentenarbeit*），该组织由卡尔·松嫩沙因（Carl Sonnenschein，1876—1929）领导。在学生志愿者的倡导下，学生们也为工人开设了课程。与这些课程相辅相成的是所谓德国版的“大学扩展运动”，即职业性的平民大学。

德国学生对社会和民主的回应在学生志愿者运动（*Freistudentenschaft*）或不结社运动（*Finkenschaft*）中体现得最为明显。1896 年，莱比锡成立了第一个不结社运动组织，很快德国其他大学也都纷纷效仿。随后，德意志不结社运动的总组织成立了，以便各分组织能更一致地采取行动。该组织将自身视为一个所有不结社学生的代表，向每个愿意加入的学生敞开大门，无论他们有怎样的政治信念和宗教信仰。该运动以民主为基

---

[185] Jarausch, *Students Imperial Germany*, 353-362; Schulze and Ssymank, *Studententum*（注释 65），333-337，375ff. 下面有关德国的段落也引自该书。

础，将全体大会作为决策机构，它的目标是组织教育和休闲活动，为其广大的小资产阶级支持者提供社会服务。由此，不结社运动与学生圈子中的主流趋势——有组织的反民主的社团主义和反犹太人的民族主义——相抗衡。

然而，所有这些运动都未能阻止反犹太人的民族主义在德国大学生组织中更进一步地传播。反犹太人主义从文化的层面转向种族的层面，因此就连受洗过的犹太人也被排除在学生组织外。柏林率先开此恶风。从1880年起，“学生联合会”已经不再接受任何犹太人。1892年到1896年，学生社团也开始排犹，这种行为只受到少数成员和以前成员的反对，他们认为这是对该运动自由遗产的背叛。这种矛盾促使1896年社团革新派的成立。19世纪90年代，同乡会、体操运动员会（*Turnerschaft*）、科学联合会（*Wissenschaftlicher Verband*）以及新教和天主教的学生也开始排犹。少数仍然对犹太人保持友好态度的学生组织毕竟难以抵挡排犹的大潮。因此，自信的犹太人开始建立自己的社团或组织，很多人参加到犹太复国运动中去。[186]

1890年前后，在奥地利，具有批判精神的一代学生——聚集在年轻的维也纳文学青年，主要是犹太作家成立的组织中——掀起了一股反对资产阶级自由主义的潮流。他们从社会中抽身出来，在唯美主义和个体的艺术表达中寻求自身的解脱。他们使维也纳成为19世纪末欧洲的文化之都， 321
成为一个充满魅力、熠熠生辉的国际化都市。[187] 然而，值得注意的是，这

---

[186] See Grieswelle, ‘Antisemitismus’（注释 20）; N. Hammerstein, *Antisemitismus und deutsche Universitäten. 1871-1933*(Frankfurt, 1995).

[187] A. Janik and S. Toulmin, *Wittgenstein's Vienna* (New York, 1973); *Vienne, Début d'un siècle, Seize études, par des écrivains d'aujourd'hui, sur quelques-uns des grands hommes qui ont vécu à Vienne vers 1900*, Critique 31(1975), Nos. 339-340; W. Wucherpfennig, ‘The “Young Viennese” and Their Fathers: Decadence and the Generation Conflict Around 1900’, *Journal of Contemporary History*, 17(1982), 21-49; J. W. Mason, *The Dissolution of the Austro-Hungarian Empire 1867-1918* (London and New York, 1985), 44-47.

场反叛运动的中心不是在大学，而是在文学界和艺术界。[188]

在这一时期内，奥匈帝国的大学生活进一步受到民族主义和反犹太人主义的控制。规模庞大的读讲联合会（*Lese-und Redeverein*）“日耳曼尼亚”（Germania）于 1892 年、1893 年在布拉格和维也纳成立，都拒绝犹太人参加。1890 年，有 22 个武装协会（weapons associations）联合起来组成女子联合会（*Maidhofener Verband*），该组织展现出极端的民族主义，极力推崇种族主义的反犹太人原则。1896 年 3 月 11 日，在维也纳的一次大规模学生集会上，最终确定了反犹太人的原则，规定犹太人不能享有“通过决斗来获得满足”的荣誉。维也纳和格拉兹的学生社团成员也赞成这一规定。

到 1882 年，犹太学生已经开始逐步组建自己的组织，首先是在维也纳成立了“*Kadimah*”；[189] 1893 年，读讲青年学生联合会（*Lese-und Redehalle jüdischer Studenten*）宣告成立，该组织为当时其他刚刚成立的犹太学生组织提供了集会场所。在信奉社会民主主义的学生组织中，犹太人也充当了推动性力量，这些组织在 19 世纪 80 年代和 90 年代开始在奥地利大学中发展起来。尽管这些组织的数目不多，有时因政府的镇压而很快解散，但它们在奥地利仍然比在德国有更多的生存机会。1895 年成立的社会科学教育联合会（*Sozialwissenschfatliche Bildungsverein*）存在的时间就很长。[190]

19 世纪 90 年代，斯拉夫人表现出强烈的觉醒意识，这更加刺激了德意志民族主义。布拉格成为这时的中心舞台。从 1889 年起，来自摩拉维亚（*Moravia*）和西里西亚（*Silesia*）讲捷克语的学生，组成了名为“*Moravská beseda*”的组织，要求在布尔诺建立第二所捷克大学。这一要求在捷克民众以及其他南部的斯拉夫族学生、克罗地亚族学生、塞尔维亚

---

[188] R. A. Kann, ‘Wien im Blickfeld von Mittel-und Südosteuropa unter dem geistesgeschichtlichen Aspekt des 19. Jahrhunderts’, in Plaschka and Mack(eds.), *Wegenetz I*(注释 161), 377-379.

[189] Schulze and Ssymank, *Studententum*(注释 65), 371-372.

[190] *Ibid.*, 372-373, 426.

族学生、乌克兰族学生和斯洛文尼亚族学生中引起了强烈共鸣。但奥匈帝国政府却延迟了一项关于摩拉维亚讲德语的社团要求再建立一所讲德语大学的决议。从 1898 年起，斯洛文尼亚族人也不断要求在卢布尔雅那建立一所自己的大学。[191] 322

19 世纪 90 年代的年轻捷克学生，将捷克-南斯拉夫的合作推进到一个新的阶段；他们进入布拉格大学，成立了进步组织“进步运动”（*Fortschrittsbewegung/pokrokové hnutí*）；他们的特点是信奉极端的民族主义和民主主义思想。他们的活动在南斯拉夫地区的学生中引起了共鸣，他们创办的期刊《捷克学生杂志》（*Časopis českého studentsva*）在维也纳、格拉兹和阿格拉姆（萨格勒布）的大学中传阅。他们在布拉格（1891 年）和维也纳（1892 年）发起了斯拉夫人大会，到会的还包括很多捷克学生、波兰学生、克罗地亚学生和塞尔维亚学生；学生们在会上表达出建立联邦制政权的愿望，塞尔维亚和克罗地亚学生也达成了更有益的共识，南斯拉夫的年轻一代还传播了进步的思想。[192] 他们接着在 1894 年举行了第三次会议。

在托马斯·加里格·马萨里克（Tomáš Garrigue Masaryk，1850—1937）的影响下，布拉格的南斯拉夫学生开始参军。马萨里克是一名法学院的教授，一度作为年轻捷克人的代表进入维也纳的帝国议会。学生组织“进步青年”（*Napredna Omladin*）和“团结的克罗地亚和塞尔维亚青年学生”（1896 年）表达了一种塞尔维亚-克罗地亚联合的思想，反对马扎尔人的统治，反对克罗地亚人自 19 世纪 90 年代以来从社会和经济发展中获得的好处。后一个组织与来自布拉格的学生组织合作，发行了名为《民族

---

[191] F. Hejl, 'Die Bestrebungen um die Erneuerung der aufgelösten Universität und um die Gründung einer zweiten Universität in Mähren in der zweiten Hälft des 19. und am Anfang des 20. Jahrhunderts', in Plaschka and Mack(eds.), *Wegenetz* Ⅱ(注释 29), 128-131; Melik and Vodopivec, 'Intelligenz'(注释 94), 136-137.

[192] A. Suppan, 'Bildungspolitische Emanzipation und gesellschaftliche Modernisierung', in Plaschka and Mack(eds.), *Wegenetz* Ⅰ(注释 161), 311.

思想》（*Narodna misao*，1897）的年鉴，由塞尔维亚和克罗地亚学生联合编写。[193]

马萨里克在与代特瓦联合后，对布拉格的斯拉夫学生社团也产生了重要影响，尤其是 1890 年到 1892 年间。与此同时，维也纳的斯拉夫学生组织塔特拉也沿着以民众为基础的、进步主义的斯拉夫民族主义方向发展，符合马萨里克的思想。在布达佩斯学习的斯洛伐克学生则深受马扎尔人思想的影响，他们对马萨里克却知之甚少。一个旨是文学和休闲活动的斯洛
323 伐克学生的俱乐部“*Slovenský spolok*”，在 1897 年前后，由于受到著名的米兰·霍贾（Milan Hodža，1878—1944）影响，开始关心以民主为原则的一些政治议题，例如，普选和公平分配农村土地。霍贾也认识到，斯洛伐克人只有与其他在匈牙利的非匈牙利民族合作，他们才能增强自己的权利。他着力促成一次非马扎尔人的学生会议在 1897 年 11 月 16 日召开。[194]

这种不满的民族主义情绪，在奥地利的斯拉夫族和其他非德意志民族的学生中表现得非常强烈，这引起了德意志族学生的密切关注。他们极力反对进一步削弱德语霸权的言行。在 1897 年 1 月召开的一次奥地利德意志学生会议中，他们起草了一份宣言，要求保持奥地利大学及其类似机构的德意志特征。[195] 同年，这些问题在格拉茨和维也纳引起了学生暴乱，在布拉格还引发了捷克族学生与德意志族学生的流血冲突。[196]

与此同时，德意志族学生组织还着重强调它们反对天主教学生的挑衅性政策。奥地利学生中天主教学生组织发展缓慢。它们仅仅在因斯布鲁克大学获得了支持，成立了“*Tirolia*”和“*Rhenania*”。1867 年，反教权的学生在维也纳举行示威，反对奥地利政府与罗马签订的宗教事务协定，他们认为这些协定令人难以忍受，直到 1876 年，（奥地利）天主教学生组织

---

[193] *Ibid*.，312-325.

[194] Bosák，‘Studentenorganisationen’（注释 165），164-181.

[195] Schulze and Ssymank，*Studententum*（注释 65）.

[196] Taylor，*Habsburg*（注释 162），196-197；Schulze and Ssymank，*Studententum*（注释 65），423.

才开始出现。从 1883 年起，在维也纳（*Norica*）、布拉格（*Ferdinandea*）和切尔诺维茨（*Unitas*），天主教学生组织的成员数量有了进一步稳定的增长。不久，这些组织的成员便与属于武装协会的德意志族学生发生了摩擦，因为后者否认其天主教同学有佩带武器的权利。1897 年，天主教学生站在奥地利王朝的立场上，拒绝参加反对政府语言政策的学生抗议运动，这一事件使双方的紧张关系达到剑拔弩张的程度。在维也纳的一次集会中，德意志族学生宣布，他们要把人民从罗马教廷的枷锁中解救出来，让他们皈依更高尚、更自由、德意志民族的基督教新教，否则他们决不罢休。[197]

在俄国，1884 年新沙皇亚历山大三世（Alexander Ⅲ，1845—1894） 324
发布了大学法令，加强了政府对大学的监管。教授们失去了自治的权利，校长由教育部长任命，教育部长还给每所大学指派一名总监，校长必须服从总监的管理。[198] 学生被再次要求必须穿校服，以更方便警察的监管，学生活动受到限制和禁止。1887 年，俄国政府开始对犹太学生强加 10%的名额限制。所有这些政策引起了一连串的示威抗议，1887 年抗议活动达到高潮，莫斯科和喀山还爆发了学生、大学校方和警察之间的暴力冲突，随后其他大学也爆发了声援示威。弗拉基米尔·伊利斯基·乌里扬诺夫（Vladimir Iljisch Ulyanov），也就是后来著名的列宁（Lenion，1870—1924），正是在 1887 年积极参与了喀山的学生运动。同年，他的哥哥亚历山大·乌里扬诺夫（Alexander Ulyanov）与其他四名圣彼得堡学生组织的成员，计划行刺沙皇，结果未遂，被判处死刑。这一波新的学生运动浪潮导致五所大学暂时被关闭，政府对学生采取了严厉的处罚，将他们关进劳改营，监禁、放逐或驱逐多名学生。[199]

另一方面，许多学生厌恶袭击和暴力示威，他们坚定地支持社会改革和在人民中进行建设性工作的理想。“*Zemliachestva*”就体现了这种态度，

[197] Schulze and Ssymank, *Studententum*（注释 65），372，424.

[198] Kassow, *Students Tsarist Russia*, 28; Feuer, *Conflict*（注释 42），133.

[199] Feuer, *Conflict*（注释 42），134.

这些委员会的目标是集合持有不同政治和社会观点的学生，代表他们的利益。19 世纪 90 年代初，一个规模庞大的总委员会（General Council）在莫斯科成立，成员由各大学的“*Zemliachestva*”一个代表组成。

19 世纪 90 年代，俄国大学学生的抗议活动变成一种持续性而非偶然性的现象。1887 年到 1893 年间，每年平均有 2.5%的学生被逐出大学或被流放。1899 年，抗议运动掀起一次高潮，成功发动了首次遍及全俄的学生联合罢课运动，旨在抗议在圣彼得堡学生示威活动中警察采取的野蛮行径。这次抗议冲击了俄国的法律和秩序，再次引起当局在全国范围内拘捕和放逐了数百名学生；然而，全国性的罢课运动无疑增强了年轻人的权力意识和相互团结的情感。它成为俄国学生运动一个重要新阶段的开端，最终引发了 1905 年革命。[200]

325 世界政治和社团主义（1900—1914）

1900 年后，欧洲的学生运动必然会紧跟世界政治的变化。欧洲国家的结盟和战争威胁的迫近，逐渐阻碍了西欧和中欧那些帝国主义和整体民族主义的右翼活动。对各民族和各种族的特性的重视，增进了跨民族的社会运动，诸如泛斯拉夫主义和泛德意志主义；这些运动又广泛影响了大学生的社会活动，使这一时期的学生活动具有争取民族团结而非实现民主的特色。不过，势力更强大、组织更国际化的社会主义仍然继续影响学生运动。当俄国的学生运动迎头冲击沙皇制度时，旧多瑙河君主国的民族斗争也掀起了高潮。[201] 这一时期，还值得注意的是学生自信心的增强；这一点不仅表现为学生组织和庞大联盟的扩散，而且还体现在学生与校方在社团主义和学习利益上的冲突日益增多。这种自信还伴随着一种新的青年情结，它促使年轻人去塑造他们自己的文化和生活方式，从而形成一种他们

---

[200] Kassow, *Students Tsarist Russia*, 81-82, 87; Feuer, *Conflict*（注释 42），135; Burg, *Encyclopedia*（注释 21），6-7; Boren, *Resistance*（注释 58），54-55.

[201] Feuer, *Conflict*（注释 42），135; Kassow, *Students Tsarist Russia*, 29, 83, 85-87.

看待成人世界的态度。因此，正是在这一时期——而非偶然——出现了第一次著名的青年运动，例如，德国的“流浪鸟”（*Wandervogel*）或者英国的“童子军”（Boy Scouts）。[202]

英国的大学生圈子，仍然坚持传统，继续保留其组织化程度较低和意识形态色彩较淡的特征。这一阶段英国大学的发展可以用“职业教育论”和“效率”这两个术语来概括，着重为大英帝国输送有才能的政府职员。[203] 大学校方认为，培养精英兼运动员的目标与学生的学习和研究是同等重要的，但这一目标却被一些人批判为“过分的体育狂热”。[204] “学生联盟”在众多英国大学中——包括牛津和剑桥——稳固地建立起来，但直到1914年，英国大学生仍然不太希望将它们在全国范围内联合起来。[205] 在一战前的几年中，发生在剑桥女王学院的冲突很有代表性，它反映出青年学生不断增强的争取解放的迫切要求；在这次抗议中，学生反对在学院食堂 326
中卖酒，反对学院过早关校门。[206]

当然，顶尖大学的学生通常仍继续维护主流精英的保守主义和帝国主义的观念。1902年的布尔战争（Boer War）重新点燃了苏格兰和英格兰大学生们的爱国主义热情。[207] 另一方面，大学中也出现了左翼和反军国主义活动发展的迹象。1912年“大学社会主义者同盟”（University Socialist Federation）的建立为这些活动在剑桥的发展扫清了道路。[208] 牛津在1903年时也出现了另一种新的尝试，为了增强大学和较低阶级的联系，建立了

---

[202] Boren, *Resistance*（注释58），58-59；W. Rüegg (ed.), *Kulturkritik und Jugendkult*（'Neunzehnes Jahrhundert', Forschungsunternehmen der Fritz Thyssen-Stiftung, Jahrhudertwende）（Frankfurt-am-Main, 1974）.

[203] Sanderson, *Universities*（注释138），207.

[204] *Ibid.*, 21-22；Twigg, *Queens'*（注释146），259.

[205] Sanderson, *Universities*（注释138），187；Marwick, 'Youth'（注释171），41.

[206] Twigg, *Queens'*（注释146），245-246.

[207] R. D. Anderson, *The Student Community at Aberdeen: 1860-1939*（Aberdeen, 1988）.

[208] Marwick, 'Youth'（注释171），39.

"工人教育协会"。[209]

瑞典从 1900 年起出现了一种学生与工人合作的新形式。[210] 1902 年在乌普萨拉成立的学生组织劳动社（*Laboremus*），就明确表示它已经与社会民主党结盟。起初，它的成员支持工会的工作，不久以后他们就开始为工人安排课程。大多数保守的学生，将这种向民众发展的运动视为沟通不同阶级和防止革命的一种途径；而激进的学生则加入教育协会（*Bildung*），认为这才是社会中被压迫群体获得解放的方式。在 1914 年之前，一股保守的和反民主的反动思潮都一直主导着学生运动，这也对芬兰的学生运动产生了影响。

1909 年，随着全尼德兰社会主义学生联合会（*Algemeen Nederlandsche Vereeniging van Socialistische studenten*）的建立，荷兰支持社会主义的学生开始组织一些大学校际之间的活动。[211] 很多大学都成立了综合性的学生组织，它们既激发了那些非联合会（*non-corps*）学生的学习兴趣，又改善了他们的社会生活状况。这些新组织大都继承了联合会的惯例和精神，继续使学生远离校外的社会。这一时期女学生的组织也出现了，例如，1902 年成立的阿姆斯特丹学生联合会（*Amsterdamsche Vrouwelijke Studenten Vereeniging*）。[212] 同时，宗教性的学生组织与学生联合会展开了竞争。[213] 信仰基督教的学生之所以投身社会活动，除了宗教因素的影响之
327 外，还因为他们通常持反对革命的、保守的态度。[214] 他们还非常支持节欲和戒酒的运动。为了团结佛兰德人，荷兰从 1895 年起就出现了一种民族主义的大荷兰（Greater Netherland）的观念。由于受到南非布尔战争爆

---

[209] Sanderson, *Universities*（注释 138），213.

[210] 下述有关瑞典的内容，参见 Skoglund, *Vita Mössor*（注释 70），267-269。

[211] J. Janssen and P. Voestermans, *Studenten*（注释 172），34-35；Hagendijk, *Studentenleven*（注释 48），75.

[212] Hagendijk, *Studentenleven*（注释 48），68-73；Caljé, 'Studentenleven'（注释 151），81-82.

[213] Hagendijk, *Studentenleven*（注释 48），74.

[214] J. Janssen and P. Voestermans, *Studenten*（注释 172），45, 49-51；Hagendijk, *Studentenleven*（注释 48），78-80.

发的推动，这种观念得到进一步发展，并在1910年促成了全尼德兰学生联合会（*Algemeen Nederlandsch Studentenverbond*，ANSV）的建立，该组织旨在促进荷兰、佛兰德和南非学生之间的文化交流。不过，直到1914年，这些文化交流都没有什么政治上的重要意义。[215]

与此同时，比利时的学生组织则分裂为佛兰德学生的团体与讲法语学生的团体。[216] 这两个讲不同语言的学生群体只能在某些方面进行合作，比如他们共同对天主教会的反现代主义展开斗争。[217] 佛兰德学生不曾忽视语言的斗争，他们的基本目标是将根特国立大学"荷兰化"。[218] 鲁汶的大学生也组织活动，希望能将他们自己的天主教大学部分荷兰化。这导致了1909年红衣主教梅西耶（Mercier）与校方的冲突。这些激进的佛兰德民族主义情感使一些学生在一战中与德国占领者进行勾结。

大约从1908年起，鲁汶的学生就开始和德国的社会主义学生工作秘书处（*Sekretariat Sozialer Studentenarbeit*）保持联系。这种关系成为他们开展天主教社会活动的新的推动力。在一战前的几年中，他们还受到了净化生活运动（the clean-living movement）的影响。就在这一时期，学生们认为，他们必须为其未来担负的领导人民的任务做好准备，因此必须注重自学、养性、节欲和护教。1911—1912年名为"*Amicitia*"圈子的形成掀起了这股潮流，该组织还想将其与反对"无动于衷和三心二意这些扼杀理想的思潮"和反对俱乐部的斗争结合起来。但是，佛兰德学生和讲法语

---

[215] L. Vos,'De Dietse studentenbeweging 1919-1940',in *Acta Colloquium over de Geschiedenis van de Belgisch-Nederlandse betrekkingen tussen 1815 en 1945*,*Brussel 10-12/12/1980*(Ghent,1982),451-455;P. van Hees,'De Groot-Nederlandse studentenbeweging',in Broeke and Hees(eds.),*Studenten*(注释48),42-46.

[216] F. Scheelings,'Studentenbeweging(Universitair onderwijs)Brussel',in *Nieuwe Encyclopedie*(注释153),2886.

[217] Gevers,'Vlaamse studentenbeweging'(注释153),125-129;Gevers and Vos,'Studentenbeweging'(注释153),2906-2907;Gevers and Vos,'Mouvement'(注释153),163-164. 有关教会反现代主义的进攻,参见第十章,第395—404页。

[218] K. de Clerck,*Kroniek van de strijd voor de vernederlandsing van de Gentse universiteit*,2nd edn(Ghent,1985),37ff.;Palinckx,'Studentenbeweging'(注释154),2893.

的学生在 1914 年 3 月爆发的反对大学校方不合理的严苛纪律的反抗斗争
328 中实现了合作。他们举行示威和集会，要求校长下台以及学生在学校理事会中有自己的代表，但是这场斗争却没能取得成功。[219]

法国学生们日益增长的自信在 1907 年达到了顶点，建立了全国性的庞大组织“法兰西学生联盟”（*Union Nationale des Étudiants de France*）。[220] 学生的骚动也急剧增多，部分是因为他们对大学教育存在的问题和弊端非常不满。特别是医学院的学生，他们遇到了招生过多、实习训练缺乏的不利形势，于是在 1902—1903 年对上述危机做出了回应。但学生们的抗议也表达出一种更深层次的不满，这是法国资产阶级对共和国政府激进政策的不满。这就为极右翼的政治运动“法兰西运动”（*Action Française*）及其学生组织“学生联合会”（*Fédération des Étudiants* 1905 年）的出现提供了有利的成长环境，上述运动在大学生中获得了支持，而“保皇派”运动（*Camelots du Roi*）的成员则更多是来自技术学校。[221] 虽然保皇派的运动从未在大学生中获得很多支持，但它为了自身的目的却能充分利用学生的骚动，并操纵示威运动转向了暴力行为。他们发动的抗议活动包括：反对有社会主义思想的日耳曼语学家、教授夏尔·安德勒（Charles Andler，1866—1933）到德国访学，反对将爱弥尔·左拉的遗体供放到先贤祠（Panthéon），反对任命弗朗索瓦·阿梅代·塔拉马（François Amédée Thalamas，1867—1953）为索邦大学的临时讲师，因为他曾对圣女贞德的忠贞表示过怀疑。[222]

20 世纪初，西班牙学生终于开始捍卫他们大学的利益了。在此之前，他们只是在一些严重的危机或冲突中才联合起来；到了此刻，他们开始建

---

[219] Gevers, 'Vlaamse studentenbeweging' (注释 153), 127-142; Gevers and Vos, 'Studentenbeweging' (注释 153), 2908-2910; Gevers and Vos, 'Mouvement' (注释 153), 166.

[220] Cohen, 'Vingt ans' (注释 143), 26-29; Weisz, 'Associations' (注释 144), 36.

[221] E. Weber, *L' Action française* (Stanford, 1962; French translation Paris, 1985), 84.

[222] Weisz, *Emergence*, 304-307; Weisz, 'Associations' (注释 144), 35-44; Mayeur, 'Naissance' (注释 141), 162-163.

立一些常设的组织。1901 年，成立了学生同盟（*Unión escolar*），1909—1911 年，全国学生联盟（*Federatión Nacional Escolar*）成为主要的学生组织。这些组织提倡改良和改革大学教育，包括医学研究和注册费问题。学生起义、罢课以及与警察的对峙，经常扰乱大学的学习生活。[223]

德国民族主义的学生组织将其目标确定为学术青年的“精神重生”，
这种重生会沿着泛德意志激进主义和“民族自豪”的方向进行。1897 年， 329
学生社团成员与全德意志联合会（*Alldeutscher Verband*）及其相关组织——如德意志东部地区联合会（*Ostmarkverein*）——联合，决定采取更有力的行动，反对德意志民族内部的敌人。对这种挑衅的、不宽容的民族主义，这些团体都有自己的表述，思想并不统一，但它们都驱使大多数德国学生走上这条道路。

反“非德意志元素”的“猎巫运动”（witch-hunt），不仅将矛头指向了犹太人、社会主义者和外国人，还包括天主教徒，因为他们被认为是信奉教皇至上论的人，而且还具有反国家的思想。这引发了大学文化战争（*Akademischer Kulturkampf*），它既表现出民族主义者对天主教学生的不宽容，也表达了学生们希望得到更多的自治和自由的要求。这场斗争开始于 1903 年，当时在耶拿的天主教学生组织被全体学生委员会驱逐出去，并禁止他们组织团体。普鲁士政府和大学校方宣布这些措施无效，于是这场反天主教运动就打着捍卫学术自由和学生委员会决策权的旗号，在其他大学里发展起来。由于校方的坚持反对以及犹太人和学生志愿者的抗议，这场运动失败了，结果天主教学生组织人数骤增。

在一战前的几年里，莱比锡（1911 年）、布雷斯劳（1912 年）、柏林（1913/1914 年）以及其他地区，自由主义的学生在“全体学生委员会”中引入了民主的自治机制。1907 年建立的大学志愿军（*Akademische Freischar*），旨在将反资产阶级的青年文化精神的“流浪鸟”原则，与学生志愿者所追求的自我训练的理想结合起来。生活改革（*Lebensreform*）

[223] Mancebo，‘Estudiantes’（注释 10）.

联盟的成立也体现了这场青年运动的影响，该联盟提倡禁欲和禁酒。[224] 社会主义青年国际于 1907 年在斯图加特的一次集会中成立。当年，它就拥有 5 万名成员，他们主要来自讲德语的国家。[225] 尽管如此，一战前夕德国的大多数学生仍坚持“君主主义、反犹太人主义、反社会主义、帝国主义”的立场。[226] 在奥地利影响下，1909 年成立的德意志民族学生联合会（*Deutsch-Völkische Studentenverband*），在右翼民族主义倾向上更超过了其他民族主义者的组织。大型的决斗俱乐部（“学生联合会”、学生社团、
330 *Turnerschaften* 和同乡会），于 1913 年在马尔堡组建了一个庞大的联盟，成功地压制了新思潮的出现。[227]

在奥地利，非德意志的民族更强烈地要求在大学教育中使用自己民族的语言，然而他们的要求却遭到德意志族学生的顽固抵制，在 1905 年 3 月维也纳的一次学生会议中，双方再次爆发冲突。布拉格讲捷克语的和讲德语的学生之间的流血冲突也在持续。奥地利政府计划设立一个独立的使用意大利语的法学院，因而造成了讲意大利语学生和讲德语学生之间的暴力冲突。这些冲突 1904 年发生在因斯布鲁克，1907 年和 1908 年在维也纳又接连发生。讲德语的学生成功阻挠了卢布尔雅那的南斯拉夫族大学的建立。[228]

1900 年后，学生们这种德意志情结比以往更多地掺进了一种抛弃奥地利王朝的想法。正是由于这个原因，同乡会几乎完全从学生运动的舞台上消失了；而杜恩施泰因老会员联合会（*Dürnsteiner Senioren Convents-Verband*）、学生社团和德意志东部地区保卫队学生屈弗霍斯联合会

---

[224] Jarausch, *Students Imperial Germany*, 363-384, 391.

[225] P. G. Altbach, 'The International Student Movement', *Journal of Contemporary History*, 5, 1(1970), 159.

[226] Jarausch, *Students Imperial Germany*, 388.

[227] *Ibid.*, 384-392.

[228] S. Malfer, 'Italienische Studenten in Wien, Graz und Innsbruck 1848-1918', in Plaschka and Mack(eds.), *Wegenetz* Ⅱ（注释 29）, 183-185; *Schulze and Ssymank*, Studententum（注释 65）, 423-424; *Otruba*, 'Universitäten'（注释 160）, 101-104.

(*Kyffhäuser-Verband der wehrhaften Vereine deutscher Studenten in der Ostmark*)，则采取一种纯德意志的立场，并主动向德国的学生组织示好。对犹太学生来说，在那种普遍的反犹太人氛围中，他们只能将注意力转向犹太复国运动。这种运动至少在维也纳大学、切尔诺维茨大学和布拉格大学获得了支持，但是在格拉茨和因斯布鲁克这一运动却并没有出现。[229] 特别是切尔诺维茨大学，它吸引了很多犹太学生，犹太人的组织众多，因为他们几乎将布科维纳（Bukowina）视为他们自己的国家。[230]

讲德语的天主教学生组织支持德意志族学生的反犹太人主义，但他们仍继续支持奥地利王朝。天主教学生组织与剑客（*schlagende*）组织之间的关系变得非常紧张，因为天主教学生集体加入了“维也纳反决斗学生联盟”（*Wiener Akademische anti-Duell-Liga*，1905），并展开“为天主教夺回大学”的斗争。1908 年，双方的冲突进入白热化阶段，出现了著名的“奥地利高等教育斗争”（*Österreichischer Hochschulkampf*），政治家和社会舆论也卷入到这场斗争中。[231]

在斯洛文尼亚的学生生活中，天主教的学生团体与民族主义的学生团 331
体之间也存在着强烈的意识形态差别。天主教学生在维也纳（*Danica*，1893）、格拉茨（*Zarja*，1901）和布拉格（*Dan*，1910）都建立了自己的组织。1905 年，“斯洛文尼天主教学生联盟”成立，并成为各个天主教青年组织的大联盟，这些组织都会利用假期与大学学生和神学院学生进行接触。[232]

与此同时，新一代的斯洛文尼亚学生具有激进的民族主义思想。他们疏远了传统的派别，想要成为一代领导精英，为改善本民族的文化和精神而奋斗。他们在运动中为本民族创设了教育课程，建立初等和中等学校，

---

[229] Schulze and Ssymank, *Studententum*（注释 65），424，426.

[230] Otruba，‘Universitäten’（注释 160），102；G. Stourzh，‘Die Frans-Josephs-Universität in Czernowitz，1875-1918’，in Plaschka and Mack（eds.），*Wegenetz* Ⅰ（注释 161），54-59.

[231] Schulze and Ssymank，*Studententum*（注释 65），424-425.

[232] Melik and Vodopivec，‘Intelligenz’，（注释 94），147-148.

致力于解决斯洛文尼亚的社会和经济问题。1900年后不久，在维也纳的斯洛文尼亚人在激进民族主义者当中占据了优势，并在格拉茨（*Tabor*，1904）和布拉格（*Adrija*，1906）成立了学生组织。为了在假期中继续开展活动，激进民族主义学生从1904年起开始组建假日联盟。他们还举行了几次全体斯洛文尼亚学生集会：1905年在的里雅斯特（Trieste），1907年在采列［Celje，即基利（Cilli）］，1909年在卢布尔雅那。[233] 此外，他们还推动斯洛文尼亚学生发展与捷克族、克罗地亚族、塞尔维亚族，可能还有保加利亚族学生的联系。在他们的召集下，第一次南斯拉夫学生会议于1905年在布达佩斯举行。然而，斯洛文尼亚学生及其政治家不曾团结过任何非斯拉夫的民族，而这些民族也在为争取自己民族在哈布斯堡帝国中的权利而斗争。为了捍卫创办一所斯洛文尼亚人大学的要求，他们因而坚决反对其意大利同学也提出类似要求。

在1901年，俄国许多学生仍然坚信大学改革无须广泛的政治改革背景。但是，政府那些互相矛盾的改革方案很快就令他们明白，它们没有满足任何一个人的要求。从某些方面来看，这些新政策在当时的氛围中甚至标志着一种退步，例如，禁止举行全体学生会议（*Skhodki*），要求所有学生集会都必须在一名教授的监督下进行。[234]

从1902年起，“学生激进主义”的新学说开始形成，它是从圣彼得堡的“*Kassa Radikalov*”（激进学生的新组织）中发展而来的。他们既主张学生应当具有自己的团体身份和利益，也希望将学生抗议与其他社会群体
332 更广泛的政治改革运动结合起来；这些政治改革提出争取言论自由、新闻和结社自由、罢工权力、实行八小时工作日和召开议会等要求。学生运动曾尝试着把当时流行的学术和政治观点综合起来。1902年前几个月，爆发了一场反对政府改革方案的罢工和示威浪潮。同年2月，莫斯科大学举行了一次参加人数众多的非法学生集会；学生们在会议中通过一项决议，

---

[233] *Ibid.*，149-151.

[234] 该部分以及下面段落中有关俄国的内容都是根据 *Students Tsarist Russia* 中第141—151页编写而成。

表示支持上述的政治改革要求。政府当局从中察觉到，学生运动已经变得前所未有的危险，于是很快就采取了措施。许多学生被判入狱，或被流放到西伯利亚，但在几个月后，政府放松了对大学的控制，他们又都获得了特赦。

尽管如此，学生们还是继续向政治化方向推进他们的活动，这在一定程度上是因为他们在西伯利亚时受到了左翼持不同政见者的影响。1903年11月在敖德萨举行了一次全国学生会议，来自圣彼得堡、哈尔科夫（Kharkov）、莫斯科、敖德萨、里加（Riga）和基辅的学生代表参加了会议，社会民主派和社会革命派学生再次指出了今后俄国学生运动的新道路：它必须包含为主要革命党派的目标服务的政治派别，同时也应该成为那些党派的青年组织。这种理论得到了大学生的支持：著名的学生联盟委员会（student coalition councils）取代了全体学生委员会，各个不同的政治党派的学生群体都可派代表参加。不过，仍然有很多学生不愿意按照这些计划行动。1904年11月的工人和学生联合示威就遭到惨败。

日俄战争（1904年2月—1905年9月）和“流血星期日”（1905年1月22日，数百名圣彼得堡手无寸铁的工人想要呈给沙皇一份请愿书，结果却遭到军队的大屠杀）给学生运动带来了新挑战。战争爆发后，学生们最初比较温和的爱国主义热情，迅速转变为一种反政府和反战的情绪。学生们对“流血星期日”的反应极为强烈。1905年2月，高等教育机构中的学生决定举行一次罢课，一直到9月1日才结束，到时再根据形势决定是否继续。这次罢课不像1899年、1901年和1902年的大规模示威，它不仅要求改革当局对大学的政策，还密切关注基本的政治改革，并且要求组建一个立宪的议会。教授们也开始对独裁统治表示不满。他们促使政府制定了一些临时性政策，这些政策在1905年8月27日颁布执行，授予大学更多的自治权利。同月，在与日本签订和约以及宣布举行咨询委员会性质的 333
杜马选举后，政府似乎重新控制了局面。

尽管如此，在1905年10月爆发的革命浪潮中，大学仍发挥了至关重要的作用。1905年9月1日，全俄学生会议决定结束罢课，重返大学，将大学作为反政府斗争的基地，用演讲厅来进行政治教育。到 9 月底，大学已经变成了政治集会的场所，越来越多的工人涌进了大学。年长的教授试图阻止这些集会的召开，他们威胁要关闭所有的大学。但更大的威胁来自校外：大学和学生成为反革命团伙攻击的目标。1905 年 10 月 13 日，铁路工人发动了罢工，这使得国家进一步瘫痪了。随后，政府决定关闭大学，并在 17 日发表了一项宣言，声称要给人民更多的自由权利，以及组建立宪制王朝。但这也不能平息全国的骚乱，相反，接下来发生了一场无节制的暴力冲突，左翼要求进一步的改革，而右翼则对知识分子、学生，尤其是犹太人大打出手。

大学直到 1906 年 9 月才重新开学。由于革命的影响，大学发生了重要的转变。课程变得更加灵活，注册入学的人数几乎增加了一倍，以前妨碍犹太人和女学生入学的制度实际上也被废除了。从 1906 年到 1908 年，学生运动的性质发生了变化。尽管它仍然继续宣称要联合革命运动，但其主要精力却放在了维护学生群体的利益之上。学生组织，比如地方性组织“*zemliachestva*”，尽力为学生争取助学金，接管学生餐厅，并为学生提供就业机会。另外，还为学生创设了很多分期付款方式和信用合作社。除了学生运动取得的这些非政治方面的利益外，在政府发动反革命围剿的几年中，大学几乎被牢牢地束缚住了。1907 年，全体学生的组织被查禁了，学生集会必须在警察的监视下进行。当时，政府得知学生们对这项政策并无太大异议后，进一步制定了一系列政策来控制大学：1908 年，政府中止了 1905 年 8 月革命带来的相关自治政策，恢复了 1884 年的镇压法令。

1910 年 10 月 7 日，大作家列夫·托尔斯泰（Leo Tolstoy）逝世，这一事件成为学生运动复兴的催化剂。当时，学生们自发在全国范围内组织
334 纪念典礼，为纪念已故作家和支持废除死刑而举行示威游行。尽管这些学生示威并非以革命为目标，但政府仍将它们视为新一轮革命浪潮的预兆。政府做出了完全不必要的粗暴反应，严厉惩罚了参加示威的学生，并在 1911 年 1 月 11 日发布一个通知，根据这个通知，学生集会只能在校外举行，这样就会经常受到警察的威胁。于是，各大学纷纷罢课，结果进一步

恶化了政府与大学的关系。许多教授辞职，或者被政府调任。学生的骚动一直持续到一战爆发。不过，从意识形态角度看，学生自身的特性以及对其经济和物质利益的强调，仍然是学生运动最重要的特点。由于学生人数的急剧增长（1914 年共有 10 万多名大学生）以及大学招生过多（尤其是莫斯科大学和圣彼得堡大学），学生之间对宿舍和助学金的竞争变得更加激烈。

俄国发生的诸多事件也影响到俄国控制的波兰地区维斯图拉兰德（Vistulaland），以及奥匈帝国控制的波兰地区加利西亚。1905 年俄国革命爆发后，维斯图拉兰德的工人发动了一次总罢工，知识分子、教师、大学生，以及中学生都加入其中。这次联合抗议行动在教育上的主要目标就是：重新使波兰语成为教学语言，重新任命被解聘的波兰教师，废除学校中的警察制度，上述主要目标影响到了整个波兰议会。随后政府采取的镇压措施，导致华沙大学以及很多中等学校被关闭，很多青年学生被流放或逮捕。高等教育不得不以秘密的“流动大学”（flying university）继续进行，“流动大学”于 1906 年转变为“科学课程学会”（Society of Scientific Courses），1915 年德国占领华沙后，该学会为波兰大学的重建发生了重要作用。与此同时，青年人开始大规模从俄属波兰来到其他大学，尤其是到克拉科和莱姆伯格（利沃夫）。因此，这一时期波兰精神生活的中心区域得到了扩展。1905 年，克拉科和莱姆伯格爆发了一场激进的、具有自由主义思想的社会运动。为了支持那些受压迫的俄属波兰地区的人民，工人、教师和学生举行了示威游行和罢工，他们还支持扩大选举权，希望对加利西亚的学校制度进行民主化的社会改革，支持世俗化和男女平等。普鲁士管辖的波兰地区还没有一所波兰人的大学，而且波兰科学研究的独立 335
发展还必须克服德意志化的巨大压力。[235]

[235] W. Bienkowski, 'Die Polnischen wissenschaftlichen Institutionen zwischen der Revolution von 1905 und dem Ersten Weltkrieg. Organisation, grundlegende wissenschaftliche und ideologisch-politische Problematik', in Plaschka and Mack (eds.), *Wegenetz* I（注释 161），157-177；Vos, *Strijd*（注释 35），178.

芬兰作为一个大公国，在俄罗斯帝国中享有不同的地位。从亚历山大二世继位后，它已经比较明显地成为一个独立的邦国。赫尔辛基的亚历山大大学是这个国家唯一的大学，它在“芬兰问题”上扮演了关键角色。讲瑞典语与讲芬兰语的社团的出现，使芬兰的局势变得更为复杂。1898 年，尼古拉·伊万诺维奇·博布里科夫（Nikolai Ivanovich Bobrikoff，1839—1904）出任芬兰总督，他采取了一些更严厉的政策，旨在更牢固地将大公国控制在俄国“父国”手中。[236]

芬兰的学生们团结起来反对这些新政策。1899 年 2 月，他们起草了“大宣言”（great address），他们希望通过宣言，向沙皇表达芬兰人民高涨的民族主义诉求。他们带着宣言到全国各地，征集到 50 多万人的签名。与此同时，他们展开复兴本民族的强大攻势，在农村开设教人民读写的课程，还组织社会援助活动。这种社会活动在某种程度上带有保守主义色彩，因为它们也警告人民当心共产主义和无政府主义的“非分之想”。尽管如此，它们仍经常引起大学校方与俄国总督之间的矛盾，以至于大学被迫禁止这些学生集会。1904 年 6 月 16 日，斯德哥尔摩的持不同政见者发动了一次恐怖袭击，博布里科夫被杀死。

博布里科夫“镇压”政策结束后，芬兰社会中的思想观念发生新的分野。在芬兰代表会议中，“芬兰党”作为贵族和资产阶级的代表，在当时——与立宪主义者一道——希望重新恢复 1899 年前的“合法关系”，从而重建它的阶级特权和芬兰的自治；而“新老芬兰人”（Old and Young Finns）则希望进行民主的社会改革，以解决农民和工业无产阶级的贫困问题。从 1905 年开始，这种民主思想在学生运动中体现得非常明显，它主要提出反对阶级制度和实行普选的主张。当芬兰工人 1905 年 10 月参加俄
336 国的罢工运动时，学生几乎也一致同意加入罢工运动。然而，到 11 月 4 日，当沙皇对立宪主义者的申述做出回应并同意召开议会的时候，学生们却又破坏了这个统一战线。

---

[236] 该部分以及接下来的部分是根据 *Universität Helsinki* 中第 497—573 页编写而成。

1906年到1908年间，芬兰学生分裂为两个派别。立宪主义者主要是在同乡会中来自尼兰（*Nyland*）和新地省（*Uusimaa*）的讲瑞典语的学生，他们谴责“老芬兰人”在博布里科夫统治期间想跟俄国妥协。他们到欧金·绍尔曼（Eugen Schaumann）——刺杀博布里科夫的刺客——墓前致敬，以显示他们的反对立场。而“老芬兰人”在同乡会中占多数，其成员主要是来自海梅（*Häme*）、索塔昆塔（*Satakunta*）和东波的尼亚（*Bothnia*）的讲芬兰语的学生，他们则指责立宪主义者的阶级利己主义，标榜自己的社会和民族倾向。他们推崇J. V. 斯内尔曼（J. V. Snellman，1806—1881）的思想，后者认为大学应该在国家生活中成为一个活跃的中心，知识分子应该和民众保持更紧密的团结。他们要求将大学迅速而彻底地芬兰化，因为大学中大多数学生讲芬兰语，而60％的课程却仍然用瑞典语讲授。在一次全体学生会议中，学生组织双语化的原则以勉强多数通过。讲瑞典语的学生认为这一举动是一种威胁，于是开始单独组建讲瑞典语的组织。

从1908年夏天起，俄国开始对芬兰采取更为严厉的控制政策，这种局面结束了学生中立宪主义者与“老芬兰人”数年的冲突，“老芬兰人”也搁置了他们在语言问题上的反对意见。学生们逐渐厌恶直接的政治运动，而将他们的注意力集中到文化、哲学和艺术这些方面。当时唯一比较流行的学生出版物——使用芬兰语和瑞典语——主要也是文化和教育性质的，这一时期的新精神在诸如“学生文化组织”这些组织中也有所体现。芬兰学生模仿瑞典和丹麦学生的出版物，他们之间还有书信往来。丹麦的教授和学生非常崇拜尼采式的丹麦哲学家格奥尔格·布兰德斯（Georg Brandes，1842—1929）和哈拉尔·赫夫丁（Harald Høffding，1843—1931），而这两位学者也被聘为赫尔辛基大学的客座教授。大约从1908年起，学生运动开始更多地强调学生自身的利益。这种倾向显而易见和持久的后果，就是1910年开始动工为同乡会修建的宏伟建筑。各种组织也开始为学生提供住宿和工作。

在一战前的几年中，芬兰和其他斯堪的纳维亚国家一样，逐渐被德国 337

文化帝国主义及其种族和权力的意识形态征服，在此过程中“斯拉夫人”与“日耳曼人”的斗争是核心。除了反对那些被夸大了的俄罗斯化政策外，斗争的矛头还更坚决地指向了瑞典。大约从 1912 年起，讲瑞典语的学生开始走上一条瑞典—德意志道路，认为瑞典人的种族特征优于那些“讲芬兰语的民众”的种族特征。但芬兰的学生组织还是以一种泛德意志的倾向，来谋求与瑞典学生保持比较友好的关系，并且为即将爆发的战争树立起行动和牺牲的理想。

1914 年 6 月，波斯尼亚的塞尔维亚族学生加夫里洛·普林西普（Gavrilo Princip，1895—1918）刺杀了奥匈帝国皇储，一战随之爆发。1900 年后，波斯尼亚地区的斯拉夫民族主义发展势头非常强劲，尤其是在 1908 年奥地利吞并了黑塞哥维那以后，这种民族主义运动就开始呈现出各种挑衅性的形式。新一代就在“青年波斯尼亚”运动（*Mlada Bosna*）中成长起来，他们已经不再采用议会和合法的方式来反对奥匈帝国的统治了。相比之下，贝尔格莱德大学（Belgrade）、萨格勒布大学和维也纳大学的波斯尼亚学生以及中学生，深受俄国革命思想和俄国学生运动中恐怖主义的影响。他们建立了自己的组织“塞波-克罗地亚民族主义激进青年会”（Serbo-Croat Nationalist-Radical Youth），并在各个城市发行抗议出版物。他们还建立了自己的恐怖组织，有些人离开学校或大学加入一些特别的武装革命组织，例如，1911 年成立的“黑手”组织，其真正名称是“团结或死亡”（*Ujedinjenje Ili Smr*）。以俄国学生为榜样，波斯尼亚学生发动了一系列针对奥地利政府官员的袭击。奥地利当局对此的镇压，使民族主义者为他们的事业不怕牺牲，也引发了进一步恐怖活动。1912 年，在阿格拉姆（萨格勒布）大学和萨拉热窝（Sarajevo），年轻人和警察之间爆发了好几次流血冲突，随后还爆发了波斯尼亚各学校的总罢课。1914 年 6 月 28 日刺杀弗朗茨·费迪南德大公的事件，便是这一系列由波斯尼亚青年民族主义者所发动的暴力事件的极致。[237]

对于民主政治而言，世界形势安全吗？（1919—1939）

一战后的西欧和中欧所有大学，学生组织和学生运动都得到复兴。对战后社会问题所带来的挑战，他们做出了自己的回应，并勾画出了不同的 338
蓝图，一些蓝图带有民主和社会主义特征，而另一些则带有民族主义和法西斯主义特征。

在法国，全国性的学生组织“法兰西学生联盟”（*Union Nationale des Étudiants Français*，*UNEF*）试图不涉足政治领域，其将其角色限定为内部协调和充当法国学生在国际上的代表：[238]“法兰西学生联盟”之所以采取这种非政治化立场，可能是因为学生们政治观念的差别很大。由夏尔·莫拉斯（*Charles Maurras*，1868—1952）[239]领导的极端民族主义和激进右翼组织“法兰西行动”（*Action française*）获得了相当的支持，该组织还为暴力挑衅开展军事训练，以展开“反对共和国的最后冲锋”。[240]他们有计划地扰乱那些被他们视为“共和主义者”教授的课堂，还有组织地殴打“红色”学生。1926 年教皇庇护十一世（Pope Pius Ⅺ）对“法兰西行动”的谴责，不但没有瓦解该学生组织，反而引发了坚决的抗议。[241]

随后，学生运动的重心，从激进右翼的骚乱转移到一个新团体“大学长枪党”（*Phalange universitaire*）所组织的活动上来：该组织在 1927—

---

[237] Feuer, *Conflict*（注释 42），78-87；Burg, *Encyclopedia*（注释 21），25，158；Boren, *Resistance*（注释 58），62-64.

[238] J. -P. Worms, 'The French Student Movement', in S. M. Lipset (ed.), *Student Politics* (New York, 1967), 267-279; On the inter-war period: 268-271 Burg, *Encyclopedia*（注释 21），202.

[239] Weber, *Action français*（注释 221）.

[240] P. Gerbod, 'Le monde étudiant française depuis un siècle: attitudes confessionnelles, idéologiques et politiques,' in *Sciences de l'Homme et de son environnement. Cahiers de Clio* (Brussels and Liège, 1980), 29.

[241] Weber, *Action française*（注释 221），264.

1928年在全法国范围内发起了凯旋游行。这是一个右翼的、独裁的、反共产主义的和准军国主义的组织，到1933年，它已经有了22个分支机构，约1万名成员。因此，该组织在学生圈子中占据了优势地位。1936年，由莱昂·布鲁姆（Léon Blum，1872—1950）领导的“人民阵线”在大选中获胜，左派上台，政府宣布“大学长枪党”和“法兰西行动”都是非法组织。尽管这些组织未能继续存在下去，但是各种小型的法西斯和极端民族主义的学生群体仍然坚持了激进右翼的传统。

面对右翼发动的暴力事件时，由于内部不统一，左翼学生组织在很长一段时间内都无力应对。20世纪20年代，“光明运动”（*Clarté* movement）贡献最大。这是一个跨国和平组织，由共产党员、作家和和平主义者亨利·巴比塞（Henri Barbusse，1873—1935）在1919年创立。该组织既是政治活动的发起者，又是文化运动的先锋。从1924年《光明》期刊开始发行时，就对社会主义思想和现代文学进行了探讨，内容还涉及有重
339 大贡献的科学研究、批评性评论、空想社会蓝图，以及现代派诗歌。法国学生中的共产党员试图绕过“光明运动”组建一个左翼阵线，结果失败了；此后建立的“学生同盟”（*Union fédérale des étudiants*）受到莫斯科的控制，几乎没有自治权力。[242] 到20世纪30年代中期，共产党仍然不与非共产党的左翼社会主义阵营“社会与共和大学行动同盟”（*Ligue d'action universitaire républicaine et sociale*）进行合作。直到莫斯科和学生二者都接受了左翼阵线的反法西斯思想，双方才开始合作，还成立了一个“反法西斯大学阵线”（*Front universitaire antifaciste*）。

1922年，英国[243]成立了“全国学生联盟”（National Union of Students），[244] 该组织就像“法兰西学生联盟”一样，采取非政治化的立场，

---

[242] J. Kotek, *La jeune Garde. La jeunesse entre KGB et CIA. 1917-1989*(Paris,1996).

[243] R. D. Anderson, 'Universities and Elites in Modern Britain', *History of Universities*, 10 (1991), 225-250; Anderson, *Universities*(注释145), 22-23.

[244] Burg, *Encyclopedia*(注释21), 141-142.

也并没有在20年代里成功地激发出学生的“集体社会良知”。[245] 然而，国际和平主义为那些活跃的学生提供了更偏左翼立场的活动基础。这种活动在20年代前5年中经历了一次高潮，此后和平主义运动仍然存在，不过在20年代后5年中是去政治化倾向占了上风，而大约从1933年起激进化倾向又开始居于主导地位。此后，大学开始突破限制，将“和平、自由和社会公正”问题与反法西斯联系起来。出于对和平的关注，学生们在20年代对“国际联盟”产生了浓厚的兴趣，这从各个新成立的学生社团、俱乐部，以及国际性组织“国际学生联盟”（*Confédération Internationale des Étudiants*）的积极参与中都有所体现。[246]

对于很多学生而言，这种和平主义是与对共产主义的同情结合在一起的，[247] 而右翼学生则怀疑每次学生运动背后都藏有共产党的阴谋。令人吃惊的是，站在最激进立场、重视新左派运动的学生，都是剑桥大学、牛津大学和伦敦经济学院的学生，到了20世纪30年代末，还包括了在伦敦的大学学院和贝德福德学院的学生。

1933年2月9日，在这种背景下，参加牛津联盟的学生以275比153的票数通过了著名的“牛津誓言”。他们在该决议中宣称，“本联盟将不会卷入保卫国王和国家的战斗”，让社会舆论一片哗然。[248] 这种立场在第二 340
次投票中得到了肯定，并得到其他大学，包括美国大学的赞同。在随后几年中，左翼学生和右翼学生还发生了数次街头冲突，例如，在由英国法西斯领袖奥斯瓦尔德·莫斯利（Oswald Mosley，1896—1980）主持的会议中爆发的冲突。1936年，西班牙内战的爆发使得学生运动更加激进化。

---

[245] E. Ashby and M. Anderson, *The Rise of the Student Estate in Britain* (London, 1970), 69-72. 引自 Simon, ‘Student Movement’(注释 11), 189-204, esp. 196; Marwick, ‘Youth’(注释 171).

[246] Kotek, *Jeune Garde*(注释 242), 43-44. 有关 *CIE* 成立之前的情况参见注释 323。

[247] Kotek, *Jeune Garde*(注释 242), 45-46. 据该作者对共产国际档案的研究，他认为这些活动都可以被视为由共产党的“潜艇兵”所发动的，至于这种观点是否属实，还有待研究。

[248] Burg, *Encyclopedia*(注释 21), 153.

许多充满理想的学生站在西班牙共和派的一边，参加了国际纵队，许多学生组织为此提供了大量药品、食物、衣物和资金。就连年轻的保守主义者和那些不太明确支持左翼或和平主义的学生，也都开始反对法西斯主义，并从 1937 年起支持“未来五年小组”（Next Five Years Group），该组织号召“团结所有进步的思想，重新恢复和平，捍卫欧洲各国公民的自由”[249]。

当然，“全国学生联盟”也随之发生了变化。1937 年的年会上，它谈到了学术事业的问题，抛弃了非政治的立场。这自然就引出对以下问题的质疑，即“对于现代社会的需求而言”，大学有什么样的社会功能。基于德国大学未能在选举中击败法西斯主义的经验，英国在 1939 年进行了一项研究，以考察英国如何转变为“民主的堡垒”。这强化了英国民主的必要性，成为学生运动和要求言论自由的理由。

这种发展倾向在 1940 年 3 月于利兹举行的“英国学生国会”中达到了顶点，此次会议通过了“学生权利和责任宪章”，不仅要求政治自由，还要求社会平等。这次会议还提出一个彻底的教育体系改革方案，赞成实行计划经济，主张废除资本主义、帝国主义和殖民主义制度。此次会议要求允许印度独立，释放在印度被捕的 100 名学生活动家，结束战争。[250] 最后决议中有关社会的部分，为学生工团主义（syndicalism）思潮的兴起奠定了基础，而这种思潮在二战后不久就激起了整个欧洲的学生运动。[251]

比利时大学在 1919 年重新开学。所有四所大学都是讲法语的大学，不仅是在布鲁塞尔和列日的大学是这样，在根特的大学也是如此；在根特由德国人创办的讲荷兰语的大学早前已经被关停了，鲁汶讲荷兰语的大学也遭受了同样命运，尽管当地大部分学生都是讲荷兰语的。因此，随着战
341 争的爆发，讲法语的比利时人的民族主义情绪高涨，而佛兰德民族主义也日益变得更为激进，这两个群体间的分歧很快引发了冲突。

---

[249] *The Democratic Front*, October 1937, 2, 引自 Marwick, ‘Youth’(注释 171), 49.

[250] 该要求是在英国军队卷入战争之前提出的。

[251] 例如，格勒诺布尔宪章，Burg, *Encyclopedia*(注释 21), 42.

“全体佛兰德大学生联盟”（*Algemeen Vlaams Hoogstudentenverbond*）是佛兰德学生的一个庞大组织，该组织在20世纪20年代由鲁汶的学生控制，其目标是通过有关语言的立法来实现佛兰德人的单一语言体系。在比利时，佛兰德人——包括与这一人群相关的更广泛人群——对其不利地位的不满日益增强，终于使比利时政府从1930年起制定一个方案，以便在佛兰德人地区实行单一语言制。同年，根特国立大学开始排斥讲荷兰语的学生，而鲁汶大学则逐渐转变为只讲荷兰语与只讲法语的学生分庭抗礼的机构。不过，这些都没有妨碍佛兰德民族主义党派年轻骨干的成长，他们主要是佛兰德天主教学生，在20世纪30年代逐渐走上了法西斯道路。[252]

大多数讲法语的学生都反对佛兰德人的要求，他们受到“法兰西行动”组织的影响，崇拜墨索里尼和葡萄牙的萨拉萨尔政权，他们的思想中还混杂着一种比利时的民族主义，他们中的天主教徒都服从天主教的整体利益。大型组织“比利时天主教学生联盟”（*Fédération Belge des Étudiants Catholiques*）于1921年在鲁汶成立，在这个方面也发挥了自己的作用。讲法语的自由主义和左翼学生团体，主要是以列日和布鲁塞尔作为基地组织了一个反法西斯的阵线。布鲁塞尔爆发了一次大规模学生运动——参加者包括自由主义、社会主义和共产主义学生，他们支持成立一个“反法西斯警戒委员会”（*Comité de Vigilance Antifasciste*）。[253] 在讲荷兰语的根特地区，旧有的自由主义学生组织“*'t Zal wel gaan*”从1933年起开始领导学

---

[252] 有关鲁汶的情况，参见 Gevers，‘Mouvement’（注释153），161—173。有关根特的情况，参见 K. Palinckx，‘*Nu naar Gent' Vlaams-nationale en katholieke studentenbeweging te Gent. 1928-1940*（Ghent，1995）。也参见“学生运动”标题下的内容，见 *Nieuwe Encyclopedie*（注释153），2881-2918，‘Brussels’（F. Scheelings），‘Ghent’（K. Palinckx），‘Leuven’（L. Gevers and L. Vos），‘Liège’（L. Gevers and H. Balthazar）。还可参见‘t Zal wel Gaan’标题下内容（R. Willemyns，G. Declercq and B. de Ruyver），以及“青年运动”（youth movement）。有关这一时期天主教学校学生的情况，参见 L. Vos，*Bloei en ondergang*。

[253] A. Despy-Meyer，A. Dierkens and F. Scheelings（eds.），*5 novembre 1941. L' Université Libre de Bruxelles ferme ses portes*（Brussels，1991）.

生反对法西斯的兴起。它还在西班牙内战期间派志愿者去参加国际纵队，[254] 其他大学，比如布鲁塞尔大学，也派出了自己的学生。

在荷兰，社会主义领袖彼得·耶勒·特鲁尔斯特拉（Pieter Jelles Troelstra，1860—1930）1918 年试图发动一次革命，结果失败了，这一事件使得“旧式”的学生联合会组建了“学生旗帜”（student banners），
342 但他们在 20 世纪 20 年代仍然基本上不涉足政治。[255] 去政治化和个人主义是这一时期一般学生的主流思想观念。[256] 经历了第一次世界大战后，更年轻的一代学生怀着一种和平主义者的使命感，成立了一些新的学生组织，并对国际联盟充满兴趣。然而，与英国学生的情况一样，这种兴奋感到 1925 年左右就消失了。[257] 这一时期，学生们还要求在一个更大的圈子里与国际学生组织保持联系，因此成立了非政治性的大型组织“荷兰学生组织”（*Nederlandsche Studenten Organisatie*，*NSO*），学生联合会在其中起领导作用，不过该组织到 1923 年就因为内部分裂而解体了。[258] 尽管“*Algemeene Senatenvergadering*”代替它加入了“国际学生联盟”，但是在荷兰直到 1940 年都不存在一个真正的大型学生组织。[259]

宗教派别——新教和天主教——的学生组织已经接替了学生联合会的工作，但由于它们的宗教信仰，这些组织更加具有社会性。一战后，天主教的一种思想流派就是“*Heemvaart*”运动，旨在使人的生活变得更为深

---

[254] H. Balthazar, *Het taalminnend studentengenootschap 't Zal wel Gaan. 1852-1977* (Ghent, 1977), 18.

[255] Frank and Wiardi Beckman, *Geschiedenis*（注释 47），209-211. Vrankrijker, *Vier eeuwen*（注释 47），344-345.

[256] Hagendijk, *Studentenleven*（注释 48），75；P. J. Knegtmans, *Een kwetsbaar centrum van de geest. De universiteit van Amsterdam tussen 1935 en 1950* (Amsterdam, 1998), 33.

[257] P. A. J. Caljé, 'Continuïteit en discontinuïteit in de studentencultuur van de twintigste eeuw. Studentencultuur als jeugdcultuur', in K. van Berkel and F. R. H. Smit (eds.), *Een universiteit in de twintigste eeuw. Opstellen over de Rijksuniversiteit Groningen. 1914-1999* (Groningen, 1999), 11-66，特别是 20-21. Vrankrijker, *Vier eeuwen*（注释 47），356-358.

[258] Frank and Wiardi Beckman, *Geschiedenis*（注释 47），217-218.

[259] A. Droeve, 'Studentenraad'，见 *Studenten*（注释 152），119.

刻。左翼学生组织则未能召集到大批的追随者。[260] 不过，在 20 世纪 30 年代，现有的学生组织对社会主义的兴趣日益增强。[261] 少数学生还怀有荷兰民族主义诉求，他们对大荷兰产生了兴趣，换句话说就是致力于合并荷兰人和佛兰德人的地区。他们组建了“*Dietsch Studentenverbond*”，该组织在大多数大学中都能吸引约 10％的学生加入。[262] 在与“*DSV-Vlaanderen*”联合后，学生们在此基础上组建了“大荷兰学生会议”（*Grootnederlandse Studentencongressen*），到 20 年代末，有数百名荷兰学生加入了该组织。[263] 1933 年后，由于在对法西斯主义、新秩序和吸收激进右翼学生团体的讨 343
论中出现意见分歧，该组织解体了。

1921 年，一个非政治性的全国学生联盟“瑞典全国学生联盟”（Sveriges Förenade Studentkårer，SFS）在瑞典成立。[264] 受“光明运动”的影响，左翼学生运动在 20 世纪 20 年代出现了一次高潮。左翼学生抵制法西斯主义和马克思-列宁主义，支持民主，认为知识分子的角色就是“社会的工程师”，知识分子应该从不断发展的社会科学和优生学中找到他们的“工具”。优生学主要是由 1921 年乌普萨拉大学建立的国家人种生物学研究所发展起来的。[265] 保守的和充斥着反犹太人思想的激进右翼学生组织赢得了不少追随者。那些准备从事政府工作的学生，非常容易从保守主义转变到法西斯主义。这引起了社会民主党政治家的警觉，该党 1932 年与农

[260] Hagendijk,*Studentenleven*(注释 48),76-77;Caljé,‘Continuïteit’(注释 257),23-24.

[261] Vrankrijker,*Vier eeuwen*(注释 47),359-361.

[262] Vos,‘Dietse studentenbeweging’(注释 215),表 2，第 468 页：1930 年乌特勒支的数据：只有乌特勒支、格罗宁根和莱顿加在一起还不到学生的 10％。也参见 Van Hees,‘Studentenbeweging’(注释 215),34—52,图 48—49。

[263] Vos,‘Dietse studentenbeweging’(注释 215),表 1,第 467 页;Van Hees,‘Studentenbeweging’(注释 215),34—52。

[264] Caljé,‘Continuïteit’(注释 257),22;Burg,*Encyclopedia*(注释 21),190.

[265] G. Broberg,*Statlig rasforkning. En historik Over rasbiologiska institutet*(Lund,1995),引自 V. Delporte,‘Raciale beeldvorming rond de Valloner in Zweden. Het instituut voor rassenbiologie te Uppsala in het begin van de twintigste eeuw’(经许可的未出版的论文,Catholic University of Louvain,1999).

民党联合上台执政，执政时间长达44年。因此，他们试图尽可能隐藏他们的社会主义旗号，把自己塑造成一个左翼的中心党派。社会民主主义的学生组织也抛弃了马克思主义，尽力使它们的成员成为未来的政府职员。而“光明运动”的追随者，包括很多共产党员，都很自然地把这种行为视为对社会主义理想的一种背叛。一些旧有的学生组织加入到社会民主第二国际瑞典学生的支部中。[266] 此后，政府开始从激进主义圈子中吸收很多以往的大学生到政府服务，这一过程一直持续到20世纪40年代。到了50年代，这批学生中的很多人都出任高官，推动了二战后瑞典福利国家的形成。[267]

根据1919年的宪法，芬兰语和瑞典语在当时刚取得独立的芬兰都是地位平等的官方语言，因此在一战前就存在着的大学双语体制仍然得以保留。[268] 这在大学生中引发了一场语言战争，这场战争在两次大战之间一直是芬兰大学中最重要的争论，主要是因为从20世纪初起芬兰的中等教育
344 中讲芬兰语的学生人数日益增长。[269] 这场争论不仅是单纯的教学用语之争，而且还涉及那些受过大学教育的人与“芬兰人民”之间的关系问题（前者为了跟后者交谈不得不要学会讲芬兰民族语言），以及有关双语制度是否应该作为芬兰民族认同中的一个因素继续存在的问题。

激进的芬兰学生发起了一场“芬兰主权”运动[270]，成立于1922年的“卡累利阿学生协会”（*Akateeminen Karjala-Seura*）则成为这场运动的催化剂。该协会最初是由一些芬兰志愿者成立的，他们参加了东卡累利阿的战争，不过它很快就演变成一个准军国主义、民族社会主义的战斗组织。它的核心意识形态就是对俄国的刻骨仇恨以及建立大芬兰的梦想。从1923年起，同乡会支持的最重要的学生期刊名为 *Ylioppilastlehti*，赞同

---

[266] Baars, *Scandinaviё*（注释71），179.

[267] Skoglund, *Vita Mössor*（注释70），275.

[268] Klinge, *Universität Helsinki*, 614-616, 620-621, 623.

[269] *Ibid.*, 625.

[270] *Ibid.*, 627, 629, 631.

“卡累利阿学生协会”的意识形态，在学生中吸引了很多追随者。[271] 1924年，“卡累利阿学生协会”发起了一场破坏大学中有关俄国的纪念碑和纪念物的运动，并以此作为宣传，试图说服“本民族”建立一个新的、纯芬兰人的、民族社会主义的芬兰。[272] 1924—1925年，大型的双语学生组织实际上分裂为芬兰全体学生联盟和瑞典全体学生联盟。从1925年起，“卡累利阿学生协会”开展了一场重新评论1923年大学法令的活动，该法令为大学中双语制度提供了法律依据，从而使“瑞典上层社会支配了芬兰大众”。“卡累利阿学生协会”宣布1928年为高等教育芬兰化年，要在这一年结束芬兰人为争取自由所做的奋斗，扫除“长达880年的不公正”。他们组织了一次有3014名学生签名的请愿活动，这可以说明该组织吸引了众多的追随者。

然而，大学校方和上一代讲瑞典语的人，以及保守的政治家，都认为这些方案过于激进、破坏力强而没有接受。“卡累利阿学生协会”还遭到了激进右翼、反自由主义和反共产主义的*Lapua*运动的抵制，该运动是在1929年经济危机爆发后出现的，它认为语言斗争远不如反对由苏联支持的芬兰共产党的斗争重要。

在这场希望继续推进大芬兰运动的年轻学生，与那些希望与讲瑞典语的上层联合起来组成反共产主义和反苏联战线的学生的斗争中，涌现出了20世纪30年代末芬兰的政治家，他们试图建立起一个全国性的反共产主义战线，其中就有后来的芬兰总统乌尔霍·凯科宁（Urho Kekkonen，1900—1986）。

1933年到1935年，语言斗争如火如荼地进行着。在学生中占主流的 345
思想是要求建立一所单一芬兰语的大学，而讲瑞典语的人则希望瑞典语继续作为一种教学语言，或者相应地提出建立一所彻底独立的瑞典语大学的要求。1935年，身着制服的芬兰法西斯民族主义派别与当局发生了街战。

---

[271] *Ibid.*,642-643.

[272] *Ibid.*,644-646.

随后，作为妥协，当局立法规定，在大学中既实行双语制度，又允许学生自己选择上用芬兰语或瑞典语教学的课。通过这种方式，语言冲突在一定程度上被平息下来，因此，在 20 世纪 30 年代末，芬兰的民族主义运动趋于平缓的状态。

种族的民族主义（1919—1939）

德国学生运动深受第一次世界大战的影响。[273] 1918 年 11 月后，22 所德国大学真正恢复招生，由于社会制度的一体化，[274] 学生无产阶级的出现和失业，德国大学面临着一种结构性的危机。[275] 为了开展学生救助（*Studentenhilfe*），学生组织最初的工作是为学生寻找工作和住处，通过选举成立学生会总会（*Allgemeine Studentenausschüsse*，*ASta*）来为学生代言；这些组织，以及诸如 1919 年 6 月成立的德意志学生会（*Deutsche Studentenschaft*，*DSt*）这种大型组织，[276] 都得到了各地方当局的承认，并拥有代表权。[277] 与法国或英格兰不同，德国的大型学生组织并没有只局

---

[273] 较之其他国家，有关德国学生运动的文献——包括两次大战之间——非常丰富，以至于几乎不可能作一个综述。M. S. Steinberg, *Sabers and Brown Shirts: The German Students' Path to National-Socialism* (Chicago, 1973), 225-232，其中的“文献评论”部分可以作为一个指南。本章最后“精选文献”中所列出的最重要的书刊，也可以作为接下来分析的参考。

[274] 参见：Jarausch, *Students Imperial Germany*, 131-132。

[275] 外交官鲁道夫·弗拉恩（Rudolf Frahn）提供了如下证据：1920 年，他还是柏林大学的学生，他上的一些课竟然有 1000 到 1500 名学生去听课。Steinberg, *Sabers*（注释 273），24.

[276] 有关打工学生的生活情况，参见 Jarausch, *Students Imperial Germany*, 144; See Steinberg, *Sabers*（注释 273），35-36。1920 年，有 10%的学生属于“das Werkstudententum”，到 1922 年几乎所有学生都属于这一类；在 1923 年，有 53%的学生在打工，在假期，大约 90%的学生都在打工。

[277] W. Zorn, 'Student Politics in the Weimar Republic', *Journal of Contemporary History*, 5 (1970), 298; A. Leisen, 'Die Ausbreitung des völkischen Gedankens in der Studentenschaft der Weimarer Republik' (Diss. Heidelberg, 1964), 41-42; Burg, *Encyclopedia*（注释 21），61-62.

限于获得“代表权”，它们还号召学生为德意志民族服务。[278] 德意志学生会采取“全德意志”（Alldeutsche）的立场，不仅希望能代表魏玛共和国 346
的学生，还想代表所有讲德语的人——包括那些在其他国家的人。

在这一时期一开始，有关德意志民族应该走上哪条政治道路的分歧就已经存在。1918 年，一小部分学生，尤其是慕尼黑的学生，选择了左派道路，他们团结在和平主义者、退役士兵学生恩斯特·特伊勒（Ernst Toller，1893—1939）周围，后者支持 1919 年 4 月的革命，这次革命在巴伐利亚建立起了苏维埃共和国。而在另一方面，大多数学生选择了右翼民族主义道路，认为德国当时的困境就是由犹太人和赤色分子造成的，[279] 相信德国在凡尔赛是“遭人暗算”才蒙受“耻辱”的。[280] “大学志愿军”连同右翼学生，[281] 镇压了巴伐利亚革命，随后上台的右翼巴伐利亚政府继续让学生留在议会中，直到 1923 年。[282]

1920 年 3 月，很多柏林学生对卡普暴动（Kapp Putsch）表示支持，这次暴动试图通过发动一场政变来推翻共和国、复辟帝制。[283] 但在左翼针对于此在图林吉亚（Thuringia）和鲁尔（Ruhrgebiet）发动革命起义时，很多具有民族主义反左翼习惯性思维的学生，却对政府和军队在镇压起义时的指挥问题出谋划策。[284] 1920 年 3 月 25 日，马尔堡的学生在巴德塔尔（Bad Thal）枪杀了 14 名被捕的工人，因此，普鲁士政府禁止学生再进行

---

[278] A. Faust, *Der Nationalsozialistische Studentenbund. Studenten und Nationalsozialismus in der Weimarer Republik* (Düsseldorf, 1973), 19.

[279] 1919 年 5 月，一名柏林 Roethe 大学的德国文学教授宣称，“Nur einem von Juden und Sozialisten verhetzten Volke konnte eine derartige Katastrophe zustossen”。See Klose, *Freiheit* (注释 17), 213.

[280] Faust, *Studentenbund* (注释 278), 20-21.

[281] Burg, *Encyclopedia* (注释 21), 195; Klose, *Freiheit* (注释 17), 211-213.

[282] Steinberg, *Sabers* (注释 273), 50.

[283] *Ibid.*, 49-50; Burg, *Encyclopedia* (注释 21), 113. 布尔格（Burg）认为，有 5 万名学生参加了“卡普暴动”，这个数字似乎有点不实。

[284] Klose, *Freiheit* (注释 17), 213.

任何武力行动，但是这些武装组织仍非法地存在。许多学生加入激进的反犹太人组织“保卫和防御联盟”（*Schutz-und Trutzbund*），该组织大约有 *20* 万名成员后因其恐怖行为而遭到政府查禁。“很多开展准军事活动的退役士兵学生，已经形成了一种军国主义的心理倾向。”[285]

比这种准军国主义心理倾向更为重要的是意识形态的转向，意识形态已经转变为一种自称为种族的右翼民族主义。[286] 这一术语指的是一整套以
347 种族和血统为德意志民族认同基础的思想，并且与反犹太人主义密不可分。种族思潮梦想发动一场革命，真正使全体民众（*Volksgemeinschaft*）成为民族的载体，它还指责德意志帝国造成了德意志民族的挫败，想要在德国建立第三帝国——这一名称源自 1923 年出版的由亚瑟·默勒·范·德尔·布鲁克（Arthur Moeller van der Bruck）（1876—1925）所著的同名书。[287] 这一帝国高高在上，它是由一个民族建立的民族国家，将会是一个真正的种族国家（*völkische Staat*），将用元首制（*Führerprinzip*）来取代议会进行统治。

1919 年 6 月，退役军人学生在柏林成立了德意志高校学生团（*Hochschulring Deutscher Art*，即后来的 *Deutscher Hochschulring*），大多数一战前的学生组织都加入该组织，正是它推动了种族的民族主义运动。[288] 作为一场“运动”，种族的民族主义运动迅速在全德国范围传播开来，但它含糊不清的纲领却引起了内部三个政治派别之间的斗争：时间大约在 1922 年，其中一派可以称为青年保守主义者派，他们是旗帜鲜明的种族派，其势力在柏林最强；一派是保守主义者派，他们是由旧式的学生联合会发展起来的，在很多地区都是由当地学生社团领导；一派是以巴伐利亚

---

[285] Steinberg, *Sabers*（注释 273），50-51.

[286] 学生们赋予了这个概念更多的内涵，参见：Leisen，‘Ausbreitung’（注释 277），Ⅱ：‘Völkisches Gedankengut’，193-256。

[287] J. Schwarz, *Studenten in der Weimarer Republik. Die deutsche Studentenschaft in der Zeit von 1918 bis 1923 und ihre Stellung zur Politik*（Berlin，1971），379.

[288] Zorn，‘Politics’（注释 277），299；Leisen，‘Ausbreitung’（注释 277），57；Schwarz，*Studenten*（注释 287），168-174；Burg，*Encyclopedia*（注释 21），96.

为中心的准军国主义、极端种族派，他们保持了“学生志愿军”的传统，民族社会主义者也在其中发挥了一些作用。第三种派别倾向为《德意志大学之声》（*Deutsche Akademische Stimmen*）这本期刊定下了基调。[289]

每年一次的“德国学生日”（*Deutsche Studententag*）成为最重要的论坛，高校学生团和其他学生组织在讨论中试图将学生运动引向特定的方向。1919 年在符腾堡举行的第一次会议中，学生们对谁能算是德意志学生会成员进行了热烈的讨论。他们一致同意，那些在外国的不讲德语的学生不能算是，但讨论集中在这个问题上——应奥地利学生要求——即犹太人是否也应该被排除在外。意见不同的自由共和主义者和种族派民族主义者于 1920 年在哥廷根达成一个妥协，但从 1921 年起，这一问题又引发了在德意志学生会中争夺支配权的斗争，种族派民族主义者最终在 1924 年
获得了支配权。[290] 波兰和捷克斯洛伐克的全国性大型组织，都不承认德意 348
志学生会拥有跨越魏玛共和国疆域的权利，在一些“国际学生联盟”中这一话题也引起了激烈的讨论。[291]

随着第一批完全在一战后成长的学生领袖的出现，种族思潮为这一时期定下了基调，高校学生团在 1924 年德意志学生会的夏季选举中大获全

---

[289] Steinberg, *Sabers*（注释 273），49-60.

[290] Jarausch, *Students Imperial Germany*, 145-146. 在学生运动期间，有关日益增多的观念差异的研究，参见：Schwarz, *Studenten*（注释 287），223-276；Leisen, ‘Ausbreitung’（注释 277），38-65。

[291] Batowski, ‘Die Studentenvereine für internationale Freundschaft nach dem Ersten Weltkrieg am Beispiel Polens und der Tschechoslowakei’, 见 Plaschka and Mack(eds.), *Wegenetz II*（注释 29），55. 大约在 1929 年，一个新的——更民主的——（*Deutsche Studentenverein*）大型组织成立了，因此，捷克和波兰的学生与德国学生达成了妥协；然而，该组织在德国学生团体中却处于边缘地位，1933 年就解散了。

胜就足以说明这点。[292] 大约在这个时候，由鲁道夫·赫斯（Rudolf Hess，1894—1987）在慕尼黑成立了第一个民族社会党的学生组织，在此期间，希特勒作为当地冲锋队（SA 团）的一名成员参加了 1923 年 11 月 8 日到 9 日的暴动。[293] 这次暴动之后，同情希特勒的学生开始发动一些反犹太人和反天主教的动乱，他们在与警察的冲突中发生了一些伤亡。从 20 世纪 20 年代中期开始，德国进入到一个所谓的高校学生团革命时期，在此期间，“魏玛政府”逐渐被视为德意志民族的敌人。

1925 年，汉诺威理工学院的一位名为希奥多·莱辛（Theodor Lessing）的犹太讲师，发表了一篇批评共和国总统候选人陆军元帅冯·兴登堡（Field Marshal von Hindenburg）的文章，为此学生要求解聘他，此事还引发了学生对魏玛共和国的批评，成为学生运动与政府之间角力的预演。普鲁士教育部部长卡尔·海因里希·贝克尔（Carl Heinrich Becker，1876—1933）不同意学生的要求，为了表示抗议，汉诺威理工学院的 1500 名学生中有 1200 名学生离开该校，到附近的不伦瑞克理工学院继续读书。[294] 贝克尔部长与右翼学生的第二次冲突开始于 1926 年，因为他试图

---

[292] 参见各个个案研究，包括对第一个“棕色”大学——爱尔兰根大学的研究：M. Franze, *Die Erlanger Studentenschaft, 1918-1945*（Wurzburg, 1972）；W. Kreutzberger, *Studenten und Politik1918-1933。Der Fall Freiburg im Breisgau*（Göttingen, 1972）；G. Mergner, ‘La mobilisation national-socialiste parmi les étudiants allemands’, *Le mouvement social* 120（1982），109-121.

[293] D. Heither and M. Lemling, ‘Die studentischen Verbindungen in der Weimarer Republik und ihr Verhältnis zum Faschismus’, in Elm, Heither and Schäfer(eds.), *Füxe*（注释 61），99-110.

[294] M. H. Kater, *Studentenschaft und Rechtsradikalismus in Deutschland. 1918-1933. Eine sozialgeschichtliche Studie zur Bildungskrise in der Weimarer Repubilk*（Hamburg, 1976），159-162. 反对莱辛的运动是第一场由右翼学生发起的一系列反对民主主义教授——通常还包括犹太的教授——的运动，遭到反对的教授有 E. 科恩（E. Cohn，布雷斯劳）、E. J. 贡贝尔（E. J. Gumbel，海德堡）、G. 克塞勒（G. Kessler，莱比锡）、B. E. 毛伦布雷歇尔（B. E. Maurenbrecher）和 H. 纳维雅斯基（H. Nawiasky）（两人都在慕尼黑）。有关反犹太人运动中犹太教授和学生的情况，参见：Kater, *Studentenschaft*, 154-162；Jarausch, *Students Imperial Germany*, 146-150；Hither and Lemling, ‘Verbindungen’（注释 293），115-119。

让学生组织向所有德国公民开放，包括犹太人。到 1927 年底，贝克尔部 349
长同意让学生投票决定是否通过上述法律草案。这次公民投票的结果却显示了普鲁士政府民主化政策的挫败，在总共 12315 名学生中，有 77%的人投票反对通过立法给予所有公民平等的权利。[295] 此次右翼学生的“胜利”，使学生中少数派的组织——民主主义的、共和主义的、犹太人的或社会主义倾向的组织——更加孤立了。[296]

1928 年 10 月，高校学生团开始进行军训，该组织从 1929 年起与钢盔党（*Stahlhelm*）一起开始举行“战争运动”露营。但在接下来的几年中，高校学生团的声望逐渐被国家社会主义德意志学生联盟（*Nationalsozialistische Deutsche Studentenbund*，*NSDStB*）取代。后者成立于 1926 年，1928 年时由巴尔杜尔·冯·席拉赫（Baldur von Schirach，1907—1974）领导，该组织的成员都穿着统一的制服——棕色的衬衣、十字记号的袖章和靴子。[297] 国家社会主义德意志学生联盟反对所谓的“犹太人向大学的渗入”，提倡限制犹太学生的人数，以及在适当时候限制任用犹太人担任大学工作人员和教授。[298] 国家社会主义德意志学生联盟的发展非常顺利，在 1931 年于格拉茨举行的全国学生日中，它掌握了对德意志学生会的控制权。[299] 在纳粹的领导下，德意志学生会 1933 年 4 月 12 日发表了其《反非德意志精神的十二条论纲》，犹太人和自由主义者的出版物因此便成为焚书仪式上焚烧的对象。随着希特勒的上台，这些焚书活动在全德国范围内

---

[295] 每所大学的数据，参见：Steinberg，*Sabers*（注释 273），69，基于 1927 年统计的数据以及 Leisen，‘Ausbreitung’（注释 277），146。

[296] A. Götz von Olenhusen，‘Die “nichtarischen” Studenten an den Deutschen Hochschulen. Zur nationalsozialistischen Rassenpolitik. 1933-1945’，*Vierteljahresheft für Zeitgeschichte*，14（1966），175-206.

[297] Heither and Lemling，‘Verbindungen’（注释 293），在第 120—121 页对此有所描述；也参见 Mergner，‘Mobilisation’（注释 292），作者研究了爱尔兰根两个基督教学生组织（Uttenruthia 和 Bubenruthia），并引用了很多材料来支持这种陈述。

[298] Hammerstein，*Antisemitismus*（注释 186），86-87，95-96.

[299] Burg，*Encyclopedia*（注释 21），62. Heither and Lemling，‘Verbindungen’（注释 293），121-133.

进行，从1933的年4月26日一直持续到5月10日。[300] 随后建立的“帝国学生领导”（*Reichsstudentenführung*）将有组织的学生整合到“*NS-Staat*”中，该组织由古斯塔夫·阿道夫·谢尔（Gustav Adolf Scheel）领导，他同时还控制了德意志学生会和国家社会主义德意志学生联盟。[301]

1935年和1936年，旧式的学生联合会逐渐解体，它们都被吸收到国家社会主义德意志学生联盟中，到1938年，所有宗教性的学生组织都被
350 解散了。[302] 在国家社会主义党执政的时期，学生们肩负起各种责任（“工作”“防务”“为同伴服务”）。他们还必须参加体力训练（击剑）。他们组成一个个的团队，重复地训练，因此大学校长向政府抱怨说留给学生们学习的时间太少了。[303] 在第三帝国的统治下，学术界就像帝国的其他机构一样，从来没有爆发过抗议，也没有发表过异议。帝国甚至在1933年就中止了学术自由的权利。

1918年11月奥匈帝国解体，讲德语的部分变成了新的奥地利。奥地利共有三所重要的大学：维也纳大学、格拉茨大学和因斯布鲁克大学，这些大学中的学生团体从19世纪以来就形成了独特的德意志民族主义和反犹太人主义情结。[304] 20世纪20年代，他们非常欢迎魏玛共和国的学生来奥地利度暑假，在当时他们还把格拉茨大学称为“奥地利的海德堡”。到1933年，由于奥地利当局加强了管理和限制，这种德国学生的流入才突

[300] H.-W. Strätz, ‘Die studentische “Aktion wider den undeutschen Geist” im Frühjahr 1933’, *Vierteljahrsheft für Zeitgeschichte*, 16(1968), 347-372.

[301] Burg, *Encyclopedia*（注释21）, 62.

[302] *Ibid.*, 203.

[303] Klose, *Freiheit*（注释17）, 241-242. W. Benz, ‘Vom freiwilligen Arbeitsdienst zur Arbeitsdienstpflicht’, *Vierteljahresheft für Zeitgeschichte*, 16(1968), 317-346.

[304] 1929年，维也纳大学有11 337名学生，格拉茨大学有2421名学生，因斯布鲁克大学有1915名学生，感谢韦尔特·霍夫勒谢纳（Walter Höflechner）提供的这些数据。参见：W. Höflechner, *Die Baumeister des künftigen Glücks. Fragment einer Geschichte des Hochschulwesens in Österreich vom Ausgang des 19. Jahrhunderts bis in das Jahr 1938*（Graz, 1989）。

然结束。[305]

讲德语的奥地利学生远远比德国学生更厌恶“犹太人国际”（Jewish International）的影响。[306] 同时，他们还特别厌恶那些来自俄国和波兰的非德语学生，这些学生被新闻界描述为“布尔什维克”。[307] 20 世纪 20 年代，天主教学生组织和德意志民族主义学生组织之间的意识形态差异稍有缩小，两种组织都具有反对犹太人主义和反马克思主义的思想，但是当德意志民族主义组织的主导思想——国家社会主义——遭到天主教学生组织排斥时，两者之间的意识形态差异又被再次拉大了。[308]

到 1930 年前后，格拉茨大学近 2000 名学生中就有约 550—700 名学生积极参与政治活动：约 300 到 400 名学生参加了某个德意志民族主义种族组织，约 200 名学生参加了天主教学生组织，只有 25 到 50 个人加入了 351
左翼团体。约 40 名犹太学生——一些人属于左翼，一些人属于正统派——逐渐转变为犹太复国主义的成员，他们在奥地利各地成立了自卫组织。纳粹学生组织早在 1919 年就在维也纳成立了，1923 年在格拉茨成立，1929 年在因斯布鲁克成立。从 1931 年起，它们迅速得到了学生们的支持。1931—1932 年，它们在维也纳得到了 37％的选票，在理工学院中，它们赢得 49.5％的选票。1930 年，格拉茨的理工学院成为讲德语区域中第一所由纳粹分子赢得全体学生支持的学校。[309]

---

[305] M. Gehler, ‘Korporationsstudenten und Nationalsozialismus in Österreich. Eine quantifizierende Untersuchung’, *Geschichte und Gesellschaft*, 20(1994), 28.

[306] M. Gehler, ‘Vom Rassenwahn zum Judenmord am Beispiel des studentischen Antisemitismus an der Universität Innsbruck von den Anfängen bis ins “Anschluss”-Jahr 1938’, *Zeitgeschichte*, 16(1989), 263-288, 引自 Gehler, ‘Korporationsstudenten’(注释 305), 9.

[307] 有关格拉茨大学外国学生组织的情况，参见：W. Höflechner, ‘Ausländische Studierende an der Universität Graz. 1918-1938’, 见 Plaschka and Mack(eds.), *Wegenetz II*(注释 29), 269-289。

[308] M. Gehler, *Studenten und Politik. Der Kampf um die Vorherrschaft an der Universität Innsbruck*. 1918-1938(Innsbruck, 1990). See Gehler, ‘Korporationsstudenten’(注释 305), 1-28.

[309] D. Binder, ‘Der Weg der Studentenschaft in den Nationalsozialismus’, in C. Brünner and H. Konrad(eds.), *Die Universität und 1938*(Vienna and Cologne, 1989), 75-77, 82-86.

从 1932—1933 年起，种族民族主义和国家社会主义学生组织与天主教学生组织之间的关系更加紧张起来。[310] 后者明确排斥纳粹主义，尽管它们也反对马克思主义。而纳粹学生这一方则与一战前的民族主义运动“来自罗马的自由”（Freedom from Rome）联系起来。1938 年 3 月德国吞并奥地利后彻底接管了大学。他们把格拉茨大学改名为阿道夫·希特勒大学，发动了一场旨在“清除”犹太学生和政治反对派学生组织的运动。在格拉茨城，55.6%的大学生支持国家社会主义德意志学生联盟，而格拉茨理工学院大学生的支持率则高达 70.3%。[311]

法西斯主义的魔力（1919—1939）

随着奥匈帝国的解体，中欧开始出现一系列新的民族国家，这些国家中的学生们感到自己肩负着民族复兴运动的责任。重新建立的波兰同样如此。[312] 早在战争真正结束之前，克拉科的学生就开始组织学生军团。后来，数百名学生参加了三次西里西亚起义，他们希望为波兰夺回整个西里西亚。在大型学生组织“波兰青年学生全国联合会”（*Związek Narodowy Polskiej Mlodzieży Akademickiej*，ZNPMA）中，占支配地位的是民族主义和反犹太人主义[313]的学生组织“泛波兰青年会”（*Mlodzież Wsechpolska*）。天主教学生团体“复活”（*Odrodzenie*），于 1918 年重建，
352 该组织成立之初是支持“波兰青年学生全国联合会”的，而到 1923 年它们之间却发生了冲突，因为天主教学生认为天主教教义高于民族主义。以维尔纽斯为中心的更年轻的一代学生，1929 年时选择支持雅克·马利坦

[310] *Ibid.*, 79-86, 88-89.

[311] *Ibid.*, 93.

[312] Révész, *Jugendbewegungem*（注释 12），64-65.

[313] 波兰的犹太人占其总人口数的 9%—10%，20 世纪 20 年代初，重要的大学中犹太学生的比例为 1/4 到 1/3（克拉科大学中的比例为 24%，利沃夫大学为 31%，维尔纽斯为 33%，华沙大学为 23%）。A. Pilch, *Studencki ruch polityczny w Polsce w latach 1932-1939*（*The political student movement in Poland 1932-1939*）（Cracow, 1972），144-171.

(*Jacques Maritain*，1882—1973)的基督教人格主义，[314] 希望所有学生能抛弃统合性民族主义，形成一个共同阵线。但是，1932年的（天主教）社会周（*Social Week*）中，已有的天主教组织阻止了这种进步趋势的发展，由此导致了天主教学生组织的分裂。

然而，1927年成立的人民党的“波兰民主青年联合会”则走了一条中间路线，该组织的成员都是年轻人，毕苏茨基元帅（*Pilsudski*，1867—1935）——从1926年起成为波兰的一位铁腕人物——希望帮助这些年轻人实现“萨纳齐亚”(*Sanacja*)。“萨纳齐亚”是一项旨在重振道德、整肃政治和团结社会的专制主义计划。但在20世纪30年代初，“萨纳齐亚”支持的却是当时正在兴起的更激进的学生组织——“为人民工作的青年学生联合会军团”（Legion of the Young Academic Association of Working for the People)，该组织倡导一种保守的社会改革。“萨纳齐亚”制度1933年解散了其他所有全国性学生组织，因此“泛波兰青年会”“复活”，以及小规模的社会主义和共产主义学生组织都无一幸免。

在左翼阵营中，一些成员努力组建一条人民阵线来反击法西斯主义，他们主要是克拉科和华沙的共产党员。1935—1936年冬季，人民阵线组织罢课，以抗议高等教育费用的增加，但是这些罢课遭到右翼和传统学生组织的破坏，他们组织了一帮暴徒，专门骚扰犹太教授和左翼教授的课堂，还残酷对待犹太学生和左翼学生。此外，在1937年和1938年，波兰警察和政府也将矛头对准了左翼人士。[315]

布拉格成为“捷克斯洛伐克”大型学生组织活动的中心，布尔诺

---

[314] 有关马利坦的情况见：第十章，第403页。1934年，马利坦访问波兰，并参加了在波兹南（Poznań）举行的国际托马斯主义会议。他的思想主要通过一本名为《圣像牌》(*Pax*)（维尔纽斯）的月刊在波兰传播开来的，而从20世纪30年代末起则是名为*Verbum*（华沙）的季刊来传播。二战前，他的作品有四部被翻译为波兰文。J. Babiuch-Luxmoore,'Her personalisme en de oppositie in Polen'，见L. Bouckaert and G. Bouckaert,*Metafysiek en Engagement. Een personalistische visie op gemeenschap en economie*(Louvain,1992),25.

[315] Wankel,*Organizations*（注释125),8.

(Brno，Brünn) 也有一个斯洛伐克学生组织的支部，另外，布拉迪斯拉发(普雷斯堡) 还有一个纯粹的斯拉夫大型学生组织。[316] 布拉格还有一所俄
353 国大学，其经费部分是由捷克斯洛伐克政府和一所乌克兰大学及其相应的俄国移民学生组织提供的。[317] 上述两个组织关系紧张，但它们都向“国际学生联盟”派出自己的代表。当时的那些冲突，尤其是与讲德语学生之间的冲突，除了因为捷克官方对外国人怀有敌意外，还因为讲德语的学生在两次大战之间持激进的德意志民族主义立场。1920 年，当局通过了一项法案，规定查尔斯大学 (Charles University) 的校徽必须变更为捷克大学的校徽。但这一法案并没有得到执行。到 1934 年，捷克学生要求执行该法案，由此引发了民族主义者的暴力示威。骚乱持续了三天。捷克的法西斯分子竭尽全力想要掌控学生运动，但他们的阴谋没有得逞。另一方面，讲德语的学生公开支持国家社会主义。他们成立了著名的民众运动 (*Volkssport*) 团体，主要开展反捷克和反犹太人的活动，他们中被政府逮捕的领袖则成为所谓的“殉道者”，继续吸引着学生们的支持。[318]

1939 年 3 月，德国占领波希米亚和摩拉维亚，这激起很多捷克学生的反抗精神，由此爆发的最为重要的系列活动便是 1939 年 10 月 28 日到 11 月 15 日的多次大型示威，不过它们都被镇压了。示威中发生了很多惨案，许多示威者被逮捕，所有捷克大学和技术学院都被关闭。在被逮捕的学生中，有 1200 名才 20 岁，还有更多学生被送到集中营。这正符合了纳粹想

---

[316] ‘Ústředni svaz československého studentstva’(ÚSĆS:Central Association of the Czechoslovakian Student Body,捷克斯洛伐克学生团体中央联合会),‘Sväz československého studentstva’(Association of Czechoslovakian Students,捷克斯洛伐克学生联合会),‘Sväz slocenského studentstva’(Association of Slovakian Students,斯洛伐克学生联合会).

[317] ‘Obedinenie russkich emigrantskich studentčeskich organizacji’(Association of Student Organizations of Russian Emigrants,俄侨学生组织联合会);‘Central’nyj emigrantskij sojuz ukraïns’kych studentiv’(Central Association of Ukrainian Students in Emigration,乌克兰侨民中央联合会).

[318] J. Havranek,‘Fascism in Czechoslovakia’,见 P. F. Sugar(ed.),*Native Fascism in the Successor States*(Santa Barbara,1971),47-55.

要灭绝捷克民族的计划，灭绝的手段要么是同化，要么——对于知识分子——是驱逐或消灭。[319] 斯洛伐克的情况则有所不同，约瑟夫·季索（Jozef Tiso，1887—1947）在那里建立起依附纳粹德国的傀儡政权。

一战结束后，罗马尼亚的疆域扩大了，因此人口总数也翻了一番，少数民族的人数亦有所增加。在这一背景下，那些属于“1922 年一代人”的学生，在法学院学生科内利乌·科德雷亚努（Corneliu Codreanu，1899—1938）的领导下，发起了一场抗议运动，指责大学中人满为患，认为那些“外国人”，尤其是犹太人理所当然的是“来自布尔什维克的威胁”。排犹运动并没有立即获得成功，那些学生便策划了一起阴谋，企图暗杀自由主义的政治家和犹太银行家。阴谋策划者 1923 年被逮捕并送交审判，但他们把这次审判变成了一场对当下秩序的控诉。1924 年，科德雷亚努谋杀了一名警官，但由于受到学生街头暴乱的压力，当局对他的审判一拖再拖，陪审团最终竟宣判无罪，陪审团的所有成员都在他们的衣领上佩戴了纳粹的十字领章。1927 年，他组建了“米迦勒大天使军团”（Legion of the Archangel Michael），即后来著名的“铁卫队”（Iron Guard）。“1922 年一代人”的学生领袖们转变为“罗马尼亚法西斯运动”的领导者，该组织成为在意大利和德国以外的最大的法西斯组织。[320] 354

在西班牙，米格尔·普里莫·德·德里维拉将军（General Miguel Primo de Rivera）于 1922 年建立起独裁政权。他废除了授予大学自治权利的法令，并且——虽不太成功——强迫学生加入他的联合政党“*Juventudes Patrióticas*”。从 1926 年起，学生组织开始更明确地反对独裁政权。1927 年，他们加入在马德里的“大学生联盟”（*Federación universitaria*

---

[319] J. F. Zacek，‘Nationalism in Czechoslovakia’，见 P. F. Sugar and J. Lederer，*Nationalism in Eastern Europe*（Seattle and London，1969），166-207；“纳粹通过一种恐怖程序挑选出捷克的知识精英和中产阶级，约 20 万人被送到集中营，据报告在捷克被占领期间有 25 万人死亡”。*Ibid.*，196-197.

[320] I. Livezeanu，‘Fascistes and Conservatives in Romania：Two Generations of Nationalists’，见 M. Blinkhorn（ed.），*Fascists and Conservatives：The Radical Right and the Establishment in Twentieth-century Europe*（London，1990），218-239.

escolar，*FUE*），该组织的领导人是安东尼奥·玛丽亚·斯贝特（Antonio Maria Sbert，1901—1980）。“大学生联盟”并没有获得官方正式认可，但却得到一位教授以及作家何塞·奥尔特加-加塞特（José Ortega y Gasset，1883—1955）的支持，后者 1930 年将其作品《大学的使命》（*Misión de la universidad*）献给该组织。不过，“大学生联盟”遭到来自“天主教学生联盟”（*Confederación de estudiantes católicos*）的反对，后者得到政府的支持，因为政府出于自身考虑而支持天主教大学。这些大学包括德乌斯比大学（Deusto）、纳瓦拉大学（Navarra）和埃斯科里亚尔大学（El Escorial）。

1928 年，西班牙政府授权这些天主教大学授予学位。这一举措激起了一场抗议运动，“天主教学生联盟”对此给予支持，但抗议运动遭到镇压，随后斯贝特也于 1930 年被流放到马略卡岛（Mallorca）。[321] 他的流放引起了学生们进一步的抗议。他们朝普里莫·德·德里维拉的房屋扔石头。马德里大学被关闭。1930 年 12 月 22 日，学生们发动了一场罢课，导致独裁者的垮台，此后，斯贝特胜利归来。“天主教学生联盟”此时被宣布为合法组织，在共和国的前几年中，它变得更有影响力。它反对旧式的课程，支持学术自由和大学的自由化。

1931—1932 年，左翼学生组织倡导一种真正的“依靠人民的精神”，
355 提出建立平民高中；他们组织教育活动，到全国去巡游，搭起受到公众欢迎的剧场（*La Barraca*），表演木偶剧，建成了一座“人民电影院”。

1936 年，西班牙内战爆发，许多学生都投入了战争，他们参加各种阵线、组织，既有左翼的也有右翼的。相当多的学生战死了。弗朗西斯科·佛朗哥（Francisco Franco，1892—1975）建立的独裁政权，对民主主义和左翼学生运动采取镇压政策。“大学生联盟”被解散，反对活动只能秘密进行。学生圈子中占支配地位的是长枪党的“西班牙学生联盟”（Spanish Student Union），该组织完全受政府的控制。

---

[321] Feuer, *Conflict*（注释 42），294-295.

意大利元首本尼托·墨索里尼（Benito Mussolini，1883—1945）则喜欢摆出一副新一代代言人的姿态，将“年轻”的意大利法西斯政权与老态龙钟的“旧欧洲”进行对比。法西斯青年运动（*Opera Nazionale Balilla*）的最高层组织是“法西斯大学联盟”（*Gruppo Universitaro Fascista*，*GUF*），它面向 26 岁及不满 26 岁的学生招纳成员。1935 年，它的成员人数为 68 659 人。除了培养成员的法西斯主义信念外，它还组织运动会、娱乐活动和准军事训练，其中就包括在现役军官的领导下接受为期一周的强制性准军事操练。对大学生来说，“法西斯大学联盟”主要的吸引力在于，它负责为学生提供住宿、医疗服务和助学金。[322] 从 1932 年起，“法西斯大学联盟”每年都组织 *Littoriali della Cultura e dell'Arte*。这是一种演讲辩论会，一种在官方意识形态的框架中，就社会和法西斯思想展开辩论的讨论会。任何人只要能基于科学而对现代日常生活提出实践性的建议，就会得到国家奖金。*Littoriali* 是法西斯意大利中最自由的讨论讲坛，可以对政府各方面展开批判。学生们对以下争论很感兴趣：作为“社会革命”的法西斯主义，以及如何实行社团主义这种新的社会制度。“法西斯大学联盟”还主办了一些校际之间的体育运动方面的 *Littoriali*。

尽管意大利不存在独立的学生运动，但是还有些可供学生讨论的余地，就连“法西斯大学联盟”也面对来自天主教学生组织的竞争，这些组织加入了得到梵蒂冈支持的“意大利天主教大学联盟”（*Federazione Universitaria Cattolica Italiana*，*FUCI*），它们有鲜明的反法西斯倾向。1931 年，政府想要取缔“*Azione Cattolica*”和“意大利天主教大学联盟”，于是“意大利天主教大学联盟”与“法西斯大学联盟”之间的关系日益紧张起来，不过在墨索里尼和庇护十一世达成妥协后，这种紧张气氛 356

[322] M. Ostenc, *L' Education en Italie pendant le fascisme* (Paris, 1980). M. Ostenc, 'Les étudiants fascistes italiens des années 1930', *Le Mouvement Social* (July-September 1982), 95-106; R. J. Wolff, 'Fascisizing Italian Youth: The Limits of Mussolini's Educational System', *History of Education*, 13(1984), 287-298; M. A. Ledeen, 'Italian Fascism and Youth', *Journal of Contemporary History*, 4(1969), 137-154.

又有所缓和。到 20 世纪 30 年代末，一大批学生逐渐对意大利与纳粹德国建立友好关系及当局激进的立法越来越不满。

无国界的学生运动（1919—1939）

一战后，人们对于国际形势有了新的理解。1919 年，响应法国学生的号召，来自 17 个国家的学生代表举行了第一次国际学生会议，此次会议决定创立一个永久性的国际组织，作为各国学生组织的总部机构。最初的名称定为“学生同盟会议”（*Réunion des Etudiants Alliés*），它起初并没有邀请欧洲主要强国的学生组织参加，这也是值得一提的。[323] 英国学生在荷兰学生的支持下，对这种排斥提出反对。1924 年，他们成功地争取到主要强国的学生组织对该组织的承认，并将其改名为“国际学生联盟”。

“国际学生联盟”增进了各国学生之间和国际性的学生设施之间的交流，也促进了有关高等教育和学生生活研究的交流。设在布鲁塞尔的总部，为加盟的学生组织提供各种服务，例如，提供旅游协助和就业信息、主办“国际大学生运动会”等。[324] “国际学生联盟”最切实的成果就是创办了一个“大学书籍中心”，为学生们提供价钱便宜的书籍，并且援助中欧和东欧的贫困学生。[325] 1937 年，国际联盟——此前曾组织了“世界青年会议”——正式承认“国际学生联盟”为世界范围内的学生代表组织。1940 年 5 月，德军侵略比利时，“国际学生联盟”暂时中止工作。

尽管严格遵守一种非政治化的立场，但“国际学生联盟”仍摆脱不了政治纷争的影响。首先是因为对战败国的憎恶，其次而且最重要的是因为

---

[323] Altbach，‘International Student Movement’（注释 225），156-174；Burg，*Encyclopedia*（注释 21），55. 1919 年，只有法国、卢森堡、西班牙、波兰、捷克斯洛伐克和罗马尼亚的代表商议成立一个各国学生的总部组织，这些国家也成为该联盟的成员国。它们因此成为常任成员国。而当时的其他西方国家则成为自由成员国。不过，常任成员国的数目也逐渐增多了。

[324] Frank and Wiardi Beckman，*Geschiedenis*（注释 47），217-218.

[325] Droeve，‘Studentenraad’（注释 259），115-132，esp. 119.

它的一条原则：该组织只接受各国中的一个全国性大型组织，因此它很容易激起民族主义者的敌意。在捷克斯洛伐克，德意志学生会采取的是种族的立场，声称代表了所有讲德语的学生，却没有得到“国际学生联盟”的承认。1929 年，当一个新的、民主主义倾向的大型组织“德意志学生联 357
合会”（*Deutscher Studentenverein*）成立后，“国际学生联盟”就与其讨论伙伴关系。[326] 1933 年希特勒上台后，德意志学生联合会被取缔，此后德国学生就再也没有与“国际学生联盟”进行合作。

比利时在“国际学生联盟”的代表权就由讲法语的学生组织“比利时学生联盟”（*Union Nationale des Étudiants Belges*，*UNEB*）独占，而佛兰德学生则成立了他们自己的组织“佛兰德高校学生联合总会”（*Algemeen Vlaams Hoogstudentenverbond*，*AVHV*），该组织曾作为荷兰和斯堪的纳维亚学生的调解组织，参加了 1920 年 9 月于布鲁塞尔召开的第二次“国际学生联盟”会议，即便如此，它在当时以及随后的时间里都没被接纳为正式会员组织。[327]

很多国家中，其他的学生组织也致力于实现跨国协作的理想。支持国联和世界和平的学生组织[328]在中欧和西欧也发展起来，并通过“国际联盟之友”（Friends of the League of Nations）这种国际性会议来保持联系。该会议——1927 年在罗马、1928 年在巴黎、1929 年在布达佩斯、1930 年在布鲁塞尔、1931 年在里加（Riga）——密切了学生领袖之间的联系，并促进了各组织之间双边关系的发展。受它的影响，旨在增进两国双边理解的组织开始出现。例如，波兰和捷克斯洛伐克就成立了像“法国之友学术圈”（Academic Circle of Friends of France）之类的组织。[329]

---

[326] 对照第 347—348 页的内容。

[327] J. Vermeulen. *Geschiedkundig overzicht van de werking van het Algemeen Vlaamsch Hoogstudentenverbond sinds zijn ontstaan 1919 tot de viering van het Ⅱ e lustrum 1929*（*Louvain*，1929）.

[328] Batowski，‘Studentenvereine’（注释 291），49-56.

[329] *Ibid.*，51-53.

具有鲜明意识形态的大型学生组织也成立起来了。天主教学生大型组织“罗马和平”（*Pax Romana*），即现在的“天主教学生国际运动”（International Movement of Catholic Students，IMCS）于 1921 年在弗里堡（Fribourg）召开了成立大会，来自 17 个国家的代表参加了这次会议，该组织还获得了梵蒂冈的正式承认。[330] 它不仅就大量天主教议题举行一些国际性学生会议，也给学生提供服务：提供直接资助，帮助学生互换等，并且在国际论坛中充当天主教学生团体的代表机构。1929 年，斯拉夫国家中的天主教学生组织在华沙设立了一个永久秘书处，定名为“斯洛文尼亚天主教组织”（*Slavica Catholica*），以示与“罗马和平”的区别。“罗马和平”于 1939 年在华盛顿召开了一次世界大会，反映出其在其他国家的扩展情况，从 1941 年起它又开始在拉丁美洲发展组织。

358 在十月革命后不久，共产国际学生和青年组织就开始活动，他们试图通过学生建立一个苏维埃，从而将国际学生论坛都掌控起来，就像此前他们利用俄国学生运动一样。[331] 1919 年 11 月召开的战后第一次国际会议上，维利·明茨贝格（Willy Münzenberg，1889—1940）没有邀请“右翼”或“中间”社会民主派，当时的组织变成了“青年共产国际”（Communist International of Youth，以俄语缩写 KIM 而闻名）。该组织 1921 年在耶拿召开了第二次会议。1921—1924 年，“青年共产国际”遵循极端左倾的路线，将社会民主或其他左翼组织都视为敌人。在 20 世纪 20 年代，苏联的大学生组织都没有加入“国际学生联盟”。

到 20 年代末，苏联带头倡议召开各种国际裁军会议，并以“中立”的名义成立“阵线组织”，以便吸引非共产党员投身到实际是由共产党领导的运动中去。[332] 1927 年成立的“反帝国主义联盟”（League against Im-

---

[330] B. Pelegri, *IMCS-IYCS: Their Option, Their Pedagogy* (Kowloon, Hong Kong, 1979), 3-10.

[331] Kotek, *Jeune Garde*（注释 242）, 20-29.

[332] G. van Maanen, *The International Student Movement. History and Background* (The Hague, 1966), 13-22.

perialism）便是这些组织其中之一，它在布鲁塞尔举行的会议上提出了一项反殖民主义的计划；[333] 另外一个是由明茨贝格发起的“反战和反法西斯主义联盟”（League against War and Fascism），该组织的成立始于1932年在阿姆斯特丹召开的世界反战大会，然而此次会议却遭到社会主义国际的抵制，[334] 从1937年起，该组织就以“和平和民主联盟”（League for Peace and Democracy）而闻名。

1933年1月希特勒上台后，反法西斯的和平运动获得了重大发展，这在同年于巴黎举行的“世界青年和平促进会”（World Youth Congress for Peace）中得到充分的体现，当时有超过10万的年轻人到会，使这次会议成为两次大战之间最大的一场青年示威活动。接下来的一次会议是1934年在布鲁塞尔召开的“世界学生反战和反法西斯会议”（World Student Congress Against War and Fascism）。[335] 同时，共产党实际上控制了“世界学生联合会”（World Student Association）、“美国青年会”（American Youth Congress）和“美国全国学生联盟”（American National Student League）。[336] 从1934年起，莫斯科采取了一种新的国际路线，旨在建立反 359
法西斯的“人民阵线”。因此，“青年共产国际”展开与其他左翼组织的合作，从而加强了它在反战运动中的领导地位。[337] 他们促成了“世界青年会议”（World Youth Congress）的召开，第一次会议于1936年在布鲁塞尔召开，两年后又在美国的瓦瑟（Vassar）召开第二次会议。这些会议影响了每个欧洲国家的左翼学生领袖，尤其是对英国——在20世纪30年代左

[333] Kotek, *Jeune Garde*（注释242），31.

[334] Burg, *Encyclopedia*（注释21），9，“在这次会议的领导人中有美国作家舍伍德·安德森（Sherwood Anderson）和法国小说家亨利·巴比塞”；“美国全国学生联盟”派出一名代表参加会议，该组织于1932年12月在芝加哥组织了一次“学生反战会议”（Student Congress Against War）。

[335] Kotek, *Jeune Garde*（注释242），52.

[336] D. Caute, *The Fellow-Travellers: A Postscript to the Enlightenment*（New York，1973），132-140.

[337] Kotek, *Jeune Garde*（注释242），50-58.

翼学生运动占主流的唯一国家——的左翼学生领袖更是如此。1937年前后，“世界学生联合会”（World Student Association/*Rassemblement mondial des Etudiants*，WSA/RME）成立，共产党的支持者詹姆斯·克卢格曼（James Klugmann，1912—1977）担任总秘书。“世界学生联合会”聚集了来自西方国家及其殖民地的学生组织，殖民地学生组织经常开展反帝国主义的活动。

1939年8月签订的苏德条约，以及随后苏联与纳粹德国在同年9月和11月对波兰和芬兰发动的侵略，沉重打击了这些“阵线”组织，致使它们人数锐减并且分裂，因此这些“阵线组织”逐个退出了各国和国际舞台。[338] 在由新秩序所支配的欧洲，一项新的国际大型学生组织——欧洲联盟（*Jung Europa*）——开始在德国的领导下发展起来，1941年时在德累斯顿（Dresden）召开了一次国际学生会议，到会的有一些二战前的全国性学生大型组织，例如，佛兰德学生的VVS。[339]

1939年9月，第二次世界大战爆发，纳粹德国政权比以前进一步加强了对学生圈子的控制，（可以说）根本没有为学生留下反对希特勒政策的空间。

精选文献

Allerbeck,K. R. *Soziologie radikaler Studentenbewegungen. Eine vergleichende Untersuchung in der Bundesrepublik Deutschland und den Vereinigten Staaten*,Munich and Vienna,1973.

Anderson,R. D. *Universities and Elites in Britain since 1800*,London,1992.

Bleuel,H. P. and Klinnnert,E. *Der deutsche Student auf dem Weg ins Dritte Reich,Ideologien-Programme-Aktionen. 1918-1935*,Gütersloh,1967.

Boren,M. E. *Student Resistance:A History of the Unruly Subject*,New

[338] Gaute,*Fellow-Travellers*（注释336）,189-199;Kotek,*Jeune Garde*（注释242）,60-82.

[339] D. Martin,*De Rijksuniversiteit Gent tijdens de bezetting 1940-1944:leven met de vijand*(Ghent,1985),91.

York, 2001.

Burg, D. F. *Encyclopedia of Student and Youth Movements*, New York, 1998. 360

Caron, J. -C. *Générations romantiques. Les étudiants de Paris et le Quartier Latin*, Paris, 1991.

Elm, L., Heither, D. and Schäfer, G. (eds.) *Füxe, Burschen, Alte Herren. Studentische Korporationen vom Wartburg bis Heute*, Cologne, 1992/1993.

Faust, A. *Der Nationalsozialistische Studentenbund. Studenten und Nationalsozialismus in der Weimarer Republik*, Düsseldorf, 1973.

Feuer, L. S. *The Conflict of Generations: The Character and Significance of Student Movements*, New York, 1969.

Gerbod, P. 'Le monde étudiant français depuis un siècle: attitudes confessionnelles, idéologiques et politiques', in *Sciences de l'Homme et de son environnement. Cahiers de Clio*, Brussels and Liège, 1980.

Gevers, L. *Bewogen Jeugd. Ontstaan en ontwikkeling van de katholieke Vlaamse studentenbeweging. 1830-1894*, Louvain, 1987.

Grüttner, M. *Studenten im Dritten Reich. Geschichte der deutschen Studentenschaft. 1933-1945*, Paderborn, 1995.

Hagendijk, R. *Het studentenleven. Opkomst en verval van de traditionele studentencultuur*, Amsterdam, 1980.

Jarausch, K. H. *Students, Society, and Politics in Imperial Germany: The Rise of Academic Illiberalism*, Princeton, 1982.

Kassow, S. D. *Students, Professors, amid the State in Tsarist Russia*, Berkeley and Los Angeles, 1989.

Kater, M. H. *Studentenschaft und Rechtsradikalismus in Deutschland. 1918-1933. Eine Sozialgeschichtliche Studie zur Bildungskrise in der Weimarerepublik*, Hamburg, 1976.

Klinge, M. *Eine nordische Universität. Die Universität Helsinki. 1640-1990*, Helsinki, 1992.

Klose, W. *Freiheit schreibt auf eure Fahnen. 800 Jahre Deutsche Studenten*, Oldenhurg and Hamburg, 1967.

Kotek, J. *La jeune Garde. La jeunesse entre KGB et CIA. 1917-1989*, Paris, 1996.

Morrissey, S. K. *Heralds of the Revolution: Russian Students and the Mytholoy of Radicalism*, Oxford, 1998.

Neuloh, O. and Rüegg W. (eds.) *Student und Hochschule im 19. Jahrhundert. Studien und Materialien*, Studien zum Wandel von Gesellschaft und Bildung im Neunzehnten Jahrhundert 12, Göttingen, 1975.

Plaschka, R. C. and Mack, K. (eds.) *Wegenetz Europäischen Geistes*, vol. Ⅰ: *Wissenschaftszentren und geistige Wechselbeziehungen zwischen Mittel-und Südosteuropa vom Ende d. 18. jh. Bis zum Ersten Weltkrieg*, Munich, 1983.

Wegenetz europäischen Geistes, vol. Ⅱ: *Universitäten und Studenten. Die Bedeutung studentischer Migrationen in Mittel-und Südosteuropa vom 18. Bis zum 20. Jahrhundert*, Vienna, 1987.

Révész, L. *Jugendbewegungen im Ostblock*, Vienna, 1985.

Sanderson, M. *The Universities in the Nineteenth Century*, London, 1975.

Schulze, F. and Ssymank, P. *Das deutsche Studententum von den ältesten Zeiten bis zur Gegenwart*, Munich, 1931

361 Schwarz, J. *Studenten in der Weimarer Republik. Die deutsche Studentenschaft in der Zeit von 1918 bis 1923 und ihre Stellung zur Politik*, Berlin, 1971.

Simon, B. 'The Student Movement in England and Wales during the 1930s', *History of Education*, 16, 3(1987), 189-203.

Skoglund, C. *Vita Mössor under Röda Fanor. Vänsterstudenter kulturradika-lism och bildningsideal i Sverige 1880-1940*, Stockholm, 1991.

Steinberg, M. S. *Sabers and Brown Shirts: The German Students' Path to*

National-Socitalism, *Chicago*, 1973.

Vos, L. 'Ideologie en idealisme, De Vlaamse studentenbeweging te Leuven in de periode tussen de twee wereldoorlogen', *Revue belge d'Histoire Contemporaine*, *Belgisch Tijdschrift voor Nieuwste Geschiedenis*, 6 (1975), 263-328.

'De Dietse studentenbeweging 1919-1940', in *Acta Colloquium over de Geschiedenis van de Belgisch-Nederlandse betrekkingen tussen 1815 en 1945*, *Brussel 10-12/12/1980* (Ghent, 1982), 451-455.

'Nationalism and Student Movements: Conceptual Framework and a Flemish Case-Study', in M. Norrback and K. Ranki(eds.), *University and Nation*: *The University and the Making of the Nation in Northern Europe in the 19th and 20th Centuries*, Helsinki, 1996, 77-87.

Wawrykowa, M. '*Für eure und unsere Freiheit.*' *Studentenschaft und junge Intelligenz in Ost-und Mitteleuropa in der ersten Hälfte des 19. Jahrhunderts*, Stuttgart, 1985.

Weisz, G. *The Emergence of Modern Universities in France*, *1863-1914*, Princeton, 1983.

363

第九章　毕业与职业

康拉德·H. 雅拉什

导言

人们在教育实践中时常违背而不是遵守这句箴言：不在于学校，而在于所学（*non scholae*，*sed vitae discimus*）。按照这种认识方式，大学史研究者已经对高等教育机构及其带来的变化进行了很多探究。但是，他们都经常忽视了这些机构的“产品”，即对文化、社会和政治而言，这些教育带来了什么结果。“毕业与职业”这一标题只是偶尔在大学史著作中出现，而且通常是借“校友史”之名。在周年出版的《纪念特刊》（*Festschriften*）上，总是长篇累牍地刊载对母校（*alma mater*）培养出的著名人物的介绍，以及对培育这些杰出人才的学校的赞誉。有关 19 世纪的一个极端例子，就是在东德咖啡店的一份菜单上印有卡尔·马克思在柏林大学读书的年份。①

在像德国这样有强大学生组织的国家，大学生联谊会的历史就反映了其中的一些内容。如果再附上校友的名单，这些业余组织便记录下了一个特定学生团体的编年史。它们所体现的怀旧之情，列出的毕业生从业名

---

① G. Steiger, R. Lange, E.-G. Schmidt and I. Taubert (eds.), *Die Promotion von Karl Marx-Jena 1843* (Berlin, 1983).

单，都成为招募那些羡慕毕业生成就的新成员的工具。[②] 在那些学术流动较少而院校忠诚更普遍的文化中，比如在英国，大学有时会编辑其著名校友的传记册。主要出于募集捐赠的目的，这些册子都以地址簿为目，它们 364
可能是研究各个毕业生毕业后角色的重要资料。如果将它们与大学录取记录结合起来，就能够比较高等教育的"输入"和"输出"，从而揭示社会等级和流动性的模式。[③] 这些资料要比高等学校毕业生的就业意向调查更为可靠，因为它们显示的是实际结果而不是预期的目标。[④] 然而，除了提供有意思的资料，这些通讯录缺乏一种理论的延伸，来使它们的结论具有一般性意义。当前有关20世纪末和21世纪初高等教育与职业的研究，对本章的研究也几乎没有帮助，因为它们都过分关注劳动力市场的控制。[⑤]

如果职业化理论与高等教育的联系更紧密，那么它就可能提供一种概念核心，因为它能系统地解释学术职业的角色。虽然没有得到大学史研究的帮助，但那些对研究学术职业的起源的社会史学者，和那些有志于研究提炼学术职业在社会中日益增长的重要性的社会科学家，就发展出了这样

② M. Dreler(ed.), *Festschrift zur Feier des fünfzigjährigen Bestehens der Verbindung Thuringia an der Universität Halle-Wittenberg* (Halle, 1910). 参见已出版的 *Corpslisten and Burschenschaftlisten* 以及 K. H. Jarausch, *Deutsche Studenten, 1800-1970*, Edition Suhrkamp, n. S. 258(Frankfurt-am-Main, 1984)。不过，兄弟会的名册对于统计有关事业的数据还不够，因为它们只包括了一小部分和非典型的学生群体。

③ P. Harrigan, *Mobility, Elites and Education in French Society of the Second Empire* (Waterloo, Ont., 1980), 32; D. K. Müller and B. Zymek(eds.), *Sozialgeschichte und Statistik des Schulsystems in den Staaten des Deutschen Reiches, 1800-1945, Datenhandbuch zur deutschen Bildungsgeschichte*, vol. Ⅱ: *Höhere und mittlere Schulen* Ⅰ (Göttingen, 1987).

④ *History of Oxford*, Ⅵ. 有关法国大学校毕业生的情况也有相当多的著作，比如 J. Weiss, *The Making of Technological Man: The Social Origins of French Engineering Education* (Cambridge, Mass., 1982)。不过，这些研究只提供了这一类高等教育机构的情况，因此更广泛的全国模式还有待探究。

⑤ U. Teichler, 'Forschung über Hochschule und Beruf', in D. Goldschmidt *et al.* (eds.), *Forschungsgegenstand Hochschule: Überblick und Trendbericht* (Frankfurt-am-Main, 1984), 193ff.

一种研究方法。[6] 在只有少数对政治感兴趣的知识分子对知识分子或知识界持激进观点的情况下，将职业作为研究的核心便可以厘清有关所有高等教育毕业生的问题。[7] 因为这种方法中的大多数概念都涉及处于第三级的培训以及通过考试来获得证书这些内容，所以它能系统地解释高深学问与随后的职业之间的关系。[8] 虽然对这种学术工作的职业化有一些讨论，但大多数开业的律师、医生以及类似职业的人，都是以某种工作为中心的从
365 业者，都远离学术界。为了使大学史的研究富有成效，有关职业的研究就必须更系统地解释培训和资格认证的问题。[9] 近期职业化理论研究的转向，即从最初以知识为基础的概念研究转变为一种揭穿职业自我中心的批判性研究，使这种研究的回归变得很困难。[10] 研究者们更多关注的是欧洲大陆的经验，因此不仅注意到政府的重要作用，而且日益重视评价与英国学徒培训体制相对立的正规教育的重要性。[11] 因此，尽管我们缺乏有关 1800 年到 1939 年欧洲大学毕业生职业的系统资料，但从一种职业化的角

---

⑥ M. Burrage and R. Thorstendahl(eds.),*The Professions in Theory and History*,2 vols. (London,1990). See vol. Ⅱ 398ff. Note 132-135(W. Frijhoff,'Graduation and Careers').

⑦ C. Charle,*Les intellectuals en Europe au XIXe siècle. Essai d'histoire comparée*(Paris, 1996);J. Kuczynski,*Die Intelligenz. Zur Soziologie und Geschichte ihrer Grossen*(Cologne,1987).

⑧ C. E. McClelland,'Zur Professionalisierung der akademischen Berufe in Deutschland', 见 *Bildungsbürgertum*,233ff.

⑨ 参见由 A. Engel,C. E. McClelland and C. E. Timberlake 所写的章节,in K. H. Jarausch, (ed.),*The Transformation of Higher Learning*, *1860-1930*:*Expansion*,*Diversification*,*Social Opening*,*and Professionalization in England*,*Germany*,*Russia and the United States*,Historisch-sozialwissenschaftliche Forschungen 13(Stuttgart,1983),293ff.;E. J. Engstrom,'The Birth of Clinical Psychiatry:Power,Knowledge and Professionalization in Germany,1867-1914' (Ph. D. diss,University of North Carolina,1997)。

⑩ T. Parsons,'Professions',in *International Encyclopedia of the Social Sciences*(New York,1968),vol. XII,536ff. vs. R. Collins,*The Credential Society*:*A Historical Sociology of Education and Stratification*(New York,1979).

⑪ M. Burrage,K. H. Jarausch and H. Siegrist,'An Actor-Oriented Framework for the Study of the Professions:Prerequisites for a Theory',in Burrage and Thorstendahl(eds.),*Professions*(note 6),203-225.

度来探讨诸如培训、组织、劳动力市场和机构传统这些学术问题，似乎对我们的研究更有用，接下来的论述只能初步勾勒出这一时期发展的框架，还需要更详细地分析各国和各种职业的情况来加以充实。[12]

知识在职业兴起中的作用

有关知识在职业兴起中的作用问题存在着一些争议。功能主义者认为专业人员就是它活生生的体现，而批评者却认为知识只能证明一个人有资格从事某种职业。这些争议一直存在，然而人们对专门知识的结构却没有展开细致的研究。德国哲学家马克斯·舍勒（Max Scheler）对宗教知识、精英知识和政治知识（*Heils-*，*Leistungs-und Herrschaftswissen*）所作的界定，对解决这个问题也并不是特别的有益。[13] 对19世纪大学和职业进行的比较研究，反映出了类型学意义的不同。

高深学问和学术职业的一个先决条件是某种全面的教养。无论被称为自由教育，还是大众教育（*Allgemeinbildung*）或者普通教育（*culture générale*），这种普遍化的文化资本既是受教育者的共同基础，又是区分受教育者与社会地位低于他们的人的界限。对于第三级教育机构和职业来 366
说，更为特别的是专业化的科学知识，包括对某个学科的动态原则的掌握。这些专业知识（*Fachwissen*）都是具有初步知识的人所特有的财产，运用它们就能提出超出外行水平的灼见，因此它们能用来证明专业特权的正当性。实践能力虽然通常在学术争论中被低估，但最后在专业工作中却是这种能力的施展。这些职业知识（*Berufswissen*）由一套来自经验的原则和行为规范所组成，成为实践的基础，通常被认为比学术专门知识还更

[12] 比较第一卷和第二卷的“毕业与职业”一章。

[13] J. Kocka, ‘Einleitung’, in *Bildungsbürgertum*, 17ff.

为重要。[14] 19世纪，课程的重点从自由教育转变为科学教育，同时实践培训也变得更加细致。

这些不同方面的知识，自然会形成专业培训中的不同安排，这一点，不足为怪。自由教育通常被安排在古典中等教育机构——如文科中学、国立中学或公学——进行，以通过某种公认的考试——如高级中学毕业考试或中学毕业会考——为结束。然而，处于中学后教育层次、授予学士学位的英国学院的文科院系中，还保留着一些中世纪传统的遗风。而真正的科学教育，在诸如大学或大学校这些第三级教育机构中，通常是在高深学问的中期或后期才集中学习的。因此，为了确认科学教育的成就，"文学硕士"或"第一级国家考试"（*Erstes Staatsexamen*）才开始出现。获得博士学位通常还算是学术事业的一部分，但大约到了19世纪末，在医学和法学领域，博士学位头衔也成了一种专业的标签。

尽管大学或理工学院开设了一些实践培训的课程，但职业的社会化过程大部分仍然是在工作中的学徒体制中完成的，通常也是在完成了学术教育后进行的。因此，这第三级的资格认证普遍都更多地受到从业者的影响，他们要么是作为自治的法人在认证机构中发挥影响，要么是对"第二级国家考试"（*zweites Staatsexamen*）负有学术的、管理的以及实践方面的复杂责任。随着各地中等学校先决知识的增加，科学学习的课程变得更为丰富，非正规的学徒制也被整合到一套正规的高等教育序列中。[15]

367 考试体系在19世纪逐步演变为培训与实践之间至关重要的联系纽带。对专门职业而言，并不是专业知识，而是它的资格证书，才能创造文化资

---

[14] P. Lundgreen, 'Wissen und Bürgertum. Skizze eines historischen Vergleichs zwischen Preußen/Deutschland, Frankreich, England und den USA, 18-20. Jahrhundert', in H. Siegrist (ed.), *Bürgerliche Berufe: Zur Sozialgeschichte der freien und akademischen Berufe im internationalen Vergleich. Acht Beiträge*, Kritische Studien zur Geschichtswissenschaft 80 (Göttingen, 1988), 106ff.

[15] K. H. Jarausch, 'Higher Education and Social Change: Some Comparative Perspectives', in Jarausch, (ed.), *Transformation* (note 9), 9ff.

本。墙上的营业招牌、名片上的头衔都是执照的象征，只有持有执照的人才能开业，同时持有执照也意味着达到了某一群体从业能力的最低标准。在一些官僚化国家，国家认可证书的重要性促成了一套真正的认证制度的出现，即德语中的“资格证”（*Berechtigungswesen*）一词。除了公众对其刻板和僵化有很多批评外，这套管理法令及其非正式的实践，通过一系列不断提高的入门要求，对从事某一层次的工作提出一定程度的要求，从而调控着培训与就业之间的关系。位于职业层级顶端的，是那些接受过高等培训、获得了执照的专业人员，由此也确保了他们对市场的垄断。[16]

在更为开放的资本主义社会中，认证机构中的从业者们自己来确保设计出的专业考试具有类似的功能。控制职业入门，诸如律师职业考试这类测试，以及医学理事会等，虽然并不能真正保证对市场的垄断，但至少表现出了强有力的竞争优势。这些考试不仅是要测试应试者的学术成绩或实践经验，而且还起着一种调节专业入门的作用。因此，它们的标准和通过率，会根据就业市场的情况而变化。[17] 尽管这种关系是复杂的，但各个专业的社会基石正是对这种抽象知识的高超运用，以及由认可的专业知识来保证的市场调控。

由于“知识就是力量”这种资产阶级信念的影响，对专业知识的控制引发了专业人员和教授之间不断的斗争，而官僚和顾客又成为这种斗争的调解者。通常而言，对初级自由教育的争议相对很少，即使那些有前途的职业，如牙医、兽医或工程师，也试图增加他们职业的必备知识，并将此作为获得其专业地位的一个重要环节。争议主要集中在科学教育的数量和

---

⑯ D. K. Müller, *Sozialstruktur und Schulsystem. Aspekte zum Strukturwandel des Schulwesens im 19. Jahrhundert*, W. Rüegg and O. Neuloh(eds.), Studien zum Wandel von Gesellschaft und Bild, 9(Göttingen, 1977).

⑰ M. Ramsey, 'The Politics of Professional Monopoly in the 19th Century Medicine: The French Model and its Rivals', in R. Geison(ed.), *Professions and the French State*(Philadelphia, 1984), 225ff. See H. Titze *et al.*, 'Prüfungsauslese und Berufszugang der Akademiker 1880-40', in P. Lösche(ed.), *Göttinger Sozialwissenschaften heute*, *Fragestellungen*, *Methoden*, *Inhalte*(Göttingen, 1990), 181-233.

种类上，因为从业者比教授更怀疑科学教育的实际价值。顾客们经常会抵制专业知识的学术化，从而催生出非专业的法官律师、民间医生以及类似群体。实习这一阶段也不时引起学术界和从业者之间的争论，前者坚持要
368 在大学中实习，而后者要求实习应该更多地放在实际工作环境中进行。[18] 19 世纪末，国家开始逐步介入合法地培养政府公务员或专业管理人员的过程，因此，学徒制的最后一个阶段又被官僚化了。虽然在需要教授的科学专业知识的数量方面，大学和职业还能达成某种程度的一致，但它们在科学教育性质及其讲授场所方面则存在利益冲突。在这些冲突过程中，一度占支配地位的顾客慢慢丧失了他们参与的活力，变成了职业服务消极的消费者。虽然接受了能力标准的提高（这的确有好处），但很多“消费者”却开始厌恶了这种“医学化”或“法律化”，因为这使他们置于专家们令人不快的怜悯之中。[19]

19 世纪知识的发展增强了职业正规培训的重要性。从古典到现代自由教育这一颇有争议的转变，也在一定程度上促进了职业正规培训的发展。不过，1800 年以来知识发现的增殖，才是在将传统学问改造为现代科学的过程中极其重要的一次突破。尽管实践中出现的转变——从引经据典到进行经验主义研究——比较温和，但这种变化仍然使学术中教学的优先地位让位给了研究。随着哲学知识这一整体的逐渐分解，学问开始沿着学科界限、围绕不同的核心问题和特殊的方法被迅速地组织起来。这在大学的教授教席制度、期刊和科学组织中就有所体现，[20] 这样的著述共同体

⑱ M. Burrage, 'Practitioners, Professors and the State in France, the USA and England', in S. Goodland (ed.), *Educating for the Professions* (London, 1986).

⑲ H. Siegrist, 'Bürgerliche Berufe. Professionen und das Bürgertum', in Siegrist (ed.), *Bürgerliche Berufe* (note 14), 28ff. 有关医学化的情况请比较 R. Spree, *Soziale Ungleichheit vor Krankheit und Tod: Zur Sozialgeschichte des Gesundheitsbereichs im deutschen Kaiserreich*, Kleine Vandenhoeck-Reihe 1471 (Göttingen, 1981), 138ff.。

⑳ 请比较第四部分，比如第十一章。

开始打破传统的系科，成为学术生活的主导力量。[21]

这种科学的爆炸也推动实践培训的改变。在欧洲大陆的官僚制政权下，在职业入行的最后一个阶段里，学术进程和考试被更紧密地结合起来。即使在那些有学徒制传统的国家，专业教育也逐渐回归到正规的高深学问机构中。而且，应用研究中一种全新的交叉领域还在技术或商业学院中形成了。[22] 到 1900 年，社团的和官僚的这两种不同体制开始融合起来。 369
用哈罗德·珀金（Harold Perkin）的话说，研究型大学重新收复了它们先辈所丧失的领地，成为现代社会的核心动力站。[23]

职业化的过程

19 世纪，职业化过程尽管与高深学问的上述转变有密切的联系，但它还受到了其他方面的推动。不同于功能主义者的解释，职业化并不是科学化过程自然的结果，而是从业者的期望、国家的政策和顾客的愿望结合起来，与新生的大学体制相互作用的复杂结果。在资本主义国家，专业服务的市场日益开放，大学毕业生需要一些证据来表明他们具备了英才的优势。有什么能比一张令人难忘的教育文凭或职业证书更有说服力呢？同时，政府希望提高公众福利的意图，也使它们关注于提升诸如法律、健康或教育这些专业服务的标准，更不用提正在兴起中的工业对专业服务的需求了。因此，欧洲大陆的官僚体制创设了一套复杂的国家考试制度，对科

㉑ R. S. Turner, 'The Growth of Professorial Research in Prussia, 1818 to 1848', *Historical Studies in the Physical Sciences*, 3(1971), 137ff.; J. Ben-David, *The Scientist's Role in Society: A Comparative Study* (Englewood Cliffs, 1971).

㉒ R. Locke, *The End of the Practical Man: Entrepreneurship and Higher Education in Germany, France, and Great Britain, 1880-1940*, Industrial Development and the Social Fabric 7 (Greenwich, Conn., 1984).

㉓ H. Perkin, 'The Pattern of Social Transformation in England', in Jarausch, (ed.), *Transformation* (note 9), 207ff.

学教育和实践技能提出了更高的要求。㉔ 最后，顾客也叫喊着要保护他们免受庸医等人之害，希望在这个越来越缺少人情味的社会中保留一些一般性的标准，毕竟职业化的表现从根本上还是值得信赖的。对此，经过改良的培训和资格认证再次被证明是最具吸引力的方案。因此，从一种职业化的角度来看，关于科学知识对增进人们健康的实际贡献的争论在很大程度上是无关紧要的。一项职业计划成功与否，很少取决于多么高超的科学研究，更多地在于从业者、政府和公众是否相信它能更好地解决问题。㉕

新职业理念的提倡者，既有学术界的成员，又有学术界以外的人士。在“职业化”过程中，关键的一个群体便是学术专业群体，他们不仅是知识的生产者，也为实践活动树立起典范。19 世纪，大学的教学逐渐变成
370 一种全职工作，而不仅仅是教师获得高等神职工作的跳板。教职的任命，并非教师家族内部的传承（学术裙带关系），而是逐渐通过自由竞争来决出学术上的优胜者。㉖ 为了与更严格的科学培养保持一致，大学增设了申请教职的考试，甚至有时还会把那种马马虎虎的学位论文放在第二位，那种关于原创性研究的学位论文精品，在法国被称为国家博士论文（*thèse d'état*），在德国被称为大学执教资格的论文（*Habilitationsschrift*）。大学教师的工作重心，从辛劳的教学和照本宣科转变为基础性的研究和出版，同时对研究工作提出的标准也比教学声誉更为客观。新的研究精神赋予教授们一种较以往更高尚的使命，要求他们过一种内心世界苦行僧一般的生活，这种生活不再以宗教为基础，而是建立在世俗的启蒙基础上。最后，那些通常属于学术方面的组织，结成了一套严密的网络系统，它们在

㉔ Titze *et al.*, ‘Prüfungsauslese’(note 17).

㉕ T. McKeown, ‘A Sociological Approach to the History of Medicine’, in T. McKeown and G. McLachlan(eds.), *Medical History and Medical Care: A Symposium of Perspectives, Arranged by the Nuffield Provincial Hospitals Trust and the Josiah Macy Jr. Foundation* (London, 1971), 6ff.; T. McKeown, *Die Bedeutung der Medizin. Traum, Trugbild oder Nemesis?* (Princeton, 1979).

㉖ 参见第五章，第 130—140 页。

令人眼花缭乱和不断发展的各个新学科专业中，都倡导这种科学研究的新教义。[27]

从长远来看，学者的这种职业观念有着不可抗拒的吸引力，因为在推动经验发现和形成世俗的科学世界观方面，它都取得了巨大的成功。因此，它也被传给了那些从事官僚机构职业、学术职业或一般性职业的学生们。这样，在学术界外部，毕业生比照着教授们的典范，将教士、律师或医生这些传统行业重组为现代职业。如果忽略各国在机构设置上的不同，我们就会发现，高等培训的时间被延长了，超出了标准的三年期限。教学内容也发生了改变，从向初学者介绍公认的权威著作变为引入科学的方法。认证考试也变得越来越细致和严格，测试中有关专业知识和职业技能的内容日益增加。[28] 尽管还保留了很多社团的习俗和言辞，但从业者的自我映像，却逐渐从一种有学问的匠人意识，向一种建立在科学基础上的为人类服务的精神转变。[29] 即使在偏远的乡村地区，医生们也通过对细菌学和化学的学术研究，慢慢改变了他们的治疗方法，开始使用各种新的化学 371
药品代替各种草药秘方来治病。[30]

虽然有学术机构改革的推动，但各门职业发生这种转变也绝非注定

㉗　参见第一章，第 9 页。

㉘　R. S. Turner, 'University Reformers and Professional Scholarship in Germany 1760-1806', in L. Stone(ed.), *The University in Society*(London, 1974), vol. Ⅱ, 495-532; V. Karady, 'Teachers and Academics in 19th Century France: A Socio-Political Overview', in *Bildungsbürgertum*, 458ff.; S. Rothblatt, *The Revolution of the Dons: Cambridge and Society in Victorian England*(New York, 1968); A. J. Engel, *From Clergyman to Don: The Rise of the Academic Profession in 19th Century Oxford*(Oxford and New York, 1983).

㉙　参见下列论文：S. Rothblatt, 'The Diversification of Higher Education in England', P. Lundgreen, 'Differentiation in German Higher Education' and J. McClelland, 'Diversification in Russian-Soviet Education', in Jarausch, (ed.), *Transformation*(note 9), 131ff.。

㉚　C. Huerkamp, *Der Aufstieg der Ärzte im 19. Jahrhundert. Vom gelehrten Stand zum professionellen Experten. Das Beispiel Preussens*, Kritische Studien zur Geschichtswissenschaft 68(Göttingen, 1985). 有关法律方面的情况参见：D. Rüschemeyer, *Lawyers and their Society: A Comparative Study of the Legal Profession in Germany and the US*(Cambridge, 1973)。

的，而是传统主义者和改革者双方长期斗争的结果。[31] 在无数的集会和演讲中，新派的专业人员支持一种学习和服务的新理念。为了改进工作，政府官员们剥夺了未受培训的竞争者——如“赤脚”医生——的从业资格，顾客也支持那些基于提高工作能力的许诺（有时也确有其事）而进行的革新活动。从业者中的绝大部分人，最终赢得了以科学为基础的职业主义事业的胜利，这种新的实践也增加了他们的收入，提高了他们的社会地位。[32]

新的职业不久就学会了取得上述成功的诱人秘诀，渴望建立自己的职业特权。先前从预备性哲学院系毕业的少数学生，开始争取实现教师这一职业的职业化。[33] 从当时新建的后中等教育机构——如理工学院——毕业的学生，也积极活动，要将工程师职业变为一种羽翼丰满的职业。[34] 这些新兴的群体坚持要将他们的培训学术化，一种途径就是在大学内部建立他们的专业，另一种途径则是要求开办如理工学院这类相当于大学的机构。经过长期的斗争，他们还成功设立了颁发证书的资格考试，包括国家认可的考试［比如教师国家资格考试（*Staatsexamen*）、学术考试（比如工程学文凭）］，以及私人性质的考试［比如药剂师行业资格考试（*Verbandsexamen*）］。[35] 为了实现他们的目的，改革者为其职业发展出一种新的职

---

[31] 参见 K. H. Jarausch, *The Unfree Professions: Lawyers, Teachers and Engineers, 1900-1950* (New York, 1990), 8ff.。

[32] 有关这些斗争的精彩叙述，对照 A. J. Cronin, *The Citadel* (London, 1937)。

[33] H.-E. Tenorth, 'Professionen und Professionalisierung. Ein Bezugsrahmen zur historischen Analyse des "Lehrers und seiner Organisationen"', in M. Heineman (ed.), *Der Lehrer und Seine Organisation*, Veröffentlichungen der historischen Kommission der Deutschen Gesellschaft für Erziehungswissenschaft 2 (Stuttgart, 1977), 457ff. 有关教师职业兴起的情况还需要进行比较分析。

[34] P. Lundgreen, 'Engineering Education in Europe and the USA, 1750-1930: The Rise to Dominance of School Culture and the Engineering Professions', *Annals of Science*, 47 (1990), 33-75.

[35] K. Gispen, *New Profession, Old Order: Engineers and German Society, 1815-1914* (Cambridge, 1989); K. Gispen, 'Engineers in Wilhelmian Germany: Professionalization, Deprofessionalization and the Development of Non-Academic Technical Education', in G. Cocks and K. H. Jarausch (eds.), *German Professions 1800-1950* (New York, 1990), 104ff.

业自我意识，组织了很多像“教师协会”这样的压力集团，比如成立于1837年的德意志语言学联合会（*deutsche Philologenverein*），1844年该组织变为德意志语言学和东方学教师联合会（*Verein deutscher Philologen, Schulmänner und Orientalisten*），[36] 又如工程师组织——德意志工程师联合会（*Verein Deutscher Ingenieure*）。[37] 372

当时已有的职业经常试图抵制新职业群体的要求，它们担心如果让这些新群体也享有职业化带来的利益，它们自身的上等身份就会受损。因此，改革者必须在两条战线作战，对内要应付传统的从业者，对外要抵抗竞争对手。在这种斗争中，科学的发展是一种可资利用的有力论争武器，如果再打着公众利益的旗号，那么改善物质生活和提高社会声望的要求就会更有说服力。因此，富有创新精神的学者和要求改革的从业者经常联合起来共同斗争。[38]

但是，所有要求获得职业身份的群体都失败了。小学教师、药剂师和兽医只能长期保持一种“半职业”的身份，护士或社会工作者也没能实现他们的目标。[39] 他们的失败，部分是因为缺乏知识，部分是因为其他社会政治群体的制约。这些“半职业”虽然也需要接受初等后教育，但却不能使它们的研究培训提升到第三级教育机构的层次。有时，像在教育学或社

---

[36] 参见：K. A. Schmid(ed.), *Encyclopädie des gesammten Erziehungs-und Unterrichtswesens*(Gotha, 1865), vol. Ⅳ, 260ff., s. v. ‘Lehrerversammlungen’。

[37] K.-H. Ludwig and W. Känig(eds.), *Technik, Ingenieure und Gesellschaft, Geachichte des Vereins Deutscher Ingenieure 1856-1981* (Düsseldorf, 1981). 参见：C. E. McClelland, *The German Experience of Professionalization: Modern Learned Professions and their Organization from the Early 19th Century*(Cambridge, 1991)。

[38] J. Johnson, ‘“Academic, Proletarian,... Professional”: Shaping Professionalization for German Industrial Chemist, 1887-1920’, in Cocks and Jarausch(eds.), *German Professions*(note 35), 123ff.

[39] D. Skop, ‘Auf der untersten Sprosse. Der Volksschullehrer als “Semi-Professional” im Deutschland des 19. Jahrhunderts’, *Geschichte und Gesellschaft*, 6(1980), 383ff.; C. Florin, *Kampen om Katedern. Feminiserings-och professionalisieringsprocessen inom den svenska folkskolans lärarkår 1860-1906*(Umea, 1987); M. Lamberti, *The Politics of Education*(New York, 2003).

会工作中，学科的认识概念还被认为是相当贫乏和混乱的。财力有限或税收不足也经常是一种职业不能被提升到公职层次的重要原因之一。[40] 在一些职业中，有部分从业者受到质疑，这也是一种障碍，比如护理职业通常被认为是女人的领地，或者如精神治疗等职业通常是宗教少数派（犹太人）的就业追求。[41]

373 这些失败都说明，光有知识进步并不能创造现代职业，知识的进步只是起到了有力的推动作用，并给从业者提供了令人信服的论据，使他们能组织起来去追求一种新的职业理念。教授作为科学进步的创造者，经常在这一过程中扮演媒人的角色，而成功与否最终取决于改革者自身的力量和努力。最后，还需要政府认可这些新职业，需要顾客认为这些新职业比旧传统好而接受它们。

职业理念非常有吸引力，因此，它从实际存在的职业或自诩为职业的群体传播到了社会的其他领域。上层官僚机构中发生的从贵族朝臣到资产阶级专家的转变，使得公务员的招聘和工作更为“专业”。尽管与自由从业者相比，官僚阶层还存在政治依附和等级制度，但他们逐渐用解决问题的专业知识而不是封建效忠或政府权力来树立他们的权威。除了英国式的通才外，公务员们都成功得到了法律方面、技术方面或社会服务方面的证书。工商业中，白领的出现类似公务员的官僚化，他们在大型企业中实现了职业化。虽然依靠利润生存会限制这些商务人士的自治程度，但是职业的技能，比如管理技能和科技方面的专门经验，在 19 世纪末 20 世纪初时开始越来越突显出其重要性。

这种更广泛的职业化趋势改变了培训的模式，因此，法律课程中增设

---

[40] A. J. LaVopa, *Prussian School-Teachers: Profession and Office, 1763-1848* (Chapel Hill, 1980).

[41] J. Schneider, 'Volksschullehrerinnen: Women Defining Themselves and their Profession', Young Sun Hong, 'Femininity an Vocation: Gender and Class Conflict in the Professionalization of German Social Work', and G. Cocks, 'The Professionalization of Psychotherapy in Germany, 1928-1949', in Cocks and Jarausch (eds.), *German Professions* (note 35), 85ff., 232ff., 308ff.

了行政管理课程，像社会工作这种服务专业得到了大学的承认，技术教育中也补充了管理或会计专业。因此，一套新的公务员考试制度，比如法国的“会考”（*concours*）、英国的文官考试（类似德国的第二级国家考试），都在大学毕业后进行。最后，政府官僚制度的发展和企业白领的增加，开始缓慢地改变了大学毕业生的职业生涯，让他们由从事古典的自由职业转变为就职于公共服务或商业部门。[42]

各类职业就业人数的增长统计 374

因为大学更多关注的是录取情况而不是毕业情况，所以有关毕业生的统计数据极不完整。虽然各职业通常会保留其从业者的数据，但是有学生从业者与毕业率之间以及大学毕业生与职业新工作者之间的双重的数据误差，使得要把它们与先前的大学入学率的联系变得复杂起来。[43]

现在能获得的基本数据显示出一种明显的增长趋势：英格兰从 1880 年到 1911 年，8 种职业的从业人数从 127 354 人增加到 191 384 人，增加了 50%；法国从 1876 年到 1906 年，自由职业者和知识分子的人数从 83 359 人增加到 121 257 人；德国从 1852 年到 1933 年，受过教育的从业者人数从 63 000 人（其中有 31 418 人在普鲁士）增加到 335 252 人；俄国从 1897 年到 1926 年，高等教育毕业生人数从 133 600 人增加到近

[42] R. Torstendahl, *Bureaucratisation in Northwestern Europe 1880-1985: Domination and Governance* (London, 1991)，特别是 18ff and 199-249。也请参照 J. Caplan, ‘Profession as Vocation: The German Civil Service’, in Cocks and Jarausch (eds.), *German Professions* (note 35), 163-82。

[43] 有关中等学校毕业生就业意向的一些假想性的图表，对照：Ringer, *Education and Society*, 165, 280-281。

233 000 人。[44]

尽管各职业就业人数的绝对增长是相当可观的，但直到 1930 年每种职业的增长率仍很难超过 5%，而且还要取决于某种职业内部的官僚制度是否成熟。因此，各职业重要性的增长，很少是由其从业者的绝对数目而定，而更多取决于它们在工作进程中的影响力如何。如果一种职业能给从业者带来威信、自治权和绅士般的生活方式，那么，无论是对它的从业者，还是对它在商业和政府中的对手来说，这种职业都会具有相当的吸引力。[45]

在已有的数据中（如表 9.1 有关牛津大学的数据），毕业生的就业情况显示了几个相关的发展变化。首先，19 世纪土地所有者所拥有的固定资产在各阶段逐渐减少。其次，在世俗化进程中，教士阶层的重要性也降低了，因为教学逐渐成为一种独立的职业。第三，从事法律和医学等自由职业的毕业生比例增长较快，但最终因从业者之间的激烈竞争而达到一种稳定水平。第四，由于第三级和中等教育机构的发展，大学培养出越来越多进入学术职业或教学职业的毕业生，因此教育机构的扩张也在一定程度
375 上促进了其自身的发展。第五，国家、政府或地方官僚制度建立后，吸纳了更多的毕业生，他们除了进入传统的武官阶层，还能当公务员。第六，商业的职业化，也逐渐打破了受过教育的人不愿从事工商业的成见，逐渐建立起学术界和应用事务领域的经常性联系。

---

[44] 数据取自：H. Perkin, *The Rise of Professional Society: England since 1880* (London, 1989), 80; C. Charle, 'Professionen und Intellektuelle', in Siegrist (ed.), *Bürgerliche Berufe* (note 14), 132; K. H. Jarausch, 'Die neuhumanistische Universität und die bürgerliche Gesellschaft, 1800-1870', in C. Probst (ed.), *Darstellungen und Quellen zur Geschichte der deutschen Einheitbewegung*, 11 (Heidelberg, 1981), 11-58; Jarausch, *The Unfree Professions* (note 31); Jarausch, 'Higher Education' (note 15), 33。

[45] Jarausch, 'Higher Education' (note 15), 33.

表 9.1　19 世纪牛津大学毕业生从事的职业[a]

职　业	1818/19 年 N	1818/19 年 %	1848/49 年 N	1848/49 年 %	1878/79 年 N	1878/79 年 %	1897/98 年 N	1897/98 年 %	总　计 N	总　计 %
(1) 土地所有者	123	15.5	105	11.8	145	9.8	82	4.8	455	9.3
(2) 教会	410	51.7	438	49.2	453	30.6	298	17.3	1599	32.7
(3) 专门职业	56	7.1	71	8.0	279	20.0	357	20.7	763	15.6
(4) 教学	16	2.0	65	7.3	167	11.3	275	16.0	523	10.7
(5) 政府	18	2.3	45	5.1	87	5.9	283	16.4	433	8.9
(6) 商业	6	0.8	13	1.5	54	3.6	153	7.8	208	4.3
(7) 不详	164	20.7	154	16.3	297	20.0	293	17.0	908	18.6
总计	793	16.2	891	18.2	1482	30.3	1723	35.2	4889	

录取年份

a 以上数据是根据 M. Curthoys，'Oxford and the Nation：The Careers of Oxford Men，1800-1914'，见 *History of Oxford*，表 1 和表 2 重新计算得出。剑桥大学的数据见 Ringer，*Education and Society*，第 236 页。"土地所有者"＝地主和独立业主；"教会"＝教士和其他宗教性工作；"教学"＝高等教育，学校教学；"政府"＝军队，行政工作；"商业"＝商业，财政，工业，工程；"不详"＝早逝的年轻人，不详。

其他国家不完整的职业统计数据也显示了相似的职业化增长趋势。法国 1864 年迪吕伊调查所得到的丰富数据反映出，对中等学校毕业生来说，专业化职业的发展以及平凡的资产阶级职业的长期存在都具有非常重要的意义（参见表 9.2）。

表 9.2　1864 年法国中等学校毕业生从事的职业[a]❶

职业	国立中学%	学院%
(1) 土地所有者/农场	7.8	15.3
(2) 专门职业	48.4	30.8
(3) 教学（高等）	1.8	1.2

❶　该表在原版书第 376 页。

续表

职业	国立中学%	学院%
(4) 政府	8.2	9.8
(5) 商业	4.4	9.8
(6) 低等职业	29.6	38.7
总计	6974	9048

a 以上数据是根据 Harrigan, *Mobility* (note 3), 表 18 重新计算得出。"土地所有者"这一行还包括农业（百分比分别为 4.4%和 11.4%）。"专门职业"包括了重要和次要的职业，但"教学"只包括中等及其中等以上教学。相对于多数天主教中学，国立中学是更具世俗性以及拥有更多优秀人才的机构。

独立的大学校的毕业生就业数据表明，他们的就业取向是某一特定的职业，比如师范生（*normaliens*）（4/5）的取向就是第三级和中等学校教师，理工学生（*polytechniciens*）（4/5）的取向就是进入军队，职业技术生（*arts et métiers*）（2/3）的取向就是进入工业领域。但是，除了从事行政工作和商业中领导职位的人数有一些增长外，由于缺乏可供比较的大学毕业生数据，我们很难断定有任何重要的趋势。[46] 类似的德国学生的有限
376 数据也显示出职业的重要性以及官僚阶层和商业领域的吸引力在不断增长（见表 9.3）。

除了一些共同的趋势外，各个特定职业的重要性在各国都有所不同。在法国，法律职业是最有影响力的（45 512）；在德国，医生的人数增加最快（从 1876 年的 13 728 人增至 1909 年的 30 558 人）；在英国，学校教师成为人数最多的职业（68 651）；在俄国，工程师变成最热门的职业。[47] 因此，职业化的程度在各国也有所不同，英格兰程度最高，接下来是法国

[46] Weisz, *Emergence*, 236, 有相关程度的数据。请参照 R. J. Smith, *The Ecole Normale Supérieure and the Third Republic* (Albany, 1982), 51-52; Shinn, *Savoir scientifique*, 185; C. R. Day, 'The Making of Mechanical Engineers in France', *French Historical Studies* (1978), 439-460。

[47] Huerkamp, Aufstieg (note 3), 151; P. L. Alston, 'The Dynamics of Educational Expansion in Russia', in Jarausch (ed.), *Transformation* (note 9), 89ff.

和德国；俄国最低，因为其职业化起步较晚。

表 9.3　1928—1931 年德国学生的职业计划[a]

职业	高等学校%	大学%	技术学院%
(1) 教会	13.9	8.7	
(2) 专门职业	40.4	36.5	9.6
(3) 教学	14.2	31.3	15.5
(4) 政府	7.1	11.9	18.0
(5) 商业	17.1	7.9	51.8
(6) 不详	7.0	2.8	5.0
总计	5843	99432	20280

a 以上数据是根据 Müller and Zymek(eds.),*Datenhandbuch*(note 3),Ii 213，表 78.1 以及表 19 均出自于 Ringer,*Education and Society*,第 315 页，表 8.3 重新计算得出。高等学校的百分比是 1928 年普鲁士的数据，大学和技术学院的百分比是 1931 年的数据。至于各行的分类参照表 9.1。

职业的兴起过程还伴随着周期性的劳动力市场危机。用经济术语来 377
讲，毕业生人数的增长，可能是由于接受高深学问的人数增多从而增加了供应，或者是由于对专家需求的增长从而刺激了需求。[48] 实际上，人力的供需只能勉强维持平衡。当缺乏受过训练的毕业生时，可以通过降低标准来解决；而当受过教育的人过剩时，就会反复出现对“知识无产阶级”的忧虑，并且引起政治上的动荡。[49]

---

[48] R. Torstendahl,'Engineers in Industry,1850-1910:Professional Men and New Bureaucrats',in C. G. Bernhard *et al.* (eds.),*Science,Technology and Society in the Time of Alfred Nobel:Nobel Symposium 52held at Björborn,Karlskoga,17-22 August 1981* (Oxford, New York and Frankfurt-am-Main,1981),253ff.

[49] L. O'Boyle,'The Problem of an Excess of Educated Men in Western Europe, 1800-1850',*Journal of Modern History*,42(1970),471-495;K. H. Jarausch,'The Sources of German Student Unrest', in Stone(ed.),*University in Society*(note 28), vol. Ⅱ, 533ff.; D. Brower, *Training the Nihilists:Education and Radicalism in Tsarist Russia*(Ithaca,1975). 参见第七章第 238 页和第八章第 339 页。

有关学术过剩的研究只是探讨了德国（以及奥地利）的情况，所以在这里，这一特定研究又提出下面问题：职业的发展是否也伴随类似问题的出现。后洪堡时代大学的发展到 19 世纪 30 年代已经到了尽头，这一发展带来的供应过剩直接导致了 1848 年革命的爆发。入学率的停滞不变最终在 19 世纪 60 年代创造出新的需求，由此促发了新一轮增长，而到 19 世纪 80 年代再次出现大学生过剩，著名的文凭危机（*Qualifikationskrise*）使大学生和毕业生都转向了反自由主义阵营。大学入学率在一战前的最后一个十年有所恢复，在 20 世纪 20 年代入学人数又再次达到最高峰，这次大学生过剩引发了更具灾难性的政治事件，因为它为纳粹这座磨坊提供了用以碾磨的谷物。[50] 个人职业也呈现出有规律的循环，在不足和过剩之间来回交替。在一个政府雇佣对大学生就业至关重要的赋权系统中，看似不可避免的这一连串危机引发了相当多的政治不满。[51] 各种职业一次又一次用名额限制来关闭就业的大门，而教授的数量却持续增长。

周期性的就业市场困境还不会受到调控的影响。19 世纪 30 年代过剩
378 时期，中欧的官僚机构就对大学毕业生提高了准入要求（制定高级中学毕业考试法令），多次发布警告，并暂停雇佣毕业生。这些激烈的措施确实阻止了一代人大学入学率的增长，而其代价就是妨碍了那批过剩的受过教

---

[50] D. K. Müller, 'Quantifikationskrise und Schulreform', in U. Herrmann (ed.), *Historische Pädagogik, Studien zur historischen Bildungsökonomie und zur Wissenschaftsgeschichte der Pädagogik, Beiträge zuy Bildungstheorie und zur Analyse pädagogischer Klassiker, Literaturberichte und Rezensionen*, Zeitschrift für Pädagogik Beiheft 14 (Weinheim, 1977), 13-35; D. K. Müller *et al.*, 'Modellentwicklung zur Analyse von Krisenphasen im Verhältnis von Schulsystem und staatlichen Beschäftigungssystem', *ibid.*, 37-77. See P. Windolf, *Expansion and Structural Change: Higher Education in Germany, the United States and Japan, 1870-1990* (Boulder, 1997).

[51] Jarausch, *Deutsche Studenten* (note 2), 71ff., 129ff.

育者的就业。[52] 19世纪80年代过剩时期，政府起用哥廷根经济学家威廉·莱克斯（Wilhelm Lexis）来编制精确的劳动力市场统计，以求得到更可靠的数据基础——这是一项不可能完成的任务，因为不能准确计算出对毕业生的需求量。由于紧缩助学金，政府的对策只能加剧危机，1900年后，领导官员最终放弃了所有试图调节学术劳动力的企图。[53]

20世纪20年代大学毕业生过剩时期，政府恢复雇佣毕业生，同时部分限制了毕业生进入教学职业，这些措施最初成功地缓解一战后的危机。但当大危机夺走了公共部门或私人企业的工作机会时，20年代中期那种正常化状态随即一去不返了。诸如官方警告、在培训中进行更严格的筛选，以及加剧竞争等自由主义措施，对于那些在学术生存斗争中落败的人来说被证明是没有吸引力的。[54] 在职业介绍办公室里，劳动服务方案或者同业合同可能会帮助一些人，但它们都无力缓解整个困境。从短期看，大学也做出了努力，它们让一些学生从教学专业转到神学专业，或者让他们从法学专业转到医学专业。但从长远看，所有职业都人满为患，只有强制性地降低入学率才能制造新的需求，而这样又会再次启动新一轮的循环。

高等教育学生人数持续的结构性增长，完全使所有有条理的限制毕业生人数的努力功亏一篑。尽管从长远看，对合格劳动力的需求会逐渐增加，但在短期内，由于高等教育入学的开放，毕业生的人数超过了政府部

---

[52] See H. Titze, *Der Akudeamikerzyklus. Historische Untersuchungen über die Wiederkehr von Überfüllung und Mangel in akademischen Karrieren*(Göttigen, 1990), 485ff. H. Titze, 'Der historische Siegeszug der Bildungsselektion: The Victorious Process of Educational Selection', *Zeitschrift für Soziologie der Erziehung und Sozialisation*, 18(1998), 66-81; H. Titze, 'Wie wächst das Bildungssystem?' *Zeitschrift für Pädagogik*, 1/45(1999), 103-120,这是直到1980年的相关研究的一个摘要; H. Titze, 'Die Tiefenstruktur des Bildungswachstums von 1800 bis 2000', *Die deutsche Schule*, 2/95(2003), 180-196.

[53] Jarausch, *Students Imperial Germany*, 23-77; K. H. Jarausch, 'Universität und Hochschule', in C. Berg(ed.), *Handbuch der deutschen Bildungsgeschichte*, vol. Ⅳ: *1870-1918*, *Von der Reichsgründung bis zum Ende des Zweiten Weltkriegs*(Munich, 1991), 314-319.

[54] Jarausch, *The Unfree Professions*(note 31), 27-111.

门、自由职业或工业部门所能提供的工作岗位数量。首先，在19世纪和20世纪初期，所有欧洲国家的中等教育机构毕业生都迅速增加。大学入学人数的增长，不仅是由于传统中学——如文科中学——的毕业生增加
379 了，还因为一些现代中学——如实科中学或高级实科中学——的毕业生也获得了进入大学的资格。[55] 其次，对学生群体成分的结构性分析已经表明，新的社会群体中有相当数量的子女开始接受高等教育。例如，19世纪上半叶德国和奥地利学术界进行的人员自我补充，让旧的以及此后新兴的中产阶级大量涌入，他们的父母多数来自小资产阶级阶层。[56] 第三，宗教和文化上的少数群体开始获得接受高等培训的入学资格。因此，在20世纪的头十年中，天主教学生入学人数不足的情况结束了，犹太人这一少数族群非常渴望接受高等教育。[57] 最后，高深学问的有限开放最终也使妇女得以进入大学和其他第三级教育机构。[58] 在促进社会进步和平等的愿望的推动下，这些新群体涌入了大学，他们不仅改变了大学的组成，还加剧了正在兴起的各职业之间的竞争。

尽管造成了循环危机，但学生人数的增多也推动了各类机构的分化以及从业者组织的形成，从而促进了职业化的发展。大学为了接受不断增多的学生，不但拓展了已有的专业，而且紧跟专业化的步伐开辟了新的研究领域。在教授自身利益和学生要求的推动下，这些新专业——如化学——

---

[55] J. G. Albisetti, *Secondary School Reform in Imperial Germany* (Princeton, 1983)以及在第292页中列出的比较研究文献。

[56] H. Kaeble, 'Educational Opportunities and Government Politics in Europe in the Period of Industrialization', in P. Flora and A. Heidenheimer(eds.), *The Development of Welfare States in Europe and America* (New Brunswick, 1981), 239ff. See G. B. Cohen, *Education and Middle Class Society in Imperial Austria, 1848-1918* (West Lafayette, Ind., 1996).

[57] N. Kampe, *Studenten und 'Judenfrage' im deutschen Kaiserreich. Die Entstehung einer akademischen Trägerschicht des Antisemitismus*, Kritische Studien zur Geschichtswissenschaft 76(Göttingen, 1988). See Jarausch, *Deutsche Studenten* (note 2), 90.

[58] J. C. Albisetti, *Schooling German Girls and Women: Secondary and Higher Education in the Nineteenth Century* (Princeton, 1988); P. Mazon, *Gender and the Modern Research University* (Stanford, 2003).

最后还极力争取到举行它们自己的考试，以此来作为其职业基础。[59] 但当传统的大学反应迟缓，不足以应对像技术这些领域所带来的经济发展的挑战时，进入新的第三级教育机构——如理工学院——的人数就增加了。[60]

尽管很多教授和从业者对进一步学术化持怀疑态度，但更新的高深学问机构还是出现了，比如商学院（*Handelshochschulen*）。[61] 专业人员通过 380
更有力的集体行动来回应毕业生人数增多的情况。对专业服务日益增长的需求，使他们能够提升自己的社会地位，增强自己的影响力。即便受过学术培训的人过多，却还密切了他们的合作。在相对过剩时期，像医生和律师这样的自由职业者组织起来，以限制竞争，并劝说公众到他们那里接受服务。在绝对供给过剩时期，由政府雇佣的那些专业人士——如教师就会团结起来，迫使政府增加雇佣的人数。在经济危机中，工商业的从业者也会联合起来，通过控制就业准入来保住自己的饭碗。[62] 尽管供给过剩阻碍了一些发展，但是它也反映出社会对更严格的培训和准入要求的需求。

各国的差异

虽然职业化的世俗进程特征具有普遍性，但它在每个国家都有不同的制度模式。英国的职业化历程经常被视为经典案例，但具有讽刺意味的是，从比较研究的角度来看，英国模式是相对独特的，甚至与苏格兰的模

---

[59] See J. A. Johnson, *The Kaiser's Chemists: Science and Modernization in Imperial Germany* (Chapel Hill, 1990).

[60] K.-H. Manegold, *Universität, Technische Hochschule und Industrie*, Schriften zur Wirtschafts-und Sozialgeschichte 16 (Berlin, 1970); K.-H. Ludwig and W. König (eds.), *Technik, Ingenieure und Gesellschaft* (note 37).

[61] A. Hayashima, 'Die Absolventen der Leipziger Handelshochschule, 1900-1920', *Kwansei Gakuin University Annual Studies*, 36 (1987), 113ff.; A. Hayashima, 'Die Absolventen der Preuβischen Handelshochschule'h, *Kwansei Gakuin University Annual Studies*, 37 (1988), 23ff. See 'European Universities and Similar Institutions in Existence Between 1812 and the End of 1944'.

[62] Jarausch, *Unfree Professions* (note 31), *passim*.

式也有所区别。除了教士阶层还与牛津大学和剑桥大学保持着联系外，在现代早期，专业训练已经远离了大学校园。尽管大多数英国的从业者接受了公学或文法学校的教育，很多人也进入学院接受了普通教育，但他们基本上都是在四大法律协会（Inns of Court）或者皇家医学院中给专业人员当学徒。著名的“认证协会”（qualifying associations）控制了专业考试和认证，它本身是一个合作性的自治机构，完全独立于任何官方机构。[63] 只是到了 19 世纪中期以后，英国大学进行的改革才逐渐开始将培训重新纳入到高等教育之中。虽然欧洲大陆德国模式的影响以及科学的迅速发展使专业教学重返大学，但考试和认证仍然是专业组织的特权。即使高等教育通过定位于教学的红砖大学和工科学校获得了发展，也没能打破这种模
381 式，而新的职业组织又都模仿法律和医学组织模式。[64] 因此，英国的职业规模比较小，而且比其他国家的职业群体更为团结。英国模式中的自治是由职业道德和自制来规范的，在普及这种自治理想时，英国大学和官僚体制中的自由就显得非常独特了。

法国官僚控制模式虽然还带有一种特殊的选拔性特征，但其仍是更为典型的大陆模式。在旧制度下，各个职业组建了各自引以为自豪的自治社团，以一种半公共的权威控制了就业的准入和从业活动。在大革命的狂热中，改革派专业人员废除了所有“择才而入的职业”（*les carrières ouvertes aux talents*）的限制，引入了非限制性的竞争，破坏了内部的团结。拿破仑在执政时期逐渐重建了各门职业，将它们置于政府的严密监控之下，他只对律师的集体抗议表示了妥协，而不理会那些分散的从业者之间的自由竞争。

大学校的建立培养出一部分享有特权的专业人员，特别是在技术（高

---

[63] G. Millerson, *The Qualifying Associations: A Study in Professionalization* (London, 1964); Burrage, 'Practitioners' (note 18), 26ff.

[64] R. Lowe, 'English Elite Education in the late Nineteenth and Early Twentieth Centuries', in *Bildungsbürgertum*, 147ff.; A. Engel, 'The English Universities and Professional Education', in Jarausch (ed.), *Transformation* (note 9), 293ff.

级工程师）和教学领域，而更传统的法律和医学专业仍继续在衰落的大学中教授。结果是1848年前法国就出现了受教育者大规模过剩，从而滋生了大革命的激进主义。[65] 直到19世纪下半叶，专业人员才得以重建他们的一些组织，恢复了一种集体认同感。同时，大学的改革也使他们的培训机构获得了新生。政府还出台了更为有利的法律，来限制竞争以及改善专业人员的生活水平。在这一政治进程中，律师占据了尤为重要的地位，以至于批评家把当时的法国称为“律师共和国”（*République des avoués*）。相比之下，在艺术、文学和新闻行业工作的知识分子群体，也接受过一些学术培训，他们人数迅速增加，但却没能顺利获得行业特权，因此，“有能力的人”（*capacités*）分裂为两个相互竞争的群体。[66]

德国的职业化模式也反映出政府强有力的控制，但其中还体现了大学的重要影响。既然大学职业指导处（*akademische Berufsstände*）的社团主义保持不变，那么有政府参与的职业现代化就是一种“自上而下的职业化”。从19世纪初开始，德国政府开始陆续设立一系列严格的国家考试， 382
专业涉及律师、医生、教士，最后还包括教师，从而形成了对学术职业的官僚控制体系。除了提升对从业者理论和实践培训外，政府还监督认证、费用和职业道德，只是让从业者个人承担经济上的风险。因此，自由主义的职业改革者竟能在19世纪中期成功废除医学（1869年）和法学（1879）专业，这实在让人大为震惊。自由律师事务所（*freie Advokatur*）以及自由行医的出现，促进了强大的职业协会的形成，这些组织在管理上很大程

[65] F. K. Ringer, ‘Education and the Middle Classes in Modern France’, in *Bildungsbürgertum*, 109ff.; M. Ramsey, ‘Review Essay: History of a Profession, *Annales* Style’, *Journal of Social History*, 17(1983), 319ff.; Burrage, ‘Practitioners’(note 18), 26ff.

[66] Charle, ‘Professionen und Intellektuelle’(note 44), 127ff. 参见 Geison(ed.), *Professions*(note 17), *passim*. Charle 的专著 *Les Elites*(note 7)提供了很多有关精英的材料，但没有从顶尖学校(the *hautes écoles*)或大学的角度来考察问题。

度是模仿了西欧的自治模式。[67]

19 世纪 80 年代的过剩危机波动中，专业人员倾向一种新的社团主义，其特点是实行一种议会式律师协会（*Anwaltskammern*）的自治：一方面利用政府权威来调控竞争，另一方面又不让政府支配各职业。与英国相比，大学在德国职业的形成中发挥了更重大的作用，因为一个领域如果能得到学术上的承认，就能作为一个新职业而得到法律和社会的接受。因此，中欧模式并不是完全由官僚控制，其特征是从业者在一套由官方许可和职业影响形成的体制中自我发展。[68]

在俄国，尽管政府力量是最强大的，但 19 世纪下半叶的俄国仍然出现了一种职业主义。沙皇政府控制下的教育体制头重脚轻，最上级是一些有名望的大学，在它们之下是一堆质量参差不齐的中等教育机构（类似德国的同级机构），而在它们之下则是极不发达的初等教育机构。等级制的社会结构及其复杂的等级体系，给所有高级官员都加封贵族，却几乎没有给以专业知识为基础的中产阶级留出兴起的空间。19 世纪 60 年代的亚历山大改革后，一些学术从业者开始联合起来，为他们的活动开辟了一定的公共空间，比如建立了一所律师学院。在自由主义的地方自治会（*zemstvo*）运动中，专业人员起到了领导作用，他们试图提供医疗、法律咨
383 询、教育等现代服务来改造俄国社会。由于俄国社会变化缓慢以及失业普遍，很多高等教育毕业生遭受挫败，因此加入到激进知识分子行列中，致

[67] H. Siegrist, 'Gebremste Professionalisierung-Das Beispiel Schweizer Rechtsanwaltschaft im Vergleich zu Frankreich und Deutschland im 19. und frühen 20. Jahrhundert' in *Bildungsbürgertum*, 301ff. ; C. Huerkamp, 'Ärzte und Professionalisierung in Deutschland. Überlegungen zum Wandel des Arztberufs im 19. Jahrhundert', *Geschichte und Gesellschaft*, 6, 3(1980), 349ff. See Cocks and Jarausch(eds.), *German Professions*(note 35), 27-160.

[68] K. H. Jarausch, 'The German Profession in History and Theory', in Cocks and Jarausch (eds.), *German Professions*(note 35), 9-24. See C. E. McClelland, 'Professionalization and Higher Education in Germany', 见 Jarausch(ed.), *Transformation*(note 9), 306ff. 以及 C. E. McClelland, S. Merl and H. Siegrist(eds.), *Professionen im modernen Osteuropa*(Berlin, 1995).

力于推翻本国的压迫制度。[69]

20世纪初期的俄国逐渐形成了一种协会生活，不过它是围绕学术追求而不是从业追求形成的。在当时的革命中，很多理想主义的专业人员加入了布尔什维克，猛烈抨击资产阶级的特权，却没有意识到这样做最终也会危及他们自己的特权。当发现专业人员想要维护他们的自治权利时，布尔什维克党解散了所有协会，只允许律师在政府控制的委员会中继续从业。具有讽刺意味的是，沙皇和布尔什维克政权喜欢的是听话的技术型干部，而不是自由自治的专业人员。[70]

在欧洲较小的国家中，专业化的趋势都受到某个大国模式的影响，但也都有地方性传统的特点。它们的相似之处通常有：或者都是直接受政治控制，或者都是间接受文化影响，或者具有相似的结构框架。在有着强大社团传统的社会，比如意大利，学术职业自治的古老模式留存得最为长久。[71] 与此相对照，英国式的从业者自治模式几乎只存在于实行基层民主的瑞士。[72] 以政府认证但公开竞争为特征的政府控制和市场自由的混合模式，对比利时的职业化模式产生了一定的影响。[73] 德国式的“自上而下的职业化”以及紧密相关的高深学问模式，对奥地利、荷兰、斯堪的纳维亚

[69] D. Geyer, 'Zwischen Bildungsbürgertum und Intelligentzija: Staatsdienst und akademische Professionalisierung im vorrevolutionären Russland', in *Bildungsbürgertum*, 207ff. See Brower, *Training the Nihilists* (note 49), *passim*.

[70] C. E. Timberlake, 'Higher Learning, the State and the Professions in Russia', in Jarausch (ed.), *Transformation* (note 9), 321ff. See Kassow, *Students Tsarist Russia*.

[71] M. Barbagli, *Education for Unemployment: Politics, Labor Markets and the School System-Italy, 1859-1973* (New York, 1982); See M. Malatesta (ed.), *Society and the Professions in Italy, 1860-1914* (Cambridge, 1995).

[72] Siegrist (ed.), *Bürgerliche Berufe* (note 14), 20ff.; H. Siegrist, 'Die Genfer Advokaten im 19. und frühen 20. Jahrhundert', in S. Brändli *et al.* (eds.), *Schweiz im Wandel. Studien zur neueren Gesellschaftsgeschichte* (Basle, 1990), 229-257.

[73] J. Art, 'Les Rapports triennaux sur l'état de l'enseignement supérieur: un arrière-fond pour des recherches ultérieures sur l'histoire des elites Belges entre 1814 et 1914', *Revue belge d'historie contemporaine*, 17 (1986), 187-224.

地区和希腊的职业化模式产生了影响。[74] 最后，俄国式的晚期职业化以及
384 随之形成的激进知识分子阶层，在东欧和巴尔干地区的国家中能找到一些类似的经历。通过跨国的比较研究，我们能发现很多不同的职业化种类和设置，而不是只有一种主要的模式。在把这样一种令人迷惑的组合拼凑成一幅易于理解的图景之前，我们有必要先对单个国家——如西班牙——高深学问与职业形成之间的关系进行更详细的考察。不过，无论如何，在 20 世纪初，欧洲各国都形成了科学培训、公开认证、地位崇高、业务精湛、讲究职业道德以及组织严密的职业。

结语

高深学问的转变对职业化进程产生了至关重要的影响。从传统的自由教育到科学培训的转变，创造出充满活力的知识基础，这已超越了纯粹的职业实用技能。因此，诸如医学这样的传统职业得以复兴，而像精神疗法这样的新职业则是学术专业化持续发展的结果。甚至连实习中的学徒制也得以正规化，并以一种更系统的形式重新与高等教育联系起来。学术职业的持续职业化进程，还成了科学领域从业者进行改革的重要模型；不断增加的知识，不仅为一些实际问题（比如公共卫生或桥梁修建）提供了更好的解决方案，而且诉诸了当时流行的科学主义来支持争取职业特权的观点。不断发展和多样化的第三级教育机构，培养出越来越多的毕业生，也对确认各专门职业的资格提出了要求。教授与从业者发生了利益冲突；前者希望培养更多学生，而后者希望免受过度竞争的损害。各种职业吸收新手的能力并不是稳定不变的，这样就造成一种技术劳动力过剩或不足的循

[74] Cohen, *Education and Middle Class Society* (note 56); M. M. Kovas, *Liberal Professions and Illiberal Politics: Hungary from the Habsburgs to the Holocaust* (Washington, 1994); W. J. Frijhoff, 'The Netherlands', in B. R. Clark and G. R. Neave, *The Encyclopedia of Higher Education* vol. Ⅰ: *National Systems of Higher Education* (Oxford, New York, Seoul and Tokyo, 1992), 491-505. 瑞士部分参考的是 Burrage and Thorstendahl (eds.), *Professions* (note 6)。

环模式，从而引起社会对知识无产阶级的焦虑不安。19 世纪，尽管各国都有不同的制度化知识、专业组织和劳动力市场结构，但是大学和职业之间的关系在各国都变得更加紧密。既然专业人员对学术教育和实践培训的影响在不断加强，那么，我们可以说，高深学问的转变与现代职业的形成是相辅相成的。[75]

现代职业的兴起深刻地改变了大学毕业生的职业生涯。1800 年时， 385
很多毕业生仍然是进入教会或成为土地所有者，而到了 1900 年，大多数高等教育毕业生都进入法律、医学或像教学和工程这类全新的职业。除了自由职业外，政府服务以及发展中的商业领域也提供了就业机会。现代职业不仅具备高级的科学培训，而且还拥有有保证的资格证明，因此能形成对市场的垄断，或者至少说能提供强大的竞争优势。这样看来，全体专业人员收入的提高，以及他们整体社会地位的急剧上升，都不足为奇了，很多从业者由此跻身于社会的中上阶层行列。只有当需求增长不够迅速、造成供给过剩情况时，才会产生一些知识无产阶级。各类职业的从业活动，也迅速从一种由习俗和经验指导的手工艺展示，转变为一种将学术知识和实践技能结合起来的更为智性的事务。

专业人员就以这种经专门训练所得到的技能为基础，不断向政府或顾客提出职业自治的要求。同时，他们的自我意识，从一个以自我为中心的、传统秘方的发放者形象，转变为一个要改善人类生活的、科学的改革者形象。因此，职业道德这个概念也改变了它的内涵，从调解竞争变为定义一种公共服务的精神。最后，从前那种喜爱饮酒作乐的集体组织，自行转变为各个以知识为基础、提倡职业利益和社会变革的团体。就这样，职业组织令人惊讶地将自我本位的需求与利他主义的言论结合起来。这种由学术领袖和进步主义的从业者塑造的职业理想，拥有强大的影响力，成为

[75] 参见 Burrage and Thorstendahl(eds.)，*Professions*(note 6)的引言部分，以及 R. Thorstendahl，'Knowledge and Power：Constraints and Expansion of Professional Influence in Western Capitalist Society'，in M. Trow and T. Nybom(eds.)，*University and Society：Essay on the Social Role of Research and Higher Education*(London，1991)，35ff.。

非经济中产阶级（non-economic middleclass）的新的指导原则。

在一些研究者看来，“规模和影响的大规模增长”使得职业阶层“在 20 世纪成为支配阶层”。根据社会学中对专家崇拜的研究，他们提出了一些夸张的说法，比如“职业主义自上而下地遍布整个社会”。相对工业主义而言，“职业等级所营造的社会金字塔，比地主，甚至比商业资本所塑造的，都要层级分明得多”。他们还提出，“一个职业的社会是一个充斥着职业的社会理念的社会”，这种观点已超出了职业自身狭义的定义。[76] 从纯数据来看，这种对职业支配地位的断言会使人产生误解，因为直到
386 1933 年，大学毕业生人数在劳动力总数中所占的比例也很难超过 5%。即使加上中等学校的学生、准专业人员（proto-professionals）的学生、白领职员以及像小学教师或非学术性工程师这些半职业人员，其总人数在有收入的劳动力中所占比例最多也只能达到 1/6。定性的结论更难得出，因为权利体制、以教育为基础的社会分层以及个人的价值——不是靠世袭封号或资本积累实现的，都已经非常普遍地存在。由于对金钱的蔑视，职业主义在 1945 年以前只部分地进入商业领域，尚未触及工人阶级。无论如何，我们不能因职业化带来一种令人羡慕的现代工作组织模式，而将它夸大为社会的主要原则。

更恰当、更准确地讲，在 20 世纪前 30 年中，职业主义逐渐支配了受过教育的中产阶级的生活。虽然这一群体在价值观念和生活方式上，与贵族和工人阶级有着明显区别，但国家的差别和意识形态的偏见，使我们极难准确地界定谁属于这一群体。[77] 在西欧国家，工商业势力产生了资本家阶层，他们的权势足以盖过这些受教育的职业。在中欧，经济发展的缓慢和政府权力的强大，有助于形成一种独特的受教育的市民（*Bildung-*

---

[76] Perkin, *Professional Society* (note 44), xiiff., 3ff., D. Bell, *The Coming of Post-Industrial Society: A Venture in Social Forecasting* (New York, 1976)一书也持类似观点。参见：D. Bell, *The Third Revolution: Professional Elites in the Modern World* (New York, 1996)。

[77] J. Kocka, 'Bürgertum und bürgerliche Gesellschaft im 19. Jahrhundert. Europäische Entwicklungen und deutsche Eigenarten', in *Bildungsbürgertum*, 11ff.

sbürgertum）阶层，他们的特点是接受了古典教养，就职于公共部门，厌恶物质利益。在东欧社会，工业化水平更低，很多中产阶级职业都带着外国特征，再加上政治上的压迫，使当地形成了一批属于小资产阶级知识阶层的激进分子。[78] 19世纪晚期，这些受教育的不同中产阶级群体，不仅在人数上迅速增加，而且，由于受到他们学术职业的职业化影响，从根本上改变了自己的世界观，树立起职业的理想。在英国，自由职业者成为非经济中产阶级的主体；在法国，职业化的官员和文人们一争高下；在讲德语的国家，大学职业指导处按照各专业领域重新组织起来；在斯拉夫族地区中，民族主义和自由主义的职业人员开始出现，他们取代了激进的知识分子。如果忽略国家之间的差异，高深学问转变带来的一个重要结果便是现 387
代职业的形成。[79]

尽管教育界学者驻足于大学校门之内，而社会史学者又十分关注资本家问题，但我们仍有必要对职业化的影响进行充分研究。职业化进程对于高深学问机构来说相当重要，因为学术专业的兴起，为高等学校持续发展和分化，以及不断取得科学成就，都提供了强大的动力。而且，学术从业者职业生涯的转变，不仅保证大学毕业生能拥有间断性发展的就业市场，还强有力地推动了应用培训的精细发展。当然，一些在当时兴起的职业群体，如化学家或物理学家，主要是因工业化的第二阶段或第三阶段所带来的经济发展而出现的。对很多人来说，职业理想之所以具有吸引力，是因为它体现了一种在无限制竞争和财产安全之间妥协的精英阶层的观念，能在提供进入“择才而入的职业”的机会的同时，又能在一定程度上保证他们过体面的生活。在科学发展的背景之下，专业人员对社会问题的解决，

---

[78] 参见如下论文：E. Hobsbawm，‘Die englische *middle-class*，1780-1920’，H. Kaelble，‘Französisches und deutsches Bürgertum im Vergleich’，B. Strath，‘Die bürgerliche Gesellschaft Schwedens im 19. Jahrhundert’ and W. Dlugoborski，‘Das polnische Bürgertum vor 1918 in vergleichender Perspektive’，all in *Bildungsbürgertum*，79ff.。

[79] Jarausch，‘Higher Education’(note 15)，28ff.

也比外行或没有受过培训的竞争者更令人信服。[80]

尽管经常出现专业知识滥用的情况，但大学毕业生从整体上仍对人类福利做出了重大贡献。毫无疑问，一些受过良好培训的专业人员也卷入大屠杀和修建集中营的罪行，这些都是专业人员尽量试图遮掩的道德丑闻。[81] 然而，在更为自由的环境中，他们仍有助于推动社会的合理化，无论是在法律、卫生、教育还是技术领域。而且，虽然专业人员通常不会直接受到政治控制，但像律师这种重要职业群体，已经成为社会精英中极其重要的一个群体，到 1900 年时，律师在法国和比利时等国政府中已经占据了超过 1/3 的议席。[82] 在进行研究、发展经济、解决社会问题和治理国家方面，称职的专家正变得越来越不可或缺。

388

精选文献

Burrage, M. and Thorstendahl, R. (eds.) *The Professions in Theory and History*, 2 vols., London, 1990.

Charle, C. *Les intellectuals en Europe an XIXe siècle. Essai d'histoire comparée*, Paris, 1996.

Cocks, G. and Jarausch, K. H. (eds.) *The German Professions 1800-1950*, Oxford and New York, 1990.

---

[80] 1896 年，犹太工业家威廉·默顿（Wilhelm Merton）在缅因河上的法兰克福建立了一个“公共福利研究所”（*Institut für Gemeinwohl*），为他重要的慈善活动提供实用的科学方法。1901 年，他成立了社会科学和商学协会（the *Akademie für Sozial und Handelswissenschaften*），该协会在 1914 年成为缅因河上的法兰克福大学。

[81] 事例参见：M. Kater, *Doctors Under Hitler* (Chapel Hill, 1989)。

[82] Charle, 'Professionen und Intellektuelle' (note 44), 127ff., Art, 'Rapports' (note 73), 204-205. See W. Best, 'Abweichungen vom Sonderweg? Politische Modernisierung und Parlamentarische Führungsgruppen in Deutschland, 1867-1918', *Historial Social Research*, 13 (1988), 5-74; P. Lundrgeen, 'Akademisierung-Professionalisierung-Verwissenschaftlichung', *Geschichte in Wissenschaft und Unterricht*, 53 (2002), 678-687.

Cohen, G. B. *Education and Middle Class Society in Imperial Austria, 1848-1918*, West Lafayette, Ind., 1996.

Conze, W. and Kocka, J. (eds.) *Bildungsbürgertum im 19. Jahrhundert*, vol. Ⅰ: *Bildungssystem und Professionalisierung in internationalen Vergleichen*, Stuttgart, 1985.

Geison, R. (ed.) *Professions and the French State*, Philadelphia, 1984.

Goodland, S. (ed.) *Educating for the Professions*, London, 1986.

Huerkamp, C. *Der Aufstieg der Ärzte im 19. Jahrhundert. Vom gelehrten Stand zum professionellen Experten. Das Beispiel Preussens*, Kritische Studien zur Geschichtswissenschaft 68, Göttingen, 1985.

Jarausch, K. H. *Students, Society and Politics in Imperial Germany: The Rise of Academic Illiberalism*, Princeton, 1982.

Deutsche Studenten, 1800-1970, Edition Suhrkamp, n. S. 258, Frankfurt-am-Main, 1984.

Jarausch, K. H. (ed.) *The Transformation of Higher Learning, 1860-1930: Expansion, Diversification, Social Opening, and Professionalization in England, Germany, Russia and the United States*, Historisch-sozialwissenschaftliche Forschungen 13, Stuttgart, 1983.

Johnson, J. A. *The Kaiser's Chemists: Science and Modernization in Imperial Germany*, Chapel Hill, 1990.

Kassow, S. D. *Students, Professors and the State in Tsarist Russia*, V. E. Bonnell and L. Hunt (eds.), Studies on the History of Society and Culture 5, Berkeley, Los Angeles and London, 1989.

Kovacs, M. M. *Liberal Professions and Illiberal Politics: Hungary from the Habsburgs to the Holocaust*, Washington, 1994.

Locke, R. *The End of the Practical Man: Entrepreneurship and Higher Education in Germany, France, and Great Britain, 1880-1940*, Industrial Development and the Social Fabric 7, Greenwich, Conn., 1984.

Malatesta, M. (ed.) *Society and the Professions in Italy, 1860-1914*, Cambridge, 1995.

Manegold, K.-H. *Universität, Technische Hochschule und Industrie*, Schriften zur Wirtschafts-und Sozialgeschichte 16, Berlin, 1970.

McClelland, C. E. *State, Society and University in Germany 1700-1914*, Cambridge and New York, 1980.

McClelland, C. E. *The German Experience of Professions and their Organization from the Early 19th Century*, Cambridge, 1991.

389 Müller, D. K. *Sozialstruktur und Schulsystem. Aspekte zum Strukturwandel des Schulwesens im 19. Jahrhundert*, W. Rüegg and O. Neuloh (eds.), Studien zum Wandel von Gesellschaft und Bildung 9, Göttingen, 1977.

Perkin, H. *The Rise of Professional Society: England since 1880*, London, 1989.

Ringer, F. K. *Education and Society in Modern Europe*, Bloomington and London, 1979.

Rüschemyer, D. *Lawyers and their Society: A Comparative Study of the Legal Profession in Germany and the US*, Cambridge, 1973.

Siegrist, H. (ed.) *Bürgerliche Berufe: Zur Sozialgeschichte der freien und akademischen Berufe im internationalen Vergleich. Acht Beiträge*, Kritische Studien zur Geschichtswissenschaft 80, Göttingen, 1988.

Stone, L. (ed.) *The University in Society*, 2 vols., Princeton, 1974.

Titze, H. *Der Akademikerzyklus. Historische Untersuchungen über die Wiederkehr von Überfüllung und Mangel in akademischen Karrieren*, Göttingen, 1990.

Torstendahl, R. *Bureaucratisation in Northwestern Europe 1880-1985: Domination and Governance*, London, 1991.

Trow, M. and Nybom, T. (eds.) *University and Society: Essay on the Social Role of Research and Higher Education*, London, 1991.

第四编 学术

第十章　神学与人文学科 393

瓦尔特·吕埃格

导言[①]

自古典时代晚期开始，神学与人文学科就密切地联系在一起。这两者都主要以语言文字作品作为其基础；前者根植于各种版本的《圣经》，如《神圣经典》（Holy Writ）、《圣经》（Bible）、《圣典》（*to biblion*）、《书之书》（the book of books），后者则是基于语言的日常运用及其客观性载体，如书信、作品和书籍。三种语言学科（文法、修辞和辩证法）和四种数学学科（算术、几何、天文和音乐），以及基于它们的三种哲学形式（物理、道德和形而上学），组成了人文学科群（*artes liberales*），它们在中世纪被视为“神学的婢女”（*ancillae theologia*）。随着人文主义的出现，当语言学和历史学的方法融入神学领域中的经院哲学和辩证法之后，这种现象依然没有改变。在神学院内部和外部新设的希腊语、希伯莱语教席，以及后来的阿拉伯语和其他东方语言的教席，更关注于圣经著作和其他宗教作品。17 世纪教父神学出现，意味着人文主义者对“教父”的关注在神学院已被提升到一门学科的地位。同样，17 世纪人文主义方面对世俗历史

---

① 除了前言中提到的全国通讯者（National Correspondents），下面的同事为我提供信息或修改了我本章的相关部分：Carlo Bo, Urbinoe（†）；Peter Brang, Zurich；Rüdiger von Bruch, Berlin；Carl Joachim Classen, Göttingen；Jean-Baptiste Duroselle（†）, Paris；Thomas Finkenstaedt, Augsburg；Herbert Franke, Munich；Friedrich Wilhelm Graf, Munich；Willy Hirdt, Bonn；Axel Horstmann, Hamburg；Rudolf Sellheim, Frankfurt-am-Main；Stig Strömholm, Uppsala；Michael Werner, Paris。

(profane history)的兴趣也促进了神学学科中教会史的产生。

394 一方面，人文学院限于预科教育的功能，以德国新教大学为例，这里的学生直到 19 世纪还只能在一所高级学院完成他们的学业，这通常是神学院或法学院。著名古代学学者奥古斯特·沃尔夫（August Wolf，1759—1824），曾于 1777 年就读于哥廷根大学。据说他坚持要注册为一名语言学学生，而不是当时常见的神学院学生。另一方面，在近代的法国和英国，完成了人文学院的学业也就满足了教会低级职位的理论要求。实用性的神学训练是在后来的学院或神学院中进行的。[2]

自 13 世纪人文学院被禁止关涉有关神学问题开始，争论便开始出现了，并周而复始，这是因为它们在内容上与哲学，尤其是形而上学和神学有着密切联系，这也就是亚里士多德所谓的第一哲学（*prima philosophia*）。[3] 康德曾因其有关哲学著作涉及神学而于 1794 年被国王申斥过，1798 年他写下了《系科之争》（*Conflict of the Faculties*）一文，来捍卫人文学院的独立性，从学术上看，人文学院也的确优于那些高级学院，因为它们的课程内容是由政府控制的，它们就是要服务于政府的需要。[4]

到 19 世纪，人文学院无须再把自己从神学婢女角色中解放出来了。恰恰相反，艺术与科学的发展迫使天主教神学进入防御阶段，但新教神学则继续处于进攻态势之中，并在哲学和历史性质的文科学科中占据主导地位。在所有的这些发展中，它们之间相互联系是显而易见的，因此，将神学与人文学院那些关注于语言活动的学科相结合起来，诸如文艺、人文、文字、文学、文化哲学（*lettere e filosofia*）、精神科学（*Geistewissenschaften*）也是行得通的。历史在人文学院成为一门独立的学科，这是人

---

② 关于法国：Verger，*Universités en France*，191。在英国，仅在 19 世纪初，举办神学讲座才成为牧师职位的必需条件（*History of Oxford*，V，401-411）。

③ B. Uhde，'Katholische Theologie und neuere Philosophie'，in G. Stephenson，*Der Religionswandel unserer Zeit im Spiegel der Religionswissenschaft*（Darmstadt，1976），248ff.

④ I. Kant，*Der Streit der Facultäten in drey Abschnitten*（Königsberg，1798）；quotation in I. Kant，*Studienausgabe*，vol. Ⅵ（Darmstadt，1964），263-393，esp. 300.

文主义的成就，本卷将根据联合国教科文组织的分类将其与社会科学一起论述。

两门“书本学科”（book sciences）之间的密切联系，不仅显示了古典语言学家对《新约》研究的重要贡献，如卡尔·拉赫曼（Karl Lach- 395
mann，1793—1851）的批判，或理查德·赖岑施泰因（Richard Reitzensten，1861—1931）对圣保罗作品中希腊文化背景的建构。而且在重要神学家的传记中也得到了反映。柏拉图著作的经典德文译本，就是神学教授弗里德里希·施莱尔马赫（Friedrich Schleiermacher，1768—1834）的译作，它至今仍在出版。神学家大多都愿意进入哲学院，比如卡尔·策勒（Eduard Zeller，1814—1908）和尤利乌斯·韦尔豪森（Julius Wellhausen，1844—1918）。两人通过对《圣经》的批判，在同事之间挑起了一次神学骚乱（*rabies theologica*）——事实上，策勒甚至挑起了 1847 年柏林的一次暴乱。闪族语教授韦尔豪森继续保持着其对《旧约》的前沿研究，而策勒则是作为哲学教授，声名远扬德国之外，尤其是其关于希腊哲学的里程碑式的研究。1914 年海德堡大学的体系神学教授，也是宗教自由主义主要代表之一的恩斯特·特勒尔奇（Ernst Troeltsch，1865—1923），接受了柏林大学的哲学教席。直到 19 世纪下半叶，天主教神学的关键性进展都要归功于语言学家和人文学者（*hommes de lettres*）的工作，这将在下一节中论述。

天主教神学与教皇至上主义的影响

就像第 2 章中描述那样，法国大革命就像一场大地震，震撼了欧洲，它也导致了大学的深刻断层。受影响最深的还是天主教教育。世俗化带来了两方面的重要变化：随着对教会土地的没收，教皇的经济基础瓦解了；而且随着启蒙运动的胜利，教皇作为理智和精神保护人的角色也受到了挑战。这使得教皇在本卷涵盖的历史时期中，几乎无一例外地受到压制，并遭遇到新运动的挑战，这也不再是神学辩论，而是一种高压手段。

1863 年，著名的慕尼黑教会史学家伊格纳茨·冯·德林格（Ignaz von Döllinger，1799—1890）宣称，德国神学家要用“枪”来捍卫天主教
396 教义，而与此同时罗马人用的还是“弓和箭”。[5] 他谴责的目标主要是教皇至上主义（ultramontanism），即罗马教廷反启蒙运动的传统主义和教会政治的集权观，这在拿破仑垮台后随着罗马权威的复兴而出现，在庇护九世（Pius Ⅸ）任教皇期间达到权力顶点，并随着第一次梵蒂冈大公会（First Vatican Council，1870）上教皇无谬论的提出而实现了教条化。

大学中的教皇至上主义首先反映在对那些持反对意见教授的处罚上。伊格纳茨·冯·德林格因在教学中猛烈攻击教皇无谬论，于 1871 年被逐出教会并被迫放弃了他在大学里的神学学说；之后国王路德维希二世（Ludwig Ⅱ）旋即任命他为巴伐利亚科学学院终身院长。而其他教授则要么退出了教学活动，要么放弃了职位。继更乐于接受现代精神的利奥十三世（Leo ⅩⅢ，1878—1903）教皇之后，庇护十世（Pius Ⅹ，1903—1914 担任教皇）在 1907 年的《教皇通谕》（*Pascendi dominici gregis*）中裁定现代主义是“所有异端的源泉”，并于 1910 年要求所有从事传教和教学活动的牧师都必须进行所谓的反现代主义者宣誓。它“旨在清洗那些秘密抱有现代主义思想的有罪的神学家，将他们清除出教学和牧师队伍，从而防止教会信仰和生活的内部腐化”[6]。这一宣誓要求直到第二次梵蒂冈大公会才被正式废除，但在德国大学，它由于遇到强大的阻力而没有实行。

教皇至上主义导致的一个影响深远的体制性后果就是，神学普遍退回到由主教和宗教教派管理的神学院中。与大学中的学院相比，这能更好地

---

⑤ H. Jedin(ed.), *Handbuch der Kirchengeschichte*(*HKG*), vol. Ⅵ: *Die Kirche in der Gegenwart*, Erster Halbband: *Die Kirche zwischen Revolution und Restauration*, 2nd edn(Freiburg, Basle and Vienna, 1985), 673. 如果没在其他地方提及，下面关于天主教教会史的信息来自这部著作，包括第二部分‘Die Kirche zwischen Anpassung und Wilderstand(1878-1914)’, 2nd edn (Freiburg, Basle and Vienna, 1985)。第一部分中关于神学的一章是由 R. Aubert, Louvain 写的，第二部分是由 O. Köhler, Freiburg im Breisgau 写的。

⑥ W. Reinhard, ‘Modernismus’, *Lexikon für Theologie und Kirche*(*LThK*), 2nd edn (Freiburg im Breisgau, 1934), vol. Ⅶ, 253.

维护正统信仰，这是因为在教会的监督之外，大学的神学教授仍享有较大的教学自由。罗马教皇拒绝承认在1806—1808年间在巴黎、波尔多、里昂和鲁昂（Rouen）重新开学的神学院，这使得它们的学位失去了实际价值，一开始它们每年培养的毕业生不足10人，到19世纪中期也仅仅上升到20人。1885年当这些学院关闭的时候，它们的学生总数也不足50人。[7] 1886年，出现了另一种更多产的知识来源，那就是巴黎高等研究实践学院（*Ecole Pratique des Hautes Etudes*）引入了宗教学中的Ve部分（*Ve Section des sciences religieuses*）。[8]

西班牙的神学院在自由主义和反教权改革中幸免于难。1854年，为了培养高级牧师，神学院再次被引进到马德里、圣地亚哥、萨拉戈萨 397
（Zaragoza）和塞维利亚（Seville）大学中。但它们过于僵化，为了避免大学的尴尬，它们于1868年被废除。在最初十年中只有一位教授出版过著作。“神学研究在神学院中避难；而国立大学在这十年所进行的研究，在数个世纪之后依然遥遥领先，并充斥着（大学中的）讲堂。”[9]

在意大利，神学教学也集中在培养牧师的神学院中。统一之前，神学院在各个小公国中都存在，比如两西西里王国（Kingdom of the Two Sicilies）。[10] 在梵蒂冈本土，也曾因1831年和1833年的《学习圣会》（*Sacra congregazione degli studi*）法令被迫暂停，教学被转移到培养主教的神学院和各教派的学校中去。[11] 1861年后，意大利王国废除了国立大学中的所

---

[7] Verger, *Universités en France*, 274-275.

[8] E. Durkheim(ed.), *La vie universitaire à Paris* (Paris, 1918), 188-191.

[9] Peset, *Universidad Española*, 712-728. 关于学院的重新引入，参见723ff.; for publications 514ff., quotation 717。

[10] G. Libertini, ‘La Università di Catania dal 1805 al 1865’, in M. Catalano *et al.*, *Storia della Università di Catania dalle origini ai giorni nostri* (Catania, 1934), 314-317.

[11] A. Sorbelli, ‘L'Università di Bologna e la rivoluzione del 1831’, *Studi e Memorie per la storia dell' Università di Bologna*, 9(1926), 166-187. 关于1931年9月12日以来的法令，参见167ff.。

有神学院。[12]

在一些特殊情况下，罗巴教派也曾批准成立设有神学院的天主教大学。这其中就包括 1834—1835 年成立的鲁汶大学，它也是比利时主教改革的成果之一。1875 年，法国主教根据教学自由的新法律，按照鲁汶的模式在安格斯、里尔、里昂、巴黎和图卢兹创建了天主教大学或神学院。1889 年，瑞士创建了弗赖堡天主教大学，并得到教皇许可，引入了由多明我会修士（Dominicans）掌管的神学院。[13]

在德国和奥匈帝国，罗马教廷仅能部分地使用教皇至上主义来控制神学。1805 年，美因兹（Mainz）建立了一所主教神学院，并用其取代了在世俗化过程中消失的大学。这家神学院经过了短时间的停办之后，成为并一直是严格的教会神学的倡导者。直到 19 世纪末，牧师的培训一直是神
398 学院中最主要的内容。但与拉丁语国家相比，德国的天主教神学院发现它们深陷于与一些大学中相当的新教神学院进行深入的理性对话，这不仅从方法上看更具学术性，而且还能维持其地位，并使其立足于此，学习天主教神学的学生数如下图所示：

	1891/1892	1912/1913	1937/1938
克拉科	66	90	
图宾根	172	160	230
曼斯特（Münster）	264	308	592
因斯布鲁克	275	429	453

---

⑫ P. Nardi，'Italie'，in Jílek(ed.)，*Historical Compendium*，84.

⑬ 在法国，大学这个名称自 1880 年以来仅被用于国立大学，天主教大学被称作 *Faculté libre* 或 *Institut catholique*。参见附录：'European Universities and Similar Institutions in Existence Between 1812 and the End of 1944'。关于教皇至上主义对建立 Fribourg 大学的影响：M. Zürcher，'G. Ruhlands"Wirtschaftspolitik des Vaterunsers". Genese，Logik und Wirkung'，in N. Graetz and A. Mattioli(eds)，*Krisenwahrnehmungen im Fin de siècle. Jüdische und katholische Bildungseliten in Deutschland und der Schweiz*(Zurich，1997)，211-229。

它们主要在以下领域提供教授职位：《旧约》和《新约》注释、护教学（apologetics）、普通或特殊教义学，以及教会史，教会法，实践、道德和教牧神学，有时还包括普宗教通识学（general religions studies），基督教考古学和传教学。[14]

在德国和奥匈帝国有 16 所天主教神学院不仅培训牧师，也负责重要的神学理论创新。它们证明了密切天主教学者和非天主教研究之间的联系的优势，这对其工作也产生了卓有成效的影响，但这之所以成为可能，是因为它们提供了较大的自主权——“真正脱离了正确的教条”。[15] 教义学者格奥尔格·赫米斯（Georg Hermes，1775—1831）曾于 1819—1831 年在波恩从事教学活动，由于其学派在德国和外国大学中赢得了很多重要的皈依者，因此几十年以来他的学说备受谴责。首先是 1835—1836 年被格列高利十六世（Gregory XVI）的谕令和法令责难，后来在 1846 年受到庇护九世教皇通谕（*Qui pluribus*）的谴责，最后是在 1870 年的第一次梵蒂冈大公会上受谴责。赫米斯学派（Hermesians）的信徒们要么被迫放弃他们的教学活动，要么失去他们的教授职位。赫米斯在理性证明的基础上构建了其神学理论，他认为信仰是人类自发的产物，是道德—理性的统一体。[16]

与之相反的是图宾根学派，它将谢林（Schelling，1775—1854）的超验唯心论及其对神秘知识的高度重视，和黑格尔的现世精神（living spirit）及其渐进式的实现观相结合，植根于浪漫派的天主教神学。其影响扩 399
展到曼斯特、布瑞斯高的弗赖堡，尤其是在吉森（Giessen），1830—1851 年此地的美因兹主教神学院被天主教神学院所取代。图宾根学派把历史维度引入教义学，这种特点在图宾根史学家卡尔·黑弗勒（Karl Hefele）所

---

⑭ 关于所涉及大学的信息，参见 *Minerva, Jahrbuch der gelehrten Welt*, 22(1912/13)(Strasburg, 1913); 33(1938), Abteilung Universitäten und Fachhochschulen, I. Bd: Europa(Berlin, 1938)。

⑮ *HKG* VI, 1(note 4), 290.

⑯ C. Andresen and G. Denzler, *dtv Wörterbuch der Kirchengeschichte*(Munich 1982), 258ff.

编的不朽著作——七卷本“会议史（*Conciliengeschichte*）”中得以体现。

1825 年，慕尼黑大学取代了兰茨胡特（Landshut），对欧洲的天主教主义发挥了重要的影响，这种影响甚至波及神学之外。正是在这里，新教哲学家谢林综合了基督教，使其与天主教主义更加接近。前面提到的历史学家德林格（Döllinger）也赋予天主教教会史以新活力，神智学者（theosophist）、哲学家弗朗兹·克萨韦尔·冯·巴德尔（Franz Xaver von Baader，1765—1841）也为思辨教义学做出了同样的贡献。具有文化史学家和“政治预言家”⑰ 双重身份的约瑟夫·冯·格雷斯（Joseph von Görres，1776—1848）则在这里为其内容广泛多样的出版事业找到一个学术舞台。

德国后来在“天主教改革派”（Reformed Catholicism）的发展中发挥了作用，努力实现了现代科学和自由理念之间的对话。在这一过程中，它遭到教皇至上主义者的强烈反对，这些教皇至上主义者在 1879 年后在新经院哲学主义（New Scholasticism）中找到了新的教条基础。对中世纪经院哲学家的研究也使得这场运动获得了历史指向性，其中这些经院哲学家包括了慕尼黑大学教授克莱门斯·博伊默（Klemens Bäumer，1853—1924）、马丁·格拉布曼（Martin Grabmann，1875—1949）、鲁汶大学的教授莫里斯·德·沃尔夫（Maurice de Wulf，1867—1947）和梵蒂冈图书馆和档案馆的馆长弗朗兹·埃尔勒（Cardinal Ehrle，1845—1934），以及蒂罗那·多米尼卡（Tirolean Dominican）和一度担任格拉茨大学教授的海因里希·德尼夫勒（Heinrich Denifle，1844—1905），德尼夫勒也都在充分占有资料的基础上撰写了首部中世纪大学史。⑱ 1911 年，曼斯特（Münster）的约瑟夫·施米德林（Joseph Schmidlin，1878—1944）将天主教传教学列为大学中的一门学科。结果，在两次世界大战之间，许多国家纷纷为这门新学科设立教授席位。实际上，1932 年罗马的格雷戈里纳

---

⑰ Achim von Arnim, quoted by H. Raab, ‘Görres’, in *Staatslexikon*, 7th edn (Freiburg, Basle and Vienna, 1986), vol. Ⅱ, 1081ff.

⑱ See vol. Ⅰ, p. xxiii.

大学（Gregoriana）和宣教会学院（Propaganda College）也都设立了传教学学院。[19]

在法国，就像我们已经提到的那样，直到 1875 年，牧师培训完全掌握在神学院手中。在欧内斯特·勒南（Ernest Renan，1823—1892）的《童年与青春的记忆》中，他怀着对其前任教师的崇敬之情，称神学院在神学上是基于传统教义的，是与其保持一致的教科书。[20] 然而，在巴黎的圣叙尔比斯（Saint Sulpice）神学院，鼓励学习犹太语，并将其视为研习《圣经》的基础。对于斯特拉斯堡（Strasburg）的神学院及其所属的、位 400
于莫斯翰（Molsheim）的高等研究学校（*École des Hautes Études*）而言，它们更深刻地受到了德国大学发展的影响。在保存至今的 80 所牧师培训学校中，它们都不用科学的方法来从事神学研究。因而，任何神学创新都来自——起先处于辩护的目的——像夏多布里昂（Chateaubriand，1789—1848）、博纳尔（Bonald，1754—1810）这样的作家，和受格雷斯（Görres）影响的费迪南德·冯·埃克斯泰因（Dane Ferdinand von Eckstein，1790—1861），以及最重要的个体研究者费利西泰·德·拉梅内（Félicité de Lamennais，1782—1861）。他的作品充满激情、引人入胜，尤其是他在 1817 和 1823 年间出版的四卷本《关于宗教冷漠的论文集》（*Essai sur l'indifférence en matière de religion*），不仅在半个多世纪以来对法国、比利时、意大利和英国的天主教哲学和神学产生了巨大影响，而且还引发了德国赫米斯主义（Hermesianism）的发展。他把神学知识建立在最初揭示上帝的常识观念（*sens commun*）上，即人类的普遍理性，并发展了关于政教分离的思想，这孕育了在鲁汶、都柏林以及法国建立天主教大学的基石。他最初作为教皇至上主义的同盟而受打击，特别是其革命性的社会学说受到教皇的指责，他的这些学说于 1834 年结集出版，并在公众中大获成功。然而，他自始至终都坚持其宗教社会主义（religious so-

⑲ *HKG* Ⅵ,2(note 4),593-597.

⑳ 特别参见标题为“Le séminaire d'Issy”一章。

cialism）的立场。[21]

欧内斯特·勒南的一生及其著作是非凡的，且影响深远的。他在圣叙尔比斯神学院学会了希伯来语，但通过对《圣经》的语言学研究，开始对天主教教条表示不满，并决定离开神学院。在完成了关于阿拉伯的亚里士多德评论家阿威罗伊（Averroes）的前沿研究，并参与了巴勒斯坦文物的挖掘之后，他于 1862 年被选为法兰西学院希伯来语教授。他的就职演说以及 1863 年出版的《耶稣传记》（*Vie de Jésus*），独创性地发展了德国关于耶稣生平的研究，他并没有把耶稣描述为上帝的儿子，而是将其视为一位改变历史进程的天才人物；这些都引起了相当多的争论，因此 1864 年在法国主教团的干预下，他被剥夺了职位，直到 1871 年帝国垮台之后才得以复职。他对闪族语的专门研究的影响力远不及他那辞藻华丽的宗教史以及哲学、文化和政治著作，他在其中不仅捍卫了研究和教学的自由，而且也捍卫了宗教和政治的自由主义。[22]

401

教皇对现代主义的艰难胜利

1864 年，庇护九世（Pius Ⅸ）发表了《现代错误学说汇编》（*Syllabus errorum in Europa vigentium*）。现代主义的主要代表阿尔弗雷德·卢瓦西（Alfred Loisy，1857—1940）挑起了上文所提及的庇护十世（Piux Ⅹ）1907 年和 1910 年的声讨，他自 1881 年以来就在巴黎天主教学院（*Institut Catholique*）任希伯来语教授，自 1889 年起任《圣经》诠释学教授。1893 年，他失去了教授职位，但到 1900 年他又得以继续在国立高等

[21] J. -B. Duroselle, *Les débuts du catholicisme social en France 1822-1870* (Paris, 1951).

[22] I. Goldziher, *Ernest Renan als Orientalist* (Zurich, 2000) (German translation of *Renan Mint Orientalista*, commemorative address, delivered in 1894 at the Hungarian Academy), Introduction by F. Niewöhner; O. Chadwick, *The Secularisation of the European Mind in the Nineteenth Century*, The Gifford Lectures in the University of Edinburgh for 1973-4 (Cambridge, London, New York and Melbourne, 1975), 212-224.

实践研究学校的宗教学科中任教，再后来从1909年起又在法兰西学院教学。他支持与神学教义相关的《圣经》批判自主权，并试图发展一种基于《新约》的护教学（apologetics），这使得教会的教义相对化。他的研究成果遭到了教皇的谴责，他自己也于1908年被逐出教会，但与此同时（他的研究成果）却在法国内外引起了广泛的共鸣。多明我会修士艾伯特·拉格朗日（Albert Lagrange，1855—1938）用历史方法来研究《旧约》，虽然这从学术方法上看是至关重要的，但其影响力仅限于专业人士。1890年，拉格朗日在他所属教派的支持下，在耶路撒冷建立了《圣经》研究实践学校（*École pratique des études bibliques*），但后来由于他的多部作品受到谴责而于1912年被解职。[23]

鲁汶天主教大学创建于1834年，拉梅内（Lamennais）的杰出信徒把持着大学中的要职。格扎维埃·德·拉姆（Xavier de Ram，1804—1865）是运用原始资料撰写国家教会史的第一人，他在这所大学中担任校长长达31年，直到去世。在宗教研究领域，这所新大学是以东方学研究著称。多亏了德·拉姆的倡议，耶稣会才能在相隔50年后获准继续出版不朽的巴朗（Bolland）版《圣徒行录》（*Acta Sanctorum*）。在“鲁汶学派”掌门人、哲学教授格哈德·乌瓦格（Gerhard Ubaghs，1800—1875）不懈努力下，成功地在柏拉图哲学和奥古斯丁哲学传统之上构建了形而上学，他关于将所有理智上可知觉的真理与全能的上帝相等同的本体论思想，是拉梅内思想的延续。出于对新筹建的天主教大学的考虑，在罗马，乌瓦格的教学起初并没有受到公开批评，但在德·拉姆去世后，他们于1869年对其进行谴责，结果就是乌瓦格被迫屈服并辞职。 402

在意大利，复兴运动（Risorgimento）的结果，就是使得教皇国备受抨击。虽然最终该运动被废止，但与其他国家相比，教会面临更为强烈的政治与神学挑战。曾受过哲学教育的安东尼奥·罗斯米尼伯爵（Antonio

[23] C. Theobald, ‘L’ exégèse catholique au moment de la crise moderniste’, in C. Savart and J.-N Aletti (eds.), *Le monde contemporain et la Bible* (Paris, 1985), 387-459.

Rosmini，1797—1855）在 1826 年创建了仁爱法规公会（*Congregation Institutum Charitatis*），在他的形而上学中，将教会的超自然本质与其在维持人类个体内在自由社会机制方面的职能相结合。他抨击了教会干预政府、疏远人民，以及各种形式的理性和政治绝对论，并为教会与世俗社会进行对话、达成教会的内在新生，构建了一套具有连贯性的哲学体系。庇护九世在任教皇之初，想委任他担任红衣主教秘书（Cardinal State Secretary），但却因遭到教皇至上主义者的反对而搁浅。实际上，到 1849 年，他们成功地在教会政治中谴责了罗斯米尼的著作；到 1887 年，对他的审查管制已有 40 条之多；但在这之前，罗斯米尼的许多思想早已超出了自己的圈子，并“攻占了意大利北部的诸多大学里的教职和研究班”[24]。教皇至上主义者发起的所有制裁，在罗斯米尼看来都是无效的，现代主义在罗马是不可遏止的。现代主义的杰出代表、罗马牧师神学院中的教会史学家埃内斯托·博纳尤蒂（Ernesto Buonaiuti，1881—1946）的关于纯粹精神、社群取向、教会角色和激进的福音伦理学说，对意大利的教会改革产生了刺激性的影响。他于 1906 年被革职，1915 年又在罗马国立大学被授予教会史教席。1924—1926 年，他被逐出教会。作为一个在国际上享有盛誉的教会史及其教义学权威，1932 年他因拒绝向法西斯宣誓效忠而被革职，到 1944 年时却并没有得以复职，这是因为他之前曾被开除教籍。

天主教神学的另一次革新运动，就是圣·托马斯·阿奎那本源学说的复兴，并最终在新经院哲学的胜利中达到了高潮。这也得到了准教皇（unqualified papal）的全力支持。在温琴佐·布泽蒂（Vincenzo Buzzetti，1777—1824）教授托马斯主义的皮亚琴察（Piacenza），耶稣会的学说引起了人们的注意，这个人就是后来的利奥十三世（Leo Ⅷ）。利奥根据 1879 年教皇通谕《永恒之父》（*Aeterni Patris*）就任教皇后，就宣布托马斯主义为教会的官方学说，并以此对当代世界中存在的问题进行充分的回

---

[24] *HKG* Ⅵ，Ⅰ(note 4)，307.

应。[25] 这使得吸引了中世纪经院哲学学者的新经院哲学传播开来，部分是 403
通过教皇的格雷戈里纳大学来传播的，部分是通过教皇支持的大量组织、出版和会议来传播的。一方面，它导致了许多毫无意义的辩论，比如关于前面提到的反对罗斯米尼 40 项宣判的辩论；另一方面，它也促使了更新后的天主教教义的广泛传播。在两次世界大战之间，它的主要倡导者是哲学家雅克·马利坦（Jacques Maritain，1882—1973），1906 年他从新教皈依，并从 1914 年起在巴黎的天主教学院任教，然后又到了加拿大和美国任教。继有关知识理论和道德与社会哲学等影响广泛的研究成果之后，他于 1936 年完成了《完整的人道主义》（*Humanisme intégral*），为天主教教义和马克思主义之间日益严峻的对峙提供了哲学基础。同样也是在 20 世纪的法国，温和的反经院哲学的现代主义开始繁荣，其主要人物为耶稣会士德日进·德·夏尔丹（Teilhard de Chardin，1881—1955），他旨在通过科学的进化论来复兴神学。同时，还有亨利·德·吕巴克（Henri de Lubac，1896—1991），他的《新神学》（*Nouvelle Théologie*）曾在 1950 年遭到教皇庇护十二世的《人类通谕》（*Humani generis*）的声讨，然后在 1983 年约翰·保罗二世为其恢复名誉，并任命他为红衣主教。

整体而言，罗马教皇深感自己在神学上陷入四面楚歌之中。这种印象事实上早在利奥十三世时就已产生。1899 年，他在写给法国主教的一封教皇通谕中，就指责现代主义者打破了原本坚不可摧的城墙。[26] 值得注意的是，唯一一部受到庇护九世支持的前沿学术著作是对罗马早期教会的考古学调查，这对教皇的最高权力而言是至关重要的。乔瓦尼·德·罗西（Giovanni de Rossi，1822—1894）在这项调查过程中尽力把天主教的基督教考古和碑文调查建立在科学的基础之上。

正如前面所谈到的，如果德林格在 1869 年能够指责罗马以“弓和箭”

㉕ *HKG* Ⅵ,2(note 4),316-327,quotation 317.

㉖ Theobald,Exégèse(note 22),400;cf. H. Gazelles,‘L’exégèse scientifique au XXe siècle: l’Ancient Testament’,in Savart and Aletti(eds.),*Monde contemporain*(note 22),454:‘En fait, comme on l’a dit,l’Eglise catholicque se mettait “en état de siege”.’

这种不合时宜的传统神学保护手段来护卫天主教教义，那么后来的情形就不完全是这样了。利奥十三世甚至利用自己的声望参与这场神学对抗中来，他们利用教皇至上主义这座层层防御的城墙来对抗现代主义，打开了寻求发展的城门，并最终导致第二次梵蒂冈大公会的出现。梵蒂冈之外的教皇至上主义和现代主义的紧张关系，已转变为相互促进的讨论和研究。
404 在许多学术期刊和手册[27]、词典[28]、普通人士和专业研究者的讨论论坛[29]，以及一系列的国际学术会议中都能找到端倪。这种组织形式首次出现在1888 年，是由巴黎天主教学院的创始人，亦即院长莫里斯·迪尔（Maurice d'Hulst，1841—1896）组织的，最后一次是 1891 年在瑞士的弗赖堡，约有 3000 人参加。[30]

在教皇至上主义和现代主义之间，没有人比约翰·亨利·纽曼（John Henry Newman，1801—1890）所扮演的角色更为显著和进步，德林格把他描绘为现代罗马天主教最重要的智囊。[31] 这位牛津大学的牧师，在深入

㉗ *HKG Ⅵ*，1 和 2 中的著作目录缩写（注释 4），包括 1838—1939 年出版的 85 份期刊，以及同一时期的 20 多本关于天主教神学的手册；参见 Savart and Aletti(eds.),*Monde contemporain*(note 22),454。

㉘ H. J. Wetze and B. Welte(eds.),*Kirchenlexikon oder Encyclopädie der kath. Theologie und ihrer Hilfswissenchaften*,13 vols.(Freiburg,1847-56)(predecessor of the *HLK*(note 4);J. Gillow(ed.),*A Literary and Bibliographical History*,*or Bibliographical Dictionary of the English Catholics from the Breach with Rome in 1534 to the Present Time*,5 vols.(London and New York,没有日期[1885-];rpt. New York,1968;Tokyo and Bristol,1999);F. Vigouroux(ed.),*Dictionnaire de la Bible*,5 vols.(Paris,1895-1912);C. Herbermann et al.(eds.),*The Catholic Encyclopedia*,17vols.(New York,1907-1922);A. d'Alès(ed.),*Dictionnaire apologétique de la foi catholique*,4 vols.(Paris,1911-1928);A. Baudrillart et al.(eds.),*Dictionnaire d' histoire et de géographie ecclésiastique*(Paris,1912-);A. Vacant,E. Mangenot and E. Amann(eds.),*Dictionnaire de théologie catholique*,15 vols.(Paris,1930-1950).

㉙ 1876 年，在格雷斯（Görres）100 周年诞辰时创建了'Görres-Gesellschaft'，1891 年'Leo-Gesellschaft'成立，利奥十三教皇予以赐名。

㉚ *HKG Ⅵ*,2(note 4),263-264.

㉛ 引自：V. Conzemius,'Kirchenvater der Neuzeit. Zum 100. Todestag von John Henry Newman',*Neue Zürcher Zeitung*,178(4-5 August 1990),49。

地学习了教父学并在倡导英国国教改革失败后，皈依了天主教。尽管他时常反对现代主义潮流，并接受了教皇无谬论学说，但教皇至上主义者却认为他是“自由的”，因而是不够格的，他甚至在1859年被一位英国教皇发言人宣布为“英国最危险的人”，简言之，他的思想和行动证明他是一位独立的神学知识分子，他虽然执着于用教义来巩固信仰，但他对当代科学发现也持有严肃的态度，并试图用它们来叙述自己的神学著作。纽曼的这种做法也使自己从早期左派与右派的战友中孤立出来。这令他的自由派盟友阿克顿男爵（Lord Acton，1834—1902）大为失望，作为一名史学家和天主教改革派成员，阿克顿对他的老师德林格保持着一以贯之的忠诚。纽曼在1879年被教皇利奥十三世任命为枢机主教之前，他一直都被牛津的同道皈依者、威斯敏斯特（Westminster）的教皇至上主义大主教、红衣主教曼宁（Manning，1808—1892）视为可疑的人物。[32] 在被任命为1851年建立的都柏林天主教大学的第一任校长后，纽曼发现自己不能实现他1852年在《大学的理想》（*Discourses on the Idea of a Uninersity*）一书中所阐述的一所理想大学的理念，于是在1858年辞职。这部独特的著作植根于19世纪的理念，他的神学思想是围绕着良知的圣洁展开的，这在 405
第二次梵蒂冈大公会之前对天主教神学的复兴具有持久的影响。[33]

新教神学作为大学研究的一门学科

由于法国大革命的爆发及其后续影响，截止到1850年，欧洲幸存下来的大学仅有100所，并且其中三分之二的大学是在天主教国家。[34] 剩下的1/3则包括：俄国的4所东正教大学，苏格兰、荷兰和瑞士的10所新

---

[32] E. Norman, *The English Catholic Church in the Nineteenth Century* (Oxford, 1984), 287-344 (ch. 7: 'Catholic learning').

[33] J. Roberts, 'The Idea of a University Revisited', in I. Ker and A. G. Hill (eds.), *Newman after a Hundred Years* (Oxford, 1990).

[34] 参见第二卷中的地图，102ff.。

教大学，国教派的牛津和剑桥大学，以及斯堪的纳维亚和德国的17所路德教大学。这一小部分，尤其是德国的学院，在19世纪把神学变成一门在大学享有学术声望的学科。其中的原因并不是特别重要，那就是担任政府官员的新教牧师大多受过大学教育。1893年，在柏林大学的4870名学生中有620名学生，哈勒大学的1472名学生中有585人学习福音神学；1891至1892年，莱比锡大学学习神学的学生与学生总人数的比例是451∶3307，乌普萨拉大学是347∶1476，图宾根大学是306∶1185。相比之下，学习天主教神学的学生只有172名。[35]

出现这种优势的一个更重要原因在于，缺乏具有普遍约束力的教义和教会规章的多样化，这使得学院从一开始就在教学中体现出多样化的理念；对教授而言也是如此，被一个邦国开除的教授，可以在另一个邦国重新任教。因此，教义的多元化发展，在大学之间要比在大学内部多得多，而且它也没有淹没在绝对论的辩论之中，反而促进了富有学术成效的辩论，并鼓励了具有宽容精神的国王为教学自由提供保障。在学术自由普遍
406 盛行的19世纪，尽管不是没有遭遇过诸如1819年《卡尔斯巴德法令》(Carlsbad Decress of 1819)这样的倒退，但教义的多元化后来还是与民众或学院对正统教义的反馈结合在了一起，这种渐进式的发展也体现在新教神学中。[36]

---

[35] 有关大学的信息，参见 Minerva,Jahrbuch(note 13),2(1892/93). 1918年后关系被颠倒。1928/1929年，德国大学培养了2166名天主教神学的学生和1895名新教神学的学生；1938/1939年，学习天主教神学的学生有2971名，学习新教神学的学生有878名[*Empfehlungen des Wissenschaftsrates zum Ausbau der wissenschaftlichen Einrichtungen*, vol. Ⅰ: *Wissenschaftliche Hochschulen*(Tübingen,1960),462]。关于1914年德国新教学院的教学团体和神学发展的的数字：F. W. Graf,'Rettung und Persönlichkeit,Protestantische Theologie als Kulturwissenschaft des Christentums',in R. vom Bruch, F. W. Graf and G. Hübinger(eds.), *Kultur und Wissenschaften um 1900*, *Krise und Glaube an die Wissenschaft*(Stuttgart,1989),104ff.。

[36] 关于德国学术自由的历史：R. A. Müller,'Vom Ideal der "libertas philosophandi" zum Dogma der "Freiheit der Wissenschaft"(1848/9-1918/9)',in C. Friedrich(ed.), *Die Friedrich-Alexander-Universität Erlangen-Nürnberg*, *1743-1993*, *Geschichte einer deutschen Hochschule*, Ausstellungskatalog(Erlangen and Nuremberg,1993),65-76。

这种发展是由弗里德里希·施莱尔马赫（Friedrich Ernst Daniel Schleiermacher）发起并经由长时间的塑造形成的。20 世纪与其神学地位相当的卡尔·巴特（Karl Barth，1886—1968）曾说，施莱尔马赫是 19 世纪名副其实的教会之父。他不仅创建了一个学派，而且造就了一个时代，[37] 他在柏林大学的创建中也发挥了同样重要的作用。因此，在追溯神学成为大学中的一门学术科目的发展过程时，极有可能要回到柏林大学奠定的新基石之上。1808 年，施莱尔马赫提交了一份关于现代大学的详细报告。[38] 威廉·冯·洪堡在他掌管普鲁士教育系统的 16 个月中，将其推到了实现的边缘，并于 1810 年发表了一系列意义深远的并具有实践意味的备忘录，之后他才将执行的职责移交给了施莱尔马赫领导下的“启动委员会（start-up commission）”。柏林大学是现代大学中实现教学与科研相结合的典范，并总是与洪堡这个名字联系在一起，这在第 2 章中已有论述。

我们这里关注的是神学院的影响。1810 年 5 月 24 日，施莱尔马赫起草了关于建立神学院的重要报告，并开始着手任命他的同事——一开始是两位。[39] 他最喜爱的理念之一，就是在大学中引入一种特殊的崇拜形式，这虽然没能实现，但也表明了他对神学作为一门学术性学科的理解及其转向实践应用的方式方法：“如果我们能把学术精神与宗教意识统一起来，并把它转变成一种客观现实，那么这将极有可能为我们消除宗教世界与科学、商业世界之间的隔膜奠定基础，甚至还可以促进那些献身于这项事业的人们的内在提升。”一方面，神学实践的目的是要赋予科学和实际生活 407
以宗教意义。这是比以宗教灌输为道德教育核心的学校教育更为重要的，这就是说，“在学习期间，年轻人吸收的东西是在自由自主中获得的，并

[37] K. Barth, *Die protestantische Theologie im 19. Jahrhundert. Ihre Vorgeschichte und Geschichte*(Zurich, 1947; 6th edn 1994), 379.

[38] F. Schleiermacher, *Gelegentliche Gedanken über Universitäten im deutschen Sinn. Nebst einem Anhang über eine neu zu errichtende*(Berlin, 1808).

[39] M. Lenz, *Geschichte der königlichen Friedrich-Wilhelms-Universität zu Berlin*, vol. Ⅰ: *Gründung und Ausbau*(Halle, 1910)；关于“筹备委员会”，参见第 220 页；来自报告中的引用，第 221—223 页；关于他的同事 Marheineke and De Wette 参见第 224—227 页。

将完全融入他们的品格之中”。[40]

另一方面，“科学精神与宗教意义的结合”为构建在自由原则之上的神学奠定了基础，这正如施莱尔马赫所理解及赋予的制度形式一样。这一点从教授教席的首次任命开始就是不言自明的：“在神学中盛行的、相互对立的观点与方法越多，那么将学习仅仅视为职业准备的年轻人的数量就越多，这就需要采取各种各样的教学模式，通过各种各样的途径来鼓励学生，并且还可以通过引入竞争，来维持教职人员之间的竞争意识。”要实现这一点，他感到并没有必要设置一个可代表各种方法的特定学科领域——后来许多学院的实际情况也正是如此。较好的方法是让注释学教授讲授教义，让教义学教授既能像历史学家那样教授历史，又能讲授注释学；因此，起初柏林大学只雇用了三位神学教授；施莱尔马赫本人负责教授教义学，这也成为他神学成就方面的一个主要领域。施莱尔马赫来自归正宗，他并不认同归正宗与路德派神学之间的差异；1817 年，在他的努力下，这两大教派实现了联合，这也是国王所喜闻乐见的。除施莱尔马赫外，其他教授有：理论教义学者和教会史学家菲利普·马海内克（Philipp Marheineke，1780—1846），《圣经》注释学家威廉·德·韦特（Wilhelm de Wette，1780—1849），以及从 1813 年开始在神学各分支领域开办讲座的教会史学家奥古斯特·内安德（August Neander，1789—1850）；这些教授在一定程度上是互为补充的，在一定程度上又是彼此独立的。神学中的传统要素——《圣经》研习、教会史、教义学系统神学、伦理学和护教学——对这些内容，施莱尔马赫都通过实践神学、说教术和教义问答的形式加以扩充。

学生人数的增加，为体现保守主义神学而引入的双教授职位，以及教学部门的专业化，促使了 19 世纪整个德意志神学教席的增加。在 1892 年的柏林大学中，《旧约》注释学和教会史各设有三个教席，《新约》注释

---

[40] *Ibid.*，222. 关于费希特的教育学，参见 Friedrich Schleiermacher，*Pädagogische Schriften*，ed. E. Weniger（Düsseldorf and Munich，1957；2nd edn，Berlin，1983）。

学、教义学和宗教哲学各设有两个教席，实践神学和基督教考古学各有一个教席。同时，个别教授也涉猎邻近学科。例如，《旧约》专家们关注于犹太族语，一位《新约》专家兼顾宗教教育学，宗教哲学家负责护教学或系统神学，而一位编外讲师在1938年之前进行传教学研究。教授人数再没有增加，但另有7位讲师负责核心学科，有5位教学人员负责诸如教会建筑和教会音乐这样的辅助学科。[41] 408

从1812年夏季学期开始，神学习明纳的开办对整个欧洲神学的研究产生了持续的影响。《偶然之思考》(*Gelegentliche Gedanken*)把这种在古典语言学中已经存在的学术习明纳看作是大学教学与研究相结合的制度核心，也正因如此，它有效地阻止了将研究向科学院的转移，尽管施莱尔马赫本人也是科学院的成员。[42] 神学习明纳的"活动"因而应该被"主要"引向"神学学问"之事。[43] 习明纳由两部分组成：语言学，包括《旧约》和《新约》研究中的一部分；历史学则局限于教会史内容。

习明纳由院长管理。习明纳的各部分与分部的管理者则应由教师团体中的各个成员轮值；但在实践中，这往往为各个在职的教授所把持——而且一把持往往就是几十年。被接受成为完全成员的20—30名学生有资格获得资助和奖学金。语言学系的学生必须对艰深的文本进行口译（直到该世纪中叶，翻译使用的语言都是拉丁语）。教会史系则要求学生在第一"负责人"内安德的领导下，写某个特定的研究领域的评论性小短文；而1888—1910年间在阿道夫·冯·哈纳克（Adolf von Harnack，1851—1930）领导下，写作则必须从与教会史相关的资料来源为基础。在1884年之前，奖金和奖品都颁发给了用拉丁语写作的论文作者。在不同的年份，论文的质量也是不同的，但在一个严格的"负责人"领导下，论文的

---

[41] *Minerva Jahrbuch*(note 13),33(1938),54.

[42] Schleiermacher,*Gelegentliche Gedanken*(note 37),87-91.

[43] M. Lenz,*Geschichte der königlichen Friedrich-Wilhelms-Universität zu Berlin*,vol. Ⅲ: *Wissenschaftliche Anstalten*,*Spruchkollegium*,*Statistik*(Halle,1910),3. 下一段是第4—24页所提供的基于神学研讨班和收藏品的描述。

质量往往都能达到出版的水平。随着奖金的撤销，习明纳也失去了作为一个能提供奖学金的制度机制的职能。1887年，它获得了一笔经费用于建设自己的图书馆，这样，从各种意义上来说，它都成了一个进行严肃的学
409 术工作的场所，在这里，不仅习明纳的学生成员能学会独立地对共同面临的问题做出解答，而且这里的教授也能通过与将来的学者之间的合作，对他们的研究有所启发。通过柏林大学模式，神学习明纳在现代研究型大学中找到了自己的位置。

为了训练学生们在说教学和教义问答方面的能力，神学习明纳于1876年增设了一项实践性研究活动。在此之前，施莱尔马赫的观点早已普及，他认为，“练习并非在于学术研究和知识的深化，而是在于某些特定技巧和能力的锻炼”，这是需要在大学之外进行的。但对“基督教考古学和碑文收藏”则有一种不同的态度。1810年的一份报告引入了关于教会文物的讲座，但大部分仅局限于文字材料，直到1843年，费迪南德·皮珀（Ferdinand Piper，1811—1889）在最显著的位置设立了纪念碑，并在1848年获准建立一个“教会纪念碑收藏室”，用于服务神学教学。通过这种方式，基督教考古学和碑文研究成了一门学术学科。

自由的原则不仅仅是神学日常讲座和教学的基础。施莱尔马赫一直主张神学教学与研究应是自由的，不应受到国家或教会权威的干预。1819年9月他的同事德·韦特被开除，这是因为在一封发给最近被处死的学生桑德[1]的母亲的慰问信中，他赞扬“她儿子坚定和纯洁的信念”，并原谅他的行为。神学院在一封由施莱尔马赫起草的信中就此事向政府提出申诉。它不仅是以同事的身份介入这件事，而且是为被梅特涅法令（Metternich' decrees）废除的“神学教学的无限自由”进行全力辩护。施莱尔马赫坚持认为，为了恢复其学术工作，德·韦特应该公开其被免职的有关文件。这既为他进入巴塞尔（Basle）大学打开了方便之门，也揭露了普鲁士政府的反动立场。

---

[1] 刺杀科策比的凶手，即引发后来奥地利首相梅特涅所主持的卡尔斯巴德决议的事件。

施莱尔马赫在大学评议会和科学院抵抗卡尔斯巴德法令的过程中也扮演了领导者的角色。教会和政府机关中的反动圈子多年以来通过谴责、警察传票和其他攻击方式，尽力迫使他保持沉默。这种政治迫害一直持续到1823年，当时政府动议要把施莱尔马赫赶出大学和圣坛，但却没有执行。[44]

神学和宗教研究中的实证派与自由派 410

施莱尔马赫作为新时代奠基者的声望，不仅是因为他对柏林大学的建立和发展所做出的贡献。恰恰相反的是，这点基本上被人们所遗忘，这是因为它早已淹没在费希特天才的、但未能实现的方案的哲学光环之下，更主要的是被淹没在洪堡的盛名之下——这也是合情合理的。施莱尔马赫以其宗教和神学理念而被认为是“19世纪新教教会之父”，这也经历了几个阶段的发展。他的理念源于那些18世纪末支配着神学大辩论的诸多社会运动之中，即启蒙运动、理性主义、超自然主义（Supranaturalism）和虔信主义（Pietism），这些我们已知的神学要素将宗教意识与学术理性结合起来，并将其建立在自由的原则之上。

在很大程度上，施莱尔马赫要感谢理性主义，这使得他能用批判主义的方法论思维来考察基督教传统，并使他能以无畏的精神来阐释《圣经》，诸如用神话的形式将“创世纪”描述为“一个虔诚的传奇故事。”但是，他反对用理性来证明宗教，而是将理性置于更深的宗教经验之中，这也就是他所说的“完全的依赖性”。他将这种经验，以及从中提炼出的职责与爱的伦理观归结为虔信主义，但他又与原教旨主义保持距离，认为这种虔信往往已经走火入魔了。的确，在他最初匿名出版的第一部著作中，他把

[44] M. Lenz, *Geschichte der königlichen Friedrich-Wilhelms-Universität zu Berlin*, vol. Ⅳ: *Urkunden, Akten und Briefe* (Halle, 1910). 关于De Wette的免职，参见第358—372页；关于神学院的信，参见第366—370页；关于大学和科学院对限制学术自由的抗议，参见第372—380页；关于对费希特的政治迫害，参见第380—444页。

这种感觉建立在宗教观念之上，后来，这被称之为浪漫主义，但从现在看来已经是非常现代的了。在他看来，宗教的本质“既不是思想，也不是行动，而是沉思和感觉”。一方面，这里有以宇宙为象征的，对自然界、对历史、对个体的沉思，而在它的“无限混沌中，每一个结点都代表着一个世界”。宇宙的确就是“宗教的最高象征”，而在这两者中只有“个体是真实和必要的”。另一方面，在有限中的无限显现之前，有种从内心涌现的敬畏感，这一感觉虽不能决定人类行为，却与之形影相伴，“人类做任何事都应具有宗教意识，而这并不是因为宗教”。[45]

411 宗教，早在其系统化之前，即出现祭典、神话或理性之前，就已经成为人类理性生活的根本表征。从这个意义上看来，基督教并不是唯一的正宗。这说明，事实上在诸多“真正且必须”的任务中，宗教是至高无上的，但与其系统的学术科目一样，它受制于人类的局限性，也是容易出错的。因此，它不可能生产出绝对的确定性。施莱尔马赫构建的神学是一个无所不包的系统，同时又是对基督教教会的一种科学实证的研究；这是建立在作为历史原理科学的伦理学，从中提炼出的宗教哲学以及包含了基督教一般原理的神学哲学的基础上的。[46]

这种信仰教义与启蒙时期的神学体系有着非常明显的区别，然而它却继承了约翰·冯·赫尔德（Johann Gottfried von Herder，1744—1803）时代已出现的核心观原则，以及神学各学派相调和的理念，尤其是在哈勒大学的理性派与在柏林大学领导的正统虔信派之间，在柏林大学，亨斯滕贝格既是学院成员，又是福音教会报纸的编辑。虔信派在二战之前都一直

---

[45] [F. Schleiermacher], *Über die Religion. Reden an die Gebildeten unter ihren Verächtern* (Berlin, 1799), 50, 60, 69; cf. K. Novak, *Schleiermacher und die Frühromantik. Eine literaturgeschichtliche Studie zum romantischen Religionsverständnis und Menschenbild am Ende des 18. Jahrhunderts* (Weimar and Göttingen, 1986), 119-229.

[46] Barth, *Protestantische Theologie* (note 36), 396; cf. Th. Lehnerer, 'Religiöse Individualität, Friedrich Daniel Schleiermacher (1768-1834)', in F. W. Graf (ed.), *Profile des neuzeitlichen Protestantismus* (Gütersloh, 1990), vol. Ⅰ, 195-202, with extended bibliography.

坚持神学院和教会的“实证方向”——这是从施莱马赫那里借用的一个词汇。[47] 旨在实现各福音教会之间和解与联合的神学与政治学上的努力形成了这样一种局面，即像一位教会史学家在1908年所写的那样，“要充分描述施莱尔马赫的信仰教义的影响，就要写一部自施莱尔马赫以来的新教神学的历史”[48]。

正是从以他在基尔（Kiel）、巴塞尔（Baśle）和苏黎世（Zurich）的同事、继承者和学生为代表的“折中神学”（theology of mediation）那里，我们看到了施莱尔马赫的深远影响。激进化的个人创新产生了他做梦也想不到的影响。源自于其个人虔信观念以及该观念所意味的对神学理性主义的拒斥，爱尔兰根学派（Erlangen School）为忏悔神学的兴起产生了卓有成效的影响。图宾根学派的费迪南德·克里斯蒂安·鲍尔（Ferdinand Christian Baur，1792—1860）及其学生大卫·弗里德里希·施特劳斯（David Friedrich Strauss，1808—1874），在《新约》去神话化的基础上， 412
使用黑格尔的范畴建构了圣经批判主义。[49] 在其第一部作品，即1835—1836年出版的《耶稣传》中，施莱尔马赫用1500页的篇幅，将基督在

[47] Schleiermacher, *Religion*(note 44), 242-245.

[48] H. Peiter, 'Friedrich Schleiermacher', in H. Fries and G. Kretschmann(eds.), *Klassiker der Theologie*(Munich, 1983), vol. Ⅱ, 87. For the state of the art in this field see F. W. Graf, 'Die Spaltung des Protestantismus. Zum Verhältnis von evangelischer Kirche, Staat und "Gesellschaft" im frühen 19. Jahrhunder', in W. Schieder(ed.), *Religion und Gesellschaft im 19. Jahrhundert*(Stuttgart, 1973), 157-190; K. Nowak, *Geschichte des Christentums in Deutschland. Religion, Politik und Gesellschaft vom Ende der Aufklärung bis zur Mitte des 20. Jahrhunderts*(Munich, 1995).

[49] F. W. Graf, *Kritik und Pseudo-Spekulation, David Friedrich Strauss als Dogmatiker im Kontext der positionellen Theologie seiner Zeit*(Munich, 1982); U. Köpf(ed.), *Historischkritische Geschichtsschreibung. Ferdinand Baur und seine Schüler*, 8. Blaubeurer Kolloquium(Contubernium 40)(Tübingen, 1984).

《圣经》中影像降格为一种神圣的普世精神的观念；这使得1839年[50]他被任命为苏黎世大学教授时，遭到了保守派民众的反对，他不得不提前退休，但他成了一名自由教师和相当成功的作家，他的作品的发行量极高，无人能及。同样是在巴黎，这部著作经利特尔翻译后引起了大骚动，将勒南也卷入到这场激烈的大辩论中。路德维希·费尔巴哈（Ludwig Feuerbach，1804—1872）在他1841年出版的《基督教的本质》（*Wesen des Christenthums*）一书中，以施莱尔马赫和黑格尔作品中上帝非客观性作为其反神学人类学的起点，这一做法影响了年轻的马克思。

宗教自由主义能够把施莱尔马赫算作其创建者之一，是因为它在各个方面都发展了施莱尔马赫的理念。图宾根学派践行的是强调史料批判分析与基于历史哲学的推理相结合，与之正相反的是哥廷根学派，在阿尔赫瑞切·里赖尔（Albrecht Ritschl，1822—1889）的领导下，将重心放在了神学的伦理学和文化学基础，反对形而上学。1888—1930年，阿道夫·冯·哈纳克（Adolf von Harnack）既是大学教授又是柏林科学院（Berlin Academy）的成员，福音书（Gospel）是"所有道德文化的唯一基石"的观点，成了他作为一位教义史学家和教父遗书收藏创始人进行的重要神学研究和教学活动的推动力与标准。这也是他在宗教与社会领域中具有首创精神，并主张由国家来推动研究的原因，这一思想也在1911年德国威廉皇家科学促进会（Kaiser-Wilhelm-Society for the Promotion of Science）的创建中达到了顶峰。[51]

在20世纪，包括《旧约》学者赫尔曼·贡克尔（Hermann Gunkel，1862—1932），《新约》专家吉森大学的威廉·波舒哀（Wilhelm Bousset，1865—1920），以及本章导言中提及的海德堡神学家特勒尔奇在内的宗教

---

[50] H. H. Schmid, *Universität, Öffentlichkeit und Staat. 150 Jahre Zürcher Wirren um David Friedrich Strauss* (Zurich, 1989); H. J. Loibl (ed.), *Annahme der Endlichkeit* (Zurich, 1993), 301-417.

[51] W. Schneemelcher, 'Harnack', in *Religion in Geschichte und Gegenwart, Handwörterbuch für Theologie und Religionswissenschaft* (*RGG*), 3rd edn (Tübingen, 1959), vol. Ⅲ, 79.

史学派，都从比较宗教学的角度审视基督教，并将其视为诸多宗教信仰中的一种。在一战后的危机情形下，新教自由派以辩证神学的形式回应了这 413
场危机，从一开始，它就蕴含了上帝的绝对法则与人类世界的二元对立，并试图在《圣经》信仰的启示中寻求一种激进的、全新的对神学的理解。对卡尔·巴特而言，他将接受上帝创世说作为正题，将质疑世界是基督的新造物作为反题，进而解放了《福音书》并将神学完全建立在对《圣经》的阐释之上；而鲁道夫·布尔特曼（Rudolf Bultmann，1884—1976）强调历史的情境与基督神启的去神话阐释，使其回到了施莱尔马赫。

德国的神学学派是整个欧洲（以及北美）的典范，而且往往还是神学理论发展的源头。在英国有剑桥学派，其领军人物包括了布鲁克·福斯·韦斯科特（Brooke Foss Westcott，1825—1901）、詹姆斯·巴伯·莱特富特（James Barber Lightfoot，1829—1889），以及芬顿·约翰·安东尼·霍特（Fenton John Anthony Hort，1828—1892），“据说他们提升了英国的神学，尤其是使英国的《新约》研究，从一个毫无理性可言的状态提升到能与德国的巅峰著作齐名的水平，同时还注入了典型的谨慎与严谨的英国气质”[52]。这种水平因《新约》学者和东方学家弗朗兹·克劳福德·伯基特（F. C. Burkitt，1864—1935），以及后来的查尔斯·哈罗德·多德（Charles Harold Dodd，1884—1973）在柏林跟随哈纳克和维拉莫维茨（Wilamowitz）进行的研究而得以在 20 世纪延续。[53] 牛津也可吹嘘自己拥有具有世界水平的神学家。然而，“他们的著作并没有对基督教神学或英格兰教会产生影响”[54]。苏格兰、荷兰和斯堪的纳维亚的大学也是如此，虽然它们的确重视严肃的神学训练，但却并没有对神学理论的发展做出特

[52] H. Rashdall, *Principles and Precepts*, ed. H. D. A. Major and F. L. Cross (Oxford, 1927), quoted by B. M. G. Reardon, *Religious Thought in the Victorian Age: A Survey from Coleridge to Gore* (London and New York, 1971; 2nd edn, 1980), 346.

[53] W. G. Kümmel, *Das Neue Testament, Geschichte der Erforschung seiner Probleme* (Freiburg and Munich, 1958), 493ff.; Brooke, *University of Cambridge*, Ⅳ, 124-146, 409-417.

[54] P. M. Turner, 'Religion', in *History of Oxford*, Ⅷ, 309.

别的贡献。

宗教的科学研究则不是这样。本章的导言中已经提到，自人文主义时期以来，犹太语就伴随着《圣经》的解读进入了大学。后来它们又与其他东方语言相结合，成了宗教文献的源泉，尤其是在莱顿、牛津和剑桥，对这些语言的研究日盛，这是因为殖民地不仅增强了人们对这些语言的兴
414 趣，而且使得图书馆的修建日益便捷。然而，正是语言学家、梵语专家麦克斯·穆勒（Max Müller，1823—1900）极大地推进了宗教的科学研究。他出生于德绍（Dessau）并在莱比锡接受教育，1850 年转到牛津，在这所大学教学的同时，他撰写了关于宗教人类学的著作以及 51 卷本《东方圣书》（*Sacred Books of the East*）的合集——这也是国际合作的结果。

从 1810—1812 年间始，海德堡大学语言学习明纳的创建者格奥尔格·弗里德里希·克罗伊策（Georg Friedrich Creuzer，1771—1858）的四卷本著作《古代民族的象征主义与神话：尤其是希腊人》引发了一场热烈讨论，这使得异教研究成为考古系与语言学系的一项任务。这种发展并不局限于德国，比利时人弗朗兹·库蒙（Franz Cumont，1868—1947），丹麦人威廉·彼得·格伦贝格（Vilhelm Peter Gronbech，1873—1918），以及瑞典人马丁·尼尔松（Martin Persson Nilsson，1874—1967）的声名鹊起都说明了这一点。推动者还包括来自牛津的人类学家爱德华·泰勒爵士（Sir Edward Burnett Tyler，1832—1917）和剑桥的人类学家詹姆斯·弗雷泽爵士（Sir James George Frazer，1854—1941），以及包括巴黎大学的涂尔干（Emile Durkheim，1858—1917）及其在高等研究实践学校宗教科学部的学生马塞尔·莫斯（Marcel Mauss，1882—1950）在内的社会学家。由于它在宗教研究的各个领域中拥有 20 位学习导师（*Directeurs d'études*），这一制度使得宗教科学研究的专门化在德国习明纳里成为可能。[55]

[55] See Durkheim, *Vie universitaire*(note 7). 关于宗教研究的进展，参见：W. den Boer, 'Les historiens des religions et leur dogmes', in W. den Boer(ed.), *Les études classiques aux XIXe et XIXe siècles et leur place dans l'histoire des idées*, Entretiens sur l' antiquité classique 26(Vandoeuvres-Genève 1979), 1-53; on Otto 30ff.。

正如前面所提到的，对其他宗教的研究是自由派神学家关注的焦点，他们中的有些人，像柏林大学的系统神学教授奥托·普夫莱德雷尔（Otto Pfleiderer，1839—1908），对宗教史进行了重要的研究。内森·瑟德布卢姆（Nathan Söderblom，1866—1931），是他把比较宗教史研究确立为大学的一门学科。约阿希姆·瓦赫（Joachim Wach，1898—1955）从1924年开始在莱比锡教授宗教研究，直至他1935年移民美国为止。改革天主教徒弗里德里希·海勒尔（Friedrich Heiler，1892—1967）是瑟德布卢姆（Söderblom）的学生，1920年他作为路德派教授被马尔堡大学引入了这一学科。在他之前，那里有系统神学教授马丁·拉德（Martin Rade，1857—1940）和鲁道夫·奥托（Rudolf Otto，1869—1937），奥托于1917年出版了具有划时代意义的《论神圣》（*Das Heilige*），试图以一种科学的方式来发展施莱尔马赫的宗教观。

作为精神科学的语言学 415

19世纪，德国的学院不仅在神学方面成为学术教学和研究的标准、圣地、典范和巨人。勒南之所以放弃他的牧师天职就是因为语言学。其中最根本的原因是，他在阅读德国人的出版物后，深受学术批判主义的启发，于是使将其视为终生为之奋斗的事业。[56] 在他的著作《耶稣的一生》（*Vie de Jésus*）中，其出发点就是德国关于耶稣生平的研究。他也受到了德国的“古希腊热”的影响，并与史学家维克多·迪吕伊（Victor Duruy，1811—1894）站在同一战线上，反对人文学院中早已泛滥的辞藻华丽、精

[56] G. Pflug, 'Ernest Renan und die deutsche Philologie', in M. Bollak and H. Wismann (eds.), *Philologie und Hermeneutik im 19. Jahrhundert* (Göttingen, 1983), vol. Ⅱ, 156-185, esp. 164.

雕细琢的修辞传统，同情支持语言学批判的文本解读。[57] 作为教育部部长，迪吕伊建立了之前提及的高等研究实践学校，这是一所在法律上独立的机构，但它通过共享教职工与教室和索邦相联系，完全致力于仿效德国大学习明纳的模式来培养研究者。

意大利也在德国语言学和哲学的影响下发生了从修辞学到文学研究的巨变。[58] 德国的学术成就不仅得到了英国研究者的推崇（“深不可测的德国学问”），[59] 而且也被大学奉为典范。[60] 乔治·圣茨伯里（George Saintsbury，1845—1933）在牛津引入语言学习明纳失败后，曾微妙地挖苦道，“德国几乎是所有知识分子的‘好家长’（*bona patria*）”。[61] 作为爱丁堡大学的修辞学和英国文学教授，他并不承认语言学对其研究领域的意义：
416 “德国对于英国诗歌的评论从来都不具有太多的真正价值……关于哈姆雷特的感情的研究或关于《暴风雨》（Tempest）的起源研究，德国人的观点可能是有用的；但这些却与诗歌无关。”用更通俗的话说：“实际上，对于文学研究而言，我并不认为分析是一个适合的字眼。它对科学是有用的，但对艺术是无用的。”[62]

---

[57] M. Jacob,‘Etude comparative des systèmes universitaries et la place des études classiques au 19ème siècle en Allemagne, en Belgique et en France’, in Bollak and Wismann(eds.), *Philologie*(note 55), 112; cf. J. Seznek,‘Renan et la philologie classique’, in R. R. Bolgar(ed.), *Classical Influence on Western Thought A. D. 1650-1870*(Cambridge, 1979), 349-362. 关于法国修辞学传统与德国语言学之间的精彩比较：M. Werner,‘(Romanische) Philologie in Frankreich? Zu Geschichte und Problematik eines deutsch-französischen Wissenschaftstransfers im 19. Jahrhundert’, in G. Martens and W. Woesler(eds.), *Edition als Wissenschaft, Festschrift für Hans Zeller*(Tübingen, 1991), 31-43。

[58] F. Schalk, Introduction to F. De Sanctis, *Geschichte der italienischen Literatur*(Stuttgart, 1941), vol. Ⅰ, xxiii-xxvi.

[59] U. Muhlack,‘Die deutschen Einwirkungen auf die englische Altertumswissenschaft am Beispiel George Grotes’, in Bollak and Wismann(eds.), *Philologie*(note 55), 376-393, quotation 379.

[60] *University of Cambridge*, Ⅳ, 25, 84ff., 240, 428.

[61] G. Saintsbury, *A Scrap Book*(London, 1922), 289-293.

[62] G. Saintsbury, *A Last Scrap Book*(London, 1924), 50, 78.

德国语言学在法国也遭遇到批判，1892 年《两个世界评论》（*Revue des Deux Mondes*）上的一篇文章这样写道：“它要把我们变成德国人。”普鲁斯特（Proust）在其《追忆逝水年华》（*A la recherche du temps perdu*）小说中提到这样一个人物：“此外，他对新索邦毫不同情，这是因为就是在那里德国的精确科学观开始侵犯人文主义的地盘。”[63] 古斯塔夫·朗松（Gustave Lanson，1857—1914）在《法国文学史》导言中（这本书几十年来一直为权威教科书）写道：“文学不是一个知识客体：它是一种实践，是一种爱好，是一种消遣。人不能‘认识’或‘学习’它，人只能创造它、陶冶它、热爱它。没有人能比笛卡尔的话语更好地总结它了：‘读一本好书，就是和过往的许多高尚的人谈话。在交谈中他们将思想的精髓传递给我们。’”[64]

这句话几乎是逐字重复了对话人文主义的教育理念，它对人文学院和高等教育整体改革的重要意义，在本丛书的第一卷和第二卷中已作论述。19 世纪的人文主义传统依然在人文学院（包括 lettres、lettere 和 letrados）和操拉丁语与盎格鲁-撒克逊语的各国学院中居支配地位，直到世纪之交，它才被德国的语言学所取代。

这种向科学方法的转变被当时在新索邦执掌法语修辞（*Éloquence française*）教席的朗松称之为“皈依”（conversion）。[65] 1902 年他曾攻击“修辞学和有害的人文学科（*la rhétorique et les mauvaises humanités*）”，并发展了“历史鉴赏”的（*goût historique*）概念，即通过运用历史方法， 417
使“区别、评价、检查和限制”对文学著作的美的主观回应成为可能，[66]

---

[63] Jacob, 'Etude comparative' (note 56), 131, note 26.

[64] G. Lanson, *Histoire de la Littérature française*, 12th edn (Paris, 1912), viii.

[65] Lanson, *ibid*. 在他的第 11 版（1909）的 *avertissement* 中，随着他的判断发生的一些重要的变化，他宣布一些 *note s de repentir ou de conversion*；但在所引用的 63 条注释的判断中并没有出现。

[66] R. Ponton, 'Durkheim et Lanson', in M. Espagne and M. Werner (eds.), *Philologiques*, vol. Ⅰ: *Contribution d'histoire des disciplines littéraires en France et en Allemagne au XIXe siècle* (Paris, 1990), 252-267, quotation 261.

进而使学生能够将诸如希腊悲剧看作是特定文化的产物和镜像。[67] 这一句话——后面即将详述——指出了德国人文学科研究的一个基本原则。这对人文学院产生了如此成功的影响，以至于直到 1938 年德语仍被推荐为从事这类研究所需的核心语言。[68] 因而，接下来我们将努力勾画德国人文研究的成因、基本特征和影响。

精神科学（*Geisteswissenschaften*）的概念在其他语言中没有恰当的对应表达。它在英国和美国被翻译成“*humanities*”，在法国被翻译成“人文科学”（*sciences humaines*）或“社会科学”（*sciences de l'homme*）。从 1849 年开始它被翻译为道德科学（*moral science*）[69]，但直到 1883 年后才开始传播，这要归功于威廉·狄尔泰（Wilhelm Dilthey），因为在他看来，“所有的科学，其主题都是历史与社会实在”[70]。20 世纪，随着社会科学的日渐独立，精神科学也逐渐囿于语言学科，以及与哲学和历史的相关的研究。[71]

实际上，早在语言学被贴上精神科学的标签之前，人们早就开始这样理解它了。勒南早在 1848 年一篇关于“德国的语言学家和学校教师联合

---

[67] G. Gengembre,'L'esthétique des ideologues et le statut de la littérature', *ibid.*, 89-104, quotation 103.

[68] 1938—1939 年我出席的巴黎大学语言学讲座和高级学习实践学校的语言学研讨班中，MM. Bréhier and Rivaud, Ernout and Marouzeau 做了相同的推荐。

[69] J. S. Mill. *Systgem of Logic, Ratiocinative and Inductive*, Ⅰ-Ⅱ(London, 1843)中的最后一章中，该书的德语翻译是：J. Schiel. *System der deductiven und inductiven Logic*, Ⅰ-Ⅱ(Braunschweig 1839)', by M. Riedel, 'Geisteswissenschaften', in J. Mittelstrass(ed.), *Enzyklopödie Philosophie und Wissenschaftstheorie*(Mannheim, Vienna and Zurich, 1980), vol. Ⅰ, 725。

[70] W. Dilthey, *Einleitung in die Geisteswissenschaften, Versuch einer Grundlegung für das Studium der Gesellschaft und der Geschichte*(Leipzig, 1883). 在下部著作中重印：*Gesammelte Schriften*(Leipzig and Berlin, 1923), vol. Ⅰ, 4。

[71] W. Prinz and P. Weingart(eds.), *Die sog. Geisteswissenschaften: Innenansichten*(Frankfurt-am-Main, 1990); W. Frühwald, H. R. Jauss, R. Koselleck, I. Mittelstrass and B. Steinwachs, *Geisteswissenschaften heute. Eine Denkschrift*(Frankfurt-am-Main, 1991); H. Ritter(ed.), *Werksbesichtigung Geisteswissenschaften, Fünfundzwanzig Bücher, von ihren Autoren gelesen*(Frankfurt-am-Main, 1990).

会”（创建于 1837 年）的短文中，就严肃地强调了语言学作为一门精确科学的科学本质，从其精神实质上看，它与自然科学是具有可比性的。“语言学从其精神实质而言，是一门精确科学。它与人文学科的关系就如同物理学、化学与哲学的关系一样。”[72] 通过将语言学视为人类科学（*la science de l'humanité*），勒南理解了精神的历史发展的精确研究[73]，并借助其信仰危机来加深这种理解，从而把德国的语言学转变成——稍具实证色彩的——哲学意义上的人文研究。 418

早在 1725 年，那不勒斯的修辞学教授詹巴蒂斯塔·维柯（Giambattisto Vico，1668—1744）就已经发展了这一观念。[74] 在语言学的统领下，他将我们后来所谓的精神科学的各领域研究统合起来，并与哲学共同构成了这样一个统一体，即“每一个事件/事实都能从一般法则中推导出来，且每一条一般法则都来自于单个事件”。[75] 他把这与最初来源于诗歌的“人民的精神”的表达相结合。维柯的重要性直到 1820 年之后才被人们认识到，这是因为古典语言学家弗里德里希·奥古斯特·沃尔夫（Friedrich August Wolf）在其对浪漫主义的语言与文学研究以及对历史的唯心主义哲学研究中也独立地提出了同样的观点。[76] 这种发展受到“希腊热”的强烈影响，这是 18 世纪后半期在德国出现的，用于对抗法国的拉丁语修辞

---

[72] E. Renan, *L'Avenir de la science : Pensées de 1848*, 4th edn(Paris, 1890), 148, quoted by Pflug, ‘Renan’(note 55), 161-164, 他也提到勒南 1848 年论文, *Les congrès philologiques en Allemagne*(*Euvres completes d' Ernest Renan*, ed. H. Psichari(Paris, 1948), vol. Ⅱ, 620-631). Renan 本人则以斜体字的方式显示精确科学(*science exacte*)。Cf. E. W. Said, ‘Renan's Philological Laboratory’, in Bollak and Wismann(eds.), *Philologie*(note 55), esp. 195.

[73] Pflug, ‘Renan’(note 55), 172.

[74] G. Vico, *Principj d' una scienza nuova d' intorno alla natura delle nazioni*. 在后来的版本中，维柯将标题改为：*Principj di una scienza nuova d' intorno alla comune natura delle nazioni*。

[75] E. Auerbach, ‘Vorrede des Übersetzers’, in Giambattista Vico, *Die Neue Wissenschaft über die gemeinschaftliche Natur der Völker*(Munich, 1924), 29.

[76] E. Auerbach, ‘Vico und der Volksgeist’, in G. Eisermann(eds.), *Wirtschaft und Kultursystem*(Erlenbach-Zurich and Stuttgart, 1955), 46-60.

传统的复古行为。作为德意志国家教育的手段，新希腊精神在普鲁士解放战争期间成为一种政治推动力。[77]

主流语言学家、担任柏林大学语言学习明纳负责人的奥古斯特·伯克（August Böckh，1785—1867）在关于方法论的讲座中，曾 26 次地重复批评人文学科缺少哲学和历史的魄力（*Wissenschaftlichkeit*）。他认为，由于运用“线性方法”（linear approach），使得伟大的荷兰语言学家自认为在通往古代的康庄大道上行进，而在这一过程中他们获得的却仅是皮毛。
419 “这种方法并不能使人抓住事物的核心。而唯一的正确的方法就是中心论，即把所有事物聚焦于一点，再从这一点出发去观照外围的方方面面。”伯克把这一中心定位为“一个民族或一个时代的原则”，因为这是“全体存在最根本的内核”。[78]

1809 年，当黑格尔在纽伦堡文科中学（Nuremberg Gymnasium）担任校长时形成了这样的观念：即使万事万物都与这样的一个核心相联系，即教育与文化论的哲学基础。他认为，“心灵的离心本质”使人与自然存在分离开来，并阐释了“将遥远的、陌生的世界引入年轻的理性之中”的必要性。这个世界会在语言和古代世界中找到：“它们的世界，将我们从自己中分离出来，这便是‘一’，同时也是所有起点和回归自我的途径，我们要与之亲密接触，重新发现自我，即在真实的精神普遍存在中的自我”。[79] 但黑格尔所谓的“与语言和古代世界”的“亲密接触”，与笛卡尔

[77] W. Rüegg, 'Rhetoric and Anti-Rhetoric in the Nineteenth-and Twentieth-Century Human Science in Germany', in R. H. Roberts and J. M. M. Good(eds.), *The Recovery of Rhetoric: Persuasive Discourse and Disciplinarity in the Human Sciences*(London, 1993), 87-100.

[78] A. Boeckh(根据他的诸多拉丁语作品是‘oe’), *Encyclopädie und Methodologie der philologischen Wissenschaften*, ed. E. Bratuscheck(Leipzig, 1877), 47, 56.

[79] G. W. F. Hegel, *Werke*, *Vollständige Ausgabe durch einen Verein von Freunden des Verewigten*, *Ph. Marheineke u. a.*, vol. XIV: *Vermischte Schriften*, ed. Friedrich Förster and Ludwig Boumann(Berlin, 1834), 159, 144.

的与古代圣贤谈话中所描绘的有教养的人彼此之间人文主义友谊是不同的。[80] 黑格尔将古代研究比作享受理性的沐浴与洗礼，“这给心灵奠定了最初的永恒基调，并将这种气质赋予品味与科学探究”。而且，我们还必须“与他们分享食物与住所，进而呼吸他们的气息、他们的理念、他们的风俗，甚至还可分享他们的错误与偏见，在他们的世界中找到宾至如归的感觉，这将是至美的存在……如果说，人的天性是第一个伊甸园的话，那么人的精神就将是第二个，也是更高层次的伊甸园，这是比待嫁的新娘从闺房中款步而出更美的自然、自由、深刻与愉悦”[81]。黑格尔认为，在古代诸民族中，只有希腊人与作为哲学民族的日耳曼人最接近，只要与他们在一起，“我们立刻就有宾至如归的感觉”。希腊人为我们提供了一种愉悦的年轻、清新的理性生活。这就是成熟的精神将接受自身为其愿望和知识内容的地方，但也是在这种方式中，政府、家庭、法律和宗教合而为 420
“一”，同时也成为个体的目标，而个体也只有通过实现这些目标来达到自我实现。[82]

这样，“语言与古代世界”不再像人文主义那样，作为人文学科渴求

[80] 关于人文主义的友谊观念，参见：W. Rüegg, ‘Christliche Brüderlichkeit und humanistische Freundschaft’, in W. Rüegg, *Bedrohte Lebensordnung*, *Studien zur humanistischen Soziologie* (Zurich and Munich, 1978), 107; written for R. Schmitz (ed.), *Ethik im humanismus*, Beiträge zur Humanismusforschung 5 (Boppard am Rhein, 1979), 9-30。

[81] Hegel, ‘Gymnasialrede’, in *Werke* (note 78), vol. XVI, 39.

[82] G. W. F. Hegel, *Vorlesungen über die Philosophie der Geschichte*, Werkausgabe (Frankfurt-am-Main, 1970), vol. XII, 225. 我在以下著作中论述了这种范式的变化，‘Die Antike als Begründung des deutschen Nationalbewusstseins’, in W. Schuller (ed.), *Antike in der Moderne*, Xenia, Konstanzer Althistorische Vorträge und Forschungen 15 (Constance, 1985), 267-287，以及第 76 条注释所引用的文章。

的产物与知识而被人们研究和模仿,[83] 而是作为客观精神的显现。因此,即使在名义上不是如此,语言学也在实践上成为“精神科学”。古代语言的学习在其中发挥了最主要的作用,并且成为19世纪德国的许多神学家、史学家以及语言和文学学者的标志性特征,其不再是人文学院、自由艺术学院或更高级的学院、修辞学和哲学学院的预备教育,而是作为首先在古希腊世界中客观显现出的精神的哲学研究。基于此,我们也就不难理解,基于古代世界的哲学与史学研究的古典语言学,成为精神科学的决定性范式。

古典语言学的突破

1811年,26岁的海德堡大学教授伯克(Böckh)应邀来到柏林担任“雄辩与诗歌”(*Eloquentiae et Poeseos*)教授,因此,“根据长时间以来的传统,他拥有的这个头衔也使人们将其视为首席语言学家”[84]。在乌普萨拉,直到1861年之前,一直存在着相同名称的教职;在隆德,它一直延续到1972年(限于拉丁语),不过在19世纪70年代,它被埃纳尔·勒夫斯泰特爵士(Einar Löfstedt, Sr. 1831—1884)理解为德国式的历史学与语言学科目。“1890年,在瑞典,古典语言学的现代化方面出现了突破。”这场改革在此卷所考察的历史阶段末期达到了最高峰,以小埃纳尔·勒夫斯泰特
421 斯泰特(Einar Löfstedt, Jr.)关于近代拉丁语的前沿著作,以及前面所提到的马丁·尼尔松的宗教研究为代表;马丁·尼尔松接受了隆德大学和

---

[83] See J. Ziehen, *Aus der Studienzeit. Ein Quellenbuch zur Geschichte des deutschen Universiäts-Unterrichts in der neueren Zeit aus autobiographischen Zeugnissen* (Berlin, 1912); K. F. Werner, 'Historisches Seninar-Ecole des Annales, Zu den Grundlagen einer europäischen Geschichtsforschun', in J. Miethke (ed.), *Geschichte in Heidelberg, 100 Jahre historisches Seminar* (Berlin and Heidelberg, 1992), 11-15.

[84] Lenz, *Geschichte* (note 38), vol. Ⅰ, 269. 在柏林大学建立之前,沃尔夫曾被哈勒大学辞退,来到柏林,并被高薪聘请为诗歌文学教授;沃尔夫认为,他以前的学生伯克的学术职位比他高,是对他的冒犯,因此,他辞掉大学教职,继续在科学院以院士的名义执教。

乌普萨大学的“古典与古代史”教授职位，虽然在瑞典不乏对向德国研究方法转向的批判。[85]

在说德语的国家中，“古典语言学”一词是作为一种教授席位的名称而流传开来的。[86] 直到第一次世界大战为止，在马尔堡，古典语言学中的一个教职因为与修辞学相联系，显得尤为重要；但这并未对教学内容产生任何影响，仅仅是说明了具有该头衔的人是大学的官方发言人。在法国，索邦依然在拉丁语、希腊语和法语等主要教职的称谓上保留着“雄辩家”“诗人”等人文主义字眼。[87] 到1938年，这些人文主义的痕迹中有一半已经被改成了各种文化的“语言和文学”教授教席，这在德语国家外也已经成为通例。而拉丁语诗歌教授阿尔弗雷德·埃尔努（Alfred Ernout）受到的德国语言学的影响一点也不比他的同事、拉丁语与文学教授朱尔·马鲁佐（Jules Marouzeau）对他的影响小。他们二人在巴黎的高等研究实践学校负责拉丁语言学（*philologie latine*），从术语中的这些细微区别里，我们已经可以清晰地看出教学职能与研究职能的区别。格拉斯哥为拉丁语教

---

[85] 席位的名称取自 *Minerva*, *Jahrbuch*(note 13)；Bo Lindberg，Gothenburg，给予了我有关瑞典的有价值信息，不只是通过德语摘要 *Humanismus und Wissenschaft*, *Die klassische Philologie in Schweden vom Anfang des 19*。*Jahrhunderts bis zum Zweiten Weltkrieg* of his book entitled *Humanism och vetenskap. Den klassiska filologin i Sverige fran 1800—taleb borjan till andra världskriget*(Stockholm，1987)，339-344.

[86] 古典语言学（*klassische Philologie*）一语在“各学院大学学习手册”中的一个讲座课程表中使用（可能是最早的），该手册由沃尔夫的学生 Julius Koch（1764—1834）1792 年出版。多尔帕特（Dorpat）大学 1803 年第二学期的公告列出了沃尔夫的另一个学生 Karl Morgenstern(1720-1852)as *Ordentl. Professor der Beredsamkeit und altclassischen Philologie*, *der Ästhetik und der Geschichte der Literatur und Kunst*(演讲和古典文献、美学、艺术和文学史方面的讲座教授)，*Hermes*, *Zeitschrift für Klassische Philologie* 130(2002)，490-497。关于“语言学”概念的历史，参见：A. Horstmann，‘Philologie’，in J. Ritter and K. Gründer(eds)，*Historischers Wörterbuch der Philosophie*(Basle，1989)，vol. Ⅶ，552-572。

[87] 关于人文主义概念，参见第一卷第 452 页，第二卷 36 页，以及 W. Rüegg，‘Der Humanismus und seine gesellschaftliche Bedeutung’，in R. C. Schwinges(ed.)，*Wissenschafts und Wirkungsgeschichte der artistischen/philosophischen Fakultäten*(*13-19. Jht.*)(Basle，1999)，150ff.。

授职位保留了“人文”（humanity）一词。而此时在牛津，人文语言学（*litterae humaniores*）一开始是人文学院的一个部分，后来直到第一次世界大战后，它才与哲学一起成为独立的古代文学和语言学院。一些具有国际声望的一流语言学家，比如吉尔伯特·默里（Gilbert Murray，1866—
422 1957)，埃里克·罗伯逊·多兹（Eric Robertson Dodds，1884—1973)，以及德国流亡者爱德华·弗兰克尔（Eduard Fraenkel，1881—1970)，均在该学院中任教。

教授席位的头衔仅允许他们在教学内容和使用的方法上做出有限的决定。而论题性的专著能使我们更好地理解这一点，并充分说明语言学的新的发展方向。[88] 沃尔夫认为，这就是“古代研究”，“它通过研究古人遗留下来的作品，来了解古代世界中各个民族国家的方方面面，进而参透历史学与哲学知识的精华”。他分门别类地将各个学科列出，共划分24个部分，囊括了从语言哲学、解释学与批判，到地理学、历史学、年代学、钱币学和考古学的各个学科，这对该研究来说，是非常重要的。[89]

哈勒大学的伯克不仅是沃尔夫的学生，而且还是施莱尔马赫的学生，他出版了关于柏拉图哲学的著作。就像施莱尔马赫从包罗万象的宗教概念中抽取出基督教神学一样，伯克思想的出发点也是建立在包罗万象的柏拉图式的科学概念之上的。从广义上说，科学即哲学，是一门观念的科学，其任务是生产出关于心智的知识；而语言的科学，则是要认识已知的人类思想产物。语言学对“已知知识”的关注与对历史的关注是一致的：“历史性的产物就是已经被转化为实践的理性产物，虽然它是通过各种符号与象征”来进行沟通的，但从其知识上来看，依然是在语言中得到最全面地

---

[88] T. Finkenstaedt, *Kleine Geschichte der Anglistik in Deutschland, Eine Einführung* (Darmstadt, 1983), 4，说明学科的设置过程中暗示个人理解也是恰当的。

[89] 参见：A. Horstmann, ‘Die Forschung in der Klassischen Philologie im 19. Jahrhundert’, in A. Diemer(ed.), *Konzeption und Begriff der Forschung in den Wissenschaften des 19. Jahrhunderts* (Meisenheim am Glan, 1978), 32-39; on pp. 35ff. Horstmann将沃尔夫的讲课描述为‘Encyclopädie der Alterthumswissenschaften’，他从1785年到1823年定期阅读，这也包括了学科的系统分类。

展示。从这种理论与解释学的起点出发，他明确承认各种文化具有同等的价值；但正如施莱尔马赫在将基督教与其他宗教进行比较时赋予基督教以特权地位一样，伯克因而也给古代典籍以特殊地位，这是因为“它对了解古典世界特别有价值，希腊和罗马的文化是我们整个教育的基础”。[90]

直到 20 世纪，这种二分法一直是德国传统中大多数古典语言学家的
典型特征。一方面，他们坚守杰出本质，或者说至少坚守着古代典籍博大 423
精深的文化价值，尤其是希腊的文化价值。的确，他们中许多人在这里为失去了的基督教信仰找到了替代品。另一方面，他们竭尽全力对古典文本以及古代其他的生命痕迹进行学术性与批判性重建，并将其作为历史性的民族精神的典型代表。在这一过程中，充满青春活力的希腊文的理想形象不可避免地要让位于一种更加客观的分析。因而，早在 1817 年，伯克在其名作《雅典城邦的预算》（*Die Staatshaushaltung der Athener*）中从积极和消极两方面考察了雅典社会的各种具体关系，其结论是：“多数人想象不到，古希腊人在艺术辉煌和自由鼎盛期是非常不幸的，他们在自身中埋下了衰落的祸根，当这祸根开始腐化时，这棵大树必然就要倾覆。”[91]然而，这没有妨碍他努力实现自己理想的尝试，即通过诸多个案调查，在历史学与哲学的综合基础之上，构建整体的古代典籍，这囊括了从气象学到悲剧剧作家的研究，尤其是在柏林科学院发起的“古希腊语大全”（*Corpus Inscriptionum Graecarum*）的项目中得以体现。

从文本批评版本的生产到哲学和经济学史，由于它对各组成部分的强调程度是不同的，因此，这种理念在随后数年里成功地得以实现；1834

---

[90] Boeckh, *Enzyklopädie* (note 77), 9-21; cf. A. Horstmann, ‘August Boeckh und die Antike-Rezeption im 19. Jahrhundert’, in K. Christ and A. Momigliano (eds.) *Die Antike im 19. Jahrhundert in Italien und Deutschland* (Berlin, 1988), 39-75.

[91] A. Boeckh, *Die Staatshaushaltung der Athener*, 3rd edn (Berlin, 1886), vol. Ⅰ, 711. 关于伯克在皇家科学院的创新研究，参见：W. Rüegg, ‘Ortsbestimmung. Die Königlich Preussische Akademie der Wissenschaften und der Aufstieg der Universitäten in den ersten zwei Dritteln des 19. Jahrhunderts’, in J. Kocka, R. Hohlfeld and P. T. Walther (eds.), *Die Königlich Preussische Akademie Akademie der Wissenschaften zu Berlin im Kaiserreich* (Berlin, 1999), 23-40。

年，伦敦的《季刊评论》（*The Quarterly Review*）这样写道：“在通常意义上的死语言研究中，特别是希腊语和拉丁语的研究中，德国人走在了我们，甚至整个欧洲的前列，并取得了决定性的支配地位；它的左邻右舍们似乎也早已放弃了赶超它的所有希望，并满足于仅仅成为它伟大事业盲目的效法者。”[92]

然而，如果人们更加仔细地考察这些德国古典语言学家的个人作品，则会发现它们更多地具有依赖性与相似性，而疏于创新。[93] 那么我们又该
424 如何解释德国人的这项伟大事业呢？毫无疑问，这是在哲学基础之上，在整体的历史呈现之中，重建古典世界的理性。虽然从人文学科的传统研究到古典语言学的角度转变是十分成功的，但它依然需要制度性的保障，而这正是适时出现的柏林大学的新观念所要完成的任务。

当它进入大学，“唤醒了一个拥有一定崇高理性且已经拥有了广博知识的年轻民族的学术志向”[94] 时，研究就成了教学的一部分。从制度上看，它最主要的影响就是习明纳以及博士培养工作。习明纳不再仅仅服务于师资培养的现实需要，而是允许特别有兴趣、有天赋的学生与教授一

---

[92] *The Quarterly Review*, 51(1834), 144ff., quoted by P. Petitmengin, ‘Deux têtes de pont de la philologie allemande en France: Le Thesaurus linguae Graecae et la “Bibliothèque des auteurs grecs”(1830-1869), in Bollak and Wismann(eds.), *Philologie*(note 55), 76.

[93] A. Grafton, ‘Polyhistor into Philolog: Notes on the Transformation of German Classical Scholarship, 1780-1850’, *History of Universities*, 3(1983), 161, 178ff.; Grafton, pp. 176ff., following R. Pfeiffer, *History of Classical Scholarship 1300-1850* (Oxford, 1976), 182, minimizes the opposition between the *Sachphilologie* of the *Altertumswissenschaften*, promoted by Wolf and Böckh, and the more traditional *Wortphilologie* represented by Gottfired Hermann, Professor in Leipzig. A. Grafton, *Defenders of the Text: The Tradition of Scholarship in an age of Science, 1450-1800* (Cambridge, Mass., and London, 1991; 2nd edn, 1994), 213-243, 对沃尔夫的依赖性和部分未知的创新进行了深入分析。

[94] Schleiermacher, *Gelegentliche Gedanken* (note 37), 33; cf. similar ideas expressed by Wilhelm von Humboldt in his ‘*Litauische Schulplan*(1809) and in his memorandum ‘*Über die innere und äussere Organisation der höheren wissenschaftlichen Anstalten zu Berlin*’, drafted 1810, published 1900, W. von Humboldt, *Werke in fünf Bänden*, ed. A. Flitner and K. Giel, vol. Ⅳ: *Schriften zur Politik und zum Bildungswesen*, 2nd edn(Darmstadt, 1969), 191ff., 255ff.

起，对文本问题或事实问题进行学术研究。[95] 另一方面，博士论文也成了最具独创性研究著作（*Meisterstück*），[96] 而那些没有成为大学教师的博士生往往也以撰写年度学校报告、为百科全书写评论或撰文等形式继续从事学术工作。

因此，古典语言学家的活动本身已经实现了专业化，然而，在 18 世纪之前，它仅仅是通向高级职位的中间阶段。1837 年建立了一家曾被勒南评论过的名为“德国语言学和学校教师协会”的专业组织。[97] 1827 年出
现了第一家古典与语言学专业期刊，遗憾的是很快便夭折了。到 1881 年， 425
作者和读者的数量已经足够多，在原有的三个国家级语言学期刊的基础上，又增加了一本语言学周刊。这种情况一直持续在到 1944 年。[98] 到二战前，语言学在学术世界一直保持着相当的地位，并拥有比今天的《自然》或《科学》这样的科学期刊更为广泛的受众。

柏林大学的改革者期望研究与教学的结合首先能为社会和政治精英带来一种更现代的教育。但它也促使古典语言学家的人数出现相当大地增长。伯克从 1812 年至 1867 年在柏林大学退休为止，他的习明纳共接纳了 1602 名成员，其中有许多人成了著名学者。[99] 随着德国各大学都引入语言学习明纳，这使得古代文本、专著和论文的批判版本的数量和质量有了空

---

[95] Schleiermacher, *ibid*., 87-91.

[96] U. von Wilamowitz-Moellendorf, ‘Philologie und Schulreform’(1892), in U. von Wilamowitz-Moellendorff, *Reden und Vorträge*, 3rd edn(Berlin, 1913), 107, quoted by A. Horstmann, ‘Forschung’(note 88), 52.

[97] Grafton, ‘Polyhistor’(note 92), 174-176，概述了该进程中的动人场面。该协会于 1837 年在哥廷根大学建立，当时这所大学在庆祝其 100 年校庆。1844 年它被扩大了并成了 *Verein deutscher Philologen, Schulmänner und Orientalisten*: C. G. Firnhaber, ‘Lehrerversammlungen’, in A. Schmid(ed.), *Encyklopädie des gesammten Erziehungs-und Unterrichtswesens*, vol. Ⅳ (Gotha, 1864), 264-268。

[98] *Rheinisches Museum für Philologie*, 1827-; *Philologus*, 1846-; *Hermes* 1866-; *Philologische Wochenschrift*, 1881-1883, 1921-1944；该时间段之间是 *Berliner philologische Wochenchrift*.

[99] M. Hoffmann, *August Böckh*, *Lebensbeschreibung und Auswahl aus seinem wissenschaftlichen Briefwechsel*(Leipzig, 1901)470, quoted by Horstmann, ‘Boeckh’(note 89), 44.

前的增长。除此之外，还有哲学、历史和文学片断的合集，其中主要的项目有《拉丁语大全》(*Corpus Inscriptionum Latinarum*)，《拉丁语词典》(*Thesaurus Linguae Latinae*)，教父、古代医学作者、东罗马帝国的历史学家和权威的百科全书概述合集等。[100] 在世纪之交的前后十数年间，(这种做法)达到了顶峰。1902 年，古典历史学家和诺贝尔文学奖得主西奥多·莫姆森（Theodor Mommsen，1817—1903）、希腊文化研究者乌尔里希·冯·维拉莫维茨-默伦多夫（Ulrich von Wilamowitz-Moellendorf，1848—1931），以及 1936 年被哈佛大学授予“世界最著名的拉丁语学家”称号的爱德华·诺登（Eduard Norden，1868—1941）等人在柏林大学产生了非凡的影响。著名的波恩学派概述了以弗朗兹·比歇勒（Franz Bücheler，1837—1908）炉火纯青般的技艺为代表的语言批判主义，和以他的同事赫尔曼·乌斯纳（Hermann Usener）大量原创成果为代表的古典学术综合历史化之间的辩证关系，我们在前面讨论宗教问题时提到了乌斯纳。[101]

---

[100] *Paulys Real-Encyclopädie der classischen Altertumswissenschaft*. New edition, begun by G. Wissowa(Stuttgart and Zurich, 1894-1980), 84 vols.；Ⅰ. von Müller(ed.), *Handbuch der klassichen Altertums-Wissenschaft*(Munich, 1886-), 86 vols.

[101] 古典学问的历史具有很好的文献材料。除了 Pfeiffer 的《历史》(note 92)，最完整的参考书就是 J. E. Sandys, *History of Classical Scholarship*(Cambridge 1908), vol. Ⅲ，以及德国的 C. Bursian, *Geschichte der classischen Philologie in Deutschland von den Anfängen bis zur Gegenwart*(Munich and Leipzig, 1883), vol. Ⅱ。更短的评论在于：U. von Wilamowitz-Moellendorff, ‘Geschichte der Philologie’, in A. Gercke and E. Norden(eds.), *Einleitung in die Altertumswissenschaft*(Leipzig and Berlin, 1909), 1-80；以单独或完整版本重印(Stuttgart, 1998)；A. Hentschke and U. Muhlack, *Einführung in die Geschichte der klassischen Philologie*(Darmstadt, 1972)；R. R. Bolgar, ‘Latin Literature: A century of Interpretation’, in Boer(ed.), *Les études classiques*(note 54), 91-120。关于柏林：B. Kytzler, ‘Klassische Philologie’, in T. Buddenstieg, K. Düwell and K.-J. Sembach(eds.), *Wissenschaften in Berlin, Disziplinen*(Berlin, 1987), 97-101, quotation on Norden 100；cf.。关于 1914 年前柏林的古典研究的讽刺性描述，参见：L. Hatvany, *Die Wissenschaft des Nicht-Wissenswerten, Ein Kollegienheft*(Berlin, 1908)；Rpt. with a Preface by J. Lloyd-Jones(Oxford and New York, 1986)。关于波恩学派：W. Schmid(ed.), *Wesen und Rang der Philologie. Zum Gedenken an Hermann Usener und Franz Bücheler*(Stuttgart, 1969)；关于哥廷根：C. J. Classen, Schlotter(ed.), *Die Geschichte der Verfassung und der Fachbereiche der Georg-August-Universität zu Göttingen*(Göttingen, 1994), 92-97。

同样重要的不仅有以原创性著作与翻译作品，以及部分外国人来德国 426
学习访问为形式的知识与方法的输出，还有德国语言学家本人的输出。19世纪初，对那些具有文化和学术兴趣的外国人而言，巴黎仍是其麦加圣地。当然，像萨维尼、雅各布·格林、博普、亚历山大和威廉·冯·洪堡兄弟、波普（Bopp）和黑格尔这样的人物，他们访问的不是索邦，而是法兰西学院、东方语言学院（*École des Langues Orientales*）、徽章收藏馆（*Cabinet des Médailles*），以及在这些机构中活跃着的学者。[102] 1830年后，有许多德国语言学家在巴黎工作，其中不仅有教授，如卡尔·本尼狄克·哈泽（Karl Benedikt Hase，1780—1864），他作为拜占庭学者和语言学家而久负盛名，而且还有为菲尔曼·迪多（Firmin Didot）出版社工作的人们，他们是《希腊语辞典》（*Thesaurus Linguae Graecae*）和《希腊作者的藏书室》（*Bibliothèque des auteurs grecs*）的合著者。[103] 与此同时还出现了构建在德国模式之上的语言学研究机构。1868年创建了前面所提到的高等研究实践学校的历史和语言学部；1869年，蒙彼利埃大学引进了一项习明纳，1880年后人文学院也开始“德国化”。[104] 1877年，一家在经营了20年之后，于1847年倒闭的古典学术期刊重新开张，且硕果累累；1923年，它最后的一期是拉丁语专刊——这成为一种外部标志，即拉丁语现在已经成了一种学术研究的对象，而不再是大众文化。这种转变也在同时期建立的保卫古典教育协会中得到了强调。[105]

1850年后，“当牛津运动失败后，牛津也被德国化了”。马克·帕蒂 427
森（Mark Pattison，1813—1884）在德国旅行回国后“对德国科学带有强烈的偏爱”，在他任职期间——1859年开始担任枢密院教育委员会视察

[102] Jacob, 'Etude comparative' (note 56), 111.

[103] Petitmengin, 'Têtes de pont' (note 91), 77-107. Werner 给出了更多的名字，'Philologie' (note 56), 34。

[104] Jacob, 'Etude comparative' (note 56), 125.

[105] *Revue de philologie, de littérature et d'historie anciennes*, 1877-, *Revue des études grecques*, 1888-, *Revue des etudes anciennes*, 1899-, *Revue des etudes latines*, 1923-, *Bulletin de l'Association Guillaume Budé*, 1923-.

员，1861—1884年担任牛津林肯学院院长——他极力制止人文学术中学术的缺失，并认为它必须用于生产社会精英。为此，他开始尝试培训学院中的指导教师，并要将他们塑造成为德国式的研究者。[106] 尽管遭遇相当多的反对，帕蒂森的观点还是逐渐赢得了支持。1880年，英国出现了第一家古典语言学的专门期刊。[107] 德国的研究者，比如之前提及的著名梵语学者麦克斯·穆勒也于19世纪下半期来到牛津任教。1933年后，许多优秀的古典语言学家被逐出德国。前面提到的在大学里非常活跃的教授爱德华·弗兰克尔，一起的还有费利克斯·雅各比（Felix Jacoby，1876—1959）、保罗·马斯（Paul Maas，1880—1964）、鲁道夫·普法伊费尔（Rudolf Pfeiffer，1889—1979）和理查德·瓦尔策（Richard Walzer，1900—1975），他们都在牛津进行学术活动，并部分承担了牛津大学出版社出版的古典著作的编辑工作，直到他们最终获得学术职位为止。[108]

在荷兰，古典语言学的传统形式尤其是得到了杰出的古典语言学家卡吕斯·加布里埃尔·科贝特（Carl Gabriel Cobet，1819—1889）的保护，进而使其免遭受德国新学术的冲击。然而，在新独立的比利时，根特大学、鲁汶大学和列日大学——这三所大学都于1834年前后改组——最初都依赖于外国教师。古代语言方面的教师是德国人，它们还引进了语言学习明纳，虽然在名称上有所不同。“学术”也成了比利时大学教育的正式目标，但与德国大学相比，它们明显是落后的。反映这种变化的期刊直到

[106] ‘Oxford went German when the Oxford Movement was defeated’: A. Momigliano, ‘Jacob Bernays’, in A. Momigliano, *Quinto Contributo alla Storia degli studi classici e del mondo antico*, part I(Rome, 1975), 128; cf. *University of Cambridge*, 212; P. Slee, ‘The Oxford Idea of Liberal Education 1800-1860: The Invention of Tradition and the Manufacture of Practice’, *History of Universities*, 5(1988), 69-87.

[107] *Journal of Hellenic Studies*, 1880-, *Classical Review*, 1887-, *Classical Quarterly*, 1907-.

[108] *History of Oxford*, Ⅷ, 461.

一战后才出现。[109]

在意大利实现统一之后，尤其是普法战争之后，德国学术便成为意大利大学教育的理想。[110] 古典语言学同样如此。1878 年科贝特注意到，40 428
年前他在意大利图书馆中研习手稿时，没有碰到一个对此感兴趣的意大利人，但这种情况现在开始变化了。到世纪之交，古典研究的觉醒（*il risveglio degli studi dell'antichità classia*）已经成为现实。1873 年，德国出版人赫尔曼·勒舍尔（Hermann Loescher，1831—1892）在意大利创建了第一份语言学期刊[111]，并开始翻译德国的权威著作。不久，佛罗伦萨和其他大学城也效仿了这种模式。主流的教授们对德国古典语言学的方法与成就都比较感兴趣，这是因为他们都在德国受过教育，就像 20 世纪上半叶意大利最重要的语言学家之一乔治·帕斯夸利（Giorgio Pasquali，1885—1952）那样。

综合考虑其他欧洲国家的情况，总而言之，语言学的德国学术模式直到 19 世纪末才占据了支配地位。而且人们还可以说，正如说英格兰神学一样："它们对此注入了一种特征……严肃谨慎的精神。"在德国，拉丁文学和文化直到 20 世纪才被承认有其自身价值，而在其他国家，它却从未被贬为希腊语的一个苍白的仿品。西塞罗对大学人文主义目标的主要意义在这套书前面诸卷中已进行了论证，但他本人却遭到莫姆森（Mommsen）

---

[109] Jacob, 'Etude comparative' (note 56), 113-117; *Revue belge de philologie et d'historie*, 1922-, *Philologische studien*, 1929-, *Antiquité classique*, 1932-, *Etudes de philologie, d'archéologie et d'historie anciennes*, 1934-, *Latomus*, 1937-.

[110] 这里我大部分沿用的著述是 A. Penna, 'L'influenza della filologia classica tedeca sulla filologia classica italiana dell' unificazione d'Italia alla prima Guerra mondiale', in Bollak and Wismann (eds.), *Philologie* (note 55), 232-274; cf. B. Bravo, 'Giorgio Pasquali e l'eredità del XIX secolo', *ibid.*, 333-356; A. Momigliano, 'Capitano de Sanctis e Augusto Rostagni', in *Quinto contributo* (note 105), 187-201。

[111] *Rivista di filologia e d'istruzione classica*, 1873-, *Studi italiani di filologia classica*, 1893-, *Atene e Roma. Bolletino della società italiana per la diffusione e l'incorraggiamento degli studi classici*, 1898-1943, *Athenaeum, Studi periodici di letteratura e storia dell'antichità*, 1913-, *Aevum, Rassegna di scienze storiche, linguistiche e filologiche*, 1927-.

的责难。另一方面，他复杂的私生活和有争议的政治活动也使其获得了法国拉丁语学者，法兰西学院、师范学校和高等研究实践学校的教授加斯东·布瓦里耶（Gaston Boissier，1823—1908）的同情与公平对待，而西塞罗非凡而持久的影响力也得到了国际著名语言学家塔杰乌斯·杰林斯基（Tadeus Zielinski，1859—1944）的中肯评价，杰林斯基曾于 1887 年到 1922 年在圣彼得堡任教，之后在华沙任教。[112]

[112] 参见第 81 条注释所引用的本人论文，以及 W. Rüegg，'Cicero-Person und Wirkung in der abendländischen Geschichtete'，in B. Schefold（ed.），*Vademecum zu einem Klassiker des römischen Denkens über Staat und Wirtschaft*（Düsseldorf，2001），57-74。G. Boissier，*Cicéron et ses amis. Etude sur la société romaine du temps de César*（Paris，1866）；T. Zielinski，*Cicero im Wandel der Jahrhunderte*（Leipzig and Berlin，1897；4th edn，1926）；关于其曾被译为 6 种语言的小册子《古代和我们》（*Driewnij mir i my*），参见我的文章，'Antike als Epochenbegriff'，*Museum Helveticum*，16，4（1959），309-318，W. Rüegg，*Anstösse，Aufsätze und Vorträge zur dialogischen Lebensform*（Frankfurt-am-Main，1973）书中重印，216-225；G. Walther，'Der Restaurierte Klassiker，Barthold Georg Niebuhrs wissenschaftliche Revolution am Beispiel seiner Cicero-Rezeption'，*Philologus*，137（1993），308-319，分析了柏林大学罗马史批判研究先驱给出的有关西塞罗的不同形象。关于拉丁文学的地位：Bolgar，'Latin Literature'（note 100），带有 Momigliano 的评论（第 120 页），5 位再评价拉丁文学的德国学者（Friedländer，Traube，Leo，Norden，Heinze）中的 4 位是犹太人。关于俄国的古典研究：W. I. Kuenschin（ed.），*Istoriografija antischnoi istorii*（Moscow，1980）。

现代语言学的起源 429

伯克认为的基于哲学和历史学的语言学，也成了现代语言学的学术范式。[113] 首先在德国，后来 20 世纪初又在欧洲其他地方，现代语言学代替了文学（*belles lettres*）的修辞学和人文主义传统，因此，这种先后顺序也决定了我们的阐述方式。

人文主义（*litterae humaniores*）目标就是对社会精英人士、绅士、尚礼人士（*honnête homme*）及世界上有教养的人进行普通教育。正是由于这个原因，18 世纪，改革后的哥廷根大学才对贵族有如此大的吸引力。它不仅进行学术性教育（特别是在法学方面），而且也教授击剑、舞蹈和现代语言知识等贵族技能。然而，在世纪末，这所大学开始从博学的"文学历史"（*Literärgeschichte*）发生变化，将文学历史转变为人类理性的历史，转变为一些需要在哲学和美学中教授的内容。1806 年，古典语言学家格奥尔格·弗里德里希·贝内克（Georg Friedrich Benecke）举办了首个中世纪德国文学学术讲座，当时，他还是副教授，到 1814 年后，他才

---

[113] K. Stackmann, 'Die Klassische Philologie und die Anfänge der Germanistik', in H. Flashar, K. Gründer and A. Horstmann(eds.), *Philologie und Hermeneutik im 19. Jahrhundert. Zur Geschichte und Methodologie der Geisteswissenschaften*(Göttingen, 1979), 240-249,在第 242 页提到了整个领域中的令人不满的状态。而在有价值的大会记录出版后,就不会再坚持这种判断了,像 F. Fürbert et al. (eds.), *Zur Geschichte und Problematik der Nationalphilologien in Europa. 150 Jahre Erste Germanistenversammlung in Frankfurt am Main (1846-1996)* (Tübingen, 1999)and the initiatives of the Marbacher Arbeitskreis zur Geschichte der Germanistik which prepared an '*Internationales Germanistenlexikonn* 1800-1950' in 3 vols., ed. by C. König(Berlin and New York, 2003)。现代语言学术语的第一次使用是在下面的著作中发现的：Carl Mager, *Drei Hefte moderner Humanitätsstudien*, Heft 1: *Die moderne Philologie und die deutschen Schulen*(Zurich, 1840)。

成为全职的哲学教授。[114]

430 对柏林（大学）的改革者来说，从事学术性的教育活动是获得教授席位的前提。外语是由“语言教师”教授的，在大学的章程中，语言教师与马术教师、体育教师、击剑教师都是用相同的红色标题标出的。[115] 但东方语言是一个例外，这是因为它对神学及德国文学有重要的意义。后者，尤其是在中世纪，已经成为德国人文主义的研究的一门科目，并成为德国浪漫主义者的主要兴趣所在，诸如，1808 年海德堡的格雷斯（Görres）、1812 年维也纳的弗里德里希·冯·施莱格尔（Friedrich von Schlegel，1772—1829），以及他的哥哥奥古斯特·威廉（August Wilhelm，1767—1845），早在 1803—1804 年威廉就在柏林举办的私人讲座中将德语作为确定民族身份的一项因素。除此之外，威廉·冯·洪堡和弗朗兹·博普（Franz Bopp，1791—1867）开创的语言现象还遭遇了哲学和学术性的对抗。

1810 年，弗里德里希·冯·德尔·哈根（Friedrich von der Hagen，1780—1856）被柏林大学授予德国语言与文学副教授席位，但他从事的中世纪文学爱国主义编辑工作，要比他的学术工作更加引人注目。雅各布·格林（Jacob Grimm，1785—1863）和威廉·格林（Wilhelm Grimm，1786—1859）兄弟也曾受过律师教育，但作为萨维尼的学生，他们熟悉历史批判法；因而，1837 年，也就是这两人作为“哥廷根七杰”（教授）成员抗议宪法；而被解职的前后，他们成为研究德国语言和大众文学的奠基人。1840 年，在他们得到一定的退休金后应召来到柏林普鲁士科学院（Prussian Academy），并在大学中任教。在这里，由于古典主义者卡尔·拉赫曼（Karl Lachmann，1793—1851）自 1825 年来，除了教古典语言学

---

[114] K. Stackmann,'Die Germanistik an der Georgia August-ein historischer Rückblick', in Schlotter, *Verfassung*(note 100)98; A. P. Frank,'Die Entwicklung der Neueren Fremdsprachen in Göttingen', *ibid*., 107; cf. E. Marsch(ed.), *Über Literaturgeschichts-schreibung. Die historisierende Methode des 19. Jahrhunderts in Programm und Kritik*(Darmstadt, 1975), 17ff.

[115] Lenz, *Geschichte*(note 38), vol. Ⅰ, 272.

外，还教德国语言和文学，因此，德语研究已经系统地并从方法论上发展成为一门大学科目。他还出版了极为重要的中古高地德语文本（Middle High German Texts）的批判读本，比如《尼白龙根之歌》（*Nibelungenlied*）、《沃尔特·冯·戴尔·福格尔魏德》（*Walter von der Vogelweide*）、《帕西发尔》（*Parsifal*）❷，并编辑了莱辛（Lessing）的全部著作；他在编辑古代作品时自始至终都使用了相同的批判方法，其中还包括已经提及的由他编辑的《新约》。他努力将语言文本批判与悔罪（conviction）（后者过时了）相结合，进而使得伟大的史诗，比如荷马的《伊利亚特》（*Iliad*）或《尼白龙根之歌》，能够融入“整体精神之外的……共同诗歌作”之中去，而这也正是来源于特定时代的人民精神。[116]

德语与古典语言学的这种结合得到了拉赫曼的后继者莫里茨·豪普特 431
（Moritz Haupt，1808—1874）的延续，豪普特是著名莱比锡古典学者戈特弗里德·赫尔曼（Gottfried Hermann）的学生，曾编辑了古典文本，直至 1846 年他一直都只将德国语言学视为“古典主义的附属科学”。然而，1841 年他创建了最早的，直至今天还存在的德语期刊，并编辑了许多中古高地德语文本。[117] “德语研究的语言学化被证明是迈向被承认并被确立为大学科目的决定性的一步。”[118] 通往被认可的道路是如此的崎岖漫长，一些重要德语学家都纷纷揭示出这一点，比如科纳德·布尔达赫（Konrad Burdach，1859—1936），他曾被告诫不要从事德语研究，因为从职业发展的角度看，这是无出路的。[119] 1861 年，“语言学家、学校教师和

❷ 亚瑟王传奇中寻找圣杯的英雄人物。

[116] Quoted by Stackmann,‘Klassische Philologie’(note 112),249.

[117] I. Denneler and N. Miller,‘Germanistik’, in Buddenstieg, Düwell and Sembach(eds.), *Wissenschaften*(note 100),90;*Zeitschrift für deutsches Altertum und deutsche Literatur*,1841-.

[118] J. Jahota(ed.),*Texte zur Wissenschaftsgeschichte der Germanistik*, vol. Ⅲ:*Eine Wissenschaft etabliert sich*(Tübingen,1960),36.

[119] *Ibid.*,2.

东方学者大会”接纳了德语作为分部。相应的期刊不久也开始成倍增加。[120] 然而，直到 1872—1894 年间，德语研究的大学习明纳——以 1858 年在罗斯托克设立的习明纳为模型——才开始被普遍接受。[121] 在德意志帝国建立后的几十年中，现代德语文学研究分别在 1874 年的慕尼黑和 1877 年的柏林获得了本领域的教授教席。[122]

在过去，文学作为与其他欧洲文学互动中民族精神的表达，一直是以“民享”（for the nation）的形式呈现的。这是“哥廷根七杰”中的第三号人物奥尔格·戈特弗里德·格维努斯（Georg Gottfried Gervinus，1806—1871），在 1835 年出版的《德国诗歌民族文学史》（*Geschichte der Poetischen Nationalliteratur der Deutschen*）导言中使用的表达。格维努斯曾被剥夺了历史与文学教授席位。他坚持认为，这项工作是为了展示诗歌的“理念”如何渗入整个世界历史的，而这也是他对“文学科学史”（Science of Literary History）的贡献。诗歌在古希腊达到顶峰，而接下来的历史则是一条“通往所有真正的诗歌本源的大道，在其中欧洲各个民族都跟随在
432 德国人左右，虽然它们时常超越德国人，但最终还是一个接着一个地落马了”。[123]

还有一种类似的文学史的历史观与哲学观，而且其中的沙文主义态度也有所减弱，这就是赫尔曼·黑特纳（Hermann Hettner，1821—1882）在 1856 年提出的一种表达方式。起初，他曾是美学、艺术和文学史教授，后来成了德累斯顿的博物馆馆长和艺术史教授。他把 18 世纪的艺术史描

---

[120] *Ibid.*, 9. *Zeitschrift für deutsche Philologie* 1869-, *Anzeiger für deutsches Altertum und deutsche Literatur*, 1876-, *Germanistische Abhandlungen*, 1881-1934.

[121] Jahota(ed.), *Texte*, 51ff.; cf. U. Tewes, 'Die Gründung germanistischer Seminare an den preussischen Universitäten(1875-1896)', in J. Fohrmann and W. Vosskamp(eds.), 'Von der gelehrten zur disziplinären Gemeinschaft', *Deutsche Viertelsjahresschrift für Literaturwissenschaft und Geistesgeschichte*, 61(1967), Sonderheft, 69#-122#.

[122] Jahota(ed.), *Texte*(note 117), 10.

[123] G. G. Gervinus, *Geschithte der poetischen Nationallitteratur der Deutschen*, 5 vols. (Leipzig, 1835-1842), introduction, reprinted in Jahota(ed.), *Texte*(note 117), quotations 184, 179-181.

述为“理念及其科学和艺术形式的历史”，它经由法国启蒙运动到德国古典主义的全盛，囊括了自然科学、经验哲学以及 17 世纪英国文学中的自然神论的繁荣。“首先出现的是非常重要的政治和宗教的发展时期，紧随其后的是科学、艺术和诗歌中对这些发展的反应和反思。”[124] 正是由于这种方式，德语研究本身成为一门特殊的科目——精神科学，而且还使其在经历了所有的语言学化后，依然保持着它自身潜在的民族甚至是民族主义的观念。二战期间，苏黎世的德国文学家埃米尔·施泰格（Emil Staiger，1908—1987）通过将内在解释应用于文学创作，进而给德国文学研究指明了新的方向。[125]

起初，发展**拉丁文学研究**（Romance Studies）是出于学术性目的，后来是因为在（文科中学）文法教师中受到了来自现代语言学家的压力，他们要求获得与古典语言学家相同的地位，并要求获得具有相同学术价值的教育。数十年来，他们与古典语言学家的争论始终存在，而且那些为拉丁文学研究而振臂高呼的人，往往就是那些从事德国语言学和德语教学的人。从 1823 年开始在波恩执掌“中世纪和现代文学史”教职的“拉丁文 433
学研究的缔造者”弗里德里希·迪茨（Friedrich Diez，1794—1875）就曾教授古高地德语（Old High German）、法语、意大利语、西班牙语，以及

[124] H. Hettner, *Literaturgeschichte des achtzehnten Jahrhunderts*, 3 parts(6 vols.)(Braunschweig, 1856-1870), 引自第一部分（*Die englische Literatur von 1660 bis 1770*）至第二部分封面。*Die französische Literatur im achtzehnten Jahrhundert*, 4th edn(1881).

[125] W. Flitner, *Gesammelte Schriften*, vol. Ⅺ: *Erinnerungen 1889-1945*(Paderborn, 1986), 102，德语研究语言学化的一个重要的例子：“当著名的赫尔曼·保罗（Hermann Paul）提出《尼白龙根之歌》手稿问题时，我们在别处。两周后回来，我们听到他比较 Hagen von Troje 和 Hagen von Tronje 之间的区别，并继续讨论不同手稿的系谱。我们爆发大笑，引起普遍的不愉快和混战而离去。我们便来到充满诗歌热情的大学，但我们没有关于语言学的，尤其是德语研究的理念。”关于苏黎世的学校：S. Sonderegger, ‘Germanistik’, in P. Stadler, *Die Universität Zürich 1833-1983*(Zurich, 1983), 518ff., and W. Rüegg, ‘Europa in Trümmern, Die Neuorientierung der Geisteswissenschaften nach 1945’, *Neue Zürcher Zeitung*, *Literatur und Kunst*, 125(25-26 May 1996), 65ff.。

葡萄牙语与文学。[126] 1842年，阿达尔贝特·冯·凯勒（Adalbert von Keller，1812—1883）就任图宾根德语文学教授时，在发表任职演说中有目的地宣称："作为一种日耳曼语与拉丁语的学术性语法，作为中世纪和现代诗歌的历史，现代语言学应该名列第三位，仅次于东方语言学与古典语言学"。与这种观点相一致的是，他本人作为德语专家，也在教授英语和拉丁文学。[127]

将这些与德国语言学相联系，是出于两方面的原因：一方面，是为了追溯"现代欧洲两大最重要的语言群体的历史"，例如，首先是由雅各布·格林从1819年开始创作的"德语语法"，后来，迪茨继承了格林的衣钵，开创了他自己的"拉丁语语法"（1836—1844）。另一方面，对日耳曼以及德意志民族精神的关注启发了人们对罗马尼亚精神的类似关注，这是因为它们是两类相邻的文化，都共同继承了拉丁文化的遗产。拉丁文学研究是学术训练的一种手段。迪茨在55年的教学生涯中，所培养的博士研究生至多不过五六人，而且来参加他的讲座的学生数总是比他那些教授实用语言课程或教授美学的助教或同事们的学生少。但既作为一名研究者，又作为一位极为重要的大学讲师的典范，他的影响却愈加深远。在第二次世界大战之前，拉丁文学研究的方向是语言学研究而不是外语和当代文学的培养。德语依然是教学用语，而且还是事实上的出版用语，这是因为，

---

[126] H. Christmann, 'Romanistik und Anglistik an der deutschen Universität im 19. Jahrhundert. Ihre Herausbildung als Fächer und ihr Verhältnis zu Germanistik und klassischer Philologie', in *Abhandlungen der Akademie der Wissenschaften und Literatur in Mainz*, *Geistes-und sozialwissenchaftliche Klasse*(Stuttgart, 1985)：Ⅰ, 1-28，对学科的建立和分化进行了一次极好的调查. W. Hirdt(ed.), Romanistik, *Eine Bonner Erfindung*, 2 vols. (Bonn, 1994), Part Ⅰ: *Darstellung*, Part Ⅱ: *Dokumentation*，不仅包括关于波恩学派的丰富文献，也最先描述了从开始到现在以来整个学科的发展.

[127] Keller的就职讲座 'Über die Aufgabe der modernen Philologie'在Jahota被再版(ed.), *Texte*(note 117), 263-277, quotation 277。

“在有身份的拉丁文化研究者当中，不说法语是他们之间进行区别的标志”[128]。

拉丁语言学要获得与古典语言学同等的地位，不仅必须要拥有自己的专业教席，而且还要拥有自己的习明纳和期刊。1858年当卡尔·巴尔奇（Karl Bartsch，1832—1888）被罗斯托克任命为教授时所拥有的头衔是 434
“德语和拉丁语语言学教授”，并且能在之前提及的“德国语言学习明纳”中和他的学生一起学习这两类知识。1872年，阿达尔贝特·冯·凯勒（Adalbert von Keller）获准在图宾根举办一个“现代语言习明纳”；1873年，巴尔奇在海德堡也引入了一个相同名称的习明纳，但在1877年它被更名为“德语与拉丁文学研究习明纳”。1877年在哈勒和彼恩出现了独立的拉丁文学研究习明纳；1896年，柏林大学将1877年创建的拉丁文学与英语研究习明纳分开，进而也拥有独立的拉丁文学研究习明纳。[129] 这种特殊的结合，在19世纪下半叶是十分普遍的，这是由于新出现了许多合格的教师，并设立了现代语言与文学教职的缘故。哈勒是个例外，从1822年开始，那里就已经设立了拉丁文化研究教席了，第一个拉丁语言学教席是由之前的双教授制（double professorships）分化产生的；1867年，第一个教席出现在柏林大学，是由迪茨的学生阿道夫·托布勒（Adolf Tobler，1835—1910）当任，后来在1872—1911年，在其他的德国大学中也都出现了这种教席。[130] 与此同时，拉丁文化研究的期刊也开始传播，并且往往是独立于德国和英国语言学的。[131]

---

[128] Quotations from Hirdt(ed.),*Romanistik*(note 125),8;波恩大学的拉丁演讲与博士论文类,1818-1916,*ibid.*,323-456.

[129] Christmann,'Romanistik und Anglistik'(note 125),29-39.

[130] *Ibid.*,28.

[131] *Jahrbuch für romanische und englische Sprache und Literatur*,1859-1876,*Zeitschrift für romanische Philologie*,1877-,*Zeitschrift für neufranzösische Sprache und Literatur*,1877-1888,在1944年之前都是如此,*Romanische Forschungen*,1883-,*Neuphilologisches Zentralblatt*,1887-1906,*Romanische Bibliothek*,1888-1926,*Literaturblatt für germanische und romanische Philologie*,1888-1944,*Romanische Studien*,1897-,*Germanistisch-romanische Monatsschrift*,1909-.

在第一次世界大战之前，拉丁文化研究仅限于语言学和语言的研究，不仅要研究像但丁和彼特拉克这样的伟大诗人，而且还要采用与古典语言学家研究古代作品时所采用的类似方法来研究较早的年代，即要将这种研究视为彰显特定民族与历史精神的手段。就这样，在德国，直到1933年之前，文艺复兴与人文主义都一直处于领先地位。[132] 另一方面，当代拉丁文化再没有引起像美学和哲学引起的那种关注。这种情形在1917年得以改变。作为德国的拉丁文化研究总中心，波恩大学被赋予从事“拉丁文化国家研究”的重任，并在大学部主任、波恩大学前任东方学家卡尔·海因里希·贝克尔（Carl Heinrich Becker，1876—1933）的提议下由教育部接
435 管。其研究重点为普遍意义上的法国文化，包括政治学、教育、艺术和社会学。恩斯特·罗伯特·库尔提乌斯（Ernst Robert Curtius，1886—1956）在这方面发挥了主要作用，他最初是波恩大学的编外教师，也是贝克尔的朋友，从1929年开始在波恩大学任教授。他也使得欧洲文学的中世纪拉丁起源研究成为一个划时代的研究主题，尤其是在他1933年后在国内往来期间。[133]

英语是日耳曼语中的一个分支。德语专家研究并编辑了古老的英国古典文本，并主导了英国语言与文学的学术研究。直到英格兰成为一个世界强国之后，直到现代语言的语言学研究开始成为中学教师中的一个专门职业，英语研究才最终从德语研究中逃离出来，尽管它们依然与拉丁文化研

---

[132] 开始于G. Voigt,*Die Wiederbelebung des classischen Alterthums oder das erste Jahrhundert des Humanismus*,2 vols.(Berlin,1859)and J. Burckhardt,*Die Cultur der Renaissance, Ein Versuch*(Leipzig,1860)。*Kulturwissenschaftliche Bibliothek Warburg* 达到高峰,并在1933年从汉堡迁到伦敦;参见:E. H. Gombrich,*Aby Warburg*:*An Intellectual Biography*,*with a Memoir on the history of the Library by F. Saxl*(London,1970)。

[133] Hirdt(ed.),*Romanistik*(note 125),24ff.,31-38;M. Werner,'Le prisme franco-allemand:à propos d' une histoire croisée des disciplines littéraires',in H. M. Bock *et al*.(eds.),*Entre Locarno et Vichy*,*Les relations culturelles franco-allemandes dans les années 1930*(Paris,1993),Vol. Ⅰ,307-310.

究保持着千丝万缕的联系。[134] 在1852年到1881年间，有数十个双教授教席在拉丁文化研究中发挥着重要作用。1852年，苏黎世大学创建了第一个英语研究的教授教席；1867年，波恩设立了第一个英国语言研究的教授职位；1872年，维也纳也设立了同样的教职；1872年，斯特拉斯堡还设立了第一个英国语言学教职。但对这些执掌教席的人们来说，继续活跃于古罗马文化研究领域，也是十分重要的。[135] 在较早的现代语言期刊出现后不久，一些崭新的英国语言学研究期刊也出现了。[136] 1892年，除巴伐利亚之外，在德国的所有大学中都出现了独立的德国语言学、法国语言学和英国语言学教授席位，但不一定是独立的部门。柏林大学的创建者认为，“我们几乎不需要学英语，如果要学的话，向家庭教师学就可以了”；100年后，维拉莫维茨依然反复地向他的英语同事们重申这一点。[137] 但在1872年到1914年间，共设立了32个英国语言学的教职，这就“说明了盎格鲁-撒克逊国家的重要性在日益增加”；虽然就内容而言，英语科目大多都局限于英格兰。[138] 美国研究（除个别的先驱外）仅在魏玛时期才被引入，一开始是柏林大学在英语系内建立了一个“美国部”，后来其他大学就将这种制度作为一种固定的模式，“在欧洲的美国研究早期史中，几乎没有出现比德意志第一共和国的措施更有前景的发展”[139]。 436

[134] Finkenstaedt, *Anglistik* (note 87) 在有远见的重要章节分析了20世纪学科的机构和个人发展，包括其与国家社会主义之间的纠缠；也参见：G. Haenicke and T. Finkenstaedt, *Anglistenlexikon 1825-1990*, *Biographien und bibliographische Angaben zu 318 Anglisten* (Augsburg, 1992)。

[135] Christmann, ‘Romanistik und Anglistik’ (note 125), 23-28.

[136] *Archiv für das Studium der neueren Sprachen und Literaturen*, 1846-, *Englische Studien*, 1877-1944, *Anglia*, 1878-, *Die neueren Sprachen*, 1893-1943, *Zeitschrift Studien*, 1877-1944, *Anglia*, 1878-, *Die neueren Sprachen*, 1893-1943, continued as *Zeitschrift für neusprachlichen Unterricht* until 1943.

[137] A. Brandl, *Zwischen Inn und Themse. Lebensbeobachtungen eines Anglisten* (Berlin, 1936), 56, quoted by Christmann, ‘Romanistik and Anglistik’ (note 125), 19.

[138] Finkenstaedt, *Anglistik* (note 87), 123.

[139] S. Skard, *American Studies in Europe: Their History and Present Organization* (Philadelphia, 1958), vol. Ⅰ, 276, quoted by Finkenstaedt, *Anglistik* (note 87), 150.

斯拉夫语言与文学[140]早在 18 世纪就曾被在一些个别场合下教授，后来在文学和语言研究方面的专家以及德语专家和东方学家的努力下，到 19 世纪上半叶时这种教授活动逐渐增加。作为一门独立的学科，斯拉夫语研究要将其起源归功于伯克学派（Böckhian）提出的语言学观念，归功于比较语言研究的发展。这点将在后面论述。1849 年，现代斯拉夫语研究的奠基人，弗朗兹·冯·米克洛斯基（Franz von Miklosich，1813—1891）因为弗朗兹·博普（Franz Bopp，1791—1867）的《印度日耳曼语系的语法比较》撰写评论，而引起人们的关注，并最终确立了他作为斯拉夫语言文化专家的声望，而且还应邀来到维也纳大学，执掌新设立的斯拉夫语言学教席。在这里，1852—1875 年间，他出版了《斯拉夫语系的语法比较》，以格林和迪茨的著作为研究对象，追溯了他们的研究历史。费拉托斯莱弗·亚吉奇（Vratoslav Jagić，1838—1923）是柏林大学 1874—1880 年间斯拉夫语研究教席的首位教授，之后，他于 1886 年调入圣彼得堡大学，担任同样的职位，最后，他又来到维也纳，接替了他的老师米克洛斯基，他将伯克学派的深厚的学术氛围带到了由他创建的第一份《斯拉夫语研究期刊》（*Journal of Slavonic Studies*）中，也带入了由他帮俄罗斯科学院引进的《斯拉夫语言学百科全书》之中。1887 年，他在维也纳创建了斯拉夫语习明纳。

---

[140] Peter Brang 和 Zurich 告诉了我关于斯拉夫语言学起点及其参考文献的信息，包括：K. Krumbacher，'Der Kulturwert des Slawischen und die slawische Philologie in Deutschland'，in K. Krumbacher，*Populäre Aufsätze*（Leipzig，1909），337-372，386-388；J. Hamm and G. Wytrzens（eds.），*Beiträge zur Geschichte der Slawistik in nichtslawischen Ländern*，Schriften der Balkankommission der Oesterr. Akademie der Wissenschaften，Linguist. Abt. XXX（Vienna，1985）；*Slawistik in Deutschland von den Anfängen bis 1945. Ein Biographisches Lexikon*（Bautzen，1993）；P. Brang，'Slawistik'，*Schweizer Lexikon*，vol. V（Lucerne，1993），325-326。关于 1892 年、1914 年和 1938 年存在的席位和习明纳的线索，来自 *Minerva*，*Jahrbuch*（note 13）。下面的非斯拉夫语言的期刊显示了其他欧洲国家斯拉夫研究的有限兴趣：*Archiv für slawische Philologie*，1876-，*Slavia occidentalis*（Poznań），1921-，*Revue des études slaves*，1921-，*Slavonic*（and *East European*，1928-）*Review*，1922-，*Slavia*（Prague），*Zeitschrift für slavische Philologie*，1925-。

1841年，在布雷斯劳设立了在俄罗斯之外的首个斯拉夫语言文学教 437
席。之后，类似的教席陆续开始出现：1849年出现在佩斯、布拉格和维也纳；近20年后，也就是1867年出现在格拉茨；1870年出现在莱比锡；1874年出现在柏林；1899年出现在瑞士的弗莱堡。1892年，阿格拉姆（萨格勒布）、捷尔诺维兹（Czernowitz）、克拉科夫和莱姆伯格（利沃夫）设立了教授职位。随后，1911年，慕尼黑也设立了相同的教授职位。在德国，它是因为政治同盟的关系而受到欢迎；在多瑙河沿岸的君主国，它是因为能安抚日益难以驾驭的少数民族而受到欢迎；这使得教席的设立犹如脱缰的野马般不受羁绊地迅速发展起来。1914年前，在布雷斯劳、格拉茨、克拉科夫、莱姆伯格（利沃夫）、隆德、布拉格和维也纳都已建有斯拉夫语言学习明纳。柏林和莱比锡则是在一战后才出现这样的习明纳。在二战爆发前，在德语国家新创建的教席为数不多：柯尼斯堡设立了一个副教授职位（1915）和一个讲座教授职位（1921），以及格瑞夫斯沃德（Greifswald）设立了一个荣誉教授职位。另外，瑞士弗莱堡设立的副教授职位于1921年被废止。直到二战后俄国成为世界强国之后，斯拉夫语研究才获得了与其他现代语言同等的地位。

斯拉夫语研究不仅在德国、奥匈帝国和说德语的瑞士陷入了灰姑娘的境地。在不说俄语的其他欧洲各国，斯拉夫语言学或俄国语言与文学均由副教授授课，如赫尔辛基、哥本哈根、牛津［教学教授（Reader）］、索菲亚（Sofia）和乌普萨拉，而在里尔（Lille）、法兰西学院（自1840年）和巴黎的东方语言学校（*École des langues orientales vivantes*）则是由讲座教授进行教学。到1914年，在索邦有一个副教授职位，贝尔格莱德、布加勒斯特（Bucharest）、克里斯蒂安尼亚（Christiania，奥斯陆的旧称）、雅西（Jassy）和利物浦则分别设立了讲座教授职位。在两次世界大战之间，新独立的斯拉夫国家扩充了斯拉夫语研究教席，并建立了研究机构，如贝尔格莱德和切尔诺维茨（Czernowitz/Cernauti，罗马尼亚）。1915年，伦敦的国王学院也开办了一个斯拉夫研究所。在哥本哈根和乌普萨拉，副教授职位得以提升，鲁汶、隆德、里昂、曼彻斯特、诺丁汉和斯特拉斯堡则建立了新的教授职位，而在罗马则设立了一个波兰语言和文学研究的讲座教授职位，但在斯拉夫语言学中则仅设立了一个副教授职位。索邦的情况也是如此，比如，斯堪的纳维亚语言和文学就只设有一个正规职位。设立特殊岗位（讲师）的则有剑桥、克鲁日（Cluj，德文为Klausenburg）和热那亚。

438 第二次世界大战前，在非斯拉夫语的欧洲大学中，教斯拉夫语言学或其中一种语言文化学的教授不到 30 人，这个数字与 20 世纪其他现代语言学的教授人数以及高度专门化的东方研究教授职位数相比，几乎少得可怜。这与那些 1945 年前出现并发展至今的为数不多的相关专业期刊的境况是相同的。当然，西方斯拉夫语学家数量相对较少并不意味着其教学和研究范围与质量会受限制。与德语专家、古罗马文化学家和英语学家相比，他们不仅要在专业领域内涉猎更多的语言与文学问题，而且他们还综合考虑了整个欧洲的政治、宗教和文化史因素，以及邻国的语言与文化，以便于区别外来因素对斯拉夫世界的影响，确立其独有特征。最后但并非不重要的是，当它成为学校的一门科目时，斯拉夫语研究显然缺乏人才和教育权威人士影响力的支持。

欧洲现代语言学的传播

1870 年后，现代语言学的德国模式在非德语国家变得重要起来。除了自 1861 年在比萨就已经存在的教授职位外，现代拉丁语言和文学很快地在米兰（1871）、佛罗伦萨（1874）、博洛尼亚和都灵（1875）、那不勒斯、罗马和帕多瓦（1876）均设立了新教席。[141] 1892 年，赫尔辛基和图卢兹设置了拉丁语语言学的教学职位，热那亚、格罗宁根和列日设置了副教授职位，克里斯蒂安尼亚（奥斯陆）则是设置了两个讲座教授职位，其中

---

[141] G. Gröber, *Grundriss der romanischen Philologie* (Strasburg, 1888), vol. Ⅰ, 104. Unfortunately its 'Geschichte der romanischen Philologie', *ibid.*, 1-140. 欧洲的拉丁语语言学的比较史没有找到后继者。

一个是与德国语言学结合，另一个是与英语语言学结合。哥本哈根和乌普萨拉拥有拉丁语系的讲座教授教席，隆德有一个副教授教席，而都灵则有一个法语语言学的教学职位。在伦敦和利物浦，是由教授负责教法语和意大利语的，在图卢兹负责教西班牙语和文学的也是教授，其他地方则通常是由助教来教授的。

1892 年，在伯明翰设有德国语言学教席，隆德和乌普萨拉设有日耳曼语言学教席，格罗宁根、里尔、伦敦和米兰则设有德国语言文学教席。另外，在格拉斯哥、列日、里昂、巴勒莫（Palermo）和罗马均设有教学岗位。伯明翰、伦敦和牛津已经设立了英国语言学教授职位，但在欧洲大陆，只有列日、罗马和都灵设立了教学职位。在大不列颠之外，仅有都柏林、哥本哈根和图鲁兹设立了英国语言文学教授职位，里尔和巴黎也设立了相应教学职位。在莱顿，盎格鲁撒克逊语则是与哥特语和中古高地德语合在一起的。 439

法国的所有大学都设有“外国文学”教席，而俄国只有部分大学设有“西方文学”教席。在第一次世界大战以前，拉丁语言学或拉丁语系方面的教授职位的数量才有了持续地增长，并且它的称谓有时是“现代拉丁语系与文学”，法国语言与文学的情况也是如此。在意大利大学中的德国语言与文学的情况也是如此，但它们往往都无足轻重，只有米兰和都灵除外，因为在那里设有讲座教授，而在帕多瓦和罗马则设有副教授席位。英国语言学以及英语语言和文学研究也是如此，法国、比利时、荷兰和斯堪的纳维亚的大学也都为其设立了教授职位。然而，在意大利，仅有米兰、罗马和佛罗伦萨出现了这种情况。在伊比利亚半岛，仅有里斯本（Lisbon）为三门现代语言学设立了教授职位。

1918 年后，教授职位开始在各地盛行，并采取了专门的形式。我只举一个欧洲东南部和北部周边的例子。1892—1893 年，匈牙利的阿格拉姆（萨格勒布）大学为下面的各门语言学设立了一个讲座教授职位：希腊语、克罗地亚语和斯拉夫语，并为拉丁语言学设立了一个副教授职位和一个高级教学职位。1913—1914 年，他们为德国与匈牙利语系与文学，以及古典语言学设立了讲座教授职位。克罗地亚语语言学被划分为克罗地亚-塞尔维亚文学与克罗地亚语。1938 年，当时尚处在南斯拉夫境内的萨格勒布大学的下列学科是由讲座教授来执教的：斯拉夫语比较语法、塞尔维亚-克罗地亚（Serbo-Croat）语、塞尔维亚-克罗地亚文学、斯拉夫尼亚（Slovenian）语言和文学、拉丁语言学、德国语言和文学，以及古典语言学。由副教授讲授古典语言学、现代南斯拉夫文学史，以及意大利语言和文学。讲师负责拉丁语法，以及捷克、德国和土耳其的语言。而除此之外的法语、俄语、德语和英语则是由助教来负责教授的。

在隆德大学，现代文学是由 1801 年设立的美学教授负责教授的，1858 年，又增设了文学史和艺术史教席。1811 年，一位东方研究教授为其侄子捐设了一个法语、德语和英语的教授职位。[142] 但只有 1858 年设立的现代欧洲语言学教席和 1865 年设立的北欧语言学教席，才真正具有语言
440 学的特征。1877 年创建了日耳曼语讲座教授职位，1887 年创建了拉丁语系的副教授职位，后来也升格为讲座教授职位。其后类似的就是 1904 年建立的英语教授职位和 1905 年建立的德语教授职位。1919—1920 年，美学、文学和艺术史教席被分成了艺术史和理论以及文学和诗歌史两部分。1921 年建立了一个斯拉夫语教席；到 1938 年，隆德在土耳其研究、历史和文化背景中的文学研究、北欧方言研究和冰岛语言学方面，都设立了高级教学职位。[143]

在第一次世界大战之前，只有为数不多的几个大学将习明纳制作为大学研究的中心，这大多是因为直接或间接地受到了德国模式的影响。到 1892 年，隆德已经为北欧语系、日耳曼语系和拉丁语系开设了习明纳；

[142] A. Zetersten, 'The Pre-history of English Studies at Swedish Universities', in T. Finkenstaedt and G. Scholtes(eds.), *Toward a History of English Studies in Europe*: *Proceedings of the Wildsteig Symposium*, *April 30-May 2*, *1982*, Augsburger I-and I. Schriften 21(Augsburg, 1983), 292.

[143] Bo Lindberg, Gothenburg 向我提供了瑞典语席位的日期；其他来自 *Minerva*, *Jahrbuch* (note 13)。

到1914年，又为犹太语与斯拉夫语系以及文学史开设了习明纳。乌普萨拉和哥德堡也沿用了这种模式。1914年，格罗宁根为英国研究、日耳曼研究和拉丁文化研究设立了独立的研究机构。同年，贝尔格莱德也为德国语言和文学以及比较文学史开设了习明纳。在布加勒斯特，有罗马尼亚语、拉丁文化和德国语言与文学习明纳，波希米亚的布拉格大学则设有斯拉夫和拉丁语言学以及英国研究和德国研究的习明纳。

1918年后，德国模式继续影响着处于重建之中的国家以及新建立的国家。克拉科夫、莱姆伯格（利沃夫）和波森（Poznán）❸ 为所有的现代语言学开设了习明纳，华沙则分别为文学和语言学设立了习明纳。在克鲁日和萨格勒布（阿格拉姆），从帝国时代延续下来的习明纳得到了充实，在新成立的布隆（Brunn）和布拉迪斯拉发（Bratislava）大学也引入了以布拉格模式为基础的习明纳。在西部，阿姆斯特丹、布鲁塞尔和科英布拉也为现代语系设立了习明纳研究所。在意大利，1920年学术性大学习明纳在教育部长本尼狄托·克罗齐（Benedetto Croce）的鼓励下形成了。[144]到1939年，米兰、布拉格和罗马也已经引进了现代语系的学术性大学习明纳。在法国，至关重要的是，斯特拉斯堡是第一所设立习明纳的大学，尽管在索邦的高等研究实践学校也扮演着同样的角色。

德国语言学方法的这种传播，只能以法国为例来考察细节，这是因为我们可以清晰地从教席和习明纳创办的年度统计表中找到答案。在意大利，除了教授教席出现得较为缓慢之外，我们仅能依靠一些诸如论文和专业期刊之类的间接证据，来说明在19世纪后半叶之前，现代语言学的科学研究方法从未在意大利真正站稳脚跟。在帕多瓦，1885年的学位论文 441

---

❸ 今波兰的波兹南尼亚。

[144] A. Satoni Rugiu, *Chiarissimi e Magnifici: il professore nell' università italiana (dal 1700 al 2000)* (Scandici and Florence, 1991), 152, 160-165.

只有40到100页；到1899年，许多论文中已包含了严谨的科学性调查。[145] 19世纪70年代创建的期刊不久便停刊了，直到1883年后才能得以复刊。[146]

1886年，剑桥因其为中世纪与现代语言学举办荣誉学位考试，成为第一所为现代语言与文学建立制度性保障的英国大学，它还于1905年出版了第一份专业期刊。自19世纪80年代就在大学中任教的德语专家卡尔·布罗伊尔（Karl Breul）也于1910年被授予了教授职位；1918年还建立了现代人文学科研究协会。[147] 1914年，伦敦（国王学院）和剑桥大学也出现了英语、德语和拉丁语的语言学教授。

在法国，前面提到的法语修辞（*éloquence française*）和法语诗（*poésie française*）教席大都致力于文学（*belles lettres*）的阐释。在人文学院内部，它们的方向与其说是定位于学生不如说是定位于一般公众。就算是在今天，人文学家也是与真正的自然科学家和社会学家有诸多反差的，但在当时，他们都瞧不起语言学家。因为在他们眼中，语言学家只会拘泥于文本，对其进行学术考证。[148] 像我们前面章节中所指出的那样，早在19世纪，古典语言学家就开始了在法国传播德国的学术方法。教育改

---

[145] M. Isnenghi,'Per una storia delle tesi di laurea. Tracce e campioni a Padova fra Ottocento e Novecento', in F. De Vivo and G. Genovesi(eds.), *Cento anni di università, L'istruzione superiore in Italia dall' Unità ai nostri giorni*(Naples, 1986), 102-105.

[146] *Rivista di filologia romanza*, 1872-1875, *Giornale di filologia romanza*, 1878-1883, *Giornale storico della letteratura italiana*, 1883-, *Studi di filologia romanza*, 1884-1902, *continued as Studi romanzi*, 1903-, *Studi di letteratura italiana*, 1899-1922, *Rivista di letteratura tedesca*, 1907-1911, *Studi di filologia moderna*, 1908-1914.

[147] *University of Cambridge*, 431-436; cf. K. Breul, 'Das wissenschaftliche Studium der neueren Sprachen in Cambridge', *Englische Studien*, 12(1888), 244-270. *Modern Language Review*, 1905-, *Modern Language Teaching*(London), 1905-1915. In Groningen there appeared the *Neophilologus*, 1916-, in Amsterdam, *English Studies*, 1919-.

[148] Werner, 'Philologie'(note 56), 33. 下面的叙述也基于这份不错的研究摘要，这是由巴黎的CNRS在他及其同事Espagne的指导下，在*Institut des textes et manuscripts modernes*中进行的，参见Espagne and Werner(eds.), *Philologiques* I(note 65)。

革者调查了在德国学校和大学中使用的方法，法国政府也为其直接管辖的区域总结了一些必要的结论。培养法国中学和大学教师精英的高等师范学校订阅了最重要的德国专门期刊，在一战前的几年里，他们购书预算的一半以上都是用于购买德国出版物。1839 年，该学校引入了一个德语教学职位，并在 1841 年引入了一个教授教席。[149] 1840 年和 1841 年法兰西学院 442
为斯拉夫语、南欧和德国语言和文学，以及中世纪法国语言和文学设立了教席。这一教席的执掌者保兰·帕里斯（Paulin Paris）把他的儿子加斯东（Gaston）送到德国大学学习了两年，这不仅是为了学习德语，而且为了学习德国的研究方法，尤其是古典语言学和德语研究的研究方法。

加斯东·帕里斯（Gaston Paris，1839—1903）和其学生时代的朋友阿尔萨斯的保罗·梅耶尔（Paul Meyer，1840—1917），分别在高等研究实践学校和宪章学校（*École des Chartes*）担任最主要职位，他们不仅于 1866 年和 1872 年创建了专门期刊，[150] 而且在 1876 年还创建了一家编辑古法语文本的协会。通过引入 1863 年迪吕伊发起的大学改革，他们在创建拉丁文学研究教席的过程中发挥了主要作用。后来这些教席于 1876 年被引入里昂，于 1877 年被引入巴黎大学，于 1880 年被引入蒙彼利埃，于 1892 年被引入波尔多。尽管他们的主要方向是中世纪法语和地方语研究，但在新索邦这仅在 20 世纪初才对现代法国文学产生影响。比如通过我们前面所提到的朗松（Lanson）机构。在皈依了德国的学术方法之后，“法语修辞学”的教授们开始专注于创作更多的现代文学批判版本，并试图为“品味”，即文学阐释的评价标准，找到一个科学的依据。[151]

---

[149] M. Espagne, F. Lagier and M. Werner (eds.), *Philologiques*, vol. Ⅱ: *Le maître de langues. Les premiers enseignants d'allemand en France (1830-1850)* (Paris, 1991), 1162ff.

[150] *Revue critique d'histoire et de littérature*, 1866-1935, *Revue des langues romanes*, 1870-, *Romania*, 1872-, *Revue de philologie française et provençale*, 1887-1896，后来直到 1927 年更名为 *Revue de philologie française et de littérature*.

[151] 同上，410—417。

东方研究和比较语言学

现代早期对犹太族语言的研究关注于解释《圣经》和应对伊斯兰教的护教学。此外，传教士、殖民者以及各种经济政治利益集团也需要东方语言与文化方面的实用知识。在罗马，从 1584 年起未来的传统士都要在玛洛民学院受训；从 1677 年开始，则要在慈善传教学院受训。为了促进法国与东方的贸易，科尔贝（Colbert）于 1669 年在君士坦丁堡建立了一所培养翻译人员的学校。1700 年，一所名为青年语言学校（*Jeunes des Langues*）的机构搬到了巴黎。在维也纳，由于土耳其人就在家门口，因此从 1674 年开始，就设立了东方语系教席，并于 1754 年建立了东方学学院
443 （Oriental Academy）。18 世纪，牛津和剑桥各自捐设了两个阿拉伯语教席。17 世纪和 18 世纪的莱顿，不仅在古典语言学，而且在东方语言学方面也居于领先地位。[152] 在殖民地，人们也开始以一种科学的态度对本地文化和语言产生了兴趣。1779 年，荷兰东方学会（*Bataviaasch genootschap van kunsten en wetenschappen*）成立，并从一开始就创办了一份杂志（名为 *Verhandelingen*）。1787 年，继而在加尔各答创建了孟加拉亚洲协会（*Asiatic Society of Bengal*），并拥有了自己的报刊——《亚洲研究》（*Asiatic Researches*），1788—1832 年共出版了 20 期，部分被翻译为法语和德语，后在 1832—1936 年更名为《孟加拉亚洲协会杂志》（*Journal of the Asiatic Society of Bengal*）。

1774 年，该协会的创始人、牛津大学学院的研究员威廉·琼斯（*William Jones*，1746—1794），曾用古典诗歌的范畴，来描绘伊斯兰诗歌之美。[153] 作为加尔各答最高法院的法官，他又将兴趣点扩展到了梵语，

---

[152] J. Fück, *Die arabichen Studien in Europa bis in den Anfängen des 20. Jahrhunderts* (Leipzig, 1955), 59.

[153] J. Fück, 'Geschichte der Arabistik', in B. Spuler (ed.), *Handbuch der Orientalistik*, vol. Ⅲ: *Semitistik* (Leiden, 1954), 345.

在认识到梵语与希腊语、拉丁语、凯尔特语、哥特语、古波斯语之间的结构相似性之后，他假设这些语言拥有共同的起源，由此刺激了比较语言学的发展。[154]

东方研究　在这个领域，虽然他们的先驱者时常有着千丝万缕的联系（《圣经》和宗教研究、传教士、贸易、殖民利益、本土文化研究、语言史和语言哲学研究），但他们之间的差异不仅导致了东方学研究的制度化与专门化，并拓展到中东以外的地区，而且还创建了比较语言研究，从历史的探究入手，将各种语言视为一个理性的有机体。

关于闪族语言研究的发展以及该领域的一些领军人物，如巴黎的勒南，哈勒、马尔堡和哥廷根的韦尔豪森，剑桥的伯基特，已在与宗教研究有关的内容中提及。[155] 东方学研究独立发展的制度性基础创建于巴黎，在那里，1795 年创建了国立东方语言学校（*École Nationale des Langues Orientales*），主要教授现代阿拉伯语、土耳其语和波斯语，不久法兰西学院也设立了相应的教席。现代阿拉伯研究的奠基人安托万·德·萨西（Antoine Isaac Silvestre de Sacy，1758—1835）从 1795 年开始，在国立东方语言学校任教，从 1806 年开始就同时在国立东方语言学校和法兰西学院任教，由于其开创性工作而使他的学生遍布整个欧洲。1814 年，法兰西学院获准创建梵语和汉语、满族语和鞑靼语与文学教席。拿破仑的埃及远征使得埃及学获得了稳固的基础，出版了首批学术出版物，并由让-弗朗索瓦·商波良（Jean-François Champollion，1790—1832）引入法兰西学院，尽管他英年早逝，但这一学科还是得到了显著的发展。[156] 而加斯东·马斯佩罗（Gaston Maspero，1846—1916）则将其推向了一个新高度，他从 1868 年开始在新成立的高等研究实践学校任教，1873 年后在法兰西学 444

---

[154] W. Jones, *Asiatic Researches*, 1(1788), 422, quoted by H. Arens, *Sprachwissenschaft, Ein Gang ihrer Entwicklung von der Antike bis zur Gegenwart*(Freiburg and Munich, 1955), 128; cf. *History of Oxford*, Ⅴ, 562 ff.

[155] 同上，p. 414。

[156] Durkheim(ed.), *Vie universitaire*(note 7), 147ff., 194ff.

院任教。他还创建了驻开罗的法国考古学分会（*Mission archéologique française au Caire*）。尤其在法国（但不仅是在法国），埃及学是与收藏紧密联系的，而这个领域的典型代表就是奥古斯特·爱德华·马里耶特（Auguste Edouard Mariette，1821—1881），他是罗浮宫埃及博物馆馆长、孟菲斯（Memphis）重大挖掘的负责人、开罗纪念博物馆的创建者，以及相应的考古报告的作者。

在英国，东方学研究的发展是以服务殖民地为宗旨并与教育密切联系的。1878 年剑桥创立了闪族语荣誉学位考试制度，1879 年创立了印度语荣誉学位考试。与此同时，大学图书馆也在这方面有所加强。然而，参加这类考试的学生几乎是微乎其微的，因而 1895 年它们就被并入到东方研究荣誉学位考试中去了。1884 年，牛津创建了印度研究所[157]，1917 年，伦敦创建了现代东方语言学校，它是由大学学院的一个部门和国王学院的一个部门共同构成的。俄国对亚洲文化的政治兴趣促使了 1814 年莫斯科的拉扎列夫研究所（Lazarev Institute）的建立——该研究所获准设立中东语言教授教席——也促成了 1818 年圣彼得堡亚洲博物馆的创建。前者在 1921 年转为东方学研究所，后者的转变则是在 1930 年。西班牙的历史使其尤其钟爱伊斯兰文化，以伊斯兰学者米格尔·阿辛·帕拉西奥斯（Miguel Asín y Palacios，1871—1944）和胡利安·里韦拉·y. 塔拉戈（Julián Ribera y Tarrago，1858—1934）为代表，而在意大利，伊斯兰教文化研究则与埃及和埃塞俄比亚文化联系密切。

在俾斯麦的支持下，1887 年，德意志帝国在柏林大学开办了“东方语言学习明纳”。[158] 这里教授的是对东非保护国来说非常重要的语言知识，以及对德国外交极为重要的内容——英语、法语、现代希腊语和西班牙
445 语。1936 年，这个习明纳与其他学科合并成外国研究院（*Auslandswissenschaftliche Fakultät*），最后于 1945 年被废止。

---

[157] *History of Oxford*，Ⅷ，609.

[158] Lenz，*Geschichte*（note 38），vol. Ⅲ，239-247.

东方学研究的学术追求对服务殖民地的有用性，可以从威廉·琼斯爵士的例子中看出。著名的荷兰伊斯兰学者克里斯蒂安·斯鲁克·胡尔格龙尼（Christiaan Snouck Hurgronje，1879—1936）在成为莱顿大学的教授之前，曾是荷兰东印度公司的一名顾问。与几百年前处于神学、商业和政治学的侍女或——进一步说——情妇地位的东方学研究相比，现在的东方学研究已是大学里与其他学科地位平等的一门学科，它现在需要的是基于古典语言学的学术训练。斯鲁克·胡尔格龙尼已经从他的东方学研究的老师那里学会了语言学方法，他的老师是米歇尔·扬·德·胡耶（M. J. de Goeje,1836—1909），是我们前面提及的著名的荷兰古典语言学家科贝特的学生。

与其他语言学相比，德国大学的阿拉伯研究并没有成为典范以及第一级的培养模式。19世纪德国最具影响的阿拉伯学家海因里希·莱布雷希特·弗莱舍（Heinrich Leberecht Fleischer，1801—1888）学习了神学以及有关的闪族语之后，从1824年到1828年，师从萨西，通过研究巴黎的手稿珍藏品继续学习，1827年在巴黎的《亚洲杂志》（*Journal Asiatique*）上发表了他的处女作。1835年，弗莱舍来到莱比锡大学，担任东方语系教授，在那里，他培养了整整一代阿拉伯学者，而且还在1844年创建“德国东方学协会”及其会刊中发挥了重要作用。斯特拉斯堡的西奥多·内尔德克（Theodor Nöldeke，1832—1930）在《可兰经》的研究中所开创的历史和批判方法成为一种国际范式，这大多要归功于斯鲁克·胡尔格龙尼，以及之前提及的东方学家、掌管大学的普鲁士官员贝克尔，弗莱舍的学生、布达佩斯的伊斯兰学家伊格纳茨·格莱泽赫尔（Ignaz Goldziher，1850—1921）。在阿拉伯研究领域中出现了以下重要的伊斯兰教学家：赛梦立塔（Sermoneta）公爵利昂·卡埃塔尼（Leone Caetani，1869—1935）、意大利的弗朗切斯科·加布里埃利（Francesco Gabrieli，1904—1996）、哥本哈根的弗朗兹·布尔（Frants Buhl，1850—1932）、乌普萨拉的托尔·安德烈（Tor Andrae，1885—1947）、爱丁堡的威廉·蒙哥马利·瓦特（W. Montgomery Watt，1909—）、牛津的汉密尔顿·吉布

（Hamilton Gibb，1895—1971）爵士、巴黎大学的雷吉斯·布拉谢尔（Régis Blachère，1900—1973）和路易·马西尼翁（Louis Massignon，1883—1962）。此外也出现了专门的伊斯兰研究期刊和百科全书。[159]

446 如上所述，巴黎也是埃及学发展的中心。在说德语地区，第一位埃及学教席的执掌者是理查德·累普济乌斯（Richard Lepsius，1810—1884），他最初在莱比锡、哥廷根和柏林学习语言学和语言，1833年以后通过几个阶段的学习，即分别在巴黎以及意大利和英国的博物馆和研究所研习了数年后，转向了埃及学。1842年他被任命为柏林大学的副教授，1846年被任命为讲座教授，在这期间，他负责了普鲁士国王的埃及挖掘工作，并在该学科引进了在今天视为传统的德国语言学方法。第二位埃及学教席出现在1867年的哥廷根，执掌者为海因里希·布鲁格施（Heinrich Brugsch，1827—1894），他曾在巴黎、伦敦、都灵和莱顿的博物馆工作并在孟菲斯与马里耶特（Mariette）合作过一段时期，1854年，在累普济乌斯的指导下，布鲁格施完成了大学教师资格论文。1864年，布鲁格施创办了《埃及语言和古代遗产杂志》（*Zeitschrift für ägyptische Sprache und Altertumskunde*），并先后在柏林埃及博物馆担任助手以及担任驻波斯外交官和驻开罗领事等。1860年，利奥·赖尼施（Leo Reinisch，1832—1919）在维也纳取得埃及学和东方史方向的任教资格，并于1865到1867年间在埃及工作，之后，他又来到墨西哥，担任皇家私人秘书。1868年，赖尼施获得了维也纳副教授职位，1872年成为该学科的讲座教授。后来，通过探险与出版工作，施尼施又全身心地投入东非语言的研习。当1870年莱比锡以及1872年斯特拉斯堡创建埃及学教席时，它们已经可以在那些曾与累普济乌斯和布鲁格施一起学习过的学者，以及那些在国外旅行中全身心专注于埃及的挖掘和其他研究的学者中挑选人才了。[160] 1892和1914

[159] Fück, *Arabistik* (note 152), 348; B. Spuler, 'Islamforschung', in *RGG* (note 50), vol. Ⅲ, 926ff.

[160] 德国和法国东方学者的生平日期主要来自 Brockhaus 的 *Konversationslexikon in 16 Bänden*, 14th edn (Leipzig, Berlin and Vienna, 1894)。

年间，伦敦的大学学院、牛津、乌普萨拉和都灵也开设了埃及学。

第三个东方学科目是汉学（SINOLOGY），作为一门学术科目，它的
制度化也要归功于巴黎。1814 年在法兰西学院，由之前提及的 26 岁的让-
皮埃尔·阿贝尔-雷米萨（Jean-Pierre Abel-Rémusat，1788—1832）来执
掌该教席，[161] 在他之后又有一批极有声望的学者，他们学术水准和阿贝尔-
雷米萨不相上下。在本卷编写时间范围内，最后一位汉学家是亨利·马斯
佩罗（Henri Maspero，1882—1945），他是埃及学家加斯东·马斯佩罗的
儿子，他还没来得及发展他那些新奇的想法就卒于布痕瓦尔德（Buchen-
wald）集中营里。[162] 1843 年，鸦片战争之后，汉语就被引入国立东方语言 447
学校（*École Nationale des Langues Orientales Vivantes*）。在英国，在 19
世纪下半期教授汉语是受到了来自外交、商业和传教方面的压力，主要的
倡导者有剑桥的前外交官托马斯·韦德爵士（Sir Thomas Wade，1818—
1895）、牛津的赫伯特·艾伦·吉尔斯（Herbert Allen Giles，1845—
1935），以及传教士詹姆斯·理雅各（James Legge，1815—1897）。在荷
兰，对远东的学术关注也是出于对之前提及的殖民利益的考虑，这从 17
世纪就开始了；因此，到 19 世纪下半期莱顿的人种学教席就是由杰出的
汉学家古斯塔夫·施莱格尔（Gustav Schlegel，1840—1903）和扬·雅各
布·玛丽亚·德·哥罗特（J. J. M. de Groot，1854—1921）来执掌。在鲁
汶，梵语专家夏尔·德·埃雷（Charles de Herlez，1832—1899）也肩负
着汉语和满族语研究。17 世纪，俄罗斯在征服了西伯利亚之后，就成了
中国的邻邦，并于 1689 年和 1727 年同中国签订过两次条约，俄国人对汉
语感兴趣并不令人惊讶，尤其是在北京的俄国宗教使团出版了关于中国的

[161] 下面内容是根据：H. Franke，'In Search of China：Some General Remarks on the History of European Sinology'，in *Europe Studies China，Papers from an International Conference on The History of European Sinology*（London，1995），11-25，with bibliography。

[162] H. Franke，'Orientalistik，1. Tei Sinologie'，in K. Hoenn（ed.），*Wissenschaftliche Forschungsberichte. Geistswissenschaftliche Reihe 19*（Berne，1953），21.

民族、宗教、机制及其社会环境的著作，这部著作于 1858 年被翻译为德语。[163] 圣彼得堡的东方学院也创建了汉语和满族语教授职位。在西班牙和葡萄牙，尽管它们与东亚有联系，但却没有设立汉学教席。1892 年，佛罗伦萨和罗马也设立了远东语言和文学教授职位。柏林的东方学研究所从 1887 年创建伊始，其课程大纲就包括了汉语和日语。在大学里，人种学研究所的讲师是以特别教授的身份来讲授汉语和满族语语法的。德国的第一个汉学教席创建于 1909 年，设在当时新成立的汉堡殖民研究所（Hamburg Colonial Institute）内，名为"东亚文学与历史"，1919 年在大学成立之后，它也就转入了大学之内。当时还建立了一个汉学习明纳，在这一时期，柏林和哥廷根也开办了类似的习明纳。

东方学研究的发展说明了业余爱好者的重要作用，这些业余爱好者都是来自其他学科的大学毕业生和大学教师。[164] 专业化得到了之前已提及的
448 机构、欧洲东方基金会[165]、各个学会[166]的支持，一开始，这个圈子里鱼龙

[163] Franke,'In Search of China'(note 160),15,25.

[164] Franke,*ibid.*,16ff,给出了汉学领域的例子。

[165] Institut d'Egypte,Cairo,with *Bulletin*,1857-,英国在埃及的考古学校,with *publications*,1895-,Institut d'archéologie russe à Constantinople,with *Bulletin*,1896-1912,Ecole française d'Extrème Orient,Hanoi,with *Bulletin*,1901-,Institut français d'archéologie orientale,Cairo,with *Bulletin*,1901-,Deutsches evangelisches Institut für Altertumswissenschaft des Heiligen Landes zu Jerusalem,with *Palästinajahrbuch*,1905-1941,Deutsches Institut für ägyyptische Altertumskunde in Kairo,with *Mitteilungen*,1930-1943,Institut français d'archéologie de Stamboul,with *Mémoires*,1933-.

[166] Société Asiatique,with *Journal asiatique*,1823-,作为《杂志》(1824—1834)继续的是《大不列颠及爱尔兰皇家亚洲学会会报》(Royal Asiatic Society of Great Britain and Ireland),1834-,Société Orientale de France,with *Revue de l'Orient*,1842-1865,Deutsche morgenländische Gesellschaft,with *Zeitschrift*,1847-,Koninklijk Instituut voor de Taal-,Land-en Volkenkunde van Nederlandsch Indië,with *Bijdragen*,1853-,Deutscher Palästinaverein,with *Zeitschrift*,1878-,Società italiana,with *Giornale*,1887-1935,Deutsch-asiatische Gesellschaft,with '*Asien*',1901-1919,作为 *Ostasiatische Rundschau*(1919-1944)继续的是,Deutsche Orient-Gesellschaft,with *Mitteilungen*,1898-,东方(和非洲 1940—)研究学校(London),with *Bulletin*,1917-,Societas orientalis Fennica,with *Studia Orientalia*,1925-。

混杂，既有学者，也有半吊子的所谓“专家”，但后来通过多次举办学术会议和期刊的出版，这些团体都成了专业团体。它们使得个别学科日益加速的专业化和跨学科合作之间在一定程度上实现了平衡。同时，它们又在大范围内赢得了事业爱好者的支持。此外，它们还拥有许多独立的期刊。[167] 可以说，在语言学领域中，没有其他任何一个方向能拥有比东方学研究更强有力的国际合作了。从1873年开始，它们还举办了国际会议。

非洲研究也起源于欧洲列强的传教活动和殖民政治，以及19世纪探索中非的远征活动的系统支持。为此，伦敦早在1788年就已建立了非洲协会（African Society）。1873年柏林也建立了德国赤道非洲探索协会（*Deutsche Gesellschaft zur Erforschung Aequatorial-Afrikas*）。1876年比利时国王提议建立中非文明和探险国际委员会（*Commission internationale d'exploration et de civilisation de l'Afrique centrale*）。1890年，建立了中非委员会（*Comité de l'Afrique centrale*），它与1892年建立的意大利非洲协会（*Società africana d'Italia*）一样，也出版自己的期刊。[168] 第一次世界大战后，非洲研究发展为一门学术科目，在很大程度上是归功于在
多哥兰（Togoland）做传教士的迪特里希・H. 韦斯特曼（Dietrich H. 449
Westermann，1875—1956）。1921年，他得到了柏林的教授职位，并于

---

[167] 所选择的其他欧洲期刊(除以前提到的外)：*Revue égyptologique*，1880-1924，作为*Revue d'Egypte ancienne*，1924-1932，*Revue d' égyptologie* 1932-1938，*Wiener Zeitschrift für die Kunde des Morgenlandes*，1887-，*Keilinschriftliche Bibliothek*，1889-1915，作为*Keilschrifturkunden aus Boghazköi* 继续，1921-，*Mitteilungen des Seminars für Orientalische Sprachen*(Berlin)，1898-1936，*Orientalische Literatur-Zeitung*，1898-，*Rivista degli studi orientali*，1907-，*Der Islam*，1910-，*Journal of Egyptian Archeology*，1914-，*Resznik Orientalistyczny*，1914-. *Ostasiatische Zeitschrift*，1912-1943，*Aegyptus*，*Rivista italiana di egittologia e di papirologia*，1920-，*Artibus Asiae*(Leipzig)，1925-，*Archiv Orientalni*，1929-，*Bulletin of the Museum for Far Eastern Antiquities*(Stockholm)，1929-，*Orientalia*(Vatican City)，1932-，*Al-Andalus*(Madrid)，1933。

[168] *Bulletin du Comité de l' Afrique centrale*，1891-1908，作为*L'Afrique française* 继续，1909-，*Africa*，1892-1896，作为*Bolletino della Società africana d'Italia*，1896-1912，*Africanaitaliana*，1912-1937，*Africa*，*International Institute for African Languages and Cultures*(London)，1928-，*Africa* 1938-.

1936 年被邀请到伦敦非洲语言和文化国际研究所接替主任一职。其他东方语言和文化，就像从 19 世纪以来就被东方学家研究的闪族语和阿卡得语一样，在第一次世界大战后也获得了自己的教席。

比较语言学也创建于巴黎这个知识分子集中的地方，在那里无论什么样的种子，都能汇聚起来，生根发芽，成长为一片茂密的森林（借以比喻学术成果，这在巴洛克时期很普遍，格林兄弟仍在使用）。

可以确定的是，在中世纪就已经出现了对不同的语言进行比较的现象，而语言之间的差异被认为是圣经巴别塔（Biblical Tower of Babel）造成的。随着人文主义的到来，他们特别关注将语言作为个人交流的表达，出现了用各种语言撰写的《圣经》版本[169]和亚里士多德《伦理学》的不同翻译版本。[170] 1555 年苏黎世的教授康拉德·格斯纳（Conrad Gessner，1516—1565）以 22 种语言出版了《主祷文》（Lord's Prayer）；到 1806 年，克里斯托夫·阿德隆（Christoph Adelung，1732—1806）收集到了用近 500 种语言和方言撰写的版本，并在他的《普通语言学研究》（*Allgemeine Sprachkunde*）中对其进行案例分析。[171] 经过 16 世纪最重要的语言学家之一、日内瓦大学与莱顿大学教授约瑟夫·斯卡利杰尔（Joseph Justus Scaliger，1540—1609）的比较研究后，他提出了一种摆脱了圣经和古

---

[169] 参见第二卷，第 36、460 页。

[170] *Decem librorum Moralium Aristotelis tres conversiones*：*Prima Argyropoli Byzantinij*，*secunda Leonardi Aretini*，*tertia vero Antiqua*，2nd edn(Paris，1505).

[171] C. Gessner，*Mithridates*，*de differentiis linguarum tum veterum tum quae hodie apud diversas nationes in toto orbe terrarum in usu sunt*（*Mithridates oder über die Unterschiede der alten und der heute bei den verschiedenen Völkern des ganzen Erdkreises gebräuchlichen Sprachen*）（Zurich，1555）；J. C. Adelung，*Mithridates oder Allgemeine Sprachenkunde mit dem Vater Unser als Sprachprobe in beinahe fünfhundert Sprachen und Mundarten*，4 vols.（Berlin，1806-1817），quoted by Arens，*Sprachwissenschaft*（note 153），56ff.，129ff.；H. M. Hoenigswald，'Linguistics' in P. P. Wiener（ed.），*Dictionary of the History of Ideas*：*Studies of selected Pivotal Ideas*，vol. Ⅲ（New York，1973），73. 我为下面内容已使用了这两本著作。关于这一主题的详细故事，参见 A. Borst，*Der Turmbau von Babel*，*Geschichte der Meinungen über Ursprung und Vielfalt der Sprachen und Völker*，4 vols.（Stuttgart，1957-1963）。

典主义偏见的欧洲语言分类方法。其影响是双重的：既打破了《圣经》的语言至上的信仰，同时又驳斥了拉丁语是从希腊语发展而来的论断。[172]

前面提到的威廉·琼斯被认为是比较语言学的奠基人。[173] 的确，他提 450
出的梵语与其他欧洲语言间的近似结构，启发了后人从历史比较的视角来研究语言。梵语在 19 世纪初就成为一门大学学科，1850 年后，它与希伯来语以及其他犹太语族语系一样，（这是因为）与它在语言研究中的关键性地位相比，印度文本在宗教研究中的重要性就要略逊一筹了。由于出现了这种情形，因此就有必要对琼斯的发现进行系统整理和应用。许多德国学者的成就正在于此，19 世纪初他们受此启发而在巴黎展开了他们的工作。

之前提及的中世纪文学浪漫派发现人之一的弗里德里希·冯·施莱格尔，不仅在巴黎学会了波斯语和梵语，而且还受到古生物学家乔治·居维叶（Georges Cuvier，1769—1832）对语言研究的新理解的启发，他曾于 1801 至 1805 年间出版了《比较解剖学教程》（*Leçons d' anatomie comparée*）一书。1808 年，在施莱格系的一本关于印度语的著作中，他这样总结了这种新进步："尽管如此，这是依然是至关重要的，它阐明了这个领域中的一切问题都可以用语言的内在结构或比较语法来解释，这将使我们对语言的谱系有新的理解，就如同比较解剖学为自然的早期史提供了线索一样。"因而，比较语言研究的任务是"用学术和历史的方法考察语言及其起源"——施莱格尔本人也承认这是很难做到。[174] 1805 年曾在巴黎给萨维尼当助手的雅各布·格林，在他关于德语语法的开拓性著作中完成了这项任务，并在一定程度上延续了丹麦人拉斯穆斯·巴克（Rasmus Back，1787—1832）的研究，就像施莱格尔受居维叶的影响一样，巴克本人也受

---

[172] Hoenigswald, 'Linguistics' (note 170); Arens, *Sprachwissenschaft* (note 153), 59.

[173] Sandys, *Classical Scholarship* (note 100, vol. Ⅱ), 438ff.

[174] F. Schlegel, *Über die Sprache und Weisheit der Inder. Ein Beitrag zur Begründung der Altertumskunde* (Heidelberg, 1808), chapter 3, text reprinted in Arens, *Sprachwissenschaft* (note 153), 140-142.

到瑞典植物学家林奈（Linnaeus）及其血型学的启发。

21 岁的学生弗朗兹·博普（Franz Bopp）怀着对施莱格尔关于印度著作的崇敬，于 1812 年来到巴黎，旨在追随德·萨西学习阿拉伯语和叙利亚语，并在帝国图书馆通过自学珍藏的手稿来掌握梵语。1816 年，该研究的成果几乎成了印欧-日耳曼语系相结合的比较结构分析中的划时代作品。在伦敦学习以及 1821 年开始在柏林大学执掌“东方文学和普通语言
451 研究”教授职位期间，将此发展成印欧—日耳曼语言比较语法。[175] 著名的巴黎语言学家安托万·梅耶（Antoine Meillet，1866—1936）把博普的成就与哥伦布的成就相提并论，这是因为，自柏拉图以来的语言起源探索研究中，是他发现了现代意义上的比较语言科学。[176]

1812 年，博普决定，“要将语言研究视为一项历史与哲学任务”[177]，这也使得他发现了自己的“新大陆”，期间他又受到了一位德国人的影响。这位德国人 1797—1799 年间在巴黎进行语言研究，之后又来到西班牙，由于他 1804 年进入了政府部门工作，这使得他的研究成果直到 1811 年才得以发展，这就是威廉·冯·洪堡。他关注语言，并将其视为哲学人类学的基本要素，他还试图通过研习巴斯克语，以及在他退出政府部门后研究的各主要东方语系和美洲与爪哇的原始部落口头语，来探索他所描述的“普通语言研究”的真正对象。洪堡追求的是“语言的有机结构”，这将代表着“在整个历史长河中，处于同一时期的各个民族之间与不同世代之间相互施加的、最具智慧的影响力”。[178] 正如下面的引用所清晰说明的那样，

---

[175] F. Bopp, *Über das Konjugationssystem der Sanskritsprache in Vergleichung mit jenem der griechischen, lateinischen, persischen und germanischen Sprache* (Frankfurt, 1816); F. Bopp, *Vergleichende Grammatik des Sanskrit, Send Armenischen, Griechischen, Litauischen, Altslawischen, Gotischen und Deutschen*, 6 parts (Berlin, 1833-1852).

[176] A. Meillet, *La méthode comparative en linguistique historique* (Paris, 1924), quoted by Hoenigswald, 'Linguistics' (note 170), 68.

[177] Quoted by Arens, *Sprachwissenschaft* (note 153), 155.

[178] W. von Humboldt, *Über die Verschiedenheit en des menschlichen Spachbaus* (1827-1829), *Werke* (*note* 93), vol. Ⅲ: *Schriften zur Sprachphilosophie* (Darmstadt, 1965), 155ff.

对洪堡而言，比较语言学就之前由维柯·伯克、黑格尔、黑特纳和狄尔泰定义的“精神科学”：“在世界的运行过程中，心智的力量无处不在，这才是潜藏着的真正创造性原则，就如同人类的神秘发展一样。”[179] 在这一过程中，洪堡感到，语言扮演着一个特殊的角色：“语言可谓是民族精神的外在显现；语言即精神，精神即语言，这两者之间的一致性无论如何强调都不为过。”[180]

在语言研究中，这种哲学的维度，即观念史，总是在持续发生作用的，虽然有时是间接的产生影响。洪堡从来都没做过大学教师，然而，即便他从普鲁士学校和大学主管的职位上退休后，在（教授）任命方面仍有 452 较大的影响力。正是在他的帮助下，博普才在柏林大学获得教席。1818年，洪堡的一位老朋友奥古斯特·威廉·冯·施莱格尔，成了于当年创建的波恩大学的文学与艺术教授；施莱格尔是一位杰出的世界文学权威，也是莎士比亚作品的翻译者。1820 年，在他自己的要求下，由他负责建立了“德国梵语和印度文学研究”；同时，他还获得资助，可用于开办一家印度语的印刷厂。他是在巴黎与斯塔尔夫人（Madame de Staël）一起共处时学会这种语言的。1820—1830 年，他在波恩出版了由他自己编辑和翻译的“印度书册”（Indian Library）。[181]

在大多数情况下，梵语的教授是作为印欧-日耳曼语言研究的一部分，但偶尔也会将其列入古典和东方语系的范围内，例如，1841 年之后鲁汶的费利克斯·内夫（Félix Nève，1816—1893），或者在加尔各答大学和梵语学院都发挥过巨大作用，1867 年在剑桥被授予梵语教席的爱德华·考埃尔（Edward Cowell，1826—1903）。同时他还负责教授其他东方语言，

---

[179] *Ibid.*，392.

[180] *Ibid.*，414-415.

[181] Schlegel 并非经常所说的德国印度学教席的第一个在职者，但在 1920 年，由于卡尔斯巴德法令的实施而他提出辞职时，政府授权把其广博的文学、艺术和文化史教学扩充进梵语和印度文学研究；参见 W. F. Schirmer，‘August Wilhelm von Schlegel’，in *Bonner Gelehrte*，*Beiträge zur Geschichte der Wissenschaften in Bonn*，*Sprachwissenschaften*（Bonn，1950），15ff.。

并在古典语言学和东方语言学两个领域都有显著成就的学生。[182] 正如我们在雅各布·格林身上看到的那样，比较语言研究也对现代语言学产生了影响。迪茨的《拉丁语法》在很大程度上也要归功于洪堡和格林。米克洛斯基的《斯拉夫语言比较语法》同样是建立在历史和比较语言研究的基础之上，法兰克女子学校的教师约翰·卡斯帕·宙斯（Johann Kaspar Zeuss，1806—1856）创作的《凯尔特语法》，1853 年创立的凯尔特语言学也是一样。

反过来说，语言研究也不断受到其他学科发展的启发。在多尔帕特，斯拉夫语学家扬·博杜安（Jan Baudoin，1846—1929）在 1926 年以特鲁别茨科夫王子（Prince Trubetzkoy，1890—1938）为首的布拉格学派（*Cercle Linguistique de Prague*）中创建了音韵学的基础，即语言的语音结构研究；而哥本哈根学派（*Cerclede Linguistique de Copenhague*）和由费迪南德·德·索绪尔（Ferdinand de Saussure，1857—1913）创建的日内瓦学派则开辟了现代语言学。心理学对从 1849 年以来在柏林大学担任普通语言学教授的哈吉姆·施泰因塔尔（Hajim Steinthal，1823—1899）
453 来说是非常重要的，以至于他在 1859 年与哲学家和心理学家莫里茨·拉撒路（Moritz Lazarus，1824—1903）一起创办了“民族心理学与语言学期刊”。莱比锡的哲学教授威廉·冯特（Wilhelm Wundt，1832—1920）也在民族心理学的大背景下发表了一系列影响深远的将语言视为表达行为的研究成果。索邦和高级学校实践学校的爱弥尔·涂尔干也把他的经验主义社会学应用于语言领域。哲学家则将语言视为一种审美现象（内德托·克罗齐，Benedetlo Croce），将其与逻辑和现象学相联系（爱德蒙·胡塞尔，Edmunel Husserl，1859—1939），还将其视为一种象征形式（恩斯特·卡西雷尔，Ernst Cassirer，1874—1945）。所有的这一切都对学术产生了影响，但直到第二次世界大战后，它才使得语言学教职——以印欧-日耳曼语系为核心的比较语言学教职之外的教职——得以广泛建立。当

[182] *University of Cambridge*, 428.

然，这种变化也可以从期刊名称的变化中看出。[183]

哲学

哲学是由物理学、伦理学和形而上学三大要素构成，从大学成立之初起，它就成了具有预科性质的文学院中的桂冠，在现代初期，它就改名为我们现在熟知的“哲学院”。1798年，康德在其《系科之争》（*Streit der Fakultäten*）中就主张，文学院应位居神学院、法学院和医学院之上，这是因为，后三者都为教会和国家培养未来的仆从，它们都是不自由的；而前者，从其学科本质上来看，纯粹是为了追求知识，因此从自决和自由的角度看，它应处于最高级。柏林大学，从哲学理念上就将追求知识作为各学院教育的基础，并使得哲学院从“大学学术”的女仆上升为“大学学术”的女主人。（哲学）对神学的影响已在施莱尔马赫的例子中有所阐述。像其他神学家一样，他也教哲学。[184] 在德国，哲学考试（*tentamen philosophicum*）是成为律师和神学工作者的前提条件，它的影响力也常常体现在他们的著作中。但哲学家、教育学家弗里德里希·包尔森1895年曾断言：“在德国，绝对哲学时代之后就将是一个绝对的非哲学时代。”[185] 454

文学院包括了数学类的“四艺”和语言学类的“三艺”，以及物理学、

---

[183] *Zeitschrift für vergleichende Sprachforschung auf dem Gebiet des Deutschen, Griechischen und Lateinischen*, 1852-1874, continued with modification '*auf dem Gebiet der indogermanischen Sprachen*', 1876-, *Bulletin de la Société de linguistique de Paris*, 1868-, *Archivio glossologico italiano*, 1873-, *Indogermanische Forschungen*, 1891-, *Glotta*, *Zeitschrift für griechische und lateinische Sprache*, 1909-, *Indogermanisches Jahrbuch*, 1913-, *Norsk tidsskrift for sprogvidenskap*, 1928-, *Bulletin du Cercle linguistique de Copenhague*, 1934-, *Acta linguistica*, *Revue internationale de linguistique structurale*, 1939-, *Cahiers Ferdinand de Saussure*, 1941-.

[184] 同上，第395页。

[185] F. Paulsen, *Geschichte des gelehrten Unterrichts auf den deutschen Schulen und Universitäten vom Ausgang des Mittelalters bis zur Gegenwart. Mit besonderer Rücksicht auf den klassischen Unterricht*, 2nd edn(Berlin and Leipzig, 1921), vol. Ⅱ, 671.

道德和历史——它们本身也都源自哲学。英国的文学院将这一传统一直延续到 19 世纪末。自然科学首先摆脱人文艺术是从苏格兰的大学开始的。[186]但在当时仅仅是部分的，就像当时英格兰北部一些市立大学中技术科学一样，它本身就脱胎于技术学校。在法国，自拿破仑重组高等教育以来，人文与理工就被安排到不同的学院。1835 年成立不久的比利时政府也对人文哲学与科学采取了同样的部署。在西班牙，1845 年，哲学院对人文课程和科学课程进行区分，1857 年哲学和人文学院从科学院中独立出来。1861 年，在意大利统一之后，也分别组建了哲学和文学学院、物理学学院和自然数学学院。在荷兰，1876 年，人文哲学学院（*Fakulteit de letteren en wijsbegeerte* 也从自然科学学院中（*wisen natuurkunde*）分离出来。1884 年俄国的大学章程也把历史和语言学院从物理学和数学院中分离出来。1892 年的克里斯蒂安尼亚（奥斯陆）既有哲学与历史学院（*historick-filosofiske*），又有数学与自然科学学院（*mathematisk-naturwidenskabelige Fakultet*），同时，在哥本哈根第一批这些学院被称为哲学院（*Det filosofiske fakultet*）。

直到 20 世纪德国、奥匈帝国、瑞典和瑞士说德语的地区都完整地保持统一的哲学院。尽管如此，在瑞士的德语地区以及瑞典和巴伐利亚，一方面，它们有独立的语言学和历史学系（常包括社会和商务的相关学科），另一方面，又有数学和科学系。哲学的使命，那就是不仅要保证艺术、自然和社会科学在理性上的统一，而且要保证它们在制度上的统一，这一基
455 本理念在德国根深蒂固，以至于独立的数学和科学院直到一战后才出现，但图宾根（1869）、斯特拉斯堡（1872）、海德堡（1890）、弗莱堡（1910）和法兰克福（1914）则是例外。而在科隆、基尔和马尔堡，统一的哲学院

[186] 苏格兰大学法（The University Scotland Act，1889）引入了独立的科学院，但直到 1892 年都没有实现。1913—1914 年，格拉斯哥校历把“科学”列为一个学院，又把它列为文学院的四个系之一，这在 1939 年攻读理学硕士（M. Sc）或文学硕士（MA）是一样的。这些学科在伦敦大学不同的学院是不同的。1914 年，科学在人文学院中成了独立的学院。在牛津，科学在 1892 年尚属人文学院，1912 年独立。

一直保持到20世纪60年代，维也纳和格拉茨坚持到了1975年。[187]

在较具规模的大学哲学院中，哲学至少有两个教席，且经常在其他学院也有一个替补教席。其代表也决定了中学（文科中学）要教授哲学，并影响到那一时代的精神生活。从柏林的洪堡、施莱尔马赫，到巴黎的维克多·库新（Victor Cousin，1792—1867），再到罗马的内德托·克罗齐和乔瓦尼·泰梯利（Giovanni Gentile，1875—1944），哲学家们往往也是积极的大学改革家。尽管如此，若问起哪位哲学家的影响力超越了他们学科、语言区或者时代限制等，答案将会是五花八门的。在德国，他们大都是一些大学教授，从伟大的理想主义者费希特、谢林、黑格尔，到受达尔文和恩斯特·海克尔（Ernst Haeckel，1834—1919）影响的进化一元论主义者，以及从生命哲学（*Lebensphilosophie*）和解释学的代表人物威廉·狄尔泰，到现象学家爱德蒙·胡塞尔、存在主义哲学家马丁·海德格尔（Martin Heidegger，1889—1976）和文化哲学家恩斯特·卡西尔；或者是放弃大学职业的学术人士，他们要么是出于自己的自由意志，像亚瑟·叔本华（Arthur Schopenhauer，1788—1860）那样，要么是因为他们的教学在意识形态上是不恰当的，像左翼分子黑格尔派的阿诺尔德·鲁格（Arnold Ruge，1802—1880）和激进的唯物主义代表路德维希·比希纳（Ludwig Büchner，1824—1899），要么是因为疾病，像弗里德里希·尼采（Friedrich Nietzsche，1844—1900），或者像卡尔·马克思那样由于政治原因没有成就大学职业。

另一方面，如奥古斯特·孔德（Auguste Comte，1798—1857），他的影响力曾波及南美洲，他通过出版、个人讲座以及像教会一样的慈善宗教（*Religion de l'humanité*）将实证主义传播到大学之外。约翰·斯图亚特·穆勒（John Stuart Mill，1806—1873）也是作为一个学术圈外人，发

[187] 参见'Chronological List of European Universities'。瑞典文学院1876年被分成自由艺术和科学两部分，参见'Faculty of Science at Uppsala University. Mathematics and Physics'，in *Acta Universitatis Upsaliensis. Uppsala University 500 years*，vol. Ⅷ(Uppsala，1976)，1。

展了他划时代的经验科学原则以及激进的自由主义和功利主义。同样类似的还有赫伯特·斯宾塞（Herbert Spencer，1820—1903）和查尔斯·达尔文（Charles Darwin，1809—1882），[188] 亨利·柏格森（Henri Bergson，1859—1941）也是在法兰西学院，而非在巴黎大学，首先提出了他的生命
456 流（*élan vital*）概念，成了生物进化论（*évolution créatrice*）的基础，该观念在生物学、心理学和美学等领域都有着非常深刻的影响力。

这一根本性的差异把我们带回到了本章的开篇。在那些很晚才接受德国人文学科发展模式的国家里，哲学是传统人文主义教育的一部分。在法国，很明显的就是，国立中学或学院的最后一年是用于专攻哲学的。在其他国家，哲学似乎是人文教育的一部分，并应该为普通教育提供所必需的逻辑规则和道德准则。作为旨在让学生为教会或政府工作做准备的低级学院的一门学科，哲学在很大程度上受到了普遍的政府意识形态或教会教义学的影响。

在众所周知的洪堡大学中，哲学成为一门科学。极为重要的是，20 世纪初在柏林大学章程中就清楚地把神学、法学和医学讲座列在“*Gottesgelahrtheit*”“*Rechtsgelahrtheit*”和“*Heilkunde*”的标题之下，但哲学院的那些讲座——“历史和地理学，艺术和艺术史”除外——则列在“哲学、数学、自然、政府、语言学、重商主义和贸易诸科学”中。哲学作为一门专门学科，既包括了系统化的哲学，也包括宗教哲学、历史哲学和社会哲学，以及哲学史、知识论和逻辑、心理学和教育学。1847 年（德国）召开了第一届哲学家大会。同时，由伦敦皇家学会于 1665 年创建的一份早期的学术期刊，由于它具有无所不包的百科全书式的人文主义气息，因此也可以称它为“哲学的”，同样地，其他学术期刊名称中也有“哲学的”这个词语，但第一份真正专业化的哲学术期刊出现于 1837 年的

---

[188] 参见第十一章，第 461 页。

德国。[189] 在19世纪70年代，耶拿、莱比锡、斯特拉斯堡和图宾根出现了哲学习明纳，20世纪其他德国大学以及奥地利、瑞士德语区、波兰、瑞典和匈牙利的大学中也出现了习明纳，有些是与教育和/或心理学习明纳合并在一起的，有些则是独立的。[190]

随着哲学教席中科学性的日益增强，其专业程度也在不断发展。与此 457
同时，哲学在普遍的理性生活中的重要性也在不断降低。在法国和英国，知识分子都受到了充分的哲学教育，并成为大学之外新思想萌芽的基础；而包尔森所怨愤的德国精英界“总体上无哲学”状况，也使得他们无法产生必要的理性抗体，用于对抗伪科学意识形态，这种伪科学意识形态对文科、人文科学和人类本身都贻害无穷。

精选文献

Arens, H. *Sprachwissenschaft. Ein Gang ihrer Entwicklung von der Antike bis zur Gegenwart*, Freiburg im Breisgau and Munich, 1955.

Barth, K. *Die protestantische Theologie im 19. Jahrhundert. Ihre Vorgeschichte und Geschichte*, 6th edn, Zurich, 1994.

Bollak, M. and Wismann H. (eds.) *Philologie und Hermeneutik im 19. Jahrhundert*, 2 vols., Göttingen, 1983.

---

[189] *Philosophical Transactions of the Royal Society of London*, 1665-, *Philosophical Magazine*, 1798-, *Zeitschrift für Philosophie und philosophische Kritik*, 1852-, *Philosophische Monatshefte*, 1868-1894, continued as *Archiv für systematische Philosophie*, 1895-1924, *... und Soziologie*, 1925/1926-1930, *Revue philosophique de la France et de l'étranger*, 1876-, *Vierteljahrsschrift für wissenschaftliche Philosophie*, 1877-1902, *... und Soziologie*, 1902-1916, *Kantstudien*, 1897-1944, *Rivista filosofica*, 1899-1908, continued as *Rivista di filosofia*, 1909-, *Filosofiske meddelelser*, 1909-, *Logos*, *Internationale Zeitschrift für Philosophie der Kultur*, 1910-1933, continued as *Zeitschrift für deutsche Kulturphilosophie*, 1933-1940.

[190] K. C. Kohnke, 'Philosophie, Institutionelle Formen, 19. und 20. Jh. Deutschland', in Ritter and Gründer (eds.), *Historisches Wörterbuch der Philosophie* (note 85), 832-839.

Borst, A. *Der Turmbau von Babel. Geschichte der Meinungen über Ursprung und Vielfalt der Sprachen und Völker*, 4 vols., Stuttgart, 1957-1963; paperback Munich, 1995.

Bruch, R., vom Graf, F. W. and Hübinger, G. (eds.) *Kultur und Wissenschaften um 1900, Krise und Glaube an die Wissenschaft*, Stuttgart, 1989.

Chadwick, O. *The Secularisation of the European Mind in the Nineteenth Century*, The Gifford Lectures in the University of Edinburgh for 1973-1974, Cambridge, London, New York and Melbourne, 1975.

Christ, K. and Momigliano, A. (eds.) *Die Antike im 19. Jahrhundert in Italien und Deutschland*, Berlin, 1988.

Durkheim, E. (ed.) *La vie universitaire à Paris*, Paris, 1918.

Duroselle, J.-B. *Les débuts du catholicisme social en France 1822-1870*, Paris, 1951.

Espagne, M. and Werner, M. (eds.) *Philologiques*, vol. Ⅰ: *Contribution à l'histoire des disciplines littéraires en France et en Allemagne au XIXe siècle*, Paris, 1990.

Finkenstaedt, T. *Kleine Geschichte der Anglistik in Deutschland, Eine Einführung*, Darmstadt, 1983.

Flashar, H., Gründer, K. and Horstmann, A. (eds.) *Philologie und Hermeneutik im 19. Jahrhundert, Zur Geschichte und Methodologie der Geisteswissenschaften*, Göttingen, 1979.

Franke, H. 'In Search of China: Some General Remarks on the History of European Sinology', in *Europa Studies China: Papers from an International Conference on The History of European Sinology*, London, 1995.

Fück, J. *Die arabischen Studien in Europa bis in den Anfängen des 20. Jahrhunderts*, Leipzig, 1995.

458 Fürberth, F. et al. (eds.) *Zur Geschichte und Problematik der Nationalphilologien in Europa. 150Jahre Erste Germanistenversammlung in*

Frankfurt am Main (1846-1886), Tübingen, 1999.

Graf, F. W. (ed.) *Profile des neuzeitlichen Protestantismus*, 2 vols., Gütersloh, 1990.

Hamm, J. and Wytrzens, G. (eds.) *Beiträge zur Geschichte der Slawistik in nichtslawischen Ländern*. Schriften der Balkankommission der Österreichischen Akademie der Wissenschaften, Linguistische Abteilung XXX, Vienna, 1985.

Hirdt, W. *Romanistik, Eine Bonner Erfindung*, 2 vols., Bonn, 1994.

Jahota, J. (ed.) *Texte zur Wissenschaftsgeschichte der Germanistik*, vol. Ⅲ: *Eine Wissenschaft etabliert sich, 1810-1870*, Tübingen, 1980.

Jedin, H. (ed.) *Handbuch der Kirchengeschichte* (*HKG*), vol. Ⅵ, 1: *Die Kirche zwischen Revolution und Restauration*; vol. Ⅵ, 2: *Die Kirche zwischen Anpassung und Widerstand*, 1878-1914, 2nd edn, Freiburg im Breisgau, Basle and Vienna, 1985.

Jílek, L. (ed.) *Historical Compendium of European Universities*, *Répertoire historique des universités européennes*, Geneva, 1984.

Ker, I. and Hill, A. G. (eds.) *Newman after a Hundred Years*, Oxford, 1990.

Kjørup, S. *Humanities-Geisteswissenschaften-Sciences humaines*, Stuttgart and Weimar, 2001.

König, C. et al. (eds.) *Wissenschaftsgeschichte der Germanistik in Porträts*, Berlin and New York, 2000.

Marsch, E. (ed.) *Über Literaturgeschichtesschreibung*, *Die historisierende Methode des 19. Jahrhunderts in Programm und Kritik*, Darmstadt, 1975.

Norman, E. The English Catholic Church in the Nineteenth Century, Oxford, 1974.

Nowak, K. *Geschichte des Christentums in Deutschland*, *Religion*, *Politik und Gesellschaft vom Ende der Aufklärung bis zur Mitte des 20. Jahrhunderts*, Munich, 1995.

Peset, M. and Peset, J. L. *La Universidad Española* (*siglos XVIII y XIX*), *Despotismo illustrado y revolución liberal*, Salamanca, 1974.

Pfeiffer, R. *History of Classical Scholarship 1300-1850*, Oxford, 1976.

Reventtow, Graf H. and Farmer, W. (eds.) 'Biblical Studies and the Shifting of Paradigms, 1850-1914', *Journal for the Study of the Old Testament*, Supplement Series 192, Sheffield, 1995.

第十一章　历史学与社会科学 459

阿萨·布里格斯

批判史学的兴起

在 19 世纪的思想界，有一股强大的史学推动力深刻地影响着欧洲大学的教学和研究。同时，也影响着大学之外的公共舆论与政策制定。在世纪之初，革命以及人们对革命的恐惧，使得人们越来越多地关注过去与将来。再者就是工业化，它在激发人们对“社会”的兴趣的同时，也使得人们开始为“社会”而担忧，以及其中的关系与问题。与此同时，在达尔文（Charles Darwin，1809—1882）前后出现的地理学和生物学进化论，拉长了时间纬度，也导致了社会学以及生物学的分化。今天（人们）对这些结构的“内在联系”及其后果早已是习以为常的了。发展的过程也是如此。这提高了历史的意识。20 世纪出现了一种反进化论和反进步观念的“回潮”。不过，当时专业化还是深刻地改变了大学研究的图谱。社会科学必须与当前的战争相关，后来又与革命和经济危机相关，但它并非总是如此。特别是经济学，成了一门学术科目，且直接与政策制定相关。强大的国家结构在前方的作用要比在后方大得多。

大学内部以及大学之间，将历史打造为一门独立的学科，其最终也是由专业人士控制的（而很少有例外），这也可被视为影响到其他学科的历史推动力的一种最佳的表现形式。知识非常渊博的英国历史学家阿克顿爵士（Lord Acton，1834—1902），像他的许多同行一样，陷入了对历史的本质与历史编纂的深思熟虑之中，他认为历史“不仅是一门特定的知识分

460 支，而且也是一种特定论式和其他分支的知识法”。[①] 具有欧洲大陆贵族与知识分子双重背景的阿克顿爵士——出生在那不勒斯，卒于巴伐利亚——考察了过去几个世纪与当前的历史画卷。

批判史学的兴起最先冲击到的学科之一就是最古老的学科神学。[②] 哲学也同样受到了影响，这是因为“变革”成了思考世界的核心主题。例如，1818—1831 年在柏林任教的黑格尔认为，宇宙就是历史。一切真理都是历史的真理。法理学也受到了哥廷根大学古斯塔夫·雨果（Gustav Hugo，1764—1844）的影响，他的学生、柏林大学教授卡尔·弗里德里希·冯·艾希霍恩（Karl F. von Eichhorn，1781—1854）与应召来到柏林的弗里德里希·卡尔·冯·萨维尼（Friedrich K. von Savigny，1779—1861），从普遍的、永恒的自然法转向了特殊的、古老的德国法律，并将它们与生活和精神相联系，即民族精神（*Vokgeist*）。

在 20 世纪，史学作为一门被承认了的学科，卷入了新的、多样化的联系之中，有法律、文学、艺术以及正在发展之中的专门化的社会科学，诸如经济学、地理学、社会学、心理学、人口统计学和人类学，大学里为当数不多的、积极的专业史学家看起来也更像社会科学家，而不像人文学者。[③] 尽管如此，到 19 世纪中叶，像英国亨利·托马斯·巴克尔（Henry Thomas Buckle，1821—1862）这样的实证主义历史学家，主张在一个更广阔的时代背景之下来研究历史，而主张实践出真知的卡尔·马克思（Karl Max，1818—1883）则开始行动，他以大英博物馆阅览室为基地，发现并解释了“资本主义社会的发展规律”。他从他的思想来源之一、法国政治与历史学家奥古斯丁·梯叶里（Augustin Thierry，1795—1856）

---

① Cambridge University Library，Add. 50111，390，引自 H. Butterfield，*Man on His Past*：*The Study of Historical Scholarship*（Cambridge，1955），97.

② 参见本丛书第一、二卷第四编的《学术》（learning）；关于德国新兴学科的发展，参见 Nipperdey，*Bürgerwelt*，484-531（ch.‘Wissenschaft’）；关于德国法学史的复兴，参见 J. Rückert，*Idealismus*，*Jurisprudenz und Politik bei Friedrich Carl von Savigny*（Ebelsbach，1984）。

③ D. S. Landes and C. Tilly（ed.），*History as Social Science*（Englewood Cliffs，1971）.

那里总结出了“阶级斗争”政治学；从德国人那里总结出了黑格尔哲学；从英国人那里，特别是大卫·李嘉图（David Ricardo，1772—1823）那里总结出了“古典”政治经济学。辩证唯物主义（Dialectical materialism）是一种混合解释学。它还与达尔文有关系。（这是因为）马克思的好友兼合作者弗里德里希·恩格斯（Friedrich Engels，1820—1895）认为，马克思对社会的贡献就如同达尔文理论对生物学的贡献一样。[④]

无论是达尔文还是马克思，他们都不是大学教师。巴克尔也不是。甚 461
至连创造了“社会学”一词的奥古斯特·孔德（Auguste Comte，1798—1857）在大学中职位也仅仅是“代课教授”（ambulatory professor），是巴黎理工学校的一名校外视察员（external examiner）。[⑤] 但史学及其塑造它的“学术思潮”，无论它们的哲学基础是什么，无论是实证主义还是唯心主义，在整个19世纪，它们都要求获得一种批判的和启发性的视角。例如，阿克顿在1895年担任剑桥大学近现代史钦定教授（Regius Professor）的就职演说时曾说：“历史学的研究领域远远超出了国家事务。我们的职责就在于策划、领导思想的发展，因为这不是结果，而是公众事件的起因。”阿克顿是一位罗马天主教徒，他与慕尼黑的伊格纳茨·冯·德林格（Ignaz von Döllinger，1799—1890）交往甚密。他认为，人们首先应该关注宗教，其次才是自由，而这二者的历史是相互联系的。历史学家，无论是教师还是学习者，都应肩负着道义上的责任。“如果我们在历史方面降

---

④ 参见恩格斯在1848年《共产党宣言》序言，in K. Marx and F. Engels, *Collected Works*, vol. Ⅰ(1911), 24, n. I。除了1917年的苏维埃，马克思的史学方法及其学术影响，直至1945年才显突出。L. Kolakowski, *Marxism and Beyond: On Historical Understanding and Individual Responsibility* (London, 1969), and G. A. Cohen, *Karl Marx's Theory of History: A Defence* (Oxford, 1978).

⑤ P. E. de Berrêdo Carneiro and Pierre Arnaud (ed.), *Auguste Comte: Correspondance générale et confessions*, vol. Ⅰ(Paris, 1973), 151.

低了标准，我们也就难以在信仰和国家方面维持它了。”⑥

历史的学科问题是如何与其他新旧学科建立联系的，诸如神学、哲学、法学、地理学以及社会科学，这不仅涉及知识分子之间的辩论和大众争论，即通过“矛盾”来加深历史理解，而且对大学内部组织及其背景而言，它也存在诸多的矛盾。⑦ 作为一门研究科目，史学该处于什么样的位置呢？从年代上来划分，可以分为古代史、中古史、现代史、前工业时代史、工业时代史；从空间上划分，可以分为地方史、区域史、国家史、欧洲史、帝国史、世界史；或者从专题上分，可以分为军事史、基督教史、宪法史、政治史、外交史、经济史、社会史与文化史等，这些也都给我们相似的结论。

从由大学出版和使用的大部分文章和书籍来看，它们都是用通俗的语言写成的；但在 19 世纪，出现了一些术语，其中有一部分是法律方面的，还出现了许多“主义”。尽管如此，到 1914 年，社会科学后不再是这样了，出现了许多竞争性的专业词汇，即便是在经济领域也是如此。因此尽管许多学习历史的学生并不认同这一点，但是对史学家而言，在自己已有的语言知识之外，再掌握一门有用的语言知识成了一种必需；对中古史学
462 家而言，掌握了拉丁语是至关重要的。同时，还要在古文献的实际阅读中掌握历史技巧。

在 20 世纪，“亚历史”继续得以繁殖，它们之间的界限也往往变得模糊起来。它们的地位和前景也随着时间和地点的改变而改变，长期以来，政治史与宪法史一直位于前列，而经济史和有时同样还需要的社会史则紧随其后。古代史和中古史在 18 世纪末和 19 世纪曾为更加批判的史学发展

⑥ 讲演引自：G. P. Gooch，*History and Historians of the Nineteenth Century*（London，1913），386-387。比较：K. Dockhorn，*Der deutsche Historismus in England：ein Beitrag zur englischen Geistesgeschichte des 19Jahrhundert*（Göttingen，1950）。

⑦ 关于“学术精神”，参见 E. Shils，*Tradition*（London and Boston，1981），182。对于批判史学，牛津大学首先表示质疑并长期持怀疑态度，参见 R. W. Southern，‘The Shape and Substance of Academic History’，in F. Stern（ed.），*The Varieties of History*（London，1970），403-423。

指明了出路，但却在 20 世纪让位于晚近的研究，即法国所谓的当代研究，但中古史在课程中始终属于重要的位置。古典学科在学校中的下滑——希腊语首当其冲——以及媒体的出现，也影响了人们的偏好。但每一门亚历史的研究者们，无论新旧，无论是古代史、中古史、现代史还是当代史，他们都始终特别强调他自己特定的关注范围，就像阿克顿将史学史置于（史学）图景的中央一样。

到 1900 年，教育史作为一门亚历史学科，其重要意义日益显著。尽管实际参与研究的人寥寥无几，但它关注的是 19 世纪和 20 世纪在制度转型和社会转型之中的人类活动。义务教育的影响力远远超出了儿童，它扩展到了扫盲领域。1808 年，普鲁士首先创建了负责公共教化和教学的部门，并在 19 世纪末形成了义务的、免费的双轨制中小学学校系统。文化的深意，直到 20 世纪 50 年代，我们才深刻地体会到，这是因为在那里，从全球的视域中看，史学家和人类学家已经区分出了前工业社会和工业社会，区分出了社会与前文明社会。[8]

作为知识中心的大学史，将中世纪与变革着的现在联系起来，并缓慢地发展着，1895 年，拉什达尔（Hastings Rashdall，1858—1924）出版了三卷本的中世纪欧洲大学方面的著作。实际上，早在 1820 年，约翰·瓦赫勒（Johann Ludwig Friedrich Wachler，1767—1838）就注意到了一部两卷本的历史文献著作，它是由 1800 年之前改革历史研究的早期中心哥廷根大学编著的，它认为如果不考虑到大学史，以及学术史、书籍、期刊与档案，历史难以准确地记述。[9]

期刊的数量在 19 世纪日益增多，在内容和方法上也日趋专业化，但 463

---

⑧ J. Goody(ed.), *Literacy in Traditional Societies* (Cambridge, 1968); P. Gordon and R. Szreter(eds.), *History of Education: The Making of a Discipline* (London, 1989).

⑨ H. Rashdall, *The Universities of Europe in the Middle Ages*, 3 vols. (Oxford, 1895). F. L. Wachler, *Geschichte der historischen Forschung und Kunst, seit der Wiederherstellung der litterarischen Cultur in Europa*, 2 vols. (Gottingen, 1812-1820). 参照：K. Hammer(ed.), *Historische Forschung im 18. Jahrhundert* (Bonn, 1976)。

尤其是在英国，许多关于历史的详细的文章，特别是关于大学里历史教学的文章，直到 1914 年才在综合性杂志上出现。在德国，慕尼黑大学教授海恩里希·冯·济贝尔（Heinrich von Sybel，1817—1895）(罗马德意志历史研究院的创建者）于 1859 年创办了《历史杂志》（*Historische Zeitschrift*），这是第一份交流批判史学研究成果的杂志；同时，法国的加布里埃尔·莫诺（Gabriel Monod，1844—1912）也于 1876 年创办了《历史评论》（*Revue Historique*）。第一期《英国历史研究》（*English Historical Review*）创办于 1886 年，当时是由一位牧师，曼德尔·克赖顿（Mandell Creighton，1843—1901）担任编辑，他后来成了伦敦主教；其中刊登了阿克顿的一篇关于《德意志历史学派》的著名文章，文章以名句开篇——“麦考利（Macaulay，1800—1859）曾悲叹道，在他的时代没有一位名副其实的德国历史学家”，“但现在，达梅斯特泰（Darmesteter，1846—1888）告诉我们，德国的历史研究已经领先于其他国家 20 年”。[⑩] 事实上，麦考利写的历史是面向大众的，而不是面向大学的，并且他也承认利奥波德·冯·兰克（Leopold von Ranke，1795—1886）的观点，即“无论在何处研究德意志文化都将为人所知，并被人称道”。他的“原著”，完全可以用小心创作、大胆思维来形容，他怀抱着崇敬的心情进行创作，并且摒弃了轻浮和偏见，既严肃又活泼，同时又不失宽容公正”[⑪]。

对真实性的寻求

早在阿克顿之前，兰克就在 19 世纪就提出希望能够开放个人与公共

---

⑩ ‘German Schools of History’, Acton’s *Historical Essays and Studies*(Cambridge, 1919).

⑪ 参见：T. B. Macaulay, *Critical and Historical Essays*, vol. Ⅱ(London, 1907), 38。参照：W. Weber, *Priester der Klio. Historisch-sozialwissenschaftliche Studien zur Herkunft und karriere deutscher Historiker und zur Geschichte der Geschichtswissenschaft 1800-1970*, 2nd edn (Frankfurt, 1987); T. Schieder(ed.), *Hundert Jahre historische Zeitschrift 1859-1959*(Munich, 1959)。

档案，开放教会与政宪档案。巴黎的宪章学院（*The Ecole des Chartes*）就是19世纪20年代的产物，它是1821年根据皇家法令创办的；而英国公共档案馆（British Public Records Office）则是议会选举委员会于1836年倡导成立的。⑫ 前者提供三年的培训课程，是以职业为特征的。而后者则不提供课程，甚至连自己的职员也不培训。它们与德国一样，都集中于 464
研究中古史，第一卷《日耳曼历史文献》（*Monumenta Germaniae Historica*）出版于1826年。这些史料资源对历史学家来说，是格外重要的，对大学图书馆扩大对手稿、书籍和期刊的收集、归档、出版与分类而言，也是十分关键的，这至少适应了研究发展的需要。

直到20世纪，口头和影像档案才从文献档案中被分离出来，其重要性也才得到了充分认识，随着发端于19世纪的录音和通信新技术的发展，又强化了人们对史学家就是“共同记忆管理人”的认识。⑬ 不过，在19世纪下半叶的文化史学家，特别是巴塞尔大学历史与艺术史学教授雅各布·布尔克哈特（Jacob Christoph Burckhardt，1818—1897），已经像比他年长23岁的兰克醉心于搜索文献档案一样，开始探索艺术博物馆。布尔克哈特曾在柏林参加过兰克的讲座，并在他游历意大利一年后，也就是1855年出版了《导论》（*Cicerone*）一书，该书从建筑、雕塑和绘画三个方面引介了意大利的艺术宝藏。由于他的激情和丰富的想象力，布尔克哈特的经典之作《意大利文艺复兴时期的文明》（*The Civilization of the Renaissance in Italy*）（1860），却因为他使用的官方文献有限和大量依赖

---

⑫ *Livret de L'Ecole des Chartes*, 1821-1891 (Paris, 1891); J. Favier, *Les Archives* (Paris, 1959); V. H. Galbraith, *The Public Record* (Oxford, 1934). 一些具体研究可参见：C. -O. Carbonell, *Histoire et Historiens, une mutation idéologique des historiens français, 1865-1885* (Toulouse, 1976); J. Voss, *Das Mittelalter im historischen Denken Frankreichs* (Munich, 1972); P. Levine, 'History in the Archives: The Public Record Office and its staff, 1838-1886', *English Historical Review*, 101 (1986), 20-41; H. Bresslau, *Geschichteder Monumenta Germaniae Historica* (Hanover, 1921)。

⑬ Landes and Tilly (eds.), History (note 3), 5.

于文学素材而受到人们的非议。⑭

19 世纪，在历史学的所有分支中都明确出现了对“一手资料”（primary sources）和“二手资料”（secondary materials）的甄别。这也就开启了对“真实性”的探索和对文献“权威”的寻求。由兰克及其学生创立的史学方法论的基本原则使整个学科出现了转型。自由主义者格奥尔格·戈特弗里德·格维努斯（Georg Gottfried Gervinus，1805—1871）在其著作《19 世纪史》（*History of the Nineteenth Century*）中并没有遵循兰克的原则，也几乎没有写到他本人所处的世界的历史，兰克在为他的这位批评者撰写的悼词里，着重说明了格维努斯是如何时常倡导“科学应建立在与生活紧密联系之上”的。他又说道：“是的，但这必须是真科学。如果我们先有了特定立场并将其带进科学，那么就将是由生活操纵科学，而非科学引导生活。”⑮

465 另一位不满于兰克的方法与声望的德国史学家就是莱比锡大学的卡尔·卡普雷茨（Karl Lamprecht，1856—1915），他认为历史“应主要是一门社会心理科学”。尽管如此，他自己的方法和声誉也是值得质询的，1809—1909 年间，他出版了 12 卷本的《德意志史》（*History of Germany*），之后又在莱比锡大学建立了“世界历史及文明史研究所”（Institute for Universal History and the History of Civilization）。这多少涉及一场在“卡普雷茨辩论”名义下的思想与政治暴力活动。但对保守主义者奥托·欣策（Otto Hintze，1861—1940）而言，他是一位有学者风范的管理史学家，是普鲁士制度的推崇者，他大胆尝试了比较史学，而不是通史，但是正是第一次世界大战赤裸裸的残暴，正是由于这场战争的后果与国家社会

⑭ P. Burke, *Culture and Society in Renaissance Italy* (London, 1972); W. Hardtwig, *Geschichtsschreibung zwischen Alteuropa und moderner Welt. Jacob Burckhardt in seiner Zeit* (Göttingen, 1974); E. Schulin, ‘Rankes Erstlingswerk’, in *Schulin, Traditionskritik und Rekonstruktionsversuch* (Göttingen, 1974), 44-64.

⑮ Gooch, *History and Historians* (note 6), 101-102. On Gervinus: G. Hübinger, *Georg Gottfried Gervinus. Historisches Urteil und politische Kritik* (Göttingen, 1984); 参见第十章.

主义的抬头，削弱了卡普雷茨的方法与他的结论。由于欣策的夫人是一位犹太人，他于1938年从普鲁士科学院辞职。[16]

德国的大学在19世纪处在核心的位置，并且一直保持到1914年为止。19世纪80年代，柏林大学哲学教授威廉·狄尔泰（Wilhelm Dilthey，1833—1911）对历史的视野与方法论问题（以及它与社会科学的关系）提出了新的问题以及一些老问题。正是他和他在许多国家的信徒，将作为精神科学（这个概念已不再陌生）的历史与科学，包括社会科学，截然分开，这遭到许多社会科学家的反对，但却没有遭到所有史学家的反对。狄尔泰认为，后者是从外部（*erklären*）做出解释，而前者则是从内部（*verstehen*）进行理解。

这一代人从丰富的视域出发，继续就此类论点进行辩论，例如，有观点认为，历史是一门具有“独特性”（ideographic）的学科，它关注的是唯一性；而包括社会科学在内的科学，是“通则性”（nomothetic）的，它关注的是普遍性。而最富有历史感的社会学家马克斯·韦伯（Max Weber，1864—1920）（他从没有以社会学家自称，也没有执掌这一学科教席）则拒绝接受这二者的区分。[17]

这发生在相对晚些时候。一开始阿克顿关注的不是兰克，而是出生在哥本哈根的古罗马史学家贝特霍尔德·格奥尔格·尼布尔（Barthold Georg Niebuhr，1776—1831），他既是金融家、外交家，又是大学教授，曾在新成立的柏林大学以及后来的波恩大学授课。西奥多·莫姆森（The- 466
odor Mommsen，1817—1903）是他最著名的继任者之一，也是他的学生，对莫姆森而言，所有的史学家都是名副其实的，至少对那些不属于他这个学派的史学家而言是这样，他还举荐马克斯·韦伯作为他的接班人。莫姆

[16] N. Hammerstein(ed.)*Deutsche Geschichtswissenschaft um 1900*(Stuttgart,1988),以及L. Schorn-Schütte,‘Karl Lamprecht’,153-192;W. Schulze,‘Otto Hintze’,323-346.

[17] W. Dilthey,*Einleitung in die Geisteswissenschaften*(Leipzig,1883).关于“表意文字”与“法律制订”的区别.参见 W. Windelband,*Geschichte und Naturwissenschaft*(Berlin,1894);参见C. Antoni,*Dallo Storicismo alla Sociologia*(Bari,1938)。

森既是一位政治家又是一名大学教授和语言学家，以及法学和历史学权威，与尼布尔一样，他从 1835 年开始在基尔学习法律继而开始了他的职业生涯。萨维尼曾称尼布尔出版的三卷本《罗马史》（*Römische Geschichte*，1811—1832；英译本，1828—1842）启发了他撰写中世纪罗马法的灵感。[18] 由于他的自由主义言论，莫姆森于 1850 年离开莱比锡大学，于 1852 年到了苏黎世，1854 年又转至布莱斯劳；在这里，他出版了自己的三卷本《罗马史》（1854—1856），这也使得他于 1902 年获得了诺贝尔文学奖；1858 年，莫姆森又从布莱斯劳到了柏林。

18 世纪后期，在柏林大学成立之前，德国大学在历史研究方面已有了重要的进展，特别是在哥廷根大学，约翰·克里斯托夫·加特雷尔（Johann Christoph Gatterer，1727—1799）组织了历史习明纳，拓宽了史学研究领域，并促进了对与历史相关的学科的研究。在哈勒大学，年仅 24 岁的弗里德里希·奥古斯特·沃尔夫（Friedrich August Wolf，1759—1824）获得了古典语言学教职；1777 年，年仅 18 岁的沃尔夫进入哈勒大学学习，后来又执掌古典语言学教席长达 23 年，直到 1806 年拿破仑下令解散大学为止（歌德就曾为听他的讲学而从魏玛来到了哈勒）。随后，他又到了柏林，作为科学院院士在新成立的（柏林）大学讲学。在哈勒时期，他是菲利普·奥古斯特·伯克（Philipp August Böckh，1786—1867）的老师，1811 年伯克也成了柏林大学古典语言学的主要教授，执掌教席 56 年。在伯克的第一批学生中就有卡尔·奥特弗里德·穆勒（Karl Otfried Müller，1797—1840），1815 年他追随尼布尔来到了柏林，1819 年他又以教授的身份回到哥廷根大学，讲授考古学、神话和古代史。

19 世纪是一个群英荟萃的时代，起初兰克在其中并不耀眼。然而他长期以来在大学中致力于历史研究，这使得他最终成为为德国内外之翘楚。兰克强调要对所有史料的真实性进行严格地推敲并在出版物中声明他

---

[18] Gooch, *History and Historians*(note 6), 24. 关于 Mommsen：A Heuss, *Theodor Mommsen und das 19. Jahrhundert*, 2nd edn(Stuttgart, 1996)；S. Rebenich, *Theodor Mommsen, Eine Biographie*(Munich, 2002)。关于 Niebuhr：G. Walther, *Niebuhrs Forschung*(Stuttgart, 1993)。

并不是要评价历史，而是要汇报真实发生过的事件，正如他著名的警句“盖史之所记，如其事而实书之，不参己见，并不偏倚”（‘wie es eigentlich gewesen’）所说的那样，他后来成了历史主义（*Historismus*）的奠基人。兰克既不是黑格尔主义者，也不是实证主义者，对他而言，现代欧洲国家是神圣意志的体现。他认为历史的解释不仅仅需要史料的积累，还需要所谓的“预感”，即一种直觉认知，是一组塑造事件的观念的集合。他“漫步于世界史的宏大图像中”，但他总结到，如果将世界史与国别史截然分开，那么世界史就将沦为“空洞的理论与臆测”。⑲ 467

兰克并不是一位出众的演说家，但由于他对习明纳的重大影响，以及得益于他的那些极具智慧且献身于史料的学生，他的著作，包括已经出版的讲稿，在整个欧洲，在那些无缘听讲的人们中广为传阅。虽然他的方法并不为历史教师所效法，他的一些著作在牛津成了指定读物。兰克于1886年去世，享年91岁，他始终忠实地遵守着他自己的原则，被认为是首席欧洲史学家，他出版的著作不下54部。在他晚年，每当有儿孙围绕身旁时，他总这样说：“我还有一个大家族，那就是由我的学生以及学生的学生们组成的大家庭。”⑳

19世纪，演讲是启发和指导学生的主要手段，专业讲座以及演讲者对即席听众的影响也是多种多样的。约翰·古斯塔夫·德罗伊森（Johann Gustav Droysen，1808—1884）曾相当有条理地编写了《史学大全与方法

---

⑲ 参见：T. H. Laue，*L. von Ranke：The Formative Years*（Princeton，1950）；W. J. Mommsen（ed.），*Leopold von Ranke und die moderne Geschichtswissenschaft*（Stuttgart，1988）；E. Breisach *Historiography：Ancient，Medieval and Modern*（Chicago，1983），132-134；F. Meinecke，*Die Entstehung des Historismus*，2 vols.（Munich and Berlin，1936-1937）；U. Muhlack，‘Leopold von Ranke’，in Hammerstein（ed.），*Geschichtswissenschaft*（note 16），11-36。Ranke的原则‘wie es eigentlich gewesen’：L. Ranke，*Geschichtender germanischen und romanischen und germanischen Völker von 1494 bis 1535*（Berlin，1824；3rd edn，Leipzig，1885），ⅶ.

⑳ 引自 Gooch，*History and Historians*（note 6），117。关于兰克对牛津大学的影响：P. R. H. Slee，*Learning and a Liberal Education：The Study of Modern History in the Universities of Oxford，Cambridge and Manchester，1800-1914*（Manchester，1986），43。

论》（*Encyclopaedia and Methodology of History*），他的一位比利时学生、后来根特大学的教授保罗·弗雷德里克（Paul Fredéricq，1850—1920）曾这样评价他的演讲："在一片寂静中，他像一位伟大的传道者一样慢慢地开始了他的演讲……你甚至可以听见针头落地的声音……他时而针砭时弊，时而充满创造力与热情，他常常用幽默的口吻来讲述奇闻轶事，使得他的演讲在一片欢笑声中结束。"[21]

468 那位曾谢绝邀请离开巴塞尔，后又追随兰克来到柏林的布尔克哈特，曾被他那位于 1919 年获得诺贝尔文学奖的学生卡尔·施皮特勒（Carl Spitteler，1854—1924）这样描述："表达精妙，气势谦逊，但由于全被其主题力量所吸引而毫无装腔作势……他不咬文嚼字，一气呵成，从不粉饰自己，语言简练而高深。整个演讲犹如一场布道，充满着宗教般虔诚的史学传教士。"尽管布尔克哈特深刻地把握了当时的时代精神，并预见了未来最为重要的历史变化，但却并不希望他的演讲被出版。[在 1874 年给尼采（Nietzsche）的一封信中] 他是这样叙述他的目的，他所做一切就是想让学生"能够以任何一种形式或方式去占有历史"，后来他又谦逊地补充道，"或者至少不要让他们感到反感"。[22]

对德国著名大学的史学教授来说，分分合合并不是他们有意为之，因为在德国历史与政治有着密不可分的关系。教授职位在大学间的流动，时常要受制于政治上的考虑。对许多史学家而言，1848—1849 年革命是一个转折点，如同自由主义史学家、兰克的批判者、著名的"哥廷根七杰"之一的格奥尔格·戈特弗里德·格维努斯那样，他由于抗议汉诺威新国王（维多利亚女王的叔父）单方面废除了国家基本法（*Staatsgrundgesetz*）

---

[21] J. Rüsen, *Begriffene Geschichte. Genesis und Begrundung der Geschichtstheorie J. G. Droysens*(Paderborn, 1969). Gooch, *History and historians*(note 6), 139. 1884 年，弗雷德里克访问英国，并撰写了报告：*The Study of History in England and Scotland*(Baltimore, 1887)。

[22] Carl Spitteler，引自 J. Burckhardt, *Reflections on History*(London, 1943)中的导论注释 8—9，这是一本布尔可哈特 1870—1871 年的演说集，英文版译自 *Weltgeschichtlische Betrachtungen*，布尔可哈特去世后由其侄子雅各布·欧里斯（Jakob Oeri）结集出版。

而丢了职位。

黑格尔的学生、古典语言学学者德罗伊森则是另一个例子，他的结局恰恰相反。耶拿战争后第二年出生的他，是一位布卢歇尔军队（Blucher's army）中随军牧师的儿子，他是1848—1849法兰克福议会中诸位教授议员之一（其中许多教授都是史学教授），这段经历后来使他成了普鲁士军事统一德国的坚定支持者。武力统一方面最强有力的发言人莫过于海恩里希·冯·特赖奇克（Heinrich von Treitschke，1834—1896），他是一位捷克裔的撒克逊教授；他的第一篇论文是关于社会学的，这一点后来连他自己都感到很“不幸”。他后来主要关注的是强权，而不是社会舆论，一直敦促普鲁士武装统一德国；他从莱比锡大学转到弗赖贝格大学，后来又去了基尔大学和海德堡大学，并于1874年到了柏林大学，并在此向学生进行了多次情绪激昂的演讲。[23] 在这方面，他使用的语言与德罗伊森大相径庭，他指责英国和法国，指责议会政府、社会主义，当然，还有犹太人。 469

特赖奇克的《德国史》（*Deutsche Geschichte*）只写到1848年，人们常常将它和麦考利的《英国史》（*History of England*）进行比较，它的前两卷于1848年出版，后两卷则是在麦考利去世前的四年，也就是1855年才得以出版。他们都是英年早逝。他们都因使用了议会发言般华丽的辞藻而受到广大公众的追捧。但是麦考利与特赖奇克不同的是，他没有大学方面的背景。他也不曾涉足外交政策。在方法上他也别具一格，强调了英国政治史和宪政史的连续性，并将其视为1688年“光荣革命”的核心与英国后续经济和社会进步的根本。这两个国家的历史，有助于解释他们的史学家的发展史，即便是不完整的。兰克比麦考利年长5岁，又比他多活了27年，他见证了德意志的分裂，认为宗教改革才是德国史的轴心。他在民族心灵（*Volksseele*）中寻找并识别出德国历史的一致性，并从中萃取出德意志精神。而麦考利则像其他“辉格派”（Whig）史学家一样，属

[23] U. Langer, *Heinrich von Treitschke, politische Biographie eines deutschen Nationalisten* (Düsseldorf, 1998).

于自由主义的道路。[24]

英国大学的历史教学发展较为晚近，这是与它自身的雄辩传统不无关系。在特赖奇克最后几年在柏林时，执掌牛津大学历史学的钦定教授席位的是詹姆斯·安东尼·弗鲁德（James Anthony Froude，1818—1894），他与特赖奇克一样是一位引人注目的演讲家，在他的《英国史》（*History of England*）中，他认为英国历史上的轴心不是 1688 年“光荣革命”，而是 1588 年英国大败西班牙的“无敌舰队”。弗鲁德的这种浪漫色彩，受到了他的前辈爱德华·奥古斯塔斯·弗里曼（Edward Augustus Freeman，1823—1892）的严厉批判，弗里曼认为，历史是一门“科学”，而不是艺术，不是充斥着“英雄”与“恶棍”的“戏剧”。但对于小说家托马斯·卡莱尔（Thomas Carlyle，1795—1881）和查尔斯·金斯利（Charles Kingsley，1819—1875）则是大不相同的，金斯利曾于 1860—1869 年在剑桥大学担任钦定历史学讲座教授，并曾唤起过听众强烈的道德激情。[25] 金斯利的继承者约翰·罗伯特·西利爵士（Sir John Robert Seeley，1834—1895），1869—1895 年间剑桥大学的钦定史学讲座教授，其风格则完全不同。在他看来，剑桥是“政治家的摇篮”，而政治学也需要依赖历史学走向自由，如果史学中缺少了政治学，那么史学就成了文学。西利在他的《英格兰的扩张》（*The Expansion of England*）中强烈地反对麦考利的孤立主义政策。这本书也轰动一时。他的一位学生曾写道：“西利在国内的
470 影响是一个世纪的，而不是几十年，他以他的远见，横扫了整片天空。”与德国的许多史学教授一样，西利根植于古典主义，但在他 1870 年发表的就职演讲中，他承认，在英国，要想让历史成为一门大学科目，就必须

---

[24] J. W. Burrow, *A Liberal Descent: Victorian Historians and the English Past* (Cambridge, 1981). 有关联系与比较，参见：C. E. McClelland, *The German Historians and England: A Study in Nineteenth-Century Views* (Cambridge, 1971), and J. Joll, ‘National Histories and National Historians: Some German and English Views of the Past’, *Annual Lecture, German Historical Institute, London* (London, 1984)。

[25] O. Chadwick, ‘Charles Kingsley at Cambridge’, *Historical Journal*, 17(1975), 303-325.

以清晰、明确、突出的语言来加以说明。㉖

这种需求是很急迫的，剑桥是如此，牛津也是这样，它们都是学院式大学，直到1873年才设立了独立历史学学位，无论是谁担任钦定教授，这门学科都是很薄弱的。1850年到1867年间，剑桥大学组织了一种新的道德科学荣誉学位考试制度（Moral Sciences Tripos），其中考试科目有5门，即现代史、法律（英国法）、法理学、政治经济学和道德哲学。每门课程都是由大学教授讲授，在这个新的荣誉学位考试制度实施之初，历史学方向就是由新上任的詹姆斯·斯蒂芬爵士（Sir James Stephen，1789—1859）负责，他之前曾是一位行政官员，原本是希望能成为英国法方向的政府委任教授（Downing Professer）（奇怪的是，虽然他强调他只懂英国法历史，但在讲座中，他谈的却是法国，而不是英国）。由于这种新荣誉考试制度的课程缺乏内在连贯性，因此，在1860年几乎没有人申请这种考试，这也就不足为奇了。这一年，成立了道德学科董事会（Board of Moral Sciences），从课程大纲中删除了英国法，增加了哲学、逻辑学和政治哲学（这为学生进行个人选择提供了机会）。尽管如此，1867年道德哲学教授提议应将历史（从大纲中）删除，获得了成功。

他们所给出的理由是，这门学科“太庞杂，不宜作为道德科学荣誉学位考试的一门子学科”㉗。这实际上为一种新的结合指明了出路——法学与历史荣誉学位考试——并且正如西利所坚信的那样，不久后就成了单独的历史荣誉学位考试。法学学位荣誉考试也是后来才出现的一项革新，一些有影响的剑桥法学家常常以他们的专业为荣，从一开始就反对（法学和历史）这种组合考试。这也就解释了西利在他的就职演讲中所郑重提到的观点，他认为，极有必要为法学单独设立一个荣誉学位考试，将现代史从现在的考试制度中删去，而这样做的前提是后者也应成为一门新的、独立

㉖ J. R. Seeley, *Lectures and Essays*(London, 1870), 290-317; D. Wormell, *Sir John Seeley and the Uses of History*(Cambridge, 1980). 关于德国人的看法，参见 A. Rein, *Seely*, *Eine Studie über den Historiker*(Langensalza, 1912)。

㉗ Slee, *Learning*(note 20), 36.

的荣誉学位考试。尽管如此，它们依然还是有联系的，这是因为它们是“同源学科”（cognate science），“理论研究要在历史中寻找证据”——宪法学、法理学、国际法、政治经济学、经济史，以及西利所钟爱的政治
471 学，在本卷覆盖的时间范围内，都成了（大学中的）核心要素。学院教师在任命过程中考查的也主要是历史教学能力和课程大纲的学术组织能力。

国王学院在将历史学发展成一门教学科目的过程中扮演着战略性角色，该学院的乔治·沃尔特·普罗瑟罗（George Walter Prothero，1848—1922）在 1876 年从剑桥古典语言专业毕业后，就被选为教师，同时又成了济贝尔（Sybel）的学生，他是学院教师中带头组织跨学院讲座计划的教师之一，并且他还在学院的监督下，为历史学的学习参加大学考试做好了准备。他本人也从讲授国际法转向了讲授中世纪，并于 1894 年撰写了《成文法与其他法规（含宪法）选编》（*Select Statutes and other* （*Constitutional*）*Documents*）一书，在本卷所涵盖的时间内，这本教材一直在剑桥被使用。普罗瑟罗和其他四位老师于 1884 年获得了历史学的大学讲师职位，这也意味着大学作为一个整体，它所承担的责任在不断增加；1885 年，作为荣誉学位考试董事会的成员，他们在不久前被任命为迪克西教会史讲座教授（Dixie Professor of Ecclesiastical History）的曼德尔·克赖顿（Mansell Creighton，1843—1901）的支持下，对课程大纲和考试形式进行了重大改革，并得以延续。[28] 他们将重点更多地放到了“原文根据”（original authorities）的研习中，这也成了“特别学科”考试的核心；由威廉·坎宁安（William Cunningham，1849—1919）讲授的经济史从政治经济学中分离出来；政治学的考试依然是强制性的；而在其他“同源学科”中也出现了可能的替代性选择。

尽管如此，直到 1897 年荣誉考试制度进一步实施之前，依然没有设

---

[28] M. Creghton, ‘ The Teaching of Ecclesiastical History’, *Historical Lectures and Addresses* (London, 1903); G. W. Prothero, ‘ The Historical Tripos’, *Cambridge Review*, Ⅵ, 28 January 1885; J. R. Seeley, ‘ The Historical Tripos’, *ibid.*, Ⅵ, 11 February 1885; and G. W. Prothero, ‘ The Historical Tripos, a Reply’, *ibid.*, 18 February 1885.

置关于欧洲史的核心课程，而且学生的数量虽然有所增加，但依然是少数，比学习古典学科、自然科学或数学的学生人数要少得多。到 1914 年，在牛津大学，历史学已经成为一项规模最大的单独荣誉学位考试，这并非全是由于杰出的、但又是风格迥异的大师们的香火传承，或是由于它有更加稳固的研究基地，而是由于学校和学院中学生的供求关系发生了变化。用 1894 年到爱丁堡大学任教的普罗瑟罗的话说，就是它的成功证明了，“每一门伟大的学科，只要在教学过程中态度严肃、方法得当，它就能提供良好的思维训练”。他还补充道，历史学作为大学的一门课程，“特别适于进行特定的思维训练”。㉙

剑桥大学的钦定历史讲座教授的传承是从阿克顿开始的，他遗留下了 472
多卷本《剑桥近代史》（*Cambridge Modern History*）工程未能在有生之年付梓；他的继承人是约翰·巴格内尔·伯里（John Bagnell Bury，1861—1927），他是《进步观念》（*The Idea of Progress*，1920）一书的作者，并与当时的《季度评论》（*Quarterly Review*）主编普罗瑟罗共同完成了该书的编辑工作。伯里对历史学“科学”本质坚信，给了他的继任者乔治·麦考利·屈威廉（George Macaulay Trevelyan，1876—1962）重点研究诗歌史的动力，屈威廉是麦考利的侄孙，他在 1927 年指出：克莱欧（Clio）❶ 就是一位缪斯！屈威廉将辉格派的史学解释带入了 20 世纪，㉚受他的启发，后来的剑桥大学历史学教授（不是钦定教席的教授）赫伯特·巴特菲尔德（Herbert Butterfield，1900—1979）撰写了一篇极有影响力的批判性论文《辉格派的历史解释》（*The Whig Interpretation of History*，1931），但在其中却没有提及屈威廉的名字。但无论是伯里还是

㉙ G. W. Prothero，‘Why We Should Learn History’，*An Inaugural Lecture*，Edinburgh University，6 October 1894，4.

❶ 希腊神话主管历史的女神。

㉚ 参见 G. M. Trevelyan，*An Autobiography and Other Essays*（London，1949），以及 D. Cannadine，*G. M. Trevelyan*（Cambridge，1994）。另见 P. B. M. Blaas，*Continuity and Anachronism*：*Parliamentary and Constitutional Development in Whig Historiography and the Anti-Whig Reaction between 1890 and 1930*（The Hague，1978）。

屈威廉，他们都不愿意对剑桥的课程与考试体制进行进一步大规模的“改革”。

在牛津，也和剑桥一样——出于相同的原因——“现代史”研究（即后古代史）直到 19 世纪后半期才成为学生的考试科目：其原因是这与 1850 年创建的法学与现代史的新的德国批判史史学学派的发展无关。由于牛津在古典学科方面的优势以及人文学院（faculty of *Literae Humaniores*）的中心地位，它们强调的是对既定考试课程内容的学习。学生们要学习的就是“书本中的所有知识”。[31] 它的学科设立要比剑桥快得多——因为它没有被逐出之虞——但是，直到 1870 年，才出现了独立的历史学与法学院，早在 1859 年，弗里曼就曾指出，法学和现代史的考试“作为一个整体的和谐程度就像把法学和流体静力学放在一起考试一样”。[32]

弗里曼的《诺曼人的征服》（*Norman Conquest*）是被推荐的政治史核心教材之一，该书小心翼翼地辟开了宪政史，就像他的朋友约翰·理查德·格林（John Richard Green，1837—1883）的畅销书《英国人民简史》（*Short History of the English People*）一样，这部书首次构思于 1869 年，是一部详细重点记述日常生活的历史，而不仅是关注轰轰烈烈的大事
473 件。这部专为广大公众量身定做的著作说明了尽管历史职业主义已经兴起，但直到 20 世纪，在历史学界依然存在着一股强大的业余利益集团，这也影响到了成人教育，启发了经济与社会史学家、《宗教与资本主义的兴起》（*Relogion and the Rise of Capitalism*）一书的作者理查德·亨利·托尼（Richard Henry Tawney，1880—1962），使他在成为伦敦经济学院教授很久之后仍保持着他当初对新成立的工人教育协会的义务。

19 世纪牛津最伟大的钦定史学讲座教授是 1866 年任命的威廉·斯塔

---

[31] Slee, *Learning* (note 20)，第四章。参见 R. Soffer, ‘Nation, Duty, Character and Confidence: History at Oxford, 1850-1914’, *The Historical Journal*, 30(1987), 77-104，以及 ‘The Development of Disciplines in the Modern English University’, *ibid.*, 31(1988), 933-948; P. R. H. Slee, ‘Professor Soffer's *History of Oxford*’, *ibid.*, 30(1987), 105-109。

[32] E. A. Freeman, ‘Historical Study at Oxford’, *Bentley's Quarterly Review*, Ⅰ(1859), 292.

布斯（William Stubbs，1825—1901），他后来成了彻斯特主教，他在牛津讲学20余年，并于1870年出版了他的《讲稿选集》（*Select Charters*），这也成了牛津和剑桥历史学学生的教材。他在就职演说中指出："现代史仅次于能最彻底地进行宗教思维训练的神学。"而在意识到"当今世界的生活、工作、思维和发展"时，斯塔布斯就将重点放到了宪法史。他坚信历史的整体是有意义的——"是向善的且有目的运动"[33]——但是，他在牛津的授课却是听者寥寥。在历史发展成为一门学术性研究的过程中，在牛津，最主要的关注对象不是教授，而是学院导师，这一点牛津要比剑桥严重得多，这是因为，对学历史的本科生而言，他们全要靠学院教师来获得知识和指导。他们也没有受到哲学家和史学家罗宾·乔治·柯林伍德（Robin George Collingwood，1889—1943）的影响，柯林伍德在1935—1941年间担任韦恩弗利特形而上学哲学讲座教授（Waynflete Professor of Metaphysical Philosophy），并在欧洲确立了声望。他的唯心主义哲学史首先在《精神镜像》（*Speculum Mentis*，1924）一书中提出，并在《历史的观念》（*Idea of History*）一书中加以总结，该书在他去世后的1946年才得以出版，并常被与意大利的本尼狄托·克罗齐（Benedetto Croce，1866—1952）相提并论。

出生于1866年的克罗齐，对祖国的哲学和历史学思想有着深远的影响。他最初是一位马克思主义者，在意大利前法西斯主义和法西斯主义之后的马克思主义成为他"思维的磨刀石"，磨砺了他的唯心主义哲学。[34]他也常被比作黑格尔，但与黑格尔不同的是，他从未得到过大学职位。除苏联外的大部分马克思主义史学家都是如此，即便是在苏联，普列汉诺夫

---

[33] W. Stubbs,' On the Purposes and Methods of Historical Study', in *Seventeen Lectures on the Study of Medieval and Modern History and Kindred Subjects* (Oxford, 1900), 86. Stubbs's *Constitutional History of England* (Oxford 1874-1875)很快被多次重印。

[34] D. Thompson,' Social and Political Thought', *Cambridge Modern History*, vol. Ⅺ (Cambridge, 1962), 116. 另见 *Benedetto Croce: An Autobiography*, R. G. Collingwood 翻译, (Oxford, 1927)。

（Georgiy Valentinovitch Plekhanov，1856—1918）在布尔什维克革命爆发
474 前就在大量短篇论文中提出了马克思主义史学观，但在1918年革命爆发后，他便逃离流亡至芬兰。苏联的史学研究更多地关注早期历史，而非19世纪，诸如英国中世纪经济与社会史等；马克思主义史学对苏联之外的大学产生的主要影响则是在本卷所述的时间之后。

在牛津参加过斯塔布斯讲座的本科生中，有一位后来成为钦定教授的查尔斯·哈丁·弗思（Charles Harding Firth，1857—1936），1904年他被任命为钦定教授并执掌教席直到1925年为止。作为一名既定的专业史学家和牛津内部著名的研究型历史学的支持者，弗思赞成“把教育学习世界史的学生的任务留给学院导师，并在学院教师的帮助下，将培养那些希望进一步深入研究的学生的任务留给教授和大学教师”。[35] 但由他倡导并设计的内容广泛的“高级史学研修”计划并没有吸引到很多博士研究生，却吸引了许多本科生。后者一直是由近代史协会（*Modern History Association*）严格把持的，该协会形成于19世纪60年代，主要负责历史课程，并的确发挥了很大的作用。尽管1872年“大学历史委员会”正式成立，但该协会的影响依然是在不断增强，且其中有些成员还有着反专业化的偏见。

历史在牛津的“导师制”下到底是如何由学院导师来教的，或者剑桥所谓的“督导”到底是什么，这是比讲座教什么或德国、法国的习明纳教什么更难说清楚的事情。不过，这两所大学中“特定课程”的发展——这也被英国其他大学所效仿——确实是英国体制的鲜明特征。在短时间内进行有深度的学习，并且有明确指定的学习资料，这些都是通往后续研究的桥梁，这不仅是对博士生的要求，而且是对进一步学习的个体研究者的要求，但却不是对史学导师的要求。1895年，牛津引进了文学学士学位。一般来说，对本科生而言，研究是排在教学和考试之后的。1904年，在牛津的贝利尔学院（其地位相当于剑桥里的国王学院），有一位名叫亚

[35] C. H. Firth, *A Plea for the Historical Teaching of History* (Oxford, 1904).

瑟·莱昂内尔·史密斯（Arthur Lionel Smith，1850—1924）的导师，他得到了他所有的学生的敬重，这不仅是因为他作为导师对学生尽心培养，还因为他为学生们准备了极细致的笔记，帮助他们通过考试。他的《走向斯塔布斯》（Steps to Stubbs）甚至比斯塔布斯的著作本身更为抢手。

自19世纪20年代以来，由于受到伦敦大学建立的影响，到1914年，牛津和剑桥两家已经明显丧失了垄断地位。尽管在19世纪历史学在大学里还不是一个独立的系，但20世纪波拉德（A. F. Pollard，1860—1948）创建了后来的“伦敦历史学院”。1903年还创办了史学研究所（Institute 475
of Historical Research）作为研究生的研习中心，这里的习明纳也成了有组织的研究生学习的一个突出特征。在地方上，1890年托马斯·弗里德里克·陶特（Thomas Frederick Tout，1855—1929）开始执掌曼彻斯特欧文学院（Owen's College）的历史学教席，他的前任阿道夫斯·威廉·沃德（Adolphus William Ward，1837—1924）则作为院长继续任教，他们与同事詹姆斯·泰特（James Tait，1863—1944）一起创建了“曼彻斯特学派”（Manchester School），并以其高度专业化的研究方法和专攻中世纪管理史而著称。

与牛津的学生不同的是，陶特的学生被“分成小组，每组人数不超过12人”，而且每个小组“都由有相关研究专长的老师直接负责”。从1905年欧文学院升格为大学算起，至1914年，先后有80名学生在陶特的指导下毕业，其中有6个人后来成了专业的历史学家。凭借自己的专业地位，陶特充耳不闻牛津和剑桥中的热烈争论，他相信他的“制度”并没有为少数人而牺牲了大多数人，“这对政治家、律师、教士、记者、公务员和商人，以及未来的历史学家来说，都是不错的”。[36]

两次世界大战期间，曼彻斯特大学一直保持着它作为史学研究中心的声望，其中的一位领军人物就是出生于波兰的欧洲外交史学家及18世纪英国政治史学家刘易斯·纳米尔（Lewis Namier，1888—1960），纳米尔

㊱ 引自 Slee，*Learning*（note 20），157。

曾十分向往能在牛津大学贝利尔学院任教，然而非常遗憾的是，他遭到了拒绝。尽管如此，还是有其他来自地方大学的教授在牛津找到职位，其中之一就是著名的中世纪学家弗里德里克·莫里斯·波威克（Frederick Maurice Powicke，1879—1963），他于 1929 年离开曼彻斯特来到牛津，成了钦定史学讲座教授。[37]

在 1914 年之前，在牛津和苏格兰之间发生了一场重大的转移，在格拉斯哥，罗伯特·桑斯特·雷特（Robert Sangster Rait，1874—1936）——他不是在苏格兰出生的，但却是在阿伯丁国王学院受的教育，在他来到牛津之前曾于 1911 年北上——成了苏格兰第一位史学与文学教授。1929 年，他升任大学校长。与此同时，（牛津）贝利尔学院的导师理查德·洛奇（Richard Lodge，1855—1936）——此人也像史密斯一样为学生准备仔细的笔记——于 1895 年离开牛津到了格拉斯哥大学；同年，普罗瑟罗也从剑桥来到了爱丁堡大学，1899 年洛奇又接任了普罗瑟罗在爱丁堡大学的
476 教席，并在那里一直工作到 1925 年退休。但即便是在圣安德鲁斯和阿伯丁，苏格兰历史研究也没有成为大学历史课程的核心，但雷特还是做出了重要贡献，并于 1919—1929 年间他成了苏格兰皇家史料编纂学家（Historiographer-Royal for Scotland）；而洛奇的研究则主要侧重于英格兰和欧洲大陆。与牛津大学的政治家兼学者，曾于 1935 年出版了广为传颂的三卷本《欧洲史》（*History of Europe*）的赫伯特·阿尔伯特·劳伦斯·费舍（Herbert Albert Laurens Fisher，1845—1940）一样，洛奇也是朗曼出版的《英格兰史》（*History of England*）的作者之一，该丛书在大学和学院中广为使用。

从米什莱到年鉴学派的法国历史学

在德国大学和英国大学大学历史学科的演进形成鲜明对照的同时，历

[37] 波威克的历史观可参见其著作：*Modern Historians and the Study of History*（Oxford，1955）。

史学在英国和法国的大学内外的发展也形成了同样明显的反差。当然，它们之间也存在着重大的联系。加布里埃尔·莫诺（Gabriel Monod，1844—1912）是浪漫主义史学家儒尔·米什莱（Jules Michelet，1798—1874）的重要推崇者，他曾为米什莱写过传记，也曾将约翰·理查德·格林（John Richard Green，1837—1883）的作品翻译成法语。在巴黎政治科学学院（*Ecole libre des Sciences Politiques*）任教的埃利·阿累维（Elie Halévy，1870—1937）于1902年首次开课讲学（三年后，他拒绝了索邦的一个教席），他通过研究功利主义和卫理公会教义，进而开始研究英国史。他对英国没有爆发法国式的革命感到困惑，正如法国大革命困惑（或是惊吓）了许多与他身处同时代、将法国大革命视为法国历史轴心的人们一样。[38]

米什莱本人的多卷本著作出版于1831年，一开始这部著作名为《世界史导论》（*Introduction à l'histoire universelle*），其中就包括了文艺复兴史（这个词是他发明的），并在第七卷的大革命史到达了高潮，第一批大革命史学家之一的弗朗索瓦·阿方斯·奥拉尔（Franşois Alphonse Aulard，1849—1928）认为它生动，富于诗意和浪漫主义色彩，并且最真实地，虽然并不是最准确地叙述了大革命史，在这部历史中，只有一位英雄，那就是"人民"，这也是米什莱另一部作品的名称，它于1846年出版。1887年，奥拉尔从波瓦第尔（Poitiers）荣迁至巴黎市议会在索邦大学为其设立的教席，并在此一直工作到1922年。他于1904年成为法国大革命历史研究会（*Société de l'Histoire de la Révolution Française*）的主席。

到了20世纪，大学开始从各个方面、各个角度研究大革命，这是因为乔治·勒费弗尔（Georges Lefebvre，1874—1959）开辟了新的研究视野。他在巴黎组建了法国大革命史研究所，并于1930年出版了《法国大

---

[38] H. Guy-Loé, *Elie Halévy Correspondance, 1891-1937* (Paris, 1996). See P. Stadler, *Geschichtsschreibung und historisches Denken in Frankreich 1789-1871* (Zurich, 1958).

477 革命》（*La révolution française*）一书，并作为由路易·阿尔方（Louis Halphen，1880—1950）和菲利普·萨尼亚克（Philippe Sagnac，1868—1954）主编的著名法国学术系列丛书《人民与文明》（*Peuples et Civilisations*）中的一部分。勒费弗尔在索邦大学的博士论文《北方农民》（*Les Paysans du Nord*），使他意识到"通行的（历史研究）思想方法阻碍了对历史的解读"[39]，但他的一些批评家却认识到，"在普遍水平上的思维方式早就已经阻碍了历史的举证"认为"这根本就不是历史"，后来，他在著作《大恐慌》（*La Grande Peur*）中详细地为他的方法进行了辩护。

任何对大革命及革命战争的解释中，如何解释拿破仑的问题都是不可回避的，正如对历史文献具有强烈兴趣的荷兰历史学家乌特勒支大学教授彼得·海尔（Pieter Geyl，1887—1966）在其重要的研究——《拿破仑：赞誉和诋毁》（*Napoleon，For and Against*）解释的那样，这部著作的英译本直到 1949 年才得以出版。与其他法国史学家相比，海尔对拿破仑更多的是持批判态度的，认为他是"独裁"者（当时心中想着的是希特勒），但同时，他也承认他是如何"持续不断地享用着其他法国史学编纂所提供的视角。这是怎样的人生与活力，这是怎样的创造力，这是怎样的不公正、想象力和勇气，这是怎样的理性与人格的反差"。[40] 海尔的第一部著作品是饱受争议的，尤其是在他祖国，但海尔还关注了荷兰革命，撰写了《与史学家辩论》（*Debates with Historians*，1955 年在海牙出版），在其中他对兰克进行批判性的研究。

在两次世界大战期间，是法国，而不是德国或者英国，在鼓励交叉学科和在"整体史"（total history）的名义下进行整合而不是分化的过程中，为历史学和正在发展中的社会科学构建了新型的关系。其中的关键人物就是吕西安·费弗尔（Lucien Febvre，1878—1956），他是南锡市（Nancy）一位教师的儿子，曾就读于巴黎高等师范学校，在那里，他参加

---

[39] R. Cobb, 'Lefebvre the Historian', in *People and Places* (Oxford, 1985), 43.

[40] P. Geyl, preface to *Napoleon: For and Against* (London, 1949).

了被他称为“我的大师”莫诺（Monod）主持的习明纳。除了在索邦开设的讲座外，他还参加了许多由访问教授开设的讲座，其中包括亨利·柏格森（Henri Bergson，1859—1941）的哲学讲座、保罗·德·布拉什（Paul Vidal de la Blache，1845—1918）的地理讲座，以及爱弥尔·马勒（Emile Mâle，1852—1964）的艺术史讲座。费弗尔的早期研究集中于某一个区域的历史与地理，这是1899年布拉什在索邦大学所做的轰动性就职演讲中推荐的方法。在一战爆发时，他正着手筹划一部论述这两门学科关系的著作。战后，他成了斯特拉斯堡（Strasburg）的教授，这所大学随着战后法国阿尔萨斯和洛林的回归，几乎全部重建。

就是在“战前的斯特拉斯堡大学”，德国最为博学的史学家弗里德里 478
希·梅尼克（Friedrich Meinecke，1862—1954）于1896年接替了特赖奇克，担任《历史杂志》（*Historische Zeitschift*）的主编，并于1936年发表了他从一战后开始潜心22年研究撰写的《历史主义的兴起》（*Die Enstehung des Historismus*）。这也是他人生的顶峰。但梅尼克的长寿也使得他可以在《德意志的灾难》（*Die deutsche Katastrophe*，1946）中深刻地认识现代德国历史，即在“极端民族主义”之前，迫切要求复兴德意志民族的宗教和文化的呼声。早在1905年，43岁的梅尼克在斯特拉斯堡大学主持了一个习明纳，以纪念席勒（Schiller）逝世100周年，三年后出版了《世界公民与民族国家》（*Weltbürgertum und Nationalstaat*）一书（直到1972年它的英译本才得以出版）。《历史主义的兴起》一书的英文标题为《历史主义：新史观的兴起》（*Historism*：*The Rise of a New Historical Outlook*），这绝对是有讥讽意味的，它与皮特·伯克为1973年出版的第一部英译本的费弗尔论文集所取的名字《一种新史学》（*A New Kind of History*）非常相似，其中最早的论文是写于1928年，题目是《边疆、词语与概念》（*Frontière*，*the Word and the Concept*）。[41]

---

[41] *Revue de synthèse historique*，45（1928），Febvre's *Pour une histoire à part entière*（1962）中重印，并在下面书中译为英文：P. Burke（ed.），*A New Kind of History from the Writings of Lucien Febvre*（London，1973）。

正是在1920年的斯特拉斯堡，费弗尔结识了研究中世纪的著名学者马克·布洛克（Marc Bloch，1866—1944），并与其倾心交流了关于交叉学科的全部兴趣。八年之后，他们成为《年鉴：经济与社会》期刊（*Annales：economies，sociétés*）的联合创办人，该杂志很快就产生了巨大的影响，并完全致力于问题取向的历史，即他们所构建的“整体史”研究。对他们而言，历史是“人的科学”，这是一种比“社会科学”更广泛的叙述类型。布洛克著名的未完成的论文《历史学家的技艺》（*Apologie pour l'Histoire，ou Métier d'Hisorien*），就是献给费弗尔的，它写于1941年法国沦陷之际，在这部著作还未完成的时候，他就告别了学术生涯，投身于法国抵抗运动中去了。布洛克在德国集中营里受尽折磨，并于1944年6月被枪杀，而当时纳粹在法国的势力已经开始衰落了。

在费弗尔论文的主题中，最著名的就是他追溯了历史概念的历史，像“文明”另外还有“历史主义”（historism）或“历史决定论”（historicism）。在这方面，有犹太血统的卡尔·波普尔（Karl Popper，1902—1994）首次于1936年在他的流亡途中表达了这种思想，并在1957年发表的《历史决定论的贫困》（*The Poverty of Historicism*）中进行了阐述；波普尔的犹太血统使得他无法在维也纳大学任教。该书是为了“纪念无数在‘残酷的历史决定论法则’下”来自不同国家、不同族裔、不同信仰
479 的，成为民族主义和共产主义信仰牺牲品的男男女女，以及儿童。但梅尼克却从来不相信这些。[42]

社会科学的兴起

在本章所述的（时代）背景下，费弗尔所说的“同源”的人文科学，

---

[42] 布洛克论文的英文翻译：*The Historian's Craft*（Manchester，1954）；波普尔在维也纳大学教授无望的处境促使他在（德奥）“合并”前移民，而他在布鲁塞尔曾做两天停留，是由M. H. 哈克根分析得出的，见：*Karl Popper-The Formative Years，1902-1945：Politics and Philosophy in Interwar Vienna*（Cambridge，2000），309-311。

是有密切的相关性的，尽管它们慢慢才成为大学里的一门学科。在这其中，首先就是心理学，它在（德奥）“合并”前的维也纳大学是非常有名的一门学科，就是在那里西格蒙德·弗洛伊德（Sigmund Freud，1856—1939）确立了他在全世界的声望；其次是地理学，在20世纪30年代，它常常是以地缘政治学的形式出现的；再次是社会学，按照费弗尔的说法，它是在帝国主义风格引领下，“一切为史学研究领域提供理性分析的（知识）”。㊸

对这三门学科感兴趣的费弗尔却很少提及经济学，实际上在20世纪的欧洲大学中，在所有“社会科学”中，经济学得到了最普遍地研究，它是关于“人类科学”中另一类历史的术语。尽管如此，第一次出现“经济”是在《年鉴》杂志第一期标题中，早在100年前，英国学者约翰·斯图亚特·穆勒（John Stuart Mill，1806—1873）就考查了经济学、社会学和政治学之间的关系，穆勒也许可以被称作是最早的“社会科学家”，但他却从未在大学中得到过拿薪酬的职位。在他的第一部书《逻辑体系》（*A System of Logic*，1843）中，穆勒就使用了“当代史”这个术语，其中包括了关于社会科学的有趣的但又不失中肯的部分。十年后，在他的《政治经济学原理》（*Principles of Political Economy*）中他依然沿用了这种说法。

作为边沁式的功利主义者，穆勒在《逻辑体系》中仔细地将后来所说的“社会科学”中的政策制定方面与其背景联系起来。“例如，如果我们用政治经济学的专业知识来预测或指导任何一个国家的现象，那么，我们就必须能够解释与该国当前状态的普遍特征相关的所有商业或工业事实：要指明足以解释一切的理由，并要为假说提供证明或完善的基础，而所有这些理由都必须是真实存在的。”㊹

在解释“社会科学”是什么时间以及为什么被引入到19世纪和20世

㊸ Burke, *A New Kind of History* (note 41), 29.

㊹ J. S. Mill, *A System of Logic* (1843), Ch. Ⅸ, ‘Of the Physical, or Concrete Deductive Method’.

480 纪大学课程纲要中时，分析其时代背景常常是同样重要的。“由于它们的传统各不相同，因此各个国家、各个大学的传统也各不相同。”[45] 只有在德国，这类课程后来逐渐被称为“社会科学”。在19世纪以前，所谓的统计学（*Statistik*）涵盖了整个国家、人口、财富和资源的定量描述。它还与法学有着密切的联系，这不仅出现在德国，也出现在意大利、瑞典和其他国家，并一直延续到了20世纪，其重要性也在法理学的发展中与社会背景紧密联系在一起。[46] 政治学（*Staatswissenschaft*）则包含了宪法学与公法学、政治经济学和行政学——乃至财政学。

1851年，苏黎世大学设立了经济学特别教席（Nationalökonomie）；1864年，伯尔尼大学也设立了该职位；但在其他德语大学中，“政治经济学”在1850年之后，依然被称为“Nationalökonomie”或“Volkswirtschaftslehre”，并依然由“国家学”（Staatswissenschaft）或“国家经济学”（Staafswirtschaft）教授任教。

19世纪经济学研究已经成了德国大学中的一门学科，但它依然保持着浓重的历史取向，其代表人物有秉持着“专业知识的具体化”信念的、在莱比锡大学执教长达46年之久的以威廉·罗雪尔（Wilhelm Roscher，1817—1894）和将海德堡发展为著名的研究中心的卡尔·克尼斯（Karl Knies，1821—1898）。[47] 罗雪尔在《历史方法的国民经济学讲义大纲》（*Grundriss zu Vorlesungen über die Staatswirtschaft nach geschichtlicher Methode*，1843）中确立了这种范式。在古斯塔夫·冯·施穆勒（Gustav von Schmoller，1838—1912）领导下形成了一个“年轻的历史学派”，当时施穆勒也处于许多激烈的方法论交锋的中心，虽然其中有一些是出于误

---

[45] E. Shils,‘The Universities, the Social Sciences and Liberal Democracy’, *Interchange*, 23 (1992), 184.

[46] F. Wieacker, *A History of Private Law in Europe with Special Reference to Germany* (Oxford, 1995); M. Rassem(ed.) *Statistik und Staatsbeschreibung in der fruhen Neuzeit* (Paderborn, Munich, Vienna and Zurich, 1980); K. W. Nörr, *Geisteswissenschaften zwischen Kaiserreich und Republik* (Stuttgart, 1994).

[47] J. A. Schumpeter, *History of Economic Analysis* (New York, 1954), 809.

解；后来又为著名的奥地利经济学家约瑟夫・阿洛伊斯・熊彼特（Joseph Alois Schumpeter，1853—1950）所谓的“最年轻的学派”（youngest school）所继承，其代表人物有维尔纳・桑巴特（Werner Sombart，1863—1941）和马克斯・韦伯（Max Weber，1864—1920），后者也是“学术科学舞台上最具影响力的人物之一”。[48] 无论是年长的学派，还有年轻的学派，抑或是最年轻的学派，其影响范围都在欧洲，并通过意大利、斯堪的纳维亚半岛和比利时，来到了美国。

正如创建于 1860 年的英国科学促进会（British Association for the Advancement of Science）F 部的几位主席接连发表的演说显示的一样，英国也没有完全逃脱历史决定论的影响。[49] 但在英国，其理由又与法国有所不同，“政治经济学”的遗产不仅在大学中，而且在公共领域中也是十分 481
坚固的，因此，它成了正统。正是这样，曾于 1857—1862 年在都柏林大学任经济学教授，以及后来 1867—1872 年在伦敦的大学学院（University College，London）任教的经济学家约翰・埃利奥特・凯尔恩斯（John Elliot Cairnes，1823—1875）才有可能自信地声称，“大不列颠，如果不是政治经济学的诞生地，那么也至少是它儿时的家乡。经济科学进程中的每一个重大步骤……英国思想家都取得了胜利。”[50] 约翰・凯尔恩斯显然是在最广泛的意义上谈“大不列颠”的，这包括了苏格兰和爱尔兰。三年前他还同样自信地声称，经济学家的任务“都已经完满完成了”。这被证明是错误的。

英国科学促进协会在各城市循环举办会议时进行的演讲，大多数都不是由学术性的经济学家举办的——都柏林尤为突出——而是由市政官员举办的，这是因为，牛津大学自 1827 年才设立了由私立的杜蒙德政治经济学讲座教授（Drummond Professor of Political Economy）职位，剑桥大学则是 1863 年（才设立了经济学教席）；直到 1903 年剑桥才有单独的经济

---

[48] *Ibid.*，817.

[49] R. L. Smyth(ed.)，*Essays on Economic Method*（London，1962）.

[50] J. E. Cairnes，*Essays in Political Economy*（1873），232；Smyth，*Essays*（note 49），42.

学荣誉学位考试，而牛津则没有设经济学学位——后来也一直只是“当代史著”课程中的一部分——直到 1921 年才最终设立了经济学学位。不管怎样，第一位执掌剑桥大学（经济学）教授席位的是著名的经济学家阿尔弗雷德·马歇尔（Alfred Marshall，1842—1924），他在从所谓的“古典政治经济学”向“新古典经济学”的转变中做出了巨大的贡献。他的《经济学原理》(*Principles of Economics*，1890）已与李嘉图的旨在论述“全球生产分配的调控法则”的《政治经济学及赋税原理》（*Principles of Political Economy and Taxation*，1817）大不相同。马歇尔执掌该教席直到 1908 年为止，后由亚瑟·塞西尔·庇古（Arthur Cecil Pigou，1877—1959）接任，并继承着同样的传统。

经济学的“剑桥学派”(Cambridge School）直到 20 世纪后期才出现，但即便是在当时，在这些好胜的剑桥经济学家中也没有达成完全的一致意见。20 世纪 30 年代以来，其领军人物是约翰·梅纳德·凯恩斯（John Maynard Keynes，1883—1946)，1936 年他出版了《就业、利息与货币通论》(*General Theory of Employment*，*Interest and Money*）一书，但他的批评者在剑桥内外都大有人在。剑桥与牛津，以及剑桥与 1895 年成立的、从一开始就是另一种思想和兴趣中心的伦敦经济学院（London School of Economics，LSE)，在研究取向上都存在着明显的不同。然而，马歇尔在写给这位比自己年轻 23 岁的伦敦经济学院首任院长威廉·阿尔伯特·塞缪尔·休因斯（William Albert Samuel Hewins，1865—1931）的信中提到：“与大西洋彼岸的任何一个经济学派相比，伦敦与剑桥在许多方面存在着密切的血缘关系。”[51]

482 伦敦经济学院虽然以经济命名，但却效法了巴黎的政治科学学院，大范围地囊括了包括地理学在内系列社会科学，它的学位（经济学）也涵盖着经济史、政治学、政治与社会行政和法理学。学院创立一年后，那批曾

[51] 1901 年 2 月 19 日书信，引自 R. Dahrendorf，*A History of the London School of Economics*，*1895-1995*（London，1995)，211。

鼓励过它的人，包括费边主义社会学家西德尼·韦布（Sidney Webb，1859—1947）与比阿特丽斯·韦布（Beatrice Webb，1858—1943），又组建了一个与之相关的英国政治学图书馆（British Library of Political Science），这也被认为是“社会学研究的新实验室”。到1901年，英国政治学图书馆成了“王国内研究生学习的最大中心之一”。[52]

伦敦经济学院之所以蜚声世界，是由于它拥有众多国际知名的学者，也是由于它吸引了大量海外留学生，像牛津一样，他们大部分是来自美国和印度。其中最著名一位教授就是出生于曼彻斯特的哈罗德·拉斯基（Harold Laski，1893—1950），他于1926年被任命为政治学教授，并一直工作到去世为止。与其说他是一位具有原创性或资深的学者，不如说他是一位出色的演说家，如托尼（Tawney）一样，他在英国工党政治中扮演着重要的且富有争议的角色。

尽管19世纪的大学没有将政治科学分化为一门独立的“社会科学”，但它在法律研究和历史学中却都至关重要。因此，在剑桥，虽然直到1927年才设立了政治科学的教席，但西利早在半个世纪之前，就曾谦逊地强调，“历史如果离开政治，就将沦为文学”，而在这一论断中有一半在一个世纪之前早就被一位哥廷根教授提及，“历史如果离开政府就成了修道士的编年史”。[53]

19世纪和20世纪一些最有意思的政治科学文稿都出自意大利。盖塔诺·莫斯卡（Gaetano Mosca，1858—1941）与其说他是一位大学教授，不如说他是一位政治家和记者，他在墨索里尼崛起的前后，每年都要到罗马大学讲学，然而他所涉及的问题，在英国和德国的大学中则几乎没有人谈及，例如市政与军事的关系问题。在德国充分理解这种关系的是特赖奇

---

[52] A. H. John, *The British Library of Political and Economic Science: A Brief History* (London, 1971), 4, 6. 图书馆的名称1925年更名为英国政治经济学图书馆（British Library of Political and Economic Science）。

[53] 引自 Butterfield, *Man on His Past* (note 1), 41。关于特定政治科学的起源，参见 W. Bleek, *Geschichte der Politikwissenschaft in Deutschland* (Munich, 2001)。

克（Treitschke），他曾因在议会的演讲和在大学的讲座扬名，但是，他的言论在英国被视为一种宣传活动。直到 1916 年，他在第一次世界大战期
483 间的政治演讲稿，即 1897—1898 年在德国出版的两卷本的《政治学》，才被翻译成英文。

发明了“生存空间”（*Lebensraum*）一词的德国地理学家弗里德里希·拉采尔（Friedrich Ratzel，1844—1904），曾执教于慕尼黑技术学院（Technische Hochschule），1886 年成为莱比锡大学教授。[54] 他所教的那种政治地理学，在 20 世纪 30 年代经由卡尔·豪斯霍费尔（Karl Haushofer，1869—1946）发展成了地缘政治学（*Geopolitik*）；豪斯霍费尔将“生存空间”的探索视为一种伟大的政治使命，作为整体的地理学也被视为一种“生命的永恒追求”。地缘政治学在早期曾被瑞典的鲁道夫·克吉伦（Rudolph Kjellén，1864—1922）和曾创造了“核心地区”（heartland）概念的伦敦经济学院教授哈尔福德·约翰·麦金德（Halford John Mackinder，1861—1947）视为地理学与政治科学的混合物。在 20 世纪，瑞典一直是大学地理研究的中心，正如它的经济学一样。

克努特·维克塞尔（Knut Wicksell，1851—1926）曾在乌普萨拉大学学习科学和数学，并在伦敦、斯特拉斯堡和维也纳学习经济学，直到 1895 年他才获得经济学博士学位，当时，他被告知乌普萨拉大学（董事会）是“不可能”采取任何措施任命一位经济学教授或讲师的。[55] 因而，维克塞尔又于 1899 年取得了一个法学学位，此时，他在价格理论和货币供给方面的研究已是名扬瑞典之外了。1899 年，他到隆德大学担任了临时经济学和税法学副教授，尽管面临着学术阻力，但 1901 年的皇家敕令使得该教席固定下来。

维克塞尔的有争议的思想及行为总是能够吸引人们的注意，尽管他著

---

[54] G. H. Müller, *Friedrich Ratzel (1844-1904), Naturwissnschaftler, Geograph, Gelehrter* (Stuttgart, 1996).

[55] C. Y. Sahlin 教授 1896 年的书信，引自：T. Gardlund, *The Life of Knut Wicksell* (Stockholm, 1958), 168。

有经济学教材，但他在隆德大学的获得证书的学生不过 3 人。他是 1917 年在斯德哥尔摩成立的经济学家俱乐部的首任主席，但是他与和自己齐名的、却比他小 15 岁的瑞典经济学家古斯塔夫·卡塞尔（Gustav Cassell，1866—1945）的关系并不好，后者在 1904 年到 1933 年间在斯德哥尔摩大学担任经济学教授。作为一名年轻的学者，卡塞尔因他的货币理论名扬天下，他反对边际效用理论（marginal utiligty theory）。该理论的领军人物包括：曾在政府部门短暂任职后，于 1872—1903 年间在维也纳大学法学院执掌政府经济学两个教席中的一个的卡尔·门格尔；1870 年洛桑大学法学院经济学教席的首位执掌者瓦尔拉斯；出生于利物浦、在 1866 年来到欧文学院就任逻辑和道德哲学教授职位之前曾一度在奥地利学习社会经 484
济学，10 年后又来伦敦的大学学院执掌经济学教席的威廉·斯坦利·杰文斯。曾创造“瓦尔拉斯体系”的熊彼特教授称赞杰文斯为“有史以来最具原创性的边际经济学家之一”，然而值得注意的是他本人却并没有自己的学生。[56]

在撰写到经济思想史——或者在谈及有关教学——的时候，我们不能不提到熊彼特的作品，他本人在经济学方面做出了重大的原创性贡献，虽然对于他在大学里经济学研究的背景我们几乎无可奉告，但我们要谈的是在他诸多经济史分析中的《时代精神》（*Zeitgeist*）一书，该书注释详尽，虽然是一部未完成的作品，但还是在他去世后，于 1950 年被出版。在其中一部分，他论述了俱乐部（最早的要数 1801 年成立的伦敦政治经济学俱乐部）以及被他称为“私人财产”的教科书和讲稿。[57] 虽然如此，但我们在谈及熊彼特时不能脱离时代背景。早在 1913 年，他就曾在美国的哥伦比亚讲学，在波恩居住了 8 年之后，他于 1932 年回到哈佛，成了经济学教授。

与费弗尔一样，他也对概念史感兴趣，例如，他曾注意到是由斯堪的

---

[56] Schumpeter，*History*（note 47），998，826.

[57] *Ibid.*，380-383.

纳维亚的一位教授，拉格纳·弗里希（Ragnar Frisch，1895—1973）于 20 世纪 30 年代提出“计量经济学”（econometrics）这一具有广阔前景的术语的。熊彼特还简单提到另一位瑞典人贡纳尔·缪尔达尔（Gunnar Myrdal，1898—1987），他因《货币均衡论》（*Monetary Equilibrium*，1931 出版，1939 年翻译成英文）而崭露头角，在二战后，他又因他的经济发展研究而获得声望，特别是在亚洲。1974 年，缪尔达尔与比他小一岁的奥地利著名经济学家哈耶克（Friedrich August von Hayek，1899—1992）共同获得了诺贝尔经济学奖。哈耶克于 1931 年离开了维也纳，来到伦敦经济学院，他的《通往奴役之路》（*The Road to Serfdom*，1945）使其在英国政治中扮演了一个富有争议的角色，丘吉尔在 1945 年竞选时引用了这部作品之后，哈耶克就不仅是经济理论家，而且也成为著名的哲学家。哈耶克与缪尔达尔都更关注哲学而非历史，而熊彼特则对政治学更感兴趣，这正体现在他的经济分析提纲中，其中除了涉及经济学外，他还简要论及了社会科学，包括心理学和社会学。

在法国，在 19 世纪，社会学在学术界和社会科学通史中都有着特殊的地位。那位先于孔德，并与圣西门（Henri de Saint Simon，1760—1825）处于同一时代，预见了工业主义的人，正是让·萨伊（Jean Baptiste Say，1767—1832），他深受亚当·斯密的影响，并于 1803 年发表了
485 《政治经济学》（*Traite d'Economie Politique*）一书，该书后来成了非常成功的一部教材。在拿破仑覆灭后，1819 年萨伊在巴黎工艺技术学院（*Conservatoire des Arts et des Métiers*）获得了他的第一个政治经济学（后改名为工业经济学）学术职位；1827 年，萨伊又转到法兰西学院任教授，“直到世纪末，该教职都一直由他的追随者把持着”。[58] 他面向公众讲学，并为 1842 年创刊的《经济学家报》（*Journal des Economistes*）以及《政治经济学会》（*Société d'Economie Politique*）撰稿。萨伊的后继者，

---

[58] D. Winch, 'The Emergence of Economics as a Science' in C. M. Cipolla (ed.), *The Fontana Economic History of Europe*, vol. Ⅲ (London, 1971), 41.

特别是米歇尔·谢瓦利埃（Michel Chevalier，1806—1879）和自由贸易的宣扬者弗雷德里克·巴师夏（Frédéric Bastiat，1801—1850），是他们确立了经济法则对政治的支配地位。他们以他们的正统观念自居，与孔德或马克思主义的社会学没有任何关系。

孔德的职业生涯经历了几个明显的发展阶段，他在这每一个阶段的思想——后来都成了学说——总能吸引到众多的信徒，其中有一些就来自大学。1851 年，他发表了《实证主义哲学体系》（*Systéme de politique positive et traité de sociologie，instituant la religion de l'humanité*）的第一卷。孔德有着国际性影响力，他的信徒也被视为孔德主义者，或者简单地说就是实证主义者。不过，法国本土还出现了一位学术性社会学家，那就是爱弥尔·涂尔干（Emile Durkheim，1858—1917），他不仅创立了社会学，还影响到人类学和心理学。他在巴黎的地位超出了 19 世纪后期在意识形态的和实践层面都经历过改革的"新索邦"大学。涂尔干是一位拉比(Rabbi)❷ 的儿子。1858 年，他出生于洛林的埃皮纳勒，离斯特拉斯堡不远；起初他与孔德一样，将实证主义作为社会学教育的基础；但当他将社会视为一个"系统"时，他就开始明确地反对孔德，并于 1895 出版了他的《社会学方法论》（*Rules of Sociological Method*）。这部作品的名称是以英文命名的，但直到 1982 年，作品内容才被翻译成英文。随着 1870 年法国在普法战争中的失败以及洛林的沦陷，涂尔干离开了巴黎高等师范学校，开始在一些国立中学任教，1879 年，他又回到巴黎高等师范学校求学；1885—1886 年在德国待了一年后，1887 年他成了波尔多大学的第一位社会科学与教育学教授，这也是专门为他设立的联合教授职位。后来涂尔干来到了巴黎大学，于 1906 年出任了社会学和教育学讲座教授。

对涂尔干而言，社会学与教育的结合是至关重要的。无论是在第三共和国的战争时期还是和平时期，涂尔干都是一位关键性的人物，他既是一名教育工作者——有许多出众的学生——又是一名宣传家。尽管如此，涂

❷ 犹太人学者。

尔干在法国也有一些批评者，这包括一些右翼人士，走在学术前沿的就是
486 加布里埃尔·德·塔尔德（Gabriel de Tarde，1843—1904），在担任司法部立法统计处处长之后，他撰写了不少关于社会学的专著，1900 年又被任命为法兰西学院的近代哲学教授。然而塔尔德没有使他的教席名称成功地改为社会心理学。1917 年，涂尔干去世，他的儿子也在战争中牺牲，但当时涂尔干社会学理论的“传统”已经在法国确立，这部分要归功于他在 1896 年创办的《社会学年鉴》（*L'Année sociologique*）。这份《社会学年鉴》创刊的时间要比《意大利社会学评论》（*Rivista Italiana di sociologia*）早一年，比《美国社会学杂志》（*American Journal of Sociology*）晚一年。

在英国，社会学发端于大学之外，一些独立的积极投身于商业管理的商人，如船运家族的查尔斯·布思（Charles Booth，1840—1916）和巧克力家族公司主席本亚明·西博姆·朗特里（Benjamin Seebohm Rowntree，1871—1954）通过社会调查，开创了实证调查。直到 1907 年，伦敦经济学院才任命以社会进化传统的写作风格著称的自由撰稿人霍布豪斯（Leonard Trelawney Hobhouse，1864—1929）为它的第一位社会学教授。这也是整个英国的第一位社会学教授。早在三年前，英国就成立了伦敦社会学协会（Sociological Society of London）。1923 年，布思家族企业为纪念查尔斯·布思而在利物浦大学设立了社会科学教授职位，第一位就任者是人口统计学家、社会学家亚历山大·莫里斯·卡尔—桑德斯（Alexander Morris Carr-Saunders，1886—1966），经过小范围的竞争，他于 1937 年就任伦敦经济学院院长。在这个“高雅的小圈子”（virtuous circle）之外，卡尔·曼纳海姆（Karl Mannheim，1893—1947）与赫尔曼·曼纳海姆（Herman Mannheim，1889—1969）从德国避难来到英国，并对社会学做出了重要的贡献。1934 年，卡尔在法兰克福大学失去了社会学教席后，他来到伦敦经济学院担任讲师，后来又成为伦敦大学教育学院的教授（1942 年）和院长（1945 年）。赫尔曼则是柏林大学的刑法教授，他在伦敦经济学院执教犯罪学整整 20 年，此外还有其他一些在法学界知名的德

国流亡教授，其中包括法学家奥托·卡恩-弗洛伊德（Otto Kahn-Freund，1900—1979）。

尽管英国和欧洲大陆的学术制度化都比较缓慢，但英国强调经验的学术社会学则与欧洲大陆的社会学截然不同。意大利人韦尔弗雷多·帕累托（Vilfredo Pareto，1848—1923）曾为二者的综合做了伟大的尝试，这体现在 1916 年出版的 2 卷本《普通社会学通论》（*Trattato di Sociologia Generale*）中；但直到 1935 年，它才被翻译成英文，标题也被改为《理智与社会》（*Mind and Society*）。尽管如此，帕累托并没有执掌社会学教席，而是接替了瓦尔拉斯在洛桑大学的经济学教席，并为边际效用理论做出了自己的贡献。无独有偶，19 世纪的德国有些社会学家虽然享有个人声望，但他们所任的教职也非社会学。费迪米安德·滕尼斯（Ferdinand Tönnies，1855—1936）长年来都是在基尔大学任经济学教授。1881 年， 487
作为哲学系的编外教师，他提交了《共同体与社会》（*Gemeinschaft und Gesellschaft*，1887）作为他的应聘资格论文，这在德国内外都产生了极大的影响。1909 年，他与桑巴特、韦伯，以及乔治·齐美尔（Georg Simmel，1858—1918）一起创立了德国社区社会学（Deutsche Gesellschaft für Sociologie）。[59]

在魏玛共和国时期，社会学教席终于先后在科隆大学［1919 年“国民经济学与社会学”（*Staatswissenschaften und Soziologie*）］、法兰克福大学［1919 年“社会学与经济学”（*Soziologie und Wirtschaftstheorie*）］、莱比锡大学［1925 年“社会学”（*Soziologie*）］，以及柏林大学（教授会 1921 年成立）设立。此外，（慕尼黑）技术学院和一些师范学校、警察学

[59] W. Lepenies(ed.), *Geschichte der Soziologie. Studien zur kognitiven, sozialen und historischen Identität einer Disziplin*, 4 vol. (Frankfurt-am-Main, 1981); D. Käsler, *Die Frühe Soziologie 1909-1934 und ihre Entstehungsmilieus* (Opladen, 1984).

校也开设了社会学课程。[60] 其中一些教学活动一直延续到国家社会主义出现之后。国家社会主义将社会学抨击为犹太人和马克思主义者的造物。其中明显不同的是法兰克福的社会学研究所（*Institut für Sozialforschung*）——法兰克福学派就是因此得名的——他们通过西奥多·阿多诺（Theodor Wiesengrand Adorno，1903—1969）关注的是与后来的传播学相关的“共他事物”（*inter alia*）等。马克思主义理论与弗洛伊德心理学的结合，产生了为其精明的领导者马克斯·霍克海姆（Max Horkheimer，1895—1973）所谓的“批判理论”（critical philosophy）。希特勒上台前两年，霍克海姆将研究所的基金从德国转移到了荷兰，并将研究所的一个分支机构迁到了日内瓦，1933 年又从法兰克福转移到了巴黎，1934 年来到了纽约的哥伦比亚大学。1941 年研究所再次转移到了加利福尼亚，二战后在这里发挥了重要的影响。[61]

尽管韦伯对美国的社会学研究产生了重大影响，但他依然没有获得社会学教席。1894 年、1897 年和 1919 年，他先后被弗赖堡大学、海德堡大
488 学和慕尼黑大学聘为政治经济学教授。他对政治学，以及经济学、心理学，还有最重要的历史学，都有着浓厚的兴趣，并置身其中，他将它们视

---

[60] G. Lüschen(ed.), *Soziologie in Deutschland und Osterreich 1918-1945* (Opladen, 1981); Hammerstein, *Universität Frankfurt am Main*; B. Heimbüchel, *Die neue Universität*, Kölner Universitätsgeschichte Ⅱ (Cologne and Vienna, 1988); J. Habermas, 'Soziologie in der Weimarer Republik', in H. Coing *et al.*, *Wissenschaftsgeschichte seit 1900. 75 Jahre Universität Frankfurt* (Frankfurt-am-Main, 1992), 29-53. R. König, 'Soziologie', in T. Buddensieg, K. Düwell and K.-J. Sembach(ed.), *Wissenschaften in Berlin* (Berlin, 1987), 149-153.

[61] M. Jay, *The Dialectical Imagination: A History of the Frankfurt School and the Institute of Social Research 1923-1950* (Boston and Toronto, 1973); R. Wiggerhaus, *Die Frankfurter Schule* (Munich and Vienna, 1986). 关于马克思主义者的社会主义理论整体上对德国社会学的影响，参见：O. Rammstedt, *Deutsche Soziologie 1933-1945. Die Normalität einer Anpassung* (Frankfurt-am-Main, 1986). K. Wittebur, *Die deutsche Soziologie im Exil 1933-1945. Eine biographische Kartographie* (Münster, 1991)。

为“科学”（*Wissenschaft*），并将其视为他的“使命”或“天职”。[62] 他试图寻求不同社会活动之间的联系，其跨度还包括印度和中国。韦伯于1920年去世。其著作的英文翻译又一次出现了时间上的滞后。直到1926年托尼出版了《宗教与资本主义的兴起》（*Religion and the Rise of Capitalism*）之后，韦伯的《新教伦理与资本主义精神》（*Die protestantische Ethik und der Geist des Kapitalismus*，1904）才于1930年被翻译成英文。1922年出版的韦伯未完成的手稿《经济与社会》（*Wirtschaft und Gesellschaft*）的英译本直到1968年才问世。在那个年代，社会学研究在世界各地都获得了朝气蓬勃的发展，尤其是深深地影响了历史学。

历史学也受到了人类学的影响。事实上，在所有正处在兴起阶段的学科间都存在着国际性的联系，但并非所有社会科学家都愿意这样描述他们自己：例如，1927—1942年伦敦经济学院的人类学教授布拉尼斯拉夫·马林诺夫斯基（Branislaw Malinowski，1882—1942），曾在莱比锡大学跟随威廉·冯特（Wilhelm Wundt，1832—1920）学习，他的第一学位是医学。他教授的第一门课程是1862年在海德堡大学开设的欧洲科学心理学；1879年，由于莱比锡大学没有心理学系，他又在那里建立了第一个心理学实验室。在跟随冯特学习前，马林诺夫斯基曾在克拉科大学获得了物理学和数学的博士学位。正是在这里，他厌恶了博士研究，却饶有兴趣地读到了英国人类学家詹姆斯·乔治·弗雷泽（James George Frazer，1854—1941）的《金枝》（*The Golden Bough*）一书。

尽管《原始文明》（*Primitive Culture*，1871）一书的作者爱德华·伯纳特·泰勒（Deward Burnett Tyler，1832—1917）于1884年被任命为牛津大学人类学准教授，还曾在大学博物馆中讲学，成了皮特-里弗斯（Pitt-Rivers）人种学收藏室的负责人，但是，人类学方面大多数有趣且重

---

[62] M. Weber,‘Politik als Beruf’(1918),and ‘Wissenschaft als Beruf’(1918),英文翻译添加了导言：H. H. Gerth and C. Wright Mills, *From Max Weber*: *Essays in Sociology*(London, 1947),77-156;R. Bendix, *Max Weber*: *An Intellectual Portrait*(New York,1960).

要的探索奥秘、科学或宗教的著作，都是由大学之外的人士完成的。1895年泰勒试图设立人类学学位课程，但由于遭到了古典主义者和自然科学家们反对而失败，但在一年后他获得了一个个人教席。从学院方面看，人类学作为一门学位学科，是由一个委员会负责监管的，它还包括了考古学和地理学。

在德国，有一类与博物馆平行的协会组织，在那里，1866年阿道夫·巴斯蒂安（Adolf Bastian，1826—1905）在作为船医周游世界后被聘为柏林皇家博物馆（Royal Collection）馆长，并被聘为柏林大学人种学
489 （即麦克斯·穆勒所说的“泰勒科学”[63]）的高级讲师。巴斯蒂安不仅创办了帝国民族博物馆（*Königliche Museum für Völkerkunde*，1873），而且又与鲁道夫·菲尔绍（Rudolf Virchow，1821—1902）共同创办了“柏林人类学、人种学及史前史协会”（1869），这是在大西洋两岸都存在的诸多协会中的一个。这也形成了语言学、考古学、进化生物学、达尔文派与反达尔文派之间的交叉结合。

在完成了太平洋的田野工作后，马林诺夫斯基著作成了“人类学各学派中的经典”，这也包括在帝国时代中所谓的“应用人类学”。英国人类学者在英帝国内部开展了广泛的人类学野外考察，在两次世界大战之间发展了与美国的“文化人类学”（cultural anthropologists）相区别的“社会人类学”（social anthropologists）（1945年后两者之间的差异更为突出）。与此同时，在德国，历史更悠久的“人类体格学”则成了国家社会主义者种族宣传的工具。

因此，20世纪的学术图景与19世纪乃至16世纪的培根主义的图景是一样的，对它们的考察都不能脱离政治背景。知识传播与交流的模式也是如此。在世纪之交，一场更大的变革呼之欲出。

---

[63] 引自 *Hisotry of Oxford*，Vii，Part 2，468；关于 Adolf Bastian：Buddensieg，Düwell and Sembach（eds.），*Wissenschaften*（note 60），136；关于 Virchow：C. Andres，*Rudolf Virchow als Prähistoriker*（Cologne，1973）。

精选文献

B endix, R. *Max Weber: An Intellectual Portrait*, New York, 1960.

Berger, St., Lambert, P. and Schmann, P. (eds.) *Historikerdialoge. Geschichte, Mythos und Gedächtnis im deutsch—britiscben kulturellen Austausch 1750-2000*, Göttingen, 2002.

Blaas, P. B. M. *Continuity and Anachronism: Parliamentary and Constitutional Development in Whig Historiography and the Anti-Whig Reaction between 1890 and 1930*, The Hague, 1978.

Bleek, W. *Geschichte des Politikwissenschaft in Deutschland*, Munich, 2001.

Breisach, E. *Historiography: Ancient, Medieval and Modern*, Chicago, 1983.

Burrow, J. W. *A Liberal Descent: Victorian Historians and the English Past*, Cambridge, 1981.

Butterfield, H. *Man on His Past: The Study of Historical Scholarship*, Cambridge, 1955.

Carbonell, C. -O. *Histoire et historiens, une mutation idéologique des historiens français, 1865-1885*, Toulouse, 1976.

Dahrendorf, R. *A History of the London School of Economics, 1895-1995*, London, 1995.

Dilthey, W. *Einleitung in die Geisteswissenschaften*, Leipzig, 1883. 490

Dockhorn, K. *Der deutsche Historismus in England: ein Beitrag zur englischen Geistesgeschichte des 19 Jahrhundert*, Göttingen, 1950.

Duncan Mitchell, G. *A Hundred Years of Sociology*, London, 1968.

Firth, C. H. *A Plea for the Historical Teaching of History*, Oxford, 1904.

Gooch, G. P. *History and Historians of the Nineteenth Century*, London, 1913.

Gordon, P. and Szreter, R. (eds.) *History of Education: The Making of a*

Discipline, London, 1989.

Hammerstein, N. (ed.) *Deutsche Geschichtswissenschaft um 1900*, Stuttgart, 1988.

Jay, M. *The Dialectical Imagination: A History of the Frankfurt School and the Institute of Social Research 1923-1950*, Boston and Toronto, 1973.

John, A. H. *The British Library of Political and Economic Science: A Brief History*, London, 1971.

Joll, J. 'National Histories and National Historians: Some German and English Views of the Past', *Annual Lecture*, German Historical Institute, London, 1984.

Klingemann, C. *Soziologie im Dritten Reich*, Baden-Baden, 1996.

Landes, D. S. and Tilly, C. (eds.) *History as Social Science*, Englewood Cliffs, 1971.

Laue, T. H. L. *von Ranke: The Formative Years*, Princeton, 1950.

Lüschen, G. (ed.) *Deutsche Soziologie nach dem Zweiten Weltkrieg*, Opladen, 1979.

Soziologie in Deutschland und Österreich 1918-1945, Opladen, 1981.

McClelland, C. E. *The German Historians and England: A Study in Nineteenth Century Views*, Cambridge, 1971.

Meinecke, F. *Die Entstehung des Historismus*, 2 vols., Munich and Berlin, 1936-1937.

Mommsen, W. J. *Max Weber und die deutsche Politik 1890-1920*, Tübingen, 2nd edn, 1974.

Powicke, F. M. *Modern Historians and the Study of History*, Oxford, 1955.

Rammstedt, O. *Deutsche Soziologie 1933-1945. Die Normlität einer Anpassung*, Frankfurt-am-Main, 1986.

Rebenich, S. *Theodor Mommsen, Eine Biographie*, Munich, 2002.

Schumpeter, J. A. *History of Economic Analysis*, New York, 1954.

Shils, E. *Tradition*, London and Boston, 1981.

'The Universities, the Social Sciences and Liberal Democracy', *Interchange*, 23(1992).

Slee, P. R. H. *Learning and a Liberal Education: The Study of Modern History in the Universities of Oxford, Cambridge and Manchester, 1800-1914*, Manchester, 1986.

Smyth, R. L. (ed.) *Essays on Economic Method*, London, 1962.

Stern, F. (ed.) *The Varieties of History*, London, 1970.

Stolleis, M. *Public Law in Germany, 1800-1914*, New York, 2001.

The Law under the Swastika: Studies on Legal History in Nazi Germany, Chicago, 1998.

Weber, W. *Priester der Kilo. Historisch-sozialwissenschaftliche Studien* 491
zur Herkunft und Karriere deutscher, Historiker und zur Geschichte der Geschichtswissenschaft 1800-1970, Frankfurt-am-Main, 2nd edn, 1987.

Wieacker, F. *A History of Private Law in Europe with Special Reference to Germany*, Oxford, 1995.

Wittebur, K. *Die deutsche Soziologie im Exil 1933-1945. Eine biographische Kartographie*, Münster, 1991.

493

第十二章　数学与精确科学

保罗·布克斯塔尔

18世纪末至19世纪初，数学和其他精确科学（exact sciences）的教学在欧洲大学经历了缓慢而又深刻的变化。数学、物理学、天文学和化学等自然科学从普通教育中的辅助性科学或元素发展成为各自独立的学科。学院的等级也从几个世纪前遗留下来的预备学院发展为哲学院。18世纪自然科学的发展，不仅对经济、工业、采矿业、农业和军事科学的发展产生了巨大的影响，而且也使得物理学和化学的发展突破了大学的围墙，从之前单纯的辅助性学科，发展成为独立的基础科学。而它们在19世纪的进一步分化，产生出了许多新兴的专业，进而也影响到了大学。哲学院也就逐步摆脱了辅助性角色，开始获得自主发展。

除了传统的自然演绎法外，18世纪还出现了一种教授自然哲学的新方法，它是建立在使用机器和仪器进行实验演示的基础上的。随着牛顿学说的推广，用数学法则来研究自然现象也在大学教育中获得了一定的地位。但在这里，限制其发展的不仅包括学生数学知识的不足，也包括教授们数学知识的普遍局限。1800年前后，物理学（*Physica*）或自然哲学（*Naturlehre*）还不是一个边界十分清晰的科学学科。当时的物理学除了今天的含义外，还包括了天文学、地质学、采矿学、生理学以及解剖学。直到19世纪，这些不同学科的明确划分才得以形成。

494 数学还在哲学院占有一席之地。18世纪初，在大多数大学中，数学的教学水平很低。18世纪末，在德国的大学中，数学教学深受亚伯拉罕·卡斯滕纳（Abraham Gotthelf Kästner，1719—1800）《数学基础》（*Anfangsgründe der Mathematik*）一书的影响。由埃蒂安·伯祖（Etienne Bezout，1730—1783）撰写的多卷本的数学教科书被翻译成多国语言，并一直使用到 19 世纪，在法国之外的广大地区也是如此。[①] 在西班牙的贝尼托·贝尔斯（Benito Bails，1730—1797）受到了沃尔夫和伯祖的启发，用西班牙语撰写了 18 世纪最重要的数学百科全书。[②] 同样还值得我们关注的是胡安·胡斯托·加西亚（Juan Justo Garcia，1752—1830）编写的《算术学、代数学与几何学基本原理》（*Elementos de Aritmética，Algebra y Geometría*），书中大量篇幅阐述了微积分学。该书作为教科书，在圣地亚哥大学（Santiago）、奥维耶多大学（Oviedo）、塞维利亚大学（Seville）、瓦来多利大学（Valladolid）以及萨拉戈萨大学（Zaragoza），都一直沿用到 19 世纪。

显然，这些著作内容大大超出了数学课程的实际教学。关于学生最该学什么，数学教师尼古拉·路易·德·拉卡耶（Nicolas Louis de la Caille，1713—1762）的课程也许给出了最佳答案。1740 年，他被聘为巴黎大学马尔萨林学院数学教授，第二年出版了他的教学讲义。[③] 在这部短小精悍的作品中，他对算术、代数和对数进行了分类总结。在几何中，他用一章论述平面三角形，分析讨论了圆锥截面的问题以及微积分的原理。拉卡耶的《课程》曾多次再版，并被翻译成拉丁语、意大利语、西班牙语、葡萄牙语、英语和希腊语。拉卡耶的继任者约瑟夫·弗朗索瓦·玛丽（Joseph François Marie，1738—1801）出版了一本新的、扩充版教材，它作为一本手册，19 世纪在欧洲各大学中被使用了很长时间。总而言之，18 世纪末，在绝大多数大学中，数学教学仍然是主要限于算术、线性代数学、二次方程、对数、平面几何学以及立体三角。在应用领域中，主要教授的有固体力学、液体力学、透视光学、天文学、地理学、测量学和年代学，而圆锥曲线、解析几何学与微积分，直到 18 世纪末仍属罕见。

---

① E. Bezout，*Cours de mathématiques à l'usage des Gardes du Pavillon et de la Marine*，6 vol.（Paris，1764-1769）.

② B. Bails，*Elementos de matemática*，10 vols.（Madrid，1772-1776）.

③ N. L. de la Caille，*Leçons élémentaires de mathématiques，ou èlèments d'algèbre et de géométrie*（Paris，1741）.

与数学和物理学不同，就制度背景而言，化学不是从哲学院，而是从
495 医学院中发展成为一门学术学科的。在那里，化学的教学多委任于一名较年轻的教授，且是一种临时性的委任。这种情况一直延续到了 18 世纪末。从 18 世纪下半叶开始，化学则主要在农业和工业等非医学领域的运用，这在将化学从辅助性学科中解放出来，并在使其成基础性学科中发挥了重要的作用。瑞典由于其丰富的矿产资源，使得化学研究的传统是从矿物学和采矿学中发展而来的。1749 年，当乌普萨拉大学设立化学教席时，(他们) 决定将其设在哲学院，而非医学院，同时，这里还培养管理学、经济学和采矿学的学生。[4] 瑞典的组织模式是领先于时代的，这也为科英布拉和其他一些大学所效仿。直到 19 世纪，大部分的化学系依然设在医学院。18 世纪，随着工业对技术工人的需要的增强，一些新学校出现了，其中一些学校具有大学水平，并为化学教学提供了广阔的空间。其典型代表是斯洛伐克位于谢默尼茨 (Schemnitz) 的矿山学院；1764 年，它设立了采矿学、化学和冶金学的教席。该学院所引进的实验方法对化学教学产生了很大的影响，这种影响力远远超出哈布斯堡帝国的范围。[5]

数学和物理科学走向解放，并形成了独立的学术学科的巨大意义就在于，18 世纪末大革命法国的教育改革，同时 1815 年在拿破仑倒台之后，哲学院得以在德国大学所谓的洪堡精神中得以复兴。

1800 年后法国的数学与精确科学

在法国，大革命消灭了大学。[6] 作为高等教育的中心，仅存有皇家学园 (*Jardin du Roi*)，它于 1793 年被六月法令改建为国家自然历史博物馆

---

④ C. Meinel, 'Artibus Academics Inserenda: Chemistry's Place in Eighteenth and Early Nineteenth Century Univeristies', *History of Universities*, 7(1988), 89-115.

⑤ J. Vlachovic, 'L'enseignement technique supérieur des mines en Slovaquie au XVIIIe siècle', *Acta historiae rerum naturalium necnon technicorum*, special issue, I(1965), 65-84, esp. 75-82.

⑥ 参见第二章，第 34 页。

（*Muséum d'Histoire Naturelle*）；以及皇家学院（*Collège royal*），它被改建为法兰西学院（*Collège France*），并于 1794 年 11 月 21 日开始重新招生。自然历史博物馆所开设的公开课程有地质学、采矿学以及化学。在讲师中包括教授基础化学和技术化学的安托万-弗朗索瓦·德·富克鲁瓦 496
（Antoine-Françios de Fourcroy，1755—1809）和路易·尼古拉·沃基耶（Louis Nicolas Vauquelin，1763—1829），以及教授采矿学的勒内·朱斯特·阿维（Rene Just Haüy，1743—1822）。但并没有开设现代意义上独立的物理学课程。约瑟夫·杰罗姆·德·拉朗德（Joseph Jérôme de Lalande，1732—1807）在法兰西学院教授数学和天文学。1807 年，让·巴蒂斯特·德朗布尔（Jean Baptiste Delambre，1749—1822）接替了他的职位。（学院）从 1769 年开始设立普通物理学教席，1786 年又设立了实验物理学教席。这两门课程于 1824 年合并为普通实验物理学，该教席的首位执掌者是安德烈·玛丽·安培（André Marie Ampère，1775—1836）。化学与自然史教席设立于 1774 年，在 1800 年又被分开，由沃基耶执掌化学教席。1804 年，沃基耶的学生路易·雅克·泰纳尔（Louis Jacques Thénard，1777—1857）接替了这一职位。他在此执教到 1845 年，并取得了巨大的成功。

由国民大会在全国各地建立的中央学校（*Ecoles Centrales*）并不提供高等教育，但它们却尝试着在合理的水平上教授数学、物理学和化学。尽管如此，其存续的时间不长，并没有发挥持续的影响。专门学校（*ècole spéciales*）位于中央学校之上，但二者并没有什么关系，它们与护理学校（*École de Médecine*）和工艺技术学校（*École de Arts et Métiers*）等一样，往往最具专业性。其中最为著名的就是 1794 年成立的巴黎理工学校（*École Polytechnique*）。原名为巴黎市政工程学院（*École des Travaux publics*），这也无疑是法国大革命时期技术教育领域乃至更广阔的整个精确科学领域所取得的最重要的成就。巴黎理工学校原本是要取代所有军事和民用工程高等技术学校。不过，原计划很快就被搁置了。根据 1795 年 10 月 22 日的法令，巴黎理工学校的任务主要是为在某一更加专业的应用型学校进一步深造提供基础性的知识，诸如炮兵学校（*Ecole d'Artillerie*）、梅兹的工兵学校（*École du Génie militaire in Metz*）、路桥学校（*École des ponts et Chaussées*）、或军事机械学校（*École des Ingénieurs de Vaissaux*）等。最早提到的数学分析，除了被应用于画法几何学（descriptive geometry）外，还被应用于几何学和力学，进而被细分为立体几何学、建筑学和防御工程学。物理学也被分为普通物理学与特殊物理学或化学（special physics or chemistry）。普通物理学主要讲授人体、热能、光、电及磁学的基本特征。特殊物理学或化学主要是依次学习盐物质、有机物和矿物学。

巴黎理工学校的教授是从法国最好的学者中选拔出来的：讲授数学分析的约瑟夫·路易·拉格朗日（Joseph Louis Lagrange，1736—1813），讲授图形几何学的加斯帕尔·蒙日（Gaspard Monge，1746—1818），以及讲授化学的富克鲁瓦、沃基耶、克劳德·路易·贝托莱（Claude Louis Berthollet，1748—1822）等。尽管巴黎理工学校是一所应用型技术学校，
497 但其从一开始就十分注重纯科学教学。在它成立的最初几十年中，这点时常会引起批评。但不久后，它就发展成为世界上最好的科学学院。

1806—1808 年，法国的教育体制再次发生了变革。1808 年 3 月 17 日法令建立了帝国大学，并将高等教育划分为五个独立的学院：神学院、法学院、医学院、理学院和文学院。非专业的学院，如文学院和理学院，成了国立中学的附属。它们的任务依然主要是限于考试管理和学位的颁发。科学研究并不是它们的官方使命。

每所理学院至少有四位教师，分别教授微积分、力学与天文学、物理学与化学，以及自然科学史。他们对数学、物理学、天文学以及化学教学的影响不大。而巴黎的理学院却是例外，它可以召集到法兰西学院、国家自然历史博物馆以及巴黎理工学校的教授。学校于 1811 年 4 月 22 日开始授课。课程被分为两个部分：数学和物理学。在数学方面，由希尔韦斯特·弗朗索瓦·拉克鲁瓦（Sylvestre François Lacroix，1765—1843）讲授微积分学，由西蒙·德尼·普安宋（Siméon Denis Poisson，1781—

1840）讲授力学，由让-巴蒂斯特·毕奥（Jean-Baptiste Biot，1774—1862）讲授天文学，由路易·本亚明·弗朗克尔（Louis Benjamin Francoeur，1773—1849）讲授高等数学。这两个部分都必须修物理学，这是由约瑟夫-路易·盖伊-吕萨克（Joseph-Louis Gay-Lussac，1778—1850）讲授的。化学与自然科学史一起，属于物理学部分，由泰纳尔执教。

法国的教育政策也影响到了它的占领区及附属地区。意大利的大学虽然依旧保持着它们的统一性和组织结构，但它们也不得不为科学提供更多的空间，并建立了独立的物理和数学学院，并最终瓦解了传统文学院里的哲学。在日内瓦大学，为加强科学，1802 年新设立了一些教授职位，其中包括化学和采矿学。在荷兰王国被法国吞并后，根据 1811 年 10 月 22 日法令，莱顿大学和格罗宁根大学作为囊括了理学院的科研机构，被并入了帝国大学。拿破仑帝国覆灭后，独立的理学院为数学和物理学的发展提供了更多的机遇。由威廉一世在南部诸省建立的根特大学、鲁汶大学和列日大学，成立了数学与自然哲学学院，并聘请了一些数学、物理学、天文学和化学教授。

直到 1830 年前后，巴黎一直是数学分析、数理物理以及化学的教育和研究的重中之重。教授们出版的一些手册以及他们作为学者的显著声望，吸引着整个欧洲的学生，并维持着垄断地位。富克鲁瓦的《化学哲 498
学》（*Philosophie chimique*，第一次出版于 1792 年）在巴黎再版了三次，国外也多次再版。泰纳尔编写的《化学元素学：理论与实践》（*Traité de chimie élémentaire, théorique et pratique*）（4 卷，巴黎，1813—1816），第六版以 5 卷本的形式于 1834—1836 年出版，并由费希纳（Gustav Fechner，1801—1887）将其翻译成德文，于 1825—1830 年在莱比锡出版。普安宋 1811 年撰写了《力学》（*Traité de mécanique*），作为教材在莱比锡大学和科英布拉大学一直用到 1830 年，并由威廉·休厄尔（William Whewell，1794—1866）重新创作为《力学原理》（*An Elementary Treatise of Mechanics*，1819），并再次发行。1799 年拉克鲁瓦接替拉格朗日成为巴黎理工学校的数理分析教授，他将法国的数学方法推广到整个欧洲，甚至英国也不例外。蒙日的《画法几何学教程》(*Leçons de géométrie descriptive*)也多次再版，并被翻译成多国文字。

那些曾在巴黎学习的留学生也促进了本国的教育改革，特别是在数学、数理物理和化学方面。有数量惊人的波兰和俄国留学生来到巴黎理工学校学习。其中包括：1810—1829 年间在克拉科大学担任化学和采矿学教授的约瑟夫·马尔科夫斯基（Jozef Markowski，1758—1829)；在克拉科大学引入图形几何学的弗朗奇歇克·沙帕尔斯基（Franciszek Sapalski，1791—1838)，以及卡罗尔·斯克罗茨基（Karol Skrodzki，1787—1832）和阿德里安·克日扎诺夫斯基（Adrian Krzyzanowski，1788—1852)，他们分别在华沙大学教授物理学和天文学。扎哈里亚泽·涅姆奇夫斯奇（Zachariasz Niemczewski，1766—1820）于 1802—1807 年间在巴黎求学，后来成了维尔纽斯大学（Wilna）教授，讲授拉克鲁瓦的数理分析学。在俄国人中有米哈伊尔·瓦西列维奇·奥斯特罗格拉茨基（Mikhail Vasilevich Ostrogradskii，1801—1862）和维克多·布尼亚科斯基（Viktor Buniakovskii，1804—1889)，他们二人都对俄国的数学教学产生了重要的影响。在西班牙，法国式的科学教学方法是由何塞·马里亚诺·巴列霍（Jose Mariano Vallejo，1779—1846）传播的，其曾在巴黎待过一段时间，并成了彼埃尔·西蒙·德·拉普拉斯侯爵（Pierre Simon Marquis de Laplace，1749—1827）的朋友。

也有许多德国人来到巴黎深造科学。由于在德国大学中没有机会学习现代数学，1827 年，古斯塔夫·勒热纳·狄利克雷（Gustav Lejeune Dirichlet，1805—1859）来到巴黎，先后在法兰西学院和巴黎理学院（*Faculté des Science*）学习。后来在哥廷根大学他接替了高斯的教席。在德国化学家中，曾在巴黎工作过的有以《化学原理手册》(*Handbuch der theoretischen Chemie*）而知名的利奥波德·格梅林（Leopold Gmelin，1788—1853)，还有著名的吉森化学学校的创建者尤斯图斯·冯·李比希（Justus von Liebig，1802—1873)。另一位在巴黎学习过的国外化学家是比利时化学家让·塞尔韦·斯塔斯（Jean Servais Stas，1813—1891)。他师从让-巴蒂斯特·杜马（Jean-Baptiste Dumas，1800—1884）工作和学习，直到1840年，后来在布鲁塞尔的军事学校教授化学。巴黎对罗马尼 499
亚的大学和技术学院的影响更为突出，在20世纪很长一段时间里，大多数数学教授、物理学教授和化学教授都曾在索邦大学中学习过。它们的课程教材通常也是法国大学讲义的改编版或修订版。

在巴黎之外，当时的教育水平大体就是面向各类公众举办普及科学发现的讲座。理学院是颁发学位的主要机构。那种典型的德国大学的新观念，在1830年后逐步赢得了主导地位，特别是在物理学和化学方面。尽管如此，在19世纪最后25年里，赶超德国的需求也重塑了法国的教育政策。理学院在更加现代和实验性的基础上，为教育重组赢得了更多的物质与科学资源。1896年，大学的重建也产生了可喜的影响。在与地方企业的合作中，技术学院被建立起来了，[7] 它们不仅教授应用与工业化学，而且也教授应用物理学与机械学。这一措施着眼于应用研究和工程师以及高质量的技术工人的培训，成了改革和重新评估巴黎之外的理学院的最重要的动力机制。然而，在索邦大学——1905年它与巴黎高等师范学院和法兰西学院的联合——其理论科学的教学仍继续处于支配地位。

德国大学中的精确科学

随着文科中学（*gymnasia*）的发展，以及大学入学考试（*Abitur*）制度的出现，中等教育机构日新月异，这使得学生们能够更好地为升入大学做好准备，同时也使得哲学院的基础课程更显多余。首先受到影响的是古典研究，其次是数学和科学。这次转变的最好例证就是数学教学。在19世纪刚开始的25年间，数学教学依然延续着18世纪的传统。创新的推动首先来自东普鲁士小省柯尼斯堡大学的制度化。[8]

---

⑦ 参见第十五章，第616页。

⑧ W. Lorey, *Das Studium der Mathematik an den Deutschen Universitäten seit Anfang des 19. Jahrhunderts*(Leipzig and Berlin, 1916).

弗里德里希·威廉·贝塞尔（Friedrich Wilhelm Bessel，1784—1846）已将柯尼斯堡大学打造为天文学的研究中心；就在这时，1826 年，卡尔·古斯塔夫·雅各布·雅可比（Karl Gustav Jacob Jacobi，1804—1851）被任命为柯尼斯堡大学数学教授。通过向学生介绍一些最新的发展动态，他大大超越了德国的一般教学水平。同年，萨洛蒙·诺伊曼（Salomon Neumann，1798—1895）来到柯尼斯堡大学成为一名编外教师。1829 年，
500 他被任命为矿物学和物理学教授。在贝塞尔和雅可比的影响下，诺伊曼将重点放在了数理物理学。并与雅可比一起，于 1834 年 11 月开办了数学与物理学习明纳。习明纳分为两部分，一组是他指导下的数理物理学，另一组是雅可比指导下的基础数学与应用数学。由于贝塞尔、雅可比和诺伊曼三人的成果和贡献，柯尼斯堡学校发展起来了，其中最引人瞩目就是在德国日益发展着的、对数学和物理学教育问题的关注。

最先感受到柯尼斯堡大学影响的是海德堡大学和吉森大学。1840 年路德维希·奥托·赫塞（Ludwig Otto Hesse，1811—1874）在柯尼斯堡大学取得博士学位后，曾到过哈勒大学；并于 1857 年到了海德堡大学。同为柯尼斯堡大学校友的物理学家古斯塔夫·罗伯特·基希奥夫（Gustav Robert Kirchhoff，1824—1887），也从 1854 年开始在海德堡大学讲授数学和实验物理学。柯尼斯堡的精神与方法是通过鲁道夫·弗里德里希·阿尔弗雷德·克勒布施（Rudolf Friedrich Alfred Clebsch，1833—1872）传播到吉森大学的。他在这里仿照柯尼斯堡创建了数学习明纳。1868 年，当克勒布施来到哥廷根大学后，也对其产生了同样的影响。这里的数学习明纳创建于 1850 年，主要目标是为文科中学培养数学和物理教师，后来在克勒布施的领导下获得了蓬勃的发展。1872 年克勒布施去世后，费利克斯·克莱因（Felix Klein，1849—1925）将哥廷根大学打造成了引领世界数学研究的中心之一。这也得益于在 1895 年来到哥廷根大学的大卫·希尔伯特（David Hilbert，1862—1943）和 1902 年来哥廷根执掌新成立的又一数学教授职位的赫尔曼·明科夫斯基（Hermann Minkowski，1864—1909）的帮助。甚至是德国多年的全国数学中心柏林，也在 1900

年前后被哥廷根大学超越了。

成立于1810年的、年轻的柏林大学，在最初的几年里与几所历史悠久的大学相比并无更多贡献。1825—1826学年的冬季学期，雅可比举办了关于微分几何学（differential geometry）的系列讲座反映了当时的科学水平。之后他便动身前往柯尼斯堡大学。1845年当他以普鲁士科学院（*Preussische Akademie der Wissenschaften*）院士身份再次回到柏林大学时，情况已发生了巨大的变化。奥古斯特·利奥波德·克列尔（August Leopold Crelle，1780—1855）出版了《纯数学和应用数学杂志》（*Journal fur die reine und angewandte Mathematik*，1826）。狄利克雷也从1831年开始在这里任教。就像柯尼斯堡大学雅可比一样，他在课堂上就他的研究领域展开讨论，并向学生介绍一些最新的动态。随着恩斯特·爱德华·库默尔（Ernst Eduard Kummer，1810—1893）、利奥波德·克罗内克尔（Leopold Kronecker，1823—1891）和卡尔·魏尔施特拉斯（Karl Weierstrass，1815—1897）成了这里的讲座教授后，19世纪的后50年，柏林大学作为数学中心发展到了顶峰。第一个纯粹的数学习明纳是在库默尔和魏尔斯特拉斯的建议下于1864年正式建立的。1920年，柏林大学聘请了首位应用数学的讲座教授理查德·冯·米泽斯（Richard von Mises，1883— 501
1953），他建立并领导了柏林大学应用数学研究所。在柏林大学和哥廷根大学的带领下，德国其他大学也提高了数学的教学水平。讲师的频繁流动与教授的教学自由在这个一体化过程中发挥了重要的作用。像柏林大学一样，波恩大学（1866）、图宾根大学（1869）、格瑞夫斯沃德大学（1872）、维尔茨堡大学（1875）以及其他大学也建立了数学习明纳。在其他大学中，将数学和物理学习明纳相结合的柯尼斯堡模式也普及开来，例如慕尼黑大学（1856）。

在19世纪最初的几十年里，在德国的大学中，物理学在教学时往往与数学或化学相结合。这种数学与物理学相结合的模式在吉森大学、柏林大学、波恩大学、布雷斯劳大学、莱比锡大学、图宾根大学、耶拿大学都是很常见的。也有设立数学和化学讲座教授席位的大学，如海德堡、爱尔兰根、哈勒、维尔茨堡等，这种相结合的方式一直延续到1870年。在罗斯托克大学，哲学院将物理学、化学和植物学委派给同一位讲师，而在19世纪20年代之前柯尼斯堡大学，一位讲座教授要同时讲授着植物学、动物学、矿物学、化学，以及物理学。

在绝大多数大学里，物理实验所需要的器材是不足的，甚至有的根本就没有。教授不得不用个人开支来购买设备。在哥廷根大学，实验物理学的发展要归功于格奥尔格·克里斯托夫·利希滕贝格（Georg Christoph Lichtenberg，1742—1799），他用自己的经费购买了教学所需的全套实验器械。这些设备后来被大学接管，这是因为在19世纪初该校已经拥有了物理实验柜（*physikalische Kabinett*）。⑨ 在吉森大学，格奥尔格·戈特利布·施密特（Georg Gottlieb Schmidt，1768—1837）则建了自己的物理实验柜。并且直到1825年，他才成功地获得一批学校资金，用于购买实验设备。他的继任者海因里希·布夫（Heinrich Buff，1805—1878），1838年在他的仓库里建了一间教室和一间实验室。1844年，政府开始为他支付年（租）金和维护费用。⑩ 莱比锡大学也是如此，大学里最初的实验设备同样也是来自教授们的个人募捐。在这些募捐的基础上，德国建立了物理学统计研究所（*staatlich physikalisches Institut*），这即便不是第一家，也是最早的几家之一。⑪

德国唯心主义在19世纪的前30余年一直影响着自然科学的发展。谢
502 林唯心主义与浪漫主义的自然哲学反对将经验主义研究作为自然科学实践的基础。关于这一点，支持者与反对者在方法论和哲学上的冲突极大地影响了德国大学的化学与物理教学。浪漫主义自然哲学的主要反对者是路德

⑨ G. von Minnigerode,'250 Jahre Demonstrationsversuche in der Physik', in H. H. Voigt (ed.), *Naturwissenschaften in Göttingen. Eine Vortragsreihe*, Göttinger Universitätsschriften. Serie A: Schriften, 13 (Göttingen, 1988), 37.

⑩ *375 Jahre Universität Giessen 1607—1982. Geschichte und Gegenwart* (Giessen, 1982), 166.

⑪ *Festschrift zur Feier des 500 jährigen Bestehens der Universität Leipzig* (Leipzig, 1909), vol. Ⅳ: 2, 30ff.

维希·威廉·吉尔伯特（Ludwig Wilhelm Gilbert，1769—1824），他是哈勒大学的物理与化学教授，后来又到莱比锡大学任教。从 1799 年到 1824 年的 25 年中，他出版《物理学年鉴》（*Annalen der Physik*）并因此名扬天下，该年鉴后来也被称为《吉尔伯特年鉴》，即约翰·克里斯蒂安·波根多夫（Johann Christian Poggendorf，1796—1877）创立的《物理学、化学年鉴》（*Annalen der Physik und Chemie*）的前身。曾推崇谢林的唯心主义与浪漫主义哲学的化学家李比希也对“自然哲学”进行了无情的批判。1849 年出版了一本匿名的手册——《物理学与自然科学在大学中的地位》（*Von der Stellung der Naturwissenschaften，besonders der physikalischen，an unseren Universitäten*），其中提出更应关注经验取向的自然科学，特别是物理学。它的作者是基尔大学的物理学讲座教授古斯塔夫·卡尔滕（Gustav Karsten，1820—1900），他主张德国每所大学都应组建数学和自然科学的学院，并建立物理学研究所。每家研究所都应有物理学所需的设备、报告厅、三间物理研究室、实习实验室，以及图书馆。物理学、化学和数学的教学应该委派给在这些科目受到专门训练的专业人员，实际上，这在当时已经被广为接受，大多数大学也实践了这条原则。[12] 卡尔滕的主张直到 19 世纪的后 30 余年才得到了彻底地贯彻。值得注意的是，倒是技术学院最先为学生建立了物理实验，最早的实用型实验室是 1853 年由卡尔斯鲁厄（Karlsruhe）的技术学院建立的。

数学方面的情况也是如此。德国物理教学的革新源自柯尼斯堡大学，其主要推动者就是弗朗兹·诺伊曼。1834 年，他接任了数学与物理习明纳的数学物理指导工作，并将柯尼斯堡大学建设成为引领德国数学物理学的中心。多年来，诺伊曼为在柯尼斯堡大学建设物理实验室而奔走呼告。1885 年，在他退休十余年后，实验室才完工。

1854 年，诺伊曼的学生基希奥夫成了海德堡大学的教授。他在教学

---

⑫ A. Hermann and A. Wankmüller, *Physik*, *Physiologische Chemie und Pharmazie an der Universität Tübingen*(Tübingen,1980),13.

中采用的是柯尼斯堡模式，并引入了精确测量的练习。1875年，他由于健康问题而被迫中止了实验工作，到柏林大学执掌理论物理学的首个教席。赫尔曼·冯·赫尔姆霍茨（Hermann von Helmholtz，1821—1894）
503 自1871年就一直在这里工作。新德意志帝国（第二帝国）为其修建了一个最大的物理研究所（1878年完成）。这是柏林大学物理学的辉煌时刻，马克斯·普朗克（Max Planck，1858—1947）于1889年接替基希奥夫在此工作，他的几位同事也是诺贝尔物理学奖的获得者。在19世纪的最后25年和20世纪初的几年里，几乎所有德国大学都建立了物理研究所：维尔茨堡大学是1879年，图宾根大学是1888年，莱比锡大学是1905年，等等。

19世纪之初，几乎所有的中欧大学都在化学方面设立了带薪岗位，除了个别情况外，大都设在医学院。耶拿是第一所将化学和医学分设的大学。1789年，歌德成功地说服了魏玛公爵卡尔·奥古斯都，让他资助在哲学院设置化学及药学课程。约翰·沃尔夫冈·德贝赖纳（Johann Wolfgang Döbereiner，1780—1849）则独自开始了化学的教学工作。从1820年开始，他装修了最早的教学实验室之一，并在吉森大学的李比希之前，为学生引进了化学实验，这也成为德国所有大学（化学教学）的典范。[13]

在爱尔兰根大学，曾在医学院讲授化学的解剖学家格奥尔格·弗里德里希·希尔德布兰特（Georg Friedrich Hildebrandt，1764—1816）在1796年将化学从医学院转到哲学院。1799年他获得了一间新的实验室。[14]同年，哈勒大学也断然将化学学科转到了哲学院，[15]其他德国大学也逐步沿用了这种模式。1817年，随着利奥波德·格梅林（Leopold Gmelin，1788—1853）受聘为海德堡大学的讲座教授，化学在医学院内也赢得了独

---

⑬ *Geschichte der Universität Jena 1548/58-1958* (Jena, 1958), vol. Ⅰ, 294, 414-416; S. Schmidt(ed.), *Alma mater Jenensis. Geschichte der Universität Jena* (Weimar, 1983), 141ff.

⑭ K. Hufbauer, *The Foundation of the German Chemical Community (1720-1795)* (Berkeley, Los Angeles and London, 1982), 240.

⑮ *Ibid.*, 247.

立的教席。但直到1852年，在罗伯特·威廉·本生（Robert Wilhelm Bunsen，1811—1899）接替了格梅林的职位之后，化学教席才转到了哲学院。[16]

除海德堡大学的本生外，在19世纪还有三个中心人物引领着德国化学教学和研究的发展：吉森大学的尤斯图斯·冯·李比希（Justus von Liebig，1803—1873）、哥廷根大学的弗里德里希·韦勒（Friedrich Wöhler，1800—1882），以及柏林大学的奥古斯特·威廉·冯·霍夫曼（August Wilhelm von Hofmann，1818—1892）。

1824年5月，黑森大公路德维希一世（Ludwig Ⅰ，1753—1830）在亚历山大·冯·洪堡的建议下，在没有咨询学院的情况下直接聘任了21岁的尤斯图斯·冯·李比希为吉森大学化学副教授。[17] 这标志着德国化学 504 实验室教学的正式开始，虽然化学实验教学在法国和约恩斯·雅各布·贝泽留（Jöns Jakob Berzelius，1779—1848）所在的瑞典已经达到了较高的水平。李比希的特殊教学法强调课程和练习，意在尽可能快地让学生全面参与实验操作。从李比希的研究院走出了许多著名的化学家，他们对德国及其他地方的化学学术教学有着重要影响。

哥廷根大学于1783年创建了化学实验室。起初主要目的在于满足医学院的药学和化学的实验需求。弗里德里希·施特罗迈尔（Friedrich Stromeyer，1776—1835）在这里建立了一个教学实验室。他的继任者弗里德里希·韦勒，像李比希一样，也是19世纪最伟大的化学教师之一。韦勒将化学教席设在医学院而非哲学院，这给他带来很多功利性活动的负担，但他不知疲倦地进行研究，他取得了惊人的教学成就。

在柏林大学，在化学讲座教授职位设立之初的一段时间内，它是与（普鲁士）科学院院士身份相联系的。第一位教席的执掌者是马丁·海因里希·克拉普罗特（Martin Heinrich Klaproth，1743—1817）。在他去世

---

⑯ M. Becke-Goehring, E. Fluck *et al.*, 'Betrachtungen zur Chemie in Heidelberg', in *Semper apertus, Schshundert Jahre Ruprecht-Karls-Universität* (Berlin, 1985), vol. Ⅱ, 332-347.

⑰ *Universität Giessen* (note 10), 157.

后，1822 年，曾在斯德哥尔摩跟随贝泽留学习过一段时间的艾尔哈德·密切利希（Eilhard Mitscherlich，1794—1863）开始在此执教。第二位化学教授是海恩里希·罗斯（Heinrich Rose，1795—1864）。就在这两位化学大师几乎同时陨落之后，柏林大学的化学系又迎来了新纪元，即任命李比希的学生奥古斯特·威廉·冯·霍夫曼执掌教席。作为条件，霍夫曼提出要建一个配备有现代教学和研究实验室的研究所。这在 1869 年得以实现。与此同时，化学研究所在各大学相继建立：海德堡大学是 1855 年，维尔茨堡大学是 1866 年，波恩大学是 1868 年，等等。19 世纪末，化学在德国大学已经形成了一个独立的研究领域，并细化无机化学、有机化学、物理化学和分析化学专业。

由于教授的较强流动性，这使得邻近德语国家的大学可从德国的发展中直接受益，尤其是瑞士。1833 年，按柏林大学的模式建立起的苏黎世大学，在 20 世纪相当长的一段时间内，它的所有数学教授几乎都是德国人。化学的教学也被德国人控制了许多年。1855 年在苏黎世建立的联邦科技学院（*Eidgenössische Polytechnikum*），后来更名为联邦高等工业学院（*Eidgenössische Technische Hochschule*，*ETH*），给大学带来了新的
505 契机，教授们可以在这两个机构中设置联合教授席位。在苏黎世大学和联邦高等工业学院两个机构任教的教授有：德国物理学家鲁道夫·克劳修斯（Rudolf Clausius，1822—1888）、阿尔伯特·爱因斯坦（Albert Einstein，1879—1955）、彼得·德拜（Peter Debye，1884—1966）和马克斯·冯·劳厄（Max von Laue，1879—1960）。联邦高等工业学院成立的目的，就是要全面地教授高水平的数学和自然科学。考虑到培养这方面教师的需要，1866 年又成立了数学与自然科学教师培训班（*Abteilung zur Bildung von Fachlehrern in mathematischer und naturwissenschaftlicher Richtung*），该机构主要分为两部分，一部分是自然科学学院，另一部分是数学与物理学院。后者的组织者是欧文·布鲁诺·克里斯托弗尔（Erwin Bruno Christoffel，1829—1900），他曾在德国留学。直到 1940 年，联邦高等工业学院中有许多数学教授也都具有德国渊源。

从 17 世纪到 18 世纪，巴塞尔大学一直是引领数学科学的中心，这要归功于著名的伯努利家族三代人中 6 位数学教授及其学生莱昂哈德·欧拉（Leonhard Euler，1707—1783）的努力。但到了 19 世纪上半叶，这里的数学兴趣日渐衰弱。1862 年，柯尼斯堡大学的卡尔·诺伊曼（Carl Neumann，1832—1925），也就是弗朗兹·诺伊曼之子，被任命为巴塞尔大学的数学副教授。但由于学生数学知识匮乏的影响，他 1865 年又接受了图宾根大学的任命，并在这里引入了柯尼斯堡模式。1912 年之后，直至 20 世纪 50 年代，在这里两个讲座教授的职位中就有一位是德国人。物理学和化学的讲座教授席位也大多是由德国人把持。

维也纳大学、格拉茨大学和布拉格大学也参与到德语地区的教授交流之中。1867 年，恩斯特·马克（Ernst Mach，1838—1916）作为实验物理学教授，从格拉茨大学转入布拉格大学。他在这里执教 30 余年，并于 1895 年转入维也纳大学。1868—1883 年间，几乎所有捷克的物理学学生都受教于他，大部分物理学家、数学家和天文学家也都是从担任马克的助教开始他们的学术生涯的。他的学生中有后来在阿格拉姆大学（Agram University，位于萨格勒布）任教授的切涅克·德沃夏克（Cenek Dvořák，1848—1922）和物理学家切涅克·斯特劳哈尔（Čeněk Strouhal，1850—1922），斯特劳哈尔是成立于 1882 年的捷克布拉格大学的首位实验物理学教授。1911 年，苏黎世大学理论物理学副教授爱因斯坦，被任命为布拉格德语大学讲座教授，一年后，他又回到了苏黎世的联邦高等工业学院，之后，1914 年他又来到柏林担任威廉皇家物理学研究院院长。维也纳大学的路德维希·波尔茨曼（Ludwig Boltzmann，1844—1906）曾先后在格拉茨大学、维也纳大学、慕尼黑大学任教；薛定谔（Erwin Schrödinger，1887—1961）曾在斯图加特大学、布雷斯劳大学、苏黎世大学、柏林大学、格拉茨大学、都柏林大学、维也纳大学任教；沃尔夫冈·泡利（Wolfgang Pauli，1900—1958）也曾执教于汉堡大学和苏黎世大学。

506

英国大学的精确科学

早在 17 世纪或 18 世纪，在牛津、剑桥，以及苏格兰的大学中，就已设立了数学教授职位。尽管如此，直到 19 世纪初，它们所教的内容仍然十分落后。与法国不同，数学在大学中并没有发挥其应有的价值，并没有被当作一门专业的、对经济和军事有益的科学。它仅被视为有助于学生发展“逻辑思维”的理性训练，因此，成了对年轻人进行绅士教育有用的工具。在牛津，数学科学长期以来没有在课程中得到过公正的对待，它们不属于考试科目。除研习经典之外，学院的教学集中在欧几里得几何学、代数学、圆锥截面、平面三角、球体三角、静力学、动力学、流体静力学、光学、微积分，以及牛顿《自然哲学之数学原理》（*Principia*）的第一卷。学生们也并不满足于此，时常通过聘请家庭教师或自学来补充知识。他们经常阅读法国数学家和天文学家的著作，特别是拉克鲁瓦、拉普拉斯和拉格朗日的作品。剑桥的学生则要付出更大的努力，因为在 1850 年之前这里的数学荣誉学位考试都是通向荣誉学位的唯一考试。优秀的考生被称作“Wranglers”，而“Wranglers”的第一名或以优异的“Wranglers”的成绩完成学业则更是莫大的荣誉。就这样，剑桥的荣誉考试逐渐成为数学学习的制度化激励机制。在剑桥数学教学中重要事件是，1812 年由一群本科生建立了一个著名但又是昙花一现的“分析协会”。[18] 发起者的目的是“从记数法开始，普遍改革英国的数学”。但他们遇到了阻力。将大学降格为数学研究中心，这也不符合当时流行的教育观。但支持者们明确强调要注重几何和基础数学，这类声音一直延续到 1840 年后。1849 年，在剑桥任命乔治·加布里埃尔·斯托克斯（George Gabriel Stokes，1819—1903）为卢卡斯教席之后，剑桥的数学逐步走向繁荣，斯托克斯在

---

[18] J. M. Dubbey, *The Mathematical Work of Charles Babbage* (Cambridge, 1978), 31-50; N. Guicciardini, *The Development of Newtonian Calculus in Britain 1700-1800* (Cambridge, 1989), 135-138.

该职位上一直工作到 1903 年去世。他还促进了高等数学和数理物理的研究。

直到 19 世纪后的很长时间里，在苏格兰的大学中，数学教学毫无疑
问依然是保守的和低水平的。虽然许多教授都是杰出的数学家，但是他们
的学生则没有为学习高等数学做好准备。他们入学平均的年龄是 14 岁至 507
15 岁。教学也往往是以大班为主，因此学生个体往往被忽视。从 19 世纪初开始，在都柏林大学，法国数学家和天文学家的影响是显而易见的，其中特别包括拉克鲁瓦、拉普拉斯、蒙日和普安宋。在英格兰和苏格兰的大学中，实验科学长期以来受到忽视，它们被仅仅看作是学位课程。剑桥尽管早在 1848 年就已经建立了自然科学荣誉学位考试制度，但很多人以热学和电学等科学不够成熟为由，强烈反对将它们加入考试科目。尽管如此，到 19 世纪中叶，对更多科学知识的要求已是不可忽视的了。

1852 年，皇家调查团考察了剑桥大学的状况、学科、学习及其财政收支并提交了报告。在报告中，调查团建议另增设一个化学教授的职位，并提高科学和数学教授的工资。报告指出了在课堂中进行实验演示的必要性。报告还建议（学校）为化学建立“装备齐全的实验室”，使得教授和每位希望学习化学的大学人员都可自由地工作。但是，调查团却没有消除人们对引进热学与电学考试的抵制。调查团认为，“某些在荣誉学位考试中临时的、有争议的、其状态晦暗不明的、并充斥着大量的数学难题的数学物理理论，代表的虽是科学的前沿，而其范畴是不确定的（即，电学、磁学和热学），因此，不应成为考试科目”⑲。1863 年，剑桥大学开始新建实验室。在随后的两年中，学校先后新建了动物学、化学、矿物学和植物学的实验室。在多年的讨论和磋商后，剑桥开始采取具体的措施，为实现实验物理的系统教学和研究制定方案。1869 年，委员会在调查后提交了可行性报告，报告建议应为配套完善的实验室设立一个相应的实验物理学教授职位。德文郡七世公爵威廉·卡文迪什（William Cavendish，1808—

⑲ 引自 J. G. Crowther，*The Cavendish Laboratory 1874-1974*（New York，1974），9-10。

1891）为该实验室的建设及设备配套提供了一大笔资金。詹姆斯·克拉克·麦克斯韦（James Clerk Maxwell，1831—1879）被任命为剑桥大学的首位卡文迪什教授。在麦克斯韦任职期间，学习实验物理学的学生一直很少。在他 1879 年去世后，约翰·威廉·斯特拉特·雷利男爵三世（John
508 William Strutt，1841—1919）接替了他的职位。效法柏林大学的赫尔姆霍兹和海德堡大学的基希奥夫，雷利男爵主张面向大部分学生系统地讲授初级实用物理。1884 年，约瑟夫·约翰·汤姆森（Joseph John Thomson，1856—1940）接替了雷利男爵的职位，在他的领导下，卡文迪什实验室在不到 20 年的时间里发展成为世界著名的物理学研究中心。

英国大学最早的实验室之一是由开尔文勋爵威廉·汤姆森（William Thomson，1824—1907）建立的，1846—1899 年，他是格拉斯哥大学自然哲学教授。这可能也是最早的一所学生能够在教授直接指导下进行实验的物理学实验室。然而，这个实验室并不适合对大群组的学生进行实际指导。在牛津，1810 年，在皇家的资助下，设立了一个准教授职位（Readership），将实验哲学引入大学。1867 年，物理学的动手实践也开始启动。克莱尔顿实验室也于第二年动工，并于 1870 年开始授课。伦敦大学的进展并不顺利。直到 1865 年，伦敦的大学学院才腾出一间小教室，用于实验物理学的讲课。伦敦国王学院的境况也与此相同，实用物理学的系统授课直到 1877 年才开始。

李比希开创的化学教学也使英国教育制度的弊端暴露无遗。为了改进并激励化学教学，伦敦新建了一个化学学院，并聘请李比希的学生奥古斯特·威廉·冯·霍夫曼（August Wilhelm von Hofmann，1818—1892）前来工作。1845 年，该学院在租来的房屋里开学，后来也有了自己的教学楼、实验室以及报告厅。作为一家私立机构，学院遇到的经费问题也制约了它的发展。1853 年国家接管了学院，将它改组为皇家煤矿学校（Royal School of Mines）的化学系。霍夫曼在此执教近 20 年，这对英国化学教学而言，是至关重要的。在维多利亚时代，曼彻斯特大学用一所崭新且装备完善的物理学实验室取代了原有的实验室，并于 1900 年投入使用。1907

年欧内斯特·卢瑟福（Ernest Rutherford，1871—1937）接任了这所实验室的朗格沃斯物理学教席（Langworthy Chair of Physics）并开始领导这所实验室。在卢瑟福的领导下，该系很快就升格为一所研究放射性物理学的学院，吸引了来自世界各地的研究者。1919 年，卢瑟福接替汤普森，成了卡文迪什实验室主任。

俄国高等教育中的精确科学

19 世纪初，年轻的沙皇亚历山大一世政府对俄国的教育进行了一次彻底的改革。1802 年，成立了国民教育部，并在数学家尼古拉斯·富斯 509
（Nicolaus Fuss，1755—1826）和斯捷潘·鲁莫夫斯基（Stepan Rumovskii，1734—1812）等著名学者的协助下制定了一整套的改革方案。新大学是按照德国模式建立起来的，并且都设立了数学与精确科学学院，其课程也出乎意料地被划分得井井有条，有纯粹数学和应用数学、理论物理学与实验物理学、化学、矿物学、天文学、农学和植物学。但俄国师资不足，难以在一开始就完全执行该计划。最先实践的是塔尔图德语大学。它的校长是物理学家格奥尔格·弗里德里希·帕罗特（Georg Parrot，1767—1852），1805 年，他招募到足够的教师。他本人也为严格意义上的物理学教学奠定了基础，并且还建立了设备齐全的实验室。在维尔纽斯大学，物理学和数学学院被划分为 10 个系，每个系有一名教授：物理学、化学、自然史学、植物学、农学、高等数学、应用数学、天文学、应用天文学和土木建筑学。同样，教授匮乏影响了其填补所有的空白。教学采用的是拉克鲁瓦、勒让德尔、毕奥、德朗布尔的著作。尽管如此，大学在其达到鼎盛之前就于 1832 年被沙皇尼古拉一世关闭了。

莫斯科大学的物理学、力学、化学、天文学和其他学科都是由外国人讲授的。喀山大学在 1808—1810 年幸运地聘请到四位德国著名专家，他们是讲授基础数学的约翰·巴特尔斯（Johann Bartels，1769—1836）、讲授应用数学的卡斯帕·伦纳（Kaspar Renner，1780—1816）、讲授天文学的约瑟夫·利特罗夫（Joseph Littrow，1781—1840）和讲授物理学的弗朗兹·克萨韦尔·布龙纳（Franz Xaver Bronner，1758—1850）。巴特尔斯在哥廷根大学时曾是数学家高斯的老师，在喀山大学他也培养了尼古拉·洛巴切夫斯基（Nikolai Lobachevskii，1792—1856）等学生。在哈尔科夫大学，数学是由季默费·奥西波夫斯基（Timofei Osipovskii，1765—1832）讲授的，他是 19 世纪初俄国最著名的数学家之一。他曾著有一部 3 卷本的数学著作，它整整影响了俄国的一代人；他也曾将拉普拉斯的《天体力学》（*Mécanique céleste*）翻译成俄文。

1820 年前后出现的新问题，使得刚刚起步便困难重重的俄国科学教学更加雪上加霜。大学有时成了俄国政府与外国专家激烈斗争的舞台。俄国国民教育体制的控制权又落入到保守派手中，他们鼓励在大学中实现虔信与神秘主义的结合。科学必须沉浸在基督教道德之中，大学的教学也必须从宗教观出发。理论与实验物理学必须用于证明上帝的全知全能与人类的局限性。甚至要对物理和化学书籍进行审查。除塔尔图大学外，这对大
510 学的影响都是毁灭性的。一些学者被开除，或者自动辞职，绝大多数外国专家也离开了俄国。许多岗位出现了空缺，大学沦为了科学的沙漠。俄国花了近四分之一个世纪的时间才从这场浩劫中彻底恢复。

恢复的第一步是从 1827 年开始的，俄国决定从莫斯科大学、喀山大学和哈尔科夫大学挑选出一些最有前途的学生，让他们在塔尔图大学学习三年，然后再送往国外深造两年。第一批学生于 1834 年从西欧回国，他们大多数是在柏林学习。同时，还有一批到巴黎工作的年轻学者也回到了俄国。其中就有 P. A. 扎捷普林斯基（P. A. Zateplinskiy，1794—1834），他是第一位在巴黎理学院获得博士学位的俄国人，1824—1834 年间，他在哈尔科夫大学教授天文学。还有 1822—1827 年间在巴黎学习的米哈伊尔·奥斯特罗格拉茨基（Mikhail Ostrogradskii，1801—1862）。他回国后在圣彼得堡的多家科研机构中担任数学、分析力学和数学物理学的教学工作。

俄国大学不能满足国家对高水平数学家、物理学家和化学家的巨大需

求，不过，它们确实培养出了大批的能够到西方著名学者那里攻读研究生的学生。正是由于大学，俄国才能在19世纪60年代逐步实现研究人才的自给自足，引进的外国专家也在减少。从那时起，特别是数学、力学和化学等在俄国的大学和其他教育机构中获得了重大的解放。在这次的数学研究和教学复兴中扮演重要角色的就是维克多·布尼亚科斯基（Viktor Buniakovskii，1804—1889）。他于1825年在巴黎理学院获得了分析力学与数理物理的博士学位，1846年，他受聘成为圣彼得堡大学的纯粹数学与应用数学教授。一年后，帕夫努季·利沃维奇·切比雪夫（Pafnuty Lvovich Chebyshev，1821—1894）从莫斯科来到圣彼得堡，成了副教授，主要讲授高等代数和数论。1850年，他被任命为特聘教授，1860年任命为正教授。与布尼亚科斯基一起，他为众所周知的圣彼得堡数学学院奠定了基础。之后，切比雪夫的工作由安德鲁·安德烈耶维奇·马尔科夫（Andrey Andreevich Markov，1856—1922）继任。从1878年到1905年近30年的时间里，他将高等代数学、数论、积分学、椭圆函数、差分法、概率学和应用力学方面的研究与教学结合在一起。

在物理学方面，圣彼得堡大学的知名学者是海因里希·弗里德里希·埃米尔·楞次（Heinrich Friedrich Emil Lenz，1804—1865），他曾在塔尔图大学跟随帕罗特学习。从1836到1865年，他主要教授普通物理学、电 511
磁理论和物理地理学。在化学方面，有亚历山大·A. 沃斯克列先斯基（Aleksandr A. Voskresenskii，1809—1880），他师从柏林大学的密切利希和吉森大学的李比希，有条理地向学生介绍化学领域的新发现和新思想。另外，他还在圣彼得堡大学的教育学院任教。1868年，他的学生德米特里·伊万诺维奇·门捷列夫（Dmitrii lvanovich Mendeleev，1834—1907）被圣彼得堡大学任命为普通化学教授。在他引荐下，喀山大学的亚历山大·米哈伊洛维奇·布特列罗夫（Aleksandr Mikhailovich Butlerov，1828—1886）也于1868年来到了圣彼得堡，并在此建立有机化学学院。在喀山大学，布特列罗夫是曾与吉森大学的李比希同事过的尼古拉·尼古拉耶维奇·济宁（Nikolai Nikolaevich Zinin，1812—1880）的学生，他于

1854 年被喀山大学聘为特聘教授，1857 年晋升为正教授。

1834 年尼古拉·德米特里耶维奇·布拉什曼（Nikolai Dmitrievich Brashman，1796—1866）被莫斯科大学聘任为应用数学教授，这就为理论力学与应用力学的教学奠定了基础。随着德米特里·费奥多罗维奇·叶戈罗夫（Dmitrii Fedorovich Egorov，1869—1931）和古拉·尼古拉耶维奇·卢津（Nikolai Nikolaevich Luzin，1883—1950）的函数理论学派的形成，纯粹数学在 20 世纪初的 30 余年已走向了繁荣。[20] 1921 年至 1929 年间，叶戈罗夫在莫斯科大学的数学与力学研究所担任主任；而卢津也培养出了一批“苏维埃数学家”。

专业化与科学研究：1870—1939

精确科学可分为三种不同的学术模式：法国或拉丁模式主要是专业取向的，德国模式是以科学研究为先，英国模式则将数学和其他自然科学视为全面教育的基本要素。经过 19 世纪之后，这三者之间的差异趋于模糊，到 1900 年为止，大学既是教育场所又是科研机构的观念已经被普遍接受。

社会与经济的新需要，以及特别是自然科学分化扩大，这在 19 世纪上半叶导致了哲学院中百科全书式课程的消失。1870 年后数学、物理和化学的迅猛发展导致了专业化的日益增强。数学、物理、天文和化学的各个分支几乎都形成了自主的分支学科，每门都有着自己的术语和方法。在
512 大部分大学中，这种发展导致了数学、物理、化学和其他自然科学的独立学位的产生。特别是自然科学中化学与物理学的发展，已达到了可为技术、经济和工业提供协助的程度。新的研究领域发展起来了，如电子技术、农业化学、热力学技术等。这就意味着综合技术院校、农学院和医学院在教育和科学研究中将发挥越来越大的作用。

---

[20] E. R. Philips, ‘Nicolai NIcolaevich Luzin and the Moscow School of the Theory of Functions’, *Historia Mathematica*, 5(1978), 275-305.

日益增长的专业化与教育组织之间的巨大差异，使我们很难为1900年前后的欧洲大学的科学研究勾画一幅条理清晰的图景。然而，我们还是可以找到一些普遍的特征。毫无疑问，这首先就是科研人员的专业化。之前，教授是以讲课为主，虽然也从事研究工作，但那仍然仅属个人行为。但是到了1900年，研究成了教授工作不可分割的一部分。其次，到19世纪末，学生和助手也参与到科研之中。

1870年前后，柏林大学是世界数学研究的中心。随着经典数学的深入发展，格奥尔格·康托尔（Georg Cantor，1845—1918）发展了集合论（set theory）。19世纪末20世纪初，数学研究的重心转移到了哥廷根大学。法国数学家们主要是对函数理论感兴趣，他们用集合论进行函数分析，并运用测量理论，归纳出了积分的概念。他们与意大利数学家一起，共同为数学的新兴分支学科——函数分析奠定了基础。1860年后意大利大学的数学研究取得了显著发展。这再一次与欧洲最先进研究潮流结合起来。其重要的中心有罗马大学、都灵大学、比萨大学和比萨高等师范学院（*Scuola Normale Superiore of Pisa*）。这些大学为意大利的代数几何学派奠定了基础。

一些重要的工作，特别是经典分析和函数分析，是在两次世界大战期间由匈牙利大学完成的。在塞格德大学（University of Szeged），弗里杰什·黎兹（Frigyes Riesz，1880—1956）和阿尔弗雷德·哈尔（Alfred Haar，1885—1933）共同创建了国际知名的亚诺什·鲍耶研究院（Janos Bolyai Institute），并创办了《数学学报》（*Acta Scientiarum mathematicarum*）。布达佩斯大学的利波特·费耶尔（Lipót Fejér，1880—1959）教授是成绩斐然的匈牙利分析学派的领军人物。[21]

一战后波兰获得了重建，华沙大学也一跃成为一流的数学中心，这应特别归功于齐格蒙特·雅尼谢夫斯基（Zygmunt Janiszewski，1888— 513

㉑ R. Hersch and V. John-Steiner, 'A Visit to Hungarian Mathematics', *The Mathematical Intelligencer*, 15, 2(1993), 13-26.

1920)、瓦茨瓦夫·弗朗齐歇克·谢尔平斯基(Waclaw Franciszek Sierpiński,1882—1969)和斯特凡·马祖尔凯维奇(Stefan Mazurkiewicz,1888—1945)的努力。他们的兴趣主要在集合论、拓扑学、数学基础与逻辑学。1920 年他们共同创办了杂志《数学基础》(*Fundamenta Mathematica*)。数学的另一传统分支——概率论,在帕夫努季·利沃维奇·切比雪夫(Pafnuty Lvovich Chebyshev,1821—1894)和他所创建的圣彼得堡数学学派的努力中也发展到了一个新阶段。现代概率论起源于 20 世纪初期,是由亚历山大·米哈伊洛维奇·利亚普诺夫(Aleksandr Mikhailovich Lyapunov,1857—1918)和马尔科夫提出的,在两次大战期间又得到了莫斯科大学的亚历山大·雅科夫列维斯基·欣钦(Aleksandr Jakowlewitsch Khinchin,1894—1959)和安德鲁·尼古拉耶维奇·柯尔莫哥洛夫(Andrey Nikolayevich Kolmogorov,1903—1987)的发展。

现代统计学的奠基者是卡尔·皮尔森(Karl Pearson,1857—1936),1884—1911 年间,他在伦敦大学学院任应用数学和力学教授。他与优生学家和数学家们一起创建了第一个应用统计学系,伦敦因而也成了引领统计方法教学与研究的国际中心。在斯堪的纳维亚半岛与荷兰的大学里,教育中的新学科也迎来了广阔的引进契机。在阿姆斯特丹的市政学院,卢伊岑·埃赫贝特斯·扬·布劳尔(Luitzen Egbertus Jan Brouwer,1881—1966)教授主张拓展、改进数学大纲,并增加数学教授职位。到 1923 年,该学院包括布劳尔在内已有四位教授。布劳尔除讲授函数理论外,还讲授集合论与基础数学。

纳粹的出现给数学和数理物理带来了灾难性的打击。1933 年 4 月至 11 月期间,哥廷根大学的数学研究所实际上已经荡然无存。许多教职工移民到美国、英国或其他国家。理查德·冯·米泽斯(Richard von Mises,1883—1953)流亡至伊斯坦布尔,他在土耳其政府的要求下建立了纯粹数学与应用数学研究所。与数学一样,1933—1939 年间欧洲的物理学与化学也是难逃厄运。在希特勒和墨索里尼统治下的国家里,许多学者都被解聘或驱逐,或者因条件的改变已使得他们无法继续工作。这其中就包括有物理学家爱因斯坦、德拜、博恩、费米和薛定谔。苏联也发生了同样的情况，叶戈罗夫因被指控参与“反革命”与“反动”组织而于1931年被逮捕，并被流放至喀山，最终在那里逝世。卢津也被指控为有“反苏维埃”的情绪，而被迫从大学辞职。㉒ 尽管欧洲许多重要工作一直开展到 514 1939年，但战备和战争本身对科学的冲击致使科学在欧洲一直没有恢复到战前的主导地位。

巴黎在化学界的重要地位得益于贝托莱、杜马、盖伊-吕萨克、米歇尔-欧仁·谢弗勒伊（Michel-Eugène Chevreuil，1786—1889）。他们用一种激励机制将工业与学术有效地结合了起来，不过，他们并没有能够成功地阻止德国化学上的领先地位。英国的化学研究从没有像法国那样集中。尽管它在爱丁堡和曼彻斯特都有较强的化学研究中心，但还是难以达到德国的水平。

化学的日益复杂化，导致了崭新的、几乎独立的分支学科的诞生；而且它吸收了更多的数学，形成了物理化学。其奠基人是雅各布斯·范托夫（Jacobus van't Hoff，1852—1911）、斯万特·阿列纽斯（Svante Arrhenius，1859—1927）和威廉·奥斯特瓦尔德（Wilhelm Ostwald，1853—1932）；《物理化学杂志》（*Zeitschrift für physikalische Chemie*）创刊于1887年。

化学的另一个分支学科是生物化学。到19世纪中叶，包括李比希在内的一些化学家开始将他们的工作与生物学研究者的工作相融合。生理学家们在一开始也对生物化学做出了重要的影响，虽然这些影响没有什么连续性。到19世纪末，这些零碎研究终于整合到一起，现代生物化学得以浮出水面，这是化学家的动植物化学与生物学家和医学研究者的生理化学的交叉结合。然而，生物化学走向繁荣，则是1920年之后的事情。直到二战之后，生物化学才开始作为一门独立的分支学科，在大学课程中获得

㉒ A. Shields,'Yeas Ago',*The Mathematical Intelligencer*,9,4(1987),24-27,and 11,2(1989),5-8;C. E. Ford,'Dimitrii Egorov:Mathematics and Religion in Moscow',*The Mathematical Intelligence*,13,2(1991),24-30.

一席之地。

科学发现的大丰收是研究工作集中于大学及综合技术学院的结果。1890—1914 年间，井井有条的学术实验室是许多原创性、系统性研究的基地。这些伟大的研究中心，除了有柏林大学物理研究所、剑桥大学的卡文迪什实验室之外，还包括了索邦大学的物理研究实验室。该物理研究实验室是在加布里埃尔·李普曼（Gabriel Lippmann，1845—1921）指导下建造装备的，他也于 1886 年成为实验室主任。重要的原创性研究也出自曼彻斯特大学的物理实验室，尤其在卢瑟福领导时期。在荷兰的海克·卡默林·翁内斯（Heike Kamerling Onnes，1853—1926）和亨德里克·安东·洛伦兹（Hendrik Antoon Lorentz，1853—1928）领导下的莱顿大学物理学实验室，与约翰内斯·范德瓦耳斯（Johannes Diderik van der Waals，1837—1923）和彼得·塞曼（Pieter Zeeman，1865—1943）领导下的阿姆斯特丹实验室也都是繁忙的国际研究中心。

1891 年，斯万特·阿列纽斯（Svante Arrhenius，1859—1927）被任
515 命为斯德哥尔摩技术大学物理学教授，1905 年又晋升为瑞典科学院诺贝尔研究所物理化学部主任。在他任教授期间，一大批来自瑞典和国外的学生追随他，来到斯德哥尔摩学习工作。尼尔斯·玻尔（Niels Bohr，1885—1962）完成了哥本哈根大学的学习后，1912 年来到曼彻斯特，并与卢瑟福一起合作研究。1918 年，他成了哥本哈根大学理论物理学研究所首任所长。几年后，他的研究所就成了世界理论物理学研究的圣地。

意大利的物理学研究主要仍集中在理论物理学方面。直到 1927 年之后，罗马大学和佛罗伦萨大学才发展起来一批重点研究中心，而都灵大学直到 1930 年之后才发展起重点研究中心。理论物理学的起源应当追溯到 19 世纪早期在法国、意大利和比利时的大学中教授的数学物理学。其内容包括有流体力学、弹力学、声学和光学。在 19 世纪，它发展了热力学、气体力学以及势能理论。数学物理学中最接近于可实验的部分后来被发展为理论物理学，这是 19 世纪和 20 世纪之交在威廉·托马斯（后称为开尔文勋爵）和弗朗兹·诺伊曼的努力下形成的。起初，理论物理学的教学通

常被视为实验物理学的补充，因此，德国大学是让比正教授位置稍低的特聘教授来教授这门课程。19 世纪和 20 世纪之交，几乎所有的德国大学都设置了理论物理学的特聘教授职位。到 1914 年，其中有 9 位成了正教授。尽管如此，到 1900 年，德国在这方面已经取得了世界领先地位。

19 世纪绝大部分时间内，英国的物理教学都被剑桥大学数学荣誉学位的毕业生把持着。[23] 教学工作要求候选人展示自己在解决力学、流体静力学和流体动力学方面的问题的能力，1860 年后又增添了光学和电磁学。直到 1914 年，在英格兰和苏格兰，几乎一半的物理学教授席位仍是由剑桥数学荣誉学位的毕业生把持。直到一战前他们都宣称有信心设计出一种英国式的力学模式。1910 年后，随着创建于 1848 年的自然科学荣誉学位声望的不断提升，随着城市大学中研究所的建立，特别是伦敦和曼彻斯特，随着物理理论对力学的重要性的不断提升，剑桥学派的影响力便逐渐消退了。由于物理学已成为农业学、医学和工程学的必备知识，其教学工 516
作者也在 1900 年前后获得了大发展。即他们除了举办实验物理学、力学分析和理论物理学讲座之外，还讲授工业物理学、水力学、电学、电力技术学和天体物理学等专业课程。

在 19 世纪，还出现了天体数理学与天体物理学的分野。天体物理学是分别研究各种天体，观察太阳、行星和天体表面的变化。将这些研究应用于地球，就成为气象学或者地球物理学。而天体数理学则主要是在计算行星、卫星之类的运行。天体运动研究的理论基础和行星轨道的计算就是天体力学。它在 19 世纪末走向繁荣，代表有弗朗索瓦·费利克斯·蒂斯克朗（Fransçois Felix Tisserand，1845—1896）四卷本的《力学》（*Traité de mécanique céleste*，4 vols.，1889—1896）和亨利·庞加莱（Henri Poincaré，1854—1912）三卷本的《力学新方法论》（*Les méthodes nouvelles de la mécanique céleste*，3 vols.，1905—1910）。很少有大学有好的天文台，这

㉓ P. Forman, J. L. Heilbron and S. Weart, 'Physics circa 1900: Personnel, Funding and Productivity of the Academic Establishments', *Historical Studies in the Physical Sciences*, 5 (1975), 32.

就是 19 世纪天文学研究的基础。其中，莱顿大学（建立于 1633，1861 年重修）、哥本哈根大学（原建于 1650）、乌普萨拉大学（建于 1730 年）、格拉斯哥大学（建于 1760 年）、塔尔图大学（建于 1809 年）、剑桥大学（建于 1820 年）、波恩大学（建于 1836 年）和斯特拉斯堡大学（建于 1881 年）是例外。其他有天文台的大学还包括克拉科大学、维也纳大学、莱比锡大学、喀山大学、布雷斯劳大学、布达佩斯大学、巴塞尔大学和波尔多大学。

摄影的引入是天文学研究的一场革命。到 19 世纪末，摄影已几乎完全取代了肉眼观测。其重要性在于，它使得每所大学与学院都可通过分析别处所取得的影像来参与恒星的研究。这方面突出的事例为 1896 年创建于格罗宁根大学的雅各布斯·科尼利厄斯·卡普坦（Jacobus Cornelius Kapteyn，1851—1922）天文实验室，就是依靠分析在其他地方的照相底片，而卡普坦也成了恒星研究的先驱之一。分光镜也为恒星天文学提供了新的契机。1817 年，约瑟夫·夫琅和费（Joseph Fraunhofer，1787—1826）将分光镜嵌入天文望远镜，1859—1861 年间基希奥夫和本生在固体基础上建立了天体光谱分析。这又发展出了天体物理学，它主要是研究天体物理与天体化学的。光谱分析被发现后，它就很快被英格兰的威廉·哈金斯（William Huggins，1824—1910）、罗马的安杰洛·塞基（Angelo Secchi，1818—1878）和德国的赫尔曼·卡尔·弗格尔（Hermann Karl Vogel，1841—1907）应用于星体分析。最初虽然获得了成功，但天文学还是用了很长的时间才接受一些新观念、新方法和新设备，同时，这也使
517 得它疏远了常规的观测工作。虽然天体物理学起源于欧洲，但却在 19 世纪末的美国取得了极大的进步。1910 年前后，它已与传统的位置天文学（positional astronomy）一起构成了一个共同的研究方向。

从 1900 年开始，天文学家们将主要的时间和精力集中于研究银河系的结构与其中的单个星体。在这种背景下，天文学新分支学科——恒星统计学——也得以发展起来，其主要贡献者有慕尼黑大学教授雨果·冯·泽利格（Hugo von Seeliger，1849—1924），哥廷根大学教授、后来成为波

茨坦天体物理学观测台主任的卡尔·施瓦茨席尔德（Karl Schwarzschild，1873—1948）。隆德大学教授、恒星统计学研究所的创建人、瑞典天文学家卡尔·沙利耶（Carl Charlier，1862—1934）也在理论发展中做出了一定贡献。

精选文献

Artz,F. B. *The Development of Technical Education in France 1500-1850*, History of Technology and Culture 3,Cambridge,Mass. ,and London, 1966.

Ausejo,E. and Hormigón,M. (eds.)*Messengers of Mathematics*:*European Mathematical Journals*(*1800-1946*),Madrid,1993.

Beckert,H. and Schumann,H. (eds.)*100 Jahre mathematisches Seminar der Karl-Marx-Universität Leipzig*,Berlin,1981.

Biermann,K. R. *Die Mathematik und ihre Dozenten an der Berliner Universität 1810-1933. Stationen auf dem Wege eines mathematischen Zentrums von Weltgeltung*,Berlin,1988.

Breidbach,O. *et al*. (eds.)*Lorenz Oken*,Weimar,2001.

Caneva,K. L. 'From Galvanism to Electrodynamics:The Transformation of German Physics and its Social Context', *Historical Studies in the Physical Sciences*,9(1978),63-159.

de Castro Freire,F. *Memoria historica da Faculdade de mathematica nos cem annos decorridos desde a reforma da Universidade em 1772 até o presente*,Coimbra,1872.

Crosland,M. and Smith,C. 'The Transmission of Physics from France to Britain: 1800-1840', *Historical Studies in the Physical Sciences*, 9 (1978),1-61.

Dhombres,J. 'Introduction:L'Ecole Polytechnique et ses historiens',in A.

Fourcy, *Histoire de l'Ecole Polytechnique*, Paris, 1987, 5-69.

Fiocca, A. and Pepe, L. 'L'Insegnamento della matematica nell' Università di Ferrara dal 1771 al 1942', in *Università e cultura a Ferrara e Bologna*, Pubblicazioni dell'Università di Ferrara 1, Florence, 1989, 1-78.

Gericke, H. *Zur Geschichte der Mathematik an der Universität Freiburg i. Br.*, Beiträge zur Freiburger Wissenschafts-und Universitätsgeschichte 7, Freiburg im Breisgau, 1955.

Golab, S. *Studia z dziejów katedr Wydzialu matematyki, fizyki, chemii Uniwersytetu Jagiellocskiego*, Cracow, 1964.

Grattan-Guinness, I. 'Grandes Ecoles, Petite Université: Some Puzzled Remarks on Higher Education in Mathematics in France, 1795-1840', *History of University*, 7(1988), 197-225.

518 Hájek, B., Niklicek, L. and Mannová, I. 'An Analysis of the Origin and Development of Czech Chemistry as a Part of the Formation of National Science', *Acta historiae rerum naturalium necnon technicarum*, Special issue 9(1977), 111-132.

Harman, P. M. (ed.) *Wranglers and Physicists: Studies on Cambridge Mathematical Physics in the Nineteenth Century*, Manchester, 1985.

Jungnickel, C. 'Teaching and Research in the Physical Sciences and Mathematics in Saxony, 1820-1850', *Historical Studies in Physical Sciences*, 10(1979), 3-47.

Lorey, W. *Das Studium der Mathematik an den Deutschen Universitäten seit Anfang des 19. jahrhunderts*, Leipzig and Berlin, 1916.

Meinel, C. *Die Chemie an der Universität Marburg seit Beginn des 19. Jahrhunderts. Ein Beitrag zu ihrer Entwicklung als Hochschulfach*, Academia Marburgensis 3, Marburg, 1978.

Millan, A. 'Los estudios de geometría superior en España en el siglo XIX', *Llull*, 14(1991)117-186.

Pahl, F. *Geschichte des naturwissenschaftlichen und mathematischen Unterrichts*, Handbuch der naturwissenschaftlichen und mathematischen Unterrichts 1, Leipzig, 1913.

Reindl, M. *Lehre und Forschung in Mathematik und Naturwissenschaften, insbesondere Astronomie, an der Universität Würzburg von der Gründung bis zum Beginn des 20. Jahrhunderts*, Würzburg, 1966.

Rowe, D. E., '"Jewish Mathematics" at Göttingen in the Era of Felix Klein', *Isis*, 77(1986), 422-449.

Scharlau, W. (ed.) *Mathematische Institute in Deutschland 1800-1945*, Braunschweig and Wiesbaden, 1990.

Schubring, C. 'Pure and Applied Mathematics in Divergent Institutional Settings in Germany: The Role and Impact of Felix Klein', in D. Rowe and J. McCleary (eds.), *The History of Modern Mathematics: Proceedings of the Symposium on the History of Modern Mathematics, Vassar College, Poughkeepsie, New York, June 20-24, 1989*, vol. Ⅱ: *Institutions and Applications*, Boston, 1989, 171-220.

Shinn, 'F. 'The French Science Faculty System 1808-1914: Institutional Change and Research Potential in Mathematics and the Physical Sciences', *Historical Studies in Physical Sciences*, 10(1980), 271-332.

Stichweh, R. *Zur Entstehung der modernen Systems wissenschaftlicher Disziplinen. Physik in Deutschland 1740-1890*, Frankfurt-am-Main, 1984.

Vucinich, A. *Science in Russian Culture: A History to 1860*, London, 1965.

519

第十三章　生物学与地球科学

安托·雷考拉

生物学的诞生

从某种意义上来说，1802 年是生物学发展史上的一个转折点。正是在这一年，现代意义上的生物学在莱茵河的两岸同时正式诞生了。在法国，巴黎自然历史博物馆教授让-巴蒂斯特·拉马克（Jean-Baptiste Lamarck，1744—1829）将生物学定义为“它是研究动植物的普遍特性，且这些特性将毫无例外地适用于所有生物的科学，是研究主体具有唯一性与普遍性的特定科学，是研究那些尚未被发现的、尚未被命名的主体的科学，这就是我所说的生物学”①。1809 年，拉马克在其著名的《动物学哲学》（*Philosophie zoologique*）中又提及这一新学科，他指出，他已经为一本名为《生物学》（*Biologie*）的著作准备了很多的素材。但他略带遗憾地指出，“就我而言，这本著作还没有开始动笔”。②

拉马克是一个有争议的人物，因此，他的著作很快被人们遗忘了。但德国的戈特弗里德·赖因肖德·特雷维拉努斯（Gottfried Reinshold Treviranus，1776—1864）则比他幸运得多。1802 年，年仅 26 岁的赖因肖德

① J. B. Lamarck, ‘Discours d’ouverture de l’An X’, in J. -B. Lamarck, *Recherches sur l’organisation des corps vivants*(Paris, 1802).

② J. B. Lamarck, *Philosophie zoologique*(Paris, 1809; 1907 edn), Avertissement, p. xxii: ‘... j’ai fait usage des principaux matériaux que je rassemblais pour un ouvrage projeté sur les corps vivants, sous le titre de Biologie, ouvrage qui, de ma part, restera sans exécution’; cf. J. -B. Lamarck, *Zoological Philosophy. An Exposition With Regard to the Natural History of Animals*(Translated by Hugh Elloitt)(Chicago and London, 1984), 6.

出版了巨著《生物学》(*Biologie*)。当时“生物学”还不是一个经常使用的词，但是，在特雷维拉努斯的著作中，他很好地定义了生物学这一概念，并使其在德语世界中流传开来：

> 我们研究的对象是生命的不同形式和不同现象，以及产生这一状 520
> 态与影响它的条件与法则。从事这方面研究的科学就是生物学，即生命科学。因此，我们的研究必须从物质开始，研究那些至今还消散在其他学科，特别是自然史和理论医学中的物质。③

1800年前后，生物学和地质学领域也发生了其他很多值得一提的事情。格扎维埃·比沙（Xavier Bichat，1771—1802）在1800年发表的《细胞学》(*Traité des membranes*)和1801出版的《普通解剖学》(*Anatomie générale*)中宣告了组织学的诞生。乔治·居维叶（Georges Cuvier，1769—1832）也发展了新的比较解剖学，虽然比较解剖学根植于文艺复兴时期，但乔治·居维叶在1800年第八次革命时期发表的《比较解剖学教程》(*Leçons d'anatomie comparée*)中赋予了全新的含义。两位意大利实验生理学家和物理学家路易吉·伽伐尼（Luigi Galvani，1737—1798）与亚历山德罗·沃尔塔（Alessandro Volta，1745—1827）对“电”的本质，特别是“动物电”(animal electricity)的本质争论不休，直到伽伐尼去世为止；但他们的争论却为19世纪40年代神经心理学的诞生奠定了基础。

在地质学方面，1785年，詹姆斯·赫顿（James Hutton，1726—1797）提出了“均变论”（uniformitarian theory)，并在1795年出版的《地球概论》(*Theory of the Earth*)中对其进行扩展，但是，直到19世纪最初几年，他的理论才被人们普遍接受；此时，关于地壳形成要素的“水成论”代表——非常有影响的德国地质学家、矿物学家亚伯拉罕·戈

---

③ G. Treviranus, *Biologie, oder Philosophie der lebenden Natur für Naturforscher und Ärzte*, 6 vols. (Göttingen, 1802-22), vol. Ⅰ, 444.

特洛布·维尔纳（Abraham Gottlob Werner，1750—1817）——与“火成论”的支持者进行了长期的、激烈的争论。“水成论”的观点认为地壳的形成要素是水，而“火成论”则认为是火。

同时，19 世纪初也意味着亚历山大·冯·洪堡时代的来临，1804 年，他与好友艾梅·邦普朗（Aimé Bonpland，1773—1858）从南美旅行回来。如今，人们都知道亚历山大·冯·洪堡是探险家、植物地理学奠基者，事实上在 19 世纪上半叶，亚历山大·冯·洪堡还对所有的科学思维方法产生过巨大的影响。特别是 19 世纪 20 年代，他在柏林大学的讲座在公众中引起了新的科学兴趣，这使得德国迅速在各个领域获得霸权地位，而不仅仅是在生物学领域。与 100 年后的爱因斯坦一样，亚历山大·冯·洪堡在他暮年时期（他活了 90 岁）成了整个欧洲科学界的领袖。

521 在他的巨著《宇宙》（*Kosmos*，1845—1862）中，亚历山大·冯·洪堡认为世界是一个伟大的整体，是受普遍的和谐法则统率的，这一点与德国自然神论者（*Naturphilosophie*）的观点是一致的，尽管他的研究依赖的是观察和经验性的事实。自然神论者认为，经验主义是故步自封的，而在探索自然的终极奥秘的时候，他们要充分地发挥自己的想象力。他们当中最有影响的一位就是洛伦兹·奥肯（Lorenz Oken，1779—1851），他的功绩在于发明了“纤毛虫”（infusoria）一词，用于指称最原始的生物。奥肯的哲学非常深奥、晦涩难懂——据说他的散文实际上对于不懂得浪漫主义哲学热情释放的现代学者来说是不可理解的——但是在浪漫主义思维的时代，他的《社会阶层的自然通史》（*Allgemeine Naturgeschichte für alle Stände*）④ 得到了公众的青睐，尽管这本书出版的时候，自然科学中浪漫主义革命实际上已经结束了。此时潮流正在从自然神论转向了自然科学论，其标志就是西奥多·施沃恩（Theodor Schwann，1810—1882）和马蒂亚斯·施莱登（Matthias Schleiden，1804—1881）的细胞学说的提出，以及施沃恩所著教科书的出版，这本教科书在其修订版中使用了一个

④ L. Oken, *Allgemeine Naturgeschichte für alle Stände*, 13 parts(Stuttgart, 1833-1845).

更加直白的名字——《植物发生论》（*Die Botanik als inductive Wissenschaft*）。[5]

1803 年，奥肯出版了关于自然神论的研究报告，当时他只有 24 岁，还是一名大学生。在法国，浪漫主义哲学思潮在艾蒂安·若弗鲁瓦·圣-伊莱尔（Etienne Geoffroy Saint-Hilaire，1772—1844）的作品中达到顶峰，特别是 19 世纪 30 年代在他年长之后。19 世纪 30 年代，艾蒂安·若弗鲁瓦·圣-伊莱尔（Etienne Geoffroy Saint-Hilarie，1772—1844）与居维叶男爵在关于动物结构统一性方面的激烈争论，使他变得非常著名，因为这场争论引起了歌德的关注，作为一个整体论者，歌德坚定地站在了若弗鲁瓦的一边。但是，浪漫主义的态度早在比沙（Xavier Bichat）的生命活力论（vitalism）中就显现出来了，并在其名句"所谓生命就是生命体死亡之前所有生命活动的总和"中准确地表达出来。[6] 比沙早逝于 1802 年，在整个 19 世纪上半叶，他的作品都被广为传诵，并获得了高度评价，甚至那些反对他形而上学的生命活力论的学者，如孔德、克劳德·贝纳尔（Claude Bernard，1813—1878），也是这样，1852 年，在比沙逝世半个世纪后，新版的《研究》（*Recherches*）得以出版。

不同的形式：法国与德国

19 世纪上半期，德国和法国在生物学研究中占据了主导地位。在大革命期间和大革命之后，法国的生物学研究是建立在专业研究基础上的。早在大革命前，巴黎的皇家科学院就是一个关键性的研究机构，这要归功 522
于布丰伯爵、安托万·朱西厄（Antoine Juissieux，1686—1758）、安托万·劳伦·德·朱西厄（Antoine Laurent de Jussieu，1748—1836）等人的努力，即使 1793 年在原有的皇家园林的基础上建立了巴黎自然历史博

⑤ M. Schleiden, *Grundzüge der wissenschaftlichen Botanik*, 2 vols. (Leipzig, 1842-1843).

⑥ X. Bichat, *Recherches physiologiques sur la vie et la mort* (1800; new edn, Paris, 1852), 1.

物馆，即现在的植物园，也丝毫没有削减它的重要性。在接下来的一年中，又增加了一些重要的学术机构，特别是巴黎高等师范学校和巴黎理工学校；1795年，法兰西研究院建立，这是法兰西科学院与其他四所研究机构合并形成的。

自从17世纪以来，法国就是一个高度中央集权的国家，如果说大革命给它带来了一些变化的话，那就是它变得更加集权化了。科学研究的传统主要保存在皇家科学院、自然历史博物馆和高等专业学院而不是在大学中，只是这些传统依然很薄弱。正是由于这种集权化的模式，才有可能使得像居维叶男爵这样的领军人物成了“生物学界独裁者”；他不仅是自然历史博物馆教授、皇家科学院终身秘书长，而且在拿破仑、波旁王朝和路易-菲利普接连交替的几届政府中都身居要职。1814年，在波旁王朝复辟时期，他不仅成为新教大学（包括那些法国控制的德国地区）的校长，而且还成了国家议员，其地位几乎与教育部长不相上下。1832年居维叶去世后，法国生物学研究则大不如前，尽管当时艾蒂安·若弗鲁瓦·圣-伊莱尔和他的儿子、因胚胎学实验扬名的伊西多尔·若弗鲁瓦·圣-伊莱尔（Isidore Geoffroy Saint-Hilarie，1805—1861），动物学家阿希尔·瓦朗西安纳（Achille Valenciennes，1791—1864）、亨利·迪克罗泰·德·布兰维尔（Henri Ducrotay de Blainville，1778—1850）和布龙尼亚家族，包括地质学家亚历山大·布龙尼亚（Alexandre Brongniart，1770—1847）和儿子植物学家阿道夫·布龙尼亚（Adolphe Brongniart，1801—1876），在各自的研究领域都获得了骄人的成就，但是生物科学的领先地位已经被德国大学的教师们占据。

在德国，由于没有集权化的政治权力，所以在高等教育领域也没有形成集权化的制度，并且，尽管德国也有许多知名的学术协会，但不论是1652年在施魏因福特自然研究者学院（*Academia Naturae Curiosorum*）的基础上建立的利奥波尔迪纳科学院，还是1700年在莱布尼兹建立的柏林科学院（Academy of Berlin），它们没有一个在科学研究中处于领军位置。科学研究是属于大学的，而大学往往又是隶属于王国、公国或者城市共和国等国家实体的。而且，医学教学以及相应的医学研究也是属于大学的，这不同于法国，在法国，许多教学与研究工作是在医学院或独立于大学的医院中展开的（尽管当时已经有大学了）。例如，拉马克与居维叶就曾在植物园工作过，比沙曾在巴黎主宫医院（当时称之为“*Grand Hos-* 523
pice d'Humanité”）从事教学研究，但是特雷维拉努斯却是不来梅学园的教授，奥肯在来到苏黎世大学之以前，曾在哥廷根大学、耶拿大学、慕尼黑大学和爱尔兰根大学任教，因此，事实是在德语国家（包括了部分的瑞典、奥地利、波西米亚，甚至波罗的海沿岸的诸省，特别是塔尔图的多尔帕特大学）有一些大学和大学类的学院都为科学家提供了一定的流动性：他们可以去更好的大学找更好的工作，也可能像奥肯一样，当他由于激进的科学观与政治观导致他无法在之前的机构里继续工作生活的时候，可以换一个地方。

1810 年柏林大学的建立，极大地影响了德国大学的“科学化”发展方向，这是由于它秉持自由的科学研究是大学生活的必要组成部分的信念。⑦ 同时伴随着大学教授与科研人员的流动，也使得许多新的科学观能够在乐于接受新事物的环境中得到更好的传播。对于国家来说，当大学不再是知识的仓库，而且涌现出大量科学创新后，大学中的科学成果也就以一种新的方式成了民族的骄傲。

新兴的生理学

新德国精神的著名代表就是德国著名生理学家约翰内斯·缪勒（Johannes Müller，1801—1858）。缪勒在波恩大学学习自然神论，并于 1822 年获得了医学学位。他又在柏林师从著名的解剖学家卡尔·阿斯穆德·鲁道菲（Karl Asmund Rudolphi，1771—1832）——他是与浪漫主义意识形态决裂的第一人——深造之后，缪勒就回到波恩，并在那里当上了教授，

⑦　参见第二章第 47—52 页和第六章第 169—175 页。

这一年他才 24 岁。1832 年，当缪勒的老师鲁道菲去世时，他已经在生理学界小有名气。他曾致信普鲁士教育部部长阿尔滕施泰因男爵，在信中他提到：

> 我和我国内外的许多朋友都认为我注定要领导一个伟大的研究机构。在这里我没有机会施展我所有的才华。现在我正值盛年，我知道自己在做些什么，在这关键性的时刻，我认为自己有义务并必须向阁下推荐我自己，这是因为，从其他科学生机勃勃的生命力中，我们可以看出并有理由相信，在未来若干年后，柏林一定能够出现诸多有着重要影响力的出色研究机构……⑧

524 缪勒希望能使柏林大学成为解剖学和生理学的中心，就像不久前刚刚终结的居维叶时期巴黎在动物解剖学中的地位一样。尽管缪勒在信中夸夸其谈的态度是很少见的，但最终他还是成了柏林大学的教授，并兑现了他的承诺：柏林大学成了欧洲生理学和比较解剖学的中心。在来到柏林大学之前，缪勒完成了《人体生理学手册》（*Handbuch der Physiologie des Menschen*）⑨ 的第一卷，它被看成是欧洲生理学发展史上的一个里程碑，它对科学的贡献能和上个世纪阿尔布雷希特·冯·哈勒尔（Albrecht von Haller，1708—1777）所著的《人体生理学基础》(*Elementa physiologiae corporis humani*）相提并论。19 世纪四五十年代，虽然缪勒将研究重点从生理学转向了低等生物的比较解剖学，但他的许多学生采用了缪勒所没有用过的实验方法，丰富了德国生理学派，唯一能与之抗衡的就是法国的贝纳尔。从理论上看，缪勒仍然是一个活力论者，但是时代已经改变，大多数学生都在有关生命进程的解释中表现出了唯物主义观。

埃米尔·杜波伊斯-雷蒙德（Emil Du Bois-Reymond，1818—1896）

---

⑧ ‘Brief，7. 1. 1833’，in E. Du Bois-Reymond，*Gedächtnisrede auf Johannes Müller*（Berlin，1860），62.

⑨ J. Müller，*Handbuch der Physiologie*，vol. Ⅰ(Koblenz，1833)；vol. Ⅱ (Koblenz，1837-1840).

是缪勒的一位学生，他是电生理学的先驱，也是缪勒在柏林大学的接班人；卡尔·路德维希（Carl Ludwig，1816—1892），他不仅发明了波动曲线记录器和其他一些生理学研究仪器，而且他还是莱比锡大学的第一任生理学教授，在那里创办了第一个现代生理学研究所；恩斯特·冯·布吕克（Ernst von Brücke，1819—1892），他在柯尼斯堡大学和维也纳大学教授生理学，培养了生理语言学的巨人弗洛伊德，同时他还在生理学的其他研究领域做出了杰出的贡献；以及赫尔曼·冯·赫尔姆霍兹，他不仅在热力学、生理视觉和听觉、生理神经学以及物理的许多分支学科，诸如热力学和流体动力学中扬名，而且还先后在柯尼斯堡大学、波恩大学和海德堡大学教授生理学，最后还在柏林大学讲授物理学。所有这些杰出的生理学家都有许多学生，这些学生不仅来自德语国家，而且来自斯堪的纳维亚半岛，在那里，这些新的方法和观点通过诸如瑞典的弗里肖夫·霍姆格伦（Frithiof Holmgren，1831—1897）和芬兰的罗伯特·蒂格斯泰特（Robert Tigerstedt，1853—1923）等人传播开来的。19 世纪八九十年代，当缪勒及其学生们的时代终结后，整个欧洲的生理学研究已经在德国模式下构建完成，这在很大程度上要归功于许多大学教学与科研结合所取得的成效。

细胞理论 525

缪勒最有才华的弟子就是西奥多·施沃恩（Theodor Schwann，1810—1882），他是普通细胞理论的创始人。施沃恩曾受到德国植物学家马蒂亚斯·施莱登（Matthias Schleiden，1804—1881）的重要启发，他先是在海德堡大学学习法学，之后，他又在哥廷根大学和柏林大学学习了医学和植物学。当得知罗伯特·布朗（Robert Brown，1773—1858）发现了植物细胞核之后，施莱登于 1838 年发表了他的论文《植物发生论》（*Beiträge zur Phytogenesis*），形成了他自己的细胞理论，即所有的植物都是由细胞构成的，而每一个细胞又是一个独立的生命体，因此，植物的生命实际上是其细胞生命的结果。在施莱登发表之前，曾向他年轻的朋友施沃恩描述了细胞，当时施沃恩正在波恩大学给缪勒当助手，后来他在维尔茨堡学习了几年之后，又追随缪勒去了柏林大学。在那里，他发明了“肌肉秤”（muscular balance），用于测量肌肉的拉力——这是一个勇敢的尝试，将活力的现象简单地看作是一种物理现象——同时施沃恩还首次发现了生理催化剂——胃蛋白酶，并提出了这样一个观点，后来为巴斯德所证实，即酒精发酵是由于酵母的作用（他认为酵母有机体）而腐烂是由微生物的活动引起的，并且是不可逆的。之后，他将施莱登的理论拓展到所有生命体，从那时开始，普通细胞理论就成为生物科学的最基本的范式之一。但是，在施沃恩划时代著作——《显微研究》（*Mikroskopische Untersuchungen*）[10] 发表之前，他遭到了著名化学家韦勒（Friedrih Wöhler，1800—1882）与反对酒精发酵理论的李比希的严厉批判与嘲弄，他在德国的大学职业生涯也因此而结束了。施沃恩接受了比利时鲁汶大学的邀请，成为解剖学教授，不久后他又来到列日大学，但是他天才的创造力就此终结，他的思维转向了精神上的冥想。在比利时执教的 40 年中，他没有取得任何能够与他年轻时在柏林大学取得的杰出成就相提并论的成果。

尽管如此，是缪勒将施沃恩的新细胞理论载入了《人体生理学手册》第二卷，这赋予了该理论所无法获得的或至少说无法如此迅速地获得的权威。这一理论迅速在实践中被人们所接受，并将其应用到胚胎学、生殖学和生物学的其他研究领域中去；奇怪的是，“生命有机统一体”这一根本
526 性突破几乎没有引起任何争议，特别是当它与 20 年后生物学中另一个伟大范式——进化理论所引起的巨大争议相比时，更是让人感到惊讶。

在德国大学那些对细胞理论的发展做出杰出贡献的人中，有艾伯特·克利克（Albert Kölliker，1817—1905），他认为卵子、精子或者精虫事实上也是细胞（在卵细胞的问题上，他继承了施沃恩的卵细胞的观念）；卡

---

[10] T. Schwann, *Mikroskopische Untersuchungen über die Übereinstimmung in der Struktur und dem Wachstum der Tiere und der Pflanzen* (Berlin, 1839).

尔·冯·西博尔德（Karl von Siebold，1804—1885），他指出原生动物是由单细胞组成的独立有机体；雅各布·亨勒（Jakob Henle，1809—1885），他运用了细胞学的理论，创建了现代组织学；弗朗兹·冯·莱迪格（Franz von Leydig，1821—1908），他在细胞理论的基础上，在教科书中，比较了脊椎动物和无脊椎动物的组织[11]；卡尔·冯·内格里（Karl von Nägeli，1817—1891），是他首次在细胞分裂过程中发现了染色体；罗伯特·雷马克（Robert Remak，1815—1865），缪勒的学生，他认为两栖动物受精卵和鸟类卵细胞的分裂也是一种细胞分裂；鲁道夫·菲尔绍（Rudolf Virchow，1821—1902），缪勒的又一个学生，他提出了细胞病理学理论，并且在舆论中压倒了施沃恩和施莱登提出的“一切细胞都是产生于原细胞的分裂”这一观念。这些专家学者的职业生涯，再一次反映了德国大学教授的流动性。例如，亨勒曾在波恩大学和海德堡大学学习，后来他跟随缪勒来到柏林大学，成了他的助教和实验伙伴，并先后在苏黎世大学和海德堡大学获得了教授职位，1852 年最终在哥廷根大学安顿下来。瑞士人克利克，最初是在柏林大学接受缪勒、亨勒和雷马克的指导，后来他跟随亨勒来到了苏黎世大学，1847—1897 年他在维尔茨堡大学整整执教了 50 年。莱迪格曾在维尔茨堡大学和慕尼黑大学学习，1857 年他成为图宾根大学教授，1875—1887 年在波恩大学任教。菲尔绍在柏林大学获得医学学位，于 1849—1856 年间成了维尔茨堡大学的第一位德国病理学教授，之后他应邀来到柏林大学担任病理学教授，直至 1902 年去世为止，他还对人类学和考古学感兴趣。人类学也曾是施莱登的爱好之一：19 世纪 60 时代初，他甚至在塔尔图大学当过几年的人类学教授。

这些和其他许多职业案例说明，在大多数情况下，德语国家为科学人才提供了很好的机会；教授们往往从学生开始，然后是助教、编外教师，这就是一个孕育新科学家的循环。有时也会出现一些困难，比如有太激进观点，或者是太强有力的对手——以施沃恩为例——或者是生不逢时——

---

[11] F. von Leydig, *Histologie des Menschen und der Tiere*(Frankfurt-am-Main, 1857).

527 以雷马克为例，因为他是波兰犹太人，所以直到1859年他才在普鲁士获得终身教职，此时他的学术生涯已经快要结束了。12年前，当雷马克首次举办讲座时，着实引起了轰动，这是因为他是第一个在柏林大学举办讲座的犹太人。但总体来说，洪堡的"科研和教学并重，二者相互促进"的原则收到了很好的成效。这使普通科学教育有了一个大的提升，并在许多领域内促进了科学的快速发展。

斯堪的纳维亚半岛国家也遵循了德国的模式办学，但其流动性必然受到诸多限制：丹麦、挪威和芬兰各自只拥有一所大学（丹麦只有哥本哈根大学，挪威只有克里斯蒂安尼亚大学，芬兰只有赫尔辛基大学）；瑞典有两所大学，乌普萨拉大学和隆德大学。而在德语国家，到19世纪中期，大学的数量已经达到20所左右。在俄国，许多大学建立于19世纪初期，但实际上科学研究工作主要由圣彼得堡科学院的院士和教授们来承担，他们往往都有一定的德国背景，受过德国式的大学教育。例如，圣彼得堡生物学系的知名院士卡尔·恩斯特·冯·贝尔（Karl Ernst von Baer，1792—1876）曾在塔尔图大学学习医学，后来又先后到柏林大学、维尔茨堡大学和维也纳大学深造；1817—1834年，他在柯尼斯堡大学讲授解剖学、动物学和人类学；从1846年开始，他成了圣彼得堡科学院院士，并在那里度过了余生。贝尔在柯尼斯堡大学期间，发现了哺乳动物的卵细胞，为现代胚胎学奠定了基础；在圣彼得堡期间，他又转向了地理学、人种学、人类学和养鱼学的研究；退休之后，他回到了塔尔图，并积极参与当地的爱沙尼亚自然主义者协会的工作。

在欧洲地中海国家，国际性的高水平研究相对较少，虽然在那里也出现了科学进步，但有时是相当滞后的。例如，直到19世纪50年代，贝尔的胚胎学理论和施沃恩的细胞学理论才在格拉纳达大学的马里亚诺·洛佩斯·马特奥斯教授（Mariano López Mateos，1800—1863）的影响下，在西班牙确立起来。直到19世纪最后十年，地中海国家才对组织学和细胞学做出新贡献：19世纪七八十年代，在帕维亚大学任教的卡米洛·戈尔吉（Camillo Golgi，1843—1926）确立了神经元的现代观，即神经元是神经细胞及其派生物的总和；19世纪90年代到20世纪，巴塞罗那大学教授圣地亚哥·拉蒙·卡扎尔（Santiago Ramón y Cajal，1852—1934），后来到马德里大学任教继承了戈尔吉的事业，并与戈尔吉一起于1906年获得了诺贝尔奖。

贝纳尔与巴斯德 528

如上所述，法国的情况是截然不同的，并至少持续到1896年法国大学复兴为止。大多数生物科学研究都集中在巴黎，在巴黎科学院、自然历史博物馆和法兰西学院中。说起生物学和生物医学，我们就必须也谈谈医学院。法国生理学的伟大导师克劳德·贝纳尔来到巴黎，本来他想成为一名剧作家，后来在别人的建议下转学医学。他在医学院（*Faculté de Médicine*）取得了学位，并来到主宫医院（the *Hôtel-Dieu* hospital）工作，在那里，法国生理学权威、后来法兰西学院的教授弗朗索瓦·马让迪（François Magendie，1783—1855）"发现"了他，两个人从此开始了长达15年的合作。马让迪是一位实验家，而贝纳尔虽然其实验技术至少也不比他的生理学理论差，但他却对生理学理论更感兴趣。马让迪去世后，贝纳尔接替了他在法兰西学院的职务。1865年，在贝纳尔生病期间，他撰写了《实验医学研究导论》（*Introduction à l'étude de la médecine expérimentale*），这就是后来柏格森（Henri Bergson，1859—1941）声称能与笛卡尔的《方法谈》（*Discours de la Méthode*）相媲美的作品，左拉（Emile Zola，1840—1902）也称其为"实验小说"的指南针。[12] 1854—1868年，贝纳尔担任科学院教授，并且同时在两个不同的研究所中授课。在保罗·贝尔（Paul Bert，1833—1886）接替了他的工作之后，克劳德·贝纳尔获得了自然历史博物馆的教席，在那里，早些时候是由极具影响力的神经生

⑫ H. Bergson,'Discours au Collège de France,le 30 décembre 1913',in R. Clarke,*Claude Bernard et la medicine expérimentale*(Paris,1961),197;E. Zola,*Le roman experimetal*(Pairs,1929),11.

理学家、贝纳尔在科学院的前辈彼埃尔·弗卢朗（Pierre Flourens，1794—1867）教授比较生理学的。可见，杰出的生理学家们虽然在多个研究机构之间流动，但是他们都是在巴黎，而且没有一个人是在正规大学中任教。因此，德国的职业模式在法国是行不通的。

在巴黎，另一个大学的替代品就是巴黎师范高等专科学校，这里成了 19 世纪法国另一个生物学巨匠路易·巴斯德的根据地。如果说贝纳尔开拓了生理学的新阶段，从他著名的“内环境平衡”（*milieu intérieur*）概念到生理规律的研究，并拓展了内分泌学的领域的话，那么巴斯德则为微生物学和免疫学奠定了基础。巴斯德曾在贝桑松的皇家学院学习，之后来到巴黎师范高等专科学校，在让-巴蒂斯特·毕奥（Jean-Baptiste Biot，1774—1862）的指导下学习化学。1846 年，巴斯德通过了教师资格考试
529 并去第戎任教，后来在斯特拉斯堡任教 5 年之后，他来到了里尔的新学院。1854 年，他应召回到巴黎师范高等专科学校，之后又来到了索邦的医学院，但他在那里只工作了一年就退休了。当时他只有 46 岁，而且他退休后还能获得全额的薪水。在巴黎师范高等专科学科时期是巴斯德作为科学家最为多产的时期，虽然巴黎师范高等专科学校的研究设备是十分落后的，至少在最初是这样。巴斯德完成了他最重要的生理学发现，包括发现胃液和肠液在消化中的功能、脂肪的吸收机理、肝脏的肝糖功能和血管舒缩下的血压规律，在简陋的地下实验室以及他的两个小阁楼里，巴斯德完成了他大部分的发酵试验。当时的法国社会和政府对资助科学研究并不感兴趣，但后来大多是由于贝纳尔和巴斯德的活动，以及他们的名誉和成就给法国带来的荣耀，使得这种情况大为改观。为了争取必要的实验设备，巴斯德曾直接向法皇拿破仑三世呼吁，“现在已经到了必须将实验科学学科从悲惨遭遇中解放出来的紧要关头”⑬。

虽然皇帝在原则上是持肯定态度的，但还需要新的呼吁。它包括 1868 年一篇列举了欧洲各国实验经费的文章，文章指出：“在过去的三十

---

⑬ R. Vallery-Radot, La *vie de Pasteur*, 2nd ed(Paris, 1905), 206.

年中，资源充沛的大型实验室已经在德国建立起来了，并且每年都会建立新的实验室……出于同样的目的，英国、美国、奥地利和巴伐利亚等国家也对科研投入了很多。意大利也开始采取了相同的措施。”[14]

巴斯德终于获得了新的实验室。普法战争之后，他又得到机会，向国人呼吁，法国必须实现科学的复兴。在巴斯德学术生涯即将结束的时候，另一个新的研究所成立了。这是受巴斯德在治疗狂犬病中获得的成功的启发，法兰西科学院决定筹集一笔经费，专门用于生产狂犬病疫苗，1888年，巴斯德研究所正式落成，巴斯德成了研究所的第一任所长。不久后，它又拓展到白喉病的治疗，同时在巴斯德的学生像爱弥尔·鲁（Emile Roux，1853—1933）、亚历山大·叶辛（Alexandre Yersin，1863—1943）和艾伯特·卡尔梅特（Albert Calmette，1863—1933）等人的不断努力下，理论研究也得到了大发展。在其他国家也成立了巴斯德研究所，它们有的是私人性质的，有的是政府组织的，而且在许多国家，它们都成了微生物学和免疫学研究的中心，有时它们和最初的医疗功能仅有松散的联系。

达尔文与达尔文主义 530

在英国，大学的发展长期以来处于停滞的状态，至少就科学探索而言是这样。大学教育的目的更多地是为了培养绅士，而不是培养科学人才，在18世纪，数学及其相关领域，如天文学，成了正规教学中仅有的科学内容。20世纪80年代早期，曾举办过一个剑桥科学回顾展，它恰如其分地被命名为“科学：少数人的爱好”。1819年，为了推动剑桥自然科学研究的发展，亚当·塞奇斯威克（Adam Sedgswick，1785—1873）和约翰·亨斯洛（John Henslow，1796—1861）成立了剑桥哲学协会。其实，早在1695年，在剑桥就设立了地理学的伍德沃德教授职位，但实际上，

---

[14] *Ibid.*,216.

塞奇斯威克是第一个认识到科学重要性的、执掌该教席的教授。而1818年，当他接受任命的时候，他还从未进行过地质考察，并声称自己对这个领域一无所知。主要从事数学、化学和矿物学研究的亨斯洛，于1822年被任命为矿物学教授，三年后又成为新设立的植物学教授，从此之后，他因献身植物学而扬名天下。剑桥大学的植物园至今仍以他的名字命名。

这两个人对达尔文（1809—1882）的科学教育是有帮助的，亨斯洛曾是达尔文在植物园和野外工作中的导师；塞奇斯威克则曾在1831年8月，也就是达尔文环球旅行之前，带领他年轻的学生到北威尔士进行了地质学考察。当时在剑桥大学中，植物学和地质学都不属于常规课程，在牛津大学中也是如此。达尔文于1836年回国，奇怪的是，他既不想攻读博士学位，也不想在大学中任教，而是成了伦敦地质协会的会员，后来还当上了秘书。这就是他的科学环境。1842年，他搬到了塘屋（Down House），并在这里度过了他的下半生。在此之前，他辞去了秘书的职务，但却没有放弃会员资格；当时，达尔文是皇家地质协会的会员，甚至是皇家协会的会员。后来又成了林奈协会的会员，正是在这里，1858年，宣读了达尔文的划时代论文，以及阿尔弗雷德·拉塞尔·华莱士（Alfred Russel Wallace，1823—1913）的一篇类似的关于进化论和自然选择的论文。

尽管达尔文从未在大学中任教，但是德国和斯堪的纳维亚半岛的新闻界却都称他为“达尔文教授”，显然是因为，在这些国家中，作为一个“自由学者”（*Privatgelehrter*），在大学之外生活、工作并不常见。所以，在这里给予科学家以教授的头衔要比在英国或法国更具有社会威望。达尔文和华莱士都是“自由学者”。另外还有18世纪伟大的地质学家詹姆斯·
531 赫尔顿（James Hutton，1726—1797）、现代地质学奠基者、《地质学原理》（*Principles of Geology*）[15] 的作者查尔斯·赖尔爵士（Charles Lyell，1797—1875）。赖尔爵士的著作是对现实论的伟大胜利——其原理就是，

[15] C. Lyell, *Principles of Geology*, 3 vols. (London, 1830-1833; German trans. K. Hartmann, 3 vols., Weimar 1841-1842).

历史上的地质变化可以而且必须能够通过力来解释它对当前的影响——这对于年轻的达尔文的思想发展而言，是不可或缺的。虽然作为教授，赖尔仅在国王学院教了三年书，但他却在科学政治中获得了重要的职位，并且多亏了他的影响力，科学课程才在牛津和剑桥中有所增强。1827 年，在赖尔不到 30 岁，还只是一个实习律师的时候，他就大学只关注古典学科而不关注其他任何事物的现象进行了抨击。

虽然英国没有形成法国那种集权化的科学文化，法国也没有出现可以与牛津、剑桥相匹敌的大学，但是这两个国家的科学研究还是有一个非常重要的共同点，那就是数量庞大的公共博物馆和园林为描述性研究和比较研究提供了许多机会，甚至可以说，巴黎博物馆就是为了实验研究而建立的。达尔文的好友和支持者约瑟夫·胡克爵士（Joseph Dalton Hooker，1817—1911）就是一位一流的植物学家，他像他的父亲威廉·胡克（William Jackson Hooker，1785—1865）——格拉斯哥大学前任植物学教授——一样，成了克佑园林的主任。达尔文的最重要的对手之一就是理查德·欧文爵士（Richard Owen，1804—1892），被认为是英格兰维多利亚时代最杰出的脊椎动物学家和古化石专家，在英格兰皇家外科学院任亨特教授长达 20 年，晚年还成为大英博物馆（自然历史）的首位主任。在此之前，从 1856 年开始，他还是大英博物馆自然历史收藏部的主管。虽然他是一个著名的、受欢迎的演讲者，但是他从来没有涉足过常规的大学教学。

这些例子表明，1859 年达尔文《物种起源》的出版引起的科学和意识形态方面的斗争并没有对英国的大学产生太大的影响，但是却导致了学术协会与其他团体会面时的冲突。例如，1860 年 6 月在牛津举办英国进步科学协会会议期间，发生在威廉·威尔伯福斯（William Wilberforce，1805—1873）与托马斯·亨利·赫胥黎（Thomas Henry Huxley，1825—1895）之间关于“达尔文牛头犬”的著名决斗。当时，赫胥黎并不是大学教师，只是一个海军外科医生，后来他才成为伦敦矿务学院自然历史系的教授。但是，当达尔文的进化论来到德国之后——很快地——它就成了大

学教师之间辩论的对象。《物种起源》的翻译者——杰出的古化石学家海
532 因里希·布龙（Heinrich Bronn，1800—1862），就是海德堡大学自然历史教授。[16] 他不接受达尔文的整个理论，当然，他对这个理论并没有敌意。

布龙不久后就去世了，曾在柏林跟随缪勒学习医学的另一位学生——恩斯特·海克尔（Ernst Haeckel，1834—1919）在维尔茨堡听了菲尔绍的讲座后，成了达尔文主义在德国的主要倡导者。1860 年，当他阅读了布龙翻译的《物种起源》之后，他便皈依了这个新学说。1862 年，在他的关于放射虫的专著中，他公开声明支持达尔文主义。四年后他出版了著名的《普通生物形态学》(*Generelle Morphologie der Organismen*)，随后很快又出版了关于“起源的历史”方面的畅销书，并获得了巨大的成功，但同时也成了激烈冲突的焦点。在海克尔的著作中，他试图在进化论的基础上，构建起一个整体的世界观（*Weltanschauung*）；后来他在另一部畅销书《宇宙揭秘》(*The Riddle of the Universe*）中进一步普及了这种观点。在这本书中，他充当了一个哲学家而不是生物学家。[17]

与其他德国学者不同的是，海克尔始终忠于耶拿大学；1861 年，他成了耶拿大学的编外教师；1865—1909 年，他成了耶拿大学的讲座教授，并且成为耶拿大学动物学研究院院长。但他的影响更多的是通过他的畅销书而非直接教学传播开来的，他关于达尔文主义大多数的言论著作在德语世界和受到德国影响的国家里，成了海克尔主义（从未被人用过的术语）和海克尔“一元论”。[18] 在更加科学的基础上，进化论得到了 19 世纪下半叶德国著名的解剖学家卡尔·格根鲍尔（Carl Gegenbaur，1826—1903）的宣传。格根鲍尔曾求学于维尔茨堡大学；1856 年，他成了耶拿大学的

---

⑯ C. Darwin, *Über die Entstehung der Arten durch natürliche Zuchtwahl* (Stuttgart, 1860).

⑰ E. Haeckel, *Die Radiolarien* (Berlin, 1862); *Generelle Morphologie der Organismen*, 2 vols, (Berlin, 1866); *Natürliche Schöphungsgeschichte* (Berlin, 1868; 8th edn, 1889). 它们被翻译成 12 国语言，其中翻译成英语的有：*The History of Creation* (1906); *Die Welträtsel* (Bonn, 1899)，在 1903 年，一共销售了 10 万册。

⑱ E. Haeckel, *Der Monismus als Band zwischen Religion und Wissenschaft* (Bonn, 1892).

特聘教授；1873 年，他在海德堡大学安定下来。虽然格根鲍尔与海克尔有着深刻的友谊，但是他并没有对进化论的终极原因或更直接的原因进行哲学探讨，而是满足于在进化论的基础上将比较解剖学改革为一门科学。他像生理学家一样，积极地筹备解剖学与生理学的分设；而这种教席的分设也在 19 世纪六七十年代影响了大多数的重要大学。

19 世纪后半叶，达尔文主义得到了地质学发展的明确支持。赖尔的《地质学的原理》（*Principles of Geology*）与《地质学基础》（*Elements of Geology*）为其奠定了基础。这两部著作在 19 世纪四五十年代和 60 年代间，都经过了多次改动和修订。这非但没有动摇它的地位，反而地质学 533
中的许多细节都在稳步地增加，许多国家也都出版了新的地质学地图。这些地图大多是由国家地质调查而不是大学学者绘制的。当然，地质学与采矿业相联系，而采矿业与国家财政相联系，所以对整个民族国家而言，有充分的理由进行地质学勘察。

然而，地质学家可以是达尔文主义者，也可以是反达尔文主义者。1864 年赖尔公开宣布自己皈依达尔文主义，进而他修改了《地质学原理》第十版使之符合达尔文的学说。另一个地质学家路易·阿加西斯（Louis Agassiz，1807—1873），在开始的时候就对达尔文主义采取敌视态度，并在他的一生中始终保持这种态度。阿加西斯出生于瑞典，他先后在苏黎世大学、海德堡大学和慕尼黑大学求学，并且获得了哲学和医学博士学位。1832 年，他成了纳沙泰尔大学教授；1846 年，他来到美国哈佛大学任教直至 1873 年去世。阿加西斯在鱼化石的研究中做出了重要的贡献，但是他在地质学领域最大的功绩就是提出了冰川期的概念。在对瑞典、欧洲大陆的其他国家和英国进行了冰川形成的研究后，他得出了这样的结论，即曾经有一个巨大的冰川覆盖了大部分欧洲大陆；之后他又发现这一结论同样适用于北美洲。赖尔和达尔文，以及其他一些科学家都很快接受了阿格西斯的理论，但是阿格西斯本人却不能够放弃物种不变的理论，这部分是由于他大体上保守主义宗教信仰的缘故。

达尔文主义在德国引起的争论要比在其他地方多得多，而且这些争论不仅局限于宗教领域，还与政治问题结合起来了。根据海克尔学派的理解，达尔文主义意味着发展和进步，也包括国家和社会的发展与进步；但是以菲尔绍为代表的反对派宣称，从一个生物学理论中得出这样的结论是不可能的。菲尔绍写到，将社会看作是进化着的有机体将会为更加危险的理论鸣锣开道。如果将“适者生存”的口号用于整个国家，而不是个人的话（最初是斯宾塞提出的），那么达尔文的选择理论，就成了所谓的社会达尔文主义，它将使得放任自由资本主义与民族国家沙文主义的残暴统治变得合法起来。

534 1872 年，德国动物学家约翰·威廉·斯宾格勒（Johann Wilhelm Spengel，1852—1921）试图将欧洲各国关于达尔文主义的著作和文章编纂成册。尽管这本小册子共有 34 页，记录了 315 位作者的名字，但它仍然是不完整的。[19] 例如，在斯堪的纳维亚半岛，斯宾格勒仅记录了三条信息，但在那里的辩论极其激烈，尤其是在瑞典，而在斯堪的纳维亚半岛的其他国家也是如此。瑞典著名的动物学家、国立自然历史博物馆的系主任斯文·勒文（Sven Lovén，1809—1895）教授，在 1860 年 3 月召开的瑞典皇家科学院年会上开创性地以一种赞扬的态度就达尔文主义进行了演讲。之后，乌普萨拉大学的动物学教授第乔·图尔贝里（Tycho Tullberg，1842—1920）也成了新学说的忠实拥护者。在芬兰，1864 年，动物学家弗里德里克·威廉·梅克林（Fredrik Vilhelm Mäklin，1821—1883）在芬兰科学家协会中对达尔文主义理论提出了诸多批评；同时，芬兰西海岸的一位默默无闻的年轻教师奥托·阿尔塞纽斯（Otto Alcenius，1838—1913）自费出版一本关于达尔文理论对自然植物体系所具重要性的小册子，[20] 他甚至在进化论的基础上构建了新的植物分类系统。之后，大学中的许多年轻的生物学家都成了达尔文主义的积极倡导者，其中就包括约

---

⑲ J. W. Spengel, *Die Darwinsche Theorie: Verzeichnis über dieselbe in Deutschland, England, Amerika, Frankreich, Italien, Holland, Belgien und den Skandinavischen Reichen erschienenen Schriften und Aufsätze* (Berlin, 1872).

⑳ O. Alcenius, *Betydelsen af Darwins theori för det naturliga vextsystemet* (Vasa, 1864).

翰·阿克塞尔·帕尔门（Johan Axel Palmén，1845—1919）：他出版了他的博士论文，在其中运用进化论阐释了鸟类的迁徙，[21] 1883年他成为梅克林教授的接班人，没有遭到赫尔辛基大学神学家们的反对。总体而言，斯堪的纳维亚半岛的大学极力避免将意识形态问题与对学术研究人员的任免混为一谈。

众所周知，在一段相当长的时期内，达尔文主义在法国并没有得到认同。他们还在就普遍意义上的进化论（transformism）进行辩论——拉马克没有被遗忘——虽然早在1862年，《物种起源》就被翻译成法语，但是它很少与达尔文联系起来。在法国，并没有出现像英国的赫胥黎、德国的海克尔这样达尔文主义的坚定拥护者，而对于在德国和其他国家出现的将普遍进步与达尔文主义相结合的观念，法国的老观念认为，“法国人不需要英国教师”。法国生物学界的著名人物——贝纳尔和巴斯德也回避了这个问题。巴斯德甚至对它采取了敌对的态度。还有巴黎科学院的终身秘书 535
长弗卢朗也曾著书反对达尔文。1909年，在巴黎植物园正门边立起了一座拉马克的全身像，刻有碑文“进化论之父”。尽管“进化论”在当时，甚至更早的一段时期已经在拉马克的故乡取得突破性的进展，但是拉马克学派的学说在相当长的一段时间内仅仅局限于法国，事实上这种情况一直持续到现代。因此，值得关注的是，法国接受现代遗传学的时间要比欧洲大多数国家晚得多。

1864年，在都灵大学动物学教授菲利普·德·菲利普（Filippo De Filippi，1814—1867）的介绍下，达尔文主义来到意大利，他发表了关于“人猿共祖”的讲座，进而引起了广泛的争论。同年，意大利帕多瓦大学动物学教授乔瓦尼·卡内斯特里尼（Giovanni Canestrini，1835—1900）和摩德纳大学圣卡罗学院自然史教师利奥纳多·萨林贝尼（Leonardo Salimbeni，1830—1889）将《物种起源》翻译成意大利语。特别是卡内斯特

---

[21] J. A. Palmén, *Om foglarnes flyttningsvägar* (Helsinki, 1874)，德语版：*Über die Zugstrassen der Vögel* (Leipzig, 1876).

里尼，除了他的教学工作外，他还编辑了当时意大利第一本，也是唯一一本动物学杂志。他一生都是一个坚定的达尔文主义者，他与《人种起源》（*Descent of Man*）的翻译者、生物学家米歇尔·莱索纳（Michele Lessona，1823—1894）一起，为宣传达尔文的思想做出了很多贡献。在意大利，地方大学和地方学院中的文化差异可能比德国严重得多，因此，一些地方可能要比另一些地方更容易接受进化论。但值得我们关注的是，1875 年，达尔文当选为著名的猞猁学会（Accademia dei Lincei）的会员；四年后，都灵科学院给达尔文颁奖，后来，达尔文将这项荣誉赠予那不勒斯动物学研究所的创始人安东·多恩（Anton Dohrn，1840—1909）。但在法国，达尔文的成功并没有带来那么多的荣誉：从 1870 年始，他曾 6 次被提名为巴黎科学院动物学部的院士，但是直到 1878 年，他才成为巴黎科学院植物学部的院士。

显而易见，对进化论的批评大多来自天主教，而且进化论在由天主教主导的大学中的境遇显然十分糟糕，尽管当时教会作为一个机构，并没有对该问题明确表态。用他们自己的话说，对自然科学探索的关注是后来才出现的；在 19 世纪，天主教虽然没有公开地反对科学，但至少也不愿意促进科学的进步。在一些极端的天主教国家中，如西班牙，这就意味着科学的大停滞。至于达尔文主义，在西班牙 1868 年革命之前几乎没有人会在公开场合提到它。后来，在取消了审查制度之后，新科学课程才进入大学，新的系才得以建立。但随着 1874 年的复辟，这些又都毁于一旦，但
536 讨论仍在继续着。1876 年，《人种起源》被翻译成西班牙语；一年以后《物种起源》被译为西班牙语，两年以后，海克尔的《真理》（*Schöpfungsgeschichte*）也被翻译成西班牙语。就像在其他许多国家一样，达尔文主义者的争论大多围绕着海克尔的理论展开，其中的典型代表就是巴伦西亚大学的解剖学教授佩雷格林·卡萨诺瓦·休拉纳（Peregrín Casanova Ciurana，1849—1919）。在他给海克尔的信中，他曾高度赞誉了他的德国

同行的“准确判断与崇高思想”,[22] 1877年，休拉纳以一种真正的海克尔主义精神，出版了一部关于普通生物学的专著。[23]

当达尔文在世时，在北欧和南欧，进化论作为一种生物学说，为大部分大学所接受，也就是说，被大部分的大学生物学家所接受，虽然在19世纪八九十年代，看似有理的选择理论依然引起了许多争论。奥古斯特·魏斯曼（August Weismann，1834—1914）试图证明既定特性中的非遗传现象，但是没有使大家信服。显而易见，根据1940年赫胥黎的说法，进化论在成为“现代综合进化论”之前，还缺少一些东西。[24] 这些东西就是遗传学，即遗传的科学。

新世纪的新领域

遗传学通常被认为是完全属于20世纪的科学，而事实也是如此；如果说，“生物学”概念的诞生是18世纪和19世纪的分水岭的话，那么，孟德尔法则的发现和孟德尔遗传学说的真正创立则极好地区分了19世纪和20世纪。然而，通往遗传学的道路在19世纪最后的10年间就已经准备好了，尤其是通过在德国大学中完成的细胞学工作。

许多生理学家在理解细胞分裂中做出了贡献，特别是在研究染色体的作用和特性上。越来越多的证据表明，染色体也许才是真正的遗传物质携带者，尽管在相当长的一段时间内，人们对它是否具有稳定的结构或是在每次有丝分裂时是否都会被重组还表示怀疑。长期在弗赖堡大学工作的魏斯曼教授（Weismann），提出了一种理论，他认为遗传物质只有在细胞系（cell line）中才有，包括从受精卵到生殖细胞，即种质（*Keimplasma*），而其他的细胞，实际上就是构成人体的全部细胞，它们是“无用的”体细

---

[22] P. Casanova,‘Letter to Ernst Haeckel form January 2,1876’,in T. F. Glick,*Darwin in España*(Barcelona,1982),83.

[23] P. Casanova,*Estudios biológicos*,vol. Ⅰ:La biología(Valencia,1877).

[24] J. Huxley,*Evolution*:*The Modern Synthesis*(London,1940).

胞（*Soma*），将会随着个体的消亡而消失。

537 孟德尔（Gregor Mendel，1822—1884）发现的遗传法则，曾于 1866 年发表在布尔诺自然学者协会的期刊上，但是在几十年内都没有引起人们的注意。遗传物质能够被一些孟德尔所说的微小的、不变的“元素”所携带，这种观念是生疏的，而且也与当时的进化论潮流相违背。孟德尔曾在维也纳大学求学，学习数学和自然科学，毕业后，他在布尔诺中学教授这些课程，在他进入修道院后，他便开始单独工作。我们无法确定孟德尔究竟向多少位科学家寄去了他的论文，但至少慕尼黑大学的植物学教授卡尔·冯·内格里（Karl von Nägeli，1817—1891）和因斯布鲁克大学植物学教授安东·克纳（Anton Kerner，1831—1908）收到过他的论文。布尔诺自然学者协会的期刊的传播范围比较广泛，但显然很少被摩拉维亚地区以外的人们阅读。虽然孟德尔对达尔文进化论十分感兴趣，可他为什么不把他 40 余份论文中的一份寄给达尔文，其中的原因我们也就无法考证了。不管怎么样，在 1900 年，当雨果·德·弗里斯（Hugo de Vries，1848—1935）、内格里的学生卡尔·科伦斯（Carl Correns，1864—1933）和埃德勒·冯·切尔马克（Erich von Tschermak，1871—1962）发现了“没有孟德尔的孟德尔遗传学说”时，已经出现了关于遗传物质分配的细胞学阐释了。

1900 年后，新的遗传学诞生了。1902 年威廉·贝特森（William Bateson，1861—1926）将其正式命名为遗传学，并使其进入了高速发展时期。1901 年，弗里斯发展了他的突变理论，使得孟德尔遗传学说与达尔文主义获得内在的统一；1902 年，科伦斯、沃尔特·A. 坎农（Walter A. Cannon，1871—1945）和沃尔特·斯坦伯勒·萨顿（Walter Stanborough Sutton，1877—1916），在西奥多·博韦里（Theodor Boveri，1862—1915）实验的基础上，证明了基因是固着在染色体上的，并且每个基因都发挥着不同的作用；1906 年，贝特森首先发现了基因间的相互联系，并且提出了“等位基因”“纯合体”和“杂合体”的概念；1907 年，美国的托马斯·亨特·摩尔根（Thomas Hunt Morgan，1866—1945）培育了果蝇（*Drosophila*），并将其作为遗传研究的动物模型。可以说，遗传学从一开始就是一门真正意义上的国际性科学，在这里很难区分不同国家中的学派。生物学在北美的发展足以与欧洲相匹敌，他们不仅已经进行了一般意义上的自然史研究，而且也开始了古生物学、生态生物学和海洋生物学的专门研究。斯堪的纳维亚半岛的科学家们也对这种国际性的经验与思想的交流做出了重要的贡献，丹麦人威廉·约翰逊（Wilhelm Johannsen，1857—1927）发现了纯系（pure line）后代变异中的稳定性，并且提出了“基因”“遗传型”和“显型”的概念；瑞典人赫尔曼·尼尔松-埃勒（Herman Nilsson-Ehle，1873—1949）运用孟德尔学说解释了有机体的数量性状，提出了“多基因”的概念；芬兰人哈利·费德莱（Harry Federley，1879—1951）证明了飞蛾染色体中的个体性征；与此同时，摩尔根及其学派也正在绘制果蝇的基因图谱。

实验发育生物学，即实验胚胎学（*Entwicklungsmechanik*），其目的 538
是为了合理解释胚胎发育和变异现象，它开始于19世纪末，当时从事前沿实验的有威廉·鲁（Wilhelm Roux，1850—1924）、汉斯·德里奇（Hans Driesch，1867—1941）和汉斯·施佩曼（Hans Spemann，1869—1941），但只有到20世纪前十几年，它才成为生物科学中的一门独立的学科。施佩曼对此做出了巨大的贡献，许多来自德国和海外的学生都蜂拥来到他在弗赖堡大学的实验室里学习必要的操作技术——进而将这些技术再传授给他们的学生。1936年，施佩曼获得诺贝尔奖，但是他所取得的成就，特别是他发现的脊椎胚胎学中的诱导现象，仅仅标志有关有机体发育中细胞交互的本质解释最为艰巨任务的开始。

如果说发育生物学的开端可以上溯到19世纪末的话，那么生物学中的又一个完全不同的分支学科，即海克尔1866年提出的生态学也是如此。海克尔将其定义为对有机体及其环境之间关系的研究，并且将其与“自然的经济”（economy of nature）相对应，事实上，这一术语已经被林奈所使用。尽管海克尔几乎没有对生态学做出进一步的贡献，但是这一术语在

30年后欧根·瓦明（Eugen Warming，1841—1924）所著的教材再次出现。[25] 瓦明是哥本哈根大学的植物学教授，他注意到，“相对于植物区系学（floral plant geography）生态作物地理学告诉我们，植物和植物群落是如何根据环境中的有效因子，如温度、光线、营养和水量，来调节自身的形式与行为的”。[26] 植物生态学的另一重要组成部分是德国植物学家安德列亚斯·弗朗兹·威廉·申佩尔（Andreas Franz Wilhelm Schimper，1856—1901）的《以生理学为基础的植物地理学》（*Pflanzengeographie auf physiologischer Grundlage*，1898），1903年，在他去世后不久，这本著作被译成英语。申佩尔出生在一个斯特拉斯堡大学地质学和古生物学教授的家庭。申佩尔也在那里求学；之后他在巴尔的摩的约翰·霍普金斯大学深造；毕业后，他相继在波恩大学和贝塞尔大学中任教。波恩大学的著名植物学家爱德华·斯特拉斯布格尔（Eduard Strasburger，1844—1912）将申佩尔看作是其最杰出的同事之一。申佩尔没有试图创建生态学的理论，但却做出了一些重大的发现，例如，物理缺水和生理缺水的相似性，以及对影响植物生长的土壤因素和气候因素的差异。直到二战之前，
539 植物生态学赖以生存的基础部分是由瓦明和申佩尔奠定的，部分是由美国植物学家康韦·麦克米伦（Conway McMillan，1867—1929）和弗雷德里克·爱德华·克莱门茨（Frederic Edward Clements，1874—1945）奠定，同时，在世纪之交，克莱门茨还创建了他所谓的“生态动力学”。

1927年，大部分已知的动物种族的生态联系在查尔斯·埃尔顿（Charles Elton，1900—1991）的《动物生态学》（Animal Ecology）中得到了浓缩体现，并且这部著作的新版本也被许多大学当作教材，一直到20世纪50年代为止。尽管如此，在20世纪20年代，生态学和遗传学更多地将焦点集中于全种群上，因此，数学的处理方法也成了一种必需。在生态学方面，前沿性的工作是由阿尔弗雷德·詹姆斯·洛尔克（Alfred

---

[25] E. Warming, *Lehrbuch der Oekologischen Pflanzengeographie*, *übersetzt aus dem Dänischen* (Berlin, 1896)；英译本：*Oecology of Plants* (Oxford, 1909).

[26] Warming, *Oecology* (note 25), 2.

James Lotka，1880—1949）、维托·沃尔泰拉（Vito Volterra，1860—1940）做出的，他们起初都是数学家，而不是生物学家，后来还有格奥尔基利·弗兰茨克维奇·高斯（Georgri Frantsevitch Gause，1910—1986）；1935 年，牛津大学的教授亚瑟·G. 坦斯利（Arthur G. Tansley，1871—1955）提出了生态系统的概念，整合了所有的有生命的生物群落和无生命的外部环境，这也标记出了后续生态学研究的特征。在遗传学研究中，戈弗雷·哈罗德·哈代（Godfrey Harold Hardy，1877—1947）和威廉·魏因贝格（Wilhelm Weinberg，1861—1937）于 1908 年为孟德尔族群设计了平衡条件；但是 20 世纪二三十年代，基因学家约翰·伯登·桑德森·霍尔丹（John Burdon Sanderson Haldane，1892—1964）、统计学家罗纳德·艾尔默·费舍（Ronald Aylmer Fisher，1890—1962）、芝加哥的遗传学家休厄尔·赖特（Sewall Wright，1889—1988）、莫斯科的谢尔盖·S. 切特维里科夫（Sergei S. Chetverikov，1880—1959）和帕萨迪纳的特奥多休斯·多布任斯基（Theodosius Dobzhansky，1900—1975）创立了群体遗传学，他们在实验群体和自然群体中用数学分析法分析了基因频率，成了遗传学中的核心部分，为进化过程中新认识的出现铺平了道路。

另一门为充分巩固和理解进化论做出贡献的科学是地质学。在达尔文的《物种起源》出版后不久，人们就发现了始祖鸟的化石，大博物馆中化石标本的日益增多，在达尔文的时代缺乏化石证据是进化论中最致命的一个环节，现在却成了进化事实最主要的证据。对公众而言，焦点往往为人类进化的新发现所左右，如从爪哇的“猿人”到南非的“南猿”的发现；但是对古生物进化学而言，能够找到进化过程中的一系列化石，并由此得出系统的进化规律则更为重要；这方面研究的最杰出成果是乔治·盖洛德·辛普森（George Gaylord Simpson，1902—1984）于 1944 年问世的《进化论的规律与模式》（*Tempo and Mode in Evolution*）一书。

石油开采也为生态地质学的进一步研究提供了新动力。1859 年，宾夕法尼亚州的泰塔思维尔（Titusville）开凿了第一口油井，但是在 20 世纪 20 年代之前，人们还无法系统地勘探地下石油储藏，随着石油需求量

540 的飞速增加，欧洲和北美的许多国家都开始积极地开发新的地质学和地球物理学的技术。当然，这导致了各种关于石油和天然气形成的不同理论，这些问题往往与地质学中更为根本的问题结合在一起，如岩石的形成、山脉的产生和大陆的形成。在 19 世纪早期，玄武岩和花岗岩的成因成了水成论者和火成论者争论的焦点。19 世纪 60 年代，亨利·克利夫顿·索比（Henry Clifton Sorby，1826—1908）发明的偏光显微镜法为矿物学家们的研究开辟了一片新天地；卡尔·哈利·费迪南德·罗森布施（Karl Harry Ferdinand Rosenbusch，1836—1914）的专著[27]也成了每一位地质学家和矿物学家不可或缺的工具。虽然大多数应用地质学都是由国家地质勘查团组织完成的，但罗森布施却是一位不折不扣的大学教授：1869 年至 1873 年间，罗森布施曾是弗赖堡大学的编外教师；之后，他又成了斯特拉斯堡大学的特别教授；1878 年到 1908 年间，他成了海德堡大学矿物学和地质学教授。虽然描述矿物学和岩石学取得了很大的进步，但是关于花岗岩的成因问题仍然存在着广泛的争论。在世纪之交，罗森布施与维也纳大学的爱德华·聚斯（Eduard Suess，1831—1914）、巴黎大学的奥古斯特·米歇尔-列维（Auguste Michel-Lévy，1844—1911）、赫尔辛基大学的雅各布·约翰内斯·塞德霍尔姆（Jakob Johannes Sederholm，1863—1934），以及斯德哥尔摩大学的佩尔·约翰·霍姆馈斯特（Per Johan Holmquist，1886—1946），纷纷发表了关于岩石变质的不同理论，但是“关于花岗岩的争论”却一直到 20 世纪上半叶才得以解决。

另一个持续了近一个世纪的大争论就是板块漂移学说。虽然在当时，大陆板块的水平漂移理论已经不再新奇——更不必说美妙的亚特兰提斯式的（Atlantis）“遗失的板块”——1910 年，阿尔卑斯的几位地质学家们接受了关于阿尔卑斯山是受非洲板块的挤压形成的理论。爱德华·聚斯在他的《地球的面貌》（*Das Antlitz der Erde*，1885—1909）一书中提出了

[27] K. H. F. Rosenbusch, *Mikroskopische Physiographie der petrographisch wichtigen Mineralien* (Stuttgart, 1873); *idem*, *Mikroskopische Physiographie der massigen Gesteine* (Stuttgart, 1877).

新观点，即所有的大陆曾经是一个大板块“刚地瓦那大陆”（Gondwanaland），其中有许多板块，也就是现在的各大洲，特别是美洲与澳大利亚和南极洲，是由于其他板块，即今天的印度洋和南大西洋的垂直下陷引起的。然而，德国地球物理学家阿尔弗雷德·韦格纳（Alfred Wegener，1880—1930）则对这种漂移的假说进行了严肃的地质学思考。韦格纳和他之前的许多科学家都注意到，南美洲东海岸和非洲西海岸的海岸线有着惊人的吻合，他还在地质学、古生物学、气候学、动物地理学和其他文化风俗等方面找到许多足够明显的证据，来支持这些大陆是漂移形成的观点。541
他甚至还坚信，在格陵兰岛进行的测量显示出大陆的漂移仍在继续，并估计将以每年 10 米至 30 米左右的速度移动——从现代测量学的角度来看，这个数据被夸大了一千倍。韦格纳在经历了 5 年的资料收集后，于 1915 年出版了《大陆和海洋的形成》（*Die Entstehung der Kontinente und Ozeane*）一书，在漂移学说被证实之后，这本书成了当今这一领域的经典著作，虽然其中也存在着错误。韦格纳在柏林长大，曾在大学中任职，起初是马尔堡物理研究所的讲师，从 1919 年开始在新成立的汉堡大学任气象学教授，从 1924 年开始直到他去世为止，他一直是格拉茨大学的教授，那里还专门为他设立了一个气象学与地球物理学特别教席。

一战前，韦格纳曾两度参加格陵兰岛的探险考察。在 1929 年和 1930 年，他又领导了两次格陵兰岛的探险，最后卒于此。他的朋友最后一次见到他的时候正是他 50 岁生日的聚会。关于大陆漂移学说的争论在 20 世纪 20 年代达到了白热化，并在 30 年代逐步平息，韦格纳的理论几乎被人们所遗忘；但是二战后，随着古地磁学的理论成为地质学研究的工具，以及现代断块构造的发展，新的证据开始显示韦格纳的理论并不是完全错误的。其中板块漂移学说的一位最卓越的拥护者就是英国地质学者亚瑟·霍尔姆斯（Arthur Holmes，1890—1965），他曾先后在达拉谟大学和爱丁堡大学担任地质学教授；他利用放射化学分析法绘制了最现代的地质年代时间表，他认为，我们的地球已经有 45 亿岁了。

在两次世界大战之间的 20 年间，各个领域的科学研究都出现了大拓展，教学与科研相结合的大学模式，在欧洲大部分地区变得越来越相似。但是，甚至在有着研究型大学传统的德国，科学研究也不再是大学的专利，许多研究机构与大学系统没有直接联系，如威廉皇家科学促进协会（*Kaiser-Wilhelm-Society*），即现在的马克斯·普朗克科学促进协会（*Max-Planck-Gesellschaft*），它资助机构内部的研究工作，而这些机构与大学制度并无直接的联系。当然，这些研究人员都在大学中受过基本的训练并且有些专家还可在附近的大学中任教。19世纪下半叶的俄国，无论是在圣彼得堡科学院还是在大学，科学的力量都得到了迅猛的发展，苏维埃革命在一开始也是主张促进科学发展的。后来，尽管斯大林主义的高压摧毁了国家中大部分最优秀的科学成果，特别是遗传学，李森科的伪科学在意识形态上被认定为唯一正确的学说，这使得一些最优秀的遗传学家离开了祖国，其他人如尼古拉·伊万诺维奇·瓦维洛夫（Nikolai Ivanovich
542 Vavilov，1887—1943）则被流放到了西伯利亚。同样，掌握德国政权的国家社会主义者迫使许多最具创造力的科学家或放弃了自己的工作或移民到美国，这些移民使美国的科学研究获得了新的活力。

精选文献

Albarracín Teulón, A. *La teoría celular, Historia de un paradigma*, Madrid, 1983.

Aréchaga, J., Olagüe, G. and García Ballester, L. *La introducción de la teoria celular en España*, Granada, 1976.

Botting, D. *Humboldt and the Cosmos*, London, 1973.

Bowler, P. J. *The Fontana History of the Environmental Sciences*, London, 1992.

Burkhardt, R. W. *The Spirit of System: Lamarck and Evolutionary Biology*, Cambridge, Mass., 1977.

Clarke, R. *Claude Bernard et la médecine expérimentale*, Paris, 1961.

· Coleman, W. *Biology in the Nineteenth Century: Problems of Form, Function and Transformation*, Cambridge, 1971.

Danielsson, U. 'Darwinismens inträngande i Sverige', *Lychnos*, 1963-1964 (1965), 157-210; 1965-1966 (1967), 261-333. Summary: 'The Penetration of Darwinism into Sweden'.

Delaunay, A. (ed.) *Présence de Pasteur*, Paris, 1973.

Florkin, M. *Naissance et déviation de la théorie cellulaire dans l'oeuvre de Théodore Schwann*, Paris, 1960.

Glick, T. F. *Darwin en España*, Barcelona, 1982.

Glick, T. F. (ed.) *The Comparative Reception of Darwinism*, Austin, Tex., 1974.

Hughes, A. *A History of Cytology*, London, 1950.

Kohn, D. (ed.) *The Darwinian Heritage*, Princeton, 1985.

Koller, J. *Johannes Müller-das Leben eines Biologen*, Stuttgatt, 1958.

Leikola, A. 'From Descriptive to Experimental Science: Some Trends and Changes in Finnish Zoology', *Eidema*, Ⅰ (1982), 190-205.

'J. A. Palmén, the Darwinist Reformer of Zoology in Finland', *Eidema*, I (1982), 206-220.

Montalenti, G. 'Il darwinismo in Italia', *Belfagor*, 38 (1983), 65-78.

Morton, A. C. *History of Botanical Science*, London, 1981.

Orel, V. and Armogathe, J. -R. *Mendel un inconnu célèbre*, Paris, 1985.

Raikov, B. F. *Karl Ernst von Baer 1792-1876. Sein Leben und sein Werk*, Leipzig, 1968.

Sturtevant, A. H. *A History of Genetics*, New York, 1965.

Szyfman, L. *Lamarck et son époque*, Paris, 1982.

Vallery-Radot, R. *La Vie de Pasteur*, 2nd edn, Paris, 1905.

Worster, D. *Nature's Economy: A History of Ecological Ideas*, 2nd edn, Cambridge, 1994.

543

第十四章　医学

安东妮·鲁叶迪克·爱尔舒特[①]

导言

1800 年以后，医护人员的培养成了欧洲的焦点问题。大学不再是医学教育的唯一场所。它成了一个令人感兴趣的三角形的中心，从三个角度影响着医学教育的发展。在三角形的顶端，是政府权威，它日益参与到医学教育的组织之中来，既提供经济支持，也提供专业的帮助。在右边，是飞速发展的科学在施展它的影响：为更好地治疗并治愈患者，出现了新药物和新方法，而且学生们则要做好准备来应对这一切事务。在左边，是新社会提出的社会需求：可控的卫生学、流行病的防治，为安全的从业者颁发从业执照，并要防止江湖术士。这个三角形的三个方面互相影响的过程，塑造了医学教育的文化模式，使其在 19 世纪和 20 世纪早期得以发展。

在本研究中，将把医学教育视为一个文化的过程，进而在它的三角模式的背景下进行阐述。整个过程可以划分为：（1）浪漫主义时期（1790—1830）；（2）新知识时期（1830—1870）；（3）医学专业化发展时期（1870—1945），这一时期还包括所谓的“嘉年华时期”（Belle Epoque，1870—1914）、第一次世界大战和两次世界大战之间的时期。以上每一个阶段都有自己的“三角模式”，在它的顶端是决定医学教育盛衰的政治和

---

① 作者在此感谢约翰·艾利斯爵士所给予的鼓励和批评。同时，作者还感谢格里高利·塔什金教授对关于俄罗斯和波罗的海国家章节的宝贵评论。

经济形势。在右边是科学技艺的哲学与状态，它们对各国学校的声望做出 544
了贡献。在左边是教师与学生在医院内外介入病人的病情，这也成了社会改革的主要推动力。

欧洲主要的国家有英国、法国、奥匈帝国和德国。它们对医学教育的进步做出了贡献，使之形成模式化的课程；在 1940 年左右，它几乎为所有的欧洲国家采用。这些课程包括基础科学、医学理论和门诊实践这三个部分。学生大约需要六年的时间通过国家考试委员会的考试，之后就可以毕业并结束训练，进而获得执照开始行医。在许多国家，对外科医生和其他专科医生的专门化培训则出现在考试之后。

1870 年以后，医学教育的费用迅速增加。实验室和医院医疗设备需要投资。当时许多国家已经有了由国家控制的医学培训课程，其中一些是在大学里，其余的则是在医院和医学机构中。教学和学习的学术自由，就如同研究设施一样，是一项重要的议题。这受到了政治环境的威胁，例如，欧洲的 1848 年革命和 1917 年俄国革命。纳粹主义的影响尤甚，它对医学教育的影响是以一种可怕的方式来迫害师生和病人。

19 世纪初，在拿破仑战争劫掠后的、贫穷的欧洲中，启蒙运动的影响主导着医学教育。1945 年，在二战劫掠后的欧洲，医学教育家们面临着高质量技术“不知是福是祸”的难题。而在这期间，“有趣的三角模式”发挥了它的作用。

浪漫主义时代（1790—1830）：启蒙运动的影响

在 1790 年之前，启蒙运动已为医学世界带来了新进展。内科医生和外科医生都越来越关注人民的疾苦：在医院照顾病人，在收容所中为流浪汉提供医疗，在战场上抢救伤员，以及与人类和牲口的流行病做斗争。启蒙运动的精神要求从物质和精神上改善人的境遇。帮助的基础不是基督教的博爱，而是理性。人类社会和自然界是不可分离的，应采用同样的方式来研究自然与社会。人类应该更好地了解自然规律及其对人类社会的影

545 响。医学则应从能被观察研究的自然法则为基础，进而被改革为一个简单实用的系统。

有一个法国的团体，即所谓的意识形态者（*Idéologues*），追随感觉主义哲学家艾蒂安·博洛·德·孔狄亚克（Etienne Bonnot de Condillac，1715—1780），以“意识自由”“宽容”和“社会变革”这三大原则为指导。他们出版了《劳作与行善的哲学基础》（*philosophie laborieuse et bienfaisante*），提出了勤劳、仁爱的哲学观。[2] 同时，意识形态者们还受到了雅克·特农（Jacques Tenon，1724—1816）所撰写的《巴黎医院备忘录》（*Mémoires sur les Hôpitaux de Paris*）的影响，这本书描绘了巴黎的医院——主宫医院和总医院（*Hôpital Général*）——的恶劣条件。它们皆以死亡、污染以及医疗与护理的失败著称。同时，在拘留所和收容所，如比塞特尔疗养院（the Bicêtre）、萨伯特医院（la Salpêtrière）和比提萨医院（la Pitié）中，许多“多余的人”都在那里失踪了，这也是导致 1789 年法国大革命爆发的主要原因之一。[3] 在法国国内外有两位意识形态者为医学改革做出了贡献，他们是彼埃尔·让·乔治·卡巴尼斯（Pierre Jean Georges Cabanis，1757—1808）和菲利普·皮内尔（Philippe Pinel，1745—1826）。作为内科医生，他们特别信奉强调关注人的哲学，他们将“望”（观察凝视）作为掌握医学知识主要工具。他们主张医生应该从医学教条中解放出来，关注病患，发明新药来救治新的症状。[4] 而为了了解新药，临床学校就必不可少，在那里，可以将化学和生物学进步与临床观察

---

② S. Moravia, ‘Les Idéologues et l'Age du Lumières. Un problème de periodisation et de rehabilitation historique’, *Tijdschrift voor Studie van de Verlichting*, 1(1973), 344-396.

③ M. Foucault, *The Birth of the Clinic: An Archeology of Medical Perception*, World of Men Series(New York, 1973)(由瑟丹·史密斯译自法文版); L. S. Greenbaum, ‘Measures of Civilisation: The Hospital Thought of Jacques Tenon on the Eve of the French Revolution’, *Bulletin of the History of Medicine*, 40(1975), 43-56; T. Gelfand, ‘Gestation of the Clinic’, *Medical History*, 25(1981), 169-180.

④ Foucault, *Birth* (note 2), 100; E. Lesky, ‘Cabanis und die Gewiszheit der Heilkunde’, *Gesnerus*, 11(1954), 152-182.

结合起来，进而进行类比。[⑤] 在卡巴尼斯和皮内尔的呼吁下，哲学在医疗改革与社会重建中扮演了积极的并且通常是决定性的角色。他们的著作为欧洲的医学教育引入了全新的根本性的观念。[⑥] 这引起了两方面的主要变化：将医院作为医学教育的中心；决定赋予医学专业以受保护的、自由的 546
地位。

在大革命期间，当法国的进步主义社会理念激励着医学改革家的时候，德国和中欧则面临了另一番景象。1779 年，约翰·彼得·弗兰克（Johann Peter Frank，1745—1821）的《医疗政策完全手册》（*System einer vollständigen medizinischen Polizey*）第一卷在曼海姆出版。其他 8 卷也陆续出版，最后一卷出版于 1872 年。虽然弗兰克讨论的主要是保健方面的议题，例如，营养、传染病的控制、卫生环境的改善、为弱势群体提供医疗救助等，但是他的结论则与英法两国盛行的论断大不相同。[⑦] 在人与自然的关系问题上，弗兰克受到了卢梭的影响。同时他还认可了城市是疾病的温床的流行观念。[⑧] 但是，弗兰克的"综合医学政策制度"则是在约

---

⑤ A. M. Luyendijk-Elshout, 'Die Revolution und Reformation der Heilkunde. Arbeitsame und wohltätige Philosophie von Pierre Jean George Cabanis(1757-1808)', in K. E. Rothschuh and R. Toellner(eds.), *Münstersche Beiträge zur Geschichte und Theorie der Medizin*(Münster, 1978), 49-59.

⑥ D. B. Weiner(ed.), *P. Pinel*, *The Clinical Training of Doctors*: *An Essay of 1793*, L. G. Stevenson(ed.), The Henry E. Sigerist Supplements to the Bulletin of the History of Medicine n. s. 3(Baltimore and London, 1980); P. J. G. Cabanis, 'Rapport fait au Conseil des Cinqo-Cents sur l'organisation der Ecoles de Médecine. Séance du 29 Brumaire An Ⅶ', in *CEuvres complètes de Cabanis*, *accompagnées d'une notice sur sa vie et ses ouvrages*(Paris, 1823), vol. Ⅰ, 361-402.

⑦ G. Rosen, 'The Fate of the Concept of Medical Police 1780-1890', *Centaurus*, 5(1959), 97-113. 同时，也发表于：*From Medical Police to Social Medicine*: *Essays on the History of Health Care*(New York, 1974), 142-156. Cf. W. Rüegg, 'Der Kranke in der Sicht der bürgerlichen Gesellschaft an der Schwelle des *19*. Jahrhunderts', in W. Arlt and W. Rüegg(eds.), *Der Arzt und der Kranke in der Gesellschaft des 19*. *Jahrhunderts*, Studien zur Medizingeschichte des neunzehnten Jahrhunderts 1(Stuttgart, 1967), 35-49, on Frank's notion of 'medizinische Polizey', 43。

⑧ E. Lesky, *Johann Peter Frank*, *Akademische Rede vom Volkselend als der Mutter der Krankheiten*(*Pavia 1790*), Sudhoffs Klassiker der Medizin 34(Leipzig, 1960).

翰·海因里希·戈特洛布·尤斯蒂的学说的基础上提出的，尤斯蒂曾于1750年到1753年间在维也纳大学的泰雷西亚姆学院（*Collegium Theresianum*）就重商主义发表演说，后来还去了哥廷根。[9] 尤斯蒂提倡开明专制。重商主义者认为统治者必须为人民负责，同时为中央集权和国家控制辩护。此外，他们鼓励人口增长。对于医疗护理来说，这意味着统治者应该尽其所能减少疾病，进而防止传染病的出现。为了实现这个目标，政府必须改进和鼓励医学的方方面面。[10] 18 世纪末，“卫生警察”（medical police）这个观念启发了管理者和大学教师，这主要发生在中欧、德国和意大利。但是到了 19 世纪中叶，“卫生警察”的观念便落伍了，这是因为专制主义为更加自由和工业化的社会所取代。[11]

547 在法国，“卫生警察”这一概念从未流行过，并且不久就被“公共卫生”（*hygiène publique*）所取代。[12] 通过 1829 年创刊的杂志——《公共卫生与医疗立法年鉴》（*Annales d'hygiène publique et médecine légale*），“公共卫生”的概念传遍了整个欧洲。此外，城市建立起了地方保健委员会。在低地国家中，他们称之为“医疗监督委员会”。这个委员会主要负责医疗从业者和药剂师的审查，以及制定防治传染病的规章。在英国，工业革命是引发与“公共健康”相关问题出现的主要原因。这个术语很快就取代了“卫生警察”，尽管 1798 年爱丁堡大学的教授安德鲁·邓肯（Andrew Duncan，1744—1828）曾引入了弗兰克的著作，这部着重体现弗兰

---

⑨ G. Rosen, 'Cameralism and the Concept of Medical Police', *Bulletin of the History of Medicine*, 27(1952), 21-42.

⑩ J. H. G. von Justi, *Staatswirthschaf, oder systematische Abhandlung aller oekonomischen und Cameral-Wissenschaften, die zur Regierung eines Landes erfordert werden* (Leipzig, 1758), vol. Ⅰ, 173-176. After Rosen, 'Cameralism' (note 8), 133.

⑪ Rosen, 'Medical Police' (note 6), 143.

⑫ R. H. Shryock, 'Medicine and Society in the Nineteenth Century', *Cahiers d'histoire mondiale*, 5(1959), 116-145.

克理念的著作于1800年出版。[13] 但是，新的社会理论，例如，功利主义者边沁（Jeremy Bentham，1748—1832）提出的理论，也在英格兰新规章的实施过程中发挥了重要的作用。[14] 其中采用的最重要的方法就是卫生统计学，它是由英国医生爱德温·查德威克（Edwin Chadwick，1800—1890）在1836年引进的。他的报告清晰地阐述了不同的社会阶层的医疗卫生状况和寿命长短之间的关系。从此，统计学成了医疗改革和社会改革的主要工具之一。[15]

在一些欧洲国家，有许多小的知识分子和文化团体，它们吸纳了中产阶级的精英，来推动保健和公共卫生。例如，他们注射了预防天花的疫苗，并将相关方面的书籍翻译成本国的语言。1798年，爱德华·詹纳（Edward Jenner，1749—1823）发表了《天花的病因与防治》（An Inquiry into Causes and Effects of the *Variolae Vaccinae*）一文，并迅速被翻译成法、德、意、荷等语言。[16] 他们除了大力宣传"预防药物"之外，还监督了药剂师和助产士的培训，推动了深入研究，例如显微镜学。

在该世纪的下半叶，大学虽然获得了实验室及较好的研究设备，但它
们却失去了影响力。与此同时，科学和医学的专业化导致了新的组织的建 548
立，它们团结会员，进而保护自身的专业利益和经济利益。[17]

自从法国和其他受法国影响的国家在大革命期间解散了旧有的外科医

⑬ J. Roberton, *Medical Police: or the Causes of Disease with the Means of Prevention:... Adapted Particularly to the Cities of London and Edinburgh, and Generally to all Large Towns*, 2nd edn (Edinburgh, 1812). After Rosen, 'Medical Police' (note 6), 153.

⑭ H. J. ten Have, *Geneeskunde en filosofie, De invloed van Jeremy Bentham op het medisch denken en handelen* (Leiden, 1983) with an English summary: *Medicine and Philosophy: Jeremy Bentham's Influence upon Medical Thought and Medical Practice*.

⑮ *Ibid.*, 180-210.

⑯ F. H. Garrison, *An Introduction to the History of Medicine*, 4th edn (Philadelphia and London, 1963), 374-375.

⑰ M. J. van Lieburg, 'Geneeskunde en medische professie in her genootschapswezen van Nederland in de eerste helft van de negentiende eeuw', *De Negentiende Eeuw*, 7 (1983), 123-146.

生和药剂师行会后，建立一种新的医学专业监督机制，用于预防庸医和不合格的诊所，就成了必需。卡巴尼斯提出的要求为所有专业团体构建一个高质量的教育训练方案的设想虽然没有实现，但是医学教育却发生了剧烈的改革。[18] 1792年，原来的巴黎医学院停办了。新的卫生学校（*Ecole de santé*）于1795年成立，设置了新课程，并根据掌握实践知识的需求进行了相应的调整。它代表着医学教育的新观念，即“少读、多看、多做”，这是由法国高等教育的重建者安托万-弗朗索瓦·德·富克鲁瓦（Antoine-Francios de Fourcroy，1755—1809）在1794年11月国民大会召开之前提出的。[19] 其中，最重要的改革就是恢复了医院对临床教学的兴趣。“多看”意味着要观察许多病人，当时巴黎最大的两所医院——主宫医院和总医院，成了整个19世纪年轻医师训练中心。《巴黎医院内部档案》（*Ancien interne des hôpitaux de Paris*）详细记载了法国医生的姓名以及他们开业行医的时间。[20]

在这样的新形势下，两个重要的医学分支快速地发展起来：病理解剖学和外科学。当时医院中已经有了解剖室，可以在这里进行临床教学，例如，爱丁堡和维也纳的医院；但随着病理学这一新概念提出，人们也产生了新的兴趣。乔瓦尼·巴蒂斯塔·莫尔加尼（Giovanni Battista Morgagni，1682—1771）于1761年出版的著名的《疾病的位置与病因》（*De sedibus et causis morborum per anatomen indigatis libri quinque*）一书，也激发了这种兴趣。莫尔加尼的研究是标志着在人体中寻找患病部位的开始，而不

---

⑱ Cabanis,'Rapport'(note 5),vol. Ⅰ,395.

⑲ E. H. Ackerknecht,*Medicine at the Paris Hospital 1794-1848*(Baltimore,1967),32;C. Coury,'The Teaching of Medicine in France from the Beginning of the Seventeenth Century',in C. D. O'Malley(ed.),*The History of Medical Education:An International Symposium Held February 5-9,1968*,UCLA Forum in Medical Sciences 12(Los Angeles,Berkeley and London,1970),121-130.

⑳ Ackerknecht,*Medicine*(note 18),38.

再归结为血液问题。㉑

巴黎的学校提供了极好的观察机会，这也为病理学带来了诸多革新。出现了对隔膜的分类，人们根据它的属性和对刺激物特殊反应，如炎症， 549
来对其进行分类。比沙（Xavier Bichat，1771—1802）奉行的准则是解剖、实验和尸体解剖，这使他成为组织特性原则的奠基人，也为病理学的过程提供了一种全新的理解。㉒

同时，让-尼古拉·科维萨尔（Jean-Nicolas Corvisart，1755—1821）通过重视对病人的体检，从而极大地改进了病理学过程中的临床诊断。1808年，他引导学生重视叩诊法，这一方法早在1765年就已经被来自维也纳的利奥波德·冯·奥恩布鲁格尔（Leopold von Auenbrugger，1722—1809）详细阐述过。㉓ 1819年，勒内·泰奥菲勒·拉埃内克（René Théophile Laennec，1781—1826）通过听诊器发明了听诊法，从而使得病理学与体检的关系变得更加密切。现在，胸部器官的疾病能够通过新的一系列的症状来诊断，从而使得内科医学发展到一个新的程度。㉔

以内部器官的局部病理学为基础的外科病理学，为新技术和更好的手

㉑ S. Jarcho, 'G. B. Morgagni, his Interests, Ideas and Achievements, *Bulletin of the History of Medicine*, Ⅱ(1948), 503-527.

㉒ X. Bichat, *Recherches physiologiques sur la vie et la mort*(Paris, 1800) and *idem*, *Traité des membranes*(Paris, 1800). See E. Haigh, 'Xavier Bichat and the Medical Theory of the Eighteenth Century', *Medical History*, suppl. No. 4(1984).

㉓ *Invention novum ex percussione thoracis humanis ut signo abstrusos interni pectoris morbos detegendi*(Vienna, 1761). See C. Coury, 'Les Débuts de la percussion thoracique, de son inventeur Autrichien et son promoteur Français', in E. Lesky(ed.), *Wien und die Weltmedizin: 4. Symposium der Internationalen Akademie für Geschichte der Medizin veranstaltet im Institue für Geschichte der Medizin der Universität Wien 17.-19. September 1973*, Studien zur Geschichte der Universität Wien 9(Vienna, Cologne and Graz, 1974), 64-73.

㉔ R. Kervran, *Laennec: His Life and Times*(Oxford, London, New York and Paris, 1960)（由阿伯罕·库列尔译自法文版）.

术效果做出了贡献。[25] 在这方面，巴黎再次成了指路明灯。来自各国的外科医生、内科医生、医学院的学生们都蜂拥来到巴黎，特别是来到主宫医院。在这里，纪尧姆·迪皮特朗（Guillaume Dupuytren，1777—1835）展示了他的技能。1815 年后，这一技能标志着法国外科手术伟大进步。外科学也从一种技巧型的手工活发展成为一门受科学知识启发的，从解剖学、病理学和组织学新领域产生的技术。[26] 在外科学和病理学的发展中，欧洲没有任何一个国家能取得像巴黎一样的伟大成就。德奥外科学的崛起则是到了 19 世纪 70 年代。

在巴黎的伟大革新之前，欧洲就已经有了临床教学的传统。皮内尔曾在他 1793 年的论文中提及莱顿、维也纳、爱丁堡，以及帕维亚的学校。他赞扬了布尔哈弗，正是后者在维也纳和爱丁堡建立的教学医院启发了他
550 的学说；他还高度评价了西蒙·安德烈·蒂索（Simon André Tissot，1728—1797）以及他要在帕维亚建设一个此类医院的想法。[27] 此外，皮内尔还主张组织和挑选部分患者进入教学病房，就像在莱顿、维也纳以及帕维亚的做法一样。[28] 皮内尔在希波克拉底医学系统论的基础上创立了疾病分类学，并且他的课程指导思想则完全是建立蔻斯原则的基础上的。[29] 皮内尔疗法与其“等待原则”完全一致，即本草药物（*materia medica*）应该尽可能简单化，应从普通植物或非化合物中提取——“所有这一切的最

---

[25] D. de Moulin, *A History of Surgery: With Emphasis on the Netherlands* (Dordrecht, Boston and Lancaster, 1988), 262.

[26] A. Richerand, *Histoire de progressrécent de la chirurgie* (Brussels, 1825). 1819 年，卡尔·梅耶首次引入了“组织学”一词。不久后，这个概念就被约翰内斯·米尔德所采用。See B. Lohff, 'Johannes Müllers Rezeption der Zellenlehre in seinem Handbuch der Physiologie der Menschen', *Medizinhistorisches Journal*, 13 (1978), 246-258.

[27] S. A Tissot, *Essais sur les moyens de perfectionner lesétudes de médicine* (Lausanne, 1785). See Weiner (ed.), *Pinel* (note 5), 68.

[28] Weiner (ed.), *Pinel* (note 5), 68.

[29] W. Riese, 'Les Sources hippocratiques de l'oeuvre de Philippre Pinel', *Annuales Thérapeutiques de l'oeuvre de Philipre Pinel*, 4 (1969), 130-148.

大好处就在于将治疗简化为最简单的要素，并能使人在不受干扰的情况，清楚地展现自然的过程”。[30]“自愈力”（*vis medicatrix naturae*）是皮内尔秉持的第一个原则。他的“温和疗法”不仅被法国医学界所接受，而且也得到了维也纳医学界的认可。[31] 实际上，他的疗法与生理医学界的弗朗索瓦·约瑟夫·维克多·布鲁赛（François Joseph Victor Broussais，1772—1838）所采用的激进疗法是直接相对立的，布鲁赛否认疾病分类学的存在。[32] 皮内尔和布鲁赛之间的矛盾给人们留下了深刻的印象，也成了那个世纪医学辩论中最热门的话题之一，尤其是从布鲁赛的观点来看，激进是无止境的。这场争论使得维也纳的约瑟夫·迪特尔（Joseph Dietl，1804—1878）接受了皮内尔的希波克拉底系统论，甚至还导致了治疗的虚无主义，虽然它并不完全反对本草药物，但要求寻找一种更加理性化的药物学。[33] 法国还没有达到虚无主义的程度，但是，他们著名的生理学家弗朗索瓦·马让迪（François Magendie，1783—1855）则开创了药物治疗的新时代，他通过实验证明了当时新发现的一些纯化学药物的价值（例如士的宁、依米丁、奎宁、碘酒、溴等），并且对实验药理学的建立做出了贡献。[34]

法国的意识形态者们不仅关注普通医院的发展，也关注精神病院的发展。尽管皮内尔的《精神病和狂暴症患者疗法》（*Taité médico-philosophique sur l'aliénation mentale ou la manie*，1801）一书于 1806 年被译

---

[30] Weiner(ed.),*Pinel*(note 5),83.

[31] E. Lesky,'Von dem Ursprüngen des therapeutischen Nihilismus',*Sudhoffs Archiv für Geschichte der Medizin*,44(1960),1-39.

[32] E. H. Ackerknecht,'Broussais or a Forgotten Revolution',*Bulletin for the History of Medicine*,27(1953),320-343.

[33] Ackerknecht,'Broussais'(note 31);C. Wiesemann,*Joseph Dietl und der therapeutische Nihilismus:zum historischen und politischen Hintergrund einer medizinischen These*,Marburger Schriften zur Medizingeschichte 28(Frankfurt-am-Main and Bern,1991).

[34] E. H. Ackerknecht,'Aspect of the History of Therapeutics',*Bulletin of the History of Medicine*,36(1962),389-419. 论马让迪：J. M. D. Olmstedt,*François Magendie:Pioneer in Experimental Physiology and Scientific Medicine in XIX Century France*(New York,1944)。

551 成英语，于 1801 年被翻译成德语，但是精神病治疗中最引人注目的观念是由外行人威廉·图克（William Tuke，1732—1822）提出的，他是约克郡“精神病疗养院”的创立者。在他的疗养院中，治疗必须服从以心理学和伦理学的基础的道德疗法。对患者进行安慰、减少约束、鼓励自制力，都是贵格教慈善家塞缪尔·图克（Samuel Tuke，1784—1857）在其《对疗养院的描述》中提倡的做法。[35]

19 世纪初，道德疗法成了精神病学最重要的议题。它引导出一个新概念——悖德狂（moral insanity），意指一些心灵上的疾病始于道德败坏，是道德情操的一种扭曲。[36] 尽管这些争论是学术上的，但是精神病学作为一门医学学科在大学里是受到排斥的。道德疗法，正如图克和皮内尔在不同的背景描述的那样，这将促使精神病患者护理的社会改革和人道主义改革，但这不会影响到大学教学，这是因为大学从不教授精神病学。

在浪漫主义时代，欧洲大学中的医学知识的内容发生了重大的变化，这不仅是由在医院中进行以患者为导向的教学引起的，而且还是由医学的新观念引起的。许多理论都是建立在健康和病中发挥作用的非实体机制的基础上的。生机论初期起源于蒙彼利埃，是在泰奥菲勒·德·博尔德（Théophile de Bordeu，1722—1776）撰写的《医学哲学》（*médecin-philos-ophe*）中首次提出的。[37] 博尔德的理论将身体的器官归结为一种特殊的力量，并为法国医学机构所接受。而欧洲其他国家则依然停留在 18 世

[35] R. Hunter and I. MacAlpine, *Three Hundred Years of Psychiatry (1535-1860): A History Presented in Selected English Texts* (London, New York and Toronto, 1963), 684-690; A. Digby, *Madness, Morality and Medicine: A Study of the New York Retreat1796-1914* (Cambridge and New York, 1985).

[36] J. C. A. Heinroth (1773-1843) & James Cowles Prichard (1786-1848). See Hunter and MacAlpine, *Three Hundred Years* (note 34), 837.

[37] E. L. Haigh, 'Vitalism, the Soul and Sensibility: The Physiology of Théophile Bordeu', *Journal of the History of Medicine*, 31 (1976), 30-41; J. Roger, *Les Sciences de la vie dans la pensée française du XVIIIe siècle: La Génération des animaux de Descartes à l'Encyclopédie* (Paris, 1963), 618-630.

纪初赫尔曼·布尔哈弗所提出的人体机械论中。但在 1800 年前后，爱丁堡医生约翰·布朗（John Brown，1735—1788）的理论开始在欧洲流行起来，主要是在德国和意大利的医学院。

所谓的“布朗主义”成为医学界最有影响力的运动之一。它简化了治疗，打破了由 18 世纪医学院极力推动的严格的治疗原则。它取代了残酷的放血疗法、清洗疗法以及一个复杂的、被称为“消炎剂”的治疗，它为病人提供酒精、清凉油、麝香，甚至是鸦片。学生们很容易理解亢奋性疾 552
病和衰落性疾病的学说，以及使身体在兴奋和兴奋性之间达到的微妙平衡。[38] 同时，它所规定的养生法也很吸引人：新鲜空气，每天一杯白葡萄酒，以及时令的肉类和肉汤。这些处方都被收录到了普通医师使用的教材中，例如，1836 年威廉·克里斯托夫·胡费兰（Christoph Wilhelm Hufeland，1762—1836）编撰的《医学手册》（*Encheiridion Medicum*）。[39] 布朗主义是温和的，但是 19 世纪初的最初十年，刺激、兴奋性以及兴奋剂的提法主导着各类医学院。

此外，生命力还是同种疗法（homeopathy）中的主要原则，这是 1833 年由塞缪尔·哈内曼（Samuel Hahnemann，1755—1893）提出的。同时，弗朗索瓦·约瑟夫·维克多·布鲁赛著名的“生理学学说”也是建立在生物动力法的基础上的。[40] 他的做法以其严酷的水蛭放血法而闻名：据说他的疗法使欧洲丧失的血液甚至超过了拿破仑战争。[41] 将医学建立在无形的生机论原则基础上，这在德国被淹没于“自然神论”的哲学推测之中。弗里德里希·冯·谢林（Friedrich von Schelling，1755—1854）相信，医学家和科学家有能力仅仅通过哲学反思就可以发现整个自然界形成

---

[38] G. B. Risse, ‘The Brownian System of Medicine: Its Theoretical and Practical Implication’, *Clio Medica*, 5(1970), 45-51.

[39] *Ibid*.

[40] K. E. Rothschuh, *Konzepte der Medizin in Vergangeheit und Gegenwart* (Stuttgart, 1978).

[41] Ackerknecht, ‘Broussais’, (note 31).

的主要原理。[42]

约翰·布朗的医学思想体系对于这样一种哲学方法是最为合适的。安德列亚斯·勒施劳布（Andreas Röschlaub，1768—1835）接受了这种挑战，他在谢林自然神论的大旗下，在德国巴姆堡大学医学院设置了布朗主义的课程。[43] 这些“哲学家式的”医生都是谢林的学生，他们深信在自然科学的新发现，例如磁学、电学和化学等现象的基础上，能够建立起一套新的医学体系。他们深信，他们能够与这类诸如一个系统中的各种生命力等无形机制联系起来，能够连接起所有的自然力量。

一个复杂的、有活力的生理学，就是对这些器官物质的灵巧观念和生
553 命现象的体现进行思考的结晶。尤其是约翰内斯·缪勒的医学著作被广泛传诵。[44] 1833 年，当缪勒成为柏林动物解剖学博物馆的解剖学、生理学教授时，他将一个“现实的”生机论与积极的实验室研究结合起来。他指导并鼓励学生们运用化学和物理学的新实验法和概念法，认为生机论的解释仅仅是一种最后的补救方法。[45]

浪漫主义时代：医学教育的机构

法国医学教育的改革出现了两个主要问题：（1）医学教育只应在中心城市的大医院中开展，还是也要在地方的医疗机构中开展？（2）医疗机构工作人员的教育在多大程度上能够提升大学教育的水平？第二个问题蕴涵着政治上和经济上的深意，因此，它在相当长的一段时期内无法得以解

㊷ G. B. Risse, 'Kant, Schelling and a Science of Medicine', *Journal of the History of Medicine and Allied Sciences*, 27(1972), 145-158.

㊸ Rothschuh, *Konzepte* (note 39), 386; N. Tsouyopoulos, 'Die neue Auffassung der Medizin als Wissenschaft unter den Einflusz der Philosophie vom frühen 19. Jahrhundert', *Berichte der Wissenschaftsgeschichte*, 1(1978), 87-100.

㊹ E. Benton, 'Vitalism in Nineteenth Century Scientific Thought: A Typology and Reassessment', *Studies in the History and Philosophy of Science*, 5(1974), 17-48.

㊺ *Ibid.*, 29.

决。在欧洲的大部分国家，直到19世纪的最后10年，药剂师和牙医的大学教育才得以实现。但是，在拿破仑战争期间和战争后，迫切需要大量的医生和军医。随着行会在法国和其他受法国影响的国家中的瓦解，不合格的行医现象日益增多。1806年5月10日法令建立了法兰西帝国大学，其中也包括在巴黎、蒙彼利埃和斯特拉斯堡建立医学院。在其他城市，也建立了国家层次的中学。从1803年起，法国的医疗工作者就被分为两大类：医生和外科医生，以及仅仅在卫生保健部门工作的保健人员。[46] 这种情形一直持续到1892年。

在拿破仑的扩张时期，这种系统的基本原则被法国统治下的国家采纳，特别是一些低地国家，这些国家于1810年被并入法兰西帝国。那些没有与市医院合作的医学院全部被关闭了。[47] 其他的则变成了中学，例如乌特勒支大学。1813年之后，当这些低地国家联合成一个王国的时候，有几个医学院重新活跃起来，但与大多数欧洲国家一样，它们始终不能将医学职业和卫生保健提升到一个更高的层次。它们还尝试在有普通医院愿 554
意提供临床教学设施和有城市愿意提供经费的地方建立医学学校。[48] 1824—1828年，在北部建立了六所临床学校，其中就包括乌特勒支军事医疗学院。在南部，1824年安特卫普医学院也得到了复兴，但是由于地方政府缺少经费，有许多实用的方案被搁置。[49] 这些学校的教学计划往往比大学教育更具有实践倾向性。其学费也比较低，凡是年满16岁，具备

---

[46] Coury, 'Teaching', (note 18).

[47] G. Legée, *Cuvier et la réorganization de l'enseignement sous le Consulat et l'Empire* (Paris, 1974).

[48] M. J. van Lieburg, 'Municipal Hiospitals and Clinical Teaching in the Netherlands During the 19th Century', *Clio Medica*, 21(1987-1988), 125-152.

[49] R. Schepers, *De opkomst van het Belgisch Medisch Beroep: de evolutie van de wetgeving en de beroepsorganisatie in de 19 de eeuw*, Nieuwe Nederlandse bijdragen tot de geschiedenis der geneeskunde en der natuurwetenschappen 32(Amsterdam and Atlanta, 1989).

一定的读写能力，并且没有不良记录的青少年都能够入学学习。[50] 他们受训的课程有外科学、药剂学和助产学。他们只能在国家的某一个地区行医。他们大多在农村或者是在一些小城镇行医，在那里他们既是外科医生，又是助产士，还是药剂师。在 1818 年到 1865 年间，这种类型的中等医学学校在尼德兰地区相当普遍。[51]

1830 年，在比利时独立之后，大学逐步取代中学承担了培养医生的职能。1835 年，比利时是欧洲第一个将内科学、外科学、产科学和药剂学的教育提升到大学层次的国家。[52] 尼德兰在 1865 年也通过立法合并了医学教育，普鲁士则是在 1852 年。[53] 在英国，直到 1886 年，才要求学生必须修完药剂学、外科和产科的全部课程后，才能获得行医资格。1858 年，英国成立了医学教育与注册委员会，[54] 但是，之前存在的内科学院、外科学院和药剂师协会依然分别具有为它们的专业举办入职考试的职能。医学教育委员会，承认它们与牛津大学、剑桥大学、伦敦大学、苏格兰的四所大学——格拉斯哥、阿伯丁、圣安德鲁斯、爱丁堡大学和都柏林的三一学院，为颁发执照的机构。

555 在苏格兰和爱尔兰，大学在慈善医院中进行临床教学，并强调由大学聘用的教师来举办讲座。牛津大学和剑桥大学没有临床学院，因此他们的毕业生在参与由皇家医学院在伦敦、爱丁堡或都柏林举办的任何一场关于

---

[50] M. J. van Lieburg, *Het medisch onderwijs te Rotterdam* (*1467-1967*); *een kort historisch overzicht*, Nieuwe Nederlandse bijdragen tot de geschiedenis der geneeskunde 3 (Amsterdam, 1978), 63.

[51] M. J. van Lieburg, 'De tweede geneeskundige stand (1818-1865)', *Tijdschrift voor Geschiedenis*, 96 (1983), 433-453.

[52] Schepers, *Opkomst* (note 48), 106.

[53] C. Huerkamp, 'Arzte und Professionalisierung in Deutschland. Überlegungen zum Wandel des Arztberufs im 19. Jahrhundert', *Geschichte und Gesellschaft*, 6, 3 (1980), 349.

[54] C. F. Varlaam, 'The Origins and Development of the General Medical Council as a Socio-legal Institution', Ph. D., London (Economics), 1978, ch. Ⅰ: 7-46. After Schepers, *Opkomst* (note 48), 107.

行医执照的考试前，就要去伦敦或其他地方获取临床经验。1836 年伦敦大学成立，但是直到 19 世纪末它都只是一个帝国内部的考试机构。伦敦和其他地区主要城市的医学教育主要是在医学院进行，这些学院是在 18 世纪的慈善医院的基础上形成的。第一所真正的医学院成立于 1785 年，它是与伦敦医院一起成立的。在近一个世纪的发展过程中，它始终是一家私立学校，这是因为，在这段时期其他许多慈善医院的管理者都将医学院学生视为免费的医疗工作者。所以，医学院为学生开设讲座，并进行演示，但学习则是在作为实习生和临床助理参与到患者的照料中进行的。[55]

在 1815 年《药剂师法》规定药剂师（在参加行医执照考试前）必须大范围地学习指定科目、必须有医院经历或学徒经历之前，行医执照考试的准考要求是很宽松的。后来，内科学院和外科学院又在准考要求中增添了更丰富的培训课程。[56] 越来越多的学生从药剂协会和外科学院那里获得执照，同时“外科—药剂师”也成了全国首批最普遍的从业人员，当时关于妇产科的专业训练还很少见。虽然，19 世纪伦敦和其他地方成立了新的大学学院，[57] 但是大学和医学学校之间的联系在二战之前一直都很少。[58] 城市、大学和各地区的医学学校的数量已经达到了一个相当多的水平，但它们无法为任何一个医学专业举办入职考试，虽然当时在欧洲其他区类似的国家考试已经相当普遍了。[59] 但这与我们所见到的、由中学来培养二流医疗工作者的欧洲大陆的法国制度是不一样的。

在这一时期繁荣起来的另一种医学教育的形式就是军医教育。最早的 556
军医学校是 1782 年约瑟夫二世在维也纳建立的。由赫拉德・范・斯温滕

[55] F. N. L. Poynter, 'Medical Education in England since 1600', in O'Malley(ed.), *Medical Education*(note 18), 235-245.

[56] J. Ellis, 'Medical Education in the U. K. and Europe', in J. Walton, P. B. Bason and R. Bodley Scott(ed.), *The Oxford Companion to Medicine*(Oxford and New York, 1986), 714-732.

[57] Poynter, 'Medical Education'(note 54), 243.

[58] Ellis, 'Medical Education'(note 55), 723ff.

[59] C. Newman, *The Evolution of Medical Education in the Nineteenth Century*(London, 1957), 227.

(Gerard van Swieten，1700—1772）在维也纳建立的“古代医科学校”中，就已经关注行军部队中的疾病。[60] 1896 年，在瓦-德-格哈斯成立了欧洲最著名的军医外科培训中心，之前，它是一所修道院。1820 年到 1837 年间，由布鲁赛担任中心的主任。[61] 在柏林，约翰内斯·格克（Johannes Goercke，1750—1822）创建了巴蒂内尔军医学校。在西班牙、俄罗斯、一些低地国家和意大利，相似的机构也开始出现。[62]

从 1798 年开始，圣彼得堡军医学院（现在的圣彼得堡海军学院）在日益发展起来的俄国军医培训中发挥了特殊的作用。由于在 19 世纪，圣彼得堡并没有自己的医学院，因此它所有的杰出的解剖学、外科学专家以及一些程度相当的生理学家都在科学院工作。这类机构为俄国的海军和陆军培养了大批外科医生。[63] 1844 年，圣彼得堡外科医学院下属的莫斯科外科医学院与莫斯科大学医学系合并。从 1832 年到 1844 年，维尔纽斯外科医学院也成了重要的培训中心。[64]

这些军医培训中心利用了医院的优势，这些医院都处于它们的直接管辖之下，而且也都不是慈善机构。[65] 此外，军医的训练包括药物学和外科学两个方面。通过培训还能够将军事策略运用到预防传染病传播的战斗中去。培训中心有一个井井有条的管理体制和实习制度，每天都要报告情况。学生每天进行训练，而且还规定了学习时间。毕业生必须通过一场竞争激烈的考试，称之为“concours”。许多医学界的开拓者都在这类学校

[60] G. van Swieten, *Kurze Beschreibung der Heilungsart der Krankheiten, welche am Öfftesten in den Feldlagern beobachtet warden*(Vienna,1758). 这部书也相继被翻译成多国语言。

[61] A. Monery, *Le Val de Grâce*(Paris,1951).

[62] D. de Moulin (ed.), '*s-Rijkskweekschool voor Militaire Geneeskundigen te Utrecht*' (1822-1865), Nieuwe Nederlandse bijdragen tot de geschiedenis der geneeskunde en der natuurwetenschappen 26(Amsterdam,1988), Introdution.

[63] M. M. Levit, 'Russia in the Period of the Decay of Feudalism During the First Half of the 19th Century', *The History of Medicine*(*Istoria meditsinij*), (1981), 121.

[64] V. P. Grizkevitch, *With Hypocrat's Torch*: *From the History of Medicine in Byelorussia*(Minsk,1987), 175-188.

[65] Moulin, '*s-Rijkskweekschool*'(note 61), 3-14.

中受过训练。毕业生要被分配到各个殖民地的部队中服役。在乌特勒支的军医培训中心就培训了多位在日本服役的军医。其中就有约翰·利迪乌斯·卡塔里纳斯·蓬佩·范·梅尔德沃特（Johan Lidius Catharinus Pompe van Meerdervoort，1829—1908）。1857 年，他以乌特勒支军医培 557
训中心为原型，在长崎建立了医学学校。[66] 19 世纪在非洲和亚洲的欧洲殖民地，建立了许多医学学校。例如，1835 年，加尔各答建立了新医学院，其目的是为了培养印度的青年。他们学习的是西方的知识，其中包括科学，教学语言也是英语。1843 年，皇家外科学院也先后在加尔各答、马德拉斯和孟买成立了三所医学学校。这些学校都是以英国的医学学校为模型，并采用英国人编写的教科书。[67]

1795 年后，欧洲医学教育的改革不仅废除了许多旧的医学机构，而且还设置了新课程。在旧式的医学院中主要设有五个教授席位：解剖学教授、草本药物学教授、化学和药物学教授、理论医学教授以及临床医学教授。学生在通过理论考试并报告了毕业论文后才能毕业。医学理论依然是关键，尽管在法国专业培训是由政府统一管理的，而且实践训练也得到了各个医学学校的提倡。欧洲所有医学院的根本变化，就是为外科学和产科学设立了专门的教席，安排了医学政策或公共卫生以及法医的教学内容。此外，几乎所有的医学院都很看重它们的解剖学标本，并补充了病理学的标本使其得以丰富。由解剖学陈列室来保管这些标本，以及由人类学家收集头骨和骨骼。生物学家对自然历史的收集进行分类和系统化。因此，博物馆就像 19 世纪下半期的实验室一样，成了学生们的工作间。德意志是由许多独立的邦国组成的，因此在“联邦”执照或医学教育和医学院的管理中，各邦国由于其领袖的哲学观和学术志向的不同而存在着差别。但一般来说，德意志的科学受到怀疑哲学的影响，正如卡尔·莱因霍尔德·奥

---

⑯ J. Z. Bower, ‘The History of Medical Education in Japan: The Rise of Western Medical Education’, in O’Malley(ed.), *Medical Education*(note 18), 391-416; chapter 6, 224.

⑰ N. Kumar and H. Keswani, ‘Medical Education in India since Ancient Times’, in O’Malley(ed.), *Medical Education*(note 18), 329-366.

古斯特·文德利希（Carl Reinhold August Wunderlich，1815—1877）指出的那样，它与自然神论是不同的。[68] 它鼓励医学院在大学结构内部进行研究，这也影响到欧洲的其他中心，使其采取了同样的做法。这也体现在
558 教学计划中，它们有时还开设病理学史、人类学以及医学史等课程。有两件重要的事情影响了医学教育，即威廉·冯·洪堡的医学教学备忘录的问世以及1810年柏林弗里德里希-威廉大学（*Friedrich-Wilhelms-Universität*）的成立。

洪堡坚信在大学中实现教学和科研的结合对教授和学生来说都有好处，他还坚决反对独立于大学之外成立的医学院，因此他非常看不起高等专科学校（*Fochhochschulen*），这其中就包括巴蒡内尔军医培训中心。这正是法国式的临床学校没有在德国出现的原因之一，也是柏林大学成为德国所有大学的模式的原因。在整个19世纪，柏林大学提供了实验和临床研究。它后来成为欧洲医学教育的新中心。[69]

在瑞典，两所小型大学——乌普萨拉和隆德，遭到了自由主义政治家的抨击，他们希望关闭这两所大学，并将高等教育集中到斯德哥尔摩。新建立的卡罗林斯卡研究院有一位卓越的发言人——著名化学家约恩斯·雅各布·贝泽留（Jöns Jacob Berzelius，1779—1848）。他以法国为蓝本，计划将这家研究院建成一所应用医学的临床学校。斯德哥尔摩有大型医院，而且贝泽留认为，医学教育应该集中在这里，并且要摒弃阻碍现代自然科学研究的人文主义文化。但是，瑞典教育委员会（*Educational Committee*）于1828年做出决定，保留各地区的大学。这场著名的大学争论一直持续到1873年卡罗林斯卡研究院，以及乌普萨拉大学和隆德大学都同时

[68] O. Temkin, 'Wunderlich, Schelling and the History of Medicine', *Gesnerus*, 23(1966), 188-195.

[69] H. H. Simmers, 'Principles and Problems of Medical Undergraduate Education in Germany during the Nineteenth and Early Twentieth Centuries', in O'Malley(ed.), *Medical Education*(note 18), 133-200.

获得了医学学士学位的授予权为止。[70] 在1850年之前，丹麦的哥本哈根大学和挪威的奥斯陆大学仍保持着其医学院的原有结构。1826年，国立奥斯陆医院成立，并为临床训练提供了100张床位。哥本哈根和瑞典主要受到了德国和法国的影响。[71]

19世纪初，俄罗斯在亚历山大一世的统治下开始了他们的领土扩张，这次扩张从1801年持续到1825年。1802年，亚历山大在爱沙尼亚的塔尔图重建了原有的瑞典大学。[72] 起初，医学院是微不足道的，但1810—1814 559
年间在那里教授解剖学和生理学的卡尔·弗里德里希·布尔达赫（Karl Friedrich Burdach，1776—1847）却成了那里最早的著名教授之一。

1803年，立陶宛古老的维尔纽斯学校升格为大学。[73] 1804年，当约翰·彼得·弗兰克成为维也纳"不受欢迎的人"后，他应聘来到圣彼得堡，并在那里建立了军事外科学院。不久后，他又来到维尔纽斯大学组织临床教学，在弗兰克回到圣彼得堡之后，他的儿子约瑟夫·弗兰克（Joseph Frank，1771—1842）继承了他在那里的工作。[74] 除了受革命运动影响思想较为激进以外，与波罗的海的小型大学相比，军事外科学院都可以为杰出的医生提供更多的条件。俄国医生马特维伊·雅科夫莱维奇·穆德罗夫（Matvej Jakovlevic Mudrov，1776—1831）曾先后在德国、维也纳和巴黎求学，之后他成了杰出的卫生学家和莫斯科著名的临床医学教授之

---

[70] X. Almquist and X. Winsell, 'Uppsala in the Age of Romanticism', in S. Lindroth (ed.), *A History of Uppsala 1477-1977* (Uppsala, 1976), 146-157 (chapter V).

[71] W. Kock, 'Scandinavia since 1600', in O'Malley (ed.), *Medical Education* (note 18), 263-297.

[72] A. Buchholz, *Ernst von Bergmann. Mit Bergmann's Kriegsbriefen von 1866, 1870/71 und 1877*, 2nd edn (Leipzig, 1911), 84.

[73] V. G. Mitselmacheris, *Essays on the History of Medicine in Lithuania* (Leningrad, 1967), 46-124; J. Kubilius, *A Short History of Vilnius University* (Vilnius, 1979), 51-53, 61-63, 75-79.

[74] V. Kalnin, *The History of Tartu University, 1632-1982* (Tallin, 1982), 58(第三章《论医学》); V. Kalnin, 'The Role of Tartu University in the Development of Science in the 19th Century', *ibid.*, 116-124(第五章).

一。在1809—1917年间，俄国人还主宰了赫尔辛基医学研究所。[75]

在中欧，1749年，随着由特蕾西娅女皇领导、由赫拉德·范·斯温滕（Gerard van Swieten，1700—1772）执行的将维也纳大学改组为医科大学的大改革的出现，奥匈帝国的中央行政（State Adminrstration）对布拉格和佩斯特的大学产生了重要的影响。匈牙利的学生，特别是那些德国裔和犹太裔的学生，都到维也纳去接受医学教育。布达佩斯大学医学院的现代化始于1867年之后，它是与医院的扩张、研究机构和实验室的建立密切相关的。[76] 维也纳大学和布拉格大学之间的互相影响比较相似，但在特蕾西娅女皇的改革中，将布拉格大学改组为国家大学则要比匈牙利的改革成功得多，这是因为在匈牙利耶稣会由于害怕清教徒和犹太人而反对改革。

在18世纪晚期和整个19世纪，波兰的学术生活和医疗保健受到了严重的瓜分与压制。在维也纳会议后，于1815年建立了由俄国沙皇统治的
560 所谓的“议会王国”，在这里，1817年，亚历山大大学医学院在华沙成立。1809年，拿破仑曾建立了医学系，但1817年它的课程被并入大学之中。[77] 其中的教授大多是波兰人，这与其他波罗的海周边国家的大学吸引外国学者的做法不同。1815年之前处于奥地利统治下的克拉科大学医学院在维也纳会议后，获得了新的地位，从完全的奥地利模式转变为更加国际化的尤其是法国式的模式。

在1846年被并入奥地利并实现德国化之前，克拉科是一座自由城市，拥有一所发展良好的大学。尽管存在着吞并的问题，但是医学院还是与欧

---

[75] M. Grmek,'The History of Medical Education in Russia',in O'Malley(ed.),*Medical Education*(note 18),303-327.

[76] P. Hának,'Wandlungen der Österreichisch-Ungarischen Wissenschaftlichen Beziehungen im Laufe des 19. Jahrhunderts',in R. G. Plaschka and K. Mack(ed.),*Wegenetz Europäischen Geistes*,vol. Ⅰ:*Wissenschaftszentren und geistige Wechselbeziehungen zwischen Mittelund Südosteuropa vom Ende der 18. Jahrhunderts bis zum ersten Weltkrieg*(Vienna,1983). 343-356.

[77] J. Topolskiego(ed.),*Dziejc Polski*(Warsaw,1977),443.

洲其他中心齐头并进，一同发展起来，特别是在维也纳医学院年轻的锐意改革的代表人物约瑟夫·迪特尔（Joseph Dietl，1804—1878）的帮助下。[78] 在经历了几次暴动后，华沙大学被俄国人镇压了；事实上，在 1857 年之前，波兰领土上的医学教育几乎消失殆尽，医生的数量急剧减少。[79] 文盲成了一个严重的问题。

罗马尼亚也存在着同样的问题，教育制度破坏殆尽，高等教育更是满目疮痍。急速的重建开始于 1850 年，并且重建工作是从小学开始的。1860 年雅士建立了第一所现代大学。其缔造者——米卡埃尔·科加尔尼恰努（Mihàil Kogálniceanu，1817—1891）曾先后在法国和德国留学，当时，他是罗马尼亚自由主义政府的首相，主张在罗马尼亚建立一所囊括全部学科的大学。他吸引外国学者，例如，海德堡大学的德国科学家雅各布·齐豪克（Jacob Czihak），来此创建自然科学学院。[80] 不过由于资源有限，这所大学只开设了三个学院：神学院、法学院和自然科学学院。第四个学院——医学院，直到 1879 年才建立起来。1864 年，罗马尼亚第二所大学在布加勒斯特成立。1869 年后，它成立了医学院。

希腊也存在着类似的情况。意大利与希腊有着紧密的联系，先后有 50 位学生毕业于帕多瓦、波伦那，尤其是比萨。1821 年希腊独立之后，这所大学的毕业生得以回到祖国，并成了杰出的政治家、作家、法律顾 561
问，以及成立于 1834 年的雅典大学的教授。医学院明显是效仿德国的教学制度。在整个 19 世纪，在国外受教育的医生，被称为“Hesperia”（即

[78] L. Tochowicz *et al.*, *Outline of the History and the Structural Organisation of the Medical Academy in Cracow*(Cracow,1981),16-20.

[79] R. Sikorski and L. Kowieski,‘Reception and Assimilation of Innovative Medical Ideas in Poland in the 19th and Early 20th Centuries’,*Clio Medica*,21(1987-88),95-103.

[80] J. Livescu,‘Die Entstehung der rumänischen Universitäten’, in Plaschka and Mack (ed.),*Wegenetz*(note 75),21-35;J. Sadlak,‘The Use and Abuse of the University Higher Education in Romania 1860-1900’,*Minerva. A Review of Science,Learning and Policy*,29(1991),195-225.

指在西方受教育），颇受尊重。[81]

欧洲东南部的其他国家依然处于土耳其的统治之下。1827年，在伊斯坦布尔军事医院中成立了第一所医学院。教师都是匈牙利人和土耳其人。他们主要效仿法国军医培训中心培养内科医生和外科医生。外科医生的教学使用法语，而内科医生的教学使用意大利语。1839年，两所学校在伊斯坦布尔的加拉塔沙雷合并后，成立了医学院。此时的教学计划是以维也纳学校为标准制定的。许多奥地利的医生在梅特涅侯爵的引荐下，到苏丹穆罕默德统治下的土耳其任教授。1842年，该学院拥有了一个有1300册法文藏书的图书馆。学院还拥有一个奥地利人管理的植物园、一个由约瑟夫·许特尔（Joseph Hyrtl，1811—1894）筹建的解剖学标本的博物馆，以及一些医疗器械和一个药房。临床教学、外科和产科教学，以及后来的助产士专门课程，在加拉塔沙雷有五间病房。与巴尔干半岛医学学校落后的设施相比，加拉塔沙雷医学院成了当时地中海东南部设备最精良的医学学校。[82]

在拿破仑战争时期，地中海西岸的西班牙也与意大利一样经历了一场变革。许多古老的大学都失去了它们的医学院或者完全被关闭，例如萨拉曼卡。医学培训的中心位于马德里、瓦伦西亚和巴塞罗那。这三个地方分别于1795年、1787年和1797年有临床医学培训。在马德里，学校是以法国为原型的。杰出的外科医生和塞·塞韦罗·洛佩斯（José Severo López，1754—1807）与卡巴尼斯和其他法国学者都保持着密切的学术联系。巴塞罗那，特别是瓦伦西亚，一直以来都是向维也纳看齐的。这些学校采用相同的教学方案，使用翻译维也纳的教科书，并且还支持马克西米连·施托

---

[81] Z. N. Tsirpanles,'Die Ausbildung der Griechen and Europäischen Universitäten und deren Rolle im Universitätsleben des modernen Griechenland(1800-1850)', in Plaschka and Mack (ed.), *Wegenetz*(note 75), 250-272.

[82] A. Terzioglu,'Die Verdienste der österreichischen Ärzte bei der Gründung der modernen medizinischen Fakultät in der Osmanischen Reichshauptstadt Istanbul am Anfang der 19. Jahrhunderts', in Lesky(ed.), *Wien*(note 22), 136-146.

尔（Maximilian Stoll，1742—1788）及其学派的疗法和临床观。1817 年之后，西班牙通过新法令重组医学教育。1822 年，马德里临床医学学校与迁移的阿尔卡拉学校合并，形成了马德里大学。[83] 这种情形持续到 1857 562
年，莫亚纳法案的通过，保障了巴塞罗那、巴来多利、格拉那达，以及马德里医学院教师的职业安全。赛维尔和瓦伦西亚教师的职业安全已经在 1847 年立法的时候得到了保障。从 1825 年开始，葡萄牙在里斯本和奥波多的外科学校培养外科医生。1836 年，科英布拉大学以里斯本学校为标准，实现了课程的现代化。1911 年，里斯本和奥波多的外科学校也被合并到这些城市中新成立的大学中。[84]

1795—1830 年，意大利也经历了军事和政治动乱，这使得大部分医学院停办。热那亚是例外，它于 1805 年得到拿破仑的准许，成立一所独立的医学学校，主要用于培养外科医生。约翰·彼得·弗兰克在帕维亚进行了医学教育改革的首次尝试。从 1785 年到 1786 年，弗兰克在布朗主义的影响下，制定了一套全新的教学大纲，其中包括基础科学和生理解剖学。[85] 随着拿破仑帝国的垮台，学院也得以扩张；1817 年，在弗兰克和他的继任者的提议下，设立了 12 个教授席位。其中两个席位非常特殊，一个是眼科学教授席位，另一个是兽医学教授席位。由于距离米兰很近，在那里已经有一所兽医实践学校了，这也使得在 1859 年教育法（卡萨蒂法）再次重组医学教育之前，这所学校能与帕维亚大学联合。[86] 波伦那和帕多瓦的著名医学院都处于衰落之中，它们的许多设备都很有限。但在 1800 年左右，意大利科学的荣耀又回来了。保罗·马斯卡尼（Paolo Mascagni，

---

[83] J. M. Lopez Piñero, 'The Relation between the "alte Wiener Schule" and the Spanish Medicine of the Enlightement', in Lesky(ed.), *Wien*(note 22), 11-26.

[84] F. Guerra, 'Medical Education in Iberoamerica', in O'Malley(ed.), *Medical Education*(note 18), 419-462.

[85] E. Lesky, 'Johan Peter Frank als Organisator des medizinischen Unterrichtes', *Sudhoff's Archiv für Geschichte der Medizin*, 39(1955), 1-29.

[86] L. Belloni, 'Italian Medical Education after 1600', in O'Malley(ed.), *Medical Education*(note 18), 113.

1755—1815）在完成了他先前的研究，并且为解剖学石蜡标本的制作做出贡献之后，他在佛罗伦萨从事着著名的解剖学图解研究。费利切·冯塔纳（Felice Fontana，1720—1805）与娴熟的艺术家克莱门特·米开朗基罗·F. 苏西尼（Clemente Michelangelo F. Susini，1754—1814）的合作，也使得意大利的石蜡标本赢得了国际声誉。[87]

临床教学也在继续着，从维也纳还传来了叩诊法和听诊法，约瑟夫·斯科达（Joseph Skoda，1805—1881）将这些技术结合起来，从而使得诊
563 断能够更加精确。这个技术也得到了大学的认可，进而开创了莫尔加尼病理解剖学。[88] 布朗主义没有为传统的意大利学院所接受。寻求医学的确定性也成了欧洲各国的当务之急。这种确定性需要新的科学方法，而这种方法将在下一个时期出现。

新知识（1830—1870）

约翰内斯·缪斯在柏林的学校中践行的"新生理学"，开创了德国的现代科学精神。他的学生开始发现生机论是无用的，甚至把它作为不得已而为之的一种方法。缪勒启发他们要从目的的角度来研究生命现象，而此目的本身就是一种客体，甚至是一种数学的方法。[89] 米尔德并不反对机械论的解释；但生机论和机械论之间的差别更多的是与哲学解释相关，而不是与研究的方案或方法相关。[90] 这一点也能从他的《人体生理学手册》（*Handbuch der Physiologie des Menschen*）中看出，在书中他强调研究的

---

[87] B. Lanza and M. L. Azzaroli Pucetti *et al.*, *Le Cere Anatomiche della Specola* (Florence, 1979).

[88] L. Premuda, 'Die anatomisch-klinische Methode: Padua-Paris-Wien-Padua', *Gesnerus*, 44 (1987), 15-32.

[89] R. Shryock, *The Development of Modern Medicine: An Interpretation of the Social and Scientific Factors Involved* (New York, 1947), 200.

[90] T. Lenoir, *The Strategy of Life: Teleology and Mechanics in Nineteenth-Century German Biology*, Studies in the History of Modern Science 13 (Dordrecht, 1982), 276-280.

进步是要以观察和实验为本，而不能依赖于任何已有的体系。缪勒的观念是整体性的，事实上，他在大学里拥有五个教授席位，这就意味着他有五个接班人。他关于生命现象的宽广视角启发了许多著名的学生，其中一些学生是持反对意见，而另一些学生则是支持自己老师的。

自然科学的巨大发展使得研究者们信心坚定。按照路德维希·费尔巴哈（Ludwig Feuerbach，1804—1872）的说法，历史发展的革命性力量来自自然科学中的真理，而不是政治。[91] 因此，反对毫无根据的权威是年轻人的使命，而进步主义研究者和自然科学是为它辩护的。费尔巴哈哲学也启发了许多年轻的知识分子，使他们开始反对将虚假的、不真实的唯心主义作为科学、政治学，甚至神学研究的先验条件。[92] 在他们当中就有所谓的“庸俗唯物主义”者：卡尔·福格特（Karl Vogt，1817—1895）、雅各布·莫勒斯霍特（Jacob Moleschott，1822—1893）和路德维希·比希纳（Ludwig Büchner，1824—1899）。在他们的著作中，我们可以发现，他们对“自然神论”和“非物质力量”的批判比缪勒对化约主义（reductional- 564
ist）方案的批判要激烈得多。比希纳的《力与物质》（*Kraft und Stoff*）被唯物主义者奉为经典，并被翻译成17国语言。[93] 莫勒斯霍特1850年出版的《大众食品理论》（*Die Lehre der Nährungsmittel，Für das Volk*）和1852年出版的《生命的循环》（*Der Kreislauf des Lebens*）也同样得到了好评。从1845年到1847年间，福格特在《汇报》（*Allgemeine Zeitung*）上发表的一系列函件——《发展中的生理学理念》（*Physiologische Briefe für Gebildete aller Stände*）也被结集成册发行，它不仅多次再版，而且也被翻译成多国的文字。这些著作就是要普及生理学，要教育大众，要为崭新的“反唯心主义”的唯物主义寻求支持，它直接反对那些认为在

[91] F. Gregory, *Scientific Materialism in 19th-Century Germany*, Studies in the History of Modern Science 1(Dordrecht and Boston, 1977), 9.

[92] F. Gregory, ‘Science versus Dialectic Materialism: A Clash of Ideologies in 19th-Century German Radicalism’, *Isis*, 68(1977), 206-223.

[93] W. Bölsche(ed.), *Ludwig Büchner's Kraft und Stoff*(Liepzig, 1932), XXV(Vorwort).

力和物质之外还存在任何实体的观念，包括人的灵魂。

激进主义没有被德国的反动权威所接受。在所谓的“毕德迈厄时期”（Biedermeier period，1830—1850），德国的中产阶级通过政治抵抗，来表达他们对迟到的社会政治改革的失望。许多年轻的知识分子和工人团结起来反对权威，在那些年，起义、流亡、监禁就成了他们的宿命。那些参与了早期的共产主义和社会主义运动的许多学生和教师遭到了迫害。1842年，维尔茨堡大学医学院的 5 位教授，由于他们关心民主和自由主义改革而被解职。[94] 从 1847 年起在吉森大学任教的福格特，在 1848 年革命后，不得不再次于 1849 年逃往伯尔尼。莫勒斯霍特从 1847 年开始在海德堡大学任教，1854 年，在受到禁止向学生宣传“猥亵”“可恶”的政治信条的警告之后，他辞去了教授的职位。[95] 费尔巴哈因过分热心对莫勒斯霍特著作进行评论，将他的唯物主义观念进行了夸大，提出了如“思想是蛋白质的一种存在方式”等观点，也为对莫勒斯霍特的批判起到了推波助澜的作用。[96]

对许多学者来说，自然科学的变革伴随着社会的变革。这在柏林的1848 年革命中体现得尤为清晰。在那一年，年轻的鲁道夫·菲尔绍向普鲁士当局报告了上西里西亚地区爆发的、几乎是毁灭了饥寒交加的波兰少数民族的流行性斑疹伤寒症。这个报告成为向放任这类灾难出现的权力当
565 局进行反抗的典范。菲尔绍在报告中要求的不是药品、物品或食物，而是

[94] J. Bleker, ‘Biedermeiermedizin, Medizin der Biedermeier? Tendenzen, Probleme, Widerspruche 1830-1850’, *Medizinhistorisches Journal*, 23(1988), 5-22.

[95] Gregory, *Scientific Materialism* (note 90), 97; O. Temkin, ‘Materialism in French and German Physiology of the Early 19th Century’, *Bulletin of the History of Medicine*, 20(1946), 322-327.

[96] Gregory, *Scientific Materialism* (note 90), 91. 事实上，莫勒斯霍特是这样写的：“犹如没有脂肪就没有大脑的存在一样，没有蛋白质与钙也就没有骨的存在。” *Die Lehre der Nährungsmittel* (Erlangen, 1850), 80.

要求明确地实现完全的、无限制的民主，即“教育、自由和繁荣”。[97] 在菲尔绍及其那一代人的努力下，医学成了一门社会科学。医生“自然而然地就成了穷人的代理人”[98]，肩负着要求国家向工厂和监狱之类的场所提供医疗监督的职责。德国 1848 年的医疗改革运动源于工业革命。它也同样影响了医生们的社会地位。由于他们原来所属的旧有的中产阶级被迅速地无产阶级化了，因此他们失去了物质上的稳定性。阿克莱特非常重视德国医生的悲惨状况，他们不仅遭受着贫困和竞争激烈，而且还受到专制政府接连不断地、愚蠢的干预。[99]

因此，医生们高喊着“自由”参加到革命和医学改革运动之中去，不仅是为了他们的病人，也是为了他们自己。通过在《医疗改革》（*Die medizinische Reform*）周刊上的发表，菲尔绍、著名的卫生学家萨洛蒙·诺伊曼（Salomon Neumann，1819—1908）、精神病学家鲁道夫·洛伊布舍（Rudolf Leubuscher，1821—1861），以及内科医生路德韦希·特劳贝（Ludwig Traube，1818—1876），都成了有影响的医学政治家，他们的观点都获得了广泛的支持。但是，医学改革是缓慢的。法国在“公共卫生”这方面成了领路人。但在欧洲所有国家和在美国，医生、市政工程师和教师都一起参与到与当局者就卫生状况进行的大讨论之中来。天花、霍乱、伤寒、斑疹、黄热病等传染病的流行也迫使政府采取行动，所谓的卫生学家也参与到向政府报告统计数据、死亡率和调查报告的行动中来。与此同时，公众健康问题也越来越受到医学协会的集会及其出版物的关注。[100]

---

[97] E. H. Ackerknecht, *Rudolf Virchow*: *Doctor*, *Statesman*, *Anthropologist* (Madison, Wisc., 1953), 15; E. H. Ackerknecht, “Beiträge zur Geschichte der Medizinal Reform von 1848’, *Sudhoffs Archiv für Geschichte der Medizin*, 25(1932), 61-129.

[98] *Anwalt der Armen*，菲尔绍对医疗改革的贡献也体现在他 1879 年出版的 *Gesammelte Abhandlungen aus dem Gebiet der oeffentlichen Medizin und der Seuchenlehre* 中。

[99] Ackerknecht, *Virchow* (note 96), 139.

[100] Shryock, *Development* (note 88), 211-247（在关于医学和 1800—1880 年公共医疗卫生运动的相关章节中）.

1851年在巴黎召开的卫生会议，成了卫生学家们互相交流的场所。[101] 许多知名人士参与到卫生改革运动中来，这也影响了大学的教学，并激发了学生参与到传染病和卫生保健领域的积极性。同时，菲尔绍和一些激进的医
566 生倡导的医疗改革也引起了社会的缓慢变革。菲尔绍在其1848年《医疗改革》杂志中宣称："健康地生活是每一个公民的天赋权利！"[102] 但他的主张多年以来都无法实现。

随着由李比希、韦勒以及欧洲其他著名化学家引领的有机化学的发展，在生理学研究中使用化学方法的重要性也在不断地提升。在浪漫主义时期，化学家们认为有机物的生产是一个受到"生机"影响的过程，并且这个过程是不能在实验室里重复的。1828年，韦勒曾致信极受尊敬的瑞典化学家贝泽留："我要告诉你的是，我可以在没有肾脏，或者不使用任何动物，无论是狗还是人的情况下，生产出尿素！"[103]

不久后，其他有机物也在实验室中合成，但根据法国实证主义和科学社会学的创始人奥古斯特·孔德的观点，韦勒的首次发现依然是"人类哲学革命"中的标志。对孔德而言，韦勒的发现是高于其他一切变革的，对化学过程中的自然法则是具有决定性意义的变革。[104] 孔德提出的哲学三阶段论——神学、形而上学以及建立在自然科学坚实基础上的实证主义，得到了广大生理学家的欢迎。孔德的《实证主义哲学》（*Cours de philosophie positive*）也广为流传。这部著作中有一个重要的部分涉及"生物哲学"，它论及了生物学及其与其他科学的关系问题。首先，他讨论了生物学的研究方式和对观察的解释。孔德从研究对象的"静态与动态"之间的相互联系来考量实证主义生物学的目的，换句话说，就是形式与功能之间

---

[101] E. H. Ackerknecht, 'Anticontagionism between 1821 and 1867', *Bulletin of the History of Medicine*, 22(1948), 562-593.

[102] Ackerknecht, *Virchow* (note 96), 131.

[103] Letter from Wöhler to Berzelius, 22 February-1828: O. Wallach, *Briefwechsel zwischen J. Berzelius und F. Wöhler* (Göttingen, 1901; Wiesbaden, 1966), vol. Ⅰ, 206.

[104] R. Morgue, *La Philosophie biologique d'Auguste Comte* (Lyon, 1909), 35.

的联系。他强调了研究的有机物环境的重要价值，他希望能从与有机物整体的直接联系中进行思考。进一步，他又从“关键的一致性”的角度，将不同器官的生理行为联系起来。[105] 环境与有机物的直接联系也引起了贝纳德的关注。贝纳德认为环境不仅指外在环境，即空气和水中的不同构成，还包括了内在环境。这包括细胞周围的血液和组织液。这两种不同环境之间的相互作用就成了他的生理学研究的核心。贝纳德在其著名的《实验医 567
学研究导论》(*Introduction à l'étude de la Médecine expérimentale*，1865)一书中构建了实验医学。在该书中，他构建了尊重有机现象的唯一特性的医学理论基础，并为医学决定论做出了贡献。[106] 贝纳德对实验科学所下的定义，提出的相应的实验方法论以及仪器的必要质量标准，至今依然是适用的。从 1852 年起，贝纳德在法兰西学院授课；从 1854 年起，他成了索邦大学新聘的普通生理学教授。对研究和教学而言，法兰西学院的设施要好得多。在索邦大学，贝纳德无法向学生进行实验演示，他等了 10 年，才得到了一个实验室。[107] 因此，贝纳德主要的研究都是在大学之外进行的。

贝纳德成了生理学杰出的领军人物。他分析了消化的过程，发现了肝脏肝糖短缺的现象，还对糖类的新陈代谢现象进行了基础性研究。为了研究各种毒药，他进行大量的动物实验：特别是箭毒和一氧化物。通过将科学的方法运用到这个领域，贝纳德发现了药物对有机体的特定部位的特定作用，进而将药物学构建成为一门实验科学。这些研究揭示了药物何时以及如何作用于患病组织。[108] 它开拓了另一个研究的新领域：实验病理学。贝纳德区分了“经验主义医生”和“实验主义医生”。虽然他并不反对希

---

[105] Morgue, *Philosophie* (note 103), 20-26; G. Canguilhem, 'La Philosophie d'Auguste Comte et son influence en France au XIXe siècle', in G. Canguilhem, *Etudes d'Histoire et de Philosophie des Sciences* (Paris, 1968), 76-98.

[106] J. Olmsted and E. Harris Olmsted, *Claude Bernard and the Experimental Method in Medicine*, Life of Science Library 23 (New York, 1952), ch. 11; F. Grande and M. B. Visscher (eds.), *Claude Bernard and Experimental Medicine* (Cambridge, Mass., 1967).

[107] Olmsted and Harris (eds.), *Bernard* (note 105), 85; cf. chapter 13, 528-529.

[108] Shryock, *Development* (note 88), 208, 210.

波克拉底式的医术，但是他反对盲目的经验主义、经验式的盲目用药，以及消极的对患病概率的看法。[109] 贝纳德在科学的基础上构建了西方的医学，正如卡巴尼斯希望的那样，他为确定性提供了最佳的保障。

自从许多有机现象能够通过显微镜进行观察，以及科学家倾向于通过化学过程类比来解释结构以来，形态学研究的化学方法也变成了一个重要的议题。1837 年，施沃恩发现了胚轴原细胞结构，同时提出了细胞的重要新理论。[110] 施沃恩比较了细胞起源与结晶的化学过程。他的胚轴原细胞
568 是一种非结晶物质，具有一定的可塑性，能够凝固成细胞核，进而形成细胞。[111] 像蛋白质一样，胚轴原也是可以被分解的。

蛋白质和纤维素成了重要的有机物；吉森大学的李比希和乌特勒支大学的赫拉尔杜斯・约翰内斯・穆德（Gerardus Johannes Mulder，1802—1880）对此做了很多研究。从 1837 年之后，穆德最先使用了基础分析法。[112] 施沃恩关于"胚轴原"是一种有机物的理论也引起了维也纳病理学家，在法国学派传统中取得杰出成就的卡尔・冯・罗基塔斯基男爵（Carl Freiherr von Rokitansky，1804—1878）的重视。在 1842—1846 年间，他出版了《解剖病理学手册》（*Handbuch der pathologischen Anatomie*）。他向学生们展现了一个器官病变的全景图，并对各种损伤和具体疾病进行了描述和分类。[113]

罗基塔斯认识到，许多疾病之所以无法被确诊，是因为我们观察到的损伤是无关紧要的，这使得疾病的致命进程无法得到解释。对于这些疾病，罗基塔斯指出，血液作为一种经常存在的有机物，它携带着蛋白质和

---

[109] C. Bernard, *Introduction à l' étude de la medicine expérimentale* (Geneva, 1945), 389 (ed. by C. Bourquin).

[110] Ackerknecht, *Virchow* (note 96), 70-85 ('On the Road to Cellular Pathology').

[111] *Ibid*, 73.

[112] H. A. M. Snelders, 'The Mulder-Liebig Cntroversy Elucidated by Their Correspondence', *Janus*, 69 (1982), 199-221.

[113] E. Lesky, *Die Wiener medizinische Schule im neunzehnten Jahrhundert*, Studien zur Geschichte der Universität Wien 6 (Graz and Cologne, 1965), 129-141.

其他物质会恶化成为一种叫作“dyskrasia”的物质，这是古代对病态的液体的一种称谓。他对血浆和施沃恩的胚轴原进行了比较，并试图在《手册》的第三卷中，依据这种假说，对疾病进行分类。这使得一个新的研究领域——渗出病理学（*exsudat pathologie*）开始出现。[114] 这在维也纳临床医生中非常流行，但化学家却无法理解。尽管如此，罗基塔斯的《体液病理学》（*Krasenlehre*）在 19 世纪中期的中欧学校占有优势。即使是曾严厉批判渗出病理学理论的菲尔绍也认为罗基塔斯对宏观病理形态学做出了重大贡献，并认为罗基塔斯所作出的贡献能够和林奈提出的植物分类法相提并论。[115]

菲尔绍的病理学研究则幸运得多。他认为胚轴原只是第二位要因，并将重点放在细胞上。菲尔绍在历史上最伟大的医学成就是为“细胞病理学”奠定了基础。在菲尔绍的理论中，他反对胚轴原理论，并于 1852 年形成了细胞分裂学说，并指出所有的生命体都是有直接的继承性的。1855 年，他在《年鉴》第 8 卷中提出著名的格言：“一切细胞来源于细胞”，并认为细胞是所有生命体和疾病的基本单位。[116] 因此，当时的医学为病理学 569
所支配，并存在三种不同的病理学理论：通过尸检类比进行研究的法国病理学与克劳德·贝纳尔的病理生理学，与法国方法论学派相结合的维也纳渗透病理学，以及德国的“细胞病理学”。

尽管民族特性使得这三种学说彼此独立，但是英国、法国和德语国家的杰出科学家诊断出的新疾病则是同时出现的。事实上，病理学影响了医学的各个领域。例如，皮肤病被看作是一组病理学现象，它显现在皮肤上，并能根据发疹的不同程度将其进行分类。对于这一点，不同的学派有不同的观点，这也极大地困扰着学生。尽管许多分类都能被菲尔绍的建立在对细胞的病理学变化更具洞察力的“细胞病理学”所驳倒，但是病理学

---

[114] *Ibid.*, 135.

[115] In the *Wiener Medizinische Wochenschrift* from 1855, after Lesky, *Wiener Schule* (note 112), 132.

[116] Ackerknecht, *Virchow* (note 96), 82-83.

和病理解剖学依然在所有的专门领域内占据了核心地位，例如，神经学、眼科学、儿科学以及妇科学。[117]

对大脑的病理变化的关注也主导着精神病学家。他们现在相信诱发精神病的主要原因是脑部物质，这可以在新工具的帮助下进行分析，即在对脑部组织进行染色的化学物质的帮助下，进行微观研究。这一学派的典型代表就是西奥多·迈纳特（Theodor Meynert，1833—1892），他研究大脑结构和脊椎，而这也为神经解剖学的进一步发展奠定了基础。[118]

1847 年，当伊格纳茨·塞麦尔维斯（Ignaz Semmelweis，1818—1865）还在维也纳妇产科医院担任助产士期间，病理学影响了他对产褥热起因的看法。极其强调尸体解剖的维也纳学派也进一步加深了学生与解剖室，以及产房中卧床女性的联系。塞麦尔维斯将产褥热发病的高比例归因于病毒感染，而这些病毒是由学生从解剖室带来的。进一步，他也以他的老师罗基塔斯的方式，警告生命有机物的分泌物具有有害性，这能使得产褥热在不同的妇女间传染。[119] 用漂白粉来洗手的方式，成了一种解决办
570 法，并逐步为整个欧洲所接受。在链球菌和其他细菌的发病机理为人们熟知之前，产房已开始使用大量的抗菌剂。[120] 1867 年，约瑟夫·利斯特（Joseph Lister，1827—1912）发表了他的伤口消毒方法，一年后这种方法就在大多数医院中得到了应用。[121] 1846 年，麻醉术从美国引入英国，这也大大缓解了手术病人和难产产妇的痛苦。伦敦首先使用了吸入剂。一年

---

[117] Lesky's chapters in *Wiener Schule*(note 12)on the separate specialism; H. -H. Eulner, *Die Entwicklung der medizinischen Spezialfächer an den Universitäten des deutschen Sprachgebietes*, W. Artelt and W. Rüegg(eds.), Studien zur Medizingeschichte des neunzehnten Jahrhunderts 4(Stuttgart, 1970), 95-112.

[118] Lesky, *Wiener Schule*(note 112), 377.

[119] *Ibid.*, 215.

[120] H. Beukers, 'De opkomst van het universitair onderwijs in de verloskunde en gynaecologie in Nederland', in F. J. J. van Assen(ed.), *Een eeuw vrouwenarts*(Amsterdam, 1987), 241-258.

[121] J. Shepherd, 'Lister and the Development of Abdominal Surgery', in F. L. N. Poynter (ed.), *Medicine and Science in the 1860s*, Publication of the Wellcome Institute, n. s. 16(London, 1968), 105-115.

后，麻醉术就在整个欧洲得到了广泛的使用。[122] 同时，在外科手术和剖腹产的过程中也开始尝试使用一些更加剧烈的手术方式，并提出了在医疗中使用海洛因。在“嘉年华”时代，新技术和复杂的仪器设备得到应用；20 世纪则标志着技术的开端，这既成了下一代人的福音，也成了他们的负担。

医学机构的扩张

在 1870 年之前，欧洲几乎所有国家医学教育的目标都是要培养全科医生。这是在大学之中进行的，而且通常还处于政府的监督之下。医学教育的新观念是建立在将自然科学视为医学真正和唯一的基石的基础之上的，它要求设备精良的实验室和用于临床教学的传统医院的现代化。由于这种扩张所产生的费用是由政府支付的，因此其决策也往往带有政治性和民族特性。

除了实现原有的解剖机构的现代化之外，还要为生理学、病理解剖学和化学建设新建筑。在与医院合作的大学中，还急需安置传染病和性病患者的病房与产房。1876 年，维也纳医生西奥多·巴尔罗特（Theodor Billroth，1829—1894）曾发表了一篇著名的关于德语国家医学教育状况的报告。[123] 他对一所医学院现代化的成本进行了粗略的估算。据他估计，资本成本为 150 万奥地利银元，年支出为 30 万奥地利银元。[124] 不用说，大多数 571
欧洲国家对为医学院的新需求筹款态度消极。

---

[122] Moulin, *History of Surgery* (note 24), 280. See also J. Ruprecht and J. J. de Lange's survey of the introduction of ether narcosis on the European continent, in J. J. de Lange *et al.*, *Van aether naar beter. Veertig jaar Nederlandse vereniging voor anaesthesiologie, 1948-1988* (Utrecht, 1988), 5-12.

[123] T. Brillroth, *Über das Lehren und Lernen der Medicinischen Wissenschaften an den Universitäten der Deutschen Nation, nebst allgemeine Bemerkungen über Universitäten* (Vienna, 1876).

[124] *Ibid.*, 405.

人文主义的学园和欧洲其他中学，一般是不讲授化学、物理等基础科学的。因此，大学不得不在学生接受与应用化学相关的药物学、毒物学、法医学和卫生学的教学之前，开设基础科学的教学课程。[125] 由于流体动力学、电学、光学、声学的新发展，使得物理学变得很重要。[126] 在 1850 年后，欧洲大部分大学中取消了拉丁语课程。学生们，特别是思想激进的学生们主张，用先进的自然科学来取代传统的人文主义知识。一些更加需要苦思冥想的学科，如逻辑学、社会学、医学史等也受到抑制。尽管如此，多数大学不仅无法为医学院的学生提供化学的实践培训，而且这些年轻人也不受物理学实验室（Physical Cabinets）的欢迎。[127] 而新的实验室又需要配置用于实践操作的设备。这些只有到 19 世纪末或者 20 世纪初才得以实现。

解剖学是医学教育一个基本组成。但在 1840 年后，解剖学逐步让位于生理学和病理解剖学。从 19 世纪初开始，大部分大学都设有专为学生学习的解剖室和专为外科医生解剖尸体用的解剖室。在同一个建筑中，既有生理学实验室，也有病理解剖学实验室；解剖标本陈列室中也是既有正常的标本，也有病变的标本。随着标本的增加，如何保存这些标本成了一个棘手的问题。解剖学家的主要兴趣是新生理学，他们并不急于扮演解剖陈列室看门人的角色，新的实验研究才是他们的首要兴趣。他们盼望着学科的分化。但答应为新聘任的教授建设的新建筑，并不总是在一个合理的时间段内完成。在索邦大学，贝纳德为得到他理想的实验室等了十年。而在德国和低地国家的一些大学中，直到 1870—1900 年间，才开始建设生理学实验室。[128]

在 1850 年到 1890 年间，病理解剖学实验室从医院的验尸房中搬离出

---

[125] *Ibid.*，69.

[126] H. von Helmholtz，*Die Lehre von den Tonempfindungen als physiologische Grundlage für die Theorie der Musik*（Heidelberg，1862）.

[127] Billroth，*Lehren und Lernen*（note 122），73，80.

[128] *Ibid.*，508. Eulner，*Spezialfächer*（note 116），63.

来，并转入了更加适合的、能更好地存放病理标本的建筑中。病理学家们十分依赖于各类标本，用于向学生演示特定疾病引起的病变。许多大学都 572
购置了专门为教学设计的人造标本，例如，他们曾向病理解剖博物馆购买著名的、由费利克斯·蒂贝尔（Félix Thibert）制作的标本。[129] 它们是由塑料制成的浮雕。特别值得关注的是皮肤病的模型，由于浮雕是绘制的，所以病变得以以真实的形态展示。[130] 路易·托马斯·杰罗姆·奥祖（Louis Thomas Jérôme Auzoux，1797—1880）也为教学制作标本，他除了制造整体的人体标本外，还制造可拆分的标本。它们主要是由混凝纸制成的，并根据人体不同部位进行染色。[131] 奥祖的标本受到全世界的青睐，尤其是一些军医学院。[132]

到 1870 年为止，欧洲大部分的医学院都在解剖学教席之外增设了病理学教席，其中包括病理解剖学和生理学。[133] 1891 年，吉森成了德国最后一所实现解剖学和生理学分设的医学院。[134] 与胚胎学和细胞病理学密切联系的组织学新分支，成了解剖学、生理学和病理学这三门学科之间斗争的祸根。1850 年之前，组织学是解剖学家的研究内容，但很快地，生理学家就以活体组织研究和化学生理学研究为名，抢走了组织学。病理学家也因其与细胞病理学之间的关系，认定组织学是他们的领域；学生们应该观察病变的细胞，例如癌细胞。它们之间实现合作的经典范例出现在维尔茨堡，在那里，艾伯特·克利克（Albert Köelliker，1817—1905）从 1848

---

[129] G. T. Haneveld, *Bijdragen tot de geschiedenis der pathologische anatomie: Utrecht in de eerste helft van de negentiende eeuw*（Pathologische Anatomie in Utrecht, circa 1800-1850/Pathological anatomy in Utrecht circa 1800-1850）(Amsterdam 1978), 283. 第一组标本于 1839 年展出。

[130] 这些标本至今仍然保存在巴黎圣路易斯医院的巴拉特博物馆中。

[131] Haneveld, *Bijdragen*（note 128）, 281-283.

[132] 蓬佩·范·梅尔德沃特就曾为日本长崎的军医大学向奥祖定制人体标本。See *Catalogue of the Historical Writtings and Materials in Early Stage of the Development of Modern Medicine in Japan*（Kyoto, 1959）, 39.

[133] See the diagrams in Eulner, *Spezialfächer*（note 116）, 495-538.

[134] *Ibid.*, 61.

年开始开设组织学常规课程。[135] 1849 年，在菲尔绍接受了维尔茨堡的任命后，他们吸引了一群年轻的、杰出的助手，并迅速地在“尤丽叶福利院的洞穴”中实现了解剖学与生理学教学的现代化。[136] 欧洲大多数其他国家也效仿了德国的模式。英国将新科学应用于医学教学和实践，但是医院或者
573 医学院教学和学习所需的新设施购置则必须得到公众的支持。俄国没有出现这样的发展，在那里，传统的强调临床教学和示范的方式依然得以维持，并获得比基础学科和实验研究优先发展的地位。[137] 但在 1863 年，尼古拉·皮罗戈夫（Nikolai Pirogov，1810—1881）发表了一篇关于医学改革的进步主义报告。它宣传了新大学章程，要求赋予大学更多的自主权，医学院的系主任有权设置课程，并处理与教授和学生有关的事务。[138] 弗琳也指出，从 19 世纪中期到一战前，俄国主要受到了德国模式的深刻影响，特别是哥廷根大学的影响。[139] 在德国的俄国留学生也逐渐接受了“新生理学”。他们偷偷地阅读了比希纳和莫勒斯霍特的著作。1848 年之后，唯物主义的观念在沙皇尼古拉时期遭到了严厉的禁止，“新生理学”也没有被大学接受，该领域中的一切革新都受到了怀疑。[140] 只有圣彼得堡科学院，特别是通过俄国神经生理学研究所之父伊万·M. 谢切诺弗（Ivan M. Sechenov，1839—1905）的研究，才为其提供了新的可能性。这种以生理-病理学为导向的研究和教学成了整个圣彼得堡科学院时代的特征，并在伊万·彼得罗维奇·巴甫洛夫（Ivan Petrovič Pavlov，1849—1936）的著

[135] A. Koelliker, *Erinnerungen aus meinem Leben* (Liepzig, 1899), 181.

[136] *Ibid.*, 39.

[137] J. T. Flynn, ‘Russia's University Question: Origins to Great Reforms 1802/1863’, *History of Universities*, 7(1989), 1-37.

[138] Grmek, ‘Medical Education’(note 74). On Sechenov: K. S. Koshtoëiianëtis, *I. M. Sechenov* (*1829-1905*) (Moscow, 1950), 140

[139] Flynn, ‘Russia's University’(note 136)中曾提到哥廷根大学，这也许是因为哥廷根大学与圣彼得堡科学院有着紧密联系。

[140] A. Gaïssinovitch, *Elie Metchnikov Souvenirs. Recueil d'articles autobiographiques* (Moscow, 1959), 26.

作中得到最佳的体现。[141]

在1830年到1870年间，欧洲大部分国家的临床教学并没有获得显著的发展。它主要仅仅局限于演示。学校也不鼓励高年级的学生从事病人检查和写病历报告之外的活动。医院中的医疗设备也很落后。在19世纪60年代末期，卡尔·莱因霍尔德·奥古斯特·文德利希（Karl Reinhold August Wunderlich，1815—1877）引进了医用体温计。[142] 在当时，显微镜大多是教授、成功医生和富裕学生的私人财产。1858年，路德维希·蒂尔克（Ludwig Türck，1810—1868）和约翰·内波穆克·切尔马克（Johann Nepomuk Czermak，1828—1873）引进了喉头镜，并立刻得到了普及，而且也成为1870年之后特定领域解禁的强大推动力。动画片里医生常用的打孔镜片也轻而易举地得到了采用。[143] 这些医用仪器操作简单，价格低廉。同时，汽油灯或煤油灯也提供了必要的照明。从1855年开始，尿液 574
检查成了一项常规检查；尿液的检验单为私人医生发现病变在一定程度上提供了简单的、崭新的分析方法。[144] 但在1870年之前，其他的检查体液的手段和相应的化学分析是否在大学医学教学中进行讲授，则无法考证。[145]

在法国，住院医生和非住院医生制度为学生提供了一定的实践经验。在英国，特别是在伦敦，课程为所有的学生都布置了大量的临床任务，使得他们能够主要通过照顾患者来学习。巴尔罗特曾在1876年抱怨，在德语国家的大学中，学生们缺乏诊断训练并完全缺乏实习医师的阶段。[146] 但

---

[141] Grmek, 'Medical Education' (note 74), 319.

[142] C. R. A. Wunderlich, *Das Verhalten der Eigenwärme in Krankheiten* (Leipzig, 1868).

[143] Eulner, *Spezial cher* (note 116), 340-386(参见论耳鼻喉学科的相关章节).

[144] W. D. Forster, 'The Rise of Chemical Pathology', in F. L. N. Poynter, *Chemistry in the Service of Medicine* (London, 1963), 89-104.

[145] J. Blecker, 'Medical Students-to the Bed-side or to the Laboratory? The Emergence of Laboratory-training in German Medical Education 1870-1900', *Clio Medica*, 21(1987-1988), 35-46.

[146] Billroth, *Über Lehren und Lernen* (note 122), 99-106. 但他更满意 H. von Ziemssen 的文章, "Uber den klinischen Unterricht in Deutschland" *Deutsches Archiv für Klinische Medizin* (1875), 13。

大部分欧洲的大学医院不适合容纳这些助手和实习生。在一些规模较小的大学里，医院在暑假期间是关闭的，大部分病患被送回家。[147] 巴尔罗特坚持对医学院的学生们进行整体性的训练。他坚决反对促进专科化。临床医学、外科学和产科学必须是医学教育的基础学科。

学生们在门诊诊所中见到大多数的日常病历，有时也与大学医院联系，有时还在城市中的贫民施药所中学习。就这方面而言，小规模大学里的学生们可以学到更多的东西，一个诊疗所能够比大学医院中的住院病人提供更多的外科病例。但我们不应该忘记那些寻求治疗的病人，他们患有局部炎症，例如蛇头疮、溃疡、外伤以及烧伤。还有很多儿童被送到门诊救治，他们的父母不希望把孩子送到极易被感染的、儿童住宿条件和护理条件都极差的医院。1837 年，维也纳出现了第一家私人的儿童专科医院。
575 而在此之前，学生们要想研究儿童的疾病则需要去孤儿院，因为那里肯定住着许多患病的孩子。[148]

医学专业化的发展（1870—1940）

工业化以最显著的方式影响着医学。新产品受到了科学家的热烈欢迎，他们想要将化学、物理学和工程学应用到生物学研究和健康保健之中来，而且新设备和新药品的市场得到了快速的发展。在许多新的医疗器械，如心电图、血压计、X 光检查的辅助下，诊断得到了改善。随着无菌的不锈钢器具的制造，随着麻醉学的发展与麻醉的引入，外科手术得到了极大地改进。1880 年，爱迪生的电灯开拓了新的领域：人体体腔的检查。

---

[147] 这主要发生在莱顿大学的加西里亚医院和诺索科姆研究所中，这种情况也一直持续到 1875 年。H. Beukers，'De Leidse Medische Faculteit in het derde kwart der negentiende eeuw'，in W. Otterspeer, *Een universiteit herleeft: wetenschapsbeoefening aan de Leidse Universiteit vanaf de tweede helft van de negentiende eeuw*，Studies over de geschiedenis van de Leidse Universiteit 2(Leiden，1984)，76-103.

[148] Eulner，*Spezialfächer*（note 116），202-221（有关儿童疾病章节）.

光学在组织和微生物学的微观结构研究中发挥了极其重要的作用。制药工业也成了新药应用、药品测试充分和标准化的关键。19 世纪流行的瘟疫，如霍乱、肺结核、梅毒以及许多威胁着欧洲殖民地的热带疾病，可以通过证实病原生物来确诊，并且能采取措施来控制病情。诸如糖尿病和坏血症等疾病也可以通过分析而得到有效的治疗。在 19 世纪中期普遍出现的“对进步的坚定信仰”，最终开花结果了！

阿尔弗雷德·诺贝尔（Alfred Nobel，1833—1896）是当时欧洲最著名的工业家之一，他认识到新进展对人类的重要作用。因此，在 1901 年到 1940 年诺贝尔奖得主的名单及其成就，都标志着 20 世纪最初 10 年医学研究中的关键性进步。[149]

20 世纪 30 年代，存在着对进步的坚定信念，但也存在着倒退。由于从业人员日常接触有毒特质，并且企业也缺乏必要的防护措施，这导致了职业病，进而开拓了一个新的问题领域。此外，还出现侵害性的外科诉讼和 X 光治疗的事故，医学道德也必须根据新情况和新危机进行调整。19 世纪的医学伦理，以及由约翰·托马斯·珀西瓦尔（John Thomas Percival，1803—1876）所提出的医生的美德，已经不能满足 20 世纪“民法诉讼”（nobile officium）的要求。[150] 新药物和新仪器诱惑着年轻的医生利用人体进行试验，有时造成了致命的后果。[151] 576

活体解剖受到了公开的批判，特别是在英国，长期反对活体解剖的传统在 1840—1870 年间阻碍了生理学的发展。新成立的反活体解剖的社团组织促进了 1876 年的立法。这部活体解剖法案对于英国实验生理学的发

---

[149] W. B. Huddleton, Slater in his Introducation to Daniel Kellner's *A Nobel Dijas Orvosk, életées munkassaga*. 这部著作从匈牙利文被翻译成德文，并于 1940 年被翻译成荷兰文。在书中，主要涉及了 1901—1940 年诺贝尔奖的评奖情况。

[150] I. Waddington, 'The Development of Modern Ethics: A Sociological Analysis', *Medical History*, 19(1978), 36-51.

[151] J. F. Rang, "Medisch experiment op de mens en strafrecht', in A. G. M. van Melsen et al. (eds.), *Recent medisch-ethisch denken* Ⅱ, Nederlandse Bibliotheek der Geneeskunde 60 (Leiden, 1970), 33-87.

展利大于弊。[152] 工业化社会的一个后果，就是流产病例的增多，这引起了民众和医生们的注意，并导致了要求避孕和人口控制的新马尔萨斯运动。[153] 城市化和卖淫导致了性病的增加，对于性生活的正确理解变得至关重要。[154] 洁身自好成了城市中产阶级道德观中的重要一环，它是克服意外怀孕危险的保护措施之一。在一些先驱人物，诸如理查德·冯·克拉夫特-埃宾男爵（Richard Freiherr von Krafft-Ebing，1840—1902）、奥古斯特·福雷尔（August Forel，1848—1931）、哈夫洛克·蔼里斯（Havelock Ellis，1859—1939）等人的倡导下，性科学成了一门新学科，这也启发其他人开始致力于为更好性生活所进行的探索。[155] 他们的著作在新婚夫妇和学生中间广为流传。1927年，福雷尔、蔼里斯和马格努斯·希施费尔德（Magnus Hirschfeld，1867—1935）建立了“性科学改革协会”。许多知识分子在这个社团中都很积极，特别是许多著名的左翼作家，如乔治·萧伯纳（George Bernard Shaw，1856—1950）和托马斯·曼（Thomas Mann，1875—1955）等人，都是早期成员。但将倡导生育控制转变为中产阶级改革运动的一个根本原因，还有很长的路要走。最后强调说明的是，弗洛伊德提出了精神分析理论，认为无意识的性冲动是人类行为的主要动机。弗洛伊德的理论对精神病的诊断和治疗产生了巨大的影响；它使研究者的兴趣从人脑的疾病转向了多方面的对人类精神的干扰因素。

577 医学工业化的另一类结果是导致了顺势疗法的复兴，受到巴斯德研制的“狂犬病”疫苗以及科赫研制的结核菌疫苗启发，反唯物主义在医学界

[152] G. L. Geison, ‘Social and Institutional Factors in the Stagnancy of English Physiology, 1840-1870’, *Bulletin for the History of Medicine*, 46(1972), 30-58; R. D. French, *Antivivisection and Medical Science in Victorian Society* (Princeton, 1975).

[153] M. Borell ‘Biologists and the Promotion of Birthcontrol Research(1918-1938)’, *Journal of the History of Biology*, 20(1987), 51-87; N. E. Himes, *Medical History of Contraception* (new York, 1963). 着重注意第八章。

[154] J. M. W. van Ussel, *Geschiedenis van het sexuele problem* (Meppel, 1968).

[155] J. de Bruijln, *Geschiedenis van de abortus in Nederland. Een analyse van opvattingen en discussies 1600-1979* (Amsterdam, 1979), 144.

的影响日益增强。[156] 变革的社会要求新兴的特效药来对抗各类疾病，并预防衰老导致的不适。因此，"嘉年华"时代的领袖人物被细菌学和内分泌学中关于"回春"的新理论所吸引。在这方面最突出的后果是由俄国外科医生泽格·沃罗诺夫（Serge Voronoff，1866—1959）取得的，他将猴子的性腺激素注射到人体中，并且在他的书中描绘了老人重返青春的画面，这给许多医生留下了深刻的印象。[157]

工业化也改变了药剂师和仪器制作员这类行业。小商店为工业化的企业所取代，并在一个世纪之内发展成了跨国企业，这影响了从基础科学到医院日常工作的整个医学世界。它们的技术人员还经常与大学合作。事实上，这是最为必需的一种安排。1896 年，德国企业家卡尔·蔡司（Carl Zeiss，1816—1888）主张在大学附近开办企业，他认为："与耶拿大学的合作，能够使我们的企业把握科学技术进步的脉搏，能够使我们最有效、最简便地改进我们的生产。"[158] 在德国，从 1884 年开始，耶拿的蔡司公司就成了医学市场中提供光学仪器的领头羊企业。[159] 他们的技术顾问之一是恩斯特·阿贝（Ernst Abbe，1840—1905），他常与蔡司一起处理显微镜的聚焦问题。阿贝是哥廷根大学的物理学、数学教授，他十分关注医学问题。随着电灯在体腔检查中的使用，显微镜很快就成为"微观探索者"不可或缺的设备。爱迪生电灯的优势很快被"体腔观察者"——泌尿医生、喉科医生以及眼科医生认可。同时，这个领域的医生们也开始和仪器制作

---

[156] R. Tischner, *Die Homöopathie seit 1850* (Leipzig, 1939); F. von Hueppe, *Naturwissenschaftliche Einführung in die Bakteriologie* (Wiesbaden, 1896). After A. van't Riet, *August Bier en de Homeopathie* (Eindhoven, 1978).

[157] G. Greeman, 'An Introduction to Literature on the History of Geronology', *Bulletin of Medical History*, 31(1957), 78-83; S. Voronoff, *Etudes sur la vieillesse et le rajeunissement par la greffe* (Paris, 1925-1926).

[158] A. Schomerus, 'Vor 120 Jahren und vor 90 Jahren. Carl Zeiss zum Gedächtnis', *Zeiss Notizen*, 32(1936), 3-5.

[159] H. Hovestadt, *Jena Glass and its Scientific and Industrial Applications* (London, 1902) (translated by J. D. and Alice Everett).

578 商合作。在欧洲，有几个制作新仪器的著名公司，例如，伦敦的丹·布朗有限公司（Down Bros. Ltd.）、斯德哥尔摩的艾尔伯特·斯蒂尔公司（Alb. Stille）、巴黎的鲁尔·马修斯企业（*Masions Luer and Mathieu*），以及德国弗赖堡的费舍尔有限公司（Fischer and Co）。在美国，史密斯·怀特公司（S. White）成了医疗器械的主要供应商。他们还专门生产手术室和假肢的相关设备。[160] 因为制药企业的新药需要用药的新方法，1869年，鲁尔·马修斯企业生产出注射器。[161]

化学物质主要在实验室诊断中起辅助作用，因此成为大学中的一个重要议题。[162] 化学工业的迅速发展也为医生提供了简便地进行尿液检测和血液检测的手段。在 1870 年后，应用于纺织工业的新型化学染色剂，开始在有机组织和细菌中使用。它使得人们可以在显微镜下看到之前未被发现的新结构。[163] 在 19 世纪的最初 10 年，有许多生物碱被分离出来，例如，1806 年，由弗里德里希·威廉·塞尔特纳（Friedrich Wilhelm Sertüerner，1783—1841）分离出的吗啡，但是它们要被生产出来需要萃取、分离和提纯，而且它们的分子结构在当时还是不为人知。许多著名的制药企业，例如巴塞尔的辛巴公司、艾尔贝弗德的巴耶公司，在广泛用于治疗的奎宁和阿司匹林能够合成生产之前，是不会考虑涉及制药生产的。[164]

统一度量在工业社会是绝对必要的。1887 年，德国在夏洛腾成立了帝国技术研究所（*Physikalische Technische Reichsanstalt*），他们为精准

---

[160] A. B. Davis and M. S. Dreyfuss, *The Finest Instruments Ever Made: A Bibliography of Medical, Dental, Optical and Pharmaceutical Company Trade Literature; 1700-1939* (Arlington, Mass., 1986) (ed. by Medical Historical Publications Associate).

[161] A. B. Davis, *Medicine and its Technology: An Introduction to the History of Medical Jnstrumentation*, Contributions in Medical History 7 (Westport, Conn., London, 1981).

[162] S. J. Reiser, *Medicine and the Reign of Technology* (Cambridge, 1978)，第六章中论试验检测的诞生。

[163] W. Vershofen, *Die Anfänge der Chemisch-Pharmazeutischen Industrie. Eine Wirtschafthistorische Studie* (Berlin and Stuttgart, 1949), 72.

[164] *Vijftig jaar Bayer Geneesmiddelen (1888-1938)* (Leverkusen, 1938); Vershofen, *Anfänge* (note 162), 91.

仪器设立了标准。在可靠的仪器的帮助下，医生能够更可靠地用药。[165] 因此，在 20 世纪前，奥地利、俄国和英国都以帝国研究所为原型，设立了仪器测试中心。1901 年，美国也开始效仿。[166] 人寿保险公司也开始使用标准化的设备来预测他们客户的寿命，[167] 同时他们还用标准化仪器来对从事
特殊职业的雇员或应聘者进行体检。在 1881 年的国际医疗会议上，应美 579
国公路公司的要求，它们也为驾驶员设置了视力标准。[168] 1862 年，荷兰眼科医生赫尔曼·斯内伦（Herman Snellen，1834—1908）制定的视力测量表，也成了标准化量表。[169]

在医学界，制药业首先提出应该寻求统一的标准来规定处方药的规格、命名以及用量。[170] 他们主张采用 1858 年以来在德国使用的公制，并在处方中使用拉丁文药名。在耳科、眼科、药物学还有病理学和内科学等新学科的会议上，都强烈要求统一度量标准。1877 年，在日内瓦召开的国际医学会议上，他们还提出了医疗报告的标准化问题。[171] 1880 年之后，精确性已经成了医学界的普遍追求：精确的仪器、精确的诊断，以及精确的药品管理。

医学教育的“现代化”

尽管成就斐然的巨人们，如米尔德、菲尔绍、巴斯德、科赫的研究引发了“嘉年华”时代的伟大发现，但是医学教育仍然是缓慢地适应着社会

---

[165] Davis, *Medicine*(note 160), 187.

[166] *Ibid*., 187.

[167] *Ibid*., 188-210(第八章论人身保险).

[168] *Ibid*. 215.

[169] H. Snellen, *Optotypi ad visum determinandum*, Reports from the Dutch Ophthlmic Hospital(Utrecht, 1862). 被译为多国语言，于 1902 年第八次再版。

[170] Davis, *Medicine*(note 160), 221.

[171] E. Segiun, ‘Uniformity in the Practice of Physic’, *Medical Record*, 13(1876), 556; Davis, *Medicine*(note 160), 224.

的需求。19 世纪初，对确定性的要求成了医学教育改革的关键。但到了 20 世纪初，人们寻求的则变成了安全性，并要求通过让医生掌握充分的知识来实现。1900 年左右，欧洲大多数国家都要求医生必须获得由国家委员会批准的行医执照后才能开业行医。

医学教育并不完全是大学的事务，尽管它们有义务开设一些学科，如药学、牙科学和兽医学，但之前，这些学科的教学在大多数国家中都是在大学之外进行的。医学职业的注册制度消灭了不合格的行医，并为新社会提供了它需要的、安全的全科医生。[172] 这个时期还需要受过良好训练的药剂师，药品的工业化生产也要求他们熟悉新标准、新规定和新法律。最后，牙科学获得了更高的标准，成了一种“受人尊敬的职业”。[173]

580 虽然医学改革遍布整个欧洲，但是每个国家都面对着不同的问题，这是由不同的法律法规和医学培训的不同模式及其他问题造成的。医学教育的现代化要求在医学院引进新专业。1850 年左右，大部分的医学院仍然设有 5 个教授席位：解剖学、草本药物学、外科学、产科学和内科学。20 世纪初，医学院拥有 15 个教授席位，在基础医学方面有解剖学、生理学、生物化学、病理学、药理学、细菌学；在临床医学方面有内科、儿科、产科学、外科、眼科、耳科、皮肤科、精神病学和神经学。除此之外，还设有特别教席，例如医学史。德语国家和北欧国家是第一批在其医学院中设系的国家，尽管他们为各学科提供的设备有所不同，但可以肯定他们并没有为每一个教席聘请讲座教授。

近来，对医学教育感兴趣的历史学家们回顾了亚伯拉罕·弗莱克斯纳（Abraham Flexner，1866—1959）的报告，发现了医学教育的两种模式：

---

[172] Newman, *Evolution* (note 58), 135.

[173] G. J. van Wiggen, *In meer eerbare banen. De ontwikkeling van het tandheelkundig beroep in Nederland van 1865-1940*, Nieuwe Nederlandse bijdragen tot de geschiedenis der geneeskunde en der natuurwetenschappen 23 (Amsterdam, 1987). 这部书主要介绍了在尼德兰地区牙科学逐步发展，对牙医要求不断提升，牙医地位逐步提高的过程。

一种是在大学中发展起来的逻辑模式；另一种是在医院发展起来的自然模式。[174] 作为教师的弗莱克斯纳认为，逻辑模式要远远优于自然模式。他十分崇敬那些建构逻辑模式的先锋式的德国改革者们。这位教育家（起初是肯塔的校长）受雇报告美国医学教育的状况，并疾风骤雨般地访问了各类型的医学学校。他采用了一种评价系统，从而使他能迅速判断出每一所学校的质量。[175] 弗莱克斯纳的调查是在 1909—1910 年间进行的，“在 1910 年之前美国医学学校的糟糕状况已不是秘密”[176]。弗莱克斯纳考察了医学预科教育、入学要求及其实施，以及课程。他考察了教师、实验室和医院设施的质量。当他访问欧洲，与法国、英国和德国的不同制度进行对比时，在调查中也沿用了这几条标准。弗莱克斯纳逐步形成了一种“现代大学理念”，他认为考察一所大学，应将它置于特定时期的整体社会组织中。1928 年，弗莱克斯纳在牛津大学举办的介绍性讲演中指出，医学教授应 581
该首先是提出问题的学生，是人的塑造者，是能够开拓他们道路的人。对于弗莱克斯纳来说，大学首先是教学和研究的场所。在他看来，不论临床实践多么重要，都不足以作为学术认证的理由，但也不能把它完全排除在外。[177] 他认为，聘任全职的临床教授，是在美国创建能与德国相提并论的诊所的唯一有效的途径。弗莱克斯纳曾高度评价了 1882—1907 年间担任普鲁士文化部部长的弗里德里希·阿尔特霍夫（Friedrich Althoff, 1839—1908），他是一位卓有成效的管理者，正是他将研究引入了大学和其他相关机构。弗莱克斯纳认为，1876 年在德国和英国医学教育模式的影响下建立的约翰·霍普金斯大学医学院，极大地促进了医学研究的发

---

[174] A. Flexner, *Medical Education: A Comparative Study* (New York, 1925), 18, 118.

[175] G. H. Brieger, 'The Flexner Report: Revised or Revistied? ', *Medical Heritage*, I (1985), 1-25.

[176] R. P. Hudson, 'Abraham Flexner in Perspective: American Medical Education 1865-1910', *Bulletin for the History of Medicine*, 46(1972), 545-561.

[177] A. Flexner, *Universities: American, English, German* (New York, London and Toronto, 1930); T. Neville Bonner, 'Abraham Flexner and the Historians', *Journal of the History of Medicine and Allied Sciences*, 45(1990), 3-10.

展，并促成了1901年洛克菲勒医学研究所的成立。同时，弗莱克斯纳也十分赞赏西奥多·巴尔罗特（Theodor Billroth，1829—1894），1876年巴尔罗特在自然科学的基础上勾画了现代化的医学院，指出它必须在研究和教学领域都取得成就。弗莱克斯纳严厉地批评了法国临床式的医学教育模式，在那里，非大学医院任命的临床外科医生和内科医生在病房中来回走动，向学生演示，而且在那里基础科学也是由临床医生教授的。由外科医生讲解解剖学，内科医生讲解生理学。

法国中央集权式的医学教育传统，特别是在巴黎的医院中，严重阻碍了新兴的实验医学所必需的基础科学知识的发展。在1830—1865年间，当法国试图延续临床的辉煌，决定继续保持综合性，拒绝进行医学专业化时，一种私人医学教育在医学院之外悄然兴起。一些不属于医院和医学院的“自由”教授开始在法兰西学院和巴黎高等研究实践学校中开设选修课程，如显微镜的使用和组织学。[178] 弗莱克斯纳没有意识到法国的医学教育在1870年普法战争结束之后所发生的显著变化。巴黎医学院的教授们纷纷去其他国家接受医学教育。在经过深思熟虑之后，他们为医学中专门化的分支学科设立了新教席，并在课程中给予基础科学，特别是解剖学以适当的地位，尽管这些课程都还在筹划之中。1892年的法案将这些改变付
582 诸实施，还一劳永逸地取缔了公共卫生官员的职务，并承认在医学研究中，基础科学是新实验医学必不可少的条件，而这最初起源于19世纪中期之前的德国。[179]

在英国，1886年，普通医学委员会获得授权仅为那些在最后的考试中证明自己“已掌握了有效行医以及外科与产科所必需的知识和技能”的人颁发执照，这样就保证了全科医师的行医安全。[180] 牛津和剑桥依然没有

[178] M. J. Imbault-Huart, 'The Teaching of Medicine in France and More Particularly in Paris During the Nineteenth Century(1794-1892)', in T. Ogawa(ed.), *History of Medical Education*(Tokyo, 1983), 55-83.

[179] Newman, *Evolution*(note 58), 241.

[180] *Ibid.*, 271.

提供临床教学，但为了公正起见，它们为那些在其他地方学习临床课程的医学、外科学和产科学的毕业生，举办基础医学考试。那些通过考试的学生可以获得医学和外科学学士学位，并且能获得全科医师的行医执照。药剂师协会也扩大了意在颁发文凭的考试范围，为那些全科医师颁发执照。（伦敦、爱丁堡、格拉斯哥和都柏林的）皇家内科学院与外科学院开始合并颁发“联合”文凭，在二战之前，这一直是全科执照最常见的获得方式。1990 年，伦敦大学重组成为教学科研型大学，而在各地区主要城市的大学学院则升格为大学，开始颁发他们自己的医学和外科学学士学位，以及医学博士和外科硕士等高级学位。尽管如此，各地的医学教育在很大程度上仍然是一种实践和职业的训练。1913 年，大学教育皇家委员会（霍尔丹调查团）倡导建立德国式的专业医科大学。著名的加拿大教授威廉·奥斯勒爵士（William Osler，1849—1919）从约翰·霍普金斯大学来到牛津大学，他敦促霍尔丹调查团，正如化学教授需要实验室和助手一样，医学教授也需要“临床”组织，使其能够行医、能够教学、能够研究。[181] 弗莱克斯纳和奥斯勒拥护的德国-霍普金斯模式，并没有马上被传统的英国大学所采纳，几十年中在伦敦它都被完全得到施行。[182] 但是，渐渐地，研究成了英格兰的一大特点。米歇尔·福斯特（Michael Foster，1836—1907）所创办的以心跳和神经系统反射活动研究为主的生理学研究所，就为剑桥大学成为现代生理学研究的前沿阵地做出了贡献。[183]

弗莱克斯纳关于医学教育的著作在欧洲和美国都产生了广泛的影响。 583
20 世纪二三十年代，他的著作在医学中心和其他地方广为传阅。[184] 正如布里格所说的那样，弗莱克斯纳成为进步主义时代的核心；所向无敌的科学

---

[181] *Ibid.*，269.

[182] T. Neville Bonner，'Abraham Flexner as Critic of British and Continental Medical Education'，*Medical History*，33(1989)，472-479；J. Ellis，*L. H. M. C. 1785-1985*：*The Story of the London Hospital Medical College*，*England's First Medical School*(Loughton，Essex，1986).

[183] G. L. Geison，*Michael Foster and the Cambridge School of Physiology*(Cambridge，1978).

[184] *Ibid.*，476. 莱顿大学就收藏了弗莱克斯纳的十部著作，同时也保存了它们不同的德文译本。

不可避免地、不可逆转地使得科学和医学结成了联盟。[185] 毫无疑问，他在欧洲内外的思想与制度改革中扮演了一个重要的角色。

在 20 世纪最初的十年，那些进入大学学习医学的学生，在许多方面都不同于他们的前辈。大学的入学要求只允许那些精通自然科学和数学的人被医学院录取。此外，他们要学习解剖学、生理学、细菌学、临床实验等实践课程。学生在学习中不仅要观察、聆听和记忆，还要在实验室和诊所实习。他们开始上课的第一件事就是要买显微镜和手术刀。他们从解剖鲫鱼和白鼠开始，进而分组进行人体解剖。在生理学实践课上，他们通过切除蟾蜍的大脑来研究反射现象，使用相当复杂的实验仪器，如波动曲线测量仪，并根据卡尔·路德维希的生理学发现来记录肌肉运动。学生必须切除硬化的组织，对其进行染色，并研究正常细胞和病变细胞。1900 年后，他们还要穿着白大褂、带着橡皮手套协助临床手术。他们要在面罩麻醉和注射麻醉中学习管理乙醚和氯仿。他们还要学习观察心电图和分析 X 光片。在每门课程中，他们都需要面对技术问题。

在完成培训之后，学生们可以决定是否做一名专科医生。对专科医生的培养和注册制度也成为医学教育史上的新篇章。但在德国和中欧国家的一些有影响力的教授将他们的全科医术转让给专科的同事之前，这还需要一些时间。这些教授都是无可争议的权威，他们也会小心地维持这种方式。1867 年，布拉格首先出现了新的专科领域——耳科学。[186]

对于军医学校的学生来说，则相对简单一点儿。在军医学校被废除之
584 后，如 1870 年奥地利著名的约瑟夫法案，许多国家的军医学校学生就被并入大学培训课程或进行专门机构。[187] 对军事权威而言，正确地诊断外部感觉器官的疾病，如眼与耳，是极其重要的，这将帮助他们发现那些装

---

[185] Brieger, 'Flexner Report' (note 174), 22; Neville Bonner, 'Flexner as Critic' (note 181), 476.

[186] Eulner, *Spezialfächer* (note 116), 29 ('Introduction' (Allgemeines)).

[187] Lesky, *Wiener Schule* (note 112), 594.

病、想要拒服兵役的人。[188] 对那些注册要前往殖民地担任公务员医师或军医的学生来说，细菌学和热带卫生学是极其重要的。在 1890 年之后，除了欧洲人的健康之外，殖民地原住人口的健康问题也得到了越来越多的关注，对热带病的新知识与公共卫生服务相结合，使其从普通的卫生措施转向了以特定疾病为目标，并配合以特定的方法。[189] 为此，合格的医生是必不可少的。一个截然不同的专门学科——热带医学产生了，在大学内外都出现了相应的机构为其提供课程培训，例如利物浦、汉堡、波尔多、布鲁塞尔和阿姆斯特丹。[190]

最后要强调的是，女生也开始学习大学医学课程。第一所招收女生的大学是瑞士的苏黎世大学。之后，瑞士也开始免试招收或招收那些持有文实学校毕业证书的女性留学生。[191] 而这对于俄国的女生来说，这是至关重要的，因为 1863 年俄国的大学开始将女性排除在大学教育之外，在短暂的自由主义运动之后，她们才可以在圣彼得堡大学的讲演厅中旁听。在 1850 年到 1870 年间，许多俄国的年轻男性都到德国和瑞士的大学留学。他们一起参与到理性唯心主义的运动中去，希望自然科学能成为进步的新源泉，成为俄国普通民众幸福的新源泉。科学冲破了宗教和迷信的藩篱，用进化论的理论来证明了（和平的）社会变革自然法则。[192] 持有这些理想的女性也来到了瑞士的大学，加入到男同胞的同盟中去。但由于革命主义者将医学和科学视为社会行动主义的武器，因此这场理性运动也遭到了沙

---

[188] E. Zaufal, 'Zur Geschichte der k. k. Deutschen oto-rhinologischen Klinik in Prag', *Archiv für Ohrenheilkunde*, 82(1910), 110-131. After Eulner.

[189] M. Worboys, 'British Tropical Medicine and Tropical Imperialism: A Comparative Study', in *Medicine in the Dutch East Indies, 1816-1942* (Amsterdam, 1989), 149-163 (ed. in Dutch and in English).

[190] Worboys, 'British Tropical Medicine' (note 188); M. C. Treille, 'De l'Enseignement de la pathologie tropicale dans les Universités de l'Europe', *Janus*, 7(1903), 238-244 and 281-287.

[191] A. Hibner Koblitz, 'Science, Women, and the Russian Intelligentsia', *Isis*, 79(1988), 208-226.

[192] *Ibid.*, 209. See Gaïssinovitch. *Elie Metchnikof Souvenirs* (note 139).

585 皇政府的怀疑。[193] 1873 年，女留学生被迫回国。尽管如此，她们是瑞士最大的一个团体。后来，她们也成了其他大学，诸如巴黎的索邦和德国大学中的先锋。[194] 值得一提的是，美国已经出现了第一位女医生——伊丽莎白·布莱克韦尔（Elisabeth Blackwell，1821—1910），1849 年，她毕业于纽约州的一个小型乡村大学。欧洲第一位具有行医资格的女医生是俄国人——娜杰日达·苏斯洛瓦（Nadezhda Suslova，1843—1918），1867 年她在苏黎世大学获得学位。[195] 其他国家紧随其后，但是没有一个国家能够像瑞士一样开放医学院。波恩那指出，直到 1907 年，共有 1000 多位女性在瑞士学习医学，这个数字比欧洲其他所有国家加起来还要多，与美国 150 所各类医学院（包括女子学校）招收的女生总数持平。[196]

两次世界大战之间

在两次世界大战之间，政治环境的两大变化影响了高等教育：俄国 1917 年十月革命之后的马克思主义和德国 1934 年的国家社会主义（纳粹主义）。一战给德国的经济带来了毁灭性的结果，并且使它丧失了在欧洲科学研究和高等教育的领导地位。俄国的十月革命也为苏维埃广袤领土的伟大未来打开了新的视野。大学发生了巨变，政府强化了说教，并加速了对马克思主义教授的培养，将其作为更新师资的革命手段。[197] 学生被无产阶级化了；大学为工人阶级的子女降低了入学标准。同时，政府当局也保

---

[193] Hibner Koblitz，'Science'（note 190），219.

[194] T. Neville Bonner，'Pioneering in Women's Medical Education in the Swiss Universities 1864-1914'，*Gesnerus*，45（1988），461-474.

[195] T. Neville Bonner，'Rendez-vous in Zurich：Seven who Made a Revolution in Women's Medical Education'，*Journal of the History of Medicine*，44（1989），7-27.

[196] Neville Bonner，'Rendez-vous'（note 194），25. 1887 年，朱塞平娜·卡塔尼成了图灵大学的病理学讲师，参见第五章，第 133 页。

[197] A. Vucinich，*The Empire of Knowledge：The Academy of Sciences of the USSR（1917-1970）*（Berkeley and London，1984），73.

留了一批高度专业化的研究机构，如巴甫洛夫所在的试验医学研究所（1890 年成立）和俄国著名遗传学家尼古拉·康斯坦丁诺维奇·科利佐夫（Nikolai Konstantinovich Koltsov，1870—1940）所在的实验生物学研究所（1917 年成立）。[198]

直到 1928 年，马克思主义意识形态对科学研究的影响相对有限。苏 586
维埃科学院认为科学是一门国际性的学科，因此他们也愿意与外国学者交流。但当局要的是苏维埃的科学，科学与意识形态之间的关联也成了民族统一的战略步骤之一。[199] 他们怀疑试图与外国同行联系的个别科学家，特别是在 1930 斯大林当权之后。许多科学家都被流放或者监禁。斯大林的政治策略日益极端，并于 1937—1962 年间出现了著名的关于李森科事件的大辩论。这个时期，科学家们往往由于其科学观点与辩证唯物主义不符而遭到批判。斯大林执政后，更多科学家都遭到了审判或者流放；在斯大林晚期，更多自然科学本身遭到了废除和歪曲。[200]

正如我们所见，德国的医学教育模式一直在欧洲占据主导地位。苏维埃当局并没有改变这一结构。他们的首次决定受三方面因素的影响：希望马克思主义和列宁主义的结合，对传染病的恐惧，以及最后对大批行医人员的迫切需求。[201] 在当时，贫困地区也成立了新的医学学校，如在格鲁吉亚成立的第比利斯医学院（Tiblisi，1918）、在乌兹别克斯坦成立的塔什干医学院（Tashkent，1919）等。1934 年后，又成立了许多医学学校，它们都是 20 世纪 30 年代早期的激进改革后从大学中分离出来的。它们中的大部分都位于苏联的边远地区，如西伯利亚的伊尔库茨克、哈萨克的撒马尔罕等地。这些所谓的主要医科大学由预防学与普通医学、卫生学和儿

---

[198] Z. A. Medvedev, *The Rise and Fall of T. D. Lysenko* (New York and London, 1969), 83-85 (translated by M. Lerner, with the editorial assistance of L. G. Lawrence).

[199] G. D. Komkov, B. V. Levsin and L. K. Semenov, *Geschichte der Akademie der Wissenschaften der UdSSR* (Berlin, 1981), 376 (translated by Conrad Grau *et al.*).

[200] Vucinich, *Empire* (note 196), 358.

[201] Grmek, 'Medical Education' (note 74), part Ⅱ, note 57.

科学这三个学院组成。[202] 他们的教学方案不再仿照西方的模式，但是基础学科的教学则是一样的。马列主义的相结合，使得人们越来越关注卫生学和公共卫生，特别是流行病学家和保健人员的培训。总体而言，医学教育并没有发生根本性的变革，尽管他们对全体年轻医生进行研究生培训的某种形式走在了世界大多数国家的前面。只要教师和政府当局保持合作，就不会遭到迫害。只有在斯大林时期，许多医学学校才遭到破坏，特别是人类遗传学领域，在李森科事件中，对它的争论也日益严重。在1936年的
587 大辩论期间，人类遗传学研究被错误地定性为种族主义和法西斯主义。该领域最著名的专家科利佐夫也遭到了极端的迫害。[203]

不仅是苏联，而且欧洲其他国家也都在担心德国日益强大的纳粹主义意识形态。在1932年到1945年间，德国的医学教育遭到了法西斯主义的戕害。在国家社会主义医生的倡导下进行了医学课程的改革，但大体上没有影响到医学院。[204] 纳粹医学家想要在生物学原则的基础上构建一个全新的德国医学教育：要加强德意志民族的健康和抵抗力，并且要保障优秀的德意志民族的健康生育能力。自由主义和马克思主义者将“健康”的概念与经济和社会因素联系在一起。但对纳粹来说，“健康”意味着政治权力。他们更加强调体质、基因和种族优生。所谓的遗传生物学因素，从19世纪早期就已经在德国科学领域中出现，但是现在它成了核心。它要保护高贵的“血统”，毁灭低级的生命。

1933年，大学中的犹太人和共产党人相继被开除。纳粹分子在对待犹太裔的教授时则更为谨慎；起初，那些一战中的英雄并没有遭到迫害。[205] 大学对课程做出了诸多调整，尤其强调了种族卫生学、优生学和军

[202] *Ibid.*, 322-323.

[203] Medvedev, *Rise* (note 197), 78-85 (chapter 4, Medical Genetics in 1937-1940).

[204] H. van den Bussche, '*Im Dienste der Volksgemeinschaft*'. *Studienreform im Nationalsozialismus am Beispiel der ärztlichen Ausbildung* (Berlin and Hamburg, 1989), 193.

[205] E. Seidler, *Die Medizinishce Fakultät der Albert Ludwigs Universität Freiburg im Breisgau. Grundlagen und Entwicklungen* (Berlin, 1991), 305ff. (chapter 3).

医的培养，包括空袭的影响与预防毒气战。此外，体力活动受到更多的重视，学生们被要求去工厂、医院和部队的特殊部门中工作。

尽管在医学院的学生中有一大部分人对“第三帝国”所带来的新生活充满了憧憬，但在德国大学中依然存在着抗议和抵抗的呼声。在柏林，有医学院的120名犹太教师和教务人员遭到了解雇和迫害，这种行为遭到了学校师生的抗议。[206] 德国的大学不安地接受了纳粹要求消灭劣等民族的命令，这意味着清理那些在德国大学医院和精神病院中有慢性和心理疾病的
患者和在妇产科医院中严格地处理那些先天畸形和种族不纯净的新生儿。 588
但是医学院的师生们还是接受了1933年7月14日法案，此法案要求彻底消灭那些影响种族优越性的遗传病基因的携带者。[207] 这就是所谓的种族健康安乐死计划，它是建立在长期以来生物进化论和社会达尔文主义的传统之上的，对人类的发展造成了深刻的影响。这也肯定影响到了二战后出现的医学院道德委员会。

结语

1790年到1945年间，在欧洲，围绕着医学教育的有趣的三角形的各边与各角都在这一时期发生了深刻地变化，并以一种最显著的方式影响着医学教育。在顶端，我们可以清楚地看到政治变革的影响，它们主要包括了法国大革命、拿破仑战争以及第一次世界大战；在右角，是1850年左右辉煌的科技革命、工业革命，以及医用药品与仪器的新市场对医学课程的重要影响；在左角，1848年革命带来了社会与医学改革，这也得到了科学和社会正义中进步信念的支持。19世纪中期，在资本主义和科学的

[206] G. Krüger(ed.), *Die Humboldt Universität. Gestern-Heute-Morgen*(Berlin, 1960), 110-118.

[207] Seidler, *Medizinische Fakultät*(note 204), 360; H. F. Späte and A. Thom, 'Psychiatrie im Faschismus-Bilanz der Historischen Analyse', *Zeitschrift für die Gesamte Hygiene*, 26, 6 (1980), 553-560.

自由方法的基础上，浪漫主义逐步向反浪漫主义的实证主义过渡。在这个时期还出现了功利主义的思想，它主张以结果的好坏来判断行为，而这在 1861 年得到了约翰·斯图亚特·穆勒的宣传。

从业医生、外科医生和其他保健人员的职业化依然处于无组织的状态。英格兰保存了他们的学院和协会制度。但在 19 世纪，新规章与法律的颁布，在要求颁发执照的呼声中，医生的培养与考核实现了标准化。直到 19 世纪末之前，欧洲许多国家，特别是在法国统治之下的国家的临床与军事医学学校的入学要求很低。这些学校使用统一的医学和外科学方案，其目的是为国家、为部队、为殖民地培养全科开业医生。

1830 年左右，先进的医学院——巴黎、维也纳和爱丁堡——开始提倡在外科学和内科学中进行临床教学，并出现一般希波克拉底式的潮流。
589 病理学成了医学培训中的重要议题。在大多数国家中，“卫生警察”的概念开始出现在教学计划中。但是，在学生获得较好的公共健康培训，如卫生学、产科学和儿科学之前，还需要很长一段时间。

1830 年之后，洪堡的教育理念，不仅是大学的理念，而且也包括初等教育和中等教育的理念，不仅成了德国高等教育腾飞的开端，也为德国建立科研与教学统一的研究型大学奠定了基础。柏林大学也成了继维尔茨堡大学、海德堡大学和哥廷根大学之后的医学教育的中心。在法国，直到 19 世纪末，研究才成为大学的职能，但是索邦大学的贝纳德在他最终获得实验室之前，就已建立了实验医学。贝纳德的研究开拓了病理学、生理学和药剂学研究的新领域。这些新趋势完善了临床医学，产生了许多新专业，在整个欧洲，医学教育所需的政府投资也越来越多。随着越来越多的学生被医学院录取，学校也需要更多的教学和研究方面的贷款。并不是所有的欧洲国家都负担得起得这笔费用。大学医院也是如此，这使得它们缺少临床研究的设备或无法满足外科的新要求。在塞麦尔维斯、利斯特的倡导下，抗菌剂进入欧洲大部分医院，但医学院的学生们却更习惯于石炭酸的气味，而对消毒技术却不得要领。但是，英格兰以伦敦的盖伊医院拥有杰出的教师而自豪，例如托马斯·艾迪生（Thomas Addison，1793—

1860）和托马斯·霍奇金（Thomas Hodgkin，1798—1866）。在爱尔兰，都柏林医学学院还吸引了许多来自美国的留学生。而阿尔芒·特鲁塞（Armand Trousseau，1801—1867）在法国主宫医院的教学，使得法国的临床医学保持了非凡的吸引力。

在1870年后，医学的国际化遍及全球，影响到所有国家。尤其是在微生物学和外科学的重大发现，使得这个时期的医学界有着一种个人英雄主义的色彩，激励学生致力于这些科目的学习。他们从被动的聆听者转变为实验室和病房的积极参与者。但新技术也带来了新的隐患：社会对患者治疗过程中的安全性和药物生产过程中的准确性提出了要求。随着对药品和X光射线管理控制的加强，药品与仪器的标准化也变得必不可少。处于扩张之中的欧洲，培养了热带医学专业的年轻医生为殖民地服务，这既是为了欧洲殖民者，也是为了当地民众。同时，女性也进入了课程学习中，但在她们应得的地位被承认之前，还有很长的路要走。

著名的弗莱克斯纳报告给欧洲大学的教职工留下了深刻的印象。1940 590
年以前，许多教授都拥护弗莱克斯纳提出的科研与深入教学相结合的原则。在两次世界大战期间，来自三角形结构顶端的新的、意想不到的变化进入了课程，这与不同国家的意识形态的变化紧密联系在一起。在1917年之后的俄国和第三帝国建立后的德国，意识形态上的显著变化都影响到了医学教育。尽管马克思主义影响了科学，但苏维埃的医学教育还是在缓慢地变革，学习方案也没有出现急剧地变化。在纳粹德国，所谓消灭低等生命的可怕计划在大学和私人机构中被实施。种族卫生学和纳粹推行的遗传生物学成了医学培养计划中的必需。

虽然离法国意识形态者提出的“勤劳、慈善的哲学理念”还存在着一定的距离，但是在二战后，欧洲各国在面对医学教育的新问题和社会新需求时将会再次找到平衡点。

精选文献

Ackerknecht, E. H. *Rudolf Virchow: Doctor, Statesman, Anthropologist*,

Madison, Wisc., 1953.

Medicine at the Paris Hospital 1794-1848, Baltimore, 1967.

Arlt, W. and Rüegg W. (eds.) *Der Arzt und der Kranke in der Gesellschaft des* 19. *Jahrhunderts*, W. Arlt and W. Rüegg (eds.), *Studien zur Medizingeschichte des neunzehnten Jahrhunderts* 1, Stuttgart, 1967.

Davis, A. B. *Medicine and its Technoloy: An Introduction to the History of Medical Instrumentation*, Contributions in Medical History 7, Westport, Conn., and London, 1981.

Ellis, J. *L. H. M. C. 1785-1985: The Story of the London Hospital Medical College, England's First Medical School*, Loughton, Essex, 1986.

Eulner, H.-H. Die *Entwicklung der medizinischen Spezialfächer an den Universitäten des deutschen Sprachgebietes*, W. Arlt and W. Rüegg (eds.), *Studien zur Medizingeschichte des neunzehnten Jahrhunderts 4*, Stuttgart, 1970.

Flexnel, *A. Medical Education: A Comparative Study*, New York, 1925.

Foucault, M., *Die Geburt der Klinik: eine Archäologie des ärztlichen Blicks*, Munich, 1973.

Garrison, F. H. *An Introduction to the History of Medicine, Philadelphia and London*, 4th edn, 1963, 374-375.

Geison, G. L. *Michael Foster and the Cambridge School of Physiology*, Cambridge, 1978.

Grande, F. and Vischer, M. B. (eds.) *Claude Bernard and Experimental Medicine*, Cambridge, Mass., 1967.

591 Gregory, F. *Scientific Materialism in 19th Century Germany*, Studies in the History of Modern Science 1, Dordrecht and Boston, 1997.

Legée, G. *Cuvier et la réorganisation de I'enseignement sous le Consulat et l'Empire*, Paris, 1974.

Lesky, E. *Die Wiener medizinische Schule im neunzehnten Jahrhundert.*

Studien zur Geschichte der Universität Wien 6, Graz and Cologne, 1965.

Lesky, E. (ed.) *Wien und die Weltmediz in: 4. Symposium der Internationalen Akademie für Geschichte der Medizin, veranstaltet im Institut für Geschichte der Medizin der Universität Wien 17-19. September 1973*, Studien zur Geschichte der Universität Wien 9, Vienna, Cologne and Graz, 1974.

Medvedev, Z. A. *The Rise and Fall of T. D. Lysenko*, New York and London, 1969.

Moulin, D. de *A History of Surgery: With Emphasis on the Netherlands*, Dordrecht, Boston and Lancaster, 1988.

Newman, C. *The Evolution of Medical Education in the Nineteenth Century*, London, 1957.

Ogawa, T. (ed.) *History of Medical Education*, Tokyo, 1983.

O'Malley, C. D. (ed.) *The History of Medical Education: An international Symposium Held February 5-9, 1968*, UCLA Forum in Medical Sciences 12, Los Angeles, Berkeley and London, 1970.

Poynter, F. L. N. (ed.) *Medicine and Science in the 1860s*, Publication of the Wellcome Institute n. s. 16(1968).

Rosen, G. *From Medical Police to Social Medicine: Essays on the History of Health Care*, New York, 1974.

Rothschuh, K. F. *Konzepte der Medizin in Vergangenheit und Gegenwart*, Stuttgart, 1978.

Seidler, E. *Die Medizinische Fakultät der Albert Ludwigs Universität Freiburg im Breisgau. Grundlagen und Entwicklungen*, Berlin, 1991.

Shryock, R. *The Development of Modern Medicine: An Interpretation of the Social and Scientific Factors Involved*, New York, 1947.

ten Have, H. J. *Medicine and Philosophy: Jeremy Bentham's influence upon Medical Thought and Medical Practice*, London, 1983.

van den Bussche, H., '*Im Dienste der Volksgemeinschaft.*' *Studienreform im Nationalsozialismus am Beispiel der ärztlichen Ausbildung*, Berlin and Hamburg, 1989.

Walton, J., Bason, P. B., and Bodley Scott, R. (eds.) *The Oxford Companion to Medicine*, Oxford and New York, 1986.

Worboys, M. 'British Tropical Medicine and Tropical Imperialism: A Comparative Study', in *Medicine in the Dutch East Indies, 1816-1942*, Amsterdam, 1989.

第十五章　技术 593

安娜·古葛尼妮①

导言

18 世纪与 19 世纪之交，欧洲工程师教育主要采取的是学徒制和与实践并无必然联系的基础科学知识相结合的教学模式。总体来说，技术学科并没有被视为高等教育机构适宜的活动领域。进行应用科学教育的高级学校很少，它们主要的目标是培养为军队或国家服务的政府官员。到 19 世纪末，军事和行政院校的这个传统核心已经淹没在新机构的发展中，并且在这个过程中，重点已经由公职人员的培养转向了工业专业人才的培养。这种技术教育新形式的发展方式是参差不齐的：各国提供工业职业教学的机构数量和入学人数都存在着显著的差异。尽管如此，在一战之后，欧洲所有的工业化国家都已提供了大学层次的技术课程和学位。事实上，无论在哪里，技术教育都成为高等教育中发展最为迅速的部分之一。

高等技术院校和课程飞速发展的过程并不是线性的。其中，最主要的
特征之一就是其原始组成机构的多样性。这些新学校大多出现在大学之 594
外，出现在截然不同的制度背景之中，并且它们被吸纳成为最高水平教育的过程是非常缓慢的。这些院校的升级普遍伴随着教育目标的重新制定和教学计划的重组。在这个转化的过程中，出现了更加统一的标准。但与此同时，高等技术院校依然保持了它们多样性的背景特征。这也是本研究的

① 本研究主要参考：R. Fox and A. Guagnini(eds.), *Education, Technology and Industrial Performance in Europe, 1850-1939* (Cambridge and Paris, 1993)。本章主要参考了该书所收录的论文，以及与论文作者讨论的相关内容。

重点所在，即强调高等教育发展的多样的背景，我们不仅会在不同的国家背景中对其进行考察，而且也将在个别国家的疆域范围内进行考察。

毫无疑问，19世纪高等技术院校的数量和规模的增长导致了教育系统上层的紧张状态。在欧洲所有的国家中，反对变革都是高等教育一个深刻而稳固的特征；毫无疑问，当工程院校已经被接纳成为大学系统的一个组成部分后，在很长一段时间内，新课程的“实用”特点依然使人们对技术教育怀有敌意。这些机构的飞速发展以及它们对经济资源的大量需要，也使得人们对它们的态度日趋强硬。

不可避免的是，学生数量的增长以及教学计划复杂性的日益增加，导致了内部的矛盾，加大了在教学过程中严格保证标准和进行严肃的学术研究的难度，并且还导致了由专业化和课程分化带来的无情的压力。这就是一战到二战间，高等技术教育史的主旋律，它们中的许多问题到1945年后依然没有得到解决。

培养公务员的技术教育

虽然科学的目标主要是理论性的，但它却总是从实践中获取灵感。在18世纪下半期也毫不例外；尽管如此，还是出现了其他方面的新尝试，即运用理论知识来解决产品问题。在这个过程中，人们对隐藏在机械和工序之中的科学原则的兴趣启发了实验研究和教学研究，产生了大量与实践
595 问题相关的知识，特别是机械和流体静力学等方面的知识。[②] 同时，这种相互作用也得到了机构发展的配合。在整个欧洲，这是一个自然哲学家日益参与到实践问题中来的时代。学会、科学协会和高等教育专业中的成员扮演了顾问和指导者的角色，或者偶尔担任公司建设工程或国有企业的负责人。[③] 18世纪80年代，化学家克劳德·路易·贝托莱成了巴黎高布林

② 这方面主要参见：C. Singer, C. E. J. Holmyard, A. R. Hall and T. I. Williams, *A History of Technology*, vol. Ⅳ: *The Industrial Revolution*(Oxford, 1958)。

③ C. Gillispie, *Science and Polity in France at the End of the Old Regime*(Princeton, 1980).

皇家挂毯厂的印染顾问，这仅仅是自然哲学家发挥积极作用的事例之一。④

知识在机构中所处的位置也与实践地点有着重要的关联。机器模型虽然规模较小，但是作为演示和实验研究的工具，它们成了自然哲学家世界中的关键组成部分。它们充当了学者和机器制造者之间联系纽带的核心，因此，也成了科学和技术互相促进的渠道。⑤ 这种渠道在技术发展中的重要性在蒸汽机的冷凝器和其他改进设施的发明者詹姆斯·瓦特（James Watt，1735—1848）与格拉斯哥大学的科学社团中心之间的联系中得到了充分的体现。⑥

自然哲学家们深信，科学是实用技术发展和改良的必要基础。不过，科学教育机构的目的并不是为任何一门实用技术培训从业者；它们的重心是理论，但它们形成的抽象概念对那些具体参与制造业的设计与生产的人们而言是没有什么指导意义的。虽然科学委员会的成员确实对技术的发展做出了贡献，但是这些贡献只是其个人研究兴趣的结果。18 世纪末的现实依然是：传统的知识中心所提供的科学课程，无法帮助从业工程师和技术工人解决他们的问题。

整个 19 世纪，无论是在个人层面还是在公共层面，科学家以个体的
形式参与技术事务的局面依然得以延续。尽管如此，从 18 世纪下半期开 596
始，随着一些政府事务部门的规模和复杂程度的日益增强，开始出现由专门的公务人员来负责技术事务。欧洲的许多国家在军队和其他公共职能部门设置了技术专家组织，例如采矿和公路部门，这是因为政府在这些部门有着直接利害关系并且能施展权力。正是由于要为这些部门准备后备力量，因此出现了专门以应用科学为核心的新学校。这些学校的目标是为当时的实用技术提供科学基础，同时也为部队和公共职能部门提供必要的合

---

④ Gillispie, *Science* (note 2), chapter Ⅵ.

⑤ L. Stewart, *The Rise of Public Science: Rhetoric, Technology and Natural Philosophy in Newtonian Britain* (Cambridge, 1992).

⑥ 论瓦特和格拉斯哥大学科学协会：D. S. I. Cardwell, *The Rise of Thermodynamics in the Early Industrial Age* (London, 1971).

格公职人员。

根据职位的身份地位的不同，各国新学校的学术标准也大不相同。即使是学校一开始仅处于一个很初级的水平，它们也会很快升级教学大纲，并采用更为严格的标准来要求申请入学的候选人。从这个方面来看，培养公职人员和部队军官的学校明显属于高等教育的更高层次，它们为 19 世纪大学层次的技术教育的后续发展提供了坚实的基础。尽管如此，这些学校并没有被纳入高等教育系统。事实上，它们的一个显著特点，就是它们并不是由教育部门来建立或管理的，而是隶属于国防部、公共事业部，以及商业部。

第一批技术学校几乎无一例外地是在部队的需求下组织起来的。除了军事学院之外，军事建筑和炮兵专门学校也为技术军团培养军官，例如，军事防御工程的设计建造与维护，军需用品和军用武器的生产、运输和使用等。

在法国，这些学校得到了有效地组织。1748 年，当时的国防部在梅斯城（Mézière）开办了军事工程学校（*Ecole du Génie Militaire*）。它招收年满 15 岁的学生，其中大部分学生都来自贵族或军人家庭，学生在入学前还要通过入学考试。学制两年，后来延长为 3 年，课程主要包括数学、自然哲学、机械设计、防御学、建筑学等；到 18 世纪末，化学也被纳入教学大纲。杰出的科学家教师和一些学生所取得的突出的科学成就给这些学校带来了巨大的学术荣誉，如夏尔·博叙（Charles Bossut,
597 1752—1768）和加斯帕尔·蒙日就是 18 世纪这类学校中的杰出人物。而法国炮兵学校的发展就有些相形见绌了。起初，各炮兵学校隶属于不同的营，1807 年该部分得以重组，炮兵学校被纳入军事工程学校中，并更名为炮兵工程学校（*Ecole de l'Artillerie et du Génie Militaire*）。[7]

在世纪之交，欧洲大多数国家都已出现了培养受过技术训练的军官的

[7] R. Taton, 'L'Ecole Royale du Génie de Mézières', in R. Taton (ed.), *Enseignment et diffusion des sciences en France au dix-huitième siècle* (Paris, 1964), 559-615.

学校。但是由于当时动荡的政治环境，一些学校只是昙花一现。随着拿破仑战争的结束，这些学校的组织都得到了改进，这是因为当时各国政府越来越认识到新技术对军事技术的影响以及法国军事学校在科学技术领域所作出的重大贡献，这促使其他政府关注并提供了专门化的军事教育。1816年，普鲁士国防部在柏林成立了炮兵工程学校（*Vereinigate Artillerie-und Ingenieurschule*）和霍格炮兵技术学校（*Högre Artilleriläroverket och Artillerioch Ing*）。1818年，瑞典在玛丽亚贝格市成立了军工学院（*Högskolan*）。作为这项社会运动的一部分，从1820年开始，俄罗斯、西班牙、比利时以及意大利的一些城市也对已有军事建筑和炮兵学校进行了重组。

很显然，这些学校提供的技术教育是非常有限的，这是因为当时时代还要求开设纯粹的军事学科和进行军事训练。同时，这些学校的招生规模也很小，因为军队每年只能吸收固定数量的人才。尽管如此，在19世纪最初十几年，当其他机构还没有提供这类与技术事务相关的教学时，这些学校已经在培养新一代技术专家的过程中扮演了重要的角色。事实上，这些学校的影响力也远远超越了军事领域：为军队培养的工程师经常在公共设计和建设部门工作。例如，在瑞典，直到19世纪中期以前，市政工程部门一直处于军事工程师的监管之下。

处于大学系统之外的还有矿业学校，它们大多出现于18世纪晚期。当时在大部分的欧洲国家，自然地下矿藏是国有财产，这些学校的初衷要为国有采矿企业培养少量的公职管理人员。在这些学校中，历史最悠久、知名度最高的要数1763年在奥匈帝国矿藏资源最丰富地区之一——谢默 598
尼茨成立的矿业学校。[8] 两年后，萨克森的克萨韦尔王子（Prince Xaver,

[8] *Gedenkbuch der hundertjächrigen Gründung der Bergakademie Schemnitz* (Schemnitz, 1871).

1730—1806）在弗赖堡也成立了一个类似的学校。[⑨] 1770 年，普鲁士政府在柏林也建立了矿业学校。这些学校的学制一般是 3 年，学习的课程主要包括几何学、水力学、矿业技术学、化学，并且开设一定的实验课程和地质勘查课程。19 世纪早期，弗赖堡也成了欧洲著名的矿业教育中心。它吸引了很多留学生，并为一些邻国提供矿业管理人员，主要是波兰和北欧各国。然而，当时这些矿业学校的招生人数很少，如谢默尼茨矿业学校，它一年只招收 40 个学生。但在 18 世纪 70 年代，它已经是欧洲同类学校中招生最好的学校。

东欧矿业学校的建立是一个重要的标志，它标志着地方政府开始致力于矿产资源的勘探。它们的榜样作用也进而促进法国采取相同的措施。在这里，矿藏资源也是国家的财产，因此国家公共建设工程部也是一个政府部门，1783 年，它成立了培养矿业采矿工程师的专门学校——矿业学校（*Ècole des Mines*）。这个学校的主要目的是为矿业工程团（*Corps des Ingénieurs des Mines*）补充人员，并且最重要的是，这个学校并不是位于矿区，而是位于巴黎，紧临管理权力的核心部门。1802 年，国民大会关闭了矿业学校，并在矿区成立了两所学校。但是，1816 年，矿业学校在著名的旺多姆地区重新开设。[⑩] 提供三年制课程的学科主要有采矿学、检验学以及采矿操作原则与管理。尽管如此，学校仍以理论为主，实践主要是在假期里到矿上工作，在高级工程师的指导下进行。

19 世纪上半叶，军事和矿业教育仍然是整个欧洲高等技术教育的重要组成部分，同时还进一步促进了制度的创新。军事训练的进一步扩张和
599 专业化发展导致了新兴的炮兵与海军学校的出现。矿业学校在西班牙、法国、瑞典和奥匈帝国建立起来了；随着比利时蒙斯的矿业学校（1836）和

---

⑨ *Bergakademie Freiberg. Festschrift zu ihrer Zweihundertjahrfeier am* 13. *Nov. 1965*. 2 vol. (Leipzig, 1965); F. Wächtler and F. Radzei, *Traditon und Zukunft. Bergakademie Freiberg 1765-1965* (Freiberg, 1965).

⑩ E. Grateau, *L'École des Mines de Paris. Histoire-organisation-enseignement*, *Elèves-ingénieurs et élèves extern*ces (Paris, 1865).

伦敦皇家矿业学校（1851）的成立，私人企业也做出了它们的贡献。但是，最显著的发展出现在市政工程领域。这大部分要归功于为公共工程建设军团培养后备力量的学校的拓展。1748 年，法国在这个领域迈出了第一步，在巴黎为路桥军团的雇员开设了专门课程。这些课程后来被改造进入了路桥学校，与它们附属的军团一样，它们都归商业部管辖。[11]

路桥学校的显著特点之一，就是直到 18 世纪末，其教师职位不是由专业教师来担任的。事实上，大部分的教学工作是由军团的军官和学校的优等生来完成的。在三年制课程中，第一年全面学习科学学科；第二年学习力学、水力学、几何学、测量学、材料力学和立体切割技术；最后一年主要在实际工程中进行训练。与军事和矿业学校一样，高素质公职人员的就业机会是有限的，因此，这也限制了它的招生。事实上，在它招收的学生中有小部分是路桥军团中的年轻成员。第一个 10 年中，学校的招生人数不超过 20 人，其中每年有 10 人左右毕业。到 1806 年，人数上升到 53 人；1850 年，为 78 人。1794 年，随着理工学校（*École polytechniqne*，起初名为公共工程中心学校，*École Cenfrare des Travaux Publics*）的建立，路桥学校的特点开始发生变化。根据由蒙日设计并由拿破仑签署的原始方案，此类学校要代替路桥学校，作为培养高层次军事和行政事务官员的后备力量。这使得国家公务人员的整体培养制度发生了重组。结果，理工学校最终成为学生们进入现在所说的应用型学校，如炮兵工程学校、路桥学校和矿业学校的普通预备学校。就这样，理工学校成了位于法国教育等级制度顶端的高级技术学校连锁制度的基石，并在声望和影响力方面都远远超过了拿破仑时期法兰西大学中的诸学院。[12] 600

理工学校隶属于国防部，并从 1804 年拿破仑一世重组学校开始，学

[11] A. Picon, *L'invention de l'ingénieur moderne*, *L'École des Ponts et Chaussées*, *1747-1851* (Paris, 1994).

[12] *École polytechnique. Livre du centenaire 1794-1894*, 3 vols. (Paris, 1894-1897); T. Shinn, *Savoir scientifique et pouvoir social. L'École polytechnique*, *1794-1914* (Paris, 1980); B. Belhoste *et al.* (eds.), *La Formation polytechnicienne 1794-1994* (Paris, 1994).

生就要进行军事训练。学生的入学要经过极具竞争性的国家考试制度，即"*concours*"，其中高等数学是考试的核心科目。同时考生必须通过中学毕业生会考（即公立中学为学生颁发的合格证书，并且在 19 世纪，大多数公立重点中学还为学生提供了额外的专业课程，这都成了学生准备入学考试的必需。一旦他们进入理工学校，学生就要进行两年紧张的课程学习，课程有高等数学、理论力学和几何学；实际上（理工学校）并没有提供技术教学。尽管从名字上看，理工学校是偏向技术的，但其目标却是教授作为工程学基础的普通科学学科。这个学校的显著特点之一是，从一开始课程就是由当时最著名的数学家和物理学家来教授的，如蒙日、拉格朗日、富克鲁瓦。

通过毕业考试的学生就可以进入应用型学校继续深造，对那些有志于从事公职的学生，可以去路桥学校和矿业学校；对那些想进入陆军或海军的，则可以去炮兵工程学校和海军学校。在这里，教学更加专业化，在课程大纲中应用型学科的特征也更加显著，但它们的教学依然是学术性的、抽象的，而不是实践性的。毫无疑问，19 世纪早期，理工学校和实用型学校成了引领科学知识和工程科学发展的中心。但由于这些学校过分地强调了数学和智力技能，使它们成了培养高层管理人员而不是实践工程师的中心。

法国模式的影响

在 19 世纪的第一个 10 年，法国（为我们）提供了一种令人钦佩的以国家为主导的科学教育来作为培养技术公职人员的基础的榜样。理工学校
601 和职业学校成为那些要求改革社会、发展经济的现代化倡导者们所推崇的对象，他们积极地在其他国家采取相同的行动。尽管如此，这并不是其他国家能够并且愿意尽量模仿的模式。事实上，高等技术学校在法国的成功是与法国官僚体制的特殊结构和当时在巴黎出现的杰出的科学社团紧密联系的。这些条件在其他地方并不存在，虽然欧洲的其他国家也出现了许多

培养科技公职人员的高等学校，但没有一所学校能够同样地成为国家层次上的权威。并且，至少在19世纪下半期之前，它们中也没有一所学校获得了与它们的法国对手相同的学术声望。

即便它们刻意地模仿法国的学校模式，但结果还是大相径庭。例如，1802年，西班牙皇室在马德里建立了卡米洛斯炮兵学校（*Escuela de Caminos y Canales*），该学校是由法国路桥学校的毕业生奥古斯丁·德·贝当古（Augustin de Betancourt，1758—1824）设计筹划的。[13] 在其他国家也是这样，法国应用型学校的毕业生在组织大体上相同的学校的过程中都发挥了重要的作用。1809年，在圣彼得堡建立的交通工程设计院就是一个例子。由于拥有在西班牙组建学校的经验优势，贝当古再次受俄国权力机构的邀请来为该设计院提供建设方案，并被任命为第一负责人。[14] 圣彼得堡的学校还聘请了许多从法国路桥学校的毕业的学生，例如，加布里埃尔·拉梅（Gabriel Lamé，1795—1870）和爱弥尔·克拉佩龙（Emile Clapeyron，1799—1864），在19世纪20年代，他们俩都在这里讲授应用数学和物理学。

在西班牙和在俄罗斯一样，法国模式的影响明显表现在以下几个方面：它在这种模式下，学校与国家制度，即它们准军事化的政体之间有着密切的联系，并且十分强调应将科学作为工程学的基础。然而，在这两个国家，由于缺乏完善的市政服务体系，这使得它们缺乏对技术专家的不间

---

⑬ A. Rumeu de Armas, *Ciencia y tecnologia en la España Ilustrada. La Escuela de Caminos y Canales*(Madrid, 1980).

⑭ I. Gouzévitch and D. Gouzévitch, 'Les contacts franco-russes dans le domaine de l'enseignement supérieur technique et l'art de l'ingénieur', *Cahiers du monde russe et soviétique*, 34 (1993), 345-368. I. Gouzévitch, 'Technical Higher Education in Nineteenth-century Russia and France: Some Thoughts on a Historical Choice', in A. Karvar and B. Schroeder-Gudehus, *Techniques, Frontiers, Mediation, Transnational Diffusion of Models for the Education of Engineers*, special issue of *History and Technology* 12(1995), 109-117. 关于该机构早期史研究，参见：A. M. Larionov, *Istoriia Instituta Inzchenerov Putej soobshcheniia Imperatora Aleksandra I za pervoe stoletie sushchestvovaniia 1810-1910*(St Peterburg, 1910)。

断的需求，进而使得这些新学校无法茁壮成长。事实上，西班牙的炮兵学
602 校是相当短命的，它于 1835 年停办。但效仿者与它们的法国原型之间的差别还不仅表现在结果的学术质量上。虽然理工学校和应用型学校激励了欧洲其他国家的竞相效仿，这是毫无疑问的，但是作为设计蓝图，它们的作用是有待考察的。虽然它们的确是普遍地激发了相同的革新措施，但是学校的组织方式和教育方法则是必须根据大相径庭的经济、政治背景、当地的职业传统，以及既成的学校系统结构来加以调整。因此，结果与原形相差甚远，也就不足为奇了。

与西班牙一样，意大利与法国文化也有着长远深刻的渊源——这种联系在拿破仑占领时期得到了进一步的巩固。因此 19 世纪 30 年代那些大力崇尚文化与社会的现代化的意大利知识分子会如此看好法国的高等技术教学制度也就不足为奇了。然而，政治动荡以及统治阶级中普遍存在着的保守主义，阻碍了对教育制度进行重大变革的一切尝试。与此同时，更特殊的是，高等技术学校的建立必然会带来其与牢固控制着高等教育的意大利大学之间的矛盾。它们的主要目的是为自由职业提供必要的合格人才，如医学和法律。但在一些意大利大学里也有例外，如都灵、帕维古、帕多瓦和罗马，在 18 世纪下半期，它们的文学院和自然哲学学院已经开始为希望进入工程职业领域——无论是公职人员还是个人实践——的年轻人提供了专门的课程。事实上，在皮埃蒙特和伦巴底，要进入掌控着工程职业的公司，就需要获得大学文凭。[15]

19 世纪四五十年代，虽然开办专门化的工程学校的方案也曾被提上议事日程，但是政治上的不稳定和长期以来形成的工程职业和大学之间的交流合作，阻碍了其进一步的发展。鉴于此，在统一后，工程学校成了大学经济中的一个特殊组成部分。这些特殊组成部分被称为应用工程学院，它们招收完成了教学系或物理学系第二年课程的学生；而且，其教师也是

[15] G. Bozza and J. Bassi, 'La formazione e la posizione dell'ingegnere e dell'architertto nelle varie epoche storiche', in *Il centenario del Politecnico di Milano, 1863-1963* (Milan, 1964); C. Brayda, L. Coli and D. Sesia, *Ingegneri e architetti del Sei e Settecento in Piemonte* (Turin, 1963).

来自科学院。由于存在这种制度上的联系，再加上法国工程学校的深刻影 603
响，使得它们的课程基本上都是理论性质的。事实上，到 19 世纪末，实践教学已经完全从意大利工程学校的课程大纲中脱离出来。[16]

普鲁士的方法则大不相同。1799 年，柏林成立了建筑学校，它是以 1810 年柏林大学开办为高潮的教育系统各个部门的普遍重组中的一部分。这场改革的文化背景是由占优势地位的人文主义理念塑造的，并且在高等教育领域，它们完全相信知识的形成与提升是不能被功利主义玷污的。科学作为一种追求理性的方式与这种方法相结合，但科学的应用却被排除在教育领域之外。改革者们虽然清楚地了解到科学技术教育正在促进经济发展的重要性和法国工程学校所取得的科学成就的重要意义，但他们解决问题的方式却是通过建立一类独立的、学术水平较低的技术培训学校来实现的。因此，在筹划建立建筑学校时，他们的目标在一定程度上是与法国学校相似，即为市政服务培养合格的新成员，特别是在道路、隧道的建设和测量行业，但这些工作都被认为仅仅是技术工作，而并不是进入市政管理最高级别的跳板。因此，建筑学校的水平和教育方式是与大学截然不同的。科学的培养是属于大学的；而作为技术学院的建筑学校提供的教育，则从本质上讲是职业教育。并且，最关键的是，建筑学校不仅独立于大学系统，而且它的教育等级低于大学教育的。[17]

对法国理工学校的学术声望的推崇，也清晰地体现在奥匈帝国的高等技术教育的倡导者当中。然而，其政府采取的方法是新奇的，甚至不同于

---

⑯ G. C. Lacaita, *Istruzione e sviluppo industriale in Italia, 1859-1914* (Florence, 1973); A. Guagnini, 'Higher Education and the Engineering Profession in Italy: The Scuole of Milan and Turin, 1859-1914', *Minerva*, 26(1988), 512-548.

⑰ W. Lexis, *Die Technische Hochschulen im Deutschen Reich* (Berlin, 1904); K.-H. Manegold, *Universität, Technische Hochschule und Industrie. Ein Beitrag zur Emanzipation der Technik im 19. Jahrhundert unter besonderer Berücksichtigung der Bestrebungen Felix Kleins*, Schriften zur Wirtschafts-und Sozialgeschichte 16 (Berlin, 1970). 论柏林建筑学校的兴起与发展：R. Rürup (ed.), *Wissenschaft und Gesellschaft. Beiträge zur Geschichte der Technischen Universität Berlin 1879-1979*, 2 vols. (Berlin, Heidelberg and New York, 1979)。

普鲁士的方法。它的特点就是双轨制。第一，1815 年布拉格的波西米亚
604 技术设计研究所（*Polytechnisches Landesinstitut*）和维也纳的技术设计研究所（分别成立于 1806 年和 1815 年）被认定为是高等教育机构，虽然它们独立于大学系统之外。科学课程大多已在教学纲要中举足轻重，并被视为培养工程师的必要组成部分。同样重要的还有与学生的职业活动更加相关的学科。因此，技术学科得到尽可能广泛的和系统化的处理，并得到了与科学学科一样的重视。[18] 第二，也是极具特色的一点，这就是它们还重视对学生进行与制造实践相关的教学指导，特别是应用化学和机械工程学。这反映维也纳和布拉格的技术学校在学生培养适应的就业岗位范围上，是与法国模式大不相同的：它们的目标不仅是要为国家培养技术官员，而且还要培养那些将来要去建筑业或制造业的私人部门中就业的年轻人。

20 年后，比利时也采用了类似的方法。比利时也与法国有着根深蒂固的文化渊源，但是其反应却明确显示了教育模式是如何调整以适应不同的环境的。法国模式的影响力在这里也是非常深入的，就如同西班牙与意大利一样；与它们一样，在 19 世纪的第一个 10 年，比利时被法国占领，在此期间，法国政府效仿当时法国已有的模式在这里建立了技术团队。但同时，比利时也成为欧洲第二个工业化地区。它们既重视借鉴法国传统，培养受过技术训练的管理人员，又同样重视那些将来要去企业就业的年轻人的教学工作。1804 年，在法国占领时期，比利时成立了路桥学校；1831 年，比利时独立后，对这些学校进行了重组。4 年后，比利时政府又收到了有关要求成立两所新学校，即根特的路桥学校和列日的矿业学校的方案。

起初，这两所新学校的目标就是要为市政服务部门和企业雇主培养技

---

[18] H. Gollob, *Geschichte der Technischen Hochschule in Wien* (Vienna, 1964); H. Sequenz (ed.), *150 Jahre Technische Hochschule in Wien 1815-1965*, 2 vols. (Vienna and New York, 1965); C. Hautschek (ed.), *Johann Joseph Prechtl. Sichtweisen und Aktualität seines Werkes* (Vienna and Cologne, 1990).

术人员。然而，到 1838 年学校建立的时候，这两所学校都分别被分裂为两所不同的学校：根特市政职业学校与根特工业艺术学校；列日矿业职业学校和列日工业艺术学校。它们的应用型学校与法国的应用型学校是一样 605
的，它们的学生都能优先进入市政服务部门，并且它们的课程都以理论为主。另一方面，工业艺术学校的教学大纲则更具实践性，其特征是简化数学课，加深制造实践的研习。虽然不可避免的是工业艺术学校在地位上要低于职业学校；但在比利时，由国家兴办的旨在培养技术人员的学校和培养企业工程师的学校是同时出现的，并且它们同为教育结构中的一部分。因此，到 1840 年，比利时已经完全形成了双轨制的高等技术学校系统。[19]

在欧洲大陆出现的为政府部门培养技术人员而新建学校的做法，在英国却没有发挥作用。英国的工业成就是与交通业的飞速发展是紧密联系的，这些交通方式包括运河、付费公路、桥梁、造船，以及 19 世纪 20 年代之后发展起来的铁路网。尽管如此，这些行业大都是由私人企业控制的。与其自由放任的政策相一致，政府认为自己既没有责任评估负责这些工作的技术人员，也没有责任为其提供相应的教育。不管此类教育形式在 19 世纪中期之前是否已经出现，技术专家培养都被工程团体内的严格的且井然有序的规章所控制。无论在私人实践中，还是作为工业企业的职工，经验和实践知识至今都被认为是期望成为最高级工程专家必须具备的最重要的条件。学生们可以通过长期的学徒经历（通常是 7 年时间），或者以自费的方式（学费昂贵，但学制较短）向在有金字招牌的企业里工作的工程师或自由工程师学习，这些是仅有的通往真正技术岗位的道路。[20]

早在 1771 年市政工程师协会成立以来，这种职业的价值与规范就已经植入这些代表着工程学团体精英的专业协会的章程中了。1847 年，机

---

[19] J. C. Baudet, 'The Training of Engineers in Belgium, 1830-1940', in Fox and Guagnini (eds.), *Education* (note ＊), 93-114.

[20] C. More, *Skill and the English Working Class, 1870-1914* (London, 1980).

械工程师协会成立，它对职业资格采取了相同的态度。[21] 在这两个例子中，准入条件都是以经验和职业成就作为根本的；相比之下，科学教育和
606 学术学位实际上就变得无足轻重了。但这并不意味着协会低估了促进技术知识的提升和传播的重要意义。事实上，它们都积极地参与并支持科学研究、组织科研会议、鼓励自学以及成员之间的交流。但它们真正缺少的是用高等教育来取代经验的任何尝试。

显而易见，这种态度并没有为工程学校留下发展的余地。因此，19 世纪二三十年代，那些较早出现的期望能为工程师设立专门化的高级课程的尝试的失败，也就不足为奇了。达拉谟大学和新成立的伦敦学院（大学学院和国王学院）设立了工程学教职，并为工程师开设了专业课程。尽管如此，入学率一直很低；直到世纪的最后 10 年，正规教育才部分地取代了学徒制，开始被认可成为工程协会的相关准入资格。[22]

工业工程学的出现：1830—1850

至今为止，我们谈及的所有由国家管理的学校都至少提供一些与制造实践相关的学科课程，如化学和应用机械学。并且，有时候这些学校的学生也能够进入企业工作。不过大多数的欧洲政府并不愿意参加到为企业培养技术专家的计划中去。也正因为如此，企业也没有遭受到各种各样的来自中央政府的压力，从而使得它们可以更多地关注企业的发展。事实上，在 19 世纪第一个 10 年中，几乎没有制造商提出要进行以企业为导向的高等技术教学。

到 19 世纪 40 年代，化工企业的一些制造商开始出现了这种想法，并

[21] R. A. Buchanan, *The Engineers: A History of the Engineering Profession in Britain 1750-1914* (London, 1989).

[22] H. Hale Bellott, *University College London, 1826-1906* (London, 1929); F. J. Hearnshawa, *The Centenary History of King's College 1828-1926* (London, 1929).

已经开始让年轻人去大学里受教育了，最重要的是，这不仅仅出现在德国。[23] 这些年轻人接受的分析方法和实验技术的教育，使得他们特别适于化验和检验的监督管理工作。尽管如此，大学在很大程度上满足了这种需求。在这里，吉森大学就是个特别成功的典范，1825 年李比希在那里创 607
办了他的教学研究实验室。[24]

除了这些早期的发展外，还有一点是必须强调的，在 1850 年以前，学术科学与工业实践之间的密切联系还很少见。在化学之外的制造业部门，例如冶金业、纺织业和机械工程业，尽管当时理论和实践是截然分开的，但制造商还是时常会就具体问题向科学家和大学教授们请教。这些问题包括蒸汽机与其他设备的生产效率和安全性、材料的强度和弹性、运动学中的分类问题等，它们在一些开拓性的著作，诸如让·尼古拉·尼科尔·哈谢特（Jean Nicole Pierre Hachette，1769—1834）的《基础力学》（*Traité élémentaire des machines*）和格哈德·约瑟夫·克里斯蒂安（Gérard Joseph Christian，1776—1832）的《机械工业学》（*Traité de la méchanique industrielle*）中均被阐述过。尽管如此，虽然这些著作在评价当时飞速发展的制造技术领域的实践水平方面，机器、磨坊和发动机设计，以及冶金设计领域中，做出了巨大贡献，但是（发展的）速度依然是由有经验的人来决定的，而不是由科学家来决定的。[25]

由于这种对经验的强调，所以学徒制依然被制造商（英国比欧洲大陆更甚）视为企业职业培训的最佳方式，也就不足为奇了。这不仅体现在对技术能手的尊重上，也体现在年轻人对更高职位的渴求上，如工头、制图员或者是 19 世纪中叶之后大企业中的技术监督人员。而一些正规的科学教育及其应用（也体现在机械制图和外语等其他科目中）充其量也就是学

㉓ L. F. Haber, *The Chemical Industry During the Nineteenth Century* (Oxford, 1958).

㉔ J. J. Beer, *The Emergence of the German Dye Industry* (Urbana, Ⅲ., 1959); J. B. Morrell, 'The Chemist-Breeders: The Research Schools of Liebig and Thomas Thomson', *Ambix*, 19 (1972), 1-46.

㉕ Singer, Holmyard, Hall and Williams, *Technology* (note 1).

徒制的补充。这就是机械协会的指导原则，在19世纪三四十年代，其大批会员都在英国的制造业中心为工人群众提供通俗易懂的讲座课程和筹备图书馆。而一些工业欠发达的国家，则主要是通过构建中等专业学校网络来培养技术能手。他们学习的主要课程包括数学和力学基础、制图，以及
608 得到基本的各类工艺和贸易的手动指导。所有这些学校都完全独立于高等教育之外，而且在社会地位上，它们也远远不如那些为公共部门培养技术专家的学校。

在这些学校中，完全属于初等教育的有法国私立的工艺技术学校，它是在法国大革命之前由德·拉罗什富科-利昂古公爵（La Rochefoucauld-Liancourt，Duc de，1747—1827）筹划成立的。1780年，第一所工艺技术学校在利扬库尔成立，1799年，学校迁至蒙贝利亚尔。5年后，在波普尔也开办了一所工艺技术学校（1815年，为易热的一所学校所取代）；1843年，第三所工艺技术学校在艾克斯成立。1845年，这类学校的招生总数达到了400人；随后，到该世纪的最后25年，招生人数激增至850—900人。起初，这些学校只提供基础的手艺培训。1832年在学校划归商业部管理之后，代数学、基础画法几何学、力学和制图学开始被纳入课程，学校的入学要求也被提高了。尽管如此，车间教学依然是这些课程的典型特征。即便从19世纪中期开始，学校的教学内容逐步复杂化，但是学校依然坚持以最初的实践倾向性，并以远离高等教育为荣。[26]

工艺学校（*Gewerbeschulen*）是中等层次的技术学校，19世纪二三十年代，它由德意志各邦国的政府负责筹建，并明确地具有职业特征。它们的目的十分明确，就是要繁荣经济发展，而且学校是由各邦国的商业部负责管理。1821年，普鲁士首先在柏林成立了第一所工艺学校。[27] 正如上文提及的，在普鲁士的首都已经有一所培养技术官员的学校了，但这里两年制的新课程（1830年扩充到三年）是专门为企业培养技术人员的。它从

---

[26] C. Rodney Day, *Education for the Industrial World: The écoles d'arts et métiers and the Rise of French Industrial Engineering* (Cambridge, Mass., and London, 1987).

[27] Rürup (ed.), *Wissenschaft und Gesellschaft* (note 16).

各地的中等专业学校中招生，平均年龄为 14 岁，并提供数学和科学的基本教学。这让我们想起了法国的工艺技术学校，车间实践是教学大纲的典型特征，并将大量的时间用于制图训练。

由于德意志的其他邦联中没有专门培养公职人员的学校，因此最初工艺学校目标的专门化课程较弱。[28] 学校主要培养低层次的公职人员和商人，也为私人企业培养技术工人。但事实上，19 世纪上半期，工艺学校 609
的大部分毕业生都在公共服务部门就业；从 19 世纪 40 年代开始，在私人企业中就业的学生人数才逐步提高。这些学校的典型特征是，为了让学生对各种不同的职业做好准备，它们开设了机械工程学、化工学、林学和建筑学等专业化课程。

1826 年，为了培养技术能手，瑞典政府在斯德哥尔摩建立了技术学校。在这里，科学教学是很有限的，大部分时间都用于实践教学。虽然到 1850 年为止，教学和科学科目在教学大纲中日益获得突出的地位，但服务于技术培训依然是它们自我定位中最明显的特色。直到 50 年后，在这所学校的基础上建立了一个新机构——皇家理工大学（*Kungl. Tekniska Högskola*，*KTH*），才正式意味着这所学校跨入了高等教育领域。与这所由国家资助的学校形成鲜明对比的是 1829 年成立的查尔姆斯学院（*Chalmers Institution*），它是由私人倡导建立的，并促使瑞典出现了另一类技术学校。这类学校的显著特征，是它坚信以科学为基础的教育是理解技术的前提条件。在这方面，它开创了一条与皇家理工大学截然不同的道路。[29]

1829 年，促成巴黎开办中央工艺与手工制造学校（*École Centrale des*

---

[28] Manegold, *Technische Hochschule* (note 16); K. Gispen, *New Profession, Old Order: Engineers and German Society, 1815-1914* (Cambridge, 1989).

[29] T. Althin, *KTH 1912-1962. Kungl. Högskolan I Stockholm under 50är* (Stockholm, 1970); G. Ahlström, 'Technical Educaiton, Engineering, and Industrial Growth: Sweden in the Nineteenth and Early Twentieth Centuries', in Fox and Guagnini (eds.), *Education* (note *), 115-140.

Arts et Manufactures）的环境与促使查尔姆斯学院成立的环境十分相似。但就中央学校而言，发展成为培养企业工程师的高层次技术学校的目标过于遥远。该校是由一位富有的商人、一位化学家和一位理工学校的毕业生联合创办的。在学校创办之初，它就为自己设定了宏伟的目标，即要造就新一代彻底了解制造实践的科学基础的企业领导人。尽管学校的学费高昂，但它还是获得了巨大的成功：1840年，学校的学生在校人数达到了125人；1845—1855年，学生人数超过了200人。此外，学校的声誉及其宏伟的目标还吸引了大批海外留学生：截至1864年，学校留学生人数占学生总数的四分之一。学校学制为三年。第一年，主要学习普通科学科
610 目，尤其强调几何，特别是由于学生是以全日制为主，因此，教学计划也很紧凑；在第二年和第三年的学习中，教学的内容集中于应用学科，包括工程力学、建筑学、道路工程学、解析化学和工业化学、蒸汽机原理，以及详细描述各类制造业的实践，其中包括纺织业、制陶业和造纸业。尽管如此，与工艺技术学校形成鲜明对比的是，在这里，技术科目的研究都没有得到高水平实践教学的支持。[30]

多年来，车间培训的缺失和教学大纲中故意模糊专业的特征，一直是中央学校的突出特点。但在学校的学术标准上则的确发生了重大的变化。1856年开始，它不再属于私人所有，而被划归法国农业与商业部。这一变化导致了学校开始采用严格的入学程序（包括效法理工学校，举办竞争性的入学考试）。考试的对象是那些报考理工学校，但却没有通过最后考核的学生。为了达到原有的工程学校的水准，课程难度也提高了。这些策略最后都取得了成功。到19世纪末，出于官方的考虑，中央学校获得了和理工学校与应用型学校同等的地位。

与其他此类学校一样，中央学校由此获得了相当的国际声誉，欧洲其他国家都以此为范例来改进以企业为导向的高等技术教育。但无论它们是

---

[30] H. Weiss, *The Making of Technological Man: The Social Origin of French Engineering Education* (Cambridge, Mass., and London, 1982).

模仿维也纳、布拉格技术学校模式，还是模仿巴黎的中央学校，这些倡导者最主要的观点就是——特别是在那些工业化程度较低的国家——拥有了受过良好训练的技术工人就能促进发展。但是在现实中，教育与工业发展之间的交互机制往往更加复杂。

西班牙的例子就很好地说明了该机制在执行过程遇到的阻力。1850年，皇室敕令要建立三个层次的高等教育系统，包括初级、中级和高级的技术学校。起初，只有在马德里建有高级技术学校；在1855—1857年间，先后有5所类似的学校分别在瓦伦西亚、希洪、巴塞罗那、塞维利亚和贝 611
尔加拉出现，这些学校被称为高等工业工程学校（*Escuelas Superiores de Ingenieros Industriales*）。这些学校的入学标准较高，招收的学生必须完成大学理学院的三年课程或者必须证明他们有一个相当高的科学教育水平。该方案虽然野心勃勃，但却遭到了失败：截止到1867年，除了巴塞罗那的高等工业工程学校之外，其他所有的学校全部停学。只有在经济较发达的加泰隆尼亚首府，这类技术学校才找到了合适的生存环境。直到19世纪末，西班牙才在巴斯克地区的首府毕尔巴鄂——一个井井有条的采矿和冶金中心——建立了另一所高等技术学校。[31]

相比之下，公众支持与繁荣经济环境的结合为瑞士联邦高等工业学院的成功铺平了道路。1855年，瑞士联邦议会决定在苏黎世建立一所理工学校，组织者虽然在各方面选择了与奥地利和德国相似的解决方案，但它的规模却要大得多。为了让课程适应大范围的职业选择，学校设立了不同的分部，如市政学院、建设与工程学院、应用化学学院（包括药学）以及林学院，最后还有第六部门负责通识教育。在入学时，候选人必须年满17岁，并有一定的数学、代数学、画法几何学和物理学知识背景。学校的课程具有一定的难度，特别是对三年制的建设与工程学院、市政学院而

㉛ J. M. Alonso Viguera, *La ingenieria industrial española en el siglo XIX* (Madrid, 1944); R. Garraboc, *Enginyers industrials, modernizació económica I burgesia a Catalunya (1850-inicis del segle XX)* (Barcelona, 1982); S. Riera i Tuèbols, 'Industrialization and Technical Education in Spain, 1850-1914', in Fox and Guagnini (eds.), *Education* (note *), 114-170.

言，它们的学生要学习微积分学、几何学、实验物理学、化学以及大量的技术科目，包括实践训练。不久后，联邦高等工业学院就以其高水平的教学标准、多样化的课程和低廉的学费吸引了大批的留学生。1862 年，在校学生总数为 225 人，免费旁听学生的数量也超过了 200 人。[32]

萌芽时代：1850—1890

瑞士议会为新学校设置高标准的做法实际上是顺应了一种在其他国家
612 已赢得支持的潮流。自 19 世纪中叶以来，其他国家原本用于培训技术能手的技术学校，例如法国的工艺技术学校，都已开始改进了自己的教学大纲。而这个过程在德国尤为显著。在这里，19 世纪 60 年代，工艺学校变为了理工学校；19 世纪 70 年代后期，在经历了一系列重组之后，它们又成了技术大学，由工商部划归教育部统一管理，并获得了与大学同等的学术自治权利。[33] 在学校的发展变革中，车间培训逐渐失去了它们在教学大纲中的主导角色，学校开始关注科学科目的教学，提高在入学时对科学精通程度的要求。同时，聘用有优异的科学文凭的教师，并为他们创造与大学理学院相似的环境。特别值得一提的是，这些学校允许教师在一定程度上根据自己的兴趣来调整课程，学生也获得了一定的选课权。

19 世纪 50 年代到 80 年代，德国技术学校的主要特征是入学人数的激增。技术教学的转变与扩张，就像当时德国大学的化学系一样，它们作为企业专家源泉的声望不断提高，并激发了国外的兴趣与关注。从 19 世纪中叶开始，德国的经济进入了飞速发展的时期，并以其工业的迅猛扩张为特征，尤其是在冶金、机械工程和化学行业。政府对普遍意义上的教育的贡献，尤其是对技术教育的贡献，在当时被视为促进深化发展的决定性因

---

[32] *Eidgenössische Technische Hochschule*, *1855-1955*. *École polytechnique Fédérale* (Zurich, 1955); 'Zur Entwicklung der ETH 1855-1960', in *Eidgenössische Technische Hochschule Zürich 1955-1980*. *Festschrift zum 125jährigen Bestehen* (Zurich 1980), 17-83, 577-674.

[33] Manegold, *Technische Hochschule* (note 16).

素，也是促进德国工业向前飞速发展的关键。在其他国家眼中，这种发展既是一种威胁，也被视为效仿的榜样，技术教育的倡导者们在面对公共权威和企业家时，总是喋喋不休地谈起德国的成功。

由于这是一种事后诸葛亮的做法，人们也许会说，技术教育的倡导者们夸大了教育对工业的影响，也夸大了德国模式取得的成就。但不可否认的是，这些主张和连续不断的游说极有效地使得越来越多的企业家和地方权力部门，尤其是在工业区，开始关注在本国施行由国家提供的技术教 613
学。这使得在19世纪的最后25年间，在欧洲其他国家出现革新的突起。

英国在19世纪中叶毫无进展可言。皇室的支持使得苏格兰的格拉斯哥大学和爱尔兰的女皇大学设立了工程学教授教席。尽管如此，在英格兰，高等技术教育的措施并没有取得实质性的进展。1845年在伦敦成立的皇家化学学院和1851年成立的皇家矿业学校，在英格兰科学社团的发展中发挥了重要的作用，但在为企业提供技术雇员方面，它们的贡献则让支持者们大失所望。[34]

19世纪70年代，在国会展开的一系列调查后，在德国出现的教育与工业发展之间的联系引人注目，这也使得技术教育的倡导者们开始获益。但它们努力的结果不是继续开办专门化的技术学校，而且沿着伦敦国王学院和大学学院所采用的路线走下去。因此，不久后，在各主要地区城镇的大学学院中，工程学的新教席纷纷出现。

为了建设地方性的高等教育机构，英国在19世纪下半期成立了一些学院。[35] 它们的地位远远不如历史悠久的牛津、剑桥，而且在它们中还有

---

[34] G. K. Roberts, 'The Establishment of the Royal College of Chemistry: An Investigation of the Social Context of Early-Victorian Chemistry', *Historical Studies in the Physical Sciences*, 7(1976), 437-475; R. F. Bud and G. K. Roberts, *Science Versus Practice: Chemistry in Victorian Britain* (Manchester, 1984); J. F. Donnelly, 'Chemical Engineering in England, 1880-1922', *Annals of Science*, 45(1988), 555-590.

[35] D. S. L. Cardwell, *The Organisation of Science in England* (1957; 2nd edn, London, 1972); M. Argles, *South Kensington to Robbins: An Account of English Technical and Scientific Education since 1851* (London, 1964).

许多学校是到 20 世纪之后才获得特许状正式成为独立大学的。事实上，一开始它们甚至没有颁发学位的权利；因此，它们只能是为学生去伦敦大学攻读学位做准备。但在它们的努力下，它们找到了一条位于古老大学的传统自由主义教育和更现代的教育方法中间的道路，并带来了新学科的专业教育的发展，尤其是医学和科学，包括纯粹科学和应用科学。19 世纪 60 年代，由于极为重视技术应用，化学系开始获得发展。很快，工程课
614 程也开始效仿它们。1868 年，欧文学院（后来的曼彻斯特大学）设立了工程学教授职位。[36] 在之后的 20 年中，在英格兰和苏格兰出现了十几个其他教席。甚至是在剑桥，1891 年，机械学的一个教席被改为工程学的教席，而牛津也效法它，于 1907 年开设立了工程科学的新教席。[37]

起初，市政工程学和机械工程学都是由同一位教授来授课的。但渐渐地，出现了分设的教席，开设了其他技术课程，新增了更加专门化的课程，并形成了系。这些系本身并不包含工程学部分，因此它们主要依附于科学系来进行诸如数学、物理和化学等学科的教学。尽管如此，那些完成了全部课程的学生一般需要 2—3 年可以获得工程学的证书。学院虽然竭力鼓励学生们选择一个系统的教学过程，但从它们颁发的证书数量来看，就知道要说服学生有多么困难了。事实是，这些证书从学术上看是无法与正规大学的学位相提并论的，而且它们也不包含任何的职业资格。因此，学生们更热衷于选择个别课程，并为诸如由伦敦城市公联会（City and Guilds of London Institute）和科学艺术部的考试委员会举办的各个学科的名目繁多的考试做准备。

尽管如此，上面提及的工程系范式的两个重要例外（它们在一开始就是按独立机构设置的），都是在伦敦开办的。由于殖民地服务机构，特别

---

[36] R. H. Kargon, *Science in Victorian Manchester: Enterprise and Expertise* (Manchester, 1977); A. Guagnini, 'The Fashioning of Higher Technical Education in Britain: The Case of Manchester, 1851-1914', in H. F. Gospel (ed.), *Industrial Training and Technological Innovation: A Comparative and Historical Study* (London, 1991), 69-92.

[37] T. J. N. Hilken, *Engineering at Cambridge University 1783-1965* (Cambridge, 1967).

是印度工务局，对技术人员的需要不断增多，1871年成立了皇家工程学院。学校的招生数量有限，学制三年（直到1906年学校停办为止，共招生1623人），学校设施齐全，师资力量雄厚。[38] 其他主要的革新措施还包括在南肯辛顿开办的两所学校，1907年这两所学校被并入帝国科学技术学院。1878年，伦敦八家同业公会与伦敦市法团（London City Corporation）成立了伦敦城市公联会技术教育促进会（City and Guilds of London Insitute for the Advancement of Technical Education）。三年后，他们又共同开办了一所初等技术学校——芬士伯里技术学校（Finsbury Technical School）；1884年，他们还开办了更高层次的一所学校——中央学院 615
（1893年后，成为中央技术学院）。中央学院主要分为三个部分：市政、机械和电力，它是以培养高级而又非常“实用”的技术专家为目标的。虽然学校也招收临时学员，但还是以全日制学生教学为主。按照当时的标准，它还非常重视教学设备，它的车间与实验室装备精良。[39]

在一些主要的工业城市，都出现了许多独立的低级职业学校，并且它们的学术水平也在不断提高，就像19世纪中期德国的工艺学校一样。例如曼彻斯特技术学校，在办学之初，它还只是一所夜校，但到1904年，它已成为曼彻斯特大学技术学院。

法国的高等技术教育革新也远不如德国。尽管如此，这并不意味着它没有进行促进技术知识传播的尝试。在法国的一些主要的工业和农业中心，事实上也出现了许多旨在促进与本地经济相关的教育革新。在19世纪之初，一些大都市就开始倡导应用学科的教学，学会和其他独立的社团也参与其中。例如，1857年在里尔的农业科学技术协会（*Société des Sciences, de l'Agriculture et des Arts*）组织下，成立了机车学校，主要教授蒸汽机的操作；波尔多的技术协会（*Société Philomatique*）也逐步扩充公共讲座的计划，不仅包括文化基础和算术，而且还涵盖了较高难度的学

[38] J. G. P. Cameron, *A Short History of the Royal Indian Engineering College, Coopers Hill* (London, 1960).

[39] J. Lang, *City and Guilds of London Institute. Cantenary 1878-1978* (London, 1978).

科，如酿酒化学、外语和经济学等。[40] 1826 年成立的米卢斯工业协会（*Société Industrielle de Mulhouse*）则更加与众不同，它既关注当地企业精英的知识需求，又与市议会一起合作，在设计、纺纱、编织和商业的专门学校中培训工匠。[41]

虽然法国地区经济的这种扩张模式具有重要的意义，但是现实情况却依然没有得到改善。它们的课程既无法提供正规的资格证书，也肯定没有
616 得到正式的承认或得到国家管理机构的物质支持，更没有将个人的改革行为与国家教育制度进行整合的尝试。19 世纪五六十年代，技术学科课程形式的持续的支离破碎，说明了有利于国家干预的经济、社会和政治环境还不成熟。

直到 1870 年之后，才出现了新的要求改善设施，使教育制度能更好地为法国的利益服务的压力，并引起了实际的变革效果。其中最主要的促进因素就是法国在普法战争中的惨败。在战后的反省过程中，人们认为科学技术教育的缺失是导致军队失利的一个主要原因。虽然当时人们夸大了法国的落后状况，但色丹战役的惨败的确促使了法国社会中更加自由和现代化的势力，在辩论中，后者最终战胜了保守主义对处于萌芽状态的、日趋复杂的工业时代的怀疑以及对失败过后的新社会秩序的怀疑。起初，改革步伐比较缓慢。但 1872 年里尔的北方工业学院和 1882 年巴黎工业物理化学综合学校（*Ecole Municipale de Physique et de Chimie Industrielles*）的成立，标志着这股新势力的萌芽。从 19 世纪 80 年代后期开始，到整个 19 世纪 90 年代，改革的速度开始加快；至少现在看来，法国的教育制度开始获得突飞猛进的发展。

这个时期末的一些改革措施，给在法兰西大学的大伞统治管理之下的

---

[40] R. Fox, 'Learning, Politics, and Polite Culture in Provincial France', *Historical Reflections/Réflexions Historiques*, 7(1980), 543-564; also printed in R. Fox, *The Culture of Science in France, 1700-1900*(Aldershot, 1993).

[41] R. Fox, 'Science, Industry, and the Social Order in Mulhouse, 1798-1871', *British Journal for the History of Science*, 17(1984), 127-168.

已有国家学院系统带来了最显著的成果（直到 1896 年根本性重组之前）。在这里，公共教学部提出了一项分权化的政策，鼓励更多地依靠地方权力部门和私人的支持，鼓励开设有益于地方经济的课程与专门学校，例如机械工程学、电力工程学、化学和农业科学等。1890 年，南锡大学合并了一所化工学院；1891 年波尔多大学，1894 年里尔大学也分别效仿南锡大学的做法。[42] 在电力工程学方面，成立于 19 世纪和 20 世纪世纪之交的电子技术学院（*Instiruts Electrotechniqnes*），促使里尔、南锡和格勒诺布尔的学院出现了重大的发展。1908 年，图卢兹也效法这一措施，并获得了成功。这些学院都提供系统化的课程教学，既包括理论科目，也包括实践科目，还能颁发专业证书与文凭。

19 世纪末，英国和法国的地方政府和私人利益团体在促进高等技术 617
教育方面所做的重要贡献，特别是在新型的以企业为导向的课程开发中的重要贡献是不能小觑的。地方政府的显著影响不仅体现在发达的工业国家中，也体现在一些中等工业国家中。例如，早在 1862 年，意大利米兰的高等技术学院（*Istituto Tecnico Superiore*）就开始颁发工业工程学学位；1879 年，图灵的应用工程技术学校也开始颁发类似的学位。这些城市都是北部地区经济最发达的核心区域，因此它们也最关注制造业的状况。推动改革的并不是马上就要获得高层次技术专家的需求，而是认为工业的发展需要新一代技术专家的信念。[43] 起初，这些新学校的招生十分萧条，但到 19 世纪 80 年代后期，入学率得到了飞速的提高，并在接下来的 10 年中，赶超了那些市政工程学校。

地方团体在西班牙也发挥了重要的作用。1899 年，在第一次尝试建立工业工程学校失败 30 年后，在繁荣的工业化城市毕尔巴鄂成立了工业

㊷ Weisz, *Emergence*; R. Fox, 'Science, University, and the State in Nineteenth-Century France', in G. L. Geison(ed.), *Professions and the French State, 1700-1900* (Philadelphia, 1984), 66-145; Paul, *Knowledge*.

㊸ A. Guagnini, 'Higher Education and the Engineering Profession in Italy: The Scuole of Milan and Turin, 1859-1914', *Minerva*, 26(1988), 512-548.

技术学校（*Escuela de Ingenieros Industriales*），同时 1859 年成立的巴塞罗那工业技术学校也在地方企业团体和政府的支持下进入了飞速发展的新阶段。[44] 在德国，各邦国政府也继续支持已形成的、网络化的技术学校的发展，各地方政府和企业团体也纷纷为学校设施的改善和学校的扩展慷慨解囊。

社会地位的寻求

19 世纪的最后 25 年，是技术的理论和实验基础都获得显著进步的时代。在各个领域，从蒸汽机的制造设计到材料的性质研究，人们开始寻求一条在严格的分析方法、系统的实验和常常引发矛盾的实践工程学之间达成平衡的出路，并开始取得成果。而完全掌握了学科知识、具备了直接的
618 工程学实践经验，并能将新技术教科书的生产两方面结合起来的新一代教师，在其中做出了重要的贡献。这些教材比 19 世纪中期的教材在理论上提出了更高的要求，也更关注工程学学生的兴趣与目标。其中，威廉·约翰·麦夸恩·兰金（William John Macquorn Rankine，1820—1872）编写的《实用力学手册》（*Manual of Applied Mechanics*，1856）和《蒸汽机》（*The Steam Engine*，1859），以及弗朗兹·勒洛（Franz Reuleaux，1829—1905）编写的《机械运动学》（*The Kinematics of Machinery*，1876）成了新教材的先驱。[45]

掌握这些教材中提供的知识，开始受到了实践世界的欢迎，不仅在相对热衷于新事物的市政工程学中是这样，而且在相对更反对新事物的制造业也是如此。对此最好的解释，就是材料强度和运动学开始被广泛地应用于机器设计之中。同时，更好地掌握热力学和液体理论，也在蒸汽机的进一步改进和新一代煤油机和柴油机的开发中扮演着至关重要的角色。良好

[44] R. Garrabou, *Enginyers* (note 30); Tuebols, 'Industrialization'" (note 30), 141-170.

[45] 关于机械工程学特定领域演进的研究：S. Timoshenko, *History of Strength of Materials* (New York, 1953)。

的理论素养是评估日益复杂化机器的性能和效能的根本，这在整个制造业也得到了越来越广泛的运用。但应该承认的是，几乎没有受过教育的天才发明家依然扮演了重要的角色，例如爱迪生。但是，新技术的发展和改进——通过渐进式的实验过程将发明转化为有商业价值的解决方案——更多的是有良好理论素养的技术人员的成就。

随着工业用电的飞速发展，科学和技术的密切关系变得越来越重要。由于 19 世纪中期电报的成功使用，电力工业在 19 世纪八九十年代成了最令人兴奋的新技术前沿。在这里，电力工程师和实验物理学家进行了最尖端的实验研究。虽然他们采取的方法各不相同，但是他们都非常依赖彼此对促进因素和信息的研究。[46]

不可避免的是，这些发展深刻地影响了技术学校的教学，进一步加速 619
了教学内容的复杂化。越来越多的时间被用于教授技术的理论基础和学习理论所必备的专业教学技能。为了避免可能出现的烦琐运算和不必要的复杂微积分，图文的方法得到了普遍的应用。教学大纲的升级也得到了学校教师的拥护，教师们也希望自己所在学科的变革性能得到重视，能够缩小他们与科学先锋之间的学术差别。尽管如此，他们同时也急于指出，技术的学术文凭不再依附于科学之上了。尽管技术的理论基础是同等重要并且在理性上也是值得尊敬的，但技术的目的是不同于科学的，实用才是技术的根本目标。

技术教学大纲本质变化的一个标志，就是从 19 世纪 80 年代起实验教学所扮演的重要角色。当时一些技术学校已经拥有了实验设备，但是它们

---

[46] W. König, *Elektrotechnik-Entstehung einer Industricowissenschaft* (Berlin, 1993); A. Grelon, 'Les enseignements de l' électricité' and ' La formation des hommes: du tournant du siècle à la première guerre mondiale', in F. Caron and F. Cardot (eds), *Histoire générale de l'électricité en France*, vol. Ⅰ: *Espoirs et conquêtes, 1881-1918* (Paris, 1991), 254-292 and 802-849; A. Guagnini, 'The Formation of Italian Electrical Engineers: The Teaching Laboratories of the Politecnici of Turin and Milan, 1887-1914', in F. Cardot (ed.), *Un siècle d'électricité dans le monde. 1880-1980. Actecs du Premier Colloque International sur l'Histoire de L'Electricité* (Paris, 1987), 283-299.

几乎全部并仅仅用于专业演示或个人研究：学生并没有在这些活动发挥积极的作用。19 世纪中期，化学是高等技术教育中唯一一个已经将更加实用的、以实验为基础的方法应用于教学的学科。在这里，定性分析和定量分析的训练是教学的一个重要组成部分；这种培训对进行纯研究的学生和为就业做准备的学生来说，是同样重要的。尽管如此，直到 19 世纪 80 年代，实验教学才开始为技术教学中的其他学科所采用。

早在 19 世纪 70 年代，在美国的学校中就已经出现了机械工程学的教学实验室。在欧洲，其开拓者是慕尼黑工业大学的卡尔·冯·林德（Carl von Linde，1842—1934）和伦敦大学学院的亚历山大·布莱基·威廉·肯尼迪（Alexander Blackie William Kennedy，1847—1928）。[47] 后来到 19 世纪 80 年代，德国的技术大学开始广泛地采用这种方法；确实，这些设备的引入也成为 19 世纪最后 20 年里这些机构重组的最显著特点之一。拥有机械工程学、材料试验（在市政工程学和机械工程学中运用）和技术化学的实验室，以及 19 世纪 80 年代中期后，在电力技术学中使用实验室，成了现代、高质量学校的标志。特别是柏林技术大学（夏洛滕分校）的设备
620 尤其丰富，这些实验室建造于 19 世纪 90 年代，是苏黎世联邦高等工业学院复兴和扩张计划的一部分。[48]

与车间培训不同，车间培训的目标是要求学生掌握手工技巧并知道如何操作机械和引擎，而实验教学则意味着完成学生的理论准备。其主要目标之一是使学生熟悉精确质量测量的方法，这日益成了工程师实践的核心组成部分。从某种程度上说，它的过程和使用的器材与物理和化学实验室里使用的是相似的。但是，其目标不是追求新的科学知识，而是为已经被运用的技术提供控制和改进的方法。为此，机械工程学的学生们必须学习测量不同物质的弹性和强度、检测不同机械和引擎的性能，以及记录并比较实验结果。对电力工程师而言，则要学会准确测量电流和电阻、校准仪

[47] V. Dwelshauvers-Dery and J. Weiler, *Referendum des Ingénieurs. Enquête sur l'Enseignement de la Mécanique*(Liège, 1893).

[48] Rürup(ed.), *Wissenschaft*(note 16); *Eidgenössische Technische Hochschule*(note 31).

表，以及测量发电机和电动机的功率。在所有这些活动中，强调的不是创新性，而是准确性和彻底性。

毫无疑问，教学大纲的升级和实验教学的发展极有力地说明了需要对高等技术学校的学术地位进行再评价。最关键的问题，已经不再是军事学校的地位或者诸如法国理工学校，以及与它相关的应用型学校，还有根特和列日的专门学校等为部队和市政各部门培养技术专家的学校机构的地位问题了。正如前面提及的那样，虽然这些学校的文凭的学术性很高，但它们还是处于并依然处于大学系统之外。因此，问题是为私人企业培训市政工程师、机械工程师、化学工程师、冶金工程师和电力工程师的技术学校的地位问题。当这些学校成立的时候，它们是初等职业性质的学校，因此它们几乎没有资格进入高等教育领域。而实际上，虽然有些学校一开始是为培养工头或技术能手而成立的，但逐渐地它们的职能已经超越了这些较低级的机构，到 1880 年之前，它们已经开始实施较高层次的技术教育了。

在为技术教育争取享有与传统学术同等地位的过程中，最忠实的行动
者就是学校教师。通过强调技术科学带来的进步以及技术进步对社会的重 621
要性，他们想方设法说明，他们的学校应与大学享有同等赞誉与地位。很明显，教师们这样做也是为了提高他们自己的学术地位。他们追求的不仅仅是经济上和社会上的利益，他们还希望获得更多的时间和更好的设备来进行研究并吸引更优秀的学生。

在努力提高高等技术教育的地位的过程中，教师也与这些学校以前的毕业生以及一些专业的工程师协会结成了紧密的联盟。一开始这些协会仅仅是由个别技术学校的毕业生组织的，但是到 19 世纪末，这些协会已经发展成了全国知名的权威组织。该组织的目标主要是维护他们代表的团体的社团利益，以及严格地控制职业名称的使用。该组织的另一个目标就是联合其成员，在获得社会认可的同时，提高经济实力。因此，他们极为关心的是他们获得的学术资格的地位问题。

在德国，技术学校得到了联邦科学技术协会（*Verein Deutscher Ingenieure*，*VDI*）的支持。联邦科学技术协会成立于 1865 年，它在德国技术

大学的发展和相关教育政策的制定方面扮演了重要的角色。[49] 该组织支持其成员和职业的策略在 30 年里发生了很大的变化，具体如下：虽然在 19 世纪 70 年代，联邦科学技术协会积极支持教学大纲的“科学化”改革；但是在之后的 10 年中，它却反对这条道路，并极力提倡实用导向的原则。即便是在后一个时期，联邦科学技术协会依然是全力支持学校，希望它们能够被完全纳入高等教育的范畴。在这个过程中，技术大学达到了目的：1899 年，它们获得了大学地位。这也使其获得了博士学位的授予权，并进入学术职业领域。同时这还使得这类学校教职员工获得与大学教授相同的地位。

在比利时，工程学协会也是法令的倡导者，1890 年法令授予布鲁塞尔、鲁汶、根特和列日的一些技术学校颁发矿业市政工程师和市政建筑工程师资格证书的权利，这些资格证书与根特和列日的那些传统的、更有声
622 望的专门学校颁发的证书是一样的。这条法令还使得颁发这些文凭的高等技术学校升格到大学层次。[50]

文凭的学术价值还引起了诸如英国工程部和法国技术研究所等嫁接在大学学院之上的机构的关注。虽然当时它们已经被纳入大学系统，但是它们所颁发的文凭和证书并没有得到与理学学位同样的待遇，凭此也不能进入学术职业。因此，在英国，学习工程学的学生，为了能在大学层次的学校中教授他们的学科，就必须要完成学业，拿到理学学士学位，这是再正常也不过的事了。直到 19 世纪 90 年代，大学中才开始设立工学学士学位。毫无疑问，这些学位一开始就受到传统学术精英的明确指责，但在形式上，它们的价值与大学学院颁发的其他证书并无二致。在高等教育被认为可成为专业职业的必备资格之前，很难说服学生继续深造、攻读工程学学位。这种情况在法国表现得更加复杂，因为法国学位或学历的价值是由

[49] K. -H. Ludwig and W. König(eds.), *Technik, Ingenieure und Gesellschaft. Geschichte des Vereins Deutscher Ingenieure 1856-1981*(Dusseldorf,1981);Gispen,*New Profession*(note 27).

[50] J. C. Baudet,'Pour une histoire de la profession d'ingénieur en Belgique',*Technologia*,7(1984),35-62.

颁发学位的学术机构的声望所决定的。1897 年，法国某部颁令在大学下属的技术学院颁发工程学文凭。很明显，这些文凭没有获得理工学校或者是应用型学校的学历的特权。然而，这些学院的努力仍然鼓励了地方雇主的信心，到 19 世纪末，它们的毕业生纷纷成了各类企业，特别是技术型化工企业或电力工程企业追逐的对象。[51]

那些被合并成大学学院或依附于大学进行科学学科教学的工程学校，还遇到了另一个极为棘手且复杂的问题，就是它们与母机构（parent institutions）之间的关系不尽如人意。显而易见，要获得与科学学院同等的学术地位首先就是要成为自治、独立的技术学院。即使是在意大利，那里的工程学校早在 19 世纪 60 年代就获得了与科学学院同等的地位，但是这种对独立性的追寻直到世纪末才得以实现。问题的关键是应用工程学院要求报考的学生必须在前两年修完数学或物理学的课程之后，才能学习工程 623
学课程。但随着工程技术学院的不断扩展，工程技术学校尝试自己开设预备课程以改变这种依附状态，特别是要使课程适应工程学学生的需要。[52]早在 1862 年，米兰就已经达到了这个目标，但是意大利其他的工程学院直到 19 世纪末才实现这个目标。

很明显，高等技术学校升级的时间和特点在欧洲各国存在很大的差异，但是它们之间有一点是共通的，那就是从 19 世纪 80 年代开始，在这些学校向大学层次的机构转变过程中，都遭到了学术精英的强烈反对，其中不仅包括了传统自由学科的教授，也包括了纯粹科学学科的教授。尽管它们的教学大纲发生了变化，但由于与实用主义追求的密切联系，使其很难与高深学问的理念达成一致。无论是在工业化的国家中，还是在即将成为工业化的国家中，这种敌对态度都是很强烈的。

即使是在法国，虽然理工学校已位居于教育系统顶端位置，但从表面

---

[51] See texts in note 41.

[52] Lacaita, *Istruzione* (note 15); A. Guagnini, 'Academic Qualification and Professional Functions in the Development of the Italian Engineering Schools, 1859-1914', in Fox and Guagnini (eds.), *Education* (note *), 171-195.

上看，它依然是一所工程学校，并且高等技术教育也不认可其发言人所享受的待遇就是它本身应得的待遇。此类学校的教学大纲以抽象、理论导向为特征，并极其重视数学，这至少证明其与基于人文主义的课程一样，是拒绝发展以企业为导向的课程的。就德国而言，虽然它的技术学校的发展已经获得同时代所有欧洲评论员的推崇，但这也并不意味着该国的传统教育精英会对现代课程持欢迎态度。恰恰相反，在 19 世纪 90 年代，反对技术大学升格的呼声是由于德意志皇帝本人的介入才得以平息。这位皇帝经常积极支持科学技术教育。

研究与多样化

尽管遭到了传统学术精英的反对，但在 19 世纪和 20 世纪世纪之交，欧洲大部分国家的工程学校都获得了与传统大学相当的社会地位。不过，这些成功并不是决定性的和彻底的。相反，在一战前的 20 年间，高等技
624 术学校在维护其学术声誉的道路上步履艰难。它们取得的成功也成了它们面临的最主要的挑战之一。因为实际上在 19 世纪的最后 10 年里，欧洲所有国家的工程学学生数量激增，这种增长势头一直持续到 1914 年。特别是机械工程学和新增的电力技术学的学生数量更是庞大。这几乎使得资金最为雄厚的学校中的教学实验室人满为患，学校师生比严重下降。例如，在意大利的工程学校中，这种现象尤为严重，它们 19 世纪 90 年代提出的改善实验设备、提高教学水准的口号遭到了严峻的挑战。

高等技术学校和工程学校的学术声望还面临着不断分化和专业化的教学大纲的挑战。事实上，为了与技术知识增长、工业应用的显著扩张相适应，课程的涵盖量也在稳步增加，增加了许多新的，并且常常是重点更加突出的课程。但是对能进入教学大纲，且能够吸收三年制或四年制的学生，并授予学位的新领域是有数量限制的。因此，为了避免进行填鸭式的教学，它们在培养方案中增添了新的内容。19 世纪 80 年代末，只有规模最大的学校在市政工程学和机械工程学的基础课程外，开设了电力技术、

化学技术、矿业学和冶金学的专门课程；但到了世纪之交，许多技术学校都扩充了它们的培养方案，至少都增加了几门新专业。

领域的选择是与本地经济和工业化背景相适应的。例如，一些专门化的培养方案，如造船学、农业技术、林学、水利工程学这些技术分支的设立，大多是为了满足当地经济发展的需求。而且这些新技术学科课程的设置也往往得到了来自城镇或地区的公共部门或私人的倡导以及支持。[53] 因此，从这个方面来看，专业化是控制教学大纲过度填鸭的措施，也是学校与其委托人建立紧密联系的手段。不过，毫无疑问，这些动向必须小心应对来自传统学术界的反对。这是因为，与实践应用的密切联系是许多新课程的特征，而这又进一步巩固了高等技术学校最初的职业宗旨。实际上，教学大纲过度专业化和分化引发的危险也遭到了部分工程学教师的指责，625 他们认为高等技术教育的目的是要提供一个广阔的技术基础。确实，专业化的支持者和工程学应采用宽泛的科学方法的提倡者之间的紧张关系，始终是两次世界大战之间激烈讨论的话题。

学生数量的增加和专业化程度的提高成了影响工程技术学校学术声誉的潜在危险因素的同时，在1914年前出现了另一个新的趋势，它标志着高等教育的这个分支发展新阶段的开始。实际上，在20世纪的最初10年，一些技术机构开始提供研究机会。如上所指，在19世纪的最后四分之一时期中，工程学校的教师进行了大量的、原创性的研究。然而，研究不仅仅需要充足的经费，也需要正式的承认才可以繁荣发展。这一个过程中的著名的里程碑式的事件出现于1900年，由于德国的技术学院升格为大学，因此它获得了颁发工程学博士学位的权利。这一新规章产生的影响，就是它正式承认了这些机构已拥有了适宜的环境，来进行原创性的研究。1909年，苏黎世联邦高等工业学院引入了高等学位；1901年布拉格

---

[53] This is an issue that looms large in works such as Paul, *Knowledge*; M. Anderson, *The Universities and British Industry, 1859-1970* (London, 1972); C. Divall, 'A Measure of Success: Employers and Engineering Studies in the Universities of England and Wales, 1897-1939', *Social Studies of Science*, 20(1990), 65-112.

的高等技术学校也采取了相同的措施。尽管如此，在一战之前，很少有学生利用这种机会，甚至直到 1918 年后，这些研究型学位的培养方案甚至在一些资金较充裕的学校中也处于边缘地位。在 1904 年到 1921 年间，亚琛的技术学校一共颁发了 37 个机械工程学博士学位和两三个电力工程学博士学位。[54] 其他学校的情况也是一样，只有极少一部分的工程学毕业生决定继续深造。

在英国，理学博士学位最早出现于 1878 年。在 1885 年它们开始将研究作为学位基础之前，学生们只要通过书面考试就能获得学位。不过，在 1912 年伦敦大学设立工程学博士学位之前，英国还没有建立专门的工程学研究学位。甚至在那个时候攻读工程学博士学位的学生依然还是少数。直到一战后，研究生的培养才在英国工程学的日程中扮演重要的角色。但
626 这是一个极其缓慢的过程，1912 年到 1926 年间，伦敦大学只为本国学生颁发了 20 个博士学位，为留学生颁发了 17 个博士学位。[55]

法国在工程学研究学位的制定认可方面则更为落后。1923 年，内阁设立了工程学博士学位。但关键是工程学博士学位仅能由大学颁发，工程学校无权颁发。学位仅限于获得政府部门认证的学生；并且，要想获得博士学位，还必须在大学实验室中学习四个学期，并完成一篇论文。这些课程主要对工艺技术学校和中央学校的学生开放。直到 1930 年，法国的大学仍缺乏必要的师资和设备来支持这一方案。

毫无疑问，参与研究使得高等技术学校的学术声望更容易被认可。尽管如此，研究学位——在那些提供研究生学位的国家——仍然是少数。同时，这些研究生的就业前景也并不乐观。在 20 世纪的最初 10 年中，他们的就业机会很少，无论是在学术性生活中还是在经济生活中，他们的回报都不是特别丰厚。公共机构提供的工作岗位又十分有限，只有极少部分的研究生为测试实验室所聘用，从世纪之交开始，这也开始成为最具创新意

[54] H. Albrecht, *Technische Bildung zwischen Wissenschaft und Praxis. Die Technische Hochschule Braunschweig 1862-1914*(Hildescheim,1987),347.

[55] *University of London*:*The Historical Record 1836-1926*(London,1926),261-262.

义企业的分支机构。事实上，即使是最有远见的制造商，也整体上对在学术背景下的进行研究培训的价值持怀疑态度。毫无疑问，只有那些立志于在高等教育机构中从事教学工作的学生才追求研究生学位。因此，即使是工程系的学生也希望能在科学学院获得高级学位，尽管他们的论文（涉及化学、实验物理学或者是数学）仍然是以技术为主题。因此，由科学学院颁发的学位依然被认为更具有学术价值。

研究机构的发展

1914 年之前，即使是在最先进技术学校中，它们进行的大量的所谓研究，并不是原创性的，而是为公共或私人客户提供常规性的测试。这些活动不仅由于收取费用而获得丰厚的报酬，也建立了良好的公共关系。但另一方面，这样做也有明显的副作用，那就是浪费了教师的时间与物质 627
资源。

20 世纪初，在整个欧洲，科学技术研究的发展缺少充足的资源，这反复被学者，甚至一定程度上，被企业家所批评。这已经在上面指出了，在很大的程度上，用于组织教学和研究的实验室的资金来自个人或者地方政府。例如，19 世纪 90 年代，新建电子技术实验室的资金大多来自私人捐赠。另一方面，中央政府并不愿意参与到以研究为主的高等教育机构中去，不管是科学机构还是技术学校。在一些例子中，如英国，大量的赠予交给了公共感兴趣的研究领域。但在 1914 年之前，这些措施普遍缺乏协调地发展；在英国和其他地方，主要的问题是，缺乏在国家层次支持研究的综合方案。

即使是多年来作为现代研究机构典范的德国研究所——技术物理帝国研究所，也必须依靠私人，即维尔纳·冯·西门子（Werner von Siemens，1816—1892）的捐赠来完成它们的研究。西门子于 1887 年领导建立的这个机构位于柏林，完全从事研究工作，并拥有充足的建设资金。这位德国的企业家坚持认为研究所的主要目标是发展创新性基础的研究，他们聘请德国著名物理学家赫尔曼·冯·赫尔姆霍兹担任新研究所的所长。另一方面，政府也同意分担该研究所的职责，因为它能立刻为企业和国家提供有用的服务，它涉及的领域包括标准化、仪器的分析与测验等，这些对企业来说都是至关重要的。事实上，这类常规活动就成了帝国研究所的日常事务，尽管其对新知识的探索仍使得研究所的成就获得了诺贝尔奖，例如，威廉·维恩（Wilhelm Wien，1864—1928）的热辐射模拟（thermal radiation）理论和普朗克的量子理论。[56]

既支持基础研究，又支持应用研究，是德国政府投资兴办的另一个科
628 研机构——威廉皇研究所的主要特征。威廉皇研究所成立于 1911 年，1946 年后更名为马克斯·普朗克协会，[57] 它在两次世界大战期间为德国研究的发展做出了重要的贡献。1902 年，英国政府在试验物理学家们的要求下也成立了国家物理实验室。为了获得政府的支持，国家物理实验室早期是以坚持斗争为特色的。在 1914 年之前，实验室的设备资金远远低于它在成立之初的期望值。当时，正是私人的捐赠才使得它有能力购买设备，例如，德雷珀公司提供了电子仪器，阿尔弗雷德·F. 亚罗（Alfred F. Yarrow，1842—1932）提供了造船实验模型所需的水箱。[58]

技术在国防和国家经济福利中的重要意义常常被反复多次地作为支持研究的理由。这个理由被证明是有效的，因为一战迅速地将技术推向了前沿。石油在战争中产生的可憎影响，也许是技术发挥的作用中最显著的标志。但是在其他领域，如航空、无线电通信以及制药等行业，技术的发展获得了尊重。在所有这些领域，军事需求成了推动新技术飞速发展的重要因素。

---

[56] D. Cahan, *An Institute for an Empire*: *The Physikalisch-Technische Reichsanstalt 1871-1918* (Cambridge, 1988).

[57] *Forschung im Spannungsfeld*. From its 'Prehistory', written by B. vom Brocke (p. 91), 它主要对技术物理帝国研究所中的那些获得诺贝尔奖的基础性研究做出了相关评价。

[58] R. Moseley, 'The Origins and Early Years of the National Physical Laboratory: A Chapter in the Pre-History of British Science Policy', *Minerva*, 16 (1978), 222-250; E. Pyatt, *The National Physical Laboratory*: *A History* (Bristol, 1983).

战争使人们认识到制定更加完备详尽的技术组织方案，以及让公共部门承担起促进技术发展责任的重要性。在这次冲突中，欧洲各国纷纷制定了工业、教育和军事合作改革方案。战争影响了这些措施的目的与视野，并促进了国家研究委员会的成立。然而，当这些改革措施的第一推动力消失后，这一庞杂的研究体制中诸多问题及其巨额的花费也就浮出水面了。历史再一次重演，虽然在整个欧洲，干预的范围和结果各不相同，但其形式都是相似的。

1915 年，英国成立了科学与工业研究委员会（后来更名为科学与工 629
业研究部）。该组织的目的就是要促进企业和国家公共部门中工程技术的合作发展，并促进企业与大学的联系。结果，这直接推动了应用研究的发展。[59]

在法国，早前便成立了一个军事技术发展特别委员会：军事工程技术发展委员会。它成立 1887 年，并于 1894 年重组，但是它在很大程度上已经过时了。在战争时期，出现了建立更有效的组织结构的尝试。在数学家保罗·潘勒韦（Paul Painlevé，1863—1933）的领导下，该组织于 1914 年改组为教育委员会；1915 年，又更名为科技署（在 1916—1917 年间，它更名为国家教育实验委员会）。1919 年，战争结束的时候，它又成了一个永久性的研究发展中心，在大学内外，促进工业科学的应用。1922 年的法令批准该机构为国家科学与工业研究中心，并与 1902 年成立的研究中心（*Caisse de Recherche*）相联合。[60]

欧洲的其他国家也出现了结构相似的专业科学学院和高等技术学校。意大利在战后应企业家和工程学校教师的要求，建立了意大利国家工程技术学校。它从本质上说，是一个私人机构，但是它为新型的国家组织的建立铺平了道路。1923 年，意大利成立了国家工程研究所（*Consiglio Nazionale delle Ricerche*）。在这里，为了鼓励应用研究，它们将其放在了首

[59] H. Melville, *The Department of Scientific and Industrial Research* (London, 1962).

[60] T. Shinn, 'The Genesis of French Industrial Research 1880-1940', *Social Science Information/Information sur les sciences sociales*, 19(1980), 607-640; Paul, *Knowledge*.

位，在法西斯政权时期，技术的偏好也为该政体增添了实力。[61]

两次世界大战之间的高等技术教育

战争时期，人们认识到了技术的重要性，这一点证明了教师们的主
630 张，也给了他们希望，他们以为这种喜好将在战后时期继续保持下来。实际上，不论是战胜国还是战败国都已经无力再投资用于改进高等技术学校。的确出现过改进设施的尝试，并为在战争中处于突出地位的各领域开设了新课程，如航空学、无线电通信以及光学技术。[62]

在某种程度上，就像战前一样，高等教育的供给出现了大扩张，这是最初的、低级的、以企业为导向的技术学校升格的结果。这种现象在法国最为普遍：1914 年前法国建立的许多学校，大多是专门学校，是自足型的学校，并且有时是受私人捐助的，但战后，它们纷纷被并入大学。例如，1911 年，法国多姆山省商业厅设立的化工技术学院，在 1920 年被并入了克莱昂-费兰德大学。到 1938 年，法国共有 88 个专业能够提供学位，其中有 36 个隶属于大学。1930 年，法国 17 所大学中有 10 所大学设有一个或多个此类机构。

一战后，英国国家政府对工程技术教育的投入不断增加，因此其工程学院也能不断做出重大贡献。专业课程安排被精心组织，设施的改进也达到了战前的水平，但并没有像预期的那样出现学生人数的激增。然而不可否认的是，战后一开始的确出现了入学人数的增长，这是由于退役军人进

---

[61] R. Maiocchi,'Il ruolo delle scienze nello sviluppo industriale italiano',in *Storia d'Italia. Annali*,vol. Ⅲ:G. Micheli(ed.),*Scienza e tecnica nella cultura e nella societa dal Rinascimento ad oggi*(Turin,1980),863-999;A. Russo,'Science and Industry in Italy Between the Two World Wars',*Historical Studies in the Physical and Biological Sciences*,16(1986),281-320.

[62] 关于欧洲工程技术教育发展的详细报告，主要有：W. E. Wickenden,'A Comparative Study of Engineering Education in the United States and in Europe',in Society for the Promotion of Engineering Education(ed.),*Report of the Investigation of Engineering Education 1923-1929*(Pittsburgh,1930),748-1015。

入高等教育机构引起的。在1912年到1913年间，英格兰和威尔士共有1487名全日制工程学在校生；到1922年，人数上升为3882人。然而，由于受到20世纪20年代后期经济危机的影响，英格兰的学生规模缩小到2959人。与这一趋势形成鲜明对比的是，两次战争期间最显著的现象，即初级的技术培训的扩张导致了教育委员会的新方案的出台。新方案包括了有关国家高等学历和文凭的规定。这些资格证书是职业性质的，并由教育委员会和专业团体颁发。申请证书的人是各类初级技术学校的毕业生，
并且大多是在职学生。这些证书能使他们成为专业性机构的成员，如机械 631
工程所和电力工程所。实际上，在20世纪20年代后期，在机械工程学领域，获得国家高等学历和文凭的学生与普通学位的毕业生的比例越来越高：在1923年，普通学位的毕业生人数为663人，而高等学位的毕生生人数为168人；在1931年，则分别为2043人和749人。

战后入学人数的增长，到19世纪20年代末期则突然出现了下跌，这在整个欧洲的大学层次的机构中是一个普遍特征，但在高等技术学校中表现得尤为明显。入学人数的激增仅是因为被战争中断学业的年轻人回到了学校。战争引起大规模的破坏，重建的需要迫在眉睫，这都为有技术文凭的毕业生提供了良好的就业机会。这种扩张在德国的技术大学最为显著，1913—1914年入学人数为11 168人，到1927年，就发展为23 280人了。

然而，20世纪二三十年代的经济危机，结束了迅速复苏和稳步提升就业率的幻影。相反，在20世纪30年代，失业以及发展的不确定性成了企业未来的特征。这种新环境产生的影响之一，就是高级技术学校必须顶住来自以企业为导向的新技术学校引发的压力，维护它们的学位地位与专业价值。这种现象出现在大部分工业化的国家中，从比利时到德国，再到法国，并导致了工程专业团体内部的紧张关系。[63]

新一轮军事冲突的步步紧逼与战备的需要，使得技术再次扮演起关键

[63] A. Grelon(ed.), *Les Ingénieurs de la crise. Titre et profession entre les deux guerres* (Paris, 1986).

性的角色，也暂时结束了这场危机。引人注目的是，另一场战争再次证实了技术教育和技术研究的重要性。

精选文献

Ahlström, G. *Engineers and Industrial Growth: Higher Technical Education and the Engineering Profession During the Nineteenth and Early Twentieth Centuries: France, Germany, Sweden and England*, London and Canberra, 1982.

Alonso Viguera, J. M. *La ingenieria industrial española en el siglo XIX*, Madrid, 1944.

Alter, P. *The Reluctant Patron: Science and the State in Britain 1850-1920*, Oxford, Hamburg and New York, 1987.

632 Baudet, J. C. *Les ingénieurs belges*, Brussels, 1986.

'Pour une histoire de la profession d'ingénieur en Belgique', *Technologia*, 7(1984), 35-62.

Belhoste, B. and Picon, A. (eds.) *L'Ecole d'application de l'artillerie et du génie de Metz, 1802-1870: Enseigne ment et recherches*, Paris, 1996.

Belhoste, B., Dahan-Dalmedico, A. and Picon, A. (eds.) *La formation polytechnicienne 1794-1994*, Paris, 1994.

Bergsman, E. B. 'Fahlu Bergsskola 1819-1868. Sveriges första civila tekniska högskola', *Dalarnas fornminnes och hembygdsförbunds skrifter*, 29(1985).

Berner, B. *Kunskapens vägar. Teknik och lärande i skola och arbetsliv*, Lund, 1989. *Teknikens varld*, Lund, 1981.

Björk, H. 'Bilder av maskiner och ingenjörskarens bildande: tekniska tidskrifter och introduktion av ny teknik i Sverige', *Polhem*, (1987), 267-310.

Björk, H. 'Pa de tillfälliga uppfinningarnas oroliga haf': tekniska tidskrifter i Sverige, 1800-1870', Polhem, 4(1986), 57-126.

Buchanan, R. A. *The Engineers: A History of the Engineering Profession in Britain 1750-1914*, London, 1989.

Cardwell, D. S. L. *The Organization of Science in England*, London, 1957; 2nd edn, 1972.

Cohen, Y. and Manfrass, K. (eds.) *Frankreich und Deutschland. Forschung, Technologie und industrielle Entwicklung im 19. und 20. Jahrhundert*, Munich, 1990.

Cotgrove, S. F. *Technical Education and Social Change*, London, 1958.

Day, C. R. *Education for the Industrial World: The Ecoles d'Arts et Métiers and the Rise of French Industrial Engineering*, Cambridge, Mass., and London, 1987.

De Palas a Minerva. La formación cientifica y la estructura institucional de los ingenieros militares en el siglo xviii, Ediciones del Serbal, Consejo Superior de lnvestigaciones Cientificas, Barcelona and Madrid, 1988.

DeGeer, H. *Rationaliseringsrorelsen i Sverige*, Stockholm, 1978.

Divall, C. 'A Measure of Agreement: Employers and Engineering Studies in the Universities of England and Wales, 1897-1939', *Social Studies of Science*, 20(1990), 65-112.

'Fundamental Science Versus Design: Employers and Engineering Studies in British Universities, 1935-1976', *Minerva*, 29(1991), 167-194.

Donnelly, J. F. 'Chemical Engineering in England, 1880-1922', *Annals of Science*, 45(1988), 555-590.

Emmerson, G. S. *Engineering Education: A Social History*, New York, 1973.

Eriksson, C. 'Kartläggarna. Naturvetenskapernas tillväxt och tillämpnigar i det industriella genombrottets Sverige 1870-1914', *Acta Ulniversitatis*

Umensis. Umea studies in the humanities 15, Umea, 1978.

Ferraresi, A. 'Nuove industrie, nuove discipline, nuovi laboratori: Ia Scuola Superiore di elettrotecnica di Torino(1886-1914)', in E. Decleva, C. G. Lacaita and A. Ventura(eds.), *Innovazione e modernizzazione in Italia fra Otto e Novecento*, Milan, 1995, 376-494.

633 Fox, R. and Guagnini A. *Laboratories, Workshops and Sites. Concepts and Practices of Applied Research in Industrial Europe, 1800-1914*, Berkeley, 1999.

Fox, R. and Guagnini, A. (eds.) *Education, Technology and Industrial Performance in Europe, 1850-1939*, Cambridge, 1993.

Fox, R. and Weisz, G. (eds.) *The Organization of Science and Technology in France 1808-1914*, Cambridge and Paris, 1980.

Garrabou, R. *Enginyers industrials, modernització económica i burgesia a Catalunya(1850-inicis del segle XX)*, Barcelona, 1982.

Gispen, K. *New Profession, Old Order: Engineers and German Society, 1815-1914*, Cambridge, 1989.

Gooday, G. 'Teaching Telegraphy and Electrotechnics in the Physics Laboratory: William Ayrton and the Creation of an Academic Space for Electrical Engineering in Britain 1873-1884', *History of Technology*, 13 (1991), 73-112.

GrandmaÎtre, R. *L'ingénieur. Son rôle, so formation, la protection do son titre et de sa profession*, Paris and Liège, 1937.

Grelon, A. 'La formation des ingénieurs électriciens(1880-1900)', in F. Caron and F. Cardot(eds.), *Histoire générale de électricité en France*, vol. Ⅰ: *Espoirs et conquêtes, 1881-1918*, Paris, 1991, 254-293.

'La Structuration du réseau de formation des ingénieurs électriciens (1900-1914)', in F. Caron and F. Cardot(eds.), *Histoire générale de l'électricité en France*, vol. Ⅰ: *Espoirs et conquêtes, 1881-1918*, Paris,

1991,802-849.

Grelon,A. (ed.) *Les ingénieurs de la crise. Titre et profession entre les deux guerres*,Paris,1968.

Guagnini,A. 'Higher Education and the Engineering Profession in Italy: The Scuole of Milan and Turin,1859-1914',*Minerva*,26(1988),512-548.

König,W. 'Auffassungen von den Aufgaben des Faches Technikgeschichte zwischen 1900 und 1945 in der Ingenieurwelt',*Humanismus und technik*,29(1986),23-45.

'Die historische Entwicklung des Beamtentums und der Berufsgruppe der Ingenieure',in J. Weber(ed.),*Ingenieure im öffentlichen Dienst:empirische Analyse zur Laufbahnreform*,Dusseldorf,1982,3-26.

'Stand und Aufgaben der Forschung zur Geschichte der deutschen Polytechnischen Schulen und Technischen Hochschulen im 19. Jahrhundert',*Technikgeschichte*,48(1981),47-67.

Kurgan-van Hentenryk, G. and Stengers, J. (eds) *L'innovation technologique. Facteur do changement(XIXe-XXe siècles)*,Brussels,1986.

Lacaita,G. C. *Istruzione e sviluppo industriale in Italia, 1859-1914*,Florence,1973.

Locke,R. *The End of the Practical Man:Entrepreneurship and Higher Education in Germany,France,Great Britain 1880-1940*,Greenwich, Conn.,1984.

Lundborg,T. 'En blick pa tekniiska högskolans historia', *Teknisk Tidskrift*,(1927).

Lundgreen,P. 'Engineering Education in Europe and the U. S. A.,1750-1830:The Rise to Dominance of School Culture and the Engineering Professions',*Annals of Science*,47(1990),33-75.

Techniker in Preussen während der frühen Industrialisierung. Ausbildung und 634

Berufsfeld einer entstehenden sozialen Gruppe, Einzelveröffentlichungen der Historischen kommission zu Berlin 16. Publikationen zur Geschichte der Indusrialisierung, Berlin, 1975.

Ingenieure in Deutschland, 1770-1990, Frankfurt and New York, 1994.

Maiocchi, R. 'Il ruolo delle scienze nello sviluppo industriale italiano', in *Storia d'Italia. Annali*, vol. Ⅲ: G. Micheli(ed.), *Scienza e tecnica nella cultura e nella società dal Rinascimento ad oggi*, Turin, 1980, 863-999.

Manegold, K.-H. *Universität, Technische Hochschule und Industrie. Ein Beitrag zur Emanzipation der Technik im 19. Jahrhundert unter besonderer Berücksichtigung der Bestrebungen Felix Kleins*, Schriften zur Wirtschaftsund Sozialgeschichte 16, Berlin, 1970.

Minesso, M. *Tecnici e modernizzazione nel Veneto: La Scuola dell'Università di Padova e la professione dell'ingegnere (1806-1915)*, Trieste, 1992.

Morachiello, P. *Ingegneri e territorio nell'età della Destra (1860-1875). Dal Canalo Cavour all'Agro Romano*, Rome, 1976.

Peterson, A. 'Ingenjörsvetenskapsakademiens bildande i idé-och teknikhistorisk belysning', *Polhem*, 8(1990), 108-123.

Pfetsch, F. R. *Zur Entwicklung der Wissenschaftspolitik in Deutschland 1750-1914*, Berlin, 1974.

Picon, A. *L'Invention de l'ingénieur moderne. L'Ecole des Ponts et Chaussées 1747-1851*, Paris, 1992.

Roca i Rosell, A. and Sánchez-Ron, J. M. *Esteban Terradas (1883-1950). Ciencia y técnica en la España contemporanea*, Madrid and Barcelona, 1990.

Rumeu de Armas, A. *Ciencia y tecnologia en la España Ilustrada. La Escuela de Caminos y Canales*, Madrid, 1980.

Runeby, N. *Teknikerna, vetenskapen och kulturen. Ingenjorsundervisning och ingenjorsorganzsationer i 1870-talets Sverige*, Uppsala, 1976.

'Vaganbonden, specialisten och folkerts banerförare', in J. Nybom (ed), *Universitet och samhalle*, Stockholm, 1989; also in J. F. Battail (ed.), *La Suède intellectuelle of savante*, Uppsala Studies in the History of Science 3; M. Trow and J. Nybom (eds.), *University and Society: Essays of the Social Role of Research and Higher Education*, Higher Education Policy Series 12 (London, 1991).

Sanderson, M. *The Universities and British Industry, 1850-1970*, London, 1972.

Shinn, T. *Savoir scientifique et pouvoir social. L'Ecole polytechnique, 1794-1914*, Paris, 1980.

Sundin, B. *I teknikens backspiegel. Antologi i teknikhistoria*, Stockholm, 1987.

Ingenjörsvetenskapens tidevarv. Ingenjörs vetenskapsakademin, Pappersmassekontoret, Metallografiska institutet och den teknologiska forskningen i början av 1900-talet, Acta Universitatis Umensis, Umea Studies in the Humanities 42, Umea, 1981.

Tonelli, A. *L'istruzione tecnica e professionale di stato nelle strutture e nei programmi da Casati ai giorni nostri*, Milan, 1964.

Torstendahl, R. 'Engineers in Sweden and Britain 1820-1914: Professionalisation and Bureaucratisation in a Comparative Perspective', in W. Conze and J. Kocka (eds.), *Bildungsbürgertum im 19. Jahrhundert*, vol. Ⅰ: *Bildungssystem und Professionalisierung in internationalen Vergleiche*, Stuttgart, 1985, 543-560. 635

Teknologins Nytta. Motiveringar for det Svenska, tekniska utbildningsväsendets framväxt Framförda av riksdagsman och utbildningsadministratöre 1810-1870, Uppsala, 1975.

Weiss, J. H. *The Making of Technological Man: The Social Origin of French Engineering Education*, Cambridge, Mass., and London, 1982.

637 尾声：20 世纪的大学与战争

诺克特尔·哈默施泰因

导言

当看到“尾声”这一词时，我们希望看到的是一个简洁有力的结论。不过，本卷的主题并不允许做出此等只言片语般的结论。之前各章中描述的欧洲个别大学的状况、不同学科的发展，以及高等教育系统的扩张，都持续了相当长的时间，并且由于其间的重大差异更使其无法平衡地实现向下一阶段与社会环境的过渡，关于这一点我们将在第 4 卷中涉及。虽然“国家社会主义”及其 12 年的恐怖统治对国际学术界及其发展很重要，并且尽管它的影响仍然存在，但若认为纳粹“掌权”在大学和学术界的转向上起到了决定性的作用，则是错误的。当然，它在本章所探讨的事件和转变中并不是一个不重要的因素，但在很多方面，第二次世界大战的爆发及其进程是更为重要的。然而，即便是这个时期，这个历史时刻，对于解释战后初期大学和科学界的转变来说，仍然是有局限性的。可以认为，是更早期的普遍政治趋势导致了这种极端反应。

19 世纪和 20 世纪初期，人们对认知充满信心，也意识到了自我的价值，社会环境有利于研究工作的开展，并且硕果累累，本结语试图勾勒出从该时期向战后世界实现历史转型的原因。几乎没有具体的事件、有目的的行动，以及准确的日期可以援引。同样地，几乎没有一个历史转折点可以真正地以某一具体日期为新起点或终点。因此，这种转型是模糊不清
638 的，依然是一个新旧的混合体，这也同样适用于知识及其机构。创新通常需要花费很长一段时间才能实现——它们慢慢地自我展现，而且只能逐步

为公众所接受。正如库恩（Thomas Kuhn）所言，虽然系统化的模仿尝试存在着可能的和实际的目的，我们还是有必要将事件和人物联系起来。前面各章说明了大学、学院、技术学院、学园，即所谓的高等教育机构，是如何缓慢发展的，个人的科学成就和偶然的发明及发现例外。最终，所有的这些机构都将其理念构建于传统之上。它们从标准的、可信的、可靠的知识中寻求确定性，因此这类知识是值得传承的。只有这样，他们才能够使其转化为新知识。大学与学问并不是通过革命的方式来实现全面转变的——是缓慢地从已知走向未知的。也只有这样，才能使其震惊、受到激励、促其向前，并实现变革。

然而当我们回到尾声中谈论的关于转型或转折点的问题时，编者们都认为第二次世界大战末期标志着本卷讨论的、始于 19 世纪的大发展的终结。虽然它本身是一个悲剧性的事件，但与一战相比，它更具标志性，使人感触更深，而且带来了更多的变革，因此，它的确比 1900 年前后这一时期更为合适。战胜希特勒德国，以及随后日本的战败，导致了欧洲大学与学问的历史持续了半个世纪的时期的结束。之前，各地各处的小细节都已改变。现在一股新潮流横扫了整个系统。当然这并不意味着 1944—1946 年间出现了深层次的停滞。但显而易见的是，在某些时候，特定方面必须要进行修订与重组，以适应整个新世界，努力造就一个新的世界秩序和新的世界政体，而其他已被证实的传统则应得以保留。从这一角度来看，本部分的数据可能有些武断。下面所提出的支持编者所选截止日期的论据，会显示出这种武断的程度。

我们研究面对的主要难点，也是本卷之前所有章节要面对的共同问题，即我们对事件的认识是有限的，需要大量改进。我们几乎没有整体意义上的历史文献可用，大多数资料都尘封在档案馆里，因此虽然已有诸多重要且有帮助的成果，但仍存在许多障碍。无论专家研究的质量有多高，这一缺陷都是无法弥补的，这是因为，特别是那些有关自然科学史和医学史的研究，都不总能让普通史学家追寻到论点线索。因此，写现代学术史 639
面临的一个主要问题就是，没有人确切地把握众多学科的整体面貌，更谈不上理解其学科问题了。正如本卷所言，这主要是源于学科的发展模式。正如我们现在所见，就算是处于本卷考察历史时期初期的康德，即便他似乎已阅读并出版了他那个时代的所有知识，但他依然无法充分、准确地把握所有学科。对今天的作者而言，这一问题更加显著。

背景：19 世纪的学术界

本卷阐述了现代科学及其机构和代表人物的起源与发展。尽管从外部形态来看，它们与古老的欧洲大学模式联系相当密切，但是研究的现代概念已开始在应用科学和理论科学中获得一席之地。我们可以看到仍在继续产生影响的方法与观念的起源。柏林大学的理念，是由施莱尔马赫提出并由洪堡负责实施的，它标志着新的开端，也是与传统学术观念的一种决裂；从中我们可以看出现代研究者与中世纪和近代早期学者之间的显著差异。这种理念深刻地影响了整个世纪。然而，古老的“知识共同体”（*res-publica litteraria*）得以延续，并超越了国境，成了囊括整个欧洲，甚至是整个世界的“知识的总和”（*universitas litterarum*）。学术争论具有并一贯具有国际性，而且不仅局限于理论层面。虽然也存在着抵抗、排他主义以及缺少尊重，但是国际交往、学术友谊与讨论是学术界的主要特征。

逐渐地，该理念自身与政治权威的观点和意见产生了矛盾。从主观意图上说，特别是 19 世纪六七十年代以来，科学发现、学术兴趣和技术成就都是与国家特征和特性密切联系的。科学与科学家之间相互竞争。重大的科学成就全部轻而易举地就被视为民族尊严的标志。起源于 18 世纪后期的弊大于利的民族主义，被扩展到了一致被认为是客观公正的人类活动领域。例如，1870—1871 年战争之后，许多法国人认为德国的胜利源于其大学制度的优越性。知识塑造了现代世界。到工业革命之前，科学的方
640 法与学科形成了现代管理、外交与经济的基石，并帮助形成了一种世界观。因此，科学和国民教育制度，在国家生活中扮演了核心的角色，其地位日益提高。这种情形，特别是在政府供给和资助方面，各个国家之间存

在着巨大的差异。但是，在欧洲和美国，知识大学、科学教育和培训对于许多职位、国家繁荣乃至国家的国际声望，都日益具有非凡的意义。

自从1901年诺贝尔奖设立以来，形势很快就明朗了，甚至在国际层次上，现代研究中心的位置被勾画出来。如果可能的话，我们还可以画出一个各个国家的“积分榜”。正如国际性的体育赛事一样，诺贝尔奖一开始并不那么引人注目，但同样受到了高度的尊重，并且在这种情况下，成了特别优秀的，具有前瞻性、科学性的成功的国家制度的标志。[①] 不过，认为科学是超国家的、科学家只献身于相关的科研工作，大学与科学大多是不受政治影响的传统观点，依然居于支配地位。客观公正，并尽可能地不受教会、特定世界观或国内方方面面关系的干预，在国际上被认为是取得学术成果和科学真理的前提条件。

毫无疑问，德意志第二帝国在国际竞争中居于领先地位。尽管德意志诸邦并无多少现代观念，它们既不自由也不开放，其学术政策在某种程度上也是专制和官僚化的（这是人们在后来才认识到的，当时并没有体会到），但是其大学和学术组织却享有极大的自由。[②] 德意志在研究和科学领域的伟大成就享誉海外。许多留学生来到德国完成学业，当他们回国后，将大大提高他们的就业前景。由此产生的另一种结果是私人联系与私人友谊的发展。这些毕业生崇敬他们发现的学术自由，并试图将这些有益的成果带回法国、美国、[③] 俄国，甚至是英国，使其有所裨益。奥地利、 641
比利时、尼德兰和瑞士的科学共同体具有相似性，并与北欧诸国有着密切

① M. Norrback and K. Ranki(eds.), *University and Nation: The University and the Making of the Nations in Northern Europe in the 19th and 20th Centuries* (Helsinki, 1996). C. Charle (ed.), *Les universitiés germaniques, XIXe-XXe siècles* (Paris, 1994).

② F. K. Ringer, *The decline of the German Mandarins: The German Academic Community, 1890-1933* (Cambridge, Mass., 1969); T. Nipperdey, *Deutsche Geschichte 1866-1918*, vol. Ⅰ: *Arbeitswelt und Bürgergeist* (Munich, 1990), 568ff.

③ B. vom Brocke, 'Der deutsch-amerikanische Professorenaustausch', *Zeitschrift furKulturaustausch*, 31(1981), 128-182; L. Jordan and B. Kortländer(eds.), *Nationale Grenzen und internationaler Austausch* (Tübingen, 1995).

的联系，这使得原有的科学联络得以保持，甚至得到加强。德语是最重要的学术语言之一，主流的科学杂志也都用德语出版发行，否则就会被视为严重的问题，甚至是难以接受的现象。受到正确引导的竞争是且一直是科学辩论的重要组成部分。学术界也习惯于从德国接收和采纳新观点，尽管它们是用德语写成的。当然，这也并没有阻碍德国学者访学法国、英国，甚至是美国，师从一些著名的学者，在那里他们可以提高个人的技能、精炼知识并建立亲密的学术友谊。

第一次世界大战及其后果

从表面上看，第一次世界大战进入了这个和平的、有序的、文明的世界中。几乎与此同时，国际性的“知识共同体”瓦解了。事实上几乎各方的所有学者都为民族主义的浪潮所淹没。几乎没有人认识到这将扭曲他们先前的理念——尤其是其恪守的科学客观性。早在 1914 年 10 月，德国方面就发布了一份“德意志帝国大学教师宣言”，宣称要反对“以英格兰为首的德国的敌人”，“他们认为将德意志的科学精神与普鲁士军国主义区分开来，是符合我们的利益的”。德国的大学教师们骄傲地宣称：“德意志军队的精神与德意志的精神是没有差别的，因为它们是同一的，而我们也将归属于此……”

几乎同时，也出现了对文明世界的呐喊——《呼吁世界文明》（*Appel au monde civilisé*），它更加明确地摆明了控诉这场战争的权利，如果它不算是义务的话。它宣称：反对德意志所谓的军国主义并不意味着反对德意志文化的说法是不真实的，正如它的敌人虚伪地自称拥有德意志的信仰那样；如果没有德意志的军国主义，也许德意志的文化早就被消灭了。

关于德意志军队与德意志民族的同一性④的宣言，不仅得到了学者在精神上的支持，而且也得到了那些不久前宣称公正的、超国家的科学严谨性的人们的支持。自然，另一方面的反应同样也是声势浩大且强烈的。局面出现了转变并来势凶猛，国家主义责难的矛头直指那些在此次事件之前一直被尊为典范的同仁们。现在回顾起来，这些态度是很难理解的。1915 年 2 月，巴黎的人文语言学院（*Académie des Inscriptions et des Belles Lettres*）和法兰西科学院（*Académie des Sciences*）开除了那些呼吁书的签名者。英国的"化学协会"也开除了 9 名德国成员。皇家学会和英国学院（British Academy）没有采取这种措施，但德国方面的"柏林学院"采取了类似的限制措施，这主要是源于马克斯·普朗克（Max Planck）的坚持。在巴黎被除名的科学家包括维拉莫维茨-默伦多夫、阿道夫·冯·哈纳克、阿道夫·冯·贝耶尔（Baeyer）、埃米尔·费舍（Emil Fischer）、费利克斯·克莱因等人。 642

无疑，入侵比利时引起了人们对德国人的怨恨，这不仅因为他们是侵略者，而且因为他们撕毁了条约。在西方，人们普遍认为这种非文明行为是不能赦免的。突然间，所有的西方民族和德意志的敌人们都在同一目标下团结起来了，而德国科学和艺术家的民族主义行为也进一步燃烧起他们的热情。一旦比利时的中立被打破，德国的战争行为对文化遗产的无视便一览无余了。英国教授与其德国同仁之间的合作誓言也在战争爆发后被抛到了九霄云外。用英国作家和学者一份宣言中的话说："我们不能容忍任何国家有权借助暴力将自己的文化强加于其他民族之上，也不能容忍用普鲁士的铁血军阀政治来取代西欧的自由宪政，以此作为人类社会的更高

④ B. vom Brocke, 'Wissenschaft und Militarismus', in W. M. Calder Ⅲ (ed.), *Wilamowitz nach 50 Jahren* (Darmstadt, 1985), 649-719, quotations 651; 657; *Idem*, 'La guerra degli intellettuali', in V. Cali G. Corni and G. Ferrandi (eds.), *Gli intellettuali e la Grande Guerra* (Bologna, 2000), 373, 408 (with recent bibliography).

形式。”[5]

正如一位敏锐的分析家所指出那样，事实证明，1914 年之前科学界中的国际主义根本就不是真正意义上的无私、宽容的和没有国界的信念。实际上，它与民族主义狂热，或者温和一点讲，是与爱国信念具有异常紧密的联系。这一点无须一一赘述了。而其进一步发展的决定性因素和更为重要的因素，是由欧美的所有德裔和非德裔学者的结局及其全部战后经历为代表的一个影响深远的转折点。完美的世界遭受了巨大的伤害，留下的是悔恨、恶意的偏见和显然难以调和的分歧。这不可避免地要影响到科学共同体、教授及其大学。

643 另一方面，现代战争也展示了许多现代科学学科的重要性。在医疗、军事装备和新技术，特别是航空学、化学、物理学和工程技术方面，科学成就有助于战争朝着新的方向发展，并创造了很多新机遇。其中的一个例子就是未来的诺贝尔奖获得者、威廉皇帝研究所（Kaiser Wilhelm Institute）化学部门的负责人、犹太裔的热心爱国者弗里茨·哈贝尔（Fritz Haber）的成果。他发现了如何利用氮气和空气生产氨水的方法，这使得德国解决了硝酸钠短缺的问题，同时还发现了生产炸药的新方法。哈贝尔在发展化学武器和毒气方面也做出了重要贡献，这虽然使他名闻天下，但却没有给他带来荣誉与认可。[6]

战败后，德国陷入一片消沉中。他们不能理解，更不能相信，科学如此发达的民族——德意志民族及其文化底蕴——竟然没有取得胜利。[7] 此外，在战争期间及战后，许多学者对其国外留学生的态度感到失望，指责他们忘恩负义、缺乏理解。另一方面，学者也受到了前所未有的欢迎。许多德国人和盎格鲁-撒克逊人尽管迟疑但还是张开了他们的双臂。但是，这种和睦却被《凡尔赛和约》（Treaty of Versailles）一扫而光，德国人认

⑤ 引自：B. vom Brocke，‘Wissenschaft’（note 4），670；See S. Wallace，*War and the Image of Germany*：*British Academics 1914-1918*（Edinburgh，1988）。

⑥ M. Szöllösi-Janze，*Fritz Haber 1868-1934. Eine Biographie*（Munich，1998）.

⑦ E. Kolb，*Die Weimarer Republik*（Munich，1993）.

为这是耻辱，是不公正的。这也给大学及教授带来了沉重的精神压力。从一开始，他们的学生们就强烈地反对新的国家体制。对许多教授而言，也是如此，他们失去的是帝国时期实现的极为理想境界的环境，失去的是德意志科学的黄金时代和学术自由。这种创伤使得他们逐渐倾向于魏玛共和国及其政党。他们也克服了种种短缺与对西方民族的仇恨，甚至在学术学科中也是如此。

1918 年 10 月在伦敦召开的国际科学学院（International Academy of Science）大会决定，在 20 年内，德国人不得参加任何国际会议。这被视为学术共同体内的《凡尔赛和约》，它不给德国人任何克服国际偏见，或至少是学科领域内的国际偏见的机会。[⑧] 会议的决议在此无须赘述，但它 644
并没有长时期地切断德国学者的国际联系。不过这种集体谴责深深地伤害了他们。尽管之前的个人联系依然得以保留，但欧洲主导的官方科学政策是让德国靠边，要严厉惩罚这个科技领先的民族。从这个方面来看，科学政策依然是民族主义的，与个别国家相比，在更长的一段时间，它是反对真正意义上的国际合作的。

痛苦的现实就是这样，过去受人尊敬并居于领先地位的德国大学及其学术，不再像 1900 年前后那样享誉国内外了。在多年之后，留学生和外国教授才像以前一样开始重返德国，利用机会学习科学知识、提高技能。不过，直到 1938 年左右，德国杂志一直在许多学科方面保持着它们的领先地位，当时甚至索邦大学的学生还要学习德语，否则他们就无法阅读重要的科学文献。[⑨]

战争不仅使得美国，而且使得大多数欧洲国家明白，有序的（在多数情况下，其组织形式日益改进）科学系统和大学环境是十分重要的。尽管在 20 世纪 20 年代中期已经采用了标准化措施，但是战后遗留的许多复杂的问题意味着，在各种政治需要尽快解决的情况下，教育和培训只能被暂

---

⑧ B. Schroeder-Gudehus, *Deutsche Wissenschaft und internationale Zusammenarbeit 1914-1928. Ein Beitrag zum Studium kultureller Beziehungen in politischen Krisenzeiten* (Geneva, 1966).

⑨ 参见第十章，第 417 页。

且放在一边了。因此，除了一些重组和改革外，几乎所有的国家都一如往常。特别是大学，正如本卷所描述的那样，它们又回到了各自所特有的正常轨道之中。至少是在欧洲，它们仍然仅向一小部分人开放，并大多保留了自己的阶级地位。与 19 世纪晚期相比，院校机构发展极其缓慢，“学院过剩”依然被视为一种威胁，它阻碍了大学的进一步开放。因此，大学认为回归传统才是合理的，实际上，这也是 20 世纪 20 年代以来许多学者的（共同）企盼。

20 世纪 20 年代后期的世界性经济危机给大学和教授带来了巨大的压力，更不用说学生了。不难理解，各国政府不得不集中绝大部分力量解决社会和国际问题，因而大多忽略了大学和教育。极大的压力与艰难困苦，
645 强化了极端主义观念，加强了大学中的民族主义和恐怖主义。这在德国最为突出，并导致了严重的后果。1933 年初，国家社会主义者开始掌权，这标志着 19 世纪古老的科学世界向 20 世纪晚期转型的开始，从世界范围来看，这花费了相当长的时间。因此，我们发现自己正身处于这场在第二次世界大战中达到高潮的转型之中。学术共同体的国际性进一步消退，不同国家中的科学界则根据其与纳粹政权以及战争事件的亲疏远近关系，而发展出了各自的特色。考试制度的确揭示了一些相同的变化和类似的现象，但以研究状况作为基础，就特定国家的深入发展进行讨论则更有意义。

两次世界大战之间的英国

在 19 世纪甚至是 20 世纪，英国继续秉承着大学应当提供自由教育的理念。[10] 尽管红砖大学提供了实践取向课程，高等教育也向新的社会阶

[10] G. McCulloch. *Philosophers and Kings*: *Education for Leadership in Modern England* (Cambridge, 1991); R. N. Soffer, *Discipline and Power*: *The University*, *History and the Making of an English Elite*, *1870-1930* (Stanford, 1994); R. D. Anderson, 'Universities and Elites in Modern Britain', *History of Universities*, 10(1991), 225-250.

层，特别是中产阶级开放，但在一流院校中，即牛津和剑桥则依然保持着其课程的非功利性。由于工业革命中的诸多发现和技术革新，使得英国获得了巨大的成功。不过，诸如此类的成功大多出现在工业生产领域内部，而不是早期学术培训的成果。当然，英国学者在19世纪也进行了许多重要的研究，特别是在自然科学和医学方面。在物理学方面，英国也是欧洲的先进国家之一，但这仅指应用物理，而非理论物理。这些成功都是非主流的现象，并没有就此改变大学的结构。

苏格兰则是另一番情况。在那里，大学已提供并鼓励实用研究、道德研究和实践研究。不过，这仍是一个贫瘠的地区，虽然它在科学技术领域小有所成，但其资源仍主要来自造船业和医学界。[11] 苏格兰大学提供的教 646
育机会吸引着世界各地的学生，特别是其临近地区到南方地区的学生。

在第一次世界大战期间，英国政府认识到了自己在许多重要学科中的严重不足。这涉及国家普遍缺乏科学技术，而不仅仅是技术生产和原材料的替代领域。这使得英国开始考虑设立一个永久性的组织，以鼓励科学与工业研究。[12] 1915年7月，有人提议要建立适当的机构，1916年12月，在枢密院院长（the Lord President）的支持下，成立了枢密院科学与工业研究委员会（Committee of the Privy Council for Scientific and Industrial Research）。同年，国家物理实验室从皇家学会分离出来，形成了科学与工业研究部（Department of Scientific and Industrial Research，DSIR）。这也充实了其他科学委员会，特别是1911年成立的医学研究委员会和农业研究委员会。到1936年，这类组织已进一步发展到24家工业研究协会。然而，机构的繁杂并没有产生系统有效的工业和研究政策。[13] 在许多致力于同一领域的协会中缺乏合作，这使得政府控制日益紧迫。其目标就是要促进关键性的研究。事实上，这的确使得医学和技术领域收获了关键

[11] N. Phillipson(ed.), *Universities, Society and the Future* (Edinburgh, 1983).

[12] A. Marwick, *Britain in the Century of Total War* (London, Sydney and Toronto, 1968), 79.

[13] P. J. Gummett and G. L. Price, 'An Approach to Central Planning of British Science: The Formation of the Advisory Council on Scientific Policy', *Minerva*, 15, 2(1977), 119-143.

性的知识与成果。

在两次世界大战之间，国家迅速倒退回高等教育的传统模式。而其他焦点的出现也使得向更广泛的人口群体开放大学和学院教育的问题被掩盖了。甚至在牛津、剑桥之外，其他大学大多也保留了阶级特性。这些大学的学生人数与其他国家也有很大的不同。在 20 世纪 20 年代中期，学生人数不足 30 000 人，其中女生约占 8000 人。这意味着每万人中接受大学教育的人数还不足 8 人。而在苏格兰，每万人中接受高等教育的却有 21 人，这也证明了苏格兰传统上对高等教育的倚重。[14]

战后，英国政府计划改善大学设施，并成功地推动大学的发展。1919 年成立了大学拨款委员会（University Grants Committee）。[15] 尽管如此，它却并没有对大学的情况产生决定性的或持续性的影响。当然，大学拨款
647 委员会并不是一个中央集权式的负责大学研究与培训的实体。其他传统和习俗，以及自由教育的古典主义理念，依然对理论教育和实践培训发挥着决定性的作用。1939 年在战争爆发之际，英国政府深感不安，尤其是在它意识到技术教育中的危机时。科学的基础学科、医学以及许多人文学科仍有诸多不足之处。在战争开始及其后的一段时间内，由于工程师奇缺，许多公司为此支付了高额薪水。培养工程学和科学知识丰富的新精英人才需要一定的时间，也需要政府制定一个为大众所普遍接受的培养政策。[16]

在二战之初，政府和议会面临着两个问题：一是能否充分运用已有的科学知识？二是从长远来说，国家是否有足够的人力来学习科学技术知识？很快地，它们便意识到，无论是自然研究理事会（National Research Council，NRC）还是科学与工业研究部（DSIR），都无法从根本上解决这些问题，充其量只能在出现具体问题时尽快解决。一份有关此问题的报告补充道："然而，此类临时调整仅基于已有的知识与方法，而更加完善的

---

[14] Marwick, *Britain* (note 12), 180.

[15] 参见第二章，第 64 页。

[16] P. H. J. H. Gosden, *Education in the Second World War* (London, 1976).

答案则有待于掌握更为根本的知识。”[17]

这使得科学和工业研究部再次活跃起来，并于1940年成立了战时内阁科学咨询委员会（Scientific Advisory Committee for the War Cabinet，SAC）。它由皇家学会的主席和两位秘书、科学与工业研究部和自然研究委员会的秘书长，以及农业研究委员会的主席组成，并从1942年起，获得了通过枢密院院长进入战时内阁的途径。该委员会的目的在于，就所有的科学事宜向政府提供建议，包括组织与实施。不过，许多科学相关的事务仍属于个别部门的职权范围。该咨询委员会对科研和大学教育的职责及其权限仍是不完全明确的。

可以理解的是，国家的一些重要的工业分支，比如那些与战备和其他必需品相关的领域从这次调整中受益颇多。最突出的事例就是汽车与航空业及其各类型的供应部门。它们的新发现和发明非常之多，而且不只是出
现在英格兰。这是战争带来的普遍副产品，例如在一战期间，它再次使人 648
们感受到，“由于其成果可以得到有效地运用，因此，在和平年代，它也能造福于人类”[18]。这些福利的受益者不仅包括工业、议会和政府。对广大民众而言，现代研究、普及教育以及科技精英对一个国家及其延续的重要意义日益明确。科学家与工程师受到了前所未有的尊重；对战争机械及其使用，以及克敌制胜、击退进攻的成功报道，极大地推崇了科学家的成就。因此，在早年的犹豫不决与抗拒之后，在战时内阁中最终实现了枢密院院长领导下的科学事业的集中合作，他对所有科学事务负责，其职位也得到普遍认可。

就大学而言，它们努力支持战争及其他需要，将其知识与资源都投入到国家服务之中。它们特别为那些技术学科和自然科学的从事者，创建了中央档案，同时也囊括了其他社会科学和人文学科的工作者，这是因为他

[17] Marwick, *Britain* (note 12) 11, 283.

[18] W. McGucken, 'The Control and Organization of Science and Technical Advice in the United Kingdom during the Second World War', *Minerva*, 17 (1979), 33-69.

们也对战争的胜利做出了重要贡献。它们还为那些受空袭威胁的机构，特别是那些在伦敦的机构设置了转移场所。许多科学家，尤其是那些科学工作者（Scientific Worker）团队的成员们，都天真地希望英格兰能够按照苏维埃的路线发展，这是因为在这个方面，苏维埃堪称典范，其整个国家的政治与发展日益“科学化”，科学家也因此受到尊重。

在档案工作和外国科学文献的使用方面也有许多事情要做。建于 19 世纪的科学资料系统——“Aslib”❶，必须根据新情况做出适当的调整。1937 年在美国也出现了类似的组织。[19] 德国对欧洲广大地区的占领终结了图书贸易；德国文献则经由荷兰和瑞士进行销售。因此，在战争期间，就必须建立一种新的、独立的信息渠道。从 1941 年 11 月始，《战时纲要》（*War-Time Guide*）开始报道敌方的出版物。特别是驻瑞典和里斯本的英国新闻专员，他们收集有关公司、图书或其他重要的秘密科学信息，并将这些情报送回到英国。他们的工作得到了葡萄牙的帮助，这是因为葡萄牙
649 的法西斯政府从 1932 年开始掌权，其独裁者安东尼奥·德·奥利韦拉·萨拉萨尔曾在战争期间获得牛津的荣誉博士学位。

科学家，以及许多政治家都深信，战争的结果将在很大程度上取决于科学的成就。正如《自然》（*Nature*）杂志说的那样，没有哪一位科学家喜爱战争，但毫无疑问的是，“现在，正是科学在进行战斗”。这篇文章又接着说，“事实上，无论我们喜欢与否，这都是一场科学之战”[20]。因此，科学家们不仅受到了极大的支持与鼓励，而且他们还受到了同样的尊重，无论他们是技术人员、工程师、自然科学家，还是人文学科的代表。

同年，《自然》杂志还指出，英国大学是“思想自由的最后堡垒”，因而“要激励人类，使其理想重获生机”。品格塑造与科学培养是同等重要

---

❶ 即成立于 1924 年的“专业图书馆与情报协会”Association of Special Libraries and Information Bureaux。

⑲ P. Speace Richards, ‘Great Britain and Allied Scientific Information, 1933-1945’, *Minerva*, 26(1988), 177-198.

⑳ *Nature*, 150(September 1942), 301.

的。奥斯丁·H. 克拉克（Austin H. Clark）以《科学与战争》为题说道："当前的战争不只是军事领域的斗争，还有科学领域的斗争。很有可能出现前线赢得胜利，却在实验室输掉战争的情形。"[21]

自然，有许多英国科学家在战斗中都转向了战争服务。显而易见，随着时间的推移，他们在教学和研究方面都荒疏了。此外，还有许多人在企业、公共服务或军队中从事管理工作。这是实验室或其他科学教育中心都面临的一个问题。完整的保密措施——这对于每个参战国而言都是极其重要的——也限制了科学的论争。而合适的解决方案就是找到问题，避免研究中的缺陷与不足。而面面俱到的制度安排是无法解决这些问题的，战时内阁科学咨询委员会的帮助也是有限的，这主要是因为丘吉尔更愿意接受其个人顾问，如林德曼等人的建议，所以委员会对政府的影响可以说是微乎其微。[22]

1943 年 1 月，一位极为重要的政府部长斯塔弗德·克里普斯（Staffond Gipps，1889—1952）在科学工作者协会（Associafion of Scientifrc Workers）大会上发表了题为《规划科学：战争与和平》的演讲，并在其中提及了这种复杂的状况。他说道：

> 在战争内阁中，枢密院院长对科学咨询委员会负责，并负责所有的科学事务；通过该委员会，内阁与皇家学会以及大英帝国内的所有学术社团的负责人保持联系……枢密院院长也对工程咨询委员会负 650
> 责，后者在机械工程领域发挥着与科学咨询委员会相似的作用。

克里普斯指出，这些科学之间的密切合作与整合都是至关重要的，这些机构对于战争与存活来说也都具有重要的意义。"在关于战争中科学家的合理使用问题上，我认为我们的主要问题是，我们没有及早认识到这是

---

[21] *Nature*，150(July 1942).

[22] Gummett and Price，'Central Planning'(note 13).

一场真正意义上的科学战争；没有及早认识到光靠种族体力上的优势是无法获胜的，它需要的是我们的中等教育机构——技术学院中培养出的创造性。”虽然这完全取决于英国自身的状况，即战争的需要，但他仍然感到，“事实上，战争时期的原则与和平年代的原则是相同的”[23]。这是一个反复出现，并已为大众毫无保留地接受，并已成定论的观点，即科学与研究机构，是未来的决定因素，事关现代世界的生死存亡。

因此，科学停滞的危险依然存在，必须对此有所考虑，并采取必要的措施来解决这一问题。英国大学的内在限制性及其根深蒂固的封闭结构，使其无法接纳那些因政治或种族原因离开德国以逃避纳粹的科学家们。这些科学家的潜能只有一小部分被用于科学创新或扩充，提高研究能力。因此，许多科学家移民到美国，这使得美国各个方面的科学研究都得以丰富、拓展。

本卷无法一一列出各门科学所取得的成就。海洋战，空间战，不同地区、不同气候环境下的军队部署，新闻与宣传策略以及各种重要成就都给战后时期带来了巨大的益处。在一个完全自足的时代中，促进科学发展、确保优秀人才得到最广泛的利用的重要意义得到了认同，科学威望的提高也不再是一个暂时的现象。这一影响到战后得以延续，这带来的结果是，从那时起，就出现了各种措施以鼓励或保证更加广泛、更加开放的人才基础。1944 年，国家教育制度根据《教育法》进行了重组，这部法案一直
651 施行了许多年。[24] 1945 年，由政界人士制定的，要求进行政府控制下的大学扩张的方案，因遭到对政治干预大学自治持拒绝态度的大学校长委员会（Committee of Vice-Chancellors and Principals）和大学拨款委员会的反对而流产。而大学方面也声明，它们将在自治的范围内，使得毕业生的人数翻一倍。[25] 这将逐渐建立一种更加宽泛的教育制度，削弱教育培训中的阶

㉓ *Nature*, 151(6 February 1943), 152-153.

㉔ Gosden, *Education* (note 16).

㉕ G. L. Price, 'The Expansion of British Universities and Their Struggle to Maintain Autonomy: 1943-1946', *Minerva*, 16, 3(1978), 357-381.

级烙印。虽然它们并没有放弃自由教育的理念，但出现了越来越多的措施，致力于提高生活水平与教育、扩充知识基础，以及提高社会待遇与医疗条件。就此而言，大学拨款委员会感到“由战争激发的社会公正意识比以往任何时候都要强烈”㉖。这一现象不仅仅出现在英国，在整个欧洲大陆都出现了类似的观念与措施。㉗

在二战末期，大多数英国人比以往更清楚地认识到他们期盼的现代文明工业社会是什么样的——体面的生活标准、收入与健康安全，以及有品位的、适度的生活享受。这种观念一旦确立，其自身就成为一个深入变化发展的原点。除此之外，战争加剧了科学、技术和经济发展的进程，这本身也在改变着社会。战争期间的无线电成了国家的财富，这在 20 世纪 30 年代是不可能出现的；面向大众的电视也即将应运而生。几年之后，英国国家卫生署中的新药在治疗社会下层常见病症的疗效方面翻了一番。轻工业的快速增长为工人阶级提供了经济基础，这使得他们的工作与境遇和传统重工业时代大不相同。㉘

德军占领的国家

在**法国**，1944 年，由临时政府任命的郎之万一瓦隆委员会开始考虑高等教育系统的改革问题，并提出了类似的民主化模式与法国高等教育的
发展方向。㉙ 不过，法国的教育制度与英国模式及其大陆邻国的教育模 652
式，一直有着很大的差异。

经过启蒙运动末期大革命之后的改革，尤其是《拿破仑法典》(Napoleonic Code) 的颁行，法国高等教育系统虽然经历了数次的改革与完善，

㉖ M. Maden, *England and Wales*, quoted in B. R. Clark(ed.), *The School and the University* (Berkeley, Los Angeles and London, 1985), 81.

㉗ 参见第四卷第三章。

㉘ 引自：Marwick, *Britain in the Century of Total War* (note 12), 322。

㉙ G. Neave, 'France', in Clark(ed.), *School and university* (note 26).

但仍在很大程度上保留了它的特殊性。[30] 尽管 1905 年以来地方大学经历了多次的升格，但是巴黎依然是教育中心。法国的教育系统依然保留着中央集权的结构、标准化的管理以及统制式的方式。社会精英在法学院和医学院中受教育，他们是在有着严格的选拔程序的、有威望的、由政府管理的大学校中接受教育的。高等教育依然承担着的各领域培养专家的职能，并被认为只是传授最新的知识。从这个方面来说，专门学校和学院是一样好的，有时甚至更好些。

在 1870—1871 年战败的震惊后，法国努力弥补其与德国在科学上的差距。[31] 学生人数出现了增长，但将广大群众拒之门外的传统的选拔措施依然没有改变。进行明确的职业培训与社会最上层的教育，保证了政治上的稳定性，这依然是该制度的内在特性。从财政支出和人均学生数来看，法国依然落后于德国。[32]

一战的胜利证明了法国 19 世纪 80 年代至 90 年代改革的成功。法国人认为在科学和工程学方面，就算他们没有超越德国，也赶上德国了。然而，尽管法国认识到了现代科学的重要性，但他们并不认为这种创新或深入改革依然具有政治优先性。20 世纪 20 年代的政治极权化和经济危机阻碍了该方面的进一步发展。即便是在 1936 年，法国在研究方面的投资也仅为德国的 1/5。当然，其原因也包括法国往往低估了研究的价值。职业培训和知识的传授是重要的，而重点则是为公共部门培养专门人才和工程师。甚至在工业领域，法国仍然是规避研究，认为采纳国外的专利、发明
653 或发现更为经济、有效。甚至是许多在美国受过教育，经历过不同的、更现代的研究和企业环境的法国学者也没有着手改变这种情况。

随着德国国家社会主义的掌权，法国突然意识到要弥补各领域中科学研究的明显缺陷，尤其是为了国防利益的需要。然而，在大学中，这种想

---

[30] 此处及以下内容，参见第二章。

[31] Charle, *République des universitaires*, 20ff.

[32] Weisz, *Emergence*, 21ff.

法却遭到了怀疑，甚至是直截了当的反对。许多已被技术和应用科学占据一席之地的科学学科都害怕它们自己将成为另一种形式的军事企业，尤其是军火企业。[33] 研究自由在法国出现的比较晚，并看似处于危险之中。因此，尽管有明确的规定以及巴黎大学的主导优势，但出人意料的是，整个国家依然无法满足战争的科学需求。

1938 年 5 月，法国成立了国家应用科学研究中心（*Centre national de la recherche scientifique appliquée*），这是一个负责管理所有应用科学的中央政府组织。1939 年 10 月又增设了另一个机构，旨在为对国家福利、国防有重要意义的各类研究收集数据，其中还囊括了各类促进基础研究的机构，它被命名为国家科学研究中心（*Centre national de la recherche scientifique*）。然而，较为重要的生物医学、生物学和细菌学研究仍然被大学之外的某个私人研究机构所垄断，尽管它在这些领域做出了重要贡献。[34] 当然这并不是法国被希特勒德国打败的原因，但这使得许多人认识到新的方法和改革的迫切需求。在过去，法国国内讨论很多，但却并没有实际行动。当然，德国的入侵、法国政府的覆灭，以及巴黎的沦陷，意味着这些方案一出现便失败了，但在未被占领的法国其他地区，这些方案依然得以执行。但是由于缺少巴黎的明确指示，使得这些方案的开展和执行都极为艰难。[35] 许多计划都停留在讨论阶段。而由“抵抗运动”（*Résistance*）热烈讨论的方案，直到法国解放后才得以付诸实践。这带来了相对剧烈的改革，大学、大学校和企业不仅认识到了研究的重要性，而且还开始购置研究设施。

---

[33] Paul, *Knowledge*, 309ff.

[34] H. W. Paul and K. W. Schinn, ‘The Structure and State of Science in France’, *Contemporary French Civilisation*, 6(1981/1982), 153-192.

[35] J.-P. Rioux *et al*. (eds.), *La vie culturelle dans Vichy* (Brussels, 1990); L. Raphael, ‘Die Pariser Universität unter deutscher Besatzung 1940-1944’, *Geschichte und Gesellschaft*, 23 (1997), 507-534.

654 **比利时和荷兰**的情况则大不相同。[36] 荷兰的帝国特派员（*Reichskommissar*）和比利时的军事司令负责国内大部分事务，其中也包括了大学事务。同法国一样，德国的占领导致了关于宗教教育和世俗教育之间相冲突的古老观念的和解。起初，德国试图通过宣传共同的日耳曼血统和培养地方亲德人士，来争取荷兰、讲荷兰语比利时部分地区、丹麦以及后来的挪威等地人民的支持。[37] 但这是一种完全错误的判断，在这些国家，尤其是大学中，普遍存在的观念都使其疏远甚至完全反抗侵略势力。

甚至是第一次旨在清除公职部门以及大学中所有犹太人和“种族不洁净民族”的措施就遭到了顽强的抵抗。反对标语、学生游行和演讲辩论都是对震惊的德国人的挑战。新校长试图动用逮捕、流放和其他暴力手段。但在荷兰大学的师生中，很少有国家社会主义的支持者，他们大多持有否定甚至是公开反对德国的态度。与东欧和中欧不同，为了让大学免遭停办，他们并没有诉诸公开抵抗。在莱顿、阿姆斯特丹和提尔伯格（Tilburg）的占领者的部分行为，在很大程度上导致了地下活动并引发了地下抵抗组织的成立。[38]

1941 年，塞斯-因夸特（Seyss-Inquart）引入了领导原则以取代过去城市或地方的董事会（Boards of Directors），但不难想象的是，这并没有改变否定的态度，自然也就无法使其更接近于德国大学的组织形式。从 1942 年开始，许多学生被迫应征去德国工作，这也导致了反对和抵抗的进一步激化。越来越多的学者和学生加入到“半地下”的抵抗活动中来反对侵略者，这自然也针对那些看来对德友好的同胞们。1943 年，抵抗学

---

[36] G. Neave ‘War and Educational Reconstruction in Belgium, France and the Netherlands’, in R. Lowe(ed.), *Education and the Second World War* (London and Washington, 1992), 84-127.

[37] G. Simon, ‘“Ihr Man ist tot unnd lässt sie grüssen”, Hans Ernst Schneider alias Schwerte im Dritten Reich’, *Sprache und Literatur in Wissenschaft und Unterricht*, 77(1996), 82-114.

[38] E. G. Groeneveld, *The Dutch Universities Between 1940 and 1945: Teachers and Students under German Occupation* (Cracow 1979).

生被要求对德国进行忠诚宣誓，但却以失败告终。除了代夫特技术学院 655
（Delft Technical College）外，只有 25.6%的学生签署了忠诚宣誓，这使得了荷兰大学德国化政策惨遭失败，大学也随之停办。

比利时的情况也极为相似。布鲁塞尔大学因拒绝成为德国对抗拉丁西欧的桥头堡，而于 1942 年被关闭。起初，鲁汶大学得以保持其治外法权大学的地位，这是因为它是由天主教教会负责管辖的，但后来其教学大多仅限于神学。另一方面，被一些德国人视为是佛兰德科学重心（在 1941 年 3 月之前，佛兰德语被认为是唯一的科学用语）的根特大学，也像荷兰大学一样对德国化政策毫无兴趣。在历史上兵戎相见的死对头，即国家教育制度的信徒和宗教教育制度的追随者们也在反德政策的大旗下达成了妥协，这也保障了新生学术界的未来，为战后提供了宝贵的经验。[39] 与法国的抵抗运动相同，比利时也有自己的抵抗组织，其中一些还是与流亡政府有联系的，这似乎减少了战后重建中的对立。从 1947 年 11 月开始的比利时学生强征（在劳工营中，*Service du Travail Obligatoire*），与荷兰一样，促进了积极的地下抵抗组织的形成。再次与荷兰相同的是，由于纳粹有意识地控制学生人数，这使得比利时出现了旨在扩大学生队伍的地下大学，并进行独立的自由教育。[40]

1943 年及随后的 1944 年，由于战争的继续和训练有素的专家学者的匮乏，使得德国在军工企业和研究方面尝试起用荷兰科学家。但并没有产生较大的影响，由于大多数荷兰学者的仇德情绪，使得他们很难找到合适

㊴ Neave，'War'(note 36). 见：G. Hirschfeld，'Die nationalsozialistische Neuordnung Europas und die "Germanisierung" der westeuropäischen Universitäten'，in H. König *et al*. (eds.)，*Vertuschte Vergangenheit. Der Fall Schwerte und die NS-Vergangenheit der deutschen Hochschulen*(Munich，1997)，79-102.

㊵ G. K. Panham，*Comtribution à l'Histoire de la Résistance belge 1940-1944*(Brussels，1971)；A. Despy-Meyer，A. Dierkens and F. Scheelings(eds.)，*5 novembre 1941. L'Université Libre de Bruxelles ferme ses portes*(Brussels，1991)；W. Warmbrunn，*The German Occupation of Belgium 1940-1944* (Frankfurt and New York，1993).

的人选。[41] 这也让国家开始意识到学术训练的重要性。

656 荷兰和比利时的“亲德派”科学家不仅人数极少，而且他们的存在还激化了普遍的反德情绪。他们有时也向德国警察当局揭发反德言论与相关人员。久而久之，这使得高等教育的中心成了不畏牺牲的政治抵抗中心，尽管它们大多是秘密组织。正如法国和英国一样，1945 年后外部斗争的继续，使得内部矛盾也必然会得以缓解。不难理解的是，在德国的占领下，大学是无法再进行深入研究了。因此，在战争结束后，有许多研究工作都需要追赶。

在**东欧**和**中欧**，德国的反学术、反大学行为更为嚣张。1938 年 10 月，希特勒颁布了一项秘密命令，要“解决”捷克斯洛伐克的剩余部分，这使得教育开始转向“德国化”原则，以保证将该国永久地纳入德意志帝国的版图之中。[42] 它们优先聘用亲德人士以及德裔人员，而捷克人则被永远地逐出学术界。早在 1938—1939 年冬，布拉格的日耳曼大学（The German university in Prague）就被更名为“国家社会主义大学”（之后使被纳入帝国大学系统），并向苏台德区和帝国内部的所有德国人开放。

1939 年 3 月，德国科技部代表在柏林开会，讨论了“保护国”的地位问题。规定捷克所有的高等教育机构都应按“德国院校”的模式来运营，即要遵循第三帝国的规定。同年冬季学期之初，布拉格和布尔诺（Brno）出现了一系列蛮横逮捕所谓捷克反叛学生的事件。[43] 国家社会主义者就这样开始了系统地消灭捷克知识分子的战略。所有的捷克大学和学术机构都被关闭（共 10 所）。布尔诺的兽医学校、农业学院和矿业学院只能在限制

---

[41] G. Hirschfeld, 'Die Universität Leiden unter dem Nationalsozialismus', *Geschichte und Gesellschaft*, 23(1997), 560-591; N. Hammerstein, *Die Deutsche Forschungsgemeinschaft in der Weimarer Republik und im Dritten Reich 1920-1945* (Munich, 1999), 64-81.

[42] D. Brandes, *Die Tschechen unter deutschem Protektorat* (Munich and Vienna, 1969), vol. Ⅰ, 83ff.

[43] K. Litsch, 'Die "Aktion vom 17. November" 1939 in Prag', in B. Brentjes (ed.), *Wissenschaft unter dem NS-Regime* (Berlin, Bern, Frankfurt-am-Main and New York, 1992), 64-81.

范围内培养必需的专业人才。因而，捷克人要么被迫支持国家社会主义，要么放弃进入学术培训和学术职业的念头。根据苏台德区的模式，捷克斯洛伐克的其余地区，特别是知识文化生活方面，也要被永久地德国化。

德国镇压波兰人的行为则更为残酷。1939年11月6日，克拉科的雅盖隆大学（Jagiellonian）发生了一系列逮捕波兰著名学者的事件，引起了全国性的恐慌。[44] 党卫军和"盖世太保"组织的这次"发掘行动"（*Sonderaktion*）的目的，就是要消灭所谓的斯拉夫知识分子。有183名波兰学者被送到萨克森豪森集中营（Sachsenhausen），后来因国际社会的团结一致，他们中有部分人得救。而就在同一天，有一些学者和学生被带到卢布林天主教大学惨遭杀害。到9月份，这类行动再次上演，类似的行为几乎影响到全国每一所高等教育机构。德国政府当局几乎系统地摧毁了克拉科和其他大学中的绝大部分实验室和报告厅。与此同时，"老战士荣誉三角臂章"的获得者（the 'alte Kämpfer'）——汉斯·弗兰克（Hans Frank，1900—1946，魏玛共和国时期希特勒的法律代表及纳粹司法部技术负责人）担任德国驻波兰总督。许多珍贵的仪器材料常常被盗，波兰科学院也被迫取缔。1940年4月，克拉科建立了"德意志东方研究所"（Institute for German *Ostarbeit*），并在其他地点设有办公室。其目的就是要将整个中欧和东欧地区的学术训练置于德国的控制之下。[45] 657

在克拉科和东欧的其他大学城中，出现了地下大学，这是因为在1942年之前，德国人都将波兰人的集结视为一种潜在的威胁。与占领当

---

[44] J. Hano, 'Über die "Sonderaktion Krakau" 1939', in Brentjes(ed.), *Wissenschaft* (note 43), 38-63; M. Rössler, '*Wissenschaft und Lebensraum*'. *Geographische Ostforschung im Nationalsozialismus* (Berlin and Hamburg, 1990); J. August(ed.), *Sonderaktion Krakau* (Hamburg, 1997).

[45] S. Gaweda, *Uniwersytet Jagiello ński w okresie okupacji hitlerowskiej 1939-1945* (Warsaw and Cracow, 1979); C. Klessmann, *Die Selbstbehauptung einer Nation. Nationalsozialistische Kulturpolitik und Polnische Widerstandsbewegung im Generalgouvernement 1939-1945* (Düsseldorf, 1971); Brentjes(ed.), *Wissenschaft* (note 43), 34; T. Wróblewska, *Uniwersytety Rzeszy w Poznaniu, Pradze i Strassburgu jako model hitlerowskiej szkol y wy Zszej na terytoriach okupowanych* (Torun, 1984).

局仅允许德国人使用雅盖隆图书馆的意图相左的是，它成了一个充满生机的地下学习和教育中心，直到 1944 年夏整个图书馆被关闭，所有图书被运往德国为止。

客观地说，波兰的苏维埃占领区的情况也好不了多少。苏维埃在莱姆伯格（利决夫）和维尔纽斯采取行动阻止学术教学。尽管教学人员仍在其岗，但大学被转变为苏维埃模式，并降格为苏维埃院校系统较低级的学
658 院。1941 年当德国占领这里时，德国人是被当作解放者来欢迎的。不过，波兰人很快就发现，波兰知识分子面对的是更为凶恶的敌人——汉斯·弗兰克。正如他在日记中所写的那样："波兰人不得担任高级技师以上职务，不得在政府管理的综合院校中接受高等教育。"[46] 因此，一些学者只能私下召集学生，并对他们进行有限的教育。这可以达到一定的效果，但却代替不了正规的教育。尽管如此，这代表了波兰知识分子不畏险阻、不怕牺牲地进行抵抗，维护民族才智的坚强意志。

随着德国向**巴尔干地区**的推进，以及后来对**苏联**的占领，他们都采用了相似的，有时甚至更为极端的占领政策，可谓所到之处遍地荒芜。

早在 1940 年**丹麦**和**挪威**就被德国占领，在这里实施的是研究和教育的有限自由的政策。那些在德国大学传统中长大成人，并将其几乎原封不动地内化为自身品格的教授和研究者们，即使是在他们的祖国被德国征服者所占领的时候，也要维护洪堡的理念。正如荷兰和比利时一样，占领者最初的王牌是德意志的共同血统与利益，但同样地，几乎没有学者认同他们的观点。他们大多与占领者保持距离，或者以沉默表示反抗。1943 年 12 月，奥斯陆大学被迫停办，有 65 名教授和 1500 名学生被捕，其中一些只是临时的逮捕，但更多的是被押解到了德国。其中大部分被送往布痕瓦尔德集中营，而另一些人，特别是医学院的学生，则去了位于森河姆（Sennheim）的党卫军训练营。党卫军的科学与学术研究所——"圣遗物"

[46] Brentjes(ed.), *Wissenschaft* (note 43), 34; Wróblewska, *Uniwersytet* (note 45); C. Kleissmann and W. Diugoborski, 'Nationalsozialistische Bildungspolitik und polnische Hochschulen 1939-1945', *Geschichte und Gesellschaft*, 23(1997), 535-559.

(*Ahnenerbe*，即遗产)，试图以这种方式来弥补德国有前途的科学家极其匮乏的情况，因此，它很快就从布痕瓦尔德调集了一批挪威学生。其中有 36 人得以在弗莱堡学习。他们在森河姆接受的训练是由来自斯特拉斯堡和弗莱堡的学者主持的，正如希姆莱（Heinrich Himmler，1900—1945）所指出的，这种训练旨在“以严格科学的方式，丝毫不含政治色彩地”开展，以“展示我们共同的德意志特征”。[47]

纳粹在占领区的大学政策的主要特征具有相对同一性和逻辑连续性。 659
在东部邻国，它遵循了上述的蔑视原则，要么让知识精英自动灭亡，要么主动消灭他们。大学也因此受到了极大的摧残。另一方面，被德国吞并的地区则长期以来在帝国大学的辅助下，经历着德国化的历程。它们首先出现在布拉格，然后又出现在波兰和斯特拉斯堡选聘支持国家社会主义观的教授，并根据当地情况，由党卫军、盖世太保、党务官员、阿尔夫雷德·罗森伯格办公室（Alfred Rosenberg's office）和军队来管理。从这方面看，如果说纳粹在整个欧洲占领区有统一政策，又是不恰当的。

中立国与德国的盟国

西班牙和**葡萄牙**置身局外，自主性相对较强。它们并没有被直接卷入战争，依然在专制政权的支持下，维护着原有的培训与高等教育政策。意大利虽然被卷入了战争，但它起初是盟国，之后又成了第三帝国的敌国，因此无须改变高等教育的结构。法西斯政权试图保持教育制度的稳定，其主要关注的还是与教育相关的法律和政策。虽然引人注目的研究得到了相当大的支持，特别是技术专家得到了工业领域的支持，但这样会让人感觉不需要进行机构变革。

---

[47] S. Zimmermann, 'Berührungspunkte zwischen dem KZ-Buchenwald und der Medizinischen Fakultät der Üniversität Jena', in C. Meinel and O. Voswinckel (eds.), *Medizin, Naturwissenschaft, Technik und Nationalsozialismus. Kontinuitäten und Diskontinuitäten* (Stuttgart, 1994), 54-61. here 59.

其他国家则更多地受到德国大学传统的深远影响。其中包括芬兰和中立的国家——瑞典与瑞士。在芬兰最初出现了抵制，后来在反苏斗争中与德国结成同盟。这些国家都认为没有必要改革高等教育制度，他们欣喜地看到，洪堡的大学理念在那些争取生存斗争和维持独立状态的国家中比其在德国的发展还要好些。

德国

在魏玛共和国时期，许多德国学者和大学摆脱了国际孤立。情况看似恢复正常，科学成就、国际交流、相互间的学习项目或合作项目都趋于正常。大学仍然认为自己在总体上处于国际科研和教育的最前沿，特别是在
660 理论物理学、考古学、多数医学学科及数学等前沿学科中。他们仅仅注意到美国在同一时期不仅弥补，而且超越了他们先前的缺陷。虽然世界性的经济危机引发了大动乱，但德国的教授认为，在他们与政治无关的专家工作中，他们可以无视这些与科学无关的事情。问题与不安全的因素最多就是强化了大部分教授这样一个观点，即强大的国家和有能力的领导人是克服那个时期中的不确定性、动乱和迷茫的必需。[48]

这种极为保守的国家主义的普遍认同主导着当时的大学和教授（学生通常是较激进），这意味着，当国家社会主义掌权时，它并没有被视为影响学术研究和教学的重要事件。当 1933 年通过一系列可疑的法案来强迫所有的“非雅利安人”（non-Aryans）和政治异己放弃自己的工作时，它也没有激起以“人类”或“真理”为旗号的普遍反抗。除了个别可敬的学者外，绝大多数德国教授都认为这就是国家有权采取的行政措施，它并不

---

[48] D. Langewiesche and H. -E. Tenorth(eds.), *Handbuch der deutschen Bildungsgeschichte*, vol. Ⅴ:1918-1945. *Die Weimarer Republik und die nationalsozialistische Diktatur*(Munich, 1989)，特别是第 209 页前后；K. Sontheimer, 'Die deutschen Hochschullehrer in der Zeit der Weimarer Republik', in Schwabe, *Deutsche Hochschullehrer*, 215-224.

影响学术自由或大学的存在。[49]

随之而来的是体制性的变革：解散了大学理事会，政府引入了“领导原则”（Leadership Principle），由行政任免校长和院长，以及“国家社会主义师生协会”和其他党派组织进行的政治教化。许多人都找到了一些聪明的方法来对付这些措施，并尽可能将其视为不影响学术事业的小事。因此，这就不难理解科学和学术的研究与教学没有受专制政权变革的影响这一事实了。

从范围上来看，纳粹的科学政策是极为有限的。[50] 希特勒及其党羽对所谓的“自由主义”学者，以及自我感觉良好的资产阶级虚荣学者很不信任。这些苍白无力的思想家是无法使第三帝国走向胜利的。第三帝国需要 661
的是健康和身体的力量。这种态度使得他们有可能出于种族的原因而驱赶一些国际知名学者。从表面上，这种科学专家不再被看作是人的损失，是无所谓的。我们无法一一列出这些数量庞大的移民，他们约占德国大学所有教职工人数的 1/3——显而易见，若从理论知识的实际运用、德国的声望及其生存能力的角度来考虑，这将是一个重大的错误。通过发展德国物理或德国数学来取代这些人，这成了战争爆发前执政党堂而皇之的政策，这充分说明了国家的新主人缺乏远见卓识，思想狭隘。直到战争结束后，党魁和一些军事将领才意识到不应再继续无视科学及一些天才专家，但悔之晚矣。[51]

所谓的国家社会主义科学，例如军事研究、种族研究、史前史与古代史、特殊人种学，当然还包括其他一系列庞杂的因教学人员的因素而得到

---

[49] H. Seier,‘Die Hochschullehrerschaft im Dritten Reich’, in Schwabe, *Deutsche Hochschullehrer*, 247-296; H. Mommsen, *Beamtentum im Dritten Reich* (Stuttgart, 1966).

[50] Hammerstein, *Universität Frankfurt am Main*, vol. Ⅰ, 171ff.; H. Seier,‘Universitäts- und Hochschulpolitik im nationalsozialistischen Staat’, in K. Malettke (ed.), *Der Nationalsozialismus an der Macht* (Göttingen, 1984); M. Grüttner,‘Wissenschaft’, in W. Benz *et al*. (eds.), *Enzyklopädie des Nationalsozialismus* (Munich, 1998), 135-153.

[51] Hammerstein, *Deutsche Forschungsgemeinschaft* (note 41).

执政党批准的学科（主要是有关公共秩序、历史、管理和政治），在这十二年里不断涌现。这些学科之所以能够延续，能够得以实施，并不是因为它们与残暴的国家社会主义观之间的联系，而是由于它们达到了基本的科学或学术要求。[52] 与建立在具体科学依据和理论之上的马克思主义相比，纳粹意识形态并非如此。科学臆想的大杂烩与各种陈腐思想的混合，是不可能产生出一种系统深邃的理论或世界观的。

由于研究还在照常进行（对学生人数的限制和促进新学科的轻微倾向并不足以成为真正的障碍），由于也取得了一些重大的科学成就，所以许多教授就认为大学依然是一片净土。1936 年提出的“四年计划”，对政府和军队中的很多领导来说，显然是支持科学项目、扩张并提升对战争行为和战争期间人民生存有重要意义的专门学科的关键。特别是化学得到公共
662 部门的大力支持，这也是由于从一战开始就有负起尽可能保障德国不依赖于外援供给，并开发关键物质基础的替代性材料的任务。这使得化学成了“第三帝国”时期唯一占据领先地位的学科（甚至与其他国家相比，也是如此）。[53]

除化学外，冶金学、食品科学和农学等各分支学科也得到了积极的推进，例如，在赫尔曼·戈林（Herman Göring）支持下的航空工程学。只不过这与大学或理工学院并无瓜葛。在帝国后期，许多研究机构得到发展，其中包括威廉皇帝协会（Kaiser-Wihelm-Society），[54] 在大学之外进行的研究得到了“德国科学非常组织”（*Notgemeinschaft der deutschen*

---

[52] P. Lundgreen(ed.), *Wissenschaft im Dritten Reich* (Frankfurt-am-Main, 1985); M. Stolleis and D. Simon(eds.), *Rechtsgeschichte im Nationalsozialismus* (Tübingen, 1989); Meinel and Voswinckel(eds.), *Medizin* (note 47); F. R. Hausmann, '*Deutsche Geisteswissenschaft*' *im Zweiten Weltkrieg. Die 'Aktion Ritterbusch' (1940-1945)* (Dresden, 1998).

[53] L. Stern(ed.), *Die Berliner Akademie der Wissenschaften in der Zeit des Imperialismus*, vol. Ⅲ: *Die Jahre der faschistischen Diktatur 1933 bis 1945* (Berlin〈East〉, 1979); M. Renneberg and M. Walker(eds.), *Science, Technology and National-Socialism* (Cambridge, 1994).

[54] K. Macrakis, *Surviving the Swastika: Scientific Research in Nazi Germany* (New York and Oxford, 1993); *Forschung im Spannungsfeld*.

Wissenschaft）的支持，该组织从 1928 年起更名为“德意志研究联合会”（*Deutsche Forschungsgemeinschaft*），而由赫尔姆霍兹协会（Helmholtz Society）主管的研究机构和许多企业研究室也参与其中。科学发展沿着传统路线进行，并更多地效仿国外。专家顾问经常受到咨询，并带来一些新的研究项目，虽然有希特勒的专制束缚，但民主研究的共识保障了研究的质量。诸如此类的研究重点并不仅仅是战争的需要。从传统上看，科学家申请资金进行纯粹研究，并利用各种财政的政治资源，其目的是进一步深化其研究兴趣，而不是只用于军事目的。

为了防止德国研究沿着风格各异的路线发展，1937 年成立了国家研究所（*Reichs-Forschungs-Rat*），作为 1936 年“四年计划”的一部分。这种设计也帮助了 1934 年建立的科技部，其职责主要是在专家技术评估的基础上对基础研究进行集中管理，并对应用科学的合作研究进行中央调控。[55] 至少，其初衷是如此。不过，军队与党派在科研政策中诸多庞杂且相冲突的利益博弈模糊了原本应是清晰的发展方向。例如，陆海空三军都坚持要求保留各自的研究中心，尽管最高级的军官都要求固守传统，因为他们认为军事精神要比物质考虑重要得多。军校学生要接受这种精神教育，这将让他们获得比工程师或文职官员更高的社会等级。

繁杂的企业研究团队也使得合同性的合作研究更为艰难。由法本化学 663
信托公司（*IG-Farben-Industrie*）、联合钢铁公司（*Vereinigte Stahlwerke*）、与纳粹住房政策相关联的建筑公司、农业机构及其他类似机构展开的研究，与主要的科研机构中的研究一样，是极难达成合作的。由于他们都要求对其成果进行严格的保密，这使得他们无法交换信息，而这一情况也影响了实际的研究，对同样的问题，不同的研究机构往往会重复进行

[55] Hammerstein, *Deutsche Forschungsgemeinschaft* (note 41).

两三次的研究调查。[56]

说明这一混乱局面的一个典型事例，就是 1938 年 12 月奥托·汉恩（Otto Hahn）及其同事发现了核裂变。早在 1939 年 1 月他们报告了这一发现。然而，没有人认识到它在军事方面的潜力，没有人协调完善这项工作，没有人尝试推进这项工作。这在“德国物理”的亲纳粹信徒中产生了激烈的辩论，他们反对并排斥这一由“犹太裔理论家”做出的发现，而国家研究所的领导们对此也毫不感兴趣。由于著名的物理学家只对基础研究感兴趣，他们甚至没有想到要建立任何形式的系统的德国核政策。事后我们发现，新文职人员、新部门及其再分配的职责数量增长相当惊人，特别是由于它完全打破了研究的整体性，进而使其无法有效地服务于军事目的。[57]

这种混乱的局面也是国家研究所的特征。它在合作研究方面的不力导致了炮兵将军、军事专家、该研究所所长卡尔·贝克（Karl Becker）1940 年的自杀。后由赫尔曼·戈林仓促接任。戈林并没有对纳粹空军研究的大批资金进行严格控制，对此他也是有责任的。但再一次，外部现象掩盖了内部所缺乏的明确职责与秩序系统。在苏联度过第一个冬天后，显而易见，要用闪电战来击溃对方的想法是不现实的，而且德国在工程学和研究领域也存在诸多缺陷。这使得重要的研究机构再次进行了重组：其首要任务是将物资分配给企业、研究所和大学，并且还成立了一个战时经济办公
664 室来协调分配，以保证成功。尽管如此，依然存在着协商不充分的现象，使得对该办公室的厚望终成泡影。1945 年 8 月一位负责调查德国科学家的英美观察员吃惊地发现：“在最后的这几年中，所有研究都得以批准，它们中许多还获得专项资金的援助，那些被校准为最高优先级的项目还可迅

[56] K.-H. Ludwig, *Technik und Ingenieure im Dritten Reich*(Düsseldorf, 1974); Renneberg and Walker(eds.), *Science*(note 53); P. Speace Richards, 'The Movement of Scientific Knowledge from and to Germany under NS', *Minerva*, 28, 4(1990), 401-425; M. Walker, *Die Uran-Maschine. Mythos und Wirklichkeit der deutschen Atombombe*(Berlin, 1990).

[57] Walker, *Die Uran-Maschine*.

速获得专门器材与物质，许多具有最高优先级的项目都是与军事运用毫不相干的。”同一报告还将德国研究的总体情况特点概括如下：“一般的德国科学家对政治毫不关心，这种现象在更文明的国度中并不是不存在的。但对我们而言，难以理解的是，他们对基础研究有着狂热的兴趣，这也使得他们几乎与世隔绝。”[58]

就这样，国家研究所在经历了1942年的重组后没有实现其目标。对于科技领域中的明显亏损，他们别无选择，只有继续投入大量资金以维持这种十分低效的研究体制。1943年，与政府联系密切的汉诺威技术学院（Hanover Technical College）的教师维尔纳·奥森伯格（Werner Osenberg，1900—1972）设计了一个办公室，用于处理卡片信息，以期实现科学家和工程师的更为系统、更为有效的部署。在这一过程中，希特勒不顾将军和其他官员的反对，下令释放了15 000名与军工企业有关的工程师、实验室技工和学者。不过，这一措施依然没有弥补同时出现的训练有素的科学家日益匮乏的问题。因此，1944年，又成立了一个招募办公室，负责新的科学家与工程师的速成与部署。在这种背景下采取的措施也包括雇用国外专家（甚至是从集中营中调取），以弥补某些特定学科的不足。然而，这仅仅是对问题表面的修补，究其原因，是政党、政府和军队的领导者始终相信杰出的发现与发明只靠个别杰出的研究者就能实现。另一方面，美国的研究是一个部门中的科学家团队共同努力的结果，他们不断交换信息、分享成果，这也继续被视为是非科学的、非日耳曼的，并且是特别没有前途的。就这样，“第三帝国”的领导者将他们的所有希望都放在
了对杰出的发明家的幻想上，希望他们能够研发出克敌制胜、一举定乾坤 665
的“梦幻武器”（*Wunderwaffen*）。很快，甚至每句话都在强调这一幻想。然而，接踵而来的是另一道法令，规定1944年后只有一些极重要的科学研究才能得到资助。位于名单之首的是坦克工业，虽然由于燃料的匮乏，

---

[58] Major E. W. B. Gill, 'German Academic Scientists and the War', Paper, Control Commission for Germany, 28 August 1945. *Irving Papers*. Archive of the *Institut für Zeitgeschichte*. Munich.

这种新型武器无法被投入使用，更不用说完成研制。军队要员和纳粹党魁作为一个整体，长年以来忽视系统地支持研究和经营大学的重要性，已经没有时间改正错误了！

将德国的发展与同时期美国的发展进行对比，可以进一步突显这一情况。1944 年，国家研究所下拨了 360 万马克的研究经费，美国则是 4 亿美元。在射频工程领域，美国的资助是德国的 10 倍，而在制冷——即冷冻食品方面——德国实现的生产能力仅为美国的 4%。其他各领域的情况也大同小异。[59]

希特勒德国的对手也相信纳粹政府的专制体制已形成了一套组织良好的研究政策。上述的内部保密制度使得很难通过间谍来了解德国科学研究的总体情况。就之前德国在科学界的地位而言，哈恩实现原子核裂变也证实了这一点，盟军希望能够加快原子弹的制造。生化武器也是如此，但是没有人知道希特勒在实践中并没有同意进行毒气战的研究，也没有意愿使用它（基于他在一战中的个人经验）。[60] 主要是希姆莱背着希特勒偷偷地推进了这项研究。希姆莱及其党卫军拥有自己的科研部门——“圣遗产”，1944 年，他们打算接管科研工程，以便更好地找出日益显露的问题所在。最初的方案还是落空了，他们依然是一无所获，这主要是因为党卫军只是在极不情愿的情况下才释放了被捕的科学家——大多是数学家和化学家，而且也决不会改善他们的生活条件。同样不成功的还有也是始于 1944 年的，由强势的战争与经济部部长阿尔伯特·斯皮尔（Albert Speer）发起
666 的关于军事运用的科学研究。集中轰炸袭击和盟军的推进，终结了德国科学家发明一举定乾坤的梦幻武器的幻想。

大学的知识立场也受到了损害，这是由于学术精英们迷失了自我的目

---

[59] 数字来源：Ludwig, *Technik* (note 56), 258-259; K. Zierold, *Forschungsförderung in drei Epochen* (Wiesbaden, 1968) 263。

[60] G. W. Gellermann, *Der Krieg, der nicht stattfand* (Koblenz, 1986), 208ff.; B. J. Bernstein, 'America's Biological Warfare Program in the Second World War', *The Journal of Strategic Studies*, 11(1988), 292-317.

标——探索真理、正直的人格和人性的完善。1945 年后，有 1/3 的研究者和教师由于卷入“第三帝国”的工作而被迫辞职。魏玛共和国几乎没有留下年轻力壮而且清白的学者：其中 1/3 被驱逐或被杀害，而另外 1/3 则由于年事已高而未被列入名单。就这样，在 1946—1947 年后的重建时期，只留下一些年轻而缺乏学术训练的学者来主持工作。德国、德国科学家，以及作为科学用语的德语，全都失去了其在科学共同体中的主导地位。

苏联

苏联的情况则大不相同。在革命之后，立刻就开始了大学与研究的重组工作，并指定苏维埃科学院负责管理和协调这方面的工作。大学更多的是用于提供基本的学术训练，而非进行竞争性的研究。根据马克思主义理论，计划经济是必需的，它认为科学地运用标准程序能保证相对的一致性，即使是在战争年代，它也能最大限度地调动全国的资源。当然，这也导致了执政党封杀各种外国理论的局面，从而成为一些重要实验或发现的屏障。

德国入侵苏联，为西方盟军制造了一个新伙伴，至少是在战争之初，他们将自己的科技成就提供给苏联。特别是在英国，学者乐于将最新的科学发现告知苏维埃科学院。直到战争后期，官方才禁止发布新的研究结果，尽管无法完全禁止。在严格的计划经济体制下，苏维埃也制定了系统的、精确的研究策略，这使其格外重视并以各类研究和物质资源的应用为目标。苏联将研究重点（除了社会科学以外）放在了生物学、物理学、数学和化学等方面。将研究成果用于保卫祖国、抗击纳粹德国，不仅提高了科学家的社会地位，也确保了苏联在许多领域与西方发达资本主义国家的
发展保持着联系。由于技术和社会的进步受到同等的重视，使得理论和实 667
践紧密地联系起来。的确，科学的马克思主义的目标就是，为人民争取更好的物质生活条件，并通过技术应用和规划为未来人类构建坚实基础。

美国

在战争爆发后，建立在研究与教学相联系的普鲁士模式之上的美国高等教育系统，决定了美国的教育与研究发展方式。[61] 1940 年，欧洲战争促进了教育国防委员会（National Committee on Education）的成立。其任务是作为一种预防措施，考虑参战可能对教育系统产生的影响，例如，征召师生入伍对教学和大部分私立学院与大学的财政来源的影响。[62]

总体而言，大学的教育和研究延续着传统的方式，在许多学科中它们已与欧洲的大学并驾齐驱，甚至更先进一些。与英国和意大利相同，但却与德国或法国不同的是，美国的大学也教授技术学科。美国人在追求并促进基础研究与实践应用之间的联系及确保其可能性方面是没有问题的，并已获得了丰硕的成果，尤其是在原子能研究领域。由于美国的学院建立在宽泛的学系之上，而不是建立在与特定教席相联系的研究所之上，这便于研究者就共同任务开展工作。在战争研究方面，大学与军队的合作也比德国有效得多。

1941 年 7 月，美国政府根据重要学者和科学组织者的建议，成立了科学研究与发展局（Office of Scientific Research and Development，OSRD），其职责就是对所有自然科学研究和对战争有重要影响的其他学科的研究负责。个别学科则由分委会负责管理。其中最重要的分委会就是由哈佛大学校长科南特（James B. Conant，1893—1978）担任主席的国防研究委员会（National Defense Research Committee，NDRC），它与军队、企业和所有
668 的大学研究中心都保持着密切的联系。医学研究委员会（Medical Research Committee，CMR）和新武器装备联合委员会（Joint Committee on

[61] 参见第六章；E. Shils，'The Order of Learning in the United States from 1865 to 1920：The Ascendancy of the Universities'，*Minerva*，16，2（1978），159-195。

[62] D. D. Henry，*Challenges Past*，*Challenges Present*：*An Analysis of American Higher Education since 1930*（San Francisco，Washington and London，1975），38ff.

New Weapons and Equipment，JNW）则相对快捷并有效地补充了学院、企业和军队中的研究组织。[63]

该组织的成功典范就是研制了原子弹。但在1945年之后，核武器的发展就备受争议。早在1942年，在德国陆军机械局（*Heereswaffenamt*）的严格审查下，德国放弃了原子弹计划（从未正式展开），认为它与战局毫不相干，仅是允许威廉皇帝协会对该项目进行基础研究。[64] 同年8月，罗斯福总统将“曼哈顿计划”（Manhattan Project）移交给美国陆军部负责。在莱斯利·格罗夫斯（Groves）将军的领导下，芝加哥大学与加利福尼亚大学伯克利分校的原子研究人员携手合作，在橡树岭（Oak Ridge）和汉福德（Hanford）有效地开发了铀和钚，并在洛斯阿拉莫斯制造出了原子弹，于1945年7月16日在阿拉莫戈多（Alamogordo）成功地进行了试验。

甚至在一些更为机密的领域中，这些组织严密、目标明确的组织也取得了令人瞩目的成绩。在自然科学和工程方面进行质量监控和解决生产问题的需要，为统计学的发展提供了额外的推动力。在数学和控制论方面也是如此，它推动了信息社会的技术和社会进步。全球各个角落的频繁战争也促进了欧洲和亚洲的心理学与历史学研究，这也使得美国大学在文化和社会科学以及人文科学中跻身世界领先行列。

后记

对各个国家情况的描述，体现了二战期间大学中以及与大学相关的科学研究的巨大意义。这是一场史无前例的战争，在研究和科学之外，它还拓展到人类活动的方方面面。从这个角度来说，在二战中，正是“科学战

---

[63] K. T. Kompton,'Organisation of American Scientists for the War', *Nature*, 151(29 May 1943), 601-606.

[64] M. Walker,'Legenden um die deutsche Atombombe', *Vierteljahrshefte für Zeitgeschichte*, 38(1990), 45-74.

争”和中世纪中期发展起来的欧洲大学制度获得了胜利，战胜了大学之外
的其他一切研究活动。这使得人们开始日益思考教育对国家利益的重要意
669 义，甚至在战争期间，英国政府就受到启发，于 1944 年颁布了《教育法》
（Education Act）对教育系统进行重组。这也使得在阿尔及尔的法国流亡政府在其他国家召开的大学会议上，开始考虑战后促进大学崛起的措施与改革问题，使其能迎接新的挑战。只有纳粹的官方政策在迷茫中走向了另一条道路，它要么强迫“新欧洲”的知识分子倒向德国一边，要么就简单地终结当地人民的高等教育，尤其是在中欧和东欧。

许多国家的所有人群都被卷入二战，它也产生了比一战更深远、更持久地影响。前线士兵和国内市民都体验到了一种新的共同体。这是因为他们愿意互相帮助，互相扶持，克服了纳粹统治带来的风险。这些经历是一战无法企及的，它造就了一种跨越或消灭一切旧有的社会樊篱的意愿。一切愿意为一个自由美好的世界献出生命的人，都可以在战后说，世界是属于他的。它造就了一种新的、能与上流社会享受的教育相媲美的教育制度。在各个国家中，战争的经历都积极地促成了一场新的关于教育制度的辩论，并令人信服地提出了支持建立一个普遍的、基础更为广泛的制度主张。与 19 世纪的大讨论形成鲜明对比的是，它提出了研究的政治责任问题。与研究相关的是要促进尊严与个人的自我价值，而不再是封闭在象牙塔之中。

应用科学的巨大成功，逐渐克服了传统的认为理论科学优于应用科学的偏见。甚至在一战期间，就可以看出，对科学学科和科学进程的过度区分与评价，无论从事实上还是从道义上看，都是有失公正的。重大的新发明和许多可替代性原材料，交通运输的改进，以及以原子弹为集中代表的潜在的破坏力量，甚至是空间旅行，在二战期间及之后，都使人们认识到科学研究对于现代生活的影响范围与力度。大规模的生产与计划相结合，从此之后成了更美好和更人性化的世界的保障。

在某些方面来看，这似乎是始于 19 世纪中叶的自然科学胜利进步到
670 达的顶峰。起初受到怀疑并被视为边缘科学的自然科学和其他医学学科也

日益获得尊重。因此，数学、物理学、生物学、化学和其他学科成了新的领军科学，并逐渐将古典科学——历史学和哲学——赶到了边缘。一些承诺通过设计和科学的方法能够分析、塑造现在与将来的人文学科，如社会学、心理学、某些形式的经济学，在一定程度上也被视为科学。

始于 19 世纪的民族主义在一战期间经历了第一次可怕的高涨，并在二战期间纳粹的恐怖统治中达到高潮。这种远远超出了 20 世纪欧洲文明想象的极端恐怖，促使人们开始审视新的社会秩序的需要，以便人们能在一个没有民族差异的世界中安居乐业。我们已讨论过很多不同形式的世界秩序，但其基本信念还是要回到“知识共同体”的古典主义理念，而这一次它也向尽可能多的人——如果不是全人类的话——敞开了大门。这也体现出一种新的公共经验，经历过战争的人们视之为不言自明的真理。正如它是可理解的且特征鲜明的一样，理性与学术往往说明了这一共同体的目的，并以苏联模式为例，即建立在科学领导与规划基础上的国家制度。甚至在战争期间，西方世界也经常讨论，对科学发现保密的苏联，是否会因为自己被排除在外而不履行这一主张，进而挑起一场新的终极世界大战。

极端民族主义的经历并没有引发人们对于消除教育与大学中的民族差异，甚至是将它们全部消灭的要求。要让越来越多的人参与学术训练与研究的主张，造就了新型的大学教师和学生。杰出的资产阶级教授逐步让位于年老的、经验丰富的、对实验室和习明纳都得心应手的同事。在服装和习惯方面，师生们都开始模仿美国的榜样。甚至在战争期间，越来越多的女性便出于需要，进入了高等教育领域。对理性不再是某一特定阶级或民族的特权的普遍经验，意味着 1945 年后大学与研究机构中的社会差别不再重要。因此，面向大众的大学之门已经开启，这几乎是所有国家的必经 671
之路。

总之，战争的经验表明，只有合作与可靠的筹划才能保障国家的生存。这也鼓励了早已存在于自然科学之中的主张，即科学的规划是一个神奇的要素。这是不可否认的，也不仅指大型研究。规划也可用于教育和研究领域之外，以便造福人类。好的规划能为尽可能多的人——如果不是全人类——营造自我体验，并使其理解现代科学的福祉。多年后，人们才了解到在战争中至关重要的科学与研究的规划，在和平年代将束缚自由的思想，抑制自由和创造力。这便是下一卷也是最后一卷的主题。

精选文献

Brentjes, B. (ed.) *Wissenschaft unter dem NS-Regime*, Berlin, Bern, Frankfurt-am-Main and New York, 1992.

Charle, C. *La République des universitaires (1870-1940)*, Paris, 1994.

Charle, C. (ed.) *Les Universités germaniques, XIXe-XXe siècles*, Paris, 1994.

Clark, B. R. (ed.) *The School and the University*, Berkeley, Los Angeles and London, 1985.

Grüttner, M. *Studenten im Dritten Reich*, Paderborn, Munich, Vienna and Zurich, 1995.

Hammerstein. N. *Die Deutsche Forschungsgemeinschaft in der Weimarer Republik und im Dritten Reich 1920-1945*, Munich, 1999.

Heilbron, John L. *The Dilemma of an Upright Man: Max Planck as Spokesman for German Science*, Berkeley, 1986.

Henry, D. D. *Challenges Past, Challenges Present: An Analysis of American Higher Education since 1930*, San Francisco, Washington and London, 1975.

Langewiesche, D. and Tenorth, H. -E. (eds.) *Handbuch der deutschen Bildungsgeschichte*, vol. Ⅴ: *1918-1945. Die Weimarer Republik und die nationalsozialistische Diktatur*, Munich, 1989.

Lowe, R. (ed.) *Education and the Second World War*, London and Washington, 1992.

Lundgreen, P. (ed.) *Wissenschaft im Dritten Reich*, Frankfurt-am-Main, 1985.

Marwick, A. *Britain in the Century of Total War*, London, Sydney and Toronto, 1968.

McCulloch, G. *Philosophers and Kings: Education for Leadership in Modern England*, Cambridge, 1991.

Nipperdey, T. *Deutsche Geschichte*, vol. Ⅰ: *Arbeitswelt und Burgergeist*, Munich, 1983.

Deutsche Geschichte, vol. Ⅱ: *Machtstaat vor der Demokratie*, 3rd edn, Mu- 672
nich, 1995.

Norrback, M. and Ranki, K. (eds.) *University and Nation: The University and the Making of the Nations in Northern Europe in the 19th and 20th Centuries*, Helsinki, 1996.

Panham, G. K. *Contribution à l'Histoire de la Résistance belge 1940-1944*, Brussels, 1971.

Renneberg, M. and Walker, M. (eds.) *Science, Technology and National-Socialism*, Cambridge, 1994.

Ringer, F. K. *The Decline of the German Mandarins: The German Academic Community, 1890-1933*, Cambridge, Mass., 1969.

Schwabe, K. (ed.) *Deutsche Hochschullehrer als Elite, 1815-1945*, Deutsche Führungsgeschichten in der Neuzeit 17, Boppard am Rhein, 1988.

Wallace, S. *War and the Image of Germany: British Academics 1914-1918*, Edinburgh, 1988.

Warmbrunn, W. *The German Occupation of Belgium 1940-1944*, Frankfurt and New york, 1993.

Weisz, G. *The Emergence of Modern Universities in France, 1863-1940*, Princeton, 1983.

673 1812—1944 年间的欧洲大学及其类似机构：年表

瓦尔特·吕埃格

下面列表①根据各大学成立的年代顺序排列：

（1）该表包括了 1812—1944 年间成立的所有大学（甚至是短暂存在的）。大学被视为所有高等教育的集合，是由政府当局建立或认可，并能够授予一门学科以上学术学位的机构。因此，英国的那些颁发伦敦大学学位的学院没有被列入。1800 年之前建立的大学及其在 19 世纪的发展可以参见第二卷。就所能掌握的资料而言，1800 年之后大学所属四所传统学院在组织方面的变化被列出。

（2）其他重要的高等教育机构，如科技的、商业的、教会的，以及其
674 他一些在此期间存在而没有并入大学的专业学校。此类院校仅有部分拥有学位授予权，有些机构根本就不授予学位，如法国的大学校，有些则是后来才获得了这项权利。如果它们被所在地的公共当局认可为仅招收中学生（牧师学校除外）的高等教育机构，

① 年代表是由 Ulrich Herrmann，Bochum 和编者完成，参阅：Jílek，*Historical Compendium*，其最初是编委会为《欧洲大学史》准备的手册，并由欧洲大学校长常设会议（CRE）出版；*Minerva*，*Jahrbuch der gelehrten Welt*，1(1891-1892)-33(1838)。对于 1892 年以前每所大学的历史与组织，参见第二卷（1892—1893），直至 1910 年有 *Minerva*，*Handbuch der gelehrten Welt*，Vol. Ⅰ. Strasbourg，1911。一些国家或大学的信息则是由以下各位仔细审查并完成的，他们是 Rüdiger vom Bruch（柏林），M. Köhler（科隆），Eva-Maria Felschow（吉森），Gian Paolo Brizzi（佩鲁贾），Giuliana Limiti（罗马），Agostino Sottili（米兰），Carlo Bo（urbino），Wladimir Wladimirowitsch Zacharaow（俄罗斯），José Luis Peset and Mariano Peset（西班牙）。

本表则将其包括在内。它们在有些国家获得了大学的称号，但只有在除了其专业领域之外，至少还要再包括一所其他古典学院的情况下，才会被列入该表之中。苏联非大学的高等教育机构，仅在大学部分解散或全部解散的情况下才予以列出。

创建日期是根据公共当局所认可的大学或其他高等教育机构法令的日期确定的。字母顺序表将有助于读者在年代表中快速查找所有的高等教育机构。

以下缩写形式表示常用的学术和其他方面的术语：

agr.：农学(agriculture)；

c.：世纪(century)；

cat.：类型(category)；

Cath.：天主教(Catholic)；

chem.：化学(chemistry)；

éc.：学校(的)(école〈de〉)；

eco.：经济学(和商业)[economics(and commerce)]；

eng.：工程学(engineering)；

ev.：福音派(evangelical)；

f.：建立(founded)；

fac.：学院(科、系的)(faculty〈of〉，facoltà〈di〉，faculté〈de(s)〉)；

Hon.：荣誉(Honours)；

inst.：研究所(院的)(institute〈of〉)；

math.：数学(mathematics)；

med.：医学(medicine)；

min.：矿业(mining)；

orth.：东正教(orthodox)；

pharm.：药学(pharmacy)；

phil. :文理科(arts and sciences);

philos. :哲学(philosophy);

pol. :政治学(political sciences);

prép. :预备的(préparatoire);

Prot. :新教(Protestant);

Sc. :科学(sciences);

sch. :学校(院的)(school〈of〉);

tech. :工艺(technology,engineering);

theol. :神学(theology,théologie);

Univ. :大学(的)(University〈of〉, Universidad, Universidade, Università,Universität,Université,Universiteit);

vet. :兽医学(veterinary medicine)。

大学

博洛尼亚(BOLOGNA，12 世纪末)：大学②。1802 年，归国家。1805 年，归君主。1815 年，归教会。1831/1832 年关闭，1849—1853 年保留考试委员会。1859/1860 年，一级大学(A 类，1923 年③)。院系：哲学和语言学(文学和哲学，1868)、法学、数学(物理学、数
675 学和自然科学，1868)、医学和外科学(1859 年)，后合并组建了药学院(1824 年建立)，1933 年兽医学院(1851 年建立)④、工程学院(1877 年建立)、农学院(1903 年建立)、工业化学学院(1921 年建

② 这些缩写表示常用的学术和其他方面的术语。

③ *All univerdhità di prim'ordine/cat*. A 类有四个基础学院：哲学和语言学(从 1868 年起为文学和哲学)、法学、医学和外科学、数学(从 1868 年起为物理学、数学和自然科学)。

④ 根据 1933 年 8 月 21 日第 1592 号令，改建为药学和兽医学院。

立），1937年经济学和商业研究所（1929年建立）。⑤

巴黎（PARIS，13世纪初）：1793年被查封（与所有法国大学相似）。1795年，成立公共卫生学院。学院：文学院、理学院、法学院、医学院、天主教神学院，1806年新教神学院（这两个神学院都在1885年被查封）。1896年，里亚法（LoiLiard）颁布后，大学重建（与所有法国大学相似）。

牛津（OXFORD，13世纪初）：1852—1854年、1877年、1919年根据国会法令和皇家委员会的建议进行了改革。1871—1893年成立或重建了六所学院（其中四所是为妇女设立）。1899年为劳动者成立拉斯金学院（Ruskin College），授予经济学和政治学的大学文凭。1937年成立第一个男女兼收的学院（Nuffield）。1850年成立自然科学荣誉学院。

蒙彼利埃（MONTPELLIER，13世纪初）：1795年成立公共卫生学校。1803年药学，1804年法学。学院：医学院，1808年文学院（1815年关闭，1838年重开），1808年理学院。

剑桥（CAMBRIDGE，1209—1225年）：1850（1852）年、1919年根据国会法令和皇家委员会的建议进行了改革。1800—1923年成立了四个学院（其中两个是为妇女设立）。1848年设自然科学的文学士荣誉学位考试。

萨拉曼卡（SALAMANCA，1218/1219年）：由利·莫亚诺（*Ley Moyano*）进行改革。学院：哲学与文学院、法学院（1857年）、理学院、

---

⑤ 根据1935年6月20日第1071号令，1935年11月28日第2044号令，1936年5月7日第882号令，改建为学院、其他学校以及研究机构。

医学院（1903 年）。⑥

帕多瓦（PADUA，1222 年）：1866 年成立了一级大学（1923 年 A 型）。学院：1924 年政治学院，1933 年药学院，1935 年工程学院（1875 年建立研究所）。

那不勒斯（NAPLES，1224 年）：1806—1812 年重建。1861 年成立了一级大学（1923 年 A 型），包括：药学院、兽医学院（1795 年建立）、工程学院（1868 年建立）、建筑学研究所（1923 年建立）、农学院（1872 年在波蒂奇 *Portici* 建立），1935 年经济学与商业学院。

图卢兹（TOULOUSE，1233 年）：1804 年法学院，1808 年医学院（1849 年预备医学和药学校，1891 年为学院）、神学院（1885 年被关闭）、文学院，1808 年科学院，1826 年兽医学校。

奥尔良（ORLEANS，约 1235 年）。学院：1808 年文学院。1815 年被查封。

锡耶纳（SIENA，1246 年）：1808 年被查封。1814 年重开。1851—1859 年与比萨大学合并为托斯卡纳大学。1862 年成为二级大学（1923 年 B 型）。学院：法学院、医学与外科学院、药学校（1933 年为学院）。

瓦拉多利德（VALLADOLID，13 世纪末）：学院：法学院，1857 年文学与哲学院（法学的预备学科），1857 年理学院（医学的预备学科）。

676 里斯本（LISBON，1290 年）：1825 年外科学院、医学与外科，1836 年药学，1837 年多科技术学院，1858 年文科。里斯本古典大学，学院：医学院、文科院、理学院（包括多科技术学院），1911 年药学院、法学院，1913 年教师教育学院（1930 年改建为文学教育系）。

罗马，犹比斯学院（ROME，*studium urbis*，1303 年）：1799 年关闭。

⑥ Peset, *Universidad Española*, 461-490. 有关 1845 年后十所西班牙大学的院系划分，参见：J. -L. Guereña, ‘L’Université espagnole à la fin du XIXe siècle. Approche sociologique du corps professoral’, in J. -L. Guereña, E. -M. Fell, J. -R. Aymes (eds.), *L’ Université en Espagnole et en Amérique latine du Moyen-Age à nos jours*, vol. Ⅰ: *Structures et acteurs*, Actes du colloque de Tours 12-14 janvier 1990 (Tours, 1991), 227-229。

1801年重开。1872年一级大学。还包括：政治学院，1925年科学院（1924年建立），1933年药学院、统计学院、人口统计学院、建筑学研究所（1919年建立）、教师教育学院（1873年建立）、工程学院（1817年建立）。1935年工程学院分为土木和工业工程、矿业、航空学等学院。

科英布拉（COIMBRA，1308年）：学院：神学院被查封，医学院重组，文科院，理学院，1911年药学院。

佩鲁贾（PERUGIA，1308年）：1824年宗座大学。救赎大学（*Libera Univ.*），学院：法学院，医学与外科学院，1863年物理、自然科学和数学院（1885年被查封），药学校；1895年兽医学[7]（1933年二者都成为学院）；1896年农业研究所（1935年为学院）。国立大学（B型）。1928年法西斯政治学系。[8]

格勒诺布尔（GRENOBLE，1339年）：1804年法学校。学院：1808年文学院，1811年理学院，1820年医学院。

比萨（PISA，1343年）：1808年帝国大学中的学院。1814年为大学。1851年与锡耶纳大学合并为托斯卡纳大学。1859年国立大学。1862年一级大学（1923年A型）。包括：1933年药学院、兽医学院、医学院、农学研究所（1840年建立），1935年工程学院。

布拉格（PRAGUE，1348年）：1882年分为德国的卡尔-费迪南德-大学（1920年德国大学，1939年帝国大学，1945年被查封）和塞斯卡大学。卡尔-费迪南德（卡尔1920年）在1939—1945年被关闭。

佛罗伦萨（FLORENCE，1348年）：1472年迁到比萨。皇家高等教育研究所：哲学系、政治学系、医学和外科学系，1859年药学校。大学（1923/1924年A型）。包括：1933年药学院、经济学与商业学院、教师教育研究所（1862年建立）、农学院（1913年建立），1935年建

---

⑦ G. Ermini, *Storia della Università di Perugia* (Bologna, 1947), 610-622.

⑧ P. Orano, 'La Facoltà Fascista di Scienze Politiche', in *Regia Università degli studi di Perugia* (Rome, 1937), XV, 24-25.

筑学院（1926 年创建），1938 年社会学与政治学院。

韦斯卡（HUESCA，1354 年）：1808—1814 年被关闭。1845 年最终被查封。

帕维亚（PAVIA，1361 年）：1791—1796 年被查封。1802/1803 年重建，但不设神学院。1840 年测量员、工程师和建筑师研究所合并。1847 年理学院。1848—1851 年被查封。国家大学。1859 年一级大学。药学校（1933 年为学院）。1926 年政治科学院。

克拉科（CRACOW，1364/1400 年）：1795 年关闭。1802/1809 年重开。1815 年亚盖隆大学（*Uniwersytet Jagiellonski*）。到 1939 年从哲学院中才分设了教育系，1920 年药学系，1923 年斯拉夫语学，1923 年医
677 学院中的体育和护理系，1923 年农学院。1939 年大学被查封，183 位教授被关进集中营。1942—1944 年共 800 名学生进入 5 个本科院系。

维也纳（VIENNA，1365 年）：1819 年新教神学院。大学在 1848—1851 年根据普鲁士大学模式进行重建。哲学院直到 1975 年才分化。

埃尔福（ERFURT，1379 年）：1379 年大学馆（最初意义上的大学，*Studium generale*）。1816 年大学关闭。

海德堡（HEIDELBERG，1385 年）：1803 年鲁普莱希特-卡尔大学（*Ruperto-carola*）。1807 年天主教神学院搬到弗赖堡，1890 年科学与数学院。

科隆（COLOGNE，1388 年）：1798 年被查封。1901 年商学院。1904 年临床科学院。1912 年行政管理与社会工作学院。1919 年由国家重建为地方性大学。学院：经济学与社会学院、医学院、法学院、哲学院，哲学院直到 1955 年才分化。

费拉拉（FERRARA，1391 年）：1804 年被查封。1812 年宗座大学。1860 年自由大学。学院：法学院，医学与外科学院（1923 年关闭，1937 年重开前两年的课程），数学、物理学与自然科学院；1860 年药学校（1933 年为学院）。1942 年国立大学。

布达佩斯（BUDAPEST，1395 年）：1920 年帕兹马尼·彼得大学（*Pázmány Péter*）。1934 年由经济学院转变为工科大学。

维尔茨堡（WÜRZBURG，1402 年）：1802 年犹利斯-马克西米安大学（*Julius-Maximilian-Universität*）。1803 年法学院与医学院从班贝格搬迁，1873 年哲学院分解为：哲学与历史学、科学与数学（1937 年为哲学院，理学院）。

都灵（TURIN，1404 年）：1792 年被查封。1800 年重建。1821—1823 年和 1830—1848 年关闭。1862 年一级大学（1923 年 A 型）。包括：1933 年药学院、兽医学院、医学院（1860 年建立）、经济学与商业研究所（1906 年建立）、农学院，1935 年教师教育学院。

艾克森省（AIX-EN-PROVENCE，1409 年）：位于马赛（Marseille）的医学校。学院：1808 年艾克森的神学院（1885 年被查封）、文学院，1846 年在艾克森的法学院，1854 年在马赛的理学院。1896 年艾克森-马赛大学。

莱比锡（LEIPZIG，1409 年）：1830 年重建。1923 年德雷斯顿的兽医学院合并为学院，1925 年哲学院分解为哲学与历史学系、数学与科学系。

圣安德鲁斯（SAINT ANDREWS，1411 年）：1897 年与邓迪大学院（1881 年建立）合并。

帕尔马（PARMA，1414 年）：1831—1854 年被查封。1860 年二级大学。一级大学，学院：法学院、医学与外科学院、数学与科学院（1923 年被查封），1877 年（1923 年 B 型）。还包括药学校，1933 年兽医学院。

罗斯托克（ROSTOCK，1419 年）：1923 年法学与经济学院。1945 年哲学院。

鲁汶（LOUVAIN/LEUVEN，1425 年）：1797 年被查封。1816 年国立大学。1835 年被查封。1834 年位于马林（Malines）的天主教大学。1835 年搬到鲁汶。

普瓦捷（POITIERS，1431 年）：1804 年神学校，1806 年医学校。1808

文学院（1815 年被查封，1854 年重建），1854 年理学院。

678 卡昂（CAEN，1432 年）：1804 年法学校。医学院、理学院，1808 年文学院。

波尔多（BORDEAUX，1441 年）：1807 年医学校，1808 年神学院（1885 年被查封）、理学院，1838 年文学院，1870 年法学院，1874 年医学与药学院。

卡塔尼亚（CATANIA，1444 年）：1862 年二级大学。1877 年一级大学（1923 年 A 型）。还包括以下院系：药学，1935 年经济学与贸易研究所（1919 年建立）。

巴塞罗拿（BARCELONA，1450 年）：1837 年重建。学院：文学与哲学院、法学院、数学与科学院、医学院，1857 年药学院。

格拉斯哥（GLASGOW，1451 年）：根据 1858 年与 1889 年大学（苏格兰）法进行改革，1872 年设科学学士学位。1883 年为女子高等教育建立了玛格丽特女王学院。1885 年设造船学教授职位，1887 年设日耳曼语言与文学教授职位。1889 年设理学院。现代史教授职位，1893 年设病理学，1896 年设政治经济学，1913 年设苏格兰历史与文学。

格瑞夫斯沃德（GREIFSWALD，1456 年）：1637—1815 年由瑞典人管理。普鲁士大学，哲学院 1945 年才分化。

布瑞斯高的弗赖堡（FREIBURG IM BREISGAU，1457 年）：1807 年天主教神学院从海德堡迁来。1818 年阿尔贝托-鲁道维西安大学。1910 年科学与数学院。

巴塞尔（BASLE，1459 年）：1866 年哲学院分为哲学-历史学和哲学-科学两部分（1937 年两部分成为学院）。

帕塞尼/布莱斯堡/布拉迪斯拉发（POSZONY/PRESSBURG/BRATISLAVA，1465 年）：1912 年伊丽莎白女王大学。1914 年法学院，1917 年医学院，1918 年哲学院。1919 年搬到布达佩斯和佩奇，位于布拉迪斯拉发的夸美纽斯大学。学院：1919 年医学院、法学院，

1921 年哲学院。1939 年斯洛伐克大学。还包括新教神学院（1606 年中学，1881 年神学院，1934 年自治的国立学院）、天主教神学院（1936 年建立），1940 年理学院。

热那亚（GENOA，1471 年）：1821—1823 年和 1830—1835 年被关闭。1862 年二级大学。1885 年一级大学（1923 年 A 型）。包括：1933 年药学院、工程研究所（1871 年建立），1935 年经济学与商业学院（1884 年建立）。

萨拉戈萨（SARAGOSSA，1474 年）：医学院，1843 年被查封，1876 年重建；1854 年神学院，1868 年被查封；文学与哲学院；1857 年法学院；1887 年理学院。

哥本哈根（COPENHAGEN，1475 年）：1850 年科学院。

图宾根（TÜBINGEN，1476 年）：埃尔旺根天主教大学（Ellwangen，1812 年建立）合并为 1817 年天主教神学院。首先在德国建立理学院（1863 年）、经济学院（1882 年）。

乌普萨拉（UPPSALA，1477 年）：文科学院 1876 年分解为文科和理学两个部分。

斯古恩匝（SIGÜENZA，1489 年）：1807 年关闭。1824 年最终被查封。

阿伯丁（ABERDEEN，1495 年）：国王学院（1505 年建立），马里夏尔学院（Marischal，1593 年建立）。1860 年合并为阿伯丁大学。学院：文学院、神学院、法学院，1889 年医学院，1894 年理学院。

阿尔卡拉德埃纳雷斯大学（ALCALÁ DE HENARES，1499 年）：1836/1837 年迁到马德里。

巴伦西亚（VALENCIA，1500 年）：1810—1812 年被关闭。文学与哲学院（法学的预备学习）、理学院、法学院，1857 年医学院。

维滕贝格（WITTENBERG，1502 年）：1817 年迁到哈勒。 679

塞维利亚（SEVILLA，1505 年）：学院：1854 年神学院（1868 年被查封）、法学院、医学院（在卡地斯），1857 年文学与哲学院。

托利多（TOLEDO，1521 年）：1807 年被查封，1857 年最后一个学院被查封。

圣地亚哥·德·康波斯特拉（SANTIAGO DE COMPOSTELA，1526年）：1854年神学院（1868年被查封）、法学院、医学与药学院、文学与哲学院（法学的预备学习），1857年理学院（同前者的医学院）。

马尔堡（MARBURG，1527年）：1920年菲利普斯大学。哲学院1964年分出。

格兰纳达（GRANADA，1531年）：学院：法学院、药学院、医学院、文学与哲学院（1857年包括科学部分），1932年增设阿拉伯学院。

麦塞瑞塔（MACERATA，1540年）：1824年二级宗座大学（1923年B型）。1860年神学院、理学院，1862年兽医学院，1880年除法学院外所有学院都被查封。

奥内特（OÑATE，1540年）：1807年被查封。1815年重建。1842年最终被查封。

柯尼斯堡（KÖNIGSBERG，1544年）：1860年阿尔贝蒂斯大学（阿尔贝蒂娜，*Albertina*）。1938年理学院。1944年大学被查封。

梅斯那（MESSINA，1548年）：1679年被查封。1789年卡罗里诺学院（Collegio Carolino为贵族设立）授权颁发哲学和神学博士学位。1838年大学身份。1862年，二级大学。1885年一级大学（B型）。1923年哲学院被查封。包括：1933年药学研究所、兽医学院，1936年教师教育学院（1920年建立）。

奥苏那（OSUNA，1548年）：1807年被查封。1814年重建。1820年停办。

奥里韦拉（ORIHUELA，1552年）：1807年被查封。1815年重建。1824年停办。

奥斯马镇（BURGO DE OSMA，1555年）：1807被查封。1841年被最终查封。

罗马 格雷戈里纳（ROME Gregoriana，1556年）：1773年被查封。1824年重建。1876年教会法学院。1924年高级拉丁文法学校，还包括：

圣经研究所（1909 年建立），1928 年东方学研究所（1917 年建立）、传教学院，1932 年教会史。

米兰（MILANO，1556 年）：1859 年文理学院。大学（1924 年 A 型），包括：兽医学院（1891 年建立），1935 年农学院（1880 年建立）。

耶拿（JENA，1558 年）：1815 年萨克森学园。1920 年下萨克森地区大学。学院：1924 年数学与科学院。1934 年弗里德里希-席勒大学（*Friedrich-Schiller Univ*）。

杜埃（DOUAI，1559 年）：1808 年文学院（1815 年被查封，1854 年重建），1865 年法学院。1887 年两个学院都迁到里尔（Lille）。

澳洛穆茨（OLOMOUC，1570 年）：1782 年中学。1827 年大学。逐渐关闭。1851/1860 年神学院变成一个独立的机构，1921 年“济利禄与美铎第学院”（*Cyrilometodejká fakulta*）。

奥维亚多（OVIEDO，1574 年）：法学院，1857 年文学与哲学院（预备学习）、科学与数学院、政治学院，1895 年社会科学院，1899 年文学与哲学院（独立学院）。

莱顿（LEIDEN，1575 年）：1811 年合并入帝国大学（数学与科学院）。 680
1815 年国立高等学校。1876 年国立大学。

巴勒莫（PALERMO，1578 年）：1862 年一级大学（1923 年 A 型）。包括：1933 年药学院、工程研究所（1860 年建立），1935 年经济学与商业研究所。

维尔纳/维尔纽斯（WILNA/VILNIUS，1578 年）：1803 年亚历山大一世大学（*Cesarski uniwersitet imine Aleksandra I*）。1832 年被查封（神学院，医学院继续作为一个学院存在，1840 年迁到基辅）。波兰的史蒂芬·帕特哥大学（Stephan Batorego）。人文学院、神学院、法学院、社会学院、医学院，1919 年艺术学院。1939 年被查封。

爱丁堡（EDINBURGH，1582/1583 年）：学院：神学院、法学院、医学院、文学院、理学院，1896 年音乐学院，1929 年神学院与新学院（1848 年由苏格兰独立教会建立）合并，赫瑞-瓦特学院（1821 年以爱丁堡文科与力学研究院为名建立，1854年更名为瓦特研究院与文科学院。1885年与乔治·赫瑞医院合并，更名为赫瑞-瓦特学院，位列“核心研究院”，教授艺术、商贸、技术、矿业、印刷和真菌学课程）1933年成为附属的联合学院。

费尔谟（FERMO，1585年）：在18世纪后半叶衰落。1804/1816年作为宗座大学重建。1824年二级大学。1826年被查封。民法、刑法、教会法的教授职位直到1860年才被取消。

福若奈克（FRANEKER，1585年）：1811年被查封。1815年国立博物馆。1843年关闭。

格拉茨（GRAZ，1585/1586年）：1782年中学。1827年大学。1863年医学院，1939年神学院被查封，哲学院1975年分化。

艾斯克瑞尔（ESCORIAL，1587年）：1837年被查封。1892年玛利亚·克里斯蒂高等教育学院。1931—1944年关闭。

都柏林三一学院（DUBLIN Trinity College，1592年）：1921/1922年并入爱尔兰教会教育学院。

卡利亚里（CAGLIARI，1606年）：1862年二级大学。学院：法学院、医学与外科学院、数学与科学院、药学校（1933年为学院）。1902年一级大学（A型）。1923年哲学与文学院。

吉森（GIESSEN，1607年）：1830—1859年天主教神学院，哲学院分为两个部分：第一部分包括哲学、语言学、历史学、艺术史；第二部分包括数学、科学、经济学；每部分都由一名院长负责，不过在1922年举行了全学院的会议。

格罗宁根（GRONINGEN，1612年）：1811年数学与自然科学院与帝国大学合并。1813年被查封。1815年成立国立高等专科学校。1876年成立国立大学。

帕德博恩（PADERBORN，1614/1616年）：1818年被查封。

萨萨里（SASSARI，1617年）：二级大学。1877年成立法学院、医学与外科学院以及药学院。1901年升格为一级大学（1923年B级）。1934

年成立兽医学系。

萨尔茨堡（SALZBURG，1619 年）：1804 年成立医学院。1810 年成立声乐系。1850 年成立神学院。1938 年关闭。

斯特拉斯堡（STRASBOURG，1621 年）：1795 年成立卫生学校。1801 年 681
成立新教神学院。1803 年成立医药学校。1804 年成立法学院、文学院。1808 年成立清教神学院。1871—1872 年成立威廉皇帝研究所。1903 年成立数学与科学院、天主教神学院。1919 年成立斯特拉斯堡大学。1921 年大学设立药学系。大学迁至克莱昂-费兰德。1940—1944 年间，大学为德国大学所取代。

曼斯特（MÜNSTER，1629 年）：神学院、哲学院。1818 年成立教师培训中心。1827 年争取大学权利。1902 年成立法学院和经济学院。1907 年成立曼斯特大学。1914 年成立神学院。1925 年成立医学院，1948 年哲学院分裂。

多尔帕特/塔尔图（DORPAT/TARTU，1632 年）：1710 年被查封。1802 年间是俄国仅存的一所德语大学。1820—1859 年教育研究所。1850 年大学的哲学院分裂为历史学院、哲学院和心理-数学院。1893 年大学经历俄国化。1918 年大学撤至甫洛尼斯（Voronez）。1919 年成立爱沙尼亚大学，主要包括神学院、医学院、法学院、数学与科学院、农学院和兽医学系。

乌特勒支（UTRECHT，1636 年）：1811 年在帝国大学内部成立中等学校。1815 年成立国立高等专科学校，设数学与自然科学院。1876 年成立国立大学。1925 年设立兽医学系（1820 年成立学院，1917 年正式升格为大学）。

赫尔辛基（HELSINGFORS/HEISINKI，1640 年）：1640 年成立瑞典科学院。1811 年成立帝国大学。1828 年大学迁入新都赫尔辛基。1852 年哲学院分裂为人文学院与数学自然科学院两个部分，各由系主任统一管理。1896 年成立经济学系和农学院（1924 年更名为农学与林学院）。1944 年社会学与政治学院。

基尔（KIEL，1665 年）：1867 年成立普鲁士基督阿尔伯特大学。1899 年开设国民经济学研讨会（经济学学校）。1914 年更名为国际经济学研究所（世界经济学研究所）。1937 年成立海事研究所。1963 年以上两个研究所与基尔大学合并，同时大学内部哲学院分化。

莱姆伯格/利沃夫（LEMBERG/LWOW，1661 年）：1805 年查封。1817 年成立（奥地利）弗兰西斯大学。1894 年成立医学院。1919 年成立（波兰）约翰·卡什米尔大学。1944 年成立（苏维埃）弗朗科大学。

因斯布鲁克（INNSBRUCK，1668 年）：1869 年成立医学院，1938 年成立科学院。

隆德（LUND，1668 年）：1876 年哲学院分化为人文学院与数学自然科学院。

乌尔比诺（URBINO，1671 年）：1824 年成立教会大学，为二级学院。1862 年成立省立自由大学，设立法学院、物理学院和数学院（1894 年遭查封）。1892 年成立医药学校（1934 年升格为医药学院）、妇科学校（1923 年解散）。1923 年成立自由大学。1937 年成立教师培训学院。

贝桑松（BESANÇON，1691 年）：1806 年成立医学校。1808 年成立神学院（1885 年解散）、科学院和文学院。1843 年预科学院、医学院和药学系。

哈勒（HALLE，1693 年）：1806—1808 年关闭。1817 年成立哈勒-威登堡大学。1924 年成立自然科学院（包括农学院与医药学院）。

布雷斯劳/弗罗茨瓦夫（BRESLAU/WROCLAW，1702 年）：1811 年与法兰克福大学合并。1910 年成立西里西亚威廉皇帝大学。1937 年成立科学院。

682 第戎（DIJON，1722 年）：1806 年成立法律学校（1808 年成立法学院）。1808 年文学院、科学院。1843 年成立预科、医学院和药物学院。

圣彼得堡/彼得格勒/列宁格勒（ST PETERSBURG/PETROGRAD/LENINGRAD）：1724 年学术型大学。1819 年成立帝国大学，开设历史学院、哲学院、物理与数学院以及法学院。1854 年成立东方语言系。1859 年合并了主要的教师培训学院。1861—1862 年大学关闭。1914 年成立彼得格勒大学。1919—1920 年成立国立大学。1920 年成立社会学系、自然科学院（包括建筑学与艺术史学系、语言文学系、社会教育学系、法学系和经济学系）、物理数学院（包括数学与天文学系、物理与天文学系、化学系和生物学系）以及劳工学院。1930—1932 年，大学暂时分化为各个专业学院。1934 年大学重建，[⑨] 学院有数学与机械学院、物理学院、化学院、生物学院、地理与地质学院以及历史学院。1944 年学校迁到萨拉多夫（Saratov）。

卡梅里诺（CAMERINO，1727 年）：1808 年遭查封。1816 年成立国家大学委员会。1824 年成立二级学院。1861 年成立自由大学，设立法学院、医学和外科学院（1923 年遭查封）。1933 年合并医药学校，设立化学与药物学院，合并兽医学校，开设兽医学系。

哥廷根（GÖTTINGEN，1737）：1809 年与黑尔姆施泰特大学（Hemstedt）合并。1866 年在乔治二世的计划下成立哥廷根大学。1922 年成立数学与科学院。

爱尔兰根（ERLANGEN，1743 年）：1900 年成立弗里德里希-亚力山大大学。1927 年成立自然科学院。

莫斯科（MOSCOW，1755 年）：1804 年成立帝国大学，设有历史与哲学院、物理与数学院、法学院和医学院。1804—1859 年莫斯科第一大学，设有医学院、物理与数学院、社会学院、工人学院（Rabfac，即苏维埃俄国第一所工人学院，1908 年与 Schanjawskij 人民大学联合）。1930 年医学院改组为医学研究所。1934 年大学重建，效法圣彼得堡大学设立学院。

南锡（NANCY，1768 年）：1802 年成立文学院（1815 年关闭，1854 年重

⑨ 1919—1920 年所有大学都创办了工人学院，1930—1931 年所有大学又都被解散为独立的学科机构，到 1932—1933 年大学又重新创建（没有医学院）。

新招生）。1809 年成立医学校（1872 年设立医学院）。1824 年成立国家水利森林学校。1854 年成立自然科学院。1862 年成立殖民地研究所。1864 年成立法学院。

摩德纳（MODENA，1772/1773 年）：1796 年遭查封。1814 年重建。1862 年大学成立二级学院，设立法律、医学、外科学、物理、数学和自然科学院。1876 年成立药学校（1933 年成立药学院）。1878—1924 年间，设立兽医学院（1923 年转为 B 型）。[10]

雷恩（RENNES，1803 年）：1803 年成立医学校。1806 年成立法学校。1808 年成立文学院（1815—1838 年关闭）。1840 年成立自然科学院。

卡桑（KASAN，1804 年）：1804 年效法莫斯科大学，成立帝国大学，开设学院。1812—1859 年设立教育研究所。1918 年效法莫斯科大学，成立喀山斯基学院（后来的国立大学）。1930 年成立列宁大学。同年大学分裂为医学研究所、化学研究所和科学技术研究所。1931 年成立经济学研究所与法学研究所。1932 年开设航天制造学。1934 年大学重建，开设生物学院、地质学院、物理学院、数学院和化学院。

683 恰尔科夫（CHARKOV，1804 年）：1805 年效法莫斯科大学成立帝国大学。1811—1859 年成立教育研究所。1918 年成为国立大学。1932—1933 年间大学分裂为教育研究所、医学研究所和药学研究所。1934 年大学重建，设立物理学与数学院、化学院、地质学院、地理学院、生物学院和经济学院。1944 年成为高尔基国立大学。

克莱昂-费兰德（CLERMONT-FERRAND，1805 年）：1805 年成立医学校。1808 年成立文学院（1815—1853 年间关闭）。1854 年成立自然科学院。1913 年成立法学校。1920 年成立化学与工业技术研究所（1911 年最初设在多姆山，1930 年并入自然科学院）。

里昂（LYON，1808 年）：1808 年成立神法学校（1885 年遭查封）。1808

---

[10] C. G. Mor and P. di Pietro, *Storia dell'Universitá di Modena* (Florence, 1975), vol. Ⅰ, 169-175.

年成立文学院和自然科学院（1815—1833 年两院都关闭）。1808 年成立医学校（1874 年成为学院）。1875 年成立法学院。

鲁昂（ROUEN，1808 年）：1808 年成立文学院（1815 年关闭）。1808 年成立神学院（1885 年遭查封）。1821 年成立医学校。1854 年成立预备学校、自然科学校和文学校。

柏林（BERLIN，1810 年）：1810 年成立弗里德里希-威廉大学。1806 年成立农业学校，1881 年升格为农学院。1790 年成立兽医学校，1887 年升格为兽医学院。1934 年这两个学院合并为农业与兽医学院。1936 年大学分为数学院与自然科学院。

卢布尔雅那（LJUBLJANA，1810 年）：1810 年是帝国大学中的一部分，名为莱巴赫大学（*Univ. de Laibach*）。1813 年遭查封。1919 年成为塞尔维亚-克罗地亚-斯洛文尼亚联合王国大学。

克里斯蒂安尼亚/奥斯陆（CHRISTIANIA/OSLO，1811 年）：1860 年成立历史与哲学院、数学院和自然科学院。

华沙（WARSAW，1816 年）：1817 年学校主体部分更名为皇家大学，下设神学院、法学和公共管理学院、医学院、哲学院和艺术学院。1831 年学校关闭。1862 年华沙中心学校。1869 年效法莫斯科大学，成立帝国大学，下设学院。1905—1908 年间关闭。1915 年更名为波兰大学。1918 年成立天主教神学院。1922 年成立新教神学系和东正教神学系。1926 年成立人类学院、数学与物理学院、药学院、兽医学院（1920 年降格为系）。1939 年，大学虽然关闭，但仍继续为近 4000 名学生开设近 300 场秘密讲座。

列日（LIÈGE，1816 年）：在荷兰国王的倡导下成立，大学内开设了哲学与文学院、法学院、医学院、自然科学院。1835 年成为比利时大学。

根特（GHENT，1816/1817 年）：1835 年前与列日大学相似。1835 年成立市政工程、艺术与制造学校。1847 年开始设立教师培训机构。1914—1919 年间大学遭查封。1916—1918 年成立佛兰德语凡・毕斯格大学（*Van Bissig Univ.*）。1920 年成立佛兰德语农学院。1923 年大学实现双语教学。1930 年成为佛兰德语大学。

里尔（LILLE，1817 年）：1817 年成立医学校。1854 年成立自然科学院。1875 年成立医学与药学院。1887，法学与文学院由杜埃迁至里尔。

波恩（BONN，1818 年）：1777 年成立马克思科学院。1798 年关闭。1818 年从属弗里德里希・威廉大学。1934 年泡波尔斯多夫农学院（*Hochschule Poppelsdorf*，1847 年开始设立师范学院，1861 年成立农科院）并入农学院。1936 年大学开设数学院和自然科学院。

科孚（CORFU，1823 年）：伊奥尼亚科学院（Ionian Academy）。1823 年成立神学院与医学院（1828—1843 年关闭）。1828 年成立牧师教育学校。1837 年成立市政工程学院（1857 年关闭），1841 年成立药学院。1864 年科孚并入希腊后遭查封。

684 慕尼黑（MUNICH，1826 年）：1800 年大学从恩高达斯特迁入兰茨胡特，1826 年迁入慕尼黑。1865 年哲学院中分化出哲学系、文学与历史学系、数学系和自然科学系（1837 年哲学院成立），1914 年成立兽医学院（1790 年成立研究所）。

达拉谟（DURHAM，1832 年）：1833 年大学成立，学院设神学院、数学院和希腊语学院。1852 年纽卡斯尔的医学和外科学院（1832 年成立）合并入医学院。1871 年成立达拉谟物理学院，1904 年后更名为阿姆斯特朗学院（Armstrong College，1937 年均合并到国王大学）。1913 年成立商学院。1918 年开始颁发博士学位。

苏黎世（ZURICH，1833 年）：1525 年神学院改革。1558 年设立伦理学和自然科学教授职位。1715 年设立瑞士史与政治学教授职位。1802 年设立医学和外科学研究所。1806 年设立政治学研究所。1833 年学院升格为大学。1859 年哲学院分化为哲学系、文学和历史学系、数学系和自然科学系（1902 年设立哲学院第一分院与第二分院）。1902 年设立兽医学院。

伯尔尼（BERN，1834 年）：1528 年神学院改革。1787 年成立政治学研究所。1797 年成立医学研究所。1805 年升格为学院。1834 年升格为大学。1874 年哲学院分化为哲学系、历史学系、数学系和自然科学系（1921 年升格为学院），以及天主教神学系（教皇无谬性说颁布后）。1900 年设立兽医学系。

布鲁塞尔自由大学（BRUSSELS Free University，1834 年）：1834 年由于自由主义思想家和共济会会员共同反对在鲁汶开设天主教大学，布鲁塞尔自由大学因此成立。1834 年成立了哲学院、文学院、法学院、自然科学院和医学院。1842 年成立药学院。1873 年成立应用科学院。1889 年成立政治学院。1894 年成立生理学研究所。1901 年成立社会学研究所。

基辅（KIEV，1834 年）：1632 年成立神学院。1805 年在 Kremence 成立了文实中学。1818 年为高中。1832 年学校迁往基辅。1834 年帝国大学圣・弗拉基米尔校区成立了历史学院、哲学院和法学院，并设立了希腊语与罗马天主教神学教授职位。1834—1859 年成立教育研究所。1839—1840 年大学关闭。1842 年维尔那的医学与外科学园升格为学院。1920 年大学分裂为各个研究所，分别有医学研究所、法学研究所、为工人提供职业教育的人民教育研究所，以及社会教育研究所（1930 年研究所分化）。1934 年成为乌克兰国家大学。

伦敦（LONDON，1836）：1826 年成立学院。1828 年成立国王学院。1836 年在皇家敕令下成立了伦敦大学，并设立了艺术学院、法学院和医学院。1898 年颁布《伦敦大学法》，大学扩建了部分的学院、研究所和研究中心。

马德里（MADRID，1836 年）：成立阿尔卡拉德埃纳雷斯大学。1836 年大学迁往马德里，并更名为西班牙中心大学。1854 年成立神学院（1868 年查封）。1857 年成立文学院、法学院、自然科学院、医学院和药学院。学校直到 1970 年才开设博士点。

雅典（ATHENS，1837 年）：1841—1842 年成立药学院、文学研讨班。1904 年成立数学院和物理学院（包括了药学）。

贝尔法斯特（BELFAST，1845 年）：1814 年成立贝尔法斯特研究中心。

1835 年成立医学院。1845 年颁发了女皇学院许可证，1849 年成立女
685 皇学院。1850 年与爱尔兰女皇学院在考克郡与高威郡的分院合并。1879 年共同组成了爱尔兰皇家大学，成为一个完整的大学。1882 年取代了女皇学院。1908—1909 年爱尔兰皇家大学被爱尔兰国家大学所取代，原女皇学院组建为女皇大学。1909 年成立了自然科学院，1921 年成立商学院、应用科学和技术学院。1924 年成立农学院。1926 年成立神学院。1920 年牙科学院。

曼彻斯特（MANCHESTER，1851 年）：1851 年欧文学院，1872 年合并入曼彻斯特医学院。成员书院（Constituent College，1880 年）联合利物浦的学院（1884 年）和利兹的维多利亚大学（1887 年）共同开设教育学教授职位（英国大学中的先例）。1899 年学院（1914 年系）。1903 年曼彻斯特的维多利亚大学没有设立下属学院，1904 年却合并了欧文学院，开设了艺术学院、自然科学院、法学院、医学院、音乐学院、神学院和商学院。

都柏林（DUBLIN，1854 年）：1795 年梅努斯的圣帕特里克皇家学院（神学院）。1854 年都柏林成立爱尔兰天主教大学，由约翰·亨利·纽曼（John Henry Newman）任校长，1882 年都柏林学院成为爱尔兰皇家大学的成员书院（参见贝尔法斯特）。

雅西（IASI，1860 年）：1640 年学园。1835 年米海尔勒那学园。1860 年大学法学院、东正教神学院（1864 年查封）、哲学与文学院、自然科学院，1879 年成立医学院，1932 年成立农学院（1937 年更名为科学技术学校）。

布加勒斯特（BUCHAREST，1864 年）：1694 年圣萨瓦学园。1818 年圣萨瓦国家学院。1864 年大学成立法学院、哲学院和文学院，1869 年成立医学院，1884 年成立东正教神学院，1921 年成立兽医学院，1923 年成立药学院。

敖德萨（ODESSA，1864 年）：1817 年沙皇亚历山大一世（黎塞留大公）成立黎塞留学校。新俄罗斯帝国大学，1864 年成立历史与文学院、

数学院和自然科学院，1897 年成立医学院（1920 年成为独立的研究所）。1920 年大学为人民教育研究所取代，设立职业教育学院和社会教育学院。1930 年研究所瓦解。1933 年国家大学重新成立，开设生命科学院、化学院、物理学院和数学院，1940 年成立地质与地理学院、历史与文学院。

阿格拉姆/萨格勒布（AGRAM/ZAGREB，1869 年）：1669 年成立耶稣学园。1776 年皇家科学园。1869 年弗朗兹-约瑟夫大学，1874 年开设法学院、经济学院、天主教神学院和文学院。1919 年塞尔维亚-克罗地亚-斯洛文尼亚王国大学，成立医学院、农学院、林学院、兽医学院、技术学院、文学院，之后又重组为文学与历史学院和数学与自然科学院。

日内瓦（GENEVA，1872 年）：1559 年日内瓦学园，1809 年学园内设神学院、文学院、法学院、自然科学院，并开办研究生教育。1872 年升格为大学，1874 年成立医学院，1914 年成立经济学院和社会学院。1927 年成立国际高等教育研究所。1942 年成立翻译学院。

科洛斯堡/克卢日（KOLOSVAR/CLUJ，1872 年）：1556 年单一学院。1581 年耶稣学院。1776 年联合会学院。1872 年弗朗兹-约瑟夫大学，
开设法学院、经济学院、哲学院、数学院、自然科学院和医学院 686
（1775 年成为医科学校）。1919 年迁往塞格德（罗马尼亚），更名为维克多-巴布大学。

切尔诺维茨（CZERNOWITZ，1875 年）：弗朗兹-约瑟夫大学，1875 年成立神学院、法学院、经济学院、哲学院、数学院和自然科学院。1918 年大学遭查封。1919—1940 年罗马尼亚大学。

安格斯（ANGERS，1875 年）：1875 年艺术院、法学院。1876 年文学院。1877 年自然科学院。1879 年神学院。1896 年西方天主教大学。

里尔（LILLE，1875 年）：1875 年艺术学院、文学院、自然科学院、医学院、法学院。1877 年天主教大学：神学院、药学院。1880 年天主教学院。

里昂（LYON，1875年）：1875年艺术学院、法学院。1876年天主教神学院、文学院、自然科学院。1878年神学院。1933年教会法规学院。1935年哲学院。

巴黎（PARIS，1875年）：1876年艺术学院（1880年天主教研究所）、法学院、文学院、自然科学院。1878年神学院。1895年哲学院、教会法规学院。

图卢兹（TOULOUSE，1877年）：1877年天主教研究所。1878年艺术学院、文学院。1879年教会法规学院、神学院、哲学院和法学院。1882年科技学校。

阿姆斯特丹（AMSTERDAM，1877年）：1632年阿姆斯特丹雅典娜学院。1811年帝国大学二级学校。1815年大学中的市政研究所，无研究生招生权，开设数学院和自然科学院。1877年形成完整的大学体系。1922年设立商学院（1935年经济学院）。

斯德哥尔摩（STOCKHOLM，1877年）：1863年开设公开讲座。1877年私立斯德哥尔摩学院，设数学系教授、自然科学教授职位。1904年获得自主考试权。1906年设数学与自然科学院、法学院和经济学院。1919年人文学院。

托木斯克（TOMSK，1878年）：开学，1888年开设医学院，1898年开设法学院，1917年开设历史与文学院、物理与数学院。1921年历史与文学院遭查封，法学院调整为法学研究所，并迁往伊尔库茨克。1930年医学研究所从大学中分立，1931年教育学院从大学中分立。1934年大学重建，开设物理与数学院、生物学院、化学院、地质与地理学院。

阿姆斯特丹自由大学（AMSTERDAM Free University，1880年）：1880年开设艺术学院、神学院和法学院。1905年学位被正式得到承认。1930年开设数学与自然科学院。

利物浦（LIVERPOOL，1881年）：私立大学、学院，整合为学院，利物浦学校、医院，1881年获得皇家许可状。1884年（曼彻斯特）维多利亚大学的成员书院。1892 年开设法学系、渔业实验室。1895 年开设建筑学校。1899 年开设中学教育系。1903 年大学开始授予艺术、自然科学、医学、法学、外科学、建筑学、工程学位。

弗里堡（FRIBOURG，1889 年）：1763 年设立民法教授职位。1818 年法学园。1882 年法学院。1889 年升格为大学，开设法学院和哲学院，1890 年开设天主教神学院［由多米尼克教派（Dominicans）控制］。1896 年成立自然科学院。

洛桑（LAUSANNE，1890 年）：1537 年改组为神学院。1837 年成立文学院、自然科学院、法学院、神学院，1869 年工程学院（1853 年成立）合并入工程学院。1890 年大学开设医学院。1901 年社会政治学院。
1909 年科学政治研究所。1911 年高等商科学校，囊括了所有的学校 687
与研究所，与法学院合作，1930 年获得独立。

加的夫（CARDIFF，1893 年）：威尔士大学中的加的夫校区，包括威尔士爱博雷斯维斯学院（1872 年成立）、北威尔士班戈学院（1884 年成立）、加的夫的南威尔士与蒙茅斯郡校区（1884 年成立）。1920 年成立斯温席学院。1931 年威尔士国立医学院。

伯明翰（BIRMINGHAM，1900 年）：1828 年伯明翰皇家医学与外科学校，1842 年与女皇学院合并，1886 年西德纳姆学院，1898 年与梅森自然科学院（1875 年由约瑟夫·梅森爵士开办）联合，共同成立梅森大学。1900 年成立伯明翰大学，1917 年获得博士学位授予权。

伊斯坦布尔（ISTANBUL，1900 年）：1863 年马德拉萨十四世，科学院。1871 年遭查封。1874 年帝国大学，开办法语授课的法学讲座。1881 年关闭。1900 年帝国大学，开设神学系、艺术学系、数学系、自然科学系、文学系。1924 年伊斯坦布尔大学，开设法学院、医学院、艺术学院和科学院，1925 年伊斯兰神学院。1933 年重建。

诺丁汉（NOTTINGHAM，1903 年）：1873 年剑桥大学讲座被引入人民学院（People's College，1798 年成立）。1875 年获得匿名捐赠。1881 年成立诺丁汉大学，1903 年合并。

利兹（LEEDS，1904年）：1874年约克郡科学院。1878年约克郡学院（开设艺术教授职位），1884年与利兹医学校（1831年建立）合并，1887年成为曼彻斯特维多利亚大学成员书院。1906年开设燃油冶金系，1920年开设法学院。

桑坦德（SANTANDER，1904年）：1890年马尔奎斯·德·克密亚为培训拉丁裔美国牧师捐赠成立了研讨班。1904年成立克密亚宗座大学。1935年重建，开设哲学院、神学院和教会法规学院。

索菲亚（SOFIA，1904年）：高等学校，1889年开设历史系、哲学系、数学与物理学系，1892年成立法学系（1894年法学院）。1904年升格为大学。1918年开设医学院，1921年农学院，1923年开设神学院和兽医学院。

谢菲尔德（SHEFFIELD，1905年）：由1828年建立的谢菲尔德学校医学院、1879年的海湾学院（Firth College）和1884年的谢菲尔德技术学校在1897年合并成为大学学院。1905年成为大学，开设艺术学院、基础科学院、医学院、应用科学院、建筑学院和教育学院。

贝尔格莱德（BELGRADE，1905年）：1808年教师培训学校。1838年中学。1863年升格为学院，设立哲学、法学和科学技术教授职位。1905年升格为大学。1919年成为塞尔维亚-克罗地亚-斯洛文尼亚王国大学，开设哲学院、法学院、东正教神学院、农学院和医学院。

罗马教皇国际天神大学（ROME *Institutum Pontificum Internationale 'Angelicum'*，1908年）1580年圣·托马索书院（*Collegio di San Tommaso*）。1727年开设神学院，招收研究生。1892年开设哲学院，1896年开设教会法规专业，1908年升格为大学。

688 布利斯托尔（BRISTOL，1909年）：布利斯托尔大学（1876年建立）1893年合并了布利斯托尔医学校（1833年成立）。1909年大学开设了艺术学院、科学院、工程学院和医学院，1933年开设法学院。

纳沙泰尔（NEUCHATEL，1909年）：学园，1838年在普鲁士国王、纳沙泰尔王子威廉腓特烈三世支持下成立。1848年遭查封。1866年在地方的支持下重建，开设法学院、文学院和自然科学院，1873 年改组神学院，1896 年开设医学预备研究所，1909 年升格为大学。

萨拉托夫（SARATOW，1909 年）：尼古拉帝国大学，1909 年开设医学院。1920 年萨拉托夫国家大学，开设医学院、教育学院、社会学院、科学院、法学院（1924 年查封）、经济学院（1926 年查封）。1930—1931 年间，大学分化为医学研究所、法学研究所、教育学研究所、经济学研究所、金融研究所、苏维埃发展研究中心、计划研究所和技术研究所。1934 年大学重建，开设生命科学院、化学院、物理学院、数学院和地质学院。

雷克雅未克（REYKJAVTK，1911 年）：1847 年开办神学习明纳。1876 年开设医学校。1911 年成为冰岛大学，开设神学院、法学院、医学院和哲学院。

德布勒森（DEBRECZEN，1912 年）：1538 年加尔文学院。1912 年史蒂芬·迪斯沙大学，开设神学院、法学院和哲学院。

缅因河上的法兰克福（FRANKFURT AM MAIN，1914 年）：1901 年威尔姆·梅尔顿建立的社会与商学研究所合并了森肯堡医学与自然科学研究所（成立于 18 世纪）而成为自治大学，得到了普鲁士政府的承认。1914 年开设法学院、医学院、哲学院、科学院、经济学院和社会科学院。1932 年更名为约翰·沃尔夫冈·歌德大学（法兰克福大学）。

穆尔西亚（MURCIA，1915 年）：1929 年被无效查封。

顿河畔罗斯托夫（ROSTOV ON THE DON，1915 年）：1915 年从华沙逃来大量遭到迫害的学生和教师组建顿河大学。1920 年顿河国立大学成立了教育学院（包括数学和物理学系）、社会科学院（包括法学和经济学）和医学院。1930—1931 年间，大学分化为医学研究所、经济学与金融研究所和教育研究所。1942 年大学重建，开设地质学院、物理与数学院、化学院、生物学院，并迁往吉尔吉斯。1944 年又迁回罗斯托夫。

奥布（图尔库）[ÅBO（TURKU），1917年]：瑞典人捐赠新建奥布学园，1917年开设科学院、人文学院、政治科学院，1919年开始招生，1920年设立化学技术学院，1924年开设神学院，1927年与高等商科学校联合。

彼尔姆（PERM，1917年）：1916年为圣彼得堡大学的一个系。1917年自治。1920年国家大学，开设医学院、农学院、教育学院。1930年以院为单位划分为研究所。1932年大学重新招生，开设生命科学院、化学院、物理学和数学院、地质学院。

蒂布利斯（TIFLIS，1918年）：1918年格鲁吉亚大学（私立）。1920年国家大学，开设教育学院（前身为哲学科学院）、医学院和社会科学院。1930年大学分化为教育研究所、医学研究所和农学研究所。1933年大学重建，开设数学院、生命科学院、地理学院、地质学院，1934年开设格鲁吉亚语学院、文学与历史学院，1935年开设物理学院。

689 叶卡捷琳斯拉夫/斯维尔德洛夫斯克（JEKATER1NOSI. AW/DNJEPROPE-TROWSK，1918年）：1916年女子高等医学校。1918年升格为大学，开设历史与文学院、物理与数学院、法学院。1930年大学分化为社会教育研究所、职业教育研究所、物理研究所、化学研究所、数学研究所和自然科学研究所。1933年大学重建，开设物理与数学院、化学院、地质学院、生命科学院、经济学院。1941—1944年大学遭查封。

下诺夫哥罗德/高尔基（NISNIJ-NOWGOROD/GORKIJ，1918年）：国家大学，1920年开设医学院、机械学院和化学院。1930年大学分化为医学研究所和力学研究所。1932年大学重建，开设生命科学院、化学院、物理学院和数学院。

斯摩棱斯克（SMOLENSK，1918年）：1918年国家大学，开设医学院、教育学院（1930年这两个学院都获得了自治）。1930年共产主义大学。

彼得格勒/列宁格勒（PETROGRAD/LENINGRAD，1918年）：1921年

共产主义大学。1926 年斯大林大学。

莫斯科（MOSCOW Ⅱ，1918 年）：1872 年女子高等教育研究所（1886—1900 年间被查封）。1918 年第二国家大学，开设医学院、化学和药学院、教育学院。1930 年大学解散，学院转变为研究所。

伊尔库茨克（IRKUTSK，1918 年）：国立大学，开设医学院、社会科学院、教育学院。1930—1931 年大学解散，学院转型为苏维埃发展研究所。1931 年大学更名为东西伯利亚国家大学，重新招生，开设生物学院、地质与地理学院、物理与数学院。

塔什干（TASCHKENT，1918 年）：1918 年塔什干人民大学（中亚第一所大学），1923 年开设医学院、农学院、灌溉工程学院、物理与数学院、社会科学院。1930—1931 年间大学分化为医学研究所、工业研究所、教育研究所、农业研究所、经济学与金融研究所、灌溉工程研究所。1932 年大学重新招生，开设生命科学院、物理与数学院、化学院。

沃罗内什（WORONESH，1918 年）：1918 年大学由塔尔图迁往沃罗内什，开设医学院、历史与文学院、物理与数学院、法学院（1919 年更名为社会科学院）。1930—1931 年大学分化为医学研究所、教育研究所和经济学研究所。1932 年大学重新招生，开设生命科学院、化学院、物理与数学院、地质与地理学院。

华沙波兰自由大学（WARSAW Free Polish Univ，1919 年）：1906 年私立学院。1919 年大学开设数学与自然科学院、人文学院、政治与社会科学院、教育学院，1921 年开设管理学院，1925 年社会与教育工作学院，1927 年市政管理学院，1928 年在罗兹开办了四个学院。1933 年成为波兰自由大学。1933—1945 年间大学关闭，进行秘密教学。

巴库（BAKU，1919 年）：1919 年国立大学（在俄罗斯和土耳其办学），开设医学院、历史与文学院（1930 年这两个学院都成为独立的研究所）、物理与数学院。1934 年吉洛大学（S. M. Kirow Univ.），开设社会科学院、化学院、生命科学院、物理学与数学院。

布尔诺（BRNO，1919 年）：1919 年马萨利克大学，开设法学院、医学院，1920 年自然科学院，1921 年哲学院。1939—1945 年间关闭。

汉堡（HAMBURG，1919 年）：1895 年殖民地研究所。1919 年升格为大学（1933—1945 年汉撒大学），开设法学与经济学院、医学院、文学院和自然科学院。1926 年设环境研究中心。

690 波兹南（POZNAN，1919 年）：1919 年开设经济学院、法学院和哲学院，1920 年开设医学院，1922 年开设农学院和林学院，1924 年文学院分化为人文学院和数学与自然科学院。1933—1944 年间大学关闭，有秘密讲座。1941—1944 年波兰帝国大学，只招收德国人。

里加（RIGA，1919 年）：1862 年技术学校。1919 年拉脱维亚大学，开设农林学院、化学院、市政力学工程学院、建筑学院、哲学与文学院、神学院、医学与牙医学院、兽医学院、数学与自然科学院、法学院以及经济学院。

莫斯科（MOSCOW，1919 年）：共产主义斯维尔德洛夫大学（Communist M. Sverdlov-Univ.）。

卢布林天主教大学（LUBLIN Cath. Univ.，1920 年）：天主教大学（1920 年），1918 年由华沙主教建立，并得到了教皇的特许状。1920 年开设神学院、教会法规学院、法学与经济学学院、社会学院、人文学院。1938 年开始由政府接管，并开始颁发学位。1939—1944 年关闭，进行秘密教学。

土尔库（TURKU，1920 年）：1920 年私立的芬兰大学，1922 年开设自然科学院与人文学院，1943 年开设医学院（得到了国家的资助）。

米兰圣心天主教大学（MILAN Univ. Cattolica del Sacro Cuore，1920 年）：1924 年自由大学，1925 年与教师培训中心联合。1926 年开设法学院、文学与哲学院。1932 年开设政治学院、经济学与商学院（1926 年开设了商科学校），1944 年开设了统计学院（1932 年统计学校）。

萨马拉/古比雪夫（SAMARA/KUJBYSHEW，1920 年）：1920 年市政大学，开设医学院。1930 年转型为研究所。

叶卡捷琳斯拉夫/斯维尔德洛夫斯克（JEKATERINOSLAW/SWERDLOWSK，1920 年）：1916 年矿业研究所。1920 年国立大学，开设医学院（1925 年医学研究所）、化学与冶金学院、地质矿产学院。1925 年转型为乌拉技术学校。1931 年大学重新招生，开设物理与数学院、化学院和地质学院。1936 年更名为高尔基大学。

埃里温（EREWAN，1920 年）：1920 年开设医学院、农学院、工程学院和社会科学院（1930 年全都转型为研究所）。1933 年大学重新招生，开设历史与文学院、经济学院、化学院、物理与数学院、生命科学院、地质与地理学院、法学院。

明斯克（MINSK，1921 年）：1921 年白俄罗斯国家大学，开设医学院、教育学院和社会科学院。1930 年大学分化为医学研究所，1931 年分化出法学研究所、经济学研究所、科学技术研究所。1934 年大学重新招生，开设生命科学院、化学院、物理与数学院。

莫斯科（MOSCOW，1921 年）：为西部少数民族开设的共产主义大学。

莫斯科（MOSCOW，1921 年）：为东部人民开设的共产主义大学。

瓦莱塔（VALLETTA，1921 年）：1592 年耶稣会学院。1674 年解剖学校。1769 年成为大学。1921 年马耳他大学，开设文学院、自然科学院、工程与建筑学院、法学院、神学院与医学院。

佩奇（PECS，1921 年）：1367 年大学馆。1400 年消亡。1777 年杰尔哲学与法学院。1785—1802 年间，迁往佩奇。1921 年波佐尼/布拉迪斯拉发大学迁往佩奇，1923 年大学开设清教神学院、法政学院、医学院、哲学院（1940 年被查封）。

塞格德（SZEGED，1921 年）：1921 年克路治大学迁往塞格德，开设法政学院、医学院和哲学院。

考纳斯/考诺（KAUNAS/KOWNO，1922 年）：1920 年私立高等研究所。 691
1922 年立陶宛国立大学，开设神学与哲学院、人文学院、法学院、自然科学院、医学院、技术学院。1939 年遭查封。1940 年苏维埃国立大学。

弗瓦迪沃斯托克（WLADIWOSTOK，1923 年）：1923 年远东大学，开设东方语言学院（1899 年成立研究所）、教育学院、工程学院和农学院。1930 年大学解体，工程学院和农学院转型为研究所。1932 年大学重新招生，开设东方语言学院、物理学院和化学院。1939 年大学关闭，学生分流到托木斯克、斯维尔德洛斯克、沃罗内什。

奈梅亨（NIJMEGEN，1923 年）：1923 年天主教大学，开设哲学院、哲学院和法学院。

巴里（BARI，1923 年）：1580 年耶稣会学院（1767 年分解）。1770 年皇家学院。1816 年获得颁发低级学位资格的中学。1923 年升格为大学（B 型），开设医学与外科学院。1925 年法学院，1933 年药学院（1923 年药科学校），1935 年经济学与商学院（1886 年成立研究所）。

米兰（MILAN，1556 年）：1859 年人文社科学院。1924 年大学，开设法学院、文学与哲学院、医学院与自然科学院，1933 年兽医学院（1891 年成立），1935 年农学院（1870 年成立研究所）。

的里雅斯特（TRIESTE，1924 年）：1877 年帕斯瓜乐・罗沃尔塔勒男爵建立的高等商科学校。1920 年经济学与商业管理研究所。1938 年经济学商业研究大学（1924 年 B 型），开设法政学院。1942 年开设航海工程学院，1943 年开设文学与哲学院。

塞萨洛尼基（THESSALONIKI，1925 年）：1907—1912 年法学校。1925 年希腊大学，1926 年开设哲学院，1927—1929 年开设法学院与经济学院，1928 年开设数学与自然科学院，1937 年开设农林学院，1941—1942 年开设神学院与医学院。

雷丁（READING，1926 年）：大学的下属学院，1892 年为支持牛津大学的科学与艺术讲座而设立的二级学院。1898 年雷丁学院，1902 年大学，1926 年开设文学院、自然科学院、农学园艺学院。

撒马尔罕（SAMARKAND，1933 年）：1933 年乌兹别克斯坦国立大学，开设医学院、经济学院、物理与数学院、化学院、生命科学院和人文学院。

奥胡斯（AARHUS，1934年）：1928年由国家和地方共同资助下的私立大学。1934年大学，开设人文学院、医学院、法学院和经济学院。

阿拉木图（ALMA-ATA，1934年）：1934年哥萨克科洛国立大学，开设化学院、物理学院和生命科学院。

萨拉曼卡宗座大学（SALAMANCA Univ. Pontificia，1940年）：开设神学院与教会法规学院。

其他重要高等教育机构

不伦瑞克，技术（BRAUNSCHWEIG，Tech.，1745年）：1745年科学技术研究大学堂（在法国战争期间，为军事研究所），1814年重建。1862年赫佐里奇理工学校，开设工程学系、贸易和人文系。1877年卡洛-维尔海米纳理工学校，1900年获得学位授予权，1936年开设航空航天系。

谢默尼茨/塞尔梅克班雅/班斯卡·什佳夫尼察，矿业（SCHEMNIZ/ 692
SELMECBANYA/BANSKA STIAVNICA，Min.，1763年）：1735年谢默尼茨（塞尔梅克班雅）的矿业学校；1770年矿业学院；1836年矿业与林业学院、匈牙利皇家矿业与林业学院，开设矿业学系、非铁金属冶炼系、钢铁工程系、力学工程学、建筑学系、林学系；1919—1920年间大学瓦解，矿业学系、冶金学系和林学系等先后迁往索普朗和米什科尔茨，然而仍旧是一所保留的非匈牙利因素专业性学校。

弗赖贝格，矿业（FREIBERG，Min.，1765年）：1765年萨克森矿业学园，1899年理工学院，1905年开始颁发博士学位。

圣彼得堡，矿业（ST PETERSBURG，Min.，1773年）：1773年矿业学校，1834年矿业研究所，1866年重组。

维也纳，兽医学（VIENNA，Vet.，1777年）：1765年马科类医学与外科学校；1777年兽医院（教学型）；1812年大学，开设兽医学系；1852年成立独立的学院；1897年军事兽医研究所与兽医学院，1908年获得学位授予权；1919年兽医学院。

哥本哈根，兽医/农学（COPENHAGEN，Vet./agr.，1777年）：1773年私立兽医学院，1777年获得皇家特许状，1858年皇家兽医学院，开设基础理学院、食品与乳制品学院。

卡萨/卡绍/科希策，法学（KASSA/KASCHAU/KOSICE，Law，1777年）：1657年大学馆，1660年卡绍大学、法学研究所，1777年设法学与哲学教授职位，1850年皇家法学院，1919年大学关闭。

汉诺威，兽医学（HANOVER，Vet.，1778年）：1778年兽医学校，1887年兽医学院，1910年开始颁发博士学位。

巴黎，技术（PARIS，Tech.，1794年）：1794年公共事业中心学校。

巴黎，技术（PARIS，Tech.，1795年）：1747年测量局，1775年路桥学校，1794—1795年国家路桥学校。

巴黎，技术（PARIS，Tech.，1794年）：理工学校。

巴黎，文理科（PARIS，Phil.，1794年）：1794年师范学校（高等教师培训学校），1794年动乱四个月后关闭；1808年被师范女子寄宿学校所替代（主要为法兰西学院、理工学校和自然历史博物馆的职业研究人员提供住宿）。1822年关闭，由地方师范学校所取代。1826年初等学校，1830年师范学校（1845年高等师范学校），1903年与大学共同举行入学考试，1881年塞弗勒女子高等师范学校。

圣彼得堡，技术（ST PETERSBURG，Tech.，1797年）：东正教神学院。

卡桑，神学（KASAN，Theol，1798年）：东正教神学院。

莫斯科，医学（MOSCOW，Med.，1798年）：1708年、1733年军事医院中的学校，1798年医学与外科学院，1808年开设医学系、药物学系和兽医学系。

693 柏林，技术（BERLIN，Tech.，1799年）：1799年建筑学院。1821年技术学校。1827年工艺研究所。1866年学院，1879年科技学院。1884年《居住法》颁布，1899年开始颁发博士学位。1913—1916年与矿业学院（1770年成立）合并；1922年与一系列学院合并重组，开设普通科学学院（包括数学、物理学与经济学）、市政学院、机械工程学院（包括电子技术和航天航空航海技术）。

卡林金，医学（KALINKIN，Med.，1802 年）：1783 年医学、外科学校，1802 年帝国医学外科学研究所。

圣彼得堡，农学（ST PETERSBURG，Agr.，1803 年）：1803 年帝国林学研究所。

巴姆堡，神学（BAMBERG，Theol.，1803 年）：1648 年神学院，获得大学权利。1803 年神学哲学院，1809 年开设医学外科学校，1923 年神学哲学校开始培训教士，1939—1945 年间关闭。

圣彼得堡，医学（ST PETERSBURG，Med.，1808 年）：1733 年军事医院中的两所医学校；1798 年医学与外科学院，1800 年开始招生；1808 年帝国学院，开设医学系、药物学系和兽医学系。

圣彼得堡，技术（ST PETERBURG，Tech.，1809 年）：1809 年亚历山大一世道路水利工程研究所；1842 年重组；1866 年专门研究所。

比萨，文理科（PISA，Phil.，1810 年）：1810 年效法巴黎模式开设高等师范学校，1813 年关闭，1846 年重建，1928—1933 年重组。

莫斯科，经济学（MOSCOW，Eco.，1810 年）：莫斯科批发工商业协会资助下开办的商科学院。

格拉茨，技术（GRAZ，Tech.，1811 年）：1811 年约翰大公资助下开办的自然与技术科学学校。1864 年技术学院。1871—1872 年市政学校、机械工程学校、化学校和农学校。1874 年技术学院，1901 年获得学位授予权。

埃佩耶斯/普雷绍夫，神学（EPERJES/PRESOV，Theol.，1811 年）：1665 年大学馆。1811 年新教的法学院。1873 年新教神学院、联合法学院、公共管理学院和教师培训学院。1919 年被查封。

莫斯科，神学（MOSCOW，Theol.，1814 年）：1685 年希腊-斯拉夫神学校，1701 年斯拉夫-希腊-拉丁学院，1814 年东正教神学院。

布拉格，技术（PRAGUE，Tech.，1815 年）：1717 年联合大学中的工程学教授，设有军事和市政工程学专业。1806 年合并理工学校，在大学中开设理工学院。1815 年从大学中独立。1829—1832 年重组。1836 年分化。1868 年德意志与捷克技术学校。1879 年德意志理工学校（1945 年查封），1879 年捷克斯洛伐克技术学校。1920 年捷克技术学院，1939—1945 年关闭。

莫斯科，文理科（MOSCOW，Phil.，1815 年）：1815 年拉迦诺东方语言研究所。

维也纳，技术（VIENNA，Tech.，1815 年）：1815 年技术学校。1872 年技术学院，开设市政学系、机械工程学系、建筑学系、化学系、数学与物理学系（1928 年升格成学院）。1901 年获得学位授予权。

694 华沙，农学（WARSAW，Agr.，1816 年）：1816 年华沙周围的玛丽蒙特研究所，1861 年迁往新亚历山大里亚。

斯德哥尔摩，医学（STOCKHOLM，Med.，1816 年）：1663 年医学院、医生的考试机构（后来也开始教授医学科目）。1810 年卡罗林斯卡医学与外科学研究所，1816 年卡罗林斯卡研究所。

巴黎，矿业（PARIS，Min.，1816 年）：1783 年矿业学校，1790 年关闭，1794 年重建。1802—1814/1815 年间，先后在萨尔州开办了煤铁学校，在萨瓦依开办了铜盐学校。1816 年巴黎矿业学校。

霍恩海默，农学（HOHENHEIM，Agr.，1818 年）：1818 年皇家农学教育与研究学院。1847 年学院。1904 年农业大学。

基辅，神学（KIEV，Theol.，1819 年）：16 世纪开办了斯拉夫、拉丁和波兰的文书学校，1819 年东正教神学院。

卡尔斯鲁厄，技术（KARLSRUHE，Tech.，1852 年）：1825 年威布瑞嫩建筑学校（1800 年）、图拉工程学校（1808 年），以及 1825 年与一所理工学校、1865 年与某理工学院联合开办理工大学，开设建筑学系、市政学系、机械学系、电子工程学系、化学系（包括药物学）、普通教育学系。1889 年获得学位授予权。

布雷达，军事（BREDA，Mil.，1826 年）：1826 年军事学校。1830—1836

年关闭。1940 年暂时迁往爪哇万隆（荷兰的东印度殖民地）。

斯德哥尔摩，技术（STOCKHOLM，Tech.，1827 年）：1798 年职业学校。1813 年学院。1827 年皇家技术研究所。1876 年皇家科技大学。1927 年获得学位授予权。

德累斯顿，技术（DRESDEN，Tech.，1828 年）：1742 年工程学园。1766 年炮兵学校。1816 年军事学园。1828 年技术学院。1851 年科学技术学校。1871 年技术学院。1890 年理工大学，开设建筑学系、市政学系、机械学系、化学工程学系、自然科学系。1900 年获得学位授予权。1924 年合并了教师培训学院。1941 年合并了一所林学院（1786 年成立）作为其所属学院。

登海尔德，军事（DEN HELDER，Mil.，1829 年）：1829 年梅德布雷克皇家海军研究所。1850—1854 年与布雷达军事学院联合。1854 年迁往登海尔德附近的威廉斯奥德。1940—1945 年间关闭。

斯图加特，技术（STUTTGART，Tech.，1829 年）：1773 年军事学园。1775 年霍尔-卡尔斯学校。1781 年升格为大学。1794 年查封。1829 年联合语法学校、现代职业学校。1840 年技术学校。1876 年理工大学，开设建筑学系、市政学系、机械学系、化学工程学系、数学系和自然科学系。1895 年开设电学工程研究所、物理与化学研究所。1922 年 X 射线研究所。

哥本哈根，技术（COPENHAGEN，Tech.，1829 年）：1829 年丹麦理工大学。

汉诺威，技术（HANOVER，Tech.，1831 年）：1828 年中等职业学校。
1831 年高等职业学校。1847 年理工学校。1879 年理工大学。1899 年 695
颁发博士学位。1922 年开设自然科学院、机械工程学院。

那慕尔，文理科（NAMUR，Phil.，1831 年）：1831 年学院、巴黎圣母院大学，1833 年开设文学与哲学院，1929 年颁发博士学位。

莫斯科，技术（MOSCOW，Tech.，1832 年）：1832 年科学技术学校，开设机械学系、技术学系。1912 年莫斯科技术学校。1920 年莫斯科职业技术学校。

马德里，矿业（MARDID,Min.,1835 年）：路桥工程学校。

开姆尼茨，技术（CHEMNITZ,Tech.,1836 年）：矿业工程学校。1796 年技术制图学校。1836 年皇家工艺学校。1900 年工业学院。1929 年国立技术学院。

莱昂本，矿业（LEOBEN,Min.,1840 年）：1840 年弗登堡矿业学园。1849 年迁往莱昂本。1861 年工业学院。1904 年矿业高等学院，获得学位授予权。1935—1937 年并入格拉茨科技理工大学。

华沙，兽医学（WARSAW,Vet.,1840 年）：1840 年兽医学研究所。1915 年迁往诺特切尔卡斯克。

代夫特，技术（DELFT,Tech.,1842 年）：1842 年皇家市政工程学园。1864 年皇家技术学院，开设工程技术系、市政学系、结构学系、海事系、机械学与矿业工程学系。1905 年工程技术大学。

圣彼得堡，神学（ST PETERSBURG,Theol.,1842 年）：罗马天主教研讨班，由威尔那迁往圣彼得堡。

圣彼得堡，技术（ST PETERSBURG. Tech.,1842 年）：1842 年建筑学校。1882 年市政工程研究所，开设建筑学系和市政工程学系。

马德里，技术（MADRID,Tech.,1844 年）：建筑学校。

莱姆伯格/利沃夫，技术（LEMBERG/LWOW,Tech.,1844 年）：1817 年加里西亚第一所实科中学。1835 年分解为技术学校和商科学校。1844 年学园。1872 年理工大学。1939 年被查封。

莫斯科，农学（MOSCOW,Agr.,1845 年）：1845 年 Petrovskoje Razumowskoje 农学院。1891 年开设农学研究所、农学系和水利工程学系。1913 年开设渔业系。

奥东的比亚维西奥萨，矿业（VILLAVICIOSA DE ODON,Min.,1846 年）：1846 年高等工程学校。1870 年迁往埃斯科里亚尔。

多尔帕特/塔尔图，兽医学（DORPAT/TARTU,Vet.,1848 年）：1848 年兽医学研究所。

布尔诺，技术（BRNO，Tech.，1849年）：1849年（德意志）技术学校。1867—1870年技术研究所。1873年德意志理工大学，开设市政学校、机械学校、化学工程学校和普通学习学校，1945年查封。1899年捷克技术学校，1939—1945年被查封。

恰尔科夫，兽医学（CHARKOW，Vet.，1850年）：1850年兽医学研究所。

马德里，技术（MADRID，Tech.，1850年）：工业工程学校。

萨尔茨堡，技术（SALZBURG，Tech.，1850年）：1620—1625年大学，1810年文科中学、哲学部门（1850年查封）。1850年技术学科成立学院，1938—1945年关闭。

维也纳，神学（VIENNA，Theol.，1850年）：1819—1820年清教神学院，696
1850年开设分支学科，1861年获得学位授予权。

布达佩斯，兽医学（BUDAPEST，Vet.，1851年）：1786年在大学医学院中设兽医学教授职位。1851年独立。1890年匈牙利兽医学院。1934年并入理工大学。

安特卫普，经济学（ANTWERP，Eco.，1852年）：国家高等商科学院。

坎彭，神学（KAMPEN，Theol.，1854年）：1854年改革派神学院。

苏黎世，技术（ZURICH，Tech.，1855年）：1855年技术学校（1911年技术学院），开设建筑系、市政系、机械学系、化学工程系、林学系和教育学系。1866年物理与数学系。1871年农学系。1899年军事科学系。1908年药学系。1935年电子工程学系。（1908—1909年间除了普通教育外，都获得博士授权。）

阿兰胡埃斯，农学（ARANJUEZ，Agr.，1855年）：1855年初级农业学校。1869年迁往马德里。

布达佩斯，技术（BUDAPEST，Tech.，1856年）：1782年地质水利研究所。1846年职业学校。1856年约瑟夫技术学校。1871年约瑟夫理工大学。1934年约瑟夫·帕拉丁经济学与科学技术大学。1945年被查封。

米兰，技术（MILAN，Tech.，1862年）：高等实科技术学院，1862年合并入市政应用工程学院。1865年开设建筑学（1933年升格为学院）。1897年电子工程学院，1897年开办造纸研究型实验室。1908年纺织与冶炼实验室。1923年米兰皇家技术学院。

里加，技术（RIGA，Tech.，1862年）：1862年技术研究所，亚历山大二世效法德意志理工大学建造，开设农学系、化学系、市政机械工程学系、建筑学系和商学系，以德语授课，1870—1917年间以俄语授课，1919年合并入立陶宛大学，1939年被查封。1944—1945年里加技术学院。

圣彼得堡，技术（ST PETERSBURG，Tech.，1862年）：1828年技术学校。1862年尼古拉一世开办的技术研究所，开设机械学系和化学系。

克劳斯塔尔，矿业（CLAUSTHAL，Min.，1864年）：1775年为赫布塔兹矿区培养高级监督人才。1810年重组为矿业学校。1864年分解为中学和学院。1897年后者获得学位授予权。1912年升格为大学。1939—1945年遭查封。

圣彼得堡，农学（ST PETERSBURG，Agr.，1864年）：1843年高尔基地区“光荣的高尔基”农学院，1864年迁往圣彼得堡。

圣彼得堡，神学（ST PETERSBURG，Phil.，1867年）：1867年帝国学院，历史学和哲学（教师培训学院）。

威尼斯，经济学（VENICE，Eco.，1868年）：1470年大学馆。1868年由于帕多瓦经济学金融与语言文法学院的成立而衰落。1926年开设高级建筑学院。

697 巴黎，神学（PARIS，Phil.，1868年）：1868年实用高等教育学校，开设历史学与文学、数学、物理学、化学和自然科学等学科课程（后三者仅仅是名义上的），1886年开设宗教课程。

慕尼黑，技术（MUNICH，Tech.，1868）：1827年中央理工学校。1868年理工学院，1872年开设基础科学系、建筑学系、市政学系、机械工程系、化学系和农学系。1877年巴伐利亚技术学院，1910年获得学位授予权。1922年合并贸易学院（1910年成立），开设经济学。1928

年合并酿造与农学校（1803年成立于维森），开设酿造专业。

亚琛，技术（AACHEN,Tech.,1870年）：1865年在大卫·汉森曼的资助下成立技术学校。1870年开始招生，1879/1880年理工学院，开设建筑学系、市政学系、机械工程学系、化学系、矿学与冶金学系、数学系、自然基础科学系。1899年获得学位授予权。1939—1940年讲座遭查封。

巴黎，政治学（PARIS,Pol.,1872年）：私立技术学校。

维也纳，农学（VIENNA,Agr.,1872年）：1813年马里亚布纳的林学校。1872年维也纳土壤学院。1878年合并了马里亚布纳的林学院中的农学系。1906年获得学位授予权。

维也纳，哲学（VIENNA,Phil.,1873年）：1867年东方学院。1873年东方语言研究所（阿拉伯语、波斯语、土耳其语、西伯来语、俄语、保加利亚语）。1920年东方语言公共研究所（现代希腊语、阿尔巴尼亚语、罗马尼亚语和西班牙语）。

卡桑，兽医学（KASAN,Vet.,1873年）：1873年兽医学研究所。

内希恩（乌克兰），文理科（NESHIN(Ukraine)Tech.,1875年）：中学，1805年由别兹博罗德科王子创办。1832年学园。1875年历史哲学研究所（相当于大学中的学院）。

达姆施塔特，技术（DARMSTADT,Tech.,1877年）：1812年成立学校。1821年与现代学校合并。1836年高等职业学校。1868年技术学校。1877年黑森理工大学。1899年获得学位授予权。

瓦赫宁恩，农学（WAGENINGEN,Agr.,1877年）：1877年国立农学院。1880年开设殖民地农学系。1885年开设林学系。1890年开设殖民地林学系。1896年国立农林学院。1904年国立农林园艺学院。1918年农业大学。

恰尔科夫，技术（CHARKOW,Tech.,1885年）：1885年亚历山大二世创办的技术研究所，开设机械学系与化学系。

雅典，技术（ATHENS,Tech.,1887年）：1836年培训基建工地工头所开设的技术教育假日学校。1843 年艺术学院。1887 年工业技术学校，开设市政工程学院、机械学院和地质学院。1915 年重建，开设建筑学院、化学院、地形学院、力学院、电子学院、市政工程学院。1929 年技术大学。

698 那不勒斯，文理科（NAPLES,Phil.,1888 年）：1708—1723 年意大利传教士马国贤成立的中国学馆。1732 年得到教皇的承认。1888 年东方学院。

圣彼得堡，技术（ST PETERSBURG,Tech.,1891 年）：1868 年通信技术学校。1891 年电子技术研究所，开设电子技术系、电子机械系、电报和电话技术系。

伦敦，技术（LONDON,Tech.,1893 年）：1878 年伦敦先进电信教育城市行业协会。1884 年芬斯伯里技术学校。1893 年中心技术学院。

普日布拉姆，矿业（PRIBRAM,Min.,1894 年）：1849 年矿业学校。1894 年升格为学院。1904 年矿业高等学院。1919 年俄斯特拉发工业大学。1939—1945 年查封。

素尔福特，技术（MOSCOW,Tech.,1896 年）：1896 年帝国工程学校。

斯坦福，技术（SALFORD,Tech.,1896 年）：1858 年工人学院。1896 年素尔福特皇家技术学院。

圣加仑，经济学（ST GALLEN,Eco.,1896 年）：1896 年交通管理商科学院。1911 年商学院。1938 年获得学位授予权。

圣彼得堡，医学（ST PETERSBURG,Med.,1897 年）：1872 年为妇女提供医疗培训。1887 年由于政治动荡关闭。1897 年女子医学研究所。1904 年国立研究所，获得与医学院相当的权利。

基辅，技术（KIEV,Tech.,1898 年）：1898 年亚历山大二世技术工程研究所，开设工程系、机械系、化学系和农学系。

布鲁塞尔，哲学（BRUSSELS,Phil.,1898 年）：1898 年天主教哲学研究所（1858 年），成为圣路易斯学院。

莱比锡，经济学（LEIPZIG,Eco.,1898 年）：1898 年商业部成立的商学院。1920 年合并。

维也纳，经济学（VIENNA，Eco.，1898 年）：1872 年商学院。1877 年查封。1898 年出口学院。1919 年世界贸易学院。1930 年获得学位授予权。

维也纳，政治（VIENNA，Pol.，1898 年）：1754 年为外交人员提供培训的近东语言学院。1898 年领事学院。1920 年国际政治经济学研究所。

华沙，技术（WARSAW，Tech.，1898 年）：1826 年工程技术初级学校。1832 年与华沙同类学校相似遭到沙俄当局的查封。1898 年工程技术学校。1915 年华沙工程技术学院，开设农学系、化学系、市政学系、机械工程系。1920 年电子技术工程系。1921 年地质测量学系。1933 年建筑工程系。1939 年工程技术学校关闭。1941—1942 年逐步开办国家技术学院，开设建筑系、机械系、电子工程系和化学系。1944—1945 年间，关闭，瓦解。

叶卡捷琳斯拉夫（斯维尔德洛夫斯克），矿业（JEKATERINOSLAW/ 699
SWERDLOWSK，Min.，1899 年）：1899 年矿业铸造学院。

蒙斯，经济学（MONS，Eco.，1899 年）：1896 年高等商科咨询研究所。1899 年升格为大学中的学院。1921 年独立成为大学。

圣彼得堡，技术（ST PETERSBURG，Tech.，1902 年）：1902 年彼得大帝开办的工程技术研究所，开设冶金学系、海事工程系、电子机械学系和经济学系。1907 年市政工程系和机械系。

曼彻斯特，技术（MANCHESTER，Tech.，1902 年）：1824 年曼彻斯特力学研究所。1883 年技术学校。1902 年曼彻斯特市政技术学校（1918 年升格为学院）。

米兰，经济学（MILAN，Eco.，1902 年）：博科尼商业大学，私立大学。1902 年由费尔迪南多·博科尼出资新建。1906 年获得学位授予权。

波兹南，文理科（POZNAN，Phil.，1903 年）：皇家进步科学教育学院。

但泽，技术（DANZIG，Tech.，1904 年）：1904 年技术学校。1944—1945 年关闭。

柏林，经济学（BERLIN,Eco.,1906年）：1906年柏林商业联合会成立的商科学院。1926年合并成为经济学院。

莫斯科，经济学（MOSCOW,Eco.,1906年）：1906年普及商业知识协会开办的商科学院，开设贸易学系、科学技术系和经济学系。

图灵，技术（TURIN,Tech.,1906年）：1859年应用工程学校。1862年普及技术教育的工业博物馆。1906年高等文化技术研究所。1923年工程学校（1935年升格为学院）。1935年理工学院。1935年与建筑研究所合并成为二级学院。

蒙托邦，神学（MONTAUBAN,Theol.,1907年）：1598年改革派神学院。1685年关闭。1808年图卢兹大学神学院。1907年清教神学院。

曼海姆，经济学（MANNHEIM,Eco.,1907年）：1757年高等商科学院。1817年关闭。1907年市立商科学院。1908年得到大公的承认。1929年获得学位授予权。1933—1934年并入海德堡大学。

诺沃切卡萨克，技术（NOWOTCHERKASAK,Tech.,1907年）：唐·阿利克谢工程技术研究所，开设力学系、化学系、矿业学系和农学系。

赫尔辛基，技术（HELSINKI,Tech.,1908年）：1847年技术学校。1872年工程技术学校。1879年工程技术研究所。1908年理工大学。

斯德哥尔摩，经济学（STOCKHOLM,Eco.,1909年）：1909年私立斯德哥尔摩商科学院。

伊斯坦布尔，技术（ISTANBUL,Tech.,1909年）：1773年帝国海军工程学院。1883年市政技术学校。1909年高等工程学校，开设建筑学系、高速公路铁路工程系、水利系和建筑系。1934年电子工程系。1940年机械工程系。1944年伊斯坦布尔理工大学，开设建筑学院、市政学院、力学院、电子工程学院。

莫斯科，医学（MOSCOW,Med.,1909年）：莫斯科女子医学校，私立，但由国家重组。

700 恰尔科夫，医学（CHARCOW,Med.,1909年）：恰尔科夫女子医学校（国立研究所）。

布雷斯劳，技术（BRESLAU，Tech.，1910 年）：机械与电子技术工程系、化学系、矿业学系和自然科学系。

特隆赫姆，技术（TRONDHEIM，Tech.，1910 年）：挪威科技大学。

沃洛格达，农学（WOLOGDA，Agr.，1911 年）：为妇女开放的乳业研究所。

赫尔辛基，经济学（HELSINKI，Eco.，1911 年）：1898 年私立商科学校，在芬兰授课。1911 年为赫尔辛基商业学校，接受国家资助。

伊斯坦布尔，技术（ISTANBUL，Tech.，1912 年）：私立罗伯特学院，1863 年获得纽约州特许状开展自由教育。1912 年开办工程学校，开设市政学系、机械与电子工程学系。

凯斯特海伊，农学（KESZTHELY，Agr.，1912 年）：1797 年农业学校。1848 年被查封。1865 年国家林业学校。1906 年学园。1912 年升格为大学。

鹿特丹，经济学（ROTTERDAM，Eco.，1913 年）：尼德兰商科学院，1913 年由鹿特丹高等商业研究协会资助成立。1937 年得到法律认可，更名为尼德兰经济学高等学院，开设经济学。1939 年升格为大学。

沃罗内什，农学（WORONESH，Agr.，1914 年）。

穆尔西雅，法学（MURCIA，Law.，1915 年）：1783 年举办中学毕业会考。1804 年停止举办。1915 年大学开设了法学院和预备课程。

伊斯坦布尔，经济学（ISTANBUL，Eco.，1915 年）：1883 年巴比阿里德高等贸易学校，随后在倍亚济也开设了类似的学校。1915 年重组，成为高等商科学校。

圣彼得堡，技术（ST PETERSBURG，Tech.，1915 年）：1906 年女子高等技术学校。1915 年理工大学，建筑系、基建系、电子机械学系、化学系。

恰尔科夫，经济学（CHARCOW，Eco.，1916 年）：1912 年商科学院，由恰尔科夫商业协会为进行高等商业培训出资开办。1916 年公共研究所，开设贸易学系和经济学系。

叶卡捷琳斯拉夫（第聂伯罗彼得罗斯克），技术（JEKATERINOSLAW/DNJEPROPETROWSK，Tech.，1916 年）：私立理工大学，1916 年由普拉丝和拉宾诺维斯卡为培训犹太人出资开办，开设机械学系和电子技术系。

莫斯科，技术（MOSCOW，Tech.，1916 年）：莫斯科女子理工大学（私立，但是由国家控制）市政工程。

罗斯托夫，医学（ROSTOW，Med.，1916 年）：1906 年女子医疗培训，1916 年医学校。

基辅，医学（KIEW，Med.，1916 年）：1906 年女子医疗培训。1916 年医学校。

乌特勒支，兽医学（UTRECHT，Vet.，1917 年）：1820 年国立兽医学校，1917 年升格为大学。

布拉格，神学（PRAGUE，Theol.，1919 年）：1919 年匈牙利自治清教神学院。1939—1945 年关闭。

布加勒斯特，技术（BUCHAREST，Tech.，1920 年）：1851 年工程学校。1861 年私立市政工程学校。1881 年国立学校。1920 年理工学校。1938 年与建筑学校（1897 年成立）合并，升格为学院。

701 雅罗斯拉夫尔，法学（JAROSLAW，Law.，1920 年）：1803 年雅罗斯拉夫尔私立高等学校。1833 年德米多夫中学。1874 年德米多夫中学，获得与学院相当的权限。1920 年升格为大学。

科隆，运动（COLOGNE，Sport.，1920 年）：1920 年德意志体育大学。1934 年遭查封。

蒙斯，矿业（MONS，Min.，1920 年）：1837 年埃诺矿业学校，1920 年理工学院。

那不勒斯，经济学（NAPLES，Eco.，1920 年）：1920 年高等海事研究所，由商业部、工业部和农业部联合成立。1931 年海事大学。

索菲亚，经济学（SOFIA，Eco.，1920 年）：私立自由大学，效法巴黎的自由政治学院，与巴尔干半岛的东方研究所联合。1920 年开设了外交与咨询事务学院、金融管理学院和商学院。1940 年高等国立金融与管理学院。

安特卫普，经济学（ANTWERP,Eco.,1921 年）：1852 年耶稣商科学校。1901 年获得颁发学位资格。1921 年学科扩充到商学、咨询学和海事学，并升格为大学。

布加勒斯特，农学（BUCHAREST,Agr.,1921 年）：1854 年农学校。1921 年升格为大学。

巴姆堡，神学（BAMBERG,Theol.,1923 年）：1648 年神学院，享有与大学相当的权利。1803 年学院，开设文学系和神学系。1809 年开设医学和外科学校。1923 年为培训牧师的哲学与神学院，1939—1945 年查封。

迪林根，神学（DILLINGEN,Theol.,1923 年）：1549 年主教文学院。1553 年大学馆。1564 年德意志地区的第一所耶稣会大学。1803 年中学。1923 年哲学与神学院。

杜塞尔多夫，医学（DUSSELDORF,Med.,1923 年）：1708 年医学校。1747 年外科解剖学院，1807 年效法法国，在理学院开设医学。1815 年遭查封。1907 年实用医学院。1923 年升格为大学。1935 年获得学位授予权。

艾希施泰特，神学（EICHSTATT,Theol.,1924 年）：1563 年圣威利巴尔德学院国教神学院。1602 年遭查封。1619 年耶稣会神学院。1807 年遭查封。1837 年国教神学院。1843 年中学。1924 年比绍弗利切文学神学院。

佩鲁贾，文理科（PERUGIA,Phil.,1926 年）：意大利外国人大学。

伯明翰，技术（BIRMINGHAM,Tech.,1927 年）：1854 年伯明翰与米德兰研究所。1895 年市政技术研究所。1927 年中央科技学院。

雅典，农业（ATHENS,Agr.,1929）：1910 年农业高等学校。1929 年升格为大学。

里斯本，技术（LISBON,Tech.,1930 年）：1830 年兽医学校。1852 年农

学高等研究所。1913 年经济学金融高等研究所。1911 年工程高等研究所，农业研究所。1930 年里斯本科技大学。

罗马，神学（ROME,Theol.,1931 年）：1773 年神学与哲学院，为培训牧师开设格里高亚学院。1853 年开设市政法。1913 年迁往拉特兰。1931 年爱特诺与罗马马列焦教皇研讨班（*Ateneo del Pontificio Seminarco Romano Maggiore*）。

702 帕塞尼（普雷斯堡）（布拉迪斯拉发），神学（POSZONY/PRESSBURG/BRATISLAVA,Theol.,1934 年）：1606 年路德教中学。1881 年福音派神学院。1934 年国立学院，开设清教神学。1940 年与布拉迪斯拉发的斯洛伐克大学合并。

马斯特里赫特，神学（MAASTRICHT,Theol.,1934 年）：1850 年坎伦堡耶稣会神学校。1852 年迁往马斯垂克。1932 年获得学位授予权，耶稣会神学院。1934 年与奈梅亨的哲学院合并为凯尼休斯学院。

奈梅亨，文科与科学（NIJMEGEN,Phil.,1934 年）：1845 年哲学讲座。1866 年威尔普哲学院。1929 年迁往奈梅亨。1932 年获教皇特许招收研究生。1934 年贝希曼尼亚学院。

雅典，政治学（ATHENS,Pol.,1936 年）：1930 年私立自由政治经济学社会学院。1936—1937 年国立政治学校，大学，开设政治学与历史学、经济学和社会科学。

斯维什托夫，经济学（SVISTOV,Eco.,1936 年）：迪米特尔·奥普斯特罗夫·塞诺夫高等商学院，在柏林商科学院的基础上成立，开设金融管理系、银行学系、合作与保险学系。

特尔纳瓦，神学（TRNAVA,Theol.,1936 年）：1936 年天主教神学院。1940 年与布拉迪斯拉发的斯洛伐克大学合并。

雅西，技术（IASI,Tech.,1937 年）：1912 年化学与电子学系。1937 年格奥尔基·阿萨奇科技研究所。

布拉迪斯拉发，技术（BRATISLAVA,Tech.,1939 年）：1937 年科西策的斯洛伐克科技大学。1939 年关闭，迁往布拉迪斯拉发。

提耳堡，经济学（TILBURG,Eco.,1939 年）：1912 年阿姆斯特丹的私立天主教教师培训学院。1913 年迁往斯海尔托亨博思。1916 年与当地高等商科学校合并。1918 年共同迁往提尔堡。1938 年天主教经济学院。1939 年升格为大学。

富尔达，神学（FULDA,Theol.,1939 年）：1548 年继承 8 世纪的主教学校传统，开设教皇神学院。1803 年高中。1814 年国教神学院，开设哲学院。1874—1886 年关闭。1939 年哲学-神学院。

萨罗姆，神学（SAROM,Theol.,1940 年）：1904 年都灵的神学研究所。1940 年爱特诺圣心教皇学校。

巴黎，政治学（PARIS,Pol.,1944—1945 年）：1848 年法兰西学院管理学校。1944—1945 年国立管理学校。

重要高等教育机构所在城市

Aachen：亚琛，技术（1870 年）

Aix-En-Provence：普罗旺斯地区艾克斯（1409 年）

Aarhus：奥胡斯（1934 年）

Alcalá De Henares：埃纳雷斯的阿尔卡拉（1499 年）

Aberdeen：阿伯丁（1495 年）

Alma-Ata：阿拉木图（1934 年）

Åbo/Turku：奥布（图尔库）（1917 年）

Amsterdam Free Univ.：阿姆斯特丹（1877 年）自由大学（1880 年）

Agram/Zagreb：阿格拉姆/萨格勒布（1869 年）

Angers：安格斯（1875 年） 703

Antwerp：安特卫普，经济学（1921 年）

Aranjuez：阿兰胡埃斯，农学（1855 年）

Athens：雅典（1837 年），技术（1887 年）、农学（1929 年）、政治学（1936 年）

Baku：巴库（1919 年）
Bamberg：巴姆堡，神学（1803 年）、神学（1923 年）
Banská Stiavnica：班斯卡·什佳夫尼察，参见：谢默尼茨（Ŝchemnitz）
Barcelona：巴塞罗拿（1450 年）
Bari：巴里（1923 年）
Basle：巴塞尔（1459 年）
Belfast：贝尔法斯特（1845 年）
Belgrade：贝尔格莱德（1905 年）
Berlin：柏林，技术（1810 年）、经济学（1906 年）
Berne：伯尔尼（1834 年）
Besançon：贝桑松（1691 年）
Birmingham：伯明翰（1900 年），技术（1927 年）
Bologna：博洛尼亚（12 世纪末）
Bonn：波恩（1818 年）
Bordeaux：波尔多（1441 年）
Bratislava/Poszony/Pressburg：布拉迪斯拉发/帕塞尼/普雷斯堡（1465 年），神学（1934 年）、技术（1939 年）
Braunschweig：不伦瑞克，技术（1745 年）
Breda：布雷达，军事（1826 年）
Breslau/Wroclaw：布雷斯劳/弗罗茨瓦夫（1702 年），技术（1910 年）
Bristol：布利斯托尔（1909 年）
Brno：布尔诺（1919 年），技术（1849 年）
Brussels：布鲁塞尔（1834 年），哲学（1898 年）
Bucharest：布加勒斯特（1864 年），技术（1920 年）、农学（1921 年）
Budapest：布达佩斯（1395 年），兽医学（1851 年）、技术（1856 年）
Burgo de Osma：奥斯马镇（1555 年）
Caen：卡昂（1432 年）
Cagliari：卡利亚里（1606 年）

Cambridge：剑桥（1209—1225 年）

Camerino：卡梅里诺（1727 年）

Cardiff：加的夫（1893 年）

Catania：卡塔尼亚（1444 年）

Charkow：恰尔科夫（1804 年），兽医学（1850 年）、技术（1885 年）、医学（1909 年）、经济学（1916 年）

Chemnitz：开姆尼茨，技术（1836 年）

Christiania/Oslo：克里斯蒂安尼亚/奥斯陆（1811 年）

Clausthal：克劳斯塔尔，矿业（1864 年）

Clermont-Ferrand：克莱昂-费兰德（1805 年）

Cluj：克卢日，参见：科洛斯堡：（Kolosvar）

Coimbra：科英布拉（1308 年）

Cologne：科隆（1388 年），运动（1920 年）

Copenhagen：哥本哈根（1475 年），兽医学（农学）（1777 年）、技术（1829 年）

Corfu：科孚（1823 年）

Cracow：克拉科（1364/1400 年）

Czernowitz：切尔诺维茨（1875 年）

Danzig：但泽，技术（1904 年）

Darmstadt：达姆施塔特，技术（1877 年）

Debreczen：德布勒森（1912 年）

Delft：代夫特，技术（1842 年）

Den Helder：登海尔德，军事（1829 年）

Dijon：第戎（1722 年）

Dillingen：迪林根，神学（1923 年）

Dorpat/Tartu：多尔帕特/塔尔图（1632 年），兽医学（1848 年）

Douai：杜埃（1559 年）

Dresden：德累斯顿，技术（1828 年）

Dublin：都柏林，三一学院（1592 年）、爱尔兰大学（1854 年）
Durham：达拉谟（1832 年）
Düsseldorf：杜塞尔多夫，医学（1923 年）
Edinburgh：爱丁堡（1582/1583 年）
Eichstätt：艾希施泰特，神学（1924 年）
Eperjes/Prešov：埃佩耶斯/普雷绍夫，神学（1811 年）
Erewan：埃里温（1920 年）
Erfurt：爱尔福特（1379 年）
Erlangen：爱尔兰根（1743 年）
Escorial：埃斯科里亚尔（1587 年）
Fermo：费尔莫（1585 年）
Ferrara：费拉拉（1391 年）
Florence：佛罗伦萨（1349 年）
Franecker：弗拉讷克（1585 年）
Frankfurt am Main：缅因河上的法兰克福（1914 年）
704 Freiberg：弗赖贝格，矿业（1765 年）
Freiburg im Breisgau：布瑞斯高的弗赖堡（1457 年）
Fribourg：弗里堡（1889 年）
Fulda：富尔达，神学（1939 年）
Geneva：日内瓦（1872 年）
Genoa：热那亚（1471 年）
Ghent：根特（1816/1817 年）
Giessen：吉森（1607 年）
Glasgow：格拉斯哥（1451 年）
Göttingen：哥廷根（1737 年）
Granada：格拉纳达（1531 年）
Graz：格拉茨（1585/1586 年），技术（1811 年）
Greifswald：格瑞夫斯沃德（1456 年）

Grenoble：格勒诺布尔（1339 年）

Groningen：格罗宁根（1612 年）

Halle：哈勒（1693 年）

Hamburg：汉堡（1919 年）

Hanover：汉诺威，兽医学（1778 年）、技术（1831 年）

Heidelberg：海德堡（1385 年）

Helsingfors/Helsinki：赫尔辛基（1640 年），技术（1908 年）、经济学（1911 年）

Hohenheim：霍恩海默，农学（1818 年）

Huesca：韦斯卡（1354 年）

Iasi：雅西（1860 年），技术（1937 年）

Innsbruck：因斯布鲁克（1668 年）

Irkutsk：伊尔库茨克（1918 年）

Istanbul：伊斯坦布尔（1900 年），经济学（1915 年）、技术（1909 年）、技术（1912 年）

Jaroslawl：雅罗斯拉夫尔，法学（1920 年）

Jekaterinoslaw/Swerdlowsk：叶卡捷琳斯拉夫/斯维尔德洛夫斯克（1920 年），矿业（1899 年）

Jekaterinoslaw/Dnjepropetrowsk：叶卡捷琳斯拉夫/第聂伯罗彼得罗斯克（1918 年），技术（1916 年）

Jena：耶拿（1558 年）

Kalinkin：卡林金，医学（1802 年）

Kampen：坎彭，神学（1854 年）

Karlsruhe：卡尔斯鲁厄，技术（1852 年）

Kasan：卡桑（1804 年），神学（1798 年）、兽医学（1873 年）

Kassa/Kaschau/Kosice：卡萨/卡绍/科希策，法学（1777 年）

Kaunas/Kowno：考纳斯/考诺（1922 年）

Keszthely：凯斯特海伊，农学（1912 年）

Kiel：基尔（1665 年）
Kiev：基辅（1834 年），技术（1898 年）、神学（1819 年）、医学（1916 年）
Kolosvar/Klansenburg/Cluj：科洛斯堡/克兰森堡/克卢日（1892 年）
Königsberg：柯尼斯堡（1544 年）
Lausanne：洛桑（1890 年）
Leeds：利兹（1904 年）
Leiden：莱顿（1575 年）
Leipzig：莱比锡（1409 年），经济学（1898 年）
Lemberg/Lwów：莱姆伯格/利沃夫（1661 年），技术（1844 年）
Leningrad：列宁格勒，参见：圣彼得堡（St Petersburg）
Leoben：莱昂本，矿业（1840 年）
Liège：列日（1816 年）
Lille：里尔（1817 年）；里昂（1875 年）
Lisbon：里斯本（1290 年），技术（1930 年）
Liverpool：利物浦（1881 年）
Ljubljana：卢布尔雅那（1810 年）
London：伦敦（1836 年），技术（1893 年）
Louvain：鲁汶（1425 年）
Lublin. Cath. Univ.：卢布林天主教大学（1920 年）
Lund：隆德（1668 年）
Lyon：里昂（1808 年），（1875 年）
Maastricht：马斯特里赫特，神学（1934 年）
Macerata：马切拉塔（1540 年）
Madrid：马德里（1836 年），矿业（1835 年）、技术（1835 年）、技术（1844 年）、技术（1850 年）
Manchester：曼彻斯特（1851 年），技术（1902 年）
Mannheim：曼海姆，经济学（1907 年）
Marburg：马尔堡（1527 年）

Messina：默西拿（1548 年）

Milan：米兰（1556 年、1920 年），技术（1862 年），经济学（1902 年）

Minsk：明斯克（1921 年）

Modena：摩德纳（1772/1773 年）

Mons：蒙斯，经济学（1899 年）、矿业（1920 年）

Montauban：蒙托邦，神学（1907 年）

Montpellier：蒙彼利埃（13 世纪初期）

Moscow：莫斯科（1755 年、1918 年、1919 年、1921 年、1921 年），医学（1798 年）、经济学（1810 年）、神学（1814 年）、文理科（1815 705 年）、技术（1832 年）、农学（1845 年）、技术（1896 年）、经济学（1906 年）、医学（1909 年）、技术（1916 年）

Munich：慕尼黑（1826 年），技术（1868 年）

Münster：曼斯特（1629 年）

Murcia：穆尔西雅（1915 年），法学（1915 年）

Namur：那慕尔，文理科（1831 年）

Nancy：南锡（1768 年）

Naples：那不勒斯（1224），文理科（1888）、经济学（1920 年）

Neshin（Ukraine）：内希恩（乌克兰），文理科（1875 年）

Neuchâtel：纳沙泰尔（1909 年）

Nijmegen：奈梅亨（1923 年），文理科（1934 年）

Nisnij-Nowgorod/Gorkij：下诺夫哥罗德/高尔基（1918 年）

Nottingham：诺丁汉（1903 年）

Nowotcherkasak：诺沃切卡萨克，技术（1907 年）

Odessa：敖德萨（1864 年）

Olomouc：奥洛穆茨（1570 年）

Oñate：奥尼亚特（1540 年）

Orihuela：奥里韦拉（1552 年）

Orléans：奥尔良（1235 年）

Oslo：奥斯陆，参见：克里斯蒂安尼亚（Christiania）
Osuna：奥苏加（1548 年）
Oviedo：奥维耶多（1574 年）
Oxford：牛津（13 世纪初）
Paderborn：帕德博恩（1614/1616 年）
Padua：帕多瓦（1222 年）
Palermo：巴勒莫（1578 年）
Paris：巴黎（13 世纪初、1875 年），文理科（1794 年）、技术（1794 年）、技术（1795 年）、矿业（1816 年）、文理科（1868 年）、政治学（1872 年）、政治学（1944/1945 年）
Parma：帕尔马（1414 年）
Pavia：帕维亚（1361 年）
Pécs：佩奇（1921 年）
Perm：彼尔姆（1917 年）
Perugia：佩鲁贾（1308），文理科（1916 年）
Petrograd：彼得格勒，参见：圣彼得堡（St Pelersburg）
Pisa：比萨（1343 年），文理科（1810 年）
Poitiers：普瓦捷（1431 年）
Porto：波尔托（1911 年）
Poszony/Pressburg/Bratislava：帕塞尼/普雷斯堡/布拉迪斯拉发（1465 年），神学（1934 年）、技术（1939 年）
Poznan：波兹南（1919 年），文理科（1903 年）
Prague：布拉格（1348 年），技术（1815 年）、神学（1919 年）
Prešov：裴瑞秀，参见：埃佩耶斯（Eperjes）
Pribram：普日布拉姆，矿业（1894 年）
Reading：雷丁（1926 年）
Rennes：雷恩（1803 年）
Reykjavik：雷克雅未克（1911 年）

Riga：里加（1919 年），技术（1862 年）

Rome：罗马（1303 年），格雷戈里纳（1556 年）、安杰利肯（1908 年）、神学（1931 年）

Rostock：罗斯托克（1419 年）

Rostov On The Don：顿河畔罗斯托夫（1915 年），医学（1916 年）

Rotterdam，Eco.：鹿特丹，经济学（1913 年）

Rouen：鲁昂（1808 年）

Saint Andrews：圣安德鲁斯（1411 年）

Salamanca：萨拉曼卡（1218/1219 年）（1940 年）

Salford：素尔福特，技术（1896 年）

Salzburg：萨尔茨堡（1619 年），神学（1850 年）

Samara/Kujbyshew：萨马拉/古比雪夫（1920 年）

Samarkand：撒马尔罕（1933 年）

Santander：桑坦德（1904 年）

Santiago de Compostela：孔彼斯特拉的圣地亚哥（1526 年）

Saragossa：萨拉戈萨（1474 年）

Saratow：萨拉托夫（1909 年）

Sarom：萨罗姆，神学（1940 年）

Sassari：萨萨里（1617 年）

Schemnitz/Selmecbánya/Banská Štiavnica，Min.：谢默尼茨/塞尔梅克班雅/班斯卡·什佳夫尼察，矿业（1763 年）

Sevilla：塞维利亚（1505 年）

Sheffield：谢菲尔德（1905 年）

Siena：锡耶纳（1246 年）

Sigüenza：锡古恩萨（1489 年）

Smolensk：斯摩棱斯克（1918 年）

Sofia：索菲亚（1904 年），经济学（1920 年）

St Gallen：圣加仑，经济学（1896 年）

706 St Petersburg/Petrograd/Leningrad：圣彼得堡/彼得格勒/列宁格勒（1724 年、1918 年、1773 年），神学（1797 年）、农学（1803 年）、医学（1808 年）、技术（1809 年）、技术（1842 年）、技术（1862 年）、农学（1864 年）、技术（1891 年）、医学（1897 年）、技术（1902 年）、技术（1915 年）

Stockholm：斯德哥尔摩（1878 年），医学（1816 年）、技术（1827 年）、经济学（1909 年）

Strasbourg：斯特拉斯堡（1621 年）

Stuttgart：斯图加特，技术（1829 年）

Svistov：斯维什托夫，经济学（1936 年）

Szeged：塞格德（1921 年）

Taschkent：塔什干（1918 年）

Thessaloniki：塞萨洛尼基（1925 年）

Tiflis：蒂布利斯（1918 年）

Tilburg：提耳堡，经济学（1939 年）

Toledo：托莱多（1521 年）

Tomsk：托木斯克（1878 年），技术（1896 年）

Toulouse：图卢兹（1233 年），（1877 年）

Trieste：的里雅斯特（1924 年）

Trnava：特尔纳瓦，神学（1936 年）

Trondheim：特隆赫姆，技术（1910 年）

Tübingen：图宾根（1476 年）

Turin：都灵（1404 年），技术（1906 年）

Turku：土尔库（1920 年）

Uppsala：乌普萨拉（1477 年）

Urbino：乌尔比诺（1671 年）

Utrecht：乌特勒支（1636 年），兽医学（1917 年）

Valencia：瓦伦西亚（1500 年）

Valladolid：瓦来多利（13 世纪末结束）

Valletta：瓦莱塔（1921 年）

Venice：威尼斯，经济学（1868 年）

Vienna：维也纳（1365 年），兽医学（1777 年）、技术（1815 年）、神学（1850 年）、农学（1872 年）、文理科（1873 年）、政治学（1898 年）、经济学（1898 年）

Villaviciosa De Odón：奥东的比亚维西奥萨，矿业（1846 年）

Vilnius：维尔纽斯（1578 年）

Wageningen：瓦赫宁恩，农学（1877 年）

Warsaw：华沙（1816 年），农学（1816 年）、兽医学（1840 年）、技术（1898 年）、自由波兰大学（Free Polish Univ. ,1919 年）、波兰的自由大学（Free Univ. of Poland,1933 年）

Wittenberg：维滕贝格（1502 年）

Wladiwostok：弗瓦迪沃斯托克（1923 年）

Wologda：沃洛格达，农学（1911 年）

Woronesh：沃罗内什（1918 年），农学（1914 年）

Würzburg：维尔茨堡（1402 年）

Zurich：苏黎世（1833 年），技术（1855 年）

707 # 人名索引[1]

[1] 人名索引及主题索引中的页码为原书页码。

D

F

H

M

N

W

主题索引

B

C

 733

E

I

J

M

Q

R

V

欧洲大学史

A HISTORY OF THE UNIVERSITY IN EUROPE

（修订版）

总主编　瓦尔特·吕埃格
译　者　张斌贤　贺国庆　等

第一卷　中世纪大学

VOLUME I UNIVERSITIES IN THE MIDDLE AGES

本卷主编
希尔德·德·里德-西蒙斯
本卷译者
张斌贤　程玉红　和震　张弛　王海芳
本卷审校人员
张斌贤　孙益　张弛　王璞　王晨　和震
本卷修订人员
张斌贤　孙益

河北大学出版社
·保定·

欧洲大学史

第一卷　中世纪大学

本卷根据剑桥大学出版社1992年版翻译，冀图登字：03-2001-013。

第二卷　近代早期的欧洲大学（1500—1800）

本卷根据剑桥大学出版社1996年版翻译，冀图登字：03-2001-014。

第三卷　19世纪和20世纪早期的大学（1800—1945）

本卷根据剑桥大学出版社2004年版翻译，冀图登字：03-2003-035。

第四卷　1945年以来的大学

本卷根据剑桥大学出版社2011年版翻译，冀图登字：03-2018-127。

图书在版编目（CIP）数据

欧洲大学史 / (瑞士) 瓦尔特・吕埃格主编；张斌贤，贺国庆等译. -- 修订本. -- 保定：河北大学出版社，2024.1

ISBN 978-7-5666-1999-0

Ⅰ. ①欧… Ⅱ. ①瓦… ②张… Ⅲ. ①高等教育－教育史－欧洲－现代 Ⅳ. ① G649.509

中国版本图书馆 CIP 数据核字 (2021) 第 276570 号

出 版 人：朱文富
责任编辑：翟永兴　李丽华
装帧设计：王占梅
版式设计：赵　谦
责任校对：刘景坤
责任印制：常　凯

出版发行：河北大学出版社
　地址：河北省保定市七一东路2666号
　邮编：071000
　电话：0312-5073003　0312-5073029
　网址：www.hbdxcbs.com
　邮箱：hbdxcbs818@163.com
经　　销：全国新华书店
印　　刷：保定市北方胶印有限公司

幅面尺寸：185 mm × 260 mm
字　　数：2980千字
印　　张：208.75
版　　次：2024年1月第1版
印　　次：2024年1月第1次印刷
书　　号：ISBN 978-7-5666-1999-0
定　　价：1198.00 元（共四册）

欧洲大学史

总主编兼编委会主席　瓦尔特·吕埃格（瑞士）

《欧洲大学史》，共四卷，是了解欧洲大学发展脉络、变革历程和未来走向的经典作品。该书由原欧洲大学校长常设会议（CRE）、现欧洲大学协会（EUA）领导的编委会组织编写，由剑桥大学出版社出版。欧洲大学协会是一个非政府组织，总部设在布鲁塞尔和日内瓦，会员包括东欧和西欧的650余所大学。

在过去的一千年中，大学是欧洲唯一一种基本形式、基本社会作用和功能都保持不变的机构。本书将阐明大学为什么能逐渐包括所有的知识，并且遍布于世界绝大部分地区；大学是如何形成欧洲共同智力传统的；大学是如何培养具有超越国界精神气质的学术和职业精英的。

本书分四卷：

第一卷　中世纪大学

　主编　希尔德·德·里德-西蒙斯

第二卷　近代早期的欧洲大学（1500—1800）

　主编　希尔德·德·里德-西蒙斯

第三卷　19世纪和20世纪早期的大学（1800—1945）

　主编　瓦尔特·吕埃格

第四卷　1945年以来的大学

　主编　瓦尔特·吕埃格

修订说明

《欧洲大学史（修订版）》是在欧洲大学协会（原欧洲大学校长常设会议）主持下，由瓦尔特·吕埃格（1918—2015）任总主编，联合世界各地数十位学者撰写的一部学术巨制。初版分四卷，由剑桥大学出版社分别于 1992、1996、2004 和 2011 年陆续出版。该书旨在系统探讨欧洲大学自中世纪诞生至今一千余年的发展历程和基本问题，内容体系宏大、结构缜密、史料丰富翔实，既是一部学术品位极高的专业著作，也是一部可供普通读者参阅的史学佳作。参与本书撰写的学者多为来自欧美诸国著名大学的学术精英，专业背景涵盖人文、社会和自然科学等领域。高水平的作者团队为该书的学术质量提供了基本保障。自出版以来，该书备受学界的关注与好评，被认为是目前最系统、最全面反映欧洲大学史完整历程的学术著作之一。

自 2008 年起，河北大学出版社先后出版了《欧洲大学史》第一至四卷的中译本（其中第一、二卷出版于 2008 年，第三卷出版于 2014 年，第四卷出版于 2019 年）。该书的中译本出版之后，在国内学界引起广泛关注和热烈反响，被很多高校的教育史专业、高等教育学专业及其他相关专业列为必读书目或重要参考书目，同时也深受教育行政人员、高校管理人员和对教育史特别是大学史感兴趣的读者的欢迎。

自 2004 年我社启动该书的翻译工作，至 2019 年完成该书第四卷中译本的出版，《欧洲大学史》的翻译、出版历经 15 年的时间，其中第一、二卷出版至今已过去了 14 年。在此期间，包括译者和读者都陆续发现中译本存在的一些不妥或疏漏之处。此外，由于出版时间不一，各卷在一些具体细节上也有些许差异。为了弥补上述缺憾，同时也为便于广大读者阅读和收藏，进而更好地发挥本书的学术价值和社会效益，我社决定对该书的内容进行修订，并且在进一步完善装帧设计的基础上进行再版。

本书的修订与再版得到了全体译者的充分理解和大力支持，参与本书修订的人员：

张斌贤　孙　益（第一卷）

贺国庆　屈书杰　何振海（第二卷）

张斌贤　陈露茜（第三卷）

贺国庆　张　薇　何振海（第四卷）

此外，河北师范大学外国语学院李正栓、王密卿、刘荣强和王小会应邀对中译本的全部书稿进行了审阅，提出了很多宝贵的修改建议。

河北大学出版社对参与、关注和支持本书修订与再版工作的全体专家学者深表谢忱。希望本书的修订及再版，能对我国的欧洲大学史研究工作起到进一步的推动作用。限于时间和学识，书中一定存在着不足之处，敬请读者批评指正。

河北大学出版社

2023 年 5 月

译校者序

一

从1982年开始，欧洲大学校长常设会议（the Standing Conference of Rectors，Presidents，and Vice-Chancellors of the European Universities，简称CRE）开始组织欧洲各国和美国有关学科的专家开展一项合作研究，以探讨欧洲大学历史发展的基本过程和基本问题。这项合作研究的主要成果之一，就是编写了四卷本《欧洲大学史》。《欧洲大学史》第一卷《中世纪大学》于1992年出版，1996年出版了该书第二卷，即《近代早期的欧洲大学（1500—1800）》，第三卷《19世纪和20世纪早期的大学（1800—1945）》于2004年出版，第四卷《1945年以来的大学》于2011年出版。

现在摆在读者面前的就是这套四卷本《欧洲大学史》的第一卷《中世纪大学》。这篇序言的目的是提供一个轮廓，以使读者更好地把握本书的基本结构、内容、特色和价值。

在这套《欧洲大学史》出版前后，用英语写作的有关中世纪大学的著作和论文可谓汗牛充栋。例如，拉希德的三卷本《欧洲中世纪大学》(1895)①、桑代克的《中世纪的大学记录与生活》（1949)②、鲍德温和古

① Hastings Rashdall. *The Universities of Europe in the Middle Ages*(3 vols.). Oxford: The Clarendon Press, 1895.

② Lynn Thorndike. *University Record and Life in the Middle Ages*. New York: Columbia University Press, 1949.

德威特的《政治中的大学——中世纪后期和近代早期的个案研究》(1972)[③]、科班的《中世纪大学及其发展与组织》(1975)[④]、莱夫的《13—14 世纪的巴黎大学与牛津大学》(1975)[⑤]、伊泽温和帕奎的《中世纪后期的大学》(1978)[⑥]、班德的《大学与城市》(1988)[⑦]、梅鲁的《中世纪欧洲的大学训练》(1993)[⑧]、彼德森的《最早的大学——大学馆与欧洲大学教育的起源》(1997)[⑨]，等等。那么，与此前出版的有关中世纪大学史著作相比，本书有什么特点呢？

根据我们的初步认识，本书的主要特点和价值有四：

1. 编写的组织方式。如前所述，本书是由欧洲大学校长常设会议组织编写的。这个常设会议是一个非政府组织，成立于 1964 年，总部设在瑞士日内瓦，其成员包括欧洲 27 个国家的 470 多个高等教育机构。由于常设会议成员的普遍性，因此得以组织起一个庞大的编写队伍，集中各国相关学科的专家共同探讨。本书的作者就包括来自英国、法国、德国、美国、波兰、瑞典、瑞士、意大利、西班牙、比利时、丹麦等 11 个国家的 16 位学者。其中大多是相关学科领域国际上有广泛影响的学者，如已故

---

③ J. W. Baldwin and R. A. Goldthwaite(eds.), *Universities in Politics: Case Studies from the Late Middle Ages and Early Modern Period*. Baltimore/London, 1972.

④ A. B. Cobban. *The Medieval Universities: Their Development and Organization*. London: Methuen & Co. Ltd., 1975.

⑤ Gordon Leff. *Paris and Oxford Universities in the Thirteenth and Fourteenth Centuries: An Institutional and Intellectual History*. New York: Robert E. Krieger Publishing Company, 1975.

⑥ Jozef Ijsewijn and Jacques Paquet. *The Universities in the Later Middle Ages*. Louvain: Louvain University Press, 1978.

⑦ Thomas Bender. *The University and the City: From Medieval Origin to the Present*. New York and Oxford: Oxford University Press, 1988.

⑧ Alfonso Maieru. *University Training in Medieval Europe*. Trans. By D. N. Pryds. Leiden and New York: E. J. Brill, 1993.

⑨ Olaf Pedersen. *The First Universities: Studium Generale and the Origins of University Education in Europe*. Cambridge University Press, 1997.

的芝加哥大学社会思想和社会学教授、《密涅瓦》杂志的创办人爱德华·希尔斯，著名社会史学家、原牛津大学沃斯特学院院长阿萨·布里格斯爵士，以及本书总主编、原法兰克福大学校长瓦尔特·吕埃格等。

与学者个人独立撰写的著作相比，这种编写方式尽管可能存在着一些不可避免的局限（如语言风格的差异、思想的连贯性不足），但毋庸置疑的是，它也避免了由于学者学术兴趣和视野的局限而带来的著作内容的不平衡。更为重要的是，由于聚集了一些在中世纪史不同领域（如社会史、经济史、法学史、科学史等）各有专长的知名学者，因而保证了著作本身在整体上的高水平。并且，为避免多人合作所造成的种种问题，《欧洲大学史》的“编委会选择了一个非常复杂的程序。首先，为每一卷和每一章所涉及的主题都制定了一套内容和方法的指南，并且邀请那些愿意合作的人士参加第一轮讨论。在这些讨论中，通过扩展或约定拟承担写作章节的内容，那些未来的作者同意写作的分工。在讨论的过程中，这种合作完成的著作所必需的共识和互相理解得以形成。在第二轮讨论中，各章的初稿被认真审读和详细讨论。来自各国的通信员在主编和作者未被告知的情况下，被邀参加讨论。接着，这些讨论形成的第二稿由主编经过一次或多次会议反复修改，直到通过编委会的程序，各章被整合到一个统一的模式中”[10]。

2. 作者的学科背景。在我国，由于教育史学科最初是作为教师教育的重要科目，因此包括大学史在内的教育史研究主要是由设有教育专业或学科的师范院校的教学科研人员承担的，其他人文社会学科领域的科研人员很少介入教育史研究（值得欣慰的是，近年来一些院校历史学、政治学等相关学科的科研人员开始“涉足”教育史研究）。由于研究人员学科背景的单一性，不可避免地导致教育史研究中就教育而论教育的普遍现象，从而极大地限制了对教育历史的认识和理解。从这个意义上讲，本书的一个突出特点是作者学科背景的多样性。在书中所介绍的16位作者中，有

[10] 见本书前言。

从事古典语言研究的莫妮卡·阿斯塔罗斯，有从事社会史学研究的阿萨·布里格斯，从事教会法史研究的安东尼奥·加西亚·Y. 加西亚，从事中世纪史研究的亚历山大·盖伊什托尔、戈登·莱夫、彼得·莫拉夫、雷纳·克里斯托夫·施温格、南茜·斯雷斯，从事法律史研究的保罗·纳尔第，从事哲学史和科学史研究的约翰·诺思、奥拉夫·彼德森，从事大学史研究的希尔德·德·里德-西蒙斯、雅克·韦尔热，以及从事社会学研究的瓦尔特·吕埃格、爱德华·希尔斯等。

多样化的学科背景对于大学史研究是必不可少的前提。这是因为与中小学不同，大学从其产生之日起就不仅是作为教育机构和文化机构而存在的，它同时也是一种学术机构、社会机构，大学承担着多重社会功能。正因如此，大学历来与社会生活的诸多领域（政治、经济、社会、文化、宗教）密切相关。大学是在与社会的复杂联系中经历变迁、得到发展的。如果仅仅从教育的角度或把大学只当作教育机构，就不可能认识和理解大学的历史变迁，也不可能有真正科学的大学史研究。就此而言，如果本书是一部反映西方学术界关于中世纪大学史最新进展的重要著作，那么它的成功在很大程度上应当归因于作者多样的学科背景。

3. 本书的内容范围。与同类著作相比，《欧洲大学史》的第一卷《中世纪大学》在内容范围上的特点是非常突出的。迄今为止已经公开出版的关于中世纪大学史的著作，大多是以专题研究或专门研究为主，或者是关于中世纪大学起源的研究（如彼德森的《最早的大学——大学馆与欧洲大学教育的起源》），或者是关于中世纪某一时期的大学研究（如伊泽温和帕奎的《中世纪后期的大学》），或者是关于中世纪大学与社会关系的研究（如班德的《大学与城市》），或者是关于中世纪大学内部某一方面问题的研究（科班的《中世纪大学及其发展与组织》、梅鲁的《中世纪欧洲的大学训练》），或者是关于中世纪大学的个案研究（如莱夫的《13—14世纪的巴黎大学与牛津大学》），如此等等。本书虽然是以专题研究为基础，但就其专题所涉及的范围而言，它实际上是一种综合性的专题研究。在空间上，它涵盖了东欧、中欧、西欧在内的整个欧洲；在时间上，它则跨越了从大学产生之初直到16世纪初的300多年；在广度上，它包括从大学的管理、财政、建筑到大学的学科、学院组织、招生、教学、学位授予、考试，直到学生的生活、学习、活动，等等，几乎无所不包，同时还广泛地涉及大学与外部世界（教会、王国、城市）的关系。

就本书所涉及的内容范围而言，唯一能与之相比拟的是拉希德在一百年前出版的三卷本《欧洲中世纪大学》。尽管拉希德的著作一直被认为是研究中世纪大学的经典之作，但与之相比，本书的特点仍然是非常清晰的。二者之间最为重要的差异在于，拉希德的著作主要侧重在博洛尼亚大学、巴黎大学和牛津大学这三所大学的历史（尽管也涉及诸多国家的大学）和国别大学史，而本书所要反映的不是（或主要不是）不同大学或不同国家的大学在中世纪的发展，而是欧洲大学的不同侧面，以及由此构成的整体在12—15世纪这300多年的变迁。

4. 本书的结构。四卷本《欧洲大学史》是一部关于欧洲大学发展的通史类著作，但它又与一般的编年史不同，是一部“欧洲大学的比较史”，或者说是一部以专题研究为基础的欧洲大学通史。由于是以专题研究为基础，因而确保了整套《欧洲大学史》结构的一致性，也因而保证了全书的整体性。根据主编的介绍，《欧洲大学史》各卷均分为四个部分，各卷的第一部分提供主题的导引和该卷所考察时期大学的分布和发展的综合描述；第二部分共三章，叙述大学的结构，首先是大学与公共当局的关系，然后是大学的内在组织，它的财政、校舍和设备，管理机构及其决策的方式，大学的教师，在第二、三、四卷中，还将有第四章探讨欧洲高等教育机构在其他国家的扩展；第三部分共四章，涉及大学的一个主要使命，即学生在科学和学术知识方面的训练，大学学习的社会的、经济的和理智的前提，学习科目，学生的日常生活、考试和职业；第四部分的四章，涉及大学的另一个主要职能，即运用批判的方法，证明、更新和扩展人类的知识（第一卷主要涉及文学院、法学院、医学院和神学院这四个学院或知识领域）。

就历史的编撰而言，很难简单地判断何种结构是好的而其他的结构是不好的。历史著作结构的不同主要取决于研究对象本身的特点，取决于作者的历史观念、作者对研究对象的认识，等等。就大学的历史而言，由于大学机构、大学功能，以及大学与社会关系的复杂性，由于不同国家、不同地区和不同类型的大学发展的特殊性，因此似乎难以运用编年史的方法和结构，尤其是当研究的对象范围涉及一个广大的区域。在这种情况下，以专题研究为基础的历史编纂可能是较为现实可行的合理方法。通过对不同时期、不同地区和不同类型大学发展的基本过程的梳理，从中抽象出大学发展的主要问题，进而形成一个具有逻辑联系的结构，这确实是值得关注的一种历史编纂方式。

我以为，这种编撰方式的一个更为重要的价值在于，有助于通过把握不同时期、不同地区、不同类型大学发展的共同问题在不同历史条件下的延续、变化，认识和理解大学的不同方面、不同部分，以及由它们所构成的整体在历史过程中的演变。这样，人们既有可能得到对大学某一个方面或部分的历史变迁的纵向认识，也有可能真正理解作为一个整体的大学历史。由此得到的不再是平面的、静止的和孤立的大学史，而是立体的、动态的和整体的大学史。

除了以上四个方面的特点之外，诸如史料之丰富、史料涉及语种之多、叙述分析之细微具体，以及在相关专题的研究中自然地运用比较方法，等等，也都是本书的特色。

二

由于语言、资料、研究力量等方面的原因，国内教育学术界对中世纪大学的研究是非常有限的。近40多年来，在国内发表的关于欧洲中世纪大学的专门研究成果仅有10余篇论文（其中一篇为译文）。[11] 但奇怪的是，

---

[11] 张斌贤，孙益：“欧洲中世纪大学的特权”，《北京师范大学学报》（人文社会科学版），2004年第4期。

大量的论文和著作在讨论相关问题时，都会非常频繁地涉及中世纪大学，似乎我们对中世纪大学已经有了非常充分和全面的了解。其实，我们的了解大都局限在中世纪大学是一个学者与学生组成的行会或法人团体；这个团体从教皇、皇帝和国王那里获得了包括内部自治、罢课、免税、免除徭役、自由迁徙等特权；中世纪大学通常由文学院、法学院、医学院和神学院等组成；按照管理模式的不同，中世纪大学可以分为以博洛尼亚大学为代表的学生大学和以巴黎大学为代表的教师大学；中世纪大学已经建立了由学士、硕士和博士学位组成的学位制度；中世纪大学是现代大学的直接起源；等等。而且，在我们有限的知识中，有许多是笼统的、不确定的，有些则完全是以讹传讹。

从 1984 年开始，由于专业教学和研究的需要，我先后阅读了大量有关中世纪和中世纪大学的书籍和文献；早在 20 个世纪 90 年代，也写过有关中世纪大学的论文[12]。在翻译和校对本书之前，我自以为对中世纪大学已经有了一定的了解。翻译和校对本书，彻底打破了我原有的“自信”，我真切地感到，与本书所提供的知识和洞见相比，自己已有的关于中世纪大学的知识是多么的匮乏和肤浅。我相信认真阅读本书的读者同样会有类似的感受。我相信，本书对于有兴趣的读者丰富关于中世纪大学的知识，从而深化对大学起源和大学本质的认识和理解将发挥特殊的作用。

在关注本书的结构和内容的同时，我认为，读者还应当关心本书编写的动机。关于这一点，本书总主编瓦尔特·吕埃格在前言中的一段话是值得格外注意的：

> 科学和学术知识共同体重要性的不断增长，加上由于对这种重要性的认识而产生的高等教育机构前所未有的扩张，使欧洲大学不堪重负。尽管在法国、意大利和奥地利，中央政府管理大学的体制与联邦德国和瑞士的联邦体制，以及与英国大学的法律自治之间，存在着差

⑫ 张斌贤：“欧洲中世纪大学的历史地位”，《教育史研究》，1995 年第 2 期。

异，但它们所面临的问题是相同的：大学被期望承担的职责各种各样、不断变化、相互矛盾；大学在不断增长的压力下，被要求将各种职责与其传统目的保持一致。

这也就是说，欧洲大学校长常设会议之所以组织编写这套四卷本《欧洲大学史》，是因为在 20 世纪 70 年代、80 年代欧洲大学的发展面临着现实的挑战和危机。第二次世界大战后欧洲各国所进行的一系列大学教育的改革、大学机构的急速扩张，非但未能使大学教育真正满足社会的需要，反倒使大学自身陷入功能冲突的困境。大学的发展向何处去？大学教育当前所面临的主要矛盾是什么？如何真正有效地解决大学所面临的问题？

要解答上述问题或难题，“向前看”固然是必须的，但“向后看”也同等重要。正如瓦尔特·吕埃格所说，“第二次世界大战后 10 年间改革大学的各种努力的失败已经表明，如果没有对大学的发展和悠久传统的深入认识，是不可能获得解决大学问题的真正有效的方法的”⑬。

众所周知，中世纪大学是现代大学的共同渊源，中世纪大学在其发展过程逐渐形成的一系列制度和原则，为现代大学的建立奠定了坚实的历史基础。大学源于中世纪法律所具有的法人社团的性质，不仅保证了大学在中世纪异常纷繁复杂的社会环境中的生存和发展，而且为学术自治作为现代大学的基本原则的确立提供了强有力的历史依据和法律依据；中世纪大学所建立的学院、学舍制度，不仅进一步确立了西方传统的学科分类和知识分类，从而为知识的发展奠定了重要的基础，而且为大学教育的有效进行提供了制度保障；中世纪大学的学位制度不仅在制度上为现代高等教育的学位制度提供了范式，甚至其形式还经过改造一直保持至今；其他诸如招生、学生管理、学生与教师的组织、教学过程、教学方式和方法、考试，以及大学在与外界交往和冲突中逐渐形成的行为模式，等等，都对 16 世纪以后大学的历史产生了直接和深远的影响。没有中世纪大学，便

⑬ 见本书前言。

没有现代大学的迅速崛起。从这个意义上讲，了解中世纪大学的历史是把握现代大学发展规律的必由之路。没有对中世纪大学历史的深入和全面的认识，是难以真正完整、深刻地理解现代大学的本质的。

由此，我想到在我国正如火如荼开展的一轮又一轮高等教育的改革。根据我的认识，在酝酿高等教育的改革（无论是整个高等教育体制的改革，还是高校内部的改革）时，高等教育界的领导和学者们重点关注的主要是两个方面的问题，一是改革的需要和现有体制的问题，二是西方发达国家（尤其是美国）当代的类似做法，而很少冷静地系统回顾大学发展的历史，更不用说中世纪大学的历史。但在实际上，正如其他领域中的改革一样，缺乏历史感，甚至轻视历史，是我们轻易犯错误、不断犯错误和犯很多错误的基本原因之一。由于轻视历史和历史研究，我们为改革支付了我们实际上难以承受的巨大代价。

众所周知，中国现代大学教育制度并非直接发源于我国古代的高等教育，而是从西方移植而来的。由于这个原因，中国的现代大学教育制度存在“先天不足”的缺陷，既缺乏文化传统的滋养，又缺乏社会相关制度的支持。而且，自现代大学教育在中国生根以来的100多年间，接连不断的内忧外患使中国大学始终未能长时间得到真正稳定的发展。粗略计算一下，100多年来，中国大学教育相对稳定发展的时间大约在40年（即20世纪20年代初至抗日战争爆发前的10多年和1978年改革开放以来的20多年）。从大学发展的历史来看，中国的大学实际上还处于幼年时期，大学的机体依然非常娇嫩，易受外界的有利和不利的影响。在这种情况下，任何会影响大学自然生长的改革措施（尤其是那些全局性的和根本性的改革）都应该慎之又慎。更何况我们是在一种非常特殊的国际背景和社会环境下从事高等教育的改革事业，既无先例可循，又无现成的方案。在这种情况下，既需要改革者的勇气和胆识，同样也需要如履薄冰般的小心谨慎。须知改革本身并不是目的，改革是需要支付成本的。在历史上，并不缺乏这样的事例，即改革所造成的不良后果远远大于改革所带来的实际效益。对改革的评价并不取决于改革者的勇气和胆识，也不取决于改革的速率和幅度，而只在于它所造成的整体的和长远的结果。为了避免改革的重大失误，对于明智的改革者来说，对历史的审视无疑是一种最为“经济”的选择。对历史的审视似乎是一种实验，它虽然不会提供现成的改革方案，也不能预测改革的结果，但至少它会告诉人们不要做什么。在人类生活的许多情况下，选择不做什么其实远比选择做什么更需要智慧和胆识。在巍峨的历史大厦面前，人是需要有一种敬畏之心的；否则，我们会因无知而恣意妄为。

本书的翻译和校对是一项非常艰苦的工作。且不说书中有法语、德语、西班牙语、意大利语等多种译校者完全不了解的外语词汇，且不说书中运用了大量拉丁语词汇，对译校者更具挑战的是大量欧洲中世纪大学特有的名词、术语。译校者经常面临的困难是，如何既忠实于原文，又能使中文读者不致产生疑惑。举一个最为简单的例子：*studium*，*studium generale* 是书中反复出现的拉丁语词汇。这个词汇在一些中文的论著中有很多译名，如公共研究所、普通学校、大学校，等等。查阅拉丁语词典可以知道，*studium* 的含义是文化教育机构，而 *generale* 的含义是普遍的、广泛的。在大学兴起以前，这两种机构都已经存在，而它们又与大学的兴起直接相关（尤其是在意大利）。那么，究竟如何准确地表达这两个词汇的含义，从而既能表达 *studium* 与 *studium generale* 之间的差异，又能表明它们与大学之间的联系？经过多次讨论（包括与翻译爱好者在网上的讨论），我们把这两个词汇分别译成“学馆”“大学馆”，一方面表明它们的学校性质及它们之间的差异，另一方面既说明它们与大学的联系，同时又不至于和大学相混淆。类似这样的例子不胜枚举。

由于面临的巨大困难，翻译和校对工作的进展非常缓慢。初步的翻译工作用了整整两年（2001—2002）时间，从 2003 年到 2004 年上半年先后进行了三遍校对，2004 年下半年至 2005 年 2 月进行了第四遍校对。即使如此，我们仍不能完全确信译文已经达到毫无差错的程度，甚至还可能存在许多问题。只是因为版权的合同期已满，不得已而交付出版。

本书分工如下：张斌贤翻译前言，程玉红翻译第一章、第二章，黄福祥翻译第三章，王海芳翻译第四章、第六章，和震翻译第五章、第十章，张弛翻译第七章、人名索引，杨晓燕翻译第八章、第九章，张斌贤、程玉红翻译第十一章、第十二章、第十三章，刘冬青翻译主题索引，王璞翻译尾声。和震、王晨、王璞先后负责一、二、三校，张斌贤、孙益、张弛负责第四遍校对。

翻译本书是我多年的愿望。早在 1999 年 4 月，当时我还在哈佛大学教育研究生院从事研究工作，因为确定把西方大学史当作自己今后的研究方向，所以花费了大量时间搜集相关资料。在检索资料时发现了当时已经出版的这套书的第一、二卷，欣喜异常，但随后的结果使我懊丧，在哈佛大学的几个图书馆寻找了几天都未能找到这两本书（因为外借）。情急之下，只好求助于当时正在波士顿学院从事研究的周作宇博士。他从该校借到书后，我随即乘坐地铁赶到波士顿学院，在附近的商店复印后再交给他送回图书馆。在返回住处的路上，我一边翻看复印件，一边就下定决心回国后把它译成中文，使更多的人能从中受益。在本书中文版即将出版之际，我要首先感谢周作宇博士的帮助。

我要衷心地感谢我的学生们。在过去的四年中，我与他们共同度过了虽然艰苦却乐趣无穷的时光。在他们身上，我感受到了年轻学子的热情、勇气和敏锐，并且从他们身上学到了许多弥足珍贵的东西。同时，我也相信，此次翻译的经历对于他们的学术发展将有重要的影响。

我还要感谢河北大学出版社前社长宫敬才教授。作为一名哲学博士，他对教育的浓厚兴趣使我深受鼓舞，他的远见卓识将使这套四卷本《欧洲大学史》得以陆续与中国读者见面。河北大学出版社编辑为版权的联系、本书的翻译、校对及出版付出了辛勤的劳动。

張斌賢

2007 年 2 月于北京师范大学教育学院

目录 v

第二编　结构

第三编　学生

第四编　学术

地图[1]

xi

[1] 此处页码为原书页码，特加译者注。另，本套书中的译者注序号均采用此种形式，以与作者注相区别，特此说明。

xii

作者与主编

莫妮卡·奥斯陶洛什（瑞典），1953年出生于斯德哥尔摩。她是斯德哥尔摩大学古典语言系拉丁语副教授。1987年，她曾作为访问学者赴位于多伦多的天主教中世纪研究院进修半年。

阿萨·布里格斯（英国），1921年出生于约克郡，牛津大学伍斯特学院院长。布里格斯爵士曾任苏塞克斯大学校长（1967—1976）、英国社会史学会会长、巴黎欧洲教育与社会政策研究所所长。

安东尼奥·加西亚·Y.加西亚（西班牙），1928年出生于卢戈省的布莱托纳。他是萨拉曼卡主教大学的教会法史教授，是《西班牙宗教法评论》和《西班牙宗教会议辑录》的编辑，同时也是伯克利中世纪教会法研究所的成员。

亚历山大·盖伊什托尔（波兰），1916年出生于莫斯科。他是波兰科学院院长、华沙皇家城堡主管、华沙大学历史学名誉教授。

诺特克尔·哈默施泰因（德国），1930年出生于美因河畔的奥芬巴赫，法兰克福大学近代早期史教授。他编纂过《法兰克福大学史》，也是《大学史》的编委会成员之一。

戈登·莱夫（英国），出生于1926年，在剑桥国王学院接受教育。他目前是约克大学中世纪史教授。

xiii **彼得·莫拉夫**（德国），1935年出生于迈里希·奥斯特劳。他是基森大学中世纪史和德国国家、经济与社会史教授。

保罗·纳迪（意大利），1949年出生于锡耶纳。他是锡耶纳大学意大利法律史教授，同时任锡耶纳大学出版的《锡耶纳研究》的主编。

约翰·诺思（英国），1934年出生于切尔顿汉姆。他曾在牛津大学任教，现为荷兰格罗宁根大学哲学与精密科学史教授、国际科学史学会终身秘书。

奥拉夫·彼德森（丹麦），生于1920年。他是奥胡斯大学科学史教授和剑桥圣埃德蒙德研究所的访问研究员、国际科学哲学与科学史联盟的副主席和国际天文学联盟历史委员会主席。

希尔德·德·里德-西蒙斯（比利时），1943年出生于布鲁塞尔的圣·詹斯·莫伦贝克。她是阿姆斯特丹自由大学中世纪史教授、根特大学比利时国家科学研究基金副教授。1985年以来，她一直是大学史国际委员会秘书长。

约翰·罗伯茨（英国），1928年出生于巴斯。他曾先后任牛津大学默顿学院研究员、现代史导师和院长，并且多年担任南安普顿大学的副校长。1967—1976年，他是《英格兰历史评论》的联合主编，现任不列颠广播公司执行官。

瓦尔特·吕埃格（瑞士），1918年出生于苏黎世。他是伯尔尼大学社会学荣誉教授、前法兰克福大学社会学教授，1965—1970年任法兰克福大学校长。本套《欧洲大学史》的总主编。

雷纳·克里斯托夫·施温格斯（德国），出生于1943年，曾任教于基森大学，现任瑞士伯尔尼大学中世纪史教授。

爱德华·希尔斯（美国），1910年出生于马萨诸塞州斯普林菲尔德。他是《密涅瓦》杂志的创办人和编辑、芝加哥大学社会思想和社会学教授，同时还是剑桥大学彼得学院和伦敦经济学院的研究员。

南茜·斯雷斯（美国），1932年出生于约克郡。她是纽约城市大学亨 xiv
特学院历史学教授和《大学史》编委会成员。

雅克·韦尔热（法国），1943年出生于吉伦特的塔伦斯。他是巴黎高等师范学校中世纪史讲师和国际大学史委员会副主席。

xv

读者指南

本套丛书尽管是由专家们编撰的，但面向一般读者。因此，各章所附的注释和精选文献都尽量精简。这些注释要么是引文出处（一般是与该主题相关的最主要或最新的资料），要么是一些量化的数据或解释某个问题的两种阐释之间的区别。每一章后面都有一份精选文献。这些文献并不是详尽无遗的，目的只是鼓励进一步的阅读。读者可以在本书文献中涉及的著作里找到更完整的参考书目。由于许多知名作品在几章中都被引用，所以在注释中就使用这些著作标题的缩写形式。本书中有注释文献缩写表。另外，读者在第二章（《模式》）末可以看到较为笼统的参考书目和一些地图，因为这一章探讨了中世纪大学的形成与初始状态。为了避免各章之间过多的重复，编者们相互参照其他章节的内容及注释，从而告知读者关于某一主题可以在本卷丛书的其他地方找到更为充裕的资料（也可参考地名与主题索引）。整卷书都使用标准英语专有名词的写法；必要的时候，通过在人名索引中的相互参照，也会采取一种在欧洲大陆更为常用的表达形式。

注释文献缩写

xvi

Cobban, *Medieval Universities*

A. B. Cobban, *The Medieval Universities: Their Development and Organization* (London, 1975).

CUP

H. Denifle and E. Châtelain (eds.), *Chartularium Universitatis Parisiensis*, 4 vols. (Paris, 1889-1997).

Denifle, *Entstehung*

H. Denifle, *Die Entstehung der Universitäten des Mittelalters bis 1400* (Berlin, 1885; reprint, Graz, 1956).

Fournier(ed.), *Statuts*

M. Fournier(ed.), *Les Statuts et privilèges des universités françaises depuis leur fondation jusqu'en* 1789, 4 vols. (Paris, 1890-1892).

History of Oxford

J. I. Catto(ed.), *The History of the University of Oxford*, vol. Ⅰ, *The Early Oxford Schools* (general editor: T. H. Aston) (Oxford, 1984).

d'Irsay, *Histoire des universités*

S. d'Irsay, *Histoire des universités françaises et étrangères des origines à nos jours*, 2 vols. (Paris, 1933-1935).

Kaufmann, *Deutsche Universitäten*

G. Kaufmann, *Geschichte der deutschen Universitäten*, 2 vols. (Stuttgart, 1888-1896; reprint, Graz, 1958).

Kibre, *Nations*

P. Kibre, *The Nations in the Mediaeval Universities*, Mediaeval Academy of America, 49 (Cambridge, Mass., 1948).

Kibre, *Privileges*

P. Kibre, *Scholarly Privileges in the Middle Ages. The Rights, Privileges and Immunities of Scholars and Universities at Bologna-Padua-Paris-Oxford*, Mediaeval Academy of America, 72 (Cambridge, Mass., 1961).

Rashdall, *Universities*

H. Rashdall, *The Universities of Europe in the Middle Ages*, 3 vols. ed. F. M. Powicke and A. B. Emden (Oxford, 1936; reprint, London, 1942-1958; reprint, Oxford, 1988).

xvii *Renaissance and Renewal*

R. B. Benson and G. Constable (eds.), *Renaissance and Renewal in the Twelfth Century* (Cambridge, Mass., 1982; reprint, Oxford, 1985).

Schulen und Studium

J. Fried (ed.), *Schulen und Studium im sozialen Wandel des hohen und späten Mittelalters* (Sigmaringen, 1986).

Schwinges, *Universitätsbesucher*

R. C. Schwinges, *Deutsche Universitätsbesucher im 14. und 15. Jahrhundert: Studien zur Sozialgeschichte des alten Reiches* (Stuttgart, 1986).

Università e società

Università e società nei secoli XII-XVI. Atti del nono convegno internazionale di studio tenuto a Pistoia nei giorni 20-25 settembre 1979 (Pistoia, 1982).

Universités en France

J. Verger (ed.), *Histoire des universités en France* (Toulouse, 1986).

Universities in the Late Middle Ages

J. IJsewijn and J. Paquet(eds.),*Universities in the Late Middle Ages*, Mediaevalia Lovaniensia, series 1, studia 6(Louvain, 1978).

Universities in Politics

J. W. Baldwin and R. A. Goldthwaite(eds.),*Universities in Politics: Case Studies from the Late Middle Ages and Early Modern Period* (Baltimore/London, 1972).

xix

前言

总主编　瓦尔特·吕埃格

大学是欧洲的机构

大学是欧洲的机构，而且确实是欧洲最卓越的机构。各种理由都可以支持这个结论。

作为教师和学生的共同体，大学被赋予某些权利，诸如管理上的自主权、确定和实施课程与研究目标的权利，以及授予被广泛认可的学位的权利，它是中世纪欧洲——基督教教皇统治的欧洲——的创造物。这套书的第一卷将说明这一点。

而且，大学是欧洲唯一在历史过程中始终保持其基本模式和社会功能与作用不变的机构；正如这套四卷本著作所展现的，大学的这些方面一直在得到加强和扩展。在中世纪欧洲社会三种公认的权力——王室、教会和学馆——中，第一种是政治权力，它已经经历了巨大的变化；第二种权力虽然在罗马天主教教会中仍保存了它的结构并扩展到全球，但它已经丧失了垄断地位，这种地位曾是它所拥有的提供救赎的条件。同样的情况也发生在中世纪其他文化的和制度的创造物中，如独具特色的欧洲货币经济组织形式、造型艺术、建筑和音乐。

没有其他欧洲的机构像欧洲大学的传统形式那样扩展到整个世界。欧洲大学所授予的学位——学士学位、资格证书、硕士学位和博士学位的教育模式已被全世界大多数不同的社会所采用。四个中世纪学院——文学院（它有不同的称呼，如哲学、文学、艺术、艺术与科学、人文学院）、法学
xx 院、医学院和神学院保存至今，并且一直得到许多学科（特别是社会科学

和技术研究）的充实。在全世界，它们依然是大学的核心。即使是 *universitas* 这个称谓——它在中世纪被用于许多不同种类的法人团体，因而也用于教师和学生的法人机构——随着时间的推移，其含义主要集中在作为知识团体的大学；从 18 世纪以来，大学一直是智力的机构，它的使命是研修和传递所有得到精心研究的知识领域的瑰宝。

此外，从其社会角色来看，大学之所以是欧洲的机构，是因为它在整个欧洲社会中所履行的某些职能。大学发展和传递的科学和学术的知识，以及培育知识的方法，产生于共同的欧洲知识传统，并且是这个传统的组成部分。与此同时，大学形成了一种学术精英群体，其精神气质基于欧洲的共同价值观，并且超越了所有国界。

第二次世界大战后出现的建立“欧洲”大学的种种努力之所以不成功，是因为已有大学的抵制，这些大学认为它们就是“欧洲的”。这些大学指出，国家传统的差异是欧洲的宝贵财富，这些不同的国家都为欧洲的学术和学者共同体做出了贡献。

这种解释是否能说明现状，是可以置疑的。难道欧洲的大学是同等地（如果不是更为深刻地）受到形成于中世纪和宗教改革时期的欧洲民族国家差异的影响吗？难道民族国家已经把欧洲大陆的大学事实上（通常也是法律上）变成了政府体系的组成部分了吗？在任何一个欧洲国家中，只有百分之一的学生来自其他国家；在许多欧洲国家中，来自其他国家的教授得不到聘任或只在特殊的情况下得到聘任，在这样的情形下，大学还能名副其实地发挥“欧洲的”作用吗？当新一代欧洲的科学家和学者更愿意到另一个国家的大学继续他们的研究工作，而这个国家比欧洲更为热情、更为真诚、更有责任感和更为有效地继承了欧洲的科学和学术研究及学术精神的传统，现存的欧洲大学还能被认为扮演了恰当的社会角色吗？

欧洲大学校长常设会议的创意 xxi

科学和学术知识共同体重要性的不断增长，加上由于对这种重要性的认识而产生的高等教育机构前所未有的扩张，使欧洲大学不堪重负。尽管在法国、意大利和奥地利，中央政府管理大学的体制与联邦德国和瑞士的联邦体制，以及与英国大学的法律自治之间存在着差异，但它们所面临的问题是相同的：大学被期望承担的职责各种各样、不断变化、相互矛盾；大学在不断增长的压力下，被要求将各种职责与其传统目的保持一致。

为了对这种状况做出反应，1955 年，15 个欧洲国家的大学代表聚集在剑桥大学，交流经验和想法。1964 年，他们在哥廷根组织了欧洲大学校长会议。① 到今天，来自欧洲 27 个国家的 470 多个高等教育机构是它的成员，每五年聚会一次。每个国家（这些国家的大学是欧洲大学校长会议的成员）的代表每六个月聚会讨论各国大学由于深刻的社会和文化变迁所面临的问题。② 在讨论的过程中，他们经常表达一种对大学历史的更为系统了解的愿望。第二次世界大战后的 10 年间，改革大学各种努力的失败已经表明，如果没有对大学发展和悠久传统的深入认识，是不可能获得解决大学问题的真正有效的方法的。

但是，获得更多这种认识的途径相当匮乏。确实存在大量关于大学历史的著作。然而，许多广泛的研究和学术会议的目标主要集中在近几十年

---

① H.-A. Steger(ed.), *Das Europa der Universitäten, Entstehung der Ständigen Konferenz der Rektoren und Vize-Kanzler der europäischen Universitäten 1948-1962* (Bad Godesberg, 1964).

② *Europäische Rektorenkonferenz, III. Generalversammlung Göttingen 1964*, 2 vols. (Göttingen, 1964); J. Courvoisier(ed.), *Acts of the 4th General Assembly Geneva 1969* (Bologna, 1971); J. Roche(ed.), *Opening Address and Administrative Part of the 5th General Assembly held in Bologna September 1-6, 1974* (Bologna, 1977); CRE, *CRE VIth General Assembly* (Vienna, 1975); A. Barblan(ed.), *Actes de la VIIe Assemblée Générale tenue à Helsinki du 12 au 17 août 1979*, 2 vols. (Geneva, 1980); A. Barblan(ed.), *Actes de la VIIIe Assemblée Générale, tenue à Athènes du 9 au 14 septembre 1984* (Geneva, 1986); *CRE-Information*, quarterly, 从 1966 年起由 CRE 出版；从 1988 年起，以“CRE 行动”（*CRE-action*）为题出版。

的大学历史，[③] 并且一直集中在一个很大主题的各个局部的方面：关于某段时期，关于特定的国家、大学和学科，关于大学的法律地位，关于入学和毕业的统计，关于大学教师的生活，等等。最近一部综合性的大学史是斯蒂芬·德-伊尔塞的《法国大学史》。它出版于1933—1935年，在很长一段时间里，一直是大学史的权威著作。但是，在许多细节上它需要修订，并且在任何方面它都没有涉及1860年以后的事件。[④] xxii

由于这个原因，欧洲大学校长常设会议于1982年决定开展一项合作研究，探讨历史上欧洲大学发展与变迁的社会背景，社会需要、结构，以及主要问题。它要求本书与学术研究的最高标准相一致，充分反映最新的研究成果，并且是比较的、连贯的和全面的。所采取的第一个步骤是设立了一个各国的联络员小组，其职责是提供各自国家大学状况的可靠信息。在这个小组的协助下，欧洲大学校长常设会议提出了三个研究项目，并且得以实施。第一个项目是列举每一个国家的大学在其历史上最为重要的问题，[⑤] 第二个项目是准备出版欧洲大学的历史概览，[⑥] 第三个项目是计划在1983年召开一次国际会议，在会上，来自不同欧洲国家的历史学家能够讨论大学社会功能的变迁，并且讨论合作编写一部综合的欧洲大学史的现实可行性。[⑦]

---

③ S. Stelling-Michaud, 'L'histoire des universités au Moyen-âge er à la Renaissance au cours des vingt-cinq dernières années', in *XIe Congrès international des Sciences Historiques, Rapports*, vol. Ⅰ(Stockholm, 1960), 97-143；附有最新文献的意大利译本见 G. Arnaldi(ed.), *Le origini dell'università* (Bologna, 1974), 153-217; J. Fletcher(ed.), *The History of European Universities, Work in Progress and Publications*, 1(1974)-5(1981)；从1988年起，文献目录在 *History of Universities* 杂志以"Publications on University History since 1977: a Continuing Bibliography"发表，ed. J. M. Fletcher and C. A. Upton; C. Schmitt and L. V. B. Brockliss(eds.), *History of Universities*, 1(1981) onwards。

④ S. d'Irsay, *Histoire des universités françaises et étrangères des origines à nos jours*, 2 vols. (Paris, 1933-1935).

⑤ 'Interrogating the Past: in Search of the University', *CRE-Information*, 69(1985).

⑥ L. Jílek(ed.), *Historical Compendium of European Universities* (Geneva, 1984).

⑦ 'Town and Gown: the University in Search of its Origins', *CRE-Information*, 62(1983).

本书的目的和概念

作为一部欧洲大学的比较史，本书只有一位先驱，这就是英国枢密顾问、哥廷根大学“精明老练的”教授克里斯蒂汀·迈那斯的《高等学校发
xxiii 生和发展史》。该书共四卷，于1802—1805年出版。它的目标是“作为一部大学的实用历史”，“（描述）大学建立和盛衰的重要事件”和“欧洲文明国家大学的最为重要和显著的特征”。为了达到这些目标，该书指出了“大学的失误、缺陷和错误”，并且揭示了大学的优越之处。[8] 因此，这部著作在结构上是按照主题而非年代编排的。对起源的历史处理主要集中在“同乡会”和学院、学舍和学生寓所的重要性，一些外在因素诸如纸张的发明、书籍的印刷、文艺复兴和宗教改革的影响上；接着在12个章节中描述了捐赠的历史发展、经费、特权、学术法庭、委员会、官员、教师、教室、班级、学习条件、纪律考核。这部著作基于对大量旧的手稿的排列，而不是批判的运用。由于占有资料的丰富，此书于1973年被重新出版。

只有在19世纪末对史料进行批判性考证之后，才有可能开始以真正学术的方式编写中世纪大学的历史。1885年，巴黎大学史料的编者之一德尼夫勒对1400年以前欧洲大学的起源和结构变化做了历史的说明；[9] 根据著名的普鲁士高等教育管理当局负责人阿尔特霍夫的指令，新近被“普鲁士化”的斯特拉斯堡大学的一位教授考夫曼写了一部德国大学史。1888年，考夫曼提交了第一卷，这是一部德国大学的史前史，它主要叙述了意大利的“城市大学”、法国和英国的“教长大学”，以及“国立大学和西班牙大学”结构的发展。在该书结尾的章节中，他试图描述大学发展的相似

---

⑧ C. Meiners, *Geschichte der Entstehung und Entwickelung der hohen Schulen unseres Erdtheils*, (Göttingen, 1802; reprint, Aalen, 1973), Vol. Ⅰ, 3ff.

⑨ H. Denifle, *Die Entstehung der Universitäten des Mittelalters bis 1400* (Berlin, 1885; reprint, Graz, 1956).

性，特别是在学位和特许状方面的相似性。但是，考夫曼只完成了前两卷，这两卷主要涉及中世纪大学。[10] 在名为“欧洲中世纪大学”的三卷本标准著作中，拉希德按国别和不同的大学进行了叙述，但他也加上了对学生生活的详细描述。这部著作于 1895 年首次出版，1936 年由波威克和埃姆登修订。[11] 唯一涉及中世纪以后年代的综合性著作是伊里萨的《法国大 xxiv
学史》，这是一部机构的和传记体的历史著作，它按照年代（100 年）和思想的潮流（诸如文艺复兴、宗教改革、实证主义）加以编排。

1983 年秋天，由欧洲大学校长常设会议任命的编委会有了一项更为艰巨的任务。计划编写的著作将对欧洲学术界主要的知识和制度特征进行社会学的和比较的分析，并且注意地区差异和历史变迁。[12] 鉴于这种考虑，就必须设计一种分析和呈现的方式，以便使大学历史的不同时期能够前后比较并平等对待大学功能的各个方面及其变化。

这样，这套著作就将分为四卷，每一卷都按照同样的方式设计。第一卷涉及大学在中世纪的兴起和扩展，第二卷涉及 1500—1800 年地区、宗教、科学和学术的多样性，第三卷分析第二次世界大战以前大学作为科学和学术机构的发展情况，第四卷涉及第二次世界大战结束以来发生的科学和学术研究与教学的前所未有的扩张。不同时期的界线并不被看作大学历史严格的编年史分期。因此，1500 年这个年份并不代表对中世纪终结时间的确定，它只是沿用了上述大学史标准著作一直采用的分期。毫无疑问，由于受到区域政治和宗教因素的影响，16 世纪的大学明显不同于前一时期的大学；16 世纪以前，尽管存在着明显的地区差异，但是由于教皇权力的普遍合法性，大学的结构模式是相同的。同样，1800 年标志着

---

⑩ G. Kaufmann, *Geschichte der deutschen Universitäten*, vol. Ⅰ, *Vorgeschichte* (Stuttgart, 1888; reprint, Graz, 1958).

⑪ H. Rashdall, *The Universities of Europe in the Middle Ages*, 3 vols., ed. F. M. Powicke and A. B. Emden (Oxford, 1936; reprint, Oxford, 1988).

⑫ A. Barblan in ‘Town and Gown’（注释 7），4ff. 关于项目的定义见 A. Barblan, A. de Puymège, and W. Rüegg, ‘The History of the European University in Society: a Joint University Research Project’, *History of European Ideas*, 8:2 (1987), 127-138。

两条具有决定性但又相互矛盾的发展道路的开端，这两条道路对19世纪的大学都产生了影响。一条道路是由政府集中管理教育制度，追求直接的社会效用；在拿破仑时期，这条道路得以完善。另一条道路是冯·洪堡提出的，它主张进行无功利目的的研究，为整个人类的知识教育服务。在大学的历史上，19世纪的结束既不在1900年，也不在1914年。只是到1945年后，整个欧洲的高等教育和每一所大学才呈现完全不同的景象。
xxv 在历史的分期中，界限总是不确定的。本书也是如此，只是在每一卷的开始和结束章节中，界限才是清晰的。

本书各卷都由四个主要部分、总共14—15章构成。每一个部分都旨在对作为一个整体的欧洲大学的社会功能进行比较分析。本书不对任何一所特定的大学进行描述，但是通过索引的使用，可能从不同章节中得到对任何一所特定大学的具体了解。

各卷的第一部分提供主题的导引和该卷所考察时期大学的分布和发展的综合描述。第二部分共三章，叙述大学的结构，首先是大学与公共当局的关系，然后是大学的内在组织、财政、校舍和设施、管理机构及其决策的方式、大学的成员；在本书的第二、三、四卷中，还将有一个第四章探讨欧洲高等教育机构在其他大陆的扩展情况。第三部分共四章，涉及大学的一个主要使命，即学生在科学和学术知识方面的训练，大学学习的社会、经济和理智的先决条件，学习的科目，学生的日常生活、考试和职业。第四部分的四章涉及大学的另一个主要职能，即运用批判的方法，证明、更新和扩展人类的知识。在各卷中，这四章是不同的，但都对应于不同时期科学和学术的主要种类。在第一卷中，注意力集中在四个学院的智力活动；第二卷的重点是大学内外传统与革新之间的相互作用、学科的精细化、人文学科体系的建立和“科学革命”中大学的作用。第三、四卷涉及现代的专业领域，从神学到哲学、法律研究、自然科学和社会科学，再到医学和技术科学。

显然，一个人是不可能写就这样的著作的。因此，就有必要在具有欧洲传统的国家中，为每一章寻找一位对所涉及专题有深入研究的专家。在一部按专题设计的著作的编写中，合作者的范围越大，危险也就越大，其结果有可能成为一些互不关联的论文的汇编，这些论文捆绑在一起组成了著作的整体。为了避免这种情况，编委会选择了一个非常复杂的程序。首先，为每一卷和每一章所涉及的主题都制定了一套内容和方法的指南，并且邀请那些愿意合作的人士参加第一轮讨论。在这些讨论中，通过扩展或 xxvi
约定拟承担写作章节的内容，那些未来的作者同意写作的分工。在讨论的过程中，这种合作完成的著作所必需的共识和互相理解得以形成。在第二轮讨论中，各章的初稿得以认真审读和详细讨论。来自各国的联络员在主编和作者未被告知的情况下，被邀参加讨论。接着，这些讨论形成的第二稿由主编经过一次或多次会议反复修改，直到通过编委会的程序，各章被整合到一个统一的模式中。

尽管付出了这些努力，主编和作者们仍然没有能够完全消除风格和概念上的差异，也没有避免不同主题之间的重复和不平衡。如果一个特定的现象对不同主题都具有重要性，重复就是不可避免的。由关注不同地区或主题之间的相互关系所引起的不平衡，在很大程度上是知识状况和对那些主题研究进展的差异的结果。本书的基本原则是，凭借研究的现状，努力使知识在一个新的比较的综合情境中得到运用。在这个意义上，每一章都呈现了研究的杰出成果，虽然它们并不都是对档案材料进行全面研究的结果。

欧洲大学的社会角色

社会功能或角色是具有特定功能的责任者对外界期望做出的反应的总和。这些期望基于行为所具有的价值，而价值则转化为指导行为的规范，这种行为是社会所期望的。期望、价值和规范直接和间接地反映了不同社会角色的利益，并且经常是相互矛盾的。

社会角色的冲突是固有的，不仅限于大学的社会角色。联结大学成员的基本价值和规范并不是一致的。科学和学术研究的标准、方法和成果的普遍有效性并不总是人类个体认识能力的局限与差异的结果。由于社会和经济资源的分布和这些资源的替代使用的不平等，以致入学机会的平等与
xxvii 在大学学习持续的时间是冲突的。赋予闲暇和沉思以优先地位（这是科学与学术研究所必需的），反映了一种从希腊哲学家而来的理论生活的理想，而它与实践生活的理想（它强调科学知识的运用和大学所提供的职业训练的社会目的）是冲突的。“爱知识”的观念（它强调运用纯粹的科学和学术的方法探索真理）是与轻视研究与教学成果的经济价值联系在一起的，并且与对尊严和个人财富的追求、与学术研究成果的社会和经济价值相矛盾。最后（但并非不重要），大学作为法人团体的学术自由在两个方面处于潜在的冲突之中：在内部，是个人的自由与大学成员的团结之间的冲突；在外部，是大学自治的要求与那些提供了必需的财政资源的人的控制之间的冲突。

在大学的社会史上，这些和其他的冲突都是固有的。展现这些冲突曾经采取的各种形式和曾经尝试的各种解决方法，是我们工作的最重要的目标。确实，这些冲突和由此产生的张力，以及使它们处于一种开放平衡状态的结构和机制，在很大程度上说明了欧洲大学的动力。如果一种价值观（例如，把大学变成一种政府机构，或象牙塔，或职业学校，或完全自我封闭的科学机构）占据了优势，并且长时间地和非常明显地打破平衡，张力就会失去其创造力，反而会导致懈怠及极度的浅薄和无益的焦躁。

我们当然不会再同意迈那斯提出的观点（这种观点反映了启蒙运动的特征），即欧洲大学的历史“在某种程度上能使人认识和避免大学的失误、不足和错误，在某种程度上能展示和仿效大学的优点”[13]。正如一台机器，只有当它各部分的重要性及其相互关系得到认识和检验时，才能加以修理和重新运转。大学也是如此，作为一种非常复杂的社会机构，它必须不断地得到基本的分析。如果要理解并切实改进大学的社会作用，对大学的结构和功能（它们来源于历史的进程）的基本分析就是必不可少的。

---

⑬ Meiners，*Geschichte*（注释 8），4.

鸣谢 xxviii

《欧洲大学史》的准备工作一直获得下述机构的无私支持：伯尔尼大学的马克斯和埃尔斯·比尔-布朗温德基金会，埃森的德国促进科学与人文捐赠者协会，阿姆斯特丹欧洲文化基金会，波恩的康拉德·阿登纳基金会，马德里的拉蒙·阿雷塞斯基金会，葡萄牙高等教育政府秘书处、国家科学研究院及里斯本的卡勒斯特·格尔本肯基金会，波尔图的安东尼奥·德·艾尔美达基金会，苏黎世-维塔-艾尔皮纳保险公司朱比利基金会，巴塞尔霍夫曼-拉·洛克公司，沃韦的雀巢公司，苏黎世的瑞士信贷银行，汉诺威的沃克斯温基金会，以及科隆的弗里茨·蒂勒森基金会。我们真诚地感谢这些赞助机构。我们同样感谢承办我们的会议和讨论会的那些大学，特别是伯尔尼大学、萨拉曼卡大学、科英布拉大学、艾希施泰特大学、牛津大学、波鸿大学、博洛尼亚大学和根特大学。我们还在此表达我们对于以下两位教授的敬意，他们是格拉茨大学的格雷特·克林斯坦和伦敦大学名誉教授 W. 罗伊·尼布利特。与编委会的成员一样，他们在本计划的初期阶段帮助我们列出了《欧洲大学史》的框架。另外，我们还要感谢尼古劳斯·洛布科维茨的建议和支持。作为慕尼黑大学的前校长、艾希施泰特天主教大学的现任校长，洛布科维茨在界定和发起整个工作中发挥了关键作用。最后，我们还要感谢遍布整个欧洲的国家通讯员，他们非常慷慨地奉献了他们的时间和知识，帮助我们使本卷丛书在其范围上更“欧洲化”。这些人是罗马格列高利大学的米格尔·巴特罗瑞教授、伯明翰阿斯顿大学的约翰·弗莱彻博士、乌普莎拉大学的托雷·弗兰斯米尔教授、格拉斯哥大学的迈克尔·莫斯先生、克拉科夫·捷吉伦吉安大学的卡米拉姆罗佐乌斯卡教授、奥伯托大学的路易斯·德奥利韦拉·拉莫斯教授、瓦伦西亚大学的玛里亚诺·佩塞特·雷格教授，以及当时在雷尼格拉德国家文化学院工作的格里高瑞·季什金教授。我们尤其应该感谢的是欧洲大学校长常设会议（CRE）秘书长安德里森·巴伯兰和副秘书长艾利森·德·皮默热-布朗宁，正是他们的热忱和机智，使这么多欧洲学者得以和谐地（确实是友好地）合作相处。

第一编 主题与模式

第一章　主题 3

瓦尔特·吕埃格

在大学的历史上，没有一个时期像中世纪那样受到如此广泛的研究。[①] 即使这样，仍然存在许多空白。大量的档案文献、无数的手稿，以及许多大学教师的讲稿尚未出版。教师和学生的生平传记、他们的社会和家庭出身、他们在学习过程中的结社模式，以及完成学业后职业状况方面的文献资料非常缺乏。对于一部真正的大学社会史而言，对特定大学[②]或

---

① J. M. F. Fletcher and J. Deahl, 'European Universities, 1300-1700, The Development of Research, 1969-1981 and a Summary Bibliography', in J. M. Kittelson and P. J. Transue (eds.), *Rebirth, Reform and Resilience. Universities in Transition 1300-1700* (Columbia, Ohio, 1984), 324-357; P. Denley, 'Recent Studies on Italian Universities in the Middle Ages and the Renaissance', *History of Universities*, 1 (1981), 198-205.

② A. B. Emden, *A Biographical Register of the University of Oxford to 1500*, 3 vols. (Oxford, 1957-1959); D. E. R. Watt, *A Biographical Dictionary of Scottish Graduates to AD 1410* (Oxford, 1970); C. Renardy, *Le Monde des maîtres universitaires de Liège, 1140-1359. Recherches sur sa composition et ses activités* (Paris, 1979); C. Renardy, *Les maîtres universitaires du diocèse de Liège. Rèpertoire biographique (1140-1350)* (Paris, 1981); J. Verger, 'Peut-on faire une prosopographie des professeurs des universités françaises du Moyen-Age?', *Mélanges de l'Ecole française de Rome, Moyen Age*, 100 (1988), 55-62; A. B. Emden, *A Biographical Register of the University of Oxford AD 1501 to 1540* (Oxford, 1974); H. de Ridder-Symoens, D. Illmer, and C. M. Ridderikhoff, *Le Premier livre des procurateurs de la nation germanique de l'ancienne Université d'Orléans. Seconde partie: Biographie des étudiants*, 3 vols. (Leiden, 1978-1985).

4 某些大学发源地③所采用的集体传记式的研究是不可或缺的。④ 只有当这些研究完成之后，才“有可能探明知识潮流的方向及其影响，再现知识分子团体的构成和结构、他们之间的交往，以及某些知识传统（例如，13 世纪的亚里士多德主义、14 世纪的罗马法、15 世纪的人文主义和 16 世纪的宗教改革）的传播和扩散”⑤。

因此，我们的项目只能反映目前的研究状况。本章具有导言性质，其目的是围绕一些主题，展现中世纪大学研究中所使用的视角、存在的一些问题，以及可能从中获得的知识。

大学起源的神话与历史编纂

1988 年，博洛尼亚大学举行了建校 900 周年庆典。然而，不管是我们还是其他人对中世纪大学历史所进行的研究，都没有发现任何证据证明博

---

③ S. Stelling-Michaud,‘L’histoire des universités au Moyen Age et à la Renaissance au cours des 25 dernières années’, in *Ⅺe Congrès International des Sciences Historiques, Rapports*, vol. Ⅰ(Stockholm, 1960), 121-130. 关于瑞士：O. Vasella,‘Untersuchungen über die Bildungsverhältnisse im Bistum Chur mit besonderer Berücksichtigung des Klerus vom Ausgang des 13. Jahrhunderts bis um 1500’, in 62. *Jahresbericht der Historisch-Antiquarischen Gesellschaft von Graubünden*(Chur, 1932); K. M. Zahnd, *Die Bildungsverhältnisse in den bernischen Ratsgeschlechtern im ausgehenden Mittelalter*(Berne, 1979)。更多文献参见 W. Rüegg, *Humanistische Elitenbildung in der Eidgenossenschaft zur Zeit der Renaissance. Wolfenbütteler Abhandlungen zur Renaissanceforschung*, vol. 9(Wiesbaden 1991), 95-133。

④ Fletcher and Deahl,‘European Universities’(注释 1), 327; L. Stone(ed.), *The University in Society*, vol. Ⅰ(Princeton, 1974), 4; P. Classen, *Studium und Gesellschaft im Mittelalter*, ed. J. Fried(Stuttgart, 1983), 18; J. Miethke,‘Die Kirche und die Universitäten im 13. Jahrhundert’, in *Schulen und Studium*, 287; G. F. Lyttle,‘The Careers of Oxford Students in the Later Middle Ages’, in Kittelson and Transue(eds.), *Rebirth*(注释 1), 214; H. Coing(ed.), *Handbuch der Quellen und Literatur der neueren europäischen Privatrechtsgeschichte*, vol. Ⅰ(Munich, 1973), 85ff.; J. Verger,‘A propos de la naissance de l’université de Paris: contexte social, enjeu politique, portée intellectuelle’, in *Schulen und Studium*, 88.

⑤ Stelling-Michaud,‘Histoire’(注释 3), 121.

洛尼亚大学建于1088年。恰恰相反，研究结果显示，在1088年，并没有发生这样的事件。⑥ 事实上，1088年是一个世纪前由一个委员会选定为“传统建校日”的，这个委员会的主席是著名诗人乔苏埃·卡尔杜齐；1888年举行了规模宏大的周年纪念庆典，皇室成员和来自世界各国的大学校长出席了这次庆典。这次庆典的目的是为了使意大利人民和全世界都意识到，即使是当时政治统一尚未完全巩固的意大利，也能给予博洛尼亚大学延续了800年之久的自由教学和研究传统合法性，以及这一行为对于民族和世界的重要性。⑦ 1888年举行的博洛尼亚大学800周年的纪念庆典，实际上是19世纪举办的众多纪念活动和象征性表现形式之一，其目的就是为了唤醒意大利人民对过去和历史连续性的记忆，强化他们的国家统一意识。⑧

纪念庆典总是关注某一个特殊的年代。由此就必须去寻找这样的年 5
代，而这样的年代必须尽可能的遥远。就此而言，作为“欧洲大学之母”的博洛尼亚大学具有无与伦比的政治意义和象征功能。卡尔杜齐和他的中世纪史专家同事，依据13世纪的一份文献，提出了自己的看法。根据这份文献，“著名的伊尔涅留斯”（约1080—1140）与一位“不知名的”佩普是最早在博洛尼亚讲授法律的人士。周年纪念庆典在大多数情况下都会

---

⑥ Rashdall, *Universities*, vol. Ⅰ, 118; H. Grundmann, *Vom Ursprung der Universität im Mittelalter* (Darmstadt, 1957, 2nd edn 1960), 40. Even A. Sorbelli, *Storia della Università di Bologna*, vol. Ⅰ, *Il Medioevo* (*Sec. Ⅺ-ⅩⅤ*) (Bologna, 1940)，写作于850周年纪念之时，并没有提及日期。

⑦ U. Eco (ed.), *Bologna 1088-1988*, *Alma Mater Studiorum Saecularia Nona* (Milan, n. d. [1987]), [45]. W. Tega (ed.), *Lo Studio e la città. Bologna 1888-1988* (Bologna, 1987), 11-61.

⑧ 参见 T. Nipperdey, 'Nationalidee und Nationaldenkmäler im 19. Jahrhundert', *Historische Zeitschrift*, 206 (1968), 528-585; E. Fehrenbach, 'Ueber die Bedeutung der politischen Symbole im Nationalstaat', *Historische Zeitschrift*, 213 (1971), 291-357。

激励历史研究。[9] 这样的历史研究常常会修正初创时间，或者证明所宣称的创立事件仅是一个神话。博洛尼亚大学建立 800 周年庆典与其他大学庆典的不同之处还在于它引发了一大批大学史著作的出版。我们现在已经知道，那位佩普并非“不知名”；他就是在 1190 年被视为“博洛尼亚的光荣”的人，[10] 并且作为罗马法的权威出席国王亨利四世的法庭。[11] 就此而言，如果这位佩普就是大学的创始人或至少是创始人之一，卡尔杜齐选定的“建校日期”就没有错。在博洛尼亚大学建校 900 周年纪念庆典时出版发行的小册子确认了 1088 年是大学诞生的日期。它认为，在这一年出现了独立于博洛尼亚教会学校的自由的法律教学组织，这就是一所大学建立的标志。[12]

这样的观点合情合理吗？今天没有学者怀疑，在 11 世纪和 12 世纪，各地都存在着数量相当可观的学校，出现了许多非常成功的独立讲学的教
6 师（在他们身边，聚集着大批学生）。在博洛尼亚，法学博士（他们是活

---

⑨ 关于周年纪念庆典活动和大学史研究著作之间含糊不清的关系参考 N. Hammerstein, ‘Jubiläumsschrift und Alltagsarbeit. Tendenzen bildungsgeschichtlicher Literatur’, *Historische Zeitschrift*, 238(1983), 601-633; J. Verger, ‘Du bon et du mauvais usage des anniversaires’, *Histoire*, 115(Oct. 1988), 78-80。关于博洛尼亚：Denley, ‘Recent Studies’(注释 1), 193; Rashdall, *Universities*, vol. Ⅰ, 88。有关德意志民主共和国：W. Fläschendräger and M. Straube, *Die Entwicklung der Universitäten, Hochschulen und Akademien im Spiegel der hochschulgeschichtlichen Forschungen (1960-1969)-Literaturübersicht*, Informationen und Studien zur Hochschulentwicklung, 12(Berlin, 1970)。

⑩ G. Cencetti, ‘Studium fuit Bononie’, in G. Arnaldi(ed.), *Le origini dell'università* (Bologna, 1974), 101-115.

⑪ L. Schmugge, ‘“Codicis Iustiniani baiulus”—Eine neue Quelle zu Magister Pepo von Bologna’, *Ius Commune*, 6(1977), 1-9. H. G. Walther, ‘Die Anfänge des Rechtsstudiums und die kommunale Welt Italiens’, in *Schulen und Studium*, 138-144. 其中没有把佩普当作博洛尼亚的法律教授。

⑫ Eco, *Bologna 1088-1988*(注释 7), [14].

跃的律师和法官）与他们的学生一起形成了自由的法人团体[13]。不同的研究者还有一个共识（正如以后各章所展现的那样），即在13世纪被授予特殊的自由和特权的学生组织（博洛尼亚大学）或教师和学生的组织（巴黎大学），为高等教育的形式奠定了基础。这种形式在中世纪被称为大学馆（*studium generale*），后来被称为大学。

由于这种原因，阿贝拉尔早已不再被当作巴黎大学的创办者；在12世纪的前40年，他先后在默伦、科贝伊和巴黎讲学，部分时间是在一所教会学校，部分时间作为最著名的独立教师。[14] 同样的原因，萨勒诺（Salerno）医学校也失去了作为欧洲最古老大学的盛名；[15] 它至多被当作一所“原始大学”。[16] 当然，这丝毫无损萨勒诺医学校的声誉。在10世纪，它是一所培养医生的学校；在12世纪，它是医学中心；在13世纪，它是医学教学和研究的楷模。[17]

最早一批大学的起源是一个非常复杂的过程，这个过程将会在下一章说明。博洛尼亚大学或巴黎大学也许可以被称为最古老的大学，这主要取决于那些构成大学的各种要素的权重。如果把法人团体的存在作为唯一的衡量标准，博洛尼亚大学就是最古老的大学，但这有些勉强。在博洛尼亚，到12世纪末，来自国外学习法律的学生们自己组织了“同乡会”，随即发展成为欧洲中世纪大学的基本组织形式。如果把各个学科的学生和教

---

⑬ P. Weimar, ‘Zur Doktorwürde der Bologneser Legisten’, in C. Bergfeld (ed.), *Aspekte europäischer Rechtsgeschichte. Festgabe für Helmut Coing zum 70. Geburtstag* (Frankfurt, 1972), 422.

⑭ Rashdall, *Universities*, vol. Ⅰ, 276-278. 参见 S. C. Ferruolo, *The Origins of the University. The Schools of Paris and their Critics* (Stanford, 1985), 24。

⑮ P. O. Kristeller, ‘The School of Salerno, its Development and Contributions to the History of Learning’, *Bulletin of the History of Medicine*, 17 (1945), 138-194；再版时选入 P. O. Kristeller, *Studies in Renaissance Thought and Letters* (Rome, 1956), 495-551。

⑯ Cobban, *Medieval Universities*, 37.

⑰ P. O. Kristeller, ‘The Curriculum of Italian Universities from the Middle Ages to the Renaissance’, *Proceedings of the PMR Conference*, 9 (1984), 3.

师团体结合成为一个单一的法人组织作为决定性的衡量标准，那么最古老的大学当首推巴黎大学，它肇始于 1208 年。[18]

只有在举行学术典礼、排列座次而必须决定哪些校长应该处于优先位置时，哪一所大学是最古老的这个问题才有实际意义。大学诞生的年代之所以重要，是由于庆典的社会意义和心理意义。然而，正如在第二章将要说明的那样，[19] 确定大学诞生的确切年代是非常困难的，而且经常是武断的。
7 这不仅对最古老的大学是如此，它们通常是逐渐形成的，是在不同的时期通过各种书面文件的正式认可从而“在习俗中成长起来”的；[20] 甚至在那些通过明确的法令或法律建立的大学，也会产生究竟哪一个特殊事件应该被确认为大学的诞生日期的问题：是地方当局建立一所大学的决定或认可一所已有的学校为大学？还是教皇、皇帝或王室的认可或捐赠？还是市政当局行政官的决定，或者教学工作的开始？

至于中世纪大学是否有先驱者或模式，这个问题比较容易回答。与当代大学非常相似的是，那些早期的大学也把它们的起源追溯到尽可能早的年代。在博洛尼亚大学，1226—1234 年出现了一份伪造的大学创立年代文件，这份文件宣称博洛尼亚大学是公元 423 年罗马帝国皇帝狄奥多西斯建立的。[21] 巴黎大学则认为它是由查理曼创办的，由于他的功劳，巴黎大学能够把自己当作罗马高等教育传统的继承者。[22] 一些人宣称牛津大学的起源甚至更早：在特洛伊城被破坏之后，特洛伊人征服了大不列颠，据说与他们一同前来的一些哲学家在牛津为自己找到了一个适宜的地方。一种比较审慎的传统观点则把阿尔弗雷德大帝（848—899）当作牛津大学的创办者。[23] 所有这些虚构（它们受到了人文主义者的质疑或反驳）都可以归

⑱ *CUP*, vol. Ⅰ, 67, no. 8; Verger, ‘Naissance’（注释 4）, 86; Ferruolo, *Origins*（注释 14）, 5.

⑲ 参见 pp. 45ff.。

⑳ 参见 Miethke, ‘Kirche’（注释 4）, 290; Denifle, *Entstehung*, 231。

㉑ A. Borst, ‘Geschichte an mittelalterlichen Universitäten’, *Konstanzer Universitätsreden*, 17 (1969), 24-30.

㉒ Stelling-Michaud, ‘Histoire’（注释 3）, 99; Cobban, *Medieval Universities*, 14.

㉓ J. Morris, *The Oxford Book of Oxford* (Oxford, 1978), 3ff.

结为中世纪的实际情况；当时，为了表明机构的合法性，就往往把它的起源追溯到古代。把中世纪大学的起源追溯到古代，是为了证明它们的知识内容的基本特征来源于古代，此后由圣奥古斯丁和其他教父将其基督教化。中世纪的学者们通常认为，他们是站在古代那些巨人肩膀上的侏儒，因而才能看得更远。㉔ 不论怎样，大学的组织形式都不能追溯到古典时代，也没有受到拜占庭的影响。㉕

中世纪大学的组织模式起源于伊斯兰学校，这是有可能的（第十章和 8
第十一章明确说明了后者在哲学、自然科学和医学学术活动中的重要作用）。英国研究伊斯兰教的学者对于“阿拉伯人创造大学了吗？”这个问题给出了明确且肯定的回答。他们坚持认为，伊斯兰的学术机构是把外国学生组织起来形成同乡会想法的渊源，也是通过授予教学许可证、学位服、学士头衔，从而使教学资格具有普遍有效性的思想渊源。㉖ 当然，对于两者间那种姻亲关系的良好祈愿常常混淆了“因此之故”和“在此之后”之间的区别，而且无法阐明中世纪大学的组织形式是否是及如何从前者演变过来的。同时，认识这两者之间的亲密关系需要具备敏锐的识别能力，这要求熟悉和了解西方和伊斯兰世界的知识传统。“学士”这个术语并不能算是 12 世纪伊斯兰世界的舶来品，因为在 9 世纪这个术语已经在使用了，作为一个拉丁语名词，它是指在社会各行各业中处于预备期的或辅助性的身份地位。美国的伊斯兰文化研究专家马可蒂斯——这是一位值得认真对

㉔ 参考 R. K. Merton, *On the Shoulders of Giants. A Shandean Postscript*(San Diego/New York/London, 1985；第 1 版, New York, 1965)。

㉕ Cobban, *Medieval Universities*, 20ff.；P. Speck, ‘Die Kaiserliche Universität von Konstantinopel. Präzisierungen zur Frage des höheren Schulwesens in Byzanz im 9. und 10. Jahrhundert’, *Byzantinisches Archiv*, 14(Munich, 1973), 69-91；C. N. Constantinides, *Higher Education in Byzantium in the Thirteenth and Early Fourteenth Centuries*(*1203-约1310*), *Texts and Studies of the History of Greece*, 11(Nicosia, 1982).

㉖ R. Y. Ebied and M. J. L. Young, ‘New Light on the Origin of the Term “Baccalaureate”’, *Islamic Quarterly*, 18：1-2(1974), 1-7；R. Y. Ebied and M. J. L. Young, ‘Did the Arabs invent the university?’ *Times Higher Education Supplement*, 2 May 1975.

待的学者——在研究伊斯兰和西方的学术组织模式及它们通过类似大学制度的传播过程中，发现了18处密切相关的地方。然而，他的研究结论是，“大学是12世纪西方基督教世界的世纪产物，这不仅仅体现在大学的组织方面，而且表现在大学从教皇和国王那里获得到的特权和保护方面”。但是涉及学舍，情况是完全不同的，他认为学院源于伊斯兰的模式。[27]

大学从其他中世纪机构借鉴的东西更为重要。正如第二章所表明的那样，大学的概念正是源自各种法人团体的称谓。然而，“师生共同体”或“学习团体”这个称谓本身必须进一步加以补充说明，才能用来指称大学。法人团体的显著特征、特权、法规、印章、宣誓，以及官员的职能和头衔，所有这一切因素都与当时的法律和组织形式具有密切的关系。[28] 作为一个整体，就像本书各章节中所描述的那样，中世纪大学是其社会环境的组成部分和具体体现。

大学：社会的产物和塑造者

9 如何解释大学的起源？大学是它所依存的社会的产物，还是塑造社会的因素？对于这些问题的回答不能仅仅依赖于研究的进展。此类问题的答案与现实的政治背景及当前高等教育政策的论争相关并受它们的影响。[29]

迈那斯的比较大学史（本书在“前言”中已经提及），写于1802—1805年，是其在论述高等教育政策的巨著出版之后不久就开始撰写的。在这部巨著中，作者通过与实用功利教育的对比，强调了科学教育和理论教育的重要性，并且提出许多教育改革的建议，其目的是反对当时企图把

㉗ G. Makdisi, *The Rise of Colleges, Institutions of Learning in Islam and the West* (Edinburgh, 1981), 287ff.

㉘ Verger, ‘Naissance’’(注释4), 90; P. Michaud-Quantin, ‘*Universitas*’. *Expression du mouvement communautaire dans le Moyen-Age latin* (Paris, 1970).

㉙ 在拉希德的《欧洲中世纪大学》第Ⅰ卷(Rashdall, *Universities*, vol. Ⅰ, 12 n. 2)中，把德尼夫勒和考夫曼的争论当作一种思想灌输的文化战争。

大学改造成高等职业训练学校的做法。[30] 因此，迈那斯把早期大学视作“人类精神取得巨大进步的宣言”[31]，同时还用启蒙运动关于人类对知识的追求永无止境的思想解释这些大学的起源。通过揭示 12 世纪不断增长的独立讲学的教师的数量，以及那些具有自觉意识的学者们为了争取对其权利和特权的认可而进行的成功斗争，迈那斯解释了大学的起源。他用一种非常令人惊奇的精确方式剖析了所获得的资料，继而探究了中世纪学术共同体的出现和发展。他毫不怀疑中世纪大学不是其所在社会环境的附带产物，而是形成社会环境的重要因素。由此，他只关注社会环境对大学的积极影响和对大学所造成的危害。

在德尼夫勒、考夫曼和拉希德的著作中，也能发现这种基本的态度和立场，这些著作出版于 1885—1895 年。比起迈那斯的著作，这些著作显得更加学术化，更具有批判性。甚至到 1923 年，“古老和普遍的学者团体”仍是美国中世纪研究专家查尔斯·霍默·哈斯金斯著作中关注的中心；[32] 德-伊尔塞也同样如此，在他 1933—1935 年出版的《大学史》中， 10
大学历史基本上被当作知识分子历史的一部分。[33]

根据马克思主义的观点：

> 资产阶级和帝国主义的历史编纂频繁地反复重申这个命题，即存在着与阶级和阶级斗争毫无关系的纯粹的学术和大学理念……历史已经揭示出那是一个错误、一种曲解……学校和高等教育机构是为了训

㉚ C. Meiners, *Über die Verfassung und Verwaltung der deutschen Universitäten*, 2 vols. (Göttingen, 1801-1802; reprint, Aalen, 1970).

㉛ C. Meiners, *Geschichte der Entstehung und Entwickelung der hohen Schulen unseres Erdtheils*, vol. Ⅰ (Göttingen, 1802; reprint, Aalen, 1973), 7.

㉜ C. H. Haskins, *The Rise of Universities* (New York, 1923), 126.

㉝ d'Irsay, *Histoire des universités*, Ⅰ.

练那些维护统治阶级的统治所需要的人才而建立的。[34]

1956 年，在耶拿和莱比锡发表的演讲中，格伦德曼立场鲜明地反对大学取决于“统治阶级需要”的观点。他认为，大学的出现确实受到社会和经济发展的促进，包括“由十字军东征所促进的商业和交通的兴盛；随着城市发展而诞生的货币经济或早期资本主义（它也一直影响着城市），特别是在意大利和法国；以及农业生产的改进和农民地位的提高”。但是，这些发展无论如何也不会形成大学。

> 人的职业、职业培训或普通教育的需要，政府的、教会的、社会的，以及经济的要求和动机都不是主要的、本质的或根本性的和决定性的因素，这些都不是构成作为全新社团和教学、学习场所大学的起源及其本质的基础。恰恰相反！概括地说，刺激大学出现和成长的根本原因是对学术和科学的兴趣，是学习和了解世界的需求，是“探索知识的欲望”。[35]

格伦德曼的论点由于过于理想化，或者说过于意识形态化而受到批评。克拉森在 1964 年指出，对知识的纯粹热爱与其说体现在巴黎大学，还不如说更具体地表现在沙特尔的大教堂学校中。他的问题是，一所大学为什么及如何恰恰就出现在这个地方而不是在别的地方。“除去知识分子的因素之外，似乎还有其他力量和驱动力，使大学可能成为一种新的社会

㉞ G. Steiger and W. Fläschendräger (eds.), *Magister und Scholaren, Professoren und Studenten, Geschichte der Universitäten im Überblick* (Leipzig, 1981), 12; M. Steinmetz, 'Die Konzeption der deutschen Universitäten im Zeitalter von Humanismus und Renaissance', in *Les Universités européennes du XIVe au XVIIIe siècle, aspects et problèmes. Actes du Colloque international à l'occasion du VIe Centenaire de l'Université Jagellonne, Cracovie 6-8 Mai 1964* (Geneva, 1967), 115; W. Prahl, *Sozialgeschichte der Universität* (Munich, 1978), 13.

㉟ Grundmann, *Ursprung* (注释 6), 36, 39.

组织形式。”他引用了阿贝拉尔的自白和知识渊博的布卢瓦的彼得的名言。阿贝拉尔说，是金钱与名誉、贪婪和野心促使他从事教学。彼得（1180 11
年，他成了宫廷的宠臣）则说：“有两样东西促使人们去刻苦学习法学，那就是追逐权力和追求名望以满足虚荣心。”基于这些理由，克拉森的结论：

> 12世纪的学校和13世纪的大学从未把自己的目标确定在为宫廷和市政当局培养专门人才方面。然而，在大学中形成的新的社会组织模式部分地是由社会造成的，因为大学是广泛社会群体的兴趣所在，这使得高等学校有可能成为永久性的独立机构。从一开始，教育就受到探索真理的基本冲动与众人获得实际训练的需要之间张力的支配。相应的，尽管非其所愿，学校却形成了新的学术等级，改变了整个社会结构，使社会更为充实、更加复杂。[36]

今天，大多数学者赞同这种观点——这至少是对格伦德曼的命题进行讨论的结果。[37] 科班和艾什比较多地强调城市化社会的需要，强调教会和政府官僚体制的需要。[38] 勒戈夫和萨瑟恩则强调大学从社会的压力下解放出来。[39] 但是，简单的观点是难以令人接受的；任何一位严谨的史学家都不会认为，大学是从天而降来到这个社会的，或者是作为一种社会生产力的功能简单地从社会中生发出来的。大学和孕育了大学的社会之间彼此作

㊱ Classen, *Studium*（注释 4）, 25.

㊲ Verger, ‘Naissance’（注释 4）, 86; A. Seifert, ‘Studium und soziales System’, in *Schulen und Studium*, 604ff.; Arnaldi (ed.) *Origini*（注释 10）, 15ff.

㊳ Cobban, *Medieval Universities*, 8; A. Esch, *Die Anfänge der Universität im Mittelalter. Rektoratrede Universität Bern 1985* (Berne, 1985), 8ff.

㊴ J. Le Goff, Les Intellectuels au Moyen Age, *Le Temps qui court*, 3 (*Paris*, *n. d.* [1957]), 73; *J. Le Goff*, ‘Les universités et les pouvoirs publics au moyen âge et à la Renaissance’, in *Rapports du Ⅻe congrès international des sciences historiques*, vol. Ⅲ, *Commissions* (Vienna, 1965), 189; R. Southern, ‘From Schools to University’, in *History of Oxford*, 35.

用、互相影响。如果没有理性主导的探索知识的精神冲动，就不会有大学，“但是精神本身并不能创造大学”[40]。作为新的社会机构，大学只有在中世纪某些具有特殊的政治、经济和社会条件的城市中才可能出现。

在现有的知识状况下，我们还不能回答这样的问题：大学产生的决定性因素是什么？或者这些因素怎样集合在一起，才能把开创者和成熟的学者汇聚在一个其权利和特权得到公共权威保护的法人团体中？但不管怎样，早期大学诞生的历史确实提供了一些启示。

12 最早在博洛尼亚出现的私人法律学校向大学的转变，也许受到了许多外部因素的影响。这些因素包括以下事实，即博洛尼亚是一个商道交汇的枢纽中心，是北方的朝圣者前往罗马的必经之地，同时皇帝对详细阐释和应用罗马法感兴趣，将其作为一种使其帝国统治合法化的手段。这种兴趣使巴巴罗萨腓特烈一世于 1155 年签署了《安全居住法》,[41] 并且使博洛尼亚的城市自治在神圣罗马帝国衰落后得到加强。所有这些外部因素都对博洛尼亚成为大学的所在地做出了积极的贡献。在整个 12 世纪，那些著名教师的声誉具有同样重要的作用，他们吸引着欧洲各地的学生不远万里来到博洛尼亚。但是，只有当那些在经济、社会和政治上有权势的外国学生们聚集在一起，并且为保护自身利益与城市和教师开展集体斗争时，大学的组织才会形成。[42]

由于卡佩王朝（987—1328）君主制度的巩固，巴黎成为政治、经济和文化的中心。在整个 12 世纪，不同宗教当局控制下的许多学校之间所展开的竞争，导致了名师的集中和学生们的相应汇集。国王们大力支持教育事业的发展，其中的一位国王路易七世本人曾经就是一名学生。虽然各地为学生们提供的食物相当丰富，但是对于他们来说，找到合适的住宿场所的确非常不易。针对这种情况，1180 年和 1186 年，为贫寒学生建造了

---

[40] Classen, *Studium*（注释 4），4.

[41] 参见本书第 3 章，第 78 页。

[42] Cobban, *Medieval Universities*, 49-55.

宿舍。[43] 正如将在下一章中所看到的那样，大学的形成首先得益于名师的努力，他们得到了国王和教皇的支持；得益于因履行共同责任而放松了监管的地方教会；得益于无政府主义的学习安排秩序化。接踵而来的1208—1231年大学师生与教长、宗教团体和市民之间的曲折斗争，同样促进了大学得到公众的认可。[44]

与法国的教会和君主制相比，伦敦的皇家法庭和英国的主教区雇用了更多的教师。[45] 英国的学者们在欧洲大陆学习过，他们对巴黎有着特殊的偏爱。[46] 到12世纪末，当他们希望在英格兰学习时，是什么原因使他们选择了牛津而不是伦敦？新版的《牛津大学史》也提出了这个问题。牛津是 13
一个地方性的小城镇，不能和拥有大教堂的城镇相提并论，当然更无法和伦敦相比。但是，在12世纪80年代，作为皇家管理机关和宗教法庭所在地，牛津获得了战略性的政治意义。这吸引了一些学识渊博的律师们前往牛津，并且促使其中的一部分律师开设法律课程。在这十年间，牛津法律学校是英格兰唯一一所能够吸引外国学生的学校，尽管有些学生来自教育落后的地区，如匈牙利和弗里斯兰。这些发展也吸引了当时一位最著名的神学家亚历山大·尼卡姆来到牛津执教。1209年，为反抗地方政府的极端行为，教师们进行了罢课。直到1214年，在教皇特使的调停或命令下，市政当局保证牛津的学者们享有与巴黎大学同样的自由和特权，教师们才

---

[43] Cobban, *Medieval Universities*, 79-82; Ferruolo, *Origins*（注释 14）, 22-26; 250-254; A. L. Gabriel, 'The Cathedral Schools of Notre Dame', in A. L. Gabriel, *Garlandia. Studies in the History of the Mediaeval University*（Frankfurt, 1969）, 41ff.

[44] 参考 S. C. Ferruolo, 'The Paris Statutes of 1215 reconsidered', *History of Universities*, 5（1985）, Ⅱ; Verger, 'Naissance'（注释 4）, 75ff.。

[45] J. W. Baldwin, 'The Penetration of University Personnel into French and English Administration at the Time of the Twelfth and Thirteenth Century', *Etudes Islamiques*, 44（1976）, 204-210.

[46] A. L. Gabriel, 'English Masters and Students in Paris during the Twelfth Century', in Gabriel, *Garlandia*（注释 43）, 1-57.

停止罢课。[47]

在上述这三座城市中，政治和经济的联合优势，对当地教师及其教育机构的学术声誉尊敬，吸引了大批高质量的学生和教师。这确保了师生团体利益免受地方当局的侵害。在巴黎，它也使不同学校和教师之间的无序竞争得到控制，并且把他们融入“大学”之中。在每一座城市，决定性的因素是教师和学生的利益，首先表现在一种正规的学习模式（这使他们能够自主的工作）上，然后表现在解决他们与地方当局有关自由和特权问题的冲突上，最后表现在中央政权对他们的支持上。

大约在同一时期，蒙彼利埃的医学校也获得了大学的地位，然而巩固这个统一的大学共同体的环境因素非常模糊。但不管怎样，这座名列最古老大学城第四位的城市具有与其他城市相同的某些本质特征。这些特征包括该城地处罗纳河谷地、西班牙和普罗旺斯的三者交汇地带的经济地位；当地文化的发展处于全盛期；最后，蒙彼利埃是医学和法律学校教育非常繁荣的地方，吸引了来自远方的学生。与此同时，蒙彼利埃作为教皇的封地和军事重镇占据着特殊的政治地位。1220 年，教皇派遣一位红衣主教作为特使，代表教廷向大学授予了特许状。

在有些地方，缺乏某一个条件或特征，如缺乏名师的出现，或者缺乏皇室或教皇的支持，大学的出现就会稍晚一些。如帕多瓦大学和帕维亚大学，虽然作为经济上非常重要的货物集散地，它们早就建立了非常好的法律学校。[48] 而直到 1346 年，神圣罗马帝国的第一所大学才出现在布拉格。
14 布拉格地处帝国的东部边境，那里虽然有许多政治和经济力量雄厚的德国城市，这些城市在 12 世纪就有优秀的学校，但是没有大学，这也许归因于“德国社会中占统治地位的阶层对此没有给予充分的支持或反应冷淡”。这些阶层的人士把贵族出身当作在教会中晋升高级职位的标准，这远比法

㊼ Southern, ‘From Schools’（注释 39）, 4-36; R. W. Southern, *Robert Grosseteste. The Growth of an English Mind in Europe*（Oxford, 1986）, 56.

㊽ Walther, ‘Anfänge des Rechtsstudiums’（注释 11）, 121-135.

国严重，在法国，“学术上的优越能够使外国人和非贵族出身的人成为主教”[49]。

这些仅仅是假说。至于为什么在伦敦没有大学，为什么罗马大学（1303）、科隆大学（1388）及美因兹大学（1476）的建立晚于博洛尼亚大学、牛津大学、巴黎大学和萨拉曼卡大学（1218—1219），正如我们在这篇导言一开始就提到的那样，如果能够的话，只能在经过进一步的资料挖掘和分析之后，才能做出结论性的解释。

教会、王权和市政当局的期望

各种各样的社会势力：教皇、皇帝、王公、主教、市政当局、贵族和资产阶级、中世纪后期的农民，以及教师和学生们，他们对大学的期望是什么？什么定义了大学的社会角色？大学的社会角色是对那些复杂而又相互矛盾的期望的反映，只有对这些矛盾进行认真思考，才有可能对其社会角色加以确定。

所有这些社会势力，在他们为生存而战时，都希望从学术和科学知识中得到支持。政权和教会希望得到大学的支持，以巩固它们的统治；学生和教师们探索知识以谋求社会地位；大学城中的居民们想要提高生活水平。但是，就这些目标而言，并不必然需要大学。

正如巴巴罗萨·腓特烈一世在 1155 年颁布的关于学术自由的基本法律中所说的那样，只有通过知识的传播，这个世界才能被照亮，臣民的生活才能遵照上帝及其仆人（即皇帝）的旨意。[50] 这种辞藻华丽的表述非常清晰地表达了世俗最高权力的双重期望。光明的象征意义在中世纪是深受

---

[49] J. Ehlers, 'Die hohen Schulen', in P. Weimar (ed.), *Die Renaissance der Wissenschaften im 12. Jahrhundert*, Zürcher Hochschulforum Universität Zürich, E. T. H. Zürich, 2 (Zurich, 1981), 72.

[50] P. Krüger and T. Mommsen (eds.), *Corpus iuris civilis* vol. Ⅱ (Berlin, 1877), 511; reprinted in Kaufmann, *Deutsche Universitäten*, vol. Ⅰ, 165.

欢迎的，它表达了这样一种观点：学术丰富着知识，并且使社会秩序保持稳定。

15 可以确信的是，佩普并不是博洛尼亚大学的创建者，但是他可能是第一个向皇帝亨利四世解释罗马法的研究能够为社会秩序提供新支撑的人。在一次亨利四世出席的刑事审判中，佩普对一条规定提出了异议。这条规定是，赔偿的抚恤金数量必须与被害人的地位相称。他指出，“神圣的皇帝法律，如罗马法律，根据人类平等的自然法则，禁止对一位自由人或一位非自由人施行不平等的待遇”。不论佩普的精彩辩论给亨利四世留下了什么样的印象，世俗皇帝们显然对罗马法中的条款比较感兴趣——这些条款能够加强他们的财政和政治权力，他们显然热衷于采纳这些条款。[51]

在大学诞生之前，学问和学者就被世俗政权和教会当局寄予类似的期望。实际上，在当时的某些人看来，大学的建立对于真正的学术知识探索和传播来说是一种障碍。值得提及的是一位神学家和诗人——菲利普斯·德·格利维亚，他在1206年成为巴黎大学的一名教师，1218—1236年担任巴黎大学的校长。他曾经对他的同事抱怨道：

> 过去，当每一位教师独立教学的时候，当大学的名字不为人们所知的时候，那时候有更多的讲座和辩论，人们对学术事务有更多的兴趣。然而，到现在，当你走进大学的时候，讲座和辩论越来越少；每一件事情都是仓促地完成，需要用来学习的时间被浪费在开会和讨论中，几乎学不到什么知识。当那些长者在会议上争论和制定规定的时候，年轻人则正在策划罪恶的阴谋和计划夜间的袭击。[52]

可以确信的是，由于菲利普斯·德·格利维亚是教会利益（它对学术活动的监督权力被大学削弱了）的代言人，因此他并不是一位客观的见证

---

[51] Schmugge,‘“Codicis Iustiniani ”’(注释 11),4-8.

[52] Verger,‘Naissance’(注释 4),76 n. 34.

人。然而，同样真实的情况是，12 世纪个别教师的独立讲学活动并没有损害学术。

但是，教皇和君主们在法律上承认那些已经“成长起来”的大学，以及后来通过赐予特权建立其他大学时，他们对大学的期望是什么？显而易见的是，与教团或地方主教们控制的教师相比，那些享有自由权利的学者们组成的法人团体能更好地为教皇和君主的利益服务。

教皇对大学感兴趣的原因有三。其一，在各种各样宗教团体和学者们所持的互相矛盾的信仰中，他们希望合乎理性的教义的地位得到加强；他们特别关注于开展一场反对扩张中的异端邪说的斗争。他们急切地希望加 16
强罗马教廷的集权统治，以反对世俗政权的权力和野心，以及地方封建主的利益。他们也关注、录用那些能够为教廷服务的人员。早在 12 世纪，这种录用标准就认可学术性教育的价值，这种教育能为教会政策中出现的教义和法律问题提供解决方法。学者们变成了红衣主教。两位教皇塞莱斯汀二世（1143—1144）和塞莱斯汀三世（1191—1198）是阿贝拉尔的学生。阿贝拉尔的另外一位学生亚历山大三世（1159—1181）被称为“第一位法学家教皇，不论他是否是著名的科隆教会法学家克雷莫纳的罗兰，他都开创了教廷历史上的新纪元”[53]。13 世纪以后，在大多数情况下，教皇们都上过大学，教皇周围学识渊博的红衣主教也日益增多。[54] 这样，教皇们把大学当作一种在他们直接的司法管辖和保护下能够组织和控制学习，因而也能够处理教廷感兴趣的三项事务的机构。本书第八章详细叙述了那些经过学术训练的人士在教廷中得到任用的情况。

教皇们是如何让个别的大学毕业生乃至大学机构为他们服务的？有人也许会想，这再容易不过了，他们自己创办大学呀。然而，这种情况的发

---

[53] P. Classen, ‘Rom und Paris Kurie und Universität im 12. und 13. Jahrhundert’, in Classen, *Studium*（注释 4），130.

[54] Miethke, ‘Kirche’（注释 4），294-303; J. Verger, *Les Universités au moyen âge*, Collection SUP, l’Historien 14（Paris, 1973），70; R. Avi-Yonah, ‘Career Trends of Parisian Masters of Theology’, *History of Universities*, 6（1986-1987），47-64.

生完全是非常偶然的。最早出现在 1229 年的图卢兹，当时在打击阿尔比教派的战斗结束之后，为了建立反对异端邪说的堡垒，他们强迫伯爵建立并资助一所大学以作为对他的惩罚。正如下一章所表述的那样，这所新创办的大学并没有成功地履行这项使命。在 1245 年，教皇才亲自在罗马创办了一所教廷大学。与之相对比的是，在其他大学创办时，教皇们只是通过颁发特许状，表明自己是大学的合法创办者和保护人，因此也有能力把大学置于自己的控制之下。这种控制包括教皇学监制度，这些学监们自觉地维护教皇赐予大学的特权，以免受地方当局的限制和侵犯。[55] 教皇们也把大学作为传播教令和教义的途径；他们把教义送到大学，通过讲座进行讨论和传播。[56]

17 受俸牧师（即由教会指派到大学学习的牧师）的做法对教会事务有着深刻的含义。教皇们帮助大学和那些具有僧侣和牧师身份的大学生，与此同时，通过解除这些大学生与原所在教区的薪俸关系，教皇把他们置于教廷的控制之下。到 14 世纪，学术机构定期向教皇通报大学学生和毕业生的名单，教皇通过发放薪俸资助学习的方式形成了一种固定的制度形式，此即教会奖学金制度（*rotuli*）。[57] “学术机构的物质条件完全依赖于教会向他们的成员所发放的牧师薪俸。”[58]

大学颁发得到教皇认可的“通用教学资格证（*licentia ubique dicendi*）”——这将在下面两章中进行叙述——具有深远的历史意义。在一开始，这种教学资格基本上在教皇的整个基督教王国都是有效的。但实际上，这种教学资格受到一定的限制，甚至遭到反对。教皇们自己就限制那些从巴黎大学或博洛尼亚大学获得教学资格的人士享受这一权利。除了对

[55] Miethke，‘Kirche’（注释 4），314.

[56] Classen，*Studium*（注释 4），292.

[57] A. Borst，‘Krise und Reform der Universitäten im frühen 14. Jahrhundert’，*Konstanzer Blätter für Hochschulfragen*，9（1971），55；Verger，*Universités*（注释 54），128ff.；D. E. R. Watt，‘University Clerks and Rolls of Petition for Benefices’，*Speculum*，34（1959），213ff.

[58] G. Ritter，*Die Heidelberger Universität*，vol. Ⅰ，Das *Mittelalter*（Heidelberg，1936），44.

这种教学资格的普遍有效性加以限制之外，大学的教师组织通过限制普通教授职位，即“名额限制（*numerus clausus*）”来保护自身利益，抵制来自外界的竞争。[59] 此外，一些大学的管理机构为了使教师们为自己的大学服务，拒绝承认那种可以在任何地方进行教学的权利。[60] 实际上，“教学资格证”的普遍有效性更多的是用于表明一种教学的能力倾向，而较少应用于教学职位的确定。即使在今天，情况也仍然如此；从字面意义上来讲，它表明了“普遍教学自由”对大学机构和现代学术职业的基本意义。依据教皇的法律，大学的结业考试具有普遍的有效性。因此，大学机构就具有了按照超越其地域的标准来管理学习内容和结业考试的职责。这不仅使大学更加走向自治，而且对学术史和文化史产生了巨大的影响。由此，探索知识和传播知识的这一普遍价值（这种价值自古以来就一直得到人们的承认）在大学中得到了制度安排。从那时候起，这种价值一直在延续，直到今天。不管怎样，它是高级大学学位获得者的共同体，即科学和学术 18
共同体、知识共同体的共同使命和责任。

尽管当局不得不以司法介入来平息大学内部的纷争，但是不同学说之间的冲突（12世纪以来它们经常导致哲学学说和教师受到谴责，两个世纪后它们被表述为“古代派”与“现代派”之间的对抗[61]），仍然在大学中发生。发生在学者与学者之间、学者与大学之外的人士和组织之间的冲突，促进了学术制度的发展。在这些冲突中形成的脆弱结构，通过大学内部协调冲突的规则和实践而得到加强，从而使大学（studium）成为教会（sacerdotium）和王室（regnum）之外的第三种权力机构。

---

[59] 参考本书第5章，第149页；Rashdall, *Universities*, vol. Ⅰ, 14ff.，拉希德得出的结论是“教师身份降低到一种得到普遍认可的声誉，除此之外再无其他意义”。

[60] Borst, ‘Krise und Reform’(注释57), 57.

[61] 参考本书第13章，第438页。在海德堡大学，1440年后有过激烈的辩论和冲突，并且以选帝侯（*Kurfürsten*）的介入和两个学派各自建立机构而告终。参考 P. O. Kristeller, ‘Scholastik und Humanismus an der Universität Heidelberg’, in G. Keil, B. Moeller, and W. Trusen (eds.), *Der Humanismus und die oberen Fakultäten*, Mitteilung ⅩⅣ der Kommission für Humanismusforschung (Weinheim, 1987), 6。

法国、英国和西班牙的国王们和后来葡萄牙、奥地利、波希米亚、波兰、匈牙利的国王们，以及仿效他们的王公贵族们，期望他们的大学能在智力和人才方面有效地帮助他们建立和巩固管理制度和行政体制，以求战胜城乡贵族之间的离心力量。确实，他们经常通过建立大学来证明他们关心自己管辖范围内的年轻人，这些年轻人希望在本地学习，以免除国外学习的昂贵费用和负担。[62] 但是，事实上，他们更为关心的是把这些年轻人与自己的政治利益联系起来。一个典型的事例是，腓特烈二世在 1224 年建立了那不勒斯大学，他的目的是要瓦解博洛尼亚大学。[63] 作为国家大学的原型，那不勒斯大学在 5 年后解体；300 年之后，它成为广泛传播的大学组织模式。

城市对大学的期望是什么？大学通过特权、免税、限定最高房租和其他不利于城市利益的方式来保护学者和学生的集体利益免受市政当局和市民的损害。最初，市政当局站在自己的立场并不需要大学向它们提供经济活动所必需的智力和法律方面的知识。这些知识包括商人所需的初级算术和读写识字能力、公证人和文书们需要熟练掌握的公文语言，乃至跨区域
19 的职业和职位所需的高级教育。所有这些需要在没有大学的帮助下都能得到满足。

然而，在那些著名学者和他们的学校对城市政治和经济发挥作用的地方，市政当局更感兴趣的是稳定而持续的规章制度，而不是临时性的安排。从 13 世纪后期开始，大的商业城市已经清醒地意识到拥有大学的优势，大学能够提供律师解决普通法无法处理的法律问题，以及提供能为王权服务的文职人员。它们对培养市民后代也抱有兴趣，这些市民后代会选择在本地大学中从事智力职业。这样，城市很快就认识到大学所提供的这种可信赖同伴关系的优势，它们开始尽力想控制大学。在城市国家中，越

---

[62] Borst,'Krise und Reform'(注释 57),55.

[63] 参考本书第 3 章，第 87 页。

来越多的教师由市政当局支付薪水[64]，大学开始处于地方政权的控制下[65]。

巴塞尔就是关于这种期望的一个很有意义的例子，这种期望在中世纪后期导致了众多城市的市政当局创建自己的大学。1431 年，巴塞尔议事会建立了中世纪大学历史上独一无二的大学，叫作议事会大学。1449 年，这所大学与议事会一起解散。埃涅阿斯·西尔维尔斯曾经在这个议事会担任文书；1458 年，当他成为教皇即庇护二世后，原议事会大学的一些巴塞尔籍毕业生认为此时是建立一所城市大学的恰当时机。此举很容易就获得了教师的支持，并且同意重新分配牧师俸禄以充作教授薪水，虽然他们为此事疏通关节也花费不少。更困难的是如何让那些心存疑虑的市民相信在他们的城市中建立一所大学是有价值的。1460 年，市民们被说服同意继续建立大学，这与其说是市民们认为这种机构的价值有助于实现基督教理想并让他们自豪，不如说是出于对经济和政治利益的考虑。市民们陶醉于辉煌的前景之中：大学的建立能为巴塞尔市民后代跨进医学和法律职业界和晋升地区教会高级职位提供便利，并且增强了与其对手布雷斯高的弗赖堡地区在政治和经济事务方面的竞争力（弗赖堡虽然已经决定建立一所大学，但始终没有建成）。市民们投入了一笔数目不小的经费，他们希望富有学生的涌入会带来经济上的收益，这也许有利于抑制巴塞尔的经济衰退。巴塞尔的市民被告知，如果大学有 1000 名学生，那么他们每年在巴 20
塞尔的花费将增加 20 000 基尔德金币。[66]

预想中的前景并没有很快实现。教皇承诺的牧师俸禄受到挤占，并未完全落实。前来巴塞尔的外国学生（首先是富有的学生）比预期的人数

---

[64] H. Koller, 'Stadt und Universität im Spätmittelalter', in E. Maschke and J. Sydow (eds.), *Stadt und Universität im Mittelalter und in der frühen Neuzeit*, Stadt in der Geschichte, 3(Sigmaringen, 1977), 87; T. Bender(ed.), *The University and the City. From Medieval Origin to the Present*(New York/Oxford, 1988), 3-58.

[65] 参考本书第 3 章，第 96—97 页。

[66] E. Bonjour, *Die Universität Basel von den Anfängen bis zur Gegenwart 1460-1960*(Basle, 1960), 21-38. 参考鲁汶：J. Paquet, 'Bourgeois et universitaires à la fin du Moyen-Age', *Le Moyen-Age*, 67(1961), 312-340.

少。这种情况在大学开张第一年的一份任职合同中得到体现。合同规定，最高薪水的发放取决于待聘任的教授自己是否带来3名学习宗教法的贵族学生和40名学习民法的出身高贵的学生及他们的随从。[67] 直到半个世纪以后，由于形成了一个非常成功的书籍出版业，这所大学才开始为城市带来现实的经济收益。

教师和学生们的期望

教师们对大学的期望是什么？我们已然看到，这种期望并不是探索知识的欲望（amor sciendi）诸如此类的东西，而是教师和学生们不确定的社会地位，这才是早期大学建立的诱因。保护学者个体的权利是帝国法规之中向外国学生所保证的条款，但假如皇帝不能付诸实施的话，它们就变成了一纸空文。学者们在市政当局和教廷官员面前有组织地集体表述自己的利益，会在极端情况下发挥重要作用。例如，学者集体从一个市镇迁移到另外一个市镇；这为个体创造了自由和安全的空间，免受物质方面的剥削和政府或教廷官员们的专横管理，而这种自由和安全是学者们研究和学习所必需的。至于我们所提到的大学成员所涉及的许多法律和经济上的特权，将在本书第七章和第八章加以详细说明。前文所述的“教会奖学金”名单（它是由大学定期汇编的）会给大学的成员带来物质上的利益。“大学教育——那时候和现在一样——基本上为每一个学生都提供了获取未来牧师俸禄的机会。”[68]

这种言过其实的叙述确实适用于大量渴望在教会中谋取职位或已经占据着某些职位的学生。但是，总的来说，在博洛尼亚模式的大学中，世俗学生也不少见；到15世纪，世俗学生在所有的大学都已普遍存在，就像在本书第七章中所说明的那样，他们也期望从大学的学习中获得更好的条

---

[67] J. Rosen, ‘Die Universität Basel im Staatshaushalt 1460-1530’, *Basler Zeitschrift für Geschichte und Altertumskunde*, 72(1972), 177.

[68] Ritter, *Heidelberger Universität*(注释58), 44.

件——如果他们并非出身于传统的上层社会的话——以便增加谋取公共管 21
理机构中任职的机会。正因如此，他们对于大学所提供的系统有序的学习进程非常感兴趣，他们甚至坚持要求这一点——例如，在博洛尼亚大学，那里的学生行会在一开始聘请教授时，就通过罚款来监督教授是否良好地履行自己的教学职责、是否准时上课、是否上了足够课时，为了支付罚金，教授们必须事先存下一笔钱来支付保证金。

中世纪大学的社会角色主要在于训练以更理性的方式行使教会的、政治的和社会的权力。这似乎与事实相矛盾，除了大学教师的职业之外，中世纪大学的学习课程、考试和学位并不提供任何其他职业的训练。学术训练第一个阶段的终结授予学士学位。获得学士学位并不能证明什么，只不过说明获得者有能力和权利作为一名学徒，在一位教师（*magister*）的监督之下，在一个特定领域从事教学的辅助工作。硕士学位或博士学位则证明了一种能力，以及如“通用教学资格证”所意味的一样，有正式独立举办学术讲座的权利，而且在许多大学里面，这种讲座至少开设两年。[69] 这样，大学教师就构成了一个超越地域和学科界限并拥有独特知识的社会群体，他们享有高度的特权。他们逐渐意识到自己是大学精英，他们的精神气质也适宜于他们的地位，他们也这样被社会及其统治者所接受。作为源于中世纪的遗产，这项大学内部学术资格的安排仍象征性地保留在牛津大学的评议会中，它是牛津大学的最高管理机构。评议会仍然由教师组成，但也包括文科硕士学位获得者和神学、法律、医学的博士学位获得者（他们并不是大学的活跃成员），以及其他学位的获得者。今天，这个机构的权力主要局限于选举荣誉校长（chancellor）和选聘诗学教授。

在大学之外，学位并不意味着从事任何特定职业的资格。神学的学习不是成为牧师的先决条件，但是，在既没有贵族血统又缺乏超凡能力的情况下，神学学习能使获得高级神职变得更容易。正如本书第十一章所表明的那样，在中世纪，只有少数医生接受过大学训练，因此他们自认为是精

---

[69] 参考本书第 5 章，第 147 页。

英；然而在医生行会中，与那些没有医学学位的医生相比，他们并不具有
22 优先权。在一些意大利的大学城中，要得到法官的职位，必须接受法律教育，但是并不一定要获得一种学位，而只需证明自己拥有最重要的法律书籍。[70] 在通常的情况下，担任法官、从事公证人职业或在一所学术机构执教，并不要求拥有一个学位。即便如此，进入大学学习对于那些希望从事以上职业的人来说还是非常有吸引力的，因为这些职业关乎公众利益，同时也不是通过具体经验或传统就能掌握的。只有很少的学生把从事学术研究作为终身事业。事实上，职业训练是大学教育的主要目的。

首先，除了社会出身，正是在学院中获得的知识和技能为从事相应的实践活动提供了便利。在15世纪，对于贵族和大资产阶级的子孙来说（正如本书第七章和第九章所解释的那样），进入大学不过是在完成主流的骑士教育之后的扩充而已。但是，对于比例很大的其他学生（他们更多的是来自中产阶级），昂贵的费用使他们不能完成学业，也无法获得学位。在15世纪，学位被当作一种学术证明，在某种程度上，它是竞争教会和世俗职位的重要筹码。在增补重要的牧师和官员时，也会考虑学位的级别。这样，从没有学位到产生学位，大学教育成为从事拯救灵魂、法律实践、政府管理、医疗和教育等各类职业精英们的显著标志。

当然，正如本书第八章所表明的那样，不是大学教育本身就能决定从事学术职业的人的社会地位，传统的统治家族和阶层的出身、财富和收入、特殊职位的威望，都与个体的社会地位密切相关。然而，到中世纪末期，由于大学，学术教育成为社会分化的一个标志，而博士头衔近似于贵族头衔，成为一种受到人们尊敬的称谓。

至此，我们转而探讨探索知识的欲望对于大学的意义。学术教育对职业的社会价值（这是当前研究的主要关注点之一），只有通过大学才能实现，因为旨在理性地探索真理的学习和教学活动是制度性的规则和学院秩序化课程安排的本质。大学的本质被不恰当地称为“象牙塔”；大学公开

---

[70] Walther, ‘Anfänge des Rechtsstudiums’（注释11），132.

宣称的功能是提供亚里士多德式“沉思的生活（*bios theoretikos*）”、为理智而进行理智训练。大学潜在的功能是为培养实际事务的专门人才、促进 23
“实践的生活（*bios praktikos*）”和满足社会需要做准备，但这并不能否定其为知识而追求知识的社会价值，这种实际的功能是以探索知识欲望的重要性为先决条件的。如果大学只是作为一种追求物质利益和自由的法人团体，它本应与中世纪其他机构具有同样的命运，而这些机构已经销声匿迹了。正是大学组织和学科所共同担负的探索知识的责任，赋予了学者和教师的特权与自由某种意义，从而超越了他们直接的物质利益，确保大学在其最显著的活动（即学术的、科学的教学与研究）中保持自治。

学院[❶]组织的起源和局限

当人们寻找大学管理机构为组织和监管大学行使集体性职责的最早证据时就会发现，一直以来就存有一个标准规范，正是这个标准规范使人们承认大学或与其类似的组织是高等教育机构。这就是将学位（特别是博士学位）的授予建立在学术委员会决议的基础之上，学术委员会对这个决议负责。

1213年，巴黎教长颁发了“大学的大宪章（*Magna Charta*）”；1231年，“大学的大宪章”被选进教皇格列高利九世颁发的圣谕《知识之父》（*Parens Scientarum*）中。它限定了教长的责任，即在聘任神学和教会法的教师时，必须经由教授投票。申请大学教职的候选人必须通过学院的考试。[71] 确实，教师个体和其学生之间的关系对中世纪大学是非常重要的。所以，正如本书第六章所描述的那样，在过去，一个人只有当他敬慕某个特定的教师时，才会成为这位教师的学生。但是，与早期的情况相反，评价学生表现的权利不再留给教师个人，也不再留给教会当局。此后，教师

❶ 学院（faculty），也有“学部”“系科”“学科”“系”“教授会”等译法。

[71] 本部分内容及以下内容参考 Verger，‘Naissance’（注释 4），80ff.。

必须把他的学生情况介绍给本学科的其他同事，他的同事们必须做出决定是否应该把这位学生推荐给教长，建议教长授予他“教学许可证”并接受这位学生作为同行。一旦证明这位候选人在操行方面无可指责，并且通过了正规的课程学习，就会立刻授予这位候选人教学资格，接受其成为同行。[72]

24 大学要做出这样决定，必然要求有衡量正当行为的最低标准和做出决定的材料和程序。对规定学习课程的考察必然要依赖一整套规则，这套规则规定了最低的学习期限和每一个学科不同级别学位所涉及的知识范围。这些规则也规定了教师的权利和义务，教师在出席考试、仪式、亡故师生葬礼和纪念仪式时的着装，机构的职责，“普通”和“特殊”讲座的课程表，惩戒权，以及教授们反对政治权力干涉的罢课权。1208—1209 年，巴黎大学制定的那些学院规章及誓言细则得到教皇英诺森三世的承认，1215 年再次得到教皇特使库尔松的罗伯特的认可，1231 年在教皇的圣谕《知识之父》中得到公开承认和详细说明。[73]

1219 年前，在博洛尼亚，由法学教师组织的学院博士学位的集体考试播下了“一颗形成博士共同体的种子”。[74] 与巴黎大学早期的章程不同，博士虽然也能被选举进入教授圈子，但要通过由教授主持的持有教学许可证的教会人士出席的真正的考试。[75] 不过，在那些模仿博洛尼亚大学模式建立的大学中，教师并没有形成一个有权力制定大学章程的法人团体；相反，是学生法人团体通过他们的章程，制定学习科目管理和惩罚的规定，即通过罚款处罚履行教学任务过程中出现的不严格遵守时间规定的行为或实质上的错误，这一点前面已经提到。其他规章制度则由市政当局制定。只是到 14 世纪初，数量有限的教学和非教学博士才组成了博士协会（col-

---

[72] *CUP*, vol. Ⅰ, 137, no. 79.

[73] *CUP*, vol. Ⅰ, 67ff., no. 8; 78ff., no. 20; 136-139, no. 79.

[74] Weimar, ‘Doktorwürde’(注释 13), 433.

[75] G. Cencetti, ‘La Laurea nelle università medievali’, *Studi e memorie per la storia dell’Università di Bologna*, 16(1943), 259.

lege)，这些协会此后为城市的公民保留了下来。迄今为止，我们所知的博洛尼亚律师协会最早的章程产生于 1397 年。[76]

为什么直到相对晚些的时候，在博洛尼亚模式的大学中，教授协会才能够组织起来，并且也只在有限的程度上对抗学生法团和政治当局，这个问题仍未得到解释。人们已经列举了各种各样的原因，所有这些原因都可以归结到这个事实上，那就是在这种类型的大学中，有利可图的法学和医学是主要科目，并且在很大程度上由世俗人士负责教学和实践。他们更多地依赖于学费和固定的收入，而文科、教会法和神学的教师，他们的收入 25
则来源于教会的薪俸，这些人在巴黎大学模式的大学中占了大多数。而且，教学和实践之间的联系比较直接地表现在律师和医生职业上。“中世纪的法律教育不是旨在培养法学教师，而是训练法律职业的从业者。”[77]因此，这些大学的博士协会也向从业者开放，并且发挥职业训练的社会功能，而不仅仅承担学术的职责。正如本书第十一章所说明的那样，在医学方面也同样如此。

不过，许多问题仍然无法回答。在以巴黎大学为模式的大学中，教师们既收取讲座费，又领取固定的薪水，其他学院的教师也和法学院、医学院一样。他们不仅训练学院未来的教师，而且培养未来的从业者。在这种情况下，学位证明的不过就是传授已有知识和技术的能力和责任，学院的教师集体负责对学位申请人所达到的能力进行评价。也许是因为在博洛尼亚大学模式的大学中教授毫无势力，因而缺乏长远的集体责任感，任人唯亲在博士协会中变成了一种惯例，从而导致了 15 世纪博洛尼亚法学院的衰落。[78] 另一方面，由于学生缺乏对大学的责任感，因此像阿威罗伊学说和人文主义那样的新知识潮流在意大利的大学里所遭遇的抵制就比在以巴黎大学为模式的大学小得多。在巴黎大学，文学院坚定地坚持某些教义，教学团体的构成更多地受到教义和探索知识的欲望所采取的特殊形式的影

---

[76] Weimar,‘Doktorwürde’(注释 13),441.

[77] Walther,‘Anfänge des Rechtsstudiums’(注释 11),161.

[78] 参见 Cencetti,‘Laurea’(注释 74),273。

响，而较少受到社会出身和职业利益的影响。

学院为学生对大学的责任感提供了组织框架。“在学院中，教师们拥有自治权，特定学科的学生们则被纳入一个共同体中。”[79] 中世纪大学的四种典型学院（文学院、医学院、神学院和法学院）的起源、重要性及其发展，将在本书第四章、第十章到第十三章中加以详细分析。然而，为什么是这些而不是其他的知识领域走进了大学呢？

如果考虑“社会需要”，那么像建筑学、军事技术、造船术、机械制造和开采矿业方面的技术科学，以及像农业、兽医学和制药学方面的应用
26 科学，都应该出现在大学里面。这些学科的训练对中世纪社会都是必需的。因此，如果从社会需要考虑，政治和经济上的统治阶级就应该对这些领域的专家培养和知识发展拥有强烈的兴趣，就像他们对四个学院所涉及科目拥有兴趣一样。在此，我们再一次看到了并不是社会有应用知识的需求，而是由于某些学科的存在表明了其对某些社会要求的价值，导致了大学的建立。

为什么技术学科从学院的教学计划中被排除？乍一看，对这个问题的解释似乎在于中世纪的科学分类，这种分类把知识分为“文科（*artes liberales*）”和“技术学科（*artes machanicae*）”。但是，这并不必然贬低技术学科。早在7世纪，机械学就被认为是“一种知识或理论，它用精巧的方式把万物的创造汇集到一起”。[80] 到12世纪，圣维克多的休斯（1096—1141）甚至赋予机械学更精微的意义。他在他的《大纲》中说道，机械学是科学，通过它，人们模仿自然以便满足物质上的需要。在他的学科分类中，他把“技术学科”置于和“文科”同等的地位。在“机械的”哲学中，他划分出七门科学（他把“机械的”哲学和自然哲学、道德哲学、语言哲学并列）。七门科学中有三门涉及的知识内容在人的身体之外。

---

[79] J. Verger, ‘Fakultät, -en’, in *Lexikon des Mittelalters*, vol. Ⅲ (Munich/Zürich, 1987), cols. 215-217.

[80] B. Bischoff, ‘Eine verschollene Einteilung der Wissenschaften’ *Archives d’histoire doctrinale et littéraire du Moyen-Age* (1958), 16.

首先是涉及各种原料（都用于织布的原料）的纺织技术；其次是涉及各种器械设备的制造工艺（例如，陶器制造、切割石头、建筑、开矿、木工和冶金术）；再次就是航海学，包括各种各样的商业贸易。其他四门科学则是为人的身体需要服务：开垦土地、打猎（包括各种形式的食物储藏）、医学和戏剧艺术。1250 年，巴黎大学教师、后来成为坎特伯雷大主教的罗伯特·基尔沃比，在其著作《学科源流》（*De ortu scientiarum*）中修改了这个方案，将“异教”的戏剧艺术放到建筑学中一个特定的位置；同时，他用其他一些在本质上更为精确的分类取代了过于狭窄的科学范畴。例如，他用原材料艺术取代纺织，用商业贸易取代航海术，用种植取代开垦土地，用烹调取代打猎。与圣维克多的休斯一样，罗伯特·基尔沃比也认为，“技术学科”是哲学的一部分，是人间事物研究的一部分（这有别于对神的事物的研究，即神学）。[81] 如果以这种看待各种知识的方式为基 27
础，大学从一开始就应该把技术科学，连同经济的和经验的科学，以及那些在当时大学中常见的实践性专业包容进来。

但结果是只有一门技术学科，即医学成了大学的科目。正如本书第十一章所提到的那样，由于对阿拉伯医学的格外关注，以及在阿拉伯和犹太医生的帮助下，医学校形成了。一位西班牙籍哲学家、亚里士多德著作的阿拉伯文注释的翻译家多米尼克斯·古恩迪斯萨利诺斯，在大约写于 1150 年的著作《论哲学分类》（*De divisione philosophiae*）中，建议取消“文科”和“技术学科”的划分，他认为每一门学科都应该被划分为一个理论部分和一个实践部分；由于医学事关人类自身（而人类处于自然之巅），因此它应该位居自然科学之首[82]并超越文科。但是，这种分类并没有被接受。由于它试图把医学列入很高的等级，这就使医学被置于文科之中。因此，1239 年，在蒙彼利埃大学医学院新修订的章程的序言中，医

---

[81] R. Kilwardby, *De ortu scientiarum*, ed. A. G. Judy (London, 1976), Cap. 34-41, 122-137. 参考 J. A. Weisheipl, 'The Nature, Scope and Classification ofthe Sciences', *Studia Mediewistyczne*, 18 (1977), 85-101。

[82] D. Gundissalinus, *De divisione philosophiae*, ed. L. Baur (Munich, 1903), 84-88.

学被当作光芒四射的恒星，照亮了“文科”中的其他学科。[83] 正如本书第十一章中所提到的那样，文科的学习和医学的学习通常相互联系，在意大利大学，它们被设置在同一所学院。许多科学分类都将实践医学（包括外科，它被归入技术学科）与思辨医学（它被认为是文科）区分开来。[84]

托马斯·阿奎那在写于1255—1259年评论波依休斯的著作《论三位一体》（*De Trinitate*）中抛弃了这种划分。他认为，与炼金术、农业及所有这种类型的科学一样，医学运用了自然的事物，因此就像女仆就是为了被使唤一样，医学应当依附于自然科学。所有机械科学（医学是其中之一）的目标不在于积累知识而在于实践运用，所以它们应该被当作从属于人类不自由部分（即人体）的活动。因此，它们不应该被当作文科，而应作为附属学科（*artes serviles*）。[85] 这种理论的划分受到了那些反对医学的学者的欢迎。彼特拉克在1355年写成的一篇论战作品《反对医生》中，
28 把农业作为一门有用的技艺与有害的医学做了比较。[86] 萨卢塔蒂于1399年写的《论法学和医学的源流》中，借助阿威罗伊（阿拉伯名为伊本·路西德）的观点，认为法学应高于医学，并且把医学归入技术学科的范畴。[87]

为什么医学会成为唯一在大学中教授的技术学科？甚至建筑——瓦罗（前116—前27）把它与医学都列入九种文科中——也需要相当多的理论知识，特别是数学知识，其地位一点也不亚于“四艺”中的算术和几何，

---

[83] *Cartulaire de l'Université de Montpellier*, vol. Ⅰ, (Montpellier, 1890), 185, no. 4.

[84] Library of Wolfenbüttel, Cod Guelf, 567, chart. ⅩⅤs., fol. 113r.

[85] Thomas Aquinas, *Commentarii in Boethii De Trinitate*, Quaest. Ⅱ, Art. Ⅰ, 英文译本 A. Maurer, *St Thomas Aquinas*, *The Division and Methods of the Sciences* (Toronto, 1953; 4th edn 1986), 19-22.

[86] F. Petrarca, *Invectiva contra medicum*, ed. P. G. Ricci (Rome, 1950), L. Ⅰ. Cap. Ⅴ; L. Ⅱ, Cap. ⅩⅧ.

[87] C. Salutati, *De nobilitate legum et medicinae*, *De verecundia*, ed. E. Garin (Florence, 1947), 24, 216.

在某些方面甚至优于它们。[88] 帕诺夫斯基（1892—1968）在比较经院哲学和哥特式建筑的风格时，曾经把它们的相似归结为共同的精神习惯，即哲学家和建筑学家共同的精神习惯。帕诺夫斯基说，通过学校和大学的经历，或者通过从时代的文化生活中所吸取的“养分”，学者的思维模式影响了建筑的外观。[89] 事实上，只有在少数建筑师身上才可能证明与大学之间的直接关系。这部分人在大学城中的工作包括建设城市的主要教堂和防御工事，他们掌控着技术、艺术和组织方面的事务。这些职责使他们在社会中获得了特殊的地位，因而引起了大学教师们的嫉妒。从 13 世纪开始，建筑物的数量得到了前所未有的增长。建筑师们在大型项目的设计和管理中显得日益重要，他们作为市政当局、王公贵族和皇家法庭建筑事务的负责人，在社会上日益受到尊敬。这些工程项目使对那些不但具备实践经验而且拥有理论知识的建筑人才的需求大幅增长。[90]

无论是社会对建筑的需求，还是学科本身或科学分类，都无法解释把建筑学排斥在大学教学科目之外的原因，其他的技术学科也同样如此。[91] 古代的文献资料并不缺乏这样的记载，证明这些学科被包含在教学大纲中，并且做出了相应的教学安排。维特鲁威提供了科学探讨建筑艺术的出发点。这种观点确实被一些非官方的学者和艺术家所接受。例如，利昂·29
巴蒂斯塔·阿尔贝蒂于 1452 年所写的《建筑十书》、阿尔贝图斯·马格努斯写于 1256 年的植物学著作《蔬菜种植》、亨利的沃尔特广为流传的论农业的标准著作《农书》（约 1250），以及克利斯恩斯的彼得的著作《农时》

---

[88] L. Mojon, *St Johannsen*, *Saint Jean de Cerlier*, *Beiträge zum Bauwesen des Mittelalters*(Berne, 1986), 23.

[89] E. Panofsky, *Gothic Architecture and Scholasticism*, Wimmer Lectures 1948(Latrobe, Pa., 1951), 21-28.

[90] Mojon, *St Johannsen*(注释 88), 20-27; M. Warnke, *Bau und Klosterbau*, *Soziologie der mittelalterlichen Architektur nach den Schriftquellen*(Frankfurt, 1976; reprint, 1984), 131-145.

[91] 关于技艺学科的综合性评论（并且附有一个详尽的书目），见 E. Whitney, 'Paradise Restored, The Mechanical Arts from Antiquity through the Thirteenth Century', *Transactions of the American Philosophical Society*, 80, 1(1990), 1-169。

（约 1306）——这部著作是基于对亚里士多德、瓦罗和科路美拉的讨论写成的，这些书中都隐含着对农业问题的理论探讨。它们都以大学教育为前提，但是并没有成为大学教学计划中的科目。这种结果不能归因于它们生产手工艺品的目的（这与医学不同）。正如本书第十章所言，“四艺”和物理学等大学已有的学科发展出了光学、天文学和仪器，这些科目既服务于实践，同样也适用于研究。

也许我们不必那么严肃地探讨不同种类知识的学术分类问题。它们也根本没有为重要的法学学科腾出空间，也没有让法学成为文法、逻辑和修辞学这“三艺”的分支学科，或者成为实践哲学的分支，这些情况都与法学在大学中的重要地位不相称。我们也很难把知识的理论分类与大学中的理智活动的组织紧密地联系在一起。即使对于文科来说也是如此，从古代后期经过加洛林王朝的教育改革，直到 12 世纪，文科被认为处于世俗科学和哲学的顶端，仅次于神学。13 世纪，随着亚里士多德哲学的胜利，它们被从显要的位置上赶了下来，或者在不同类型的知识分类中被置于从属的位置。[92] 显然它与文学院的名称是完全不一致的（正如第十章所呈现的那样），直到 1255 年，随着亚里士多德的大部分作品被允许进入巴黎大学文学院的教学大纲，它与文学院的教学计划才相一致。

中世纪大学四个学院的模式持续到 19 世纪，这无法通过知识类型的学术分类来解释，也不能用“自由”的学科与“技艺”的学科之间或“思辨”哲学与“机械”哲学之间的区别来解释；相反，固守四个学院的体系是探索知识欲望的结果。学院只会在那些将知识传授作为一项公共事业并基本上向所有能够达到智力标准要求的人开放的学校中才会出现。即使是
30 医学这种实践导向的知识领域，只有当其知识建立在从古代和阿拉伯—犹太人文献，以及经验性观察中获得的自然哲学和医学的理论研究之上，才有可能发展成为一门科学的学科并被引入大学中。同样的情况也发生在法

[92] R. McInerny, 'Beyond the Liberal Arts', in L. Wagner (ed.), *The Seven Liberal Arts in the Middle Ages* (Bloomington, Ind. 1983), 257ff.; C. La Fleur, *Quatre introductions à la philosophie au XIIIe siècle* (Montreal/Paris, 1988).

律学校中。只有当大学建立、罗马法的接受者打开眼界、司法原则的推导和实施，以及思维方式在教学中的地位超出了从法律实践中形成的知识范畴，法学院才会具有国际吸引力。

与建筑学相比，其他技艺学科的差异是非常大的。这些技艺学科由行会或基于身份地位形成的法人团体控制着入门训练，入门常常受到亲属关系的限制。而且，这些训练旨在掌握实际的职业技术。在这些学科领域，中世纪社会并没有提供可普遍入学的学校，从而使大学或大学学院可以从中发展起来。不管中世纪社会的等级制度对学生团体的社会构成和大学教学职业产生了什么样的影响，与其他生活领域相比，大学确实表现出高度的开放性和平等性。这至少是大学所声称的职业目标的一种结果，这种目标就是获得和传授科学的与学术的知识。与此同时，获得在等级社会结构中从事职业活动的正式资格只是次要目的或副产品。

事实是，把在社会上非常重要的“技术”科学（这些科学的传播依赖于类似行会的组织安排）与大学中讲授的学科进行比较，就可以看出，学者获得闲暇的机会对学院学科的发展具有相当重要的作用，这种闲暇使他们得以摆脱对获得生活必需品的直接关注（这是普通职业的特征）。这种摆脱实际利益、全身心地对宇宙神圣秩序原理和人类事务进行学术研究的思想，直接来源于希腊哲学的范畴。但是这种来源，探索理性解释现实的基本形式，是所有学院科学和学术方法的基本特征。这种探索也是中世纪大学——它的基本结构是改革的结果——特有的思想基础。

为了“更好”：贯穿大学始终的改革

巴黎大学最早的章程发布于1215年，它的出现是与努力“改革和改
进”巴黎学校的条件联系在一起的。正如克拉森在1967年所揭示的那样， 31
“改革（*reformatio*）”不仅意味着松散的大学组织得以重建、以前的章程重新发挥作用，而且意味着导致一所大学，或者大学章程，或者大学秩

序建立的行为。[93] 在意大利的城市国家中，那些负责监督大学的官员们常常被称为“学院改革派”（*reformatores studii*）。[94] 从 10 世纪以来，“改革”一词就一直被用来标识修道院的改革活动，它的原义是重新恢复恰当的或基本的形式。对于大学而言，改革的意义也在于此。从一开始，它就肩负着实现其恰当形式（用柏拉图学派的术语就是潜在的理念，用亚里士多德学派的术语就是潜能的实现）的使命。

现实中，这个使命如何才能完成？在一般的情况下，接受那些包含了恰当形式的模式就等于完成了。这意味着对于后来建立的大学来说，两所最为成功的大学（巴黎大学和博洛尼亚大学）中任何一所大学的模式和章程应该被复制，至少在局部和细节上是如此。正如以下章节所说明的那样，这一点解释了大学的统一性，即学院组织、学习课程、学位、教学计划和教学模式，少数方面只有细微的差异。这种令人惊奇的普遍一致性，以及那种可以把中世纪大学分为博洛尼亚大学型、巴黎大学型或混合型的奇特现象，不能归因于任何正走向统一的外部权威。无论是世俗皇帝还是教皇，都不可能充当“大学的规划者”，描绘基督教大学的理想蓝图，并且在每一个细节方面加以实施；相反，那些最早的“改革者”是在与不同地方的个人、组织、教会、世俗王公贵胄、市政当局、各个学校和同乡会的教师和学生们进行磋商的过程中形成的。后来，他们深思熟虑地制定了一些规章制度，这些制度或许也适用于其他地方。然而，为了使这些制度付诸实施，他们不得不与其他集团协商，或者至少加以修正以便适用于当地的环境。最早的大学的形成条件各有差异，它们也没有现成的模式可供参照。就像本章一开始所提到的那样，这些早期大学杜撰了历史先驱，目的就是为了使自己对大学形式的改革合法化，他们认为这些改革在过去就已经完成了。

如果现在详细地调查大学改革所依据的规章制度，我们不可能找到源

---

[93] Classen，*Studium*（注释 4），170ff.

[94] 参见本书第 4 章，第 132 页。

于科学理论、教育政策理论或组织理论的思想。如上文所述，章程不仅规定了职位的权利和义务、授予学位的要求、可用和禁用的教材，以及当教
师们的特权受到侵害时的罢课权利，而且非常详细地规定了谁有资格进行 32
教学、教什么、什么时候教和在什么地方教，谁可以穿着什么样的学位袍、戴什么样的学位帽、什么时候穿戴和在什么场合穿戴，哪些教师可以参加死亡同事的守夜仪式，以及哪些教师必须参加亡故学者的葬礼，等等。类似这种规定的目的是——正如教皇特使库尔松的罗伯特在 1215 年所说的那样——确保大学的安宁（tranquilitas scholarum）。

然而，与最近几十年以来有着同样目的的大学改革不同，中世纪的法规和禁令指导着改革，使其能够防止大学同事之间的摩擦，能够使他们充分地履行职责。在布道和论争中，他们以那个时代的表达方式表明自己的观点和立场，有的含蓄凝重，有的清晰直率，这些都与科学家和学者们的理想紧密相连。伴随着探索知识的欲望——理智的诚实、博学、概念明晰——他们试图维护谦恭、仁爱、虔诚、对学生如父亲般的慈爱、对大学的忠诚、尊敬大学高级管理机构中教会和世俗任职人员等品质。[95] 在这方面，这也是一种“改革”，是在大学共同体的背景下基本伦理形式的复兴，作为基督教的和古典的德行和价值观，这些伦理最早是以西方传统经典的形式出现的。

如果试图系统地阐述大学形成过程中学术伦理的基本原则，那么也许可以由假设的形式演绎出七种价值观，它们蕴涵在用宗教术语表达的中世纪规章制度、探索知识的欲望和大学的组织形态中。[96] 这七种评价性的观点如下：

---

[95] A. C. Gabriel, 'The Ideal Master of the Medival University', *The Catholic Historical Review*, 9(1974), 1-40; G. Lebras, '"Velut splendor firmamenti", le docteur dans le droit de l'église médiévale', in *Mélanges offerts à Etienne Gilson* (Toronto/Paris, 1959), 373-388; J. Leclercq, 'L'idéal du théologien au moyen-âge, textes inédits', *Revue des sciences religieuses*, 21 (1947), 121-148.

[96] W. Rüegg, 'The Academic Ethos', *Minerva*, 24:4(1986), 393-412. 参见 Cobban, *Medieval Universities*, 13ff.。参见本书第 5 章，161ff.。

1. 相信上帝所创造的世界秩序是合理的，并且可以为人的理性所把握，人类理性可以解释并掌握世界的秩序；这种信仰构成了从事旨在理解造物的合理秩序的科学和学术研究的基础。

2. 古人关于人不是完美的存在的认识、犹太教与基督教认为人生而具有原罪的主张，以及那些源于人类理智是不完善的思想的观
33 点，在中世纪都发挥着作用，并且成为推动理智批判和组织合作的动力。这也成为把普遍的道德价值观（例如，谦逊、崇敬和自我批评）转变成为理想的科学家和学者形象的基础。

3. 对个人作为宇宙的反映或在上帝的形象中形成这类观念的尊重，是科学和学术的研究与教学的自由逐步实现的基础。

4. 科学真理所必需的绝对性引导着经院哲学成为科学和学术的研究与教学的基本规范（例如，严禁否定已经得到证明的知识观点，个人的主张服从于普遍有效的证据并向所有可能的反对意见公布，争论和讨论的公众性）。

5. 在根本上，作为公共物品的科学和学术知识是上帝赐予人类的礼物，这并不妨碍为了金钱的目的而进行研究和教学，甚至在大学建立之前就是如此。然而，大学内部对于科学知识经济功用的兴趣一直小于大学以外的知识行业。这种对科学知识经济功用相对较小的兴趣，已经成为大学的一条举世公认的价值标准。

6. 作为一种革新已有知识和促进其长远发展的科学努力，“改革”对中世纪大学中既有的思维模式和年长者所产生的影响是不均衡的。而且，这种努力并没有未经批评就被接受，它们受到苛刻的详细审查，以检验它们作为知识基础的真实性。对于新的理论和新的认识事物的方式而言，它们是一种刺激物。正如前面提到过的，这在中世纪后期的科学家身上得到体现，他们是站在巨人肩上的侏儒，因而比巨人看得更远。科学和学术的知识在已有知识的基础上，在积累的过程中成长着。从这种意义上来说，知识的进步是一个连续不断的“改

革”过程。

7. 学者们在科学任务面前的平等和团结，使大学得以成为科学共同体中的制度中心。对那些与我们的思想和信仰截然不同的人们所做出的科学成果的承认，对那些与我们属于不同社会阶层的人们所做出的科学成果的承认，以及时刻准备根据新的有说服力的知识（不管它来自什么地方）改正自己的错误，都促进了科学的兴起。所有这些促进科学知识生长的因素，甚至在大学形成之前就已经存在。作为自然法一部分的人类平等的观念（佩普在刑事审判案件中从罗马法中援引了这个观念，这在前文中已经提到），最早在大学提供的科学和学术争论中找到了制度安排。不论现代社会历史学著作如何强调大学内 34
部存在的社会不平等（本书第六章到第八章将提出这些问题），在科学知识所涉及的事物中，社会出身和民族的差异并没有发挥任何作用。事实上，平等的水准越高，对知识进步的共同责任参与越多，大学就会更好地履行它的责任。这些价值越不受尊重（这种情况常常发生在地方或区域性的小型大学中），科学和学术活动的水平下降得越快。其结果是，大学变得毫无生气，一些大学甚至销声匿迹。这在中世纪大学的历史中得到了证明。

35 # 第二章　模式

雅克·韦尔热

今天，已经没有人会去质疑下面这个事实，即从现在对大学这个词语普遍理解的意义上来看，大学始创于中世纪，最初出现在 12—13 世纪。同样毋庸置疑的是，在其他先于或完全不同于中世纪西方文明的文明中，如罗马帝国文明、拜占庭文明、伊斯兰文明或中国文明，也有类似的高等教育形式，为方便起见，历史学家有时候也把它们说成大学。然而，如果仔细观察，就会发现这些机构的组织形式是完全不同的。事实证明，它们与西方的中世纪大学没有任何联系。除非有相反的确凿证据，否则我们就应该认为西方中世纪大学就是现代大学模式的唯一渊源，这种模式逐步传遍整个欧洲，之后传播到整个世界。所以，我们关心的是没有争议的最早的机构是什么，这只能通过对其在具体环境下的出现和运行方式进行历史分析后，才能得出结论。

作为大学馆的大学

定义的问题自然在中世纪也有。当时的人们创造了大学馆（*studium generale*）的概念，以及一系列法律标准。大学馆是由一个具有普遍权威的当局如教皇、皇帝（较少）建立或至少在法律上确认的高等教育机构，其成员具有某些权利，这些权利在运用上同样具有普遍性，超越所有区域性的界限（例如，城镇、教区、公国、封邑和国家）。这些权利既涉及群体，也涉及个体，而首先涉及的是教师和学生个人的社会地位，这将他们
36 直接置于最高当局（或者是教皇，或者是皇帝，至于是谁建立了大学，这个问题尚有争议）的保护之下。特别是大学师生从教皇那里获得教廷俸禄

作为收入的权利，但他们并不实际在教会任职。另一方面，大学授予的头衔得到当局的确认，所以这些头衔被认为是普遍有效的。这意味着大学颁发的通用执教许可证是被普遍认可的，它授予持有者在整个基督教世界进行教学的权利，而不仅仅局限于某些特定的教区。类似的情况也适用于主教或主教的代理人所授予的资格凭证。至于获得博士或硕士的头衔，无论是哪一所大学授予的，都会被当作一种具有很高智力水平和在任何情况下具有同等价值的标志。其结果是，学位获得者被想象成在任何地方都可以取得那些为具有这种高级头衔保留的官职和荣誉。① 更有意义的是，教皇通过颁发特别诏书（cloctores bullati），以一种有效的方式保留了授予博士学位的权力，从而表明大学所行使权力的被委托性质。

真实的情况是，从 12 世纪开始，虽然已经有了“学馆”（*studium*）这个词，但除了它本身具有的古典和某种抽象的“学习”意义之外，它已经被赋予更多的“学校”机构的含义；大学馆这个概念实际是在最早的大学已经建立之后才逐渐出现的。在 13 世纪最初的几十年内，大学馆这个词汇的使用是很少见的；但是，到 13 世纪中期，这种表达方式已变成一种普遍的现象。这就是说，在教会和世俗当局开始着手创建新的大学时，是从已有的模式衍生出一种普遍适用的合法的组织形式（特别是在巴黎和博洛尼亚）。由此开始，所有那些新大学的创建特许状中都会提到，这些新创办的大学实际上就是大学馆。那些最古老的大学中的一部分（蒙彼利埃大学在 1289 年，博洛尼亚大学在 1291 年，巴黎大学在 1292 年）尽管很早就具有了这种机构的所有特征，并且在确定大学馆的含义中发挥了重要的作用，但在那个时期它们仍然要从教皇那里获得正式的“大学馆”身份的认可。当然，牛津大学从未获得这种认可，但很难说它由于缺乏这种认可而受到过什么影响。②

---

① G. Ermini, ‘Il concetto di “Studium generale”’, *Archivio giuridico*, series Ⅴ, 7(1942), 3-24.

② 关于 *studium generale* 这一表述的用法，见 Cobban，*Medieval Universities*，尤其是第 21—36 页。

无论是大学馆的概念还是它在中世纪法律中的解释，都是后来的事物，而从历史学家的观点来看，这个概念另外还有过于模糊的缺陷。不可
37 否认，在中世纪，大学馆的概念或多或少允许大学划定边界，并且把大学和同时期存在的所有其他类型的学校（主教学校、城市学校、托钵僧教团的学校、私人法律学校等）严格地区分开来。在所开设课程的实际内容方面，与一些大学相比，这些学校中的一部分（它们的教师有时就是大学毕业生）在其历史的某一个阶段已经达到了大学的水平。但实际的情况是，它们得不到地方当局（无论是世俗当局还是教会）的任何支持，这些学校的学生不能享受大学的特权，在这些学校学习因而也不能得到正式的学位认可。简言之，这些机构实际上缺乏"普遍的"（general）特性，这也就意味着它们处于较为低级的水平，不能把它们的影响传播到外部，并且只具有有限的社会声誉。

实际上，这种规则也有例外。特别是在13世纪，一些毫无疑问不是大学的学校的学生偶尔也被授予一两项特权，而正常情况下，这样的特权仅限于大学馆的成员（例如，教廷俸禄的获得者所具有的居住税的豁免权）。这种情形中最著名的就是萨勒诺的医学校（它可以被称为准大学③）。但是，这种混杂的现象是非常少见的，到14世纪基本上就完全消失了。从此，同时代的记载似乎已经非常清楚哪些是真正的大学，哪些不是；大学的名册被汇集起来，各个国家编年史家的记录中也提到了大学。

大学社团：独立和影响

如果用更为具体的术语来表达，那么这些大学是什么？如果我们使用更为贴近那个时代的词语，就将发现，尤其是在13世纪，文本最常用的词汇似乎是大学（*universitas*），而不是大学馆（*studium generale*）。*universitas* 是一个抽象的古典拉丁词语，其含义是"整体"或"全部"，中世

③ 参见本书第52页。

纪法学家用 *universitas* 这个术语指称各种类型的社团和法人（行会、商会、兄弟会等）。从 12 世纪（这是此种机构的扩张时期）开始，这个术语在中世纪拉丁语中经常用作这种含义。[4] 所以，如果谈论的主题是教学的话，就必须说明它所涉及的对象，就会说是“学生大学（*universitas scholarium*）”或“教师与学生大学（*universitas magistrorum et scholarium*）”，以及诸如此类的地方。在最早的大学财产登记册中，可以发现这
些表述；在更早的时候，甚至有可能在日常用语中找到，大学这个词汇有 38
时是被单独使用的，如果不进一步限定的话，其含义和今天是一样的。

对“教师与学生大学”这类表达的喜好是出于这样的事实，即它强调了中世纪大学中人的存在。很长时间里，这些大学几乎不知道其他的存在物，只满足于最低限度的建筑和财政（这一点我们将在以后的篇幅中看到）。所以，在一些城镇，中世纪大学首先是承担高等教育的组织化了的个人社团。无论在实践中遇到什么样的限制或灾难，社团的概念对中世纪大学的定义来说应该是基本的东西。[5] 它暗含着某种程度的独立和内部的凝聚力。大学是一个集体，一个人如果得到允许，他就可以自由地加入这个集体。它是一个道义上的实体，可以颁发盖有印章的证书。在民事案件中，它以自己的名义提起诉讼，自己制定章程并强迫成员服从。然而，我们也不应该仅从法律的角度把大学社团当作一个道义上的实体，这是因为早在 13 世纪，在最早的成文章程起草之前（巴黎始于 1215—1231 年，蒙彼利埃始于 1220 年，牛津、剑桥和博洛尼亚起始于 13 世纪 50 年代），在大学的印章出现之前（巴黎是在 1246 年，牛津是在 1276 年），大学就已经具有那样的社会地位了。

大学社团的这种独立当然不能摆脱在不同情况下外界世俗当局或教会当局的干涉或控制，更不用说来自大学内部各分支机构和等级秩序的影

④ P. Michaud-Quantin, *Universitas. Expressions du mouvement communautaire dans le Moyen-Age latin* (Paris, 1970).

⑤ J. Verger, ‘Université et communauté au Moyen Age’, *CRE-Information*, 62 (1983), 21-44.

响。只有大学的成员才享有这种独立所带来的所有权利和特权，这一点几乎是不容更改的。其他人通常被当作大学的附属（suppositi），虽然也处于大学的管理之下，但是他们不能参与职责的行使（参加大学的集会、评议会，担任大学的官职）。在以巴黎大学或牛津大学为模式建立的大学中，只有教师们才是这种意义上的大学成员。然而，由于许多神学、法学和医学学科的学生们已经是文科教师，因此这些大学的等级性事实上比它们“教师大学”的称号所带给人们的想象要低一些。事实上，正是那些文科
39 教师们（他们人数最多，年轻而又躁动）企图控制整个大学。真正被排除在外的是那些文学院的普通学生（他们通常是儿童或青少年），以及那些被大学所吸引的人，他们是教师或学生的仆人、执礼杖者、差役、抄写员、书商等，他们都被置于大学的管理之下，受大学的保护，但不能加入评议会。

另一方面，在被称为学生大学的大学中（例如，博洛尼亚大学、帕多瓦大学），这些大学仅仅由学生组成，教师只是通过每年与大学或自治市签订契约被雇用，但这并不能阻止教师们快速地创建他们自己的组织，即“博士协会”，它的特殊职责就是组织考试和授予学位。为更精确起见，还有一点值得注意，在博洛尼亚或帕多瓦存在着几所而不是一所学生大学，学生的注册取决于个人的籍贯或所学的学科。这样，法学的学生是属于“山内的”（*cismontane*）大学还是属于“山外的”（*ultramontane*）大学，[1] 主要取决于他们是不是意大利人；文科和医科的学生则属于另外一所完全独立的大学。教师们按照他们的专业同样组成不同的博士协会。然而，大学之间的相互合作非常紧密。在帕多瓦，两所法学的学生大学于 1473 年合并。

在法国南部、伊比利亚半岛，以及东欧地区，大学属于一种混合的类型模式，学生在某种程度上处于某些大学官员（评议员、校长）的控制之

[1] ultramontanes 字面的含义是“在山之外”，具体指在阿尔卑斯山之外，欧洲北部和南部被阿尔卑斯山脉所隔断，从意大利人的视角来看，意大利本土是山内，欧洲北部是山外。

下，但博士协会被合并到大学之中。通常情况下，后者是一所单一的大学；蒙彼利埃却是例外，尽管 1289 年进行了徒劳的统一尝试，但在医学大学（它是最为古老的大学，以其传统和国际声誉著称）和法律大学（它完全是独立的）之间仍然存在着分界，更不用提“文科大学”，它似乎很长时间以来就没能保持独立的地位。在布拉格，1372—1415 年，为了成立由一位学生校长管理的“法律大学”，法学院从其他学院（仿照巴黎大学模式组织形成的）分离出来。

然而，有一点应该指出，不管定义和轮廓是什么，大学社团通常被划分成一些构成要素，这些要素常常和大学本身一样久远，有时甚至更为古老。在许多大学，特别是那些招生人数相当多的大学，学生们按照籍贯通常被划分为“同乡会（Nations）”。博洛尼亚大学大约有 20 个同乡会；奥尔良大学有 10 个同乡会；巴黎大学有 4 个同乡会；在神圣罗马帝国和东欧的主要大学（布拉格、维也纳、莱比锡、鲁汶等），以及萨拉曼卡大学，各有 4 个同乡会。显然，从一所大学到另一所大学，这些同乡会的地
理名称各不相同，它们的作用也有差异。有时，同乡会只是一个选举单位 40
的组织；有时，同乡会则是大学内部高度结构化和相当独立的机构。[6]

几乎所有的大学都按照某一特定学科的教师和学生划分为不同的学院。典型的学院是“文学”（即文科）院、神学院、法学院（虽然教会法学院常常是与民法学院分设的）、医学院。当然，还有其他的学院。例如，图卢兹大学就有一个文学院，同时又有一个文法学院（faculty of grammar）。

在博洛尼亚、帕多瓦和蒙彼利埃那样的城市，整个大学都专注于单一的学科，学院的观念没有存在的理由。但是，在大多数情况下，学院是大学内部根本的并具有某些自治权的实体，它们有自己的章程、评议会和院长。学院的直接利益（它与特定的招生和特殊的目的联系在一起）是完全不同的，因此学院之间的关系经常是很紧张的。

---

⑥ Kibre, *Nations*.

关于中世纪大学的组织结构和内部的划分问题，这里不再多加讨论。它们的具体情况确实千变万化，它们经历了几个世纪的发展，无论如何也不应该混淆其基本的观念：独立的大学社团的观念。但是，必须意识到，作为一个整体（即使是当时的人们也意识到了这一点），大学常常是类似联邦的机构，其中各种各样的组成要素相互作用。这既是大学活力的一种因素，又是一种始终存在的导致混乱的威胁。这也许被人们当作非常普遍的现象，并且作为中世纪大学确定的特征。

需要考虑的另外一个问题是大学的影响，这种影响也许可以通过考察学生所来自的地理区域进行比较具体的评价。毋庸置疑，正如我们将在后面看到的那样，大学要吸引大批源源不断地来自整个基督教世界的学生，这在中世纪是相当罕见的。只有巴黎大学和博洛尼亚大学（也许还有 15 世纪的帕多瓦大学）有资格这样说。但即使在这些大学所在的城市，大部分学生仍然来自周边地区。其他任何地方——包括那些享有无可争议的知识成就的大学（例如，奥尔良大学、牛津大学、萨拉曼卡大学、布拉格大学、鲁汶大学等）——招生的区域主要是“同乡”式的（就这个词语的中世纪含义而言），或者实际上就是区域性或地方性的。从 14 世纪开始，大学和民族国家采取了多种多样的措施以防止而不是支持学生的流动。

41 虽然如此，流动却总是被许可的，至少在理想上，大学具有一种普遍主义的使命。虽然大学坐落在一个特定的城镇或国家，但是它们能够发挥的影响力远远超过了一个地区，这个影响范围不是由任何已有的教会或政治的疆界（教区、行省、公国或王国）来决定的，而只取决于大学内在的魅力。反过来，这种影响力又取决于大学的传统声誉和大学的教学质量。旅行前去求学和旅居在一个特定的地方学习，是大学生活两个不可分割的部分，而在此期间学生们都享有同等程度的特权。从定义上讲，中世纪的学生就是外地人。而且在博洛尼亚，那些讲纯正本地方言的学生们并不属于博洛尼亚大学，这是因为作为博洛尼亚的公民，他们仍然是博洛尼亚城市社团的成员，享有自治市的权利和自由。[7]

经院式的教学

最后，可以根据实际的教育类型和水平界定中世纪大学。但是，只提到“高等教育”是不充分的。这里，我们不必详细阐述那些将会在本书涉及不同学院的章节中要分别讨论的问题，但是重要的是要记住绝大部分中世纪大学是依据教学观念和知识分类来建构的，这些都是 12 世纪的学校遗赠给它们的精神财富。而这些财富常常有着非常古老的渊源，始于卡洛林王朝时期的改革家们，如阿尔昆；始于基督教的教父们，如圣奥古斯丁、圣杰罗姆；始于古代的理论家们，如昆体良、瓦罗、波依休斯、卡西多拉斯等，他们自己又都从亚里士多德和西塞罗那里获得了灵感。[8]

这种继承具有三重性，涉及知识分类、教学的等级体系，以及方法问题。

最终固定在一张学科清单上的知识分类，大多是由“权威”做出的。也就是说，那些作为学科基础和要素的基本文本和最具权威的评注或多或少到 12 世纪就完成了，在以后的世纪里，它们没有任何改变地被运用于大学的教学。这些学科基本上就是各个学院的名称，即神学、法学、医学，以及文科。在实践中，也会额外地讲授一些其他的学科，但这都是在传统学科的支配下进行的（例如，在博洛尼亚大学，伴随着法学，讲授 42
“公证人的技艺”；伴随着医学，讲授外科）；在特定的学院里面，一两门处于附属地位的分支学科，特别是四艺的“学科”（例如，博洛尼亚大学和帕多瓦大学的天文学、萨拉曼卡大学的音乐），某种程度上也能成为单独讲授的科目，或者甚至可授予学位。然而，这样的变革相当少见，而且

⑦ Cobban, *Medieval Universities*, 69-70.

⑧ R. R. Bolgar, *The Classical Heritage and its Beneficiaries from the Carolingian Age to the End of the Renaissance* (Cambridge, 1958); A. Piltz, *The World of Medieval Learning* (Oxford, 1981).

几乎不会减轻中世纪大学本身继承下来并使之永久化的学科和学院结构的稳定性。这种进程延续的主要结果就是把那些尚未被传统的分类所认可的知识分支部分排除在大学教学之外。历史学、诗学、习惯法，以及那些“技术学科”（就是我们理解的应用科学和技术）的情况就是这样。

除了这种刚性的学科分类，大学还继承了古代和中世纪早期的文化和教学传统，以及包含在学科内部的等级观念。每一门学科或多或少的宗教特征、社会功用、知识的尊严等一些确定的标准，都支配着这种等级观念；相反，如果一门学科看起来是“亵渎基督教的”、“有利可图的”（即为个人带来利益），或者是“技术的”（即与物质有关），那么这门学科将会被降级，甚至被毫无保留地取消。以这种方式构成的等级制度，在优先权、权力和威望方面非常具体地表现在大学的生活中。显而易见，神学院注定被放在首要位置上，其次才是法学院和医学院，文学院排列在最后面。人们不应当从中得出结论（这方面已经有所暗示），正如我们将要看到的那样，文学院仅仅是为进入其他被称为“高级”学院做准备的“预备学院”，或者文学院的学生和教师们必然被排除在每一种“大学权力”形式之外。但事实是，任何已经获得认可的中世纪大学都不是仅限于文科学校。虽然文科学校的形式多样，从 14 世纪往后其数量在中世纪的西欧相当多，但只有当它们与神学院、法学院、医学院中的至少一个学院联合在一起的时候，才会被授予大学地位。

然而，在中世纪很难发现一所包含所有学院的大学。在 14 世纪 60 年代之前，当新的神学院不断扩张的时候，包含所有学院的大学只出现在巴黎（虽然 1219 年以后巴黎大学就不再讲授民法）、牛津和剑桥。其他的大学倾向于拥有两个或三个学院，或者只有一个（如奥尔良大学的法学院）。14 世纪 80 年代以后建立的大学，它们通常都被授予拥有“所有被认可的学院”。但在实际上，某些学院（特别是神学院和医学院）的人数非常有限或非常不稳定。

43 但是，这里要把握一个关键的因素，对于中世纪的人来说，只有在一门学科被“高水平”（即完整和完美）地并完全按照知识的“确定性”（它包含了知识的社会目的）进行教授的地方，才能被称为大学或大学馆。尽管中世纪的哲学家和科学家孜孜不倦地努力证明他们自己学科的独立性和高尚的品质，但文科始终是在其古代的非宗教起源备受怀疑的状态下发展的。其结果是，它们从未达到超过预备价值的地位，因为在基督教文化中，不完整的学科无法要求其正统的学术地位，只能作为辅助人们获得真正高深且独立的各种知识的途径。

在理论上，正如已经说过的，人们期望包含相同类型学院的所有大学都能保证提供同等水平的教学，授予在整个基督教世界中普遍有效的学位。实际上，也正如我们将在后面所看到的，学院之间的差异非常大。最重要的几所大学拒绝承认在其他的大学中所获得的学位，尤其是巴黎大学（在神学领域）和博洛尼亚大学（在法学领域）声称在其擅长的学科中，它们起着重要作用，具有真正的优越性且领导着整个基督教世界。

在中世纪的所有大学中，所使用的教学方法是完全相同的。但毋庸置疑的是，在教学的细节方面，从一个学院到另一个学院，从一所大学到另一所大学，或者从一个时期到另一个时期，则存在着明显的差异。然而，全面地来看，中世纪大学有一种共同的精神气质，这种精神气质完全可以被描述为（假如有人希望这样做的话）经院式（scholastic）的。在很大程度上，这是从12世纪的主要学术中心（巴黎的逻辑和神学学校、博洛尼亚的法律学校、萨勒诺的医学学校）继承下来的。

这种传统的主要特点是什么？撇开通常把拉丁语当作学术讨论的普遍和唯一的语言不谈，可以注意到，在所有中世纪大学的学院中，有两种基本的训练类型，这就是“讲座（lecture）”和“辩论（dispute）”。前者是使学生阅读并评论正式教学大纲中包含的文本，从而熟悉作为每门学科基础的“权威”。后者是口头辩论，依据亚里士多德的三段论方法进行推理、演绎、辩论，主要依靠不断地引经据典，为巩固、辩护或反驳一个特定的观点或“案例”服务，并且允许在辩论中解答和阐发每一门学科（哲学、法学、神学等等）中的原理问题，而这些问题产生于对文本的学习和比较。

这种广为流行的教学形式（同时也是大学章程普遍规定的义务）产生
44 了多种不同的结果。首先，这种教学法使文法和辩证法起着关键的基础性的作用，这两门学科对任何一个希望准确理解教材内容和含义及希望在逻辑推理方面无懈可击的人来说，都是必不可少的，况且逻辑推理本身就被视作达到真理的基本途径。其次，这种教学法确立了写作的相对重要性，在这种教学形式中，写作是对权威作品、“权威性”注释及讲座和辩论这些常规的口头形式的必要支持。再次，它在教师和学生之间的个人关系方面起着重要的作用。最后，它也要求连续不断地进行记忆，所以它依赖于背诵，这就需要很长的学习期限。这种学习期限在整个 13 世纪不断地延长，只是到了 15 世纪才在某种程度上开始缩短，这在各个大学和学院中变化各异，学习期限的变化范围从文学院的 4 年或 5 年（在牛津大学甚至长达 7 年或 8 年）到法学院的 12 年或 13 年（如图卢兹大学），巴黎大学的神学院学习期限长达 15 年或 16 年。

中世纪大学如此倚重这种教学形式，以至于造成了对它的滥用，从而使这种教学形式丧失了活力。确实，中世纪大学完全切断了其他的智力程序，无论是传统的形式（例如，神秘主义的解释方法、受到人们喜爱的宗教修炼）还是创新的形式（实验和测量、文献和历史分析方法）。后面这些以人文主义为代表的革新的方法，直到 15 世纪后期和 16 世纪早期才开始冲破巨大的阻力进入大学的教学中。自此以后，只有那些最有活力的反对教条的形式才得以设法在这种铁板一块的框架内得到某种反映。

大学并没有垄断“经院式的”教学方法。13 世纪和 14 世纪，在许多城市学校和托钵僧的学校中也流行着这种教学方法，尽管常常是一种简化了的形式。正是大学承担了完善经院哲学的任务。更为特殊的是，大学是唯一把教学和考试紧密结合起来的机构，这是中世纪大学制度的巨大创新之一。尽管事实上中世纪的大学生往往由于各种各样的原因，在参加考试之前常常缺席，正如我们将要看到的那样，但是考试被认为是一门课程学习的正式终结，决定是否授予正式的学位。这种考试主要是口试，严格地遵循相关的规定（虽然这种对细节的重视并不能排除作弊和欺骗行为）。

这些考试被用来确定学生是否已经掌握了所要求的知识和技能（那些知识和技能已经被反复地向学生灌输），以及学生已经有能力复述练习（在此之前，他一直是被动的听讲者）。学士学位（*baccalaria tus*）的考试通常进行一场简化的“阅读”，而教学证书（*licentia*）的授予则取决于赢得辩 45
论，获得博士学位就是“普通”教学职位的庄严开始。

上面所说的显然仅仅是一种普遍和抽象的框架，具体情形、地域特征，以及长期的转变将会在以后的章节中加以叙述。

总而言之，中世纪大学不仅是教皇建立并授予其成员广泛特权的机构，还是一个独立的社团，常常具有复杂的内部结构，实施着特殊形式的教学，并且从其影响所及的广大区域（从理想的角度说，可以扩展到整个基督教王国）吸收成员。

中世纪大学的多样性

显而易见，我们首要的任务就是试图界定中世纪大学。假如我们到此为止的话，也许就会给读者留下一种完全同一和静态的印象。但是，对于60多所中世纪西方大学来说，它们的人数、知识取向、社会角色，以及大学自身的组织机构，都是千差万别的。

这种多样性是历史和地理的产物。事实上，每一所中世纪大学（不管是偶然形成的，还是设计而成的）的特殊性，在很大程度上都可以归结为大学建立的时间、大学建立的条件、大学所在的城镇和地区的社会和政治环境。因此，现在适于概要地追溯中世纪欧洲建立大学的年代，并且鸟瞰大学所在的地区。[9] 然而，这种看似简单的任务会遭遇许多实际困难。

由于早期的大学是逐渐地脱胎于那些先前存在的学校，因此大学诞生的确切日期总是模糊不清的。例如，如果把教皇的批准或现存最早的成文

⑨　除非有相反的资料，否则我将依据以下著作中的观点：Rashdall, *Universities*; L. Jílek (ed.), *Historical Compendium of European Universities* (Geneva, 1984)。

章程（巴黎是在1215年和1231年，蒙彼利埃是在1220年，博洛尼亚是在1252年）作为大学诞生时间的话，那么将不可避免地提出明显太迟的建立日期。不管多么复杂，如果人们普遍同意，机构性质的巨大变化发生在10—15年的这一段“岔口”(这种情况发生在博洛尼亚、巴黎、蒙彼利埃和牛津，这四个机构似乎在1200—1215年就已经成为真正的大学，博
46 洛尼亚可能稍晚一些)。在其他的例子中，本质的变化似乎漫无止境地拖延着，这种情况发生在奥尔良大学（*universitas* 一词于1236年第一次在那里出现，但教皇诏书的授予是在1306年)，以及安格斯大学（我们所知道的法律学校早于1230年，但是它最早使用大学馆的名称是在1337年，而正式得到教皇的批准是在1364年)。[10] 在后一个例子中，大学建校日期的选择就变得非常随意了。

对于大多数稍后建立的大学来说，通常都有教皇信件的确定日期以证明大学的建立时间（有时候是事先或随后授予一份王室特许状)。但是，它们的实际运行往往是在若干年以后，因此就会出现错误的创办时间。图卢兹大学虽然正式创建于1229年，但在13世纪60年代前一直不稳定。维也纳大学建于1365年，但真正的运行是在1383年；这一年，由于“大分裂（Great Schism）”，巴黎大学的一部分教师因被驱赶而来到维也纳。克拉科大学建于1364年，但很快就消失了，直到1400年，由于国王拉迪斯劳斯·雅格洛的倡议和新的教皇诏书的公布，才重新恢复生机。显然，在类似这样的情况下，坚持只把某一个时间作为大学建立的日期，是没有任何意义的。

即使有时候事情就如教皇诏书所批准的那样进行，也会有许多计划中途夭折。拉希德开列了15所这类“纸上大学（paper universities）”的名单，他的名单几乎可以肯定地说是不完整的。[11] 这些计划的失败必然引起历史学家的兴趣。其中一部分建立大学的计划不过就是某个君王的一时兴

[10] *Universités en France*, 41-42.

[11] Rashdall, *Universities*, vol. Ⅱ, 325-331.

致或诸多条件共同作用下的偶然结果，这些是很容易解释的。其他的情况理解起来就比较困难。例如，为什么在卢卡、里昂或日内瓦就从未出现过大学计划呢？每一个案例本身就是一部专题著作。但是，从我们现在的目标看，这些失败的尝试必须搁置一边。

大学馆确实存在过，但是非常短暂，并且时断时续或衰落了，它给历史学家提出了一个非常严肃的问题。例如，这个类型的机构包括意大利北部的各个学馆（1204—1210 年在维琴察建立的学馆、1215—1255 年及后来在 1338 年左右再次在阿雷佐建立的学馆、1228 年至 13 世纪末期在维切利建立的学馆），这些学馆的出现是博洛尼亚大学和帕多瓦大学这两所主要大学的师生们迁徙的结果；短暂的几年之后，一旦先前导致他们迁徙的冲突解决，大部分师生重返他们原来的大学之后，大部分学馆很快就衰落并迅速消失了。其他的一些大学（大部分建于 14 世纪）或者因为时代的
普遍“困难”，或者由于缺乏适宜的社会或政治环境，都未能得到充分的 47
发展。有少数几所大学单调地、无所作为地一直存在到近代早期，例如，法国的奥朗日大学、卡豪斯大学，阿拉贡的韦斯卡大学，意大利的费拉拉大学。其他一些大学则很快不得不关门大吉，例如，位于卡斯提尔的帕伦西亚大学，位于多菲内的格勒诺布尔大学，意大利的特里维索大学、佛罗伦萨大学、皮亚琴察大学。可以想象，如果这些机构的衰落和消失只留下文献记载的空白和疑难，这样的情况经常是难以搞清楚的。但是，并不能因此就忽视这些大学，它们作为大学馆的特征通常是非常明显的。

然而，不管如何，编制一份中世纪大学建立的名单相对来说是容易的，现实的困难是确定真正活跃的大学馆创办的确切日期。本章最后汇编的大学地图正是为了说明这一点，它的缺点是没有区分大学的规模大小，没有区分完整的大学与不完整的大学（即只有一两个学院的大学），没有区分大学影响的范围。至少由于研究的现状，似乎很难系统地再现各种相互作用的因素（它们本身也在随时变化）。但是，如果人们试图理解大学在中世纪社会和文明中的地位和作用，那么至少应当记住这个问题。

大学的诞生

一般来说，可以把中世纪大学的发展历程划分为三个不同的阶段。

显然，第一个阶段就是大学的诞生时期。关键性的事件就是巴黎大学和博洛尼亚大学的出现；虽然这两所大学彼此之间差异很大，但直到中世纪末，它们一直都是欧洲最著名的大学。当然，也不应该夸大这两所大学之间的差别，尤其是不要过分强调这两所大学对所有后续建立的大学的榜样作用。尽管如此，它们在大学作为一个机构的形成过程中发挥了关键的作用，这使我们有理由稍停片刻来考察它们诞生时的环境和条件。

让我们先从博洛尼亚大学开始。因为博洛尼亚大学比任何其他大学早了许多年，并且具有最古老欧洲大学的虚衔。然而，我们并不能确定这所大学确切的诞生日期。更为重要的是强调博洛尼亚大学继承了悠久的法律
48 教学的传统。[12] 从 11 世纪下半叶以来，博洛尼亚就一直存在着私人的法律学校。虽然这些法律学校的起源模糊不清，但是它们出现的背景十分清晰，即意大利北部地区独有的早期城市生活的复苏和从 1075 年开始的、在那些罗马教廷和帝国发生重大政治冲突的主要地区成文法的复兴。1070—1100 年，博洛尼亚最早的教授（就是我们已知的佩普）在此教学；尤其是据证实伊尔涅留斯 1112—1125 年就在博洛尼亚，他重新整理了整部《民法大全》（即罗马皇帝查士丁尼在 6 世纪汇编的全部罗马法律）并最早开始进行“注释”（即依据辩证法的原则评注“民法大全”）。1140 年，修道士格拉蒂安也在博洛尼亚对教会法进行注释。

博洛尼亚法律学校的发展情况是这样的：1155 年，腓特烈一世把博洛尼亚法律学校的学生直接置于他的保护之下，并且宣布这些学生只服从

---

[12] 关于博洛尼亚大学的开始，见 Rashdall, *Universities*, and Cobban, *Medieval Universities*, M. Bellomo, *Saggio sull'università nell'età del diritto comune* (Catania, 1979)。

他们的教师或博洛尼亚主教的司法管辖（而不是地方当局的司法管辖）。⑬然而，直到1180年前后，没有任何迹象表明博洛尼亚的那些法律学校不是由每一位教师开办并以他自己乐意的方式加以管理的私人学校；在这些学校中，汇聚而来的学生与教师达成协议，向教师支付费用以作为教师教学的回报。1180—1190年，发生了关键性的变化。⑭ 学生的数量开始快速增加，这些学生经常来自一些非常遥远的地方（德意志、法兰西、英格兰）。与之形成竞争的法律学校在邻近的城镇摩德纳发展起来。而博洛尼亚自治市（它的独立性正在不断增强）则试图更多地控制学生和教师们，同时防止师生逃往与之形成竞争的城镇。教师们（通常是博洛尼亚当地人）同意，从1189年开始，向博洛尼亚自治市宣誓不会把学馆迁移到其他地方。另一方面，学生们开始自己组织起来，根据他们的来源地形成“同乡会”（现在已知的最早的同乡会是1191年成立的伦巴底同乡会）；这些同乡会很快结盟成为“大学”，并且选举校长作为他们的领导人。这些联盟意味着保证互相帮助，保护学生们的利益不受当地人或市政当局的勒
索。在几次错误的尝试之后，1230—1240年，山内和山外两个大学的传 49
统体系最终定型。与博士们不同，校长们拒绝宣誓停留在一个地方，而自治市则得到教师们的同意，通过制定各种各样的章程（1211，1216—1217），寻求控制学生大学的未来发展，虽然学生大学已经很好地组织起来并得到了教皇的支持。教皇摆出一副“学生自由”保护人的姿态，设法扩大他对这些机构的控制，尽管这些机构在那时主要是世俗化的。因此，1219年，教皇决定由博洛尼亚副主教负责在严格的考试后颁发教学许可证书，而此前头衔的授予一直是由教师们决定的。

斗争旷日持久。但是，学生们的旺盛斗志，阿雷佐（1215）、帕多瓦

---

⑬ 关于12世纪博洛尼亚学校的情况，见 G. Cencetti, '"Studium fuit Bononie"', *Studi Medievali*, series Ⅲ, 7(1966), 781-833(republished in G. Arnaldi(ed.), *Le origini dell'Università* (Bologna, 1974), 101-151)。

⑭ J. K. Hyde, 'Commune, University, and Society in Early Medieval Bologna', in *Universities in Politics*, 17-46.

(1222)、那不勒斯(1224)等地学馆的出现对博洛尼亚学馆构成的威胁，以及博洛尼亚市政当局中更倾向于学校的“大众”派的胜利，形成了一种妥协方案。城市承认大学的独立，大学因此处于校长的司法管辖之下；与此同时，与博洛尼亚市民一样，学生们享有获得公平可信的食宿条件的保障。这些特许权早在1245年自治市的章程中就已经包含了，但直到1274—1290年才得到正式批准。为了理解这种发展的本质，人们应该记住，在博洛尼亚，法律学生通常是成年人，而且常常来自于社会上层，有些人本身就身居要职，或者领取教会的俸禄。自然，他们更为独立和成熟。

同时，这些学生大学同样成功地完全控制了学习的组织管理。学生们自己雇佣教师，办法是订立年度契约，规定教师们的薪金，要求他们保证严格遵守阅读《民法大全》或《教会法大全》规定章节的进度表。通过查看1252年的大学章程，我们了解了这个制度。这个章程是现存最古老的大学章程，它的起草象征着大学在这个时期已经作为一个机构完全稳定下来了。[15]

至此，将要作为整个欧洲南部地区大学模式的大学诞生了。由于这所大学是一所“学生大学”，因此虽然教师们并没有丧失他们无可争辩的社
50 会声望，虽然最后他们建立了自己的组织，[16] 但是他们发现自己处于机构的边缘地位。此外，作为一所大学的模式，它首先是一所法律大学，这为强化法律在西欧社会和国家生活各个方面的地位发挥了重要作用。

13世纪，在博洛尼亚，紧随法律大学的浪潮之后，其他的教学形式也建立起来了。毫无疑问，“文科”学校早在1220年之前就已经出现了。

---

[15] D. Maffei, 'Un trattato di Bonaccorso degli Elisei e i più antichi statuti dello Studio di Bologna nel manoscritto 22 della Robbins Collection', *Bulletin of Medieval Canon Law*, new series, 5(1975), 73-101.

[16] 关于博洛尼亚博士协会出现的最早时间，有着很大的分歧。一些学者认为早在12世纪末它的萌芽形式就已经出现，但魏玛(P. Weimar)认为，直到1291年，它的最终形式才形成：P. Weimar, 'Zur Doktorwürde der Bologneser Legisten', *Aspekte europäischer Rechtsgeschichte. Festgabe für Helmut Coing zum 70. Geburtstag* (Frankfurt, 1982), 421-443。

这些学校主要进行文法和修辞的教学（采用的是书信艺术的形式），并且结合一定课时的逻辑学，但几乎没有自然哲学。在这些学校上学的许多学生后来成了法律专家。大约在1260年前后，出现了许多医学校。渐渐地，在法律大学的直接刺激下，一所文科和医学的大学建立起来了。但直到1316年，在一位选举产生的校长领导之下，大学的独立才得到法律大学和自治市的承认。

巴黎大学几乎与博洛尼亚大学同时产生，但它具有迥然不同的特性。⑰ 巴黎大学起源于从11世纪末期起在巴黎出现的那些学校。但是，应在传统的教会学校（其中最重要的是巴黎圣母院主教座堂圣职团❷学校）和那些独立的教师开办的私人学校（虽然这些私人学校在1150年之后须从巴黎圣母院教长那里得到“教学许可”）之间进行区分。巴黎圣母院学校首先是一所神学学校，在12世纪下叶，这所学校由许多著名的教师管理，如彼得·隆巴德、彼得·科麦斯特和彼得·尚特，他们的手稿直到中世纪结束的时候仍然是神学教学的教材。私人学校的课程内容多种多样，虽然讲授的主要课程是辩证法，但是文法、法律和医学也在那里讲授。

毫无疑问，在12世纪将要结束的几十年内，那些学校正在蓬勃发展。越来越多的学生云集到巴黎，他们常常来自遥远的地方（如英格兰、德意志和意大利）。这种几乎失控的快速增长带来了许多问题，既有物质方面的（住宿问题、食物供应和公众秩序问题），也有组织和精神方面的。新 51
教师在为凌驾于他们之上的权力焦躁不安，这些权力虽然有限，但被主教和圣母院教长控制着；而主教和教长本人也同样忧心忡忡，像许多教师一样，他们为学校人数的剧增及其所造成的教学“混乱”而烦恼。在他们眼

---

⑰ J. Verger, 'Des écoles à l'université: la mutation institutionnelle', in R.-H. Bautier (ed.), *La France de Philippe Auguste. Le temps des mutations* (Paris, 1982), 817-846; J. Verger, 'A propos de la naissance de l'université de Paris: contexte social, enjeu politique, portée intellectuelle', in *Schulen und Studium*, 69-96.

❷ 主教座堂圣职团（cathedral chapters）：主教座堂的参议神父，主要任务是协助主教处理教区内的事务。圣职团的成员被称为“加农”（canons）。

里，最大的危险显然是“赚钱的学科”（即法学）的发展及亚里士多德哲学著作的兴盛（这些著作的译本在巴黎风行一时）。[18]

在这些情况下，巴黎大学的诞生可以被解释为各个派别互相妥协的结果。早在1208—1210年，就允许教师（特别是文科的教师）组织他们自己的自治行会、制定自己的章程、吸收新同事，巧妙避开巴黎圣母院教长的直接控制和苛捐杂税——简言之，在以上确定的意义下，形成了一所大学。另一方面，教会当局及那些已经得到认可的教师（特别是神学教师），他们得益于规定的教学大纲、详细的课程内容、严格的考试，以及阻碍新学校兴起和“混乱”秩序的保护措施；并且，由于大学机构本身的偏差，特别是由于各个学院之间的差异，迫使人们尊重基于基督教知识传统的知识分类及其等级制度。

没有斗争就不能成功地达到和解状态，这种斗争一直持续到1231年。事实上，如果不是法国国王和教皇（他们非常偏爱学校一方）充当调停人进行干涉的话，这场斗争可能持续更长的时间。早在1200年，法国国王就允许学生享有教士的特权；教皇则在1215年和1231年庄严地授予大学最早的正式章程。然而，这种支持被其他的因素抵消了。特别是教皇着手监督教学机构，让这些新型的机构服务于教会的目标，即保护和阐述正统的教义、抵制异端邪说的威胁、培养优秀的神学家和传教士。1219年，禁止在巴黎大学讲授民法，理由是民法过于世俗化。此后，他们又不失时机地强迫巴黎大学合并了托钵僧教团的神学校（1220），尽管最终导致了托钵僧教团的修士们与世俗教师们之间发生了异常激烈的争执（1250—1256），但他们仍然固执己见。[19] 随后的几年，就是在这个问题的争执中， 巴黎大学最终确定了它的制度，并且一直保持到中世纪末期：大学由4个同乡会（从1220年开始）组成；校长职位的确立并由文科教师选举产生

[18] S. C. Ferruolo, *The Origins of the University. The Schools of Paris and their Critics, 1100-1215* (Stanford, 1985).

[19] M.-M. Dufeil, *Guillaume de Saint-Amour et la polémique universitaire parisienne, 1250-1259* (Paris, 1972).

（大约在 1240 年）；“高级”学院的形成并都有自己的章程和院长（大约在 1260 年）。

经过漫长的斗争，巴黎大学基本上由教师构成。事实上，巴黎大学就是一所“教师大学”、一个学校的联盟，其中的各个学校保持着自己管理学生的权利；教师们通过评议会和他们选举的官员，集体管理整个大学；在涉及教学和考试的所有问题上，各个学校共同遵守统一的协议。正如以上所说明的那样，大多数教师是文学院的年轻教师，他们控制同乡会并选举校长，而他们自己又常常是或将要成为神学院、法学院和医学院的学生。毋庸置疑，这个事实本身就会对巴黎大学的运行产生“民主”的影响，即使这注定会导致与“高级”学院教师的不断冲突。

要是有较多的篇幅留给这两所最古老的欧洲大学就好了，这不仅因为直到中世纪结束时，它们仍然是最为著名的、拥有最大教师队伍和最有广泛影响力的大学，而且因为它们通常是大多数稍后建立的大学的模型。然而，更快的增长则适合于那些后来者。

事实上，它们之中的一些几乎与巴黎大学和博洛尼亚大学同样古老。正如我们已经看到的，位于萨勒诺的那些医学校在整个 13 世纪没有得到多少发展；1231 年，皇帝腓特烈二世颁布了建立学位体系的章程，但是否认它们的独立。另一方面，在蒙彼利埃，确信早在 12 世纪 30 年代前后就已存在的医学校（但是它的起源不详），到 13 世纪发展成为一所名副其实的“医科大学”。1220 年，这所大学从教皇特使那里得到章程，从而被置于教会当局控制之下，但同时章程又承认由博士管理大学。

在同一时期，牛津大学诞生了。英国的第一所大学就坐落在这个小集镇上，这个集镇甚至都不是主教驻地，这着实令人吃惊，也许机遇在其中起了作用。不过应该记住，很久以前牛津就有一些教会的设施，这也许提供了一个起点。无论如何，即使巴黎大学在牛津大学的发展过程中发挥了一些作用，即使牛津大学的组织从巴黎人那里得到了灵感，但毋庸置疑的是，牛津大学是一所土生土长的原发型大学。早在 12 世纪中叶，牛津就办起了一些学校，从 1200 年开始，大学组织的萌芽就已经出现，甚至在 53

1214 年第一个教皇章程之前（这个章程得到了王室特许状的补充），牛津就建立了最早的组织（教长、同乡会学监、教师集会），同时确保了独立于林肯郡主教、当地市政当局的自主性。[20]

中世纪结束前，大学建立的主要方式有二，即“蜂群式”或根据世俗和教会当局预先的决定建立机构的方式，这在 13 世纪前几十年是非常普遍的。

“蜂群式”涉及一群学生和教师，他们在和地方当局发生争执之后，离开他们原来所在的大学，到一个新的城镇再创办一所大学。这种类型的迁移通常是暂时性的，随着冲突的妥善处理，他们还会重返以前的大学。然而，如果条件适宜，一所新的大学也会建立起来。

这种情况确切地发生在剑桥。1209—1214 年，在市长和国王下令逮捕和处死了一些学生之后，牛津的学生和教师逃离了自己的大学来到剑桥。在法国，毫无疑问，奥尔良和安格斯那些古老的学校从发生在 1229—1231 年巴黎大学师生（他们为死于皇家宪兵之手的学生追索赔偿）的逃离中获益匪浅。即便如此，正如我们已经看到的那样，它们的大学地位也是在很长时间以后才获得的。

意大利北部是大学迁移的中心地区，这很有可能与这个地区的经济发展条件有关，与它被分割为几个互相对立的城市国家有关，也正如前面所提到的，与这里的学生大学体制有关（学生大学体制特别适宜流动）。除此之外，13 世纪前期发生在博洛尼亚的各种争论伤害了博洛尼亚大学与博洛尼亚自治市和皇帝之间的关系，这导致了一系列的迁移事件。然而，这些迁移只产生了一所重要的大学，就是帕多瓦大学（1222）。但直到 1260 年之后，这所大学才取得了显著的进步，它的制度和精神都很明显地反映了对博洛尼亚大学的承袭。[21] 从大约 1188 年开始，也许在勒佐·艾米利亚出现过大学。毋庸置疑，还有许多大学出现在 1204—1209 年的维

---

⑳ *History of Oxford*, vol. Ⅰ, 1-95.

㉑ G. Arnaldi, ‘Le origini dello studio di Padova dalla migrazione universitaria del 1222 alla fine del periodo ezzeliniano’, *La Cultura*, 15(1977), 388-431.

琴察、1215—1255 年的阿雷佐、1255 年前后的维切利（这是 1228—1244 年帕多瓦大学师生迁徙的结果）和 1246—1252 年的锡耶纳。但是，所有这些大学都是昙花一现，几年之后很快就消失了。14 世纪，这些大学所 54
在地想要恢复这些大学，但都失败了。

也正是在 13 世纪，世俗当局或教会出于自己的利益决定创办大学，或者就像谚语中说的"栽种（plant）"大学。在出现了这种性质的举动的地方，先前已经存在的学校事实上常常为新大学的建立奠定了基础。然而，那样的举动通常意味着以不同的完整程度求助于一个固定的机构模型。除此之外，可以把它们理解为一个信号，即从新机构建立之初，就被赋予了明确的社会目标和政治目标，即使它们并没有被完全实现。

那不勒斯大学就是这种类型中最早建立的大学，它由腓特烈二世创办于 1224 年，其目的就是与博洛尼亚大学展开竞争，培养其所需要的法学家。虽然由皇室官员密切监督，但那不勒斯大学还是被授予最低限度的法人机构，这使它能被称为大学。再者，很有可能因为 13 世纪意大利南方的混乱状况，所以尽管有一系列受腓特烈二世及其安茹王朝直接继承者的影响而进行的"普遍改革"，但大学并没有得到很大的发展。[22]

在法国，这种类型的大学首推图卢兹大学（1229），它是在十字军征伐"清洁派（cathars）"和图卢兹伯爵之后，通过巴黎协约建立的。这所大学的建立明显地不受当地人的欢迎，以至于直到 13 世纪 60 年代，以其性质的深刻变革为代价才打下基础。把那种最初设计为宗教化的大学发展成为一所法学占优势的大学，这更符合南方人的期望。[23]

我们所列举出来的"创办"大学的名单上还应该包括教皇英诺森四世在罗马教廷创办的一所大学（1245）。

毋庸置疑，从 13 世纪开始，在伊比利亚半岛，政治当局更为直接地介入大学的发展过程中，这个事实可以从西班牙王室通过不断"征服"，

---

[22] G. Arnaldi, 'Fondazione e rifondazioni dello studio di Napoli in età sveva', in *Università e società*, 81-105.

[23] *Les Universités de Languedoc au XIIIe siècle*, Cahiers de Fanjeaux, 5 (Toulouse, 1970).

从而把王国的所有机构都控制在自己手中的趋势得到证明。早在 1208 年，卡斯提尔国王阿方索八世就为帕伦西亚大教堂学校的教师支付薪水。但是，很难确定这些特权（它们得到了 1220 年教皇法令的确认）是否促进了一所真正的大学的建立。假如情况正是那样的话，那么存在了一段时期
55 并以文科和神学为主的帕伦西亚的学馆似乎在 1250 年前后消失了。与此同时，王室的支持转移到萨拉曼卡大学。事实上，一份同年代的文献记载，在 1218—1219 年的冬季，利昂的阿方索九世在萨拉曼卡创办了一所大学。1254 年王室授予它的特权，在 1255 年得到教皇法令的批准，并且在著名的《法律集成》司法文件汇编中（1260 年前后）反复提到这些情况；该校在萨拉曼卡大学馆得到确定的认可时发展到高潮；它虽然处于当地教会显贵的严格控制之下，但是也被赋予传统的特权。通过一系列稍晚发布的章程（1411、1422），我们只知道这所大学的组织无疑是一种混合的类型，但它更多地吸收了博洛尼亚大学而不是巴黎大学的因素。在 13 世纪结束前，同一类型的另外一所大学馆在瓦拉杜利德建立，它得到卡斯提尔国王的资助，并且受到国王的全面保护，虽然直到 1346 年前，教皇并未完全承认它的大学地位。

里斯本大学几乎完全是同样的情形。葡萄牙国王丹尼斯及王国境内教廷的显贵人物，特别是阿尔科巴科的西多会修道院院长，于 1288 年创办了里斯本大学并资助这所大学，教皇在 1290 年加以确认。

因此，到 13 世纪末期，大学虽然在数量上仍然非常少，但是已经成为欧洲文化生活的核心机构，对于思想的产生和传播做出了贡献。事实上，它就是真正的“知识权力”的场所，[24] 同时也是培养教廷和城市精英的核心机构。1300 年前，出现了 18 所大学馆，[25] 其中 15 所（或者 16 所，如果包含萨勒诺的话）在这段时期可能是十分活跃的。其中的一些大学肯

---

[24] H. Grundmann, '"Sacerdotium-Regnum-Studium": zur Wertung der Wissenschaft im 13. Jh.', *Archiv für Kulturgeschichte*, 34(1952), 5-21.

[25] 如果算上萨勒诺、勒佐、皮亚琴察（1248 年的教皇法令，但很可能无效）、帕伦西亚和塞维利亚这些有争议的例子，数量将会是 23 所。

定吸引了几千位来自不同地区的学生，直到中世纪末，这些大学一直是欧洲主要的大学（博洛尼亚大学、巴黎大学、蒙彼利埃大学、牛津大学、帕多瓦大学、萨拉曼卡大学、剑桥大学等）。其他的大学也对当地社会产生了重大的影响。

中世纪末期的大学

如果新的大学在 14 世纪和 15 世纪以更大的数量不断建立，我们就会对大学在中世纪末期“衰落”这个传统的判断产生疑问。

中世纪欧洲大学发展的第一个阶段，可以说截至 1378 年，这一年开始了“大分裂”。这个阶段见证了 19 所新大学的建立，即莱里达大学 56
（1300）、阿维尼翁大学（1303）、罗马大学（1303）、佩鲁贾大学（1308）、特里维索大学（1318）、卡豪斯大学（1332）、格勒诺布尔（Grenoble）大学（1339）、比萨大学（1343）、布拉格大学（1347）、佛罗伦萨大学（1349）、佩皮尼昂大学（1350）、韦斯卡大学（1354）、阿雷佐大学（1355）、锡耶纳大学（1357）、帕维亚大学（1361）、克拉科大学（1364）、奥朗日大学（1365）、维也纳（1365）、佩奇大学（1367）[26]，同时也涉及 1300 年之前建立起来的几所大学（例如，奥尔良大学、安格斯大学、瓦拉杜利德大学）的资格确认问题。到 1378 年，真正运行的大学大约有 28 所，如果包括萨勒诺大学、维罗纳大学和卢卡大学，就有 31 所大学。

虽然不能对这些稍后建立的大学进行详细讨论，但仍然可以考察它们的共同特征。首先，虽然有先前存在的学校和适宜的社会和文化氛围，但在这些新建大学的发展过程中，当局（不管是教会还是世俗当局，更多的情况是世俗当局）的主动性是一个非常关键的因素。例如，在阿维尼翁、佩鲁贾、布拉格，这种新的机构是通过授予原有的重要学校大学地位而建

㉖ 或 21 所，如果认为维罗纳学馆（它于 1339 年获得本尼迪克十二世的教谕）和卢卡学馆（1369 年获得皇帝的批准）具有大学地位的话，还应记住的是，阿雷佐和锡耶纳的大学馆在 13 世纪的同一时期也已得到发展。

立的。另一方面，在特里维索、格勒诺布尔、韦斯卡那样的地方，由于先前没有学校，大学似乎完全被任意地移植，一些年以后，这些大学就变得毫无生气，甚至完全消失。通常的说法是，1378 年前，只有一些人数相对较少且影响较小的大学（布拉格大学除外）是在 14 世纪兴起的。

这些大学中的绝大多数（19 所大学中的 15 所大学）坐落在欧洲南部，在这些大学中占据优势地位的法学院通常都是低水平的，其他的学院若有若无，最好的情况也是人数稀少、成绩平平。因此，这些大学通常都模仿博洛尼亚大学的章程，但也会根据本地的社会和政治形势加以调整，并且努力避免博洛尼亚大学那种把学生大学和博士协会完全分开的体制。

如果不考虑巴黎大学和牛津大学，那么欧洲南部一直就是大学的乐园，这是因为欧洲南部的城市化水平较高、成文法有着悠久的历史，以及由社会世俗因素所推动的早期发展。然而，在 14 世纪中期，在欧洲南部以外，兴起了一场创办新大学的运动，1347 年，布拉格大学的建立成为这场运动的转折点。直到那时，可能因为贵族势力的强大，神圣罗马帝国和欧洲中部多少处于这场运动之外。由于贵族可以随心所欲地把他们的子
57 弟送到巴黎大学或博洛尼亚大学学习，他们不希望看到土生土长的大学出现，这种大学更容易进入，因而为中产阶级和农民的孩子提供了一个在社会生活中上升的机会；同样，这样的大学也有助于加强教会和城镇在政治上的重要性。然而，经济的发展和民族感情的觉醒使这场创办新大学的运动变得更为有力。1347 年，在教皇，特别是在新皇帝查理四世（他曾是一位热衷于法国文化和极力赞成建立大学的王子）的帮助下，大学运动盛行起来。[27] 几年之后，布拉格大学取得了巨大的成就，吸引着成千上万来

[27] 除了布拉格，皇帝查理四世还授予意大利弗里乌利的齐维塔利（Cividale in Friuli，1353 年，但它仍然形同虚设）、阿雷佐（1355）、佩鲁贾（1355）、帕维亚（1361）、佛罗伦萨（1364）、奥朗日（1365）和卢卡（1369）这些地方的大学馆成立或认可的证书。

自德意志、捷克、波兰的学生。[28] 这种成功引出了大量的模仿者，但在早期阶段，模仿显得生硬而笨拙：奥地利的维也纳大学，创办于 1365 年，然而直到 1383 年仍然毫无生机；波兰的克拉科大学，创办于 1364 年，但是很快遇到麻烦，不得不在 1397—1400 年重建；匈牙利的佩奇大学，创办于 1367 年，但是仅仅维持了 10 年时间。

正如欧洲历史的其他方面一样，始于 1378 年的“大分裂”在大学的历史上代表着真正的分水岭。在所有爆发的危机（瘟疫、战乱、经济萧条）中，“大分裂”是最引人注目的事件。中世纪基督教王国的统一被无可救药地粉碎了，巴黎大学所培养的普遍主义的抱负已不再盛行。现在，人们目睹的是现代国家的诞生和崛起，以及民族感情的觉醒。

考虑到这种社会背景，就不难理解为什么大学得以大量出现。事实上，1378—1400 年，欧洲新建或重建了 7 所大学，1400—1450 年有 18 所（事实上，如果算上帕尔马大学和赫罗纳大学，一共有 20 所大学）；1451—1500 年为 22 所。1378 年，实际运行的大学有 28 所（或者说 31 所大学），到 1400 年变成了 31 所大学（或者说 34 所大学），到 1500 变成了 63 所大学（或者说 66 所大学）。新建的大学遍布整个欧洲，伊比利亚半岛上有 7 所大学（加上赫罗纳大学，有 8 所大学），法国有 8 所大学，德国有 15 所大学（还可以加上布拉班特公爵于 1425 年创办的鲁汶大学），坐落在老欧洲西部和东部边缘上的王国（苏格兰、斯堪的纳维亚、波兰、匈牙利）共有 9 所大学，在意大利共有 8 所大学。除了费拉拉大学（1391）、都灵大学（1404）和卡塔尼亚大学（1444）之外，毫无疑问，那些大学与 58
其说是真正的新大学，不如说是大学的重新开张（13、14 世纪，这些大学一直是作为大学馆而存在的）。唯独英格兰纹丝未动，没有出现一所向已经年迈的牛津大学和剑桥大学的垄断发起挑战的新大学。

㉘ P. Moraw, 'Die Universität Prag im Mittelalter. Grundzüge ihrer Geschichte im europäischen Zusammenhang', in *Die Universität zu Prag*, Schriften der sudetendeutschen Akademie der Wissenschaften und Künste, 7 (Munich, 1986), 9-134.

与以往有很大不同，这些新大学主要是由城市或王公贵胄发起建立的。这样，大学在获得特权的同时，也会得到物资和财政上的捐赠。作为这些机构的创办人和保护者，他们从大学获得了声望和培养教士、牧师、法官的重要场所。当然，通常需要有教皇认可的教谕，更不用说这些新建机构中的大部分实际上是以先前存在的学校为依托的。

这并不意味着在15世纪结束时，欧洲大学网络已经完全形成。首先，在16世纪，新的大学仍然在建立。然而，在15世纪，许多人就开始对新大学的不断出现产生了忧虑。不同程度上取得了成功的那些古老大学，企图保持它们的地区垄断地位。因此，以布格斯和卡昂市镇的距离太近为借口，巴黎大学试图阻止在那里建立新的大学。在阿拉贡王国，莱里达大学从未停止提醒世人1300年大学的创办者国王迭戈二世赋予它的垄断地位，以防止在其他地方（特别是在巴塞罗那）兴办新的大学。[29] 类似的情况也发生在意大利，帕维亚大学设法保持作为米兰公国唯一一所大学的地位，因而限制皮亚琴察、帕尔马和米兰的现存学校或计划筹建学校的发展。

另一方面，还应当注意到，1378年之后建立起来的新大学很少有完全衰落下去的，因为很多大学在学生的人数和教学的影响方面都设法维持在中等水平上。毫无疑问，15世纪最有活力的大学出现在法兰西王国的北部（普瓦捷、布格斯和卡昂）、鲁汶、克拉科和德意志。这些地方的大学规模很大，通常都有几百名来自不同地区的学生，并且在本世纪内一直保持着稳步的增长。[30] 更为重要的是，这些大学被本地人、本地的世俗当局和教会所接纳并获得大量慷慨的捐赠，大学本身、学舍（colleges）和大学教师都受益匪浅。汉萨的罗斯托克大学和格瑞夫斯沃德大学就是这类
59 大学的典型例子。到后来，它们都发展成为在知识方面雄心勃勃的大学，有能力留住一些著名的教师。由此，这些大学成功地促进了新思潮和原创

㉙ C. Carrère,'Refus d'une création universitaire et niveaux de culture à Barcelone: hypothèses d'explication', *Le Moyen Age*, 85(1979), 245-273.

㉚ 15世纪德意志大学中学生群体的增长规模在R. C. Schwinges的*Universitätsbesucher*中得以确立。

教学的发展（克拉科大学的新天文学、维也纳大学的人文主义、图宾根大学的“唯名论”）。简言之，出于自身的利益，它们复兴了直到那时仍被认为是诸如巴黎大学或牛津大学那些古老的学术中心特权的创造使命。

在欧洲北部，那些新大学通常采用了源于巴黎大学模式的组织结构。所以，这些大学倾向于有四个“经典的”学院（文学院、神学院、法学院和医学院）；其中最重要的是文学院（它的人数最多）和神学院，在神学院，世俗教师和托钵僧共同承担教学任务。它们都是“教师大学”（例如，布拉格大学或圣安德鲁斯大学或维也纳大学），虽然学生们有时候能够在一些选举和决策过程中发挥一定的作用，至少在早期是这样。与巴黎大学一样，在布拉格大学、圣安德鲁斯大学、维也纳大学、鲁汶大学、格拉斯哥大学都有四个同乡会，但是文科教师从未获得像他们在巴黎大学和牛津大学的同行们所具有的优势地位。每一所学院有本院的院长，管理整所大学的权力属于由各个学院教师组成的评议会，通常情况下，由评议会选举大学校长。

15 世纪建立起来的大学，或者从建立初期或在随后的一些年中，通常都正式配置“所有认可的学院”，只有罗斯托克大学在成立整整 12 年之后，才于 1431 年正式建立神学院。相反，14 世纪中期之前建立的大多数大学是不完整的，只能说拥有一个学院、两个学院或三个学院。更为特别的是，教皇们严格控制神学的教学和声望很高的神学硕士学位的扩散，只允许在与巴黎大学、牛津大学和剑桥大学同等水平的大学和教廷学馆讲授神学。[31] 从 14 世纪 60 年代起，由于教皇乌尔班五世的倡议，这项政策被废止。[32]

㉛ 这显然没有阻止数量众多的神学学馆（常常是高水平的）在托钵僧教团自己的教育网络中运作；*Le scuole degli ordini mendicanti*（*secoli XIII-XIV*）(Todi,1978)；F.-B. Lickteig,*The German Carmelites at the Medieval Universities*(*Rome*,1981)。

㉜ E. Delaruelle,'La politique universitaire des papes d'Avignon-spécialement d'Urbain V-et la fondation du Collège Espagnol de Bologne',in *El Cardenal Albornoz y el Colegio de España*, vol. II(Bologna,1972),8-39.

由于巴黎大学的神学教学被“唯名论”、司各脱主义、托马斯主义之间的争吵弄得四分五裂，如今各方都呼吁将神学教育进行分散化处理，巴
60 黎大学再也不能确保其正统性和垄断地位，继而出现了一种对大学馆概念更为严格的界定，以及来自地方和国家的要求建立本土神学院的压力。所以，到中世纪结束时，出现了许多由教皇教令批准建立神学院的章程，即1360年在博洛尼亚大学和图卢兹大学、1363年在帕多瓦大学、1389年在帕维亚大学、1396年在萨拉曼卡大学、1400年在里斯本大学、1413年在阿维尼翁大学、1421年在蒙彼利埃大学、1430年在莱里达大学、1436年在瓦拉杜利德大学、1447年在佩皮尼昂大学。14世纪结束的时候，维也纳大学和克拉科大学获得建立神学院的资格，虽然它们曾经在二三十年之前，即在大学初建的时候明确地拒绝过那样的权利（在布拉格大学，从建校之初就有了神学院）。然而，总的说来，神学院的扩充主要影响了南部的大学，实际上它常导致已有的托钵僧学馆通过合并到本地大学中的方式被授予大学的地位，由此获得颁发学位的权利。

大学学舍[3]

讨论（哪怕只是粗略地讨论）中世纪大学的类型而不涉及大学学舍，那将是不完整的。

最早的大学学舍出现在12世纪末的巴黎大学。这些学舍不过是由虔诚的慈善基金支持，其目的是为一些“穷教士”学生提供住所。第一批真正的学舍出现在巴黎，后来是13世纪下半叶的英格兰，当时由于大学的扩张，开始出现了许多严重的实际问题。在巴黎，应当提及索邦学舍（建于1257年）和哈考特学舍（建于1280年）；在牛津大学，这样的学舍是默顿学舍（建于1263—1264年）、贝利学舍（建于1261—1266年），以及大学学舍（建于1280年左右）；在剑桥大学，是彼得豪瑟学舍（建于1284

[3] 学舍，也有“学院”“学寮”“学苑”等译法。

年）。它们的组织形式主要受到了托钵僧修道院的启发，这些修道院早在13世纪20年代就在这些大学中建立起来，专供属于那些教团的学生使用。由于获得大量的捐赠（包括土地、财产和租金），这些学舍把在一定时期内接纳一定数量的学生作为其使命。早期的学舍包括为特定的大修道院或教团的僧侣们留用的寓所，这些寓所或多或少被比作小修道院。例如，巴黎大学的圣·柏纳德学舍（西多会修道院，建于1248年）、科路尼学舍（大约建于1260年）、圣·丹尼斯学舍（建于1263年左右），牛津大学的格洛斯特学舍（建于1283年）和达拉谟学舍（建于1289年）。不过，大多数学舍对世俗学生非常吝啬（创办者的家族或同胞常常享有优先权）。在1300年前，巴黎大学总共建立了19所学舍，牛津大学有6所，剑桥大学只有1所。

虽然巴黎拥有的学舍在数量上远远超过其他地方，但其规模很小，主 61
要是为文学院的年轻学生准备的。这些学舍几乎没有独立性，受到外部势力（教会或大学）的严格监督。英国的学舍比较独立且比较民主，其成员主要是文科学士和神学学生。

在14世纪，大学学舍作为一种组织机构取得了很大成就；1300—1400年，巴黎大学建立了37所学舍，牛津大学有5所学舍，剑桥大学有7所学舍。通常情况下，巴黎学舍比英国学舍的规模更为适度，在很长时间最为重要的纳瓦拉学舍（1304年建于巴黎）有70名学生；只有1379年在牛津大学创办的“新学舍”可与之相比，它也有70名学生。在14世纪，学舍组织被传播到南方大学，此前学舍并不为南方人所知，但是它们远没有像在巴黎和牛津那么重要。法国的南部建立了15所学舍（其中有8所在图卢兹），意大利有11所学舍（最重要的一所是1367年在博洛尼亚创办的西班牙学舍），在西班牙有两所学舍。神圣罗马帝国和欧洲中部的新大学采用了这种组织形式（一共有8所），但是又涉及一种完全不同的学舍类型（常常被称为*collegium maius*），其中的教师享有优先权。这种学舍因此被认为监督管理着学院的运营，它们将学院中的教学团体聚集在一起。

在 15 世纪，学舍仍然继续开办。在那些最古老的大学里，创办学舍的节奏放慢了（法国有 36 所学舍，其中 12 所在巴黎大学；英国有 9 所学舍；意大利有 8 所学舍），但在其他地方，数量非常可观（神圣罗马帝国内有 27 所学舍，欧洲中部有 3 所学舍，苏格兰有 3 所学舍，伊比利亚半岛有 6 所学舍，它们注定有光明的前景）。事实上，没有任何学舍的中世纪大学是非常罕见的，唯一的例外就是奥尔良大学。

在 14 世纪和 15 世纪，这些学舍（不论其创办者是王公贵胄、位居要职的官员、教廷显贵，还是前摄政教师）很少被认为是为“穷学生”提供的简单寓所，更多的是被当作特权机构，保护它们自己的成员（代价是遵守纪律）、提供最好的工作和学习条件，换句话说就是组成了一个学生精英团体。㉝ 所以，比较富有的学生（特别是法学学生）才被接纳进来。不管怎样，那些没有被战争摧毁的学舍得益于不断增加的捐赠，使它们能扩
62 大图书馆。更为重要的是，这些学舍本身成了有合适的教师团体、具有新的和更先进的教学方法的教学机构。所以，在与学院的竞争中，学舍的地位不断上升，学院的作用逐渐被削弱到仅仅授予学位。

只有一些主要的学舍提供全部课程，但从 14 世纪末期开始，一些学舍成了真正的知识生活的中心。事实上，它们比大学中的其他组织更有活力。纳瓦拉学舍和莫德林学舍所发挥的最重要的作用，是在巴黎大学和牛津大学传播人文主义，这些已为人们所知。㉞ 但是，这个过程在神圣罗马帝国的诸国中很少有人提及，在那里，穷学生一直是学舍注册人数中的主要部分。无论如何，至少那些学舍仍然接受这一部分学生（在巴黎大学、牛津大学、剑桥大学，这部分学生占 10%—20%，而在其他地方则更

㉝ A. L. Gabriel, 'The College System in the Fourteenth-Century Universities', in F. L. Utley(ed.), *The Forward Movement of the Fourteenth Century* (Columbus, 1961), 79-124; A. L. Gabriel, 'Motivations of the Founders of Mediaeval Colleges', *Beiträge zum Berufsbewusstsein des mittelalterlichen Menschen*, Miscellanea Mediaevalia, 3(Berlin, 1964), 61-72.

㉞ G. Ouy, 'Le collège de Navarre, berceau de l'humanisme français', in *Enseignement et vie intellectuelle (IXe-XVIe siècle). Actes du 95e Congrès national des sociétés savantes*, vol. I (Paris, 1975), 275-299.

少)；但在法国、英格兰和德意志，这些学舍所创制的教育模式对现代欧洲的中等教育和高等教育的演进产生了巨大的影响。

中世纪欧洲大学清单

那些有争议的、地位等同于大学的学馆被列在括号内。

(萨勒诺大学)(*Salerno*，12 世纪)：1231 年由罗马帝国皇帝腓特烈二世颁令认可。

博洛尼亚大学(*Bologna*，12 世纪末期)

(勒佐大学)(*Reggio*，1188 年)(该校一直存在到 13 世纪末)

维琴察大学(*Vicenza*，1204 年)(1209 年之后消失)

(帕伦西亚大学)(*Palencia*，1208 年)(1250 年前后消失)

巴黎大学(*Paris*，13 世纪初)

牛津大学(*Oxford*，13 世纪初)

蒙彼利埃大学(*Montpellier*，13 世纪初)

剑桥大学(*Cambridge*，1209—1225 年)

阿雷佐大学(*Arezzo*，1215 年)(1260 年前后消失，1355 年重建，1373 年前后再次消失)

萨拉曼卡大学(*Salamanca*，1218—1219 年前)

帕多瓦大学(*Padua*，1222 年)

那不勒斯大学(*Naples*，1224 年)

维切利大学(*Vercelli*，1228 年)(14 世纪消失) 63

图卢兹大学(*Toulouse*，1229 年)

奥尔良大学(*Orléans*，约 1235 年)(1306 年被正式认可为大学馆)

罗马教廷大学(Studium *of the Roman curia*，1245 年)

锡耶纳大学(*Siena*，1246 年)(约 1252 年消失，1357 年重新建立)

(皮亚琴察大学)(*Piacenza*，1248 年)(关于 1248 年大学的真实

运行情况还存在一些争议；1398到1402年，当帕维亚大学迁移到皮亚琴察的时候，皮亚琴察大学一度非常活跃）

安格斯大学（*Angers*，约1250年）（1337年被正式认可为大学馆）

（塞维利亚大学）（*Seville*，1254—1260年）（由国王和教皇建立，这座学馆也许不是一所真正的大学；大约1270年消失）

瓦拉杜利德大学（*Valladolid*，13世纪末）（1346年被教皇正式认可为大学馆）

里斯本大学（*Lisbon*，1290年）［从1308年到1338年、1354年到1377年，里斯本大学迁移到科英布拉（*Coimbra*）］

莱里达大学（*Lèrida*，1300年）

阿维尼翁大学（*Avignon*，1303年）

罗马大学（*Rome*，1303年）（14世纪末期消失，1431年重新建立）

佩鲁贾大学（*Perugia*，1308年）

科英布拉大学（*Coimbra*），见里斯本大学

特里维索大学（*Treviso*，1318年）（很有可能在14世纪或者最迟在1407年已经消失）

卡豪斯大学（*Cahors*，1332年）

格勒诺布尔大学（*Grenoble*，1339年）（14世纪中期消失）

（维罗纳大学）（*Verona*，1339年）（它的大学地位受到怀疑，15世纪消失）

比萨大学（*Pisa*，1343年）（大约1360年消失，15世纪初重新建立）

布拉格大学（*Prague*，1347年）

佛罗伦萨大学（*Florence*，1349年）（1472年迁移到比萨，而后关闭）

佩皮尼昂大学（*Perpignan*，1350年）

韦斯卡大学（*Huesca*，1354年）（15世纪上半叶消失，1464年重新建立）

帕维亚大学（*Pavia*，1361 年）（1398 年迁移到皮亚琴察，因此被取缔；1412 年重新建立）

克拉科大学（*Cracow*，1364 年）（1370 年之前消失，1397 年重新建立）

奥朗日大学（*Orange*，1365 年）

维也纳大学（*Vienna*，1365 年）

佩奇大学（*Pècs*，1367 年）（1367 年后的某个时间消失）

卢卡大学（*Lucca*，1369 年）

爱尔福特大学（*Erfurt*，1379 年） 64

海德堡大学（*Heidelberg*，1385 年）

科隆大学（*Cologne*，1388 年）

布达大学（*Buda*，1395 年）（约 1400 年消失，1410 年重新建立，约 1460 年消失）

费拉拉大学（*Ferrara*，1391 年）（1394 年消失，1430 年重新建立）

维沃尔茨堡大学（*Würzburg*，1402 年）（1413 年后消失）

都灵大学（*Turin*，1404 年）

莱比锡大学（*Leipzig*，1409 年）

普罗旺斯的艾克斯大学（*Aix-en-Provence*，1409 年）

圣安德鲁斯大学（*St Andrews*，1411 年）

（帕尔马大学）（*Parma*，1412 年）（这座学校在 1412—1420 年自称大学馆）

罗斯托克大学（*Rostock*，1419 年）

多尔大学（*Dole*，1422 年）

鲁汶大学（*Louvain*，1425 年）

普瓦捷大学（*Poitiers*，1431 年）

卡昂大学（*Caen*，1432 年）

波尔多大学（*Bordeaux*，1441 年）

卡塔尼亚大学（*Catania*，1444 年）

（赫罗纳大学）（*Gerona*，1446 年）（1446 年由西班牙皇家颁发特许状，但是直到 16 世纪才成为一所真正的大学）

巴塞罗那大学（*Barcelona*，1450 年）

格拉斯哥大学（*Glasgow*，1451 年）

瓦伦斯大学（*Valence*，法国，1452 年）

特里尔大学（*Trier*，1454 年）

格瑞夫斯沃德大学（*Greifswald*，1456 年）

弗赖堡大学（*Freiburg im Breisgau*，1457 年）

巴塞尔大学（*Basle*，1459 年）

英格斯塔德大学（*Ingolstadt*，1459 年）

南特大学（*Nantes*，1460 年）

布格斯大学（*Bourges*，1464 年）

帕塞尼大学（*Pozsony*，1465 年）（15 世纪末期消失）

威尼斯大学（*Venice*，1470 年）（医生社团有权授予医学博士学位）

（热那亚大学）（*Genoa*，1471 年）（1513 年才开学）

萨拉戈萨大学（*Saragossa*，1474 年）

哥本哈根大学（*Copenhagen*，1475 年）

美因兹大学（*Mainz*，1476 年）

图宾根大学（*Tübingen*，1476 年）

乌普萨拉大学（*Uppsala*，1477 年）

马略卡·帕尔马大学（*Palma*，*Majorca*，1483 年）

斯古恩匝大学（*Sigüenza*，1489 年）

阿伯丁大学（*Aberdeen*，1495 年）

65 奥德河上的法兰克福大学（*Frankfurt-on-Oder*，1498 年）（1506 年才开放）

阿尔卡拉大学（*Alcalá*，1499 年）

瓦伦西亚大学（*Valencia*，1500 年）

精选文献

文献目录

Bibliographie internationale de l'histoire des universités, vol. Ⅰ, *Espagne-Louvain-Copenhague-Prague*, by R. Gilbert, J. Paquet, S. Ellehój, F. Kavka, and J. Havránek, Geneva, 1973; vol. Ⅱ, *Portugal-Leiden-Pécs-Franeker-Basel*, by A. Moreira de Sà, R. Ekkart, M. Fényes, A. de Kalbermatten, and L. Haeberli, Geneva, 1976.

Coing, H. (ed.) *Handbuch der Quellen und Literatur der neueren europais chen Privatrechtsgeschichte*, vol. Ⅰ, Munich, 1973, 39-128.

Craigie, J. *A Bibliography of Scottish Education before 1872*, London, 1970.

Ermann, W. and Horn, E. *Bibliographie der deutschen Universitäten*, 3 vols., Leipzig/Berlin, 1904-1905; reprint, 1965.

Fletcher, J. M. (ed.), *The History of European Universities. Work in Progress and Publications*, 5 vols., Birmingham, 1977-1981.

Fletcher, J. M. and Deahl, J. 'European Universities 1300-1700: the Development of Research 1969-1981, and a Summary Bibliography', in J. M. Kittelson and P. J. Transue (eds.), *Rebirth, Reform and Resilience: Universities in Transition 1300-1700*, Columbus, Ohio, 1984, 324-357.

Fletcher, J. M. and Upton, C. A. 'Publications on University History since 1977: a Continuing Bibliography', *History of Universities*, 7 (1988), 371-468. 这是每年出版的最新文献目录。

Gabriel, A. L. *Summary Bibliography of the History of the Universities of Great Britain and Ireland up to 1800, Covering Publications between 1900 and 1968*, Notre Dame, Ind., 1974.

García y García, A. 'Bibliografía de historia de las universidades españolas', *Repertorio de historia de la ciencias eclesiásticas en España*, 7 (1979),

599-627.

Guenée, S. *Bibliographie de l'histoire des universités françaises des origines à la Rèvolution*, 2 vols., Paris, 1978-1981.

Hammerstein, N. 'Jubiläumsschrift und Alltagsarbeit. Tendenzen bildungsgeschichtlicher Literatur', *Historische Zeitschrift*, 236(1983), 601-633.

Hammerstein, N. 'Neue Wege der Universitätsgeschichtsschreibung', *Zeitschrift für Historische Forschung*, 5(1978), 449-463.

Hammerstein, N. 'Nochmals Universitätsgeschichtsschreibung', *Zeitschrift für Historische Forschung*, 7(1980), 231-236.

Petry, L. 'Deutsche Forschungen nach dem zweiten Weltkrieg zur Geschichte der Universitäten', *Vierteljahresschrift für Sozial-und Wirtschaftsgeschichte*, 46(1959), 145-203.

de Ridder-Symoens, H. 'Universiteitsgeschiedenis als bron voor sociale geschiedenis', *Tijdschrift voor Sociale Geschiedenis*, 10(1978), 87-115.

de Ridder-Symoens, H. and Paquet, J. 'Bibliografisch Overzicht Universiteitsgeschiedenis der Nederlanden', *Batavia Academica*, 2(1984), 18-21. 这是每年出版的最新文献目录。

66 Scheurkogel, J. 'Nieuwe universiteitsgeschiedenis in de late middeleeuwen', *Tijdschrift voor Geschiedenis*, 94(1981), 194-204.

Stark, E. *Bibliographie zur Universitätsgeschichte. Verzeichnis der im Gebiet der Bundesrepublik Deutschland 1945-1971 veröffentlichen Literatur*, ed. E. Hassinger, Munich, 1974.

Steiger, G. and Straube, M. 'Forschungen und Publikationen seit 1945 zur Geschichte der deutschen Universitäten und Hochschulen auf dem Territorium der DDR', *Zeitschrift für Geschichtswissenschaft*, 7(special issue), (1960), 563-599.

Stelling-Michaud, S. 'L'histoire des universités au Moyen Age et à la Renaissance au cours des vingt-cinq dernières années', in *Rapports du XIe*

Congrès international des Sciences historiques, vol. Ⅰ, Stockholm, 1960, 97-143; revised Italian translation: 'La storia delle università nel medioevo e nel Rinascimento: stato degli studi e prospettive di ricerca', in G. Arnaldi(ed.) *Le origini dell'Università*, Bologna, 1974, 153-217.

Straube, M. and Fläschendräger, W. 'Forschungen zur Geschichte der Universitäten, Hochschulen und Akademien der DDR(1960-1970)', *Zeitschrift für Geschichtswissenschaft*, 18(special issue)(1970), 187-209.

Verger, J. 'Tendances actuelles de la recherche sur l'histoire de l'éducation en France au moyen âge(XIIIe-XVe siècles)', *Histoire de l'Education*, 6 (1980), 9-34.

Vico Monteoliva, M. 'Bibliografía sobre historia de las universidades españolas', *Historia de la Educación*, 3(1984), 281-290.

Zanella, G. 'Bibliografia per la storia dell'università di Bologna dalle origini al 1945, aggiornata al 1983', *Studi e memorie per la storia dell'Università di Bologna*, new series, 5, (1985).

一般著作

Cobban, A. B. *The Medieval Universities: Their Development and Organization*, London, 1975.

Denifle, H. *Die Entstehung der Universitäten des Mittelalters bis 1400*, Berlin, 1885; reprint, Graz, 1956.

Fried, J. (ed.) *Schulen und Studium im sozialen Wandel des hohen und späten Mittelalters*, Sigmaringen, 1986.

d'Irsay, S. *Histoire des universités françaises et étrangères des origines à nos jours*, 2 vols., Paris, 1933-1935.

IJsewijn, J. and Paquet, J. (eds.) *Universities in the Late Middle Ages*, Mediaevalia Lovaniensia, series 1, studia 6, Louvain, 1978. 本书也出版于

Paquet, J. and IJsewijn, J. (eds.) *Les Universités à la fin du moyen âge*, Publications de l'Institut d'Etudes Médiévales, 2nd series, 2, Louvain, 1978。

Jílek, L. (ed.) *Historical Compendium of European Universities-Répertoire historique des universités européennes*, Geneva, 1984.

Kaufmann, G. *Geschichte der deutschen Universitäten*, 2 vols., Stuttgart, 1888-1896; reprint, Graz, 1958. 第一卷涉及的是欧洲的大学。

Kibre, P. *Scholarly Privileges in the Middle Ages. The Rights, Privileges and Immunities of Scholars and Universities at Bologna-Padua-Paris-Oxford*, Cambridge, Mass., 1961.

Le Goff, J. *Les Intellectuels au Moyen Age*, 2nd edn, Paris, 1985.

67 Pedersen, O. *Studium generale. De europ eiske universiteters tilblivelse*, Copenhagen, 1974.

Rashdall, H. *The Universities of Europe in the Middle Ages*, 3 vols., ed. F. M. Powicke and A. B. Emden, Oxford, 1936; reprint, Oxford, 1988.

Università e società nei secoli XII-XVI. Atti del nono convegno internazionale di studio tenuto a Pistoia nei giorni 20-25 settembre 1979, Pistoia, 1982.

Les Universités européennes du XIVe au XVIIIe siècles: Aspects et problèmes. Actes du colloque international à l'occasion du VIe centenaire de l'université Jagellone de Cracovie, Geneva, 1967.

Verger, J. *Les Universités au Moyen Age*, Paris, 1973.

Verger, J. 'Universités et écoles médiévales de la fin du XIe à la fin du XVe siècle', in G. Mialaret and J. Vial (eds.), *Histoire mondiale de l'éducation*, vol. I, Paris, 1981, 281-309.

Wieruszowski, H. *The Medieval University: Masters, Students, Learning*, Princeton, N. J., 1966.

国别研究

Ajo González de Rapariegos y Sáinz de Zúñiga, C. M. *Historia de las universidades hispánicas. Orígenes y desarrollo desde su aparición a nuestros días*, 11 vols., Madrid, 1957-1977.

Barcala Muñoz, A. 'Las universidades españolas durante la Edad media', *Anuario de Estudios medievales*, 15(1985), 83-126.

Bellomo, M. *Saggio sull'università nell'età del diritto comune*, Catania, 1979.

Boehm, L. and Müller, R. A. (eds.) *Universitäten und Hochschulen in Deutschland, Oesterreich und der Schweiz. Eine Universitätsgeschichte in Einzeldarstellungen*, Düsseldorf, 1983.

Cadini, F. and others(eds.) *La crisi del sistema comunale*, Storia della società italiana, 7, Milan, 1982.

Cobban, A. B. *The Medieval English Universities: Oxford and Cambridge to c. 1500*, Aldershot, 1988.

Coissac, J. B. *Les Universités d'Ecosse depuis la fondation de l'université d'Aberdeen jusqu'au triomphe de la Réforme(1410-1560)*, Paris, 1914.

Engelbrecht, H. *Geschichte des österreichischen Bildungswesens*, vol. Ⅰ, Vienna, 1982.

Guenée, S. *Les Universités françaises des origines à la Révolution. Notices historiques sur les universités*, studia *et académies protestantes*, Paris, 1982.

Kaufmann, G. *Geschichte der deutschen Universitäten*, 2 vols., Stuttgart, 1888-1896; reprint, Graz, 1958. 第二卷涉及的是德国的大学。

Paulsen, F. *Die deutschen Universitäten und das Universitätsstudium*, Berlin, 1902.

Paulsen, F. *Geschichte des gelehrten Unterrichts auf den deutschen Schulen und Universitäten vom Ausgang des Mittelalters bis zur Gegenwart*, vol. Ⅰ, 3rd edn, Leipzig/Berlin, 1919.

Roslanowski, T. 'Universitäten und Hochschulen in Polen', in E. Maschke and J. Sydow(eds.), *Stadt und Universität im Mittelalter und in der frühen Neuzeit*, Sigmaringen, 1977, 166-169.

Verger, J. (ed.)*Histoire des universités en France*, Toulouse, 1986.

68

英里
0 100 200 300 400
挪威
乌普萨拉1477
瑞典
苏格兰
阿伯丁1495
圣安德鲁斯1411
格拉斯哥1451
爱尔兰
丹麦
哥本哈根1475
英格兰
剑桥 1209-25
牛津
罗斯托克 1419
格瑞夫斯沃德 1456
奥德河上的法兰克福1498
神圣
波兰
鲁汶 1425
荷兰
莱比锡 1409
科隆1388
爱尔福特1379
克拉科 1364
罗马
卡昂 1432
巴黎
特里尔 1454
美因兹1476
维尔茨堡1402
海德堡 1385
布拉格1347
波西米亚
安格斯 c.1250
奥尔良c.1235
图宾根 1476
英格斯塔德1459
南特1460
福朗茨孔特
布格斯1464
弗莱堡市1457
维也纳 1365
帕塞尼1465
多尔 1422
巴塞尔1459
帝国
布达 1389
普瓦捷1431
瑞士联盟
勒佐1188
法国
萨伏伊
米
兰
维罗纳1339
维琴察1339
匈牙利
波尔多 1441
格勒诺布尔1339
维切利1228
帕维亚1361
威
尼
斯
特里维索1318
威尼斯1470
佩奇1367
卡豪斯 1332
奥朗日 1365
瓦伦斯 1452
都灵 1404
帕多瓦1222
图卢兹 1229
阿维尼翁1303
费拉拉1391
博洛尼亚
摩
拉
卡1369
帕伦西亚1208
葡萄牙
纳瓦拉
蒙彼利埃
爱克森1409
达尔马提亚
瓦拉杜立德 1300
韦斯卡1354
佩皮尼昂1350
热那亚1471
比萨1343
佛罗伦萨1349
土耳其
乔姆布诺 1308
萨拉曼卡 1218-19
萨拉戈萨1474
皮亚琴察1248
阿雷佐1215
锡瓦纳 1246
佩鲁贾1308
阿尔卡拉 1499
斯古恩匝 1489
莱里达1300
赫罗纳1446
帕尔马1412
教皇国
帝国
里斯本 1290
阿拉贝
巴塞罗那 1450
卡斯提尔
罗马
1245
1303
马略卡岛
那不勒斯
巴伦西亚1500
那不勒斯 1224
萨勒诺
帕尔马 1483
塞维利亚 (1254-60)
格兰纳达
西西里岛
卡塔尼亚1444

图1　中世纪大学城

69 大学的状况：●确定的 ○有争议的

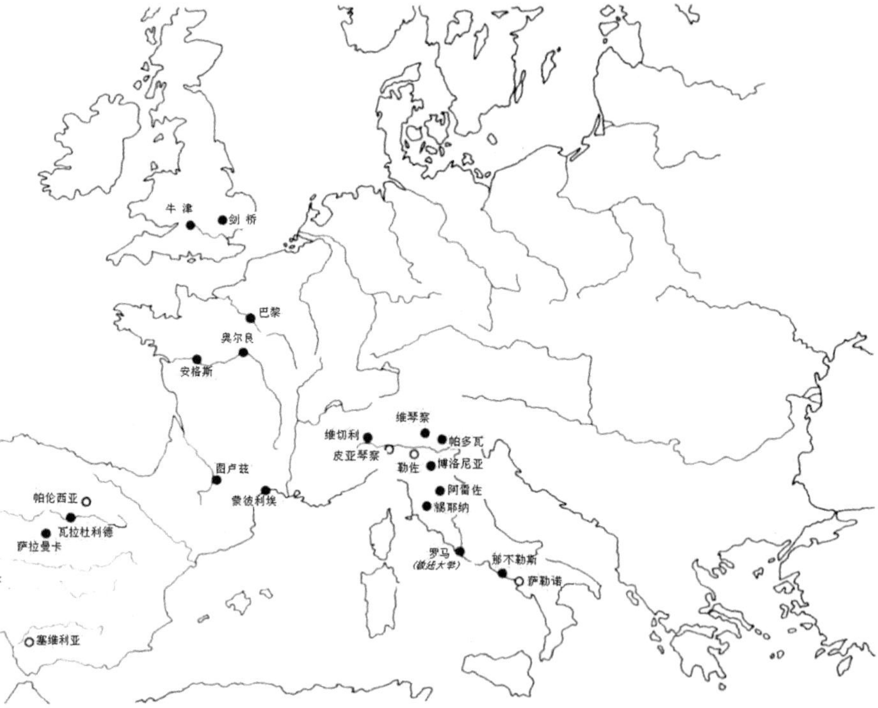

图 2　1300 年前成立的大学

大学的状况：●确定的　○有争议的 70

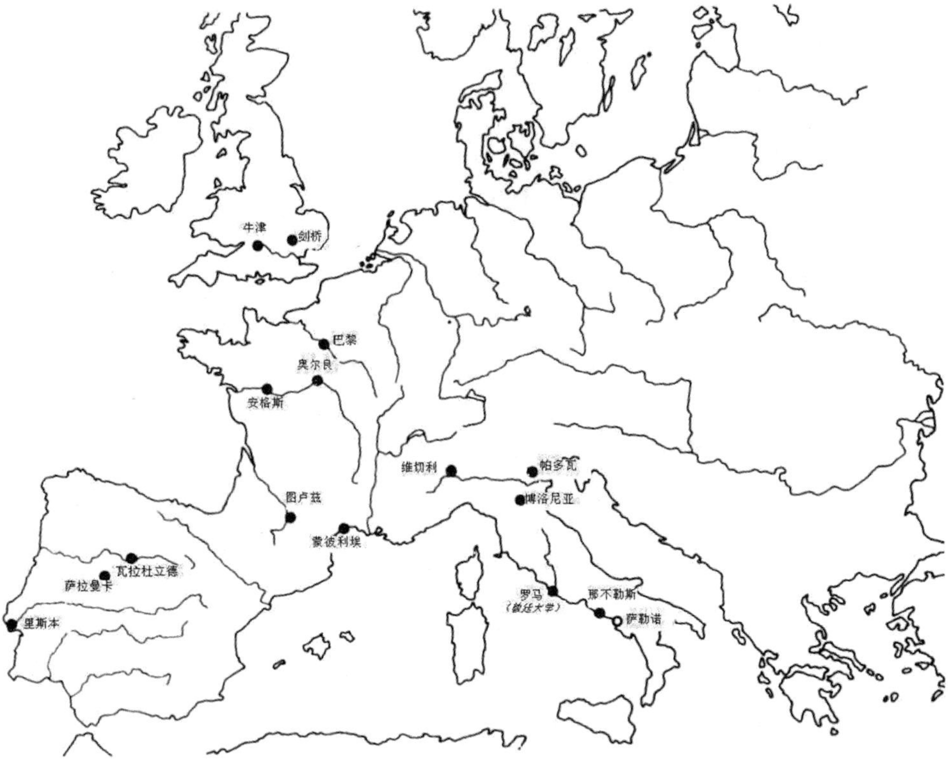

图 3　1300 年尚存的大学

71 **大学的状况：●确定的 ○有争议的**

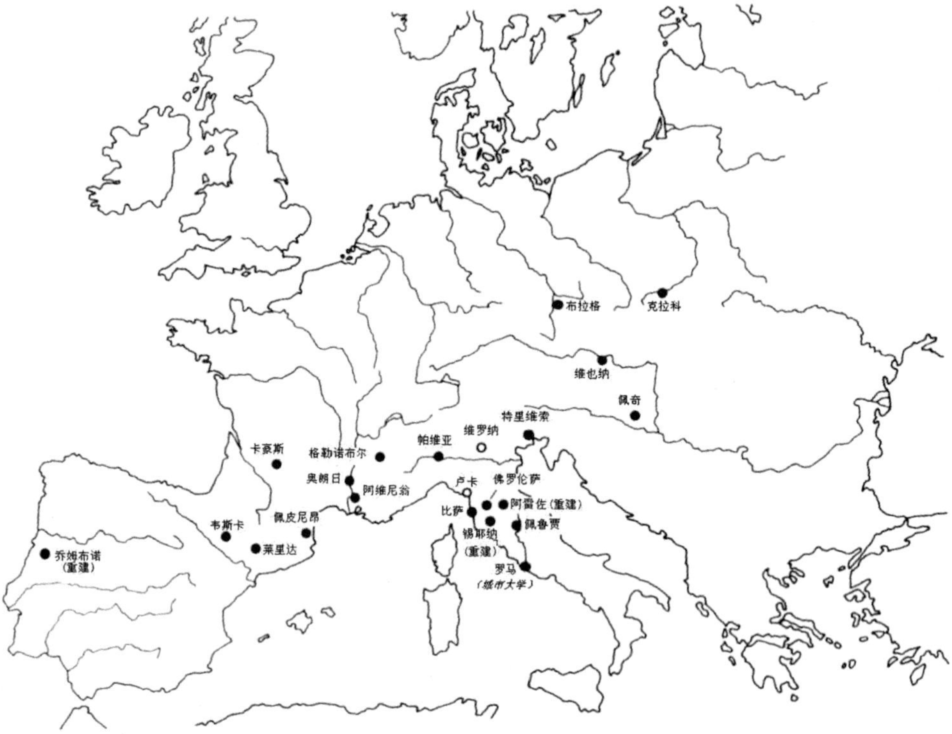

图4　1300—1378年建立的大学

大学的状况：●确定的　○有争议的 72

图 5　1378 年尚存的大学

73 大学的状况：●确定的 ○有争议的

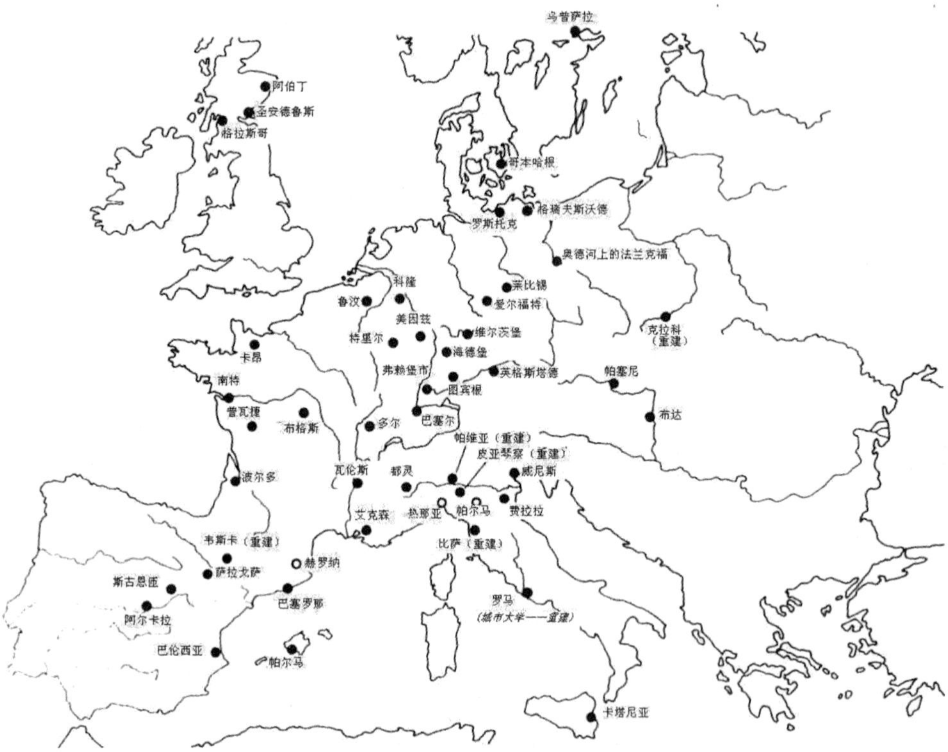

图 6　1378—1500 年建立的大学

大学的状况：●确定的　○有争议的 74

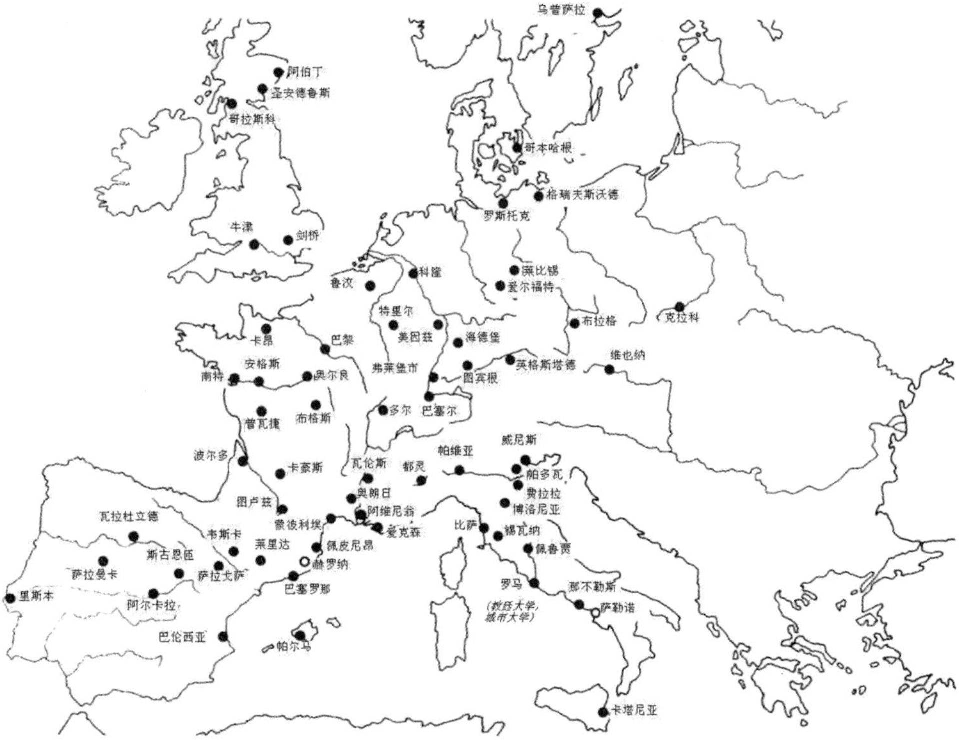

图 7　1500 年尚存的大学

第二编 结构

第三章　与当局的关系 77

保罗·纳迪

12世纪的教皇、帝国与学校

最近的历史研究清楚地表明，人们必须摒弃那种认为从12世纪早期开始，帝国当局就直接干预高等教育的观念。例如，没有证据表明博洛尼亚大学是卡诺萨的女伯爵马蒂尔达在1111年5月被任命为神圣罗马帝国代理主教之后，经其提议所创立的。① 尽管从格列高利改革开始，教会与神学、法学学习的关系已日益紧密，但在12世纪的前几十年，教会依然觉得没有必要将这些欧洲新兴的学校制度化。这些学校的组织方式并不利于密切与官方的联系，因为当时人们认为学校的兴起并不是源于固定的教育场所的出现，而是源于教师的个人魅力，正是这种力量吸引着学生不远万里跟随教师学习。② 同时，当时的人们也普遍认为，对财富的追求直接导致了错误教义的传播。因此，克莱蒙特会议（1130）、兰斯会议（1131）和第二次拉特兰会议（1139）都严厉禁止僧侣和正式信徒在接受了圣谕、进行了宗教起誓之后，还去学习医学和民法。③ 另一方面，教会也没有忽

---

① E. Cortese，'Legisti，canonisti e feudisti：la formazione di un ceto medievale'，in *Università e società*，208-209.

② R. W. Southern，'The Schools of Paris and the School of Chartres'，in *Renaissance and Renewal*，114ff.，123ff. 见同卷，特别是参见J. Leclercq所写的论文，'The Renewal of Theology'，68-87，和S. Kuttner，'The Revival of Jurisprudence'，299-322。

③ D. Diepgen，*Studien zur Geschichte der Beziehungen zwischen Theologie und Medizin im Mittelalter*，vol. Ⅰ，*Die Theologie und der ärztliche Stand*（Berlin/Grünwald，1922），16ff.

78 视与重要学校——博洛尼亚法律学校（红衣主教艾默里库斯，1123—1141年任神圣罗马教会的教长，与著名的评注学家布尔加鲁斯过从甚密）[4]、巴黎神学学校（1144年，红衣主教罗伯特·普伦，[5] 一位在巴黎教学的英国神学家，被任命为神圣罗马教会的教长）等之间的联系。

帝国当局在对教师和学生们的要求和活动兴趣上的首次重要转变，无疑体现在1155年巴巴罗萨腓特烈一世皇帝首次去意大利接受加冕时所颁布的《安全居住法》（*Authentica Habita*）中。[6] 1155年5月，在博洛尼亚附近，他接见了法律学校的师生们。根据《腓特烈一世传》佚名作者的描述，当时师生们恳求皇帝颁令严格禁止对外国学生动用司法权（当外国人与本国人发生债务纠纷时，逮捕个人或没收财产来弥补本国人的债务损失），并且给予他们自由迁徙的权利，“以使所有潜心学习的人能够来去自由，安全居住”[7]。巴巴罗萨腓特烈一世很快颁布了这部著名的法令。在该法中，他确认了科学知识具有无上的价值，并且承认那些为追求科学知识而远离故土的人们是值得称道的，应受到保护。首先，他批准给予民法学教授和学生们自由迁移的特权，并且保障师生们在学习地的居住安全。其次，皇帝非常同情那些为了在异域生存下来甘冒各种风险、耗尽所有资产的人们，他颁令禁止任何人伤害和侮辱学生，而且在法令中特别规定本国人欠学生的债务必须到期偿还，否则处以四倍的罚金。所有违规者都将受此制裁，执行此法不力者将被永久革职。再次，他颁令，任何被传唤出庭的学生都可在是由自己的老师审问还是由教廷审问之间做出选择。如若不尊重学生的选择，原告即使在法律上有理，也将被判败诉。该法令将神职人员所享有的权利扩大到了普通学生身上，并且重申了一项旧的帝国条

---

④ H. Kantorowicz, *Studies in the Glossators of the Roman Law* (Cambridge, 1938), 68, 71.

⑤ P. Classen, *Studium und Gesellschaft im Mittelalter*, ed. J. Fried, Schriften der MGH, 29 (Stuttgart, 1983), 9-10.

⑥ W. Stelzer, ‘Zum Scholarenprivileg Friedrich Barbarossas (“Authentica Habita”)’, *Deutsches Archiv für Erforschung des Mittelalters*, 34(1978), 123-165.

⑦ I. Schmale-Ott(ed.), *Carmen de gestis Frederici Ⅰ. imperatoris in Lombardia*, MGH Scriptores (Hanover, 1965), 17-18, 496-497.

规（该条规源自查士丁尼的法律全集，并且为博洛尼亚的教师们所熟悉），它授权贝里托的教授和主教对该市的学生进行审判。腓特烈一世提出将《安全居住法》纳入查士丁尼的《法典》（Omnem）中，这清楚地表明了他希望复活罗马法，并且主张将该法纳入神圣罗马帝国的法律体系中。他的计划正好符合博洛尼亚教师们的愿望，而后者作为查士丁尼法典的解释 79
者和传授者，在该法的广泛普及和运用中发挥了积极作用。[8]

然而，腓特烈一世没有将《安全居住法》付诸实施，在他首次造访意大利之后，表面上可行的政治目标被证明是难以实现的。1159—1162 年与伦巴第联盟的战争——其高潮是克雷马和米兰被围困——影响了他与在博洛尼亚学习的学生们的关系。据称，当时在博洛尼亚的四位教师给他送来了一封信，恳求他撤销将来自米兰、布雷西亚和克雷马地区的学生驱逐出博洛尼亚的命令。[9] 在当时的情况下，腓特烈一世对《安全居住法》并不重视，而只关注当时的政治局势。后来，当博洛尼亚加入伦巴第联盟之后，他就不再关注该市的教授和学生了。[10]

1159 年 9 月，红衣主教罗兰多・班迪内利当选为教皇。他是一位有造诣的神学家和精明的政治家。自 1153 年起，作为神圣罗马教会的教长，他就积极支持教会和学校间建立密切的联系，由于其教育背景和政治上的敏锐性，他充分意识到了神学和法律教育日益突现的重要性。在白热化的竞争选举（这导致了教会的分裂）之后，教皇亚历山大三世立即频频致信社会名流和各个组织，澄清事实，申明教皇地位的合法性。致信的对象中

---

⑧ G. Cencetti, 'Il foro degli scolari negli Studi medievali italiani', *Atti e memorie della R. Deputazione di storia patria per l'Emilia e la Romagna*, 5(1940), 165; J. K. Hyde, 'Commune, University and Society in Early Medieval Bologna', in *Universities in Politics*, 32ff.; R. L. Benson, 'Political Renovatio: Two Models from Roman Antiquity', in *Renaissance and Renewal*, 359-386.

⑨ J. Fried, *Die Entstehung des Juristenstandes im 12. Jahrhunderts*, Forschungen zur neueren Privatrechtsgeschichte, 21(Cologne/Vienna, 1974), 54-55.

⑩ G. De Vergottini, 'Lo Studio di Bologna, l'Impero, il Papato, in *Scritti di storia del diritto italiano*, vol. Ⅱ, Seminario giuridico della Università di Bologna, 74(Milan, 1977), 744ff.

就有博洛尼亚的民法教师和其他所有教师。这或许是教会当局首次郑重地承认他们的重要性。[11] 在亚历山大因与皇帝腓特烈一世不和而逃亡，于1162年4月到1165年9月滞留法国时，他对法兰克王国内许多蒸蒸日上的主教学校的情况有了非常深入的了解。这位教皇一回到意大利就决定下令废除教区学校以颁发执教许可证为由向教师勒索钱财的陋习。他同时颁布一项命令，正式告知法国的主教们：凡有执教能力的人都可以自由从教，不必花钱购买执教许可证，也无须得到许可或受到阻挠，因为从法律
80 上讲知识是不能用来买卖的。后来，他又重申了这一原则，并且制定了评价教师资格候选人执教能力的一套程序，规定候选人必须通过由主教座堂圣职团的“杰出教士”组织的考试后，其执教资格才被认可（1173）。[12] 亚历山大命令道，发放执教许可证的授权人若违反不得收费的命令，就将受到革职处理，主教应让他人接替其职务。最后，在1179年的第三次拉特兰会议上，教皇重申颁发执教许可证和从事教学工作都应当是免费的，并且规定应当给教师支付圣俸。因此，为了抑制买卖圣职和其他腐败行为，亚历山大改革了教会的教育惯例，鼓励有才华的贫寒子弟入学，并且保证了教师的薪金足额发放。不仅如此，他还为西欧学馆，尤其是巴黎学馆的成立奠定了基础。[13]

在亚历山大三世任教皇期间（1159—1181），尽管出现了一些其他类型的学校（主要是在意大利之外的地方），但亚历山大三世依然极力提倡法学教学，特别是在博洛尼亚的一些学校中，这也使博洛尼亚成为欧洲研

---

⑪ K. W. Nörr, ‘Institutional Foundations of the New Jurisprudence’, in *Renaissance and Renewal*, 325. 关于 Rolando Bandinelli 参见 Classen, *Studium*(注释 5), 130ff.。

⑫ Classen, *Studium*(注释 5), 245 n. 14a(注释由 Fried 提供); A. E. Bernstein, ‘Magisterium and License: Corporate Autonomy against Papal Authority in the Medieval University of Paris’, *Viator, Medieval and Renaissance Studies*, 9(1978), 292ff., 显然未意识到 Fried 所提及的文献。

⑬ P. Delhaye, ‘L'organisation scolaire au XIIe siècle’, *Traditio*, 5(1947), 258ff.; G. Post, K. Giocarinis, and R. Kay, ‘The Medieval Heritage of a Humanistic Ideal: “scientia donum Dei est, unde vendi non potest”’, *Traditio*, 11(1955), 195-234.

究罗马法和教会法的中心。[14] 认为博洛尼亚的学校是由教会创立的看法是完全错误的，[15] 但博洛尼亚的主教无疑是皇帝本人任命的监管学生们的唯一权威。后来，博洛尼亚自治市与皇帝的冲突强化了博洛尼亚与教皇的联系。罗马教廷对促进法学教育有着非常浓厚的兴趣，这一点可从当时制定的大量的教会法规，以及许多经过法律培训的高级教士被提拔到高级职位的史实中推测出来。第一个由罗马教皇使节颁布的有关博洛尼亚学者和教师的法令可以追溯到 1176—1177 年。当时，波尔图—奥斯蒂亚地区的主教禁止教师与学生以竞价的方式租赁旅舍（*hospitia*），无论他们是出于居住条件的考虑，还是出于虚荣心的要求，违者一律开除教籍。该法令通过禁止教师和学者在租约尚未到期或未经租住人同意的情况下向房主申请已有租住人的住所，从而保护了租住旅舍的学者的利益。几年后，也就是在 1182 年 8 月，教会使节、图斯库卢姆地区主教彼得罗再次重申了这一禁令，并且对违犯者以逐出教门相威胁。后来，1184 年 7 月—1185 年 11 81
月，教皇卢修斯三世再次重申了这一禁令，并且进一步训令博洛尼亚地区主教每年要将教师和学者集中到一起，向他们宣读教皇敕令。[16] 教皇专门强调主教要对凡涉及博洛尼亚市民与博洛尼亚学馆师生关系的所有敏感问题进行仲裁。

正是在这个时候，博洛尼亚的学校给该市带来了声望，并且给当地居民带来了财富，该市对本区域内的学校开始变得极为关注。于是，博洛尼亚市开始设法阻止教师们带着他们的学生迁到其他城市。以法学家皮琉斯为例，他于 1182 年左右与摩德纳地区的人达成秘密协议，准备把学校迁往那里。这一事件使博洛尼亚市要求该市所有的硕士都要发誓至少两年内

---

⑭ S. Kuttner，'Revival'（注释 2），319. 也见第 12 章，'The faculties of law'。

⑮ G. Cencetti，'Studium fuit Bononie. Note sulla storia dell'università di Bologna nel primo mezzo secolo della sua esistenza'，*Studi medievali*，3：7（1966），781-833，特别是第 815 页。

⑯ P. Landau，'Papst Lucius Ⅲ und das Mietrecht in Bologna'，in S. Kuttner（ed.），*Proceedings of the Fourth International Congress of Medieval Canon Law. Toronto，21-25 August 1972*（Vatican City，1972），511-522.

不能迁出该市居住。其他教师随即被要求进行类似的宣誓。这样，《安全居住法》所给予的教师自由讲学的权利再次受到侵犯。这些严重干涉博洛尼亚学术生活的法规，很大程度地促使学生们组织起一个法团，即一种类似于当代城市中的贸易行会或职业协会的组织，这些组织通过推举自己的代表、通过行使属于自身的特殊管理权限来维护其成员的利益。

12、13 世纪教会的贡献

在 12 世纪末及 13 世纪的前 20 年，欧洲政治的领导权掌握在教皇和僧侣统治集团的手中，这无疑导致了进入学馆学习的“神职人员”（ecclesiastial clerks）[17] 人数的大幅增长。在当时，即使像拥有众多学校的法国这样的王国，即便在主教座堂圣职团里也没有太多的教师，但是到了 13 世纪 20、30 年代，由于许多最高层的教会人士都来自学术圈，使学术界
82 开始与教会形成某种一致性。[18] 无怪乎当时邦孔帕尼·第·西格纳宣称，教师和学者都是教会的镜子。

因此，罗马教廷促进和筹划高等教育的积极性也复活了，特别是在教皇英诺森三世（1198—1216）统治时期，这种热情更是大为增加。英诺森三世是一位神学家、法学家，也是一位具有极大敏锐性和无可置疑权威的政治家。他所颁布的法令都是为了强化教皇亚历山大三世为主教学校（尤其是巴黎和博洛尼亚地区的）所制定的法规，进一步确立师生们的地位。1207 年颁布的教皇教谕就是带有这种目的的法令，它准许求学的神职人员不在职期间仍可继续领取圣俸。类似的法令还有 1215 年第四次拉特兰会议上颁布的法规，它们向大教区教堂重申了为牧师和贫穷俗人开办学校，并且由公认有能力的教师对其进行管理（教师的工资由圣俸支付）的

---

[17] 对于神职人员与学者（或世俗的）教士之间的区别，见 J. W. Baldwin, *Masters, Princes and Merchants. The Social Views of Peter the Chanter and his Circle* (Princeton, 1970), vol. Ⅰ, 73; vol. Ⅱ, 51 n. 57。

[18] De Vergottini, 'Studio di Bologna', (注释 10), 790 n. 120.

命令，它要求在大主教辖区设立神学学校，并给教师发放薪水。[19] 英诺森三世对当时逐渐出现的大学的要求也并不是无动于衷，他的教谕向聚集在大学中的巴黎学者们重申，他们有权在相关法律许可的范围内推举自己的代表。在他的教谕中，他担当起法规解释者和最高保证人的角色，而巴黎的神学、教会法、文科教师团体都宣誓遵守这些法规。英诺森三世在教谕中还规定，任何因不遵守法规而被大学开除的人，只要改过自新，就能重新进入大学。所有这些法规都被收录在他的两部教谕集中：其一是《教谕汇编三》，这是由英诺森三世于1210年颁发并被送往居住在博洛尼亚的全体师生那里，以便他们在校内外都严格遵守；其二是《教谕汇编四》，这是在1215—1216年由一位与教廷保持着密切关系的著名法学家起草的。[20]

英诺森三世为规范高等教育所采取的措施，如果没有红衣主教的使节们发布特别法令予以巩固，没有被委任从事判决工作的高级教士所掌握的法律知识来加以完成的话，他的目标就会落空。因此，在巴黎的教皇使节、红衣主教比齐切里依靠其敏锐的法律头脑，制定了一套教师与当时对学者进行司法管理的当局都必须遵守的法规。在一般情况下，教师们首先会警告学生，并对那些违规者以开除教籍相威胁。而后，在给予学生们一 83
定时间提交他们的辩护状之后，教师就要在学校重复他们的警告和威胁，列出违规者和所有试图逃避审判的人的名单。最后，如果负罪之人不能改过自新的话，主教座堂圣职团的教长就将宣布将他们逐出教会，而只有主教或圣维克托修道院的院长才能将其赦免（1208）。后来，由教师和学生组成的大学与教长就执教许可证的授予和司法权的实施问题陷入了一场旷

---

[19] G. Post, 'Masters' Salaries and Student-fees in the Mediaeval Universities, *Speculum*, 7 (1932), 181ff.

[20] K. Pennington, 'The Making of a Decretal Collection: the Genesis of Compilatio Tertia', in S. Kuttner and K. Pennington (eds.), *Proceedings of the Fifth International Congress of Medieval Canon Law. Salamanca, 21-25 September* 1976 (Vatican City, 1980), 67-92; S. Kuttner, 'Johannes Teutonicus, das vierte Laterankonzil und die Compilatio quarta', in S. Kuttner, *Medieval Councils, Decretals and Collections of Canon Law. Selected Essays* (London, 1980), essay no. Ⅹ, 608-634.

日持久的争论中。英诺森三世任命特鲁瓦主教负责平息这场争论，并且任命巴黎主教作为仲裁人，后者最终批准了各方达成的协议。该协议规定，谋求执教许可证的申请人不必付费或进行忠诚宣誓，如果教长拒绝颁发许可证的话，就由主教把执教许可证授予相关学科内大家公认适合执教的申请人。至少从亚历山大三世起，官方承认巴黎的教师们拥有与主教座堂圣职团同样的特权。[21] 最终，1215 年，以前在巴黎当过教师的教皇使节、红衣主教库尔松的罗伯特，为巴黎学馆拟定了一套全面的规章制度。这些条例设置了库尔松地区的教学计划和教学程序，规定了正式集会、着装，以及哀悼场合的学术惯例，重申在大学与教会教长达成协议之前的两年所制定的考试规则，并且再次强调教师应当履行对学生的管理权。他没有明确提到卢修斯三世有关租住旅舍租期问题的教谕，而关注其内容。他明确了共同体内的教师与学生宣誓所承担的义务与享有的权利，这些权利包括为那些受到严重不公对待的学者准备辩护词、确定旅舍房间的租金、设定上课的时间和辩论的程序等。这是历年来教会当局就学馆组织所做的最为充分、最为详细的界定了。[22]

教会当局也试图影响牛津学馆。尽管牛津的学者们从形式上接受了牛津所属的林肯地区主教的监督和司法管辖，但由于林肯距牛津较远，主教的影响是很小的。1208 年 3 月，英诺森三世开除了国王约翰的教籍，这造成了那些害怕国王报复的牛津“教士们”的第一次大流散。第二年，由于一名学者涉嫌杀人，当局逮捕了他的一些同事。经皇室批准，有两三名学
84 生被判处了死刑，这导致了师生们为抗议侵犯教士的特权而大批撤离。仅仅五年后的 1214 年，教皇使节、红衣主教尼古劳斯·德·罗曼尼斯所制定的规章，使学馆又恢复了生机。他下令，被世俗当局逮捕的学者应当移交给林肯地区的主教或副主教或座堂圣职团的教长。同时，他让世俗当局

[21] G. Post, 'Parisian masters as a corporation, 1200-1246', in G. Post, *Studies in Medieval Legal Thought. Public Law and the State, 1100-1322* (Princeton, 1964), 34ff., 44-46.

[22] S. C. Ferruolo, 'The Paris statutes of 1215 reconsidered', *History of Universities*, 5 (1985), 1-14.

负责管理从牛津市民那里征收的用以帮助贫困学生的款项。这位教皇使节在学者与市民商定的房租数额的基础上，进一步确认了当时的旅舍固定租金的制度，使其与卢修斯三世制定的禁止竞价房屋的规定相一致，还成立了一个由 4 名学者和 4 位市民组成的委员会，负责处理那些未对租金做必要评估的案件。㉓

13 世纪早期牛津遭遇的这些困扰清楚地表明了在大学形成和发展的重要时期，它们与世俗当局，尤其是地方当局之间产生的激烈矛盾与他们所遇到的困难。其他一些地方的类似事件是通过教会当局强化控制来加以解决的。例如，在巴黎，几名学生被市长（*prévôt*）指使的一伙士兵杀害以后，奥古斯都菲利普二世被迫于 1200 年授予了学生们一项特权，即向他们保证，他将特别严厉地起诉任何伤害学者的人，并且承诺受到刑事罪指控的学者可由教会当局来审判。㉔ 与此同时，在博洛尼亚，学者法团的力量不断积聚并日益站稳了脚跟，这令世俗当局感到非常不安，他们害怕在其腹地成长起来的世界性团体的壮大，担心发展出一个与其自身相抗衡的司法管理体系。1211 年，博洛尼亚市开始由市长吉利尔莫・达・普斯特拉掌管，而他也正是不久前被英诺森三世逐出教会的皇帝奥托四世的支持者。吉利尔莫担任市长期间颁布的法令之一，就是禁止组建互助性质的团体（向市政当局宣誓守法的军人和艺术家团体除外）。其意图明显是想阻止学者法团的建立。但是就在同一年，教皇坚定地站到了学生们一边，他劝告博洛尼亚人民离开保皇派，并且威胁要将该市逐出教会、将学馆迁往别处。通过这种办法，他成功地为博洛尼亚支持教皇的一方带来了一种

㉓ R. W. Southern, 'From Schools to University', in *History of Oxford*, 26, 29-32; C. H. Lawrence, 'The University in State and Church', in *History of Oxford*, 97-100, 133, 136, 140.

㉔ J. Verger, 'Des écoles à l'université: la mutation institutionnelle', in R.-H. Bautier (ed.), *La France de Philippe Auguste. Le temps des mutations. Actes du Colloque international organisé par le CNRS (Paris, 29 septembre-4 octobre 1980)* (Paris, 1982), 821ff.

85 新的权力平衡。[25] 随后在1215年左右，教师们放弃了对牵涉世俗学者的犯罪案件的司法管理权，并且将其全部交给市政当局（涉及神职人员的案件仍在主教的管辖之下）。尽管市政当局承认大学的存在，但他们还是禁止学者们联合起来离开博洛尼亚，并且要求作为这种联合组织代表人物的校长宣誓，表示决不煽动迁校。学者们对此反应强烈，并且认识到对其自由权最有效的护卫是来自教会的保护。1217年春，新教皇霍诺留斯三世力劝市长收回命令或撤销限制学者行动自由的法规，并且建议学者们以非暴力的形式抵制市政当局的要求，要求他们撤离博洛尼亚而不屈服于市政当局。后来在1220年，他致辞博洛尼亚人民，谴责限制学术自由的法律，称这些法律损害了该市的利益。他下令废除这些法律并声称市长应当辞职。此前一年，罗马教廷已经重申应当由教会当局发放执教许可证，并且规定在博洛尼亚只有副主教才有权发放证书，而申请人也必须经过艰难的考试才能获得许可证，他们以此防止不合格的人员占据教席。对于执教者滥竽充数的现象，人们抱怨颇多，当时常有这种情况出现，这有害于整个教师行业。[26]

霍诺留斯三世也对巴黎学馆表现了相似的关心。当他得知巴黎主教以大学在未得到当地教会当局明确同意的情况下就擅自制定了自己的章程为由，开除了大学的教籍时，这位教皇就像对待自己亲生儿子一样将学者们置于自己的保护之下，并且下令取消开除教籍的公告。但与此同时，他也独揽了对大学的直接控制权，并且在争端得以解决之前，发布了一系列如有关印章使用，教师司法权实施，任命、惩治不法行为的官员，参加葬礼

---

[25] G. Rossi, '"Universitas scholarium" e Comune (sec. XII-XIV)', *Studi e memorie per la storia dell' Università di Bologna*, new series, I (1956), 197-227; A. Hessel, *Storia della città di Bologna dal* 1116 *al 1280*, ed. G. Fasoli (Bologna, 1975), 92.

[26] M. Bellomo, *Saggio sull'università nell'età del diritto comune* (Catania, 1979), 87-89; P. Weimar, 'Zur Doktorwürde der Bologneser Legisten', in C. Bergfeld (ed.), *Aspekte europäischer Rechtsgeschichte. Festgabe für Helmut Coing zum* 70. *Geburtstag* (Frankfurt-on-Main, 1982), 427-429.

等方面的指示。在1219年11月22日的教谕中，他也明确了巴黎学馆的功能和角色问题，以此来禁止在巴黎及附近的城市和地区讲授民法，其依据是法国平信徒并不使用罗马皇帝制定的法律，在宗教诉讼中也很少使用罗马法。该教谕还力图控制神学的讲授，规定扩展1163年图尔斯会议关于禁止所有神职人员研究民法和医学的条款，同时赋予授课五年以上的教 86
师离职时保留圣俸的特权，尽管当时有一些书面的条款或惯例与此相悖。[27]

与此同时，罗马教廷也对像蒙彼利埃地区那样小型的学馆进行了干预。1120年，乌拉赫地区的神圣罗马教会使节、红衣主教康拉德采纳了该地区一些主教和医学大学中的教师和学生的意见，发布了全面的“符合大多数利益”的法规。他下令，除非经过马格隆地区主教和教师社团的批准，任何人不得公开授课，也不准许在未拜师的情况下自封为学者。关于司法管辖权，康拉德下令，民事案件的首次审理应当由主教和三名教师组成的团体选定的教师来进行。而主教本人将扮演民事案件的上诉法官，以及刑事案件的终审法官。同时，这位红衣主教也对诸如教师与学生的关系、课程和辩论的时限、葬礼及每个接受圣俸或圣谕的人都必须削发等相关事宜做出规定。最后，他要求每个教师在即将开始教育生涯时都要发誓遵守他的法令。这些法令要在每一次“试讲”（*inceptio*，教师履行拥有执教资格职责的正式开始）的时候当众宣读。[28]

也许可以得出这样的结论，在教皇英诺森三世和霍诺留斯三世任职期间，由于意识到像大学这样的新兴组织正在欧洲最为重要的学术中心蓬勃发展，他们发布了越来越详细的有关高等教育管理的法规，目的是对那些最有权威的学校的改革与发展产生影响——这种改革不仅可以规范与新生

---

[27] *CUP*, vol. Ⅰ, 88-90, nos. 30-31; 102-104, no. 45; 90-93, no. 32; Post, ‘Parisian masters’（注释21）, 37, 39, 47-49. 与教谕 *Super speculam* 相关的问题参见 S. Kuttner, ‘Papst Honorius Ⅲ und das Studium des Zivilrechts’, in S. Kuttner, *Gratian and the Schools of Law 1140-1234* (London, 1983), essay no. Ⅹ, 79-101 (for *retractationes*: 43-47)。

[28] *Cartulaire de l'Université de Montpellier*, vol. Ⅰ, *1181-1400* (Montpellier, 1890), 180-183, no. 2; Fournier (ed.), *Statuts*, vol. Ⅱ, 4-6, no. 882.

的教师和学生法团的关系，也将涉及学馆这种组织的每一个具体的细节。附带说一下，大学和世俗当局发生激烈争执的一个原因就是当时的学术资格是由少数几个皇家官员来审定的（尤其是法国的宫廷），所以世俗当局对推动受过教育的统治阶层的形成并不感兴趣。

腓特烈二世皇帝和教皇们的政策

87 1220年11月22日的加冕日，腓特烈二世皇帝颁布了名为 *De statutis et consuetudinibus contra libertatem Ecclesiae editis* 的宪法，以保障神职人员的豁免权和其他特权，并命令博洛尼亚的法学家将这部宪法编入《罗马法大全》。[29] 他要借此表明，帝国依旧继承了源自《安全居住法》的传统，高度关注法律学校。但是，腓特烈二世的这一政策在他即位前出现的战争和王朝危机中夭折了。尽管如此，腓特烈二世皇帝却无意与教皇争当博洛尼亚学馆的保护人，从他后来在意大利多年强有力的统治中，我们可以推测当时腓特烈有更为雄心勃勃的计划。他的第一个有关学校教育政策的重要举措就是创建了那不勒斯学馆，用以培养西西里王国的统治阶层，这是因为西西里对于他来说是一个与神圣罗马帝国同等重要的地区。1224年，他写信给西西里王国的名流，陈述他创建学馆的理由和方式。[30] 在信中，他遵循了《安全居住法》中的部分内容并列举了它的一些条款。但出于种种原因，尽管这两份文件均表明有意保障外地来的教师与学生的利益，但《安全居住法》为所有学者与教师提供保护，并且禁止任何形式的报复行为，而1224年的“函件”只保护那些频频出没于那不勒斯学馆的学者。在信中，腓特烈二世还禁止任何人去境外任教或学习，并威胁说，

[29] Weimar, ‘Zur Doktorwürde’(注释26), 431; S. Kuttner, ‘A New Eyewitness Account of the Fourth Lateran Council’, in Kuttner, *Medieval Councils*(note 20), essay no. Ⅸ, 167-171.

[30] F. Torraca, ‘Le origini. L'età sveva’, in *Storia della Università di Napoli* (Naples, 1924), 3-15; G. Arnaldi, ‘Fondazione e rifondazioni dello studio di Napoli in età sveva’, in *Università e società*, 81-105.

任何西西里王国的臣民，如果在米迦勒节（9 月 29 日）之前还不返回自己家乡的话，他的父母就将受到惩罚。在信中，腓特烈二世赋予那不勒斯学馆中的学者与在其他学馆中学习的同僚们相似的特权；与《安全居住法》相似，他们的人身和财产安全会得到保障，并且接受其教师的司法管辖，但这仅仅限于民事案件（这与教皇使节对蒙彼利埃学校的规定类似）。为防止在旅舍租金方面的纠纷，在那不勒斯，租金要由学者和市民联合组成的委员会来确定，并且金额一旦确定，任何人不得哄抬租金。这最后一项规定与教皇使节在 10 年前为牛津学馆制定的规则并没有太大的差别。腓特烈二世的学馆与欧洲最重要的教学中心的主要差别在于，在那不勒斯，教会当局无权聘用教师、发放执教许可证或实施司法管辖权。

此后，1226—1240 年，皇帝奉行这样一种学术政策，即继续剥夺博洛尼亚在学术界的地位，并且试图让那不勒斯成为西西里王国乃至整个帝国法学教学最具权威的中心。在 1226 年、1234 年和 1239 年，腓特烈二世 88
曾多次向博洛尼亚的教师和学生，向他的意大利或阿尔卑斯山外的其他臣民发出盛情邀请，邀请他们加入那不勒斯学馆。他禁止他们去博洛尼亚教学或研究，同时在那不勒斯形成了一支优秀的教学队伍，其中的法学学者尤为杰出。他的意图不再仅仅是造就西西里王国的统治阶层，而是渴望造就一个伟大的知识精英阶层，以便运用法律武器和文化声望来维持帝国的统治。基于这样一种信念，腓特烈二世在颁布其原则时，阐释了查士丁尼对他那个时代意气风发的法学学生所发出的号召，腓特烈二世重申，对于帝国的统治而言，法律的力量和武器的力量一样强大。[31] 从这一崇高目的出发，他在 1238 年派遣了一位忠于他的法学家、曾在那不勒斯任教的一位教师，前往维切利学馆讲授民法，这所学馆是不久前由从帕多瓦迁来的学生们创建的。当时，皇帝这种有利于那不勒斯的集权政策给其他诸如摩德纳、阿雷佐、帕多瓦等学术中心带来了危机，这些中心都是在 12 世纪

---

[31] E. M. Meijers, 'L'Università di Napoli nel secolo XIII', in E. M. Meijers, *Etudes d'histoire du droit*, vol. III (Leiden, 1959), 149-160; P. Nardi, 'Comune, Impero e Papato alle origini dell'insegnamento universitario in Siena', *Bullettino senese di storia patria*, 90(1983), 55ff.

末期和13世纪的前10年里，由来自博洛尼亚的教师和学生们不断迁移而自然形成的，并且一度繁荣了若干年。㉜

尽管皇帝的策略坚定有力，但并不能阻止教皇们对与教会有着传统联系的学馆实施集悉心呵护与严格监控于一体的政策。但与此同时，教皇也做了一些妥协，赋予那些新成立的学馆一些特权，并且力促新兴学习中心的创建，尤其是他们对博洛尼亚学馆继续显示极大的关心。在1226年当皇帝首次向学者们发送离开博洛尼亚的邀请时，教皇霍诺留斯三世便任命法学家坦科雷德（也是博洛尼亚辖区副主教）草拟了《圣谕集》，并且指示他要确保这份《圣谕集》适用于博洛尼亚所有的法庭和学校。㉝ 1234年，教皇格列高利九世通过出版他的《圣谕大集》，再一次重申了这一立场，它采用与英诺森三世颁布的圣谕类似的语句向博洛尼亚（和巴黎）的学术界表明了他的观点。特别是在《圣谕集》的开篇，它重申了自教皇亚
89 历山大三世以来有关高等教育的所有重要法规，这也意味着他确认了罗马教会在将近四分之三个世纪中精心制定的一套高等教育法规。㉞

同时，在1231年，格列高利九世成功地调停了巴黎大学和法王路易四世之间的争端。他发布了名为"科学之父"（*Parens scientiarum*）的敕令，召唤教师和学生们到巴黎来，确认并明确重申了红衣主教库尔松的罗伯特所制定的法规，并且开始进一步采取措施，保护学生和教师们，授予他们在自身特权受到严重侵害时罢课的权利。与此同时，教皇也力劝国王恢复奥古斯都菲利普二世授予学者们的特权，尤其是要求他同意旅舍租金应当由两名教师、两名市民共同组成的委员会来确定。㉟

㉜ E. Cortese,'Scienza di giudici e scienza di professori tra Ⅻ e ⅩⅢ secolo',in *Legge giudici giuristi*(Milan,1982),177,122.

㉝ L. E. Boyle,'The Compilatio Quinta and the registers of Honorius Ⅲ',*Bulletin of Medieval Canon Law*,8(1978),9-19.

㉞ A. Friedberg(ed.),*Corpus iuris canonici*,vol. Ⅱ(Leipzig,1879),1-4,coll. 768-771(Ⅹ. 5. 5);coll. 14-15(Ⅹ. 1. 2. 11);coll. 215-216(Ⅹ. 1. 38. 7);coll. 520-521(Ⅹ. 3. 18. 1);coll. 463(Ⅹ. 3. 4. 12).

㉟ *CUP*,vol. Ⅰ,136-139,no. 79;140,no. 82.

1233年，格列高利九世在他的教谕中颁布了关于学术事务的最重要的法令。这份教谕是发给图卢兹大学的师生[36]及主教雷蒙德伯爵的。它给予了图卢兹的学生们与巴黎大学学生们同等的特权，并且做出了一项明显让步，即任何在图卢兹地区经过考核并被授予执教许可证的人，都可以自由地在任何地区从教，而不再需要进行其他考试。这一重大让步让许多人忧心忡忡，不到一年，教皇就不得不向巴黎主教保证，授予图卢兹学馆的特权将不会影响巴黎学馆颁发执教许可证的权利。早在几年前，格列高利九世就曾免除了几位曾在安格斯和奥尔良地区任教的文科和医学教师在巴黎任教前必须进行的考试。于是，这位教皇的意愿为教师的聘用体制打开了一道缝隙——这一体制建立在最古老、最权威的学馆是整个西欧教师培训中心这一特权地位的基础之上。此后，罗马教廷的学术政策是积极鼓励新学校的创建，尤其是对那些位于意大利境外的地区，以及实际上不受帝国管辖和不受皇帝腓特烈二世直接控制的地区。因此，1233年，教皇格列高利九世授予了1209年由牛津迁出而创建的剑桥学馆一些重要的特权。教皇承认学者共同体的合法性，并且赋予其成员只在剑桥所属的伊利教区受审的权利。[37] 几年后，同样是格列高利九世，他给奥尔良的主教送去一封短函，批准在奥尔良教授罗马法，而霍诺留斯三世禁止在巴黎教授罗马 90
法。格列高利这样做满足了许多法学博士和学者的愿望，条件是这些学者并非以拯救灵魂为己任的神职人员，神职人员再次被禁止学习民法。[38]

格列高利九世的高等教育政策被英诺森四世（即热那亚的西尼斯波多·菲耶斯基）所继承，英诺森四世是在1243年夏季成为教皇的，当时腓特烈二世正在巩固其对教会集团尤其是意大利教会集团的统治。1244年秋季，由于担心受制于皇帝，这位新教皇逃往了法国，在那里，他将主

㊱ C. E. Smith, *The University of Toulouse in the Middle Ages. Its Origins and Growth to 1500AD* (Milwaukee, Wis., 1958), 57ff.

㊲ M. B. Hackett, *The Original Statutes of Cambridge University. The Text and its History* (Cambridge, 1970), 51, 53ff.

㊳ E. M. Meijers, 'L'Université d'Orléans au XIIIe siècle', in Meijers, *Etudes*（注释31）, 28.

要关注对象转向了阿尔卑斯山以外的学馆和学校。在巴黎大学，他发现自己很难为前任们所创立的坚实的权利与保障制度增添点新的东西，他所能做的只是确认以前的条款和协议，以及在 1245 年颁布《权利不容侵犯》的教谕而已。与此同时，英诺森四世把格列高利九世在其教谕《科学之父》中为巴黎制定的规章引入图卢兹学馆，并且批准在第戎地区多米尼教派的学馆中攻读神学的世俗学生享有与在巴黎的同僚同等的权利，特别是霍诺留斯三世也赋予他们在离职时继续领取圣俸的特权。但是，西尼斯波多·菲耶斯基在里昂期间，在大学政策方面最为重大的成就是以下几个：1244—1245 年创立教廷学馆（*studium curiae*），1248 年创立皮亚琴察学馆，以及 1247 年给予纳博恩地区教师和学生们特权。教皇规定，上述地区的教师和学生应当享有与大学馆的师生同样的特权、豁免权和自由。他尤其注意照顾与皮亚琴察的主教、教士和民众几方的关系，在这一点上他将巴黎的大学馆视为楷模。[39] 这些都是官方提法上的重要变化，而在此之前，公共当局从不使用“大学馆”一词，也不把巴黎学馆视为大学馆的前身。1226 年，当腓特烈二世皇帝为那些希望学习和受到学科训练的人的“普遍利益”创建那不勒斯学馆时，这种表达方式很可能还不是用来指称“大学馆”。但到了 13 世纪 30 年代末 40 年代初时，“大学馆”这一名词在诸如特拉尼的戈弗雷多和伯特尼的伯纳德这些颇具权威的教会法学家的作品中已具有了确切的含义。对他们来说，大学馆就是由皇室支持在城市中建立起来的一个机构（与庄园和城堡相区别），几乎“世界上任何地方”
91 的学生都可前来求学，如果这些人是神学者的话，还可以在离职期间继续得到圣俸。我们可以理解，作为一名受过良好教育的法学家，教皇英诺森

---

[39] E. Falconi and R. Peveri(eds.), *Il Registrum Magnum del Comune di Piacenza*, vol. Ⅰ (Milan, 1984), 303-304, no. 146; R. Creytens, ‘Le “Studium Romanae Curiae” et le Maître du Sacré Palais’, *Archivum fratrum praedicatorum*, 12(1942), 23ff. ; M. Bellomo, ‘Intorno a Roffredo Beneventano: professore a Roma?’, in M. Bellomo(ed.), *Scuole diritto e società nel Mezzogiorno medievale d'Italia*, vol. Ⅰ (Catania, 1985), 172.

四世倾向于正式接受这个从前普通但很快获得了精确理论含义的新名词。[40] 他在 1244—1248 年的让步并没有将新的学馆置于与巴黎大学馆同等的地位，尤其是它们都没有获得颁发执教许可证的资格，这就表明当时学馆的职能仅仅是教学。

1250 年，腓特烈二世皇帝去世，他的高等教育的规划也随之落空。英诺森四世返回了意大利并沿袭教皇扶持大学团体的传统政策。由于他曾在自己的法律著作中充分研究了大学的本质和特点，所以他非常熟悉大学的理论和实践问题。1253 年，他批准了博洛尼亚学生团体的章程。据悉，这些章程规定了学生向教师缴纳学费的时间期限、举行宗教庆典的时间安排、学年之初举办辩论的时间，以及（也许后来才有的）要求教师诵读法律书籍的时间、不遵守规定要施予的罚款等[41]。据我们所知，这些文本很可能并不完整，因此无法说明博洛尼亚大学已在多大程度上独立于自治市和教会；但是，此之前的很长一段时间，大学校长就已经掌握了民事诉讼，以及处理一些小的刑事案件的管辖权。1252 年，英诺森四世授予锡耶纳教师和学生法团特权，宣布全部免除锡耶纳市政当局对他们个人或财产所征收的各种税及劳役。最后，他还重申，牛津的学生和教师法团充分享有豁免、自由、习俗，以及遵守约定俗成的规章制度的权利。

这种对大学内部事务普遍的干预政策，同样被教皇亚历山大四世所继承，尤其针对巴黎学馆，他清楚地意识到了其与那些新近成立的大学馆相比所具有的优势。对于巴黎学馆在教会中所发挥的作用，他用了“天堂中的生命之树”这一精彩的成语来加以描绘。相应地，他于 1225 年 4 月发布命令，对巴黎大学的一些章程或废除或修改或革新，其中包括那些有关

---

[40] 关于大学馆（*studium generale*）的概念，见 E. Cortese，‘Sulla scienza giuridica a Napoli tra Quattro e Cinquecento’，见 Bellomo（ed.），*Scuole diritto*（注释 39），44-46；Nardi，‘Comune，Impero e Papato’（注释 31），62-65。

[41] D. Maffei，‘Un trattato di Bonaccorso degli Elisei e i più antichi statuti dello Studio di Bologna nel manoscritto 22 della Robbins Collection’，*Bulletin of Medieval Canon Law*，5（1975），85-101.

因抗议而罢课、增选新教师的程序，以及教长的权力等方面的规章。教会
92 当局对巴黎学馆的秩序与行为呈现极大热心与兴趣，使得他们在几年之后开始苛求学馆的哲学信条，并且将异己视为异端邪说。例如，他们曾苛责布拉班特的西热、达西亚的波依休斯和其他拉丁阿威罗伊主义的代表们所信奉的那些哲学信条。这些信条最终在 1277 年受到了巴黎主教与斯蒂芬·腾皮尔的谴责。[42]

13 世纪世俗当局与教会的关系

13 世纪教皇们授予的特权若没有世俗当局（不管是皇室还是地方当局）的长期合作，就永远不可能实现。皮亚琴察就是其中一个例子，尽管英诺森四世在那里创建了大学馆，但世俗统治阶级没有为学馆提供形成和发展的条件。[43] 与此形成鲜明对比的是，英国的几位国王对牛津和剑桥学馆的发展提供了强有力的支持。从 1231 年起，亨利三世就发布了一系列法令，重申和巩固由教会赋予教师和学生的特权。1214 年，教皇使节赋予牛津大学通过任命专门委员会来直接管理学生宿舍租金的特权，该权利若没有得到世俗当局的支持就不可能得以推行。同时，当局也执行了学生必须注册的法令（在巴黎和蒙彼利埃亦采用了），该法令规定学生在入校两周内若不注册，将被治安官逮捕入狱。而这些和其他一些皇家法令共同构成了剑桥大学 1250 年颁布的大学章程的一部分。1244 年，英王亨利三世授予了牛津大学教长部分司法管辖权，使他能够审判那些凡涉及大学人员的有关债务纠纷、宿舍租金的确定、马匹租用、合同违反，以及食物采

---

[42] *CUP*, vol. Ⅰ, 279-285, no. 247; 543ff., no. 473; M. Grabmann, *Mittelalterliches Geistesleben. Abhandlungen zur Geschichte der Scholastik und Mystik*, vol. Ⅲ (Munich, 1956), 159-196; J. Châtillon, 'L'exercice du pouvoir doctrinal dans la chrétienté du XIII siècle: le cas d'Etienne Tempier', in J. Châtillon, *D'Isidore de Séville à Saint Thomas d'Aquin. Etudes d'histoire et de théologie* (London, 1985), essay no. XV, 13-45.

[43] E. Nasalli Rocca, 'Lo "studium generale" di Piacenza nel sec. XIII. Contributo alla storia delle Università', *Bollettino storico piacentino*, 51 (1956), 129-141.

购等方面的案件。1248 年，国王又授予了大学更多的特权，后来甚至赋予他们监督市内食品贸易的权力。

比起英国的国王，西班牙卡斯提尔和利昂的国王们针对学馆所采取的行动也毫不逊色。卡斯提尔国王阿方索八世（1155—1214）在帕伦西亚创立了一所学馆，聘请了意大利和法国的神学、教会法和文科教师。利昂国王阿方索九世（1171—1230）创立了萨拉曼卡学馆。萨拉曼卡学馆得到了“英明之王”阿方索十世（1252—1284）的承认和重组，他详细地规定了教授的薪水、主教和市长的司法权限。[44] 尽管如此，世俗当局为了给学馆 93
争取名誉与特权仍然首先要争取与地方教会当局（帕伦西亚的主教、萨拉曼卡的主教和教士团体）的合作，然后上报至罗马教廷（尽管还带有一定的限制）。这样，1255 年教皇亚历山大四世正式承认萨拉曼卡学馆的成立，并且给予它大学馆的特权，其中便包括认可其颁发通用执教许可证的权利（巴黎和博洛尼亚除外）。[45] 1263 年，教皇乌尔班四世赋予了帕伦西亚的教师和学生豁免权、自由权，以及他们在巴黎和其他大学馆的同行们所享受的其他权利。皮亚琴察学馆也得到了除颁发执教许可证之外的所有权利。

13 世纪时，国王和王储们开始越来越需要受过大学教育的政务官了。虽然在 12 世纪末这些官员就已在英国皇家法院工作了，但直到路易九世统治时期，这些受过大学教育的官员才在法国的官僚机构和法院系统中大量出现并具备一定的影响力。从 13 世纪下半叶开始，尤其在“公正之王”菲利普 1285 年出任国王以后，许多法学家进入了议会和皇家法庭，他们中的大多数人来自奥尔良学馆，或者在这所学校学习过罗马法。而且，其中一些人为了获得特权、满足其统治欲望，积极主张法国专制政权取代神圣罗马帝国。当霍亨斯道芬王朝灭亡、西西里王国安茹王朝地位稳固后，

[44] A. Pérez Martín, ‘Importancia de las universidades en la recepción del derecho romano en la Península ibérica’, *Studi sassaresi*, 8(1980-1981), 285-288.

[45] V. Beltrán de Heredia, *Bulario de la Universidad de Salamanca (1219-1549)*, vol. Ⅰ (Salamanca, 1966), 322-323, no. 15；也可参见 320ff., nos. 11-14 and 16。

奥尔良法律学校与安茹议会的关系才逐渐密切起来。于是，1266 年，查理一世重建了那不勒斯学馆，从奥尔良吸引了一批教师到那里任教，并且雇请其中一部分人担任国家高级职务。[46]

尽管法律转变成为一种“官员的文化”，成为君主政体的典型特征，但在当时意大利自治市的学馆中，博士们写作书籍的主要目的还是为了从事法律职业和出任市镇执法官，而且在从事执法官工作的这部分人中的少数人还脱颖而出，撰写了大量极具技术价值的法学作品。[47] 博洛尼亚的教授们为人们对法律的无知而悲悯的时代早已一去不返，现在城市政府对于
94 如何资助和规范自己学校越来越感兴趣。因此，1260 年以后，帕多瓦自治市颁令，要求大学中设立新的教席并承诺付外国教师薪水，起草关于学生互助团体、书稿制作、宿舍的获取，以及宿舍租金的规章，于是一个硕果累累（尤其是在 13 世纪与 14 世纪之交）的再造过程就开始启动了。与此相似，13 世纪下半叶，佩鲁贾、锡耶纳和摩德纳自治市也主动将聘任教师和吸引学生纳入自身的职责范围，并且根据涉及学者安全和特权的普通法律条款为学者们提供优越的生活条件。[48] 尤其值得一提的是，博洛尼亚自治市逐步扩大了它对学校的影响和控制，给予学生在因骚乱和火灾受损而获得赔偿的权利，并且在房租、食品购买，以及合同和以某种形式——在城市法所规定的合法形式之外——所做的许愿的有效期等方面做出了让步。同时，它还遵循一个多世纪前《安全居民法》所沿袭下来的传

---

[46] Meijers,‘Université d'Orléans’(注释 38),5-24;Meijers,‘Università di Napoli’(注释 31),149-166;D. Maffei,‘Il giudice testimone e una “quaestio” di Jacques de Revigny’(Ms. Bon. Coll. Hisp. 82)’, *Tijdschrift voor Rechtsgeschiedenis*,35(1967),71-73;J. R. Strayer, *Les Gens de justice du Languedoc sous Philippe le Bel*(Toulouse,1970).

[47] Cortese,‘Legisti,canonisti e feudisti’(注释 1),272;Cortese,‘Scienza di giudici’(注释 32),117-129.

[48] G. Arnaldi,‘Il primo secolo dello Studio di Padova’,in *Storia della cultura veneta*,vol. Ⅱ, *Il Trecento*(Vicenza,1976),14-17;M. Bellomo,‘Studenti e “Populus” nelle città universitarie italiane dal sec. Ⅻ al ⅩⅤ’,in *Universià e società*,69ff.;G. Ermini, *Storia della Università di Perugia*,vol. Ⅰ(Florence,1971),15ff.;C. G. Mor and P. Di Pietro, *Storia dell'Università di Modena*,vol. Ⅰ(Florence,1975),12-19;Nardi,‘Comune,Impero e Papato’(注释 31),87ff.

统，赋予学生一种与博洛尼亚市民相似的地位。然而，市镇执法官的司法权的扩大必然影响和限制大学校长的权力，同时自治市也开始通过向教师支付薪金来掌握教师的聘用权，从而使学生们丧失了集资聘用教师的这一具有古老传统的特权。但这些现象的出现极大地推动了博洛尼亚学馆的市营化进程。究竟是在 13 世纪末还是 14 世纪初，这一点很难再考证了，我们只知道大概这时候市政当局加强了对大学生活的干预，干预校长的选举，并且要求刑事案件中世俗学者要完全受市政司法的管辖。当后面这一法规在实践中被广为认可的时候，最终也剥夺了学生们可追溯到《安全居住法》的古老特权，只留下神职人员接受主教司法管辖的权利。

尽管大家一般都认为巴黎、博洛尼亚、蒙彼利埃、牛津、剑桥的学馆在学术界具有非常显著的地位，但它们没有获得官方认可的发放通用执教许可证的权利。因为当时只有教廷才能够授予它们这项权利，正如图卢兹和萨拉曼卡分别是从教皇格列高利九世和亚历山大四世那里得到了这项重要的特权。由于教皇亚历山大四世不允许从萨拉曼卡大学馆获得执教许可证的人在巴黎和博洛尼亚学馆中进行教学活动，因此巴黎和博洛尼亚学馆的特殊地位就被明确认定了。教皇尼古拉斯四世在 1289 年授予了蒙彼利 95
埃颁发通用执教许可证的官方许可，又在 1291 年、1292 年对博洛尼亚和巴黎授予了这项许可。尽管英王爱德华一世和二世在 1303—1317 年做出过种种努力，但牛津没有因此获得颁发通用执教许可证的权利。在 1318 年，教皇约翰二十二世发布了敕令，宣布剑桥为“大学馆”，这就意味着剑桥获得了颁发执教许可证的授权。在 13 世纪末和 14 世纪的前 20 年里，教皇实际上以更大的精力推行其高等教育政策，这一点可以从尼古拉斯四世及他的继任者博尼菲斯八世、克莱门特五世所做出的各种决策中看出。在 1290 年和 1291 年，尼古拉斯四世分别给予了以下学馆大学馆的地位：葡萄牙“公正之王”丹尼斯[1]于 1288—1289 年在里斯本创立的学馆、勃艮

[1] 因其在位时促进改良农耕的方法和实施土地开垦的主要计划，也有“农夫”国王（Denis the Farmer）之称。

第的奥托四世伯爵于1287年在格雷创建的学馆。博尼菲斯八世于1303年创立了罗马大学馆和1295年创立了帕米尔斯大学馆。他在1303年将阿维尼翁提升到了大学的地位，克莱门特五世也分别于1306年和1308年对奥尔良的那些已经闻名的学校和佩鲁贾的学校进行了升格。[49] 克莱门特五世颁布命令，要求在巴黎、博洛尼亚、牛津和萨拉曼卡的学馆建立希伯来语、阿拉伯语和迦勒底语的讲座（但并非所有学校都遵从），并且禁止刚毕业的博士花超过3000个银币的金钱来庆贺自己获得学位。这些法令使得教会有关高等教育的法规趋于完善，1317年11月1日，它们被他的继任者约翰二十二世载入了克莱门特圣谕集，并且颁发给了许多大学。[50]

在那个时期的文件中，有关在罗马建立大学馆的敕令尤其让人感兴趣。这一敕令是由教皇博尼菲斯八世于1303年6月6日在阿纳尼发布的，其目的在于结束他与法国“公正之王”菲利普及支持他的教士们之间的冲突，但几个月后这位教皇就在羞辱中死去。这份敕令不仅制定了设立大学馆的惯例条款，给予教师和学生们其他大学馆中的同僚所具有的一切特权、自由权和豁免权，还详细规定了教授和学生们所享有的地位。就这样，关于大学馆的整个秩序体系逐渐建立起来了，并且在一个多世纪的时
96 间里在巴黎和博洛尼亚模式的基础上逐渐得到巩固。鉴于当时博尼菲斯八世的任期及政治影响日渐式微，而罗马教会的阿维尼翁“囚禁”即将开始，这的确是一个具有重大意义的事件。

---

[49] M. Meyhöfer, ‘Die kaiserlichen Stiftungsprivilegien für Universitäten’, *Archiv für Urkundenforschung*, 4(1912), 396ff.; G. L. Haskins, ‘The University of Oxford and the “Ius ubique docendi”’, *English Historical Review*, 56(1941), 281-292; A. García y García, ‘Aspectos de la Universidad Portuguesa Medieval’, in *Universities in the Late Middle Ages*, 134ff., 139.

[50] *Clementinae* 5. 1. 1 and 5. 1. 2, in A. Friedberg(ed.), *Corpus iuris canonici*, vol. Ⅱ (Leipzig, 1879), coll. 1179-1180. 关于克莱门特圣谕集的实施，参见 D. Maffei, ‘Alberico di Metz e il suo apparato sulle Clementine’, *Bulletin of Medieval Canon Law*, 1(1971), 44 n. 4; F. Soetermeer, ‘The Origin of Ms. D’Ablaing 14 and the *Transmissio* of the Clementines to the Universities’, *Tijdschrift voor Rechtsgeschiedenis*, 54(1986), 108-112。

14 世纪世俗当局日益增强的支持

14 世纪上半叶，世俗当局在高等教育领域变得更加活跃。在欧洲的许多地方，君主们和市民团体与教会当局携手，一起来促进新老学术中心的建立和发展。14 世纪初，安茹家族对那不勒斯学馆表现了特别的热心并给予了特殊的保护。[51] 同样，他们也对普罗旺斯地区的阿维尼翁学馆关爱有加，这所学馆曾受到查理二世的竭力保护，他曾赋予这些学馆的教师和学生许多特权，并且为了缓解师生们的经济困境，准许他们请假去找银行家借钱。[52] 尽管如此，他却试图侵犯大学内师生们的独立地位，曾下令让他的手下成为旅舍住宿租金定价委员会的委员，并且要求成为调解大学与市镇纠纷的仲裁人。与此同时，法国的公正之王菲利普由于同博尼菲斯八世素有矛盾，因此一再干预巴黎学馆的内部事务，以推行他的宫廷和奥尔良法律学校所制订的计划。阿拉贡国王迭戈二世也给予了莱里达一所学馆完全的保护，他主张由市镇为学馆的教授发放薪水，并且从博尼菲斯八世那里为学馆争取到与图卢兹学馆同等的特权。几年以后，1318 年，德皇哈布斯堡的腓特烈继位，恩准特里维索市建立一所集法学与其他学科为一体的、办学水平与大学馆相似的学校。

虽然意大利中北部的一些自治市历来以自己的悠久传统为荣，但它们为了赶超博洛尼亚自 12 世纪以来就享有的学术优势，几十年来不惜掷重金为高等学校与教师提供资金支持。在 14 世纪的前几十年里，帕多瓦、佩鲁贾、锡耶纳和佛罗伦萨利用博洛尼亚市和博洛尼亚学馆的学生所面临的危机，不费吹灰之力就吸引来了不少教师和学生，并且许诺为他们提供理想的生活条件和继续享有他们已有的特权。一些自治市为了让自己的学馆拥有一个良好的财政基础并使其行政管理制度得到巩固，采取了非常的

---

[51] F. Sabatini, *Napoli Angioina: cultura e società* (Naples, 1975), 18ff., 223ff.

[52] G. M. Monti, 'Da Carlo I a Roberto d'Angió. Ricerche e documenti', *Archivio storico per le province napoletane*, 57(1932), 127ff., 130ff.

97 组织措施，它们任命“智者”或“官员”专门负责满足学馆的要求，与那些名师接触，为这些名师提供可观的报酬和良好的住房。因此，大学和地方当局的关系变得越来越密切，当局也对他们的学馆实施了更为严格的控制。但是，如果主管当局不给予学馆大学馆的称号和权利，任何促进组织化的措施都是不会成功的，因为当时如果没有大学馆的称号和权利，任何的学术机构都无法生存。因此，为了使当地的学馆获得教皇授予的荣誉头衔和各项特权，以及颁发博士学位的资格，市政当局（特别是佩鲁贾、锡耶纳和佛罗伦萨的市政当局）不得不做出长久的努力，其中只有佩鲁贾市充分利用了1321年博洛尼亚学馆的危机，尤其是法律教学领域的危机，设法获得了这些权利。[53]

意大利之外的王公们也接二连三地积极促进创建新的学馆。1339年，多芬·亨伯特二世在格勒诺布尔建立了一所新学馆。更具重要意义的是，1347年，卢森堡的查理四世在布拉格创建了新的学馆。[54] 世俗当局非常希望创建一所大学，这不仅是因为他们希望得到更多受过更好教育和更有教养的官员，更是因为他们渴望拥有并控制一个堪与最古老、最著名的学术圣地相媲美的教育中心，从而使他们的臣民免受国外求学之苦。

在1355年卢森堡的查理四世加冕称帝后的几年中，他成功地抵制了教皇在授予大学馆称号和颁发通用执教许可证上的垄断权。查理四世打破了他的前任们——从腓特烈二世开始，他们就对高等教育不甚感兴趣——的政策坚冰，很快便授予了意大利的阿雷佐、佩鲁贾、锡耶纳，以及后来的帕维亚、佛罗伦萨、卢卡和奥朗日等城市的学馆大学馆的称号。然而，具有重大意义的是查理四世在特许状中确认了很久之前主要由教会建立起

---

[53] 锡耶纳：G. Prunai，‘Lo Studio senese dalla “migratio” bolognese alla fondazione della “Domus Sapientiae”(1321-1408)’，*Bullettino senese di storia patria*，57(1950)，3-54。佛罗伦萨：E. Spagnesi，‘I documenti costitutivi dalla provvisione del 1321 allo statuto del 1388’，in *Storia dell'Ateneo fiorentino. Contributi di studio*，vol. Ⅰ(Florence，1986)，109-145。

[54] A. Vetulani，‘Les origines et le sort des universités de l'Europe centrale et orientale fondées au cours du ⅩⅣe siècle’，in *Universities in the Late Middle Ages*，150ff.

来的法规，并且重申大学馆的组织沿用教会设计的模式。在大学的特权方面尤其如此，大学享有在纳税、债务或“政治报复”（夺去生命、没收财产）上的豁免权，以及授予学位方面的特权。这些特权须由主教或他在学馆里博士和教师委员会中的代表来授予。[55] 这样，由公共当局创建、在组织和目标上相当一致（尽管相距较远且处于不同的政治制度下）的大学馆，开始与教会和帝国建立了功能上的联系，从中世纪的视角来看，这两 98
个当局是互为补充的。

尽管在14世纪世俗统治者日益介入高等教育中，欧洲政治中的教皇霸权业已终结，但是教会对高等教育的兴趣并没有减少。在阿维尼翁“囚禁”时期（1309—1376），法国和普罗旺斯南部的各大学从教会的慷慨授予和与教廷有关联的知识分子的大量流入中受益匪浅。尤其是阿维尼翁学馆，居然聘到了曾在教廷任职的著名法学家做教师。[56] 1339年，蒙彼利埃学馆接到了来自红衣主教、教皇使节伯特兰·德·杜克斯的新规定，即要确保主教掌握学位的授予权和司法管辖权，并且对学生的日常管理和教师的教学负责。图卢兹学馆的章程也做了改革，出生在卡豪斯的教皇约翰二十二世于1332年在那里创建了一所学馆，1339年本尼迪克十二世将格勒诺布尔学馆升格为大学馆。然而，特别是在14世纪的初期，教皇对仍旧是神学教学最重要的中心——巴黎——继续实施严格的控制，同时又表现出乐意接受其他地方提出的升格为大学馆的申请。于是，在1346年，应卡斯提尔国王阿方索十一世的要求，克莱门特六世（1342—1352）授予了瓦拉杜利德大学馆的称号，应国王查理四世（未来的皇帝）的要求在1347年授予了布拉格大学馆的称号，随后又相继授予比萨学馆（1343）、帕多瓦学馆（1346）、佛罗伦萨学馆（1349）同样的称号。后来，或许是因为查理四世皇帝推行强力政策的缘故，教会对大学的政策变得更为审

[55] Meyhöfer，‘Kaiserlichen Stiftungsprivilegien’（注释49），320-330.

[56] J. Verger，‘Les rapports entre universités italiennes et universités françaises méridionales（XIII-XV siècles）’，in *Università e società*，157ff.，174ff.；J. Verger，‘L'Université d'Avignon au temps de Clément VII’，in *Genèse et débuts du Grand Schisme d'Occident*（Paris，1980），185-200.

慎。教皇乌尔班五世（1362—1370）在授予特权和称号上尤其踌躇，同时他也试图规范神学院的建立，主张筹建更多的大学学舍，重申教会的特权，特别是学位的授予权。其政策最富意义的特点就是将大学馆和通用执教许可证的授予权交给了三位欧洲的统治者负责：波兰的卡西米尔三世在1364年批准授予克拉科大学馆称号，奥地利公爵鲁道夫四世在1365年授予维也纳大学馆称号，匈牙利国王路易一世在1367年授予佩奇大学馆称号。但是，这位教皇没有批准这三所学馆建神学院，因为他认为它们的条
99 件还不适合建立神学院。然而，为了进一步分散神学研究，推动对巴黎的博士和学者们所信奉的奥卡姆主义教义的批评，复兴他本人所信举的托马斯主义的教义，他同意在帕多瓦建立神学院，并且同意促进在博洛尼亚、图卢兹和佛罗伦萨的神学院的建设。乌尔班五世强硬坚持授予学位是教会的特权，他甚至宣称卡西米尔颁布的、由克拉科的皇家教长行使这一职能的命令是无效的，只有主教才能被授予行使这一权利。在乌尔班及他的前后几任教皇任职时期，在意大利及其他地方建立了更多的专为贫穷学生开办的学舍，这些学舍要么是由教皇要么是由高级别的教皇使节建立的㊼。

尽管在14世纪新建了许多大学，而其他一些大学也被赋予了大学馆的特权，但事实证明，只有那些得到创建者或管理者积极支持的大学才更容易长久地生存下去。在中欧和东欧，尽管维也纳、克拉科、佩奇和布拉格都正式建立了一批学馆，但只有在布拉格才成长起了一所生机勃勃的大学。这主要得益于查理四世皇帝的支持，他为该校的每所学院建造了一座大楼，并且以各种方式为教师们提供给养。他甚至还在1366年专为12名教师建立了卡洛琳学舍。

与此同时，在意大利，大学的发展欣欣向荣，它们在一些大城市有了稳固的根基。在这些大城市里，政府直接或通过其代理人向学馆发布严格

㊼ A. L. Gabriel, 'The College System in the Fourteenth-Century Universities', in F. L. Utley (ed.), *The Forward Movement of the Fourteenth Century* (Colombus, 1961), 79-124 (especially 84ff.); A. L. Gabriel, 'Motivation of the Founders of Mediaeval Colleges', in A. L. Gabriel, *Garlandia. Studies in the History of the Mediaeval University* (Frankfurt-on-Main, 1969), 211-223.

而具体的规章，严密地监督着大学的运行。他们不会为了满足一些更迫切的需要——如对武器的需要——而削减教育开支。由于一些城市当局对大学时而关注，时而忽视，因此在佩鲁贾、帕多瓦、锡耶纳和佛罗伦萨等大学里，繁荣和危机交替出现，而那不勒斯学馆则由于在女王约安一世（1343—1382）统治时期得不到任何值得一提的支持而成了衰败的典型。事实上，在那不勒斯王国，从“智慧之王”罗伯特（1309—1343）时期开始，许多大学教师最热切的愿望就是离开大学到政府和教会任高官，而事实上许多民法和宗教法的教师也正是这样做了。

与此相似，法国南部的许多地方当局对大学的需要漠不关心。例如，在蒙彼利埃，市政官员们并没有费心去实施红衣主教、教皇使节伯特兰·德·杜克斯所发布的控制旅舍租金的法规。因此，杜克斯在 1344 年曾威胁要取消学馆的特权，甚至威胁要将学馆迁往他处。

在牛津，城镇居民与大学师生之间爆发的冲突更为严重，这种冲突在 *St Scholastica's Day*（1355 年 2 月 10 日）❷ 达到了高潮。这一天的冲突简直就是市民们在法警的纵容下对学生进行的大屠杀。国王采取了保护学馆 100
的措施，并且任命了一个审判团，审判团逮捕了牛津市的市长和高级市政官们，撤销了治安官的职务。只有当学馆的既有特权得以确认并进而于 1355 年 6 月 27 日得到皇家特许状赋予更多的特权时，牛津的学馆才真正重振雄风：牛津市被判罚支付巨额赔偿，并且遭受其市政代表听命于大学的羞辱。

教会大分裂的后果

教会大分裂❸之后的危机，对与教皇和教会的关系最为密切的大学馆产生了深刻的影响。自 1380 年起，教廷存在两位教皇，即罗马的乌尔班

❷ 圣思嘉是圣本笃的妹妹。

❸ 1378—1417 年，由于法国和德、意争夺对教廷的控制权，而造成天主教会同时有两个教皇对峙甚至三个教皇鼎立的分裂局面。

六世和阿维尼翁的克莱门特七世。大学团体立即陷入了进退两难的境地：按照之前的规定，为了给教员们争取圣俸，大学必须向教皇提出申请，[58]那么，他们究竟应该宣布拥护哪位教皇呢？起初他们试图通过确定两次选举中的哪一个更符合教会法找到一个解决这一难题的合法途径，包括巴尔杜斯·德·乌巴尔迪斯和乔万尼·达·莱加诺在内的著名法学家都提出了他们自己的权威性意见。他们的观点受到了意大利和外国大学的关注，但这些大学，尤其是外国的大学，并非完全赞同他们的看法；相反，各地都有效忠不同教皇的相互冲突的两派，在乌尔班的支持者——博洛尼亚或布拉格的大学，与克莱门特的支持者——法国和普罗旺斯的大学之间就发生了非常激烈的争吵。巴黎学馆的混乱现象最为严重，同乡会之间、学院之间的分裂最为惨痛，这种状况直到克莱门特七世的支持者们在法国国王的果决支持下而获胜才得以结束。[59] 正是在巴黎的学馆，而并非任何其他欧洲的学术中心，关于如何结束教会大分裂的辩论最为深入，同时也是在这里奠定了对今后几十年产生深远影响的调和主义理论的基础。但此间法国王室强硬的克莱门特主义态度——如禁止自由讨论、将反对者流放——造成了巴黎学馆教师们之间难以弥合的裂痕（1383）。乌尔班方面的热情也未因此而消减，1384 年，教皇乌尔班六世开始执行一项积极的大学政策。他批准在维也纳建立一所神学院，并且于 1385 年建立了海德堡学馆，该学馆的教师立即就开始拒绝承认由巴黎支持的克莱门特教长所授予的学位。在 1386—1389 年，奉行同样政策的乌尔班六世为了扩大其影响力，授予了科隆、卢卡、库姆、爱尔福特建立大学馆的特权，但是他失望地发
101 现预期目的并未达到。最后，越来越多的大学在中东欧出现。同时，学馆（如那些建在布拉格和维也纳的学馆）也由于大批德意志教师离开巴黎而逐渐兴盛起来。然而，法国南部的大学受到了背弃（甚至是支持克莱门特

[58] D. E. R. Watt, 'University Clerks and Rolls of Petitions for Benefices', *Speculum*, 34 (1959), 213-229.

[59] R. N. Swanson, *Universities, Academics and the Great Schism* (Cambridge, 1979), 22-44, 58.

的教师的背弃），陷入了衰退（只有阿维尼翁例外，很明显，这是由于在那里法庭仍旧对有志于在教会发展的师生具有非常大的吸引力）。

大分裂的局面在乌尔班和克莱门特的继任者之间继续维持。因此，如何使大学从这种日益混乱的形势中摆脱出来，成为大学里和大学之间经常争论的问题。巴黎学馆一如既往成了最为积极的参与方之一，它迫切要求双方达成协议，主张最好是让两位教皇都退位（1395）。但是，无论是欧洲学术界还是那些积极制造分裂的人，都对这一路线的明智与否疑虑重重。1398 年 5 月，法国的各大学被允许参加法国教会召集的研究效忠阿维尼翁教皇问题的会议。但在这次会上，只有巴黎大学发挥了较大的影响力。尤其是在会议行将结束时，它设法使一项不再效忠本尼迪克十三世，以结束阿维尼翁与罗马之间的宿怨的决议得以通过。但当巴黎大学因受到来自法国皇室，以及安格斯、蒙彼利埃、奥尔良和图卢兹等学馆的压力而又一次宣誓效忠本尼迪克十三世时，这个决议就被证明是无效的，最终归于失败。

在 15 世纪初的几年里，人们逐渐认识到调和主义是最有可能结束大分裂局面的观点，因而它在欧洲的主要学馆中赢得了广泛的支持。然而当时，大学博士们的权威在衰退，他们现在只为教会和世俗权力的举动提供理论光彩。事实上，大学从未自认为是对教会统一负有责任的机构，而仅仅认为自己是宗教和世俗当局的顾问，制定政策和采取行动的责任都应属于宗教和世俗当局自身。这也导致了不论是在结束大分裂的努力中，还是在从 1409 年至 15 世纪中期欧洲举行的大宗教会议上，尽管有许多大学成员参与了这些讨论，在其中发表了他们的观点，施加了较大的个人影响，但大学仍然被禁止参与决策。

标志着大分裂的开始并继而导致宗教会议时期教会分裂的严重争吵，促使教皇和反教皇势力都把兴趣投向了大学。在 14 世纪末和 15 世纪前几十年，无论是罗马还是阿维尼翁，都慷慨地为那些希望在其辖区建立学馆的宗教和世俗当局赋予了特权。显然，相互竞争的教皇们都意识到了他们需要来自部分学术界的智力支持。因此，他们鼓励在那些效忠他们的地区 102

建立大学。[60]

从大学馆到王室机构

宗教权威之间的激烈争执——君王们也卷入其中——削弱了大学馆从一开始就具有的功能，即作为超乎国家之上的国际文化传播中心的功能。但也正因为如此，大学与君王们及世俗当局建立了更为密切的联系，并且事实上成为为国家培养知识精英和统治阶层的机构。这方面一个非常突出的例子就是布拉格大学馆。布拉格学馆承袭了大学是具有普遍意义的泛欧洲机构这一原初的大学理念，它是在仿效巴黎和博洛尼亚模式的基础上于1348年创建的。它的建立得益于皇室对兴办高等教育的兴趣及皇室的决策。这所严格遵循教会法令中“大学馆”含义的布拉格大学，远离饱受大分裂引起的可恶危机折磨的传统的旧欧洲模式，而查理四世的恩赐也为布拉格学馆的存在与发展、为其获得一系列特权与成功奠定了有利的政治基础。不久以后，也就是1372年，布拉格大学被分成了一所法律大学和文科、医学与神学学院。由于它能跨地区招生和雇佣教师，因此很快就享有了堪与一些较古老的大学媲美的重要地位。

查理四世的意图并非为了兴办堪称“现代国家波希米亚式”的教育，尽管在当时看来十分超前，但究其根本依然是为了维护王朝声威、捍卫君权。查理去世的时候，他的大学还没有强大到足以克服那些给温塞斯拉斯国王的统治投下阴影的政治和宗教麻烦的地步，并且就此逐渐衰落了。在15世纪初，在大主教和威克利夫的支持者斗争期间（尤其是后来当约

---

[60] H. Millet, ‘Les Pères du Concile de Pise (1409): édition d’une nouvelle liste’, *Mélanges de l’Ecole française de Rome. Moyen Age. Temps modernes*, 93 (1981), 713-790; M. C. Miller, ‘Participation at the Council of Pavia-Siena, 1423-1424’, *Archivum historiae pontificiae*, 22 (1984), 389-406; P. Uiblein, ‘Zu den Beziehungen der Wiener Universität zu anderen Universitäten im Mittelalter’, in *Universities in the Late Middle Ages*, 188; A. Blank, ‘The Universities and the Council of Basle: collegium and concilium’, in *Universities in the Late Middle Ages*, 513.

翰·胡斯变得活跃之后，在神圣罗马帝国的皇帝与诸侯们之间不停争斗期间)，大学所采取的狭隘的亲捷克政策使其堕入了无所事事的平庸中。非捷克籍教授和学生全体离开了布拉格，这让维也纳、海德堡，以及几乎全 103
莱比锡地区都获益匪浅，这些大学几乎都成了布拉格大学的继承者。[61]

当然，布拉格大学为帝国和中东欧的诸侯树立了一个值得效仿的、真正成功的国家大学馆的榜样。它虽然表面上看是一所古老的欧洲大学，却有着新的面貌，正是这一点唤起了他们中的许多人在 15 世纪纷纷建立本国类似高等教育机构的热情。但是，无论是教会大分裂，还是新的宗教会议的观点，都不能改变这些学馆需要教皇特权这一事实。于是，学馆比以往任何时候更容易获得特权，但这些特权不再得到普通的认可，其重要性也仅仅成了形式上的东西。即使这样，对古老欧洲大学章程的采纳和修订仍表明了大学的一种显而易见的普遍平衡性和不受疆域限制的一致性特征。

实际上，当局创建新的大学是出于他们自身的政治和宗教目的；1409 年莱比锡地区和 1419 年罗斯托克地区诸大学建立后不久，在神圣罗马帝国的疆域内很快又出现了其他 7 所大学，它们主要是由世俗当局出资创建的。然而，尽管这些大学表面上遵循的都是传统的模式和理念，却有着显而易见的区域特色。它们的成立与其说是为了欧洲的发展，不如说是出于巩固中世纪晚期地域广阔的神圣罗马帝国和维护教会至高无上地位的需要。同时，也正是由于神圣罗马帝国的稳健发展，使诸侯和城市有能力兴办大学，并且使大学享有一系列由教皇赋予的特权。大学的建立往往是基于各种各样的原因：君主的野心、学者们在公共事务中日渐突出的作用、某位王侯对声望的渴求，甚至仅是出于对大学的虔敬，或者为了缓解落后地区的经济状况，如像鲁汶、美因兹、特里尔的某些地区。所有那些大学尽管表面上非常类似于较早前建立的大学，但其特性慢慢地发生了改变，

---

[61] P. Moraw, 'Die Universität Prag im Mittelalter. Grundzüge ihrer Geschichte im europäischen Zusammenhang', in *Die Universität zu Prag*, Schriften der sudetendeutschen Akademie der Wissenschaften und Künste, 7(Munich, 1986), 9ff.

它们与市民及宫廷的联系大大增强了。当然，尽管这些大学在表面上显得与创建者的意图相一致，在其内部事务上却享有着一点儿不亚于早期大学的自由。而且，它们不像宗教改革时期那样，屈从于国家的宗教束缚。精神的和世俗的利益可以在很大程度上和平共存，甚至能够为了一个共同目标齐心协力地一起工作。[62]

15 世纪上半叶，巴黎学馆与世俗当局关系的逆转（尤其是在百年战争行将结束时）也具有重要的意义。随着英国对法国统治的扩大，以及双
104 重专制统治的建立，大学希望介入政治和宗教事务中的倾向（大分裂时代非常明显）也得以继续。处在这一长期危机的关键时刻，巴黎大学自始至终都扮演了头等重要的角色。该校对英法两国采取了自相矛盾的态度，而这正是与他们所提倡的和平主义的观点相吻合的。学者认为大学馆是最高统治者教皇授予特权管理的机构，也需要得到皇室的优待与保护。因此，巴黎学馆在对待英法问题时毫不迟疑地选择效忠法王（即使这位国王是个英国人）。然而，皇权的代表们宣称，法国国王是他本国的统治者，并不受制于那里任何其他的权威；只有国王，而非教皇或任何其他人，才有创立大学并赋予它们特权的权力；由此，巴黎大学只有在服从皇室统治和司法管辖的情况下，才能享受到这些特权。这使原本就并不激烈的争执在 1446 年查理七世命令所有与巴黎大学有关的案件（包括民事案件）均由议会来处理时就结束了。[63] 1452 年，红衣主教、教使纪尧姆·德·埃斯图特维尔颁布了一项对巴黎大学的章程进行整体改革的方案，这主要是在包括议会议长在内的王室高官的鼓动下颁布的，目的是遵从皇帝本人的命令。

从此以后，法国倾向于大幅收缩自 12—14 世纪以来大学在法国专制

---

[62] E. Schubert, 'Motive and Probleme deutscher Universitätsgründungen des 15. Jahrhunderts', in P. Baumgart and N. Hammerstein (eds.), *Beiträge zu Problemen deutscher Universitätsgrundüngen der frühen Neuzeit*, Wolfenbütteler Forschungen, 4 (Nendeln, 1978), 13ff.

[63] J. Verger, 'The University of Paris at the end of the Hundred Years' War', in *Universities in Politics*, 47-78.

制度得到完全巩固之前所享有的豁免权和特权。例如，图卢兹大学认可图卢兹议会是大学问题争端的仲裁。而且，到了 15 世纪下半叶，大学也越来越依赖于议会来解决内部的管理问题。[64]

到中世纪末时，几乎所有主要的欧洲国家都有了自己的大学，这些大学或由教皇或由皇帝创建，但基督教的最高当局只赋予了它们某些基本的特权。因此，他们所创立的大学在管理和运行上完全依赖于地方当局，尤其是世俗当局。让我们以鲁汶学馆为例，该学馆是 1425 年马丁五世应约翰四世、布拉班特公爵、该市居民，以及圣彼得教士团的要求创建的。教会当局保留了授予通用执教许可证的权利，圣彼得教士团的会长被任命为教长，有权颁发学位。学馆是因为得到了公爵和市民所提供的资金支持才开始运作的，所以大学都真诚地希望鲁汶学馆能成为一所高效的大学。[65] 105
统治者们都相信大学所具有的社会重要性，尤其是他们在培养公职人员方面所发挥的重要作用。在路易斯二世的请求下，西西里国王和普罗旺斯伯爵亚历山大五世在 1409 年根据教皇训令，在普罗旺斯的艾克斯创立一所拥有与巴黎和图卢兹一样特权的大学馆。为确保新学校的生存，路易斯二世强迫普罗旺斯的学生们只能在艾克斯上学。[66]

在 14 世纪、15 世纪的意大利，由于更大的领土国家代替了自由的城镇和市民领地，学馆的组织和分布也相应地受到了影响。大多数的学馆几乎是在 13 世纪、14 世纪同时创建的，并且都在地方政府的热心支持下得到了巩固。像其他地方的统治者一样，15 世纪意大利的王公和政治寡头们都雄心勃勃地想拥有一批以教学质量取胜的学馆，使之能够为王国培养统治阶层和专业精英。因此，无论在维斯孔蒂执政时期，还是在斯福尔萨王朝期间，米兰的公爵们都试图使帕维亚大学馆成为公国的重点大学，但

---

[64] Smith, *University of Toulouse*（注释 36），183ff.

[65] E. J. M. van Eijl, 'The Foundation of the University of Louvain', in *Universities in the Late Middle Ages*, 29-41.

[66] 关于艾克斯大学馆：D. Maffei, *Giuristi medievali e falsificazioni editoriali del primo Cinquecento*（Frankfurt-on-Main, 1979），7-9, 13-15, 40-42, 68。

这对帕尔马尤其不利。他们尽可能地限制大学馆校长的司法管辖权和大学团体制定自身章程的权力，并且力图将这些权力转移到公国政府；同时，他们通过接管学馆的财务管理权，取得了选聘和支付教师工资及规范其教学的权力。[67]

当那不勒斯的阿拉贡君王们重建在安茹统治末期遭受重创的古老的霍恩施陶芬大学馆时，也采用了类似的办法。他们恢复了“在学校组织和由公薪付筹教师群体的形成中的公共参与”原则。阿拉贡的王公们以前曾在西西里创建一所学馆，1434 年，很可能是在与卡塔尼亚有关系的皇家议会的建议下，或许是为了给予卡塔尼亚补偿由于皇家法庭迁往巴勒莫而遭受的损失，“慷慨之王”阿方索五世同意在该市开设了一所大学。这所新的大学馆得到了教皇尤金四世授予的特权，并且从一开始就由中央当局和自治市进行控制与管理，但因大学的收入问题与主教—教长（*bishop-*
106 *chancellor*）（有权颁发博士学位）发生了冲突。教师协会和学生法团从没有产生过任何值得一提的影响。[68] 教皇给予罗马学馆特殊的照顾，对待它的态度就像对待世俗王公一样；佛罗伦萨的市民对他们的学馆也给予了很大帮助，花费重金用于支付教师工资。[69] 威尼斯共和国加紧了其对帕多瓦学馆的控制，萨伏伊和都灵自治市的伯爵们（后来的公爵们）建立并发展

---

[67] M. C. Zorzoli, ‘Interventi dei duchi e del Senato di Milano per l’Università di Pavia(secoli XV-XVI)’, in *Università e società*, 553-573; M. G. Di Renzo Villata, ‘Scienza giuridica e legislazione nell’età sforzesca’, in *Gli Sforza a Milano e in Lombardia e i loro rapporti con gli Stati italiani ed europei (1450-1535)* (Milan, 1982), 65-145. 关于帕尔马大学馆：C. Piana, ‘L’Università di Parma nel Quattrocento’, *in Parma e l’Umanesimo italiano* (Padua, 1986), 108。

[68] A. Romano, ‘*Legum doctores’ e cultura giuridica nella Sicilia aragonese. Tendenze, opere, ruoli* (Milan, 1984), 183-192. 关于那不勒斯：Cortese, ‘Sulla scienza giuridica’(注释 40), 43 n. 24。

[69] D. S. Chambers, ‘Studium Urbis and Gabella Studii: the University of Rome in the Fifteenth Century’, in C. H. Clough(ed.), *Cultural Aspects of the Italian Renaissance. Essays in Honor of Paul Oskar Kristeller* (New York, 1976), 68-110; K. Park, ‘The Readers at the Florentine Studio According to the Communal Fiscal Records (1357-1380, 1413-1446)’, *Rinascimento*, 20(1980), 249-310.

起了一个颇具声望的学术中心。[70] 甚至意大利一些小的城邦，如埃斯坦侯爵领地和锡耶纳共和国，也非常热心于建立自己的学校，并且要求拥有一批高水平的教师，以便与那些更具诱惑力的富有城市进行竞争。[71]

就如不久前有人指出的那样，[72] 中世纪晚期在意大利繁荣起来的所有学馆都在高薪聘用教师、为学生提供良好生活条件方面相互竞争。这就解释了为何政府不得不制定保护性的法律、为何他们要小心地管理学校的财务、为何普遍都对大学校长处理民事案件（有时也可处理小的刑事案件）进行了限制。总而言之，尽管一些最好的教师仍然不断地从一个学馆跳到另一个学馆，[73] 不同国籍的学生源源流入，意大利的学术中心却逐渐地方化了。因此，意大利的学术界与由最富有家庭构成的统治寡头之间的联系变得越来越紧密。这些寡头们占据着主要的公职和最为敏感的外交职位，他们在大学与不断变化的政治和社会万花筒之间扮演了调停人的微妙角色。

精选文献 107

Baldwin, J. W. and Goldthwaite, R. A. (eds.) *Universities in Politics. Case Studies from the Late Middle Ages and Early Modern Period*, Baltimore/London, 1972.

---

[70] 关于帕多瓦的大学馆与威尼斯：F. Dupuigrenet Desroussilles, 'L'Università di Padova dal 1405 al Concilio di Trento', in *Storia della cultura veneta*, 第Ⅲ卷：2(Vicenza, 1980), 616ff.。关于都灵：E. Bellone, *Il primo secolo di vita della Università di Torino* (*sec. XV-XVI*). *Ricerche ed ipotesi sulla cultura nel Piemonte quattrocentesco* (Turin, 1986)。

[71] Piana, 'Università di Parma'(注释 67), 104. 关于锡耶那：L. Zdekauer, *Lo Studio di Siena nel Rinascimento* (Milan, 1894)。

[72] P. Denley, 'Recent Studies on Italian Universities of the Middle Ages and Renaissance', *History of Universities*, I(1981), 200-201.

[73] P. Nardi, 'Umanesimo e cultura giuridica nella Siena del Quattrocento', *Bullettino senese di storia patria*, 88(1981), 244-253.

Benson, R. L. and Constable, G. (eds) *Renaissance and Renewal in the Twelfth Century*, Cambridge, Mass., 1982; reprint, Oxford, 1985.

Classen, P. *Studium und Gesellschaft im Mittelalter*, ed. J. Fried, Schriften der M. G. H., 29, Stuttgart, 1983.

Kuttner, S. 'Papst Honorius III und das Studium des Zivilrechts', *Gratian and the Schools of Law 1140-1234*, London, 1983, 79-101.

Lawrence, C. H. 'The University in State and Church', in J. I. Catto (ed.), *The History of the University of Oxford*, vol. I, Oxford, 1984, 97-150.

Meyhöfer, M. 'Die kaiserlichen Stiftungsprivilegien für Universitäten', *Archiv für Urkundenforschung*, 4 (1912), 294-314, 395-413.

Post, G. 'Parisian Masters as a Corporation, 1200-1246', *Speculum*, 9 (1934), 421-445 (reprinted in G. Post, *Studies in Medieval Legal Thought. Public Law and the State, 1100-1322*, Princeton, 1964, 27-60).

Rossi, G. '"Universitas scholarium" e Comune (sec. XII-XIV)', *Studi e memorie per la storia dell' Università di Bologna*, new series, I (1956), 197-227.

Swanson, R. N. *Universities, Academics and the Great Schism*, Cambridge, 1979.

Università e società nei secoli XII-XVI. Atti del nono convegno internazionale di studio tenuto a Pistoia nei giorni 20-25 settembre 1979, Pistoia, 1982.

第四章　管理与资源 108

亚历山大·盖伊什托尔

大学的一般结构

欧洲大学史是由许多大学组成的历史，其中大约 80 所在中世纪就已经存在。它们在历史、连续性、教学与研究的质量等方面差异很大。不过，要找出一些规律性的东西还是可能的。值得一提的是两所原型大学（博洛尼亚大学和巴黎大学）的突出影响（见第二章）。有两个拉丁语 *Studium generale*（或简称 *Studium*）和 *universitas scholarium*（或 *universitas magistrorum et scholarium*）用来代表中世纪大学的名称，这反映了大学组织的两个特征。*Studium generale*（大学馆）是自发产生或由教皇或皇帝颁布特许状而建立的，它有权授予其毕业生在任何大学任教的许可。*Universitas* 一词范围很广，在法律上，它意味着所有类型的法人和社团。[①]

与中世纪所有法人团体一样，在某种程度上，大学是按照它们所享有的特权（或如它们所说的“自由与豁免”）来划分的。在这些特权中，首要的和最重要的是自治权，即大学作为法人团体有权处理与外部的关系、监督成员（不管是教师还是学生）的录用、制定自己的章程并通过一定程度的内部司法权来执行章程，而其他的特权则由法人团体内的成员所享有。教师和学生具有相同的个人地位。这些情形产生于 12 世纪而定型于 13 世纪。学者地位的确立在很大程度上归因于教会法，并且在 1155 年的

---

① O. Weijers, *Terminologie des universités au XIIIe siècle* (Rome, 1987), 14-26, 34-51.

《安全居住法》中得到强化。这既是教会对大学控制不断加大的原因，也
109 是其结果，这些大学包括地中海沿岸的法科大学和医科大学（见第二章）。与小品教士或修道士、牧师一样，这些大学的学生（他们经常自称“教士”，并且按剃发仪式进行区分）都受一定的约束：禁止携带武器，禁止穿戴世俗服饰，通常不能结婚。同时，他们也只服从于教会法庭，并且享受教士具有的免税和免除服兵役的权利。实际上，和普通的教士相比，大学的成员享有更多的有利条件。在理论上，他们的个人财产不受查封，他们本人也不会被无端指控。在很大程度上，他们不受当地教会当局的司法管辖，可以直接向教皇或其代表申诉。他们享受教区的圣俸而无须在教区居住。

在中世纪后期，尽管没有受到直接挑战，大学的特权也不再是绝对的了。在保障大学的豁免权方面，世俗当局开始取代教会；同时，大学的特权也受到了限制。学生和教师个人的特权尽管没有被废除，但开始受到控制。世俗官员和法庭对他们事务的介入日益增多，这使学生的地位不断下降。②

这些影响，连同学生的人数、创办者的意图或当地的实际安排等因素一起，促成了大学馆组织和结构的形成。大学有一些分支机构，如学院、同乡会和学舍，它们是具有同样的法人团体权利的组织。这些内部法人团体的性质决定了整个大学的特征，因而需要加以考察。③

学院

从 13 世纪中期以来，除了表示一门学科或研究领域的原有含义之外，

---

② Kibre, *Privileges*; P. Classen, 'Libertas scolastica-Scholarenprivilegien-Akademische Freiheit im Mittelalter', in P. Classen, *Studium und Gesellschaft im Mittelalter*, ed. J. Fried, Schriften der MGH, 29(Stuttgart, 1983), 238-284.

③ 大部分数据可参见 Rashdall, *Universities*; Cobban, *Medieval Universities*; Kibre, *Nations*; Kibre, *Privileges*; Weijers, *Terminologie*（注释 1）; Denifle, *Entstehung*; Kaufmann, *Deutsche Universitäten*。除了极少数书籍之外，这些出版物都没有更多的参考文献。

学院（facultas）意味着教授一门学科（如文学、法学、医学或神学）的一个团体。教师和学生既是学院的成员，也是大学馆的成员。在巴黎大学和其他仿效巴黎大学模式的大学中，学院是最重要的分支机构。

博洛尼亚的传统与此不同。博洛尼亚大学馆及其后继者都是一个大学群，每一所大学的学生只修一门学科，它被分成两个“大学”或许多“同 110
乡会”，每一个同乡会都有一个特殊的地理来源。出生在博洛尼亚的教师和学生不属于这些社团，因为（正如接下来所看到的那样）在博洛尼亚出生的学生被认为不需要一个同乡会来保护他们。教授也有他们自己的法人团体——博士协会（collegium doctorum），它与学生的社团完全不同（见第五章）。

并非所有意大利大学的整体结构都是以博洛尼亚为原型的。最具代表性的学生大学（主要限于博洛尼亚大学和帕多瓦大学）是由两个大学组成的：一个是法律大学，也可称为法学院；另一个是文科和医学大学，也可称为文学和医学院。*Universitas*（大学）的含义是学生的团体。神学院则在托钵僧会的控制之下，处于大学的外围。每一个学院又被分成两个团体，“山内联盟”的学生来自意大利半岛，“山外联盟”的学生来自阿尔卑斯山脉以外的地方。

每一个联盟都会按照更小的地理区域被分成同乡会。随着时间的推移，这些同乡会的数量和名称也在改变，这反映了招生区域的变化。法律大学和文科大学都有一名校长，他是由每一个同乡会的会长选举产生的学生代表。虽然帕多瓦大学最接近博洛尼亚的模式，但它也经历了两个世纪的适应和改造。帕多瓦大学建立于 1222 年，但是直到 1260 年重组之后，它的法律大学才由两个法学院组成（如在博洛尼亚那样）。1363 年产生的神学院处于学馆的外围并置于托钵会修士的控制之下（这与博洛尼亚一样）。文科和医科大学最初依附于法律大学，到 1399 年获得独立，但若有任何诉求，仍需向法学院校长提出。

其他的意大利学馆所招收的学生在区域范围上太小，不能证明它们像博洛尼亚和帕多瓦一样拥有复杂的组织。锡耶纳法律大学分为山外和山内两个联盟，每一个联盟都有几个同乡会，但它的文学院没有同乡会。在费拉拉，法律大学和文科大学都被分成两个不同的同乡会，但是没有形成山外联盟和山内联盟。比萨和佩鲁贾都只有一个涵盖所有学科的大学，只有一位校长和少数的同乡会。最后一种大学只有很少的学生，外国人更少，因此不需要同乡会。它们与北方大学的模式很接近（如费尔谟、帕尔马）。
111 那不勒斯大学——由腓特烈二世在 1224 年建立[4]和教皇英诺森四世在 1244—1245 年创办的罗马教廷大学，是专制者的机构，与一般的模式不同，这两所大学开始都只有一个法学院和神学院，目标只在于培养教会的教士和世俗的官员。在 1323 年之后，罗马教廷大学引入东方语言，在 15 世纪引入哲学和医学。大约在 1500 年，在罗马教皇利奥十世任职期间，它与罗马城市大学——即人们所熟知的萨佩恩扎——合并，但它的结构也很简单。

在其他国家也能看到博洛尼亚的影响。在 13 世纪，由卡斯提尔国王建立的西班牙大学，以及由阿拉贡国王建立的大学，尽管也遵循自己的模式，但主要是仿效博洛尼亚大学。它们是学生大学，但由于受到王权的控制，很少像博洛尼亚大学那么独立。其他的一些大学（如蒙彼利埃、奥尔良、安格斯、布拉格）虽然也与博洛尼亚的模式相近，但并不是严格仿效它。位于蒙彼利埃的大学由当地的学校尤其是城市医科学校自发地形成，这些学校在 12 世纪上半期就已非常知名。1220 年，教皇的使节承认了它医学大学的地位，即一所拥有教师和学生的医学大学。1242 年，主教颁布章程，建立了一所文科大学。大约在 1280 年，建立了一所法律大学。1339 年后，这所大学成为一所拥有一个独立的博士协会的学生大学。奥尔良大学源于 12 世纪的文科学校，1229 年因从巴黎大学脱离而发展起来，但是它只教授一门学科，即法律。它的组织形式融合了博洛尼亚和巴黎大学两所原型大学的元素。另一所法律大学安格斯同样从其他大学中分离而来，在 15 世纪增加了神学院、文学院和医学院。

---

④ *La Fondazione Fridericiana dell'Università di Napoli* (Naples, 1988).

布拉格学馆是一个体现中世纪机构灵活性的有趣案例。神圣罗马帝国的第一所大学由皇帝查理四世于 1346 年建成。当时，它如巴黎大学一样包括四个学院。它由一位校长领导，然而，与巴黎大学不同，校长与文学院没有联系。由于政治原因（见第三章），法学院于 1372 年解散，在意大利边境建立了一所独立的法律大学。

除了这种组织类型（在这种类型中，大学和学院多少是同义词）之外，还有另一种类型，即源于巴黎大学的、由四所学院构成的大学模式。它由一个低级学院（即文学院）和三个高级学院（神学院、医学院、法学院）构成。在教皇霍诺留斯三世于 1219 年禁止巴黎大学教授民法之后，法学院的教师只教授教会法（奥尔良大学被认为是巴黎大学的民法学院）。教师们很快意识到他们自身的价值，把四个学院称作“四条天堂之河”，圣博纳旺蒂尔把文科比作建筑的地基，把法学和医学比作墙壁，把神学比 112
作屋顶。

巴黎的模式被西北欧和中欧的学馆所采纳。建于 14 世纪和 15 世纪的德意志大学是以巴黎大学为原型并采纳了它的章程。建于 1425 年的鲁汶大学的章程是照搬巴黎大学的后代——1388 年建立的科隆大学的。⑤ 一个理想的多科大学有四个学院，但在 13 世纪，有些大学只有两到三个学院。在标准和现实的差异方面，苏格兰的大学提供了一个有趣的例子。一所大学一般包括四个传统的学院，而苏格兰的大学则不然，但直到近代早期，其中两个学院（法学院和医学院）或许是三个学院还只是“纸面上的学院”。在苏格兰的大学中，只有文学院的学生能够学习完整的课程。

组织差异的一个原因来自这样一个事实，即直到 13 世纪末，教皇一直保护巴黎大学对神学的垄断，而反对在其他地方建立神学院。这种差异的另外一个原因是，尽管几乎每一所大学都有医学院，但其中一些几乎难以生存，尤其是在神圣罗马帝国或丹麦，就读的学生常常不到学生总数的

---

⑤ J. Goossens,‘De oudste algemene statuten van de universiteiten van Keulen en Leuven. Een vergelijkende tekstanalyse’,*Archives et Bibliothèques de Belgique*,48(1977),42-78.

1%。文学院注定有大量教师和学生，尤其是在阿尔卑斯山以北的地区。尽管它被认为是三个高级学院的预备学院，但它的很多毕业生从来就没有进入过高级学院。虽然中世纪法学院的重要地位在逐渐下降，但是由于显赫的职业对有才能的法学毕业生开放，法学院的入学人数不断增加（见第八章至第十二章）。

大学的很多管理是通过学院来进行的，尤其是在那些没有同乡会的大学，或者在同乡会不重要的大学。学院提供了积极参与大学组织和管理的恰当渠道。作为一个法团，学院有自己的负责人，通常称为院长（dean），一个财务主管、执礼杖者，一个共同的印章及章程。院长最早出现在13世纪的巴黎大学和蒙彼利埃大学，在14世纪才出现在其他地方。首先，他仍旧是从事教学的高级教师，院长是学院教师集会的主席，他负责管理和教学、辩论和考试。在牛津大学，学院最早出现在1208—1209年，和巴黎大学一样，文学院占据了支配地位，高级学院不设院长。在意大利的学院-大学（faculty-university），校长行使着与阿尔卑斯山以北学馆中院长同样的职责。成为一名院长所需的资格、选举的方法，以及它的正式称
113 谓，在不同的大学是不同的。一所大学或它的附属机构是如何组织的，也并不总是非常清晰。

章程

可能有人认为章程（statutes）是我们了解中世纪大学组织和管理的最好的来源。然而，事实并非如此。从严格的意义上来讲，只有很少的大学章程是从13世纪流传到现在的。由罗马教皇赐予的特权（巴黎大学在1215年和1231年，牛津大学在1214年，博洛尼亚大学在1219年，蒙彼利埃大学在1220年）只是表明，只有在大学与外部权力之间或在大学内部发生争执的某些事务上，才能得到教皇的支持。除此以外，教皇会让大学自己制定有关教学大纲、课程、教师和执礼杖者的薪水、互助金、大学官员、学生纪律、服装和住宿方面的规定。

这些规定也许相当不稳定，在一些情况下只是一种不成文的惯例。甚至当它们以书面形式出现时，也明显地非常不正规和支离破碎（这些经常被纳入以后的法典中），这都使它难以延续下去。现存最早的无疑是剑桥大学的章程，它们可以上溯到 1236—1254 年。[6] 最近在博洛尼亚大学发现的一份文件（这是一份非常不完整的文件，因为它只涉及法学教师的免税）可以上溯到 1252 年。[7] 除此之外，在其他地方，我们没有发现任何 14 世纪和 15 世纪前的完整章程，也不容易看到这些章程是如何被执行的。因此，我们也无法像少数评论家所做的那样，轻率地假定这些章程在以前是通用的。

在历史悠久的大学中，有时章程的制定是为了进行改革以革除弊端，这就产生了 13 世纪不为人知的新规定。14 世纪 60 年代的巴黎大学章程和 1452 年进行的普遍改革证实了这一点。在图卢兹大学，1309—1329 年，一些重要的章程使过去几十年一直不确定的大学管理稳定了下来。蒙彼利埃的法律大学在 1339 年制定了章程。在博洛尼亚大学，第一部完整的章程不会早于 1317—1432 年。在萨拉曼卡大学，章程始于 1411 年。在牛津大学，最早的章程汇编结合了早先的规定，形成于 1313 年。[8]

很多在中世纪末期建立的大学从一开始就获得了较为完整的章程（最 114
早的例子似乎是 1300 年莱里达大学的章程）。[9] 然而，这些文件或者是受到其他大学的启发而制定的，或者甚至是直接照搬其他大学的章程。因此，我们不能确定它们是否真正适合当地的情况，或者它们是否被严格地

---

⑥ R. K. Hannay, 'Early University Institutions at St Andrews and Glasgow, a Comparative Study' *Scottish Historical Review*, 11(1914), 266-283; M. B. Hackett, *The Original Statutes of Cambridge University. The Text and its History* (Cambridge, 1970).

⑦ D. Maffei, 'Un trattato di Bonaccorso degli Elisei e i più antichi statuti dello studio di Bologna nel manoscritto 22 della Robins Collection', *Bulletin of Medieval Canon Law*, new series, 5(1975), 73-101. 与免税（the *puncta taxata*）有关的内容，见第 12 章，第 398 页。

⑧ Rashdall, *Universities*, vol. Ⅰ, 173-175, 443-447; vol. Ⅱ, 83-85, 131-133, 168-170; *History of Oxford*, 53-54.

⑨ Rashdall, *Universities*, vol. Ⅱ, 93-94.

执行了。

总而言之，虽然从那些流传至今的章程中，我们总能了解一些东西，但是明智的办法是把这些章程与其他的资料来源（如日常的管理文件、教师的手稿和课程）进行比较。这样我们就经常能发现一些自相矛盾的地方。

同乡会❶

在早期中世纪大学的组织中还有另一种团体，即已经提到的同乡会。它最初是在学生的努力或学生和教师的共同努力下自发产生的，后来才被引进新建大学的组织中。在很多大学中，同乡会扮演着一个重要的角色，大学的校长往往是由同乡会的领袖选举产生的，而同乡会的领袖也是学馆董事会的成员。

在博洛尼亚和帕多瓦的学生大学中，每一所法学、文科、医学的大学都被划分为两个联盟（山内联盟和山外联盟），联盟本身又按照更小的地理区域被分成同乡会（见第 110 页和第九章）。其他的意大利大学在招生方面过于本地化，因而不需要这种复杂的组织。这反映了它们缺乏对一些欧洲国家或地区的学生的吸引力。例如，佩鲁贾大学只有三个同乡会——德意志同乡会、法兰西同乡会和加泰罗尼亚同乡会（即山外地区）。在仿效巴黎大学建立的大学中，同乡会的组织有很大的不同。最初，在巴黎大学中，只有最大的学院（即文学院）有同乡会。这些同乡会在大学建立之后迅速组织起来，它们以一种宽泛的地理划分为基础。巴黎大学有四个同乡会，即法兰西同乡会、皮卡第同乡会、诺曼底同乡会和英格兰同乡会（英格兰同乡会包括来自中欧和北欧的学生）。它们由文学院的文科硕士组成，包括在文学院获得了学位的高级学院中的教授。这种同乡会的联盟由一名学监来领导，他由教师们每月选举产生，并且可以多次当选。同乡会

❶ 同乡会（nation），也有“民族团”等译法。

有自己的印章和注册登记簿、资料室，收入和支出记录，并且成为大学生活的重要组成部分。[10]

阿尔卑斯山以北其他地方的大学同乡会遵循了多样化的模式。奥尔良的法律大学是最具国际性的中世纪大学之一，到 1532 年为止，它共拥有 115
10 个同乡会，其组织如意大利的法律大学一样。在牛津大学，两个同乡会——北方同乡会（*boreales*，包括苏格兰人）和南方同乡会（*australes*，包括爱尔兰和威尔士）——的界限非常明显。文科硕士由他们各自的学监领导。然而，由于同乡会之间一直处于无休止的冲突之中，早在 1274 年，牛津大学就取缔了同乡会。后来，不列颠群岛上的 3 所苏格兰大学的文学院（圣·安德鲁斯在 1411 年，格拉斯哥在 1450—1451 年，阿伯丁在 1494 年）又恢复了同乡会制度，尽管这些大学的生源都来自苏格兰。在这方面，他们遵循了伊比利亚的模式。西班牙和葡萄牙大学的学生主要来自伊比利亚半岛。在萨拉曼卡大学，4 个同乡会与西班牙的教区相对应。在莱里达大学，只有法学院的学生被分了同乡会，而 12 个同乡会中，有 6 个是外乡学生的同乡会（纳博恩、加斯科涅和普罗旺斯、法国和勃艮第、意大利、德国，以及不列颠群岛）。在其他西班牙的大学中，同乡会不具有重要性。

也和其他方面一样，在同乡会制度方面，中欧大学最初采用了巴黎大学的模式。在布拉格大学，4 个同乡会（捷克、波兰、巴伐利亚和撒克逊）包括了所有的学生。他们的会长、学生或学士和教师一样，都是大学评议会的成员。在维也纳大学，4 个同乡会覆盖了所有的学院，学生成员参与选举学监。在莱比锡大学，也有 4 个同乡会，但只有教师有资格参加会议。在克拉科大学、爱尔福特大学和科隆大学，同乡会的划分没有得到正式认可。鲁汶大学有 4 个同乡会，但从未发挥过作用。

同乡会首先是一个独立的团体。它们的力量与影响力在大学与大学之

---

[10] 也可参考 G. C. Boyce，*The English-German Nation in the University of Paris during the Middle Ages*(Bruges，1927)。

间不同，但它们几乎都有着同样的组织和结构。学监（*procuratores*）和会长（*consiliarii*）（在某些意大利的同乡会中）领导着同乡会，拥有行政和财政权力，在某种程度上拥有司法权。他们作为校长的顾问参与大学的管理。同乡会有时也有自己的财务主管，他们的执礼杖者时常是和博洛尼亚的一样。巴黎同乡会每年选举一个首席执礼杖者（学监的部下）和一个来辅佐他的低级执礼杖者。权杖是执礼杖者的标志。在巴黎大学，同乡会的学监任命信使、接受信使的宣誓并给信使付费，这些信使在同乡会的成员和他们的家人之间传递信件和财物。在中世纪后期，学监也任命首席信使，承担金融家、银行家、货币兑换者的职责为大学服务。

由学监、财务员、图书管理员和同乡会的其他官员保存的书籍是我们
116 获得关于中世纪大学生活知识的最主要的来源，它们给予了我们同乡会的地理、社会起源和同乡会成员日常生活方面的信息，以及同乡会财政方面的信息。学舍也为我们提供了相似的信息。

学舍

随着时光流逝，另一种大学团体——学舍（*collegium*——不要与第五章中解释的博士协会 *collegium doctorum* 相混淆），在重要性方面超出了同乡会。在中世纪后期的一些大学中，学舍机构决定了大学或学院的组织和管理。海德堡文学舍（1390 年）几乎为所有的文学院中领薪水的教师提供住宿，鲁汶文学院就被分成四个学舍。主要招收本科生的格拉斯哥学舍，因为它的大多数学生是文科本科生，所以在大众心目中被认同为“大学”。

学舍，或者和它最初所称的“学生的住所”一样，开始是一个为穷学生提供的公寓，后来变成了一个自治或半自治的男性学术团体，他们在捐赠的房子里学习和生活。教师和学生可能来自一个特殊的地方，或者学习同样的学科。在 12 世纪和 13 世纪，学舍的建立者和捐赠者尤其重视文科和神学。到 14 世纪和 15 世纪，他们又重视教会法和公民法。一般很少有

医学舍（更多的信息见第七章）。

巴黎大学一开始就有学舍。他们开始是作为客房（*hospitia*），即为大批学生或叫作同事的教师提供膳食和住宿的房子。一些学舍，包括第一所学舍，在 1180 年为 18 名贫穷的学生建成的十八学舍和建立于 1186 年的卢浮宫的圣托马斯学舍获得了捐赠。还有为神学学生建立的修道士学舍。大约在 1257 年，索邦的罗伯特建立了索邦学舍，于是在此有了一批数量充足的非修道士的神学学生。索邦学舍最初只能容纳 16 名学生，后来逐步增加到可容纳 30 名助学金获得者（bursarii）和 6 名攻读神学博士的文科硕士。路易九世捐赠给学舍一块位于古罗马浴室附近的土地。它由一个大学和教会中的显要人物组成的董事会来经营，由 1 名学校负责人和 4 个学监来管理。这名学校负责人会在每年教会奖学金颁发的或前或后时期得以任命，这名负责人是由教师选举产生并监督其工作。其他的学舍如纳瓦纳学舍（1304），70 个学生被分成 3 个班——文法、文科和神学——基本保持学生学舍的面貌。在 14 世纪和 15 世纪，创立者的动机发生了变化，他们更愿意为修道院的精英或贵族学生提供更为舒适的生活条件而不愿意 117
帮助贫穷的青年。[11] 靠助学金学习的学生（*Bursales*）比自己支付住宿费用的富裕学生或普通学生过着一种更为严格、更为俭朴的生活（见第七章）。在 15 世纪早期，学舍拥有的房子、设施和图书馆成了吸引讲座者前来的主要原因。在 15 世纪，讲座被吸纳到大学学舍中来，既对外面的学生开放，也对获得助学金的学生开放，大学保留了控制学舍的权力。在 15 世纪末期，巴黎大学拥有大约 70 个学舍，其中包括一些修道院和一些为外国人（丹麦人、苏格兰人、伦巴第人和德意志人）建立的学舍。

在巴黎，学舍的内部管理通常由内部的官员来执行。外部权威任命学舍的负责人，管理学生助学金的发放，监视空缺教职的补充，因此控制了学舍的生活。学舍财产的管理者通常来自校外。相反，在牛津大学和剑桥

---

⑪　A. L. Gabriel, 'Motivation of the Founders of Mediaeval Colleges', 见 A. L. Gabriel, *Garlandia. Studies in the History of the Mediaeval University*(Frankfurt-on-Main, 1969), 211-223。

大学，学舍与大学的管理机构少有行政方面的联系，他们组织自己的捐赠，同时从大学的教学和学位发放中受益；他们选举自己的负责人，笼络同事；他们在自己的特权和章程之下管理自己。因此，英格兰的大学没有追随巴黎大学的道路。在 12 世纪和 13 世纪早期，一般财力的本科学生能够得到食宿和在礼堂和宿舍中有限的教学设施。13 世纪建立的第一所学舍是用来帮助不太富裕的文科学士或文科硕士，使他们能够继续在高级学院中学习。第一所英国的“研究生”（graduate）学舍是默顿学舍，建于 1264 年。贝列尔学舍建于 1261—1266 年，但直到 1282 年它才得到正式的特许状。大学学舍（University College）在 13 世纪 80 年代出现。剑桥的第一所学舍——彼德豪斯学舍建立于 1284 年，是以默顿学舍为原型。剑桥大学的国王学舍（建立于 14 世纪早期）和 1379 年建成的牛津大学的新学舍，是最早招收本科生的学舍，其余的学舍沿袭了它们的道路。1550 年前后，学舍生的人数超过了在会堂（halls）和旅店中住宿的学生数。1444 年，牛津大学仍有 89 个会堂，至 1552 年就只剩下了 8 个，共容纳着大约 200 名学生。当时的 13 个学舍共容纳了 450 名学生。[12] 渐渐地，牛津主要由学舍而非大学本身来收取学费。相应地，本科生也得到鼓励申请学舍的奖学金。和其他地方一样，一般的宗教团体都拥有自己的学舍，并且拥有完善的教学和住宿设施。在欧洲大陆，鲁汶大学（建于 1425 年）的
118 学舍生活日趋丰富繁荣。1500 年以前，与牛津大学相比，鲁汶大学大多数文科学生住在 4 个寓所中，这 4 个寓所在他们居住的房屋建成之后被称为百合、猪、猎鹰和城堡。它们为新生提供了充足的住宿条件与充裕的学费。欧洲大陆也有 5 个寄宿学舍（不提供教学），主要招收神学院和法学院的学生。1526 年，1821 名注册学生中的 31.8％住在学舍机构中（17.9％的学生住在 4 个寓所中，11.6％的学生住在学舍中，2.3％的学生住在教会住所里），52.2％的学生租了私人住宅的一个房间，剩余的学生

[12] A. B. Cobban, *Medieval English Universities: Oxford and Cambridge to c. 1500* (Aldershot, 1988), 158.

住在家中。[13]

在中欧地区，学舍中的主要成员是教师。在布拉格，主要接受来自学舍礼拜堂牧师俸禄捐赠的 12 名教师一起组成了 1361 年建成的卡洛琳学舍，他们共同吸收同伴成员。学舍在大学举行会议和讲座中扮演着重要的角色，一些讲座常常在学舍中进行。与之相似，在维也纳，也有为受捐赠的教师创建的学舍，即公爵学舍。在克拉科，有 3 个学舍为教授提供所需的生活设施。1400 年的迈尤斯或里杰姆学舍有一个由市长管理的繁荣的图书馆。迈纳斯学舍（1449），以及朱利蒂科姆学舍（1403），有一个小型毗邻的学生住所，即耶路撒冷宿舍。克拉科也有为贫穷学生服务的济贫院，如穷人宿舍（1417）。爱尔福特大学最早的学舍——迈尤斯学舍，招收文科硕士，它的产生可能要追溯到大学正式建立的 1379 年，以及建立于 1412 年培养法学家的阿姆普劳南那或鲍达·考利学院。在其他的德意志大学，有教授的学舍和为贫穷学者提供住宿的寓所。

欧洲南部的学舍从未像欧洲中西部这样重要——当然不仅在中世纪，而且直到宗教改革和反宗教改革时期，他们没有获得任何组织的或教育上的意义。意大利的学生往往和市民有着密切联系，他们和市民一起住宿，享受同样的住宿条件和政治权利。博洛尼亚最古老的学院起初就由创立者授意只向少部分贫穷的学生提供住宿、饮食和经济援助，不提供教学。它们是 1267 年由阿维尼翁主教为 8 名贫穷学生建立的阿维尼翁学舍和 1326 年建成的布雷萨那学舍，1436—1437 年两所学舍都与后来建立的格列高利学舍合并。最大的学舍是西班牙学舍（1367），容纳 30 名学生——8 名神学生、18 名民法学生、4 名医学生。他们住在学舍里长达 7 年，神学学生和医学学生在获得博士学位之后可以待上稍长一段时间。来自西班牙主教辖区的学生由学舍的建立者、红衣大主教吉尔·阿尔沃诺斯进行择优录取。候选人必须通过一个入学考试。对那些出身贫寒而有能力的学生， 119

⑬ E. De Maesschalck,'De "goede" en de "eeuwige" student. Tucht en huisvesting te Leuven in de 15e en 16e eeuw',*Alumni Leuven*,9(1978),11-15.

“至少应通过文法考试”。而对那些学习神学和医学的学生还必须进行逻辑学的考试。被录取的学生可以获得相应的食宿、一年两套衣服、一个年度的薪金。学舍的管理相当民主，但内部的纪律很严格。每年学者都要选举舍长。重要的财政问题由全体会议解决。学舍也得到主教和上文提及的主教辖区的教士团，以及两个阿尔沃诺斯家族的成员的庇护。[14] 在1363年之后的帕多瓦大学，托纳森斯学舍和7所其他的学舍容纳着小部分学生。

博洛尼亚的斯巴纳学舍被14世纪晚期在萨拉曼卡出现的西班牙学舍所效仿。最著名的西班牙中世纪学舍是旧学舍或圣巴尔多罗美学舍，它由10名圣经学者和5名神职人员在1401年建成。建于法国行省的学舍主要是为贫穷的学生提供食宿。图卢兹由于出现了最早的世俗学舍——菲塔尔·戈拉特尔学舍（1243）和蒙勒苏学舍（1391），从而走在了前列。为什么在意大利和法国南部几乎没有出现学舍？原因很明显。大多数有钱的和成年的学生加入了神学院和医学院。他们不需要廉价的旅馆，相反他们偏爱私人住宅中舒适的房间和不受学舍或修道院约束的自由（学舍的生活，见第七章）。再者，组织完善的同乡会提供给学生各类型的援助和财政、司法上的帮助（如博洛尼亚、帕多瓦和奥尔良的德意志同乡会学监的备忘录所表明的那样），神学由托钵修士会支配，并且拥有他们自己的机构。南部大学由于没有这么多年轻的文法和文科学生，因此没有为少数神学和中等财力的文科学生提供特殊的住宿的必要。

内部管理

最初主教的代理人是大学的首领，他对学生和教师拥有绝对的权力。在13世纪的发展中，不同的法人团体在大学馆中逐渐形成。大部分主教

---

[14] B. M. Marti, *The Spanish College at Bologna in the Fourteenth Century* (Philadelphia, 1966).

代理人的司法权力被转给这个新机构中选出的负责人——校长。[15] 正如下文将会解释的那样，除了在英格兰和西班牙，一般来说，主教代理人的作用变得更加形式化。根据学馆的组织类型的不同，校长或是在学生中选举产生（如在博洛尼亚大学那样），或是在教师中选举产生（如在巴黎大学 120
那样）。在有着混合的组织类型的大学之中，校长是一位由学生和教师一起选出的教师。例如，奥尔良大学的校长是一名由同乡会选出的教师，在安格斯 1398 年的改革之后，校长从同乡会任命的选举团成员选出的候选人中诞生。

校长候选人必须满足下列条件才有可能当选。他必须已成年（通常年满 25 岁或 25 岁以上），是一位神职人员（履行他对作为神职人员的学生的司法权），并且拥有一定的财产（办公要承担很多开销），是一位大学毕业生，他的行为要无可挑剔。校长的任期在不同大学是不同的。校长是大学的行政首领、学校议会所采纳决议的执行者、特权和章程执行的监督者。他管理学校的财政、主持会议、保管文件，在官方事务中担任学校的代表。在中世纪，他的最主要的职责之一是维持纪律，主持大学法庭，审判和惩罚犯罪的大学人员。事实上，大学馆的司法自治权是由巴巴罗萨腓特烈一世于 1155 年《安全居住法》中的一些特权来保证的。从理论上来说，所有大学成员及其附属者都免于市民的司法审判，甚至当地的宗教审判。大学成员及其附属者被视为包括学生和教师，他们的妻子、家人和仆人，以及由大学任命的外部官员，包括从事书籍和销售的人员（书商、誊写者、绘图者、毕业文凭制作者、纸张供应者，等等）。

最初，博洛尼亚两所法律大学的校长都是在学生中选举产生的。尽管当初市民和教授双方最初都反对大学中有一位学生校长，在 13 世纪上半叶他们却被迫听之任之。教授不得不对校长宣誓效忠，这导致了某种程度上，在大学内部除了与学习有关的组织之外，还存在一种特殊形式的学生

---

⑮ 一般的评论，见 O. Eissfeldt，'Rektor. Geschichte und Bedeutung des Universitätsamtes'，*Studium Generale*，5(1952)，384-392。

领导权。在13世纪末，两所法律大学开始共同组织集会，并且规定两位校长中有一位缺席时，应由另一位校长代之行使权力，同时还规定他们共同使用一块印章。与此同时，文科大学和医学大学也选举了一位校长，但是作为法律大学的同僚，直到14世纪早期，他们才享有同样的被法律认可的权利。在帕多瓦，医学大学的校长附属于它对应的法律大学的校长直至14世纪。在意大利，大学的校长一般没有监管教学和考试的权力，这些事务归博士协会管理，医学大学和法律大学都是如此。在博洛尼亚，校长每两年选举一次，他的地位比大主教，甚至比红衣主教和罗马教皇使节的地位都要高，但低于博洛尼亚主教。他的头衔是 *dignissimus*，直至15世纪末期，*magniflus* 的头衔才出现。

121 大学内合法罚款总收入的一半归校长所有，这是校长薪金的重要来源，有时他也能从公共财产中获得一些额外的收入。在中世纪末期，校长被授予特殊的学生教授职务，受市民资助。但他必须负担他的办公费用，并且必须雇用两位仆人。市民或统治者对大学收紧控制，以及职位的经济负担，限制了学生争取这种显要职位的愿望。

尽管在博洛尼亚校长是学生，但他在大学之内的民事司法审判权得到所有大学成员宣誓认可。作为一名校长，他必须保证法令决策的执行和收取对品行不端的成员的罚款。他能够对向学生出租房屋的房主收费，对出版书的工匠收费。他对大学成员或服务人员的审判能否被执行取决于公共权威（博洛尼亚自治市）的认同。虽然两所大学都需要校长的司法审判权在一切涉及学生的案件中生效，但是市政权力机关还是再三拒绝这种要求。直到15世纪，校长才有对刑事事务的司法权，但这种权力只有在涉案双方都是学者的情况下才能生效。然而，教会法规禁止俗人对教士实行司法权，每一位学生也因此获得了教会豁免权。同时，因为学生大学的校长往往是享有圣俸的牧师，因此他不必屈从于市政法律。

以博洛尼亚大学为原型的大学有着相似的校长制度，尽管其权力更易于受外界权威的影响。在科英布拉，两个校长既是在学生中选出，也是通过学生选出，但是在西班牙大学，校长的权力就受到限制。如博洛尼亚那样，萨拉曼卡由学生通过同乡会选举的学生校长领导。在意大利，教学是学院博士协会而不是校长的专利。但与博洛尼亚不同，萨拉曼卡限制了校长的司法审判权，并且将真正的审判权和行政权力赋予教区教长。在强大的城市影响之下的大学中，如在阿拉贡、莱里达、瓦伦西亚和巴塞罗那，教长和市民政府分享着校长的权力。

在巴黎，校长职务的产生有很大不同。在四个同乡会中，每一个同乡会都有一个领导，在1249年他们决定选举一位校长——一位教师，作为文学院的首领，而实际上是整个大学的首领。最初，他的权力仅局限于他所属的学院，但是因为文学院的学生人数众多，也因为校长从各个学院中收取学费，并且代表整个大学来管理这些钱财，也就产生了保护大学作为一个整体的独立法人团体的需要。于是在1275年之后，校长作为大学的法人代表就逐步获得了管理整个机构的权力。但大学校长的权力遭到了神学教授的抵制，到了13世纪末期，巴黎圣母院的教长只保留了任命文科 122
主考官和颁发许可证的权力。

在巴黎，校长的司法审判权很受限制，章程只赋予他对大学的成员和服务人员进行司法审判的权力。他被获准实施的处罚包括罚款、停职和开除，他审讯的行为包括对旅馆租金的争议、对受大学管理的工匠和商人提出控诉，以及协调教师和学者之间的个人问题。虽然在文学院的常设法庭上，校长得到了学监的辅助，但在关于大学的申诉权问题上，依然要交由特别法庭审理。在牵涉到大学成员和校外当事人的案件中，大学的自治权受教会法庭和外部世俗法庭的限制。这样的争端——根据能力范围——经由主教辖区法庭（主教法庭）或"夏特莱（*châtelet*）"（巴黎的司法官法庭，作为皇家特权的保护者）或由巴黎的罗马教皇保护者法庭来解决。

苏格兰的大学最为接近巴黎大学的模式。苏格兰大学只在文学院中保留了同乡会的学监制度，但尽管如此，他们有召开秘密会议选举校长的权利。依照建校时教皇的教谕（1453），虽然主教-教长（bishop-chancellor）是格拉斯哥大学的最高权威，但他要将这些权力委托给由同乡会学监选举出的校长执行。然而，很多有大型同乡会的法国大学，如蒙彼利埃、奥尔良或安格斯，有着不同的模式。甚至在大学章程仿照巴黎大学模式的图卢兹大学，学生的权利在更大程度上得到了关注。在图卢兹大学，校长必须是一名博士，并且要由所有学院中的教授和法学院的学生选举产生。在蒙彼利埃，法学院的校长虽然是从学生中选举出来的，但医学院甚至整个大学则是由主教和 3 名教师提名的教长管理。他的职位类似于英国大学的教长职位。如在牛津和剑桥，以及其他的英国大学中，教长是大学中主教的代理人（见第 129—133 页，外部管理），他的权力从未移交给过校长。他行使和从事着其他地方的校长完全的权力和活动。原因很明显，早在 13 世纪，牛津和剑桥的学馆从林肯和伊利的主教那里获得了选举他们的教长的权力。候选人是在神学或教会法博士中选出，他必须是神学院的成员。因此，教长成为大学内部而非外部的官员，他负责主持集会，行使校长的职责。在漫长的 15 世纪中，教长（在其他地方的大学中不存在这种杰出人物）把他的权力委托给一位副教长（vice-chancellor）——在
123 中世纪末期，这位副教长已经成为英国大学实际的首领。他有着广泛的民事和刑事司法权，有开除教籍和监禁的权力。最初，他的权力是一种对学者的精神审判权，但逐渐扩大到包括市民在内的其他群体。根据皇家特许状，在一方是教士的活动中，教长有刑事和民事的司法权。在与市民的争执平息之后，大学从 14 世纪中期起获得胜利，实际上统治了整个牛津城。教长法庭和新出现的大学审判长（steward）与一半是由大学特权人一半是由市民组成的陪审团一起，控制着大学管辖区广泛的法律程序。大学代表的类似审讯的政策监督着居民的道德水准。[16]

欧洲中部的大学普遍被认为以巴黎大学的模式为基础，但若是对其章程进行考察会发现这并非完全正确。首先，与巴黎不同，这个地区的文学院从未垄断校长职位，校长可以从其他学院中选出。文学院是由学院院长领导的，其他三个学院也一样。其次，两所最古老的大学——布拉格和维也纳，有一种混合的组织形式。在 1372 年的罢课之后，布拉格的法学者

---

[16] Cobban, *Medieval English Universities*（注释 12），259ff.

拥有一个设有学生校长的独立的学生大学，而其他学院则由教师掌管。在针对大学成员的民事诉讼和赔偿费诉讼中，这位法学校长有司法审判权。1397 年，校长法庭和同乡会的会长一起，在如有一方为学者的法律诉讼中，拥有包括民事、刑事和精神的完整司法权。在早期的维也纳也是一样，教师和学生是通过他们的同乡会参与校长的选举的。

位于克拉科的第一所大学（1364），也是由一名学生校长担任领导，但由皇家教长控制着考试（尽管依照教皇教谕，这项任务属于主教）。在第二所大学（建于 1400）中，主教就是教长，并且大学的章程也是由他批准的。他的代理人——副教长——在圣弗洛里安教士团的主持和校长的帮助之下管理着大学的财政。校长每年由教师和学士通过间接代表选出。他必须是一位文科教师或法律或神学的毕业生，通常享有教会牧师的俸禄。校长负责召集普通的教师会议，有时是毕业生会议。[17] 同时，也是由校长负责审判民事诉讼和不太严重的犯罪案件，但从 1410 年之后，大学的监护人——三个主教座堂圣职团的主持保护了大学传讯所有的主教辖区内被告的权力。在欧洲这一地区的其他大学内，似乎校长有一种相当宽泛的司法审判权，但不包括直接的精神审判权。[18] 中世纪末期，如同乡会的 124
地位一样，各地学生的权利都衰落了。一些德国大学，如莱比锡，校长依然从学生中选举产生，但必须出身高贵，有时甚至是皇室成员，但他受副校长（vice-rector）控制。或者像在罗斯托克那样，学生校长由一名资助者或监督者控制。这位监督者是大学常设的执行官员并履行真正的校长权力，作为（实际上是荣誉的）校长的代表。这样，校长的选举权逐渐转移到一个小群体中，在图宾根大学，这个小群体由摄政教师（regent mas-

---

⑰ J. Dąbrowski, Z. Kozlowska-Budkowa, and K. Pieradzka, *Dzieje Uniwersytetu Jagiellonskiego*, vol. Ⅰ (Cracow, 1964), 15-20, 57-71, 127-138.

⑱ F. Stein, *Die academemische Gerichtsbarkeit in Deutschland* (Leipzig, 1891); P. Classen, 'Zur Geschichte der "akademischen Freiheit" vornehmend im Mittelalter', *Historische Zeitschrift*, 232 (1981), 278; 529-533; Dąbrowski, Z. Kozlowska-Budkowa, and Pieradzka, *Dzieje* (注释 17); C. Vandenghoer, *De rectorale Rechtbank van de oude Leuvense universiteit 1425-1797*, Verhandelingen Koninklijke Academie, Letteren no. 124 (Brussels, 1987).

ters）控制。

那不勒斯大学是一个例外。它是一所国家大学，由皇帝建立（1224），完全受皇室权力的控制。因此，学者的司法审判权不属于校长，而属于皇室的官员——学校指导官（*iusticiarius sholarium*）。在对刑事案件审判的管理中，指导官由从学生中选出的三名助理协助。在民事案件中，国王尊重皇帝的特权《安全居住法》，因此学者可能由他自己的教师或大主教审讯。

一个法人团体、一所大学，其真正有代表性的、合法的行政权力属于“全体集会”（general assembly）。基于大学的基本结构，全体集会由教师、教师和学生或只有学生这三种形式构成，由校长主持（或者如牛津和剑桥那样，由教长主持）。除了全体集会之外，还有在学院、同乡会和学舍这些所有同等水平的大学组织形式中的集会。其章程中记载的程序只有细微的差别。随着时间的推移，有一种普遍的减少全体集会的活动倾向，并且把当前的事务和决定交给由一小部分领导官员组成的议会来处理。

在大学早期阶段的巴黎，所有学院的摄政教师组成了管理大学的全体集会，连校长都必须服从它的管理。在14世纪中期之后，作为教会和政府中身份高贵的人，非摄政（non-regent）的教师不断被校长召集来参加集会。除了选举之外，他们都可以参加投票。大概不像牛津和剑桥那样，他们的出席并非法律上强制的。校长决定集会的时间、举行的地点和集会日程。神学院的院长在校长的家中或通过一个文科教师被校长召唤，其他
125 的学院院长和学监通过信件召唤。而学院和同乡会的教师是由学院院长和学监在清晨演讲中派遣一个执礼杖者来召唤。集会要讨论的事务是由一个团体提议并由校长提交集会。集会中最重要的事就是要进行投票，并且由各个学院和同乡会单独处理所出现的争议。在集会的地方之一——圣朱利叶-勒-佩孚尔（St Julien-le-Pauvre）教堂，在教堂中部的四个角落设有学监的座位。而这些座位也通常是由同乡会把持。三个小的团体——高级学院——有他们自己的位置。同乡会或学院的选票由学监或院长宣读，校长代表整个大学宣布决定，但如果与会人员无法达成共识，校长就不进行投

票。从 14 世纪中期起，出现了宣布超过半数意见的情况。到这一世纪末，在全体集会和学院的集会上，出现了少数服从多数的制度，这在文学院的同乡会中被接受。但一个持有异议的团体可能通过拒绝交出藏有大学印章柜子的钥匙而阻碍程序进行，在这种情况之下，这个柜子可能被强行打开，或者向教皇申诉。

在博洛尼亚，校长和由同乡会选举的会长召集两所大学的全体集会。召开这种集会必须要有一名校长和大多数会长的同意。在两名会长的要求之下，通过黑色豆子和白色豆子抽签进行选举。要宣布撤职审判，或者宣布一个博士或学者发伪誓，必须要有超过半数的成员出席。所有的学生有参加集会的义务。集会在修道院或基督教堂中进行，常常也在修道院中进行。每个成员都有发言权，但是如章程所规定的那样，校长有权在喧闹时让大家保持安静。这些章程每 20 年更改一次，8 位选出的章程修订者可独立处理法令的修订和出版。除非有大学全体成员对校长和会长接受的建议一致同意，并且通过 24 个大学成员的签名并征得博士的同意之外，其他任何时候不得修订章程。

在牛津大学有三个独立的集会，第一个是由文学院的摄政教师组成的
黑色或预先集会。它是在圣米尔德里德教堂中（以及 1437 年之后，在圣
玛丽教堂）为文学学位的获得和为了提前讨论计划的大学章程而进行的。
第二个是所有学院中摄政教师的“小集会”，在圣玛丽教堂附近的建筑中
召开，主要讨论财政控制、讲座、学习和毕业等相关问题。第三个集会是
所有教师，无论其摄政还是非摄政都必须参加的全体集会——后来称为大
学评议会，在集会中要按照 1303 年的程序进行投票制定大学章程，在
1303 年的程序中提出了通过学院进行压倒多数选票投票，以及非摄政教 126
师单独投票的规定，这是大学中出现的最高级别的法庭。

西班牙的大学更接近博洛尼亚模式而非巴黎模式。学生集会选举校长，博士形成了他们自己的团体。但是和博洛尼亚不同，博士没有在集会的选举中被排除。但是，遵照 1422 年萨拉曼卡的法律，学生的全体集会被剥夺了权力，大学的管理交由一个由各方代表组成的团体来进行。这个

团体包括一名校长、经院学者，以及通过大学从学生贵族和荣誉的拥有者中推选出的20个人，他们的年龄不得低于25岁，其选举也要通过从持有带薪职位的摄政教师选出的10个人来进行。在公众面前陈述的任何事情或建议需要三分之二的多数通过，并且在经院学者的信任选举之后，最终提交教皇批准。

在布拉格，大学议会或集会由作为同乡会领袖和教师领袖的议员组成。选票由这些领袖统计。维也纳同样是一所教师大学，但是学生在同乡会学监的选举中有投票权。在克拉科，教师的全体集会在迈尤斯学舍中举行，由校长担任主席，但从1464年起，校长和院长就成了大学实际的领导。在14世纪和15世纪欧洲中部的其他大学中，仍有学生间接参与校长的选举。然而，在每一个地方，学生的权利都被削减了。同乡会没有能够在大学议会中委派代表，而是被废除甚至剥夺了保护自身利益的权利，同时在大学议会中，教师获得了支配性的有时是绝对的地位。[19]

除了大学同乡会、学院和学舍的高级官员之外，也存在其他永久的或临时的官职承担管理的职责，但它们既不属于教师团体，也不属于学生团体。由于规模和财富的不同，它们的性质和数量在不同大学也各不相同。起初它们的角色很受限制，但随着大学的发展，越来越需要大学之外的有能力的官员来进行健全的管理。

执礼杖者和信使是最早的外部管理者，他们的职位几乎和大学一样古老。在法国大学中，官职经常可以买卖，如1463年的阿维尼翁一个执礼杖者为他的职位支付了200基尔德。[20] 在公众印象中，执礼杖者的地位要
127 高于校长和其他管理人员，在完整仪式中，执礼杖者必须带有装饰的权杖，这也是他们官职的象征。他们在集会上收集选票，同时宣读必须阅读的材料和准备出售的书单；他们发布辩论的通知，同时保存毕业生的名

---

⑲ A. Vetulani, 'Les origines et le sort des universités de l'Europe centrale et orientale fondées au cours du XIVe siècle', in *Universities in the Late Middle Ages*, 148-169.

⑳ J. Verger, 'Dépenses universitaires à Avignon au XVe siècle (1455-1456)', in *Avignon au Moyen Age. Textes et Documents* (Avignon, 1988), 212.

单；他们宣读布告和新章程的条文；他们收学费和罚款，记录那些受审要被监禁的人员名单，通知学术法庭的开庭时间；作为看守人，他们负责看管学校的财产。每一个大学都有一个总执礼杖者，同时往往有几个次级的执礼杖者，他们隶属于教授、学院和同乡会。执礼杖者赢得了学术团体的尊敬，他们是大学城的居民，他们和他们的妻子也被赋予了大学所具有的权利和特权。他们的薪金主要来自特殊的捐款（见第 133 页）。在很多大学中，执礼杖者逐渐开始变得腐败。

信使和同乡会是同时出现的。他们的工作是奔波于学生及其家庭之间，传递钱、物品和信件。在国际性的大学城中，大信使（*nuntii maiores*，与 *nuntii minores* 或 *volantes* 相反，后者指小的或特快的信使）作为半个银行家，在父母给学生寄钱之前先把钱付给学生或借钱给学生。在帕多瓦，货币兑换者贷款给大学成员。修道院纪念簿或博洛尼亚自治市中公证人的备忘录中记载了学生的经济事务，缺钱的学生往往抵押书本甚至马匹来换酒。

在中世纪，许多同样的官职以不同的名称在很多大学中出现。因此，博洛尼亚或巴黎的速记员（*notarius*）和鲁汶的口述者（*dictator*）承担着秘书的职责。他保存录取资料，记录大学的官方行为，书写文件和信件。在牛津，1428 年第一次提到教长的抄写员或秘书，1447 年出现了大学注册员一职，他必须是一位文学硕士或公证人。因为在前人文主义或人文主义的大学中，需要有好的拉丁文知识和优美的书法。其他的支付薪水的学术人员是法律顾问和大学或学院的律师，他们关注学馆的法律事务及财产。在中世纪的学术生活中，诉讼是很普遍的，长期的法律援助并不是什么奢侈的事情。当时也任命了收学费和记录账目的官员——博洛尼亚的两个司库、巴黎或奥尔良大学的财务主管，以及牛津和剑桥的学监。当然，其他大学团体，如学院、同乡会和学舍也有财产管理人，而这些往往比其他大学对应的职位产生得更早。附属教堂的司铎通常是这个团体中的一员，有时是个学生，但是通常来自教员。他的职责是庆祝大学日程中法定的事务、为捐赠者办理手续，以及为已故成员举行葬礼。1412 年，牛津 128

大学司铎也获得了领薪水的图书馆员的职务。但只是在印刷术发明之后，随着大学图书馆的扩张，图书馆员才在大学、学院、同乡会、学舍中占有重要地位。

与大学有密切联系的是经营书籍的那些人。[21] 书籍——手抄书籍，以及 1475 年之后的印刷书籍——对于大学的学术发展至关重要。出版商或图书馆员往往隶属于大学，或者至少受大学控制并对它宣誓。在博洛尼亚，文具店老板及其作坊和书店附属于市政当局。但他们当中的一部分作为大学的文具供应部门，必须宣誓效忠校长。文具制作者是那些经教授们修订通过的原始教学用书样本最主要的管理人。这些文具店老板负责印刷这些书籍，并且支付一定的费用以杜绝盗版。正式样本未被装订，以分卷的形式递送叫作“派碎”（*peciae*），接受“派碎”的文具店老板受大学任命的派碎委员会的审查。另一方面，文具店老板是主要的商人，有时通过借出派碎把它交给专业的抄写者参与到书籍的生产当中。在 13 世纪末期，大学竭力把获得授权的文具店老板的人数限制到 5 个人。在巴黎，文具店老板和博洛尼亚的上述第一类群体大致相同，书商大致和第二类群体相同。但有时这两种活动会由同一个人承担。作为经纪人，书商卖书，同时也受委托抄写书籍。只有一小部分文具店老板有权借出“派碎”。所有这些书籍出版的小世界与 15 世纪末期的印刷书一样，都被大学控制。但这也仅限于在从事与大学有关的活动时才受大学控制，文具店老板和书商并不只为学馆工作。

除了负责管理“派碎”样品的制度之外，如在博洛尼亚和巴黎，牛津的文具店老板被授权为大学的代理人处理在牛津城内的书籍贸易和鉴定书

---

[21] J. Destrez, *La pecia dans les manuscrits universitaires du XIIIe et du XIVe siècle* (Paris, 1935); G. Pollard, 'The "Pecia" System in the Medieval Universities' in M. B. Parkes and A. G. Watson (eds.), *Medieval Scribes, Manuscripts and Libraries: Essays Presented to N. R. Ker* (London, 1978), 145-161; L. J. Bataillon, B. G. Guyot, and R. H. Rouse (eds.), *La Production du livre universitaire au Moyen Age. Exemplar et pecia. Actes du Symposium tenu au Collegio San Bonaventura de Grottaferrata en mai 1983* (Paris, 1988).

籍、手稿，以及作为抵押品提供的其他作品。有确凿的证据表明，至少在11所中世纪大学有过派碎制度（这11所大学是博洛尼亚、帕多瓦、维切利、佩鲁贾、特里维索、佛罗伦萨、那不勒斯、萨拉曼卡、巴黎、图卢兹和牛津）。[22]

在欧洲中部，14世纪和15世纪盛行的制度不是派碎而是由大学中的 129
教师或学士向学生口述文本，如在布拉格和克拉科大学，在其他学校里也有。甚至在巴黎，出于经济的原因，学生请求教师口述课程。城里的一些专业抄写员为大学服务，他们当中有一类特殊的教士群体（来自写作席位），在德意志、波希米亚、奥地利和波兰，经常获得大学许可。[23] 除此之外，很多大学提到了各种各样专业制作书籍的人——制版者、抄写者、校对者、饰画者、扎书者、缝订者——所有这些人或多或少附属于校长或教长。

外部管理

如在第二章和第三章中解释过的那样，中世纪大学的历史充斥着其为争取自治权而进行的斗争。在经历了一段漫长的岁月之后，教会和政府才承认大学馆的自治权，而在这期间，它和市镇的关系也很微妙。

大学团体最初的要求之一是招募成员的权利。在早期的中世纪学校中，颁发执教许可证的权利属于经院学者或教师，在天主教学校里属于教区的教长，他担任主教或大主教的书写官。在13世纪，教长实际上监督着大学学校，他处于主教的司法管辖下。

早在1212—1213年，巴黎的教师获得了举行考试和向巴黎圣母院的教长推荐取得执教许可证候选人的权利。巴黎圣母院的教长有义务在不需要候选人付费或单独宣誓的情况下就授予其学位。在博洛尼亚，教会的副

---

[22] Pollard，'The "Pecia" System'（注释21），148.

[23] E. Potkowski，*Ksiazka rekopiśmienna w kulturze Polski* średniowiecznej（*Warsaw*，1984），77-109.

主教主持考试委员会，同时根据教授的推荐颁发执教许可证。副主教有时称为教长，而且在中世纪后期，把博洛尼亚的副主教当作教长已经很普遍。比萨的学校则与之相反，大主教承担着教长的角色。因此，无论是在自然形成的大学还是在根据特权建立的大学里，教长都逐步丧失了实权而流于形式。例如，在奥尔良，繁荣的主教座堂学校变成了一所大学。在1306年之前，经院学者仍然是教师的领袖。到1306年，这个学馆被教皇诏书正式认可为一个大学馆，于是，允许教师选举校长，并且由教长正式
130 授予学位。这使大学面临着创造特权的一个新环境。这并不是说在什么地方发展模式都是一样的。如已经在前面的与校长有关的章节指出的那样，在西班牙的学校中和在格拉斯哥，教长保有更多的权威。在英国的大学里，教长的地位以一种完全不同的方式变化着。在那里，教长作为主教的官方代表，很快变为由教师行会选出。这样，教长从作为一个在教师之上的外部官员变成了教师中的一员。（英国大学中校长和教长的关系在第122页已经提到过了）

在牛津大学，教长权力的增长要归因于皇室授予的教长法庭的特权及精神特权，甚至包括由坎特伯雷的大主教授予他的开除教籍的权力。在13世纪末期，教长由大学集会选举，每两年选举一次。他的任命先要提交给林肯主教，最终由坎特伯雷大主教批准。然而，在15世纪，教长不仅可以改选，而且是非驻校的。尽管有正式的豁免权，英国的大学还是处于力量更为强大的王权的控制之下，教长终身任期，同时由他任命副教长。1484年，林肯主教被任命为牛津的教长。在剑桥大学，从13世纪早期以来，教长的地位和牛津相似。英国大学的教长和蒙彼利埃医学大学教长的作用有些相似。蒙彼利埃医学大学的教长是主教的代理人，同时是社团的领袖，他由马格隆的主教任命，在教师中选出。然而，教长的权力受到部分的限制。他的司法权仅仅是民事的，颁发许可证的权力由主教保留。在其他的欧洲大学里，教长任命的方式及对作为主教权力代表的教长的能力要求仍然存在差异。在许多欧洲东部和中部的国家，教长是当地的主教或大主教把他的权力委任给官方选出的大学成员。在图宾根大学（建

于 1477 年），教长是主教及其保护人的永久代表。与之相反，在匈牙利的帕塞尼（布莱斯堡）（建于 1465—1467 年），则是副主教—教长挑选布莱斯堡教区的教士长作为他的副教长。克拉科的主教是大学的教长，也是它的总保护人。他不主持考试，但在高级学院里授予教学许可证。他监管财政和工资、干预大学生活，通过他的规章达到理想效果（1422 年，1433 年，等等）。㉔

和以往一样，那不勒斯的情况完全不同。那里的大学受皇家教长的支 131
配，直到 1497 年，国王的大司铎才变成了学馆的统治者。

大学团体的第二个需要是制定、规范大学内部组织章程的权利。大学需要管理学校并与外部世界打交道的官员。例如，几乎在每一所大学城内，市民和学者一起任命一个税务委员会来稳定和控制房屋、食品、书本的价格，以保障一旦物品稀缺，这些物品能有充足的供应。在帕多瓦，有更多的公众监督：在范围很广的实际事务中有四个市民与学生校长协作处理。在葡萄牙，由学生来委任度量衡管理员。在萨拉曼卡，房子的租金由特权保护者确定，他也行使着其他的监管职能，这种特权和其他由教皇或皇室认可的特权并不经常被注意到。教皇和国王因此任命罗马教皇和皇室的管理委员来保护大学的权利和特权。当他们的权利在内部或外部受到侵害时，大学的成员能够向这些管理委员申诉。在巴黎，这项制度运行良好：大学成员能够向“夏特莱（châtelet）”——巴黎的司法官法庭申诉，他是皇家特权的维护者；或者是向罗马教皇在巴黎的管理者申诉，他往往是莫城、桑利斯和博韦的三位主教中的一位。在 13 世纪的牛津，教皇任命了伦敦和索尔兹伯里的主教，在 14 世纪也任命了坎特伯雷的大主教，作为罗马教皇特权的监护人。此时期国王的从中调停对于保留牛津学生的特权和权利至关重要。由于城镇与大学之间长期的敌对情绪，为了避免针对学者的更为激烈的冲突，国王要求郡长和镇长负责保留常规的学术自由和豁免权。此外，在 14 世纪中，通过授予教长针对所有大学成员完整的

㉔ Dąbrowski，Kozlowska-Budkowa，and Pieradzka，*Dzieje*（注释 17），43-55.

司法权及维持和平的必要权力，国王逐渐强化了教长控制大学成员的权力。在这个问题上，教长实际上履行了和巴黎的皇家特权维护者同样的职能。

在其他大学中，罗马教皇的监护人更为强大，如同在鲁汶，他们是特里尔的大主教、托格罗修道院的院长、鲁汶的圣彼得教士会的教士长。在布拉格，教皇任命了其他的监护人：美因兹教士会的教士长与布莱斯劳和布拉格教士会的教士长。但是，由于萨克森的同乡会抱怨，在它的活动范
132 围内没有管理委员，因此吕贝克教士会的主教也得到了任命（1396）。[25]在莱比锡和格瑞夫斯沃德，主教被当作司法特权的保护者。因而在德意志大学，罗马教皇的监护人行使着对大学成员的精神审判权。在哥本哈根，很明显，皇室的监护人有不受限制地针对学生的审判权。由于葡萄牙的皇权比西班牙更为强大，因此在葡萄牙也是由国王命名来自市民的监护人。[26] 在意大利，特权监护人则扮演了一个不太重要的角色。在那里，教皇的特权是由博洛尼亚的副主教和多明我会修士或其他宗教人士来保障的。在任何情况下，当学生发生冲突和有要求时，却很少诉诸教皇的司法审判权。市政权威，尤其是自治市，赞同这种缄默。威尼斯的统治者也竭力在帕多瓦学院中减少罗马教皇的影响。

意大利的城市不仅关心、保护学者的特权，他们还希望在大学之内维护法律和秩序。在14世纪和15世纪，越来越多的意大利自治市支付改造、管理或管教等费用来监督学生的活动，减少学生的自治，以此减少自治市中的骚乱。1391年，在费拉拉的一个改革者团体得到公爵和市政当局的联合任命，受委托进行包括任命教授在内的普通的大学管理。在都灵，15世纪，公爵任命了两个教会法学家、四个民法博士、一个法律和医学博士、一个神学博士。在帕多瓦受威尼斯的政府管辖（1406）之后不

---

[25] P. Moraw, 'Die Universität Prag im Mittelalter. Grundzüge ihrer Geschichte im europäischen Zusammenhang'，见 P. Moraw(ed.), *Die Universität zu Prag* (Munich, 1986), 45.

[26] A. García y García, 'Aspectos de la Universidad Portuguesa medieval', in *Universities in the Late Middle Ages*, 133-147.

久，威尼斯的政府就为帕多瓦大学任命了改革者团体。从 1517 年以来，帕多瓦大学受一个改革者团体管辖。神圣罗马帝国的国王也努力通过任命官员来监督或执行当地所谓的必要的变革，强化对“他们的”本地大学的影响。在多尔，勃艮第的公爵任命了三个拨款分配人（最初管理分配给大学的公共资金）作为学校改革者。

在中世纪末期，法国国王也通过委派学校改革者，竭力减少大学自治，限制使用特权，在巴黎大学和总主教区内维持秩序和纪律。这些人是巴黎的最高法院成员，他们因对皇室的忠诚和对中央集权化政府的信任而知名。为了 1452 年巴黎大学的学校改革，国王也向教皇使者长期忠诚于国王的红衣主教德·埃斯图特维尔请求援助。[27] 从此，教皇的使节开始参与管理法律事务。在意大利，教皇使节对大学事务的影响与教皇支配领域的扩张一起增长。1506 年，当博洛尼亚处于罗马的直接控制以后，主教的使节和 16 个改革者变成了大学实际的管理者。在现代早期，他们的权力增长更快（见第二卷第四章）。 133

大学也有临时活跃于大学外部的官员。司法官是大学在教会和世俗法庭的代表，大学派遣教授担任教皇、国王和议会的特使。但如何支付所有这些费用是一个长期存在的问题。

财政

大学内部的每一个社团都有自己的预算，但是中世纪大学的账簿很简单。跟大学的物质设施一样，财政数额很小。财政资源和实际需要不一致，但随着时间的流逝，这种差异变得越来越明显。大学和同乡会中所保存的相当稀少的记录为我们打开了洞察他们资金运营的一扇窗户。

大学的收入来源既有来自内部的，也有来自外部的。内部来源是入学

---

[27] J. Verger,‘Les libertés universitaires en France au Moyen Age’,见 *Les Libertés au Moyen Age*,Festival d'histoire de Montbrisson(Montbrisson,1986),426.

和毕业的学费、恩赐（*graces*，法定条件下获得学位的施与）和其他施与、从同乡会收取的钱和征集款（见下文）。外部的来源是教会的捐赠，国王、公爵或市民所付的薪水、捐赠和助学金，为了大学的持久维持而给予的赏赐和捐赠。大学开支也很有节制。很多预算用于节日、宴会、招待宾客、日常的行政花费或旅行花费。法律诉讼也占去了部分的预算，而且中世纪末期大学的设施和其他财产（如徽章）的维护比学术的预算更要优先考虑。教师的薪水通常不是由大学来支付（见第五章）。大学官员通常不被支付薪水，但可以享有征集款的一部分、罚款的一部分和开支津贴，以及实物形式的捐赠。

征集款（*Collectae*）是每年对大学生征收的款项，一年一次或一年两次，是用来支付大学的一些官员（执礼杖者和学监）和教师及一些日常的大学开销。到了中世纪末期，学生所出的征集款很少，但是考试费和毕业费，以及送给教师和执礼杖者的礼物，对于候选人而言都是一种负担。在15世纪后半叶，章程对必须缴纳的学费进行了规定和限制。[28]

大学的资金通过大学法庭对违反大学章程、纪律标准、疏忽职责等行
134 为实施罚款来提供。很多章程精确规定了罚金的等级。在莱比锡的米纽斯学院章程（1438）中，规定捡起一块石头或类似的可投掷的物体想向老师投掷，但没有真的去投掷，罚款为10个格罗申；砸了但没有命中，罚款为8弗罗林；真的砸中，罚款更为严厉。打架的罚款根据受害人是否因被重击而受伤，同时伤口产生的破损情况而不同。[29] 在维也纳，极度贫困的学生常常因为交纳不起犯罪的罚款而遭鞭笞。哥本哈根大学的章程效仿了科隆大学的章程，但规定不很明确，它规定只有经过校长和四名院长的同意才能罚款。[30]

---

[28] M. Fletcher and C. A. Upton, 'Expenses at Admission and Determination in Fifteenth Century Oxford: New Evidence', *English Historical Review*, 100:395(1985), 331-337.

[29] Rashdall, *Universities*, vol. Ⅲ, 363.

[30] J. Pinborg(ed.), *Universitas Studii Haffnensis. Stiftelsesdokumenter og Statutter 1479 Udgivet af Københavns Universitet*, 由 B. P. McGuire 译英文版(Copenhagen, 1979), 117, cap. 41。

征集款和罚款由执礼杖者或收税人收缴。在教授与一部分学生经过相当艰难的谈判之后，如在图卢兹、蒙彼利埃和博洛尼亚，学生也可直接向老师支付征集款。㉛

在英国的大学里，学监是主要的财政官员。现存最早的学监账目日期是从15世纪中期开始的。牛津大学的收入来源，以逐次递减的顺序，来自学位费用、恩赐、城市财产的租金、由英斯汉姆和奥塞尼修道院救济贫困的学者和文学院摄政教师的救济款、罚款、牛津文法学校管理人的钱，以及各种各样的小额款项。大学的花费：

> 每年招待毕业生的大量费用，每年度分配给摄政教师的钱，为听众预备的宴席；给教长、学监和仪仗官的各种津贴；偿还若干租金、付给记录员和牧师——图书馆员的工资；付给圣玛丽教堂教区文书的费用；款待巡视的皇室成员的费用；与大学特权的批准有关的费用；以及不同的建筑项目的支付款。㉜

剑桥的预算和牛津相似。事实上所有的中世纪大学的账目都很相似。

欧洲中部财政管理的典型代表是克拉科大学。它在1400年重建之后，从国王、主教和一群庄园主那里获得了资金。从皇家克拉科海关和盐矿中获得的收入大概能支付7—9名教授职位的薪俸。更为重要的是，15项教会的捐赠给了神学和法学硕士，46项相当适度的捐赠在文学硕士之间得到了分配（他们每年有不超过10马克或12马克——在迈尤斯学院的食宿 135
花费7马克）；他们也有不为人所知的大笔大学资金。大学财产主要包括从学生和毕业生中收取的费用、租赁大学的房子收取的租金、基金会财产的财政运营的收入，以及从捐赠人处获得的现金收入。托马斯·德·斯特

㉛ J. Verger,'Le coût des grades:droits et frais d'examen dans les universtiés du Midi de la France au Moyen Age',见 A. L. Gabriel(ed.),*The Economic and Material Frame of the Medieval University*(Notre Dame,1977),20.

㉜ 引自 Cobban,*Medieval English Universities*(注释12),86。

柴皮诺校长（1432）评论说："这种机构的目的不是聚敛财富。"尽管如此，大学供养了80名教师，募集了一个相当好的图书馆，建立了一个宏伟的迈尤斯学舍。在15世纪末，甚至向王室和市民提供贷款。[33]

在奥尔良学馆，德意志同乡会的现存记录是从1444年开始的，同时还有很多其他来源的材料，都有助于清楚了解学校的财政状况。[34] 它们表明大学主要的收入来自部分注册入学的在校生和毕业生所交纳的费用。这些费用的大部分流入了同乡会，因为在1532年之前注册入学的在校生和毕业生都是由同乡会而不是大学登记。教授必须缴纳一些费用才能获准在大学任教，也被要求将额外的津贴捐献给大学。大学其他的收入来源以重要性排序是罚款、遗产和捐赠；它的主要的花费项目也以重要性排序，分别是管理、少数官员的工资、大学卷入的大量法律诉讼、不断增加的隆重的学校仪式和宗教节日的费用，以及极少量的动产和不动产的保养。对于额外的开支，如捐款作为君主的赎金或保证金（如1529年为法国的皇太子），大学呼吁其成员慷慨解囊。在其他情况之下，大学也可能要求特殊支持。1506年在面临法军入侵的威胁之下，鲁汶学馆捐款用于修复城墙。[35] 15世纪及其以后，奥尔良学馆的资金往往很少。直到1532年，学馆的资金由一名财务总管管理，这种情况才有所好转，他是从同乡会财务室花名册中选出的一名毕业学生，他的收入大约为大学总体收入的1%。作为1532年改革的一部分，国王弗朗西斯一世发布大学和同乡会财政管

㉝ A. Gieysztor, 'Aspects financiers de l'Universitité de Cracovie au XV siècle', in Gabriel (ed.), *Economic Frame*（注释31）, 51-56; J. Michalewicz, 'Les bases économiques de l'Université Jagellonne et leurs aspects sociaux', and M. Michalewiczowa, 'Le bénéfice en tant qu'élément de la structure d'organisation de l'université Jagellonne', in *L'Histoire des universités. Problèmes et méthodes*（Warsaw, 1980）, 25-104; J. Michalewicz, *Majatek kapitalowy Universytetu Jagiellońskiego XV-XVIII w.*（Cracow, 1984）; J. Michalewicz and M. Michalewiczowa (eds.), *Liber beneficiorum et benefactorum Universitatis Jagellonicae in saec. XV-XVIII*（Cracow, 1978）.

㉞ H. de Ridder-Symoens, 'La vie et l'organisation matérielle de l'ancienne Université d'Orléans', 见 Gabriel (ed.), *Economic Frame*（注释31）, 37-50.

㉟ *De Universiteit te Leuven 1425-1985*（Louvain, 1986）, 42.

理的命令，规定大学和同乡会的管理集中在一名由自治市的公民选出的财务总管手中。阿维尼翁大学的财政也与其他大学相似。其收入主要来自注 136
册入学的在校生与毕业生所交纳的费用，以及把学校房子租给学士举办临时讲座所收取的租金。开支原则上用于学校的维修（1455 年，7 个教室）、钟表、图书馆、典礼、通信等，法律诉讼也花费了大量的款额。特殊的费用，如建造学校的费用，必须用外部的财源支付。[36]

由政府建立并受它严格控制的大学情况就完全不同。如那不勒斯这样的国家大学没有独立的财政。卡斯提尔大学也是由政府资助，国王同时任命了一名监护人来负责大学管理和支付大学人员包括教师、图书馆员和药剂师的工资。资金由皇家 *tercias*（教会什一税的三分之一）来提供。在危机时候，萨拉曼卡、瓦拉杜利德和其他城市通过对自治市的公民征收专项税来帮助他们的学校。卡斯蒂利亚大学，跟所有其他的大学一样，有接受专项税帮助以渡过难关的财政特权。他们被免除一般的税收，免除啤酒和葡萄酒税及肉类进口税。[37]（大学能获得的免税啤酒和葡萄酒的数量受到限制，如鲁汶市政府的做法那样，大学对他们被免除的消费税的滥用经常导致市民和大学的关系紧张，出现争执）但一般说来，不管大学发展的模式如何，城市居民一般都对大学的情况有一定的了解，因此常给予它各种各样的财政援助。作为回报，大学往往不得不接受市政当局的财政控制。在布拉格，两名官方的征集员（*collectores*）帮助校长管理大学的财产，但大部分布拉格的财产和科隆、莱比锡等德国大学一样，被分给了学院和学舍，他们负责自己的管理。校长很少能有独立支配的钱，遇到某个大的花钱项目，他就组织一次集资（*collecta*）或如通常在德意志大学所称的募款（*bursa*）。在 15 世纪，德意志君主日益卷入“他们的”大学的财政事务中，作为回报许诺给大学更多的津贴。这种情况下，大学没有选择权。中世纪后期的大学不再能够自给自足，他们传统的收入已经完全无法

---

[36] Verger，'Dépenses universitaires'（注释 20），207-218.

[37] A. Rucquoi，'Sociétés urbaines et universités en Castille au moyen Age'，见 D. Poirion (ed.)，*Milieux universitaires et mentalité urbaine au Moyen Age*（Paris，1987），105-106.

满足学校建筑的增加和维护所需的高额成本。

大学建筑

在中世纪后期，随着学生人数的增加，大学停止了迁移。因此，大学
137 也获得了建筑和动产。在一段较长的时期内，在巴黎和博洛尼亚的管理中无须照管学校的建筑，因为大学根本就没有自己的不动产。当时，学校在由教师租来的房子里举行讲座，在教堂和修道院中进行考试。然而，在巴黎，早在 14 世纪，神学院和同乡会就开始租借房产了，并且在 15 世纪就拥有了房产。巴黎大学不仅拥有了在麦秆街的演讲大厅，拥有了学舍和寓所，拥有了礼拜堂（全部都在河流的左岸），还使拉丁区成为巴黎的大学区。[38] 年轻的博洛尼亚学馆也拥有了私人的房舍及宗教的或公共的建筑物以满足讲座、开会和举行仪式的需要。

随着学生人数的增加，他们当中的一些人很年轻，也很贫穷。随着时间的推移，为他们提供住宿就越来越必要。学舍建筑物在各处出现，但更多的是出现在有着大型文学院的大学中，如巴黎、牛津、剑桥和后来的德意志大学。意大利的大学也在为学生寻找寓所。在 14 世纪及其以后，首先在经改造的私人住宅中出现了意大利北部为数较少的几所学舍。在 1420 年之后，出现了一种特殊类型的建筑，号称"智慧之屋"，即在 1365—1367 年建成的以博洛尼亚的西班牙学舍为原型的教学学舍。房间围绕着有拱顶的庭院建成。渐渐地，"智慧之屋"不再是居住的地方，在现代早期变成了正式的大学建筑，有着演讲厅、讨论室、图书馆、膳宿室与管理室和档案室，以及一个举行毕业典礼的大厅。"智慧之屋"也变成

[38] A. Grabois, *La Génèse du Quartier Latin*, Studies in History, 23 (Jerusalem, 1972); L. E. Sullivan, 'The Burg of Sainte Geneviève: Development of the University Quarter of Paris in the Thirteenth and Fourteenth Centuries', Ph. D., Baltimore, 1975.

了这些华丽的大学建筑的通用名称。[39]

除了博洛尼亚美妙绝伦的西班牙学舍（它至今还在使用）之外，在牛津和剑桥都有杰出的建筑范例。英国的大学在建成正式的大学建筑方面很超前。第一座由大学筹建的建筑物是牛津的集会大厅。它是约1320年由伍斯特的主教托马斯·科伯汉姆捐赠修建的。其他较为重要的建筑包括了神学院的建筑和其他学院的建筑（所有这些都合并成了现在的牛津大学图书馆）。与之相似，剑桥的大学建筑项目（学校的方庭）在14世纪末和15世纪耗费了大学的资金，慈善家的捐赠已经不能满足大学的需求了。[40]

萨拉曼卡的校舍也是一座15世纪的方庭，从一开始就保留了一个房 138
间。在校舍内安置了粗糙的木椅子和桌子，并且安置了与神学院相似的席位。显然这与过去常常让学生坐在地板上相比是一种条件的改善。[41] 麦秆街位于巴黎的拉丁区，它可以使人们回忆起那些旧俗。在中世纪的法国，唯一保留下来的世俗的建筑是位于奥尔良的哥特式的大厅，这是一幢两层楼的建筑，有一个大的房间作为图书馆，另一个作为会议室，它的历史可以追溯到15世纪上半叶。到15世纪末期，大学开始建造它的宏大的“大学校”（*Grandes Ecoles*），并且为“小学校”（*Petites Ecoles*）购买了一幢毗邻的房子。[42]

因为德意志的城镇和它们的大学关系密切，所以自德意志的大学诞生以来，它们就获得了房舍和基础设施。最初，学校栖身于改造的私人或教会的房子里。但早在15世纪，特殊的学校建筑就建立起来了。在学校中，

㊴ M. Kiene, ‘Der Palazzo della Sapienza-Zur italienischen Universitätsarchitektur des 15. und 16. Jahrhunderts’, *Römisches Jahrbuch für Kunstgeschichte*, 23/24(1988), 219-271.

㊵ Cabban, *Medieval English Universities*（注释12），第86—88页及全书各处。

㊶ J. A. Villar, *The University of Salamanca. Art and Traditions* (Salamanca, 1980), 49-50.

㊷ R. Boitel, ‘La construction de la Salle des Thèses de l’ancienne université d’Orléans’, *Bulletin de la société archéologique et historique de l’Orléanais*, new series, 1(1960), 299-309.

教堂继续用于充当举办正式的仪式和节日的场所。[43] 当地的君主也关注建筑的保养。在海德堡，校长、文学院院长、一名教师和学校的执礼杖者每一年必须和两名工匠一起检查学校的建筑，而相关的修理费从学校的财务中支出。[44]

牢固的石质建筑促使大学、同乡会、学舍建立起图书馆。这些使牛津的集会大厅和神学校、剑桥的一些建筑、萨拉曼卡的学校、克拉科的迈尤斯学舍[45]，以及许多其他地方拥有的藏书在不断增加，它们来自捐赠和遗产、罚款，也有小部分是通过购买获得的。在更小的机构中，图书馆的出现主要是在近代早期，一些章程对图书馆藏书的保存和借阅制定了非常详细的规定。在 1439 年的法令中，海德堡大学的校长对路易三世、莱茵的巴拉丁伯爵赠给大学的书籍的收藏采取了极为特殊和严格的措施。[46] 除了图书馆之外——这些图书馆主要是在学舍中，学术机构中最为珍贵的财产是档案，这些档案被藏在有着三重锁的柜子中，如在奥尔良大学，放在一起的还有图章、权杖、徽章和钱财。同乡会和学舍有圣餐杯、装饰品、弥
139 撒书、旗帜、章程、特许状和注册簿。学生和教师要仔细照看他们的贵重物品。要打开巴黎的盎格鲁-日耳曼同乡会的柜子，必须 8 名同乡会成员在场；打开外面的柜子，必须 4 名成员在场（督察官、财务室和两位教师）；要打开里面的柜子，其中收藏着同乡会的钱财，必须 4 名教师在场。[47]

㊸ H. Koller,'Stadt und Universität im Spätmittelalter',和 A.-D. von den Brincken,'Die Stadt Köln und ihre Hohen Schulen',见 E. Maschke and J. Sydow(eds.),*Stadt und Universität im Mittelalter und in der früheren Neuzeit*(Sigmaringen,1977),17-19,34-36。

㊹ L. Thorndike,*University Records and Life in the Middle Ages*,2nd edn(New York,1949),370-371.

㊺ K. Rückbrod,*Universität und Kollegium*,*Baugeschichte und Bautypen*(Darmstadt,1977);K. Estreicher,*Collegium maius. Dzieje gmachu*(Cracow,1968).

㊻ Thorndike,*University Records*(注释 44),315-317.

㊼ A. L. Gabriel,'Res Quaedam notatu dignae nationem Anglicanam(Alemanniae)Parisiensem saeculo XV Spectantes',见 A. L. Gabriel and G. Boyce(eds.),*Liber Receptorum Nationis Alemanniae(1425-1494)*,vol. VI of *Auctarium Chartularii Universitatis Parisiensis*(Paris,1964),43-44.

到1500年的时候，旧大学和新大学还很相像，他们都拥有自己的学校建筑——演讲室、会议室、小礼拜堂、一个或两个图书馆、教师和学生的寓所，以及很多有价值的物品。在整个欧洲，学院的建筑，尤其带图书馆的学舍的建筑，都与一种炫耀华丽的功能相结合，这是中世纪大学后期教师不再自由自在走动的明显预兆。大学不再有被迫迁移的危险，公众权威也不再容忍罢课和脱离。晚期的中世纪大学重要的部署和建筑显示了他们如何彻底地转变为社会的一部分。大学城也获得了它们自己的特征。

学术徽章

从一开始，大学馆的形象和特征通过它的服饰、徽章和节日表现出来。大学活动交流的复杂多样，使其典礼或仪式需要统一的秩序或符号。集会、就职仪式、考试、入学、司法程序、讲座、神职服务，甚至在进餐和节日都会看到特定仪式顺序，包括措辞、手势、物品、音乐、灯光、家具、规定的服饰式样。大学的徽章包括相当广泛的象征性物体，它们在不同时间内以很多方式被学术团体的不同成员使用，包括权杖和节杖、手链、戒指、图章、圣餐杯、钥匙和法律书籍、长袍和帽子。权杖是自治权尤其是校长的司法权的视觉象征，克拉科大学仍然保留着15—16世纪的四柄校长权杖。在教授和校长面前，执礼杖者要携带不同尺寸的节杖。博洛尼亚新任命的博士获得一枚金戒指和他们的执教许可证，在乌普萨拉，现在仍然保持着这项习俗。

学术服饰源自世俗教士的装束[48]，最初的教师和学生都属于世俗教士。克劳斯罩袍（*cappa clausa*），带连颈帽的松散斗篷前面留有一个孔可以露出脑袋，是13世纪引入作为教士的户外服饰。后来，这在博洛尼亚、巴黎和牛津成了大学的服饰，至少成了博士和硕士的服饰。到14世纪， 140

[48] Rashdall, *Universities*, vol. Ⅲ, 385-393; M. G. Houston, *Medieval Costume in England and France* (London, 1939), 153-157; W. N. Hargreaves-Mawdsley, *A History of Academic Dress in Europe until the End of the Eighteenth Century* (Oxford, 1963).

这种服饰已经获得了它自己的形态和剪裁特点，但颜色标志直到后来才被意识到。在15世纪，世俗服饰对大学服饰的影响随处可见，如连颈帽、四角帽、小罩帽、披肩和头巾。在这种传统中出现了带翼袖的袍子，在德意志、低地国家、牛津、剑桥得以使用。有些学舍推荐其成员穿一种特定的服饰。偶尔我们会阅读到同乡会之间服饰的区别，如在布拉格的同乡会的宴会上所穿的那样。

在中世纪末期，每一位教师穿着不同样式和颜色的服饰。巴黎、牛津和剑桥的神学家身着黑衣，萨拉曼卡、科英布拉和佩皮尼昂的神学家身着白衣。浅绿黄和血红色是医学院的颜色。在佩皮尼昂、科英布拉和英格斯塔德，蓝色是文学院的颜色，深红色是为教会法学家预备的。在博洛尼亚，早期的民法教授露面时喜爱穿以貂皮装饰的深红色的布袍。14世纪的民法博士穿着蓝色的长至脚面的玛尼克特袍（*cappa manicata*），袖子到肘部，戴着一顶白鼬毛皮的毡帽。1432年的校长必须穿玛尼克特袍，纽扣一直扣到脖颈，带有白鼬毛皮的连颈帽。到夏天时，它由很薄的布料制成。14世纪，博洛尼亚博士的服饰已较为固定，除了神学博士之外，其构成包括一顶圆形的红色毡帽、斗篷，以及相同颜色的以白鼬毛皮或貂皮装饰的裘尼克外袍（*supertunica*）。学生的服饰已经规定下来，相关的章程要求他们身穿黑色塔巴达袍（*tabardum*）和兜帽。

在巴黎大学，13世纪就出现了学术服装，至14世纪差不多就被规范下来。教会法教师戴着一顶白鼬毛皮装饰的红色帽子，穿着有衬里的红色斗篷。医学教师是紫棕色的罗腾达外袍（*cappa rotunda*）。文学硕士穿着带披肩的外袍，文学学士被指定穿着棕色的塔巴达袍，在他们的“决定”之后穿一件蓝色罗腾达袍，戴一顶以白鼬毛皮装饰的连颈帽。学生穿衬袍，在节日里穿一件裘尼克袍。在15世纪，校长身着一件带连颈帽的红色裘尼克袍。

在牛津大学，副教长穿红色的裘尼克袍，他宽大而摇摆的袖子用灰色的毛皮镶边，作为头饰的是一顶窄边毡帽。在1350年，神学硕士被规定穿克劳斯罩袍，头戴黑色圆毡帽。教会法博士的全部服饰是一件黑色的克劳斯罩袍，公民法博士是红色的，医学博士是绯红色的。文学硕士身穿一件黑色的闭合斗篷，后来是无袖的宽松长袍，他们被禁止戴毡帽，因为戴毡帽的权力被认为是博士所专有。

在欧洲中部，一件长的裘尼克袍或塔巴达袍，带着一个低顶的小帽子，似乎是中世纪最普通的服饰。直到 16 世纪，服饰颜色的选择才有很 141
大的活动余地。在神学院，如在克拉科，克劳斯罩袍被保存下来。只要服饰得体，也不是太昂贵，学生就可以自行设计。

早期大学对印章的设计非常重视，上面有雕刻的寓意画、人物和文字，它们不仅被用于认定法律文件，而且是自治权的象征。[49] 在 13 世纪早期，印章的拥有权争夺激烈，如在巴黎，1246 年大学重新获得了它曾在 1225 年被教皇使节决定破坏的印章。从 13 世纪开始一直到法国大革命，巴黎大学的校印上面一直雕刻着“*S. VNIVERSITATIS. MAGISTROR.* [*et*]. *SCOLARIV. PARISIVS*”，以及在一个建筑框架内刻有圣母和耶稣、圣尼古拉斯和圣凯瑟琳两位博士，以及六名捧书的学生的图案。徽章反面刻着“+*SECRETUM. PHLOSOPHIE*”，带着智慧的形象。除了大学的印章之外，14 世纪和 15 世纪的学院和学舍也有自己的印章。[50]

以铭文为首要特征的印章上的一般标志，与建筑、动产和印章上的盾形纹章差距很大。14、15 世纪的大学纹章，以及大学和学舍徽章的华丽程度，不比市民、教堂、君王和贵族的盾形纹章逊色。写于康士坦茨议会期间（1414—1418）的乌尔里希·里逊塔尔的编年史，努力通过巴黎、阿维尼翁、奥尔良、维也纳、布拉格、剑桥、牛津、克拉科、博洛尼亚和帕多瓦的一系列盾形纹章来呈现欧洲大学社团的情况。虽然作者并没有探讨在每一个地方确切存在的纹章传统，但增加了一本便于携带的书，作为每

[49] *Corpus sceptrorum-Die akademischen Szepter und Stäbe in Europa*, vol. Ⅰ, ed. G. Vorbrodt and I. Vorbrodt(Heidelberg, 1971); vol. Ⅱ, ed. W. Paatz(Heidelberg, 1979); W. Maisel, *Archeologia prawna Europy*[Archéologie juridique Europe](Warsaw, 1989), 264-266.

[50] *History of Oxford*, pl. nos. Ⅹ, Ⅺ, 由 J. R. L. Highfield 编写, 225-263。关于巴黎的大学：R. Gandilhon, *Sigillographie des universités de France*(Paris, 1952), 83-93。

一个盾型徽章附属的象征。事实上，书的确是知识的整体象征，一本特权之书或使用过的登记簿，就如同正在宣读庄严誓言的圣经般神圣。[51] 国际和国内的各种纹章标志的输入传递了一种欧洲知识社团的意义和地方学术
142 社团理念的自觉意识：经院的、道德的和学者的充满生机的社团（巴黎，1454）。[52]

在中世纪的300年间，欧洲大学的组织和管理由法人团体内部和外部的力量铸造而成，大学也因此有了共同的特征，但其特征更多的是个别化和特殊的。直到中世纪末期，事实上直到旧制度结束时，大学成员的法律地位和作为一个组织的大学的法律地位在各个地区差别依然很大。尽管现在考察的主要目的在于描写事件和组织机构，但仍然有一种重要的倾向值得一提，这在大学其他生活领域中也很明显，即从教师和学者的法律自治和特权地位转变到一种专业等级制度。在这期间，随着大学在当代社会作为一个法人团体和专业机构的威望不断增强，它们对公共权威的依赖也与日俱增。

精选文献

参见第七章的参考文献。

Álvarez, M. F., Robles Carcedo, L., and Rodríguez San Pedro, L. E. (eds.) *La Universidad de Salamanca*, 3 vols., Salamanca, 1990.

Bannenberg, G. *Organisatie en bestuur van de middeleeuwse universiteit*,

---

[51] U. von Richental, *Das Concilium, So zu Constantz gehalten ist worden*, Augsburg 1536, Facsimile-Neudruck, Meersburg, 1936, cXXI-cXXIV; A. Porg (ed.), *Concilienbuch geschehener zu Constanz* (Augsburg, 1583); New York Public Library, Spencer Collection, MS 32 (about 1450-1460): O. Neubecker, J. P. Broeked-Little, and R. Tobler, *Heraldry, Sources, Symbols and Meanings* (London, 1977), 240-241; A. L. Gabriel, 'The Significance of the Book in Medieval Coats of Arms', 见 Gabriel, *Garlandia* (注释 11), 65-96.

[52] A. L. Gabriel, 'The Foundation of Johannes Hueven of Arnheim for the College of Sorbonne (1452)', in Gabriel, *Garlandia* (注释 11), 141.

Nijmegen, 1953.

Beltrán de Heredia, V. (ed.) *Bulgario de la Universidad de salamanca*, 3 vols., Salamanca, 1966-1967.

Beltrán de Heredia, V. (ed.) *Cartulario de la Universidad de Salamanca*, 6 vols., Salamanca, 1970-1973.

Catto, J. I. (ed.) *The History of the University of Oxford*, vol. Ⅰ, *The Early Schools*, Oxford, 1984.

Chartularium Studii Bononiensis. Documenti per la Storia dell'Università di Bologna dalle origini fino al sec. XV, 15 vols., Bologna, 1909-1988.

Cobban, A. B. *The Medieval English Universities: Oxford and Cambridge, to c. 1500*, Aldershot, 1988.

Cobban, A. B. *The Medieval Universities: Their Development and Organization*, London, 1975.

Denifle, H. *Die Entstehung der Universitäten des Mittelalters bis 1400*, Berlin, 1885; reprint, Graz, 1956.

Denifle, H. and Châtelain, E. (eds.) *Auctarium Chartularii Universitatis Parisiensis*, 6 vols., Paris, 1894-1964.

Denifle, H. and Châtelain, E. (eds.) *Chartularium Universitatis Parisiensis*, 4 vols., Paris, 1889-1897.

Fournier, M. (ed.) *Les Statuts et privilèges des universités françaises depuis* 143
leur fondation jusqu'en 1789, 4 vols., Paris, 1890-1892.

Gibson, S. (ed.) *Statuta Antiqua Universitatis Oxoniensis*, Oxford, 1931.

Gloria, A. (ed.) *Monumenti della Università di Padova*, 2 vols., Venice/Padua, 1885-1888.

Hargreaves-Mawdsley, W. N. *A History of Academic Dress in Europe until the End of the Eighteenth Century*, Oxford, 1963.

d'Irsay, S. *Histoire des universités françaises et étrangères des origines à nos jours*, 2 vols., Paris, 1933-1935.

Ker, N. R. 'Oxford College Libraries before 1500', in J. IJsewfln and J. Paquet (eds.), *Universities in the Late Middle Ages*, Mediaevalia Lovaniensia, series 1, studia 6, Louvain, 1978, 293-311.

Kibre, P. *The Nations in the Medieval Universities*, Mediaeval Academy of America, 49, Cambridge, Mass., 1948.

Kibre, P. *Scholarly Privileges in the Middle Ages. The Rights, Privileges and Immunities of Scholars and Universities at Bologna-Padua-Paris-Oxford*, Mediaeval Academy of America, 72, Cambridge, Mass., 1961.

Kiene, M. 'Die Grundlagen der europäischen Universitätsbaukunst', *Zeitschrift für Kunstgeschichte*, 46(1983), 63-114.

Moreira de Sà, A. (ed.) *Auctarium Chartularii Universitatis Portugalensis*, 3 vols., Lisbon, 1973-1979.

Moreira de Sà, A. (ed.) *Chartularium Universitatis Portugalensis*, 8 vols., Lisbon, 1966-1981.

Rashdall, H. *The Universities of Europe in the Middle Ages*, 3 vols., ed. F. M. Powicke and A. B. Emden, Oxford, 1936; reprint, London, 1942-1958; reprint, Oxford, 1988.

Verger, J. *Les Universités au Moyen Age*, Collection SUP, L'Historien 14, Paris, 1973.

Weijers, O. *Terminologie des universités au XIIIe siècle*, Rome, 1987.

第五章 教师 144

雅克·韦尔热

不言而喻，没有教师就无所谓大学或学校的存在。学校教育既不同于以实践为主的学徒训练，也不同于家庭教育，其原因就在于有了对特定数量的学生进行授课的教师。同样地，正是教师这种角色的存在，使我们可以在更高的水平上区分学校与中世纪的其他文化机构，诸如修道院的抄录处（*scriptoria*）、教会或国王的办事处或法庭、学园等，这些机构往往依赖于地位相同的人之间的交流。然而，教师职能在各个历史时期明显存在这一事实，不应被当作过时的借口。描述教师职能的词汇在不同时期几乎完全没有改变，但是就职业活动或社会形象——他接受的或自我选择的形象——而言，中世纪大学的教师与现代大学的教师有何共同之处？

博士学位

教师的职能显然要比中世纪大学更为久远，因为硕士（*magister*）、博士（*doctor*）和教授（*professor*）这几个关键术语是从古典拉丁文中借用来的。[①] 尽管这三个术语并非不加区别地被使用，它们最初却有一个相近的含义，即教学往往与在特定领域有杰出贡献的人联系在一起。事实上，在中世纪，这种观念得到进一步加强。一名硕士或博士能够教书，但教师不一定是硕士或博士。当硕士或博士头衔加在一个姓氏前面时，它只
意味着它的拥有者已经完全熟练地掌握了他所学习的学科知识。他因而具 145

① 关于这些词汇的问题，见 O. Weijers, *Terminologie des universités au XIIIe siècle*（Rome, 1987）。

备了从事该学科教学的条件，同样具备所有其他公认的从事智力工作所必需的条件。从广义上说，中世纪末期普遍认为这个头衔赋予其持有者真正的社会尊严，使他易于接近特权阶层和贵族社会。因此，那些实际从事教学的硕士或博士一般被称为“摄政的”硕士或博士，即 *regens* 或 *actu regens*，这个分词很快变成名词（a regent），这个词在剑桥大学仍然被使用着。

一个人如何着手获得“硕士”或“博士”头衔呢？这种头衔早在 12 世纪就已经出现。[②] 在 12 世纪前，它似乎仅仅是一个普通用语，而不是正式的头衔。如果某人管理一所学校（不管他是受指派的还是创办人，还是基于当局、通常是主教代理人的许可），他就会称自己为硕士。更为普遍的是，任何一个学习了一定时间的人和那些离开学校时带着教师发给的表明学业成绩的正式或非正式证明的人，都可以使用这个头衔。到 12 世纪，主教座堂圣职团、罗马的法庭及某些国王的办事处中的人员开始使用这个头衔，更不用说那些在巴黎、博洛尼亚、蒙彼利埃或牛津创办新学校的人了。

大学最初出现时，硕士头衔的获得已不再是一种习惯做法，而成为一种大学声称是它们所独有的并被详细描述的程序。如果不考虑细节，那么只需注意，获得这个头衔的考试由三个要素构成。[③]

这个程序中的第一个阶段是，经候选人教师的同意，认为候选人已经达到了足够高的水平，候选人即可向大学当局和校长，最重要的是向教长提出申请。教长通常在硕士评审团的陪同下，检查候选人是否已经达到基本条件，即检查关于他的操行和他先前的学习情况。他们要审查候选人是

② 正如 C. Renardy 所注意到的那样，见 *Le Monde des maîtres universitaires du diocèse de Liège 1140-1350. Recherches sur sa composition et ses activités*(Paris,1979),especially 79-144。

③ 关于获得资格证书和博士学位的程序，见 Rashdall,*Universities*, *passim*；有关博洛尼亚的详细情况，见 M. Bellomo,*Saggio sull'università nell'età del dirito comune*(Catania,1979)，尤其是 239-263；关于巴黎大学，见 P. Glorieux,'L'enseignement au Moyen Age. Techniques et méthodes en usage à la Faculté de Théologie de Paris, au XIIIe siècle', *Archives d'histoire doctrinale et littéraire du Moyen Age*, 35(1968), 65-186；关于牛津大学，见 *History of Oxford*, *passim*。

否已完成所要求的学习年限，是否已完成获得学士学位之前所必须进行的练习、阅读与辩论。接下来的便是实际的考试，经常被称作“不公开的” 146
或“严格的”考试，它也是在教长主持、硕士评审团参与下进行的。一般情况下，考试主要是候选人围绕一个他赞成的特殊问题或一个“论点”而展开的辩论，这个“论点”是在前一天晚上或当天早上抽签决定的。如果候选人通过了前两场考试，他就会被认为已经“毕业”（licentiaus，准硕士学位资格）；但矛盾的是，尽管这种由教长授予的资格已经证明他的学业成绩，但并不能使他具有在大学里从教的资格。鉴于此，他们不得不参加第三场考试，这种考试有时被称作“公开的”考试，有可能就在准硕士学位资格授予后不久举行。有意思的是，在此使用的术语是“开始”（*Inceptio*）或“就职”。

一个人被授予“硕士”或“博士”学位的公开考试没有任何特别的困难，而且没有失败的可能性。实际上，它只是一个仪式，通常在教堂举行，包括祈祷、庄严的演说和授予候选人硕士专用的象征物，即四角帽、手套和书籍。然后，候选人将表演他首次作为教师的一幕，通常是围绕一个由他本人选择的主题与学生展开辩论。公开考试的意义到此就完全清楚了。它只不过是先前的考试和准硕士学位的授予所证明的能力进行的一次展示而已。它是一个有多种意义的行为，不仅表明候选人适合教学，而且标志着他隆重地进入博士的群体，为他的同辈认识和承认。即使教长出席这些仪式，从严格的意义上说，他也不会在硕士学位和博士学位的授予上行使任何特权，因为这种授予是大学专有的活动，大学也通过这种活动宣告这是大学独立的一个极其重要的方面，即大学有招聘它所希望的任何人的自由。[4]

广义地说，这些是法定的必要条件。就术语而言，硕士学位一词多用在文科和法学，博士学位一词多用在神学、医学等学科，但这只是一种习

---

④ A. E. Bernstein, 'Magisterium and License: Corporate Autonomy against Papal Authority in the Medieval University of Paris', *Viator*, 9(1978), 291-307.

惯而已，在授予毕业生称号的种类上还有更多变化。

对于事情的实际方面追加一些观察是有价值的。首先，我们应该牢记实际上只有学生中的少数人才能毕业。这一点毋庸置疑，尽管要得到准确的百分比是困难的（除15世纪神圣罗马帝国的大学之外，它们保存了入学注册和考试的记录）。这些百分比在不同的大学、不同的学院、不同的
147 时期都有很大变化。为什么如此多的学生不能善始善终？除了涉及学习本身的困难、必需的时间和高额的费用之外，还应该注意到学位本身的代价，假定拥有高级学院的大学有较高的淘汰率是有道理的，因为记录显示只有十分之三四的学生实际上被授予学士学位（*baccalariatus*），而被授予硕士学位的学生只占十分之一，15世纪德国文学院记载了自身的高失败率。另一方面，存在着不少工于心计或善于操纵的人通过欺骗、舞弊或特殊的制度轻而易举地获得学位的例子。

即使如此，为数众多的学生不管他们希望与否，都无法获得教师的职位。然而，所有获得准硕士学位资格的人都能成为硕士或博士吗？在一些学院，诸如文学院或神学院，这两种称号几乎总是相伴随，而且事实上是同时被授予的。在医学院，尤其是法学院，这两种称号在14世纪和15世纪似乎完全被分开。虽然博士学位带给拥有者相当大的声望，但许多硕士学位的获得者并不申请博士学位，这是因为这个称号虽然比普通学位的代价高得多，但没有带来进一步的知识能力。因此，博士学位只有对那些希望留在学院任教的人来说是必需的。⑤

无论硕士学位还是博士学位，最后被授予最高学位的人都从教吗？起初，特别是在巴黎和牛津一流的文学院，规定了这个强制性义务。新硕士都必须作为一个“义务的”（*necessarius*）摄政教师，从教两年。这条法规的好处是保证师资被定期更新，但是它必然使所涉及的人不满意，因为这种义务的教师职位延迟了教师们的职业发展，也不合已经获得教师职位

---

⑤ J. Verger, ‘Le coût des grades: droits et frais d'examen dans les universités du Midi de la France à la fin du Moyen Age’, in A. L. Gabriel (ed.), *The Economic and Material Frame of the Mediaeval University* (Notre Dame, 1977), 19-36.

人的心意。因此，他们坦率地表达了对限制学校和教师席位数量的兴趣。由于上述原因的存在，随着 1452 年的改革，这条规定逐渐被放弃并从巴黎大学的章程中消失。

如果硕士或博士都不从教，谁来选择教师职业呢？概括地说，有两个解决此问题的方法。第一，通过教职员会议（如在巴黎）、大学硕士的“全体集会”（如在牛津）或博士协会（如在阿维尼翁），由已经拥有教职的硕士共同选择。第二，由候选人与大学或作为大学保护者的一个特别权威（一位市民或一位王公）签订契约。这种契约通常一年签一次且可续签，契约中还十分详细严格地规定了教师的责任和报酬。[6] 起初实行这种 148
契约制度的中心区域是意大利（博洛尼亚、帕多瓦），随后又被那些在不同程度上追随“博洛尼亚模式”的国家所仿效，如法国南部或西班牙。在 13 世纪的博洛尼亚和帕多瓦，是学生大学选择教师并与他们签订契约。从 14 世纪开始，由自治市支付教师薪水现象的出现意味着选择教师的任务和关于契约的谈判越来越成为城市行政长官的责任，正如大学改革者的努力一样，这也许是他们的特长，虽然这不能取消与大学的初步协议。在科英布拉，是国王任命教师，而在萨拉曼卡，教师的任命在整个中世纪一直是校长及其顾问的特权。

教师的生涯

在中世纪大学里，教师群体不尽相同。

如果我们暂时不考虑那些学士或准硕士（他们事实上对教学中极有意义的部分负责），那么首先应该注意的是在神学院中很多教师属于宗教阶层（托钵僧、西多会修士）。他们在各自修道院中从教，并且服从于由他们所属团体中全体教士所固守的规章制度，因而他们只在大学的生活和管

---

⑥　在博洛尼亚，这些教学责任被 *taxatio punctorum* 严格地确定，即教师必须遵守的严格的日程表，为了一个接一个地学习，没有任何遗漏，所有法典文本被划为要点。[见 Bellomo, *Saggio*（注释 3）, 205-208]

理中起很小的作用，并且有着完全特殊的职业生涯。然而，世俗教师有很大的不同。真正的职业教师群体的逐渐出现在欧洲几乎是随处可见的主要现象，虽然各地使用不同的称谓。[7] 他们常被称为“普通”教师，与“特别”教师相对，而“特别”教师是一个较模糊的概念。

他们之间的区别首先体现在教学方面。因为在每一学科中有“普通”文本和“特别”文本，前者是被“普通”地即更深入地进行学习的最为重要的文本，后者不是最基本的且常常以“特别的”或“粗略的”方式被阅读，特别的文本大体上被委托给学士，而博士也可以讲授它们。在这些特定的环境中，简单的方法就足以区分普通教师和特别博士，前者要求具有
149 在“博士的时间”或“教师的时间”（早晨第一件事）提供普通阅读物的权力，后者一般被限制在下午举行特别阅读物的讲授，相关文本被认为不太重要，而且甚至有时不具有考试大纲所要求的特征。

导致普通博士发挥更重要作用的原因不仅有教学方面的，还包括经济和制度方面的因素。正如我们所看到的，这些教师总会获得最多。因为作为普通教师，他们是完全掌管大学的唯一群体，他们要求对学生行使完全的权威并单独享有这一权利，认为只有他们才有权颁发关于学生学术成就的证明书和成为主考官委员会的一员。在博洛尼亚，这种权威的行使是各个学院“博士协会”的主要职能。根据数目的限定（民法 16 名，宗教法 12 名），这些被共同选择出来的博士协会成员并不包括全部的教师，而仅仅是其中一部分人。由于它监督学位的颁发和有关的大部分财政收入，因此这些优秀分子代表着与学生大学权力相对应的一种平衡力。[8] 这种制度在那些学生不同程度地参与大学的管理的场合是特别有用的。然而，普通教师所关心的正是把他们的成员限制在“硕士大学”。这个倾向的存在事

⑦ 有关法国的方面，见 J. Verger, 'Les professeurs des universités françaises à la fin du Moyen Age', in J. Le Goff and B. Köpeczi (eds.), *Intellectuels français, intellectuels hongrois, XIIIe-XXe siècles* (Budapest/Paris, 1985), 23-39。

⑧ A. Sorbelli (ed.), *Il 'Liber secretus iuris caesarei' dell'Università di Bologna*, vol. I, *1378-1420, con una introduzione sull'origine dei collegi dei dottori* (Bologna, 1938), ix-lxxvi.

实上与大学本身一样长久。例如，在 1207 年，教皇英诺森三世建议将巴黎神学校的数量限制到 8 所。因而，在稳定教学职位的意义上，出现了通常由特别捐赠提供的，而且有时与一门特殊科目的教学相联系的一种大学讲席。然而，严格意义上的讲席在中世纪的大学里是稀少的。在 1317 年的博洛尼亚，新增了 5 个与传统付薪教师职位相并列的讲席。[9] 在 15 世纪别的地方也存在一些这样的例子。另一方面，人们的印象是，几乎在每个地方普通教师的数量总倾向于被固定在一个低而稳定的数字上。普通教师数量的这种稳定不仅有助于确保他们的收入和权威，而且使拒绝不受欢迎的候选人变得更为容易，特别是对于那些其他大学的博士[10]或该城市的外来者，而这有利于已经受雇教师的儿子或侄子。在博洛尼亚，事实就是如此。

然而，普通教师从未享有完全的大学管理权。撇开像博洛尼亚这种大学里的学生权力不谈，事实是在那些大学或大学城里被任命的特别博士和 150
所有非摄政的硕士和博士，有时在紧张的斗争之后总是赢得在大学决策层中差不多完全的参与权和因此而来的在利益方面的参与权，这包括参加各种集会和会议、主考官委员会，有时甚至是挑选大学官员的权力。对普通教师优势地位的挑战必然是与对他们教学工作的批评相伴随的，这种批评常以缺勤和枯燥乏味为标志，至少是含蓄的评判。

上述发展在欧洲南部的法学院和医学院是特别明显的。在那里，早期的这些学院中的教师是世俗人士，并且是已婚的；他们的家庭责任使其职业生涯更具持续性。他们往往在一生中保持着教职，即使不得不有几次的迁移（根据不同的大学提供给他们的契约）。那些教授教会法或神学的牧师和修道士有更多的机会可以利用，在当教师几年之后，就能够选择严格的教会职业。13—15 世纪，许多主教，甚至红衣主教和教皇，以前都是教师。在 13 世纪有纪录的巴黎神学硕士中，超过 33％的人后来成了主教、

---

[9] Bellomo, *saggio*（注释 3），211-215.

[10] 尽管学位应该是普遍有效的，然而一流的大学特别有意地将来自其他大学的博士拒之门外。另一方面，那些小而新的大学则力求吸引在有声望的大学毕业的博士。

修道院院长或红衣主教。在 15 世纪，79 名英国主教中的 36 人（占 46%）曾在牛津或剑桥任教。[11]

在文学院，尽管有一些讲授文法和逻辑的“专业”教师，但其中大部分人是年轻的硕士，这些教师在从教几年完成他们的义务教职之后，常常到高级学院继续学习，这种现象在巴黎和牛津特别突出。

到了中世纪晚期，尤其在文学院，一种新型教师出现，与高级学院的普通教师相比，这些教师占据的是一种较为稳定而较缺少尊严的职位。这就是学舍教师，其最常见于有着众多学舍的大学，诸如巴黎、牛津和剑桥。虽然学舍最初被认为是为穷学生提供的寄宿所，但这些学舍逐渐以愈来愈突出的教学而赢得信任。像“学生宿舍”或“会堂”这样更小型的机构也有类似的情况发生。这种教学形式开始不过是用于不公开的课程，但
151 后来转变得完整、系统，不但向大学里的学生开放，而且向外来的听众开放，特别是在规模较大的学舍，于是就与学院的讲座形成了直接的竞争。这种活动的发展导致这些学舍招聘了一批它们自己付薪的教师。巴黎的索邦学舍和纳瓦拉学舍，以及牛津的莫德林学舍（建于 1448 年）是第一批大规模地发展这种讲授形式的学舍。

教师的报酬

教师的报酬形式和范围如同他们的职业地位一样是多种多样的。在 12 世纪巴黎和博洛尼亚的私立学校，根据协议，教师靠学生在讲课之前缴纳的费用生活，这种费用很可能依据个人或集体的原则确定。但是，持“科学是上帝赐予的礼物，不能被出售”这种观点的教堂并不赞成实行这种制度。因而，传统的教堂学校提供免费的教育，至少在神学方面，教师

---

⑪ R. Avi-Yonah, ‘Career Trends of Parisian Masters of Theology, 1200-1320’, *History of Universities*, 6(1986-1987), 47-64; J. T. Rosenthal, ‘The Training of an Elite Group. English Bishops in the Fifteenth Century’, *Transactions of the American Philosophical Society*, new series, 60:5(1970), 5-54.

的生活依靠牧师俸禄的拨款来维持（第三次拉特兰教堂会议通过的教会法18条，1179）。

在大学中，这个问题同样连续出现。本身是牧师的教师拥有牧师的薪俸，由于教皇制度支持用这种办法解决该问题，因此他们不仅享有完全的自由，还可以获得牧师薪俸。他们可以教学、赚钱两不误，但这些收入是远远不够的。其中，特别是在年轻的文科硕士中，很多人没有被赐予牧师的薪俸。在南部大学中，法学和医学教师的情况亦是如此。这些教师因此仍要靠学生交纳的学费及其他的捐助勉强度日。但学生并不乐意交纳这些学费与捐助，尽管当时各个学院的情况不同，但学生缴纳的费用都是屈指可数的。因此，从13世纪末开始，学校要求学生在参加考试时必须缴纳高额的费用。

教师们为获得较多的牧师薪俸和征集考试费与捐款而苦苦争斗，这恰好显示了这些资金对于教师的生活是多么重要。关于亚里士多德、圣经和罗马法理论的讨论有助于证明这些实际做法是有道理的，能够使法学家和神学家都承认：知识作为上帝赐予的礼物不能够用金钱来衡量，而教师的劳动（尤其是如果他没有其他生活来源可依赖的话）应得到一些报酬，然而这样的报酬不应取自穷困的学生，这是能够被理解的。[12]

还有一种风险较小的解决方法，即向教师支付薪水（这无论如何也不 152
能排除捐助和考试费的征集）。在当有新大学建立时，这个方法很快就被应用以便保证那些它们希望吸引来的教师们的生活。在那不勒斯（1224）、维切利（1228）和图卢兹（1229）就发生过这种情况。在意大利，支付教师薪水成为惯例，第一个例子在博洛尼亚从1280年持续到1289年；到了1381年，有23位法学博士的工资由自治市支付。的确，通过这种方式，自治市设法扩展在教师聘用上的较大控制权。其他的意大利大学照样仿效。为了尽力吸引博洛尼亚和帕多瓦的著名教师，一些大学（佩鲁贾、佛

⑫ G. Post，K. Giocarinis，and R. Kay，'The Medieval Heritage of a Humanistic Ideal："Scientia donum Dei est，unde vendi non potest"'，*Traditio*，11(1955)，195-234.

罗伦斯、帕维亚）在建立之时就为教师提供高薪。在伊比利亚半岛，薪水也成为惯例；卡斯提尔和葡萄牙的国王们为他们建立在萨拉曼卡、瓦拉杜利德和科英布拉的大学里的教师设立了薪水制度。教堂承担了有关的费用，这些薪水主要来源于这些国王们为他们自己储备的部分什一税（tithes）和各种其他教会的收入。⑬ 另一方面，在 14 世纪阿拉贡建立的大学，诸如莱里达和韦斯卡，教师的薪水由市民负责。

法国在中世纪末期之前（1479—1493，在阿维尼翁）如果除了获得不同程度的成功（奥朗日在 1365 年，普瓦捷在 1431 年），并且由市民竭力维持的若干新建大学里的教师之外，⑭ 几乎没有任何有薪水的教师。在牛津，值得一提的是一种短期的哲学教授席位，它是由一位神学教授格洛斯特公爵于 1437 年创立的。之后，他又设立了神学教授席位（1497）。然而，需要注意的是，在巴黎和牛津，学舍教师是由雇佣他们作为教授席位的学舍支付报酬的。

最后，在帝国，由王公、城镇或私人于 14 世纪和 15 世纪创建的大学中，这些奠基人和捐赠人从一开始就为教师提供了基本的生活条件。这些学校采取年薪的方式为教师付酬。例如，当时的鲁汶大学就采纳了这种方法，但这在一定程度上也对公共财政形成了压力。因此，大学通常宁愿求助于特别为那些数量最多、生活最为贫困的文科硕士们储备的永久性基金，或者当地教士会中的牧师薪俸（自 1443 年，在鲁汶有 29 个牧师薪俸
153 为大学而储备，相当大地减轻了由市民支付工资的负担）⑮ 或学舍的土地（在维也纳、海德堡、莱比锡、罗斯托克、格瑞夫斯沃德等事实就是如此）。苏格兰曾一度打算实行这项计划（圣安德鲁斯、格拉斯哥）。

---

⑬ A. Barcala Muñoz,'Las Universidades españolas durante la Edad media',*Anuario de estudios medievales*,15(1985),83-126.

⑭ 关于奥兰治：F. Gasparri,*La Principauté d'Orange au Moyen Age*(*fin* XIIIe-XVe *siècle*)(Paris,1985),235-239。关于普瓦捷：R. Favreau,*La Ville de Poitiers à la fin du Moyen Age. Une capitale régionale*,vol. II(Poitiers,1978),380-384。

⑮ J. Paquet,*Salaires et prébendes des professeurs de l'université de Louvain au* XV*e siècle*(Léopoldville,1958).

在每一所大学里，无论多么严谨的报酬模式，似乎总有较大的差异。通常在高级学院任教的教师似乎比文学院教师明显有较高的收入（牧师薪俸、酬金、考试费和薪水）。但是还涉及很多其他因素，包括学生的数量和王公或市民的财产（这明显地存在着极大的差异，如同教师的名望一样）。例如，在帕维亚，1387—1499 年，有薪水的教师数量依据米兰公爵的财政状况，在从 9 到大约 70 的范围内变化，然而在总的支付给若干著名法学家的惊人报酬与支付给文法或逻辑教师可怜的薪水之间有着巨大的差异（1∶50 的比率），其金额大概与支付给约占大学教职工总数一半的没有特殊技能的工人的总额一样多。[16] 在别的地方，这种差异没有如此之大，但仍然很大（科英布拉，根据 1323 年的章程，比率为 1∶9）。

一项无遗漏的记述记载了教师挣得的来自于非校方提供的收入状况。例如，他们可以通过生日、婚姻或写作来赚取一定的收入；或者，他们还靠一些私人的财产等获得一些收入；此外，他们可以把自己的住房租给学生收取租金；最后，在教书的同时，他们能够以提供高额的法律或医学方面的咨询为生。

总而言之，在中世纪大学至少有两种教学职业可能，还有明显的一系列介于上述两者之间的选择。另一方面，还有年轻教师仅任教几年，一般在被提升之后立即开始。他们通常希望在大学之外谋求圣职或希望在政府机构中谋职。这并不意味着离开大学之后他们就停止了对母校的兴趣，因为他们毕业时和当他们参加考试时所发过的誓言不可改变地限制了他们。因此，作为非教学的博士，他们会到市镇议会就职，同时又可能返回任教。没有谁会在任教几年之后做出离开的决定，否则这意味着他们是低劣的教师。确实，由于在年龄上接近自己的学生，尚未因循守旧，实际上他们似乎应该获得真正的成就。因为不太关注自己的个人利益，他们无疑对作为一个社会事业机构的大学的各个方面、对大学所能发挥的特殊的宗教

---

⑯ D. Zanetti, 'A l'université de Pavie au XVe siècle: les salaires des professeurs', *Annales ESC*, 17(1962), 421-433

的或政治的作用保持着较多的敏感。

154 我们称其为普通教师的那些人，他们无疑是中世纪末期新大学里的大多数，有着极大不同的职业生涯。虽然他们并不放弃在大学之外谋求发展的希望，但是他们往往要在大学这个地方度过许多年甚至一生。因此，1378—1429年，在奥尔良人们所熟知的16位法学教授中，有13位在此从教长达20—40年。[17] 对于这些人，大学不仅是一个交换知识和提升人格的地方，还为他们的整个人生提供了一个框架。由于不参加大胆的集体行动和做过激的决定，他们既不准备牺牲个人或家庭的利益，也不准备损害自己构建的所谓权威人士、经验人士或名人的形象。谦逊的学舍教师和在法学界有威信的博士都力求在大学服务以从中获利。

普通教师的出现明显地减少了教师在地理空间上的流动。应该承认，那些毕业于最好大学的人总设法为他们自己寻找一个好职位。因此，在14世纪和15世纪，从博洛尼亚和帕多瓦毕业的博士几乎遍及所有意大利的新大学，同时这些大学一直在努力地争取这些人才。1378年后，来自巴黎大学的神学或文科硕士在法国南部或在神圣罗马帝国受到欢迎。然而，如果人们更广泛的观察，就应该能看到教师的聘用在中世纪末期有越来越本地化的趋势。

难道这些教师必然是低劣、墨守成规的吗？对此问题的正确回答要求人们首先要考察管理他们教学的具体情况。

作为一种职业的教学

大学的章程规定了教师教学职责的细节。教师虽然能够从一所大学到另一所大学、从一个学院到另一个学院变动，但是通常都受到很大的约束。最终，他们把教学变成一个全职的活动、一种真正的职业。如不考虑各个学科的正式且真实的内容或教学方法，那么最好是去设法衡量一名教

[17] *Universités en France*, 101.

师职责的繁重程度。

一名教师的基本职责是"宣读"，即发表他关于由教学大纲详细指定教材的权威讲演。这些讲演在上午进行且持续一个半至两个小时。教师在准许工作的每一天都必须宣读，但实际上，如果排除礼拜天和宗教节日， 155
以及安排给庄严的辩论、考试和暑假的天数，一年中几乎不超过130—150个获准日可供阅读。有些硕士要在下午做第二次演讲，因此那些在临近中午或下午举行的"特别的"、更专门化的或可选择的演讲，通常由特别教师或学士来做。博士还必须组织辩论，辩论一般是在下午进行，教师的责任包括选择主题、主持辩论，并且在随后的几天内，通过他们自己对于所辩论问题的"判定"做陈述并得出结论。众多辩论的举办方式有相当大的差异，例如，伟大的神学家托马斯·阿奎那平均一周组织两次辩论，[18] 但是在其他情况下，特别是在法学院，一般每周不超过一次辩论。这项规定有助于确保普通教学日程不受太多的干扰，因为所有的学士必须参加每一次辩论，这也常常会延误他们自己的演讲。虽然具体情况随教学人员的规模而变化，但每一位硕士往往不对每月、每学期或每年超过一次的辩论负责（在博洛尼亚，事实便是如此）。

为了演讲和辩论，一位教师必须在他自己的书房拥有必备的图书。此外，他还必须投入一定量的时间做准备，因为规则至少在理论上禁止照本宣科，他年复一年地重复同样的过程。最好的教师还可能在教学活动之后把他们的评论编写成文章并把这些文本委托给出版商，出版商会把这些文本在学生和抄写者之中传播。

大学生活包括除了严格教学外的很多义务。例如，定期的和偶然的宗教仪式，召集考试委员会，以及大学、学院、博士协会的集会和会议等。教师可能会有机会拥有许多被选举出任大学管理部门所需要的职务中的某一个，即校长、学监、估价者（大学城里租金和价格的估价者）、财务官和学院院长；即使在博洛尼亚这类学生大学里，也存在博士协会的官员。

---

⑱ Glorieux,'Enseignement au Moyen Age'(注释3),127.

这些任职的委托契约一般是短期的（最长的为一年），但是普通教师再次获得聘任的可能性就大增。在任职期间，大学的官员们必须持续地忙碌，他们必须维持账目和档案，解决许多的日常问题，在所有情况下代表大学。另一方面，这种职务赋予其权威和声望。在巴黎，大学校长处于官员
156 队伍的前例，次于主教。最后，教师经常作为大学的代表应召接受特殊使命（找国王或教皇）或参加委员会（为了检查一本可疑的书或巡视一个学舍）。

这些职责对于所有教师不是同等的。对于法律学者和医学博士，阅读是最基本的；而文科硕士因为他们从事教学的对象是较年轻的学生，则是重复演讲。另一方面，神学硕士很可能总是给予辩论比阅读更多的重要性，实际上他们将大部分阅读都交给了学士，学士的任务是给学生传授解决“有争议问题”的争论所需要的基本知识，依据的是彼得·隆巴德的《格言集》和《圣经》这两个基础文本。就管理的责任而言，那些特殊人物，包括大学里的较年长或较有影响的人，可能对他们负有特别的责任。

决非所有的教师对履行职责有同样的热忱。认真是有关个人能力和性格的事，但即使从当代人的视角来看，如果假定所有普通教师都是认真的将是完全错误的。大学的章程被执行得十分频繁，尤其在博洛尼亚，那时许多学生把监视和指责不令人满意的教师作为他们自己的事务。⑲ 这无疑表现了教师几乎时常都只“宣读”了部分的课程计划，诸如口述他们的课、授予不合格的候选人以学位、缺席、把学士提拔起来顶替他们的位置、戏弄大学的规定。例如，禁止他们努力把缺席限制到一年中一个月也是不可能的。

到了 1317 年，教皇约翰二十二世开始不断地担心：“许多教师（在法学院），本应该专心于他的教学，却在致力于审判、辩护和其他外面的活动。”⑳ 正如许多教师的传记所显示的（他们是著名的，也许不具有代表

⑲ Bellomo, *Saggio*（注释 3），208.

⑳ *CUP*, vol. Ⅱ, 200-201, no. 741.

性），这种长期缺席现象在中世纪末似乎变得更糟糕。很多教师忙于为王公或教会服务，或者连续访问康斯坦斯或巴塞尔的会议，致使他们长达数月，甚至数年地打乱了教学计划且带来严重的后果。

如果我们考虑一位博士完成他符合大学规则要求的教学职责的情况，实际就是，我们会问他们所处的具体工作环境究竟如何。

学校中的教师

一个教师的基本工作环境是他的学校（*schola*）。在物质上，它首先 157
由房间组成，虽然有点儿一成不变，但其特点由于各时期保存的大量图像资料而为我们所熟悉。它有一把威严的椅子、学生坐的长凳子，有时放置可以放书本的课桌（经常是为了方便听课，一般不是为了写字），靠墙有几个壁橱，以及在冬天铺着稻草的地板。这些房间通常由教师自费租用。大学本身拥有自己的建筑是后来的事了，如 14 世纪末的巴黎大学，15 世纪 30 年代的牛津、剑桥、科英布拉、萨拉曼卡、阿维尼翁、普瓦捷等大学。在帝国和东欧的大学，如布拉格、莱比锡和克拉科，演讲课程通常在学舍举行。

但是，学校还有人和教学。至少在早期，学校有时有点儿像一个由教师和学生组成的“社团”（*societas*），这意味着什么呢？

学生到一所大学必须获得批准才能成为其正式成员，其关键是他应在某一特定教师名下注册，从而成为一所学校的成员。他常要有好几天的时间在选择教师上下决心。标准是什么呢？一个人可以申请本国的大学，或者也可以另外选择最著名的大学。尽管如巴黎大学第一部章程所说（1215），“没有教师就没有学生”。实际上，所有中世纪大学都被那种从一个教师到另一个教师不受控制的学生的“漫游”争斗困扰着。

教师应该指导他允许注册入学的那些学生（如果仅是为了从他们身上获得资金）。在某种程度上，他对他们的行为负责，虽然教师起初控制他的学生的权限有可能被大学官员（校长、教长）取代实施。教师的职责就是要确保学生在学习中获得长足的进步，并且由他决定（学校章程常给他留下一些余地）什么时候学生，一个在演讲和辩论中长达数年的实际沉默的听众，能够“判决”（determination）获得学士学位，这将在某一天给予他发挥更积极作用的资格，使其发挥一种助教的作用。这些助教将在辩论中提供答案和讲一些特别课程，引导新生入门，为他们下面的主要演讲课程做准备。教师还将在适当时候把“学有所成”的学士推荐去参加硕士资格和“博士学位”的考试。

158 作为人之常情，人与人之间的理智和情感密切联系，是容易理解的，如果一个人把学习过程的持续时间、课程表的繁重性和口试的重要性牢记在心，就能把学生与他们的教师密切联结起来（即使初学者起初因缺乏直接的约束而有时会不识时务）。某位教师以前的学生们，尤其是如果这位老师随即被提升到高级官职上，就喜欢谈起“我的老师”，并且喜欢请求曾经培养和保护过自己的这位老师的关照。

当然，这是一幅有些理想化的图景。实际上，事情经过不会很顺畅，学生们会对他们的教师不满意，认为他性格上有缺陷，缺乏能力，或者相反，认为他是一种沉溺于无价值的诡秘的人。这种抗议很少会留下任何踪迹，[21] 但能够推测出实际结果会怎样。一些学生会转学，希望在别的什么地方寻找一名更博学的教师，或者寻找一名更加通融的教师。许多学生在迈出这彻底的一步之前迟疑不决，但总是以各种方式显示对官方教育模式明显地缺乏热情（正如许多教师所做的），上述情况在 14 世纪和 15 世纪呈现增长的态势。

尽管不与外界接触，学生也绝没有被封闭在他们的学校里。在每一所学校里，无论何时举行辩论，某个学院所有的学士都要轮流参加。学校的考试也必须在学院中由所有或部分的教师参加的评审团在场的情况下举行。因此，一名教师在学校里不能自由地做他所希望的事，特别是一些章

---

[21] J. Leclercq,‘Lo sviluppo dell’atteggiamento critico degli allievi verso i maestri dal Ⅹ al ⅩⅢ secolo’,in *Università e società*,主要引自关于 13 世纪一些巴黎人的辩论（*quodlibeta*），这些辩论可能正好是这种斗争的发泄机会。

程把他限制在特定的教学计划、课程表和教学方法中。

尽管如此，传统的教学形式似乎对一些人是烦琐且不合适的。这就是为什么许多学生，特别是在神学领域里，总是任意地打破它而采用更深刻、更个性化的教学形式，这尤其体现在《格言集》的阅读上面。这还能解释“特别的”或可选择的练习和课程有时令人迷惑的增加，这是由准硕士或学士们有时在暗地里或在假期中增加的，这个成功可以由他们更实际或更现代的特征解释（例如，这一点经常使人文主义者发现如何进入大学的通道）。

在正式的章程中，仅仅模糊的被界定或甚至被反对的这些“非正式”教学所占的比重无疑一直在上升，特别是在那些最为好奇且苛求的学生们所关心的地方。即使评估它们的准确意义和真实功效对于我们几乎是不可 159
能的。然而，它们清晰地呈现了一个新的知识方向。这种同样的趋势可以用来说明在学舍里教学的发展情况，在那里正出现一种分配学生的新制度（以年龄的标准决定他们在特定班级的位置，每一班级有它自己的教师）。在 15 世纪的德国（莱比锡）和苏格兰的许多大学里也有类似的方式，我们可以看到文科教师通过一种每年循环的制度分配教学大纲的各种书本，学生也可以从一名教师向另一名教师转移。这实际上就是学校里学生年复一年早已习惯了的由同样的老师讲授同样课程的严格学习体制逐步被更富弹性、更加进步的体制所取代的一个过程。

如果人们知道了学生的数量有多少，就会更好地理解一位中世纪的教授对于其学生的地位。显然，学生的数量随着大学的重要程度、教职工队伍的规模和特定的时代环境而变化。在教师数量总是很多的巴黎，15 世纪每个学校平均只有 10—20 名学生，在医学校则更少。[22] 但是，学生数量

[22] 对于 1400—1450 年巴黎大学的学生数量，这里有 J. Favier 所做的估计，见 *Paris au XVe siècle. 1380-1500*（Paris，1974），69-72。

的总趋势是在增加。在大的学舍里，通常每个教师要教 20—30 名学生。[23] 一些著名法学家声称他们的阅读课会吸引即使不到几百也有几十名听众，在那些大学里一小部分普通教师设法赢得了一种独占权，他们能够指望拥有稳定的听众，这些听众的数量也许会依据教师的声望、根据不同的学校而变化。[24]

同事之间的关系

如果说上述教师与学生之间的关系具有极大的口传性质，经常使我们困惑，那么教师与其同事的关系则被相对了解得更加确凿可靠。有资料可证实当时绝大多数的紧张和冲突情况。有同事间的直接冲突，包括对他们各自学生偷窃的控告（同有关的利益、捐款和考试费联系在一起）。也有
160 不同学院的教师之间的冲突。例如，在巴黎，文学院的成员一向抱怨神学教师对他们的教学施行监督，在其他地方法学博士的傲慢也受到指责。还有处于不同地位的教师之间的冲突，最著名的是世俗教师与托钵僧两大对立阵营之间的冲突，如在巴黎（特别是在 1250—1239 年和 1387—1403 年）、在牛津（1303—1320）和在剑桥（1303—1306）。这后一种冲突部分与教义有关，但更直接的原因与社团身份问题有关。因而，无论是文科教师还是神学教师，这些世俗的教师允许托钵僧学校达到同他们的神学校一样的地位，同时指责这些修道士利用了在大学里他们的位置（为了招聘新成员或赢得大学学位）同时却没有服从大学共同的规则。例如，他们拒绝参与为保护大学自由的罢课，他们未经认可就设立新的教授席位，或者由

---

[23] 在纳瓦拉学舍（巴黎），3 个教师分别负责 20 个学生的语法课，30 个学生的逻辑课和 20 个学生的神学课；格瑞夫斯沃德的文科学院的学舍里估计拥有 10 个教师和 340 个学生(Rashdall,*Universities*,vol. Ⅰ,511;vol. Ⅱ,272)。还能举出其他例子的数字。

[24] 在阿维尼翁，15 世纪法学系平均 4 个普通教师共同负责 200—300 个学生。[J. Verger,'Le rôle social de l'université d'Avignon au ⅩⅤe siècle',*Bibliothèque d'Humanisme et Renaissance*,33(1971),489-504]

于他们有自己的预备学习体系，所以鄙视在文学院的预备培训。这些冲突以各种各样的妥协达到了顶点，但没有其中任何一个冲突对托钵僧在神学教学中所赢得的支配地位造成威胁。[25] 最后还有不同来源教师之间的冲突，如在布拉格，捷克与德意志教师之间的世仇，只是到 1409 年后者被驱逐后才得以了结。[26]

这些严重的职业冲突还夹杂着知识的冲突。在 14 世纪和 15 世纪欧洲北半部几乎所有的神学院中，伴随着谩骂、责难和排斥大行其道，我们可以看到“古典派”（托马斯主义者、司各脱主义者）和“现代派”（唯名论者）之间的对抗，许多德意志的大学（海德堡、弗莱堡、因戈尔施塔特、图宾根）通过确立两条独立的路径（“经由古代”和“经由现代”）解决了这种对抗，于是师生都可以对二者进行选择。

最后，大学也难免受到政治分歧的影响。在巴黎尤为严重，在那里不同的时期公正之王菲利普的支持者和教皇博尼菲斯八世的支持者之间，在教会大分裂时期教皇的支持者与议会的支持者之间，以及在百年战争末期阿马尼亚克的支持者和布吉尼翁的支持者之间，相互争斗，有时也导致党 161
派之间的排斥。

我们不应据此断定，许多大学都是处于或明或暗的嫉妒或争吵之中。上文提到的较大争论也主要是影响了巴黎和牛津的文学院和神学院。在别的地方，在法学院和医学院，以及在中世纪末期建立的较小的大学，其紧张程度似乎就小得多，不可避免的冲突也很快被解决了。而且，凭借教师们之间的相互联系、学生时代形成的友情关系、为保证大学稳定而维护大学的独立性的共同意识和显示抵御外来威胁的团结需要等多种共同的利益

㉕ 关于世俗教师和托钵僧之间冲突的情况，就巴黎而言可以参阅 M.-M. Dufeil, *Guillaume de Saint-Amour et la polémique universitaire parisienne, 1250-1259* (Paris, 1972)。关于牛津：*History of Oxford*, 205-208. 关于剑桥：A. G. Little, 'The Friars versus the University of Cambridge', *English Historical Review*, 50(1935), 686-696。

㉖ F. Šmahel, 'The Kuttenberg Decree and the Withdrawal of the German Schools from Prague in 1409: a Discussion', *History of Universities*, 4(1984), 153-166.

需求，这样的争吵总是得以减缓。当然，到中世纪末期，特别是由于来自民族国家的压力，这种集体的情感也变得越来越淡漠。㉗ 但是，教师之间的关系并非必然地相应恶化。注意到为学校的自由而斗争的需要，显然，因循守旧的职业教师以一种名人贤达的社交活动方式取代了最初教师们的旧有团结，借以维护他们共同的利益。

知识和权威：教师的形象

如果我们要理解中世纪的教师，最终我们需要考虑他对于自己所希望突出自己那种身份和形象的感受。由于中世纪的大学教师未曾留下任何自传性的著作，因此要辨别这个形象究竟是什么是不容易的。当教师谈及他们的职能时，总是存在于注释、博学的短文和正式的文本（就职演讲和长篇演说）中，因而这些资料只能给我们理想化的描写。同样地，大学的章程也仅仅描述了一般的水准。至于与教学没有直接联系的文献，诸如像《纪律的学规》或各种《新近的研究》一样的教师论文、道德学家的文本（"镜子"或"自白者"手册）和讲道等，㉘ 这些文献可能包含大量关于教师和学者，以及他们优劣的暗示，但是他们经常被定位在如此概括的水平，以至于把他们与具体时代的真实状况相联系将是困难的。

然而，这些文献中的许多论文有助于明确中世纪教师（考虑到学科、国家和时期的不同）寻求实现的理想。㉙

㉗ J. Verger, 'Université et communauté au Moyen Age', *CRE-Information*, 62(1983), 21-44.

㉘ P. Riché, 'Sources pédagogiques et traités d'éducation [au Moyen Age]', in 'Les entrées dans la vie. Initiations et apprentissages', *Annales de l'Est*, 34(special issue)(1982), 15-29.

㉙ 特别是 Post, Giocarinis, and Kay, 'Medieval Heritage'(注释 12); J. Leclercq, 'L'idéal du théologien au Moyen Age. Textes Inédits', *Revue des sciences religieuses*, 21(1947), 121-148; G. Le Bras, '"Velut splendor firmamenti": le docteur dans le droit de l'Eglise médiévale', in *Mélanges offerts à Etienne Gilson*(Toronto/Paris, 1959), 373-388; A. L. Gabriel, 'The Ideal Master of the Mediaeval University', *Catholic Historical Review*, 60(1974), 1-40。

教师是一名有威信的人，这是个关键问题。被他的同行或教会授予的硕士或博士头衔，不仅仅是从教的职业资格或一个团体的等级，它界定了一种地位、一种尊严和一种次序。它给予它的拥有者获得一种高贵社会地位的机会，一种许多大学成员，特别是假如他们是法律学者的话，获得自可比于贵族的社会地位。像贵族一样，博士是“显赫的”；在城市里，他是大人物中的一员。正如14世纪一位博洛尼亚伯萨诺的博士西蒙所言，博士比普通的爵士拥有更大的权威。因而，他必须被授予优先权，必须享有与他的尊严相一致的特权和豁免权。[30] 162

然而，这个概念并非处处被接受。神学家和道德学家强调骄傲的诱惑，并且提醒福音书箴言的听众：“不要让你被称作老师，因为任何一个人都是你的老师。”（马太福音23.8）这个古代的观念往往包含着传教士的才智与骑士的暴虐之间的对立，但是在中世纪末期被巩固的秩序社会里，每个人都必须坚守在他自己的位置上，博士们从那时起似乎开始渴望被吸收进统治精英阶层。

硕士或博士所赋予的威信有两个主要方面的意思。首先是知识分子。博士是一名学者，拥有曾被视为至高完美的科学，知识的尊严奠定了其威信的基础。从整体结果来看，硕士们还被聘用来颂扬他们的教规，保护经院神学免遭神秘主义的攻击，以证实他们尽管有异教徒的身份仍对人文学科有所依赖。正如教会的前辈们所做的，证明法学（它是一门神圣的科学，正如普莱提诺早在1186年所宣布的那样）和医学并无什么谋利或机械事务的指控罪责。

博士知识的获得是一劳永逸的吗？应当承认，中世纪的人们对于现代科学进展的观念是无知的。尽管如此，许多文献强调了一名博士应该热忱于他的工作，勤勉于他的教学。无论如何，他应该取得进步或致力于使他的构想更为接近于真理。正是在这些方面，他不仅可赢得荣誉，获得同代

[30] D. Maffei, ‘Dottori e studenti nel pensiero di Simone da Borsano’, *Studia Gratiana*, 15 (1972), 230-247.

人的尊敬、学生的钦佩和感激，而且可得到应有的薪水。

然而，一名真正的博士还应该是谦虚的。他愿意在全部知识之源的上
163 帝面前、在仅仅由僧侣制度的教规安排所复制的上帝的宇宙秩序面前谦虚。因而，他被警告不要从他自己的知识领域走入歧途，这是一个特别针对文学院哲学家的警告，因为他们试图使自己免于神学的控制或的确侵犯神学的领域。这个警告应该是完全必要的，曾经有某些文科教师，特别是在 13 世纪 70 年代巴黎的大“阿威罗伊主义信徒”危机时期，公开批评这种观念。布拉班特的西热写道：“谦虚是美德吗？不！”通过其学识，一位教师——或一位“哲学家”，像文学院的成员称呼他的那样——得到“所有使人容易取得的财物”，“所有可能的条件中最好的”。在一个根据亚里士多德宇宙论的星体决定论的世界里，唯一的智慧是哲学家的智慧，唯一的自由是由知识提供的自由。在 1277 年遭到谴责的构想中，诸如这些主张，具有一种煽动性的因素；然而，它们会有助于表达对于一种知识的“凡俗化”、一种“学者的中立”和一种教师真正的社会和理智的解放的新渴望。[31]

这些观念既不是那个时代有支配力的观念，也不被教会所倡导。据此看来，一名博士的威信不仅是知识上的，而且是道德上的。科学是与它在现实世界中的用途分不开的，特别是在与教学有关的地方，教师对这些用途负有突出的责任。根特的亨利在论及 1277 年期间问题时说：“是靠他的行动而不是他的身份使一名博士赢得他的威望的。”[32]

因此，一名硕士将在他的生活和德行方面受到上述严格要求，而且当他进行硕士学位资格考试时，其思想品行也将受到仔细检查。他应该履行所有基督的美德，首先是与其身份相应的那些品德（公正、对同事和学生慈善、热心工作）。而且，应该避免那些直接玷污品行的罪恶（贪财、不

---

[31] J. Le Goff, 'Quelle conscience l'université médiévale a-t-elle eue d'elle-même?', in J. Le Goff (ed.), *Pour un autre Moyen Age. Temps, travail et culture en Occident: 18 essais* (Paris, 1977), 181-197.

[32] 引自 Leclercq, 'Idéal du théologien'（注释 29），146。

检点、虚荣）。其品行的重要性意味着对他所代表的科学的尊敬。

最重要的是，如果我们不考虑这个实际的道义，一名教师应该意识到他的社会责任。因而，“徒劳的好奇”或“无用的诡秘”对学生是毫无价值的。教义错误将导致严重后果，教师处在被辞退的威胁之下，[33] 所以教师必须将教义交给他的同事和教会评判、修正。一名神学家应该牢记在心的是，他正在培养牧师和传教士，他们的行为将会影响到信徒。一名法律 164
学者应该意识到，他的观点有助于形成“共同观念”，即法律的详尽阐述，因而有助于形成整个社会生活和政治生活。医学硕士有一个更为直接的责任，因为人们承认他们拥有控制他们职业的合法运用和整个公共卫生的权利。

具体地说，这些责任首先由大学本身履行，考试委员会及其他各种委员会必须定期不定期地评价书店中课本的正统性，或者通过关于有时是针对他们的同事或学士中某一个的教学而做出指责的判决。这使得中世纪大学教义史的许多指责和非难几乎总是源于学院自身内部和少数几个教师与大多数教师之间产生的冲突。

大学中的成员，尤其是在宗教大分裂之初，特别热心于在动荡的时期履行他们的社会和政治责任，当认为自己有资格提供解决危机的方案时，[34] 他们时常寻求在国家事务中发挥作用。因此，布拉格大学的教师在1419年波希米亚叛乱中发挥了重要作用。[35] 同样地，在查理六世的统治下，巴黎大学的教师在推动“王国改革”方面与国王的合作，这为让·热尔松教长在1405年的大演讲中，为他的辩解提供了大量的理由，关于大学如何通过它的四个学院“代表”了人类可获得的知识的全部，在理论和

㉝ 事实上很少有能被证实硕士陷入撤销困境的事例；然而值得一提的是，巴黎“唯名论者”Nicholas of Autrecourt 于1346年被剥夺了文学硕士学位（*CUP*，vol. Ⅱ，576-587，no. 1124）。

㉞ R. N. Swanson，*Universities*，*Academics and the Great Schism*（Cambridge，1979）.

㉟ H. Kaminsky，‘The University of Prague in the Hussite Revolution：the Role of the Masters’，in *Universities in Politics*，79-106.

实践两个方面，大学又如何通过从各国各地招收它的成员而作为整个社会的缩影，因而其被作为所有“公共事业”解释者中最优秀的一个。[36]

热尔松问道：“如果它不被付诸应用，科学有什么价值？…… 一个人不仅为了知识而学习，而且为了证明和行动而学习。”基于这种政治义务的赞颂，中世纪大学的教师趋于被界定为“知识分子”，但是这只有在人们具体说明它时才是准确的。与现在知识分子标准相比较，他们决不意味着有干涉服务于破坏或甚至仅仅批评既存秩序的意图。除了小部分例外，
165 他们也不是暴力分子，领导叛乱或鼓励流行的异端邪说。作为知识的承担者，他们相信稳定和完善，其拥有的真理在宇宙万物中得到永久的证实，他们只是渴望在所处时代的无序面前发挥治愈破坏、恢复理想秩序的作用。

当然，只有一流大学（诸如巴黎、牛津或布拉格）的教师曾经真正地发挥过这种作用。但是，甚至在更晚建立的或处于二流地位的大学里，教师们无疑意识到了他们的社会责任在于通过培养有知识的精英人物来保证政府和教会制度运行得尽可能的好，无论当地人们如何，他们作为教师因而感到自己归属于精英人物。这并不意味着通过学习妨碍各种社会进步，或者有意地试图打击贫困学生的志气。相反，应注意的重要问题是，在这种惯例出现之前，他们便认为使他们的工作适应于现存社会政治秩序的完善是他们职业的正常要求之一。

教师在中世纪社会中的地位

上面提及的这些文献基本上是由博士自己记载下来的。但是，他们同时代的人真正承认他们所宣称的吗？

正式文献中往往充满了对博士的赞誉之词。从大学出现之时开始，教

---

[36] J. Gerson, *Oeuvres complètes*, ed. P. Glorieux, vol. Ⅶ:1, *L'Oeuvre française. Sermons et discours* (Paris, 1968), 1137-1185.

皇们就习惯于把他们描述为“教堂之灯，像天空中的星星一样散发明亮的光辉”。尽管城市人的缄默，国王们并不吝惜给他们荣誉和特权。无论如何，这些官方人物毫无疑问地认识到了大学的功用，因而不知疲倦地努力保护和发展它们，有时付出极大的代价。同样地，他们也认识到了大学中教师的价值，他们常常监督教师的任命。大学之外敢于对此批评的人极少，他们常常是已醒悟的前任大学成员。例如，吉尔特·格罗特（1340—1384）是低地国家共同生活兄弟姐妹运动的发起人，那是一个受欢迎的福音传道信仰运动，他攻击巴黎硕士们的骄傲和愚蠢（他自己从前是一个巴黎文科硕士）：“这些人破坏了所有的虔诚，取笑普通的人们，欺骗了民众。”[37] 正如一些人文主义者严厉的谴责。例如，洛伦佐·瓦拉在帕维亚 166
大学的不幸经历就是这样，他在那里成为敌视他新思想的同事们攻击的对象。但是，直到中世纪末，特别是就社会和政治的精英人物而言，大学和教师似乎基本上仍享有真正的特权。

然而，我们应该注意到，各种尊敬的称号和慷慨行为增加的现象恰恰出现在大学的独立被来自国家日益增长的压力迅速侵蚀之时，恰恰出现在后者日益清楚地期望大学不仅能够塑造它所需要的称职而忠实的仆人，而且像一个整体一样，即首先代表他们的教师，支持和赞成它的政治行动之时。

这种变化是如何影响了一定社会的教师招聘呢？这是一个尚未有过深入研究的问题，但是似乎教师的招聘与其他对毕业生的招聘并无根本的区别。然而，即使地位较低的贵族时常得到聘用，特别是就法学教师而言，最高贵的社会阶层出身的学生似乎没有被太多地吸引到教师职业上来。在同等程度下，其他类型的职业，如政府的或教会的，则好像对他们更合

---

[37] G. Epiney-Burgard, *Gérard Grote (1340-1384) et les débuts de la dévotion moderne* (Wiesbaden, 1970), 31.

意，无疑更有利可图，更适合于他们的家庭地位。[38] 他们会承认教学职业的声望，但并不因此就意味着他们渴望从事这一职业。

的确，被招聘的教师似乎主要来自社会下层（威克利夫、热尔松和约翰·胡斯等人就是这种情况）或中间层次的学生中。对这些人而言，他们的财富首先在于他们的智力天资，获得教师职位无疑意味着社会阶层的提升。此外，随着时间推移，教师职位逐渐有了传递给自己的儿子或侄子的倾向。很多特殊的章程，如关于课程持续时间、对考试费的免除或在博士协会中对数量封闭施加的贬低，在很多大学还涉及许多方面，尤其是在15世纪，出现了小型的教学家族，以便控制那些无论如何都能更好地巩固他们的威信和收入的教师职位。在1317年，博洛尼亚大法官约翰尼斯·安德烈埃甚至在章程中写道，他的后代永久地享有申请大学带薪教席的优先权。[39]

167 教师把自己构建成一个等级制度体系的这种倾向，伴随着他们的职业化，都从未导致绝对的封闭；在中世纪，教学工作总是保有一条提高社会阶层的可能通道。在此时期，职位世袭情况在律师中间日益严重（律师绝大多数是大学毕业生），因而教师的情况并不是唯一的。但是，作为等级制度或次等级制度，他们在整个社会阶层群体中占据什么样的位置呢？目前为止还没有研究在声望、收入和人事关系等方面对教师与其他类型的毕业生（法官、国王的大臣等）进行比较。然而，人们能感觉到他们往往被放置于社会等级较低层的末端，即使有一些例外，诸如博洛尼亚伟大的法律学者（13世纪的阿库尔修斯、约翰尼斯·安德烈埃、巴尔托鲁斯·德·萨克费拉托和14世纪的巴尔杜斯·德·乌巴尔迪斯），这些人是与大学争吵的对象，也是国王俯就欢迎并向之咨询的对象。这个事实还可能有

---

[38] 在法国南部的大学中，情况可能是如此；J. Verger,'Noblesse et savoir:étudiants nobles aux universités d'Avignon,Cahors,Montpellier et Toulouse(fin du XIVe siècle)' in P. Contamine(ed.),*La Noblesse au Moyen Age. XIe-XVe siècles. Essai à la mémoire de Robert Boutruche*(Paris,1976),289-313,尤其是第311页。

[39] Bellomo,*Saggio*(注释3),212.

助于这个群体的更新换代。

不管他们自我得意的傲慢，也不管滥用于他们身上的过度荣誉，中世纪大学的教师，由于他们形成了一个与众不同的群体，仅仅在那个时代的社会政治精英人物中拥有一个相当有限的、适度的地位。那些最具有雄心大志的人，如果他们真正想追逐一项闪光的事业，他们或者进入教会（它无疑为毕业生长久地持续提供了最大的可能性），或者服务于国王，被迫很快放弃大学。当最后的继承人决定放弃教席去寻求一个更有声望和更能获利的职位时，教育世家总是结束得相当迅速。[40]

我们当然不应该仅从社会因素和收入的角度来分析问题。如果说教师有些不满的话，这还因为在教师倦怠的背后存在着一种对于传统大学教学的危机和在大学古老的独立性被削弱时实现大学根本改革之困难的意识。在这种情况下，选择职业的追求就可能也是对更活泼的文化活动和社会环境的追求。

中世纪就是这样目睹了教师职业在大学里的诞生与再生，即使直到15世纪，很多教学任务仍由临时的教师来承担。然而，这一职业一直是难以界定的职业，因为当中世纪结束时，它仍是以某种模棱两可的话语做注解。作为一种职业，它的命运是与社会精英人物的构成紧密联系在一起 168
的，那些精英人物却与教师职业保持一定距离。而且，由于所有关于他们智力和道德责任的崇高要求，教学职业事实上必须为最终无法实现的目标服务。

精选文献

Bataillon, L. J. 'Les conditions de travail des maîtres de l'université de Paris au XIIIe siècle', *Revue des sciences philosophiques et théologigues*, 67 (1983), 417-433.

---

[40] 见第8章。

Bernstein, A. E. 'Magisterium and License: Corporate Autonomy against Papal Authority in the Medieval University of Paris', *Viator*, 9(1978), 291-307.

Gabriel, A. L. 'The Ideal Master of the Mediaeval University', *Catholic Historical Review*, 60(1974), 1-40.

Grandi, R. I *monumenti dei dottori e la scultura a Bologna (1267-1348)*, Bologna, 1982.

Leader, D. R. *A History of the University of Cambridge*, vol. Ⅰ *The University to 1546*, Cambridge, 1988, 242-263.

Le Bras, G. '"Velut splendor firmamenti": le docteur dans le droit de l'Eglise médiévale', in *Mélanges offerts à Etienne Gilson*, Toronto/Paris, 1959, 373-388.

Leclercq, J. 'L'idéal du théologien au Moyen Age. Textes inédits', *Revue des sciences religieuses*, 21, (1947), 121-148.

Leclercq, J. 'Lo sviluppo dell'attegiamento critico degli allievi verso i maestri dal Ⅹ al XIII secolo', in *Università e società nei secoli XII-XVI*, *Atti del nono convegno internazionale di studio tenuto a Pistoia nei giorni 20-25 settembre 1979*, Pistoia, 1982, 401-428.

Miethke, J. 'Die Welt der Professoren und Studenten an der Wende vom Mittelalter zur Neuzeit', in K. Andermann (ed.), *Historiographie am Oberrhein im späten Mittelalter und der frühen Neuzeit*, Oberrheinische Studien, 7, Sigmaringen, 1988, 11-33.

Paquet, J. *Salaires et prébendes des professeurs de l'université de Louvain au XVe siècle*, Léopoldville, 1958.

Post, G. 'Masters' Salaries and Student Fees in the Mediaeval Universities', *Speculum*, 7(1932), 161-198.

Post, G. 'Parisian Masters as a Corporation, 1200-1246', *Speculum*, 9(1934), 421-445.

Post, G., Giocarinis, K., and Kay, R. 'The Medieval Heritage of a Humanistic Ideal: "Scientia donum Dei est, unde vendi non potest"', *Traditio*, 11(1955), 195-234.

Verger, J. 'Les professeurs des universités françaises à la fin du Moyen Age', in J. Le Goff and B. Köpeczi(eds.), *Intellectuels français, intellectuels hongrois, XIIIe-XXe siècles*, Budapest/Paris, 1985, 23-39.

Zanetti, D. 'A l' université de Pavie au XVe siècle: les salaires des professeurs', *Annales ESC*, 17(1962), 421-433.

第三编 学生

第六章　入学 171

雷纳·克里斯托夫·施温格斯

13—15世纪，如果一个人不在乎路途的遥远和旅途中数不尽的艰难险阻，那么他进入大学并成为一名大学生实际上是相对容易的。欧洲大学对入学不作国籍、社会地位、智力和语言的规定。形式上的规定也相对很少，它们还没有入学考试的要求。大学甚至没有固定的注册或开学的日期，一年中的任何一天都是适宜的。对最低入学年龄也没有限制。正如在大学档案馆丰富的档案中所记载的那样，只有在举行入学宣誓而不是在被大学接纳的时候，少数人才会遇到问题。

除了作为一名基督徒不言而喻要接受洗礼之外，唯一的入学标准似乎就是道德品质：这是一种每个人在原则上都能够达到的标准。这种“道德行为”的标准（它也适用于教士、公民或城市行会的成员）包括合法出生的证明，但实际上通常只需要一个人相信自己是合法出生的就行了。这类证明也只有在一个人希望获得学位时才是必需的；在某些大学或文学院中，只有在授予文科硕士学位时才需要。[①] 从那时起直到现在，最低级别的学位——文学士——的授予和各种类型的考试的要求都只会影响少数人；对于大多数学生来说，出生的合法性从未成为一个特别关键的问题。

大学的入学

如果大学一方面在入学上没有特殊的要求，那么另一方面学生入学也 172
没有特殊的权利。大学接纳每一位希望成为一名大学附属或大学成员的

---

① Kaufmann, *Deutsche Universitäten*, vol. Ⅱ, 302, 310ff.

人。无论出身或等级、居住地远近、贫富，也无论身体健康还是身患残疾，都不会影响入学。即使是盲人也不会遇到障碍。日后成为法学教授、来自布拉班特的梅赫伦的尼克修斯·德·沃尔达，可能是这方面很特殊的一个例子：他两岁时就双目失明，1459 年进入鲁汶大学，1489 年进入科隆大学；在前一所大学中，他被授予文学硕士学位和一个神学准硕士学位资格，在后一所大学中被授予博士头衔。[②]

尽管大学法规往往特别努力去控制大学生活的方方面面，但大学的大门一直是对每一位有入学愿望的人敞开的，只要他们有必要的资源。这主要是在讲文学院的情况，但在原则上高级学院也是如此。然而，14 世纪末期以后，在高级学院中，不管在何地，也不管采用什么方式来准备，文学院的预备学习在实践中已经形成一种制度。

有两个基本原因可以解释大学入学为何如此容易。第一个原因与近代大学作为一个由个人组成的社团的特殊形式有关，第二个原因则来自中世纪所盛行的普遍的教育制度。

第一个原因是，欧洲大学在其早期历史中经历了很长时期才形成正规的有组织的机构和教育制度，这些机构和制度及它们的特殊变化在今天的欧洲社会中都能找到。它们主要受到社团法人组织的影响，具有行会、兄弟会、学舍和家庭集体生活的特征。因此，大学后来的历史是逐步制度化、理性化，最终是大学“去个性化”的历史。虽然历经危机、波动和变革，但这一进程一直持续到当代，既能从欧洲大陆中部、北部和东部的“新欧洲”（younger Europe）中溯源，也能从西北部、西部和南部的“旧
173 欧洲”（older Europe）中觅踪（见第八章）。欧洲大陆的不同区域都有自

② J. Wils(ed.), *Matricule de l'Université de Louvain*, vol. Ⅱ, 1(Brussels, 1946), 67, no. 65; H. Keussen(ed.), *Die Matrikel der Universität Köln*, vol. Ⅱ(Bonn, 1919), 255, no. 68.

身独特的文化、社会、经济和政治传统。[3] 然而，不同区域的大学有着这种同样的趋势。

最早的大学是由各色人等组成的流动性很强的社团构成。学生基于一名教师、学者或硕士家庭而组织起来，这构成了整个欧洲大学的生活模式；原则上，不管是基于博洛尼亚大学模式还是基于巴黎大学模式建成的大学，都被认为是围绕大师个人而形成的所有家庭或学校的集合体。事实上，除了教师在家或教室里教学生的绘画之外，还没有其他表现中世纪大学的绘画；在木版书和手稿中的小画像中，有着很多这样的教学场面。在皮斯托亚教堂、锡耶纳和萨拉曼卡大学古老建筑上的著名浮雕上也能提供同样的图案。大学的印章也能提供大量的正式证据，如巴黎大学、牛津大学、维也纳大学及爱尔福特大学的印章，都有一位教师和一群围着他的学生的场景。大学的不同形象，如以一幢主要建筑物作为象征，那是在大学史中较后的阶段才出现的，在 16 世纪中期以前的欧洲大学都很难见到。这种形象的出现反映了大学从一个以单个教师为中心的学生组合转变为一种机构的巨大跨越。

在中世纪，进入一所大学和追求学业仅仅意味着把个人与教师及其学生联系起来，而与大学的某个特定组成部分无关，不管它是一个学院、一个学舍、一个寓所或一个同乡会。所以，加入个人组成的团体，录取和入学的正式要求都是次要的。而前者从早期就是一种义务。据说，早在 1215 年，如果一个人没有一名固定的教师，他就永远不可能成为巴黎大学的学生。在整个中世纪，任何一所遵循巴黎大学模式的欧洲大学都没有偏离这条原则。相比之下，在那些遵循博洛尼亚大学模式建立的法律大学

---

③ O. G. Oexle, 'Alteuropäische Voraussetzungen des Bildungsbürgertums-Universitäten, Gelehrte und Studierte', in W. Conze and J. Kocka (eds.), *Bildungsbürgertum im 19. Jahrhundert*, vol. Ⅰ (Stuttgart, 1985), 29-78, 49ff.; Schwinges, *Universitätsbesucher*. 有关欧洲教育制度中不平等，见 P. Moraw, 'Über Entwicklungsunterschiede und Entwicklungsausgleich im deutschen und europäischen Mittelalter, ein Versuch', 见 N. Bestmann (ed.), *Hochfinanz, Wirtschafträume, Innovationen. Festschrift für W. von Stromer*, vol. Ⅱ (Trier, 1987), 607ff.。

中，学生团体和同乡会的作用更突出。但即使如此，教师也仍然是中心人物。[4]

174 教师在对非常年幼的学生实施的学术训练中，自然扮演了一种明确的角色，这些学生处于他的保护、控制和权威之下。大体上，教师和学生之间的关系并不是由一些定量的规范或纯粹的理智标准加以正式确定。然而，这种关系也不是偶然建立起来的。这些学生是按照当时欧洲社会盛行的传统社会准则联合起来的。在进入大学时，他们也根据地域、朋友、熟人、介绍人和赞助人这些惯例来选择教师。在这种方式中，地域和地方的因素起到了支配作用。因此，从一开始，评价学生学习能力的任务就交给了每一位大学教师，而没有留给作为整体的大学。由于这是一种基本的入学方式，因此归根结底与教师的关系就成了每个学生被纳入学术共同体唯一的和严格的标准；在中世纪后期，尽管关于入学的规定越来越严格，但这种基本模式仍然保存了下来。

在分析大学入学容易的第二个原因时应当指出，如果认为入学与某种教育标准、某种水平的实际知识和之前一定程度的智力训练相关，那么这种入学的观念对中世纪大学很难适用。入学不存在任何先决条件。之前的学习既不是先决条件，也不是绝对必需的。拉丁语的掌握确实是必要的，但它是当时的通用语言，也是学校的教学语言。事实上，甚至不能肯定所有进入大学的学生是否都具备读写的能力。佩皮尼昂大学的章程特别提到了这个问题。[5]

---

④ *CUP*, vol. Ⅰ, 79, no. 20. 在1220年的蒙彼利埃也有相似的情况发生：Fournier(ed.), *Statuts*, vol. Ⅱ, 5. 关于1231年前的牛津大学：S. Gibson(ed.), *Statuta Antiqua Universitatis Oxoniensis*(Oxford, 1931), 82. 1236年之后的剑桥：M. B. Hackett, *The Original Statutes of Cambridge University. The Text and its History*(Cambridge, 1970), 72, 211。中欧大学的事例：R. C. Schwinges, 'Sozialgeschichtliche Aspekte spätmittelalterlicher Studentenbursen in Deutschland', 见 *Schulen und Studium*, 527-564, 535ff.。

⑤ Fournier(ed.), *Statuts*, vol. Ⅱ, 660; § Ⅱ. 5; A. Wendehorst, 'Wer konnte im Mittelalter lesen und schreiben', 见 *Schulen und Studium*, 9-33; J. Coleman, *Medieval Readers and Writers 1350-1400*(New York, 1981).

从上述事实可以推断，尽管中世纪的教育制度已经开始分化，尤其是13世纪后的中世纪晚期，但学校和大学之间并没有一种功能上的直接衔接。教育水平和教育目标并没有通过一系列前后相继的步骤而形成的阶段向前推进，也不存在秩序井然的教育模式来传递一种标准化的基础知识体系。教育制度中的每一个环节——不管是修道院学校、慈善学校、城市拉丁语学校、教区学校、教授本地方言的学校、私人指导的学校或是大学——彼此之间都相互独立。从一所学校转到另一所学校，包括从大学转 175
到学校，再从学校回到大学，这都极为平常。如果认为在中世纪就已经出现秩序井然的现代教育制度的萌芽，就犯了历史性的错误。

事实上，门徒（pupil）和学生（student）这两个术语很难彼此区分开来，这为大学和学校之间缺乏清晰的界限提供了一个明显的证据。那些进入大学和学校的人都被称为学者（*scholares*）；这个术语主要涉及学生和教师之间特有的关系，主要与教师的地位有关。甚至对那些高级的医学院、法学院和神学院里的高年级学生，它也是适用的。*studens* 和 *studentes* 这些术语更多涉及学习的活动，而不涉及在大学中的特殊身份。因此，在教会的或城市拉丁学校中的学生可以被称为 *studentes*。这表明现代意义上的、按照正式确定的标准被录取的“学生”范畴在中世纪是找不到对应物的。就知识的实质而言，这更为正确。⑥

而且，在教育标准和教育成果方面，一些学校不仅与文学院相匹敌，甚至还超过文学院。这也是学校普遍发展的结果，它迟早（几乎是同时）会导致大学的发展。类似这样的学校，为上大学提供了真正的可供选择的机会。与大学一样，它们的学生中有相当比例的人不是来自本地，甚至不是来自该区域。它们提供与文学院同样的教学科目，并且能够满足大多数职业对写作能力的需要。

---

⑥ J. A. H. Moran, *The Growth of English Schooling 1340-1548* (Princeton, 1985), 64ff.; G. A. von Mülverstedt, *Beiträge zur Kunde des Schulwesens im Mittelalter und über den Begriff scolaris* (Magdeburg, 1875), 尤其是 21ff.; Kaufmann, *Deutsche Universitäten*, vol. Ⅱ, 56f., 268ff., 315.

受近代虔敬运动（*devotio moderna*）精神感召的学校和共同生活兄弟会的神学校，如荷兰的兹沃勒学校和位于今天比利时的列日的学校，都属于上述类型。同样，属于这一类型的还有位于阿尔萨斯的斯莱茨斯塔特（又名瑟勒斯塔特）的著名的“人文主义学校”和位于图林根的爱尔福特的“学校城”（在1392年大学建立之前，那里的一些学校就已经声名远扬）。属于这一类型的还有其他具有悠久传统的学校，如主教座堂学校和学舍，如英格兰的埃克塞特和温彻斯特、法兰西的兰斯和苏瓦松或荷兰的德温特的慈善学校（在中世纪晚期，德温特的教师是杰出的人文主义学者亚历山大·黑吉乌斯，他的学生包括布斯克乌斯、伊拉斯谟、莫米琉斯和马丁努斯·鲁弗斯）。在西班牙，在那些位于萨拉哥萨、瓦伦西亚及韦斯
176 卡的学校中，一些教会学校和城市学校享有很高的地位；在整个中世纪，这些学校的地位介于学校和大学之间。从但丁时代开始，很多在意大利中部和北部的学校，既有位于大学城内的，也有位于大学城外的，都有着很高的教学质量。佛罗伦萨很可能只是一个特别著名的中心，曼图亚、米兰、维罗那、乌尔比诺和热那亚与它的地位非常相似。最后，由宗教团体建立的大学馆也提供了一种大学学习的选择，尤其是四个大的修道团，即多明我会、方济各会、奥斯汀修会及加尔默修会兴建的大学馆。[7]

与所有类型的学校相比，大学所拥有的决定性优势是它们的特权地位及相伴随的举行考试、授予学位和享有教学身份的权利。那些从最优秀的学校毕业的学生（如黑吉乌斯的学生）也能享有同样的特权。一些已经成为教师的人（在13—15世纪，教学绝不是一种学术职业，尽管有朝这个方面发展的趋势），通常在学习的最后阶段才注册，其目的是为了获得一个文学士或文学硕士学位。1485年，一桩拉丁学校的趣事与这个话题有关，这个故事包含了一种贬损的态度，因为一名资深的教师竟然还要竭力

---

⑦ 与学校有关的内容，见精选文献。

去追求学术上的荣誉。[⑧] 但是，即使不以毕业为目标——这在1500年左右欧洲西部和中部的大学是非常平常的事情——大学也有足够的吸引力，因为学生在大学要比在寻常的城市学校或慈善学校里能学到更多的知识，更不用说大学能提供更多的机会和社会交往。

尽管可能在原则上不需要提前接受教育就能上大学，但在实践中情况慢慢发生了变化。到12世纪末，市镇已经建立了他们自己的“城市”学校，其目的部分是为了与教会的教育制度相抗衡。这个过程开始于那些“旧欧洲”地区，在经济最早得到发展的意大利北部、法国南部和西北部的市镇中，学校的规模和重要性都发生了变化。资料表明，在14世纪和15世纪晚期，学校逐渐扩展到欧洲的其他地区。大约在1500年宗教改革前夕，几乎在每一个市镇都能找到教会学校或“城市”学校，尽管它们的规模非常小。但是，这些学校的制度化程度不及大学。教育的延续依赖个人的影响，更依赖学校和教师的流动。不幸的是，我们所获得的史料不允 177
许我们对这个问题谈论得更多。

当然，对于大学的入学来讲，普通教育的发展具有极为重要的意义。无论在什么地方，这都可以定量评估。也就是说，无论在什么地方，学校校址都与学生的来源地区相联系，就像德国大学“生源地”的情况一样。事实表明，自14世纪以后，学校已经成为大学入学的“正式”条件。例如，在中世纪晚期，科隆大学中四分之三的学生都受过学校的教育。[⑨]

不管学生是否满足这种正式的学习要求，文学院的教师都会向这些具有不同民族背景的学生提供各种各样的知识教育。要成为教师身边团体中的一员，就必须能做基本（即拉丁语）的练习，教师因此要进行个别的辅

⑧ W. Schulze, ‘Codrus. Lateinische Schulkomödie aus dem Jahre 1485’, *Archiv für Literaturgeschichte*, 11(1882), 328-341. 其他的事例：Keussen(ed.), *Matrikel Köln*（注释 2), vol. Ⅰ, 277, no. 17, 285, no. 39。在英国：N. Orme, ‘Education and Learning at a Medieval English Cathedral, Exeter 1380-1548’, *Journal of Ecclesiastical History*, 32(1981), 265-283, 特别是 270ff.; Moran, *Growth*（注释 6), 66。

⑨ Schwinges, *Universitätsbesucher*, 330-341. 与学校发展有关的内容，见精选文献。

导。从很早开始，文学院提供的所谓“教学”就是那些要成功加入师生团体所必需的入门基础知识。在一些大学城中，拉丁学校承担了这种教育的功能，但在一些方面仍受到当地教会的监督，如剑桥、科英布拉（受圣克鲁兹教会的监督）和巴黎（受圣母院的监督）；在一些方面也受到大学的监督，如在牛津、萨拉曼卡和维也纳（在圣斯蒂芬大教堂的监督之下）。在维也纳，学校教师本身就隶属于大学。⑩

注册

尽管希望进入大学的学生和个人可以通过加入以教师为核心的团体而成为大学的一员，但只有在校长授权下完成注册以后，他才能合法地成为特权团体中的一员。只有这样，他才能成为大学的成员。注册，这是大学管理机构最重要的职责之一，也是一种正式赋予合法地位的行为。它包括学生在注册时要宣誓，缴纳依照法令必须缴纳的注册费用，在一个专门的
178 登记簿上登记自己的姓名。这个登记簿既要记录他们的誓词，也要记录每一位注册人所缴纳的费用。为了把这类注册与其他类型的注册（包括教师、学舍或同乡会的注册）相区分，它可以被称作“普通大学的注册”或“校长的注册”。这个登记簿上记录的信息充分满足了大学入学的正式要求。

这是14世纪末和整个15世纪在“新欧洲”的情况，包括从鲁汶到克拉科，从圣安德鲁斯或哥本哈根到维也纳和巴塞尔。在特殊的档案登记簿上注册的过程，反映了一套颇为完整的程序。与此相联系的通过校长进行行政管理的方式，标志着作为一个机构的大学在其发展过程中进入一个新的阶段。尤其是民族和地方权力逐渐取代了早期的“普遍主义”（在“旧

⑩ Denifle, *Entstehung*; Rashdall, *Universities*; I. Hajnal, *L'Enseignement de l'écriture aux universités médiévales*, 2nd edn(Budapest, 1959); A. L. Gabriel, 'Preparatory Teaching in the Parisian Colleges during the Fourteenth Century', 见 A. L. Gabriel, *Garlandia. Studies in the History of the Mediaeval University*(Frankfurt-on-Main, 1969), 97-124.

欧洲”地区，这种普遍主义长期存在于巴黎大学中）。在“普遍主义时代”的意大利、法国、伊比利亚半岛和英格兰，大学校长从未保管过他们的普通注册簿；但从 14 世纪早期开始，许多大学的章程规定，注册簿的保存属于校长的职责。然而，即使在排他主义时代，甚至到近代早期，他们的后继者也没有这样做。毫无疑问，其原因在于家庭式社团、学舍和同乡会的这些传统组织模式的强烈影响。[11]

在“普遍主义时代”的大学中，尤其是在阿尔卑斯山以北由文学院、神学院和医学院构成的大学，“注册”从一开始就是每一位教师的责任。随着学生人数的增多，在规模较大的文学院中，教师开始登记他们学生的姓名。牛津大学很早（1231 年之前）就开始登记学生情况，剑桥大学于 1236—1254 年开始；巴黎大学开始的时间稍晚，到 1289 年教师们才就学生注册做出了一项正式的规定。由于学生数量的不断增加，教师很难知道每一个学生的姓名，这就需要有一个“教师注册登记簿”提供信息，以便教师了解和记录从事特定练习和阅读学生的表现，从而把天才学生与那些只希望享受大学特权的滥竽充数的学生区分开来。[12]

因此，与章程的灵活性相适应，教师们自己来确认大学中正式的学 179
生。这种情况似乎在中世纪大学中很流行。不久，其他学院的教师也开始编制学生名单，然后再把这些名单交给学院；由此，真正的学院注册先后出现（但很可能是在 14 世纪中期前后）。[13] 可以理解，因为这是私人的而

---

⑪ 对于欧洲大学注册登记名单的考察，见 B. Schmalhaus, *Hochschulmatrikeln. Verzeichnis der Drucke nebst anderen Nachweisen*(Göttingen, 1937)；E. Giessler-Wirsig, ‘Universitäts und Hochschulmatrikeln’，见 W. Ribbe and E. Henning(eds.), *Taschenbuch für Familiengeschichtsforschung*, 9th edn(Neustadt/Aisch, 1980), 141-180。

⑫ Oxford: Gibson(ed.), *Statuta*(注释 4), lxxii, lxxix, 60f., 82, 107, 227. Cambridge: Hackett, *Statutes*(注释 4), 72, 211, 330. Paris: *CUP*, vol. Ⅰ, 35f., no. 561. 关于该问题的讨论，见 J. Paquet, ‘L'Immatriculation des étudiants dans les universités médiévales’, *Pascua Mediaevalia. Studies for Prof. Dr. J. M. de Smet*(Louvain, 1983), 159-171。

⑬ CUP, vol. Ⅰ, 701, § 45, no. 1189; vol. Ⅳ, 703, no. 2671; Fournier(ed.), *Statuts*, vol. Ⅱ, 70, § 36; 83. 参见 Paquet, ‘Immatriculation’(注释 12), 161f。

不是官方的大学文件，这些注册簿实际上都没能保存下来。有一部 1268 年前的亚里士多德逻辑学的摘要集手稿保存至今，它属于剑桥大学的冈维尔和考斯学舍。在这部手稿页边的空白处，一位教师简略地记录下 60 个姓名，每个姓名都对应一些数字，这些数字很可能是每位在列学生学习过的时间。⑭

在那些只有法学院的大学（尤其是意大利的博洛尼亚大学、帕多瓦大学、帕维亚大学和法兰西的奥尔良大学、安格斯大学），可能从一开始就是由信守社会习俗的学生同乡会来负责未来成员的登记。在这些大学中，同乡会的负责人发挥了类似其他大学的教师及后来的校长一样的作用。在这种情况之下，章程中也提到了普通注册，尽管有时这种规定较晚才出现。显然，在布拉格和维也纳的大学同时存在这两种类型的注册。⑮ 这种最古老的注册（在北欧、中欧、东欧，它也是最重要的注册类型）是博洛尼亚大学的德意志同乡会入学注册，这些注册从 1289 年开始保存。然而，这种同乡会的注册不应当与巴黎大学的注册相混淆，巴黎大学的注册簿只记录特定同乡会的毕业生。⑯

然而，最为重要的（作为一个规则，也是最为完整的）与大学入学和录取有关的记载，能够在普通注册登记簿或校长登记簿中找到。它们通常只是在中欧的大学中才被完整保存了下来，大约是从 14 世纪下半叶才开
180 始保存。第一个“新”型的注册登记簿是布拉格大学的文学院、神学院和医学院的入学注册，现已遗失，它可能始于 1367 年前。1372 年布拉格的

---

⑭ Hackett, *Statutes*（注释 4），167.

⑮ Fournier(ed.), *Statuts*, vol. Ⅰ, 257, no. 356 (Orléans); 334, §8 (Angers); F. Doelle, 'Ein Fragment der verlorengegangenen Prager Universitätsmatrikel aus dem 14. Jahrhundert', 见 *Miscellanea F. Ehrle*, vol. Ⅲ, Studi e Testi, 39 (Rome, 1924), 88-102, 大概与布拉格的萨克森同乡会有关; P. Uiblein, 'Zur Quellenlage der Geschichte der Wiener Universität im Mittelalter', *Österreich in Geschichte und Literatur*, 7 (1963), 161-166.

⑯ E. Friedländer and C. Malagola (eds.), *Acta Nationis Germanicae Universitatis Bononiensis (1289-1543)* (Berlin, 1887); H. Denifle and E. Châtelain (eds.), *Auctarium Chartularii Universitatis Parisiensis*, 6 vols. (Paris, 1894-1964).

法律大学的注册登记簿保存至今，它可以被认为是欧洲最古老的校长注册登记簿。[17] 布拉格的这两所大学都进行了最早的普通注册登记，这一事实很难说是种巧合。事实上，1348 年布拉格大学的建立是欧洲大学历史发展过程中一个具有转折性意义的事件，它标志着大学从普遍性时代向民族国家时代转变。

在中欧，尽管传统的制度和社会形态对大学保持着影响，但是大学依然承受了与西欧和南欧相同的标准化和集中化的强大压力。维也纳大学从 1377 年开始、海德堡大学从 1386 年开始、科隆大学从 1388 年开始、爱尔福特大学从 1392 年开始、克拉科大学从 1400 年开始、莱比锡大学从 1409 年开始、罗斯托克大学从 1419 年开始、鲁汶大学从 1426 年开始（这里只列举了那些较早建立的大学）模仿布拉格大学，保留下大学注册登记簿。最终，在 16 世纪，集中记录新生的校长注册登记簿已经推广到整个欧洲。现存最古老的注册登记簿很可能保存在意大利，佩鲁贾大学的注册登记簿是这种类型的代表。虽然在 1487 年就已经下令登记，但直到 1511 年才开始记载。与该大学总的注册登记相比，佩鲁贾大学德意志同乡会的注册登记簿更为完整；这表明因为喜爱那种“旧”形式，“新”的形式在很长一段时间内都被忽视了。这是传统社会模式持续影响的结果。[18]

只要在采用这种“新”形式的地方，任何人要进入大学都必须在一个特定的时间内向校长注册，通常是一个月以内。学生可以在一年中的任何一天注册，甚至是在节日期间。[19] 一般的大学章程（尤其是那些当众宣读的条款）不断强化了这种责任。硕士和博士也被赋予为他们的学生注册的基本责任，而学舍和会堂的负责人只接受已经注册了的学生（他们是真正

---

[17] *Monumenta Historica Universitatis Carolo-Ferdinandeae Pragensis*, vol. Ⅱ, *Album seu Matricula Facultatis Jurisdicae Universitatis Pragensis ab anno Christi 1372 usque ad annum 1418* (Prague, 1834).

[18] F. Weigle, *Die Matrikel der Deutschen Nation in Perugia* (Tübingen, 1956), 7, 13ff.

[19] 与该程序有关的内容，见注册登记表的介绍，如海德堡、莱比锡、弗莱堡、鲁汶、科隆和维也纳。

的大学成员），为他们安排住宿和教学。

这种观念体现在新生的“信息手册”中，通常是以对话的形式为那些希望进入大学的人提供简明的介绍。新生要向教师说明他的选择。在确定
181 新生具有明确的学习意向后，教师会要求新生和他一起去见校长并完成注册的程序，此后才会讨论学生的出身、父母、经济状况，以及他的学习兴趣和志向。[20] 在鲁汶大学，四个主要学舍的新生通常作为一个群体，在新校长就职时进行注册；注册在 2 月 26 日和 8 月 31 日举行。

注册是大学的法律或财政利益的产物，更经常是两种利益结合起来的产物。在 13 世纪，无论是牛津大学、剑桥大学或巴黎大学，大学的法律利益实质上是一样的，即控制特权的授予和记录那些获得特权的人的姓名，以区别出那些尚未获得特权的人。通过记录学生的姓名、家庭出身和地位、注册入学的年份和日期，就能够轻易地识别那些需要大学真正保护和帮助的学生，并且把他们与滥竽充数的学生区分开来。在波尔多大学和瓦伦斯大学，如果不能做到这点，就像母亲不知道自己儿子的名字一样，是件很荒唐的事情。[21]

在 15 世纪，把一个滥竽充数的学生驱逐出去不算什么，执行普通注册却很重要。任何人如果不尊重这种注册或在一些场合嘲笑它，几乎会被视作大逆不道。[22] 最后，正是由于这种普通注册，大学才能够履行它“最为神圣的职责”，即授予学术学位和博士学位，同时向那些被认为合适的学生授予执教许可证。

然而，教师的监督或校长的管理并非必然很顺利或很彻底。毫不奇怪，博士和硕士的首要事务是“经营事业”，尤其当他们在私人的学舍或

[20] M. Bernhard, *Goswin Kempgyn de Nussia, Trivita studentium. Eine Einführung in das Universitätsstudium aus dem 15. Jahrhundert*(Munich, 1976), 61.

[21] Fournier(ed.), *Statuts*, vol. Ⅲ, 352, § 47(Bordeaux 1482); 394ff., § 15(Valence 1490).

[22] Fournier(ed.), *Statuts*, vol. Ⅰ, 492, § 39(Toulouse 1314); vol. Ⅲ, 103, § 9(Dole 1424). 相似的案例在 1442 年的海德堡大学也可以见到, E. Winkelmann (ed.), *Urkundenbuch der Universität Heidelberg*, vol. Ⅰ (Heidelberg, 1886), 145, no. 100.

会堂教学时，很多人完全依靠客人和“听众”的交费谋生。无论在哪里，他们都需要与一所大学建立“私人”的关系来满足自己的利益。他们中的很多人进入大学后，能够享有司法豁免权和免税的权利。他们甚至还能“非正式”地学习和毕业，而无须遵守大学总体上的法律和财务要求。也有学生对大学的权威毫不理会。如果对比中欧不同大学的校长注册登记簿 182
与院长注册登记簿或教师注册登记簿，就可以找到这方面的例证。

宣誓和注册费

宣誓，是注册要求的全部法律依据的象征。一般说来，在注册程序中，宣誓是首要的也是最重要的行为。学生不宣誓，校长就会拒绝他注册。正是由于宣誓，师生才超越了家庭的关系，确定了自愿选择与个人社团（即“大学”）之间的契约，这与“旧欧洲”其他组合和法人在宣誓的基础上形成社团没有什么差别。学生们向他们的大学宣誓，就像一个新的市民向他的城市宣誓，或者像商人们和手工艺人向他们各自的行会宣誓一样。

自然，在欧洲的不同大学之间，宣誓的形式和内容都有所不同。然而，四种共同特征显然被认为是不可缺少的因素。新生要宣誓服从当时在职的校长——在英格兰则向教长宣誓，这种宣誓经常会有守法和诚实的附加内容，即在道德上、法律上、社会上得到许可和受人尊重。学生要宣誓遵守和维护大学已经生效及在以后颁布的章程。他也要宣誓尽全力来增进大学的福祉，不论其学位、社会地位或将来可能获得的头衔如何。最后，他要宣誓，当他遭受不公正待遇时，要放弃任何形式的私人复仇，而维护校方的“公共秩序”，这种“公共秩序”意味着在大学校园内外都维持和平。[23]

在学生进入大学宣誓履行职责后，就需要校长履行他的职责，即尽力

㉓ 事例见 Paquet, ‘Immatriculation’(注释 12), 164ff.。

保护大学团体中每位成员的个人权利和自由，在必要时保护他们不受他人的伤害。大学史中有很多这方面的例证。

不足为奇的是，在 14、15 世纪的国家领土（National-territorial）时代，很多形式的誓言成为进入大学的个人与国王之间的一种契约。在这个方面，布拉格大学的大学馆也似乎走在前列。所有新生（不仅是波希米亚人）首先要宣誓效忠国王和王国，随后才宣誓服从校长。卡昂大学的情况
183 也类似，首先是向作为疆土统治者的英格兰国王宣誓效忠。同样，在布雷斯高的弗莱堡大学，学生有义务在他们的大学生活中不做可能侮辱奥地利皇室荣誉的事情。不难理解，这种宣誓效忠直接与大学利益相连，因为从 1460 年起，这所大学已经成为“奥地利前陆”的本土大学。㉔

宣誓以满足宣誓所要求的最低年龄或法定年龄为先决条件。一般说来，依据民法，年满 14 岁就能进行宣誓。然而，在中世纪的不同大学，对法定年龄的规定各有不同；在 200 年间，范围从图卢兹大学规定的 10 岁到莱比锡大学的 13 岁和牛津大学的 16 岁不等。㉕ 因此，那些没有达到最低年龄或法定年龄的学生不能进行宣誓，但他们很多人能进入那些没有最低入学年龄要求的大学。例如，在罗斯托克大学，这样的学生有时占注册学生人数的三分之一。在科隆大学，在整个 15 世纪，他们占了全部学生人数的 2%—3%。在意大利、西班牙和法国的法律大学中，这些学生

㉔ Prague(c. 1368)：H. Jírecek(ed.)，*Codex Juris Bohemici*，vol. Ⅱ：3(Prague，1889)，277，§17；281，§29. Caen(1457)：Fournier(ed.)，*Statuts*，vol. Ⅲ，211，§13. H. Mayer(ed.)，*Die Matrikel der Universität Freiburg im Breisgau*，vol. Ⅰ(Freiburg，1907)，1ff.

㉕ Fournier(ed.)，*Statuts*，vol. Ⅰ，472，§17(1313)；G. Erler(ed.)，*Die Matrikel der Universität Leipzig*，vol. Ⅰ(Leipzig 1895)，lix(1543 年和 15 世纪)；Gibson，*Statuta*(注释 4)，392ff.(1564-1565)；the statutes of 1581，Gibson(注释 4)，421，年龄在 12—16 岁，在剑桥是 14 岁，但这是后来的文件，见 Hackett，*Statutes*（注释 4），167n. 3。

也极为常见，然而在那些地方，年轻往往与高贵的社会身份密切相关。[26]由于显而易见的法律原因，学生不可能免于宣誓，大学的章程中也没有这类豁免的条款，因此校长在得到未成年人（尽管通常是其父亲、亲戚、老师或监护人）做出的承诺——即一旦成年就进行宣誓——之后，可以同意延缓未成年人的宣誓。

因此，这些学生大都在 14 岁或 15 岁宣誓。大多数大学新生也是这个年龄。那些模仿巴黎大学模式的、主要是由文学院的学生组成的大学，可以被称为“少年大学”。一般说来，除了那些社会地位高贵的学生，法学院、医学院和神学院的学生都要比文学院的学生大 4—5 岁。相比之下，高级学院和法律与医科大学都是“成人大学”。例如，在 1444—1546 年的 184
奥尔良大学，属于德意志同乡会的新生在入学时几乎都在 20 岁左右。与现代情况相比，中世纪的学生概念包含了一个范围更为广泛的青年人群体。[27]

然而，事实上注册宣誓似乎并非必不可少。不但可以推迟宣誓，而且出于法律和社会的原因允许特赦和有限制宣誓。在守法、诚实与服从校长和章程的补充条款中，保留了一些变通的可能性，中世纪的雄辩家不费吹灰之力就能对此做出解释。始于 14 世纪前半叶的博洛尼亚法律大学的章程规定，只要学生有“正当理由”，就能享有正式的例外权利，换句话说，就是需要有正当的豁免理由。以注册“教师注册登记簿”和服从自己的老

---

[26] A. Hochmeister(ed.), *Die Matrikel der Universität Rostock*, vol. Ⅰ(Rostock/Schwerin,1899); Keussen(ed.), *Matrikel Köln*(注释 2), vol. Ⅰ, 35* ff.; 193*, table 3; S. Stelling-Michaud, *L'Université de Bologne et la pénétration des droits romain et canonique en Suisse aux XIIIe et XIVe siècles*(Geneva,1955), 82; D. Illmer, 'Die Statuten der Deutschen Nation an der alten Universität Orléans von 1378 bis 1596', *Jus commune*, 6(1977), 10-107,特别是第 79 页。

[27] 见第 7 章，第 195—202 页。与学生的年龄有关的内容，见 Rashdall, *Universities*, vol. Ⅲ, 352ff.; Mayer(ed.), *Matrikel Freiburg*(注释 24), vol. Ⅰ, lxxviff.; Moran, *Growth*(注释 6), 64ff.; *Universités en France*, 93; R. L. Kagan, *Students and Society in Early Modern Spain*(Baltimore/London,1974), 32; Illmer, 'Statuten'(注释 26), 79; Cobban, *Medieval Universities*, 351ff.。

师为借口，在剑桥大学早期，学生无须引证任何法律案例就能免于宣誓。[28] 事实上，最为重要的理由或许是一些人的利益冲突，这些人同时隶属于两个在法律规定上有所不同的团体。根据 14 世纪的法律，不能强迫城市的公民和博洛尼亚、佩鲁贾、帕多瓦及阿拉贡的莱里达附近区域的公民宣誓。这是因为虽然他们服从校长的管理，但严格说来，他们不是大学团体的成员，因此不能够列入校长的注册登记簿。14 世纪末期的政治发展改变了这种情况，包括引起注册本身的变化，如博洛尼亚大学就建立了一种专门登记簿。

除此之外，还有对宗教团体成员的特别规定。为了能协调他们的宗教义务和对大学的职责，他们可以进行有限制的宣誓；如果事先得到修道院院长或更高级神职人员的允许，他们也可以进行完整的宣誓。

在大多数的欧洲大学中，无须任何正式的规定就可以提供这样的豁免。然而，对于高级教士和高级贵族，尤其是对那些拥有亲王、伯爵或贵族头衔的学生和那些就读于神圣罗马帝国的大学生也有特别的规定；地方贵族的种类、社会和法律地位都是明确加以考虑的因素。海德堡大学接受
185 一种荣誉证明，科隆大学有一种特殊的“贵族宣誓”，图宾根大学和巴塞尔大学则往往根据每一位新生的地位来决定宣誓的形式。[29] 因此，注册宣誓是随着学生地位的变化而变化的。誓言由于地位的不同而不同，因此学生和大学成员概念的内涵也在不断变化。新生在入学时并未改变他的地位，他所进入的大学与所处的社会一样不平等。只有在博洛尼亚、帕多瓦、佛罗伦萨及佩鲁贾，由意大利律师所形成的上流社会不强调社会地位

[28] C. Malagola(ed.),*Statuti delle università e dei collegi dello studio Bolognese*(Bologna, 1888),13;Hackett,*Statutes*(注释 4),211.

[29] G. Toepke(ed.),*Die Matrikel der Universität Heidelberg*, vol. Ⅰ(Heidelberg,1884), 190 and n. 1;Schwinges,*Universitätsbesucher*,378ff. and n. 19.

的差异。因此，除了国王合法的儿子和兄弟，每一个人都要进行宣誓。[30]

在学生注册中，经济利益至少与法律上的考虑同样重要。入学的费用明文写在章程中，适用于全体学生，但事实上这些规定主要适用于大多数“中产阶级”的学生，他们忠实地履行了注册的义务；他们的人数、他们交纳的注册费使大学得以生存。他们通常被称为“有钱人”。一般说来，注册费的多少取决于大学每周的维持费用。从长远来看，在大学章程中具体规定的金额自然只能是假定的。

事实上，各个大学的注册费都有所不同，其结果便出现了“昂贵的大学”和“廉价的大学”之分。在神圣罗马帝国境内，罗斯托克大学、格瑞夫斯沃德大学和爱尔福特大学属于前一种类型，而莱比锡、科隆和维也纳可以归入第二种类型。在意大利，帕多瓦和佛罗伦萨属于那种很昂贵的大学，而博洛尼亚和费拉拉属于较廉价的大学。[31] 在某些方面，一所大学的社会氛围会受到这种差异的影响。

和宣誓一样，注册费中也包含一种社会因素。根据地位和财源，通常注册费可能会超出或少于所需要的费用，也可能会有波动。许多大学，尤其是那些中欧的大学，章程中都有关于收费的特殊条款。其中规定以地位来收费，不同地位的学生按不同方式交费。根据等级和职务，贵族和教堂或大教堂的高级教士需要在普通费用之外另加一种特殊的费用。除此之外，各大学都期望学生能提供一笔远远超出普通费用的捐赠。不同阶级付
不同的注册费，这使一些人在大学里能享受特殊的权利。然而，如果已经 186
交纳了所需费用，那么任何人都可以获得那些特权——就像所有学生都来自贵族家庭一样。[32]

㉚ H. Denifle, 'Die Statuten der Juristen-Universität Bologna vom J. 1317-1347, und deren Verhältnis zu jenen Paduas, Perugias, Florenz', *Archiv für Literatur-und Kirchen-geschichte*, 3 (1887), 358; H. Denifle, 'Die Statuten der Juristen-Universität Padua vom Jahre 1331', *Archiv für Literatur-und Kirchengeschichte des Mittelalters*, 6(1892), 410. 也见第 7 章，第 208 页。

㉛ Schwinges, *Universitätsbesucher*, 424; Rashdall, *Universities*, vol. Ⅰ, 226; vol. Ⅱ, 54.

㉜ Schwinges, *Universitätsbesucher*, 348-351.

因为来自国家的捐款明显不足，注册费收入成为中世纪大学收入最重要的来源之一。事实上，大学在很大程度上依赖注册费。因此，每所大学都特别关注收费问题。于是，很多大学都不常用“注册”或“登记”，而是用“intitulate”和“intitulation”这两个专门的术语来确认入学行为中的财政因素。很显然，在博洛尼亚和帕尔马的法律大学，收费问题是如此重要，以至于“注册”和“支付登记”这两个术语被当作同义词来使用。[33] 只要可能，校长和司库都必须接受用现金支付的注册费，并且把它们详细地记录在注册登记簿上，还要特别注明所交费用不足或没有交费的情况。为此，一些由校长保存的注册登记簿就像账簿一样。

一些注册费入了大学的金库，另一些支付给校长及其助理，作为他们在管理宣誓和注册时的薪水。在这种支付制度中，只要校长有一定的自由度允许部分或全部免除费用，就会导致某种独裁因素的产生。然而，由于财政原因，在15世纪，校长们倾向于对每一位新生实行严格的收费标准。

校长可随意支配的权力在两个规模不同的群体中受到限制，这两个群体分别处于学生群体的上层和下层。处于下层的群体是穷学生，他们希望利用教会法对穷人的特殊恩惠来免除注册费。处于另一端的是高高在上的贵族和教士学生、在外国大学获得博士学位的人，还有得到特殊赞助的学生（他们的推荐信使大学获得特权和社会利益），这些人也是免除注册费的人。

自然，这两个群体彼此之间差别很大。对于一个群体而言，大学入学是一种正式的荣誉，但对另一个群体而言是非常棘手的事情。[34] 贫穷不是
187 入学的障碍，但是就缴纳注册费而言，一般说来，并没有特殊的关照。那些在不同场合下负责收注册费的人必须检查学生有无支付能力。比较贫穷的学生被催促着尽可能地履行与注册相关的经济义务。严格说来，只有在好运降临时，他们才会得到允许推迟交纳注册费。

㉝ Malagola(ed.),*Statuti*(注释 28),74;Paquet,'Immatriculation'(注释 12),166.

㉞ Schwinges,*Universitätsbesucher*,376.

一般说来，大学正式的入学手续的顺序是宣誓、缴费、登记。正如一开始提到的那样，大学新生如已会写字，他有时会在登记簿上登记自己的姓名。不过，这项工作通常是由大学的校长或书记员来做。在德意志大学中，重要的注册登记簿几乎都由大学职员妥善保存。有关学生的详细信息最初写在纸张上；随后，注册登记簿部分以年代为顺序，部分根据社会地位，转写为普通注册登记簿。例如，科隆大学一份普通入学登记簿（日期为 1478 年 10 月 14 日）上写着 *Conradus Pijckell de Swefordia*，*dioecesis Herbipolensis*，*artes*，*juravit et solvit*。这个学生名叫康拉德·策尔蒂斯，后来成为一名著名的人文主义学者，他来自属于维尔茨堡主教辖区的施韦因福特附近，出生于 1459 年，在 19 岁时进入科隆大学学习文科。他在注册入学时进行宣誓，交付了普通的学费。[35]

注册人数的波动

事实上，由大学校长保存普通注册登记簿的现象揭示了大学关注新生人数的原因或动机。一些大学（如莱比锡、爱尔福特及因戈尔施塔特）从成立之初就开始统计注册学生的人数，因而表达了一种具有历史含义的集体意识，注册或宣誓建立了一种永久的成员资格和合法关系。其他的大学（如海德堡、爱尔福特、罗斯托克和格瑞夫斯沃德）则从校长的记录中编制一个注册名单，这很可能与计算注册费的收入有关，由此能够看出学生人数的波动（尤其是入学人数保持不变或正在减少的情况）。后一种情况往往很严重，有时它可能会威胁大学整体的生存。也许正是这个原因，在一个特定时期，大学（如奥尔良大学和巴黎大学）会编制一个清单。[36] 直 188
到现代，入学和注册的学生减少而不是增加才会引起反应。

[35] Keussen(ed.),*Matrikel Köln*(注释 2),vol. Ⅱ,49,no. 18.

[36] Orléans 1412：Fournier(ed.),*Statuts*, vol. Ⅰ, 194ff., no. 263 M. Spirgatis, *Personalverzeichnis der Pariser Universität von 1464*(Leipzig,1888). 图卢兹大学在 1314 年意向宣言：Fournier(ed.),*Statuts*,vol. Ⅰ,492, § 39。

从长远来看，中世纪大学学生入学的一个最有意义也最重要的特点是注册学生的人数持续增加。仅在中欧，从 14 世纪中期到中世纪结束时，大约有 25 万人获得了学生身份。保守估算，同一时期整个欧洲大约有 75 万学生进入了大学。

然而，就这个时期欧洲整体的人口增长看，这些数字必须进行推敲。如果不考虑国家和地区的差异，从 1348—1450 年，由于周期性发作的鼠疫，欧洲人口总数迅速减少。此后，人口总数保持稳定；直到 15 世纪最后 25 年，人口才开始逐渐增多。因此，在一些时期，大学入学人数的增长和人口的增长呈相反的趋势。

在神圣罗马帝国，由于数据来源的特点，我们能够得到精确的统计数据。从 1385—1505 年，尽管同时期人口增长率在下降，在神圣罗马帝国境内注册人数的年平均增长率高达 1.75%。[37] 从 15 世纪中期开始，从鲁汶到维也纳，从罗斯托克到巴塞尔，每年都有 2500—3000 名学生进入帝国境内的大学。在 1400—1510 年，波兰的克拉科大学的学生人数也在增长，不过在全部学生中外国学生所占的比例很高，占 30%—50%。[38] 按中世纪的标准，学生的供给已经很高了，超出了王宫、市镇、学校、法庭和教会的需要。这是德意志或中欧大学制度中第一次“供大于求”的危机。这场危机发生在 15 世纪 80 年代以后，在西欧和南欧的大学地区可能也有

---

[37] Schwinges, *Universitätsbesucher*, 30ff.；R. C. Schwinges, ‘Universitätsbesuch im Reich vom 14. zum 16. Jahrhundert: Wachstum und Konjunkturen’, *Geschichte und Gesellschaft*, 10 (1984), 5-30, 尤其在 14ff.。“神圣罗马帝国内的注册”是在中世纪保留登记簿的大学注册人数的总和，这些大学包括维也纳、海德堡、科隆、爱尔福特、莱比锡、鲁汶、罗斯托克、格瑞夫斯沃德、弗莱堡、巴塞尔、因戈尔施塔特和图宾根。

[38] Z. Pauli, B. Ulanowski, and A. Chmiel (eds.), *Album studiosorum universitatis Cracoviensis*, vols. Ⅰ-Ⅱ (Cracow, 1887-1892). 参见 I. Kaniewska, ‘Les étudiants de l'Université de Cracovie aux ⅩⅤe et ⅩⅥe siècle (1433-1560)’, 见 D. Julia, J. Revel, and R. Chartier (eds.), *Les Universités européennes du ⅩⅥe au ⅩⅧe siècle: Histoire sociale des populations étudiantes*, vol. Ⅰ (Paris, 1986), 113-133。

发生。此外，有一些迹象表明至少在英格兰也爆发了同样的危机。[39] 189

大量学生入学——每年多达3000名新生，与之相应的是每年有超过6000多名学生[40]——实质上是中欧大学与“旧欧洲”已经建立的大学之间差距消除的结果。与法国、英格兰、西班牙、葡萄牙及意大利相比，欧洲中部、东部、北部的大学到相对较晚的时期才形成一种与上述区域类似的大学生活。它们之间存在着一个100—200年的时间差。在中世纪晚期，这种差距不仅被消除了，而且就神圣罗马帝国境内的大学而言，在大学的数量——并非必然以同样速度增长——及学生的总人数两方面，它们与“旧欧洲”的大学已经达到同样的发展阶段。一些至今依然存在并发展成为大规模学术机构的古老大学，在15世纪都经历过学生人数飞速增长的时期。下一次同样规模的大增长直到19世纪和20世纪才再次出现。

然而，中世纪大学并没有统一的发展模式。早在中世纪晚期，欧洲大学就已经呈现异乎寻常的多样性。大学的规模相差很大。要使用相对可靠和具有可比性的数据来研究所有的欧洲大学，虽然不是不可能，但也是非常困难的。然而，下列陈述还是可靠的：[41] 按中世纪的标准，大型大学是指最少有1000名学生、每年注册人数至少为400—500名的大学——简言之，是那些对学生具有较大吸引力的大学——这种情况出现在巴黎大学、图卢兹大学、阿维尼翁大学、奥尔良大学、牛津大学、剑桥大学和博洛尼亚大学，也许还有帕多瓦大学和费拉拉大学这样的意大利北部的大学。布拉格有时也存在这种大学，在15世纪后半期的萨拉曼卡、维也纳、爱尔福特、莱比锡、科隆和鲁汶也曾经存在大型大学。除了这些大型大学外，

---

[39] 参见 G. F. Lytle，‘Patronage Patterns and Oxford Colleges c. 1300-c. 1500’，见 L. Stone (ed.)，*The University in Society*，vol. Ⅰ(Princeton，1974)，111-149，尤其是123ff.；T. H. Aston，‘Oxford's Medieval Alumni’，*Past and Present*，74(1977)，3-40，尤其是30ff.。

[40] 在大学待上大约两年的学生。

[41] 对于中欧大学，见注释37。见 Schwinges，*Universitätsbesucher*，至于与注册人数分析有关的问题，也可参阅 Cobban，*Medieval Universities*，121-122；Kagan，*Students and Society*，(注释27)，196ff.；*Universités en France*，80ff.；Julia *et al*. (eds.)，*Universités européennes*(注释38)，其中的文章对此有进一步说明。

几乎所有的欧洲国家都有中等规模的大学，这类大学每年的注册人数为150—200人，同时还有大量小型大学，这些大学有时一年的注册人数才50人。克拉科、罗斯托克、海德堡、因戈尔施塔特、锡耶纳、佩鲁贾、
190 那不勒斯、蒙彼利埃、安格斯、佩皮尼昂、莱里达，或许还有里斯本-科英布拉大学，都属于中等规模的大学。格瑞夫斯沃德、美因兹、弗莱堡、巴塞尔、图宾根、卡豪斯、卡昂和罗马城大学都属于小型大学，这类大学在欧洲大学史中的后普遍主义领土时代非常活跃。皮亚琴察、帕维亚、佛罗伦萨和比萨可能也属于这一类型，尽管有理由推断它们的规模要稍大一些。毫无疑问，在法国、意大利和西班牙还有许多更小的大学，不过现在还没有足够的史料证明。

苏格兰的圣安德鲁斯大学和格拉斯哥大学、丹麦的哥本哈根大学和瑞典的乌普萨拉大学，以及在佩奇、布达和帕塞尼的匈牙利大学，规模同样也很小；在中世纪，它们从来就没能摆脱消亡的威胁。即使到了16世纪，苏格兰人、斯堪的纳维亚人和匈牙利人都在外国上大学。[42]

在某种程度上，这些规模上的差异受到大学城作为城市的特性及它们作为区域中心地位的影响。除了两所英格兰大学之外，所有大型的欧洲大学都坐落于人口超过一万的中世纪城市。它们都是重要的贸易和手工业中心、商业城市和重要的物品集散地，并且处于一个经济和地理网络之中。由于道路和其他交通方式方面的考虑，它们都建在一个理想的地点，容易到达。它们或者是古老的王侯和市政部门建立的地区，或者是被一些区域所环绕，这些区域从14世纪开始就牢牢地被政府控制。对于大多数区域性的德意志大学来说，情况确实是这样。在一定程度上，这些假设也适用

---

[42] Schwinges, *Universitätsbesucher*, 234-244; J. M. Anderson, *Early Records of the University of St Andrews* (Edinburgh, 1926); J. Pinborg, 'Danish Students 1450-1535 and the University of Copenhagen', *Cahiers de l'Institut du Moyen Age Grec et Latin, Université de Copenhague*, 37(1981), 70-122, 特别是 95ff.; S. Lindroth, *A History of Uppsala University, 1477-1977* (Stockholm, 1977), 10; A. L. Gabriel, *The Medieval Universities of Pécs and Pozsony* (Frankfurt, 1969).

于一些只具有一般或较小吸引力的大学。一些意大利的大学除外，因为它们的注册人数与大学所在的城市人口无关，如佛罗伦萨大学。

但是，模式并非一成不变。在欧洲，没有哪一所大学能一直保持学生人数的增长。注册人数更多地受到政治、经济、社会环境的影响，在连续几年之内，注册人数往往在几个百分点之间波动。增长阶段与停滞阶段交替出现，而且绝对数量也经常变化。巴黎、奥尔良和法兰西南部的大学与布拉格大学及博洛尼亚大学一样，学生人数在 14 世纪和 15 世纪早期达到
了最高峰。而从 1431—1449 年的巴塞尔会议期间，甚至有人担心巴黎大 191
学会失去它所有的学生。这只是一种看法，因为巴黎大学可能是最大的中世纪大学，1464 年的一份不完整的清单记录了有约 2500 名学生、教师和其他与大学有关的人员。[43] 在 14 世纪 80 年代，布拉格大学可能是继巴黎大学之后欧洲最大的大学，但从 1409 年后，它成了“小型大学”；就其对远方学生的吸引力而言，它几乎从中欧的大学格局中完全消失了。在 15 世纪中叶，在经历了近一倍的增长之后，剑桥大学努力使其学生的规模接近牛津大学。在 15 世纪，随着帕多瓦、比萨、锡耶纳和佩鲁贾大学的兴起，博洛尼亚大学的光芒越来越黯淡。

总体来说，在 15 世纪，中欧学生注册的中心变换得很快。它从神圣罗马帝国东南部的维也纳开始，穿越德意志中部——爱尔福特和莱比锡——再到西北部，以至低地国家和莱茵河流域的广阔区域。在这个时期，这些区域在经济上和人口数量上都是帝国中的重要地区。到中世纪末期，鲁汶和科隆大学的注册人数肯定与剑桥、牛津、萨拉曼卡或巴黎大学的学生人数相当。在这些迁移的背后，是整个欧洲大学制度逐渐巩固的过程，这一过程通常是由欧洲大陆规模更大、历史更悠久的大学所承担的。

注册学生人数的涨落并非偶然的现象。它们是对大学外部所发生的重要事件的一种反应，这些事件使大学及其学生与周围社会建立了非常直接的联系。这些事件遵循一种循环的模式。成千上万的学生做出决定要进入

---

[43] Spirgatis, *Personalverzeichnis*（注释 36），3f.

大学，要接受注册，这本身就是一种循环的模式。尽管这个过程只能从德意志的材料中显示出来，但将这种假说应用于其他大学也是合理的。[44] 这种波动是由经济因素决定的，学生人数的增加也与大学的入学模式相关，这种模式也有较短和较长的循环周期。

甚至在学生人数增长背后的循环过程也是变化的，从 14—16 世纪，这种循环过程在一些不同时段发生了根本性的变化。这种周期性的结构性变化可被划分为四个不同时段，每个时段长短不一，都处于一系列发展和停滞阶段的交替之中。在两个增长阶段中，一个是从 14 世纪晚期（1385
192 年左右）到大约 1480 年，这可以被称为中欧大学注册人数的“起飞阶段”。还有两个停滞时期，一个是从 1430—1450 年，另一个是从 1480—1505 年，这一时段带有更多重大危机的特征。这正是导致神圣罗马帝国“供大于求的危机”的阶段。

这几个周期及其在 1430 年、1450 年和 1480 年这些转折点，构成了大学入学历史时期划分的依据。当然，每所大学并不一定完全遵循普遍的模式，也没有两所大学会在同一个时间迎来注册人数的高峰期。就其区别而言，15 世纪后半期存在三种不同的模式，见表 6.1。

表 6.1　大学入学的历史周期

Ⅰ. 7—11 年的周期	Ⅱ. 3—5 年的周期	Ⅲ. 2—3 年的周期
鲁汶	维也纳	爱尔福特
科隆	弗莱堡	莱比锡
海德堡	罗斯托克	因戈尔施塔特
巴塞尔	格瑞夫斯沃德	
（图宾根）		

这三组模式展示了一个连贯的模式。较长周期（Ⅰ）表示学生人数的

㊹ Schwinges, *Universitätsbesucher*, 185-220.

波动不太剧烈，这种周期集中在广大的莱茵河流域西部的部分地区，临近神圣罗马帝国的交通动脉，也正是这些地区在中世纪晚期成为学生人数增长的中心。在其他大学中，注册学生的人数变化体现了相当大程度的明显的经济波动；这种波动在中心区域，即德意志的“核心地带”（Ⅲ）最为集中和重要，在较边缘的波罗的海地区和东南部地区（如维也纳Ⅱ），波动在一定程度上较小。图宾根属于边缘地区（Ⅰ），相比之下，更有意义的是弗莱堡的经历；与邻近的巴塞尔相反，弗莱堡不属于莱茵河地区的大学类型，而属于第二种类型，处于哈布斯堡王朝统治下的社会和经济区域之内，这个区域也包括维也纳。

形成大学学生人数不同模式的原因，包括长期的“教育爆炸”和注册的循环模式，而几乎与特定大学的内部生活无关。它们与机构的特性、教学的内容或大学教师个人的素质少有联系。就人文主义来看，也是这种情况，人文主义作为一场思想运动被认为可能会引起大学入学人数的增加。 193
但与之相反的是，在15世纪末期，神圣罗马帝国的人文主义学术中心——爱尔福特、巴塞尔、因戈尔施塔特、图宾根和维也纳，注册的人数经历了几次下滑。根据已知的数据，意大利的情况也是如此。[45]

形成这些循环模式的原因来自大学外部，并非由于特殊的事件（如战争、暴乱和瘟疫），而在于农业价格的波动，以及在中世纪的农业社会当中由此造成的各种其他价格的改变。在各种地理环境下，大学入学人数和大学所处区域内的市场条件彼此密切相关。一般说来，这是一种负相关。与注册人数增加相对应的是低价格水平的时期，注册人数停滞的阶段与高价格水平处于同一时期。谷物的价格在于收成的好坏，而它又决定了注册的趋势，甚至决定了学生的社会地位。高价格时期，注册人数减少，同时使来自贫困家庭的学生人数增加到超出了正常的预期。然而，谷物价格的长期下跌、中世纪后期所谓的经济萧条，对城市经济来讲很有利，从长远

---

[45] R. L. Kagan, ‘Universities in Italy 1500-1700’, 见 Julia *et al*. (eds.), *Universités européennes*（注释 38），155ff.

看来也有助于注册人数的增长。因此，“教育爆炸”的现象一直从 14 世纪延续到 16 世纪。上大学在很大程度上是城市的事情，[46] 所以城市的“手工业黄金时代”似乎也是大学入学的黄金时代。

精选文献

Bowen, J. *A History of Western Education* vol. II, *Civilization of Europe, Sixth to Sixteenth Century*, London, 1975.

Cantarino, V. ‘Mediaeval Spanish Institutions of Learning: a Reappraisal’, *Etudes Islamiques*, 44(1976), 217-229.

Engelbrecht, H. *Geschichte des österreichischen Bildungswesens* vol. I, *Von den Anfängen bis in die Zeit des Humanismus*, Vienna, 1982.

Enseignement et vie intellectuelle (IXe-XVIe siècles). Actes du 95e Congrès National des Sociétés Savantes Reims 1970, vol. I, Paris, 1975.

Frank, I. *Die Bettelordensstudia im Gefüge des spätmittelalterlichen Universitätswesens*, Stuttgart, 1988.

Fried, J. (ed.) *Schulen und Studium im sozialen Wandel des hohen und späten Mittelalters*, Sigmaringen, 1986.

194 Garin, E. *L'educazione in Europa 1400-1600*, Rome/Bari, 1957, 3rd edn, Rome, 1967.

Julia, D., Revel, J., and Chartier, R. (eds.) *Les Universités européennes du XVIe au XVIIIe siècle: Histoire sociale des populations étudiantes*, Paris, 2 vols, 1986-1989.

Manacorda, G. *Storia della scuola in Italia*, vol. I, *Il medioevo*, Palermo, 1913.

Moran, J. A. H. *The Growth of English Schooling 1340-1548*, Princeton, 1985.

---

[46] 见第 7 章。

Moraw, P. 'Über Entwicklungsunterschiede und Entwicklungsausgleich im deutschen und europäischen Mittelalter, ein Versuch', in U. Bestmann (ed.), *Hochfinanz, Wirtschaftsräume, Innovationen. Festschrift für W. von Stromer*, vol. Ⅱ, Trier, 1987, 583-622.

Orme, N. *English Schools in the Middle Ages*, London, 1973.

Paré, G., Brunet, A., and Tremblay, P. *La Renaissance du* Ⅻ*e siècle. Les écoles et l'enseignement*, Paris/Ottawa, 1933.

Parias, L. H. (ed.) *Histoire générale de l'enseignement et de l'éducation en France*, vol. Ⅰ, Paris, 1981. 尤其是 M. Rouche 撰写的文章。

Paul, J. *Histoire intellectuelle de l'Occident médiéval*, Paris, 1973.

Piltz, A. *The World of Medieval Learning*, Oxford, 1981.

Post, R. R. *Scholen en onderwijs in Nederland gedurende de Middeleeuwen*, Utrecht, 1954.

Schmid, K. A. *Geschichte der Erziehung vom Anfang bis auf unsere Zeit*, vol. Ⅱ: 1-2, Stuttgart, 1889-1892; reprint, Aalen, 1970.

Schwinges, R. C. *Deutsche Universitätsbesucher im 14. und 15. Jahrhundert: Studien zur Sozialgeschichte des alten Reiches*, Stuttgart, 1986.

Le scuole degli ordini Mendicanti (secoli XIII-XIV*)*, Todi, 1978.

Verger, J. 'Universités et écoles médiévales de la fin du Ⅺe à la fin du XVe siècle', in G. Mialaret and J. Vial (eds.), *Histoire mondiale de l'éducation*, vol. Ⅰ, Paris, 1981, 281-309.

Wühr, W. *Das abendländische Bildungswesen im Mittelalter*, Munich, 1950.

195 # 第七章　学生的教育与生活

雷纳·克里斯托夫·施温格斯

学生：概念与类型

早在800年前的欧洲大学和欧洲社会，“大学”“学院”“博士”“硕士”“学生”等诸如此类的概念就已经开始使用了。在漫长的使用过程中，这些概念所蕴涵的意义发生了不小的变化。一般来讲，当我们研究中世纪的现象，特别是研究由个人群体组成的中世纪大学的社会现象时，这些概念现代的含义对于我们来说几乎没有什么帮助。尤其在专述“中世纪学生”这一章中，读者从一开始就要意识到这些我们熟悉的语词其实包含着许多不同的含义，究竟是什么含义，完全取决于它所处的时代。因此，无论是出于历史事实还是语言形式的原因，在对待像“学者（scholars）”、“登记入学者（enrolled members）”或“注册入学者（matriculants）”这类语义模糊的词汇时，我们都应当极度的谨慎。为了更好地明晰概念，本章将使用“大学入学者（uninersity attender）”这个术语。

考察欧洲大学教育，人们会惊讶地发现，在所有国家中没有哪所大学能够描绘出中世纪学生的总体情况——且不考虑时代背景。仅仅从那些关于大学入学、注册的记载中，就能看出学生这个概念的含义有多复杂：当时没有什么正规的中等教育，学校和大学互有交叉，而“门徒”与“学生”之间也没有截然的区别。它们都是大学和学校的成员。学生的年龄跨度也很大，有14岁以下的儿童，也有20、30岁的成年人。在注册时根据地位进行“宣誓”和收取“注册费”此类规定，在法律层面上确立了学生与其他普通人的差别，更不用说学生获得的独特社会地位了。[①]

当然，这还不是事情的全部。与今天相比，那时在不同学院或不同 196
“专科”大学学习的学生，在地位上有着根本的矛盾。特别是在文科或法律大学里，这种矛盾有时甚至会演变成巨大的混乱。在1372年的布拉格就发生了由此引起的分离（secession）事件。当时，在布拉格学馆这一个机构之下建立了有着不同校长的两所大学：一所由学习文科、神学和医学的学生组成，另一所里则是些学习法律的学生。这种威胁大学发展的状况一直延续到中世纪末，当巴塞尔大学创办时，这种矛盾再次激化，因为在此学习法律的学生拒绝与其他学生合作。之所以产生这种矛盾，根本上是因为在同一所大学中总是存在着相互排斥的两种社会环境。随着现代君主制国家和城市自治政府逐渐成为后普遍主义时代（post-universal age）大学发展的后盾，这种二元趋势才得以遏制。因此，为了保持过去的风貌，很有必要诉诸一种象征性的行为，以及展示一种不同的生活方式。

现代的观念对于我们探究中世纪学生的学习目标同样没有什么帮助。以今天的观点来看，中世纪的大学入学者中有很大一部分都应该算是中途辍学者，甚至是学业失败者。迟至1500年，大学都没有采取正式手段来确定任何形式的考试制度。绝大多数人满足于进入大学并成为大学的一员。由大学开启的社会可能性，也并不要求一种基于考试和毕业的特定资格授予制度来对学生进行控制。

在欧洲中世纪大学入学者中，至少可以发现五种类型的学生。这几种类型的学生同时存在，构成了一幅大学入学的金字塔形图表，它有着宽广的基座和相对狭小的塔尖。

第一种类型可以在文学院中找到。在绝大多数情况下，这类学生都是年龄在14—16岁的年轻人，而且一般都是初次进入大学学习，并且都满足了入学所规定的法律和经济条件。根据所有大学入学者的地位分布情况来看，其社会背景以中间阶层居多，但贫富皆有。他们很可能在家乡上过

① 参见第6章，第177—186页。

拉丁语学校，至少掌握了一些读写的基础知识，也有拉丁文法的基础。他们在自己选择的导师指导下开始一种学校式的生活，加深对文科知识的学习。如果这还不够，他们就要学习所谓的教学，以使自己不至于落伍。即便这样，他们也都不能算是典型的大学新生。然而，这种想法没有考虑时代的因素，因为中世纪的学生并不打算在大学里获得所有他们能够获得的
197 知识——直到医学、神学或法学博士学位。他们上大学的期限平均为1.8年（这是来自德意志大学的估算），而实际情况比这个数字更低一些。这类学生在大学里不要求考试，也得不到学术头衔，因此也就没有相应的“校园地位”。在当时的大学里，他们被称为“单纯的学生”。他们常常在新欧洲和阿尔卑斯北部的旧欧洲（见第八章）的设有四个学院的大学里就读，尤其集中在巴黎及英格兰的大学里。他们常常占到全部入学者的50%或更多，因此完全可以认为这类学生是中世纪大学学生的主体。

第二类学生也在文学院中。他们上大学初看起来与第一类学生没有什么不同。从年龄、预备教育及社会背景上看，他们同第一类学生也没有什么显著区别，只不过在他们中间贫困学生的比例日益增大——德意志和中欧大学的数据比较精确。根据这一事实，可以推测第二类学生代表了那些——尽管比例还很低——希望通过大学及教育提升社会地位的学生。与第一类学生相比，第二类学生希望限制——按当时的说法——或“确定”（determine）他们的学习，如证明他们已经学到的技能。他们学习的目标就是获得“文科学士”学位，他们要在一名选定的导师指导下，学习两年到两年半的“学术课程”才能获得这个学位。这些学生此时16—19岁。假如我们用现代的比喻，可以把这种毕业过程与现在的中学生通过大学入学前的中学考试相比。1350—1500年，欧洲大学中文科学士的比例在20%—40%，因此第二类学生在大学中与第一类学生一样普遍，是人数仅次于第一类学生的第二大群体。对他们中三分之二的人来说，文科学士是他们在大学中能够获得或希望获得的唯一学位。西班牙、法国和英格兰的大多数学舍都把获得文科学士学位作为成为教师的先决条件。

第三类学生也与文学院相关，但他们学习的目标不仅仅限于文科。这

类学生一般都已获得“学士”学位（相当于具备了现代大学的入学资格），再学习 2—3 年就可以获得文科硕士学位。处在这个学习阶段的学生往往 19—21 岁。这类学生的社会背景与第二类学生类似，尽管其中贫困学生的比例与后者相比明显低一些。如果这类学生在获得硕士学位后没有离开大学——在文学院义务教学 2 年，此举从中世纪开始，随着时间的推移逐渐成为惯例——那么他们可以继续学习医学、神学、教会法或者民法等高级学院的课程。这类“硕士-学生”在欧洲各地都能找到，不过他们大多 198
在遵循“巴黎大学模式”所建立的大学中。如果仅是进行粗略对照，他们的确与今天的大学一年级学生很相似。与前两种类型的学生人数相比，这类学生要少很多。尽管每所大学这类学生的人数不一样，他们从 13—15 世纪的人数也不同，但平均算来，他们大约只占大学入学者总数的 10%—20%。然而，更重要的是，他们在还是学生的时候就已经开始教学了。因此，在很多情形中，学生和教授之间不再能清楚地加以区分。硕士-学生（往往是神学专业或是医学专业的）要给文学院的年轻学员授课，后者就是那些选择他作为教师的第一类或第二类学生。围绕他组成了他的弟子、他的教室、他的家。这类学生中的许多人仅仅靠带学生获得支持他们深造的经济来源，他们的下一个目标就是获得某个高级学院的学士学位。有些人更幸运一些，他们还能得到教授津贴、学舍舍长基金、奖学金、牧师薪俸，以及大学或教会的资助金等。这种硕士-学生还能充任一些行政职位：他能出任文学院的院长，如果工作得到特别赞许的话，他能出任甚至还可以当大学的校长。当校长的最好机会在巴黎大学，因为该校的校长都只从文学院中产生。

第四类学生与前三类学生相比有根本的不同。他们在进大学之前就已经具有一定的身份和地位，并且在大学中继续享有这些优越条件。在迈入大学门槛以前，他们就已经是知名人士了。他们要么属于社会高层，要么本人或其家族受人尊敬，要么出身贵族，要么拥有教会财产，要么来自成功的中产家庭。如果他们是贵族家庭的成员或本人就是贵族的话，他们上大学时还要带上一个家庭随从，家庭随从可以是他们的私人教师，也可以是侍从。就这类学生的社会地位来讲，文学院不是他们适宜的学习场所，他们也不适合医学、神学专业学生所处的学习环境，他们更多的是在更高级的学院或法律大学学习。这类学生所受的预备教育在某种程度上相当于硕士水平的教育，这种教育是私人教师传授的，而不是在公共学校里获得的——或者他们“在主修课程之外”再学习文科课程，他们不会也不想用考试来证实自己的知识水平。在从文学院毕业之前从事教学工作的行为会影响他们的社会地位。同样，高级学院在颁发学位，甚至博士学位时，也会出现这种情况。学术头衔是否与学生的等级地位相对应，或者说学生能否接受学术头衔——这种情况往往出现在上等贵族身上——都取决于他的社会出身。这类“上流社会学生”并不像普通的硕士-学生那样，需要通过大学学习来提升自己的社会地位。这类学生分布在欧洲各大学中，但数
199 量有很大差别。他们最主要集中在法律大学或南欧的古老大学的法学院里。到15世纪，“上流社会学生”聚集的“国际”中心在博洛尼亚，这些学生来自从葡萄牙到斯堪的纳维亚、从匈牙利到不列颠群岛这些区域。15世纪以后，帕多瓦、比萨、帕维亚、佩鲁贾、锡耶纳及意大利的其他大学都弥补了学校声望与入学人数之间的差距。博洛尼亚的德意志同乡会注册簿中记载了自1289年以来大量有关学生名字和所处阶层的信息，尽管它名为“德意志同乡会”注册簿，但它还登记了几乎所有来自中欧、东欧、北欧的法学学生姓名。上流社会学生主要的集中地还有法兰西南部和西班牙的大学，阿维尼翁、图卢兹、萨拉曼卡和莱里达的法学院的人数就比其文学院的要多。奥尔良的情况也类似。然而，在阿尔卑斯山以北的“新欧洲”情况大相径庭，在设有四个学院的大学里，文学院学生大约占入学人数的80%，甚至在大型大学里也是这类学生唱主角。这大概也算是一种比较重要的社会平等。如果能接受地位尊贵的学生入学，这会是非常骄傲的事；当然，这些学生也因此获得了传统的特权。在当时的中欧，比较受欢迎的大学有爱尔福特、巴塞尔、弗莱堡和因戈尔施塔特等，其中后三所大学是意大利之旅的跳板。正如硕士-学生是巴黎大学模式的特色一样，上流社会的学生也是博洛尼亚大学模式的特色。上流社会学生与硕士-学

生在某些方面有共同之处，那就是在他自己选择的大学或学院中都有权利发挥与硕士-学生相类似的作用。比如说，如果能得到同行的拥护，他就可能成为校长。而在遵循巴黎大学模式的大学里，上流社会学生即便获得了很高的社会声望，也至多能获得荣誉校长的头衔。

第五类也就是最后一类学生，看起来似乎与现代学生最为相近，因为他们希望能在学习结束之时进行一种考试——有可能的话，他们还想得到博士学位。一般来讲，这类“专修生”在某个高级学院获得“学士”学位之后，还要继续深造，以便获得医学、神学，以及教会法和民法方面的专业资格证书——这种资格是否赋予其在学院中教学的权利还需考证。如果本人愿意或有余力，他接下来还可以攻读博士学位。像现代的大学生一样，他们的年龄也在 20—30 岁。然而，两者的相同之处也就是这些了。这类学生的人数反映了他们与其他类型学生之间的差异。由于这类学生处在“学生金字塔”的顶端，因此他们在整个学生群体中所占的比例非常小。在阿尔卑斯北部新欧洲的大学里，这类学生人数很少（如在德意志大学仅占入学人数的 2%—3%），他们大多数集中在旧欧洲的古典大学，意大利和法兰西的著名医学院、法学院，以及牛津和剑桥的神学院，在 14
世纪尤为如此。在意大利的大学里，国外来的专修生确实非常多，他们中 200
的绝大部分和博士学位候选人来自所谓的德意志国家。他们有个特点，就是都有显赫的社会地位，要么是骑士的后代，要么是城市上层阶级或中上层阶级成员。对于一个穷学生来说，他必须做出非比寻常的努力才可能跃升到这个层次，而这种升迁如果没有强大的社会支持，则是不可想象的。中世纪的“专修生”与现代大学生的差异还表现在，他们进入大学学习不是为了以后的发展；相反，他们在入学前或在大学学习期间就已经在社会上立足，要么是市政官员，要么在宫廷任职，而最常见的是在教会任职。专业资格和博士学位仅仅是给他们带来荣誉和声望而已。

这五类学生——单纯学生、学士、硕士-学生、上流社会学生和专修生——从来就没有形成过一个完整的系统。实际上，总存在一些混合了以上几种类型特征的学生。有一种被称为“一路跳”的学生——几乎无一例外的是法学院和医学院学生，他们不一定是上流社会学生，但他们在不先学习文科课程的情况下，就可要求获得类似硕士的身份。另外，旧欧洲的社会规范也会经常打破上述分类的界限。各种社会纽带、朋友关系、家族关系、裙带关系及家庭结构都能影响到学生的地位身份和他们学习的目的。学生的个人能力和从他们教师那里所得到的帮助，都是在这种背景中发挥作用的。比方说，受到庇护的少数人，即使他们并不是一定“阶层”的成员，也能够享受到特殊待遇。例如，尽管没有参加宣誓，但只要他们自称有学习的能力，又研习过文科学士学位阶段指定的课程——一般规定他们须达到宣誓所要求的 14 岁，他们就能马上毕业。在这方面的著名例子是菲利普·梅兰克顿。梅兰克顿 12 岁时在他的家乡海德堡学习课程，17 岁时就在图宾根大学获得了文科硕士的学位。他是约翰尼斯·卢希林的侄子，家境优裕，而且家人对他求学都非常支持，但他并没有完整地达到规定的学业年限。在这种情况下，我们在试图解释早期学术荣誉的后续意义时，应谨慎行事。

不过，所有类型的学生都具有以下两个共同特征：第一，他们都是神职人员，这在早期的大学几乎无一例外，但随着时间的推移，先是在旧欧洲的大学，后是在新欧洲的大学，来自神职人员的学生人数逐渐减少。在宗教改革前，也许在整个欧洲，这种学生已经成了少数。这种去神职化，不应该被错误地解释为当时大学或大学教育已经世俗化了。在中世纪晚期比较成熟的大学里，神职人员（*clericus*）一词的含义是非常含糊的。它
201 仅仅是指正规宗教机构中正式的、合法的人员，仅限于教会范围内；从类型学或社会史的角度看，这个概念具有多种含义且语义不清。它被用来描述一个范畴：广义上是指上至教皇下至教堂守门人——最低级别的神职人员，狭义上是指副助祭以下的较低等级的神职人员。不仅如此，当涉及进入大学学习的神职学生时，还会遇到如何说明其来源的问题。因为至少在 15 世纪中叶以前的欧洲，学生出自神职人员是常见的情况，所以当时负责学生注册的大学校长、学院院长和同乡会的会长都没花什么精力去系统地登记学生的神职人员身份。因此，统计当时神职人员每年入学的人数没

有多少意义。上面所提到的这类学生减少的情况，是经过较长的时间才慢慢显现出来的。大学中的神职人员，不仅在统计数据上，而且在作为一种生活方式时，都越来越没有多大的意义。这种变化最早可以追溯到中世纪早期，也就是大学发展的初期，当时教会还完全独掌教育权，那时的学者就等同于神职人员。神职人员一词最终成了会书写的人的同义词，这个词也逐渐衍化成为现在的“文书”一词，即法语中的 clerc 和英语中的 clerk。相对的，“俗人（*laicus*）”一词除了具有非教会这一内涵外，还有蒙昧无知的意思。在 15 世纪末的德意志大学城里，人们一般被区分成三种身份，即僧侣、学生和俗人，由此来强调学生介于僧侣与世俗人士的中间地位，当时常用“半僧侣”一词来特指学生，这也是上述现象在语言学上的证明。[②]

那些已经成为神职人员的所谓的“半僧侣”——依照当时的法律，严格说他们属于较低神职等级，并不对教会负有任何义务。当时居士（*clerici uxorari*）——即已婚的神职人员——的出现就能证实这一点，居士在各类学生中都有。居士身份的学生只享有一定的权利，比如说享有一定的法定地位，但在那些获得特许的大学中，如果他们没有终身职位，这些权利与教会给予其生活来源并确保其衣食无忧相比，就显得不那么重要了。但对很多人来说，尤其是对那些硕士-学生（第三类学生）来说，有这样一种身份是不太可能的。因此，上述情况并不意味着当时社会正在进行世俗化。许多大学生是在他们入学之后或更晚时候才拥有神职身份的。然而，如果就此认为教会不再是大学的亲密伙伴，甚至与那些进入大学学习的人没有什么关系，就将会犯一种无视时代因素的错误。尽管不再是教会的一个机构，但大学始终与教会保持着密切的联系。教会一直是中世纪大学生的最大雇主和付薪者，甚至在学生为国王、诸侯、贵族和市政官员 202
服务时也常常如此；这些有权势的人在自己掏腰包之前，都会首先尽可能为那些能在大学毕业后为他们工作的人谋取有薪金的教会职位。到中世纪

② Rashdall, *Universities*, vol. Ⅲ, 393ff.; Schwinges, *Universitätsbesucher*, 408ff.

末，世俗社会与教会仍旧没能截然分离。在这里必须指出的是，那些学生-修道士（大多都来自托钵修会），他们在13、14世纪的文科和神学大本营（如巴黎、牛津）中十分活跃，在当时占神学专修生主体的这些学生是个特殊的人群。

中世纪的学生是清一色的男性。大学中根本没有女性的位置，这并不能归咎为大学与教会有紧密联系——尽管大学在逐渐世俗化，但在这方面毫无改变。理论上讲，也有例外的情况，一般是那些有特殊社会背景，有时甚至是与诸侯或者国王关系很近的人。像贵族、资产阶级等这些高贵家庭，尤其是在南欧，基本上都是聘请私人教师，有的甚至是声名显赫的大学学者，来教育他们的子女。通过这种方式，一些妇女在所有学科，甚至在法学方面，都达到了很高的知识水平，因而像那些上流社会学生一样具备了进入大学圈子的能力，这种情况在14、15世纪文艺复兴时期的意大利并不鲜见。如马格达莱娜·本斯纽里，又如诺韦拉·德·安德烈埃——当时富有的博洛尼亚大学知名教授约翰尼斯·安德烈埃之女，她们都曾接受与其地位相等的教育，后来都成了著名的法律学者。当时还有一位名叫多纳·比阿特丽斯·加林多的拉丁学者，她曾在萨拉曼卡大学附近接受教育，并且从那里被召到信奉天主教的伊莎贝拉宫廷，成为女王的拉丁语教师。[③] 顺便提一句，上述这几个例外都限于欧洲大陆的南部，最终分析得出的结论显然是当时妇女接受大学教育的时机并未成熟。尽管如此，从法律上讲妇女进入大学是合法的。大学教授的妻子或女仆，学舍或学生宿舍里的女佣、使女、女厨子，她们都被看作与大学相关的人，就像大学理事、书记、药剂师、纸张制作者或图书印刷人一样。正因如此，这些妇女也可以像后者一样进入大学，鲁汶大学校长的注册登记簿中就有最为详尽的例子。

---

③ W. Steffen, *Die studentische Autonomie im mittelalterlichen Bologna*(Berne, 1981), 173ff.; Rashdall, *Universities*, vol. Ⅱ, 88.

来源与社会结构

不管是萨拉曼卡还是博洛尼亚、牛津还是剑桥、克拉科还是海德堡，
中世纪的大学都毫无例外是由个体构成的组织化的群体，是一个“社会的 203
团体”。正因为如此，它们才准确地反映了周遭的社会，它们与当时的社会一样，受到欧洲古老传统规范的影响。尽管从法律意义上讲，大学成员是平等的和共享特权的，但大学同其他任何一种社团一样，如市民团体、行会和教会，这种从法律上消除成员身份差异的平等并不意味着实际的平等。当时并没有社会整合的迹象，大学并没有脱离社会环境，也没有转变为一个基于共享的“学术活动”而形成的平等的共同体。同社会中的其他团体一样，大学也采用当时盛行的社会和经济分层的标准，这包括在第六章叙述注册人数时提到的经济增长情况。因而，每位学生——与上述的学生类型相对应——在进入大学时，他本人及其家庭都已占据一定的社会等级地位，在大学里他要么保持、维护这种地位，要么就是设法在社会接受的范围内进一步提高这种地位。因此，他们的来源就以一种确定无疑的方式，预先决定了各所大学的社会结构和社会形象。大学中是“单纯学生”的比例较高，还是硕士-学生、上流社会学生的比例较高，都会使大学的声望有所区别——这种区别不仅反映在如前面已经提到的旧欧洲与新欧洲之间的整体差别中，还表现在欧洲大学体系中个别学校的差异中。

学生来源不仅包含一种社会维度，而且始终包含一种地理维度。而后者基本上取决于一种把大学共同体看作区域性存在的意识，大学的地方主义在很大程度上受它所在城市的地方主义所支配。正因为地域因素与一个地区的社会、经济和文化生活因素同等重要，所以大学共同体作为一个社会群体，同样会提出进入地区中心的要求，并且希望在那里扎下根来。只要新大学遵循了这一规律，它就会成功，并且能长盛不衰。对于找不到正式起源的古老大学，以及具有形式基础的新大学，情况都是如此。这种地方主义的内在结构有时会被误解为狭隘；而实际上它应当被看作近邻关

系，与偏狭的乡土习气无关，倒是与大学周围地区的功能有很大相关。有证据表明，无论是在欧洲的中心还是其边缘地区，这种发挥主导作用的近邻关系在所有大学中都存在。甚至连被称作“国际中心”的、有上百年校史的巴黎大学、阿维尼翁大学和博洛尼亚大学，都是首先录取它们所在地区的学生，而不是在全欧洲招生。学生来源的这种特征自然使每所大学乃至大学里的每个部分——学院、同乡会、学舍、学生寓所——都形成了自己的地域认同。甚至在英伦半岛上也是这样，牛津和剑桥都各有各的势力范围。综上所述，尽管在欧洲大学体系所覆盖的广大地域内会出现频繁的大学更替现象，却绝少出现一个大学的繁荣是以另一个大学的衰败为代价的情况。

204 从单纯的地源因素——无论大学位于城镇还是集镇、村庄，是修道院还是城堡领地，到诸如居民人数、经济环境、交通状况、教堂和学校的分布，甚至包括统治、土地所有制的推行情况，以及地方政权的稳定性和持续性等复杂的内容，都会影响大学的入学状况及学生的地域构成和社会构成。因此，一个富有的地方会促使大学选择它作为其所在地。

所有类型的学生基本上都来自城镇——这是有关中欧及德意志地区的大学研究最为重要的发现之一。15 世纪末，整个神圣罗马帝国，包括荷兰在内，大约有 4000 个城镇和集镇，其中有一半的城镇可以使其学生到一所或多所大学就读。结果帝国的大学注册人数极速持续增长，而生源地也越来越集中到城镇。除了乡村人口明显占多数的英格兰外，在其他地方，如波兰、法兰西、卡斯提尔，以及旧欧洲南部的所有古典城镇都是这种情况。城市化与大学教育彼此紧密联系，但也不能就此低估乡村因素对大学招生的影响。可以明确的是，在神圣罗马帝国的大学体系中，“乡村学生”所占比例也自然会出现显著的地区性波动。与城市化进程相似，当时的乡村也出现了集中化过程，在紧邻大学的地区更是如此。

从社会角度，根据一般的大学章程里基本的两极划分法，大学里聚集了来自望族和小家族的人、富家子弟和贫困学生、显贵和平民，其中特别是那些声名显赫、尊贵的、德高望重的名流和社会显要，他们的地位都不简单，或者说都不一般。在发生争执时，所有学生，无论贵贱贫富，在章程面前都一律平等，也都听由校长或其他负责人处置。当然，学生们也非常清楚，他们身处的大学如同其他社会机构一样，亦是由“差异规则”控制的。对大学成员的身份进行精细而恰当的区分，被看作大学继续存在的保障之一，因为在当时的社会条件下，没有哪个社会团体可以抛开这些区分规则而生存下去。也就是说，中世纪的大学不仅存在学院和毕业生之间的内部差别，甚至——特别是——在一些公共事务，如在下列大学公共和 205
非公共事务的章程规定中都存在着内部差别：会议、辩论活动、神学论争、教会服务、大学对外展示自己的游行列队的顺序，乃至向教皇请愿的名单排列（这在当时的许多大学里都司空见惯），乃至毕业典礼的次序。对于贵族和资产阶级、教士和当时的俗人所提出的各种要求，大学都是根据他们的身份地位做出相应的反应，1432 年牛津大学就明文规定，一个人所受的待遇应该与其惯有的名誉相符。④

当然，在游行开始的时候，根据毕业或社会地位确定的等级位次就不得不转变为大学成员依次的纵队排列，这要特别小心。对此负有特别责任的大学学监和“礼仪官”要对位次和列队行进的顺序进行监督。可以肯定，在中世纪大学正规的等级结构之中，也存在一些关于个人地位的非正式争辩。一旦大学职员将某人置于不适合的地位，该职员就可能会受到严厉惩罚。在中世纪大学中，在校长之下是上流社会学生和专修生，这两类人在位次上排在博士之前或至少与博士并列，而博士居于毕业生等级中的顶层；他们之后是硕士-学生及地位较低的学生——因此，大学也体现了贵族和教会在现实社会中享有的不平等地位；最后才是学士和单纯学生，从理论上讲，他们分布在所有的学院里，而实际上他们更多在文学院学习。总之，大学与外在的世界是交织在一起的，就如维也纳大学的规定所

④ Schwinges, *Universitätsbesucher*, 343ff.; S. Gibson (ed.), *Statuta Antiqua Universitatis Oxoniensis* (Oxford, 1931), 239.

说，“学生的地位如何，或看他的学术等级，或看他的社会地位”[5]。

在所有欧洲大学里，或多或少都能发现划分学生等级的情况。大多数学校对此都有严格的正式条例，它们就像行政规定——如布拉格大学、维也纳大学、海德堡大学、爱尔福特大学及其学校章程所涵盖的“成员学校”、牛津大学、阿维尼翁大学、图卢兹大学、艾克斯大学、波尔多大学、卡豪斯大学、瓦伦斯大学、多尔大学、奥尔良大学、卡昂大学、科英布拉大学、萨拉曼卡大学、韦斯卡大学，以及佩皮尼昂大学（该校当时还属于阿拉贡大学）。还有许多大学，如巴黎大学、科隆大学及其分出来的鲁汶大学和哥本哈根大学，以及大部分的意大利大学，如博洛尼亚大学、佩鲁贾大学、帕维亚大学，以及佛罗伦萨大学，都对学生等级划分做出了很明确的非正式规定。可见，在阿尔卑斯山两边的大学都从未忘记对差别做出
206 规定。如果对从14世纪（1313年在图卢兹大学）到中世纪结束（1490年或1513年的瓦伦斯大学）的200年左右的时间里各大学制定的有关条文进行比较，就会发现那些条文在一段时期内相当稳定——正如各校的章程所希望的那样；然而随着时间的推移，这些规定有时会变得越来越严格和精确（尽管直到15世纪，一些大学才将这些规定一直以来的执行情况用文字记载下来）。

除了排位次外，另一个等级的外在标志是，根据学院和学生的地位不同，大学及各部门对学生的收费不尽相同。那些贵族、高级神职人员和社会权贵及愿意付高学费的人，总是在大学中拥有特权。在上课时，高级教士、贵族子弟、富家子弟自然在前排就座。当大学教堂举行会议、仪式、辩论会时或在演讲厅里，前排的位置都是留给那些贵族、显贵和上等人士的。在普罗旺斯的艾克斯大学，就明确将“分别就座的安排”写进了该校1420—1440年的新章程中，理由是让上层人士同无身份无地位的人坐在一起是不适宜的。不过那些（城市）资产阶级出身的学生，一直有机会花

---

⑤ R. Kink, *Geschichte der kaiserlichen Universität zu Wien*, vol. Ⅱ (Vienna, 1854; reprint, Frankfurt-am-Main, 1969), 91, no. 14.

钱为他们自己买一个贵族的上流身份及其席位。这是由于中世纪的大学从城市化一开始就注意到大多数资产阶级所具有的经济实力和文化。还有一种可能，就如1372年后的布拉格法律大学一样，通过依次提高不同于贵族席位的普通席位的价格来获得更高的社会声望。在奥尔良大学精确的历史资料中，人们发现早在1307年该校的章程中就明确规定了席位费的级别：第一排要交10先令，第二排6先令，第三排4先令，之后各排都是2先令，如果某位学生很穷就可以不交。由此可见，穷学生实际上是没有机会坐到前四排座位的。⑥

粗略地讲，中世纪大学的学生群体一般由三个阶层构成：大量富家子弟居于中间阶层，在他们之下的是贫困学生，而在他们之上的是贵族、高级僧侣和其他一些有身份的人。这种“贵族”“富人”“穷人”的划分在整个欧洲都能发现，只不过有时会使用不同的术语来表达。比如，在伊比利亚半岛，与此相应的划分是*ricos*，*medianos*和*pobres*。⑦ 此外，还有大量
从较富到较穷的中间阶层，这反映了下列事实：其一，任何一个社会阶层 207
在社会性上都不是完全同一的；其二，无论在上层还是在下层，都存在着一些中间阶层。除了欧洲南部和北部的划分之外，所有上述的这些划分都必然会受到世俗变化的影响。

对于中世纪的贵族来说，上大学既不是他们理所当然的事，也不是绝对必要的。大学给予的大量特权——尤其对那些有贵族头衔的学生——与他们的人数很不相称。在欧洲大学中，贵族学生都无法占到学生的大多数。而那些在政治上和军事上都非常有势力的世俗贵族，无须拥有大学教育背景。但对于那些僧侣贵族，情况则有所不同，他们是带着其在大教堂

⑥ Aix：Fournier(ed.)，*Statuts*，vol. Ⅲ，12. § 32. Prague：*Monumenta Historica Universitatis Carolo-Ferdinandeae Pragensis*，vol. Ⅱ，*Album seu Matricula Facultatis Juridicae Universitatis Pragensis(1372-1418)*(Prague，1834)，162. Orléans：Fournier(ed.)，*Statuts*，vol. Ⅰ，23，§ 30.

⑦ C. M. Ajo González de Rapariegos y Sáinz de Zúñiga，*Historia de las Universidades Hispánicas*，vol. Ⅰ，*Medievo y Renacimiento Universitario*(Madrid，1957)，387(Lisbon-Coimbra).

和牧师团体里的圣俸来大学学习的，尽管他们只需接受规定的两年期教育，学习基础的文科或（常常是）法律课程，但这些僧侣贵族的数量相对来说也是很少的。的确，正如人们所预料的那样，在旧欧洲的大学里，贵族学生的数量要比在新欧洲的大学里的多一些，最为集中的是在 14 世纪法国宫廷或天主教廷附近的法律大学，还有意大利和西班牙的大学（萨拉曼卡大学和莱里达大学），但不包括阿维尼翁大学、蒙彼利埃大学、博洛尼亚大学、帕多瓦大学（奥尔良大学也应算上），因为它们是当时各国上流社会学生的中心和欧洲贵族游学的目的地。在神圣罗马帝国，还有波兰、英格兰，直到 15 世纪后半叶近代社会即将到来时，贵族阶层学生的数量才有所增长。这是因为当时整个欧洲的贵族都感到来自资产阶级的激烈竞争——资产阶级在社会生活和经济领域充满自信，他们中越来越多的人在学校和大学中接受了良好教育。因此，贵族打算利用此时唯一向他们开放的途径——接受大学教育，着手夺回他们在国家和教会中失去的地盘。同时，为了表明他们不仅有显赫的出身，还有教育和文化，贵族阶层也决定接受大学教育，因为这在所有方式中是较容易实施而又不必放弃他们惯有特权的一种方式。

除了那些出身贵族和高级神职人员家庭的学生外——一般他们都在教皇、国王、诸侯身边工作，或者到大教堂任职——绝大多数的大学生都来自大学附近地区。一个紧密交织的社会地理网络包围着大学，这个网络是由家族关系、同窗关系及各种资助机构构成，通常建立在家族关系、朋友关系或同胞关系基础之上。例如，在中世纪的博洛尼亚大学，兄弟关系、父子关系或叔侄关系必然会给一些学生带来优越条件，使他们能对“学校各项规章充分了解”。教会和宫廷的上层人士、英格兰议会成员、大学教
208 授、法律学者和从业者、商人、市镇公民（特别是市镇议会的议员），诸如此类家庭出身的学生，都会受到庇护。应当承认，他们到大学读书时往往并没有官职或头衔，因此“还不算什么人物”，但是他们的出身和社会关系足以抵消这种缺憾。这些人往往因其“关系众多”而得以免除正常的学费，尽管如此，这部分特殊的学生仍只是冰山一角；家庭结构在极大程

度上渗透进整个学生群体中。

要想在学生群体的各个阶层中准确判断哪一阶层的人数最多，是最为困难的。如果翻阅资料，主要是注册资料，与不属于该阶层的学生来比，就会发现富家子弟所处的中间阶层人数最多。这类学生既没有头衔，也没有官职；既没有客户关系，也不像穷学生那样靠减免学费来读大学。在中世纪保留下来的资料（名人除外）中，很难发现记载关于他们的家乡、他们父亲或亲戚的地位和职业这些方面的情况。这个中间阶层只有一个共同点：在他们进入某个大学、某个学院和某个学舍时，他们总是到处交纳各种费用和所需要的礼金。因此，人们干脆把他们称作富家子弟（*divites*）也就不足为怪了。在当时经济、政治和人口不断变动的时代，无论是地处旧欧洲还是新欧洲的大学，也不管是著名的法学院还是文学院，为了保证学校的继续生存，一直都非常关注吸引足够多的富家子弟到自己的学校就读。在大学中，从单纯学生到专修生都能找到富家子弟的踪影，他们几乎体现了所有大学入学者的特点。当然，他们的生活和学习模式也有自己特色。毕竟他们是真正赋予大学社会和经济意义的群体，因而从根本上保证大学在某个地区继续存在下去。

如同每个学生阶层一样，富家子弟阶层也有形形色色的社会背景。毋庸置疑，学生的分层和学生生源地的社会分层之间几乎没有差别，因为学生注册时都有自己及其家庭的等级。因此，要对学生的阶层进行分析，就应当将视线由大学转移到学生的生源地，在那儿才能够追溯学生的家庭及他们本人在当地社会环境中的地位。然而，在地区层次上，乃至国家和国际层次上，都缺乏关于大学入学、教育与城镇和乡村中的社会分层之间相互关系的地域性研究。此外，在大多数的欧洲国家中，用于这种研究的相关大学史料也非常有限。所以，对此的研究只能依靠推测了。在神圣罗马帝国，通过比较可以确定这样一个事实：在中世纪后期，特别是在 15 世纪后半叶，来自大小城镇，在政治和经济上都比较重要的一个阶层——他们在人数上有限，但在总人口中关系重大——有力地推动了大学教育。在 209
科隆、海德堡、维也纳的大学城，这些人是那些有实业背景、掌握一定资本的零售商、推销商，常常还有市镇公民。他们中有很多人上大学，同时在各方面表现活跃，而且收入较丰厚。与此相比，虽然“手工业者的黄金时代”的确使大量手工业者的子弟进了大学，但这些子弟在学生中所占的比例低于手工业者在总人口中所占的比例。尽管如此，这并不妨碍大多数出身手工业者家庭的学生融入中间阶层的学生圈子中。在许多城镇，从事商业和手工业的人——还有其他高收入的人——对大学教育表现出较大的兴趣。在那些来自手工业家庭的学生中，来自科隆的盔甲工匠家庭、海德堡的制鞋匠家庭和维也纳的锡铁匠家庭的学生情况相似。在神圣罗马帝国，来自乡村家庭的学生也对接受大学教育表现出很大兴趣。

贫困学生构成了大学最底层的一个问题群体，他们没有财产，往往还没有尊贵的姓氏（家族姓氏），最重要的是没有社会关系，在许多方面都处于弱势，与其他的学生群体也相当疏远，而内部又缺乏凝聚力。中世纪大学不但没有改变这些贫困学生命运的社会责任，反而对他们设置了比其他学生更多的障碍。之所以这样，是因为在 1200—1500 年这段时间里，社会对贫穷的态度已开始转向负面，崇尚苦行僧的观念已经过时。大学——实际上是校长、司库、会计、博士、硕士或硕士-学生及专修生这些靠收取学费和礼金而生活的教育“企业家们”——日益要求从大学的整体利益角度来评定每个学生的支付情况。只有在此之后，他们才接收贫困学生入学或授予他证书。布雷斯高的弗赖堡大学保留着一本《费用评估手册》，其中就规定控制贫困学生入学。在爱尔福特大学，“谁的学费也不免”这条规定一直被严格执行。[8] 当时，也有一些针对穷学生的优惠，如免交学费、开设特别讲座、由教皇为贫困学生颁发博士学位。但这些优惠本身也暗示着穷学生的较低社会地位，这样做充其量也只是给予他们消极的鼓励。总之，这些优惠实际上只有助于强化贫困学生的边缘地位。而且，大学给贫困学生的奖学金和特殊席位也少得可怜，特别是在中世纪后
210 期。根据中世纪社会团体的传统规则，人们对穷人是没有任何期望的。一

---

⑧ H. Weissenborn(ed.), *Acten der Erfurter Universität*, vol. Ⅰ (Halle, 1881), 12.

个穷人的生计或贫困学生在大学生宿舍中的床位，不是根据现实的匮乏和实际需求来安排，而往往是看受益者与捐助者之间的社会关系是否紧密，而捐助者必然是一些个人，无论在哪里，他们总是更愿意让自己的亲戚、朋友和同胞受益。在英格兰的众多学舍里，正如拉希德评论的那样，奖学金“都给了那些来自完全有能力支付上学费用的家庭的学生”⑨，而在欧洲其他地方，情况也没什么两样。最先打破这种状况的是在15世纪末、16世纪初创建的斯坦道克学舍。神学家约翰·斯坦道克来自梅赫伦，他本人是一位穷鞋匠的儿子，曾在鲁汶大学和巴黎大学就读，对贫困学生的状况非常了解。以他名字命名的第一所学舍于1490年建在巴黎的蒙太古区，另一所随后建在鲁汶。这两所学舍都在章程里明确规定，只录取真正贫穷的学生，不收有钱有势家庭的子弟，这一做法在当时其他任何地方都是不可能的。但是，在信奉鹿特丹的伊拉斯谟理论的人看来，蒙太古学舍只不过是个条件相当恶劣并采用高压管理的地方。⑩ 尽管如此，在新欧洲和旧欧洲的大学里——至少在阿尔卑斯山北部的大学中，有15%—20%的学生是穷人，但准确的数字还要视经济周期而定。

实际上，贫困学生的入学并不轻易受到外界因素（如战争、瘟疫）的影响，但这些因素不包括物价上涨。在大学里，富家子弟与贫穷学生之间并没有一道明显的分界线，而是存在一道“依据经济周期”而被反复跨越的波动的边界；在注册的时候，他们应该被称为“准富人”或“准穷人”。穷学生往往不喜欢他们家乡附近的大学，而是对规模大，尤其是学费低的、地处交通便利的大城市，而社会声望还不太显赫的大学更加钟情（在神圣罗马帝国有维也纳大学、莱比锡大学、科隆大学和鲁汶大学；巴黎有英德同乡会。）在这些地方，即使在经济危机时期，他们的生活费都仍然相对较低，并且有较好的机会找到临时工作或得到别人的资助。由于家境贫寒，根据当时的社会制度，只有那些充当家庭随从而成功找到引荐人的

---

⑨　Rashdall, *Universities*, vol. Ⅲ, 412.

⑩　M. Godet, *La Congrégation de Montaigu (1490-1580)* (Paris, 1912), 31ff., 144. Erasmus: C. Dupille, *Les Enragés du XVe siècle. Les étudiants au Moyen Age* (Paris, 1969), 113ff.

人才能够上大学。这种家庭随从的工作——大多在大学内且并非临时性工作——要有庇护人帮助才能获得。熟人、朋友、亲戚，常常还有同乡的推
211 荐，要比“自由市场”更具决定性作用。在大学教师（地位越高越好）家里做家庭随从会获得好处，但同时可能要干相当繁重的工作。然而，至少这种帮助学生上大学的形式是最适合中世纪的。

学生团体

虽然中世纪的大学是由许多个人集合而成的群体，但它没有严格的等级制度。代表学生大学生活不同侧面的学院、同乡会、学舍、学生寓所及其他群体，都是处在同一组织水平上的相对独立的单位。它们是有着许多重叠部分的分支，像一个有机体的细胞一样联结在一起，这个有机体由个体的博士和硕士组成。

对于上大学的学生来说，最古老同时也最重要的团体当算“同乡会”。[11] 学者们一致认为，同乡会的全盛时期是在1378年天主教会分裂之前欧洲大学史上的普遍时期，因而必然限定在欧洲西部、南部的旧欧洲大学。大学同乡会一般都有各自的语言、政治和地理界线，但它们绝不是由抱着狭隘民族思想的一群人组成，更不是民族意识形态的代言机构——如“民族”这个词本身所蕴涵的意义。同乡会更像为学生提供便利的组织，方便他们享受作为大学成员应该享受的利益，甚至使其参与大学的管理。因而，无论在哪里建立，它们都把自己定义为兄弟会、协会、集会、法团或学舍；它们成为大学所在城镇中——对大多数学生来讲，这些城镇都是未知的、陌生的环境——非常有生机的团体。它们的意义和重要性因国家及大学不同而呈现很大的差异，这取决于其代表（同乡会会长及其顾问）的影响力，或者所在大学的政治和社会的管理方式（如选择校长的制度），同时也取决于与上述因素直接相关的一个因素——学生群体，同乡会的大

---

⑪ Kibre, *Nations*, 137ff. 见第4章第114—116页和第9章第282—284页。

部分成员都来自这一特别的群体。在这一方面，旧社会形式和新社会形式之间存在明显差异：在博洛尼亚大学及其他一些法学院中，学校实行非集中管理，上流社会学生和专修生占有绝对优势；在巴黎大学，以文科学士和硕士-学生为主（根本没有单纯学生），他们甚至都不用在同乡会中注册，只需要凭借与一位导师的关系就能加入；而在新大学中，在已经实行了集中管理的大学中，如布拉格大学、维也纳大学及莱比锡大学，同乡会 212
中所有类型的学生都有，但从比例上看，单纯学生占“正式”成员的绝大多数。因此，在那些同乡会中，单纯学生是关键的社会因素，但他们未能发挥同等的政治作用，因而只能在同乡会中处于次要的地位。不管怎样，在社团工作方面，每个同乡会或多或少都存在相似的地方：它们都有自己的领导者和管理人、学监、会长、接受捐助者和公证人；它们都有自己的印章、注册制度和预算；它们都关注纪律、有组织的监督和训练课程；它们都有自己的庆典和特别的教会仪式来歌颂它们自己的守护神；越到中世纪后期，它们越把下列事情视为其最重要的任务：帮助其成员安全地离开家到大学，在他们遇到困难或身患疾病时给予援助，在他们不幸去世时操办隆重的葬礼。

除了同乡会、学舍、会堂和学生宿舍，还有很多不同的完全自由的学生社团，但它们很少为后人所知。它们中的许多组织从表面上看都像当时常见的商人、手工业者和牧师兄弟会。为数不多的一个例子出自阿维尼翁，在 1441 年，200 多名学生在那里创建了一个名为塞巴斯蒂安兄弟会的社团。在一名修道院院长和由 12 名重要人物组成的顾问委员会的领导下，该组织制定和安排了共同的宗教仪式和队列，培养成员融入共有、和谐的生活中，在成员贫病时关心照料他们，在成员与外界发生冲突时帮助他们，还有就是，如果需要的话，给已故的成员举行体面的葬礼。这些任务与同乡会的工作基本相同，但该组织不考虑成员的来源地。在别的地方也形成了一些强调地域因素的学生兄弟会。巴黎大学的“我们亲爱的女士”兄弟会就是其中之一，它是由来自伊普尔的巴黎大学的学生（主要是文科学生）组成，在 1331 年得到官方认可；在巴黎，它与皮卡迪安同乡会有联系。这类团体的特别之处在于，它集合了从一个地方来的多种类型的人，有学生也有非学生身份的人，有在校生也有以前的学生，有教士也有世俗人士，有男也有女，而且除了具有兄弟会的一般功能外，它还关注对学生给予经济上的帮助。在意大利的大学城里，来自阿尔卑斯山北部的学生、手工业者和商人走到一起，形成了一个以追求共同的宗教信仰和文化及经济利益为宗旨的团体。因此，在佩鲁贾，从 1441 年开始就有了关于法德兄弟会文字记载。15—16 世纪，该会是由学生（大多数都是律师）掌管的，后来他们逐渐将兄弟会中其他身份的人驱逐出去。最后，该会中来自两个不同民族的学生也分开了。[12]

213 在正式的大学及其各分支机构、校友会和兄弟会这些学生团体下，各类学生还组成了很多小团体，它们常常是在学生们结伴前往大学城的路途中形成，并且在到校学习期间继续发展。在中世纪，旅行途中总是充满了危险，结伴而行或加入各种旅行团体是很常见的事情；但是，由学生组成的这些小团体还是有其特殊性的。在普通注册时，它们都是由大学校长亲自登记，因而受到大学官员很多关注。根据资料，一般认为这些小团体只存在于中欧的大学中，从鲁汶到克拉科，从罗斯托克到维也纳，都有这些小团体。它们在这些地方很常见，其成员占到学生人数的 15%—30%——还不是按“意大利旅行”情况来估计。[13] 这些团体的人员构成情况和人数都不相同。有教师与学生组成的团体，有僧侣组成的团体，有贵族和他们的随从组成的团体，也有由亲戚组成的团体，而大多数的还是面向各自同胞的开放式团体。这些团体往往根据家乡区域来实现亲密的认

---

⑫ Fournier(ed.), *Statuts*, vol. II, 417-420, 440ff.; P. Trio, 'A Medieval Students' Confraternity at Ypres: the Notre Dame Confraternity of Paris Students', *History of Universities*, 5 (1985), 15-53; F. Weigle, *Die Matrikel der deutschen Nation in Perugia* (*1579-1727*) (Tübingen, 1956), 8. 也参见第 9 章，第 285 页。

⑬ R. C. Schwinges, 'Studentische Kleingruppen im späten Mittelalter', in H. Ludat and R. C. Schwinges (eds.), *Politik-Gesellschaft-Geschichtsschreibung. Giessener Festgabe für Frantisek Graus* (Cologne/Vienna, 1982), 319-361. S. Stelling-Michaud, *L'Université de Bologne et la pénétration des droits romain et canonique en Suisse aux XIIIe et XIVe siècles* (Geneva, 1955), 82ff.

同，其中包含了所有五种类型的学生。从数量上看，在德意志大学里最常见的是“二人团”，占所有小团体的70%。很明显，无论是在去大学的路途中还是在大学里，无论在宿舍里还是在教师家中学习，这种团体结构都是最为合适的：这类团体结构作为一种中世纪人员流动的基本模式，除在学生中分布很广以外，对其他社会群体也有广泛影响，如熟练工-手工业者。最重要的是，在这些小团体中，每个成员拥有平等的地位（主-仆团体是个例外），这使它们非常稳定。贫穷学生和有钱学生往往都与地位相当的人结伴。

住宿

在很长的一段时期，同乡会和各学院都自称学舍（*collegium*），这种称呼恰当地反映了它们由个体集合形成团体的特点。从13世纪开始，在大学中还有一种更小的单位与上述这些机构并存，它也使用学舍一词，但组织的形式更为严格（更像一个机构，一个所有类型学生生活的特殊组织形式）。这种机构——与其他机构很不相同——紧邻教堂，一部分甚至模仿教堂的建筑结构，在建筑形式上既像修道院，又像大教堂。学舍的建筑 214
规划——即建筑物以一个中央庭院为中心，形成一组方形建筑群，一般包括一个餐厅、多间起居室和多间卧室、一个厨房和地窖、一座讲堂、一个图书馆和一个小礼拜堂——以其外在形式对中世纪大学（首先是旧欧洲的大学，后来是新欧洲的大学）作为一种机构的自我认识产生了决定性的影响。

最早的学舍之一、著名的巴黎索邦学舍，由路易九世的专职司铎、索邦的罗伯特于1257年创建，它用一句格言系统地阐述了未来学舍体系的中心思想：培育（学生的）社会性、集体精神、高尚道德和广博学问。这种阐述暗示了一种以兄弟会为组织形式的学习社团的存在，其中的成员按照一种规范的道德方式来生活。[14]“索邦模式”反对学舍仅为学生提供住宿和校园生活的一些最基本的条件——例如，十八学舍在 1180 年时在圣母院的收容所里为 18 个“贫穷教士”提供床位，圣翁诺的邦·安方学舍在 1208—1209 年时也是这种情况，“索邦模式”首先具有以下两方面的新颖之处。

一方面，当时这类机构都拥有土地、财产和固定资产，在中世纪，通过获得捐赠和收取地租，使其财富有了可观的增长。除此之外，它们还有一些特权，如有权生产或免税进口诸如面包、肉食、啤酒和葡萄酒之类的日用品，从而减少了生活开支。学舍成员从中受益匪浅，这相当于获得了一笔奖学金。他们的食宿全部免费，每周还要发一次津贴，时常有人出资为他们缝制夏季、冬季服装或学位服。学舍的成员人数与每个学舍的经济实力是相对应的。从理论上讲，学生在学舍中的时间是有限的，而实际上，学生即便是在同一所学舍中的逗留时间也是非常灵活的。

另一方面，这是当时的一种新的教学管理模式，各学舍制定了各自的章程，学生的绝大部分时间都要用于规定的学习活动。虽然学舍在这一方面仍然深受教会模式的影响，但它可以被看作在教会和修道院教育之外有组织的公共教学的第一个教育场所。起初，此类教学活动被限定为对外部世界材料的反复练习。在中世纪后期，大学所有学科的课程（尤其是文科和神学）都被引入学舍的学习中。中世纪末，在欧洲的大部分地区，学舍已经占据了支配地位，英格兰和法兰西的情况尤其如此；在 1445 年，整
215 个巴黎大学就是建在各个学舍的基础之上，牛津和剑桥也同样如此。[15]当时，甚至学舍外的人都来听学舍的课。所有的学院除了组织考试和颁发学位之外，几乎无事可干。这种学舍体制还对教育的其他领域产生了影响。比如，对著名的英格兰温彻斯特公学（建于 1382 年）和伊顿公学（建于 1440 年），以及由教皇乌尔班五世（1362—1370）创建的朗格多克文法学

---

⑭ P. Glorieux, *Les Origines du collège de Sorbon*（Notre Dame, Ind., 1959）, 17.

⑮ Rashdall, *Universities*, vol. Ⅰ, 519.

校都产生了影响；另外，受到影响的还有西班牙的各种大学以外的学习机构，它们后来从教皇那儿获得种种特权，以及颁发博士学位的权利，从而形成了新型的“学舍大学”(college university)，最早是在斯古恩匝（1476—1489)，而后在阿尔卡拉（1499）和塞维利亚（1502—1505）也相继出现。

学舍的组织构成与大学其他部门的结构从本质上来说并无差别。它们关注自身的特权和章程，自己管理各种内部事务。正如同乡会由会长领导、学院由院长负责，所有的学舍，其成员及他们的亲戚、仆人和牧师，都要接受一名舍长的领导。舍长本人要严格管理学舍，不仅要向大学管理当局负责，向大学校长或教区主教负责，还要向由诸侯或市政当局任命的监督者负责，特别要向安排的视察员负责。

学舍很明显被打上了它们所处时代的烙印。这部分要归因于它们的创办者和创办时的条件。学会的捐助人往往是当地的一些大人物：国王和王后，诸侯及其夫人，以及当时的贵族、教皇、红衣主教、主教、大教堂的教士、王室的顾问、市政当局的官员，甚至还有教授。教授用于捐赠的基金一般都是从事一些特殊的兼职工作获得的，如为教会工作，当私人医生、法律学者或教廷神学家等。相对而言，中产阶级的捐赠基金还比较少见，而且即使在一些捐赠基金中他们捐资不少，他们的名字也被排在一大串皇室或王室人员的名字之后（如 1448 年创办的剑桥王后学舍)。那些出面为学舍捐赠的人，就其社会地位和人数而言，大都是国家、宫廷或教会中的知名人士。比如，巴黎的罗伯特·索邦，他是皇家司铎和圣母院的教士。用捐赠人名字命名的学舍还有博洛尼亚的斯巴格纳学舍是以捐赠人红衣主教吉尔·阿尔沃诺斯的名字命名，此人被认为是建立教会国家(church state）的第二号人物。再如，瓦拉杜利德的圣克鲁兹学舍（1479）也是以捐赠人红衣主教佩德罗·冈萨雷斯·德·门多萨的名字命名，此人还是卡斯提尔省的教长。英格兰的高级教士们更是热心于捐资办学，所有大型的英格兰学舍都是由当过英格兰皇家教长的大主教创建的，其中最早的一个是默顿学舍，它是由罗彻斯特的大主教默顿的沃尔特于 1264 年建立的。这些例子（至少从地理上看）并非随意挑选出的，因为直到中世纪 216

末，这些由捐赠而创办的学舍在欧洲的西部和南部地区要比在欧洲的其他地区更为常见。

不管捐款的类型和规模如何，捐助人的动机通常都很相似。尽管到了中世纪后期他们的动机发生了很大的变化，受到了慈善、教育、知识或政治等因素的巨大影响，但两种基本的动机——宗教动机和社会动机——相对保持不变。第一种是正式的宗教动机，捐助者出于对自身和其家庭灵魂的关注而捐赠。学舍成员作为受益人，有义务为捐助者的灵魂得救而举行祈祷和宗教仪式。与宗教动机紧密联系的是社会动机，它是传统社会生活方式的一部分，而并非出自捐助人内心的社会改造信念。在博洛尼亚的西班牙学舍，即便是地位很高的成员也收受捐赠品，但分配表上用的全都是贫困学生的名字。[16]

社会动机带有家族色彩；这自然是世俗捐赠的首要特征，而在神职人员的捐赠中则不太明显。成为学舍成员的机会与创立者家族的地域关系网紧密相关，不管是王室的、教会的、市政当局的或私人的捐赠都是这样。在大多数情况中，进入学舍的机会一般依次给予捐助者的家人、亲朋好友、与家族有交往的人、出生地或者家乡的居民、同国或同一主教辖区的人。而创办人的捐赠又是通过捐赠的管理者和学舍成员的视察员们来具体运作的，这些人又有自己的家族关系，因而新增了更多的成员。与地域联系紧密的学舍非常多，在巴黎就有达塞斯学舍、德·乌普萨拉（苏塞斯）学舍、萨卡拉学舍、厄索塞斯学舍、隆巴德学舍和阿尔勒芒兹学舍等。博洛尼亚的西班牙学舍在章程中规定，首先接收卡斯蒂利人，其次是阿拉贡人、葡萄牙人，最后才是意大利人，而如果遇到来申请入学的西班牙人特别多的情况，“外国人”的申请就会不予考虑。牛津的新学舍依据创办人的规定，要特别为来自温彻斯特主教辖区的学生预留入学资格；学舍成员的家庭关系也得到额外的重视，来自某些地区甚至是某些小镇的学生会得

---

[16] 参见第118页。B. M. Marti, *The Spanish College at Bologna in the Fourteenth Century* (Philadelphia, 1966), 17ff.

到特别的关照。在德意志，医学教授安普罗尼斯·拉廷克在他捐助创建爱尔福特大学泽·赫默斯富特学舍时，就打算只接收来自他家乡科隆地区的学生，首先照顾来自他故乡小镇——下莱茵的莱茵伯格的学生。这个小镇因此成为 15 世纪后期神圣罗马帝国中几个主要的“大学生小镇”之一，
并且名列前茅。与这些广泛存在的社会-地理因素相比较，其他入学标准 217
的重要性就逊色多了。

在欧洲大学的学生中，学舍成员是享有特权、备受保护的少数派，尽管他们的社会背景不尽相同，但也并不是一个封闭的精英集团。学舍创立者的不同背景、捐赠的不同数目、学舍成员不同的社会地位，以及他们所在的不同学院，都是导致这种情况的原因。多数学舍经费有限且规模较小，比较适合单纯学生或攻读学士学位的年轻文科学生就读，也比较符合他们的社会背景。而另外一些学舍则相反，几乎都是面向高级学院的学生，也就是硕士-学生和专修生，或者只收大学毕业生，这些人至少应具备文科学士学位，如果是非毕业生，除非他有足够的声望或受过相应的预科教育才可能被接收。在很长的时间里，这类学舍中大多是学习神学和文科神学兼修的学生——他们并不只是在各种修道院中学习。自 14 世纪开始，学舍里学习法学的学生（包括教会法和民法的学生）越来越多，并且开始超过文科和神学的学生而占据多数地位。在 14 世纪后半叶，卡豪斯大学的文科学舍在法国南部的“法学集中地”显然很少见，而到了 15 世纪，这些文科学舍都变成了法学舍。国王、诸侯、大臣和教会人士为了巩固其统治基础，逐渐利用他们所捐建的学舍来培养未来一代的教会和行政机构的法律专家。在这方面，旧欧洲，尤其是牛津大学和欧洲南部的大学走在了前面。然而，这种说法有可能言过其实。法学专业学生大多是专修生和上流社会学生，他们都不需要在学舍中学习。因此，在一所真正的法律大学（如奥尔良大学）里根本没有这种学舍，在意大利和伊比利亚半岛也只有几所这样的学舍；只有到了 16 世纪，随着社会条件的变化，上述情形才有所改变。对医学生来讲，情况类似，他们中的一些人的确能在学舍里学习，但很少有专为他们建立的医学舍——蒙彼利埃是个例外。

神圣罗马帝国的学舍有自己的一条发展道路。在布拉格卡洛林学舍、维也纳杜克尔学舍及莱比锡的大大小小学舍里学习的学生，在大多数情况下都是硕士-学生和专修生，这点同欧洲其他地方的同类学生一样；一开始，他们被大学创建人招聘到文学院任教，这些创建人——领地统治者、诸侯、市政长官等——也是大多数学舍的创立者。至少有文科硕士学位的学舍成员是摄政教师，因此他们也成为文科学生的授课教授；他们的地位相当于以后的文学院教授，他们领取的奖学金实际上就是他们教学的报
218 酬。在新欧洲的其他地方也能找到这种“德意志模式”的效仿者，在苏格兰、波兰，在瑞典可能也有。这种模式的学舍并没有改变那种传统的、分布很广的模式，即由年长的学生——英格兰学舍中的导师——为年幼的学生教课并给予指导。在德意志模式中，学生产生了教授的效果。

尽管当时迅速建立了一批新学舍，但绝大多数学生——无论哪种类型，也不管是毕业还是没有毕业——都不得不为找到容身之处而奔忙，即使在捐赠基金充裕的巴黎也是如此，在15世纪，那里最多只有15%的大学入学者能从学舍成员身份中享有好处。[17] 基本上，学生寻找容身之所从一开始就只有两种可能性：要么是一个人单独租住或与其他人合租私人房舍；要么就像当时流行的那样，在由大学批准或监管的学生宿舍内居住，这种宿舍有好几种不同的流行叫法，如寓所、招待所、宿舍、公寓、寄宿舍、学舍、居所等，英语里又称其为会堂或学生寓所。一般地，学生宿舍都由具有这种工作资格的文科硕士或具有更高学位的专修生来负责管理。

第一种情况主要出现在西欧和南欧法学学生占主导地位的大学，从奥尔良大学、博洛尼亚大学到萨拉曼卡大学。几乎所有类型的学生都作为房客租住在市民家里、学生宿舍或他们的教授家里。他们要么在自己宿舍或找其他地方与别人“搭伙”吃饭，要么找人来给他们做饭。在阿尔卑斯山

---

⑰ J. Verger, 'Collegium', in *Lexikon des Mittelalters*, vol. Ⅲ(Munich, 1986), 41. 在牛津和剑桥也有10%—20%：T. H. Aston, G. D. Duncan, and T. A. R. Evans, 'The Medieval Alumni of the University of Cambridge', *Past and Present*, 86(1980), 14。在神圣罗马帝国，这个数字还要低5个百分点。

以北，文科和神学占主导地位，因而在有大量年轻文科学生的环境中，私人出租房的房客大都是硕士-学生和专修生，或者学生群体中的“边缘”学生：一方面是来自贵族家庭、富裕的资产阶级家庭或高级教士家庭的高地位学生，他们常常会带上他们的仆人和私人教师一起住；另一方面则是贫穷学生，这些人既付不起房租，也无法靠给人当奴仆来找到住处。并非所有地方都是这样，在维也纳就有特别提供给贫穷学生的陋室，那是一种便宜且很简陋的住房，贫穷学生们都挤在那里。

第二种情况是大学一直所鼓励的，它符合经济考量和社会行为方式：当离开自己的家后，讲同一种语言、有相同背景的学生和教师很自然地就走到一起，住在适合他们的社区里；这一方面满足了学生与教师及其家庭联系的需要，另一方面也符合大学当局及其他世俗和教会组织监督学生住宿的要求。从 14 世纪开始，出于监督的需要，大学开始对学生住宿制定 219
普遍的要求。比如，大约在 1410 年，牛津大学就要求所有入学者，包括年轻的法学学生，都必须在学舍内或指定的学生宿舍里住宿，在 1420 年这一规定得到了皇室的支持。这样做的目的是希望对“宿舍混乱”现象进行有效的监管，这种现象是指彼此毫不相干的一大群学生未经允许就住在城镇里，据说他们白天在睡觉，晚上就到酒馆、妓院里鬼混，从而引发抢劫和谋杀案件。在欧洲大陆北部的大学里也都有类似章程，1410 年维也纳大学开始拒绝接收在外住宿的学生，1452—1457 年，巴黎大学也开始拒绝所谓的“燕子”学生入学。然而，这些规定都没有得到很好的执行。到了近代，私人寓所越来越有吸引力，甚至在阿尔卑斯以北地区也如此：鲁汶大学的很多学生都是房客，就是一个很好的例子。[18]

就像学舍一样，英格兰牛津大学的会堂和剑桥大学的学生寓所、巴黎的招待所（*hospices*）或宿舍（*paedagogia*），以及神圣罗马帝国的学舍

⑱ Gibson(ed.),*Statuta*(注释 4),208ff.,226ff.;Kink,*Geschichte*(注释 5),234ff.;Rashdall,*Universities*,vol. Ⅱ,526;E. De Maesschalck,'De "goede" en de "eeuwige student". Tucht en huisvesting te Leuven in de 15e en 16e eeuw',*Alumni Leuven*,9:1(1978),11-15. 数据参见第 4 章，第 118 页。

(*bursae*) 都成为大学真正的组成部分。对大多数居住在宿舍里的人（*hospites* 或 *bursales*，后者是从德语的学生 *Bursche* 一词演变而来的）来讲，上大学无非就是在地理、社会和思想上与这些地方联系起来。宿舍负责人——大学任命的宿舍长（rector，*regens*，*conventor*）本人或在其他教师的帮助下，负责为整幢宿舍购买或租赁合适的家具，同时还要负责食宿及学习活动。作为回报，他所管理的学生“家庭”每周付给他薪水，他们还要付食宿费和学习费用，这些费用习惯上也按周计算。

共同的生活自然赋予了学生宿舍独特的区域和社会特征。总体而言，这些学生宿舍类似学舍（还在一定程度上类似同乡会），因为后两者都是基于家庭因素、同胞因素及社会阶层是否相近等因素而组成的。管理者的影响取代了学舍创建者的意愿。因而，依据宿舍长的来源，各个学生宿舍要么代表大学生源地中的特殊区域——当然随时间的变化而变化——要么就是与生源地毫不相干。例如，牛津大学的圣艾德蒙德会堂住的都是威尔士学生，罗斯托克大学的霍拉斯伯萨学舍中的大部分房间都是留给挪威学生的，海德堡大学的瑞士学舍和克拉科大学的匈牙利学舍——它甚至还不接受所有匈牙利学生入住，而只面向匈牙利某些城镇，特别是塞格德、佩
220 斯和欧芬的学生。[19] 所有学生宿舍的社会特征虽然也与地区因素紧密相关，但还是主要取决于住宿学生的社会地位和经济情况。不管是学舍、会堂还是招待所，都不是慈善机构，虽然有时候也提供几个免费的床位。那些贫穷学生一般都只能作为仆人入住，通过做仆人来偿付每周的所有或部分费用。人们推测，学生宿舍中公寓比准公寓条件更好、更舒适一些——后者在牛津被称为“斗士营”——或者通俗地说，就是富人住的地方比穷人更好一些。因此，每周的费用也就有所不同：如果不算那些为穷学生提供免费食宿的地方，在维也纳最便宜的是“两便士会堂”了；而在爱尔福特大学，这个数目大概只够在大的学舍里用一顿正式的午餐。在“两便士会堂”之外，还有“三便士会堂”，大概多一个便士，住宿的条件也就好

⑲ K. Schrauf, *Regestrum Bursae Hungarorum Cracoviensis* (Vienna, 1893), xixff.

一级。据推测，许多其他大学城都有类似学生宿舍的细分。一般来讲，从葡萄牙到英格兰，所有大学都试图控制学生宿舍的租金。

由大学城提供的学生宿舍数量，一方面取决于需求，另一方面取决于制度化程度。因而，学生宿舍的多少会随经济情况在不同的年份里变化，其波动程度比起学舍要大得多，所以很难准确统计这类学生宿舍的数量。当时，多数学生宿舍都非常小，而且存在的时间也非常短，所以在历史资料中没留下什么线索。在巴黎，毫无疑问当时已经有了一种标准的“学校产业”，但一直没有关于它的准确数据。在意大利、西班牙及位于欧洲大学体系边缘的一些国家，情况也相似。这方面的资料在牛津大学发现过，大约在 1313 年，牛津大学记录在案的学生宿舍有 123 处；在 15 世纪上半叶，学生宿舍的数量在 70 处左右，到了 15 世纪下半叶则变成大约 50 处，到 1530 年就只剩下 8 处了。在 15 世纪中期，剑桥大学里还在使用的学生宿舍不超过 17 处。苏格兰的圣安德鲁斯大学只有一处学生宿舍和一所学舍，自 1506 年该大学招生以后，学生不是住在学舍，就是住在学生宿舍。早在 1400 年以前，布拉格大学就有许多学生宿舍，其中 6 处的名字被提到过。1413 年，维也纳大学有 29 处宿舍，30 年后仍有 11 处，其中 6 处是供贫穷学生住宿的简易宿舍。巴塞尔大学在 1496 年以前有 7 处宿舍，之后只剩下 4 处了。神圣罗马帝国的其他大学也记录了学生宿舍的数量变化；然而，似乎只要有其中一半的数量就能满足当时的需要了。

当然，这些数字不能进行直接比较，不仅因为那些资料记载有待证
实，更因为不同的学生宿舍容纳不同人数的学生。为了建立一个公认的学 221
生社区，一个主要原则是集中住宿，在维也纳 3—4 名学生住一个房间，而在其他地方一般是 6 名学生住一个房间。人数的上限由宿舍设施和入住学生数量这两方面来决定。由此可以推测，在德意志主要大学的大型学生宿舍可以容纳几百人；大约在 1450 年，294 名和 246 名的文科学生分别住在爱尔福特大学的马修斯和波塔·科利两所学舍的两处学生宿舍里；后一个复杂的宿舍楼有 20 个房间，也就是说，每一个房间平均容纳 12 人。大约在同一时间的巴黎，像圣巴尔伯这样的学生宿舍，大约就有 70 个或更

多房间可供住宿，这个数目相当于一所大型学舍。在克拉科大学，建于1454年的耶路撒冷学舍可以容纳100名住宿者。另一方面，15世纪中期牛津大学的许多学生宿舍平均只有18名文科或法学专业的学生；在同一时期，剑桥大学大约有11处文科学生宿舍，一般每处可容纳25—30名学生，大学的6处法学学生宿舍平均每处可容纳80名学生。与在牛津占主流的“单人会堂”不同，剑桥的学生宿舍要大一些，设施更奢华一些，有更多的房间和建筑，不仅如此，也更稳定一些。因此，剑桥的学生宿舍类似于那些欧洲大陆上较大的学舍和宿舍。

15世纪，在整个欧洲，学生宿舍的数量普遍减少，这在牛津和维也纳表现得非常明显。它们可能经历了一个集中化的过程，许多小型的宿舍难以为继，或者被大宿舍兼并，或者作为一种社区形式逐渐变得过时。在西欧，随着近代社会的到来，这种集体化过程从总体上有利于学舍或正在形成中的“学舍-大学”。与此相似的是，“学舍-大学”发展起来。研究发现，当时一段时期里出现了前所未有的风潮，大量学生从招待所、会堂、宿舍中搬出，再以顾客的身份进入那些学舍，这些学舍当时已经承担了所有教学事务；而独立的学生宿舍即便未遭兼并，也逐步变成了附属于学舍的住宿地，并且由学舍监管。例如，在15世纪末以前，牛津默顿学舍就已经有了一组环状分布的学生宿舍群，包括圣约翰斯、圣阿尔邦、科利谢尔、奈特和纳恩学舍；这些学生宿舍通常由高年级学生担任宿舍长，负责管理。在巴黎，教师和学生都陆续离开了位于富阿勒大街上的学生宿舍和学校，进入最好的三所学舍（当时大约有18所学舍），当时（1500年左右）这些学舍已经在有组织地进行所有科目的教学了。

在中欧的大学里，学舍也是学生宿舍萧条的受益者，而实际上它们还起到了推波助澜的作用。最初，“学舍教授”开办自己的学生宿舍，在一些情况中，这些宿舍在一定程度上融入了整个学舍，构成学舍建筑群的一
222 部分。在这样的学舍宿舍里，住宿的学生要付房租和伙食费，但不必向摄政教师交纳费用。在不同的大学城里，它们的受欢迎程度并不完全一样。由于它们的影响，私人开办的学生宿舍失去了生存空间。这在当时是普遍

现象，其他一些会所、寓所和招待所的情况也是如此。在15世纪，各地私人开办的学生宿舍在与学舍的学生宿舍——多数具有更大规模——竞争中往往会遭到淘汰，因为它们还要遭遇同行之间的激烈竞争。只有具有较高的社会地位的“专家机构”，如文法学校和具有特殊课程和教学方式的人文学者团体，才能够维持他们开办的学生宿舍。当时竞争的情况从禁止诱骗新生住宿的三令五申中就可见一斑，当时常有私人开办的学生宿舍打着便宜的幌子来诱使新生入住，如在巴塞尔，莱茵河上大学新生乘坐的客轮一靠岸，学生们一下船，各类学生宿舍之间的竞争就开始了。

只在没有学舍参与竞争时，那些私人开办的学生宿舍才能够生存下去，在鲁汶和科隆这两所位于神圣罗马帝国最西边的大学里，这种情况很明显。在这两所大学，开办私人宿舍的业主及其雇员都被大学聘为“训练员”，几乎是代表整个文学院来管理学生。与实际上只提供一些学习课程配套练习的学舍学生宿舍相比，这些私人办的学生宿舍自15世纪中期就开始试图将文科学生的整个教学过程都放到宿舍中进行。因此，科隆大学校方的4处学生宿舍和鲁汶大学校方的4处学生宿舍在竞争中就日益衰败。这与西欧学舍教育形式的发展非常近似。在鲁汶，学生宿舍在捐赠和学舍的强大影响之下，早在中世纪之前就已经消失了；而在科隆，校方的学生宿舍在16世纪转变为文法学校，使其在迥然不同的社会环境下，在神圣罗马帝国其他学生宿舍渐渐消失的时候，在形式上成功地留存下来。在西欧和南欧，学舍-大学的黄金时代已经来临，尽管当时还处于宗教主义时代，神圣罗马帝国的大学及其北面和东面邻国的大学都开始踏上一条教授型大学的发展道路；那些旧式的文科导师学舍或教授学舍和学生宿舍一起逐渐消失。而到中世纪结束时，拥有资产阶级地位的教授及拥有转学和择校自由的学生出现了。

学生生活

欧洲大学中五种类型的学生似乎都没有什么好名声。13—15世纪， 223

到处都可以听见对他们相同的抱怨。学生们爱大喊大叫、打架斗殴，爱嫖妓狂欢、唱歌跳舞，爱打牌下棋、沉溺于赌骰子及其他赌博；总是四处游荡、日夜不分，爱出风头、衣着出格，对居民、行会成员和治安人员进行挑衅；他们还携带甚至使用武器。看来并不是大学和知识吸引了他们，而是充满诱惑、逍遥自在的城市生活让他们乐而忘返。

巴黎大学，在红衣主教雅克·德·维特里（卒于1240年）看来，是一个国际性的恶人议会，是全世界罪恶灵魂的集合地。而巴黎的学生，在这位红衣主教看来，只在冬天时才学习，在夏天里他们就东游西荡。他们没学完过任何功课，却走马灯似地更换老师；他们最低限度地应付一下学业，为的是保住作为学生才有的种种特权。如果非要上课，他们也只愿上教会法这一门课，因为他们可以用这一个小时的时间好好地睡上一觉；但是，即使如此，他们也不会傻到抱着笨重的书本装出学者的样子来。[20] 对于主教们的指责，教授们也表示赞同，他们对学生的生活方式和在学业中的表现实在不满意（直到今天也是这样）。奥德弗雷德斯·德·德那里斯（1200—1265），博洛尼亚著名注释派学者之一，直言不讳地抨击学生的无节制、追求奢华享乐、喜爱锦衣华服、寻求性爱刺激，以及嗜好赌博、跳舞和酗酒。在红衣主教看来，那些不规矩的学生主要是文科的年轻学生、单纯学生和攻读学士学位的学生；另一方面，那些有学问的法律专业的学生，主要是身份较高的上流社会学生和年长的法律专业的学生，他们的表现同那些年轻的文科学生没什么两样。在13、14世纪时，意大利的教授及律师、文法学者等人一致对懒惰风气提出警告，他们现身说法，用同行的例子作为示范。他们说，当时博洛尼亚的名人阿佐·德·波齐一生正直尽责，他只会在节假日里才生病，甚至死都不死在工作日里。在中世纪晚期，这类批评还掺进了对恶习导致的失败结局的嘲讽：那些滑稽、放纵的家伙——在神圣罗马帝国被称作笨蛋——在大学里虚耗青春，挥霍父亲的钱财，学业上毫无长进，倒是学会了怎么沽酒，最后只能带着羞耻回家。

---

⑳ Rashdall, *Universities*, vol. Ⅲ, 439ff.

这是巴塞尔大学教会法教授塞巴斯蒂安·布兰特所描述的情形，他在其 224
1494年创作的伟大的社会讽刺诗《傻瓜之船》中，把学生们当作了他的嘲讽对象之一。㉑

如果将所有的这些议论、评价都综合起来，就是一部十足的“耻辱史”。但它未必就比那些讲述某个勤奋学生如何既完成学业又尽到宗教义务，他的大学时光只用在礼拜和学习、吃饭和睡觉上的故事更可信。因为不管是恶习缠身的学生，还是有责任感的学生，大都是那些被训诫故事歪曲了的形象。搜集这方面的文艺作品并不困难，从杰弗里·乔叟（生于1342年）的《坎特伯雷故事集》到弗朗索瓦·维庸（生于约1465年）的歌谣中，都不难找到有关学生的描述。但对于一名历史学家来说，情况是很糟糕的。实际上，在16世纪以前几乎没有来自学生个人的文字记述，本来对同时代的人来说，学生的行径应该是些奇闻轶事。学生们的信件一般都是以央求父母、叔叔或庇护人援助的内容为主，满篇都是对生活中不如意的哀叹，一会儿写散文，一会儿又写诗歌，但主题永远都是祈求他们能帮忙解决经济问题、购置衣物诸如此类，人们禁不住会推测，这些信是照着几个广泛流传的模子依葫芦画瓢写出来的。㉒

在那些古老的法律大学——特别是在南欧——以及多数中欧的年轻大学，学生的行为最不需要监管。根据有关章程的条款数量来判断，正是在这些学校里，大学生活受到最严密的监督。但是，并不能就此推论那些中欧大学的学生要比在其他地方的学生更粗野一些。事实上，他们中的大多数人都是年龄在14—20岁的年轻文科学生和硕士生；而在巴黎大学或一些英国大学也没有什么严格的管理措施。还有一个长期存在的问题：尽管其他地方的一些大学长期以来在很大程度上让大学中的传统组织（如同乡会、学院和学舍）对学生进行监管，但神圣罗马帝国的大学从一开始就实

㉑ Steffen, *Studentische Autonomie*（注释 3）, 122-126; Sebastian Brant, *Narrenschiff*, ed. F. Zarncke (Leipzig, 1854), cap. 27, 29, 356ff.

㉒ C. H. Haskins, *Studies in Mediaeval Culture* (New York, 1929), 1-35 ('The Life of Mediaeval Students as Illustrated by Their Letters').

行集中管理，学生生活受到约束的程度要大得多，而且监管的方式也更加多样。直到1452年巴黎大学改革和1489年牛津大学颁布《学院宪章》（*statuta aularia*）之后，上述两种情况才开始逐渐接近；而欧洲的其他大学仍然没有采取类似巴黎和牛津的方式。与此同时，校长注册制度也在发展，但无一例外都集中在新欧洲。[23]

225 大学章程建立的各种规范一般适用于包括神学博士到学文法的新生在内的所有在校注册学生。在中世纪，大学章程没有什么特殊的地方，它并不仅仅与严格的修道相关。在当时的社会里，严格的条例和规定无处不在，有行会的规定、有手工业者和学徒的规定、有居民衣着方面的规定、有贵族阶层住宅的规定、有诸侯宫廷的规定，等等——所有这些规定约束了不同群体和不同阶层在日常交往、休闲和聚会中的一言一行。在那些受章程约束的学舍和学生宿舍中，不仅形成了有关知识、方法和学术生活其他方面的标准，还有社会技能和行为方式的规范，这些规章的功能在于帮助整个团体处理好成员之间的关系，同时也处理好与之相比特权较少的外部世界的关系。那些常常是精心制定的戒律和禁令——如果放在现代学术自由的背景来理解，简直就是可怕的高压规定——毫无疑问具有保持稳定的作用。当时，人们普遍关注维护公共和平——最早的文献证据可以在剑桥大学（1236—1254）找到。[24]

根据里斯本-科英布拉、圣安德鲁斯等学舍的章程，正当的行为概括起来包括以下四个方面。首先，避免同任何女性接触，包括校外的女性及学生宿舍中和学舍里的女性。在一个排外的紧密相连的男性社会中，每个大学城的男性人数都多于女性，因而破坏了性别之间的平衡，并且成为矛盾冲突的根源，所以避免接触女性是一条可以理解的禁令。在阿尔卑斯山以北的大学，即使到1500年左右，已婚的博士、硕士和学生仍比较少见。但在欧洲南部他们就较常见了。而且，南部地区的大学章程也反映了对待

㉓ 参见第6章，第179页。

㉔ M. B. Hackett, *The Original Statutes of Cambridge University. The Text and its History*(Cambridge, 1979), 211ff. Oxford: Gibson(ed.), *Statuta*(注释4), 81.

女性的不同态度。[25] 第二条禁令是禁止携带武器，特别是在夜间，原则上还包括在大学集会或课堂上（在博洛尼亚及相关的一些意大利大学中，被称为 *calamitatibus provideri*），以避免在学生中或学生与居民之间惹出祸端。[26] 除了巴黎大学学生同乡会之间的冲突及城市居民与大学师生持续不断的摩擦外，还爆发了几起偶然的武装冲突和严重的“学生战争”，如
1278 年在巴黎、1332 年在图卢兹、1355 年在牛津、1387 年在奥尔良、 226
1410—1411 年在萨拉曼卡、1422 年在海德堡。第三条禁令是禁止穿时髦衣服，特别是不允许穿来炫耀。要求学生衣着朴素简单，穿一种叫“简朴习俗”的学生服装。这种“学术服”是从教士服装逐步演变而来的，款式多种多样，因而即使在一个国家或一个历史时期，这种服装的款式和颜色都是不确定的（参见第四章）。第四条禁令在全欧洲都适用，即禁止在言行上冒犯教授和同学。这样做不仅是为了维护个人的尊严，更是为了避免校园内部的冲突。在布拉格——它被认为是连接欧洲古老大学与年轻大学的桥梁——甚至对说脏话都制定了相关的惩罚，以下这些脏话是当时最常见的：“流氓”“无赖”“骗子”——这三句骂人话还不算太难听，因而受到的惩罚也轻些，如果骂“婊子养的”“杂种”“恶棍”“叛徒”等，就会受更重的惩罚。布拉格大学还制定了精确的关于人身攻击的“投掷行为条款”，在条款中详细描述各种投掷行为及其意图——没目标的投掷、有目标的投掷、击中、击中并造成伤害——再结合经典的伦理规范，由轻到重地对上述行为进行惩罚；这种条款也被写进一些德意志大学的章程中。[27]

除了这些禁止性的戒律和禁令外，还有五花八门的守则，在不同的大

[25] 例如，Fournier(ed.)，*Statuts*，vol. Ⅲ，13ff.，§ 36(Aix 1420-1440)。关于中世纪已婚学生和教师，参见第 2 章。

[26] H. Denifle，'Die Statuten der Juristenuniversität Bologna vom Jahre 1317-1347 und deren Verhältnis zu jenen Paduas，Perugias，Florenz'，*Archiv für Literatur-und Kirchengeschichte*，3(1887)，363，§ 71(同样还有佩鲁贾和帕多瓦). U. Gualazzini(ed.)，*Corpus Statutorum almi Studii Parmensis*，2nd edn(Milan，1978)，151，§ 64.

[27] H. Jírecek(ed.)，*Codex Juris Bohemici*，vol. Ⅱ：3(Prague，1889)，278ff.，§ 21.

学里，这些守则被强调的程度有所不同，从中反映了不同大学所在地区的学生群体的社会地位。在法国南部、意大利及伊比利亚半岛的部分地区有关学生管理的主要法律条文中，尤其强调对放纵的“贵族生活方式”的约束，这种生活方式具体表现为衣着奢华、扈从众多、参与赌博游戏——如掷骰子——这在佩鲁贾和佛罗伦萨被列为众恶之首，除此之外，还有养马、遛狗和圈养猎鹰（在科英布拉和萨拉曼卡，明令禁止除高级贵族外的任何人这样做）。在莱里达，除非确有必要，不允许学生骑马去上课。但同时在意大利，关于武器的禁令有些宽松：在博洛尼亚、帕多瓦、佩鲁贾和帕尔玛，具有贵族身份的律师在葬礼、游行或其他一些典礼场合，可以不受这一禁令的约束。[28] 在阿尔卑斯山北部的大学里，由于历来是文科和神学的学生占多数，因而另外有一些更为棘手的问题。这些大学需要对数
227 量众多的单纯学生、年轻的普通学生的行为进行约束，他们中的大多数人还没有获得学位就离开了学校。结果大学把大量的时间和精力都花在对学生宿舍的监管上，目的是保证学生在规定的时间里待在宿舍里，而不是在街头、广场闲逛，或者到他们常去的酒馆及其他“可疑的地方”游荡。在晚上宵禁的钟声响过之后，学舍、会堂或学生宿舍就会锁门——夏季响钟的时间在晚上 8—10 点，冬季在晚上 7—9 点，在巴黎和牛津全年都是晚上 9 点——直到早上 5 点或 6 点才开门。

实际上，违反规定的情况经常发生，许多私营学生宿舍的管理人对学生违纪的事常常是睁一只眼闭一只眼。但大学在较长的一段时间里都对此采取了制裁措施，这些措施可能的确也起到了稳定和教育的效果。每一条章程都配备了特定的惩罚条例。大学要求学生反复背诵各种规章，如当新校长上任的时候，目的是加深学生对章程和惩处条例的印象。学校当局的

---

[28] A. Gomes da Rocha Mahadil(ed.), *Livro verde da Universidade de Coimbra* (Cartulario do século XV) (Coimbra, 1940), 13. P. U. González de la Calle and A. Huarte y Echenique(eds.), *Constituciones de la Universidad de Salamanca* (1422) (Madrid, 1927), 73ff. Lérida: Liber constitutionum, J. Villanueva, *Viaje Literario a las iglesias de España*, vol. XVI (Madrid, 1851), 230; Denifle, ‘Statuten’(注释 26), 363, § 71; Gualazzini(ed.), *Corpus*(注释 26), 151, § 64.

告密者、学监及其他监察人都负责保障条规在任何地方都得到遵守，并且惩罚那些违反规定的人。这些监视人中有一种被称作恶毒的“狼”的人，他们的责任是监视学生在宿舍和学舍里使用拉丁文。毫无疑问，这种人并不仅在欧洲中部的大学里才有。对于多数青年人来说，讲拉丁语是件非常厌烦枯燥的事情，毕竟即使他们在大学城中生活，也希望能够生活在自己家乡的社会环境里，能够讲母语。一本 15 世纪晚期关于学生生活简介的读物——海德堡大学的《学生手册》——里记载，学生讲母语达到几次就会被告发，由此可以看到“狼”们干得多么成功，也就可想而知学生对此是多么气愤了。[29] 大学采用的制裁方法是罚款，根据违反章程的次数和严重程度来划分不同的罚款等级；在一些严重的案件里，犯罪人要被监禁起来甚至被“开除”，从而失去重要的大学特权的保护。除了晚期的少数几个案件外，在整个中世纪欧洲大学都没有发现有体罚的情况。罚款是非常有约束力的手段：在哥本哈根、帕多瓦和萨拉曼卡对犯罪的人都是采用朝最“痛”的地方——钱包打的办法，这样自然让钱本来就不多的大多数学生知道了痛。在巴黎和德意志的大学，从总体上看，似乎那些贫困学生受到的惩罚更严重些，他们比其他学生更经常地被判犯罪，甚至被开除。

学舍及其附属学生宿舍里的生活可能是最为严格的。不妨研究一下布雷斯高的弗赖堡大学的萨皮恩提尔学舍的规定，该学舍由神学家、奥格斯
堡的约翰尼斯·克利尔·冯·魏瑟姆在 1497 年时捐助建立。[30] 学舍有 12 228
名学生，他们来自社会各阶层，共同生活，并且由一名专修生作为首领，此人至少是高级学院攻读学士学位的学生。学舍不允许女性到学舍访问学生，哪怕迈进一只脚都不行，除非是洗衣妇或照顾重病患者的夜间值班护士，即使是这些妇人，也要求她们具有无可指责的品行。学舍成员每周轮换负责伙食：每周都有一个学生负责布置餐桌，包括放置和撤走餐盘、打扫餐厅，据推测他可能还要自己做饭或同助手一起做。读一下由学舍创办

[29] *Manuale* in F. Zarncke, *Die deutschen Universitäten im Mittelalter*(Leipzig, 1857), 28ff.

[30] H. Beckmann, *Johannes Kerer*, *Statuta Collegii Sapientiae 1497*, facsimile(Lindau/Constance, 1957).

者写的生活告示，就不难看出当时学生们的生活情况了：

> 因为智慧并不存在于奢华的国度，也因为我们的厅堂冠名为“智慧之家”，为尊崇上帝而培养明智的人是我等的愿望，而真正的智慧必然远离那些奢侈的宴席和所有肉体的快乐，就像远离淫荡妇人一样。

在每天的午餐和晚餐，每人有一份半磅的肉和一些根茎类蔬菜、卷心菜、豆子布丁或其他蔬菜，进餐时一般还有酒。而烤肉只有在较大的宗教节日、新生入学或学舍创办人及其兄弟的生日才能吃到。私取定额供给的特制食品是被明令禁止的，厨房和学生的房间都处在监视之下。已经获得了学位的学生，可免于餐桌值日之责。所有的学生都在同一个寝室中睡觉，当然这个寝室也被分隔成若干个小间，任何人都不能擅自进入别人的房间；房间里一般没有取暖设备；在睡觉时，灯是保持不熄的；值周的人打扫寝室中的公共部分，而每个小间则由个人打扫，“以使灵魂不沾染灰尘”。对灵魂的关注是有关学生日常起居的规定中最为关键的内容，这一点从其他方面也可以看出来。每日都要做弥撒，每周有一次布道，而且学生至少要在每次宗教节日时做一次忏悔。有关学生身体健康方面的规定，看起来却相当简略。当然，在德意志境内外较小的捐助学舍中，萨皮恩提尔学舍所接受的捐助款额算是比较充裕的。它拥有实际的土地和固定资产，有自己的礼拜堂和图书馆，有简单的家具却有很多值钱的厨具和餐具——其中一部分甚至还是银器，这些东西都得到了学舍负责人的精心保管。像其他地方一样，该学舍的纪律非常严格：对于违反纪律的人有相应的惩戒措施，尤其是对那些破坏学舍安宁的人（包括弹奏乐器、打牌、掷
229 骰子，而弹奏翼琴和下象棋是得到允许的）。同样会受到惩罚的行为还有为某种淫邪目的外出，出言不逊或有挑衅行为，如犯有后一种言行，必须在当日内对受害方做出赔偿。情况严重时，如涉及是否将犯事的学生暂时或永久开除，要由大学的校长来做决定，而在其他的情况下，都是由学舍

舍长来实施惩罚，惩罚的形式是一天或几天不给饭吃，尤其是不给酒喝。如此这般的惩罚，在大家都用餐时更让人难以忍受。在弗莱堡与其他地方一样，最重要的训谕是要求学生必须上课和告诫学生应获得学位。

由于有空闲时间和节假日，这使教书的艰辛与学习的不易变得可以忍受。一般认为，在这方面各大学甚至各学院之间都存在着巨大的差异，各校各学院都有自己的校历。之所以制作校历，是因为大学要对一年的工作做出一个基本安排，另外也要确定在假期、星期日和节假日里要上的课——主要是特殊讲座和复习练习（但萨拉曼卡大学从不在星期日排课）。正是到15世纪，一些学校有了确定每学年时间安排（以10月1日为始）的“学期安排手册”：从10月之初到来年的6月底被称作大学期，从7月到9月底被称为小学期。另外一种是将一年划分成半年学期、三月学期或等长的四个学期（如牛津大学），学年中间有圣诞节、复活节、降灵节等节日，还有两个月的“大假期”——从圣彼得和圣保罗复活节（6月29日）至米迦勒节（9月29日），这中间各院系的安排又有所差别。在这些节假日里，许多人都要带着钱和食物返乡探亲。

除了法定的星期日和节假日之外，还有很多没有安排课程的日子，学生们可以在这些日子里放松一下——由于章程的限制，学生平日的生活少有轻松的机会。在博洛尼亚，有人取笑道，各种各样的假期算起来几乎超过了上课的天数。每当各学院、同乡会、兄弟会或特殊大学区的守护神的周年纪念日，学生都要举行盛大庆典、宗教仪式、游行及各种娱乐活动来加以庆祝。对多数文科学生来说，尤其有趣的是圣尼古拉斯节，过节时有游行表演、游戏竞赛项目——如巴黎的主教竞赛、牛津的圣诞节国王竞赛——以及各种哑剧表演。在1381年，阿拉贡王朝的佩皮尼昂当局感到有必要禁止当时在文科学生中显然已经形成传统的一些做法（在莱里达也是如此）：在圣尼古拉斯节和受欢迎的圣凯瑟琳节、圣厄拉利尔节，学生们装扮成犹太人、撒拉逊人和妇女讨价还价并四处游荡，这些行为会让人 230

觉得是对被模仿对象的伤害和羞辱。[31] 这些“闲暇活动”还包括嘉年华会、五月节及“到大自然中去”的游览活动等，估计同乡会、学舍和学生宿舍及学生小团体内部都有许多活动——从苏格兰大学在“初雪节”举行斗鸡活动到博洛尼亚每月一次的聚餐。毫无疑问，在假日里，各种被章程禁止和限制的东西也就冒了出来，有“酒、女人和歌曲”，在街头、宿舍和酒馆，学生们打打闹闹、演奏音乐，他们跟居民发生争执，四处闲逛，跳舞、下棋、赌博，还举行球赛、击剑比赛、马上比武和打猎等活动——当然，所有这些都因学生年龄和阶层的不同而异。大学所在地人们习以为常的社会秩序也会影响到学生们在休闲时间和节日的活动，其影响程度通过博洛尼亚的“雪节”可见一斑：首先是准许法学院社会地位较高的学生为当地居民滚制雪球，为自己的晚宴换些钱、酒或食物，之后才能轮到普通的医学院和文学院学生这样做。[32]

为欢迎一年级学生——他们被称为新手——加入老生团体而举行的庆祝活动，任何一天都可以重复，其中包含着各种各样的恶作剧，从某种程度上讲近乎虐待，喝酒的花销自然是由新生来出。[33] 除了意大利的法律大学集中之地外，这种习俗在整个欧洲自古就有之，尽管各地存在细微的差别。在西欧，从法国南部到不列颠群岛——关于西班牙，我们只知道那里有过这种习俗——有各种形式的“入伙洗礼”仪式，在这类仪式中离不开水和拷打。即使在上层社会圈子里——如在普罗旺斯的艾克斯——也有入伙拷打这种形式，虽然通过贵妇出面恳求可以得到宽大处理。在其他地方，新生要被押到“学生老大”面前听训，在被清水洗去不成熟的污点之前，他们必须在老生面前表现得谦卑，随时听候差遣（在阿维尼翁和巴黎

---

[31] Fournier(ed.),*Statuts*,vol. Ⅱ,674,§35;Villanueva,*Viaje*(注释 28),231;Ajo González de Rapariegos y Sáinz de Zúñiga,*Historia*(注释 7),246.

[32] Steffen,*Studentische Autonomie*(注释 3),122ff.

[33] 源自法语 *bec jaune*(德语 *Gelbschnabel*);*CUP*,vol. Ⅱ,523ff.(Paris,1342);Fournier(ed.),*Statuts*,vol. Ⅰ,121-126(Orléans 1366-1368);vol. Ⅱ,238(Montpellier 1465);vol. Ⅱ,440(Avignon c. 1450):vol. Ⅲ,12ff.(Aix 1420-1440). 由拉希德总结,见 *Universities*,vol. Ⅲ,376-385.

就是这样）。而在中欧，特别是在神圣罗马帝国，有一套比较成熟的“去
角术”，借此让新生中的“野兽”被驯服成“文明的学生动物”。早在
1400 年左右——直至现代社会初期，“去角”程序都是德意志学术仪式中
不可缺少的部分——“去角”过程常会引起混乱。从 14 世纪开始——较 231
早是在法国，较迟在神圣罗马帝国——各大学中的立法权威就开始规范这
种“新生过关”的事情，以避免无节制的恶作剧、敲诈勒索、胁迫，特别
是抢劫的发生，但他们并不能完全禁止此类事情。从中世纪学生和教授群
体的特征来观察，尤其是在文科、神学师生集中的地方，有无良好的秩
序，关键要看学士生、硕士生或专修生的表现，以及那些“勉强算学生的
人”的表现——换言之，他们常常是此类事件的主角。

学习

从萨拉曼卡到哥本哈根，所有学生都会遵从校方关于上课和获得学位的忠告。在中世纪欧洲大学及其四个学院中，没有任何东西比教学内容及其形式更规范、更能经受时间考验并保持稳定不变。[34] 的确，教学有不同的重点，如“三艺”和“四艺”的文科教学计划就不一样——这是因为缺乏足够的师资，并不是所有大学的学生都能像牛津大学的学生那样，有幸学完所有科目；再比如，哲学中的论辩，论辩者采用的是传统方式还是新方式，出发点是唯实论或唯名论，其重点也就会大不一样。文艺复兴时的佛罗伦萨、博洛尼亚或帕多瓦等大学的文法教学，同阿尔卑斯北部的格瑞夫斯沃德、乌普萨拉、阿伯丁相比，有质的不同。但是，无论哪所大学，都采用最初的方式来教授和学习基督教经典文献，亚里士多德、欧几里得和托勒密的著作，教会法和民法方面的书籍，希波克拉底与盖伦的著作及其成体系的全集、摘要、注释和评注，这种情况随处可见。

当然，以上是指 14 世纪发展较成熟的大学，这些大学的各学院都已

㉞ 参见第四部分：“学习”（第 10—13 章）。

经把它们的教学大纲写进了章程。那些可能存在于11—13世纪早期的欧洲大学的经院理性主义的思想和方法的潜在的活力，此时已被禁锢在一个几乎永久不变的教条框架之中。不管哪个层次的学生，都得不到“科学”的教育，而是被灌输一种由公认权威的著述和评注堆积而成的知识传统。获取、吸收这些知识并内化为自己永久的思想，就成了教师和学生的任务。

232 教师的“学术个性”并不重要，重要的是教学内容和传授方式。在这样一个教学体系中，教师是可以相互替代的——对于那些“全面”的文科学生尤其如此，他们不像法学院、神学院、医学院学生及人文主义诗人，能发展成为著书立说的某方面专家。在每个学年开始的时候，各学院的教师们都要把传统知识和有关评注分配一下，然后制成小册子或讲义，讲义后面附一张学生的花名册，花名册上的名单要么是经过挑选后确定的，要么是由抽签确定的，要么是简单根据每个学生已上课的时数确定的。因而，在新旧欧洲的大学里，都必须事先确定哪位教师教哪些课、授课顺序、每天课时安排、多少课酬。从理论上讲，每位教师都可能因自己的课上座率高及卖自己写的书而有所收益，但实际上首领们和“管理教师们”总是保证他们的书具有首选权。这里的关键因素是书的分类排序——所有学院都这么做——是根据它们在教学大纲中的重要性来决定的，书被划分成了普通和重要两类。随着时间的推移，这种划分就同教师的课酬和地位联系起来，更有甚者，直到15世纪还给本科生介绍特殊的教材。

各个大学的每个学院都采用两种相互紧密联系的方式，即讲座和辩论来给学生传授教学内容。在讲座中，教师把自己认为经典的内容朗读出来并逐段讲解。听众则根据他们的记录和笔记来理解讲座的内容。为减少开支，也有口述课文让学生手抄的，但讲座的主要任务主要还是讲解。根据书的重要程度，讲座也可以被区分为普通讲座和特殊讲座；一般来说，这两种等级的讲座都被分隔开，在上下午各上一种。讲座的功能在于让学生熟悉教学内容，并且确保这些内容一代一代传下去，而辩论则是让学生运用所学的知识。在辩论中，经院哲学是基础。教师和学生一起寻求如何解决哲学、神学和医学中有争议的问题或是两种法律中有争议的案件。原则上，对于文科学生及其他学院的学生来讲，有三种类型的辩论。一种是普通辩论，这是每周一次的大辩论课，在一些小型大学里，这种课很可能全院学生都要上。由一位教师主持并提出供辩论的问题，其他教师则与学士一起参与争论，相互辩驳，而那些初学者，即单纯学生们，可能只是洗耳恭听；如果有必要，主持辩论的教师就会以指导者的身份介入争论，并且在最后通过他权威的分析，总结（或决定）关于问题解决方法的正方和反
方观点。第二种是一年进行一到两次的自由辩论，在这种辩论中，学生们 233
公开运用经院哲学的方法来解决他们自由选择的问题。在早期的大学——也就是 13 世纪的巴黎大学——这种形式的争论能够自由地对当时的难点问题，甚至是微妙的宗教和政治问题发表看法，而到了中世纪晚期，自由辩论的影响逐渐减弱，甚至成了无聊的形式主义的东西。于是，就有了后世广为人知的最可笑的一个辩题：一个针尖上能够站多少天使。第三种类型的辩论是让学生受益匪浅的，不管是对单纯学生、学士学生，还是对他们的教师、硕士-学生及专修生，都是如此。这类以所学内容的练习和复习为主，一般是在下午（有时也在晚上）的讲座之后，以一位教师所带的学生为小圈子，在教师的房间或学生宿舍里进行，师生们一起记忆教学的内容，切磋适宜于学校课堂的辨识和争论的技巧。在研讨中，师生们要引用权威的话、各种评注，以及其他合理依据，并且使用的都是学术拉丁语。这种集体的智力训练形式，很可能是中世纪大学对欧洲教育最具创造性的贡献。

在上述的教学活动中，不要高估书面资料使用的范围和程度。一方面，“口头语言能力”自然是教育的目标之一：目的就是要在广泛的场合——其中有的场合超越了大学的范围，如法庭、行政机关、教堂，如布道——应用所教的内容和进行辩论。而另一方面，并不是每个学生都买得起昂贵的讲义和法律书籍。即使在进入现代社会后，先进的印刷技术带来了书籍的普及，但对法律专业、医学专业、神学专业的学生，更不用说众多的文科专业学生，依然存在着购买能力上的巨大差别。造成差别的主要

因素是学生年龄和地位上的差异。在13、14世纪博洛尼亚大学读书的瑞士学生——他们大多数是上流社会学生，在进入大学以前就已经是社会名流了——据说在大学学习结束时，平均每人能拥有10—30份手稿。[35] 从与他们地位相当的学生的情况来看，这个数字可能具有普遍性，直到中世纪最末一个世纪，在博洛尼亚和相关的法律大学及巴黎大学和奥尔良大学，情况更加如此，它们都已经有了一套由大学的书商来运作的书籍翻印和发行制度，这些人也发行重印的教材。即便有了这个体系，印一本法律手稿
234 也需要10—15个月，价格也很昂贵，根据质量不同，定价在20—60磅博洛尼亚硬币不等。绝大多数的学生，也包括法学专业的学生，只有很少的文字材料，一般地可能只有几本包括讲座讲义誊本、教材摘录和个人笔记在内的“学习课本”。13世纪的大学还没有公共图书馆。大学图书馆在14、15世纪才开始在旧欧洲和新欧洲相继出现；出现较早的是学舍的图书馆，这些图书馆的基本藏书大多来源于学舍创办人的个人收藏。比较著名的有巴黎索邦学舍图书馆、牛津的默顿和新学舍图书馆和爱尔福特的安普罗尼安纳姆学舍（又名泽·赫默斯富特学舍）图书馆。

没有按照获取学位所规定的常规课程学习的少数学生，都是在规范的教学大纲系统指导下才取得成功的。文科的学习或学制正常需要4—5年时间，其中大约一半时间开学士课程，另一半时间开硕士课程。每一部分都需要对学生应该掌握的知识与技能予以说明，并且提供学生参加必修的讲座和辩论次数的证明。在多数情况下，这些都是任课教师在给学生的鉴定书中要写明的内容；如果学生要转学的话，则在一份由原大学的校长密封的、正式的学习证书中加以说明。在学习的第一阶段，拉丁文法和逻辑学著作，以及亚里士多德的《物理学》都是必读书目；在第二阶段，学生就要学习“哲学家”的著名论著，另外还要学习物理、形而上学、伦理学、政治学——如果有师资——还要学习数学、天文学和音乐。第二阶段结束时，假如一切都是按章程行事，假如学位的申请人确实是大学的注册

[35] Stelling-Michaud, *Université de Bologne*（注释13），100-114.

学生，并且已经交付了所有费用，那么他会得到允许参加学位考试。学院挑选一些教师作为主考老师来主持考试，学生在自己的教师面前得到“确认”，从而获得文科学士学位。至此，对于大多数学生来讲，课程已经学完，他们的大学生活也结束了；只有一小部分的学生还要更进一步去获得一个更高级的学位——文科执教学位，要获得此学位，一般须经由教长同意，这一学位既是对学生文科学术训练水平的反映，同时也确定了学位获得者取得教授本专业课程的执教许可证的资格。新教师要当着全院教师的面试讲，这被称为教师准入仪式，它只是由学生变成教师这一过程的结束仪式，在仪式上，新教师还要被授予教师的四角帽，这是获得在教室里的主讲地位的象征。根据章程的规定，新教师的年龄应当在20—21岁，由于每个新教师由学生到教师这个过程的年限不同，这一规定自然只是一个方针而已。

根据大学规模，学士学生在一年中有2—4次考试，而硕士-学生常常
只有一次考试。在每个考试日里，参加考试的学生被集中在一块，考试结 235
束后，每个人会因他本人的“考试质量”得到某一名次。这些考试结果——记录在学院的成绩册或院长的工作簿中——并非全是甚至不是主要由学生在考试中的实际表现来决定的。考试名列前茅的学生不一定是当年最好的学生；名次的排列顺序——它当然能够反映某个学生在学术等级当中的位置——是由学生的年龄、注册入学的时间、学习年限、庇护人，以及学生本人及家庭的地位决定的。即便在杰出的大学，在授予学位时，它们也会出于社会原因而特别关注地位尊贵的学生：贵族和教职持有者会得到优先考虑。事实上，在当时，学生绝对都能通过考试。从德意志的资料可以看出，由于考试表现太糟而遭淘汰的学生是极其少见的：当时“不及格”是用来谴责学生不道德的行为。[36]

高级学院中的学位顺序与文学院一样，即学士学位、执教许可证、硕士学位或博士学位，两者唯一的区别是，在高级学院中，从一个学位到下

[36] Schwinges, *Universitätsbesucher*, 355ff.

一个学位所需的时间更长，因此硕士-学生和专修生（上流社会学生除外）年龄都比较大。换言之，越高级的学位，对年资要求越高。法学专业和医学专业的学生都要在获得专业学位之前学习 6—8 年，而神学专业的学生甚至需要 15 年，他们不到 35 岁是休想获得博士学位的。但这些例子并不是说当时的标准就是这样，获得学位所需的时间一般会因学生所处社会、经济环境的不同而有所增减。

生活与学习的费用

对于所有学生来说，上大学都是比较花钱的，但是支付学习和生活费用的压力因大学所在城市的消费水平不同而不同。大多数学生都得满足两个方面的需要，即实际的学习费用和生活开支。只有那些攻读学位的学生，随着学位的升级而不断增加费用，这些费用包括入学费、考试费，按惯例还有用在毕业典礼和庆祝仪式上的巨大开销。学习费用包括长期性支出和一次性支出。典型的一次性支出是注册费。根据大学的要求，学生在注册时要交三种不同的费用：一种是校长收的普通注册费，一种是学院注册费，如果大学有同乡会就还要交同乡会注册费。这些钱主要用来支付大
236 学及其部门进行学生登记和入学工作所需的费用。除此之外，许多大学私下还有一种所谓的新人费，这是一种在一年级学生加入学生群体时，由老生向其收取的“进校费”，这项费用是没有上限的。即使各大学试图通过校规明令禁止老生向新生滥施权威和进行虐待，也仍不能禁绝这项收费。

在长期性支出中，主要是博士生和硕士生攻读学位的课程费用。这些固定的支出——包括入学费和学费——在很长的一段时期里，即使在经济不断变动的情况下，也长期保持相对不变，这些费用的多少都与学生在大学内外的地位紧密相关。研究生比本科生交费多，富人比穷人交费多。比如，里斯本-科英布拉学舍根据国王胡安一世于 1392 年颁布的法令，法学专业的有钱学生每次听讲座需向主讲教授交纳 40 镑，“中间阶层的学生”

要交 20 镑，穷学生则只交 10 镑。[37] 国王下令，其他大学可由学校当局自行做出相应规定：穷学生的经济负担被减轻了，但没有哪所大学——极个别的例子除外——会完全免除穷学生的这些费用。另外的长期性支出相对来说与学生的身份地位关系不大，包括购买教材和参考书、羊皮纸、纸张和墨水、羽毛笔和小折刀的费用，以及生活中用于购物、保管和租赁等费用。学生们经常还会花钱向别人借教材来誊写（或者让别人誊写教材，那么还要支付公共的或私人的抄写员一笔费用）。在一般的学习费用之外，开取学习文件和各种证明书都要花钱，还有给学监的费用，以及用于某些特殊场合的开销，如参加大学庆典、大学特使的盛装游行，或者被列入教皇祈祷活动的花名册。

学生生活费的支出项目包括伙食费，住宿费，购买衣服、鞋子、床单的费用，衣物送洗修补的费用，为使生活更舒适而产生的费用（洗澡、理发、看病），用于燃料和灯烛的费用，往返学校的旅费，邮资，各种各样休闲活动的费用，支付罚款的费用，据推测不少人还要付借贷的利息。在所有的开支中，伙食费和借贷支出常常都会因为各种缘由而被诈取。因此，从很早开始，大学就在寻求规范租赁和借贷行为的办法。在旧欧洲的律师集中地，较早地建立了（法学）学生和市民住房委员会，最早是 1228 年在维切利，而后是在那不勒斯、萨拉曼卡、莱里达、奥尔良；在博洛尼亚 1317/1347 年的法规中，根据负责确定房租的委员会的意见，确定了每年或每半年房租租金，并且规定三年内租金保持不变，这一租金定额成为整个南欧地区遵循的标准。在巴黎、牛津及剑桥，教师们和市民共 237
同确定适合学生的住房租金。而另一方面，新欧洲实行集中管理的大学从一开始就把关注的重点放在建造学生集体宿舍上，学生宿舍的收费也是由

[37] Ajo González de Rapariegos y Sáinz de Zúñiga, *Historia*（注释 7），387.

大学当局来规定和控制的。[38] 有关借贷和典当行业的条款都是根据大学的利益来加以规范和认可的，在那些大型的“国际性”大学城，如博洛尼亚、帕多瓦和巴黎，更是如此。博洛尼亚和帕多瓦的章程都要求每年重新挑选一些合适的商人和放贷人，他们通过正式的和受控制的渠道接收学生存款，并且根据担保向学生提供贷款。除此之外，教授们有时也贷款给自己的学生——事实证明这不失为一项非常成功的副业。尽管如此，一般来说，对于需要短期信贷（以法学专业的瑞士学生为例，他们的借贷期平均为 3—4 个月）的学生，在他们得到家长通过信使或银行送来的救急钱以前，贷款利息（利率可高达 20%）的负担不能太高，这一直是一个受人关注的问题。在牛津，从 1240 年开始就出现了几个放贷的钱庄（只有在 1293—1323 年达到 5 个），学生们从那里可以预先得到凭他们现在的身份不可能拥有的钱；大约到 1375 年，这类放贷钱庄达到了 16 个，1500 年左右则已经有 20 个。巴黎也有一个组织化的借贷系统。经挑选出的市民在向大学宣誓后成为所谓的“大信使”，他们可以通过同乡会体系，向有信用资质的学生提供贷款。以下事实可以充分说明学生贷款的需求：高卢同乡会一度雇请了 164 个“大信使”，英德同乡会雇了 60 个，诺曼同乡会雇了 16 个，皮卡第同乡会则雇了 14 个。[39]

所有这些费用都会视主观需要和实际可能性及学生对陌生环境的适应性等因素而定，还要根据大大小小的大学城的物价水平——物价水平本身

---

[38] Denifle,‘Statuten’(注释 26),346-355,§64-74;González de la Calle and Huarte y Echenique(eds.),*Constitutiones*(注释 28),74ff.,§25;Villanueva,*Viage*(注释 28),231;K. A. Schmid(ed.),*Geschichte der Erziehung*,vol. Ⅱ:1(Stuttgart,1892),510ff.;D. Illmer,‘Die Rechtsschule von Orléans und ihre deutschen Studenten im späten Mittelalter’,in *Schulen und Studium*,423;*CUP*,vol. Ⅰ,597ff.,no. 511;Gibson(ed.),*Statuta*(注释 4),71;Hackett,*Original Statutes*(注释 24),317.

[39] Denifle,‘Statuten’(注释 26),283ff.,§21 with Padua;Stelling-Michaud,*Université de Bologne*(注释 13),92;A. Budinszky,*Die Universität Paris und die Fremden an derselben im Mittelalter*(Berlin,1876;reprint,Aalen,1970),42;Schmid(ed.),*Geschichte*(注释 38),vol. Ⅱ:1,528;J. I. Catto,‘Citizens,Scholars and Masters’,in *History of Oxford*,172.

又是影响经济周期的因素之一——的变动而变化。虽然许多学生可以从家里得到除了马夫和马匹之外的其他支持，但其他学生会遇到很多问题。所谓的欧洲“标准学生”是为数众多来自南部中等家庭学生和来自北部富裕家庭学生的总称，这些人一般的确都能够承担大学中的各项开支，但他们在生活中都比较节俭。在神圣罗马帝国的文学院和神学院，学生每年开销很少，最重要的开销是用于食宿的费用。据统计，1368—1500 年，每人每年的食宿费也就是 12 弗罗林[❶]多一点，后来增加到 20 弗罗林以上。这
两个数字勾勒了“官方”划定的穷人与富人的界限，由于莱茵弗罗林的购 238
买力下降，尤其在 15 世纪下半叶，这一界限从最初的 12 弗罗林（如在佩鲁贾、维也纳、海德堡、科隆等地）上升到 16 弗罗林（如 1478 年时的图宾根），最终增加到 20 弗罗林（如 1500 年时的鲁汶）。凡是收入低于上述这些水平的人——不将其私人物品、衣物和书籍考虑在内——都可以被认定为穷人。对许多准穷人或准富人还有一定的照顾幅度，如海德堡的狄俄尼索斯学舍就规定，在那里住宿的学生，如果年收入增加到 12 弗罗林以上还可以继续住宿，而当年收入突破 20 弗罗林就必须离开。[40] 这个基数——大约相当于当时属于“中低阶层”的城市手工业者、服务人员一年的收入——基本上可以让一名学生在德意志大学里度日，生活好坏要取决于大学的消费水平如何。无论如何，20 弗罗林的数额都被大家认为是个较低的标准，因为当时文科的贵族学生，以及那些来自资产阶级家庭的有钱学生，每年的零用钱至少都是 50 弗罗林。[41]

著名的巴塞尔书商阿默巴赫观察到，在巴黎情况也类似，他让自己的两个儿子到巴黎去学习文科，1501—1506 年在一所学舍付费听课。三年里，他给他们每人 50 弗罗林作零用，而后来决定减少到 21 弗罗林，最多

---

❶ *florin*，中世纪的一种金币。

[40] E. Winkelmann(ed.), *Urkundenbuch der Universität Heidelberg*, vol. Ⅰ(Heidelberg, 1886), 167, no. 111.

[41] E. De Maesschalck, ‘De criteria van de armoede aan de middeleeuwse universiteit te Leuven’, *Revue belge de philologie et d’histoire*, 58(1980), 337-354.

也就是27弗罗林。从当时的巴黎是一个国际性城市这个角度看，学生可能需要较多的钱，但他给的钱仍然是不合适的。在15世纪和16世纪早期，一位来自异乡的普通巴黎文科学生一年的所有开销加起来估计是75里夫❷，合大约45弗罗林。其中，12—36里夫用在了与学习有关的方面，50里夫用于学舍食宿的费用。那些同父母住在一起的巴黎学生，开支更少，只有外地学生的三分之一。在牛津，13世纪生活费用最少在每年2镑至2.5镑：那些放贷的人只肯把钱借给至少保证年收入为2英镑的人。学舍每年正常向学生发放的贷款也参照同样的标准。从1264年起，默顿学舍开始给每位学生补助2英镑（不包括住宿费）；1266年贝列尔学舍给每人补助2英镑5先令，而到了1340年，除给学生2英镑7先令6便士补助外，还提供免费住宿。到中世纪末，随着购买力的增强，生活费的低限很可能提高了大约1英镑。在新学舍，学生们如果一年的预算开支超过了5
239 个银币（相当于3英镑6先令8便士），就不得不离开。大约在1424年，默顿学舍在3个学期，也就是9个月，不包括假期，共发给学生2英镑5先令6便士，到15世纪末，这个数目增加到2英镑12先令6便士。相应的，全年发给学生的补助是3英镑8便士或3英镑10先令。如果浏览一下学舍的记账单，就可以发现这些钱已经足以支付牛津的本科生在校期间的所有费用，包括学费，以及餐饮、纸张、墨水、蜡烛、衣服、鞋子的花费，甚至假期回家的旅费等。众所周知，那些拿补助的学生都是与学舍创建人有家族关系的人，因而他们可能要比其他学生的待遇好一些。[42]

在高级学院或大学中的硕士-学生和专修生——一般年龄都较大——开销自然要比上述基准数字大一些。他们的学费要高一些，特别是还要交

---

❷ *livres*，古时法国1磅白银的价值单位。

㊷ Schmid(ed.),*Geschichte*(注释 38),vol. Ⅱ:1,523ff.;L. W. B. Brockliss,'Patterns of Attendance at the University of Paris,1400-1800',*Historical Journal*,21(1978),529ff.:Catto,'Citizens'(注释 39),171;J. M. Fletcher and C. A. Upton,'The Cost of Undergraduate Study at Oxford in the Fifteenth Century:the Evidence of Merton College "Founder's Kin"',*History of Education*,14(1985),1-20.

攻读学位的相关费用。与文科学生不同，神学、医学和法学专业学生的实际开支与欧洲大学体系中学生的总体开支相比明显不同：这些学生的开支在不同的地区也有些出入，更不用说拿欧洲南部和北部相比，拿意大利、伊比利亚半岛、米迪及奥尔良的“富裕”大学与欧洲中部那些较穷的大学相比了。然而，现有的资料只有某个大学或地区某些方面局部情况的片断，缺乏“普遍性”。即使在意大利境内，对于阿尔卑斯山外的法学专业学生来说，博洛尼亚是最昂贵的大学城。上流社会学生中的“穷”学生大都就读地位高的西班牙学舍，按照该院的有关章程，只有年收入总计不超过 50 个博洛尼亚弗罗林金币（相当于 75 里拉）的学生，才允许进入该院学习。其实，在 13、14 世纪时，100 里拉就足够连续 20—50 天的食宿，剩下的还能用作其他杂七杂八的花费和支付学费。别的杂费至少包括申请博士学位、考试、庆典所需的费用，送给主考官和博士及学监、服务人员、公证人的礼物（礼金和手套）所需要的费用。这笔不菲的杂费可能正是导致博洛尼亚大学在 15 世纪注册人数下降的一个重要原因，这倒使其他意大利大学生源情况有所改观。不少学生只在博洛尼亚大学上课，而到别的地方拿博士学位，如在费拉拉、锡耶纳、佩鲁贾、帕维亚、帕多瓦等大学，在这些大学获得学位的费用要低得多。[43]

对于中世纪学生经济来源的途径，我们知之甚少。[44] 首要的来源—— 240
全部或部分——应该是父母和亲戚，做传教士的叔叔资助侄子上学已经成为当时的惯例。除此之外，学生还有其他一些经济来源。能提供这种经济来源的人，往往都是那些与他们父母有各种关系的人，这种情况在经济发展水平、主要产业及物价水平都不尽相同的欧洲各个大学地区都存在，而

㊸ J. Paquet，‘Coût des études，pauvreté et labeur：fonctions et métiers d’étudiants au Moyen Age’，*History of Universities*，2(1982)，17，with n. 4(有关学生个人的文章)；G. Pardi，*Lo studio di Ferrara nei secoli XV e XVI*(Ferrara，1903)，206ff.；Stelling-Michaud，*Université de Bologne*(注释 13)，88ff.；Steffen，*Studentische Autonomie*(注释 3)，185ff.，202ff.

㊹ 特别参见 Paquet，‘Coût des études’(注释 43)，15-52，and P. Trio，‘Financing of University Students in the Middle Ages：A New Orientation’，*History of Universities*，4(1984)，1-24。

对大多数学生来说，他们只与其中在学术界有显赫地位的人加强联系。在这些人中，特别是前文已经提过学舍的创建人，由于他们在学舍中的地位，他们可以为众多亲朋好友的子弟提供足够多的奖学金。在教会供职的人员，从普通的圣坛管理员到重要的大教堂主教，成为资助学生的另一途径。大学自身也主动拉近与教会的关系，尤其是像在阿维尼翁教廷附近的法国大学，它们恳请教皇授予大学在册的教职人员圣俸。因而，很难把那些神职教员的学者角色与他们作为教会机构在册人员的角色截然分开，教会发给他们的圣俸，在一些情况下是终身的薪资，即便他们留在大学期间并没有去神职要求的地方任职。在这里，天主教会具备了双重身份，它既是授圣职者，又是雇主。神父、教堂的神甫和高级教士往往在上完大学之后，又会回到教会任职（或者继续享有他们的圣俸）。只有到了 15 世纪的下半叶，欧洲的教会人员才开始逐步走向职业化，同时大学教员申请神职的做法几乎完全被废止，因而情况也就逐渐变化：终身神职的获得逐渐以接受大学教育为先决条件。另外的资助方式还有宗教性捐助、遗嘱及用来资助一个或几个学生的遗产等，但很难对它们进行研究，也难以估计它们的影响程度。按照传统规范，首先是亲戚和同胞能从这些恩惠中受益。这类在西欧被称作“飞来之财”的捐赠——被称为“飞来之财”是因为它们与学舍或其他机构没有关系，早在 13 世纪头 10 年的巴黎就有学生得到过。在捐助者当中，教会的高层人士人数最多，紧接着就是富裕的市民、商人、寡妇和教授。在这方面，旧欧洲自然是领先的，而新欧洲来自私人捐赠的著名基金只有到了近代社会的开端，特别是在宗教改革之后，才开始出现。至于类似兄弟会这样的为学生提供资助的组织，尤其是王室和政
241 府采取的资助措施，在新旧欧洲的运作情况与私人捐赠的情况一样。西欧各国和西班牙的国王、政府及贵族也从 13 世纪开始就对学生进行资助，资助的范围甚至超出了他们自己创建的学舍，而神圣罗马帝国在这方面则落在了后面。落后的一个主要原因是两者在制定相关法规及确立国家地位方面不同。在马克西米利安一世统治之前，神圣罗马帝国（或罗马-德意志帝国）根本没有帝国创建大学的先例。大学都是由地方领主建立的，但

他们对那些可以马上供职的毕业生的兴趣比对在校学生的要大。也有极少的几个例外，如近代化程度相对高一些的荷兰和普鲁士的德意志统治区，在那时就已经系统地为合乎条件的年轻人提供资助。

最后，所有类型的学生还会通过工作——大多数是教学和其他服务性工作来贴补部分开支。那些本科生、硕士-学生和专修生，他们一方面在正规大学里从事教学工作，有偿地为本专业低年级学生解答问题；另一方面，他们自己也在其他一些学校任教，在富人家里当家庭教师，在学舍和学生宿舍里做辅导教师，或者利用他们通过学习获得的伴读和教学能力为那些四处游学的富家子弟充当陪读。可以让穷学生们挣钱的工作很多，而且五花八门。他们可以做书记员和秘书，也可以抄讲义和教科书，还可以为教授、校长、院长、学舍舍长和其他大学官员当家庭随从，充当教会高级僧侣、贵族或家境优裕的同学的仆人，做服务性工作，当看门人，在学舍和学生宿舍里做厨子、厨房杂工和服务生，到镇上的教堂做圣坛助手或在唱诗班唱歌，做街头歌手（如在巴黎的邦·安芬区、维也纳的拉汀巴芬区），在贸易行和商店打零工，卖点土特产（如他们家乡的食品，从理论上说，他们从家乡捎带的东西，只有用于本人消费时才是免税品），最后——但绝不仅止于此——还可以做乞丐。当然，在欧洲的大学城中，服务性的市场并不总是相同。这实际上取决于大学的类型，取决于当地的法律或文科-神学氛围，取决于城市的规模及当地在经济上的重要性。因此，在那些贵族和富有的资产阶级子弟经常就读的大学，主要是在欧洲南部从奥尔良、博洛尼亚直到萨拉曼卡的大学，私人服务而不是学生宿舍中的服务的市场理所当然要比阿尔卑斯北部的学舍或有学生宿舍的大学里的更大。

很显然，上述中世纪学生在现实中并不存在。学生们地域和社会来源不同，各种类型的学生之间也差异巨大。更准确地说，中世纪的大学比以 242
往不少有关中世纪大学史的著作所认为的要更不民主。下一章将对这些不同类型学生的就业方向进行研究。

精选文献

也参见第四章精选文献

Aston, T. H. 'Oxford's Medieval Alumni', *Past and Present*, 74(1977), 3-40.

Aston, T. H., Duncan, G. D., and Evans, T. A. R. 'The Medieval Alumni of the University of Cambridge', *Past and Present*, 86(1980), 9-86.

Boiraud, H. *Contribution à l'étude historique des congés et des vacances scolaires en France du Moyen Age à 1914*, Paris, 1971.

Brizzi, G. P. 'I collegi per borsisti e lo studio Bolognese. Caratteri ed evoluzione di un'istituzione educativo-assistenzialo fra XIII e XVIII secolo', *Studi e memorie per la storia dell'università di Bologna*, new series, 4(1984).

Cabanes, D. *Moeurs intimes du passé*, *vol*. IV, *La Vie d'étudiant*, Paris, 1949.

Di Fazio, C. *Collegi Universitari Italiani*, Rome, 1975.

Dulieu, L. *La Médecine à Montpellier*, *vol*. I, *Le Moyen Age*, Avignon, 1975.

Dunlop, A. I. 'Scottish Student Life in the Fifteenth Century', *Scottish Historical Review*, 26(1947), 47-63.

Dupille, C. *Les Enragés du XVe siècle. Les étudiants au Moyen Age*, Paris, 1969.

Fletcher, J. M. *The Liber Taxatorum of Poor Students at the University of Freiburg im Breisgau*, Notre Dame, Ind., 1969.

Gabriel, A. L. 'The College System in the 14th Century Universities', in F. L. Utley(ed.), *The Forward Movement of the 14th Century*, Columbus, Ohio, 1961, 79-124.

Gabriel, A. L. 'Motivations of the Founders of Medieval Colleges', in P. Wilpert(ed.), *Beiträge zum Berufsbewusstsein des mittelalterlichen Menschen*, Berlin, 1964, 61-72.

García Mercadal, J. *Estudiantes*, *Sophistas y Picaros*, Buenos Aires, 1954.

Hajnal, I. *L'Enseignement de l'écriture aux universités médiévales*, 2nd edn, Budapest, 1959.

Hargreaves-Mawdsley, W. N. *A History of Academic Dress in Europe until the End of the Eighteenth Century*, Oxford, 1963.

Haskins, C. H. *Studies in Mediaeval Culture*, New York, 1929. ('The University of Paris in the Sermons of the Thirteenth Century', 36-71; 'The Life of Mediaeval Students as Illustrated by Their Letters', 1-35.)

Kagan, R. L. *Students and Society in Early Modern Spain*, Baltimore, 1974.

Kibre, P. *The Nations in the Medieval Universities*, Cambridge, Mass., 1948.

Kiene, M. 'Die Grundlagen der europäischen Universitätsbaukunst', *Zeitschrift für Kunstgeschichte*, 46(1983), 63-114.

Kuhn, W. *Die Studenten der Universität Tübingen zwischen 1477 und 1534*, 2 vols., Göppingen, 1971.

Lytle, G. F. 'Oxford Students and English Society c. 1300-c. 1510', Ph. D. dissertation, Princeton, 1975.

Müller, R. A. *Universität und Adel. Eine soziostrukturelle Studie zur Geschichte der bayerischen Landesuniversität Ingolstadt 1472-1648*, Berlin, 1974.

Paquet, J. 'Coût des études, pauvreté et labeur: fonctions et métiers d'étudiants au Moyen Age', *History of Universities*, 2(1982), 15-52. 243

Paquet, J. 'Recherches sur l'universitaire "Pauvre" au Moyen Age', *Revue belge de philologie et d'histoire*, 56(1978), 301-353.

Paulsen. F. 'Organisation und Lebensordnung der deutschen Universitäten im Mittelalter', *Historische Zeitschrift*, 45(1881), 385-440.

Post, G. 'Master's Salaries and Student Fees' in the Mediaeval Universities', *Speculum*. 7(1932), 161-198.

Rait, R. S. *Life in the Medieval University*, Cambridge, 1912.

Reynier. G. *La Vie universitaire dans l'ancienne Espagne*, Paris/Toulouse, 1902.

de Ridder-Symoens, H. 'Adel en universiteiten in de zestiende eeuw. Humanistisch ideaal of bittere noodzaak', *Tijdschrift voor Geschiedenis*, 93(1980), 410-432.

de Ridder-Symoens, H. 'L'aristocratisation des universités au XVI siècle', in *Les Grandes Réformes des universités européennes du XVI au XXe siècle*. Zeszyty Naukowe Uniwersytetu Jagiellonskiego DCCLXI, Prace Historyczne, Z. 79, Warsaw/Cracow, 1985, 37-64.

Rosenthal, J. T. 'The Universities and the Medieval English Nobility', *History of Education Quarterly*, 9(1969), 415-437.

Rückbrod, K. *Universität und Kollegium, Baugeschichte und Bautyp*, Darmstadt, 1977.

Samaran, Ch. 'La vie estudiantine à Paris au Moyen Age', in *Aspects de l'université de Paris*, Paris, 1949, 103-132.

Schulze, F. and Ssymank, P. *Das deutsche Studententum von den ältesten Zeiten bis zur Gegenwart*, 2nd edn, Leipzig, 1910.

Schwinges, R. C. *Deutsche Universitätsbesucher im 14. und 15. Jahrhundert. Studien zur Sozialgeschichte des alten Reiches*, Stuttgart, 1986.

Schwinges. R. C. 'Migration und Austausch: Studentenwanderungen im deutschen Reich des späten Mittelalters', in G. Jaritz and A. Müller(eds.), *Migration in der Feudalgesellschaft*, Frankfurt-am-Main/New York, 1988, 141-155.

Schwinges, R. C. 'Sozialgeschichtliche Aspekte spätmittelalterlicher Studentenbursen in Deutschland', in J. Fried(ed.), *Schulen und Studium im sozialen Wandel des hohen und späten Mittelalters*, Sigmaringen, 1986, 527-564.

Seifert. A. 'Die Universitätkollegien—Eine historisch-typologische Übersicht', *Lebensbilder deutscher Stiftungen*, 3(1974), 355-372.

Trio, P. 'Financing of University Students in the Middle Ages: a New Orientation'. *History of Universities*, 4(1984), 1-24.

Verger. J. 'Prosopographie et cursus universitaires', in N. Bulst and J.-P. Genet(eds.), *Medieval Lives and the Historian*, Kalamazoo, 1986, 313-332.

Wieruszowski, H. *The Medieval University: Masters, Students, Learning*, Princeton, N. J., 1966.

244 # 第八章　大学毕业生的职业生涯

彼得·莫拉夫

大学与社会的互动

大学在社会中的地位是由上大学的人和离开大学的人确定的。“大学”一词对它的成员来说是指一个社会团体。在当代，这种社会定位的本质很难明晰，尽管现代工业团体和现代大学被认为越来越具有相似性。对于12—15世纪这一漫长时期里存在的、各种各样的社会团体和大学来说，这一问题就更难解决。对早期大学历史的各个方面，我们都知道一些。我们知道那个时期欧洲出现了多少大学，但有谁能知道那时存在多少不同的社会团体，以及有多少当地和地区的精英参加这些社会团体呢？

这也是完整的中世纪欧洲社会史和社会史综合理论匮乏的原因。[①] 对于中世纪大学的毕业生在社会中的角色问题，可能只有假定的和简单的答案，而且这些答案只是在有限的领域内适用。不过，当前的研究现状使我们能确定某些一致的特征，特别是大学在当时社会中出现的非常重要的一些特点：大多数人都只有最低限度的自由和流动，绝大多数社会秩序虽然是等级制的，但很少是静止不变或封闭的，在这种社会秩序中，法律只具有最低限度的稳定性；人口、经济和社会聚集在一些中心，即城市；教会和国家之间逐渐的分离；重视教育和文化；一些特殊代理群体为上述及其

---

① 例如，参看 R. Fossier, *Histoire sociale de l'Occident médiéval*(Paris, 1970); *Handbuch der europäischen Wirtschafts-und Sozialgeschichte*, vol. Ⅱ, ed. J. A. van Houtte(Stuttgart, 1980), vol. Ⅲ, ed. H. Kellenbenz(Stuttgart, 1986); O. Brunner, *Neue Wege der Verfassungsund Sozial-geschichte*, 2nd edn(Göttingen, 1968)。

他需要的社会功能服务。

针对早期这种混乱的实际情况，只有接受某些重点，揭示某些具体的 245
方面，确立一些在一定程度上是假设的并需要进一步研究的解释原则，才能清晰地描述大学及其成员的社会资料。

虽然欧洲各部分的地理和历史存在差异，经济的波动也是非共时性的，还存在着危机、发展的中断和迟滞，但是只要采用一些预设，其社会史还是可以被认为是一个相对来说进步的过程。毫无疑问，这同时也是一个差异性和复杂性日益发展的过程，也即广义的“现代化”过程。

因为欧洲在地理和历史上的多样性，如果用这种相对单一的方式去理解其社会史，就需要一种模型，这一模型要能够解释在转型时期每个地区之间的差异。这样一个模型看起来是可能存在的。[2] 这种模型始于对旧欧洲和新欧洲的区分。旧欧洲，一方面包括意大利和法国南部，可能还包括西班牙的一部分；另一方面，还包括法兰西北部和莱茵河以西的神圣罗马帝国疆域，以及英格兰。在一定程度上，旧欧洲是古罗马的直接继承者。例如，在其城市文化和封建化程度相对较低的教会中依然能够看到古罗马留下来的烙印和影响。而新欧洲——包括中欧、东欧和北欧——通过艰难的均等化过程来吸收这一传统，但这个过程是被延误的，并且在中世纪从未完成过。

在大学时代之前和之中，教会对于在大学社会史中重要的群体和相关事务来说，都是文化和社会方面的基本依据和首要基础。纵观整个中世纪，大学的体系是荫庇在教会之下的。而城市，随着其社会和经济的发展、复杂化、劳动分工、流动性和资源积累，很快就决定性地成为大学及其毕业生的历史与社会发展的环境和要素。

大学和社会的互动也可以进行定量分析。但遗憾的是，在 14 世纪末以前，几乎没有确切的统计数据，即便有这些数据，它们也只是欧洲局部

---

② P. Moraw, ‘Über Entwicklungsunterschiede und Entwicklungsausgleich im deutschen und europäischen Mittelalter’, in U. Bestmann (ed.), *Hochfinanz, Wirtschaftsräume, Innovationen. Festschrift für W. von Stromer*, vol. Ⅱ (Trier, 1987), 583-622.

地区的。而且，只有从 14 世纪末起，我们才能够估计与长时期学生人数增长的整体印象相联系的经济状况及其周期性波动。在所有大学生中，毕业生的比例大致上是提高了，但是总人口中毕业生和非毕业生的比例在这一时期的任何时段都是不确定的。无论如何，学生中只有少数人能毕业，而毕业的人中也只有一部分能够取得职业上的成功。

246 当时的人从未进行过社会发展的整体分析，甚至也没有去分析这一发展的基本方面。在大学建立和发展时，人们一般并不存有改变社会状况的自觉意识，更重要的考虑是给社团及其领导者带来“名望”上、经济上、行政上及实际的利益。许多由大学成员引起的社会变化，必须被视为一种由许多不同方面带来的无意识的“派生物”。因此，我们在提及“劳动力市场”及它的供给与需求时，应该保持慎重，而且只能谈论具体的例子。

进入大学，甚或毕业，并不能使学生必然获得尊敬，也不会被认为是一种促进职业发展的新条件。传统的出身和财产对那些新进者来说是一种强大的阻力。大学毕业对那些有着这样或那样条件的人来说，只不过是另一项条件而已。在一系列的条件中，这种条件所发挥的作用与其他条件的作用是有很大差异的，它取决于毕业生的出身或财产条件。新进入者只能逐步地获得立足之地，从而在传统环境中确立自己的地位，甚或是创造全新的环境，这种确立地位的实践过程很少留下可以辨识的线索。然而，中世纪结束之前，毕业生不可能有垄断的主张。

大学及其组成部分所面临的一个矛盾，是在根本没有社会自治的背景下，试图要求许多具体方面的自治，更不用说社会影响力了。实际上，为了维持它们的地位，大学努力顺应整个地区的环境。学生们带来了个人背景中的社会规则，并且试图维护和发展他们特殊的地位。无论是就业前还是就业后，无论是在大学内部还是大学的外界，统治性的规则是庇护、特权和遗产。一个家庭的财富被用于实现某种预期目的。在各个大学、学院和学习各种课程的花费都有相当的差别，而就业就是要证明这种投资是值得的。大学和学院的地位差别影响了它们所颁发学位的社会价值。在新欧洲，无论如何，毕业所带来的社会威望随着时间的推移而逐渐消减，这主要是因为毕业生的数量越来越多。区域性大学结构的逐渐收缩，不仅导致四个学院相对的均等化，还带来了其他深远影响。所有这些使毕业的概念更接近现代的观念——学业成就的证明。然而，在当时，各种形式的“毕业”的重要意义是获得一个步入社会的起点。

尽管如此，大学还是享有一定的自治，甚至还有一种内在的动力，这种动力又能适时地成为一种社会因素。大学的生命力已经简单但又明确地说明了这点；大学逐渐确立了在最初无法想象的新的社会角色。大学体系 247
的相对自治主要是由那些在毕业后继续在大学中任职因而发挥了毕业基本功能的人带来的。大学自治同样还从空间结构上得到确认，这一空间结构围绕学舍或大学的所在地而发展起来，到一定的时候开始影响职业。中世纪的大学已经能把这种自治作为杰出的成就，并且逐渐使其与区域环境融合，所有这些都对职业产生了潜移默化的影响。

在意大利和法国的开端
（到 1200 年左右的 12 世纪）

在大学史早期，尤其在大学的史前时期，要确定离开大学的人的社会地位非常困难。我们所说的“毕业”仅仅只是作为一种未充分发展的状态而存在。许多描写涉及的仅仅是大学成员的一个小群体，甚至是单一的个人。最多还描述了这些人居住的环境：城镇、教堂和旧欧洲的宫廷。在 11 世纪，居领先地位的大学已经由意大利北部城镇建立起来。它们比同时代的其他社团更大、更繁荣和更有“贵族气派”，在政治和经济方面更活跃，在社会方面更具流动性和多样化，世俗化更有效，并且对教育和文化更有兴趣。正是在这里而不是在欧洲其他地方，第一次出现了独立的、能读写的世俗人士，他们的数量以令人惊奇的速度增加。这也与早期的理性主义及法律和“现代”宪法形态的发展相联系。除此之外，在当地还逐步形成了律师、公证人和内科医生的职业。

博洛尼亚的法律学校是法律学者的集中地。自 11 世纪后半期开始，这些法律学校就各自独立存在，在 1180 年后它们联合成“大学”。它们使像法律专家这类在社会生活中占据越来越重要地位的群体的出现成为可能。为了发展自治和与邻近社团进行竞争，各社团需要这样的专家来强化内部管理和建立法律体系。在早期，上述的一般观点已得到应用：这是一个引入一些新事物的问题。当时主要看重的是律师或法官所享有的高社会等级和贵族式地位，而法律知识的利用在最初被看作次要的、第二位的。在皇帝亨利五世之前，来自博洛尼亚的两位法律专家在 1116 年就拥有这样的地位。在 12 世纪中，随着司法实践的发展，作为一种城市职业的法
248 律工作出现了。与之相关的是那些世俗人士，他们应该被置于人数稳定增长会读写的城镇世俗人士的背景中去考察。法律职位在当时逐渐向那些在法律学校受过专业训练的人开放，而在此之前却是由那些精通习惯法的人所占据。在 12 世纪后半期，与这种现象相联系的是宪政和社会的变化，从贵族转变为市长的宪政。市长代替旧的贵族家庭成为一个城市的首脑，任期一年。虽然市长自己也有贵族血统，但他们首先是职业管理者，并且曾在博洛尼亚研习法律。他们与同样经过一些法律训练的法官、公证人和秘书组成的小团体一起，从一个城市到另一个城市。与出身地位相比，这种专家资格变得越来越重要。而且，他们得到了更多的职位。应该强调的不仅是这种发展的速度，还有其偶发性的特征。只有通过这种限定，我们才可以说，当时当地第一次出现了经过学术性训练的阶层。与同一时期巴黎的情况相比，在博洛尼亚，富裕人士一般学习法学，并且为了一种集中于社团的切实的职业利益而很快开业实践。

法律毕业生从很早开始就在一个或两个法庭工作，开始是在托斯卡纳伯爵夫人的法庭（1100 年之前），继而是在皇帝的法庭（1112）。12 世纪中期以后的第一次高潮出现在腓特烈一世时期（1155 年后）。教士也在博洛尼亚学习，特别是学习教会法。在法律学校学习的教士、副主教和主教越来越多。自 1153 年，一个教会法学者开始领导教皇的臣宰。著名的教皇英诺森三世（1198—1216）就是博洛尼亚的学生。最后，除了所有受雇于社会的工作之外，我们还能了解到早期博洛尼亚知识分子的形象——在

巴黎也是如此，虽然数量上更少——他们是社会性和职业性模糊的“边缘人”。在博洛尼亚文科的培养意味着一种不严格的职业性教育的附属物，它起源于11世纪。文科硕士，特别是学文法和书写的，经常也是训练有素的公证人，他们是中世纪意大利最广泛的准法律职业阶层。[3]

巴黎，一个非常发达和特殊的城市社会，是12、13世纪旧欧洲北部大学早期历史的中心。虽然巴黎的大学与城市有着大量的私人联系，但是它与意大利北部的大学还是有着根本性的差异。尽管周边城市有相当大的规模及许多方面的重要性，但它只是大学社会生活中一种不可缺少的土 249
壤，而不是影响大学发展的因素。在最广泛的意义上，教会的背景更为重要。从12世纪40年代起，在巴黎学习过的人在教会法庭、红衣主教团体及教廷中都表现卓越。由英诺森三世任命的红衣主教中有六分之一的人、由格列高利九世（1227—1241）任命的有二分之一的人，都在巴黎学习过或教过书。[4]

作为一种社会因素的巴黎大学的出现几乎是无法探源的。只能通过分析硕士群体的史料来评价其社会影响。从一开始，活跃的硕士在许多方面与意大利法学学生相似，而与年轻的文科学生不同。在这里，我们必须切记基本的两分法，这对评价受巴黎大学传统影响的大学非常重要。正如第五章提到的，它们同时履行现今学舍（对大多数学生来说）的和现今大学（对少数学生来说）的职能。作为文科教师，硕士同样也可以是一个高级学院里的学生。对于1200年左右及以前的巴黎大学和其他学校中的硕士

---

③ J. Fried, *Die Entstehung des Juristenstandes im 12. Jahrhundert* (Cologne, 1974); M. Bellomo, *Saggio sull'università nell'età del diritto comune* (Catania, 1979); *I ceti dirigenti dell' età comunale nei secoli XII e XIII* (Pisa, 1982); P. Classen, 'Richterstand und Rechtswissenschaft in italienischen Kommunen des 12. Jahrhunderts', in P. Classen, *Studium und Gesellschaft im Mittelalter*, ed. J. Fried (Stuttgart, 1983), 27-126.

④ P. Weimar (ed.), *Die Renaissance der Wissenschaften im 12. Jahrhundert* (Zürich/Munich, 1981); P. Classen, 'Die Hohen Schulen und die Gesellschaft im 12. Jahrhundert', in Classen, *Studium und Gesellschaft* (注释 3), 1-26; J. W. Baldwin, *Masters, Princes, and Merchants*, 2 vols. (Princeton, 1970).

们，我们所知甚少。可以确定的是，硕士的职业生涯比法学学生更具不确定性和流动性，至少与意大利城市里的法学学生相比是如此。但是，我们不知道硕士的社会来源。在大多数情况下，我们甚至不能确切知道他们是在哪里学习的。关于他们职业最恰当的假设是，硕士积极参与到法国和英格兰国王或两国红衣主教的法庭生活中，他们的人数有稳步的增长，如在当时出现了“公务员”（official）职位。对于法兰西，这种增长的一个可能分期是 1140—1180 年开始出现增长的迹象，1180—1220 年的趋势逐渐显露增长，1220 年以后进入显著增长阶段。主教中的硕士比例也证实了这一变化：在路易七世时期（1137—1180）皇家主教中有 3％是硕士，在菲利普二世时期（1180—1223）这个比例是 20％——而当时英格兰的比例已经达到 30％——在路易九世时期（1226—1270）是 41％。平均而言，英格兰国王雇用的硕士至少是法国国王雇用的两倍。⑤ 正如后文将会解释的那样，早在 1200 年前的一个世纪就有文献记录英格兰行政机关的领先地位，1250 年以前，其他国家都难以弥合在这方面的差距。神圣罗马帝国境内的列日主教辖区（包括帝国城市亚琛），也是旧欧洲的一部分，其
250 硕士的情况也符合上述时间段的划分。有 30 多个 12 世纪时“硕士”的资料能被查找到，而 1170 年以后几乎所有硕士的资料都能找到。他们受雇于亚琛和列日的教会，或者成为一些重要的世俗领主的随从。⑥ 在下文中，我们还会讨论当时在莱茵河以东的新欧洲蓬勃发展均等化过程的程度。

最后，若不考虑我们对 1200 年左右大多数没有毕业的巴黎学生的生活和职业所知甚少这一事实，任何对硕士的解释就不可能是完整的。对此，我们应该设定更宽泛的社会范围和个体状况的无限多样性。

---

⑤ J. W. Baldwin, ‘Studium et Regnum. The Penetration of University Personnel into the French and English Administration at the Turn of the Twelfth and Thirteenth Centuries’, *Revue des études islamiques*, 44(1976), 199-215.

⑥ C. Renardy, *Le Monde des maîtres universitaires du diocèse de Liège 1140-1350* (Paris, 1979); C. Renardy, *Les maîtres universitaires dans le diocèse de Liège. Répertoire biographique 1140-1350* (Paris, 1981).

在英格兰、伊比利亚半岛和新欧洲的开端

牛津大学（1214 年之前）仅比巴黎大学晚建立几年，而且在许多方面与后者非常相似，譬如在学科领域。毋庸惊奇，在安茹王朝的君主政体下，大学所处的国家和教会的环境十分相似，只是英格兰较少直接卷入罗马教廷的事务。然而，与意大利或法国相比，牛津大学发展起潜在的与它们相匹敌的学校活动晚了关键性的一个世纪，很明显不会早于 1185 年。英格兰学生和教师的职业为此提供了最好的注脚。⑦ 1190 年之前，那些获得教会和宫廷要职的人、著述重要著作的人，甚至仅仅要当中小学教师的人，都要在欧洲大陆花很长一段时间学习，特别是在巴黎和博洛尼亚。但外国学生是不到英格兰去的。另一方面，我们发现 1200 年左右巴黎的硕士有许多英格兰人，我们对他们的情况了解不多。只知道在 12 世纪的后半期，英格兰学者组成了一个松散的团体，1200 年后不久，这一团体转变为巴黎的“英格兰同乡会”。尽管英格兰的君主政体更为现代，而且在皇家教士、受过良好教育的专家集团的形成过程中吸纳精英，尽管受过良好教育的世俗人士已经能在皇家法院积极而独立地修习法律，尽管皇家随从的文学和文化修养受到高度的关注，但英格兰人还是会去欧洲大陆学习。哪怕并不存在能够对高等教育承担责任的城市环境，但在大学建立这一方面，英格兰仍被看作旧欧洲的一部分。一所重要的大学在牛津建立，即使牛津城无论如何想象都比不上巴黎或博洛尼亚。

至于伊比利亚半岛，对卡斯提尔王国的帕伦西亚大学（1180? — 251
1243/1263）的确切信息我们还知之甚少。因此，我们只强调在意大利和

⑦ G. Stollberg, *Die soziale Stellung der intellektuellen Oberschicht im England des 12. Jahrhunderts*（Lübeck, 1973）; Baldwin, ‘Studium et regnum’（注释 5）, 199-215; J. Dunbabin, ‘Careers and Vocations’, in *History of Oxford*, 565-605.

法国出现的西班牙和葡萄牙学生大部分是或将成为教士。⑧

当我们从旧欧洲转向新欧洲，就整体而言，可以设想把新欧洲划分为两部分。一部分是在经济和社会上深受莱茵河地区（旧欧洲的一部分）支配的欧洲大陆的中部，这一部分向西欧开放，并且在一定程度上与西欧发展水平相当。另一部分是东欧和北欧的边陲，那里的发展仍然迟缓：从人口密度、城市环境及教会和国家的上层建筑这些指标都能说明。这种状况不利于新知识的产生。除此之外，以中欧传统的奥托人和萨利人的教育体系的立场来看，新知识更偏离了这一传统。然而，新知识实际上还是被接受了。不过，从更广泛的意义上，这并不是普遍的需求；因此，对它的接受仍然是个人决定的结果，其依赖的背景是学生和教师的经常性流动。

将在巴黎的英格兰人的情况与在那里的德意志人、丹麦人或匈牙利人相比时，我们会发现他们之间有着典型的差异。在那些后来因他们的职业而出众的（因而我们能了解其中的一些人）访学学生中，来自欧洲边缘地区的学生人数明显较少。来自边缘地区的学生比来自欧洲中部的学生到得更晚，来自较远地区的学生比起家庭较近的学生更不容易取得成功。另一方面，就我们了解的情况，从较远地区来的学生的社会等级要高于学生的平均水平。这很自然，因为享有出身和财产的优势，他们才能坚持学习，甚至在困难的环境中也能继续下去而不至失败告退。一场长达一个世纪的教育体系的新风从西到东、从南到北吹遍了欧洲。对于任何一个没有特别权势的人来说，要抵制这一趋势是并不容易的。甚至在两个世纪后，布拉格法律大学中东部的两个同乡会依然明显比西部的两个同乡会更贵族化。换句话说，我们会发现，越往欧洲西部，社会就越现代。对于一些缺少出身和财产优势的人来说，西部比东部有更多的机会。而且，这种差异是明显的。我们已经提到 1200 年左右一些知名的巴黎硕士。我们知道其中 42 个人的来源地，16 个是英格兰人，只有一个来自新欧洲，是丹麦人。当

---

⑧ J. Veríssimo Serrão, *Les Portugais à l'Université de Montpellier*(Paris, 1971); A. García y García, *Iglesia*, *Sociedad e Derecho*(Salamanca, 1985).

然，这不是偶然的，那个丹麦人是这些人中出身最为高贵的。在由英格兰索尔兹伯里的约翰（卒于1180年）举例提到的7位可识别的教师中，只 252
有一位不是来自旧欧洲。⑨

在新欧洲，我们对德意志的情况最了解。⑩ 几乎在同时（1153—1156年），大学人士成为罗马教廷、英格兰和神圣罗马帝国法庭的领导角色；在他们中间，只有达塞尔的瑞那德是贵族（显然是受教育最少的），他是帝国的教长。如果以拥有多少西欧模式的硕士来衡量，帝国法院与教廷法院相比并不落后，甚至在数量上还领先于法兰西法院。巴巴罗萨腓特烈一世（1123—1190）时帝国法院的硕士人数已经达到后来奥古斯都菲利普二世（1165—1223）时的数量。12世纪40年代有关德意志主教辖区的资料说明当时德意志有着与西欧一样的发展趋势。但与新的教育机构的差距更远了，硕士头衔的含义——是意味着学术研究，还是只是对主教座堂或牧师会教堂经院学者的一种老派尊称——就越不确定。

但是，学习并没有成为一种促进职业发展的有效动力，甚至也没有成为“职业群体”建立的一个因素。我们已经证实，在1002—1197年德意志的红衣主教中，只有4%的人到国外的教育中心学习过（全部646人中有25人），其中有15人在12世纪去巴黎学习了一段时间。到了13世纪，这一群体中的大多数人还不会书写，贵族身份和庇护人的影响力比求学经历更重要。如果考虑12世纪新欧洲的社会状况，包含大学学习的成功职业生涯的归宿只能是教会职位。如果这对于德意志是一种现实的情况，那么这在欧洲大陆的东部和北部更为普遍，而且人数更少。

伴随着基督教的引入（11世纪到13世纪早期），北欧国家不得不建立

---

⑨ P. Riché, 'Jean de Salisbury et le monde scolaire du Ⅻe siècle', in M. Wilks (ed.), *The World of John of Salisbury* (Oxford, 1984), 39-61.

⑩ J. Ehlers, 'Verfassungs-und sozialgeschichtliche Studien zum Bildungsgang Erzbischof Adalberts Ⅱ. von Mainz', *Rheinische Vierteljahrsblätter*, 42 (1978), 161-184; R. M. Herkenrath, 'Studien zum Magistertitel in der frühen Stauferzeit', *Mitteilungen des Instituts für Oesterreichische Geschichtsforschung*, 87 (1979), 3-35.

一支受过良好教育的高级神职人员队伍。1079 年，教皇格列高利七世向挪威和丹麦国王提议：选送一些出身高贵的青年到罗马教廷学习教会法。12 世纪后半期，巴黎是挪威人的教育中心，在一定程度上它也是丹麦和冰岛高级神职人员的教育中心。实际上，自 1000 年基督教传入冰岛后，
253 该地就对学习和教育表现出极大的兴趣。瑞典和芬兰追随同样的模式，但与欧洲中部的国家相比，分别落后了一个世纪和两个世纪。[11]

普遍时代（1200—1380）

1200—1380 年的普遍时代是由于天主教会的存在和影响而形成的。即使当大学的发展道路开始缓慢地被引向外界、离开教会的庇护，甚至意大利北部和法国南部的市立大学在很大程度上绕过了教会，大学也首先和在根本上是神职人员的机构。除意大利的大学之外，其他欧洲大学的成员大部分都是教士。根据欧洲的发展标准判断，某个地区的社会发展越晚，这种情况就越明显。大学的普遍时代结束于 1378 年的西欧天主教内部的大分裂——罗马教廷和阿维尼翁教廷的分裂，大学随之处于地方权力的控制之下。直到那时才能粗略地估算中世纪各地的大学生增长的数量，并且与参与教会管理的学生人数增长相比较。在阿维尼翁教廷（1309—1378）的 134 个红衣主教中，66 个是大学毕业生。总体来说，以下事实能够说明不同专业的社会地位：在 66 个红衣主教中，71％毕业于法律专业，28％毕业于神学专业，1％毕业于文科专业。[12]

无论在何地、处于何种地位，在 13 世纪和 14 世纪出现的教派，一般而言都强调法律专家的作用。宗教会议体制、财政及地方教会组织和教廷之间的事务处理都是导致这一普遍趋势的因素，它们还导致了对大学毕业

⑪ S. Bagge, 'Nordic Students at Foreign Universities until 1660', *Scandinavian Journal of History*, 9(1984), 1-29.

⑫ B. Guillemain, *La Cour pontificale d'Avignon 1309-1376. Etude d'une société* (Paris, 1962), 277-356.

生需求的增长。阿维尼翁成为大学展示社会性成就的一个主要中心，同时也是建立个人联系和人际关系网的最重要的焦点之一。结交一名教廷显贵成为毕业生就业的捷径。

然而，当从渴望就业的个人角度来看，我们就必须做出一个冷静的评价。与当时负有责任的领导者或今天的历史学家相比，他们对到底有多少类似他们的人在巴黎或博洛尼亚求学并没有什么概念，也不了解他们职业的就业市场状况。在大学里，学生可能来自广泛的社会阶层，来自非常广阔的地域，但是这不能被误以为实现了某种理想。恰恰相反，它意味着不 254
确定性和无法预测的风险。但是，个人需要的是某种可预见性，而这只存在于局部区域中。

因此，这种对区域性的强调已经成为普遍时代一个普遍的特征。所有大学的学生来源区与这种区域性的本质是相吻合的；实际上，对“同乡会”的依附反映了这种对区域性依赖的需求。如果我们把这一时期大学的学习和就业与在全欧洲范围内完全自由的流动联系起来，就会完全误解它们的本质。长期与自己所属地区失去联系的人是没有根基的，并且会产生社交上的障碍。考虑到教堂、法院和城市可提供的要职的相对稀少——意大利北部可能是个例外，如果不假设这种对能提供非学术性条件的（一般是中等）家乡社会的依赖是首要和基本的因素，那么我们所描绘的早期大学的图景将会是非常昏暗的。这种依赖的程度，既可以通过大学学习得以积极缓和，也会因为失败而根本没有改变。进入大学而没能毕业被认为是很正常的，因此“失败”的观念是很不清晰的。不管在学习成功还是不成功的例子中，就业机会都是在个人的家庭背景中来寻找的。核心的职位当时表现为超区域性的（教廷或皇家法院里的职位），与次要的职位一样受到特定群体的控制，并且因此而被地方化。

选择一所特殊大学并不被认为是一种优势，因为在选择过程中，职业通常才是决定性的因素。到这一时期结束时，在新欧洲，一度具有“普遍性”的唯一一所大学——布拉格大学——的数据能够证实这一论断。许多学者从欧洲大陆落后的地方到达该大学，其中一些人来自很远的地方。尽管都使用拉丁语，但几乎没有一个学生来自德语地区之外的旧欧洲。那是因为这样的学生已经拥有了自己的社会地位。

最后，大学和社会之间广泛的互动可以通过大学自身内部的职业发展来说明。（大学教师的情况已在第五章中进行了考察）但是，教会、世俗君主和自治市为其自身目的也需要教授的服务。与教学相比，教授从事这种服务的程度充分证实了大学整体的社会价值。显然，教会和宫廷是更强大的一方，于是教授开始有了第二或“暗地里的”职业，最成功的人就完全脱离了大学。在 13 世纪，这些社会发展中最重要的环节确立起来，即毕业生不再仅仅是大学教师队伍的补充。这个决策即使在今天也具有重要
255 意义，通过这种方式，大部分大学毕业生进入社会并被社会接受，另一些毕业生则留在大学里。这为全欧洲所接受的措施只能由教会使之形成。有机会去获得一种几乎完全或在一定程度上独立于出身和财产的条件，无论在何地都是重要的，在欠发达社会的现代化过程中尤为重要。

旧欧洲的普遍时代

在 13、14 世纪，意大利北部的城市社会是欧洲最发达的。强大的扩张力量在此地发挥着作用。但最晚到 1350 年，像其他地方一样，这种扩张力量的运作骤然而止。我们有各种各样的细节描述，但缺少具有代表性的统计数据，因此在这里只能尝试描绘总体发展的简明轮廓。[13]

首先，除了考察通常的社会阶级，还应该注意依赖于“市场机制”的一些因素。在意大利，贵族和平民之间的流动比其他任何地方都强。失去了自己大部分资源的贵族与富有的资产阶级市民阶层妥协，这种情况使资

---

⑬ C. Lefebvre, 'Juges et savants en Europe (13e-16e s.)', *Ephemerides iuris canonici*, 22 (1966), 76-202; 23 (1967), 9-61; T. Pesenti Marangon, 'Università, giudici e notai a Padova nei primi anni de dominio Ezzeliniano (1237-1241)', *Quaderni per la storia dell'Università di Padova*, 12 (1979), 1-61; W. M. Bowsky, *A Medieval Italian Commune. Siena under the Nine, 1287-1355* (Berkeley, 1981).

产阶级体会到法院的作用。相对于当时的法律实践领域，大学所拥有的知识和文化也起到了差不多相同的帮助作用。在 13 世纪的自治市，对执业律师制定了最低标准，但并没有规定毕业所需的最短学习时间。仅仅在两个世纪以后，法国也出现了同样的情况。在作为政治和行政管理生活一部分的修辞和书写这样的文化领域，意大利的大学比欧洲其他地方在更大程度上依赖于城市。一个发达的教育体系为文科毕业生提供了更多的机会，他们不仅仅能当一名教师，还可以成为王室或城镇各级行政官员的秘书。内科医生以从业者、学者和城市精英集团成员的面貌出现。因此，在意大利比在别处更适合使用“职业”一词。

用欧洲南部的观念来看待 13、14 世纪的法国是富有启发性的，特别是如果先不考虑财富的因素而仅强调法学者的历史性重要角色时，更是如此；他们执行君主的政策，从而有助于建立强大的、扩张性的和统一的君主政体。然而，在这一阶段开始时，应该强调欧洲北部和南部的差别，以及后者与意大利北部的联系。地中海地区西北部，包括加泰罗尼亚，是一个发展相对统一的地区，后来的证据表明该地区通过贸易、交通和法律体 256
系成为一个城市化和世俗化程度较高的地区。随着执政官体系、公证人制度甚至法学在法国南部的传播，意大利的影响可以一步一步展现出来。博洛尼亚对法律文化的影响自 12 世纪就已开始。许多从法国南部来的人在那里学习，他们中的大多数都返回家乡去谋求职业。因为到博洛尼亚交通便利，所以在 1260—1270 年以前米迪都还没有建立有效的法律教育机构——在图卢兹还要晚上一代人的时间，在蒙彼利埃则早于官方大学机构的建立（1229、1289）。当时的法律领域几乎完全是一派意大利风格，甚至在私人领域也有成文法。

至此，我们才第一次有可能得到关于学术职业生涯更精确的了解。1280—1320 年在南部的 5 个司法总管辖区的法院中，189 名法学者获得任命并开始为皇室服务。其中，131 名被任命为法官，58 名被任命为辩护律师和检察官，189 人中有 54 人具有博士头衔。[14] 这些数字甚至在一个世纪以后的新欧洲也被认为是不可想象的。在地方城镇里为公私雇主工作是正常现象。人们并不热切希望成为皇家随从来为皇家服务，因为它报酬很低，而且仅仅是短期工作。在巴黎为国王或议会工作的法学家不超过10—11 人。在皇室之外的法学家至少是以正式专家的方式创造了一种法律氛围，使得君主政体的活动处于持续的监督之下。因此，皇室不得不招募足够多的、素质优良的法学家，以避免在议会上浪费时间。因为国王的对手也雇用辩护律师。雇用律师的城市也越来越多，从 14 世纪开始，法国南方行政官中的法学家越来越多，但蒙彼利埃除外。因此，新的法律文化在“风格”和人员方面得以传播，为其他同僚提供更多的就业机会。甚至贵族家庭的后代也有成为博士的，尽管大多数博士属于资产阶级。他们中的大多数人一直都只关注完成大学学业后要回哪个地区的问题。当然，其中也有例外，如蒙彼利埃的罗马法教授纪尧姆·德·诺加雷，以及著名的雷厉风行的皇家大臣皮埃尔·弗洛特。在家乡，人们怀有升迁为贵族的希望。就像里昂职业生涯的例子所展现的，投资大量的金钱是必要的，而且是家庭首先关注的。没有钱，很难成功。[15]

257 在逐渐获得政治优势的北部地区，我们掌握了关于皇家法院和教会情况的文献记载。从南部和北部（数量更多）来的法学者都在为皇家服务。然而，在 1285 年以后，随着法王菲利普四世执政时期的到来，主要是在奥尔良受过训练的来自法兰西北部的法学者在议会、公共会计事务所和各

---

[14] J. R. Strayer, *Les Gens de justice du Languedoc sous Philippe le Bel* (Toulouse, 1970), 20ff.

[15] *Universités en France*, 95-108; J. Verger, 'Les rapports entre universités italiennes et universités françaises méridionales (XIIIe-XVe siècles); in *Università e società*, 145-172; A. Gouron, Le rôle social des juristes dans les villes méridionales au Moyen Age', *Annales de la Faculté des Lettres et Sceinces Humaines de Nice*, 9-10 (1969), 55-67; R. Fedou, *Les Hommes de loi lyonnais à la fin du Moyen Age. Etude sur les origines de la classe de robe* (Lyon, 1964).

级行政部门工作。[16] 与欧洲其他地方一样，较之一直为每一个统治者所依赖的骑士贵族，皇家法院中法学者只是少数。然而，有些职位只有他们才能胜任，并且这样的职位越来越多。经过奥古斯都菲利普二世和路易九世（1214—1270）时期的初步发展，法学者随处可见。1300年左右，法律职业步入成熟期。起源于代表国王或领主执法的大法官裁判所和法王派驻南方省份的司法总管辖区法院的法律职业开始出现。法律职业在社会群体中的自我招募更新成为一种司空见惯的现象。1280年左右，在佛兰德斯的伯爵中出现了法学者，他们是特别危险的封臣，在20年或40年之前，那里的行政官有可能已经是法学者。[17]

在教皇约翰二十二世（1316—1334）时期，法兰西教会的整个状况可以通过圣俸系统来考察。[18] 在阿尔卑斯以北的欧洲大陆，法国拥有众多受人尊敬的人才，这充分显示了法国的学术优势地位。在教皇安插到法国和勃艮第教会的16 773个神职人员中，有4879个被认为是大学毕业生。领圣俸的共14 000人，其中约有4000人是大学毕业生。其中有超过一半的人，即2836个教士，曾学习了法学。我们还发现一个令人震惊的数字，在学习法学的人中有1255人具有民法博士学位和职业资格证书，另外还有252人拥有教会法的学位，有329人同时拥有这两个学科的学位。最后，有556人在一个以上学院学习过并毕业，另有403人是各个年级的法学学生。教士中还有381人为文科学者、359人为内科医生、305人为神学家。只有442人大学没有毕业。长期以来最典型的例子是拉昂的座堂圣

---

⑯ R. Cazelles, *Société politique, noblesse et couronne sous Jean le Bon et Charles V* (Geneva, 1982); R. Cazelles, 'Une chancellerie priviligiée: celle de Philippe VI de Valois', *Bibliothèque de l'Ecole des Chartes*, 124(1966), 355-381.

⑰ B. Guenée, *Tribunaux et gens de justice dans le bailliage de Senlis à la fin du Moyen Age (vers 1380-vers 1550)* (Strasburg, 1963); J. Gilissen, 'Les légistes en Flandre aux XIIIe et XIVe siècles', *Bulletin de la Commission royale des anciennes lois et ordonnances de Belgique*, 15 (1939), 117-231.

⑱ L. Caillet, *La Papauté d'Avignon et l'église de France* (Paris, 1975). 见注释12。

职团，其与王室有联系。[19] 1272—1412 年，在其 850 名教士中，有 48%是硕士或拥有更高学历。在 1200 年以前，这个比例是 15%，在 1200—1220 年上升到 22%，自 1240—1280 年及此后直到 1378 年，分别达到了 45%和 43%。在 1378 年以后，比例是 65.5%。160 名教士是法学者，其中
258 110 人是博士或具有准硕士学位资格。教士中有贵族血统的不超过 15%，其余的大多数人在广义上并不是真正的资产阶级，而是——为了适应与皇室和教皇都有联系的教会——资产阶级教会官员系统的成员。这类统计数字主要用来解释一般的社会环境，因此仍需添加另一小部分已知的数据，大国的情况也是如此。如果将所有知名的法国健康专家（严格意义上的内科医生，以及理发师和外科医师）的名字按时间顺序排列，就会发现他们的人数从 12 世纪前半期到 15 世纪后半期出现非常显著的增长，当然增长的速度有所不同。增长最快的时期是 13 世纪后半期，而 14 世纪增长最慢。12 世纪前半期与 15 世纪后半期的人数之比是 1∶5。[20]

对于那些比法学者和内科医生获利更少的职业，除了零星的记载之外，我们很难获得其他信息。例如，当我们试图去明确文科硕士的情况时，困难就来了，他们的人数并不比其他文科人士少。即使在一个发达的时代，“普通”硕士发现自己很难依靠教学职位上的圣俸来成为永久性的大学雇员。当前国家（pre-state）大学全面衰落时，这个方面的情况就很有意义。首先，世俗和教会的庇护人有义务为与其关系密切的个人提供资助，因此就几乎没有为硕士的“自由事业”留下任何资金支持。普通的文科硕士，如果他们没能得到足够的教会圣俸，就经常不得不从事学校教师之类地位不高的职业的工作。尽管神学硕士有更好的机会获得教会高级职位或有较多捐赠的教授职位，但他们也面临着法学者的竞争。最幸运的是

---

⑲ H. Millet, *Les Chanoines du chapitre cathédral de Laon 1272-1412*(Rome, 1982).

⑳ D. Jacquart, *Le Milieu médical en France du XIIe au XVe siècle*(Geneva, 1981).

那些属于托钵僧团的人和在各自教派里占据高位的人。[21]

伊比利亚半岛在大学历史的普遍时代显得消极多于积极。最有价值的输入来自萨拉曼卡大学（1218—1219）和里斯本-科英布拉大学（1288—1289）。然而，尤其是在13世纪，迁徙到意大利和法国南部及巴黎，甚至牛津（到巴黎和牛津学习神学，在大分裂之前该地区都没有神学教育的机构）去学习，似乎更为重要。总之，这些情况对学习教会法的学生而言是真实的。尽管伊比利亚的大学追随博洛尼亚模式，但是那里没有与意大利类似的城市环境，也没有任何早期世俗化色彩；相反，君主政体占据了支配地位，并且教会势力盛行。不过，在卡斯提尔，两所同时由国王和城镇提供资助和保护的大学——萨拉曼卡和瓦拉杜利德，训练了为数不少（虽 259
然不及在法国或英格兰受训的人数）的律师（*letrados*）、文科硕士和法律毕业生，他们相继在皇家、教会、市政机构和特别法庭中任职。然而，在"封建"结构仍然在该地区占据主导地位的情况下，律师群体虽然在14世纪的历史进程中变得越来越重要，但也从未真正获得自治；许多毕业生成了贵族的随从。[22] 属于神圣罗马帝国的国家，情况也是如此。

1216—1499年，在英格兰的红衣主教中，有57%在牛津学习，另外有10%在剑桥学习。几个世纪以来，这个数字不断增长。因此，到15世纪，进入两所大学中任一所大学学习的红衣主教的比例已经上升至91%；在亨利三世（1207—1272）时期，这个比例是51%，在爱德华三世（1326—1377）时期是70%。学习神学与学习法学的比例，刚开始时非常高，后来虽然有所下降，但仍保持较高水平，即在40%左右。据非常粗略的估计，这一时期五分之一的牛津学生进入了高级学院。就整体情况而言，毕业生不仅遵循传统方式进入主教座堂和教区圣职团，而且通过获得

㉑ T. Schmidt, 'Pariser Magister des 14. Jahrhunderts und ihre Pfründen', *Francia*, 14(1987), 103-138; J. Verger, 'Pour une histoire de la maîtrise-ès-arts au Moyen Age: quelques jalons', *Médiévales: Langue, Textes, Histoire*, 13(1987), 117-130.

㉒ A. Rucquoi, 'Sociétés urbaines et universités en Castille au Moyen Age', in D. Poirion (ed.), *Milieux universitaires et mentalité urbaine au Moyen Age* (Paris, 1987), 103-117.

国际性的高级学位成为教区的教士，这都毫不奇怪。1280—1317 年，在一些教区中，此类毕业生所占比例最高达到 26%，最低的也有 7%。[23]

再一次强调，我们在世俗领域，也就是指为国王服务的法官和其他公务人员方面，没有可供比较的统计数据。正如在 13 世纪的法国，“办事员”（clerks）群体中教士和世俗人士之间界限的消除就是一个重要的因素。实际上，这一因素加速了社会的世俗化。[24] 正如人们所期待的那样，当时出现了真正朝“现代”方向发展的趋势。例如，在毕业生中，学习文科的人越来越难取得成功。虽然事实上人们仍然是在远离大学的习惯法领域里从事法律职业，但进入各类行政管理层的最有效方式是在大学学习民法或教会法。

新欧洲的普遍时代

260 在新欧洲，仅在大学历史普遍时代的最后阶段才出现了一所大学。这对 1348 年以前的时代意味着什么？此后又有什么改变呢？

尽管地区性差异较大，中欧还是被看作一个整体。13—15 世纪，当中部地区在一定程度上达到西欧（而不是南欧）的人口和城市化水平，当教士对文化的垄断开始被打破时，在中世纪大学历史上就出现了一个重要的加速发展和均等化进程。对这一进程的编年史，我们仍然没有足够的认识。但无论怎样，作为历史发展的常态，这一过程的特征是在达到顶点时快速协调，而后从强度和性质来看，逐渐放缓速度向前发展。新欧洲学习

---

[23] T. H. Aston, ‘Oxford's Medieval Alumni’, *Past and Present*, 74(1977), 3-40; T. H. Aston, G. D. Duncan, and T. A. R. Evans, ‘The Medieval Alumni of the University of Cambridge’, *Past and Present*, 86(1980), 9-87; R. B. Dobson, ‘Recent Prosopographical Research in Late Medieval English History: University Graduates, Durham Monks, and York Canons’, in N. Bulst and J. P. Genet(eds.), *Medieval Lives and the Historian. Studies in Medieval Prosopography* (Kalamazoo, 1986), 181-200.

[24] 参见 J. R. Strayer, ‘The Laicization of French and English Society in the Thirteenth Century’, *Speculum*, 15(1940), 76-86。

和职业之间的分野比旧欧洲的更清晰。在新欧洲，社会流动性较低；通常不是获得新资源，而是对已有的资源进行再分配。已在意大利北部城市大范围存在，并且向学术“竞争性社会”方向发展的决定性改变，直到 15 世纪后期依然没有在这里出现。

虽然在新欧洲有了许多准大学的机构，它们主要是 13 世纪前半期努力的结果，但新欧洲的学生依然到旧欧洲中心去学习，其原因是该地区的教育机构不能使其毕业。对那些以后要占据领导职位的人来说，国外的学习经验尤为重要，特别是对德意志人。遗憾的是，我们只对“上层阶级”，包括那些有着成功职业生涯的人，或多或少有一些了解。在 13 世纪和 14 世纪，他们可能总共有数千人。1300 年左右，在博洛尼亚大学里的德意志学生总数一般都超过 200 人。[25] 然而，从一开始也有穷学生去旧欧洲求学，他们经常是充当有权势人的随从，几乎不可能单独前往。即使是在德意志，即使存在大学，也主要是一种城市现象。在一定程度上，大学学习是伴随成功的职业生涯而来的，对当时的德意志人来说，这仍是一种贵族的特权。只有在莱茵河低地地区情况才有些不同，那里的行为模式是旧欧洲的一部分，而且在许多地方很难区分低等的贵族阶层和早期的城市领导群体。只有在 14 世纪后期，我们才发现，随着许多资产阶级的参与及世 261
俗化的开始，社会发生了一些重大的变化。

首批成功学生的第二个特征是他们与教会的联系。与旧欧洲的情况相反，在这里，教会法是政治和高级管理的主要课程。直到 15 世纪，除了莱茵河低地地区，罗马法一直是一门奢侈的学科，直到神圣罗马帝国皇帝最终允许德意志人学习它，而不再专属于他的意大利属国（在萨利安和斯陶芬时期就已如此）。社会精英通常是在拥有牧师职位或获得圣俸之后才开始追寻他们的学习生涯。在一些中心城市，如博洛尼亚、帕多瓦、奥尔

㉕ S. Stelling-Michaud, *L'Université de Bologne et la pénétration des droits romain et canonique en Suisse aux XIIIe et XIVe siècles* (Geneva, 1955); A. I. Pini, '"Discere turba volens". Studenti e vita studentesca a Bologna dalle origini dello Studio alla metà del trecento', *Studi e Memorie per la Storia dell'Università di Bologna*, new series, 7(1988), 62-69.

良，这往往导致一种高人一等的优越感，甚至是傲慢的态度。因此，在德意志，发展的趋势是强调而不是忽视传统的差异。大多数主教座堂和牧师会教堂中的圣俸都在西欧和南欧，因为在这方面北欧和东欧所能提供的极为稀少。一名贵族学生或法学者依然属于他所处贵族社会中的少数派；这个社会一直通过地区性的家族联盟来填充职位。贵族血统使学业有可能成功，但是学业有成并不是贵族阶级的典型标志，甚至直到 1350 年，还有许多贵族教士只有一定的阅读能力而不会书写。教区牧师会对待学习的态度很大程度上依赖于所在地区和社会的环境状况。而在 15 世纪，这种情况突然发生了变化。当时在布莱斯劳（1341—1417）和布列瑟依（1300—1400）的主教座堂圣职团中分别有 29％和 21％的教士是学生，而这个比例此后上升极快，如在布列瑟依达到 60％。[26]

贵族学生的第三个特征是当大众进入文学院学习成为可能时，它依然显著地扮演着少数派的角色。即使在 15 世纪，在所有德意志大学中，不到 3％的学生会设法去获得高级学院的学位。从 14 世纪开始，以此种方式成为一名大学毕业生会给某些具有贵族血统或城市富裕阶层背景的人带来好处。换句话说，“富人”和“穷人”之间的划分能从大学的不同学院中非常清楚地反映出来。法学是一门社会精英学习的科学，就是对教会里的精英们来说也是如此，在德意志，这些高级精英分子依然是很“封建的”。文学院和神学院是中间阶层和较贫穷阶级的据点，特别是那些尽力改变自己社会地位的人——虽然他们中的大多数得不到真正重要的职位。在阿尔卑斯以北，医学院之所以是所有高级学院中规模最小的（见第二章），并且比其他学院地位低，是因为在所有毕业生中，医学博士在中世纪社会中
262 得到的是最低的认可。医学博士，或者内科医生，人数很少，而且来自中间阶层或手工业者阶层（经常是外科医师的儿子）。医学教育和医学职业

[26] L. Santifaller, *Das Brixner Domkapitel in seiner persönlichen Zusammensetzung im Mittelalter*, 2 vols. (Innsbruck, 1924-1925)，尤其是第一卷第 114 页及其后。

经常与特定的家庭相联系。[27]

至于此时新欧洲的法学者在国王和诸侯法庭里的情况，我们对此的了解要比旧欧洲的多一些。相比而言，他们人数较少，学位稍低，社会关系更为老式一些。然而，正如在欧洲大陆西部和南部清楚表现的一样，旧欧洲也明显存在一种不可抗拒的趋势：法学者逐渐控制了所有的高级管理事务，伴随这种过程，其职业可能性的范围不断扩大。从国王鲁道夫一世时期（1273—1291）到皇帝腓特烈三世（1440—1493）时期，为统治者服务的法学者数量增加了 6 倍——总共达到 230 人。神圣罗马帝国的诸侯为了迎接他们所面临的挑战和适应国家发展的需要，建立了与之相适应的法律职员队伍（从 1250—1440 年差不多有 700 人）。帝国的西部和南部如往常一样，从中得到了好处。[28]

尽管法学者的社会背景具有相对的同质性，但从神圣罗马帝国整体来说，法律职业没有统一的招聘模式。招聘具有地方性，根据各地统治中心的情况来决定。直到 15 世纪，国外求学经历一直是一种具有较高社会价值的条件，除了莱茵河以西地区，意大利显然是游学的首选之地。1370 年前后，法律学者开始以德意志大学里的求学经历为基础来获得职位。结果，拥有城市背景的人变得越来越重要。

虽然 1348 年建立于布拉格的大学在两代人之后就关闭了，但它对于高等教育和新欧洲社会之间的关系来说非常重要。经过一个多世纪以来不可弥补的积压，那里几乎没有职业存在的可能性，即使是进入较低层次的现代社会的可能性也极为有限。布拉格永远成不了巴黎或博洛尼亚，也不

---

[27] E. T. Nauck, 'Die Zahl der Medizinstudenten deutscher Hochschulen im 14.-18 Jahrhundert', *Sudhoffs Archiv für die Geschichte der Medizin und der Naturwissenschaften*, 38(1954), 175-186; Schwinges, *Universitätsbesucher*, 468-470.

[28] P. Moraw, 'Gelehrte Juristen im Dienst der deutschen Könige des späten Mittelalters (1273-1493)', in R. Schnur(ed.), *Die Rolle der Juristen bei der Entstehung des modernen Staates*(Berlin, 1986), 77-147; I. Männl, 'Die gelehrten Juristen im Dienst der deutschen Fürsten im späten Mittelalter(1250-1440)', dissertation, Giessen, 1986.

可能超过维也纳或海德堡。布拉格的这些大学及其“后裔”是由当局引入的，就像布拉格的大学自身一样；无论在哪个阶段，它们都没有什么发展。因为它们的贫穷，它们服从于法治和社会统一的压力，继而服从于领地封建主崇尚的“合理化”的压力。校长注册簿是大学社会史最重要的史
263 料，因为它能使我们用统计数字来代替猜测，其本身也是贫困环境的一个产物。已发现的最古老的注册簿是布拉格法律大学（1372—1418）的注册簿，这并不是偶然的。

布拉格的社会环境可以被视为游学时期两阶段学习模式的延续和发展。考察和对比 3563 名登记注册的法学专业学生，他们的人数至少是文科学生的 5 倍，其中绝大部分人甚至没有获得过最低的学位。因此，大学入学的含义是非常不同的。社会现代化进程（我们会在后面讨论）的第一个标志是在 14 世纪末开始出现的，如在波希米亚有相当多的人致力于文科和神学的学习。然而，在教会和行政部门中，合适的职位似乎太少了。大学的危机在 1400 年后胡斯派的质疑中达到了顶点，这也与硕士或文科士人数过多有关，因为他们希望能延长他们在大学的学习时间。[29]

布拉格大学为未来的领导者提供了经验，在此之前，为了自身利益，中欧统治者借鉴的是南欧和西欧的经验。但是，布拉格这种“国际化”角色只关乎新欧洲，并且是以一种非常严格的方式。斯堪的纳维亚人很快从巴黎转向了布拉格，在布拉格的大学解散之后，他们中大多数又转到莱比锡（从 1409 年开始）和罗斯托克（从 1419 年开始），于是欧洲的一部分地区得以重新定位。同样的模式也适用于其他东欧国家，如波兰和匈牙利。学生中来自波兰的人最多。由于重要的市民群体通常来自德意志地区，所以波兰和匈牙利的，可能还包括瑞典的学生更容易到德意志去求

---

[29] P. Moraw, 'Die Universität Prag im Mittelalter', in *Die Universität zu Prag* (Munich, 1986), 9-134.

学。[30] 在此以后，我们能够在斯堪的纳维亚发现德意志学生的主要社会贡献——首先是在丹麦，然后是在瑞典和挪威，最后是在芬兰。去意大利学习仍然非常重要，因为去那里的学生都来自高级社会阶层，他们随后有可能获得高级职位，大多数是教会中的职位。

从 14 世纪开始，北欧几乎所有的红衣主教及大约一半的主教座堂和教区圣职团的教士上过学，包括那些来自芬兰的教士。直到宗教改革之前，所有北欧国家受过教育的教士人数持续增加。而来自于上层社会的世俗大学毕业生可以在国王的机构中开始职业生涯。在挪威的皇家行政人员中，受过教育的、既非贵族又无神职的人比瑞典或丹麦的多。丹麦和瑞典两国的贵族更富裕和更有特权，他们的教育更多地符合中欧贵族教育的一 264
般模式。[31] 总之，对于到国外大学读了几年书后回家的富裕学生来说，是有充分的就业机会的。然而，至于学术教育推动社会流动的程度，还很难知晓。

旧欧洲的国家—领土时代（1380—1500）

欧洲大学史的第三阶段可以被描述为一个集中化的阶段，也即强化和收缩阶段，如同当时的其他发展过程一样。作为发展停顿标志的具体事件——1378 年西欧天主教内部的大分裂——既表明普遍主义教会的没落，又标志着个体国家的成长。同等重要的是，当人口总数急剧减少时，大学学生的数目有了相对的有时甚至是绝对的增长。从 1450 年左右开始，学生的数量又一次从人口的普遍增长中得到补充。当时的学生总数已达到几十万，即便是在 15 世纪，一些古老大学（阿维尼翁、蒙彼利埃）的困难

---

[30] G. Bonis, 'La pénétration du droit romain dans les pays slaves et hongrois', *Recueil de Mémoires et Travaux publié par la Société d'Histoire du Droit et des Institutions des Anciens Pays de Droit Ecrit*, 6(1967), 75-83.

[31] Bagge, 'Nordic Students'（注释 11）, 8-13; H. Holma and A. Maliniema, *Les Etudiants finlandais au moyen âge*(Helsinki, 1937), 13-15.

时期也是如此，大学生不再是 1200 年前后的那种小群体了。

这一阶段的意大利北部城市，依然是中世纪大学四种主要背景中最为现代的，但对它们我们也只能勾勒模糊的轮廓。任何下结论的尝试都是冒失的。然而，我们还是可以将 1500 年左右存在的大约 12 所意大利大学视为一个体系，学生在其中可以从一所大学到另一所大学学习。另一个事实是，这些大学也逐渐被纳入国家服务体系中。同时，在整个 15 世纪，这些大学中人员的社会流动依然相当活跃。

通过比较其中的法学者和受过教育的内科医生的发展情况，我们发现佛罗伦萨的一些特点代表了这些大学的特色所在，佛罗伦萨是最主要也是最具吸引力的社会形式。[32] 法学者和内科医生都是重要的群体（前者从 1380—1530 年有 163 名成员，后者从 1350—1450 年有 150 名成员），有着非常不同的社会模式。有关他们的传记资料很翔实，比之前提到的所有群体的传记资料都丰富，以此为基础可以证明前面假定的一个普遍特征，即职业生涯并不仅仅依赖学业。职业和学习两者都是长期和广泛的社会关系的一部分，而社会关系必须围绕着家庭命运这个中心来理解。学习的决定
265 和学科的选择，经常是由那些在学习阶段之后还继续影响职业生涯的因素决定的，它们并不是标志着一个新开始的自主选择。

对佛罗伦萨的贵族群体和已经成功提升了社会地位的人来说，学习一段时间法律首先是家族成功发展的结果，在经历数代人的打拼之后，该是巩固地位的时候了：儿子或孙子应该学习法学。这一模式让我们回想起阿尔卑斯以北有能力的上层中产阶级商人，以及他们在更传统的环境中确立自己地位的努力，他们利用“老式”的土地所有制和贵族等级制来达成其目标。这些法学者从事的职业并不是我们熟悉的为在现代社会中生存而斗争的那种职业。在佛罗伦萨法学者中，只有第三类群体逐渐采取这种积极的模式，因为这些人出生于外国；但是，他们本来也有令人尊重的地位，否则，他们根本没有成功的机会。为了成功，努力工作是必不可少的。这

---

[32] L. Martines, *Lawyers and Statecraft in Renaissance Florence* (Princeton, 1985).

里没有值得讨论的第四类群体。毫不惊奇，考虑到国内和国外环境复杂性的增加，该地区根据个体的成就从这些亚群体中招募人员，就业机会从第一类到第三类群体成比例地减少，这些法学者在佛罗伦萨是作为政治领导人为公众服务，而且他们在数量上给人留下了深刻印象。米兰和威尼斯也有相似的进程，尽管那里的政治环境更为敏感。甚至像皮斯托亚这样的小城镇，法学者也占据了越来越多的职位。[33] 除佛罗伦萨的情况外，我们很难对这类精英有如此清晰的了解。

相反，在亚诺成为一名内科医生则更具“现代”意义，同时也更具不确定性，前途也更为黯淡，更不要说在传染病大规模流行时这一职业的危险性了。这可能就是为什么这一群体中来自于农村地区和境外的人占绝大部分的主要原因；这也就是医学博士社会发展史中较多动荡局面的原因。即使在学医的佛罗伦萨人中，他们的人数也越来越少，从家庭史的角度看，学习医学和随后的职业生涯只是通向第二级医疗机构、小商贩、公证人，甚至是工匠（但是很少——可以确定的只有 3 例）的第一步，通常也是唯一的一步。有 3 名医学博士来自贵族阶层，而有 15 人是通过学医提升了社会地位，医学学习花费很大，相应的经济回报也很大。医生职业比法律职业更具商业性。医生职业没有强大的传统，从家庭关系中获得的帮助甚少，与法学者相比，对后代的传统影响也更少。正如在 3 个例子中所 266
显示的，当一个医学博士进入有政治影响的群体中时，他的个人成就并不亚于 50 个做出相似举动的法学者。

即便我们更了解法国的情况，也依然需要通过调查来提供注解，尽管

---

[33] D. Herlihy, *Medieval and Renaissance Pistoia* (New Haven/London, 1967).

这种调查只能涉及可能的趋势而不是精确的数量。[34] 当时，法国大学的一个基本特征是地区化，15 世纪建立的 8 所大学就诞生在这样一个独特的过程中（总体而言，它们的规模依然相对较小）。这种地区化过程甚至影响到巴黎，而且在更广泛的意义上影响了大学的“消费者”，甚至是皇室机构。法国的法学院几乎发展为专门的职业培训学院和带有浓厚世俗化色彩的教育机构。这里所用的“职业”一词并不是指直接应用所学知识，而是指法律思维的普遍训练，甚至更多的是指同行中人的社会化过程。无论怎样，大学与送自己子弟入学的家庭建立了非常稳固的联系，这种联系甚至会导致大学社会结构的改变。法律学习体系所需要的昂贵费用意味着法律职业几乎完全局限于富裕家庭。在进入法学院学习之前，学生还必须在学校或家中接受昂贵的私人预备教育。这种教育远非向所有人开放的巴黎传统的“普通”文科教育，而按照当时（可能更早）社会成功的观点来判断，后者已被证明是不明确的和无效的。而且，法国从未建立第二个巴黎大学。我们也仍不清楚文学院的规模究竟有多大，它应该算是高级哲学学校，还是与学校类似的初学者的训练场所。甚至处于较高社会地位的律师职业也充满了不确定性，令人惊奇的是，在同一时段求学的法国法学学生（估计总共有 3000—3300 人）在短短几年（1393/1394—1403）里改变了他们的比例：在总数没有变化的情况下，由原来三分之二多数来自南部，变成了三分之二多数来自北部。这可能表明了社会生活的波动性，这种波动性可能在社会中广泛存在。

对于教会法的学习者来说，教会仍是最主要的雇主。然而，罗马法的

---

[34] 除参考注释 15—17 外：J. Favier,‘Les légistes et le gouvernement de Philippe le Bel’, *Journal des Savants*(1969),92-108;J. Verger,‘Sul ruolo sociale delle università:La Francia tra Medioevo e Rinascimento’,*Quaderni storici*,23(1973),313-358;A. Gouron,‘Le recrutement des juristes dans les universités méridionales à la fin du XIVe siècle:Pays de canonistes et pays de civilistes?’,in *Universities in the Late Middle Ages*,524-548;A. Rigaudière,‘Hiérarchie socioprofessionnelle et gestion municipale dans les villes du midi français au bas Moyen Age’,*Revue historique*,269(1983),25-68。

毕业生享有更大的名望；甚至在教会中，他们也经常能占据最高职位。但显然一般还是国王、重要的诸侯（如勃艮第公爵、布列塔尼公爵、普罗旺斯子爵）或城市利用他们的能力为己服务。与意大利和法国南部相比，欧 267
洲北部国家律师的世俗化和法学者的发展明显是迟滞的，直到 14 世纪后半期才出现。再一次强调，这一发展有两方面作用：一方面，鼓舞了后来者的雄心，他们希望能在社会中脱颖而出；另一方面，更加巩固了显贵家族和第二等级家族之间的联合。里昂、普瓦捷或更小城镇的例子表明，虽然它们的发展晚于佛罗伦萨，但它们取得了更大的成功。这可能是因为在君主政体控制之下人们很少有什么政治要求，以及更拘谨的政治氛围。无论怎样，在重要的城市中，在较早期的开端之后，大致在 1430 年和 1456—1460 年，法学者成功地跻身世俗社会中的顾问和议员阶层。从表面看，这可以说与他们拥有博士学位和开业资格证书的优势有关。然而，这不仅仅意味着旧贵族阶级的瓦解，还意味着迄今为止都很重要的律师群体获得了新的合法性。其结果导致了城市社会的转型。与此同时，神职人员中的毕业生比例也很高，特别是在主教座堂圣职团中；许多教会法律师既为国家也为教会服务。15 世纪高卢主义的扩张和教廷干涉的减少，一直都没有阻止毕业生从事有俸圣职；他们仍然人数众多且是不可或缺的。㉟

在 15 世纪，君主政体力量的发展也依赖于各个重要的社会群体，并且受到变化无常的政治命运的严重阻碍。然而，社会因素是最难控制的。虽然每个统治者都要倚仗法学者的专业知识和技能的支持，但后者只能对暂时的变化做出反应，而不会真正去开创一个新起点。巴黎议会——皇家最高法院——和法院之外的核心行政机构，它们各自由 100 余人组成，按欧洲标准来看，这些人的社会来源很广泛。议会（我们有从 1345—1450 年 678 名成员的详细资料）毫无疑问是一个更紧密的群体。可能除了教廷以外，这个议会具有一种逐渐集中化的社会形式，它拥有的法律专家比欧

㉟ H. Millet, 'Quels furent les bénéficiaires de la soustraction d'obédience de 1398 dans les chapitres cathédraux français?', in Bulst and Genet(eds.), *Medieval Lives*(注释 23), 123-137.

洲其他任何地方都多。毕业生的数据显示了预料中的增长，但是一般认为，尤其在此处更有理由认为，在 1350 年左右，拥有一个学位已经是一种普遍的做法。15 世纪后半期，在家族中接替职位的做法也同样存在于议会成员群体中，作为一种广泛流传的常见做法，这很少会引致不满。然而，世袭职位并不意味着应该放弃学习法律，因为学习已经成为家族的一项传统。

268 在由 27 名法警和 12 名执事组成的队伍中，在法律方面具有一定能力的人明显比所提供的职位要少，各有 2—3 名。虽然法学者的人数可能增加，但几乎都是在 1500 年以后。15 世纪末，就像巴黎北部桑利斯的小裁判所的例子中所显示的，不仅仅是特别法庭里的两三名皇家法官，就连律师甚至仅仅是代理人也越来越多地由大学毕业生充任。

从 1434 年开始，法国出现了 5 个新的省议会。这使律师在行政官员和法官集团中建立永久性的地位成为可能，这些律师中获得博士学位和持有开业资格证书的人也越来越多。在许多情况下，这条道路只向富裕阶层和贵族阶层开放。然而，所有这些职位都不具有最高的决策权。具有这种权力的职位仍然只授予贵族大臣，直到 15 世纪，这些贵族大臣几乎都不认为法律学习应该成为他们接受教育的一部分。因而，皇家议会中的法学者一直以来就非常少。

1450 年可以被视为早期停滞和后期发展之间的大致分界线。自此之后，我们才能说受过法律教育的重要社会阶层开始独立于教会。下一步是确立资格和条件来控制法律“职业”的准入，这是逻辑发展的必然，但在 1500 年之前仅仅是试探性的行为。律师是在 1490 年，法警和执事是在 1499 年。这并不是创建全新的制度，而是以书面的形式把惯例确定下来。相应地，可能也是由于供给过多，毕业生的重要价值在一定程度上下降了。在其他国家也发现了同样的情况，持有开业资格证书的人和博士此时开始占据先前认为不适合他们的职位。这一转变依然对文科毕业生影响更大。然而除了一些个案，我们仍然不了解 1450 年前后的硕士和巴黎规模较大学院的学生从事何种职业。只知道一些文科硕士成了代理人，另一些人成了中小学教师，还有很多人成了城镇里的低级教士。

15 世纪，英格兰大学史的主要特征几乎没有什么变化。最有意思的是，根据估算，在 1400 年以前有 2000 人在牛津和剑桥学习，在 1450 年左右这一数字上升到大约 3000 人。由此可见，学生人数占总人口比例是非常高的，肯定比法国的高，更超过中欧。然而，英格兰的大学比法国或意大利大学“更古老”的原因是其与教会的关系紧密。这里再一次强调，我们必须谨记神职人员和世俗民众之间的界线是逐渐模糊的，这种情况并没有因宗教改革而产生大的改变。

牛津新学舍（建立于 1379 年）的注册簿使我们能够为中世纪的英格 269
兰提供一份原始的“统计”资料。通过分析学生（总数是 937 人，身份不明者除外）背景，可以发现该学舍的学生来源比大学平均水平更“保守”：1380—1500 年，63.2%的学生来自农村地区，他们中的大多数来自“小农”的家庭。只有 21.8%的学生是城市居民，他们中的七分之一来自城市“贵族”阶层。上等阶级（包括这一群体中的国家官员）的比例总计是 12.5%。只有 6 人从更严格的意义上讲是贵族，只有 2 人来自较低阶层。一个非常显著的事实是，“小农”中的 45%以租种学舍的土地为生。[36] 对大学成员中 2040 人（其中 42.5%的人身份不明或较早死亡）的职业生涯进行的研究证明，教会职位具有压倒性的优势地位，1451—1500 年也是如此：39%的人成为教区牧师，超过 5%的教士进入教会法庭和管理层，另外 2.5%则身兼教士和世俗官员、法官三种职位，最后 7.5%从事其他的神职工作，只有 2.5%的人是完全在世俗社会中任职（行政人员、法官、教师）。如果考察 1380—1520 年该学舍的资料（44%的人身份不明或早夭），在这段时间更长、更缺乏一致性的时段中，至少 46%的人进入教

---

[36] G. F. Lytle, 'The Social Origins of Oxford Students in the Late Middle Ages: New College, 约 1380-约 1510', in *Universities in the Late Middle Ages*, 426-454.

会任职，只有 5.5％的人进入世俗社会。[37]

如同旧欧洲其他地方一样，在英格兰，民法和教会法从 1460 年左右起逐渐吸引了越来越多的学生，但两者都主要是为教会服务。与高度城市化的意大利北部地区相比，英格兰世俗社会的力量可能更软弱一些。在这样的环境中，英格兰有俸圣职体系甚至比在德意志更重要。具有处置权的相关人士态度的变动，对于英格兰大学来说是很关键的——这种情况与地中海地区的普遍情况大不相同。神职活动在很大程度上与世俗活动相重叠。“中世纪”的英格兰为毕业生和其他具有资格的人员竞争主教座堂圣职团和大教区之外的神职提供了平等的机会。当然，这也是社会流动性持续较高的一个表现，甚至主教阶层也是如此；另一方面，官僚集团也不缺
270 乏“自我招募”。至于穷人的就业机会，我们没有确切信息。[38] 然而，在巴黎联合起来的英德“同乡会”中穷学生的比例非常高（在 1425—1494 年为 17.6％），这种情况可能不仅仅存在于欧洲大陆。总之，虽然我们对英格兰大学社会史所知甚少，但其在欧洲大学整体图景中的独特地位是非常明确的。

在 1500 年前，西班牙学生的职业生涯并没有出现最重要的整体变化。[39] 在一个经济迅速发展的阶段，“现代的”君主政体比此前更需要优

---

[37] 除参考注释 23 外：J. T. Rosenthal，'The Fifteenth-Century Episcopate：Careers and Bequests'，in D. Baker(ed.)，*Sanctity and Secularity*(Oxford，1973)，117-127；R. N. Swanson，'Universities，Graduates and Benefices in Later Mediaeval England'，*Past and Present*，106(1985)，28-61；R. N. Swanson，'Learning and Living：University Study and Clerical Careers in Later Medieval England'，*History of Universities*，6(1986-1987)，81-103。

[38] N. Orme，'Schoolmasters，1309-1509'，in C. H. Clough(ed.)，*Profession，Vocation，and Culture in Later Medieval England*(Liverpool，1982)，218-241；R. S. Gottfried，*Doctors and Medicine in Medieval England，1340-1530*(Princeton，1986).

[39] R. L. Kagan，*Lawsuits and Litigants in Castile 1500-1700*(Raleigh，1981)；W. D. Phillips Jr，'University Graduates in Castilian Royal Service in the Fifteenth Century'，in *Estudios en homenaje a Don Claudio Sánchez Albornoz en sus 90 años*(Buenos Aires，1986)，vol. Ⅳ，475-490；M. Lunenfeld，*Keepers of the City. The Corregidores of Isabel Ⅰ of Castile(1474-1504)*(Cambridge，1987)，73-106.

秀的行政官员。拥有学术头衔的高级官员的数量因此稳步上升，在费迪南德和伊莎贝尔（1474—1516）统治时期，这个比例达到了11.7%。律师从14世纪后期开始出现。而新的培养基地是国家大学，它首要促进法学教育。在卡斯提尔王国，萨拉曼卡和瓦拉杜利德大学训练的律师一直能得到教会的高级职位——在15世纪，他们的人数几乎占瓦拉杜利德教士总数的一半——和皇家官员职位。从有着意大利和法国南部社区特征的加泰罗尼亚首府巴塞罗那的情况，我们可以看到从14世纪后期开始，法学者大量参与市政和私人的事务并产生了重要的影响。[40]

新欧洲的国家—领土时代

1348—1505年，德意志大学生的总数达到200 000人。这是第一个也是仅有的一个以可靠全面测算为基础的数据。对于1380年以前的一代学生人数，我们仅需要扣除数千人。据估计，1470—1480年的学生数量是1390—1400年的5倍；在该阶段后期，每一年都有2500名新学生。在1480年左右，人数基本就稳定在这个水平上。在1500年，德意志的总人口据粗略估计大约有1500万或更多。这两个数据之间的比例从定量方面证明了此前从不精确的数据中得出的结论：中欧的“学生密度”比起西欧 271 的要低很多，但同时期的人口总数出现了下降和停滞（在1348年到1450—1470年），这一差距在最后还是缩小了。这也是15所新大学成立的结果（均在1506年前建立）。[41]

神圣罗马帝国的整体情况确实也能说明欧洲大陆的北部和东部的情

[40] Rucquoi, 'Sociétés urbaines',（注释22）；C. Carrère, 'Refus d'une création universitaire et niveaux de culture à Barcelone: hypothèses d'explication', *Moyen Age*, 85(1979), 245-273; J. S. Amelang, 'Barristers and Judges in Early Modern Barcelona: The Rise of a Legal Elite', *American Historical Review*, 89(1984), 1264-1284.

[41] Schwinges, *Universitätsbesucher*, *passim*; P. Moraw, 'Aspekte und Dimensionen älterer deutscher Universitätsgeschichte', in P. Moraw, and V. Press (eds.), *Academia Gissensis* (Marburg, 1982), 1-43.

况，只是后者的发展相当迟缓，并且从数量上看规模很小。与前一阶段相比，北欧出现了一些根本性的变化。因为挪威国王和他的官员已经迁至丹麦，能提供给挪威贵族和中产阶级的皇家职业机会就大大减少。对大多数中产阶级出身的挪威学生来说，此后只有教会能够提供舒适职位了。贫困的贵族对高等教育几乎丧失兴趣。而在丹麦，来自贵族或中产阶级上层的学生数量持续增长。在北欧国家联盟时期，集权化和官僚化程度的加深，产生了对受过教育的管理者（律师）的需求。15 世纪以后，世俗人士在中央和地方政府中逐渐取代了教士。芬兰的瑞典语地区追随瑞典的教育模式。主教座堂和牧师众教堂中充斥着受过良好教育的贵族。然而，与瑞典相比，芬兰的精英一直坚持到巴黎访学，没有像他们的瑞典同乡一样那么频繁地去德意志大学访学。[42]

欧洲大陆上的旧欧洲（巴黎例外）和新欧洲部分之间的一个重要差异是后者文科学生的比例较高，可能高达 75%—80%。在中欧，法学学生数量增加了，就算没有增加，至少也有 1400 人。布拉格法律大学（1409—1417）的危机和解散成为退步的标志。而同时，在 1400 年左右及以前，法国的法学专业学生有 3000 人，但德意志，甚至是在布拉格的“春天”（1380—1390），也仅能达到这一数字的 10%—20%。

德意志学术职业机会的另一个基本情况是，在领土国家的影响下，在设有四个学院的大学中，各个学院的地位有所下降。除个别例外，新大学都是小而穷的。它们植根于邻近地区，并且大多缺乏丰厚的捐赠和基金。与巴黎和博洛尼亚模式相比，这里出现了一种新的、混合的第三种欧洲大学模式，并且对学生的职业生涯有着与前两者不同的影响。因此，仍然要
272 将贵族和富裕学生与极为缺乏经济来源的文科学生明确区分开来。这两类学生的就业机会差别很大。前一种类型的学生早在他们所读的大学出现以前就得到了德意志社会的承认；他们人数相对较少，倾向于学习法律。在 15 世纪，如果他们愿意的话，还可以去国外游学。而第二类学生的主要

[42] Bagge,‘Nordic Students’(注释 11),13-17.

去处是小城镇，去乡村的也不罕见。他们主要来自中产阶级和工匠阶层。大多数都回到自己的故乡，因为他们很看重与家乡的联系。他们显然特别容易受到1480年以后的供给过剩危机的影响。[43]

从个体角度来看，与较穷的学生相比，境况较好的学生较少受到家乡地区发展水平的影响，这从他们的地位和人数上都有体现。布拉本特的情况在帝国中可能是最具现代性的——无论从贵族和奥尔良“精英分子”的法律学习，还是从他们参与家乡社区和国家决策的情况来看都是如此。在奥尔良——以及在新成立的设有四个学院的大学之外——的布拉本特学生（从1444年开始）只有20%来自贵族家庭，大多数来自于富裕的资产阶级家庭，特别是大城市的资产阶级家庭。学生们刚开始的行为模式是贵族化的，但从长期看，这种贵族化方式被融入一种“现代的”、城市的生活风格之中。这种情况在中世纪后期非常普遍：学生社会史的进程一直没有被打断，并且延续至16世纪和17世纪。以现代的眼光来看，布拉本特方式培养了一个相当划一的“法学者官员”群体，他们有着良好的背景，并且逐渐通过他们的专家知识和职业成就获得从业资格。[44] 纽伦堡和奥格斯堡大致相同的影响在德意志南部也能发现，在帕维亚，他们的人数更少，并且所处的环境也更“封建”。如果我们把目光投向16世纪，就会发现在1472年开始招生的因戈尔施塔特“贵族”大学的发展过程中也存在同样的情况。[45]

我们应该从教会背景中去解释当时发生这些最重要变化的原因。虽然与西欧相比在时间上明显滞后，但在各地，甚至是整个主教教区都出现了学生人数的增长，较晚的罗斯基勒主教座堂圣职团的情况就能清楚地说明 273

[43] Schwinges, *Universitätsbesucher*, *passim*.

[44] H. de Ridder-Symoens, ‘Brabanders aan de rechtsuniversiteit van Orleans (1444-1546). Een socioprofessionele studie’, *Bijdragen tot de Geschiedenis*, 609 (1978), 195-347.

[45] R. A. Müller, *Universität und Adel. Eine soziostrukturelle Studie zur Geschichte der bayerischen Landesuniversität Ingolstadt, 1472-1648* (Berlin, 1974). A. Sottili, ‘La Natio Germanica dell’università di Pavia nella storia dell’Umanesimo’, in *Universities in the Late Middle Ages*, 347-364.

这点。[46] 到1430年，有55%的罗斯基勒教士都曾是学生；而到1493年，这一比例是76.1%。但在这些学生中只有很少一部分是毕业生，并且在15世纪早期法学学生的比例也急剧下降，这毫无疑问是由于布拉格法律大学的倒闭所引起的。这表明，在欧洲的边缘地区，学习的联系网络是多么的脆弱。1418年以后，宗教会议通过决议鼓励教士学习并或多或少取得了成功。然而，一个更重要的变化往往不容易被观察到，即从获得教士职位后再去学习转变为为获得圣俸而去学习。在第二种更具“现代性”的情况中，首先提供的是一种通过个人表现来获得从业资格的机会。在新欧洲，直到15世纪才开始出现这种变化。

甚至在15世纪，新欧洲的学习和职业生涯仍然主要与教会相关。但是，毫无疑问，一种世俗化的趋势已经比13世纪时的南欧，甚至是西欧更明显。一般而言，在15世纪后半期，就最具现代性的职业来看，世俗权威取得了领导权。在莱茵河低地地区，世俗化进行得最早，也最为彻底。该地有一些法律的、世俗的、行政的和司法的“职业通道”，人们能够通过适当的学习来选择自己要从事的职业。为了说明在该国行政和司法体系中最早成功的世俗法律学者们，我们要再次提到布拉本特的情况，但与佛兰德斯相比，它还是晚了半个世纪才出现。在15世纪第二个25年，布拉本特的瑞德审判法院的成员中，40%是大学毕业生；在之后的50年，这一比例几乎上升到70%。[47] 大学生开始进入城市的行政管理部门任职，最后上升至决策层。涉及最后阶段时，我们必须特别谨慎，因为既存的寡头政治统治——他们大多数是在经济活动中接受教育——试图使法学家与

---

[46] E. Mornet, ‘Préliminaires à une prosopographie du haut clergé scandinave: le chapitre cathédral de Roskilde 1367-1493’, in Bulst and Genet (eds.), *Medieval Lives* (注释23), 159-162.

[47] H. de Ridder-Symoens, ‘Milieu social, études universitaires et carrière des conseillers au Conseil de Brabant, 1430-1600’, in *Recht en Instellingen in de Oude Nederlanden tijdens de Middeleeuwen en de Nieuwe Tijd, Liber Amicorum J. Buntinx* (Louvain, 1981), 257-301. H. de Ridder-Symoens, ‘Internationalismus versus Nationalismus an Universitäten um 1500 nach zumeist südniederländischen Quellen’, in F. Seibt and W. Eberhard (eds.), *Europa 1500* (Stuttgart, 1987), 397-414.

自己的事务保持一段安全的距离。在这种情况下，只有当统治家族将其子弟送到大学学习时，情况才会有所变化，但这需要一个较长的时期。在德意志，纽伦堡很早（从 1366 年起）就开始雇用具有博士学位的法学者，这一举动并非偶然，但当地统治者在几个世纪里都使法学者与参议会保持距离。在西北欧，如安特卫普和鲁汶，统治者的态度更为开放；1431 年 274
和 1451 年法学者在此地首次成为世俗的助理法官，法律素质很快成了一个基本的要求。在吕贝克的审判法院出现的第一位大学毕业的法学者是在 1460 年就职的，在汉堡是 1465 年；1484 年，在科隆参议会中出现了第一位博士。这种发展的总体趋势持续到 16 世纪。15 世纪的安特卫普和鲁汶，其市政管理的主要职位有四分之三是由大学毕业的法学者担任的，而到 16 世纪这些职位则完全是他们的了。对于神圣罗马帝国来说，这种态势是非常现代的。[48]

地中海地区从 14 世纪开始，欧洲其他地区从 15—16 世纪开始，医学博士在社会中变得更为重要。1348—1350 年的大瘟疫不仅刺激了医学院的发展，尤其推动了医疗咨询领域的发展，而且逐渐促使城市议会任命医学博士为城镇的内科医生。在此之前，医学博士主要为社会高层或高级医院服务，或者在大城市里开业，为富裕市民提供服务。中世纪的大多数人都从未到从大学毕业的医生那里看过病。理发师—外科医生或江湖郎中是他们仅有的医疗援助者。[49]

要想对德意志和整个新欧洲较低等级学生的职业生涯及人数超过

---

[48] F. W. Ellinger, 'Die Juristen der Reichsstadt Nürnberg vom 15. bis 17. Jahrhundert', in *Reichsstadt Nürnberg, Altdorf und Hersbruck* (Nuremberg, 1954), 130ff. H. de Ridder-Symoens, 'De universitaire vorming van de Brabantse stadsmagistraat en stadsfunktionarissen. Leuven en Antwerpen, 1430-1580', *Varia Historica Brabantica*, 6-7 (1978), 21-126; K. Wriedt, 'Das gelehrte Personal in der Verwaltung und Diplomatie der Hansestädte', *Hansische Geschichtsblätter*, 96 (1978), 15-37; B. Moeller, H. Patze, and K. Stackmann (eds.), *Studien zum städtischen Bildungswesen des späten Mittelalters und der frühen Neuzeit* (Göttingen, 1983).

[49] A. W. Russel (ed.), *The Town and State Physician in Europe from the Middle Ages to the Enlightenment* (Wolfenbüttel, 1981).

30 000 的德意志贫困学生的情况进行清晰的描述，还很困难。对一所大学的学生情况进行研究能够提供一个相当有用的典型，但我们只能对 1477 年在图宾根建立的大学进行个案研究。[50] 在当时，这一大学在德意志大学体系里排名第九，每年大约有 100 名新学生。到 1534 年，进入该大学的学生总数是 5800 名。我们能搜集到其中 28%的人的职业情况。在这些资料比较可靠的 1627 名学生中，不少于 1097 人进入教会任职；314 人获得行政管理或法律方面的职位，110 人在该校或与学校紧密相关的职业工作。还有 33 人担任内科医生，23 人担任教师，13 人成为公证人或律师。
275 还有相当一些人从事最广泛意义上的书籍贸易和在军队中任职。因为高级学院发展缓慢，这里反映的是文科学生的情况，就如新欧洲的普遍情况一样。因此，在很大程度上，这种情况体现了中等和较低水平的社会生活。毕业生的比例在教会、行政机构及法律从业人员中最高。已有的家庭地位和新获得的资格混合在一起，难以理清。尽管存在种种地方观念，但图宾根仍然兴起了革新的潮流。这一重要趋势胜利的一个标志是罗马法发展成为“公民”职业的基础，在 1500 年左右，这种职业明显成为最受尊敬的职业。

更多的细节表明，这种情况在整个中欧都是相当典型的。一个基本的事实是虽然有很多人从大学回来，但并没有给他们本地的城镇社会生活带来什么能觉察到的变化。这点在大学城镇里表现最明显，对大多数人来说，大学是基础性的教育机构而不是社会机构。虽然，为了获得文科学士学位，贫穷学生会比一般人更为勤奋，但在此后，甚或是他们硕士毕业后，实际上依然没有进一步发展的可能性；从这点看，在中欧地区还是非常明显地存在着一个阻止社会发展的障碍，这一事实有助于解释很多情

---

[50] W. Kuhn, *Die Studenten der Universität Tübingen zwischen 1477 und 1534*, 2 vols. (Göppingen, 1971). 可供比较的数据在 F. Smahel, 'L'université de Prague de 1433 à 1622: recrutement géographique, carrières et mobilité sociale des étudiants gradués', in D. Julia, J. Revel, and R. Chartier (eds.), *Les Universités européennes du XVIe au XVIIIe siècle. Histoire sociale des populations étudiantes*, vol. I (Paris, 1986), 65-88。

况。从这个角度看，上述两种不同类型的大学生实际上有着相似的境遇。来自工匠阶层的学生——在中世纪后期许多学生的社会背景都是工匠——在任何地方都很难谋到除低级教士和抄写员以外的职位。小城镇里的“殷实”家庭是许多学生的典型社会背景，但这种背景在大城市或远离家乡时几乎没有什么价值。对于许多贵族子女来说，学习并不能改变他们的生活方向，对工匠的子女来说也是如此。他们仍是原来的样子，就像他们父辈一样，以生而俱来而不是学习获得的资格来确定自己的地位。愤世嫉俗地说，通过这种方式得到的不过是智力生活的丰富而已？并非全然如此！这个世界已被以下事实所改变：几乎每一个人都有可能遇到读过大学的人，因而至少能瞥见文化世界的一丝光芒，或者至少在某种程度上感受到文化的力量。这样，大学就与日常生活更紧密地联系在了一起。这也是一个社会事实。

在德意志，学习成为一种大众现象，并且引起社会和文化状况的相应转变，如果没有这一转变，宗教改革及其他事件都是不可想象的，但至今我们仍无法确定这一转变发生的准确时间。在 1470 年，发生了一些具有决定性意义的事件。当然，这些事件肯定不是偶然的，而是与一个历史发展过程相连，还伴随着经济的总体变化，从一个长时期的停滞期到一个开启了“长长的”16 世纪的新的高速增长期。随着学生数量的增多，一个 276
时代开始了，政府对社会实施更多的控制，社会各阶级各自封闭起来。由读过大学的人组成的脆弱的社会团体没有能力去破坏这种状况，只能去适应它。毫无疑问，在这个世纪最后 25 年里存在的供给压力只会使争夺既有职位的斗争越来越激烈，而没有别的释放压力的途径；较高学位的持有者对能够拥有以前由较低学位持有者从事的职位而感到满意。与此同时，随着教皇势力的消减，分配圣俸的权力也发生了变化。这可能对德意志大学学生的“雇佣体系”产生了重要影响。一个紊乱的社会系统，通过痛苦和无意识的自我调适，试图——像以前的每一代一样——付出代价达到某种平衡。但从那些大学学生和毕业生的最强有力的证据来看，这需要花费很长的一段时间。

在克拉科大学重建（1400）后，以及苏格兰从 1412 年建立大学后，波兰和苏格兰成了在新欧洲除德意志外仅存的能够为其子民提供高等教育而无须去国外求学的国家。然而，由于意大利、法国和德意志大学的吸引力，这两地的大学仍然只是一种补充。瑞典和丹麦的大学创办太晚、规模太小因而没有什么显著的影响，而挪威和芬兰则没有大学。需要再次强调的是，职业生涯的社会背景与早期的情况极为相似，如在德意志。大学学生和毕业生人数少，教会一直是他们重要的雇主，而且世俗化发生得较晚。例如，匈牙利在 16 世纪前都没有开始世俗化进程。但总的来说，“现代化”的总体方向仍然是一致的。[51]

第一次尝试将中世纪时期欧洲大学的社会史理解为那些大学入学者的历史和一个或多或少整合在一起的过程，这必定会留下很多无法解答的问题。因此，即使得出最简要的结论，也会显得自相矛盾，这不足为奇。大
277 学诞生于社会罅隙中，结构非常脆弱，但尽管如此，它依然生存了下来，并且成为社会领袖们所珍视的众多社会现象之一。这本身就是一个令人诧异的事实。大学的产品，包括毕业生和未能毕业的学生，在这样脆弱的结构中出现，被迫进入多样的社会，用他们新的资格来反抗社会传统的资格，并且不无成功。大学的教育和训练过程，从整体来看，是无计划和无方向的，只是在一些部分得到引导，并且最后被工具化了。很多仍然是衍生出相当多样化的个人意图。然而，即使大学只为了适应外部社会的规则而进行自我调适，并且欣然接受了周围社会发生的变化，它也还是确切无疑地有助于中世纪社会走向现代化。这是个动员（mobilization）的问题而不是流动（mobility）的问题。换句话说，这更像在不同方向摇摆游移而

---

[51] A. Kubinyi, 'Städtische Bürger und Universitätsstudien in Ungarn am Ende des Mittelalters', in E. Maschke and J. Sydow (eds.), *Stadt und Universität im Mittelalter und in der früheren Neuzeit* (Sigmaringen, 1977), 161-165; J. Durkan and J. Kirk, *The University of Glasgow 1451-1577* (Glasgow, 1977); J. Pinborg, 'Danish Students 1450-1535 and the University of Copenhagen', *Université de Copenhague*, *Cahiers de l'Institut du Moyen Age grec et latin*, 37 (1981), 70-122; I. Kaniewska, 'Les étudiants de l'université de Cracovie aux XVe et XVIe siècles (1433-1560)', in Julia, Revel, and Chartier (eds.), *Universités européennes* (注释 50), 113-133.

非一往直前地前进。

不过，仅仅以大学资格为基础而实现的地位迅速提升是少见的。从社会各界的立场来看，大学的影响是稳定体系而不是动摇甚或破坏体系；它们所带来的变化使“封建的”或公共的社会有能力适应和生存下去。因此，当法学者成为一种新的专家力量，他们上升至第二或第三重要地位便是合理的。这有利于稳定最重要的职位，使之继续建立在出身或财富和权势的基础上。大学毕业主要只是能获得职位的众多资格之一。拥有各种最多资格的年轻人有望获得最大的成功。同时，只有从长期的观点来看，我们才能明白，所有这些只是迈出了将成就原则作为决定因素这个现代目标道路上的第一步。

精选文献

Autrand, F. *Naissance d'un grand corps de l'Etat: les gens du Parlement de Paris 1345-1454*, Paris, 1981.

Autrand, F. (ed.) *Prosopographie et genèse de l'Etat moderne*, Paris, 1986.

Baldwin, J. W. *Masters, Princes, and Merchants*, 2 vols., Princeton, 1970.

Bartier, J. *Légistes et gens de finances au 15e siècle. Les counseillers des Ducs de Bourgogne sous Philippe le Bon et Charles le Téméraire*, Brussels, 1955-1957.

Benvenuti, A. and Cardini, F. (eds.) *Storia della società italiana, parte seconda*, vols. Ⅵ and Ⅶ, Milan, 1982, 1986.

Bullough, V. L. 'Achievement, Professionalization, and the University', in J. IJsewijn and J. Paquet (eds.), *Universities in the Late Middle Ages*, Louvain, 1978, 497-510.

Bullough, V. L. *The Development of Medicine as a Profession*, New York, 1966.

Bulst, N. and Genet, J.-P. (eds.) *Medieval Lives and the Historian. Stud-*

ies in Medieval Prosopography, Kalamazoo, 1986.

Burke, P. *The Italian Renaissance: Culture and Society in Italy, 1420-1540*, Cambridge/Oxford, 1987.

van Caenegem, R. C. *Judges, Legislators, and Professors*, Cambridge, 1987.

278 Cazelles, R. *La Société politique et la crise de la royauté sous Philippe de Valois*, Paris, 1958.

I ceti dirigenti nella Toscana del Quattrocento, Monte Oriolo, 1987.

Classen, P. *Studium und Gesellschaft im Mittelalter*, ed. J. Fried, Stuttgart, 1983.

Clough, C. (ed.) *Profession, Vocation and Culture in Later Medieval England*, Liverpool, 1981.

Dotzauer, W. 'Deutsche in westeuropäischen Hochschul-und Handelsstädten, vornehmlich in Frankreich, bis zum Ende des alten Reiches', *Geschichtliche Landeskunde*, 5:2(1969), 89-159.

Dotzauer, W. 'Deutsches Studium in Italien unter besonderer Berücksichtigung der Universität Bologna', *Geschichtliche Landeskunde*, 14(1976), 84-130.

Ehbrecht, W. (ed.) *Städtische Führungsgruppen und Gemeinde in der werdenden Neuzeit*, Cologne/Vienna, 1980.

Fried, J. *Die Entstehung des Juristenstandes im 12. Jahrhundert*, Cologne, 1974.

Fried. J. (ed.) *Schulen und Studium im sozialen Wandel des hohen und späten Mittelalters*, Sigmaringen, 1986.

García y García, A. *Iglesia, Sociedad y Derecho*, Salamanca, 1985.

Gottfried, R. S. *Doctors and Medicine in Medieval England 1340-1530*, Princeton, 1986.

Gouron, A. *La Science de droit dans le Midi de la France au Moyen Age*, London, 1984.

Hattenhauer, H. *Geschichte des Beamtentums*, Handbuch des öffentlichen Dienstes, 1, Cologne, 1980.

Jacquart, D. *Le Milieu médical en France du XIIe au XVe siècle*, Geneva, 1981.

Kagan, R. L. *Students and Society in Early Modern Spain*, Baltimore/London, 1974.

Lytle, G. F. 'Oxford Students and English Society, c. 1300-c. 1510', Ph. D., Princeton, 1975.

Martines, L. *The Social World of the Florentine Humanists 1390-1460*, London, 1963.

Meuthen, F. *Die alte Universität*, Kölner Universitätsgeschichte 1, Cologne/Vienna, 1988.

Moraw, P. 'Organisation und Funktion von Verwaltung im ausgehenden Mittelalter(*ca.* 1300-1500)'. in K. G. A. Jeserich, H. Pohl, and G. -C. von Unruh(eds.), *Deutsche Verwaltungsgeschichte*, vol. I, Stuttgart, 1983, 21-65.

Peset, M. 'Universidades Españolas y Universidades Europeas', *Ius comune*, 12(1984), 71-89.

Poirion, D. (ed.) *Milieux universitaires et mentalité urbaine au Moyen Age*, Paris, 1987.

de Ridder-Symoens, H. *Tot nut of onnut van't algemeen. De functie van de universiteit in de middeleeuwen*, Inaugural Lecture, Vrije University, Amsterdam, 1987.

de Ridder-Symoens, H. 'Possibilités de carrière et de mobilité sociale des intellectuelsuniversitaires au moyen âge', in N. Bulst and J. -P. Genet (eds.), *Medieval Lives and the Historian. Studies in Medieval Prosopography*, Kalamazoo, 1986, 343-356.

Schilling, H. and Diederiks, H. (eds.) *Bürgerliche Eliten in den Niederlanden und in Nordwestdeutschland*, Cologne/Vienna, 1985.

Schnur, R. (ed.) *Die Rolle der Juristen bei der Entstehung des modernen Staates*, Berlin, 1986.

Schuchard, C. *Die Deutschen an der päpstlichen Kurie im späten Mittelalter (1378-1447)*, Tübingen, 1987.

279 *Storia della cultura veneta*, vol. Ⅲ: 1, Vicenza, 1980.

Ullmann, W. *The Growth of Papal Government in the Middle Ages*, London, 1955.

Université et cité: à la recherche du passé—Town and Gown: the University in search of its origins, CRE—*Information*, new series, 62(1983).

Verger, J. 'L'histoire sociale des universités à la fin du Moyen Age: problèmes, sources, méthodes (à propos des universités du Midi de la France)', in S. Hoyer and W. Fläschendräger (eds.), *Die Geschichte der Universitäten und ihre Erforschung*, Leipzig, 1984, 37-53.

Verger, J. 'Les universités médiévales: intérêt et limites d'une histoire quantitative. Notes à propos d'une enquête sur les universités du Midi de la France à la fin du Moyen Age', in D. Julia, J. Revel, and R. Chartier (eds.), *Les Universités européennes du XVIe au XVIIIe siècle. Histoire Sociale des populations étudiantes*, vol. Ⅱ, Paris, 1989, 9-24.

第九章　流动

280

希尔德·德·里德-西蒙斯

中世纪对旅行的热衷

中世纪的人喜欢旅行。他们不在乎道路稀少，在只能靠步行或骑马、乘船或坐马车情况下也依然乐此不疲。现在看来，旅行者像一支无所不在的大军挤满了欧洲中世纪的道路。商人和朝圣者从一个城镇到另一个城镇。尤其是朝圣者，他们成千上万，虔诚地去圣地耶路撒冷、罗马或孔波斯特拉的圣雅各大教堂或家乡附近的圣地朝圣。在中世纪的朝圣路上，从不缺少基督徒，也不缺少旅店、饭馆、客栈、小酒馆、收容处和避难所。

直到 18 世纪末，另一种类型的朝圣者或旅行者也是欧洲道路上一道常见的风景。他们是大学的学生和教授。他们的朝圣旅程并不是去基督或圣徒的墓地，而是到大学城，找寻他们渴望的学识、朋友和闲暇。

在传统文学中，中世纪学生被描述为无纪律、无原则、狂放不羁、暴力、无拘无束，整日纵情声色。但是，在这些人中也有真正的学生、不同文化的追寻者和中世纪知识阶层的成员；他们对他们所处的、存在有各色居于社会边缘的粗俗者、教会的放荡者、下流的人、骗子、小丑、歌手和假冒学生的社会采取批判的态度。任何对游历学生进行的研究必须分清《布兰诗歌》❶ 的创作者和演唱者，以及致力于学业和大学学位的学生这两者间的区别，而后者正是本章所关注的。

欧洲的“游学”（academic pilgrimage）概念值得好好界定一下。我们

---

❶ 13 世纪修道院内的神秘诗稿。

认为这是一种学生和教师为了学习目的在欧洲一国或多国进行的旅行。直
281 到 17 世纪，所有大学的课程和学位都是一样的，并且都以拉丁文教学。因此，一个学生可以在一所通常是最近的大学开始他的学习，然后到另一所或几所大学继续他的学业。

在 12 世纪和 13 世纪，当欧洲的大学还没有那么多且分布不广的时候，那些渴望接受高等教育的“快乐的少数人”不得不离开家乡长途跋涉到他们所选择（这选择还是相当有限的）的学馆去。至 1500 年左右，几乎欧洲每个领地都拥有自己的高等教育中心，而且它们的教学方式、教授科目、授予的学位都非常相似。自此以后，在一个学生进入他自己国家的几个学馆的过程中，人们必须区分所谓的外部流动——学生到外国去——和内部流动。但对西班牙和法国来说，则没有这个困难。到中世纪末，那里有许多大学，而且这两个国家政治上和领地间的结合是非常稳固的，因此内部流动的表述是恰当的。但是在不列颠，英格兰、苏格兰、爱尔兰和威尔士的学生之间有着很大的差异，因此“内部流动”这个词语很难被认为是适当的。意大利和神圣罗马帝国的情况就更加复杂了，从 14 世纪开始，那里的地方统治者们就在领地内建立大学为专制的官僚体制培养官员。实际上，在他们独立领地之间的旅行到底是内部流动还是外部流动会因为观点的不同而不同。我们认为，根据欧洲的情况，神圣罗马帝国范围内的“游学”是内部流动而不是外部流动。我们有关学生流动的信息主要来源于大学学生的花名册，包括辍学的学生，也包括最认真勤奋的学生，他们的博士学位是对他们长年学习的奖赏。我们没有特别关注游历的教师的情况，部分是因为第五章已经涉及他们了。

12 世纪的大学还没有“游学”。此前很早，教师和学者们往往到著名的学术中心任教，如修道院或主教学校（这些学校中最重要的都位于卢瓦尔河和摩泽尔、沙特尔、列昂、兰斯、巴黎和列日之间的区域），或者是位于基督教世界边缘的更专业化的中心，如在萨勒诺的医学校或托莱多的翻译学校，这个翻译学校是把阿拉伯的科学和学术译介到基督教世界的主要中心之一。他们的教师吸引了欧洲各地的学生——德意志、不列颠，还

有意大利。10 世纪奥里亚克的热尔贝是一个早期的著名例子，他后来成为教皇西尔维斯特二世。因为他对奥里亚克圣加路尔修道院的教育不满，于公元 967 年陪同巴塞罗那伯爵前往加泰罗尼亚的维奇，在那里学习了当时在西方几乎无人知晓的算术、几何、天文学和音乐（即四艺）等科目。后来，他来到罗马，居于皇帝奥托一世的宫廷中，并且在兰斯继续他的辩 282
证法学习，在他开始教会的政治生涯前，已经在那里成了一名声名显赫的教授。

教士的流动——那个时期所有的知识分子都是教士——侵蚀了欧洲修道院固定居住地的理念，但是 12 世纪文艺复兴中的知识分子的热情并没有关注到这件事。12 世纪的知识分子没有意识到必须有特定的学校和课程，他们自由地选择科目和教师（在阿贝拉尔和他来自索尔兹伯里的学生约翰的自传中生动地描述了这种教师和学者国际化的世界），从欧洲四处汇合来的学生促成了最早的大学在巴黎和博洛尼亚的兴起。

同乡会、学舍和兄弟会

在外国，有时是在敌对的城市里，孤独的学生组成联合体，它们的成员说相同的语言或有共同的旨趣。作为一个团体，他们能更好地照顾自己，并且能更轻松地面对长期旅居国外的困难。他们共同租用房子，在教堂或小酒馆里聚会庆祝他们的民族节日，并且在大学城市和他们的故乡之间建立邮政服务以便与家人保持联系，顺利收到家中所寄的钱、信件和包裹。在巴黎，雅克·德·维特里，一名曾在巴黎大学学习神学的著名牧师，罗列了 12 个同乡会迥异的特征和习俗，尤其是他们的恶行。这个著名的伦理学者声称，大学的外国学生对造成拉丁区的道德败坏、酗酒、荒淫玩乐负有责任。

> 英格兰人是酗酒的懦夫，法兰西人很自傲，但同时又很柔弱，没有男子汉气概；德意志人爱争吵且满嘴脏话，诺曼人爱慕虚荣且傲

慢、自高自大，普瓦图人是不可靠的且贪婪吝啬，勃艮第人野蛮愚蠢，布列塔尼人轻浮而善变，伦巴第族人贪婪、黑心且恶毒，罗马人邪恶堕落且粗暴，西西里岛人专横而残忍，布拉本特人是贼，佛来芒人则是道德败坏者！①

这些事实上的联合体很快成为公众认同的团体。它们以“同乡会”的名义成为古老大学的主要支柱；中世纪大学的组织是以同乡会为基础的（见第四章）。②

学生同乡会结合的首要因素是母语，其次是出生地、文化圈或共同的
283 历史。像博洛尼亚和帕多瓦一类的大学，其学生有稳定的来源，相当严格地遵循这一原则并形成了 12 个以上的同乡会，与这些同乡会对应的地区和省份基本上覆盖了全欧洲，包括阿尔卑斯山以北和以南的地区。其他意大利大学不得不用较少的同乡会覆盖更广袤的地理区域（因此也更随意）；比如，佩鲁贾学馆有 3 个阿尔卑斯山以北的同乡会，即法兰西、德意志和加泰罗尼亚，还有 4 个阿尔卑斯山以南的同乡会，即罗马、托斯卡纳、安科纳和西西里。这些大学在组织结构上更近似巴黎大学及它的模仿者（布拉格大学、莱比锡大学、维也纳大学和鲁汶大学），它们都只有 4 个同乡会，而且这些聚集区往往不切实际或彼此之间矛盾重重。在巴黎只有入学情况良好的文学院有同乡会。法兰西同乡会由来自巴黎周边地区、法兰西南部、伊比利亚半岛、意大利、希腊及小亚细亚的教师和学生组成。诺曼同乡会则从教区行省鲁昂吸收成员，皮卡第同乡会的成员则来自法兰西东北部和延伸至默兹河流域的低地国家，英—德同乡会则是欧洲所有其他国家学生的混合体。每个同乡会都有来自特殊区域的“省份”成员，正是因为这种混合体的存在，使在大学——这个名义上是国际性但又不是全体共

① Jacobus de Vitry, *Historia occidentalis*. 7, *de statu Parisiensis civitatis*, ed. J. F. Hinnebusch (Fribourg, 1972), 92 (Latin)；英译本：D. C. Munro, *Translations and Reprints*, vol. Ⅱ: 3 (University of Pennsylvania, Philadelphia, n. d.), 19-20.

② 整体的考察见 Kibre, *Nations*。

有的机构——里有了永不停息的冲突和“民族主义”的摩擦。很难说大学里的同乡会在多大程度上能帮助学生形成共同的身份和“民族主义”感悟，但是很明显，同胞之间的亲近感及民族主义的高涨具有政治上的影响力。中世纪晚期政治效忠比语言或伦理上的效忠更强大，正如勃艮第人和阿马格尼克人在百年战争后期所表现的那样。在 1470 年，400 名勃艮第低地国家的学生被命令离开巴黎大学，尽管他们只是德意志或皮卡第同乡会成员。③ S. 斯代林·马绍写道，15 世纪以来，来自各行政区及各行各业的人在大学内的长期接触培养了瑞士的民族感情。④ 15 世纪第一个 10 年，布拉格大学是捷克的民族主义和胡斯政治信念的温床。来自波希米亚、摩拉维亚和匈牙利的学生组成了波希米亚同乡会，它包括捷克人和有德意志背景的学生。其他学生，即所谓额外之人（*extranei*），主要来自神圣罗马帝国，形成了巴伐利亚、撒克逊和波兰同乡会（非常松散的划分）。处理捷克和波希米亚的德意志地区之间的对抗成为布拉格学生同乡会的主要事
情。波希米亚同乡会要求在大学议会中占有 3 个席位，而其他 3 个同乡会 284
只能有 1 个席位。1409 年，库那·候若颁布命令同意了波希米亚同乡会的要求。德意志人拒绝接受这个决定，于是离开了布拉格并在莱比锡以布拉格大学为模型建立了一所新大学。⑤ 此时，正如下面将要描述的，对同乡会的依附失去了其主要的意义，因为大学招生区域化了。新的海德堡大学（1385）和科隆大学（1388）不再采取同乡会制度。

但是，苏格兰尊重这种传统。圣安德鲁斯大学（建于 1411 年）、格拉斯哥大学（建于 1451 年）和阿伯丁大学（建于 1495 年）在文学院中保留了 4 个同乡会，并且以苏格兰的区域划分命名——这很符合逻辑，因为在

---

③ J. Verger, 'The University of Paris at the End of the Hundred Years' War', in *Universities in Politics*, 47-78.

④ S. Stelling-Michaud, 'La Suisse et les universités européennes du XIIIe au XVe siècle', *Revue universitaire suisse* (Sept. 1938), 160.

⑤ S. Schumann, 'Die "nationes" an den Universitäten Prag, Leipzig und Wien. Ein Beitrag zur älteren Universitätsgeschichte', Ph. D., Berlin, 1974.

18 世纪苏格兰启蒙运动前这些大学并不招收外国学生（见第二卷第十章）。一般来说，大学同乡会的名字是大学生源区域的一种标识。与苏格兰相似，西班牙大学——按照博洛尼亚大学模式建立——的同乡会也是根据伊比利亚半岛地区的地名命名的，这些大学的学生基本都来自这个半岛。牛津和剑桥是特例。在那里，同乡会的划分比起其他地方来显得更随意，但是实际上没有任何意义，因为 94%以上的学生是英格兰人。特伦特河把英国人分成北方人和南方人，苏格兰人必须注册为北方人，而爱尔兰人、威尔士人和欧洲大陆的学生注册为南方人。两个同乡会之间的“国籍”之争如此强烈，以至于早在 13 世纪末就被大学当局剥夺了所有权力和功能。

进入学舍的外国学生允许保留特别地区、省份或主教辖区的固有身份。在所有学舍，首先是对贫穷的学生设置入学限制，但是后来，入学的富裕学生也反对缴费。13 世纪，罗马教皇主动将“君士坦丁堡学舍”建在巴黎，接收从希腊或小亚细亚国家来的 20 岁或更年轻的学生，将他们训练成为向自己国家的异教徒传播福音的传教士。这种“国家的”学舍大多兴盛于 16 世纪和 17 世纪的宗教改革和反宗教改革时期，但是在中世纪欧洲的大学里几乎没有来自拜占庭或土耳其控制地区的学生。而在意大利的学馆，有一些这样的学生，特别是在帕多瓦大学，因为其是威尼斯共和国的大学，而威尼斯共和国与拜占庭和土耳其之间的贸易非常繁荣，所以来自那里的学生多一些。

在巴黎，德意志人、瑞典人、丹麦人、苏格兰人、伦巴第人和其他国家的人都有自己的学舍。中世纪只有西班牙人、阿维尼翁人和从利摩日及
285 图尔主教教区来的穷学生在博洛尼亚有自己的学舍，在意大利其他大学城市他们也一样少见。15 世纪的社会变革和地区化导致了学舍的衰败。

由特殊国家公民组成的兄弟会是一种鲜为人知、不普遍的学生团体形式。13 世纪末，巴黎大学教士和学生的兄弟会被称为“杜埃圣母兄弟会”，这个团体由巴黎大学中来自杜埃的学生和校友组成，它的形成是为了支持同地区来的年轻学生的学习和在来自杜埃的巴黎大学校友之间建立

永久的联系。到了 15 世纪，这个兄弟会成了文学团体。1331 年，在伊普尔草拟了巴黎大学和其他大学关于校友会这类团体的章程。1330—1600 年的成员名单显示，兄弟会中有 5 名成员在巴黎学习（1330—1450）、2 名成员在科隆学习（1400—1450）、1 名成员在奥尔良学习（1330—1400）、1 名成员在蒙彼利埃学习（1400—1450）、22 名成员在鲁汶学习（1425—1600）。[⑥] 兄弟会的建立是为了支持伊普尔本地人在外学习，但是当第一所地区性的大学建立后，这个团体就失去了这个功能，仅仅成为一个伊普尔的学术团体。

从国际主义到地区主义

14 世纪末，人们对地方性大学或邻近大学的偏爱越来越普遍，而到 15 世纪更加突出，那时每个国家、政治或教会实体都试图建立学馆，以使它们的公民能在本地而不是国外学习。他们通过这种方式监督公民的精神和意识形态训练，阻止资金外流以避免伤害本地的商人和手工业者。

通过颁布实行以剥夺公共职务的惩罚禁止学生进入国外大学的法律的政策取得了成功。1224 年，腓特烈二世建立了那不勒斯学馆，为了确保这所学馆的生存，他禁止臣民转入其他学馆。在 1361 年、1392 年和 1412 年采取的类似保护措施使帕维亚大学受益，1407 年和 1468 年相似的措施也保护了帕多瓦大学。为了振兴正在衰败的艾克斯学馆，整个 15 世纪，普罗旺斯的伯爵们都试图迫使他的子民在那里学习并在那里获得学位。丹麦要求本国国民至少在新近建立的哥本哈根大学（1498 和 1522）[⑦] 学习两 286

⑥ G. Espinas, *Les Origines de l'association*, vol. I, *Les Origines du droit d'association dans les villes de l'Artois et de la Flandre Française jusqu'au début du XVIe siècle* (Lille, 1942), 590-599; P. Trio, 'A Medieval Students' Confraternity at Ypres: the Notre Dame Confraternity of Paris Students', *History of Universities*, 5(1985), 15-53, 参见第 7 章, 第 211—213 页。

⑦ d'Irsay, *Histoire des universités*, vol. I, 201-202, 220, 238; Rashdall, *Universities*, vol. II, 21, 23, 189; Denifle, *Entstehung*, 71; E. Mornet, 'Le voyage d'études des jeunes nobles danois du XIVe siècle à la Réforme', *Journal des Savants* (1983), 299.

年后才可到国外学习。因为政治和宗教的原因，这些规定在近代越来越普遍。

对贫穷学生的困境抱以冷漠的态度，这在15世纪非常普遍，这妨碍了他们的学术流动（见第七章）。那时的学生基本上都是世俗人士，大学也逐渐成为贵族的机构。游吟诗人、流浪者或社会中无亲无友的人从大众舆论中获得同情甚至理解的时代已经一去不返了。贫穷的学生待在家中，或者通过内部流动到花费较少的学习中心去，这些地方能由学舍提供捐赠和奖学金，如在科隆、维也纳、莱比锡和鲁汶。“游学”只对幸福的少数人、知识分子的儿子和有钱的精英保留。迟至16世纪，有25%的神圣罗马帝国学生（9%是贫穷学生）至少在两所大学求过学，这是很重要的。第二所通常是另一个神圣罗马帝国受欢迎的学馆。⑧

大学存在的第一个世纪，统治者鼓励不富裕的人经受危险和疲惫去远方的大学获得全面的智力和职业训练，为在教会或国家获得可敬的、有利可图的职业做准备。当来自社会上层的学生——世俗和教会的——数量不断扩大时，这种鼓励越来越少了。但是，贫穷学生仍然能够通过为富裕的同学提供服务而在国外生活下去，并且在国外学习的过程中一直跟随着他。这种方式在近代“大旅行”时代尤其普遍（见第二卷第十章）。

13世纪的学生在大学选择上没有很多的机会。高等教育中心很少且相距很远，并且相当专门化。学习教会法和民法，博洛尼亚大学是最好的选择，然后是意大利、西班牙、蒙彼利埃或奥尔良的其他一些学校。著名医学院仅仅存在于博洛尼亚、帕多瓦、蒙彼利埃和巴黎。文科和神学就理论上说可选择的面是很宽的，但是实际上最好的学校是在巴黎和牛津。关于12、13世纪大学入学的情况，我们缺乏全面的研究，因此很难说哪一所大学更受欢迎。但还是有一个有关这方面的例子，是C.雷纳迪对列日

---

⑧ Schwinges, *Universitätsbesucher*, 463-464; E. Schubert, 'Motive und Probleme deutscher Universitätsgründungen des 15. Jahrhunderts', in P. Baumgart and N. Hammerstein (eds.), *Beiträge zu Problemen deutscher Universitätsgrundungen der frühen Neuzeit* (Nendeln, 1978), 29, 34.

教区 1140—1350 年情况所做的统计。[9] 名单上 700 名来自列日的大学生中
只有 85 人能确认他们所进入的大学；50 人去了巴黎（25 人学习文科，15 287
人学习神学，6 人学习教会法，4 人学习医学），14 人去了博洛尼亚（9 人
学习民法或教会法，1 人学习文科和医学，4 人情况不明），7 人去了奥尔
良（民法），6 人去了蒙彼利埃（3 人学习民法和教会法，1 人学习医学，
2 人情况不明），5 人去了阿维尼翁（3 人学习神学，2 人民法和教会法），
3 人去了图卢兹（学习民法和教会法），1 人去了安格斯（学习法律）。少
数可用的资料证实，12、13 世纪，来自瑞士沃州的知识分子进入了巴黎
大学和博洛尼亚大学。1300 年后，他们偏爱更近、交通更便利的法国法
学院，如奥尔良、蒙彼利埃和阿维尼翁的法学院。[10]

14、15 世纪伴随着新大学的成立，大学招生也越来越地方化。因此，外部流动在 15 世纪实际上已趋向停滞。只在意大利人文主义的影响下，游学才重新流行起来。这一时期已有的统计数字表明，中世纪晚期四分之三的学生愿意到地方性大学，通常是到离家乡最近的大学。其余的人，尤其是英格兰人、西班牙人、法国人、意大利人和更小范围的德意志人，他们的求学之旅几乎只限于本国大学。正如我们接下来会看到的，较小国家的情况不尽相同。真正横穿欧洲进行游历的学者几乎没有，大多数年轻人渴望在拥有国际声望的大学里继续他们的学业和学习他们自己的学校没有开设的学科。

例如，14 世纪初在法国注册的博士有 301 名。其中，57.8%的人在巴黎学习过，35.2%的人在蒙彼利埃求过学，2.7%的人在其他法国医学院学习，4.3%的人在国外学习。15 世纪末，436 名毕业的医生中，蒙彼利埃校友只占 16.3%，巴黎毕业的占 47.5%，其他法国大学毕业的占

---

⑨ C. Renardy, *Le Monde des maîtres universitaires du diocèse de Liège 1140-1350. Recherches sur sa composition et ses activités* (Paris, 1979), 175, 182.

⑩ J.-D. Morerod, 'Le Pays de Vaud et les Universités aux XIIe et XIIIe siècles', in A. Paravicini Bagliani (ed.), *Ecoles et vie intellectuelle à Lausanne au moyen âge* (Lausanne, 1987), 27-52, 63-71.

27.6%，国外大学毕业的占8.5%。巴黎，甚至包括蒙彼利埃都失去了卡昂、图卢兹、阿维尼翁、佩皮尼昂、卡豪斯、安格斯、多尔、南特、普瓦捷、波尔多和布格斯的生源基础。国外大学的毕业生几乎都是外国人，他们完成学业后在法国开业。邻近的鲁汶大学是被访学频率最高的外国大学（17名毕业生）；其次是萨勒诺和博洛尼亚大学，各自有10个毕业生，意大利其他大学只有少数的毕业生。[11] 弗里霍夫确认了在1350年前求学的5
288 个格尔德兰的聚特芬镇居民学习的大学，有3人在巴黎学习、1人在博洛尼亚学习、1人在蒙彼利埃学习。1350—1399年，可确认的大学生数量升到了18人，其中8人到巴黎、1人到博洛尼亚；其他的选择了离他们家乡较近的新兴的德意志大学，如布拉格（1人）、爱尔福特（2人）、海德堡（3人）、科隆（3人）。15世纪，来自聚特芬的学生明确地表明他们偏爱德语国家，偏爱文学院（如142名大学生中有132名有这种倾向）。聚特芬有4名学生在鲁汶大学注册，1人进入博洛尼亚大学，1人进入奥尔良大学，4人进入巴黎大学；这些都是少数几个由聚特芬镇培养的医生和律师。[12] 这种情形与来自弗兰科尼亚选侯国施韦因福特大学毕业生的培养模式十分类似。那里的第一个大学生出现在1395年。在15世纪，除了少数例外（2名帕多瓦的学生和3名克拉科的学生），所有施韦因福特的学生都选择了德意志的大学，并且偏爱离他们家乡最近的大学：爱尔福特（占247名大学生中的35%）、莱比锡（30.8%）、维也纳（17%）。在16世纪，他们中的一些人去了博洛尼亚和费拉拉的大学，以及到新的人文主义者大学，如维腾堡，但没有人去法国的大学。[13]

---

⑪ D. Jacquart, *Le Milieu médical en France du XIIe au XVe siècle. En annexe second supplément au 'Dictionnaire' d'Ernest Wickersheimer* (Geneva, 1981), 75-76, 365-366.

⑫ W. Frijhoff, 'Le rôle des études universitaires dans une société locale: la ville de Zutphen en Gueldre du moyen âge au début du XIXe siècle. Premier bilan d'une recherche', in *Actes de la VIème session scientifique internationale*, *Cracovie mai 1987*, Zeszyty Naukowe Uniwersytetu Jagiellońskiego, Prace Historyczne (Cracow, in press).

⑬ M. Mahr, 'Bildungs-und Sozialstruktur der Reichstadt Schweinfurt', dissertation, Würzburg, 1978, 217-222.

到 15 世纪，当大学在欧洲如雨后春笋般兴盛起来时，出现了很多选择国外大学的理由：首先，开设的科目和大学的声望；其次是地理因素，如距离或交通的便利，还有区域间的经济联系、政治上的吸引力（大学所提供的奖学金、政治及王朝的关系）。有些大学兴盛一时，不是因为它们是著名的学术中心或因为它们的教学质量，而是因为外部的原因。阿维尼翁大学是一个值得注意的例子。

阿维尼翁大学吸引了许多国家的学生，其政治与宗教上的优势远大于学生的学术热情。尽管罗马教廷大学具有相当的吸引力，但只要教皇还在阿维尼翁，阿维尼翁大学就会得到教皇的关照，僧侣学生涌入大学满怀希望得到教廷圣职的美差，这些因素都促进了阿维尼翁大学的繁荣。遗憾的是，最早的花名册只能追溯到 1378 年，即“第二次巴比伦之囚”的最后一年和 1378—1417 年天主教大分裂第一年。1378 年，天主教世界分裂为两个敌对的阵营，一个支持罗马的教皇乌尔班六世，另一个支持在阿维尼翁的教皇克莱门特七世，国家或大学也分成了两个阵营；法国、西班牙和苏格兰无条件地支持在阿维尼翁的教皇；意大利、神圣罗马帝国、英格兰和斯堪的纳维亚国家不遗余力地支持罗马的教皇。一些国家——葡萄牙、 289
冰岛、西西里岛和帝国的一些教区摇摆不定。而康斯坦茨和巴塞尔的大公会议因为引入由国家投票而不是教区投票的方法，使敌对状况更加糟糕。1378—1379 年和 1393—1394 年的阿维尼翁大学名单中的学生来自神圣罗马帝国西部边界的 194 个法语教区和伊比利亚半岛，但是几乎没有来自宣称效忠罗马教皇教区的学生。[14] 大分裂结束时，阿维尼翁失去了它在国际上的吸引力，它的大学变成了训练地方律师的中心，像那个时候法国南部的其他大学一样。

尽管如此，大分裂给欧洲大学带来了严重后果，欧洲大学被迫调整航向以适应它们所处教区的政策。巴黎是受教会分裂影响最大的受害者之

⑭ J. Verger,‘L'université d'Avignon au temps de Clément Ⅶ’, in *Genèse et débuts du Grand Schisme d'Occident* (Paris, 1978), 4-5.

一。法兰西和诺曼底的同乡会，还有3个高级学院支持克莱门特七世，而英—德同乡会和皮卡第同乡会的大部分成员选择了教皇乌尔班六世。德意志同乡会内的争论是如此激烈，以至于1383年它的教师和学生离开巴黎前往德意志的布拉格大学、维也纳大学、海德堡大学、爱尔福特大学和科隆大学；其中包括英格汉的马西琉斯和朗根施泰因的亨利这样的名士，他们让海德堡和维也纳大学在那个时代获得了显赫声望（见第436页）。很少有德意志和斯堪的纳维亚的学者前往其他法国大学或去乌尔班的意大利大学，相反，他们进入逐渐遍布帝国的德意志大学。不过，由于这些学校一般只教文科、教会法和神学，那些想接受第一流民法和医学教育的学生在离他们家乡最近的大学完成基础学习之后仍然需要到国外——意大利，1417年以后是法国——游学。

以15世纪条顿骑士团的法学学生为例，44人中有22人在帝国境内的大学学习，大多数在莱比锡和维也纳，27人或28人在意大利（博洛尼亚11人、帕多瓦7人、佩鲁贾4人、罗马4人、锡耶纳1人或2人），1人在奥尔良。他们同时既是骑士团的代表，又承担着外交任务。[15] 但是，几乎所有来自德意志地区的天主教加尔默罗会的修士，大部分都是文科或神学学生，只进入帝国的学馆（1281—1555年，在注册的3349名学生中，2364人进入维也纳、科隆、鲁汶、特里尔和美因兹的大学）。大分裂开始
290 后，他们不再进入法国大学，之后也没有重返。意大利神学院在阿尔卑斯山以北的学生中并不受欢迎。[16]

---

[15] H. Boockmann, 'Die Rechtsstudenten des deutschen Ordens', in *Festschrift H. Heimpel*, vol. Ⅱ (Göttingen, 1972), 364-365. 注册的总人数要高于学生的总人数，这是因为一些学生不止上一所大学。

[16] F.-B. Lickteig, *The German Carmelites at the Medieval Universities* (Rome, 1981), 416-417.

神圣罗马帝国

尽管如此，神圣罗马帝国的臣民依然是中世纪和近代最伟大的游学者。帝国第一所大学建立前，想成为大学生就只能离开自己的国家，别无选择。1155 年的《安全居住法》（见第三章）反映了德意志皇帝希望罗马法专家为帝国服务的愿望。从 12 世纪末直到 17 世纪后半期，帝国臣民非常喜欢到意大利去。在中世纪，博洛尼亚是他们的第一选择，其后是帕多瓦，15 世纪时是费拉拉和帕维亚；而比萨和锡耶纳直到 16 世纪后半期才真正受欢迎。德国学生进入这些大学主要是为了学习民法、教会法和医学（德意志大学在文科和神学方面更加专业化，一些学校在教会法方面比较出色）。我们将在下面看到，英国学生在 12 世纪和 13 世纪成群结队地前往巴黎；但是 15 世纪在英—德同乡会中，德国人开始取代英国人的地位。1347 年，在布拉格建立了帝国的第一所大学，但是游学的模式最初并没有多大改变，直到大分裂之前依然如此。新建立的德意志大学受到不很富裕或更愿待在家中的学生们的欢迎，因为对想要到大学学习的他们来说，到国外游学不切实际。博洛尼亚大学的数字证明了这一点。1289—1499 年，在博洛尼亚有 3230 名法学学生是德意志同乡会的注册成员；在 1300 年以前，他们的平均人数是每年 45 人；14 世纪尤其是 15 世纪，每年的平均人数降到 10 人以下；16 世纪初，这个数字上升到大约 30 人。⑰ 这些数字与巴黎文学院中的英—德或德意志同乡会的数字大致相同。1333—1494 年，大约 3300 名德意志同乡会成员参加了巴黎文学院的考试。根据 M. 塔纳克的细心研究，⑱ 1333—1452 年有 1806 名学士加入了这个团体；其中

⑰ A. Luschin von Ebengreuth, 'Vorläufige Mitteilungen über die Geschichte deutscher Rechtshörer in Italien', *Sitzungsberichte der Wiener Akademie der Wissenschaften*, *Phil.-Hist. Klasse*, 127(1892), 19-21.

⑱ M. Tanaka, 'La nation anglo-allemande de l'université de Paris à la fin du moyen âge', thesis, Paris, 1983, 30ff.

1116 人（61.8%）是神圣罗马帝国的臣民，其中 42%来自科隆教省（1116 人中的 759 人，他们中的四分之一来自乌得勒支教区）。来自苏格兰
291 的有 229 人（占 12.6%），丹麦—瑞典省 79 人（占 4.3%），波希米亚省 18 人，匈牙利省 11 人，波兰省 4 人。这些数据及 J. 韦尔热和布若克里斯从其他统计中得出的数据显示，15 世纪的巴黎大学并不是特别的国际化，那时候只有 12%的教会法学士来自法国以外的教区。[19]

外国人将奥尔良的法律大学看作巴黎大学的民法学院。两个城市联系密切，奥尔良大学的许多学生都曾在巴黎学习，他们没有必要学习大学所有的课程。奥尔良的德意志同乡会吸引了相当多的年轻贵族，其中许多世俗背景的人力图在地区或中央政府获得职务。1444—1499 年，此同乡会有 225 名成员，其中大多数来自于传统的低地国家；1500—1546 年，成员数量增长到了 1040 人，其中德意志人所占的比例也有所增加。[20] 在安格斯和普瓦捷的罗马法学院、蒙彼利埃的教会法和医学院、阿维尼翁教会法和民法学院、多尔的勃艮第人的（后为哈布斯堡）大学也吸引了一些德意志人，而法国其他大学只是偶尔地吸引德意志人。

1370 年以来，来自瑞士各州的大多数学生进入神圣罗马帝国境内的大学学习，尤其是维也纳、海德堡和爱尔福特的大学。15 世纪，许多瑞士学生也进入克拉科大学，因为那个时候的东瑞士，尤其是圣加仑市，与波兰有着密切的贸易关系。来自瑞士法语区的学生仍然大量地进入法国大学。直到 14 世纪中期，博洛尼亚在民法教学方面一直享有垄断地位；接下来是巴黎，然后是蒙彼利埃，1460 年后由巴塞尔取而代之。斯代林·马绍注意到，1370—1470 年，1488 名瑞士学生进入外国大学，其中的 400

---

⑲ J. Verger, 'Le recrutement géographique des universitiés françaises au début du XVe siècle d'après les suppliques de 1403', *Mélanges d'Archéologie et d'Histoire publiés par l'Ecole Française de Rome*, 82(1970), 895; L. W. Brockliss, 'Patterns of Attendance at the University of Paris 1400-1800', *Historical Journal*, 3(1978), 527.

⑳ H. de Ridder-Symoens, 'Les origines géographique et sociale des étudiants de la nation germanique de l'ancienne université d'Orléans(1444-1546). Aperçu général', in *Universities in the Late Middle Ages*, 455-474.

人进入巴塞尔大学。1470—1525 年，在巴塞尔大学的瑞士学生有 1100 人，而在其他大学的有 1900 人。㉑

北欧国家与东欧

斯堪的纳维亚国家、冰岛、爱尔兰和苏格兰的学生直到中世纪末都不得不到国外接受大学教育，因为他们本国没有学馆。即使国内有大学，也 292
留不住年轻人。在大多数情况下，他们只对本国的文学院——在 16 世纪前是唯一有效的学院——的普通训练比较满意。这些国家，特别是北欧的历史学家，翔实地研究了前人的游学情况。㉒

北欧国家从 11 世纪早期（丹麦、冰岛和挪威）到 12 世纪中期（瑞典在 12 世纪早期，芬兰在 12 世纪中期）先后皈依基督教，新建立的教会为了灵魂的救赎工作，需要学习过罗马法的高级教士来管理教会及建立教育体系。1219 年，教皇霍诺留斯三世鼓励他们到国外学习。他们的游学主要分为两个阶段：第一阶段从 1200—1350 年，第二阶段从 1350—1530 年，即宗教改革开始的时期。

在第一阶段，巴黎大学及博洛尼亚大学吸引了绝大部分的学生，四分之三的学生去了巴黎，四分之一的学生去了博洛尼亚。14 世纪的记录记载了 128 名在巴黎学习的学生名字，在博洛尼亚有 36 人。在 13 世纪，来自斯堪的纳维亚国家的学生也去牛津和剑桥学习，但是此后一直到 17 世纪他们都没有再去过。这会让人误以为斯堪的纳维亚国家的学者很少到国外学习。斯堪的纳维亚国家人烟稀少，并且那些学者都是教会的精英——主教、教士及为国王服务的教士，几乎无一例外来自富裕或贵族阶层。

㉑ Stelling-Michaud, 'Suisse et universités'（注释 4）, 148-160.

㉒ S. Bagge, 'Nordic Students at Foreign Universities until 1660', *Scandinavian Journal of History*, 9(1983), 287-318; J. Pinborg, 'Danish Students 1450-1535 and the University of Copenhagen', *Cahiers de l'Institut du moyen âge grec et latin de l'université de Copenhague*, 37 (1981), 74-81.

神圣罗马帝国的大学建立之后，他们的游学形式发生了很大的变化。建于1348年的布拉格大学取代了巴黎大学，而建于1409年的莱比锡大学又取代了布拉格大学，斯堪的纳维亚人追随德意志人成群结队地从布拉格到莱比锡。从1419年起，因为距离更近，罗斯托克大学成为最受欢迎的大学，然后是建于1456年的格瑞夫斯沃德大学和建于1388年的科隆大学。罗斯托克和格瑞夫斯沃德大学在汉萨同盟中的重要性将在下面（第301页）详细论述。奥尔良在训练民法专门人才方面取代了博洛尼亚，北欧的学生也几乎不再去巴黎。建于1477年的乌普萨拉大学和建于1479年的哥本哈根大学，对北欧学生已有的游学习惯几乎没有什么影响；这两个学校可能迎合了较低阶级对学术训练需求的增长，因为当时对大学毕业生的需求，不管是世俗的还是教会的，都远远超过了供给。社会精英们继续
293 选择在国外学习。我们没有当时乌普萨拉和哥本哈根大学注册学生的数据，但有1350—1530年在国外大学的学生人数的信息。丹麦有2146名学生在国外学习，瑞典724人，挪威219人，芬兰97人。斯堪的纳维亚人去国外大学学习人数的众多和重要性表现在以下方面：几乎所有北欧教区的主教都是从国外大学毕业的，他们往往从巴黎，要不就是从博洛尼亚学习过。主教座堂圣职团半数以上的教士至少是文科硕士，在14世纪后半叶以前，他们都是从巴黎毕业的，之后都是毕业于德意志东北部的学校。这些校友有助于将欧洲文化传播到斯堪的纳维亚国家，他们中的法学者将罗马教会法传入北欧的教会和国家。

东欧的大学生面临着相似的学术困境，并且以与北欧学生同样的方式克服它。直到1364年克拉科大学建立，那时并不很兴盛的布拉格大学是距立陶宛、波兰和匈牙利最近的大学。直到17世纪，除了在很短的几个时期（1389—约1450年在布达佩斯的布达大学，1367—约1400年在佩奇大学，1465—约1492年在布拉迪斯拉发的帕塞尼大学），匈牙利人和立陶宛人都是前往国外大学取得学位。年轻的东欧人像苏格兰人、北欧人和德意志人一样是热切的游学者。布拉格、克拉科或其他暂时性的学习中心，都不能将满怀雄心的学生留在他们自己的国家。现存资料表明，整个中世

纪，在博洛尼亚、帕多瓦和巴黎大学中，来自这些国家的学生人数都很稳定，尽管他们人数较少，而且他们中很多都是孤立的个体。在博洛尼亚和帕多瓦有波希米亚人、匈牙利人和波兰人的同乡会；在巴黎，英—德同乡会中包括几个省份，其中一个就是上德意志。在 14 世纪，一些波希米亚人甚至穿过英吉利海峡前往牛津学习哲学和神学。“1367 年通过的布拉格章程反映了牛津大学在波希米亚大学中享有的崇高声望，章程规定口述给学生的教材只能是由著名的布拉格大学、巴黎大学或牛津大学教师编写的著作。”[23] 威克利夫著作的责难和对诺那德运动的镇压，断绝了布拉格和牛津间的联系。到 15 世纪末，更多东欧人前往巴黎和意大利求学。到 1500 年，在巴黎学习的匈牙利人，为了保持与他们家庭的联系，雇了 7 名信使。但当时大多数的匈牙利学生只是到维也纳大学和克拉科大学。令人惊奇的是，匈牙利学生中很少有人毕业，库比尼认为[24]，中世纪匈牙利的 294
公共机构，甚至教会对大学毕业生的需求都很少。法学从业资格证书和博士学位主要是获得更重要职务的基础。大学教育被认为是为城市资产阶级后代所提供的智力训练，这种训练是学习外语、建立社会关系和培养集体忠诚的手段。库比尼认为，这就是为什么匈牙利大学直到匈牙利当局青睐大学毕业生时才能存在的原因。

在波兰，年轻人在去国外学习之前，会先到克拉科或邻近大学学习。他们人数很少，因为直到 16 世纪，在波兰的公共机构中都没有真正的职业化进展（见第八章）。

---

[23] R. F. Young, ‘Bohemian Scholars and Students at the English Universities from 1347 to 1750’, *English Historical Review*, 38(1923), 72.

[24] A. Kubinyi, ‘Städische Bürger und Universitätsstudien in Ungarn am Ende des Mittelalters’, in E. Maschke and J. Sydow(eds.), *Stadt und Universität im Mittelalter und in der früheren Neuzeit*(Sigmaringen, 1977), 161-165.

大不列颠

苏格兰人以伟大的旅行者而闻名。外交家、慈善家、传教士和朝圣者、商人、手工业者及学生，都想去欧洲大陆。

听，正如谚语所说
苏格兰人，像老鼠和虱子一样
踏遍世界各个角落
我猜，你都将发现他们[25]

瓦特博士发现，1150—1410 年，当第一所苏格兰大学在圣安德鲁斯建立时，苏格兰大约有 1100 名大学毕业生。[26] 因为现存资料不完整，这些数据显然少于真正的数目。国家大学的建立并没有减少苏格兰人的游学，甚至似乎起了相反的作用。苏格兰人去的最多的是巴黎大学（1340—1410 年有 260 人）、奥尔良大学（60 人）和阿维尼翁大学（34 人）。像斯堪的纳维亚人一样，在巴黎大学成立之初，苏格兰学生就去那里求学。《埃尔德盟约》加强了法国和苏格兰之间的联系，这项和平互助条约是为了反对两国共同的敌人——英格兰，该条约于 1295 年签署，并且在 1560 年前进行了多次修改。苏格兰学生不惜任何代价避免去牛津和剑桥——在那里的苏格兰学生不超过学生人数的 1%。因此，他们不得不穿越海峡。他们选择去巴黎学习文科、神学及教会法，选择去奥尔良学习教会法和民法。苏
295 格兰人曾于 1325 年在巴黎建立了学舍，但是这个学舍远远不能满足他们

[25] 引自 A. I. Dunlop, *Scots Abroad in the Fifteenth Century*, Historical Association Pamphlet, 124 (London, 1942), 3；英译本根据法文本 *Description de la ville d'Amsterdam, etc.* (Amsterdam, 1666), 25。

[26] D. E. R. Watt, *A Biographical Dictionary of Scottish Graduates to A. D. 1410* (Oxford, 1977).

日益增加的人员数量。而他们也成立了英—德同乡会分会，但这仍不能为他们提供舒适的住地。英—德同乡会年表记载：

> （苏格兰）学生的不良行径几乎都是因为他们居无定所所造成的。苏格兰学生缺少足够的寄宿学舍，因此他们会从一个教师的房子搬到另一教师的房子，而明显放松了学术纪律。因此在1469年，一些苏格兰的教师被授权遴选一名监察员去考查那些学生的品行。㉗

当英格兰人1411年占领巴黎时，在巴黎的苏格兰人先后成群结队地离开巴黎。1466—1500年，英—德同乡会的注册簿中大约有350名文科考试的候选人。㉘ 在奥尔良，苏格兰人有自己的同乡会；少数英格兰学生加入德意志同乡会。由于15世纪早期的政治局势变动，苏格兰同乡会衰败了。如上所述，由教皇的存在而给阿维尼翁学馆带来的发展没能持续下去。

百年战争给苏格兰人的高卢之旅带来巨大变化。当1411年巴黎陷入英格兰人手中时，苏格兰人离开巴黎前往科隆，从1425年后到了鲁汶大学，直到宗教改革爆发，他们都在这些大学求学。在科隆大学，1400—1449年有91名苏格兰学生注册，1450—1499年则有257名注册；在鲁汶大学，1426—1484年有160名苏格兰学生注册，1485—1527年则有182名。㉙ 他们之所以选择这些大学是有经济上的原因的；在欧洲大陆，最重要的苏格兰商业银行位于布鲁日，这个城市允许苏格兰商人将免税物品运

㉗ D. E. R. Watt, 'Scottish Student Life Abroad in the Fourteenth Century', *Scottish Historical Review*, 59(1980), 7.

㉘ J.-B. Coissac, 'Les étudiants écossais à l'université de Paris', *Revue internationale de l'enseignement*, 71(1917), 26-27.

㉙ J. H. Baxter, 'Scottish Students at Louvain University 1425-1484', *Scottish Historical Review*, 25(1928), 327-334; A. Schillings, *Matricule de l'Université de Louvain*, Ⅲ. *1485-1527*, 2 vols. (Brussels, 1958, 1962), vol. Ⅱ, tables, s. v.; H. Keussen, *Die Matrikel der Universität Köln* (Cologne, 1928, 1919, 1931), vol. Ⅲ, tables, s. v.; Schwinges, *Universitätsbesucher*, 236-238.

送给在巴黎、鲁汶或科隆学习的子女、近亲和朋友。[30] 从13世纪开始，在博洛尼亚和帕多瓦就有英格兰同乡会，但是在中世纪的意大利几乎没有苏格兰的学者。尽管英格兰对法国的征服将一些苏格兰人驱赶到更南边的地
296 方，但直到16世纪，那里的苏格兰人并没有增加多少。在博洛尼亚大学、帕多瓦大学、帕维亚大学和费拉拉大学中世纪的档案中，只发现了数十名苏格兰人的名字。[31] 值得注意的是，从14世纪开始，尤其是在15世纪，许多苏格兰人留在了欧洲大陆，成为教师或各级神职人员。弗里斯兰省毕业生像苏格兰毕业生一样，其数量与国家人口的比例不协调，而本国城市经济又比较落后，因此他们一旦获得大学学位后就不得不在国外谋求职业。

爱尔兰人对大学教育鲜有兴趣。在整个中世纪，巴黎大学的档案中只记有30名来自爱尔兰的学生，欧洲大陆的其他大学几乎没有爱尔兰学生的名字。萨默斯确认，13世纪牛津有47名来自爱尔兰的学生，14世纪有57人，15世纪有83人，这些学生中的大多数有盎格鲁-诺曼血统。[32] 很少有爱尔兰人去欧洲游学。

整个中世纪，英格兰学生主要在牛津大学和剑桥大学学习，但是在1200年前后，大量英格兰学生在法国的学校学习。直到1215年，巴黎38%的文科硕士都来自英格兰；[33] 此后，由于政治原因，他们的数量急剧下降，从而导致英格兰同乡会不得不改名为英—德同乡会，再继而改为德

---

[30] ‘*excepto eo quod predicti mercatores poterunt mittere suis filiis aut parentibus et amicis studentibus in universitatibus Parisiensi, Coloniensi et Lovaniensi*’, d. d. 1-4-1470 n. s.: L. Gilliodts-Van Severen, *Inventaire des archives de la ville de Bruges. Section première. Inventaire des Chartes*, vol. Ⅰ (Bruges, 1876), 39.

[31] R. J. Mitchell, ‘Scottish Law Students in Italy in the Later Middle Ages’, *Juridical Review*, 49(1937), 19-24.

[32] M. H. Somers, ‘Irish Scholars in the Universities of Paris and Oxford before 1500’, Ph. D., City University of New York, 1979.

[33] J. W. Baldwin, ‘Masters of Paris from 1179 to 1215. A Social Perspective’, in *Renaissance and Renewal*, 148-151.

意志同乡会。在中世纪，神圣罗马帝国的大学对英格兰和爱尔兰学生几乎没有吸引力，在神圣罗马帝国各类大学的英格兰和爱尔兰学生不超过12人。前往意大利的英格兰学生也为数不多，13世纪只有20人，14世纪有55人，15世纪有125人，1500—1525年有55人。[34] 不过，这些意大利大学的英格兰校友都有着非凡的才干。在早期，他们（威廉·格雷、罗伯特·弗莱明、托马斯·利纳克尔、威廉·格罗辛、威廉·莉莉、约翰·科利特和卡思伯特·滕斯托尔）将意大利人文主义和希腊语教学引入英格兰。欧洲其他国家，如葡萄牙、波兰和低地国家也有类似的情况，这些国家中一些意大利大学的毕业生在15世纪将人文主义引入本国。

同样，欧洲大陆学生对英格兰的大学兴趣也不大。牛津和剑桥中只有2%的学生来自大陆，只有4%来自威尔士、爱尔兰和苏格兰。大多数外国学生是修习神学学位的托钵僧团成员。这个僧团的政策是将僧侣作为学 297
生安置到欧洲的一些大学城里，他们在那些地方有自己的修道院或大学。

伊比利亚半岛

在12、13世纪，因为托莱多翻译学校的存在，英格兰和西班牙知识界保持着密切的联系，在那里的英格兰人，像巴斯的阿德拉德、切斯特的罗伯特、萨勒谢尔的阿尔弗雷德和迈克尔·斯科特，都非常活跃，但是伊比利亚的学校和西北部欧洲的学校之间在知识和学术上的联系没能持续下来。很少有西班牙人或葡萄牙人去巴黎以外的地方，他们在巴黎加入法兰西同乡会；在德语国家大学的学生名单中，西班牙人或葡萄牙人不超过5人。虽然西班牙不缺乏以博洛尼亚为原型的民法和教会法大学馆，西班牙人——大多是加泰罗尼亚人——和葡萄牙人，持续前往法国南部的大学（阿维尼翁、图卢兹、蒙彼利埃）求学，并且把这个阶段的学习作为去意

[34] G. B. Parks, *The English Traveller to Italy*, vol. Ⅰ, *The Middle Ages (to 1525)* (Rome, 1954), 423-427.

大利的一个步骤。博洛尼亚是伊比利亚半岛外最重要的大学城，因而于1364年在该地建立了一个为外国学生所设的学舍，即西班牙学舍（现仍存在），该学舍成为15、16世纪许多西班牙大学学舍的模型。锡耶纳也吸引了葡萄牙人。1500年左右，其他的意大利学校也很受西班牙人和葡萄牙人的欢迎。现存数据表明，在1500年前，数百名伊比利亚学生进入意大利大学，大约100名伊比利亚学生进入法兰西的学校。仅在13世纪，博洛尼亚就有100多种有关加泰罗尼亚的资料。[35] 当然，西班牙和葡萄牙大学之间也有着密切的联系。萨拉曼卡大学在中世纪有许多葡萄牙学生，因此它几乎可以被看作一所葡萄牙大学。[36]

除了加泰罗尼亚人和巴斯克人，几乎没有居住在比利牛斯山以东的大学生进入西班牙的大学。

意大利和法国

298 意大利人比西班牙人更愿意待在国内。但是，正如本章所描述的，意大利的学校吸引了众多的年轻学者。内部的学生流动很频繁。阿尔卑斯山成为一道界线，它即便不是政治边界，也是学术的分界。西西里人主要聚集在博洛尼亚和帕多瓦，1434（1444）年卡塔尼亚大学的建立几乎没有影响到他们在那里的数量。据现存资料记载，1400—1442年在博洛尼亚有53名西西里学生，1434—1499年有68名，同期在帕多瓦的有101人和

㉟ R. Kagan, *Students and Society in Early Modern Spain* (Baltimore/London, 1975), 63, 65; J. B. Pérez, 'La Tradición española en Bolonia', *Revista de Archivos, Bibliotecas y Museos*, 3rd series, 33(1929), 174-184; J. Miret y Sans, 'Escolares catalans al estudi de Bolonia en la XIIIe centuria', *Boletin de la real Academia de Buenas Letras de Barcelona*, 59(1915), 154; V. Rau, 'Studenti ed eruditi portoghesi in Italia nel secolo XV', *Estudos italianos em Portugal*, 36 (1973), 7-73; M. Peset, 'Estudiantes hispanos en las Universidades francesas, siglo XIV', in *Estudios dedicados a Juan Peset Aleixandre*, vol. III (Valencia, 1982), 273-294.

㊱ M. Peset, *Interrelaciones entre las universidades españolas y portuguesas en los primeros siglos de su historia* (Coimbra, 1983).

109 人。[37] 在阿尔卑斯山以北的边疆地区、巴塞尔、因戈尔施塔特和地中海地区的一些大学里，很少发现意大利学生。威尼斯共和国强迫它的学生到帕多瓦学习，除非他们愿意前往阿尔卑斯山以北的地方；但这并不能刺激威尼斯年轻人去国外。[38] 许多意大利的游历学者属于宗教团体。在 14 世纪后期以前，想修神学学位的一般教士和世俗教士别无选择，只能穿越阿尔卑斯山，他们很自然地被著名教师阿尔贝图斯·马格努斯和托马斯·阿奎那吸引到巴黎。

相反，在 15 世纪，意大利教师是阿尔卑斯山以北大学所极力寻求的。当然，如果没有欧洲各地成千上万的学生和学者到意大利去，15、16 世纪人文主义的传播就是不可能的。人文主义的追随者通过各种方法将新文化引入自己的国家。他们提供诱人的条件来吸引意大利人文学者——尽管他们在意大利算二流的，但在其他地方是一流的——在他们的大学执教，如萨拉曼卡、莱里达、克拉科、巴黎、奥尔良和法国南部的大学，还有牛津和剑桥、爱尔福特、莱比锡、斯特拉斯堡、巴塞尔、鲁汶和维也纳。[39]

意大利和法国南部的学术联系能追溯到非常早的时期。12 世纪，一些在博洛尼亚受过教育的意大利法学者曾在法国南部的大学工作和教学。在 13 世纪，主要是学生从法国南部汇集到博洛尼亚，阿尔卑斯山以北的两个同乡会——普罗旺斯和加斯科涅/奥弗涅都很欢迎他们前来。在 15 世纪，意大利普遍对法国南部的学者和法国人失去了吸引力，因为基督教大分裂阻碍了法国与意大利知识中心的联系。而且，法语国家联盟及随后政 299
府管理力量与王室司法力量的发展，鼓励并实际上敦促未来的官员在当地

[37] N. Rodolico, 'Siciliani nello studio di Bologna nel medio evo', *Archivio Storico Siciliano*, new series, 20(1895), 89-228; F. Marletta, 'I Siciliani nello Studio di Padova nel Quattrocento', *Archivio Storico per la Sicilia*, 2-3(1936-1937), 147-211.

[38] R. E. Ohl, 'The Univeristy of Padua, 1405-1509: an International Community of Students and Professors', Ph. D., University of Pennsylvania, 1980, 39, 53.

[39] 在以下文章中有很多例子：R. Weiss, 'Italian Humanism in Western Europe 1460-1520', in F. J. Jacobs(ed.), *Italian Renaissance Studies*(London, 1960), 69-93。

大学取得学位。只是在15世纪的最后几年和16世纪前半叶，意大利人文主义者再一次使意大利之旅流行起来（这个全欧洲的现象见第二卷第十章）。

来自法国中部和北部的学生，对游学没有特殊的爱好。如果他们确实想到国外学习，通常选择一个不太远的学馆，对于香槟地区的人，他们选择科隆，而从低地国家边缘地区来的学生则选择鲁汶。年轻的法国学者也会因为偶然的原因而到国外学习——大批法国学生来到帕维亚，这是因为16世纪初法国对米兰公国拥有政治影响，也是因为帕维亚是意大利领土内为来自里维埃拉的旅行者所建的第一所大学。两国间的王朝关系也暂时影响了学生的流动——大量的西班牙学生在16世纪前半期前往鲁汶，这不仅仅是因为鲁汶在伊拉斯谟建议下成功地于1517年创立了人文主义三语学舍（拉丁语、希腊语和希伯来语）。美男子菲利普和查理五世联手改善低地国家、西班牙和葡萄牙之间的关系（1426—1485年仅有5名伊比利亚学生在鲁汶注册，但在1486—1527年有46人，1527—1559年有180人），[40] 但是王朝间学生的交流不是相互的，几乎没有来自低地国家的哈布斯堡臣民会冒险穿越比利牛斯山去求学。被所有勃艮第人看作“他们的”大学的多尔学馆，吸引了更多的学生，并且经常成为去往意大利的过渡大学。

旅行条件

游学非常依赖道路状况。当11、12世纪国际贸易再次兴盛的时候，欧洲形成了一个道路网。道路的路面比较坚实，有时铺以碎石，在最繁忙

---

[40] H. de Ridder-Symoens, ‘Internationalismus versus Nationalismus an Universitäten um 1500 nach zumeist südniederländischen Quellen’, in F. Seibt and W. Eberhardt (eds.), *Europa 1500* (Munich, 1986), 408.

的渡口上建造了桥梁。[41] 尽管如此，直到 18 世纪，质量糟糕的道路、桥梁，条件恶劣的旅店和蹩脚的交通工具，对旅行者来说依然是一个大问题。绿林强盗、兵痞、妓女、流浪汉和坏天气及其他自然灾害，都增加了旅行的危险性。在人口稠密的地区，旅行者每晚到达的城镇或村庄都能提供充足的食宿——教皇统治时期的阿维尼翁有 60 家提供床铺的旅馆。中 300
世纪欧洲人员往来最频繁的大学都位于人口稠密和交通便利的地方。旅行者一天可步行 30—40 千米（20—25 英里），骑马一天可走 50—60 千米（30—40 英里），信使一天能走 100 千米（60 英里）。

交通状况最好的是通往罗马的道路，这些道路虽在中世纪早期被废弃，但在国际贸易复兴时期又被修复了。[42] 一些意大利大学由欧瑞兰路（Aurelian）、埃美兰路（Aemilian）和佛莱明兰路（Flaminian）连接起来。为了到意大利，一个旅行者可能要经过法国或循着“荷兰路”或德意志的“商路”。对英格兰人和居住在些尔德河以西的欧洲大陆人来说，最佳的路线（军事上许可的话）是从巴黎到第戎，然后到洛桑和塞尼山或大圣伯纳德山隘，继而沿着埃美兰路到帕维亚或博洛尼亚。另一条较佳的路线是从巴黎到奥尔良（法国修建的第一条公路），然后到里昂，接着旅行者可以继续前往塞尼山或沿着罗纳河流域到阿维尼翁，然后沿着海岸走，之后在热那亚进入欧瑞兰路到比萨、锡耶纳或罗马。因为波河可以最远航行至与威尼斯运河相连的费拉拉，所以学生可以轻松地跟随法国游历者到达帕多瓦和费拉拉。理查德·居伊尔福德爵士是一名英国朝圣者，他在 1506 年的日记中记载，从拉伊（英国海岸线上离黑斯廷斯不远的地方）到威尼斯，他花了 37 天：26 天走陆路、6 天水路、5 天休息。经过德意志的旅途也得花差不多的时间，根据理查德·托金顿，一名到耶路撒冷的朝

㊶ 关于中世纪旅行方面的资料非常丰富。比如，N. Ohler，*Reisen im Mittelalter*（Munich/Zurich，1986）；A. Newton(ed.)，*Travel and Travellers of the Middle Ages*（London，1968）；M. N. Boyer，‘Travel in Medieval France(1300-1450)’ Ph. D.，Columbia Univeristy，1958。

㊷ W. Götz，*Die Verkehrswege im Altertum und Mittelalter. Die Verkehrswege im Dienst des Welthandels*（Stuttgart，1888；reprint，Amsterdam，1969）.

圣者在1517年的记载，他到达威尼斯花了38.5天（23天陆路、8天水路、7.5天休息）[43]。通过圣哥达山隘到埃美兰路和米兰之前，要经由莱茵河到达鲁汶、科隆、海德堡、斯特拉斯堡和巴塞尔。更向东的威尼斯商路穿越勃伦纳山口与汉萨的道路相连。

汉萨同盟通过修建和维护同盟成员城镇之间的道路，极大地改善了道路系统。[44] 北海和波罗的海及内陆水路交通非常重要。船闸和相关设施，以及在自然水路间修建人工运河，都有利于河流的通航。当时没有专门的客运船只，旅行者必须面对舟楫劳顿。尽管如此，乘船旅行也有好处，最
301 起码它比步行省力，比颠簸的马车要舒服，而且相当便宜。在地势平坦的国家旅行，顺流而下相对较快。许多学生经由汉萨同盟的商路到达他们的学校。从伦敦到布鲁日，他们可以跟随商队沿着莱茵河到巴塞尔（如上所述），或者向东经法兰克福和勃伦纳山口，然后径直去帕多瓦和费拉拉。即使在夏天，穿越阿尔卑斯山也是很费力的。佩罗·塔法，一名葡萄牙朝圣者在1438年写道：

> 第二天，我来到阿尔卑斯山圣哥达山隘脚下。时值八月末，雪在高温下融化，这使得穿越变得十分危险。一头识途的公牛拽着一根长绳走在前面。绳子系住拖车，乘客坐在拖车上，用缰绳牵着自己的马。用这种办法，如果有任何意外发生的话，只有牛处在危险当中。[45]

从科隆出发有许多路直接通往罗斯托克、莱比锡、爱尔福特、布拉格或克拉科。北方人可以顺着易北河到莱比锡或布拉格，或者取道斯特拉尔松或但泽到克拉科。建于1419年的罗斯托克大学被称为汉萨同盟的唯一一所大学。它的学生几乎全部来自于汉萨同盟地区——波罗的海和斯堪的

---

[43] Parks, *English Traveller*（注释34），495-501.

[44] F. Bruns and H. Weczerka, *Hansische Handelsstrassen*, 2 vols., vol. Ⅰ, Text, vol. Ⅱ, Atlas（Cologne/Graz, 1962），图A和B；P. Dollinger, *The German Hansa*（London, 1970）.

[45] 引自M. Rowling, *Everyday Life of Medieval Travellers*（London/New York, 1971），38。

纳维亚国家及低地国家。建于 1456 年的格瑞夫斯沃德大学特别受斯堪的纳维亚人的欢迎，但是在程度上不及汉萨联盟城市西部学生对罗斯托克的欢迎程度，这些学生在 15 世纪曾一度占该校注册学生人数的四分之一。

前往意大利或西班牙的学生可能跟随上流社会显贵——君主、贵族、教会显要人物或外交家——的随从队伍，或者加入商团，或者与前往罗马、耶路撒冷或冈斯特拉的圣地亚哥大教堂的朝圣者结伴而行。穿越法国，前往基督教国家西部边缘的圣地冈斯特拉的圣地亚哥大教堂有 4 条著名的路线，途经巴黎、奥尔良、布鲁日、普瓦捷、波尔多和卡豪斯等大学城。从 15 世纪开始，旅行指南开始流行，它主要是为朝圣者所写，当然对学生来说也很有用。有证据表明，学生为了安全和舒适而结伴旅行：大学注册记录表明，来自同一城市或地区的许多学生在同一时间去大学注册。其他的学生在旅途中也加入这些团体。大学的信使采用相同的路线，而来自没有信使服务之地的学生则求助于商人、同学或来访的同胞。从 13 世纪开始，在既是繁荣的商贸中心也是大学所在地的城市里学习的年轻人，通过设立在欧洲大的商贸中心的银行及其分支机构来汇送钱款。

旅行者不仅要面对旅途的危险，还要面对关税、捐税和其他赋税，以 302
及勒索。几个世纪前，皇帝腓特烈一世试图在他的《安全居住法》中取缔此类赋税，此后的最高统治者们以各种方式赋予许多特权来保护外国学生。甚至在政治紧张或军事行动的时候，从皇帝腓特烈一世开始的统治者都保护游历的学生和他们的信使，许以特权保障他们在战时能安全穿越边界，并且免除他们所携带的衣物和食品的关税。但是，有时候学生在穿越敌对国家时会被囚禁或受到骚扰，当他们所居留的国家与其故国处于战争状态时，他们甚至还会被驱逐出境。1419 年，法国摄政王查理授予蒙彼利埃的勃艮第同乡会成员安全通行的权利，这些人是他对手勃艮第公爵的臣民，他允许他们安全而正当地居留在蒙彼利埃大学，并不因为他们是勃艮第人或其他敌对国家的人而有任何额外要求。[46] 这个先例没有阻止国王路易十一世在 1470 年将 400 名学生驱逐出巴黎，那是因为这些学生是勃艮第公爵、血腥查理的臣民。1524 年，奥尔良的德意志同乡会的会长在《会长手册》中记载：他自己和来自费尔松的威廉·古普劳斯在卢瓦尔河谷古堡区被吕纳堡公爵投入监狱，这位公爵是弗朗西斯一世的盟友，他们发动了反对国王查理五世的战争。这个会长补充道，尽管他的前任要求他不要提及，但他还是要记载这件事情作为对他同事的警告，提醒他们在战时要小心，并且在军事行动期间没有必要就不要离开奥尔良城。[47]

与外国货币相关的其他特权，以及特别重要的免除财产充公的特权，在任何地方都有。免除财产充公意味着在国外死去的学生其财产不会被当地的领主没收或充公，而会返还给他的继承人。如果没有人继承，它将会被变卖，所得款项用于雇佣祈祷者来超度亡灵或用于慈善目的。

这些特权及与司法或控制房租、食物价格相关的更普遍的特权（见第四章），使游历学生能够生存下去。拉丁语作为通用的语言，以及统一的学习计划和考试体系，使游历学生能够从一个大学到另一个大学继续学
303 业，并且保证他们的学位在整个基督教国家里得到承认。除了学术知识，他们还将大量的新经验、新观点和新政治原则和观念带回家乡。而且——这一点也很重要——他们带回了手稿及后来的印刷品。他们渐渐熟悉他们以前所不知道的新学校风雅的表达方式、生存环境、风俗、生活方式和饮食习惯。因为大多数游学者都是他们国家的精英且后来身居高位，所以他们能够很好地应用和宣传他们的新知识。事实上，游学的意义远远超出了游学学生人数本身。

---

[46] Fournier(ed.), *Statuts*, vol. Ⅱ, 183, 引自 M. Waxin, *Statut de l'étudiant étranger dans son développement historique*(Amiens, 1939), 67-68.

[47] C. M. Ridderikhoff and H. de Ridder-Symoens(eds.), *Premier Livre des Procurateurs de la nation germanique de l'ancienne Université d'Orléans 1444-1546. Première partie: Texte des rapports des procurateurs*(Leiden, 1971), 263-264.

精选文献

Aston, T. H. 'Oxford's Medieval Alumni', *Past and Present*, 74(1977), 3-40.

Aston, T. H., Duncan, G. D., and Evans, T. A. R. 'The Medieval Alumni of the University of Cambridge', *Past and Present*, 86(1980), 9-86.

Boyce, G. *The English-German Nation in the University of Paris during the Middle Ages*, Bruges, 1927.

Budinsky, A. *Die Universität Paris und die Fremden an derselben im Mittelalter*, Berlin, 1876; reprint, Aalen, 1970.

Dotzauer, W. 'Deutsche in westeuropäischen Hochschul-und Handelsstädten, vornehmlich in Frankreich, bis zum Ende des alten Reiches. Nation, Bruderschaft, Landmannschaft', *Festschrift L. Petry*, *Geschichtliche Landeskunde*, 5(1969), 89-159.

Dotzauer, W. 'Deutsches Studium und deutsche Studenten an europäischen Hochschulen (Frankreich, Italien) und die nachfolgende Tätigkeit in Stadt, Kirche und Territorium in Deutschland', in E. Maschke and J. Sydow(eds.), *Stadt und Universität im Mittelalter und in der frühen Neuzeit*, Sigmaringen, 1977, 112-141.

Kibre, P., *The Nations in the Mediaeval Universities*, Cambridge, Mass., 1948.

Miethke, J. 'Die Studenten', in R. Schultz (ed.), 'Unterwegssein im Spätmittelalter', *Zeitschrift für Historische Forschung*, (special issue) (1985), 49-70.

Pini, A. I. '"Discere turba volens". Studenti e vita studentesca a Bologna dalle origini dello studio alla metà del trecento', in G. P. Brizzi and A. I. Pini(eds.), *Studenti e Università degli studenti del XII al XIX secolo*, Bologna, 1988, 45-136.

Schwinges, R. C. 'Zur Prosopographie studentischer Reisegruppen im fünfzehnten Jahrhundert', in N. Bulst and J. P. Genet (eds.), *Medieval Lives and the Historian. Studies in Medieval Prosopography*, Kalamazoo, 1986, 333-341.

Simák, J. V. 'Studenti z Cech, Moravy a Slezska na nemeck ch universitách v XV.-XVIII. st.' (Students of Bohemia, Moravia, and Silesia at the German Universities in the Fifteenth-Eighteenth Century), *Časopis Ceského Musea*, 79(1905), 290-297; 80(1906), 300-305, 510-539.

Trombetti Budriesi, A. L. 'L'esame di Laurea presso lo studio bolognese, Laureati in diritto civile nel secolo XV', in G. P. Brizzi and A. I. Pini (eds.), *Studenti e Università degli studenti del XII al XIX secolo*, Bologna, 1988, 137-191.

Verger, J. 'Géographie universitaire et mobilité étudiante au moyen âge:
304 quelques remarques', in A. Paravicini Bagliani (ed.), *Ecoles et vie intellectuelle à Lausanne au moyen âge*, Lausanne, 1987, 9-24.

Veríssimo Serrão, J. *Les Portugais à l'Université de Toulouse, XIIIe-XVIIe siècles*, Memórias e documentos para a história luso-francesa, 5, Paris, 1970.

Veríssimo Serrão, J. *Les Portugais à l'Université de Montpellier, XIIe-XVIIe siècles*, Memórias e documentos para a história luso-francesa, 8, Paris, 1971.

Veríssimo Serrão, J. *Portugueses no Estudo de Salamanca*, vol. I, *1250-1550*, Lisbon, 1962.

Waxin, M. *Statut de l'étudiant étranger dans son développement historique*, Amiens, 1939.

第四编 学术

第十章 文学院[1] 307

1. 三艺与三种哲学

戈登·莱夫

中世纪教育中的自由学科[2]

中世纪大学赋予从古代继承下来的知识等级观念制度形式。柏拉图（《理想国》第二篇、第三篇、第七篇）和亚里士多德（《政治学》第七篇、第八篇）都描述了一种基本的教育，它包括初步的文法、文学、音乐和算术的基本训练，并且为数学，最终为哲学（它的目标是知识的最高目的——智慧）的高级研习做准备。正如词义所示，自由学科是自由民的学科，而非奴隶的学科。自由学科是预备教育的观点，也体现在古罗马的教育中，在那里，它们直接的实际目的是为接受法律和公共生活方面的训练做准备。接着，它又为中世纪所继承。圣·奥古斯丁将其加以改造，以 308
适应掌握《圣经》意义的基督教目标。因为《圣经》是基督教的智慧宝库，其基础是对上帝的信奉和爱戴。到 12 世纪大学出现时，作为世俗知识的终极目标——神学，已经与法律和医学方面更实用的目的联系起来了。

在许多重要的方面，自由学科都有别于高级学科。首先，除了共同的预备功能外，它们是一个没有任何一致性的异质组合。从古代开始，它们

---

[1] The Faculty of Arts，也有“人文学院”“艺学院”“文学部”“文学系”等译法。

[2] Liberal arts，也有“文科”“艺科”“自由七艺”等译法。

就被划分为文法、修辞和逻辑（三艺或达致智慧的三种途径）这三种言语学科，以及算术、几何、天文和音乐（四艺或四种达致智慧的途径）四种数学学科。虽然自由学科的观念常常还被保留着（如在牛津），但到13世纪中期，它们与自由学科的课程内容就不再一致了，并且被其他分类，尤其是被自然的、道德的和形而上学的这三种哲学分类所补充或取代，然而原有的三艺或四艺的划分并未包含这三种哲学。①

其次，由于自由学科的异质性，在三艺和四艺的内部及两类学科之间的发展并不均衡。概括地说，直到13世纪30年代，对三艺的学习要比四艺多，巴黎的情况尤其如此。与此同时，在巴黎和牛津这两个最重要的北方大学里，三艺内部的文法和逻辑学在很大程度上取代了修辞学，修辞学变成了文法的从属物，而文法本身也开始在很大程度上为逻辑思维所支配。在阿尔卑斯山南部，尤其是在博洛尼亚大学和帕多瓦大学，修辞学居于支配地位，并且在13世纪前期的博洛尼亚大学它一度几乎是自主的。

再次，自由学科中的侧重点不同，这主要是由文学院和高级学院之间的关系引起的。这里，我们可以对北方和南方的大学加以区分。14世纪中期以前，巴黎大学，在较小的程度上也包括牛津大学和剑桥大学，它们都是神学大学；除了主教座堂学校和托钵僧团学校，它们实际上垄断了神学教学，这种垄断似乎一直由教皇忠实地维护着，并且在很长一段时间里，教皇拒绝批准其他大学开办神学院。14世纪以前，像进入其他高级学院一样，要进入神学院一般必须先通过文学院的学习（被准许在自己的学校学习自由学科的托钵僧除外），因为这两个学院之间有着密切的联系。
309 在三所北方大学，尤其是在巴黎大学，自由学科课程带有非常强的哲学性，逻辑学是旧三艺中的支配性学科，三种哲学在不同程度上补充了旧四艺，实用的和形而上学的哲学在巴黎比在牛津更受重视，后者更强调自然哲学。

---

① 关于自由学科，见精选文献。关于三种哲学的历史，见 J. A. Weisheipl，'The Classification of the Sciences in Medieval Thought'，*Mediaeval Studies*，27(1965)，54-90。

在南部的法国、意大利和西班牙，法学拥有最高地位，医学是另一门重要学科；在博洛尼亚和帕多瓦，自由学科居于从属地位，并不必然具有预备作用。自由学科课程也相应地有了更多的实用性，如修辞学成为法学的主要辅助学科，而逻辑学和自然科学则被认为是医学学习的工具，因为其在文法、逻辑和形而上学方面缺乏独立的思考领域。这虽然并未阻挡文学和科学学科的发展，却限制了自由学科在大学内部的自治。在博洛尼亚和帕多瓦学生大学（在那里，法学学科的学生占有优势），这种情况甚至被制度化了。在 13 世纪的大部分时间和 14 世纪，法科学生大学的校长们一直要求对新建立的文科和医科学生大学及教师协会实施司法管辖。经过长期的斗争，后者才得以在 14 世纪时行使自治权。

北方和南方大学不同发展的结果是，南方大学的文学院从来没有达到可与巴黎和牛津比肩的地位；在巴黎和牛津，文学院无论在数量上还是在权利上，都是主导因素，并且它们拥有最年轻且最有活力的成员。另一方面，直到 14 世纪后半期，在诸如博洛尼亚、帕多瓦和萨拉曼卡之类的大学里，缺乏神学院或神学教授意味着在文学院中的自然学科（特别是与三种哲学相关的自然学科）与神学和圣经研究中涉及的基督教预定思想之间，相对缺乏一些张力。而在别的地方我们将看到，在巴黎大学这个 13—14 世纪无可争议的神学研究中心，这些张力是最大的。

南方和北方大学中自由学科之间的差异源于不同的教育传统。在阿尔卑斯山以北，直到 11 世纪，教育几乎完全是在早期修道院学校和主教座堂学校的宗教框架内，并且沿着圣·奥古斯丁《基督教教义大全》中所规定的路线发展，即它包括非宗教知识和自然知识的获得，并且以之服务于基督教为目的。结果就是认为自由学科直接从属于神学，就像用世俗智慧的理性服务于发现《圣经》中的基督教智慧一样。如果从实际的方面看，通常意味着那些初步的文学和算术知识比满足实用需要稍微多一些内容，这些知识是履行修道生活和神职人员的责任所需要的，因此也意味着需要 310
在较广泛的背景下思考自由学科。从希腊和罗马的知识分类系统延续中可以发现这种情况，这种分类经由波依休斯、卡西多拉斯和塞维利亚的伊西多尔传到了中世纪，而13世纪三种哲学的划分是它的一个结果。[②]

在8世纪末和9世纪初阿尔昆领导下查理曼的教育改革中，自由学科和神学之间的联系被赋予了制度性的基础，这使修道院和主教座堂有责任提供教育理解《圣经》，并且间接地培养能够管理新帝国的教士阶层。[③]直到12世纪中期，这些学校一直是高等教育和学习的中心，并且一直存在到中世纪末期。虽然在知识方面，大学是高等教育的标志，但在数量方面，大学仅是学馆网络的一部分，迟至1400年，也只有约40所大学。因此，在阿尔卑斯山脉和比利牛斯山的南部和北部，其他类型的教育机构先于大学出现并与之共存，它们不仅像文法学校和私人教师那样为学生进入大学做预备教育，还像主教座堂学校和其他不同教团的学习场所一样为大学教育提供补充。

意大利的学校、教师和大学与其他地方的不同之处在于，它们保留了罗马教育的世俗性和市民性。[④] 修辞学在自由学科中占支配地位，并且为法律和公共生活的某种职业做准备。而且，修辞学的教学掌握在城市学校和修辞学教师的手中，这些教师也讲授其他几门自由学科的主要内容，特别是文法和逻辑，并且把它们作为修辞学的基础。在10世纪和11世纪，当城市开始复兴和扩展时，市民活动的范围也开始扩大，这既与法律的复兴和公证技术的发展有关，也和医学作为一门学科和一种职业出现有关。正如已经提到的那样，与此相伴随的是神学成为宗教团体独占的禁区。

从13世纪和14世纪在意大利出现的独特的识字文化中可以看到，意大利的世俗性和市民性是特殊的，而自由学科的非神学倾向也同样出现在西班牙的大学中，如萨拉曼卡和瓦拉杜利德大学，尽管它们仍处于宗教权

---

② Weisheipl,'Classification',(注释 1),55-56.

③ F. L. Ganshof, *The Carolingian and Frankish Monarchy* (London,1971),20,28-29; H. R. Loyn and J. Percival, *The Reign of Charlemagne* (London,1975),63-64.

④ 关于古典教育的历史：H. I. Marrou, *Histoire de l'Education dans l'Antiquité* (Paris, 1948;由 G. Lamb 译成英文,New York,1956);J. Bowen, *A History of Western Education*, Vol. Ⅰ, *The Ancient World* (London,1972)。

威之下；同样的情况也出现在法国南部的大学，如蒙彼利埃大学。即使是原本为了巩固对异教徒的新胜利而由教皇颁令于 1229 年在图卢兹建立的大学，在一个世纪之后的 1335 年也被教皇本尼迪克十二世禁止学生从神学院毕业；1413 年，约翰二十三世向阿维尼翁大学授予豁免权，该校才有一名神学教师。[5] 禁止在巴黎及牛津和剑桥之外讲授神学的命令，在 14 世纪 60 年代之前一直有效，以保护巴黎对神学教学的垄断——在那里，通过教皇定期的干预，神学被忠诚地保护着，以反对被认为具有颠覆企图的学说，这些学说产生于文学院对异教徒著作的研究。与神学紧密联系的结果是，直到 14 世纪中期左右，巴黎大学、牛津大学和剑桥大学的自由学科一直在一个不同于其他任何一所大学的环境中发展着。正如 11 世纪和 12 世纪那样，在那些远离神学控制的大学中，自由学科持续保持了自主的发展，成了居于支配地位的学科。 311

所有这些差异都源于一个共同的知识体系。除了特殊的处理方式和组织模式，这个共同的知识体系提供了在中世纪被普遍接受的教育和学习的基础。这个体系的出现可分为两个步骤，如上所述，第一个步骤是或多或少地从古代的教育理论和实践中直接继承而来的，它以自由学科为基础，被分为三艺和四艺两种类型。第二个步骤是把基本上来源于希腊和阿拉伯的，到那时为止尚不为中世纪的西欧所知晓的几乎全新的一套哲学、医学和科学著作被翻译成拉丁文。这个翻译运动从 11 世纪中期开始，在 12 世纪后期达到高潮，并且持续到 13 世纪。这个新的知识体系改变了既存的知识形态，已有的大学是它的直接接受者。正如在医学上的变化一样，它从根本上改变了自由学科的内容，扩大了它的结构，这两个学科主要是受到了新增知识的影响，而且向基督教关于世界和人的本质的许多基本概念发起了挑战，相应地也涉及要重新界定与哲学（尤其是三种哲学）有关的基督教信条，从原则上来说，这些哲学是亚里士多德的，它经过了阿拉伯人的理解并由他们传播开来。因此，基督教的思想家面对着一个初看起来

---

⑤ Rashdall, *Universities*, vol. Ⅱ, 166-167, 176.

让人困惑的吸收任务，这项任务大部分是在大学的不同学院完成的，至于自由学科和神学则占据了从 13 世纪 30 年代到 14 世纪 30 年这 100 年里的大部分时间。

早期阶段

312 在第一个阶段，希腊和阿拉伯文化资源缺少一种独立的本体，这是由于中世纪从西罗马帝国继承了以拉丁语为基础的文化造成的。这种文化不仅被限定在一种语言——这总体上反映了 14 世纪末期以前整个中世纪的真实状况，还被限定为那种语言所能得到的资源。6 世纪，罗马帝国从西欧和中欧消亡以后，自由学科的手册和百科全书，以及重要的拉丁语作家和诗人的作品，成为主要的文化基础。[6] 法律除外，它是罗马帝国留给中世纪和欧洲文化的主要知识遗产，直到 11 世纪以后才开始产生影响。这种文化主要是一种优秀的识字文化，修辞学成为自由学科中最有影响的科目，文法和逻辑次之。四艺中的各学科根本没有任何第一手的知识，在罗马教育中也是如此。人们从一开始就总是通过手册和要略的通俗版本研究四艺，这种做法来自于当时的希腊世界，给它们的内容注入了进步的因素；由于贪图便利和肤浅地理解，这样的版本一个接一个地出现。正是在这种狭隘和片面的基础上，自由学科被传到了中世纪，并且随着版本的增加，一直延续到 11 世纪和 12 世纪，直到这时，它们才第一次接触到以前并不知晓的希腊科学和哲学世界。它们在时间上要早并得到了庞大的伊斯兰科学和哲学体系的极大丰富。新旧文化要素的结合为自由学科提供了基础。我们现在必须要考察它的组成要素。

首先是文法，在自由学科中，文法往往被认为是预备性的学习科目，

---

⑥ 有关这些发展的简略考察，见 D. L. Wagner，'The Seven Liberal Arts and Classical Scholarship'，in D. L. Wagner(ed.)，*The Seven Liberal Arts in the Middle Ages*(Bloomington，Ind.，1984)，10-22；R. R. Bolgar，*The Classical Heritage and Its Beneficiaries*(Cambridge，1954)，chs. 1 and 3。

它提供了其他科目所依赖的语言形式知识。事实上，文法除了包括逻辑和修辞的因素外，还扩展到了文学。⑦ 因此，它与三艺中的其他科目相互联系，而不只是一个孤立的附属品。12 世纪之前，主要的教材是两种初级读本，即多纳图斯的《初级文法》《高级文法》和普利西安的《文法汇编》。这两种读本分别著于 4 世纪和 6 世纪，它们总结了古典文法，作为初级和高级教科书，它们实际上也构成了中世纪文法的一部分；在维勒迪约的亚历山大和波休纳的埃伯哈德的新诗体文法于 12 世纪末和 13 世纪初 313
出现之后，它们仍继续被用作教科书，并且进入文学院的课程中，特别是多纳图斯的《初级文法》，整个中世纪一直在使用。无论是多纳图斯和普利西安的文法，还是后来很受欢迎的诗体文法，都代表了与言语和句法的各部分有关的文学语法或实用文法。多纳图斯的两本书论述了前者，《初级文法》是描述性的，而《高级文法》则更优美，其中的第三篇（常取其第一个词而称为《非拉丁语》）还提及了各种比喻。在牛津大学和剑桥大学，它开始被作为独立的教科书使用。普利西安共十八篇的《文法汇编》的后两篇也同样如此，后两篇即人们熟知的《普利西安初级文法》或《语序论》，从主题来看，它论述的是句法，在这个标题下，它们得到了单独而详细的说明，正如前十六篇以《普利西安高级文法》的标题得以论述一样。

与多纳图斯的两部书相比，普利西安的著作内容丰富得多；它的写作地点是君士坦丁堡——幸存的东罗马帝国的首都，其文化属于希腊文化。因此，普利西安比他西欧的同行们更容易接触到更丰富的文化传统，尽管普利西安也参考过他们的著作，包括多纳图斯的著作。他还将古典（拉丁）文本作为例证，使《文法汇编》一书成为古典资源的宝库，尤其是有关维吉尔的文献（其地位无疑因普利西安对《安尼伊特》前十二行诗进行的独立文法研究而进一步提高）。在牛津大学，至少在正式规定上，普利

⑦　概要和书目见 J. F. Huntsman, 'Grammar', in Wagner(ed.), *Seven Liberal Arts*（注释 6），59-95；J. J. Murphy, *Rhetoric in the Middle Ages*（Berkeley, 1974）。

西安的著作似乎比多纳图斯的使用的时间要长，一直持续到 16 世纪。其中的原因也许是人们一贯坚持用语义学方法去分析文法，根据它们的意义去分析言语的各个部分，如名词表示物质和质量、动词表示行动或受动。他的方法是基于所谓的阿波洛尼厄斯的文法，这种文法认为简单的元素合并成较复杂的元素，由字母联合组成音节开始，接下来音节组成词，词再组成句子，句子的含义取决于组成它的词的含义。

这有助于形成一种哲学的或更严格地说是逻辑学的文法研究方法，它指向了文法的普遍特征，特别是语义的分析。[8] 这种方法始于 11 世纪中期，在 12 世纪后半期，彼得·赫里亚斯和西班牙的彼得（不要与 13 世纪的逻辑学家彼得勒斯·希斯帕纳斯混淆，他于 1276 年成为教皇约翰二十一世）使之成为一个单独的研究领域。虽然亚里士多德《范畴篇》和《解释篇》中所谓的"旧逻辑"，指出了文法和逻辑之间的紧密联系，但是文法的发展是内在的。唯名论逻辑学的同步发展也是如此，它也可以追溯到
314 11 世纪，并且同样关注词的意义，特别是对不确定的或同类属词，像"any"和"not"之类在命题中不能单独存在的词。因此，它们各自形成的时间都早于亚里士多德的《新逻辑》《分析前篇》《分析后篇》《论主题》和《论反驳》在 12 世纪的重新发现。这些著作除了《论反驳》，像其他新翻译的亚里士多德著作一样，只是在 13 世纪才得到了系统的研究。它们对文法的主要影响是通过《分析后篇》《论灵魂》（《论动物》）和《形而上学》实现的，并且推动了一种新型的推理文法的产生，这主要发生在 1270—1300 年巴黎大学的文学院中。这种文法的主要因素是不同词义模式的系统化，这些词义可使字词进入像一种关于字词形式的普遍语法之类的系统中。[9] 它与唯名论逻辑学有密切关系，并且把中世纪对文法的逻辑处理推到极致。

---

⑧ S. Ebbesen, 'Ancient Scholastic Logic', in N. Kretzmann, A. Kenny, and J. Pinborg (eds.), *The Cambridge History of Later Medieval Philosophy* (Cambridge, 1982), 110.

⑨ J. Pinborg, 'Speculative Grammar', in Kretzmann, Kenny, and Pinborg (eds.), *Cambridge Medieval Philosophy*（注释 8）, 254-269.

接下来谈逻辑学，虽然波依休斯翻译了亚里士多德逻辑学的全部主要著作，但亚里士多德的逻辑学著作还是被分为旧逻辑和新逻辑，因为除《分析后篇》外，在12世纪之前，人们一直了解的只有所谓“旧逻辑”的那些著作。除了亚里士多德的《范畴篇》和《解释篇》，旧逻辑还包括波依休斯翻译的3世纪新柏拉图主义者波菲利关于《范畴篇》的《导言》、波依休斯对这些著作的评论（有两篇评论是针对《范畴篇》和波菲利的，一篇关于西塞罗《论主题》的评论），以及波依休斯本人关于分类、范畴和假设的三段论法和主题（《论不同主题》）的论文。

在11世纪和12世纪，《论不同主题》这本著作在激发对辩证推理的新兴趣上，具有重要意义；只是到13世纪才逐渐被亚里士多德的《论主题》所取代，而关于波菲利的评论则引发了有关全称命题的争论，即有关全称性（如动物或人）的独立存在或非独立存在的争论。12世纪20年代前，波依休斯对亚里士多德其他逻辑学著作的翻译一直不为人所知，但就在那时，这些著作成了“新逻辑”的基础。这些著作在12世纪被重新翻译，威尼斯的詹姆斯最早翻译了《分析后篇》，他随后成为亚里士多德著作最重要的译者，他还翻译了《论反驳》。他的译文全部译自希腊文，完成于1125—1150年。[10] 直到12世纪中期，亚里士多德还只是以他的逻辑学著作闻名于西欧。这些著作因此都被归入逻辑学的范畴，亚里士多德被认为是纯正的逻辑学家；而13世纪前25年，当几乎全部的哲学著作被公 315
布于世的时候，他才成为一个具有深远影响的人。尽管他的《物理学》《形而上学》和《论动物》在1150年之前已由威尼斯的詹姆斯译出，然而直到13世纪初，它们才开始产生影响。在12世纪的大部分时间里，亚里士多德被看作一个逻辑学家。柏拉图凭借遗存下来的哈尔基狄关于《蒂迈欧篇》评论的前半部分，而波依休斯凭借其《哲学的慰藉》和其他神学、逻辑学著作，始终是主要的哲学家。正如我们随后要讨论的那样，在13

---

[10] B. Dod, ‘Aristoteles Latinus’, in Kretzmann, Kenny, and Pinborg (eds.), *Cambridge Medieval Philosophy*(注释 8), 54-55, and table of translations 74-75.

世纪，亚里士多德主要的哲学著作被引进了文学院，从而极大地改造了文科课程。

至于逻辑学，我们能够断定的是，和文法一样，直到 13 世纪，其发展在很大程度上都是内发的，而且主要是从通过波依休斯流传下来的现存文本中获得的。新逻辑，加上重要的非亚里士多德的斯多葛派和盖伦的学说，特别是那些包含在所谓的亚历山大关于《论反驳》《分析后篇》评论中的因素，由威尼斯的詹姆斯翻译（被误认为是 2 世纪的评论家阿弗罗迪西亚斯的亚历山大所作），在这些因素的影响下，⑪ 逻辑学的发展与文法的发展形成了鲜明的对比，它的衍生物扩展到了亚里士多德和唯名论逻辑学的每一个方面并产生了新的形式，从而对三种哲学和神学产生了直接的影响。

三艺中的第三门学科——修辞学，是最为稳固的。除了在实际的文字书写中的应用，在《听写法》和《文书法》中，以及在 13 世纪的《布道法》中的应用外，它没有经历与推理文法和逻辑学相似的内部发展。修辞学从一开始就处于西塞罗的支配之下，他直接通过他的早期作品《论创新》及其对法庭辩论的强调为修辞学提供了一个合法的基础；从 9 世纪起，又间接地通过伪西塞罗之作《论风格》，以及其对修饰风格的强调，使这种支配延续下来了。⑫ 尽管在 12 世纪，《论风格》的流行有逐渐挑战《论创新》之势，但是后者仍保持了无可争议的修辞学原理之源的地位，抵制着 13 世纪上半叶邦孔帕尼·第·西格纳以三段体取代西塞罗五段体的企图。⑬ 正是在 13 世纪的博洛尼亚，在被作为一门独立技能的《文书法》取代之前，《听写法》一度成为一门独立的学科。

修辞学在自由学科的各个科目中从未获得独立身份，直到 15 世纪，它才在意大利获得了完全的独立。在中世纪，修辞学是自由学科中最异乎

---

⑪ Ebbesen，'Ancient Scholastic Logic'，(注释 8)，108-110.

⑫ M. Carmago，'Rhetoric'，有书目 in Wagner(ed.)，*Seven Liberal Arts*（注释 6），97-124；Murphy，*Rhetoric*（注释 7）。

⑬ Murphy，*Rhetoric*（注释 7）.

寻常的，这是因为罗马时代滋养它的那种公共生活条件和法庭的重要地位不复存在，而且绝不会再恢复到古典的或后中世纪的形式。因此，在中世纪早期，修辞学逐渐从属于书写文化和文法；在意大利，从 11 世纪开始，作为法律的辅助，它逐渐把其影响扩展到书信写作及后来的布道。 316

早期的基督教教父们包括圣奥古斯丁所接受的修辞学训练，以及圣奥古斯丁在《基督教教义大全》中所认识到的修辞学在宣讲基督智慧的布道活动中的必要性，无疑有助于确保修辞学在阿尔卑斯山以北地区保存下来。13 世纪和 14 世纪的新托钵僧团对此给予了最充分的佐证。但是，值得注意的是，在阿尔卑斯山以北，由于托钵僧在巴黎大学、牛津大学和其他大学中的重要地位，争论对修辞学的地位没有任何影响，对 13 世纪中期亚里士多德《修辞学》的翻译也没有影响。修辞学仍然是三艺中另外两门的辅助学科，在新诗体文法中与文法相重叠，或者像波依休斯在关于主题的论文中所做的那样，从属于辩证法。在牛津大学，修辞学教学是用一整套教材；而在巴黎大学，修辞学的学习被限制在第四册和最后一册，并且在罗马教皇的使节库尔松的罗伯特于 1215 年制定的第一部章程中做了规定，与四艺和哲学一起被贬低到公共假日学习的一类科目。虽然西塞罗一直是必读的，而且在 12 世纪，听写在奥尔良和图尔斯兴盛起来并在北欧和意大利被广泛用来满足法律和行政管理的需要，但是，正是在意大利，听写法得到了长足的发展。在意大利，到 13 世纪中期，听写法进入了一个具有创造性的时期，修辞学日益成为公众课程。考虑到 13 世纪和 14 世纪逻辑学意义深远的发展，以及文法和修辞学的有限发展，可以说三艺的主要组成部分到 12 世纪中期在没有外来添加物的情况下就已各适其位，并且在 13 世纪初就以这样的形式进入了文学院的课程中。此外，音乐也成为一门学术科目，波依休斯关于音乐的论述（《论音乐》）和马提努斯·卡佩拉著作中论音乐的部分是其主要的内容来源。[14]

---

⑭ T. C. Karp, 'Music', 有目录 in Wagner(ed.), *Seven Liberal Arts*(注释 6), 169-217。

翻译运动的影响

13 世纪改造文科课程的翻译运动始于 10 世纪的西班牙，在那里，奥里亚克的热尔贝，即未来的教皇西尔维斯特二世（999—1003），最早开始
317 把阿拉伯数字和天文学知识介绍到西欧。他早期曾在加泰罗尼亚学习，在那里掌握了这些阿拉伯知识。⑮ 然而，只是在 12 世纪穆斯林重新征服西班牙以后，西班牙才成为阿拉伯文本的主要来源。另一个主要地区是意大利南部，尤其是卡西诺修道院和萨莱诺、西西里地区和君士坦丁堡。前者是阿拉伯、希腊和拉丁文化的交汇处，阿拉伯和希腊医学著作（包括盖伦的著作）的最早翻译是在那里完成的。从广义上说，西班牙是阿拉伯文翻译的主要中心；君士坦丁堡和意大利是希腊著作翻译的中心，而西西里则是兼有阿拉伯和希腊著作的翻译。与以前长期持有的观点相反，翻译运动的时间顺序并非先阿拉伯后希腊，它们是同时进行的；并且，就亚里士多德著作的翻译而言，⑯ 其最早的译著是由威尼斯的詹姆斯在 1125—1150 年直接从希腊文翻译的。这些译著包括新逻辑，《物理学》《论灵魂》，《形而上学》的一部分（至第四卷第四章），以及一些篇幅较短的生物学论文。在 12 世纪，译自希腊文的亚里士多德的其他作品，包括几乎完整的《形而上学》（除第十一卷外）译作（在 13 世纪中期以前它仍不为人知晓），还有《论出生与死亡》，《尼各马科伦理学》的第二、三卷（这是已知的亚里士多德两部伦理学著作中的一部，不包括取自《论好运》文集中《幸福伦理学》一章，其翻译的时间是 13 世纪），以及詹姆斯译过的一些著作的重

⑮ 最早的研究是由 C. H. Haskins 所作，*Studies in Mediaeval Science*（Cambridge，Mass.，1924；2nd edn，1927；reprint，New York，1960）；C. H. Haskins，*The Renaissance of the Twelfth Century*（Cambridge，Mass，1927；reprint，New York，1957），278-302。最近的权威版本是由 M. T. d'Alverny 所作，'Translations and Translators'，in *Renaissance and Renewal*，421-462。关于阿拉伯人的贡献：G. Beaujouan，'The Transformation of the Quadrivium'，in *Renaissance and Renewal*，463-468。

⑯ 一个综合调查：Dod，'Aristoteles Latinus'（注释 10），45-79。

译。在西班牙，到12世纪晚期，克雷莫纳的热拉尔——他是那个世纪最多产的阿拉伯文翻译家，在1187年之前也翻译了《分析后篇》《物理学》和《论出生与死亡》，以及新发现的亚里士多德的作品《陨星》和《天国》，后两部著作得到了广泛传播。

至12世纪末，亚里士多德作品的主要部分都已被译成拉丁文，其中大部分译自希腊文。在余下的未被翻译的作品中，《伦理学》在1246—1247年由罗伯特·格罗斯泰特完全译出。而后，1250—1260年，大约是由莫尔贝克的威廉对格罗斯泰特的修订版本进行了重新修订；在13世纪中期的数十年间，莫尔贝克的威廉对几乎所有译自希腊文的亚里士多德著作的译本进行了修订。他还于1260年前后首次翻译了《政治学》，于1278年译出了《诗论》。前一本书对其后的政治学理论的发展意义重大，而后
者则一直到15世纪才产生影响。威廉还翻译了一些亚里士多德文献的早 318
期希腊评注者的作品，如西里西亚的辛普利修对《范畴篇》的评注，约翰·菲罗帕纳斯和提密斯提斯对《论灵魂》的评注，这具有一定的意义，但是也许其中最重要的是普罗克洛斯的《神学要素》，这是一部于12世纪由克雷莫纳的热拉尔译自经过修订的阿拉伯文概要，它和《原因之书》一样在13世纪成为广为人知的文献。在13世纪的前半期，这部著作通常被归于亚里士多德并成为巴黎大学文学院的指定读本。在13世纪，很多人对此书做了诠解，包括托马斯·阿奎那（他确信它是莫尔贝克的威廉的译作）、布拉班特的西热，他是巴黎大学文学院哲学学科自治的主要领导者，曾一度是阿奎那的对手。《原因之书》的影响及其全部衍生物，包括它对阿奎那的影响，以及它在把亚里士多德思想与一种完全不同的新柏拉图主义联系起来所起的作用，仍有待研究。

《原因之书》只是亚里士多德与非亚里士多德著作（其中许多来自阿拉伯和不同的文化起源）早期关系的一个最为惊人的事例。必须注意的是，在那时，亚里士多德的著作只是一个非常宽泛、庞杂的文本集合体中的一种成分（虽然在相当长的时间它是一种决定性的成分）。它们不仅包括大量非亚里士多德的希波克拉底和盖伦的医学、托勒密和阿拉伯的天文

学和阿拉伯的数学，还把阿尔-法拉比、阿维森纳、伊本·加比罗尔及迈蒙尼德斯作品中独立的哲学体系呈现给了基督教的西欧。这里仅提及最为著名的一些人，他们在不同程度上是对柏拉图主义和亚里士多德主义的调和，因此影响到对亚里士多德自身体系的解释。这种调和无疑有助于说明接受亚里士多德思想的迟缓性，尤其是在巴黎。[17] 尽管阿维森纳的哲学著作与他的逻辑学著作是并行的，在 13 世纪 30 年代的文学院就被阅读，然而阿维森纳的形而上学、宇宙论和心理学的影响则更为明显，特别是对那些毕业于文学院的人的影响，他们把哲学问题纳入他们的神学评注之中，这种做法在 13 世纪非常普遍。

阿威罗伊（伊本·路西德）是亚里士多德著作最为卓越的评注者，其影响甚至更为突出，特别是在 13 世纪 60 年代至 70 年代的巴黎大学文学院中。13 世纪 20 年代至 30 年代，他对亚里士多德著作的一系列评注就在西西里被翻译，译者可能是迈克尔·斯科特；通常就像亚里士多德的《形
319 而上学》那样，总是随附对受到评注的文本的翻译。阿威罗伊谴责那些仅仅出于接受的目的向西欧提供阿拉伯译本并根据阿拉伯哲学术语解释亚里士多德的前人（特别是阿维森纳），决心恢复真实的亚里士多德。由于阿威罗伊全面而娴熟的处理，他的作品可以被当作权威，就像亚里士多德的主要哲学在 13 世纪后期和 14 世纪被当作权威授受一样；在所有拉丁文的评注者中，无人可与阿威罗伊比肩。当然，13 世纪后期之前，情况并不是这样。但由于著作中的非基督教暗示（这些暗示出自在文学院中教授的可疑学说并通过翻译普遍应用于希腊和阿拉伯哲学），他遭到了抵制，并且在 13 世纪 70 年代的巴黎遭到责难。但是，这只是出于神学对这些著作做出的一种极端反应；对于这些著作的重要性，当时只认识了一小部分。更多新的复杂的知识和哲学概念被逐渐吸收进自由学科，这种情况主要出现在巴黎大学和牛津大学的文学院中。接下来我们就来讨论这个问题。

---

[17] 关于主要的阶段：F. van Steenberghen, *Aristotle in the West* (Louvain, 1955)。

吸收期（13 世纪）

13 世纪文学院的历史主要是逐渐拓宽课程和学习及著述的范围，以适应新知识的发展。[18] 对亚里士多德哲学的逐渐吸收、对亚里士多德著作与这些著作的阿拉伯文译本和评注（其中包括一些亚里士多德著作的伪作，如《原因之书》）进行的区分，仅仅是这个过程中的一部分；这个过程还扩展到了整个非亚里士多德科学。亚里士多德所做的工作就是用共同的词汇构造一个共同的理论框架，提出了科学就是一种有组织的知识体系的概念，这个体系是一种有着不证自明的原理、结论，并且是一种以形式和质料的形而上学为基础的综合的自然哲学和宇宙哲学，由此产生了一种关于存在的定性的和非数学的概念，这取代了 12 世纪占优势的基于数量的柏拉图主义者蒂迈欧的宇宙哲学，并且决定了随后的自然科学的发展。与此同时，亚里士多德提供了实在的知识，并且为每一个经过证明的知识分支提供了框架。没有一个人能够做得比他更多，他对中世纪中期和后期知识生活的影响随处可见，就像此前他对伊斯兰世界的影响一样。即使如此，在亚里士多德知识体系之外，还有很多知识被有效地保存了下来，包括四艺各科，更不用说医学了；正如我们所看到的那样，在三艺中，文法和修辞学有别的来源，逻辑学的许多方面的形成都是独立的，其发展在很 320
大程度上可归因于斯多葛学派和其他非亚里士多德学者的影响，诸如通过波依休斯传播的波菲利的影响。[19]

至于文学院，我们必须区分两种对新知识的官方反应，一方面是在教会当局和在课程指定科目中的反应，另一方面是实际在进行的学习和著述。这种区别尤其适用于作为自由学科和神学重镇的巴黎大学。在那里，对新知识的一系列官方反应的开端是在 1210 年的森斯会议上，这次会议

---

⑱ E. Gilson, *History of Christian Philosophy in the Middle Ages* (London, 1955), especially 250ff.

⑲ 例子见 Ebbesen, 'Ancient Scholastic Logic'（注释 8），124-127。

特别禁止公开或私下讲授亚里士多德的自然哲学著作；同时，关注阿维森纳，查禁了他对亚里士多德的评注。[20] 1215 年，罗马教皇的使节库尔松的罗伯特在对文学院所做的有关规定中重申了这项禁令；[21] 1228 年[22]和 1231 年[23]，教皇格列高利九世再次提及。但是到后来，在悬而未决的审查和那些著作中的错误被全部清除之后，这些著作立即被用于教学。在巴黎大学文学院课程中学习它们的最早证据，来自于当时一个佚名学生关于考题和阅读书目的笔记。按其重要性，书目的排列顺序是逻辑学、文法和伦理学，其中以逻辑学最为重要，但不知这是否就是学习它们的信号。[24] 课程还包括形而上学和自然哲学，但作为非考试科目，其中提及的书籍有亚里士多德的《形而上学》(《原因之书》被当作该书的第三部分)、《物理学》和其他关于自然哲学的著作、《伦理学》的前三篇、欧几里得的《几何原理》及托勒密的《天文学大成》；所有这些新知识，与波依休斯的《哲学的安慰》和代表早期实践哲学和自然哲学的《蒂迈欧篇》一起都被纳入自由学科里。它还包括了一个以波依休斯的理性的、自然的和道德的三部分为划分依据的哲学导论，尽管这种改变不是新的，却显示需要一个容纳新知识的更广泛系统的意识。

人们或许可以把这个自然哲学的简要附录当作无关紧要的记号，或许把它当作自然哲学在 13 世纪 30 年代的巴黎大学立足的根据，但无可争议
321 的是，这个指南表明人们读过和学习过它。这一点在同时期的欧塞尔的威廉、教长菲利普及奥韦涅的威廉等神学院教师的作品中都得到了佐证；他

[20] *CUP*, vol. Ⅰ, 70, no. 11.

[21] *CUP*, vol. Ⅰ, 78, no. 20.

[22] *CUP*, vol. Ⅰ, 114-115, no. 59.

[23] *CUP*, vol. Ⅰ, 136-139, no. 79.

[24] 被记述在 M. Grabmann, *Mittelalterliches Geistesleben*, vol. Ⅱ(Munich, 1936), 183-199。在默顿学院图书馆的 14 世纪早期的哲学文本目录中，发现了一个世纪以后牛津的一个相同的案例，其有 85 个记载，远远超出了文科院系所规定的书本的数量。J. Fletcher, 'The Faculty of Arts', in *History of Oxford*, 376; P. Kibre, 'The "Quadrivium" in the Thirteenth Century Universities', in P. Kibre, *Studies in Medieval Science*(London, 1984), 175-191.

们都谈到了亚里士多德的一些自然哲学著作及阿维森纳，在奥韦涅的威廉的作品中涉及的内容尤为广泛。在神学著作中包含哲学是牛津大学和巴黎大学的特征。世俗的神学教师（他们并不是宗教团体的成员）在文学院中学习哲学。作为神学课程的两大组成部分之一，对《格言集》的神学评注成为形而上学和道德哲学的主要存身之处；文学院与神学的联系非常紧密，特别是在巴黎大学。

从 1210 年森斯会议颁布禁令的方式中可以看出这种联系。这个会议由科贝伊的彼得主持，他在 12 世纪最后的数十年内一直是巴黎大学的神学和教会法教师。他的几位继任者也一直担任这种角色。著名的斯蒂芬·腾皮尔，作为巴黎的主教，他对 1270 年和 1277 年两次对异教学说的谴责负有责任。同样的情况也出现在牛津大学，一些前牛津大学和巴黎大学神学院的教师，如罗伯特·基尔沃比于 1277 年、约翰·佩克汉姆于 1284 年分别以坎特伯雷大主教的身份在较小程度上重复了同样的行为。但是，应当注意到，1210 年、1215 年、1228 年和 1231 年的禁令仅适用于巴黎大学；在牛津大学，对亚里士多德和其他新文本的公开研究并未受到干涉；在 1229 年由教皇格列高利九世建立的图卢兹大学，这种研究因其吸引力而得到积极的推行。[25]

13 世纪中期之前，在巴黎大学和牛津大学，对这些文本及自由学科整体学习的开始时间是含糊不清的。在 1215 年库尔松的罗伯特为巴黎大学制定的最早章程中，规定的文本被限制在旧逻辑、新逻辑和所有普利西安的文法范围内。多纳图斯的第三篇也在可选之列。如上所述，不明确的四艺科目（这个术语在巴黎仅被使用过一次）是为公共假期保留的（如果那时没有什么别的可教或可辩论的内容），还有波依休斯的《论主题》的第四篇和亚里士多德《伦理学》的已知部分。连同实施的对自然哲学学习的禁令，这些早期正式课程狭窄的内容范围和保守的特性或许反映了 13 世纪早期巴黎大学（牛津大学也一样）新知识的不成熟状态。

㉕ *CUP*, vol. Ⅰ, 129-131, no. 72.

1252年巴黎大学英—德同乡会的教学大纲得以保留下来[26]，唯一添加的内容便是亚里士多德的《论灵魂》。我们不应该太过关注这个内容的出现，因为那时自然哲学著作的汇编已经广为人知并得到传阅。然而，《论
322 灵魂》也许是13世纪60年代和70年代文学院中神学和哲学之间争论的最重要的唯一根源，这个争论在1270年和1277年的谴责中达到了顶点，因为它来自阿威罗伊关于文本的“大评注”（即逐行评注），它提出了所有人都有相同的智力，这或许是所有争论中最激烈的一个。

三年后（即1255年），随着新课程在整个文学院的传播，巴黎大学出现了正式的变化，这种变化是教学大纲总体改革的一部分，这个改革是为了改变因过于匆忙阅读课文而造成的准备不足的状况。[27] 实际上，所有亚里士多德的关于自然哲学的主要著作，连同他的形而上学著作和一些亚里士多德的伪作（在它们之中有《原因之书》），现在都被纳入这一套教科书中，并且对它们的学习被整合出一个严格的时间表。这标志着巴黎大学对新知识的最终接受，即使只容许几周的学习。相比之下，正如它最初在库尔松的规定中被限制的那样，修辞学仍被局限在波依休斯的《论主题》上，但是现在前三篇代替了唯一的第四篇。从13世纪后半期开始，对亚里士多德的研究从地下状态中走了出来，而且文本的数量激增。

上述情况同样也发生在牛津大学，那里没有像巴黎大学那样受自然哲学禁令的影响。现存最早的教学大纲（1268）表现了一种类似的状况，即包括少量已被确认是亚里士多德的哲学著作或13世纪早期关于它们的评注。最为著名的是由约翰·布兰多所作的对《论灵魂》的评注。他是一位文科教师，大约1205年先在巴黎大学任教，后于1207—1209年在牛津大学任教，这本评注还引用了阿格里尔和阿维森纳的阿拉伯文作品，特别是罗伯特·格罗斯泰特对《分析后篇》的评注（包括格罗斯泰特科学证明的

---

[26] *CUP*, vol. Ⅰ, 227-228, no. 201.

[27] *CUP*, vol. Ⅰ, 277-278, no. 246.

理论)。[28] 连同他关于光学的其他著作，格罗斯泰特促进了一种受到数学启发的科学传统在牛津的开创，并且在 14 世纪得到了最充分的发展。如上所述，在格罗斯泰特的广博学术活动中，包括对亚里士多德《尼各马科伦理学》最早的完整翻译，还有圣经学和神学方面的著作，这些著作与其说接近 13 世纪出现的思辨态度，还不如说更接近于 12 世纪的评注精神。[29] 这种被格罗斯泰特认为是自然哲学和道德哲学侍从的精神被扩展到了自由学科中。这种传统被格罗斯泰特的弟子们保持着，特别是罗杰·培根，他超越了格罗斯泰特和几乎所有他同时代的人，把数学置于逻辑学之上的首要位置，作为神学理解和学习所有知识的条件。[30]

从作为牛津大学圣芳济会的最早教师，以及 1214 年可能是牛津首任 323
教长的格罗斯泰特，到在牛津度过其生命最后 10 年的培根，存在着一条贯穿 13 世纪延续不断的线索，它有助于使牛津大学形成它独特的自然科学研究方法，同时惠及古老四艺的所有学科及物理学和宇宙哲学。相应地，逻辑学更强调术语的上下文意义和含义，而不是它们的纯粹形式特征，而在巴黎大学后者是关注的焦点，保持以自由学科的较为抽象的纯思辨为特征。[31] 一般而言，逻辑学在文学院总是最强势的学科；在牛津大学，它的主要伴生物是自然哲学，与它有广泛联系的是数学和天文学，而不是道德哲学、心理学和形而上学，而这些学科在巴黎大学居于支配地位。

这些区别在这两所大学的正式课程中得到了印证。在巴黎大学，现存的涉及 1350 年前的数学和天文学的唯一线索出现在盎格鲁-日耳曼同乡

---

[28] A. C. Crombie, *Robert Grosseteste and the Origins of Experimental Science* (Oxford, 1953).

[29] J. McEvoy, *The Philosophy of Robert Grosseteste* (Oxford, 1982).

[30] Kibre, '"Quadrivium"'(注释 24), 177-179.

[31] 关于 13 世纪牛津大学的科学和逻辑学的相关章节，见 J. A. Weisheipl and O. Lewry in *History of Oxford*。

会❸关于宣誓的有关章程中。但其中既没有确定数学用书，也没有规定具体的课程内容，但规定如果听了100个小时的数学课，就能免修所指定的天文学课程著作——萨克罗博斯科的约翰的《天体》。[32] 因而，它们只被当作替代品。1407年之前，牛津大学没有人提到亚里士多德的《形而上学》一书。[33] 另一方面，在1350年之前，它就非常关注数学和天文学。1340年的规章明确指定了萨克罗博斯科的约翰的三篇论文、欧几里得的《几何原理》和波依休斯的《算术》，再加上亚里士多德的著作（包括《政治学》）及其他公认的权威，如多纳图斯和普利西安的著作。[34] 几乎一个世纪以后，到1431年，托勒密的著作——现在通常叫作《天文学大成》和13世纪无名氏的《行星理论》，[35] 以及阿尔哈森的光学论文（他的著作在12世纪由阿拉伯文翻译过来），还有13世纪波兰科学家威特罗的著作，都已被增列其中。[36] 威特罗的名字对于独特的牛津科学传统是有特殊意义的，因为他是格罗斯泰特和培根在光的特性和效果方面研究的直接继承人。

324 然而，就像巴黎的章程没有表现巴黎当时不同的关注点或文科分支学科不同的发展一样，牛津的章程中也没有表现这种传统，因为它们规定的是课程的正式要求，因此仅仅关注获得学士或硕士资格所需的那些教材的教与学。相应地，它们公布的是最低标准，远未达到足够大的范围，[37] 正如我们在无名氏所作的巴黎大学文学院课程指南中所看到的那样。在这些指定的著作中，有欧几里得的《几何原理》和托勒密的《天文学大成》，它们在13世纪尚未在巴黎大学正式出现，两个世纪后才在牛津大学正式

---

❸ 原文如此，此前用的是“英—德同乡会”，见原文第321页。

[32] *CUP*, vol. Ⅱ, 678, no. 1185.

[33] S. Gibson(ed.), *Statuta Antiqua Universitatis Oxoniensis*(Oxford, 1931), 193.

[34] Gibson(ed.), *Statuta*(注释33), 33-34.

[35] 至于中世纪天文学发展的描述，见O. Pedersen, ‘The Corpus Astronomicum and the Traditions of Medieval Latin Astronomy’, *Colloquia Copernicana*, 3(1975), 57-96。

[36] Gibson(ed.), *Statuta*(注释33), 234-235.

[37] A. C. Crombie, *Medieval and Early Modern Science*, vol. Ⅰ, (New York, 1959), 99-111.

出现。但是那些章程本身有时意味着附加文本的存在，既有选修性的，如巴黎英—德同乡会的同类章程中列出的波依休斯的《哲学的安慰》，也有替代性的，如100个小时的数学讲座可替代萨克罗博斯科的《天体》。而牛津大学的章程是为那些无须参加辩论，从而花费额外时间听更多课程的人制定的。[38]

然而，首先，文学院自身拥有各种资源，如大量的教科书、论文、评注及从各种水平的自由学科课程中产生的有争议的问题和大部分未编辑的成千上万的手稿。它们从13世纪早期开始零星出现，到13世纪末已汇聚成流，并且延续到15世纪，一度成为吸收翻译运动所带来的新的希腊-阿拉伯作品，并且对这些作品做出不同反应的途径。由此，作为学习和解释的工具，它们在很大程度上塑造了文科随后的发展，正如在高级学院中它们的对应部分塑造了其科目一样。由于文学院主要是初学者的学院，因此它的大部分产出都是最基础的，尤其是在逻辑学、四艺科目和自然哲学这些主要焦点方面，新入学者都缺乏预先的基本训练。但是，这也是学习更高级学科的出发点，这个出发点在13世纪后半期更趋于成型与丰富，并且在14世纪得到最充分的发展。这种进步的典型例子可以通过萨克罗博斯科的著作和通常与这些课程相联系的基础课本在天文学和数学中所起的作用中找到。

在其他学科中也存在着可资比较的演变，虽然不像天文学的演变那样清晰明了。与逻辑学不同，天文学是小学科，它新获得的数学特征把它与亚里士多德物理学支配的宇宙论区分开来，这种宇宙论使每一个没有数学 325
知识的人都能够对其评头论足。所有主要学科共有的特征是，一套文本和权威的逐渐成形，以及不同的观点和学说派别的增加，这种不同不仅应出现在大学内部，而且应出现在大学之间，正如我们所提到的巴黎大学和牛津大学的情况那样。在两所大学的诸多分歧中，对待非亚里士多德知识的不同态度较为明显，从它们对萨克罗博斯科和格罗斯泰特截然不同的反应

---

[38] Gibson, (ed.), *Statuta*(注释 33), 26, 34.

中可以看到这一点。巴黎大学，在流行的亚里士多德文本（这是由文学院1250年制定的）中，是找不到萨克罗博斯科的名字的，但在巴黎大学内外，他的影响都很大；牛津大学，通过其开创的独特的科学传统，格罗斯泰特使自己的名字和影响在生前非常显著，在身后更是显赫。正是从这样个体的和群体的不同反应开始，作为知识的另一类分支，自由学科才得以演进。

学习过程

这种演进恰好是与文学院中的学习过程相联系的。学士和硕士学位是其主要组成部分，它们各自有单独的要求。没有证据显示对进入一所文学院有任何的正式要求，但我们推测为了完成学习过程，需要基本熟练的拉丁文应用能力，并且了解一些数理知识。在巴黎大学，1215年库尔松的罗伯特制定的章程规定硕士毕业的最低年龄为20岁；1252年盎格鲁-日耳曼同乡会的章程重申了这条规定，并且规定修业年限为6年，入学的最低年龄为14岁或15岁。后一个规定可能延续了相当长的时期，但是修业的年限可以依据个人情况而变化，并且允许一年时间的伸缩。在牛津大学，标准的修业年限一般似乎是7年，并且在整个中世纪都是如此，尽管在几乎所有别的地方都出现了修业年限减少的趋势。

在巴黎大学，第一个关于学士学位的正式规定出现在1252年英—德同乡会的章程中。[39] 牛津大学的此类规定可以追溯到此后不久[40]，尽管硕士与学士之间的区别在这些规定之前就已存在，并且在1215年库尔松的罗伯特制定的巴黎大学章程中已被确认[41]。在这两所大学中，学士的资格
326 须经过四年学习之后方可获得，前两年用来听课和参加辩论，后两年还要

---

[39] *CUP*, vol. Ⅰ, 227-232, nos. 201, 202.

[40] Gibson(ed.), *Statuta*(注释 33), 25.

[41] G. Leff, *Paris and Oxford Universities in the Thirteenth and Fourteenth Centuries*(New York, 1968), 147.

在一名导师的监督下参与辩论，学生必须选修这个导师的文科课程，他还可能住在这个导师的家里；与意大利的学生大学相反，意大利的教师有自己的社团或行会，因而是独立的。

讲座和辩论是两种正式的教学和训练方式，尽管还有一些非正式的方式，如复习课和个别指导，以及中世纪晚期在会堂和学舍中可能日益增多的其他正式模式。[42]

文学院的讲座，同其他学院一样，都是基于指定的课本。它们被划分为硕士讲座（普通讲座）和学士讲座（粗略讲座）。普通讲座更加细致和更具分析性。它们包括硕士首先阅读要讲的课文并阐释它，其次思考任何值得注意的要点，最后如果有必要，还可提出任何产生于这个文本且不偏离文本主题的问题。[43] 粗略讲座接近于释义，是普通讲座的补充（粗略讲座往往被安排在早上固定的时间），并且是作为见习教师的学士自我训练的一部分；它们也许还会作为特别讲座由硕士主持，作为扩展课本范围的一种方式。

硕士和学士还有相应的辩论，在辩论中会争论一些问题，反方和正方依次提出反对意见和答复，并且以最后的观点或结论而告终，而这似乎总是硕士的特权，除了学士考试或四旬斋期间的争论。辩论本身有两种，基于逻辑学和基于数学学科或来自于三种哲学的学科——这是与符号知识相反的真实知识的分支；但在实际上，尤其是在牛津大学，往往是基于自然哲学。

在巴黎大学和牛津大学，攻读学士学位的学生除了每天必须聆听他们自己导师的普通讲座之外，还必须参加导师每周一次的辩论；并且，在大约两年之后，他们自己也要开展辩论。在这两所大学中，还包括对逻辑争论中的异议和问题做出答辩的义务。在英—德同乡会章程中，完成第一个任务需要二年，完成第二个任务需要一年；在牛津大学，在能进行“问题

---

[42] Fletcher,‘Faculty of Arts’(注释 24),378.

[43] Gibson,(ed). *Statuta*(注释 33),236,提供了自 1431 年以来的记录，更为简洁地提供了 1407 年或之前的记录。

答辩”（responsion）之前，必须要花整整一年的时间进行逻辑辩论，那是因为这两种论辩不能同时进行；而在巴黎大学，它们似乎能够同时进行，
327 在那里并没有这样的规定。但另一方面，在牛津大学，逻辑辩论中的回答问题也可以由花费更长的时间听讲座（包括《分析后篇》的讲座）来替代。[44]

然而，问题答辩是不可能免除的，为了获得进入最终考核的资格，在某个时间必须进行（这个时间根据不同时期而有所变化）。人们对答辩的确切性质和地位仍存有争议。在牛津大学，答辩问题时要用答辩者这个称号，正如诡辩家的称号是给在三年级时进行逻辑答辩的那些人的那样，这个称号通常用来描述第四年或最后一年的大学本科生。[45] 在牛津大学，学士在他们最终考核的练习期间也可能参加辩论；在巴黎，如果要进行最终考核，这个练习则会从一个四旬斋持续到下一个；再迟一些时候，为了获得在下一个四旬斋进行最终考核的资格，他们还要在圣诞节前参加硕士辩论并当众回答问题。[46] 同时，在牛津，问题答辩有自己的通过仪式，包括宣誓和答辩费用的支付，在所有的学位授予过程中都是如此。但是，这种仪式是否一直拥有独立的地位[47]或代表学士身份的授予[48]还不清楚。显而易见的是，这种答辩充当了一种准许进入最终考核程序的初步考试，而且那些被准许者一旦通过最终考核就会被认为是学士，他们要求在文学院中讲授一些书籍的申请会被准许，这也是一个学士的主要职责之一。而且在牛津，在最终考核时，他们似乎已经履行了这个职责。[49]

在牛津，是否获准进入最终考核，由文学院指定的四名摄政教师在四旬斋到来前做出决定；它意味着进入课程的第二阶段和高级部分，即为硕

[44] Gibson(ed.),*Statuta*(注释 33),26.

[45] Gibson(ed.),*Statuta*(注释 33),lxxxix.

[46] Rashdall,*Universities*,vol. Ⅰ,no. 4,452,引用 CUP,vol. Ⅰ,530-532,no. 461.

[47] Gibson(ed.),*Statuta*(注释 33),lxxxix.

[48] Fletcher,'Faculty of Arts'(注释 24),380-381.

[49] Gibson(ed.),*Statuta Antiqua*(注释 33),28.

士学位做准备。候选人必须发誓他们要参加所有规定的讲座和辩论，并且参与必要的练习，包括问题答辩；考虑到会存在偏袒情况，宣誓还要由硕士和学士作证。那些取得许可的学生必须在四旬斋期间的每个下午参与逻辑学辩论，除了星期五（那是安排给文法课的）。辩论是为硕士学位做准备的，并且只有少数人参加，这些人都是完成第一部分课程之后仍留在文学院的；正如他们的名称所示，考核人要扮演硕士的角色，决定或解决争论的问题，这涉及对问题（这是由反方——另一位学士或学生回答的）的最初辩驳。

在第五年完成了最终考核之后，学士要用那一年剩下的时间和随后的 328
两年参加硕士和学士的辩论，并且在下午粗略地讲授由他的老师指定的课本（两种逻辑学和一种自然哲学著作，都是从亚里士多德有关自然的著作中选出来的）。相应的辩论也围绕着逻辑学和自然哲学进行，尽管在牛津大学的章程中有一处提及了自由——对辩论的论题——提问，[50] 但还没有任何迹象表明确有其事；而神学院的情况则与之相反，在那里，它们有独立的文献。在七年结束时——或者对于那些没有进行最终考核的人是八年——学士由他的老师推荐给教长以获得硕士学位证书。这使相当多的老师对候选人的道德、学习和考试成绩进行一系列更仔细复杂的考查；除了规定酬金和保证完成所有必需课程的宣誓（包括粗略讲座），学士还必须在文学院承担开普通讲座并在随后两年主持辩论的义务，这是一项针对文学院庞大的人数和变化无常的成员所做的特别规定。

成功的候选人这时会获得硕士学位证书并在硕士学位授予仪式上正式地被承认为一名硕士，在这个仪式上，他要邀请所有的摄政老师参加。仪式分为两个阶段：第一阶段是在某一天的晚祷时间，要举行演讲，还有一场庄重的辩论。在辩论中，候选硕士要向主持的教师做出一般性的答辩。第二阶段是在第二天，届时候选人佩带职衔的象征标志并以他的新身份行事，首先发表一个简短的就职演讲，然后主持一个辩论，其间要争论两个

---

[50] Gibson(ed.), *Statuta*, 32.

问题，记录问题并对各个问题提出异议，最后评判它们。[51] 由此，他就完成了首次身为教师的演讲和辩论活动。然后，他就完全成为文学院的成员。

中世纪后期的发展

文学院的各种成果反映了对作为评注、问题和论文的主要来源的逻辑学和物理学的重视。逻辑学总是处于支配地位，但在 14 世纪和 15 世纪，自然哲学的地位逐渐上升。对于这两门学科而言，14 世纪的前三分之二
329 时间是它们在整个中世纪发展的顶点，两门学科的发展方向都是从牛津大学到巴黎大学，与推理文法的其他主要活动不同，文法的进展大体到 1300 年以后就停止了（尽管它在随后 50 年间的巴黎大学仍然很有影响）。在逻辑学中，论题的范围从早期固有的悖论、术语的本质特性和非自足的术语（它们经常被合并在一起）扩展到后来的义务和结论（条件命题）的论题，还有对亚里士多德新逻辑的吸收（如三段论、证明和谬误），其中最后一项，与程式命题和未来可能的事件（主要与有关上帝知识的神学问题有联系）一起，在 14 世纪和 15 世纪日益受到关注。上述这些不同领域既被分别处理，又被整合到更为普遍的逻辑学著作中，通常是作为导言和教科书，如由舍伍德的威廉和彼得勒斯·希斯帕纳斯（教皇约翰二十一世）在 13 世纪完成的著作。彼得勒斯·希斯帕纳斯是中世纪最为流行的逻辑学教科书的作者，他的著作完全不同于近一个世纪后奥卡姆的威廉和伯利的沃尔特的著作。这两类著作之间的差异表明，作为 13 世纪的汇编中主要的非亚里士多德成分的早期固有的术语逻辑学是如何超越了亚里士

---

[51] J. A. Weisheipl, 'The Curriculum of the Faculty of Arts at Oxford in the Early Fourteenth Century', *Mediaeval Studies*, 26(1964), 164-165；又见 J. A. Weisheipl, 'Developments in the Arts Curriculum at Oxford in the Early Fourteenth Century', *Mediaeval Studies*, 28(1966), 151-175.

多德并在14世纪前期扩展为包括命题的逻辑学。[52]

自然哲学的内在发展始于14世纪前期的牛津大学，这种发展是格罗斯泰特和他的学生们的数学与科学传统的延续。在14世纪的第二和第三个25年里，它与所谓的牛津计算者（*calculator*）们有密切联系，主要是在默顿学舍。它的开端是托马斯·布拉德沃丁的著作《均衡论》，此人试图凭借一种新的数学工具，把亚里士多德关于运动物体速率的观念发展为与运动力成正比、与中间阻力成反比的观点。布拉德沃丁的例子激发了默顿学者把运动物体在速度上的各种不同的运动和变化系统阐述成数学法则，[53] 以及去测量物理特性强度的变化，诸如物体的冷热和它们发生变化的起初和最终状况。随着逻辑学的发展，他们从亚里士多德物理学的定义中找到了出发点（这些定义主要出现在亚里士多德的《物理学》中），并且第一次以一个定性的公式进行定量的解释。为了这个目标，14世纪50年代，奥雷姆的尼古拉斯在巴黎发明了一种图解计算方法，他是巴黎大学文学院的逻辑学家和自然学家群体中的一位杰出成员。在14世纪的40年代至60年代，他成功运用了牛津计算者们的绝大多数概念。牛津计算者 330
的奠基人约翰·比里当是从14世纪20年代至少到50年代末这30多年里文学院的领导人物，他是最早运用唯名论逻辑学的牛津逻辑学家，并且对此做出了重要贡献。在他的原动力理论中，他还对最近复苏的关于强力运动或抛射运动的解释下了一个持久的定义，认为它是由一种压力引起的，而不是像亚里士多德所认为的那样由其所穿过的空气的一些因素引起的——亚里士多德的观点经过奥雷姆的尼古拉斯和他在巴黎的同事的修正而被人们所接受。

默顿学者和巴黎的学者们共同创造了一系列数学方法和力学术语，其中一些在16世纪被伽利略和他的同时代人所运用。尽管仍受亚里士多德

---

[52] 关于那些发展参见 Kretzmann，Kenny，and Pinborg（eds.），*Cambridge Medieval Philosophy*（注释8），第4部分和第5部分。

[53] M. Clagett，*The Science of Mechanics in the Middle Ages*（Madison，1961）.

定性分类的影响，尽管中世纪的后继者们缺乏经验的应用，但已朝着以测量和计算为基础的物理学迈出了第一步。在14世纪和15世纪，逻辑学家和自然哲学家的影响通过意大利和西班牙的文学院和北欧的新建大学得以扩展；当时，文学院的一些最杰出的成员前往这些新建大学，他们中的萨克森的阿尔伯特和英格汉的马西琉斯担任了维也纳大学和海德堡大学的首任校长。

除了关于逻辑学和自然哲学的论文、问题和评注之外，他们在逻辑和计算活动中采用的最普遍的形式之一是诡辩术，即关于有疑问的陈述或悖论的独立的逻辑质疑，通常包括一种非自足的词汇，诸如“此外”“开始”“结束”，它们均能够从逻辑和数学上加以处理。[54] 由于逻辑的主题辩论要求所有本科学生必须参加，他们选择固定文本的自由只能使诡辩术成为辩论物理学问题（诸如热、冷或颜色的物理特性的最初和最后的变化）时最普遍使用的工具。诡辩术文献所产生的丰富成果或许是中世纪最后两个世纪文学院主要的理智和学术变化趋势的最为完整的记录，对这些原始资料的研究才刚刚开始。但是，它们仍然是占支配地位的逻辑问题。[55] 正如一些成熟学者的著作——如默顿学者海蒂斯伯雷的威廉在大约1335年为第一年学习逻辑学的新生写的用以解释诡辩术的《规则》一书——显示了中世纪晚期文学院的另一个特征，即以自由学科为职业的趋势，尽管写作这些著作的人（如海蒂斯伯雷的威廉和奥雷姆的尼古拉斯）大多毕业于神学
331 院。持续追求自由学科的能力——尽管在前几个世纪没有先例可寻——在某些方面可能要归因于巴黎、牛津和剑桥的自治学舍的建立；在两个英国大学的某些学舍（如默顿学舍、新学舍、国王学舍等）都对自由学科的学习做出了规定。在14世纪和15世纪的意大利，自由学科被吸收到人文学者的教育计划中，并且在15世纪末和16世纪初向北扩展到巴黎和剑桥，

---

[54] N. Kretzmann, 'Syncategoremata, exponibilia, sophismata', in Kretzmann, Kenny, and Pinborg(eds.), *Cambridge Medieval Philosophy*(注释8), 211-253.

[55] E. D. Sylla, 'The Oxford Calculators', in Kretzmann, Kenny, and Pinborg(eds.), *Cambridge Medieval Philosophy*(注释8), 540-563.

以及其他大学。

逻辑学和自然哲学的独特发展之外，还有广泛的与之相联系的教义和哲学问题的发展。关于这方面，在 14 世纪的前三分之一时间里有一个可以察觉的变化，这种变化也发端于牛津大学和与牛津大学有关系的人，并且在 14 世纪 30 年代传至巴黎。然而，尽管这些主要领域——形而上学、道德哲学、宇宙论、心理学、认识论——都属于自由学科，但由于它们与神学的紧密联系，对它们的安排并不限于文学院。它们不仅是任何神学观点不可分离的成分，也被收入《格言集》的评注中——《格言集》是神学院的标准神学教科书（见本书第十三章“神学院”），而且被包含在许多其他种类的著作中。神学家（特别是那些在各自宗教场所研究自由学科的宗教团体成员）在整个 13 世纪、14 世纪和 15 世纪都处在这些领域发展的最前列。因此，把哲学问题从神学问题中分离出来是人为的；并且，很多是实质性的问题（例如，存在的本质、世界的永恒、天体的力量、自由意志、通过内心启示获得的知识与通过感觉得到的抽象概念的关系，以及肉体与灵魂的关系），都是 13 世纪 70 年代巴黎大学和牛津大学的文学院争论的焦点，由于它们的神学含义，这些争论随后导致了对可疑教义的谴责（见第十三章）。

发生在 14 世纪的转变远离了那些广泛的哲学观点而转向一种更严格的认识论观点，由更严格限定的证据和证明的观念来界定，并且由于在研究知识和实际运用中以形而上学的方法代替逻辑和哲学的方法而与唯名论和自然哲学的联系更为紧密。伴随着对在本性和皈依、拯救过程的偶然性的新强调，导致了哲学和神学在诸如美德、自由意志及人类活动与上帝的全能、先知、宿命之间的关系，以及与信仰有关的自然知识的范围等问题上有比较大的重叠。尽管由于两位曾在牛津大学学习的圣芳济会修士邓斯·司各脱（卒于 1308 年）和奥卡姆的威廉（卒于 1349 年）的努力，其中许多理论得到了传播，但是直到 15 世纪初期，他们背离传统的观念才开始与新旧两条道路（“经由古代”和“经由现代”）发生联系，然后成 332

为一个范围广泛的学派的一部分。[56] 14 世纪以缺少学派为标志，有的只是不同的个体从不同的组合中形成复杂的学说：唯名论拒绝普遍性，如人性；而逻辑唯名论拒绝术语所代表的不同意义；反对把亚里士多德十大范畴的规定解释为独立的实体或仅仅是对个别存在状况的描述；反对把认识论的问题确定为直接通过分类或通过想象对客体的认识。所有这些问题都不能由已划定“流派”的思想家群体以同样的方式一致地做出回答，这尤其适用于对两种唯名论（*Nominalism* 和 *Terminism*）的划分。到 14 世纪 40 年代，虽然有来自推理文法保守的支持者的反对（这些反对表现在 1339—1341 年文学院有关新逻辑学理论的一系列公告中[57]），但在牛津大学和巴黎大学，日益增多的思想家大部分都是逻辑唯名论者，而比里当和伯利的沃尔特不是。

因此，没有必要去做一个唯名论者或逻辑唯名论者，也没有必要成为计算家。例如，布拉德沃丁，他是一位保守的神学家，根本不相信是奥卡姆引导了自然科学的新发展。他自己的那种对概念忽略不计的立场，完全不同于计算家通过想象中的实验得到的概念增殖，也不同于比里当的原动力理论（这种理论包括对压力补充概念的引入，超越了奥卡姆把运动简化为移动物体的概念，并且与他对亚里士多德的十大范畴，而不是质料和实在的否定相一致）。在神学方面也有类似差异，包括自由意志、皈依、善恶和宿命，以及上帝给予中间者的赦免权（见第十三章）。

只是到 14 世纪后期，奥卡姆的追随者或唯名论者逐渐认同了新方法，并且在 15 世纪初反对形形色色的托马斯主义、司各脱主义和阿尔伯特主义等学派的旧方法（或唯实论）。因此，旧方法和新方法之间的区分实际上就是神学、哲学与逻辑的区分，不仅包括它们基于自己的权威解决逻辑学和自然哲学问题的不同方法，还包括不同的观点。在某些大学里，如海

---

[56] W. J. Courtenay, 'Antiqui and Moderni in Late Medieval Thought', *Journal of the History of Ideas*, 48(1987), 3-10.

[57] W. J. Courtenay and K. H. Tachau, 'Ockham, Ockhamists and the English-German Nation at Paris, 1339-1341', *History of Universities*, 2(1982), 53-96.

德堡和因戈尔施塔特，这种划分割裂了文学院的完整性；[58] 在大部分阿尔 333
卑斯山以南及以北的大学中，为这些不同的观点设立了不同的教席，这个过程一直持续到 16 世纪。只有在英格兰，在牛津和剑桥没有这样的划分，并且唯实论——主要是司各脱主义的学说，从未受到挑战。[59]

文学院与大学

在不同类型的大学里，文学院的组织结构和作用是不一样的。在较古老的巴黎和牛津这样的北方大学还有剑桥大学，文学院占据着主导地位。与这些大学的其他机构和学院一样，它是一个教师的组织。但只在巴黎大学才有确定的学院结构。在那里，每个学院事实上是大学这个大社团中的一个法人团体，它有自己的议事会、选举产生的领导人、官员、章程、印章、金库、学校、聚会场所和守护圣徒。这些特征在文学院的四个同乡会中得到再现，作为最大的且最具异质性的一个学院，文学院被分化了。四个同乡会分别是法兰西同乡会、诺曼同乡会、皮卡第同乡会和英格兰同乡会（后来为英—德同乡会）。这些同乡会都没有严格地与其名称相对应：法兰西同乡会包括意大利和西班牙的学生，英—德同乡会包括大不列颠诸岛的一部分、德意志帝国、东欧和斯堪的纳维亚的学生。这些同乡会是文学院的基本组成单位，教学、辩论、考试、取得许可证都是在同乡会中进行的，并且得到被认可的摄政教师的指导，摄政教师管理同乡会，而学生则进入这些教师所在的学校。同乡会的责任是监督学校、每年聘任教师、确定他们的薪水（薪水从主要收入——学费中支付），各个同乡会在各自商议之后共同决定课程和科目安排。每个同乡会由一名会长领导，他是从教师中轮流选举出来的，通常任期为一个月，并且由其他官员辅助，处理

[58] Rashdall, *Universities*, vol. Ⅱ, 253-254, 277.

[59] D. R. Leader, 'Philosophy at Oxford and Cambridge in the Fifteenth Century', *History of Universities*, 4(1984), 25-46.

各种事务，包括财政、章程遵守情况和维持纪律。来自四个同乡会的四位会长轮流当选校长作为文学院的领导，他的任期为六周（后来改为三个月），并且主持议事会。校长与会长一起控制议事会并组成学院的审议机构。在13世纪中期，校长成为整个大学的领导人，虽然也有来自高级学院的反对。[60]

文学院的领导权与大学领导权合并的现象为巴黎大学所独有，这起因
334 于13世纪初教师反对由教长担任大学领导人。从此，教长的权力被削减，只限于向通过相关学院考试的候选人颁发许可证。另一方面，在牛津和剑桥却从来没有这样的斗争，教长被认可为大学的领袖，并且从大学的教师中产生。在其他大多数的大学中，在意大利、法国南部和西班牙的大学，以及14世纪和15世纪在北欧新建的大学中，虽然校长是领袖，但不代表文学院。其他大学的同乡会也没有巴黎大学同乡会那样的法律地位。在牛津大学，尽管它非正式地以南北划分为基础并指定了两名会长（这是除校长之外的重要职位），但大学一直拒绝承认早期对南方人和北方人的划分。[61] 正如在剑桥大学那样，这两名会长是整个牛津大学的代表。因此，这两所英国大学就缺乏巴黎大学那样的联邦因素，正如它们没有巴黎大学那样的规模和国际性一样。尽管如此，这三所大学的权力结构（以及人数）都非常有利于文学院。在巴黎大学，四张多数票（即每个同乡会各一票）对高级学院的三票这样的局面在大议事会中一直保持不变。牛津大学规定，任何多数票必须有文学院作为一个整体被包括在内，而且各学院有自己独立的教职员会议，能使它在大学全体会议召开之前开会并决定政策。此外，还有高级学院的成员，其毕业于文学院并继续被他们遵守文学院规章的誓言所束缚。巴黎大学这种守誓义务逐渐扩展到它的毕业生所到达的任何国家，[62] 而在牛津大学，文学院是其他学院的起源和开端的观点

[60] Leff, *Paris and Oxford Universities*（注释 41），51-67.

[61] M. B. Hackett, 'The University as a Corporate Body', in *History of Oxford*, 65-67.

[62] Rashdall, *Universities*, vol. Ⅰ, 328-329; in *CUP*, vol. Ⅰ, 586-588, no. 501.

从未遭到挑战。[63]

文学院在巴黎、牛津和剑桥的优势在其他地方是没有的。在那些中世纪后期新建的北方大学（如苏格兰大学和一些较小的德意志大学）中，文学院虽然占据最大的部分，但经常受到高级学院的排斥。因为随着世俗统治的出现，北方大学比三所古老大学更直接地处于地方政权的控制之下，而那三所大学或多或少是独立形成的，尤其是巴黎大学，更多地归功于教皇的认可，尽管这在 15 世纪的大分裂之后不再具有原来的重要价值了。

这种世俗当局的控制伴随着中世纪晚期的第二次发展、付薪教师制度的兴起（它始于 13 世纪和 14 世纪的意大利大学，并且被北欧新建的大学 335
所采纳）。支付酬金的办法避免了对摄政教师的需要，1452 年之后，摄政教师也不再拥是巴黎所必需的了。[64] 因此，无论在内部还是在外部，学院的教师都不再有与以前一样的自治。

学院的作用在其他两个方面被进一步缩减。一个是文科课程修业年限几乎普遍缩短，从六年或七年减至四年，并且在 14 世纪后期有时为三年。另一个是作为教学场所的学舍其重要性持续增长，这是以牺牲学院（在巴黎大学则是同乡会）的教学为代价的。[65] 三所古老的北方大学也同样如此。在 15 世纪结束之前，仅在牛津和巴黎还有不领薪水的摄政教师，并且文科课程仍需学习七年时间，而那里的学舍提供充分的教学。在巴黎，学舍的讲座被大学认可并由学院安排。在牛津和剑桥，学舍是独立的组织，因此拥有较大的自治权，当时学舍的教学正在扩展到本科阶段。在 16 世纪，这三所大学中的学舍事实上取代了较古老的作为教学中心的学院。在新建的北方大学中，学舍是一个学校整体的组成部分，虽然它们在南欧的大学中从未有过同等的重要性。

---

[63] Hackett, 'University as Corporate Body'（注释 61），66.

[64] Rashdall, *Universities*, vol. Ⅰ, 447; in *CUP*, vol. Ⅳ, 733, no. 2690.

[65] 一般的说明：Cobban, *Medieval Universities*, ch. 6。

精选文献

另参见第十章第二部分的精选文献

Benson, R. B. and Constable, G. (eds.) *Renaissance and Renewal in the Twelfth Century*, Cambridge, Mass., 1982, and Oxford, 1985.

Clagett, M. *The Science of Mechanics in the Middle Ages*, Madison, 1961.

Courtenay, W. J. '*Antiqui* and *Moderni* in Late Medieval Thought', *Journal of the History of Ideas*, 48(1987), 3-10.

Courtenay, W. J. and Tachau, K. H. 'Ockham, Ockhamists, and the English-German Nation at Paris, 1339-1341', *History of Universities*, 2(1982), 53-96.

Crombie, A. C. *Medieval and Early Modern Science*, 2 vols., New York, 1959.

Crombie, A. C. *Robert Grosseteste and the Origins of Experimental Science 1100-1700*, 2nd edn, Oxford, 1961.

Emden, A. B. 'Northerners and Southerners in the Organisation of the University', in *Oxford Studies Presented to Daniel Callus*, Oxford, 1963, 1-30.

Gibson, M. (ed.) *Boethius: his Life, Thought and Influence*, Oxford, 1981.

Gibson, S. (ed.) *Statuta Antiqua Universitatis Oxoniensis*, Oxford, 1931.

Gilson, E. *History of Christian Philosophy in the Middle Ages*, London, 1955.

336 Haskins, C. H. *Studies in the History of Medieval Science*, 1st edn, Cambridge, Mass., 1924; 2nd edn, Cambridge, Mass., 1927; reprint, New York, 1960.

Hudson, A. and Wilks, M. (eds.) *From Ockham to Wyclif*, Oxford, 1987.

Kibre, P. *Studies in Medieval Science*, London, 1984.

Koch, J. (ed.) *Artes liberales von der antiken Bildung zur Wissenschaft des Mittelalters*, Studien und Texte zur Geistesgeschichte des Mittelalters, 5, Leiden/Cologne, 1959.

Koch, J. (ed.) *Arts libéraux et philosophie au Moyen Age. Actes du IVe Congrès internationale de philosophie médiévale 1967*, Montreal/Paris, 1969.

Kretzmann, N., Kenny, A., and Pinborg, J. (eds.) *The Cambridge History of Later Medieval Philosophy*, Cambridge, 1982.

Leader, D. L. 'Philosophy at Oxford and Cambridge in the Fifteenth Century', *History of Universities*, 4(1984), 25-46.

Leff, G., *Paris and Oxford Universities in the Thirteenth and Fourteenth Centuries*, New York, 1968.

Murphy, J. J. *Rhetoric in the Middle Ages*, Berkeley, 1974.

van Steenberghen, F. *Aristotle in the West*, Louvain, 1955.

Verger, J. 'Remarques sur l'enseignement des arts dans les universités du Midi à la fin du Moyen Age', *Annales du Midi*, 91(1979), 355-381.

Wagner, D. L. (ed.) *The Seven Liberal Arts in the Middle Ages*, Bloomington, Ind., 1984.

Weisheipl, J. A. 'The Classification of the Sciences in Medieval Thought', *Mediaeval Studies*, 27(1965), 54-90.

Weisheipl, J. A. 'The Place of the Liberal Arts in the University "Curriculum" during the XIVth and XVth Centuries', in J. Koch (ed.), *Arts libéraux et philosophie au Moyen Age. Actes du IVe Congrès internationale de philosophie médiévale*, Montreal/Paris, 1969, 209-213.

Weisheipl, J. A. 'The Structure of the Arts Faculty in the Mediaeval University', *British Journal of Educational Studies*, 19(1971), 263-271.

Weisheipl, J. A. 'Developments in the Arts Curriculum at Oxford in the Early Fourteenth Century', *Mediaeval Studies*, 28(1966), 151-175.

337 2. 四艺

约翰·诺思

大学学问的来源

中世纪大学最显著的目标之一，是为精英分子提供服务社会所需的知识和技能，无论以教会的角色还是世俗的角色。当我们考察大学神学硕士的职业生涯时，发现这个目标完全实现了，并且神学态度无疑在整体上影响了对知识的态度。这种中世纪知识的一般范式是一种遗传，警惕地把外来之物和误解加以净化，然后评注和传授。然而，这种范式更适合三艺这种“表述的艺术”，而不适合四艺。甚至在文科课程的初级水平上，某些迹象显示数学、音乐、几何和天文的教学并不严格。也许这是以下事实的一个结果，即作为较高级的学科，四艺是由学校里较有经验的教师负责的。当然这似乎经常依靠个体的创造——正如我们后面将要提及的，在巴黎，数学课的教学主要是在宗教节日进行——并且我们从很多个人的作品中了解，他们经常被发现的兴奋所感染，不仅包括新文本的发现，还有详细说明那些文本内容的新方法的发现。换句话说，有了“研究”的成分，它就与教学有所区别了。有时它是从原始文本的纯粹精神中获得的。更多的时候它被那个时代的理性约定严重限制着，这些约定起源于逻辑学和修辞学并支配着大学的评注和辩论，同时也受益于这些约定。

像三艺课程一样，四艺课程也是直接从古希腊哲学中衍生，由普林尼和瓦罗承继下来的。

338 除去建筑学和医学，瓦罗的九种艺术变成了中世纪的自由七艺学科。马提努斯·卡佩拉（盛年在410—439年）在他的《莫丘里和语言学的联姻》一书中最终将自由七艺的划分奉为正典。塞维利亚的伊西多尔（卒于636年）的《词源学》一书20篇中的前三篇论及了七种自由学科，并且赫拉巴纽斯·莫鲁斯和比德都用结构比较的方式对其做了编纂。

一方面，中世纪希腊文和希伯来文的百科全书不如拉丁文的与欧洲大学传统的关系紧密。另一方面，百科全书产生于伊斯兰世界，它根源于讲古希腊语的亚历山大城的科学传统并成为那种传统的中心。从组织上看，各种科学是根据亚里士多德的哲学组织的，并且伴随新柏拉图主义重组。在伊斯兰百科全书最杰出的传统作者中，我们知道的有阿尔-金迪，他在9世纪研究了几乎所有的古希腊科学，阿维森纳（伊本·西那）在11世纪有他的医药大典，以及阿威罗伊（伊本·路西德）（“评注家”）在12世纪有他关于亚里士多德的为数众多的评注。当这些著作最终被西欧吸收时，它们往往是被填充到拉丁文百科全书的目录中去，因为围绕拉丁文百科全书的学派已经形成。

关于中世纪晚期，我们或多或少知道使用的是什么教科书，这基本上是从大学的章程中得知的。然而遗憾的是，只是仅在课程上发生了许多重大变化之后这些章程才出台，这与来自阿拉伯的翻译作品的影响有显著的联系。哈斯金斯曾给我们开列出一个较早的目录，从12世纪末开始，这样的目录似乎预设了一些事情，如四个学院的大学组织。该目录按七种文科的顺序安排，还包括医学、民法和宗教法、神学的专业性学习安排。这个目录也许要归功于亚历山大·尼卡姆。①

尼卡姆（1157—1217）是那些以古老、通俗和不加批判的百科全书的方式推动自然科学的人士之一，他的著作是《论自然规律》一书。在那本书中，我们发现他提到了阿拉伯和希伯来的作者。当我们现在了解这些作者时，往往要利用这些参考书，利用诸如“欧洲人首次提到用于航海的磁性罗盘”之类的文本，并且忽视了一个令人悲哀的事实：我们不能如实地声称在它们中发现了一个自足的科学学科的根源。尼卡姆的正确所在就是其他这类作者的正确所在。例如，我们有坎汀姆的托马斯（1201—约1280）的《论自然规律》，广为流行并被大量翻译的巴托洛梅乌斯·安格

---

① 关于这个书目和几种规章的参考书(Paris 1255,1270,etc.,Oxford 1267,and later Naples,Salerno,Bologna,and Montpellier):C. H. Haskins,*Studies in the History of Medieval Science*(Cambridge,Mass.,1927),ch. 18。

339 里克斯（盛年在1220—1250）的《论所有权》，博韦的文森特（约1190—1264）的《五月的景象》——一本在14世纪前25年中得到了增补的著作，以及布鲁内托·拉蒂尼的法兰西百科全书——《生命宝藏》（1260—1267）。它们的持续传播——时间超过了中世纪——是毫无疑问的，但是除了外在的形式和偶尔的书目清单，它们不再反映大学的实践。它们表面上是系统的，但是没有帮助任何一种四艺科学真正系统地发展。由于这些著作的这种状况，我们必须把目光放在别处。

亚历山大·尼卡姆亲自帮助我们从较早的巴黎时代走出来（在圣阿尔邦接受教育之后，他到了巴黎学习）。他说：波依休斯被应用于数学和音乐，欧几里得被应用于几何学。② 欧几里得的《几何原理》早在12世纪就被巴思的阿德拉特翻译过来。它还被卡林西亚的赫尔曼翻译，后来克雷莫纳的热拉尔也翻译了它。至于天文学，尼卡姆提到了托勒密的《大典》，以及由阿弗尔努斯（卒于861年后）所作的托勒密简明导论。但很难说“圣典”是意指托勒密的《天文学集成》，还是针对托勒密的天文表（解释性原理）。③ 权威的《天文学集成》通过克雷莫纳的热拉尔于1175年从阿拉伯文翻译为拉丁文而在西欧变得广为人知，虽然少有人知的另一个拉丁文版本可能在此前20年已在西西里岛从希腊文翻译了过来。④ 阿弗尔努斯的一部著作（据悉它有多种书名，⑤ 但是我们把它称作《原理》）曾在同一个世纪内被翻译两次，第一次于1135年由斯佩恩的约翰翻译，第二次于1175年前由克雷莫纳的热拉尔翻译。除了开始的一章，它以托勒密的

② P. Glorieux, *La Faculté des Arts et ses maîtres au XIIIe siècle* (Paris, 1971), 33.

③ 还有第三种可能性：一部名为“托勒密和毕达哥拉斯”的书以后期手抄本的形式得以保存下来(*incipit* ‘*Inventum Ptolomei...*’；见 MS Budapest 59, 14c., fols. 19 v-20)。

④ 西西里岛人翻译的准确情况最近成为一个激烈争论的主题。R. Lemay，见 *La Diffusione delle scienze islamiche nel medio evo Europeo* (*Convegno Internazionale*) (Rome, 1987), 399-535，对 Haskins 的争论，*Studies* (note 1), 53-54, that Hermann of Carinthia 负有责任(c. 1150)。

⑤ 典型的是 *De scientia astrorum* (John of Seville) 和 *De aggregationibus scientie stellarum* (Gerard of Cremona)。

《天文学集成》为基础，论及了世界上的各种历法。阿弗尔努斯的《原理》甚至比它的原型对中世纪的直接影响还要大，那是因为《原理》是学生们能够——尽管有困难——理解的一种文摘。在 13 世纪，它大部分而不是整个地被萨克罗博斯科的约翰的《论天球》所取代，然而后来的著作在很大程度上仍归功于它。[6]

我们可以通过北欧的情况得到整个中世纪文科学生四艺课程的材料。它的内容后来被补充和修改的情况，我们会在适当的时候加以解释。然而，从伊比利亚半岛的角度看，到目前为止我们所提供的这幅图景似乎是
扭曲的，因为当别处修道院教授四艺时只不过意味着算盘、教会历法、圣 340
歌的练习，以及一点实用的几何学时，那里已经确立了亚里士多德自然哲学和希腊与阿拉伯的数学及天文学的学术性。

西班牙第一部从阿拉伯文翻译成拉丁文的作品是在加泰罗尼亚边境地区完成的，约在 10 世纪中期，是莫扎拉布从西班牙的穆斯林地区迁徙到加泰罗尼亚地区的一个结果。当然有来自欧洲其他地方的学者，他们意识到自己科学文化的相对缺乏：见证这种情况的有前往西班牙的著名访问者，如奥里亚克的热尔贝（后来的西尔维斯特教皇二世，约 945—1003 年）、蒂沃利的柏拉图（活跃于巴塞罗那，盛年在 1134—1145 年）、巴思的阿德拉特（盛年在 1116—1142 年）、卡林西亚的赫尔曼（盛年在 1140—1150 年）、凯顿的罗伯特（赫尔曼的朋友和文学合作者），以及布鲁日的鲁道夫（赫尔曼的门徒）。

列举他们之中的两个人来证明变化的风格就足矣。要确定热尔贝在他的加泰罗尼亚中心维奇获得多少穆斯林科学知识是不容易的：他似乎懂得如何使用一种不同于旧罗马的算盘，以及如何构造一种环形球体和一种日晷，以及一种天体观测仪，但在他的著作中并不明显。但是返回之后，他仍保持着与翻译家罗贝特的通信。另一方面，阿德拉特则做着他自己的阿拉伯文翻译，尤其显著的成果就是阿尔-赫瓦里兹米的天文表，由科尔多

⑥ 见第 348 页。

瓦的天文学家阿尔-迈里提（卒于约 1007 年）校订。必须承认，他对西班牙访问的证据只是间接的，但是他提到了对叙利亚和南意大利的访问，鉴于他对科尔多瓦天文表的接受，其间曾访问西班牙不是不可能的。[7] 他翻译的欧几里得的《几何原理》是第一部有影响力的拉丁文版本，它是以阿尔-哈杰·伊本·优素福·伊本·马特（9 世纪）的阿拉伯文版为基础的。[8] 阿德拉特为未来的亨利二世撰写了一篇关于天体观测仪的优美论文（约 1149），但这本书是在英格兰完成的。

作为一个学习中心，伊比利亚半岛的声誉吸引了其他地方的人，而且伊比利亚的学术甚至通过个人得到广泛传播。例如，通过犹太学者亚伯拉罕·伊本·艾兹拉（约 1089—1164）的旅行，他最远到过伦敦。12 世纪的这种活动先于西班牙任何一所大学馆的建立。（萨拉曼卡的大学馆由利昂的阿方索九世创办于 1218 年，同样的机构由他的儿子于 1254 年在塞维利亚建立）12 世纪的翻译作品是在许多地方完成的——巴塞罗那、塔拉萨纳、塞戈维亚、利昂、潘普洛纳，以及比利牛斯山之外的图卢兹、贝齐
341 埃尔、纳博恩、蒙彼利埃、马赛，等等。后来，在托莱多达到了某种卓越的程度，克雷莫纳的热拉尔，所有翻译家中最为刻苦不懈者，显然是被托勒密著作的魅力吸引到了托莱多。[9]

在所有此类工作中，犹太学者起到了重要的作用。例如，犹太人亚伯拉罕·巴尔·赫亚（萨瓦索达，盛年在 1136 年）在蒂沃利的柏拉图翻译活动中充当了中介的作用。此次翻译活动除了翻译成希伯来文，以及基于阿拉伯文模式的希伯来文著作外，还有用希伯来文写成的阿拉伯手稿。在西班牙普遍使用的大多数著作都有希伯来文的版本，特别是在 13 世纪和

---

⑦ J. D. North, *Horoscopes and History*(London,1986),96-107.

⑧ 关于西班牙活动的一般描述：J. Vernet, *Ce que la culture doit aux Arabes d'Espagne*(Paris,1985)。例如，关于欧几里得这本最重要论著的不同译本之间复杂的相互关系，见同前注中的图式，133 页。

⑨ 关于西班牙翻译高潮的简短而详细的说明，J. Millás,'Translations of Oriental Scientific Works(至 13 世纪末)',见 G. S. Metraux and F. Crouzet(eds.), *The Evolution of Science*(London,1963).关于一个广泛的文化研究：Vernet, *Ce que la culture*(注释 8),尤其是第 3—9 章。

14 世纪的法兰西南部，并且在整个中世纪，在欧洲其他地方，犹太学者和基督教大学之间存在着一种适度的双向思想交流。⑩

然而，与来自阿拉伯的译著相比，欧洲大学的科学课程更多地应归功于西班牙。阿威罗伊，杰出的科尔多瓦自然哲学家，是欧洲中世纪晚期亚里士多德哲学的代表，并没有直接对文学院的入门课程产生太多的影响。然而，许多其他的伊比利亚作者对于即将到来的教育大发展具有重要意义：阿尔-赫瓦里兹米论数学（附有几节关于什么是代数）主要著作的西班牙文译本和它的阿拉伯文修订本，出现了一系列的版本供大学使用长达三个世纪甚至更长时间；在普通分数的教学方面，有印度—阿拉伯的数字系统和在天文学中使用的六十进位法。这是萨克罗博斯科的《十进位法》所代表的传统——13 世纪及以后指定的一个主要文本。

包含天文表收集的欧洲科学学术的另一重要文本通常与阿尔扎切尔（卒于约 1087 年）的名字联系在一起。这些托莱多天文表经克雷莫纳的热拉尔翻译并用一些基督教的素材加以补充，轰动了欧洲。大约 1340 年，它们在欧洲的各中心城市（马赛、巴黎、伦敦等）以各种修订版形式发行，甚至被译成了希腊文。⑪ 由阿尔扎切尔为这些天文表所写的标准为较好的学生提供了学习三角学和天文学的一个重要理论来源，虽然它们对最优秀的学生来说是不够的——因为标准仅通过强记背诵来教授，而不是从最初的原理开始。阿尔扎切尔，像他周围的许多其他人一样，投入大量的时间去研究天文学仪器，特别是新的天体观测仪，以及被称作赤道仪的仪 342
器，用于测量行星的位置。

在 13 世纪的最后 25 年里，在利昂和卡斯提尔的智慧之王阿方索十世的支持下，加之穆斯林和犹太学者的帮助，一套新的甚至更重要的天文表被制作出来。为它们而写的准则使用的是卡斯提尔的方言，这也许能够部

---

⑩ 关于对犹太人贡献的最新研究：B. R. Goldstein, *Theory and Observation in Ancient and Medieval Astronomy*(London, 1985)，尤其是第 20—24 章。

⑪ G. J. Toomer, 'A Survey of the Toledan Tables', *Osiris*, 15(1968), 1-174; J. M. Millás, *Estudios sobre Azarquiel*(Madrid/Granada, 1943-1950).

分地解释在此著作被拉丁传统接受之时已经过了数十年这样的事实。当这最终发生的时候，这个版本广受欢迎——它印于1483年——是萨克森的约翰（约1327）的著作。然而，他的书并非第一个拉丁文版本：他的同行巴黎人约翰尼斯·德·马勒和利尼埃的约翰于1321年和1322年还发表了另外的版本，并且他们随后提供了改进的可选版本。这套天文表几乎在同一时间经由巴黎传到了英格兰。我们发现它早期与格拉斯哥、北安普顿和伦敦相联系，并且在牛津以重要的方式得到了发展，正如我们后边将要看到的。在第一次成文之后，这些著作沉睡在西班牙之外的拉丁语世界长达半个世纪，为何会如此，我们仍未明白其中的奥秘。⑫

当然，西班牙并不是古希腊和阿拉伯知识进入欧洲学校的唯一窗口。我们已经提及作为一个翻译起源地的西西里。到了比萨的莱昂纳多（费波那契，约1170—1240后）时期，他是那个时代最伟大的欧洲数学家，并且成为腓特烈二世的皇家数学家，其在北非和地中海世界广为游历，以一种非常直接的方式汲取了穆斯林的知识。然而，即便是他也依然与西班牙有着重要联系——例如，与托莱多的犹太学者茹达斯·本·萨洛蒙·科恩的接触，以及通过巴思的阿德拉特、凯顿的罗伯特及克雷莫纳的热拉尔的译作了解学术。费波那契是一位具有历史意义的孤独人物，较之他的同辈人过于伟大而不能被欣赏。⑬ 他们觉察到了他的天才，赞誉却给予皇家星相学家迈克尔·斯科特——但丁认为他合适的位置是在地狱。然而，不应该被忽视的是，如此多的人学习四艺的动机无疑是基于占星术的作用。星相学是一个信仰体系，同时在现实的意义上是相当“理性的”，需要一套

---

⑫ 关于其历史的一般研究，以及它们的英国境遇：J. D. North，‘The Alfonsine Tables in England’，见 Y. Maeyama and W. G. Saltzer(eds.)，*Prismata*(Hildesheim，1977)，269-301。关于萨克森的约翰的版本：E. Poulle，*Les Tables alphonsines，avec les canons de Jean de Saxe*(Paris，1984)。后来印行的版本——迟至1641年（Madrid）最后版——有 Santritter 或 Gaurico 的经典。关于阿方索天文学的很有用的材料：J. Samsó(ed.)*De astronomia Alphonsi regis*(*Proceedings of a Berkeley symposium on Alfonsine astronomy，1985*)(Barcelona，1987)。

⑬ K. Vógel，‘Fibonacci’，见 C. C. Gillispie(ed.)，*Dictionary of Scientific Biography*，vol. Ⅳ(New York，1971)，604-613.

完整的数学训练以熟练掌握它。学者们根据天象预测个人的、君主的、民 343
族的、气候等的趋势，他们所凭借的规则明显含有武断的因素，人们接受了它们并据以行动，这要求非常精确的天文计算，以确定天空的准确状态。毫无疑问，西班牙是星相学教育及其所需要的相关数学教育的卓越中心，正是这种感觉促使如此多的学者穿越比利牛斯山。

音乐

在大学产生之前的一段时期，四艺分科之一的音乐——凭借它在基督教礼拜仪式中的重要性——处于非常重要的地位。后来的布鲁内托·拉蒂尼说，它是第二个数学科学，“它服务以使我们喜悦和得幸于上帝的帮助”：它提供了——毕达哥拉斯的余荫——一种精神完善的手段，波依休斯极力倡导这一点。当然，它有实际的一面——声乐的和器乐的——但在学校的环境中一种强烈的理论成分占据了主导地位，主要是基于单弦琴的理论，几乎所有关于音乐的重要著作都由此开始（甚至实践性的音乐也可以一种严格的分析性方式来教授，虽然通过实践了解的事情本质并不比来自书本理论的少）。关于这一主题的中世纪文献远远超过了百部，但其中最为重要的仍是波依休斯对古代传统的综合——《论音乐原理》。[14]

波依休斯在这部著作中传承毕达哥拉斯的音乐理论，那是他《数学》的一部真正的续篇，基于数学的、几何学的及数字 6、8、9 和 12 之间的和谐比例。他用现在似乎更让人困惑的专业术语，把似乎对他最为重要的数字关系做了整理，有人认为这完全没有必要。当字母的使用取代数学比例时，音乐的乐谱逐渐演进和改善，这是经过一些学者诸如菲利普·德·维特里和纪尧姆·德·马绍努力的结果。音乐上所取得的最大进步是在所教的一些与大教堂或主教座堂相联系的主题方面，如巴黎圣母院的唱诗

⑭ *Patrologia Latina*, vol. LXIII (Paris, 1847; reprint, Turnhout, 1977). 关于更多的参考文献见 Glorieux *Faculté des Arts*,（注释 2），35。

班、圣维克多或圣珍妮芙的修道院。雷奥宁和佩罗坦都是唱诗班教师。[15]
344 在欧洲也许没有别的大学城能像巴黎那样提供这样的机会——尽管萨拉曼卡提供音乐方面的学位——并且有人怀疑在别的地方波依休斯的教学是一件相对枯燥的和理论上的事情，关注于比例的记忆，并且从音乐不仅是乐器的还（依照波依休斯）是万物和人自身这样的事实中获得安慰。人性音乐的概念涉及心灵与肉体功能的预定和谐，宇宙音乐的概念，以及宇宙的每一部分应有它自己的乐调，将会提醒学生天文学中蕴藏着愉悦。

在每一所把音乐作为文科课程一部分的大学里，波依休斯似乎总是处于教学的核心并延续了整个中世纪，无论在哪里，音乐都是课程的一部分。在牛津早期的历史中，音乐的地位有些含糊，但是波依休斯的地位于1431年被确定，并且在伊丽莎白女王1564—1565年颁布的章程中有一席之地。此后，他在牛津的章程中一直存留到19世纪。[16] 鉴于该学科包括的数学成分，在天文学或数学方面的著名人物会对音乐有所贡献也就不足为奇，反之却不成立。例如，巴黎人约翰尼斯·德·马勒（Johannes de Muris）就写过关于天文学和音乐方面特别重要的著作；而艾维善（别名奥丁顿）的沃尔特（Walter of Evesham or Odington），他可能在牛津，确实因为他的音乐而更著名，但没有对天文学做出有意义的贡献。

算术

对于算术，大多数章程——以及在无法获得它们的地方，传记中的证据与许多留传下来的无数手稿——使我们清楚一点：波依休斯的著作（《论算术原理》）还是年轻文科学生汲取的主要养分，欧几里得《几何原

---

⑮ J. Smits van Waesberghe, *Musikerziehung: Lehre und Theorie der Musik im Mittelalter* (Leipzig, 1969). 关于 Boethius: M. Gibson (ed.), *Boethius: his Life, Thought and Influence* (Oxford, 1981)。

⑯ J. Caldwell, 'Music in the Faculty of Arts', in J. McConica (ed.), *The History of the University of Oxford*, vol. Ⅲ (Oxford, 1986), 201-212.

理》中包括的大量算术经常只是一种补充。使用的其他著作，还有维勒迪约的亚历山大的《量的计算》（关于潜在的历法计算原理）和我们前面提到的萨克罗博斯科的《十进制》。这是巴黎人的实践，在已知最早的牛津的章程要求（14 世纪早期）中，在确定“计算”和“十进制”方面，牛津可能也追随之。[17] 其他的文本，可确定的：那里使用过由牛津的托马斯·布拉德沃丁（约 1290—1349，或者是西蒙·布莱顿的?）所作的波依休斯的摘要，并且根据它在慕尼黑、爱尔福特、伯尔尼和维也纳的手抄本，还可以发现一些中欧的大学也在使用它。[18] 人们的确可以从典型的文 345
科课程中拿出几乎任何一本课本，通过搜索手稿目录，发现大量关于该课本的各种摘要和评注。这些评注不但证实了一种教学方式，而且证明一些学生学习我们看来极为简单的材料时存在着内在的困难，如简单的加法、减法、乘法和除法的规则。

为了减轻学习算术的苦涩并提供实例，人们发明了一种被称作“里思莫马恰”（*rithmomachia*）的算术游戏。它是一种跳棋，棋子的数目以挑选的奇数和整数来计。在讨论中的数字是小于 10 的数字的简单二次函数，可能大到 289 和 361（2n＋1 的平方，n＝8 或 9）。这个游戏的规则有着悠久的历史，它如此复杂，足以使人怀疑朴实的波依休斯是否不喜欢这个游戏。[19] 在天文学和计算法方面，文科学生还有其他的游戏和教学辅助手段。“手指计算法”，由手指关节代表着历法字母和数字，无疑是几乎每个学生都熟悉的技巧。在音乐中也有相似的手法系统，并且有一些一直留存至今；但是，在牧师的生活中，历法尤其重要，特别是要用它来安排复活节这一基督教历史上最重大事件的庆祝。

---

⑰ 见 Glorieux, *Faculté des Arts*（注释 2）. 关于牛津：J. A. Weisheipl, ‘Curriculum of the Faculty of Arts at Oxford in the early Fourteenth Century’, *Medieval Studies*, 26(1964), 161, 170。

⑱ L. Thorndike and P. A. Kibre, *Catalogue of Incipits of Mediaeval Scientific Writings in Latin*, The Mediaeval Academy of America(London, 1963), cols. 641, 783, 1175, 1401.

⑲ G. Beaujouan, ‘L'enseignement du quadrivium’, in *Settimane di studio del Centro italiano di studi sull'alto medioevo*, vol. XIX(Spoleto, 1972), 679-723.

从某种程度上说，历法的规则很简单，只要它们背后的天文学是一致的，就取决于计算的循环。遗憾的是，正是天文因素让更加敏锐的学者有了关注的理由，由此出现了反复改革的尝试。但直至1582年教皇格列高利的改革才得以成功。是否众多普通的文科学生也意识到这个问题或关心它是值得怀疑的，然而，罗伯特·格罗斯泰特（约1170—1253）和罗杰·培根（约1219—约1292），在西方科学史上他们两人的名字意义重大，认为这是一个严肃的问题。当培根为数学科学唱赞歌，并且称它们是为基督教辩护的一个潜在武器时，他正思考着它们在地理学上的用途——地点的纬度和经度的传教价值，以及10个部落和反基督者所在的地方——而不仅仅是历法上的用途。在别的事情中，他害怕犹太人的嘲笑，因为犹太人似乎在逾越节的计算上要比他的同宗信仰者更为精确。[20]

几何

346 这种实际的考虑绝没有远离自由学科课程的任何部分。看一下布鲁内托·拉蒂尼关于几何学的论述：

> 由此我们知道了事物在长度、宽度和高度上的大小和比例；正是科学使智慧的古代人——通过他们的几何学专门知识——能够发现天体和地球的大小，以及它们之间的距离，未提及其他比例，而这正是奇迹之源。[21]

前提是几何学被当作制定天文表的标准：规则的重演比科学的逻辑结

---

⑳ M. A. Hoskin, and O. Pedersen (eds.), *Gregorian Reform of the Calendar. Proceedings of the Vatican Conference to Commemorate its 400th Anniversary, 1582-1982* (Vatican City, 1983). 目前有关历法的特别有价值的一部著作是 C. Wordsworth, *The Ancient Kalendar of the University of Oxford* (Oxford, 1903-1904)。

㉑ Glorieux, *Faculté des Arts*（注释2），36，从此书我还获得关于这个课程的进一步的信息。

构得到了更多的关注，由此那些规则被置于首要位置。欧几里得的《几何原理》是公认的最佳教材。学生能学到什么程度在某种意义上依据的是文科课程的学时年限，它的波动幅度非常大；但在学时年限较长的牛津，也仅仅是在形式上要求前六篇。[22] 可获得的译著有，如已经提到的由巴思的阿德拉特、卡林西亚的赫尔曼，以及克雷莫纳的热拉尔所译的版本。其他的“理论”几何学著作是一本借波依休斯之名所作的《几何原理》评注、欧几里得的《定量与格》(如培根告诉我们的)，以及约旦·奈莫拉里乌斯的《论三角形》。

在“实用”几何学方面，我们发现了各种各样的风格。理论与实际之间的区别可以追溯到柏拉图和亚里士多德，但是在12世纪和13世纪它不仅仅是分类修辞学。有充分的证据表明，很多人研究欧几里得是为了研究《天文学集成》——如凯顿的罗伯特所言，“它是我们研究的根本目标”。[23] 取自布鲁内托·拉蒂尼的引言听起来好像附和了圣维克多的休斯（卒于1141年）的《大纲提要》，它的从属部分有《平面测量法》《测高法》和《立体测量法》。在任何这样的标题之下，关于某种象限仪的一篇论文，都能够得到详细说明。早期最著名的论述也许是《象限仪论文》（12世纪?），属于罗伯特斯·安格里克斯或蒙彼利埃的约翰尼斯·安格里克斯。[24] 它描述了一个小的、手控的，通常由黄铜制成并刻有尺度的象限 347
仪，有一个滑动标尺能够在其上移动。目测象限仪本身的瞄准器能获得天体和建筑体的高度，并且做可能的时间计算。

通常实用的几何学其他文本，还有关于静力学（例如，约旦的《论重量》）和那些关于光学的文本。光学是非常有意义的，因为它不仅是在中

---

[22] Weisheipl,‘Curriculum’(注释 17),171.

[23] Burnett,见 *Diffusione delle scienze*(注释 4),25n. 45.

[24] S. K. Victor, *Practical Geometry in the High Middle Ages*:‘*Artis cuiuslibet consummatio*’ and ‘*Pratike de geometrie*’(Philadelphia,1979),22-23; F. Maddison,‘Early Astronomical and Mathematical Instruments. A Brief Summary of Sources and Modern Studies’, *History of Science*,2(1963),17-50.

世纪取得进步的——这是四艺中每一分支学科的事实——一门学科，而且是这种进步被运用到教学上的一门学科，就我们所知道的范围内，这在别处很少成为事实。欧几里得、托勒密和伊本·阿尔-海塞姆对光的反射与折射的研究在 13 世纪之前的西欧尚不为人所知，百科全书式的传统（亚历山大·尼卡姆、巴斯罗马斯·安格里克斯，等等）是一种可怜的替代品，如它所做的那样，从一些著作家如柏拉图、普林尼、圣奥古斯丁和哈尔基狄那里抽取一些给人印象深刻的材料。然而，这个完整的主题通过罗伯特·格罗斯泰特保存下来，他拥有可以利用的欧几里得的《光学》和《反射光学》、亚里士多德的《气象学》、阿尔-金迪的《论观测》，还可能有托勒密的《光学》。㉕

光学涉及一般的形而上学和物理学问题，诸如传输模式，“种类的增加”，等等，并且带有几何学的问题，如折射与反射、颜色、视觉和彩虹的几何学问题。格罗斯泰特考虑了所有这些问题。他在一些方面被光学所困扰，这些方面对于他的整个哲学是有重要意义的。短文《论光或形式的起源》是他晚年的一项成果，其科学争论方式是值得怀念的，它把整个物质世界解释为由于光的活动。尽管不直接涉及那些学习四艺的人，但是这位牛津首位教长的整个形而上学的观点或多或少地占据了那些把光学更普通的方面教给学生的人的思想。格罗斯泰特对随后的几代人的影响都非常大，尤其是通过他与牛津圣方济会修士们的联系，对于他们，他是第一个讲师。他最有影响力的追随者是罗杰·培根，但总的来说是通过圣方济会修士他才有了如此强大的欧洲影响力，这使他的著作不仅仅具有共同的兴趣。并且，他受到了他的神学，尤其是他的创世神学的驱使。

令人遗憾的是格罗斯泰特无法获得伊本·阿尔海塞姆的杰作《光学》，
348 其在 13 世纪早期或 12 世纪末期被译出。罗杰·培根及另外两位其著作最

㉕ A. C. Crombie, *Robert Grosseteste and the Origins of Experimental Science, 1100-1700* (Oxford, 1961); R. W. Southern, *Robert Grosseteste: the Growth of an English Mind in Medieval Europe* (Oxford, 1986). 许多基础的光学著作的摘录可发现于 E. Grant, *A Source Book in Medieval Science* (Cambridge, 1974)。

广泛地被作为大学教材使用的作者约翰·佩克汉姆（约 1230—1292）和西里西亚学者威特罗（约 1235—1274 后），的确获得了这部书，加上阿维森纳的几本有用的著作和托勒密的《光学》，这三种著作的出现很大程度上是 13 世纪大学学术的成果：他们三人在不同时间到过巴黎。培根和佩克汉姆还到过牛津，两人都是圣方济会修士，因而不可避免地受格罗斯泰特的奥古斯丁主义的影响。培根进入这个教团（约 1257）时大约 40 岁，而佩克汉姆，一个具有高度职业自觉性的人，于 1271—1272 年成为牛津圣方济会的讲师，并且从成为这个教团的地方教会的成员开始，成为教廷的神学导师，最终成为坎特伯雷的大主教。

资源不断得到积累。例如，我们可以说威特罗的主要的光学文本《透视法》肯定是写于 1270 年之后，因为它利用了莫尔贝克的威廉关于亚历山大的希罗的《反射光学》的译著，记载的日期是 1269 年的最后一天。格罗斯泰特、培根、佩克汉姆和威特罗全都推进了 13 世纪的光学的发展，不但如此，他们还几乎耗尽了中世纪的能力。一个难以解释的奇怪事实是，14 世纪，尽管数学方面知识不断增长，却再也没有做出多少贡献，由佩克汉姆和威特罗写的书继续在大学中使用，直至完全进入 17 世纪。他们的著作对整个欧洲的影响是巨大的，诸如奥雷姆的尼古拉斯、雷吉奥蒙塔努斯、莱昂纳多·达·芬奇、弗朗切斯科·莫罗利科、托马斯·哈里奥特、约翰尼斯·开普勒和勒内·笛卡尔，这些人都明显地参考过这些著作——而这七个人对后期的光学发展史来说意义重大。

天文

一种过于简单化的亚里士多德的纲要——同心球承载着行星，一组次平面球体位于中心——处于中世纪宇宙哲学教学的核心。尽管托勒密的《天文学集成》置于课程后面，但难得被使用，而由诸如已经提及的阿弗尔努斯等人所作的文摘代替，或者由以《论天体》为通用题名的几种衍生著作中的某些部分所代替。在这些著作之中，萨克罗博斯科的最为著名，尽管另一部格罗斯泰特的著作和一部更有野心的无名氏《天文学集成节略》也在可选之列。萨克罗博斯科的著作，一直使用到 17 世纪，是中世纪所有教科书中使用最广泛的一种，很难理解为什么，除非它缓慢的步伐和大量经典文学装饰被认为是美德。那本著作论及了天体天文学和一些相应的地理学。由于它的朴实，它成了译注的对象，好像几乎成了一种神圣
349 的文本。中世纪最有名的例子也许是罗伯特斯·安格里克斯（1271）的著作，基于高明的克里斯托弗·克拉维斯（1537—1612）写的一本关于它的评注，在后来的版本中累积到近 800 页。[26] 有几百本得以留下来的手抄本，在遍及整个欧洲的各个图书馆中被发现。有 35 本威尼斯的印刷品，其他的来自博洛尼亚、米兰、阿维尼翁、第戎、鲁汶、美因河上的法兰克福、克拉科、维也纳、奥格斯堡和安特卫普。如果有人谈及欧洲经验，萨克罗博斯科一定是其中一部分。

萨克罗博斯科的长篇著作《计算》在一些大学中（如在牛津）被置于天文学之下，而非算术之下。它得到了广泛传播，尽管不及《论天球》，但也和那种似乎未被使用过的本国语著作不同。他的两本著作——尽管它们存在着陈旧的特征——由菲利普·梅兰克顿改进，努力使其成为改组后的维腾堡大学的教科书（很多其他路德教派大学受到了梅兰克顿的强烈影响）。[27] 格罗斯泰特的《计算》在 13 世纪还被当作萨克罗博斯科著作的替换物，但是很快就让位于萨克罗博斯科的著作。

《论天球》几乎没有涉及行星的运动，而且有可能在 13 世纪晚期之前很少有文科毕业生了解这个题目，然而那恰恰是中世纪天文学的精华所在。我们已经知道托勒丹和阿方索亚天文表的标准如何能够表达有关这个主题的一点点信息，即使信息暗含在计算常规之中。为填补这一明显的缺陷，在《行星理论》标题之下产生了一类著作。塞维利亚的约翰翻译的阿

㉖ L. Thorndike, *The Sphere of Sacrobosco and its Commentators* (Chicago/London, 1949). 关于萨克罗博斯科和他的 *oeuvre*，参见综合的 O. Pedersen, 'In Quest of Sacrobosco', *Journal of the History of Astronomy*, 16(1985), 175-221。

㉗ Pedersen, 'Sacrobosco'(注释 26), 184.

弗尔努斯的著作就属于这个题目，另一部 12 世纪赫里福德的罗杰的著作也是一样，但是无须怀疑，这些同名著作中最广泛传播的教科书是一种用“轨道离心率或许是偏离主题之矛”的话开篇的书。[28]

无名氏著《原理》一书的前五章论述太阳、月亮、月交点，以及比地球离太阳更远的和在地球与太阳之间的行星的经度上的运动。它们对托勒密天动说的非正圆运行和等径运行做了充分的说明，为所谓的等式完成补充方程。未有记载说托勒密天动说——在某种程度是前托勒密的天动说组成了《天文学集成》。在某种意义上，《原理》为西方天文学做了托勒密“大作”的译著未能轻易做到的事情：它提供了一套相当稳定的、没有歧义的天文学词汇。在该书后面的一些章节中，作者的论述是不肯定的，有些技巧上的误解，后来受到皮尔巴赫和雷吉奥蒙塔努斯的批评。就给出的数字参数而言，其资料贫乏得出奇，无论是几何学的还是运动学的，这些 350
都暗含在（原则上能够推论出）读者使用的所有天文学表中。《原理》的真正价值是，当计算行星的位置，第八个天体的运动（用我们的话说，分点的岁差），或者无论什么时，它给出了对学生所关注事物的一种理解。[29]它并未给出关于行星理论曾是或能够以什么方式发展的真正的理解。它在大学里存在的时间比取代它的哥白尼学说体系更久。它是欧洲大学保守性的一个可悲的方面，很多大学 17 世纪的手册简单地把它与别的理论并肩而置，好像它们具有同等价值。在需要观察记录和简化的意义上，天文学可能是四艺中从未能以真正实践的方式来处理的学科。许多学生一定以这种或那种形式使用过象限仪，这样无所不在的仪器样本天体观测仪——一些专注的学者可能专为他们自己的用途所做的——无疑被首先运用于告知时间，在那些社会智力水准较低的地方，人们也许会使用一种简单轻便的圆筒刻度盘，或者一种巨大的刻度盘；但是有人怀疑这样的仪器更经常地

㉘　关于《行星理论》类型的文献的更多细节参见 O. Pedersen，‘The origins of the Theorica Planetarum’，*Journal of the History of Astronomy*，12(1981)，113-123。

㉙　用于计算经度的方法的要点的一个提纲参见 J. D. North，*Richard of Wallingford*，vol. Ⅲ(Oxford，1976)，appendix 29。

被用于教学目的。就像我们经常发现，亚里士多德宇宙形象的浑天仪的缩微被用作大学学习的象征符号。

另外一种天文学上的仪器是赤道仪，它是为了单纯的计算用途。从它最简单的外观形态看，是一套在圆盘上的分等级刻度，其能够模拟托勒密天文学球体的运动，并且大为缩减了这方面冗长乏味的托勒密计算。其他被制造的赤道仪在直观上缺少明显的原理，而其中最为精巧的，记录在沃林福德的理查德（约1292—1336）的《阿尔比恩》（1327），可能远远超越了普通文科学生的理解。尽管如此，它传遍了欧洲，我们在诸如巴黎、维也纳、爱尔福特和因戈尔施塔特此类大学中的手稿资料中发现了关于它的介绍。[30]

教科书的传播

举《阿尔比恩》作为一种新观念的典型案例：它传遍了欧洲，但是精确地描述它是如何传播的是一个重要却又难以确信回答的问题。《阿尔比恩》的手抄本仅是由游历的大学学者抄录的，还是理查德的本笃会亲属
351 （1327年他在牛津获得神学学士之后成为圣阿尔邦大修道院的院长）？修道院的欧洲与大学的欧洲之间的共生关系是一个还有待于我们深入了解的课题。

1399年维也纳大学的讲座目录上出现的许多科学著作中有布拉德沃丁的《比例法》——大概是《运动速度比论集》。今天在克拉科的杰吉隆尼安图书馆，这一著作的抄本至少有三种，其中之一是由某个叫桑迪沃基斯·德·蔡切尔的人抄写的，但是没有任何关于这本书是如何从牛津辗转而来的线索。人们只能猜测这本书最早是由一位在牛津或巴黎学过这本书的教师带到这里的，但是教科书和观念的传递不一定总是这么简单。

这一点还能从下一个例子中看到，克拉科的大学馆是1364年按照博

---

[30] North, *Richard of Wallingford*（注释29）, vol. Ⅱ 127-287 *passim*.

洛尼亚模式建立起来的。现在发现克拉科有几种手稿与巴黎和牛津大学有紧密的关联。[31] 但人们似乎从未从大学迁移的角度研究过它们。其中一本（R. 82）是明确的有“《奥古斯丁信徒论三角》，巴黎讲师”签字字样的占星学汇编。记载了 1436 年（R. 1383）通过观察“巴黎圆环”而获得的恒星坐标图表。而在佩鲁贾的学馆中，莱切尼兹的约翰尼斯·萨莫拉在 1453 年抄写了一份 14 世纪巴黎教师利尼埃的约翰的论文《赤道仪》，三年之后他在克拉科完成了第二个抄本。一些天文表的手抄本在它们的诞生地巴黎或牛津之外的地方并未被严格地使用（有关王室天文表、太阳的高度、日月食），而其他地方有重新计算它们的表，如克拉科、布拉格或别的地方（如 R. 1306，有格拉伯特沃的尼古拉斯所作的笔记）。当为了天文学的目标跨越城市，主要是大学之间空间的距离时，人们可以感受到知识团体的意义，之所以如此，是因为一个地方的天文学家可以利用另一个地方同行的计算和观测数据。有着蒙斯特堡的亨利的附注的一份克拉科的手稿（R. 1562）就把巴黎与维也纳、托伦和马尔堡联系在了一起。

这些知识流动情况仍不甚明了，因此要做出准确的判断是不可能的：那是未标明国土边界的自然之域，许多确切的事实尚需去发现。例如，就阿方索亚的天文表而论，过去认为，出现于 14 世纪和 15 世纪的各种牛津版本都是以前就已发现的版本的相对不重要的改编本，只是为地理位置而做了修订，而很少做具有重要意义的方法上的修改。现在我们知道这是错 352

[31] 在杰吉隆尼安（Jagiellonian）图书馆。我使用 G. Rosinska，*Scientific Writing and Astronomical Tables in Cracow*（Wroclaw，1984），这里用‘R’表示。

误的。[32]

文本情境中的四艺

我们从正式文件中收集到的关于这种课程的信息资料明显地遗漏了许多应涉及的有关如占星术、地占术，甚至魔术的主题。即使它们没有立即迎合许多文科学生的热望，也一定会被描述。一些大学——14 世纪的奥尔良也许便是恰当的例子——由于占卜的危险形式而获得声誉，然而有大量的占星术小册子不能恰当地归在那个主题之下，并且其或多或少作为天文学的延伸而得到广泛的研究。[33] 证据是以教科书和手稿形式呈现的。在尚存的手稿中，诸如阿布马莎和阿卡比提特斯等占星术作者所作的论文的

㉜ 大约 10 年前，我表明了有两种写于牛津的非常重要的修订本，一本由一个不知名的天文学者作于 1348 年，可能名为贝特库姆（Batecombe），另一本大约在 1442 年由约翰·基林沃斯（John Killingworth），默顿学舍的教授所作。几年内，教授 J. 多布茹斯基（J. Dobrzycki）发现了 1348 年的天文表，仅被描述为‘*tabulae Anglicanae*’，在克拉科——以及在一份西里西亚的手稿（15 世纪），和一份来自布拉格的手稿（14 世纪）中都有发现。然后，我回忆起兹沃勒的亨利·阿尔诺（Henry Arnaut of Zwolle），一个 15 世纪的巴黎教师是如何查阅‘*tabulae Anglicanae*’的；也许这些都是 1348 年天文表。教授戈尔兹坦（B. R. Goldstein）[见他的 *Theory and Observation*（注释 10）]，致力于犹太人的天文学著作，后来发现了 1348 年牛津天文表的犹太版本，由曼图亚的莫迪凯·芬奇（Mordecai Finzi of Mantua），一个 15 世纪的学者完成，芬奇提及了一份拉丁手稿 1360 年的注释者，以及一个在曼图亚帮助过他的不知名的基督徒。在皮科·德拉·米兰多拉（Pico della Mirandola）的 *Disputationes adversus astrologiam* 中有对‘*Oxonienses tabulae*’和安杰勒斯·马图努斯（Angelus Mantuanus）的介绍。那些天文表在智力性上非常严格，就如人们所期望的那样——超越普通文科学生所达到的——我们还发现它们令人吃惊的大扩散部分是因为大学，但也有其他原因。10 年前没有任何人在意它们，而今天在整个欧洲对它们的重视都被看到。人们禁不住想知道还有多少相似的事例。

㉝ 关于魔术的文本传说，见 D. Pingree, ‘The Diffusion of Arabic Magical Texts in Western Europe’, in *Diffusione delle scienze*（注释 4），57-102。奥尔良的声誉似乎依赖于“富兰克林的传说”中乔叟对它的介绍，并且在那里的大学记载里明显不被支持。见 D. Mackay Quynn, ‘The medieval extracurriculum: the Orléans example’, *Mississippi Quarterly*, 10:3(1957), cols. 120-134; cols. 129-134 有关魔术。

抄本数量巨大，虽然它们没有达到《行星理论》文献的数量。（地占术和魔术比占星术更为缺乏）一种或两种极重要的且费解的占星术观念无论如何会在包含有关天体观测仪的书中并成为课程得以传播，但是其只有在那种联系中才偶然地被明确提到。（第一篇用英国本国语所写的关于天体观测仪的论文是由诗人杰弗里·乔叟为他年仅 10 岁的儿子所作，大约在 353
1393 年[34]）

无论何地，音乐总是被有教养的神职人员用作祈祷仪式的一部分，无论何地，在大教堂中，占星术的意象总在望远镜中和钟的罗盘刻度中得见，无论何地——随着对狄奥尼西奥斯和亚里士多德的宇宙论的调和——但丁的作品总是被阅读，无论何地，国王们总在精选的星形夜空下携同他们的妻子欣赏音乐，在所有这些事例中，四艺的影响是显而易见的。在杰弗里·乔叟的《坎特伯雷故事集》——实际上是在“磨坊主的传说”中——有一个年轻的牛津学者尼古拉斯，在他的床头有一个装有托勒密《天文学集成》抄本的书架、一个天体观测仪、一套供算术计算的奥格里姆石头和一件音乐仪器、一件萨泰里琴。那个书架完全成了四艺的象征，包括了几何学、天文学、算术和音乐（我们能够破例通融，在《天文学集成》中出现几何学）。奥格里姆石头（用作算盘表）和萨泰里琴使我们想到了四艺的实用方面。它们还使我们想到了不同学习类型的相对成本问题。神经质的罗杰·培根苦涩地抱怨说他自己的大笔钱被迫花费在他的实验上了。不过，在更为世俗的层次上，有多少学天文的学生能够买得起一件天文观测仪，或者一个浑天仪，或者甚至可以获得做成这些器物的金属物？奥格里姆石头是非常便宜的，萨泰里琴可能容易获得，但书该怎么办？我们可以确信在 100 个人中难有一人拥有一本《天文学集成》的抄本，而且尼古拉斯的“磨坊主的传说”对于学生也十分不寻常。

第十一章关于医学教育的介绍将强调天文学的实用价值，正如帕多瓦

[34] 在法国有一个本地语版本，由 Pèlerin de Prusse 所作，在乔叟的作品之前，但不完整：J. D. North，*Chaucer's Universe*（Oxford，1988）。

和博洛尼亚大学的实践所显示的，占星术的教学是由医学这个科目的教学需求所激发的。（中世纪的观念是上天影响疾病的发展，而且只能通过那些能够计算它们的运动的人，上天才能被作为盟友以治愈疾病）那些医科学生当然就成了专业精英。在第十一章中还提及了切科·德·阿斯科利提供的占星术对医科学生的价值的解释，以及在这两门学科上都成为真正专家的学者的典型例子，如乔万尼·德·东迪；但是它也提醒了我们，医学占星术并未被限制在大学环境之内。人们想象，大学为其围墙之外的世界设定了标准，但是人们不应该对大学的标准太过自以为是，或者对墙外者太过轻视。再以乔叟为例：他没有受过大学教育，然而在他那个时代的英格兰不会有超过一打的大学人士能够企及他在天文学计算方面的专业知识。我们并不充分了解他的传记只称自己为一个自修成功之人，然而对我们来说能像了解乔叟一样了解的学者很少，对他们的了解不及对乔叟了解
354 的十分之一。我们仍然对《选择物》之于大学教育知之甚少以至不能确定其对于文科课程的真正价值。

莱昂纳多·达·芬奇的例子是研究那种相互影响的另一个值得探究的案例。威尼斯的保罗和托马斯·德·比奥（红衣主教凯塔那斯）主张亚里士多德的物理学且把逻辑学深深地嵌入由奥卡姆主义者、巴黎人和牛津人带来的传统之中，但是科学的根源中也有来自手工艺的传统。莱昂纳多首先是一个实践者，但是他醉心于对理论有重要意义的无限丰富的脉络——举个简单的例子，他使公众注意到实践几何学的种类，后来塔尔塔利亚使之变得具有学术上的价值。

鉴于占星术决定论常常被认为威胁到那些从事天文学的人的灵魂，人们猜想在诸如博洛尼亚、帕多瓦和萨拉曼卡（直至 14 世纪后半期）等大学中，神学院或神学教授的缺席至少意味着在文学院中相应缺少一种紧张的状态。在巴黎，这种紧张状态可能是最强烈的。其次是在牛津和剑桥，以及所有一流的神学大学中。这种紧张状态会影响数学科学的发展吗？比如，它们会妨碍学者们探索有很多异教文献的学科吗？托马斯·布拉德沃丁，莫顿舍自然哲学的老前辈，还是论意志自由的作家，却把自然科学撇

在一边而转向了神学；还有沃林福德的理查德，他是那个世纪最好的英国天文学者和数学家，曾说后悔自己把时间浪费在那些学科上而忽略了神学。也许这些内疚之情是有代表性的，但是它们在博洛尼亚和帕多瓦会较为少见吗？也许它们充当了一种障碍，只有为之献身的几个人才会跨越它。

许多宗教团体与四艺学习相联系的情况仍然需要进一步的了解。例如，我们知道博洛尼亚（1364）、萨拉曼卡（1411）和图卢兹（1360）在建立神学院过程中，几乎全部是从教团中挑选毕业生。由于托钵修士和僧侣是在他们自己住所的围墙之内接受文科方面的初步训练，而不一定是在大学里，因而人们会假设鼓励神学将会削弱文学院是一种必然的结果。例如，在实用的文科中——无论是在南欧还是北欧，这些僧侣从外界进入大学时，带来什么类型的专门技能，走时又带走了些什么？沃林福德的理查德就是一个本笃会修士的例子，他设法将大学的推理天文学与他的修道院的不动产相结合，并且制成一台以前从未见过的昂贵复杂的天文钟，在16世纪之前的任何年代中罕有能与之相匹敌的。

人们不应该忽视这样一个事实，即在整个中世纪，一部好的，甚至是
原创的、品质上乘的科学著作源于非大学中心。甚至在大学城中，不同教 355
团经常试图将它们的学生与学术世界的诱惑相隔绝，因而发展出许多明显带有私人色彩的观念。从对牛津各个学舍和其他寓所的成员所著的科学著作的分析来看，很显然，默顿学舍——正如所预料的——获得了最高的分值，那些未知的联系也就随之而来，但是之后是圣方济修会、加尔默罗修会和本笃会在任何其他学舍之前。[35] 这是由科学著作评判的——只关乎合理性标准。（靠随意的科学的参考书做出的评判——透镜的所有权、天体观测仪的用途、书籍的借用，等等——结果几乎是相同的）相似的现象可以在其他大学中被发现吗？在不同时期不同学科中不同教团的强和弱又是

㉟ J. D. North,'1348 and All That:Science in Late Medieval Oxford',见 J. L. Berggren and B. R. Goldstein(eds.),*From Ancient Omens to Statistical Mechanics*(Copenhagen 1987),155-165.

什么样子？例如，为什么在 14 世纪早期，至少在牛津科学发展的最关键时期，在牛津多明我修会人数超过圣方济修会和加尔默罗修会时，它在精确科学方面的成果却如此的少？（在一些时段内他们的成员数量之比是 100∶75∶45），这个问题的答案的一部分——但仅仅是一部分——一定是格罗斯泰特，这个圣芳济会的讲师的影响和培根的遗产。牛津的科学偏见与巴黎“神学和辩证法的领地”正相反，在那里数学似乎不是必须定时教授的学科。在巴黎，这导致年轻的教师在他们的家中讲授课程，由于存在着一种对诡秘的阿威罗伊学说的恐惧，结果这种做法不得不由官方控制。[36] 因此，在 1276 年，制定规则来控制私人的会议，部分是起源于阿威罗伊学说。在宗教节日里私授的教学传统至少可以追溯到 1215 年章程，修辞学、四艺和伦理学在其中受到的待遇是相同的。[37] 后来也因为学舍自有图书馆和奖学金，这种传统加强了学舍的掌控能力。在巴黎的杰维斯硕士学舍，法兰西王国查理五世于 1378 年设立了两种奖学金，特别用来鼓励学习占星术。这是在别处正在发生的事情的一种征兆：在许多大学中——博洛尼亚、萨拉曼卡和克拉科是主要的例子——数学逐渐成为占星术的辅助学科了，而且四艺看起来开始明显的不均衡了。[38]

克拉科有一种浓厚的天文学传统——早在 1394 年就开始设立该学科
356 的独立教席——但在当地和维也纳，神学院和高级学院的相对薄弱无疑为解释为什么它们赢得了科学工作培育上的声誉提供了一些途径。在维也纳，有一种因为那里有四位著名教师而产生的错觉：朗根施泰因的亨利（1340—1397）、格蒙登的约翰（约 1380—1442）、皮尔巴赫的乔治（1423—1461）和雷吉奥蒙塔努斯（1436—1476）。有人指出，除格蒙登的约翰外，其他人与文学院的教学没有关系，而且经调查在那段时期由维也

[36] G. Beaujouan, ‘Motives and Opportunities for Science in the Medieval Universities’, 见 A. C. Crombie (ed.), *Scientific Change* (London, 1963), 219-236.

[37] S. C. Ferruolo, ‘The Paris Statutes of 1215 Reconsidered’, *History of Universities*, 5 (1985), 1-14.

[38] Beaujouan, ‘Motives and Opportunities’ (注释 36), 223.

纳的教师经常开设的天文学讲座数量（1390—1460）很少，水平也确实不高。继续使用老教科书，尽管有关于新主题的一套读物（诸如《阿尔比恩》，由格蒙顿的约翰重新编辑）。[39] 讲座的保守倾向和基于一些个人研究基础之上的科学声望的独立性今天当然难以知晓了。

长期使用诸如波依休斯和萨克罗博斯科的著作之类的书已被证实，从这一事实中，人们可能会猜测，四艺中的教科书的写作是不景气的。即使忽略已产生的大量评注，这也并不完全正确。其中最著名的例子之一是由皮尔巴赫的乔治所作的完整的《行星理论》文本。它的产生背景是这样的：红衣主教贝萨利昂要求皮尔巴赫写一本《天文学集成》的摘录，摘录完成大约一半他就去世了，当时他还不足 38 岁。他在维也纳的助手，雷吉奥蒙塔努斯，在意大利完成了这本摘录。《新行星理论》这本书，正是欧洲各大学所需要的，它是由某个后来了解《天文学集成》的人所作的权威文本，一本用很好的画像加以插图说明的书，因为印刷机能够比普通的职业作者或描绘者更能精确地再生如此多的画像。从它第一个印刷版出现（1473）到 17 世纪中期，至少有 56 种这种“新行星理论”的版本出现，很多印刷物还包括萨克罗博斯科关于天体的论述。可以肯定地说，在这段时期，除了带有强烈感情钟情于最初文本的人，几乎每一个重要的天文学家都受惠于它。它是人文学者的创造性和一个在中世纪大学传统中完整受训的人的天文学知识相结合的成果。皮尔巴赫不了解希腊，但雷吉奥蒙塔努斯了解。依据雷吉奥蒙塔努斯的说法，皮尔巴赫把《天文学集成》“好像逐字地”放在他的记忆里。我们要再一次强调《天文学集成》未被广泛阅读这一点：在 1500 年之前有七种托勒密的《地理学》的印刷版本，但是在 1515 年之前没有《天文学集成》的版本。

我们不了解皮尔巴赫的旅行路线，但是当他二十几岁时，他到过德意
志、法国和意大利，在帕多瓦作讲座，并且那里和博洛尼亚都向他提供大 357

㊴ C. Kren, ‘Astronomical Teaching at the Late Medieval University of Vienna’, *History of Universities*, 3(1983), 15-30. 关于格蒙登的约翰的《阿尔比恩》参见 North, *Richard of Wallingford*（注释 29）vol. Ⅱ, 130-248。

学教师职位。他有点像那些今天设法在大学里工作却从校外的民法事务中赚钱的大学教师。回到维也纳且成为皇帝腓特烈三世的宫廷星相师后，皮尔巴赫继续履行在维也纳大学的一些责任：奇怪的是，这些任务似乎主要属于人文学科（例如，他在不同的年份的讲座涉及维吉尔、朱韦内尔，以及霍勒斯）。[40]

维也纳的例子证明了在三艺部分（第十章第一部分）所形成的观点，即在考察文学院时我们必须仔细区分官方态度与实际上所学所写之间的不同。选择种种“官方的”态度和反应也许是值得考虑的。例如，占星术，处在来自三种或更多的不同方向的压力之下。有一些人——尤其是神职人员——他们不信任异教社团，因而有些学者就发动对占星术基本前提的科学攻击。尽管他们的动机大多数情况下是出于道德上或神学上的，但他们并未真正依据任何具体的神学观点。人们发现在古代世界和中世纪都有两种攻击。然而第三种攻击或多或少为中世纪大学的情境所特有，并且是一种关于自由意志和未来可能事件的争论的混合物。这种争论常常来自于神学家和哲学家的“官方”团体，但是毕竟他们是仅仅在维护大多数人认为有必要维护的东西，即一种对个人行动要自我负责。虽然以某种方式或全部方式进行的攻击贯穿其历史的绝大部分，被批判的占星术在中世纪似乎持续稳定的日益流行普及，并且以不变的方向进入 17 世纪。做粗略的概括是危险的，但是为了简洁的缘故，可以说意大利的学者似乎以放任的态度探索着更加危险的、个体化的各种占星术，尤其是在反宗教改革之前：巴黎人则比较迟疑。15 世纪之前的英国人把他们的大多数时间花费在气象问题的预言上，但在以后的年代里失去的时间得到了补偿。在德意志大学里，占星术似乎变得越来越强，特别是 14 世纪中期以后。

有一种占星术似乎在每一个地方都被实践过，而且实际上是不受指责的，那就是与历史事件，尤其是与宗教教派的兴衰密切相关的占星术。像

---

[40] C. D. Hellman and N. M. Swerdlow, ‘Peurbach, Georg’, in C. C. Gillispie(ed.), *Dictionary of Scientific Biography*, vol. XV (New York, 1978), 473-479.

气象学一样，这是有价值的大学要素。大学人士没有垄断占星术——如此想象将会犯一个错误。它们确实提供了它的骨干，但是正在被复制的文本 358
和正在被学习的教义并没有把我们引向深层的根源处，占星术真正的实践情况只能通过尽可能多的材料来做出准确的判断，尤其是天宫图那类材料——无论用于算命、选拔，或者别的什么。举一个例子，我们有 16 世纪中期 29 幅维腾堡学生的算命天宫图被用在最近的一项旨在决定准许入学的年龄的研究中，这对于正在研究的那段时期非同寻常。此类算命天宫图在某种程度上就是那个时代的学生缩影。[41] 从 12 世纪开始至 17 世纪那段时期，个人天宫图的数量急速发展给我们揭示了其目的是极其严肃的。的确，它们告诉我们的要远远多于任何大学章程或神学辩论。

精选文献

也参见第十章第一部分的精选文献

Beaujouan, G. 'L'enseignement du quadrivium', in *Settimane di studio del Centro italiano di studi sull'alto medioevo*, vol. XIX, Spoleto, 1972, 639-723.

Coyne, G. V., Hoskin, M. A., and Pedersen, O. (eds.) *Gregorian Reform of the Calendar. Proceedings of the Vatican Conference to Commemorate its 400th Anniversary, 1582-1982*, Vatican City, 1983.

Crombie, A. C. *Robert Grosseteste and the Origins of Experimental Science, 1100-1700*, 2nd edn, Oxford, 1961.

La Diffusione delle scienze islamiche nel medio evo Europeo, Convegno Internazionale, Rome 1984, Academia Nazionale dei Lincei, Rome, 1987.

Gibson, M. (ed.) *Boethius: his Life, Thought, and Influence*, Oxford, 1981.

[41] M. Gingerich and O. Gingerich, 'Matriculation Ages in Sixteenth Century Wittenberg', *History of Universities*, 6 (1986-1987), 135-137.

Glorieux, P. *La Faculté des arts et ses maîtres au XIIIe siècle*, Paris, 1971.

Goldstein, B. R. *Theory and Observation in Ancient and Medieval Astronomy*, London, 1985.

Grant, E. *A Source Book in Medieval Science*, Cambridge, Mass., 1974.

Haskins, C. H. *Studies in the History of Medieval Science*, 1st edn, Cambridge, Mass., 1924; 2nd edn, Cambridge, Mass., 1927; reprint, New York, 1960.

Kretzmann, N., Kenny, A. and Pinborg, J. (eds.) *The Cambridge History of Later Medieval Philosophy: From the Rediscovery of Aristotle to the Disintegration of Scholasticism, 1100-1600*, Cambridge, 1982.

Lindberg, D. C. (ed.) *Science in the Middle Ages*, Chicago/London, 1978.

Maddison, F. 'Early Astronomical and Mathematical Instruments. A Brief Summary of Sources and Modern Studies', *History of Science*, 2 (1963), 17-50.

Millás, J. M. *Estudios sobre Azarquiel*, Madrid/Granada, 1943-1950.

Millás, J. M. 'Translations of Oriental Scientific Works (to the End of the Thirteenth Century)', in G. S. Metraux and F. Crouzet (eds.), *The Evolution of Science*, London, 1963.

North, J. D. '1348 and All That: Science in Late Medieval Oxford', in J. L. Berggren and B. R. Goldstein (eds.), *From Ancient Omens to Statistical*
359 *Mechanics. Essays in the Exact Sciences Presented to Asger Aaboe*, Copenhagen, 1987, 155-165; reprinted in J. D. North, *Stars, Minds and Fate*, London, 1989, 361-371.

North, J. D. *Chaucer's Universe*, Oxford, 1988.

North, J. D. *Horoscopes and History*, London, 1986.

Poulle, E. *Les Tables alphonsines, avec les canons de Jean de Saxe*, Paris, 1984.

Samsó, J. (ed.) *De astronomia Alphonsi regis. Proceedings of a Berkeley*

Symposium on Alfonsine Astronomy, 1985, Barcelona, 1987.

Smits van Waesberghe, J. *Musikerziehung: Lehre und Theorie der Musik im Mittelalter*, Leipzig, 1969.

Southern, E. W. *Robert Grosseteste: the Growth of an English Mind in Medieval Europe*, Oxford, 1986.

Thorndike, L. and Kibre, P. A. *Catalogue of Incipits of Mediaeval Scientific Writings in Latin*, London, 1963.

Vernet, J. *Ce que la culture doit aux Arabes d'Espagne*, Paris, 1985(tr. from *La Cultura hispanoárabe en Oriente y Occidente*, Barcelona, 1978.)

Victor, S. K. *Practical Geometry in the High Middle Ages. 'Artis cuiuslibet consummatio' and 'Pratike de geometrie'*, Philadelphia, 1979.

Weisheipl, J. A. 'Curriculum of the Faculty of Arts at Oxford in the early Fourteenth Century', *Mediaeval Studies*, 26(1964), 143-185.

Weisheipl, J. A. 'Development in the Arts Curriculum at Oxford in the Early Fourteenth Century'; *Mediaeval Studies*, 28(1966), 151-175.

Wordsworth, C. *The Ancient Kalendar of the University of Oxford*, Oxford, 1903-1904.

360 # 第十一章　医学院

南茜·斯雷斯

中世纪大学医学教育的背景

大学医学院的建立提供了一种独特的职业和知识构成类型，塑造了新型的医学精英人才。然而，在西欧的中世纪大学中接受教育的人，他们学习和实践医学的内容既不是大学环境的创造，也不是大学独有的财富。接受过大学医学教育的学者（physicians）的医术是一种基于伊斯兰世界和古代经典医学之上的知识分子的事业，这种医术也是一种活动，它与同时代数量众多的内科和外科方面实践的医生们的医术有许多联系，这些实践医生们在大学之外接受医学知识并形成他们自己的医术。

知识分子为大学医学的兴起做了准备，至于中世纪中后期学术其他方面的发展基础，是由对希腊和阿拉伯文本的翻译提供的，这种翻译活动在11世纪后期突然激增。对于医学而言，发展的结果不仅仅包括获得了大量古代的医学遗产，还在同时代的医学作品中增加了较多的理论成分，医学的这种发展趋势伴随着一种不断增加的压力，要求强调医学和自然哲学之间的联系，而且在医学话语中辩证法的作用也不断增强。随着人们对新翻译作品的接受，出现了普遍的知识复兴，结果是书籍在数量方面激增，各种拉丁语医学著作的种类不断增加，有评注、为实践提供建议的作品，以及外科方面的专著书籍或给个别案例或情况提供建议的作品。

12、13世纪的经济、人口状况及西欧城市的发展也是大学能够成功地建立医学学科的基本条件，这些因素也正是普遍性大学运动形成的基
361 础。更特别的是，学院医学成长并繁荣于这样一种背景之下：提供拉丁语

识字教学的学校成倍增长；各种各样的医治者在激增，这些医治者在实施其医术技巧时通常索取报酬；自愿且有能力介入医学领域的现象扩大到社会各个阶层。这样的例证，不仅仅通过著名外科医生、博学多才的医学者得到君主、贵族和高级教士如主教等的支持帮助而体现出来，而且体现在市政当局保留内科或外科从业者，以及从事这类谋生之计（或者部分生计）的如同理发医师、药剂师、草药师、助产士，以及一些聪明的男男女女。然而，贯穿着整个中世纪学院医学的文化背景和宗教一直包含影响很大的历史传统，这种传统常常和宗教慈善机构或超自然力量的介入干涉联系在一起，这至少口头上说明对灵魂的治疗远比对身体的治疗更重要。①

整个 13—15 世纪及此后，本章叙述的对象，大学教育训练出来的医学者，是那些进行具体实践治疗的医生中的一小部分。从 12—15 世纪的几百年中，迄今为止所知道的活跃在法国境内的医学从业者，除外科医生和理发医师之外，总数超过了 4000 人，而在大学里学习过医学的则不足 2000 人（没有必要从大学获得医学博士学位）。佛罗伦萨的情况也类似，据推测在那儿与博洛尼亚差不多，只是确保本地有足够接受过大学教育的医学从业者。②"黑死病"之后的那个世纪，依据那 10 年时间的情况来看，佛罗伦萨的医学从业者或外科医生大约有三分之一到一半多一点儿可能接受过一些大学教育。在大学教育训练出来的医学者中间，那些在医学院执教的人，其主要实践活动也非常少。举例来说，在中世纪的法国，有将近 2000 名从业者上过大学，其中有 417 名为摄政教师或教授。③

因此，在大学里学习过医学的人面临着不断的竞争，既有来自非大学教育训练的外科医生和医学从业者方面的压力，也有来自另外一些人的，

---

① 有关宗教对身体和医学的态度：J. Agrimi and C. Crisciani,*Medicina del corpo e medicina dell'anima*:*Note sul sapere dal medico fino all'inizio del secolo XIII*(Milan,1978)。

② K. Park,*Doctors and Medicine in Early Renaissance Florence*(Princeton,N. J. ,1985);D. Jacquart,*Le Milieu médical en France du XIIe au XVe siècle*(Paris,1981).

③ Jacquart,*Milieu médical*,第 363 页,图表 1:1;第 364 页,图表 2;Park,*Doctors and Medicine*,75.

他们提供各式各样精神上、灵魂上或超自然的医疗手段来解除肉体上的痛苦与折磨——后一种施治者的范围包括已经死去的圣徒。[④] 而且，13—15
362 世纪，那些没有接受过大学教育的内科和外科方面的从业者绝不是没有知识的庸医或经验主义者，或者是没有文化的乡村郎中。毋庸置疑，也有许多那样的医生。但也有许多人，如那些进行内科或外科方面治疗，目的是为了谋生（或者部分为了谋生）的医治者与那些非正式地、偶然地帮助邻居、家族和朋友的医疗者之间，这个界限就很难清楚的划分和定义，他们当中也有许多人既进行医学方面实践训练，也给许多其他下层行业的患者或手工业者进行小型的外科手术。[⑤] 这些缺少医学实践的人们可能不能和医学学位持有者相提并论，他们毕竟是不同类型的群体（对于他们来说，接受过大学教育的医生的医疗费用、社会地位及知识分子权利问题，都是一些无法逾越的障碍）。

但是，在上述内科或外科医疗活动方式和大学渊博的医学学术知识之间，存在一个广阔的中间区域。后者包括把外科手术作为一门熟练而系统的技能或职业手艺的外科手术从业者，也包括有文化的（在某些情况下是懂拉丁语文化）外科医生和内科医生。在 13 世纪、14 世纪和 15 世纪，大学的医学学生和教授们最重要的特性是与大学圈子之外的一些内科和外科医生分享医学知识——包括古代和最新的医学书籍（在中世纪拉丁语版本和通过本国语翻译的作品成倍增长）和传统医学中值得注意的学问知识，以及组成或参加的专业协会（以行会和城市医学协会的形式）的知识。在 13 世纪和 14 世纪在西班牙、意大利和普罗旺斯的犹太人社团中，许多从业者积累下丰富的医学知识，他们吸收了许多古典医学和伊斯兰世界的医

④ 例子参考 E. C. Gordon,'Child Health in the Middle Ages as Seen in the Miracles of Five English Saints. AD 1150-1220',*Bulletin of the History of Medicine*,60(1986),502-522。

⑤ M. Pelling,'Occupational Diversity:Barbersurgeons and the Trades of Norwich',*Bulletin of the History of Medicine*,56(1982),484-511(参考 16 世纪内容).

学营养，同样也从大学的医学知识中汲取养分。[⑥] 因此尽管如此，就资源和社会地位而论，接受过大学教育的医学者作为一个整体总是居于医学职业的上层，[⑦] 内科和外科从业者在大学之外形成一个群体，其中也不乏有许多人曾经获得大量的教育、经济和社会资源。那些从业者在许多方面训练有素、配备良好，为了争取富裕的，甚至是贵族的或王室的患者，与接受过大学教育的医学者展开了竞争。

在当时的一份评论中，详细说明了一些大学医学院提供的医学教育的某些方面与那些没有经过大学教育训练却有文化的内科医生和外科医生们，以及社会范围涉及非常广泛的那些亲自进行医疗活动的医生们所拥有的那种医学知识之间相同的部分。“外科医生及医学大师”居伊·德·肖 363 利亚克在其写于1363年的书中回顾了由盖伦所描述的古代医学派别，居伊认为，在他那个时代，愿意接受从事外科事业的人至少可以分成五种。居伊根据技术方面的观点差异将前三种简单划分为12世纪和13世纪不同外科医学作者的追随者和信徒（所有这些人都用拉丁语写作），并且根据能否正确治疗外伤而加以区分。正如读者将要看到的（见原文第381页），在居伊那个时代，就他所分成的三种范畴之内的那些人，其中有一些人能够在南欧的一些大学里接受教育，但是被划归同一范畴类型之内的其他一些人，虽然被列入有文化的外科医生之内，但是他们没有接受过大学教育训练。这种依据外科医学观点的区分方法，事实上有点类似于盖伦使用的术语“派别”的意义（尽管这些差异在盖伦头脑中有其哲学基础）。然而，居伊的第四、第五种范畴显示了社会和职业方面的差异，同样也有观念上的差异：第四种存在于德意志军人身上，德意志军人把他们的信心置于这

---

⑥ J. Shatzmiller, ‘Livres médicaux et éducation médicale: à propos d'un contrat de Marseille en 1316’, *Mediaeval Studies*, 42(1980), 463-470; B. Richler, ‘Manuscripts of Avicenna's Kanon in Hebrew Translation; a Revised and Up-to-date List’, *Koroth*, 8(1982), 145*-168*，列表中包括主要的阿拉伯医学著作中世纪希伯来语译著106部手稿；Jacquart, *Milieu médical*（注释2），380，确定了331位犹太内科医生和57位外科医生。

⑦ 例如，Park, *Doctors and Medicine*（注释2），152-158.

种思想之上——上帝授予话语（咒语）、植物和石头力量，从而使用魔法及医生来治疗战争创伤；在第五种范畴内，居伊安排的是妇女和未受过教育的人，依据他的观点，他们只不过祈求上帝和圣徒庇护而已。[⑧]

而且，在这个时期，考虑到在治疗的有效性方面，这些拥有医学学位的人也并不总是比那些各式各样的竞争对手更为成功可靠（虽然情况颠倒过来同样也不可能）。似乎可能的是，许多治疗方法或多或少对各种各样的从业者都是普遍适用的。拿一件具体医疗实践的事情来看，互相之间合作或提供方便的措施是不可避免的。举例来说，在一些城市，不同类型不同范围的从业者通过同一医学行会组织联系在一起。[⑨] 而且，受过大学教育的医学者不能摆脱来自医学教授或教师之外那些裁判性的评估或指责，事实上也许他们更有可能成为它们的目标。有一些指责的根据是他们只关心身体而不关心人的灵魂，以及知识分子的狂妄自负或贪婪诸如此类的道德堕落。[⑩]

364 前文所述也许可以解释，他们为何不原谅那些受过大学教育、强调他们自己学问的特殊性和优越性并对其他类型的从业者不断地表示敌对和蔑

---

⑧ 引用的居伊评论来自 G. de Chauliac, *La Grande Chirurgie*, ed. E. Nicaise(Paris, 1890), 15-16.

⑨ 佛罗伦萨类似的情况：Park, *Doctors and Medicine*(注释 2)，第 1 章。

⑩ 举例来说，F. Petrarca, *Invectiva contra medicum: Testo latino e volgarizzamento di Ser Domenico Silvestri*, ed. P. G. Ricci(Rome, 1950). 不管怎样，以前有一段很长的传统。而且，神学家和把神学大全之类提供给忏悔者的那些作者们，对涉及道德方面的医疗问题，一直争论不休。这些问题包括，考虑到道德责任要维持适度水平的职业收入，收费欺诈的罪恶和可耻（一旦协议涉及任何已经确定下来的索取费用合法性问题，而这本身就是一件争议较多的事情），有义务和责任免费为穷人治疗。详细的资料和引文参考 D. W. Amundsen, 'Casuistry and Professional Obligations: the Regulation of Physicians by the Court of Conscience in the Late Middle Ages', Parts Ⅰ and Ⅱ, *Transactions and Studies of the College of Physicians of Philadelphia*, 3(1981), 22-39, 93-112. 除此之外，宗教法律直接针对世俗医生规定了某些责任和义务。这些都包含在 1215 年第四届拉特兰会议（the fourth Lateran Council of 1215）宗教法律第 22 款中，其规定随后收入《教令集》(*Decretales*)：规定医疗从业者在提供治疗之前，要求患者叫来一位牧师，而且禁止他们使用任何恢复身体健康的措施——如果涉及原罪方面，如在斋戒日食用肉食，或者违禁的性生活（引文和讨论出处同上，第 96—97 页）。

视的医生们。

在这种背景和压力之下，欧洲大学的医学院在13—15世纪所形成的制度上和知识上的特征继续影响着医学教育，一直到现代社会早期。这些显著特征并不都是积极的因素。大学医学院为培养医学精英人才做出了巨大的贡献，这种医学精英有时候表现得非常傲慢自负、自私自利，大学医学院同时也贬低了其他医疗师的价值，特别是犹太和女性医师的社会价值⑪。一些医学史学家也许没有必要去精心阐述简单而庞杂又难以检验的基础性生理学理论或那些混乱而又深奥的药理学专业术语。

但是，中世纪医学学术的积极成就是实实在在的，包括建立永久性学术机构提供正规医学教育；坚持把人类生理、健康和疾病作为理性探究目标的合法性和地位；创造了一种丰富、多样、复杂的医学文化文献；技术词汇的精心锤炼；生理学争论主题的确认和认同（通常在古代的作者中存在着差异和不一致），直到哈维时代一直是人们关注的焦点；营造了一种环境，它使公开解剖尸体这样大胆的革新合法化。

医学院的起源、分布与组织

1500年之前，虽然在多数大学中都有医学院，但是医学学术教育中心的数量一直很少。从那些医学教育中心建立的时间先后顺序和地理位置的分布情况来看，最显著的事实是萨勒诺的早期兴衰（11世纪末到13世纪早期），随后出现了三所著名的学馆：博洛尼亚、蒙彼利埃和巴黎。第 365
四所是帕多瓦，从13世纪起成为“医学学习之家”，在15世纪其规模日

⑪ J. Agrimi and C. Crisciani, 'Medici e "vetulae" dal Duecento al Quattrocento: Problemi di una ricerca', in *Cultura popolare e cultura dotta nel seicento. Atti del Convegno di Studio di Genova, 23-25 novembre 1982* (Milan, 1983), 144-159.

益扩大，重要性日益增长。⑫ 1500 年之前，这些医学院（以当时的声望、吸引来自遥远地区的学生的能力、医学著作的产出、众多著名的医学教师的出现，以及获得医学学位毕业生的数量来衡量）没有面临任何挑战。在 16 世纪，另外有一些学馆类型的中世纪组织机构因为医学教学出色而声名鹊起，甚至扬名外地。但是在早期，它们并不是医学学习的主要场所，这种情况很普遍。如萨拉曼卡，13 世纪以来就是一所重要的大学；至于地区性的教育中心，图宾根那时候规模很小，后经不断努力，到 15 世纪末期才得以确立。⑬

各个医学院之间的主要差异是在人数、声誉和学院地位方面而不是在于课程。在课程方面，它们有共同的渊源，希腊和伊斯兰世界的医学知识，以及亚里士多德的自然哲学，它保证了整个欧洲的高度统一性，但是不同的医学院在知识、职业和组织上的氛围有着极大的不同。在所有这些方面，15 世纪在普瓦捷教学的四名身份低贱的医生的经验肯定不同于同一时间帕多瓦大学数目超过 125 名的教授（包括一批著名的医学作者）和医学学位候选人的经验。⑭ 而且，那些规模较大的著名医学院资料信息也更充裕，也更吸引历史学家的关注。因而，尽管存在一批有价值的医学院

---

⑫ N. G. Siraisi, *Arts and Sciences at Padua* (Toronto, 1973), ch. 5; T. Pesenti, *Professori e promotori di medicina nello studio di Padova dal 1405 al 1509: Repertorio bio-bibliografico* (Padua/Trieste, 1984).

⑬ 萨拉曼卡的资料参考 G. Beaujouan, *Manuscrits scientifiques médiévaux de l'université de Salamanque et de ses 'Colegios Mayores'*, Bibliothèque de l'Ecole des Hautes Etudes Hispaniques, 32 (Bordeaux, 1962), 3, 59-60. 图宾根的资料参考 W. Kuhn, *Die Studenten der Universität Tübingen zwischen 1477 und 1534*, 2 vols. (Göppingen, 1971); G. Fichtner, 'Padova e Tübingen: La formazione medica nei secoli XVI e XVII', *Acta medicae historiae patavina*, 19 (1972-1973), 43-62.

⑭ R. Favreau, 'L'université de Poitiers et la société poitevine à la fin du Moyen Age', in *Universities in the Late Middle Ages*, 578, no. 71; 580, no. 102; 582, nos. 120 and 121; Pesenti, *Professori* (注释 12). *passim*.

学习，但也主要是在当地进行的。[15] 所以我们对于主要医学学习中心之外的中世纪大学的医学教育相对来说所知甚少。虽然将来对较小学院的研究也可能描绘一幅医学学术教育和接受过大学教育的医生们职业的完整图 366
景，但是对医学教学的目标、方法和局限性的最佳了解，只能从对最成功学校的考察中获得。虽然这并非绝对的，但将成为下文阐述的主要内容。

从某种意义上来说，萨勒诺并不属于主要的中世纪大学医学院讨论范围：直到其在医学教育中心的优势地位结束之后，它才形成正式的大学组织。然而，从 11 世纪末到 13 世纪初，中世纪大学医学教学的显著特征在萨勒诺已经成形。[16]

到 11 世纪的时候，萨勒诺已经是医学从业者聚集的场所（显然既有男性也有女性），并且通过非正规的、口口相传的、实际演示的教学方式来教授他们的继承者。在萨勒诺的医学教育中，对学术和书本导向的强调是多种因素共同影响的结果。毫无疑问，中世纪早期拉丁语医学著作的获得和使用起了一定的作用。这些资料不是微不足道或无关紧要的，应该强调的是在西欧仍旧保留着中世纪早期的医学知识，不管如何掐头去尾或形式怎么简单，都继承着古代古典医学的一些内容和教育性成分。[17] 其次，萨勒诺的地理位置条件及意大利半岛南部的中世纪早期历史给知识分子提供了许多与希腊语世界和阿拉伯语世界接触的机会。在萨勒诺的教士之中，大主教阿方努斯（卒于 1095 年）积极加入到希腊医学知识的改造活动中。康斯坦丁诺斯·阿弗里卡纳斯（卒于 1087 年）进行了医学翻译工

---

⑮　例子选自 F. M. Getz, ‘Medicine at Medieval Oxford’, in J. I. Catto (ed.), *The History of the University of Oxford*, vol. Ⅱ, *Late Medieval Oxford* (Oxford, in press); M. Fuiano, *Maestri di medicina e filosofia a Napoli nel Quattrocento* (Naples, 1973); faculty of Turin: I. Naso, *Medici e strutture sanitarie nella società tardo-medievale: Il Piemonte dei secoli XIV e XV* (Milan, 1982), 111-122。

⑯　P. O. Kristeller, *Studi sulla Scuola medica salernitana* (Naples, 1986).

⑰　A. Beccaria, *I codici di medicina del periodo presalernitana* (Rome, 1956); A. Beccaria, ‘Sulle trace di un antico canone latino di Ippocrate e Galeno’, Part Ⅰ, *Italia medioevale e umanistica*, 1(1959), 1-56; Part Ⅱ, ibid., 4(1961), 1-75; Part Ⅲ, ibid., 14(1971), 1-23.

作，他是蒙特卡西诺修道院附近的一位修道士，较早地提供了一个接触穆斯林作者的医学教本的途径。

除了写下各式各样的医学实践指南之外，12 世纪和 13 世纪初期萨勒诺的著者收集整理短小论文文集（随后形成著名的作品《文集》），这些论文直接解说希波克拉底和盖伦医学的基础知识，并且把这些作为基本的课程内容，通过对这些文本的评议形成医学教学实践。这些文集在 12 世纪被合在一起（后来又增添了其他的论文），包括两部希波克拉底论文集，即《格言》和《预后学》，一部盖伦医学论文集，它的书名有许多种——《医艺》《医术》《医技》或《小技》——一篇阿拉伯语导言，介绍了盖伦医学在西方拉丁语地区的著名作品约翰提修斯的《诊断学入门》，一部分主要介绍了中世纪医生的诊断手段，即脉搏和尿液。

367 萨勒诺也注重医学和自然哲学的联系，萨勒诺的教师们也包括在最早反映亚里士多德影响的拉丁语作者之内，著名的“萨勒诺难题”就混合着医学和普通自然科学的主题。[18]

萨勒诺人、犹太人和阿拉伯人的影响力，在不同时代不同时期都被历史学家信手拈来当作蒙彼利埃医学早期发展的资料来源。[19] 科贝伊的吉尔斯（约 1140—约 1224），出生在法国北部，在萨勒诺学习过，在蒙彼利埃度过人生大部分时间（他与那儿的教师展开了激烈的争论）。他在生命的晚期从事医学教学，并且担任巴黎皇家医学者的职务，他与萨勒诺的医学

---

⑱ R. M. Thomson, '"Liber Marii de elementis": The Work of a Hitherto Unknown Salernitan Master?' *Viator*, 3(1972), 179-189; Marius, *On the Elements*, ed. and trans. R. C. Dales (Philadelphia, 1973); A. Birkenmajer, 'Le rôle joué par les médicins et les naturalistes dans la réception d'Aristote au XIIe et XIIIe siècles', in A. Birkenmajer, *Etudes d'histoire des sciences et de la philosophie du Moyen Age*. Studie Copernicana 1(Wroclaw/Warsaw/Cracow, 1970), 73-87; B. Lawn(ed.) *The Prose Salernitan Questions* (London, 1979).

⑲ L. Dulieu, *La Médicine à Montpellier*, vol. Ⅰ, *Le Moyen Age* (n. p., n. d. [1976])提供了简史，详细描述医学院的文献资料存在于 *Cartulaire de l'Université de Montpellier* …, vol. Ⅰ, *1181-1400* (Montpellier, 1890)。

界和蒙彼利埃的学校保持着私人联系并成为后人常谈起的一个例子。[20] 不管怎样，一般来说，萨勒诺医学和阿拉伯医学传播到蒙彼利埃教师之中的证据是他们研究过那些手稿作品。另外一点前面已经指出，虽然犹太医学从业者在中世纪欧洲医学发展过程中起过显著的重要作用，但是一旦这种发展形成组织制度形式时，在蒙彼利埃和其他地方的犹太医学社团的成员总是从医学院教学职业中被排挤出去。

大约到 12 世纪中期，蒙彼利埃作为一个医学教学活动的中心似乎已非常著名。到 12 世纪末期，蒙彼利埃一直进行着内科医学的教学活动。1220 年，蒙彼利埃的教师和学生已经组成了一所大学，并且在 1220 年接受了教皇特使颁布授予的一系列章程。现存最早的一本医学教科书的解说手稿由一位蒙彼利埃的教师所写，内容是对约翰提修斯的医学著作《诊断学入门》的系统评注（包括《文集》之中的一部作品），作者是温切斯特的亨利，他活跃在 1239—1240 年。1289 年，教皇的一纸特许状承认蒙彼利埃是一所大学馆，从此在这儿便可以获取教会法、民法、文科和医学方面“到各地执教”的资格证书[21]。

如同医学在蒙彼利埃的发展一样，大约同一时期医学开始作为一门学科出现在巴黎。亚历山大·尼卡姆保留下来一份在巴黎大学读过的医学书 368
目单，他从 1175—1182 年一直在巴黎大学学习。[22] 在组织化的医学院中进

[20] 他本人事业的总结及其目录参考 E. Wickersheimer, *Dictionnaire biographique des médicins en France au moyen âge*, vol. Ⅰ(Paris, 1936), 196-197, and its *Supplément*, ed. D. Jacquart(Geneva, 1979), 90-91。

[21] *Cartulaire*(注释 19), 180-183, doc. 2; 210-213, doc. 20. M. R. McVaugh, ‘An Early Discussion of Medicinal Degrees at Montpellier by Henry of Winchester’, *Bulletin of the History of Medicine*, 49(1975), 57-71.

[22] C. H. Haskins, ‘A List of Text-books from the Close of the Twelfth Century’, in C. H. Haskins, *Studies in the History of Mediaeval Science*, 2nd edn(Cambridge, Mass., 1927), 356-376，第 374—375 页附有医学书籍一览表。亚历山大·尼卡姆停留在巴黎的时间参考 R. W. Hunt, *The Schools and the Cloister: the Life and Writings of Alexander Nequam (1156-1217)*，由 M·吉布森(M. Gibson)编辑和修订(Oxford, 1984)。

行最早的医学教学可以追溯到 1213 年，那些在学校章程中规定供攻读巴黎大学医学资格证书的候选人必读的书目大约发布于 1270—1274 年。[23]

有证据表明在 13 世纪前 20 年，在博洛尼亚已经出现了内科医生、外科医生和医学学生。在 13 世纪后半期，在博洛尼亚进行医疗实践的外科医生曾写有几篇著名的论述外科术的拉丁语论文，但是迄今为止仍然不知道他们的姓名，他们也不是在组织化的医学院从事公开医学教学的教师。医学教师和学生们组成学院式团体可能发生在 13 世纪 60 年代。第一个医学学位的公开授予时间是 1268 年，由一组教授进行考试检查。1274—1288 年，市政管理者把税收及其他方面的特权延伸到医学院教师和学生身上。[24] 在博洛尼亚，帕多瓦及其他不太出名的医学学习中心——这些医学中心大约从 13 世纪中期在意大利北方成倍地增加——医学院的传播发展完全是连续的，因此把所有特征归咎于这些医学院中的任何一所也许并不明智。然而，萨勒诺的医学教师与博洛尼亚的医学教师们之间，在观念方面确实存在差异（如关于对伤口的正确治疗）。

哲学研究在意大利学校中的普遍增长，自然刺激了意大利北部学院医学中哲学和亚里士多德学说的发展（在某种程度上，如我们所看到的，这一点已经在萨勒诺的医学发展中出现），然而在早期医学院的情境中，这样的兴趣爱好在某种程度上已经在当地各种因素和来自巴黎的因素影响下形成了。无论如何，最值得一提的是彼得勒斯·希斯帕纳斯（教皇约翰二十一世，卒于 1277 年），他是一位重要的逻辑学家，又是一位医学作者，在巴黎学习结束后，他于 1245—1250 年在锡耶纳大学教授医学。几乎差不多同等著名的人物阿巴诺的彼得（卒于 1316 年）在巴黎停留多年之后重新返回帕多瓦大学讲授医学、哲学和占星学。也许尤为重要的是阿巴诺

㉓ Jacquart, *Milieu médical*（注释 2），68；*CUP*, vol. Ⅰ, 517, no. 416；D. Jacquart, 'La réception du *Canon* d'Avicenne: Comparaison entre Montpellier et Paris au ⅩⅢe et ⅩⅣe siècles', in *Histoire de l'école médicale de Montpellier. Actes du 110e Congrès National des Sociétés Savantes*（*Montpellier, 1985*），vol. Ⅱ（Paris, 1985），69-77.

㉔ N. G. Siraisi, *Taddeo Alderotti and His Pupils*（Princeton, N. J., 1981），13-24.

的彼得综合了他在巴黎大学多年研究的成果，又很明显地把讲授那些学科的心得体会融进一部作品之中，这部作品对意大利学院产生的巨大影响长达数个世纪之久，他的大作就是《调整哲学家与医学者之间的差异》。㉕ 369

与学术制度化的其他方面一样，巴黎、蒙彼利埃、博洛尼亚的医学院组织各不相同。在巴黎大学，医学院由一些从事教学工作的教师们组成。在蒙彼利埃大学，独立的医学大学在 13 世纪似乎既包括教师又包括学生。㉖ 博洛尼亚大学医学院的组织安排类似于帕多瓦和南欧的其他一些学馆，由一个博士协会和一个学生大学组成，其中每一组织都包含文科和医学。博士协会是一个社团，成员数量限制严格，仅仅局限于博洛尼亚市民，既包括学馆之内的高级医学教授，也包括城镇中的从事医疗实践工作的医生们。相比之下，文科和医学的大学是一个学生社团，这些学生都不是土生土长的博洛尼亚人。

社会与经济状况

如果不考虑它们内部组织机构的差异，巴黎、蒙彼利埃和博洛尼亚医学院的医学教授群体代表着医学行业的顶峰水平。虽然这些医学精英的社会出身通常比那些获得同等成就的律师或神学家的出身要逊色许多，但是在一些较大的医学教育中心，那些高级的医学教授也是富有的市民。他们出身的或建立的家庭中包括其他成功的医疗从业者或医学教授。他们的收入基本上来自于医疗实践（特别是富人的赞助），较少的一部分来源于学生的学费，也有来自于社会公众组织机构的资助，包括在某些情况下基督

㉕ 亚里士多德哲学在意大利的发展：P. Marangon, *Alle origini dell'Aristotelismo padovano*(*sec.* XII-XIII)(Padua,1973). 关于彼得勒斯 · 希斯帕纳斯(Petrus Hispanus)这位医学作者及其影响的资料参考 Jacquart(ed.)(注释 20),232-236；E. Paschetto, *Pietro d'Abano*, *medico e filosofo*(Florence,1984). 参考阿巴诺的彼得（Peter of Abano）的自传、手稿目录和著作(*Conciliator differentiarum philosophorum et precipue medicorum*)。

㉖ '... *de communi consensu et consilio... Universitatis medicorum*, *tam doctorum quam discipulorum*, *Montispessulani...*,' In *Cartulaire*(注释 19),181,doc. 2,medical statutes(1220).

教教会的资助。[27]

在意大利，在大学里从事医学教学是一种职业，这种职业基本上是被已婚的世俗人士占据，在早期曾经出现一部分由公众付薪水的教授职位。在博洛尼亚大学，1305 年在公众支付薪水的花名册上出现了一位医学教
370 授。在 1324 年，一位实践医学教授接受了市政的薪水。在科隆大学及欧洲北部的其他一些新大学里，在同一时间或在大学建立后不久，如同支付薪水给其他学科的教授一样，也开始给医学教授提供薪水。[28] 如同在其他学院一样，在医学院，地方市政府或领地统治者提供带薪水的教授职位，他们倾向于强化教授们与学馆外权威机构的联系，强化那些权威机构对学术社团的控制。在博洛尼亚大学，医学教授们是博洛尼亚市民阶级不可分割的一部分，在不同时代不同时期，市民阶级要么控制自治政府的管理，要么对市政议会产生着巨大影响。在医学方面，较高级的医学教学职位保留给博洛尼亚市民，医学博士协会谨慎地保护着他们的特权（他们也立法设立一些条款，偏向于支持他们成员的亲戚加入到协会之中）。非博洛尼亚生源的毕业生从博洛尼亚大学医学院毕业之后，必须宣誓不参加在早晨举行的重要讲座或“普通”讲座。[29] 在地方领地诸侯或贵族的统治之下，医学院与王公宫廷之间的联系慢慢地发展起来，因为一位医生私下里要想护理一位王公人物，他必须占有一个教授席位。举例来说，费拉拉的学馆在 15 世纪末期和 16 世纪初期能很快发展成为一个医学人文主义中心，王公贵族的赞助可能起到了一个相当重要的作用。在 16 世纪早期，只有当教授职位和皇室医生的职位联系到一起的时候，才可能给阿伯丁大学提供

㉗ 举例来说，大多数文件资料中保留着医学教师的纪录，参考 A. Moreira de Sá(ed.)，*Chartularium universitatis portugalensis* (*1288-1537*)，vols. Ⅰ-Ⅷ(Lisbon，1966-1981)，要求或授予俸薪，参考 vol. Ⅰ，151，doc. 134(1345)；vol. Ⅱ，80-82，docs. 663-664(1415)：vol. Ⅱ，125-126，doc. 689(1418)；vol. Ⅱ，154-156，docs. 713-715(1418)；以及其他类似的资料。

㉘ Siraisi，*Alderotti*(注释 24)，21，以及从中引用的目录；Rashdall，*Universities*，vol. Ⅱ，255-256，282.

㉙ C. Malagola(ed.)，*Statuti delle Università e dei Collegi dello Studio bolognese*(Bologna，1880)，430-432，466(1378 年教师协会法规条例).

这个职位。[30]

一些主要的医学院不仅在社会公共领域占据着重要的位置，在学术团体内部也是这样。他们被公共权威部门（王室、贵族、基督教会或市政当局）看作医学水平的担保人、医疗信息的资源、值得信赖的从业者人才库。这样，在巴黎、蒙彼利埃及其他一些地方，医学院获得了一些权利，而且有责任举办考试和颁发许可证，给本城之中所有合格的从业者授予职业资格。[31] 在博洛尼亚，1214 年就有一位外科医生的名字出现在市政当局支付薪水的名单上，对博洛尼亚市民进行内科或外科方面的治疗在学院医学组织出现之前就已经有了公开的规定。但是，正规的医学院组织出现之
后不久，出自学馆的医学教授们被要求为城市权威部门提供与法律规定有 371
关的医学方面的专家建议。14 世纪最初的 10 年，要求这些教授做的公共服务偶尔也包括进行尸体解剖。[32] 政府管理权威机构要求医学院提供专家建议最著名的例证，无疑就是 1348 年政府恳求巴黎医学院提供一份“黑死病”原因的调查报告，并且国王菲利普六世亲自过问了此事。[33]

医学教育中心的学生主要来自周边地区，但也有来自欧洲各地的。以

㉚ G. Pardi, *Lo studio di Ferrara nei secoli XVe e XVIe*(Ferrara, 1903), 85，参考 16 世纪 30 年代至 50 年代，注意主要的医学教授与公爵府邸之间的亲密关系。R. French, ‘Medical Teaching in Aberdeen: From the Foundation of the University to the Middle of the Seventeenth Century’, *History of Universities*, 3(1983), 127-128.

㉛ P. Kibre, ‘The Faculty of Medicine at Paris, Charlatanism and Unlicensed Medical Practice in the Later Middle Ages’, *Bulletin of the History of Medicine*, 27(1953), 1-20 *Cartulaire*(注释 19), 185-186, doc. 4(1239); 234-235, doc. 33(1316).

㉜ M. Sarti and M. Fattorini, *De claris archigymnassii bononiensis professoribus*, ed. C. Malagola, vol. II (Bologna, 1888-1896), 214-215; L. Munster, ‘La medicina legale in Bologna dai suoi albori fino alla fine del secolo XIV’, *Bollettino dell'Accademia Medica Pistoiese Filippo Pacini*, 26(1955), 257-271; L. Munster, ‘Alcuni episodi sconosciuti o poco noti sulla vita e sull' attività di Bartolomeo da Varignana’, *Castalia: Rivista di storia della medicina*, 10(1954), 207-215.

㉝ A. M. Campbell, *The Black Death and Men of Learning*(New York, 1966; 1931 年原始版本的摹本), 14-17.

1350年之前已在列日主教辖区活动的大学为例，他们都是学医的，并且都是前往巴黎、博洛尼亚和蒙彼利埃。[34] 而且，14世纪和15世纪在德意志土地上建立起来的大学并没有明显缩小或削弱博洛尼亚大学和帕多瓦大学吸引德意志医学学生的能力。如果说有什么影响的话，德意志和欧洲东部大学的建立也许扩大了人才来源的范围——意大利的医学院能够从更大范围内吸纳学生。雄心壮志的医学学生现在能够在本地区完成文科方面必要预备学业及医学学习的前期预备功课（费用低廉），之后穿越阿尔卑斯山到那些有名望的学院中学习，完成最后阶段的医学教育并获得毕业证书。[35]

一些医学学生们（如同一些教师一样）至少部分地由基督教会的薪俸供养，那些接受过大学教育的医学从业者中有很大一部分人很明显是世俗教士阶层的成员，特别在欧洲的北部地区，这一点更加明显。[36] 也许有必要清楚地陈述这一点：教士（神职的）医学从业者、教授和学生并不与基督教教会法律相抵触。1163年公布的宗教法律仅仅禁止僧侣们和正规教士离开他们的宗教社团，为了在世俗的医学院里学习研究医学而出外旅行（1219年关于废除宗教义务的命令支持世俗医学研究学习的范围扩大到某
372 些其他范围类型的教士中间）。类似那样的医学知识和医学实践活动从来也没对教士禁止过，在这些地区，医学专家不加考虑地就可以担任高级别的有成就的教士职业（在这一点上，彼得勒斯·希斯帕纳斯就是一个著名的例子）。无论如何，1298年讨论的教会法部分被取消、部分被修改，以适应宗教团体成员的合理要求，即在离开所在的社团组织之前可以允许他

㉞ C. Renardy, *Le Monde des maîtres universitaires du diocèse de Liège 1140-1350*(Paris, 1979), 182.

㉟ 15世纪大部分时期在帕多瓦大学授予阿尔卑斯山脉以北的学生学位占总数的30%—40%：R. Ohl, 'The University of Padua 1405-1509: an International Community of Students and Professors', Ph. D., University of Pennsylvania, 1980, 59-61。

㊱ 法国方面参考：Jacquart, *Milieu médical*(注释2), 380，表15表明342位医学教师和学生的社会身份能够确定，其中128位已经结婚、13位是正式教士、201位是世俗教士。这些统计数据包括蒙彼利埃医学院，其中有许多已经结婚的俗人。

们学习医学。[37]

大多数有声誉的医学馆训练出来的医学从业者在整个欧洲都能够找到他们的职位。卢卡的硕士帕纳修斯就提供了一个很好的案例。在他的故乡，硕士帕纳修斯轻易地获得了成功。他很可能在博洛尼亚接受过医学教育，在其年轻时，他就成为其同胞、主教和外科医学作家的多明我派修士西奥多里克·卢卡的私人医生。他也参加一些学院医学的讨论活动，他的一个观点随后就被著名的医学评论家真蒂莱·达·弗里诺（卒于1348年）加以引用。不管怎样，在英格兰的帕纳修斯很能够说明这种体面的但不十分突出的履历纪录：他有着报酬丰厚的职位，从1317直到1340年去世为止，他是家庭医生、家务总管和国王爱德华二世和爱德华三世的放贷人。[38] 在14世纪后期和15世纪，新成立的一些大学医学院给那些巴黎、蒙彼利埃和意大利学馆中的北欧毕业生提供了回自己家乡进行教学的机会。

现在很难完全获得从13—15世纪在巴黎、蒙彼利埃和博洛尼亚进行医学教学和研究学习医学的总人数的详细资料。然而，很明显医学院中的人口变化不时地受到各种因素的影响，如人口统计趋势、当地或区域性政治危机、著名教师的吸引力等，这些因素的影响及他们之间的相互作用，无论是数量上还是质量上，都不是单一的或明显的。

然而，通过与同一学馆内的其他学院和其他学馆相同学院的比较，对于不同时期这些医学院学生的相对规模，人们还是形成了某些共识。通过考查在法国1500年之前的1681位从业者的情况就可以了解哪些大学接纳了他们：1008位到了巴黎，376位到了蒙彼利埃，297位到了其他的学

---

[37] 引文和讨论内容参考 D. W. Amundsen,'Medieval Canon Law on Medical and Surgical Practice by the Clergy',*Bulletin of the History of Medicine*,52(1978年),22-44。

[38] Sarti and Fattorini,*De professoribus*(注释32),235(will of Theodoric of Lucca);Gentile da Foligno,*Questiones et tractatus extravagantes*...(Venice,1520),question 46,fol. 63r;C. H. Talbot and E. A. Hammond,*The Medical Practitioners in Medieval England:a Biographical Register*(London,1965),234-237.

馆。在法国，14 世纪后半期和 15 世纪前半期，大学中医学学生的数量似乎达到了顶峰，这一事实意味着，应谨慎对待黑死病对医学职业产生了影响的普遍观点。1419—1434 年，博洛尼亚授予了 65 个内科医学学位和 1
373 个外科医学学位（没有必要依据这个统计数据推断那所学院中世纪其他时期的情况）。相比之下，都灵大学（成立于 1404 年）在 1426—1462 年仅仅授予了 13 个医学（内科）学位，然而图宾根大学在从 1477 年建立之日起到 1534 年这一段时期，共授予了 35 个医学（内科）博士学位。[39]

这些数据清楚地表明，即使在蒙彼利埃或博洛尼亚这种以医学教育著名的学校中，在某一个时期学习医学的学生数量也不是很多。仍然值得强调的是医学学生中获得医学学位的比例可能一直很高。完整的医学课程学习需要四年或五年时间，但是客观情况也必须允许那些人——而且明显人数众多——在毕业之前放弃他们的医学课程学习或到另外的学校中去完成学业。由于对此感兴趣的其他学院学生或教师前来听讲的缘故，参加医学讲座的人数也许会多很多。

考虑到教学教师的数量和课程的分布排列，类似的不确定的事情还很多。例如，13 世纪和 14 世纪上半期在博洛尼亚大学从事教学的大批医学教师的名字，从他们的作品手稿中，从分散的大学文件和其他的记录中可以自然地了解到。但是对教学职位的情况和提供课程及其分布状况的系统记录，仅仅是在引入正式的花名册的做法之后或每一学年的课程和教师一览表出现之后，才开始出现。这种一览表的公开发布也是在 14 世纪后半期才开始的，但是在 15 世纪之前，也有零星分散的例子。[40] 甚至在花名册公开发布形成惯例之后，除一览表记录的教师在正规的医学课程中公开地

[39] Jacquart, *Milieu médical*（注释 2），364，表格 3；365，表格 4. C. Piana，'Lauree in arti e medicina conferite a Bologna negli anni 1419-1434'，in C. Piana, *Nuove ricerche sulle Università di Bologna e di Parma*（Florence，1966），110-174；Kuhn, *Studenten der Universität Tübingen*（注释 13），35；Naso, *Medici e strutture sanitarie*（注释 15），114.

[40] The Bologna *rotuli* are edited in U. Dallari（ed.），*I rotuli dei lettori e artisti dello Studio Bolognese dal 1384 al 1799*，3 vols.（Bologna，1889）.

讲授课本内容之外，似乎不时地有其他人私下里、非正式地、简要地讲授内科医学和外科医学。

1500 年之前，欧洲最大的医学学生和教师的社团组织（在规模上也许史无前例）也许应该是 15 世纪中期帕多瓦大学的师生组织。在帕多瓦大学，授予医学学位的数量从 1407 年的 4 个到 1434 年的 8 个，1450 年达到 9 个（外科医学占 2 个）。在某一年医学方面授予 8 个或 9 个学位意味着一个医学学生社团组织约有 100 人。这种估计大概可以得到证实，众所周知，1457 年帕多瓦大学所有学院的学生总数是 800 人，在 1450 年当授予 9 个内科和外科医学学位的时候，学位总数量是 93 个。[41] 374

如果对比的不是学生或获得学位的数量，而是对医学学术做出的贡献，那么得从另外一种角度来审视大学医学教育主要中心的相对地位。从总体上来看，自从大学教育培养医生以来，医学院对中世纪后期涌现的医学方面大批手稿和作品做出了重要的贡献，特别是医学教授们，与其他的内科或外科从业者写出来的作品相比，很自然，他们的贡献远远超过了后者。蒙彼利埃培养出来的从业者明显少于巴黎大学，但是蒙彼利埃有一个规模较大、人数众多的医学作者群体。[42] 从整体上考虑，意大利北部学院的内科医学作者，在数量上可能超过了来自蒙彼利埃的作者们。无论如何，假如有人使用在大学中被广泛学习的希波克拉底著作的评注作品，即《格言》《预后学》和《摄生论》作为衡量尺度，那么这就是一个实例。况且，大约在 1300 年世纪之交的那段时期，蒙彼利埃的作者是那些评论者之中最富有创造活力的一部分，然而意大利医学作者的作品产出现象一直持续到 14 世纪后期和 15 世纪。[43]

---

[41] Ohl,*University of Padua*(注释 35),46;G. Zonta and G. Bronto(eds.),*Acta graduum academicorum gymnasii patavini ab anno 1406 ad annum 1450*,2nd edn(Padua,1970),vol. Ⅰ,3-4,312-328;vol. Ⅱ,312-334.

[42] Jacquart,*Milieu médical*(注释 2),390,表 28.

[43] 基于对 13 世纪到 15 世纪著名作者作品评论的考察：P. Kibre,*Hippocrates latinus*:*Repertorium of Hippocratic Writings in the Latin Middle Ages*(New York,1985)。

医学院与其他学院的关系

然而，学馆之间的另一差异在于医学院与其他学院之间的关系。和法学院的关系主要涉及制度化组织及欧洲南部学馆间的竞争行为（参阅第十二章）。在巴黎和欧洲北部其他的学馆间，神学院的出现促进了一些学者在医学和神学方面学习的结合，[44] 除此之外，似乎只是通过神学院对文学院的影响这一途径间接地影响着医学的发展。有时候事实也表明，意大利北部的学馆在医学院形成的那些年代中，由于神学院的缺失，使文科与哲学不受约束地发展，特别是发展了与医学的紧密联系，这种发展趋势也在这些学科内部养成一些独特的方式态度和兴趣。

375 毋庸置疑，医学院和文学院的关系最为重要。这种关系不同于医学院与其他高级学院的关系，它与医学学习的内容及组织制度的背景有关，有时候情况也许会恰恰相反，即医学领域的观念或信息不时地为哲学辩论所吸收。

大学医学写作者不断地重申那些很有价值的真理，宣称所有自由学科和自然哲学对于医学学习来说都是必要的。[45] 这种信念和历史的习惯与习俗融合在一起，形成了一种安排——把文科与医学联合在一所单一大学和一个博士协会里面，如博洛尼亚大学、帕多瓦大学和其他地方的大学。在蒙彼利埃，1240 年的大学章程中有一条明确的规定，鼓励一位医学学生具备文科方面某些能力和知识，1309 年教皇训令也产生了很大的影响。已经精通文科知识的学生们，比起那些缺乏这种预备的学生，可能在更短的时间内完成医学学业。[46]

---

[44] Jacquart, *Milieu médical*（注释 2），393，表 32.

[45] 例如，Peter of Abano, *Conciliator*（Padua，1985；1565 年威尼斯版本的摹本再版），fols. 3v-4r；C. B. Schmitt，'Aristotle Among the Physicians'，in A. Wear，R. K. French，and I. M. Lonie (ed.) *The Medical Renaissance of the Sixteenth Century*（Cambridge，1985），1-15。

[46] *Cartulaire*（注释 19），187，doc. 5；357，doc. 68，section 51.

而且，在拉丁语及逻辑、占星学、自然哲学方面的一些能力要求，也是大学里面进行医学教育之前的预备实践。学习医学的权威著作要求有拉丁语读写能力。反复重申这种诉求的实质是在当时推理观念和科学确定性观念的背景之下，把医学看作理性的并能够提供某些专门的知识，这种知识要求有进行逻辑推演的能力。人们普遍地相信那些恒星影响着人类的健康和疾病。考虑到自然哲学对于一个自然实体即人体的解释，自然哲学方面的知识对医学来说是中肯的。[47] 进而，在一些主要的学馆中，医学不仅仅在巴黎，而且在博洛尼亚和帕多瓦，在作为文科和哲学高级教学的中心繁荣了起来。

毫无疑问，那些主要的医学写作者，特别是那些写出大量评注的医学作者，他们在逻辑、占星学、自然哲学方面接受过广泛的教育训练。他们之中有一部分——阿巴诺的彼得（卒于约 1316 年）就是一个著名的例子——对于这些学科方面的要求等同于在其他学院中的那些同事们对此的要求，他们在哲学问题上明显有着浓厚的兴趣。其他的一些人，他们对待哲学上的争议避而不谈或很平淡，只不过在他们的作品中显示了广泛地了解亚里士多德的《自然之书》，显示有能力处理三段论推理。[48]

当我们转而注视主要学馆的医学教师们的教学事业时，类似的景象出 376
现了。1378 年，在“博洛尼亚文科和医学博士协会”医学分会的章程起草过程中，涉及了 14 位教师，据记载其中有 7 位获得哲学和医学学位，5 位教授过逻辑、自然哲学和医学。事实上，在意大利的学馆中，普遍的职业模式是在教授文科的同时研究医学。而且，明显的事实是，意大利学馆中的医学毕业生，相当多的人也获得了文科的学业。以此方式，1419—1434 年博洛尼亚大学有 65 位医学毕业生，在他们医学专业毕业时有 31 位

---

[47] P. Kibre, 'Arts and Medicine in the Universities of the Later Middle Ages', in *Universities in the Late Middle Ages*, 213-227.

[48] N. G. Siraisi, 'Pietro d'Abano and Taddeo Alderotti: Two Models of Medical Culture', *Medioevo*, 2(1985), 139-162.

已经获得了文科学位，其中2位毕业时同时获得文科和医学学科的学位。[49]

通常情况是，那些个体要么总是习惯性地从同一所机构中获得他们的文科和医学学位，要么是在学馆中形成了一所大学和一个文科与医学学科的博士协会，文科和医学学科的学习结合在了一起。相反的情况是，学生们常常从一所学馆转移到另外一所学馆，在14世纪初的博洛尼亚和15世纪的帕多瓦，学生们在哲学派别方面有自己的选择权利，这非常重要也非常有名。[50] 但是，这些学习中心的医学院和文学院在吸引学生和提供师资方面，明显是互相支持的。特别是占星学教学方面的规定，很可能得到了医学学科的学生在这个学科上教育需求的鼓励。这样，关于萨克罗博斯科的《天球》讲座，《天球》是一本宇宙学方面的基础教材，前言是占星学对医学研究的价值证明，[51] 14世纪20年代由著名的（但是不走运的）占星学家切科·德·阿斯科利在博洛尼亚开始举办讲座。

更多的证据资料也说明了这个事实，接受过大学教育的医生们在研究学习文科的知识，事实是他们之中许多人写作的内容是文科方面的而不是医学方面的，他们通常作为普通的（不是绝对的纯医学方面）顾问服务于统治者或贵族，或者与文学家或人文主义作者联系在一起。著名的例子是蒙彼利埃医学教师维拉诺瓦的阿那德（卒于1311年），他写了大量的关于神灵和基督教会革新方面的作品，在政治上服务于阿拉贡王朝，同时在医学方面能力也很强。乔万尼·德·东迪，帕多瓦大学的一名医学教授，是一个著名的天文钟设计者和建造者，是彼特拉克的朋友和通信者；迈克尔·萨沃纳罗拉（1466年之后去世），曾任帕多瓦大学医学教授，是一位

---

[49] Malagola(ed.),*Statuti*(注释 29),425,448;Piana,'Lauree in arti e medicina'(注释 39).一些北欧作者的作品也反映了一种类似的模式，例如，布鲁日的巴托洛梅乌斯（Bartholomaeus of Bruges）。关于此人的资料参考注释20,Jacquart(ed.),*Supplément*(注释 20),38。

[50] A. Poppi(ed.),*Scienza e filosofia all'università di Padova nel Quattrocento*(Padua/Trieste,1983).

[51] Cecco d'Ascoli,proem to *In spheram mundi enarratio*,in L. Thorndike,*The Sphere of Sacrobosco and Its Commentators*(Chicago,1949),344-346.

人文主义著作的作者，其作品称颂城市及城市中那些优秀的市民们，他后来成为一位医生和教育顾问，先是列奥内罗的教育顾问，之后又是费拉拉 377
的统治者博尔索·德·埃斯坦的教育顾问。[52]

总而言之，接受了大学教育的医学精英的身份暗示着他们在文科方面曾经接受大量的准备训练。不过，在文科方面有一个适当的基础并对其抱有最低限度的兴趣，这可能是其他接受了大学教育的医学从业者所具有的特征。举例来说，据推测，那些在德意志一所小型大学里接受了完整教育的人们，仅仅上过一门文科课程，而且所教的也只是面向年轻学生的初级水平。毋庸置疑，许多接受了大学教育的从业者学习哲学或文科仅仅是为了满足医学职业所必需的最低程度的知识要求，一旦大学教育结束，他们对这些学科的兴趣也就随之结束。

医学课程和学习内容

医学院在所有大学馆中建立起来的时候，来源于希腊和伊斯兰世界，用来进行医学研究学习的拉丁语医学教材文集的数量已经很多了。各种各样的中世纪早期翻译作品，以及上文提到过的康斯坦丁诺斯·阿弗里卡纳斯的译著，到12世纪又增加了不少，从阿拉伯语翻译过来的医学书籍由克雷莫纳的热拉尔及他的“圈子”创作出来，希腊语医学作品则由比萨的布格迪奥翻译过来。因此，超过40篇论文的拉丁语版本以希波克拉底

---

[52] Arnald's career is summarized in M. R. McVaugh(ed.), *Arnaldi de Villanova opera medica omnia*, vol. Ⅱ, *Aphorismi de gradibus*(Granada/Barcelona, 1975), 76-77. F. Petrarca, *Seniles*, book Ⅻ: Pesenti, *Professori e promotori*(注释 12), 186-196, provides a bio-bibliography of Michele Savonarola.

之名流传，并且盖伦及迪奥斯克里德斯的《医学资料》贡献了大量的材料。[53] 来自伊斯兰世界的主要著作（很大程度上是盖伦依需要所作）也包括在内，除阿维森纳的《医典》之外，另外还有一部哈里·阿巴斯和拉西斯编著的百科全书式医学著作，以及阿布克斯论外科医学的一部著作。[54]

列入课程的有希波克拉底和盖伦的著作材料，包括希波克拉底的古代
378 论文和盖伦大量真实可信的著作。盖伦另外一部重要的文集《实用医学》在 14 世纪初期，被直接从希腊语翻译成拉丁语。我们确信，在接近这个世纪末期的时候，医学人文主义者的努力开启了古代医学著作翻译活动的新阶段。但是，中世纪时期希波克拉底和盖伦的拉丁语著作是不完整的，特别是盖伦解剖学的主要文集（例如，解剖学方面的著作《论解剖术》最早被翻译成拉丁语是在 16 世纪），他们的作品后来受到伪作的影响，有的变得低劣，如传说希波克拉底有医学占星学方面的作品。而且，医学学生学习古代的医学思想和理念，只是部分地直接阅读古代那些长篇巨著。高度缩略的论文或格言式文集，以及概略手册，在其中仍起着较大作用，并且以阿拉伯医学百科全书为准。阿拉伯医学著作很有价值，不仅由于这些著作综合了古代医学，而且它们对治疗法和草本药理学都做出了很大的贡献。然而，“阿拉伯—拉丁语”翻译，既有阿拉伯版本的希腊原著作品，也有阿拉伯原著作品，考虑到对药理学方面词汇术语的理解，有时候会出

---

[53] Kibre, *Hippocrates latinus*（注释 43），其中虽然包含伪作，但是没做区分，也没有出版中世纪盖伦拉丁文手稿完整的列表，但有很多信息存在于 R. J. Durling, ‘Corrigenda and Addenda to Diels' Galenica’, parts 1 and 2, *Traditio*, 23(1967), 463-476, and 37(1981), 461-476, and in index entries s. v. Galen in L. Thorndike and P. Kibre, *A Catalogue of Incipits of Medieval Scientific Writings in Latin*, 2nd edn. (Cambridge, Mass., 1963)。J. M. Riddle, ‘Dioscorides’, in P. O. Kristeller and F. E. Cranz (eds.), *Catalogus translationum et commentariorum: Medieval and Renaissance Latin Translations and Commentaries*, vol. Ⅳ (Washington, DC, 1980), 1-143.

[54] H. Schipperges, ‘Die Assimilation der arabischen Medizin durch das lateinische Mittelalter’, *Sudhoffs Archiv für Geschichte der Medizin und der Naturwissenschaften*, 3 (special issue) (1964).

现一些问题，这些问题有一部分通过多卷本医学词汇辨析的汇编校订解决了。[55]

虽然博学多才的医学作者熟悉上文提到的所有范围内的著作资料，但是也有其他例外情况，而且上文所述的所有著作并不都是学馆中举行正规讲座的主题。在蒙彼利埃和博洛尼亚，正式规定的医学讲座书籍一览表显示，一门学科课程相关著作都收在《文集》中，这样的文集表达了教育的客观需求，它简要介绍了本学科的基本知识概念。据此表反映，有多达12部盖伦的长篇著作，或者更多，其中自选部分有阿拉伯作者的作品，突出的有阿拉伯人阿维森纳。[56] 讲座的循环安排并没有出现人们所想的由易到难的顺序，而是依据所讲的著作情况进行，因此某些书籍在功能上仍然起着基本教材的作用。下面这些是常用的教材，盖伦医学方面的著名手册《医技》《小技》或《医术》，希波克拉底的《箴言》，以及《医典》的一部分。在正常情况下，《医典》部分是用作大学讲座的教科书的，它包含生理学大纲（第一册第一部分）、论热病论文（第四册第一部分）、疾病和治疗法的基本原理（第一册第四部分）和关于从头到脚的各种疾病（第 379
三册）。拉西斯论疾病的作品也被频繁地作为讲座的基本教材。[57]

对《医术》《箴言》和《医典》进行阐述，由此成为中世纪后期医学教师们的一项重要任务，它解释了这些著作的评注普遍流行的理由，尽管很难评判此类评注在多大程度上类似于原始讲义。评注的传统内容揭示，

---

[55] G. Beaujouan, 'Fautes et obscurités dans les traductions médicales du Moyen Age', *Revue de synthèse*, 3rd series, 89(1968), 145-152; D. Goltz, 'Studien zur Geschichte der Mineralnamen in Pharmazie, Chemie und Medizin von den Anfängen bis Paracelsus', *Sudhoffs Archiv für Geschichte der Medizin und der Naturwissenschaften*, 14(special issue)(1972), 323-333.

[56] *Cartulaire*(注释 29), 220, doc. 25(1309); 347-348, doc. 68, sections 20 and 21(1340); Malagola(ed.), *Statuti*(注释 29), 274-277(1405). Siraisi, *Alderotti*(注释 24), 96-106, 表明 1405 年法规之中列出的著作名单的大多数，13 世纪后期和 14 世纪早期在博洛尼亚大学已经被使用着。

[57] 这里和以下关于不同医学作品注解分布的评论基于 Thorndike 和 Kibre 所列的手稿名单：*Catalogue of Incipits*(注释 53)。

大学在1300年前后半个世纪之内频繁举办时间较长的讲座，内容比较集中在章程指定的盖伦著作，但自此之后逐渐减少下来。然而，从其他著作中的引证类型来看，上述这些著作仍被继续学习使用着。

最新的例证表明，规定的著作清单和讲座仅仅告诉我们中世纪学院医学教育的一部分。除指定的公开讲座和其他实践练习之外，教师们挑选出“特别的”讲座来加以补充（那些“特别的”讲义内容与教师们选择的著作有关），或者通过私下教学和学习的方式来补充。而且，先前的和现存的信息资料揭示，在相互冷漠有时候甚至敌对的大学医学教师和学生社团之间有另一类型的关系：一个从业者和一位年轻的同事之间的关系，这位同事或朋友可能是他老师的学生、助手、学徒或潜在的继承人。在博洛尼亚，外科医生卢卡的乌戈（约1214）把他的外科手术技巧传授给精心挑选出来的少数几个年轻的亲戚和学徒。在蒙彼利埃，古老的规章中提到一所医学大学（1220）要求每一位学生选择一位教师，并且规定企图引诱一位学者离开教师行业的行为要受到处罚。[58]

医学课程的时间长短不一：蒙彼利埃1240年的章程中规定，一位普通的不是非常优秀的文科学生经过三年半时间的学习，离开蒙彼利埃大学经过6个月的实践实习之后可以获得医学学士身份；1309年教皇训令规定，以前不熟悉文科方面知识的学生（对于这些学生来说，他们应该学习5年时间），完成整个医学学习需要6年时间，并且把实践时间延长至8个月或2个夏季。在博洛尼亚，1405年发布的文学院和医学院章程规定，哲学和占星学需要学习3年时间，药理及内科医学（即讲义涉及著作中疾病和治疗法的详细要点[59]）规定学习4年时间。所有这些科目都包含在章程中一个简单的“红字标题”下面，据推测它们被视作适合于医学学生的规定。毫无疑问，至少在不同学科中有一些课程能够同时进行。如同其他的
380 学科一样，医学毕业要求也包括听规定著作的讲座，参加辩论活动，成功

---

[58] Siraisi, *Alderotti*（注释24），14-15；*Cartulaire*（注释19），181-182，doc. 2.

[59] *Cartulaire*（注释19），187，doc. 5（1240）；220，doc. 25（1309）；Malagola（ed.），*Statuti*（注释29），274-277.

地通过答辩。

各门课程之间相互协调配合，目的是训练从业者，大学医学教育公认的目标就是医学实践。所有大学医学教师教育学生都要进行实践，况且大多数教授本身就是身体力行的实践者——他们的治疗非常成功，常常获得高额报酬。然而不用怀疑，一些主要的医学教授们做的实践工作大部分是咨询性质的，那些受过大学教育的医生们能够实际去做，但是他们倾向于以某些方式自然地介入其中做一些辅助性的工作，这也是真实的事情。但是对于世俗医生来说，包括大学教授在内，进行某种医疗实践工作是由他们经济上的必要性决定的，因为医疗实践是他们有利可图的合法收入来源。塔代奥·阿德罗提（卒于1295年），博洛尼亚大学最著名的医学教授之一，就坦率地承认，他暂时放下他所喜爱的《实际治疗法集要》评议的写作工作，主要是他的意志所驱使，目标很明确，仅仅为了赚取现实的物质财富。术语“实际治疗”给予人特别的启示意义，正如塔代奥·阿德罗提认真仔细地在实践（或者说关于实践的知识）和操作（或者说实际治疗法）之间所进行的区分。[60] 在学馆环境中的大量医学作品里，出现最多的话题就是食疗法（或者说养生法）、症候征兆、疾病、药物治疗法（主要是药物治疗和放血法或刺络法）。

而且，大学进行的实践医学方面的教育训练，不仅涉及疾病类型、治疗方法等课本知识的学习，而且包括毕业之前要求花费一定时间进行医学实践的规定和机会（这一点已经提到过，医学实践是1240年蒙彼利埃的必修课程），学习描述个别案例的会诊文集，当一位高级教授或医疗从业者出诊时要随同。还有一点也很清楚，中世纪大学医学学生们要参与人体解剖实验的演示。在博洛尼亚，1316年开始公开进行人体解剖。在蒙彼利埃，1340年章程中规定，一年或两年必须指导学生进行一次人体解剖。除官方规定的不多的几次人体解剖之外，偶尔也会出现私下里偷偷摸摸的

---

[60] Siraisi, *Alderotti*（注释24），27-39，121-122，参考书目也得以引用。

人体解剖实验。[61] 在大学医学教育过程中，进行人体解剖的目的是让学生熟悉人体内部器官的解剖结构，而不是为了去教导学生如何进行人体解剖（尽管至少14世纪学生们实际上私下里进行过一次人体解剖）或如何实施外科手术。

在不同的大学里面，外科医学的地位有所不同。这一点众所周知，外科医生在巴黎大学被排斥在医学院之外，在巴黎外科医生和内科医生之间关系的明显特征就是互相对抗与诋毁。亨利·德·蒙德维尔（1316年之后去世）是一位为法国皇家宫廷服务的学识渊博的外科医生，曾经在巴黎
381 从事教学，但不是在大学之内的医学院。亨利也是一位作者，他用拉丁语写了一本关于外科医学方面的书，虽然在书中他把大多数成果归于自己对学院中那些医学作者的研究，但是书中对那些学究式的医生表示了不屑之意，如同轻视那些无知的外科医生一样。亨利对于前者的态度在他如下评论中得到概括：上帝本人就频繁地扮作外科医生（当上帝从亚当身上取出肋骨创造夏娃的时候，当耶稣取出泥土涂抹一位盲人双眼的时候），但是《圣经》里绝没有记载上帝从事过具有明显医学实践特征的活动，触摸脉搏或检查尿液。[62] 然而亨利本人在蒙彼利埃大学，和他的医学学生们一起，具体进行研究学习和举办讲座（没有必要总是在大学里面公开进行）。

正如居伊·德·肖利亚克，这位中世纪最著名的拉丁语外科医学著作作者所解释的，外科（医学）掉进了盖伦所界定的“治疗”范围内，成了内科（医学）的三个工具之一（其他两个是药物治疗和饮食调理）。这种阐述绝不是居伊或外科医生独有的，因为一模一样的所谓的医学三个工具一览表也被各式各样的学院医学（内科）作者提出来。居伊自称“医学教师”，据推测他毕业于蒙彼利埃大学（内科）医学院，同时也研究学习外科医学方面的书籍。他把自己写的关于外科医学方面的著作题献给蒙彼利

---

[61] *Cartulaire*（注释19），334，doc. 68，section 13. Siraisi，*Alderotti*（注释24），110-113，总结了博洛尼亚早期人体解剖的历史，并且提供了书目。

[62] J. L. Pagel（ed.），*Die Chirurgie des Heinrich von Mondeville*（*Hermondaville*）（Berlin，1892），79-80.

埃、巴黎和博洛尼亚——三大医学学习中心的医生们——以及阿维尼翁教廷的医生们，在那儿他成就了自己的事业。他写的这本书名声卓越，不但有类似于盖伦派的医学学识同时又超越了许多同时代大学医学作者的作品（他是第一批广泛使用盖伦冗长详细的解剖生理学的人之一，其作品冠以标题《实用医学》），他宣称外科医学本身就是一门科学——“好像一个人说手工操作也是一门科学”。这种宣称是大胆的，因为术语“科学”通常留给了那些用三段论进行逻辑证明的学科。[63]

在博洛尼亚和意大利其他的学馆中，也授予一小部分学位给外科医学。而且，将外科医学课程中将要学习的课程书目也写进了 1405 年博洛尼亚文科与医学大学的章程之中；其中包括 13 世纪意大利制作的一本拉丁语外科医学手册和一些学院作者所著的对应部分——盖伦所写的一部著作、阿维森纳《医典》的一部分、拉西斯的一部著作。[64] 除此之外，还有学院作者们对外科医学著作写的各种评论，如迪诺·德尔·加尔布（卒于1327 年，博洛尼亚大学及其他大学的医学教授）就《医典》如何处理头骨破裂的部分写下的评议。[65] 就所涉及的这些书籍来看，获得大学学位的 382
外科医生所读的材料和学院之外的那些有文化修养的同行们的阅读材料大概没有非常大的差异。在大学环境之下，外科医学提供多少实践训练目前还不知道。外科医生治疗骨折、伤口、溃疡及皮肤疾病，使用的是药物治疗及外科手术。

不过在大学内，医学基本上被归到对自然世界知识的研究这一范围之内，并且通过学习权威读本和揭示权威读本内涵来了解医学。因此，讲座和辩论是医学教学的核心内容，其他学院的一些学科，特别是自然哲学，

---

[63] de Chauliac, *La Grande Chirurgie*（注释 8），4-8；M. S. Ogden, ‘The Galenic Works Cited in Guy de Chauliac's “chirurgia magna”’, *Journal of the History of Medicine and Allied Sciences*, 29(1973), 24-33.

[64] Malagola(ed.), *Statuti*（注释 29），247-248.

[65] *Expositio super Ⅲ, Ⅳ et parte Ⅴ Fen Avicenne*（Ferrara, 1489）；以及其他一些早期的版本。

被用来进行教学，既出现在“理论”课程中，也出现在“实践”课程中，直到大学医学课程开始分化为止。虽然13—15世纪的学院医学著作表明，引入自然哲学中的一些思辨性内容仅限于某些主题，但是在大量展示、阐述学院医学的场合，经院派的亚里士多德主义影响着演讲讨论的组织状况。在大学的讲座上，本质上论述实践性主题的书籍会通过质疑、提出反对理由等方式，进行完全学究式的分析，如迪诺·德尔·加尔布对《医典》外科医学部分写下的评议就反映了这一点。[66] 这种合成的医学烦琐哲学同中世纪自然哲学一样属于知识分子涉猎的范围，其中分析、比较、对照、文本内容协调一致是正常的工作任务，得出结论的正规方法和途径是通过三段论进行逻辑证明。

而且，大学环境中务实的因素强有力地影响着教师和学生，强调医学学习这些方面与自然哲学并行或联系起来。那个时代的知识分子优先考虑的一些事情，保证了对这样一种强调的最强大支持，这种支持在高级学问领域占有一席之地，从此以后，医学在大学学院的等级制度中赢得了受人尊敬的地位。大学的医生们在其实践过程中，通过吸引人们的注意力，使人们来学习他们写的医学学习书籍。他们拥有了对医学理论的解释权力，这使他们区别于其他的医学从业者，他们也希望以此能够获得社会地位和经济上的优势。

想要简明扼要地概括学院医学的实际教学情况并不容易。从本质上看，传递给学生的知识内容通常是被简化了的盖伦学说，在这种意义上，传递给学生的知识剪裁掉了盖伦学说那种好争论的知识背景、对古代医学知识的宽容和对人体解剖和临床诊断的细节内容的关注，而后来的作者们通过增加药理学、努力系统化和理论复杂化使学院医学教学变得非常精细。

一个核心的概念是“质”（质性或中世纪生理学上的“质”），它是“热、湿、冷、干燥”各种基本性质的平衡物，既在人体内部特别是其心

---

⑯ 见本章注释65。

情情绪（血液、两种胆汁和黏液）中，又在用来治疗的各种物质里面。作 383
为一种生理学理论，“质”本身非常精细微妙，因为不仅各个物种，而且人类每个个体，甚至是身体的各个部分都被认为有其自身的“质”。而且“质”同时被想象为人类个体的一种基本特性（医学界的人士讨论它是否等同于哲学家们所说的某一物质形式），并且随着性别、年龄、气候和养生法（食物疗法）的差异而变化。疾病现象一般归因于 *solutio continuitatis*，其意义本质上是外伤和（情感方面的）内伤，或者归因于天性的不均衡状态。“合理的”治疗就包括决定药物（内服药）和患者之间各种性质的平衡。分配到各种医药（主要是草本药物）中的“质”，要么取决于明显的特性（胡椒的刺激性），要么取决于传统惯例，而且他们认为，各种性质的强度随着物质的变化而变化。维拉诺瓦的阿那德理解领会了基于这种最新观念组合药物的疑难处，根据其性质强度等级设计了一种准数学体系，用来合成药物，这种等级取决于各种构成要素（原料组成部分），其中每一种构成要素又有其自身性质的强度等级。[67] 其他博学多才的医生们似乎依靠其知觉和惯例来确定“性质”或病人与药物性质的强度。此外，有观念认为，某种物质的药用价值取决于“具体形状”，而某些特别的物种具有无法辨认的特性，这为那些难以运用性质理论的情况提供了一种方便的解释。而且，作为药物使用的大多数物质的属性（例如，麻醉剂和泻药），医生们在实践中对此已经非常熟悉，无论什么样的理论解释都能被吸收采纳。

第二种基本概念是各种天体对人间（尘世）万事的影响，包括健康和疾病。医疗占星术渗透到了中世纪后期医学的各个方面，并不局限于大学环境中。但是在 14 世纪和 15 世纪，医学院与占星学的发展紧密地联系在

[67] 这是 *Aphorismi de gradibus* 的主题，见 McVaugh(ed.)，*Arnaldi de Villanova*（注释 52）。

一起。[68] 然而，在大学医学教授之中，爱好天体（恒星）研究的，在研究的方向和程度方面差异都很大。一些人对整个学科关注很少；一些人只有在进行理论方面的解释或医疗实践开处方时，才利用占星学资料，但是他们对这门学科的发展并没有做出贡献；而其他一些人则创作了医学占星学
384 著作，如两篇对希波克拉底伪作的评注。一小部分人——那些最博学多才的人——在更综合的背景下写下占星学文章或对占星学、天文学做出贡献。后一类群体中包括阿巴诺的彼得，他在天文学和占星学方面写有专著，还有一篇讨论第八行星运动的论文；以及乔万尼·德·东迪，前文提到过，他是一个著名的天文钟的设计者和建造者。[69]

学院医学的知识活动是这样错综复杂又要求苛刻。在中世纪的科学背景之下，吸收理解古代和伊斯兰世界医学与生物学方面的思想和著作的努力，是一种值得尊敬的贡献。而且，引进经院的辩论方法，使之与医学研究渗透协调带来了一种有益的结果，使学识渊博的医生们清楚地明白古代作者的矛盾之处（最显著的矛盾就在盖伦和亚里士多德之间）。但是经院医学如同经院自然哲学一样受到了批评，不仅仅因为它把磨炼辩论技巧当作最高目的，而且因为其在理论与经验材料之间仅提供了细微的联系。然而，很难观察到博学多才的医生们如何生成不同于当时亚里士多德主义自然哲学家的理论与经验相连的体系，但是他们共同分享着科学知识的本质，以及达到本质的方法。而且，他们的医学实践经验可能会使医学教授比那些研究哲学的同事们更加家喻户晓，因为后者要考虑经验主义和具体情况。当然，学识渊博的医生们神志非常清醒，他们觉察到医学作为学问

[68] G. Zanier, 'Ricerche sull'occultismo a Padova nel secolo XV', in Poppi (ed.), *Scienza e filosofia*（注释 50），345-372；也参见 M. Markowski, 'Astronomie an der Krakauer Universität im XV. Jahrhundert', in *Universities in the Late Middle Ages*, 266。

[69] 详细资料参考 Paschetto, *Pietro d'Abano*（注释 25）；S. A. Bedini and F. R. Maddison, *Mechanical Universe: the Astrarium of Giovanni Dondi* (Philadelphia, 1966)。

和职业的双重本质，并且把大量的讨论用来研究这两方面间的模糊关系。[70] 在这个范围，他们的实际治疗行动能够被知晓（关于中世纪医疗实践，有大量描述性文学作品，但并不总是正确反映实际情况），至少他们的理论部分地指导了他们的医疗实践。而且，一些例子说明，理论性的结论经常因为实践经验而受到批评或修改。[71]

上文所指出的特征可能在各个主要的医学教育中心都差不多。例如，近来的研究表明，通过对使用阿维森纳《医典》某部分作为医学教科书及对其态度的考察发现，从 13 世纪到 14 世纪初期，蒙彼利埃的教学比巴黎的教学更“实际”或更“希波克拉底化”。[72] 而且，虽然医学教学中一些重要的新发展变化并不局限于某一所大学内，但是大致在同一时期影响着主要的医学教育中心。举例来说，阿维森纳的《医典》是中世纪最有影响 385
力的医学教科书之一，1187 年由阿拉伯语翻译成拉丁语。但是这本教科书被引入巴黎大学的时间大约是 1230 年，引入蒙彼利埃大学大约在 1240 年。[73] 类似的情况是，在 1300 年前后 10 年，在博洛尼亚大学和蒙彼利埃大学同时爆发了直接研究盖伦著作的热潮。[74]

正如上述例子所揭示的，医学院的形成时期从 13 世纪中期一直延续到 14 世纪初期。此后不久，欧洲爆发了一场“黑死病”，黑死病夺走了许多学识渊博的医生的生命，正如它夺走无数其他人的生命一样，其中包括著名的医学评论家真蒂莱·达·弗里诺，并且诞生了医学著作的一种新类型：有关瘟疫的论文。而且使既有的佛罗伦萨家族中的成员们难以步入医

---

[70] 通常在“医学是艺术还是科学”这样的问题下面，在一般的专著或评注文章的开始部分频繁地加以讨论。经院医学作者常用的解决方式就是，医学在某种意义上来说既是艺术又是科学。

[71] 这个问题已经由 M. R. McVaugh 解决了(见精选文献)。

[72] Jacquart,‘Réception du *Canon*’(注释 23).

[73] Jacquart,‘Réception du *Canon*’(注释 23),69,73. L. G. Ballester,‘Arnau de Vilanova(约 1240-1311)y la reforma de los estudios médicos en Montpellier(1309):El Hipócrates latino y la introducción del nuevo Galeno’,*Dynamis*,2(1982),101-104.

[74] Ballester,‘Arnau de Vilanova’(注释 73),97-158;Siraisi,*Alderotti*(注释 24),100-105.

学领域，由此却给那些处于相对劣势社会背景的“新人”开辟了发展的机会。[75] 但是，到 14 世纪中期，学术医学院是如此稳固，以至于黑死病这样史无前例的医学大灾难都没有损害其组织地位，也没有使它们的教学失效。相反，在 14 世纪末期和 15 世纪初期，出现了一些著名的经院医学评注家——贾科莫·达·弗里（卒于 1414 年）、乌戈·本兹（卒于 1439 年）、雅克·德斯帕尔（卒于 1458 年）。[76] 而且，最近对中世纪后期各国各地区的医学作品，以及对那些从业者所写的书籍资料进行的研究显示，拉丁语学术医学影响的不断增长，是在医学从业者身上——而不是在大学里受教育的人身上。[77] 因此，学校医学在塑造科学思维方面，在处理古代科学文本的方法态度方面，以及在中世纪的医疗实践上发挥了重要的作用。

386 精选文献

Agrimi, J. and Crisciani, C. *Medicina del corpo e medicina dell'anima. Note sul sapere del medico fino all'inizo del secolo XIII. Episteme*, Milan, 1976.

Amundsen, D. W. 'Casuistry and Professional Obligations: the Regulation of Physicians by the Court of Conscience in the Late Middle Ages', Parts I,

[75] Campbell, *Black Death*（注释 33），6-33，列举了写于 1348—1350 年有关瘟疫的论文，Park, *Doctors and Medicine*（注释 2），150-151（以及其他各处）。

[76] On Giacomo and Ugo: Pesenti, *Professori e promotori*（注释 12），53-58，103-112，书目得以引用；D. Jacquart, 'Le regard d'un médicin sur son temps: J. Despars(1380? -1458)', *Bibliothèque de l'Ecole des Chartes*, 138(1980), 35-86.

[77] 例如，F. M. Getz, 'Gilbertus Anglicus Anglicized', *Medical History*, 26(1982), 436-442; L. E. Voigts, 'Editing Middle English Medical Texts: Needs and Issues', in T. H. Levere (ed.), *Editing Texts in the History of Science and Medicine* (New York/London, 1982), 39-66；虽然作者强调指出学院的医生们不参与医学实践活动，但是 A. Delva, *Vrouwengeneeskunde in Vlaanderen tijdens de late middeleeuwen* (Bruges, 1983)，第 203—206 页提到佛兰德斯语的《特罗图拉》（*Trotula*）与拉丁语文本的联系据推测仍然出现在学术界。

Ⅱ, *Transactions and Studies of the College of Physicians of Philadelphia*, 3(1981), 22-39, 93-112.

Bullough, V. L. *The Development of Medicine as a Profession: the Contribution of the Medieval University to Modern Medicine*, Basle/New York, 1966.

Campbell, A. M. *The Black Death and Men of Learning*, New York, 1931; reprint, 1966.

Dulieu, L. *La Médecine à Montpellier*, vol. Ⅰ, *Le Moyen Age*, Avignon, 1975.

Fuiano, M. *Maestri di medicina e filosofia a Napoli nel Quattrocento*, Naples, 1973.

Garcio Ballester, L. 'Arnau de Vilanova(*c.* 1240-1311) y la reforma de los estudios médicos en Montpellier (1309): El Hipócrates latino y la introducción del nuevo Galeno', *Dynamis*, 2(1982), 97-158.

Getz, F. M. 'Medicine at Medieval Oxford', in J. I. Catto(ed.), *The History of the University of Oxford*, vol. Ⅱ, *Late Medieval Oxford*, Oxford, in press.

Jacquart, D. *Le Milieu médical en France du* ⅫⅠ*e au* ⅩⅤ*e siècle*, Paris, 1981.

Jacquart, D. 'La question disputée dans les facultés de médecine', in B. C. Bàzan, J. F. Wippel, G. Fransen, and D. Jacquart, *Les Questions disputées et les questions quodlibétiques dans les facultés de théologie, de droit et de médecine*, Typologie des sources du Moyen Age occidental, ed. L. Génicot, fasc. 44-45, Turnhout, 1985.

Jacquart, D. 'La réception du *Canon* d'Avicenne: Comparaison entre Montpellier et Paris au ⅩⅢe et ⅩⅣe siècles', in *Histoire de l'école médicale de Montpellier. Actes du 110e Congrès National des Sociétés Savantes tenu à Montpellier en 1985*, vol. Ⅱ Paris, 1985, 69-77.

Kibre, P. 'The Faculty of Medicine at Paris, Charlatanism and Unlicensed Medical Practices in the Later Middle Ages', *Bulletin of the History of Medicine*,27(1953),1-20.

Kibre,P. *Hippocrates latinus*:*Repertorium of Hippocratic Writings in the Latin Middle Ages*,New York,1985.

Kristeller,P. O. *Studi sulla Scuola medica salernitana*,Naples,1986.

McVaugh,M. R. 'The Development of Medieval Pharmaceutical Theory', in M. R. McVaugh(ed.),*Arnaldi de Villanova Opera medica omnia*, vol. Ⅱ,*Aphorismi de gradibus*,Granada/Barcelona,1975.

McVaugh,M. R. 'The Two Faces of a Medical Career:Jordanus de Turre of Montpellier',in E. Grant and J. E. Murdoch(eds.),*Mathematics and Its Applications to Science and Natural Philosophy in the Middle Ages*,Cambridge,1987.

Ottosson,P. -G. *Scholastic Medicine and Philosophy*,Naples,1984.

Park,K. *Doctors and Medicine in Early Renaissance Florence*,Princeton, N. J. ,1985.

Paschetto,E. *Pietro d'Abano,medico e filosofo*,Florence,1984.

Pesenti,T. *Professori e promotori di medicina nello Studio di Padova dal 1405 al 1509*:*Repertorio bio-bibliografico*,Padua/Trieste,1984.

Premuda,L. 'Le conquiste metodologiche e tecno-operative della medicina nella scuola padovana del sec. XV',in A. Poppi(ed.),*Scienza e filosofia all'Università di Padova nel Quattrocento*,Padua/Trieste,1983.

387 Schipperges,H. 'Die Assimilation der arabischen Medizin durch das lateinische Mittelalter',Sudhoffs Archiv für Geschichte der Medizin und der Naturwissenschaften,(special issue)(1964).

Siraisi,N. G. *Medieval and Early Renaissance Medicine*:*An Introduction to Knowledge and Practice*,Chicago,1990.

Siraisi,N. G. *Taddeo Alderotti and His Pupils*:*Two Generations of Italian Medical Learning*,Princeton,N. J. ,1981.

第十二章　法学院 388

安东尼奥·加西亚·Y. 加西亚

法学院的起源与早期历史

11 世纪末期出现了博洛尼亚法律学校，那时它可能是私立的世俗机构。它的法学院在欧洲首屈一指，直到古老王朝结束前，始终是其他法学院的原型和楷模。在 11 世纪和 12 世纪，博洛尼亚也许是一座不超过 10 000 人的城市，但是它不仅出现了学馆，并且因为学馆的出现而呈现一种独有的特征。教会和世俗力量都讨好学馆，但它没有与其中任何一个结盟，并且因此赢得了两者的帮助。

众所周知，“安全居住”的特权是皇帝巴巴罗萨腓特烈一世授予学馆的，这种特权是皇帝对博洛尼亚大学感兴趣的有力证明。虽然它明确地把此特权赋予了前来意大利学习的学生们（他们中绝大多数前来学习民法和教会法），但是也含蓄地给予了博洛尼亚大学一种独立方式并支持它反对自治市（comune）或市政当局。[①] 另一方面，教皇把支持学生作为一种对自治市施加间接影响的方法，从而在亲教廷派和保皇党之间的世代争斗中，暗中影响德国皇帝对意大利的政策。这就是 1217 年教会诏令的目的，教皇霍诺留斯三世在此诏令中支持学生反对自治市。博洛尼亚大学宗教科目的教学，如从格拉蒂安时代开始的教会法教学，使教皇们关注此地的教义实施，就是说他们对这里的教师和学生感兴趣。1219 年，霍诺留斯三世批准博洛尼亚大教堂副主教有权授予到各地教学的权利，并且因此使大

① 参考第 3 章（P. Nardi）。

学依赖于罗马教廷。[②]

389 在模仿博洛尼亚大学建立的意大利法学院中，最出色的有帕多瓦、帕维亚、佩鲁贾和锡耶纳的法学院。在某些特定时期，无论其教学质量如何，意大利的法学院一直吸引着大批的外国学生。这些学者把博洛尼亚模式传播到意大利内外。实际上，一般来说，法学院都模仿了博洛尼亚的模式，但有时候也会果断地加以改造以适应当地情况。[③] 从这种意义上，我们可以说在中世纪存在着不同的法律学派。

法国主要的法学院有蒙彼利埃法学院（它的形成主要归功于博洛尼亚法学家匹亚西提诺在此教学）、奥尔良的法学院、图卢兹的法学院，以及阿维尼翁的法学院。巴黎大学只在教会法方面享有很高的声望，因为教皇霍诺留斯三世在 1219 年禁止在巴黎大学教授民法［教皇诏令（*Super specula*）］。[④] 11 世纪以后，继意大利的法学院之后，法国的法学院也吸引着来自欧洲各地的学者。伊比利亚半岛主要的法学院有萨拉曼卡、莱里

② G. Cencetti, 'Sulle origini dello Studio di Bologna', *Rivista storica italiana*, series 3, 5 (1940), 248-258; G. Cencetti, 'Studium fuit Bononiae', *Studi medievali*, 7 (1966), 781-833; G. Cencetti, 'L'Università di Bologna ai tempi di Accursio', in G. Rossi (ed.), *Atti del Convegno internazionale di studi accursiani*, vol. Ⅰ (Milan, 1968), 55-70.

③ 关于博洛尼亚模式在欧洲的传播参考 M. Fournier, *Histoire de la science du droit en France*, vol. Ⅲ, *Les Universités françaises et l'enseignement du droit en France au moyen âge* (Paris, 1892; reprint, Aalen, 1970); *Ius romanum medii aevi*, ed. under the supervision of the Société d'Histoire des Droits de l'Antiquité, part I (Milan, 1961), 其中每一个国家都有一本或多本分册; R. Feenstra, 'Influence de l'enseignement du droit romain sur les nations étrangères', in *Actes du congrès sur l'ancienne université d'Orléans* (*XIIIe-XVIIIe siècles*) (Orléans, 1962), 45-62; A. Gouron, *La Science du droit dans le midi de la France au moyen âge* (London, 1984); H. Coing, 'Die juristische Fakultät und ihr Lehrprogramm', in H. Coing (ed.), *Handbuch der Quellen und Literatur der neueren europäischen Privatrechtsge-schichte*, vol. Ⅰ, *Mittelaltre* (*1100-1500*) (Munich, 1973), 39-128; S. Kuttner, 'The Revival of Jurisprudence', in *Renaissance and Renewal*, 299-323。

④ A. Potthast, *Bibliotheca historica medii aevi. Wegweiser durch die Geschichtswerke des europäischen Mittelalters bis 1500* (Berlin, 1896; reprint, 1954), 539-540, no. 6165 (*Decretals of Gregory* Ⅸ 5. 5. 5). 参见 S. Kuttner, 'Papst Honorius Ⅲ. und das Studium des Zivilrechts', in *Festschrift für Martin Wolf* (Tübingen, 1952), 79-101.

达、科英布拉—里斯本，它们之中没有一所接收半岛之外的学生。1367
年在博洛尼亚建立的“圣克莱门特西班牙学舍”，对于西班牙和葡萄牙来
说是一件标志性事件，从建立之时到 1500 年，大约有 600 名西班牙和葡
萄牙学者来到这儿学习，其中大部分是法学学生。在英格兰依旧另有一整
套根深蒂固的法律体系，这个事实深深地影响着英格兰的法律教学及其对
罗马法律的态度。因而伦敦的法律学校（四法学院）并不能归于成熟的法
学院这一级别，教授罗马法遭到禁止，因为那里实行的是习惯法。虽然牛
津建立了法学院，一所是民法学院，一所是教会法学院，但是人们一直认
为，民法只不过是教会法的一种必要补充，而且牛津公开宣称的目的就是
训练优秀合格的教会法学家。除了巴黎，苏格兰或欧洲其他地方并不限制
罗马法的教学。苏格兰的圣安德鲁斯法学院、格拉斯哥法学院和阿伯丁法
学院建立在 15 世纪，但是随着苏格兰人继续前往欧洲大陆学习法律，200 390
年之后这些法学院都衰落了。最后，教会法也是中世纪神圣罗马帝国法律
教学的主要科目。主要的法学院有布拉格、维也纳、海德堡、科隆、爱尔
富特、莱比锡、维尔茨堡、罗斯托克、格瑞夫斯沃德、弗赖堡、因戈尔施
塔特、特里尔、图宾根、美因兹、鲁汶和巴塞尔；除前两所之外，其余的
都是 14 世纪后期或 15 世纪建立的。这些法学院吸引着斯堪的纳维亚半岛
（中世纪没有有影响的法学院）、低地国家，以及东欧地区（如波兰和匈牙
利）的学者们。

帕多瓦法学校比博洛尼亚更注意伦巴第法和意大利城市的当地法规。法国北部使用的是习惯法，法国南部使用的是成文法，结果法国的法学家表现出来一种倾向，要么学习习惯法，要么学习成文法。因此在奥尔良，人们不太欣赏 13 世纪博洛尼亚法学家阿库尔修斯写的《标准注释》，但对当地习惯法非常感兴趣。在西班牙，由于采用卡斯蒂利亚语为标准西班牙语，作为文化思想交流的一般媒介，因此在阿方索十世（或者称为“智者阿方索”）时期（1254—1284）出现了一系列本国语法律作品。

博洛尼亚的教会法教学很快被传播到了其他国家。盎格鲁-诺曼和莱茵兰学派是它的旁支，学派中较多的修辞风格主要发源于巴黎大学蒸蒸日

上的两个学院：文学院和神学院。学派中的教会法教师逐渐使用有力促进博洛尼亚学校发展的教皇教令集。13 世纪 60 年代在法国北部和莱茵兰地区出现了这个学派的教会法学课本，在欧洲其他地方，几乎没有再值得一提的其他教会法学派。⑤

法律文本的评注模式可以分为三大学派：注释派（glossators）、后注释派（post-glossators）或意大利传统（*mos italicus*），以及法国传统（*mos gallicus*）。

在中世纪盛期，注释派的典型方法是使用完整的查士丁尼法律全集，而不是其中的片断或选集，他们关注法律书籍的文字，逐字逐句地注释。这并不是说他们对法律的意义不感兴趣，有时与考订所做的相反，理解原文的文字或注释仅仅是他们的起点而不是目的。他们的目标是文本的意义
391 和立法者的意图，随着岁月流转，注释文献逐渐转向关注法律的意义。正如下面所指出的，这种注释文献开始仅仅在行间或页边空白处注释说明语句的含义，发展到后来，就变成对整部法律文集做广泛而连续的批判性注释，其目的不仅仅是努力捕捉每一句话的含义，还要理解文本的意义和立法者的意图。

在对各式各样民法和教会法文集的无数注释中，每一文集中的《标准注释》和《注释大全》由于其大众化和长达数个世纪的广泛使用而备受世人瞩目。《标准注释》主要是阿库尔修斯（卒于 1263 年）所作，包括对《民法大全》的注释，大约有 96 000 条；约翰尼斯·陶托尼克斯（1216）注释格拉蒂安的《教会法汇要》，1238—1245 年巴托洛梅乌斯·布里西尔

---

⑤ 关于法律学派参考 H. Kantorowicz, *Rechtshistorische Schriften*, ed. H. Coing, and G. Immel(Karlsruhe, 1970); D. Maffei, 'Qualche postilla alle ricerche di E. M. Meijers sulle scuole di Orléans, Tolosa e Montpellier', *Tijdschrift voor Rechtsgeschiedenis*, 36(1968), 387-400; A. García y García, 'Aspectos de la universidad portuguesa medieval', in *Universities in the Late Middle Ages*, 133-147; E. Cortese, 'Scienza di giudici e scienza di professori tra XII e XIII secolo', in *Legge, giudici, giuristi. Atti del Convegno tenuto a Cagliari nei giorni 18-21 Maggio 1981* (Milan, 1982), 93-148; H. Schlosser, 'Rechtsgewalt und Rechtsbildung im ausgehenden Mittelalter', *Zeitschrift der Savigny Stiftung für Rechtsgeschichte*, *Germ. Abt.*, 100(1983), 53-74。

西斯对此稍微进行过改动，伯特尼的伯纳德（别名帕蒙斯，卒于 1263 年）注释了格列高利九世的教令集，约翰尼斯·安德烈埃和其他的作者注释了《民法大全》部分剩余文集。其他各式各样的法律文集也有《标准注释》，虽然这些不能作为《大全》的一部分，通常却是根据《大全》编辑或与它有紧密的联系：如雅克布·哥伦比 1227—1240 年对伦巴底法的注释、卡洛·德·托克对《封建法书》的注释，以及奥多弗雷多对《1183 年康斯坦斯和约》的注释。

通过西班牙和意大利对阿拉伯文化的翻译，通过十字军东征带来的与希腊的直接联系，欧洲发现了亚里士多德的著作，这个发现把一些新方法引入了其他知识分支当中，《民法大全》和《教会法大全》的“后注释派”或评注学派（commentators）使用的就是这些新方法。法学家使用的这些方法包括通过一种辩证的程序探索法律的含义。对于注释派来说，权威就是标准，对于后注释派来说，权威就是理性——在学习法律的过程中，理性意味着更高的自由。这种辩证式的或经院主义的方法也被应用到哲学和神学上。

这个学派中最重要的人物是意大利人奇诺·达·皮斯托亚、巴尔托鲁斯·德·萨克费拉托，以及巴尔杜斯·德·乌巴尔迪斯，阿尔卑斯山以北的法国教师雅克·德·瑞维吉内和皮埃尔·德·贝尔沛切。对于这些人或其他不可胜数的作者而言，法律作品的类型不是注释而是论文，这种详尽的专题论文能够针对一个特定的主题，或者是整部法律文集的评论，甚至是针对整个《民法大全》或《教会法大全》进行评论。从整体上来看，他们的工作奠定了一个法律体系，但这个体系在这些注释者的著作中是很分散的体现的。后注释派或评论派中最主要的教会法学者是苏萨的亨利（红衣主教霍斯廷斯）、特拉尼的戈弗雷多、纪尧姆·杜兰德、约翰尼斯·安德烈埃和尼科洛·戴·图德希奇（阿巴斯·帕诺米塔）。

注释派和后注释派对历史或哲学同样一无所知，他们试图通过扩充古 392
老法律文本的意义，使之符合中世纪社会状况来弥补这个缺陷。

后注释派的方法是人所共知的意大利模式，在 14 世纪和 15 世纪的意大利得到广泛使用。法国模式是对法律人文主义学派的称呼，他们在研究法律书籍时采用了哲学和历史的方法。这个学派在意大利兴起时，代表人物有彼特拉克、卡马尔多利的安布罗斯、菲尔弗、马费奥·维吉奥、洛伦佐·瓦拉、安杰洛·波利齐亚诺、卢多维科·波洛尼尼及其他人，但是推动这个学派达到鼎盛的人物是法国的安德烈亚斯·阿西亚特斯和雅克·居雅斯。这些著者认为罗马法不是一成不变的，而是采用了哲学和历史方面的研究方法。塔拉戈纳的大主教安东尼奥·奥古斯丁，是教会法方面最杰出的评论者。在荷兰，法国模式是最有影响力的；在神圣罗马帝国，直到17 世纪末和 18 世纪的理性主义运动兴起时，最常见的一直是意大利模式；在西班牙的萨拉曼卡，在对中世纪哲学和神学思想，特别是对托马斯主义著作的兴趣再次出现时，使用的既有法国模式也有意大利模式，但主要是后者。然而，19 世纪的历史学家过高地评价了法律人文主义者在中世纪末期和现代早期法律知识发展过程中的重要性，从而不恰当地贬低了意大利模式的作用。

普遍特征

大学法学院使用的教学语言是拉丁文，但是从 13 世纪开始，主要的法律著作都是用本国语撰写的。使用拉丁语和本国语进行法律教学和写作并不相互冲突，它们彼此激励并达到相互依赖的程度，如法律学家用本国语写成的作品在大学中被学习，也许还会在大学里被当作教材。举例来说，阿方索十世的《七篇法典》就是用标准的西班牙语写成的，对它的评论使用的则是拉丁文或西班牙语。

教士和世俗人士对拉丁文的无知常常成为把法律书籍和评论翻译成本国语言的一个理由。这样的翻译作品能自由传播，直接用本国语言写成的著作也是如此，如阿方索十世时期的情况就是这样。当时翻译的作品包括《法律大全》（包括民法和教会法）中的许多作品，14 世纪意大利法学家巴尔托鲁斯·德·萨克费拉托的评论著作，13 世纪法国法学家内沃·

德·蒙托邦的评论著作，以及许多教会法文本和评论。

中世纪的教学和大部分的写作使用一些法律文本（在所有大学都是如此），这些文本基本上都来自《民法大全》和《教会法大全》。还要加上对德意志皇帝宪法的评论，这出现在《民法大全》的旧版本中，如第十次校 393
勘版本，以及其他单独的文本最后汇编到《大全》（包括民法和教会法）中，如有《旧本汇编》、教皇英诺森四世的文集，以及大量单独的教皇教令或书信。这些法律文本及其评论以“罗马教会法（Roman—canon law）”之名流行于世，这个名称意味着这种法典原则上被认为在整个中世纪基督教世界里是有效的，尽管同时还存在着大量的世俗法规和地区性规章制度。由于很少有例外情况，直到17世纪，欧洲大学里教授的唯一法律就是“罗马教会法”，并且被推崇为能让法学家们有能力解释其他任何法律体系，特别是王国、地方教会或其他社会组织的法律。

“罗马教会法”成为那个时代基督教世界的潮流，这就是我们今天所称的欧洲普通法。在广阔的基督教世界，从波兰到葡萄牙，从斯堪的纳维亚到西西里，教师、学生和书籍自由交流，吸引还是排斥的理由仅仅只是教材、教师或学院的声誉及法律上的供求。来自欧洲各个王国的教授和学生们自由地从一个学术中心迁移到另外一个学术中心，吸引他们的只是学术中心的声誉，而阻止他们的只会是经济上的困窘。

法律文献资料

中世纪大学基本的法律学习研究材料是《教会法大全》和《民法大全》。前者包括有12世纪中期格拉蒂安的《教会法汇要》，囊括教会出现千年以来的法规；格列高利九世的教令集，或者1234年的《附编》；教皇博尼菲斯八世（1298）的《第六册》；教皇克莱门特的教令集（包括从1305年开始教皇克莱门特五世的法规和1311—1312年“维也纳会议”的法规）；教皇约翰二十二世1317年认可通过的教会法汇编本；《教皇圣言汇编》（1325）；《圣言集》及中世纪其他教皇的法规也被收集在1500年和

1503 年在巴黎出版的《教会法大全》中。因此，教会法学家关注的既有几个世纪以来一直实行的古老法规，也有 12—15 世纪的法规。

民法学校教授的罗马法从公元 6 世纪早期查士丁尼法律全集开始，其中包含大量的古老法典。中世纪法学家把全集分成《学说汇纂》《法典》《法学阶梯》，以及《新律》四部分。《学说汇纂》又分成三部分：《旧学说汇纂》（从第 1 卷到第 24 卷 2 分册）、《补遗》（从第 25 卷起到第 38 卷）、
394 《新学说汇纂》（到第 50 卷的其余部分）。他们把查士丁尼《法典》分成《法典》1—9 卷和《散卷》10—12 卷，有时也用《散卷》的名称来表示《三书》《法学阶梯》和《新律》。《新律》是一部 134 位皇帝的法规汇编，在 6 世纪时候用拉丁文记述，后来做了一点儿改动，11 世纪以后在西方广为人知，称为《真本》。中世纪的注释派法学家们把《新律》的 97 卷分为九卷本的文集，使这部法规以"新面貌"出现。许多概要部分及《新律》要点根据主题被插入到中世纪出版的查士丁尼《法典》中。正如以上所述，中世纪时期通过把各种各样的《封建法书》添加到查士丁尼法规汇编中，丰富了《民法大全》的内容。

法律作品类型和术语问题

了解法律作品类型中使用的术语是非常有益的，专业术语标示着内容。⑥

---

⑥ M. Ascheri and E. Brizio, *Index repetitionum iuris canonici et civilis*, Quaderni di informatica e bene culturali, 8(Siena, 1985); F. Martino, *Richerche sull'opera di Guido de Suzzara. Le Supleciones*(Catania, 1981); L. Fowler-Magerl, *Ordo iudiciorum vel ordo iudiciarius, Begriff und Literaturgattung*, Ius commune, 19(Frankfurt-on-Main, 1984); G. Fransen, 'Les questions disputées dans les facultés de droit' in B. C. Bazàn, J. F. Wippel, G. Fransen, and D. Jacquart, *Les Questions disputées et les questions quodlibétiques dans les facultés de théologie, de droit et de médecine*. Typologie des sources du moyen âge occidental, 44-45(Turnhout, 1985), 225-277; G. Fransen, 'Les gloses des canonistes et des civilistes', in *Les Genres littéraires dans les sources théologiques et philosophiques médiévales*(Louvain-la-Neuve, 1982), 133-149; A. Bernal Palacios, *La Concordia utriusque iuris de Pascipoverus*(Valencia, 1980), 39-53，此作品提供了有关这种文学风格的文献信息。

这里介绍一些标题：序文、主题、方法、开端、前言、序言、词条、绪论、概述。很难找到与它们同义的现代词汇，因为这些术语不再包含中世纪时期所包含的专门含义。无论是谁写的或出于什么原因写的，所有这些术语都在法律著作或其他供读者阅读的作品之前进行解释，与修辞规则、使用的方法和阐述目标保持一致。所有这些都使用拉丁语来表示特定的意思，如拉丁语 *nomen*（名称）、*materia*（主题）、*intentio*（目的）、*utilitas*（用处）或 *finis*（目的）。习惯上也要确定作品所属的哲学分支，哲学在此处被认为包含逻辑、物理学和伦理学，以及作为伦理学一部分的法律。

然而上述术语是针对一部完整的作品来说的，“前言”或“导言”与 395
各个标题都有关——法律内容被分配到这些标题之下——并试图解释文本内容的含义、与其他标题的关系，以及每个标题之下的主题构成和分类。它们会给出一些标题中的主题或整个法律文集的大纲，称为总结或小结。这样的文本要么被插入法律教材或注解之内，要么自成体系。

介绍性的术语有很多，下面介绍一些仍然保留的主要类型的名称。

概要是每一部法律、法规或章节的前言，概述其内容。

注释是对法律文本中词语的评注，通常较短。从时间上来看，最早的是“独立注释”，短的注释解释晦涩语句的含义，指出与其他法律条规的互相关联，或者用“注意”一词开头来指出文本的重点内容，这种情况被称为点注。另外，它们也许还表示文本中存在的争论。人们喜欢用论注来称呼为数众多的大量连续的注释作品，这一类注释试图针对一部完整的法律文本进行逐字逐句的评注。

讲义用来指称一位教授创作的论注。

随着时间的推移，当每种法律文集众多论注中的一种开始获得权威性时，其风格被称为基本注释。而所有其他的版本被称为特别注释。

小结是对法律文本做简明系统的评注，没有论注中逐字逐句的注解；评论有时候也用来指小结。

分辨或分类，一种起源于逻辑的风格类型，基本上是对包含在思想、事实、词语或法律文本中的概念的所有含义加以确定。

大纲、宣称、一般、单一、方法都是类似的一种风格变体，但是并不等同，这些被包含在对法律基本原则的表述中，引用法律文本中的段落篇章，支持或反对法律原则。对可能的支持或反对进行比较，是中世纪法庭和经院主义推理的典型特征。12 世纪末期以后，宣称又被称为方法。它们通常用“对比区别”的方式来解决。一种法律问疑（下文将叙述）被用来论述法律资料之间的矛盾。

死结来源于亚里士多德的谬论，在 12 世纪后期和 13 世纪早期，当法
396 学家们把它作为一种新类型使用来注解或辩证论证时，吸引了逻辑学家的注意。这也许与那个时代发生的辩证方法改革有关。

一般性的法律原则被称为大纲或一般。当被用于某一类案件的时候，他们就被称为具体，当它们被用到某一单个案件的时候就被称为单一。

点注，第 395 页所提到的，在一部法律文本中用来指出大纲与特定对象的相关之处，一般以大纲一词开始，随后是对象的称谓。

法律问疑阐明解释或思考一部法律文本之中的矛盾，企图使它们协调一致，通常以问题的形式出现，并且以拉丁词 Quare（为什么）开头。这种类型的问题因而又被称为“法律问疑为什么”，并且以单行本的方式出现。有时问疑会暗含在前面提到过的方法之中。

实际问题对于一些学者来说就是著名的争议问题，它们不是来自法律本身而是来自事实或具体事例（一个犯罪事实的构成要素决定适用什么类型的法律）。犯罪事例能够从真实生活中挖掘出来，也能凭空想象出来。为了教导，处理这些问题的方式之一是争论——在一位教师的引导下在两个学生之间进行的一场辩论，这位教师宛如在法庭之上做出判决。这种实践活动又被称为课堂问疑或论争，他们以举办当天是星期几来命名这个活动——星期三举办就命名为 *mercuriales*，星期五举办就叫 *veneriales*，星期六就叫 *sabbatinae*，依此类推。

建议或专家观点。当法官处理案件需要专家观点的时候，这些术语就出现于法律程序行为中。提意见的目的是解决法官考虑法律案件审理时提

出的疑问，在这种情况之下，对反对一方的异议做一个回复。它们也被称为意见或反应。建议也可由非官方的法学家给出，那就是说，不仅仅是法官，在诉讼中急于了解法律对他会如何判决的一方也会咨询法学家。

法律案件审理的规则分散在整个查士丁尼的法律文集中。因此，12世纪的法学家们汇编了一本手册称为基本指南，指南对案件审理的每一部分从头到尾给出系统而有条理的描述。教会法学家们向那些法学家们学习，以格拉蒂安的《教会法汇要》为基础，完成了他们自己的基本指南，甚至某些方面做得更好。基本指南的一部分被大规模地改编并翻译成本国语言。

缩写本是从法律文集中挑选出的一些内容，在文字上加以改写或做一些变动，依据缩写目的删除不相关的其他部分。选编顺序有变化的文本称为改写本。简写本是从一部法律文集中挑选内容，但是没有逐字改编，由 397
简写者根据个人思想和文本内容重新起草而成。

索引、图表、辨析、词汇表、辞典、大全、总括、汇编，对于学习研究法律资料和偶尔研究法律文字类型风格非常有帮助。它们在形式和风格上随着作者意图变化而有很大差异，但是通常按照概念的字母顺序排列。它们的对象也许是一部法律文本，或者是一位著名作者的某部作品。

对照本、比较读本是对照民法和教会法，指出类似之处，并且努力协调两者之间的差异；或者根据类似的想法对教会法和《圣经》进行比较；或者努力去寻找格拉蒂安的《教会法汇要》和教皇格列高利九世《教令集》之间的一致之处。偶尔也会收集不同论注之间不一致的地方。

笔记、报告、附录、补编等是对学生们在讲座或辩论中抄写的笔记或抄本的称呼。报告人引用法律文本的语句，附录中包含其他人对原著的增添内容，当一位教授在课堂上使用另一位著者的文本内容并添加他认为合适的知识时，其结果就是补编。

在博洛尼亚、帕多瓦、佩鲁贾和其他一些大学的文学院中，有一个专为教授公证人的技能而设的讲席。书写技能是天主教学校或其他非大学中心的技能手册（一种手写的便于阅览的手册）的一种发展。这种类型中最著名的作品是用意大利语写的。

“忏悔大全”“案例大全”“德行大全”“道德指南”“宗族事务手册”“实践手册”等，是用来命名教会法规规则和忏悔圣典道德标准之类文集的标题，按字母顺序系统地排列。这种文献特别是从1215年第四次拉特兰会议开始多了起来，会议决议第21章要求坦诚忏悔，每年领取一次圣餐。这种类型的作品有的使用本国语，有的使用拉丁语。最主要的本国语作品是马丁·佩雷（1316）写的《忏悔书》。1215年第四次拉特兰会议决议的第51章重新唤醒了人们对宗族事务的浓厚兴趣，其中包含了计算血亲关系和姻亲关系的图表及准则。“实践手册”用于处理法律案件中的司法程序，它们分门别类，为每一种可能的法律行为提供法律规则。⑦

398

法律教学方式

直到人文主义者的出现，法律教学都是通过辩论的方式进行的，基本上没有涉及历史或哲学。⑧ 民法教师，以及某些范围内的教会法教师教授的法律文本，其起源可回溯到几个世纪之前，但在中世纪的社会仍被视为有效，尽管应用的时候存在着种种困难，而民法被认为是教会法的辅助和补充，尽管它们之间确实存在着差异。

为了使法律文本的每一部分都能在课堂上得到讲解，人们引入了一种

---

⑦ A. García y García, 'Glosas de Juan Teutónico, Vicente Hispano y Dámaso Húngaro a los "arbores consanguinitatis et affinitatis"', *Zeitschrift der Savigny Stiftung für Rechtsgeschichte*, *Kan. Abt.*, 58(1982), 153-185.

⑧ M. Fournier, 'Méthodes de l'enseignement du droit du moyen âge à nos jours', *Annales d'histoire des facultés de droit et de science juridique*, 2(1985), 11-152; G. Le Bras, '"Velut splendor firmamenti"; le docteur dans le droit de l'Eglise médiévale', *Mélanges offerts à Etienne Gilson* (Toronto/Paris, 1959), 373-388; A. García y García, *Estudios sobre la canonística portuguesa medieval*, Publicacions de la Fundación Universitaria Española Monografías, 29(Madrid, 1972), 17-65; G. Fransen and D. Maffei, 'Harangues universitaires du XIV siècle', *Studi senesi*, 83 (1981), 7-22.

要点（*puncta*）体系——把一本法律书分成若干部分，并且规定每部分要讲解的时间，规定哪些部分属于基础讲座——由一名硕士阅读并进行讲解，哪些部分属于具体讲座——由一名学士阅读并进行讲解。最早开展要点讲解的学院可以追溯到1252年的博洛尼亚法学院。[9] 其他重要的开展要点讲解的学院包括博洛尼亚法学院（1317—1347）、图卢兹法学院（15世纪之前）和博洛尼亚法学院（14世纪中期）。[10]

据苏萨的亨利（红衣主教霍斯廷斯，约1253年）所述，[11] 讲述一部法律文本的讲座由下面几个部分组成：（1）文本概述；（2）朗读文本，解释难点；（3）展示与其他法律文本相似的内容；（4）引用反对观点，一般通过分辨（第395页的定义）方法揭示它们；（5）叙述和解释法律文本阅读过程中产生的问题；（6）指出重点——阅读法律文本时涉及的最有价值的主题或相关思想。

在辩论或问题辩论方面，博洛尼亚大学的实践被其他大学仿效，但根据本地情况有所变化。在博洛尼亚，辩论在春季和夏季举行，基本上是对从现实生活或法庭中随意挑选出来的一个法律话题进行公开讨论。在博洛 399
尼亚，只有大学的博士才被允许举行这些辩论活动，但是是公开的，也允许每个听众提出反对意见，提出反对意见者又被称为反对者。

在博洛尼亚大学，从课程开始直到圣诞节一直有学术演讲。所有带薪教授，从最年轻的开始，都有义务和责任进行学术讲演。在其他地方，如

---

[9] D. Maffei,'Un trattato di Bonacurso degli Elisei e i più antichi statuti dello Studio di Bologna nel manoscritto 22 della Robbins Collection', *Bulletin of Medieval Canon Law*, new series, 5(1975), 73-111(especially 91, n. 80).

[10] B. Kurtscheid,'De utriusque iuris studio saec. XIII', in *Acta Congressus Iuridici Internationalis*, vol. II (Rome, 1935), 309-342; A. García y García,'El decretista Fernando Alvarez de Albornoz y la fundación del Colegio de España', in *El Cardenal Albornoz y el Colegio de España*, vol. II, Studia Albornotiana, 12(Bologna, 1972), 131ff., 145-150, 154-157; G. Rabotti,'Elenco descrittivo di codici del Decretum in archivi et biblioteche italiane e straniere', *Studia Gratiana*, 7(1959), 78ff.

[11] Henricus de Segusia(Card. Hostiensis), *Summa aurea* lib. 5, tit. (Augustae Taurinorum, 1579), 291.

在萨拉曼卡大学，是大学教授的博士必须连续举行 20 年的学术演讲。在博洛尼亚大学也有另外一种类型的学术演讲，它的内容是对每天所教材料的复习或总结。[12]

至于考试和学位，博洛尼亚大学并没有对每门课程举行单独的考试。博洛尼亚大学授予的头衔不是博士就是硕士，后来称之为“桂冠”（*laurea*），所有学习和考试都是为此头衔做准备。博洛尼亚大学的章程规定用 5 门课程去“读”一个“主题”（法律书籍的一部分），用 6 门课程“读”完一部完整的法律著作。在教会法方面，要求 4 年“读”一个主题，5 年“读”完一部完整的著作。获取学士头衔没有考试，但是学生以学士身份一年教授完一本书之后，他们才被认为有资格参加获得许可证的考试。起初，博士学位考试可能只有一次，但是不久之后就有了两次考试，第一次考试由教授委员会举行，第二次考试由“博士协会”举行。第一次考试通过后授予教学许可证，它也是一次实质性的考试，能真正反映候选人的知识水平和能力。第二次考试，是惯例习俗，只不过是一种仪式——授予博士学位的典礼——但是没有它就不能授予博士称号。在许可证考试过程中，候选人必须阐述两个题目，教会法专业学生的题目选自《教会法汇要》和教令集，民法专业学生的题目选自《旧学说汇纂》和查士丁尼《法典》，要回答提问。通常博士学位授予仪式在同一年举行，也有在许可证考试几天之后就举行的。

上文提到的“博士协会”在博洛尼亚大学有两个，一个是教会法的，一个是民法的，但是有些成员同时参加两个协会。每位成员并不一定要在大学教学，但实际上他们通常是列入活动名单的教授。这些博士协会的起源不是十分清楚，但是第一次提到它们是在 13 世纪后半期。这里有一组
400 数据：民法博士协会有 16 名成员，教会法博士协会有 12 名成员。另外还有 3 名临时成员。杰出人士被允许以特别成员或额外成员的身份加入协

---

⑫ Juan Alfonso de Benavente, *Ars et doctrina studendi et docendi*, ed. B. Alonso Rodríguez, Bibliotheca Salmanticensis, vol. Ⅱ (Salamanca, 1972), 93.

会。他们由一位资深成员管理事务，此人在《秘书手册》中记录会议情况，现在《秘书手册》成为一份非常有历史价值的资料。除了举行许可证和博士学位的考试，协会也对各种各样的申请书给出意见。尽管他们保守、讲裙带关系和搞形式主义，但是他们的声誉完整无损地延续了几个世纪。事实上，他们的委托人包括葡萄牙和英格兰的国王们，以及其他有能力支付他们高昂费用的显贵。[13]

学生与学者

通常来说，对于在法学院接受训练的学者总数、学者在法学院中的分布情况、他们的地理和社会来源、他们的平均年龄、他们以前的学习状况、他们在本国和国外学习的比例、学者获取学位的比例和毕业生法律职业前景等情况，缺乏能完整描绘状况的统计数据。尽管如此，我们仍然了解到，在 15 世纪后半期，在德意志大学学习的学者有 6000—7000 人，其中大多数在文学院。下一个重要数据是关于民法和教会法的学生的，在 15 世纪后半期，他们大约有 1000 人（占学者总数的 15.3%）。1386—1540 年，在莱比锡大学共有 504 名学生，爱尔福特有 427 名学生，科隆有 388 名学生，海德堡有 219 名学生，图宾根有 161 名学生，弗赖堡有 147 名学生。1389 年，科隆大学入学学生达到 759 名，其中 156 名（20.5%）是法学学生。在 15 世纪，莱比锡大学平均有 100 名法学学生，爱尔福特大学的数量在 80—350 名。[14] 一般认为博洛尼亚大学在 13 世纪有 500—1000 名学者；1269 年多达 1464 人。1339 年，佩鲁贾大学有 119 名法律学

---

⑬ A. Pérez Martín, 'Los colegios de doctores de Bolonia y su relación con España', *Anuario de Historia del Derecho Español*, 48(1978), 5-90; C. Piana, *Il 'Liber Secretus iuris caesarei' dell'Università di Bologna*, 1(Milan, 1984), 1*-109*; 2(Milan, 1989), 3*-33*.

⑭ Schwinges, *Universitätsbesucher*.

生。[15]

在每一个学院里，学者的数量情况比较好掌握。在15世纪萨拉曼卡大学的市长学舍（*colegios mayores*），章程规定的名额有76个；其中27个（36%）留给教会法学生，22个（29%）留给神学家，12个（16%）留给法学学生，教会法或民法均可，2个（2.6%）留给民法学生，2个（2.6%）留给医学学生。这种主导趋势得到了“大分裂”期间萨拉曼卡大学的学生名单及其他大学注册表的证实：1381年萨拉曼卡大学的一份331
401 名学生的名单显示，有166名教会法学生（50.1%），63名学生学科不确定（19%），66名文法学生（19.9%），20名民法学生（6%），12名逻辑学学生（3.6%），文科的2名（0.6%），神学1名（0.3%），音乐1名（0.3%）。[16] 中世纪的最后300年中，英格兰记录有15 000名学生，4614名在高级学院——法学院学习（2359名或51.1%）、神学院（2104名或45.6%）、医学院（其余的151名或3.2%）。[17] 1368—1500年，博洛尼亚的西班牙学舍的598名学者中，学习教会法的有120人（20%），神学61人（10.2%），医学35人（5.8%），民法2人（0.3%）。[18] 把章程中规定的保留给一个学院的名额重新分派给其他学院的情况比较普遍，通过这种方式，许多学习神学的名额转移给了民法。保留给教会法的名额数量很大，但并不奇怪，因为很多学者是教士。

学生在地理和国别上的来源随着政治、经济和文化条件的变化而变化：由于罗马法律在苏格兰比在英格兰得到更广泛的认可，因此在某些外

---

⑮ S. Stelling-Michaud, *L'Université de Bologne et la pénétration des droits romain et canonique en Suisse aux XIIIe et XIVe siècles* (Geneva, 1955).

⑯ A. M. Carabias Torres, *Colegios Mayores: Centros de poder*, vols. Ⅰ-Ⅲ, Acta Salmanticensia, Historia de la Universidad, 46 (Salamanca, 1986), vol. Ⅱ, 247-285, 490.

⑰ T. H. Aston, 'Oxford's Medieval Alumni', *Past and Present*, 74 (1977), 6-10, 22-23; T. H. Aston, G. D. Duncan, and T. A. R. Evans, 'The Medieval Alumni of the University of Cambridge', *Past and Present*, 86 (1980), 35, 74-75.

⑱ A. Pérez Martín, 'Collegiales de S. Clemente de los Españoles en Bolonia (1368-1500)', *Salmanticensis*, 20 (1973), 69-84.

国大学学习民法的苏格兰人超过了英格兰人。从现有的伊比利亚半岛的资料来看，在博洛尼亚大学，来自伊比利亚半岛东部（臣服于阿拉贡王朝的地区）的学者数量远远超过来自半岛西部（葡萄牙和西班牙）的学者数量。[19] 整个中世纪，在意大利的大学和伊比利亚半岛上主要的大学里，人数最多、规模最大的学院是法学院，部分原因是因为那里是最罗马化的国家，但是主要是因为据说那里神学院和文学院的建立和兴旺要晚于巴黎和牛津。在法国，主要的法学院是在安格斯大学、蒙彼利埃大学和奥尔良大学，其中奥尔良大学没有其他的学院。在巴黎大学、牛津大学和神圣罗马帝国的大学里，神学院吸引的学生数量远远大于法学院。

教会法学院的学生往往比民法学院多，主要原因是在大学里学习法律的教士多于世俗学生（教皇禁止教士学习民法的法令对一些教士产生了影响，但是非常轻微）。而且，一般来说，教士在教会中获得职位的机会比在世俗机构中要大（并非总是如此），因此他们能够到国外学习民法而不会失掉教会的圣俸，他们不受在教区居住的规定的限制。世俗人士通过剃度，也有可能获得教会的少量圣俸，即使他们以后也许会放弃教士事业， 402
但是教士们，特别是主要教团的教士们，总是比那些世俗人士有更多更好的机会获得圣俸。

然而，在一些大学里，民法学院比教会法学院更重要，因此在博洛尼亚大学最初的几十年里，教会法的教学模仿的是民法教学。到中世纪末期，在一些大学里，民法和教会法之间学生数量的差距在慢慢地缩小，但是在其他大学，教会法的学生仍然占大多数。不管怎样，在中世纪，难以想象一个精通教会法的人不懂民法，反之亦然。每一个学院都提供两方面的训练，除此之外许多学生在各自独立的学院中既学习民法又学习教会法。在这种情况之下，考虑到已经在一所学院学习过另外一所学院所教科目，他们会选择一些时间较短的课程来学习。

法律学生的社会来源主要是宗教教团、教会分会、救治灵魂的教士、

---

[19] 参考第 9 章（H. de Ridder-Symoens）。

中产阶级及上流社会人士。1265—1300 年，博洛尼亚大学德意志“同乡会”220 名学者中，151 名是基督教教会的教徒，32 位世俗人士，34 位无法确定身份，3 位还俗的基督教教徒。当然，他们的数量随着时间和地点的不同而发生变化，但是大学的记录显示，这种情况是一般趋势。[20]

依据斯代林·马绍的观点，博洛尼亚大学学者的平均年龄在 23—30 岁。当然，也有一些学生的年龄超出了这个界限，例如，西班牙学舍中一位葡萄牙学生仅仅 15 岁，同时另一位 40 岁。

通常，大学章程对入学以前的学业要求规定得并不是很清楚。在博洛尼亚大学，没有特别明确的规定。在萨拉曼卡大学和其他的大学中，候选人必须精通文法。[21] 在里斯本—科英布拉大学，候选人要求至少是一位文法学者或逻辑学者。[22] 大量的法律学家传记和上述的统计数据显示，法律学生以前在文学院学习过，但是这类人总是比之前在一些不属于大学级别的机构里学习过的人要少。

大学的学生，除少数人有自己的方式外，通常通过获得某种类型的教会圣俸来支持学业。所有学院中的学者都有资格获得这些圣俸，但是从目前了解到的许多申请人的记录资料来看，大多数和最高的圣俸受益者是法
403 学者。持有居住圣俸的教士，能够得到 7 年的大学学习居住豁免，这一点已由博尼菲斯八世的教令得到证实。[23]

保留下来的法律学生毕业人数的记录表明，他们的比例很低。甚至从博洛尼亚的“西班牙学舍”598 名学者这么一组精选出来的人的情况来看也是如此，民法专业只有 3 人获得许可证，教会法 25 人，神学 1 人；文学院和医学院共 47 人获得硕士学位，神学院 25 人；获得博士学位的民法

---

[20] Stelling-Michaud(注释 15)；参考第 8 章(P. Moraw)。

[21] V. Beltrán de Heredia, *Bulario de la Universidad de Salamanca, 1219-1549*, vol. Ⅱ (Salamanca, 1966), 187, N. 647. 15.

[22] A. Moreira de Sà(ed.), *Chartularium Universitatis Portugalensis, 1288-1537*, vol. Ⅳ, *1288-1377* (Lisbon, 1970), 15-19, no. 949.

[23] *Liber Sextus*, 1. 6. 34.

7 人，教会法 51 人——共有 159 位毕业生出现在记录中，占总数 598 人的 26.5%。如同所有统计数据，特别是历史统计数据一样，这些数据并不能不加分析地轻易接受，由于那些可获得的信息资料不是十分的详尽，一些学者不是在这所大学毕业的，但是通过了某位教皇的特许也算是了，或者他根本就是在其他大学里毕业的；[24] 许多其他人开始变得很不幸，因为他们忽略了自己的学习。

提供给法律毕业生的机会相当多。少部分杰出的有影响的精英在他们学习过的大学或其他大学教学——12 世纪末 13 世纪初，博洛尼亚大学的外国教授的数量之多给人留下了深刻印象。但是大多数法律学生毕业之后占据了国家或教会重要的管理职位。在教会里，这些职位可能是教皇、主教、教廷官员或主教教区的官员，或者圣职团的成员，低一级是修道院或其他宗教团体的成员（现存的绝大多数中世纪法律手稿属于或曾经属于教士会）。类似的情况也发生在世俗的管理部门。法律毕业生，包括教士和世俗人士，占据着各种各样权威部门的职位，从帝国或王国的高等法院大法官到低级的职位。在教会和公共事务上，法律界的人控制着经济也掌握着管理职位。法学家们的法律训练给自己提供了一个出人头地走向社会上层的机会，他们通过结交权贵占据重要职位，如果他们是世俗人士的话，则通过与上层人士通婚达到目的。

在 12 世纪和 13 世纪，除了少数人，大部分大学教授都是教士。14 世纪的记载提到更多的世俗教授，15 世纪基本上是一个世俗化的进程。在中世纪没有女性学生或法律从业者。为了叙述完整，应该加上这一点，在一些地位较低的学习中心，如修道院、主教座堂、市政学校或托钵僧教团的学校，也从事法律学科的教学。在所有上述中心场所，都是由一位教授讲授法律。学馆——它们之中有的甚至可以等同于大学馆——在欧洲遍地开花却没有获得大学的社会地位，这既是由于它们本身对此没有明确要求，也是因为它们认为这样做是徒劳的。公证人学校进行法律教学，这些

---

[24] García y García, *Estudios*（注释 8），54.

404 学校也未能成为大学学院的一部分。有时候，国王的委员会创作法律著作，如西班牙阿方索十世或法国宫廷资助的作品；这些法律教师或法学著作的作者大多数都是在大学里接受过教育的。㉕

法律、教会与社会

法律对西方政治理论和实践的影响是一个重要而令人感兴趣的主题。在中世纪早期，西方国家处于重新陷入野蛮落后状态的边缘。使权利战胜强权首先是教会的任务，其次是帝国和王国的任务。在这个过程中，12世纪罗马法的重新发掘和研究学习及几乎同时教会法的诞生给予它们很大的帮助。特别是在12世纪和13世纪，中世纪教会和国家的法规章程及政体管理遵循了一个主要由法学家设计的模式，他们从亚里士多德政治学著作的重新发现中受益匪浅。这个模式是权威主义的，主要吸收和借鉴了罗马帝国的法律，并且使中世纪的法律孕育了现代民主制度的萌芽。法人团体——教士会、宗教教团，特别是托钵僧团体——在教会范围内通过投票以一种学院式民主的方式确定更正确、更好和更多数人的意愿。中世纪延续了一些罗马制度和基本信条，赋予它们更民主的内容：例如，在罗马法律中，“对每个人产生影响的必须征得每个人的同意”这个规则属于私法领域，而中世纪的法律（特别是教会法），甚至把它应用到政治和宪法上。

14世纪后期和15世纪早期“大分裂”之后的大公会议主义（concili-

㉕ C. Lefevbre,‘Juges et savants en Europe(13e-16e siècle)’,*Ephemerides iuris canonici*, 22(1966),76-202;23(1967),9-61;M. Bellomo(ed.),*Scuola, diritto e società nel mezzogiorno medievale d'Italia*,特别是 D. Maffei 的文章(9-29),E. Cortese(31-134),and A. Romano(237-258);G. Santini,‘“Legis doctores et sapientes civitatis” di età preirneraria’,*Archivio giuridico*, 169,6th series,38(1965),114-171;E. Cortese,‘Intorno agli antichi *iudices* toscani e ai caratteri di un ceto medievale’,in *Scritti in memoria di Domenico Barillaro*(Milan,1982);J. Sànchez Herrero,‘Centros de enseñanza y estudiantes de Sevilla durante los siglos XIII al *XV*’,in *En la España medieval:Estudios dedicados al Prof. D. Angel Ferrari Núñez*,vol. Ⅳ(Madrid,1984),875-898.

arism)[1] 在12世纪就已深深植根于教会法学家的思想中，并且有了先例。它的建立是为了教会，间接地为了国家，它们的原则（如有限君主制）被17世纪的思想家们接纳吸收，并且影响着现代思想。16世纪的新教和天主教改革（以中世纪神学理论的转向为基础）成为绝对君主制坚定的支持者和坚实的基础。源于罗马的法制传统、源于希腊的亚里士多德传统和基督教思想一起为西方社会建立了一种与无论是“伊斯兰文化”“印加文化” 405
“阿茨特克文化”“中国文化”还是“日本文化”等以往任何文化都不同的模式，并且是与以上文化模式都不可调和的模式。另外一方面，在不同的水平上，在整个中世纪都有其支持者的帝国宣言，敦促着各王国应该以某种方式服从于帝国。不仅仅是国王们，就是中世纪大部分的法学家也从未接受这一点，并且在实践上，教会支持反帝国的观点。所以在某种程度上，法律是对绝对权力的限制，而无论这种权力是世俗世界的还是基督教世界的，而且法律在教会与帝国之间、宗教权力与世俗权力之间创造了一种比较缓和的关系。[26]

12世纪和13世纪教会和国家内部管理上的变化对教会学（ecclesiology），即教会的神学思想也产生了深远的影响。教会法学家的思想强烈地影响着教会学，影响着教会对待圣典仪式和牧师职责的态度。圣典仪式从教会法学家那里得到的关注至少与从神学家那里得到的同样多。在教会牧师的职责，即对信徒精神指引的规范方面，中世纪的教会法比神学本身更为积极热忱。[27] 在教会学方面，中世纪的教会法学家从12世纪开始就强调拒绝承认教皇拥有绝对权力的主张，他们努力去协调教皇的神授权利和基

---

[1] 大公会议主义是天主教内部一些人提出的理论，认为大公会议权威高于教皇，必要时可以废黜教皇。

[26] B. Tierney, *Religion, Law and the Growth of Constitutional Though, 1150-1650* (Cambridge, 1982), 包含引用书目。

[27] P. Anciaux, *La théologie du Sacrement de Pénitence au XII siècle* (Louvain, 1949); J. M. Soto Rábanos, 'Derecho canónico y praxis pastoral en la España bajomedieval', in *Proceedings of the Sixth International Congress of Medieval Canon Law, Berkeley, California, 28 July-2 August 1980*, Monumenta iuris canonici, Series C, Subsidia 7 (Vatican City, 1985), 595-617.

督教社会的权利之间的关系，他们坚持这样的观点：没有任何一种神授权利，如教皇自己的权利，不是基督赋予的。到 14 世纪后期和 15 世纪初期的大公会议主义时期，这些思想获得新生。它们被扩大深化的程度如此之大，以至于许多人开始把普通基督教会议会的权威看得比教皇更高。这样一种受到某些神学家的坚决拥护，也受到一些人拒绝的教会法理论，持续而深刻地发挥着影响，甚至影响到现代教会学。[28]

众所周知，贯穿基督教历史的有两大思想流派，一派把人文学科作为教士训练的一部分，另外一派则反对这样做。前者的主要人物是圣・奥古斯丁，后者的主要人物则是圣・杰罗姆。毫无疑问，这样的区分是过于简单化，但是两大阵营中的追随者都曾提到这两位教父。扩大这种众所周知的争论太容易了，但没有必要。本文要解释的是为什么在 12 世纪中期，格拉蒂安的《教会法汇要》会把基督教世界第一个千年内所有的最有权威的最重要的法律文本融合到一起，而其中一些法律文本不可避免是互相矛盾的。格拉蒂安把它们并列起来是为了协调它们之间潜在的自相矛盾，这
406 反映在其著作原来的题目“教会法矛盾的协调”的精神中。教会的教父们和教会第一个千年的作者们，在此基础上写下了接受或反对、赞扬或辱骂他们那个时代的人文主义的文本。格拉蒂安运用辩证法协调这些文本里互相矛盾的说法，使他的后继者们以一种比较的思维和负责任的态度来对此进行思考。中世纪的教会法学家们认为，与同时代的其他一些学科的学者相比较，人文学者更不受欢迎，他们不是考虑教士是否适合学习人文学科，而是到哲学家中去寻找巫师。例如，把戈捷・德・圣・维克多、彼得・阿贝拉尔、彼得・隆巴德、普瓦捷的彼得、吉尔伯特・德・拉・伯雷称为“四座迷宫”或“法国的人身牛头怪物”。圣彼得・达米安断言，文法的第一位教授是“魔王撒旦”，当他讲授到“亚当”的时候，把名词“上帝”一词的词尾变换成复数形式。兰弗朗克、圣安瑟伦和圣伯纳德对

㉘ K. Pennington, *Pope and Bishops. The Papal Monarchy in the Twelfth and Thirteenth Centuries*(Pennsylvania,1984)包含引用书目。

人的理性也提出了类似的尖锐批评。然而，教会法学家们基本上不必为其他的人文学科课程担忧烦恼，法律学家也同样如此，一些实践人文主义者除外，如奇诺·达·皮斯托亚，作为诗人，与作为法律学家一样杰出，他和但丁·阿利吉耶里、克莱门特·桑切斯既保持着良好的友谊关系又受到他们的尊敬，克莱门特·桑切斯是一位教会法方面的多产作家，也是15世纪西班牙最伟大的文学作者之一。[29] 不管怎样，教会法学家对人文学科的矛盾心理反映在13世纪格拉蒂安的《教会法汇要》法语版的导言中。

至于法律与文学的关系，在原始社会里，法律、宗教和文学是合而为一的。只是到后来，它们各自分化出来成为独立的实体，甚至到中世纪后期，《萨克森明镜》这部习惯法辞书仍然坚称上帝就是法律。[30] 那么在中世纪诗歌中高声称颂服从上帝、皇帝或国王，就不足为奇了。从总体上来看，法律不仅仅是真实的法律，而且是合乎自然的产物；法律、神法、理性、秩序、永恒法则，自然而然地都足以令神学家感兴趣，这一点能清楚地从圣·奥古斯丁的《论公民》和托马斯·阿奎那的《神学大全》中显示出来。人们在处理人类事务方面，也把法律当作上帝意志的表达。在律师和文人中间有许多教士，他们当中有一些是文学和法律两方面的专家，就像赫塔的大祭师胡安·鲁伊斯一样[31]。另一个更著名的例子是但丁。[32] 所以，无须惊讶的是，在中世纪甚至以后，许多法学院紧紧跟随在神学院后面，甚或领先于神学院。

有人认为文学是法律的奴婢，但同时也有人把法律当作文学的奴婢。 407

㉙ A. García y García, *Iglesia, Sociedad y Derecho*, vol. Ⅰ, Bibliotheca Salmanticensis Estudios, 74(Salamanca, 1985), 143-167.

㉚ G. Kisch, 'Biblical Spirit in Medieval German Law', *Speculum*, 14(1939), 38-55.

㉛ H. A. Kelly, *Canon Law and the Archpriest of Hita*, Medieval and Renaissance Texts and Studies, 27(New York, 1984).

㉜ G. Zanetti, 'Le dottrine giuspubblicistiche delle *Questiones de iuris subtilitatibus* e il pensiero politico di Dante', *Proceedings of the Fourth International Congress of Medieval Canon Law, Toronto, 21-25 August 1972*, Monumenta iuris canonici, Series C, Subsidia 5(Vatican City, 1976), 351-382, 包括引用书目。

文人从法典之中汲取灵感，借用法律术语，模仿法律的结构关系，探索和研究文学文本的方法激发了探索研究法律文本方法的灵感，反之亦然，不论拉丁语文本或几乎所有的本国语言的文本——中古英语、德语、冰岛语、法语和普罗旺斯语、西班牙语（西班牙古语卡斯蒂利亚语、加泰罗尼亚语、葡萄牙语和加里西亚语）、意大利语，等等。

总而言之，以上就是中世纪法学院的组织和知识水平及其对它们所处时代的潜在影响。

精选文献

Alford, J. A. and Seniff, D. P. *Literature and Law in the Middle Ages, A Bibliography of Scholarship*, New York/London, 1984.

Burmeister, K. *Das Studium der Rechte im Zeitalter des Humanismus im deutschen Reichsbereich*, Wiesbaden, 1974.

Calasso, F. *Medio Evo del Diritto*, vol. Ⅰ, *Le fonti*, Milan, 1954.

Coing, H. (ed.) *Handbuch der Quellen und Literatur der neueren europäischen Privatrechtsgeschichte*, vol. Ⅰ, *Mittelalter, 1100-1500*, Munich, 1973.

Cortese, E. 'Scienza di giudici e scienze di professori tra Ⅻ e XIII secolo', in *Legge, giudici, giuristi. Atti del Convegno tenuto a Cagliari nei giorni 18-21 Maggio 1981*, *Milan*, 1982, 93-148.

Feenstra, R. 'L'enseignement du droit à Orléans. Etat des recherches menées depuis Meijers', *Bulletin de la Société archéologique et historique de l'Orléannais*, new series, 9(1985), 13-29.

Fournier, M., *Histoire de la science du droit en France*, vol. Ⅲ (only volume published), *Les Universités françaises et l'enseignement du droit en France au moyen âge*, Paris, 1892; reprint, Aalen, 1970.

García y García, A. 'Los estudios jurídicos en la Universidad medieval', in *Lex Ecclesiae. Estudios en honor del profesor Dr. Marcelino Cabreros de Anta*, *Bibliotheca Salmanticensis*, vol. Ⅰ, Salamanca, 1972, 143-169; republished in A. García y García, *Estudios sobre la canonística portuguesa medieval*, Publicaciones de la Fundación Universitaria Española, Monografías 29, Madrid, 1976, 17-65.

García y García, A. *Iglesia*, *Sociedad y Derecho*, vol. Ⅰ, Bibliotheca Salmanticensis, Estudios 74, Salamanca, 1985.

Gouron, A. *La Science du droit dans le Midi de la France au Moyen Age*, Variorum Reprints, London, 1984.

Grundmann, H. 'Sacerdotium, Regnum, Studium', *Archiv für Kulturgeschichte*, 34(1952), 3-21.

van Hove, A. *Prolegomena ad Codicem iuris canonici*, 2nd edn, Malines/Rome, 1945.

Ius Romanum Medii Aevi, 5 vols., Milan, 1961-1968.

Koschaker, P. *Europa und das römische Recht*, 4th edn, Berlin, 1966.

Kuttner, S. *The History of Ideas and Doctrines of Canon Law in the Mid-* 408
dle Ages, London, 1980.

Kuttner, S. *Medieval Councils*, *Decretals*, *and Collections of Canon Law*, London, 1980.

Kuttner, S. *Repertorium der Kanonistik. Prodromus Corporis glossarum*, Studi e Testi, 71, Vatican City, 1937; reprint, 1983.

Le Bras, G., Lefebvre, H., and Rambaud, J. *L'Age classique*, *1140-1378. Sources et théorie du droit*, Histoire du droit et des institutions de l'Eglise en Occident, 7, Paris, 1965.

Maffei, D. 'Dottori e e studenti nel pensiero di Simone da Borsano', *Studia Gratiana*, 15(1972), 229-249.

Maffei, D. *Gli inizi dell'umanesimo giuridico*, Milan, 1956-1960.

Meijers, E. M. *Etudes d'histoire du droit*, ed. R. Feenstra and H. F. W. Fischer, vols. Ⅰ, Ⅲ, Ⅳ, Leiden, 1956-1966.

Ourliac, P. and Giles, H. *La Période postclassique, 1378-1500*, vol. Ⅰ, *La Problématique de l' époque. Les sources*, Histoire du droit et des institutions de l'Eglise en Occident, 13, Paris, 1971.

Pérez Martín, A. 'Los colegios de doctores de Bolonia y su relación con España', *Anuario de Historia del Derecho Espanol*, 48(1978), 5-90.

Pérez Martín, A. (ed.) *España y Europa, un pasado jurídico común. Actas del I simposio Internacional del Instituto de Derecho Común. Murcia 26-28 Marzo 1985*, Murcia, 1986.

Savigny, F. C. *Geschichte der römischen Rechts im Mittelalter*, 7 vols., 2nd edn, Heidelberg, 1834-1851; reprint, Bad Homburg, 1961.

von Schulte, J. F. *Die Geschichte der Quellen und Literatur des canonischen Rechtes von Gratian bis auf die Gegenwart*, vols. Ⅰ-Ⅱ, Stuttgart, 1875-1877; reprint, Graz, 1956.

Stelling-Michaud, S. *Les Juristes suisses à Bologne, 1255-1330. Notices biographiques et regestes des actes bolonais*. Travaux d'Humanisme et Renaissance, 38, Geneva, 1960.

Stelling-Michaud, S. *L'Université de Bologne et la pénétration des droits romain et canonique en Suisse aux ⅩⅢe et ⅩⅣe siècles*, Travaux d'Humanisme et Renaissance, 17, Geneva, 1955.

Troje, H. E. 'Die Literatur des gemeinen Rechts unter den Einfluss des Humanismus', in H. Coing (ed.), *Handbuch der Quellen und Literatur der neueren europäischen Privatrechtsgeschichte*, vol. Ⅱ, Munich, 1977, 615-795.

第十三章　神学院 409

莫妮卡·奥斯陶洛什

从《圣经》解释到经院神学

中世纪大学教学的主要特征之一，就是一系列教材固定下来了，例如，文学院使用亚里士多德的著作，法学院使用查士丁尼的法典，医学院使用盖伦的著作。神学院的权威教材就是《圣经》，但是其教义缺乏连贯性，单独把它作为一种教材并不合适。它需要阐释，从基督教诞生时期开始，神学本质上就是对《圣经》的解释，因而神学又被称为“圣经解释学”。①

自从古代以来，这种解释《圣经》的活动就一直由教会的教父们和修道院中的僧侣们进行着，修道院也成为大学兴起之前的学习中心。对中世纪《圣经》解释而言，最重要的基督教早期经典著作是圣·奥古斯丁（卒于430年）的《基督教教义大全》。第一卷到第三卷的内容包括解释《圣经》的通例和规则。第四卷是一篇论文，论述如何依据前三卷确定的方法论述教义、进行布道。圣·奥古斯丁证明，异教的或非基督教的自由艺术和道德训诫的基础恰恰是那些布施基督教教义的教父们。这种思想观点要求世俗学问至少是以合适的方式为基督教的发展服务，但仅仅只有像圣·奥古斯丁这样一个学习过罗马修辞学并在年轻时阅读过维吉尔和西塞罗著作的人才这样想。

① 在大学兴起之前学校中的神学发展情况资料主要来源于 G. Paré, A. Brunet, and P. Tremblay, *La Renaissance du XIIe siècle. Les écoles et l'enseignement* (Paris/Ottawa, 1933); J. De Ghellinck, *Le Mouvement théologique du XIIe siècle* (Bruges/Brussels, 1948; reprint, 1969)。

公元6世纪，蛮族人的大肆入侵使西欧的古代文化仅剩下几个散落的遗址，波依休斯（卒于约524年）不仅仅保留了一些希腊和罗马的文化遗产，而且把它们汇编成著作，这对后来的神学产生了很大的影响。波依休
410 斯通过翻译和评注亚里士多德的逻辑学著作，养成了一种兴趣和爱好，这不仅仅记录在他自己的哲学作品中，而且反映在他《神学散论》一书中。然而直到11世纪特别是12世纪，逻辑学进入信仰领域才有一些真正的追随者。通常把奥里亚克的热尔贝（卒于1003年）即后来的教皇西尔维斯特二世当作这场运动的发起者，教皇西尔维斯特二世在《论理性及其使用》中重点强调了定义和分类的重要性。

对于在神学中使用逻辑学也有反对者，常被提到的例证是彼得·达米安（卒于1072年）。他在其论文《论全能》中批评那些用哲学的必要性和不可能性概念来论证上帝的力量，由此否定上帝的全能的人。这个问题的本质是关注信仰规约和条例的可和解性，诸如上帝的全能与理性之间的调和，这在后来成为中世纪神学院的中心论题。

坎特伯雷的安瑟伦（卒于1109年）是第一个企图综合理性和信仰的人。安瑟伦的《见证信仰的知识》一书奠定了他的“经院哲学之父”的地位。在信仰的证明上，他更多的是基于理性而不是权威。

此时，主教座堂学校变得比修道院学校更为重要。世俗学生和教师不受任何稳定居留规则的约束，可以依据他们在知识上的偏好，从一个城镇迁往另一个城镇。像拉昂的安瑟伦（卒于1117年）那样出名的教师，甚至把意大利、德意志及英格兰的学生都吸引了过来。这不断提高了教师个人的威望，这种发展趋势明显地反映在教学方法的改进上。[②] 拉昂派最重要的成果就是《基本注释》，它采用行间注和页边注的方法对《圣经》进行了系统的注解。在书中，除了传统的教父论述资料之外，还更多地引用了当时教师们的论述，因此让后者获得了著作者这一地位。他们的教学活

② 这种教学方法改进方面的叙述参考 B. Smalley, *The Study of the Bible in the Middle Ages*(Oxford,1983),49-77。

动得到认可且成为权威，这是早期经院主义哲学最重要的特征。[3]

教师们的这种新作用显而易见地体现在把质疑，一种已经被拉昂的安瑟伦实践过的方法，引入到圣经注解中。[4] 在12世纪，质疑方法的频繁使用反映了研究圣经的态度发生了变化：传统的解释一直是揭示圣经文本中 411
隐藏着的不同含义——文字或历史上的、寓意的、隐喻的或道德上的、类推的或末世学的含义——注解被局限于圣经文本的边缘；通过把质疑方法引入注解，教师们以逻辑的方式把圣经当作神学讨论的起点。

在神学方面，彼得·阿贝拉尔（卒于1142年）的著作《是与否》被认为是神学转向的宣言书，彼得·阿贝拉尔是拉昂的安瑟伦瞧不起的学生。在这部著作的序言中，阿贝拉尔承认《圣经》及教父们的论述有时是自相矛盾的，并且声称解释这些矛盾的方法依赖于这样的假设：讨论问题的作者们从来不撒谎。事实上，《圣经》的绝对真理和教父们的评论资料，使探究那些显而易见的矛盾背后的原因所做的研究更富有挑战意义。《圣经》是不能质疑的，它是理性探究的起点，依据阿贝拉尔的观点，理性探究是智慧的关键所在。

在《圣经》注解中运用质疑方法是经院主义神学发展过程中具有决定性意义的一步。另外一项重要变革是收集《格言》，这是《神学大全》的起源，在这个过程中不同种类的论题得以系统化地呈现。[5] 拉昂学校通过汇编当时的教师们和教父们的格言再次证明了它处于领先地位，编辑的文集中也包括质疑部分。

最早的神学知识大全之一是彼得·阿贝拉尔的《神学导论》，据说彼

---

③ A. M. Landgraf, *Introduction à l'histoire de la littérature théologique de la scolastique naissante*(Montreal/Paris, 1973), 24-25.

④ 这种教学方法的起源和文字风格参考 B. C. Bazàn, 'Les questions disputées, principalement dans les facultés de théologie', in B. C. Bazàn, J. F. Wippel, G. Fransen, and D. Jacquart, *Les Questions disputées et les questions quodlibétiques dans les facultés de théologie, de droit et de médecine*, Typologie des sources du Moyen Age occidental, ed. L. Genicot, fasc. 44-45(Turnhout, 1985), 25-40。

⑤ Landgraf, *Introduction*(注释 3), 44-47, 50-54.

得·阿贝拉尔是用神学一词代替传统称谓“圣经解释学”和“圣经教义”的奠基者。在同一时代，另外一部影响广泛的把教义进行系统化的著作是圣维克多的休斯（卒于1142年）写的《基督信仰神圣论》。在沙特尔学校的普瓦捷的吉尔伯特，是拉昂的安瑟伦的另一个学生，他认识到文科的重要性，并且把文科当作学习神学的准备。吉尔伯特也熟悉波依休斯，波依休斯的作品在沙特尔学校受到高度的崇拜，与沙特尔学校的其他神学研究者一样，吉尔伯特也把文法和修辞知识应用到神学上。吉尔伯特是第一批企图把神学结构精确化（或者说科学化）的人物之一，他在对波依休斯的《论三位一体》进行注解的过程中，引入了“学科（facultas）”一词。在神学中，他坚持信仰先于理性；然而，在其他学科中，信仰紧跟着理性。[6] 虽然神学理性化遇到了传统神学家如克莱福的伯纳德（卒于1153年）的强烈反对，但是企图把经院主义神学带回到修道院时期的努力是徒劳的。

412 大约在12世纪中期，在宗教法律和神学中兴起了编纂知识大典的热潮。在神学方面，这场运动的集大成者是彼得·隆巴德（卒于1160年）的《格言大全》，该书围绕下述重要教义论题以问题形式系统性地展开：上帝和三位一体（第一卷）、创世纪（第二卷）、美德与化身（第三卷）、圣典和最后的大审判（第四卷）。《格言大全》几乎立刻成为各学校研究注解的对象，1215年拉特兰会议也把它作为学校的教材。这部汇编作品在很长一段时期内获得了持久的声誉，这是因为作品本身并不新奇，相对来说比较正统，完全包括当时讨论的主要问题，而且作者对于那些困难的问题也无意给出最终的解决途径。这样发展到12世纪中期，许多学校都把神学作为一门与其他学科相关的独立学科进行教授。教师们使用了新的教学方法，他们以一种辩证的方式提出问题，通过理性的争论来解决问题。虽然《圣经》仍然是毋庸置疑的权威，但是为了弥补《圣经》缺乏系统性

---

⑥ N. M. Häring (ed.), *Expositio in Boecii Librum secundum De Trinitate*, vol. Ⅰ: 7-9, Studies and Texts, 13 (Toronto, 1966), 164.

的不足，现在开始出现了另外一种标准教材与《圣经》一起使用，这就是彼得·隆巴德的《格言大全》。

到12世纪末期，相对于其他学校而言，巴黎大学拥有更多比较著名的神学教师。在那些产生较大影响和多产的神学研究者中，有普瓦捷的彼得（卒于1205年）、克雷莫纳的帕里伯斯提纽斯（卒于1210年）、里尔的艾伦（卒于1202—1203年）、领唱人彼得（卒于1197年），最主要的人物是斯蒂芬·兰顿（卒于1228年）。在巴黎圣母院主教座堂学校中形成了一个由教师和学生组成的法团组织，随之开始了一场反对主教和教长，争取自治的斗争，结果导致1215年罗马教皇的使节库尔松的罗伯特（卒于1219年）代表教皇第一次正式颁布巴黎大学的章程，确认了教师的权利和特权。[7] 教师们在斗争过程中得到了教皇英诺森三世（1160—1216）的支持，但是教师们为了得到教皇的保护，不得不以放弃一部分学术自由为代价。从此之后，教师们继续他们的神学研究时就不能完全保持思想上的独立，而且他们必须要参加教皇和基督教会反对异端的斗争。

然而，在这场权力斗争过程中，教师们和基督教会权威双方并不代表完全独立的派别。事实上，在巴黎教授神学的教师常常会在教会中获得一个较高的职位。[8] 在上面提到的五位神学研究者中，只有里尔的艾伦没有教会的职业。领唱人彼得成为图尔奈地区杰出的主教，普瓦捷的彼得和克雷莫纳的帕里伯斯提纽斯两人成为巴黎的教长，斯蒂芬·兰顿在成为一名红衣主教之后在坎特伯雷大主教的职位上度过余生。教皇英诺森三世和他 413
的使节库尔松的罗伯特一起在巴黎学习过，同时他们又是神学教师。授予巴黎大学第一个章程的行为表明，他们不仅仅是基督教世界的领导人物，而且曾经是大学的学生。

---

⑦ *CUP*, vol. Ⅰ, 78-80, no. 20; G. Post, 'Parisian Masters as a Corporation 1200-1246', *Speculum*, 9(1934), 421-425; S. C. Ferruolo, 'The Paris Statutes of 1215 Reconsidered', *History of Universities*, 5(1985), 1-14.

⑧ J. W. Baldwin, 'Masters at Paris from 1179 to 1215: a Social Perspective', *in Renaissance and Renewal*, 151.

库尔松的罗伯特不但更正了反对教士研究法律和医学的早期禁令，而且鼓励他们研究神学。教皇英诺森三世的继承人霍诺留斯三世（1216—1227年在位），通过禁止在巴黎大学教授罗马法（1219），进一步削弱了法律的研究。虽然人们一直在争论他做出这个决定的动机，但是显而易见的结果是，巴黎大学在神学方面占有优势地位的同时，博洛尼亚大学依然是法律研究学习的中心。⑨ 教皇对巴黎大学的神学实施控制的另外一条途径就是限制教授职位的数量。在1207年，教皇英诺森三世设定的教授职位最多是8个，但是在1218年教皇霍诺留斯三世对此规定提出了异议，到1230年教授职位数量增加到12个。⑩

捍卫教义纯洁的任务落在了做过教师的人身上：1210—1215年，库尔松的罗伯特和科贝伊的彼得（卒于1222年）公开发表言论，批评在巴黎教授亚里士多德的自然哲学，而这两个人都是前神学教师。斯蒂芬·腾皮尔（卒于1279年）在1270年和1277年也对此进行谴责，他不仅仅是一位教师，还在此后成为一位教长。

然而，直到1228年，才有一位神学教师当上巴黎主教。同年，奥韦涅的威廉（卒于1249年）被教皇格列高利九世（1227—1241年在位）从一位执事提升为主教。这个提升和禁止与巴黎大学教授自然哲学事件碰巧发生在同一时期，很有可能是教皇意识到，在教义出现动摇的时刻提升一位神学研究者担任主教职位是获得优势的一种明智选择，他能够欣赏和判断亚里士多德的物理学与基督教信仰之间的相容性。

在巴黎大学，神学院一开始就与主教和教长紧密地联系在一起。牛津则不同，它没有主教座堂学校，林肯地区的主教和学者们的联系不是很紧密，也就不能像他的巴黎同僚那样拥有对学者的权力。在1254年之前，教皇没有干涉牛津大学的任何事务。1254年教皇英诺森四世（1243—

⑨ J. W. Baldwin, *Masters, Princes and Merchants. The Social Views of Peter the Chanter and his Circle*, vol. Ⅰ (Princeton, 1970), 86ff.

⑩ *CUP*, vol. Ⅰ, 65, no. 5; 85, no. 27.

1254年在位）承认教师们在其真理探求领域享有特权。[11] 而巴黎教师早在1215年就确认他们的特权处于教皇保护之下。因此巴黎神学院要对教廷的教义负责，神学教师的教学受到严格监督，如有必要的话，从1210年起，就通过批评和指责的方式对教学加以修正。相反，牛津在教义方面享有更多的自由，在1277年之前没有发现任何教会干涉牛津大学教学的蛛丝马迹。教皇也没有任何限制牛津神学教授职位数量的企图。 414

整个14世纪，巴黎和牛津是最重要的神学院。除14世纪初期的几十年之外，巴黎在神学上一直保持着领先地位。1350年之前，两个神学教学中心之间一直相互影响，主要方式是英国学生前往巴黎学习。比较典型的事件是罗伯特·普伦（卒于1146年），第一位著名的英国神学家，他在巴黎大学教学长达5年。另一位著名的神学教师亚历山大·尼卡姆（卒于1217年）也在那里学习过。[12] 1193—1204年英王和法王之间的战争阻止了英国的学生到巴黎学习，神学学习和研究在牛津兴盛了起来。然而，这种趋势在1209—1214年牛津教师驱散期间被打断了。许多教师到有着深厚神学传统的巴黎去了，但从此次学者迁徙中获得最大利益的教育中心是剑桥，在那里一所新的大学作为分离的结果在1209年建立起来了。

托钵僧与神学院：合作与冲突

直到14世纪，只有巴黎、牛津和剑桥有权授予神学学位，但是神学绝不仅仅只在这些大学中得以教授。托钵修会的“学馆”是这些大学最重要的替代机构，它们主要在意大利及德意志、法国之间充当国际性神学院的角色。

多明我会的传教牧师、方济各会修士，从13世纪中期开始还加上加

---

⑪　罗马教廷和牛津大学的关系参考 C. H. Lawrence, ‘The University in State and Church’, in *History of Oxford*, 102-103。

⑫　R. W. Southern, ‘From Schools to University’, in *History of Oxford*, 6-7.

尔默罗会修士及奥斯汀的修士都是托钵僧。他们不是一定要待在修道院中，而是居住在能够促使他们致力于学习的市镇里。所有托钵僧以类似的方式安排他们的学习，在某种程度上传教牧师为这种学习组织提供了一种模式。[13]

多明我会成立于1216年，主要是为了同异端邪说做斗争，宣扬正统教义，研究学习达到这种目的的最重要途径。它最早的章程规定，每一所修道院都应该有自己的教师，并且要求这些教师必须经过四年的神学学
415 习，这条规定把每一所修道院都变成了学校。[14] 除修道院学校之外还有教区学校，最高级别的教学是在“大学馆”中进行，多明我会的机构面向所有地区的学生开放。

修士们在巴黎、牛津和剑桥建立学校，在那儿他们不仅能够从当地大学的神学院中获益，而且能够为修会招募教师和学生。除英格兰的加尔默罗修会之外，每一个托钵僧修会在这些大学城中都有一个“大学馆”。但是如果认为修会学校是独立于大学神学院的，那就错了。事实上，最早两位在巴黎的多明我会学馆圣雅克[15]教授神学的教师都是世俗人士：圣阿尔邦的约翰在修士的支持者霍诺留斯三世的要求下于1220年左右开始教学。他在1225年左右被圣吉尔斯的约翰（盛名于1230—1235年）所接替。

圣雅克的教师能明显感觉到他们的地位完全不同于大学教师的地位，例如，巴黎大学的教师在1229年离开大学进行罢教的时候，圣吉尔斯的约翰拒绝加入他们的行列。多明我会修士克雷莫纳的罗兰（卒于约1259年）甚至在这次大驱逐两个月之后就“就职”为一位教师，由此成为圣雅克神学方面的第一位多明我会教师。有可能圣吉尔斯的约翰感觉到他的地位有点儿尴尬，于是在1230年进行了一场布道活动，以一种特别的方式

---

⑬ 多明我会的教育制度参考 W. A. Hinnebusch, *The History of the Dominican Order*, vol. Ⅱ(New York, 1973)。

⑭ M. W. Sheehan, 'The Religious Orders 1220-1370', in *History of Oxford*, 198.

⑮ 在巴黎的多明我会学校参考 Hinnebusch, *History*(注释 13), 37-39; J. A. Weisheipl, *Friar Thomas d'Aquino, His Life, Thought and Works*(Oxford, 1974), 54-67。

加入了修会。另一方面，所有的多明我会教师都自动属于大学教师社团组织。1230 年，该校的 12 个神学教授职位中有 2 个由传教牧师担任。这种合作也扩展到学生中，因为非多明我会的学生也能参加圣雅克举办的讲座。

巴黎的多明我会和方济各会的学校从驱逐世俗教师的事件中获益匪浅，而且对大学产生了一定的影响。方济各会[16]的学校因赫尔斯的亚历山大（卒于 1245 年）改宗一举成名。赫尔斯的亚历山大是一位著名的大学教师，他在方济各会的教席由他的学生、拉罗谢尔的约翰、奥多・里戈（卒于 1275 年）、梅利顿的威廉（卒于约 1257—1260 年）、圣・博纳旺蒂尔（又称费登萨的约翰，卒于 1274 年）继承，他们都是优秀的学者。在牛津，[17] 当罗伯特・培根（卒于 1248 年），一位世俗教师，于 1229—1230 年加入多明我会时，传教牧师才有了他们的第一位教师，由此多明我会的学校被并入了大学。方济各会也遵循了这种模式，只不过他们的教师是罗伯特・格罗斯泰特（卒于 1253 年）。罗伯特・格罗斯泰特也许是 1230—1235 年在托钵修会讲学的所有世俗教师中最重要的一位。[18] 而且，有三个 416
世俗教师继承了罗伯特・格罗斯泰特的事业，直到 1247 年这所学校才有了方济各会本派的教师。就这样，在巴黎和牛津，大学给托钵修会学校提供了首批教师。但是不久之后，修士们就开始从本修会的成员中招募教师。他们不仅仅等同于世俗教师，而且培养了杰出的神学家，这些神学家

---

[16] 论及巴黎方济各会的学馆参考 J. Moorman, *A History of the Franciscan Order* (Oxford, 1968), 131-133。

[17] 关于牛津的托钵僧学校参考 Sheehan, 'Religious orders'（注释 14）, 193-224; J. I. Catto, 'Theology and Theologians 1220-1320', in *History of Oxford*, 471-517; W. J. Courtenay, *Schools and Scholars in Fourteenth-Century England* (Princeton, 1987), 56-77。

[18] 关于牛津的罗伯特・格罗斯泰特和少数派参考 A. G. Little, 'The Franciscan School at Oxford in the Thirteenth Century', *Archivum Franciscanum Historicum*, 19 (1926), 803-874; D. Knowles, *The Religious Orders in England*, vol. Ⅰ (Cambridge, 1948), 205-216; Sheehan, 'Religious Orders'（注释 14）, 197-198; R. W. Southern, *Robert Grosseteste: the Growth of an English Mind in Medieval Europe* (Oxford/New York, 1986)。

又吸引着年轻学生加入修会。

13世纪中期，巴黎和牛津的世俗教师反对托钵僧的特权地位。由于教皇教令的支持，1255年巴黎的修士们获得了暂时的胜利。1269—1271年，多明我会的托马斯·阿奎那（卒于1274年）和世俗学者阿布维尔的热拉尔（卒于1272年），在巴黎大学的课堂上就那些引起争议的问题展开了辩论。争议的主题之一是青少年加入修会的问题：世俗学者担心招收的新信徒都是文学院的年轻学生。其他争论，如福音所宣扬的贫穷和精神完美的作用等，对大学的生活没有直接的影响。[19]

如同巴黎大学一样，同一时期在牛津也发生了一场论战，但是论战的内容与巴黎大学迥然不同。[20] 修士们所在的宗教教团不允许他们在文学院学习，1253年大学做出决定：要成为一位神学教师，首先必须是一位文科的教师。这种方式非常有效地阻止了修士们仅从神学学科毕业。对于任何一位教师候选人来说，如果他不能够在文科方面获得学位，也就不会给他任何恩惠。非常有趣的是，这项决定做出时，恰逢方济各会的学校不再需要世俗教师，他们的教学活动持续到1247年，此时方济各会建成了一所他们自己的学校，以与世俗教师的教学相抗衡。所以，这项决定是由一名方济各会申请神学学位的候选人、约克的托马斯（卒于约1260年）引起的，对此，无须感到奇怪。方济各会站在自己的立场上，在1279年和1292年的全体修士会上做出决定，在方济各会的学校中不允许世俗学生参加哲学讲座，这进一步扩大了它们与大学之间的鸿沟。[21]

417 1311年和1314年，当多明我会传教牧师向教皇求助，抱怨世俗教师以不同的方式威胁着他们的神学教学活动时，这场斗争进一步加剧了。正

---

⑲ 关于巴黎大学的论战参考 Rashdall, *Universities*, vol. Ⅰ, 370-397; Weisheipl, *Friar Thomas d'Aquino*（注释15）, 80-92, 263-272; M. M. Dufeil, *Guillaume de Saint-Amour et la polémique universitaire Parisienne 1250-1259*（Paris, 1972）。

⑳ 牛津相反的情况参考 Rashdall, *Universities*, vol. Ⅲ, 70-74; Sheehan, 'Religious Orders'（注释14）, 204-208。

㉑ M. Biehl, 'Documenta-Statuta generalia ordinis edita in capitulis generalibus celebratis Narbonae...', *Archivum Franciscanum Historicum*, 34(1941), 76.

如在巴黎，大学教师反对修士们在年轻学生中招收信徒一样。1365 年，大学教师试图阻止修士们接收 18 岁以下的青少年，但结果是徒劳的。

在蒙彼利埃和博洛尼亚那样的大学里，修士们的“大学馆”在得到正式认可之前的很长一段时期内承担的是大学神学院的功能。在爱尔福特和科隆，在大学建立之前的 100 多年，已经有一些重要的修会“大学馆”存在了。在意大利的那不勒斯、佛罗伦萨、比萨、博洛尼亚、帕多瓦、佩鲁贾和其他的城镇中，修士们实际上垄断着当地的神学教学。由于他们具有巨大的流动性，修士们在各式各样的“学馆”和大学之间的交流方面起着非常重要的作用。

课程

对于巴黎大学神学院学习的组织情况，仅仅只保留下来很少一部分原始资料。[22] 仅存的一些 13 世纪的章程（1215），只记录了神学家的只言片语。之后幸存下来的 1335—1387 年发布的章程集中的那些汇编资料则反映了已经存在的实际情形。在 1389 年之后不久，又汇编了一部包含更多内容的章程集，其中一部分重复了以前的旧法规，除此之外还增加了一些在任何已有的早期资料中没有发现过的新内容。[23] 但是，与巴黎大学神学院直接相关的贫乏的信息资料，可以参考其他大学的一些章程资料来加以补充，如博洛尼亚大学的章程（1364)、[24] 图卢兹大学的章程（1366)、[25]

㉒ 综合性总结成果最权威的仍然是 P. Glorieux, ‘L’enseignement au Moyen Age. Techniques et méthodes en usage à la Faculté de théologie de Paris au XIIIe siècle’, *Archives d’histoire doctrinale et littéraire du Moyen Age*, 43(1968), 65-186。

㉓ *CUP*, vol. Ⅰ, 78-80, no. 20; vol. Ⅱ, 691-693, no. 1188; vol. Ⅱ, 697-703, no. 1189; vol. Ⅲ, 143-144, no. 1319; vol. Ⅲ, 441-442, no. 1534.

㉔ F. Ehrle, *I più antichi statuti della facoltà teologica dell’università di Bologna* (Bologna, 1932).

㉕ Fournier (ed.), *Statuts*, vol. Ⅰ, 611-617, no. 670.

海德堡大学的章程（1386）、[26] 维也纳大学的章程（1389）[27] 和科隆大学的章程（1393）。[28] 这些大学神学院的建立都模仿了巴黎大学的神学院，它们的章程——有时候这些章程比它们的“母大学”规定的更详细和系统——对某些教学实践活动有着更详尽的描述和说明，而这些活动在巴黎人的文件中只是简单的提及或间接的涉及。

前文提及牛津大学在 1253 年所做的决定：一个人只有担任过文科的
418 教师，才有可能成为一位神学教师。这在世俗教师和托钵僧之间诱发了一场斗争冲突，或者说是斗争冲突的征兆。在巴黎大学的章程中就没有提到有这么一条规定，原因可能是教皇支持巴黎的宗教教团。[29]

神学教材只有《圣经》和彼得·隆巴德的《格言大全》。另一方面，1228 年多明我会的章程规定，那些被送往大学馆学习的学生每人至少应该随身携带 3 本神学方面的书籍：彼得·科曼斯特的《神学历史》《格言大全》和一本《圣经》注解本。[30] 在他们自己讲课之前，每一位学生必须要听讲《圣经》和《格言大全》这两门科目达到规定的年限（在巴黎从 5 年到 7 年不等）。这种被动型的听授期结束之后，学生们开始作为一名讲授者讲解《圣经》的《旧约全书》和《新约全书》。此后，学生作为一名圣经或基本教义学士，在两年时间内举行一系列较高级的讲座讲解《圣经》。在讲授《格言大全》之前，学士们必须作为答辩方参与一场辩论。[31]

---

[26] E. Winkelmann, *Urkundenbuch der Universität Heidelberg*, vol. Ⅰ (Heidelberg, 1886), 20-23, no. 20.

[27] R. Kink, *Geschichte der Universität Wien*, vol. Ⅱ (Vienna, 1854), 93-127.

[28] F. I. von Bianco, *Die alte Universität Köln und die späteren Gelehrten-Schulen dieser Stadt* (Cologne, 1855), 参考 Kölner Universitätsgeschichte, vol. Ⅰ: E. Meuthen, Die Alte Universität, (Cologne, 1988), 141-149。

[29] 根据 W. J. Courtenay, ‘The Bible in the Fourteenth Century: Some Observations’, *Church History*, 54(1985), 181. 宗教教团成员的地位在巴黎大学进一步得到加强，这通过教皇对巴黎大学的影响力能够加以说明，教皇明显偏袒宗教教团。

[30] *CUP*, vol. Ⅰ, 112, no. 57.

[31] Bazàn, ‘Questions disputées’(注释 4), 54.

巴黎大学 1387 年和 1389 年的章程宣布，每一位毕业班的学生可以请求以答辩来代替所要求的《圣经》的两门科目的学习。这表明了在那个时候，富有思辨性的神学已经超过了对《圣经》本身的研究学习，而这种思辨性的神学发源于上述的辩论活动。[32]

那些被允许讲授《格言大全》的成员被称为格言学士（*baccalarii Sententiarii*）。而且要求举行一种仪式来开始他们的讲座——如博洛尼亚大学章程规定——整个学院全体出席。举行仪式的学士，公开承诺信奉正统神学，宣称他本人将不会拥护任何反对教会教学的行为，接着就开始一场简短的布道。作为一名格言学士，他不仅仅肩负宣扬教义的责任，而且对于教义要有高水平的独到见解。博洛尼亚大学章程解释道：那些讲授《格言大全》的学士有时候会批判其他学士的陈述，但是即使在那种白热化的辩论中使用这样的攻击方式，他们也不会显示任何非正统的内容，即使出现了那种情况，他们也会立刻退回来。然而，不允许学士对教师的教学提出质疑。

学士完成《格言大全》的讲座后，就成为一名合成学士（*baccalarius formatus*），这个阶段是 4 年，一个时期后（1389）减少为 3 年。在这段时间内，要求他本人参加神学院举办的活动，并且参与一次集会、一次教师就职辩论、一次在索邦学舍举行的辩论和一次在大斋期举办的辩论，问 419
题可以由任何人提出，主题不限。[33] 神学院的教学方法不仅仅包括讲座和辩论，而且有布道说教。布道说教是学生活动的顶点，允许对全体成员进行布道活动的人必须是一位合成学士。

训练期结束之后（世俗人士是 16 年，1335 年对于巴黎的修士是 13 年，1389 年分别是 14 年和 12 年），学士要为获取许可证和硕士学位做最后的准备。硕士毕业的最小年龄是 35 岁，在维也纳大学和科隆大学是 30

---

[32] 参考约翰·热尔松（John Gerson）在 14 世纪 90 年代对回归《圣经》研究学习的呼吁：B. Smalley，'The Bible in the Medieval Schools'，in G. W. Lampe(ed.)，*The Cambridge History of the Bible*，vol. Ⅱ(Cambridge，1969)，208。

[33] 对于不同种类和风格辩论活动参考 Bazàn，'Questions disputées'(注释 4)。

岁。任何持有许可证的人都必须加入修会。博洛尼亚大学章程规定，新教师开始教学之前必须公开宣誓：首先，他要宣誓效忠于教皇、服从教皇；其次，他要发誓在学院中捍卫正统神学。虽然教师必须要授课、主持辩论、进行布道，但是巴黎的章程对于他们讲座的内容及进行辩论和布道的次数没有规定。博洛尼亚大学的章程再一次帮助揭示了详细情况：教师主持辩论活动的次数取决于参与学生的人数，那些学生参加辩论活动是为了满足申请神学学位所需的要求。

在牛津大学，1313 年编制的章程显得非常简明扼要。[34] 当已是文科硕士的那些世俗学生们在听授 7 年神学之后，开始准备讲授《格言大全》。那些缺少文科学位的人（托钵僧）必须要在文学院学习 8 年哲学，并且听授神学 9 年，之后才能讲授《格言大全》。

从整体上来看，牛津紧随着巴黎，开设同样的课程，其中一个重要的区别在于牛津的学生在开始讲授《圣经》之前就开始讲授《格言大全》。[35] 然而，有可能是牛津在紧随巴黎的时候一开始就是把《圣经》讲座放在《格言大全》之前的，直到 1311—1314 年，在以教长和世俗教师为一方、以多明我会传教牧师为另一方的双方之间，发生了一场激烈的斗争冲突后，学习的顺序才发生了改变。在这个时候，在牛津出现了一个强大的反多明我会的派别，它宣称只有那些讲授过《格言大全》的人才有资格讲授
420 《圣经》。[36] 多明我会对此的答复是，这是不合理的。因为正常的学习顺序是从解释《圣经》开始，然后才可以探讨《格言大全》讲座中那些较高水平的疑难问题。他们也宣称这种顺序的改变将会阻止那些有能力讲授《圣

㉞ S. Gibson(ed.),*Statuta antiqua universitatis Oxoniensis*(Oxford,1931),48-53. 有关法规条例的日期参考 G. Pollard,'The Oxford Statute Book of the University',*Bodleian Library Record*,8(1967-1972),69-91。

㉟ A. G. Little and F. Pelster,*Oxford Theology and Theologians c. AD 1282-1302*,Publications of Oxford Historical Society,96(Oxford,1934),26,n. 3;Smalley,*Study*(注释 2),276 n. 2;Courtenay,*Schools and Scholars*(注释 17),43.

㊱ H. Rashdall,'The Friar Preachers versus the University',in M. Burrows(ed.),*Collectanea*,2nd series,vol. XVI(Oxford,1890),223.

经》的人，而不是那些有能力讲授《格言大全》的人进行研究和学习，而且牛津应该紧随着巴黎的实践，在学习《格言大全》之前，开设两个系列的《圣经》讲座。㊲

情况似乎是多明我会的修士们对花一年的时间在纯思辨性的神学上没有多少动力，他们为了履行其布道的目的必须要学习《圣经》。另一方面，世俗的神学家基本上没有为那些牧师布道的因素所打动。在这场利益之争中（这只是当时众多的利益冲突之一），教长和教师们是获胜的一方，结果再一次证明牛津的修士们并不像他们那些在巴黎的同行们那样处于一个不受挑战的位置。

最后需要指出的是，神学院中不同的教学方法——讲座、辩论、布道说教——产生了不同风格的神学作品：圣经注解、《格言大全》注解、辩论问题及道德启示。㊳

巴黎和牛津的神学与哲学

在13世纪，巴黎的神学家们不能够忽视亚里士多德的著作和他的那些阿拉伯注释者的作品，从12世纪的第二个25年开始，这些作品陆续被翻译成拉丁文。亚里士多德的自然哲学对基督教创世神学发起了挑战，但亚里士多德对科学的定义至少在某种程度上能应用于神学。

㊲ Rashdall，'Friar preachers'（注释36），218.

㊳ 教师的目录清单和13世纪以来的评注目录参考C. Spicq，*Esquisse d'une histoire de l'exégèse latine au Moyen Age*（Paris，1944）。评注作品目录的保留清单参考F. Stegmüller，*Repertorium biblicum medii aevi*，vols. Ⅰ-Ⅶ（Madrid，1949-1961）。有关《格言大全》目录的保留清单参考F. Stegmüller，*Repertorium Commentariorum in Sententias Petri Lombardi*（Würzburg，1947）；对这部经典作品加以补充的是V. Doucet，*Archivum Franciscanum Historicum* 47（1954），88-170，和J. Van Dyk，*Franciscan Studies*，39（1979），255-315。关于有争议的比较混杂的问题参考Bazàn，'Questions disputées'（注释4）。关于大学道德启示参考J. B. Schneyer，*Repertorium der lateinischen Sermones des Mittelalters für die Zeit von 1150-1350*，Beiträge zur Geschichte der Philosophie und Theologie des Mittelalters，43：6（Münster，1975）。

1210年，基督教会在巴黎查禁了亚里士多德的《论自然》，这是两种世界观之间第一次正式的碰撞，但指责基本上是指向贝内的阿马尔里克（卒于约1207年）及其追随者所宣扬的异端邪说泛神论，反对迪南的戴维
421 （卒于1206—1210年）的教学，因为戴维非常熟悉亚里士多德的自然哲学学说。就在焚毁戴维著作的命令发布之后，教会紧接着又颁布文件，禁止公开或私下讲授亚里士多德的自然哲学著作及其评注。[39] 这一时期后，文献记载宣判了9个异教徒，他们是阿马尔里克的忠实追随者，文件言辞激烈，结尾是“我们知道，由于这些人的过错，即使对于一些博学的人来说，许多书籍也受到禁阅”。[40] 在1215年章程中，对亚里士多德的形而上学和自然哲学著作的禁令，依然与戴维的教学及阿马尔里克联系在一起。[41]

只有1228年的一份文件记载了限制学习自然哲学这个单一的目的。这出现在一封教皇格列高利九世发出的信中，信中雄辩有力地给出了一份精心策划起草的官方文件，为未来的发展提供指导方针。矛头直接指向神学摄政教师，这一事实表明，初期的禁令不是很有效，亚里士多德的自然哲学甚至渗透到神学院中。教皇格列高利九世控诉神学被哲学控制，而哲学应该是神学谦恭的奴仆才对，指责哲学理论玷污了神学。他说，神学家应该摆脱教父们制定的利用哲学来研究学习《圣经》这一要求的限制和束缚。试图以自然理性来支持信仰，只会削弱信仰，自然因为认识才信，而信仰是因为信才能认识。最后，教皇要求教师教授纯粹的神学，不掺杂任何能引起变化的世俗自然科学因素。[42] 这种强迫性的劝告表明，如果没有其他情况，自然哲学学说甚至在1210年和1215年之后也依然被那些神学家使用。教皇的这封信给神学家留下的深刻印象也许可以从多明我会在巴黎的第一位教师克雷莫纳的罗兰（1229—1230年）的一段评论中得到反映，他说有关外部意义的那种微妙的争议是属于哲学家的事，对此神学家

---

[39] *CUP*, vol. Ⅰ, 70, no. 11.

[40] *CUP*, vol. Ⅰ, 71-72, no. 12.

[41] *CUP*, vol. Ⅰ, 78-80, no. 20.

[42] *CUP*, vol. Ⅰ, 114-116, no. 59.

必须要避开，免得被称为内科医生。[43]

教皇的担忧在许多神学家中引起了共鸣。欧塞尔的威廉（卒于1231年），是巴黎大学第一位使用亚里士多德《论自然》的神学家，1220年之前他在其作品《圣徒简论》中公开声明，信仰信条是不能够借助于人类理性来证明的。[44] 这说明了不是亚里士多德《论自然》本身引起了人们的争议，而是它在神学中的使用，甚至是滥用造成了这些问题。

在1229年的斗争中，那些罢课的教师离开了巴黎，亨利三世就邀请 422
这些教师到英格兰，他们可以在英格兰的任何地方从事教学活动。[45] 在那儿对亚里士多德《论自然》没有任何限制，图卢兹大学的一封邀请信公开说，任何一位希望去深入探索自然智慧的人都可以聆听在巴黎已被禁止的亚里士多德《论自然》的讲座。[46] 不管奥韦涅的威廉的期望是什么，格列高利九世明显地受到挫折，在1229年的一封信中，教皇谴责巴黎这位主教制造了分裂并导致教师离开巴黎。[47] 在1231年教皇的教谕《知识之父》中，他确认了1215年授予教师的特权，并且重申了对《论自然》的禁令，但是语气比较缓和："直到他们经过考验，经过对每一种错误怀疑的洗礼之后。"他也重申了1228年对神学家的告诫，不要把自己当作哲学家四处招摇，而是要讨论和争论那些借助神学经典书籍及教父们的作品就可以得到解决的问题。[48] 一个星期之后，格列高利九世宽恕了那些教师和学者，他们曾因为使用《论自然》而遭到指控，[49] 几乎与此同时，教皇任命了一

[43] D. A. Callus, 'The Function of the Philosopher in Thirteenth-century Oxford', in P. Wilpert(ed.), *Beiträge zur Berufsbewusstsein des mittelalterlichen Menschen*, Miscellanea Mediaevalia, 3(Berlin, 1964), 157-158.

[44] J. Ribaillier(ed.), *Magistri Guillelmi Altissiodorensis Summa Aurea, Liber Primus*, Spicilegium Bonaventurianum, 16(Paris/Grottaferrata, 1980), 15.

[45] *CUP*, vol. Ⅰ, 119, no. 64.

[46] *CUP*, vol. Ⅰ, 129, no. 72.

[47] 见 p. 413 和 *CUP*, vol. Ⅰ, 125-127, no. 69。

[48] *CUP*, vol. Ⅰ, 136-139, no. 79.

[49] *CUP*, vol. Ⅰ, 143, no. 86.

个神学委员会，欧塞尔的威廉就是其中的一名委员，这个神学委员会的目的和任务就是审查受到怀疑的书籍，并且指出其中的错误。[50] 这种审查措施从来没有实施过，原因可能是神学委员会当年成立不久后威廉就去世了。

关于在神学中使用亚里士多德自然哲学学说的争论，在巴黎大学一系列的布道集会上得到了反映。[51] 这些布道活动发生在 1231 年的元月，多明我会的教师圣吉尔斯的约翰尖锐地批评那些宁可选择在大学中度过漫长职业生涯却不愿做更丰富多彩的工作的人："当他们走进神学的时候，他们几乎没有向他们的科学告别（即哲学），这一点在某些人身上表现得非常明显，他们在神学学习中不能抛开亚里士多德，他们总是把烂铜，也就是那些哲学的问题和观点捡起来，而扔掉了珍贵的黄金。"[52] 多明我会的另一位教师在另一次布道集会上抱怨那些在神学中使用哲学语言的人："研究形而上学的人却总是谈论神学方面的知识内容。"[53]

在 13 世纪 30 年代，一些神学家，像教长菲利普（卒于 1236 年）、奥韦涅的威廉、克雷莫纳的罗兰在他们的著作里引用亚里士多德的学说，但是都是在奥古斯丁的框架之内。直到 13 世纪 40 年代，经过阿维森纳（卒于 1037 年）、阿威罗伊（卒于 1198 年）的评注解释及阿拉伯的形而上学，亚里士多德的学说才渗透到神学之中。1247 年，教皇的使节沙特奥若克的奥多（卒于 1273 年）放逐了文科的教师约翰·布里斯坎，因为他教授了错误的知识内容，把逻辑和神学混合了起来。教皇的使节对在一场辩论
423 中，逻辑学家以一种神学家的姿态和方式进行辩论，而神学家们却以一种哲学家的姿态和方式进行辩论，感到很不满。他总结道，教师们应该满足

---

[50] *CUP*, vol. Ⅰ, 143-144, 87.

[51] M. -M. Davy, *Les Sermons universitaires parisiens de 1230-1231. Contribution à l'histoire de la prédication médiévale* (Paris, 1931).

[52] Davy, *Sermons*, (注释 51), 292.

[53] Davy, *Sermons*, (注释 51), 341.

于教父们在科学（sciences）与学院（faculties）之间设定的古老限制。[54]

在那一年（1247），阿尔贝图斯·马格努斯（卒于1280年）担任了一个多明我会的教职。第二年，也就是1248年，当科隆成立“大学馆”之时，他开始实施一项计划，即对所有已知的亚里士多德的著作进行评注，目的是让拉丁语读者能利用它们。阿尔贝图斯·马格努斯认为，基督教教会的教父们是神学方面的权威，亚里士多德是自然哲学方面的权威，但是如果认为亚里士多德在自然哲学方面没有错误那也是不对的。通过区分神学和哲学的不同适用范围，阿尔贝图斯·马格努斯提出世俗科学的自治，不再把世俗科学仅看作神学王后的奴婢。另一方面，阿尔贝图斯·马格努斯不赞成用极端做法（如教皇的使节奥多写的信）反对在神学中使用哲学的观点，这种做法来自于人类本身的无知，就如同没有理性的动物亵渎了事物而自身却对此一无所知一样。[55]

另外一个企图澄清神学和哲学之间关系的人是托马斯·阿奎那，他以一种新的方式来界定神学，以便把神学和亚里士多德的科学观念糅和统一起来。自从赫尔斯的亚历山大在他自己对彼得·隆巴德的《格言大全》评注的序言中关注神学的知识地位问题之后，每一个人在自己对彼得·隆巴德的《格言大全》做出评议和注解的时候，都必须要考虑一个问题：神学究竟是否是一门科学。通过把神学定义为一门科学，一门从亚里士多德派的观点出发的科学（即使它并不完全符合一门科学的所有规定条件），托马斯·阿奎那突破了传统并与传统断绝开来，这是自圣·奥古斯丁把圣经解释学或神学定义为智慧以来从未发生过的变化。如同其他的科学学科有着自己的原则一样，托马斯·阿奎那宣称，神学也有其自身的信条。[56] 通

---

[54] *CUP*, vol. Ⅰ, 206-208, no. 176.

[55] Albertus Magnus, *De somno et vigilia*, ed. S. C. A. Borgnet, Opera Omnia, 9 (Paris, 1890); E. A. Synan, 'Albertus Magnus and the Sciences', in J. A. Weisheipl (ed.), *Albertus Magnus and the Sciences. Commemorative Essays 1980* (Toronto, 1980), 10-11; M.-D. Chenu, *La Théologie comme science au XIII siècle* (Paris, 1957), 29 n. 4.

[56] Chenu, *Théologie comme science* (注释55), 64-71.

过把神学和哲学的不同分支当作不同的科学学科，哲学获得了完全的自治。[57] 一方面，把神学定义为一门科学加强了其权威性：假如一本神学知识大全中的所有知识都是从信条中推导出来的，或者至少与信条一致，那么其教义不仅仅是正统的，而且从科学意义上来看是正确无疑的。另一方
424 面，把哲学从神学中解放出来，使在文学院进行的仅仅依据科学原理的推理成为可能，即使得出的结论不符合正统观点。

确切地说，发生在 13 世纪 60 年代后期的事情是，那时的许多教师，像布拉班特的西热（卒于约 1284 年）及达西亚的波依休斯（卒于约 1284 年）都受到阿威罗伊的一部关于亚里士多德学说读物的影响，他们得出的结论从哲学方面来看是可以接受的，却违背了基督教信仰，也即违背了世界是永恒的；人世间发生的事情受到天体运动的影响；仅仅只有一种人类思维能力；没有自由意志或自由选择；灵魂被肉体所毁坏，灵魂不能承受惩罚。这些结论在 1270 年被巴黎主教斯蒂芬·腾皮尔在其 13 条条款中加以诅咒和抨击。[58]

因此，文学院的成员们意识到，科学自治并不等同于宗教自由。1272 年，“逻辑和自然科学”的教师联合发布的文献声明：他们学院的成员不能讨论纯神学范畴的问题，如三位一体或神灵化身。假如一个问题既涉及信仰又涉及哲学，就应该依据信仰来裁决。如果教师讲授的一篇深奥文章或一个有争议的问题中看起来有与信仰相矛盾的论点，他应该宣布它们完全错误，或停止阅读那篇文章，或引用争议的出处。[59] 直到 15 世纪，文学院的教师在开始教学之前必须宣誓遵守这些章程。14 世纪巴黎大学文学院的教师约翰·比里当（卒于 1358 年）受到一些神学家的指控，理由是

---

[57] J. Pinborg, 'Diskussionen um die Wissenschaftstheorie an der Artistenfakultät', in P. Wilpert(ed.), *Die Auseinandersetzungen an der Pariser Universität im XIII. Jahrhundert*, Miscellanea Mediaevalia, 10(Berlin, 1976), 240.

[58] *CUP*, vol. Ⅰ, 486-487, no. 432.

[59] *CUP*, vol. Ⅰ, 499-500, no. 441; P. Wilpert, 'Boethius von Dacien-die Autonomie der Philosophen', in Wilpert(ed.), *Beiträge*(注释 43), 136-137.

他讨论神学问题。约翰·比里当抱怨说，他不可能解决那些与信仰发生冲突矛盾的有问题的论点，除非允许他制造问题。[60]

在巴黎，这种猜疑的气氛似乎变得越来越浓，因为在 1276 年的一份章程中，教师们做出了如下决定，由于在秘密的集会上已经讲授过那些受到谴责的教义，因此不再允许任何人私下里举办讲座，但文法和逻辑学例外，因为这两门学科不可能出现颠覆性的教学内容。其他所有的讲座必须在公开场所举行，人人可以对所讲授的内容如实地做出评价报告。[61] 尽管有这种预防措施，然而仅仅 4 个月之后，教皇约翰二十一世（1276—1277 年，这位教皇曾经在巴黎大学接受文科教育，而且是《逻辑学》一书的作者，这部著作后来成为本学科的标准教材）就写信给巴黎主教斯蒂芬·腾皮尔，质询他有人报告在巴黎有再次出现某些错误的倾向，要求主教对这些错误做出调查，它们是谁教的？在哪儿教的？[62] 主教所做的远远超过了教皇的要求。1277 年 3 月 7 日，主教发布了一张清单，上面列有 219 条指 425
控。[63] 他宣布，这些错误是由文学院的成员造成的，他们已经超过了对学院的限制性规定。主教指控他们依据哲学而不是依据信仰讨论问题，好像有两个相反的真理。不管怎样，西热及波依休斯至少被历史学家当作腾皮尔主教攻击的两个目标，近来学界已经分析得很清楚，主教控告他们的是坚持一种“双重真理论”。[64]

219 条指控由一个委员会起草，这个委员会由 16 位神学家组成［其中根特的亨利（卒于 1293 年）是一位新奥古斯丁信徒］。他们在一个月的时间内集中精力搜集调查资料，主要是讲座课程安排表中的条文或教师们发布文献的残片。结果就是把这些指控汇总到一起，很明显，这些汇总资料

---

[60] E. Grant, *A Source Book in Medieval Science*, (Cambridge, Mass., 1974), 50-51.

[61] *CUP*, vol. Ⅰ, 538-539, no. 468.

[62] *CUP*, vol. Ⅰ, 541-542, no. 471.

[63] *CUP*, vol. Ⅰ, 543-558, no. 473; R. Hissette, *Enquête sur les 219 articles condamnés à Paris le 7 mars 1277* (Louvain/Paris, 1977).

[64] F. Van Steenberghen, *Introduction à l' étude de la philosophie médiévale*, Philosophes médiévaux, 18 (Louvain, 1974), 557-563; Wilpert, 'Boethius von Dacien' (注释 59), 149-152.

没有任何系统性可言，这受到巴黎主教的责备。甚至同时代的神学家，如方丹的戈弗雷（卒于约 1306 年）和罗马的吉尔斯（卒于 1316 年），也认为有时候主教的谴责前后不一致，而且那些被诅咒的论点或观点中有一部分事实上完全是正统的教义。[65]

这些被指控的文献内容重复了 1270 年的材料，其中许多内容反映了亚里士多德学说对自然的阐释限制了上帝的权力和人的自由意志。[66] 其中的许多文章直接指向神学自身，[67] 而有一些文章则否认神学是一门科学，因为确信只产生于自身的已知原则，而不会源于权威。[68] 文学院中持这种观点的人明显是反对托马斯·阿奎那给予神学科学地位的做法。另一方面，托马斯·阿奎那的一些教义也变成了指控的目标，这表明主教的行动不是只针对文学院的成员，而是保守主义的一次反对的表现，是新奥古斯丁神学家对激进的亚里士多德主义者的反对，而不论它发生在文学院中还是神学家内部。[69]

因此，这种界限的划分并不是存在于文学院和神学院之间，而是存在于这两类学院的保守派和激进派之间。这也表明了文学院 1272 年的章程
426 是保守主义多数派的杰作，他们是布拉班特的西热所属的激进派团体的对手。导致 1277 年大指控的那场争论关注的基本上是哲学和神学共同的领域，其中理性的对象也就是信仰的对象。两类学院中的激进派都主张，哲学应该探索所有能通过理性获得的事实——“理性”——和信仰、信条无关。保守派坚持认为，信仰启示真理，真理也是哲学的探索对象，哲学家

---

[65] J. F. Wippel, 'The Condemnations of 1270 and 1277 at Paris', *Journal of Medieval and Renaissance Studies*, 7(1977), 195-196.

[66] P. Duhem, *Le Système du monde. Histoire des doctrines cosmologiques de Platon à Copernic*, vol. VI (Paris, 1954), 20-69; vol. VIII (Paris, 1958), 7-120; E. Grant, 'The Condemnation of 1277, God's Absolute Power, and Physical Thought in the Late Middle Ages', *Viator*, 10(1979), 211-244.

[67] *CUP*, vol. I, 543-558, no. 473, arts. 152, 153, 175.

[68] *CUP*, vol. I, 543-558, no. 473, arts. 37, 150, 151.

[69] Wippel, 'Condemnations'(注释 65), 184.

们在对问题做出决定的时候应该与信仰保持协调一致，而不是避开信仰问题。[70]

在亚里士多德学说走进神学到大指控（1240—1270）的几十年间，神学活动比较多地集中在理性与信仰之间的关系探讨上。这促进和养成了人们对形而上学方面的兴趣爱好，这种兴趣爱好成为亚里士多德哲学与基督教天启学说之间的一座桥梁。[71] 发展的结果就是阿尔贝图斯·马格努斯、博纳旺蒂尔车和托马斯·阿奎那的神学学说的大综合。

第一位在神学中应用自然哲学的英格兰神学家是亚历山大·尼卡姆，1200 年前的几年，他在牛津讲授神学。[72] 这是牛津将《圣经》与科学学习交织在一起这一悠久传统的开端。在 13 世纪 20 年代后期，罗伯特·格罗斯泰特在他的哲学论著《论光明》中，综合了《圣经·旧约》的第一卷《创世纪》、亚里士多德的《神圣论》和阿拉伯世界的新柏拉图主义。在这部哲学著作中，实在之基础被认为是数学，上帝被描绘成一位富有创造力的数学家。[73] 也有其他的例子反映了神学和哲学之间的和谐关系，如在多明我会的辛顿的西蒙（盛名于 1250—1260 年）及方济各会的托马斯·多金（盛名于 1260—1265 年）的作品中，为了阐明《圣经》的原义，他们引入了光学及其他的自然科学。[74]

在牛津，在神学中应用哲学和逻辑从来没有引起任何权威的负面反应，在牛津的章程中也没有针对哲学的禁令。另一方面，在《圣经》与思辨神学之间存在着紧张关系。在巴黎，《圣经》讲座集中在道德教育方面，而把有争议的神学问题留给了《格言大全》讲座；在牛津，像罗伯特·格

---

[70] Wilpert, 'Boethius von Dacien'(注释 59), 139.

[71] E. A. Moody, 'Empiricism and Metaphysics in Medieval Philosophy', in E. A. Moody, *Studies in Medieval Philosophy, Science, and Logic* (*Collected Papers 1933-1969*) (Berkeley, 1975), 287-304.

[72] R. W. Hunt, *The Schools and the Cloister. The Life and Writings of Alexander Nequam* (*1157-1216*), ed. M. Gibson (Oxford, 1984).

[73] J. McEvoy, *The philosophy of Robert Grosseteste* (Oxford, 1982), 149-180.

[74] Catto, 'Theology and Theologians'(注释 17), 493-494.

罗斯泰特、辛顿的西蒙和托马斯·多金这样的神学家，则把有争议的神学问题作为他们《圣经》讲座的一部分内容，罗伯特·格罗斯泰特把神学与《圣经》学习等同起来。多明我会的理查德·费舍埃克（卒于1248年）和
427 罗伯特·基尔沃比（卒于1279年），以及方济各会的理查德·鲁弗斯（盛名于1250—1255年），都是牛津最早对《格言大全》进行注解的同时代的神学家，他们追随巴黎人的实践，提倡把思辨神学与《圣经》学习分离开。但是应该指出的是，神学的这两个领域并不是严格地保持着分离状态，《格言大全》被确定为思辨神学的一本教材并不妨碍神学研究者继续在他们的《圣经》评注中进行质疑。[75]

把《格言大全》作为一本教材引入牛津的神学学习大纲中，这种行为在13世纪60年代遭到方济各会的罗杰·培根（卒于约1292年）的强烈反对。他抱怨说，今天的神学家在《格言大全》讲座中体现了他们所有的骄傲自负，而在许多地方，如博洛尼亚，却允许在那种情况下进行质疑。假如培根是正确的，而且在《圣经》课上也不允许提出质疑，那么《格言大全》讲座肯定更有声望，因为这些讲座给教师们提供了一个机会，即在神学讨论及神学辩论过程中去展示他们的聪明才智。[76] 此后不久，牛津的一份章程表明，罗杰·培根也许夸大了事实，但是他的叙述也有一定的真实性：培根的声明中宣称，那些讲授《圣经》的人，不会引入质疑的方法，而只是引入“文献法”，换句话说就是问题产生于文本本身，产生于“原文”，结果必然直接和讲授的《圣经》篇章有关。[77]

1277年大指控之后的几十年，把巴黎和牛津的神学院分别对待是不可能的。

巴黎的神学领袖人物，罗马的吉尔斯、根特的亨利和方丹的戈弗雷，他们都比较关心哲学问题，如形式的单一性与多重性、要素与实在之间的

---

[75] Smalley, *Study*(注释 2), 275-280; Catto ‘Theology and theologians’(注释 17), 492-494.

[76] Little, ‘Franciscan School’(注释 18), 809.

[77] 参考注释 34。

关系，以及物质与形式之间的关系。[78] 1277 年大指控的阴影明显地笼罩在根特的亨利的《圣经》讲座上，他的讲座被比作“步行穿过一个错误展览会”。[79]

从 1265 年到 1280 年这一段时间，与巴黎形成鲜明的对照，牛津几乎没有出现任何神学活动的迹象，但是 1277 年之后，一些形而上学的争论也被一些学者从巴黎带到了牛津，如罗伯特·基尔沃比、约翰·佩克汉姆（卒于 1292 年）和罗杰·马斯顿（卒于约 1303 年）。由于在牛津这些讨论和争议都是由那些有过巴黎生活经历的学者们进行的，所以讨论的目标常常是瞄准巴黎大学的神学家而不是他们牛津大学的同事们。[80]

1277 年 3 月 18 日，就在巴黎大指控发布之后仅仅 11 天，罗伯特·基 428
尔沃比，这位坎特伯雷的大主教，也公开指控了 30 个错误，其中 4 个错误有关文法、10 个有关逻辑、16 个有关自然哲学。[81] 在巴黎 219 条指控条款中有一部分被用来直接反对托马斯·阿奎那的个别教义，但是牛津的指控中多达三分之一的条款与托马斯·阿奎那坚持的一个教义有联系，那就是形式的单一性。基尔沃比断言，对其中错误的谴责，得到了牛津所有教师的一致同意和认可。这表明了这个指控并不是直接反对牛津的某个派别，而是一场中心在巴黎的争论。值得指出的是，在巴黎，形式单一性这一教义从来没有受到教廷官方的指责，更不会在这方面由斯蒂芬·腾皮尔采取什么措施了。[82] 在牛津，这个问题自 13 世纪 40 年代以来就在讨论，但是直到 1277 年之后，才根据教派来划分其中的观点，结果是多明我会提倡形式的单一性，方济各会提倡形式的多重性。[83]

---

[78] J. F. Wippel, *The Metaphysical Thought of Godfrey of Fontaines. A Study in Late Thirteenth-Century Philosophy*(Washington,DC,1981).

[79] Smalley,‘Bible in Medieval Schools’(注释 32),212.

[80] Catto,‘Theology and Theologians’(注释 17),496-498.

[81] *CUP*,vol. Ⅰ,558-560,no. 474.

[82] *CUP*,vol. Ⅰ,624-626,no. 517.

[83] Catto,‘Theology and theologians’(注释 17),497-498.

罗伯特·基尔沃比大主教的公开谴责中止了牛津教义的和平局势。1278年，英格兰方济各会威廉·德·拉·马雷（盛名于1275年）在托马斯·阿奎那的作品中发现了一系列错误，并且列出了一张错误清单，在1280年以《矫正》为名公开出版。1282年，方济各会全体圣堂参事会公开宣布，未经威廉·德·拉·马雷的校正，方济各会的任何成员不得复制或转抄托马斯·阿奎那的《神学大全》。

巴黎和牛津的谴责，以及威廉·德·拉·马雷对托马斯·阿奎那教义的攻击，自然而然地导致了多明我会的抵制。首先是出现了一系列的《矫正之矫正》，或者如同他们自己称呼的《矫正之堕落》，这是在1282—1285年由英格兰和法国的多明我会写的。[84] 第二次抵制活动发生在1286年，那一年多明我会的最高参事会决定，由于托马斯·阿奎那的教义有受到搁置的威胁，应该加以传播和保护。[85] 在1286年的12月份，在世俗教师反对托钵僧特殊权利的这一微妙而复杂的争议时刻，分歧进一步加剧了。[86] 紧接着第二年，奥古斯汀修会的最高参事会也做出反应，宣布由他们本修会的成员、罗马的吉尔斯（埃吉迪厄斯）所著的现存的及以后的著作都应该得到奥古斯汀修会全体教师和学生的保护，吉尔斯虽然在1278—1285年曾经被巴黎的神学院驱逐，但是他本人是忠贞不渝地为教皇效力的。[87]

神学内部不同思想学派的发展——托马斯主义和埃吉迪厄斯主义——
429 是对那种在巴黎和牛津有着广泛影响的批评与反对的氛围产生的一种防卫行为。这种知识界的环境导致的一种结果就是，神学讨论不再呈现一种广泛的综合，而是集中体现在比较零碎的一系列神学内容的矫正方面，在其

[84] P. Glorieux, '"Pro et contra Thomam". Un survol de cinquante années', *Studia Anselmiana*, 63(1974), 255-287; M. D. Jordan, 'The Controversy of the "correctoria" and the Limits of Metaphysics', *Seculum*, 57(1982), 292-314.

[85] *CUP*, vol. Ⅱ, 6, no. 536.

[86] Wippel, *Metaphysical Thought*（注释78）, xic.

[87] *CUP*, vol. Ⅰ, 633-634, no. 522; vol. Ⅱ, 12, no. 542.

中，著作原文一点一点地被批评，使用的方式是质疑和自由辩论（指在大斋期举办的辩论，问题可以由任何人提出，主题不限）。问题的自由辩论大约在 1230 年出现在巴黎的神学院，到 13 世纪 70 年代这种方式在巴黎就变得非常盛行，这个时期也是教义斗争冲突的时代，这几乎就是一种巧合。据推测，在 70 年代的牛津，它们被方济各会的约翰·佩克汉姆介绍进来，他是那些把巴黎的论战带到英格兰的神学家之一。[88]

从约翰·佩克汉姆写的一系列书信中可以更好地了解 13 世纪 80 年代的（神学）气氛，约翰·佩克汉姆是当时的坎特伯雷大主教，他在 1284 年正式认可了前任大主教的谴责声明。[89] 在第一封发给牛津大学教长和摄政教师的信中，他为自己进行辩护，驳斥多明我会的指控行为，多明我会指控他们的教团已经受到侵犯。根据约翰·佩克汉姆大主教的说法，多明我会把托马斯·阿奎那的观点称为“他们修会的观点”，他们中的一些人公开宣称，他们的教学比同时代任何其他修会的教学更加真实可信。在 1285 年的另外一封信中，[90] 佩克汉姆大主教写道，两个修会的教学或讲学（如多明我会和方济各会）基本上在每一个观点上都是互相对立的。其中之一（显而易见是多明我会）拒绝了基督教教会教父们的讲学，几乎完全依赖于那些哲学家。同年，在发给林肯地区主教的信中，约翰·佩克汉姆大主教的奥古斯丁主义观点也表现得非常清楚，他在信中坚持道，只要哲学是神学神秘主义的奴仆，他就不喜欢学习哲学，但是他反对用那种俗气的新奇事物或体验来反对哲学真理（如哲学真理是神学的奴婢），尽管它们在 20 多年以前就被引入神学领域（约 1265）。[91]

但是，认为这些及后来的托马斯主义者像他们的老师那样就是亚里士多德派，那将是错误的。大多数托马斯主义者，如奥福德的罗伯特（卒于约 1300 年）、埃尔韦·内德莱克（卒于 1323 年），他们首先是托马斯·阿

---

[88] Catto,‘Theology and Theologians’(注释 17),478.

[89] *CUP*,vol. Ⅰ,624-626,626-627,634-635,nos. 517,518,523.

[90] *CUP*,vol. Ⅰ,626-627,no. 518.

[91] *CUP*,vol. Ⅰ,634-635,no. 523.

奎那作品最热忱、最忠诚的捍卫者，坚决反对像根特的亨利那样的批评。[92] 在对1290—1293年牛津大学的布道演说进行研究之后，人们发现，其中没有提到托马斯·阿奎那那些引起人们争议的教义或禁止托马斯·阿奎那的教义。[93] 一种可能的解释是，那时候在大学中发生的危机及争议是以自由辩论的方式而不是以布道演说的形式进行的。

13世纪80年代，牛津开始首次作为一个神学讨论的中心与巴黎平起
430 平坐，而且其地位继续上升，直到14世纪前半期确立其优势地位。在当时的牛津大学，主要的活跃者是方济各会，方济各会比多明我会更具活力，他们紧紧地与教廷或官方的托马斯主义信条联系在一起。在牛津那批杰出的方济各会修士中，首屈一指的人物就是邓·司各脱（卒于1308年），他把巴黎教师根特的亨利的著作当作他的出发点。邓·司各脱是第一个对巴黎产生深远影响的牛津大学教师，此后不久，巴黎的神学就由邓·司各脱的学生控制着。[94]

从14世纪30年代开始，百年战争中断了巴黎大学与牛津大学学者之间的交流。在此期间，巴黎大学的学者缺乏一种创新性，这被归咎为约翰二十二世（1316—1334）的保守主义。[95] 另一方面，在阿维尼翁的教皇似乎无力约束巴黎的教师们。他在1317年的一封信里斥责巴黎的教师们正在受着哲学的蒙蔽，指责他们醉心于哲学的问题和哲学的细微之处。[96] 在

---

[92] Glorieux, '"Pro et contra Thomam"'(注释 84).

[93] B. Smalley, 'Oxford University Sermons 1290-1293', in J. J. G. Alexander and M. T. Gibson(eds.), *Medieval Learning and Literature. Essays presented to Richard W. Hunt* (Oxford, 1976), 316-325.

[94] Catto, 'Theology and Theologians'(注释 17), 505; C. Bérubé, 'La première école scotiste', in Z. Kaluza and P. Vignaux(eds.), *Preuve et raisons à l'université de Paris. Logique, ontologie et théologie au XIV siècle* (Paris, 1984), 9-24.

[95] W. J. Courtenay, 'The Role of English Thought in the Transformation of University Education in the Late Middle Ages', in J. M. Kittelson and P. J. Transue(eds.), *Rebirth, Reform and Resilience. Universities in Transition 1300-1700* (Columbus, Ohio, 1984), 119.

[96] *CUP*, vol. Ⅱ, 200-201, no. 741.

1331—1332 年，教皇那种乐观幻想的观点和看法引起了广泛的争议，导致了一场争端，在这场争端中，巴黎教师们普遍一致的反对最终导致教皇被迫做出让步。[97]

在牛津大学，1320 年之后知识生活的显著特征就是缺乏任何类别的思想流派。[98] 在以前的几十年里，方济各会一直抵制多明我会的教学活动，特别是有关托马斯·阿奎那的教学讲座，方济各会也没有把自己与本修会任何教义领袖捆绑在一起。这种情况养成了一种重要的开放性的社会态度，使某些事情的实现有了可能，像奥卡姆的威廉（卒于 1349 年）那样的一些人有选择地使用方济各会先驱者的著作——首先是邓·司各脱——或世俗教师们的作品。威廉在他论逻辑的著作里常常会谈到一些物理学问题，这成为下一代新型牛津学者团体，特别是被称为“牛津计算家”的团体，有时候也被称为默顿人的一个标准程序。[99] 无论他们是否属于默顿学舍，当那批学者成为神学院学生的时候，他们运用的方法就是他们以前应用于逻辑和物理学方面的方法。那些神学问题，也就是彼得·隆巴德已系统地提出来的问题，使这些学生——到这个阶段他们都已是资深的哲学家——面临着一系列新的挑战。他们利用在文学院中发展形成的语 431
言分析方法来探索研究这些问题。[100]

需要指出的一点是，[101] 这些分析性语言——常常与测量评估联系起来——应用的主要范围是那个时代神学上的中心问题：意志、合理性、恩典、美德、报应、原罪，也就是神人关系中的那些可预见的、易变化的成分。这个事实可以很好地说明在神学背景之下继续进行哲学探索达到的程

---

[97] *CUP*, vol. Ⅱ, 414-442, nos. 970-987.

[98] Courtenay, *Schools and Scholars*（注释 17）, 190-192.

[99] E. D. Sylla, 'The Oxford Calculators', in N. Kretzmann, A. Kenny, and J. Pinborg (eds.), *The Cambridge History of Later Medieval Philosophy* (Cambridge, 1982), 540-563.

[100] J. E. Murdoch, 'From Social to Intellectual Factors: an Aspect of the Unitary Character of Later Medieval Learning', in J. E. Murdoch and E. D. Sylla (eds.), *The Cultural Context of Medieval Learning* (Dordrecht/Boston, 1975), 271-348.

[101] Murdoch, 'Social to intellectual factors'（注释 100）, 291.

度，14 世纪《格言大全》注解评议的一部分内容作为自然哲学的论文被传递了下来。[102]

根据时间顺序，牛津大学这种独特的神学（后来在欧洲大陆号称“英格兰人的”）发展的结果就是多明我会在牛津大学的失败，1313 年在反多明我会的教长哈克莱的亨利（卒于 1317 年）带领之下又形成的新章程规定，《格言大全》的讲座应该先于《圣经》的讲座。[103] 这有可能是牛津大学教师们的兴趣在于文学院教学的方法和内容上，并且导致了课程方面的变化（如果在 1313 年已发生了变化，法典编纂的就不仅仅是现有的实践内容），但是也同样有可能是规则本身的问题，使哲学探索在神学院中再次成为可能，有利于牛津大学神学的发展。无论那样的联系是否存在，事实是多明我会严重地受到那些规则的影响，在新“逻辑”神学和新“自然”神学的发展演变过程中，多明我会似乎没有起到任何重要的作用。

在 1340—1345 年，巴黎大学在神学方面再次赢得了卓越的声誉，进入一个富有创造力的时期，其特征是思想学派的缺乏，正如 20 年前的牛津一样。巴黎大学和牛津大学学者之间的交流，已经被百年战争中断，但是通过德意志、东欧和意大利的托钵僧学生间接地得以恢复，这些学生维系着巴黎和牛津之间的消息传递。例如，英格兰的神学家前往托钵僧在博洛尼亚的学馆，许多方济各会的学生从阿西尼被派往博洛尼亚，意大利其他的修道院派人前往牛津。在 14 世纪上半期与英格兰有着密切联系的德意志教育中心是爱尔福特和科隆。[104]

巴黎大学和牛津大学之间这种间接联系的一个例子是奥斯汀会的修士里米尼的格列高利（卒于 1358 年），1343 年他到巴黎大学学习《格言大全》之前，曾经在意大利和英格兰学习，在博洛尼亚和意大利的其他城市也从事过教学活动。随着格列高利的到来，巴黎神学迎来了一个新时代，
432 巴黎神学不再由方济各会和多明我会统治，而是由奥斯汀会的修士和西多

[102] Murdoch, ‘Social to intellectual factors’(注释 100), 276.

[103] 参见注释 34。也参见第 419—420 页。

[104] Courtenay, *Schools and Scholars*(注释 17), 163.

会僧侣控制着。1335 年，教皇授予他们在巴黎、牛津、图卢兹和蒙彼利埃的学校“大学馆”的称号，并且特别规定巴黎应该成为声誉最好的学习中心。[105] 在 14 世纪，西多会僧侣和奥斯汀会的修士们在知识上紧密地联系在一起。[106] 格列高利给巴黎介绍和引进了一种神学，这种神学在牛津从 14 世纪 30 年代、40 年代就开始发展了。

数学和逻辑入侵神学领域在牛津得到普遍接受，数学和自然哲学在牛津从没有在神学中被正式禁止过，但在巴黎遭到了抵制和反对，那里有着悠久的禁止神学哲学化的历史传统。在 1344 年和 1345 年就已经出现了一些征兆，那时候多明我会和奥古斯丁会的圣堂参事会都谴责天父教义是“不可思议的教义”，[107] 它们引用了《希伯来书》（《圣经·新约》）13 章第 9 节中的内容，攻击的目标可能是“英格兰神学”，因此通过里米尼的格列高利，英格兰神学在巴黎找到了发展的道路。权威势力觉察到这种危险的严重性，克莱门特六世（1342—1352）在 1346 年写给巴黎教师和学生们的一封信中说明了这种危险性。[108] 他抱怨说，哲学家们忙于从事“超越教义的复杂事情”，据说在某些其他大学里讲授外来的诡辩式的教义，[109] 而且他们坚持相信一些奇怪的观念。教皇继续说道，更糟糕的事情是，许多神学家不是关心学习《圣经》，[110] 而是纠缠在哲学问题、不重要的辩论、令人怀疑的观点，以及各式各样的奇怪的教学活动上。自 1228 年格列高

---

[105] *CUP*, vol. Ⅱ, 448-450, no. 992.

[106] D. Trapp, ‘Augustinian Theology of the 14th Century. Notes on Editions, Marginalia, Opinions and Book-lore’, *Augustiniana*, 6(1956), 251.

[107] *CUP*, vol. Ⅱ, 550, no. 1091; A. Zumkeller, ‘Die Augustinerschule des Mittelalters: Vertreter und Philosophisch-Theologische Lehre’, *Analecta Augustiniana*, 27(1964), 170.

[108] *CUP*, vol. Ⅱ, 587-589, no. 1125.

[109] Sylla 在‘Oxford Calculators’(注释 99), 545, 中表明，与“牛津计算器”有关的大部分作品都涉及人文学院中哲学的辩论活动。

[110] 这一点可以通过巴黎大学 1340 年之后《圣经》注解活动的衰落得到证实：J. Verger, ‘L’exégèse de l’université’, in P. Riché and G. Lobrichon(eds.), *Le Moyen Age et la Bible*(Paris, 1984), 224。

利九世警告那些神学家要抵制自然哲学渗透进神学以来,[111] 此后的教廷法令再也没有达到那样的威慑力量。

1346 年的那封信并未收到预期效果，第二年，奥斯汀会的修士奥尔维耶托的胡格里诺（卒于 1373 年）就公开谴责从米尔古的约翰（盛名于 1344—1347 年）及其他人的作品中收集来的 50 篇文章。[112] 其中有 8 篇断言基督作为人有犯错误和说谎的可能性，其他的文章中包括一些值得人类
433 称赞的行为及不值得人类敬佩的行为，而且宣称，正如上帝是正义行为的造物主一样，上帝同时又是原罪的缔造者。关于神学哲学化方面则什么也没有说，这可能是因为他意识到利用圣公会的微妙内容会导致受到异端邪说这样的指控。

教皇和保守主义神学家的抵制似乎没有像 1277 年大指控那样有效果。只有西多会僧侣彼得·塞方给人留下了一点印象，他在 1348—1349 年曾经与奥尔维耶托的胡格里诺一起学习《格言大全》。他为在神学中使用微妙内容进行了辩护,[113] 宣称那种对在神学中使用逻辑的做法提出批评只是由于无知，一种会产生错误的无知。[114] 罗马的吉尔斯对斯蒂芬·腾皮尔 1277 年大指控声明的批评，已经导致了他被巴黎神学院驱逐，而且在这个时候，教会权威在教义事务方面不再起决定性的作用。

1350 年之后，牛津神学出现了衰落，部分归因于黑死病。但约翰·威克利夫（卒于 1384 年）除外，他关于“圣餐”的非正统观点于 1382 年在大学中受到公开谴责，从 1350—1500 年，牛津几乎没有再出现任何有

---

[111] *CUP*, vol. Ⅰ, 114-116, no. 59.《圣经》引注“多种多样的奇怪的信条”也被教皇格列高利九世加以引用，但参考了自然哲学相关内容。

[112] *CUP*, vol. Ⅱ, 610-613, no. 1147.

[113] 参考 Trapp, ‘Augustinian Theology’(注释 106), 187。

[114] 参考 J. E. Murdoch, ‘“Subtilitates Anglicanae” in Fourteenth-century Paris: John of Mirecourt and Peter Ceffons’, in M. P. Cosman and B. Chandler (eds.), *Machaut's World. Science and Art in the Fourteenth Century*, Annals of the New York Academy of Sciences, 314 (New York, 1978), 64, 80 n. 78。

名的神学家。[115]

巴黎—牛津垄断地位的终结

1347 年是神学院历史上的里程碑，不仅仅是因为在巴黎大学发生了教义大辩论，而且因为实际上由巴黎大学和牛津大学垄断的最高水平、最高级别的神学教育，在此之后开始随着布拉格大学神学院的建立而走向分散化。这是德意志的第一所大学，虽然托钵僧团体此前已在布拉格建立了许多学校。

在意大利也出现了许多类似的情况，意大利神学教育或多或少被遗留给了托钵僧团体。到 14 世纪中期，意大利建立了一大批本土化的神学院，其中有许多神学院仅仅是在原来神学学校基础上换了个新的称呼，如比萨、佩鲁贾、博洛尼亚和帕多瓦。在身份地位方面，这种从大学馆到大学的变化似乎对现实生活中的神学影响不大，在博洛尼亚，从 1364—1500 年这段时期，447 位神学教师中仅仅只有 24 位教师是世俗人士，其余的主要是托钵修士。[116]

博洛尼亚的神学院特别令人感兴趣，因为它的建立反映了 14 世纪 40 434
年代晚期震动巴黎的大辩论事件。1364 年，曾在 1347 年的大指控事件中起着积极的推动作用的奥斯汀会的修士奥尔维耶托的胡格里诺，他以巴黎神学院的组织为模式，在博洛尼亚起草了神学院的章程，并且附有一张巴黎指控的条款清单。[117]

1347 年谴责的主要目标是在诡辩性质的辩论中精妙和方法的过度使用，这种方法发源于文学院。奥尔维耶托的胡格里诺不仅仅通过附录谴责论点清单对这种滥用进行警告，还在章程中反对这种滥用。在这里，他禁

[115] Courtenay, *Schools and Scholars*(注释 17), 359-365; J. A. Robson, *Wyclif and the Oxford Schools*(Cambridge, 1961).

[116] Rashdall, *Universities*, vol. Ⅰ, 252.

[117] 章程的版本，参考注释 24。

止以一种晦涩的非正统的话语方式使用那些被明确指出是“各式各样奇怪的教义”，因为那些诡辩性质的方法和没有任何结果的质疑会导致与正常轨道的脱离。[118] 奥尔维耶托的胡格里诺断言，不仅那些明显反对真理的人们正在背离正统，而且那些反复吟诵着赞美诗的人也在这样做，话语掩饰了那些来自异邦的新奇东西，结果那些更没有文化知识的人坚持认为他们就是优秀的，然而他们所说的精妙不过是无知罢了。[119] 在教师们改正他们的教学之前，那样的错误罪行肯定会被恭顺地加以赞扬。[120]

当巴黎大学在1366年接受新章程之时，[121] 也就是博洛尼亚的新章程实施两年之后，在巴黎的章程汇编中第一次出现了这样的规定，即在学习《格言大全》时，禁止使用或讨论哲学或逻辑。假如内容本身要求使用逻辑或哲学，或者为了解决某个问题客观上有这种必要性，可以例外。显然，在《格言大全》的讲座上对神学内容进行纯逻辑问题讨论的诱惑比在《圣经》讲座上要大。值得指出的是，哲学方法本身并没有被禁止，被谴责的是其为了自身理由而哲学化。同年图卢兹大学的章程重复了这样的禁令，1389年的巴黎大学章程汇编中也是如此，[122] 但是这两者的所有汇编都是重复与神学院相关的每一件事情，而这些都包含在1366年巴黎章程条例中，所以并没有迹象表明出现了新的危机。维也纳大学的章程依据和参考巴黎的惯例不断地做着变化，它也规定那些《圣经》讲座或《格言大全》讲座不必讨论哲学或逻辑问题，但是当需要解释的神学问题出现困惑要求那样做的时候，可以使用逻辑、哲学和其他的文科知识。[123] 科隆大学的章程中也做出了同样的规定。[124]

虽然1347年之后巴黎—牛津大学的垄断地位被打破了，但是那些较

[118] Ehrle, *I più antichi statuti*（注释 24），20.

[119] Ehrle, *I più antichi statuti*（注释 24），48.

[120] Ehrle, *I più antichi statuti*（注释 24），50-51.

[121] *CUP*, vol. Ⅲ, 143-144. no. 1319.

[122] 参见注释 25 和 *CUP*, vol. Ⅱ, 697-703, no. 1189。

[123] 参见注释 27。

[124] 参见注释 28。

古老的神学院仍然享有特殊的地位，博洛尼亚大学 1364 年的章程规定， 435
在另外一所大学学习过《格言大全》的学士，不会被博洛尼亚大学自动地接受进来做进一步的学习，除非他是在巴黎大学、牛津大学或剑桥大学学习过。[125]

1350—1365 年，关于巴黎神学的情况几乎没有任何资料留下来。一个重要的信息是，留下了 3 本神学学生的笔记，早期被认为是法里斯加的约翰所记，但是近来又被认为是斯蒂芬·高迪特[126]所记。笔记所表明的问题和争议主要关注未来的可能、预定论，以及决定论，它们反映了 14 世纪后半期神学家中不断增长的趋势，即"依据其他人"来学习阅读"二手资料的《格言大全》"。

从 1365 年到西欧天主教大分裂时期，巴黎的神学院一直由德意志的学者支配着。[127] 一个例外是法国人艾里的彼得（卒于 1420 年），一位享有盛誉的唯名论者，约翰·热尔松（卒于 1429 年）的老师，巴黎大学的教长。在那些年中，神学活动的主要领域之一，就是把逻辑应用到"三位一体论"中。[128]

大分裂与神学院

由于 1378—1418 年的大分裂将基督教教会世界一分为二，牛津—巴黎的垄断地位被打破了。在 1379 年，巴黎神学院中的绝大部分成员投票

---

[125] Ehrle, *I più antichi statuti*（注释 24），32-33.

[126] P. Glorieux, 'Jean de Falisca: la formation d'un maître en théologie au XIVe siècle', *Archives d'Histoire Doctrinale et Littéraire du Moyen Age*, 33(1966), 23-104; Z. Kaluza, *Thomas de Cracovie. Contribution à l'histoire du collège de Sorbonne*(Wroclaw, 1978), 60-108.

[127] W. J. Courtenay, *Adam Wodeham: an Introduction to his Life and Writings*(Leiden, 1978), 140.

[128] A. Maierù, 'Logique et théologie trinitaire dans le moyen-âge tardif: deux solutions en présence', in M. Asztalos(ed.), *The Editing of Theological and Philosophical Texts from the Middle Ages*(Stockholm, 1986), 185-212.

支持阿维尼翁的教皇克莱门特七世，[129] 他获得法国的支持，但是两位德意志的神学家，朗根施泰因的亨利（卒于1397年）或叫黑塞的亨利和格尔里豪森的康拉德（卒于1390年）撰文指出，应该形成一个“总评议会”作为一种结束大分裂的途径。[130] 这种“协商方式”，即通过评议会决议的方式，在1381年被大学正式采纳了，[131] 但是同年，巴黎大学转而支持阿维尼翁教皇克莱门特七世。他的一位亲密朋友，约翰·布朗沙尔被提升任命为巴黎大学教长。这次教长任命使来自其他国家的学者离开了巴黎大学，[132] 他们支持教皇乌尔班六世，即罗马教皇，克莱门特七世的竞争对手。

与以前其他任何形式的学术驱逐相比，巴黎大学学者的迁移和出
436 走——主要是德意志背景的，对大学生活产生了更为严重的影响和后果，因为这些学者不仅到那些已经建成多年的大学中去，而且他们对于一些新大学的建立和组成做出了巨大的贡献。布拉格大学教长甚至企图使巴黎大学转址到布拉格，[133] 宛如1229年的图卢兹大学和牛津大学邀请巴黎大学的教师们一样，但是这些大学确实从学者的迁移和出走事件中获益匪浅，其中有维也纳大学，在那里，朗根施泰因的亨利和奥塔的亨利·托汀（卒于1396年）为其起草了1389年的大学章程；海德堡大学，接待过格尔里豪森的康拉德和巴黎大学的一位前校长，英格汉的马西琉斯（卒于1396年），此外还有科隆大学。[134] 这三所大学都是由教皇乌尔班六世所建，这位教皇非常喜欢通过发布教皇诏令的形式来承认新成立的大学，以此来削弱克莱门特七世巴黎大学的地位，然而克莱门特七世尽量避免建立新的神学院。其中有一个例外是1379年阿维尼翁的教皇建立了爱尔福特大学神

---

[129] *CUP*, vol. Ⅲ, 565-572, no. 1624.

[130] A. E. Bernstein, *Pierre d'Ailly and the Blanchard Affair. University and Chancellor of Paris at the Beginning of the Great Schism* (Leiden, 1978), 36.

[131] *CUP*, vol. Ⅲ, 582, no. 1637.

[132] Bernstein, *Pierre d'Ailly* (注释130), 45-46.

[133] *CUP*, vol. Ⅲ, 548-549, no. 1642.

[134] 参考注释132。

学院。

所有这些新大学的建立都效仿了巴黎大学的模式。维也纳大学和科隆大学也借鉴了博洛尼亚大学1364年的章程。在它们的章程中有一段评论，这在任何已有的巴黎大学和博洛尼亚大学章程中都没有，该段评论有其关注的中心，很明显，它参考了巴黎大学的实践经验，作者也希望在这些新大学中不要出现类似的不良情况。该段评论的内容包括为校勘整理挑选出来的原则性的主题，[135] 这些主题必须包括《圣经》中的完整语句，不能只是一个词语或一个字节，不能断章取义。[136] 维也纳大学的章程之后对新词新义和其他字词的滥用展开了冗长的谴责批评。

巴黎大学教长约翰·热尔松在他1402年为神学院改革撰写的《反对学生罢课》中，对神学词汇学中出现的一些新而不恰当的词语做出了类似的批评。[137] 约翰·热尔松批评那些因为"形式化"而产生的新词语，也批评邓·司各脱的追随者们，如同方济各会的里帕的约翰（盛名于1350年）一样，引入一种形式上的区别和一些没有必要的观念来思考"三位一体"问题，这不是解释问题而是使问题复杂化。在这篇论文中，约翰·热尔松赞扬了奥塔的亨利·托汀，他作为维也纳大学章程的作者之一，以类似的方式抵制了词汇学方面的变革。

约翰·热尔松对不同学科之间应该具有的关系进行了定义，由于神学本身居于传统的支配地位，它的角色和作用位于其他学科之上，其他学科 437
宛如侍女。他建议，神学应该回归到旧传统中，文学院的成员们不应该讨

---

[135] 布道说教介绍参考有关《格言大全》的讲座，见第418页。

[136] 维也纳大学和科隆大学法规条例的汇编参考注释27和注释28。彼得·塞方，14世纪中期巴黎不负责任而顽皮的可畏人物，事实上选择单个字母O作为他论《格言大全》讲座《原理汇编》的主题（出于《启示录》篇'Omega'）：D. Trapp,'Peter Ceffons of Clairvaux', *Recherches de Théologie Ancienne et Médiévale*, 24(1957), 106。

[137] J. Gerson, *Oeuvres complètes*, ed. P. Glorieux, vol. Ⅲ (Tournai, 1962), 224-249; also C. Burger, *Aedificatio, Fructus, Utilitas. Johannes Gerson als Professor der Theologie und Kanzler der Universität Paris* (Tübingen, 1986), 45-55.

论纯神学的问题。[138] 他重复强调 1366 年章程中的警告，反对人们把纯逻辑和纯哲学的问题引入到神学中来。他也批评那些用诡辩理论充斥其书籍和课堂、介绍奇怪教义的神学家。这些听起来有点像 1347 年巴黎大谴责的一种延续。[139] 在约翰·热尔松的宣言中，能够听到一种主教斯蒂芬·腾皮尔 1277 年大谴责序言的回应，即信仰信条从来不是处于自然哲学的对立面的。从格列高利九世 1228 年信中的本意来看，约翰·热尔松断言，自然哲学不能够达到信仰信条的知识水平，哲学家不得不接受和承认他们的学科所具有的局限性。用一种导致决定论的方法来超越这些学科的局限性，将会把一些限制强加在上帝的自由上。另一方面，神学家必须认识到，他们的学科对于《圣经》中的启示是有局限的。他说，当代的神学家有两大缺陷，一是好奇心，希望了解不可知或有害的知识；二是特立独行的愿望，希望通过求助于奇怪的和非同寻常的讲学证明自己高明。神学家们不必探究革新和对众所周知的教义提出质疑，而应该对传统的知识感到满足。

在 1400 年约翰·热尔松发给艾里的彼得[140]的一封信中，他推荐了一些回归传统神学的方法：强调学习《圣经》，抛弃神学中的诡辩论，关注《格言大全》第二卷、第三卷和第四卷，而不是完全聚精会神地注意第一卷的学习（第一卷的内容是思考“三位一体”的关键）。[141]

情况似乎是约翰·热尔松，这位巴黎大学的教长，已经研究过早期所有的教廷诏令、谴责文献、法规条例和其他的文献资料，并且从中发现了回归传统神学的支持力量。他对当时那些习惯于根据学派或宗教教团来捍卫和攻击教义的做法深感痛惜。[142] 在他的那个时代，这是一个迫切需要解决的问题，1387 年多明我会的蒙松的约翰（卒于约 1412 年）断言“完美

---

[138] 参考 1272 年法规条例，注释 59 和本文第 424 页。

[139] 参考第 432 页。

[140] Gerson, *Oeuvres complètes*,（注释 137）, vol. Ⅱ, 23-28.

[141] 参考 1389 年法规条例类似叙述，*CUP*, vol. Ⅱ, 697-703, no. 1189。

[142] Gerson, *Oeuvres complètes*（注释 137）, vol. Ⅲ, 239.

概念”的教义与信仰是对立的,[143] 一场争议开始了,结果是多明我会修士从大学中被驱逐出去。在大学中,对他的观点出现了一股强烈的反对力量,因为从1380年以来,“完美概念”就一直为官方所颂扬。[144] 为了恢复秩序,1403年,约翰·热尔松允许多明我会修士返回大学。

依据约翰·热尔松的观点,为了避免教义混淆不清,应该且只能在一所大学中教授神学,或者至少在法国没有必要有超过一个神学院。这所神 438
圣的大学——显而易见是巴黎大学——应该是一个没有污染的源泉,其他的神学院就像小河一样从中流淌出来。[145] 这个实际用来形容巴黎大学的比喻在维也纳和科隆大学的章程中得以体现。[146] 在1387年关于“完美概念”的争议中,巴黎神学院院长公开宣布,巴黎神学院是天主教真理的所在地,在正统问题方面享有最高的权威。[147] 对于经过大分裂进一步弱化了的罗马教廷而言,这不亚于一次挑战。1409年比萨会议期间,约翰·热尔松提出了一个理论,根据这个理论,作为基督神秘之体的教会能够召开会议,其权力可以任命教皇或罢免教皇,并且谴责异端之举。[148] 在约翰·热尔松的“会议”上,神学家们被赋予一种特殊的权威,一种“学术无谬误”的权威观。[149]

需要注意的是,大学制度对康斯坦斯会议(1414—1418)和巴塞尔会议(1431—1449)产生了影响,在巴塞尔会议上,一个被详细阐述的理论赋予了“公议会”更多的权力,远远超过了约翰·热尔松的计划:现在公

---

[143] *CUP*, vol. Ⅲ, 486-533, nos. 1557-1583.

[144] *CUP*, vol. Ⅲ, 297-298, no. 1456.

[145] Gerson, *Oeuvres complètes*, (注释 137), vol. Ⅲ, 248.

[146] 维也纳大学和科隆大学法规条例的汇编参考注释27和注释28。巴黎大学1389年的法规条例中(*CUP*, vol. Ⅱ, 697-703, no. 1189)规定,如果一位神学学科学生在巴黎之外接受过训练,或者在其他学校学习过两年,到巴黎大学只记作一年神学学习时间。

[147] *CUP*, vol. Ⅲ, 486, no. 1557.

[148] S. E. Ozment, 'The University and the Church. Patterns of Reform in Jean Gerson', *Medievalia et Humanistica*, new series, 1(1970), 117.

[149] J. B. Morrall, *Gerson and the Great Schism* (Manchester, 1960), 80.

议会本身被当作基督神秘之体的代表。[150]

在巴黎神学院的历史上，约翰·热尔松终结了一个时代。200多年来，基督教世界的权威和学术界的权威们一起维护神学院，把它作为一位举世公认的正统捍卫者。在大分裂时期，当教皇本人走向衰落的时候，神学院就准备承担起教皇的权威角色。通过维持传统和抛弃奇怪的异邦教义——无论是希腊自然哲学、阿拉伯形而上学，还是英格兰微妙的思想——神学院成功地保持了它的地位。

“古代之途”和“现代之路”

15世纪见证了学校传统的恢复，并且在“唯实论”（古代）和“唯名论”（现代）之间出现了一条泾渭分明的界限。[151] 在文学院和神学院中，
439 这两个主要的集团代表着两种不同的教学方式方法，即“古代之途”和“现代之路”。[152] 然而，在每一个方法内部有许多重大的差别，如在“唯实论”方面，差异取决于一个人是遵循阿尔贝图斯·马格努斯的“唯实论”、托马斯·阿奎那的“唯实论”，还是邓·司各脱的“唯实论”；在“唯名论”方面，差异取决于一个人是遵循奥卡姆的威廉的“唯名论”（奥卡姆的威廉被视作“唯名论”的先驱人物）、约翰·比里当的“唯名论”，还是

---

[150] A. Black, ‘The Universities and the Council of Basle: Ecclesiology and Tactics’, *Annuarium historiae conciliorum*, 6(1974), 341, 345-346.

[151] 使用“唯名论”术语的争论参考 W. J. Courtenay, ‘Nominalism and Late Medieval Religion’, in C. Trinkaus(ed.) with H. A. Oberman, *The Pursuit of Holiness in the Late Medieval and Renaissance Religion*(Leiden, 1974), 26-59。

[152] 参考 A. Zimmermann(ed.), *Antiqui und Moderni*, Miscellanea Mediaevalia, 9(Berlin/New York, 1974), 尤其是 N. W. Gilbert, ‘Ockham, Wyclif, and the “via moderna”’, 85-125, and A. Gabriel, ‘“Via antiqua” and “via moderna” and the Migration of Paris Students and Masters to the German Universities in the Fifteenth Century’, 439-483。也可参考‘Ancients and Moderns: a Symposium’, 收有 W. J. Courtenay, C. Trinkaus 和 H. A. Oberman 的论文及 N. W. Gilbert 的评论, *Journal of the History of Ideas*, 48(1987), 3-50。

英格汉的马西琉斯的“唯名论”。在15世纪中期，帕多瓦大学有两个神学讲席，一个是依据“圣·托马斯的方法”，由一位多明我会修士把持；另外一个是依据“司各脱的方法”，由一位方济各会修士把持。[153]

15世纪在巴黎大学和德意志已经建立的许多大学中，因为不同的研究取向，导致了讲学方法和方式的冲突和争议。在布拉格大学，“唯实论”和捷克民族党及一场宗教改革运动结合在一起，其领导人物就是约翰·胡斯（卒于1415年），威克利夫的极端“唯实论”对他影响很大。1409年，“唯名论”者不得不离开布拉格，他们中的大多数到了莱比锡，不久之后在那里建立了一所新大学。“唯实论”和胡斯异端学说的这种偶尔联系，在康斯坦斯会议上引起了注意，在会议期间，“唯名论”者艾里的彼得在谴责胡斯信仰方面起了重要的作用，这似乎对15世纪上半期欧洲许多大学“唯名论”的发展起了一定的促进作用。[154]

当维也纳大学、海德堡大学和科隆大学建立时，由于大分裂离开巴黎大学的一些学者带来了“唯名论”。1415年在科隆，当决定文学院应该回归到在巴黎大学的学者来到之前盛行的那种教学模式的时候，“唯名论”者遇到了反对。[155] 在1425年，路易三世伯爵告诫人们应该反对“唯实论”，因为它可能导致异端学说，就如同在布拉格大学发生的一样。[156] 在海德堡大学，1412年威克利夫信仰的错误导致人们中止了“唯实论”的讲授，但是到1452年，校长明令禁止侮辱两派取向中的任何一方，公开宣称任何学生可以自由接受任何一方的学说。三年之后发布的一份文件非常清楚地表明，这两派几乎形成了两个互相独立的等同于学院的地位的组织，该

---

[153] P. O. Kristeller, *Le Thomisme et la Pensée italienne de la renaissance*(Montreal/Paris, 1967), 46.

[154] Rashdall, *Universities*, vol. Ⅲ, 214-233; P. De Vooght, *L'hérésie de Jean Huss*(Louvain, 1960).

[155] G. Ritter, *Via antiqua und via moderna auf den deutschen Universitäten des XV. Jahrhunderts*, Studien zur Spätscholastik, 2(Heidelberg, 1922), 42.

[156] F. Ehrle, 'Der Sentenzenkommentar Peters von Candia', *Franziskanische Studien*, 9(1925), 282.

文件规定，如果任何一位学生没有完成一种取向所规定的学业要求，他就不能转学到另外一派学习。[157]

440 1474年，国王路易十一世在巴黎禁止“唯名论”的教学，并且推荐讲授亚里士多德、阿威罗伊、阿尔贝图斯·马格努斯、托马斯·阿奎那、罗马的吉尔斯、赫尔斯的亚历山大、邓·司各脱、圣博纳旺蒂尔及其他人的学说的唯实论者，而不是一些新人：奥卡姆的威廉、米尔古的约翰、里米尼的格列高利、约翰·比里当、艾里的彼得、英格汉的马西琉斯、亚当·沃德罕（卒于1358年）、约翰·多普、萨克森的阿尔伯特（卒于1390年），以及其他的唯名论者的学说。唯名论者写下一份保护自身权益的文件，这在历史上显得比较有趣，该文件记录下了“唯名论”和“唯实论”教学的主要特征，综述了从奥卡姆的威廉时代就开始的对唯名论者的迫害事件。1481年禁令解除。[158]

15世纪后半期，唯实论者特别是其中的托马斯派风行一时，从德意志的多明我会修道院开始，托马斯·阿奎那的《神学大全》作为一种教材取代了彼得·隆巴德的《格言大全》。这种革新首先出现在德意志的大学，稍后又被介绍到意大利的大学中。复活托马斯主义的主要代表人物是约翰·卡佩里奥鲁斯（卒于1444年），又被称为托马斯派的代表，15世纪上半期他在法国教学；托马斯·德·比奥（卒于1534年）（凯塔那斯的红衣主教），他在15世纪末16世纪初在帕多瓦大学和帕维亚大学教学，写下一本对《神学大全》的评注。[159] 大约在同一时期或几十年之后，许多大学都废除了两种取向的派别体制。

14世纪中期，人文主义和经院主义在许多大学里和平共处。英格兰的多明我会和方济各会对古典文学情有独钟；法国的西多会僧侣彼得·塞方在他的《格言大全》注解中引用了古典文学知识，同时又维护了逻辑的

---

[157] Winkelmann, *Urkundenbuch*（注释26），165，173f.，193.

[158] Ehrle, 'Sentenzenkommentar'（注释156），310-316；L. Thorndike, *University Records and Life in the Middle Ages* (New York, 1944), 355-360.

[159] Kristeller, *Thomisme*（注释153），34，36f.，53.

细微之妙；布拉格大学是人文主义和唯名论的一个中心。[160] 在图宾根大学，15 世纪时建立的欧洲大学之一，人文主义者亨利·倍倍尔（卒于 1518 年），讲授过诗学和修辞学，曾作诗敬献前校长加布里埃尔·别尔（卒于 1495 年），这位前校长曾经受到唯名论者奥卡姆的威廉、艾里的彼得和约翰·热尔松的影响。[161] 但是当人文主义通过一场号召回归《圣经》学习的运动团结起来的时候，经院神学被击败了。当许多如洛伦佐·瓦拉（卒于 1457 年）那样的人文主义者对圣经内容进行批评的时候，对古典文化的学习随之发展起来，[162] 借助于世俗学科的帮助，他们开始达成共识，把神学概念作为对《圣经》的一种阐释或解释，而圣·奥古斯丁在其《基督教教义大全》中早已提出了这种观点。

精选文献 441

Bazàn, B. C., Wippel, J. F., Fransen, G., and Jacquart, D. *Les Questions disputées et les questions quodlibétiques dans les facultés de théologie, de droit et de médecine*, Typologie des sources du Moyen Age occidental, ed. L. Genicot, fasc. 44-45, Turnhout, 1985.

Catto, J. I. 'Theology and theologians 1220-1320', in J. I. Catto(ed.), *The History of the University of Oxford*, Vol. Ⅰ, *The Early Oxford Schools*, Oxford, 1984, 471-517.

Chenu, M. -D. *La Théologie comme science au XIIIé siècle*, Paris, 1957.

Courtenay, W. J. *Schools and Scholars in Fourteenth-century England*, Princeton, 1987.

---

[160] B. Smalley, *English Friars and Antiquity in the Early Fourteenth Century* (Oxford, 1960); Trapp, 'Peter Ceffons'(注释 136); Kaluza, *Thomas de Cracovie*(注释 126), 55-57.

[161] H. A. Oberman, *The Harvest of Medieval Theology. Gabriel Biel and Late Medieval Nominalism* (Cambridge, Mass., 1963), 17.

[162] S. I. Camporeale, *Lorenzo Valla. Umanesimo e teologia* (Florence, 1972).

Ehrle, F. *I più antichi statuti della facoltà teologica dell' università di Bologna*, Bologna, 1932.

de Ghellinck, J. *Le Mouvement théologique du XIIe siècle*, Bruges/Brussels, 1948; reprint, 1969.

Glorieux, P. 'L'enseignement au Moyen Age. Techniques et méthodes en usage à la Faculté de théologie de Paris au XIIIe siècle', *Archives d'histoire doctrinale et littéraire du Moyen Age*, 43(1968), 65-186.

Landgraf, A. M. *Introduction à l'histoire de la littérature théologique de la scholastique naissante*, Montreal/Paris, 1973.

Leff, G. *Paris and Oxford Universities in the Thirteenth and Fourteenth Centuries*, New York, 1968.

Little, A. G. and Pelster, F. *Oxford Theology and Theologians* c. AD 1282-1302, Publications of Oxford Historical Society, 96, Oxford, 1934.

Paré, G., Brunet, A., and Tremblay, P. *La Renaissance du XIIe siècle. Les écoles et l'enseignement*, Paris/Ottawa, 1933.

Ritter, G. *Via antiqua und via moderna auf den deutschen Universitäten des XV. Jahrhunderts*, Studien zur Spätscholastik, 2, Heidelberg, 1922.

Schneyer, J. B. *Repertorium der lateinischen Sermones des Mittelalters für die Zeit von 1150-1350*, Beiträge zur Geschichte der Philosophie und Theologie des Mittelalters, 43:6, Münster, 1975.

Sheehan, M. W. 'The religious orders 1220-1370', in J. I. Catto(ed.), *The History of the University of Oxford*, vol. I, *The Early Oxford Schools*, Oxford, 1984, 193-224.

Smalley, B. 'The Bible in the Medieval Schools', in G. W. Lampe(ed.), *The Cambridge History of the Bible*, vol. II, Cambridge, 1969, 197-220.

Smalley, B. *The Study of the Bible in the Middle Ages*, Oxford, 1983.

Spicq, C. *Esquisse d'une histoire de l'exégèse latine au Moyen Age*, Paris, 1944.

Stegmüller, F. *Repertorium biblicum medii aevi*, vols. Ⅰ-Ⅶ, Madrid, 1949-1961.

Stegmüller, F. *Repertorium commentariorum in Sententias Petri Lombardi*, Würzburg, 1947.

Verger, J. 'L'exégèse de l'université', in P. Riché and G. Lobrichon (eds.), *Le Moyen Age et la Bible*, Paris, 1984, 199-232.

Zimmermann, A. (ed.) *Antiqui und Moderni*, Miscellanea Mediaevalia, 9, Berlin/New York, 1974.

Zumkeller, A. 'Die Augustinerschule des Mittelalters: Vertreter und Philosophisch-Theologische Lehre', *Analecta Augustiniana*, 27 (1964), 167-262.

442

尾声：人文主义的兴起

瓦尔特·吕埃格

人文主义的划时代觉醒

德尼夫勒于1885年出版了《到1400年中世纪大学的形成》一书，在这本突破性著作中，他解释这一时间界定提到，“15世纪每个地方都见证了新情况的出现”。[①] 考夫曼的著作《德国大学史》[②] 曾作为博洛尼亚大学1888年纪念庆典的献礼，在此书的“史前史”中，考夫曼将15世纪划分在第二卷里，而这一卷涉及“至中世纪末德国大学的起源和发展”。这一划分有别于德尼夫勒。大多数历史学家同意1500年左右是历史的分水岭。但有一些人，特别是社会史学家和科学史学家认为，历史的分水岭应该更迟一点，他们认为，在17世纪“科技革命”或18世纪“工业革命”以前，从中世纪延续下来的社会结构没有发生什么变化。[③]

第二卷的导言将论述这个问题。我们这里感兴趣的是15世纪“见证了新情况的出现”这个论断。正如第二章的文献、表格和地图显示的那

---

① Denifle, *Entstehung*, xxvi.

② Kaufmann, *Deutsche Universitäten*, vol. Ⅰ, xiff.

③ E. R. Curtius, *Europäische Literatur und lateinisches Mittelalter* (Berne, 1954), 29-33; N. Hammerstein, 'Bildungsgeschichtliche Traditionszusammenhänge zwischen Mittelalter und früher Neuzeit', in *Der Übergang zur Neuzeit und die Wirkung von Traditionen. Vorträge, gehalten auf der Tagung der Joachim Jungius Gesellschaft der Wissenschaften, Hamburg 13. u. 14. Oktober 1977* (Göttingen, 1978), 32-36. On periodization: P. E. Hübinger, 'Spätantike und frühes Mittelalter, ein Problem historischer Periodenbildung (1952)', in P. E. Hübinger (ed.), *Zur Frage der Periodengrenze zwischen Altertum und Mittelalter* (Darmstadt, 1969), 145-164.

样，尽管1350—1450年深重的经济、宗教及政治危机使欧洲动荡不安，15世纪的大学依然保持了扩张的势头。1500年左右，在乌普萨拉、阿伯丁、帕尔马、克拉科的周边地区，大学仍然存在。在从鲁汶、维也纳到费 443 拉拉和阿尔卡拉这一中心地区，地图上分布的大学变得很稠密。但是，这个时期的大学特征并没有发生根本性的改变。学院继续多样化，多数大学仍然教授神学。由于世俗政权出资，教师的报酬日益丰厚。同时，大学越来越受到市政当局或君主政权的监管。这些都不是新现象，因为在13世纪和14世纪，这一趋势就已经出现。同样，经院教育的内容和方法也没有根本性的变化。这些持续引发了激烈的争论，但争论并没有超出经院哲学的思想框架，也没有对认识论的本质或教授经院哲学的方法提出质疑。

尽管如此，知识的和教育的某些发展趋势还是给大学带来了越来越多的挑战，这些趋势自19世纪以来被称为人文主义（humanism）。像所有带有“主义”的名称一样，人文主义是一个派别标签。尼特哈默尔于1808年在一次反对教育改革的争论中最先使用“人文主义”一词。尼特哈默尔是巴伐利亚政府的哲学家和教育家，那次教育改革是希望确立类似于德绍的泛爱学校而提供的那种实践训练。尼特哈默尔创造了“泛爱主义”这个词，④ 宣称它是鼓励孩子们的动物性，而人文主义则激起他们的人性。按照人文主义的思想，尼特哈默尔主张自由教育的课程和语言教学，这些自15世纪以来一直统治着全欧洲的中等教育，同时，像人性［*humaniora*（1617）或 *humanity*（1484）］、人文学科［*humanities*（1703）和 *humanités*（1673）］⑤ 这样的表达，都能够追溯到西塞罗“人

④ F. J. Niethammer, *Der Streit des Philantropinismus und des Humanismus in der Theorie des Erziehungs-Unterrichts unserer Zeit* (Jena, 1808); W. Rüegg, *Cicero und der Humanismus, formale Untersuchungen über Petrarca und Erasmus* (Zurich, 1946), 1ff.; E. Kessler, *Das Problem des frühen Humanismus* (Munich, 1968), 9.

⑤ H. Schulz, *Deutsches Fremdwörterbuch* (Strasburg, 1913); *Oxford English Dictionary* (Oxford, 1971); E. Littré, *Dictionnaire de la langue française* (Paris, 1874), s. v.

文研究”（*studia humanitatis*）的理念。[6]

后面这一术语在 1369 年为科卢乔·萨卢塔蒂（1331—1406）所使用，萨卢塔蒂是佛罗伦萨的国务秘书和一名人文主义者。[7] 像“人性研究”这样的术语一样，它涉及彼特拉克（1304—1374）所引发的新思想运动的目标，还涉及新学科的内容。因此，下面的发展就容易理解了：历史学家将这次运动称为人文主义运动，并且在 1869 年之后，历史学家按照新的“人文主义”的观念来探讨 1350—1550 年的整个时代。[8]“文艺复兴”一词
444 也开始用来指这个在生活各方面都复兴的时期，为了同“文艺复兴”区分开来，“人文主义”被限定在教育和文学文化上。

人文主义有什么新的内涵吗？就目前最普遍的看法来说，人文主义重新发现了那些湮没在历史中的古希腊罗马作者，他们是古代异教徒的代表。根据这一观点，人文主义帮助古希腊罗马人用世俗观念来抵制基督教的宗教观念和经院哲学。但今天，这种观点暴露了不足之处。中世纪的研究明确地提醒我们要注意“黑暗”年代里的闪光点，同时还指出查理曼大帝已经开始尝试复兴文化和思想的古典形式。（这是第一章中提到的加洛林王朝时期巴黎大学建立这一神话的基础）古典著作在 12 世纪受到重新关注的意义已经得到认同。同时，文艺复兴和人文主义的概念都已在中世纪早期和盛期的作品与活动中得到应用。早在 13 世纪，世俗的甚至异教的倾向就已经出现，如大学里对亚里士多德的研究。这一趋势还表明，从彼特拉克到伊拉斯谟，这些典型的人文主义者都信仰宗教，而且他们中的许多人都深受经院哲学的影响。因此我们可以再次追问，人文主义有什么新的内涵吗？

首先，人的意识的普遍觉醒开启了一个崭新的时代。在这个时代里，

---

⑥ W. Rüegg, ‘Prolegomena zu einer Theorie der humanistischen Bildung’, *Gymnasium*, 92 (1985), 307-317.

⑦ 参考 A. von Martin, *Coluccio Salutati und das humanistische Lebensideal, ein Kapitel aus der Genesis der Renaissance* (Leipzig, 1916), 106。

⑧ 参见精选文献。

在黑暗中沉睡了几个世纪的文学和艺术被唤起了新的生机。那些经历了这次意识觉醒的人将大迁徙和14世纪之间的“黑暗”时期称为“中世纪”。[9]这是全新的。早在12世纪就有作者认为他们自己是现代人，他们中有的认为自己超过了古人，有的则认为自己不如古人。然而，他们没有将过去和现在之间的区别与划时代的意识觉醒联系起来，而且没有超越弗罗里斯的乔基姆（约1135—1201）用末世论对世界时代三段式的划分。[10]

寻求新的安全象征

彼特拉克及其后继者将中世纪视为黑暗时代，并不是因为他们对科学和文学的无知，而是因为他们那时没有看到“光明”，没有揭示人生意义的洞察力，也没有温暖人心的字句。[11] 人文主义兴起在这样的时期：严重 445
的政治和经济危机、教会大分裂、西欧的百年战争、罗马帝国的衰落，在勃艮第、意大利等地，帝国内部各个领主势力间争夺最高权力展开纷争，以及东方土耳其的威胁。所有这些都发生在经济增长停滞、财政危机、饥荒和黑死病肆虐的背景之下。结果加重了人们对现实的危机感。这些灾难使人文主义时代被称为“欧洲历史上人类灵魂最不安的时期”，这一时期

⑨ J. Voss, *Das Mittelalter im historischen Denken Frankreichs. Untersuchungen zur Geschichte des Mittelalterbegriffes und der Mittelalterdeutung von der zweiten Hälfte des 16. bis zur Mitte des 19. Jahrhunderts*(Munich, 1972), 22ff.

⑩ A. J. Gurevich, *Categories of Medieval Culture*(London, 1986), 第2章和第4章。

⑪ 有关“黑暗时代”的概念：T. E. Mommsen, ‘Petrarch’s Conception of the “Dark Ages”(1942)’ in T. E. Mommsen, *Medieval and Renaissance Studies*, ed. E. F. Rice(Ithaca, N. Y., 1959), 106-129; E. Garin, ‘Medio Evo e tempi bui: concetto e polemiche nella storia del pensiero dal XV al XVIII secolo’, in V. Branca(ed.), *Concetto, Storia, Miti e Immagini del medio Evo*(Florence, 1973), 199-224。有关光明的象征主义：W. Rüegg, ‘Die scholastische und die humanistische Bildung im Trecento(1960)’, in W. Rüegg, *Anstösse, Aufsätze und Vorträge zur dialogischen Lebensform*(Frankfurt, 1973), 126。

以“心灵的震荡”、死亡的恐惧，以及瘟疫横行为特征。⑫

精神不安不仅是纷扰外部环境的明证，而且反映了个体对自身和世界的认识危机。黑暗的中世纪这一陈旧的说法是市民社会危机感的表达。随着交流和交换手段合理化的日益重要，市民社会与传统的价值观念发生了冲突。市民阶层的日常经验日益强大，但它被剥夺了先验的合法性，而且往往与教会宣扬的观念和标准相反。货币经济重要性的日益增长和教会对放高利贷的谴责之间的矛盾也说明了以上情况。⑬ 新兴的城市统治阶层最主要的宗教问题是，要使他们的世俗活动与传统的先验秩序标准相调和，这就需要寻找一种新的宗教标准，它不受等级秩序的束缚，而是赋予社会各阶层相应的道德意义。人文主义者并非要将人们从中世纪的虔诚和统一中解放出来，更恰当地说，他们的目的是想通过寻找“新的安全象征”来克服宗教和社会的危机。⑭

446 人文主义对这种新的象征结构的明确探求使人性本身成为其所追求的人类安宁的象征。对人类地位的质疑，特别是对按照上帝的形象造出的人的高贵性与他们在现世命运中的卑微弱点之间矛盾的质疑。这一流传久远的传统是确实存在的，人文主义者则极大地发扬了这一传统。⑮ 然而，人性在逻辑上是无足轻重的，仅仅当人性面临覆灭的危险，以至于人的尊严或其他人的价值，以及作为价值底线的人性本身都成为道德教育中需要特

---

⑫ Lynn White Jr, ‘Death and the Devil’, in R. S. Kinsman(ed.), *The Darker Vision of the Renaissance*, UCLA Center for Medieval and Renaissance Studies Contributions, 6(Berkeley/Los Angeles/London, 1974), 26; M. Hébert, ‘La mort: impact réel et choc psychologique’, in C. Sutto (ed.), *Le Sentiment de la mort au Moyen-Age, Etudes présentées au Cinquième colloque de l'Institut d'études médiévales de l'Université de Montréal* (Quebec, 1979), 10.

⑬ B. Nelson, *The Ideal of Usury: From Tribal Brotherhood to Universal Otherhood* (Chicago, 1949; 2nd edn enlarged, 1969), 5, 28.

⑭ 关于寻找新的安全象征：H. A. Oberman, ‘The Shape of Late Medieval Thought: the Birthpangs of the Modern Era’, in C. Trinkaus and H. Oberman(eds.), *The Pursuit of Holiness in Late Medieval and Renaissance Religion* (Leiden, 1974), 11。

⑮ W. Kölmel, *Aspekte des Humanismus* (Münster, 1981), 187-188.

别努力达到的目标时，人性才有意义。

在特定的环境及在对口头传递的熟悉经验的理性反省中，在与其他人的相互影响中，人类受到了教育。缺乏精神安全感是人文主义时期的特征，它反映了传统的机构不能再培养人——无论其原因是大学中的那些专业使用的理性和特殊的文献交流和交换方式无法提供适当的模式来帮助人对其家庭传统和周围环境的自我理解，还是因为大学发展出理性批评的程序，使传统的社会集团，如贵族阶层远离了他们自身的口头传授模式。

人文研究用对不同人性的文学陈述的研究取代了缺失的或疏离的关于政治和社会经验的家庭传统的研究。他们将语言分析变成人类教育形式中最重要的组成部分。像人文研究、人性研究和人文作品这样的表达把以下结果设想为自动化的过程：通过与不同人性的文本陈述相互作用，个体的人用语言表达了各自的人性形态，同时又形成他们自己的人性。他通过自我教育从而成为一个有道德使命感的人，这样的人通过对语言的掌握获得了自主权。人文研究与道德养成的来源相同。人文主义者在经典的基督教徒和异教徒作家，如奥古斯丁和西塞罗、亚里士多德和杰罗姆中，发现人类的这些楷模是为了他们自己的道德教育。他们在与古代作者的对话中找到了他们在社会角色扮演中的新的安全感。与他们的中世纪前辈不同的是，他们并不将古代作者的书与基督教的救赎道路联系起来进行评价，而更愿意将这些书作为超越时空的与人类对话的伙伴。各种立场的人文主义者，包括教授和后来的外交官弗吉里奥（1370—1444）、锡耶纳的圣伯纳迪诺（1380—1444）、教师格里诺·达·韦罗纳（1374—1460）、政治家和政治哲学家马基雅维里（1469—1527），以及世界主义的学者鹿特丹的伊拉斯谟（约1466—1536），都称这些书为朋友。人们可以向这些朋友提问 447
题，这些朋友能解答他们的问题；有这些朋友的陪伴，人会感到自由自在；在阅读中，这些朋友的灵魂能与个体自己的灵魂接触，同时这些朋友能给予人力量。[16]

在哲学上，人文主义者采用诡辩家对人的定义，把人看作使用语言从而与动物区别开来的实体，这一定义后来被伊索克拉底和西塞罗进一步发展。人运用语言来建立社会制度、表达价值观念和塑造现实形象。通过语言，人也感受到上帝语言中不可言说的神秘超凡，同时人也试图在诗歌中描绘这种感受。在最近几十年里，学者们将各种各样的意大利人文主义者和经院哲学中的唯名论联系起来。唯名论将语言看作这个世界的符号系统，同时在与理性比较的过程中，唯名论重视人的意志。[17] 对于人文主义者来说，语言既是个体形成过程与公共生活中的个体行为，是在现在与过去之间、在人与自然之间、在人与上帝之间相互联系和相互作用的结果，又是它们的原因。

人文主义者体验到古代作者的问答语言的价值，无论是基督教还是异教作者，在很大程度上都超过了经院哲学的著作。由于这个原因，人文主义者谈到"复活"、谈到"新的花季"、谈到诗歌而不是古物，这些都成为通过语言对人类知识构成进行描述的最具包容性的术语。1360 年左右，萨卢塔蒂将这些归功于彼特拉克，认为是他帮助灰暗的和已被长久遗忘的沉思恢复了青春活力，促使干涸的诗歌之流再次流淌。大约在同一时期，薄伽丘赞美但丁，因为正是但丁使死去的诗歌艺术复活。约 1381 年，佛罗伦萨历史学家菲利波·维拉尼第一次用诗歌的兴衰状况作为定义古代和现代之间时间间隔的世俗尺度。维拉尼说，公元 400 年左右，由于帝王的吝啬和衰弱，以及部分地由于教会的否定态度，诗歌衰退了，并且陷入被

---

⑯ Evidence in W. Rüegg, 'Das antike Vorbild in Mittelalter und Renaissance(1953)', in Rüegg, *Anstösse*(注释 11), 91-111, 尤其是 106-108; W. Rüegg, 'Christliche Brüderlichkeit und humanistische Freundschaft(1976)', in W. Rüegg, *Bedrohte Lebensordnung, Studien zur humanistischen Soziologie*(Zurich/Munich, 1978), 107-124.

⑰ K. O. Apel, 'Die Idee der Sprache in der Tradition des Humanismus von Dante bis Vico', *Archiv für Begriffsgeschichte*, 8(1963), 12ff.; W. Kölmel, 'Scolasticus literator, Die Humanisten und ihr Verhältnis zur Scholastik', *Historisches Jahrbuch*, 93(1973), 327-335; Oberman, 'Shape of the Late Medieval Thought'(注释 14), 14.

忽视和不受尊重的境地，直到但丁“将诗歌从黑暗的深渊中唤回到白昼的光明下，他伸出手，帮助诗歌从横卧的姿态笔直地站立在它自己的双脚上”。⑱ 约1400年，佛罗伦萨由于雄辩术和同时发生的文化苏醒被赞誉为进入“全盛期”，得以从地狱中被召回。

实际的情况是，作为这种态度的结果，经典散文作家的语言，尤其是 448
西塞罗作品的风格经常被盲目地模仿，但也必须认识到许多伟大的人文主义者，从萨卢塔蒂、瓦拉（1407—1457）直到伊拉斯谟，他们都强烈批评对古典形式的笨拙模仿。重要的不是语言的古典模式，而是体现在语言中的具体的态度和意向。因此，西塞罗说，在语言中，每个字在它所处的社会中都有自己的意义，现代人的表达应该不同于古代人，甚至能够超越古代人。⑲ 因此，活着的人能从与古代作者的对话中发现“新的安全象征”，同时深化他们对自身及世界的理解。

通过将其自身的境遇与所读著作中描述的不同历史境遇相比较，人物、时代，以及过去的象征形式都可以在他们自己的观点中找到。古代遗产不再仅仅作为现代社会的收藏品，还是过去社会和时代的象征性重建的因素。在这个意义上，古代是作为一个遥远的历史时代被重新发现的。同时，人文主义者试图用历史研究来追溯他们的城市和国家的起源，以此来代替城市和国家的神话基础。这解答了为什么提倡古典拉丁语教育的人文主义者同样也是本国文学和历史的最积极的捍卫者。这一迷惑的原因在于将人文主义误认为单纯模仿古代。正是这种与过去对话的方式，使我们能将过去和现在作为一个有其自身规律的统一体来认识。

教育中的人文主义运动

经院哲学的权威艾蒂安·吉尔森，将15、16世纪称为“西塞罗时

⑱ B. L. Ullman, 'Renaissance, the Word and the Underlying Concept(1952)', in B. L. Ullman, *Studies in the Italian Renaissance*, (Rome, 1955), 11-25.

⑲ Rüegg, 'Scholastische und humanistische Bildung'(注释11), 112ff., 135.

代”，它取代了13、14世纪的“亚里士多德时代”。根据他的观点，以亚里士多德为代表、统治经院哲学的哲学思想已经让位于人文主义者的著作，也就是让位于西塞罗，我们的雄辩家。世界和人类形象的重心从事物的本质转移到人类的本质上来，人作为社会存在，使用语言是人特有的本质。人文主义中典型的西塞罗式要素是将“语言人”作为人的定义。因此，演说家和演说术被置于人类等级中和知识分类中的最高位置。个体和
449 各种知识分支，按照它们作为语言运用的工具和“社会约束和规范”的价值进行分类，⑳ 而不是根据它们理解现实世界的较大或较小的能力来分类。

人文主义最初出现在大学外部，几代人以后，人文主义被社会的中心人物所同化。对于他们来说，文字作为“社会的镣铐和标准”，是其日常经验的一部分。在最重要的人文主义者中，有市政的、王室的、教会的官员，公证人和教师，贵族和国王，教阶成员和红衣主教，银行家和富有商人，以及出版商和自由撰稿人。在很大程度上，他们都是大学毕业生，他们在履行职业和公务职责的实践中继续着人文主义的学习。㉑ 他们的学习得以直接应用于商业、政治、法庭、官署和外交这些对口头和书面语言的掌握要求很高的行业里。据说，佛罗伦萨国务秘书萨卢塔蒂的人文主义笔锋比1000名骑兵更有杀伤力。㉒ 然而，更重要的是这样的信念：通过人文研究获得的道德教育能使作为家庭和社会成员的人的行为更有责任感。㉓

同样重要的是人文研究所带来的精神解放。人文研究并没有被视为基督教信仰的对立物，而是被视为其补充。人文主义者费德里戈·达·蒙泰

---

⑳ E. Gilson, 'Le message de l'humanisme', in F. Simone (ed.), *Culture et politique en France à l'époque de l'Humanisme et de la Renaissance* (Turin, 1974), 4.

㉑ C. Bec, *Les Marchands écrivains. Affaires et humanisme à Florence* (Paris/The Hague, 1967); P. Burke, *The Italian Renaissance. Culture and Society in Italy, 1420-1540* (Cambridge, 1986); L. Martines, *Power and Imagination, City-states in Renaissance Italy* (New York, 1979), 191-217 (ch. XI, 'Humanism: a Program for Ruling Classes').

㉒ F. Novati (ed.), *Epistolario di Coluccio Salutati*, vol. IV (Rome, 1905), 247ff., 514.

㉓ M. B. Becker, 'Aspects of Lay Piety in Early Renaissance Florence', in Trinkaus and Oberman (eds.), *Pursuit of Holiness* (注释14), 177-199.

费尔特罗（1422—1482）公爵用象征的形式表达了以上观点，这些象征形式是三个经过精心安排的寓所，当公爵在乌尔比诺的公爵府时，他在这些寓所中度过其闲暇时光：两座比邻的大小和形状一样的小教堂是精神和情感意图的聚集点。其中一座是为了信仰上帝，另一座是为了接近缪斯女神。在这两座“小圣堂”的上面正好是公爵的私人书房。直到今天，在镶板墙上公爵仍然被描绘成人类美德的化身，作为服务于上帝和缪斯的象征之一。在这面墙上，有佩德罗贝的一幅名画，画的是公爵和他的儿子。这幅画属于 28 幅描绘哲学家、诗人、古希腊罗马和中世纪的学者和画家自己时代的画作之一。他们象征着理性的社会，佩德罗贝能从中获得其“积极生活”的道德和政治基础。[24]

甚至成功的雇佣军首领也在过去和现在的人类个体之间的对话，以及 450
具有自然天性和上帝语言的人类个体之间的对话中找到和发现了“新的安全象征”。在传统价值观念体系中的斯库拉❶和现代相对价值观中的卡律布迪斯❷之间，人文主义的教育经验，作为“约束和规范”的语言，在克服时代的同一性危机中打开了一条通向社会顶峰的道路。它通过提供一个解释自我和世界的方案来做到这一点，这是一个具有有限视角的方案，但边界可以受到有意识的反思，因此该方案可以向其他视角开放。

作为表达人际状况的形式，概念和价值已成为推论式对话的目标。这也在辩论的结构中得到确证。其最初的目的并不是用辩证逻辑的方法来分析和评价各种命题和学说，这些命题和学说的目的是建立抽象真理。这些命题和学说更被视为具体历史条件下个体的主张，要根据当时社会条件和个体面临的条件来认识它们。通过文本的比较和批评，发现这些陈述最真

㉔ W. Rüegg, ‘Die befreiende Kraft der Studia humanitatis(1961)’, and ‘Der Humanist als Diener Gottes und der Musen(1967)’, in Rüegg, *Anstösse*（注释 11）, 138-167, 尤其是 149, 162ff.；P. Rotondi, *Il Palazzo Ducale di Urbino*, vol. Ⅰ(Urbino, 1950)357-382; W. Liebenwein, *Studiolo. Die Entstehung eines Raumtypes und seine Entwicklung bis um 1600* (Berlin, 1977), 83-99.

❶ 希腊神话中六头十二手的女怪。

❷ 希腊神话中在大海里制造漩涡的女妖。

实的形式，并且对其进行历史定位，这些努力并不是大学里学者们工作的结果。萨卢塔蒂是第一个进行文献校勘和历史研究的人文主义学者。他的后继者，佛罗伦萨的国务秘书莱昂纳多·布鲁尼（1370—1444）被看作“第一个现代历史学家”。[25]

与当代的或历史的人物不断对话，无论是明确的还是含蓄的，影响的不仅仅是论证的类型。道德哲学、教育学、政治学、神学和自然科学等方面的著作都采取了对话体、书信体和演说体的形式。14—16 世纪，这些形式相继出现，而且替代了句子、摘要及论文这些类型。对话体文章中包含了各种人提出的各种矛盾的观点或学说，还有个人的经验和思考。例如，叙述个人经历的信件和由这些信件引发的评价性的思考，在个体之间相互交流，并且通常发展成人文主义者自编的通信集。人文主义者喜好演说体这种文学形式，它针对的是更广泛的听众或更大范围的读者群体。上
451 面提到的这些形式并不仅仅局限于阐明对特殊主题或话题的认识。人文主义者同样用这些形式来展现情感的甚至是戏剧性的社会行为因素。[26]

人文主义的语言观同样影响了文艺复兴时期的艺术。通过人文研究的教学间接形成了艺术家的人文主义倾向。（帕诺夫斯基为了说明经院哲学与哥特式建筑之间的关系而证明了非常类似的倾向）[27] 人文主义理想与文艺复兴时期的艺术之间更直接的联系体现在修辞学概念被运用于艺术理论和实践中。[28]

人文研究的对话结构也体现在新兴的非大学机构中。在佛罗伦萨，约 15 世纪初，市民、教士和大学教师与萨卢塔蒂在私人圈子里定期聚会，就是为了学术讨论。1454 年，人文主义者里努奇尼（1419—1499）在其

---

[25] B. L. Ullman, 'Leonardo Bruni and Humanistic Historiography(1946)', in Ullman, *Studies*（注释 18），322，344.

[26] C. Vasoli, 'The Renaissance Concept of Philosophy', in C. B. Schmitt and G. Skinner(eds.), *The Cambridge History of Renaissance Philosophy*(Cambridge, 1988), 57-74.

[27] 见第 1 章，第 28 页（原文）。

[28] G. Kaufmann, 'Sprache und Kunst in der Renaissance', *Wolfenbütteler Abhandlungen zur Renaissanceforschung*, 1(1981), 237-265.

家里建立了第一个学术协会。在确定的规则框架内，市民们能在学术协会里找到普通读物和经典作家的阐释，还能聆听关于综合的科学或学术话题的演讲和讨论。这种受过教育的俗人之间的常规学术对话形式迅速传播开来。在佛罗伦萨（1462）出现了第一个仿建组织——菲奇诺的“柏拉图学园”。随后，罗马、那不勒斯、威尼斯、欧芬、克拉科、海德堡、因戈尔施塔特、奥格斯堡和维也纳都出现了类似的学术协会。这刺激了学术组织和学术团体的建立，这些学术组织和团体与大学一起，在16世纪的下半叶遍布欧洲，并且成为现代科学和学术进步的重要动因。[29]

在人文主义者的努力之下，科学和学术科目中“继续教育”的早期形式有了新的内容。人文主义者设计了中等教育的模式，不仅为大学学习做准备，也为政治领导和经济事业的发展服务。人文主义者还对身体训练、数学和语言教育、人文主义的普通教育，以及道德品质教育感兴趣。从萨卢塔蒂、弗吉里奥到伊拉斯谟、比代（1468—1540）、维韦斯（1492—1540），所有这些杰出的人文主义者都对教育改革提出过建议，在某种程度上他们是沿着西塞罗、昆体良、普鲁塔克和巴西利厄斯的道路，采用的是书信或是完整的教育论文的形式，并且这些都是针对世俗政府和教会当局提出的。维多里诺·达·费尔特雷（1378—1446）和格里诺·达·韦罗
纳（1374—1460）在乡村别墅中创造了人文主义教育团体的成功模式。寓 452
所、学舍和体育馆这些模式，在促进人文主义在阿尔卑斯山以北的传播方面，与那些身为大学教师的人文主义者有同样的影响，甚至更大。[30]

雄辩术，与智慧一起，构成了运用语言技巧进行道德劝说能力的基本要素。“积极生活”的重要信念通过术语“演说家”表达出来，演说家这

---

[29] T. Klaniczay, ‘Celtis und die sodalitas litteraria per Germaniam’, *Chloe*, *Beihefte zur Daphnis*, 6(1987), 79-108.

[30] E. Garin, *L'educazione umanistica in Italia*, *testi scelti e illustrati* (Bari, 1949); E. Garin, *L'educazione in Europa*: *Problemi e programmi* (Bari, 1957); A. Grafton and L. Jardine, *From Humanism to the Humanities*: *Education and the Liberal Arts in Fifteenth and Sixteenth Century Europe* (London, 1986).

个称呼是那些 15 世纪致力于人文研究的人用来称呼自己的。[31] 他们也常用诗人这个头衔。在他们看来，诗是最宽泛的人类知识范畴，由于这个原因——尽管吉尔森不这么认为——他们将诗人而不是演说家视为人文研究的最高代表。[32] 诗人的桂冠被意大利或德意志人文主义者视为最高荣誉，而且往往与在大学里执教的权利相联系。[33]

人文主义进入大学

“人文主义者”一词的兴起，是人文研究在大学中确立了独特的和被认可的地位的标志。人文主义者（*humanista*）这个词于 1490 年出现在意大利比萨大学校长的书信中，也是 1512 年博洛尼亚大学新的人文作品讲席负责人的拉丁文称呼。人文主义者还更普遍地被用来称呼大学教师，如文科教师、法学教师、神学教师。从 1515 年开始，人文主义者还用于指那些在大学外进行人文研究的代表性人物，如著名的出版商和学者阿尔都斯·马努提修斯（1450—1515）与伊拉斯谟。人文主义者一词因此成了通行的用法。[34]

但这并不表示人文主义仅仅是在 16 世纪的大学中确立的。这一时间要依据每个人对人文主义的理解而定。如果将人文主义仅仅看成在大学中任教的古典文学作家，特别是诗人，就必须回溯到大学的源头。在西班牙的帕伦西亚大学，古典文学教师（*auctorista*）这个术语在 1220 年与神学家、法学家和逻辑学家并列使用，同样的用法还出现于一个世纪以前的希

㉛ G. Billanovich, 'Auctorista, humanista, orator', *Rivista di cultura classica e medioevale*, 7(1965), 160ff.

㉜ F. d'Episcopo, *Civiltà della parola*, vol. Ⅰ, *Il Rinascimento*, *La rivolta della poesia* (Naples, 1984).

㉝ E. H. Wilkins, 'The Coronation of Petrarch', *Sepculum*, 18(1943), 156-197.

㉞ A. Campana, 'The Origins of the Word "Humanist"', *Journal of the Warburg and Courtauld Institutes*, 9(1946), 60-73.

尔索修道院，用来称呼教授经典作家作品的教师。[35] 453

如果将人文主义理解为回到古代，那么我们将在帕多瓦大学找到源头。1315年，古代以来第一个诗人桂冠授予了诗人马萨托。与此同时，他获得了教学的权利。正是在帕多瓦大学，律师洛华图·洛华蒂（1241—1309）不仅写诗，而且分析古典韵律形式，同时还“发现”了传说中帕多瓦城的建立者特洛伊英雄安特罗的墓。[36] 但也可以说，人文主义产生于博洛尼亚大学。1321年，乔万尼·德·维尔吉利奥被市政当局任命为古典文学教师，负责讲授古代的“伟大作者”和诗歌。他对奥维德《变形记》的评注毫无疑问地显示，他已经用人文主义的方式来处理文本了。例如，在第447页及以后对“对话式”一词含义的理解。[37] 大体上，这个意义在学术应用中日益精确，这些人和其他的古典文学教师被称为“早期人文主义者”。

这些“早期人文主义者”在什么时候及怎么样变成人文主义教师，都发生在大学史上的“黑暗时代”。比兰诺维奇可能是研究这个主题的权威，他说：“为了理解中世纪的欧洲是如何过渡到人文主义的欧洲，有必要推想那些古代教师的音容笑貌，追溯他们的影响和关于他们的证据，这经历了曲折而艰巨但又是必需的研究档案和手稿的过程。”[38]

我们可以举出很多的理由来说明，为什么人文主义被意大利的大学吸收，或者正如一些学者认为的，为什么人文主义在意大利的大学里兴起，在时间上比其他地方的大学早了一个世纪。意大利的大学没有神学院，这被认为有助于把异教作家的古典作品引入到教学中来。重点是法律研究，像公证人一类的世俗职业的实践价值，罗马法的崇高声望，并不只是通过书信艺术对学生撰写法律和商业的书面交易进行特殊而严格的训练。这些

㉟ Billanovich,‘Auctorista’(注释31),148.

㊱ R. Weiss, *The Renaissance Discovery of Classical Antiquity* (Oxford,1969),18ff.

㊲ Text in F. Ghisalberti,‘Giovanni del Virgilio’, *Giornale Dantesco*, 34(1933),3-110.

㊳ G. Billanovich,‘Giovanni del Virgilio, Pietro da Moglio, Francesco da Fiano’, *Italia medievale e umanistica*, 6(1963),203.

都导致了一个情况，就是古典文学作家被作为书面交流中语言运用的典范来介绍。意大利人更熟悉那些于 12 世纪法国文艺复兴期间被重新发现的古典文学作家，因为当时正是教皇被驱逐到阿维尼翁的时期，因此他们也更加熟悉法国文化的成就。

454 然而，这些解释无法说明以下事实：正如我们看到的那样，对于人文主义者来说，教父和当代诗歌与古典文学作家至少是同样重要的。《神曲》与圣·奥古斯丁的《忏悔录》一样，没有受到书信体的影响。如果人文主义是因为意大利的大学强调法律研究引起的，那人文主义应该最先侵占法学院。在意大利，进入法学院学习并不需要文学院的毕业文凭。但人文主义很晚才摆脱文学院的束缚，而且遭到来自法学院的强大抵抗。同样有趣的是人文主义的法理学——正如第十二章所阐述的——被称为高卢人的特征，它作为一种法国现象，与意大利人的特征形成了对比。[39]

实证主义者的解释并不能令人满意。外部环境最多只是为人文主义提供了更适宜的环境。由于在意大利的大学中，专业的学舍比较弱小，这使个别的教师和大学外部的人士都能对课程的形成产生较大的影响。然而，只有通过仔细的追根溯源的研究，才能获得结论性的知识。但是，基于已有的研究，我们可以说，不是大学教师，而是大学和博洛尼亚公证员学校先前的学生——分别是彼特拉克和萨卢塔蒂——最先系统地整理了古典文献，并且用语言批评和历史批评的方式来阐释古典文献。[40] 即使他们并不希望自己成为大学教师，彼特拉克是出于个人原因，萨卢塔蒂是出于履行国务秘书的职责，通过他们个人的和书信的联系，他们还是极大地推动了意大利北部大学中文法和修辞教师转向人文研究。到 1415 年，这些大学中的人文研究取得了如此大的进步，像比兰诺维奇所说的“哥特式的意大利很快变成了人文主义的意大利”。[41]

㊴ 参见第 392 页。

㊵ 关于彼特拉克：G. Billanovich，*Petrarca letterato*，I，*Lo scrittoio del Petrarca*（Rome，1947）。关于萨卢塔蒂：B. L. Ullman. *The Humanism of Coluccio Salutati*（Padua，1963），95-114。

㊶ Billanovich，'Giovanni del Virgilio'（注释 38），7（1964），322.

有两个例子能表明“对话体”人文主义对文学院的逐渐渗透，但它们不能解释原因。14 世纪末，萨卢塔蒂的门徒，后来成为米兰官员的安东尼奥·罗斯尼，写了第一本人文主义的修辞学论著。这对罗斯尼以前的同学加斯帕里诺·巴兹查产生了直接的影响。巴兹查 1403—1407 年是帕维亚著名的文法和修辞学教师，后在帕多瓦（1407—1421）教授修辞学和道德哲学，他突出的成就是对西塞罗的研究。作为教师，巴兹查后来自己开 455
办了一所私人学校；作为语言学家和许多教科书的作者，而且通过他广泛的通信联系，与日益稠密的人文主义对话网中许多成员一样，不仅在他们的时代，还在下一个时代，为人文主义在大学的确立做出了贡献。[42]

关于大学中人文主义内涵的第二个例子是希腊语研究的引入。这往往还要归功于 1453 年土耳其人征服君士坦丁堡及随后希腊学者移居到意大利。早在 1312 年，维也纳会议就决定鼓励巴黎大学、牛津大学、博洛尼亚大学和萨拉曼卡大学中希伯来语、希腊语、阿拉伯语和阿拉姆的研究，为了使传教工作更有成效。但这只产生了零星的影响，并没有建立常规的希腊语研究。1360—1362 年，卡拉布里亚人里奥斯诺·彼拉图，经过薄伽丘的推荐，在佛罗伦萨大学教希腊语。但是他的教学如此匮乏，以至于没有留下任何记录。萨卢塔蒂的功绩在于，经过三年的认真准备——赞美的信件、学生的派遣和当局慷慨的赞助，他于 1397 年将一位学识深厚的拜占庭的外交家克里索罗里斯请到了佛罗伦萨。萨卢塔蒂引导许多有才能的学生学习精深的希腊语，使他们后来在许多大学里教授希腊语，他们还在旅行过程中购买了大量的希腊文文献。如前面提到的“第一个现代历史学家”莱昂纳多·布鲁尼，他用新的人文主义的方式将希腊文著作翻译成

[42] W. Rüegg, 'Cicero-Orator noster', in W. Ludwig (ed.), *Eloquence et rhétorique chez Cicéron*, Entretiens sur l'Antiquité classique, 28 (Vandoeuvres/Geneva, 1982), 283ff.

意大利文。[43] 如此一来，1453 年以前，希腊作家已经回到了西方。[44]

到 15 世纪中叶，人文研究已经在意大利大学的文学院中确立了牢固的地位。[45] 这是直接和间接的外部主动性作用的必然结果。这里引用两个例子来说明，他们代表了一般的趋势。在许多地方，主流阶层往往对教育的形式感兴趣，这将使他们能更充分地和更合法地履行他们的职业和行政任务。他们对大学中引入的新的教育形式感兴趣，[46] 并且愿意为这些改革承担一些费用。例如，在 1432 年的佛罗伦萨大学，人文主义者菲尔弗得
456 到了 224 个佛罗伦萨基尔德（钱币单位），以此教授修辞学和诗歌，而他的哲学同事仅得到 160 个基尔德，民法教师的报酬是 130 个基尔德，医学教师的报酬是 150 个基尔德。60 年后，希腊语教师克里索罗里斯和阿伊罗普洛斯的报酬更加丰厚，前者得到了 250 个基尔德，后者得到了 400 个基尔德。[47] 即使不是所有的城市及其统治者都达到了佛罗伦萨对教师给予报酬的水平（这是既富有又专注于人文主义的城市），人文主义者也不是贫穷的人。他们经常被许多文学作品描述成见风使舵、谄媚富人来求得生存的形象。人文主义者经常从一所大学迁移到另一所或身兼教职和政府职务——今天我们对这种安排的理解比 19 世纪的前辈们更深。

15 世纪中叶，人文研究导致了大学文学院中对某些科目影响深远的改革，尤其是对文法和修辞学。这些改革要求回到源头，尽管著名的口号“回归本源”不是人文主义者的创造，而是 19 世纪历史学家的创造。在一些大学中，它们甚至渗透进三艺中的第三门科目——辩证法中，迫切要求

---

[43] H. Harth, ‘Leonardo Brunis Selbstverständnis als Übersetzer’, *Archiv für Kulturgeschichte*, 50(1968), 41-63.

[44] R. Weiss, *Medieval and Humanist Greek* (Padua, 1977); Grafton and Jardine, *Humanism to Humanities* (注释 30), 99-121.

[45] Grafton and Jardine, *Humanism to Humanities* (注释 30), 62.

[46] Martines, *Power and Imagination* (注释 21), 202ff.; 但是，作者并没有看到上层阶级心理稳定的意义。

[47] E. Garin, ‘La concezione dell’ Università in Italia nell’ età del Rinascimento’, in *Les Universités européennes du XIVe au XVIIIe siècle. Aspects et problèmes* (Geneva, 1967), 92.

引入人文主义的逻辑。[48] 诗学、历史和道德哲学被添加进传统的科目，这可以从 1444 年为科西莫·德·梅迪奇图书馆编制的分类目录中推断出来，这份目录由后来的教皇尼古拉斯五世编制。[49]

人文主义对近代大学开端的影响

人文主义思想获得了社会的认可，并且进入了大学的教学中，于是，起初的人文主义与经院哲学的争论转向了学院和人文主义者之间的争论。所涉及的问题主要是方法论方面的问题，认为古代权威的不可辩驳是对各种资源的历史性批评的反对，最终则是有关语言表述的认识论地位问题。

洛伦佐·瓦拉曾于 1431—1436 年在帕维亚做修辞学教师；后来在那不勒斯做了人文主义之王阿拉贡的阿方索的大臣；最后，从 1447 年直到 1457 年去世，他一直为人文主义的教皇尼古拉斯五世服务，同时还是罗马大学的修辞学教师。通过发展演说逻辑的计划，严格遵守文法规则，根 457
据对作家的语言和环境的理解来对作家作品进行阐释，瓦拉在这些方面产生了非常广泛的影响。1440 年，他使用对文本进行历史批评的方法，揭示了“君士坦丁的馈赠”是伪造的，这份文件是早期教皇权力合法性的证据。1444 年，他对《新约》的注释，是对《圣经》进行历史诠释的第一次尝试，后来伊拉斯谟进一步发展了这种尝试。瓦拉的《优雅的拉丁语》一书同样产生于 1444 年，他在书中将拉丁文作为对人类自我理解变化的生动表达来分析，为正确的拉丁文用法打下了基础。同时，此书保存了几个世纪的最重要的拉丁文文献。他的《辩证法的辩论推理》一书更像关于这个主题的现代作品，尝试在普通语言的文法基础上建立逻辑关系。两个后来者及其主要著作发展了这一尝试，一是荷兰人文主义者鲁道夫·阿格

---

[48] L. Jardine,‘Humanistic Logic’,in Schmitt and Steiner(eds.),*Cambridge History*(注释 26),173-198.

[49] Text in P. O. Kristeller,*Renaissance Thought*,*the Classic*,*Scholastic and Humanist Strains*(New York,1961),162.

里科拉，其著作是《辩证法的发明》，一是法国哲学家佩特斯·拉谟斯（1515—1572），德国、英国及后来的美国在此方面的发展都受到了他们的影响。[50] 瓦拉的著作非常清楚地揭示了，人文主义者通过三艺的教学，能够超出文学院的学科界限，同时也因此与其他学院产生矛盾。这种扩张的结果是，由于法学院成员制造的暴力迫害威胁到他的生命，瓦拉不得不离开帕维亚。在罗马，瓦拉没有遭到神学家的攻击只是因为他博得了教皇的喜爱。当收集拉丁文和希腊文的文献，并且试图建立正确的原文形式并加以解释时，甚至较少批判性的人文主义者都不能避免涉及自然科学、法律和神学方面的文献。在数学研究中，人文主义者依靠新发现的重要的古代资料来整理研究。[51] 他们处理天文学和自然科学文献的方法也是一样的，有些文献是第一次由希腊文翻译过来的。因此，这是西方第一次能获得关于卢克莱修原子理论的完整文献。这些著作在自然科学的发展中非常重要。皮尔巴赫的乔治（1423—1461）是维也纳大学的文科硕士，1440—1450 年曾在费拉拉、博洛尼亚和帕多瓦学习，1454 年之前在维也纳大学教授天文学和拉丁文经典著作。像他这样“两种文化”集于一身是后来人文主义者的明显特征。[52]

458 在意大利的大学中，医学博士和文科教师属于同一个学院。然而，正如第十一章中写的那样，直到 1500 年，人文主义对医学研究只有间接的影响。但到了 16 世纪，这种情况就改变了。认为人文主义仅起到间接影响的原因之一是，许多医生接受的是人文主义的教育，而且通过翻译及评论新发现的医学文献，许多医生仍然坚持着人文主义的研究，跨越历史的

---

[50] Grafton and Jardine, *Humanism to Humanities*（注释 30）, 71-78; P. O. Kristeller, *Acht Philosophen der italienischen Renaissance*（Weinheim, 1986）, 17-31（译自 P. O. Kristeller, *Eight Italian Philosophers of the Italian Renaissance*, Stanford, 1964）. 参考 C. Vasoli, *La dialettica e la retorica dell'Umanesimo, 'Invenzione' e 'Metodo' nella cultura del XV et XVI secolo*（Milan, 1968）。

[51] P. I. Rose, *The Italian Renaissance of Mathematics*（Geneva, 1975）.

[52] M. Boas, *The Scientific Renaissance 1450-1630*（London, 1962）, ch. 1.

距离弄清楚古代的医学。[53] 尼科洛·里奥斯诺（1428—1524）就是一个典型例子。他在费拉拉教授了 60 年的医学、数学及希腊哲学，并且将盖伦和希波克拉底的著作译成拉丁文，将罗马历史学家的著作译成意大利文。他将人文主义的校勘方法运用于医学文献激起了极大的学术争论，其影响远远超出了意大利的国家界限。伊拉斯谟将其誉为医学的人文主义复兴者。[54]

人文主义与神学的关系更为直接。特别是教父圣·奥古斯丁从一开始就是人文主义者最钟爱的作者之一。人文主义者编辑了这些作者的作品，并且对之加以评注，如果需要还将这些作品译成其他文字。在这些作者关于道德哲学的演说和作品中，人文主义者反复涉及神学争论，例如，萨卢塔蒂在瘟疫期间，触及关于神圣天意和自由意志的存在问题。瓦拉及后来伊拉斯谟对《新约》的评注成为深刻洞察神学争论的契机，这些对教会改革和宗教改革运动产生了持久深远的影响。[55]

人文主义与法学和法学实践之间的关系很复杂。许多人文主义者都曾学习和实践法学。彼特拉克对自己做法学学生时法律过于强调微不足道的分歧深恶痛绝。他更推崇西塞罗简单的道德法。在关于学院分层的众多争论开始时，萨卢塔蒂认为应将法学而不是医学置于基础地位，原因是人类

---

[53] G. Baader,'Medizinische Theorie und Praxis zwischen Arabismus und Renaissance Humanismus',and A. Buck,'Die Rezeption des Humanismus an der juristischen und medizinischen Fakultäten der italienischen Universitäten', in G. Keil, B. Moeller, and W. Trusen(eds.), *Der Humanismus und die oberen Fakultäten*, Mitteilung XIV der Kommission für Humanismusforschung(Weinheim,1987),185-213,276ff. 参见 E. Schmitz and G. Keil(eds.), *Humanismus und Medizin*, Mitteilung XI der Kommission für Humanismusforschung(Weinheim,1984)。

[54] M. J. C. Lowry,'Niccolò Leoniceno', in P. G. Bietenholz(ed.), *Contemporaries of Erasmus. A Biographical Register of the Renaissance and Reformation*, vol. II(Toronto,1986),323.

[55] H. Lutz,'Humanismus und Reformation(1972)', in H. Lutz, *Politik, Kultur und Religion im Werdeprozess der frühen Neuzeit, Aufsätze und Vorträge*(Graz,1984),3-14; C. Trinkaus, 'The Religious Thought of the Italian Humanists and the Reformers: Anticipation or Autonomy?', in Trinkaus and Oberman(eds.), *Pursuit of Holiness*(注释 14),339-366.

因为法学而高贵。[56] 但是，他的门徒布鲁尼和波乔（1380—1459）谴责律师，嘲笑法律，赞扬医学才是真正的科学。[57] 许多律师对人文主义的主题
459 很感兴趣，并且与人文主义者保持着友好关系。然而，正如前文提到的，人文主义的方法在意大利的法学院遇到了强烈抵制。人文主义的历史文献校勘原则被意大利法学教授阿西亚特斯（1492—1550）引入法律研究中仅仅是在 16 世纪，这是法律研究的高卢风格。“在意大利人文主义的全盛时期，法律的人文主义仅仅产生了先驱者和倾向，但几乎没有结果和成效。”[58]

意大利以外地区人文主义的兴起

最后的观察并不仅仅适用于大学学院对人文主义方法和人文主义思想实质的接纳。15 世纪中叶之后，除法国之外，法国是 1418 年危机之前人文主义最先繁盛的地方，人文主义越过意大利的边界，扩展到大学中；1500 年之后，人文主义才在大学中确立了永久的地位。然而，考察一些人文主义不太成功的先驱者的细节也很有价值。这样做能让我们理解人文主义扩张的社会条件。在很大程度上，人文主义的赞助者和拥护者都是世俗和宗教显贵，意大利的旅行者将大学毕业生和人文研究引入阿尔卑斯山以外的法庭、城市和大学中。最后，主要在政治当局发端而不是在大学，人文主义者，起初多是意大利人，开始承担一些大学或文学院中的人文学科的教学工作。

---

[56] 参见第 28 页。

[57] A. Buck，‘Rezeption des Humanismus’（注释 53），270-279.

[58] H. E. Troje，‘Die Literatur des gemeinen Rechts unter dem Einfluss des Humanismus’，in H. Coing（ed.），*Handbuch der Quellen und Literatur der neueren europäischen Privatrechtsgeschichte*，*Bd 2*：*Neuere Zeit*（*1500-1800*），第Ⅰ卷（Munich，1977），614；也参见 Buck，‘Rezeption des Humanismus’（注释 53），269-279；K. H. Burmeister，*Das Studium der Rechte im Zeitalter des Humanismus im deutschen Rechtsbereich*（Wiesbaden，1974），26f. 151-160；E. Meuthen，*Kölner Universitätsgeschichte*，第Ⅰ卷，*Die alte Universität*（Cologne/Vienna，1988），215ff.。

彼特拉克曾与查理四世（1316—1387）有过密切的书信往来。1356年，他作为维斯孔蒂的大使，拜访了布拉格的皇帝。于是布拉格大主教阿诺斯特、主教奥洛穆茨的约翰·奥科，以及最重要的皇室大臣、主教约翰·冯·纽马克都成了他的崇拜者和追随者。然而，这并没有持续很久，也没有真正影响到布拉格大学。这所大学是查理在1348年建立的。直到16世纪，人文主义才在布拉格大学占有一席之地。

匈牙利国王、安茹的路易斯（1322—1382）对人文主义的兴趣倒是间接影响了存在时间不长的佩奇大学（1376—约1440）。国王与彼特拉克和萨卢塔蒂均有书信往来，他允许在法庭上使用人文主义的文体形式。佩奇大学的教学保留了人文主义的理念和篇章。现在仍不清楚佩奇大学有多少毕业生，他们越来越多地来自于下层贵族、资产阶级，甚至少数富裕的农民，他们从事世俗的职业，并且为人文主义思想的传播做出了贡献。无论如何，路易斯国王为继起者打下了基础。[59] 西斯吉蒙德（1368—1437），匈牙利、波西米亚和德意志的国王和后来的皇帝，将皮耶罗·保罗·弗吉里奥（1370—1444）从康斯坦斯会议带到欧芬。弗吉里奥在宫廷中一直非常积极直到生命结束。他，还包括后来格兰的大主教约翰尼斯·维特兹（约1400—1472）是第一代匈牙利人文主义者的启蒙者和教育者。在匈牙利，人文主义是一项宫廷事务。维特兹是人文主义的国王马提亚斯·科维尼斯（1440—1490）的教师和大臣。维特兹的侄子亚努斯·帕诺尼斯（1434—1472）是马提亚斯的副大臣。维特兹将其送到格里诺那里学习，后来亚努斯·帕诺尼斯被认为是最伟大的匈牙利人文主义者。人文研究主要还是在学术圈中发展，最初的研究开始于1440年维特兹的家里，紧跟着是在1470年马提亚斯的宫廷里，1497年则是在布达的多瑙河流域文学团体的集体宿舍里。意大利人文主义者和来自中欧各处的知识分子汇聚起来，这些“学术团体”成了匈牙利、波西米亚和波兰的真正的人文主义传 460

---

[59] E. Kovacs, 'Die Gründung der Universität Pécs und ihre Bedeutung für die ungarische Kultur', in *Universités Européennes*（注释 47），42-47.

播中心。他们还建立了人文主义的图书馆。维特兹在大瓦登的主教辖区建立了中欧第一个重要的图书馆，那时马提亚斯也建立了罗马之外最大最豪华的图书馆，取名叫 *Biblioteca Corvina*。15 世纪的匈牙利有许多存在时间不长的大学，只有马提亚斯建立的帕塞尼大学在 1465—1492 年一直存在，并且展示了人文主义影响的所有轨迹。[60]

教会高层人士对人文主义的兴趣对克拉科大学的各个方面都产生了深远的影响，这所大学在 1400 年重建。红衣主教奥尔尼基是大学的先驱，从 1423 年直到 1455 年去世，他一直是克拉科的大主教。他与意大利人文主义者有频繁的书信往来。人文主义于 1439 年进入克拉科大学，这时桑诺克的格列高利紧随着他在克拉科和意大利的学习之后，开始发表人文主
461 义演说。他们强烈的兴趣促使了 1449 年诗歌和修辞学教授职位的产生。1440 年，格列高利跟随维特兹到了西班牙，直到 1450 年，他作为匈雅迪儿子的指导教师，参加了维特兹的人文主义团体。后来，他于 1451 年返回波兰，被奥尔尼基提升为莱姆伯格的大主教。他的住所成了波兰人文主义文化的中心。1472 年，意大利人文主义者卡里马库斯·伊可斯皮恩斯成了克拉科皇室子弟的指导教师，后来又成了国王的秘书，在此之前，他在格列高利的住所避难。他与大学保持着紧密的联系。大学很快就成为公认的天文学中心，1450 年以后，克拉科许多杰出的天文学家都前往意大利获取医学博士学位并接受人文研究的训练。哥白尼于 1491—1495 年在克拉科学习文科，他是数学和天文学与哲学批评进行了人文主义结合的最大受益者。哥白尼在克拉科学习的人文主义课程包括 1499 年以前的希腊

---

[60] T. Klaniczay, E. Kushner, and A. Stegmann (eds.), *L'Epoque de la Renaissance 1400-1600*, vol. Ⅰ, *L'Avènement de l'esprit nouveau (1400-1480)* (Budapest, 1988), 135; T. Klaniczay, *Mattia Corvino e l'umanesimo italiano*, Accademia Nazionale dei Lincei, anno CCCLXXI-1974, Quad. N. 202 (Rome, 1974); T. Klaniczay, 'Le mouvement académique à la Renaissance et le cas de la Hongrie', *Hungarian Studies* 2:1 (1986), 13-34; T. Klaniczay, 'Das Contubernium des Johannes Vitéz, Die erste ungarische "Akademie"', in K. Benda. T. von Beggay, H. Glass, and K. Lengyel (eds.), *Forschungen über Siebenbürgen und seine Nachbarn*, *Festschrift für A. T. Szabo und Z. Jako* (Munich, 1988), 227-243.

文，这些课程吸引了来自中欧和向西远至瑞士的学生。[61]

帝国真正的"人文主义的传道者"是埃涅阿斯·西尔维尔斯，即后来的教皇庇护二世。[62] 与他在巴塞尔议会中的角色相关，他于 1442 年被任命为维也纳的大臣，并且一直为腓特烈三世服务直到 1455 年。最初，他批评维也纳大学忽视了对辩证法有益的文学、诗学、音乐和数学。[63] 他认为辩证法是最能吸引年轻的王子们进行人文主义学习的学术知识。后来，他行使桂冠诗人的权利发表人文主义演说。在他的示范下，在 1450 年之前，尽管有过中断，但这样的演说还是定期举行。1454 年，天文学家皮尔巴赫的乔治教授拉丁文经典著作。他的学生和朋友雷吉奥蒙塔努斯在 1461 年也是这么做的。15 世纪 80 年代大学衰落以后，神圣罗马帝国的马克西米利安一世在大学负责人珀格的支持下，竭尽全力进行人文主义改革，以对付经院哲学统治下文学院的抵制。1497 年，人文主义就在维也纳大学中取得了稳固的地位，这时皇帝委任德意志"大主教人文主义者"康拉德·策尔蒂斯担当新设立的诗学和修辞学教授职位。当学院不能承受这个荣誉时，他创立了一个与学院并列的独立的教育中心，称为"诗歌和数学学舍"。这个学舍有授予诗人教学资格的权利，即 *venia legendi*。[64]

同样，在帝国的其他地方，对人文主义的接纳也得到了详细考察，[65] 462

---

[61] L. Hajdukiewicz and M. Karas, *Die Jagellonen-Universität, Tradition-Gegenwart-Perspektiven* (Cracow, 1977), 26-34; M. Markowski, 'Astronomie an der Krakauer Universität im XV. Jahrhundert', in *Universities in the Late Middle Ages*, 267.

[62] G. Voigt and M. Lehnerdt, *Die Wiederbelebung des classischen Alterthums oder das erste Jahrhundert des Humanismus*, vol. II, 3rd edn (Berlin, 1893), 277.

[63] Enea Silvio Piccolomini, *Epistolae*, vol. I, ed. R. Wolkan, (Vienna, 1909), 81ff.

[64] A. Lhotsky, *Die Wiener Artistenfakultät 1365-1497* (Vienna, 1965).

[65] H. O. Burger, *Renaissance, Humanismus, Reformation, Deutsche Literatur im europaïschen Kontext* (Bad Homburg/Berlin/Zurich, 1969); L. W. Spitz, 'The Course of German Humanism', in H. A. Oberman (ed.), with T. A. Brady, *Iter Italicum, the Profile of the Italian Renaissance in the Mirror of the European Transformation* (Leiden, 1975), 371-436; E. Meuthen, 'Charakter und Tendenzen des deutschen Humanismus', in H. Angermeier (ed.), *Säkulare Aspekte der Reformationszeit*, Schriften des Historischen Kollegs, Kolloquien 3 (Munich/Vienna, 1983), 217-266.

主要是教会和世俗的领袖，如沃姆斯主教和海德堡大学校长约翰·冯·达尔贝格（1455—1503），他们在宫殿和大学里鼓励和支持发展人文主义的学术——他们中的一部分人本身是人文主义社团的赞助者，另一部分，是通过他们的顾问和官员，这些人都在意大利接受过人文主义的训练。人文主义在城市中也得到了认同，这些城市都开始有了集体意识。人文主义的传播离不开一些有影响力的个人的成就，如巴姆堡和埃奇斯达特的大教堂主教阿尔布雷西特·冯·艾布（1420—1475）；1458 年奥格斯堡的市长西斯吉蒙德·格森伯特；或者纽伦堡的贵族汉斯·皮克海默，1448 年他跟随艾布在博洛尼亚学习人文研究，其人文主义手稿集现存于大英博物馆。汉斯的儿子约翰尼斯和侄子维利巴尔德都是纽伦堡市政议会的成员，他们同时也是活跃的人文主义者。人文研究在市政学校中取得了固定地位，这些学校，如罗特韦尔、曼斯特、斯莱茨斯塔特的学校，成了真正的人文主义的温床。通过学校、大学和出版机构的共同活动，巴塞尔成了人文主义文化的中心，在全欧洲地位突出且影响深远。

“巡回的人文主义者”，既有意大利人又有德意志人，他们曾在意大利学习，是德意志大学中的第一批人文主义代表。他们应地方统治者的邀请，主要教授学院计划之外的课程。这种情况最好的例子是路德，尽管他没有大学学位，但他是德意志大学中第一个讲授人文主义课程的人。1456—1470 年，路德在海德堡、爱尔福特、莱比锡、巴塞尔及维也纳提出了一套新的人文主义的教学计划。他做这些事有双重意义，作为一个外来者，他不得不通过特殊的广告为他的课做宣传。[66]

人文主义者不仅仅为文学院所用，同时文学院也付给他们丰厚的报

---

[66] L. Bertalot, ‘Humanistische Vorlesungsankündigungen in Deutschland im 15. Jahrhundert(1915)’, in L. Bertalot *Studien zum italienischen und deutschen Humanismus*, vol. Ⅰ, ed. P. O. Kristeller, (Rome, 1975), 219-227.

酬，他们的报酬远远超过了普通教师的报酬。[67] 市立大学也努力提供人文 463
主义的教学。1464 年，巴塞尔设立了它的第一个有薪俸的“人文或演说”职位。科隆也做了同样的努力，它在 1515 年被视为经院哲学的堡垒，因此也是人文主义争辩的目标。从整体上看，1500 年之前，多数德意志大学都有了人文主义教学的倾向。然而，1516 年以后，最先在维腾堡，大学结构在人文主义的指导下进行了改革。[68]

在英格兰，人文主义最初也是名流们的私人事务，他们通过外交使团，给意大利的人文主义者留下深刻印象。因此，温彻斯特的主教，即后来的英格兰红衣主教亨利·博福特，邀请著名的人文主义者波乔·布利乔利尼参加康斯坦斯会议的服务。但是 1418—1423 年波乔在伦敦逗留期间，博福特并没有为人文主义思想的传播做什么。而在他的对手、英国摄政王格洛斯特的公爵汉弗莱（1391—1447）的统治下，情况则很不同。他不仅对人文主义兴趣浓厚，还慷慨资助意大利人文主义者。他请一些人文主义者为他服务，另外一些人文主义者则将自己的翻译作品和论文献给他。汉弗莱还组建了一个很有价值的人文主义图书馆，现在的牛津博德莱恩图书馆的部分基础就建立在这个图书馆上。他的做法为其他英国贵族所仿效，他们搜集人文主义的书籍，并且将学识渊博的人文主义者吸引到他们周围。一代人以后，正是这些意大利的旅行者将人文研究引入贵族成员及那些后来成为教师和官员的人中间。这些特定的制度状况为 15 世纪末某些学舍的其他研究奠定了基础，例如，1480 年的牛津大学的马格达莱娜学

---

[67] L. Boehm, ‘Humanistische Bildungsbewegung und mittelalterliche Universitätsverfassung, Aspekte zur frühneuzeitlichen Reformgeschichte der deutschen Universitäten’, in *Universities of the Late Middle Ages*, 329-341; O. Herding, ‘Pädagogik, Politik, Geschichte’, in *L'Humanisme allemand (1480-1540): XVIIIe Colloque international de Tours* (Munich/Paris, 1979), 114-116.

[68] Meuthen, *Kölner Universitätsgeschichte* (注释 58), 204-209.

舍。但是，人文研究真正进入大学要到16世纪。[69]

在伊比利亚半岛，人文主义甚至更像宫廷事务。卡斯蒂利亚和利昂的国王约翰二世与意大利人文主义者有非常密切的关系。阿拉贡、加泰罗尼亚和那不勒斯的国王（1396—1458）阿方索五世的宫廷是名副其实的人文主义宫廷。后来意大利的人文主义者在葡萄牙宫廷里获得了拉丁文的新发现。1464年以后，其他的意大利人文主义者在萨拉曼卡大学做占星学和诗学教授。15世纪末，通过两个曾在意大利学习的学者的活动，人文研究在萨拉曼卡大学深深地扎下了根。他们是拉丁语学者安东尼奥·德·内
464 夫里哈（1444—1522）和艾里兹·巴尔沃萨。1495年，他们被委任了第一批希腊文的教授职位。阿尔卡拉大学在人文主义的红衣主教希门内斯的努力下，于1499年建立。1508年这所大学才敞开大门。在葡萄牙，人文主义的确立也是在16世纪。[70]

从彼特拉克开始，他称一个荷兰朋友为“他的苏格拉底”，荷兰各地就有对人文主义感兴趣的知识分子。但说到荷兰接受人文主义则是1465年以后的事。首先是在学校里，如德温特的一所学校，亚历山大·黑吉乌斯（1483—1498）执教于此，以及像在安德沃斯的“学园”（academy）这样的学术圈中接纳了人文主义。安德沃斯“学园”是格罗宁根附近的一所修道院，几个著名的人文主义者，如韦塞尔·甘斯福特（1419—1485）和鲁道夫·阿格里科拉（1443—1485）在1470年左右都是“学园”成员。

---

[69] W. E. Pantin, ‘The Conception of the Universities in England in the period of the Renaissance’, in *Universités européennes*（注释 47）, 101-113; D. Hay, ‘England and the Humanities in the Fifteenth Century’, in Oberman(ed.), with Brady, *Itinerarium Italicum*（注释 65）, 305-367.

[70] F. Rico, ‘Nebrija, Aires Barbosa et l'humanisme de leur temps’; A. da Costa Ramalho, ‘Quelques aspects de l'introduction de l'humanisme au Portugal’; L. de Matos, ‘L'expansion portugaise dans la littérature latine de la Penaissance’; and L. de Albuquerque, ‘Science et l'humanisme dans la Renaissance portugaise’, in *L'Humanisme portugais et l'Europe. Actes du XXIe Colloque international d'études humanistes, Tours 3-13 juillet 1978* (Paris, 1984), 245-246, 33-49, 402-406, 419-435.

甘斯福特和阿格里科拉首次在荷兰以外的大学中任教意义重大，前者在巴黎执教，在那里阿格里科拉和卢希林都是他的学生；后者在费拉拉和海德堡执教。可以肯定的是，1477—1478 年，鲁汶的法学院设有诗学教授职位；自 1444 年以来，其文学院就设有修辞学教授职位。但是这些讲座的负责人主要对数学和法学感兴趣。直到 1517 年三语学舍的建立，鲁汶的人文主义才进入了全盛期。[71]

在法国，起初人文主义的发展大多与意大利的人文主义联系密切。设在阿维尼翁的教廷，鼓励加强意大利和法国知识分子之间的接触，并且对此做出了贡献。教皇的高级官员和皇室大臣，像让·德·蒙特勒伊（1354—1418）和尼古拉斯·德·克莱芒斯（1365—1437），传播了他们的意大利同行的人文主义理想。在巴黎的纳瓦拉学舍，他们开始熟悉拉丁文经典著作。尼古拉斯在成为教皇秘书之前，曾在纳瓦拉学舍讲授关于人文主义的课程。1393 年，他被推选为大学的校长。除了上面提到的两个人，纳瓦拉学舍的第三位学生是著名的神学家、传教士和神职政治家热尔松（1363—1429），他从 1396 年开始一直是巴黎大学的教长，同时也是巴黎大学在康斯坦斯会议上最有影响力的代表。热尔松与克莱芒斯、蒙特勒伊一起被视为法国人文主义的第一代学者和奠基者。

随着 1418 年许多学舍的解散，人文主义经历了严重的倒退。后来英 465
国的摄政王格洛斯特的汉弗莱曾刺激了巴黎和卡昂大学的人文主义研究，卡昂大学是英国国王创办的。艾克斯、安格斯和阿维尼翁的人文研究发展与意大利有着传承关系。1440 年以后，纳瓦拉学舍的毕业生同样也在教授人文主义的课程。但是巴黎大学文学院在 1452 年改革之后才迎来了真正的人文主义高潮。不仅仅是有声望的意大利人文主义者来到巴黎，使法国的人文主义进入了一个新的阶段。1453 年，纪尧姆·费雪（1433—约 1480）从事了一项影响深远的职业，在索邦神学舍做一名人文教师。1470

---

[71] J. IJsewijn，'The Coming of Humanism in the Low Countries'，in Oberman(ed.)，with Brady，*Iter Italicum*（注释 65），193-301，尤其是 203，230，235，276。

年，费雪与他的同事海恩林一起，建了一台索邦神学舍的印刷机，这是人文主义文献第一次在法国印刷。然而，他们在1473年都离开了巴黎。仅仅10年之后，基督教和国家导向的人文主义开始形成，这归功于费雪的一个学生，圣三一教派的修道会长罗伯特·加甘（约1433—1502）。在他的学生中，他比较看重鹿特丹的伊拉斯谟。勒费弗尔·德·塔普勒（1455—1536）用改革的热情继承了人文主义传统。总的来说，15世纪的人文主义在法国的大学中扮演了一个相对谦虚的角色。人文研究仅仅是任选课程，而人文教学仅限于个别的学舍。人文主义的改革仅仅出现于16世纪，而且即使在那时，也是付出了巨大努力的结果。[72]

作为人文主义盟友的书籍出版

费雪在索邦神学舍建立的印刷机显示了人文主义与书籍印刷有很重要的关系。但是，在15世纪，我们仅能找到书籍印刷出版发展的先兆，在16世纪，书籍印刷出版则成了大学的一个重要特征。古登堡发明的活字印刷术采用了独立的字模，具有可组合的特征，但这一技术的产生并不是受人文主义所驱动的。著名的四十二行《圣经》就是古登堡印刷术的第一批作品，产生于1455年。1501年以前印刷的近3万册古版书籍中，有近一半是《圣经》的各种版本、宗教祈祷书、每日祈祷书和其他的宗教作品；有近30％是古希腊罗马时期、中世纪早期及现代的文学作品；有10％是法律和自然科学方面的作品。[73]

书籍印刷从两种途径服务于人文主义的目标。一种途径是，正如我们看到的，人文主义者通过书籍与其他人交流，也是因为这个原因，他们希望占有尽可能多的书。抄写机构迎合了这种需要，正如佛罗伦萨人韦斯帕夏诺·德·比斯蒂奇（1421—1498）创办的机构，产出了昂贵的精装本书

[72] *Universités en France*, 131-133; D. Cecchetti, *Il primo umanesimo francese* (Turin, 1987).

[73] L. Febvre and H.-J. Martin, *L'Apparition du livre* (Paris, 1971), 351.

籍。书籍印刷使不富裕的人文主义者也能建立他们自己的图书馆。质量和 466
数量同等重要。1400 年萨卢塔蒂遗憾地写到，对有缺陷的传统文本的批评改进是徒劳，因为每个抄写员都会造成新的错误。他首创了通过对手稿文献进行系统比较的校勘法。随着印刷书籍的出现，校勘后的文献能生产出人们需要的数量。当然，这要求特别注意样本的编排。

印刷业扩展迅速，因为它能快速积累财富。它在行会及其质量标准外发展起来。伊拉斯谟轻蔑地说，成为一个印刷商比成为一个面包师容易得多。随着不计其数的印刷者生产出大量的书籍，而人文主义者又试图获得可信的文献，于是出现了学者型的印刷商，他们与学术界人士密切合作。阿尔都斯·马努提修斯就是这种类型的典型代表，特别是在罗马和费拉拉，他研究并教授人文学科，包括希腊文，1490 年，在他 40 岁的时候，他在维也纳建立了一个出版机构。为了出版经过校勘的希腊经典著作，他召集了一群学术界的朋友，他们是希腊人或希腊文教师。这个圈子获得了“新学园派”的名称和地位。[74]

最重要的是，马努提修斯和他的合作者鹿特丹的伊拉斯谟都是印刷书籍对人文主义在大学外部的发展意义重大的证明。伊拉斯谟是西方世界第一个自由撰稿作家，他以自己出版书籍为生，拒绝各种邀请，不愿成为大学教师或教会官员。他作为基督教人文主义的最重要的代表和传播者，还是 16 世纪清教改革和天主教改革的先驱，他的影响不仅是其广泛社会关系的结果，还是在书籍印刷和书籍贸易中扮演角色的结果。在巴塞尔，他直接在校对台前工作，先是与阿尔都斯·马努提修斯一起，后来是与约翰尼斯和耶洛尼姆斯·弗罗本一起，他在那里阅读自己最新作品的校样，同时还忙于写作一部新书。他出售自己的人文主义产品，这些产品包括 160 多部著作。由于他是第一批获得特许权的人，同时还亲自过问书籍的设计，将像乌斯·格拉夫和汉斯·霍尔本这样的艺术家的设计和书籍的广告

[74] M. Lowry, *The World of Aldus Manutius. Business and Scholarship in Renaissance Venice*(Oxford,1979),8,196.

与发行结合起来，因此，伊拉斯谟的书籍产品格外出众。他将书籍出版艺
467 术赞誉为最高的艺术，因为这使我们在任何时候都能与学识最渊博和信仰最虔诚的人进行对话。[75]

书籍印刷对大学教学产生了深刻的影响。在中世纪的教学中，讲课和辩论中的口头表达占统治地位，同样提出和表达观点也是通过口头形式。当普通的学生开始购买书籍的时候，书面文字开始在大学教学中占据主导地位。不仅文献资料更容易获得，也更容易理解，而且评注、教科书和辩论文章不再为教师所垄断，那是因为这方面的书籍在市场上都能买到。因此，在较大规模的科学团体中，不同的观点和新的看法能很快成为激烈讨论和个人争辩的对象。到 15 世纪末，不仅是物质宇宙得到了巨大的扩展。由于人文主义及与之相关的书籍印刷，大学中知识和思想的世界也在所有的历史维度和不同的表现形式上得到扩张，从某种程度上说这些扩张只能在接下来的世纪得到充分的发展。

人文主义是中世纪向现代过渡的一种现象。特别是在大学中，人文主义建立在中世纪的基础上。人文主义者对他们与中世纪知识方法和信仰之间的差异的强调显示了中世纪在他们身上的印记有多深。人文主义者感到他们几乎被它所控制，无法走自己的路，尤其是在大学中。人文主义者将人类对他们自身和世界的理解置于兴趣的中心，将人类的社会活动作为矛盾的潜在来源，就这些创新而言，他们开启了大学史上的新纪元。在这个新纪元中，人类的经验及其转化为语言和数字的形式成为“科学革命”的任务，或者，更精确的表达是，实质的扩展、经验的深化、方法的革新和概念的系统化，这些都是科学和学术研究及它们通过教学进行交流的结果。

---

[75] W. Rüegg, 'Erasmus von Rotterdam', in S. Corsten, G. Pflug, and F. A. Schmidt-Kunsemüller (eds.), *Lexikon de gesamten Buchwesens*, vol. Ⅱ (Stuttgart, 1989), 476-477.

精选文献

Baron, H. *The Crisis of Early Italian Renaissance, Civic Humanism and Republican Liberty in an Age of Classicism and Tyranny*, 2 vols., Princeton, 1955; revised one-volume edition with an epilogue, Princeton, 1966.

Baron, H. *In Search of Florentine Civic Humanism, Essays on the Transition from Medieval to Renaissance Thought*, 2 vols., Princeton, 1988.

Baxandall, M. *Giotto and the Orators, Humanist Observers of Painting in Italy and the Discovery of Pictorial Composition*, Oxford, 1971. 468

Bibliographie internationale de l'Humanisme et de la Renaissance (Geneva), 1(1969), and subsequent annual volumes.

Buck, A. *Humanismus, seine europäische Entwicklung in Dokumenten und Darstellungen*, Freiburg/Munich, 1987.

Cochrane, R. *Historians and Historiography in the Italian Renaissance*, Chicago, 1982.

Garin, E. *La cultura filosofica del Rinascimento italiano*, Florence, 1961; 2nd edn, 1979.

Garin, E. *La disputa delle arti nel Quattrocento*, Florence, 1947.

Garin, E. *Der italienische Humanismus*, Berne, 1947.

Grafton, A. and Jardine, L. *From Humanism to the Humanities, Education and the Liberal Arts in Fifteenth and Sixteenth Century Europe*, London, 1986.

Kohl, B. J. *Renaissance Humanism, 1300-1550. A Bibliography of Materials in English*, New York/London, 1985.

Kristeller, P. O. 'The Curriculum of the Italian Universities from the Middle Ages to the Renaissance', *Proceedings of the Patristic, Mediaeval and Renaissance Conference*, 7(1984), 1-15.

Kristeller, P. O. 'Humanism and Scholasticism in the Italian Renaissance (1944-1945)', in P. O. Kristeller, *Studies in Renaissance Thought and Letters*, Rome, 1956.

Kristeller, P. O. 'Humanism', in C. B. Schmitt and G. Skinner, (eds.), *The Cambridge History of Renaissance Philosophy*, Cambridge, 1988, 113-137.

Martines, L. *Power and Imagination, City-states in Renaissance Italy*, New York, 1979.

Mitteilungen der Senatskommission für Humanismusforschung der DFG Deutsche Forschungsgemeinschaft, vol. XI, *Humanismus und Medizin*, ed. E. Schmitz and G. Keil, Weinheim, 1984; vol. XII, *Humanismus im Bildungswesen des 15. und 16. Jahrhunderts*, ed. W. Reinhard, Weinheim, 1984, vol. XIV, *Der Humanismus und die oberen Fakultäten*, ed. G. Keil, B. Moeller, and W. Trusen, Weinheim, 1987.

Müller, G. *Mensch und Bildung im italienischen Renaissance-Humanismus, Vittorino da Feltre und das humanistische Erziehungsdenken*, Baden-Baden, 1984.

Schmitt, C. B. and Skinner, G. (eds.), *The Cambridge History of Renaissance Philosophy*, Cambridge, 1988.

Trinkaus, C. 'Humanism', in *Encyclopedia of World Art*, vol. VI, New York, 1962, 702-743.

Trinkaus, C. and Oberman, H. A. (eds.) *The Pursuit of Holiness in Late Medieval and Renaissance Religion. Papers from the University of Michigan Conference*, Leiden, 1974.

Les Universités européennes du XIVe au XVIIIe siècle: aspects et problèmes. Actes du colloque international à l'occasion du VIe centenaire de l'université Jagellonne de Cracovie, 6-8 Mai 1964, Geneva, 1967.

Verger, J. (ed.) *Histoire des universités en France*, Toulouse, 1986, 77-137.

Wuttke, D. 'Dürer et Celtis, l'an 1500 considéré comme l'époque de l'humanisme allemand', in *XVIIIe Colloque international de Tours, L'Humanisme allemand (1480-1540)*, Munich/Paris, 1979.

469 # 主编关于索引的说明

因为一些实际原因，本书将索引分成两部分：一是人名索引，二是地名与主题索引。

第一部分索引包括本卷中涉及的所有人名。人名按字母顺序排列，如果是中世纪的学者和名人，则先依其教名而不是姓氏排序。如果是人文主义者，通常依其姓氏排序。本索引不包括作者的著作。

地名和主题索引经过了仔细的编辑。换言之，文中出现的各种各样的主题没有必要在索引中反复重现或列在地名之下，而是改为将其纳入更普遍的题目下的集体条目下，并且索引中包括的仅是那些与大学史有直接相关的主题。查询所有涉及的个人，读者应该使用人名索引（显然亚里士多德和亚里士多德主义除外）。地名使用英语形式，如果有现代地名，还附有（现代）国家名和郡、县或省名。鉴于历史的精确性，索引中的地名一般使用当时的名称用法。现代的地名或其他用法都标在相关条目后的括号中。如果可能，人物身份统一且位置确定。

这两部分索引的编辑是在根特的约翰·汉塞莱尔的帮助下完成的。我们向他表示最诚挚的感谢，感谢他的辛勤劳动和对具体细节的注意。

人名索引[1] 470

[1] 人名索引及地名与主题索引中的页码为原书页码。

B

G

M

W

地名与主题索引 485

487

D

 495

L

M

O

Q

R

S

U

欧洲大学史

A HISTORY OF THE UNIVERSITY IN EUROPE

（修订版）

总主编　瓦尔特·吕埃格
译　者　贺国庆　张斌贤　等

第四卷　1945年以来的大学

VOLUME IV UNIVERSITIES SINCE 1945

本卷主编
瓦尔特·吕埃格
本卷译者
贺国庆　王保星　屈书杰　张薇　梁丽　周保利　何振海
本卷审校人员
贺国庆　王保星　何振海　周保利　梁丽
本卷修订人员
贺国庆　张薇　何振海

河北大学出版社
·保定·

译校者序

本书是四卷本《欧洲大学史》的收官之作。

本书时间起于1945年，止于1995年，这50年正是世界高等教育波澜壮阔大发展的时期。

正是这一时期，源于欧洲并独领风骚数百年的欧洲大学被后来居上的美国赶超，而“美国的文化领导权来自对欧洲大学理念的成功模仿和超越”。美国迄今仍占据着世界高等教育中心的位置。由于战乱和经济发展技不如人，面对强大的对手，欧洲只能望洋兴叹。

然而，经过战后40余年的分裂、对峙，尤其是柏林墙轰然倒塌以后，欧洲一体化进程加速，高等教育力图赶上美国的步伐。但欧洲毕竟不同于美国，重振高等教育不能完全走美国的老路。大体而言，战后尤其是20世纪八九十年代以来，欧洲发展高等教育有三点值得一提：一是致力于高等教育一体化目标；二是高等教育发展更多地借助政府之力；三是加速高等教育国际化的步伐。

其实，欧洲大学一体化运动从1945年后就开始了，由于意识形态分为东西两大阵营，最初的一体化只能是两大阵营内的融合。从20世纪60年代开始，欧洲东西部大学开始了有限的学术合作；20世纪80年代后期，东西欧学术交流开始增多。1988年博洛尼亚大学九百周年华诞，来自东西欧及世界其他地区的430位大学校长共同签署了《欧洲大学宪章》，确立了未来学术一体化的原则。1989年以后，欧洲政治两极化的局面结束，原来看起来不可逾越的意识形态鸿沟一夜间消失。在这种形势下，欧共体加快了一体化的进程。1989年，坦帕斯计划开始启动，之后伊拉斯谟计划成功实施，欧共体于1992年实现了向欧盟的转变，从此，欧盟在欧洲高等教育一体化进程中发挥了主导作用。然而，正当本书中文译稿交付之时，英国公投退出欧盟，这恐怕是原书作者始料不及的。英国退欧虽然对欧洲高等教育一体化进程造成了变数或负面影响，但从长远看，大势是不会改变的。纵使将来欧盟不复存在，欧洲高等教育融合、相互借鉴及交流的步伐也是不会停止的。因为大学毕竟不同于政治，也不是市场，大学须适应社会的需要，但不会完全为社会所左右。欧洲大学近千年发展的历史早就反复证明了这一点。

欧洲主流的大学与政府的关系是非常紧密的，这点不同于美国。相比而言，美国高等教育受市场影响更大一些。大多数欧洲国家认为政府部门在高等教育活动中是必不可少的，他们更愿意把大学与政府的关系看作是伙伴关系。与此同时，政府也希望赋予大学越来越多的自治权。1999 年，由 29 个欧洲国家教育部长签署的《博洛尼亚宣言》，确立了在 2020 年建立欧洲高等教育区的计划，这是教育史上政府支持并参与大学发展的极佳范例。与美国模式相比，欧洲模式是不是更适合我们参考借鉴呢？

国际化是二战后世界高等教育发展的大趋势之一。本书作者宣称：在本书的“每一卷、每一章中都可以找到例证，欧洲大学的学术、知识和科学一直都是一种国际性的行为，学者们在其职业生涯中可以从一所大学转到另一所大学，从一个国家迁至另一个国家，这是一种普遍和非常典型的现象”。

然而，与美国相比，二战后欧洲大学的国际化水平大大落伍了，长期的冷战阻碍了人员和学术的交流，乃至到 1985 年，只有不到 1％的欧洲学生有在国外学习的经历，而在约 200 年前的欧洲旧制度时期，到国外学习过的欧洲学生就已达到了 10％。为此，欧共体于 1987 年发起了伊拉斯谟计划，也称“欧洲大学生流动行动计划”，旨在鼓励欧共体成员国在大学教学项目中展开多边合作，让年轻人体验整个欧洲的教育和文化，帮助他们发现不同文化之间的共性和差异。1995 年，欧盟制订了苏格拉底计划，不仅强调学生的流动，还强调建立便于流动的机制，包括教师交流、联合课程研发、通用的欧洲学分互认体系等。以上举措表明欧洲在高等教育国际化方面是不遗余力的。

本书发起人安德里斯·巴布兰在本书末尾指明了欧洲大学的发展目标，他说："位于欧洲地理范围内的大学历史悠久，其理想的发展结局是形成整个欧洲意义上的大学（群），在更广的世界范围表达和捍卫欧洲文化的整体特性。"（见本书第 599 页）以上目标能否实现，什么时候实现，我们拭目以待。

需要指出的是，受特定意识形态和政治立场的影响，原书作者在探讨有关苏联和东欧等社会主义国家的相关内容时，有某种偏见性的表述，译者对此并不认同。翻译过程中，在不损及作者原意并保持内容连贯性的前提下，译者对相关语句进行了一定调整，亦请读者诸君有正确和客观的认识。

本卷从 1988 年博洛尼亚大学九百年校庆时启动撰写工作，到 2011 年正式出版，耗时二十三年。其间，两位作者先后离世，没有看到本书的问世，留下了遗憾。由于种种原因，本书的中文翻译工作也拖了六年才最终完工，好在译者们年富力强，个个精神饱满，正在各自的领域辛勤耕耘。在这里，我要对他们为本书翻译工作的付出和精益求精表示衷心的感谢。同时也要借此机会一并感谢参加了第二卷但因为种种原因没有参加本卷翻译的两位译者。

本书具体分工如下：

贺国庆，组织本书的翻译和校对，翻译前言、第一章；

张薇，翻译第二、三、四章及人名索引和主题索引；

屈书杰，翻译第五、六、七章；

王保星，翻译第八、九章；

何振海，翻译第十、十一章及附录；

周保利，翻译第十二、十三、十四章；

梁丽，翻译第十五章、尾声。

王保星、何振海、周保利、梁丽参加了本书的校对工作。

河北大学教育史专业研究生高镜淳、韩琳琳、刘超楠，华东师范大学教育史专业研究生李娟、李洁，协助做了部分章节的翻译工作。

感谢河北大学出版社的领导和责任编辑为本书顺利出版给予的支持和付出的辛劳。

贺国庆

2016年9月于宁波大学

欧洲大学史

总主编　瓦尔特・吕埃格

本书是四卷本《欧洲大学史》的最后一卷。该套丛书涵盖了欧洲（包括东欧和西欧）大学自创始至今的整个发展历程，关注了欧洲视角下的若干重要主题。本系列图书的独创性在于其比较性、跨学科性、协作性和跨国性。尽管本书也探讨了大学里讲授的内容，但其主要目的却是在变革中的环境、理念和价值背景下，评鉴大学的角色和结构。本卷研究的是1945年以后高等教育的重构和划时代的扩张，这种重构和扩张带来了现代科学的巨大成就。本卷还追溯了大学与民族国家、教师和学生、目标追求和政治活动之间关系的发展，同时对大学教学内容方面的根本性变化给予了特别关注。

目录

第三编　学生

作者与主编 xi

安德里斯·巴布兰（Andris Barblan），瑞士人，1943 年出生于瑞士沃舟的奥尔布。1973 年起在欧洲文化中心（设在日内瓦）担任丹尼斯·德鲁日蒙（Denis de Rougemont）的助理，1976 年任欧洲大学校长常设会议（设在日内瓦）的常务秘书长，2001 年任常设会议继任机构欧洲大学协会的常务秘书长。2002—2007 年间，他担任设在博洛尼亚的大学基础价值和权利大宪章观察站的秘书长，同时在总部设在都灵的马里奥·贝拉研究院中担任欧洲城市知识发展战略顾问。

阿萨·布里格斯（Asa Briggs），英国人，1921 年出生于约克郡。1976 年获刘易斯市布里格斯勋爵头衔。他曾担任牛津大学伍斯特学院院长（1976—1992）、苏塞克斯大学常务副校长（1967—1992）、开放大学名誉校长（1978—1994）以及设置在巴黎的欧洲教育和社会政策研究会主席（1974—1980）。他目前担任英国社会史协会主席。他的著作涵盖经济、社会、文化史和广播史领域，是英国社会科学院院士和美国文理科学院院士。

艾莉森·勃朗宁（Alison Browning），英国/美国人，1951 年出生于白金汉郡。1986—1994 年在担任欧洲大学校长常设会议和欧洲大学协会副秘书长期间，她负责该组织的许多国际项目和跨学科项目，包括筹备《欧洲大学史》的编写工作。目前，她在美国和欧洲两地工作。

戈登·克雷格（Gordon Craig），英国人，1925 年出生于苏格兰地区的米尔盖。他曾在爱丁堡大学担任詹姆斯·赫顿地质学讲座教授。他出版 xii
的著作包括苏格兰地质学、古生态学和地质学史。他是爱丁堡皇家协会会员。

希尔德·德·里德-西蒙斯（Hilde De Ridder-Symoens），比利时人，1943年出生于布鲁塞尔的圣约翰莫伦贝克，比利时根特大学的近代史教授。她曾担任大学史国际委员会的主席，并且是比利时皇家佛兰德语协会的成员。她出版了关于欧洲大学史、中世纪教育及近代教育方面的著作。

约翰·埃利斯（John Ellis，1916—1998），英国人，出生于伯明翰的一个医生家庭。他在剑桥和伦敦医院接受教育，1941年成为伦敦医院的一名医生，1948年担任该医院的副院长，1951年成为会诊顾问医生，1968年担任院长。他作为医学教育研究协会的创始人和该领域的先驱而享有盛誉。许多国家的政府在建立新医学院校和组织研究生教学时都邀请他担任顾问。他还是《英国医学教育杂志》的创始编辑。他于1980年被封为爵士。

托马斯·菲肯斯泰特（Thomas Finkenstaedt），德国人，1930年出生于慕尼黑附近的普拉内格。他曾在萨尔布吕肯大学（1960—1972）以及奥格斯堡大学（1972—1992）担任英语教授，在1970/1971年，担任德国大学教授协会的主席，并在若干所新大学的基金会任职。他还曾担任慕尼黑巴伐利亚高等教育研究所的首任所长。他出版了几部有关英语词汇历史的著作，还写了一本《德国英语研究简史》。自1992年退休以来，他完成了几部书的撰写，内容是关于上层巴伐利亚人赴梅多斯教会朝圣之旅（去往威斯教堂）的历史。他还完成了几部地方史的著作。

A. H. 哈尔西（A. H. Halsey），英国人，牛津大学社会学荣誉教授，纳菲尔学院院士。他1923年生于伦敦，二战时曾在军中服役，1950年毕业于伦敦经济学院。此后他在高等教育领域中专门从事教育社会学的研究。他最著名的著作是《学究式领域的衰落：20世纪英国的各学术行业》（牛津大学出版社，1996年第二版）。

诺特克尔·哈默施泰因（Notker Hammerstein），德国人，1930年出生于美因河畔奥芬巴赫市。他是美因河畔法兰克福大学近代史专业荣誉教授，著有多部有关德国大学史和学习史的著作。他是《大学史》编委会成员。

迪尔克·海尔堡（Dirk Heirbaut），比利时人，1966 年出生于东佛兰 xiii
德省的哈默。他是比利时根特大学法律史和罗马法教授，比利时皇家佛兰德语科学和艺术协会法律史委员会的秘书。他出版的著作涉及中世纪习惯法、19 世纪比利时的私法史以及法律史方法论等领域。

杰弗里·洛克伍德（Geoff Lockwood），英国人，1936 年出生于约克郡，毕业于伦敦经济学院经济学专业。1959 年，他完成皇家空军在德国的服役之后，成为曼彻斯特大学的教职人员。1961 年，他成为苏塞克斯大学的创始教职人员之一，并在这所大学工作至 1996 年，其中有 24 年任该大学的校长。1981 年他获得战略管理学博士学位。他担任以下机构大学管理顾问长达 30 年：经济合作与发展组织、联合国教科文组织国际教育规划所及欧盟委员会。他是欧洲大学战略管理中心的创始人之一。他的著作涉猎广泛，英国大学规划和管理的标准文本即是其中之一。

赫伯特·C. 麦克格瑞格（Herbert C. Macgregor），英国人，在苏格兰出生和接受教育，莱斯特大学动物学荣誉教授，埃克塞特大学生物科学学院客座教授。他的研究领域和出版的著作集中在动物细胞遗传学和染色体的基因序列排列方面，尤其是两栖动物和鸟类的基因序列排列。他是《染色体研究》杂志的编辑。

斯图亚特·门罗（Stuart Monro），英国人，1947 年出生于苏格兰的阿伯丁。他是位于爱丁堡的面向普通公众传播地球和环境知识中心——“英国动力地球”科技总监。1970—2005 年，他曾任英国地质调查局的首席地质学家。目前，他担任苏格兰国家博物馆理事、爱丁堡国际科学艺术节非执行董事、爱丁堡大学评议会成员以及苏格兰科学咨询委员会的独立联席主席。2007 年，他获得大英帝国官员勋章。

盖伊·尼夫（Guy Neave），英国人，1941 年出生于汉普郡的林登赫斯特。他目前是荷兰特文特大学高等教育政策研究中心的荣誉教授，是设在葡萄牙马托西纽什的高等教育政策研究中心（CIPES）的高级首席研究员。身为一名受过系统训练的历史学家，他编/著了约 30 部有关高等教育
政策比较研究的著作，并且是《高等教育百科全书》和《教育大百科全 xiv

书》的主编之一。他曾担任《高等教育政策》杂志的编辑达18年之久，并曾任欧洲院校研究协会主席。他是美国国家教育科学院外籍院士。1990年起，他大部分时间都住在巴黎附近的圣日耳曼昂莱。

谢尔登·罗斯布拉特（Sheldon Rothblatt），美国人，1934年出生于加利福尼亚的洛杉矶。他是美国加利福尼亚大学伯克利分校的历史学荣誉教授，并担任过该校的高等教育研究中心主任。瑞典歌德堡大学授予他名誉学位。除了在美国的大学任教之外，他还曾在澳大利亚、奥地利、瑞典和挪威的多所大学从事教学工作。他是英国皇家历史协会院士、瑞典皇家科学协会的外籍会员以及美国国家教育科学院的会员。他的学术著作主要集中在对大学史的比较研究方面，并被翻译成意大利文、西班牙文、瑞典文和日文等多种文字。他还是数个杂志的编委会成员。

瓦尔特·吕埃格（Walter Rüegg），瑞士人，1918年出生于苏黎世。1973—1986年在伯尔尼的几所大学里担任社会学教授，1961—1973年在德国美因河畔的法兰克福大学任社会学教授，并在1965—1970年间担任法兰克福大学的校长，1967—1968年担任德国西部大学校长会议主席，1976—1978年任社会科学协会国际联盟的首任主席。他著作颇丰，主要集中在人文主义、历史社会学以及高等教育史等领域。

简·萨德拉克（Jan Sadlak），波兰/加拿大人，1945年出生，波兰华沙社会科学和人文科学学院（SWPS）教授，副院长。他还是位于罗马尼亚克卢日-纳波卡的贝伯兹-波尔约大学在欧洲研究方面的客座教授，是联合国教科文组织高等教育研究欧洲中心的前任主席。他著作颇丰，涵盖的领域包括高等教育及科学政策的改革和变革进程、博士研究和学术资格的组织、私立高等教育、学术成就及排行，以及高等教育和学术价值的伦理维度等。罗马尼亚、俄罗斯联邦及乌克兰的几所知名大学共授予他六个荣誉博士学位。

乌尔利希·泰希勒（Ulrich Teichler），德国人，出生于1942年，卡塞尔大学高等教育国际研究中心教授、前任主任。他出版了大量学术著作，主要涵盖高等教育与职业领域、高等教育体系以及高等教育国际化等领域。他是欧洲科学院及国际教育学会成员，并曾担任高等教育研究者联盟以及高等教育管理专业人员协会的主席。

雅克·韦尔热（Jacques Verger），法国人，1943 年出生于波尔多附近的塔朗斯。他是巴黎第四索邦大学中世纪史教授，巴黎高等研究实践学院第四系研究主任，是杰出的中世纪研究专家。他关于中世纪思想和文化世界，尤其是大学的著作被翻译成几种文字。

路易斯·沃斯（Louis Vos），比利时人，1945 年出生于摩尔，天主教鲁汶大学文学院历史教授。他曾在美国宾夕法尼亚大学和荷兰内梅亨大学担任客座教授。他教授的科目是当代欧洲史和波兰史。他出版的著作和发表的文章集中在学生运动史、青年人协会以及比利时民族主义等专题。

克里斯托弗·沃森（Christopher Watson），英国人，1937 年出生于爱丁堡。1968—2002 年任牛津大学默顿学院院士，2002 年起任牛津大学默顿学院荣誉院士。与此同时，他还在英国原子能局（后来更名为英国原子能技术局）工作，起初他从事等离子物理研究和受控核聚变研究，后来则从事天然气技术与核机器人学研究与发展的管理工作。他是位于英国牛津郡卡勒姆科学中心的欧洲联合实验环项目国际创建团队中的一员，近期他投身于帮助俄罗斯核武器科学家向民用方向转变的英国投资项目中。他出版了几部有关科学史的著作。

约翰·齐曼†（John Ziman，1925—2005），英国人，出生于剑桥，但在新西兰长大。他在牛津上大学，毕业后先在剑桥做讲师，然后于 1964 年成为布里斯托尔大学理论物理学教授。他对于固态金属和液态金属的电学性质和磁性性质展开的卓越研究，使他在 1967 年入选英国皇家科学院。1982 年，他自愿从布里斯托尔大学提前退休，接着在伦敦帝国理工学院做了几年客座教授。1986—1991 年，他担任科学政策促进会（Science Policy Support Group）的首任主任。1976—1990 年，他一直担任科学与社会委员会（Council for Science and Society）的主席，撰写了大量有关科学与技术的社会联系诸方面的著作。

xvi

读者指南

本套丛书尽管是由专家们编撰的，但却面向一般读者。因此，各章所附的注释和精选文献都尽量精简。这些注释要么是引文出处（一般是与该主题相关的最主要或最新的资料），要么是一些量化的数据的佐证或用以解释某个问题的两种阐释之间的重要区别。每一章后面都有精选文献。这些文献并不是详尽无遗的，目的只是鼓励进一步的阅读。读者可在书内引注中找到更完整的参考文献书目。由于这一时期的一些知名著作在不同章节中均被引用，所以在注释中采用这些著作题目的缩写形式。本书注释文献缩写表见下页。另外，读者在第二章末，可以看到一份更为综合性的参考文献，因为这一章讨论的主题涉及本卷涵盖的历史阶段的大学的存在形式和性质。为了避免各章之间不必要的重复，编者们相互参照其他章节的内容及注释，从而告知读者关于某一主题可以在本卷其他章节找到更丰富的信息（也可参考《主题索引》）。全书均采用标准英语专有名词写法，必要的时候，通过在《人名索引》中相互参照，也会采取一种在欧洲大陆更为常用的表达形式。

注释文献缩写

xvii

Clark and Neave, *Encyclopedia Ⅰ*

B. R. Clark and G. Neave (eds.), *The Encyclopedia of Higher Education*, vol. Ⅰ: *National Systems of Higher Education* (Oxford, 1992).

Clark and Neave, *Encyclopedia Ⅱ*

B. R. Clark and G. Neave (eds.), *The Encyclopedia of Higher Education*, vol. Ⅱ: *Analytical Perspectives* (Oxford, 1992).

Clark and Neave, Encyclopedia *Ⅲ*

B. R. Clark and G. Neave (eds.), *The Encyclopedia of Higher Education*, vol. Ⅲ: *Analytical Perspectives* (Oxford, 1992).

Clark and Neave, Encyclopedia *Ⅳ*

B. R. Clark and G. Neave (eds.), *The Encyclopedia of Higher Education*, vol. Ⅳ: *Academic Disciplines and Indexes* (Oxford, 1992).

Jílek, Historical Compendium

L. Jílek (ed.), *Historical Compendium of European Universities/Répertoire historique des universités européennes* (Geneva, 1984).

xviii

前言

总主编　瓦尔特·吕埃格

本卷是《欧洲大学史》的第四卷，也是最后一卷。本套书由欧洲大学校长常设会议策划。在本书的《尾声》部分，前秘书长安德里斯·巴布兰叙述了本项目是如何发起的，并从一位长期从事欧洲大学问题研究的学者的角度，提出了他从整部《欧洲大学史》中得出的一些结论。

1983年秋天，欧洲大学校长常设会议详细阐明目标之后，将本项目的实施委托一个国际性的编辑委员会。该委员会认定：一部以欧洲为中心的现代大学史不应简单地按照国别、大学类型、著名大学以及学术运动来编撰，而是应该根据最新的研究成果，在全欧洲进行对比研究，对每所大学自其成立至二战后的社会环境和任务、结构和功能、领导人物和活动进行概述。正是基于这一理念，从1992—2004年，我们出版了《欧洲大学史》的前三卷。这三卷涵盖的时间段从大学史的角度基本上符合逻辑，分别是中世纪、近代早期及1800—1945年这一时期。前三卷涵盖的时期不同，但是每卷的章节主题结构却是相同的。各卷的《尾声》都简单概述了向下一卷的过渡。此外，第二卷的《传统与变革》一章中还展示了从中世纪到近代早期大学的缓慢变迁。

《欧洲大学史》第一卷各章采用了在全欧洲范围内进行比较的研究范
式，从而最大限度地降低了其难度。之所以采用这样的写法，不仅是因为
xiv 中世纪时期大学的地理分布主要集中在隶属于罗马教廷的欧洲地区，更主
要的原因是，中世纪史的研究者们也往往都是以欧洲为视角展开研究的。
这种写作手法仅在后面各卷中的第四编《学术》部分中保留下来。如在
《学术》这一编所讨论的内容都不局限于某个国家范围。在其他章节中，
尽管来自不同国家的编写者都做了极为出色的工作，但就内容而言，这些

章节更多呈现的是作者所关注的国家性（实际上是地方性）的内容。

早在本项目筹备阶段，欧洲大学校长常设会议就已经在欧洲各国建立起通讯员网络，在编写的过程中这些通讯员帮助进行欧洲范围内的比较。这一通讯员网络借助收集资料而通过了首次主要的考验：欧洲大学校长常设会议在1984年出版了《欧洲大学史纲》，该著作成为本项目的主要参考书。[①] 后来，这些来自不同国家的通讯员按照各个作者的工作安排，根据他们所在国家的大学体系的特殊性来收集资料，他们的工作为形成更完善的欧洲视角做出了贡献。

因此，编委会试图从广泛的欧洲文化传统领域中为每卷的各章寻找合适的作者，使得每卷的主题得以从整个欧洲的角度来进行比较。为了向这些作者介绍这一比较方式，在每卷的写作过程中，所有的作者都受邀参加两到三次的专题研讨会，研讨会的主办方是那些著名的欧洲新、老大学：从博洛尼亚大学、牛津大学到波鸿大学，从萨拉曼卡大学、科布英拉大学到根特大学。在首次专题研讨会上，作者与编辑就以编委会提出的指导原则为基础，就各章中作者提出的概念进行了深入探讨。第二次和第三次专题研讨会则对作者们的初稿进行了类似的交流。由此形成的学习过程不仅促进了本套丛书不同章节的欧洲视角的形成，还使我们的合作者有机会在有关现代欧洲大学历史的各种会议和出版物中介绍这一学习过程。[②]

第四卷的十五个章节及一篇《尾声》由一名东欧学者、一名讲法语的瑞士学者、两名讲佛兰德语的比利时学者、四名讲德语的学者以及十名母语为英语的学者共同完成。母语为英语的学者数量占比较大，反映出自1945年以来他们所在的大学扮演了领导角色。1985年，英国副校长委员

① Jílek, *Historical Compendium*.

② A. Romano and J. Verger, *I poteri politici e il mondo universitario*(XIII-XX *secolo*), *Attidel Convegno Internazionale di Madrid 28-30 Agosto 1990*(Soveria Mannelli, 1994); M. Peset (ed.), *Aulas y Saberes*, VI *Congreso Internacional de Historia de las Universidades Hispánicas*(Valencia, 1999); R. C. Schwinges (ed.), *Veröffentlichungen der Gesellschaft für Universitäts-und Wissenschaftsgeschichte*(Basel, 1999ff.).

会把企业型管理的美国大学模式引进欧洲。在第四章《管理与资源》中，
XX 苏塞克斯大学的例子清晰地表明了这一革命性的变革，其后，全欧洲的大学机构都实施了这种变革。第二章和第三章阐释了大学之所以都不由自主地走向这种自治状态的原因。第一章的结语部分讨论了实行自治的欧洲大学在经历了几十年的财政赤字之后，被迫向已经实践了几百年自治的美国大学学习。这一例子说明，对某个主题的探讨有时只能以欧洲视角来开展。③

第四编的标题是“学术”，在这一标题之下，编者的设计意图本是展现不同学科领域内研究了什么、发现了什么以及教授了什么，但是，这一部分呈现出一个特殊的问题。在前面几卷中，向学术史和知识史的延伸相对容易。然而，第四卷却并非如此。现代科学及其应用所涵盖的范围非常广泛，技术上的要求非常高，大学在科学发展中的作用也非常巨大，在本项目这样的著作中恰当地评述这些问题会面临困难。然而，遭受最严重战争创伤的欧洲各国在战后重建过程中也面临着类似的问题，包括它们要适应美国在所有自然科学和技术方面占据主导地位的现状。上述事实揭示出我们所采取的方式过于简单。

于是，正如约翰·齐曼在有关精密科学那一章中所谈到的那样，与详细叙述科学成就相比，我们更强调科学政策。有时，由于这些科学政策带来的诸多成功，一种歌功颂德的论调悄然出现，赫伯特·C.麦格雷戈在关于生物科学的章节中显示出这一点。然而，我们使各章宛如那些在科学领域中工作过的经验丰富的人的发言，他们对本卷所涉及的大部分时间范围内的科学发展的未来提出建议。这些真知灼见的贡献不仅对他们探讨的话题进行了基础描述，也进行了深层次的剖析。

有关科学、医学和技术这几章的6位作者都是英国人。虽然这并非一条既定编辑方针，但这一做法有一定的优势，可以抵消随之而来的强调英国经验的弊端。首先，它为诸多问题及其解决措施提供了一定的统一性，

③ 因此（本书）附有详细的《主题索引》。

它容许从宽泛的意义上来看待科学、技术和医学的教学。其次，英国作为二战后世界科学先驱美国与欧洲大陆之间的纽带，它比欧洲大陆更早、更敏锐地感受到了来自美国的压力；加之由于它的基础设施在战争中没有遭到破坏，在新环境下，英国更直接、更公开地面临创新改革的问题。最后，在扩大学术范围、增加科技占比方面，英国取得了示范性的成果。我 xxi
们的作者对他们认为合适的国家的相关状况也做了比较。

1988 年博洛尼亚大学举行“九百年校庆”时[4]，第四卷的研究撰写工作启动，首先是制订计划和指导原则。启动时确定的各工作小组成员和作者于 1991 年和 1992 年分别在博洛尼亚和根特集合，欧洲大学地理分布图不再以“铁幕”来划分。第三章《与当局的关系》对比了苏联大学模式与西欧大学模式，相关的内容通过二战后德国领土上的各占领势力的分析已经进行过论述，在此由一位谙熟中欧和东欧大学的作者进一步阐述。在其他几章中，我们也要求作者在可能的情况下适当地拓宽其欧洲视角。此外，对本卷涵盖内容的截止时间的要求也从 1990 年到 1995 年分阶段进行。

第三卷延迟至 2004 年才面世，因此，我们也要求第四卷的作者根据当前的研究状况继续修改稿件。有些作者认为有必要将 1995 年之后的大学发展情况也简要纳入本卷。撰写《医学》这章的约翰·埃利斯于 1998 年去世，约翰·齐曼也未来得及完成他负责的《数学、精密科学》一章的修改，就于 2005 年初离世。

在 2005 年 6 月召开的第十九次会议上，编委会复查和修改了书稿，并就书稿的英文版本将具体的编辑任务分派给各参与人。我们尤其要感谢约翰·海尔布伦，他同意承担《学术》部分有关科学章节的编辑工作，并重点关注已故作者撰写的那些章节。他及编委会一致同意将这些章节以原作者个人成果的形式呈现给读者。

前几卷均附上一份本卷讨论时期内存在的大学的年代目录。第三卷还

---

④ 有关 1088 年“建校”日期的进一步信息，见第一卷第 24—26、58—60 页。

补充了具有大学地位的专门学院和应用科学类大学的年代目录。由于第四卷涉及的学院和大学数目巨大，再做这样一份年代目录已经不可能了。然而，在最后一次会议上编委会认为，按照年代顺序列出1945—1995年间各国创建的大学还是有助于读者的理解。欧洲大学校长常设会议的继任机构欧洲大学协会（EUA）诚恳地请求各国的大学校长会议提供相应的资料。主编则根据2005/2006年世界高等教育数据库将一些缺失的数据补
xxii 齐。正像在前面几卷中那样（其实就像在大多数发达国家中那样），大学往往被界定为由政府赋予博士学位授予权的机构，这种定义很自然地认为在科研基础上进行教学是大学运行的先决条件。

在各国通讯员中，格拉茨的沃尔特·霍夫兹纳及圣彼得堡的科马罗夫的评论对个别章节贡献极大。我们还非常感谢每位作者都非常耐心和认真地修改自己的稿件。安德里斯·巴布兰和艾莉森·勃朗宁作为编委会中最年轻的两位，在第四卷的筹备工作中尤为积极投入。在这项工程的酝酿和实施阶段，他们两位分别担任欧洲大学校长常设会议的秘书长和副秘书长，都以极大的热情参与这项工作的始终。他们一定会非常高兴地看到，不仅是欧洲大学校长常设会议最初定下来出版的英文版和德文版获得了广泛好评，前几卷的葡萄牙文版和西班牙文版已经面世，翻译成俄文和中文的工作也正在进行。

在前几卷中，我们不断指出研究基础上的差别，这样做非常有必要。第四卷同样如此。我们重新检视整卷内容时发现，在《学术》这一编，我们强调的是在各卷所涉及的各个时期内给予大学特性的那些科目。这样，在前三卷中，神学和人文学科备受关注，并且尤其强调人文主义和人文学科地位的提高。在本卷所涉及的时期内，则是由自然科学定调和定方向，社会科学紧随其后。我们涉及的范围包括作为社会科学的历史学，不再包括宗教学和人文学科。后者作为学术学科自1945年之后经历了诸多重大变革，由于受到科学、工程学和商学的冲击，它们在当代大学中的地位不断降低。也许，我们的后继者会受到启发去考察这两个学科领域教学的最

新发展状况，并以此来说服出版商策划第五卷。[5]

尽管存在诸多不足，我们还是希望，《欧洲大学史》这套书，通过介绍和分析这一历史阶段的各种条件和发展状况，不仅能够激发进一步的研究，还能够有助于更好地理解全球化条件下大学的目标和使命。

---

⑤ 有关人文学科的教学情况，见第八章《教育》（原文如此。疑应为第七章《课程、学生与教育》）。

xxiii

鸣谢

《欧洲大学史》的筹备工作受到来自荷兰、德国、葡萄牙、瑞典、西班牙和瑞士的基金会和赞助商的慷慨支持，包括荷兰阿姆斯特丹的欧洲文化基金会、德国科隆的弗里茨-蒂森基金会、德国圣奥古斯丁的康拉德-阿登纳基金会、德国斯图加特的罗伯特博世基金会、德国埃森的德国科学基金会、埃森的德意志银行捐赠基金会、德国汉诺威大众汽车基金会、葡萄牙高等教育部部长、葡萄牙里斯本的国家科学研究院和卡路士第・古本基安基金会、西班牙马德里的阿雷塞斯-阿蒙基金会、葡萄牙波尔图的安东尼奥-阿尔梅达基金会、瑞典斯德哥尔摩的瑞典银行三百年基金、瑞士苏黎世的瑞士信贷、瑞士巴塞尔的罗氏公司、瑞士苏黎世的阿尔皮纳禧保险公司基金会、瑞士伯尔尼大学的马克斯-艾萨啤酒布拉万达基金、瑞士沃韦的雀巢公司以及瑞士伯尔尼的瑞士国家科研发展科学基金会。

在第二卷列出的各国通讯员中，格兰茨的沃尔特・霍夫兹纳和圣彼得堡的格里戈里・蒂史金在赋予第四卷“欧洲的”维度方面贡献良多。对其他同事的帮助与支持的感谢会出现在相关章节中。

继前几卷之后，比利时根特大学的约翰・汉瑟勒继续承担了系统整理本卷的人名、脚注和版面格式的工作。他还列出了人名索引，并在希尔德・德・里德-西蒙斯的协助下，列出第一卷、第二卷和第三卷的主题索引。我们非常感谢他在整个项目进行过程中所做的细致、智慧的工作。

xxiv 我们也非常感谢本项目所获得的所有资金方面和学术方面的支持。我们感谢本项目各次大会和研讨会的主办大学，特别是伯尔尼大学、萨拉曼卡大学、科英布拉大学、艾希施达特天主教大学、牛津大学、波鸿大学、博洛尼亚大学和根特大学。最为重要的是，我们要感谢欧洲大学校长常设会议及其继任机构欧洲大学协会的无价帮助。最后但同样重要的是，我们要感谢所有作者、资助商和出版商对本丛书的出版长时间延期所表现出的耐心和理解。

第一编 主题与模式

第一章　主题 3

瓦尔特·吕埃格

导言

二战给欧洲大部分地区的大学都造成了非常严重的破坏。得以幸免的地区为伊比利亚半岛上的西班牙和葡萄牙、斯堪的纳维亚半岛上的瑞典以及中欧的瑞士。受破坏最严重的则是东欧，这里的大学几乎被占领者完全破坏。中欧和西欧的情况也差不多，德国的占领与同盟国的解放使这里的许多大学几乎成为废墟。50 年之后，欧洲的大学才得以复兴和发展。1945 年全欧洲正式注册的大学有 201 所，50 年后这个数字又增加了 600。由于战后许多年轻男女纷纷进入大学，大学的注册人数增加了五倍。这些学生学习的科目中，许多都是 1945 年的大学所没有的。大学在这一时期的成功发展，正是本卷的主题，而本卷也是我们这部《欧洲大学史》丛书的最后一卷。

三大主题构成了本卷书的独特之处。第一个主题是改革理念，它自大学成立之初就是大学的基本要素；第二个主题是象牙塔的倒塌，起自 20 世纪 80 年代的各种有关大学的改革以及大学与公众领域的相互作用，被认为是导致象牙塔倒塌的主要原因；第三个主题是欧洲大学的地方化，欧洲大学失去了其在研究和教学方面的世界主导地位。第二卷和第三卷中都有一章专门讨论其他大陆对欧洲大学模式的学习和采纳。本卷则不会再讨论这个内容。在主要由美国划定的全球大学版图上，欧洲本身变成了一个区域，当然依旧是比较重要的一个区域。在全球大学版图上，先是英国大学模式，接着是德国大学模式，各自经历了一个独立的发展阶段。到了

4 20 世纪 90 年代，在重新统一的欧洲，主导大学基础改革的则是美国大学模式。在《欧洲大学史》的最后一卷中，有必要把这些变革纳入分析的视角。

优化改革①

1215 年颁布的世界上最早的大学法令将巴黎的学校的持续改善作为其目标。“改革”（*reformatio*）一词不仅指一所被解散了的大学的重建，而且意味着以大学章程的方式重申原来的章程、原则和规范。意大利城邦中负责大学的官员们往往被称作“学院改革派”（*reformatores studii*）。自 10 世纪起，“改革”一词取其原始意“恢复最初的形式”开始用于修道院。而当这个词用在跟大学有关的事物上时，从一开始就表明大学的任务在于建立独特的形式，实现潜在的柏拉图式理念，达到亚里士多德式的圆满。

在大学新生和公众的眼里，这一形式是当权者的象征。最初的大学往往将其创建者认定为历史上的重要人物。巴黎大学的创建者是查理大帝，牛津大学的创建者是英国国王阿尔弗雷德大帝，博洛尼亚大学则虚构出一份创建文献。根据该文献，曾在缔造罗马法中做出了突出贡献的古典晚期的狄奥多西二世授予博洛尼亚大学教授法学的权力。②

之后，由教皇、皇帝或国王授权创建的大学，往往采取 1200 年左右创建的两所大学——巴黎大学和博洛尼亚大学的模式之一。这两类大学的区别仅在于其是由学者管理的或是由教师管理的，以及大学包括的学院数目。渐渐地，包括四个学院的州立大学出现了。这四个学院是在文科和哲学领域提供普通教育的文学院或哲学院，以及另外三个高级学院，分别培养神学家、律师和医生。“为了更好而改革”（*reformatio in melius*），借

① 第一卷第 28—34 页（吕埃格，《主题》）。

② 约在 1888 年前后，博洛尼亚大学，这所欧洲最古老的大学为举办校庆，将其建校时间确定为 1088 年；cf. vol. Ⅰ,24f.。

由学士、硕士（或执教资格）、博士之间的不同等级，以及规定的教学方案和方法，阐释了院系组织与学习结构的一致性。

改革在大学章程上被给予了具体形式。大学成员的行为受到各种具体 5
的准则和禁止条款的规范，目的是避免大学成员与普通民众之间产生摩擦，并确保大学能够尽可能有效地圆满实现其目的。在准则上列出的各项具体规定体现出了大学价值观，该价值观与学者的理想联系在一起，并以宣讲和辩论的形式公开地和隐性地表达出来。除了对学习的热爱、学术诚信、广博的知识以及清晰的思维之外，还包括其他一些美德，诸如谦虚、对学生的幸福给予父亲般的关心、学院内的团结、对大学的忠诚，以及不仅服从大学的官员，还要服从对大学进行资助的教会和世俗人士。③

这一新兴的学术特质有以下七个方面的基本特征。正是这些基本特征，使得“对学习的热爱”这一美德及其在大学中的实践获得了宗教上的合法性。④

第一，正是由于相信人类理性可以认识世界秩序，才能够进行学术研究，而学术研究就是为了洞悉上帝创造的世界中所蕴含的理性秩序。

第二，认为人类是不完美的古典观点、犹太-基督教关于人一出生就陷入罪恶的观点，以及与其有联系的认为人类智慧有限的观点，一方面成为学术批评和学院合作的原动力，另一方面构成了将诸如谦虚、谨慎、尊重和自我批评的普遍伦理价值观转化为大学学者的理念的基础。

第三，将人类个体看作是宏观世界的映像或是上帝的形象的反映，构成了逐步出现的学术研究自由和教学自由的基础。

第四，将绝对真理设定为探索知识的目标，这要求引进基本的规则，

---

③ A. L. Gabriel, ‘The Ideal Master of the Medieval University’, *The Catholic Historical Review*, 9(1974), 1-40; G. Lebras, ‘*Velut splendor firmamenti*. Le docteur dans le droit de l'église médiévale’, in *Mélanges offerts à Etienne Gilson*(Toronto and Paris, 1959), 373-388; J. Leclerq, ‘L'idéal du théologien au moyen-âge, textes inédits’, *Revue des sciences religieuses*, 21(1947), 121-148.

④ W. Rüegg, ‘The Academic Ethos’, *Minerva*, 24(1986), 393-412; cf. A. B. Cobban, *The Medieval Universities: Their Development and Organisation*(London, 1975), 13ff.

这些规则涉及分享信息、用普遍接受的批判性审查的方式审视观点、在学术研究及其研究成果的程序方面服从公共性等方面。

第五，愿意接受任何有说服力的成就而增进个人的知识，这类成就来源多样，如被重新发现的罗马法或阿拉伯医学和科学知识等。这样，从大
6 学成立之初就存在着统一的特定价值观，该价值观经历了几个世纪的发展后具有了社会革命性力量：判断知识的基础是知识的价值，而不是其来源；完成这一任务的成员之间是平等和团结的。尽管现代社会历史学在很大程度上强调大学中的社会不平等性，然而在对学术知识的追求和传播上，这种社会不平等性完全消失了，至少在原则上是如此。

第六，受益于将学术研究理解为公益事业，并按照宗教的说法理解为上帝的礼物，大学被看作是一个开放的机构，这与行会及一些地区性的机构不同。大学接纳每一位具有学习能力的自由的基督徒。在大学里，利用知识获利的兴趣不像在大学之外那么浓厚。

第七，改革对指定的作者和思想体系给予了极大的关注，但也并不是对它们不加辨别地加以接受。这些改革措施被采纳为教育的基础之前，往往会被从逻辑上进行仔细审查。在中世纪，作为知识累积过程的学术研究，正是建立在为了更好而改革的基础之上的。

学术研究照亮了世界，这一事实同时也引导人服从上帝及上帝的仆从皇帝。1155 年，德皇腓特烈一世颁布保护外国教师和学者的法令，进一步强调了这一点。⑤

学生最早 13 岁注册入大学，每位学生都需要一位导师指导其学习和生活。此时，学生们就开始践行对权威的遵从了。在学术上，学生的遵从体现在他们听教师讲解和分析指定的篇章，并背诵这些篇章，还在班上进行复述。经过三到四年的语法、逻辑和修辞方面的基础学习，学生就以学士身份毕业。毕业之后，他既可以从事非学术性的工作，如担任市镇的书

---

⑤ W. Stelzer, ‘Zum Scholarenprivileg Friedrich Barbarossas (Authentica “Habita”)’, *Deutsches Archiv für Erforschung des Mittelalters*, 34(1978), 123-145.

记员或公证员，也可以在导师的指导下，继续学习以获得教师资格，学习的内容包括四种普通数学类文科（算术、几何、音乐和天文学）和三种哲学类学科（物理学、伦理学和形而上学）。经过四年的学习之后，学生可以参加硕士考试，以获得被普遍认为是教学资格的教师资格证。通过硕士考试的文学院学生中，只有少数人继续学习四到八年，以获得更高级别的 7
医学院、法学院或神学院的执业证书。不论是硕士证书还是执业证书的执有人，都可以获得博士学位，他们不用参加任何额外的考试，只需缴纳较大数额的学费。

然而，早在中世纪时，大学的学习就已经区分为学士、硕士或执业证这两个级别。这两个级别的学习在盎格鲁-撒克逊高等教育体系中都保留了下来。譬如在法国，学士（*Baccalauréat*）是中学毕业考试之后授予的，因而它也被看作是大学考试的最低级形式。今天我们强烈反对的高辍学率，在中世纪则是常事。进入大学的学生中，大多数都没有参加昂贵的考试就辍学了。在越来越以金钱和书信交流能力为主导的领域里，这些学生虽然没有学术资质，但是，依靠他们在大学期间自主学习获得的一些智力技能，也可以发展得很好。举例来说，一个意大利的城市行政机关，聘用法官的资格也许仅是拥有一本《法典》（*Corpus iuris*）而已。

在中世纪，大学的社会功能在于传播知识和方法。1200—1600 年间，政治、教会、法律、医学和教育领域内社会不确定性盛行，大学所传播的这些学术知识和方法对于减少理性方面的不确定性来说十分必要。大学教授确保知识确定性的方式有两个：一个是在辩论过程中指出教义本身的矛盾或教义与实际生活经验之间的矛盾；另一个则是以逻辑分析的方式来解决这种矛盾。学生参与辩证的辩论，是每个学院课程中的重要一环。

这种教育方法与亚里士多德式和修道院式“沉思的生活”（*vita contemplativa*）的目标一致。自 14 世纪起，大学一直疲于应付这样的批评：大学主要的任务是培养医生、律师和公共事业的从业者，但是，大学的教育方法所关注的却不是人类个体及他们面临的具体的问题。因此，其他类型的高等教育机构应运而生。葡萄牙和西班牙创建了国立航海学校。精通某门学问的私人小团体或私人学院首先在意大利出现，接着蔓延到德国的埃尔福特、波兰的克拉科夫和俄罗斯的布丹。[⑥] 印刷业的发展也为打破中世纪大学在知识产生和传播方面的垄断做出了贡献。

8

人文主义和以对话形式展开的大学改革

仅仅几十年前，在学者们头脑中，近代早期的大学处于衰落期，甚至昏睡期。1996 年面世的本书第二卷，则反对这一论断。[⑦] 第二卷认为，与此相反，大学还对“科学革命”的蔓延贡献良多。[⑧] 但是，大学不再局限于层层凌驾于全欧洲的权力统治之下的一元化欧洲框架之内发挥作用，而是在一个宗教和政治上都分裂的欧洲，开始扮演连接全欧智力精英的桥头堡的角色。

这些桥头堡建立的基础是人文学科，即对拥有相同文化背景的欧洲各国都适用的人文主义教育。这是欧洲大学的第二次改革，13 世纪的改革则是第一次。不可否认的是，就课程安排而言，与以往不同的仅仅是增加了历史学和希腊语，同时强调修辞学和道德哲学。但是，比学习内容方面的差异更为重要的，则是各个学院学习方向的差异。

与此类似，正如尖塔高耸的哥特式大教堂被文艺复兴和强调水平角度的巴洛克式教堂所取代，大学学习的目标也不再是培养那些处于各级科学之塔上观看世界全景的学者了，而是培养绅士、诚实的人、开明的国家仆从和公民，这些人通过“与过去那些博学人士进行对话而获得其思想精髓”的方式进行自我教育。正是在这些话语中，[⑨] 笛卡尔提出了其结构性

---

⑥ T. Klaniczay, ‘Das Contubernium des Johannes Vitéz. Die erste ungarische “Akademie”’, in K. Benda *et al.* (eds.), *Forschungen çüber Siebenbürgen und seine Nachbarn*, *Festschrift für Attila T. Szabóund Zsigmond Jakó* (Munich, 1988), 227-243.

⑦ 第二卷第 xxi 页（吕埃格，《前言》）。

⑧ 第二卷第 531—562 页（波特，《科学革命》）。

⑨ G. Lanson, *Histoire de la littérature française*, 12th edn (Paris 1912), viii.

对话的原则，意大利的人文主义者则以这一原则开启了一条通往古典世界的新道路。[10] 对于数学家笛卡尔和其他科学家来说，在学术著作中一再阐述的这一对话结构，不仅改变了欧洲精英教育的基础，而且改变了学术研究概念本身。然而，纵观整个中世纪，学者就好像坐在巨人肩膀上的矮子，只有靠坐在巨人肩膀上才能看得远些，[11] 与过去的伟大人物之间的人 9
文主义对话，使得学者能够开始在更高的领域探索，以期发现新世界。1620 年，弗朗西斯·培根在其《伟大的复兴》（Instauratio magna）一书扉页上对这一新世界给予了说明和评论。[12]

社会精英们在研究史料的时候，越来越依赖于书面形式的商业和通信交往，这就保持了与传统学问的权威之间的对话。在这一过程中，他们判断各种观点时不再主要依赖规则和教义，而是考虑是否具有充足的说服力。当时，私人之间的信件往来是一种对话形式，学者们在写信的时候就考虑到将来要发表，于是，这些信件超越了宗教界限和政治界限，不仅将欧洲的学者联系起来，也让他们与政治精英沟通交流。它使得某些新思想得以在全欧范围内传播和讨论。1665 年，巴黎皇家科学院创办的《学者杂志》（Journal des sçavans）和英国皇家科学院创办的《哲学会刊》(Philosophical Transactions）都承担了这一联系功能。

在这种人文主义对话中，陌生人被看作是对话交流中的一个伙伴乃至一位朋友，这种对话最主要的功能在被称为“法兰西学院之父”的纪尧姆·比代于 1518 年 10 月写给瑞士人文主义者瓦狄亚努斯的一封信中体现得淋漓尽致：他们之间由于一本书上的题词而建立起来的友谊，并不会由于法国和瑞士联邦之间的战争而受到损害，这是因为“哪个拥有人文主义

---

⑩ 此处及其后内容参见：W. Rüegg，‘Die Funktion des Humanismus für die Bildung politischer Eliten’，in W. Ludwig and G. Huber-Rebenich(eds.)，*Humanismus in Erfurt*(Rudolstadt，2002)，13-32。

⑪ John of Salisbury，*Metalogicon* Ⅲ，4，ed. C. C. Ⅰ. Webb(Oxford，1929)，136. Cf. R. K. Merton，*On the Shoulders of Giants*：*A Shandean Postscript*(New York，1965).

⑫ 第二卷第 6、16 页（吕埃格，《主题》）。

价值情怀的人，会因为两国政府厌弃了和平、想尝试一下战争的味道，而背弃自己在国外结交的朋友呢？”[13]。鹿特丹的伊拉斯谟也是持这种态度的典范，这种态度让我们能够理解为什么统一的教会瓦解之后，欧洲的大学却依然得以保留。

然而，大学并不是作为唯一的、包罗万象的高等教育机构而保留下来的。承担普通教育的机构，全部或部分地从原来的文学院转移到了大学内的住宿制学院，或大学外的学校、预科学校、学园。在英格兰，大学继续作为组织学术学位考试的机构发挥作用，而大学外的那些机构则既提供进入大学学习的预备教育，也为学生直接承担社会角色做准备。人文主义教育在社会融合方面发挥如此成功的作用，以至于卢梭在1772年宣布：“将来，不会再有法国人、德国人、西班牙人或是英国人，而只有欧洲人。这些人都是以同样的方式塑造的。”[14]

学术研究同样冲破了大学的界限。通常被称作学会的科学团体，或自发动意，或受到王子们的邀请，都将大学的学者和科学家与学术职业从业人员和非专业人员联系在一起。这些人因此共同讨论，推动学术发现前进的步伐。

除了苏格兰、意大利、德国和荷兰的一些著名大学以现代化的课程引领启蒙运动之外，推动“积极生活”（vita activa）和面向社会的教育的人文主义浪潮在17和18世纪衰退了，逐渐取而代之的是被莫里哀和莫扎特所鲜明讽刺的毫无意义的迂腐和卖弄学问。法国大革命终结了大学及其他

---

⑬ *Vadianische Briefsammlung*, vol. Ⅶ: *Ergänzungsband* (St Gallen, 1913), 9. Text based on the original corrected by W. Rüegg, 'Humanistische Elitenbildung in der Eidgenossenschaft zur Zeit der Renaissance', in G. Kauffmann (ed.), *Die Renaissance im Blick der Nationen Europas*, Wolfenbütteler Abhandlungen zur Renaissanceforschung, 9 (Wiesbaden, 1991), 133.

⑭ J.-J. Rousseau, *Considérations sur le gouvernement de Pologne et sur sa réformation projetée* (ed. J. Fabre), *Oeuvres complètes* (ed. B. Gagnebin and M. Raymond), vol. Ⅲ (Paris, 1964), 960. Originally the quotation was erroneously attributed to Voltaire (e. g. in O. Dann and J. Dinwiddy (eds.), *Nationalism in the Age of the French Revolution* (London and Ronceverte 1988), 14); this was corrected by Charles Wirz, curator at the Institut et Musée Voltaire in Geneva.

的中世纪机构，并实施最激进的改革，用新形式取代过时的形式，这根本不足为奇。

大革命时期法国关闭了全部 22 所大学，代之以位于 12 个最大城市里的技术学院、大学校和医学院、法学院。后来，重新建立了法兰西文学院和法兰西科学院，用来管理学士学位考试、培训中学教师以及为受过教育的公众提供讲座。在其他一些国家里，大学也消失了。在整个欧洲，1789 年共有 143 所大学，到了 1815 年，减少了约 60 所。[15] 这一方针与启蒙运动的思路是一致的，启蒙运动期望将高等教育导向服务于传播实践知识，因为正是实践知识服务于公共事业；启蒙运动还期望建立职业学校。这样，从西班牙到俄国，大大小小的政府都纷纷创建为培养本国军事人才和政治人才服务的高等教育机构。1801 年，普鲁士国王明确要求两年前在柏林创建的建筑学院“应该培养建筑师而不是教授”[16]。与中世纪时一样，培养大学教师仍旧被看作是大学的基本任务。在这种情况下，尤其引人注目的是普鲁士的大学不仅存活了下来，而且在 19 世纪和 20 世纪还逐渐发 11
展成为世界顶尖的高等教育机构。原因在于，德国人并没有在柏林设立一所原计划的“普通教育机构”，而是于 1810 年创建了一所以现代大学改革理念为基础的大学。

施莱尔马赫和洪堡对大学进行的自由主义改革

由拿破仑确定其最终形式的高等教育法国模式，行政组织方面以官僚主义管理为特征，具体表现为高等教育致力于培养高级国家文职人员和官员，学术职业领域处于政府的掌控之下。同样的官僚主义特征还体现在详尽规定课程和考试的内容、确保教学在政治上和宗教上的一致性以及用准军事纪律来规范教职人员的行为等方面。[17] 通过精英选拔和专门化训练，

---

[15] 后续部分内容参见：第三卷，7ff.（吕埃格，《主题》）。

[16] *Die Technische Hochschule zu Berlin 1799-1934. Festschrift*(Berlin, 1935), 39.

[17] 第三卷，33ff.（查理，《模式》）。

这一模式在培养高素质的官员方面非常成功。

到了今天，对于发生在19世纪的“大学的非预期增长”，即使是法国的大学历史学家也是这样解释的：“借助于大学复兴现代化的方针，以1810年柏林大学的创办为代表，与威廉·冯·洪堡的名字联系在一起。”[18]在负责普鲁士教育体系工作的十四个月里，身兼外交官和学者两种身份的威廉·冯·洪堡说服国王拒绝了法国模式，并且在柏林建立一所现代大学。这一大学以神学家、哲学家弗里德里希·施莱尔马赫的自由主义提案为基础，并由他将这些提案付诸实施。[19]

在施莱尔马赫和洪堡看来，学校是负责传播普遍接受的和直接实用的知识的地方。大学的任务是向世人演示如何发现知识，其主要途径是“向世人揭示所有知识赖以存在的基本原则，这样一来，人们向任何知识领域
12 进行探索的能力就会形成”。这样，在施莱尔马赫眼中，研究的主题就是“学习如何去学”。大学应该进行教学工作，以此唤醒“追求知识的理念和对理性最高程度的意识，并使之成为人类的一个指导原则”[20]。

对柏林大学的创建者们来说，处于追求学术知识的中心的自由，不仅意味着学习、教学和研究的自由，还意味着大学与政府和教会之间的关系上的自由。洪堡坚信，对大学来说，政府仅承担两种责任：“一是通过对教职人员的选拔确保大学拥有丰富的智力资源，一是保证大学教职人员开

---

⑱ A. Renaux, ‘Le rôle des institutions universitaires dans le développement d’une culture démocratique européenne’, in N. Sanz and S. Bergan (eds.), *Le patrimoine des universités européennes* (Strasbourg, 2002), 123-131, quotation 126; cf. W. Rüegg, ‘L’Europe des universités: tradition, fonction de pont européen, modernisation libérale’, *ibid.*, 39-48.

⑲ W. Rüegg, ‘Der Mythos der Humboldtschen Universität’, in M. Krieg and M. Rose (eds.), *Universitas in theologia-theologia in universitate: Festschrift für Hans Heinrich Schmid* (Zurich, 1997), 155-174. Cf. R. C. Schwinges (ed.), *Humboldt International: Der Export des deutschen Universitätsmodells im 19. und 20. Jahrhundert*, Veröffentlichungen der Gesellschaft für Universitäts-und Wissenschaftsgeschichte (GUW), 4 (Basel, 2001).

⑳ F. Schleiermacher, Gelegentliche Gedanken über Universitäten im deutschen Sinn: Nebst einem Anhangüber die neu zu errichtende (Berlin, 1808), 33f.

展工作的自由。”[21]

这一自由主义的模式并不像拿破仑倡导的“统制”（dirigiste）模式那么易于实现。在1819年学生示威运动之后通过的卡尔斯巴德决议中，言论自由和出版自由成为牺牲品，直至1848年才得以恢复。学生通过参加研讨会和实验室工作的形式参与学术研究的做法，也没有得到迅速采纳。[22]

尽管如此，大学的自由主义改革还是占了上风。鉴于19世纪初的巴黎已经成为全世界学者和科学家心中的麦加，从1830年起，法国政府定期派遣观察员前往德国，以获得德国大学发展的最新资料。很多法国学者、英国学者，后来还有美国学者都在德国的大学接受教育。到19世纪末期，他们把现代研究型大学的理念的制度化发展扩展到了全欧洲、美国和日本，[23] 大学的数量迅速增加。1939年，全欧洲共有201所大学，是100年前的两倍。[24] 此外，全欧还有300所高等教育专门机构，为学生提供军事、医学、兽医、农业、教育、音乐、工程和商业等方面的职业培训。然而，这些高等教育专门机构并没有取代大学，这一方面是因为就读于这些高等教育机构的学生数量较少，另一方面则是由于这些机构往往也追求大学的地位和自由，并且其中的一些机构还成功地获得了大学的地位 13
和自由。

扩张与“民主的”大学改革，1956—1981

第二次世界大战之后，在希特勒恐怖时期被从里到外彻底毁坏的德国

㉑ W. von Humboldt, ‘Über die innere und äußere Organisation der höheren wissenschaftlichen Anstalten in Berlin’, in *Werke in fünf Bänden*, vol. Ⅳ: *Schriften zur Politik und zum Bildungswesen* (ed. A. Flitner and K. Giel) (Darmstadt, 1964), 255-266, quotation 259.

㉒ B. vom Brocke, ‘Die Entstehung der deutschen Forschungsuniversität, ihre Blüte und Krise um 1900’, in Schwinges, *Humboldt International* (note 19), 367-401.

㉓ W. Rüegg, ‘Humboldt in Frankreich’, in Schwinges, *Humboldt International* (note 19), 248-261.

㉔ 1899—1945年存在的大学及类似机构，见第三卷第679—706页。

的大学，成了一块“白板”（tabula rasa），这正是柏拉图所认为的对政府及其教育体制进行基础性改革所必需的状态。在由苏联直接管理的占领区内，苏联着手以苏联模式重组大学体系。在中欧和东欧的那些被解放的国家里，也在当地共产主义政权的间接帮助下，进行大学体系的苏联模式重组。在1989年苏联政权解体之前，在以苏联为中心的各卫星国家中，苏联模式的大学和学院几乎没有什么变化，只是各国在如何具体应用方面有所不同。

在德国由西方国家管理的占领区内，人们就开展真正意义上的大学改革展开了广泛的讨论，但是，占领军当局很快放弃了将自己的模式强加于德国被占领区的做法，而是开始各种文化和学术交流。与1918年后德国学界对学术交流的抵制形成鲜明对比的是，此时的文化和学术交流，为20世纪50年代的经济奇迹提供了有力的政治支撑，这也可以称作是一个民主奇迹，因为它在1968年阻止了极右或极左党派的发展。

在西欧那些被解放的国家里，政府将其权力限制在重建大学方面，有时候会在大学中增加一些新学科，如核物理或政治科学，有时候会新建一些现代高等教育机构，如巴黎的国家行政学院。

真正的大学改革起始于1955年。这一年，法国总理孟戴斯-弗朗斯邀请了一批商界、政治界和学术界的顶尖人物齐聚卡昂，开会讨论改革的具体措施。这次会议的瞬即效应就是发展工程学校，改革医学课程，加强科学研究，尤其是在自然科学和社会科学领域的研究。

1957年，联邦德国成立了科学委员会，由来自联邦政府、各州政府及各学术团体的代表共同组成。该委员会建议，在1965年之前，伴随着大学的扩张和改革，在各大学中出现的新学科中，设立一些新大学讲座教授席位。

在英国，为考察学术研究和教学状况，1961年成立了一个皇家委员
会。委员会的考察报告于1963年发表，即所谓的《罗宾斯报告》。在该报
14 告的影响下，全国性的大学和技术学院的网络建立起来。西欧的其他一些
国家也相继出台了类似的措施。

这些改革的目的在于提高与美国及苏联的竞争力。在改革的推动下，学生人数大幅度增加，教职人员数量的增幅虽然赶不上学生人数的增幅，但是也有较大幅度的增加。改革还推动了相当数量新大学（英国除外，因为英国的大学早就普及了）的建立和学术研究资源的增加。

从一开始，法国和联邦德国信奉马克思主义的学者就对这种扩张性改革进行批评，说它们是“资本主义的”或“技术官僚的”。大量大学的出现，为欧洲开展发轫于美国伯克利的大学生反叛运动提供了人数上的保证。1967 年的夏季学期，大学生反叛运动始发于柏林。当时，在一次反对伊朗王国的示威游行中，一名警察开枪射击了一名学生。这一事件引发了其他大学的连锁反应。到了冬季学期，联邦政府计划通过应急法案，这一举动激起了从法兰克福开始的各地课堂上的静坐示威。

同时，在巴黎楠泰尔，在人满为患的社会科学院系里，与管理当局的纠纷最终导致了 1968 年 5 月的骚乱，骚乱从索邦神学院蔓延到了其他一些法国大学。接着，由于学生取得了意料之外的政治方面的成功，国内政治危机猝发，学生抗议运动像飓风找到了出口，席卷了整个欧洲大陆，一直波及铁幕地带。在西欧大陆，抗议学生迫使各国政府推行了所谓的民主的大学改革。

在学术管理方面，取消原有的由所有终身教授组成的机构，代之以由大学各类成员代表组成的委员会。同时，管理大学的行政领导，也不再仅仅基于经济基础而决定大学是否需要扩展，而是增加了对教育民主化要求的考虑。结果，在 20 世纪 70 年代，多所新大学[25]和其他类型的高等教育机构建立，由此，越来越多的人开始接受高等教育。

随着大学的大众化发展和委员会权力的加强，学术界和国立大学的管理都越来越官僚化。一个突出的例子就是陆续出台了数量空前的大学法令。同时，改革所需要的持续资金投入，对各国政府的财政预算造成了非常大的影响，以至于在 20 世纪 80 年代，政府已经无力承担大学的全部办

㉕ 本卷附有关于不同国家新建大学的编年列表。

学资金了。

15 企业式改革的引进及象牙塔的倒塌

在英国，各所大学的费用并非由政府的预算承担，危机首先在这里出现。自 1919 年起，一个自治性的大学机构——大学拨款委员会，开始根据各大学提交的发展计划及计划实施情况，给予其政府拨款。于是，英国的大学必须互相竞争，以获得基本资助。1982 年，英国政府将未来三年的拨款金额削减了 12%。许多大学被迫采取一些极端的经济政策：从降低工资、奖学金，到提前教授退休年龄和关闭一些学科领域等。[26]

这一突如其来的状况，迫使大学校长委员会调查亏空的后果。1985 年的《贾勒特报告》（Jarratt Report）建议引进商业化的行政管理体制。结果，英国各大学像公司一样，根据它们提供的各类服务而获得付费。1988—1989 年，由于“承担高水平研究和教学”，从大学拨款委员会的继任机构大学投资委员会那里，英国各大学平均获得其预算的 53%；学生学费收入带来了预算资金的 15%，这部分资金是当地政府为英国公民提供的；7%来自专门学科国家研究委员会资助的研究项目；25%来自因各种服务而获得的大学外部的补贴和偿付。[27] 英国诸大学的资金来源仍旧主要依靠竞争性的投标公共资金来获得，但是，商业方式引入行政管理中，为筹款活动带来了更多的透明度和计划性。

通过国际化的比较研究及专家国际会议，建立在差异和竞争基础上的

---

[26] R. Dahrendorf, ‘Die europäischen Universitäten in einem veränderten sozialökonomischen Klima’, in W. Kalischer (ed.), *Die Internationalität der Universität: Jahresversammlung 1982: Ansprachen und Referate, Zusammenfassung der Plenardiskussionen. Konstanz, 3. und 4. Mai 1982*, Dokumente zur Hochschulreform, 50 (Bonn and Bad Godesberg, 1982), 12-139, quotation 136.

[27] J. Brennan and T. Shah, ‘Higher Education Policy in Great Britain’, in L. Goedegebuure *et al.*, *Higher Education Policy: An International Comparative Perspective* (Oxford, 1993), 176-193.

大学改革在欧洲大陆上激发了公众的兴趣。[28] 在英国大学资助模式中，他们关于竞争的理念得到了具体体现。因而，越来越多的欧洲大陆上的大学，也开始通过与本国政府之间长达几年的绩效协议来测验它们的自治 16
性。在大多数大学里，自治不过是缺陷管理，但是，它促使大学开始为其作为企业型教学和研究机构的新角色做准备。这构成了本卷的第二个主题。

从 19 世纪末起，大学开始被比作“象牙塔”，用以象征其傲然超脱于现实世界的状况。可是，在企业型大学，这个名称就名不副实了。然而，“象牙塔”最初的含义并不是指超脱尘世。在 12 世纪，这个词指的是一种容器，暂时容纳救赎世界的圣灵，为其成长并担负起救赎世界的职责提供栖身之所。圣母玛利亚之所以被比作是一座象牙塔，正是因为在救世主降临世界之前，被安置在她纯洁的子宫里。[29] 毫无疑问，在那个时代，没有人会把学者和教师的活动与象牙塔的纯洁联系在一起。但是，大学作为为正在生长的个体提供保护的地方，被比作是一座塔。学生从这座塔的底部，即语法学校，先是攀爬到文学院或哲学学院，接着穿越形而上学的阁楼上的云彩，最终成为一名神学家。[30] 在攀登途中，学生往往会透过阁楼狭窄的窗户，俯视下面的普通民众。

大学的学者和教师，尤其是那些以巴黎模式建立起来的大学中的学者和教师，都是神职人员。他们住在修道院里，或是住在修道院类型的建筑里，与普通公民截然分离。今天，人们如果去参观牛津或剑桥的学院，还可以体会到这一点。

---

[28] W. Rüegg, ‘Diversification and Competition in Higher Education’, *International Journal of Institutional Management, Higher Education*, 2/11(1987), 221-232.

[29] R. Bergmann, ‘Der elfenbeinerne Turm in der deutschen Literatur’, *Zeitschrift für deutsches Altertum und deutsche Literatur*, 92(1963/1964), 303-320.

[30] G. Reisch, ‘Margarita philosophica, Freiburg 1503’, in G. Münzel, *Der Kartäuserprior Gregor Reisch und die Margarita philosophica* (Freiburg/Breisgau, 1937), fig. 1: Der Turm der Wissenschaften(The Tower of the Sciences).

这种分离，只会增进大学在重要公共生活部门的权威地位。法学院为日益增长的国际贸易提供适宜的民法和刑法，并通过延伸和阐释欧洲发展最早的现代管理体制——罗马天主教会的教会法，完成其精神和智力方面的任务。神学院为教会提供保留和强化正统性的论据，而医学院则致力于以专业的程序和技术谨慎地保护和恢复公共生活中著名人物的健康。

假如我们将象牙塔的象征转化为尘世的水平维度，那么，威廉·冯·洪堡的大学理念与之最为一致。在洪堡于 1809 年对大学做的著名定义里，结尾的一句话丝毫没有引起人们的充分关注：

17 “听讲座不过是件小事，关键是，在一个关系密切的团体里，与一些年龄相仿、思想相近的同事共同生活几年，并清楚地知道，在这里有接受了完善教育的人，也有终生奉献给推动学术和科学发展的人。”[31]

引自他关于大学组织潜在的自由和寂寞原则中的这些奇特论断，可以在他撰写的有关立陶宛学校计划的报告中找到，也可以说是从洪堡本人的行政职责中直接导出，因为他的工作就是在施泰因男爵的行政改革的框架下，重建普鲁士学校体系。上面引用的这句话清楚地表明，在洪堡看来，大学实现其社会功能的最好方式，就是为其学生，也即未来的高级行政人员和受公共规范约束的自由职业的从业者们，提供一个保护性的空间。在这个空间里，他们可以根据自己的职业角色进行自我教育。被洪堡略嫌夸张地描述为“受过完善教育的人”的教授们促进学生的自我教育的方式，与其说凭借卓越的知识和能力像教师一样强迫学生，倒不如是在严谨地探求知识方面给学生做出表率，而后者可以塑造能够以理性的方法解决问题的个性。

提供公共事业准备的这一方式，使得大学不必在公众面前过多地露面。当然了，大学师生总是以多种社会角色和政治角色出现在公共生活领域。然而，作为一所机构，大学极少脱离其象牙塔式的孤立状态。法兰西人文科学院却是个例外，这所学院的讲座主要面向普通公众。在其他一些

[31] Humboldt,‘Innere und äußere Organisation’(note 21),191.

国家里，大学面向公众的服务往往局限于一年一度的纪念创建者的活动或校庆活动、其他一些纪念活动以及更为罕见的大学周年庆典活动。

每年的 8 月 6 日，柏林的弗里德里希·威廉大学的校长都要发表公开演说，纪念其创建者，演说的内容往往是为当代存在的实际问题寻找历史借鉴。1893 年，著名的医学教授鲁道夫·菲尔绍正是在这样的场合下赞扬了本大学自创建之日起在自然科学方面取得的成就，同时警告人们对伪科学运动提高警惕，尤其是要反对当时甚至流行于年轻学者之间的反犹主义。[32] 1900 年初，在国王的授意下，普鲁士各大学纷纷庆祝 20 世纪的开始（实际上是提前了一年的，因为 20 世纪起始于 1901 年），并赞颂大学在德国发展成为世界强国中发挥的作用。在柏林，著名古典主义学者维拉莫维茨在演讲中阐明，德国学术和科学的先进性在当时受到全世界认可。 18
德国不仅回报了它曾经学习过的国家，并且在建立一个世界大家庭的接力赛跑中，在 19 世纪接过了接力棒，并在 20 世纪将接力棒传递给了美国。[33]

在演说中，维拉莫维茨谈的主要是关于人文主义古典中学独有授予作为大学入学资格的毕业证书的权力问题。早在 1890 年，国王就曾试图废除这一垄断专有权。普鲁士教育部大学事务的负责人奥尔索夫，希望能在维拉莫维茨这位杰出的古典学者的帮助下，战胜议会和一些重要的压力集团中的保守主义的反对意见，而这件事促成了维拉莫维茨从哥廷根大学流动到了柏林大学。维拉莫维茨猛烈抨击了以古典传统作为现代教育模式的做法，并为 1900 年大学成功打开接纳其他类型中学毕业生之门做出了贡献。[34] 另外一场方向相同的改革出现在一年前，当时技术大学获得了授予博士学位的权力，因而获得了与其他大学平等的法律地位。1905 年，柏林大学又迈出了一步，设立了与美国的大学相互交流学者的项目。1906

㉜ 参见：第三卷第 19 页（吕埃格，《主题》）。

㉝ U. von Wilamowitz-Moellendorff, 'Neujahr 1900', in U. von Wilamowitz-Moellendorff, *Reden und Vorträge*, 4th edn (Berlin, 1926), vol. Ⅱ, 35-55.

㉞ W. Rüegg, 'Die Antike als Leitbild der deutschen Gesellschaft', in W. Rüegg, *Bedrohte Lebensordnung: Studien zur humanistischen Soziologie* (Zurich and Munich, 1978), 93-105.

年在柏林大学纪念其创建者的庆祝活动上，讨论的问题是：来自海外的访问教授使用自己的母语，还是使用听众的母语？这个问题直到今天都是个尖锐的问题，只是由于英语在学术世界获得的优先地位而使这个问题在一定程度上有所缓和。[35]

在德国，大学不仅被看作是独有的、具有较高声望的机构，而且，大学还在没有采取任何特殊措施的情况下，获得了来自公众的尊重和支持。大学的这一地位体现在矗立在欧洲各国的纪念碑式建筑上，这些纪念碑式建筑纪念的不仅仅是修道院或高级法庭，还有大学。一位丹麦学者在1889年写道：在瑞典乌普沙拉大学的那些新大楼里，最好的那些房间是用来举办音乐会、舞会以及用来作为政府和大学管理部门的办公地点的。而大学的真正目的即学术性教学工作的实现，则局限在那些小些的房间里。“所有这些都向学生传递这样的信息，‘切实努力，直到你升为教授，
19 然后，你就可以获得舒服的坐椅和由美术大家画的挂在墙上的肖像画’。”[36] 在这个讽刺的描绘中，象牙塔似乎已经沦为未来教授们的健身中心。但是，这些雄伟建筑的主旨意图表明，文化活动和社会庆典活动如果在大学里举办，会获得荣耀。

两次世界大战，暴露了科学发现的凶残的一面，但却无损于大学受人尊敬的形象。事实上，1945年之后出现的始料未及的大学毕业生短缺的状况，令西欧各国政府担忧不已，使它们在20世纪50年代纷纷展开之前讨论过的扩张性改革。同时，公共资金和私人基金都慷慨地资助学术研究。接着就出现了基于社会标准和智力标准的学生助学金的增长，以更大地利用人才资源。

进入象牙塔的通道拓宽了，不仅如此，大学还开始以更积极的角色建

㉟ U. H. Diels, *Internationale Aufgaben der Universität: Rede zur Gedächtnisfeier des Stifters der Berliner Universität König Friedrich Wilhelm III in der Aula am 3. August 1906* (Berlin 1906).

㊱ G. Brandes, 'Tale i Upsala (1889)', in G. Brandes, *Samlede Skriften*, vol. XV (Copenhagen, 1905).

立其与公众的联系。[37] 大学纷纷为非住校生开设课程：法兰克福大学在1966年创办了广播学院；[38] 1969年米尔顿·凯恩斯开放大学（即“米镇”）正式成立[39]；其他一些国家也出现了类似的发展阶段。1964年，西德大学校长委员会建议，大学都要成立自己的新闻处，以向公众提供大学活动的信息。[40] 1966年，大学行政当局纷纷开始实施这一建议，起初私人基金会为此提供了帮助。[41]

20世纪80年代，大学开始向企业型管理转换，这导致大学进一步强化了其建立与公众的联系的工作。[42] 大学并没有畏避使用营销类方法。从前，大学面向公众开设过一些没有引起太多反响的讲座，现在则被冠以“第三代大学”（The University of the Third Age）的名称。许多普通民众涌入举办此类讲座的场所，花时间注册进入这类新的大学机构。这一项目 20
的成功又带动了“儿童大学”（Children's University）的产生，作为纳税人的父母说服自己的孩子相信大学的价值，而积极进取的年轻人可以在儿童大学里分享对学术研究的探索。

今天的大学通过其网页向全世界宣传自己。很多大学都定期将其在学术方面取得的成就以多彩的版面展示出来，向读者介绍他们的著名学院、

---

[37] W. Rüegg, *Hochschule und Öffentlichkeit: Speech Held at the Installation of the Rector*, Frankfurter Universitätsreden, 40(Frankfurt/Main, 1965).

[38] J. Greven(ed.), *Das Funkkolleg 1966-1998: Ein Modell wissenschaftlicher Weiterbildung im Medienverbund, Einführungen Auswertungen Dokumentation*(Weinheim, 1998).

[39] W. Perry, *Open University: A Personal Account by the First Vice-Chancellor*(Milton Keynes, 1976).

[40] *Universität und Presse: Empfehlung der Westdeutschen Rektorenkonferenz, Berlin, 5-7. Februar 1964*. Reprint in W. Becker(ed.), *WRK, Stellungnahmen, Empfehlungen, Beschlüsse, 1960-1989*, vol. Ⅰ(Bonn, 1989), 31f.; cf. *Zur Öffentlichkeitsarbeit der Hochschulen und zur Einrichtung von Presse-und Informationsstellen: Erklärung der 86. Westdeutschen Rektorenkonferenz. Bonn-Bad Godesberg, 26. Januar 1971. Reprint, ibid*, 279-285.

[41] 1966年该案例出现在法兰克福大学。

[42] *Zur Öffentlichkeitsarbeit der Hochschulen: Empfehlung des 176. Plenums der Hochschulrektorenkonferenz, Juli 1995*, Dokumente zur Hochschulreform, 102(Bonn, 1995).

活动和计划。为设计大学的新标志等花费的精力和费用抵得上一个中等规模的研究项目。简言之，包装和营销的重要性虽然还比不上大学完成其教学和研究任务的重要性，但至少已经成为企业型大学管理的基础组成部分。1995 年，以市场导向介入大学造成的象牙塔的倒塌达到了顶峰。

对大学来说，市场一直是非常重要的。这种状况始于 1200 年前后，当时对宗教和世俗精英的需求，使许多学生前往巴黎和博洛尼亚，在那里建立了增进个体学者与教师之间联系的社团机构。多年来，大学经历的持续时间长短不一的扩张或衰落，都是由市场决定的。同时，每一次试图根据对市场发展未来的估计（往往是错误的估计）来确定大学不同学科领域的学生人数的努力，也都被市场击败了。然而，在那段日子里，学术教育供求发生调整转换的规模非常适度，大多数情况下这种调整都是由科学进步引起的，并且都局限在新兴课程领域和专业性大学里。

1960 年之后，大变革伴随着大众化大学的发展而出现。1968 年起创建的数量众多的新大学，使老大学获得了短暂的喘息机会（在法国的一些较大市镇里，新大学往往是老大学的分支发展起来的）。很多新建的高等教育机构转化为大众化大学。政府开始以尽可能短的时间为一些实践类职业提供学术准备教育，希望以此为大学减轻一些压力。英国的多科技术学院、法国的大学技术学院、德国的高等专科学校以及其他国家的类似机构，都出色地承担了这一任务。

虽然如此，这类高等教育机构并没有改善大学的状况。一方面，它们能够容纳的学生数量有限，那些被拒之门外的学生选择进入大学。另一方面，许多介于大学和中学之间的中间机构，纷纷申请并获得大学地位，拥
21 有了进行基础研究和授予博士学位的权力。在 1945—1995 年创办的 600 多所新大学中，很多都是由这类中间机构发展而来的。大学地位并没有提高这类机构的容纳能力，也对解决大众化大学的问题无济于事。

1995 年，欧洲大学的数量从 200 所剧增至 800 多所，[43] 这并不是说大学具有更大的公共影响，而是反映出地方力量的增强。与美国的情况做一个对比，就会很清晰地看出这一点。2005 年 6 月，全美国有 4276 所中等后教育机构发放政府认可的终结性毕业证书。其中，1694 所只提供两年制的学习项目。提供四年制学习项目的 2582 所高等教育机构中，有 1049 所只提供单科的学习项目，如医学、贸易、神学、美术或工程学。有 637 所学院只授予学士学位，638 所学院可以在学士学位的基础上继续授予硕士学位。在全美 50 个州和哥伦比亚特区中，只有 258 所（165 所州立，93 所私立）大学在授予学士学位、硕士学位的基础上，还授予博士学位（有四门以上学科每年授予博士学位 20 个以上）。这些授予博士学位的大学总数加起来还不到具有授予学位权的美国高等教育机构的 6%，也不到具有授予学位权的欧洲大学数目的四分之一。[44]

在差异巨大的第三级教育机构中，大学的数目甚少，这不能归结为市场导向的作用。只有在民主体制下，才能将学术学位或头衔看作是学术教育的一个标志，而不把它看作是获得职业优势或社会声望的必经之路。既然大学学习的成功经历，从性质和时间长度上能保证学习者进入有声望的职业，如公共事业部门和官僚主义的大公司，那么，欧洲大学的膨胀式发展及随之而来的大学地方性就会继续。甚至在其政治家和商人不具备教授头衔的那些国家里，亦是如此。

从字面上来说，地方性意味着欧洲已经失去了其在高等教育方面的领导地位。伊拉斯谟式的“由学者组成的神圣共同体”（sancta quaedam communitas eruditorum）发展成为一个世界范围的科学共同体。欧洲已经变成世界教育领域中的一部分而已。负责高等教育的国家当局已经被超国

---

[43] 1939/1949 年的数据见：第三卷第 3、Ⅳ页及该卷第二章表 5。1995 年数据依据的是本卷附录。

[44] NCES National Center for Educational Statistics, *Integrated Postsecondary Education Data System*(*IPEDS*)(Fall 2005), table 249. Degree-granting institutions and branches by type and control of institution and state of jurisdiction.

家机构所补充，并且正在越来越多地被它们取代。这构成了本卷的第三个主题。

22 大学与全球化

《欧洲大学史》第二卷在第一卷的基础上，出现了题为“输出模式”的新章节。该章讨论的几乎全是 1500—1800 年拉丁美洲和北美英国殖民地的情况。在涵盖的时间范围为 1800—1945 年的第三卷的相应章节中，讨论的范围则也包括了地球上的其他国家。该章从定性和定量两个方面主要探讨了拉丁美洲各国、在法律上获得独立地位的北美以及实际享有独立地位的加拿大的情况。日本按照德国和美国模式创建其公立大学和私立大学，中国也按照英国模式创办大学。其他一些国家的大学往往是殖民国家的分支机构：在英国接受教育的英国人或印度人来到印度的大学任教，甘地正是许多在英国完成其教育的印度人的代表；阿尔及尔大学是许多法国学者事业的起点。巴黎的大学城里，兴建了一座专门接收来自印支地区学生的公寓，为他们未来成为革命领导人而提供教育的地方。

今天，在全世界的大学里，都可以看到印度教授、医生和律师的身影。几年前，德国政府试图通过招募印度大学毕业生，来解决 *IT* 人才短缺的问题。非洲和亚洲原来是欧洲殖民地的那些国家，不再学习欧洲模式，转而学习美国模式。一份由一所中国大学发布的世界大学排行榜，在欧洲获得广泛认可，虽然没有几所欧洲大学进入该排行榜的前五十位。尽管欧洲尚未沦落到世界大学之林的边缘地带，但就大学地位而言，它已经远落后于北美了。

伴随着第二次世界大战后教授和研究人员的相互交流，大学的全球化开始了。1948 年起，“富布赖特项目”已经资助了大约 25 万名大学毕业生、大学教师和大学管理者去国外接受教育。其中 40％的人来自美国，60％的人来自世界上其他 140 个国家。这些人在完成学业后，还以“富布赖特学者”的身份，通过校友会继续保持联系。美国的这种模式被欧洲加

以仿效。1953年在波恩设立的"洪堡基金会"至今已经资助了2.5万名高
水平学者，这些学者在自己的国度里也保持了永久性的联系。[45] 各国政府
为这些项目提供大量资助，也许不仅仅是出于其公开宣称的促进国际理解 23
的考虑。但是，这种交流带来的影响远远超出资助者起初的设想。

大学更广泛的影响还体现在1945年后建立的一些超国家的机构中，最早建立这类机构的依然是美国。1948年，为实施《马歇尔计划》，重建遭受战争破坏的欧洲，成立了欧洲经济合作组织（*OEEC*）。欧洲重建工作于1960年结束之后，*OEEC* 以经济合作与发展组织（*OECD*）的名称延续下来。*OECD* 章程的第二款规定其任务为"在科学和技术领域提供帮助，增强学术研究和专业教育"以完成其目标（经济发展、充分就业和生活水平的提高）。*OECD* 接下来不仅开展了大量研究项目（在1962—1968年间）[46]，而且还对其成员国的大学方针和研究政策进行了一系列有影响的定期评价。最近，经济合作与发展组织由于开展了国际学生评价项目（*PISA*），而在教育方面获得更广泛的影响。*PISA* 是由多个国家联合参与和实施的，针对十五岁学生的国际标准化评价体系。半个世纪以前就提出过这样的问题：这类会带来政治后果的行动是否不该由政府认可的机构来控制？一项旨在实现政治合法化的提议以失败告终，原因在于这会给议员们带来过重的工作负担，因为他们不得不代表自己的国家同时参与很多国际机构。[47] 这样的论调在今天已经站不住脚了，但是，人们仍然无法回答这个问题：谁监管监管之人（Quis custodiet ipsos custodes）？

起初，联合国教科文组织关注的是发展中国家的教育问题。在大学方针方面实行的三大政策取得了深远效果。1963年，联合国教科文组织在

---

[45] http://exchanges.state.gov/education/fulbrigh44t/(16 April 2005); C. Jansen and C. Nensa, *Exzellenz weltweit: Die Alexander von Humboldt-Stiftung zwischen Wissenschaftsfö rderung und auswä rtiger Kulturpolitik* (*1953-2003*) (Cologne, 2004), 8.

[46] 见第三章第99页注释97。

[47] K.-J. Maass, *Europäische Hochschulpolitik: Die Arbeit des Europarats im Hochschulbereich 1949-1969*, Schriftenreihe zur europäischen Integration, 7 (Hamburg, 1970), 77.

巴黎成立了教育规划研究所；1973 年，在布加勒斯特成立了欧洲高等教育中心；1950 年，国际大学协会成立，现如今，该协会已发展成为拥有 600 个成员的世界性机构。[48] 国际大学协会定期出版世界高等教育机构名
24 录，该名录不仅包括具有授予博士学位权的大学，还包括其他公立或私立的第三级高等教育机构。[49]

1948 年《布鲁塞尔公约》设立的文化委员会，接受了促进西欧大学之间合作的任务。1955 年，委员会的领导们在剑桥大学开会，决定设立一个欧洲大学校长常设会议，该机构于 1959 年在第戎成立。[50] 由于 1949 年成立的欧洲委员会驳回了设立欧洲大学校长协会的提议，欧洲大学常设会议的地位变得愈加重要。常设会议让其旗下的两个委员会负责大学事务：一个是由政府代表组成的文化合作委员会，另一个是由每个国家派出的两名代表（一名代表政府，另一名代表大学）组成的高等教育和研究委员会。经过各国的全国大学校长和副校长会议的几次争取，大学成员的任命权开始由政府转到大学手中。高等教育和研究委员会向文化合作委员会提交建议和改革计划，但不能把握这些建议和计划后来的命运。欧洲委员会提出的有关大学入学要求和资格相互认证方面的决议，大多数都被否决了。[51] 在 20 世纪 90 年代之前，各国的全国大学校长会议之间签订的学业互认的双边协议，始终涉及的是国外学习经历互认的常规操作程序。

1957 年的《罗马条约》以经济目标为导向，该条约只包含两项与大学领域相关的提案。然而，起初是由部长理事会中的几位成员专门负责农业和经济问题，但不涉及教育或研究问题。今天，欧盟对欧洲大学方针有

---

[48] G. Daillant, *Universality, Diversity, Interdependence: IAU 1950-1990, A Commemorative Essay* (Paris, 1990).

[49] IAU World Higher Education DATABASE 2005/6.

[50] H.-A. Steger (ed.), *Das Europa der Universit äten/L'Europe des Universités/The Universities' Europe: Entstehung der Ständigen Konferenz der Rektoren und Vize-Kanzler der europäischen Universit äten 1948-1962, Dokumentation* (Bad Godesberg, 1964); cf. *40* ans CRE, CRE-action, 115(1999), Supplément.

[51] Maass, *Europäische Hochschulpolitik* (note 47), 25-29, 127-134.

着举足轻重的影响，并会在将来发挥更大的作用。这是如何形成的呢？

在佛罗伦萨创立“欧洲大学”（European University）的提议由《欧洲原子能共同体条约》提出，得到意大利政府的大力支持，但却遭到大学团体的持续抵制，这与1947年起开始出现的类似想法的遭遇一样。大学团体不希望将“欧洲大学”的地位和名称给予某一个机构，因为这会间接将它们自己的机构降低到国家级水平。

1970年，一项创新性的折中方案受到欢迎：提议不成立欧洲大学， 25
而是建立一所欧洲研究生学院。1976年，在佛罗伦萨的圣多米尼克非索那湾，欧洲大学社会科学博士研究学院成立。

欧洲经济共同体六国的大学校长会议与欧盟委员会之间的合作促成了这一方案的实施。它们之间的合作源起于围绕欧洲经济共同体的第二个与大学相关的任务展开的不屈不挠的斗争，这个任务就是，为限制人员和服务自由流动的学位、考试证书和其他能力证明文件的相互认证确立指导原则。[52] 1969年提出的这些指导原则的第一稿规定，要想进行医学方面的免费的专业实践，必须先在当时认可的医学科目中完成一定学时的学习；如果这些指导原则被付诸实际的话，势必会使课程改革陷入瘫痪并损害大学最神圣领域的自治。由于各国的大学校长委员会内部以及欧洲校长联席会议中欧洲经济共同体成员国中的大学长时间的反对，最后委员会撤回该提案，并邀请设在布鲁塞尔的一个联络委员会参与完善定性标准而不是定量标准的更为灵活的指导原则的制定过程，该委员会由欧洲经济共同体国家的大学校长联席会议的代表组成。[53]

实现这一目标所遇到的诸多困难，促使欧洲经济共同体第一次召开了

[52] W. Rüegg, 'La CRE, autonomie et cadre européen', in *40 ans CRE* (note 50), 31-33.

[53] W. Rüegg, 'La coopération entre les universités européennes. Kolloquium in Grenoble. Tagungsbericht', *Integration. Vierteljahrshefte zur Europaforschung*, 4 (1970), 323-326. W. Rüegg, 'Les relations entre les Communautés européennes et les établissements d'enseignement supérieur en Europe. Le point de vue des universités', in *Semaine de Bruges 1973: Université et société. Pour une politique européenne de l'enseignement supérieur*, Cahiers de Bruges, n. s. 32 (Bruges, 1974), 253-260.

六个成员国教育或研究部长会议（于1971年11月16日召开）。这次会议决定成立一个委员会，组成人员为欧洲经济共同体的老成员和即将加入欧洲经济共同体的成员国的学术界人士，委员会的任务是探究在《罗马协议》的框架下拓展教育和科学方针的可能性。[54] 委员会的报告于1973年发表，报告指出："《罗马协议》的实施，使得有必要将年轻人的教育和成人教育的全部问题，作为完成实现尽可能好的经济发展这一责任的固有部分
26 加以考虑。"该报告还为欧洲共同体和欧盟就如何拓展其在欧洲文化教育研究政策中的活动，提出总体结论和具体建议。[55]

委员会起初提出的建议是建立一个"普通研究中心"和一个"欧洲科学基金"[56]，但是欧洲委员会认为，欧洲科学基金应包括欧洲所有的自由国家。于是，1974年成立了既与欧洲共同体合作又相对独立的欧洲科学基金，地址设在斯特拉斯堡。[57]

十年之后，欧洲共同体启动了自己的促进学生流动和大学之间在各领域的教学和研究项目的合作，这些项目的缩写形式都极具想象力，如1984年《欧洲信息技术战略项目》（缩写为 *ESPRIT*）、1985年《欧洲研究共同行动》（缩写为 *EURECA*）、1987年《社区技术教育与培训项目》（缩写为 *Comett*）和《欧洲大学生流动行动计划》（缩写为 *Erasmus*）等。这些计划的成功促使欧洲自由贸易区成员国也参与进来，欧盟的研究方针和大学方针成为欧洲大部分地区的榜样。

1991年的《欧洲共同体大学教育备忘录》加强了欧洲委员会与欧洲各大学之间在大学方针方面的合作。[58] 欧盟开始给欧盟大学校长会议联合会越来越多自主执行任务的机会，后者的前身就是设在布鲁塞尔的欧洲经

---

[54] The Commission of the European Communities, *Für eine gemeinschaftliche Bildungspolitik*, Bulletin der Europäischen Gemeinschaften, Beilage, 10/73(Luxemburg, 1973), 9f.

[55] *Ibid.*, 11.

[56] *Ibid.*, 53.

[57] European Science Foundation, *Report 1975* (Strasbourg, 1975).

[58] F. van Vught and D. Westerheijden, 'Institutional Management for Quality. The CRE Programme: Background, Goals and Procedures', *CRE-Action*, 107(1996), 9-151.

济共同体国家的大学校长会议联络委员会。2001年，它与总部设在日内瓦的欧洲校长会议合并，组成欧洲大学协会，总部设在布鲁塞尔。

欧洲大学的“美国化”

《学术》是本卷的第四编，该编指出了美国大学在自然科学、生命科学和社会科学方面的主导地位，其在人文学科方面也日趋主导地位。美国的文化领导权来自对欧洲大学理念的成功模仿和超越，尤其是德国大学在19世纪发展起来的教学与研究结合的理念。1825年以后，采纳德国式的设置专业院系的做法受到质疑和否定。1837年，密歇根州在加入美联邦时，按照德国模式创建了一所大学，并设立了一所以为学生提供大学入学准备教育为任务的德国式高级中学。这一直接照搬的做法没有获得多少响 27
应。[59] 持久成功的模式来自1876年在巴尔的摩成立并获得捐赠的约翰·霍普金斯大学，这所大学将授予本科和硕士学位的学院与以研究为基础的研究生院及专业学院结合在一起。研究生院为学生获得博士学位做准备，该学位可以证明学生接受过全面的学术教育。专业学院起初只在医学领域开设，其最终的资格证书是专业资格，即医学博士。约翰·霍普金斯大学非常容易地为其受到优异教育的毕业生找到用人单位。本科学院与附属学校结合的方式不仅成为芝加哥大学等后来新建大学的基础，而且逐渐被哈佛大学等老大学所采纳，并且还将大学的概念拓展到专业学院里，如麻省理工学院。

1900年，9所私立大学和3所州立大学发起成立了美国大学协会，目的是“加强和联合美国的博士教育”[60]。从那时起，美国的高等教育机构中，只有那些拥有由官方批准的博士学位授予权并定期授予博士学位的，

[59] J. Herbst, 'The Yale Report of 1828', *International Journal of the Classical Tradition*, 2/11(2004), 213-231, especially 223f. Cf. H. Röhrs, *The Classical German Concept of the University and its Influence on Higher Education in the United States* (Frankfurt/Main, 1995).

[60] 引自2006年AAU网站主页。

才能被叫作大学。正如我们前面提到的那样，共有大约260所这样的机构，其中只有60所美国大学和两所加拿大大学被接纳为美国大学联盟的成员。以研究的方式进行学术教育这一大学理想，正是通过这些卓越的高等教育机构，而发展成为一种世界性模式，伴随而来的是对学士学位课程和硕士学位课程的高要求。

美国研究型大学的出现表明，只有基本思想适应新环境的条件时，移植外国模式才能取得成功。这一模式在全美范围内被采纳，不是政府方面主动接受，而是通过与其他机构模式有效的竞争而获得认可；大学自己先接受和发展这一模式，接着是联邦各州以它作为确认新大学的标准。在模仿的过程中，外国体系的一些特质被忽视掉了，如教授个体的独裁地位、无薪大学教师（Privatdozenten）的无报酬教学以及除期末考试外不对学习情况做任何检查等。

从学士阶段到博士阶段，构成教学基础的，是学生拥有的自我教育的
28 自由，而不是课程的内容。1900年后，美国大学中开始引进约翰·杜威提出的教育“民主化”思想，该思想明确主张学生要为自己的学习负责。为了让学生在教学和探索知识的环节成为伙伴，教师往往希望学生提前利用自己的自由时间独自阅读推荐书目，这种方式正是洪堡所倡导的以“自由和寂寞”作为现代大学组织原则的体现。

在大学的行政管理方面，美国大学采取的是17世纪发展起来的企业型组织模式。当美洲殖民者开始创办学院，以教育和培训自己的教士和其他公职人员的时候，他们很开心地将牛津和剑桥大学里的人文主义科目的学习内容直接拿过来，但是却没有采纳牛津和剑桥的团体自治方式。在这样一个柏拉图、西塞罗和欧几里得都感觉陌生的环境里，为了在物质层面给文理学院以安全基础，他们任命了一名企业型管理人，负责由各阶层代表组成的董事会的工作。来自英国的清教徒们对这种领导形式比较熟悉，

因为它来自于曾在敌对的宗教环境中生存下来的非圣公会学院。[61]

事实证明，企业型管理形式很有效。通过私人赞助，它非常有效地保证了政府认可的每所学院的自治性。因此 1816 年，最高法院对反对政府干预的达特茅斯学院诉讼案的判决影响深远，保证了大学的独立性。[62] 19 世纪创立的州立大学，纷纷采纳学院的企业型管理和行政结构模式，因此也学习如何解决它们的经济难题。今天，各私立大学的经费中，几乎有一半来自私人渠道，州立大学也不得不在政府投资的基础上，增加相当一部分来自私人和公众渠道的收入。为获得赞助所必需的企业型管理体制绝不会损害以研究为基础的学术教育。

所有这些都与威廉·冯·洪堡关于政府的观点一致：政府的作用就是保证大学学院的自治权。[63] 因此，洪堡在其为柏林大学制订的计划中建议，政府应该把财产移交给大学，大学应该自己管理这些财产。这样，大学就能以这些财产带来的收入，支付其日常支出，而不是靠政府直接拨付 29
的预算来支付。[64] 若不是洪堡的继任者否决这一思想的话，1810 年柏林出现的大学现代化概念也会体现出企业型大学的现代自我管理特征。[65]

欧洲委员会在其 1973 年的报告《朝向共同的教育方针》中，提出了一个至今仍与大学直接相关的问题：

“考虑到公司的规模变得越来越大，各种有关科技发展的国际合作越来越密切，越来越专业化，在考量欧洲经济一体化的时候，难道还能不把

---

[61] Vol. Ⅲ, 166f. Cf. S. E. Morison, *The Founding of Harvard College* (Cambridge, Mass., 1935).

[62] B. I. Wheeler [President, *University of California*], *Unterricht und Demokratie in Amerika: Die Quellen der öffentlichen Meinung, das College, Universitäten, Studentenleben, Schule und Kirche in den Vereinigen Staaten. Vorlesungen, gehalten an der Berliner Universität* (Strasburg, 1910), 70-77. J. Herbst, *From Crisis to Crisis: American College Government (1636-1819)* (Cambridge, Mass., and London 1982), 232-243.

[63] 见第 12 页。

[64] W. von Humboldt, *Antrag auf Errichtung der Universität Berlin*, Schriften, vol. Ⅳ (note 21), 33, 117f.

[65] Kommission der Europäischen Gemeinschaften (note 54), 12.

那些也同时变得‘欧洲化’的‘重要的’大学考虑进去吗？我们说的‘欧洲化’的意思是，这些大学在培养其教师、研究者和学生的时候，以及在获得资源的时候，它们的政治活动和倡议会发展成‘似乎’是以整个欧洲的自然环境为背景的，就像美国的大学以其幅员广阔的州领土范围为背景一样。”[66]

附言

今天（2007年），以美国大学模式为基础的大学欧洲化的概念，已不再仅是个未来愿景。欧洲大学协会将遍及全欧洲40个国家的760所大学联系在一起，并通过各国的大学校长会议，向实现共同的教育领域这一目标迈进。许多欧洲的大学将能够在世界范围的竞争中发展成为顶尖大学。二战后，大学水平的教育机构的迅速发展使欧洲大学意识到它们也要考虑17世纪以来美国高等教育机构所考虑的问题。今日大学在教学和研究中的影响力，要求管理形式不再局限于大学与其政府投资方之间的联系。大学必须通过与本地乃至全球范围内的各种社会伙伴合作交流，完成其多重任务。

当前欧盟的27个成员国与欧洲自由贸易区成员国之间在实施伊拉斯谟计划和苏格拉底计划的大学方针方面的合作徒劳无功，这些计划的目标
30 就是提高学生在欧洲范围内的流动性，使其达到18世纪的常规水平，即学生总数的10%。为了实现这个目标，1999年在博洛尼亚召开的欧洲教育部长会议一致同意建立正式的学生学位认证制度，该决议将于2010年付诸实施。即使这个目标不能如期达成，至少博洛尼亚进程也引发了早就该实施的课程改革。这项改革一定不能被官僚主义的要求引入歧途，而误将大多数欧洲大学变成地方性的教学机构，就像爱德华·奥尔比写的美国荒诞讽刺剧《谁害怕弗吉尼亚·伍尔夫?》（Who's Afraid of Virginia Woolf?）

---

[66] 这并不意味着其总是有着数量最多的学生。

里描绘的那样。

大学在八百年的历史中，曾经历了多次改革。大学不仅存续下来，而且还扩展到全世界，其原因主要归于大学的学生。由于接受了学术训练，在大学运作的过程中，学生能够对腐朽的体制和错误的举措不断进行改革。有些学生毕业后受雇于大学，以大学教职人员的身份继续发展新观点和新方法；其他一些学生无论是在政治方面的公开辩论中还是在整个职业生涯中，都支持大学的发展。这些毕业生促使大学的基本思想和信念与不断变化的环境相协调，并在这一进程中对变革的过程产生了巨大的影响。

近期的改革也是如此。毕业生们会支持大学在内部环境和外部世界环境中，独立地和审慎地贯彻博洛尼亚进程和其他欧洲化要素，就像之前美国优秀大学采纳欧洲化模式时所做的一样。然后，即便是在象牙塔倒塌之后，欧洲的大学仍然能够更好地承担他们自中世纪就肩负的基本任务——为对学术知识的追求和受教育者个体的发展创设一个具有启发性的空间。

31

第二章　模式

盖伊·尼夫

导言

几乎没有哪个机构能够完全不受战争带来的影响，而当这种冲突涉及在身心方面动员所有人——年轻人、老年人、平民、士兵、非战斗人员等——的时候，更是如此。① 战争对于欧洲大学发展也产生了重要的影响，不过，关于这方面的研究还不是很详尽。耶拿战役的后果之一就是缔造出所谓的“洪堡大学模式”；② 与拿破仑时期的大学联系在一起的法国教育体制的塑造所涉及的改革，也有着类似的战争背景③；在某种程度上，今天美国现代高等教育的基础，就是 1862 年美国内战期间通过的《莫里尔法案》。④

我们有充分理由认为，第二次世界大战是欧洲大学发展过程中的一个关键点。与其说这场战争的性质是领土侵略，不如说是交战双方在政治秩序中所表现出来的理念和价值观之间的对抗。由于教育体系是传播和保存这种价值观的最主要手段，在与战场上的战斗并行的后方的冲突中（我们把这类冲突称作“心灵及思想的战争”），大中小学自然就处于核心的位

---

① 现代战争对教育变革的精密而长期的影响，现在正引起教育史学家更多的关注。如可参见：R. Lowe(ed.), *Education and the Second World War: Studies in Schooling and Social Change*(London and Washington, 1992)。

② T. Nybom, 'The Humboldtian Legacy: Reflections on the Past, Present and Future of the European University', *Higher Education Policy*, 16:2(2003).

③ 见第三卷第 34 页。

④ *Ibid.*, 168.

置。无论是作为一个民族的历史记忆的资源库，还是作为一个国家民族价值观的精髓，抑或作为国家高质量人才和研究能力的集聚地，欧洲的大学 32
都站在战争的前线位置。在战争中，学术工作本身作为一种战略性资源，与其他那些可见的资源一样，支撑着每个工业国家。

在被纳粹占领的地区，侵略者即使不能直接将大中小学置于纳粹分子的直接控制之下，也一直试图做到这一点，以确保他们的思想可以被接受。⑤ 在东欧，尤其是在波兰，侵略者就曾试图既摧毁其民族特性，又全面摧毁延续这种民族特性的机构——大中小学校。⑥ 从对抗的另一方看同样如此。不管我们是否认识到，对民族特性的捍卫及后来发展为抵抗运动的星星之火，无论是否有组织，都源于比利时⑦、法国⑧和荷兰⑨的大学的学生和教职员工，其中波兰的大学生和教职员工表现得最为英勇。⑩

战后重建

在战争末期的大学改革中，有三种比较明显的思潮。第一种思潮是民族国家内部的。刚刚经历过流亡的政府，其关注点往往不是整个体制，而是支撑战时政权的某些机构的表现。例如，在法国，国家行政学院的建

---

⑤ 对比利时、法国、荷兰更深入的考察，可见：G. Neave, 'War and Educational Reconstruction in Belgium, France and the Netherlands 1940-1947', in Lowe, *Education* (note 1), 84-127。

⑥ J. Szczepanski, *Systems of Higher Education: Poland* (New York, 1978).

⑦ G. K. Tanham, *Contribution à l'histoire de la Résistance belge 1940-1944* (Brussels, 1971); J. Willems, *Belgium under Occupation* (New York, 1947), 135.

⑧ H. Granet and H. Michel, *Combat: Histoire d'un mouvement de Résistance de juillet 1940 à juillet 1943* (Paris, 1957); A. Calmette, *L'OCM-Organisation Civile et Militaire: Histoire d'un mouvement de Résistance de 1940 à 1946* (Paris, 1961).

⑨ L. de Jong, *Het Koninkrijk der Nederlanden in de tweede oorlog* (The Hague, 1980); also L. de Jong, *Je maintiendrai: Een jaar Nazityrannie in Nederlanden* (London, 1941).

⑩ 见第三卷第 657—658、676、683、689—690 页。

立，就是作为一种拥护共同政体的力量去制衡政治研究院，⑪ 后者由于训练了一批支持维希政府的高级行政人员而被认为角色模糊。

第二种和第三种思潮则产生于战时的争论过程。争论的双方，一方是
33 盟军，一方是被占领国家的流亡政府，争论来自与实体重建欧洲大学平行的“道德重建”的需要。在这一过程中，两种视角共存，并且在其初创时期都受到美国的支持。⑫ 第一种视角是由流亡政府支持的少数派，该视角主张恢复战前的原状，驱逐那些曾为占领者服务的不光彩学者。第二种视角是美国官方支持的多数派，这种视角在战略目的方面更为激进，主张不仅要驱逐那些通敌者，而且呼吁进行大幅度的课程改革及重建课程内容。这一主张进行课程改革的目的在于，为民主社会的理论与实践及“新秩序”的建立奠定坚实的基础，并且确保大学这一社会价值观的主要传播者能成为一个坚强的堡垒，能抵御未来有可能出现的任何复辟集权主义的企图。

如果这些争论产生的背景非常明确，由此产生的各种原则及长期后果自然会对欧洲大学形式、实践以及结构发生深刻影响，并且这种影响至少会延续到接下来的50年。虽然在当时的背景下产生的这些争论的呈现方式与表达方式不尽相同，但其实它们和今天的情况也有关联。欧洲大学重建的少数派方案认为，占领及随之而来的理念并没有显著改变大学追求真理、独立判断与推理的根本使命。诚然，对于一个从精神上进入流亡状态

---

⑪ M. Blocq Mascart, *Chroniques de la Résistance, suivies d'études pour une nouvelle révolution française par les groupes de l'OCM*(Paris, 1945).

⑫ 参见时任国会议员的威廉J.富布赖特1944年5月5日对国际教育联络委员会发表的演说，载于 *Newsletter of International Education*, 2(12 July 1944). Also 'Memorandum: Grayson Kefauver to Assistant Secretary of State William Benton', London, 6 October 1944, [Personal] in *Kefauver Papers*, *Hanna Collection*(Hoover Archives, Stanford University, Cal.)。

的团体，集权主义只能对其施加非常肤浅的影响。以比利时[13]、荷兰及波兰[14]这三个国家为例，高等教育内在的精神价值仍旧未被触动，而是以“地下大学”的形式得以保留。从根本上来讲，要想复兴一所运行基本良好的机构，只要剥离那些观念形态上的表层赘物就行了。具体的复兴措施包括把权力归还给民主政府，或是将学术界从其自我精神流放中拉回来。简言之，这些都是每个国家自主解决的问题。

有人认为，上面提到的方式不适用于集权主义是本土产物的国家，在 34
这些国家，学术界已经与集权主义休戚与共。[15] 某个国家重建在历史上有重大影响的大学或重要的价值观，通常意味着回到某个政党或其机构掌权之前的更幸福的历史时期。然而，要做到这一点，仅仅在国家内部努力是不够的，重建必定是一个从无到有的过程，且必须由占领军来实施，但这又是一个不小的悖论，因为这种重建涉及以自上而下的方式摧毁忠于和践行极权主义的民主活动，而很多人认为，这种集权现象恰恰是同一个政治体制民主化进程所力图改变的。多数派的计划还隐含着这样一个更深层次的假设：它并不认为一旦民主得以恢复，学术界就会自动还原成为国际学术界的一个部分。相反，不论是在课程的层次方面还是在学生应该学习的内容方面都还要付出艰苦的努力，只有这样才能突出大学的作用是国际学术界的组成部分，而非边缘化的、民族主义理念的拥护者。

1945 年 8 月 2 日，美国、苏联和英国在波茨坦签订了战后协定，法国也参与其中。该协定根据各国的势力范围重新划分了占领区，同时也对以下事实做了最终解释：呼之欲出的世界新秩序，必然包容两种完全不同的对民主的理解，包容对于个人与国家之间的关系的两种不同解释，更进一

⑬　1992 年 7 月 25 日与布鲁塞尔自由大学荣誉退休教授 Henriette Herlant-Meewis 夫人（已故）的通信。

⑭　该观点是由伦敦大学教育学院 Janusz Tomiak 先生提出的，他曾是二战期间进入波兰地下大学的众多学生之一。

⑮　德国学术界的情况，见：F. Ringer，*The Decline of the German Mandarins*：*The German Academic Community 1890-1933*（Cambridge，Mass.，1969）。

步的是，它还必然包容关于社会和政治重要机构与经济之间互动的两种不同理解。不论人们倾向于给这两个集团贴上什么样的标签，比如，给西方贴上“自由或社会民主”的标签，或是给中欧和东欧贴上“马克思列宁主义”的标签，它对学术世界都会产生基础性的影响。在为民主服务的教育重建中首先引入实践与课程，这既是多数派教育重建计划的一个重要内容，也是其最显著的特征。

然而，从1947年起，西方盟国不再强行实施再教育项目。于是，应大学的请求，各大学又重新获得了它们在纳粹时期失去的自我管理权。此后，各大学基本上都是重建之前的结构，恢复之前的实践。虽然如此，构成战后重建政策的各种思潮，同样也影响了西欧大学组织形式及长期发
35 展。在战后重建计划拟定之前，每个国家的大学往往被看作是独特的机构，这些大学分别以各自的独特方式培养本国未来的政治和管理精英，并担当本国文化的捍卫者。撇开大学在社会上的地位不谈，人们往往从人文主义和历史传统角度来阐释大学的使命。战时及战后恢复的经历，赋予大学体系独特的合理性，因此，大学如果不被当成规划者的范式，也会被视为管理者的范式。每所大学都被看作是一个整体“大学体系”的组成部分。无论是高等教育的政策制定者还是高校学生，都把这种视角理所当然地作为分析和比较的基础类型，因此我们不该对这一概念转换的重要性视而不见。

从1945年到1995年，高等教育被看作是一个体系，大学运转越来越复杂，对细节的规定也越来越具体，对大学控制及监督程度逐渐提高，当然对大学模式产生影响的因素还不只这些。从以下两个方面可以看出高等教育体系十足的运转复杂性：其一，部长职责的变化；其二，系统化立法的趋势。第一个方面具体表现在建立一些专门部门来管理高等教育事务。严格来说，不是国家政府的一个部，而是一个终身政府职员委员会，1964年从瑞典大学校长委员会分离出来的前瑞典全国大学与学院董事会也许是首个此类机构。在它成立之后的四分之一个世纪中，这类机构的发展席卷了全西欧：1970年，联邦德国政府被授权为高等教育“制定法律框架”，

并成立了“联邦教育与科学部”；在奥地利，对于成立于1973年的“联邦科学与研究部”来说，高等教育成为其主要的工作领域；法国1976年建立的“大学部”尽管只存续到1981年，但也是一个这样的部门；1988年，比利时成立了两个高等教育部，分别管理讲法语和讲荷兰语的地区；意大利也随即在1990年成立了“高等教育与研究部”。

苏联大学模式的扩展

在那些确立苏联统治地位的国家里，生产资料的集体所有、指令性经济体制、中央集权的政府计划模式、一党执政以及党政合一制度的确立，给大学带来了巨大的影响。尽管各国对这些制度的应对和阐释的方式不尽 36
相同，但是基本目标是相似的。[16] 在这些基本目标中，首当其冲的就是将大学纳入政府的组织架构中，把大学作为本民族智力培养过程的一部分；其次，让高等教育体系在质量和数量方面都完全服从于经济的迫切需求；最后是根据意识形态和技术的需要由中央行政对规模计划和课程内容实施严密控制。在这样一个体系之下，如果高等教育把其最基本的意识形态方面的目标定义为培养社会主义的人才（这类人才的个人价值取决于他们对集体的贡献）的话，那么，高等教育一定还得瞄准这一具体的目标：“消除体力劳动与脑力劳动之间的基本差别，确保本国家或地区的人民、其组织及其生活方式的社会同质性的发展。”[17]

显然，这种体系所带来的不良后果渗透到高等教育的方方面面，涉及招生政策、接受高等教育的机会、高等学校层次的划分、学习的内容等领域。社会主义可以被看作是使传统社会及其组织机构、政策适应工业化进程的方式，同样，1945—1951年间发生在中欧和东欧的改革也可以看作是一种经过深思熟虑的尝试，其目的在于摆脱亦步亦趋的发展模式，而该

---

[16] L. Rybalko and E. Soloviev, *Reflection on the Future*: *Educational Development and Forecasting* (Paris, 1980), 4-5.

[17] V. Affanasiev, 'The Soviet Union', in Clark and Neave, *Encyclopedia* Ⅰ, 643-663.

模式正是迄今为止历史上的大学的主要特征。简言之，如果该计划以集体主义或马克思列宁主义的名义来执行的话，用当代西方专家治国论的独特术语来讲，它的目标不仅仅是通过“科学规划”和经济预测来将大学“体制化”，而且还寻求主要通过行政集权化和政治集权化的方式实现管理结构、目标设置、规划次序以及学术权力的合理化，而西方民主国家直到1968年的动乱之后才开始重视这些问题。

将高等教育体系作为一个组成部分纳入计划经济体制中带来了一些后果，尤其是对大学的角色和地位产生影响的后果。首先，不论是从注册学生人数还是从机构数量来看，大学都只是高等教育中的一小部分。例如，在1960年的苏联，涵盖社会经济各个方面的739所高等教育机构中，只有40所是大学；类似地，当年高等教育各机构的学生注册总数为239.6
37 万，而其中只有24.9万人（十分之一多）是大学生。[18] 很明显，大学作为苏联模式中的“主导部分”，与其他那些与大学大不相同的高等教育机构一起，承担着一项非常特别的任务，即培养研究人员，为大学提供高质量的学术人员及为中等教育提供教师。这一模式不仅非常重视那些以满足经济的中期需要为目标的非大学高等教育机构（西方在20世纪60年代中期及以后也出现了这一议题），而且由于为了与计划经济的主导地位相匹配，各高等教育机构都被正式划分了各自的任务和职能，这种高等教育系统内部更具差异性的状况与西方的高等教育同类形式大不相同，只有比利时也许是特例。[19]

将大学纳入计划经济体制中，不仅是出于加强那些除大学之外的高等教育机构的专门性，而且还涉及一个方针：将一些具有“实践导向”的学科从大学中分离开来，并逐步无形中建立一些单独的、高度专门化的“大学”，即具有单一学科性质的“大学”。战争末期的里加大学正是这一多元

---

[18] Affanassiev, ‘Soviet Union’ (note 17), table 14, 657.

[19] 比利时的高等教育依法正式划分为包括大学在内的七个部分，详细内容见1970年7月7日的法案。See, e. g., Ministerie van de Vlaamse Gemeenschap, Department Onderwijs, *Education in Belgium: The Diverging Paths* (Brussels, 1991), 67-78, 211.

分化政策的典型案例。农业系从拉脱维亚农业学院分离出来，同时，几个跟技术有关的系独立出来组成里加理工学院。稍后，在波兰的波兹南大学也出现了类似发展：1948—1951 年间，作为向苏联模式转变的步骤之一，医药系从大学分离出去成立了医学专科学校；同时，体育系也从大学中转出，成为一所体育学院；[20] 农业系和林业系合并成一所农业高等学校。[21] 在匈牙利，神学系和医学系也进行了类似改革，其中医学系升格为一所医科大学。[22]

于是，作为计划经济关键环节的学科领域，其学科分化的程度因国家的不同而不同。那些“有悠久历史的大学”中保留的学科领域，也有别于那些专科大学或理工大学。在保加利亚和匈牙利，这种“基于大学的学科 38
领域”的剥离趋势达到了顶峰：在这两个国家里，大学被限定于只能教授人文学科、自然科学和法学，而这一发展与苏联对大学的重建颇为相似。[23] 捷克斯洛伐克则代表了另外一种趋势，捷克斯洛伐克的那些“有悠久历史的大学”所包含的学科领域大部分都保持原样，既包括人文科学、社会科学、自然科学、法学，也包括医学和体育学。[24] 这样，面对两种并驾齐驱的大学体制发展趋势，即建立在关键的经济专业部门的基础之上，或是基于 50 年代初期通过采取苏联的大学分类政策而导致的非大学机构的扩展，但是，大学仍旧被看作是提供普通教育的机构。[25]

由于引进了计划经济模式，中欧和东欧的高等教育出现了功能分层，这种分层凸显出另外两个特征。一是对技术和高等工科教育发展的特别关

---

⑳ Ministry of Higher Education, *Institutions of Higher Education in Poland: Information and Statistics Bulletin* (Warsaw, 1963), 8.

㉑ Jílek, *Historical Compendium*, 267, 260.

㉒ Jílek, *Historical Compendium*, 115, 129, 255, 290.

㉓ 见第三卷《附录》。

㉔ UNESCO, 'Case Studies on the Development of Higher Education in Some Eastern European Countries', Document ED-74/WS/52, 26 October 1974 (Paris, 1974), 17[roneo].

㉕ Szczepanski, *Systems* (note 6).

注，该特征也在 60 年代显著地影响了西欧高等教育。[26] 在一直延续到 20 世纪 50 年代初期的重建过程中出现的建立理工大学的趋势，既契合意识形态方面的诉求，又符合实际需要。所谓意识形态方面的诉求，即来自马克思列宁主义的一个根本信条——消除理论与实践之间的智力差别，并由此来达到消除脑力劳动者与体力劳动者之间的差别的目的。二是出于更为实用的考虑，即不仅需要重建工业基础，还要由此确立由工人无产阶级当家做主的政治体制衍生出的社会秩序。

一方面，大学是工业重建和经济重建的手段；另一方面，它又承担着
39 社会工程的使命，这两个角色对研究领域产生了同样深刻的影响。就研究政策来说，虽然大学并没有放弃承担研究这一基本任务的责任，但它们既不是研究中心，整体上也未获得最好的研究条件，不论是工作本身还是设备都是如此。良好的条件或研究中心都集中在各类研究院里——科学研究院、工程学研究院、医学研究院、农业研究院、社会科学研究院和教育研究院——这些研究院不仅制定国家的研究指导方针以指导由管理和计划的层层分支对应着的各个管理部门及各类大学，而且还承担许多基础性研究并授予博士学位。[27] 这些研究院在其自己的领域巍然屹立，处于研究体系的顶端，在由中央设立的上下协调的强大系统层级中，也处于顶峰。这些研究院赋予苏联高等教育模式基础性的特征——政府统一协调。与此相对，西欧高等教育一直以来都是由学术寡头协调。而在有些研究者看来，“市场”协调则是美国高等教育系统的代名词。[28]

㉖ 象征性的是，这种影响采取了苏联人造卫星事件的形式，该事件最直接的后果可以从 1960 年美国的《国防教育法》中看到，同样也对西欧产生了次生影响。也可见：G. Neave, ‘Higher Education Policy as Orthodoxy: Being One Tale of Doxological Drift, Political Intention and Changing Circumstances’, in P. Teixeira, B. Jongbloed, D. Dill and A. Amaral (eds.), *Markets in Higher Education: Rhetoric or Reality?* (Dordrecht, 2004), 132-134。

㉗ Y. M. Rabkin, ‘Academies: Soviet Union’, in Clark and Neave, *Encyclopedia II*, 1049-1055.

㉘ B. R. Clark, *The Higher Education System: Academic Organization in Cross National Perspective* (Berkeley, Los Angeles and London, 1983), 265.

为加强知识从高等教育领域到新兴经济领域的转化，计划经济往往会下大力气发展技术和理工学院，重新分配社会声望，即将传统模式的大学所享有的声望转移一些给技术和理工学院这类高等教育领域，因此，高等教育入学政策也反映了建设社会主义社会的努力。如果说高等教育向所有有资格的人开放是一条普遍原则，以下几种方式都在一定程度上削弱了这条普遍原则：竞争性的入学考试、严格的高等教育发展规划，而制订这种规划的目的恰恰就在于确保合格学生的培养与由国家计划委员会通常制订的对人力资源的需求保持一致。[29] 东部集团国家实行一种可以称作是“良性歧视”的政策，即向工人阶级和农民阶级出身的年轻人倾斜。[30] 此外，自社会主义社会成立伊始就建立了一些面向工农阶级子弟的专门机构，以 40
帮助他们获得接受高等教育的机会，如夜校、函授班等。在东德，高等教育的民主化成为特别受关注的目标。于 1946 年重新恢复办学的格赖夫斯瓦尔德大学，就专门为那些未获得正式毕业资格就离开学校的中学生开设专门的讲座课程。三年后，这一开设补习课程的机构正式升格为工农系，在整个过渡期间一直持续办学，直到 1962 年才被关闭。[31] 这类为在职工人和技术人员提供高等教育的第二条通道，成为东欧和中欧高等教育的一个显著特征。非社会主义政体传统上倾向于满足中上阶层的需求，如果高等教育系统的建构是基于提高社会各阶层的知识水平的需要，那么在高等教育的入学政策方面，人力资源方面的考量就是第一位的，社会需求则总是处于第二位。

然而，当我们解释苏联高等教育模式以及将此模式移植至中欧和东欧

㉙ For Bulgaria：B. Penkov in Clark and Neave，*Encyclopedia* Ⅰ，95-99；Afanassiev，‘The Soviet Union’，in Clark，*Encyclopedia* Ⅰ，643-663；H. Möhle，‘German Democratic Republic’，in Clark and Neave，*Encyclopedia* Ⅰ，231-240.

㉚ For Poland：Szczepanski，Systems（note 6）. 在波兰，这种措施产生了复杂的结果。到 70 年代中后期，具有这种背景的入学者人数已经显著下降。参见：W. Adamski and I. Bialecki，‘Selection at School and Access to Higher Education in Poland’，*European Journal of Education*，16：2（1981），209-233。

㉛ Jílek，*Historical Compendium*，162.

形成的变体时，不论将其当成利用大学为社会主义科学原则服务的尝试，还是将这种高等教育模式当作适应“辩证唯物主义的进步力量”的方式，高等教育一直都是自成体系的。直到1989—1990年的一系列事件发生之前，两种“世界秩序”体系中高等教育领域之间的学术流动一直处于严密的官方控制之下。这并不是说在东部集团内部缺乏包括学生、研究者和普通教职人员在内的各种层次的学术交流，恰恰相反，这方面的学术交流活动非常频繁，首当其冲的就是东欧和中欧的高等教育系统与苏联高等教育系统之间的交流。[32] 然而，几十年来，尽管欧洲的大学在数量上出现了史无前例的增长，大学教职人员和学生也扩大了其影响力，但是，两个集团之间的学术交流活动依旧不明显，只有政府和安全部门的充满警惕的眼睛才能看到一些这样的交流。就双方阵营在高等教育系统中参与交流的比例来说，不论是学生、研究人员还是教职人员，参与这种交流的人数都非常少。[33] 关于欧洲大学进入这种意识形态死胡同的深度的研究，这是最为雄辩的证据了。

41 高等教育的大众化趋势

欧洲大学迈向大众化高等教育是其发展过程中的一个分水岭。从20世纪50年代到90年代，由于学生数量的急剧上升，高等教育系统以及其中的大学一直面临严峻的、持续的压力。至1990年，适龄青年进入高等教育的比例高于四十年前进入学术性高中的比例。1990年，西班牙的高等教育机构录取的学生数比1960年增加了15倍，芬兰和荷兰的大学生数较1950年增加了10倍，联邦德国和英国的大学生数增加了9倍，法国增

---

[32] D. Kallen and G. Neave, *The Open Door: Pan European Academic Cooperation* (Bucharest, 1991), 9-84.

[33] 1989—1990年，Kallen对东西欧负责学术流动性的政府机构进行了实地考察，结果表明，1988—1989年间，东欧阵营国家有11 164人访问了西欧国家的大学，而西欧有约3080人访问了东欧国家的大学。见：Kallen and Neave, *Open Door* (note 32), 48-49。

加了 8 倍，希腊、意大利和澳大利亚增加了 6 倍，比利时增加了 5 倍，南斯拉夫增加了 4 倍。

东欧和中欧的大学的情况却并非如此，大多数东欧国家高等教育体系的年增长率非常低，有的甚至是负增长。[34] 其中的原因我们会在谈欧洲不同地区大学体制发展的背景时再对此进行讨论。除两大集团之间的巨大差异外，他们各自内部的趋同性也形成鲜明对比。

从 60 年代初期开始沿用了 20 多年的这一方针已变得面目全非，要想勾勒出哪怕最粗的高等教育发展脉络，仍然不是一件易事。虽然在以意大利和西班牙为代表的国家中，从严格意义上讲大学依旧是高等教育最主要的机构，变革在大学中完成，但高等教育的大众化发展并不局限于大学。以法国、前联邦德国、英国和挪威为例，学生数量的增加与高等教育机构类型的增加齐头并进，更多的机构被纳入国家的高等教育领域。这样，伴随着高等教育的扩展，出现了高等教育机构的多样化以及非大学高等教育机构的发展，表现出以下一些主要特征：重视应用科学和社会科学；较古典大学一级学位课程教育更短的学习周期；宣称所传授的知识和技能是在工作领域直接适用的；[35] 保证进行以实践为基础的教学（虽然这与大学在 42
研究方面的使命并不匹配）。

---

[34] Kallen and Neave, *Open Door* (note 32), esp. table 3, 19.

[35] D. Furth, *Short Cycle Higher Education: Crisis of Identity* (Paris, 1974); for France: J. Lamour, *Les institutes universitaires de technologie* (Paris, 1981); for the Federal Republic of Germany: U. Teichler, 'Das Hochschulwesen in der Bundesrepublik Deutschland-ein Überblick', in U. Teichler (ed.), *DasHochschulwesen in der Bundesrepublik Deutschland* (Weinheim, 1990), 11-42; for Norway: S. Kyvik, *The Norwegian Regional College: A Study in the Establishment and Implementation of a Reform in Higher Education* (Oslo, 1981); for Britain: J. Pratt and T. Burgess, *The Polytechnics* (London, 1974).

表2.1　1950—1990年大学登记注册情况（千人）

国家	1950	1960	1970	1980	1990*
奥地利	24.6	27.2	43.1	100.1	213.4
比利时	18.2	28.1	42.0	63.3	108.5
保加利亚			85.3		127.0
捷克斯洛伐克	38.8				112.9*
丹麦	7.3				113.8
芬兰	10.4	23.0	58.8	83.0	120.5
法国	129.0	240.7	694.8	883.6	1251.4
联邦德国		247.2	412.0	791.5	(1504.1)
民主德国		30.1	44.0	32.0	
希腊			72.3	85.7	117.3
匈牙利					108.4
冰岛		0.9	2.0	3.6	5.2
爱尔兰					42.8
意大利	180.1	268.0	682.0	1048.0	1324.9
荷兰	18.1	40.7	103.4	151.2	173.9
挪威	7.4	9.6	30.2	40.6	47.9
波兰					823.0**
葡萄牙	11.5	19.5	43.6	65.0	
罗马尼亚					
西班牙		76.4	232.1	629.6	1158.8
瑞典	9.7				93.9
瑞士	13.2				80.2
英国	81.0	129.0	258.0	340.0	799.4
苏联		248.9	503.5	609.4	593.7
南斯拉夫	60.6	106.3	172.6	302.8	267.1

资料来源：specified country entries in Clark, *Encyclopedia* Ⅰ and UNESCO, *Organization and Statistics* (Paris, 1951); OECD, *Education in OECD Countries: A Compendium of Statistical Information* (Paris, 1993), 64ff.; File and Goedegebuure, *Real-Time Systems* (note 39), table 5,49。

虽然理论上可以区分非大学高等教育机构和大学，但是实际上二者之间的界限非常模糊。英国的理工学院是反映这种模糊界限情况的最佳例子。英国的这些理工学院成立于1966—1972年间，其中有些学院的起源甚至可以追溯到19世纪末。理工学院的修业年限与大学学士学位的要求完全相同，其课程结构和学生选课的形式也与大学有高度类似性。经过多年发展，这些理工学院不仅积聚了不可忽视的研究能力，而且还设立了一些分散的博士学位培养项目。法国的大学技术学院同样创办于1966年，不同的是它们把重点放在与经济部门直接相联系的那些科目上，包括第二 43
产业和第三产业经济，法国这些大学技术学院授予的第一级学位，相当于大学第一个两年周期的学习。

高等教育的发展还表现为：一些高等教育体系之外的机构升格而获得高等教育地位，从中学升格而来的联邦德国的高等专科学校（*Fachhochschulen*）就属于这种情况。然而，这也引发了方法论方面的严重困难：如何界定大学？大学是美国高校学生认为的那种科系门类齐全的机构吗？[36]按照这个定义，法国的一些著名大学就不符合标准了，[37]中欧和东欧的一些更为专门化的机构也不符合标准，比如说经济大学或兽医大学。面对自20世纪70年代以来已经成为西欧高等教育体系特色的高等教育界限模糊的局面，有没有一些操作性的标准，使得我们可以在不同的机构类型之间进行明确、快捷的区分呢？

1990年之后，由于对高等教育本身的界定发生变化，对不同高等教育机构之间的区分变得更为重要。在严格意义上的大学之外，出现了“大学型”机构，这类机构往往提供硕士学位或相当于硕士学位的学习项目，并且有一些分散的研究项目。对大学的定义既要明确大学的性质和地位，又要有助于其获得资金，伴随着“市场驱动理念”和竞争原则的引入，对

㊱ C. Kerr, *The Great Transformation of Higher Education 1960-1980* (Albany, 1991).

㊲ 关于这一点，见：G. Neave, 'France', in B. R. Clark (ed.), *The Research Foundations of Graduate Education: Germany, Britain, France, United States, Japan* (Berkeley, Los Angeles and London, 1993), 159-220。

大学的界定变得更为复杂。以前东部集团为例，随着政府的解体，“私立”大学数量激增[38]，这更需要对大学进行巧妙的定义。虽然没有生存危机的压力，但通过这种方式学术界也可以保证自己的日常生计。[39]

面临以上诸多困难，再加上为数众多的大学的出现，我们决定采用欧洲大学校长常设会议（欧洲大学协会）用以界定其成员的方法。该方法紧扣法律条文，可溯源至古老的欧洲大学，即大学是高等教育机构，由公共
44 权力机构创办或由其认可为大学，并由公共权力机构授权颁发包括硕士和博士在内的学术性学位。[40] 欧洲大学协会（原欧洲大学校长常设会议）就是根据这个界定来收集整理大学资料并进行比较的。[41] 根据这个定义，1950 年前就已经是大学的机构与 1950—1985 年间逐步获得大学地位的机构都被包括在内。这样，在 25 个国家中存在的大学数是 524 所，其中有 8 所位于前东欧阵营，其余的都位于西欧。[42] 大学作为“制度性结构”急剧

㊳ 关于 20 世纪 90 年代罗马尼亚的情况，见：A. -M. Dima，‘Quality Assurance Mechanisms and Accreditation Processes in Private Higher Education in Roumania’，in UNESCO，*Globalisation and the Market in Higher Education*：*Quality*，*Accreditation and Qualifications*（Paris，2002），145-158。

㊴ G. Neave，‘On the Return from Babylon：A Long Voyage around History，Ideology and Systems Change’，in J. File and L. Goedegebuure（eds.），*Real-Time Systems*：*Reflections on Higher Education in the Czech Republic*，*Hungary*，*Poland and Slovenia*（Brno，2003），15-37；Teixeira *et al.*，*Markets*（note 26）.

㊵ 大多数政府认可大学地位时也采用同样的标准，因为授予这些学位要求有基本的研究设施和常规的研究活动。

㊶ Jílek 编著的《欧洲大学史纲》是欧洲大学校长常设会议启动《欧洲大学史》项目后出版的首部研究成果，同时也是该项目的工作工具。该书的日期始于 1984 年，因此忽略了 1983 年之后获得大学地位的大学创办情况。不过该书也有两个显著优点：第一，该书是唯一一部包括大学创办情况简明史的文献；第二，它也省却（并非全部）了一项工作任务，若非该书的出版，则该项工作就要由一个研究团队来承担。该书中的所有院校，都要仔细审查其作为一所大学的创建时间，如果该院校系源于非大学机构，则还要追溯其前身的创建时间。

㊷ 不包括卢森堡。由于 Jílek 编著的《史纲》中苏联大学的数量严重不足（仅 22 所），因此全部 65 所大学均引自 Afanassiev，‘The Soviet Union’（note 29）。

增加的趋势更为明显。[43] 1950 年，业已存在 200 多所大学，35 年后，这个数字翻了一倍多，达到了 500 所左右。每所大学中的学生也更多了。在联邦德国、西班牙和意大利，有些大学中的学生数达到了历史最高——慕尼黑大学和柏林自由大学这两所大学的学生都超过了 6 万，马德里康普顿斯大学的学生数也相差无几[44]，而罗马第一大学则承担着培养 12 万学生的重任。事实上，没有哪个公司能在一个城市里聚集这么多数量的工人！

这种扩展并非随着时间的推移缓慢推进。图 2.1 显示，1970—1975 年 45
的五年，是一个非常明显的急剧增长期。

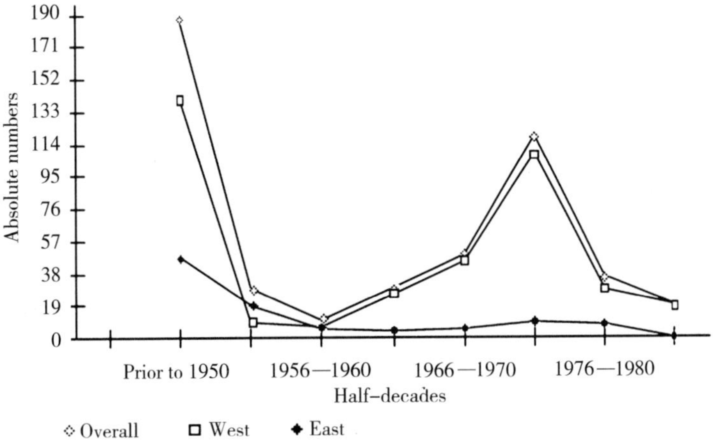

图 2.1　1950—1990 年东欧和西欧的新建大学

与那些拥有悠久历史的欧洲大学不同，这种扩展可以说是一个创举。从创建大学的角度来看，这种扩展几乎是完全的西欧现象。而在同一时期的东部集团，学生入学数的增长则出现了停滞。关于这个局面出现的原

[43] 这一概念是高等教育体系研究中一个重要的分析类别，有关此概念的解读可见：Clark and Neave, *Encyclopedia* Ⅱ。

[44] 关于这种行政和管理的结果，见：ICED, *La Reforma Universitaria española: evaluación e informe*(Madrid, 1987)。

因，有多种解释：首先，东欧和中欧高等教育基础设施的发展一直滞后于西欧的发展；其次，战争对西欧及西欧的大学所产生的破坏影响也小得多。图 2.1 显示了东欧和中欧从这种打击中恢复过来所需要的努力，其中，1950—1955 年间的努力尤其明显。

当然，在一个高度分化的体系之中，大学仅仅构成其中的一个部分。我们在描绘大学发展的同时，其实忽略了非大学高等教育机构的迅速发展。如果把原本不具备大学地位的各类理工和技术学院考虑进去，那么，中欧和东欧在创立大学方面表现欠佳这个论断也许在一定意义上是个伪论断。西欧高等教育的大扩展往往是个体需求的产物，在很多国家中，这种需求甚至被放大，因为宪法规定要保证符合条件的人都有接受高等教育的权利。[45] 为满足这样的需求，在政治上可以接受的方式极其有限。针对一些学科逐步设立了严格的入学政策，即“入学限制条款”（*numerus clausus*），或在第一学年进行甄选，甄选既可通过设立预科[46]的形式，也可通过高淘汰率的形式。

46 与此相反，计划经济的基本特征恰恰是将学生数量与高等教育机构的接受能力进行匹配，并根据人力资源的要求进行调整。个人需求只有在与个人的能力一致，并与其在高等教育体系中的定位相一致的时候，才会被考虑。按照人力资源规划预测，可以对个人的需求在不同高等教育类型之间进行疏导。[47] 这样，在需要的时候，计划经济体系就有能力将这类需求从大学中转移出去，并且这样做也具有合法性。对西欧来说，尽管也存在这类考虑，但转移只能是自愿的、个体的选择。这是两类体系本身存在的

---

[45] 这种权利，在法国与中学毕业文凭（*baccalauréat*）相关联，在奥地利、比利时、意大利和瑞士和年龄成熟度（*Maturität*，*Maturité*，*Maturità*）相关联，在德国和高中文凭（*Abitur*）相关联。它并不意味着保证每个个体都能进入其首选的系科。实际上，过去 30 年来西欧的一个主要趋势是，一些申请人数过多的系科在招生时引入了入学限制条款，其中首当其冲的是工程学和医学。

[46] 法国和荷兰都曾在不同时期尝试过这种形式，西班牙的大学预科课程也具有相同的功能。不过在西班牙，极少有人通不过筛选。

[47] K. Hüfner, ‘Economics’, in Clark and Neave, *Encyclopedia* Ⅲ, 1797-1809.

一个非常重要的区别。

国家大学储备积累

表 2.2 显示的是 1981—1984 年间被认定具有大学地位的机构的总数、1950 年前业已存在的大学机构所占的比例，以及作为“国家储备”（national stock）而每五年建立的大学数。⑱

表 2.2　1949—1984 年大学基础设施的发展 47

各国每五年存在或新建的大学数占 1984 年大学总数的比例（%）

	1949 %	1951 %	1959 %	1964 %	1969 %	1974 %	1979 %	1984 %	1984 总数
奥地利	58	8		8	8	17			12
比利时	25			6	31	38			16
保加利亚	17	17	17			50			6
捷克斯洛伐克	58	17	8	8		8			12
丹麦	67				17	17			6
法国	20				3	67	11		81
芬兰	8		8		23	38	8	16	13
联邦德国	26	9	2	7	16	33	2	5	57
民主德国	50	20	10	20					10
希腊	31	8		23		23	8	8	13
匈牙利	56	44							9
冰岛	100								1
意大利	51		2		8	16	8	14	49
爱尔兰	100								2
荷兰	50		7	14	14	14			14
挪威	50					50			4

⑱　表 2.2 将数据截点定于调查期的末期，即 1984 年，以此表明国家大学储备完成于何时，以及院校扩张和更新政策所追求的时间跨度。

续表

	1949 %	1951 %	1959 %	1964 %	1969 %	1974 %	1979 %	1984 %	1984 总数
葡萄牙	31				8	16	31	15	13
波兰	38	46		8	8				13
罗马尼亚	25	25	12		13	25			8
西班牙	27			9	12	30	21		34
瑞典	46	9		18	9		18		11
瑞士	100								10
英国	56	2	2	6	25	6		2	48
苏联	49	6	11	3	14	14	5		65
南斯拉夫	22			11	6	22	39		18
未知									4
每五年所占的百分比	38	44	47	53	64	88	95	99	100
各国每五年新建大学的总数	201	32	18	32	56	127	39	19	524

资料来源：*Jílek*，Historical Compendium。

这个表显示出一个相当有趣的事实：一方面，有些国家的大学体系自 1950 年就没有什么改变，如瑞士、爱尔兰和奥地利的大学体系在 1950 年时就基本确定了，学生数量的增加和扩展都是在已有体制框架内实现的。另一方面，有些国家的大学体系，虽然有着一百多年的深厚基础，但是现存的大学体系却主要是在 20 世纪后半段建立起来的，属于这一类的国家包括保加利亚、芬兰、法国、联邦德国、希腊、葡萄牙、罗马尼亚、西班牙和南斯拉夫。这些国家在 20 世纪后半段承担了重大的建立新机构的任务，使得其大学数量达到了 1950 年的四倍。

在图 2.1 显示的总体趋势的基础上，表 2.2 清晰地显示出各个国家的状况。对许多东欧国家来说，战后重建时期同时也是今天国家大学网络形成的时期。以捷克斯洛伐克为例，这一进程基本上是在 1955 年完成的。波兰和匈牙利的情况也差不多。民主德国将其扩展大学机构的方针一直延续到 1961—1965 年间，而此时的保加利亚业已将其大学体系调整完毕。

罗马尼亚和南斯拉夫这两个国家是例外，前者将大学体系的改革分成两个阶段进行，第一个阶段在时间上与其他社会主义国家的战后重建相符，第二个阶段则与西欧大学机构大发展的时间相同；南斯拉夫则完全相反，它的大学发展轨迹与西欧地中海国家差不多。

在西欧，大学的大规模发展主要出现在 20 世纪 60 年代和 70 年代，只是其中有几个国家出现了时间上的滞后：希腊、葡萄牙和西班牙这几个国家的大学快速发展时期集中在 1971—1980 年。西欧在“储备积累”过 48
程中形成了一个有趣的特征：此时的储备积累，与其说是体现在时间节点上，不如说是体现在持续时长和强度上。从持续时间和强度这两个层面进行分析，我们可以把所有西欧国家分成两种类型：一种是储备积累相对延后的，一种是储备积累相对集中，在一个较短时间内发生。就后者来说，法国是非常典型的例子。从 1970 年到 1974 年，今天法国大学中的三分之二破土而出，这种情况的出现在很大程度上要归功于当时的大学拆分运动，即依据学科源头领域将原有的一所大学分成两到三所大学。[49] “一分为众”而不是“合众为一”。

效法法国的，只有挪威。从 1966—1970 年，挪威将其大学储备增加了一倍，可以算是法国的一个竞争对手了。但是，这两个国家的操作规模却是大不相同。回到第一个方面，即在发展的时间跨度上，有四个国家的体系值得注意：联邦德国和英国的大学储备积累自 1950 年开始持续了 20 年，其中英国在 1960—1969 年达到高潮，联邦德国在 1965 年到 1974 年达到高潮；芬兰和意大利两国的扩展从 1950 年起缓慢进行，但从 1965 年开始加速，并一直持续到 20 世纪 80 年代。

---

[49] L. Lévy-Garboua, ‘Différentiation des enseignements supérieurs notamment en premier cycle’, in *Documents annexes à demain l'université : Rapport au ministre délégué de la recherche et de l'enseignement supérieur* (Paris, 1987) [mimeo]; A. Bienaymé, ‘Deux millions d'étudiants en l'an 2000: Que demande la France de l'enseignement supérieur?’, *Cahiers de l'Université Paris IX Dauphine* (1987), 152.

新大学的创建与发展

观察国家的大学储备整体进程的时间分布和强度是一回事，[50] 而这一进程本身要求了解旧有大学的革新和全新大学之间的区别。在原有的大学体系中，也许会创建一所与原有体系完全不同类型的大学。这一进程的存在时间几乎与大学本身存在的时间一样长，它往往是通过授予业已存在的机构以“*studium generale*”（探索普遍学问的机构）的权利开始。这一点到今天仍未改变，源自原有机构体系的新大学也许会发展成功能齐全的、由权威部门公认并获得所有特权的机构，因此，作为新大学基础的原有机
49 构的多样性一点也没有减少。当然，这一同化过程也并不总是一帆风顺，许多研究高等教育实施理论的学者都发现了这一点。[51]

表 2.3　欧洲原有大学与新建大学数（1950—1984 年）

	总数		东部		西部	
	%	大学数	%	大学数	%	大学数
1949 年存在的大学	37	204	50	71	33	133
新建基础性的大学	31	96	29	20	31	76
在原有基础上创建的大学						
（1）从大学地位的机构发展而来的大学	43	139	44	31	44	108
（2）从非大学地位的机构发展而来的大学	26	83	27	19	25	63
1950—1984 年新建大学总数	100	318	100	70	100	245
未知		2				5
1984 年大学的数量		524		141		383
新大学占 1984 年大学保有数比例	60		50		64	

[50] 各国政府在推动该扩张过程方面的相关政策，请见第三章。

[51] L. Cerych and P. Sabatier, *Great Expectations and Mixed Performance: The Implementation of Higher Education Reforms in Europe* (Stoke-on-Trent, 1986); J. -E. Lane, *Creating the University of Norrland: Goals, Structures and Outcomes* (Umeå, 1983).

高等教育机构在实现获得全科大学地位的梦想之前，其创建过程往往要分为几个步骤。在二战期间和战后初期的英国，许多当权机构认定的大学都源于叫作大学学院的机构，这些大学学院附属于业已存在的大学，大多数大学学院都附属于伦敦大学。从一所高等教育机构到被完全认可为大学，这些机构都经历了大学学院这一步骤。有的创建过程则表现为两个步骤。出现在60年代的许多“理工”大学，其前身是创建于50年代初期的地区性技术学院。这些地区性技术学院中有一些在50年代后期升格为高等技术学院。[52] 不过，1966年后建立的英国理工学院逐步成为“非大学”高等教育机构的重要组成部分，但直到1992年它们发展成为羽翼丰满的大学之后，本书中的数据才开始将这类机构计算在内。[53]

表2.3对计划经济体制下的大学与西欧的大学进行了区分。在1984年西欧存在的大学中，几乎有三分之二创建于1984年之前的35年间。计 50
划经济体制下的国家在这方面从未赶超其西欧的竞争对手。的确，这一时期计划经济下的大学数翻了一番，从71所增加为141所。同一时期的西欧，新增了255所大学机构。然而，当我们将注意力放在这些大学建立的方式时，我们发现二者非常类似：有完全是新建的，有将原有的机构授予大学地位的，也有将其他一些机构的条件进行升格的。

在东欧集团，44%的新创建大学是通过授予原有的机构以大学的地位升格而来。在西欧，这一方式也是创建大学的三种方式中最主要的一种。至于通过完全新建这一方式的，西欧的比例（31%）略高于东欧（29%）。就第三种方式而言，即直接从非大学机构升格为大学的，西欧的比例（27%）也略高于东欧（25%）。

表2.4展示的是各国为满足不断增长的高等教育需求而采取的途径，以及这些途径对各国大学储备的影响。

---

[52] T. Burgess and J. Pratt, Policy and Practice: *The Colleges of Advanced Technology* (London, 1970); P. Venables, *Higher Education Developments: The Technological Universities 1956-1976* (London, 1978).

[53] 见下文第63页。

51 表 2.4　1950—1984 年的新建大学

	1949 年存在的大学数	1984 年存在的大学数	新建大学机构的		由大学地位机构升格而成的		由非大学地位机构升格而成的		新建大学的	
			数量	百分比（%）	大学数	百分比（%）	大学数	百分比（%）	数量	百分比（%）
奥地利	7	12	1	8	3	25	1	8	5	42
比利时	4	16	2	12	8	50	2	13	12	75
保加利亚	1	6	1	16	3	50	2	33	5	83
捷克斯洛伐克	7	12			3	25	2	17	5	42
丹麦	4	6	2	33					2	33
芬兰	1	13	5	39	3	23	4	31	12	92
法国	16	81	7	9	34	42	24	30	65	80
民主德国	5	10			1	10	4	40	5	50
联邦德国	15	57	10	18	18	32	14	25	42	74
希腊	4	13	7	54	1	8	1	8	9	69
匈牙利	5	9			3	33	1	11	4	44
冰岛	1	1								100
爱尔兰	2	2								
意大利	24	49	9	18	13	27	2	4	24	49
荷兰	7	14	2	14	2	14	3	21	7	50
挪威	2	4	1	25			1	25	2	50
波兰	5	13	4	31	4	31	1	8	9	69
葡萄牙	4	13	4	31	4	31	1	8	9	69
罗马尼亚	2	8	1	12	2	25	3	38	6	75
苏联	32	65	15	23	10	15	5	8	33	46
西班牙	9	33	8	24	10	30	6	18	24	72
瑞典	5	11	2	18	2	18	2	18	6	55
瑞士	10	10								
英国	27	48	9	19	10	21	2	4	21	44
南斯拉夫	5	18	6	33	5	28	2	11	13	72
未知地区					10					
欧洲	204	524	96		139		83		320	

在西欧，比利时、芬兰、法国和当时的联邦德国展示了非常强劲的增长势头。在东欧集团，增长势头迅猛的则包括保加利亚、罗马尼亚和南斯拉夫。西欧各国中，一些国家大学的发展主要依靠将原有的非大学机构升级的政策，这些国家包括比利时、保加利亚、民主德国、荷兰和罗马尼亚。与此相反，另外一些国家大学体系的发展则主要依靠授予那些本已具有一定影响力的机构以全科大学的地位，属于这一类别的国家包括葡萄牙、波兰、法国和西班牙。通过拆分原有的大学而建立新大学的方式则可以看作是机构升格方式的变异，1968 年之后的法国是实践这一方式的典范。

这些新大学在创建之初都受到特别关注，尤其令人瞩目的是，新大学往往努力尝试以一种新的方式组织学科体系、引进新的课程形式，并且重新划定知识的范围。例如，为了满足劳动力市场对技能的新要求，德国在 20 世纪 70 年代中期创建的多所综合性大学就纷纷将其本科生课程中的“理论”部分和“实践”部分进行重新结合。[54] 虽然并不是所有的新建高等教育机构都致力于创新，但的确有相当数量的大学都在承担这一新的变革角色。另外，一个非常明显的现象是，主要以新建大学构成本国大学网络发展无可争辩的基础的国家，为数不多。与这种一般情况最为不同的国家包括丹麦、芬兰和葡萄牙。

表 2.5 将新大学与那些从原非大学机构升格或发展而来的大学进行了区分。

224 所通过升格而成的大学中，超过半数的是由原来的具有大学地位的其他机构转型而来。这些大学中，在获得大学名号以前经历过两次变革的少之又少，但在东欧这种情况比较常见。问题是：在扩展大学储备的进程中，东欧和西欧是否采用了同样的途径？

在西欧，1984 年存在的所有大学中，有超过 60％是新建的，而在东部集团，这个数字是 53％，并且东部集团新建大学中通过升格而成的所

[54] 可见：H. J. Perkin，*New Universities in the United Kingdom*（Paris，1969）。

占比例为三分之一，这个数字明显高于西欧的五分之一。西欧大学的发展模式在很大程度上反映了20世纪50年代的大学拆分运动，即将原有大学的一些系部分出来成立为专科大学。

52 表2.5 （1950—1984年创建的新大学的）体制发展类型

	全欧洲		西欧		东欧		未知地区
	数量	百分比（%）	数量	百分比（%）	数量	百分比（%）	数量
1984年的大学总数	524		383		141		
新大学总数	319	61	241	62	78	55	
通过升格而建立的大学	129	58	107	63	22	42	10
通过提升而建立的大学	83	37	62	36	19	37	
通过两步提升而建立的大学	12	5	1	<1	11	21	
建立大学的总数	224	100	170	99	52	100	

区域化

欧洲大学数量的增加不仅仅是对学生需求的回应，它同时也是对接受大学教育的便利性的回应。[55] 正像马克斯·韦伯在很早之前就说过的那样，创建一所大学，不仅仅是为了让学生或者家长弹冠相庆，它应该也可以增加商贩、房东和本地政客的满意度，[56] 因为学生既是国家未来的财富，同时也是今天很多货物和服务的消费者。大学入学在地理方面的均衡化是一个非常有力的观点，尤其是与以下这个概念结合在一起的时候更是如此：大学本身不仅能服务于提高远离首都的地区或是处于国家大学框架

[55] 见第三章。

[56] M. Weber, 'Wissenschaft als Beruf', in C. Wright Mills and H. Gerth (eds.), *From Max Weber: Essays in Sociology* (Oxford 1964) [translation].

体系的边缘地区的教育水平，而且还能成为拯救当地工业基础建设免于滑坡的催化剂。

在整个 20 世纪 60 年代和 70 年代里，大学的地理位置、非大学机构的升格以及其他教育机构实力的增强成为高等教育规划中重点考虑的因素。联邦德国的特里尔大学和凯撒斯劳滕大学[57]、瑞典的于默奥大学[58]和意大利南部的科森扎大学的创建都是基于这种考虑的典范。其中意大利科森扎大学的创建初衷更多来自对政党需求的回应而应用于该地区的非人力资本理论。[59] 大学与地区发展政策联姻的最明显的例证来自芬兰，自 60 年 53
代初期开始，芬兰往往根据发展地区经济的需要来确定大学的选址。[60]

大学在不同地区之间的均衡分布，往往不会立即带来管理、控制和问责方面的改革。改变这一状况的是随之而来的三种因素。第一种因素是管理因素。例如，瑞典 1977 年的改革在七个地区都设立了统一的管理高等教育的机构，并制定有关在大学理事会设立地区代表的条款，实现地区高等教育委员会在经费方面对非学位课程的控制。[61] 逐步加强地区对高等教育控制的第二种因素是文化。在大学内部，这种需求主要体现在各地区公开强调追求自己在文化和历史方面的认同感。[62] 西班牙创建的自治区、大学内部创建的代表地区性利益的社会委员会[63]，以及比利时在德语区和法

---

[57] G. Kueppers *et al.*, 'Die Universität Trier', *Paedagogica Europaea*, 12: 2 (1976), 86-112.

[58] Lane, *Creating* (note 51).

[59] 有关这一敏感而又滑稽的案例，可见：D. Ryan, 'The University of Calabria in its Regional Context', *Paedagogica Europaea*, 13:1(1977), 63-92。

[60] J. Vakkuri, 'Institutional Change of Universities as a Problem of Evolving Boundaries', *Higher Education Policy*, 17:3(2004), 287-310.

[61] R. T. Premfors, 'The Regionalization of Swedish Higher Education', *Comparative Education Review*, 28:1(1984), 85-104.

[62] R. Diez-Hochleitner, 'La educación postsecundaria ante la sociedad del conocimento y de la comunicaciones-documento del trabajo basico', in *La educación postsecondaria ante la sociedad del conocimiento y de las comunicaciones: documentos de un debate* (Madrid, 1989), 9-17.

[63] ICED, *Reforma universitaria* (note 44).

语区建立的行政区域和对高等教育筹资进行的各种调控手段皆是明证。第三种因素虽然同样有政治方面的考量，但在经济方面更有意义，即剥离中央管理机构的一些功能，并将这些功能下放到地区层面，加大地方对高等教育的直接投资。1989 年之后的法国[64]和 1990 年之后的挪威[65]应该是该进程的最好例证。

地区化发展虽然属于次要趋势，但仍可以看作是塑造当今大学发展方向的一股重要力量。它体现出对高等教育管理中通常被看作是“弱势的中
54 间层次”的影响力的提升。处于中间层次的地方夹在强大的中央管理机构和同样强大的高等教育机构之间。[66] 地区化发展还体现出大学优先考虑的事项越来越受到地方政府预算的影响。由此可见，尽管大学体系的任务和学科范围在很多国家中都是相似的，但由于区域性经济和劳动力市场的发展方式大不相同，我们很有可能会看到大学在体制多样化和专业化方面新的尝试，以适应当地经济的需求。由于大学在历史上长期在同一性和多样性之间摇摆，[67] 对于创建时就清晰地体现出同一性的欧洲高等教育领域来说，地方对大学生活逐渐增加的影响力可以看作是一种平衡的手段。它显然是推进高等教育“去国有化”的诸多重要因素之一。[68]

---

[64] J. Guin, ‘The Re-awakening of French Higher Education’, *European Journal of Education*, 25:2(1990), 123-146.

[65] P. O. Aamodt, ‘A New Deal for Norwegian Higher Education?’, *European Journal of Education*, 25:2(1990), 171-185.

[66] T. Becher and M. Kogan, *Structure and Process in Higher Education*, 2nd edn(London, 1990).

[67] U. Teichler, *Convergence or Growing Variety: The Changing Organization of Studies* (Strasbourg, 1988).

[68] 对此类实施举措的探讨，见：G. Neave, ‘La dimensi ó educacional en la integraci ó Europea: Una ulluda més enll à dels programes’, *Bulletídels Mestres*[Departament d’Ensaynament, Generalitat de Catalunya], 228(June 1991), 5-11。

“非国有”部分的地位

与美国和拉丁美洲的情况截然相反，[69] 欧洲的大学朝着高等教育大众化的方向发展的过程，几乎可以算是完全由政府一力承担的公益事业，即大众化的规划、资金支持以及实施全由政府来负责。在西欧，还出现了公立高等教育机构在数量上的大规模增长。但即便如此，我们也不能忽视高等教育机构的那些“非国有”部分。近期西欧高等教育在理念上和实践上开始向“私有化”方向转变，1989 年之后中欧和东欧的高等教育迅速接受西欧的理念，并将其作为指导原则。这种转变的速度，虽非冒进，也可称得上是惊人。[70] 这些都令我们有必要对高等教育“非国有”部分的发展进行认真回顾。“非国有”高等教育机构具有的重要性，标志着人们对中 55
央政府在学术事务方面承担的合法角色的观念发生转变。[71] 同时，当“私有高等教育”机构的一种新形式出现时，这些非国有高等教育机构在实践中和体制上都具有重要意义。这种新形式发轫于国有高等教育的边缘地带，要么以工商管理学院的形式作为已有大学的附属机构而出现，如英国伦敦大学、曼彻斯特大学和华威大学都有这类附属机构；要么如法国、西班牙、比利时和荷兰的情况，以独立的商业学院的形式出现，这些商业学

---

[69] V. Stadtman, ‘The United States’, in Clark and Neave, *Encyclopedia* Ⅰ, 777-788; L. A. Cuñha, ‘Public Policies for Higher Education in Brasil’, *Higher Education Policy*, 3:2(1990), 21-25; D. C. Levy, *University and Government in Mexico: Autonomy in an Authoritarian System* (New York, 1980); see also D. C. Levy, *Higher Education and the State in Latin America: Private Challenges to Public Dominance* (Chicago, 1986); S. Slancheva and D. Levy(eds.), *Private Higher Education in Post-Communist Europe: In Search of Legitimacy* (New York, 2007).

[70] 见后文第 60 页，也可见：*OECD Review of Higher Education in the Czech and Slovak Federal Republic: Examiners' Report and Questions* (Paris, 1992)；关于对“市场力量”的承诺程度及其可能造成的后果，见：*Higher Education in Europe*, 16:3(Autumn 1991)。

[71] G. Neave and F. A. van Vught(eds.), *Prometheus Bound: The Changing Relationship between Government and Higher Education in Western Europe* (Oxford, 1991).

院的地位和条件有些较高较好，有些则地位和条件不太明确。

这类“新的”非国有高等教育机构的特征明显：高度专业化、学科界限清晰——几乎所有的此类机构都集中于经济、管理和商业这些学科领域；其相当可观的费用往往来自报名费用较低的地区；独特的所有权性质，即在法律上它的所有权和运作权都属商业性质。此外，这些机构的学生数量往往要少得多，并且颁发的是本校的文凭。到底存在多少所这类机构呢？其确切数字属于高等教育机构调查方面的盲区之一。在高等教育结构方面不断涌现的新形式中，在“非国有”高等教育领域的越来越广阔的范围中，这种新的体制层级的扩展无疑更显示出其重要性。但有些矛盾的是，虽然其发展是对“市场力量”进行结构性回应的产物，可它有时也被与40年前的东欧在计划经济体制下将高等教育按照行业进行划分的做法相提并论。

尽管如此，这些通常以独特的宗教或道德为特征的“非国有”高等教育机构的早期形式，是高等教育大众化运动中的重要力量。举例来说，在比利时体现得尤其明显：这些“非国有”高等教育机构在资金筹集方面的“国有化”，成为重要的变革之一。[72] 在布鲁塞尔自由大学和比利时鲁汶天主教大学的发展过程中，我们还可以看到“非国有”高等教育机构在体制发展中出现的另一种形式：基于学生自己的需求，更基于语言的差异，这两所大学都是按照语言界限拆分的，即讲荷兰语的布鲁塞尔自由大学和讲法语的比利时鲁汶天主教大学。

1984年，在14个国家中，分布着44所“非国有”大学。其中，只有3所位于东欧和中欧（2所在捷克斯洛伐克，1所在波兰），并且这3所无一例外都是由宗教团体创建。十分之六的非国有大学集中在意大利、比利
56 时、西班牙和荷兰。大约四分之一的非国有大学成立于1950年之前。从上面所举的几个例子中可以看出，“非国有”高等教育机构的发展，其实

[72] R. L. Geiger, *Private Sectors in Higher Education: Structure, Function, and Change in Eight Countries* (Ann Arbor, 1986).

主要是那些业已存在但未获得政府正式授权为完全意义上大学教育机构获得认可的过程。这一认证过程由各国教育改革的整体节奏和周期决定。北欧各国在时间上要早一点，比利时早在60年代初期就开始了，之后是意大利和西班牙。其结果是，在1970—1983年间，这44所高等教育机构大约有三分之一获得了大学地位。

表2.6对比了非国有高等教育机构与其他被调查的大学的发展形式。很明显，与国有大学相比，在非国有领域内，将非大学机构升格为大学要容易得多。[73]

表2.6　“非国有”大学

	大学总体		非国有大学	
	数量	百分比（%）	数量	百分比（%）
已建立的大学	242	50	12	27
通过升格而建立的大学	129	27	6	14
通过提升而建立的大学	89	18	21	48
通过两步提升而建立的大学	13	3	3	7
未知	8	2	2	4
总数	481	100	44	100

资料来源：*Jílek*，*Historical Compendium*。

非大学部分

另外一种形式的发展，对高等教育的发展亦产生很大影响，这就是

[73] 可以这样理解，国有大学体系通常是通过沿袭那些具有宗教性缘起的机构发展而来的，所有大学均由此而来。而将非大学教育机构升格为完全意义上的大学所面临的压力要超过将大学体系边缘的教育机构正式认证为大学所面临的压力。

“非大学部分”的发展，尤其是短期高等教育机构的发展。[74] 西欧各国中，
57 短期高等教育机构的注册情况大不相同。[75] 就注册短期高等教育机构的人数占高等教育注册总人数的比例来说，意大利最少，只有2%，荷兰最多，高达58%。注册短期高等教育机构的人数所占比例较少的国家包括比利时（48%）、英国（41%）、挪威（36%）、爱尔兰（30%）、瑞士（29%）和瑞典（25%）。[76] 与此相反，在苏联高等教育模式下，除捷克斯洛伐克外，其他国家多由短期高等教育机构为绝大多数的学生提供高等教育服务。

作为国家规定的非大学部分的短期高等教育机构，其发展经历了两个阶段。第一个阶段为60年代及70年代初。这些机构关注的是培养就业市场上立马适用的技能，通常培养中层管理人才和技术人才。此时短期高等教育机构被看作是与大学互补的部分，在某种程度上还被看作是与大学并行的另一选择。[77] 因此，非大学部分的高等教育机构往往活跃在劳动力市场中那些转换周期较短的领域。承担满足长期变革需要任务的，仍旧是大学。在国际性机构贬义的术语中，无论是法国的大学技术学院、联邦德国的高等专科学校，还是荷兰的高等专业教育机构，或葡萄牙的理工学院授予的学位都是“终端学位”，这意味着这些高等教育机构授予的学位无法开启通往科学研究或研究生训练之路。挪威地方学院则是这一“二元”模式的例外：在挪威的这些地方学院里，提供普通大学学位基础部分的课程。南斯拉夫也为一些短期学院（*visa skola*）的毕业生提供了进入大学

---

[74] 我们有理由提及定义这两大体系的难度所在。例如，比利时和英国的非大学机构同样提供学位课程，其周期和大学课程一致。即便所有的短期高等教育都属于非大学教育机构（的活动），但并非所有的非大学教育机构都只从事短期高等教育。然而，尽管有混淆之嫌，我们仍假定（认为）短（周）期高等教育机构和非大学机构是一回事。

[75] D. Furth,‘Short Cycle Higher Education: Europe’, in Clark, *Encyclopedia* Ⅰ, 1219.

[76] OECD, *Education in OECD countries* (Paris, 1990), cited by Furth,‘Short Cycle’(note 74), 1219.

[77] M. Y. Bernard, *Les instituts universitaires de technologie* (Paris, 1970).

继续深造的机会。[78] 在各国的教育体系中，短期高等教育机构在本阶段的发展使得制度分割和部门分化的二元现象得到了加强。

第二阶段起始于 20 世纪 70 年代中期。在此阶段，人们开始重新评价短期高等教育机构，认为它们是满足劳动力市场需要的一个主要手段。短期高等教育机构成为大学的竞争对手，两者不仅仅竞争生源，还在受到政府和用人单位的青睐方面展开竞争。短期高等教育机构之所以获得这一地位，原因有两个。一是成本：由于有相当大比例的学生都是在规定的期限内毕业，因此短期高等教育机构中的学生被认为花费的成本较少；二是人 58
们普遍认为，与那些长周期的传统学院相比，短期高等教育机构能更好地“回应市场”且不那么“学科本位”。[79]

我们无法确定到底是什么使短期高等教育机构对大学造成了毋庸置疑的影响，是短期高等教育机构所取得的明显成功，还是它们在满足公众关于其教学训练的“实用性”或其毕业生的就业能力的期望方面差强人意的表现？这两方面都有实例。以法国的情况为例，两年制技术大学学院在吸引学生数量方面与学院规划者的期望相距甚远，这毫无疑问是导致 1972 年法国将两年制周期高等教育模式延伸为大学初级部分的原因之一。再来看英国的例子。英国在大学中加强职业教育的主张，正是由于在学位课程方面，理工学院进行跨学科整合所取得的一定成绩，“贵族”性高等院校很快效仿了短期高等教育机构的做法。

导致这一切的是历史重演，还是因为高等教育领域内也存在与长期的康德拉捷夫周期（Kondratieff cycle）在经济学中相类似的现象？这是历史学家和其他一些专门研究高等教育发展的学者争论的一个问题。然而不

---

[78] G. Neave, *Patterns of Equality: The Influence of New Structures in Higher Education upon Equality of Opportunity* (Windsor, 1976).

[79] Wissenschaftsrat, *Fachstudiendauer an Fachhochschulen im Prüfungsjahr 1986 9/7* (Cologne, 1986); E. Frackmann, 'Resistance to Change or no Need to Change? The Survival of German Higher Education in the 1990s', *European Journal of Education*, 25:2(1990), 187-202; M. Doumenc and J. C. Gilly, *Les IUTs: Ouverture et idéologie* (Paris, 1977).

可否认的是，证据表明，从 20 世纪 80 年代中期开始，短期高等教育机构进入其第二个改革周期，在形态和结构两个方面发生大转变。事实上，学生注册、制度创新和机构升格等种种迹象表明，这第二波改革浪潮，总体上比第一次改革的影响深远得多。在这里我不再按照之前对 1950 年以来的发展进行分析的模式，来对 1984 年之后的发展做类似的分析，而是采取另外一种方式，即我们遵循一些专家们的看法，他们越来越倾向认为，短期高等教育机构使整个高等教育向大众化发展，超越大众化阶段，乃至在某些情况下甚至达到美国政策分析专家马丁·特罗所提出的“普及阶段”[80]（超过 40%的适龄青年能够进入大学）。在法国，进入中学后学习阶段的适龄青年已经超过 50%。英国已将达到类似入学率定为 2007 年的国家目标，[81] 荷兰也提出其高等教育将在 2010 年达到同样的目标。[82]

59 关于 1990—2005 年期间资料来源的附加说明

1984 年，欧洲大学协会资料汇编停刊，因此，1984 年之后的数据我们只能依靠其他的资料来源，而这就不可避免地会造成我们得到的数据资料有时不是基于机构类型和地位的统一认识，也不见得具有直接的可比性。大学国际联合会的资料库虽然涵盖全世界的相关资料，但是往往以官方行政定义的大学类型的机构的构成为依据。此外，标志着 80 年代末成为欧洲大学发展的分水岭的重大事件，不仅有柏林墙的倒塌和参考苏联模式建立起来的那些高等教育体制的瓦解，还包括独立国家的重现及伴之而来的冲出原来的铁幕[1]而建起的各国高等教育体系。与我们失去的世界相

---

[80] M. Trow, ‘Problems in the Transition from Elite to Mass Higher Education: Policies for Higher Education’, *General Report to the Conference on the Future Structure of Post-secondary Education* (Paris, 1974).

[81] White Paper, *Education and Skills: The Future of Higher Education* (London, 2003).

[82] Ministerie van Onderwijs, Cultuur en Wetenschap and HBO-Raad, *Prestatieagenda 2005* (The Hague, 2005), esp. ch. 4 ‘Participatie’.

[1] 铁幕指阻碍西方思想意识和影响进入苏联及其所控制地区的政治地理界线。

比，今天我们所获得的世界大不相同。

这两类数据资料的最大不同在于，前者基于对大学进行的历史界定，后者则以字面上的或行政性的定义为基础。只有当一个机构被其当局定义为大学并被冠以大学的名称时，它才会在数据资料中出现。这一基于经验的拇指规则在法国必定会遇到相当大的困难，这是因为在法国还有两类其他机构与大学并行，第一类是培养精英的大学校、工程师学校、专业应用学校和高等商学院；另一类是“短期高等教育机构”。在这种情况下，从名称上来确定哪些是大学并不难，可对这些占据法国高等教育大半壁江山的其他机构进行分类就是一个极为艰巨的任务了。

自中欧和东欧恢复“学习共和国”西欧高等教育体制的正式成员身份之后的十五年间，出现两个显著特征：一是市场化的趋势，一是私有化的趋势。[83] 西欧对这两个术语的理解与其在中欧和东欧语境中所表达的弦外之音大不相同。[84] 市场化和私有化是塑造独特高等教育体系框架所带来的必然结果，当涉及资源支撑时尤其如此。再重申一次，当我们确定某所高等教育机构的主要资金来源是政府的钱包还是私人的口袋的时候，我们的根据是官方资料，而官方资料明显是按照其自己的标准来编辑的，并且这些资料也不是我们唾手可得的。事实上，在比利时、爱尔兰和荷兰这些国 60
家中，与“所有权”（比利时法律术语称之为 *pouvoirs organisateurs*）相关的筹资问题过于敏感因而无法获得相关信息。这样，谨慎成了避免误差的一个好方法。不过话虽如此，我们在这里关注更多的不是每一机构的精确细节，而是始于 1984 年的欧洲大学世界中出现的整体类型和趋势。

---

[83] Slancheva and Levy, *Private Higher Education* (note 69), Appendix, 14-18.

[84] J. de Groof, G. Neave and J. Svec, *Governance and Democracy in Higher Education* (Dordrecht, 1998), esp. ch. 1.

表 2.7　1990—2005 年欧盟、西欧和中东欧的机构增长率（仅限于大学）

	公立院校				私立院校			
	总数	西欧	中东欧	未知	总数	西欧	中东欧	未知
1990	614	508	104	2	100	89	8	3
2005	817	635	144	38	201	125	63	13
增长百分比（%）	33.06	25.00	38.46		101.00	40.45	687.50	

资料来源：*Derived from IAU data archives of universities existing in 1990 and 2005*。

新视角

今日欧盟各成员国，其高等教育体系都经历了体制结构方面巨大的进一步发展。撇开俄罗斯、阿尔巴尼亚、保加利亚、罗马尼亚、白俄罗斯和乌克兰这些国家不说，其他国家的大学总数在 1984—1990 年之间增长了三分之一还多。到 2005 年，大学总数几乎翻番：1984 年是 524 所，20 年后剧增到 1018 所。当我们从大学的所有权和投资形式方面的差异入手，剔除那些在政府看来是公共资助的机构，我们就会清楚地发现，发展最快的是私立高等教育机构。

西欧经济体中出现了最为剧烈的变化：在柏林墙倒塌之后的 15 年里，共有约 200 所机构获得了大学头衔。按照百分比来算，发展最为迅猛的地方则是东欧和中欧：大学总数翻了一番。而不论是在东欧还是在西欧，学者口中的“私立高等教育机构的增长率”[85]都远远超过公立高等教育机构：以
61 1990 年为基点，到 2005 年，西欧增长了约 40%，中欧和东欧则增长了差不多七倍。

大学数量上的优势并不完全适用于学生数。大多数私立大学相对规模较小，并且常常不想将所有的科系都开设完全，而是选择开设那些设备投

[85] V. Tomusk, ‘The War of Institutions, Episode 1 the Rise and Rise of Higher Education in Eastern Europe’, *Higher Education Policy*, 16:2(2003), 3-14.

入相对低廉且私人获利相对较高的专业——金融、商业、管理、语言等。[86] 另一方面，东欧的私立大学与公立大学之间的关系并不像很多分析者认为的那样泾渭分明，很多私立大学在教学和其他服务方面往往仰仗公立大学的教职人员。[87]

欧盟哪个国家在高等教育机构增长方面最为突出？就公立大学来说，最突出的是英国，它从 1990 年的 53 所增至 2005 年的 118 所；[88] 紧随其后的是波兰（增加 22 所）、意大利（增加 17 所）、西班牙（增加 11 所）、法国（增加 9 所）、斯洛伐克（增加 7 所）、捷克共和国（增加 6 所）、爱沙尼亚和奥地利（各增加 4 所）。私立大学的排行榜上的信息则有所不同：波兰最多（增加 37 所），其后是葡萄牙（增加 16 所）[89]、西班牙（增加 14 所）、意大利和奥地利（各增加 6 所）以及爱沙尼亚（增加 4 所）。

非大学部分惊人的生命力

严格说来，在今天的高等教育体系里，大学已经逐渐被政府和民众们看作是高等教育机构的“个中翘楚”。大学与其他一些高等教育机构共存，但大学在地位上也许更为尊崇。其他那些高等教育机构的名称五花八门，有叫“短期”的，有叫“高等职业训练”的，也有叫“大学外高等教育”的，不一而足。

无法对 1949—1984 年间大学之外的高等教育机构进行考察，只能将

---

[86] V. Tomusk,‘Higher Education Reform in Estonia: A Legal Perspective’, *Higher Education Policy*, 14:2(2001), 201-212.

[87] For this in the Romania context, see Dima,‘Quality’(note 38), and also Tomusk,‘War’(note 84), 3-14.

[88] 详见：British Council, *Recognized UK Degrees* (London, 2007). www. dfes. gov. uk/recognisedukdegrees/index. cfm? fuseaction=institutes. list&InstituteCategoryID=1& OrderBy=Category.

[89] A. Amaral and P. Teixeira,‘The Rise and Fall of the Private Sector in Portuguese Higher Education’, *Higher Education Policy*, 13:3(2000), 245-266.

过去的15年作为一个关键的转折点。就高等教育机构的数目来说，欧洲的大学尽管经历了巨大发展，但如今它们在欧盟的高等教育体系内都属于
62 少数群体。在欧盟的一些国家中，其高等教育体系中机构数量的净增长，与其说是通过有形建筑而实现的，还不如说是通过立法、命名和界定等手段而实现的。以丹麦的公立非大学高等教育机构为例，从1990年到2005年，非大学的高等教育机构从10所增加到115所。在芬兰，由于政府在90年代初出台了大力发展非大学公立高等教育机构的方针政策，也出现与丹麦类似的大发展。[90] 奥地利政府也有类似的考量，在进行高等教育机构分类的同时，着手建立称作“高等专科学校”这一类型的高等教育机构，[91] 考虑到其资金来源，官方资料将这类机构划为私立。在德国，非大学机构的发展也体现出类似的繁荣趋势：1990年，非大学高等教育机构的数量在159所的基础上增加了68所，这一增长主要是由于吸纳了前民主德国的高等教育机构。波兰的情况则略有不同：波兰的高等教育体系内各部分的发展可以说是总动员，无论是大学还是非大学，无论是公立的还是私立的都有迅猛增加，远远超过其他无论是东欧还是西欧国家的高等教育体系，非大学高等教育机构的增加尤其明显。这一事实恐怕不能简单地解释为满足计划经济体制下长期搁置的对高等教育的社会需求，还应该考虑从政府和党派的桎梏中解放出来的天主教会在高等教育体系中重获“组织力量”。简言之，当高等教育机构数量激增成为一种超越个别国家的普
63 遍现象时，其所处和相伴的环境就往往体现出某个特定的社会的特色。类似的结果并不一定意味着类似的原因。

虽然也有例外的情况（英国1992年将理工学院纳入大学体系的改革就是一个例外），但非大学高等教育机构的发展是机构多元化和细化的一个明显线索，无论其在所有权和资金来源方面是公立的还是公立的，都是

---

[90] OECD, *L'enseignement polytechnique en Finlande*(Paris, 2003).

[91] E. Leitner, 'Academic Oligarchy and Higher Education Research: Implications for the Reform of Institutions of Higher Education in Austria', *Higher Education Policy*, 12:2(1999), 27-40.

如此。自1990年起，这种模式成为下列国家形形色色高等教育体制的显著特征：奥地利、捷克斯洛伐克、丹麦、芬兰、德国、波兰和葡萄牙。而当我们将1990年之后新建的高等教育机构特别是其中的非大学机构的数量拿出来进行分析的时候，在发展步伐越来越快、发展越来越精细的过去的二十年中，这一模式体现得更为明显。对大学来说，这一发展进程，并不意味着其在过去两个世纪中在中学后教育领域所占高位的衰落。虽然通过有条件的财政投入、不断的质量评估和绩效评价，可以使一些大学有更多受青睐的机会，但是由于在欧盟各国的高等教育体系中，就数量来说，大学已经不占优势了，所以也没必要再强化大学这一高等教育的类型。

表2.8　1990—2005年间欧盟高等教育框架内大学地位的变化

	大学总数（所）	非大学机构总数（所）	大学在高等教育中的比例（%）
1990	714	656	52
2005	1018	1375	44

资料来源：IAU data bank。

随着大学与非大学高等教育机构的逐步发展，二者之间的确切关系开始变得非常关键。两类高等教育机构之间的合作是基于大学精神向非大学高等教育机构的传播，还是以大学逐渐被非大学高等教育机构吞噬为基础？这类问题被提出本身就标志着出现了一股对未来模式产生影响的力量，不管这股力量背后的原因或动机是什么，由此也能看出非大学高等教育机构目前对大学产生了一定的影响，不过这种影响往往是通过中央政策制定者们的主张而间接实现的。

联盟圈的终结

当我们在体制方面考察大学向大众化地位迈进背后的原因，并探究我们称之为“模式塑造力量”的时候，我们也许过多的关注了西欧。在大学成为大众化机构之后，这种模式塑造力量对大学产生了巨大冲击。我们之所以更多地关注西欧有一个完美的理由，即东欧、中欧与西欧的大学在过去的40年里所面临的基本问题并无差异，重建问题、与经济结合的方式问题以及社会不平等的转化问题都可以说明这一点。它们之间的差异更多地体现在机构结构及其附属的管理体制上。它们折射出人类进步的模式，
64 即当每一个意识形态方面的国家联盟存续时，塑造联盟内大学体系的优先事项和发展目标也深受其影响。随着柏林墙在1989年的倒塌，在本卷所涉时期之初被苏联同化的那些国家，不再把苏联模式作为其高等教育的参照物。不管它们是出于什么考虑，或者了解得是否全面，[92] 这些国家今天的参照物是西欧高等教育体系的模型、实践和框架。[93]

模式的对称性

考察二战结束以来的60年间的发展，我们发现，东欧和西欧呈现出一定的对称性，这种对称性明显表现在以下两个方面：第一，高等教育体系的重建；第二个方面则是第一个方面发展的结果，即为重建探寻优化模式。这二者正是本卷所涉及的发展时期之初的最重要的主题，也处于本卷所涉及的发展时期接近尾声时的议事日程的首位。认为将重建作为优先发展要务的只有东欧和中欧是不正确的。当然，在东欧和中欧，重建的诸多问题表现得更为明显、涉及的范围更广，并且常常与诸如平衡大学与非大学高等教育机构的关系[94]、准入制度和选拔制度这类基础性问题紧紧相关。东欧和中欧面临的基础性问题还包括学生参与管理的问题、在高等教

---

[92] J. Rupnik, 'Higher Education and the Reform Process in Central and Eastern Europe', *European Journal of Education*, 27: 1-2(1992), 145-151.

[93] V. Tomusk, *The Open World and Closed Societies: Essays on Higher Education Policies in Transition* (New York, 2005).

[94] 捷克当局的做法是一个案例，他们把西德高等专科学校作为一种可替选的院校类型，并以类似方式发展这种院校，即把地位较高的中等职业学校升格为高等教育机构。

育机构层面及中央层面的权力和权威的内部分配问题等。[95] 而上面提到的这些问题，许多也出现在西欧大学体系过去半个世纪的改革议程中。相比而言，中欧和东欧的大学同时面对这些问题，且时间压力很大。[96]

西欧的大学也投身于某种重建活动。这种创建活动的形式包括创建一个“欧洲高等教育区”、国内劳动力市场一体化、学位相互认证、学生流动的国际化以及学习机会的国际化。正当东欧经济互助委员会内的国家沿 65
着古代亚述首都尼尼微和古代腓尼基港口提尔这一路线进行高等教育国际化的时候，西欧的大学重建活动也在朝着国际化的方向发展。当中欧和东欧的大学重申其文化和历史独立性和特性的时候，同样的问题也在某种程度上摆在了西欧面前：为了实现大学研究的继续发展乃至大学的继续发展，仍以民族国家为框架是否合适？[97]

第一部分精选文献

综合类著作

Becher, T. and Kogan, M. *Structure and Process in Higher Education*, London, 1990, 2nd edn.

Burn, B. B. *et al*. *Higher Education in Nine Countries: A Comparative Study of Colleges and Universities Abroad. A General Report Prepared for the Carnegie Commission on Higher Education*, New York, 1971.

Cerych, L. and Sabatier, P. *Great Expectations and Mixed Performance*:

---

[95] G. Neave, ‘A Changing Europe: Challenges for Higher Education Research’, Higher Education in Europe, 16:3(1991), 3-27. 也可参见本卷第三章《与当局的关系》、第四章《管理与资源》和第六章《招生》。

[96] Neave, ‘Return’(note 39).

[97] A. Ruberti, ‘The Role and Position of Research and Doctoral Training in the European Union’, in J. Huisman, P. Maassen and G. Neave(eds.), *Higher Education and the Nation State* (Oxford, 2001), 107-120.

The Implementation of Higher Education Reforms in Europe, Stoke-on-Trent, 1986.

Clark, B. R. *The Higher Education System: Academic Organization in Cross National Perspective*, Berkeley, Los Angeles and London, 1983.

Clark, B. R. and Neave, G. (eds.) *Encyclopedia of Higher Education*, Oxford, New York, Seoul and Tokyo, 1992, 4 vols.

Furth, D. *Short Cycle Higher Education: Crisis of Identity*, Paris, 1974.

Daalder, H. and Shils, E. (eds.) *Universities, Politicians and Bureaucrats: Europe and the United States*, Cambridge, 1982.

Geiger, R. L. *Private Sectors in Higher Education: Structure, Function, and Change in Eight Countries*, Ann Arbor, 1986.

Hopkins, M. 'Manpower Planning Revisited', PhD thesis, Geneva, 2000.

IRDAC (Industrial Research and Development Advisory Committee of the Commission of the European Communities), *Skills Shortages in Europe: Industrial Research and Development Advisory Committee Opinion*, Brussels, 1990.

Jílek, L. (ed.) *Historical Compendium of European Universities/Répertoire historique des universités européennes*, Geneva, 1984.

Kallen, D. and Neave, G. *The Open Door: Pan European Academic Cooperation*, Bucharest, 1991.

Kerr, C. *The Great Transformation in Higher Education, 1960-1980*, Albany, N. Y., 1991.

66 Kogan, M. and Tuijnman, A. *Educational Research and Development Trends: Issues and Challenges*, Paris, 1995.

Kwiek, M. 'Social and Cultural Dimensions of the Transformation of Higher Education in Central and Eastern Europe', *Higher Education in Europe*, 26(2001), 399-410.

Laderrière, P. 'Les examens de politiques nationales d'éducation *à* l'OCDE', in

Education comparée-Les sciences de l'éducation pour l'ère nouvelle éducation et sociétés, Paris, 1998.

Lester, R. A. *Manpower Policy in a Free Society*, Princeton, 1966.

Levy, Daniel C. *Higher Education and the State in Latin America: Private Challenges to Public Dominance*, Chicago, 1986.

Lowe, R. (ed.) *Education and the Second World War: Studies in Schooling and Social Change*, London and Washington, 1992.

Neave, G. 'A Changing Europe: Challenges for *Higher Education Research*', *Higher Education in Europe*, 16:3(1991), 3-27.

Neave, G. 'La dimensi ó educacional en la Integraci ó Europea: Una ulluda més enll à dels programes', *Bulletí dels Mestres* (Departament d'Ensaynament, Generalitat de Catalunya), 228(June 1991), 5-11.

Neave, G. 'The European Dimension in Higher Education: An Excursion into the Modern Use of Historical Analogues', in J. Huisman, P. Maassen and G. Neave(eds.), *Higher Education and the Nation State*, Oxford, 2001, 13-67.

Neave, G. and van Vught, F. A. (eds.) *Prometheus Bound: The Changing Relationship between Government and Higher Education in Western Europe*, Oxford, 1991.

Nybom, T., Neave, G. and Bluckert, K. (eds.) *The European Research University: A Historical Parenthesis?* Basingstoke, 2006.

OECD, *Education in OECD Countries*, Paris, 1990.

Rothblatt, S. and Wittrock, B. (eds.) *The European and American University since 1600: Historical and Sociological Essays*, *Cambridge*, 1993.

Rupnik, J. 'Higher Education and the Reform Process in Central andEastern Europe', *European Journal of Education*, 27: 1/2(1992), 145-151.

Rybalko, L. and Soloviev, E. *Reflection on the Future: Educational Devel-*

opment and Forecasting, Paris, 1980.

Seabury, P. (ed.) *Universities in the Western World*, New York and London, 1975.

Teichler, U. *Convergence or Growing Variety: The Changing Organization of Studies*, Strasbourg, 1988.

UNESCO, 'Case Studies on the Development of Higher Education in Some Eastern European Countries', Document ED-74/WS/52. 26 October 1974, Paris, 1974[roneo].

Weber, M. 'Wissenschaft als Beruf', in C. Wright Mills and H. Gerth(eds.), *From Max Weber: Essays in Sociology*, Oxford, 1964[translation].

Woodhall, M. 'Changing Sources and Patterns of Finance for Higher Education: A Review of International Trends', *Higher Education in Europe*, 17:1(1992), 141-149.

67 **国别类著作**

比利时

Ministerie van de Vlaamse Gemeenschap, Departement Onderwijs. *Education in Belgium: The Diverging Paths*, Brussels, 1991.

Tanham, G. K. *Contribution à l'histoire de la Résistance belge 1940-1944*, Brussels, 1971.

Willems, J. *Belgium under Occupation*, New York, 1947.

保加利亚

Penkov, T. 'Bulgaria', in B. R. Clark and G. Neave(eds.), *The Encyclopedia of Higher Education*, vol. Ⅰ, Oxford, New York, Seoul and Tokyo, 1992, 95-99.

捷克斯洛伐克

OECD. *Review of Higher Education in the Czech and Slovak Federal Republic: Examiners' Report and Questions*, Paris, 1992.

芬兰

Hölttä, S. 'From Ivory Tower to Regional Networks', *European Journal of Education*, 35:4 (December 2000), 465-474.

法国

Bernard, M. Y. *Les instituts universitaires de technologie*, Paris, 1970.

Blocq Mascart, M. *Chroniques de la Résistance, suivies d'études pour une nouvelle révolution française par les groupes de l'OCM*, Paris, 1945.

Calmette, A. *L'OCM-Organisation civile et militaire: Histoire d'un movement de Résistance de 1940 à 1946*, Paris, 1961.

Doumenc, M. and Gilly, J. C. *Les IUTs: Ouverture et idéologie*, Paris, 1977.

Granet, H. and Michel, H. *Combat: Histoire d'un mouvement de Résistance de juillet 1940 à juillet 1943*, Paris, 1957.

Guin, J. 'The Re-awakening of French Higher Education', *European Journal of Education*, 25:2 (1990), 123-145.

Lamour, J. *Les instituts universitaires de technologie*, Paris, 1981.

Minot, J. *Quinze ans d'histoire des institutions universitaires (mai 1968-mai 1983)*, Paris, 1983.

Neave, G. 'France', in B. R. Clark (ed.), *The Research Foundations of Graduate Education: Germany, Britain, France, United States, Japan*, Berkeley, Los Angeles and London, 1993, 159-220.

德国 68

Möhle, H. 'German Democratic Republic', in B. R. Clark and G. Neave (eds.), *The Encyclopedia of Higher Education*, vol. Ⅰ, Oxford, New York, Seoul and Tokyo, 1992, 231-240.

Führ, C. and Furck, C. L. (eds.) *Handbuch der Bildungsgeschichte*, vol. Ⅵ: *1945 bis zur Gegenwart*, Munich, 1998.

Peisert, H. and Framhein, G. *Higher Education in Germany*, Bonn, 1995.

Ringer, F. *The Decline of the German Mandarins: The German Academic Community 1890-1933*, Cambridge, Mass., 1969.

Teichler, U. (ed.) *Das Hochschulwesen in der Bundesrepublik Deutschland*, Weinheim, 1990.

意大利

Ryan, D. 'TheUniversity of Calabria in its Regional Context', *Paedagogica Europaea*, 13(1977), 63-92.

荷兰

Daalder, H. 'TheNetherlands: Universities between the "New Democracy" and the "New Management"', in H. Daalder and E. Shils (eds.), *Universities, Politicians and Bureaucrats: Europe and the United States*, Cambridge, 1982, 173-231.

Goedegebuure, L. 'Grapes, Grain and Grey Cats: Binary Dynamics in Dutch Higher Education', *European Journal of Education*, 27: 1/2 (1992), 57-68.

Groen, M. *Het wetenschappelijk onderwijs in Nederland van 1815 tot 1980: Een onderwijskundig overzicht*, 3 vols. Eindhoven T. U., 1989.

Jong, L. de. *Je maintiendrai: Een jaar Nazityrannie in Nederlanden*, London, 1941.

Jong, L. de. *Het Koninkrijk der Nederlanden in de Tweede Wereldoorlog*, The Hague, 1967-1988.

Ministerie van Onderwijs en Wetenschappen. *Beleids voornemens taakverdeling en concentratie wetenschappelijk onderwijs*, The Hague, 1983.

Rupp, J. C. C. *Van oude en nieuwe universiteiten: Een historisch-sociologisch onderzoek naar de veronderstelde verdringing van Duitse door Amerikaanse modellen van wetenschapsbeoefening en hoger onderwijs en de dynamiek van de Nederlandse universitaire wereld, 1945-1995*, The Hague, 1997.

挪威

Aamodt, P. O. 'A New Deal for Norwegian Higher Education?', *European Journal of Education*, 25:2(1990), 171-185.

Kyvik, S. *The Norwegian Regional College: A Study in the Establishment and Implementation of a Reform in Higher Education*, Oslo, 1981.

波兰 69

Adamski, W. and Bialecki, I. 'Selection at School and Access to Higher Education in Poland', *European Journal of Education*, 16:2(1981), 209-233.

Ministry of Higher Education. *Institutions of Higher Education in Poland: Information and Statistics Bulletin*, Warsaw, 1963.

Szczepanski, J. *Systems of Higher Education: Poland*, New York, 1978.

苏联

Afanassiev, V. 'The Soviet Union', in B. R. Clark and G. Neave (eds.), *The Encyclopedia of Higher Education*, vol. Ⅰ, Oxford, New York, Seoul and Tokyo, 1992, 687-698.

Rabkin, Y. M. 'Academies: Soviet Union', in B. R. Clark and G. Neave (eds.), *The Encyclopedia of Higher Education*, vol. Ⅱ, Oxford, New

York, Seoul and Tokyo, 1992, 1049-1054.

西班牙

Consejo de Universidades. *La reforma de la ensenanza universitaria*, Madrid, 1987.

Garcia Garrido, J. -L. *Sistemas de educación de hoy*, Madrid, 1987, 2nd edn.

ICED. *La reforma universitaria española: Evaluación e informe*, Madrid, 1987.

瑞典

Lane, J. -E. *Creating the University of Norrland: Goals, Structures and Outcomes*, Umeå, 1983.

Premfors, R. T. 'Analysis in Politics: The Regionalization of Swedish Higher Education', *Comparative Education Review*, 28:1(February 1984), 85-104.

瑞士

Rüegg, W. 'Switzerland: The Re-affirmation of Autonomy', in H. Daalder and E. Shils(eds.), *Universities, Politicians and Bureaucrats: Europe and the United States*, Cambridge, 1982, 394-433.

英国

Burgess, T. and Pratt, J. *Policy and Practice: The Colleges of Advanced Technology*, London, 1970.

Perkin, H. J. *New Universities in the United Kingdom*, Paris, 1969.

Pratt, J. and Burgess, T. *The Polytechnics*, London, 1974.

Venables, P. 'Technical and Higher Education, The Changing Pattern. Part2', *BACIE*, 24:1(March 1970), 34-40.

第二编 结构

第三章　与当局的关系 73

瓦尔特·吕埃格，简·萨德拉克

导言

历史上，人们从未像第二次世界大战之后的50年里那样，给予大学如此高的期望。欧洲从未在这么短的时间里创立数量如此众多的大学和其他高等教育机构；大学从来没有聚集过数量如此之多的教师、学生和管理人员，也从没有像现在这样变成公众讨论、期待和批评的焦点；政府对大学发展产生的影响从未如此巨大；同时，无论是在国家层面还是在国际层面，大学间的合作达到了前所未有的规模。

没人能预测到1945年之后出现这样的发展态势，恰恰相反，当时还有人担心，战前开始的学术专业的结构性失业趋势将会继续，① 政府将不得不采取些相应措施。② 因此，在1942年，中立的瑞士政府成立了一个名为“创造就业机会代表”的办公室，1944年起，该办公室在“促进科学研究委员会”的协助下开展工作。③

在那些曾经遭受战火蹂躏的国家里，政府对大学教育的干预更加激烈。在二战交战国和被占领的国家中，缺少记载大学状况的综合性出版

① 见：e. g. ，W. Kotschnig，*Unemployment in the Learned Professions*（Oxford，1937）；K. Dubois，*Que deviendront lesétudiants*（Paris，1937）。

② H. Erb，‘Die Überfüllung in den akademischen Berufen und Vorschläge für Gegenmassnahmen’，*Schweizerische Hochschulzeitung*，17（1943），61-128.

③ W. Rüegg，‘Switzerland：The Re-affirmation of Autonomy’，in H. Daalder and E. Shils（eds.），*Universities*，*Politicians and Bureaucrats*：*Europe and the United States*（Cambridge，1982），398.

74 物。在波兰，继 1939 年 11 月 6 日克拉科夫雅盖隆大学出台《教授行为法》后，大多数大学中的教授都流失了，大学被关门，取而代之的是一个秘密的学院水平的课程网。④ 1941 年，一所只向德国人开放的州立大学在波森建立。希特勒认为法国是个大敌，这注定它只能成为一个低生活水平的农业国。因此，在 1941 年底之前，法国的被占领土一直被视为系统性掠夺的后备库。当战争从“闪电战”过渡到“全面战”后，阿尔伯特·施佩尔信条开始大行其道❶，德国人不再破坏法国的生产设施，而是转而维持其良好运行以服务于德国的战时经济。其结果是德国取消了把学生送往劳工营的做法。⑤ 除阿尔萨斯-洛林地区的高等教育机构外，大学仍然处于法国的控制之下。在法国北部城市里尔，德国武装部队的成员被禁止进入公办大学和自由（天主教）大学的建筑里。⑥ 在荷兰，1942 年之后，全国大学中的教学活动实际上都已经停止了，因为鲜有学生同意占领势力提出的让他们签署忠诚宣言的要求。⑦ 因而这里也出现了地下大学课堂。

这场战争揭示了大学在经济和社会方面的重要性，以及与之相应的政府对社会力量交互作用下高等教育日益提升的角色的兴趣。在随后的 50 年中，这个过程中得以持续推进。基于此，我们可以将这 50 年分为四个阶段：

1. 欧洲分裂背景下大学的复苏，1945—1955；

2. 国家性和国际性大学政策的出现，1956—1967；

---

④ 大约有 10 000 名学生（主要在华沙和克拉科夫）加入了以战前院校为基础的地下高等教育机构。Jerzy Slaski, *Polska Walczaca (1939-1945)-Noc, Solidarni* (Warsaw, 1986), 56. M. Zareba and A. Zareba (eds.), *Ne Cedat Academia: Kartki w tajnego mauczania w uniwersytecie Jagellońskim 1939-1945* (Cracow, 1975), 142-149.

❶ 施佩尔当时是深受希特勒倚重的德国军备部长，全面负责战时德国的军备物资生产工作。

⑤ J.-B. Duroselle, ‘Réflexions sur la France face à la “guerre totale” d’Adolf Hitler (1972)’, in B. Duroselle, *Itinéraire* (Paris, 1991), 327.

⑥ C. Schmid, *Erinnerungen* (Bern, Munich and Vienna, 1980), 194.

⑦ W. Krönig and K.-D. Müller, *Nachkriegssemester: Studium in Kriegs-und Nachkriegszeit* (Stuttgart, 1990), 79.

3. 扩张、民主化和官僚化，1968—1982；

4. 迈向协调的欧洲模式，1983—1995。

欧洲分裂背景下大学的复苏，1945—1955

由于纳粹的占领和破坏，大学的物质基础尤其是核心的智力基础都受到重创。对政府和大学来说，大学的快速重建是战后取得的最惊人的成就 75 之一。然而迄今为止对这一现象的研究还仅仅是局部的。1949 年，西欧很多国家里就读于大学的男女学生数约是 1938 年的两倍，其他地区也增长了 25％—30％。[8] 1945 年，不同年龄段的幸存者从战场或战俘营回到学校开始或重续学业，但不能简单地以此为据解释上述增长。能够出现数量如此之多、范围如此之广的增长，说明各国政府将欧洲重建不仅视为经济和技术问题，而且还视为一种教育和智力上的挑战。

然而，没有哪一个政府以通过专门的大学政策的方式来应对这一挑战。在英国，《1944 年教育法》（正式名称为《英格兰与威尔士教育改革法案》）并未涉及大学。成立于 1919 年、由大学代表组成的大学拨款委员会，仍旧只是负责分发政府补助而不提供任何直接的规划。尽管如此，1946 年各大学还是同意遵循巴洛委员会的建议，将他们所培养的学生数量翻番，以提供社会需要的专业人才。英国政府为斯拉夫和东方语言、经济学和社会科学等领域研究提供资助。[9]

在其他西欧国家里，将大学置于再次完成传统任务的地位，是各国当局对自身的限定。

在法国，戴高乐流亡政府曾打算改革高等教育体制，尤其是大学校。然而，在胜利之后，“人们既没有感到需要改革高等教育，更没有将其提

---

[8] Wissenschaftsrat, *Empfehlungen zum Ausbau der wissenschaftlichen Einrichtungen*, vol. Ⅰ: *Wissenschaftliche Universitäten* (Tübingen, 1960), 510.

[9] E. Shils, 'Great Britain and the United States: Legislators, Bureaucrats and the Universities', in Daalder and Shils, *Universities* (note 3), 440f.

高到进入政治议程的高度，这种情况一直持续到 1956 年”[10]。

在意大利，大学恢复其在法西斯主义盛行之前享有的自治传统和教学自由。[11] 在那些曾被德国占领的国家中，情况也是如此。那些躲过战争的
76 国家，如瑞典和瑞士的自由大学政策得以保持；在西班牙和葡萄牙，政府则维持了对大学的专制路线。

盟军在德国实行的大学政策

制定大学方针所面临的困难，超越了纯物质方面的重建，关于这一点，德国的情况是一个很好的例证。希特勒的帝国无条件投降后，其在物质、政治、经济和文化结构上形成的柏拉图式的白板，成为建设一个理想的国家和教育体系的起点。

占领德国领土的四支力量所实行的不同大学方针，是研究大学方针设计成败得失的有趣案例，也是战后欧洲大学史上非常值得关注的一个领域。这个有趣的案例证实了波普尔 1945 年提出的警告，即根据柏拉图的思想，在白板上建设一个理想的国家及大学，存在很大风险。[12] 但它也表明，西方占领势力所实行的大学方针政策，虽然以在德国建立民主和欧洲政治信念为目标，但这些方针和政策只是发挥了间接和长期的影响。

盟军已达成一个共同目标：阻止德国获得发动另外一次世界大战所需要的条件。然而，就如何实现这个目标，盟军各国看法大相径庭。在英国，人们首先考虑的是如何避免《凡尔赛和约》的实施产生过于残酷的结果。因此，英国从 1940 年开始宣传这样一种理念，该理念在 1944 年达到

---

⑩ F. Bourricaud, 'France: The Prelude to the *loi d'orientation* of 1968', in Daalder and Shils, Universities (note 3), 36f.

⑪ A. Malintoppi, 'Italy: Universities Adrift', in Daalder and Shils, *Universities* (note 3), 109.

⑫ K. Popper, *The Open Society and its Enemies*, 2 vols. (London, 1945).

高潮,[13] 即再教育是“内在的永久性变革，并朝可接纳的欧洲行为转变”。[14] 相反，苏联持的观点是，第一次世界大战的战胜国在凡尔赛谈判中做得还远远不够。因此，斯大林要求将德国重新发动战争的工业潜力全部破坏掉，并对德国社会进行民主重建。美国起初呈现出的是追随英国的趋势。从 1942 年开始，美国国务院和陆军部都有专门的专家，致力于制定有关其在德国的占领区的长期政策。1943 年，美国的社会心理学家提出了一个再教育计划，试图以群体动态自愈过程，向“精神方面出了问题的德国人”传播民主价值观念和行为。通过一份手册，提出在文化和教育 77
方针政策的重建项目中，大学具有一定的地位。[15] 1944 年，对大屠杀的愤怒催生了“摩根索计划”。在 1944 年 9 月 15 日于魁北克召开的美国—英国首脑会议上，丘吉尔采纳了这个计划，他口述了一份备忘录，要求实行一项计划“以消除德国鲁尔地区和萨尔河地区的战争制造业，并把德国变为以农牧业为主的国家”。[16] 然而英美两国的公共舆论对此建议公然批评，罗斯福和丘吉尔退却了，并未通过任何明确的占领方针。罗斯福下令禁止再使用该手册。进驻德国的美国占领军，对于在占领地应该如何去做没有任何明确概念。1942 年开始，位于夏洛茨维尔的弗吉尼亚大学已经培训了一大批在占领区从事管理工作的专家，其中包括 200 名教育专家。尽管做出了这些努力，但是在 1945 年 5 月，美国军事政府只派了 10 名教育官

---

⑬ D. Phillips,‘War-Time Planning for the “Re-education” of Germany: Professor E. R. Dodds and the German Universities’,*Oxford Review of Education*,12:2(1986),195-208,esp. 196.

⑭ K. Jürgensen,‘Was there a British Policy towards Higher Education? Some Retrospective Thoughts on the Oxford Symposium’, in M. Heinemann and D. Phillips(eds.),*Hochschuloffiziere und Wiederaufbau des Hochschulwesens in Westdeutschland 1945-1952*, vol. Ⅰ: Die britische Zone(Hildesheim,1990),79.

⑮ J. F. Tent,*Mission on the Rhine*:*Reeducation and Denazification in American Occupied Germany*(Chicago,1982),22.

⑯ Henry Morgenthau, Ⅲ, *Mostly Morgenthaus*: *A Family History*(New York,1991), 386.

员去德国，审查那里对近两千万人进行的去纳粹化和再教育工作。[17]

1945 年 1 月，盟军部队已经到达莱茵河，此时的丘吉尔仍然不太关心战后的政治问题。[18] 但是，从敌对状态形成之初，他就已经在强调，盟军的行动目标不是破坏和复仇，而是为了未来的国际社会（德国也将占有一席之地）的和平与安全。1944 年夏，有 20 多个教育官员在英国对德管制委员会设于肯辛顿的教学部（当时全英有数个这样的教学部）接受训练。[19]

1945 年 8 月 2 日，艾德礼、杜鲁门和斯大林共同签署了《波茨坦协定》。该协定结合了由斯大林提出并在魁北克会议上得到丘吉尔和罗斯福认可的去工业化主张和再教育的概念。对于大学来说，去工业化的第一步，就是带走大学里的科学家、撤走大学中的科研人员里的相关设备，并禁止大学中的科研人员从事如核物理、化学、航空、造船这些涉及战争经济的战略领域的研究。制订教育方案时明确提出四“D”，即，铲除纳粹化、非军事化、民主化和非卡特尔化，其中前三个“D”被认为是德国人
78 自己的教育目标。战胜国将“允许”和“控制”德国从纳粹和军事主义理念向民主思想成功转型，但战胜国并不打算自己亲自去实现这一目标。

同时，《波茨坦协定》传达了一个普遍原则：它与四个占领国不同的大学政策相兼容。1947 年，盟军政府发出第 54 号指令，题为“德国教育民主化的基本原则”，该原则在理论上对所有占领国都具有约束力。但事与愿违，早在 1945 年的夏末和秋季，大学已经获得准许重新开办，其目的之一是在医学院系的帮助下改善营养不良人群的健康状况，[20] 同时希望那些有制造麻烦倾向的青年离开街头，回到校园。[21] 根据《波茨坦协定》，

---

⑰ Tent, *Mission* (note 15), 29.

⑱ G. Murray, 'The British Contribution', in A. Hearnden (ed.), *The British in Germany: Educational Reconstruction after 1945* (London, 1978), 68.

⑲ *Ibid.*, 77.

⑳ Tent, *Mission* (note 15), 59.

㉑ M. Heinemann and J. Fischer (eds.), *Hochschuloffiziere und Wiederaufbau des Hochschulwesens in Westdeutschland 1945-1952*, vol. Ⅲ: *Die französische Zone* (Hildesheim, 1991), 66f.; cf. Tent, *Mission* (note 15), 28.

大学官员负责监管（并在必要的时候加强）教师和学生的去纳粹化，以及由德国委员会实行的非军事化。此外，大学官员们还要支持民主价值的教育。对于这些任务，大学官员做好准备的程度参差不齐。

美国人面临的困难有两个。其一是缺乏对大学政策的明确概念，其二是拥有 14 所大学机构的占领区里缺乏合格的管理人员。此外，美国的这些管理人员还不得不忍受来自军队官僚体系的各种命令、条例的强硬干扰，有时这些干扰还是相互矛盾的。[22]

面对占领区的学术挑战，英国人比美国人做的准备更充分。例如，他们列出了一份德国教授清单，根据这些教授在纳粹统治时期的行为，在清单上注明哪些要被解雇、哪些需要接受审查、哪些可立即恢复其职位以及哪些可以担任领导职位等。[23] 他们拥有足以满足其占领区中 8 所大学及类似机构需要的管理人员，尽管这些管理人员对自己将要面临的具体任务基本上也是一头雾水。[24] 英国人务实地开展工作，从一开始，他们就采取了正式和非正式两种形式与大学领导进行合作。

法国直至 1944 年 10 月才获得自己的占领区。虽然法国没有出席波茨坦会议，但它也采取了英国盟友的行动路线。法国的大学管理人员大都学习过德语和德国文学，但他们同样对自己面临的任务毫无准备。[25] 79

在文化和高等教育领域，法国占领军奉行一种比其西方盟国更加积极的政策。法国占领区内有两所古老的大学（即蒂宾根大学和弗莱堡大学）几乎没有受到战争的破坏。除此之外，法国人还在莱茵河西岸创办了 4 所新高等教育机构，分别是 1946 年建立的美因茨大学、1948 年成立的萨尔布吕肯大学、1947 年成立的以法国大学校为蓝本的斯派尔行政科学学院和格尔斯海姆高等翻译学校。其中，格尔斯海姆高等翻译学校在 1949 年并入美因茨大学。美因茨大学是一所建于 1476 年的大学校，1798 年在法国

---

[22] Tent, *Mission* (note 15), 316ff.

[23] Phillips, 'War-Time Planning' (note 13), 201-203.

[24] Heinemann, *Hochschuloffiziere*, Ⅰ (note 14), 166ff.

[25] Heinemann, *Hochschuloffiziere*, Ⅲ (note 21), 12ff.

大革命期间被关闭。1946 年法国占领军重新开办这所大学，并在大学里设立了美因茨科学与文学学院和欧洲历史研究院，进一步凸显了这所大学的重要性。通过这种大规模的“文明使命”，法国人借助“以文化手段在敌对国家中建立知识桥头堡”的手段来促进自身的安全。[26]

各占领国派驻的大学管理人员在完成其管理任务时，往往得到各大学的学术校长和招生委员会的帮助和支持。1947 年起，大学管理的责任逐渐移交给德国各州政府，“再教育”被“再定位”所取代。

这些大学管理人员对民主思想的成功发展做出了贡献，而他们为实现这种贡献而采取的手段中，履行自己的官方职责远不如关心大学和大学成员的福利来得有效。他们致力于建筑物的修复，在学生和教师受到军队干扰时实施保护，并帮助他们安然度过“饥饿年代”以及 1946/1947 年那个异常寒冷的冬天。尤为重要的是，他们还大力推动国际交往和交流项目。从 1946 年到 1948 年，有数百名外国科学家、学者、作家和艺术家前来德国，向德国学生和教授介绍国际科学、学术和文化动态。第一次世界大战结束后，连一些享有国际声誉的德国著名教授都被挡在国际会议之外，而此时的情况则大不相同，自 1947 年起，德国的教授和学生都被邀请前往
80 占领国参加国际会议。这种非正式和间接引进西方民主国家价值观念与行为习惯的手段非常成功，这一点可以从有关战后最初几年的大学男女学生的记录中得到证明，这些人后来都成为联邦德国的精英。[27]

---

[26] M. Heinemann,'Bildung und Wissenschaft im Rahmen der Kultur-und Sicherheitspolitik der Westalliierten. Erfahrungen der Nachkriegszeit', in F. Knipping and J. Le Ridder (eds.), *Frankreichs Kulturpolitik in Deutschland, 1945-1950: Ein Tübinger Symposium, 19. u. 20. September 1985 1950* (Tübingen, 1987), 38.

[27] Krönig and Müller, *Nachkriegssemester* (note 7), with detailed bibliography; J. von Stackelberg, *Die Überwindung der Fremdheit: Memoiren eines engagierten Romanisten* (Bonn, 2005), 33-53; M. Becke-Goehring and D. Mussgnug, *Erinnerungen: Fast vom Wind verweht* (Bochum, 1950), 79-115; cf. Heinemann and Phillips, *Hochschuloffiziere* (notes 14, 21) and M. Heinemann and U. Schneider (eds.), *Hochschuloffiziere und Wiederaufbau des Hochschulwesens in Westdeutschland 1945-1952*, vol. Ⅱ: *Die USZone* (Hildesheim, 1990).

西方民主国家的无可争议的重要价值是主张大学在课程组织、学位授予和高质量教职人员选择方面的自治权。占领军与新组建的国家政府都认同这种自治思想，并大力支持大学重建其在被纳粹统治时所丧失的自治权力。

各项重建和招募任务都要由计划与招生委员会和教师委员会通过与经验不足的盟军及德国大学管理人员进行讨论来完成。因此，大学新获得的羽翼未丰的自治必须经得起考验，任何对大学新获自治的侵犯，都会引起大学的强烈反应。以下这个事件是对此的典型说明：1948 年，黑森州政府不顾法兰克福法学院的反对，任命州部长赫尔曼·布里尔担任荣誉教授。于是，学院在校长瓦尔特·哈尔斯坦的领导下，提出激烈抗议，以至于这样一件小事引起了广泛的讨论。㉘ 在几年的重建岁月里，大学在一段时期内甚至获得了 19 世纪时就失去的一项权力，即大学自治的第四大支柱——自主从中学中选择学生的权力。

1948 年，成立于 1911 年的威廉皇帝学会更名为马克斯·普朗克科学促进学会并重新运营。㉙ 紧随其后的是，1949 年，成立于 1920 年、旨在推动大学学术研究的德意志重大项目研究会改组为德国研究基金会。㉚ 同
年，各州批准了德意志联邦共和国关于科学研究设施资助的协议，并在陶 81
努斯山区的柯尼希施泰因正式签署协议。柯尼希施泰因协议使大学的研究超越了其所在州的地域和经济支持界限。大学的研究费用根据各州的相对人口数量和税收收入由各州分担。㉛

对大学制度进行根本性改革的努力则不那么成功。从 1946 年到 1952

㉘ N. Hammerstein, *Die Johann Wolfgang Goethe-Universität Frankfurt am Main*, vol. Ⅰ: *1914 bis 1950* (Frankfurt/Main, 1989), 249-260.

㉙ R. Vierhaus and B. vom Brocke (eds.), *Forschung im Spannungsfeld von Politik und Gesellschaft: Geschichte der Kaiser-Wilhelm-Max-Planck-Gesellschaft* (Stuttgart, 1990).

㉚ T. Nipperdey and L. Schmugge, *50 Jahre Forschungsförderung in Deutschland: Ein Abriss der Geschichte der Deutschen Forschungsgemeinschaft 1920-1970* (Berlin, 1970).

㉛ E. Freund, *Forschung-der dritte Faktor: Eine Analyse mit Zahlen und Vergleichen* (Stuttgart, 1966) (with international summaries).

年，各占领军发起或推动了多次以改革为目标的会议。[32] 德国大学只采纳了一项建议，即按照美国模式引进通识教育项目，以促进德国大学的政治教育。这个教育项目被称作“通识教育”（*studium generale*），这个德语术语没有体现出其历史意义，不光在语义上，在德国大学系统里，它始终是个外来语。[33]

几十年来，战后聚焦于东德大学发展的历史研究遭遇指控，认为其存在党派色彩。德意志民主共和国的历史学家们明白自身的角色，他们不得不承担一项任务：“全面地、长远地分析并证明社会主义必然战胜帝国主义。”[34] 西方学者的研究被认为是冷战的怪物，这种情况不仅发生在德意志民主共和国。1992 年，在柏林附近的高森，大众汽车基金会资助召开了一个有关大学和科学政策的学术研讨会，来自苏联的一些大学管理人员也参加了此次会议，这是以前由占领国大学官员召开座谈会的传统的延续。[35] 苏联大学官员所做的研究，显示出西方关于民主德国高等教育苏维埃化的研究在很大程度上是准确的。

---

[32] R. Neuhaus(ed.), *Dokumente zurHochschulreform 1945-1959*, Veröffentlichungen der Westdeutschen Rektorenkonferenz(Wiesbaden, 1961), 260-433; W. Rüegg, 'Epilogue: Higher Education at its Greatest Challenge. The Developments since 1960', in M. Heinemann and U. Schneider(eds.), *Hochschuloffiziere und Wiederaufbau des Hochschulwesens in Westdeutschland 1945-1952*, vol. Ⅱ: *Die US-Zone*(Hildesheim, 1990), 228f.; D. Phillipps, *Pragmatismus und Idealismus: Das 'Blaue Gutachten' und die britische Hochschulpolitik in Deutschland 1948*, Studien und Dokumentationen zur deutschen Bildungsgeschichte, 58(Cologne, Weimar and Vienna, 1995).

[33] F. F. Tenbruck and W. Treue(eds.), *Studium generale: Bericht über zwei Weilburger Arbeitstagungen 30. August bis 1. September und 3. bis 15. September 1951*(with select bibliography); W. Rüegg, 'Humanism, and Studium Generale in German Higher Education', *The Journal of General Education*, 8:3(1955), 137-165.

[34] W. Flaschendräger and M. Straube, *Die Entwicklung der Universitäten und Akademien im Spiegel der hochschulgeschichtlichen Forschungen(1960-1969): Literaturübersicht*, Informationen und Studien zur Universitätsentwicklung, 12(Berlin(Ost), 1970), 7.

[35] M. Heinemann(ed.), *Hochschuloffiziere und Wiederaufbau des Hochschulwesen 1945-1949: Die sowjetische Besatzungszone*(Berlin, 2000).

> 我们面对的是一个堡垒，它的名字是科学，有无数知识分支的科学。我们必须不惜任何代价拿下这个堡垒。如果希望成为新生活的建设者，如果想打败旧生活的守护者，年轻人必须拿下这个堡垒。 82

斯大林的这段话发表于1953年，它是西方理解苏联占领势力和德意志民主共和国管理部门提出的大学政策的重要参考。[36] 1992年，一位参加高森会议的俄罗斯学者引用了一句列宁的话，它所描述的苏联教育政策的核心与斯大林那段话的意思非常相似：

> 只有对青年人的培训、组织和教育进行深刻转变，才能达到我们的目标：青年人通过自身的努力，可以实现建立一个不同于以往的社会——共产主义社会。（对于大学方针）这意味着重点应转向政治教育和大学教育的实用功能，而牺牲大学在促进人文教育和通识教育中的作用。

具体来说，根据苏联的经验，苏联驻德国军事政府以这样的蓝图来重建所有高等教育机构：高等教育部门批准的标准化的高等教育机构，每个系都有标准化的教学计划，每个学科都有标准化的课程。这意味着将大学集中化管理，只给予大学非常有限的独立性空间；所有院系必须学习马克思列宁主义哲学和政治经济学；确定高等教育的总思想和总政治方向；确保共产党组织在大学的领导角色；建立社会主义计划经济与不同学科专家和培训需求之间的紧密联系；学生社会出身的单一化改造。即建立无产阶

---

[36] M. Müller and E. E. Müller, '... *stürmt die Festung Wissenschaft.*' *Die Sowjetisierung der mitteldeutschen Universitäten seit 1945* (Berlin, 1953), 1.

级的大学。[37]

在苏联占领区，大学也是在 1945—1946 年间的冬天重新开放。根据列宁和斯大林的格言所说，接受革命理念再教育的年轻人要完成占据“科学堡垒”的任务，因此，苏联占领军用了六年时间将占领区的德国大学系统按照苏联模式进行了改造。为了实现这一目标，苏联占领军需要德国教师、教育机构和各党派的支持，特别是共产党的支持。当时德国大学教师
83 里没有几位是共产党员，他们也肯定不属于“莫斯科流亡者”的圈子。该圈子以瓦尔特·乌布利希和威廉·皮克为核心，具有相当大的影响力。1945—1955 年间东德的大学政策大多受保罗·汪戴尔和弗雷德·厄斯纳的影响，而这两人充其量只能算是自学成才。[38]

苏联占领区的大学，由于有些是从原美国占领区迁来的，再加上去纳粹化的影响，因此大学中老师离职的比例高达 90%。与西方的信仰相反的是，负责管理大学的苏联驻德国军事政府官员，虽然也跟他们西方的同行一样没有对自己将要执行的任务做好充分准备，[39] 但他们保留着对德国大学传统根深蒂固的尊重，并且努力捍卫这种传统，反对仓促地适应苏维埃体制，而他们的捍卫往往是成功的。他们反对实行校长任命制，捍卫校长选举制；他们坚持在大学中继续设立法律系，而不是将法律系独立出去。[40] 当然，苏联驻德国军事政府从一开始就对大学进行了思想清洗，不

---

[37] A. P. Nikitin, 'Die sowjetische Militäradministration und die Sowjetisierung des Volksbildungssystems in Ostdeutschland 1945-1949', in Heinemann, *Sowjetische Besatzungszone* (note 35), 1-10, quotation p. 2.

[38] E. Richert, '*Sozialistische Universität*': *Die Hochschulpolitik der SED* (Berlin, 1967), 13-17.

[39] R. F. Lawson, 'Die Politik der Umstände: Eine Kritik der Analysen des Bildungswandels im Nachkriegsdeutschland', in M. Heinemann (ed.), *Umerziehung und Wiederaufbau: Die Bildungspolitik der Besatzungsmächte in Deutschland und Österreich* (Stuttgart, 1981), 29; Nikitin, 'Sowjetische Militäradministration' (note 37), 1; I. Bejdin, 'Die Russen in Deutschland, Auszüge aus meinen Erinnerungen', in Heinemann, *Sowjetische Besatzungszone* (note 35), 11.

[40] Nikitin, 'Sowjetische Militäradministration' (note 37), 5.

仅去除了纳粹主义和军国主义，而且剔除了那些拥护“反动政治观点”和“假知识”的人。1945 年，苏联驻德国军事政府迫使爱德华·斯普朗格和伯恩哈德·史怀哲辞职，这两位教授分别是柏林大学和莱比锡大学的第一校长。[41] 这两人后来都去了杜宾根大学。1946—1947 年冬季学期，大学中开始允许教授哲学，但要求教授提交每个讲座和研讨会的方案以备审议，并解释他们如何运用讲座和研讨会进行政治再教育。1948 年，哲学教授们被要求填写一份由苏联哲学官设计的调查问卷，以证明他们忠于辩证唯物主义。此举导致很多哲学家纷纷前往西方阵营，如沃尔特·布洛克尔、汉斯-乔治·伽达默尔、汉斯·莱斯岗和西奥多·里特。[42]

苏联驻德国军事政府之所以在最初处理德国大学问题时采取自我约束的方式，还有一个原因是当时大的政治背景。然而，这种约束并不适用于哲学和历史等学科，也并不阻止对大学校长和院长的选举施加党派的压力。1945 年 6 月 11 日发表的《告德国人民书》宣称：“将苏联体制强加于 84
德国”是错误的，因为这“不符合德国现阶段的发展条件”，目前的发展条件要求的是“建立一个人民享有所有民主权利和自由的、反法西斯主义的议会制民主共和国”[43]。

这种“民主权利和自由”到底能走多远，我们可以从一个例子中看出来。1948 年，柏林大学的三名学生因为写文章批评大学政策而被开除，这促使他们后来着手创办柏林自由大学。[44] 到 1953 年为止，共有 500 多名学生和教授遭到逮捕，他们中的大多数人被投入监狱、被强制劳动或进入劳改营。[45] 显然，这些人不属于“人民”的范畴。

从 1948 年到 1953 年，人民教育部特别是高等教育国务秘书处（成立于 1951 年）开始实施由苏联驻德国军事政府一名前任高级官员描述的苏

---

[41] Nikitin, ‘Sowjetische Militäradministration’(note 37), 6.

[42] Müller and Müller, *Festung Wissenschaft*(note 36), 67-72.

[43] Müller and Müller, *Festung Wissenschaft*(note 36), 11.

[44] Heinemann and Schneider, *Hochschuloffiziere*(note 32), 143-172.

[45] Müller and Müller, *Festung Wissenschaft*(note 36), 363-371.

联模式。[46]

中欧和东欧的苏维埃化

第二次世界大战给中欧和东欧国家带来了深刻变化，多年来这些国家由于其地理位置而被打上了“社会主义阵营”“苏联集团”等印记。[47] 所有（政治、经济和社会）变化，连同国家边界和民族构成方面的重大变化，对高等教育与其新的主管权力机构——高等教育机构内的共产党及其代表——之间的关系都产生了影响。

战争对波兰高等教育造成了灾难性的后果：三分之一的波兰知识分子在战争中丧生，[48] 物质损失也同样巨大。战前的两个重要学术中心——利沃夫和维尔纽斯，如今已不在波兰新的国家边界之内。得益于在纳粹占领区内由所谓的“飞行大学”提供的地下秘密教学和研究，波兰高等教育的
85 人员损失略有补充。独立的波兰教育在西欧（尤其是英国和瑞士）占领区中发挥的作用，与其在纳粹占领区能发挥的作用一样有限，再加上非共产主义流亡政府所扮演的角色，共同促成了由苏联支持的波兰政府重开和新建高等院校以及推广免费高等教育的观念。这一行动的潜在政治利益起初并不明显，但是，作为波兰高等教育重建和民主化标志的战后首所大学——居里夫人大学于1944年10月在卢布林成立时，其潜在利益开始显现。在同一时间，经过与新政权的艰苦斗争，位于同一城市的另外一所大学卢布林天主教大学得以在新政权下以战前独立于国家的形式继续开办，不过其性质变成一所经国家认证的学术机构。

罗马尼亚高等教育也饱受战争影响，但其人员和硬件设施的受损程度

[46] Cf. Richert, ‘*Sozialistische Universität*’(note 38), 42-96.

[47] 1943年成立的南斯拉夫，尽管是联邦制国家，但由于其一党专政的特点和独立的国际政策，因而也被视为苏联集团的成员之一。

[48] 估计仅有600名左右的大学教授（只占总数的约40%）活了下来。

与波兰不同。[49] 大学师生不得不面对这场罗马尼亚牵涉其中的战争所带来的后果，即罗马尼亚国界的变化，特别是特兰西瓦尼亚地区的归属问题。[50]

从挑战的角度来看，南斯拉夫的三所大学，在这个国家成为一个多民族的联邦制国家后，其所处境况并没有太大的变化。[51] 匈牙利高等教育也须面对战争破坏造成的后果（特别是在布达佩斯），同样也要面对失去特兰西瓦尼亚后大学师生流失的后果，该地区在 1940 年至 1944 年间主要处于匈牙利的控制之下。[52]

不过，即便中东欧地区的新政权在战后积极介入高等教育，但仍允许大学固守其内部结构、招生与研究组织、教师与学生代表等多方面的传统。这主要基于战后重建的需要，同时也隐匿了新的（但未完全掌握政权 86
的）“人民”国家政权的政治实用主义。这种情况仅持续到 1947 年底，到 1948 年前后就完全改变，此时，中东欧地区由共产党控制的国家彻底变更了大学和其他高等教育及学术机构的设计和目标。它们的任务和运行都必须服从单一意识形态信条——马克思列宁主义。所有的大学都被改造为共产主义/人民的社会主义国家庞大的行政体系的一部分，而不管其传统和历史为何。[53] 和所有其他高等院校的毕业生一样，大学毕业生注定要成为“人民”的知识分子。

即使院系、教席和评议会这些大学的基本内部组织和部门得以保留，

---

[49] J. Sadlak, *Higher Education in Romania 1860-1990: Between Academic Mission, Economic Demands and Political Control* (Buffalo, 1990).

[50] 1940 年，罗马尼亚的克鲁日“斐迪南一世”大学（‘King Ferdinand I’ University of Cluj）被疏散到锡比乌，到 1944 年，该大学在锡比乌成为匈牙利的费伦茨·约瑟夫皇家科学大学（Royal Ferenc József Scientific University）。V. Puscas (ed.), *A History of Cluj Higher Education in the 20th Century* (Cluj, 1999), 285-302.

[51] N. N. Soljan, ‘Yugoslavia’, in P. G. Altbach (ed.), *International Higher Education—An Encyclopedia* (New York and London, 1991), 837-850.

[52] J. Kardos, E. Kelemen and L. Szogi, *Centuries of Hungarian Higher Education* (Budapest, 2001), 132-136.

[53] 在大学的核心使命中，自由地学习“知识”的洪堡模式在这些地区曾广为流行。不过一些国家（如罗马尼亚）也受拿破仑的影响发展出了类似于法国大学校的机构。

但高等教育机构已经逐渐失去了其大部分机构自治权。政府做到这一点的方式是改变管理机构的构成和特权，以及建立新的“行政机构”。民主管理的假象之下是各种形式的“集体代表制度”，包括定期的“科学代表大会”或依据特定学术条例组织的会议。现实中，对大学功能直接的政治和行政干涉覆盖了几乎所有的重要事项，从校长、院长和学术人员的任命，到学生群体的构成、课程的组织和教学内容——尤其是那些与意识形态相关的学科，如哲学、历史、法律、经济学和其他社会学科等。[54]

这些改革还有另外一个共同特征，那就是强行植入从苏联学术体制和科学组织中借用来的种种特性。那些“历史悠久的”大学被打上诸如“自由资产阶级”等过时的标签而被彻底改革。改革后的“新大学”专注于“纯”理论的研究和所谓基础学科的教学，包括哲学、社会研究、数学和所有的自然科学。从大学中分离出去的是医学、药学、农学和体育之类的学科。这些变革的结果是，专门化教育机构的重要性上升，“传统”大学，
87 尤其是通常被称作理工学院的技术教育机构的作用开始减弱。在许多学术中心特别是在大学和理工学院之间，滋生了不健康的竞争，因为它们竞争的是政治和社会地位，而不是科学声望和卓越的科学表现。

为了与教育体制的意识形态驱动和非宗派性质保持一致，神学院被搬出了大学，之后它们被关闭、被边缘化或变为独立的学术学院。[55] 如今，大学的基本权利和功能不得不面对另外一个竞争对手，即按照苏联组织模式重组或新建的科学院。这种被称作“工程院”的科学院有三个功能：一是知名学者的团体，二是研究中心，三是监督和协调高等教育机构中研究工作的政府代表机构。从历史角度看，这些科学院一般将自己限定在第一个功能上。这些新成立的科学院，既是国内所有科学互动的超级协调者，

---

[54] 这些学科在教学方面的意识形态“标准设定”由所谓的“党校”来进行，后者很快就变成了不折不扣的高等教育机构，享有开展教学与在意识形态方面进行必要的“研究”的特殊待遇。

[55] 波兰开办了两所小型神学院，这两所学院与卢布林天主教大学一同被是为高等教育体系的内在组成部分。在柏林，新教神学院仍然是洪堡大学的一部分。

又是开展国际科技合作的机构。

苏维埃化的学术生活有一点很令人感到不安，那就是引入了毕业程序和学术职称的新制度。这些新措施留下的持久影响就是仿照苏联原型设立的监管和筛查机构——高等教育认证委员会。授予科学头衔及任命学术职员都要得到该机构的批准，而高等教育认证委员会所考虑的不仅是学术价值，还包括政治合理性。[56] 这些“质量”委员会，要么像在波兰和捷克斯洛伐克那样附属于内阁，要么就像其他国家那样直接向管理高等教育的教育部负责。这类委员会往往阵容庞大，有些组成人员甚至超过两百人，下面还设立各种分支学科委员会。政府和政党在控制这类委员会的人员提名时，更看重的是事实（*de facto*）而非法理（*de jure*）。在中欧和东欧的大多数国家里，教授的任命由这些委员会负责。在保加利亚、捷克斯洛伐克和罗马尼亚，这类委员会还拥有一些高级学位的最终认证权，如大学及其他高等教育机构或科学院授予的博士学位，就需要委员会的认证。

该体制的倡导者不无理由地认为，各高等教育机构的质量参差不齐，因此需要某种形式的外部学术审查。然而，学术任命的集中审查过程不仅 88
导致政治化，还往往带来异常冗长的官僚程序。这么做也有一定的合理性，因为要想使对终身教授的任命更加恰当，的确有必要进行深入的评估审查。

学术机构管理部门的大多数职位都属于“权贵阶层”（*nomenklatura*）体系。在该体系里，任何任命都需要首先得到负责教育和科学事务的特定党组织或地区部门的首肯。值得注意的是，由于学术人员和学生都是共产党员，并且都有义务在“民主集中制”的基础上遵守共产党的纪律，所以政府对高等教育机构的控制得到进一步加强。理论上来讲，这应该是民主与中央集权之间的平衡，但实际上体现为下级服从上级的决定。基于此，改革的目的是用中央集权的政治和行政管理模式代替了机构自治。

---

[56] A. G. Korol, *Soviet Education for Science and Technology* (New York and London, 1957), 164.

在大多数中东欧国家，这种强加而来的管理模式导致学术界和当局之间的关系变得紧张。20世纪50年代初期，当共产主义势力完全控制高等教育系统并开始实施（以严苛、激情和纪律为特征的）“社会主义”大学建设蓝图时，学术界与当局之间的关系进一步恶化。20世纪50年代初的波兰，学生必须参加所有的讲座、实验室练习和研讨会，并通过定期的必修考试。此外，男生被征募入伍，军事训练成为男生的学习内容之一。停止学习或延长学习期限，都被视为不负责任或不爱国的行为，甚至是一种破坏行为。这么做的结果有可能是被开除学籍，甚至还会被投入监狱。从事教学科研的学术人员也受到类似的控制。[57]

在中央计划经济体制下，所有的高等教育机构都作为政府单位由政府投资。这种投资通常是以五年为一周期的中央计划的一部分。高等教育机构的资金和人员配备水平由政府及其经济部门从人力资源的角度统筹考虑。为了对高等教育和国民经济各部门进行更好的协调，学术机构的行政
89 职责被分配到各部委。高等教育的行政管理程序由此变得异常复杂。刻板的线性预算制度，几乎没有给高校在机构管理或研究经费方面的自我管理留下什么发展空间。[58] 在基本资金方面，大学与当局之间没有什么争议。然而，考虑到官僚化的程序和资金短缺所造成的普遍效率低下的情况，为某个项目寻求“政治支持”或经济投入，成为高等教育机构和政府之间关系的标准。

大学合作的出现

从物质上和精神上重建遭受战争破坏的大学，由政府、校长、院长、

[57] 课程负担变得过于沉重。在波兰的大学中，1948/1949学年大学的周学时增加到36—38学时。在对男生实行强制性军事训练以后，有时周学时能达到45—50学时。T. Suleja, *Uniwersytet Wrocławski w okresie centralizmu stalinowskiego 1950-1955*(Wroclaw,1995),139.

[58] J. Sadlak,‘In Search of the “Post-communist” University—The Background and Scenario of the Transformation of Higher Education in Central and Eastern Europe’, in K. Hüfner (ed.), *Higher Education Reform Processes in Central and Eastern Europe*(Frankfurt/Main, 1995),43-62.

教师和学生共同合作完成。为克服最初的困难，他们做了很多努力，经常热情地帮助清理废墟和修复教室。

西欧

美国的基金会向欧洲学生提供奖学金，让他们前往美国的大学学习，这一举措对大学成员间的国际合作产生了持久影响。1946 年，应参议员威廉·富布赖特（1905—1995）的请求，美国国会决定推动与其他国家的学术交流。“富布赖特项目资助对象包括美国和其他国家的研究生、学者、专家、教师和行政人员”，旨在“促进美国人民和其他国家人民之间的相互了解”。[59]

1949 年，德意志联邦共和国成立，西方同盟国在战后初期为其提供的学生和教授交流项目，得到了新政权的大力推动，富布赖特项目由此扩
展到全世界。在联邦德国政府的资助下，最初成立于 1925 年的两个学术 90
基金会开始重新活动。第一个学术基金会是德意志学术交流中心（DAAD），它于 1950 年开始启动新生交流项目；后来它主要为德国和外国学生、大学实习生、青年学者和大学教师的交流提供奖学金，资助德国大学的国际合作，并推动国外大学里的德国研究。[60] 第二个学术基金会是于 1953 年重新开办的亚历山大·冯·洪堡基金会。该基金会一方面为高素质的外籍博士后提供奖学金和研究基金，另一方面也给德国博士后提供

---

[59] 富布赖特项目最初的资金来自战争赔款和国外偿还的贷款，此后由国会和其他外国政府提供。从 1948 年到 2006 年，该项目的资助对象包括 105 400 名美国人和 174 100 名外国人。现在，富布赖特项目每年还新提供约 6000 个奖励名额[http://exchanges. state. gov/education/fulbright/(12 February 2008)]。

[60] P. Alter(ed.), *Jubiläumsschrift 'Spuren in die Zukunft' —Der DAAD 1925-2000*, vol. Ⅰ: *Der DAAD in der Zeit. Geschichte, Gegenwart, zukünftige Aufgaben* (Bonn, 2000). 从 1950 到 1999 年，DAAD 共资助了 45 万名德国人和 55 万名外国人: M. Heinemann (ed.), *Jubiläumsschrift 'Spuren in die Zukunft' —Der DAAD 1925-2000*, vol. Ⅱ: *Fakten und Zahlen zum DAAD* (Bonn, 2000), 106f. 2006 年的受资助者为 5.5 万人，DAAD 的全球校友网涵盖 120 家外国校友俱乐部、超过 25 万名学者: C. Bode and D. Jecht (eds.), *20 Jahre 'Wandel durch Austausch': Festschrift für Prof. Dr. Dr. h. c. mult. Theodor Berchem. DAAD-Präsident 1988-2007* (Bonn, 2007), 30。

研究奖学金。富布赖特项目、德意志学术交流中心和亚历山大·冯·洪堡基金会这三个机构与其同行们保持着联系，开辟了不断扩大的国际学术网。[61]

西德大学的重建活动也带来了一个长效性影响，那就是大学之间（反映在其校长之间）在追求、捍卫和促进大学内在利益和任务方面的合作。二战之前（欧洲）存在着如下一批机构：1898 年成立的荷兰大学校长协会[62]，成立于 1903 年的德国大学校长委员会（1904 年又成立了普鲁士分部），[63] 成立于 1904 年的瑞士大学校长委员会，[64] 以及成立于 1911 年、但在 1935—1944 年间并不活跃的奥地利大学校长委员会。[65] 在英国，大学副
91 校长们自 1921 年开始定期会面，并于 20 世纪 30 年代初期组建了副校长与校长委员会，该委员会在 1950 年得以重新组建。[66]

在被盟国占领的德国地区，大学间合作开始恢复和发展。1945 年 9 月 15 日在哥廷根大学，英国管制委员会举办了有关英国占领区大学政策的首次会议，德国大学校长、英国大学顾问、各州政府负责高等教育的官员

---

[61] 1953—2003 年，该基金会共资助了来自 132 个国家的超过 2.5 万名科学家和学者：C. Hansen and C. Nensa, *Exzellenzweltweit: Die Alexander von Humboldt-Stiftung zwischen Wissenschaftsförderung und auswärtiger Kulturpolitik (1953-2003)* (Cologne, 2004), 8。

[62] 校长协会是一个非正式组织，但该组织的学术权力对荷兰的高等教育政策有着广泛的影响。1947 年该机构重新运行，至今仍独立于荷兰大学联合会（VSNU）而存在，VSNU 作为荷兰大学的官方联合会在 1985 年取代了 1956 年成立的学术理事会，它既是各大学董事会的一个平台，也是荷兰政府的咨询机构（上述信息由 VSNU 的 Frans A. J. van Steijn 博士友情提供）。

[63] 信息来自德国马尔堡的 Bernhard vom Brocke。

[64] F. Rintelen, 'Die Anfänge der schweizerischen Hochschulrektorenkonferenz', in A. E. vonOverbeck (ed.), *Das 75-jährige Jubiläum der schweizerichen Hochschulrektorenkonferenz* (Basel, 1979).

[65] W. Höflechner, *Die österreichische Rektorenkonferenz 1911-1938, 1945-1969* (Vienna, 1993).

[66] H.-A. Steger (ed.), *Das Europa der Universitäten/L'Europe des universités/The Universities' Europe: Entstehung der ständigen Konferenz der Rektoren und Vize-Kanzler der europäischen Universitäten 1948-1962, Dokumentation* (Bad Godesberg, 1964), 68.

等主要与会人员讨论了共同关心的问题。[67] 在1946年2月25日至27日召开的第三次会议上，组建了德国西北部大学会议。该机构之所以使用“大学会议”而不是“校长会议”一词，是为了强调大学校长、民间和军事大学管理部门的代表以及各政党之间的合作。[68]

德国西北部大学会议由“英国部”和“德国部”组成。其中，英国部的议程和主席由英国军管会选定，德国部由会议承办大学的校长提出议程并担任会议主席。1949年4月，德国西部大学校长会议成立，在并入该组织之前，德国西北部大学会议共举办了18次会议。

在美国占领区，1945年9月9日，海德堡大学的校长及大学评议会呼吁军事政府批准组织一次占领区所有大学校长参加的会议。对这一请求，军事政府并没有马上做决定，理由是“必须由最高控制权力机构来处理”。[69] 在等待过程中，1946年圣灵降临节期间，黑森州大学官员爱德华·F.哈茨霍恩和马尔堡菲利普大学校长、哲学家尤利乌斯·艾宾浩斯组织了第一届马尔堡大学讨论会，前来参会的不仅包括西方各国在德占领区的大学校长和教授，还有来自其他国家的大学校长和教授。在1947年的会议上，来自苏联占领区的管理官员和教授也参加了会议。[70]

1946年11月，美国占领区的大学校长获准创办德国南部大学校长会议，该会议也吸纳法国占领区的大学校长参加。1949年，它与德国西北
部大学校长会议合并，成为完全由大学校长组成的德国西部大学校长 92
会议。[71]

---

[67] M. Heinemann and S. Müller (eds.), *Nordwestdeutsche Hochschulkonferenzen 1945-1948* (Hildesheim, 1990), 1. 在该卷导言部分（第1—30页），作者对这次会议的工作进行了综合调查。

[68] Heinemann and Müller, *Hochschulkonferenzen* (note 67), 136f.

[69] Heinemann and Müller, *Hochschulkonferenzen* (note 67), 1(n. 2).

[70] *Marburger Hochschulgespräche 12. bis 15. Juni 1946: Referate und Diskussionen* (Frankfurt/Main, 1947); W. Rüegg, *Marburger Hochschulgespräche 1946-1947* (Frankfurt/Main, 1966), 25.

[71] Heinemann and Müller, *Hochschulkonferenzen* (note 67), note 2.

西方占领国推动的大学间的自主互动，开启了通往欧洲大学之间合作这一艰难道路的大门。无论是美国人还是俄国人，都不热衷于推动欧洲的理念。他们的教育方针的目标由“民主”和“人本主义”组成。[72] 一个世界性的大学联合组织更符合联合国的框架。1950年，在联合国教科文组织的大力支持下，国际大学协会看到了曙光。[73]

英国占领政策的目的是帮助德国人在“可容忍的欧洲行为”方面进行自我教育。因此，毫不令人惊讶的是，1946年9月24日，即丘吉尔在苏黎世大学发表其有关欧洲的著名演讲五天之后，德国西北部大学会议的英国议程上列出了“寻求合适的方式，以促进欧洲在哲学、科学和艺术方面的统一性”。大学部主席潘德提出了一个得到新闻媒体支持的观点，即德国大学也对战争的民族主义根源负有责任。但他同时也承认目前大学及其领导在将学生塑造为欧洲好公民方面所做的努力。对潘德而言，德国民族主义的崩溃，代表了一种有利于欧洲取向的环境。因此他建议大学讲座中要给欧洲维度以更大的空间。在这场讨论中，明确表示接受这种欧洲理念的，除工会外，只有东欧的共产党代表。校长们认为，这是一个向世界打开孤立的德国大学之门的方式，并且一致欢迎“加强与其他国家在课程方面联系”的观点。明斯特大学校长斯莱伯主教提到，在马尔堡大学的讨论中，也强调了“欧洲好公民”这一概念。[74] 在马尔堡大学讨论会上，瑞士
93 教授葛恭指出，德国大学的国际开放对欧洲的未来是绝对必要的，欧洲的角色不应局限在作为对西方的过去歌功颂德的博物馆并夹在面向未来的世界大国之间。[75]

---

[72] Rüegg, ‘Humanism’ (note 33); W. Rüegg, ‘Humanismus. Ⅱ. Die Umdeutung des Begriffs’, in *Staatslexikon: Recht, Wirtschaft, Gesellschaft*, vol. Ⅲ: *Erbschaftssteuer bis Harzburger Front* (Freiburg/Breisgau, 1959), 171-174.

[73] G. Daillant, *Universality, Diversity, Interdependence: IAU 1950-1990, A Commemorative Essay* (Paris, 1990).

[74] Heinemann and Müller, *Hochschulkonferenzen* (note 67), 224f.

[75] *Marburger Hochschulgespräche* (note 70), 111f., 134ff.

的确有一些德国教授支持欧洲联盟，[76] 学生也对欧洲政治运动表现出更大的热情。然而大学将自己看作是欧洲机构，其教学和研究深深植根于欧洲的思想和传统。因此，大学认为没有必要在其课程中加强“欧洲取向”。

由于德国西部大学校长会议秘书长尤尔根·费舍尔博士的倡议，欧洲不同国家的大学开始在双边基础上展开院校间的合作。从1952年到1957年，英国和德国大学在波恩附近的科尼斯温特举行了6次年度会议；1958年第七次会议在波恩举行；1960年第八次会议在伯明翰举行。1958年，首次法德大学校长会议在柏林举行，此后该会议每年举行一次，由两国的大学轮流举办。随后的1960年首次斯堪的纳维亚——德国大学校长会议在法兰克福举行。[77]

西欧大学之间进行多边合作的倡议来自外界。丘吉尔的演讲发表之后，欧洲理念找到了制度基础，这尤其要归功于1948年在海牙举办的欧洲大会以及1949年成立的欧洲委员会。海牙会议通过的一份决议呼吁在日内瓦设立一个欧洲文化中心；该协议还呼吁促进欧洲大学之间的合作。然而1950年该计划连同另两项提议（创办欧洲大学校长会议和一所欧洲大学）均被欧洲委员会部长理事会否决。直到1960年，欧洲委员会部长理事会都没有涉及大学政策。[78] 同样，在其他国际组织的政治和经济一体化过程中，也没有将大学包括在内。例如，为落实马歇尔计划而在1948年成立的欧洲经济合作组织（OEEC），以及成立于1949年的北大西洋公 94
约组织（NATO），都是如此。[79]

---

[76] Heinemann and Phillips, *Hochschuloffiziere 1* (note 14), 70. 1946年4月，在丘吉尔发表苏黎世演讲之前，汉堡大学教育学教授威廉·弗利特纳（Wilhelm Flitner）谈到“欧洲合众国”（The United States of Europe）是一个现实的政治目标。见：W. Flitner, *Die abendländischen Vorbilder und das Ziel der Erziehung* (Bonn, 1947), 10。

[77] Steger, *Europa der Universitäten* (note 66), 114-127.

[78] K.-J. Maass, *Europäische Hochschulpolitik: Die Arbeit des Europarats im Hochschulbereich 1949-1969*, Schriftenreihe zur europäischen Integration, 7 (Hamburg, 1970), 2-12.

[79] 同上。

但是，这种情况并不适用于《布鲁塞尔条约》，该条约由比利时、法国、卢森堡、荷兰和英国于1948年共同签署，目标是促进“经济、社会和文化方面的合作以及共同防御”。1952年和1953年，由荷兰教育、艺术和科学部秘书长瑞尼克博士倡议，来自《布鲁塞尔条约》五个成员国的教授和管理人员在海牙会面，讨论各国大学共同关注的问题，并提出组织一个欧洲委员会所有成员国的大学领导人会议的计划。1955年7月20日至25日，由《布鲁塞尔条约》成员国的继任机构即西欧联盟发起的欧洲委员会所有成员国大学领导人会议在剑桥召开。根据剑桥会议讨论的结果，1959年欧洲大学校长常设会议在第戎成立。[80] 1964年，在哥廷根大学举行的第三次全体会议上，欧洲大学校长常设会议正式颁布了其章程。到2009年，欧洲大学校长常设会议的继任组织——欧洲大学协会已发展成包括800多所大学成员以及西欧和东欧30余个国家的大学校长会议组织。

中欧和东欧

1948—1955年间，中欧和东欧国家学术界寻求国际交往和合作的天然倾向受到了意识形态和政治的限制，在这些国家里，赞颂苏联的高等教育和科学是天经地义的。这些国家严格限制国内旅行，对国外旅行的限制更甚。国家鼓励所有的已有学科参考“苏联的理论成就”。[81] 有些院校，尤其是那些在同类院校中较有名望的院校，有人因为嘲讽这种强加的“学术”宣传，而陷入人身危险之中。但大多数人还是选择遵从，这不仅仅是出于自身安全的需要，也是为了和苏联及其他社会主义国家的科学家、学术组织交流过程中的真正学术价值。这种主要由各国国家科学院开展的交流和合作在基础研究和精确科学方面非常富有成效。在随后的几年里，这
95 些交流合作扩展到青年研究人员和课程交流领域。留苏毕业生在学术任命和就业机会方面具有一定的“竞争优势”。

成立于1949年的经济互助委员会，是中欧和东欧社会主义国家在经

---

[80] Steger, *Europa der Universitäten* (note 66), 7-84. “CRE”是欧洲大学校长常设会议的法语简称。

[81] Suleja, *Uniwersytet Wrocławski* (note 57), 168-169.

济发展相关领域进行互助的首要制度平台。直到1960年底，官方的策略是“合作”，其后又提出了一个更加雄心勃勃的目标——“一体化”。[82] 由于需要一定程度的后勤支持，经互会只是间接地促进学术合作。更重要的合作方式则是那些“文化和科学”合作的双边协议，这些协议对访问和项目的数量等都做出了具体规定。由于这些国家之间无法进行货币兑换，因此，制定这些“易货协定”非常有必要，但这显然不是促进学术合作最有效的机制。

国家性和国际性大学政策的出现，1956—1967

西欧

自20世纪50年代中期起，西欧的公众舆论开始支持政府加强对训练科学家项目的干预，以应对来自美国和苏联的竞争。

在法国，1956年政府总理孟戴斯-弗朗斯邀请科学、政治、管理和工业领域的知名代表赴卡昂开会，讨论有关大学改革的具体计划。会议的主题包括：招生，工程师、技术人员和研究人员的组织、资助和培训，作为一种职业的教师的地位，研究中心制度框架。这次会议所提建议的结果是：医学研究方面开展了一场彻底的改革；成立了大学技术学院和新的大学校；建立了许多社会科学研究中心。新建的社会科学研究中心包括法国高等社会科学院（EHESS）和巴黎的人文科学之家（MSH）。这些成立于

[82] 该组织在苏联和其他成员国之间建立起了联系，这些成员国包括保加利亚、捷克斯洛伐克、匈牙利、波兰、罗马尼亚、东德（1950—1990年）、蒙古（自1962年起）、古巴（自1972年起）和越南（自1978年起），南斯拉夫是准成员。1949—1961年阿尔巴尼亚也是该组织的成员。该组织的建立是因为马歇尔计划。1991年7月，经济互助委员会正式解散。

96 1957—1963年间的研究中心是由费尔南·布罗代尔倡议的。[83] 人文科学之家在一定时期是欧洲人文主义者和社会学家最重要的会面场所。然而，改革促成的现代化过程遭到保守教授的反对，而学生积极分子则越来越多地指责这些保守教授是“资本家”“法西斯主义者”和“帝国主义者”。[84]

在德意志联邦共和国，70岁的律师莱因霍尔德·谢勒（1893—1971）是这方面的领军人物。希特勒上台前，谢勒曾任学生救济组织的总负责人，还是“德国杰出学生发展基金会”的创始人之一。在美国经历了20多年的流亡生活之后，谢勒于1956年在德国科隆创立了“德国人才研究中心”。该中心聚集了联邦政府、各州、工业界和科学界的代表，一起讨论研究人员和技术人员短缺的应对办法。1957年，德国人才研究中心提议设立一个全国性的大众汽车基金会，以促进科学研究和科学人才培养。[85] 该提议在1961年得到实现。[86] 同一年还成立了弗里茨·蒂森基金会（其成立过程是与大众汽车基金会分别独立进行的）。无论国家背景发生什么变化，这两个基金会都一直致力于发展研究。

对大学政策制定产生深远影响的另一项举措，是1946—1953年间大学改革的复兴，之前大学改革之所以一直未取得成功，是因为各州没有参与。这种情况在1955年发生了变化。这一年，在巴特洪内夫召开了由联邦政府、州和大学代表共同出席的联席会议，会议讨论出台了一个给予学生国家补贴的项目；该项目的成功开展又促成大学校长和议员们同意设立一个由联邦政府、州、大学、科学界和工业界各方代表组成的科学委员

---

[83] J. Revel and N. Wachtel(eds.), *Uneécole pour les sciences sociales*: *De la VIe section à l'École des hautes études en sciences sociales*(Paris, 1996); B. Mazon, *Aux origines de l'École des hautes études en sciences sociales*: *Le rôle du mécénat américain*(*1920-1960*)(Paris, 1988); G. Gemelli, *Fernand Braudel*(Paris, 1995)。上述信息由EHESS的Elisabeth Dutartre和MSH的Maurice Aymard友情提供。

[84] Bourricaud, 'France'(note 10), 37-51.

[85] R. Nicolaysen, *Der lange Weg zur Volkswagenstiftung*: *Eine Gründungsgeschichte im Spannungsfeld von Politik*, *Wirtschaft und Wissenschaft*(Göttingen, 2002), 166-173,

[86] 吕埃格：《尾声》（注释32），第228页。

会，共同筹划高等教育和研究方面的改革。1957 年该委员会正式成立。[87]

1960 年科学委员会发表了一系列报告，对大学和学科的发展以及大 97
学和系部设立新教席提出了建议。[88] 由于各州的教育部长和财政部长都支持这些建议，在接下来的几年里，各大学都尽职尽责地设立了很多新教席。然而同一时期学生人数的增加速度达到 1960 年预测的两倍，但之前计算大学所需教席和助教的数量，却是以 1960 年的预测数字为基础的。管理部门并没有对意外的增长情况做出反应。1961 年起，激进的左翼学生团体开始拒绝科学理事会的大学改革，他们认为这些“技术官僚的”改革试图让大学的生产部门去屈从于资本主义经济的支配。[89]

1961 年，英国政府任命了一个皇家委员会，该委员会和法国的卡昂会议及德国的科学委员会一样，对高等教育体系的方方面面都进行考查。英国皇家委员会的最终的指导原则是 1963 年发表的《罗宾斯报告》。以该皇家委员会主席的名字命名的这份报告，与法国和联邦德国发起的高等教育改革完全不同。《罗宾斯报告》尊重大学在确定招生规模和课程设置方面的自治权力，但它也鼓励各大学定期向大学拨款委员会提交自己的发展计划书，大学拨款委员会设立的初衷就是接收公共补贴。由于这个皇家委员会的成员都是大学教授，因此《罗宾斯报告》实际上是让大学自己去规划其发展方向，根据自身能力设置招生规模并自己举行入学考试来完成其招生目标。但是，《罗宾斯报告》确实造成了大学数量的猛增：从 17 个增加到 44 个。由于此时英国除了由 30 多所学院联合组成的松散联盟——伦敦大学之外，全国只有 4 所大学的学生数超过 1 万，总体上英国大学的平均学生规模不足 6000 人。[90] 因此，英国的大学可以轻松应对学生总数增加 4 倍的情况（从 1958 年的 103 011 人增至 1966/1967 学年的 476 121 人），

---

[87] B. B. Burn, P. G. Altbach, C. Kerr and J. Perkins, *Higher Education in Nine Countries: A Comparative Study of Colleges and Universities Abroad* (New York, 1971), 165-195.

[88] Wissenschaftsrat, *Empfehlungen* (note 8).

[89] 吕埃格：《尾声》（注释 32），第 234 页。

[90] Burn *et al.*, *Higher Education* (note 87), 45-90.

并未遇到任何结构性困难。[91]

在其他西欧国家里，环境也迫使各国政府在高等教育政策上采取更积极的行动。在瑞士，除两个联邦理工学院之外，其他的大学都是州属机
98 构。这些大学采用了联邦德国的合作模式，甚至连该合作模式对于民主反应迟缓的特性也一并照单全收。[92] 其他国家的中央政府也开始采取多种方式发展高等教育，如提高学生补贴额度、扩大大学研究范围并相应地增设研究教席数量，以及审慎地创建新大学，尤其是在偏远地区。这些新大学很多情况下都是由原来的专业院校升格而来。通过这样一些举措，能够进入大学的人在全部人口中所占的比例增加了很多。[93] 1967年，受益于大学学术训练的年轻人是1956年的三至四倍。

在大多数国家里，为了系统地促进大学科学研究，政府往往设立由政府监管部门资助（有时甚至是直接附属于政府监管部门）的科学研究委员会，但大学在决策时是自主的。[94] 通过这样的措施，政府希望能克服其在研究和科学专家培训方面的财政困难，以应对经济所面临的竞争性挑战。起初，国际合作仅限于那些研究成本超出某一单个国家负担能力的领域。

---

[91] Wissenschaftsrat, *Empfehlungen* (*note* 8), 510; *Wissenschaftsrat*, *Empfehlungen zur Struktur und zum Ausbau des Bildungswesens im Hochschulbereich nach 1970*, vol. Ⅱ: Anlagen (Bonn, 1970), 383.

[92] Rüegg, 'Switzerland' (note 3), 393-407.

[93] 关于西欧众多国家的大学政策，参见：Daalder and Shils, Universities (note 3); Burn *et al.*, *Higher Education* (note 87); P. Seabury (ed.), *Universities in the Western World* (New York and London, 1975); L. Goedegebuure *et al.*, *Higher Education Policy: An International Comparative Perspective* (Oxford, 1993)。正如本卷附录《新建大学名录》所显示的那样，1956—1967年间，西欧各国的新建大学数均未超过5所。

[94] 战前成立的研究委员会进行了重组：联邦德国（1921/1949），意大利（1923/1945/1963），比利时（1928/1968），法国（1936/1959）。挪威与荷兰在1950年建立了新的委员会，瑞士是1952年，瑞典是1959年，芬兰是1981年，英国与冰岛是1965年，爱尔兰和奥地利是1967年，丹麦是1968年[见 G. Friborg (ed.), *Science Research Councils in Europe: Report of the Conference of West European Science Research Councils Held on 9-11 February 1972 at Scanticon Conference Center, Aarhus, Denmark* (Stockholm, 1972), 171-282]。

1953年，西欧14个国家成立了欧洲核子研究中心（CERN），紧接着于1962年又成立了欧洲航天研究组织（ESRO）。这些举措使欧洲在高能物理和太空探索领域达到世界领先水平。[95] 不过，尽管这些合作对个体研究者和研究团体来说都颇有效果，但并未对作为机构的大学产生影响。

1959年开始的北约科学项目同样也是如此。该项目是一个超国家机构促进研究人员之间交流与合作的首次尝试。从1959年到1967年，北约为800名到国外大学继续深造的大学毕业的科学家和工程师提供了奖学金，其中物理和化学专业占21%，工程学占14%，生物学占12%，医学 99
占8%，地球科学占7%，数学占6%，农学、运筹学、社会学等其他学科占10%。从空间科学到医学的281个研究项目都由国际团队进行合作研究。20世纪60年代中期，每年约有3500名科学家参加北约的暑期高级研究班，研究主题涵盖数学、天文学、生物学、医学、心理测量理论和计算机语言。[96]

1960年，欧洲经济合作组织被经济合作与发展组织所取代。经济合作与发展组织章程第二条规定，其任务是通过“推动基本科学和技术工具的发展”，以实现经济增长、充分就业和生活水平提高及“促进研究和职业培训”等目标。这一方面导致学者们对国家教育政策尤其是大学研究的国家教育政策展开了一系列比较研究（有些研究今天仍在继续），另一方面也促进了在研究设施发展和跨国研究项目启动资金方面的国际合作。从1962年到1968年，共有300多个教育研究机构和1500多名研究人员参加了经济合作与发展组织的研究项目。[97]

1953年，欧洲委员会通过了一项“欧洲中等教育证书互认协议”。紧随其后的是1956年通过的现代语言领域“大学学习时间互认协议”以及1959年通过的“学位和学术文凭认定协议”。几乎所有成员国都一致签署

---

[95] 见第十五章《技术》，注释43、44。

[96] *NATO und Wissenschaft: Die Arbeit des Wissenschaftsausschusses der Nordatlantikpaktorganisation 1959-1967* (Brussels, n. d.), 9-16.

[97] Maass, *Europäische Hochschulpolitik* (note 78), 73f.

和批准了前两个协议，但第三个协议却遭到反对，最后不了了之。[98]

1957 年，在欧洲经济共同体基础上形成的《罗马条约》在第 57 条中规定成员国之间实现人员和服务的自由交流，并呼吁制定对文凭、考试证书及其他资质证明进行互认的准则。1969 年制定的有关这一问题的草案随后又被撤回。

与《欧洲经济共同体条约》同时签订的《欧洲原子能共同体条约》第 9 条和第 216 条建议 1960 年在意大利创办一所欧洲大学。该提议虽然获得意大利政府的支持，但却遇到了许多障碍，其中部分障碍来自大学。它们
100 不愿意把“欧洲大学”这一名称赋予任何特定机构，因为这样一来，这些大学无形中就会降格为国家大学。[99]

各国的大学校长会议

随着各国政府出台越来越多的大学政策，欧洲的许多大学一方面成为国际大学协会或欧洲大学校长常设会议的成员，另一方面又通过其领导人的定期会议来开展国内合作。[100] 在第二次世界大战之前，这样的组织只有 5 个。[101] 1957 年之后，大多数欧洲国家都成立了全国性大学或大学校长会

---

[98] Maass, *Europäische Hochschulpolitik* (note 78), 127-134.

[99] European Parliament, *Die Europäische Universität: Documentary Material of a Political Committee* (December 1967).

[100] 除特别注明外，各国大学校长会议或委员会的名称及成立日期均引自：A. Henzl, G. Priessnitz, K. Riegler and H. Wulz (eds.), *European Rectors' Conferences: Status, Composition, Role and Function of the Rectors' Conferences of the European University Association*, Österreichische Rektorenkonferenz/Austrian Rectors' Conference (Vienna, 2003)，或是由欧洲大学协会信息交流主管、全国大学校长会议的 Christel Vacelet 友情提供的。与常用称谓“(大学)校长会议”不同的名称均在注释中列出。

[101] 见注释 62—66。

议。到 1995 年，这类机构遍布欧洲：南斯拉夫[102]和意大利[103]（1957）、法国[104]（1958）、比利时[105]（1962，1976 年一分为二）[106]、丹麦[107]（1967）、芬兰[108]（1969）、立陶宛[109]（1970）、爱尔兰[110]（20 世纪 70 年代末）、挪威[111]（1977）、土耳其（1981）、荷兰（1985）[112]、冰岛（1987）、匈牙利（1988）、罗马尼亚和希腊（1990）、拉脱维亚（1991）、保加利亚（1992）、克罗地亚和捷克共和国（1993）以及瑞典（1995）。[113]

1959 年，欧洲的大学通过欧洲大学校长常设会议开展制度化的合作，但是，该会议的全体会议每五年才召开一次。这样的全体大会需要精心准备和评定。在两次全体会议之间的年份里，各大学的共同利益则靠一个常设委员会来维护。从 1960 年起，后者主要由来自欧洲理事会高等教育和 101
研究委员会下属的各国大学校长协会的代表组成。欧洲理事会高等教育和研究委员会由每个成员国派遣两名代表组成：一名是大学的代表，另外一名是政府的代表。该常设委员会作为欧洲大学校长常设会议的常设机构，每六个月召开一次会议，与该届欧洲理事会高等教育和研究委员会进行联系。这一做法有助于确保不同国家的大学校长协会之间的多边交流，也有

---

[102] 南斯拉夫大学联合会（Association of Yugoslav Universities），Steger，*Europa der Universitäten*（note 66），117。

[103] 意大利大学校长常设会议(Conferenza permanente dei rettori degli atenei italiani)。Steger，*Europa der Universitäten*（note 66），118.

[104] 法国大学校长委员会(Comité des recteurs français)。Steger，*Europa der Universitäten*（note 66），120.

[105] Steger，*Europa der Universitäten*（note 66），132.

[106] 弗莱芒大学理事会（Vlaamse interuniversitaire raad，1976），法语区社会大学理事会（Conseil interuniversitaire de la communauté française，1980）。

[107] Seabury，*Universities*（note 93），184.

[108] 芬兰大学校长委员会（Finnish Council of University Rectors）。

[109] 1995 年正式注册。

[110] 爱尔兰大学领导人会议（Conference of Heads of Irish Universities）。

[111] 挪威大学委员会（Council of Norwegian Universities）。

[112] 见注释 62。

[113] 其后是波兰和斯洛伐克（1997）、爱沙尼亚（2000）、塞浦路斯和卢森堡（2004）。

助于各国大学校长协会与欧洲大学校长常设会议之间的交流。[114] 然而，欧洲委员会并没有认真对待欧洲理事会高等教育和研究委员会，大概是由于其中的大学代表是非正式身份，因此他们并不是由政府任命。[115] 这导致欧洲委员会在大学政策领域的影响力非常低，不及单纯由政府代表组成的文化委员会，后者与每两年举行一次会晤的欧洲教育部长会议直接联系。[116]

中欧和东欧

只有在斯大林去世，及此后该地区众多国家中斯大林的追随者去世或免职之后，脱离共产主义政权才成为可能。这带来了社会关系组织方面的重大变化，包括不再严格执行苏联高等教育模式及其内部关系组织方式。对苏联模式的疏离发生在“建设社会主义”的国家背景下。大约在1955年，有明显迹象表明教育、科学和文化领域获得了更多的“喘息空间”，1956年更是如此。尽管共产主义制度的基本组织观念还没有被修改，但党和国家的政策已经变得不那么教条，尤其是在那些去斯大林化力量很强大的国家，如匈牙利、波兰以及后来的捷克斯洛伐克。即便采取了镇压政策，那也往往不是针对整个学术界，而只是针对某些学术团体或人文社会科学的特定学科中在政治上直言不讳的个人。

从1956年到1990年，在中欧和东欧的大部分国家中，虽然强行限制学术自由的事件（如1968年3月的波兰、1981年实行戒严法的波兰以及
102 1968年春天之后的捷克斯洛伐克）也曾出现周期性回潮，但总体上来说，大学和政府之间的关系相对稳定。匈牙利的主导战略应被视为一种基于其国家背景的本土发展，而不是标准的“社会主义”高等教育。1956年匈牙利革命之后，以相互让步为基础的高等教育政策，催生出政府与学术界之间的一种特定关系模式，该模式被称作“大学的妥协”（*l'université du*

[114] Steger, *Europa der Universitäten* (note 66), 78-84.

[115] Maass, *Europäische Hochschulpolitik* (note 78), 33f.

[116] Maass, *Europäische Hochschulpolitik* (note 78), 51-56; Steger, *Europa der Universitäten* (note 66), 123. Europäische *Erziehungsministerkonferenzen: Resolutionen* (Bonn, 1973).

compromis）。[117]

以李森科主义❷为代表的出于政治动机捏造的研究，虽然让决策者们吸取了教训，但并没有为高等教育的管理带来机构和体系层面的实质性变革。关于改革必要性的周期性呼吁和讨论不断出现。最常见的论点是强调大学基本活动的重要性，即传递知识以及培养知识分子，使他们达到专业人士的理论水平并能发挥公民功能。波兰在 20 世纪 60 年代中期出现的一场有关这些问题的论辩，使人感觉到一所“现代化的社会主义大学”，应该是一个影响力辐射整个教育系统的枢纽，是一个科学讨论的中心，也应是一个致力于学科进一步专业化的永不疲倦的组织者。当时流行的观点是，“大学原有的普遍性必须被多重性和多样性所取代；大学组织上的统一性要转变为与其他学校的交流和合作；大学的片面性必须转化为自然学科和人文学科的平衡共存；理论必须与实践相结合”[118]。这类呼吁，虽然只实现了一部分，但也逐步引发人们更加关注大学招生和学术任命的精英标准。在与最初的社会主义模式保持一致的前提下，它们也逐步带来了一些实质性的变化。然而，尽管有这些变化，在进入 20 世纪 80 年代后，处于共产主义原则之下的中欧和东欧国家的大学系统并没有表现出任何偏离正统模式的征兆。

---

[117] E. Auvillain, ‘Hongrie: L'université du compromis’, *Le Monde de l'Education*, 4(1982), 25f.

❷ Lysenkoism，是 20 世纪 30 年代到 60 年代苏联的一种技术和理论研究体系，基本特征是：在指导农业生产上，不是依靠严格的科学实验，而是借助浮夸和弄虚作假。

[118] E. Kujawski, ‘In Search of a New University’, *Polish Perspectives*, 8:12(1965), 31-41. J. Sadlak, ‘The Use and Abuse of the University: Higher Education in Romania, 1860-1990’, *Minerva*, 292(1991), 186-225.

扩张、民主化与官僚化，1968—1982

中欧和东欧

中欧和东欧的决策者们逐渐开始注意到，有必要建立更有效的国际学
103 术合作机制。这一认识催生了《布拉格条约》，该条约于 1972 年 6 月 7 日在布拉格签署，内容包括共产主义国家之间相互认可教育证书。《布拉格条约》的缔约国有保加利亚、匈牙利、德意志民主共和国、波兰、罗马尼亚、苏联和捷克斯洛伐克，以及古巴、越南、朝鲜及蒙古。签署国同意相互承认有关普通中等教育、中等职业教育、高等教育、学术学位和学衔的文件。[119] 任何有关国际合作的正当学术需求，往往要辅之以意识形态和国际化的考量。因此，这一地区的所有国家，虽然在程度上低于苏联，但都为其他发展中社会主义国家或非欧洲社会主义国家的学生制订出了学习计划。受益于这类计划的学生，很多人会比当地学生优先得到更多的财政资助。

社会主义国家高等教育部长会议是一个鲜为人知的组织，创建这个组织的初衷是协调中欧和东欧的共产主义国家之间的合作。第一次会议举办于 1966 年的莫斯科，最后一次会议也即第十六次会议于 1989 年 10 月在布加勒斯特举行。社会主义国家高等教育部长会议在其存在的最后几年中，努力协调“教育研究计划、对学生的共产主义训练、教学过程的现代化以及研究生学习、电脑化和学生自我管理”。然而，鉴于东欧民主改革

[119] 2000 年左右，该条约停止运作。1997 年 4 月 11 日，大部分欧洲国家签署并于其后批准了欧洲委员会/联合国教科文组织关于欧洲地区高等教育资格认证的公约，即通常所称的《里斯本认证公约》。

不可预见的步伐和方向，这一组织在政治上和实践上都失去了其存在的意义。[120]

参与联合国教科文组织发起或实施的项目应尤为引起重视，这是由于联合国教科文组织为欧洲学术界提供了跨越意识形态和军事划分界限开展合作的机会。在这方面，1972 年在布加勒斯特成立的联合国教科文组织欧洲高等教育中心（CEPES）发挥了积极作用。[121]

西欧 104

国家与大学管理部门之间逐步加强合作，这或许对大学改革产生了积极影响，但此时已完全压倒大学结构的高等教育扩张却抵消了这种影响。1967 年，接受学术教育的年轻人比 1958 年多二到四倍。英国的大学之所以能够在没有遭遇结构性困难的情况下应对这种教育大爆炸时期，要归功于大学的自主权，归功于数量增加了 150％的大学产生的疏解作用，以及理工学院的强力扩张。然而，欧洲大陆的情形则与此大不相同。有两个率先被学生运动席卷的国家提供了这方面的明证。

在德意志联邦共和国，科学委员会于 1960 年出台了一份指南，具体规定了每所大学履行其基础教育和研究任务所需要的教席和职员人数。该委员会要求大学的规模不应该超过 13 000 名学生。它还建议那些规模较大的大学，如科隆或慕尼黑缩减学生数，多出来的学生由新大学负责培养。[122] 与英国相同，如果按照指南建议以教席和职员人数为依据来确定学生数量，那么就有可能对学生录取数设定限额。然而，出于政治原因，政

---

[120] F. Januszkiewicz, 'Eastern European Socialist Countries: Regional Analysis', in A. S. Knowles(ed.), *International Encyclopedia of Higher Education* (San Francisco, 1977), 1329-1335; F. Januszkiewicz, 'The XVIth Conference of Ministers of Higher Education of Socialist Countries: Some Decisions and Recommendations', *Contemporary Higher Education*, 2(1989), 251-255.

[121] M. Malitza, 'Reflections on the Creation and Functioning of UNESCO-CEPES: Personal View of One of its Founders', *Higher Education in Europe*, 27: 1/2(2002), 11-29.

[122] Wissenschaftsrat, *Empfehlungen* (note 8).

府在科学委员会中的代表拒绝采纳这条原则。这样做造成的结果是：20世纪60年代新成立的大学数量非常有限，远不能缓解原有大学面临的压力。[123]

洪堡有关应该最大程度上促进教师与学生自由合作追求知识的理念[124]在法兰克福大学得以实践。拥有超过13 000多名学生的法兰克福大学，将大学分为三个独立但又相互合作的单位。德国政府在1969年2月认真考虑了这一做法。[125] 但随之而来的学生革命让这个计划流产。之后，联邦德国大多数老大学以及后来的许多新大学，招收的学生数都远远超过了1960年建议的13 000名。

105 在1967—1969年间，始于美国的学生革命席卷了整个西欧。引发学生革命的动机及其追求的主要目标均非大学内部事务。[126] 欧洲的学生革命开始于1967年6月2日的柏林，当时在一场反对伊朗国王来访的示威游行中，自由大学的一位名叫本诺·奥纳索格的学生被警察射杀。西德大学爆发了一系列表达悲痛和抗议的带有暴力成分的活动。[127] 1967年11月，学生革命运动进入大学校园，当时抗议者们试图把卡洛·施密德（时任法兰克福大学政治学教授和社会民主党政府的联邦部长）的讲座改为反对紧急状态法（当时联邦政府正在着手制定该法案）的法庭。抗议者们这次的努力虽然没有成功，但该事件被广为宣传，并引发了一系列美式风格的

[123] 1962年有关州决定在波鸿和雷根斯堡创办大学，结果并没有减少科隆和慕尼黑的学生数量。新建的大学提高了区域大学的教学研究水平，但却无法与旧大学的优势位置相竞争。

[124] W. von Humboldt, *Werke in fünf Bänden*, *vol.* Ⅳ: *Schriften zur Politik und zum Bildungswesen* (ed. A. Flitner and K. Giel) (Darmstadt, 1964), 256.

[125] *Frankfurter Allgemeine Zeitung*, *Frankfurter Rundschau* 30 January and 19 February 1969.

[126] 有关学生反抗的详细内容参见第九章，该章关注的是学生的反抗对大学与当局关系的影响。

[127] J. Hager, *Die Rebellen von Berlin*: *Studentenpolitik in der Freien Universität. Eine Dokumentation* (Cologne and Berlin, 1967).

“直接行动”，如游行、宣讲和静坐。[128] 抗议者们声称其目标是揭露学术界和政府的专制暴力和党同伐异。[129] 从意识形态和组织这两个角度来看，这一系列行动有马克思主义学生群体的基础，自 1961 年以来，马克思主义学生群体一直倡导一个与科学委员会的建议相反的政府大学改革模式。他们理想的大学具有以下特征：在构成上是民主的，由学生和助教合作管理且在行政和财务上独立。[130] 当然，只是在 1968 年夏天抗议“警察国家”的示威游行爆发之后，马克思主义学生群体关于大学政策的建议才在学生中广泛传播，也引起了一些教授的兴趣。

法国的情况则与之相反。学生革命最初是由学生无法忍受大学的内部状况而导致的，但学生革命爆发之后，很快就扩展到对政治和社会现状的广泛抗议。从 1960 年到 1967 年，法国 15 所大学的学生数量已经从 214 672 飙升到 586 466。[131] 1967 年秋，在被称作“学术贫民窟”的拥有众多教师和约 1.2 万名学生的巴黎第十大学文理学院，政府的改革规定引发 106
学生和助教们一系列的抗议活动。抗议活动从 1967 年 11 月的“罢课”很快升级为反独裁主义、反技术专家主义和反官僚主义的“直接行动”，抗议者们甚至叫板武装警察，并最终于 1968 年 3 月 22 日占领了中央行政大楼。以这个日期命名的激进运动使抗议活动蔓延到其他大学，“正如德国，在大学发展的关键时期，对大学的批评有可能导致长时间、大规模的激进

---

[128] *Anleitung zum Handeln: Taktik direkter Aktionen. Übersetzt aus dem Amerikanischen von Dr. E. Krippendorf* (Berlin, 1967).

[129] W. Rüegg, *Die studentische Revolte gegen die bürgerliche Gesellschaft* (Erlenbach and Zurich, June 1968). Reprinted in W. Rüegg, *Bedrohte Lebensordnung: Studien zur humanistischen Soziologie* (Zurich and Munich, 1978), 225-239; Cf. W. Rüegg, ‘The Intellectual Situation in German Higher Education’, *Minerva*, 13:1(1975), 103-120.

[130] *Hochschule in der Demokratie: Denkschrift des Sozialistischen Deutschen Studentenbundes* (1961; new edn, Frankfurt/Main, 1965); Rüegg, ‘Epilogue’ (see note 32), 234.

[131] P. Salmon, ‘France: The *loi d'orientation* and its Aftermath’, in Daalder and Shils, *Universities* (note 3), 64.

大学政治运动”[132]。1968年5月，巴黎第十大学的校园被无限期关闭，该运动宣告结束。骚乱很快蔓延到巴黎大学，此后又蔓延至其他省的大学。

当工会加入学生革命后，戴高乐开始面临如何化解国家危机的大难题。[133] 5月中旬，他匆匆访问了法国驻德占领军，确保能够得到军队对他的支持。在6月的议会选举中，他获得了绝大多数的选票。随后戴高乐组建新政府并任命埃德加·富尔为教育部长。富尔受命起草一份综合性大学法案，这份《高等教育方向指导法》（即《富尔法案》）旨在确保按照戴高乐所提出的“参与”和“自治”的基本原则改革法国大学。该法案于1968年7月被提交给议会，11月12日就获得通过。[134] 这部法案刚好能满足狂热的革命者对“参与”的诉求，因此，政府关于结束街头骚乱并在11月开始新学年的短期目标得以实现，不必再担心学生的反抗活动。法案满足的诉求包括：学生能够参与处理教师遴选、研究和考试事务，在有适当数量的学生参加学生代表选举的条件下，学生将会获准在大学管理机构中占据50%的席位。法案实现了学术界和政府方面改革者的主要目标，因而在20世纪70年代欧洲大陆的大学被雪崩式的大学法案覆盖的时期，这项法案却成为一个相对温和的例子。

1971年3月，在《高等教育方向指导法》颁布26个月后，法案所规
107 定的“改革举措”已得以实施：15所老大学被56所新大学所取代，同时出现的还有附属于其附近大学的9个大学中心。大学之所以会以几何倍数增长，一方面是新建了很多大学，另一方面则是将位于大城市的一些大学进行拆分。原来地处巴黎及其周边地区、拥有15万名学生的巴黎大学被

[132] ‘Bulletin der Bewegung des 22. März’, quoted in J. Bourges (ed.), *Aufstand in Paris oder ist in Frankreich eine Revolution möglich?* (Reinbek bei Hamburg, 1968), 102.

[133] Bourricaud, ‘France’ (note 10), 31-61; F. Bourricaud, *Universités à la dérive* (Paris, 1971); R. Aron, *La révolution introuvable: Réfléxions sur la révolution de mai* (Paris, 1968).

[134] Loi n° 68.978 d’orientation de l’enseignement supérieur, *Journal officiel de la République française* (13 November 1968).

13 所新大学所取代，其中有 3 所大学在其校名中保留了“索邦”一词。[135]

改革的基础和出发点在于将相关学科合并为“教学与研究单位”（UER），许多新建大学正是从这些研究中心而来。新建大学通过由新成立的地区教学研究咨询机构及同名的国家教学研究咨询机构所规定的考察之后，就可以获得政府颁发的授权证书。大学由此成为具备法律责任及管理、财务和教学自主权的公共机构。大学不再受国家任命的校长（*recteur*）直接控制。这些校长负责的行政区被称作“学区”（*académie*）。此前，校长在学区内是教育部长的代表，并对从小学到大学的教学活动进行监督。但此后“学区大学校长”尽管仍继续代行教育部长的监督职能，不过大学的全部管理权却移交到新产生的校长手中，新的校长由大学理事会在全职教授中选举产生，任期五年。

《富尔法案》究竟在多大程度上实现了制定者所强调的目标[136]，对此人们有不同的看法。[137] 作为改革第二大支柱的大学自治仍然很弱，并没有因为《富尔法案》之后出台的一系列法规和法令而得到强化。此外，尽管有人多次断言在“教学与研究单位”内开展研究是改革的基本特征，但实际上主导研究的仍然是另一个国家机构——国家科学研究中心。国家科学研究中心的存在的确提升了大学的自治程度，也提高了大学内部科研人员之间的竞争水平，但却没有提升各大学之间的竞争水平。一个由教育部长任主席的全国大学校长会议的成立也无助于大学自治。该法案并不适用于“大学校”这类培养了众多高级官员和有影响力的政治家（如富尔本人） 108
的院校，这种客观存在的可疑现象恰恰说明该法案能获得议会的多数支持

[135] 1945/1946 年，法国有 15 所大学，到 1977 年增至 64 所，大学教师从 1967/1968 年的 26 166 人增至 1980/1981 年的 41 511 人，有终身教职的教授助理（tenured *maîtres assistants*）数量从 6513 人增至 16 771 人，教授从 7134 人增至 12 134 人，但普通助教的数量未出现较大变化，从 12 519 人变为 12 417 人。见：J. C. Passeron，‘1950-1980：L'université mise *à* la question：changement de décor ou changement de cap?’，in J. Verger(ed.)，*Histoire des universités en France*(Toulouse，1986)，382，403。

[136] E. Faure，*Philosophie d'une réforme*(Paris，1969).

[137] 比较 Passeron 被引注章节的标题(注释 136)。

有多么不容易。早在1945年，戴高乐就曾在其流亡政府的建议下，试图放弃改革这些“干部”学校的计划。

如果我们用民主化的标准来分析《富尔法案》，所得出的结果就不那么模棱两可了。与当时法国和其他地方热烈讨论“民主化”的情况相反，《富尔法案》的文本中根本没出现这个词。革命学生群体追求的不仅仅是在大学内部更大的参与度，他们的目标是社会及其制度的根本变革。正如一家与1968年巴黎五月风暴关系密切的智库所宣称的那样：“民主的时代已经开启。纵观整个世界，广大人民群众要掌握自己的命运。”该宣言进一步指出，要实现这一点，需要的是能够在争夺师资和生源的竞争中实现自我更新的完全自治的大学。在该智库看来，未来社会的知识层次和道德标准直接取决于大学，从长远来看，未来的经济和政治也是如此。[138]

1945年以来，“大学民主化”的概念与两种含义联系在了一起。首先，这个概念指的是为所有社会阶层提供平等进入大学的职责。这一目标，就算没有得到完全实现，至少也通过增加高等机构数量和扩大高等教育机构的地理分布而得以推进。其次，著名的美国教育家约翰·杜威将“民主”称作一种特定的行为，即教师应该在课堂上进行观察，不是管教学生和讲授课程内容，而是教师要允许课堂上负责任的自学和互动交流。在大学层次上，这种看法与洪堡的思想非常一致。[139] 埃德加·富尔据此在国民议会上为《高等教育方向指导法》进行辩护时所发表的最后一次演讲中谈道：“如果教学是民主的，那么对话就至关重要。”富尔认为，如果学生的数量合适的话，许多大学教师都愿意实行对话式教学。[140] 通过引导针对“教学与研究单位”的改革，同时将学生数众多的大学进行拆分，那么就会营造良好的外部环境——即便只是暂时的。然而问题在于，法国的大学不能像大学校或英国大学那样对学生数量进行限制。

---

[138] Club Jean Moulin, *Que faire de la révolution de mai?* (Paris, 1968).

[139] 见前文第104页。

[140] ‘Il importe, par conséquent, que l’enseignement soit dialogué si l’on veut qu’il soit vraiment démocratique’ (Faure, *Philosophie* (note 137), 74, followed by the advice for group work).

对学生运动来说，“大学民主化”的概念指的是转变大学规则和决策的民主形式。这一概念与《富尔法案》相悖——且不只是在术语层面。学生、助教、行政人员和公众代表的参与，为大学咨询和管理机构的出现开启了大门。但这类机构仍旧接受在政治上合法的民主政府官员的领导。因此，政治上“民主化的大学”（democratized university）并没有取代“民主框架内的大学”（university within democracy）。 109

最后但同样重要的是，《富尔法案》实现的仅仅是以前罕有实现的大学目标：外籍教授尽管并没有获得与其法国同事同样的地位（像在其他国家中那样），但他们还是获得了成为法国大学教职员工的权利。1969 年，抗议浪潮冲击到其他西欧国家，并蔓延至南斯拉夫、波兰和捷克斯洛伐克。

英国经历了受新马克思主义鼓动的“学生力量”发起的带有部分暴力活动的示威。[141] 不过，在依民主方式组建的公权力控制之下，大学根据自身规则传播和发展科学知识的这种自治性，并未被骚乱所改变。尽管学生和职员被赋予跻身大学管理机构的权利，但与为应对骚乱而仓促采取措施的其他国家相比，其参与人数少，权力也小得多。[142]

意大利政府在应对非专业教学人员和学生这两类动乱根源时，采取的措施是使这两类人员实现地位上的平等。1969 年 11 月，政府将大学入学权扩大到通过任何类型高中正规毕业考试的学生。同时，所有短期或临时雇佣的教学人员都被授予终身公务员的身份。但是，这两项政策的结果都被证明是适得其反的：未经国家资格考试或地方传统程序任命的大学教师充斥了意大利大学的教学岗位，并且长期阻断了教师队伍的更新。这种负面影响又被前一措施所加剧：学生数量迅速翻番进而使原本就拥挤的大学更加人满为患。很多学科的教育质量都出现下滑，招致公私雇主的抗议。

---

[141] A. Cockburn and R. Blackburn (eds.), *Student Power: Problems, Diagnosis, Action* (Harmondsworth, 1969); K. Jacka, C. Cox and J. Marks, *Rape of Reason: The Corruption of the Polytechnic of North London* (London, 1975).

[142] Shils, 'Great Britain' (note 9), 618.

在连续两项新的大学法案都未能在议会通过之后，1973 年通过的《大学
110 紧急行动法》则重建了许多原有的规则，只允许《富尔法案》意义上的“有质量的代表”（qualitative representation）参与管理。[143] 这样一来，人员任命和重要的行政监督权仍旧为终身教授所把持。[144]

在芬兰，学生的诉求出现了另一种极端状况，1968 年底全国学生联合会提出：在大学委员会的选举中，大学的每个成员都有投票权。1969 年 6 月，一个官方的改革委员会采取了该提议。之后，政府曾两次试图让议会通过该项改革提案，但都未成功。1975 年，议会通过了一项大学法律，用“参与式民主”取代了“一人一票”的一般性投票原则。这意味着每个大学成员团体都有与之相应数量的代表参与选举。

在德意志联邦共和国，部分教授在 1968 年提议将大学教师、学术人员和学生置于一个相互平等的三方架构基础之上。该建议是部分教授对“大学的民主化”做出的积极贡献。[145]

在荷兰，为应对紧急状况，政府于 1970 年颁布了《大学管理重组法》。在法案确立的大学管理的三方架构中，所有教学研究人员归为一方，非学术人员作为三方之一也有了一席之地。[146] 1975 年，芬兰和其他北欧国家效仿了这种做法。其他一些国家则考虑采用四方架构或增加民众代表参与的做法。

1978 年，埃因霍温大学校长，后来担任欧洲大学校长常设会议主席

---

[143] 见：‘Kriterien der qualitativen Repräsentation der Mitglieder der Universität in den Organen der akademischen Selbstverwaltung’, reprint in W. Becker(ed.), *WRK, Stellungnahmen, Empfehlungen, Beschlüsse 1960-1989* (Bonn, 1989), vol. Ⅰ, 67f. 这份日期为 1968 年 5 月 22 日的文件，与 WRK 其他有关大学改革的建议报告一起均在富尔部长任内广为人知。见：J. Fischer, *Hochschulreform in Frankreich: Rahmengesetz 1968*, Dokumente zur Hochschulreform, 7 (Bad Godesberg, 1970), 17。

[144] Malintoppi, ‘Italy’(note 11), 111-121.

[145] J. Habermas, ‘Heilige Kühe der Hochschulreform’, *Die Zeit*, 17 September 1968. Reprint J. Habermas, *Protestbewegung und Hochschulreform* (Frankfurt/Main, 1969), 221f.

[146] H. Daalder, ‘The Netherlands: Universities between the “New Democracy” and the “New Management”’, in Daalder and Shils, *Universities* (note 3), 173-231.

的格利特·沃塞尔西，根据他前几年的经验得出以下结论：

> 大学的效能有所下降。法律已经耗尽了大学执行委员会的经验、
> 时间和能力。平庸已经蔓延开来。决策能力越来越弱、越来越分散。
> 于是，人们不再花太多时间和精力进行决策。相关人士似乎都兴致索
> 然。导致大学瘫痪的最主要的因素并不是政治化，而是大学本身的臃 111
> 肿、缺乏变革和活力。大学结构的错误发展路线，也许正是导致我们
> 的大学萎靡不振的元凶。在经济增长变缓乃至停滞的时期，大学所面
> 临的问题要求大学执行委员会有更强的能力，只有这样才能完成资源
> 再分配这一艰难的决策。[147]

事实上，由“大学”团体安排的终身教授教职只占少数。这一事实可从要求委员会中所有教学人员的代表要占三分之一的法律规定中得到证明。很有必要再加上一条：这些代表中要至少包括一至三名教授。

后来，“三三制”或“四四制”参与法案经过修订，赋予有终身教职的教授团体以特殊权利。在联邦德国，来自哥廷根大学的一批大学教师经向宪法法院上诉而获得上述权利。[148] 为实现宪法规定的自由研究与教学的权利，有终身教职的教授在有关学术研究和教授任命的议题中要拥有“决定性影响”（decisive influence，即51%的选票）；在有关教学事务的议题中要拥有“主导性影响”（leading influence，即50%的选票）。

随着时间的推移，委员会的组成数字逐渐失去了意义。一位美国史学家曾经提出的“参与式民主将很快演变为参与式无聊”的预言最终成

---

[147] G. Vossers, 'Die Rolle der Hochschule im Bildungssystem in Europa', in Westdeutsche Rektorenkonferenz, *Die deutsche Hochschule in der Kritik des Auslands*, Dokumente zur Hochschulreform, 33(1978), 35.

[148] Bundesverfassungsgericht 1 BvR 424/71-1 BvR 325/72, 27 May 1973, V. 4. a, b.

真。[149] 面对日益恶化的财务状况，相对于维护大学的整体利益而言，对大学内部群体利益的维护逐渐失去意义。

在这样的背景下，那些拥有终身教职的大学教师仅通过其代表参与大学日常事务，并无甚助益。

在传统的大学里，大学常务副校长或学术校长在起草重要意见书，或准备根据助教和学生建议进行结构或研究方面的改革时，总是会先寻求其优秀同事的帮助。在“民主化”的大学里，教授们只要选举出代表就算尽
112 到了其团队责任，随后就把更多的精力转到个人学术和专业兴趣上。过去，在由庞大的专业和办公人员主导的大学中，对大学的形象及其繁荣做出贡献的是教授们的经验和能力。而1970年之后即便是在中等规模的大学里，仅新成立的选举办公室所需要的办公人员数量，就与此前校长办公室所需人员数量一样多。

大学里这种复杂却又往往低效的决策过程，需要加强政府的官僚机构与之相呼应。在大学史上，高等教育法案的更迭从没有哪个时期像1968年之后这样频繁。以前，政府往往满足于颁布一些适用于整个学校系统的框架性法律；或是在授予某大学的成立特许状中对其职责、权利和组织机构做出规定，而在其他法令中对具体问题进行规范。这些内容往往是由大学自己起草后提交给政府相关部门，政府部门最多做一点小修订。1968年之后，法律和法规的比重和权重发生了逆转。

当某项新的大学法案已经明显失败时，为降低危险，一些政府宁愿采取加强控制的方式也不愿冒着引起新的抗议行动的危险去修改法案。[150] 尽管如此，大多数欧陆国家都在成败交替的修法活动中走进了20世纪90年代。

---

[149] F. Stern, ‘Die deutsche Hochschule 1978 in internationaler Sicht’, in *Die deutsche Hochschule*(note 148), 52.

[150] M. N. Pedersen, ‘The Irreversible Process of University “Democratisation”: The Danish Case’, *International Journal of Institutional Management in Higher Education*, 12:1(1988), 115-128.

最初，“大学民主化”指的是大学向尽可能多的人开放。1968 年后，此前受经济因素驱动而形成的专业学术人员培养规模的增长，与“大学民主化”的最初含义在结果上达成了一致。于是各国政府继续其大学扩张政策，有时甚至以惊人的速度来发展大学。[151]

大学的扩张政策也导致了大学教育的多样化，具体体现在大学的地理位置和课程两个方面。大多数的新大学，要么是从原来的中等教育机构升格而来，要么是由原来的单科大学扩展而来。理工学院增设医学系、法学系、经济系和社会科学系，其性质变为大学，其校名往往也改为大学。经贸类学院亦有同样的变化发生。这些新型高等教育机构与其传统形式的不同之处在于，它们将技术学科和其他一些现代学科纳入其中。老大学则往往局限于几个传统学科，或如同从巴黎大学拆分出去的那几所大学一样， 113
仅保留几个甚至一个系。

在大多数国家里，都有一些其他类型的高等教育机构形式作为大学的补充，如英国有理工学院和教育学院，联邦德国有高等专科学校，法国有大学技术学院，挪威和瑞典有地区学院。这类机构既不授予学术头衔，也不进行基础研究。但与传统大学不同的是，它们能控制学生数量，并在三年时间里对大多数学生进行以科学为基础的专业培训。

20 世纪 70 年代政府的大学政治取得了三方面的积极成果。首先，在全国范围内，中等教育和高等教育设施在中心城市与外围之间的不平衡状态有所改善；其次，由于有些原来只有几个专门学科的学校被升格为理工学院或大学，这些新的高等教育机构提供了更大的学科选择空间；第三，由于存在这两种不同类型的高等教育，再加上诸如提供奖学金等其他一些举措，使得更多的人可以进入需要高等教育学历背景的职业领域。然而，这三个方面的成果在一定程度上又被以下三个负面效果抵消了：一些学科人满为患、毕业周期变长及辍学率增加，学术自我管理官僚化，以及大学的师资队伍变得不再团结。

---

[151] 参见第二章《模式》，亦可见本书附录《1945—1995 年欧洲新建大学》。

迈向协调的欧洲模式，1983—1995

西欧大学管理中自治的缺乏

20 世纪 70 年代通过的各种大学法案都未能解决的教育大爆炸问题，在接下来的十几年里，由于西欧各国政府感受到公共预算不足而变得更加严重。

1982 年，一位国际知名的大学政治家这样断言：

> 在未来三年里，英国大学能够支配的公共资金净值将减少 12%。成百上千名拥有终身教职的大学教师面临着拿着遣散费下岗的局面。一些大学要被关闭。师生比会急剧恶化。大学教师的实际收入将会下降，同时下降的还有奖学金的实际价值。在未来三年中，很多学科，包括一些自然学科，将只在现有大学数量的半数大学中开展教学。[152]

114 面对这一严重局势，英国大学副校长委员会委托一个委员会就资金缺口对大学体系的效率产生的影响进行研究。1985 年该委员会发布了《贾勒特报告》，报告建议引入私营企业的核算和评估方法，加强大学内系科和学院之间以及全国乃至国际范围内大学间的竞争。根据该报告的建议，英国的大学开始像很多私营企业一样，在国家科学方针的指引下，以和大学基金委员会（前身为大学拨款委员会）签订的合同为基础，来取得政府资助。在 1988—1989 学年，大学拨款委员会贡献了大学平均预算的 53%，

---

[152] R. Dahrendorf, 'Die europäischen Universitäten in einem veränderten sozialökonomischen Klima', in W. Kalischer (ed.), *Die Internationalität der Universität: Jahresversammlung 1982. Ansprachen und Referate, Zusammenfassung der Plenardiskussionen. Konstanz, 3. und 4. Mai 1982*, Dokumente zur Hochschulreform, 50 (Bonn and Bad Godesberg, 1982), 12-139, quotation 136.

以确保大学保持高水平的研究和教学所需的基础设施建设；大学平均预算的15％来自学生学费收入，由地方政府为英国学生支付；7％来自各个国家研究委员会提供的研究基金；其余的25％来自一些私人合同及补贴。[153]

英国大学系统中得到极致体现的竞争理念，在西德科学委员会1985年发布的以德国大学系统中的竞争为主题的建议报告中，也处于核心地位。法兰西学院的一些教授在其代表密特朗总统起草的报告中，同样凸显了该理念，该报告直接导致了全国大学评估委员会的成立。[154] 在其他一些国家，政府采取的干预手段要么是集中在几所大学中的某些学科（如荷兰），要么是区分刚性课程和高要求的课程。刚性课程是为大多数学生的职业生涯准备的，而高要求的课程则面向少数对研究感兴趣并有研究天分的学生（如瑞典）。

总的说来，各国政府设定并在20世纪80年代部分实施的所有改革，其目的都在于根据大学的生产力对大学进行区分，并让大学确定自己的发展重点从而提高在欧洲市场的竞争力，乃至提高它们与北美和日本的大学竞争的能力。

这种竞争意味着要满足两个条件：第一，要有允许竞争的开放市场。 115
随着欧盟的扩大和铁幕的消失，这一市场业已存在；第二，竞争的参与者要能实践其广泛的大学自治权力，包括遴选学生和教师、设置课程和规划研究以及必要的财政管理权。各项改革法案都推崇大学自治——这当然不只是说说而已。国际预算流通逐渐取代了每笔支出都需要行政授权的官僚式财政管理。但是，从20世纪80年代开始，做出紧缩方案的必要性凸显。起初，人们会给这类紧缩方案一个借口：它是“暂时性的”，但很快

[153] J. Brennan and T. Shah, 'Higher Education Policy in Great Britain', in Goedegebuure, *Higher Education* (note 93), 176-193.

[154] W. Rüegg, *Zementierung oder Innovation: Effizienz von Hochschulsystemen*, Österreichische Rektorenkonferenz, Hochschulpolitische Reihe, 1 (Vienna, 1987), 39f., 44; A. Bienaymé, 'France', in P. G. Altbach (ed.), *International Encyclopedia of Comparative Higher Education* (New York, 1991), 657-670.

紧缩方案就变成了常态。这对大学而言，财政自治就意味着大学不得不去学习如何管理稀缺资源，也意味着要效仿英国大学成为政府的协议合伙人，以周期性发展计划及大学评估为基础去争取政府投资，吸引其他经费。

然而，对优秀学生的争夺，虽然代表着英国大学的一个重要方面，但在欧洲大陆的大学中却没有表现得特别明显。唯一例外的情况是，在某些学科中，大学可以自主选择新生。矛盾的是，大学系统的扩展会导致学生流动性的降低，因此愿意跨越国界去学习的优秀生源并没有实质性的扩大，且恰恰相反：在1965/1966学年，六个欧盟国家中有6.5%的大学生完成了在国外大学的交换学习；[155] 在20世纪80年代，这个比例下降至不足1%。[156] 这一情况不能完全归咎于大学学习的民主化，因为同一时期促进学生交流的项目数量显著增加。世界各国的大学之间签署了无数个合作协议，还签署了许多关于学生在国外合作大学修课和考试的双边认证协议。[157] 但尽管有如上这些措施，尽管国际交流奖学金数量出现增长，大多数来自新的受教育阶层的学生都选择进入最近的大学，这与中世纪末期的
116 情况非常相像。学生做出这样的选择不完全是出于资金方面的考量。相反，这些学生往往觉得外国的大学生活难以适应，哪怕是周边国家中的大学也是如此。因此，愿意冒额外风险将自己的一部分学习经历放在外国的学生，为数不多。

---

[155] J. Fischer, 'Hochschulreformen durch europäische Hochschulpolitik?', *Deutsche Universitätszeitung*, 1(1972).

[156] Deutscher Bundestag, 10. Wahlperiode, Drucksache 10/6419'11 12. 11. 86, *Probleme der Hochschulpolitik im Bereich der Europäischen Gemeinschaft*, *insbesondere der Forderung der Mobilität von Studierenden und Wissenschaftlern*.

[157] Erasmus Bureau, *Akademische Anerkennung von Hochschuleingangs-, Zwischen-und Endqualifikationen in der Europäischen Gemeinschaft*, *vorbereitet für die Kommission der Europ¨aischen Gemeinschaften* (Brussels, 1990).

从没落到复兴——中欧和东欧地区高等教育的发展

1989年成为一个新的地缘政治现实的标志，对中欧和东欧国家及其高等教育和科学都产生直接影响。在脱离共产主义思想体系之后，这一地区的各个国家纷纷明确开始民主改革的进程，这类民主改革的基础是尊重个人和团队在自由、政治多元化及市场经济方面的意愿。在这些数量或多或少的不流血革命运动中（罗马尼亚除外），大学生和大学学者往往发挥着关键作用，这再次证明了学术机构可以成为社会和政治变革的温床。大学生和大学学者们呼吁即刻改革高等教育和大学与当局之间的关系。于是，“这一地区的高等教育，以西欧从未有过的规模和速度进行着重建。在西欧，这类需要进行长期酝酿的调整往往要四到五年才能完成”[158]。但中欧和东欧的这些国家政权几乎倒台，大多数社会机构也基本丧失功能。鉴于此，这些国家不得不进行迅速和广泛的“调整”。

历经十余年的改革取得了以下成果：大学生和高等教育机构的数量达到了预期；私立高等教育机构的出现使得大学体系呈现多样化；尊重学术自由和大学机构自治。这些成果体现在以下九个方面的趋势中。

1. 引进了新的招生制度。注重将以选拔学生为目标的学术标准，与消除初级教育阶段的选拔性二者之间的结合，是该新招生制度的主要基础。

2. 学术人员和学生的集体代表组成上体现出多样性。不仅在管理机构上是如此，在数量越来越多、形式越来越多样化的各种专业协会、学生组织、联谊会等机构中，也是如此。

3. 姗姗来迟的课程改革以谨慎的步调得以实施。加速这一改革步伐
的，是各国希望与欧洲教育部长会议所确立的大学方针目标保持一致，该 117
目标后来在博洛尼亚进程中达到高潮。

---

[158] P. Scott, 'Higher Education in Central and Eastern Europe: Analytical Report', in *Ten Years after and Looking ahead: A Review of Transformations of Higher Education in Central and Eastern Europe* (Bucharest, 2000), 341-407.

4. 引入一些重要的政治变革，如取缔那些所谓的“党校”。

5. 出现了一个全新的高等教育体系，该体系包括大学层次的私立院校。

6. 修正了“免费高等教育”的概念，采取成本分担的方式，来反映对整个高等教育系统进行资助的需要。

7. 不再依赖中央的政治认可或受意识形态决定的外交政策目标来巩固国际关系，而是以学术潜力、个人兴趣及可利用的资源为基础进行设计。

8. 对学术研究、辩论和政治上的激进主义进行明确区分，“让政治止步于大学校门”[159]。

9. 将高等院校领导人的政治责任变更为学术责任和经济责任。

上述体制性变革的推行需要对国家立法进行彻底检视。法律的变革在有些时候是仓促进行的，这往往导致其后的频繁修订。[160] 在这一进程的最初几年里，中欧和东欧这些国家非常欢迎来自“外国专家”及诸如世界银行、经合组织、欧盟委员会和联合国教科文组织等国际组织的专业知识和支持，其前提条件是他们了解本地情况。然而，这些外国专家不能取代本土专家，尤其在改革进入实施阶段时更是如此。[161]

一般说来，从大学的角度来看，大学与政府当局之间的关系已经达到了大学所要求的某种“常态”，已经能够更好地发挥大学的使命和功能；而从政府当局的角度来看，对大学自治、学术价值以及实现高质量教学和研究的长期条件也有了更深的理解。

---

[159] A. Marga, *University Reform Today* (Cluj, 2001), 103.

[160] A. Marga, 'Reform of Education in Romania in the 1990s: A Retrospective', *Higher Education in Europe*, 27(2002), 123-135; D. Farrington, *Legislative Initiatives in the Context of the Bologna Process: A Comparative Perspective* (Bucharest, 2005).

[161] L. Cerych, 'Higher Education Reform in the Czech Republic: A Personal Testimony Regarding the Impact of Foreign Advisors', *Higher Education in Europe*, 27(2002), 111-121.

结束语：欧洲大学 118

1964年，德国西部大学校长会议为纪念欧洲大学校长常设会议的成立，发行了一部纪录片，标题为《欧洲大学》。[162] 当然，这一标题指的并不是当时的状态，而更多的是漫长发展道路的长期目标。

1991年，欧洲积极从事教育和研究的洲级组织多达98家。[163] 毫无疑问，这其中有很多组织致力于探测和标定发展路径，也有许多组织专注于培养之后的开路先锋。但是如果缺乏拥有必要能力的高等教育机构，缺乏人力和财政资源以及决定性的政治手段，这条道路是无法铺就和扩展的。

1957年，总部设在布鲁塞尔的欧洲共同体委员会成立。然而，其在教育政治中的职能被《罗马条约》严格限制在两个方面：一方面，它致力于创办一所"欧洲大学"；另一方面，它致力于学历文凭的相互认证，以便使欧洲的大学毕业生可以在全欧洲范围内开始自己的职业生涯。从政治上来说，这些任务都被置于经济部长委员会的保护伞之下。1971年，各国教育部长召开了首次全体会议，大学和研究变得愈发重要。从1991年起，教育部长们的讨论主题不再局限于专业训练，而是扩展到普通教育领域。在欧洲经济共同体/欧洲委员会/欧盟框架下，大学向政治的这一转向，正是对大学自身也置于其中的伟大的欧洲化进程的明证。因此，它可以作为一个典型案例来为本章收尾。

《罗马条约》中有关大学的两个项目陷入了僵局。1969年，欧洲委员会提交了学术毕业证书互认准则的草案。草案有关自由行医权的认可标准是：任何人，只要成功修完传统领域内规定教学时数的严格确定的课程，均可自由行医。该草案一旦被采纳，必然会破坏大学在其专属领域的自治权。欧洲大学校长会议及欧洲经济共同体各成员国的大学对此提出强烈抗

---

[162] Steger, *Das Europa der Universitäten*(note 66).

[163] J. U. Clauss (comp.), *Hochschulrektorenkonferenz*, *Informationsdienst—Dokumentation*, 12(1991).

119 议，这份草案终被撤回。在1971年成立于布鲁塞尔的一个联络委员会（后定名为“欧盟大学校长会议联合会”）的帮助下，各大学校长会议开始参与起草面向质量而非数量的更为灵活的认证准则。[164]

《欧洲原子能共同体协议》在1958年提出的成立一所“欧洲大学”的计划也失败了，失败的主要原因在于欧洲各大学的反对。这些大学都把自己看作是欧洲的教育机构。1972年，意大利政府为实现上述目标的努力在佛罗伦萨取得了部分但却具有创新价值的成果，即虽然没有创办“欧洲大学”，但在大学校长会议的建议下，欧洲委员会同意创建一所高等社会科学研究生院。[165] 1976年，欧洲大学学院在佛罗伦萨附近的圣多米尼科的巴迪亚·菲索拉纳正式揭牌。十年以后，欧洲大学学院每年招收100名学生接受1—3年的研究生教育，还接收20名左右的研究学者。[166]

鉴于《罗马条约》有关教育条款在实施中遭到失败，欧洲委员会的六个成员国于1971年11月16日召开了首次教育部长会议，同时成立了一个调查委员会，针对根据条约制定有关教育和科学方面的共同政策的可能性进行调查。[167] 1972年7月，调查委员会指定比利时前任教育部长亨利·詹恩教授，以欧洲委员会各成员国教育部门负责人的发言为基础，“来确定委员会教育方针的基本特征”。亨利·詹恩的报告于1973年正式发表，报告指出：“《罗马条约》的生效，迫使我们从整体上考虑青年人和成年人

---

[164] W. Rüegg, ‘La coopération entre les universités européennes. Kolloquium in Grenoble. Tagungsbericht’, *Integration. Vierteljahreshefte zur Europaforschung*, 4 (1970), 323-326; W. Rüegg, ‘Les relations entre les Communautés européennes et les établissements d'enseignement supérieur en Europe. Le point de vue des universités’, in *Semaine de Bruges 1973: Université et société. Pour une politique européenne de l'enseignement supérieur*, Cahiers de Bruges, n. s. 32 (1974), 253-260.

[165] Rüegg, ‘Relations’ (note 166), 256f.

[166] Europäisches Hochschulinstitut, *Promotionsstudium in Geschichte und Kulturgeschichte, Wirtschaftswissenschaften, Politikwissenschaften und Gesellschaftswissenschaften, Akademisches Jahr 1996/1997* (Luxemburg, 1995).

[167] Kommission der Europäischen Gemeinschaften, ‘Für eine gemeinschaftliche Bildungspolitik’, *Bulletin der Europäischen Gemeinschaften, Beilage*, 10 (1973), 9f.

的教育问题，因为这类问题与推动经济最大限度的发展之间有着必然的联系。”[168]《詹恩报告》涉及更多的是如何构建欧洲的文化、教育和研究政策，以及欧洲委员会（和后来的欧盟）应如何行动。

《詹恩报告》以一个直接涉及大学的问题开头：

> 公司规模的扩大及其专业化和国际化的加强，与科学和技术的发 120
> 展齐头并进、相互依存。如果不将伟大的大学的“欧洲化”这类因素考虑进去，怎么可能去预想欧洲经济一体化？我们在这里所说的“欧洲化”是指，在欧洲委员会的九个成员国里，这些大学都能够像在自己的国土中一样招募教师、研究人员和招生，正如美国各大学在美国广袤的国土上所做的一样。[169]

《詹恩报告》并未对这一在此后的博洛尼亚进程中达到顶峰的观点做进一步的详细阐述。对大学学习进行分级评定，意味着各大学之间在本科学习方面的统一。当时欧洲大陆上的大学似乎不可能将其传统的四年学制减为三年，而英国的大学也不愿把其三年学制扩展为四年。但是，欧洲委员会成员国以及不属于欧洲委员会的其他一些欧洲国家，的确就一些共同教育政策达成了一致，特别是对由来自英国的大学副校长阿萨·布里格斯和阿尔伯特·斯洛曼提出的一些建议达成了一致。[170]

《詹恩报告》建议成立一个“公共研究中心”和一个“欧洲科学基金”。[171] 但是，英国和瑞士的研究者向委员会提出，这样的组织应该包括欧洲所有国家，至少是欧洲所有的自由国家，委员会对此表示接受。1974年，总部设在斯特拉斯堡的欧洲科学基金会正式成立，该基金会虽然由欧洲共同体批准成立，但却是一个独立于欧洲共同体的机构。欧洲科学基金

[168] *Ibid.*, 11.

[169] *Ibid.*, 12.

[170] *Ibid.*, 23.

[171] *Ibid.*, 53.

会如同各国科学研究机构的一把保护伞，发起和协调了多项在科学和社会创新领域的共同调查研究项目。[172]

五年之后，欧洲共同体自己建立了多个促进欧洲合作研究的项目——1979年的科技领域预测和评价项目（FAST）、1984年的欧洲信息技术战略项目（ESPRIT）、1985年的欧洲研究共同行动（EURECA）以及1987年的社区技术教育与培训项目（COMETT）。同样是从1987年开始，在欧洲共同体和欧洲自由贸易协会范围内发起了伊拉斯谟计划（即欧洲大学生流动行动计划）。伊拉斯谟计划通过在全欧洲创建相关学科的教授和奖
121 学金网络，力图将学生在欧洲范围的流动比例从1%提高到10%（10%这个数字是根据近代早期的学生流动情况估计出来的）。1989年，语言计划欧洲学分互认体系进一步补充了伊拉斯谟计划，语言计划以提高大学生及中学教师的外语水平为目标，欧洲学分互认体系则立足于学生的学习量。截止到1994年，受伊拉斯谟计划和语言计划提供的2500个项目的资助，约有来自1300个院系的30万名学生到本国以外的欧洲共同体或欧洲自由贸易协会成员国至少学习一个学期。[173] 这些数字虽然听起来很大，但仍仅占西欧大学生总数的5%。前文提到的影响学生流动的非物质因素仍然发挥着作用。

1992年签订的《马斯特里赫特条约》标志着欧洲共同体过渡为欧盟，也标志着欧洲共同关注的领域从专业培训领域延伸到了普通教育领域。1995年，伊拉斯谟计划与面向中小学教育的夸美纽斯计划合并且扩展成为苏格拉底行动计划，学生交流计划得到以下措施的辅助：课程欧洲化；共同发展欧洲模块的学习内容；为占全欧洲大学生总数95%、“无论出于

---

[172] European Science Foundation, *Report1975* (Strasbourg, 1975).

[173] H. van Ginkel, 'International Cooperation and Mobility and the Enhancement of Quality: The Modern University Coming of Age', *CRE-Action*, 104(1994), 57f. (*A University Policy for Europe*, 10th CRE General Assembly Budapest).

什么原因而未能流动的”学生提供主题式网络平台。[174] 此外，交流项目的管理责任也从院系代表手中转为集中管理。然而，这一举措与其说是为项目提供科学支持和教育支持，还不如说加剧了项目管理的官僚化。

欧洲诸大学欢迎欧洲委员会/欧盟这一举措，同时，它们也通过其校长会议进行游说，以确保这一辅助性原则不会沦为官僚化强制整合的牺牲品。1991 年 12 月 1 日，《欧盟高等教育备忘录》发表。1992 年，经过磋商，欧盟大学校长联席会议联合会和欧洲大学校长常设会议就该备忘录提出了详尽的立场说明。大学校长们一方面对欧洲化方向表示欢迎，一方面对课程统一化的危险提出警告：这既损害欧洲化多样化，又损害大学自治。校长们宣布，他们已经准备好为从 1971 年开始的互利互惠合作的持续和拓展提供一系列具体建议。这一结果是积极的。

1994 年，欧盟教育委员会通过了由欧洲大学校长常设会议提出的有关在大学结构和性能评价中应用定性标准的试点项目，并鼓励欧盟和欧洲自由贸易联盟成员国的大学合作。[175] 此外，欧洲大学校长常设会议首先在三所来自不同国家的大学（哥德堡大学、波尔图大学和乌得勒支大学）进行项目试点。[176] 各国的大学校长会议围绕试点项目的经验举办了一系列研讨会[177]，欧洲大学校长常设会议的定期会议也对此进行了讨论。 122

这是欧洲委员会和大学之间的关系新篇章的开始。总部设在布鲁塞尔的欧盟大学校长会议联合会承担了比以往任何时候都要多的工作。在即将

---

[174] U. Dolezal, ‘Das ERASMUS-Programm als Teil von SOKRATES’, *Forschung & Lehre*, 8(1996), 416.

[175] See, e. g., *Europäische Pilotprojekte für die Qualitätsbewertung im Bereich der Hochschulen: Bundesrepublik Deutschland. Nationaler Bericht*, Dokumente zur Hochschulreform, 105 (Bonn, 1995).

[176] F. van Vught and D. Westerheijden, ‘Institutional Management for Quality. The CRE Programme: Background, Goals and Procedures’, *CRE-Action*, 107(1996), 9-151.

[177] See *EG-Hochschulmemorandum und Credit Transfer in Europe*, *Seminar der Hochschulrektorenkonferenz*, *Bonn*, *7. und 8. November 1992*, Dokumente zur Hochschulreform, 83(Bonn, 1993).

到来的东扩趋势业已凸显的时候，欧洲大学校长常设会议连同其设在日内瓦的秘书处，与欧盟大学校长会议联合会合并，组成了一个新的机构：欧洲大学协会。欧洲大学协会的秘书处设在布鲁塞尔，这里正是欧盟管理机构的中心。

精选文献

Altbach, P. G. (ed.) *International Higher Education: An Encyclopedia*, New York/London, 1991.

Anderson, R. D. *European Universities from the Enlightenment to 1914*, Oxford, 2004.

Daalder, H. and Shils, E. (eds.) *Universities, Politicians and Bureaucrats: Europe and the United States*, Cambridge, 1982.

Daillant, G. *Universality, Diversity, Interdependence: IAU 1950-1990, A Commemorative Essay*, Paris, 1990.

Farrington, D. *Legislative Initiatives in the Context of the Bologna Process: A Comparative Perspective*, Bucharest, 2005.

Faure, E. *Philosophie d'une réforme*, Paris, 1969.

Goedegebuure, L. *et al*. *Higher Education Policy: An International Comparative Perpective*, Oxford, 1993.

Hearnden, A. (ed.) *The British in Germany: Educational Reconstruction after 1945*, London, 1978.

123 Heinemann, M., with Philips D. (eds.) *Hochschuloffiziere und Wiederaufbau des Hochschulwesens in Westdeutschland 1945-1952*, vol. Ⅰ: *Die Britische Zone*, Hildesheim, 1990.

Heinemann, M., with Schneider, U. (eds.) *Hochschuloffiziere und Wiederaufbau des Hochschulwesens in Westdeutschland 1945-1952*, vol. Ⅱ: *Die US-Zone*, Hildesheim, 1990.

Heinemann, M., with Fischer, J. (eds.) *Hochschuloffiziere und Wiederaufbau des Hochschulwesens in Westdeutschland 1945-1952*, vol. Ⅲ: *Die Französische Zone*, Hildesheim, 1991.

Heinemann, M. (ed.) *Hochschuloffiziere und Wiederaufbau des Hochschulwesen 1945-1949: Die Sowjetische Besatzungszone*, Berlin, 2000.

Hüfner, K. (ed.) *Higher Education Reform Processes in Central and Eastern Europe*, Frankfurt/Main, 1995.

Kardos, J., Kelemen, E., and Szogi, L. *Centuries of Hungarian Higher Education*, Budapest, 2001.

Knowles, A. S. (ed.) *International Encyclopedia of Higher Education*, San Francisco, 1977.

Korol, A. G. *Soviet Education for Science and Technology*, New York/London, 1957.

Marga, A. *University Reform Today*, Cluj, 2001.

Nikitin, P. I. *Zwischen Dogma und gesundem Menschenverstand. Wie ich die Universitäten der deutschen Besatzungszone 'sowjetisierte': Erinnerungen des Sektorleiters Hochschulen und Wissenschaft in der sowjetischen Militäradministration in Deutschland*, Edition Bildung und Wissenschaft 6, Berlin, 1997.

Phillips, D. (ed.) *German Universities after the Surrender: British Occupation Policy and the Control of Higher Education*, Oxford, 1984. Sadlak, J. *Higher Education in Romania 1860-1990: Between Academic-Mission, Economic Demands and Political Control*, Buffalo, 1990.

Seabury, P. (ed.) *Universities in the Western World*, New York/London, 1975.

Steger, H.-A. (ed.) *Das Europa der Universitäten/L'Europe des universités/The Universities' Europe: Entstehung der ständigen Konferenz der Rektoren und Vize-Kanzler der europäischen Universitäten 1948-1962*,

Dokumentation, Bad Godesberg, 1964. *Ten Years after and Looking ahead: A Review of Transformations of Higher Education in Central and Eastern Europe*, Bucharest, 2000.

Tent, J. F. *Mission on the Rhine: Reeducation and Denazification in American Occupied Germany*, Chicago, 1982.

第四章　资源与管理 124

杰弗里·洛克伍德

导言

今日欧洲大学的管理基本要素与 1945 年的情况有些不同，无论是在马耳他、特罗姆瑟，还是在利默里克和基辅等地区，都是如此。今日大学管理的需要包括分配有限的资源和有限的设施，了解和激励教职人员，接触、游说资助者并设法使其满意，为学生提供并维护学习环境，以及在一所常设机构中平衡其外部影响和内部文化。在 1945 年以来的几十年里，满足这些需要的环境发生了翻天覆地的变化。

在 1945 年，“管理”（management）这一术语并非大学的文化词汇，仅是用来描述一所不同于工商企业的公共机构的运作流程或方式。大学的管辖和治理并不叫作管理。二战后大学内部组织和内部文化的历史，反映出人们逐渐接受“管理”这一术语用来指大学内部的决策过程及决策的实施过程。一般来说，“治理”（administration）一词是 20 世纪 70 年代前的特色术语，“管辖”（governance）则是 20 世纪 60 年代占主导地位的词汇，并于 90 年代被再次使用。而“管理”（management）一词真正出现在文献和会议文件中的时间是 60 年代，到了 70 年代，“管理”一词开始在大学内被接受和使用，其原因有二：首先是对 60 年代末期学生运动的回应，该运动关注的是大学的内部组织和管理政治；其次是 70 年代中期石油价格上涨所导致的世界经济危机对大学产生的影响。

20 世纪 80 年代后半期“管理主义”的出现，在西欧大学内部活动的 125
组织趋势上进一步体现了文化影响。“管理主义”一词源于美国，它不仅是指大学内部存在管理，还上升为一种以共同管理为主导的哲学思想。这种哲学思想不同于商业模式中行为层面上的交往，而是倾向于“行政”层面上的交流。

对欧洲大学管理影响较大的首部著作是《高等教育管理改革》①，该书提出应逐步以数据收集和研究作为制定政策的基础，并且努力建立有关资源分配和决策方面的客观评价标准，以取代由校园施压或传统力量来处理这些问题的方式。从而改变以往高校中管理松散、无组织和随意的状态。随着时间的推移，这些创新的做法将必然被未来的高等教育历史学家看作是大学管理的全新的特征。尽管这本书的书名是《高等教育管理改革》，这本书也对大学的管理者产生了很大影响，但是，1966 年的文件中依旧使用“大学治理”（university administration）一词。直到 20 多年后，在题为《高等教育改革的总战略》的英国大学管理者会议报告中，才将第一章命名为“管理的变革”（The Managerial Revolution）。②

分析大学成员使用什么词汇来描述对其发生影响的那些决策机构，这本身是一项有趣且有启发性的研究，但我们在这里只是简单论及一下，目的是引出 1945 年以来大学管理方面发展的大趋势。

作为组织机构的大学

在分析管理历史之前，有必要先确定大学作为一种组织机构的属性。大学具有多重结构。大学这种组织机构，是通过正规途径和方式利用劳动力和资本来产出教学和研究的一种合法的实体；是在共治下保持既有学术和服务所有的永久而内在的价值的机构；它还是这样一类共同体：促进不
126 同类别成员之间的联系，并塑造社会的基础架构与凝聚力。在大多数大学

① G. E. Rourke and G. E. Brooks, *The Managerial Revolution in Higher Education* (Baltimore, 1966).

② P. Temple and C. Whitchurch (eds.), *Strategic Choice: Corporate Strategies for Change in Higher Education* (London, 1989), 5.

中，三种管理形式并存，至于哪种占主导，则取决于大学外部机构或内部团体的看法。

在欧洲早期著作《大学规划和管理》一书中，作者之所以选用“规划和管理”这一词组，主要是因为这些词语在教育领域中早已被广泛使用。③

无论是在1945年的苏联还是在1985年的英国，官方代表都认为大学是一个组织机构。他们最关心的是，作为一个组织机构的大学，其在服务政府的要求以及满足社会需求方面的效率问题。在这一本质问题方面，中欧和东欧的技术专家治国论和严格的人力规划模式与瑞典、英国等国的学生人数计划模式区别不大。前者以供应为导向，后者以需求为导向，但两者都认为大学应是一个以输出毕业生和其他产出为基础的组织机构。随着时代的发展，各国更加关注在每位学生身上的花费，从而更加注重效率而不仅仅是产出。

不论是在1968年的巴黎，还是在1989年潘特拉·罗萨运动时期的罗马，学生都作为占优势的团体来参与大学的管理，在这一管理过程中，社会与政治两方面的联系非常关键。然而，学生关注的重点往往是在内部管理上，以大学各类成员的平等及共同参与作为一般目的。民主化不仅反映了内部社会的真正本质与需求，还会加强大学作为团体的斗争能力，以对抗政府，支持更为国际化和激进的行动。无论是在1956年的德国，还是在1976年的爱尔兰，大多数的教授都采取了这样一种组织管理形式：管理应以共治永久机构的价值观为特征。在他们眼中，管理的职能是服务于共治委员会，即完成那些能够确保大学学术人员享受资源自由的有限的事务。对大学本质持不同观点产生的影响可追溯到1945年大学的管理实践，但必须一提的是，当大学成为多形式组织机构之后，大学的各种形式也就合法化了。

大学活动的特性，导致了大学的多元化和分化。大学对教学和科研的

③ J. Fielden and G. Lockwood(eds.),*Planning and Management in Universities*(London, 1973),14.

127 追求依赖于大学教师群体和学生群体中每个成员的能力与努力，这些成员正是在大学拥有的自治权利和学术自由框架下发挥其功能的。这种工作环境包括投入和产出，投入对产出具有可变和连带性影响，而产出本身的可测性极为有限，且从社会获得评价反馈的能力较弱。在本卷所论述的整个时期里，这些特征一直属于欧洲大学的中心传统，而大学内部管理的所有发展（相对于对大学的外部控制和影响）都在维护和发展这些特征。

1945 年以来，尽管面临更多形式的外部影响和内部压力，在各国的大学体系里，全欧洲数以千计的大学管理人员都一直努力用自己的勤奋和专业技能来保持欧洲大学的核心传统。如果说对于大学管理者的效率有什么评估办法的话，那就是考察在教育不断创新和繁荣发展的情况下，他们在多大程度上保持了自由传统的自治和学术自由。

显然，努力的成功程度根据外部环境性质不同而有所不同，但近期英国的现状也许具有普遍性：在英国，源自被自称为“软管理主义”（soft managerialism）运动[4]的大学管理权力大幅强化是对大学自治最好的守护，在当前的状况下，这几乎是对大学自治唯一的守护。上文提到的研究（见注释 3）表明，在由他人规定且又经常变更的游戏规则中，有效的管理者，特别是专业的管理人员，如何守护自己的大学。然而，资源整体的持续减少，正在逐步加深管理人员与学术人员之间的隔阂。

即使在最佳情况下，管理者和学术人员之间也不可避免因价值观和利益分歧出现紧张关系。在大多数大学中，自发性与可预测性、创造性和责任性以及离心力和向心力之间存在着健康合理的张力。但是，不论管理者是从内部还是外部“管理”（manage）大学及承担整体责任，这一张力都导致了机构生活方方面面的不同。[5]

注释 5 中所提及文章的结论与本章后面要谈到的问题有关，但该文章
128 的主要观点是：无论是通过经济效益、政治效用还是教育成就的手段，大

④ Fielden and Lockwood, *Planning* (note 3).

⑤ M. Trow, 'Managerialism and the Academic Profession: The Case of England', *Higher Education Policy*, 7:2(1994), 17.

学内部管理的发展和关注点首先应是维护大学的自治。

上文所提到的数以千计的行政人员和管理人员有着千差万别的背景差异，在各大学中所处的位置也有很大不同。在整个欧洲范围内的基本差异之一是：管理人员是由大学任命和聘用，还是由政府正式指派和聘用。由于欧洲大陆的文化要求管理者是政府的“圈里人”（inside track），因此我们无法确定英国的“软管理主义”下由大学任命管理人员的做法在欧洲大陆是否也获得了成功。

另外一个基本差异则是职位的正式年限问题。举例来说，一位是 45 岁的常务副校长（vice-chancellor），他的任期是 20 年，将在 65 岁时从这个职位退休；另一位是通过选举产生的任期较短的校长（rector），这二者在自治性和影响方面就会有明显不同。虽然，在实践中，二者分别在常务副校长和校长的职位上工作的年限也许相同，但是，前者具有明显的任期优势。

第三个基本差异是大学管理人员的专业认可度问题。无论是在委员会层面，还是在政府层面，某位大学官员，他也许同时是律师、会计师，或工程师，而这样的大学官员与那些在大学的专业服务方面的管理通才肯定是不同的。

变革掠影

大学高层管理人员的日常工作环境，为我们提供了管理方式而非管理目的变革的证据。如今，大学高层管理者一般与其同事在一幢现代化的大楼里一起办公。无纸化办公桌上放置的是计算机终端，用以核查本机构每年 1 亿英镑的收入和支出，进行电子交流并撰写政策文件和演讲文件；办公桌旁边放置着打印机和传真机，以快捷交流确保大学的全球事务；办公室的角落里有一台卫星电视，时刻追踪全球时事和国际市场，因为大学收入中仅有 70％是依靠国家机构的投入。

在 1970 年前后，在大学的办公大楼里，高层管理者们的办公室往往毗邻自己的私人秘书办公室，而与大多数其他同事的办公室保持一定距离。这栋办公大楼的周围往往有很多其他的办公楼。那时，办公桌上摆满纸张，包括电脑打印成捆的文件，还有便携式电子计算器，还可能有便携
129 式录音机等办公用品。支配2000万年营业额的诸多事项基本上都是直接布置给私人秘书的。将近90%的大学资源来自政府，而与政府机构的交涉活动极为耗时。

20世纪40年代末，若是碰到其他同事办公室装修，高层管理人员之间会暂时共用一间办公室，他们的私人秘书们也会共用沿着走廊分布的办公室。大学内部的联系也许会通过打字机进行，但更多的是通过电话或者面对面的口头交流。大学的200万年度预算往往主要是大学财务主管考虑的事，而大学校长或常务副校长则更多考虑的是给某位新职员什么样的薪酬水平。这样的改革掠影反映出技术的发展，反映出关注点从地方到全国乃至到全球的转变，还反映出典型大学规模的发展：最初是一所中小学的规模，继而达到一个村镇的规模，最后达到一个市镇的规模。

从一位高层管理人员一天的工作日程也可以明显看到这种改革的景象。在20世纪80年代末期，高级管理者一天的工作往往从上午八点半开始。首先，与募捐部部长开个碰头会；接着，与大学内的同事开个制定政策的会，会上讨论工作机会均等的问题；再召集大学的附属经济类公司或科技园区的董事会。中午，与来访的一所有合作关系的日本大学的工作人员共进午餐，接下来先开个关于教学质量审查的会议，再参加一个有关欧洲共同市场研究应用的正式的签字仪式，最后是与制度战略规划小组一起开会。晚餐往往是招待本地的企业家和政府官员，讨论本地的经济发展问题，其中往往还要接受一次媒体采访。深夜，还会就从美国招聘一位新教授而发几封传真或打几通电话。

20世纪70年代初期，高层管理者们一天的工作从与秘书们的晨会开始；接着，在上午九点半会见学生会主席，讨论学生代表参与大学理事会的问题；接下来与物理科学方面的资深同事商量申请加入国家研究委员会的事宜；再然后接见贸易协会的一位代表，中午参加“扶轮国际分社”

（Rotary Club）的午餐会。下午的工作以任命一名系主任开始；然后在亲自到访化学系之前召开大学校园毒品应对政策的新闻发布会；接下来也许会与一群地方大学的常务副校长一起共进晚餐，交换彼此关于影响国家发展的政治事件的观点。深夜还要阅读一大沓大学内部各个委员会的报告。

在 20 世纪 40 年代末，除了晨会雷打不动之外，高层管理者们还会有点自由时间。在上午十点左右，一位政府官员会来访，与他商讨一栋新大楼的建设资金和结构问题；接下来与一些资深教授讨论大学理事会下次的 130
会议议题。午餐往往会成为在大学教师联谊活动室里的一次社交活动。午餐后，参加两个讲座教授的任命会，再参加一个关于学生住宿制的大学委员会会议。晚餐往往在家里吃，也许还会在家里招待几个新同事。晚饭后的时间可以自由支配，从事自己的专业活动。

从上文提到的大学高层管理者们每日工作一瞥中，我们可以看到，不论是在 80 年代末期、70 年代初期，还是 40 年代末期，多年来管理工作的发展包含着相当程度的一般化特征。变化往往表现在管理人员的时间压力和工作负担越来越大，对外部的关注逐渐多于对内部的关注，以及管理人员的角色逐渐从兼职转变为专职——管理人员的本质逐渐从业余人员变为专业人士。

1945 年后，大学逐渐从封闭的学者社区变成知识工厂。这种转变波及全欧洲，甚至那些与教育部联系紧密的大学也不能避免。奥地利、法国、荷兰、西班牙或意大利等国的大学就属于这种情况，在这些国家里，政府越来越强调资源利用的“专业化”，而高等教育和研究则是实现这一“专业化”的方式。在一些大学所在的城镇里，大学这一机构的声望也用古老的“学术中心”（seats of learning）这一术语来衡量，在这种情况下，现代管理方式必须将以下一些地方性的因素考虑在内：议事厅的前厅的面积大小、保证议事厅和前厅正常运行的服务人员的人数，或是见证大学历史和品质的一排排官方肖像。

学术组织

在本卷所论述的时期内，大学结构的基础要素一直是学科。虽然学术生活中最基本的单位是系科里的个体成员，但在系部中依旧明显表现出学科是最基本的组织单位。这一单位包括按照课程或研究领域继续细分的子团体，但学科为系部提供了一个边界线。这一单位的内部结构因学科而不同，例如与历史研究团体相比，物理学科的研究团体数量偏少，但规模偏大，这是因为历史研究往往主要靠个人而不是团体来进行。

与此类似，单位边界的坚固程度也会根据外部对这些特定学术科目的认可程度而有所不同。界定和捍卫法律学科的边界，会比哲学学科更为明
131 晰和坚固，这是因为，法律学科与其他学科的差异更为明显，并且与外界的法律行业有更为紧密的联系。

自1945年起，在试图取代学术学科作为大学基础单元方面，欧洲各大学做了不少努力，例如，各社会主义国家从教学型大学分离出来的政府研究院的发展，以跨学科研究院取代传统的系科模式（以1961年的苏塞克斯大学为例）为重点的革新措施，以及法国根据1968年《高等教育方向指导法》创立的教学和研究单位。在西班牙，社会党政府于20世纪70年代末决定将各类教学和研究机构重组进一个专门系统，然后再重组进“学院”里，由学院向相应系科申请所需的教学人员。这些努力措施的理念是力图减少由于各系科希望控制其教授的所有课程而导致的重叠现象，这类重叠现象在那些需要数个学科支持的专业表现得更为明显，如数学、物理学和语言学。建立在学科交叉及教学和研究更大程度分离基础上的灵活性和有效性，改变了自1945年以来占主流的以学科、系科和系部为主导的局面。很明显，在1990年的欧洲各地，学科交叉及教学和研究之间更大程度的分离意味着，系科或系部不再像1945年时那样居于主导地位了，但是，它仍作为一种模式状态而存在。

将所有的基础单位整合进一个机构中去一直以来都是非常复杂的。在

一些国家中，系科的数量成倍增加，一些规模较大的大学如贝尔格莱德大学被拆分成许多自治系科，而其他一些高等教育机构则试图以旧结构适应新的科学需要。各基础单位受到专业能力的保护，分立但不分离。虽然这些基础单位在规模和影响力方面有差异，但是其常见结构的特征却是由数量众多的小基础单位决定的。相对于其他大多数组织形式来说，这些基础单位几乎没承担什么共同职责，但是却以跨越成员资格的方式相互联系在一起，大学管理工作因此变得更为复杂。这一状况也成为反对体制管理创新的一个保守影响因素。

作为一个机构，大学对其内部基础活动或生产单元进行管理的权威程度成为这一时期的关键问题，这一关键问题又在很大程度上取决于政府给予大学的自治权的大小。

后一主题是本卷其他章节要讨论的内容，但以 1945 年以来欧洲大学机构管理的角度来看，一个非常值得注意的问题是，尽管机构自主程度在
不同时期、不同阶段有所不同，但自主程度同样也受决策领域的因素影响 132
而有所不同。

大体上说，在涉及学生表现的评估、课程结构或研究领域的选择等方面，大学拥有较大的决策自由；而在学生入学、教职人员报酬体系或技术采购方面的决策自由相对较少；在财政分配、购买地皮以及大楼建设等方面拥有的决策自由更少。

之所以会将大学作为组织机构来考虑其内部特性及其相对于外部权威而言的在体制自主程度，是因为自 1945 年以来，欧洲大部分地区大学管理的影响急剧扩大——纵向上，在各层机构中自上而下地渗透：从大学到学院再到具体的系和个人；横向上则扩展到大学所有的活动中。此外，与外部机构之间的制度边界也出现加强的趋势。例外情况主要出现在东欧的大学里，自 1945 年起，在这些大学里，管理是作为政府组织的哲学和国家组织机制的一部分而存在，东欧各国政府近期所进行的各种改革都指向大学内部对管理的反应，与欧洲其他地区自 20 世纪 60 年代开始的学生主导的政治或管理模式并无不同。然而，到了 20 世纪末期，大多数国家都

开始运用同样的工具和概念来管理其高等教育，为了应对资源短缺、人满为患、影响力等共同挑战，各国的大学都经历了类似的扩张或收缩规模的时期。

变革的力量

为适应环境变化所做出的调整提升了大学的规模和复杂程度，也推进了管理的发展。整个欧洲都几乎显而易见地受到变革力量的影响，只是各国受影响的时间有所不同而已。其中，由大学的突出贡献引发的知识大爆炸，以及与此相关的出现在传统学科边缘或跨传统学科的发展成为变革力量之一。因而1995年的课程组织较之于1945年来说，必然经过更为精心的选择，也更为跨学科化；同时，还需要建立一系列程序来应对课程的快速更新，并保证课程的质量，这些因素强化了建立专门机构以及引入管理的必要性。特别是当人们认为每一位学生都有能力决定自己获得学位资格的课程路径时，情况就更是如此了。“可进行学分转换的、以学生为基础
133 的模块课程面临一个悖论，即为学生提供模块课程的方式越灵活，就越需要课程组织者更多的管理。”⑥ 同样，在教学中使用信息技术带来了更多的管理要求，同时，场地的开支和多学科性也导致人们更加关注课程表的制订。

到了20世纪80年代，除这些内部变革之外，知识增长和传递的诸多来源是让大学逐渐失去其在主要活动领域中的垄断地位的又一原因。长期以来，无论是社会主义国家中的研究院，还是西欧各国的公共研究中心或政府研究中心，都对大学的研究功能提出了挑战，而随着商业活动和工业活动变得越来越以知识为基础，在本时期的后期，各研究实验室及私营公司中设立的内部训练学校逐渐演变成了大学的竞争对手。

---

⑥ G. Williams, ‘Total Quality Management in Higher Education: Panacea or Placebo?’, *Higher Education*, 25: 3(1993), 229-237.

因此，在本阶段的后期，大学与经济企业之间拓展伙伴关系变得越来越重要，这并不足为奇。[7]“将来，高等教育机构与其经济环境之间的互动，也许会变得如同管理与政府之间的关系一样重要。”[8]影响知识发展和传递的这些因素表明，导致加强管理的两个原因是内部的复杂性和外部的竞争。这成为高水平实践和科学与学术传承的典型案例。但问题是：这一定要发生在大学之内吗？公司培训和公司内的实验室可不可以直接取代大学的角色？[9]

第二股主要的变革力量来自扩张的压力，这种扩张始于为那些因二战而中断学业的人提供大学教育机会的需要。随着大学适龄青年数量的增长，以及集权国家中完成各个阶段五年计划中受过教育的人力资源目标的需要，扩大大学教育机会的需要得以满足。而当这些影响因素逐渐减弱的时候，大学却一直持续着扩张的趋势，这不仅是由于更多人有受教育的期望，而且当时存在社会需要（例如，提高妇女接受高等教育的比例）及由 134
于工作性质转变为以各类知识为基础的工业需求的原因。

因此，尽管在大多数国家大学的发展都曾因人口或政府财政调控而出现短暂停滞，但 1945 年以来仍是大学的一个重要扩张期。本卷其他章节对此有详细阐释。笼统地说，一所典型的大学，其在 20 世纪 50 年代的规模较之 1945 年翻了一番，到 20 世纪 70 年代初期再翻一番，到 20 世纪 80 年代末期又翻一番。在机构层面对管理的角色而言同样重要的是，这种扩展导致大学数量出现相当可观的增长。很多全新的大学问世，其创新的课程和结构具有挑战性，还有许多在某些特定领域具有稳固声誉的学院也获得大学地位。于是，两个方面的主要因素促进了管理的发展（或者说使得

⑦ Karl Heinz Beckurts-Stiftung(ed.), *Partnerschaft zwischen Wissenschaft und Wirtschaft: Vortragsabend und Symposium am 25. und 26. Oktober 1988 in München* (Munich, 1988).

⑧ P. Le Vasseur, 'The IMHE Programme—A Look ahead', *International Journal of Institutional Management in Higher Education*, 5:3(1981), 181.

⑨ H. Van Ginkel, 'University 2050. The Organisation of Creativity and Innovation', in J. Raisman(ed.), *Universities in the Twenty-First Century: A Lecture Series/Paul Hamlyn Foundation* (London, 1994), 65-86.

管理的发展变得十分必要)：一是伴随外部竞争出现的机构规模的扩大，二是促进公共责任的需要。

本章首段已经指出，尽管考虑到大学管理人员在1945—1990年面临的基本环境具有相似性，然而，发表于1949年8月，谈的却是20世纪80年代中期情况的以下这两段话，需要我们记在脑海并可作为有利的证据。

> 在过去的几年里，大学的管理结构经历了非常严峻的考验。高达66%的学生数量增幅、基本建设的新宏图以及任命大量新教职人员的需要，都使得大学的组织处于高度的紧张状态。
>
> 随着对公共资金的依赖性越来越强，大学愈发有必要将其管理的效率置于外部世界的目光之下。[10]

在几个资金来源有限的国家里，大众化教育的发展趋势也经历了瓶颈期，在那些由于学术职业声望受损而导致人才流失的原社会主义教育体系中尤其如此。这常常会带来教职人员的年龄结构老化，到20世纪末期，许多高等教育机构中教师的平均年龄都超过60岁。

变革的第三股力量来自技术的发展以及技术对大学产生的影响。科学研究的技术规模，连同其高昂的设备费和基础设施费，是造成每所大学对于其专攻的研究领域需要谨慎挑选的原因之一。这一精选过程需要管理阶
135 层发展构成大学使命基础的独特性元素，需要通过管理来加强总体规划和建立区别于传统罗列式项目预算的内部预算制度，以确保大学内每一个部门的人、物和场地花费。技术对大学产生的影响因学科的不同有很大差别。所有的学科都面临同样程度的变革，但这一变革对管理的影响则有很大区别。举例来说，对历史学科的教学和研究发生影响的变革可以在固定的资源范围内进行管理，但是对物理学科发生影响的变革则需资源调整和

---

⑩ S. Wythenshawe (ed.), 'University Administration—An Investigation', *Universities Quarterly*, 3(1949), 796-797.

资源投入的增加。

技术的发展首先影响的是研究功能，到20世纪70年代，技术以要求管理发展的方式开始对教学功能产生影响。即使暂且不谈基于技术的远程教学的大发展（如英国的开放大学所取得的发展），到20世纪60年代末期，在学生学习方面，除了传统的教师面对面直接教学之外，学校还为每个学生提供了通过教育影片和视频进行学习的机会。在20世纪80年代，计算机系统对图书馆和其他学习资源的影响表明，随着课程调整、教学方法更新以及整合来自教学人员、教学辅助人员和设备等方面学习输入资源的需要，对教学来说，信息技术也正逐步变得必不可少，正如信息技术对研究来说必不可少一样。技术还对管理产生了一些直接影响，包括20世纪60年代出现的大型数据处理规划计算机模式，以及20世纪80年代出现的第四代综合数据系统等，关于这方面的内容，我们将在本章的后面部分再详细讨论。

总体而言，技术在大学机构管理中的重要性逐渐提升，这是因为：技术提供了广泛的选择，管理成本需要有重点的规划，更重要的是技术极大地改变了大学基本活动（教学和科研）的输送机制。技术提高了管理的复杂性和选择性，反之两者又增加了管理的重要性。

第四股变革力量可以被称作社会政治力量。社会政治力量的影响，与作为国家政治一部分的大学的控制管理，或是关注学生运动（这类学生运动有时发生在看起来区别没那么明显的时期）带来的内部压力，有着天壤之别；社会政治力量的影响，与顾客（包括个人、公司及政府）要求确保质量的过程和检验，亦大相径庭。顾客的这种要求又恰恰是学术人员圈子进行激烈争辩的论题：到底是大学服务于社会，还是社会服务于大学？较之于公民代表在大学规划中的影响，社会政治力量的影响，与大学成员在国家政治改革（其实是一场革新运动）中的角色和作用也有着天壤之别；
社会政治力量的影响，与由来自本地商业协会的压力而制定出的欧洲共同 136
体的各项有关大学的方针政策相比，仍旧有天壤之别。

就对大学管理产生的影响而言，上面列出的那些影响力量和因素构成了国际格局中大学发展（管理的需要也因此在全球范围内体现出来）的副主题，也构成了在本卷所涉及的时期内大学的重点从内部转向外部的副主题。然而，最为主要的因素有两个：一是复杂化的加剧，一是社会政治问责的需要。值得注意的是，“问责”这个术语在1970年之前并没有在欧洲高等教育文献中出现过。今日，大学在规模上的增长及其社会重要性或社会相关性的增加，要求大学这类机构必须对社会更充分地解释自己，解释的内容既包括大学的特色、大学的质量保障机制、大学在某些特定国内或国际问题上的立场，也包括大学在当地或本社区的角色。满足问责的要求于是成为管理发展的另外一个因素。

在本卷涉及的时期内，大学对国家的责任也发生了变化。本卷涉及时期之初，在社会主义国家之外，政府追求的是对大学产生宽泛的、一般意义上的影响。尽管那个时候还没有“问责”这个术语，政府依然希望能够确保大学将其资源主要用来完成国家方针政策的基本目标。在本卷涉及的时期内，政府的角色从“操纵”转为“指导”，从广泛的政策目标转为具体的经济目标和产出目标。造成这一转变的主要原因是高等教育越来越重要，规模也越来越大。此外也有政府方面的原因：政府逐步意识到大学已不能完全满足其经济需要和社会需要了。从石油危机引发通货膨胀的20世纪70年代中期，到遭遇公共财政困难的20世纪80年代初期这一段时期内，欧洲的许多国家里，指令和控制开始取代了方针建议。

第五股变革力量是经济对大学数量增长的影响。大体上讲，本卷涉及的时期内，在整个欧洲，大学消耗的国家财富的比例越来越高（不再非要通过政府直接拨付），因此，需要大学降低其单位成本。在每个国家，都有政府对大学投资非常慷慨的时期，但是，在本卷涉及的整个时期内，尤其是自20世纪80年代中期以来，不断增加投资带来的回报体现为越来越明显的制度化生产率或制度化效率，而这一回报又会进一步导致大学内部事务的明显分离：将管理及教学的发展与研究分离开来，同时更关注不同教学方式和研究方式的经济成本。此外，它亦极大地推动了人们对于寻求
137 基金新来源的热情（包括设法使学生或其家长支付更多的教育费用），也

导致人们给予各种新发展及历史成本更多体制层面的关注。

制度经济效率和对投资人（不论是政府还是学生个体）进行全面有效的记账是一对孪生需求，这大大提升了管理的角色，这种提升可以从对发展办公室（或筹款办公室）的广泛介绍中看出来，也可以从财务办公室的活动拓展到审计（或评价金钱的价值）上看出来，还可以从各种外部报告中对大学经费问题的特别关注中（以及其看重比较绩效指标的立场上）看出来。一般而言，在大学内部，面对无限的目标而选择如何对有限的资源使用，并就其所做出的选择向大学外部的机构进行解释，这都是促成大学管理兴起的重要因素。

总之，以上提到的影响变革的环境方面的力量，都是在大学内部形成的。随着大学本身促进或要求大学管理的发展，这些变革力量在规模、复杂性、竞争性、选择性和问责制方面的特质也逐步提升。

有效自治

就管理的执行因素和管理的立法因素二者而言，虽然不论在大学内部还是外部都是后者更受关注，但是，那些变革力量对前者的影响要大于后者。1945 年之后，大学和团体都经历了大学面对政府的自治程度的变化(即，相较于政府指导来说，每一所大学所承担的对上述那些变革力量做出反应的责任更多）以及大学内部政治结构的变化（即在大学反应机制方面各方力量和利益的平衡）。大学与政府的关系这一主题是本卷其他章节要探讨的内容。如果从体制层面对管理进行评论的话，最严酷的问题是大学管理在多大程度上能承担宪法规定的自治地位的责任。最极端的情况是，在并没有赋予大学什么法定自治权的政治体制下，某所大学会由于其管理层成员非常接近国家权力杠杆，而占有更多的有效自治；与此相反，在那些规定大学机构具有自治权的政治体制下，某所大学也会由于其管理层成员对大学的主要外部决策者影响甚微而实际上并没有多少自治权。这样的猜测很难得到证明，但它能提醒我们注意到正式自治与非正式自治之间的区别。

在本卷涉及的时期内，德意志联邦共和国的大学正式自治的情况总体
138 上呈现出向政府放权的方向发展。然而，到本卷涉及时期的最后阶段，宪法规定大学有义务（在考试框架下）向政府说明其具体意图[11]，国家仍旧直接支付大学成员的薪资（约占大学整个经营管理成本的70%—80%）。在本卷涉及的时期内，英国大学的正式自治体现为大学保持着自治的传统，在开设课程、聘用雇员、发放雇员工资等方面都有自由，不用考虑政府，但是要受到后续的问责制的制约。

然而，这两个国家的非正式自治情况（或称有效自治情况）却差不多，英德两国的大学管理表现出的责任程度是同样的。从非正式的意义上说，在德国，可以在政府认可之前，通过大学管理的工作而采取体制方面的行动。在英国，采取行动之前，需要在政府发起的“建议”或“指导”程序下与政府或者其代表进行磋商。

在大学管理的术语之下，自治的法律地位非常重要，但更需要关注的应该是有效自治；在整个欧洲，从整体上来说，有关后者（大学管理觉得需要负责的范围）的较之于有关前者（法律关于自治的陈述）的更多。普遍的趋势体现为：政府逐渐认识到，如果大学被认为是自我负责的、不受政府规定束缚的话，那么回应环境变革的教学和研究的活动可以变得更有效率、更能引起共鸣。一位著名校长在1989年这样说：“必须指出的是，当前在大学里，相对于官方意识形态，智力独立性基本不会引起麻烦。”[12]考虑到1945年的实际情况是，相当数量的大学，原本是在政府或教会的理念直接影响之下的，此时发生了明显转化，这种情况在东欧、中欧和南欧尤为明显。到了本卷涉及时期的末期，在整个欧洲，人们达成了共识：不论正式的政府法律形式的自治情况如何，最好的方式是向每所大学传递这样的理念：大学要想证明其经济效率和质量水平，必要条件就是大学的

---

⑪ 关于德国的“考试框架”(*Rahmen-prüfungsordnungen*)，参见第七章。

⑫ R. Dillemans, ‘Autonomy, Responsibility and Responsiveness of Higher Education Institutions after 1992’, *European Journal of Education*, 24:4(1989), 333-343.

管理以及外部对该管理给予的信任。关于这一主题的报告如过江之鲫，下面我们会提到其中几个。

瑞典 1977 年改革的基础是：“人们越来越认识到，任何改革即调整，若想发挥大的效果，都应该由高等教育机构本身来实施。一般来说，似乎存在着这样一种趋势：即从中心到外围的‘社会工程’改革战略转向更具 139
活力的过程中心观，强调自我评估和自我更新的能力。”[13] 荷兰政府在 1985 年做出的一系列决策意味着完全取缔了政府对课程的所有直接管理。[14] 丹麦的《继续教育和高等教育整体规划》，其指导方针就是每所大学对自身更清晰的重新定位，以满足劳动力市场的需要，并促进大学的效率和生产率。1987 年，挪威的爱马仕委员会提出要关注每所大学的需要，以便在个体发展和技能发展的过程中，通过大学的效率、质量和灵活性来完成社会的基本目标和优先发展事项。在 20 世纪 80 年代的法国，问责与规划被写入由每所高等教育机构直接与教育部签署的“四年协议”；在四年期限里，政府确保按照协议规定的水平为大学优先发展的项目提供支持，从而使长期战略更为可行。在英国，1985 年的《贾勒特报告》[15] 强调每所负责任的大学都应承担大学规划的责任；1991 年，欧洲委员会资助的锡耶纳会议又简洁地重申了这一观点，即，对欧洲全面变革的进程来说，每所高等教育机构的管理战略最为关键。[16] 从这个意义上讲，1988 年 9 月，来自欧洲各地的校长在博洛尼亚签署的《欧洲大学宪章》可以看作是对通过不断斗争获得了越来越高的自治水平的一个正式确认。在西方民主主义系统下，政府规划被对个人和每个高等教育机构的责任依赖所取

⑬ A.-M. Furumark, 'Institutional Self-evaluation in Sweden', *International Journal of Institutional Management in Higher Education*, 5:3(1981), 208.

⑭ F. van Vught, 'State Regulations and Innovations in Higher Education', *Higher Education Management*, 1:1(1990), 34.

⑮ 见:*Report of the Steering Committee for Efficiency Studies in Universities in the United Kingdom*(London, 1985)。

⑯ 'Higher Education in the European Community towards the Year 2000', *Universitas Quaderni*, 9(1991), 53.

代，而这一变革很快给东欧和中欧带来了戏剧性的变化。

一个有趣的问题是：为了生存和发展，大学不得不自己制定战略，这种情况是什么时候出现的？出现的时间在欧洲各地有所不同。大体说来，战略的理念出现在20世纪60年代末70年代初，是受到了学生激进主义和大型组织中发生的管理革命的共同影响。学生激进主义迫使大学更明晰地阐明自己的立场，而企业策划理念正是在这一时期的大型组织中得到发
140 展。无论当时在法国的楠泰尔、英国的苏塞克斯、联邦德国的特里尔，还是挪威的特隆赫姆和比利时的新鲁汶，大学会存在差异，但每所大学都在制定战略构想。

管理四边形

如果说在实践层面上，大学管理对自治的关注并不像某些高等教育评论家说的那样重视，那么，大学管理及大学内部组织的情况到底如何呢？将本卷所涉及的时期作为一个整体来看的话，结论是稳定性多于基础性革新。尽管经历了几段颇为动荡和充满争论的时期，但自1945年之后，欧洲大学的内部管理一直都是以一个权力（或管理）四边形框架为基础的。四边形的第一条边是由大学内部代表和外部代表共同组成的一个管理机构或称管理委员会。在英国，这类机构中校外的代表占大多数。在欧洲大陆，这类机构较为典型的情况是内部任命，其部分原因在于欧洲大陆的大学管理机构所做出的决定在较大程度上要受到政府权威的制约，但在本卷涉及的时期内，外部代表的作用也出现了加强的趋势。例如，1984年法国修改的法律[17]就对1968年的基本法进行了调整，规定大学委员会（或称某个高等教育机构的管理委员会）中增加外部人员的数量，这也是20世纪80年代促进每所高等教育机构效率性和响应度的一个举措。

四边形的第二条边是大学内部学术权威机构，被称作大学评议会或大

[17] ‘Loi no. 84-52 du 26 janvier 1984 sur l’enseignement supérieur’.

学理事会。大多数情况下，大学内部这一学术权威机构是唯一的，但有时也分作两个机构（如法国的情况就是分为教学机构和研究机构）。

四边形的第三条边是大学的实际首脑，即承担大学学术和管理的具体行政职责的大学校长或者常务副校长，不是指荣誉校长。大学校长或常务副校长在大学学术和管理方面承担的职责，因国家不同而有所不同，即使在同一个国家里，也会因时期不同而有所差异，但是，到本卷涉及的时段末期，大学校长负责制已经成为一个普遍现象。

四边形的第四条边是专业管理人员的领军人物，其名称五花八门：教务主任、部长、副校长、主管、主事、总干事、管理执行校长等。起初，这些职位的管理人员是作为政府的代表，在大学内（如普鲁士的执事模式）从事资源管理方面的工作（区别于大学校长对学术管理方面的职责）。141
1945 年之后，整个欧洲都呈现出这样的趋势：专业管理人员的领军人物在职责方面内化为大学校长及其管理机构之下的一个职位，但他们仍旧构成了管理四边形的第四条边。这一方面是由于他们为之负责的机构具有多样性：既要对评议会、理事会负责，也要对校长负责；另一方面是由于在许多国家中他们都与政府有特殊的联系；还由于他们的专业性及相对长期的任期使得他们的影响远远大于他们的正式职权。

1945 年之后的欧洲大学，其内部政治或内部管理，与管理四边形四条边的性质和角色变化息息相关。关于这一主题有大量的文献资料，四条边的平衡状态也成为这一时期各种争论、立法、斗争的中心议题。然而自 1945 年之后，虽然欧洲大学与所有常设机构一样也出现钟摆效应，但这一四边形结构在大多数国家中都是存在的。随着时间的推移，即使是在稳定的环境条件下，管理四边形四条边之间的有效权力的平衡也会发生变化。随着外部压力给高等教育机构造成的压力及其性质发生变化，管理机构（委员会）和大学内部的学术“评议会”（理事会）之间的关系也发生了基础性的转换。从广义上讲，当这些压力不那么密集或不那么直接的时候，大学理事会就占优势地位；而当这些压力密集或直接的时候，大学之外的委员会就会变得比较积极。因此，在 20 世纪 60 年代末 70 年代初，流行的是政府对大学扩展给予相对慷慨的经济支持，此时大学理事会进入其最活跃的时期。而自80年代初期起，大学面临的经济压力不容乐观，大学连生存都很困难，更别说扩展了，大学优先发展的学术领域及校内聘用面临艰难的选择。20世纪80年代，大学与地区经济发展状况之间愈发紧密的关系打破了影响因素的平衡，外部相关管理机构的影响越来越大，而内部专门的学术委员会的权力越来越小。

从大学校长或常务副校长这一职位的实际功能上，也可以看出类似的趋势。在20世纪四五十年代，校长或常务副校长被视为大学的直接领导人，但在内部民主参与程度不断加强的60年代和工业民主盛行的70年代，大学校长或常务副校长的特点转变为某些评议会的“主席”或大学管理两个阵营其中之一的领导（另一个与之相对的阵营是“工会”）。到了80年代，在不利的经济状况下，大学校长或常务副校长强势回归，他们被看作是统一的大学机构的管理头脑，用当时的术语来说，就是“首席高管”。以往的传统是：大学常务副校长首先应该是一名学者，然后成为大
142 学理事会主席，他的职责是执行理事会的意愿，而不是领导理事会。此时，这一传统发生改变。“首席高管”模式的转变使大学校长或大学常务副校长承担了对大学更多的领导职责和有效管理职责，这一模式慢慢成为主流。[18]

本章讨论了影响管理的许多其他方面因素，但是，就“民主”这一趋势来说，中欧和东欧的国家是个例外。在这些国家里，民主趋势发生影响的时间不是60年代末，而是80年代末。举例来说，在1969年的苏联，“大学校长被授予全权管理权力”[19]，在经历了天鹅绒革命的捷克斯洛伐克，“大学校长由学术评议会选举产生，由政府首脑任命；各院系主任由各院系的学术委员会选举产生，却不需要任何人任命，因此也不用受任何人的领导。大学校长作为首席管理人员，对大学聘用和解聘人员没有任何

---

⑱ 《贾勒特报告》（注释15），第26页。

⑲ B. Holmes, 'The Development of Higher Education', *Paedagogica Europaea*, 7(1972).

发言权”[20]。

这一变化周期也体现在大学校长任命的方式和任期上。笼统来说，大学校长的任命和任期经历了从政府机构任命到大学内部团体选举再到政府机构任命这一过程。在本卷涉及的时期内，大多数情况是，不论是任命产生的还是选举产生的大学校长，多是由大学内部机构有效地挑选出来的，并且任期较短（英国的副校长职务是一个特例，他们往往担任此职位直到退休年龄，其中很多人的退休年龄都超出本卷所涉及的时期）。大学校长发挥其功能往往凭借这个岗位在公众中的崇高地位及他们个人的学术地位，而不是靠这一岗位的专门权力（相对于其他大多数机构的中央管理职位来说，大学校长这一职位的专门权力较小）。

这样，在很大程度上，大学领导权由以大学理事会为主的内部机构决定，而不是由当局说了算。这种情况也与当时的传统和时代要求合拍：大学校长主要承担的是对大学这一学术社区的领导责任，而不是大学的整体管理（例如，当时有一个专门职位叫策划人，这一岗位的职责是在管理大学的财和物方面对政府负责）。大学校长被政府以及委员会视为大学管理的全权负责人，这对大学校长职务及其与大学理事会所产生的重大影响一直持续到本卷涉及的时期末期。举例来说，在芬兰，“目前，内部决策体制将被发展成为给予大学校长和系部主任更多的决策权，在经济问题上尤其如此。有些大学甚至采取了这样一种决策体制：赋予大学校长将大学的 143
拨款分配给各系部的权力；赋予各系部主任在系部内分配资源的权力。所有的机构都不愿意采取这样的体制”[21]。在荷兰的大学里，1968 年事变之后，钟摆开始向另一个方向摆动，形成了一个共同决策体制，该体制由一个共同委员会即学术委员会来执行，对大学的学术和管理人员发挥影响。这样，荷兰的大学管理权就由三驾马车来承担：大学学术校长（rector，

[20] J. Jarab, ‘Higher Education and Research in the Czech Republic’, *Higher Education Management*, 5:2(1993), 312.

[21] A. Jappinen, ‘University and Government in Finland’, *Higher Education Management*, Ⅰ:Ⅰ(1989), 336.

从学术上负责大学的发展）、大学行政校长（president，往往是由政府部门或工业部门从业的外部人士担任，他负责大学与外界的联系）以及负责管理工作的第三方。在 20 世纪 90 年代，这种参与式民主形式被简化式权力模式所取代，即由部长任命一个外部董事会，全权负责大学的整体利益。该董事会就大学内部的发展策略进行讨论之后，任命大学学术校长，有时也任命三驾马车中的其他两驾。接着，大学学术校长选择系部主任，与他们在分配内部资源的问题上达成一致。学生和管理人员通过一些委员会来保持自己的管理地位，但是，这些委员会现在更多扮演的是顾问角色而不是管理角色。

教务主任（英语称 registrar，德语称 *Kanzler*）的角色和地位的变化趋势则没有大学学术校长或副校长这样复杂和有趣。主要的变化出现在他们专业工作的内容和环境方面。为了进行关于内部变革和内部利益方面的总结，首先要指出的一点就是，在本卷涉及的整个时期内，在全欧洲范围内，教务主任这一职位的角色作用相差不大。在本卷涉及时期的早期，不同国家的情况大不相同。在有些国家里，综合管理的职责由大学之外的国家官员承担，大学之内的人员承担的责任很小，主要是向外部管理者汇报（法国就是这种情况）。在另外一些国家里，国家要求大学之内的一些高级专业管理人员直接向大学的领导负责，并在大学领导任命方面有一定的发言权（联邦德国的情况就是这样）。还有一些国家的情况是，教务主任由大学当局任命，并且直接、完全向大学负责（例如英国的情况）。

尽管存在一些特例，但是，从事大学综合管理的专业人士的领导职位，在本卷涉及的整个时期里，其总体的变化趋势是成为大学学术校长管
144 理团队中的一员，他们由大学任命，并向大学完全负责。当然，他们往往还得到政府的特殊承认（如在奥地利），或者在某些事务上有不通过大学副校长而直接向大学理事会负责的权力（如英国的情况）。

关于教务主任或其他类似职位的作用，需要指出的第二点是，这一职位的作用范围更大了。环境因素（如技术）和内部管理技术（如策划）表明，大学中的大多数决策都会产生学术的、资源的、身体方面的和社会方

面的变化和影响，同时也为基于这些方面的综合决策提供方法，因此管理结构也发生了变化。大学的管理资源和管理专长不能再简单地分成“学术的”和“资源的”两个领域。在这一时期，联邦德国的教务主任的专业工作拓展到了学术管理方面；在英国，（管理资源的）财务主管和（负责学术管理的）教务主任的办公室合二为一等。这样，专业管理工作就越来越统一化和综合化。

关于高级专业管理人员的角色，第三点要说的是，随着大学规模越来越大，大学的复杂性越来越高，新的管理技术也应用于大学，以及不断变化的政党性质及各种与大学及政府、社会有关的规章制度的出台，这些通常比学术性官员（包括学术校长在内）任期长的专业管理人员或行政官员，都被迫去学习和掌握对大学的效率和生存来说重要的知识、技术和各种关系。除管理四边形的其他三条边的变化趋势的成就之外，高级专业管理人员的还额外需要专注和坚持。这样，这一时期的历史就变成了由以教导主任类职位牵头的“专业人员”或“技术专家”，与大学内部学术团体及其任期较短的领导人之间的政治紧张关系逐渐升级的时代。尽管关于本时期整个欧洲的政治气候和政治趋势足以写成一卷书，但本章所要关注的是管理内容而非管理政治。

管理与治理

在这一时期，大学官员和行政事务涉及的领域包括大学的基本活动（教学、研究、公共服务）和支撑这些基本活动的服务（资源的获得、分配和使用，招生、学生记录和学生评价，建筑、设备和场地的提供和维护，大学社区社会服务的发展）。本章将探讨这些管理角色，但是不会去 145
描述这些管理角色的形成方式及那些对大学管理结构和形象产生影响的变革。因为要想做这样的描述，非要单独再写一卷才行，但是必须要记录下来的是，在全欧洲这些年中的大多数时间里，正是这些基础的操作性的工作主导了大多数大学管理者的工作和生活。

对于影响管理活动的那些变化，本节选择一个角色作为案例，这个案例是：根据外部变革压力和内部政治运动，大学在保持和适应法规治理方面的角色。本章前文中提出的一个主张是，这一时期大学从政府政治学说下获得的自由越来越多，尽管如此，同期法律对大学实际管理上的影响也是相当大的。虽然由于地域的差异，各国政府与大学之间的法律关系大不相同，但是在开展活动或向委员会提供建议之前，高等教育机构的管理者们参照法律规范的力度与年递增。检查一下是否符合法律（包括在本卷涉及时期末期出现的欧盟的法律和规则），不仅成为行动之前的要务，也不可避免地成为做决策时的限制条件。从一定意义上说，大学不过是与其他私立和公立机构一样面临着同样的情况，而政府对大学的立法与在其他领域的立法并无二致，如在健康与安全方面、在机会均等方面、在信息隐私与保密方面、在种族关系方面以及在会计准则方面等。政府立法中专门针对大学的部分，往往是针对大学管理机构方面的内容。在那些并没有就大学管理机构这一主题通过某些“结构性法案”的国家里，也出现政府对大学资金分配的管理加强“监管”的趋势，这种监管实际发挥着与立法相同的作用。

进一步促使政府对大学管理发挥影响的因素是合同的作用和范围的扩大。在1945年，大学与研究基金机构、设备供给商或工业合作伙伴的关系非常传统，建立在“绅士协议”（经常是大学与工作人员个体或某个机构之间的协议）的基础之上。到了20世纪80年代中期，这类合作关系一般用正式合同、许可协议等来体现，大学会充分商讨这些合同和协议并由管理机构来签署。

进一步而言，由于大学成员之间的大多数活动，要么保留在非正式的学院层面，要么是由内部规则管理，因此大学内部团体越来越趋向于寻求
146 法律来解决内部争端和投诉。由于大学管理部门具有支持学校整体治理的实施功能，因此它就需要更多地、更认真地考虑到以下的可能性：一是那些对大学表现不满意的委员会成员有可能在法庭上质疑大学的活动和决策；二是不满意的员工和学生有可能通过法律对大学的行动提出异议。

总的来说，在这一时期，大学管理团队在了解广阔的法律和诉讼知识方面投入了更多的专业知识和资源，并在其机构管理支持服务中和自己的活动中利用这些知识。这一趋势在整体上加强了管理的影响力，如大学成立了“法律办公室”，但同时也削弱了管理部门在大学内的地位。大学内部成员不喜欢官僚政治和管理限制的加强，但同时也希望在面临外部机构的指责或内部讼争的时候，自己能与大学管理保持距离。这样，为了应对外部因素带来的变革，大学管理一方面影响更大了，另一方面也更孤立了。

有关 1945 年以来的欧洲大学政治运动趋势和周期，将会在本卷的其他章节进行分析，[22] 在这里讨论这个问题，只不过是就其对大学管理与治理的关系所产生的影响粗略地勾勒出几条解释性的概论而已。

需要指出的第一点是，在本卷涉及的整个时期里，在学校治理方面，管理的角色变得更加清晰和公开；这一角色的变化过程通常是缓慢的，但偶尔也会出现在政治革命运动的影响下发生突然转变的情况。在大学里，权力下放和权力一体化之间、领导和参与之间、专权和合议之间都一直保持了平衡。此外，大学在决策过程中，各层次成员和职员的代表名额也保持平衡。这种平衡是 20 世纪 40 年代和 50 年代争论的主题，并且往往是在封闭的群体和非正式的群体内进行争论；但到了 60 年代中期，它们成为公众和正式领域争论的主题和直接行动。管理不得不以各种方式来适应这种变化，因为这里只是要实现解释性的目的，所以只谈其中两种方式，这两种方式在本卷涉及时期的末期依旧持续发挥作用。

就大学管理的内部领导角色来说，大学管理不得不改变其类型，在某些程度上还得改变其哲学或理论基础，并且不得不认可：不论宪法赋予它的权力会不会变化（这取决于各国的情况），其有效的管理权力已经变得越来越依赖于它开发出对大学成员发挥影响的方法的能力（以创建更广阔的共识），以及在大学这个机构内控制或减少政治极端行为的能力。举例 147

[22] 见第八章《学生运动与政治激进主义》。

来说，对大学学术校长或常务副校长来说，仅精通主持各种委员会会议已经不够了，他们还需要在群众大会或大学内部媒体上发挥作用。

就大学管理的行政角色来说，大学管理作为大学这一机构的秘书处，不得不学习一些新技能。在本卷涉及时期的早期，大学管理官员们在稳定的一套章程下服务，不论这种章程是来自政府的立法机构也好，或是来自专门针对某些大学的管理分支机构也罢。但是自从本卷涉及时期的中期起，大学管理官员们被要求成为起草制定相关规定和程序的专家，而这些规定和程序原来都是在他们的经验之外的。无论这些规定和程序是属于议会民主式的（在大多数西欧大学中这个时间大体是1968—1975年），或是民营公司章程式的（20世纪80年代时），各大学的秘书处为了适应大学机构的变化，从原来只掌握大学行政管理方面的外行知识，变成了这方面的专家。此外，在20世纪80年代和90年代，由于出台了一些针对衍生公司、科技园区或其他一些大学的培训项目如继续教育的私法，这使大学管理人员要想提供支持服务，就要精通商业活动，且须接受过一定的法律训练，即使是在那些大学依旧被看作是国家机构而被纳入公法之下的国家中，也是如此。

20世纪60年代起，应对大学内部的无序状态和激进状态的要求成为对大学管理发生影响的一个独特因素。这一要求既改变了大学管理的形象，也拓展了大学管理的角色作用。中世纪欧洲大学里是不存在这类无序状态的，而大学大多数成员对它在这一时期的爆发都缺乏经验。这种状态使得大学内部的行为成为外部媒体关注的焦点，也赋予大学管理以开创或加强反无序状态斗争的任务。大学管理部门成立信息办公室或公共关系办公室，在有些国家里，大学管理部门还将其安全力量提高到比外部社区还高的水平。虽然政治激进主义在这一时期加速发展，但是这两种反应并不完全由直接的政治激进主义造成。大学越来越成为外部社区的一个部分，并反映出外部社区的行为标准。于是，对大学来说，将公共关系和营销能力准备就绪就变得十分关键，[23] 拥有能够对抗一般水平社会犯罪的内部安全纪律力量也十分关键。20 世纪 40 年代和 50 年代那些大学管理人员对处理内部混乱没有什么经验；但到了 60 年代和 70 年代，为了应对直接革命 148
运动，大学管理人员不得不学习相关的技能和组织方法；而到了 80 年代，大学管理人员又得开始负责控制药物滥用、小偷小摸、性骚扰、停车场犯罪等行为。

类似地，20 世纪 50 年代的大学管理人员很少有机会与媒体发生联系，但是到了 60 年代，由于媒体的注意力被大学内部的政治运动所吸引，这就迫使大学管理人员开始成为外部公众角色。这一情况在 70 年代和 80 年代则成为常规，这部分是由于对社会来说大学重要性越来越强，部分是由于大学之间竞争的加剧。后者要求各所大学必须在广泛的领域里对自己进行营销，不仅要抵消媒体宣传，而且还要建立自己在媒体上的正面形象。

如果说学生斗争对大学管理来说是一个挑战，那么，大学职员中出现的政治运动也是如此。前者剧烈、零星，后者则缓慢而持久，两者的主要推动力也不尽相同。首先，大学职员的政治运动跟学生激进运动有着相同的推动力：要求在大学内部实施完全的民主，而不是那种名义上是参与式的，但其实实施的是由法律规定的企业式治理；其次，当时出现了在大学里复制工业关系模式的压力：大学当局代表（管理人员）与工人代表（工会）之间的治理伙伴关系；再次，教职人员及其代表不再满足于参与的权力，而是提出了协商的权力要求，即在劳动和管理模式下对任何影响教职人员的事情都进行协商（这样不需要协商的事情也就所剩无几了）。[24]

尽管这三种推动力相互之间存在矛盾，但事实却是，在过去的四分之一世纪里，每所大学的管理工作都同时面对这三种推动力。对管理工作的结构发生影响的主要是上面说的三种推动力中的第三种。20 世纪 50 年代，

---

[23] See W. Rüegg, ‘Die Sprengung des Elfenbeinturms’, in R. C. Schwinges (ed.), *Universität imöffentlichen Raum*, Veröffentlichungen der Gesellschaft für Universitäts-und Wissenschaftsgeschichte, 10 (Basel, 2008), 469-485.

[24] 见第五章《教师》。

在那些大学职员由大学直接聘用的国家里，大学管理部门只需要一间小小的职员办公室，以处理招聘和合同方面的事务。20 世纪 80 年代的大学管理部门则不得不准备更多的办公室和具备更多的专业知识，不仅涵盖编制事宜（包括教职人员各职位的职责和招聘这些职位的人员），还包括人事事宜（包括处理福利、投诉、审查和评估）和劳动关系事宜（包括与工会磋商、起草就业合同和设定就业条件）。除了处理教职人员事务方面的能力在大学层面获得增长之外，管理上发生的影响还体现在另外两个领域。
149 首先，在那些并不是由政府部门主要负责这些事务的国家里，各大学纷纷成立了一些地区性或全国性的联合公会，以处理这些及其他一些事务。各独立大学创建联合公会是 20 世纪 60 年代以来大学管理发展上的一个单独的主题，它所涉及的范围五花八门：大学招生的组织工作、采购、计算机网络、管理培训和毕业生就业等。而处理大学职员的工作条件和合同，也是这些地区性或全国性的联合公会的一个主要工作领域。其次，对教职人员压力的回应促使大学内部出现权力下放的趋势，并促使民主、合作和协商的推力在系部、学院的水平上得到较好的满足，这一转变要求必要的行政和管理权限，包括对规划、资源利用、员工奖励等方面的决定权，但是这些通常在由大学或监督部门设定的框架之内实现，而大学或监督部门的影响往往通过同样涵盖系部组织的定期审计来实现。

就管理角色在支持治理中的影响所带来的变化，前文已经举了几个说明性的例子。一般说来，通过管理的作用，这种影响在模式范围上得以扩展。在这一时期，这些模式的层次水平大致保持不变。有三个基本层次水平，分别是书记员水平（对活动进行记录）、管理员水平（在长期性现有机构的决策之下组织活动）和经理水平（在宽泛的政治方针下进行活动的决策管理）。在本卷涉及的整个时期里，越来越多的管理互动从书记员水平提高至管理员水平乃至经理水平；同时，每一层次水平的范围也扩展了。

管理者的功能角色多变，有时是公务员，但是有时又像政治家；有时像银行家，有时又像投资人；有时像警察，有时又像顾问；有时像企业家，有时又像消费者；有时像立法起草人，有时又像检察官。本质上来说，管理的作用变得越复杂，大学成员在面对或听到“管理”一词的时候就越难以理解。

职责和资格发生了变化，因此专业支持的需求也增加了，以比较不同机构和不同体制中的实践和理念为目标的全国性和全欧洲的一些协会开始创建和发展。1967 年 7 月，经合组织各国揭牌成立了教育研究和创新中心（ERI），以帮助各国教育部比较教育方针政策。在 1969 年进行的有关高等教育的试点试验的基础上，教育研究和创新中心接下来启动了高等教育体制化（IMHE）管理项目。这一分散性的项目，不仅涉及政府官员，也涉 150
及大学本身，它有一个由各参与国和大学的代表组成的指导小组负责监管事宜。在过去的数年间，高等教育体制化管理项目成为大学管理中横跨大西洋的、重要的新思想传声筒。在欧洲，围绕专门管理任务组建了一些更加专门化的团体，如负责学生定向工作人士组成的团体（FEDORA），负责国际关系人士组成的团体（EAIA），以及由继续教育和终身教育领域的专家组成的团体（EUCEN）。很多这样的组织都与其他一些类似的协会之间建立其国内分支机构或紧密的联系，如大学行政人员联席会。还有一些“主题式”协会，如欧洲大学战略管理中心，它是那些对新形势策划感兴趣的大学组成的一个机构网络，致力于对未来可能发生情况的长期理解。这种基于专业兴趣而成立的全国性或国际性机构，既加强了大学管理和行政社区的作用，又促进了各大学学术带头人之间的隐性竞争。这些学术带头人很多都有自己的国际性团体，如成立于 1951 年的国际大学协会和成立于 1959 年的欧洲大学协会都是非政府组织，而由政府资助的组织则包括成立于 1963 年的欧洲高等教育和研究理事会与成立于 1973 年的联合国教科文组织欧洲高等教育中心。这样一些组织也研究与高等教育机构管理和效率有关的一些问题。[25]

㉕ 见第三章《与当局的关系》。

资源

在本卷所涉及的时期内，资源管理的历史折射出大学规模的扩大、社会期望值的增加、问责制的发展以及技术的影响。其中一个重要的方面是，将资源管理整合、纳入更宽泛的企业规划的理念和实践中。在本卷所涉及时期的初期，资源管理往往作为与学术管理相区别的活动而单独操作，并且有分成两部分的趋势：一部分是循环资金或运转资金的审计，另一部分是资本融资规划（尤其是建筑方面的）。

151 这一明确区分也体现在管理官员的角色责任上，在德国，有学术校长（rector，负责学术性事务的）和常务副校长（*Kanzler*，负责管理资源的）；在英国，有财务主管（bursar，负责管理资源的）和教务主任（registrar，负责学术性事务的）。到了 20 世纪 60 年代晚期，由于大学的规模越来越大，对社会的重要性越来越强，也由于持有这种理念的外部实践者开始对这种理念应用于大学产生兴趣，在企业的其他领域获得发展的企业规划的理念开始对大学发生影响。在那些影响大学发展过程并影响大学将来的结构性讨论和分析中，企业规划理念的存在有助于将所有主要方面和因素都纳入进来。下面这个关于该术语的定义出现在 1985 年："规划是在有关影响未来的决策过程中，对先见之明的连续性的、综合性的实践。"[26] 然而，在资源管理方面，发生了许多变化。首先，它受到了很多人的关注，而不是少数人的关注。虽然在资源管理的技术财务方面（例如，专业会计职能和具体的投资政策），发展的趋势仍是由少数几个专家负责，但是很多人开始关注如何将可利用的资源最大化，如何在多重需求的基础上做出使用稀缺资源的经济决策，以及对资源使用不良的情况进行分析和问责。

㉖ G. Lockwood and J. Davies (eds.), *Universities: The Management Challenge* (Windsor and Philadelphia, Penn., 1985).

在本卷所涉及时期的初期，学院院长或系部主任需要和学术校长讨论他对于任命新教师或者教师职位调整的计划，也需要跟财务主管讨论如何给参加某个委员会的教职人员支付工资。到了本卷所涉及时期的末期，这类主管则变成了重要资源的管理人员。这些管理人员需要了解大学的资源状况（收入来源、支出目标、资源的使用条件和款项的内部分配过程等），还要负责本系或本学院的资源健康运行。他们花费很多时间与专业的管理职员进行金融和规划方面的讨论，以获得进行以下方面决策时需要的信息和建议：人员聘用、设备采购、空间分配、学生人数目标会议、研究经费申请程式，尤为重要的是，如何有效使用最基本的资源（即学术性职员的时间）。

这一变革的出现，部分是由于资源规划和预算被整合进开放的、参与 152
性的企业规划进程中去了，部分是由于管理下放思想在大学中的传播。几乎在每所大学里，下放推动力与整合框架之间的平衡都随着时间的变化而变化。一般说来，在本卷所涉及时期内，这种平衡变化的结果是，系部或学院（这是聘用术语上的成本中心或预算单位）对如何使它们能获得的资源最大化并进行管理负有越来越大的责任。第二个主要的变革是资源管理在不是很确定的情况下，从可预测性转为灵活性。在本卷所涉及时期的早期，在大学这一机构层面上，收入的多少是一个需要与政府协商的问题，传统上是每年进行协商，但是每次协商的结果形成的分配方案一般至少会沿用三年或四年。一旦形成分配方案，需要保证有时会因为全国年度性通货膨胀而自动增加数额。到本卷所涉及时期的末期，尽管国家每年的拨款仍旧是大学最大的收入来源，但是，拨款数额往往不会提前确定，而是会根据大学在当年的表现（如注册学生数）而有所变化。收入中的相当一部分会取决于大学在市场或准市场中的竞争情况。粗略分析一下 20 世纪 80 年代全欧洲大学的增长情况，“显示出政府资金预算份额减少，大学开始寻求其他收入来源以补充预算”[27]。

过去，资源管理人员只需要与负责国家拨款的官员打交道（不论是在英国分块拨款的形式下还是在联邦德国的分条拨款的形式下）。现在，为了从学生学费、研究基金、发展合同、商业贸易以及慈善团体或个人的捐赠这些竞争性的资源中获得收入，资源管理人员不得不学习一些新技能。因此包括资源与预测在内的企业规划发生了转变，从基于可预测的收入和支出的提前五年左右的刚性蓝图，发展成为宽泛意义上的任务和目标概念，并寻求通过对环境变革和机会做出适时反应的过程和方法以满足这些任务和目标。

这一在大学机构层面的变化，对资源管理产生了重要影响。最初的结果动辄是“危机管理”。这些短浅的眼光使大学对危机管理投入相当大的
153 精力，有时还会导致大学放弃一些原本想发展的方向而去迎合政府的一些新的专门建议。[28] 然而，这些变革还产生了更多持久和重要的影响，在学院或系部层面尤其如此。在 20 世纪四五十年代，学院或系部层面上约 80％的财政预算都用于学术人员的工资支出，而机构收入的可预测性，连同其他一些历史因素一起，意味着大多数学术人员在达到正常退休年龄（或任期）之前，其职位都不会发生变化。资源管理人员就只能运用剩下的约 20％的预算来支付长期聘用的学术职员的工资，以及利用偶尔由于职位空缺或职位扩展而出现的任命新职员的机会。

到了 20 世纪 80 年代中期，由于缺乏预测性，再加上技术以及更关注学而非教的思想等带来的影响，不仅系部或者学院的预算中学术人员工资所占比例减少，而且这些学术人员中有相当大的比例不再拥有终身教职。当时，在一个大的科学学院里，大多数科学专业的教职人员签署的都是三到五年的博士后工作合同，这属于非常典型的情况。于是，系部主任或学院院长就拥有在特定环境下对资源进行管理的自由和责任。这种特定环境

㉗ L. Goedegebuure, F. Kaiser and F. van Vught, ‘Disaster Warning’, *Times Higher Education Supplement*, 7 October 1994, 1-3.

㉘ 《贾勒特报告》（注释 15），第 13 页。

要求经常性地招聘各种不同工资和劳动力水平的人员，而不是像他的前任一样，每年对岗位进行微调。在大学及系部或学院两个层面上，可预测性的降低都促进了管理角色的发挥，促进了对管理的外部问责和内部批评与压力。

到了本卷涉及时期的末期，由于各国政府对于其投资的效益的关注，以及消费者市场更关注定性而非定量表现，前文所说的那些转变愈演愈烈。这一点可以从效益指标体系的发展和广泛使用中得到证明。[29] 进一步而言，人们开始认识到，对资助者来说，仅仅向他们证明其资金已被合法使用，并被量化地投入到教学和研究中去，已经不够。这些资助者现在需要确保产出的质量。这样，大学的资源管理不仅变得更为重要，而且还被迫变得在大学内部更为透明。

受内部权力下放的影响较小，但受活动规模扩大影响较大的资源管理领域，是大学建筑物和不动产管理。在有些国家里，这方面的资源管理是 154
由政府从外部赋予大学的，但是在那些由大学负责大学建筑和不动产管理的国家，压力显而易见。在本卷涉及时期的前半期，这种压力主要表现为在努力维持旧建筑使用的同时扩展房产。在本卷涉及时期的中期，欧洲见证了许多新校园的建筑遍地开花的情况，从丹麦的技术大学到马德里的自治大学，从苏赛克斯到特罗姆瑟，从特里尔到马耳他，都是如此。在本卷所涉及时期的末期，更多的挑战来自如何节约和分配空间，如何利用计算机模型来计算利用率和占有率，以及如何以活动时间表来保证最大化地使用空间。另外一个需要进一步关注的则是如何筹措在本卷涉及时期早期建造的那些建筑物的长期维护和修理费用。

不动产管理中的技术服务是最主要的发展因素，其规模、复杂性和成本都大大增加。技术服务成为管理活动的关键。但是，20 世纪 80 年代开始，它们受到环保组织的攻击。环保组织将不动产管理纳入大学内部政治

㉙ M. Cave, S. Hanney, M. Henkel and M. Kogan, *The Use of Performance Indicators in Higher Education*, Higher Education Policy Series, 34(London and Bristol, 1988; 2nd edn 1991).

领域，这是20世纪60年代以来的首次。在20世纪60年代，能源成本和对能源的关注，与校园学术活动和社会舒适性对能源日益增长的需求之间的矛盾，引发了建筑形式和建筑材料方面的冲突。

这一时期的不动产管理同样也折射出大学在社会中的地位。首先，大学管理人员不得不与压力抗衡，而这种压力对任何大规模的机构来说都是常见的，有诸如健康和安全、实验室检查或食品卫生等领域越来越广的国家立法领域的压力，还有由于私人汽车数量增加导致的道路和停车场所的压力。其次，在本卷所涉及的时期里，我们看到了在诸如科技园、技术教师、创新中心或大学和社区联合的运动和休闲设施这类连接大学与社会之间的组织中，不动产管理在地位上的上升。

综上所述，到了本卷所涉及时期的末期，不动产管理在本卷涉及时期初期的监管或保管职能扩展为技术组织职能，能够对作为一个组织和社区的大学提供一系列非常重要的服务。这一发展过程可以从以下三个方面来说明。首先，对大学这一机构的内部财政来说，不动产管理变得越来越重要，也正因为如此，不动产管理被非常紧密地纳入大学的事业规划和全面资源管理当中。通常情况下，在20世纪80年代前，撇开资本发展的因素，不动产及其服务消费了大学年度预算中的15%—20%。其次，管理变得更为专业化。20世纪40年代的不动产管理需要的是通才和具有建筑、
155 工程才能的人，到了本卷所涉及时期的末期，需要的是安全和辐射防护人员、安全专家、环境顾问、计算机专家、运输经济学家以及专门负责选择鉴定和资本评估的成本会计等。再次，技术的影响巨大，它削弱了机构边界的界限。技术为每个学生或每个研究者提供使用全球信息的能力（如通过互联网或网上公开的入口目录），使他们可以进入存储了相当于20万页打印稿的数据的一个光盘，或使用卫星电视。技术将不动产管理从手工记录转变为卡片式账簿，接着又转变为针对具体活动的第一代计算机程序，再到可以对交互活动进行磁带存储的第二代计算机程序，再到有远程在线终端的基础数据库计算机系统，最后转变为可以进行建筑设计的电脑辅助设计及制作软件。

到20世纪末期，这往往意味着在所有的建筑（包括宿舍在内）里“布线”，这样，大学里的所有成员（包括学生、教师、研究人员和管理人员）都可以进入互联网并使用电子邮件。在管理方面，这意味着使用不同的接入代码，既可以实现交换信息又可以实现信息保护。

管理技术

1945年以来管理角色地位在欧洲大学中的上升，管理任务的规模和复杂性，以及大学与其他形式的机构之间的紧密联系，都反映在管理中所应用的技术中。到20世纪60年代，大学中的管理几乎已经成为一门艺术，从事这门艺术的人要学习传统的速记、簿记和记录维护等技能。在大多数国家里，会计师、建筑师、工程师等专业角色，要么由为数不多的几个专业人士担任，要么由大学之外的专门机构来承担，只留下律师的角色和技术来主导大学的内部管理。

然而，在之前的20年里，对政府或私人企业中使用的全部策划和管理技术的发展，大学成员都曾近距离地进行参与。它所促成的系统管理方法和工具技术（如运筹学和计算机建模）主要由大学的学术人员开发，只不过这些学术人员是在大学之外进行开发。尤其是在第二次世界大战时期，大学的学术人员开发了许多军用设备。但是，直到20世纪60年代，不论是这些学术人员，还是大学领导人和管理者，都不觉得有必要将这些 156
技术应用于大学管理当中来。进入60年代，学生人数的扩大、研究规模的增加和公众给予大学更多的关注等因素改变了这种状况。管理仍然是一门艺术，依赖于人的主观判断。但是越来越有必要确保在信息充足的基础上做判断，能促使个人和团体更明了大学发挥作用的环境和大学做选择的范围。大学转而向管理科学寻求提供系统信息和决策者培训，这一过程是对管理方面的大学内部合作的体现和加强。1969年4月，经合组织召开了有关规划和管理技术的首次重要国际会议。在这次会议上，来自欧洲12

个国家的大学管理人员，与他们在北美的同行进行了经验和思想的交流。[30]

策划、立项和预算体系（PPBS）由美国政府开发，在 20 世纪 60 年代后半期被北美的许多大学采用。虽然没有哪一所欧洲大学完全实行它，但是很多欧洲大学都基于类似的原则引进策划体系：大学任务的规划、该任务之下的具体目标设定以及为达成这些具体目标要制定的策略和操作计划、对替代方案的明确分析、根据不同项目分配具体活动、根据这些项目重新设定年度预算以及为使前面那些计划取得良好效果而建立一个评估和反馈过程。这些大学也采用了一些类似的技术，如大学资源分配和使用的计算机模型、学生注册预测技术、成本模拟练习、员工预测模型和资金利用率研究。这里不必把 20 世纪 60 和 70 年代影响大学管理的全部技术范围都详细列出来，本章作者在 1978 年发表的一篇文章中对此做了概述。[31]

在机构的架构、组织和方式领域，技术被用来对在大学机构整体目标背景下的每个单元的目标和效率进行检查，包括如下主题：工作的分配、权力的下放、权力链、控制范围、协调功能、集权与分权的平衡等。工作
157 研究被用作这一领域的一个子技术范围，如工作测定、活动取样、时间和动机研究以及人体工程学。人力规划、工作评估、生产力谈判、目标管理以及例外管理为大学规划其主要资源的使用提供了另一个领域的技术。例如，目标管理即是通过为个人和群体设定具体目标来最大限度地提高机构效率。

质量控制、管理率、控制论、预测研究、市场调研、反馈调查和沟通技术等同样成为大学管理的帮手。以沟通技术为例，在大学这样一个内部民主必须与经营效率结合的环境下，沟通技术很快得到广泛的应用。这些技术包括从简单地用来选择需要表达项目的辅助工具到复杂的数学信息理论等。

在金融领域，技术促进的方面包括边际成本、现金流贴现、净现值、

---

[30] G. Lockwood, *University Planning and Management Techniques* (Paris, 1972).

[31] G. Lockwood, 'Planning', *International Journal of Institutional Management in Higher Education*, 2:2(1978), 135-136.

预算控制装置、变动预算的编制、成本效益分析、投入产出预算、方案预算、价值分析、成本控制调度和管理会计。以成本效益分析为例，它是活动成本与活动价值或效益之间的一个系统比较，除了直接的、用金钱表现出的成本和效益，还要尽可能地将那些非直接的、社会的成本和效益进行量化。在这一时期，解决物质和资本的发展和使用方面问题的时候，借助了网络分析或关键路径分析方法、控制论、交通流技术等。以网络分析为例，它对一个需要策划的复杂项目，先分析其组成部分或发展步骤，并将其绘制成网络图来记录，然后运用这一网络图来设定和控制完成该项目的各步骤。在教学、学习和研究领域，技术促进的方面包括帮助设计课程、审查课程的有效性和相关性、检测评估方法、确定教学投入的组合、设立和监控研究项目等。时间表计算机化就是其中一个例子。

技术还涵盖到很多其他的范围，从简单的图表设计、统计安排等，到复杂的运用博弈论决策逻辑表、政策分析和技术来进行组织弊病的诊断。所有这些技术共同改变了大学管理的类型和语言，同时更为重要的是，它们拓展了大学管理的角色和影响。虽然这些规划模型和技术使得做出的选择更为开放，使决策过程更具有参与性，但由于它们本身的性质是综合和 158
全面的，这促使管理控制脱离其传统的基础（资源分配，法律或宪法权力），进入活动的方方面面，包括学术职员时间的使用、课程的发展和研究优先领域的选择。对管理人员来说，在规划和操作技术的时候，进行定量分析以及提出许多定性假设非常必要。管理科学给大学带来的一个子效应就是，许多通过自己的学科研究或通过与大学之外的机构共同工作而拥有管理模型和管理技术经验的大学专业人员，被吸引进大学管理当中来了。

在那个时期，运筹学教授、经济学教授、计算机操作教授和生产工程学教授等都被吸引到副校长、主任等策划类岗位上来。同时，相对于在一些特定时期对一些特定大学进行管理来说，没有哪套技术成为欧洲大学管理的主流，但是，一般的系统方法对大学管理人员的不断专业化产生了非常广泛的影响，这包括大学管理人员在全国层面乃至全欧洲层面的信息交流和经验传递（通过经合组织、联合国教科文组织和欧洲委员会这类机构）。它们还令大学外部的团体（无论是政府或管理咨询机构）对大学管理过程产生更大的兴趣。这表明，由于本章前面说的那些变革力量的介入，“象牙塔”已经出现了裂缝。

20 世纪 80 年代中使用的系统和技术与上文提到的有明显区别，但是，这并没有改变管理科学对大学发生基础性影响的广度和深度。第一代技术过于机械，更多地关注变革方向的可预测性，而不是变革的确定性，低估了大学内部的那些离心力。

第二代系统和技术保留了企业规划的基础成分（甚至更强调任务、具体目标和资源规划），但是更关注提高适应不可预测变化的能力，提高和监测工作质量以及让外部机构和市场给予大学更好的评价。

如此一来，大学应对变革的能力，就成为大学为加强其自治权进行评估的一个主要关注点。欧洲大学协会自 20 世纪 90 年代起为其成员提供的
159 评估项目，或欧洲管理发展基金会专为满足商学院的评估需要而设立的欧洲质量发展认证体系，都是很好的例证。

与系统和技术有关的术语也发生了变化，如全面质量管理、性能指标、人力资源管理、选项评估、物有所值原则、市场分析、消费者评价和流程重组等。从本质上说，第一代技术将科学或系统方法引进大学，但是主要关注内部性（在一个假定稳定或可预见的外部环境中，在大学内部进行变革和获得效率），而第二代技术则反映出管理人员与外部环境之间进行互动并说服外部力量（不论是政府还是消费者个体）认同大学的价值、成就和潜力的责任。

这样一来，第二代技术的趋势就表现为：关注内部质量管理和技术，以达到外部环境认可的那些评价标准。例如，就质量来说，“商业竞争及与之相伴的物有所值原则，均涉及质量和价格的结合。市场的压力体现为要提高质量和降低价格，采取联合行动的认知来自为避免夸大质量而误导消费者和损害大学在公众中的印象，这些也许就是大学管理对应用全面质

量管理的兴趣激增的原因”[32]。进一步，就评估来说，“为增加资源分配的透明度，当局也需要在相当程度上依靠专家的参与或大学机构本身的参与”[33]。在英国，大学资助的对大学管理的质量评估程序开始于 1991 年。在法国，1984 年成立的全国评测委员会就本国的高等教育状况直接向总统汇报。在荷兰，荷兰大学协会开发出自己的质量评估服务体系，尤其是针对教学方面的质量评估体系。20 世纪 90 年代，由于欧盟的支持，在欧洲大多数国家包括苏联阵营国家，以各种形式对上述三种模式进行模仿和采纳。

管理的到来

关于几百所欧洲大学在这半个世纪中的发展要想得出几条总结性的结
论，实属不易，这是因为总会有某个时间内在某个地点的经验与总结性的 160
结论不符。然而，1945 年以来的这一时期见证了管理融入大学的过程。最主要的变革就是，先由大学中的少数人员意识到进而被大学中的多数成员接受（不论多么不情愿）的理念：在相关的政治、社会和经济环境下，为了完成大学的学术目标，不仅要关注内部治理，更需要管理。

本章并没有将 1945 年以来的欧洲大学的诸多管理经验包括在内，如在规模经济的压力下对大学机构进行整合的经验，或是各中世纪大学面对很多高等教育机构升格为大学的挑战时不同的应对方式。我们无法得出一个总结性的结论同时涵盖 1945 年曼彻斯特大学的管理状况、1968 年巴黎大学的管理状况和 1985 年罗马大学的管理状况。但是，本章的确梳理了 1945 年以来欧洲大学管理发展的经验趋势。

然而，本章总结的经验表明了欧洲大学所具有的适应性。对于欧洲大学适应其与政府和社会的政治关系和经济关系的变革，对于知识结构的重

---

[32] Williams,‘Quality Management’(note 6),229-237.

[33] P. Tabatoni, *Evaluation and the Decision-Making Process in Higher Education: French, German and Spanish Experiences* (Paris,1994),197.

要转换，以及对于技术的发展和大学教育需求的大幅度增长来说，管理的发展是至关重要的。

为了最大限度地发挥其永恒性、自治性和效率，欧洲大学采纳了一系列的管理概念，并根据自己的情况对其进行了修改。至本卷所涉及时期的末期，大学仍旧一枝独秀，对大学教育的扩展和认可也达到前所未有的高度。这一事实证明了大学管理在应对外界变革时所取得的成功。

精选文献

Agoston, G. *et al*. *Case Studies on the Development of Higher Education in Some East European Countries*, Paris, 1974.

Becher, T. and Kogan, M. *Structure and Process in Higher Education*, London and New York, 1990, 2nd edn.

Cerych, L. and Sabatier, P. *Great Expectations and Mixed Performance: The Implementation of Higher Education Reforms in Europe*, Stoke-on-Trent, 1992.

Cornford, F. M. *Miscroscosmographica academica*, London, 1949.

Dreze, J. and Debelle, J. *Conceptions de l'université*, Paris, 1968.

161 European Commission. *Memorandum on Higher Education in the European Communities*, Com(91)349 Final 1991.

Fielden, J. and Lockwood, G. *Power and Authority in British Universities*, London, 1973.

Gellert, C. (ed.) *Higher Education in Europe*, London, 1994.

Halsey, A. H. and Trow, M. A. *The British Academics*, London, 1971.

Lockwood, G. and Davies, J. *Universities: The Management Challenge*, Windsor and Philadelphia, Penn., 1985.

Ortega y Gasset, J. *Mission of the University*, London, 1946.

Rice, A. K. *The Modern University: A Model Organisation*, London, 1970.

第五章　教师 162

托马斯·菲肯斯泰特

导言

二战以来，高等教育制度实现了由精英式向开放式的巨大发展，由此引发了欧洲大学教师队伍在数量和质量两方面的变化。在1945年时，这一变化不仅无人能够预见，而且也没有人相信其可能性或合理性。先前的大学教师队伍主要由专业学者组成，且相对稳定，而此后则演化成了一个由更多的新型教师和辅助性人员组成的系统。从某种程度上讲，发生在过去两代人身上的这些变化是源于自然科学和人文学科领域的内在发展，同时还与资金、社会力量等一些外部因素相连。这些发展趋势当中，有些看似具有普遍性，其余一些则是战后欧洲新形势变化的结果。由于政府只能在有限程度上进行调控，因此不管是个体还是整个行业，大学教师必须解决自己专业的内在需求与外部社会需求之间的紧张状态。

1945年之后，高等教育领域具有标志性的是东欧抛弃了以往的传统，西欧从战后到60年代进入重建时期，绝大多数国家都实行了“重建”和“恢复常态”的政策，但战后的很多发展和困难早在战前和战中就已经埋下了隐患。由于二战中犹太裔大学教师受到驱逐，战后受到“清洗”，再加之战争期间初级教职员和学生损失很多，因此教师队伍的年龄结构失去了平衡。当战后“婴儿潮”时期出生的孩子达到入读大学的年龄时，教师队伍却无法补充足够的新鲜血液。很难说对高等教育的新需求是否已经比较早地被预测到了，总体而言，战后的大学教师通常并不认为学生数量的急剧增长是合理的或是必要的（他们认为“越多就会越糟糕”）。尽管科 163

学的发展一开始并不太引人注目，但其作为一个体系的不断扩展显得更加重要，其对社会的作用以及在社会中的重要性也日益凸显。大学这一象牙塔不得不增设更多的途径使得公众更容易获得它的资源，而且大学教师也越来越接近公众，进而公众也变得越来越国际化。

战后很多更具有普遍意义的社会变革以及各种成就开始影响到大学以及大学教师们：例如职业的保障问题（终身教职）、工会化以及女性在社会中和大学校园中的角色变化的问题等。另外，同等重要的一方面，便是人们对于学术应该如何运作的观念也产生了变化。以往人们通常对科学和学术持积极看法，认为教授是进步和知识与技能的标志，到了这时，却转变成了一种质疑甚至有时是反科学的态度。在很多国家，大学教师的威望持续下降。社会也越来越要求大学承担起相应的公共责任，同时对教师加以管控。

本章主要讨论全职教师。一般情况下，由于现有数据无法转化为可比较的表格，所以在定量描述中通常给出的只是粗略的百分比。由于缺少对于战后大多数欧洲国家教师职业的深入和详细研究，本章只能力图描绘并分析出主要趋势。本章首先介绍（大学教师）数量方面的发展变化及其对教师队伍的影响，随后讨论不同的教师队伍结构及其变化，第三部分分析大学教师的职责以及学术工作环境，最后一部分则着眼于欧洲大学教师的社会角色。欧洲所有国家教师结构和数量的基本信息可以查询《高等教育百科全书》①。

由于英国、法国和德国大学系统的数据比较容易获取，因此很多事例取自这些国家。对于前东欧阵营国家在过去十年中所发生的巨大变化，本文未能进行详细阐述。

① Clark and Neave, *Encyclopedia* Ⅰ.

新数量—新质量

扩张

大学系统和教师队伍的扩张始于 1960 年前后，不同国家和不同专业
的情况也各不相同。从 1960 年到 70 年代末这一时期内，教师数量增长率 164
从荷兰的 175%至意大利的 600%和葡萄牙的 700%。即使是像芬兰这样保
守的大学体系，大学教师数量也经历了高达三倍的增长。挪威大学教师数
量则增长四倍之多。② 教师增长率超过 200%的国家多分布在东欧社会主
义阵营和中欧地区，以波兰为例，从 1960—1985 年，其增长率超过了
300%。不过，前捷克斯洛伐克增长率不足两倍，而罗马尼亚的教师总数
在 1980 年之后实际上有所减少，其在 1960—1980 年间的总增长率为
146%，但是在 1980—1992 年间，教师数量从 11 696 增至 20 810，接近翻
番。③ 基于 1963 年《罗宾斯报告》的计划理念，英国大学教师数量变化相
当稳健。④ 而荷兰大学教师数量的平缓增长，则是学生数量的少量增加以
及教育部吝啬节俭的反映。德国和法国的发展是 1968 年学生运动的余

---

② G. Neave and G. Rhoades, 'The Academic Estate in Western Europe', in B. R. Clark (ed.), *The Academic Profession* (Berkeley, 1987), 230; Clark and Neave, *Encyclopedia* Ⅰ.

③ J. Sadlak, 'Planning of Higher Education in Countries with a Centrally Planned Socioeconomic System: Case Study of Poland and Romania' (PhD thesis, State University of New York at Buffalo, 1988), 341, 350; J. Sadlak, 'Legacy and Change—Higher Education and Restoration of Academic Work in Romania', *Technology in Society*, 15(1993), 86.

④ A. H. Halsey and M. A. Trow, *The British Academics* (London, 1971), ch. 7; M. Moss, 'The Staff of Scottish Universities in the Post-1945 Period', in *The History of the University in Europe after World War Ⅱ. International Conference, University of Ghent, 28-30 September 1992*, mimeo.

波。⑤ 个别学科的发展也值得认真研究，但几乎没有“确凿”的证据资料可资利用。德国拥有一套比较完整的 1825—1990 年英语学科的数据：教学人员从 1900—1950 年间的 65 人增长至 1966 年的约 300 人，1970 年达到 600 人，1982 年几乎达到 1200 人。⑥

总体情况非常明了。1960 年，在前东欧阵营的各个国家，教师培养是计划经济的组成部分，这通常意味着所有学科领域的教师和学生数量都非常有限；但在西欧各国，教师的增长独立于政治体制以及国家的大小，而且与各自大学系统的特定结构也没有关系。总体来看，教师数量的增长不是基于人力资源规划观念背景下的计划性扩张，而是科学发展（如专业
165 化）的结果；同时也源于学生群体的不断壮大和迅速发展，因为在很多国家，学生都可以自由地选择学习的科目，由此导致不可预测的情景出现，这就要求所有学科的教师都要增加。一些教授出于构建自己学科领域“帝国”的目的可能会利用这种情景，实际上这种情景确实被利用了。

在一定程度上，教师的增长也源于一些高等教育机构的升格，即获得“大学”地位：英格兰的高级技术学院、1992 年的多科技术学院以及德国的高等教育学院，便是这一“升格”的典范。有些人认为这种变化只是统计表格中数字的转换，并没有实际人员的增长。事实上，这些机构的升格实实在在地改变了教师的整体状况，因为整个系统的规模必然会影响到其内部结构和质量。还需要指出的一点是，这种某些时候是完全反精英的质量上的变化并非总是无意为之的。

另一个影响到高教系统品质特征（如果不是它的标准的话）的是单个学校的规模。十所每个拥有 3000 学生的新大学（《罗宾斯报告》的观点）其教师职位的数量与三所每个规模为 10 000 名学生（1960 年德国的建议）

---

⑤ F. Mayeur,‘Les carrières de l’enseignement supérieur en France depuis 1968’ and W. Weber,‘Multiplizierung, Differenzierung, Diversifizierung: Die “personelle” Transformation der deutschen Universität seit 1945’, in *Conference Ghent* (note 4).

⑥ A. Mayer and T. Finkenstaedt, *Anglistenregister 1825-1900* (Augsburg, 1992); T. Finkenstaedt, *Kleine Geschichte der Anglistik in Deutschland* (Darmstadt, 1983).

的大学相同，虽然师生比一样，但教师的工作环境、教师之间交流沟通的环境以及教师和学生的关系则完全不同。

越多就意味着越糟糕吗？就学生数量的增长而言，结果并不一定如此。⑦ 教师数量的增长则呈现了更为复杂的情形。如果真的存在问题，那并非因为缺乏足够的优秀人才来出任教职，而是因为无法立即找到符合各学科要求的人员。即使是在一个稳定的体系当中，制订实施大学教师人力资源计划如果不是不可能的话，也是相当困难的。在多个国家和多个学科领域中突然出现对教师的大量需求，这种需求很难得到有效解决，因此，就像英格兰人所说，“退而求其次”成为人们的选择，结果是初级人员发现他们自己很快被提升到高级职位。

年龄结构

设计一个针对大学教师的年龄结构模型从而按照计划对未来的教师进行激励和培训，这种做法是不可行的。一些社会主义国家曾进行过尝试，
但都以失败告终，原因在于一旦人们得到了一个初级职位，竞争的基本要 166
素就不存在了。教师的年龄结构受到太多变量的影响，尤其是对于某些学科而言更是如此：与实验科学或历史学的初级教师相比较，数学教师和音乐教师获得教授职位的时间要早得多。

从总体上讲，年龄结构应该给初级教师提供合适的机会获得，而不是保证获得高级职位。年轻教师与资深教师混合搭配具有多重优势，不仅有利于接受教育的学生和需要具备一定经验的行政岗位职责，还有助于学科内部和整个大学内部的整体交流。年资既不是偶然而为，也不仅仅是作为确立和保证某种层级秩序的手段，而是在许多大学中发挥着重要作用。大学的很多活动具有非正式的性质，因此经验对于大学生活、管理以及教学来说非常重要。

20 世纪 60 年代的扩张为特定年龄段群体提供了更多的机会，却也削

⑦ 见第六章《录取》。

减了随后“迷失的一代”的机会。一些数据清晰地阐释了这一现象：1967到1971年间法国聘任9800名助教，约占助教群体总数量的三分之一。在这种情况下，在一个不再继续扩展的体系中，只有在新聘任的人员中快速筛选出有能力晋升到更高级别的人员，新的成员才可能得到聘任，而且即使有很多很能干的年轻学者，进行选拔以便促进新成员进入也是明智之举。实际情况则恰好相反。终身教职的授予很随意，进一步晋升所需要的时间被延长。因此，20世纪80年代末，法国的大学里初级教师的平均年龄都有所增长，36岁至41岁对于人文学科的助教来说是正常年龄，在科学领域，多达45%的教师已在第一级职位上工作了11年甚至更长。[8]

类似的情况也出现在意大利。教师数量的增长意味着1950—1960年间初级教员的扩大：助教从10 000增长到了近20 000，副教授则从2500增加到了4000多。正教授到了1970年之后才有所增加，同时许多助教和之前的讲师也都晋升到了副教授的行列当中。根据1986年的统计数据，共有11 000位正教授，22 000位副教授和约20 000位助教。三分之二以上的教授席位是1970年以后设立的，获取教授席位的机会也是非常有限的。[9]

167 然而20世纪60年代教师的增长总体上是有利于大多数初级教师的。根据1977年对德国初级教师情况所做的研究发现，60年代有70%的初级教师获得晋升到高级职位的机会，而到了1975年，这一概率下降到了9%。[10] 此后这一数字逐渐增长到20%多一点。由于20世纪70年代并未实施此前有关助教通过博士或教授备选资格而成为大学教师的严格要求，因此教授备选资格者的年龄越来越大。在二战以前，助教在获得教授备选

⑧ E. Friedberg and C. Musselin, 'The Academic Profession in France', in Clark, *Academic Profession* (note 2), 109, 112.

⑨ Clark and Neave, *Encyclopedia* Ⅰ, 364; B. R. Clark, *Academic Power in Italy: Bureaucracy and Oligarchy in a National University System* (Chicago and London, 1977), 119; U. Karpen and P. Hanske, *Besoldung von Hochschullehrern im internationalen Vergleich* (Baden-Baden, 1994), 93ff.

⑩ G. Elstermann, *Die Altersstruktur der Forscher* (Bonn, 1977).

资格之前就结婚的极为罕见，但到了此时，婚姻生活进一步减缓了助教们早期阶段职业生涯的步伐。平均年龄的增长意味着在 21 世纪的头十年里，很多国家都会有空前比例的教授退休，但替代他们的初级教师储备并不存在。[11]

1961 年，英国有半数以上的教授、三分之一的准教授和高级讲师都在 50 岁以上，而到了 1969 年，上述比例分别降至 44%和 26%。[12] 其他国家也出现了类似情况，原因是 60 年代任命了太多的年轻教授。在 20 世纪 80 年代，英国曾引进了一个提早退休的计划，而且为解决年龄结构失衡造成的恶果，为年轻人创设了大量的新职位。德国的费比哲职位（根据提出该职位计划的大学校长而命名）和海森堡教授职位也尝试为那些天赋优异的、在“正常”的职称配额之外的初级教师提供教授职位。然而这种类型的职位是极为有限的。提早退休是更为有效的做法，但代价昂贵，财政上的困难很可能使这样的做法难以为继。

专业化

战后时期大学里最为引人瞩目的发展变化之一便是教师职业的日益专业化。借助新问题解决的专业化途径，自然科学在战后取得了巨大进步。虽然说科研上的成功不是获得大学职位的唯一条件，但起码是主要的条 168
件。因此，要解决知识快速扩展以及科学国际化导致的各种问题，专业化便成为途径之一。高等教育的发展是另一个重要原因。至少在自然科学领域，专业化成为一个必不可少的条件。

通过深入研究战后大学的课程目录以及拥有各种职位名称的大学教师名录，旧有的学科结构的区分与分裂一目了然。我们发现，旧的“一位教授——一个学科或专业”的观念正在逐渐瓦解，而且在这里同样是以 60 年

---

[11] C. Weick and P. Meusburger, ‘Die Altersstruktur der Professoren an den badenwürttembergischen Universitäten’, *Mitteilungen des Hochschulverbandes*, 41(1993), 142-146.

[12] G. Williams, T. Blackstone and D. Metcalf, *The Academic Labour Market* (Amsterdam, 1974), 24.

代为分水岭的。“普通教授”（professor in ordinary）——不管是否使用过此类名称——是贯穿欧洲大学发展历程的根本理念。人们认为数量有限的知识领域构成了人类知识的全部，[13] 这些领域或学科的知识应当由有资格胜任的、享受薪资的人予以讲授。这些人需要教授“整个”学科，同时也要将其展现给普通的民众。在20世纪20年代，德国的大学教授需要在一个为期三年的周期内完成对其学科的全面介绍，甚至在战后德国大学正教授的聘任书也要求被聘者“在研究和教学中传授整个学科的知识”（注意文字顺序，这是几乎每一位德国教授都倍感亲切的）。理论上，这意味着一个学科当中只能有一位教授；同时，一所优秀的大学应该配备所有必要的教授职位来完成向未来学者和大众阐明整个世界这一重任。出于几个方面的原因，此观念的纯粹形式需要被抛弃。第一个原因可以追溯到大学发展的早期：大学出现了权利与责任被削减的无薪教师群体。他们获得认可（至少是学生的认可）的途径之一便是在教授们的讲座中涉及不到的领域中拥有专长。

第二个导致旧有的教授与学科整体性分裂开来的原因可能是不断增长的学生数量，或许还与美国的学分制有关，因为这一制度不需要统一的课程结构，这使得教学以及研究中的专业化成为可能。如今没有哪一位教授敢说自己能够掌握自己学科领域的全部内容，以英语学科为例，首先出现了语言学同文学学科的分化，其次又是现代语言学同传统语言学的分化，以此类推，最终一个大的系科就可能拥有“我们的弥尔顿人”和“我们的
169 乔伊斯人”。一个学科的分化可以自然地用来以学问的名义增加职位的数量，而且二流大学中一直有教师为自己创设职位的情况。德国应对学生数量急剧增加的观点是为愿意并有能力教授所有课程的教授创设“平行性职位”，但这一观点除了在个别情况下奏效以外，总体上并不成功。真正的平行线只在无限远的地方相交，但平行教授们在此地和此时彼此相交：专

[13] 有哪些学术领域未被包括？其原因何在？这一有趣的问题在本书第一卷第41—45页已有所解答。

业化是避免麻烦的一个途径。[14] 以下的数据表明学科向着新的、“更小型”的方向发展：1928 年，英国共有 123 个不同的（就统计而言）专业，而 1953 年就增长到了 382 个；1973 年出版的一份德国大学专业目录上，一级学科和二级学科总数已经达到了 4000 个。[15]

结论

现在要想对近年来高等教育发展中质量和数量方面的变化做出一个中肯的评价还为时尚早。对大学教师而言，非常重要的是过去的问题依然摆在面前，即研究（专业化）与教学（通才）的关系问题。在这种背景中有一点必须牢记：就像研究与成果发表直接相联系那样，教学与考试息息相关。由于考试在精英社会中所起的作用非常巨大，因此考试不仅是考官们的工作，更赋予了他们相应的权力。通过把某个专业领域或学科作为必考内容来行使这种权力是很诱人的。还必须看到专业化与科学的国际化有关。科学对话中的一方不再总是自己大学中的某个同事，而是其他地方的某个专家。这种情况激发了新的交流形式，而且也在一定程度上削弱了人们对自己所在大学的依附度。学科领域的专业组织以及许多领域的主要的国际期刊变得日益重要正是这种发展的直接反映：两者成为获取声誉的竞技场。

尽管许多学科都出现了分化，并且也出现了向交叉学科的学问和研究反向发展的趋势（但这些交叉组织仍以各种学科为前提），但学科的次序通过学科内容将会继续存在。而且“教授与其所在领域之间存在着‘自然 170
的’联系”这一理念也不会消亡。奥地利就是一个很好的例子，尽管教授

⑭　T. Becher, *Academic Tribes and Territories: Intellectual Inquiry and the Cultures of Disciplines* (Milton Keynes, 1990). 关于单个学科教席的发展情况，见第三卷和第四卷的《学术》编。柏林大学创办时，施莱尔马赫认为神学教席中的“竞争”是理所当然的。见第三卷第 407 页（第十章）。

⑮　参见：Hochschulverband (ed.), *Fächerkatalog* (Göttingen, 1973; 2nd edn, 1977)（该书的导言涉及的是关于“学科”理念的历史及其与大学内部有组织的学术世界的关系）。

席位的法则被摒弃，但在 1987 年，为拥有更大更合理的（或者只是更民主的?）部门而建立的 800 个机构中，有 500 个依然是一个教授的独角戏。

专业化以及大学的扩展也催生了研究型大学与教学型大学的理念。这一发展是否就意味着一个统一的大学教师队伍会被分割成不同的群体呢?现在对此下结论还为时尚早。因为一位学者兼科学家只有在科研方面成功才能晋升到教授级别，因此，很难创设出教师不用直接接触科研的新型大学。

教职员结构

教学人员

为某一职位寻找最适合的人选一定是指导性的原则，而且大学通常都是依照这一原则来运作的。出于很多原因，想要找到最佳人选，或者在年轻的候选人中找到能承担整个服务期工作的人并非一件易事。纯劳动力市场上那种“雇佣然后解雇”的模式并不适用于大学，即使在一些地方，“出于合理的原因”而被解聘有可能出现，但这样的解聘是很困难的，事实也的确如此。为了防止错误决策，就必须要有针对大学教师及他们雇主的保障措施。必须要保护大学教师免受来自政治、政党、教会以及国家的各种干扰影响；大学理念与不受干涉、独立以及终身教职的理念紧密相连，终身教职至少是针对普通教授以及他们中世纪时期的前辈——硕士和博士而言。[16] 对许多国家教授职位所做的研究表明“学术自由”“探索自

⑯ 见第一卷，特别是见该卷第 38 页（第二章《模式》）和第 161—165 页（第五章《教师》）。

由”或者仅仅是“自由”都受到高度的重视。⑰ 另一方面，还要在某种程度上为学校和学生们提供保障，即所选择的教师具备从事相应活动的能力。毕竟，从资金方面考虑的话，设立充实一个教授职位是一项相当大的投资。就保护措施而言，其中之一便是在候选人选出之前，由其同行进行评判；第二个是未来候选人资质的规范化过程，其中包括某个特定学科中 171
属于“无形学院”的科学共同体中的高级成员们所做的决定。

大学中的很多人都能轻易地在校园外找到工作，因此，要确保他们能在大学工作，就需要引入严格意义上的职业结构因素。⑱ 这样一来，就产生了形形色色的员工结构。每一种类型中都具备的因素有：国家公务员的背景、形式化的资质、选拔程序以及合同期限（兼职、短期、终身）、晋升、工资与地位。⑲ 美国模式是最接近真正的职业发展路径的，大多数教师都能以不同形式达到阶梯的顶端，即获得正教授职位。但这一教师结构仅仅适用于拥有多样化学术级别的大学体系，同时大学之间存在着竞争并具备灵活的工资结构。另一个极端便是古老的德国体制：只有“真正的”教授（德语称计划内教授）领取工资，而大量的没有工资的编外教师竞争那些自由的职位。⑳ 现代员工结构通常包含工作评估、竞争、资质、劳动力市场㉑和同行评价等多种因素，而来自政治和政府的压力则尽可能降到最低。

---

⑰ U. Teichler, ‘The Conditions of the Academic Profession’, in A. M. Maasen and F. A. van Vught (eds.), *Inside Academia* (Utrecht, 1996), table 2. 12; Z. C. Zubiete Irun and T. Susinos Rada, ‘Causas de satisfacción e insatisfacci ón del profesorada universitario. La Universidad de Cantabria’, in J. -L. Guerena, E. -M. Fell and J. -R. Aymes (eds.), *L'universitéen Espagne et en Amerique-Latine du Moyen Âge à nos jours*, vol. Ⅰ: *Structures et acteurs* (Tours, 1991), 470f., 475f.

⑱ 关于法国的方式，见第三卷 139f（第五章《教师》）。

⑲ Karpen and Hanske, *Besoldung* (note 9), 11f.

⑳ C. von Ferber, *Die Entwicklung des Lehrkörpers der deutschen Universitäten und Hochschulen 1864-1954*（Göttingen, 1956）; A. Busch, *Die Geschichte des Privatdozenten* (Stuttgart, 1959). 进一步的文献请见第三卷注释 31—41（第五章《教师》）。

㉑ Williams, *Academic Labour Market* (note 12).

与美国相比，欧洲国家政府的影响力更大，因而每个国家的教师结构具有更强的同质性，并且大学之间的竞争也没有那么激烈。1966年公布的一项西欧国家教师结构调查仍显示出传统的结构类型：正教授占据主导地位，这在德语国家以及斯堪的纳维亚国家尤为突出；在英国，有讲师（三种水平）、准教授、讲席教授三种级别；在法国，有严格的公务员职业结构。[22] 在前东欧阵营国家中战前的传统教师结构（如波兰或匈牙利的教授备选资格，或者类似法国体制的罗马尼亚模式）不久就受到苏联模式的影响。[23]

约从1960年以来，欧洲大多数国家的员工结构都表现出以下变化特
172 征：①第二学位变得日益重要；②在达到教授职位之前进入终身教职阶段；③正教授所占比例及其影响力下降；④出现了新的教师类型或级别。由此产生的教师结构通常表现为初级和高级教师的分化，即使在终身教职可以较早获得的国家也是如此；⑤这一时期还有一个明显特征，即在从事教学的人员之外，出现了越来越多合同制研究人员以及后勤、技术和行政类的非教学人员。从总体上看，欧洲国家教工结构的变化已经向真正的职业和较早的终身制方向发展了，但所有体系似乎都在保持着初、高级员工的区分以及狭义上的教授与非教授的教学人员的区分。第一次任命和向更高级别发展的“通过仪式”值得特别的考量。我们发现与1945年相比，这两者与大学生活的其他领域一样，在这个时期末规范更多了。

初级职位仍然经常在学术教师的提议下得到填补，这种任免权对于未来的大学教师来说并非是甄选过程中最糟糕的。这种情况在意大利可能最为明显，在那里，在正教授中有很有影响力的学阀和大腕；在法国，那些

---

[22] H. Sindal, *Structure of University Staff*: *Schemes of Academic Hierarchy and Dictionary of Terms*(Strasbourg,1966)，对每个国家都有详细描述。

[23] Sadlak,‘Planning’(note 3),210-218. 参见第三章。

有提议权的人的影响同样得到了证实，[24] 但我们并不知晓形成这些“派别”背后的运作机制、师生关系、某个机构或学院颁发的学位是怎样促成一个大学职位的。[25] 特别是在1968年以后，重要的、有权威的教授们的影响力一直被认为是专断的而受到责难。不过，相对于过于形式化的程序来说，这种个人推荐的形式可能才是寻求合适年轻人选的更好办法。

职业生涯阶梯上的第一个职位常是在短期合同（通常是三至六年）的基础上获得的，有时候还会要求候选人必须在这一时期内获得下一个更高的学位。[26] 在一些国家中，这些职场新人拥有特定的群体（德国的助教、波兰的初级教学助教以及苏联的试用教师），[27] 或者是像英国那样，在讲师阶段的初期会有一个明确的三年试用期。这一制度于1971年被引进，规定“在某些不确定的情形下可能会延长至四年”[28]，但人们认为“这样 173
一个年限对于考察一个学者是否适合终生从事这一职业还是过短”[29]。这时就会产生一种困境：未来的大学教师必须把精力集中在研究上，因为只有在此基础上才可能晋升职称。但是，研究必须要具有高度的专业性。很多情况下存在这样的危险，即专业性太强，而且研究者的年龄过大，以至于他们很难再在大学之外找到合适的工作。这就是年龄结构失衡的另一个危险之所在，也从另一个侧面反映出对于大学和大学教师而言，在年轻的时候就获得第一个职位是何等的重要。

㉔ Clark, *Academic Power* (note 9), ch. 3; P. P. Giglioli, *Baroni e burocrati: Il ceto accademico italiano* (Bologna, 1979). Karpen and Hanske, *Besoldung* (note 9), 93; P. Bourdieu, *Homo academicus* (Paris, 1984), 122, 125.

㉕ W. Weber, Priester der Klio: *Historisch-sozialwissenschaftliche Studien zur Herkunft und Karriere deutscher Historiker und zur Geschichte der Geschichtswissenschaft 1800-1970*, 2nd edn (Frankfurt, 1987).

㉖ Sindal, *Structure* (note 22), passim.

㉗ Clark and Neave, *Encyclopedia* Ⅰ, 570ff., 643ff.

㉘ D. C. B. Teather, *Staff Development in Higher Education: An International Review and Bibliography* (London and New York, 1979), 44.

㉙ H. J. Perkin, 'The Academic Profession in the United Kingdom', in Clark, *Academic Profession* (note 2), 37.

高级职位的填补意味着一定程度上对员工的比较评估。从整体上看，过去的成绩要比未来的承诺重要得多。过去的表现由学术和科研工作（比如出版情况或是指导的博士生数量）与候选人年龄的关系来衡量。近些年来，还有其他一些因素也开始发挥作用，包括个人教学记录、争取研究基金的能力、在研究团体中的成员资格、成功完成的大科学项目、与工业合作伙伴的共事能力以及行政管理经验等。对教师所要求的各种能力在一定程度上还取决于学科和大学校园外某个领域的劳动力市场状况。高级职位的授予通常通过竞争或者委员会的推荐。在法国、意大利和西班牙，教授职位是由大学理事会或者院系外的其他团体组织来决定的。

出于各种原因，职位广告在招聘过程中的作用越来越重要。某个职位的申请者数量能够反映出这一学科的市场情况以及发布该职位广告的院系或大学的知名度高低。虽然现在的总体趋势是在内部有资质的初级员工中选拔高级职位的最佳人选（除工会压力之外），但人们仍然觉得——而且可能也有相关证据——具有一定流动性并且从外部甄选有经验的教师才是件好事。[30] 至少对教授职位来说自我招聘（如在学校内部任命）仍然是不正常的（“大学首席终身教授”另当别论）。对于一位很有地位的教授来说，申请其他学校会是一件很棘手的事情，因为这可以被理解成是对现在
174 学校的不满。所以，在有些国家，可能会出现这样的情形：主动邀请某位教授来应聘或者在对方并未应聘的情况下打电话与其联系。这种做法可能会有，而且确实已经被滥用，但目前还没有发现更好的方法。[31]

在挑选或提议候选人方面，不同大学拥有的自治程度也大相径庭。英国的大学自治程度是最高的，法国的大学却只能充当次要角色。在德国，大学所在州的教育部长虽然有权拒绝任命某个候选者，但他也很难提议某位候选者。在瑞士，州的作用与德国类似。在意大利，举行全国性的竞试，然后从成功的候选者中进行选择。总体上，政治或政党的直接政治影

---

[30] Karpen and Hanske, *Besoldung* (note 9)，有一节内容涉及各国的流动性。

[31] 关于当时德国新引入的应聘广告的效果的深入研究，见：Hochschulverband, *Das Ausschreibungsverfahren im Hochschulbereich* (Bonn, 1976)。

响在选拔学术职位方面起的作用是相当小的。即使到了1968年以后，也通常是那些教师们作为或成为“左派”或“右派”，由他们自行选拔相应的候选人。一些这样的院系因为政治偏见而名声大振。但也许值得一提的是，相比于一流的学位和科研成果所起的作用，政党归属、宗教派别和社会背景等因素都显得无关紧要。[32] 随着可衡量的智力成就因素（例如学位或考试）重要性的日益增长，大学教师中社会出身属于中产阶级的越来越少了。1971年，即使是在牛津和剑桥，也有23%的教学人员的父亲属于“熟练工匠”一类。[33] 1931—1932年之间，德国只有1%的大学教授来自工人阶级家庭，到1945年这个比例增长到了14%。[34]

以下段落将介绍欧洲大学教授职位的多样性、上面提到问题的总体趋势以及与教师结构相关的一些问题。

英国[35]

在我们研究的案例当中，英国的发展可能是规划得最为精心的，但由于财政压力以及畸形的教师年龄结构，它的状况并不尽如人意。一个特殊的问题就是近年来终身教职的废弃。四层员工结构分别包括讲席教授、准教授、高级讲师和讲师，终身教职一度是大学的规范（1987年时终身教授多达9成）。[36] 到了20世纪末，高等教育的双重制（大学一多科技术学院）被取消，并形成了一个统一化的教师结构。这一结构内部有着学术背 175
景、研究或教学兴趣等方面的巨大差别。[37] 这个体系基本上是精英型，也就是说，向高一级别晋升的前提是学术成就（一流的学位、研究性博士学位、受到好评的科研成果），并且出版著作的数量成为晋升中作用日益重

[32] A. H. Halsey, *Decline of Donnish Dominion: The British Academic Professions in the Twentieth Century* (Oxford, 1992), 205.

[33] Halsey and Trow, *British Academics* (note 4), 216.

[34] Ferber, *Lehrkörpers* (note 20), 147, 177.

[35] Halsey and Trow, *British Academics* (note 4); Halsey, *Decline* (note 32); Moss, 'Scottish Universities' (note 4); Williams, *Academic Labour Market* (note 12).

[36] Karpen and Hanske, *Besoldung* (note 9), 232.

[37] Halsey, *Decline* (note 32).

要的评价科研的良好指标。从 1964 年到 1989 年，出版 5 本以上著作的教师比例由 4%上升至 13.5%。[38]

1962—1963 年，全日制大学教师共有 15 720 位。其中讲席教授占 12%，准教授和高级讲师占 17%。到了 1968 年，在 30 755 位教师中，讲席教授占 10.1%。这其中，40 岁以下的人占到了 56%。1986 年，大学教师总数增长至 47 000 人，其中讲席教授比例下降到 9.5%，而准教授和高级讲师则占到 19.7%。这其中，50 岁以下教师仅有 23.5%，这反映出年轻的初级员工获得职位的有限性。[39] 古典大学在培养教师以及对待教师态度方面的影响力并未减弱。牛津大学强调人人平等的“导师”（dons）传统消解了大学教师不同群体间的紧张关系，但许多讲师获升高级讲师或晋升为准教授的机会极为微弱，这也很令人沮丧。新职位和较早退休对未来的影响非常有限，因为整体的财政紧缩和整体形势对新的大学部门来说都不是好兆头。

法国[40]

法国的情况极好地证明了由单一教授向高度结构化体系所发生的变化：1875 年，教授在全体教师中占据了半数，而到了 1975 年却只剩 12%。现代型的四层员工结构明确地将初级人员（高等学校助教和大学助教）与高级人员（讲师和教授）区分开来。需要牢记的是法国国家科学研究中心的研究人员拥有单独的职业发展路径，同时法国的大学校人员聘用机制各校差别显著，而且雇佣很多兼职教师。大学招聘的一个特征便是高度的集中决策以及全国范围的竞试或能力排名（基于学位）所发挥的作
176 用。这些名册中的排名在人员聘用过程中发挥着巨大作用，自 1968 年后

[38] Halsey, *Decline* (note 32), 191.

[39] Karpen and Hanske, *Besoldung* (note 9), 227f.

[40] Friedberg and Musselin, ‘Academic Profession in France’ (note 8); P. Gerbod, ‘Sur notre personnel universitaire’, *Revue Administrative*, 32 (1979), 475-479; Mayeur, ‘Carrières’ (note 5); F. Mayeur, ‘L’évolution des corps universitaires (1877-1968)’, in C. Charle (ed.), *Le personnel de l’enseignement supérieur en France aux XIXe et XXe siècles* (Paris, 1985).

大学也被赋予了一定程度的影响力。等级与能够发挥的作用割裂的情况并不少见，也就是说，要求大学教师完成的是比自己现有学位更高的学位要完成的职责。在获得相关学位之前他们实际上得不到这一职位。集中化和一致化的学位阶梯使得来自中学的辅助性教师能够进入大学。在1968年以后的数年里，高等学校助教的数量显著增长。到了20世纪80年代，这些教师都成了大学助教。见表5.1。

表5.1　法国大学不同级别教师数量比例（%）

年份	高等学校助教	大学助教	大学讲师和教授	总计
1970	47.3	25.9	26.8	100
1982	31.8	40.1	28.1	100

数据源自：Clark 和 Neave，大百科全书（第一卷），第223页。

德国[41]

（西部）德国大学可能经历了巨大的改变，也有人认为是劫难。过去那种单纯的教授制度（再加上短期合同的助教）到1945年就已经不合时宜。1960年之后的扩张和发展起初并不是通过创办具有完整教工队伍的新大学来达到的，而是通过扩张已有教育机构得以实现。而且教授数量的增长远远低于助教，这就导致了大学拥有大量充满了不满情绪的初级人员，他们担负着高强度的工作任务却只能享受到极少的权利，只要教授愿意，他就可以为了自己的目的而使用和调遣他们。

目前的教师结构体现了新旧模式的混合。既有旧的教授模式中的教授和获得教授备选资格的编外讲师（无薪教师），又有作为初级人员的助教，

㊶ W. Thieme, 'Die Personalstruktur der Hochschulen', in U. Teichler(ed.), *Das Hochschulwesen in der Bundesrepublik Deutschland* (Weinheim, 1990), 101-122; H. Peisert and G. Frammheim(eds.), *Higher Education in Germany* (Bonn, 1994), 114-123. Weber, 'Multiplizierung' (note 5); W. Weber, *Empfehlungen des Wissenschaftsrates zum Ausbau der wissenschaftlichen Einrichtungen*, vol. Ⅰ: *Wissenschaftliche Hochschulen* (Tübingen, 1960).

他们可以通过新的职业路径成为终身教学人员即学术顾问。对于这些职位而言，一个第一级学位（高校结业考试文凭，工程、自然科学类的硕士，人文和社会科学的硕士）已经足够了，而且没有义务更没有权利去做研究。晋升基本上都是靠年资来自动进行的。这一新的中间层（介于初级职位和高级职位之间的职位）内部有很大的差异——1980 年一项由英国学者对德国所做的研究显示总共有 48 种不同职位，这些职位的界定既没有建立在任人唯贤的基础之上，也非基于职位的功能，联邦和各州政府的多
177 次立法也未能改善这一不尽如人意的状况。《高等教育框架法》（1976 年制定，1985 年修订）曾试图创造出单一的教授群体，他们的权利和义务相同，只是工资分为三个不同的水平。由此产生的教师结构缺乏稳定性，并且失衡的年龄结构会在将来催生出新的问题。在经历了一段时间“民主的”以及反学位的空缺职位填补政策后，更为精英的、注重绩效的态度又大行其道，拥有大学授课资格的编外教师几乎再次赢得了原有的地位。但最近的趋势是向类似的美式体系发展，即六年的初级教授职位之上是终身教授职位。德意志民主共和国的结束也并未使得情形好转。由于德国 16 个州所采取的政策常常差距很大，因此不大可能预测出教师结构将会有什么样的发展。教授提早退休的政策没有了，新出现的职位（上文中提到的被称为费比哲和海森堡的教授职位）数量非常有限。[42] 其中有 75％的职位都是为了鼓励老教师完全投身于研究当中，只有 500 个职位是为了使出色的初级教师较早晋升为教授而设立。

表 5.2　（西部）德国大学全日制教师

	1960	1965	1985	1991
教授	5200	8800	24500	21400
非教授	11700	24100	46400	80100

[42] Peisert and Frammheim, *Higher Education in Germany* (note 41), 129.

1970 年后教授比例大幅提高的原因在于大量不合格的中间层人员获得教授职位，同时教师培训学院并入大学。1991 年，中间层人员中包含了 2%的高级助教和大学讲师、7%的助教、87%的研究生助教和 4%的其他学术人员。[43]

奥地利经历了类似于德国的改革，曾尝试设置不包含教授备选资格教师在内的中间层，但并未成功，而且大范围的终身教职制减少了有资质的初级人员上升的机会。终身制和教授头衔基本上都是靠年资获得的。[44]

荷兰于 1986 年对大学的教师结构进行改造，从此便更加远离了旧式的教授制度。这一结构共分为教授、副教授和助理教授三个层次，三者数 178
量比为 1∶1.5∶2.5。但这一单一体系被兼职教授和越来越多的非终身制职位所打破。[45]

斯堪的纳维亚国家的教学人员结构最初类似于德国原有的体系，由教授、讲师和助教三个层次人员组成。瑞典于 20 世纪 60 年代引进了终身制的大学讲师制度，要求终身讲师要拥有博士学位（大学授课资格），但越来越多的学生使得主管部门搁置了这一资质要求。值得一提的是，除了原有的教授类型（由国王任命）之外，还产生了一种由地方任命教授的制度。芬兰对教授群体加以区分，引进了“首席助教”的职位。同时还出现了越来越多的兼职类和临时性职位，譬如“特别临时讲师”。[46]

西班牙、葡萄牙和意大利的教师结构采用的是将绩效因素与年资相结合的方式，也就是说，一旦获得了相关学位，就自然有权利进阶到更高一级职位。终身教职十分常见，即使在较低级别的岗位中也存在，这就阻止了新员工的进入。西班牙的终身制职位和内部自我招聘的人员所占比例都

---

[43] Peisert and Frammheim, *Higher Education in Germany*(note 41), 123.

[44] Universitäts-Organisationsgesetz von 1975; cf. W. Rüegg, *Zementierung oder Innovation: Effizienz von Hochschulsystemen*, Österreichische Rektorenkonferenz, Hochschulpolitische Reihe, 1(Vienna, 1987).

[45] Clark and Neave, *Encyclopedia* Ⅰ, 491ff.

[46] M. Klinge, *Helsingfors Universitet 1917-1990*(Helsinki, 1991), 709-731.

很高，这也就反映出了对原有教师结构和已有招聘教授程序实施变革的困难所在。意大利的大学教授可以选择是兼职还是全职，他们还经常在多所大学中任教；工作地点可能离住所很远，这使得他们会花费很多时间在路途中，而且与学生的接触很少。另外，年轻学者为了谋生，通常也会在不止一个地方（大学和/或中小学）任职。需要指出的是，在意大利，大学教授们会一直工作到 70 岁，但在大多数国家，公务员退休年龄为 65 岁（另一个特例出现在奥地利；德国正在把全薪荣誉教授工作到 68 岁的规定改为 65 岁退休）。[47]

苏联阵营

前东欧阵营国家的发展变化情况比上述各国都更难描述清楚。不仅是因为我们缺乏可靠数据，而且官方公布的结果与大学中的实际情况常常大相径庭，使得局外人难以把握。其总体发展特征是 1945 年之后引进了
179 “苏联模式”，这一模式注重学术研究，在教学人员管理中实施集中决策，建立了新型的真正的大学教师的职业结构。尤为重要的是初级教员必须具有副博士学位。成功的副博士们成为科学候选人，而且取代教授备选资格或竞试的是由中央学术委员会授予的科学博士学位。多数东欧国家采用或被迫采用了这一模式，但除了同质性的专业用语和整体结构之外，各国都存在或重新产生了很多差异。

东德效仿了俄国模式，最类似的地方就是也有副博士候选人和中央管理的考试（晋升 A 和 B）。波兰在 1951 年推行“高等教育的社会主义模式”，但“制度重建过程很慢，不是一蹴而就能实现的”。[48] 所引入的新的教师类型有副博士、“科学工作者”以及助教。候选人在科学方面的学位

㊼ 关于各国的情况，参见：Clark and Neave，*Encyclopedia* Ⅰ. A. G. Hernández，'Recruiting of Spanish University Teaching Staff：From the Recent Past to a Possible Future'，*Higher Education Policy*，2(1989)，50ff.；Clark，*Academic Power*(note 9)，83. Karpen and Hanske，*Besoldung*(note 9)，102，106。

㊽ Sadlak，'Planning'(note 3)，171ff.

以及科学博士只有有限的吸引力。[49] 近些年，波兰将授予学位的权利返还给了大学（唯独教授备选资格需要总理的教授晋升委员会来认可）。如今在波兰，助教（最长 8 年）在获得博士学位后可以成为讲师，时间最长为 6 年。在获得教授备选资格之后可以成为副教授或教席教授。有时来自外界的政治压力也会使有些人不需拥有教授备选资格就可以获得相应的职位。在波兰，大学教师的第二个职业路径是讲师——没有科研责任的进行教学的高级讲师。与其他很多国家一样，教授语言的教员不在这个职业体系之内。

与波兰类似，**罗马尼亚**在 1948—1953 年期间也效仿了苏联模式中的很多方面，但副博士和“科学候选人”的学衔却在 60 年代早期被悄悄摒弃了，中央政府对于高级学位授予权的控制则被保留了下来。其教师结构分为教授、副教授、讲师、助理讲师和助教。

在**匈牙利**，严格的中央控制从 1948 年持续到 1964 年。大学授予博士学位的权利和进行教授备选资格考试的权利在 1950 年被废除，取而代之的是候选人和科学博士。1964 年之后进行了很多改革，但直到 1993 年，大学的博士学位授予权才得到恢复。1985 年，该国的大学教职员工由 1651 位教授（10.2%）、3219 位副教授、6352 位首席助教、3572 位助教和 448 名其他人员所构成。[50]

其他工作人员 180

大学体系的一个特点是无法保持一个完全一致的员工结构，即使是在一个国家范围内都是如此。大学要想在全世界的科学领域和学术界保持自己的水准，就必须要以不可预知的方式及时做出应对，并相应地调整内部员工。近些年发生的很多变化值得一提，至少可提及一下。兼职教师的数量在不断增多，有时是为了弥补在高度专业化课程方面的差距，但更多的

[49] Sadlak, ‘Planning’ (note 3), 176f.

[50] Clark and Neave, *Encyclopedia* Ⅰ, 298, table 15.

时候是为了从校外引进更高水平的人才，而且这些人可以获得一个人们梦寐以求的荣誉教授职位（比如瑞典的兼职教授和德国的名誉教授）。同样，对那些无薪教授职位而言，“大学首席终身教授”象征着给予一个院系某些主要成员的荣誉。战后的一个重要发展是出现了来自国外的客座教授（在1945年之前极为罕见）。1946年由参议员富布莱特提议的富布莱特项目旨在增进美国与其他国家之间的相互了解；受这一项目模式的启发，欧盟也出资发起了多个计划，比如伊拉斯谟计划和苏格拉底计划，这些计划的一个目的便是加强教师的流动性。[51]

研究人员

在非教学人员中，一支很庞大和重要的新群体便是大学雇佣的全职研究人员。法国的国家科学研究中心框架中对专门从事研究的人员设有专门的职业发展路径。在苏联解体之前，俄罗斯和其他东欧阵营国家设有研究院从事专门的研究工作。像美国和德国等国家，大学外的研究机构（如马克斯·普朗克科学促进学会）并没有为研究人员设立专门的职业路径。在大学拥有浓厚研究传统的国家，从1960年后见证了合同类研究的迅速增长。这些合同要么是由政府出资（如英国的研究委员会或者德国的科学基金会），要么是由工业界或私人基金会资助。一些国家的政府十分青睐合同式的研究工作，甚至会向大学施压，目的在于加强大学同工业界的联系，从而使大学更好地服务于国家经济发展，同时也是为了节省资金。这种做法在英国尤为明显。

研究工作为那些攻读更高学位的或者从事博士后工作的年轻科学家或工程师提供了很多必要的机会。大学的一个重要任务在于为研究生在校外
181 工作进行进一步的培训，若没有非教学性研究人员的参与，这一任务将无从实现。近些年来，那些只签订了短期或中期合同的年轻学者们从某种程度上已经替代了1968年后参加工作的从事初级职位的较年长的一辈。由于这些研究人员与那些同一部门里与自己有着相同资质并处于初级职位上

[51] 见第三章《与当局的关系》。

的拿工资的学者相比报酬要少一些，因此会导致而且确实也出现了一些社会问题。左翼人士要求将研究型职位设成永久性的，他们实际上忽略了问题的要害之处，而且他们还试图让人们忘记这一事实，即正是过去工会对教师结构和大学扩张的影响才导致了当前问题的出现。

非教学人员

现代科学的发展需要后勤保障人员，这一点在战前并不为人们所知。不仅仅是医学和自然科学领域需要保障人员，同其他所有公共机构一样，大学里较大的院系和行政部门也需要高素质的行政人员。对于这些重要的工作人员，我们知之甚少，他们当中既有注册主任、图书管理员、计算机中心的领导，也有图书馆的技术人员和饮食部门人员，当然还包括一定数量的秘书。在《泰晤士报高等教育增刊》里，劳里·泰勒在其每周专栏里创作了一个虚拟的秘书形象——玛琳，这个人物可以说是这个群体的完美代表：即便她并不是部门主管，但在某种程度上她运营着这个部门。支持保障人员常常被人们熟视无睹，欧洲的大学教师们对他们既不是非常满意也并无什么不满。[52] 无论是英国《罗宾斯报告》（1963 年）还是德国学术评议会（Wissenschaftsrat）的第一次报告（1960 年），[53] 抑或是其他国家的专门研究，对支持保障人员的介绍都很有限。有关数据显示，至少在德国，这类部门的迅速发展开始得相当晚。德国方面的数据也许并不能代表普遍情况（因为联邦德国的保障人员所占比例很高），但这些数据还是描绘出了一个大概的情况。1990 年，（西部）德国的大学共雇用了 10.8 万名全职教学人员和 20.5 万名非教学人员，即便是在非研究型的高等专科学校中，保障人员也多达 1.2 万名，但教学人员只有 1.1 万名。[54] 再举一例：

---

[52] J. Enders and U. Teichler, *Der Hochschullehrerberuf im internationalen Vergleich* (Bonn, 1995), table 5.

[53] Weber, Empfehlungen des Wissenschaftsrates (note 41). *Higher Education. Report of the Committee... under the Chairmanship of Lord Robbins* (London, 1963). 也可见第三章。

[54] *Personal an Hochschulen* 1982 *bis* 1990: *Fächergruppen, Lehrund Forschungsbereiche, Länder, Dienstbezeichnungen und Besoldungsbzw. Vergütungsgruppen, Hochschularten*, Geschlecht (Bonn, 1992), 2.

1985 年，爱尔兰共有 2759 名全职教学人员，可其他工作人员则有 3621 名
182 之多。[55] 一所大学中教师们的实际工作环境在很大程度上取决于学校运作机制的好坏，而这个机制则是由非教学人员和行政人员来保障的。

女性

高等教育中女性的早期历史（女大学生、女子学院和高校中的女性教师）已经在本研究中第 2、3 卷有所提及。[56] 从中我们只能发现数量上的缓慢增长。二战期间，女大学生以及女性初级教师的数量有所增加，但这只是因为她们的异性同龄人都去参战了。二战后女学生所占比例有所提高，这是中等学校体系发展的自然结果，虽然这一局面在最初未能料到。[57] 学生数量的增长并未立即引起大学中女性教师数量的相应增加。这一现象与女性学者主要占据学术级层中较低位置的事实共同引发了不定期的关于女性在大学教师中地位的激烈争论。对于 20 世纪末的这一现象，一种常见的解释是，在既有的男性体制的大学教学人员队伍中存在着对于女性的明显歧视。在这样的情境下，我们有必要继续研究当代大学中的女性历史。[58]

下面的数据是 20 世纪末一些国家在这方面的统计情况。1990 年，英国大学的初级岗位中，有 40％都是女性，但其中只有 1.7％成为教授；相比之下，男性中教授的比例为 11.4％。[59] 在匈牙利，大学所有职位中，女性占到了 30％，这其中有 41％成功地晋升中等级别的首席助教，但只有 2.4％成为教授。[60] 在荷兰，大学里女性员工只有 16％，“尽管国家调整了

---

[55] Clark and Neave, *Encyclopedia* Ⅰ, 334ff., table 6.

[56] 见第二卷 242f.：劳拉·巴斯是首位女性大学教师（博洛尼亚，1732 年）。也可见第三卷第 133 页。

[57] 见第六章。

[58] Halsey and Trow, *British Academics*(note 4)，仅在第 158 页一笔带过。关于德国的情况，参见：F. Boedeker and M. Meyer-Plath, *50 Jahre Habilitation von Frauen in Deutschland* (Göttingen, 1974)。

[59] Halsey, *Decline*(note 32), 223.

[60] Clark and Neave, *Encyclopedia* Ⅰ, 298, table 15.

相关政策，不过女性工作人员数量还是很少，特别是在高级职位中”，而且只有3%的女性为正教授。[61] 在波兰，1987—1988年间，在所有获得博士学位的人员中，女性占了28%，这些人中有20%参加了教授备选资格的考试。[62] 在罗马尼亚，员工中有29%是女性，“这其中有很多都身居高职”[63]。在瑞典，正教授中男性占据绝对优势，高达95%；在全体教学人员中，女性比例为28%。[64] 通过对比，美国方面的数据显而易见，1940年 183
美国大学全职教师中女性占28%，到了1988年，这一数字增长至31%，但在研究型大学中，女性却只有20%。[65] 从美国大学的情况中我们还发现，女性多集中于更偏重“社会性”的研究领域，如教师教育或某些医学领域。[66]

这些数据表明，不同国家的妇女解放运动同各国高等教育体系中女性教师的数量之间并无联系，政治体制同女性教师比例之间也没有必然的关系。至于某些学科如医学和教师教育领域内女性所占的较高比例，则可以从这些专业里女性学生数量较多得到解释。药学是众所周知的“女性”学科，就像麻醉学一样，因为它们都允许非全日制工作。荷兰出现的较低的数字比例非常有意思：这是女性学生的较低比例所导致的——1971年时仅为21%。[67] 1979年时女性毕业生仅有23%，不足以“产出”所需的女性工作人员，所以连比较低的欧洲国家平均比例都未能达到。在英国，从最近的研究中并未发现男性与女性职业模式上有什么系统性的差异，[68] 我们还惊奇地发现，相关资料得出的结论竟是“当女性人员的资质、出版率

---

[61] *Ibid.*,501.

[62] *Ibid.*,575.

[63] *Ibid.*,601.

[64] *Ibid.*,694.

[65] Clark and Neave,*Encyclopedia* Ⅲ,1683.

[66] Clark and Neave,*Encyclopedia* Ⅰ,787.

[67] P. Rooij,*Hollen of stilstaan*(Amsterdam,1985).

[68] Becher,*Academic Tribes*(note 14),124.

和经验都维持在稳定的水平时，对女性的歧视就不可能存在了。”[69]；在已婚有子女的女性学者中，一小部分人的著作出版和论文发表率与男性相当，而且远远高于单身女性和没有子女的已婚女性。这说明新一代兼顾家庭和事业的女性学者正在出现。[70] 吸取德国的经验，我们很有必要鼓励有能力的女性研究生继续深造取得博士学位，而如果这个建议由已经获得了成功的大学女性教师们提出，必将会更为大家所接受。当然，要实现整体的发展进步可能会需要较长时间，并且不容易加速。问题确实存在，但问题产生的原因与其说是歧视，不如说是“累积性的不利条件”。[71] 我们必
184 须继续搜集更多的案例研究和精确可靠的数据，“这样才能重新判定过去的假设，从而使相关政策建立在更精准的数据基础之上”[72]。

薪酬

同大学生活中的很多其他方面类似，大学教师们的薪酬也呈现出复杂、有时甚至是模糊的画面。这是由好几个因素导致的。很多国家学术界人员的工资与公务员的工资级别联系在一起，但并不完全列入平常的公务员工资级别。教师的工资分绩效工资和年资工资（或二者的混合）两种类型，而且在很多学科还存在着与普通的就业市场之间的竞争。另外，要公正准确地衡量一位大学教师的工作也很有难度。“同工同酬”：但工作到底是什么，人们又怎样去判断包括工程师、外科医师、亚述学学者在内的职业，以及无固定的工作时间，其“产品”很难精确估量的职业是否完全相同呢？大学教师的职业被称为“个人独立运营的工种”，他们出售的是他们自己。[73]

要想描述出自1945年以来大学内的薪酬状况及其发展情况，就必须

---

[69] S. M. Lipset, in Williams *et al.*, *Academic Labour Market* (note 12), 4.

[70] Perkin, ‘*Academic Profession*’ (note 29), 35.

[71] Becher, Academic Tribes (note 14), 125.

[72] *Times Higher Education Supplement*, 14 May 1993, 2.

[73] A. H. 哈尔西在奥格斯堡研讨会上的口头发言（注释98）。

包含内外部两个方面：内部是指这一行业内的薪酬水平，外部是指工资的发展变化同社会上其他行业间的关系。另外有一点必须注意，即使不是所有国家，但在绝大多数国家里也存在以下情况，即除了正常工资之外，大学员工还会有其他报酬。尽管这是这个职业吸引人的一个方面，不过这部分报酬有时很难通过金钱来体现。自 1945 年以来，大学员工薪酬的内部发展主要体现在以下几个方面：出现了更为正规化的工资结构，其薪级更类似于普通公务员；初级人员同高级人员的薪酬差异有了明显的缩小。英国的相关数据在这个方面尤为明显：1989 年，教授的平均工资是讲师平均水平的 1.76 倍，比研究人员的平均水平要高出 2.74 倍。[74] 1955 年，德国大学中教授的（基本）工资至少是助教工资的 3 倍，而到了 1976 年，这一差距就降到了 1.3—1.75 倍之间。教授们能够，而且大多数时候也愿意得到基本工资以外的“额外”收入，但大体情况还是比较清晰的。[75] 当我们去研究不同教师类别工资范围的时候，也发现了类似的情形。差距也已经缩小。一战前，普鲁士教席教授的最高工资是正教授从业初期工资的 185
9 倍，后者的平均工资则是副教授的两倍。[76]

据说到了二战之后，学术类职业被无产阶级化了。[77] 当然有人会主张，一项本质上是民主的由“同行”组成的职业，决不能拥有差距悬殊的工资结构。伴随着这种主张，绝大多数国家不同大学之间各级薪酬的差距被拉平或者完全消失（除了类似“伦敦地区额外津贴”之类的东西之外）。在德国，这使得去消费比较高的大学城的吸引力大大下降。因为在这样的地方，工资的任何增长或比较高的工资，都必定会花在更为昂贵的住房以及较高的生活成本上。

通过把大学工资与公务员的工资或工商业人士的收入对比，我们发现

[74] Halsey, *Decline* (note 32), 131.

[75] G. Dorff, 'Besoldung und Versorgung des wissenschaftlichen Personals', in C. Flämig, *et al.* (eds.), *Handbuch des Wissenschaftsrechts* (Berlin, 1982), 478-501.

[76] Ferber, *Lehrkörpers* (note 20), 112.

[77] Halsey, *Decline* (note 32), 125.

了类似的情况：工资级别的上限有所下降，有时甚至连平均工资水平都呈现出这一趋势。[78] 1985年的一项大学工资水平比较研究就提供了法国、意大利、奥地利、瑞典、瑞士和英国等国家的更多细节情况。[79] 在法国，1962—1983年期间，私有部门的平均工资水平上涨了80%，公务员工资上涨了50%，然而大学工资涨幅却仅为36%。这一变化使得人们对于在大学中任职的兴趣下降了很多。在意大利，大学教授常常会从事兼职工作，并且会身兼数职，所以正教授的总收入就会高于其他被调查的国家。[80] 英国的各个大学会在一个弹性范围内确定教授的工资；其他群体的工资级别对整个系统来说是有效的。英国和瑞典的教师特别是初级人员对其收入水平的满意度最低。[81] 瑞典的一个典型特征是工资差距小和高税收，一位正教授的平均工资仅为门卫的1.5倍。

由于劳动力市场的因素，工资体系的单一性（例如所有系科的教授收入都相同）在实际操作中难以维持。[82] 与大学教师有相同资质的工程师、数学家或经济学家在大学之外都能挣到更高的工资。当然，人们也迫使政
186 府注意到了这一点。解决这个问题有几种途径：大学法案或相关的规章可以为“特殊情况”提供额外的报酬，例如没有教学任务的学术假期便是一份巨大的津贴。在多数国家，除了个人的教学和科研任务之外，教师们都有机会通过工作再赚取其他收入。医学专业自然是最明显的一个例子，不过科学和工程学也提供了很多报酬丰厚的咨询顾问工作机会，并且人们理所应当地认为这是理论同实践之间的必然联系。即便是社会科学和人文科学也能给教师们提供一些赚取一些——或者说不算太少——额外收入的途径，比如去做政府委员会专家、撰写畅销书、举办公共讲座，甚至是去做电视嘉宾。

---

[78] Perkin, 'Academic Profession' (note 29), 46; Halsey, *Decline* (note 32), 131.

[79] Karpen and Hanske, *Besoldung* (note 9).

[80] Karpen and Hanske, *Besoldung* (note 9), 38.

[81] Teichler, 'Conditions' (note 17), table 2.7.

[82] Williams *et al.*, *Academic Labour Market* (note 12).

东欧国家有很吸引人的补贴方式，比如在医院里得到更好的治疗、更低廉的火车票价、国外旅行，或像是在东德可以免除兵役或是为教授的儿子在大学里留一个位置等。在过去几年里，东欧阵营国家的情况发生了翻天覆地的变化。虽然在共产主义时期大学教授们属于比较富裕的阶层，特别是有针对他们的公开或隐蔽的补贴，但现在教师职业属于新贫民。1986年，教授的最低工资约为 6 万德国马克（奥地利和法国）到 9 万马克（意大利）；最高工资范围从 8 万马克（奥地利）到 17 万马克（意大利）不等。[83] 前共产主义国家的教授工资常常只有西方国家的十分之一。考虑到不同体系的增长量和税收、养老金的投放额等诸多因素，上述数据只是个粗略的指标。需要指出的是，收入也是一个非常主观的因素。总体上看，荷兰、德国的大学教授和初级人员对其收入水平的满意度最高。[84]

战后时期，原有的围绕在大学教授身上的荣誉和头衔的吸引力都有所下降，一个原因是教授数量的迅速增多。大学员工们普遍感到工作环境恶化、公众对学者不再那么尊敬，不过也只有 8%—21%（瑞典、英国）的人表示，如果有机会再次选择，他们将不会选择成为学者。[85] 但至今为止，大学教师这一职业一直有一个很吸引人的地方，这点很有代表性也很难得，却常被忽视：他们没有固定的工作时间（即使大学教师比普通工作人员的工作时间要长），但可以自由选择工作时间和地点。时间是现代生活中最稀缺的商品，无论身处其中的成员是否充分意识到了这一点，工作上的这种自治和自由成为大学教师这一职业最有魅力的地方；不管今后工 187
资变化的走向如何，政府和各类基金会都会得到充分的建议，不要去干预教师职业中这种本质成分，否则代价巨大。

人员流动性

人员流动性常被视为欧洲大学传统中宝贵的要素，尽管真正的流动可

---

[83] Karpen and Hanske, *Besoldung* (note 9).

[84] Teichler, 'Conditions' (note 17), table 2.7.

[85] *Times Higher Education Supplement*, 24 June 1994.

能总是不如人们的预期和希望。战后出现了很多方面的新变化。科学的国际化和航空业的发展使得学术人员之间的往来变得轻而易举，而且科学家们也确实需要这样的交流，从而真正了解某个实验室或工作团体的最新进展。在很多领域（如物理学），实验都需要几个大学的学术团队相互合作。正式的代表会议和专题研讨会成为学者间交流的新形式，在很多情况下，出席会议成为一种义务。[86] 另一方面，世界各地之间交通的便利性也吸引着越来越多的人参与到 H. Markl 所说的“学术旅游”当中。“快速流动的教授们”不再严格恪守居住在大学所在地这一传统要求。[87] 在 20 世纪 80 年代，现代的飞机至少可以使得一个人在德国和美国同时担任正教授。

在大学与工业或国家研究机构（如法国国家科研中心、马普研究所等）之间确实非常需要人员的流动，但鉴于复杂性和伴随现代员工结构出现的官僚管理规定，要实现这一点也很有难度。对高级人员来说，特别是在科学界，流动到新地方常常缺乏吸引力，因为要花费数年的时间才能建好一个高度专业化的实验室，而且通常一个人不能够携带助教、技术人员和做博士论文的研究生一起过去。

相比于从校内流动到校外，人员的长期流动更多的是发生在由校外进入到大学内部（尤其是在医学、科学和技术领域），部分原因在于大学工作人员的专业化程度。毫无疑问，战后时期人员的流动性呈现出下降的趋
188 势。这有两个方面的原因，而且每个原因都可以在东、西欧各个国家得到体现。第一点便是许多大学所在地缺乏足够的住房，即使是有房屋的地区建立一个新家的成本也居高不下。就算是著名的大学，除非教授的配偶真的愿意居住在这个大学城，否则也难以吸引有声望的教授来此（可能只有牛津、剑桥和巴黎是例外）。另一个原因就是新式婚姻和家庭模式的影响。当某个学者受邀到另一个地方就职时，越来越多的配偶并不愿意就此终结自己的事业，抑或是他们在别处很难找到合适的工作。

---

[86] Becher, *Academic Tribes* (note 14).

[87] Gerbod, 'Personnel' (note 40), 477. Karpen and Hanske, *Besoldung* (note 9), for the countries discussed.

结论

1945年之后，欧洲大学中教师结构的总体变化主要呈现几个特点，这几方面有时是互相冲突的。向更为民主化的结构发展的趋势确实削弱了教授们的威望和影响力，但并未使得等级层次消失。员工之间的差异可能不再像过去那样明显，但依然存在。并非每个教师都能指导研究生的学习（毕竟有很多要依赖于毕业论文所提交的答辩委员的名字），同时，答辩委员会成员们的选择也是一种微妙但有效的区分教师的方式。在那些由法律明文规定实施民主化过程的国家（德国现在就有三种不同但“平等”的教授级别），法律仍在试图创造差异：例如，谁能成为机构的领导者，或谁是院长，等等。从总体上看，“更多的民主”也就意味着“更少的自主权”，这对于个人或机构都是如此。[88]

第二个变化是向更具差异性和正规化的教师结构发展，同时向基于学位（绩效能力的精英制）的职业发展。这导致很多国家都出现了任期较早的终身教职。这是一种如今人们所希望的社会保障形式，同时，随着拥有富裕妻子的旧式编外教师或有独立经济来源的学术绅士的消亡，这实际上也是必要的形式。政治和社会发展扭曲了教师的年龄结构，从而使整个体系在21世纪面临着更多的难题。晋升到正教授的年龄保持着相当程度的稳定，尽管是不同体系，但这方面也是相似的，平均年龄都在45岁左右（虽然在一些新的领域如信息技术或现代语言学，年龄通常会较低）。但是获得首个职位的年龄却上升了，部分原因是学习年限的延长，还有一部分原因在于初级职位非常稀缺，年轻学者们必须花费几年的时间投身于短期研究合同的工作。至于不同大学的体系是否会向共同的欧洲教师结构发展并达到稳定的状态，现在还不明朗。不过这种可能性并不大。大学里的员 189
工对于学校来说一直是个难题，无论是17世纪和18世纪的舞蹈教师和外语教师，还是19世纪的教授练习课或外语课的教师，都无法被融进教师

[88] Halsey, *Decline* (note 32), 125.

结构中，更不用说之后的例子了。但无论在何种体系下，某种形式的教席教授都无疑会继续存在下去。无论个体有什么不足，都仍有可能出现能够保证工作的连贯、质量和发展的独立性质的大学教师。当然，这种学术性和科学性的人才必须要以大学为基地，不能在单纯的研究机构工作。也就是说，他们必须将教学、研究和指导研究三者结合起来才可以。

教学

有些人觉得，“大学教师”这个称呼是一个错误叫法，因为人们常说，而且事实也常常如此，学者们对于从事研究和自身职业——很大程度上取决于研究结果——的兴趣远远大于对教学的兴趣。当然，不同国家的传统也各有差别：比如，英国的传统就是大学教学同有意识的大学教育之间始终保持密切联系。另一个极端是德国洪堡的科学教育理念（当然，这个目标对于只占同龄人口很小比例的学生群体来说难以实现）。而且，如有可能，教育还需要自由流动，学生可以无阻碍地从一所大学进入另一所大学，同时学生还拥有学习自由，可以自由选择最适合自我实现的教师和科目。现代教学中存在的一些问题可以追溯到中世纪，有些则来源于19世纪德国大学的传统，还有一些无疑是二战之后才出现的。

大学教学作为一个主要问题在大学之外受到广泛讨论，这是当代才出现的。很多问题都是由上文中提到的数量和结构方面的变化而引起的。当前的一些关注点可以借助很多对立事物来解释，当然，这些二元对立的纯粹形式在大学的日常生活中并不存在，但却为大学教学的理论以及在很大程度上为大学教学实践奠定了基础。我们看到单一学科对交叉学科、严格的课程结构（英国）对不同程度自由选择的学分制、课程的标准内容对针对教师专长的“即兴”方式、本科生对研究生的教学、大课对项目式工作的二元对立。近年来之所以会出现一些问题，原因在于我们的教学对象不再是极少数的精英学生，而是要面对着大学适龄阶层中的30％甚至更多的人群，并且这其中有很多学生都是“第一代”接受高等教育的，他们的父母并没有受过高等教育。扩大高等教育的各种机会在两个方面一直没有发挥作用，如发现天才学生以及在学生入学时就发现未来的研究生。有一些非正式的证据表明，一些有潜力的大学教师是他们的教师或博士生导师在他们事业之初挖掘出来的。这种物色工作可能要求高级教师兼研究者承担本科生的教学工作，而且这也是不提倡大学只进行教学的另外一个原因。各门科学与它们的实验室工作较少具有教学方面的问题，而且英国的导师制是既能发现最好的，又不忽视比较差的学生的非常好的方式。但不无遗憾的是，在大多数体系中，辍学率与教学人员无关。

教学方法[89]

有四种传统的教学方法。课堂讲授是最为古老的一种，除了被抨击为专制和反民主，随着印刷术的发明（更不用说其他现代媒体的出现了），也常常有人认为这种方法早已过时。在诸如瑞典或德国等一些国家，讲授的方式确实已经不再如以前那么重要了。但讲授仍然是并且在将来也会继续是最有效的教学方法之一：它是一对多的形式；它要求授课教师必须具备所教学科的广博知识，并了解研究的现状，还要在教材内容与呈现内容之间找到一个平衡点，从而将外界信息同个人观点结合起来。

能使学生积极参与进来的专业研讨会形式是 19 世纪德国的发明，并迅速受到很多大学体系的欢迎。动手实习课也是在 19 世纪出现的，到现在依然是科学专业教学的基础方法。辅导课是由英国发明的教学形式，可能算得上是最有效的一种方法。名义上辅导课被引入德国大学，但奇怪的是它变成了一种混合的形式，其中有初级教师的小组教学，而且更推崇学生来教学。

现代的教学形式包括项目作业、研究性学习、工读交替制课程、团队教学以及集中式研讨课等。远程学习在这里尤为值得一提，因为这是近些

[89] 在前两卷中，教学是以学生视角在单独章节（第七章《课程、学生和教育》）中呈现。此外，它涉及教学人员对传统课程方法变化所导致问题的反应。

191 年来最成功的一项革新。英国开放大学的成功便很好地证明了这一点，它已经为世界各地的大学教学质量树立了一个公认的标准。

在过去的几年中，由互联网带给全球的惊人变化和利润不可能使大学置身事外。很多人都希望能有一个不同层次学术教学的全球网络，满足学生的个性化需求，而且也希望能拥有利用这种教学的新型的创造性的自由。尽管已经有了很多实例，但是要想给“虚拟大学”下一个确切的定义还为时尚早。在本章篇幅中，下面的观察似乎看起来合情合理：要想使一所或者几所虚拟大学取得成功，所需要的资金要大大多于预期数量。商业利益是一个主要因素，规模经济必然限制着所教专业的数量以及采用语言的种类。新的教学媒介可能会需要并且培训一种新型的学术教师，但过去那种将教学同研究相结合的教授由于其独立性，也会作为大学世界中一个必不可少的要素而继续存在下去。

教学环境

数字因素——对数字的关注——在这里是一个最重要的方面。在一些国家，某些课程或讲座的学生数已经攀升到特别的高度。卡耐基基金会的调查显示，修读专业基础课的学生平均数量从 61 人（瑞典）到 128 人（荷兰），同时研究生课程平均为 15 人（瑞典）到 22 人（英国）。[90] 教学上采用定量的做法在 1945 年之后很普遍。在很多国家和课程上除了有相当全时学习量（FTEs）、师生比率、不同类型课程及研讨班的班容量规定，还有入学人数限制。德国对这些方面都在法律上加以规范、强制和管理。英国对于教学环境（费用）的财政评估法近些年来取得了胜利，同时也受到质疑。教学其他方面的现代化则是技术上的处处开花，如宽敞报告厅中的麦克风、投影仪、视频屏幕、复制的讲义、师生使用计算机等。现代大学的教师已经把 19 世纪的私人研究室换成了办公室，如果是在富裕的国家而且是富有的系科工作的话，还会有秘书提供服务（尽管由于有了文字

[90] Teichler, ‘Conditions’ (note 17), table 2.8.

处理技术，这种服务正在快速消失之中!)。 192

与现代教学和考试相伴的是行政管理工作的增加，如果是在一个大的系科，其规模堪比公共管理或者工业管理。对于大学教师来说，生活在许多方面变得更为便捷。然而在另一方面，自 60 年代起，对大学教学的抱怨达到了史无前例的程度。这些抱怨不仅涉及教学内容，同样也集中在教学形式上。

教学工作量

测量、描述或者规范从事学术工作的员工的工作量并非易事。为了与其他领域的行政工作安排相一致，许多国家的政府都试图在规范大学教师的工作量方面有所作为。在普通公众中普遍存在的一种感觉是教授们的工作不够辛苦。之所以有这种感觉，部分是因为人们看到的所完成的工作太少，部分是财政原因，还有一部分原因在于旧式精英大学转变为新型的大众化的高等教育系统以及随之而来的教学人员的紧缩。当然不可能采用一种“朝九晚五”式的大学：科研立刻终止，教学无法改善。共产主义的罗马尼亚尝试过引进固定工作时间，限定了分配在教学、考试、科研等工作时间上的百分比。这种做法并未成功。[91] 每一个地方的大学教师用在工作上的时间要远远多于公务员的平均工作时间。对欧洲大学的正教授来说，现实的情况是在有课的学期平均每周工作 50 小时，没课的学期稍微少一些。初级教师比教授平均少工作 5 个小时。与公众的看法相反的是，教学学期中教学绝对是重中之重。[92]

但是，各国政府试图获得更高效率或至少是生产力，其途径不一而足，或者是通过控制和奖励科研产出（英国方式），或者是通过提高每名教学员工所负担的学生数量（英国和德国，或许法国方式），抑或是通过增加授课时间（德国方式）。每周的教学时数在不同的国家有所不同，而

[91] Sadlak, ‘Legacy’(note 3), 86.

[92] Teichler, ‘Conditions’(note 17), table 2. 9.

且在不同的人员之间差别迥异，甚至在同样的教授之间也存在差异。传统上，教授每周上课大约四到六小时（比利时、挪威五小时），按一年的平均值计算，这应该占到总工作量（包括备课时间）的三分之一。在德国，对于人文学科或者社会科学的教师来说，一周的工作量意味着两个小时的讲座大课，再加上高年级学生的研讨课和低年级学生的基础研讨课。有的
193 国家仅仅规定每年全部工作时数：芬兰 144 小时，苏联讲座课和研讨课不少于 150 小时，法国 128 小时的讲座课（即每周 4 小时）或者 192 小时的研讨课。德国大学教授的每周工作时数已经提高到 8 小时，而高等专科学校教授教学时间更长（18 小时）。英国理工学院的教师同样如此。产生这种情况的原因是对这些人员没有科研工作的要求。不同教师之间的差异可以通过芬兰传统的安排来说明：正教授 144 小时，副教授 186 小时，讲师（即纯教学人员）396 至 448 小时，助教（必须是正在攻读博士学位的）每年只有 60—120 小时。[93]

研究

科研声誉可能是一位大学教师职业生涯中最重要的组成部分。[94] 这不仅仅是因为相较于教学能力来说，科研能力更便于评价，更是由于教学与科研是“相生相息的关系”（J. 齐曼）。也就是说，通过科学研究，尤其是主动研究，大学教师能够提升教学能量。这也是精英人员结构的基础所在，它以学位为基础，而且重要的是教授职位的填补要看候选者的研究能力。在建筑或者工程领域，看得见的成就（例如大楼、桥梁）可以替代研究。大学对博士学位授予权的垄断意味着至少研究生教学直接与科研相关，而且指导科研工作（作为最重要的一项教学工作）也极有可能要求指导者已经顺利完成了他/她的研究工作。尽管近些年团队合作得到大力提倡，但实际上直到 20 世纪 60 年代后期大部分的科研工作依然是非常个人

[93] Clark and Neave, *Encyclopedia* Ⅰ, 214.

[94] R. Merton and J. Daston, *The Sociology of Science in Europe* (Carbondale, Ⅲ., 1977).

化的活动。甚至像化学这样的以合作著称的科目，在英国也有32%公开发表的成果是由单一作者完成的，而社会学和数学学科其比例更是达到61%和86%。[95]

不同国家、不同学科的教师个体参与科研的情况有很大差异，但是大部分教授都积极从事科研活动，并且经常能得到外部的研究经费。[96] 在法国有为研究人员单独设立的职业轨道，但即使这已经提高了教学职业间的流动性，人们还是敦促国家科学研究中心和产业界之间进一步推进人员之间的流动。[97] 在其他国家，大学之外科研机构的数量已有所增加；在德 194
国，“科研流动”的口号正是这种发展的写照。纯粹研究与应用研究的传统二分法再也不像50年前那样泾渭分明。许多大学教师发现与工业界的密切联系不仅不会影响研究自由，反而为寻求新路径解决问题创造了可能，同时也给他们提供了更多与研究生合作的机会。

科研经费不是来自研究委员会，而是来自私营部门（人们希望更多的资金应该来自这种渠道，并且这种资金的比例是研究是否成功的良好指标），其长期影响尚不能得到完全评估。然而可以明确的是，与产业界联合进行的研发活动已经改变了有创业才能的教授在推动其学科发展过程中的地位和角色。但是同样明确的是，一名教授必须有从事独立研究的保障资金，这一传统的观点是决不能彻底抛弃的。在所有其他条件都相当的情况下，在科学共同体中作为研究者的大学教师其等级要高于其他机构那些从属型的人员。

将教学和独立科研相结合能够确保新思想产生，同时传统的知识和成就也得到传承，这些知识和成就正是通过教学过程传递到下一代。教学与科研脱节将会降低在学习的早期阶段发现杰出学生的可能性。现代大学所面临的问题是：怎样挑选一些大学教师形成科研小组，为他们从事一流研究提供机会，而这些教师又能够在培训其他有潜力的大学职员方面发挥主

---

[95] Becher, *Academic Tribes* (note 14).

[96] Teichler, 'Conditions' (note 17), table 2.10.

[97] *Times Higher Education Supplement*, 1 July 1994, 11.

要作用，让他们能够有机会使用研究设施，而不仅仅是研读文献资料。也就是说，大学应该如何为所有的成员提供学术研究的条件。

同时需要注意的是整个科学领域的纯理论研究只有在专业学者的领导下，在大学和学院的框架内才能够取得成功，因为纯粹研究对于产业发展通常是远期效应，其经济价值评估是不可行的。在一些专门的领域，有独立专业学者领导下的政府或者私人研究机构进行纯粹研究，例如法国的科学研究中心、德国的马普研究所、英国伦敦的维康研究所、美国国际商用机器公司（IBM）的苏黎世实验室，所有的这些科研机构都产生了许多的诺贝尔奖得主。科学的国际化以及国际声誉的竞争使得研究在各国更为重
195 要，各国都希望他们的学者要超越本国或本地区的水平。

教师评价和专业发展

我们这个时代对大学作为一个系统、一个机构和由个体教师和研究人员组成的群体所承担的公共受托责任提出了越来越多的要求。这些要求不仅仅来自那些常常不知大学自治为何物的政府部门的官员们。大量的公共资金投放在大学上，同时大多数国家没有学费或取消了学费，这些都要求有公开审计方面的管理。而且，否认这其中有政府或国家利益也是愚蠢之举。对一个国家而言，有必要了解整个国家研究方面的优劣，而且视情况特别要关注涉及经济或军事领域的研究。如今，评估和规划并行不悖。最终是普通的公众要了解事情的真相。非量化的评价已经不够充分，即使是同行评审依然在整个过程中还是一个基本的因素。[98]

对大学研究和大学人员进行评价源自美国。研究评价实施最早。如今几乎没有哪个学者（至少是人文学科以外的）会否认公平客观地评价个人或系科研究成果的可能性。迄今为止，关于这个问题很多细微的研究文献揭开了不同领域如何组织研究以及获得成功所需条件的细节。在欧洲，英

---

[98] Halsey, *Decline*(note 32)指的是 *Proceedings of the Symposium on the University Funding Council's 1989 Research Assessment Exercise in Augsburg on July 26-27, 1990*, Beiträge zur Hochschulforschung, 4(Munich, 1990).

国、德国以及荷兰在这方面是最为活跃的国家。[99] 研究评价也可以发现特定的职业模式，如数学方面的早期成功、成熟的历史学家的著作、从研究到指导兴趣的转变，或者是从研究中抽身而投入到“元老政治家”或耗费时间的委员会工作中。长期研究还发现，研究的产出要比大学宣称的少，但大学也会拿出证据表明大学员工中知名研究人员对整个大学的福祉具有重要意义。[100]

对大学教学的评价似乎更为困难。教学能力是否能够通过教授获得一 196
直存在争论。20 世纪 60 年代以前，这个问题在大学里或多或少地受到了忽视，或者说极少有正式官方的讨论。70 年代早期苏联“培训”大学教师的尝试也以失败告终。英国的大学教师联合会曾关注教学方法以及教师专业发展，在 1971 年的时候对讲师要求有试用期。目前“几乎所有的大学都提供某种形式的教师专业发展或培训”[101]。瑞典 1966 年设立了“大学教学方法委员会”，教师的专业发展不仅关注教学，对非教学人员也引入了一些课程，例如为新的系科主任开设管理课程。[102] 在西德，“大学教学法”成为学生运动的重要话题。1968 年以后，它也是助教出现的主要原因，同时也建立了 15 个大学教学法中心。[103] 在德国，教师的专业发展很早便与普通的大学改革联系在一起，而且研究高等学校教学法的工作组不久将帮助大学教师的兴趣转向对整个行业进行全面的改革。在 80 年代不太

---

[99] *Proceedings*(note 98); H. -D. Daniel and R. Fisch(eds.), *Evaluation von Forschung* (Konstanz,1988).

[100] Becher, *Academic Tribes*(note 14),119f.,关于德国对英语学习的详细的纵向分析，见：T. Finkenstaedt and M. Fries, in Daniel and Fisch, *Evaluation*(note 99),151-176.

[101] Teather, *Staff*(note 28),42.

[102] Teather, *Staff*(note 28),201ff.

[103] C. Führ and C. -L. Furck(eds.), *Handbuch der deutschen Bildungsgeschichte*, vol. Ⅵ: *1945 bis zur Gegenwart*, part Ⅰ: *Bundesrepublik Deutschland*(Munich,1998),432. Cf. D. Spindler(ed.), '*Hochschuldidaktik*': *Dokumente zur Hochschul-und Studienreform*(Bonn,1968). Arbeitskreis für Hochschuldidaktik(ed.), *Mitteilungen*(Bonn, 1967ff.). Arbeitskreis für Hochschuldidaktik(ed.), *Blickpunkt Hochschuldidaktik*(Bielefeld,1969ff.).

激进的氛围下，教师的专业发展失去了大部分影响力，这一现象不仅发生在德国，而且它继续发展下去的比较符合实际的形式也发生了变化。

对教学评价的争议依然很多，而且在一些数据中根据学生的报告对大学的专业及大学所进行的排名受到激烈的批评。但是学生们要求对教学方法以及方法的好坏施加影响是正当的。评价仍将会以某种形式继续进行，同时大学教师也会听从建议，尽力合作来找寻解决此问题的好方法，当然最好是在大学自治的范围之内。[104]

其他责任

大学理念意味着学术自治。现代大学发展导致行政管理的工作大量增加，而且大部分工作都需要个人来完成，或者至少由大学教师来做出决
197 定。在英国，正教授24%的时间要花在行政事务上，这一比例在其他欧洲国家为15%左右。[105] 大学教师常被看作是比较差的行政管理者，但显然，没有学术教师的参与，大学的管理将无法进行。英国拥有欧洲最为自治的大学系统，学术职位与行政职位之间的流动非常普遍。但在德国，大学的行政管理在一定程度上是公务员的职责。行政管理的一个明显的学术领域是考试，与教学本身的联系最为紧密。考试与学位对毕业生在精英社会的决定意义使得考试成了复杂、耗时，有时对学者们来说是折磨人的事情。学生咨询也应该在这个背景中加以讨论。在有些国家，专业化的但也是特定学科的教师能够经常在学生的学习问题以及以后的职业发展方面给予最好的建议。

大学教师也许还有同样重要的工作，即在大学之外为普通公众的利益服务，通过在委员会中担任自己领域里的专家是其主要途径。作为外部的审查人员，在研究委员会以及基金会、国际组织、政府部门以及志愿组织工作常常要求拥有专业技能以及大学教师的独立性。教师在这些组织中的

---

[104] *Times Higher Education Supplement*, 28 February 1992, 英国的"评审单位"(audit unit)由大学自身所属.

[105] Teichler, 'Conditions' (note 17), table 2.4.

成员资格一般基于选拔、由现成员选举或者是委派。在大多数情况下，这种类型的工作除了对所花费用有所补偿，几乎是没有酬劳的。也有很多有经济回报以及与社会地位联系在一起的工作，大学教师在自己圈子里所做的工作就不用提了，他们的专业知识总是备受欢迎的。然而在这些领域，教师被滥用的情况也会出现。

现代世界中的大学教师

政治化[106]

大学和学者从来不像他们想的或是宣称的那样政治中立。然而，一般说来，大学教师们使自己远离“政治动物”的生活方式，因为这会干扰到他们的工作。意大利的教授频繁地参与各种公共事务和组织堪称是一个例 198
外。有许多知名或不知名的关于政府限制或辞退那些过多参与政治的教师事件。[107] 但是纳粹时期、世界大战、苏联统治、战后时期、“1968 年事件”以及东欧阵营的解体都给学术和政治之间的关系带来了新的面貌和质的变化：许多大学教师不再觉得在大学里或课堂上表明“属于或者站在政治的哪一边”[108] 是应该规避的问题。同时，政党和政府也日益试图利用大学来达到自己的政治目的，而且想让大学追随政党的路线。正是在这种背景

---

[106] M. J. Mulkay, ‘Sociology of the Scientific Research Community’, in J. Spiegel-Rösing and D. de Solla Price(eds.), *Science, Technology and Society: A Cross-Disciplinary Perspective* (London, 1977); J. Ziman, *An Introduction to Science Studies* (Cambridge, 1984); T. Finkenstaedt, ‘The Political Rôle of the University Teacher and the Politicization of Universities’, in H. Bouillon and G. Radnitzky(eds.), *Universities in the Service of Truth and Utility* (Frankfurt, 1991), 85-100.

[107] E. Shils, ‘Academic Freedom’, in P. G. Altbach(ed.), *International Higher Education*, vol. Ⅰ (New York and London 1991), 1-22.

[108] *Shorter Oxford English Dictionary*, s. v. ‘political’.

下，“政治化”这个新名词脱颖而出。[109]

20 世纪 30 年代伴随着犹太教师在德国和奥地利大学被逐出（约占人文学科教师的三分之一），出现了拥有国家社会主义党党员身份或是支持纳粹党的教授。在被占领国家有纳粹的合作者，战后不可避免地出现了对教师的清洗以及 1945 年后曾被驱逐的教师的回归。人们对犹太人的移民和遭受驱逐问题已经有了很深入的研究，[110] 但 1933 年前后教师的政治化问题还没有得到相应的研究。

更加令人不安的是，对去纳粹化过程和被驱逐后又回归的教授缺乏详细的研究。[111] 对被德国占有领土的研究几乎没有公开发表的证据。[112] 仅就目前所能搜集的材料看，我们在得出结论前要非常谨慎。极少有被发现的殉道者，但有数量惊人的教授和学者不管是在东欧还是西欧的法西斯独裁统治下没有受过过多伤害而幸存下来。很多一流的科学家并没有这样的机会。为了掩饰他们的身份，在被占领地区有一些亲纳粹者和少数人加入了
199 纳粹党或签署了声明。在信件和公开出版物中明确支持纳粹的段落需要仔细分析以查明其真实含义或者是否有讽刺的意图。1945 年后对教师的清洗是不成功的。在德国大约有 30％的教授被迫离开，但只有 25％战后回归。前东德大学教师的情况很大程度上重复了 1933—1945 年的模式，1990 年代后的清理，即清除马克思主义及其政党中的积极分子，也不是很成功。[113] 如果有谁想去揭示细节，通常面对的仍然是“沉默之墙”。这似乎是被德国占领的国家还有法西斯和共产主义大学系统的真实情况。

---

[109] OED, Supplement s. v. ‘politicization’. 第一次出现在 1934 年纳粹德国的教堂里。

[110] H. H. Christmann and F.-R. Hausmann(eds.), *Deutsche undösterreichische Romanisten als Verfolgte des Nationalsozialismus*(Tübingen, 1989). See also vol. Ⅲ, 653-659(Epilogue).

[111] T. Finkenstaedt, ‘Anglistik 1945-Blick zurück ohne Zorn’, in *Valete: Festschrift zum Eintritt in den Ruhestand von Thomas Finkenstaedt*(Wildsteig[privately printed], 1992), 15-35; many details in G. Haenicke and T. Finkenstaedt, *Anglistenlexikon 1825-1990*(Augsburg, 1992).

[112] A. Wolf, *Higher Education in German-Occupied Countries*(London, 1945).

[113] R. Jessen, *Akademische Elite und kommunistische Diktatur: Die ostdeutsche Hochschullehrerschaft in der Ulbricht-Ära*(Göttingen, 1999).

显然，没有多少教授在导致东欧解体的剧变中表现活跃。在1968年事件中，有很多教授参与了活动。大量著名和重要的大学教师（主要是社会科学领域）明确提出了左翼理论，在这些理论的基础上学生（在很多情况下也包括初级职员）才得以进行“机构内的征程”。其中一些人的确完成了这一征程，这些人主要是那些试图从“后1968”时期的结构中受益的初级职员。一些教授对学生运动进行了相当程度的抵制——这种抵制在某种程度上是成功的。[114]

战后的发展形式使得大学教师不可能假装是保持政治中立的科学家。大学教师需要更多地关注他们与政治的密切关系以及他们潜在的政治作用，而且也非常有必要找到界定大学内合法研究界限的途径。事实上，独裁统治从未试图去干预博士的培养，因为这样的统治也同样需要好的科学家。因此，在大学的最基本权利方面必须找到指导性的原则，即大学内的研究和教学所在的领域应该使得学生在研究可以发表的基础上为博士学位而努力。[115]

学会

大学教师倾向于个人主义，然而他们的行为和表现还必须像一个群
体，大部分的群体行为方式是非正式管理的，而且是在初级职位上长年累
月学习的，这种学徒式的学习一直要延续到获得教授的职位。教授群体行 200
为方式的某些特点让人联想起中世纪的行会——而且是早期的行会。需要
特别指出的是，大学教师通常不止属于一个群体，每一个都有特定的权势
等级。对教师来说既有某个学科的全球性的科学共同体，也有他或她作为
成员之一的学院和大学。科学共同体是一个极为出色的比喻，在现实中这
种共同体不是很容易就能找到，因为它就像遍布世界各地的某个学科的顶

[114] H. Daalder and E. Shils (eds.), *Universities, Politicians and Bureaucrats: Europe and the United States* (Cambridge, 1982). W. Rüegg, '20 Jahre Bund Freiheit der Wissenschaft. Vom Defensivbundnis zum think-tank', *Freiheit der Wissenschaft*, 4 (1990), 8-14.

[115] Finkenstaedt, 'Political Rôle' (note 106), 97f.

级学者组成的“看不见的学院”一样难以捉摸。大学教师绝大多数的各种关系和联系都是非正式的关系网。学院、教师俱乐部、学术典礼以及晚餐，都是看得见的学术共同体活动的地方。然而在过去几十年中也可见到某些变化。总体上大学群体内部社交上的联系要比二战前少了。这可能归结为生活条件的变化以及1968年之后大多数西欧国家中作为学术生活主要成分的典礼被摧毁。提倡共同管理和共同决定的新的人员结构改变了不止一个国家的环境。旧式精英式的存在以及教授的感觉全都随风而去，同时与此相关联的许多以往紧密的同事圈子也都不复存在。在某种程度上，大学教师变得更正常了。在教授中间仍然有一种感觉，觉得他们可以跨越学科和国界而属于彼此。除了这种感觉，也有看得见的协会组织，尤其是特定学科的专业学会以及一个国家所有大学教师的普通联合会。自二战以来，专业学会在许多领域成为重要的社会力量，同时大学教师在这些学会中也发挥了重要的作用，或者他们也拥有自己的专业学会。会议、论文集以及公开发表的研究成果在追求声誉中都非常重要，同时随着国际化的到来这种追求变得日益艰难。在年会上做“特邀发言”或在重要协会担任主席对教师的职业生涯来说其价值堪比任何获奖或著作、论文发表。

这也说明了为什么普通的大学教师联合会常常对教师没什么吸引力，虽然这些联合会对整个系统来讲也许同样重要。英国的大学教师联合会加入了工会联盟，而且在联盟中其会员占有极高的比例（50%多。理工学院拥有自己的联盟，称为全国继续教育与高等教育教师联合会）。法国和瑞典同样具有强大的工会传统，对不同工会的选择大多基于个人的政治倾
201 向。在瑞典，大学教师在面向学术白领的综合性工会中拥有自己的联合会。有些教师喜欢加入非教学人员的工会，正是这个工会在60年代的瑞典宣传平等的大学系统。法国的三个教师联合会也是与政治联盟的工会组织，它们在1968年后对教师结构的变革发挥了前所未有的影响。在德国，真正的工会（德国教师工会，公职人员联盟）极少有大学教师会员。教授和拥有教授备选资格的人员在德国高校联合会中拥有极高的会员比例（一半以上）。这些协会所发挥的作用在不同的国家依据其法律环境的不同而

不同。在英国，大学教师联合会和全国继续教育与高等教育教师联合会在每年的工资谈判过程中会成为伙伴，甚至也会一起支持罢工行动。在德国，大学教师的官方地位带来的是更为非正式的影响，具体情形在很大程度上要依据政治环境而定。不可否认的是，教师协会在总体上倾向于做出反应，而非直接行动，而且它们也没有为未来开发出新的模式。在前共产主义国家没有任何自愿性的教师组织或者是独立的、争取会员的针对行业的工会。政党和一般性的工会确实对大学政治施加影响，但是一般情况下，它们不干预有关学位的决定，对教师的聘任几乎也没有阻碍。

如今对大学教师的私人生活所知甚少。可能学生生活的变化（躲避大学）与大学教师的生活有共同之处，教师们更愿意和朋友而不是同事待在一起。新型的拥有自己职业的学术伴侣的出现可能促进了这方面的发展。

结论

用一两句话是无法总结半个多世纪大学教师的发展过程的。西欧国家经历了重建、扩展以及 1968 年之后的动荡，紧随而至的又是 80 年代的紧缩。在东欧，苏联模式在 1945 年之后经历了诸多的变革并最终瓦解，开辟了大学系统在某种程度上沿着西欧模式的发展之路。1990 年之后总体情况是混杂在一起的。欧盟承诺要促进经济的新发展。这可能会导致把大学教学作为发展的引擎而予以高度重视，就像二战后所做的那样。

将大学整合成更为综合性的第三级或称之为高等教育系统将改变传统的教师结构，尤其是对高级人员的传统资格要求。除了现代媒体的影响之 202
外，学生以及大龄学生比例的提高将迫使教师们更多地思考教学方法。

全球化[116]以及欧盟的影响导致多样化的教师所教授的课程之间差异日益增大，比以往更为碎片化。来自布鲁塞尔的经济驱动力强化了创业型大

---

[116] World Bank(ed.), *Higher Education: The Lessons of Experience* (Washington, D. C., 1994).

学的发展趋势，[117] 人们希望教师既是创新者又是好的经理人，这样的品质不管是在学校内部还是外部都有助于提高学者的社会地位。《马斯特里赫特条约》未涉及大学教师，因为他们不在欧盟规章的制约之下。条约提出（第130条，f款和g款）要加强工业的科学基础，研究中心和大学将在科技方面提供协助。欧盟也将进行科学家的培养训练，并鼓励他们的流动。最近的项目包括建立国家间各部门的专题网络，这意味着大学向着计划的方向发展，也意味着逐渐在教师间进行比较有用和不太有用的区分。这种做法与欧洲的传统是完全背道而驰的。各国政府和教师协会似乎对这样的问题还没有给予更多的考虑。

大学的“精英色彩”已经不复存在，教师的支配性也下降了。[118] 大学教师的社会声誉已无法与过去相比，这个行业现在太大，无法由精英来组成。但教授的头衔在许多国家依然具有很高的社会和经济价值，而且许多大学教师是他们所在领域的专家，他们参与各种关于科学和一般问题的公开的辩论。比较麻烦的是现代社会的问题通常引发多种解释，没有最后的定论，而且有些大学教师无法抵制住来自媒体、政客或工业界的诱惑。利用自己的学术地位实现与个人学科无关的目的确实是令人心动。但是过去的那些吸引力依然存在：大学里从事研究的声誉，生活方式极大程度的自由，常常与工作稳定性结合在一起。我们生活在一个转变的时期，是否会
203 出现大学教师的新形象以及新的大学精神这一点非常不确定。[119] 在许多学科，认识一个人的所有同事已经不可能了，而且确实存在着共同体观念彻底消失的危险。如果没有这样的机构我们可能无所作为，是大学把教学和研究结合在一起，颁发博士学位，拥有将学术作为自己职业的核心成员，而这些人保证了学术的、科学的以及学者的标准。这种重要的工作不可能

---

[117] B. R. Clark, *Creating Entrepreneurial Universities* (Oxford and New York, 1998).

[118] F. K. Ringer, *The Decline of the German Mandarins: The German Academic Community 1890-1933* (Cambridge, Mass., 1969); Halsey, Decline (note 32).

[119] Deutscher Hochschulverband (ed.), *Das Berufsbild des Hochschullehrers: Thesen mit Erläuterungen* (Bonn, 1991).

通过简单多数的投票来进行，而只能通过高水准大学教师的同行评价。大学教师——“最公开同时也是被研究最少的职业”，是 20 世纪的“关键职业”，同时也可能是 21 世纪的“关键职业”。[120]

精选文献

Altbach, P. G. (ed.) *Perspectives on Comparative Higher Education: Essays on Faculty, Students and Reform*, Special Studies in Comparative Education, 22, Buffalo, 1989.

Becher, T. *Academic Tribes and Territories: Intellectual Inquiry and the Cultures of Disciplines*, Milton Keynes, 1990.

Bourdieu, P. *Homo Academicus*, Paris, 1984.

Boyer, E. L., Altbach, P. G., and Whitelaw, M. G. *The Academic Profession: An International Perspective*, Ewing, N. J., 1994.

Charle, C. (ed.) *Le personnel de l'enseignement supérieur en France aux XIXe et XXe si'ecles*, Paris, 1985.

Clark, B. R. (ed.) *The Academic Profession: National, Disciplinary and Institutional Settings*, Berkeley, 1987.

Clark, B. R. and Neave, G. (eds.) *The Encyclopedia of Higher Education*, Oxford, New York, Seoul and Tokyo, 1992.

Enders, J. and Teichler, U. *Der Hochschullehrerberuf im internationalen Vergleich*, Bonn, 1995.

Giglioli, P. P. *Baroni e burocrati: Il ceto accademico italiano*, Bologna, 1979.

Halsey, A. H. *Decline of Donnish Dominion: The British Academic Professions in the Twentieth Century*, Oxford, 1992.

Halsey, A. H. and Trow, M. A. *The British Academics*, London, 1971.

---

[120] Perkin, 'Academic Profession' (note 29), 1.

Maasen, A. M. and van Vught, F. A. (eds.) *Inside Academia*, Utrecht, 1996.

Sindal, H. *Structures of University Staff: Schemes of Academic Hierarchy and Dictionary of Terms*, Strasbourg, 1966.

Teather, D. C. B. *Staff Development in Higher Education: An International Review and Bibliography*, London and New York, 1979.

Teichler, U. (ed.) *Das Hochschulwesen in der Bundesrepublik Deutschland*, Weinheim, 1990.

Williams, G., Blackstone, T., and Metcalf, D. *The Academic Labour Market*, Amsterdam, 1974.

第三编 学生

第六章　录取 207

A. H. 哈尔西

导言

1945年，倘若欧洲的大学不是仅仅招收富裕家庭子弟或青年精英的话（这其中绝大多数还是男性），那么大学的规模会很庞大。社会所选拔的少数年轻人参加升学考试后，一部分人方可进入大学获取学位，这些升学考试主要涉及科学及人文方面。但是这一体制随后就发生了变化。自1945年以来，整个欧洲大学及其他高等教育机构所录取的学生人数或多或少地都呈现出了增长的趋势，这一趋势一直持续到20世纪90年代。自美国颁布《士兵权益法案》（此法案使成千上万的二战退伍士兵接受了由政府资助的高等教育）以及东欧进入苏联势力范围之后，从回溯历史的角度来看，平等教育机会的各种历史演习成了一种惯例。英国的继续教育与培训补助金便是一个典型的模仿性方案，整个欧洲大陆也是如此，尽管战争的巨大破坏仍未消除，然而扩展教育已成为当时的规范。这种趋势始于战后，虽然发展的速度不同，一直持续到20世纪70年代中期石油危机爆发后，直到本章覆盖的最后阶段才得以终止。1970—1990年入学人数的总结见表6.1。

除苏联阵营国家，西欧的增长只能用“壮观”一词来形容。例如，英国大学1990年的教师人数远大于1950年的学生人数。尽管20世纪80年代开始下降，1980年芬兰、奥地利以及西德的学生人数则是1970年的两
倍。20世纪70年代，年平均增长率分别为8%以上；20世纪80年代，分 208
别为每年4%以上。女生占据学生增长总数的大部分，到1990年，她们已

经占据学生总数的一半，或在绝大多数国家接近一半。

东欧与西欧之间的经历并不相同。20 世纪 70 年代东欧各国的发展较为缓慢，年增长率为 3%，其中，捷克、波兰和南斯拉夫处于领先地位，苏联和保加利亚排在最后。20 世纪 80 年代，东欧基本上没有什么发展。80 年代末的经济和政治危机时期，匈牙利、波兰、捷克斯洛伐克、罗马尼亚和南斯拉夫，年增长率实际上是下降的。因此，东欧和西欧之间高等教育入学人数的差距拉大了。

表 6.1　以千为单位的欧洲高等教育入学人数[①]

（括号中显示的是女性入学人数的百分比）

欧洲国家	1970	1980	1990
阿尔巴尼亚[②]	14.6（50）	25.2（50）	22.0（52）
奥地利	59.8（29）	136.8（42）	240.3（45）
比利时	124.9（36）	196.2（44）	276.2（48）
保加利亚	99.6（51）	101.4（56）	188.4（51）
捷克斯洛伐克	131.1（38）	197.0（42）	118.0（—）
丹麦	76.0（37）	106.2（49）	142.9（52）
芬兰	59.8（48）	123.2（48）	165.7（52）
法国	801.2（—）	1076.7（—）	1698.9（53）
联邦德国[③]	503.8（27）	1223.2（41）	1686.7（41）
民主德国[④]	303.1（43）	400.8（58）	438.9（52）
希腊	85.8（31）	121.1（41）	195.2（50）
匈牙利	80.5（43）	101.2（50）	77.0（49）
爱尔兰	28.5（34）	54.7（41）	90.2（46）
意大利	687.2（38）	1117.7（41）	1452.2（48）
荷兰	231.2（28）	360.0（40）	434.1（45）
挪威	50.0（30）	79.1（48）	142.5（53）
波兰	197.9（47）	589.1（56）	544.8（56）
葡萄牙	50.1（44）	92.2（48）	185.7（56）
罗马尼亚	151.9（43）	192.8（43）	192.8（51）

续表

欧洲国家	1970	1980	1990
西班牙	224.9（27）	697.8（44）	1222.0（51）
瑞典	141.2（42）	171.4（—）	192.6（54）
瑞士	51.4（—）	85.1（30）	137.4（35）
苏联	4580.6（49）	5235.2（—）	2638.0（50）
英国	601.3（33）	827.1（37）	1258.2（48）
南斯拉夫	261.2（39）	412.0（45）	327.1（51）

①for 1970 and 1980 UNESCO, Statistical Digest 1990, UNESCO Yearbook 1989. D. Kallen in Clark, *Encyclopedia* Ⅲ, 1549. The column for 1990 was established by Marilena Filip, CEPES/UNESCO, Bucharest. Main source: UNESCO Statistical Yearbook 1994. Other sources: Czechoslovakia—GEO 3 Data Compendium; Greece and Yugoslavia—UNESCO Statistical Yearbook 1994; Hungary—Education in Hungary, Budapest: National Institute for Public Education, 1997; Romania—United Nations Statistical Division; USSR—UNESCO Statistical Yearbook 1998.

②Only level 6. ③Data for 1991. ④Data for 1988.

在这场波及欧洲的教育运动的背后，我们可以发现三项动力以及至少 209
三层阻力。首先是经济社会动力：增加数量的渴望以及具备相应的财政能力去寻求财富与福利。这些在欧洲大部分地区是政治需求的表达，因为东欧与西欧分属两种民主模式，并且整个欧洲的选民都认为国家是确保繁荣和正义的主要工具。诚然，西欧人认为私营企业是体现自由必不可少的方式，但国家主导的教育系统则是几个世纪遗留下来的，而且最近的经验表明民族国家已经成功地打败了法西斯主义。

受凯恩斯自由主义启发的政府知道如何利用宏观经济计划提供充足的就业机会。这种信念于 20 世纪 80 年代崩溃，部分原因在于高等教育和培训系统的管理环境发生了变化。然而，20 世纪 50 年代，由于受到东欧苏联计划模式和西欧为复苏西欧经济而设立的经济合作与发展组织不断宣传的影响，劳动力效率成为首要且最为显著的驱动力。

其次是对大学提高专业与技术效率的能力信心，最近也有同样的做法。大学校园内已发明了原子弹和青霉素。未来繁荣的关键在于把学术界而非商业企业作为现代经济的核心机构。

最后，可能是尤为重要的一点，即民族性国家扩大高等教育规模的动力，这也是本章所关注的中心。从历史上看，这个问题不管是在东欧还是西欧都可以表述为阶级的问题。正如我们所提到的，最初采取的形式是纠正战前一些不平等现象。随后采取更惊人的形式，即扩大女性、少数族裔以及成人入学的机会。只是很久以后才发现，传统的阶级目标，即均衡各个阶级的入学机会，无论是在马克思主义模式还是在自由主义模式中，都以失败告终。

以上是动力所在，但阻力则是令人生畏的。尽管有改革的压力，但大学的自治性赋予其强大的防御能力。大学本身倾向于保持与洪堡和纽曼所提倡的大学概念相一致的形式。布鲁斯·特拉斯科特成为畅销书的作者[①]，本质上他所推崇的是开明的精英学者的“牛桥”理念。直到 1963 年
210 克拉克·科尔在哈佛大学所做的吉福德演讲的信息传播到大洋彼岸之后，大学作为国家经济和文化生活的知识中心的新形象才得以出现。[②] 此外，在欧洲，对孩子期望值高的父母们对精英学校仍然情有独钟，如法国的国立中学、德国的文科中学。而且“能力库”的观念使得对扩大中等教育进入高等教育通道的持续性抵制变得合理化。

其次，阶级和地位阻力的存在也并不奇怪。作为中产阶级或公职人员，没有什么比如何把他们的优势传给孩子这个问题更能激发家长们了。值得庆幸的是，经济发展为更多受教育的人提供了更多的就业岗位，从而使得维护精英中学和学院的力量得以减弱。但在我们这个年代，阶级和地位的斗争愈发集中在大学的招生办公室里。

随后出现的第三个强大的阻力是政府不愿意投资高等教育。这方面有三个可以确定的根本原因：军备诉求与民生诉求的冲突；选民不支持较高

---

① B. Truscot, *Redbrick University* (London, 1943).

② C. Kerr, *The Uses of the University* (Cambridge, Mass., 1963).

的税收；主张最小政府的经济自由主义信条的普及。从当时战后的经验来看，这些原因似乎是自相矛盾的。然而，老龄化人口确实会优先考虑医疗保健的支出，而且鉴于官僚主义效率低下，他们也不愿意让政府花他们的钱。人们对于这种不情愿可能会找到一个合理的依据，即政府投资高等教育是社会的倒退。实际上，郊区家长对经济自由主义者和社会主义者缩减学生津贴尝试的强烈反对证明了相反的一面。即使是在教育内部，女性大量进入经济领域以及双职工家庭的兴起，引发的则是对于学前教育和保育的需求，而不是对大学的资助。

最后，还有一股阻力来自那些反对市场的势力、行会或中小学及大学等公共服务机构，它们在经济自由主义成为欧洲各国政府的主要信条时发挥了抵制作用。行会以及由教师和研究人员组成的行政形式的组织是很强大的，但最终它们也无法阻止教育沿着市场化的路径进行重组。

我们也必须充分考虑到人口结构变化的因素。这些也都是欧洲范围内
的，其中包括原因不明的生育波动。整个区域逐渐由二战后的婴儿潮时期 211
向前所未有的出生率下降时期转变。到 20 世纪 90 年代，人口出生率已经普遍下降到 1.8%，而要保持稳定人口，出生率则要求 2.1%。生育率的波动与人口数量的长期下降，可能会给大学带来即便不是灾难性的前景，也会是长期消极性的影响。但事实上，这个发达的工业区域的人口结构和相对繁荣产生了一个“第三龄”体制，在此，医疗保健、休闲和收入都相对均匀地分配给那些已经从劳动领域退休的人，而且这些人实际上已经形成了拥有资源并追求继续教育的一个新的、强大的政治阶层。因此，法国形成了“第三年龄大学”，英国开放大学广受支持，在讲德语的国家引进了老年大学，类似的机构在整个欧洲都很普遍。

持续性的不平等

人们很清楚阶级障碍绝不仅仅是战后欧洲的特有的特征，它也涉及其他国家和其他时期。一项对 13 个国家可比项的研究为本章的主题提供了

重要证据。[3]“可比项”本质上是统计学概念，正如罗伯特·梅尔[4]在区分两个过程时所界定的：教育系统的扩张以及中小学生和大学生的选择与分配。为了明确区分不同，对孩子们能够选择或被选拔继续接受更高层次教育的时候，梅尔使用了转变的概念，而雷蒙·布东则称之为“分支点”。[5]转变的概率显然是由外在因素决定的，例如性别、阶级背景、种族、父母的教育背景和收入、家庭规模或潜在学生人口的地理位置。概率也是当时特定机会结构的结果。因此，与其提出诸如教育过程是如何发生历史转变的简单问题，还不如分别询问关于机会扩大（或收缩）的影响以及关于外
212 在因素转变的影响等问题。梅尔的方法或模式通过罗吉特回归分析得出了答案。

根据实证研究，他发现当教育发展时，正如 1945 年以后欧洲教育的发展那样，回归值沿着相邻年龄组呈下降的趋势，除非社会阶层与教育转变（罗吉特效应）的关联度增加。根据实证模式的特点，在连续转换中，罗吉特效应呈现下降的趋势。在教育扩展时期，达到教育系统较高水平的相邻年龄组的增加部分具有较小的选择性，不可测量因素的同质性同以前的组相比会降低。因此，社会出身对高等教育转变的罗吉特效应呈现增长的趋势。这个互动过程的最终结果是减少了学校教育的差异，增加了教育的均等性，但社会各阶层之间教育相对机会的分布几乎没有变化。我们的问题是这种结论能否适用于战后欧洲的各个国家。

这项研究所涵盖的国家或地区有联邦德国、荷兰、瑞典、英格兰和威尔士、意大利、瑞士、波兰、匈牙利以及捷克斯洛伐克，也包含了一些非欧洲国家和地区（美国、日本和中国台湾）作为对比。尽管研究所包含的

③ Y. Shavit and H. -P. Blossfeld(eds.), *Persistent Inequality: Changing Educational Attainment in Thirteen Countries*(Boulder, Col., and London, 1993).

④ R. D. Mare, 'Change and Stability in Educational Stratification', *American Sociological Review*, 46(1982), 72-87.

⑤ R. Boudon, Education, *Opportunity, and Social Inequality: Changing Prospects in Western Society*(New York and London, 1974).

范围并不全面，但可以使我们从更广阔的背景中看到欧洲的整体发展，并且将东欧的共产主义改革经验与德国或英国的资本主义社会结构或者与瑞典或荷兰的社会民主体制进行对比。

经验让我们预期到教育的不平等性。在经济、政治的重建与发展时期，我们会预期不断增长的财富和更好的医疗、各种回应憧憬美好社会的尝试以及战争结束后更先进更和平的文明。此外，我们也很想知道不同的政治制度之间在回应特别是提高大学或高等教育入学机会方面相差有多大。战后，随着法西斯主义和国家社会主义的灭亡以及共产主义和社会民主主义的崛起，家庭的、政治的以及经济特征与教育机会之间的关系是否发生了变化？

教育程度在阶级、种族以及性别之间的持续的不平等是欧洲历史的古老特征。解释这种状况的方法一直有两种基本模式：文化资本理论和经济约束理论。文化资本理论假定穷人大多缺乏语言优势、动机和技能，而这些可以促使学生学业进步并使其具备成功升入大学的能力。由雷蒙·布东 213
所提倡的（虽然不一定不相容）经济约束理论[6]认为在大多数国家，教育资金必须来自家庭资源，要把直接的成本和放弃的收益都包括在内。因此，根据意大利的情况，贫困家庭如果想接受高等教育，相比较富裕家庭他们要做出更大的牺牲，并具有更强大的抱负。[7] 从这个意义上来说，各阶级和不同社会地位群体之间文化和经济的不平等性结合在一起，导致其孩子之间的教育不平等。

在回应经济日益技术化要求的时候，作为迈向现代性大趋势的特征之一以及既得的先赋角色的替代品，精英观念依然存在。因此，社会出身与教育资格之间的关联随着时间的推移应该会消失，尽管并不是所有国家都具有扩大学生数量以及延长其就学时间的决心。无论是从现代化的角度还是从再生产的角度，看待教育的理论家们往往都认可教育扩展——无论是

---

⑥ Boudon, *Education* (note 5).

⑦ D. Gambetta, *Were they Pushed or Did they Jump? Individual Decision Mechanisms in Education* (Cambridge, 1987).

应对现代经济的功能需求或各社会地位群体之间对稀缺教育资源的竞争——将导致较低层次的教育获得较高的平等性。但是这两派对高等教育结果的看法却不同。现代化理论家预计阶级出身的影响会随着时间的流逝而消失。相比之下，坚持再生产观点的理论家则预计阶级等级导致的不平等影响不会变化，甚至会加强。高等教育机构的扩展肯定会以这样或那样的方式使得一个新的扩大了的威望和权力等级层出现，以便将校友安置在专业及管理结构中。由此，既能使得毕业生比例增加，又能使得具有阶级出身优势的人拥有稳定的差别优势。

高等教育的模式

1945—1989年间，高等教育的组织出现了两种不同的模式。在苏联以及东欧，义务教育后的教育由国家主导，并且被视为现代经济的开端以及培养社会主义新人之所。因此，专业的安排既狭窄又是职业化的，所谓
214 “没用”的学科专业，如古典学科则被忽视。[8] 在西欧地区，高等教育也朝着科技方向发展，但并不像东欧那样明显，传统课程仍保持原有地位。与快速发展的公立高等院校相比，西欧私立学院或大学的重要性相形见绌，但仍得到认可。只有在欧洲外的美国与日本，私立大学迅速发展，而且这些学校大多具有宗教的根源，尤其是美国新教教派。西欧实践中，尽管倾向于美国模式（这种模式实际上是美国自己在19世纪取得巨大成功后引进的德国大学模式），但仍然保留了国家主导的学院与大学系统，政府成为战后大学扩展的主要资金提供者。

高等教育的扩展不能仅归因于满足大众对于扩大教育机会平等性需求的政治因素。至少，我们必须同样注意到政府决心通过研究并对现代劳动力进行教育及培训来使国家现代化。在苏联，义务教育之后的教育被定义

⑧ N. De Witt, 'Basic Comparative Data on Soviet and American Education', *Comparative Education Review*, 2(June, 1958).

为培养现代工业经济和中央计划经济所需劳动力的重要工具，这似乎也导致了对个体向上流动愿望的政治性回应。

宗教影响曾深刻塑造了中世纪欧洲大学发展的进程，但在战后时期其影响力逐渐减弱也是一个主要因素。大学生活世俗性的胜利虽然在西班牙极为微弱，但是法国却相当明显；英国牛津大学和剑桥大学的特例尤其引人注目，在这两所大学里，外国观察者经常会为僧侣学院、过时的紧密的师生间的辅导关系与现代化的实验室的共存感到困惑，在这些实验室里，诺贝尔奖以及著名的科学发现经常出现；在美国，宗教与国家的分离加速了私立院校的发展；在法国，拿破仑革命给予大学校崇高的地位；而在英格兰，国教会融入国家机器的结果导致了社会性的而非学术性的低一等的“红砖”大学的发展，这些大学拥有单独的录取程序。因此，欧洲大学的总体情况是包罗万象的，而非只是二元制的。苏联和东欧集团二战以后通过取消教会，实现了教会与国家的实际分离，匈牙利大学古老的教会基础便是一个典型的例子。

从某种意义上说，东欧各国对教育的干涉可以被合理地看作是对于入 215
学考试和入学成员的基于宗教控制的再现，而这些在基督教的中世纪以及西方早期现代大学里司空见惯。值得注意的是，在英国，直到 1870 年颁布《宗教考查法》，英国才不再考察入学者的宗教观念和入学的情况。在匈牙利，继 1956 年的起义后，几百名教师以及更多的学生被驱逐出大学，1957 年诸如共产主义青年协会的组织建立起来，并最终全面控制学生的生活；传播马列主义意识形态的科目成为强制性的科目，其目的是影响人们的信仰，其做法正如中世纪欧洲基督教教义所做的一样。

直至 20 世纪 80 年代，随着市场自由主义信条的兴起和私有化以及“与政府保持一定距离”观念的推动，公共性质系统才受到了严重的损害(无论是由国家还是由教会主导的)。这最终导致了 80 年代末东欧共产主义指令型经济的崩溃。直到 20 世纪 90 年代，私人组织与国家组织之间相互制约与平衡的新局面才得以重现。

许多共产主义革命以及1989年反革命的后果在其他章节中有所追溯。[9] 共产党通过国家有意介入大学录取，试图改变入学学生的社会成分，进而从总体上改变社会流动性的水平。因此，历史赋予了（以某种代价）人们机会，去对比不同社会变革带来的通过教育实现社会转型的效果。因此，东欧社会主义转型的尝试成为本卷的主要特点之一。

社会主义转型发挥作用了吗？事实上，采用社会阶级分类进行招生的方式在1963年就被废止并继之以考试的方式。我们不知道在多大程度上成功地实现这一目标。这一时期是短暂的，存在大量的舞弊行为，党组织机关人员注定会为自己的孩子寻找机会；他们有各种“后门”，包括他们有权通过政府部门干涉上诉程序。总之，信息系统、对名望的竞争以及对现代化的追求给国立大学系统带来很大压力。西欧国家的信息对于寻求新
216 革命的研究人员和学生而言具有重要意义。在1956年匈牙利发生革命之后的30多年中，大学生活在这方面的重要性在于，学生革命在东德是不可想象的。

同时，二战后学生入学人数增加，课程多元化。20世纪70年代中期毕业生（不管来自是中等学校、中学后学院还是教育与培训领域）与劳动力市场需求之间出现了危机，最终在20世纪80年代进入了重建时期。在这一阶段入学机会与选拔在西欧越来越多地受到多重政治经济困难的影响，在东欧则受到政治剧变的影响，这其中包括公共经费与失业率的急剧上升以及政府管理方面的经济自由理论的复苏。粗略地说，20世纪80年代是市场的时代，高等教育的发展受到了财政的束缚，这导致了大学结构与目的的多种重新定义。

这些变化中最为明显的是学术中学与大学之间传统上的密切联系弱化。在所有国家，中学的高级阶段实际上变成了一个独立的机构，它们不再是从普通小学中选拔少数人去接受精英高级教育的输送工具了。当然，

[9] 详情请见第二章《模式》、第三章《与当局的关系》和第八章《学生运动与政治激进主义》。

40 年代至 60 年代间，精英中学继续对学生进行选拔，尽管瑞典成为欧洲著名的综合学校或普通学校的实验先驱。关键的“分支点”是高中的课程，这些课程要么是准备法国的中学毕业文凭考试、德国的文科中学毕业文凭考试，要么是意大利或其他地区相类似的文凭考试。在英国这个阶段则是学生为大学考试进行准备的文法中学或高中的“第六学级”。这种中学的高级阶段依然是很重要的，但随着大多欧洲国家除了学术性教育逐渐安排职业培训之后，高中的课程变得更加多样化了。到了 20 世纪 90 年代，大部分中学生的离校年龄为 18 岁，其中许多学生推迟接受高等教育的时间，部分学生选择非全日制或某种其他形式高等教育机构中的全日制教育，还有些学生直接参加工作。然而，各个国家的状况无论是从传统的角度还是从适应新需求或财政支持的新条款方面看都不尽相同。

欧洲和大多数发达国家的高校学生一般直接源于中学，有时来自某种特定类型的学校。在这些学校里，学生集中学习学术性科目。意大利有一种非常专门化的结构，某些类型的学校与特定的高校直接联系在一起。英国与日本和美国一样，高等教育入学考试可以在任何一类提供后义务教育的学校进行，包括迅速发展的“第六级学院”。在其他国家（包括北爱尔 217
兰和英国的其他地区），不同类型的中学可以对学生进行选择，但入学后的某个阶段学生可以转学。不言而喻，高等教育入学考试主要是在侧重学术性教育的学校里进行。

表 6.2　高等教育入学准备：考试要求的特点

	开始年龄	学习年限	入学资格	考试年龄	科目
法国	15	3	高中毕业会考文凭	18	9
德国	15	4	文科中学毕业证书	19	5
意大利	14	5	高中毕业文凭	19	
日本	15	3	高中毕业证书	18	8—10
荷兰	16	2	离校证书	18	6/7
英国[①]	16	2	中学高级程度会考证书[②]	18	5

续表

	开始年龄	学习年限	入学资格	考试年龄	科目
美国	15	3	高中文凭	18	6

①在苏格兰，获得苏格兰高级中学毕业证书需要在一年内学习五门以上学科。②A-水平或高级资格是通过两年内对至少六门课程（有些是必修的）的学习而获得的，通常包括数学、本国语和一门现代外语。英格兰、威尔士和北爱尔兰通常会限制学习的科目，因此专业化的学习开始得较早。本科课程的学习要求至少通过五门GCE课程（普通教育证书考试，通常在16岁时进行），其中两门课程为高级水平（通常18岁参加考试），但大多数考生一般都会尝试考三科高级水平的科目，而且至少已经通过了普通水平的六科考试。

入学考试

每个国家都有特定的国民教育资格，这构成了高等教育入学的基本要求（见表6.2）。

英国对于高级水平考试的特殊地位长期存在着争议，这些考试与德国文科中学毕业考试、法国及其他地区的业士考试一样控制着大学的录取。这背后隐藏着社会阶层以及阶级之间对占有教育资源的斗争，而这些斗争在改革和扩张的运动中愈加激化。同时，对于那些越来越多的成人学生及缺乏“传统”入学资格的学生也采取了专门的安置措施。

218 尽管对录取人数的限制可能意味着针对某些类型的课程或某些学生需求强烈的学校会有进一步的筛选过程，但被高等教育机构录取主要取决于获得适当的入学资格。在英国，进入所有的高等教育机构都需要竞争。在东部和西部欧洲，自拿破仑时期以来国家对高等教育录取权的控制日益增强，国家要么确定考试的内容和标准，要么控制学生财政资助的各种渠道，或是通过积极的差别对待，更为常见的是设置入学障碍为特定社会群体的学生设置专门的鼓励机制。1945年，红军对东欧的占领极大地改变了波兰、匈牙利、阿尔巴尼亚、南斯拉夫、捷克斯洛伐克、罗马尼亚、保加利亚和东德的高等教育入学录取规定。旧式资产阶级理念和主导权被推翻，迎来了工人、农民发展的新时代。但直到1959年苏共20次代表大会上赫鲁晓夫批判斯大林，人们才知晓苏联内部最初的改革运动以失败告终。

匈牙利的经历是典型性的。对相对较少的高等教育机构而言，社会上巨大的入学需求催生了入学限制。配额制曾被短期取消，高等教育机构的大门向包括妇女在内的所有人敞开。但高校的学位数量太少，难以满足需求，因此按配额录取的方式被重新启用并增加了入学考试。考虑到工农子弟以往不是因为资金就是因为中等学校资格方面的原因被剥夺了一展才华的机会，因此改变学生群体阶级成分的压力自然存在。

在某种程度上，新运动是战前迈向大众民主自由运动的延续。早在1945年的共产主义国家，大学就为工人们开办了两年制的夜校课程。1947年以后，夜校提供与正常日间课程一样的课程。1949年以后优先录取工农出身的学生。由于中学内这些学生的数量不足，政府还专门开办了大学入学考试培训课程。人们对这种方法的公正性以及有效性仍有争论。但有一点毋庸置疑，大量聪明勤奋的青少年利用了社会革命所提供的这些机会。

一些西欧国家，如比利时和法国采用国家统一考试。瑞典尝试过把学
生所学课程及工作经验（不动声色地修正了把年龄作为升学障碍的做法） 219
进行打分排名的做法。欧洲并没有使用美国标准化学术性向测验系统。波兰、捷克斯洛伐克和匈牙利对于工人阶级背景的学生实施积极性差别对待，尽管考试成绩也是入学程序的一部分。对于要求较高的医学、科学和法学学科，入学考试被普遍采用。这导致了对诸如医学、药学和建筑学等受到高度重视的专业学科的限制。在一些国家，如德国，没有被大学录取的学生转道去具有开放入学系统的国家就读，如瑞士和奥地利，从而加重了这些学费昂贵的学习领域中的师资的负担。挪威政府更是觉得为公民到国外进行医学研究提供资助要比在国内建立新的医学院划算。没有升入希腊本国医学专业的学生经常会到东欧去，这些学生在东欧很受欢迎，因为

他们会为自己的学习支付相对较高的学费，这有助于弥补接收国政府财力支持的不足。

限制性的招生政策并不仅常见于诸如英国的牛津和剑桥大学、法国的大学校这类著名大学，在东欧的共产主义国家中这种情况也存在。这些国家在招生的时候至少有四分之一的学额位置是为工人阶级子弟保留的。甚至抽签也发挥了作用，荷兰入学需求过大的问题就是靠抽签方法来解决的。采用抽签方法的时候，个人的入学机会通过中学毕业考试成绩的分数来确定。然而在法国和德国，取得高中毕业会考文凭或文科中学毕业证书的学生仍然拥有自动进入大学的权利，尽管还不能进入其他类型的高等教育机构。这样做的结果是显而易见的，即本科阶段的前两年学习存在着高失败率和高辍学率。自 1992 年将以前的多科技术学院并入高等教育系统之后，这种现象在英格兰和苏格兰也变得非常明显。这是高等教育大众化发展过程中不可避免的结果。换言之，把大学早期阶段的学习作为选拔性的机制来取代传统的高中是很有可能的。因此，毫不奇怪的是，迟至 1994 年法国才出现骚乱的恐慌，而且申请博洛尼亚进程的人非常多。其他国家，如比利时和西班牙，从来都没有给予中学毕业文凭任何优先权。然而，在法国，尽管有一些大学改革，如 1984 年萨瓦里改革，但业士文凭（高中毕业会考文凭）获得者的入学权利从未被动摇过。当然，选择性的大学校继续挑选前 15%的尖子生。法国和德国逐渐采用了入学名额限
220 制，从而使得入学权利只具有名义上的意义。入学权利不能保证学生在任何一所大学的某个系科获得一个位置。

总之，当代招生和录取方式已经从高中的挑选和考试演变为高等教育机构招生办公室组织的选拔工作。传统方式本质上是由大学教师控制的，现在则更多地掌握在政治家、法院和预算管理者的手中。中等教育阶段和高等教育阶段都出现了多样化特征，作为大学教育通行证的业士文凭、文科中学毕业文凭以及其他欧洲国家类似文凭的独特地位已不复存在。取而代之的是进入一系列多样化的义务教育后教育与培训机构所需的各种替代性模式，这些是与高级水平考试、业士文凭以及文科中学毕业文凭相当的

职业类文凭。法国设置了技术类业士文凭会考，除了传统的 8 大门类之外，还包括 12 个专业选择。此外，还提出设置具有 30 个方向的实践性业士文凭会考，此种会考预计在 20 世纪末以某种形式推行至 80%的中学毕业生中。

在大多数国家，绝大多数首次进入全日制高等院校的学生年龄在 18—21 岁之间。至 20 世纪 80 年代末，这一年龄段学生全日制入学率在一半以上的经济合作与发展组织成员国中已达 10%以上。然而，年龄较大的学生也被各国院校所录取，德国在入学名额限制部分专门为他们保留一定比例的学额位置。1990 年，北欧国家、奥地利、西德和瑞士 22 岁至 25 岁之间的全日制学生高于 18 岁至 21 岁之间的全日制学生。较晚开始高等教育学习的原因是多方面的。如一些国家存在义务兵役制度，一些国家部分学生修读较低层次的全日制中学后教育课程或直接就业；有些人可能会重新参加入学考试以便提高高等院校录取他们的概率。

这段时期末，欧洲正规教育系统与劳动力市场之间的衔接进入了新的发展阶段。20 世纪 50 年代至 60 年代，不仅由凯恩斯、布雷顿森林体系以及左翼计划经济政府倡导的宏观经济管理出现崩溃，80 年代末东欧计划型经济迅速破产，而且劳动力的性别分工受到全面的重新审视。那种被某所大学录取作为“职业生涯”的关键，其可以终身拥有优越职业的现象趋于消失。兼职和临时合同成为常态，这种情况不仅存在于临时性、非技术性和非学历性的工作中，也存在于专业的、技术性的职位中。欧洲与其他 221
世界先进工业国正在进入一个迥异的经济和社会深刻变化的发展阶段。

未来并不只是简单的录取或落榜，而是要为再次录取、回归教育以及为那些处于婚姻关系或同居的双职工家庭提供更多机会。这些家庭的成员有时会分居两地，并经常更换不稳定的工作。随着大学学习投资的增加，结构性的青年人失业现象出现。容易流动的资金预示着一个更加不稳定的区域性劳动力分工。一个新的世界正在出现，在这个世界中被高等教育接纳注定要在生活机会的分配中承担更大的而且是不同的角色。

表 6.3　高等教育的新生：1983 年

国家	年份	第一学位课程所需时间（年）	学生总数（千人）	18—24 岁学生入学百分比	在大学接受培训的学生群体的百分比
法国①	1983	4	1144	19	82
德国	1984	4	1503	29	87
意大利	1984	5	182	18	99
日本②	1984	4	2403③	21	81
荷兰	1983	5	384	22	42
英国④	1984	3⑤	1007	15	42
美国⑥	1984	4	1246	44	62

①包括同时在大学机构和非大学机构注册的学生。②包括在私立大学注册的学生，日本有 180 万，美国有 270 万。③包括函授课程的学生。④包括（卫生和社会福利部）机构中的护理和辅助医疗课程。不包括私立院校，其数量大约 30 万。⑤苏格兰为 4 年。⑥基于 1982 年对入学率的统计。

经济合作与发展组织所建议的进入高等教育的比较标准涉及的是每个国家的某个派生年的所有新生（无论年龄）。新生指的是大学一年级的学生，不包括已经获得高等教育资格的学生，如毕业生以及那些具有五级资格，旨在获得第一学位的学生。经济合作与发展组织所建议的相关年群组是这一年龄组的所有人口，其中包括 70%的新生，除以所涉及年份的数量而得。非全日制学习的新生也包括在内。总的学生数通常是国际的一个测量标准，不过这些数据可能会误导高等教育的入学人数，因为课程时长和淘汰率会有所不同。但它们仍然可以用来对比各个国家高等教育的结
222 构。例如，在意大利几乎所有的高等教育都被归类为大学内的教育，只有 3%视为低于学位标准。相比之下，在荷兰只有 42%被归为大学教育，其余低于学位标准。各个国家的差异比相似性更明显。

1972—1984 年，所有国家女性接受高等教育的比例都增加了，最显著的是荷兰（11 个百分点）。在荷兰和德国，1982 年女性研究生入学率不低于 1972 年整体入学率。到 1991 年，年龄在 25 至 64 岁间的一半欧洲女

性都接受了某种程度的高等教育。

表 6.4　1972 年和 1984 年女性入学百分比（%）

	1972	1984	专科生 5 级	本科生 6 级	研究生 7 级
法国①	47②	49③	50	51	39
德国①	33④	42	65	38	33
意大利	38	45	56	46	32
日本	29⑤	34⑥	85	24	13
荷兰①	31④	42③	48	38	
英国⑦	42	45	48	45	34
美国⑦⑧	43	51③	55	51	45

①基于 1982 和 1983 年的数据。②只是 1973 年的大学数据。③1982。④1984。⑤包括函授课程。⑥包括私立学院和函授课程。⑦包括护理和辅助医疗课程（健康和社会福利部）。不包含私立学院。⑧包含私立学院。⑨基于 1982—1983 年合格学生的比例。

正如我们所指出的，战后欧洲高等教育的主要特点是大学拥有了各种替代形式。20 世纪 50 年代欧洲各国提出的“在十年内翻一番”的高等教育发展口号改变了大学的录取条款以及对大学内所学内容的规定。通过从各种高中获得业士文凭或其他类似的中学毕业证书进入大学的旧有模式发生了变化，传统的全日制三年或欧洲大陆国家年限更多的纯科学或纯文科的课程，转变为主要以职业或专业预备性课程为代表的各种各样的课程，223
而且这些课程在范围更广的机构里开设，有住校攻读的，也有非住校攻读的。欧洲迎来了高等教育大众化的曙光，青少年接受高等教育的比例显著增加。高等教育大众化的发展实际上大范围地取代了欧洲传统的大学观念，正如一些传统主义者所宣称的，这是被降低了标准的第三级教育，而不是高等教育。

1970年以前的社会选择

现在已经有了对我们这一时期的早期通过教育进行社会选择的相关研究。[⑩] 总体上这些研究是一致的，而且是相互补充的。这些研究断定，在欧洲范围内德国的高等教育二战后马上从低点开始扩展。在这一过程中，社会选择性对整个人群以及女性而言有所下降，但是对于弱势阶层的儿童而言，相对机会却没有发生太大变化。从招收以及职业安置的角度看，高等教育依然表现出与阶级结构中最优越的阶级相连的特征。

这是欧洲精英教育发展的本质形态，也是大学在不断扩展和精细化系统中的角色。从整体看情况是错综复杂的，因为国家间存在各种差异，如人口、经济结构以及国家对各教育阶段教育机会安排的历史特殊性、课程内容、学生财政资助类型和获取、教育资格与专业和行业准入之间的联系等。因此，如像法国或波兰这样的农业大国，教育选择对农民的子弟而言就没有什么意义了。而在英国这样的国家，教育与劳动力市场要求的资格之间联系较为松散，相对比较民主的进入大学的机会就可能出现。法国与英国之间差异明显。在对两国职业结构进行调整之后，我们发现法国获得高等教育学位的学生中有55%的社会出身是服务业，而英国只有35%。因此，战后早期，相对于其他社会阶层的子女而言，法国的社会选择系统
224 对服务业阶层的子女给予了比其他国家更多的获得最高教育的机会。在9个欧洲国家中，在小学阶段有不到10%的学生来自服务业阶层，但这些学生在这些国家获得高等教育学位的学生中平均所占比例为45%。

⑩ Shavit and Blossfeld, *Inequality*(note 3); W. Muller and W. Karle, 'Social Selection in Educational Systems in Europe. Paper presented to the meetings of the International Sociological Association, Research Committee on Social Stratification, Ⅻth World Congress of Sociology, Madrid, July 9-13, 1990', in S. J. Bail(ed.), *Sociology of Education* (London, 2001), 717-749; Y. Shavit and W. Muller(eds.), *From School to Work: A Comparative Study of Educational Qualifications and Occupational Destinations*(Oxford, 1998).

英格兰并不是唯一的社会选择性低的国家，而是与苏格兰和北爱尔兰相当。德国与法国之间也有明显的差距。在义务教育结束的时候，法国来自服务阶层子弟的比例是最高的，而且在后续的各个“转变”阶段依然如此。在德国，直到中间的第二级学位阶段，服务阶层子弟的比例都是最低的，但随后有所增长，在教育过程的最后阶段，德国处于中间位置。值得注意的是，从阶级机会的角度而言，研究中所包含的两个指令型经济或说共产主义国家不在最平等的国家之列，尤其是匈牙利，在给较高的社会阶层颁发高等教育证书方面排名靠近首位。

在继承了欧洲大学的国家中有两个重要的过程：第一，所建立的教育系统使得在每个相继的教育阶段上都有越来越少的学生保留下来；第二，尽管情况有所好转，但辍学仍然是社会性选择。这两个过程的相互作用产生了诸多结果：一方面，扩展的政策逐渐使高等教育系统从大众化向普及化和平等化方向发展；另一方面，选择性的力量继续将学生全体的组成塑造成选择性的社会等级阶层。

对这一阶段早期所进行的研究表明，欧洲国家每个相邻年龄组获得教育资格的机会千差万别。研究数据是在20世纪70年代早期收集的，所做的分析涉及30—64岁之间的人群，即在1910—1947年期间出生的人群。因此，他们几乎在1970年之前就已经中学或大学毕业了。他们之中只有很少一部分人的教育受到了20世纪60年代和70年代西欧国家教育改革的影响，但是东欧的教育改革起步较早，正如我们所介绍的匈牙利的例子。因此，早期数据基本上呈现出二元制的模式。英国、瑞典具有相似的升学模式，而德国、匈牙利、波兰和法国则不同。法国和德国之间的差异最大。德国85%的学生完成了义务教育，而法国只有30%。匈牙利和波兰在完成完整的中等教育方面的比率最高。尽管不同国家在早期学校教育 225
方面的升学率不同，但是所有系统整体上引人注目的特点是高中结束后结果的相似性。在这一点上只有法国因获得高等教育学位的人数异常少而显得与众不同。

在以上所介绍的情境之内，研究将关注的焦点放在了阶层选择性的特征上。在德国、匈牙利和瑞典，上层服务阶层似乎给子女提供了相当优越的教育发展机会。这个发现与历史学家所观察到的“文化中产阶级”（*Bildungsbürgertum*）很一致。“文化中产阶级”是由公务员、专业人士以及高等教育领域的教师所构成的社会阶层。他们传统上对高等教育拥有一套共同的价值观，更有决心为自己的后代传递高标准的教育抱负和成就。文化中产阶级在德国可能是最为特殊的地位群体，但也存在于诸如瑞典和原属于奥匈帝国这些受到德国高等教育传统影响的国家中。[11]

20 世纪初，英国社会中并没有这样广义的从教育的角度定义的上层阶层。进入英国上层社会并没有明显受限于个人所受的教育。法国如同英国和德国一样，二战后大学的入学人数呈指数型增长。1900—1967 年期间，法国院校的学生录取人数增长了 14 倍（从 29 759 人增长到 428 479 人）。但是 1900—1915 年期间以及 1925—1940 年期间，向上的发展几乎停滞。随后在我们这个时代以及 1951 年之前，学生数量又开始向上攀升。1960 年后增长加速，在 1960—1961 年度至 1966—1967 年度 6 年内增加了 2.15 倍。尽管每年绝对数值在增加，但每年的比例增长速度仍然高于 10%。虽然受到了战后婴儿潮时期新生婴儿数量增加的影响，但法国学生人数主要是 20 世纪 50 年代和 60 年代教育需求增长的产物，并且这个数字不断地超过了官方的预测，这种情况在欧洲其他地方也是如此。因此，
226 1946 年法国高等教育入学率已达到 2.0%（19 岁至 24 岁的学生占这一年龄组法国总人口的百分比），而 1911 年的数字是 0.7%。1960 年上升到 3.6%，1966 年升至 6.0%。20 世纪 70 年代速度有所减缓，但是到 1983 年其增长比例依然是欧洲国家的典型水平，如表 6.3 中所显示的 19%（18—24 岁学生入学百分比）。然而，计划所预计的是，到 20 世纪末相关年龄组 75%的成员都将会接受某种形式的高等教育。

关于女性入学，可以让人回忆起法国评论家的观点，尽管 20 世纪 60

---

[11] W. Conze and J. Kocka (eds.), *Bildungsbürgertum im 19. Jahrhundert*. Vol. Ⅰ: *Bildungssystem und Professionalisierung in internationalen Vergleichenen* (Stuttgart, 1985).

年代末人们从阶层不平等的角度对入学机会的“民主化”抱有悲观态度，但这些评论家认为法国在提倡性别平等方面走在了欧洲大多数国家的前面。1955 年大学院系的女性学生比例为 36.4%。1965—1966 年，女性学生入学百分比稳步上升至 42.6%。[12] 到 1984 年比例为 49%，高于其他主要欧洲国家。[13] 就阶层不平等而言，我们已经注意到阶级不同导致的高度选择性，这种分层的障碍似乎在整个阶段都一直存在。

1970 年以后的社会选择

传统高等教育等同于大学、艺术和体育学院、神学院以及教师培训学院。在德国的典型模式中，大学课程的最短时间为四年。20 世纪 70 年代高等专科学校（短期高等教育机构）成立后，这一系统有了新的发展。这些学校的课程历时 3 年，主要是技术和经济类学科，而且主要面向男性。20 世纪 70 年代中期，一些州创办了将企业内的实际培训与学校内的理论学习联系起来的高等教育机构。这些职业学院比较成功地安置了毕业生，绝大多数毕业生进入他们曾接受培训的企业就业。

大学入学路径有几种，但传统路径是通过完成高中学业、取得（文法学校）毕业证书而获得升入大学或高等专科学校学习的权利。20 世纪 60 年代建立了一些特殊学校，这使得拥有职业高中或文科中学中间证书的年轻人能够继续进行中学后学习。自 20 世纪 70 年代中期起，文科中学越来越多的毕业生有了多种选择。一个重要的选择是双元制的学徒培训；另一 227
个是医疗保健方面的职业教育路径。值得注意的是，有些文法学校的毕业生完成学徒培训后再开始接受高等教育，因此持有两个资格证书——一个职业培训证书和一个大学（或高等专科学校）学位。20 世纪 80 年代，由于高等专科学校具有相对良好的就业前景，越来越多的持有文科中学毕业

---

[12] C. Grignon and J. C. Passeron, *Innovation in Higher Education: French Experience before 1968* (Paris, 1970), 84. OECD, table 14.

[13] 见表 6.3。

证书的毕业生选择此类院校。大学毕业生的高失业率也导致大量的大学一年级学生由于相同原因而转入高等专科学校。

人口波动是所有欧洲国家的背景因素之一。20 世纪 50 年代德国出现了婴儿潮，到 20 世纪 60 年代中期，每年的出生人口超过了 100 万。随后十年中，人口出生率急剧下降，1984 年出生人口仅 60 万。随后，出生人口数暂时稳定下来。20 世纪 90 年代后，出生人口继续保持下降趋势。从长远来看，生育率会产生影响。但是，与个人需求增长相比，人口的影响则是最小的。这种需求是通过入学率来衡量的。因此，1960 年有 28%的 18 岁青少年参与了教育和培训，1985 年总参与率几乎增长到 80%，包括学徒制。1990 年，在所有欧洲经济共同体的国家中，德国和丹麦的入学率最高。

布洛斯菲尔在对 13 个工业国的比较研究中对德国进行了详细的介绍，[14] 他采用的数据来自德国社会经济研究小组，其样本涵盖了西德的总人口，旨在揭示 1916 年以后出生的各社会阶层群体受教育程度的发展趋势。社会学中一个常见的假设是教育扩展降低了社会出身和性别对受教育程度的影响，也就是说，身份的归属已经被选择过程中的“成绩”所取代。因此，在德国大学和其他欧洲大学中，我们可以发现 1945—1990 年工人阶级出身的女性和学生在大学内比较突出。布洛斯菲尔区分了受教育程度和受教育机会。前者反映为在相继出生的人群中教育资格的比例在上升，后者反映为在每一阶段或教育系统中的分支点上对社会选择性的测量。通过教育的分支点，学生们继续踏上指向某个职业生涯的道路。

228 研究结果首先证实了已有的观点，即根据已获得的毕业生身份，男性和女性都从教育扩展中获得了好处。事实上，二战后男性和女性受教育水平也确实在趋同。然而，我们也应该同样注意到这一趋势的波动，因为它们反映了历史环境的变化。尤其是出现了这样的情况：1926—1935 年出生的德国男性和女性获得学位的比例小于 1919—1935 年出生的德国男性

---

[14] 见注释 3。

和女性。比较合理的假设是，比较年轻的一组在他们 10—20 岁的时候由于战后贫困和迁移的艰苦条件，他们接受教育的需求较低。这些因素对于女性的影响尤其强烈。随后，在西德的“经济奇迹”时期，追求性别平等的长期趋势得以继续并进一步增强。

1941—1945 年出生的人群（他们到 50 年代后期和 60 年代早期成为入学的适龄人口）使得获取专业资格和学位的人员比例开始增加。这一比例随后以更快的速度增长。德国中学教育的发展起步晚，因此，在 20 世纪 50 年代末和 60 年代初中学教育和高等教育结构改革之前开始高等教育扩展也是偶然的。男性和女性在高级考试成绩上的趋同成为教育改革的结果。但是 1950 年以后出生的女性在专业资格方面进步相对缓慢，说明这种高等教育类型的发展高度依赖的是经济条件而不是政治条件。

二战后欧洲大学有了新发展，不管是政治民主体制还是国家共产主义社会都计划为广大民众提供更多的接受高等教育的机会。与其他欧洲国家相比，英国是严格限制录取与入学社会阶层混合统一在一起的国家，而且作为贫穷战争的胜利者，其地位独一无二，因此值得特别关注。

1963 年的《罗宾斯报告》（以高等教育委员会主席罗宾斯勋爵的名字命名）预示了英国高等教育的进一步发展。随后，1963—1990 年的高等教育发展方式并没有以罗宾斯报告作为数值标志。高等教育系统的学生人数每年的绝对数都在增加。1962 年，全日制学生总数为 21.6 万。1988—1989 年，包括大学、开放大学、多科技术学院和提供高等教育课程的其他院校里的非全日制学生在内，高等教育学生总人数为 96.4 万。因此，显而易见，英国虽然面临经济和社会财富的波动以及工党政府和保守党政 229
府的交替，但一直保持着对高等教育成功投资的记录。事实上，高等教育的发展并不简单，而且更引人注目。不单是因为入学人数以不同的速度增长，更引人注目的是，罗宾斯提出的原始观念被扩大化了。英国，包括苏格兰和威尔士反映了欧洲的情况，但它仍然有自己的独特之处，如它给本科生提供的奢华的生活条件、三年制学位以及不同于高等教育的“继续教育”概念。高等教育以连续的方式包含了继续教育。这个观念逐渐发展，并朝向美国式的高等教育概念发展，即包含所有义务后教育以及中学后学校教育。因此，上述统计始于全日制或三明治课程（教学与实习交替培训课程）的学生，终于传统大学之外的各个高等院校的全日制或非全日制的学生。在1992年后的高等教育系统中，前多科技术学院和高等教育学院（包括苏格兰的中心学院）的学生占总数的55%，开放大学占9%，传统性大学占36%。（在这些事实背后还存在着这样的承诺，即教育改革家们至少用了一个世纪要实现的为广大民众提供统一的接受义务后教育的机会。）

除了经济和资金的变迁外，在英国和其他西欧国家大学人口数的变化趋势中还存在人口和教育的因素。1965年18岁学生人数达到高峰，超过100万，1973年下降至80万，1981年又几乎增长至100万，1990年又降至1973年的水平。然而这些广泛甚至是无法控制的起落被中等学校效率的上升给拉平了。达到两个或两个以上A级水平（普通教育证书的高级水平）年龄组的比例从1962/1963年低于8%到20世纪80年代末（1984—1985年男生为15.3%，女生为14.1%）几乎增长了一倍。继1960年《安德森报告》后，十分之九的就读于全日制学位课程的学生获得了给予学费和生活费补助金的资格，尽管毕业生的比例有所波动，但仍然从1965—1966年的16.9%逐渐发展至1989—1990年的17.7%。

至于扩招的学生主体的构成成分，所出现的问题便是教育质量是否能够确保。在这个问题上，英国要比其他欧洲国具有更明确更详细的证据。就高等教育学生的整体而言，入学年龄比（入学当年，小于21岁的本地学生与英国18岁的人口形成的百分比）增加了。二战前，小于3%。
230 1962—1963年《罗宾斯报告》颁布前为7.2%。1972—1973年前稳步增长，但是随后年龄组机会下降（1977—1978年达到12.7%），直到1984年才回升至1973年的水平，1988年和1989年分别增长至15.2%和16.9%。

表 6.5　英国高等教育的入学年龄比率

	小于 21 岁的高等教育一年级本地学生（千人）	英国 18 岁人口（入学年中）（千人）	年度百分率（第一、二栏之比）（%）
1962/1963			7.2
1972/1973			14.2
1977/1978			12.7
1982/1873			13.5
1984/1985	138.5	912.5	15.2
1985/1986	137.3	902.2	15.2
1986/1987	137.1	873.2	15.7
1987/1988	139.0	867.7	16.0
1988/1989	141.7	839.9	16.9

资料来源：《教育和科学部统计年报》，1990 号，人口普查与调查署人口预测办公室。

表 6.6　英国大学新生：A-级考试分数①

	分数		
	3—8	9—12	13—15
1971	28.0	46.7	25.3
1972	29.8	43.9	26.2
1981	24.2	43.7	30.0
1984	14.8	49.3	35.7
1988	16.6	48.5	34.9（61225）
	分数		
	6—15	16—25	26—30
1989	12.6	54.2	33.2（70219）

资料来源：大学招生中央理事会统计增补，1987 年，表 B5，1988—1989，表 2C。

①本国申请者通过大学招生中央理事会（1993 年之后是大学入学申请办事处）（1971—1989）审查申请修读英国大学和学院全日制本科课程后可以获得录取资格。注释：只有考过三门或更多门 A 级科目的申请者被包括在内，最好的三门按五个等级计算分数：A=5，B=4，C=3，D=2，E=1。1989 年计分系统发生了变化，将准高级水平考试成绩也算在内。1963 年《罗宾斯报告》提出要把当时 18 岁英国接受全日制高等教育的比例从 8.5%提高到 1980 年的 17%。

231 表6.7 英国各类高等教育的发展，1970—1971年度至1988—1989年度

	1970（千人）	1988/1989（千人）	增加额（千人）	%
全日制大学本科生				
男性	128.3	139.7	11.4	8.9
女性	57.0	109.7	52.7	92.5
全日制多科技术学院和学院生				
男性	102.0	147.9	45.9	45.0
女性	113.1	146.7	33.6	29.7
全日制海外留学生总数				
男性	25.9	21.1	−4.8	−18.5
女性	8.0	14.0	6.0	75.0
全日制学生总数	434.3	579.1	144.8	33.3
非全日制大学学生				
男性	18.1	29.0	10.9	60.2
女性	5.7	21.1	15.4	270.2
非全日制多科技术学院学生（日间制）				
男性	69.8	118.5	48.7	69.8
女性	6.7	67.0	60.3	900.0
非全日制多科技术学院学生（夜间制）				
男性	39.8	38.1	−1.7	−4.2
女性	5.0	26.5	21.5	430.0
开放大学				
男性	14.3	45.0	30.7	214.7
女性	5.0	40.3	35.3	700.6
非全日制学生总数				
男性	142.0	230.6	88.6	62.4
女性	22.4	154.9	132.5	591.5
非全日制学生总数	164.4	385.5	221.1	134.5
高等教育学生总数	598.7	964.6	365.9	61.1

资料来源：根据教育和科学部《教育统计》ⅲ，继续教育及ⅵ，大学等资料计算。

发展总路线是清晰的。20 世纪 60 年代初期英国教授们谨慎地预期高
等教育的适度发展，并设想了一个基本上趋同于二战前入学受到高度限制
的高等教育系统。教育进步主义者和对大众受教育持有乐观态度的人们主
导的公众讨论与实业家和政治家们的认识融合在一起，他们认为，为了保 232
证国家的繁荣，年轻一代需要接受更高水平的教育。《罗宾斯报告》后的
十年内，大学扩招的经验使越来越多的大学教师坚信年轻一代有更多的人
有能力接受某种形式的高等教育。随后多科技术学院和高等教育学院扩招
了大量的学生。在这一过程中，高等教育与继续教育之间的界限被悄悄改
变了。

入学机会的社会分配变化

此时，我们能够看到自 20 世纪 60 年代以来体制和机会模式的不断演变。表 6.7 对英国教育扩展的总模式做出了说明和分析。

应该强调的是扩展不是简单的线性发展。大学以及高等教育总体上一直是从国库中争取自己的份额的，因此不仅在面对国家繁荣出现变动时会表现出脆弱，在面对政治上的优先事项以及教育投资的社会回报争论时也是如此。在普遍支持教育政策的国际背景下，公众对扩大义务教育后教育的信心也时起时落。回想起亚当·斯密所说过的，“学者”这个词在中世纪欧洲大学其含义等同于“乞丐”，我们也要强调这一事实，即在导致二战之后教育扩张的辩论中，所观察到的学术和社会之间的关系完全是颠倒过来的。学问过去是装饰性的附属物，现在人们逐渐接受的观点是社会需要学者和科学家们，以使现代社会既高产又高效。这就背离了 20 世纪五六十年代所力主的高等教育无用的观念。不管对错与否，这些论点说服了政治家和选民们采纳高等教育必须扩张的政策。进步主义的观点认为毕业生的上升可以与 16 世纪绅士阶层的崛起具有同样的历史意义。教育演进注定要经历从精英教育到大众教育再到普及教育的过程。自古至今，只有少数人拥有免除费力的、终身劳动的特权，他们利用多数人的轻信、弱势

和顺从对这些人进行剥削。但是现在先进的社会要让更高层次的读写能力和计算能力扩展到所有的人。当然富人和特权阶层总是或多或少地为他们的地位和身份接受严格的并且是长期的教育和培训。无论是传教士的还是军事化的，这些传统都表明教育是一种投资。只有对贵族和资产阶级而言，高等教育无论从哪方面来说都是一种消费品。但是现在在正统的经济权威的支持下，人们越来越觉得教育是现代社会所需要的人力社会资本的
233 投资，国家要适当承担教育的责任，要把教育作为消费品广泛地分配给社会大众。投资性教育要根据人的能力进行分配，而消费教育则根据民主权利进行分配。

直到弗雷德·赫什的开创性著作《增长的社会极限》发表，[15] 扩张的民主化的教育才开始被看作是一种地位性商品，稀有时珍贵，人人有份时贬值。教育的扩展显然不是自动承认每个人的教育特权。只要充满竞争力的工作分配是根据教育当局颁发的证书进行，稀缺性必定存在。相应地，教育在为争取到令人更加满意的工作方面仍具有竞争性。可教育性的社会决定因素与教育政治学依然具有重要意义，而教育政治学也日益将关注点放在中小学以及大学的更高阶段。

尽管 1968 年的巴黎、楠泰尔、柏林和伦敦出现了学生运动，教育扩展以及可能会出现暂停的美国人对毕业生市场的疑虑都是信息的来源。人们对高等教育实际上有无穷无尽的疑问，最近对相互没有关系的不知是否有特权的少数青少年所拥有的让人费解的“必经之途”也是如此。现在更大更引人注意的新问题是：大范围的设计精良的高等教育是什么样的？在哪里实施？如何实施？为谁服务？它们产生于对既有体制的服务性（经济的、政治的以及教育的）一直有疑虑和不安的欧洲社会，面对的是没有帝国早期的外部保证和经济的优越性，抑或是欧洲文明内在团结的未来。20 世纪 80 年代提供了无数幻想破灭的教训，而首个教训便是教育扩展本身。

在 20 世纪 70 年代，预期学生数量持续缩减，而在这之前的十年中适

---

[15] F. Hirsch, *Social Limits to Growth* (Cambridge, Mass., 1976).

龄参与率翻了一番，从7%增长到14%，但是在70年代又回落了。此外，经历了60年代后期人们对教育的希望和决心逐渐增强之后，中学后教育的吸引力逐渐减弱，考虑到人口出生率的降低，这预示了80年代和90年代不令人乐观的前景。70年代主要的幻想破灭，即人们相信大学和学院的发展是有保障的，而且从实用的目的出发，其增长是无止境的。然而，到了20世纪80年代，出现了对教育扩展计划进行删减和大幅度修改的情况，因为对脑力劳动者的资助和工作环境的假设不同了。

这就是战后高等教育的历史。70年代中期的增长已成强弩之末，但是在20世纪80年代至少欧洲国家大多数人的收入增长了。教育扩张持续 234
进行，部分通过高等教育定义的扩大，除了那些被标之以“常规的”大学，以往属于职业教育，或者在英国称为“继续教育”以及开放大学的机构都被称为高等教育。部分时间制和短期课程成倍增加，例如法国的大学技术学院和其他中学后的短周期教育和培训中心，这些都成为以往传统的为青年人提供的全日制、三年制以及住校制度的补充部分。这种教育扩展虽然在入学机会的形式上有所增加，但对学生和教师而言价值上是有所贬值的，但它为什么会持续甚至会成为保守党和社会党的第一要务呢？为什么英国在1979年无可否认地下降到12.5%后，到1989年18—19岁的高等教育的参与率上升到了16%？此数量相当于为20世纪末设定目标的三分之一或更多。从长远来看可能会得出这样的结论，即闲散有两个意义不同但紧密相连的选择：闲暇和失业。经济增长的关键是实现休闲，避免失业，并且从一种特殊的后工业化形式的闲散中获益。这就是伯特兰·罗素所赞颂的：把科学家和学者从盲目的辛劳中解放出来，由此让他们创造人类支配自然的更有力的模式，包括物质的、审美的和道德的。从这一点来看，高等教育是合乎情理的没有污点的闲散形式。它是利用闲散产生闲散，但前者是建设性的研究创造，而后者是更加文明的休闲。除了失败外，二者都不涉及失业。

然而在我们赞赏闲散时，20世纪70年代的欧洲出现了戏剧性的改变。从国家这个角度来看，不管是二战中的战胜国还是战败国，可以说都收获了以往劳动力和研究的酬报，这是来自闲暇增加的经济增长。从另一个角度来看，欧洲进入了称之为英国病的更加明显的危险阶段，这表现出很多闲散的形式，如人员过多、无休无止的休息时间、上夜班睡觉等。同样的情形在高等教育领域也非常明显。无论是对于科学生产力还是对文学创造性，闲散自在都是必要的（1∶8的比例，学术假，长假期，“大学教师不受时间限制”）。而这一切的总体要点是增强人们主宰宇宙的能力，由此提供更多闲暇时间用于更文明的用途。失业再次意味着失败。

然而，从70年代中期以来，首先在美国，其次在欧洲，高等教育的正当性面临着尖锐的挑战。这是注定要发生的。欧洲在20世纪70年代头五年时间里增加的学生数比战前进入大学的总人数还多，而且90%的费
235 用都是由国家负担。学者们已经说服了政治家、雇主和慈善家们，他们的商品不仅对个人也是对国家的有回报的投资。教育被认为可以比工厂或机器产生更高的回报率。此外，教育被认为仍然是未来高回报率的源泉，因为更高的学问产生了技术的进步。在技术推进型的经济中，在全球市场对高水平劳动力的竞争中，教育扩展被广泛地看成是必不可少的。这些论据证明了大学校和帝国理工学院存在的合理性。类似的观点宣称教授能够引导政治家治理好政府。凯恩斯主义的宏观经济需求管理可以应用到各国政府、欧洲共同体的一些国际机构以及经济合作与发展组织的管理中，而且管理人员可以从国家行政管理学院招募。现在这些主张随着用于校舍、教职工工资和学生助学金的费用增加而受到越来越苛刻的审查，而且特别是在最薄弱的，也就是最近扩大的社会科学方面，最终受到直接的攻击。来自实用的主张几乎完全取代了来自闲散方面的论点。但是货币主义的、以市场为导向的政府决心缩减公共经费，对这两种主张暂时都不接受，因此，至少在当前人们的记忆中，传统上所界定的高等教育的真正资源开始消失。20世纪80年代可能格外引人注意的是他们证明“不断提高的期望值的革命”并非是20世纪60年代普遍认为的不可抗拒的力量。不仅来自实用的观点可以受到质疑，社会需求的原则也表现为不是不可亵渎，而且高等教育本身的吸引力（合格中学毕业生对大学位置的需求所显示的）也

可以下降。到 1981 年，欧洲社会在某种程度上发现它在容忍 30 年代规模的大众非自愿性的闲散，尽管战后和 1968 年后的改革力图要清除的大学入学机会的社会不平等性还继续存在。遗憾的是 20 世纪 70 年代休闲的民主化方面几乎没有取得什么进步，而这是高等教育或继续教育应该体现出来的现代制度。相反的是，70 年代末的各国政府，不管是左派的还是右派的，都积极探索起对经济增长进行外部查核的解决办法。与此同时，受过教育的少数人开始对教育的性质做出了更加复杂的解读，把它看作是一种地位性商品，而不是投资或是一种消费。大多数人仍旧处于饱受挫折的无知中，觉得教育对于私人生活或公共生活都具有建设性的意义。尽管如此，这一过程仍未结束。80 年代后期，经济财富和政治力量都发挥了作用。在经济方面，极具争议的经济重组以及同样具有争议的扩展欧盟教育 236
的运动产生了深刻的教育后果。竞争优势的实现推动了新的教育扩张。惹人厌烦的国际比较激发了几乎是歇斯底里的培训计划的重组，而且增加了各级学校教育中职业教育的压力。从不同的角度、不同的假设出发，不管是左派、右派还是持中间立场的党派都认为 21 世纪高等教育大众化势在必行。在教育的新时代，大众化的高等教育要为一半的中学毕业生提供服务。必须承认的是为新的教育发展提供资金的计划依然是不清晰的。更多依赖学费的做法引起了激烈的争论。政府也鼓励大学和学院从私营部门获取资金，特别是从工商企业、捐助者以及校友处寻求资助。高等教育的公共经费得到了保障，但最终的焦点放在了高等教育效率的进一步提高上，困境中的学者们将其解读为把高等教育标准降至同一水平并继续缩减师生比。毫无疑问，这一努力会一直持续到 21 世纪。但是 20 世纪末确定无疑的是：用英文术语来说，二元制已经失去其官方地位，后二元体制时代已经开始了。

精选文献

Annan, N. *Our Age*, London, 1990.

Ashby, E. *Education, Economy and Society*, Chicago, 1961.

Boudon, R. *Education, Opportunity and Social Inequality: Changing Prospects in Western Society*, New York and London, 1974.

Bourdieu, P. and Passeron, J.-C. *Reproduction in Education, Society and Culture*, London and Beverly Hills, Cal., 1977.

Carswell, J. *Government and the Universities in Britain*, Cambridge, 1985.

Collins, R. *The Credential Society: An Historical Sociology of Education and Stratification*, New York, 1979.

Dore, R. P. *The Diploma Disease*, London, 1976.

Fulton, O. (ed.) *Access to Higher Education*, Guildford, 1981.

Gambetta, D. *Were They Pushed or Did They Jump? Individual Decision Mechanisms in Education*, Cambridge, 1987.

Halsey, A. H. *Decline of Donnish Dominion: The British Academic Professions in the Twentieth Century*, Oxford, 1992.

Halsey, A. H., Heath, A. F., and Ridge, I. M. *Origins and Destinations: Family, Class, and Education in Modern Britain*, Oxford, 1980.

Halsey, A. H. *et al*. 'The Political Arithmetic of Public Schools', in P. Walford (ed.), *British Public Schools*, London, 1984.

237 *Higher Education: A New Framework, Cm. 1541 (White Paper Presented to Parliament)*, London, 1991.

Hirsch, F. *Social Limits to Growth*, Cambridge, Mass., 1976.

Husen, T., Tuijnman, A., and Halls, W. D. *Schooling in Modern European Society: A Report of the Academia Europaea*, Oxford, 1992.

Kerr, C. *The Uses of the University*, Cambridge, Mass., 1963.

Kogan, M., and Kogan, D. *The Attack on Higher Education*, London, 1983.

Moberly, W. *The Crisis in the University*, London, 1949.

Moser, C. 'Our Need for an Informed Society', Presidential Address to British Association for the Advancement of Science, London, 1990.

OECD. *Ability and Educational Opportunity*, ed. A. H. Halsey, Paris, 1961.

OECD. *Education in* OECD *Countries 1986-1987*, Paris, 1989.

OECD. *From Higher Education to Employment*, Vol Ⅰ: *Australia*, *Austria*, *Belgium*, *Germany*, Paris, 1992.

OECD. *From Higher Education to Employment*, Vol Ⅱ: *Canada*, *Denmark*, *Spain*, *USA*, Paris, 1992.

OECD. *From Higher Education to Employment*, Vol. Ⅲ: *Finland*, *France*, *Italy*, *Japan*, *Netherlands*, *Norway*, Paris, 1992.

Ringer, F. K. *Education and Society in Modern Europe*, Bloomington, Ind., 1979.

Robbins Report. *Higher Education: Report of the Committee Appointed by the Prime Minister under the Chairmanship of Lord Robbins. 1961-1963*, *Cmnd. 2154*, London, 1963.

Shavit, Y., and Blossfeld, H.-P. (eds.) *Persistent Inequality: Changing Educational Attainment in Thirteen Countries*, Boulder, Col. and London, 1993.

Shavit, Y., and Muller, W. (eds.) *From School to Work: A Comparative Study of Educational Qualifications and Occupational Destinations*, Oxford, 1998.

238

第七章　课程、学生和教育

谢尔登·罗斯布拉特

循环改变

乍看起来，高等教育的课程似乎比其他方面更稳定、传统，改变得也更慢，但是没有比这更能误导人的了。当对过去 50 年中欧洲的每个国家进行追寻，会发现他们传授和学习的科目以及课程传授和学习的模式在不断发生改变。一个迥异的高等教育也已经出现，源于英国并由此传播开去的远程大学提供了广播技术如何被更多民众获取的实例。因此，在 20 世纪后半期，欧洲大学课程最主要的发展可以被粗略地表达为：所有的一切都已经并正在改变。人们重新思考并频繁地修订合适的教学、培训和学徒制协议。关于应该教什么和学什么的共享假定、学位和文凭培养计划的强度及持续时间、考试需求、专业化的深度、课程和劳动力市场之间的一致、课程决定权的来源，所有这些都在被持续不断地评价。美国式的选择和教育经历的多样性，一度被认为是不适合欧洲的，但现在却经常成为公共政策的宠儿。进一步实验的意愿获得一些人的支持，但也有人将其讥讽为时髦主义、消费主义及对政府部门一时的兴致和优先事务的屈服，同时公务员们关心更多的是数量以及工作，而非教育本身。

随着世纪末的到来，两种相互矛盾的趋势日益明显。一种趋势涉及各方面的多样化：任务、教学、课程结构和内容、学生培养以及对于大学水
239 平教师的职业要求。创新如此之多，以至于更难确认遗留下来的国家特征。每个创新又生发出其他的创新，一国之内的差异有时堪比国家间的差异。这种情形只在法国有些例外，尽管法国参与了欧洲共同研究和教育计

划，但仍然保留了自己的很多特色。不过，还是有学者通过设计独特的学习机会（如西班牙）探讨区分不同大学的方法，而且还试图将意识形态学科与非意识形态学科分离开。

第二个也是与多样化相反的趋势是在课程计划、学位、教学和质量方面寻求国际的等价方案，这主要受到无数次全欧洲共同的努力、教师和学生的流动以及全球对市场和人才竞争的激发。共同的研究假设激发了观念的借鉴和移植，尤其在高新技术、通信、公共健康、社会福利、生态学和行政管理领域这种应用更为突出。

并不是所有的1946年以前建立的模式都被丢弃了。讲座制度虽然在精神层面上经常变化，但是依然保留了教学的精髓。欧洲的各个国家保持着对教学结构、课程和基金的全面控制。讲席教授在学术层级中依然居于统治地位。传统学科依旧是所有大学课程的基础。虽然欧洲各国家之间的合作水平不可否认地提高了，但是受到削弱的国家系统中的基础结构依然是完整无缺的。① 这些遗留下来的东西必须和正在进行的改革和变更和平共处。

这两种趋势混合在一起的结果，产生了让人眼花缭乱的普通的以及专业的大学课程。这些课程吸纳了各种各样的学生：从出类拔萃的学生到对学习漠不关心的学生；从来自对高等教育有很深渊源的家庭到对高等教育无所期待的家庭。尽管大学的课程和系统在不断调整，习惯于吸收优秀本科毕业生的精英大学依然如故。然而，新设高校或那些无法对学生有所选择的学校，则要应付大量的困难以为那些未做好大学准备的学生提供好的教育经历。

---

① U. Teichler, 'Structures of Higher Education Systems in Europe', in C. Oellert, *Higher Education in Europe* (London and Philadelphia, 1993), 30-31.

20世纪90年代，超过一半的法国大学提供有限的专业课程。[2] 对于
240 单科院校来说，增加课程的另一个模式是成为综合性大学，即将各种类型的学术、研究和专业培训课程囊括其中，希望多渠道拓宽收益的来源。19世纪大学的“理想”是成为一个整体的、有机的机构，建立在内在的“本质”之上，这些“本质”习惯上表现为权威标准学习的形式（例如古希腊、古罗马的文学著作或哲学）。但这种理想几乎消失了，只有在目前的复杂现实让人手足无措的时候才会被想起。发展成多科模式的大学很快发现，以院、学院、学系或群组成的学习机构已经分解，以至于学者和科学家把其他学校甚至国家的同行称之为最亲密的伙伴和朋友。通过电子通讯以及航空业，“无形学院”开始繁荣，教师在本校的频繁缺席也导致人们对学校的本科生教学工作产生怀疑。

发生在1946、1950或1970年以后的课程和教学的变化可以形象地描述为建筑上的巴洛克。语法的各个成分像是17和18世纪宏伟宫殿和教堂里的壁柱、拱门、阁楼和开窗，被认为是经典的，但是句法（各成分的安排）被认为是新奇和前所未有的。表面上看起来熟悉的整体实际上充满了不同的来源和重要性灵感。与巴洛克建筑一样，欧洲高等教育的政策和实践似乎是没有连贯性的，每一部分都与其他部分不同来突显自己。欧洲各国政府弱化甚至几乎抛弃了由来已久的对高等教育系统很多方面的控制。僵化的规章制度被指导性的政策及考虑研究和课程创新的框架所取代。被称为私营化的应用市场规律的实验得以实施以替代集中的规范和成本控制。许多大学和它们的各个部门能够在更大的范围内在一些特定的领域，如课程设计、教学、人员任聘、薪酬或考试类型、时间和内容等方面进行实验。学生群体则拥有了更广泛的课程选择权。一些国家或学校比其他国家或学校在这方面走得更远。从政府的立场而言，市场是提高效率和责任

② G. Neave and R. Edelstein, ‘The Research Training System in France: A Microstudy of Three Academic Disciplines’, in B. R. Clark (ed.), *The Research Foundations of Graduate Education: Germany, Britain, France, United States, Japan* (Berkeley, Los Angeles and London, 1993), 218 and passim.

的可行的方式。从大学的视角来看，市场是它们与政府保持距离的手段。但是，私营化并不是私人的同义词，这意味着政府放松管理而不是放弃管理。尽管在20世纪的最后十年中更多的私立学院和专业学校建立，包括英国的一所本科大学（白金汉大学），但是政府依然是高等教育基金的主 241
要来源。

纵观欧洲大学的历史，课程一直是各种教育观点冲突的战场，这不仅仅是由于学生或职业的不同要求造成的。学者和科学家们自身也经常在学科的等级顺序以及学习方法方面持不同的意见。例如，“基础”知识或“纯”研究被认为在智力和认知方面的价值要优于“应用的”或者技术知识。同样对于专业化的含义以及应该给学生提供的学习深度也存在争论。这些争论是真实的，也是让人困惑的。在工程学、生物和化学等很多领域，基础研究和应用研究的区别是模糊的。学者们把学校中从事职业或专业教育的自己称之为“理论家”，反过来情况也同样如此。结果，在古老的“书籍战争”中，清晰地将书籍分类并不容易。即使在1704年乔纳森·斯威夫特关于古代和现代著作相争辩的著名寓言中，古代的有时会成为现代的，现代的也可能成为古代的。两者之间的区别常常体现于作者创作的精神实质，而非作者本人生活的年代。

1946年或1950年大学的定义似乎依然依赖于它是否强调知识的理论方面，此时技术学院意味着实践的和职业性的目标。然而，技术教育本身是多种多样的，它涵盖了从获取以进入市场为目标的专门技术和知识到很难与想象中的纯科学形式相分离的高技术的高级层次整个范围。结果，越来越难以确定高等教育的各个方面在教学标准或课程内容方面如何不同。这可能是为什么所有欧洲国家的教育部，或专业协会，或个别机构都如此热衷于有关课程评价、教学结果测评、课程效果、培养计划和教学法创新或研究质量等方面的问题了。不可否认的是，英国和荷兰比其他国家更着迷于此，尤其是英国。但是，欧洲东部和中部的大学摆脱了共产党统治的影响，在寻求改善他们教育传统的时候也开始考虑类似的问题。大学的使
命、学科和课程重叠在一起。工程学不仅在技术学院和其他一些高度专门 241

242 化的学校开设，而且在大学也能找到它们的踪迹，并且，情况更为复杂的是，奥地利和德国开设了技术大学，一种包括经济学和商业管理的大学类别。除非受到政府政策的约束，像英国这种双重制国家直到 20 世纪 90 年代早期多科技术学院与大学分离的局面才结束。在荷兰，尽管高等职业技术学校部分在 20 世纪 80 年代从中等教育机构的地位提升到高等教育层次，但它依然是多科技术性的学校，没有大学所拥有的历史声望。有些学校有上升的趋势，它们向政府要求和大学一样的资源，以及同样授予高等学位或从事研究的权利。它们模仿知名课程的教学，其课程试图呈现旧时大学的特征。

事实上，尽管存在教科书的争议，关于大学教育含义的扩展一直在继续。这至少可以追溯到 19 世纪，一些方面可以追溯到启蒙时代。然而，相对来说，大学课程数量上的多样化是近期才开始的，并且变化的步伐和速度如此之快，以至于历史学家有理由认为性质方面也发生了变化。

一些大学的作用和任务基本上没有被其他变化所影响。在法国，专业工程和其他职业院校以及被称为“大学校”的学校，它们有些是私立的，有些是公立的，继续享有比大学更高的声誉。它们竞争性的入学要求依然如故。从历史上来看，这些大学校主要专注于教学、公共服务、商业、教师职业等领域人才的培养。20 世纪 80 年代它们拥有了进行博士教育的功能。③ 灵比（靠近哥本哈根）、斯德哥尔摩、洛桑、苏黎世、柏林、慕尼黑、维也纳和伦敦高水平的工程学校早就存在，大多数开始于 19 世纪，它们在所在国家属于最精英的教育机构。这些学校也设置了相关的历史和社会科学课程的教学（例如瑞典的皇家技术学院的科学与技术史教学）。

---

③ *Postgraduate Research Training Today*:*Emerging Structures for a Changing Europe*，临时国际咨询委员会关于研究生研究训练新的组织形式的报告(Ministry of Education and Science,the Netherlands,1991),14. Also for France the entry by C. Durand-Prinborgne in Clark and Neave,*Encyclopedia* Ⅰ,217-224.

课程和教学的责任 243

欧洲大学层次的学习通常被安排在称之为学院的大型群组中，这种结构可以追溯到大学起源之时。在牛津和剑桥，也曾出现过诸如“学习理事会”或“学校”之类的其他结构。学院进一步分化为学科或系，在欧洲大学通常称为“系”（institute）。在瑞典，一个系可以进一步分化为部门（*avdelning*）。至少从 18 世纪开始，作为中世纪大学“预科”或称“文学院”的承继者的德国哲学学院，被认为是最高理想学问的传递者，未受到对实用学科妥协的影响（但是与哲学学院有着同样令人尊敬血统的法律和医学却避免了“实用”的贬义含义）。哲学包含的学科构成了通识教育，这在不同的欧洲传统下有不同的称谓（德国称之为 *Bildung*，瑞典称之为 *bildning*），没有大家都认可的单一定义。然而，贯穿于所有国家传统的一个共同的主题是大学教育或它的一些主要因素理想上应该承认自身发展的重要意义，应该永久地影响那些有幸接受大学教育的人的道德和心智品格。然而，坚持这种承诺被证明是令人气馁的，体现通识教育特色所需要的内在的统一已不复存在，而且对于实用知识的需求超过了对通识教育的渴望。这个问题在整个时期一直将学术情感割裂开来。

知识和教学的组织体现在学院结构中，中世纪大学仅设三个或四个学院，有些情况下几乎只有一个，随着时间的推移，学院不断扩大。到了 20 世纪 90 年代已经不存在单一课程构成的大学学院结构。1994 年布拉格的查尔斯特大学是这种变化的典型例子。它拥有医学学院（实际上不止一个）、药学院、自然科学院、数学院、物理学院、教育学院、社会科学学院、体育教育和运动学院、艺术和哲学学院，但是，鉴于捷克斯洛伐克特殊的宗教历史，罗马天主教会、新教和胡斯神学都拥有各自的学院。在拥有多元宗教历史地区的其他大学中，这样分块的情况是存在的，例如斯特拉斯堡大学同时拥有新教和罗马天主教学院。

特别是在共产主义东欧的斯大林主义时代，传统的学院被面向社会主

244 义计划经济信条的更加专业化的学院所取代。1948 年匈牙利建立了经济大学，1949 年建立了重工业大学，1951 年成立了化学工业大学，随后又成立了布达佩斯科学大学。说来奇怪，这种专业化的大学和匈牙利早期改革并不矛盾，在共产主义取得政权之前的非共产主义时期，匈牙利农业大学于 1945 年成立④，布拉格也设有经济大学。⑤ 但是高度专业化的大学也存在于西欧国家中，例如矿业大学位于奥地利的莱奥本，1970 年一所新的教育科学大学在克拉根福成立。

如果从组织或细化的角度看，学院包含了广泛的专业、学科和教学，涵盖从医药之类的专业教育到基础的以及高级的基础科学或知识领域的教学。在同一个国家极少有两所大学设置相同类型或数量的学院，而且也很难仅从名称上猜出各系所开设的课程。查尔斯大学的自然科学学院开设了生物、化学、环境保护、地理学、人口统计学、地质学的课程。一个二级的医学院包含有儿科、肿瘤、牙科和传染病专业。1964 年之前，瑞典的社会科学一般包括在哲学学院的人文学科中。大多数欧洲大学的哲学学院分割为艺术学院、人文学院、文学院和自然科学学院。但是，中世纪统一的文科学院，后来被德国以哲学学院的形式延续并一直盛行于科隆、基尔和马尔堡直到 20 世纪 60 年代，而在维也纳和格拉茨一直延续到 1975 年。⑥ 法律一般和政治学相伴，社会学在牛津大学加入到社会工作系中，然而很多大学会把学术性学科和职业预备性学科分离开来。19 世纪这种匹配是很普遍的，因为一些学科是最新发展起来的，还没有获得充分的独立。剑桥大学的人类学并入历史学中，心理学还没有从道德或精神哲学中获得独立。1962 年前，波兰的教育（教学法）学院和人文学科（或文科）

---

④ Communication from László Szögi, Eötvös Loránd University, Budapest, and entry on 'Hungary' by I. Vegvari in Clark and Neave, *Encyclopedia* Ⅰ, 291-300. Cf. Appendix: 'Universities founded in Europe between 1945 and 1995'.

⑤ *Higher Education in the Czech Republic* (Prague, 1995); J. Kotâsek, 'Visions of Educational Development in the Post-Socialist Era', *International Review of Education*, 39 (1993), 473-487.

⑥ 有关自然科学脱离哲学系的内容参见第三卷，454f.。

通常是分开的，但是两者在1962年合并在一起。林茨大学——奥地利一 245
所战后兴建的大学，没有人文学院。克拉根福和萨尔茨堡大学没有医学院。在有些国家数学包含在基本科学中，有时在工程学中，或者两种情况都有。化学或者独立存在于自己的学院中，或者与化学工程相伴而生。建筑学在哲学和工程学中寻找自己的位置。农业学院可能包含兽医学，但是兽医学有时也会被包含在医学中。这种联合和合作的课程的重要性是学科本身。但是不难想象一门学科从属于另一门会如何影响一套独立的方法和观念的发展，或者一门理论性学科如何影响应用性学科。对于支持传统上把大学看成是知识的发源地而非职业培训所的人们来说，重视理论和概念化等同于大学和职业学院之间的区别。在欧洲大陆，教学的责任一直与教学等级的级层安排有关，“普通教授”或教授席位的拥有者，在德国著名的学術中被称为讲席教授，他们位于地位和权威金字塔的顶端，并且是教授会的成员。⑦ 在他们之下的等级中有助教，他们不总是承担实际的课堂教学任务，通常是在攻读更高级别的学位和为讲师职称而努力。在英国有些大学中，外语教学也聘用讲师（*praelectors*），也有教授（reader），此职称仅低于讲席教授。讲师（docent）在某些系统是助理教师，但是在一些国家中是独立的。讲师的责任有时仅仅限于做研究，但是他们所承担的责任在我们讨论的这一时期变化很大，以至于很难做出适当的总结。也有一些特殊教授，其地位在欧洲各地有所不同。他们有时类似于美国所谓的“兼职教授”，这些人属于专业的私人开业者，偶尔从事教学工作，而且其专业往往是大学里没有的。奥地利医学院聘用临时教授（*Professoren auf Zeit*），但是有时这些教授也享受就业保障，并且与普通的讲席教授教同样的课程。在第二次世界大战之后的这段时间里，高等教育机会的扩大以及本科生和研究生数量的剧增，专业和课程的大量增加，不可避免地影响了继承下来的教学和教师聘任系统。

用“民主”这个词来表示改革的方向可能有些过头，但是两者之间是

⑦　见第五章《教师》。

246 有相关性的。老一辈精英影响力的降低，选民参与的扩大，公共意见和消费者压力的增强为学术行业打开了通向美国式影响的大门。教师级别间的差距有一定程度的缩小，初级人员拥有了更多设计和教授自己课程的权利。美国式的向上流动系统，即通过不同等级预定好的流动方式受到不同国家的青睐，而且有些大学采纳了美国对系科领导进行轮换的做法，这样不光是普通教授而是各种级别的教师都享有重要的行政管理责任。总的来说，教授的角色依然保持了已有的特点。给本科生上大课是其责任的一部分，但是人们希望教授们投入更多的时间来做研究和培养研究生。由于获得一个教授职位是在科学和学术方面的奖励，而且人们希望教授们继续从事这方面的工作，因此他们本科生的教学任务有所减少。但是，正如在美国，高级学者和初级学者之间在任务和权威方面的差别在不断减少，他们的责任也出现了重叠的现象。在挪威，新的职业晋升制度导致不同级别教师之间的教学任务的界限非常模糊。

早在 20 世纪 60 年代，挪威大学就改变了它们的德国模式。一般来说，这一趋势受到工会协议的支持。在对教学需求做出的反应方面，瑞典是一个很好的例子。直到 20 世纪 50 年代末，教席制系统基本上完好无损。教授们有助教和讲师的协助。在少数情况下有被称为“指导教师”（preceptor）的教员教授人文和社会科学的课程，而在医学和科学实验室中有被称为“示范教员”（prosectors）的人做一些辅助工作。20 世纪 60 年代入学人数的激增导致引入新的“高级讲师”来教授本科生。当时的聘用速度表明不能再坚持最初要求的通常要拥有博士学位的资格。到了 20 世纪 70 年代，高级讲师拥有了在各个层次进行教学的资格。然而，尽管有必要在教学和课程方面进行更广泛的咨询，资深教授仍然拥有某些传统的权威，通常通过多数投票权来发挥作用，甚至在拥有强烈的社会民主主义氛围的北欧国家也是如此。

在学术等级内部，权威结构的变化与课程历史的相关性应该是很明显的。虽然不是一个原因导致了课程多元化发展，但是学术层之间等级差别的弱化以及权力分配范围的扩大都导致了课程多样化，以便满足学生和劳动力市场的需求，而这一因素日益重要。然而，在苏维埃制的教育系统中，学生课程的选择是受到严格限制的。学生被录取进高等教育机构的某个专业后，必须按部就班学习严格规定好的一系列课程。所有的学生都必须接受辩证唯物主义理论的教学以及在其理论指导下的各科的教学。在各 247
加盟共和国，俄语教学是必须的。但有些国家如波兰则表现出独立于莫斯科的民族意识，这导致了某种程度上的比较开放的课程体系，甚至考虑到不再把马克思主义信条教学作为必修课程。⑧

在20世纪的最后几十年中，系科的强化体现出一些改革的趋势。系科通常从属于学院，在旧式系统中它的管理主要是由教授和系主任负责。系的形式体现出其成员对课程控制权力的提高，同时也意味着对学科以及次级学科专业化的日益重视。虽然并不普遍，但建立强有力的系科有时恰是政府政策的一个目标，比如1991年西班牙的改革。但其他结构性改革在欧洲却向相反的方向进行，不重视专业化的工作，而重视更广泛的教育

---

⑧ 此处和相关国家信息见如下论著。关于奥地利的信息见：On Austria from Hans Pechar, Ministry of Higher Education and Research, Vienna, and Karl-Heinz Gruber, University of Vienna. 以及 *Higher Education in Austria* (Bucharest, 1987)。关于德国的信息来自：Walter Rüegg, Switzerland；也可参见：C. Gellert, 'The German Model of Research and Advanced Education', in Clark, *Research Foundations* (note 2), 5-44, and M. Heinemann, 'The German Universities after the Second World War', in A. Romano and J. Verger (eds.), *I poteri politici e il mondo universitario* (XIII-XX *secolo*): *Atti del Convegno Internazionale* (*Madrid, 28-30 agosto 1990*) (Soveria Mannelli, 1994), 257-275. Cf. Appendix: 'Universities founded in Europe between 1945 and 1995'。关于东欧的综合信息参见：J. Sadlak, 'Legacy and Change—Higher Education and Restoration of Academic Work in Romania', *Technology in Society*, 15 (1993), 75-100, 以及 J. Sadlak, 'In Search of the "Post-Communist University"-the Background and Scenario of the Transformation of Higher Education in Central and Eastern Europe', in K. Hüfner (ed.), *Higher Education Reform Processes in Central and Eastern Europe* (Frankfurt/Main, 1994), 43-62, 和 J. Sadlak, 'The Emergence of a Diversified System: The State/Private Predicament in Transforming Higher Education in Romania', *European Journal of Education*, 29 (1994), 13-23. Also J. Szczepanski, *Higher Education in Eastern Europe*, Occasional paper—International Council for Educational Development, 12 (S. l., 1974)。关于俄罗斯的信息由 A. A. Russalinova 和 I. V. Komarov 提供。

目标。为了同时绕过学院和系科，出现了新的学科和方法的组合形式来加强新兴的研究领域之间的联系，这些新的形式在本质上也许更像学院而不是系科。1960 年，作为新大学一员的苏塞克斯大学，它的英美研究学院或欧洲研究学院就是替代常见的系科的一种尝试。20 世纪 90 年代，多科技术学院升格为大学，比如利兹城市大学创建了称之为“文化研究”的多学科群，此学科群混合了社会科学和人文学科。这种比较新的范式的出现
248 实际上是语言学、人类学和哲学理论在法国发展的结果，而且在美国被广泛采用。秉承着一个世纪前的德国哲学学院的精神，20 世纪 90 年代的荷兰大学思考过在一个特定学院内把不同研究领域整合在一起的可能性。

多学科研究和“独立的”学科间的相互交流是 20 世纪七八十年代高等教育领域中迅速发展的国际运动的一部分。但课程创新也是由美国式的机构竞争原则所驱使，对欧洲来说这是一直要避免的很失尊严的市场导向的做法。为了吸引学生、资金和公众注意力，大学，特别是最近成立的大学，可以提供学生们可能感兴趣的新型的学科和方法。然而，竞争的实力很大程度上取决于高校是否完全能够掌控其所提供的课程，这一点在所有国家中并不是完全相同的。在法国和德国，高校的创新受外部影响的程度比西欧其他国家都要强。在法国，大学的学院由于受法国政府各种理性的制约，甚至失去了它们在课程开发方面的作用，而课程开发完全是由教育部控制的。1968 年的大学法确立了大学作为系科网络的地位，法语称之为 *unités d'enseignement et de recherche*（即培训与研究单位），随后更名为 *unités deformation et de recherche*（*UFR*，教学与研究单位）。在德 *Fakultätentage*（学部会议，同一学科领域的所有德国学院会议）拥有安排制订和修改考试指南的权力，此机构要经过各州教育部会议以及大学校长会议通过。它们也接受实验性的学习项目的咨询。

对于本科生，⑨ 每个高等教育系统采用大量不同的教学形式。通过讲

---

⑨ 这个词是 16 世纪的一个英语新词汇，与宗教改革时期赋予剑桥学院的更强大的教学作用有关。

席教授或地位不那么高的讲师上大课成为惯例，但也有由初级教师或助教主持的规模较小的讨论课程。[10] 强度最大的教学主要集中在英国的导师制中，这种制度在英国尤其是在牛津大学和剑桥大学的学院中存在了几个世纪。通常是一对一面对面的教学，科学方面的课程在辅导时也会不止有一个学生。1983 年西班牙的改革导致了许多结果，但其中一项就是越来越多的研究生在一些学科的日常工作中发挥监督作用，例如生物学。[11] 这可能是由于人数迅速扩张导致教学人员缺乏造成的。法国的大学也比以往更 249
注重启用较年轻的教师，荷兰也不例外。20 世纪 70 年代，由美国传入的以强调学生团队合作的“解决问题式教学”模式首先由位于马斯特里赫特的林堡大学医学院所采用，随后拓展到了法学院。在法学院，学生分成小组，经由大三、大四学生推选出的组长或指导教师带领，每周聚会两次，一次两小时。对两个控制组的初步调查表明，在传授知识和激励自省方面，高年级的学长同高级教师之间不分伯仲。位于哥本哈根城外的罗斯基勒大学 90 年代也采用了“解决问题式教学”模式。大学生被分成若干个话题研究小组，学生们自己会面或导师和学生一起聚会。大量的时间用于讨论、质疑、写作和考试。[12] “解决问题式教学”模式会产生多大的影响还需要进一步研究，但是它和其他大学教学系统有着密切联系，原因有二：首先它通过鼓励团队合作、自我和同辈评价改变大学生被动学习的习惯；其次它也是成本效益很高的教学途径。早在 20 世纪 70 年代，瑞典的教育研究者就开始考虑使用“人类学”的评估方式来刺激学生进行自我评估，这一方式和“农植物学模式”形成了鲜明对比。学生、学生组长以及教师前期积累的知识具有明显的相关性。

剑桥大学同传统的知识传递模式彻底决裂。一些被人们认为是理所当

---

⑩ 参见第五章《教师》。

⑪ Entry on ‘Spain’ by J. L. Garcia-Garrido in Clark and Neave, *Encyclopedia* Ⅰ, 676-679.

⑫ J. C. Moust and H. G. Schmidt, ‘Effects of Staff and Student Tutors on Student Achievement’, *Higher Education*, 28(1994), 471-482. 关于 Roskilde 的信息由 Brian McGuire 提供。

然的技能失去了光彩，而那些在20世纪70年代以前鲜为人知的技能成了司空见惯的东西。就读学生都熟悉电脑，也知道如何通过电子设备来获取研究信息，然而语言能力——不仅仅是口语能力，基本的语法能力、英语、外语或古典知识方面都大大地弱化了。所有这些改变都体现了以升学为目的的中学课程的改变。历史曾经是中学中一个举足轻重的学科，现如今逐渐被人们忽视，甚至英国历史也难逃一劫。在地理学中这一情况尤其严重，以至于20年前就做出了删除其中历史因素的决定。大学教师们决定培养新生相关的能力以弥补其缺失的东西。对电脑的掌握意味着在以实
250 验室为基础的语言学习中，学生们可以有效地利用欧洲电视卫星，但是与此同时，教师们也开始使用强度更大的语言教学法，例如沉浸式和互动式教学，来帮助学生恢复他们以往学习中所缺失的外语能力。越来越多的教学工作通过团队的形式进行，尤其是在“核心”或“基础”课程方面更是如此。这种形式非常重视跨学科学习，而且关注学习主题，而并非局限于像在历史学科中的那样只注意年代顺序。互动式教学技术也意味着本科生可以了解到更多的研究方法，并且这一趋势使得论文可以成为期末考试的组成部分，由此可以确定学生学位质量的水平。它同时也意味着学生将在考试内容的选择上有更多的自由。在剑桥源于18世纪50年代的书面考试史上，这种全新的自由可以说是一种彻底的变革。在课程的某些领域，甚至讲座式的上大课方式也发生了变化，不再是个人的独白，取而代之的是非正式的讲授，为了让学生能够参与，授课者允许学生打断插话并进行讨论。[13] 这些方法的使用意味着“看不见的试卷”无可争议的统治地位的重要性已有所下降。

任何创新都会遭遇批评的声音。一些剑桥大学的老师认为过分强调学习技能和精心设计的教学结构非但不能促进学生的自立，反而还会反其道而行之。这些变革意味着大学生被“填鸭”。[14] 一些人怀疑，不管改革背

---

⑬ J. Gregson, 'Ars Docendi, Artium Liberalium', *Cam* (*Cambridge University Alumni Magazine*) (Michaelmas 1993), 8.

⑭ Gregson, 'Ars Docendi' (note 13), 7.

后有着什么样的良好动机，这些改革连同在英国发生的其他变化其实都是对政府评估和高效政策的回应，高等教育基金委员会质量评估组采用访问小组的做法便是很好的例证。这一指控当然也不无道理，但是难以想象的是在20世纪后半叶没有一所欧洲大学没有受到来自外界的对高等教育的多重压力的影响。唯一不确定的是反应的确切特征。

相比德国和英国，教学在意大利、伊比利亚和法国（或者比利时的瓦垄尼亚区）更具有权威性。在意大利，学生的被动学习司空见惯，多是因为在特定领域有严格的考试和学习要求。然而1970年以后，学生们被鼓励大胆发言，随之而来的，用一位观察家的话来说是“过分的自由主义”。特别在人文学科或其他要求不太高的领域更为明显。总体上看，地中海和北欧地区教学方式之间的大致区别从20世纪60年代的改革时期开始逐渐 251
消失。在民主和信息技术的时代，被动学习被认为已经不能适应个人发挥聪明才智和首创精神了。在曾经的理想的洪堡世界中，教学自由（*Lehrfreiheit*）是教授的特权，这可以让他根据自己最佳判断和知识的来源接受某个观点并相应地进行教学，然而学习自由（*Lernfreiheit*），即获取知识和表达知识的自由是学生的特权。只有具有自主学习能力的学生最终才能受到良好的教育（*gebildet*）。

抵制对教学进行测量的一个显著的发展，便是早已提到过的非正式化教学。英国的导师制一直倾向于随意的谈话交流，而且在某些历史时期，导师都是非常年轻的，他们与所负责的学生几乎就是同龄人。但是尽管导师制教学是英国精英教育的中流砥柱，在这个大众教育的时代，其存在的合理性也受到了质疑。导师制通常需要很高的师生比，作为精英教育的最低要求，通常为1∶8或1∶10，并不是所有的英国大学都有足够的资源能够负担。导师制以及教授讲座和小班教学的混合制在牛津大学、剑桥大学、伦敦大学以及各城市大学，苏格兰、爱尔兰以及威尔士的大学之间都存在着不同。然而即使在古老的学院制大学中，由于更加强调科研、研究生培养以及从工业界寻求资金，与学院的教学计划形成对照的是更强调强有力的大学。

英国的大学努力保持高成本的导师制教学，或者是部分导师制，其中主要采用讲座式的教学形式，与此同时，欧洲学生人数史无前例的激增为年轻（比较廉价）的教师提供了机会，也出现了充分利用高年级学生和博士生的需要。在法国、奥地利和德国，新生的大批涌入使得尚未完全培养好的教师和助教受聘上岗，导致出现了“教员课堂”。[15] 学生数量的增加影响了大学传统的方方面面，并要求对教学问题予以更多关注，因为过去
252 的观点，即认为学生可以很好地照顾自己，或者可以从家人和朋友那里获得大学经验，已经站不住脚了。大学中有太多学生的家长从未上过大学。观察者们要求对学生提供更好的建议、咨询、指导和其他服务，这些迄今为止在欧洲特别是欧洲大陆几乎鲜为人知。[16]

尽管雇用了大量年轻教师和研究生，在这样一个高成本的大学时代里，保持良好的教师比例仍是普遍的难题。20世纪50年代以后，欧洲大陆上的师生比例起伏不定，在1∶20到1∶27之间摇摆，现存的各国数据往往都是总数，无法对师生间的交流给出完善的解释。仅仅一个例子就可以说明这一难题，1984年的挪威大学，师生比例从人文学院的1∶11到法律学院令人难以置信的1∶67不等，[17] 但即使是人文学院较为吸引人的这一比例，也不能引导人们将教学和研究进行实际意义上的区分，同时这一比例对真正用于与本科生进行一对一交流的时间也没有指导意义。

更有甚者，挪威大学的例子证明，许多大学不均匀分配其内部师资，以期用一种课程来补偿另一种课程，例如给研究生教育腾出时间，或者让人数多的讲座课程为特殊科目和领域的小班教学留出余地。当然，总的情况并不乐观，学生人数以及维持接近1∶10到1∶12师生比费用的压力意

⑮ G. Neave, ‘Séparation de corps: The Training of Advanced Students and the Organization of Research in France’, in Clark, *Research Foundations* (note 2), 159-191.

⑯ G. Layer, ‘Student Guidance and Support—Changing the Approach’, in M. A. Slowey (ed.), *Implementing Change from within Universities and Colleges* (London, 1995), 123.

⑰ Entry on ‘Norway’ by S. Vangsnes and K. Jordell in Clark and Neave, *Encyclopedia* Ⅰ, 524-534, and communication from Sivert Langholm.

味着只有极少数的大学才能够维持精英教育。

师生比是能说明一些情况的，但是我们需要超越比例去探讨教学的另一个方面，这一方面不能由任何历史公式来计算。在任何一种教学结构中，不管是传统的、创新的，还是导师制的，人际交流的方式是不同的，而且也一直在变化，其程度之大以致都可以总结为传授知识的方法和艺术本身就是每个课程的一部分。要把一个科目的认知内容和其被表达出来的方式分割开来犹如天方夜谭，因为教授者自身的个性便是学习中的一个因素，而这一个性的影响远远比实际教授的知识更为持久，因为信息很容易被人忘却，人际关系却并非如此。

每一个高等教育机构都会要求学生参加口头或书面考试，常常是两者
都有，而且要求他们写论文或文章，但是这种被奉为权威的测评学业成绩 253
的方式在整个欧洲大陆绝不是千篇一律的。在很多国家，质量控制是通过国家生成的期末考试来实现的，如此一来就避免了美国课程结构的典型问题，即同一个教师在某个班级里既教又考，并且学位的授予不是以最后的综合测试成绩为基础，而是一定数量课程或学分累加的结果。

然而在许多国家，传统的期末考试制度发生了很多改变，一些国家采纳了美国式的模块课程制，另一些国家则开始减轻对期末考试的过分依赖，辅之以其他形式的评估，例如期中测试。在苏联以“改革”（*perestroika*）和“自由化”（*glasnost*）著称的经济政治自由化前后，大学考试融合了一年两次的考试（主要是口试）和最终的国家考试，有的要求有毕业论文，有的则不做要求，但是也有一个与考试并行的持续性评价制度。在比利时和南斯拉夫，最主要的还是在意大利的大学系统中，第一级学位（*laurea*）的获得主要还是依赖口头考试。在这之前有一个极短的论文要求。教授们抱怨考试负担过重，却对改变现状无所作为。在挪威、英格兰、苏格兰和爱尔兰，对三四年的学习进行最后的考试仍是常见的做法，但做了一些上文所提到的调整。为了确保客观公正，书面试卷采取盲判的形式，交由多人批阅，并且通常与口头考试结合（挪威更为频繁）。综合性的书面考试以及采用外部考试人员一直是英国的做法，直到 80 年代和

90 年代一些大学和以前多科技术学院广泛采用模块化课程或普通课程的时候情况才有所改变，例如贝尔法斯特的皇后大学和 1968 年建立的乌尔斯特新大学就是如此。

文凭与学位

在任何一个国家，当人们成功掌握了全部的教学内容，通过了写作练习和考试，会被授予一个证书或其他纸质凭证来证明其完成了学业。在欧洲，学位、文凭或证明通常是受保护的，按照惯例颁发学历文凭的权力是政府拥有的，在俄罗斯正是如此，在其他一些共产主义国家以及法国或德国也一样。在英国，任何一个被枢密院（其中的成员是政府内阁人员）认
254 定为“大学”的法定机构有权颁发自己的学位。相比之下，多科技术学院的学生从一个名为“全国学位授予委员会”的机构获得学位。[18] 直到 20 世纪 90 年代中期，奥地利才为非大学或多科技术学院等新的院校类型建立了一个类似的学位授予机构（*Fachhochschulrat*），没有大学地位的机构不能授予学位，但可以提供文凭，这也是可以授予学位的高校对完成一些特定课程的证明。葡萄牙和德国、比利时、荷兰一样，大学和比较强调技术的院校之间是互相分开的。在芬兰，建立职业性学校是为了减轻大学的压力。

建于 1836 年的伦敦大学，是全国学位授予委员会的历史样板。两所大学学院建立时间较早，而且都要求取得学位授予权，由于宗教和其他一些原因，以及对历史所衍生出的大学概念的考虑，枢密院不愿将这种独一无二的特权授予新的学院。一个折中的结果便是“伦敦大学”的建立，它只不过是一个很小的由院士组成的法人团体，被授权批准和举办考试来授予学位。而且这个在任何国家都没有先例的特殊制度，成为大英帝国及其

[18] 到 20 世纪 90 年代末，根据议会立法，英国大学和学院之间在法律地位上所谓的“双轨”区隔得以消除，能够授予学位的特权的获得更为自由。多科技术学院从而能够要求得到大学地位和学位授予权。

自治领地新的学院为它们的毕业生颁授学位的工具。经过数十年的发展，伦敦大学完全成了一个联盟性的大学，由大学学院、几乎独立的专业学院和医院组成。然而到了 20 世纪 90 年代，伦敦大学联盟体系的组成机构开始竭力寻求更大的学位授予自主权以及对它们自己考试的进一步控制权，在这些机构中帝国理工学院（之后拥有了一些教学医院）成为最早获得这些特权的学校。

在英语国家的大学中，一般的学位课程时长是三或四年，学生可以取得一个学士学位。不过苏格兰例外，它所保持的历史传统是硕士学位是第一级授予的学位。在法国、西班牙、荷兰和德国，学生获得正式资格要通过三个阶段——在荷兰称为 *fase*，法国称为 *cycles*。第三个阶段包括高级课程或者用英国的术语来说就是研究生。在法国，前两个阶段被分成独立的阶段，其中的一些会使学生获得职业资质或为学校教学做好准备。三阶段中的每个阶段都要持续两年时间（学生按照惯例学三年），在下一个阶 255
段到来之前，每个阶段都有一定难度的任务需要完成。完成了第二个阶段可以获得普通大学文凭。第三个阶段是为那些想要取得硕士学位或之后有可能获得博士学位而进行研究训练的学生准备的。在荷兰，学生需要在四年的时间里完成前两个阶段，并且有失去政府财政资助的风险。自从西班牙在 20 世纪 80 年代改革后，其阶段体系与法国类似。完成前两个阶段共需五年时间，但随后的 1991 年改革使其完成时间可以减少到四年之内。第三个阶段包括高级的研究工作。葡萄牙大学的学位获得期是四到六年，依据所学的不同领域而定。理工学院的学生入学三年后会被授予学士学位（*bacbaraleto*），更专业性的文凭还需要两年多的时间。[19] 在德国获得一个同等的第一级学位需要六到七年时间，在奥地利获得一个硕士学位（*Magister*）平均需要七年半。

想要把第一学位的授予或者第二阶段的完成与学习时间长短、学生学业水平、学位地位与就业价值相关联几乎是不可能的，不管是在一个国家

[19] For Portugal, entry by E. L. Pire in Clark and Neave, *Encyclopedia* Ⅰ, 585-590.

之内还是跨越国界。有时英国的大学文科学士学位，意大利的*laurea*，波兰、德国和奥地利的*Magister*，法国的*dipome*，罗马尼亚的*licenta*，西班牙的*licenciatura*和葡萄牙的*licenciado*，还有一些其他的学位名称，取得它们都是为了进入某一特定的职场，比如说放射学、农学、会计学、物理疗法、计算机编程、社会工作。但是在其他一些情况下，它们是进入更高层次学习的许可证。没有任何一个欧洲国家把具有第一学位或第一和第二两个阶段学习的资质当作衡量一个人对普通文化掌握的尺度，而普通文化的掌握意味着与自由教育和公民领导能力这些传统的精华概念紧密相关的文化的圆满了解和把握。这些长期以来被争论问题的最后落脚点是对中等学校给予恰当的关注，尤其是那些具有大学预科职能的中等学校。西欧大学专业化趋势的增强导致了下面这种局面的出现，即极少有国家要求大学本科生进行范围非常广泛的学习。但人们对此是有疑虑的。由于现在的中等学校面临着大众教育的压力，越来越多的声音开始质疑学校没有为学生提供必要的技能和自由教育的精神。但是挪威在本科生的课程中保留了一些自由教育的理想成分。学位第一年强制性的哲学考试包括逻辑学和历
256 史哲学，这从某些方面代表了学术工作是世界大同和教化的标志的时代的回归。[20]

本科生和研究生

在欧洲大陆国家中，大学的一个显著特征是本科生与研究生的地位缺乏像英语国家那样的非常明确的界限（尽管不是在中世纪）。本科生与研究生在不知不觉中融合在了一起，而并非各自拥有课程领域。在美国和英国，文科学士和理科学士是两大类主修科目的分界线，这在诸如医学领域会引起一些混淆。在美国，专业性学习如果不是为了取得第二级学位或者

---

[20] S.-E. Liedman, ‘In Search of Isis: General Education in Germany and Sweden’, in S. Rothblatt and B. Wittrock (eds.), *The European and American University since 1800: Historical and Sociological Essays* (Cambridge, 1993), 99, 105.

用于获得像工程和建筑这样专业的第一级学位的话，它们被归入另一个独立的体系，从整个周期的第一阶段开始，在英国则是从第一级学位准备阶段开始。

人们认为典型的英国或美国的本科生经验不足且刚愎自用，因此需要对其进行适当约束。英国的大学导师就像学生的监护人，而美国的学院和大学里都制订了大量的学院生活的规则来规范学生各个方面的行为。20世纪60年代的学生运动使得以上一些规定被更为尊重法律的判断学生不良行为的制度所取代。但是，即使是在牛津、剑桥这种名牌学府，也存在导师权威下降的情况。但其他因素也导致了将本科生视为需要细微监管的青少年这一看法的改变。一方面，人们更多地关注各类教学人员的科研工作，在决定职业机会的时候将其看得比教学更为重要。另一方面，与权力运行相关的文化发生了变化。20世纪60年代进入学术阶梯的大学生们是抗议大学家长制的一代。然而，另一原因是试图强制实施涉及与约会和吸毒相关规定时出现的不可避免的尴尬，尤其是吸毒，国家在这一方面都有严格监管。但关键的一点是，在许多国家，学者们觉得作为榜样已不再是令人惬意的了。作为一名杰出教授的标志——严格的中产阶级的行为举止，在20世纪末已经过时了。各级教授和学者与学生拥有同样的愿望，即要拥有一种不受世俗约束的私人生活。

在讲英语的国家里，人们认为年长的研究生更加成熟和富有责任感。 257
这一根本性区别在课程安排和教学形式中都有所体现。英国的本科生一般都要为考试进行细致专心的准备，包括辅导、论文写作、非正式持续性评价以及个人建议等，然而研究生经常被忽视，或是被安排到档案室和图书馆查阅资料，社会科学和人文学科尤其如此。总之，直至大约20世纪的最后四十年里，研究生的数量相对较少，而且都集中在名牌大学里。

在欧洲大陆，学校希望所有的学生，不管年龄大小都能够自立。洪堡大学的自由学习传统就涉及这一点。大学不是中小学，而且不应该要求教授去约束规范学生，应该要求他们把握好自己的教育。（在美国、苏格兰和英格兰，直至19世纪后期，大学与中学才有了明确区分，美国甚至更晚。）欧洲大陆的大学，其自然环境更有利于学生更好的独立。从美国舶来的特有的带绿地的校园模式，常常让本科生住在大学里，而这些如果没有足够的土地是效仿不了的。传统的欧洲大学坐落在市中心，教学楼分散在城市的各个角落，通过“社区”的关系有时可以获得一些住房，比如瑞典位于乌普萨拉的大学，那里仍保留着中世纪“民族国家”的传统。来自不同地区的学生们可以联合在一起通过政府找到住房。当然，这里也有学生宿舍，大学的和私人的，就在教学楼附近。但是欧洲通常的做法是人们希望学生可以找到自己的住房或是住在家里，在这种环境下，“代替父母”几乎不是个可行的观念。

听课有很大的选择性，因为考试和听课没有必然的一致性（几个世纪以前，当牛津和剑桥大学的学院有效地把教学从教授手中接收过来时便出现了这个问题）。西班牙和德国的学生实际上可以选择他们愿意考试的日期。德国尤其不严格（奥地利在20世纪90年代后期改革前可能更加松散），并且实际上可以允许学生在大学混七年。取得学位或完成学业的时间具有如此大的伸缩性也成了问题的根源，部分原因在于可容纳的数量和
258 学业延长导致的额外费用，它们的优点在于课程完成率很高，学生认为他们已经准备好的时候才参加考试。

虽然有所改变，但公认的欧洲大陆大学中考试、文凭、学位之间松散的联系，最低限度的监督管理以及相对缺乏对书面作业的要求是植根于有关学生学业成就的精英假设。由于在同年龄组中只有非常少的人上了大学，人们便习惯性地认为他们拥有必要的学术资质和良好的学习习惯。因此，教授们并不过分注重学生的处境或辍学情况，尽管意大利的教授们迫切希望学生数量增加，因为在政府的收入下降的时候，曾经是微不足道的学生的学费会是大学收入的重要来源。由于高校经费在德国、法国、意大利或奥地利（除了奥地利1994年新建的奥地利应用科技学院除外），不受入学人数的影响，因此忽视学生并不会导致政府对大学的经济制裁。相反，其他国家试图严格控制学生规模。荷兰一般采用人头数的方法；在丹麦，学位的颁发数是有限定的；在英国，学额位置是分配的。20世纪八

九十年代，意大利、德国、奥地利及法国的大学都明显地严重超员。拥有英国国籍并获得贵族身份的著名社会学家拉尔夫·达伦多夫曾担任过德国教授，也曾担任伦敦政治经济学院的院长以及牛津大学一个学院的院长，他在严厉批评德国的政策时指出，“学生是三十年前的十倍，但是被塞入了同样的旧制度框架中”。达伦多夫爵士继续讽刺性地指出大多数学生感觉孤立和孤独，因为他们的老师把大部分时间花在了填表格或开会上。

在德国，基于学生有权自由地转换学校，对学生相对的冷漠实际上是合乎情理的，因为学位实际上是由国家而不是学校颁发的。20 世纪 60 年代，法国出于对人人拥有入学机会的考虑出台了相关政策，但这种政策凌驾于对有效大学教学的考虑之上。政府为了减小规模并提高就业的可能性，企图限制学生入学，但这激起了学生的强烈反抗而无法实行。对某些类型课程的需求，尤其是与教学直接相关的课程，如心理学，使得听课学生的数量出现了惊人的增长，出现了“坐在楼道里听课——自资金开始投入到大学扩展之后从未出现过的一幕”[21]。类似情况在实施限制入学名额的被保护领域——如医学领域未曾出现过。20 世纪 80 年代，法国尽管入学需求很高，辍学率也令人非常沮丧。大约 40％的理科新生、45％的法 259
律和经济学新生，在第一阶段的第一年就被淘汰下来。[22] 在 1995 年，只有三分之一的意大利学生获得了学士学位。[23]

从事学术职业要求人们拥有最高一级的研究性学位。20 世纪后半叶，

---

[21] *Times Higher Education Supplement*，3 December 1993，News 10.

[22] ‘France’ in Clark and Neave，*Encyclopedia* Ⅰ. 亦可见：C. Musselin，‘Steering Higher Education in France：1981-1991’，*Higher Education in Europe*，17(1992)，70-71。

[23] 关于意大利的信息来源于：B. R. Clark，*Academic Power in Italy：Bureaucracy and Oligarchy in a National University System*(Chicago and London，1977)，124ff.，139；F. R. Monaco，‘*Universities in Italy：Problems and Perspectives*’，*in F. Pancaldi*(*ed.*)，*Universities and the Sciences：Historical and Contemporary Perspectives*(Bologna，1993)，20-28；O. Amaldi，‘The Italian Tradition’，in Pancaldi，*Universities*，40-48；R. Moscati，‘Italy’，in G. Neave and F. van Vught，*Prometheus Bound：The Changing Relationship between Government and Higher Education in Western Europe*(Oxford，1991)，91-108。

在大多数国家，这意味着是博士学位，但在奥地利、德国、瑞士的德语区、西班牙，特定时期的意大利和斯堪的纳维亚半岛国家，最高级别是教授备选资格，实际上就是第二篇博士论文，这在法国也同样是被授予正教授的一个先决条件。在法国，事实上各种各样的博士学位随着众多改革措施的出台不断出现，同时也规定书面研究成果可以代替通常与博士层次的工作相关联的研究论文。随后，英格兰采纳的变革允许以发表的成果为依据，在学术生涯以后的某个时候授予博士学位。一般而言，高度结构化的博士培养计划是非典型性的，对完成时间也没有特别的规定。即使是遍布欧洲大陆的德国引以为荣的研讨制，与组织严谨的美国研究生院的学位制度也不一样。那些试图获得教授备选资格的人，尤其是自然科学以外的人，是由自己来进行相关的准备。他们常常是在某个地方从事全日制的教学工作或与学术研究无关的职业。但在 20 世纪 80 年代后期，“研究生院”开始出现，这可能是在组织和资金结构方面受到了美国的启迪，但又和美国有很多不同。它们在组织方面没有共同特点，而且现阶段仍停留在试验或起步的阶段。德国的一些研究生院都是跨学科的研究小组，出于研究的目的，它们偶尔会与马普研究所的独立网络联系在一起。荷兰和比利时的研究生院可以跨越学校甚至是国家边界形成合作关系。在法国，研究生院由获得一种或多种文凭的几个高级类别组成，其中一种是高级研究文凭，
260 此文凭需要在获得博士学位证书之后才能取得。负责进行研究训练的主体是博士培养小组，和其他地方的国家哲学博士培养计划一样，此培养小组的成员可以由来自其他机构的人员组成，如国家实验室。在 1984 年改革中，另一个重大的改变打破了高度集中的政府对大学教学和课程的控制。在法国，国家学位授予机构拥有向大学颁发博士学位的特权。当 20 世纪 90 年代初博士生院成立时，法国研究生学位制度开始了新的变革。尽管是以特定的大学为基地，但这样的“学校”也可以跨越机构界限。更深层次的讨论就此展开，焦点集中于高级研究文凭和博士生院之间的关系。

研究生院为教授备选资格的候选人提供了机会，他们可以定期和同辈及资深同事讨论研究计划，还可以参与特殊项目。到 20 世纪 90 年代，除

德国、奥地利和法国，作为大学教学的准入资格，英美的单一哲学博士体系正在与教授备选资格进行竞争。

研究生教育在英国也发生了改变。[24] 20世纪初，为了吸引那些通常去德国大学学习的海外学生，作为研究性学位的哲学博士学位被引入英国。一个学生要得到学位，通常在三年或者是更长的时间之后，要根据所学课程递交一篇论文，而且还需要完成由考官组成的答辩委员会的论文答辩。在一些国家，还有在大量听众面前的更公开的答辩，这种做法在瑞典和瑞士的日内瓦、洛桑市的大学里还没有消失。它们没有像美国那样的单独分开管理的针对学术和研究训练的“研究生院”。其他的硕士层次或与其水平相当的高级学位偶尔也会包含一些指定的课程作业，但这些作业的大部分都是以写论文和口头考试为基础的。然而，作为美国研究生培养体系中前两年或三年中的支柱——“讲授型”研究生课程，逐渐被看成是必不可少的理想的选择，尤其是随着研究生数量的增长以及对他们第一级学位实际价值的质疑出现以后。20世纪末，讲授的学位课程比以前更多，但是由于绝大多数研究领域并没有大规模的学生，因此攻读这种课程学位还没有成为定式。

而在其他国家，其他的学位和文凭，包括本科生、研究生或是介于两 261
者之间的，都是由独立的音乐学院、戏剧艺术学院、建筑或律师行业颁发的（教会法、民法、犹太人法律学位由大学授予）。

20世纪60年代，北欧国家实施研究生教育改革，随后在80年代又改革一次。对传统学位制度改变的目的是为了使不同阶段的教育资格区别开来。在丹麦，为了与现有的工程学和自然科学的做法相一致，社会科学和人文学科领域的哲学博士训练更加正规，同时，更加重视交叉学科和各学

---

[24] 有关英国的情况，见：M. Henkel and M. Kogan, ‘Research Training and Graduate Education: The British Macro Structure’, in Clark, *Research Foundations* (note 2), 71-114; T. Becher, ‘Graduate Education in Britain: The View from the Ground’, in Clark, *Research Foundations*, 115-153; L. Goedegebuure and F. van Vught (eds.), *Comparative Policy Studies in Higher Education* (Twente, 1994)。

校之间研究环境的构建。在芬兰，所采取的措施主要是用更负责任的管理来取代对学生研究监管的随意安排。挪威正规的研究生计划比较薄弱，其采用了类似丹麦和芬兰的革新措施，特别是着眼于改善获取学位的比例和时间。在新的培养计划稳固之前，旧的非正式的体制、监管比较宽松的博士培养计划与新体制并存。从20世纪60年代前期开始，北欧最大的国家瑞典就发生了形式各异的变革，包括结构、组织、管理、课程等多方面。在旧体制之下的最后的博士论文答辩发生在20世纪70年代。此后引进了新的硕士学位，同时也制定了规章，将其确定为攻读博士学位前的一个正规阶段。

在影响整个高等教育系统的课程和课程开发方面，初等教育和中等教育（尤其是后者）所发挥的关键性作用是怎么强调都不过分的。欧洲大学的基本教育理念就是建立在高中精英教育基础之上的。正是这个教育体系，再加上高标准的毕业考试，使得大学教育的早期阶段能够设立专业化的课程，继之以宽松监管的高级学习。结果，当政府开始鼓励更多的学生通过小学和中等学校向上流动的时候，仅仅几年的时间，早期精英筛选的整个体系就受到了质疑。中学毕业考试专业化减少、不太强调学科分轨以及继续教育或第三级机构吸纳大量的毕业生，所有这些都意味着大学不能再指望所接收的学生拥有必备的水平和技能，并且守纪律。由于根基被削弱，很多老教师发现他们无法再使用和以前类似的学业标准。但这种问题
262 只有当历史学家获得该领域足够详细的资料后才能继续深入研究，也就是说，从课堂教学的历史着手。

从20世纪80年代开始，在法国时间甚至更早些，大众教育的到来，以及数量巨大的学生符合大学入学的资格彻底粉碎了学生为高等教育学习做准备这一已有的假设。除了美国掌握入学总人数对教学和大学课程影响的数据外，欧洲所有国家高等教育管理部门几乎都不去预测大众教育的预算、空间或学术方面的结果。在1959年之后的20年间，法国、德国、意大利的大学增长率已经超过了400%，比利时大约是300%，瑞典大约是

350%，荷兰大约是364%，而英国则是384%。[25] 直到20世纪八九十年代才开始寻求办法，试图将入学机制与本科生和研究生的质量保障结合起来，同时也为精英和非精英学生创造各种机会。接踵而至的是几近疯狂的改革活动：建立模块制和学分制，引入学期制和多种文凭途径，持续性评价以及问题导向教学法进入教学之中，采用终极学位课程（如丹麦）以区分本科生和研究生的教学，“讲授”课程出现在研究层次。当时，英美学位体系遍布整个欧洲。一个观察员推测文学学士、文学硕士、哲学博士学位以及学分制对东欧的影响超过了对西欧的影响，[26] 也许是对马克思主义的排斥发挥了助推作用（至少直到1999年所谓的“博洛尼亚进程”启动）。

研究和课程

几个世纪以来，大学实质上是教学和训练机构。虽然认为科学研究在传统大学使命中没有位置的想法是错误的，但是对原创知识的追求以及探索发现的精神却是学术共同体闲暇和反思的副产品，而非为了达到预期的进步、提升和认可所进行的最重要的活动。大学的传统使命如此重大，以至于在现代早期就创立了仅次于大学的皇家学院来支持各种智力活动。但
是，1810年柏林大学的创立改变了大学的主要目标，这就是说，从此以 263
后大学将正规的科学研究纳入使命之中，为先进的科学工作提供所需设备，加强图书馆建设以及包含所有新旧领域知识的文献的收集，为纯理论研究、基础研究和应用研究的开展提供资源和支持。即使在德国，这个新的使命直到1850年左右才完全实现，但之后它很快就被所有大学接受，它们急切地想模仿德国的教育模式。

---

[25] G. Neave,‘A House Divided against Itself. The Changing Patterns of Authority and Participation in Western European Universities’(draft paper, Berkeley, Cal., 16 November 1984), table 1 following page 10.

[26] Sadlak,‘Search’(note 8).

研究以多种不同的方式影响着课程。第一，它鼓励独立思考。第二，它促进了发现意识的产生，尤其是在科学方面，尽管是纯理论和基本知识的表达方式，但还是展现了技术和科学应用之间的联系。第三，它加强了知识的专门化。第四，它影响了知识产生与传播的新组织的产生，比如系科或实验室、研究中心或者专门的图书馆馆藏室，同时专门化起到了相反的刺激作用，使分离的学习领域联合起来。第五，研究改变了课程，促使新的课程结构被采用，学生根据前面提到的学习自由原则拥有更多独立的工作和辩论机会，更多的学生研究论文、讨论课以及允许学生探索各种观点的开卷考试。

在20世纪后期的大学中，研究有着全方位的影响。不断产生的新思想，追求这些思想的新方法、新范式，处理人类生活状况的新途径以及关于自然科学世界的新观点，所有这些不断推动本科生经验的发展（更不用说研究生了）。同时，这些也不断挑战着资助大学经费的方式以及将资源在科、系、学院及研究室间进行分配的方式。欧洲大学之间在课程多样化以及建立获取与传播知识新组织方面的速度与步伐差别很大，这种差别依据传统、保守观念的势力、学生的需求、可获得的资源以及政府政策的不同而不同。正如本章前面所阐述的，20世纪后期呈现出以下几个特点：前所未有的蓬勃发展、自相矛盾的政策、对政策的不断修正、对传统权威内部和外部的挑战、东欧从极权主义环境向容纳自由表达及创新环境的彻底转变。伴随组织结构变革的知识库的快速转变并不都是积极正面的，同任一时期范围广泛的连锁式的激进变革一样，它也导致了混乱和不稳定。
264 创新和新发现的压力导致了一时的知识风潮，同时，也出现了粗制滥造的理论和现实生活中的热点的调和物。在现实世界中，教育本身经常被作为一种可买卖的商品来谈论。大多数理论都是政治性的和意识形态性的，或是带有政治或意识形态的意义。在一些领域人们认为客观性是虚无的，就人类的利己主义而言，价值中立的知识是根本不可能存在的。长久以来的主体和外部客体间的区别被宣称是错误的。事实上，它们之间是没有区别的。对于后现代主义来说，所有的观点都是主观的。这样的观点也浸入科学领域，但科学研究强有力的经验主义基础使得这些观念对教学并没有产生太大的影响。但是在人文科学和社会科学的某些领域，对所有已有理论的确定性的怀疑，有时也导致了相对主义和虚无主义。课程反映了新的敏感话题，这其中包括女性社会地位的假设（女性主义理论）、少数民族和其他边缘化人群的待遇问题、欧洲国家的帝国历史以及历史精英的作用。世俗思想是如此鲜明，以至于神学家和宗教学者都开始抱怨，认为一种新的褊狭已经进入大学。一种新的正统宣称宽容，但实际上对宗教研究和宗教道德计划几乎没有耐心或给予尊重，而这些是过去大学课程中的主要内容。不满在延续。

这些教条般的“正确理论”是消极的一面，但毋庸置疑，新的发明和创造也在广泛传播，它会对医药和生物方面的发现产生深远的影响，也会使人们对生活的基本过程产生新的理解。所有学习领域的边界都被打破了。社会科学跨入人文学科之中；物理学、天体物理学、化学、工程学和生物科学自由地吸取着彼此学科的精华，并相互借鉴着其他学科的方法。专业领域再也不可能和自由艺术及科学领域简单地区分开。接受式的学习从本质上而且在某种意义上被永久地改变了。学生面对的是更多的不同模式的学习、更多样的课程和教学内容、更多不同寻常的教学形式。他们被允许用更多的途径展示自己的能力，再也不是20世纪50年代大多数大学里学生的样子了。他们比以往的大学生有更多的机会积极参与自身的教育。

新资源和新的理解方法对本科生的教与学的渗透确实存在，但又难以
量化，对大学课程的影响程度也很难明确把握。这就需要明确区分根据源 265
自研究的观念而进行的对某个课程或学习计划的重塑和允许本科生参与实际研究任务的程度，尤其是和教授及高级学者一起的调查研究。让本科生参与一个研究小组，至少让他们了解小组是如何工作的，其价值是有待商榷的，但是这种情况发生的程度也是不可判定的，到底有多少学生可以自由地参与也是有问题的。评论家可能会说，欧洲大学的本科生事实上并没有真正参与到研究中或者是有机会汲取探索精神，因为他们的教育是以国

家考试成绩为基础的，通常和教学没有多大关系。

在法国，高等教育中最受青睐的部分是大学校，主要由专门化的训练机构组成，关于教学和研究结合起来的争论在此从来没有取得实质性的进展。在法国，主要的研究任务是由拥有全职研究人员的国家科学研究中心承担的，但其他的研究机构也存在。[27] 在德国，研究任务一半经由德意志研究基金会交予众多大学机构，一半由大约 60 个马普研究所来承担。但是在很多领域，尽管由政府宣称的劳动力分工更有效率（而且较少受到学生激进分子破坏的影响），特别是在国际竞争越来越激烈的情况下，但是实质性的交叉影响其范围有多大也是难以把握的。两国教授都能够参与研究项目和研究团队，法国大学和国家科学研究中心有时会共享资源。

不过，批评者认为研究和教学的正式分离削弱了由古典的德国大学传统继承而来的伟大的讲座教授制度，在这种制度中研究生的教学和管理是由在研究上具有突出成绩的知名教授来负责的。随着这两个重要的专业功能的分离，详细的规章和资金安排都不再由讲座教授直接控制了。学院、研究所、科系和实验室曾经是具有崇高地位的高级别公务员——教授们的聚集地，现在也开始受制于外界的评价和监督。有人指出法国省级大学对研究支持不足，使得巴黎成为不可抵抗的诱惑，人员的流失对当地教学造
266 成了很大的危害，相关报道特别提到了法国北部城市亚眠。[28] 然而，历史发展过程中从来不缺乏具有讽刺意味的事件。在法国，将学生助学金、研究人员津贴以及教学职位与特定的实验室、学习计划或大学绑定在一起的做法再一次为某些领域的少数席位拥有者（讲座教授之类）提供了机会，使他们保留了以往与职业特权相关的某种庇护人的角色。[29]

㉗ 比如，开展农业研究的国家农业研究所（INRA），开展原子能研究的原子能委员会(CEA)，开展医学研究的国家医疗卫生研究所（INSERM），开展海洋勘探研究的海洋开发研究所（IFREMER），开展教育和教育科学研究的教育研究所（INRP），以及居里研究所和巴斯德研究所。

㉘ *Times Higher Education Supplement*, 19 August 1994, News 8.

㉙ G. Neave in Clark, *Research Foundations* (note 2), 201.

课程中的学生角色

关于包括学生市场在内的高等教育的消费者与需求方的情况已有所提及。它表明入学机会的扩大使人们更加意识到所提供的课程如何与对特定科目的需求相互影响，或是引发新奇的教学形式、短期课程，或是伴有持续性评价的学分制模块课程。也可以假定在众多的“私营化”国家里，政府采纳指导性的政策，刺激了更多的学生参与到教育过程中，然而事情并没有那么简单。到20世纪90年代中期，学生还没有成为教育机会和教育价格的主宰者，或许是因为学生参与所起的作用最初被过高估计，也可能是因为政府发现学生需求与国家目标不一致时，一直对市场施加限制。学生们倾向于选择热门和资金不足的领域，然而政府希望更多关注应用科学和工程学，因为它们被认为更有益于经济发展。这些科目也可以从高新技术部门、非营利性的慈善团体或校友处获得投资。

国家危机为学生发挥影响作用提供了机会，尽管效果是短期的。20世纪60年代法国、德国以及随后出现在美国的学生反抗运动，可能在课程内容方面产生了短期的变化，但这些并没有引起整个课程的根本变革。考虑到历史上学生参与的法国、德国、意大利和沙皇俄国的右翼和左翼的政治运动，学生们实际上吸引了人们对其消极结果而非积极结果的关注。在法国，学生的压力经常通过抗议和游行来表达，尤其是在对参与或学习领域提出限制的时候，或是因为资金严重不足而导致大学校园学生过度拥挤，像圣埃蒂安、加希耶、楠泰尔。楠泰尔大学计划的学生容量是1.4万 267
人，但在1994年人满为患，数量达到计划的2.5倍。在英国，全国学生联合会试图在所有影响学生利益的大学事务上保持重要的发言权，尤其是在入学机会和财政上，但是值得怀疑的是这个联合会是否能以某种方式或在某个时刻深刻地影响到教学和教育的基本结构。

然而，在一些西方国家，比如挪威，学生们通过经营与他们的福利和娱乐息息相关的众多的校园内企业获得了积极的经验。由政府拨款、参与费、会员费和产品销售组合在一起的资金资助下，学生可以经营学生宿舍、书店、运动场、医疗卫生服务、幼儿园和旅游机构，通过这些方式学生获得了课堂以外的宝贵生活经验。学生干部经常会被给予一年的休学时间作为全职的学生积极分子和商业领导者发挥作用。

课程的主要决定因素为国家、学术界、考试系统、就业市场等，但学生自始以来在课程的形成方面作用是比较小的。由于年轻无经验，特别是他们属于“本科生”的范畴，还有他们在高等教育中学习时间相对较短，因此本科生（或者是研究生）对教育课程形成的直接贡献是有限的，或者是受到限制的。可能最有效的学生参与课程建设是20世纪60年代的德国改革。但是他们所起到的间接作用也不应被忽视。学生为学术工作所做的准备是决定学习过程中课程难易水平和课程内容的一个关键因素。欧洲的大学体系历来就受益于高质量的中学教育，尤其是最后两年的后义务教育阶段，以及严格的毕业考试，如英格兰普通教育的高级水平考试、苏格兰的高级证书考试、法国的中学毕业会考、德国的文科中学毕业考试以及其他已经提到的考试。在高质量中学教育缺失的地方，高等教育被迫采取补救措施，一个显著的特点就是在美国大学的第一年甚至是第二年的非精英教育（某种情况下是精英教育）。但是苏联阵营国家也被迫采取这样的措施，并且设立“预科”来弥补学生水平的不足。20世纪90年代欧洲大学体系中对学生进入大学准备状况的抱怨不绝于耳。

文化方面细微的或“悄悄的”改革也会对课堂教学产生一定的影响，因为学习的态度和纪律的习惯影响着材料呈现的方式以及学生是否自立或者获得立即的关注。令人难以置信的是，过去四十年中不管是个人行为方
268 式发生的显著变化，还是西欧物质消费标准的提高，都没有对学生和老师之间的联系方式产生影响。表面上，20世纪90年代观察者注意到在英国、北欧国家和荷兰更加非正式的课堂组织方式。这种随意性因为专业着装规范的缺位得到强化，而教师的着装规范是权威和地位的传统标志，它将学术文化与金融、商业和行政部门等更广泛地体现地位的领域连接在一起。学术漫游者遭遇到每一种可以想象出来的穿衣模式，仿佛服装不再反映好

的品味（或社会等级），而只是穿衣人的个人喜好，也可能是为了“舒适”。这就像是知识领域的深刻变化，伴随发现的兴奋以及获取知识的方法都需要更加随意的沟通方式，老师与所教学生之间的更方便的交流，对信息和观念传播者来说更为自由的环境，这个环境会容纳所有层次的学习者，教授、讲师、博士后和学生。教师向学生传达的或许是更适合传递学术探索兴奋之情的一种随性的态度。另外，因为有很多年轻的教师与本科生年龄相仿，他们受到同样的大众媒体的影响，同是 50 年代以后在放任环境中长大的，因此他们之间会少些冷漠多些融洽，更像是学伴而不是老师。

然而教学的非正式性、学生在与老师谈话或在提到他们时省略头衔直呼其名的倾向（这一点研究生比本科生更典型），并没有必然地给学生的前景带来确定性和保证。就所有关于学生课程选择重要性的讨论而言，很多人发现选择太多而且很混乱。毫不惊奇的是，处于历史上的繁荣时期，生活有了更多更好的选择，但很多学生还是应该为提升自己而奋争，并准备应对动态的市场机会，准备应对多种职业变换的就业市场。从众多科目中自由选择，每门课都有不断修订的可能，这可能会培养学生的自立，但很难为未来的可能性提供清晰的愿景。

20 世纪晚期大学散漫的学术环境并不具备旧式大学文化的清晰透明。1940 年前后的大学不怎么松懈，尽管正规严谨的程度取决于民族文化和对待精英的态度。非正式性的模式可能是英国的导师制，但是在德国，教授和学生之间的关系是一种混合类型，这也出现在效仿德国模式的国家。269
它们处于一套由阶层派生出的关系范围内，通常年长的博士候选人会得到最多的关注。人员少、某种文化观念、文科中学的经历以及对尊重的假设使这些关系成为可能。教授和自己的助手以及新老学生之间的非正式交流经常在教授的家中进行。在这样一个特别有益于接纳观点的环境里，思想得到交流或倾听。尽管如此，年长的讲席教授不管是在研讨课上还是在客厅里总是内敛的，这种内敛是衡量其作为公务员的社会地位及其潜在的庇护者的标尺。在美国开创了自己事业的社会学家汉斯·施派尔在介绍他在海德堡大学时的著名教师卡尔·雅斯贝尔斯时说："（他）非常内敛。只有一次，他似乎当面表现出对我感兴趣。"另一方面，卡尔·曼海姆被施派尔说成是"一个好教师"，而且"没有半点教授的高傲"。[30]

新的学习环境可能很让人放松，但在教室中也会产生焦虑，这是由于新一代的女性涌入大学，而且进入到一直为男性独有的专业中并产生了有力的竞争。自 12 世纪末大学建立以来女性大学生第一次在本科生数量中占据一半甚至更多，而且在法律和医学领域女性的比例也很高。然而，更值得担忧的是欧洲重新燃起的种族冲突进入了大学。几乎所有的国家都受到人口流动的影响，这些人有许多最初不是欧洲人，像土耳其实际上只是在欧洲拥有一角，即使这些人已经到了中欧和西欧国家，他们也不被普遍地认为是欧洲人。加泰隆人和巴斯克人从西班牙要求更多的独立。苏联和南斯拉夫的解体、自由共和国的建立、捷克斯洛伐克的分裂，甚至是比利时事实上的语言的划分，曾一度使得民族主义和分裂主义者影响到教育。这一现象有着深刻的历史渊源。甚至在相对平静的芬兰，在 20 世纪 20 年代，大学分别为芬兰人和瑞典裔芬兰人建立。但是无论过去还是现在，大学学习要有助于种族和特殊身份形成的要求浸入了教育过程，使客观学习变成了主观学习，并在教室和演讲大厅里制造出了紧张的局面，即使不是总能表达出来，但能感觉得到。

270

学生的流动性

在欧洲为国家培养法律和管理人才的国立大学诞生之前，大学是向各国学生全面开放的。这些学生借助共同的古代语言，为了寻找适合自己的学科、老师和学习环境而自由迁移。德国的国家考试使学生成为像吉普赛人式的学习者，游走于各个大学之间以寻求著名的教授。讲席教授而非单

---

[30] H. Speier, *The Truth in Hell and Other Essays on Politics and Culture, 1935-1987* (New York and Oxford, 1989), 7, 38.

个的大学才是洪堡时代大学的核心。而其他的大学体系，譬如英国就不鼓励学生的自由流动。19 世纪时曾出现过非常有限的一些流动现象。当时本科生从较晚成立的市立大学、伦敦学院或是苏格兰的大学流向牛津大学或剑桥大学，但这主要是因为这些新成立的院校和苏格兰的学校只面向年龄较小的学生，而且在办学水平上也还达不到牛津、剑桥那样的水准。苏格兰的大学虽然接受学生的转学，不过对于 18 世纪和 19 世纪攻读学位的学生来说，这种行为似乎还不太普遍，另外 20 世纪时还没有太多学生行使转学权利。大范围的学生转学兴起于美国，从 19 世纪后期开始出现，从本质上看是因为模块教学的采用。这种包括学生选修模块在内的体制打破了过去大学中典型连续性学位课程学习模式。模块自成体系，可以保存和累加，还能转化到受学生欢迎的学院和大学里。在 20 世纪早期某个时候，模块课程可以获得单位学分，这使得学生的转学制变得更具可行性。

从欧洲大学的角度来看，模块制并不受欢迎，因为它促使大量的不相关课程产生，抑制了专业化（至少是早期的专业化）的发展，而且由于其中的每个模块都具有独立性，所以难以保证教学质量。另外，因为转学的学生有多达一半的课程都是在外校修习的，所以模块制也削弱了一所大学学位授予能力的总体质量。由于缺少共同的课程或评分体系，全国性的学生成绩标准也很难得到保障。而且正如前面所提到的，模块制通过使课堂教学责任分配更平等而削弱了讲席教授的权力。1996 年由英国学者开展的一项调查表明，人们普遍抵触甚至憎恶这一制度。不仅仅是因为向模块化的转换过程中会产生难度很大的重组问题、时间表制订和评估时的困难以及耗时耗力，而且学术界也认为这是大学行政人员和管理者强加的任 271
务。[31] 由于美国大学体系已经产生并发展了许多年，所以突发性的彻底变革还没有发生过。

不过，合法的政治性的欧共体的成立引发了中世纪欧洲那种认为大学应该向全体学生开放理念的复兴。这导致人们寻求各种途径来促进学生流

---

[31] *Times Higher Education Supplement*, 25 October 1996, News, 4.

动性的提高，以便实现把欧洲作为民族国家身份补充的目的。所以，模块教学和将学分单元包括在内的模块制学习计划也就逐渐被采用和推广。不过为了保留传统欧洲大学模式的一些特征，这一源于美国的制度常常被加以修改。这样产生的结果便是：出现了一系列促使学生广泛游走以寻求本国或本地区没有的课程和教学方案。1987 年，欧洲大学生流动行动计划（伊拉斯谟项目）得以创建。[32] 这一方案旗下的校际合作计划旨在推动人员流动以及形成学分互认、学习任务、考试、评价和评分的统一系统。其中最著名的是成立于 1989 年的欧洲学分互认体系。不久后，其他一些计划也相继产生，以更好地服务于高中生、研究生、教师或企业家们，例如坦帕斯计划（专门面向东欧和中欧国家）[33]、语言计划（面向学习语言的商界人士和中等教育师生）和可米特计划（面向大学生和商界员工）。1994 年曾准备将这些计划并入一个新的联盟组织，并将其命名为“苏格拉底计划”，但由于存在犹豫和分歧，这一计划延迟至 1995 年才成行。

在伊拉斯谟项目实施的第一年里约有 1.1 万人参与其中。在 1988—1989 年开展的调查中，该项目占比例最大的使用群体当属在国外读商科的学生，约占 33%；其次是出国学习外语的学生（18%）、学习法律的学生（11%）和学习工程学的学生（10%），共同占据学生专业选择人数最多的前几位。从国家来看，德国和比利时的学生在这一项目中人数“过多”，而葡萄牙、希腊、爱尔兰、意大利、荷兰和丹麦等国学生人数则明
272 显不足。考虑到欧盟各国多种多样的习俗、传统和环境，这样的差异在之

[32] 关于伊拉斯谟计划和学生流动的信息来自：ERASMUS Monographs 13，15，16，17，published by Wissenschaftliches Zentrum für Berufs und Hochschulforschung der Gesamthochschule Kassel，1991，1992，1993；European Community Course Credit Transfer System（Commission of the European Communities（draft，28 October 1993）。详细信息也可参见：U. Teichler and F. Maiworm，*The ERASMUS Experience*：*Major Findings of the Erasmus Evaluation Research Project*（Kassel，1997）。

[33] 其他细节参见第三章《与当局的关系》。

前几乎没人能预料到。[34] 建立共同的高等教育体系的努力受到阻遏，因为各国的做法令人眼花缭乱，无法使其实现国际化。西班牙在这方面特别突出，因为该国的地方性学习系统不利于增强学生的流动性。总体上看，来自地中海而就读于北欧国家的学生体现出了质量和标准上的差异，但来自北方而在南部就读的学生认为这些地方的课程要求不是很高。学生们反映对他们来说最大的困难在于使用外语参加考试，而那些来自没有主要的国际语言国家的学生在国外待的时间最短，大约只有三个月甚至更短。其他的困难，或者更确切地说是不同——体现着欧洲大学教育最根本的差异——就是课堂外与教师的关系、讲座的学生出勤模式、外语出版读物以及课程的选修程度等。

1990—1991 年接受调查的伊拉斯谟项目参与学生的平均年龄为 23 岁，在加入该项目之前平均完成了 2.8 年的学习。在参与项目之前大多学生都有出国经历，他们在国外的学习时间平均为 7 个月。从社会出身的角度看，有 39％的学生其家庭成员有一位或更多的家长接受过高等教育，41％的学生家长收入高于平均水平，只有 13％是低于平均水平的。另外，接受调查的学生超过半数都是女性。[35]

结论

在伊拉斯谟项目初期，A. H. 哈尔西曾总结道：

> 课程的发展历史可以概括为以下四个主要支配阶段：第一个阶段由神父统治；第二个阶段由贵族统治；第三个阶段由专业人士掌控；

[34] 不要忘了，即便像瑞士这样的国家，都有四种官方语言，其州立大学彼此之间差异悬殊，如课程结构、学位年限、教职员工及大学系统的其他构成要素都不尽相同。最终授予的毕业文凭也不是等量齐观。

[35] ERASMUS Monograph 17(note 32),125-126. 10 年后，伊拉斯谟项目成为欧盟的旗舰型项目——交换生很快就超过 100 万——该项目在世界其他地方被广为效仿。

273 第四个阶段可以被表述为民主性的，意味着‘学生/顾客至上的崛起’。但是多亏有女神克利俄对现在施展的法术，所以至今仍有前三个阶段的痕迹。[36]

确实，之前的篇幅已经体现了课程起源的混杂性及其类型的转变方式。学科的教学方法、教学发生的情境以及学生怎样掌握教学内容是一个极其微妙的过程，无法进行量化的分析。课程的传统分布、职业目标、研究方案、政府的规划措施以及人力资源目标、人口统计学、教育供需双方的运作、知识的扩展、计算机化教学的发展、有组织的学生活动、商业和职业的影响等，这些因素在课程与教学的发展过程中都发挥着相应的作用，虽然它们各自的地位不尽相同。由于各种因素交错复杂，所以很难精确区分出各自的作用究竟有多大。不过，我们可以合理推断出，如果过去 50 年里政府是影响欧洲大学结构的最强大力量的话，那么教学内容主要受到的影响来自知识的增长，特别是通过专业化和学科交叉等方式施加的影响。这里我们不能忽视一个明显的例外，那就是在社会主义国家里，政治性的意识形态对于人文学科和社会科学产生的影响。在西欧国家，虽然意识形态的臆测也渗透到历史、社会学、文学以及经济学和政治学等学科教学当中，但这通常都是受个别教师的影响而非政府力量所为。尽管学术专长并没有在本科生教学和考试方面自动找到一席之地，但是总体上学者的专业兴趣如果不是系统化的，也是在持续推动课程内容朝新的方向发展。劳动力市场的表面需求具有影响力，但并不具有直接的影响，除非在进入经济领域的最低点上，因为研究性大学一直对专业资格所要求的课程发挥着相当大的影响。

总体而言，有关某类课程目标的大胆表述也只能为研讨室内、阶梯教室里、讨论课上或实验室的教学提供非常有限的指导。一位历史学家写

---

[36] A. H. Halsey, ‘Who Owns the Curriculum of Higher Education?’, *Journal of Educational Policy*, 2(1987), 341.

道："我们可以肯定，学院教授和考察的正式知识以及所做出的对教师的聘任根本体现不出这些科目教学所蕴含的精神素质。"[37] 仅仅一章有关欧洲高等教育课程的篇幅很难提炼出每个学科的"精神素质"，或是生动地
描述出各个国家教学关系的不同特征。它最多只能算是一个有待完善的概 274
略，一项针对已知领域和未知区域的调查，一个大体上的简介，同时也是一个仅仅停留在浅层次上的对于课程所遭遇困境的警告。在 20 世纪末期和千禧年之时，欧洲的大学发觉自己正面临着前所未有的局面。它甚至不再是"大学"，只是各种不同机构组成的链条中的一个环节，这些机构既相互依赖又互不包容。但是在失掉大学所有以往意义的时候，也许还有一个剩下的按语言学家来说被降格了的词语，"高等教育"是唯一的同义词。20 世纪 90 年代高等教育课程的复杂程度绝不亚于当代民族国家的复杂性。最终的结果要取决于人们的观点，要么是注定要自己倒塌的巴别塔，要么是极端具有活力和创造力的知识世界，拥有迄今为止在欧洲大学史上想象不到的学习可能性。

精选文献

Becher, T. *Academic Tribes and Territories: Intellectual Inquiry and the Cultures of Disciplines*, Milton Keynes, 1989.

Clark, B. R. *Academic Power in Italy: Bureaucracy and Oligarchy in a National University System*, Chicago and London, 1997.

Clark, B. R. (ed.) *Research Foundations of Graduate Education: Germany, Britain, France, United States, Japan*, Berkeley, Los Angeles and London, 1993.

Clark, B. R., and Neave, G. (eds.) *The Encyclopedia of Higher Education*, 4 vols., Oxford, 1992.

---

[37] M. Cowling, *Religion and Public Doctrine in Modern England* (Cambridge, 1980), 390.

Gibbons, M. *et al*. *The New Production of Knowledge: The Dynamics of Science and Research in Contemporary Societies*, London, 1995.

Halsey, A. H. *Decline of Donnish Dominion: The British Academic Professions in the Twentieth Century*, Oxford, 1992.

Kotâsek, J. 'Visions of Educational Development in the Post-Socialist Era', *International Review of Education*, 39(1993), 473-487.

Musselin, C. 'Steering Higher Education in France: 1981-1991', *Higher Education in Europe*, 17(1992), 70-71.

Neave, G., and Van Vught, F. (eds.) *Prometheus Bound: The Changing Relationship between Government and Higher Education in Western Europe*, Oxford, 1991.

OECD, *Education at a Glance: OECD Indicators*, Paris, 1997.

Papadopoulos, G. S. *Education 1960-1990: The OECD Perspective*, Paris, 1994.

Rothblatt, S., and Wittrock, B. (eds.) *The European and American University since 1800: Historical and Sociological Essays*, Cambridge, 1993.

275 Sadlak, J. 'In Search of the Post-Communist University—the Background and Scenario of the Transformation of Higher Education in Central and Eastern Europe', in K. Hüfner (ed.), *Higher Education Reform Processes in Central and Eastern Europe*, Frankfurt/Main, 1994, 43-62.

Szczepanski, J. *Higher Education in Eastern Europe*, Occasional Paper—International Council for Educational Development, 12, S. l., 1974.

Teichler, U. *Changing Patterns of the Higher Education System*, London, 1988.

Tikhonov, N. 'La quête du savoir: Etudiantes de l'empire russe dans les universités suisses, 1862-1920', PhD dissertation, Geneva, 2004.

第八章 学生运动与政治激进主义 276

路易斯·沃斯

导言

19 世纪以来，学生们便自视作为一个团体在社会中发挥着特殊作用。在瑞典式的传统中，学生们一直以“光明的守护者”自居，认为自己的职责在于监督社区教化和启蒙。在自我管理下，学生运动发展成为有组织的学生集体性活动。学生运动的目标在于：在学生自身天职的驱使下影响和改造社会。学生运动是一种关注更广阔社会的社会运动或政治运动。作为一种运动，学生运动虽然表现出一般的政治倾向性，但缺乏明确计划。虽然某一组织可能成为某一学生运动的支柱，但是学生运动并不完全置身于任何组织之内。①

学生运动发展的唯一可能在于，（只要）学生这一角色被赋予某一特定的社会地位。② 这一社会地位意味着一种非典型性的现代社会角色。该

---

① 学生的日常生活和永恒道德观念（mores）因而超越了这一界定。D. Rucht, *Modernisierung und neue soziale Bewegungen: Deutschland, Frankreich und USA im Vergleich* (Frankfurt, 1994), 77; D. Rucht, 'Die Ereignisse von 1968 als soziale Bewegung: Methodologische Überlegungen und einige empirische Befunde', in I. Gilcher-Holtey (ed.), *1968: Vom Ereignis zum Gegenstand der Geschichtswissenschaft* (Göttingen, 1998), 116-130.

② L. Vos, M. Derez, I. Depraetere and W. van der Steen, *Studentenprotest in de jaren zestig: De stoute jaren* (Tielt, 1988); K. R. Allerbeck, *Soziologie Radikaler Studentenbewegungen: Ein vergleichende Untersuchung in der Bundesrepublik Deutschland und den Vereinigten Staaten* (Munich, 1973); F. A. Pinner, 'Western European Student Movements: Through Changing Times', in S. M. Lipset and P. G. Altbach (eds.), *Students in Revolt* (Boston, 1969), 60-95.

社会角色有利于团体形成，并使社会抗议的代价趋低，使参与政治表达的
277 趋势走高。这一社会地位还导致一种特殊的知识分子习性的发展。这一知识分子习性允许——甚至希望学生批判性地分析社会。最后，这一社会地位还被赋予个人天职的色彩，其间交织着基于生活传统的自我形象与社会规范期望。只有一代代学生愿意用他们的生活体验和时代诠释这种天职，该天职才能存在。学生行动中所体现的思想意识的波浪式运动，不仅植根于代际传递与代际冲突中，而且还植根于更为壮阔的历史发展实践中。[3]由于同龄人的快速交替，学生运动经常表现为一种“零星分散”现象：维持跨越代际的连续性是一种例外，而非常例。[4]

激进分子的不懈努力使得学生运动得以存在。最初，他们依靠非正式的个人联系，但后来基于相同的经历，他们形成一种参与、团结和一种特定结构的意识。追求社会影响往往与提高自我意识相伴生。尽管意识和行动这两种因素常常同时出现，但具体侧重点将依据环境的不同而不同。

就广泛社会领域中现存的政治运动或政党而言，学生运动处于紧张关系之中。[5] 学生运动经常自视为更广泛的国家、宗教或社会层面解放运动的移动先锋。同时，学生运动也是新激进分子的一个来源。依据这一“经典形式”——作为已确立“运动”的一部分——学生运动持续的时间也更长。与学生运动相悖，更广泛运动所持有的常规性期望使得个人天职传统更易于实现代际传递。这也意味着学生运动的意识形态——历史的根源，尤其是某一特定民族群体的不同学生运动传统，极大地影响着学生运动的

---

③ A. Esler(ed.), *The Conflict of Generations in Modern History*(Lexington, Mass., 1974).

④ P. G. Altbach, 'Perspectives on Student Political Activism', in P. G. Altbach(ed.), *Student Political Activism: An International Reference Handbook* (New York, 1989), 1-17; L. Rosenmayr, 'Jugend', in R. König(ed.), *Handbuch der Empirischen Sozialforschung* (Stuttgart, 1976); K. R. Allerbeck and L. Rosenmayr, *Einführung in die Jugendsoziologie* (Heidelberg, 1976).

⑤ H. Fogt, *Politische Generationen: Empirische Bedeutung und theoretisches Modell* (Opladen, 1982), 95-102; M. Kimmel, *Die Studentenbewegungen der 60er Jahre: Frankreich, BRD und USA im Vergleich* (Vienna, 1998), 13-132.

发展。因此，一种关于欧洲学生运动的简要概括，就表现出某种程度的虚假性。然而，较整体的欧洲传统而言，个别民族的传统和历史发展则更为 278
重要。20 世纪 60 年代，遍布欧洲的学生运动此起彼伏，相互影响。

国际学生组织

第一次世界大战后成长起来的几代学生都积极倡导国际合作。[6] 1941 年，苏联推行一项旨在动员支持致力于“反法西斯主义”和“世界和平”事业平台的计划。作为苏联倡议的一部分，追随者和激进分子被鼓励加入“代表性”和“非党派性”组织。1941 年，英国全国学生联合会的学生领袖积极与其他国家学生取得联系，该项计划的英国发起人包括一些“地下组织”或“地下共产主义者”。[7] 1945 年 1 月，来自 13 个国家的代表齐聚伦敦，为筹备成立国际学生联合会做准备。

在伦敦会议召开之前，委员会收到一份有关在布拉格举办首届战后国际学生协会的邀请函。布拉格会议的目的是纪念 1939 年 11 月 17 日被德国军队杀害的学生，这些被杀害的学生参与了布拉格大学学生示威游行活动。召开布拉格会议的倡议由捷克斯洛伐克学生组织中的共产主义学生领袖提出。赶在 1945 年 11 月国际会议召开之前，伦敦委员会召开了自己的代表大会。38 个国家的 150 名代表从伦敦赶赴布拉格。最后，来自 51 个国家的 600 余名代表在布拉格齐聚一堂，在友好和国际团结的气氛中召开了国际代表大会。会议期间，选出筹备委员会以就新庇护组织的结构做出规划。最终，新庇护组织发展成为一个高度集权的组织，总部设于布拉

---

⑥ R. Cornell, *Youth and Communism: An Historical Analysis of International Communist Youth Movements* (Buffalo, 1965); G. van Maanen, *The International Student Movement: History and Backgound* (The Hague, 1966); P. G. Altbach and N. T. Uphoff, *The Student Internationals* (Metuchen, N. J., 1973); J. Kotek, *Students and the Cold War* (Basingstoke, 1996); J. Kotek, *La jeune garde: Entre KGB et CIA. La jeunesse mondiale, enjeu des relations internationales. 1917-1989* (Paris, 1998).

⑦ 这些名称依据的是新的档案资料，见：Kotek, *Students* (note 6), 10-43。

格，并于 1946 年 8 月召开了成立大会。委员会决定由每三年召开一次的代表大会决定总的政治路线，共产主义者在执行委员会中拥有大多数席位。

最重要的问题是，除提供非政治性服务和召开会员代表大会之外，该
279 组织是否还应开展追求“和平”“民主”及“反法西斯”的政治活动。共产主义者代表对此持肯定态度。西欧少数庇护组织（包括比利时、荷兰和斯堪的纳维亚国家）主张非政治方向，只关注“学生自身”利益，但是英国、美国及法国的学生希望允许学生组织采纳某一政治立场，前提是学生组织参与政治活动是自愿的，而非强制性的。后者的建议得到采纳。同时，为保证成员之间的联系，国际学生联合会在布拉格出版发行了一份名为《世界学生新闻》的月刊，后来该刊物以多种语言出版。[8] 20 世纪 40 年代，国际学生联合会代表了东西方绝大部分国家的学生组织，组织成员大多数来自欧洲，仅有少数来自发展中国家。

然而，最初的合作注定是要失败的。战后美苏关系急剧恶化。国际学生联合会各成员之间的关系日益紧张。虽然没有放弃国际学生联合会的统一，一群活跃的非共产主义少数派试图反对国际学生联合会中日益强大的共产主义力量。1947 年夏，新成立的美国学生联合会（又译“全美学生会”）决定采取行动。美国学生联合会计划于 1948 年夏赴布拉格，讨论加入国际学生联合会的要求。但此计划因“布拉格政变”（又称“二月事件”）而搁浅，1948 年 2 月共产主义者获得捷克斯洛伐克的控制权。他们立即开始清除捷克学生协会中的“右翼分子”。国际学生联合会秘书处认可了这一行动。为表示抗议，丹麦和瑞典的全国性学生协会退出国际学生联合会。美国和瑞士的学生联合会也拒绝参加国际学生联合会。英国全国学生联合会——直到 1952 年仍然作为一个成员——利用共产主义者维护国际学生联合会统一的愿望，联合其他西方代表团表示反对。这些是议程

---

[8] 1966 年该刊物出现了阿拉伯语、英语、法语、德语和西班牙语的版本。*World Student News. Magazine of the International Union of Students*，20：7-8-9(1966)。特辑：'Twenty Years of the International Union of Students'。

中首要被关注的问题。

由于对共产主义者操纵国际学生联合会深感失望，英国和瑞典学生联合会倡议1950年12月在斯德哥尔摩召开国际学生协会会议。来自22个国家学生协会的代表参加了此次会议，会议决定成立国际学生协会以代替国际学生联合会。1952年国际学生协会正式成为一个永久性组织，并在 280
荷兰莱顿设立了协调秘书处。同年，丹麦、瑞典、瑞士和美国学生会以及英国、挪威、比利时、法国、加拿大、澳大利亚、巴西及苏格兰的学生组织，均脱离国际学生联合会，转而支持国际学生协会。

于是，在20世纪五六十年代，以冷战为背景存在着两大对立的国际学生组织。一方是国际学生联合会，一个由苏联建立并支持的共产主义组织，奉行明确的左翼政治路线；另一方是国际学生协会，受英国和美国支持，其成员还包括一些国家的学生协会，他们发现国际学生联合会过于倾向共产主义，秉持政治中立路线。国际学生联合会于1956年9月在布拉格召开第四次大会，来自共产主义国家的学生代表与西方诸国学生代表之间的冲突公开化。同年11月，苏联对匈牙利革命的镇压导致很多国家的学生联合会及国际学生协会站到匈牙利一方，而国际学生联合会的领导者及除波兰外的所有共产主义学生组织，均支持苏联一方。

20世纪50年代后半期，国际学生协会发展迅速。到1962年，国际学生协会已拥有80个国家的学生组织作为集体会员。从1956年到1968年，国际学生协会以四国语言发行由协调秘书处（学生）负责编纂的一份月刊。国际学生协会还资助一些项目及会议，其中包括国际学生新闻研讨会，并组织学生开展国际旅行。同时，“学生责任”的支持者与“学生事务”的建议者之间的争斗愈演愈烈。前者认为学生运动应对其他一些广泛的社会问题共同负责，而后者则希望学生运动仅仅关注学生自身的一些问题。[9] 分享相同法律理念的西欧及美国学生协会都认为，作为个体的学生可以拥有某一政治立场，但作为学生协会的代表应避免参与政治运动。发

---

⑨ Van Maanen, *International* (note 6), 117-143.

展中国家正在遭受越来越大的来自学生协会的压力，学生协会不断质疑脱离社会与政治框架而孤立地讨论“教育”是否适宜，因而更加支持经典式的学生运动。1960年左右开始的非殖民化运动进一步巩固了这一立场。
281 为阻止“年轻的国家”加盟国际学生联合会，国际学生协会被迫许可将“政治”包含在辩论之中。至此，国际学生协会的演进又回归原点。在1964年召开于新西兰的第十一届国际学生协会上，投票通过了一项章程，该章程把国际学生协会改造为与国际学生联合会相对抗的政治组织。

除国际学生联合会和国际学生协会等国家学生联合会的组合体之外，还存在一些具有明显意识形态特征的“国际性”学生协会，[10] 其中最古老的学生组织便是宗教组织。19世纪世界基督教学生联合会诞生，战后接受世界基督教联合会的资助。20世纪初，又诞生了基督教青年协会，其姊妹组织是大学校际志愿者运动。最古老的世界天主教学生协会成立于1921年，作为天主教学生联合会组织，以罗马帝国和平—国际天主教学生运动协会的名义存在。1946年诞生了第二个天主教学生协会，即国际天主教青年学生协会，[11] 该协会将关注具体天主教行动的学生协会联合起来。世界犹太学生联合会成立于一战与二战之间。尽管20世纪60年代后受拉丁美洲解放神学的影响，这些具有宗教背景的学生组织政治兴趣渐浓，但其特别关注的仍是学生世界的社会宗教状况，而不太关注政治。1962年，国际基督教社会主义党派党员联盟成立。20世纪60年代世界自由和激进青年联盟成立。1968年，世界自由和激进青年联盟被发现接受美国中央情报局拨款，联盟陷入危机，一系列活动也临时中止。

对于众多国家性学生联合会非政治化运作的不满导致学生运动联合会的欧洲代表们召开一系列会议：1966年7月的日内瓦会议，同年12月的根特会议，1967年2月至3月的布鲁塞尔会议，相继讨论该问题。来自比利时、德国、英国、法国、爱尔兰、卢森堡、荷兰、葡萄牙、西班牙、瑞

---

⑩ Altbach and Uphoff, *Student Internationals*(note 6), 98-113.

⑪ B. Pelegri, *IMCS-IYCS: Their Option, their Pedagogy*(Kowloon, 1979).

士的学生代表出席了上述会议。他们指责全国学生联合会领导层将学生活
动限定于组织旅行、学生交换项目或纯粹的技术文化合作，而缺乏学生自 282
身的任何参与。于是，“学生工团主义”概念的内容逐渐发生了变化：对维护学生实际利益的关注越来越少，对民主社会政治追求的关注越来越多，并将其作为学生最重要的责任。

新工团主义者拒绝政治冷漠所导致的“学生身份”和“虚伪的保守主义”的愚蠢理论。他们的目标是发动一次激进的欧洲学生运动。他们的计划包括组织年度会议、出版发行工团主义通讯、组织双边和地区研讨会、开展周末学习。1967 年 8 月，学生联合会领导人利用在柏林召开会议的机会，与其他国家的同仁建立了新的联系。此次会议展示了两种目的迥异的方针。一种方针主张学生联合会应为学术问题争取更多支持，而另一种方针则认为学生联合会应更加关注世界重大事件，如越南战争、发展中国家及对民主的威胁。

公开宣称非政治的、经济独立的国际学生协会，却在 1967 年被披露出其超过 3/4 的经费来自美国中央情报局的秘密资助。这导致国际学生协会信誉尽失，并走向终结。的确，当美国中央情报局停止对其资助之后，国际学生协会的运转宣告结束。作为唯一幸存的学生庇护组织，国际学生联合会仍然存在，并继续运转，但其对新左派的影响已不复存在。“新学生运动”对作为苏联掩护组织的国际学生联合会持不信任立场。但国际学生联合会仍然开展常规工作、组织大会，并为来自世界各地的学生举办一些其他活动。国际学生联合会仅有一次受到来自内部的威胁。1981 年秋，即波兰团结工会时期，一个独立的全国学生联合会驱逐共产主义学生组织，谴责国际学生联合会是一个由莫斯科操纵的、不具代表性的工具，并倡议于 1981 年 12 月在华沙召开世界学生会议，创建一个新的独立的世界学生组织。[12] 但是，同年雅鲁泽尔斯基将军发动的政变阻挠了该计划的实施。直到 1989 年，随着苏联的解体，国际学生联合会才彻底停止发挥

[12] L. Révész, *Jugendbewegungen im Ostblock* (Vienna, 1985), 107.

作用。

国际学生联合会和国际学生协会的重要性不在于在某些国家组织开展
283 学生运动，而在于为全世界学生组织的领导者提供彼此会面的机会，这两个国际学生组织发挥着“培训”和“提供会面机会”的作用。[13] 其次，作为冷战的缩影，两个超级大国竭力利用国际学生联合会和国际学生协会吸引学生们——“明天的领袖”——加入他们的阵营。无论如何，这两个组织都为成就“国际学生运动”神话做出了贡献，进而增强了 20 世纪 60 年代国家学生运动的信心。如果没有它们，真正的国际“新左派”学生将不会存在。

不同的使命（1945—1956）

第二次世界大战结束后，民主国家和非民主国家的学生运动担负着不同的使命。学生继续反对“经典学生运动”的传统，通过支持公民自由或民族独立体现出学生所承担的更广泛的社会责任。他们面对着无情的镇压，也不能依靠大众媒体做出公正的报道，因此他们冒着比民主国家激进分子更大的风险。在那些国家，如果一些学生希望学生运动遵循“经典模式”，其他一些人就希望学生运动仅仅关注那些与学生角色相关的事务。

1945 年，尽管形式上与官方政党路线保持一致，苏联学生运动实际上是非政治化的。[14] 1956 年，在第比利斯（格鲁吉亚）、维尔纽斯（立陶宛）、列宁格勒（今圣彼得堡）、基辅、哈尔科夫、斯维尔德洛夫斯克和莫斯科，学生们通过海报、宣传册及秘密报纸的形式支持匈牙利革命。此类

---

⑬ Altbach and Uphoff, *Student Internationals*(note 6), 4-5.

⑭ S. K. Morrisey, *Heralds of Revolution: Russian Students and Mythologies of Radicalism*(New York, 1998), 231-234; R. D. Dobson, ‘Soviet Union’, in Altbach, *Activism*(note 4), 263-278; R. J. Misionas and R. Taagepera, *The Baltic States: Years of Dependence 1940-1990*, 2nd edn(Berkeley, 1993), 115.

激进活动很快遭到镇压。[15] 在德国苏占区，苏联占领当局联合当地信仰共产主义的学生，[16] 共同开展大学的重新开放及大清洗活动，但是直到 1950 284
年左右仍有人对此进行公开抵抗。1946—1947 年，在学生理事会选举中，尽管逮捕学生和开除学生学籍事件屡屡出现，但洪堡大学（东柏林）的共产主义学生分子还是未能获得多数选票。[17] 1948 年 2 月，共产党执政后的捷克斯洛伐克上演了相似的一幕，少数共产主义学生，或称作“学生管制者”（studentocracy，捷克斯洛伐克术语，指学生控制大学里的共产党组织）获准清除大学教授及学生。[18] 然而，1951 年、1953 年及 1955 年都爆发了针对此种状况的抗议。1956 年，部分学生对匈牙利事件表示抗议。[19]

---

⑮ Révész, *Jugendbewegungen* (note 12), 183.

⑯ M. Müller and E. Müller, '*Stürmt die Festung Wissenschaft!*': *Die Sowjetizierung der mitteldeutschen Universitäten seit 1945* (Berlin-Dahlem, 1953); E. Richert, '*Sozialistische Universität*': *Die Hochschulpolitik der SED* (Berlin, 1967), 43-45; W. Klose, *Freiheit Schreibt auf eure Fahnen: 800 Jahre deutsche Studenten* (Oldenburg, 1967), 254-260; W. Krönig and K.-D. Müller, *Anpassung, Widerstand, Verfolgung: Hochschule und Studenten in der SBZ und DDR (1945-1961)* (Cologne, 1994), 148; W. Krönig and K.-D. Müller, *Nachkriegssemester: Studium in Kriegs-und Nachkriegszeit* (Stuttgart, 1990), 215-237; R. Jessen, '*Zwischen Diktatorischer Kontrolle und Kollaboration: Die Universitäten in der SBZ/DDR*', *in J. Connelly and M. Grüttner (eds.), Zwischen Autonomie und Anpassung: Universitäten und Diktaturen des 20. Jahrhunderts* (Paderborn, 2003), 229-263; J. Weberling, *Für Freiheit und Menschenrechte: Der Ring Christlich-demokratischen Studenten (RCDS) 1945-1986* (Düsseldorf, 1990), 21-22, 32-46.

⑰ K. W. Fricke, P. Steinbach and J. Tuchel (eds.), *Opposition und Widerstand: Politische Lebensbilder* (Munich, 2002), 162-186; Klose, *Freiheit* (note 16), 249-268; R. Köhler, 'Neubeginn und Neubestimmung. Universitäten und Hochschulen in der antifaschistischdemokratischen Umwältung', in *Magister und Scholaren, Professoren und Studenten: Geschichte Deutscher Universitäten und Hochschulen im Überblick* (Leipzig, 1981), 195-215; Weberling, *Freiheit* (note 16), 32-46.

⑱ J. Havranek, 'Die Tschechischen Universitäten unter der kommunistischen Diktatur', in Connelly and Grüttner, *Autonomie* (note 16), 157-171; Richert, *Sozialistische* (note 16), 590; Köhler, 'Neubeginn' (note 17), 217.

⑲ Révész, *Jugendbewegungen* (note 12), 36, 43-44.

在波兰，国家反应产生了不同的情况。[20] 非共产主义教授继续掌控大局。1953 年，波兰学生党员人数仅占 9%——但在德意志民主共和国及捷克斯洛伐克，学生党员数为波兰的 3 到 4 倍——到 1958 年，学生党员比例甚至降至 2.5%。[21] 1956 年 6 月，在波兹南发生了学生参与的短时间的武装起义。[22] 此后发生的所谓“波兰十月”事件，是波兰共产党希望通过实施更大的开放恢复信心的努力，是去斯大林化的开端。该事件对匈牙利
285 产生了富有感染力的影响，1956 年 10 月 22 日，匈牙利学生举行游行，要求获得更多的民主和自由。这成为全国武装起义的导火索，起义后发展成为一次国家争取民主自由的战斗，很多学生在战斗中失去了生命。[23] 该事件震惊了东西方阵营，为此爆发了各种形式的强烈抗议。

1956 年之前，在欧洲非民主制右翼国家的学生世界里，很少听到持不同政见者的声音。在佛朗哥统治下的西班牙，西班牙大学工会是唯一被当局批准的学生协会。尽管偶尔在君主主义者、佛朗哥支持者及长枪党员之间存在冲突，但会员是强制性的，且严格按照当权者的路线组织活动。长枪党党员于 1954 年被清除出西班牙大学工会。[24] 1956 年 2 月，数百名马德里学生呼吁西班牙大学工会更加民主化，这导致了他们与长枪党学生之间的冲突，造成一人死亡。[25] 在萨拉查统治下的葡萄牙，针对官方法西

---

⑳ Révész, *Jugendbewegungen* (note 12), 26-31.

㉑ J. Connelly, 'Die polnischen Universitäten unter der Staatssozialismus. 1944-1968', in Connelly and Grüttner, *Autonomie* (note 16), 173-197.

㉒ Révész, *Jugendbewegungen* (note 12), 67.

㉓ Révész, *Jugendbewegungen* (note 12), 119-199; G. Pétery, 'Die kommunistische Idee der Universität—ein von den Erfahrungen Ungarns inspirierter Essay', in Connelly and Grüttner, *Autonomie* (note 16), 129-155; D. F. Burg, *Encyclopedia of Student and Youth Movements* (New York, 1998), 4, 155, 98-100.

㉔ L. S. Feuer, *The Conflict of Generations: The Character and Significance of Student Movements* (London, 1969), 295-296; M. A. Ruiz Carnicer, *El Sindicato español universitario (SEU), 1939-1965: La socialización política de la juventud universitaria en el franquismo* (Madrid, 1996).

㉕ B. Schütze, 'Widerstand Spaniens Universitäten', *Kursbuch*, 13 (June 1968), 29-30.

斯青年及学生协会的抗议与日俱增，最终引发 1956 年在里斯本和科英布拉爆发的第一次学生抗议活动。[26]

在民主制的西欧，第二次世界大战结束后，学生领袖最初关注的是提高学生社会地位和大学民主化水平。他们的目标是双重的：其一，通过在奖学金、学生住宿、学生食堂、学习服务及学生医疗等方面采取措施，降低低收入阶层学生的入学门槛；其二，让学生参与其他事务。“学生工团主义”可能严格局限于学生事务咨询，否则就有可能成为嵌进民主社会追求中的一项辩护运动。在第一种情况下，尽可能远离政治，避免冲突；在第二种情况下，他们构成运动的核心。第二次世界大战结束后，即便非政治化路线占据上风，20 世纪 50 年代后半期更广泛的政治背景仍居于主导地位。然而，在一些国家，惠及更全面的国家、社会或宗教解放的由来已 286
久的学生运动持续存在，并不时与“学生工团主义”联手。

在此进程中，法国学生运动的发展最为显著。二战后共产主义学生和天主教学生在法国学生联合会相遇。法国学生联合会利用了新兴第四共和国学生进入国家社区的愿望。[27]《格勒诺布尔宪章》为法国学生运动确定了指导方针。宪章被称为《格勒诺布尔宪章》，是因为法国学生联合会于 1946 年曾在格勒诺布尔召开过一次会议。[28] 该宪章要求将学生视为一个团体，即青年知识工作者（青年工人知识分子），他们致力于寻求真理和自由。但现在学生应该接受国家资助，以便以后在身体、智力和道德上回报社会。甚至，如有可能，应该向学生发放一定数额的工资。1951 年这项要求没有成为法律，并随后在公众视野中消失。直到 20 世纪 60 年代，该宪章仍然为法国学生运动及外国同行们提供了参照。

---

[26] Feuer, *Conflict* (note 24), 291-294.

[27] C. Singer, *L'université libérée, l'université épurée: 1943-1947* (Paris, 1997), 66-73; D. Fischer, *L'histoire des étudiants en France de 1945 à nos jours* (Paris, 2000); J. P. Worms, 'The French Student Movement', in Lipset and Altbach, *Students* (note 2), 267-278.

[28] Burg, *Encyclopedia* (note 23), 42; Worms, 'French' (note 27), 272-273; Singer, *Université* (note 27), 118; Fischer, *Histoire* (note 27), 52-54.

在其他一些国家，如英国、瑞典和荷兰，学生领袖与政府当局不谋而合。英国全国学生联合会在二战期间已为战后新大学绘制了蓝图，新大学要与学术界及公务员合作。英国全国学生联合会宣称每个人都应接受高等教育，学生们对自己的事务应拥有完全的自治权，同时学生们应更多地融入社会。[29] 1949年的《学生宪章》重申了上述要求，同时提出开展个别指导、组织研讨会、在教育中采用视听技术及举办口语考试。[30] 1945年，瑞典学生联合会迅速在政府高等教育委员会中获得一个席位。[31] 战争结束伊
287 始，荷兰学生理事会发现：古老的兄弟会的复苏，导致学生世界“远离社会”这一传统形象的回归，最终使自己陷入困境。[32]

在饱受战争损害的德国和奥地利，军事占领区是战后数年的特征。西德匮乏的物质生活条件强化了“我不参与”（without me）的心态，伴随着十二年的意识形态灌输，学生们更加关注的是食品，而非民主，并且易受怀疑主义影响。[33] 民主学生组织的发展获得占领当局的鼓励，而传统的学生协会遭到禁止，既因为它们引发沙文主义的回忆，也因为它们散发出

[29] A. Marwick, 'Youth in Britain, 1920-1960: Detachment and Commitment', *Journal of Contemporary History*, 5(1970), 37-51; Burg, *Encyclopedia* (note 23), 141-142.

[30] E. Ashby and M. Anderson, *The Rise of the Student Estate in Britain* (Cambridge, Mass., 1970), 86-105.

[31] N. Runeby and C. Skoglund, 'Sweden', in Altbach, *Activism* (note 4), 279-295; R. Tomasson and E. Allardt, 'Scandinavian Students and the Politics of Organized Radicalism', in Lipset and Altbach, *Students* (note 2), 96-126.

[32] A. Doeve, 'De Nederlanse studentenraad', in *Studenten van haver tot gort* (Delft, 1957), 115-132; R. Hogendijk, *Het studentenleven* (Amsterdam, 1980), 2-109; J. Janssen and P. Voestermans, *Studenten in beweging: Politiek, universiteit en student* (Nijmegen, 1984), 61-67; K. van Berkel, *Academische illusies: De Groningse universiteit in een tijd van crisis, bezetting en herstel, 1930-1950* (Amsterdam, 2005).

[33] H. Schelsky, *Die skeptische Generation: Eine Soziologie der deutschen Jugend* (Cologne, 1957).

精英主义色彩。在新民主时代，这些看起来似乎已“落后于时代”[34]。然而，德意志联邦共和国成立之后，决斗兄弟会及他们的道德观念——包括“学术击剑”重新出现。到20世纪60年代，他们已经成功地吸引了30%的学生群体加入他们的阵营。[35] 在奥地利，兄弟会构建起极端右翼的思想意识体系，具有反犹太主义及德国民族主义特征，其人数甚至更多。[36]

20世纪50年代前半期的非政治化也在法国出现。1950—1956年，因为担心不得不在阿尔及利亚战争中表明立场，接管法国学生联合会的多数派不愿意采取任何政治行动。[37] 同期的英国学生联合会在与政府当局的谈判中变得越来越非政治化，越来越主张技术专家治国论，因而失去与大多 288
数学生的联系。[38] 同样，疏远政治的现象也发生在瑞典。在1955年“高等教育扩张计划”的实施中，瑞典学生联合会的确发挥了巨大影响。但在学生联合会是否应该谴责奉行种族隔离的南非政权或越南战争问题上，瑞典学生联合会发出反对的声音，他们提出回归经典的学生运动路线，要做“光明的守护者”。在赫尔辛基，学术自由联合会与正式的学术传统主义结

---

[34] Weberling, *Freiheit* (note 16), 31; Klose, *Freiheit* (note 16), 268-331; L. Elm, 'Das Vergangene ist nicht Vergangen', in L. Elm, D. Heither and G. Schäfer (eds.), *Füxe, Burschen, Alte Herren: Studentische Korporationen vom Wartburgfest bis Heute* (Cologne, 1992), 180-219; K. H. Jarausch, *Deutsche Studenten, 1800-1970* (Frankfurt, 1984), 222.

[35] Klose, *Freiheit* (note 16), 322-323; H. O. Keunecke, '250 Jahre Erlanger Studentengeschichte. Soziale Bestimmung, politische Haltung und Lebensform in Wandel', in H. Kössler (ed.), *250 Jahre Friedrich-Alexander-Universität: Erlangen-Nürnberg* (Erlangen, 1993), 153-203.

[36] M. Gehler, '"... erheb'ich, wie üblich, die Rechte zum Gruß..." Rechtskonservatismus, Rechtsextremismus und Neonazismus in österreichischen Studentenverbindungen von 1945 bis 1995', in D. Heither, M. Gehler, A. Kurth and G. Schäfer, *Blut und Paukboden: Eine Geschichte der Burschenschaften* (Frankfurt, 1997), 187-222.

[37] Fischer, *Histoire* (note 27), 185-204.

[38] S. Ellis, 'A Demonstration of British Good Sense? British Student Protest during the Vietnam War', in G. J. De Groot (ed.), *Student Protest: The Sixties and After* (*London*, 1998), 54-69; A. H. Halsey and S. Marks, 'British Student Politics', in Lipset and Altbach, *Students* (*note* 2), 35-59.

盟，主张一种理想的非物质主义、非享乐主义的芬兰民族主义。[39]

在比利时，不存在非政治化问题。二战后，鲁汶的佛兰德学生运动恢复了自己的前卫角色，并为芬兰民族运动输送新成员。[40] 但是，比利时学生运动的重点有所变化——传统的民族要求体现了社会需要，并与新的学生工团主义聚合成为一个平台。在布鲁塞尔和鲁汶讲法语且生活优裕的学生那里，已不再拥有“回归群众”的传统，民族主义和学生工团主义不再引起共鸣。在那里，非政治的畅饮啤酒的学生社团仍然拥有一定地位。

“新学生运动”（1958—1969）

社会学家对战后欧洲民主国家的青年进行了一个简要且较为早期的归类：怀疑且不问政治，20 世纪 50 年代末情况发生了变化，这导致一场“新学生运动”。[41] 这次运动的起源和发展受到个别国家历史的影响。[42] 然而，这次运动获得出生于第二次世界大战期间或第二次世界大战结束后一代学生的广泛支持。他们是历史上真正生活在福利和民主社会中的第一代人，这更增强了他们“经历分层”的感觉。他们可以猛烈抨击纯粹消费社会及政治系统的虚伪。回顾起来，对“1968 这一代”而言，抗议成为他
289 们这一代人的事件。这逐渐带来学生运动主题和形式上的国际趋同，最终创造了一个单一运动的形象。

从内容上看，最重要的“新学生运动”发生在西德。“禁止炸弹运动”强化了反权威的新左派观点的影响力，1959—1967 年，新左派每年在诺

---

[39] M. Klinge, Eine nordische Universität: Die Universität Helsinki *1640-1990* (*Helsinki*, 1992), 715-747.

[40] L. Vos, 'Van Vlaamse Leeuw tot rode vaan... en verder: de naoorlogse Leuvense studentenbeweging', *Onze Alma Mater*, 47:3(1993), 241-259.

[41] J. Habermas, L. von Friedeburg, C. Oehler and E. Weltz, *Student und Politik* (Neuwied and Berlin, 1961).

[42] Kimmel, *Studentenbewegungen* (note 5), 132-190.

登举行一次会议，[43] 并且通过借鉴以霍克海默、阿多诺、哈贝马斯和马尔库塞（当时旅居美国）等四位社会学家为代表的法兰克福学派的“批判理论”，他们提出了价值中立的科学实证主义的辩证批判理论。1961年，社会主义德国学生联盟的组织机构与德国社会民主党断绝了所有关系。德国学生联盟主要活动中心是西柏林和法兰克福。[44] 围绕柏林自由大学政治演讲自由的争论引发了社会主义德国学生联盟的上述行为，但是对广大学生的动员是随着对越南战争的抗议活动才真正开始的。对越南战争的抗议源于美国，后来成为各地学生活动的主要催化剂。这主要基于以下三个原因：[45] 第一，从道德上讲，越南战争是非正义的；第二，发展中国家的农民能够反抗超级大国，这样的事实使很多人相信压迫人的政权可能也应该受到挑战；第三，学生们开始把他们本国及世界各地的镇压活动视为同一系统的组成部分，此种镇压活动一定要在世界范围内遭到反对。1965—1967年，抗议越战曾动员了上万名德国学生。

马尔库塞曾在其中一次聚会上发表演讲。[46] 考虑到德国的纳粹历史，他把抗议越南战争看作是一项道德责任。参照美国学生所进行的抗议活动，他主张要支持道德、性及政治形式的抗议活动。马尔库塞强调，只有通过工业化国家中特权阶层（享有特权的学生和知识分子）、非特权阶层
（工人阶级、少数民族、社会边缘群体及失业人员）与第三世界国家（解 290
放运动）联合起来，抗议活动才能有效地进行。基于共同特征实现整体的社会批判运动的联合，在政治抗议与文化反抗活动中建立联系。学生领袖鲁迪·杜契克认为，对民主的最大威胁来自悬而未决的纳粹遗留问题，这

[43] K. A. Otto, *Vom Ostermarsch zur Apo: Geschichte der außerparlamentarischen Opposition in der Bundesrepublik 1960-1970* (Frankfurt, 1977).

[44] A. D. Moses, 'The State and the Student Movement in West Germany, 1967-1977', in De Groot, *Student Protest* (note 38), 139-149.

[45] Ellis, 'Demonstration' (note 38), 55.

[46] I. Gilcher-Holtey, *Die 68er Bewegung: Deutschland, Westeuropa*, USA (Munich, 2001), 54, 65-71; W. Kraushaar (ed.), *Frankfurter Schule und Studentenbewegung: Von der Flaschenpost zum Molotowcoctail. 1946-1995*, Vol. Ⅰ (Hamburg, 1998), 249-250, 265-267.

导致在个人日常生活中无意识地形成“威权主义性格”。[47] 鼓动人们反对独裁主义者及威权主义结构有助于个人自由的实现。此类批判性的鼓励既能改变个人，也会在经历较长时间的抗议之后改变结构本身。这就有可能同时促成“新人类”的诞生和“新社会”的建立。

1967年6月2日，在柏林爆发的反对伊朗国王访问德国的示威活动中，一位名叫本诺·奥纳索格的德国大学生被警察枪杀。此行为再一次让人们确信“既定秩序”又步入法西斯主义旧辙。数千名愤怒的学生涌上街头。在接下来有关抗议策略的辩论中，较左翼社会主义路线而言，反威权主义路线获得更多支持，他们主张学生运动要与工人运动联合起来。1967—1968年，得益于学生自我激励及学生与教授的长期对话，学生运动导致“批判性大学”的建立，其目标是理清意识形态信条，谴责所谓的“价值中立”和“客观”科学。此类“批判性大学”出现在柏林、法兰克福、海德堡、基尔、美因茨、慕尼黑、明斯特及图宾根。1967年，该模式被荷兰、意大利和佛兰德的大学借鉴，但是却没有对法国大学产生影响。

这些发展与持续的反越战抗议相伴，同时也针对消费者社会和《紧急状态法》——目的在于削减议会权力——表达了抗议，此外，还有针对右翼媒体大亨阿克塞尔·施普林格的抗议。1968年2月17日至18日，反对帝国主义的越南会议在柏林举行。会上多茨克成功集合了来自全西欧的学生。他力劝学生们加入作为世界革命孵化者的院外反对派。但是在4月11日星期四濯足节（神圣星期四）那天——马丁·路德·金遇害后不久，多茨克也遭到枪击而身受重伤。随后爆发了强烈的学生抗议活动，并导致更多的伤亡，学生运动也更加孤立。学生领袖试图说服工人反对接受《紧急
291 状态法》，并采取工业行动，但是没有成功。5月30日，议会通过了紧急

[47] “威权主义性格”这一概念是由阿多诺通过权威结构实证分析而提出来的；见：T. W. Adorno *et al.*, *Studies in Prejudice* (New York, 1950)。

法案。[48]

20 世纪 50 年代末期，法国反殖民地运动及针对阿尔及利亚战争的抗议活动改变了学生的政治观。从 1958 年 5 月开始，法国学生联合会中主张参与政治活动的一派终于赢得控制权，多年来该派在法国学生联合会中一直都是少数派。此后该派把法国学生联合会变成了针对阿尔及利亚战争的整个抵抗运动中的中心力量。有些学生发誓仍然坚守不问政治的立场，在 1961 年退出了法国学生联合会，并成立了他们自己的不涉及政治的学生联合会。1962 年冲突停止，整整一代人已经意识到学生对历史进程可能产生的决定性影响。[49] 这时成立了一些包括极端左翼分子和极端右翼分子在内的学生组织。法国学生联合会对大学的技术、经济重组表示抗议，该抗议在 1967—1968 年发挥了一定作用。随后，1968 年“五月风暴”爆发。“五月风暴”由楠泰尔爆发的“3 月 22 日运动”所引发，丹尼尔·柯本迪领导了此次运动。5 月 2 日运动阵地转移到索邦，对大学的占领因警察出动而告终。

接下来的几天及在“路障之夜”（1968 年 5 月 10 日及 11 日），学生与警察发生了一系列暴力冲突。警察的过分行动导致公众舆论站在学生一方。5 月 13 日，不同社会团体人员发起的大罢工达到高潮，参与罢工人数达 750 万到 900 万人。当时的标语是“自治”（“工人控制”或“自我管理”），不仅大学，其他学校和工厂都希望能够实行这个原则。在公开会议、咖啡馆及大街上出现过永无停止的辩论。在此过程中，激进批判主义者批判现存社会性质，希望发动一次左翼革命。[50] 但是革命没有发生。戴高乐成功地维护了政权。学生界迎来了各种左翼派系之间思想意识斗争的

---

[48] Kraushaar, *Frankfurter Schule* (note 46), 289-312; Gilcher-Holtey, *Die* 68*er* (note 46), 90-92, 94.

[49] Fischer, *Histoire* (note 27), 224-259; Gilcher-Holtey, *Die* 68*er* (note 46), 80-93.

[50] J.-P. Le Goff, Mai 68: *L'héritage impossible* (Paris, 2002), 457-463.

新阶段。[51]

在意大利，对学术结构的不满引发了“新学生运动”。[52] 与德国情况相同，学生是由于对越南战争的抗议而被调动起来的。1967年3月，特伦
292 特大学的社会学系学生举行罢课，并占领学校的教学大楼。随后数周内，抗议活动在罗马、比萨、米兰、佛罗伦萨及佩鲁贾大学相继开展。[53] 1967—1968年秋冬季节，特伦特大学的抗议活动再度兴起，并且蔓延到其他地方，例如米兰的天主教大学。1968年1月，共有36所大学被学生占领。对学术权威主义的批评不久演变成反独裁主义及全球性的反社会对抗。受马尔库斯、弗洛姆及精神分析学派的影响，该运动也指向杜契克的有关信念。学生占领大楼为反文化运动的开展提供了契机，其间团结精神及社群的重要性超越了个人，同时被右翼媒体称为“毛泽东之夜”的禁忌也被打破。[54] 虽然传统的性别角色在此类性别试验中常常继续处于支配地位，女性学生并未因此感受到来自男性同学的歧视。第一公社就是该进步的自然延伸。

在意大利的学生抗议活动中，暴力发挥着重要作用，如1968年3月1日在罗马朱利亚庄园发生的学生与警察之间的冲突，标志着对抗的开端。[55] 同法国情况相同，警察的过分行动导致公众意见站在学生一方，学生为此受到鼓励，在抗议中更多地选择暴力形式。当时在学生中最流行的革命歌曲是《暴力》，实非偶然。这是意大利“铅弹时代”的开始。[56]

在德国与法国，尽管时间稍晚一些，学生运动也走向瓦解。反独裁主

---

[51] Fischer, *Histoire* (note 27), 383-417; G. Statera, *Death of a Utopia: The Development and Decline of Student Movements in Europe* (Oxford, 1975), 181; Kraushaar, *Frankfurter* (note 46), 312-341.

[52] R. Lumley, *States of Emergency: Cultures of Revolt in Italy from 1968 to 1978* (London, 1990), 63-65; Gilcher-Holtey, *Die 68er* (note 46), 42-45, 71-72.

[53] Halsey and Marks, 'British' (note 38), 44-47.

[54] Lumley, *States* (note 52), 87-107.

[55] Statera, *Death* (note 51), 106-107.

[56] Gilcher-Holtey, *Die 68-er* (note 46), 75-77.

义一派强调学生的权力（学生权力），他们希望把大学作为激进主义的阵地。而倾向政治的一派则强调工人的权力，他们建议在工厂内行动，坚持反对官僚主义和基础性的民主导向。毛泽东主义者也主张发动工人，但是旋即放弃了反独裁主义观点，随后他们改革政党结构，使其在工人运动中发挥着革命先锋的作用。当阿尔卑斯山另一侧的法国工人开始行动之后，毛泽东主义者引导的工人运动获得新的动力。在 1968—1969 年的罢工活动中，学生通过基层委员会发挥了非常重要的作用：普通成员委员会强化对官方“改革家”商业联盟的不信任，并热烈推进“工人自治”。[57]

在英国，英法对埃及的进攻及 1956 年苏伊士运河危机导致学生对帝 293
国主义的抗议，而苏联入侵匈牙利加速了“新左派”的崛起，其中牛津大学学生在新左派发展中发挥了一定作用。之后新左派借助加强核裁军运动得到进一步发展壮大。1964 年 11 月，伦敦学生游行示威反对种族隔离，数月后抗议越南战争。工党从 1964 年开始执政，其右翼政策招致越来越多的人的失望。[58] 1967 年 3 月在伦敦经济学院举行的静坐示威活动源于学科冲突，该冲突又由政治立场所引发。在英国，越南战争才是导致学生们走上街头组织抗议活动的主要原因。1968 年 3 月和 10 月，在伦敦美国大使馆外爆发了规模最大的示威活动，在英国其他地方也发生了一些示威活动。1967 年和 1968 年，英国约半数大学或学院都出现了示威活动。[59]

总的来说，与其他国家相比，英国“新学生运动”较少暴力，意识形态上也不那么激进。但是，尽管英国学生联合会领导层对学生运动依然冷漠，甚至明确反对，但它确实成功获得了在大学中的民主决策权。英国学生联合会遂成为保守的联合会，与学生成员完全失去联系。为破坏英国学

---

[57] Statera, *Death* (note 51), 221-259; I. Gilcher-Holtey, '*Die Phantasie an die Macht*': *Mai 68 in Frankreich* (Frankfurt, 1995); I. Gilcher-Holtey, *Die 68-er* (note 46), 102-120; G. Dreyfus-Armand, R. Frank, M. -F. Lévy and M. Zancarini-Fournel (eds.), *Les années 68*: *Le temps de la contestation* (Brussels, 2000).

[58] M. Shaw, 'Great Britain', in Altbach, *Activism* (note 4), 236-248.

[59] Ellis, 'Demonstration' (note 38), 54-65; K. Mehnert, *Twilight of the Young*: *The Radical Movements of the 1960s and their Legacy* (Stanford, 1976), 601.

生联合会的领导权，1967 年，部分激进学生揭露国际学生协会接受美国中央情报局的资助。到 1968 年 11 月，激进派的力量已经相当稳固，他们迫使英国学生联合会退出国际学生协会。对英国学生联合会的不满致使一些地方大学学生联合会，如基尔大学与赫尔大学学生联合会，退出英国学生联合会，这最终导致 1967 年一个新的改革派左翼学生联合会（激进学生联盟）的建立，然后 1968 年又成立了革命派学生联合会（社会主义革命学生联盟）。1969 年，在校园激进运动的支持下，激进学生联合会成功获得英国学生联合会的领导权。

在比利时，20 世纪 60 年代初，鲁汶的佛兰德学生运动成功调和了学生工团主义与佛兰德民族主义。在两次学生起义之后，比利时学生运动最终转变为“新学生运动”。自 1963 年起，佛兰德实施强迫性的单语政策，促使佛兰德民族主义者要求把鲁汶大学中讲法语的院系转移到比利时的沃
294 伦地区。1966 年，比利时主教对此表示反对，并要求所有人无条件服从。[60] 主教的反对引发了 1966 年“五月起义”，起义最终发展成为佛兰德民族抗议运动，并在全国迅速蔓延开来，但最重要的是该运动表现出民主、反宗教和反独裁的特征。在学生界，重点迅速从佛兰德民族主义转向新左派倾向的反独裁主义。1967 年，一个激进（最初人数很少）的学生工会成立。在抗议运动的压力下，主教决定把决定权留给政府。然而，法语区学术当局决定留在鲁汶，这导致 1968 年 1 月佛兰德学生第二次抗议活动的爆发。抗议持续三个星期，导致比利时政府倒台，也导致了大学的分裂。最终，鲁汶大学讲法语的院系迁往沃伦地区的一所新大学。结果，鲁汶激进分子断绝了与佛兰德政府的所有联系，成为新左翼运动的支持者。1968 年 5 月，布鲁塞尔的大学生发动了他们自己的“新学生运动”，该运动持续了整整一个月，[61] 他们拥有一个自由协会。在鲁汶，接下来的一个学年中学生运动再度爆发，并扩展至安特卫普、根特和列日大学。虽

[60] Vos *et al.*, *Studentenprotest* (note 2), 22-29.

[61] S. Govaert, *Mai '68: Cétait au temps où Bruxelles contestait* (Brussels, 1990).

然最初的主题是学生参与，但是经由第三世界和越南战争主题，学生运动迅速扩展到对全球社会的批判，同时激进分子试图与罢工工人建立联系。

在荷兰，直到20世纪60年代初，学生还是远离社会现实的。[62] 但是新的一代突然重新发现他们具有激进的批判能力，并建立起学生工会。随后，在所有荷兰大学中，学生组织相继建立，要求授予学生一定的权力，并为学生提供一些社会设施。1967年，各地建立了批判性大学。同时，在阿姆斯特丹出现了先锋派和挑衅运动，即所谓的“普罗沃”（Provo，青年无政府主义者），学生及曾经做过学生的人在其中非常活跃。1969年4月，政府计划在大学实施技术专家政治论改革，引发大规模的学生抗议活动。抗议首先出现在蒂尔堡和奈梅亨的天主教大学，后阿姆斯特丹和莱顿大学也爆发了抗议活动，同时还伴随静坐示威活动。学生运动迅速扩展，社会批判也被纳入运动主题之内。[63] 1969年秋，学生运动失去了大量的追 295
随者，政治派系开始逐渐出现。学生运动的最重要结果是1979年12月《大学管理改革法案》的颁布。通过简化议会法则，在大学决策中为所有层次的协同民主决策——包括管理人员和技术人员——打开了大门。这或许是20世纪60年代通过学生运动实现的最具深远意义的学术民主。

斯堪的纳维亚国家也爆发了学生抗议活动，其中在斯德哥尔摩、哥本哈根及赫尔辛基都出现了静坐示威活动。不过局势还算平稳，没有出现警

---

[62] P. de Rooy,'"Kapitalist moet je geloof ik niet zijn": On the Reinvention of the Student in the 1960s'(lecture, Amsterdam, 27 May 2005); van Berkel, *Academische* (note 32), 37-66.

[63] H. F. Cohen, *De strijd om de academie: De Leidse universiteit op zoek naar een bestuursstructuur 1967-1971* (Meppel, 1975); H. Krijne, *Geschiedenis van de Nederlandse studentenbeweging 1967-1973* (Amsterdam, 1978); F. de Jong(ed.), *Macht en inspraak: De strijd om de democratisering van de Universiteit van Amsterdam* (Baarn, 1981); J. de Vries, *Katholieke Hogeschool Tilburg, Vol. II: 1955-1977* (Baarn, 1981), 288-346; Janssen and Voestermans, *Studenten* (note 32); H. Righart, *De eindeloze jaren zestig: Geschiedenis van een generatieconflict* (Amsterdam, 1995), 256-261; J. C. Kennedy, *Nieuw Babylon in aanbouw: Nederland in de jaren zestig* (Amsterdam, 1995), 168-172.

察干预或发生骚乱。[64] 在瑞典，瑞典学生联合会领导层与激进分子之间产生了较大分歧。激进分子将瑞典学生联合会的领导层视为叛徒。激进分子希望在大学层面建立联合管理体制。抗议活动的确导致了学术立法的修正。参照以前作为“光明守护者”理想的经典学生角色，部分激进分子组织了反越战的示威抗议活动，同时也对瑞典和罗德西亚白人政府计划举办的一场网球锦标赛表示抗议。他们通过放弃部分特权，实施把协会及学生设施向所有年轻人开放等策略与公众建立更多的联系。在隆德和乌普萨拉，仪式性地烧毁白人学生的帽子事件，也表明局势正趋于缓和。

20 世纪 60 年代，丹麦政府做出让步，较成功地处理了学生参与大学学术政策决策的事务。尽管如此，1968 年 3 月，围绕大学层面的学生权力问题，哥本哈根大学还是爆发了大规模的示威抗议活动。[65] 6 月初，政府决定在国家层面通过法律规定学生的参与行为。[66]

296 在芬兰，传统和新知齐头并进，传统的芬兰民族主义仍占主流。但是，自 20 世纪 50 年代中期开始，芬兰全国大学生联合会在倡行学生共同参与、为学生提供社会设施等方面发挥了领导作用。他们的要求获得了聚集在一份名为 *Ylippilaslehti* 的学生报刊周围的学院知识分子的支持，该报纸倡导学生工团主义。[67] 这导致了两极分化的出现。左翼学生希望大学在一些诸如越南战争等重大社会问题上能够坚持某一道德立场。赫尔辛基大学管理者非常愿意联合学生共同参与，故 1968 年 11 月联合委员会就各层次决策过程中的代表权问题提出建议。然而，左翼学生还是利用该大学建校一百周年校庆时机，发布了一部批判性的纪念论文集，详细列出学生

[64] Tomasson and Allardt, ‘Scandinavian Students’ (note 31), 96-126; Runeby and Skoglund, ‘Sweden’ (note 31).

[65] S. E. Stybe, *Copenhagen University: 500 Years of Science and Scholarship* (Copenhagen, 1979), 212-217.

[66] P. Boje and K. J. V. Jespersen, *Pastures New. Odense University: The First 25 Years* (Odense, 1991), 47.

[67] Klinge, *Nordische* (note 39), 748-799.

的各项不满。在庆祝晚宴上，数千名学生着正装参加联欢宴会。他们在学生协会办公室上演了“静坐”一幕，身着“套头衫”的学生还举起了红旗。左翼学生仍是少数派，随后在马克思-列宁主义（而非毛泽东主义）为指导方针的学术社会主义者协会中，他们自称是“1968”观念的继承人。他们成功地在学生大会上赢得四分之一席位。1973 年，无政府主义-工团主义者退出，但是其他两个左翼学生协会合二为一，并将他们的地位维持至 1981 年。

较德国与法国而言，奥地利学生运动的针对右翼倾向更为突出。[68] 1965 年在一次针对极端右翼教授布拉德加维兹的示威抗议中，一名示威者遭一名极端右翼学生殴打致死。[69] 这导致社会主义学者和学生联合会采取激进活动，他们曾在复活节“禁止炸弹”活动中举行游行示威。1967—1968 年，小规模的新左翼学生运动证明自己存在的方式包括开展辩论与讨论、参与社会主义学生联合会越南大会、游行抗议杜契克被袭击、维也纳大学的静坐示威以及艺术课罢教活动。鉴于示威抗议活动日趋强烈的挑衅性，组织者解散了他们的协会，在稍后举行的学生联合会选举中，左翼候选人成为少数派，仅赢得 13%的选票。

1968—1969 年，一位新校长的就职典礼被扰乱，导致一组身着校服 297
的学生发起反抗活动。1969 年 1 月，在伊朗国王访问期间，出现了学生与警察及敌对的右翼学生团体之间的对抗。尽管维也纳左翼相继开展了诸如争取大学生的共同参与权、争取学生协会拥有更多自由权、抗议美国电影《绿色贝雷帽》的宣传等系列活动，但其力量逐渐削弱。1969—1970 年冬，左翼学生选择在每个学院组成基本小组的组织形式。

---

[68] A. Pelinka, 'Zu einem konlfiktfreudiger Bewußtsein', in E. Welzig, *Die 68-er: Karrieren einer rebellischen Generation* (Vienna, 1985), 9-24; Gehler, 'Rechtskonservatismus' (note 36).

[69] F. Keller, *Wien, Mai '68: Eine heiße Viertelstunde* (Vienna, 1983).

列宁主义者的转向及衰落（1969—1974）

在民主化的西欧国家，“新学生运动”于 1968—1970 年间消失。[70] 新学生运动衰落具有以下原因：其一是政府当局所采取实施的镇压行动和政策；其二是学生运动实现从乌托邦到意识形态的转变，即从自发运行发展到具体的政党组织。1968 年夏，“列宁主义者”的出现导致学生运动瓦解，出现敌对的干部、政党与宗派。几乎每一派都未能吸引到众多追随者，绝大部分政党与宗派未赢得学生信任，所以他们无力再次开展真正的“运动”。很多激进分子对学生运动不再抱有信心，他们认为唯一的出路在于工人革命运动。他们中断了学业，去工厂工作，担任革命的红色传教士。

在法国，新学生运动崩溃最快，也最壮观。“3 月 22 日运动”反威权主义阵线在“五一国际劳动节”期间已受到一些批评，特别是受到试图引导该运动的毛泽东主义者（毛主义者）与托洛茨基派分子的批评。[71] 所有被法国政府在 1968 年 6 月 12 日取缔的学生社团组织，很快又以新社团组织的形式出现。在托派群体中出现了一个更加教条的公开组织。在毛主义者群体中，存在一个“毛主义者自发组织”或“毛主义者组织”的核心圈子，他们反对“僵化的列宁主义”，并准备发起反对资本主义的武装斗争，但是绝大部分左翼学生都在几个马克思列宁主义党派中找到了自己的归宿。他们继续反对共产党，并按照适合他们自己意识形态教条的需要解释
298 一切。他们接受了某些形式的“民主集中制”，并复兴了“新学生运动”的各种抗议主题：机构臃肿、官僚作风、中央集权、盲从或奴性意识。经历此次“列宁主义者的转向”，学生运动似乎又回归原点。当一派希望把

[70] Statera, *Death* (note 51), 219-33.

[71] Statera, *Death* (note 51), 222-233; Gilcher-Holtey, *Die 68er* (note 46), 100-102; Fischer, *Histoire* (note 27), 448-456.

学生联合会改造成为一个“大众政治组织”，另一派则致力于把学生联合会改组为一个“大众工团主义组织”时，1968年12月法国学生联合会走向终点。1971年，出现了两个替代法国学生联合会的新组织：共产主义者支持下的新法国学生联合会，托派支持下的法国工团主义学生联合会。两个学生联合会开展了一系列运动，以争取成为官方唯一认可的学生联合会。

在德国，在反对《紧急状态法》行动失败之后，新学生运动于1968年夏开始瓦解。这引发了派系斗争，他们拥有不同的意识形态和内部工作程序。[72] 反独裁主义者希望继续延续多茨克的激进遗产，将学生和社会边缘群体作为运动主体。马克思-列宁主义者则对工人阶级的革命力量抱有绝对信任，他们计划根据毛主义者模式动员工人阶级力量。1969年秋，两派之间的矛盾再也无法调和。1970年3月21日，社会主义学生联合会正式解散，宣告矛盾的真正终结。一年后，另外几个新成立的组织日益强大，如德国共产党毛主义者、西德共产主义者联合会、无产阶级左派先锋队或“红细胞”组织。但是这些组织仅仅是原先运动的继承者。赤军旅也是如此，该派以安德列亚斯·巴德和迈霍夫为领导核心。巴德和迈霍夫将抢劫银行、袭击及绑架视为正当的革命方式。他们谋杀司法和经济界主要代表，更有甚者，他们还劫持了一架德国客机，导致公众和政府当局都将他们视为最大的安全威胁。[73]

在意大利也出现了类似情况。1969年，学生组织逐渐被取缔，但这并没有阻止无数新学生团体的出现。1969年底，“新学生运动”基本上结束。在意大利，毛主义者和托派也成为该运动的继承者。社会抗议活动的温床确实从学生转移到了工人。工人开展了多次激进的罢工和武装示威活动，将1969年下半年变成漫长的炎炎夏季和同样漫长而炎热的秋季。同样，在意大利，由于对学生运动所抱有的幻想破灭，出现了一个新的恐怖

---

[72] Kraushaar, *Frankfurter* (note 46), 341-527; Gilcher-Holtey, *Die 68er* (note 46), 105-111; Kimmel, *Studentenbewegungen* (note 5), 198-199; Statera, *Death* (note 51), 234-247.

[73] Kimmel, *Studentenbewegungen* (note 5), 219.

主义组织——红色旅。如在德国一样，该组织反对既定的资本主义秩序，
299 并以诉诸武力的方式谋求成功。几个陷于绝望的德国和意大利团体选择暴力和恐怖主义路线，导致公众对学生运动的彻底抵制。[74] 没有其他武装团体像此类团体一样，是从其他欧洲国家的学生运动中生成的。

事实上，学生组织的解体变得司空见惯。各地毛主义者组织指示他们的成员放弃学业到工厂工作，帮助工人开展革命斗争，或向工人学习。在比利时、丹麦、瑞典、奥地利以及荷兰，这些小团体都自称马克思-列宁主义者，认为大学仅仅是一个活动基地或提供逻辑支撑的机构。另外，还存在托派分子、三大洲主义者、无政府工团主义者及无党派新左翼分子。在一些学生团体中，上述几个组织均拥有相当多的追随者，他们对马克思主义表现出偏爱，认为自己注定成为"新学生运动"传统的修正者。

1974 年前后，新的转折点出现。年度性的大规模运动节奏开始放缓，并最终停止。这在鲁汶与奈梅亨表现得尤其明显。长期以来，位于鲁汶与奈梅亨的两所天主教机构为左翼提供了总体性的方向引领。尽管在具体派别之间存在意识形态上的差异，但两所天主教机构还是为大规模的群众运动提供了机会。学生运动偶尔也会开展大规模的动员活动，但是他们的目标明显发生了变化。这缘于 1974 年开始的经济危机。20 世纪 70 年代后半期，学生抗议活动不再像 20 世纪 60 年代那样聚焦于左翼主题，而是转而保障当下正受到威胁的学生地位问题。1977 年，学生们对不断增长的学费表示抗议。拉尔夫·达伦多夫，一位伦敦政治经济学院负责人谈道："1968 年，学生们认为他们是一个上升中的社会团体，要求获得自己应该拥有的地位。1977 年，学生表现得像是夕阳产业一样。他们要求获得更多的资金和政府支持。"[75] 很明显，至少在民主的欧洲国家，学生们又回到了他们自己的小世界中，学生运动快速消失。

---

[74] Kimmel, *Studentenbewegungen* (note 5), 199-200; Statera, *Death* (note 51), 247-259.

[75] *Daily Telegraph*, 15 February 1977, quoted by Mehnert, *Twilight* (note 59), 165.

“新学生运动”的本质

20世纪60年代在西欧民主国家出现的“新学生运动”，至少在三个层面上与传统学生运动存在差异：第一，新学生运动不再追求成为现有更广阔的“制度化”社会或民族运动的急先锋，而是致力于整体的社会变革。 300
第二，新学生运动引入了新的主题，并发展为反独裁主义理想，即构建一个个人发展与社会公正齐头并进的新社会。第三，新学生运动引入了直接政治行动的新形式，以揭露并摧毁既定秩序，同时用参与性民主取代代议制民主。如此的整体性抱负构成学生运动历史的高点，但与此同时，也导致新学生运动的终结。

学生运动所引入的新主题大部分源于20世纪60年代出现的新左派。其五点认知倾向在赫尔苔那里得到最清晰的概括：[76] 对马克思主义进行新的诠释，强调马克思早期著作中的“异化”理论；一个全新的社会主义社会模型，以抵消异化；强调个人发展，这样“新人类”才能与新的社会和政治结构同时出现；强调挑衅行为的新组织概念，以促使激进主义者与社会改变的发生；青年知识分子和社会中的边缘群体取代工人阶级，成为新学生运动的主力军。因此，涵盖个人解放与集体解放、社会批评与文化批评以及文化革命与社会革命的协调发展，均由一个共同的现在被称为“后唯物主义”的乌托邦理想联系起来，如注重提高生活质量，而非物质福利。

最初，“新学生运动”的倾向并非别的，而是较多地被描述为一种“情感”，其特征是：反独裁主义、反教条主义、浪漫主义、直接民主、道

---

[76] Gilcher-Holtey, Phantasie (note 57), 44-104; I. Gilcher-Holtey, ‘May 1968 in Frankreich’, in Gilcher-Holtey, *1968* (note 1), 13-18; I. Gilcher-Holtey, ‘La contribution des intellectuels de la Nouvelle Gaucheà la définition du sens de Mai 68’, in Dreyfus-Armand *et al.*, *Années 68* (note 57), 89-98; Gilcher-Holtey, *Die 68er* (note 46), 11-17; Kimmel *Studentenbewegungen* (note 5), 29-30.

德纯洁及社团精神。据此，斯塔泰拉认为，该运动具有“千禧年”性质。[77] 据曼海姆所言，相对于仅仅致力于社会现实的部分调整而言，新学生运动持有的乌托邦理想则要求实现全新的改变。该理想谋求把现实从现
301 存状态中解放出来，从而为改变社会开辟道路。这一意识形态属于少数群体，但乌托邦概念却吸引了大众，并为引导更广阔的运动提供了支持和自信。两者之间的平衡以同样方式改变了其他国家的状况。这种演变是不可避免的内部逻辑结果：任何一个社会运动，或者改变其本身使其成为一个组织，或者消失。缺少组织，任何一个永久持续的承诺都将难以存在。[78]

根据基梅尔所说，从比较国际视角来看，“新学生运动”包括七个特征：第一，它由千禧年的愿景所驱动，旨在一个“新社会”中造就“新人类”。[79] 第二，它改变了政治观念，公众和个人领域的隔离将不复存在。第三，它宣传了一种新的生活方式，其中社区发挥着关键作用，而个人主义则受到抑制。第四，它拒绝“理性政治”“成本—利润”分析的客观逻辑及愤世嫉俗的马基雅维里主义。相反，它选择了情感牵涉、理想主义承诺及与社区团结一致。第五，它视否定为主要的生活态度：拒绝在系统中扮演“齿轮”的角色。第六，在策略和行动方式上，它强调“有表现力的政治”，而不是“工具性的”政治。第七，该运动渗透着意识形态的矛盾。从对社会的批判出发，朝着不同的替代性方向发展：或是个人自由意志主义者的方向，或是平等主义社会主义者的方向。

就激进主义者的心理来说，存在严格的意识形态道德主义和二元论世界观。在自身发展动力的推动下，通过采取揭幕式的挑衅行动策略，通过拒绝以上行动，并采取更为激进的行动，通过偏向马克思列宁主义对社会“制度”的特定方面开展反独裁主义批判，其心理体系不可避免地趋于完善。在意大利和德国，剩存的激进组织欲管束整个社会而不能，陷于绝望

---

[77] Statera, *Death* (note 51), 153-218.

[78] Allerbeck, *Soziologie* (note 2), 37-44.

[79] Kimmel, *Studentenbewegungen* (note 5), 170-174.

与不满，其下一步便是走上恐怖道路。大部分社会变革的动力都起源于最初的反独裁主义阶段，同时随着该动力变形为新马克思主义，[80] 变革对社会所产生的影响逐渐减少。

除政治成分外，"新学生运动"还具有文化因素，其致力于将日常生活改造成为另一种替代性经验。[81] 这种突破常规的热情希望将自身从追求物质享受的生活方式中解脱出来，解脱手段为：通过实验性公社和其他集 302
体生活的方式，进而创造一种新的生活方式。在这种新生活中，愿望得以从传统的约束中解放出来，通过音乐、性和毒品获得即时的快乐。自然，这意味着与传统文化及政治价值观的决裂，因而，在学生运动过程中学生形象与身份均发生了变化。[82] 学生着装的突然变化具有典型性：男女学生身着蓝色牛仔裤、牛仔夹克或迷彩夹克，以及巴勒斯坦式头巾。在意大利，学生穿着爱斯基摩式夹克；20 世纪 70 年代，比利时和德国流行绿色派克大衣，年轻人蓄留古巴式胡子，且发长过耳。这种着装和时尚表现了他们政治上的自我形象及态度。学生的着装与服饰成为反对物质主义生活方式的整体示威性行动的组成部分，同时也是参与全球性对抗的指向标。[83]

这些发展在公民、宗教权威和普通百姓之中催生一种"道德恐慌"（斯坦利·科恩语）感。[84] 新学生运动被视为是对现有社会秩序、价值及利益的一种威胁。[85] 新学生运动厌恶知识的系统化积累，崇拜自发的自我表达，主张大学成为学生领导下的永久性教育机构。因此，许多现有学术机构将新学生运动视为一场摧毁文化和科学，甚至摧毁大学自身的反智运动。在一些政治党派、工会及教会中，也持有同样的看法。他们都认为学

---

[80] Kimmel, *Studentenbewegungen* (note 5), 174-179.

[81] J. Tanner, '"The Times they Are A-Changing"-Zur subkulturellen Dynamik der 68er Bewegungen', in Gilcher-Holtey, 1968 (note 1), 207-223.

[82] Le Goff, *Mai 68* (note 50), 720-473.

[83] Lumley, *States* (note 52), 70-74.

[84] S. Cohen, *Folk Devils and Moral Panics: The Creation of the Mods and Rockers* (London, 1972), 28 quoted by Lumley, *States* (note 52), 73.

[85] Ashby and Anderson, *Rise* (note 30), 123-129.

生运动是一种威胁，因此试图削弱或引导学生运动。另一“道德恐慌”的实例表现为，曾积极参与学生运动的毕业生，在谋求从事教育、青年或政府服务工作的过程中，均遭遇不信任。自1968年到20世纪70年代初期，在很多国家，对左翼渗透的恐惧——尤其是在意大利和德国——造成一种对曾经是学生激进分子的学生的拒绝。

一个令人好奇的情况是，在各地天主教大学中新左翼学生运动都非常强势，如鲁汶大学（佛兰德）、蒂尔堡大学（荷兰）和米兰大学（意大利）均是如此。与我们的想象不同的是，并非外部因素导致这些大学“向左转”，而是年轻一代的天主教徒自身意识到改革的需要。第二次梵蒂冈教廷大会（1962—1965）之后的骚乱，暴露了处于变革中的天主教会领导层
303 的权力行使模糊了主要矛盾。年轻的天主教徒已经“发现”，社会主要矛盾存在于统治者与被统治者之间，或存在于资本家与工人之间。

天主教大学学生公开参与“1968年运动”的部分原因在于该运动表面之下还存在着一种道德（也即是“宗教的”）因素，一种远远超出现有社会主义或共产主义政党和团体的道德因素。拉姆利称之为“感情的宗教结构”[86]。在19世纪涌现的社会主义运动中，也存在千禧年信仰说，但后来由于社会主义运动的无神论信仰立场，或担心其难以抑制的激情而遭禁止。20世纪60年代，这种左翼的“宗教情感”在学生运动中重新出现。因此怀有宗教信仰的年轻学生对新学生运动持开放的态度也就不足为奇了。在比利时，该学生运动及其后来的发展在天主教青年运动中都开展得特别成功，而更加传统的坚信社会主义信仰的（及无宗教信仰者）青年则更倾向于远离学生运动。[87] 信奉“马克思主义”的年轻天主教徒并未很快受到意识形态解体的影响，原因在于其理论上或实际上都未植根于现存的左翼传统，此类“马克思主义”更多地表现为一种模糊的灵感或分析模型，而非完善的思想体系。

---

[86] Lumley, *States* (note 52), 84.

[87] E. Daniëls, 'Links in Vlaanderen—Contradictio in terminis', *De Nieuwe Maand*, 29(1986), 99-117.

20世纪60年代的学生运动可以被视为新社会运动的最初表达，20世纪60年代一种新的抗议形式首先出现在西方工业化国家：非集中组织、不信任正式结构、拥护受威胁的后物质主义价值、倡导一种选择性的生活方式，其间公众自我实现和政治参与发挥着核心作用，其追随者大多为第三产业从业人员，其信息传播主要借助于现代大众传媒的信息发布、交流和传播渠道。[88]

为自由而战（1956—1989）

在非民主的欧洲国家，没有必要推行“新学生运动”，因为在这些国
家，“传统的”的学生运动从未消失，甚至，这两种现象之间还存在某些
相似之处。尽管享受不到福利报酬，这些国家的学生们仍然积极为非物质
主义的事业和目标而奋斗：自由、真理与正义。他们希望建成一个更加真 304
实、民主和开放的社会，一如西欧国家“新学生运动”试图建立的那种社
会。即使在行动方式上，二者也存在非常类似的地方，尽管在独裁主义政
权统治下的国家，学生们将面临更大的风险。[89]

20世纪50年代后半期，非民主制右翼政权国家的特点是学生运动的持续发展。在西班牙，学生运动主要关注现存西班牙学生民主工会的民主化问题。在经过一系列的游行示威之后，一项提议被付诸实施：自1958年起，西班牙学生民主工会代表在成员中选举产生。该学生运动支持阿斯图利亚斯、加泰罗尼亚及巴斯克省的工人罢工，并在1959年策划一次大罢工，计划失败后许多学生被捕。1961年秋，最重要的三个反对派学生联合会联合成立西班牙大学民主联盟，成功地为西班牙学生民主工会的成员选举提名候选人。1963年12月，西班牙大学民主联盟在九个大学学区

---

[88] B. Klandermans, 'New Social Movements and Resource Mobilization: The European and American Approach Revisited', in D. Rucht (ed.), *Research on Social Movements: The State of the Art in Western Europe and the USA* (Frankfurt, 1991), 18-19.

[89] Mehnert, *Twilight* (note 59), 191-195.

中（共有十二个）成为多数派。1964年，在马德里，一些教授举行了多场批判性演讲之后，“大学改革周”被禁止，遂引发大规模的学生游行示威和静坐活动。政府因此决定关闭大学，并且开除了一百多名学生运动领袖。1965年2月，局势升级为围绕有关结社自由和言论自由的冲突事件。这导致各地断绝了与西班牙学生联合会的合作关系。

尽管有无数的逮捕事件发生，1965年3月，一个独立的学生联合会在巴塞罗那举行第一次全国代表大会，在与西班牙学生民主工会合作的基础上，大会建立了代表所有非法西斯主义学生的学生工会。1965年4月，纯粹出于政府的需要，取缔了西班牙学生民主工会。1967年4月，西班牙政府被迫承认筹建一个新的政府学生组织——大学生协会的努力，最终宣告失败。[90] 1967—1968年间，当时仍是非法组织的西班牙学生民主工会在各个大学继续开展活动，在中等学校和大学建立网络，举行完整的学生亚文化研讨会、讲座及政治辩论，发行杂志，建立（二手）书籍的交易会，并
305 且为大学生奖学金募集资金。该组织希望实现民主自由，认为工人运动致力于在短时间内改善工人待遇的倾向，已经导致工人运动在某种程度上落伍，并且阻碍发展。

1968年1月针对操纵学生选举的抗议遭到暴力镇压，随后几个被捕的学生领袖不明原因死亡。[91] 为回应此等“官方”暴力行为，左翼突击队得以组建，并开展了针对银行、办公大楼及政府大楼等地的恐怖行为。在加泰罗尼亚及巴斯克省，民主的民族主义学生团体秘密成立。[92] 1959年成立的埃塔（巴斯克祖国与自由）已发展成为恐怖组织。[93] 1973年，西班牙首相卡雷罗·布兰科在一次炸弹爆炸中被暗杀。此后政府中的自由派以此为

---

[90] J. Maravall, *Dictatorship and Political Dissent: Workers and Students in Franco's Spain* (London, 1978), 98-112; Feuer, *Conflict* (note 24), 296-298; Schütze, 'Widerstand' (note 25), 18-47.

[91] Mehnert, *Twilight* (note 59), 152-153.

[92] M. Miclescu, *Die spanische Universität in Geschichte und Gegenwart* (Cologne, 1985); Maravall, *Dictatorship* (note 90), 112-117.

[93] Burg, *Encyclopedia* (note 23), 68.

借口，主张进行改革。1974 年，在利用民众积极性的基础上，三个选举产生的学生委员会在每一所大学都拥有代表，实现了大学管理的共同参与。1975 年 11 月佛朗哥去世，独裁政权逐渐瓦解。

葡萄牙政府禁止传统的“学生日”庆祝活动，导致在科英布拉、波尔图及里斯本发生持续三个星期的学生游行示威活动。学生们要求建立一个自由的全国学生联合会，并结束在安哥拉及莫桑比克进行的殖民战争。当局镇压了学生运动，逮捕了一些学生，还解雇了一些大学教授，但这仅对学生运动造成暂时的破坏。1965 年 1 月，又爆发了一次新的学生罢课活动，2.5 万名学生中有五分之四的学生参加了罢课活动。这又一次导致政府逮捕、折磨及开除学生。相对于西班牙，葡萄牙则是年轻的军官而非学生于 1974 年 4 月 25 日推翻了独裁政权。[94] 与其他公众一样，学生支持葡萄牙革命，校园突然成为就国家未来命运开展政治辩论的中心。

1967 年 8 月 4 日，在希腊，数名陆军少校发动政变终结了右翼独裁政权。民主派教授和职员被解雇。被军事政权认可的唯一学生组织对新政权表现出忠诚。[95] 20 世纪 70 年代初，学生们在雅典大学组织了抗议活动。 306
1973 年 3 月，占领法律系教学大楼的一些学生被开除，学生领袖被征召入伍。1973 年 11 月，学生占领了雅典国立技术大学，要求获得“自由、面包及教育”。全世界都可以通过电视看到以下画面：一辆坦克驶过大学正门，碾压了几十名学生，造成 34 名学生死亡。[96] 此次“军事”胜利结束了独裁统治，并预示着民主的回归。学生要求清除大学中军事政权的追随者，要求享有参与大学共同管理的权力，这些要求后来得到了满足。通过罢课、联合抵制及游行示威，学生们试图保持其对政治的影响，但是政治分裂导致他们的权力逐步削减。

20 世纪 50 年代后半期，东欧学生运动不得不与日益强势的新斯大林

---

[94] Mehnert, *Twilight* (note 59), 175-176.

[95] *National and Capodistrian University of Athens. 1837-1987. One hundred fifty years: Catalogue of the Exhibition of Memorabilia* (Athens, 1988), 18-19, 86, 173.

[96] Mehnert, *Twilight* (note 59), 176.

主义做斗争，不过每个国家的情况有所不同。在波兰，“波兰十月”事件后的开放政策并没有持续太长时间。在大规模的抗议声中，面向学生及年轻知识分子的批判性周报 *Po Prostu*（意为“简言”或“坦言”）[97] 还是于 1957 年被政府取缔。20 世纪 60 年代见证了党派直接干预大学事务的开始。[98] 重要的辩论性社团遭禁止，学术界被指控犯有托洛茨基主义，一些给政党写公开信要求以工人民主取代共产主义统治的教师被捕入狱。[99] 1966 年 10 月，“波兰十月”事件发生十周年后，应一些具有批判精神的学生的要求，著名哲学家莱谢克·柯拉柯夫斯基起草了一份“政治平衡表”，并总结宣称：波兰正处于无法治状态。这样一份声明立刻为他带来了惩罚。

1967 年，在“俄国十月革命”五十周年纪念日当天，上演了 19 世纪波兰作家亚当·密茨凯维奇所写的一部戏剧，观众对剧中的反俄情节表现出极大的热情。波兰当局立即禁演该剧，并用暴力驱散了 3 月初在华沙校
307 园组织的一次抗议集会。这即是波兰“三月运动”的开端。[100] 此后运动扩散至所有大学，并得到作家、天主教会及某些工人团体的支持。“布拉格之春”具有极大的激励效应，3 月 11 日，大约一万名学生在华沙大学教区长办公室集会，学生们高呼：“所有波兰人都等待着杜布切克！”[101] 自 1967 年六天的阿拉伯-以色列战争起，就爆发了反犹太复国运动。政府将学生运动描述为“犹太出身”的学生所进行的一场密谋的结果，由此发起了反

---

[97] G. Z. Bereday, ‘Student Unrest on Four Continents’, in Lipset and Altbach, *Students* (note 2), 108-113.

[98] Connelly, ‘Die polnischen Universitäten’ (note 21), 188-195.

[99] Révész, *Jugendbewegungen* (note 12), 72-76; S. M. David, *Student Politics and Higher Education in Socialist Poland* (Ann Arbor, Mich., 1972), 220-231.

[100] David, *Student* (note 99), 232-237; A. Friszke, ‘Ruch protestu w marcu 1968 (w świetle rapport od MSW dla kierownitwa PZPR)’, *Więź*, 3 (1994), 92; *Burg*, Encyclopedia (*note* 23), 196-202.

[101] Révész, *Jugendbewegungen* (note 12), 59, 84-87; *Wydarzenia marcowe* (Paris, 1969), 50-51.

对犹太人的运动。[102] 在与警察及歪曲事实的媒体对抗期间，学生变得非常愤怒，对政权永远失去了信心。[103] 1968 年 8 月“布拉格之春”改革运动被华约军队摧毁，学生抗议活动再次爆发，但很快又遭到镇压。在西方学生运动中，波兰学生运动很少被提及。法国与意大利的学生运动完全忽视波兰学生运动。德国学生运动中的反独裁主义因素使其与波兰学生运动保持一定距离，而马克思-列宁主义阵营则对其进行指责，认为波兰学生运动具有小资产阶级性质。[104]

在捷克，在历经 20 世纪 50 年代后期学生中表现出的一定程度的非政治化倾向之后，1963 年 5 月 1 日的学生节——“五月之王”上再度响起批判性口号。“五月之王”节日于 1963 年得以恢复。为此，学生运动的组织者被大学开除。[105] 1967 年秋，布拉格发生了学生示威活动，以唤起人们对学生住宿问题的认识。国民军对游行的学生进行了残酷镇压，引起了其他大学发起更多的抗议活动。[106] 1968 年 1 月，在“布拉格之春”期间，新任捷共总书记亚历山大·杜布切克宣布推行一系列的“人道社会主义”改革。是年 5 月底，波希米亚与摩拉维亚成立独立的高等教育学生组织团体以支持改革。

但是，1968 年 8 月 21 日华沙条约军队的入侵挫败了每个人的计划。 308
在最初几天，镇压活动造成 70 人死亡，其中大部分是青年人。随后捷克

[102] ‘Dossier 2: Warschauer Bilanz’, *Kursbuch*, 13 (June 1968), 91-105; Statera, *Death* (note 51), 143-152; Révész, *Jugendbewegungen* (note 12), 79-84.

[103] J. Eisler, ‘March 1968 in Poland’, in C. Fink, P. Gassert and D. Junker (eds.), *1968: The World Transformed* (Cambridge, 1998), 237-251; J. Eisler, *Marzec’ 68* (Warsaw, 1995); David, *Student* (note 99), 238; Révész, *Jugendbewegungen* (note 12), 89-95.

[104] Statera, *Death* (note 51), 143.

[105] Révész, *Jugendbewegungen* (note 12), 44-52; Havranek, ‘Die tschechischen Universitäten’ (note 18), 166-169; J. Havranek and Z. Pousta, *History of the Charles University*, Vol. 2: *1802-1990* (Prague, 2001).

[106] G. Katsiaficas, *The Imagination of the New Left: A Global Analysis of 1968* (Boston, 1987), 60.

学生运动试图尽可能维持改革，并反对复辟活动。[107] 1968 年 11 月 17 日，为纪念 1939 年反对纳粹占领者而发起的最后一次学生抗议活动，学生们进行了为期三天的罢课，并占领了大学大楼。近八万名学生参与其中。在布拉格工厂也出现了团结一致的行动。一个月之后，波希米亚和摩拉维亚高校学生协会与金属工人联合会之间达成协议。此后的一个月，学生们在全国散发小册子。1969 年 1 月 16 日，哲学系学生扬·帕拉赫在温塞斯拉斯广场自焚，以抗议外国势力对捷克的“占领”。这又一次导致学生及工人抗议活动的复苏。大量的民众（约十万人）参加了这位学生的葬礼。1969 年 6 月，波希米亚和摩拉维亚高校学生协会被禁止。8 月 21 日，华约军队入侵一周年纪念日，爆发学生与军人之间的最后一次对抗，对抗以设置路障和人员意外死亡而结束。接下来又发生一系列的镇压活动，并在 1970 年春达到高潮。

1970 年 12 月波兰格但斯克的工人举行抗议活动，他们呼吁学生采取团结一致的行动，但是却没有得到学生的回应。[108] 直到 1976 年一波罢工潮消退之后，学生们才在追求更加民主的运动中，借助于工人支持委员会的支持，变得积极起来。1977 年，一名学生激进分子遭到谋杀成为学生行动的催化剂，加速了各大学独立学生协会——学生团结联盟的成立。学生团结联盟开展运动，争取在学术环境中获得更多的自由。1980 年夏，在对抗政府的团结运动胜利之后，学生团结联盟进一步拓展了运动范围。[109] 在罗兹，学生们开展了为期近一个月的罢课活动，在这之后的 1981 年 2 月，政府正式承认独立的学生组织——全国大学生协会。同年，全国大学生协会迅速发展，成为全国最大的学生组织，在 89 所大学和学院拥有八万名会员。

---

[107] Révész, *Jugendbewegungen* (note 12), 52-62; K. Bartosek, 'Rencontre inattendue en Tchécoslovaquie(octobre 1968-juin 1969)', in Dreyfus-Armand, *Années 68* (note 57), 299-311.

[108] Révész, *Jugendbewegungen* (note 12), 97. This is at least the 'Solidarność-myth': the reality was more complex.

[109] Révész, *Jugendbewegungen* (note 12), 98-103.

1981年12月13日，雅鲁泽尔斯基将军发动政变，所有自由学生协会再次被取缔，但是全国大学生协会作为秘密组织继续存在。1988年，波兰继续推进朝向民主开放社会建设的改革，当时仍作为非法组织的全国大 309
学生协会再次变得引人注目。在促使波兰转变为民主社会的高潮——“最后的斗争”中，全国大学生协会甚至发挥了先锋作用。在政权转变后，全国大学生协会继续存在。由于其支持者来自基层，全国大学生协会需要在自我管理的学生组织中与新兴学生社团开展竞争，这些新兴社团随后组建成为本地学生社团。

在捷克斯洛伐克，政府希望赢得学生对新政权的支持，但是没能成功。20世纪70年代，学生们对政治抱有冷漠态度成为一种常态。即便如此，政府仍将其视为一项成功，因为这意味着学生们没有参与“七七宪章”民权运动。直到1987年，学生的态度才有所转变。一些非正式的学生协会开始出现，并散发“地下”刊物，甚至官方学生协会也开始谨慎地发出批判的声音。1989年，在1939年11月17日纳粹关闭大学及镇压学生运动五十周年纪念日上，学生进行未被批准的游行示威，游行队伍经过当年扬·帕拉赫牺牲的地方时，与警察发生了激烈冲突。这成为各大学学生开展罢课及静坐活动的信号，并且学生们开始呼吁民众举行大规模的抗议活动。学生的呼吁得到公众的回应。11月27日的大罢工之后，政权倒台。之后，激进的学生把领导权移交给民主运动“公民论坛”的领导人瓦克拉夫·哈维尔。1989年12月29日，哈维尔当选为捷克斯洛伐克总统。

在南斯拉夫，世界性的学生抗议潮流也于1968年形成抗议的氛围。当时学生生活条件很差，知识分子失业率很高。[110] 1968年7月2日，学生们对贝尔格莱德剧院座位不足表示不满，并捣毁了剧院大楼。次日，学生游行队伍从学生区出发，一直游行到城市中心。警察对学生进行了残暴镇压，驱散了游行示威的学生，进一步导致学生酝酿占领教学大楼及开展一

[110] R. Pervan, *Tito and the Students: The University and the University Student in Self-Managing Yugoslavia* (Nedlands, 1978); N. N. Soljan, 'Yugoslavia', in Altbach, *Activism* (note 4), 297-312; Feuer, *Conflict* (note 24), 302; Révész, *Jugendbewegungen* (note 12), 200-202.

系列表达不满的活动。南斯拉夫政权的安抚及承诺起初没有任何效果，但一周之后，学生们在收到铁托的一份严肃声明后停止了一切行动。铁托对激进分子的理想主义、政治义务及参与表示赞赏，并且对政府系统功能的
310 改善表示关注，最后个人承诺将为学生的所有不满寻求解决之道。1968年秋，学生激进分子意识到他们的抗议已被政权有效地阻滞，抗议没有取得任何结果。在整个南斯拉夫，批判性的学生运动完全结束。

与此对照的是，塞尔维亚的学生运动在联邦共和国层面确实开始发挥了一些作用，但也遭到了镇压。1971年，“克罗地亚之春”之年，一项复苏的社会运动倡议克罗地亚应拥有更多的自治权，学生在运动中发挥了主要作用。1971年11月，在克罗地亚，35 000名学生罢课，12月又爆发大规模的抗议示威活动。[111] 在贝尔格莱德，学生罢课活动被指责为“过分的民族主义”及“反革命”，许多学生被逮捕。1974年，在南斯拉夫，宪法审议赋予联邦共和国更多的自治权，但是占主导地位的问题是：科索沃地区仍然以塞尔维亚一个省的形式存在。铁托去世之后，1980年，阿尔巴尼亚民族主义运动在普里什蒂纳大学阿尔巴尼亚学生中获得新的动力。1981年，学生们提出以下要求：在语言及文化上，科索沃属于阿尔巴尼亚，获得一个共和国的地位，且拥有退出的权利。1981年春，学生就实现上述要求举行了第一次大规模的游行示威活动，结果导致8名学生惨遭杀害，100多名学生受伤，1000多名被捕。1982年爆发了类似的游行示威活动，一些学生领袖被开除，其他学生领袖或被捕入狱，或选择隐匿，以实施暴力和恐怖行动来实现他们的目标。

在斯洛文尼亚，20世纪80年代末学生成为民主改革运动的先锋，该运动为斯洛文尼亚争取更多的自治权。改革与自治的信息通过各种渠道在公众中散播，其中包括学生电台及无数学生出版物。贝尔格莱德当局将这些行动视为反革命，但却无法阻止“斯洛文尼亚之春”的推进。“斯洛文尼亚之春”最终以南斯拉夫联邦的解体而达到高潮。

---

[111] Révész, *Jugendbewegungen*(note 12),202-204.

20世纪80年代，在苏联边缘地区民族问题同样成为学生运动的推动力。[112] 在拉脱维亚，1968年8月首都里加的学生举行示威活动抗议捷克斯洛伐克的侵略。1969年4月13日在独立纪念碑附近，一位名叫伊利亚·芮普斯的学生自杀，示威活动达到高潮。[113] 但伊利亚·芮普斯自杀未成，后由于其犹太血统被驱逐出境，最终抵达以色列。1972年5月14日，一 311
名19岁学生罗马斯·卡兰塔在考纳斯剧院外自杀身亡，[114] 以抗议1940年苏联对立陶宛的吞并。在其葬礼上，数千名示威学生高呼“立陶宛的自由”。学生与警察在街道上发生冲突，数百名学生被捕。三天之内，在立陶宛其他地方又发生更多的自杀事件。1980年10月，塔尔图大学几千名学生举行游行示威活动，要求教育部长埃尔莎·格瑞茨基纳（半俄罗斯血统）辞职。学生们认为任命格瑞茨基纳为教育部长，表明日益增加的俄国化趋势。学生打出的标语有“驱逐俄国人”及“更好的精神食粮”。[115]

1978年，哈萨克斯坦的哈萨克学生举行示威活动，抗议大学利用哈萨克民族学生缴纳的学费招收其他民族学生的数量超出相应比例。同年，格鲁吉亚数千名学生要求共和国新宪法宣布格鲁吉亚语为官方语言。1979年7月及1986年夏，雅库特的学生们也参与到在雅库茨克举行的反俄抗议活动中。

戈尔巴乔夫所提出的“开放”及“改革”政策导致更多学生运动的发生。1985年10月，塔尔图的学生在歌剧院升起爱沙尼亚国旗。在立陶宛，学生们成立秘密组织，并在1986年发行地下出版物《学术青年》。1986年12月，哈萨克斯坦爆发抗议活动，反对任命一名俄国人作为地方共产党书记。在阿拉木图，为追求独立而举行的大学生游行示威导致多名学生伤亡，校长解职，多名教授被捕，许多学生被开除。在苏联中亚及高加索地

[112] Dobson, 'Soviet Union' (note 14), 273-278.

[113] Misionas and Taagepera, *The Baltic* (note 14), 245.

[114] Misionas and Taagepera, *The Baltic* (note 14), 252-253.

[115] Révész, *Jugendbewegungen* (note 12), 27-28; Misionas and Taagepera, *The Baltic* (note 14), 253.

区也屡屡爆发民族主义者的抗议活动。

1987年6月，数千名拉脱维亚学生举行游行示威活动，对1941年斯大林将1.5万名拉脱维亚人驱逐至西伯利亚的事件表示抗议。两个月之后，波罗的海三个共和国数千名居民举行游行示威活动，对1939年苏联与德国签订《莫洛托夫-里宾特洛甫条约》（即《苏德互不侵犯条约》）表示抗议，该条约的签订使得苏联实现对波罗的海国家的控制。1989年前半期，时值苏联政权垮台之前，苏联的学生激进行动达到高潮。苏联共青团员数量减少，在很多城市新成立的学生组织取代了共青团组织，学生组织成员数量不断增加。同时，在爱沙尼亚、拉脱维亚、立陶宛、亚美尼
312 亚、阿塞拜疆和格鲁吉亚，学生们举行示威、罢课及联合抵制性的演讲等活动，成为崛起中的民族主义运动的急先锋。

超越学生运动（1974—2000）

在西方，“1968年事件”的影响一直延续到20世纪70年代。对此次事件的参与者而言，这一经历成为决定他们社会地位的主要因素。[116] 1978年，在一份《政治平衡表》首次被制订时，对“1968年事件”的“感觉”仍然存在。“1968年事件”被看作是20世纪70年代许多行动的发源地。之后，传统开始失去活力。1988年，即“1968年事件”二十周年纪念日时，与“1968年事件”的所有联系好像尽被切断。新一代学生在回顾“1968年事件”时，将其视为已经结束或完成的事件。但是二十年后，曾参与“1968年事件”的激进分子基于自身的信念做出了各种各样的解释。直到1998年出现出版物风波，“1968年事件”才彻底成为历史。一位作者宣称：“1968年的五月风暴不属于任何个人。”[117]

对于年轻一代的学生而言，当经济危机来袭时，古老的传统早在20

[116] K. Ross, *May'68 and its Afterlives* (Chicago, 2002).

[117] Le Goff, *Mai 68* (note 50), 465-475.

世纪70年代后半期即开始衰落。然而，在学生领袖中，虽然减弱成了“大学民主化”口号，但它作为一个动员神话，一直持续到下一个十年。没有人能像发起“古典学生运动”一样创建一种新生活传统，使学生运动的火炬可以代代相传。因此，运动逐渐消失。这一切是如何发生的？这可以通过密切关注继承了悠久“古典学生运动”传统的“新学生运动”的演变，如我个人运用原始资料研究鲁汶大学的学生运动演变，而得到解释。我相信，这在20世纪70年代以来西方民主国家中发生的学生运动中具有广泛的代表性。[118]

20世纪70年代后半期，虽然鲁汶新一代学生仍然自认继承了“1968年事件”的“衣钵”，但他们不再准备将学生运动仅仅绝对集中在激烈的社会改革上。[119]为应对始于1974年的经济危机，学生们努力实现从“大学教育民主化”向学生工作新平台的转变。1977年，学生运动恢复活力，其开展的反对大学注册费增加一倍的行动获得巨大支持，该运动迅速蔓延 313
至全国，在法国和英国也发生了类似运动。然而，该运动没有成功，部分原因在于大多数学生的社会参与度持续走低。在1980年10月的学术年开幕式上，学生发言人——他自己同情毛主义者学生——用他的发言谴责“过高的教授工资”与“过低的有权享救济金的个人收入”之间的差异。一时间，这一谴责获得一种激烈对抗精神的回应，同样的精神也出现在同年的学生出版物上。但很明显，更广泛的学生群体，甚至部分积极参与学生协会的学生表现出不一致的精神。

除小部分左、右翼极端分子边缘群体以及那些关注普通协会的学生外，20世纪80年代早期，存在着具有鲜明差异的两代学生群体：一代学生群体自视为1968年“新学生运动”的继承者，继续关注（捍卫）大学教育的民主化；一代学生群体则不希望与“1968年事件”产生任何关联，并且提议禁止学生协会参与政治。前一代学生群体继续开展抗议活动，反

---

[118] Fischer, *Histoire* (note 27), 419-522.

[119] Vos, 'Vlaamse Leeuw' (note 40).

对延期支付奖学金，反对取消奖学金计划，反对学生餐厅价格上涨，并讨论支持学生会——以鲁汶学生运动为代表——加入反对美国部署巡航导弹的运动。这激怒了数个院系中的学生协会领导人，他们主张政治在现代学生协会中没有位置。1984 年 2 月，经济学系的“非政治化”学生协会认为现有学生联合会参与政治，并具有左翼倾向，因此他们选择退出。1984—1985 年，他们联合其他七个小一些的官方联合会，继续努力建立自己的学生联合会。

新学生会很容易就获得了官方的认可，并获得学术机构的资助，同时其非政治化的立场也获得了悄悄的称赞。然而，旧学生会继续获得三分之二的教师组织支持，这些教师组织拥有更广阔的学生运动视野。在下学年的大部分时间里，调停会议的召开对学生杂志《否决权》的存在构成威胁。如果不是杂志本身，也是杂志名称被视为“1968 年事件”的残余。调停会的结果是成立一个新的获得教师协会重新认可的学生组织。作为学
314 生运动职责的“社会民主化”从意识形态宣言中消失，宣言文本更为强调的是学生自身的情况。

1986 年夏，学生的生活和学习饱受外在因素威胁。当时佛兰德教育部长科恩斯把大学的社会津贴减少了一半，从生活费开支扣除，同时提高大学学费。当时，法国大学生正举行大规模示威活动，抗议法国教育部长德瓦凯的教育计划。[120] 根特、布鲁塞尔及安特卫普所发生的抗议活动，进一步激励了佛兰德的学生，使他们有机会在自己抗议的旗帜上增加了科恩斯和德瓦凯的名字。学生们联合抵制注册费增加，但以失败告终。1987 年 10 月发生了全国性的示威活动，11 月底至 12 月中旬鲁汶学生组织的游行示威活动只是其中的一部分。罢课行动，高举火炬的队伍，占领学区办公楼、中央图书馆及数幢院系教学大楼，与警察冲突，所有这些都唤起人们对“1968 年事件”的回忆。但是这次行动的参加者仅限于 3000 名学生（总学生数超过 2 万名），且大部分学生来自人文学科。这次运动充满内部

[120] Fischer, *Histoire*(note 27), 470-472.

矛盾，如“有明确目标的学生”与“仅仅希望与警察发生冲突的学生”之间的矛盾，仅仅希望维护“学生利益”的学生与希望同时满足学生、年轻失业人员及国家公职人员要求的学生之间的矛盾。1987 年，一次全国性的示威活动预示着运动的高潮，但同时也是运动的终点。随后，1988 年 12 月发生的示威活动几乎没有吸引到鲁汶大学的任何学生参加。虽然“行动”没有产生政治影响，但是对那些参与其中的人们来说，这些行动塑造了新的一代人。有人希望“1986 年事件”——“1968 年事件”数字顺序的颠倒——能够成为学生运动复苏的起点，但是事实证明这种希望落空了。由于局限于学生自身地位的保护，且仅有少数学生关注更广泛的社会问题，学生政治化运动再一次无果而终。

20 世纪 90 年代中期，对大多数学生运动领袖而言，一种集中于保护学生利益的非政治化表述成为学生运动最重要的行动指南。主要的学生组织不再关注种族歧视、年轻人失业、虐待儿童等社会问题。然而，学生周刊《否决权》杂志的编辑小组仍把“捍卫民主”作为“学生运动”的一个普通目标。《否决权》杂志所持有的“代表性”及“批判性”立场受到学生组织领导人的质疑。1989 年、1993 年及 1996 年都一再出现同样情况。 315
于是，在学生联合会的一次公开大会上形成一项决议：将来由该大会指派《否决权》杂志的主编及编委会秘书。《否决权》杂志的批判立场遭到削弱。

尽管“学生运动”转变为一种神秘主义的模糊形式，但对于未具有明确个人态度的鲁汶大学学生而言，他们与教师组织之间的团结仍然存在，教师协会内的团队忠诚及社会交往成为唯一的“学生运动”表现。在正式代表的基础上，与学术权威开展非政治的、建设性的合作成为被推选出的学生代表的行动指南。就宏观的社会视野来看，显露出来的紧张状态未见激化，只是表现为针对具体措施或个人的不满。即便在 2003 年，当校长推行其继任者不再选举产生，而是任命产生的计划时，仅遭到了教授的抗议，而非学生。学生运动的所有意图和目的都已不再存在。

导致学生运动消亡的最重要的原因在于学生社会地位的改变。这也导致新一代大学生自我形象的转变。学生不再把自己视为一个群体，而是视为一个在一定社会环境度过成长岁月的个人，这一成长环境与他们个人的学习和人生计划存在关联。他们已成为文凭工厂的客户，而不再是一个社区成员。学生不再被排除于他们的同龄人以外，学习趋于“常态”，大学与其他形式高等教育之间的区别已经模糊，社会的规范性期望已经消失。此外，学生的“整体角色”也受到影响。学生只有部分时间是在大学里度过的，他们的团队生活在很大程度上局限于典型的“学生式”参与形式。尽管如此，协会志愿者工作仍然很受欢迎，但这主要发生在大学环境之外。此外，学生参与仍然是“异质性的、零散的和不可见的”，不再具有“完全奉献、团结一心、远大理想”的特点，而是主要衡量个人课程简历或发展的有用程度。[121]

在此背景下，传统逐渐消失，失去了特定社会学生的呼声，失去了学
316 生运动存续的潜力。学生不再作为一个群体在社会中发挥直接作用。学生团体自身的科层化发展成为一项不言而喻的进程促进了这一转变的完成，在更广泛的社会中，学生几乎不再发出抗议的声音。除少数学生仍然认为自己是已逝的学生运动的幸存继承人外，大多数学生和学生领袖不再视自己为学生运动链条中的一环，不再承担把学生运动的火炬传递给下一代的工作。

导致这一切的深层次原因并不是“1968年事件”的余波，不是20世纪70年代“适者生存”的学术失业心态，甚至也不是20世纪80年代或90年代繁重的学业负担或大学学生人数的迅速增加。这一切既不是政治经济“向右转”发展引起的，也不是后现代主义“宏大叙事”破坏的结果。所有这些因素肯定发挥了作用，但年轻一代学生之所以不再提出“回归人民精神”以履行他们作为学生的使命，之所以不再服务于更多的社区民众，主要是社会结构性原因。导致这一切的原因在于学生社会地位的根

---

[121] 2001年鲁汶大学学生开展的一项关于社会责任的社会学调查，见：L. Hustinx, T. Vanhove, I. Verhalle, K. Lauwerys and F. Lammertyn, *Het maatschappelijk engagement van de K.U. Leuven studenten: Een sociologisch onderzoek* (Leuven, 2002)。

本性变化，这实际上恰与学术界和大学自身的情况保持了一致。在此背景下，学生运动是否可能在西方民主国家获得再次发展尚存疑问。或许学生运动可能在世界其他地方，如在发展中国家、政治独裁国家或尚未赢得独立的民族地区恢复。在这些地方，学生的社会地位仍然体现了近两个世纪以来欧洲所具有的所有特征。

精选文献

Altbach, P. G. *The Student Revolution: A Global Analysis*, Bombay, 1970.

Altbach, P. G. (ed.) *Student Political Activism: An International Reference Handbook*, New York, 1989.

Altbach, P. G., and Laufer, R. S. (eds.) 'Students Protest', *The Annals of the American Academy of Political and Social Science*, 395(1971).

Altbach, P. G., and Uphoff, N. T. *The Student Internationals*, Metuchen, N. J., 1973.

Ashby, E., and Anderson M. *The Rise of the Student Estate in Britain*, Cambridge, Mass., 1970.

Bausz, G. *Die Studentenbewegung der sechziger Jahre: Handbuch*, Cologne, 1977.

Burg, D. F. *Encyclopedia of Student and Youth Movements*, New York, 1998.

Connelly, J. *Captive University: The Sovietization of East German, Czech, and Polish Higher Education 1945-1956*, Chapel Hill, N. C., 2000.

Connelly, J., and Grüttner, M. (eds.) *Zwischen Autonomie und Anpassung: Universitäten in den Diktaturen des 20. Jahrhunderts*, Paderborn, 2003.

David, S. M. *Student Politics and Higher Education in Socialist Poland*, 317
Ann Arbor, Mich., 1972.

De Groot, G. J. (ed.) *Student Protest: The Sixties and After*, London 1998.

de Maupeou-Abboud, N. *Ouverture du ghetto étudiant: La gauche étudiante à la recherche d'un nouveau mode d'intervention politique. 1960-1970*, Paris, 1974.

Dreyfus-Armand, G., Frank, R., Lévy, M.-F., and Zancarini-Fournel M. (eds.) *Les années 68: Le temps de la contestation*, Brussels, 2000.

Elm, L., Heither, D., and Schäfer, G. (eds.) *Füxe, Burschen, alte Herren: Studentische Korporationen vom Wartburgfest bis Heute*, Cologne, 1993.

Feuer, L. S. *The Conflict of Generations: The Character and Significance of Student Movements*, London, 1969.

Fink, C., Gassert, P., and Junker, D. (eds.) *1968: The World Transformed*, Cambridge, 1998.

Fischer, D. *L'histoire des étudiants en France de 1945 à nos jours*, Paris, 2000.

Fraser, R. (ed.) *1968. A Student Generation in Revolt: An International Oral History*, New York, 1988.

Gilcher-Holtey, I. *Die 68er Bewegung: Deutschland, Westeuropa, USA*, Munich, 2001.

Gilcher-Holtey, I. '*Die Phantasie an die Macht*': *Mai 68 in Frankreich*, Frankfurt, 1995.

Gilcher-Holtey, I. (ed.) *1968: Vom Ereignis zum Gegentsand der Geschichtswissenschaft*, Göttingen, 1998.

Heither, D., Gehler, M., Kurth, A., and Schäfer, G. *Blut und Paukboden: Eine Geschichte der Burschenschaften*, Frankfurt, 1997.

Jarausch, K. H. *Deutsche Studenten: 1800-1970*, Frankfurt, 1984.

Keller, F. *Wien Mai '68: Eine heiße Viertelstunde*, Vienna, 1983.

Kimmel, M. *Die Studentenbewegungen der 60er Jahre: Frankreich, BRD und USA im Vergleich*, Vienna, 1998.

Klose, W. *Freiheit schreibt auf eure Fahne: 800 Jahre deutsche Studenten*,

Oldenburg 1967.

Kotek, J. *Students and the Cold War*, Basingstoke, 1996.

Kraushaar, W. *Frankfurter Schule und Studentenbewegung. Von der Flaschenpost zum Molotowcocktail. 1946-1995*, Vol. 1: *Chronik*; Vol. 2: *Dokumente*; Vol. 3: *Aufsätze und Kommentare. Register*, Hamburg, 1998.

Krönig, W., and Müller, K.-D. *Anpassung, Widerstand Verfolgung: Hochschule und Studenten in der SBZ und DDR (1945-1961)*, Cologne, 1994.

Lipset, S. M. (ed.) *Student Politics*, New York, 1967.

Lipset, S. M., and Altbach, P. G. (eds.) *Students in Revolt*, Boston, 1969.

Lumley, R. *States of Emergency: Cultures of Revolt in Italy from 1968 to 1978*, London, 1990.

Maravall, J. *Dictatorship and Political Dissent: Workers and Students in Franco's Spain*, London, 1978.

Marsh, A. *Protest and Political Consciousness*, London, 1977.

Marwick, A. *The Sixties: Cultural Revolution in Britain, France, Italy, and the United States, c. 1958-c. 1974*, Oxford, 1998.

Otto, K. A. *Vom Ostermarsch zur Apo: Geschichte der ausserparlamenta-* 318
rischen Opposition in der Bundesrepublik. 1960-1970, Frankfurt, 1977.

Pervan, R. *Tito and the Students: The University and the University Student in Self-Managing Yugoslavia*, Nedlands, 1978.

Révész, L. *Jugendbewegungen im Ostblock*, Vienna, 1985.

Ross, K. *May '68 and its Afterlives*, Chicago, 2002.

Ruiz Carnicer, M. A. *El Sindicato español universitario (SEU), 1939-1965: La socialización política de la juventud universitaria en el franquismo*, Madrid, 1996.

Statera, G. *Death of a Utopia: The Development and Decline of Student Movements in Europe*, Oxford, 1975.

Van Maanen, G. *The International Student Movement: History and Background*, The Hague, 1966.

Vos, L., Derez, M., Depraetere, I., and Van Der Steen, W. *Studentenprotest in de jaren zestig: De stoute jaren*, Tielt, 1988.

Walczak, J. *Ruch studentcki w Polsce*, Warsaw 1990.

第九章 毕业与职业 319

乌尔利希·泰希勒

导言

为促进学生“能力”的发展，20 世纪的欧洲大学致力于增长学生知识，培养学生个性、态度和价值观。同过去一样，大学仍为未来师资提供培训，并提供与未来就业相关的基础知识和基本技能，且比以往的方式更有组织，也更为细致。

各国家、院校以及专业之间，对以上三种大学职能及实现三者平衡的重视程度存在差异。随着时间的推移，变化也在发生。一方面，大学为形式多样的专业能力奠定基础；另一方面，大学直接为特定职业培训学生。后一种情况则在职业培训时间、大学和其他高等教育机构或专业培训机构的职责分工之间出现了问题。

越是重视教育任务的认知性要求，就越难直接认识培训。在大学职责中，人们希望大学发挥关键而创新性的功能。大学毕业生应了解“规则”，掌握“工具”，表现积极，并能在职位上质疑专业实践旧制，适应未来工作模式的变化。第二次世界大战结束后，学生人数激增，特定领域持续的“人力”需求使得大学学位成为谋求高级职位的先决条件，这些职业需要高水平的系统思维和认知能力。与此同时，专家、政治家和一般民众普遍 320
担忧濒临崩溃的传统“体制”。

所提出的四个普遍性问题包括：

1. 能否确保毕业生在大学获得的技能可以满足就业系统的要求？数量供应与需求之间的差异，质量上技能与要求之间的差异，会产生什么后果？

2. 大学学位的获得是如何影响社会选择以及地位配置的？基于学历的新兴精英教育是如何影响学生能力与工作任务，以及大学教学和学习之间联系的？

3. 毕业生的动机、倾向、职业期望以及前景如何随所需技能的改变而改变？调整后的动机和期望又是怎样影响教学与学习的特点与质量的？

4. 刚刚讨论的变化如何改变了学生的入学、入学率、毕业、学院模式、学习方案和教学？大学如何应对高等学校毕业生就业和工作条件的变化，大学如何积极改变这些条件？

本章目的在于提供1950—1990年期间欧洲大学入学率和毕业生数量变化的报告，概述了围绕高等教育和就业之间的变化关系而开展的重要政治性和研究性讨论，概述了毕业模式、学位授予以及它们与专业实践之间的关系，分析了毕业生就业和工作的变化。大学已经着手统计资料和实证调查，并选择性地考虑高等院校应对不断变化的高等教育与就业之间的关系。最后，本章将讨论近年来观察到的发展趋势和政策。

此前段落所使用的术语暗示第二次世界大战后欧洲大学面临重大的变化。20世纪40年代，就研究与教学的联系而言，高等院校仍然是社会的核心机构。20世纪60年代以来，高等院校被视为“高等教育机构”，而不再是唯一提供先进知识和专业技术的机构。大学和其他高等教育机构之间
321 的区别变得模糊，它们各自的职能相互重叠。文中提到的许多资料以及随后文章在涉及“高等教育”“第三级”或“第三级教育”以及“终身学习”的讨论以及统计数据时，都未对大学和其他机构的差异进行明确区分。

招生、毕业和受教育程度的整体发展

1945年以后，高等教育经历了前所未有的扩张，对毕业生就业产生了深远影响。由于现有数据在来源、国家收录、高等教育机构类型以及统计手段（即选择和定义随时间而变化）等方面的不同，这里仅举例来说明这一发展。

谈及高等教育机构的录取和入学，一些汇总数据足以显示诸多趋势：

1. 联合国教科文组织的统计数据显示，富裕国家（人均国民生产总值位居世界前三分之一）高等教育的录取人数占同龄人口比率从1950年的3.7%上升至1960年8.4%，从1970年的13.6%增至1975年的18.9%。同样，西欧十国大学和类似专业学院20岁至24岁学生的平均入学率在1950年是4.5%左右，1960年约为6.4%，1975年是17.4%。[①] 根据经济合作与发展组织的统计，以市场为导向的（经济合作与发展组织成员国）欧洲国家高等教育机构中学生的数量，在20世纪50年代年均增长5%，60年代年均增长8%，与此同时“大学型高等教育”的增长率超过了那些“非大学型高等教育”机构。[②]

2. 1991年，在西欧（经济合作与发展组织）成员国中，“第三级教育”入学率——注册学生人数占总体同龄人口平均数——的平均数为38%。他们中有24%接受大学教育（见表9.1）。[③] 相比之下，联合国教科文组织的统计数据显示，直到20世纪80年代后期，在经济上和政治上同苏联合作的东欧国家高等教育的入学率仍低于20%，即直到他们实现社 322
会经济的迅速转型，成为市场导向型经济国家开始。[④]

3. 1994年13个西欧经济合作与发展组织成员国中，获得大学第一学位各年龄人口的平均率为33%（见表9.1），其中16%接受了大学教育。[⑤]

---

① R. Schneider, ‘Die Bildungsentwicklung in den westeuropäischen Staaten’, *Zeitschrift für Soziologie*, 11(1982), 22.

② *Education in OECD Countries 1978-1988* (Paris, 1990), 81-83, 113.

③ OECD, *Education at a Glance: OECD Indicators 1993* (Paris, 1993), 126.

④ 不过，东欧国家的发展状况相当多样，见：L. Cerych, S. Colton and J.-P. Jallade, *Student Flows and Expenditure in Higher Education 1965-1979* (Paris, 1981)。

⑤ 见表9.1。

323 表 9.1 选择经济合作与发展组织成员国 1991、1994 年高等教育毕业率

（占相应年龄组的百分比）

	1991 年入学率			1994 年毕业率		
	非大学	大学	总数	非大学	大学	总数
a. 西欧						
奥地利	5	23	28	5	9	14
保加利亚	22	28	50	m	m	m
丹麦	14	24	38	9	26	35
芬兰	29	33	62	25	21	46
法国	15	29	44	25	14	39
德国	11	33	44	11	13	24
爱尔兰	16	17	34	14	23	37
意大利	—	36	36	9	11	20
荷兰	25	13	38	m	m	m
挪威	m	m	m	47	23	70
西班牙	—	40	40	1	21	22
瑞典	34	13	47	12	13	25
瑞士	m	m	m	25	9	34
土耳其	2	12	14	2	7	9
英国	8	20	28	25	27	52
b. 中欧和东欧						
捷克共和国 *	1	15	16	5	14	19
斯洛伐克共和国	*	*	*	m	m	m
匈牙利	9	7	16	m	14	m
c. 其他国家						
日本	29	24	53	28	23	52
美国	27	38	65	22	32	54

m＝数据丢失

* 1991：捷克斯洛伐克

资料来源：OECD, *Education at a Glance*: 1993. *OECD Indicators* (Paris, 1995); OECD, *Education at a Glance*: *1994*. *OECD Indicators* (Paris, 1996)。

成年人口接受高等教育的百分比存在相当大且不可避免的时间间隔。正如表 9.2 所示，经济合作与发展组织成员国中 25 岁以上人口，进入大学学习（其中大部分完成了学业）的比例从 1960 年的 7%增长到 1985 年的 18.2%。“计划经济国家”中相应比例分别为 3.9%和 9.8%。20 世纪 90 年代初的数据显示，在 16 个欧洲经济合作与发展组织成员国中成年人口接受（完成）高等教育的平均比例为 16%左右，他们中大约 10%拥有大学学位。[⑥]

表 9.2　1960—1985 年 25 岁以上人口受教育程度百分比（%）

年份	未接受学校教育	初等教育	中等教育	高等教育	平均在校年数
经济合作与发展组织国家					
1960	6.4	61.1	25.5	7.0	6.71
1965	6.0	58.0	27.8	8.2	7.03
1970	5.2	54.0	31.3	9.5	7.42
1975	5.4	47.6	34.2	12.8	7.88
1980	4.6	39.4	40.2	15.8	8.65
1985	3.3	37.7	40.8	18.2	8.88
计划经济国家					
1960	5.0	68.8	22.3	3.9	6.83
1965	5.3	62.1	27.6	5.0	7.29
1970	4.0	53.3	36.3	6.4	7.97
1975	3.7	47.9	40.9	7.5	8.33
1980	2.7	39.4	49.9	8.0	8.78
1985	2.3	36.1	51.8	9.8	9.17

资料来源：OECD *Job Study*(Paris,1994)。

接受高等教育人口的比例因年龄而异。20 世纪 90 年代早期，16 个欧盟成员国中 55 岁至 64 岁人口中接受高等教育者占 9%，而 25 岁至 34 岁

⑥　OECD,*OECD Education Statistics 1985-1992*(Paris,1995),194.

人口中接受高等教育者占 19%。

考虑到排除或包括非大学机构学生和毕业生的情况，表中记录可能与各国情况不尽一致。在某些情况下，几年前的统计数字随着一所院校的升级而被修正，其他数据则未被修正。排除或包含在国际统计数据中的院校，在相关国家内没有获得高等教育机构的官方地位。

324

欧洲的变化

新生、在校生和毕业生占各年龄组群的比例从 1950 年到 1990 年没有持续增加，也没有出现任何趋同趋势。整个欧洲，新生比例持续提高，但近十年这一比例在个别国家出现停滞甚至略有下降，且各国之间差别极大。

根据联合国教科文组织的统计，1950 年，荷兰 20 至 24 岁学生比例达到最高值 7.4%，波兰为 5.9%，但西班牙只有 2.1%，阿尔巴尼亚和土耳其则更低。经济合作与发展组织的统计显示，在 1990 年前后主要欧洲经济合作与发展组织成员国中，全日制高等教育机构的初次入学新生中，处在“理论入学年龄”段的人数比例超过 40%，但在中欧、东欧以及土耳其却低于 20%。⑦

1950 年，奥地利和荷兰适龄组毕业生比例是法国的 3 倍；25 年后，法国毕业生的比例超过了 20%，而丹麦、瑞士和荷兰毕业生的比例低于 10%。如表 9.2 所示，据经济合作与发展组织报告，挪威和比利时相应年龄组获得高等教育学位的比例在 30%以上，但意大利低于 10%。表中一些国家提高了相应年龄组获得高等教育学位的比例，然而另一些国家的比例却有所下降。总体而言，20 世纪五六十年代，在起始比例低的国家高等院校毕业生比率没有出现普遍增长。

20 世纪 50 年代和 60 年代初期，计划经济国家的高等教育规模迅速扩

⑦ *Indicators 1993*(note 3),126.

大，此后只有适度增长。相反，大多数欧洲经济合作与发展组织成员国在 20 世纪 60 年代，部分国家在 20 世纪 70 年代经历了高增长，最终在 20 世纪 80 年代入学率平均达到计划经济国家的两倍。[⑧] 此外，各国间新生和毕业生比例的差异，低于获得大学学位与完成各类高等教育者之间比例的差异。在西欧，1991 年接受非大学高等教育学生的比例从 2%到 34%不等，而接受大学教育学生的比例从 12%到 40%不等（见表 9.1）。

不能依据前几年学生的入学率推断不同国家高等教育的毕业率，原因在于随着时间的推移，许多欧洲国家辍学率不断提高（以不同速率）。一份由欧洲理事会发表的研究报告表明，界定为 1985 年毕业生与 1980 年学生入学人数之比的“成功指标”，在九个相关国家各不相同，最高的超过 325
90%，最低的低于 50%。[⑨] 各种研究表明，20 世纪 80 年代意大利的辍学率为 63%，南斯拉夫为 70%。[⑩]

更多经济合作与发展组织近期的统计数据或许阐明了劳动力受教育程度不同的影响。20 世纪 90 年代早期，25 岁到 64 岁之间人口接受高等教育的比例，挪威和瑞典最高，分别为 25%和 24%，而奥地利、意大利、葡萄牙和土耳其的相关比例不到 8%（见表 9.3）。

---

⑧　见：UNESCO/CEPES, *Planning in Higher Education* (Bucharest, 1986)。

⑨　U. Teichler, *Convergence or Growing Variety: The Changing Organisation of Studies* (Strasbourg, 1988), 85.

⑩　OECD, *From Higher Education to Employment: Synthesis Report* (Paris, 1993), 58.

表9.3　1992年25—64岁中已完成某种最高级别教育人口的百分比　(%)

	幼儿教育和小学教育			初级中等教育			高级中等教育			非大学第三级教育			大学教育			总计		
	m+w	m	w	m+w	m	w	m+w	m	w	m+w	m	w	m+w	m	w	m+w	m	w
欧共体																		
比利时	28.3	25.4	31.2	26.4	27.6	25.2	25.0	26.2	23.8	11.4	9.2	13.6	8.8	11.6	6.1	100	100	100
丹麦	—	—	—	41.1	36.6	45.7	39.7	44.4	34.9	5.9	5.0	6.8	13.3	14.0	12.7	100	100	100
法国	26.2	24.3	28.1	21.5	19.5	23.5	36.3	39.9	32.8	5.7	5.1	6.4	10.2	11.3	9.2	100	100	100
德国	—	—	—	18.1	11.4	24.9	60.5	61.1	59.9	9.8	12.7	6.9	11.6	14.8	8.3	100	100	100
爱尔兰	31.7	33.7	29.7	26.1	27.4	24.7	25.3	21.2	29.3	8.6	7.9	9.3	8.3	9.8	6.9	100	100	100
意大利	36.9	32.5	41.3	34.6	37.0	32.3	22.1	23.1	21.0	—	—	—	6.4	7.3	5.4	100	100	100
荷兰	16.7	14.4	19.1	25.3	21.8	29.0	37.1	40.0	34.1	—	—	—	20.9	23.8	17.8	100	100	100
葡萄牙(1991)	77.6	76.3	78.7	8.3	9.0	7.6	7.5	8.4	6.7	1.7	0.9	2.4	5.0	5.4	4.6	100	100	100
西班牙	61.1	58.0	64.1	16.0	16.4	15.6	9.9	10.9	8.9	3.0	4.1	1.0	10.0	10.7	9.4	100	100	100
英国	—	—	—	31.9	26.1	37.8	49.6	53.9	45.3	7.7	6.2	9.2	10.7	13.8	7.7	100	100	100
其他经济合作与发展组织成员国																		
奥地利	—	—	—	32.0	22.3	41.7	61.0	69.7	52.4	—	—	—	6.9	7.9	6.0	100	100	100
芬兰	—	—	—	38.5	38.9	38.1	42.9	41.2	44.6	8.2	7.8	8.5	10.4	12.1	8.8	100	100	100
挪威	1.4	1.6	1.1	19.6	18.6	20.7	53.7	52.7	54.8	12.8	12.4	13.3	12.4	14.8	10.9	100	100	100
瑞典	—	—	—	30.2	31.7	28.6	45.8	45.2	46.4	12.4	10.9	13.8	11.7	12.2	11.2	100	100	100
瑞士	—	—	—	19.2	13.0	25.4	59.8	56.8	62.9	12.9	19.2	6.6	8.0	11.0	5.1	100	100	100
土耳其	80.0	73.1	87.1	6.4	8.7	3.9	8.9	11.6	6.1	—	—	—	4.8	6.6	2.9	100	100	100

资料来源：OECD,*OECD Statistics 1985—1992*(Paris 1995),194-198。

学习领域分布

1945 年后，在校生和毕业生的学习领域构成发生了重大变化。其中可能的原因包括：学生选择、政治及行政政策、学业压力、学术兴趣、雇主需求和专业门槛，当然还包括设施成本。我们发现在所有欧洲国家，学习领域或机构有的面向所有具备资格者招生，而有的则加以限制。[11] 整体来看，在计划经济国家，基于“人力需求”的规划占主导地位；在大多数西欧国家，“社会需求”，即所有学生的选择发挥着根本作用。[12] 教师培训及相关领域经历了最大波动。科学和工程领域继续获得重视。

积极参与汇编教育统计资料的国际组织、联合国教科文组织和经济合作与发展组织随着时间推移变更了学习领域分类。因此就学习领域分析 1950—1990 年欧洲高等教育构成的变化，缺乏可资利用的文件。在比较 1955 年和 1985 年联合国教科文组织统计的基于学科群的学生构成的基础上，[13]，我们注意到中东欧一些计划经济国家与大多数西欧国家之间存在
巨大反差。1955 年罗马尼亚招收学习人文社会科学的学生比例只有 29％， 327
1985 年下降到仅为 16％。苏联和捷克斯洛伐克，相关数据从 40％以上下降至 30％以下，和西欧国家相比，学习工程科学的学生占据了相当大比例。西欧修读人文社会科学的学生比率在 1955 年介于 43％至 65％之间，在 1985 年介于 45％至 62％之间。

在经济合作与发展组织提供的 20 世纪 80 年代后期 9 个欧洲国家高等

---

⑪ 见：UNESCO，*Access to Higher Education in Europe*（Paris 1966）；*Access to Higher Education in Europe*（Bucharest，1981）；OECD，*Policies for Higher Education in the 1980s*（Paris，1983）；B. B. Burn，‘Higher Education：Access’，in T. Huéen and T. N. Postlethwaite（eds.），*The International Encyclopedia of Education*（Oxford，1985），2179-2185。

⑫ 参见：J. Marceau，‘General Report’，in OECD（ed.），*Individual Demand for Education*（Paris，1979），9-48。

⑬ UNESCO，*Access*（note 11），34-35；V. Nicolae，R. H. M. Smulders and M. Korka，*Statistics of Higher Education*（Bucharest，1989），86.

教育机构学习领域的一份概述中，[14] 人文社会科学（包括教师培训，但不包括经济领域和法律）囊括了丹麦全体学生的61%，大多数国家的比例在30%到40%之间，但挪威只有17%，比利时22%，德国24%。德国理工科学生比例是40%，因为大量工科生就读于高等专业学院。尽管自然科学和工科专业经常由高等教育资源的规划者命名，这些领域的学生比例和其他领域一样，在不同国家之间不尽相同：从17%（西班牙）至34%（挪威）不等。最后，瑞典修读健康科学的学生比例最高（25%）。与此形成鲜明对比的是，荷兰只有7%，联邦德国也只有5%的学生注册修读医学，这可能是因为德国护理专业在高等教育之外的机构招生。总而言之，在西欧国家，学生在各学习领域分布的变化更多依据专业设置，而非公众谈论的依据高等教育与就业的关系。

大学教育与就业之间数量和结构关系不断变化的论争

相对于就业和工作，欧洲各国大学在基本教学和学习方式上差别很大，而且，如上所述，适龄组开始与最终完成大学或其他高等教育机构课程学习的比例也存在很大差异。不过，在1945年后的最初几年，许多欧洲国家在战乱之后集中精力重建大学，学业和职业之间关系的重大变革并没有排上日程表。

328 扩展以期为经济增长和社会平等服务

此后，欧洲不同国家的高等教育和“工作”之间关系的变化伴随着类似的争论——至少在那些贯彻类似的经济社会政策的国家如此。20世纪50年代初期，东欧计划经济国家的领导人决定，有针对性地增加训练有素的干部，以促进技术迅速进步以及经济显著增长。20世纪50年代，苏

[14] OECD, Synthesis Report(note 10), 40.

联生产部门的工程师和高级技术人员的总人数增加了 50%以上，1960—1965 年增加了 40%以上。[15] 计划经济国家的科技发展对西方以市场为导向的工业国家产生了重大影响，继所谓的“人造卫星冲击”之后，便是回应 1957 年苏联首次空间探索任务的成功完成。现在，经济合作与发展组织发挥重要作用，[16] 西欧大多数专家和政治家同意一种在美国和西欧教育经济学领域广为流传的观点：教育是经济增长的一项主要驱动力。

计划经济坚持人力资源预测，要求个别生产企业事先说明他们未来几年所需毕业生人数。这些预测数据形成了相应学习领域录取学生的数量。在苏联和罗马尼亚，该体制有一个相对严格的执行方式，但在波兰更加灵活。[17]

西欧国家采用两种方法处理高等教育体制与相关高素质劳动力的供需关系问题。首先，他们也采用人力需求法，通过推测趋势和未来可能发生的方向变化预测未来需求。20 世纪 60 年代初期，这一方法首次大规模运用于“经济合作与发展组织地中海区域项目”中。[18] 其次，他们在所谓“人力资本”的基础上，计算出教育投资回报。后一种方法的一些追随者 329
得出的结论是，较高收益的毕业生表明，高技能人才的短缺和过度供应将

---

⑮ D. Chuprunov, R. Avakov and E. Jiltsov, *Enseignement supérieur, emploi et progrès technique en URSS* (Paris, 1982), 43.

⑯ OECD, *The Residual Factor and Economic Growth* (Paris, 1964).

⑰ I. V. Ivanov, 'Skilled-Manpower Planning Forecasting and Training in the USSR', in R. V. Youdi and K. Hinchcliffe (eds.), *Forecasting Skilled Manpower Needs* (Paris, 1985), 153-172; A. Josefowicz, J. Kluczynski and T. Obrebski, 'Manpower and Education Planning and Policy Experience in Poland, 1960-1980', in Youdi and Hinchcliffe, *Forecasting*, 135-152.

⑱ 关于这一方法，见：G. Psacharopoulos, 'The Manpower Requirements Approach', in G. Psacharopoulos (ed.), *Economics of Education* (Oxford, 1987), 331-335。关于其应用，见：Youdi and Hinchcliffe, *Forecasting* (note 17), and O. Fulton, A. Gordon and G. Williams, *Higher Education and Manpower Planning* (Geneva, 1980)；也可见：H. S. Parnes, *Forecasting Educational Needs for Economic and Social Development* (Paris, 1962)；G. Williams, 'The OECD's Mediterranean Regional Project', in Psacharopoulos, *Economics* (note 18), 335-336。

带来低收入。⑲

同时，西欧国家致力于做出政治努力以减少基于社会经济背景、性别及地区差异的教育机会不平等。当 20 世纪五六十年代东欧一些国家固定产业阶层与农民家庭子弟的招收名额时，西欧国家则采取了取消学费、提供助学金、为弱势群体提供补偿教育、为贫困地区提供补偿教育机会，至少是开展了宣传活动等措施。⑳

结构调整

20 世纪 60 年代末至 70 年代初，高等教育大众化的价值信仰式微。人们越发怀疑高校扩张的资金是否可以覆盖最初预计的范围，是否需要如此众多的毕业生，以及是否可以在快速扩张中保证质量。现在结构调整中的高等教育体制倡议考虑日益多样化的学生以及他们的才能、动机和职业前景的差异性。一些专家和政治家青睐一个高度结构化、多元化的高等教育体制，以便在保障“精英高等教育”的同时，为越来越多的学生提供“大众化的高等教育”。㉑ 其他人提出宽泛的教育目标及以更便利的方式调整个人的教育选择。最后，一些人选择限制质量差异。

在这些论争之后，西欧国家以“院校升格”或“新建院校”的方式形成一类所谓的“非大学”或“短期”高等教育新机构，如法国的大学技术学院、英国的多科技术学院、挪威的社区学院和联邦德国的高等专科学
330 校。其中一些高等教育机构设法保持等同于大学的入学要求。此类高等教育机构在为学生提供类似于大学所设短期学习项目的同时，还提供“职业

⑲ 参见 D. M. Windham 的评论：'Social Benefits and Subsidization of Higher Education: A Critique', *Higher Education*, 5(1976), 237-252。

⑳ 见：U. Teichler, 'European Practice of Ensuring Equality of Opportunity to Higher Education', *Journal of Higher Education Studies*, 3:2(1988), 2-11。

㉑ M. Trow, 'Problems in the Transition from Elite to Mass Higher Education', in OECD (ed.), *Policies for Higher Education* (Paris, 1974), 51-101.

课程”或通识课程教育。[22] 为传统上不具备高等教育入学资格的高中毕业生，甚至高中没毕业的成人，开启了高等教育之门。此外，还建立了从非大学高等教育到大学项目教育的转换通道。

一些国家试图限制扩张中的高等教育体制上的质量差异。因此，1976年联邦德国颁布实施的《高等教育框架法》规定，在同类高等教育机构中同时提供“理论导向”和“实践导向”课程。然而，只有六所综合性大学为学生在学习过程中提供了二选一的机会。根据瑞典的高等教育立法，所有高等教育机构被命名为学院（*högskole*），以及在同一所高等教育机构中提供短期和定期的学位课程。[23]

欧洲没有出现统一的高等教育结构。一种双类型或三类型的制度模式广为流传，但并未成为定制。“综合型”模式仍然是个例外。在一些国家（例如奥地利、意大利和瑞士），单一的结构被保存或重构。20 世纪 70 年代末至 80 年代末重构活动陷于停滞，只是在 1990 年左右重现，尤其是在实施长学制的国家。许多国家在远离大学或城市中心的偏远地区设立了新的高等教育机构，例如，1968 年创建于挪威北极圈北部的特罗姆瑟大学。[24]

悲观主义与“学历过度”的关注

20 世纪 60 年代关于高等教育扩张的乐观主义被 20 世纪 70 年代的悲观主义所取代，20 世纪 60 年代盛行的政策遭到猛烈批评。这些观点的转变表现在四个方面。

---

[22] 见：OECD,*Short-Cycle Higher Education*:*A Search for Identity*(Paris,1973)；UNESCO/CEPES,*New Forms of Higher Education in Europe*(Bucharest,1976)。

[23] 见：H. Hermanns,U. Teichler and H. Wasser(eds.),*The Compleat University*(Cambridge,Mass.,1983)。

[24] 见：J.-E. Lane,'Higher Education Regionalisation',*Higher Education*,13(1984),347-368；J.-E. Lane,'Local Communities and Higher Education',in Clark and Neave,*Encyclopedia* Ⅱ,946-956；K. N. Bie,*Creating a New University*:*The Establishment and Development of the University of Tromsø*(Paris,1973)。

331 第一，1973年“石油危机”以后，有关对高素质人力资源持续增长需求的信念衰退，在以市场为导向的社会中失业率开始大幅增长。许多政治家和研究者指出供需之间“不匹配”的现象增加，同时毕业生能力和工作要求之间的差距也在拉大；“学术无产阶级”的出现，让人们开始担心大学毕业生将面临1930年左右世界经济危机期间出现的大规模失业。批评也表示了对新兴“替代者”的关注，㉕ 即大学毕业生接手了那些传统意义上只需高中毕业生或职校生从事的工作，使后者的就业机会减少，而且还在工作中表现得不尽如人意。

第二，较之以往，社会弱势群体获得接受高等教育的机会确实有所增加，虽然比之前希望的进展要缓慢一些。㉖ 除荷兰和瑞典等极少数国家外，教育机会的增加似乎没有转化成相应求职机会的平等。㉗ 一方面，雇主可能会根据毕业生的社会技能或“文化资本”选择人才；㉘ 另一方面，为了缓解社会不平等的压力，可能会增加教育证书之间微小差异的分量，或加剧高等教育机构的类型差异。㉙

第三，教育的职业回报成为质询重点。供大于求开始持续；以前“缺人手，涨工资；多人手，减工资”的循环不再奏效。人们要求采取行动矫

㉕ A. Hegelheimer, 'Verdrängen und verdrängt werden', *Der Arbeitgeber*, 27(1975), 1097-1099.

㉖ 见：M. Kotwal, 'Inequalities in the Distribution of Education between Countries, Sexes, Generations and Individuals', in OECD(ed.), *Education, Inequality and Life Chances*, Vol. Ⅰ (Paris, 1975), 31-108; G. Busch, 'Inequality of Educational Opportunity by Social Origin in Higher Education', in OECD, *Education* (note 26), 159-181。

㉗ Y. Shavit and H.-P. Blossfeld(eds.), *Persistent Inequality: Changing Educational Attainment in Thirteen Countries* (Boulder, Col. and London, 1993).

㉘ 见：P. Bourdieu and J.-C. Passeron, *Die Illusion der Chancengleichheit* (Stuttgart, 1971); P. Bourdieu and J.-C. Passeron, *Reproduction in Education, Society and Culture* (London and Beverly Hills, Cal., 1977); see also R. K. Kelsall, A. Poole and A. Kuhn, *Graduates: The Sociology of an Elite* (London, 1972)。

㉙ 见：U. Teichler, 'Struktur des Hochschulwesens und "Bedarf" an sozialer Ungleichheit', *Mitteilungen aus der Arbeitsmarkt-und Berufsforschung*, 7(1974), 197-209。

正“文凭主义”以及对在能力与绩效评估中所获资格的人为强调。[30]

第四，信心削弱了富有针对性的教育政策及规划的合理性和成功的可能性。社会宏观规划被更谨慎地看待。教育经济学分析不再流行。[31] 雄心 332
勃勃的改革目标让位于对改革实施过程中各种不足的认识。[32] 在这一背景下，强调的是人力资源预测能力以及相应规划活动的局限性。[33] “供需不均”受到重视。

这一时期相对于就业和工作的讨论而言，有关高等教育任务和职能的辩论，较战后以来其他任何时期更具争议性。但是，当大学毕业生开始面临大规模就业问题时，大学感到需要认真对待毕业生的可雇能力。[34] 此外，正如一方面满足经济要求，另一方面促进教育机会平等的政策一样，现在大学的学术目标和职业目标出现了互不相容，甚至相互矛盾之处。较扩张时期而言，在高等教育支出的停滞期或下降期，面向任何方向采取行动都变得更加困难。[35]

---

[30] D. Davies, 'Credentialism', in Clark and Neave, *Encyclopedia* Ⅱ, 871-877; R. P. Dore, *The Diploma Disease* (London, 1976).

[31] 见：OECD (ed.), Educational Planning: A Reappraisal (Paris, 1983); G. Williams, 'The Economic Approach', in B. R. Clark (ed.), *Perspectives on Higher Education* (Berkeley, 1984), 79-105。

[32] L. Cerych and P. Sabatier, *Great Expectations and Mixed Performance: The Implementation of Higher Education Reforms in Europe* (Stoke-on-Trent, 1986).

[33] 参见 Youdi 和 Hinchcliffe 的总结：*Forecasting* (note 17); Arbeitsgruppen des Instituts für Arbeitsmarkt-und Berufsforschung und des Max-Planck-Instituts für Bildungsforschung (eds.), *Bedarfsprognostische Forschung in der Diskussion* (Frankfurt, 1975); U. Teichler, D. Hartung and R. Nuthmann, *Higher Education and the Needs of Society: A Study* (Windsor, 1980); Fulton, Gordon and Williams, *Higher Education* (note 18)。

[34] 见：G. Williams, 'Graduate Employment and Vocationalism in Higher Education', *European Journal of Education*, 20 (1985), 181-192。

[35] 见：P. Windolf, *Die Expansion der Universitäten 1970-1985: Ein internationaler Vergleich* (Stuttgart, *1990*)。

调整的迹象和多样化的选择

然而，在 20 世纪 70 年代初至 80 年代末期间，论争有所缓和。这反映在毕业生就业的变化以及对已发生变化了的事务的适应过程中。也许有两个原因。毕业生人数的增长超出了计划，然而并没有导致任何重大问题。相反，这里存在多种回应。接受高等教育的机会并没有像以前一样扩张；一些学生回避了毕业即面临就业问题的学科；其他学生则延长他们的
333 求学时间；求职期略有增加，初次就业更有风险。[36] 高等教育与就业之间的关系变得更加灵活，不仅在英国如此，在其他国家也同样：约 8%的英国人文学科大学毕业生受雇于工业或农业部门，约 15%的大学毕业生受雇于私人服务业。在联邦德国，基于 20 世纪 70 年代人口普查的数据，劳动力市场职业研究所计算出，六分之一的职业类别原通常由机械工程毕业生任职，实际上已为来自其他学习领域的毕业生占据，还有五分之一的职员是非大学毕业生。相应的“事实替代”（realized substitution）在电气工程和法律毕业生中发生率更高，然而在科学家中，纵向替代仍然是一个例外，横向替代的可能性更高。[37]

导致论争缓和的第二个原因是，毕业生就业前景已经变得更加多样化，正如他们学习领域的功能以及他们就读的机构类型与声誉一样。一些机构的毕业生拥有许多选择，而另一些则面临严峻的就业问题。做出明智

---

[36] 见本章第 341—353 页，也可见：U. Teichler，‘Beziehungen von Bildungsund Beschäfti gungssystem：Erfordern die Entwicklungen der achtziger Jahre neue Erklärungsansätze’，in A. Weymann（ed.），*Bildung und Beschäftigung*，Soziale Welt，Sonderband 5（Göttingen，1987），27-57。

[37] R. Butler，*Employment of the Highly Qualified*（London，1978）；Institut für Arbeitsmarkt-und Berufsforschung der Bundesanstalt für Arbeit，*Berufliche Flexibilität und Arbeitsmarkt*，Quintessenzen，7（Nuremberg，1977），14，20. 也可见：D. Mertens and M. Kaiser（eds.），*Berufliche Flexibilitätsforschung in der Diskussion*，4 vols.（Nuremberg，1978）；U. Teichler and B. C. Sanyal，*Higher Education and the Labour Market in the Federal Republic of Germany*（Paris，1982），90-99.

选择是个人责任，但目前在西欧国家，最明显的就是在至今耗资不菲做教育规划的国家，诸如瑞典和德国，已制订出更为折中的规划目标。在计划经济国家，办学方式也发生了变化。[38]

20 世纪 80 年代初期经济合作与发展组织会议有关高等教育政策的表述，阐明了未来教育规划可能性角色的基调。它不建议收缩高等教育体系，担心高等教育创新可能会停滞，而这在过去教育扩张时期是受到鼓励的。它还建议反对自由放任政策，即只希望做出调整，要么降低社会对高等教育的需求，要么在较低级别的工作中吸纳越来越多的大学毕业生。它指出，学校应该引导学生学习“职业相关课程”，应该激励学院更敏锐地面对就业问题，优先开设满足工作需求的课程。[39]

在此期间，许多西欧国家政府和高等教育机构之间的关系发生了重大 334
变化。除英国外，多国政府削弱官僚控制，进而提高个别大学权力以塑造自身形象。[40] 政府引进自我评估系统和“绩效指标”作为分配资金的标准。[41] 尽管科研及教学方面的学术质量最受关注，自我评估强化了大学科研、教学和随后毕业生择业之间的联系意识。[42] 在西欧和东欧，舆论认

㊳ 见：K. Hüfner, 'Higher Education in the Federal Republic of Germany: A Planned or a Market System? Or a Third Way?', in R. Avakov et al. (eds.), *Higher Education and Employment in the USSR and in the Federal Republic of Germany* (Paris, 1984), 185-196; UNESCO, *Planning* (note 8)。

㊴ OECD, *Policies* (note 11), 35.

㊵ 见：G. Neave and F. A. van Vught (eds.), *Prometheus Bound: The Changing Relationship between Government and Higher Education in Western Europe* (Oxford, 1991)。

㊶ 见：H. R. Kells, *Self-Regulation in Higher Education: A Multi-National Perspective on Collaborative Systems of Quality Assurance and Control* (London, 1992)。

㊷ 见有关标准和指标广泛使用的综述：in F. J. R. C. Dochy, M. S. R. Segers and W. H. F. W. Wijnen (eds.), *Management Information and Performance Indicators in Higher Education: An International Issue* (Maastricht, 1990)。

为，竞争力的提升超越了传统要求，不应解释为“学历过度”。[43] 工作角色可以在改变复杂和不太复杂任务结合的方向中加以重塑，创新可以在被忽视的领域中得到激发。

最终，在20世纪80年代后期和90年代初，高等教育与就业之间关系的讨论变得更为普遍。然而，意见严重分歧，特别是在中欧和东欧国家，1989年以后社会政治制度发生了巨变。第一，雇主们在考虑招聘和晋升员工时，对大学毕业生的工作态度和社会技能更为看重，也提出了比过去更为严格的要求。[44] 第二，20世纪90年代初欧洲大多数国家，一般劳动者和大学毕业生的失业率都在增加。因此，具有针对性的就业政策重获重视。第三，在法国、瑞典和英国政府的支持下，一些西欧国家入学儿
335 童人数占同年龄段儿童总数的比例出现增长。这种增长的发生与赞同扩张高等教育的主要论争无关。第四，在其他国家，毕业生就业越来越受到关注。例如，在“伊拉斯谟计划”中，约五分之一的学生在另一个欧洲国家学习，并最终在国外工作。[45] 最后，进一步扩大招生最终使人们质疑经济和社会福利在很大程度上依赖于稀缺的精英人才的传统观点。

㊸ 见：D. Mertens，'Unterqualifikation oder Überqualifikation'，*Gewerkschaftliche Monatshefte*，27(1976)，488-497；Z. Suda，'Universal Growth of Educational Aspirations and the"Overqualification"Problem：Conclusions from a Comparative Data Analysis'，*European Journal of Education*，14(1979)，113-164；D. Vaida，'The University Does not Overqualify'，*ibid.*，165-174。

㊹ OECD，*Synthesis Report*(note 10)；'Higher Education and the Labour Market'(special issue)，*Higher Education in Europe*，18：2(1993)；U. Teichler，'Higher Education and Employment—The Issues for University Management'，*Higher Education Management*，6(1994)，217-225；'Higher Education and Employment'(special issues)，*European Journal of Education*，30：1 and 2(1995)；J. Brennan，M. Kogan and U. Teichler(eds.)，*Higher Education and Work*(London，1995)；The European Round Table of Industrialists，*Education and the European Competence*(Brussels，1989)。

㊺ 关于伊拉斯谟项目及其效果，见：U. Teichler and F. Maiworm，*Transition to Work：Experiences of Former ERASMUS Students*(London，1994)，57。

学位和毕业

许多欧洲大学设有两个级别的学位：以基础学术和可能性的专业能力为标准的大学学位，如奥地利的文学硕士（*Magister*）；博士学位授予完成重大的、在某些情况下属于原创的学术成果者。在一些欧洲国家，额外的奖学金是普遍的。在英国和爱尔兰共和国，存在两类基本的大学学位，第一类通常称为“学士学位”，一般授予在校学习三年或四年的学生；第二类被称为“硕士学位”，一般授予获得学士学位后继续学习一年的学生。在苏格兰，第一类和第二类学位都称为硕士学位。在法国以及传统的北欧国家，普遍存在人文和科学两个类别的考试和学位：在法国有“文凭”（licence）者，经过多年学习可获得硕士学位（*maîtrise*）。在挪威，经过三年半时间的学习可获得学士学位（*cand. mag.*）；再经过两年的学习，学习者可成为更高一级学位的候选人（*candidatus*），这里指的是某一门学科，如心理学（*cand. psychol.*）。20 世纪六七十年代，北欧国家试图淘汰这种课程和称号，因为涉及的时间和精力几乎与其他国家取得博士学位相当，但在丹麦和挪威仍保持旧的方式。一些国家开始授予一种高级（博士后）学术资格，通常被视为是通向教授职位的通行证。具体表现为德语国家的“特许教师资格”（*Habilitation*）和计划经济国家的科学博士（*doctor scientiae*）。[46]

在课程规范方面，欧洲大学彼此相异，并继续保持差异。追随洪堡传统的西欧大学，尤其是这些国家的人文社会科学，往往提供了许多选择。
而一些南欧大学，例如，意大利和西班牙的大学，学生除了能自己决定学 336
习年限外，往往只拥有很少的自由。

伴随着整个 20 世纪六七十年代高等教育扩张的潮流，课程更趋于规

---

[46] 本部分参考自：H. Jablonska-Skinder and U. Teichler, *Handbook of Higher Education Diplomas in Europe*(Munich, 1992)。

范化。许多因素促成这一趋势。许多高等教育领域不断增进与职业的关联，要求对所教授的技能有明确定义，并要求掌握不断增加的知识。不能得益于松散结构的教学和学习过程的学生比例似乎呈上升态势。越来越多的资金投入要求高等教育不断提高效率，没有获得学位就离校的学生数量（辍学）有可能比过去更被视为教育浪费。

然而学位课程趋于标准化并未免于遭受挑战。“终身教育”和“回归教育”要求一个开放的、高度结构化的课程体系。特别是英国和北欧的大学，在 20 世纪 60 年代末和整个 70 年代提出了一些更具战略性的需求，为那些起步晚的学生提供学习的机会。这些学生可能没有标准的中等教育文凭，希望在业余时间学习或参与远程学习项目。

学位课程标准化的提高对毕业和学位授予有许多影响。学业成就必须受到更加仔细的监督。20 世纪 60 年代末期到 80 年代早期，连续的学生课业负担评估及学分——有些类似美国的制度——被引进。例如，瑞典点（*poäng*）和芬兰学习周（*opintovikko*）被视为相当于一周的学习，不受班级学习或自学时长的影响。荷兰大学开始以整体学业负担估算所有学习方案。一个课程计划包括四年 6720 个小时的学习（每周 40 小时，共 42 周）。一些国家划分学习阶段，这在传统的法国被一贯采用。20 世纪 60 年代部分实施，20 世纪 80 年代开始推广应用到所有领域。例如，联邦德国的大学生在进校约两年后，将接受重要的学习进展中期评估（*Vor-Diplom* 或类似文凭）。

毕业生收到证书领域资格证明的同时，通常还获得一个称号。证明材料可能包含授予机构的一般信息，该机构提供的课程方案、授予称号、机构级别和学位课程、课程计划和学位的法律依据、研究领域和课程的标准
337 期限。它还提供学位获得者的资料（姓名和其他可能的履历详情）、学习的具体情况、能力、成就以及专业领域的选择、此前通过的考试、论文题

目和所获等级。[47]

通常，颁授的学位和称号是相同的，如奥地利文学硕士（*Magister*）、丹麦学位候选人（*kandidat*）或大多数其他北欧国家都是同样的。其他地方可能有所不同。意大利大学学位获得者（*laurea*）则被称为博士（*dottore* 或 *dottoressa*）。基于完成课程学习所获得的学位则因学科、能力类型和专业领域不同而有所区别。例如，联邦德国的文学硕士（*Magister*）主要授予在人文学科领域完成学术和通识课程项目学习的学生；专业证书（*Diplom*）则绝大部分授予科学、工程学和社会科学领域的学生，表明获得者已具备一些基本的专业能力；国家考试证书（*Staatsexamen*）则是公务员或其他接受公众监督职业人员的第一项专业资格。

在许多欧洲国家，例如，荷兰的工程师（*ingenieur*, *ir.*）和瑞典的工程师（*ingenjör*）等特定称号授予那些毕业于工程科学领域的人员，荷兰的法律硕士（*meester in de rechten*, *mr.*）或瑞典的农艺师（*agronom*）则授予其他强调专业准备的领域。在瑞士，根据颁授机构、区域、国家标准或认可标准的不同，称号也各不相同：如工程硕士学位（*Dipl. Chem.-Ing. ETH*）持有者是一位毕业于瑞士联邦苏黎世理工学院（*Eidgenössische Technische Hochschule Zürich*）的毕业生，而建筑师文凭（*architecte diplomé EPFL*）获得者则是一位毕业于洛桑联邦理工学校（*École polytechnique fédérale de Lausanne*）的毕业生。专业律师则被授予律师（*Fürsprecher*，*Fürsprech*，*Anwalt*，*Rechtsanwalt*）专业资格证或其他类似专业资格证书。

高等教育机构有责任证明学生顺利完成学业，这是惯例。但也存在例外：

1. 在英国，大学经皇家宪章授权授予学位。传统上，其他院校必须

---

[47] 参见：U. Teichler, 'The Informational Value of Higher Education Diplomas and the Information Needed to Understand them', *Higher Education in Europe*, 11:4(1986), 10-19; C. Berg and U. Teichler, 'Unveiling the Hidden Information in Credentials', *Higher Education in Europe*, 13:3(1988), 13-24。

与大学合作授予他们的学生“外部学位”。当20世纪60年代后期多科技术学院成立时，全国学位授予委员会则基于多科技术学院或其他非大学高等教育机构的学位授予及实施课程考核的目的而成立。同样，爱尔兰成立了一个国家教育学位授予委员会。

338 2. 在联邦德国，学生在完成一个领域的学习后，通常被导向一个政府监管的职业，主要是在医学、法律和教师培训领域，并不获得大学学位。相反，他们需要通过一场由大学教授和国家考官联合举行的国家考试。

3. 在英国、爱尔兰共和国和其他一些国家，一些专业机构或其他外部机构，如教会，拥有授予学位的权利。

4. 在计划经济国家，学院有权授予学术学位，即博士学位以及高级的学术学位（或类似的学位）。

5. 自20世纪70年代以来，一些高等教育机构与其他国家的伙伴机构合作，授予“双学位”，即一个国内高等教育机构与国外伙伴机构共同颁授相互承认的学位。

20世纪50年代到80年代，四个相关因素促使欧洲毕业生结构和学位再次接受审议：建立和扩大非大学型高等教育，一些欧洲国家关注学习年限，重视日益增加的职业相关课程，努力促进大学生和博士学位候选人的国际学术流动。

大多数新设或通过升格建成的非大学高等教育机构，提供一至四年的课程学习项目，并授予学位，所授学位的学术地位通常被认为低于大学颁发学位。[48] 但是，也有例外：英国和爱尔兰的学院也可以授予学士和硕士学位，挪威地方学院也可以授予大学第一学位。一般认为法国大学校的学位课程要求高于法国大学。

---

[48] 见：OECD在Short-Cycle（note 22）中的概述；R. A. de Moor(ed.), *Changing Tertiary Education in Modern European Society*(Strasbourg, 1978)；G. Vedel(ed.), *Reform and Development of Tertiary(Post-Secondary) Education in Southern Europe*(Strasbourg, 1981)；Teichler, *Convergence*(note 9), 110-130；C. Gellert(ed.), *Higher Education in Europe*(London, 1993)。

学位国际等效性的辩论对于学时长度的关注，导致 20 世纪 80 年代末丹麦授予已完成三年学业的学生学士学位，而不论该方案是否计划持续三年。此外，欧洲各国还开设了各种文凭的短期“学位后”课程。

借助于 1976—1986 年联合学习计划的持续推进和 1987 年“伊拉斯谟 339
计划”的启动实施，国际和跨国的组织参与方便了学位资格的转换以及鼓励跨境流动。[49] 欧洲理事会正式通过高等教育入学同等资格公约（1953 年）、大学学时同等公约（1958 年）和大学学历的学术认可公约（1959 年），[50] 1972 年十个计划经济国家政府在布拉格也签署了一项公约，相互承认中学、中等专业学校毕业证书和高等教育学位证书的有效性。1979 年联合国教科文组织又通过了学业、文凭和学位认可公约。[51] 在欧洲共同体框架内，欧洲委员会基于专业目的在有限领域（医学，1975；兽医医药，1978 年；建筑，1985 年；药剂学，1978 年）内通过有关学术认可的指令；1988 年，欧洲委员会针对欧洲共同体高等教育机构中已顺利完成三年学业的毕业生通过一项指令，规定毕业生原则上具有在欧洲共同体内任一成员国家从业的资格。[52]

欧洲毕业文凭可分为九大类：

1. 中期证书，如，在法国经过两年学习获得的普通高等教育研究文凭（DEUG）。

2. 授予完成短于第一学位课程学生的结业证书，如法国的大学本科

---

[49] 见：F. Dalichow，‘Academic Recognition in the European Community’，*European Journal of Education*，22(1987)，39-58；J. Preston(ed.)，*EC Training，Education and Research Programmes：An Action Guide*(London，1991)。

[50] 参见：Council of Europe，*Report on Mutual Recognition of Degrees and Diplomas in Post-Secondary Education*(Strasbourg，1975)。参见第三章。

[51] 见：‘International Recognition of Studies and Degrees：Challenges and Perspectives’，*Higher Education in Europe*，13：3(1988)，5-66。参见第三章。

[52] 见：Commission des Communautés Européennes，*La reconnaissance mutuelle des diplômes et des qualifications professionnelles*(Brussels，1980)；G. Neave，*The EEC and Education*(Stoke-on-Trent，1984)；Bundesministerium für Bildung und Wissenschaft，*Akademische Berufe im EG-Binnenmarkt*(Bonn，1992)。参见第三章。

以上学历（DUT）。

3. 基于相对较短课程的大学第一学位，如法国的学士学位（*licence*），英国、威尔士和爱尔兰的学士学位，以及挪威的学文学士（*cand. mag*），或在非大学机构修读一个较长的课程方案后所获的学位，例如，德国高等专科学校颁发的附有“德国高等专科学校”（*FH*）字样
340 的文凭（*Diplom*）；由20世纪80年代后期荷兰学院授予的学士学位（简略为bc或B），之前该学位被称为高等学位（*hoger boroepsonderwijs*，HBO）。

4. 基于至少需要四年学习课程计划的大学第一学位，如奥地利的文学硕士（*Magister*）、芬兰的基础学位（*Kandidaatti*）或意大利的研究生学位（*laurea*）。

5. 高级大学学位，历经相对短期学习后国家授予的大学第一学位，例如，法国的硕士学位（*Maîtrise*）。这类学位往往被视为等同于相对长期的课程方案后获得的第一大学学位。

6. 补充或附加文凭，基于获得第一个学术学位后授予的短期学术或专业资格认证，如英国的研究生教育证书（PGCE）、德国短期研究生教育或继续教育的一类文凭或证书。

7. 高级大学学位，在完成一个相对较长的学位课程的基础上，经过随后几年学习所获得的学位，尤其是一些北欧国家的硕士学位。

8. 博士或类似级别的学位。

9. 高级学术学位，如大学执教资格（*Habilitation*）、理学博士（*doctor scientiae*）、意大利的研究博士（*dottorato di ricerca*）或法国的国家博士（*doctorat d'État*）。

有关完成高等教育课程后所授文凭价值的国家和国际论争，最终达成广泛的一致，学习时间成为最重要的绩效指标。至20世纪90年代，大多数专家将其划分为以下四个层次：

1. 高于大学第一学位的文凭；

2. 相当于学士的学位；

3. 相当于硕士的学位；

4. 博士学位。

然而，目前国家之间以及国家内部还没有实现课程时长的完全标准化，例如，大多数英国学生往往在规定期限内完成学业，而西班牙、芬兰、意大利、德国、法国、奥地利和其他一些国家的学生，则普遍延长他们的学习时间，往往超出官方认可时限的50%。[53]

因此，有关厘清学术文凭价值的必要性以及确立国际等值标准的持续 341
讨论，直到20世纪90年代早期才带来欧洲一致的文凭和称号体系的形成。此前，完全是由政府或私人雇主判断某一学位是否是获得某一职位的先决条件。个人可能独立开展某些专业活动，不论他或她是否被授予学位；政府可能会明确提出重视素质而非学位，举行公共资格考试以决定获准进入随后培训或专业实践的人选。在法国，毕业生希望转至教师培训需参加竞赛（*concours*）。在德国，通过国家考试（*Staatsexamen*）后要经过一段时间的专业实习和复试，通过复试者即视为合格，或者被授予一项头衔。[54]

最后，在一些国家，专业机构继续行使决定职业准入的权力。[55] 例如，在英国和爱尔兰工程和商业领域的一些职业，要求既要成功通过理论

---

[53] 见：U. Teichler and W. Steube, *Studiendauer und Lebensalter*：*Beiträge zur Diskussion aus sieben ausgewählten Ländern*, Bildung und Wissenschaft international, 1/89（Bonn, 1989）；R. Ciucci, 'Students in 1984：A Part-Time Activity along with Other Jobs? Illustrations from Italy', *European Journal of Education*, 19（1984）, 299-308；P. Määtä and S. Valkonen, 'Study Careers and Productivity', in P. Hakkarainen, H. Jalkanen and P. Määtä（eds.）, *Current Visions and Analyses on Finnish Higher Education System*（Jyväskylä, 1992）, 121-135；R. J. Bijleveld, 'Programme Length and Duration of Studies in German and Dutch University Education：A Comparative Analysis', in Stifterverband für die deutsche Wissenschaft（ed.）, *Studienzeitverkürzung*（Essen, 1991）, 83-107。

[54] 见：C. Händle, 'Lehrerausbildung（Organisation）', in L. Huber（ed.）, *Enzyklopädie Erziehungswissenschaft*, Vol. Ⅹ（Stuttgart, 1983）, 623-632；U. Branahl, 'Rechtswissenschaft（Studium）', in *ibid.*, 685-692。

[55] 见：S. Goodlad（ed.）, *Education for the Professions*：*Quis custodiet*...？（Guildford, 1984）。

考试，又要在额外的实习阶段获得积极评价。这一过程接受专业人士监督，将此作为获得专业执照的一个先决条件。甚至他们在获得学位后，还需要参加额外的考试。

毕业生就业与工作

在 20 世纪 70 年代毕业生就业受到持续关注前，有关高等学校毕业生就业的常规统计数据还很缺乏。[56] 然而，20 世纪 70 年代后，常规的一年或二年的毕业生就业调查大幅增加。在后期，从教育到就业的过渡成为一
342 个长期的过程，毕业生需要准确的就业机会信息，并在就业前进行持续的信息搜集。在奥地利，复杂搜索不断增加：1975—1976 年在私营部门或公共机构求职的大学毕业生中，16%的人申请工作单位的数量超过 10 个。十年后，这一比例增加到 34%。[57] 求职时间的不断延长也可以在奥地利得到证明：1975—1976 年待业大学毕业生的比例是 50%，在缓慢的经济复苏后下降到 1978—1979 年的 40%，1985—1986 年最终又上升到 79%。那些等待六个月以上才实现就业的毕业生在曲线图上的数据分别是 9%、6%和 24%。这些数据更清楚地显示了毕业生就业时间的变化情况。（这些数据说明自愿等待者超过那些被迫等待者。[58]）相比之下，在瑞士，20 世纪 80 年代那些等待就业超过三个月的毕业生比例略高于 20%。[59] 在瑞

---

[56] 见：E. Esnault and J. Le Pas, 'New Relations between Post-Secondary Education and Employment', in OECD(ed.), *Towards Mass Higher Education: Issues and Dilemmas* (Paris, 1974), 105-169; M. Tessaring and H. Werner, *Beschäftigungsprobleme von Hochschulabsolventen im internationalen Vergleich* (Göttingen, 1975)。

[57] S. Loudon, *Zum Berufseinstieg von Akademikern/innen* (Vienna, 1988), 21.

[58] L. Lassnigg, S. Loudon and H. Spreitzer, 'Austria: Developments in Higher Education and the Changing Transition to the Labour Market', in OECD(ed.), *From Higher Education to Employment*, Vol. Ⅰ (Paris, 1992), 113.

[59] T. Ogay, 'Suisse', in OECD, *Employment*, Vol. Ⅳ (note 58), 191; see also B. Morgenthaler, 'Die Beschäftigungssituation der Neuabsolventen der schweizer Hochschulen 1985', *Wissenschaftspolitik* (Beiheft), 34(1986), 55.

典，1984—1985年的毕业生一年后就业的人群中，只有4%的毕业生等待就业的时间超过了四个月。[60]

在一些国家，刚毕业的大学生失业率增加，但是并没有持续。例如，1965—1967年英国大学生毕业六个月后的失业率为2%，1972—1973年完成学业的同龄毕业生失业率增至8%，1980—1981年达到16%，但在1986—1987年，该数字下降到9%。[61] 同样，在荷兰，近期大学毕业生失业率不断增加，每年5月毕业人数同前一年毕业人数相比急剧增加，从1980年的17%增加到1985年的49%；之后，在1989年这一数字逐步下降到36%。[62] 欧洲一些小国的毕业生，在国外工作可能是解决当地劳动力市场问题的途径之一。例如，20世纪80年代，当爱尔兰整体失业率增加之时，高等学校毕业生失业率从1981年最初的14%上升到1983年的22%，1989年之后下降到7%；同时，到国外求职毕业生的比例从1981 343
年的8%上升到1989年的29%。[63]

定期合同变得更加频繁。例如，在奥地利，毕业生首份工作定期合同的比例十年之内翻了一番，从1975—1976年的21%提高到1985—1986年的42%。[64] 在联邦德国，20世纪80年代初期，超过三分之一新受雇的大学毕业生签署了固定期限合同，其中半数毕业生供职于政府部门，十分之一在民营机构。20世纪80年代后期，超过三分之二的新毕业大学生签订了固定期限合同，其中90%以上就业于公立机构，其余就职于民营

---

[60] Statistika centralbyran, *Högskolan 1984/1985: Elevuppföljingar 1985* (Örebro, 1986), 20.

[61] M. Bee and P. Dolton, 'Patterns of Change in U. K. Graduate Unemployment, 1962-1987', *Higher Education*, 28(1990), 27.

[62] I. M. T. Coppens, 'The Netherlands', in OECD, *Employment*, Vol. Ⅲ (note 58), 340.

[63] G. Hughes and P. J. O'Connell, 'Higher Education and the Labour Market in Ireland, 1981-1991', *European Journal of Education*, 30:1(1995), 79-80.

[64] Lassnigg, Loudon and Spreitzer, 'Austria' (note 58), 134.

机构。[65]

人们常说，就业问题导致大学毕业生在毕业后继续学习，一方面作为失业的可能的避风港，另一方面为了提升个人素质。然而，在欧洲这并不是一个普遍的现象。事实上，在奥地利，1985—1986 年毕业生继续学习的比例比他们十年前的学兄学姐高出 10%（42%，10 年前为 32%）。[66] 然而，在德国，1973—1991 年注册研究生中获本科学历学生的比例维持在 12%—13%。[67]

整体而言，调查表明学生已习惯日益复杂的过渡过程。例如，瑞士大学毕业生报告说，毕业一年后的大学毕业生调查显示，毕业一年后面临就业问题的毕业生比例从 1985 年的 47%下降到 1989 年的 28%。[68]

当时，刚毕业大学生的就业机会已经显现，这被视为经济结构和劳动力市场快速变化的结果。

1. 法国，农业领域的就业率从 1949 年的 30%下降至 1990 年的 6%；工业部门的就业率经历了短暂的上升以后开始缓慢下降，从 33%下降到 29%；服务业就业率从 37%上升到 65%。

344 2. 联邦德国，第一产业的就业率也出现类似的下降，从 1950 年的 22%下降到 1990 年的 4%；工业部门呈现出类似的曲线，从较高水平的 45%下降到 39%；第三产业部门的就业率从 33%上升到 57%。

3. 意大利工业化较晚。农业部门的就业率从 1951 年的 44%下降到 1990 年的 9%，工业部门的就业率从 30%上升到 32%，服务部门的就业率从 27%上升到 60%。

---

[65] K. -H. Minks and R. Reissert, Studium, *Übergang und Berufseintritt unter veränderten Arbeitsmarktbedingungen*(Hannover, 1984); K. -H. Minks and R. Nigmann, *Hochschulabsolventen zwischen Studium und Beruf*(Hannover, 1991).

[66] Loudon, *Berufseinstieg*(note 57), 30(该比例不包括正式招收的毕业生).

[67] Bundesminister für Bildung und Wissenschaft, *Grund-und Strukturdaten 1993/1994*(Bonn, 1993), 154-155.

[68] Ogay, 'Suisse'(note 59), 188.

4. 第二次世界大战后英国农业部门的就业率已经下降，从 1951 年的 5%持续下降到 1990 年的 2%。工业部门就业率的下降比上面提到的国家更为快速（从 47%下降至 29%），然而，服务业的就业率最初是非常高的（48%），之后仍继续增长（达到 69%）。[69]

总之，行业的变化为越来越多的毕业生提供了更多就业机会，大学毕业生就业率与活跃于社会各部门的大学毕业生的绝对数出现了同步增长。例如，根据政府普查和微观人口数据，在联邦德国工业部门就职的人员中，接受过大学教育者所占比例不断上升，从 1961 年的 1%上升到 1970 年和 1980 年的 2%。曾在大学或高等专科学校接受训练人数的比例从 1976 年的 3.3%上升到 1987 年的 5.7%。在银行业就职人员中，大学毕业生所占比例从 2.7%增长到 3%，随后达到 3.4%；在保险业就职人员中，相应比例从 4.4%上升到 7.7%。政府和社会保障部门工作的大学毕业生比例从 1961 年的 5.7%下降到 1970 年的 5%，在 1980 年上升到 7.7%；就职于政府和社会保障部门的大学毕业生和曾接受高等专科学校培训的人数比例从 1976 年的 9.7%增加到 1987 年的 15.4%。[70]

现有数据表明，20 世纪 70 年代和 80 年代毕业生进入劳动力市场的主要途径是通过增加个别部门毕业生的比例。例如，在挪威，就职于第一、第二产业的大学毕业生比例从 1975 年的 5%增至 1989 年的 11%，就职于商业和交通业的大学毕业生比例从 7%增至 12%。传统上容纳较高比例的高等学校毕业生的行业领域，如金融和商业服务业，接受过大学教育的人员比例从 23%增加到 41%；公共管理领域中受过大学教育的人员比例从 345
26%增至 37%。相类似地，在瑞典，就职于工业领域的大学毕业生比例

[69] OECD, *The OECD Jobs Study: Evidence and Explanations, Part Ⅰ: Labour Market Trends and Underlying Force of Change* (Paris, 1994), 5.

[70] 见：K. Parmentier and M. Tessaring, 'Bildungswesen und Arbeitsmarkt für Hochqualifizierte: Eine Übersicht', in Arbeitsgruppen, *Bedarfsprognostische Forschung* (note 33), 257; U. Teichler and B. C. Sanyal, 'Higher Education and the Labour Market', in Avakov *et al.*, *Higher Education* (note 38), 105; D. Hartung and B. Krais, 'Studium und Beruf', in U. Teichler (ed.), *Das Hochschulwesen in der Bundesrepublik Deutschland* (Weinheim, 1990), 195。

从1971年的2%增至1991年的6%，就职于其他私营部门的比例则从3%增至9%，在卫生系统的比例从5%增至11%，在公共管理领域的比例从20%增至35%。[71]

政治家和专家对毕业生就业的“垂直”变化给予了特别关注。1970年以前，高等职位和需接受大学教育的专业职位向合格中层职位转移。该现象在大学生数量增长开始较早的欧洲国家表现得更为明显。在法国劳动力市场中，接受高等教育者以及大学毕业生发展成为雇主、专业人员和管理人员的比例从1954年的73%缓慢下降到1968年的68%，并最终下降到1975年的62%。相比之下，同期大学毕业生出任中层管理人员的比例从16%上升至21%，最终达到26%。但那些持有证书的毕业生的就业情况没有发生实质性变化，此类毕业生的就业情况有些特别，仍维持在11%—12%左右。[72]

职位和任务的变化可以运用职业类别加以“客观”测量。例如，1975年法国高等教育机构第二阶段的毕业生中，三年后的就业者中，中等职位占15%，较低职位占2%（工人和其他职业）；1984年的毕业生，三年后相应就业比例增至19%和4%。[73]

20世纪七八十年代，在欧洲其他国家接受高等教育的人员中，低于10%的人就职于那些对高等教育学历并没做出特别要求的职业岗位，超过20%的人就职于“中级职业”领域，如技术员、销售员和办公室工作人员。一些专家认为，这些职位不需要学位，而其他人则认为，在这种情况下，自评判断比“客观”的职业分类方案更有效。公司内的功能分类也是如此。在20世纪90年代早期德国专家的讨论中，一些专家声称大约1/5

---

[71] 见：OECD, *Synthesis Report* (note 10), 98。

[72] V. Vincens, ‘Postgraduate Education and Employment: The French Case’, *European Journal of Education*, 16(1981), 34-35.

[73] A. Charlot and F. Pottier, ‘France’, in OECD, *Employment*, vol. Ⅲ (note 58), 118.

大学毕业生的职位和工作任务明显低于与其相适应的级别，[74] 而其他专家则指出，并非所有的营业员被视为工作不匹配（见表 9.4）。

表 9.4　1989 年联邦德国接受大学教育者就业岗位的年龄和性别百分比（%） 346

	总计	35 岁以下	35—44 岁	45 岁以上
a. 全部				
个体经营者	15.5	8.3	16.6	20.7
领导岗位	20.7	13.7	20.5	27.1
资深专家	47.0	50.6	49.3	41.7
营业员	6.5	11.3	4.9	4.0
工人、低级别雇员	9.3	14.1	8.3	6.3
未作答	1.0	2.0	0.4	0.3
总计	100	100	100	100
b. 男性				
个体经营者	18.0	8.7	19.4	23.1
领导岗位	26.7	17.5	26.8	32.8
资深专家	42.3	50.1	44.2	35.4
营业员	5.0	9.4	4.0	2.9
工人、低级别雇员	6.7	10.9	5.1	5.5
未作答	1.3	3.4	0.6	0.4
总计	100	100	100	100
c. 女性				
个体经营者	10.5	7.7	11.4	13.4
领导岗位	8.6	8.3	8.2	9.7
资深专家	56.6	51.2	59.1	60.8
营业员	9.6	14.1	6.7	7.2
工人、低级别雇员	14.7	18.7	14.6	8.8
未作答	—	—	—	—

[74] 'Akademiker-Beschäftigung: Ein Fünftel unter Niveau', *iwd* (Informationsdienst des Instituts der deutschen Wirtschaft), 10(1994), 30.

续表

	总计	35岁以下	35—44岁	45岁以上
总计	100	100	100	100

资料来源：H. Plicht, K. Schober and F. Schreyer, 'Zur Ausbildungsadäquanz der Beschäftigung von Hochschulabsolventinnen und-absolventen', *Mitteilungen aus der Arbeitsmarkt- und Berufsforschung*, 27(1994), 197-198。

考察教育成就与职业之间联系的另一种方法在于分析个别职业中学位持有者比例的上升。(如果高等教育扩张之前某一学位即为从事专业实践所需要，此类变化不符合定义预期。）在瑞典，1970年几乎所有的专业医生、牙医、护士、心理学家、律师和教师都接受过高等教育。1970—1985年出现了显著提高，当时在30至39岁的专业人员中接受过高等院校教育者占所有劳动力的比例几乎增加了一倍（从12%增加到22%)。30岁至39岁专业人员中接受高等教育者占所有专业人员比例的增长情况分别是：电子工程与电子通信类专业人员从12%增至38%；建筑、土木工程和电
347 学工程类专业人员从14%增至37%；社会福利工作者从47%增至69%；新闻记者从28%增至49%；系统分析师和程序员从35%增至56%；学前教育教师从71%增至91%；公司经理和高级管理人员从20%增至39%；人事管理者从29%增至47%。[75]

所有接受大学教育者与那些没有学位者收入统计的比较显示（见表9.5)，在欧洲，两者收入差距的缩小并无持续趋势。

三个重叠现象之间彼此关联：在时间上大学毕业生的失业率变化与总体失业率变化一致；女性比男性更可能失业；几乎所有西欧国家的大学毕业生比那些未持有大学学位者面临较低的失业风险。然而，20世纪70年代，德国和荷兰高等学校毕业生失业率较低的优势减少，而在法国和意大利却有所扩大。

---

[75] S. Forneng and D. Anderson, 'Sweden', in OECD, *Employment*, vol. Ⅳ (note 58), 155. 有一点应该记住，直到20世纪90年代初，瑞典一些准职业培训仍然有一部分是由高中提供的。

表 9.5　接受大学教育者和接受高中教育者的收益比（%）

	20 世纪 70 年代早期	20 世纪 70 年代晚期	20 世纪 80 年代早期	20 世纪 80 年代中晚期	20 世纪 90 年代早期
a. 男性					
丹麦	—	—	1.39	1.42	1.31
法国	1.88	2.38	—	2.42	—
挪威	—	—	1.35	1.25	1.26
瑞典	1.44	—	1.22	1.30	1.36
英国	1.52	1.32	—	1.47	1.53
b. 女性					
丹麦	—	—	1.33	1.27	1.21
法国	1.67	2.02	—	2.13	—
挪威	—	—	1.19	1.26	1.26
瑞典	1.44	—	1.22	1.30	1.36

资料来源：H. Plicht, K. Schober and F. Schreyer, 'Zur Ausbildungsadäquanz der Beschäftigung von Hochschulabsolventinnen und-absolventen', *Mitteilungen aus der Arbeitsmarkt- und Berufsforschung*, 27(1994), 197-198。

人们普遍认为，20 世纪 70 年代后，大学毕业生数量远远超过要求学位的职业岗位数量。基于职业类别的测量结果并没成为中级职业的有效指标，大多数毕业生调查借助于毕业生的自我分类提出了"适当就业"问题。调查不是以类似的方式定期重复，提出的问题也明显不同，往往随着 348
时间的变化而变化，很难对其分析。然而，所提出的多样化问题，为建构内涵丰富的概念提供了有趣的见解。

在被问及他们所接受的高等教育训练能否适应目前的工作时，瑞典 1984 年毕业的大学生在就职大约一年后，70%的毕业生回答完全适合，24%的毕业生认为部分合适，5%的毕业生回答他们所受的教育根本不适合他们的工作。[76] 无独有偶，20 世纪 80 年代中期，德国 3%的来自所选研

[76] Statistika centralbyran, *Högskolan* (note 60), 9, 28.

究领域的就职两年后的大学毕业生表示，他们的职业并不符合他们所接受的教育；11%的毕业生指出不太符合。[77] 只有 7%的瑞士新毕业的大学生在 1985 年的调查中反映，他们就业的职位以前是由非大学毕业生担任的。[78]

其他调查要求毕业生说明他们所认为的合适的继任者所应具有的教育水平。相应地，1979 年在波兰，33%接受调查的已毕业一年的大学毕业生指出，未持有大学学位者可以胜任他们的工作。[79] 通过比较发现，在 17%的德国大学毕业生中，约有一半的毕业生在毕业两年后表示，最适合他们工作的教育远远低于在一所高等教育机构中获取学位的教育要求。比较数据证实了人们普遍的观点：在计划经济国家，“就业不足”是一个相对频繁出现的现象。德国的一项调查显示，18%的人认为自己的职位与所持学位是“不相称的”，2/3 的人表示他们自愿选择了一个职位，19%的人表示他们难以利用他们在大学所获得的能力和知识。[80] 在其他国家进行的调查显示，高达 20%的毕业生认为他们的工作并不需要一个大学学位。

如果考虑到更广泛的反应，被定性为不恰当雇佣毕业生的比例可能存在显著差异。因此，在开始于 1982 年的一项研究中，新近毕业于意大利和法国大学相关选定专业的大学毕业生会被问及两个问题：“你目前的工作和你大学接受的教育相符吗?”，“你知不知道，有人没有学位却和你做
349 同样的工作吗?”那些对第一个问题没有做出肯定回答，而对第二个问题做出肯定回答的人则被归为“未充分就业”一类；那些不知道劳动市场中未持有学位的劳动力，但认为他们的工作不符合自己在大学所受教育的

[77] U. Teichler,‘Zum Zusammenhang von Studium und Beruf in der Einschätzung der Absolventen’,in U. Teichler and H. Winkler(eds.),*Der Berufsstart von Hochschulabsolventen*(Bad Honnef,1990),154.

[78] Morgenthaler,‘Die Beschäftigungssituation’(note 59),75.

[79] A. Buttler,‘Probleme von Hochschulabsolventen im ersten Jahr der Berufstätigkeit’,in J. Kluczynski,A. Neusel and U. Teichler(eds.),*Forschung zu Hochschule und Beruf in Polen und in der Bundesrepublik Deutschland*(Kassel,1984),178-179.

[80] Teichler,‘Zusammenhang’(note 77),153.

人，被归为“部分就业”。研究者的结论是：在意大利和法国，34%的新毕业的大学毕业生“未充分就业”；8%的意大利新毕业的大学毕业生“部分就业”，22%的法国新毕业的大学毕业生“部分就业”。[81]

绝大部分的德国大学毕业生追求他们的地位和教育质量之间的实质性联系。一方面，少数毕业生工作报酬丰厚，不需要通过学习培养能力；另一方面，需要担负艰巨任务，报酬微薄。一些毕业生选择一所大学或研究院的初级职位，从而实现在固定期限内就业与在职业生涯中的某一阶段面临退职的风险之间取得平衡，这种风险源于与他们同时毕业的人取得更高的专业成就。一些追求社会政治目的的毕业生选择他们认为与其相关的任务，即使物质奖励很不吸引人。

许多毕业生调查仅涉及高水平能力和适度工作要求之间的潜在差异。根据定义，他们排除了反向关系。然而，一项调查显示，也存在“资质不足”问题。1979 年，在波兰受过大学教育的经济学家，被问及为接替他们的工作高等教育是否必要，以及在何种程度上使用他们在大学课程学习中所获得的知识。研究者的结论是，经济学家提供了一个排名：匹配优良为 35%（28%的女性/42%的男性），资格有余为 18%（15%的女性/22%的男性），资格不足为 12%（16%的女性/8%的男性），部分匹配为 13%（16%的女性/8%的男性），资格浪费为 12%（14%的女性/9%的男性），资格缺乏为 7%（8%的女性/5%的男性），匹配不良为 3%（3%的女性/5%的男性）。[82]

20 世纪 70 年代后期，一份针对联邦德国雇主的调查显示出类似结果：合适工作和不合适工作之间的区别，在已形成明显等级地位和任务区分的专业领域表现得非常明显，而这种区别在许多工业和私人服务业领域则是模糊不清的。就理想的职业和理想的工作任务而言，不同学科和职业拥有不同文化。当然，逐步下降的职业期望值并非唯一的反应：一些毕业生感 350

[81] J.-P. Jarousse and F. de Francesco, *L'enseignement supérieur contre le chômage* (Paris, 1984), 108, 227.

[82] J. Kluczynski and B. C. Sanyal, *Education and Work in Poland* (Warsaw, 1985), 144.

到失望，一些毕业生将注意力放在他们工作中有趣的方面，同时也有些毕业生的结论是某些中层职业需要复杂的知识，他们正在积极地重塑自己的工作。

反应的差异部分源于毕业生最初学习领域与其之后从事职业的关联。这可在1985年芬兰收集的数据中得到说明：当时，受过大学教育的人在劳动就业市场的比例接近10%。不低于66%的人文学科毕业生受聘为教师，其余34%分布在各种文化职业、公共服务和私人服务业。社会科学毕业生分布最广，其中私人管理部门占16%，公共管理占14%，金融、统计以及其他研究与规划部门占11%，社会工作部门占9%，初级文秘或体力工作者占11%；67%的心理学科毕业生为专业的心理学家，9%的毕业生从事教师职业；曾在经济领域学习和培训的毕业生中，在管理和私营部门就职的占35%，教师占11%，初级文秘和蓝领职位占15%；法律专业毕业生在法律专业和司法系统就职的占52%，在公共行政职业高级职位就职的占16%，在私营企业高级职位就职的占13%；自然科学专业毕业生从事教师职业者占37%，约三分之一的毕业生出任私营部门的专业科技人员。最后，大约一半的受过大学教育的工程技术人员分别被列为专业人士——“工程师”（42%）或“建筑师”（75%）——其中21%的人在企业以及其他非公有制经济组织中从事管理工作。[83]

人们普遍认为应届毕业生在职业选择上会变得更加灵活，但现有数据并没有证实这一点。英国在商业部门供职的大学人文学科毕业生有大幅度增加，从1961/1962年到1973/1974年之间的年均4%，增至1974/1975年至1986/1987年之间的年均11%。[84]

比较而言，瑞士大学毕业生受聘于大学（1981年和1989年均为23%）、司法系统（1981年和1989年均为9%）以及工业部门（1981年为

---

[83] 见：A. Haapakorpi，‘Academic Graduates in the Finnish Labour Market’，in Ministry of Education（ed.），*Higher Education and Employment：The Changing Relationship*（Helsinki，1990），71-90。

[84] Bee and Dolton，‘Patterns’（note 61），36.

14%，1989年为15%）的比例大体上保持不变。没有进入早期主要就业领域—教育系统—就业的人文学科毕业生（从60%下降到40%），最常见的是转移至文化活动领域（1981年为15%，1989年为24%）以及私人服务行业（1981年为4%，1989年为10%）。工程专业毕业生的重点就业专业领域维持不变。[85]

多年来，作为一个整体的欧洲，在认识到就业机会跨度越来越大之 351
后，学生选择学习的领域也出现了有限程度的变化。一些专家将此视为存在于部分学生的“职业主义”成长的标志。然而，与此相反，证据表明，有相当大比例的学生在最初选择的领域内保持了他们的固有兴趣。此外，20世纪七八十年代毕业生就业结构并没有发生如此巨大的变化，并未导致大部分学生内在和外在动机的被迫分离。

在有关20世纪70和80年代究竟发生了什么的问题上，传统的观点可能产生了误导。在许多欧洲国家，不仅人文学科和一些社会科学的毕业生经历了超出平均水平或更严重的就业问题，自然科学毕业生也面临相当大的就业问题。例如，英国的新近大学毕业生中，生物科学毕业生已经大幅增加，他们经常面临着失业，而那些毕业于民用工程和商业研究的毕业生已接近平均水平。[86]

第二次世界大战之后，欧洲大学学习和专业工作之间最明显的联系存在于医学教育领域。医生需要获得规定的资质，在大多数国家医学院，入学名额由国家控制——这部分反映了职业压力，部分反映了高额的教育经费投入。医学教育的大部分入学名额由大学医学院提供，但有时也由独立的医科大学提供，通常要求六年的学习，其间相伴进行的临床实践则在医院进行。在一些国家，医院是一个大学的组成部分，而在其他地方则是独立实体。辅助医疗培训的制度基础在一些国家得到升级，但仍然形式多样。1990年，在一些国家由大学提供医学专业辅助培训，而在其他一些

[85] Ogay, 'Suisse' (note 59), 198-202.

[86] Bee and Dolton, 'Patterns' (note 61), 27-31.

国家则由非大学机构提供医学专业辅助培训，还有一些国家的医学专业辅助培训部分或全部由高等教育体系之外的职业学校完成。

在大多数欧洲国家，公共服务部门将教育证书和职业道路进行了明确区分。一个大学学位——在德国、法国和一些南部欧洲国家，获得一个法学学位——往往是进入高级公务员职业的先决条件。进入司法领域就业也同样需要这一法学学位。在英国、爱尔兰和其他一些国家，不具备规定的大学学习经历的经验丰富的管理人员，可以通过学习短期课程和通过考试
352 的方式获得资格认证，而在其他一些国家则必须完成大学学习。如果法学专业毕业生数量增加超出了预期需求，他们中的许多人可能会选择收入下降、客户减少的法律职业。[87]

20 世纪五六十年代的学术型高中教师培训包括大学学习、相对应的平行专业培训或在完成大学教育之后参加为期一年的教师培训项目。大多数欧洲国家的小学教师培训和那些非学术型中学教师培训由学院承担，比大学通常提供的课程学习时间要短。多年来，不少国家的师范学院升格为大学；一些国家要求小学教师持有正规大学学位。到了 20 世纪 90 年代，所有欧洲国家规定获得高等教育机构学位是进入公立学校任教的一个先决条件，同时许多国家要求幼儿教师需要在大学或其他高等教育机构接受培训。

就业市场强烈地影响着教学职业。尽管 20 世纪六七十年代人文学科和教师教育专业的学生人数不断增加，然而教师职位没有相应增加，作为此前扩张的结果，师资补充需要出现下降，严重的“不匹配”现象浮出水面。整个 20 世纪 80 年代，师范专业学生比例有所下降，反映了教学岗位需求和毕业生供给数量之间存在的差异。

第二次世界大战后，在大多数有关高等教育和毕业生就业的描述中，神学作为相关学科消失。现在，神学专业的学生可以作为人文科学的下级

---

[87] 见：C. Hommerich, ‘Die Anwaltschaft unter Expansionsdruck’, *Anwalts Blatt*, 5, Beilage (1988), 1-35。

学科加以统计，神学被并入许多机构。人文学科系科、神学院或单独设立的神学院都开设神学相关课程。作为一项规定，对于神学学习和神学专业工作的控制仍然很严格：各教会对课程学习、专业人员任命和最初的专业培训实施监督。

自然科学领域的学生可能会选择在工业机构的研发实验室、大学和研究机构就业，或选择教师职业。他们的职业生涯模式不同于一些国家接受高等教育短期培训项目的实验技术人员，也与另外一些国家接受高等职业学校教育的实验技术人员存在差别。在许多国家，科学家在从事多年实验工作之后转向管理职位的现象经常发生在私营产业领域。

大多数欧洲国家大学水平的工程师培训一般在专门机构中进行，如 353
（高等技术专门学校、多科技术学院等）。在其他国家，工程师培养则由多学科大学实施。全欧洲工程师培训的类型和层级各不相同。许多国家拥有一个工程师等级制度，大学水平的工程师等级最高；在非大学院校学习，修读具体课程项目，或者在高级职业学校接受培训的工程师，位居第二等级；在高级职业学校接受培训或蓝领工人升级而来的技术人员，则属于最低等级。晋升做法各不相同。与行政及私人产业和服务业的贸易部门相比较而言，不同职业发展路径的重叠较为少见，但比科学研究和发展部门中较为常见。行政、工业领域中的贸易和服务部门以及公共部门中最少受到法律、专业和常规的控制。然而，第二次世界大战后，这一行业的改变最为显著。管理类职业毕业生的就业范围不断扩大。只有少数几个欧洲国家——仅在少数领域——表现出控制专业执业资格和标准的专业化倾向。管理岗位招聘科学家和工程师，在计划经济国家的实践中表现最为显著，在西欧国家则不同程度地发生。

女性就业与工作

第二次世界大战后，一项最重要的社会变化是女性受教育机会的平等化。根据联合国教科文组织的统计，1950 年欧洲国家高等教育机构中女大学生在大学生总数中所占比例略低于30%，直到1960年这一比例几乎没有变化，在1970年增加到37%，1980年增加到43%，1990年最终达到48%左右。[88] 在此过程中，东欧和北欧国家可谓一马当先。类似的趋势也表现于毕业生中女性所占比例和女毕业生就业比例。20世纪90年代早期，欧洲经济合作与发展组织成员国中，在所有高等教育培训和专业活动中女性的比例平均达到40%左右。[89]

354 就业机会不平等突出表现在两个方面：首先，妇女可选择学习的专业领域有限。1987年，奥地利女性工科毕业生只有9%，经济领域为32%，医药领域为42%，但在人文学科和教师培训领域，女性成为大多数。[90] 同14%的男大学生获得物理学学位相比，只有5%的英国女大学毕业生获得物理学学位。在工程领域，女生与男生比例（4%/15%）差异与物理学领域类似。女性完成社会科学学业的比例为15%（男性为8%）。女性学习语言学的比例为8%（男性为4%），约为男性的两倍。[91] 其次，女性面临就业不公平现象，她们从事临时性工作的比例很高，但收入较低，且往往遭受歧视。在联邦德国，20世纪80年代中期接受大学教育的女性员工收入仅相当于男性员工收入的57%，女性自由职业者收入相当于男性自由职业者收入的62%，女性公务员收入相当于男性公务员收入的66%。[92]

期望、招聘和工作

尽管存在大量可资利用的有关毕业生职业、职业地位、职业收入和失

---

[88] UNESCO, Access (note 11), 28; UNESCO/CEPES, *Statistical Study on Higher Education in Europe 1970-1975* (Bucharest, 1978), 19-20; Nicolae, Smulders and Korka, Statistics (note 13), 53. 计算依据：UNESCO, *Statistical Yearbook 1993* (Paris, 1993), 3/266-3/273。

[89] 估算依据：OECD, *OECD Education Statistics 1985-1992* (note 6), 194, 199。

[90] Lassnigg, London and Spreitzer, 'Austria' (note 58), 129.

[91] J. Tarsh, 'Trends in the Graduate Labour Market', *Employment Gazette*, 93:7 (1985), 125.

[92] M. Tessaring, 'Germany', in OECD, *Employment*, Vol. Ⅰ (note 58), 24.

业情况的信息资料，但对其工作内容和教育关联的分析只是偶尔进行，且分析方法多有不同。这使得难以对一个国家在不同时期的情况进行比较，也不能就某一时期不同国家的情况进行比较。

20 世纪 70 年代后期，在五个欧洲国家（奥地利、联邦德国、荷兰、波兰和南斯拉夫）开展了一项有关学生动机和态度的调查。接受调查的学生倾向于基于兴趣，而非职业前景，选择自己的学习领域。知识目标居于首位，但详细的证据分析显示，受访国家的大部分学生认为学术动机和职业动机并不矛盾。[93]

毕业生调查表明，独立和艰巨的工作、利用能力的机会、实现自身职业抱负的努力、良好的工作环境成为毕业生首先考虑的因素。已毕业四至五年的德国大学毕业生，在 22 项可能的目标和晋升前景中，仅将“高收
入”排在第八位。然而，对毕业生来说，在毕业四五年后的这一阶段，地 355
位期望已变得比大学最后一年和毕业后两年更为强烈。[94] 相当数量的毕业生变换工作，以确保获得更好的符合实际的和期望的工作。

20 世纪 80 年代早期，在英国和联邦德国以非常类似的方式开展了一项有关招聘标准和雇主期望的调查。[95] 这两项调查研究均以访谈毕业生招聘的负责人为基础，并重视不同职业机构的各种聘用标准。公司形成了各

---

[93] B. Dippelhofer-Stiem et al., 'Students in Europe: Motives for Studying, Expectations of Higher Education and the Relevance of Career Prospects', *European Journal of Education*, 19 (1984), 309-325.

[94] H. Schomburg, 'Berufliche Orientierungen und Berufszufriedenheit', in U. Teichler and M. Buttgereit (eds.), *Hochschulabsolventen im Beruf: Ergebnisse der dritten Befragung bei Absolventen der Kasseler Verlaufsstudie*, Studien zu Bildung und Wissenschaft, 102 (Bad Honnef, 1992), 207-242.

[95] J. Roizen and M. Jepson, *Degrees for Jobs: Employer Expectations of Higher Education* (Guildford, 1985); see also M. Kogan, 'The "Expectations of Higher Education" Project', in D. Jaques and J. Richardson (eds.), *The Future for Higher Education* (Guildford, 1985), 99-109; U. Teichler, M. Buttgereit and R. Holtkamp, *Hochschulzertifikate in der betrieblichen Einstellungspraxis* (Bad Honnef, 1984); M. Buttgereit, 'Certificates and Recruitment', in Avakov *et al.*, *Higher Education* (note 38), 217-230.

自独特的招聘风格和招聘策略，而不是遵循技术或经济的逻辑。高等教育和学生谋求一套最好课程以及为实现未来就业获得技能的压力，比大众舆论所认为的要小很多。这两项调查研究的结论是：雇主对于课程学习细节和具体知识的兴趣低于学术管理者。在某些方面，英国雇主不同于他们的德国同行。首先，他们更加强调毕业生是否来自特定的院校；其次，存在更高比例的参与毕业生招聘的德国人事经理质疑高等教育分级的有效性；再次，德国雇主高度重视把知识类型、具体资质和认知技能作为解决问题的基础，而英国雇主更有可能寻求接受一般训练的人才。

20 世纪 70 年代开展的一项比较研究选择了法国和德国几家规模、产品相似的企业，以分析它们的资质和工作。[96] 该研究的结论是，在一种较为注重职业资质的体制下（德国即是此类），更可能为蓝领工人或相似级
356 别的雇员开发复杂的职业角色，并让该级别的雇员担负更多的责任。相比之下，一种不太重视职业资质的体制更有可能增设监管岗位，并把决定权赋予公司上层管理者。商业机构调整合格入职人员的工作则相对灵活。

变化中的毕业生就业与工作：大学的反应

主要争论与活动

第二次世界大战后，欧洲大学一直面临如何应对毕业生不断变化的职业和工作分配问题。具体问题随时间而变化，但基本主题保持不变。譬如：

---

[96] M. Maurice, F. Sellier and J. -J. Silvestre, *Politique d'éducation et organization industrielle en France et en Allemagne* (Paris, 1982); B. Lutz, 'Bildungssystem und Beschäftigungsstruktur in Deutschland und Frankreich', in H. -G. Mendius *et al*. (eds.), *Betrieb—Arbeitsmarkt—Qualifikation*, Vol. Ⅰ (Frankfurt, 1976), 83-151; B. Lutz, 'Education and Employment: Contrasting Evidence from France and the Federal Republic of Germany', *European Journal of Education*, 16(1981), 73-86.

1. 在何种程度上，教学和学习应该是对学术知识的“内部指向”，还是对毕业生预期工作的“外部指向”?

2. 在何种程度上，课程应按学科形成体系?

3. 大学是应该专注于传授知识，还是在传授知识的同时，也要努力塑造学生人格?

4. 专业准备是通过一般间接方式完成，相信知识迁移、学生应用知识的能力以及此后的训练过程，还是通过直接的方式完成?

5. 在何种程度上，大学应该强调一项关键的和创新的功能?

争论不能草率地概括为上述几个主题，因为争论背后是不同国家有关大学教育功能的教育哲学理念。人们普遍认为，法国大学对于专业准备和专业化价值持有比许多其他国家更积极的看法，[97] 德国大学关注知识和学术研究，[98] 而英国大学牢记学生个性的全面发展。[99] 无论这些假设是否有效，争论不能脱离体制模式（例如，将专业机构整合进入大学，以及建立非大学型高等教育机构）、课程、教学和学习、人员编制、管理（例如， 357
外部个人和团体参与大学管理，与专业人员和雇主进行正式或非正式的沟通）和提供支持服务（例如，职业指导、就业、与校友合作等）。

在所有国家，不同学科专业的学习与职业之间存在不同的联系。人文学科和一些社会科学的学术价值受到高度重视，这与职业要求之间存在潜在冲突。自然科学的学术范式盛行，这主要被解释为与专业要求达成一致。

结构回应

在 20 世纪六七十年代欧洲高等教育普遍扩张的时期，相当多数量的

---

[97] 见：A. Bienaymé，'France'，in P. G. Altbach（ed.），*Systems of Higher Education*：*France*（New York，1978），657-670。

[98] 见：L. Huber，'Hochschuldidaktik als Theorie der Bildung und Ausbildung'，in Huber，*Enzyklopädie*（note 54），118-120。

[99] 见：G. Squires，*The Curriculum beyond School*（London，1987）。

强调职业准备的专门学院，通过合并已有机构或扩张现存的专门学院并入多学科大学。这些结构变革导致多学科大学中更多的学科与知识应用联系密切，并习惯致力于学生的职业准备。这或许从总体上强化了大学中的专业重点，从而有助于职业导向学科“学术漂移”的发生，过去受高等教育环境的影响，此类学科以强调学术为荣。很明显，发生了双向交流现象。

在大多数欧洲国家，日益复杂的学生入学程序导致高等教育出现体制差异。[100] 许多国家选择双重制度模式，一方面，大学强调对知识的追求优先于满足可见的就业制度的需求；另一方面，高等教育机构以更为直接的方式服务于专业需求。高等教育机构分化的目的在于让不同的教育理念存在于相应类型的高等学校，但差异小于预期。[101] 非大学机构试图提高其学
358 术地位，表现出诸多“学术漂移”迹象，例如，降低研究型教师的教学负担，开展科学研究，制订时间较长的课程方案，弱化与就业制度的联系。虽然大学更倾向于在课程学习方面涉及毕业生未来的工作任务，这在某种情况下意味着“职业漂移”，事实上，高等教育领域“专业化”盛行。[102]

着重强调专业知识和专业能力强化了二元结构；而强调一般准备和个性发展，则青睐模糊的体制划分。如此可以解释这样一个事实，1992 年英国多科技术学院被命名为“大学”；[103] 联邦德国高等专科学校此前相对稳定，而目前追求“学术成分”；法国的大学技术学院仍然与大学泾渭

---

[100] 参见：OECD 在 *Short-Cycle*（note 22）中的概述；U. Teichler, *Changing Patterns of the Higher Education System*（London, 1988）；G. Neave, ‘Foundation or Roof? The Quantitative, Structural and Institutional Dimension in the Study of Higher Education’, *European Journal of Education*, 24（1989）, 211-222；J. P. Jallade, *L'enseignement supérieur en Europe: Vers une évaluation comparée des premiers cycles*（Paris, 1991）。

[101] 见：G. Neave, ‘The Dynamics of Integration in Non-Integrated Systems of Higher Education in Western Europe’, in Hermanns, Teichler and Wasser, *The Compleat University*（note 23）, 263-276；U. Teichler, ‘Structures of Higher Education Systems in Europe’, in Gellert, *Higher Education*（note 48）, 23-36。

[102] 见：‘Professionalisation: Recent Trends in European Higher Education’, *European Journal of Education*, 27: 1-2（special issue）（1992）。

[103] M. Kogan, ‘The End of the Dual System?’, in Gellert, *Higher Education*（note 48）, 47-58.

分明。

设立或者扩充不同类型的高等教育机构所带来的多样化，伴随着独特的教育和培训理念，然而，其未必能有效充当“缓冲器”以对抗大学的职业压力。事实上，人们甚至认为，在大学仍然是唯一官方高等教育机构的国家，不同高等教育机构类型共存对大学产生了更大压力，这一压力远远超出不断增长的学生数量带给大学的压力。欧洲多数大学因此没有保留一类“精英”高等教育机构，以保护越来越多的学生免于为职业工作做准备的压力。

欧洲大学模式中第三项重要的结构变化是越来越多地参与成人教育。这可能包括范围广泛的不同活动，特别是尖端的学术研究，前卫的毕业生专业培训，短期的专业培训课程（更新和扩充知识），公开讲座和其他面向成人的开放的知识传播形式，为成年人提供定期的学位课程（可能是部分时间制的和远程的学习安排），提供矫正或第二次机会（特别是入学资格的正规课程方案），提供短期学习准备（例如，正规课程方案中的专项计划招生以及一学期或一学年的学习项目）和大学在职职工培训。此外，特殊招生计划可面向那些不具备必要的中学教育资格的成年人实施。[104] 359

20 世纪六七十年代，许多欧洲国家将成人和终身教育纳入高等教育立法，视其为大学教育的一项核心功能。然而，在成人教育与终身教育参与程度方面，各大学之间差异显著。[105] 大学在组织结构上也存在差异。在许多大学，成人教育由单独机构管理，以教学为主的专门学术人员承担成人教育任务。[106]

---

[104] OECD(ed.),*Adults in Higher Education*(Paris,1987).

[105] 见:R. Sayegh,*The Diversification of Post-Secondary Education in Relation to Employment*,International Yearbook of Education,16(Paris,1990),第六章。

[106] 见:OECD,*Recurrent Education:A Strategy for Lifelong Learning*(Paris,1973);亦可见:M. Blaug and J. Mace,'Recurrent Education—the New Jerusalem',*Higher Education* 6(1977),277-299。

课程回应

课程改革、学习结构以及学生预期学习内容的修订，可能表现出体制导向、机构导向、课程导向、学科导向、理论导向、教育导向、职业导向以及消费者导向。在所有情况下，毕业生未来工作要素可直接进入课程发展。[107] 最后但同样重要的是，课程在与职业工作的密切联系方面存在差异，一些课程与职业准备密切相关，一些课程则根本无意与工作保持关联。[108]

1950年起，与传统欧洲大学相比，东欧国家的大学趋向工具主义模式。常规学习内容的重点放在必修课程“马克思-列宁主义”上。最终，课程方案高度专业化，例如，可能把物理学分为6类不同的学习项目和学位。“产学研一体化”受到热捧，特别是要求学生每年用约2个月的时间完成生产性任务，这种任务包括从农作物收割到与未来职业密切相关的工
360 作。[109] 然而，从20世纪70年代末开始，学校再一次努力拓展课程。[110]

20世纪60年代晚期，学生运动的主要批判议题之一是大学的课程和教学缺乏“社会相关性”。当时的批判显示，教授的“象牙塔”态度已导致对研究和专业工作的经济、社会和文化结果的忽视。大学已经失去其关键功能，转而支撑起当时的社会政治制度。[111] 20世纪70年代早期，对毕业生失业的日益关注，加剧了高等教育与就业之间联系的争论。与此同

---

[107] C. J. Boys et al., *Higher Education and the Preparation for Work* (London, 1988), 66-68.

[108] 见:U. Teichler, 'Higher Education: Curriculum', in Husén and Postlethwaite, *Encyclopedia* (note 11), 2199-2200。

[109] 可见:J. Mericka, 'Integration of Education, Research and Productive Work of Students in Czechoslovakia', *Higher Education in Europe*, 4:3(1979), 7-10; and the literature named by J. Kluczynski, 'Research on Higher Education in European Socialist Countries', in P. G. Altbach and D. H. Kelly (eds.), *Higher Education in International Perspective: A Survey and Bibliography* (London and New York, 1985), 55-86。

[110] 参见:Sayegh, *Diversification* (note 105), chapter 5。

[111] 见:'Student Activism', *Higher Education*, 8:6(1979) and 9:2(1980) (special issues)。

时，许多国家政府得出结论，他们的规划对知识内容及其专业能力的意义重视不够。[112]

总结各种旨在改变学习与专业实践之间联系的课程活动，[113] 可以确定两个主要的方向。

首先，学习领域和课程内容的变化无疑是主要推动力。例如，1976年联邦德国颁布的《高等教育框架法》呼吁加强学术性学习和专业实践之间的联系。而在瑞典，20世纪70年代末对所有课程进行了修订，以服务于各重点专业和职业：技术职业、行政、经济和社会职业、健康职业、教育职业、文化和信息职业。[114] 十年以后，即1987年，重新引入一类“学术”学位（哲学候选人，缩写 fil. kand. 或 F. K.），各种独立课程得以组合。

在其他国家，课程的转变还不太明显，但仍影响到许多学生。新的跨学科课程方案出现。例如，外国文学研究往往与社会科学或商业研究结合起来，成为商科的学位课程，或新的专业发展成为独立的研究项目，如卫生系统的信息科学。然而，20世纪80年代，一切恢复如初。专业的相关 361
性被认为依赖于学习和未来工作之间的密切而本质的联系。[115]

其次，系统化的努力加强了学习与实际工作经验的联合，这并不仅限于中欧和东欧国家。[116] 在大多数国家，延长的临床实习提升了医学学习质量，学校参观和教学实习则丰富了教师培训。此类工作安排形式多样，包

[112] 见：Fulton, Gordon and Williams, *Higher Education* (note 18), 102。

[113] 见：Boys *et al.*, *Higher Education* (note 107); N. Kluge, A. Neusel and U. Teichler, *Beispiele praxisorientierten Studiums* (Bonn, 1981); B. Jonsson *et al.*, *Kompetensutveckling pa framtidens arbetsmarknad: Huvudrapport* (Stockholm, 1991)。亦参见：A. Jaumotte, 'The Purpose of University Training', in CRE (ed.), *The European University 1975-1985* (Oxford, 1975), 51-61。

[114] 见：Jablonska-Skinder and Teichler, *Handbook* (note 46), 230。

[115] 可见欧洲企业家圆桌会议和欧洲校长会议记录，收录于：*CRE-action* (1990), 92。

[116] Note the elaborate schemes at German universities referred to in U. Teichler and H. Winkler, *Praxisorientierung des Studiums* (Frankfurt and New York, 1979); U. Lindner et al., *Higher Education, Industry and Human Resources: The German Experience* (Milan, 1992).

括学生自己发起组织的强制性的工作经验，以及由大学教授合作监督的实践项目、实地考察，或模拟解决实际问题的校园活动，如“在项目中学习”。此类将实践经验系统纳入学习项目的现象在非大学机构中表现得更为明显。荷兰的学院要求所有学生将四年学习计划中的一年用于工作。英国多科技术学院把学习阶段和工作阶段的交叉称为“三明治”项目。德国的高等专科学校根据学习领域和地区而做出不同的规定。20 世纪 80 年代后期，普遍达成的协议是，将一年时间安排为参与实践和考试。相比之下，尽管德国大学要求（学生）在各学习领域中的实践经验，往往倾向于低估作为课程项目一部分的扩展性实践阶段，而不论学生在开始学习前还是完成学习之后进行实习，还是在假期实习，还是在学术性学习间隙进行实习。

关于大学课程与非大学课程专业相关性差异程度的意见，可谓众说纷纭。20 世纪 80 年代后期，英国和德国的调查提供了相反证据。毕业于多科技术学院的英国学生在就业中面临更多问题，但在毕业五年后的报道中，他们中相当多（32%，大学毕业生 23%）的毕业生认为自己的工作从学位课程知识和技能中“获益良多”。相比之下，德国这两类高等教育的毕业生在就业过渡期也面临着类似问题。

362

其他回应

如果大学教师不仅在掌握学科专业知识方面才华卓著，而且在专业知识运用方面也多才多艺的话，大学就可以在其不同功能之间达成更好的平衡，在这方面经验之外的关联可以提供帮助。1992 年进行的一项比较调查表明，对于高等教育以外的职业生活，德国大学教授平均投入约 4 年时间，英国教授 5 年，瑞典教授 6 年。非大学高等教育机构教师投入职业生活的时间约高出（大学教师投入职业生活的）一倍。[117] 兼职教师的参与是

---

[117] J. Enders and U. Teichler, *Der Hochschullehrerberuf im internationalen Vergleich* (Bonn, 1995), 16.

高等教育机构加强专业准备的另一种手段。例如，在联邦德国，每 10 位全职教师中，兼职教师从 20 世纪 70 年代早期的 3 位增加到 1990 年左右的 4 位。

最后，大学可能会直接参与服务，帮助学生了解工作领域，顺利实现毕业后向就业体系的转移。20 世纪 70 年代和 80 年代期间，许多欧洲国家在扩招过程中，学生的学术咨询事务日益增多。[118] 然而，大学积极参与毕业生的职业安置，满足毕业生职业愿望，或与校友保持联系的能力，在不同国家之间表现出显著差异。

职业主义趋势?

一些专家建议，随着 20 世纪五六十年代高等教育的扩张，高校所面临的毕业生工作和职业前景的压力进一步加大。另外一些专家则认为，制订协议的是劳动市场。然而，专家们共同认为，20 世纪七八十年代，大学比此前的几十年更需要集中关注毕业生未来的就业和工作问题。

四十年的趋势和政策

在 20 世纪 90 年代早期所做的一项有关结构和课程发展的概述中，作者得出这样的结论：随着对文化及此后对公平的格外关注，大学正急于证明自己的专业功用。[119] 在承认大学专业功用的同时，面向未来的思考是开 363
放的，即思考大学是否可能会失去完成复杂和不确定任务的能力，是否可能失去回应革新的能力。

高等教育入学人数的不断增长，已经成为 1945 年之后所有毕业生就业和工作分析的一项关键因素。大多数情况下孤独与自由的相对缺失

---

[118] 见：R. W. Dawes，'The Role of the Counsellor in Mass Higher Education'，*Higher Education*，2(1973)，267-270。

[119] 亦可见：G. Neave，'On Instantly Consumable Knowledge and Snake Oil'，*European Journal of Education*，27:1(1992)，5-27。

（“排他性和自由”）成为关注反思的一个原因，而非资源增长时代的政治抗议，重要的公众尊重，以及刺激经济增长和减少不平等的动力的原因。接受大学教育的人数大幅增加，到20世纪90年代已超过同年龄组的30%，这不允许学生成为“少数精英”。传统上对任何具有合格资质者开放的高层职位，正在被越来越多的大学毕业生填补。经济结构朝向服务性行业的转变为毕业生提供了更多的就业机会。因此，20世纪五六十年代大学在扩张过程中并没有感到压力。

20世纪60年代后期，学生的抗议破坏了自治性学术界的信仰，政府开始重新思考他们扩张教育系统的长期战略。随着经济增长放缓和失业率大幅提高，劳动力市场中进一步增加的毕业生数量再次成为一个重大问题。中欧和东欧国家在追随苏联的社会政治模式后，似乎已经避免这一困境。20世纪50年代和60年代初期，许多中欧和东欧国家的高等教育实现了扩张式发展，但此后保持适度增长。学习计划变得更加高度专业化，更加密切配合预测的人力需求。

20世纪七八十年代，西欧国家的毕业生就业和工作较过去几十年更不尽人意，但也未如20世纪70年代中期所预测的那么悲观。大多数毕业生实现就业，进入传统上被认为是毕业分配或至少没有明确禁止他们进入的职位。从事体力劳动、简单服务或常规性白领职业的毕业生比例至少翻了一番。调查显示，大约3/5的毕业生认为自己受雇于毕业生职位，1/5的人对此提出质疑，只有1/5的人表示极度失望。学习、辍学、延期毕
364 业、缓和及缩短就业过渡期的努力等方面的逐步变化，都有助于减少潜在问题的出现。

关于由谁确保实现高等教育与就业之间的平衡的舆论发生了明显变化。20世纪60年代，许多人认为，明智的政府规划，基于预测的人力需求和供应趋势是至关重要的。然而，到了20世纪80年代，欧洲各国政府放松了监督控制，期待各大学管理化和企业化，通过精心设计的评估程序对社会负责。要求个别大学和系部进一步注意学习和就业之间的关系，以此作为采取有效行动的标准，这往往导致具有贬义的“职业主义”的

出现。

1990 年前后，原则上，宏观社会蓝图激发了纷扰不断的类似 20 世纪 70 年代中期的有关高等教育和就业之间关系的激烈辩论。20 世纪 90 年代早期失业率急剧上升，而毕业生数量出现了预期性增长。各方面专家曾预测并提出，合格劳动力的需求将会增长，但比 20 世纪六七十年代或乐观或悲观的预测更加模糊。尽管如此，对现象复杂性的认识无疑在不断明确。高等教育的学术、文化和专业职能之间达成平衡的方式并不是唯一的。

大学需要或者必须要发挥双重作用。大学应适当远离社会，为了自身的目的而追求知识。然而，作为大学实施相对自治性的结果，大学被要求关注毕业生的命运，关注满足毕业生们合理的职业需求。需要时间来判断大学所追求实现的平衡是否合理有效。

大学有没有屈从于来势迅猛的“职业漂移”？是否存在一个加速走向多元化的趋势，在某种程度上，学术型大学、高等职业院校和一些高等教育机构之间的共同因素是否消失了？它们之间是否出现了鸿沟？只有时间能证明一切。

附笔：20 世纪 90 年代以来的趋势和政策

20 世纪 90 年代和 21 世纪早期，高等教育继续扩展。根据经济合作与发展组织的统计，西欧第三级教育入学率不断增加，从 1991 年的 38%增
至 2003 年的 62%，即在 12 年间增长了 24%。[120] 在这一扩张过程中，一些 365
国家的非大学性高等教育机构升格为大学，而在其他国家，此前未被列为“高等教育”或“第三级教育”的职业教育和培训机构部门也升格为大学。然而，在多数国家，学生入学人数的增长出现在第三级教育机构。经济合作与发展组织得出结论，高等教育的扩张势头已在 20 世纪 80 年代中期得

[120] 见：OECD，*Education at a Glance*：*OECD Indicators 2005*（Paris，2005）。

以恢复。随后，关于“过度教育”的质疑让位于大众辩论中的主流观点：为应对“知识社会”日益增长的教育需求，必须发展高等教育。经济合作与发展组织还发现，欧洲高等教育的发展走向已在20世纪90年代晚期的许多欧洲国家表露无遗：在同龄人中，无论是在完成中学教育后，或在以后的生活阶段，约3/4的人受益于某种形式的第三级教育。[121]

已有毕业生调查并未显示高等教育扩张导致了劳动力市场出现严重的毕业生就业问题。20世纪80年代，对许多毕业生而言，越来越清楚的是，从高等教育到就业是一个被拉长的且不确定的时间段。此外，与以往相比较越来越多的毕业生正在接受从事更少体面和更低要求的任务。不过，最终在“不匹配的”职位工作的毕业生比例仍然很小。

根据1995年针对欧洲11国高等学校毕业生所开展的一项代表性调查，73%的毕业生约在（毕业）四年后从事管理工作和职业，20%的毕业生是准专业人员或技术人员等，只有7%的毕业生从事了办公室文员、销售人员、工人和其他工作，在这些工作中学位一般被认为是非必需的。[122]

2000年，一项针对欧洲13国毕业生所开展的类似调查显示出几乎相同的结果：74%的毕业生约在（毕业）五年后供职于行业内普遍认为需要一个学位的工作，19%的毕业生的工作有时被称为“半专业”，7%的职业显然并不需要学位。[123]

学习和随后职业水平之间关系的相对稳定性，并不意味着20世纪90
366 年代以来欧洲劳动职业领域对高等教育的变化无动于衷。尽管缺乏准确的信息，专家们还是能够针对已经实际发生变化的程度，指出高等教育变化的四个主要领域。

首先，正式课程与学位结构的变化必将影响毕业生的就业和工作。

---

[121] OECD, *Redefining Tertiary Education* (Paris, 1997).

[122] U. Teichler, *Higher Education and Graduate Employment in Europe* (Dordrecht, 2006), 90-91.

[123] H. Schomburg, 'Young Higher Education Graduates—the Winners of Globalization', in *European Research Network on Transitions in Youth: 15th Annual Workshop* (Ghent, 2007), 4-6.

1991年欧洲多国教育部长签署《博洛尼亚宣言》，同意建立一个类似于盎格鲁-撒克逊传统的学士和硕士学位资格的学习方案和学位框架。[124] 因此，欧洲大学面临的挑战是设计出相对短期的课程（主要是三年）学习方案，其（《博洛尼亚宣言》原文）将“与作为相应资格水平的欧洲劳动力市场”保持关联。这一结构变化还导致高等教育机构开设硕士课程，硕士课程没有坚守大学中盛行的“学术”传统以及对研究与教学之间的密切联系。

其次，高等教育非正式结构的差异对毕业生就业的影响日益突出。大学“研究排名”以及大学之间围绕实现成为“世界一流大学”目标而开展的日益激烈的竞争，[125] 已经吸引了公众的注意力。在那些传统上大学之间存在鲜明“等级”多样性的国家，机构声誉和毕业生就业机会之间的密切联系有赖于传统智慧。传统上大学等级模糊的国家，毕业生就业机会是否趋于同等层次，这仍有待观察。

再次，重塑21世纪早期课程内容可见性的努力，远远超出“博洛尼亚进程”推进学习方案和学位结构趋同化的需要。许多专家一致认为，“知识社会”和“知识经济”概念的日益频繁使用，导致大学在研究、教学和学习方面面临工具性的压力。此外，近年来欧洲评价和认证活动的不断蔓延，要求对教学与学习的职业意义持有越来越明晰的认识。诸多学人 367
对大学即将丧失服务于社会的创新性潜能表示关切，具有讽刺意味的是，压力使他们以一种实用的方式表现得更加创新，牺牲了以知识本身为目的的创新性的知识探究潜力，牺牲了大学的关键功能，牺牲了学生面向不确定任务的训练。21世纪早期，“就业能力”成为课程调整中最流行的口头禅。认真审视这一争论发现，高等教育机构改造课程使其适应就业体制预

[124] J. Witte, *Change of Degrees and Degree of Change: Comparing Adaptations of European Higher Education Systems in the Context of the Bologna Process* (Enschede, 2006); cf. also U. Teichler, *Higher Education Systems: Conceptual Frameworks, Comparative Perspectives, Empirical Findings* (Rotterdam and Taipei, 2007). 见书中关于此后趋势与政策的概述，以及本卷《尾声》。

[125] J. Sadlak and N. C. Liu (eds.), *The World-Class University and Rankings: Aiming beyond Status* (Bucharest and Cluj-Napoca, 2007). 参见书中概述。

期需要的愿望，采取大量辅助措施在劳动市场“推销”自己的举动，或许与坚持高等教育与就业之间存在联系这一精英教育理念并不相关。此外，有关毕业生雇佣能力的解释存在极大差异。例如，在英国，“通用技能”的加强往往被认为是提高个人就业能力的最适当手段；而在德国，混合“关键技能”的培养，包括从“计算机知识”、外语熟练程度、“社会交际技能”到“问题解决能力”，都备受青睐。[126]

最后，近年来“国际化”成为高等教育政策中的一项关键主题。在此框架中，大学正在努力增强教师和学生的流动性，促进更多的跨境合作，以各种方式加强欧洲各国之间的联系，越来越多的大学将自己定义为由全球性的知识和声誉市场所塑造，加强他们支持发展中国家高等教育的活动。此处仅列举一些正在考虑的主要议题。[127] 事实上，对个人职业生涯而言，高等教育国际化可能具有更为深远的意义。例如，花费一段时间在另一个欧洲国家学习的欧洲学生，毕业后数年间到国外工作的可能性为学习期间没有选择出国交流学生的5倍。他们在国内选择承担国际性工作任务的可能性，也要高出他们此前选择非流动性的同行的2倍。[128]

368 然而，一句对于似乎已经发生的巨大变化的忠告是：即便在推进多年的国际化和欧洲化之后，在欧洲劳动力市场中，也只有约5%的高素质人才为外国人，而这些人中约有一半的人来自其他欧洲国家。大学和工作市场之间的关系正在发生明显变化，但这些变化的影响可能并不深远，也比目前有关政策建议实现的进程要更为缓慢一些。

---

[126] 参见：U. Teichler, 'Higher Education and the European Labour Market', in *EUA Bologna Handbook: Making Bologna Work*(Berlin, 2007), 23-30(part 3. 2-1)。

[127] 参见：J. Huisman and M. van der Wende(eds.), *On Cooperation and Competition*, 2 vols. (Bonn, 2003 and 2005)。

[128] 见：V. Jahr and U. Teichler, 'Graduates' International Experience and Mobility', in U. Teichler(ed.), *Careers of University Graduates*(Dordrecht, 2007), 211-224; U. Teichler and K. Janson, 'The Professional Value of Study in Another European Country: Employment and Work of Former ERASMUS Students', *Journal of Studies in International Education*, 11: 3-4(2007), 486-495。

精选文献

Bodenhöfer, H. J. (ed.) *Hochschulexpansion und Beschäftigung*, Vienna, 1981.

Bowman, M. J. et al. (eds.) *Readings in the Economics of Education*, Paris, 1968.

Brennan, J., Kogan, M., and Teichler, U. (eds.) *Higher Education and Work*, London, 1995.

'Higher Education and Employment' (special issues), *European Journal of Education*, 30(1995).

Holtkamp, R., and Teichler, U. (eds.) *Berufstätigkeit von Hochschulabsolventen: Forschungsergebnisse und Folgerungen für das Studium*, Frankfurt and New York, 1983.

Husén, T. *Social Background and Educational Career*, Paris, 1972.

Lindley, R. (ed.) *Higher Education and the Labour Market*, Guildford, 1981.

OECD. *Education, Inequality and Life Chances*, 2 vols., Paris, 1975.

OECD. *From Higher Education to Employment*, 4 vols., Paris, 1992.

OECD. *The Utilisation of Highly Qualified Personnel*, Paris, 1973.

Perkin, M. *The Rise of Professional Society: England since 1880*, London, 1989.

Psacharopoulos, G. (ed.) *Economics of Education: Research and Studies*, Oxford, 1987.

Roizen, J., and Jepson, M. *Degrees for Jobs: Employer Expectations of Higher Education*, Guildford, 1985.

Sanyal, B. C. *Higher Education and Employment: An International Comparative Analysis*, London, 1987.

Schomburg, H., and Teichler, U. *Higher Education and Graduate Em-

ployment in Europe, Dordrecht, 2006.

Teichler, U. 'Higher Education and Work in Europe', in J. C. Smart (ed.), *Higher Education: Handbook of Theory and Research*, Vol. 4, New York, 1988.

Teichler, U., Hartung, D., and Nuthmann, R. *Higher Education and the Needs of Society*, Windsor, 1980.

Williams, G. 'The Economic Approach', in B. R. Clark (ed.), *Perspectives on Higher Education*, *Berkeley*, Cal., 1984, 79-105.

Youdi, R. V. and Hinchcliffe, K. (eds.) *Forecasting Skilled Manpower Needs*, Paris, 1985.

第四编 学术

第十章　社会科学、历史学和法学 371

诺特克尔·哈默施泰因，迪尔克·海尔堡[①]

导言

19 世纪和 20 世纪初，一种潜在的历史方法成为很多学科的特征。[②] 几乎所有学科都是如此，尤其是在文科领域——语言学、哲学、艺术史和考古史、法学及所有与之相关的分支学科、经济学等，这种情况都以不同的形式表现出来。同样的方法论亦被社会科学、社会学、地理学、政治学、人种学（社会人类学）、经济学、法学、心理学（尤其是社会心理学）等学科所采用。上述学科，除法学和经济学外，大都是在第一次世界大战后，才在欧洲的大学中逐渐出现。不过某些学科已经在一些大学（主要是德国和法国的大学）中被讲授了相当长的时间。尽管这些学科所探讨的基本问题自人类出现就已存在，但它们却很少被称为社会科学。在取得大学对其地位的认可之前，这些新学科不得不采用了一些乏味的迂回路线，直到 20 世纪后半期，才得以庆祝它们的胜利到来。

在不同的国家，这些学科被大学所认可的方式明显不同。例如在法国，社会学成为大学学科的时间相对较早，尽管范围并不是很大。在英格兰，社会学主要是非大学人士、企业家、记者和知识分子的禁脔，并且自产生之日起就形成了强有力的实证研究方法，这与欧洲大陆形成了鲜明对比。再以人种学为例，该学科在英国和德国最初只是博物馆学的一种，而 372

① 诺特克尔·哈默施泰因负责社会科学与史学部分，法学部分由迪尔克·海尔堡负责。

② 参见第三卷第十一章。

在法国则是以人类学好奇心的副产品的形式出现的。政治学在德国是从金融和政治科学中演变而来，在英国则是从历史学和道德哲学中发展起来的。社会科学中其他学科的发展亦可表现出类似差异。

虽然进展缓慢，但重要的是，所有的欧洲国家都在 20 世纪对这些关注现代世界需求的学科逐渐开放。欧洲的大学在接纳新学科时一般都会面临诸多困难。这与美国的情况存有矛盾：在美国，学院传统教学项目已吸收融合了德国模式，结果它们对社会科学所涵盖的那些新学科采取了开放务实的态度。③ 另外，美国大学不像欧洲大学那样以学院（faculties）为基础，而是以系部（departments）为基础，这也是其优势之一。美国能在很早的时候就授予社会学博士学位，而在欧洲，类似的论文很长一段时期内都被归属于其他不同学科内，这并非巧合。④

直到 1945 年之后，社会科学才真正取得实质胜利。⑤ 在美国，这些学科——尤其是社会学和政治学，被视为“民主社会的基本要素”。⑥ 二战期间，美国人把这一理念作为重要的制胜力量带到欧洲。由于这场比一战激烈程度更高的战争本身就是一次科学技术优势的竞争，因此各个国家的政治家和民众深刻认识到科学研究的重要性。作为在军事实力和对军事研究的战略关注方面最为成功的国家，美国成为各个国家竞相模仿的典范。美国的社会科学在很大程度上也是如此。二战之后，很多社会学家，如塔尔科特·帕森斯，认为借助科学的手段来规划进而实现更美好的未来是可行的，这是一个令人迫切把握的殷切期望。

战争的恐怖，纳粹的罪恶政策，欧洲意识的破碎，这样和那样的灾难
373 带来的破坏，公民凝聚力和宗教信仰的丧失，所有这些都使得美国的生活

---

③ P. T. Manicas, *A History and Philosophy of the Social Sciences* (Oxford, 1987), 214f.

④ A. J. Reiss, Jr, 'Sociology. The Field', in D. L. Sills (ed.), *International Encyclopedia of the Social Sciences*, Vol. XV (New York, 1968), 12.

⑤ R. A. Scott, 'Social Sciences. Introduction', in Clark and Neave, *Encyclopedia* II, 2072.

⑥ F. H. Tenbruck, 'Deutsche Soziologie im internationalen Kontext', in *Deutsche Soziologie seit 1945*, *Kölner Zeitschrift für Soziologie und Sozialpsychologie*, *Sonderheft* 21 (Opladen, 1979), 71.

方式看起来更具吸引力。人们开始放弃自己的传统，他们认为，由于有了这些能够解决所有社会和政治问题的新学科，迈向现代世界的进程方得以顺利启动。美国社会就是一个鲜活的例子，其本身就是以对社会科学的深刻洞察为基础的——正如李普赛特所阐释的那样。理性民意能够借助社会科学方法的途径而产生，它基于社会现实而非舆论和价值观的冲突而构建，其结果是国家的民主政治得以保障。

美国自身愿意接受这种社会乐观主义，那些受战争直接影响的国家更是如此。美国不仅仅是一个毋庸置疑的军事上的胜利者，也是知识上的胜利者和发展方向的主导者。在自由与人性理念基石之上，美国建成了一个人道、民主的社会。按照某种方式它似乎可以迁移到其他地方，但这种方式并不适用于欧洲模式的民主政府。美国自身确信其观念可以安全无虞地适用于任何地方，尤其是当它在德国拥有作为战胜国所具备的能力时。有人认为这取决于社会科学的性质，美国对实证性科研成果的运用确保了它的成功。[⑦] 那些饱受战争打击、不满于欧洲境况的战后年轻一代的知识分子们，急切地把握住这些承诺，并利用科学方法和态度以确保民主政治。这种相对的非历史性、普遍性的观念孕育着能够带来一种成功而备受赞誉的生活方式的希望，这要归功于新的技术和新的科学方法，因为似乎新的技术和新的科学方法赋予了这种生活方式稳定性和灵活性。"在某种程度上，这是战争的结果"，G. 威廉姆斯的论断或许有些夸张，但仍确实无误。[⑧]

社会科学在1945年之后之所以能取得成功的进展，一个关键因素是人们对美国在该领域卓越成就的普遍认可。当然，社会科学需考虑不同的国家传统，不过对美国理念和方法的接纳还是开创了国际学术视野的整体感，为这些学科在20世纪五六十年代的发展提供了几乎无所不在的高度 374

⑦ D. Bell, *Die Sozialwissenschaften seit 1945* (Frankfurt and New York, 1986), 60ff.; Tenbruck, 'Deutsche Soziologie' (note 5), 88ff.

⑧ 'In some cases this was the result of the war.' G. Williams, 'Introduction', in Clark and Neave, *Encyclopedia* Ⅱ, 849.

认可和公共影响，并一直保持到了 21 世纪。在那个年代，公共问题、经济问题和社会问题激发了人们异乎寻常的兴趣，这一方面是因为战争导致的破坏与流离失所，还因为欧洲国家普遍存在的社会不公现象。当然美国自己也需要解决由于战争而导致的巨大的社会动荡，实际上，在所有受到战争影响的国家，难以胜数的男青年——在一些情况下也包括女青年——都不得不参军服役或从事类似工作。现在，这些年轻人，不论其社会地位、工作和培训需求如何，都迫使政府采取更积极的干预政策，而这需要从具有计划性和检测性的社会科学中找寻指导和建议。大规模的高校入学潮来势汹汹，而这些院校还没有做好迎接这一任务的准备。它们尝试掌握从社会科学中获取的有用知识，由此进一步给部分有争议学科的兴起提供了动力；同时，这也常常会给大学以刺激，让它们在 1945 年之后试图抓住机遇，发展到它们此前从未曾想象到的程度，并且吸引大量的学生。

这种发展并非突然启动，不会总在战争结束之时立即发生，也不会同时出现在所有的学科上。不过在 1970—1975 年间，那些此前被称作“人文学科”的社会科学已发展成为重要的引领性学科，其研究方法和科研成果被视为其他很多学科的基础原则和方法论典范。尽管它们也无法避免内部冲突或不同学派、不同研究方法之间的严肃争论，但从另一方面来看，引发争论，恰恰是活跃的和前沿性的学科在其发展中的必然。到 20 世纪 70 年代后期，这些学科中的很多学科要被迫应对那些对它们而言相当新的危机状况，而它们的主导地位并非毫无争议。现代科学的多样化发展和专门化趋势将导致学科地位的突然变化，催生出延至今日的领军学科，由此那些曾经似乎是不可或缺的知识在今天变得不合时宜。

20 世纪 40 年代一度流行的世界史观和学科被社会科学所取代，这不仅仅取决于政治和历史因素，还包括学科自身因素。因此在进行历史领域探讨之前，我们首先应对这些学科有所了解。同时，由于这些学科在战后
375 欧洲的发展过程中，美国模式扮演了至关重要的角色，因而我们在研究欧洲大学的发展时，将按学科首先从它们在北美地区的前期发展历程着手。

社会学

美国

每个学科的兴起，不仅源于不同的质疑路径，还源于对不同问题领域和不同问题组合的探究。一般而言，其研究目标是当时的人们尽其所能可以辨明的社会中的人，同时对政治、人类、经济、文化和历史等诸多领域的相关质疑也起到了重要作用，所有疑问的核心是“人”——可以是作为社会存在的人，可以是作为集体的人，也可以是作为个体的人。社会学同样如此。爱德华·希尔斯认为，最根本的议题是“人类的独特性和社会生活的基本规则”，亦有其他学者将之表述为“在集体行为或一般社会秩序影响范围内的人”。因此，社会关系，社会本质，社会系统和结构，社会阶层、组织、制度、机构，亚文化群，等等，均为社会学所研究问题的一部分。⑨

社会学在美国很早就得到认可并迅速发展起来，这与其在欧洲（可能只有荷兰除外）的发展历程明显不同。1883 年，莱斯特·弗兰克·华德（1841—1913）出版了《动态社会学》教科书。1905 年，美国社会学协会成立。同年，弗兰克·威廉·萨默（1840—1910）的著作《民俗论》将社会学这门学科引介给了更多的社会公众。

1892 年，艾尔宾·斯摩在新建的芝加哥大学创办了社会学系。在威廉·伊萨克·托马斯（1893—1947）⑩ 和弗洛里安·兹纳涅茨基（1882—

---

⑨ ‘Social relationships, the nature of society, social systems and structures, social stratification, organisations, institutions and communities, subcultures etc.’: some of the formulations in J. F. Short, ‘Sociology’, in Clark and Neave, *Encyclopedia* Ⅱ, 2169.

⑩ Known through the Thomas theory developed in collaboration with Znanicki[W. Rüegg, *Soziologie: Funkkolleg zum Verständnis der modernen Gesellschaft*, Vol. Ⅵ (Frankfurt, 1969-1975), 249]. 这些段落本人要特别感谢瓦尔特·吕埃格。

1958）的努力下，这里因“芝加哥学派”而声名鹊起。它从实用主义出发，促使社会学研究进入城市问题、种族关系、集体行为模式等实际领域，其目的是明确导致社会秩序混乱的根源，从而改善其功能的发挥。

376 1895 年，《美国社会学杂志》在芝加哥大学出版社创刊。美国的高校，特别是中西部地区的高校，纷纷效仿芝加哥大学建立社会学系。由工业化、城市化和移民所导致的一系列实际问题是这些高校社会学教学与研究的焦点所在。

这一时期，社会学的主要关注点是对分析工具的开发与应用，以及出于把握社会现实而提出所谓的“好问题”。很多社会学家，如索斯藤·维布伦（1857—1929）和罗伯特·S. 林德（1892—1970），都在致力于揭露社会结构的不平等，以及分析资本主义政府体系的实际效果。20 世纪 20 年代末之前，美国绝大部分的社会学家都来自宗教界和农村地区，经验主义构成了他们开展研究的基础，其关注点直接指向了社区和社会中个人与群体的社会化的诱因及表现、这一进程中个人与群体的文化适应和去文化化，以及这一进程的政治后果等。[11]

20 世纪 30 年代，美国东海岸的传统大学成功地掀起了一场针对社会学缺乏明晰理论的运动。1923 年被苏联政府驱逐、后任哈佛大学社会学教授的彼特里姆·索罗金（1889—1968）为学生们开启了新的视角。他从详尽阐释社会学的概念和分类体系入手，来分析不平等、流动、动因和社会变革等现象。[12] 同时，他也让学生们意识到社会学思想传统的差异。[13]该方式促成了“帕雷托学群”（Pareto circle）的出现，该群体的成员对帕雷托关联社会学与经济学的尝试兴趣不大，而是更为关注帕雷托创建综合的社会科学理论的努力。在帕雷托和涂尔干以及社会人类学家斯宾塞和马林诺夫斯基的共同影响下，索罗金的学生塔尔科特·帕森斯（1902—

---

[11] L. Bransom, *The Political Context of Sociology* (Princeton, 1961).

[12] P. Sorokin, *Social and Cultural Dynamics*, 4 vols. (New York, 1937).

[13] P. Sorokin, *Contemporary Sociological Theories* (New York, 1928).

1979）从 1937 年起开始将应用结构与功能分析作为其毕生使命。[14] 他与社会现实主义彻底决裂，发展出自己的概念体系，借此他得以将社会现象作为与所处的整个社会背景相互作用的动态因素加以分析，并且构建起了一种兼收并蓄的理论和方法论。帕森斯的目的是建设一个统一的、有科学依据的社会环境，这种社会环境的有效性不再由社会中某一占主导地位的领域决定，而是取决于社会活动的整体情况。20 世纪 60 年代，帕森斯的 377
“结构功能主义”[15] ——经由其他学派代表人物的努力而得以拓展——主导了全美乃至大部分欧洲的社会学。

在纽约，由罗伯特·K. 默顿（1910—2003）和乔治斯·G. 霍曼斯（1910—1989）[16] 带领的哥伦比亚大学的社会学家们，成功地将结构功能分析应用到实证案例研究之中。默顿对帕森斯关于整体社会体系的理论主张加以扬弃，在此基础上形成了关于中间适应性的理论。该理论采用结构功能分析的方法对诸如社会变革、科学技术发现的社会环境、社会活动及社会价值传播过程中相关群体的重要性等社会学问题进行研究。[17] 这样一来，功能主义主要是作为一种颇有成效的实证研究方法得到了发展，但在其所宣称的为所有事物提供一种令人信服的社会学理论方面却未能取得进展。这在默顿的哥伦比亚大学同事保罗·拉扎斯菲尔德（1901—1976）所从事的一系列实证研究工作中表现得尤为明显，保罗的研究工作包括诸如

---

⑭ T. Parsons, *The Structure of Social Action* (New York, 1937).

⑮ T. Parsons and E. A. Shils, *Toward a General Theory of Action* (Cambridge, Mass., 1951); T. Parsons, R. F. Bales and E. A. Shils, *Working Papers on the Theory of Social Action* (New York, 1953). R. Dahrendorf, *Die angewandte Aufklärung: Gesellschaft und Aufklärung in Amerika* (Munich 1961); N. Herpin, *Les sociologies américaines et le siècle* (Paris, 1973).

⑯ G. C. Homans, *The Human Group* (New York, 1950).

⑰ R. K. Merton, *Social Theory and Social Structure: Toward the Codification of Theory and Research* (Glencoe, Ⅲ., 1949); R. K. Merton, *On Theoretical Sociology: Five Essays, Old and New* (New York, 1967).

美国公民的选举行为以及他们对无线电的使用情况等。[18]

在此期间，社会学成为一门专业化学科，联合国教科文组织还授命拉扎斯菲尔德对社会学发展概况进行调查。[19] 社会学因其自身的学术地位和精神特质而成为大学中一门重要的学科。随着越来越多的社会关系被当作社会问题重新界定，对训练有素的社会学家的需要也日益增长。到1960年前后，美国几乎所有的大学都设立了社会学系，授予的社会学博士学位超过70个，其他层次的毕业生也持续增加，形式多样的专业学术活动日渐活跃，最明显的表现就是美国社会学协会的下设部门及其成员数量的增长。该协会涵盖了所有能想到的社会学感兴趣的每一个枝节。1963年时，
378 协会下设5个部门，到1976年增至14个，1988年增至26个。1945年，协会成员约为1000人，1972年为15 000人，1980年骤增至56 000人。[20] 尽管20世纪80年代协会成员人数暂时有所下降，不过这仍确定无疑地表明这个学科已经形成。在二战后的20—30年间，社会科学成为最有可能实现如下希望的学科，即建设一个更加美好、公正、和平的社会。

然而到20世纪50年代末，哥伦比亚大学出现了一场激烈的对抗运动，其代言人查尔斯·赖特·米尔斯（1916—1962）提出以“社会镶嵌理论”（engaged sociology）来抗衡默顿和拉扎斯菲尔德成功确立的立足于理论的实证社会学。这种新式社会学批判了在数据统计关联性方面的自我炫耀式的增长，认为这不过是打着抽象理论和科学中立实证论的幌子，仅仅服务于美国权力精英的利益。他们认为，这种做法的唯一目的就是借助这种调查方式来操纵那个沉湎于消费和娱乐、对政治无动于衷的美国社会。

⑱ P. F. Lazarsfeld, *An Introduction to Applied Sociology* (New York, 1975); R. K. Merton, J. S. Coleman and P. H. Ross (eds.), *Qualitative and Quantitative Social Research: Papers in Honor of Paul F. Lazarsfeld* (New York, 1979); J. Lautman and B. Lecuyer (eds.), *Paul Lazarsfeld (1901-1976): La sociologie de Vienne* (New York and Paris, 1998).

⑲ P. F. Lazarsfeld, 'La sociologie', in *Tendances principales dans les sciences sociales et humaines: Première partie* (Paris, 1970), 69-197.

⑳ Clark and Neave, *Encyclopedia* Ⅱ, 2170ff.; L. J. Rhoades, *A History of the American Sociological Association 1905-1980* (Washington, 1981).

毕业于哥伦比亚大学的阿文·W. 高德纳（1921—1982）在其 1970 年出版的一本书中，以最极端的语言表达了这种抨击，引起了巨大的震动。[21]

社会学和其他社会科学一同在动荡的 20 世纪 60 年代成为人们的兴趣焦点。民权运动、越战、嬉皮士、大学学潮为这些学科提供了发展的土壤，因为这些学科宣称它们不仅可以对社会及其组织和缺憾的状况与可能性进行分析，还能够加以改善。社会科学衍生出很多新领域、新理论和新的分支学科，这在一定程度上使社会科学在 20 世纪 70 年代名望和声誉迅速衰退时期得以幸存下来。愈发明显的是，70 年代末带着近乎宗教式的狂热引发的有关理论和技术用语的频繁讨论并没有产生效果。它们的确在理论和实践导向方面做了很多努力，但并没有哪种努力得到普遍认同，诸如新机能主义、结构主义、理性选择理论、认知社会学、语言变化、后结构主义、后现代主义、符号互动论、新种族方法论等层出不穷、混乱不堪。政治家，实际上甚至连科学家都不再信任作为基础科学的社会学的功能，致使 20 世纪 80 年代社会学的经费削减、声誉受损，在政治活动中更 379
容易遭受攻击。同时它推动新马克思主义的传播，这在美国是个新生事物。当然，基于实证的社会学最终仍是该学科的永恒主题和最重要的部分，同时社会学的专业性进一步加强，现在毕业资格和考试文凭变得愈发重要。

欧洲

如本章导言所述，美国的主导地位无疑对社会科学在欧洲的发展产生了影响，不过，即便成长中的国际主义依然存在，科学和文化的本土意识以及理论传统过去不曾、现在也不会被轻易地压制。实际上，在“较为柔软”的人文学科和社会科学方面，这种本土意识和理论传统扮演的角色比它们在那些业已形成的表面上似乎很稳固的自然科学领域更为重要。与其

[21] C. W. Mills, *The Sociological Imagination* (New York, 1959); A. Q. Gouldner, *The Coming Crisis of Western Sociology* (New York, 1970); S. Lukes, Emile Durkheim: *His Life and Work. A Historical and Critical Study* (London, 1973).

他学科相比，人文社会学科只是对某些文化中方法的采纳和应用更为快捷。从对欧洲一些国家的研究中，这一点展露无遗。

一战以前，在奥古斯特·孔德和埃米尔·涂尔干（他们都是致力于社会科学的权威人士）曾经工作过的法国，社会学在除波尔多和巴黎之外的大学里的角色甚至是微不足道的，只是被视为某种应用性或实用性学科，没有独立的学科地位。涂尔干 27 岁时在波尔多大学获得“社会科学和教育理论”教席，开设讲座并出版社会学著作。1897 年，他创立了权威刊物——《社会学年鉴》。1902 年起，涂尔干在索邦大学[1]担任教育学教授助理。1906 年他开始主持教育学教席。1913 年，巴黎大学为涂尔干设立了社会学教席，涂尔干在此教席主持了四年，直至去世。尽管涂尔干在社会学方面有着不弱于在其他学科方面的持续影响力，但官方对于社会学的冷淡态度并未因此而改变。

在法国，人们认为社会学应该传递出基于哲学和理论的知识，实际上这并非在呼吁开展实证领域的研究，[22] 此类工作被视为非大学的专门机构的职责范畴。社会学在当时几乎完全缺乏其在现代大学取得显著成效的量化基础。在 20 世纪 40 年代末 50 年代初，社会学可能有助于实现经济复
380 苏、建设美好社会的观念迅速传播，但这对巴黎大学这所法国最负盛名的大学几乎未产生任何影响，直到 1958 年，雷蒙·阿隆才获得教授社会学的资格。

1956 年，法国孟戴斯-弗朗斯政府实行大学改革，这场改革在一定程度上是社会科学推动的结果。改革的直接结果是促成了法国高等研究实践学院第六部的成立。这所学校始建于 1868 年，是一所私立院校，但它在师资和校址方面与巴黎大学有着千丝万缕的联系，在引导高年级学生开展研究方面借鉴了德国的研讨会和实验室模式。1963 年，高等研究实践学院第六部改组为高等社会科学院，与法国人文科学院的创办联系在了

[1] 即巴黎大学，本节下文同。

[22] C. E. Lemert(ed.),*French Sociology*(New York,1981),12ff.

一起。[23]

作为大学的一门学科，社会学在巴黎大学以外的传播是以另外一种方式果断推进的。在法国国家科学研究中心的框架内，社会学研究机构开始得到发展。这些机构在行政和法律上隶属于国家科学研究中心，但却是由大学教授担任领导，因而这些教授除了在大学开展教学工作外，还可在此岗位上进行研究。通过这种方式，法国大学形成了这样一种局面，即社会学能够运用自身的研究服务于教学。

社会学大致沿四个方向发展，除一个方向外，其余三个方向均深受北美模式的影响。方向一采用了帕森斯的结构功能方法，默顿以中程理论的形式发展了该方法。弗朗索瓦·布里科（1922—1991）通过对帕森斯社会学思想的翻译和批判，为功能主义在法国的传播做出了重要贡献，他还将其应用到国家科学研究中心委托的有关南美的研究项目之中。[24] 曾在斯坦福大学学习、在哈佛大学开设客座讲座的米歇尔·克罗齐耶（1922—），后来担任国家科学研究中心的主管。他在促使基于思想体系的社会学方法与开展有关工作关系和组织形式的实证性具体分析的社会学相适应方面，发挥了积极作用。[25]

方向二涉及方法论和对以数学为基础的定量社会学的应用。该方向的倡导者雷蒙·布东（1934—）在1965—1970年间与保罗·拉扎斯菲尔德合作出版了该方向社会学的基础性教科书。作为巴黎大学教授以及国立研究机构的负责人，雷蒙对社会学的专业化及其向服务教育和经济政策方面 381

㉓ 见第三章第95—96页。

㉔ F. Bourricaud(ed.), *Éléments pour une sociologie de l'action, introduction à T. Parsons* (Paris, 1955); F. Bourricaud, *Changement à Puno: Étude de sociologie andine* (Paris, 1962).

㉕ M. Crozier, *Le monde des employés du bureau* (Paris, 1965).

的延伸影响甚深。㉖

阿兰·图海纳（1925—）是第三个方向的代表，该方向主要是由战后初期马克思主义导向的社会学家组成。完成在美国的学业，经过 1968 年学潮之后，阿兰开始尝试不同于以往的分析方式以影响社会变革。㉗

第四个方向源于民族学，这是一门在法国历来都很重要的社会科学。㉘ 皮耶·布迪厄（1930—2002）的社会学研究生涯是从对柏柏尔人（Berber）文化的实地考察开始的，很快就获得成功。一系列研究成果的出版——其巅峰是 1960 年《阿尔及利亚社会学》的出版——使布迪厄在 1964 年获得了高等社会科学院的研究教授职位，并担任研究部主任。布迪厄有关文化和教育社会学的工作在很大程度上是以对日常生活的实证分析为基础的，这使他在法国和国际上声名鹊起。1982 年，法兰西学院专门为他设立了社会学教席，使社会学这门在四分之一世纪前还被当时法国保守的当权派蔑视的学科获得了无上荣耀。布迪厄的成就在于他把社会科学的结构主义范式和马克思主义范式结合在一起，这在法国现代社会学类型中占据了支配地位，同时也符合国际发展趋势。他运用马克斯·韦伯的社会活动和符号互动理论对克劳德·列维-施特劳斯的结构主义进行了社会学解释。通过对不同于冲突理论的其他社会对抗的引介，布迪厄从理论上和实践上扩展了卡尔·马克思创立的阶级斗争理论。当然最重要的是，布迪厄用一个极为重要的社会学概念“习性”（*habitus*，或译为“惯习”）取代了社会环境这一狭隘的教条式概念，以此为社会和文化条件及其互动

㉖ R. Boudon and P. Lazarsfeld, *Le vocabulaire des sciences sociales: Concepts et indices* (Paris, 1965); R. Boudon and P. Lazarsfeld (eds.), *L'analyse empirique de la causalité: Choix de textes* (Paris, 1966); R. Boudon, P. Lazarsfeld and F. Chazel, *L'analyse des processus sociaux* (Paris, 1970); R. Boudon, *L'analyse mathématique des faits sociaux* (Paris, 1967); R. Boudon, *Quantitative sociology* (New York, 1975).

㉗ A. Touraine, *La conscience ouvrière* (Paris, 1966); A. Touraine, *La société invisible 1974-1976* (Paris, 1977).

㉘ Reiss, 'Sociology' (note 3), 14.

的多样性——这构成了所有社会活动的基础——提供了一种共同特性。[29]

1945 年时，意大利的大学还没有单独设置的社会学教席，社会学课程是由一些哲学、法学或社会政策教授讲授的。1950 年和 1952 年，佛罗伦萨大学和罗马大学分别设立了社会学学科。1964 年，特伦托大学组建 382
了一个独立、完整的社会学系。截止到 1991 年，意大利大学中已有 662 名社会学领域的教职人员。从 20 世纪 60 年代起，意大利的社会学家已涉足社会科学的所有领域，特别是公共服务和社会服务领域。[30]

除美国的社会学外，马克思主义在社会学的所有不同模式中都扮演了主要角色，成功地将社会批判变成了大众运动。1960—1980 年，如下内容成为社会学研究的主要议题：工作、社会活动、社会阶层、精英统治，还有最为重要的资本主义生产与劳动组织、社会机构的适应机制、阶级和学校体系，以及在经济、社会和文化上服务于统治阶层的社会学等。在剧烈的社会变革和社会流动时期，这种状态被解释为是统治阶层的担保者。[31] 另一方面，意大利社会异常混乱的现代化进程致使大批社会学家支持那些拥有政治权力、能够影响变革的人。而所有形式的政治介入通常都会导致对理论工作的忽视，这种情况到 20 世纪 80 年代末才开始改变，基于实证研究的理论工作开始加强，然而在很多情况下仍相当不完整，缺乏确实可信的系统性——仅有亚历山大·皮佐诺（1924—）是个例外。[32] 不过，这门学科还是开始摆脱其主要用作政治学附庸的状态。

㉙ 德裔美籍艺术史学家欧文·帕诺苏斯基（Erwin Panofsky）从经院哲学中借用“*habitus*”这一术语，用于描述文艺复兴时期艺术家的通才教育。不过这一术语进入大众视野，布迪厄是首倡者。

㉚ F. Barbano, *La sociologia in Italia: Gli anni della rinascità* (Turin, 1985); F. Barbano, *La sociologia in Italia: Ingressi teorici negli anni della formazione ('50-60)* (Turin, 1986); D. Pinto (ed.), *Italian Sociology: A Reader* (Cambridge, 1981).

㉛ F. Ferrarotti, *Una sociologia: Dalla sociologia come tecnica del conformismo alla sociologia critica*, 5th edn (Bari, 1975).

㉜ A. Pizzorno, *Political Sociology: Selected Readings* (Harmondsworth, 1971); A. Pizzorno, *I soggetti del pluralismo: Classi, partiti, sindacati* (Milan, 1980).

1995年前后，意大利的社会学主要集中在文化社会学、政治社会学、工作和组织社会学、社会现象学等领域，前景有限。至少到目前为止，其学术发展无法克服两个障碍：各研究中心之间制度性联系的缺乏，以及在史学和哲学支配的意大利学术文化中社会科学的扭曲。[33]

尽管英国在1914年之前就发展了其特有的社会学研究方法——“调查”，尽管英国拥有赫伯特·斯宾塞这位在社会学方面影响遍及本土乃至大西洋两岸的社会学和教育学名家，但直到20世纪50年代以前，社会学作为一门学科仍只是在大学特别是牛津和剑桥两校内缓慢而踯躅地发展。
383 长期以来，不管是大学还是地方社区或专业机构，社会学研究仅仅是一种“社会工作”，即便有人通过了相关考试，或是进行了案例研究，也都不会因此而获得学位，而只是得到某种证明或文凭而已。社会学作为一门学科能够得以授予学位，伦敦经济学院功不可没：在这里，社会学和经济学、史学、人类学一同为人所学习、研究。在伦敦大学示范作用下产生的城市学院，特别是莱斯特大学和诺丁汉大学，首次在伦敦以外的地方设立了社会学教授席位。在大学内部和大学之间，社会学家与历史学家建立起了密切的联系，后者在社会学发展过程中发挥了重要作用。人类学和心理学继续独立发展，工业社会学也是如此，因而比起与法国或德国的联系，它们与美国机构（并非所有的大学）的联系更为强烈。在英国，教育变革特别是大学扩张是通常所称的“社会研究”最主要的促成因素，这种称谓主要是依据实际内容而非学院式的学科标准来划分的。包括牛津和剑桥在内的一些大学对“社会科学”这一用语持抵制态度。20世纪60年代涌现出一些新大学，其中很多大学注重课程改革，追求学科交叉，这使得该时期成为社会学教授（讲师）和学生数量增长最快的阶段。相对于小规模团队和学生一起准备单个研究项目来说，课堂教学是一种不太受青睐的学习方式，而到20世纪七八十年代则出现了相反的迹象，学生们更偏爱那些容易就业的课程，这在很大程度上是经济形势变化所导致的结果。不过到

㉝ 本段内容需感谢乔瓦尼·布希诺。

20世纪90年代，随着高等教育的重组，依附于媒体的“社会研究”达到了前所未有的繁荣程度。[34]

德国在20世纪上半叶所拥有的社会学家数量仅次于美国，但却鲜有大学设立社会学教席。社会学总是与那些已得到认可的学科——一般是经济学或哲学——一起被讲授。不过这并未掩盖如下事实：一场有关社会学本质和理论的广泛而深具影响的讨论已经出现，国外地区也关注到这场讨论。参与该讨论的重要人物——盖奥尔格·西美尔、马克斯·韦伯、斐迪南·滕尼斯、弗兰茨·奥本海默、阿尔弗雷德·菲尔坎特和卡尔·曼海姆——进一步充实了这场旷日持久的国际性的理论讨论。虽然以史学和人文学科为导向的社会学也能够采用实证方法，但其首选的定位仍是基于德国的历史、政治和哲学传统。尽管社会学在大学里的声望不高（这与欧洲 384
其他国家一样，越是传统的教授越倾向于与之保持疏离），不过自一战之后，一些地方还是开始有条不紊地教授社会学。[35] 除了柏林（对各种事物持开放态度是其传统），这种意义深远的状况首先出现在了一些主要城市（法兰克福、科隆、汉堡）的新大学里，随后是莱比锡、基尔和哥廷根，在这些城市的大学中，现代经济学和数学占据了相当重要的地位。

纳粹对社会学甚少关注。1933年，纳粹驱逐犹太裔学者和政治对立人士，对社会学和其他学科造成了沉痛打击。众多知名社会学家被迫远走他乡，留下的是一个日渐衰微的学术界。当然，这不是说社会学像人们长期确信的那样几于彻底消亡，一些年轻的社会学人尤其是人口统计学、农业社会学、统计学和工业社会学方向的学者仍可在大学工作，他们多从事实证工作，并推动了社会学的专业化进程。

1945年后，美国人明确鼓励包括社会学在内的社会科学在西德大学

---

[34] 本段内容需感谢阿萨·布里格斯。

[35] D. Käsler, *Die frühe deutsche Soziologie 1909 bis 1934 und ihre Entstehungsmilieus* (Opladen, 1984); K. W. Nörr, B. Schefold, and F. Tenbruck (eds.), *Geisteswissenschaftenzwischen Kaiserreich und Republik: Zur Entwicklung von Nationalökonomie Rechtswissenschaft und Sozialwissenschaften im 20. Jahrhundert* (Stuttgart, 1994).

里的复兴，他们希望看到社会学能够作为一门应用学科来传播。很快，社会学在 1933 年之前所呈现出的遍地开花的局面通过新的教学和研究活动得以重现。[36] 这得益于勒内・科隆、马克思・霍克海默、西奥多・W. 阿多诺、赫尔穆特・普莱斯纳等侨民的回迁。到 20 世纪 50 年代中期，社会学还只是边缘性存在，同期出现了一场关于如何理解这一学科的激烈争论，人们根本不清楚社会学研究怎样才能以更引人注目的形式呈现出来。社会学教席主要设置在经济或人文院系，直至 20 世纪 50 年代仍然没有制定约束性的考试规程。

到 1952 年，西德已有 10 个社会学教授席位，此后社会学的教授席位与学生人数急剧增长，特别是在 20 世纪 60 年代，并在 1970/1971 年达到
385 顶峰。当时有不少于 131 名的社会学教授活跃在西德大学的不同岗位上。从 20 世纪 70 年代中期开始，学生数量的增长和学科自身的扩张出现了大幅萎缩，其原因在于经济危机的爆发及由此导致的对大学资助的减少，更深层次的原因是 20 世纪 60 年代末 70 年代初大学生抗议期间社会科学角色的不确定性，以及在当时那个陶醉于规划的时代社会科学所受到的单方面优待。这一时期人们对社会学的可靠性与科学性的信心有所下降，不过该学科的地位及学科自身对其角色的理解始终未存异议。

1945 年以后，西德的社会学领域形成了三个相互竞争的学派。第一个是列奥波特・冯・维泽和勒内・科隆领导的科隆学派，倾向于理论化、国际化和实证分析；第二个是法兰克福社会学群——后以法兰克福学派而知名，该学派由持自由马克思主义立场的学者组成，领军人物是霍克海默、阿多诺以及此后的哈贝马斯；第三个是赫尔穆特・舍尔斯基领导下的明斯特学派，舍尔斯基基本上是精确地运用实用和实证的方法开展研究，不太注重理论发展，正因如此，这一学派得以吸收了大部分社会学领域的

---

[36] 参见：G. Lüschen(ed.), *Deutsche Soziologie seit 1945*, Kölner Zeitschrift für Soziologie und Sozialpsychologie, Sonderheft 21(Opladen, 1979)，特别是 R. Lepsius, *Die Entwicklung der Soziologie nach dem Zweiten Weltkrieg 1945 bis 1967*, 25-70。统计数据和进一步的分析参见上述论著。

大学教师。第三帝国时期，留在德国的那些学者最初都汇聚在上述学派周围。一部分来自大学以外的机构（这些机构是在二战后按照美式路线创办的）中的学者进行了调查研究，继续与大学并存。尽管在有限的一段时期内社会学曾在学生间享有盛誉，但在大学这个创立社会学的机构内，它并没有持久的影响力。社会学的公共声望有所提高，不过它却从未达到与其在美国所拥有的地位相媲美的高度。学习社会学的学生的前景亦是如此，除研究机构和大学外，他们实际上几乎没有任何就业机会。

尽管如此，由于同时期的每所大学都开始讲授社会学，因而它就成为定制。不过社会学在统一的表现形式方面的欠缺使之格外重视提供可信赖的技术与材料，以此增加学生的就业机会，打消其他学科领域中具备相应学术背景的同事们的疑虑，提高学科的可靠性。曾经在学生抗议时期达到极致的阐释转瞬即成往事，而左翼倾向也不再贯穿于社会学的所有分支。甚至连法兰克福学派也都几乎不再依赖于其早期的经典和理念。他们对（可能）存留下来的法西斯和纳粹思想的兴趣重心，使得马克思主义的分析方法仍旧保持了生命力，不过这并没有让他们接受早先魏玛政府时期的 386
极端立场。[37] 这进一步发展成“批判理论”，该理论宣称要诠释历史全貌，但也得以从列宁-斯大林主义中脱离出来。异化、盲目崇拜、虚假意识/道德成为该学派的暗号，它们被暴露在它们依赖的基于利润积聚的晚期资本主义体系的繁衍机制内，并由此而为人所明辨进而走向终结。[38]

与苏联一样，在德意志民主共和国，马克思主义观决定了其与社会学及其他社会科学的关系。处于从属地位的社会科学被迫根据执政党的路线传播教条。在东德的大学里，即便历经多年，社会科学的意义也未有所增

---

[37] C. Albrecht, G. C. Behrmann, M. Bock, H. Homann and F. Tenbruck, *Die intellektuelle Gründung der Bundesrepublik: Eine Wirkungsgeschichte der Frankfurter Schule* (Frankfurt and New York, 1999).

[38] O. Rammstedt, 'Formierung und Reformierung der Soziologie im Nachkriegsdeutschland', in K. Acham, K. W. Nörr and B. Schefold (eds.), *Erkenntnisgewinne, Erkenntnisverluste: Kontinuitäten und Diskontinuitäten in den Wirtschafts-, Rechts-und Sozialwissenschaften zwischen den 20er und 50er Jahren* (Stuttgart, 1998), 251-289.

加。直至两德统一以后，它才得以按照类似于西德那样的模式被引进或重新引进。[39]

政治学

政治学和社会学一样在概念上有着不确定性，这在德语地区非常明显。称之为政治学（political science）、政治科学（science of politics）或政治（politics），依据的都是人们希望如何定义这门学科。尽管长期以来关于国家、合法性、权力、主权、正义和其他事项的争论一直存在，但政治学以大学学科的形式出现是相当晚的事情。19 世纪的时候，政治学在法国和意大利是作为法学的一部分被教授，在德国是宪法研究的一部分，直到 1945 年以后才具有了完全不同的特点。这种变化并不是以某种统一的方式发生的，而是经过了激烈的争辩。先前有关宪政国家、合法治理、守法机构的规范性原则与该学科不同表现形式和排列组合而形成的实用性、描述性、行为主义及心理学的概念相结合——实际上是被后者所取代，进而分化出很多分支学科，这些分支学科大都是与其他社会科学结合
387 而形成的。与史学结合回归到传统理论，或是与心理学（行为背景）、社会学（社会背景）、社会人类学（文化背景）相结合，不管怎样，根据其所探究的问题，政治学形成了丰富多样的研究领域。[40] 只有在一个有限的程度内才有可能将政治学归纳为一个单一的概念。

另一方面，这种信念能够在 1945 年之后的现代世界得以确立，需要对国家间人类共存的可能性进行理论研究和实践探索。人们认识到，政治学研究可以使服务于公共利益的现代民主形式的公共生活在一国体系内成

㊴ Cf. J. -S. Kowalczuk, *Geist im Dienst der Macht*: *Hochschulpolitik in der SBZ/DDR 1945-1961* (*Berlin*, 2003); M. Parak, *Hochschule und Wissenschaft in zwei deutschen Diktaturen*: *Eliteaustausch an sächsischen Hochschulen 1933-1952* (Cologne, Weimar and Vienna, 2004).

㊵ O. Ruin, 'Political Science', in Clark and Neave, *Encyclopedia* Ⅱ, 2126f.; *Handwörterbuch der Sozialwissenschaften*, Vol. XIII (Göttingen, 1964), 388ff.

为可能。这一理念来自对如下现象的观察，即在那些处于繁荣中的西方民主国家，特别是美国，几乎每一所大学都教授政治学这门社会科学。

1945年以后，政治学很快通过极力争取成功地在美国大学中获得一席之地，同样的事情在欧洲国家仅仅缓慢地启动，美国这一新兴世界强国的典范也在其中起了推动作用。[41] 这种相信该学科有能力创造一个更加美好、更加公平的世界的信念，促使联合国教科文组织把政治学作为一门重要的大学学科推荐给了其所有的成员国。他们认为该学科是在二战灾难之后成功实现社会重建的正确工具。[42]

因此，20世纪50年代，在几乎所有的欧洲国家里，政治学开始作为大学的一门学科得到发展，并且和社会学一样在20世纪70年代达到第一个高峰。尽管国家传统依然重要，但更高程度的国际化的学术方法和学术研讨在此期间成为标准。由挪威人斯特恩·罗堪领导的欧洲政治研究学会（European Consortium for Political Research）按照在密歇根大学的同类学会❷的方式成立，该学会成为联系跨国研究的纽带。福特基金会为该机构提供了大量捐赠。该学会通过召集会议、出版期刊以及为年轻学者提供支持的方式鼓励欧洲合作开展研究，以提供制衡北美的力量。

20世纪50年代末进行的一项关于政治学家的调查显示，当时英国有587名政治学家，德意志联邦共和国为390名，法国为306名，荷兰为164名，意大利为112名，比利时为92名，丹麦为83名，瑞士为81名，
瑞典为80名，西班牙为26名，葡萄牙为4名。[43] 就比例而言，在美国， 388
这一数字明显高于其他国家，在数量上处于领先地位，在某些大学里该学科的学术人员甚至超过30人。这样一来，这个学科的很多不同方法和概

㊶ 特别参见：W. C. Andrews（ed.），*International Handbook of Political Science*（Westport，Conn.，and London，1982）。

㊷ *Ibid.*，3ff.

❷ 即1962年密歇根大学成立的“政治与社会研究校际学会”，Inter-university Consortium for Political and Social Research。

㊸ *Ibid.* 6，footnote 19.

念都能够找到表达的途径。同时这也表明政治学在政界受到的高度评价。

当然，随着政治和意识形态状况的变化，政治学的核心议题、理论研究和研究方法也随之改变。这是政治学宣称能够明辨、分析和改变当下政治环境和问题的自然的结果。简单了解一下政治学选择的一些研究领域，就可以看出为什么大学政治学研究在不同国家有不同的发展路径和发展方向。

战后，有关权力、国家利益、合法性和政治机构以及国际关系的问题似乎都一涌而出并持续到20世纪50年代。战后第一代政治学家把这些问题视为具有决定意义的基础性问题，而这些问题大体上被其后更专业的研究者们所回避。昆西·怀特、雷蒙·阿隆、简·梅诺、汉斯·摩根索、卡尔·J.弗里德里希、亨利·基辛格和伯特兰·德·朱内凡等人，在处理这些问题时采取了历史与政治相融合的思考方式。此后，有关合法性的问题开始盛行，这些问题对政治稳定的重要意义成为李普塞特、亨廷顿和兹比格涅夫·布热津斯基主要的兴趣点。与此同时，被黑格尔、马克思、列宁或奥斯瓦尔德·斯宾格勒、弗雷多·帕雷托和马克斯·韦伯等人阐述的有关宏伟世界蓝图的讨论也在持续进行。他们不仅促进了李普塞特和斯特恩·罗堪的政治学研究，而且对诸如舒默凯·艾森施塔特等社会学家也产生了影响。另外有些学者选择了社会达尔文主义的方法，这在康拉德·洛伦兹的著作中得到证实。还有一些学者，如C. H.沃丁顿、卡尔·萨根、鲁伯特·里德尔等，为了得到某种科学尊严的保证而宣称支持以社会生物学为基础的政治学。[44]

20世纪60年代，这些主题逐渐退居幕后。更专业的问题和更具限定性的分析——决策过程分析、政治行为个案研究、选举分析等——与关于政治学本身学术有效性和关于以数据为基础的研究方法的必要性等方法论议题一同主导了相关研讨。借助明确的指导原则，政治学获取了有关自身
389 认识及其学术地位的界定（当然该过程并非毫无异议）。这些对方法论的

[44] *Ibid.*,9.

关注一部分趋向于和人文学科日渐紧密，一部分则趋向于精确的科学程序。唯一可以预料的是，它们通常是建立在某些著名理论或复兴某些传统理论的基础之上的。在威廉·狄尔泰的带动下，一些学者将精力集中在了诠释学（或解释学）上，其中有美国学者列奥·施特劳斯和理查德·考克斯，英国学者彼德·拉斯莱特和迈克尔·欧克肖特，以及法国学者雷蒙·柏林和罗贝尔·德拉泰。20世纪50年代，一种新的左翼倾向开始产生影响，相比来自其他理念的影响。这种倾向更多地受到了北欧社会民主主义和马克思主义政治学的影响，后者是一种以阶级对抗为基础的批判性学说，它对社会财富分配关注较多，对其生产则关注较少。这种左翼倾向所追求的目标是一种近乎无政府状态的自在型开放社会，并且认为推动这一目标的实现是国家的责任。该倾向遭到驳斥，因为人们认为自由市场和公平竞争足以带来一个开放和民主的社会，[45] 对大多数人而言这是不言而喻的，同时这也是政治学领域缺乏统一认识的特征之一。

在热衷于从心理学角度理解政治学的人（尤其是弗洛伊德或阿德勒的追随者）中，那些以人种学为基础的人（其灵感来自玛格丽特·米德和丹尼尔·莱文森或列维-施特劳斯和让·皮亚杰的研究结果）与那些拥护博弈论或数学分析的人，彼此间为了寻找并运用正确且最有成效的方法而展开竞争。其中不乏那种觉得只要通过实证验证和相应的标准化程序就可以提供问题解决方法的政治学模式的代表。现代数据技术——这要归功于计算机和量化方法的采用——可以提供较1950年之前更有把握的研究成果。此外，还有一些政治学家认为政治社会学及其实证方法存在欠缺，因此转而更加强调实验数据。[46] 系统论、认知研究和模型化及其他观念都对学者们产生了影响，然而，方法论和知识途径的多样性导致这门学科变得模糊、主观或者漫无边界。其核心内容——人类社会生活的成就、可能性和

---

[45] 其中有卡尔·波普尔（Karl Popper）、哈耶克（F. von Hayek）、米尔顿·弗里德曼（Milton Friedman）；见：Clark and Neave, *Encyclopedia* Ⅱ, 2126ff.。

[46] 如默顿（R. Merton）、李普塞特（M. Lipset）、丹尼尔·勒纳（Daniel Lerner）、欧文·绍伊希（Erwin Scheuch）、佩尔蒂·皮森恩（Pertti Pesonen）。

状况——依然保持完整，并在理论学派、学术活动和大学之间出现了诸多
390 层次的认识。到20世纪70年代初，在没有激化对政治学的知识产生能力质疑的情况下，这种曾长期处于争论中的关于统一方法论和理论的观点最终为人们所弃，同时政治学在大学中的地位变得更加牢固。

对政治学认识更为规范的学者代表抛弃了在美国长期占据主导地位的行为主义者的理论。社会科学领域中的行为主义——与其在政治学领域一样——都专注于人类生活中那些显而易见的以及观察家们可以迅速达成一致的方面。虽然不能明确断定这些人的动机和驱力来自外部，但这却可以从他们的行动中推导出来。有人认为，这也适用于那些拥有各自兴趣焦点的群体、机构、社会团体和组织。他们的出发点始终是所有分析的实证基础，即个人。“证实假设、量化技术、纯粹科学”是大卫·伊斯顿所阐述的能够通向学术研究结果的方法论步骤。[47] 此外，人类学、心理学和社会学知识的相互结合，换言之即学科交叉，也是非常有用的。为了使政治行为主义的绝大多数声明显得无懈可击，理论与实证数据要相互一致。有人认为，理论家和经验主义者都将从中获益。与其找到一个包罗万象的纲要性理论，不如围绕可证实的假设进行自我定位。任何形式的确保科学的（或至少表面上是科学的）方法都能用于开展这些分析。人们希望政治学家能够通过这种方式形成一种建立在稳固常识基础之上的关于人类生活以及人类社会的一般性理论。实际上该目标并未实现，不过这一过程中却产生了很多非凡的见解，丰富了这门学科。

在20世纪70年代，这种方法的影响逐渐减弱，被迫让位于一种经过修正的理论，即后行为主义。现在这一理论中诸如“关联、参与、行动”等观念都是其组成部分，这些观念也不能促成该学科统一概念的形成。因此不论是在单个国家还是从国际上看，政治学和政治一样，都是以观点多样性以及现实的观念调和为特征的。[48]

---

[47] 引自：Sills，*Encyclopedia*，Vol. Ⅻ(note 3)，296f.。

[48] Clark and Neave，*Encyclopedia Ⅱ*，2133；E. M. Kirkpatrick and W. G. Andrews，'United States of America'，in Andrews，*Handbook*(note 40)，371ff.

1945年之后，某些欧洲国家的政治学发展一直在一定程度上受到美国的支配。在法国，尽管有关政治的理论主张久已有之，但它和其他国家一样在大学内都没有与之相对应的学科，这些问题一直都在法学院或文学院内进行论证。虽然早在1872年巴黎就已经出现了旨在培养高级政府公 391
务员的私立性“自由政治科学学院”，但直到1945年，政治学才首次获得大学认可的学科资格。这在一定程度上归因于美国提供的范例，但更大程度上归因于战争及其影响。在大学里，这门新学科的起点是历史学——尤其是当代史——以及有关政府、议会制度、权力、国家等内容的法律和比较法学的观点，所有这些都是律师所熟悉的。在法国，政治学与关注现代问题的人类学/民族学及地理学之间的密切联系变得越来越明显。从这个出发点来看，欧洲的政治学也存在一条通向数学分析方法的路径，但它却始终没有取得能与其在美国相媲美的地位。

相应的教学大纲未被采用，各个学派按照其认为正确的理解讲授这门学科，因而在1978年以前，大学并没有将正规学历证书授予政治学科。当时仅开始推进了政治学文凭（*maîtrise*）。1945年之后，只有非大学性质的政治学院颁发毕业文凭，持有此文凭的人有资格进入国家行政机构。[49]

20世纪六七十年代，政治学在大学里得到相当程度的发展。不过当时很少采用盎格鲁-撒克逊式的问题和研究方法。相反，法国传统的目的是进行一般性的解释和分析，与纯粹分析政治学术语相比，这种方式能够从人类学、社会学、史学和哲学上更好地被理解。这在福柯和布迪厄等人的成果中得到明确的反映。他们的实证调查是在法国高等社会科学院中开展的。

在像丹麦这样的北欧小国，大学传统上将自身定位于德国北部的路德教会大学的模式。1945年之后（即结束战时被德国占领的阶段之后）美国接管了这些地区，尽管原来的联系在某种程度上仍然发挥着作用。政治

[49] 特别参见：P. Favre, 'France', in Andrews, *Handbook* (note 40), 154-167。基于既没有法国政治学史也没有政治社会学的事实，这门学科的相对年轻是显而易见的。*Ibid.*, 166, footnote 6.

学上那些明确的理论性观点不得不与实证性观点达成和解或保持平衡，演绎法亦对归纳法产生了影响。当时丹麦的两所大学中都没有独立的政治学。直到 1968 年奥尔胡斯大学才设立了政治学教授职位。很有代表性的是，最初获此教席的是律师或史学家，其后在哥本哈根大学和欧登塞大学也出现了类似的情况。可见政治学的生存状态相当卑微。

392 因此在战后初期，政治学在丹麦的发展格局因循了美国模式，特别是采用了阿诺德·布莱希特、大卫·伊斯顿和行为主义者的著作。另一方面，几乎没有采用解释学的方法来解决问题的学者。1968 年的动荡在丹麦相对较为温和，但在意识形态上却异常坚决，这导致政治学科引入了新的课程和大学规程，也造成了新马克思主义的倾向。社会学研究的法兰克福学派——从霍克海默到冯·弗雷德堡——和哈贝马斯的著作一起成为年轻的政治学者及其学生的典范。伴随着阿尔都塞和巴里巴尔的结构主义，以及丹麦国家垄断资本主义学派的兴起，政治学产生巨大影响。[50]

在英国，政治学是 20 世纪二三十年代剑桥大学荣誉学位考试中的一个重要且备受重视的内容。1920 年牛津大学设立了一个新学位：政治学、哲学与经济学联合学位（PPE）。该学位将政治学与哲学和经济学融合在一起。PPE 是作为古典学［即人们所熟知的“古希腊古罗马历史、哲学、考古、语言、文学、文化、建筑等研究”］的现代替代学科而被设立的，因为人们认为对于那些要担任公职的人来说，哲学和古代史课程不再具有实质意义。因此，PPE 最初被称作“当代古典学”。在 20 世纪 60 年代新大学建立之前，政治学（politics）——通常英国不将之称为“政治科学”（political science）——在其他大学的独立发展非常缓慢，尽管该学科是基尔大学（1950 年创立的一所大学学院）通识教育的必修科目。1945 年以后政治学研究中最重要的新元素是有关大选的研究（牛津大学率先开展，后来埃塞克斯大学专攻该领域的研究）和有关政党政治的研究（伦敦政治经济学院率先开展，随后其他大学将之作为“政治文化”继续进行研究）。

[50] P. Nannenstad and O. Gaasholt, 'Denmark', in Andrews, *Handbook* (note 40), 132-143.

有关政治学的通识性教材很少，连续几届政府都没有向美国那样为获取资政建议而吸收具有学术专业背景的成员，也不存在批评性的政治学派，法学课程中几乎完全没有体现政治学内容。不过，在具有大学学历的国会议员中，大学期间修过一些政治学的议员的比例有所增加。[51]

在荷兰，1945 年以前大学里没有作为学术研究科目的政治学科。1948 年阿姆斯特丹大学率先成立了首个政治与社会科学系，此后，位于同一个城市的自由大学在 1953 年、位于奈梅亨市的天主教大学在 1955 年也成立了政治与社会科学系。1963 年，莱顿大学和格罗宁根大学组建了同样的机构，但并未在教学与课程内容上保持一致。第一批教授主要来自 393
法学领域，这与欧洲其他国家一样。直至 20 世纪 70 年代中期之后，政治学科的毕业生数量才开始增加，并保持在一个适度的水平。

教学和研究通常倾向于实证调查，这些工作的开展往往伴随着理论的发展。美国的影响处于主导地位，对选举的分析以及对政党政治的研究非常普遍。行为主义和当时所谓的后行为主义被采用。在法国，政治学被认为是传统的和无趣的，德国则程度更甚。[52] 政治理论失去了早期所具有的显赫声望，与其他社会研究尤其是社会学和心理学的联系成为必须。随着对该学科的接受，学生和老师对日常政治表现出愈发强烈的兴趣。1968 年学潮期间，政治学同其他社会科学一起取得了与马克思主义接近的地位，从而导致了不无暴力的争端，特别是在阿姆斯特丹。理论和评估让步于果断的行动。学术研究一度被视为社会变革的工具。[53]

在德意志联邦共和国，政治学的复兴要归功于西方大国——尤其是美国。在 1949 年瓦尔德莱宁根和 1950 年柯尼希施泰因的会议上，来自德国及其占领国的学者们就社会科学特别是政治学对德国的民主重建的预期贡献进行了认真研讨。来自法国的学者在会上从理论、政治和历史的角度进行了争辩，不过同时他们也不得不承认，当初在法国他们也没有自己的机

[51] 此段内容需感谢阿萨·布里格斯（Asa Briggs）。

[52] A. Hoogerwerf, 'The Netherlands', in Andrews, *Handbook* (note 40), 227-245.

[53] Ruin, 'Political science' (note 39), 2132.

构或大学教席，是美国人从理论和实践两方面提供了直接的帮助。通过设立客座教授和奖学金的方式，这个最有可能维护民主政治的学科在大学里固定并发展起来。[54] 其结果是这个学科的第三次创立随之很快出现，第一次是18世纪时具有了财政学和实践哲学的伟大传统，此后是19世纪时具有了政治经济学的伟大传统。现在，这个学科与美国的学科联系在了一起，这至少在部分上吸收和发展了这一传统。[55]

最初，政治学在大学中并未受到热烈欢迎。很多文科相关领域的学者
394 对这样一个（所谓）纯粹建立在实践及其应用基础上的科学表达了保留意见。[56] 不过美国人的决心及其众多支持者（这些人经过一段时间以后常常成为这个学科真正的代表）的政治名望使政治学最终在一些大学中拥有了教席。与魏玛共和国时期一样，当时的确有计划要发展专注于政治学的大学机构，不过这些计划很晚才得以实现，且仅为个案。学科的广泛建立看起来更重要些，最早完成该工作的是黑森州，随后联邦其他州陆续完成。

为（政治学的）学术岗位找到合适的候选人是很困难的。只有少数先前已移居美国并对该学科熟悉的教授准备返回遭到摧毁的德国。其中有卡尔·洛温斯坦、弗朗茨·诺伊曼和之后的奥西普·弗雷希特海姆、赫尔曼·弗兰克尔和埃里克·沃格林。尽管如此，政治学领域返回德国的学者人数比例仍高于社会学，约为25%。[57] 像赫尔曼·布里尔、奥托·苏尔、路德维希·柏格斯特拉瑟等适合这一职位的政治家，以及像欧根·科贡、

---

[54] A. Mohr, *Politikwissenschaft als Alternative: Stationen einer wissenschaftlichen Disziplin auf dem Wege zu ihrer Selbstständigkeit in der Bundesrepublik Deutschland 1945-1965* (Bochum, 1988).

[55] Manicas, *History* (note 2), 213f., calls this the de-Germanization of the American social sciences.

[56] G. C. Behrmann, 'Die Verselbständigung der Wissenschaft von der Politik; Gründungund Begründung einer neuen Fachwissenschaft', in Acham, Nörr and Schefold, *Erkenntnisgewinne* (note 37), 443-478, here 446.

[57] C. D. Krohn, 'Deutsche Wissenschaftsemigration seit 1933 und ihre Remigrationsbarrieren nach 1945', in R. von Bruch and B. Kaderas (eds.), *Wissenschaften und Wissenschaftspolitik* (Stuttgart, 2002), 437ff., here 447.

道尔夫·施坦因贝格、沃尔夫岗·阿本德罗特和西奥多·艾尔伯格等这些来自新闻领域并对政治感兴趣的人，都对政治学科的建设做出了贡献，但很显然他们都不是了解大学的内部人士。因此，对怀疑论者来说，这个学科呈现出一种非学术性，且失于严谨。然而到了20世纪50年代中期，这些局外人与至少30位大学教职工，共同使政治学科在黑森、柏林和巴登符腾堡的大学里牢牢地存在。[58]

不过政治学科并未回到此前的那个著名时代，因为抵抗民主的思想和行动已经无法阻止，现在人们希望政治学科发展成一种新的独立形式。由此为关于该学科的美式阐释打开了大门。当然，个别学者按照自己的观点常常折回到以前的传统。所有这些并没有促成该学科方法论在理论和系统上的统一。其间也进行了很多讨论，但这些讨论并未达成共识。

1961年，德意志研究联合会在一份文件中呼吁所有大学在五年内都设立社会学和政治学教授席位。[59] 该呼吁在很大程度上得以实现，其结果是政治学和社会学差不多成为联邦德国新的教育研究的基础。[60] 考试制度 395
和大学学位确保了该学科在大学里的发展。此外，20世纪60年代政治局势的变化使仍坚持文科定位的政治学拓展了对实证和分析方法的运用，因此，该学科与社会学的结合开始被视作年轻的新联邦共和国的一项实实在在的成就。1960—1970年，政治学教授职位增加了一倍，所有创立于20世纪70年代的大学都设立了政治学教席，到1976年联邦德国已有133个政治学教授职位。

对美国方法的采用并不局限于理论方面。在联邦德国，反对行为主义的呼声开始高涨。他们以间接的方式重新开始了盛行于一战以前的有关方法论的讨论。这是一个关于捍卫传统政治学的规范的政治与道德诉求、反对在解决社会问题上的实用主义导向的议题，而不再是一个主要关于确保民主体制和自由国家的议题——相对于另一个德国即民主德国而言，联邦

---

[58] Behrmann, 'Verselbständigung' (note 55), 455.

[59] 对中学教学有同样的要求。

[60] Behrmann, 'Verselbständigung' (note 55), 468.

德国似乎在这一方面已取得了成功，因此政治学可以将其关注点转到更广泛的任务上来。由阿诺德·柏格斯特拉瑟和威廉·亨尼斯领导的弗莱堡学派以及柏林自由大学奥托·苏尔研究所在这场讨论中扮演了特别重要的角色。

1968年的动荡在短期内提升了政治学科的重要性，但与此同时，和社会学一样，它们也带来了激烈、偏执、极端的论争。政治学如社会学一样经受着这种论争。在界定现实方面，政治学显然占据了若干年的主导地位——主要是学生运动过程中的新马克思主义激进分子这样认为——但在此后的20世纪70年代末政治学开始面临危机。在美因河以南地区，一种不过于偏执的新左派政治学还在讲授并得到了支持，因此该学科仍坚守住了曾获得的地位，并且在一系列理论性和实践实证研究的成果中延续了现在常规研究项目的广泛性。然而即便如此，政治学再也无法获得它曾在20世纪六七十年代享有的地位。[61]

尽管奥地利在其大学史的早期阶段与德国有很多相似之处，但其发展道路却迥异于德国。1945年之后战胜国对待奥地利不同的处理方式，以
396 及奥地利在第三帝国中所扮演的不同角色，这两个因素结合起来，使这个国家有可能获得比战败的德国更多的独立地位。由于奥地利的大学里一直没有政治学，因而1945年时人们也没有感觉到缺少了什么。和其他地方一样，与政治学有关的内容是在法学院里讲授的，且主要是由国家规定。直到1961年在维也纳新建的高等研究院开设社会科学主题讲座之后，人们才开始有了引入德国模式政治学的想法。萨尔茨堡大学已经开设了该领域的课程，不过并未产生重要影响。直至1971年全国统一的课程与考试制度建立之后，维也纳大学和因斯布鲁克大学才设立了政治学教席。不过当时政治学仍是一门小学科，[62] 其中有关法律和历史的内容被减少，并且经由德国的影响而采用了美国的实践方式和方法，但理论性议题仍处于较

---

[61] 亦可见：K. von Beyme，'Federal Republic of Germany'，in Andrews，*Handbook*（note 40），169-176。

[62] P. Gerlich，E. Talos and K. Ucakar，'Austria'，in Andrews，*Handbook*（note 40），85-92.

高的地位。

在同样的小国瑞士，政治学的引入途径有些不同。[63] 作为中立国的瑞士显然未被战争触及，在 1945 年以后没有面临与其他参战国类似的状况，其他处于灾难中的欧洲邻国更无法与之相比。一个传统悠久的稳定的民主国家，不需要从社会科学中寻求应对之道。有关政治和社会秩序的问题可以通过法律手段加以解决。因此迟至 20 世纪 60 年代末政治学在瑞士的大学里仍不为人所知。只有在日内瓦才有人试图利用如此不常见的学科来赢得声誉，这种尝试的原因来自那些按照法国模式建立的国际性院校，源于他们感觉在德语大学占据主导的环境中，自己属于少数派。1927 年日内瓦高级国际关系学院创立，它在国际政治研究领域达到了很高的水平。在其发展过程中并没有出现同质化的学说或理论，这在瑞士和其他国家都很少发生，但是至少人们意识到了政治学的存在。到 20 世纪 60 年代，在瑞士德语区，巴塞尔大学和苏黎世大学引入了政治学教席，均设在法学院。在圣加仑大学，一个类似的教授席位花落经济学家手中；在波恩大学，法学院的经济学系和社会学系也增设了两个政治学教席。

在瑞典，探讨政治理论的学科，如历史学和法学，在大学中同样有着悠久的传统可以回溯。因而在 1945 年之后，与其他北欧国家相比，瑞典的大学保持了其教学惯例，没有独立的政治学科。直至 20 世纪六七十年 397
代，瑞典的大学才接受了美国的理论与实践，并与丹麦和挪威的大学一样快速跟进。这个学科经历了一次人气的巨大飙升。瑞典有五所非技术大学都建立了社会研究系，不过即便把它们全加起来，也不如美国大学单独的一个系大。

20 世纪 60 年代末，瑞典也爆发了学潮，但其规模小于德、法两国。政治学依附于行为主义，其马克思主义的立场并不明显。与正统的马克思主义相比，斯堪的纳维亚社会主义更关心正在出现的现代社会。

20 世纪 70 年代的危机对这门极其重视对未来所抱有的乐观态度的学

---

[63] M. Wennegah and D. Frei, 'Switzerland', in Andrews, *Handbook* (note 40), 327-335.

科产生了消极影响，不过对其研究方向的影响并未持久，至多使其出现了从有关计划和发展的知识到分析政治进程及其机制的转变。[64] 瑞典有名的政治中立立场，使它避免了其他欧洲国家出现的动荡，但似乎没有为一种持续的批判性分析提供依据。在很多领域这个国家成为一种典型，人们期望学术活动可以支撑国家政治生活。[65]

在苏联，政治学的发展路径与前述各国完全不同。这些学科的职责是开展明确规定好的工作。政府有关部门和科学院规定了教科书和教材讲义的内容。而且，尤其需对列宁的著作进行全面解释。在莫斯科、基辅、列宁格勒以及乌拉尔的大学中都设有专门的机构，这些机构都是以莫斯科高等教育部为模版建立的，其任务是使他们的学生变成受过良好教育的政治官员、学校教师以及下一代的学者。到 20 世纪 70 年代初，培养了约 27 000 名受过学术训练的学生，其中约 3%的人获得博士学位，成为新一代知识分子。他们的工作是确保马列主义均衡地渗透到国家及学术的所有
398 领域，并以此为导向。[66] 苏联所有的卫星国也提出了同样的要求，德意志民主共和国最甚，几乎完全照抄苏联。

伴随着政治时局的变化，政治学的情况也发生了变化，开始谨慎地接近西方观点，不过社会科学仍无法在大学取得相应的地位。很多国家缺乏合格的教师，对西方社会科学的接纳程度也因各国传统而有很大差异。与其他欧洲国家的情况一样，国民偏好和风俗习惯仍很重要。一般来说，美国政治学的方法与理论被当作范例。

---

[64] O. Ruin, 'Sweden', in Andrews, Handbook (note 40), 299-319; Jílek, *Historical Compendium*.

[65] Behrmann, 'Verselbständigung' (note 55), 455.

[66] V. E. Chirkin, 'Union of Soviet Socialist Republics. Socialist Political Science', in Andrews, *Handbook* (note 40), 336-351.

经济学

经济学有着悠久的传统，但发展成为一个独立的大学学科相对较晚。到 19 世纪晚期，经济学主要是在法学院以官房经济学派或国民经济学的形式（德国尤其如此，法国也一样）来教授，在哲学院的形式是实践哲学和自然法则与道德学说。直到 1914 年，新建于美因河畔的法兰克福大学才成立了独立的经济与社会学院。学院同时教授国民经济学、商学和社会学，但并未有效区分不同学科之间的理论联系。

纳粹主义和法西斯主义，甚至也包括二战，改变了这个已有的规范，最初在欧洲，之后在美国。由于很难在考量经济问题时抛开政治的影响，因此战争的灾难、统一欧洲的尝试及其最终的成就对经济学而言都意味着一种相当大的挑战。在大部分情况下，人们期待由国家和政治家来提出监管准则。与美国不同，经过大幅修订的所谓弗莱堡学派的德国秩序自由主义，以及英国经济学家梅纳德·凯恩斯和荷兰经济学家扬·丁伯根的学说，认识到了公共之手的义务，但对市场本身或一个开放的与自我调控的社会几乎没有任何关注。人们尝试运用统计学、计量经济学和数学来搞清国家经济的基本状况，传统的德国式的以史学和文学为基础的问题解释范式被摒弃。在经济学领域，尽管美国范式有其国际化色彩和卓越性，但民族传统仍然致力于塑造自己的问题解释方式和方法路径。在走向融合的时 399 期，欧洲视自身为一个独立体，同时也是一个对美国心存感谢的伙伴。

很显然，就文字表述和行动而言，那些意在实现欧洲统一的多样化的协定、措施和主张都需要适当的经济和政治模式来为其提供参考。从马歇尔计划（1947）、欧洲经济合作组织（1948）、欧洲委员会（1949）、欧洲煤钢共同体（1951），到由欧洲经济共同体和欧洲原子能共同体两个条约组成的《罗马条约》（1957），出现了一系列挑战，面对挑战的则是从 1958 年到 1972 年间遍布欧洲的乐观主义观点。随之而来的经济和石油危机、布雷顿森林体系条约崩溃、预算危机和欧共体的扩张削弱了这种热情和乐观。不过，从1984年到20世纪90年代初，对良好的世界经济的新希望开始出现。在1992年《马斯特里赫特条约》签订前，有关货币主义和共同财政措施的讨论在学术生活和政治中都处于主导地位。[67] 两者之间的紧密联系（这是现代世界的特征）在1945年以来的经济学理论和学说中得到持续不断的反映，这一点在对某些欧洲国家相关情况的调查中也显而易见。

在英国，关于新经济秩序和经济利好政策的讨论一直在持续进行。但这并未促成大学里经济学科的发展或其地位的相应提高。尽管在了解快速发展的美国社会学研究中所具有的语言便利理应会带来观念上的变革，但1945年以后，英国大学的招生仍继续面向数量有限的精英，加上政治和经济领域对有天赋的业余人士的传统认识，导致有关引入新学科的讨论看似引人入胜，实际上却了然无功。要想将经济学作为一门大学的一般性学科引入大学之中成为可能，就需要在态度和大学政策上加以改变。从20世纪60年代开始，直至70年代，在商业和公务员体系中，作为在学术地位上完全平等的大学毕业生，经济学专业的人的就业逐渐增长。[68] 总体上看除伦敦经济学院外，欧洲的大学大都效仿了美国模式，甚少关注欧陆地区在此领域的首创性。英国人梅纳德·凯恩斯开创了在1945年以后居于领先地位的欧洲经济理论，但他最初在使经济学成为大学学科方面所做甚少。

400 在瑞典这个很大程度上免受战争破坏的国家，一些对欧洲经济和社会发展观察敏锐的人士很快就认识到须在这些领域做出特别的努力。他们提出了旨在塑造整个公共和私人领域的策略。他们的左翼主张，把政府支撑和政府规划看作是引领国家走出战后贫困，并借助建立全球性的福利国家

[67] A. W. Bob Coats, 'Introduction', in A. W. Bob Coats (ed.), *The Development of Economics in Western Europe since 1945* (London, 2000), 2f.

[68] R. E. Backhouse, 'Economics in mid-Atlantic: British Economics 1945-1995', in Coats, *Development* (note 68), 20-41.

来作为积极塑造未来的途径。[69] 经济学的重要地位，体现在很多经济学界代表人物成为国会议员或内阁部长，以及该学科教授席位（1945 年有 8 个，1996 年升至 57 个）和相应机构的设立上。盎格鲁-撒克逊的方法和理论逐渐取代了民族性的传统方法与理论。学术职位的增加也带来了专业化程度的提升。

在荷兰，对经济学的学术认识在 1945 年之后也逐渐改变。曾领导中央规划局、后任鹿特丹大学教授的扬・丁伯根早在 20 世纪 40 年代就针对成功的经济政策建立了宏观经济学模型，该政策旨在为这个曾遭严重破坏的国家进行战后重建奠定基础。模型在设计过程中一方面关注世界贫困问题，另一方面关注社会公正的经济秩序。通过运用现代经济学和计量方法，以及凯恩斯主义的经济学理论，这些问题得以解决。丁伯根模型的影响远不仅限于荷兰，在一定时期里，几乎与凯恩斯主义具有同样的影响力。[70]

人们期望荷兰大学里的经济学家不仅要研究国家经济，而且还要研究数学和计量经济学。美国模式专业化程度的提升迫使大学采取分级制度，减少跨学科课程。学生、讲师和副教授的数量迅速增长。20 世纪 60 年代末 70 年代初的学潮对经济学产生了持久影响，像欧内斯特・曼德尔那样的讲师和年轻助教现在也需要并采纳了马克思主义者的理论。因此，阿姆斯特丹大学、格罗宁根大学和蒂尔堡大学设立了马克思主义教授席位。不过，由于 20 世纪 90 年代学生们对这门已经流于排外主义的学科不再抱有兴趣，因此蒂尔堡大学在 1993 年又取消了该教席。

除大学之外，私立院校和一些公立院校同样为经济学知识的发展与扩充做出了贡献。荷兰也因此有了足够的创新和自由来吸收其他国家的现代 401
成果。对大学而言也是如此，荷兰的大学在经历 1968 年及之后几年的破

[69] B. Sandelin, N. Sarafoglou and A. Veiderpass, 'The Post-1945 Development of Economics and Economists in Sweden', in Coats, *Development* (note 66), 42-66.

[70] H. W. Plasmeijer and E. Schoorl, 'Post War Dutch Economics: Internationalization and Homogenization', in Coats, *Development* (note 66), 67-93.

坏后，越来越国际化，特别是具有了美式特征。大学对政治议题的兴趣不断增长，但对宏观经济理论的关注却越来越少。

在比利时，1945年以前经济学并没有特定地位，直到20世纪60年代才开始受到重视，最初是在鲁汶大学，然后是在布鲁塞尔大学，其学术方法在某种程度上与荷兰大相径庭。虽然在发展模式上也曾考虑过法国和荷兰，但比利时最终选择的还是美国模式，其学术重点是数理方法、博弈论和货币主义。在比利时，经济学并未在获得独立地位方面进行认真的尝试。

在法国，自19世纪以来经济学便一直存在两种教学方向，即政治经济学教授和工程经济学家并存。在大学里，政治经济学教授的教学活动属于法学院，因此主要应对的是国家战略目标和经济任务，这种情况与数世纪以来法国的经济实践相符。在大学校，工程经济学家是以一种注重数学和科学程序的方式接受教育的。甚至在接受培训的过程中，他们已经是政府文官，且绝大多数都会继续留在文官体系之内。大学和大学校中的经济理论及其教学活动在很大程度上屏蔽了外国的影响而带有了纯粹的法国特色。他们都以政府及其服务为导向，没有向德国或英国一样从历史或哲学的角度研究经济学。

这种情况一直持续到1945年。此后盎格鲁-撒克逊式的方法逐渐取得一定地位，特别是在工程学的课程内容方面。统计学与计量经济学实践的引入，以及非国有经济的强大导向，虽然没有从根本上改变这个学科，但它确实使经济学开始符合当时的标准。1970年以后，经济学教授开始从法学院分离出来，这使其与工程师的学术文化更为接近，两者间的传统差异也从而减少。至少到1995年前，大学中的经济学科一直在发展，其学生数量也一直在增长。历届社会党政府都对这门社会学科持支持态度，到20世纪末，法国大约60所大学中的最后16所都设立了经济学系和商学系。

巴黎第九大学的创建者们利用1968年后法国高等教育制度变革的需要，创办了这所以“决策和组织科学”为基础的大学。这一举措将盎格鲁-撒克逊模式中对公司组织的兴趣与法国的经济学传统联合在了一起。

意大利是不同于法国的一个特例。与法国一样，在意大利的大学里，国民经济学（政治经济学）也都是在法学院中教授的。19世纪末商学院（商科学校）在威尼斯、巴里、都灵、热内亚等大学内的建立间接强化了这门学科的独立性。由于这些学院旨在进行培训而非开展研究，因此它们对大学几乎没有产生影响。法学和经济学保持了密切联系，其很多代表人物有权直接参与国家政治生活，他们代表了自由主义、法西斯主义或马克思主义的倾向。这种情况即便是在盎格鲁-撒克逊模式的强大影响下仍然延至1945年以后，并依旧具有影响。墨索里尼政权结束之后，意大利一方面支持自由贸易和国际市场相互依存，另一方面也支持强大的国有经济。因而仅可能在有限的范围内对美国化进行探讨。经济学与国家日常政治生活的紧密联系很难与一些美国学者对现实政治表现出的节制相调和，也很难与苏联或中国的国家计划理论相调和。

20世纪六七十年代出现了独立的经济学院。尽管采用了经济学的现代国际化的方法，但其对传统理论和实践模式的影响非常有限。政治经济学视自身为其他社会科学特别是法学的附属学科，然而较之以前，越来越多的学生选择了这个学科，因为他们看到了日渐增长的社会需求，其职业前景更具吸引力。20世纪90年代这些学院开始进行商业研究。位于米兰的一所私立大学即博科尼大学在其中居于领先地位。在这些研究领域，传统的直接面向城市经济状况的学术兴趣也逐渐加强。[71]

在西班牙，马德里大学于1944年组建了政治经济学院，这成为经济学开始独立的标志。1955年毕尔巴鄂大学和巴塞罗那大学也随之成立了

---

[71] I. Maes, E. Buyst and M. Bouchet, 'The Post-1945 Development of Economics in Belgium', in Coats, *Development* (note 68), 94-112. C. Schmidt, 'Economics in France: A Manifold System', in Coats, *Development* (note 66), 29-47. P. L. Porta, 'Europe and the Post-1945 Internationalization of Political Economy: The Case of Italy,' in Coats, *Development* (note 66), 148-190.

政治经济学院。[72] 由于独裁体制的影响，当时学院的课程（1953 年起依照
403 教学大纲设定）以一种更类似于中学的方式受到严格控制。1975—1978 年西班牙从独裁体制向民主体制过渡期间，学院的学生数量快速增长。当时经济学的毕业生也获得了此前其他学科毕业生所享有的职业前景。受此变化的影响，新的课程在很大程度上根据美国尤其是芝加哥模式而引入了新的内容，从而使经济学成为一门更能满足人们需要的学科。1970 年的一项法案把商业学校并入大学，这使得学院和师生数量都有了明显增长。不过这种增长并不包括博士生，因为当时一般来说攻读博士学位仅仅是为了谋求大学教职。因此西班牙并未产生足够的高层次学术研究，其结果是经济学院难以在大学中获得更高的地位。

在德国，早在威廉时期国民经济学就已经作为一门成熟的学科在大学法学院或人文学院的体系框架内进行教授，尽管当时并未在所有的大学中取得独立地位。如前文所述，威廉时期建立的最后一所大学——美因河畔法兰克福大学——在 1914 年建立了经济学和社会研究学院，其他大学也在魏玛共和国时期相继组建了类似机构。同时，与政治学和社会学类似，经济学在德国也有相当重要的传统，这种传统在 1945 年以后仍然继续发挥着决定性的影响。[73] 由于与苏联地区相邻且有民主德国的存在，马克思主义在联邦德国处于下风，而自由主义和国家导向理论占据主流。

1945 年以后占据主导地位的弗莱堡学派出现于 20 世纪 20 年代，该学派通过构建其自由主义和基于“基督徒自由”与法治的原则，来反对纳粹主义。阿登纳领导的联邦政府的政策与当时负责经济事务的内阁部长路德维希·艾哈德（艾哈德是法兰克福大学经济学家弗朗茨·奥本海默的学生，奥本海默移居巴勒斯坦）的影响，共同形成一种对国家的经济认识，

[72] S. Almenar, 'The Development of Economic Studies and Research in Spain(1939-1995)', in Coats, *Development*(note 66), 191-226.

[73] H. Hagemann, 'The Post-1945 Development of Economics in Germany', in Coats, *Development*(note 66), 113-128.

概言之即“社会市场经济”。上述进展亦有利于经济理论在大学的发展。[74]不过弗莱堡学派对自由的强调并非源于西欧的自由理念，他们最终所依赖的是有组织力量的政府。而这成为他们被普遍接受的阻碍因素，并且为自 404
身打上了作为战后经济学发展过程中一个特例的标签。[75]社会政策与经济政策的关联才是核心。虽然这并不意味着对凯恩斯主义观点的认同，但其差异也不太大，而且鉴于德国的战争灾难，反映在经济政策上也就不免带有某种凯恩斯主义的形式。

具有代表性的是，当时大学的经济学教学是按照基尔大学教授埃里希·施耐德编写的教材开展的，当时他结束了侨居生涯返回国内。在他之后，美国人保罗·萨缪尔森的教材成为教学的主导。20 世纪 60 年代经济学大受欢迎，经济学教授职位数量的可观增长也反映出了这一点。从 20 世纪 60 年代到 80 年代，经济学教授职位数由 537 个增加到 2907 个。[76]经济学院成长为大学里规模最大的学院（当然社会学和政治学也推动了这一增长）。20 世纪 80 年代以来经济学的发展在很大程度上要归功于商学研究，该领域的研究自始至终都是更多地基于实践而非理论。除大学外，20 世纪 60 年代有 6 所重要的经济学研究机构成立，这些机构与大学合作，主要开展实证研究。它们的出现为经济学家和社会学家提供了职业前景，同时，它们的理论原则在很大程度上也反映了大学中流行的研究趋势。

在奥地利，政治经济学的发展也是发端于 19 世纪。但与德国不同的是，奥地利的政治经济学并非完全依附于大学而发展。19 世纪末 20 世纪初，维也纳出现了诸如心理学、医学、法学理论、政治经济学以及艺术史等类型的学派。它们形成了各自单独的领域，并借助思想交流而得到发展。它们吸引了有天赋的年轻人，使得关于上述各类学科的教学和研究活

[74] E. Heuß, ‘Kontinuität und Diskontinuität in der Nationalökonomie nach dem zweiten Weltkrieg: Ordoliberalismus versus Keynesianismus’, in Acham, Nörr and Schefold, *Erkenntnisgewinne* (note 37), 331-349, here 332f.

[75] Heuß, ‘Kontinuität’ (note 73), 353.

[76] Hagemann, ‘Development’ (note 72), 123.

动从大学转移到了这些开放而令人振奋的私人团体中。其中最著名的有“精神兄弟会”（学者圈）、政治经济学会、路德维希·冯·米塞斯私人研讨小组等。1938年，纳粹的全面独裁开始后，很多参与这些自由松散的学术团体的学者被迫移居国外。知识分子的网络体系分崩离析，然而他们的思想理念以及很多学者仍然影响着西欧乃至美国的经济学研究。戈特弗里德·冯·哈伯勒、弗雷德里希·奥古斯特·冯·哈耶克、弗里茨·马克卢普、路德维希·冯·米塞斯、奥斯卡·摩根斯特恩等人都是从维也纳学派中脱颖而出的，他们早在20世纪二三十年代提出和发展的方法论在二战后成为经济学的基本方法论。[77]

405 在奥地利，早在帝制时代结束之前，知识文明之花便已绽放，其中经济学可从1856年的课程中溯其源头，这体现在法学教育与经济学研究的密切联系上。皇帝希望拥有一支受过普遍教育的文官队伍，这些人可以从经济和文化两个方面推动这个多民族国家的发展。这为后世政治经济学的独立开辟了路径，同时这也很好地揭示了为什么律师会是政治经济学的最初和最具影响力的代表人物。在纳粹统治下，这一历史传承消失无踪，这对奥地利而言是一种相当大的损失。不过在1945年以后相当困难的情况下，人们还是为经济学研究的重建进而达到全盛做出了努力。当然，这只有在如下情况下才能够成为可能，即奥地利作为战后的四国占领区，同时新马克思主义社会民主党占据主导地位，鼓励对其他领域的关注，并且支持合作性的国有经济。

人类学/民族学

民族学这个经常处于变化之中的学科也有很长的历史，最初该学科在大学里并没有独立的地位。人们对所谓土著居民的关心由来已久，并希望

[77] K. H. Leube,‘Über die Diskontinuitäten und Kontinuitäten der österreichischen Schuleder Nationalökonomie’, in Acham, Nörr and Schefold, *Erkenntnisgewinne* (note 37), 301-324.

借此揭示人类的早期历史。来自传教士、殖民官员、军人和旅行者的记录，形成了民族学书面研究的最初基础。收藏活动兴起，众多博物馆随之建立，这体现了人们对土著居民的兴趣。借助收藏品和博物馆，人们尝试对土著文物——进而对其所处的外部世界进行学术考察。最初，主要是在德国和英国出现了将这些材料引入大学教学的尝试，也正是基于这一目的，民族学作为一个业已形成的学科将其自身推向大学。因此就不难理解为何在最初的民族学者群体中科学家会占绝大多数，也就不难理解像这样一个生僻的学科会从生理学、物理学、生物学、地质学、地理学和古生物学等学科中获得支撑。对通常人口规模很小的人类群体及其社会秩序与文化展开分析，其隐含目的是“同样借助实证调查来研究人类本质”[78]。由于并不清楚究竟如何才能实现这一目的，因此出现了很多极具差异的理论和研究范式。

作为一种古老的学说，扩散理论来自如下假设：同处于原始状态的人类在此后走过了不同的发展路径——这与进化论是一致的，而欧洲的文化和生活方式则是截至当时这种学说最完美的体现。然而当面临 20 世纪初 406
越来越多的实证研究时，人们不得不摒弃这种观念，转而去发掘新的理论方法。

在英国，随着机能心理学的发展，社会人类学率先得到发展。在布罗尼斯瓦夫·马林诺夫斯基和芮克里夫·布朗的领导下，人类学在大学中有了一席之地。1927 年，伦敦经济学院为马林诺夫斯基设立了第一个社会人类学教授席位，1937 年牛津大学也为拉德克里夫·布朗设立了同类教席。即便他们对机能心理学的认识并不一致，但他们对人类学的学科方法却有相同的基本假设。他们都致力于获得堪比自然科学的精确的程序方法。这决定了他们在分析其考察的社会群落时所采取的方式：视之为宏观的有机体系和系统，其中在个体研究和整体把握之间存在某种必要的联

[78] B. Shore, ‘Anthropology’, in Clarke and Neave, *Encyclopedia* Ⅱ, 2081.

系。[79] 针对小型社会的研究（因为此类研究才可能是综合全面的）使他们得以对单个的社会或文化机构加以分析，并且展示其对被视为一个系统的社会整体所做贡献的内容与方式。由于研究的成果是对研究对象实时实地情况的反映，因此这种成果是静态的而非历史性的。这与马林诺夫斯基的观点有一定联系。马林诺夫斯基认为所有的文化都必须满足同样的基本生理需求，因此文化植根于人类本性。马林诺夫斯基的学生塔尔科特·帕森斯曾尝试让上述假说在社会学领域结出硕果。

芮克里夫·布朗认为文化并不受天然的约束，而是一种重要的社会结构功能。他认为这符合人类的一般特性。他在关注社会文化机构个体对社会整体的综合功能的基础上对机构个体进行了分析，这些个体机构是由相应的社会结构支撑的，而社会结构是个体机构存在的必需要素。因此他确信保持社会秩序的连续性对所有社会都是至关重要的。

20 世纪 50 年代，上述导向受到越来越多的批评，理由是它过于关注血缘关系问题，没有充分顾及非英国学者的研究成果，且忽略了历史和社会的变化。[80] 殖民帝国开始解体也有助于摒弃上述研究对数理统计和同步分析方法的强调，有助于对建立在社会势力交互平衡基础上的相关社会形
407 象的抨击。现在人们认为它反映了一种思想上的白日梦。对于英国社会人类学，这意味着一场需要花费很长时间才能平复的严重危机。

1945 年以后，美国的文化人类学开始在推动民族学成为欧陆大学中的一门学科的过程中扮演愈发重要的角色，这要归功于其代表人物在美国占领军中担任了重要的顾问角色。从其创始之父弗朗兹·博厄斯到鲁思·本尼迪克特、玛格丽特·米德、阿尔弗雷德·克罗伯和梅尔维尔·赫斯科维茨，他们认真审视了人类文化的每一种形态。每种形态都确定无疑是独一无二的，因此他们将其自身与欧洲人的历史进化论做了区分。

---

[79] K.-H. Kohl, *Ethnologie: Die Wissenschaft vom kulturell Fremden*, 2nd edn (Munich, 2000), 138ff.

[80] W. Petermann, *Die Geschichte der Ethnologie* (Wuppertal, 2004).

欧洲的民族学在战后迎来了大发展，其作为大学学科的地位也得到普遍认可。德国、法国、荷兰和比利时的大学都已设立了开展相关研究的教授席位，只不过这些教席大多冠之以民族心理学或民族学（*Völkerkunde*）等名称。殖民列强为保护其海外财产，也常常有意识地建立相应的研究机构。值得注意的是，在去殖民地化运动之后，荷兰、英国和法国等国的这些机构陆续关闭，而民族学尽管出现了相当多的研究成果，但至少在最初阶段仍然是大学里的一个小学科。

在德国，一战后民族学教席在汉堡、科隆和美因河畔法兰克福等大学中的设立在很大程度上要归因于包括商贸政策、文化和社会兴趣、浪漫主义与哲学推动力等在内的多重动机。1945 年时传统理念仍旧居于支配地位。不过，1968 年的一系列事件推动了民族学模式的改变，同时也引发了民族学的流行巨潮——这主要是由政治动因所致，因为当时外国模式被誉为是更好的模式。[81] 这一时期，民族学教授席位主要设立在人文学科领域，亦有设在经济学院和社会科学学院的情况。

在法国，1945 年之后民族学以类似方式得以发展。当时很快出现了一种新的人类学理论，这种建立在明确的法国传统基础之上的理论在 20 世纪五六十年代变得极具影响。该理论与克劳德·列维-施特劳斯这个名字紧密联系在一起，并且从容不迫地拥有了超越涂尔干、马塞尔·莫斯等著名学者的影响。列维-施特劳斯从其他学科特别是索绪尔的语言学中形成了他自己的方法论，同时将地质学、心理分析和马克思主义都视为重要的辅助学科。[82] 对亲缘关系和婚姻行为的研究，连同未开化民族的神话传 408
说，让他逐渐认识到每一种社会秩序都遵循着逻辑规则，而这应归因于人类大致相同的基因组成。每一种文化都取决于明确的人类学意义上的常量，这种常量建立在人类超越不同文化的同一性基础之上。相对于功能主义（功能主义的基本假设提出了另外一种类似性），结构主义在无意间找

[81] 1999 年，在当时联邦德国的 22 个研究所中共有 12 888 名学生；见：Kohl, *Ethnologie*(note 78), 13。

[82] Kohl, *Ethnologie*(note 78), 856ff.; Petermann, *Geschichte*(note 79), 854ff.

出了这种同一性。该论断亦非历史性的。不过恰由于其现代语言文学概念的贫乏，反使其对史学和文学研究（不仅限于法国）产生了强有力的影响，这种影响也体现于哲学和心理学领域。无论米歇尔·福柯、罗兰·巴特、雅克·拉康、路易斯·阿尔都塞等人之间存在多大的差异，他们的关键理念都受到了列维-施特劳斯的影响，并且都接受了他反历史的基本立场。

20世纪50年代后期，结构人类学成为在法国大行其道的一种思想模式，但直至20世纪60年代列维-施特劳斯才受邀进入了法兰西学院和索邦大学。当时法国的人类博物馆、高等研究实践学院和民族学研究所里已经出现了一批列维-施特劳斯的追随者。与此前占主导地位的存在主义形成鲜明对比的是，这种思维方式在20世纪70年代末被福柯和德里达的后结构主义取代之前，对法国（在一定程度上也包括欧洲）知识界的发展产生了影响。不过在法国以外的民族学领域并没有发现这种思维方式。

地理学

地理学家描述、分析和解释地球上人类和自然界（物质）的特征。他们的工作有一个独特之处，就是他们既在地图上存储信息，同时又在地图上传达信息。自古以来广泛分布的自然景观以及建筑环境是地理学家的关注对象。在方法论上，地理学指向了经验主义，自19世纪后期该学科在很多大学中扎下根来以后，这种经验主义将其划分为了自然地理学和人文地理学两大部分。[83]

最初地理学仅仅是被允许在大学中存在，而未被大学严肃认真地接纳与对待。20世纪20年代以后，地理学才开始在欧洲作为大学的一门学科

[83] J. Bird, *The Changing Worlds of Geography: A Critical Guide to Concepts and Methods* (Oxford, 1989).

得以发展，而当时在美国，地理学至少已经成为本科基础课程的组成部分。[84] 人们认为这门学科对历史学家极有帮助，甚至在法国两者之间的关联具有了强制色彩，这就不难理解地理学地位的提升。在包括年鉴学派在内的很多关于人类生存条件的研究中，地理因素都被赋予了极为重要的意义。由于地理学的研究兴趣既包括人文也包括自然，因此它不仅对从事人文和社会科学研究的学者极有助益，而且在为通向自然世界真实状况搭建便利的桥梁方面，也显示出了自身的重要性。它既融入了人文学科，也融入了自然学科。比如经济地理时而会从社会科学中寻得栖息的家园。尽管地理学的学科概论完成起来相对容易一些，而这也鼓励了学者间的合作，但地理学的构成要素究竟有哪些，这仍是一个存有争议的话题。 409

二战展示了地理学家的价值，这也引起了地理学在1945年后的繁荣，特别是在法国、英国和联邦德国。1950—1970年，这个学科有了相当大的发展。许多从战场上回来的地理学家对他们以前的同事（这些人控制了地理学）的保守的大学政策感到震惊，由此他们启动了对地理学的新发展。这些发展的理论基础通常源于以前的德国大学方法，而其实践和方法论则取自战后瑞典隆德大学的地理学派。学科的发展提升了专业化程度，但这也招致了来自学科内部左翼力量和传统势力的抨击。尤其在英国，随着地理学变得与史学或经济学一样广受欢迎，对其批评之声显得尤为刺耳。20世纪90年代，当地理学家们能够为生态学这一新领域做出重要贡献时，[85] 地理学不同观点之间在方法论和理论方面的冲突也就日益减弱。与此同时来自马克思主义者和现象学家的“后现代”批评对地理学几乎没有产生任何影响，正如解构主义者声称他们可以使地理学话语体系和地图去神秘化一样了然无功。

---

[84] B. W. Blouet(ed.), *The Origins of Academic Geography in the United States*(Hamden, Conn., 1981).

[85] D. E. Leary, in Clark and Neave, *Encyclopedia* II, 2136-2150.

历史学

与其他大部分社会学科相比，历史学（如果不是始终将其作为一门学科来看）早在19世纪便已经出现在所有的大学里。历史学的学术诚信，
410 与其作为一门学科的主导角色，以及它对每个国家的重要意义，都是毋庸置疑的。因此，就历史学的认知与效用而言，1945年并没有什么突破性的变化。不过，在战后学术重建和发展的年代，历史学也同样经历了教授席位与研究机构大量扩张的过程。

从另一方面来看，1945年也的确代表了一个拐点，因为历史学连同它此前赋予自身的价值发生了变化。尽管历史研究曾常常以政治导师的角色出现，但它却未能阻止20世纪众多灾难的发生。在那些已不再享有民主政体的欧洲国家，历史研究也没能对其现代民主社会的发展做出任何贡献。人们认为历史研究已经倒向了对政权立场的支持，而非对其进行批判性的审视。许多人便倾向于将希望寄予新的社会科学。

为反击上述评价，历史学做出了回应，逐渐远离了对国家和政治史、伟人及强权大国的叙述，转而偏爱其他主题。战后，尽管仍沿用了传统方法，但在这一时期实现了历史学在发展方向上从国家史到社会史的根本转变。[86] 这不仅反映了当时的理念和现实经验，也反映了学术方法的改变。与此同时，历史学也正式确立了其地位，这种地位在20世纪20年代以后曾推动了美国社会史和法国年鉴学派的发展。它被视为一种更适合这个高度理性化和技术驱动的世界的方法，同时也更好地将研究焦点放在了国家、法律、行政、非公开机构、情绪化运动和群体现象上，而不是放在个体身上。新的经济史和系列史学（*histoire sérielle*），不仅大规模使用计算机数据和其他技术创新手段，还期待从诸如气候、出生/死亡率、物价和农业技术等这些显而易见的非历史现象中，获取新的学术知识和新的研究

[86] G. G. Iggers, Geschichtswissenschaft im 20. *Jahrhundert* (Göttingen, 1996), 9f.

方向。

在法国，菲利普·阿里埃、弗朗索瓦·孚雷和埃马纽埃尔·勒华拉杜里等人在20世纪70年代希望深入洞悉历史法则（通过运用上述方法可以揭示这些法则）。年鉴学派甚至超越了那些社会和历史问题。其创始人马克·布洛克和吕西安·费弗尔——他们在二战前很早就运用了这些方法——积极致力于更为宽泛的文化历史学。他们将宗教、地理区域和区域理念视为极具影响力且需认真加以考虑的因素。在高等研究实践学院第六部，费尔南·布罗代尔和欧内斯特·拉博鲁斯寻求将这些因素归结为一个概念。他们认为，历史并非遵循着一种线性模式，而是根据不同地域沿着 411
不同时间进度发展起来的。传统的国家史缺乏现实性，要进入过去的历史之中，就需要区域性甚至跨国性和超区域性的研究。作为人类活动的永恒基础，地理性和生物性前提的改变是从占支配地位的社会与经济环境中获取动力的，这些条件反过来又确立构成共同性和计划性的政治、社会冲突之基础的趋势与循环体系。只有在这样的背景之下，才能够观察和分析“伟人及其思想”所引发的政治和军事事件。[87] 这既不是个人行为的问题，也不是个体理想化观念的问题。人际关系和行为模式的复杂性才是其兴趣所在。在年轻一代追求思想方式的历史中，通向文化历史学范畴的路径就更进一步。罗伯特·芒德鲁、乔治·杜比和雅克·勒戈夫等人曾尝试将农业史、经济史和社会史与文化历史学联系起来。

20世纪六七十年代繁荣时期的年鉴学派，其所有研究方向关注的都是从中世纪到现代早期这一历史时期的话题，而回避了19世纪、20世纪和当代史。总的来说这种历史思维方式深深植根于法国的传统，这就在一定程度上解释了如下事实，即这种思维方式在其他地方永远不可能达到同样的一致和成功的地步。源于该思维方式的一些想法被欧洲国家特别是意大利、荷兰、比利时和民主德国甚至还有美国所接受，但在其他国家的接

---

[87] L. Raphael, *Geschichtswissenschaft im Zeitalter der Extreme: Theorien, Methoden, Tendenzen von 1900 bis zur Gegenwart* (Munich, 2003), 96ff.

受程度很有限。不过，20世纪80年代法国历史学家和出版商皮埃尔·诺拉发起了一项有关（民族）记忆凝结点的重要的采集汇编工作，并出版了《记忆亮点》（*Les lieux de mémoire*）丛书，这些亮点的收集对象既包括重要的民族事件和神话传说，也包括空间地点、历史象征物和节日活动等。[88] 这是一种反思法国和法兰西民族的新方式，并进而影响到欧洲其他国家的民族史研究。

联邦德国的历史学采用了另一种发展模式。纳粹时代的经历和对罪行的真实见闻让活跃于其时其地的年轻的社会史学家们把批判功能赋予了各种形式的史学研究。[89] 在他们看来，传统的编纂史学已经彻底失败，而深具影响的法国年鉴学派关注的仅是前现代（pre-modern）。他们的任务是
412 运用严格基于社会史学的方法描述比较近的历史，以便分析德意志民族过去所犯下的错误及其特殊性。法兰克福学派的批判理论似乎为很多人提供了充足的指导原则。

在英国，劳伦斯·斯通于1979年在社会史学的重要刊物《过去与现在》（创办于20世纪50年代）上发表了一篇文章，宣称要复兴叙事史学，作为“日常文化史”，叙事史学可以远离历史的宏大结构，回归到个体人物。他的做法与社会史学相当传统的批判方式（正如年鉴学派所实践的那样）相一致，该方式对历史发展、科学方法论和现代化模式的信条持怀疑态度。这种批判在其他国家也重复出现，在法国它源于后结构主义和解构主义（福柯、德里达和利奥塔）。尤其是出于美国新文化史学的关系，他性（alterity/otherness）成为一种新的代号。

因此，一种一直以来被忽略的非正统文化突然走上前台，而这是对所谓“68后”的一代史学家中很多人的反叛行为的善意呼应。它使得实现对过去时代的可靠再现成为可能。对现代史学家来说，这是一个完全不同的遥远领域。同时，由于对历史发展持有一种过于乐观的信念，很多社会

[88] P. Nora(ed.)*Les lieux de mémoire*(Paris,1984-1992;3 vols. in 7).

[89] W. Schulze,*Deutsche Geschichtswissenschaft nach 1945*(Munich,1989),particularly 207ff.

研究模式不得不为对此所承担的责任而检讨。随着争论的发展，1970 年以前的著作已不再为人所需，与价值导向和重要成果有关的准则，与民族文化理念一样都遭到废弃。多元主义成为重中之重。[90]

那种理性的、可确定的历史并没有得到多少信任，这对法国后解构主义（其研究重点是文本论）而言尤为如此。在雅克·德里达和罗兰·巴特看来，文本以外没有史实，换言之，它从来就只是文本编纂的事情。巴特和海登·怀特认为，历史就像诗歌一样不可能是客观知识。而截至当时语言所呈现出的就像是一种封闭的文本，除了其自身无法解释任何事情，它只能够破解其内在目的和曾对政权提出的要求（福柯）。政权并不仅意味着一种中枢系统，它决定了人类社会生活的方方面面。就此而言，在朝着女性或性别史、政治思想史的方向上，以及在把一名作者在某一时代背景下的种种意图联系在一起加以讨论的方向上，它迈出了小小的一步。

在还没有一个普遍范式能够将所有不同的问题方式整合到一起，并且引导它们互为支撑的情况下（19 世纪和 20 世纪初曾存在这样一种普遍范式），历史学的问题领域就已有了极大的拓展。如针对现代世界的非同寻 413
常的抨击态度就是一个最有力的论据，1980 年以后这种抨击包含了某些反启蒙的因素，而这正是历史学此轮发展的典型特征。[91]

1945 年以后，传统的编纂史学形式仍然继续在很多国家存在，这一事实无损于史学在这一时期所取得的新发展的价值。各种传记，各种关于特定时代、特定事件、知识史和政治史的专著，各种有关科学史、大学史、国际关系史、教会和宗教史的论文，仍然像以前一样继续被人们书写着；所有这些都直接对新的史学理论及其成就表示了敬意，并且在尝试满足每一代人在面对或忍受与他们那个时代相适合的过往的时候所感觉到的需求。

作为史学的一个次场域（特别是对战后时期而言），科技史的发展很

[90] Raphael, *Geschichtswissenschaft*(note 86), 215ff.

[91] Iggers, *Geschichtswissenschaft*(note 85), 101ff.

好地说明了本章的主题。在美国，姑且不论很多偶发性事件，（在哈佛大学所提计划的推动下）为了向联邦公民传授他们所需要掌握的“科学战略与战术”，美国的大学在战后很快就启动了科学史的学院化进程。当然，该学科的知识结构（也是在美国）是建立在亚历山大·柯瓦雷的学说基础之上的，柯瓦雷是一名法国哲学家，他像考察思想史那样考察科学史。柯瓦雷的思想与哈佛大学计划的结合，产生了托马斯·孔恩1962年出版的《科学革命的结构》一书（这本书因使用这一概念而声名鹊起），该书成为全球社会科学初学者的科学范本。

自20世纪60年代后期开始，作为对以科学为基础的技术在东南亚战争和大规模工业污染中所扮演角色的回应，科学史学者——当时他们还置身于历史系、理学院、科学史与科学哲学/科学社会学研究机构，沉浸在“科学、技术和社会”系列课程之中——将科学解构为他们中很多人所看到的与科学的丑陋本质一样的东西。原来科学家与其他人一样很容易受到野心、权力、荣誉和贪念的感染，他们的理论不过是妥协于强权政治（即社会结构）的解决方案。这种趋势源于那些对科学一无所知的学者，相反，先前柯瓦雷类型的知识史，则在那些受过科学训练又转向史学领域的学者的推动下得以发展。这种知识方向在一些欧洲国家特别是意大利、西班牙、丹麦和法国（程度相对较低）占据了主导地位，而在英国，大学中
414 有关科学社会学和历史学的研究具有了社会方向的特征，德国和瑞典的大学亦有此特征（但程度较低）。20世纪60年代起，一些史学家日渐尝试将上述两种走向弥合为一体。

与科技史领域的特例类似，1945年以后综合性的历史学在欧洲和美国也都沿着相似的路径发展。对新起点的希望，从“过去的错误”中汲取教训的决心，以及越来越多的年轻人对大学教育的渴望，促成了高等教育领域所有元素向乐观主义方向的扩张。新的教授席位为新一代学者打开了

前所未有的机遇之门，引领历史学的各个学科进一步走向专业化。[92] 新的期刊和新的专业学术团体的出现为愈发具有国际化导向的一代学者提供了服务。新的沟通方式，以及教授对自身看法的改变，促进了人际思想的交流。[93] 不过这个持续了相当长时间的复兴阶段在 20 世纪 80 年代走到了尽头。对社会科学和人文学科的支持逐渐衰落，其学科基础开始受到质疑。国际大学和学术历史的新阶段业已开启。

法学

开展法学教育和法学研究的学院的历史是大学史的一部分，但又不仅限于此。法学院属于两个领域：学术领域和法律领域。许多法学教授、老师和研究者与法律专业人士间的关系要比他们和大学中其他学院的同事间的关系更为亲密。实际上，许多专业法学家本身就是职业律师，纯粹的专业法学家在法学院中只是很小的一个群体，仅存于某些非实践型（因而也非常狭窄）的领域，如法哲学领域。而且，与其他科学不同，法学不是普适性的而是国家性的，这意味着在 20 世纪后半期科学和教育的全球化进程中，国家性的法律、法律文化和法律职业已经完成了对法学院的塑造，[94] 这些议题在律师甚至专业法学家探讨法学院的历史、现状或改革史的时候常常被忽略掉了。尽管法学院也置身于欧洲大学的整体发展进程之中，但很多时候这种发展的通常模式却被法学领域的专属元素所改变，一 415
些发展是法学院所独有的。

二战之后，“风向改变”。[95] 欧洲大学失去了在法学领域对美国大学的

---

[92] 在编纂史学领域，除传统的古代史、中世纪史和现代史方向外，还有早期现代史、当代史、经济史、宗教史、科学史、教会史和管理史等。

[93] 见第五章《教师》。

[94] 参见：J. -F. Flauss，‘Deux siècles d’enseignement de droit constitutionnel：Esquisse d’unbilan’，in J. -F. Flauss，*L’enseignement du droit constitutionnel*（Brussels，2000），204-205。

[95] U. Mattei，‘Why the Wind Changed：Intellectual Leadership in Western Law’，*American Journal of Comparative Law*，42（1994），195-218.

领导地位，其原因有很多，如美国在政治和经济上的主导地位，以及20世纪30年代德国一批最具潜力和创造性的学者移民至美国[96]（也包括英国[97]）。这只是法学对美国取代德国作为科学世界领导者地位的一般趋势的顺应。而德国法学的衰落早在20世纪30年代以前就已经开始了。1800年前后伟大的法典编纂运动之后，欧洲国家开始发展本国的法律体系，以取代当时仍在流行的作为欧洲公法的“普通法”（*ius commune*）。这意味着法律教育和法学已开始变得国家化，其影响不再超越国家边界。德国是个特例，因为直到1871年德国才实现政治上的统一，故而它一直沿用传统的“普通法”，这使得德国的法学家继续保留甚至扩大其在18世纪就已取得的在欧洲法学领域的领导地位。这种情况随着1900年民法典的编纂而终结，当时德国法律也变得国家化，德国法学家失去了其普适地位。[98]因此即便没有纳粹时期，没有出现法学家的移民现象，德国法学也终将会失去其关键地位，只是这一过程会更为缓慢。而纳粹统治的暴行也意味着，即使德国法学家仍然有领导法学领域发展道路的能力，他们也不会再有相应的道义权威。德国法学家自身也意识到了这一点，因而在二战结束初期德国出现了自然法研究的（短暂）繁荣。[99]

与其他学科领域相比，逃亡美国的德国法学家所取得的成就，以及美

[96] M. Lutter, E. C. Stiefel and M. H. Hoeflich(eds.), *Der Einfluss Deutscher Emigrantenauf die Rechtsentwicklung in den USA und in Deutschland*(Tübingen, 1993).

[97] J. Beatson and R. Zimmermann(eds.), *Jurists Uprooted: German Speaking Emigré Lawyers in Twentieth Century Britain*(Oxford, 2004).

[98] R. C. Van Caenegem, *An Historical Introduction to Private Law*(Cambridge, 1992), 155-159; see also R. Zimmermann and M. Reimann(eds.), *The Reception of Continental Ideas in the Common Law World, 1820-1920*(Berlin, 1993).

[99] A. Kaufmann, 'Die Naturrechtsrenaissance der ersten Nachkriegsjahre-und was daraus geworden ist', in M. Stolleis, *Die Bedeutung der Wörter, Festschrift für Sten Gagner*(Munich, 1991), 105-132. See, however, also M. Stolleis, 'Reluctance to Glance in the Mirror: The Changing Face of German Jurisprudence after 1933 and post-1945', in C. Joerges and N. Ghaleigh(eds.), *Darker Legacies of Law in Europe: The Shadow of National Socialism and Fascism over Europe and its Legal Traditions*(Oxford, 2003), 1-18.

国法学对欧洲的影响，都不甚明显。这是因为法学的国家特征成为思想传播的障碍。因此在美国，那些移民法学家的成就往往局限在那些国家因素 416
不甚重要甚至是不存在国家因素的领域，如法哲学、法学史、罗马法、国际公法或国际私法，以及最多的比较法学领域。即便如此，有时他们也只有在重新接受培训之后才能得到认可。[100] 即使美国已经成为欧洲法学家到国外攻读研究生学位的目标，国界仍阻碍了美国法学思想和法学理论在欧洲的移植。不仅如此，在美国非常重要的新的法理学派，诸如有关法学、经济学和批判法学的研究，[101] 实际上也没有在欧洲扎根；欧洲的法学教育和法学研究仍然保留了更多的实证和权力基础：上议院高级法官、立法者、法官和顶尖教授们说法是什么，法就是什么。[102] 当然其中也有例外。例如，虽然传统的讲授制没有被美国的案例研究方法所取代（在案例研究方法中，师生以苏格拉底式的对话方式分析法庭做出的前导判定），但基于美国模式的案例辑录作为讲座的补充却深受欢迎，只不过它们是在另一种情境下来使用的——更多地去教授法规而不是去教授形成这些法规的法理过程。[103]

二战之后，这种仅适用于小规模学生群体的案例研究法并未被欧洲所移植。这不仅是由于法律文化的差异，也是因为 20 世纪 60 年代兴起的欧洲教育民主化和“大众化”进程，该进程对法学院的影响远甚于大学其他学院。大学董事会和政府都认为法律教学收费低廉。只要课堂还没有满，那么多增加一名学生就不会产生额外费用，如果可以增加一名，那么为什么不多增加上百名呢？结果，有着上百名学生的班级成为标准，但却没有

---

[100] K. Graham, ‘The Refugee Jurist and the American Law Schools, 1933-1941’, *American Journal of Comparative Law*, 50(2002), 777-818.

[101] 见：N. Duxbury, *Patterns of American Jurisprudence*(Oxford, 1997)。

[102] J. H. Merryman, ‘Legal Education There and Here: A Comparison’, *Stanford Law Review*, 27(1975), 869.

[103] 参见：F. Ranieri, ‘Juristen für Europa: Wahre und falsche Probleme in der derzeitigen Reformdiskussion zur deutschen Juristenausbildung’, in D. Strempel(ed.), *Juristenausbildung zwischen Internationalität und Individualität*(Baden-Baden, 1998), 292-301。

往教师和教学设施上追加任何投入。在很多国家，即便法学教授们越来越
多地承担了就新立法向政府提供顾问咨询的责任，但法学院仍是收入最少
417 的学院。[104] 不过，法学院在20世纪60年代深受学生欢迎的原因有很多：
在就业市场上，法学教育是最好的普通教育，它为学生们打开了通向有较
高社会地位的行业或高级管理职位的机会之门，学生为获取学位所付出的
较少。因此法学院成为大量过剩的，希望轻松获取一个学位的年轻人的庇
护所——这种趋势在拉丁国家比在北欧更明显。[105]

不过法学研究的流行使这种情况变得困难起来。虽然就大部分法律职业的准入条件而言，拥有一个法学学位是必要的，但这远远不够。大量新入职者的涌入导致入职资格更加严格；新的律师、法官、公证人员等必须接受强制性的职业培训和/或考试。除德国和瑞士（这两国的相关考试由当局组织）外，其他国家的法律职业准入都是由专业组织掌控的。[106] 战后大学里的其他学院都要求更多的自由，减少政府对其事务的介入，而法学院却要置身于法律职业的监管之下。由于这种监管趋于保守，新的非传统的法学教学形式难以取得突破，同样的情况也出现于法学学术领域。[107] 法律从业者重要性的增加也在某种程度上导致了对学院化的轻视，这一趋势在那些有着自己培训学校的法律行业尤为明显，例如在法国，地方法官在专门的学校里学习。[108] 类似于德国在1971—1984年所做的将理论与实践统

---

[104] R. Wahl, 'Die Misere der Betreuungsrelation in der Juristenausbildung. Wie eine Juristenausbildung durch gesetzlich vorgesehene Normen denaturiert wird', in Strempel, *Juristenausbildung* (note 102), 379-394.

[105] 参见：W. Twining, *Blackstone's Tower: The English Law School* (London, 1994), 51。

[106] J. Lonbay, *et al.*, *Training Lawyers in the European Community* (London, 1990).

[107] 参见：M. Feldman, 'The Transformation of an Academic Discipline: Law Professors in the Past and Future (or Toy Story Too)', *Journal of Legal Education*, 54 (2004), 471-498; R. Zimmermann, 'An Introduction to German Legal Culture', in W. F. Ebke and M. W. Finkin (eds.), *Introduction to German Law* (The Hague, 1996), 22。

[108] C. Atias, 'Enseigner le droit', in 'L'enseignement du droit civil à la fin du XXe siècle. Libres propos sur une question fort débattue', *Revue trimestrielle de droit civil*, 96 (1998), 287.

一到大学教育之中的一系列尝试也都以失败告终。[109] 一般来说，由那些希望其所受教育尽可能有用的学生支撑起来的法律职业，加剧了法学教育应是实用教育而非博雅教育的观点，进而导致法学教育课程体系中元法学课程的消失或者减少。牺牲品之一就是罗马法研究，该课程（与教会法）数世纪以来都是大学中唯一研究的法学科目。[110]

除法律职业的巨大干扰外，法学研究还在各种法律急速增加的影响下而变得更加艰难。与美国一样，欧洲各国都是“律师控制下的国家”[111]。二战后的几十年间，法律已经渗透到社会的各个角落。法律和律师进入了工厂、农田、医院、学校、体育俱乐部等领域。因而大学中出现并开始研究林林总总的新的法学领域，如航空法、体育法等，不过绝大部分是以选修课的形式出现的。以保险法或劳动法为例，这些法律对普通民众而言变得极其重要，但是法律课程体系并没有给予它们相应的地位。[112] 法律开始主导社会，因为它是政府社会工程的工具。处理政府及其与公民的关系的公法进而赶超了处理公民内部关系的私法。不过在很多法学院中私法仍然居于主导地位，因为私法教授们的地位根深蒂固。直到 17 世纪乃至其后更晚，公法才开始作为一个独立的学科被讲授。[113] 418

与发展之中的立法机关相比，公法的崛起只是政府干预所引发的一个不太显著的效果。其他科学的基础可能相当稳定，然而在法学领域，一个

---

[109] J. Brunnée, 'The Reform of Legal Education in Germany: The Never-Ending Story and European Integration', *Journal of Legal Education*, 42(1992), 416-418.

[110] 如关于法国，可见：J. Hilaire, 'La place de l'histoire du droit dans l'enseignement et dans la formation du comparatiste', *Revue internationale de droit comparé*, 50(1998), 323。

[111] M. A. Glendon, *A Nation under Lawyers: How the Crisis in the Legal Profession is Transforming American Society* (Cambridge, Mass., 1996).

[112] B. Bercusson, 'Law, Legal Education and Practice and Labour and Social Law', in B. De Witte and C. De Forder (eds.), *The Common Law of Europe and the Future of Legal Education* (Deventer, 1992), 429-431.

[113] 可见：J. W. F. Allison, *A Continental Distinction in the Common Law: A Historical and Comparative Perspective on English Public Law* (Oxford, 2000)。

学者必须牢记如下格言："立法者说三个字，整个图书馆就变为废纸。"[114]
而不幸的是，主要法律条文的定期大幅度修订已经变得非常普遍，法官非
常积极地创造判例法，结果导致很多法学家无暇开展新的研究，而是不得
不局限于描述法律的新变化。这样不会提高他们在大学同事中间的地
位。[115] 然而，如果不为法律从业者撰写文章，又会拉大其与法律行业的裂
痕。自 20 世纪 60 年代起，评论家就一直主张教授法律知识不如培养律
419 师。[116] 但事实上这并未实现，因为判例法的骤增已经引起了对学生需求的
不断增长。虽然教授们可能声称他们仅关注于一般原则，但考试仍然集中
在更加细节的问题上。[117] 对于立法潮的一个反应就是要求放松管制（这始
于 20 世纪 70 年代美国的法律和经济运动）。[118] 虽然法学和经济学在 20 世
纪 80 年代取得了某些成功，但其拥护者在欧洲的影响力较小，因为他们
的学术往往与右翼的反福利国家政策联系在一起。（事实上，20 世纪 90 年
代见证了另一个立法潮。）应对立法机关发展的另一条路径是专门化，[119]
但这种方式并不总是受欢迎的，许多律师更喜欢通才而不是专家，大多数
法学课程计划反映了这一点。不过尽管如此，专门化仍然在专业实践和研

---

[114] 'Drei Berichtigende Wörter des Gesetzgebers und ganze Bibliotheken werden zu Makulatur.' From an 1847 lecture by J. H. von Kirchmann(for a recent edition of this lecture, see H. Meyer-Tscheppe, *Julius Hermann von Kirchmann: Die Wertlosigkeit der Jurisprudenz als Wissenschaft*(Heidelberg, 2000).

[115] W. Twining, W. Farnsworth, S. Vogenauer and F. Tesón, 'The Role of Academics in the Legal System', in P. Cane and M. Tushnet(eds.), *The Oxford Handbook of Legal Studies*(Oxford and New York, 2003), 940.

[116] E. g. M. Storme, 'Beschouwingen over de juridische opleiding', in F. Fleerackers(ed.), *Recht en vorming: Juridisch onderwijs in de kering*(Brussels, 2003), 23.

[117] 如关于德国，可见：E. W. Böckenförde, 'Juristenausbildung-auf dem Weg ins Abseits?', *Juristenzeitung*, 52(1997), 317-326。

[118] 关于这一主题的综合性内容，可见：J. Den Hertog, 'General Theories of Regulation', in B. Bouckaert and G. De Geest(eds.), *Encyclopedia of Law and Economics*, Vol. Ⅲ(Cheltenham, 2000), 223-270。

[119] H. Palm, 'Gedanken zum Einheitsjuristen', *Juristische Zeitschrift*, 45(1990), 609-618.

究中得以发展，但其中法律单项领域之间的隔离又成了一个不断加剧的问题。[120]

法学的上述变迁历程以不同的方式影响着所有的国家，这不仅仅是因为各国大学的差异，也是因为各国有着不同的立法传统。英国是个特例，它有自己独特的法律体系，并把大学推向边缘。[121] 直至战后，在面对“大学能教授英国法吗?”这一问题时，大多数法律从业者才愿意回答“是的”。[122] 从那时起，大学开始在英国的法学研究中占据主导地位，但直至今日，一个人如果没有法学学士学位，仍有可能成为一名初级律师。[123] 不过就欧洲而言，仍然存在法律体系以及法学教育和法学研究的趋同现象。[124]

这一现象主要是受到了建设欧洲联盟（始于 20 世纪 50 年代）的驱 420
动。最初这一因素对法学院的影响很有限，而且在很多国家——甚至在部分老成员国里——直至 20 世纪 90 年代欧洲法才成为整个法学课程体系的一部分，[125] 这证明法学院没有及时跟上这一进程。欧洲一体化与欧洲法学家们的体验是相互对立的。法律具有国家性，人们在大学中只能研究自己

[120] 一般而言可见：A. Kronman, *The Lost Lawyer: Failing Ideals of the Legal Profession* (Cambridge, Mass., 1993)。

[121] 见：R. C. van Caenegem, *Judges, Legislators and Professors: Chapters in European Legal History* (Cambridge, 1987)。

[122] A. V. Dicey 在他担任牛津大学维尼里安讲座教授（Vinerian chair）的就职演说中提出了这个问题。参见：A. V. Dicey, *Can English Law be Taught at the Universities?* (London, 1883)。

[123] R. Burridge, ‘Landmarks, Signposts and Directions in Legal Education in the United Kingdom’, *Journal of Legal Education*, 51(2001), 315-324; A. Wilson Green, ‘Legal Education in England’, *Journal of Legal Education*, 28(1976), 137-180.

[124] 参见：B. Markesinis, ‘Learning from Europe and Learning in Europe’, in B. Markesinis (ed.), *The Gradual Convergence: Foreign Ideas, Foreign Influences and European Law on the Eve of the 21st Century* (Oxford, 1993), 1-30。

[125] 参见：R. Bakker, ‘Europeanization of Law and Lawyers v. National Provincialism in Legal Education’, in B. S. Jackson and D. McGoldrick (eds.), *Legal Visions of the New Europe* (London, 1993), 346。

国家的法律，其所获得的法律文凭仅限在本国之内有效。然而，从20世纪70年代开始，欧洲的院校和公民开始致力于取得一个得到全欧洲认可的文凭。1977年、1989年和1995年先后颁布的一系列指令性文件，以及20世纪90年代出现的一些著名案例，如雷纳斯、范·宾伯根、希弗利、克罗珀、弗拉索普洛、克劳斯、格布哈德等，为法学家们拓展了生存空间。[126] 然而作为一名法学家，想要自由地在他国立足仍然受到限制，这主要是因为大学中仍然教授本国法律，而不是其他成员国的法律体系。虽然大学也因此更强调欧洲法和比较法，但绝大多数大学所教授的大部分法律仍然是国家性的。

一些学者呼吁效仿美国的国家学院（American national schools），建立一个欧洲法学院。[127] 在美国的国家学院，学生学习的不是其所在州的法律，而是全美50个州共同的法律原则。同样，欧洲法学院也应该教授欧洲各国法律体系的共同原则，而非仅限于一个国家。第一个这样做的是荷兰的马斯特里赫特大学，他们于1995年创办了欧洲法学院，[128] 不过马斯特里赫特大学的例子也说明，一个真正意义上的欧洲法学院还未成为现实，因为这所大学的学生仍然必须学习荷兰的法律。而且，在最初阶段，马斯特里赫特大学的教师也有一个问题，因为他们希望讲授的课程在开始的时候还仅仅是一个边缘性的存在。大部分法律仍然是国家性的，因此在20
421 世纪90年代以前，教科书、法律评论、案例辑录之类也都是国家性的，

[126] H. Schneider, 'The Free Movement of Lawyers in Europe and its Consequences for the Legal Profession and the Legal Education in the Member States', in M. Faure, J. Smits and H. Schneider (eds.), *Towards a European Ius Commune in Legal Education and Research* (Antwerp, 2002), 15-38.

[127] 见 De Witte and De Forder, *Common Law* (note 111)中的第一篇文章。

[128] A. W. Heringa, 'Towards a European Law School: A Proposal for a Competitive, Diversified Model of Transnational Co-operation', in Faure, Smits and Schneider, *European Ius Commune* (note 125), 5-6.

只有比较法学和法学史例外。[129]

20 世纪 90 年代，一些国际法学家团体开始编写欧洲法的总则，[130] 在欧洲法学家的合作项目中，最早的也是最著名的案例是兰多合同法委员会。[131] 这些项目所激发的热情是巨大的。2001 年，欧盟议会接受了一项有关呼吁在 2010 年建立合同法规则共同体的决议。[132] 同时，虽然没那么雄心勃勃但却更为现实的是，欧盟委员会在 2003 年启动了一项旨在为欧洲合同法建立一个“公共参照框架”的行动计划。[133] 此外，20 世纪 90 年代也出现了关于欧洲法的学术期刊[134]、案例辑录[135]和教科书[136]。不知是不是一些学者有些夸张，他们甚至成立了一个希望协调和整合欧洲婚姻家庭法的委员会。[137]

有关法律史的研究，如赖因哈德·齐默尔曼的《债权法》[138] 也激发了

---

[129] 自 1974 年起，位于（佛罗伦萨附近）圣多米尼克非索那湾的欧洲大学学院（见第三章第 119 页），在其法学研究生系开始鼓励有关欧共体/欧盟法律意涵的研究。

[130] R. Zimmermann,*Roman Law*,*Contemporary Law*,*European Law*:*The Civilian Tradition Today*(Oxford,2001),108-109.

[131] 兰多委员会的成果提供了多个欧洲语言版本。英文版：O. Lando and H. Beale(eds.), *Principles of European Contract Law*,Vols. Ⅰ and Ⅱ(Dordrecht,1999);O. Lando,E. Clive,A. Prüm and R. Zimmermann,*Principles of European Contract Law*,Vol. Ⅲ(Dordrecht,2003)。

[132] ‘Resolution for the Approximation of the Civil and Commercial Law of the Member States 15 November 2001’,*Official Journal of the European Union*(2001),C 140 E,538.

[133] *Communication from the Commission to the European Parliament and Council*,*a More Coherent European Contract Law-an Action Plan*,COM 2003,*68*(final).

[134] 如:*Zeitschrift für Europäisches Privatrecht* and *European Review of Private Law*, both since 1993。

[135] 如:W. van Gerven,P. Larouche and J. Lever,*Cases*,*Materials and Text on National*,*Supranational and International Tort Law*(Oxford,2000)。

[136] 如:H. Kötz and A. Flessner,*European Contract Law*,Vol. Ⅰ(Oxford,1997)(first published in German in 1996)。

[137] 见:K. Boele-Woelki(ed.),*Perspectives for the Unification and Harmonisation of Family Law in Europe*(Antwerp,2003)。

[138] R. Zimmermann,*The Law of Obligations*:*Roman Foundations of the Civilian Tradition*(Cape Town,1990;Munich,1992;Oxford,1996).

对欧洲法的新热情。其传递的信息可以概述为：

> 过去，在伟大的法典编纂运动之前的普通法时代，欧洲曾经有过一个法学体系，未来它还将再次拥有一个共同的法学体系。

这条信息曾经被很多人误解，他们认为这是要有一个公共法而不是一
422 个公共的法律文化。其实，它并不是要取消国家性或地方性法规，而是说法学家将采用共同的法律话语、教科书、案例辑录等。[139]

人们不应该过高估计新公法的重要性。不管在哪里，永远会有对纯粹的地方性律师的需求，[140] 也可以认为还会有更多的需求，因为战后几十年间，人们也见证了包括英国和西班牙在内的各国区域性法律和法学教育机构重要性的不断提高。[141]

再者，今天的法学家们，即使他们只能阅读本国的出版物，他们也仍然能够继续存在。不过，除了缺乏共同语言外，他们还有许多障碍需要去克服。[142] 不管怎样，拜欧洲一体化所赐，仍然有像齐默尔曼、兰多、冯·巴尔、甘道尔菲和冯·格文等众多欧洲知名学者存在（至少在学术圈内）。也许新一代的欧洲法学家们能够重新获得曾被美国法学院夺走的领军地位，但这属于未来，而不是历史。

---

[139] S. Mittelsten Scheid, 'Zimmermann und das römisch-kanonische Recht als Grundlage einer europäischen Zivilrechtsordnung', in T. Hoeren (ed.), *Zivilrechtliche Entdecker* (Munich, 2001), 442. See also D. Heirbaut, 'Comparative Law and Zimmermann's New ius commune: A Life Line or a Death Sentence for Legal History?', in *Ex iusta causa traditum: Essays in Honour of Eric Pool*, Fundamina, Editio specialis (Pretoria, 2005), 136-153.

[140] E. Hondius, *Juridisch onderwijs in vergelijkend perspectief* (Deventer, 1999).

[141] H. L. MacQueen, A. Vaquer and S. Espiau (eds.), *Regional Private Laws and Codification in Europe* (Cambridge, 2003).

[142] 由此亦可见法学和语言学课程的重要性。P. Goldsmith, 'Globalization: The European Experience', *Journal of Legal Education*, 46 (1996), 319.

精选文献

423

Acham, K., Nörr, K. W., and Schefold, B. (eds.) *Erkenntnisgewinne, Erkenntnisverluste: Kontinuitäten und Diskontinuitäten in den Wirtschafts-, Rechtsund Sozialwissenschaften zwischen den 20er and 50er Jahren*, Stuttgart, 1998.

Albrecht, C., Behrmann, G. C., Bock, M., Homann, H., and Tenbruck, F. H. *Die intellektuelle Gründung der Bundesrepublik: Eine Wirkungsgeschichte der Frankfurter Schule*, Frankfurt and New York, 1999.

Andrews W. C. (ed.) *International Handbook of Political Science*, Westport, Conn., and London, 1982.

Barbano, F. *La sociologia in Italia: Ingressi teorici negli anni della formazione ('50-60)*, Turin, 1986.

Beatson, J., and Zimmermann, R. (eds.) *Jurists Uprooted: German Speaking Emigré Lawyers in Twentieth Century Britain*, Oxford, 2004.

Bell, D. *The Social Sciences since the Second World War*, New Brunswick, N. J., 1982 (German translation, Die Sozialwissenschaften seit 1945, Frankfurt and New York, 1986).

Cane, P., and Tushnet, M. (eds.) *The Oxford Handbook of Legal Studies*, Oxford and New York, 2003.

Clark, B. R. and Neave, G. (eds.) *The Encyclopedia of Higher Education*, Vol. Ⅱ: Analytical Perspectives, Oxford, New York, Seoul and Tokyo, 1992.

Coats, A. W. Bob (ed.) *The Development of Economics in Western Europe since 1945*, London 2000.

De Witte, B., and De Forder, C. (eds.) *The Common Law of Europe and the Future of Legal Education*, Deventer, 1992.

Faure, M., Smits, J., and Schneider, H. (eds.) *Towards a European Ius Commune in Legal Education and Research*, Antwerp, 2002.

Heilbron, J. L. (ed.) *The Oxford Companion to the History of Modern Science*, Oxford and New York, 2003.

Iggers, G. G. *Geschichtswissenschaft im 20*. Jahrhundert, Göttingen, 1996.

Kohl, K. H. *Ethnologie, die Wissenschaft vom kulturell Fremden*, 2nd edn, Munich, 2000.

Lemert, C. E. (ed.) *French Sociology*, New York, 1981.

Lonbay, J. et al. *Training Lawyers in the European Community*, London, 1990.

Lutter, M., Stiefel, E. C., and Hoeflich, M. H. (eds.) *Der Einfluss deutscher Emigranten auf die Rechtsentwicklung in den USA und in Deutschland*, Tübingen, 1993.

Manicas, P. T. *A History and Philosophy of the Social Sciences*, Oxford, 1987.

Petermann, W. *Die Geschichte der Ethnologie*, Wuppertal, 2004.

Raphael, L. *Geschichtswissenschaft im Zeitalter der Extreme: Theorien, Methoden, Tendenzen von 1900 bis zur Gegenwart*, Munich, 2003.

Sills, D. L. (ed.) *International Encyclopedia of the Social Sciences*, New York, 1968.

Strempel, D. (ed.) *Juristenausbildung zwischen Internationalität und Individualität*, Baden-Baden, 1998.

第十一章　数学、精确科学 424

约翰·齐曼[①]

大框架下的传统图景

本章所涉及的是“数学、精确科学”。应包括什么内容呢？与大学事务一样，我们向来不能把实际情况进行简单的归类。数学有着高贵的人文主义传统，在整个自然科学和社会科学领域都有重要的应用：在许多大学，数学甚至不与物理设置在同一院系之中，而物理则是典型的“精确”科学。化学通常要求精确计算，但原则上并不局限于那些能被数学描述的内容。通常，地质学被归为自然科学之一（虽然有重要的生物学基础），但是它非常依赖于图解和口头描述。大学这些重大活动领域间的界限越来越难以划分，这正是我们将要解决的历史现象之一。

另一个由来已久的边界存在于作为知识的科学与作为技能的科学之间，或者说存在于基础科学及与之相关的技术之间。本书前几卷已经按照各学科的特质对自然科学的产生进行了追溯，并且从学术角度将自然科学与同其有着认知关联的众多工程学分支加以区分。大学式的机构仍为教育技术从业者做出了显著的贡献，例如技术专科学校、高等技术学校和技术学院等，一直在基础物理学、化学和数学方面为学生提供正规的教育，其教师经常会在这些研究领域有杰出贡献。到 20 世纪中期，这个一向基本 425
上不易明确的边界，已经在很多方面变得越来越站不住脚了。

---

① 约翰·齐曼是一位理论物理学家和科学政策学家。他撰写的本章内容，对二战后精密科学的发展而言，既是原始资料，也是二手资料。本章的独特价值在于其对以固体为研究对象的自然科学的处理方式，尤其是与之相关的政策考虑。

到目前，大学在精确科学教育方面侧重于为学术、政府或工业机构培养研究人员，或者为中学培养讲授同样科目的教师，以启发激励未来的科学家。在过去半个世纪里，与原创性研究相关的态度及行为一直主导着欧洲大学中精确科学和数学的发展历程，丧失了对本科教学、学习及职业发展的关注。这是我们将深入探究的另一主题。

随着很多杰出的欧洲科学家去往未被战火破坏的自由国度寻求庇护，到1945年时，科研事业的中心已经跨越至大西洋的另一端。所有发达国家的政府和工业企业都以美国为榜样，开始向自己实验室中的基础研究大幅增加投资，用来孵化技术革新。现在，欧洲大学中数学和精确科学的发展史不能再以主要局限于大学或欧洲的科研活动发展编年史的形式来呈现，而是需要一个更大范围的框架来容纳这个深深植根于过去的图景。

1945—1995年这段时期可以大致划分为3个阶段，每个阶段约为15年。

战后重建：1945—1960年

在军方的质疑声中，物理学家们“打了漂亮的一仗”。在军事领域特别是雷达和原子弹方面的贡献为物理学家们带来了崇高声望，他们带着这种声望回归到平民生活之中。公众对未来和平时期取得同等规模的红利充满期许。② 科学家已经习惯于政府为其所从事的国防研究所提供的高额资助，并且毫无困难地保留住了其工作所享有的特权地位。同时他们也有机会尝试更为精细的仪器设备，并学会使用广泛的工程技术。然而在欧洲，物质资源仍然非常稀缺，绝大多数大学的科学家们最大的渴望是重新开展20世纪上半期那些令人兴奋的科学研究。经过相当长一段时间后，他们意识到，更为深奥的研究方法已于战时及战后在美国得以发展，并以此来
426 劝说欧洲各国，如果希望迎头赶上美国，就必须在先进设备上进行更为大胆的投资。

---

② V. Bush, *Science: The Endless Frontier* (Washington, D. C., 1945).

扩张：1960—1975 年

在这个时期，投入到精确科学领域的物力和人力以极高的速度增长。目前尚不清楚这是受高等教育大众化本身的驱动（这可能已经发生在人文学科领域），还是孕育于对技术红利的期望之中。比如，学习精确科学的学生数量并没有与该领域的研究活动保持同比例增长。欧洲实验室正在以堪比北美实验室的规模进行重组，许多欧洲科学家有在美国工作的经验，德国的科研机制正在回归。尽管欧洲的科学仍然是分散和不连贯的，没有能与美国国防部和能源部相比的大规模经费来源，但相对于美国而言，欧洲的科学在很多领域正在变得具有竞争力。

稳定状态：1975—1995 年

相对于其他国家，这一时期英国在科研经费的稳定性方面更为显著。[③] 当然，还是出现了从一个几乎完全自由的扩展系统过渡的显著变化，而且也有了更多的对优先开展的学术研究特别是与其经济能力相关的学术研究的质疑之声。然而，在新型通信技术的推动下，这一时期仍然成为一个前所未有的科学进步的时代。在欧洲西部，欧洲共同体及其他国际组织的科研项目开始在大学科学中扮演重要角色。不过在中欧和东欧地区，由于经济滑坡，技术发展缓慢，国家科学院（此类机构在战后接管了大学在基础研究方面的职能）停滞不前，各国最初“赶超西方国家”的希望已经破灭。

显然，精确科学在不同国家、不同学科和不同机构中的具体发展历程远比本文所介绍的更加复杂和多样。不过，本文还是描述了欧洲科研事业整体发展过程中发生的一系列变化，一如作者自 1945 年以来在欧洲的经历。

③ S. Cozzens, P. Healey, A. Rip and J. Ziman, *The Research System in Transition* (Dordrecht, 1990).

427 巡视知识的内部边界

与国家史一样，大学史是大小不同维度对立统一的历史，是内部联合的历史。在我们这个时代开始之初，精确科学被明确地区分为若干相互隔绝的学科，如化学、物理学、地质学和数学。在对本科生进行教学时，它们好像是一门门独立的学科，各自以其仅有的独特方法来处理世界上某一特定领域的问题。大学的任务是培养出“化学家”“物理学家”“地质学家”或“数学家”，他们以与各自学科相应的方式理解事物并且知道如何提高这种理解力。

当时，各门科学也都在审慎地从学术角度将自己与其相对应的技术加以区分。物理学家可能最终能够娴熟地应用他们的知识，但他们却不会和机械或电力工程师上同样的课程。真正的化学家不会对石化企业中发生的复杂散乱的化学反应感兴趣，而所谓的“应用数学家”虽然要学习如何解关于流体流动的方程式，但从来不会去研究现实中的螺旋桨或涡轮机的特性。

这些存在于“纯粹”科学和“应用”科学之间的界限，以及存在于不同学科间的界限，从大学拓展到更高和更广泛的领域。例如，在英国，直到20世纪60年代物理协会（Physical Society，成员大多为大学教师）才和物理学会（Institute of Physics，代表着在工业领域工作的物理学毕业生）合并。德国工厂的“工程”岗位也仍然不会聘请“物理学家”来担任。在大多数国家，一起在国家研发机构工作的职业科学家们被划分为化学家、物理学家、数学家等不同类型，在各自不同的职业方向上进行着探索。

这种意识形态上的“学科主义”，既是对大学中专业和组织分化的反映，同时也是帮助这种分化形成的一种方式。与其他所有学科一样，精确科学被划分到各自不同的院系，每个院系聘请的几乎完全都是所对应学科的毕业生，据称也都在围绕该学科的相关主题进行基础研究。即使形式上他们有资格转入其他院系，但大学教师们仍旧陷于各自的学科而难以自拔。之所以出现这种情况，与其说是其教学专长所限，不如说是他们个人在高度专业化研究中所付出的巨大投入造成的。大多数欧洲国家通过提供更高的职位来大力鼓励相同学科领域内的学者在不同的学术机构之间流动，但只有那些最有才华、最有进取心和最急需的人才，方能永久地留居他国。

有人提出，学术领域内的组织结构与（学科）知识结构之间存在关 428
联，[4] 例如，像数学这样的抽象学科与地质学那样的现象学科会发展出完全不同的院系格局。这大概存在于整个学术界，但精确科学领域内的这种结构变化却完全淹没在欧洲各国大学系统内的一般性变化之中。[5]

某些研究领域已经突破了传统的学科边界。但诸如化学物理学、地球物理学、数理统计和气象学等交叉学科，却在教学和科研上被边缘化了，而且常常以一种不稳定的机构状态存在于学术版图中一个很小的、被忽视的区域。尽管很少被正式承认，但在有些人的理解中，主要的大学科与交叉学科之间的关系，就像是欧洲大国内部省份一样，其居民共性微乎其微。而有机化学家和无机化学之家间的结合就像捷克和斯洛伐克之间的联合。纯粹数学号称比其衍生出的应用学科有更高贵的传承，但就像意大利北部被划分为若干古老的共和国一样，它也被划分为解析、数论、代数、几何等分支。同 19 世纪被统一的德国一样，曾被牛顿和麦克斯韦强行结合在一起的物理学，后来也走向解体。有些人使用量子理论，有些人使用相对论，有些人两者都用，还有些人两者都不用（直到 20 世纪四五十年代还有很多这样的人），并没有足够充分地理解进而以恰当的方式进行教授。

理论物理学的机构设置有着显著的区域差异。它或设在自己的专业学会中，如哥本哈根大学；或是物理学实验室中的一个非正规研究团队，如

④ R. Whitley, *The Intellectual and Social Organization of the Sciences* (Oxford, 1984).

⑤ 见第二章《模式》和第七章《课程、学生和教育》。

布里斯托尔大学；或与应用数学一同附属于数学院，如剑桥大学。在不同情况下，理论化学中完全相同的研究可能会被作为是化学、物理学或数学研究。根据不同地区的发展方式，冶金术也曾被作为化学、物理学或工程学的一部分来进行研究，甚至还可能自建院系。

二战前，这些卓越的研究中心的研究进展已然确立了某些学科的课程发展；二战后，他们仍然影响着学生、教师和研究经费在欧洲国家内部的流动，以及欧洲以外其他国家学者在科学领域的跨国交流。但是，以前曾主导了精确科学研究的德国的众多学派被砍掉以后，其他欧洲国家出现新
429 的优秀研究中心的道路得以开启，即便如此，这些中心在很多专业上仍无法和居于领先地位的美国大学院系相媲美。欧洲最优秀的研究团队，与众多希望与之竞争的普通研究团队一起，跨越大西洋（而不是在其邻国）去追寻科学灵感。

那些体验过美国大学研究生院教育广博而精深的特征的人，带着价值巨大的共同经历和雄心壮志重返欧洲（如果他们确实已经回来）。另一个刺激因素是教科书。狄拉克的《量子力学原理》、理查德·库朗和戴维·希尔伯特的《数学物理方程》等经典著作的译本在全欧洲得到广泛使用，这表明欧洲已经建立起一种关于教学和科研的共同文化。因此从科学角度来看自然学家们的跨国研究变得容易了，尽管在语言、就业状况等方面还存在着一些严重的困难。不同国家大学体系间的差异，实际上也包括同一国家内不同大学间的差异，在学科教学或学科方法以及教学的深度与技能上的体现并不明显。

在我们分期的第一阶段（1945—1960），专业化的“学科主义”仍然主导着欧洲大学精确科学的思想体系。然而，实际上传统学科和次生学科的界限正在变得像国家和地区边界一样过时。精确科学正在开始融入以围绕微分方程而建的数学模型为特征的所谓“语言区”。这些领域的边界并没有正式明确，因为它们恰好穿插过若干根深蒂固的学科的中心。无机化学家便属于这个领域，迄今为止他们主要关注的是简单化合物，此类化合物的特性能够借助量子论的术语得到最佳的阐释。而跨过边界之后，他们

很难理解有机化学家所从事的工作，二者使用的专业语言存在很大差异，有机化学关注于一种微妙的非量化现象，用以指明越来越复杂的分子生物学结构的意义，例如 DNA。

然而，在自然科学的语言区内，借助同样的基本技能，从一个学科转向另一个学科，在知识上已经具备了这种可能性。在 20 世纪五六十年代，这样做仍有很大风险，因为追求一个新的专业领域，通常就意味着要放弃来之不易的学术机会和学术声望。⑥ 但是随着时间的推移，先前区分各种 430
精确科学、将之与非学术世界隔离开的社会屏障开始消融。这表现为新的跨学科研究领域和跨行业研究机构的出现，如有关材料、“系统”、气候之类的研究中心等，这些研究机构由大学、政府和企业共同资助。在更深层次，各学科、大学院系、科学专业、政府机构、经济部门之间的相互结合、交流以及依赖有所增强，使精确科学领域的研发发展出很多新维度。

“多科性”是学术改革永久的口号之一——但多年以来这个口号的拥趸一直都很失望。最近 20 年来，精确科学是如何在欧洲大学中得到如此广泛的发展的？其原因有很多，部分原因来自学术事业内部，部分来自科学进步带来的社会、政治、经济环境的变化。

最明显的因素是，新的研究技术从物理学和电子工程学向其临近学科的扩散。随着电子测量仪器在化学和地质学研究中得到采用，两次世界大战之间开始了方法论的革命。二战期间，科学家们回到实验室开展通信和雷达实验，加速了这一进程；到 20 世纪 60 年代，对所有精确科学领域的实验研究和观测研究来说，应用这些技术的能力已经成为必需。20 世纪 70 年代，随着微电子控制、数据处理和数字运算能力与每一种科研设备的关联、结合进而整合，真正的革命到来了。这一发展势不可挡。就定义而言，精确科学的所有研究都涉及定量数据的获取和逻辑控制。性能、速度和算法复杂性不断提升的数字微电子技术能够履行这一使命。在这项革

---

⑥　J. Ziman, *Knowing Everything about Nothing*: *Specialization and Change in Scientific Careers* (Cambridge, 1987).

命的初始阶段，欧洲大学并没有起多大作用。其科学家只是在外围参与了使之成为可能的软硬件的开发工作，他们对新设备和新技术的采用相对缓慢，而这些技术设备在美国的科研实验室中已经变得很普通。但是到 20 世纪 80 年代初，欧洲迎头赶上，西欧大学的物理学和化学实验室里也配备了与美国同样完备的电脑和计算机数据终端设备。不过在中、东欧地区，大学中的精确科学却并非如此，有时落后的设备使他们不可能赶上国际实验研究的前沿。

431 信息技术向所有精确科学（包括纯粹数学）的渗透将它们紧密联系在一起。它们之间的联系不仅仅是技术层面上的，从一定意义上说，所有大学校园里的每一座科研建筑中几乎都在使用同样的视觉显示设备、电路板和高级语言。所有科学都正在开始学习同样的新“智能”程序，如模式识别、计算机模拟空间现象或观测数据的层析重建。地球物理勘测领域研发出的一项程序可能恰好适用于材料无损测试的需求。海洋学研究最初所需的大规模并行超级计算机，其后则可能会被用于研究宇宙史、原子内部夸克的相互作用，或是火焰中的化学反应。

如今，X 射线衍射、电子显微镜、激光光学装置、同步辐射、放射性同位素、质谱分析（这样的清单可以无穷尽地开列下去）被广泛应用于从天文学到动物学的自然科学的所有分支领域。不管是结构合金、硅晶片、陨石、矿石还是大有机分子，扫描隧道显微镜都可以提供关于其表面异常详细的地形信息。激光束也可以用于测量陆地板块的微小变化，或者捕捉化学反应的过渡状态。新实验技术的扩散并未止步于精确科学的边界。X 射线光学被用于研究恒星和海星，以及大分子和生物薄膜。同步辐射的应用覆盖了整个科学领域。新近出现的通用研究技术集群对欧洲每一所大学的变革而言都是一支重要力量。

跨学科科目

按照以前的知识树的概念，自然界的各个侧面，在规模上从夸克到类星体，在复杂性上从粒子到政党，都能够以其固有结构为特征。某种观察或理论都可以根据其所展示出的自然界的某一方面而被分类至某种科学。到 20 世纪中期，知识树的隐喻陷入困境。为了做出改变，热切的开拓者们向所有的未知领域进军，对其进行了粗略的研究，并将其占领。他们在各门科学领域的交汇处建立起了过渡区域，例如地球化学、天体物理学、地球物理学、化学物理（切勿和物理化学相混淆!）、数学物理学等，这些复合型称谓表明了它们都是混合体。只有处在有机性的生物化学和细胞特 432
性之间的分子生物学，发展成为一门此前未被考察过的全新的科学。

尽管精确科学在过去 50 年里取得了令人称奇的进展和发现，但它却没有打开通向未知领域的大门。例如，探索自然界基本组成元素的物理学，已经深入原子核内部，穿过电子、核子、光子和中微子的层面，发掘到更深的夸克和胶子层面。但是大多数物理学家只是将这些发现看作是 20 世纪 30 年代启动的探索原子成分这项宏大科研项目的一个连续的阶段。[7] 同样，与 20 世纪 30 年代相比，天文学获取了更大范围的天体现象的显著证据，但其关于宇宙的一般性概念与当时教给学生的并没有质的区别。

自 20 世纪 70 年代初以来，欧洲许多大学成为一个新的学术现象的参与者：把从很多已有学科中获取的要素聚合起来，构建一个新的、范围更广的科学领域。事实上，这些跨学科领域的范围常常远超精确科学。例如，认知科学就囊括了哲学、心理学和生理学，以及数学和计算机操作。地球科学包括了地质学、地球物理学以及社会科学领域中涉及地质学的很多内容。信息技术不仅仅是一门先进的工程学，因为它一方面要以数学、物理学为基础，另一方面还要依赖心理学、社会学和管理学。

试举一例，材料学就已经超越了已有的精确科学及与之相关的技术。[8] 它从物理学和化学中获取的知识与技术来自传统学科的主流研究，

---

⑦ A. Pais, *Inward Bound: Of Matter and Forces in the Physical World* (Oxford, 1986).

⑧ I. Bernstein, 'Materials Science and Engineering', in Clark and Neave, *Encyclopedia* Ⅳ, 2362-2372.

而材料学的应用正在彻底改变电学、机械学和结构工程学的所有分支领域。最初，它或许曾被看作是那些公认的次生学科（如冶金学、连续介质力学、结晶学、高分子化学和固体物理学等）的松散联合；而今则成为无数专门研究领域的联合体，关系到诸如半导性、磁力、晶体成长、机械强度等种类繁多的物料性质。或者，在实用术语中，它也可以被界定为对强
433 度更高、更具弹性、更为轻便，更有绝缘性、超导性和生物惰性的新材料的研究。

这门新科学的拥趸倾向于夸大其学术一致性。虽然战后一些非常强大的概念的发展有着无处不在的影响力，例如点阵缺陷，但却没有一个统一的知识主题。它的实践目标和所研究的问题之间存在很大差异，以至于被分隔成若干次生学科，这些次生学科根据材料类型被定义为陶瓷、金属合金、半导体和光学材料等。但尽管如此，如果不全然是跨学科，那么每一个次生学科也都有多学科性，因为它需要物理学家、化学家、数学家和工程学家们的共同努力。这些学者既要对这些不同的学科有充分而全面的了解，也要掌握与特定类型材料有关的专业知识。无论材料学在某所大学是否被视为一门独立的学科，它都不再只是改革者的口号，而是作为一个学术类型在很多机构中得以牢牢确立，这种学术类型恰好跨越了精确科学的传统体系。实际上，它根本不属于这个体系，而是作为另一种分类的成员而出现。这种真正的“矩阵结构”的出现是精确科学领域多科性发展的实证。在本章随后的部分，我们将讨论欧洲大学所面临的这个非常严峻的教育和组织问题。

精确科学内部跨界性交流日益增多，既是科学与其相关技术之间联系更加紧密的原因，也是它所带来的结果。因此，一方面，化学和物理学之间的互动显示出化学工程领域的新发展；另一方面，石化工业遇到的实际问题也只能靠化学、物理学和数学知识的联合运用才能够解决。而“基础科学”和“应用科学”之间的鸿沟最终以定型为结果而得以弥合。这指的是特定领域研究能够被“定型”的程度，即有效指向现实目标的程度。

1973年，“定型”理论[9]由马普学院的一个科研团队首先提出，该校坐落于慕尼黑附近的施塔恩贝格。这一观点引发了一场政治风暴，因为它似乎是在极力鼓吹政府对学术研究日渐加强的控制。但这种解读并不合理，因为“定型”理论只是在描述现象而不是确立标准，不过它已经倾向于转移人们对过去半个世纪中欧洲大学在精确科学领域出现的一系列重大历史发展中所蕴含的共同因素的关注。

“定型”理论依托于托马斯·孔恩关于研究领域生命周期的解释。[10] 434
这个周期通常分为两个阶段。一个阶段以一种约定的范式为特征，按照这种约定范式构造研究领域，置身该领域的人员不会因方法或解读方面的基本问题发生争辩。另一个阶段是重大变革阶段，以非常规的观察为特征，此类观察有别于任何现有的解读方式，并普遍认为已具备条件去寻求突破，形成一种更为连贯的理论范式。这个阶段仍然不切实际地将研究导向一个指定的技术目标；但从长远来看，为形成更好的基本认知所做的重大努力或许是值得的。我们可能会说，高能物理、天体物理学和宇宙学正处于一个漫长的变革阶段，仍有一些完全没有经过探索的基本现象。在那些应当加以规划的研究领域，其理论框架仍然存在广泛的不确定性，还有大量具有高度理论推测性质的研究项目正在积极进行，这些项目大都得到了学术资助。[11]

二战以来科学上一个令人兴奋的特征是，很多重大领域已经历过了孔恩所说的重大变革阶段，这点已非常确定，因此这些领域实现了定型。在这一时期的初始阶段，古典宏观物理学（例如水动力学）早已确立了一种范式。在这种范式下，科学研究能够集中于那些已被观测到但尚未得到解释的重要现象上，例如海洋、大气以及很多工程系统。到这一时期的末期，这种状况适用于凝聚态物理（如半导体设备）、简单分子结构（如物

[9] G. Böhme, W. van den Daele, K. Hohlfeld, W. Krohn and W. Schäfer, *Finalization in Science: The Social Orientation of Scientific Progress* (Dordrecht, 1983).

[10] T. Kuhn, *The Structure of Scientific Revolutions* (Chicago, 1962).

[11] J. Barrow, *Theories of Everything: The Quest for Ultimate Explanation* (Oxford, 1990).

理化学和无机化学）的很多方面，也适用于宏观的陆地现象（通过板块构造理论）。

这一发展对精确科学而言显然具有独特意义，因为一个强大的理论范式对于任何自然或人工系统的计算机仿真建模都是不可或缺的前提条件。相应地，这些模型在知识和实践的进步中也都是必备工具。大学里的科学家们愈发需要使用越来越多的超级计算机设施来模拟上层大气中的化学反应、蛋白质分子折叠、地心的流体流动和磁场、核子内部夸克的交互作用、宇宙的初始五分钟等。企业界的科学家和工程师在他们的工作中采用
435 了相同的范式，甚至更多地应用超级计算机，他们借此模拟喷气发动机的气体流动、微晶存储的电子流、矿床的地质形成、核弹头的中子通量，以及他们受命所制造的其他任何物品和所做的任何项目。

根据更为确切的规划，更加系统地开展研究的可能性影响着科学事业的其他各个方面。定型所产生的直接影响常常是使科学工作走出大学，进入企业研发实验室，在这里，强烈的商业动机加大了科研工作的规模。最明显的例子是基础半导体物理，尽管起决定作用的工作在很多欧洲国家进行（这是为了维持大学在该领域的存在），其发展进度却是由跨国电气公司（大部分在欧洲以外）确定的。而定型（这基本上是一个应用科学的概念）使学术研究的成果看上去更贴近实用目标，并可能更快地开发获利。因此，为了科学家和工程师的基础教育，为了高级研究培训，为了研究项目形成方案并获得支持，它将大学和工业部门紧密地联系在一起。对这些问题的考虑转而影响着科研机构和部门的选址、科研活动的构架，以及大学在社会中的地位。

集体主义

在我们这个时代，精确科学研究的开展形式已经发生改变，甚至比研究内容所发生的变化更大。简而言之，是从个人的科学工作转向高度组织

化的合作研究模式。[12] 最直接的证据就是合作发表科学论文的现象。[13] 二战前发表的大多数自然科学和数学论文，或由一位作者独立署名，或由两位紧密合作的作者联合署名，后一种情况中最典型的是学生或初级研究员与其教授联合署名。这并不意味着这些人是完全独立地进行研究。在大多数情况下，大学院系或科研机构中的学生或教师与十余名科学家和技术人员共享科研及教学实验室里的基本设备。不过他们在名义上拥有自己的实验台和个人项目，独自承担着从研究创意、产出成果到出版发表的全部责任。原则上这甚至还适用于更大范围的“研究学派”，实际上，几乎所有 436
研究都是在一位著名教授的密切监管下展开的，而大部分研究成果也归其所有。

现在我们发现，所有精确科学领域中那些非理论性的学术论文的作者通常署名为一个团队，人数从两三个到十余个不等，甚至多达上百人。这反映出合作这一事实，不管这种合作是专业同事之间自愿的伙伴关系，还是作为有组织的科研团队中的成员所接受的管理指令。这个团队或许有一名明确公认的领导，但研究工作还是作为团队所有成员劳动的合作性成果来呈现的。不同领域里这种现象的规模和程度不一，但绝不仅限于精确科学。实际上，这种现象非常普遍，以至于不能将之归结于任何单一的简单原因。它代表了一种向欧洲扩散的文化形式，这种文化形式来自更为富有、更具商业色彩的美国大学。战时的军工研究，以及大型工业企业中的技术研发等事例展示出大规模科研团队在集中精力解决明确提出的问题方面的有效性。在精确科学的一些领域——尤其是高能物理和空间研究——这种模式几乎无可避免。甚至在一门科学的变革阶段，科研工作在很多技术方面的有效定型使得那些太过复杂、只能由大规模高度组织化的专业团队完成的项目的立项和实施成为可能。

在那些本身实际上已经具有交叉学科性质的科学领域里，科研项目无

---

[12] J. Ziman, *Of One Mind: The Collectivization of Science* (New York, 1995).

[13] D. Price, *Little Science, Big Science* (New York, 1963).

法被拆解为一个个研究者个人有限专业领域内的独立子项目。科研项目的进展，需要大量有着不同学科背景的专家们积极的日复一日的合作。即便是一项研究表面上看来只是集中在一个主要的传统学科领域，但它仍然需要大量不同专业技术人员的共同投入。现在，几乎没有哪个物理学家能够同时熟练掌握有助于其研究领域的实验技能和理论技能。因此，与技能互补的同行联合发表成果就会具有优势。

这一时期，最显著且重大的发展之一，就是在精确科学的大多数领域进行的有益研究及尖端教学，其所需设备的复杂性和成本迅速增加。[14] 其原因众所周知：一个领域应用的是其他领域所研究的技术（如化学中的核
437 磁共振），系统设计以及新颖且功能强大的标准化设备由商业公司负责，而设备的自动控制由电子计算机来完成。一项特定研究或许不总是需要制造与使用专门仪器，但会经常需要对一系列精密设备进行常规运用，如电子显微镜、质谱仪、红外光谱摄像机以及高性能计算机和数据库等。

一个有效的研究机构如大学院系必须在这些设备上投入巨资，即便它们只是供很多“小科学”的研究团队来使用。就组建这样一个在经济上可行的院系而言，人们对设备集中的程度与规模持有不同的观点，不过现在相当明确的是，这涉及安排好数十名，甚至是上百名科研者秩序的问题。这并不一定意味其研究计划必须与他人密切协调（在企业研发实验室中，这一点是确定无疑的），或者他们必须处在一种集中式管理下。实际上，尽管在实践中常常遇到困难，但在分散于大学不同建筑中的众多学术部门之间安排设备共享，甚至让当地其他机构的研究人员也来分享设备，在原则上还是有可能的。不管怎样，大学里的科研人员必须正常使用种类广泛的研究设备，这些研究设备要由一个强大的通信网络和其他基础设施来支撑。

满足这一要求需花费大量的人力和财力，但却必不可少。二战以来，精确科学领域科研竞争所必需的设备标准已由美国所确立。西欧战后重建

---

[14] J. Ziman, *Prometheus Bound: Science in a Dynamical Steady State* (Cambridge, 1994).

阶段完成的标志之一，就是大学实验室能够宣称在这一方面已和美国持平。而在中欧和东欧国家，当前科学衰落最严重的表现之一，正是这一资源的极度匮乏。这种情况在大学尤为严重，当然，其他学术研究机构也存在这一问题。

国际化

规模相对较大的机构在资助和管理科研资源方面所体现出的经济和行政优势，并不意味着研究工作本身也需要以同样大的规模来组织。⑮ 有些研究机构规模很小，比如只有五六个专业研究人员，另有一些助理、学生和技工。对于这些机构来说，如果它们能够使用那些必要的仪器设备，那么它们在开展涉及精确科学众多领域的“战略基础研究”方面仍然是最理想的场所。在一些大学中，这些机构之间系统性的智力合作，也能够产生 438
高于“临界质量”（这是对知识产生竞争性贡献所需要的）的联合性效果。不过，有一些研究领域，其所必需的设备规模很大（随之也就很昂贵），以至于即使是最大的大学，其人力和物质资源也难以企及，它只能作为国家性或国际性设备来提供。这是精确科学很奇特的一个特征，也是它们在大学世界中地位的一个主要方面。整个欧洲的物理学家们，现在正不得不作为“大科学”机构（在其所在的大学之外）的活跃“用户”，投入越来越多的研究时间。这些设备最初是由国家提供和管理，但最基本的规模经济理论正在不断推动其向着投资、运行成本和使用的多国共担、共享的方向发展。⑯

在此，像欧洲核子研究中心、德国电子同步加速器研究所、劳厄·朗

⑮ M. Franklin, *The Community of Science in Europe: Preconditions for Research Effectiveness in European Community Countries* (Aldershot, 1988).

⑯ A. Hermann, J. Krige, U. Mersits and O. Pestre, *History of CERN*, Vol. Ⅰ (Amsterdam, 1987); Vol. Ⅱ (Amsterdam, 1990); J. Krige (ed.), *History of CERN*, Vol. Ⅲ (Amsterdam, 1996).

热万研究所、欧洲分子生物学实验室以及伊希斯（ISIS）、加兴（Garching）❶ 和欧洲联合环流器这些集团化科研机构，我们无法尽述它们各自形形色色的历史起源及其当代地位，对那些现已成为欧洲精确科学领域主体部分的天文望远镜、计算机网络、太空平台等，也不能详细介绍。简单地说，对这些设施在建设、管理和使用方面做出的分担共享的安排，现在已经是欧洲大学实现其科研和教育使命的主要途径。那些高度实用性和跨国性活动的出现及其制度化发展，可以被视为自宗教改革以来欧洲大学合作史上取得的最有意义的成就之一。[17]

当然，国际机构并没有完全取代大学在精确科学方面的角色和功能，甚至在研究领域也是如此。一些研究机构（如欧洲联合环流器）的研究团队，其科学家来自众多国家，均为全职雇员，接受国际化的管理，围绕高温等离子体的磁约束开展大型实验。这样的机构却几乎不属于大学的范畴，尽管这些研究距离其最终实用目标（即通过核聚变发电）仍很遥远。这些设备齐全的研究机构在国际上相当少见，建立这些机构的目的，主要是为了满足非常专业的科学或技术需求。

即便是拥有雄厚资源和设施的欧洲核子研究中心，也没有一支属于自己的大规模学术队伍。在该中心巨型粒子加速器上进行的那些极其复杂、
439 极其昂贵的实验，实际上是通过所谓的“合作”方式进行设计和实施的。也就是说，是由来自多个欧洲国家数十所大学中的数以百计的科学家组成的临时团队来完成的。虽然拥有有价值的国际经验，这些科学家都是自己国家大学的工作人员或学生，他们时常需要返回学校完成学术任务。

---

❶ 由于本书索引没有收录“ISIS”和“Garching”两个词条，因此译者无法确定其具体含义。但根据上下文意思，结合欧洲主要的大型科研机构情况，译者推断“ISIS”应是英国著名的大型综合性国家实验室——卢瑟福·阿普尔顿实验室（Rutherford Appleton Laboratory）的“散裂中子源ISIS”项目；而“Garching”指的应该是总部位于德国城市加兴的“欧洲南方天文台”（European Southern Observatory），这是一个著名的国际性天文台，由15个国家共同参与建设。

⑰ R. Herman, *The European Scientific Community* (Harlow, 1986).

很多大科学的仪器设备（它们似乎主导了精确科学领域的研究活动），是有着独特辐射作用的资源，或是被很多独立开展工作的小型研究团队使用的非常强大的研究仪器。因此，一名大学科研人员，会在格勒诺布尔待几天，把预先准备好的样品放在劳厄·朗热万研究所高通量核反应堆的中子束工作站里。或者北欧的天文学家可能会在拉帕尔马花上一些时间，在北半球天文台进行观测。虽然各国政府之间在这些设备的运营方面达成的协议经常是非常复杂的，且时有纷争，但这些协议离大学事务非常遥远，几乎不会对那些惯常使用这些设备的科学家们的工作产生直接的冲击。

学术科学“欧洲化”的另一途径是通过国际项目的发展，这种国际项目中的单个项目需要基于多个国家的大学研究团队的积极合作。这样做有时是出于政治原因，有时是为了强调强、弱科学界之间的跨国凝聚力，有时是把研究项目作为一种有市场前景的技术创新的基础加以培植。这种做法也具有令人信服的科学理论依据，特别是在地球科学方面。因此，欧洲地学断面工程是一项关于整个欧洲大陆的地质构造的系统研究，并不考虑国家疆界的问题。不过话又说回来，尽管各个研究团队在项目研究中的合作非常紧密、和谐，但他们各自的法律或体制身份并没有融合，仍然稳定地隶属于各自所在的机构。

因此，研究领域出现的欧洲化趋势，并没有削减或者取代大学在精确科学领域的作用。在这些学科领域，并不存在创办一所面向全欧洲的本科或研究生教育机构的强烈需求。[18] 物理学的大部分研究，仍然是由大学或国家研究委员会的人员，在座落于大学里的实验室中来开展的。即便这种研究的确是由跨国性研究团队来实施，其大部分工作是在国际性设备上进行，但研究的成果还是要归属于参与“合作”的所有大学个体。

事实上，西欧国家政治、经济的一体化进程，以及对这一进程向东欧 440
发展的期待，已经强化了大学在精确科学领域的独立法人地位。一种“欧洲研究系统”或“欧洲科学总部”正在浮现，它并不是一个以布鲁塞尔为

---

[18] 见第三章《与当局的关系》。

中心的指令性结构，而是一种松散的网络，其成员包括非政府组织，如欧洲科学基金会；包括学术团体，如欧洲人文与自然科学院；包括多边性政府间机构，如欧洲核子研究中心和欧洲空间局；当然还包括那些拥有隐秘力量的跨国公司，如西门子、空中客车和壳牌公司等。各国的国家研究委员会以及其他机构的协调职能和提供资助的职能很大一部分都正在上移至该网络，逐渐远离作为研究项目承担者或联合承包者的大学及其研究实体。现在，欧洲大学里的很多教授和科研负责人发现，他们与欧共体或者欧洲空间局打交道，跟他们与本国机构打交道一样直接。

由于有了这些进展，在使欧洲大学进一步全球化方面，精确科学正在发挥着领军作用。在本部《欧洲大学史》的每一卷、每一章中都可以找到例证。欧洲大学的学术、知识和科学一直都是一种国际性的行为，学者们在其职业生涯中可以从一所大学转到另一所大学，从一个国家迁至另一个国家，这是一种普遍和非常典型的现象。不过，对大多数物理学家和数学家来说，这种调动只是随着个人的不同境况附带出现，比如收到就职通知、遭受政治流放、师从学术领袖等，而非其科学工作的组成部分。那些有价值的研究工作是他们在家中与一小群同事和学生共同来完成的。

精确科学纯粹的研究技术已经迫使科学家们在研究视野和工作实践上变得越来越全球化。高能物理学家们以科学友情为基石，率先创建了一个可供共同开展工作的永久性研究设施，进而展示出跨国科研团队的效力，并且建起了接通科学家各自实验室的数据网络。通过上述途径，高能物理学家们在向全球化的转变方面走在了前列。学术型的电子邮件系统还要继续发展，不过，作为精确科学数据网络系统的副产品，该网络却从位于在日内瓦的欧洲核子研究中心衍生开来。该网络在个人通信方面的非正式使用，为其自身获取了新生。现在，它为一个囊括所有学科的世界性的无形学院提供了永久性的公共空间，且日夜开放。

二战以来，精确科学在形式和技术文化上的国际同质性已经从字面、
441 会议厅、实验室扩散到科学生活的其他层面。现在，在一个跨国性研究团队中工作，用混杂了蹩脚英语的语言进行交流，以及共同抵制地方官僚主

义的故意阻碍，这些似乎都很正常。对一个牛津大学的科学家来说，在巴黎或日内瓦一天的工作，与在爱丁堡或者斯温登没什么不同。一个国际委员会对在欧洲一架望远镜上的观测时间进行分配，就像一个国家评审委员会做同样的工作一样自然。如果创立一个类似于美国的“欧洲合众国”可行的话（就像人们经常主张的那样），那么在这条路上，精确科学已经远远走在了欧洲大学其他大部分学科的前面。

欧洲科学已经被赶超美国科学的愿望驱动了近半个世纪，但这种竞争只是一种共生的伙伴与合作关系的要素之一。人与人之间，以及研究团队、工程、项目、工业企业、军事需求、计算机网络等之间跨越大西洋的联系，自战后它们帮助欧洲科学回归正轨以来，已经在范围和实施能力上大大地拓展了。这种联系现在正在向全球扩张。

全球环境研究领域国际项目的快速发展表明，对全球范围内更为紧密的合作而言，它们所必需的文化基础建设已经准备就绪。诸如气象学等领域的研究，在技术管理上已经是全球性的了。同样的情况无疑也适用于大科学的所有形式。最基本的经济考量将促使竞争者们走向合作与融合。例如，尽管存在财政问题，但凭借国际合作，欧洲核子研究中心的大型强子对撞机在 2009 年得以运行；相反，由于无法得到国外支持，美国最终放弃了超级对撞机项目。如果要建造一个更大规模的粒子加速器，那么它将是一个全球性的机器，欧洲大学的高能物理学家将会与来自全世界的同行们一起在此工作。

将学术与工业联系在一起

如前所述，直到二战结束之际，精确科学和与之相关的技术之间仍然泾渭分明，这反映了社会上学术机构与工业部门之间的职业分化。电子工程学专业的学生和物理学、数学专业的学生一同学习基础知识，一些大学也建立了应用物理学系来打破他们之间的隔阂，这的确是事实。但物理学领域的这种边界特征比化学和地质学更为显著，这也是事实。化学是最早

442 被系统应用于工业领域的自然科学之一。从化学成为一个独立学科之初，较为现代的化学工程职业就得到了发展，不仅仅在工业工程基础教育领域，还包括研究主题方面。地质学在职业上一直与矿井、油探和其他采掘业相联系。不过，所有学科领域还是明确保留了学术研究的独特角色。

不过，任何技术史都将说明精确科学的边界面必然是意识上的，而且始终都具有高度的可渗透性。事实上，技术革新“线性发展模式”的重要前提是基础科学发现（如电磁感应的发现）终将导致技术革新（电动发电机）。我们当前这个时代最有意义的特征是拱卫边界的意识形态已经被实践的酸性所溶解，尤其是学术研究的前沿。在大学校园里，在科学园区内，在公司的研发实验室中，工业部门和学术部门独特的研究活动和旨趣在细节上相互渗透。

材料学一个典型的研究问题是：“隔离在玻璃材质中的化学杂质，其光学特性是什么?”这个问题或许已经出现在有关处于这种系统中的电子的基本量子力学状态的基础研究过程中，也可能同样出现在用于光电通信的更加透明的玻璃纤维的开发和制造过程中。这类研究将涉及完全相同的设备、样品、理论、档案来源和技术鉴定。大学里的化学系、物理学系、材料科学系或电子工程系，跨国电子公司的研发实验室，或是一国的国防部科研机构，恰好可能都已对同样的研究给予立项。每一种情况都认真考虑过该研究是否会带来可用于商业的应用成果。

这并不意味着当前大学在精确科学领域所有的工作都直接瞄向技术革新。在整个欧洲，学术界有数以千计“真诚地探寻真理”的科学家依然在从事着“猎奇驱动性”“探索性”和“仰望苍穹性”的科研工作，这些研究“为其自有使命”而存在。欧洲大学里开展的大量研究是实实在在的“学术性”的，这些研究并非是针对某个专门的、即时性的和实用性的需要。私营企业并没有开展所有那些他们认为可能会支撑其工业研发的所有的“基础”研究。尽管一些科学领域如固体电子学已经从大学转移到了工
443 业部门，但培养这些领域的学生和科研工作者仍然是大学的责任。和过去相比，学术与工业之间彼此更加开放，但在科学活动和技术活动方面，它

们在本质上仍然具有互补性。

“战略”研究或“竞争前”研究的概念，为大多数精确科学（天体物理学、宇宙学、纯粹理论数学和纯粹高能粒子物理学不含在内）提供了保护伞。物理学的其他领域、化学的所有领域，或者地球科学领域的任何一个研究项目，都可能产生这样一种知识：一种能够改善我们对通用技术（这种技术最终能让一项有利可图的实用发明成为可能）的基本认识的知识，这样说并非天方夜谭。尽管与推向市场仍相距甚远，这一概念还是为大学里那些正在为他们的项目寻求道义支持和财政资助的科学家们提供了一种宝贵而华丽的资源。

仍然有一种显著的文化界限横亘于学术和工业之间。根深蒂固的学术态度和学术实践，诸如自由地选择研究问题、自由出版、根据理论确定研究目标、引用参考本学科同行的成果、在学院结构内保持个人自主等，无法轻易地与面向市场的项目相调和，即一个研究项目应该生产出面向市场的智力财产，用以解决企业管理中业已明确的亟须解决的实际问题。这种文化上的不协调，与通常所公认的公开劝导相比，更能阻碍学术跟企业间的互通，而且广泛建立的旨在打通两者之间差异的新机构也没有完全消除这种障碍的影响力。这些机构包括：科学园区（意在把高新技术产业引入大学地产），德式“弗朗霍夫研究所”（寻求一种勤奋踏实的生存之道，为具有开发价值的学术观点担当代理人或开发者），得到大学、企业和政府机构支持的半自治性的“跨学科研究中心”“联合研究中心”（设在大学内，但主要是由那些最先对他们的研究成果提出权利主张的公司提供资助），“创业公司”（由大学创办，用于营销其科研产品、科学服务及学术员工的技术专长）。

有些这样的机构发展得太过激进，威胁到了欧洲大学的知识、社会、财政和管理原则，而欧洲大学正是建立在这些原则基础之上的。在高新技术化学和电子工业领域，精确科学的能动及通用功能已经将这些基础科学向非常强大的社会、政治和经济影响力开放。甚至在大学实验室里，科研项目的目标和结果都可能取决于商业或军事上的考虑，而非传统的学术价 444

值。这是过去半个世纪里欧洲大学在精确科学发展史上所取得的重大进展之一。在打通大学与企业之间的组织边界的过程中，人们主要关注管理和职业问题。实事求是地说，从管理的角度来看，解决这些问题实际上并不那么困难，比起在协调医学、法学、工程学和建筑学的学术事务与专业实践关系过程中出现的问题，前者要容易得多。许以重金，便会克服掉对科学自治和学术自由的道德上的不安。

有人为这种情况做出辩护，指出理论（学术）与实践（工业）创造性的相结合将为社会带来大量好处，并且还会体现大学所具有的重要的社会功能，甚至在大学开展那些最深奥和最消耗经费的活动时，仍然可以使其体现出重要作用。在这些活动中（其他活动亦然），大学只有通过最大限度地服务和回应社会，借此不断实现自我更新，才能够生存下去。但伴随着丰厚无度的资助，这种联系也要输送道德责任。精确科学的一些学术研究领域，如核物理学与等离子物理学，已经高坐于对军事技术和能源技术所做贡献的功劳簿上，而随着这些技术失去公众的支持，这些研究领域正在面临危机。而在另一个极端，以高能粒子物理学为代表的精确科学的其他分支也受到了威胁，它们似乎并未从更为昂贵的、纯知识性的巴洛克式象牙塔中“战略”地抽身而出。

教学和/或研究

精确科学的活力集中体现在其研究能力而非教育功能上。由专门学术机构聚集起来的同一学科院系中教学与科研之间共生的伙伴关系，决定了欧洲大学的传统。而前文所述的发展却已经将这种关系置于重压之下。事实上，研究边界已经发生了扩散、多样、混杂和转移，因而不再直接与需要教给学生的那些基础学科相联系。

这并不是说课程科目过时或落后于当前的实践，也不是说与当前的知识相矛盾。它们只是不符合大多数学生长远的职业需要。其中一些课程仍会继续存在于学术研究中那些高度专业化的领域，另一些课程则会从学术

领域彻底转向工业研发的前沿。要做到恰如其分，学生们需要熟知那些形 445
形色色的精细、复杂的理论概念和操作技能，还要熟练掌握解决一定范围内科学和技术问题的不同方法的技术能力及其内在关系。要想做好在专业领域就业的充分准备，或是成为一名独立开展研究的新手，仅靠在精确科学领域3或4年的本科教育是远远不够的。

自然科学中课程面临的压力尤其强烈，因为自然科学的知识是不断累积和发展的。新的知识建立在原有知识基础之上，但又不会取而代之。例如，物理学和化学的大部分理论知识的基础是量子力学。这是一个深奥的智力学科，其原则与方法不能简单地归结为一些基本概念。有关量子论的深刻易解的导论需要耗费时间，在那些依赖量子论的大学学科里，这种导论已经占据了每门课程相当大的比重。因为学科课程主线之间是相互联系、互为依托的，所以由若干不同院系开设其他一些数量有限且互不关联的课程模块，来为新学科构建起一个连贯的课程体系，就变得非常困难。

因此，欧洲大学不得不以美国为榜样，在本科教学后开展指导学生走向研究前沿的正规教学。在介绍最新的科研议题方面，传统的专业研讨会不再令人满意。博士学位曾经是个人通过学习而精通于学术实践的标志，但现在正转变为一种资格证书，表明其接受过有关研究方法的高级指导和训练。出于这种意图，更为规范的研究生院得以建立，而精确科学则成为最早建研究生院的学科。其他团体，比如北约科学委员会，也已经积极组建具有类似职能的高级研究所和暑期学校。[19]

本科学位（或第一级学位）课程地位的降低，自然让传统人士感到痛惜，尤其是在那些包含其他学科内容的现有学科中，这种情况就意味着“主流课程”被削弱。不过，那种有关预备的、经过充分训练的物理学家、化学家、数学家或地质学家的概念已经过时（战前就已经被逐步废弃），现在它的存在只是为了限制更激进的改革。这种改革是要建立一种灵活的、旨在培养学术与技术精英的、更高层次和连续性的教育体制。

⑲　见第三章《与当局的关系》，98—99页。

446 美国在学术研究中培养博士后的理念正在欧洲的大学流行起来。不过，这并不能调和适合本科教学的相对稳定的学科结构与那种处于变化之中的跨学科、多国性的交叉分类（这些分类以在所有精确科学领域的前沿性研究为特征，或许只有纯粹数学除外）之间的矛盾。解决办法之一，就是割断把教学与科研捆绑在一起的那条绳子，另建一套独立的体系，聘用全职研究人员组建新的研究院所、部门、实验室或中心等。法国的国家科研中心、德国的马普研究所实行的是这种政策。同时，中东欧各国复制苏联模式，把几乎所有的学术研究都集中在国家科学院。基于同样的考虑，英国研究委员会在机构内部设立研究实验室，尽管精确科学并不是他们的优势项目。

把大学的基础研究活动拆分出去，仅给教学人员保留有限的研究设备，有关这种政策利弊得失的探讨在本卷随处可见。[20] 乍看上去，这种安排似乎特别符合精确科学对巨型设备以及高水平的技术潜力的需求。然而美国、英国、荷兰、瑞典等国的实践却表明，即便不将学术型科学家工作中的教学与科研分离开来，那些问题在大学框架内仍然可以得到解决。

正如前文中所透露的信息那样，问题的关键不是让传统学科院系去管理其教职员工的科研活动，而是为他们提供在相对独立的众多研究实体（如科研单位、中心、课题组、实验室、委员会等）中开展研究的时间。这些研究实体或在院系结构之内，或是跨院系性质的，或是超出了院系结构的范围。英国的一些大学里已经出现了类似现象，并且用不了多久就可能普及欧洲其他的大学。

回顾与展望

冷战的结束，为回顾过去和窥测未来提供了合适的视角。冷战期间，精确科学得到了蓬勃发展。无论是科学上还是技术上，精确科学都践行了

---

[20] 见第七章《课程、学生和教育》。

要取得巨大认识进步和实践成就的承诺——这些承诺是它们二战时提出的。这已是知识界的美好时代。有关物质世界的真实可信且有重大意义的 447
信息大量增加。

对这些知识的应用也证明了一项非常繁荣的事业，在这项事业里大学已经是一个主要的参与者。可以肯定的是，在1945年时，这项事业的前景看起来还是不切实际的。核裂变与/或核聚变的新时代的欢欣狂喜已经不复存在。民用核能被过分吹嘘，而对核武器的狂热追求在现在看来更像是一种可怕和可憎的道德错乱。飞向行星空间的计划也令人失望地被推迟了。另一方面则有一些未曾预料到的成就。战前就在半导体研究方面处于领先的物理学家们完全没有预测到他们这个晦涩的专业所蕴含的巨大的信息与通信潜能。

人们并没有期待战后欧洲大学的复兴能够重建此前它们在精确科学领域的卓越地位。不过在大部分领域它还是回到了有着较高声誉的相对比较舒服的位置，在很多领域还保持了世界领先的地位。挑出特定的大学、院系、机构或者个人，把他们作为特定学科领域的卓越的中心，这在以前还有意义，现在则不然了。当然，尽管在那些缺乏竞争力的大学中还存在着大量没有充分激发的普通研究，但是遍及整个欧洲的众多研究机构中的大量才华卓越的科学家们正在进行着高水平的研究工作。

这些实实在在的成就，可能是凭借物力和人力的极大扩张而取得的。前者来自国家政府，他们对精确科学作为长期的技术经济投资的价值深信不疑。后者则是长期以来欧洲在科学领域异常高标准的中等和技术教育传统的产物。这是西德在高端科学领域能够快速重新发展的秘诀所在。它也推动了与工业相关的研发活动在意大利南部、西班牙、葡萄牙、爱尔兰和希腊的拓展。换句话说，西欧社会的全面现代化，是与传统科学（即数学、精确科学）技术现代性的升级换代相伴而行的。

现今，东欧国家的科学共同体面临的挑战是要把自身提升到与西欧一致的水平。尽管科学仪器和通信设施极度短缺，不过与同处于共产主义领导下的其他所有学科相比，精确科学所经受的痛苦与损失可能是最小的。

它们得到政权的青睐，并未受意识形态的干扰。这些国家的大学，虽然与科学院等机构相比，它们在科学研究方面的地位降低了，但由于需要在各学科基础领域开展全面（但缺乏创造性）的技术教育，大学强大的研究传统还是得以保留。实际上，东欧国家中训练有素的科学工作者数量严重过
448 剩，他们接触过较为现代化的科研设施，他们可以竞争世界任何一地学术和工业领域中的研究职位。

这是欧洲的大学在世纪之交面临的最严重的问题。阻止中、东欧国家最优秀的年轻科学家流失到其他地区的唯一方法，是在他们各自的国家营造出有吸引力的研究环境。科学器材和其他物资设备的成本肯定昂贵，不过在以较合适的价格适当地连入国际电子网络和其他科研交流渠道方面，可以有所作为。对于那些必须使用大型跨国数据库的天文学、地质学、化学等领域的自然学家，以及那些历尽艰辛想要充分利用电子硬件及软件的自然学家来说，这既是必要的，同时也相对容易一些。

不过，对整个研究系统来说，真正需要的是一场深远的结构改革，以适应后社会主义时代的形势。由于形势尚不稳定，因而还无法准确表述改革的明确目标。全面转向西欧模式，需要有选择性地缩减研究机构规模，把战略性研究和应用性研究直接与工业部门联系起来，并重新激发传统的活力——高水平基础研究与大学教学相结合的传统。这些结构性变革业已展开，特别是在前民主德国，但还远未完成，而且也无法确定改革的最终效果。

苏联和其他社会主义国家科学危机的结果之一，是吸引了人们对大学社会功能的关注，以及对由大学推动发展的科学的社会功能的关注。这种高涨的意识甚至适用于精确科学以及它们比较简单的技术角色。大概直到20世纪70年代，人们仍普遍认为自然科学领域和数学方面基础知识的进步是一项毫无争议的社会红利，因此在促其发展时不会有道德上的疑惑。学术界的科学家们经常会卷入有关核战争的伦理问题的广泛争论之中，但他们通常会辩称这与不曾预料到的科学知识的用途有关，与最初获取知识的过程无关。这项致力于“真诚地追求真理”的职业，因其与社会上腐败

现象——不管是共产主义社会还是资本主义社会——的相对隔离而备受自然学家们的尊重。大学被视为一个生产和传播知识的自治性的社会机构。至于政客、实业家、匪徒或是将军们的愚蠢或犯罪行为，大学不应对其负有直接的责任。

然而荒谬可笑的是，同样是这些政客、实业家、匪徒和将军，却试图 449
从研究体系中榨取更多的使用价值，他们的这种尝试已经撕裂了道德中立的观念。正如我们已经看到的那样，大学与社会的联系比以往任何时候都要紧密。而精确科学领域的一个主要趋势是，对有关“科学的社会责任”要求的正当性，以及对“科学、技术与社会”问题开展教育与研究的需求，同时持默认态度。[21] 从管理上的组团主义，到危险的无政府主义，有着不同目标的改革者们正在致力于把这些东西推行到学校和大学课程之中。这违背了长久以来确立的学术传统。这种传统在很多方面强调，除了人类以外，对所有事物都应保持技术上的客观性、理性和非人格性。

精选文献

Barrow, J. *Theories of Everything: The Quest for Ultimate Explanation*, Oxford, 1990.

Böhme, G., Van den Daele, W., Hohlfeld, K., Krohn, W., and Schäfer, W. *Finalization in Science: The Social Orientation of Scientific Progress*, Dordrecht, 1983.

Bush, V. *Science: The Endless Frontier*, Washington, D. C., 1945.

Cozzens, S., Healey, P., Rip, A., and Ziman, J. *The Research System in Transition*, Dordrecht, 1990.

Franklin, M. *The Community of Science in Europe: Preconditions for Research Effectiveness in European Community Countries*, Aldershot,

[21] J. Ziman, *Teaching and Learning about Science and Society* (Cambridge, 1980).

1988.

Galison, P. *Image and Logic: A Material Culture of Microphysics*, Princeton, 1997.

Herman, R. *The European Scientific Community*, Harlow, 1986.

Hermann, A., Krige, J., Mersits, U., and Pestre, D. *History of CERN*, 2 vols., Amsterdam, 1987-1990.

Hoddeson, L. et al. *Out of the Crystal Maze: Chapters from the History of Solid State Physics*, New York, 1992.

Kragh, H. *Quantum Generations: A History of Physics in the Twentieth Century*, Princeton, 1999.

Krige, J. (ed.) *History of CERN*, Vol. Ⅲ, Amsterdam, 1996.

Kuhn, T. *The Structure of Scientific Revolutions*, Chicago, 1962.

Lemaine, G., MacLeod, R., Mulkay, M., and Weingart, P. (eds.) *Perspectives on the Emergence of Scientific Disciplines*, The Hague, 1976.

Pais, A. *Inward Bound: Of Matter and Forces in the Physical World*, Oxford, 1986.

Price, D. *Little Science, Big Science*, New York, 1963.

450 Veltman, M. *Facts and Mysteries in Elementary Particle Physics*, River Edge, N. J., 2003.

Whitley, R. *The Intellectual and Social Organization of the Sciences*, Oxford, 1984.

Ziman, J. *Knowing Everything about Nothing: Specialization and Change in Scientific Careers*, Cambridge, 1987.

Ziman, J. *Of One Mind: The Collectivization of Science*, New York, 1995.

Ziman, J. *Prometheus Bound: Science in a Dynamical Steady State*, Cambridge, 1994.

Ziman, J. *Teaching and Learning about Science and Society*, Cambridge, 1980.

第十二章　生物学 451

赫伯特·C. 麦克格瑞格

从骨骼到生物技术

在 20 世纪的前 40 年间，我们对生命系统的理解逐步深入。在生物学领域，没有任何一个分支学科能够一枝独秀。19 世纪的主要假说被重新检验，有的假说得到证实并被并入其他学科领域。在生物学领域，动物学家，植物学家，研究人体结构的解剖学家，主要研究真菌、谷类作物和果蝇的遗传学家，在最能代表生物系统特性的分子运动领域进行开创性研究的生物化学家，都在各自的领域进行生物学研究。生物学所有分支学科都有各自的学术性课题。在有些分支学科中，人们渴望了解癌症，找到应对病原体微生物的办法，这些研究具有清晰的医学目标。遗传学家一直致力于农作物的选择性培育，以服务于农业生产。但是，大多数生物学领域与实际应用尚存在距离。

1945 年后，生物学及其分支学科为了应对新发现、新技术的挑战发生了变革。医学、科学、技术之间的联系更加牢固，细胞生物学、发展生物学、分子生物学、海洋生物学、神经生物学等新兴学科进入人们的视线。研究课题和相关假说更加精细，界定更加严密，因此也能尽快地、更加客观地得到验证。虽然他（她）是一个对昆虫卵巢内卵子生长感兴趣的动物学家，但这个借助于电子显微镜研究动物细胞的学者更可能被称为细胞生物学家。因此，对生物学领域从业人员工作的描述和称谓日趋多样化。如今，欧洲大学在生物学领域可以颁发 50 多种第一级学位。在学科不断分化的同时，战后初期生物学的资本聚集性程度越来越高。合作关系 452

越来越紧密。因为随着研究技术的不断发展，研究者如果不借助其他掌握不同专业技能的专家的帮助，很难完成一项有意义的研究。以数字为标志的科学意味着研究的进行、成果的发表和成就的共享均以团队为单位。

1945—2004 年间生物学领域的进步、发展和发现

1945 年之后，几乎所有生物学领域开发的重要新技术都以提高人们在分子学水平上理解和解决生命系统相关问题的能力为最终目标。[①] 科学
453 家运用色谱法在纸上就能把作为蛋白质构成要素的氨基酸分离出来，并在此基础上对蛋白质进行分析和比较。借助电子分离、离心、超级离心技术，科学家可以对生物机体的分子进行分离和提纯，评估有机体之间、细胞之间和不同生长阶段之间在分子水平上的差异具有的生物学意义。20 世纪 50 年代，电子显微镜技术日趋完善。至 60 年代早期，生物学家借助电子显微镜在超大分子的水平上对生物体展开研究。借助于放射性同位素，生物学家不仅可以跟踪观察细胞和组织内的分子，而且更重要的是确定大分子的活动方式，这可能对于生物体的遗传和发展非常重要。

DNA 奥秘的揭示

1953 年，詹姆斯 · 沃森和弗朗西斯 · 克里克实现了 20 世纪生物学领域一个最伟大的发现。至此，所有分子生物学领域的核心技术均已齐备。DNA 的结构被揭示出来后，DNA 在遗传、演变和发展中的重要意义很快就为生物学家所知。迄今为止，生物学历史上任何一项成就都不如揭示 DNA 奥秘的影响迅疾和巨大。生物学家因此能够逐渐认识到包含在生物体 DNA 中的信息如何传递和表达。他们已经弄明白这种表达是如何被控

---

① 相关评论参见：B. Glass，'Milestones and Rates of Growth in the Development of Biology'，*Quarterly Review of Biology*，54（1979），31-53；H. C. Macgregor（ed.），'Biological Sciences'，in Clark and Neave，*Encyclopedia* Ⅳ，2181-2270。

制的、生物体和细胞在代与代之间如何根据分子特性中固有的规则进行复制和传递信息等。并且，生物学家对于 DNA 如何演变及这种演变对生物体的影响等也已知晓。

DNA 分子生物学理论给生物学各分支学科都带来了变革，免疫系统的研究就是一个突出的例子。1976 年以前，免疫学领域大多数研究集中在探究抗体的结构、了解抗原和抗体之间相互作用的特性方面。70 年代早期，免疫球蛋白的三维结构图绘制完成，② 在理解抗体多样性方面跨出了关键的一步。此后的十五年间，每年都有近一千篇左右关于基因序列的论文发表，探索与实验的历程错综复杂。到现在，在免疫系统的基因、影响抗体产生的信息传递过程等方面，生物学家基本上已认识清楚，未知的环节所剩无几。不过，免疫系统细胞生物学仍是细胞生物学领域最大的挑 454
战，涉及的问题包括细胞之间复杂的相互作用及信息转换、细胞变异、细胞行为的变化等。所有这些现象都是以闪电般的速度、在数目庞大的细胞之间产生的。这些细胞在基本上呈环形的血管系统和淋巴系统内游动，使脊椎动物保持良好的生存状态。

20 世纪 60 年代后期，维尔纳·阿伯尔和丹尼尔·那森斯（Daniel Nathans）发现了限制酶，推动了生物技术的巨大进步，两人因此于 1978 年获得了诺贝尔奖。限制酶可在特定的位置切断脱氧核糖核酸，产生脱氧核糖核酸片段。在连接酶的作用下实现这些片段的重新排列和黏合。在此之前，科学家已经发明了把外源性脱氧核糖核酸注入细菌体内，或使之与病毒内的脱氧核糖核酸合并在一起的技术。新旧技术相互配合，为遗传工程提供了有益的工具。在生物体整个遗传系统中，科学家可以通过可控的方式对特定的脱氧核糖核酸片段进行隔离和修饰，使之与其他脱氧核糖核酸片段融合或链接在一起。以前只能在科幻小说中出现的情节一下子变成了可能实现的事情。在确保基因控制细胞全部活动的前提下，科学家可以

② D. R. Davies, E. -A. Padlan and D. M. Segal, 'Three-Dimensional Structure of Immunoglobulins', *Annual Review of Biochemistry*, 44(1975), 639-667.

控制基因的排序和结构，使细胞产生可以预见的结果。在这个意义上来说，借助于基因控制技术，分子生物学逐渐在几乎所有的生物学领域中取得了支配性的地位。

1940 年，癌症已是绝对的“杀手”。早在 25 年前，西奥多·博韦里就提出了癌症与染色体变异之间存在关联性的观点。③ 1940—1950 年间，欧洲的科学家逐步确信癌症与涉及核酸的细胞变异有关。④ “费城染色体”（导致白血病的染色体异常现象，源于两个染色体之间遗传物质的交换）被发现之后⑤，科学家普遍认识到产生恶性肿瘤细胞的变异主要是由染色体基因损伤引起的，环境因素、辐射、有毒化学物质、自由基等都是引发这种损伤的原因。此后，癌症迅速成为分子生物学关注的焦点。短短几年之后，科学家了解绝大多数恶性肿瘤细胞的一般细胞特性，脱氧核糖核酸成为未来研究的主攻方向。20 世纪 80 年代早期，在数个实验室进行一系列精密研究的基础上，迈克尔·毕晓普和哈罗德·瓦慕斯（Harold Varnus）证实了肿瘤基因的存在，并确认了肿瘤基因的特性，两人因此获得
455 了 1989 年诺贝尔奖。到 1990 年，科学家发现特定肿瘤类型与特定染色体损伤之间有超过 50 种之多的密切关联存在。到现在为止，为了更好地理解癌症的生物学原理，科学家密切关注脱氧核糖核酸、癌症细胞的基因及其表达方式。虽然人们还在死于癌症，但至少我们对于要攻克的对手已多少有了些了解。

生物化学研究的领域并不仅限于脱氧核糖核酸。沃森和克里克也许曾经说过脱氧核糖核酸揭示了生命的奥秘，但他们的发现揭示的只是若干生命奥秘中的一个。在他们发现脱氧核糖核酸 15 年之前，另一位同样也在剑桥大学工作的年轻科学家，揭示了绿色植物仅仅借助于水和二氧化碳，

---

③ T. Boveri, *Zur Frage der Entstehung maligner Tumoren* (Jena, 1914).

④ T. Caspersson, *Cell Growth and Cell Function* (New York, 1950); J. Brachet, *Biochemical Cytology* (New York, 1957).

⑤ J. D. Rowley, 'The Philadelphia Chromosome Translocation: A Paradigm for Understanding Leukaemia', *Cancer*, 65(1990), 2178-2184.

利用太阳光的能量合成碳水化合物的奥秘。[6] 此后，光合作用的分子生物学研究稳步推进。截止到现在，对于植物细胞中捕光色素内部能量的转换、光合反应中心的分子排列、基本的生物事件我们均已认识清楚。这些生物学事件是光化反应的典型特征，引起了光子能向可为生命细胞利用的化学能的转变。

能量分子生物学涉及与运动、生长及绿色植物捕捉光能等相关的一切生物现象。它与研究脱氧核糖核酸的分子生物学共有两个重要特征，但在一个有趣的方面存在差异。这两个学科都致力于理解和阐释生命系统中主要的生物事件；两者都以生物体为研究对象，力争找出最简单的模型系统用于实验分析。两者之间的区别与实验仪器及程序有关。分子生物学几乎全部依赖物理学开发的工具，只是因生物学研究课题的需要进行了一定的改造。脱氧核糖核酸的研究在初期也同样依靠物理学研制出来的仪器和技术，如超速离心机、同位素探测系统、穿透式电子显微镜。现在这些都已经在脱氧核糖核酸的研究领域消失了。21 世纪分子遗传学的研究材料或者是整个微生物体，或者是生物学家选定的生命体的特定组成部分。现在，以脱氧核糖核酸和细胞信息传输为研究对象的分子生物学正在采用人类已知的最原始的方法进行研究：我们研究时先用并不锋利的工具把研究对象切开，期望可以发现更锋利的工具，以帮助我们在下次工作中做得更加迅速，更加细致。抑制酶、介体、重组微生物以及正在当今分子生物学 456
实验室进行的所有自然移植等领域的研究状况也是如此。

生态学的兴起

对生物体之间及生物体与环境之间相互影响的研究与测量引发了 20 世纪生物学领域第二次革命。在 1950 年以前，生态学还是技术含量低、研究成本也比较低廉的学科。当时美国的生态学领域主要进行植物群落演

---

⑥ R. Hill, 'Oxygen Evolution by Isolated Chloroplasts', *Nature*, 139(1937), 881-882.

替研究，而欧洲关注的是群落类型的统计描述、群落数量波动的原因、野生状态下物种之间的相互影响等问题。50年代的生态学还是描述性和推测性的学科。当时研究的生态系统非常复杂和多变，因此对统计数据的分析就显得异常重要，计算机成为取得突破的关键。

1970年后，借助计算机与统计技术，生态学家可以设计实验、展开更大范围的抽样研究，更迅速、更富有洞察力地分析数据，建造可供验证的模型。1989年查尔斯·克雷布斯在出版的《生态学方法论》一书中，[7]描述了这些现代的方法。这本书是20世纪该学科领域最重要的著作之一。和其他生物学的分支学科一样，生态学在利用其他学科领域的技术进步方面获益匪浅。具有电子俘获放大功能的气液色谱技术，使得对农药残留物等有毒化学物质的探查和测量成为可能。放射性同位素追踪器可以跟踪源自生态系统的化学溶液及营养系统中的元素。不久前，源自飞机和空间卫星的摄影技术和高难度的计算机模拟与分析技术相互配合，在研究植物群落的绘图与分类、与人类活动及相应干预有关的全球变化方面极具价值，这一点也被广泛证实。

不可避免的是，脱氧核糖核酸技术已经渗透到生态学领域。20世纪五六十年代，生态学家和分子生物学家并无交流。一个领域的科学家脚蹬惠灵顿长筒靴，另一个领域的科学家却身披白色外套。此后人们发现，通过一些脱氧核糖核酸的特性可以发现不同的物种，而获悉遗传特性是一件非常容易的事情。而且，种群之间的分类关系以及物种分化的年代等问题都可以通过研究遗传特性得到高分辨率、高精度的确认。这可是长期以来生态学家梦寐以求的事情，脱氧核糖核酸技术的引进因此成为很自然的事情。首批应用脱氧核糖核酸技术的人员包括亟须了解不同类别脱氧核糖核酸排序特性变异速度的生物学家和对基因与物种形成之间的关系感兴趣的
457 生物学家。在此后极短的时间内，科学家发明了基因指纹识别技术。[8]

---

⑦ C. J. Krebs, *Ecological Methodology*(New York, 1989).

⑧ A. I. V. Jeffreys, D. Wilson and S. L. Thein, 'Hypervariable "Mini Satellite" Regions in Human DNA', *Nature*, 314(1985), 67-73.

生态学关注的是个体与种群之间的相互关系。这种关系在动物界中很难跟踪，因为与人类相比，动物个体更难识别和追踪。例如，在我们的眼里所有的雄性鸟类外表都很相似，幼鸟与成年鸟也很难区别，此时我们该如何研究鸟类家族之间的关系？而脱氧核糖核酸技术恰好解决了这一点。这一技术引发了生态学中一个非常重要的研究领域的变革和进步。

关于生命现象，除了怎样创造生命之外，人类未知的领域已所剩不多。我们能够操控所有的生物体，这种状况在50年代之前只有在科幻小说中才会出现。几乎全部生命系统中所有主要的方面我们均已了解。虽然在动物的发展方面我们还有未知的问题，但大多数这种问题都已界定清晰，毫无疑问我们将在适当的时候解决这些问题。我们能够控制人类的大多数疾病和痛苦。我们也许永远也找不到对付癌症的灵丹妙药，但能够说我们已经放弃寻找这样一种灵丹妙药本身就是真正的进步。与50年前相比，现代的治疗策略更富有知识含量，更加合理，更有前途。在能力所及的范围之内，我们已能消除衰老现象并在理论上证实了长生不老的可能性。当今人类面临的最大挑战就是如何与人类进化过程及破坏地球的人为力量保持同步。细菌、艾滋病、癌症和热带地区主要的寄生虫病表明，细胞与微生物进化与分化的速度很快，经常超越我们免疫系统和科学发展的水平。我们的后代也许会惊讶，发现生物系统活动的奥秘怎么会花了我们这么长的时间。一百年以前，E. B. 威尔逊在其著作《发展与遗传中的细胞》的结论部分曾经写道："总体上来看，细胞的研究似乎并没有缩小，而是进一步拉大了生命体（即使是最低等的）与无机物之间的巨大差距。"⑨ 60年后，当时最前沿的、最富有经验的细胞生物学家之一的让·布拉舍，以这样一段话作为其著作《生化细胞学》的结尾："我们对这些问题（他指的是生命体的基本概念）探讨的越深，生命现象对我们来说就越是一个谜。"⑩ 今天，与人类生存和生活质量有关的问题异常重要，成

⑨ E. B. Wilson, *The Cell in Development and Inheritance* (London and New York, 1896).

⑩ Brachet, *Cytology* (note 4), 464-466 (Final remarks).

458 功地解决这些问题需要我们对生物体有一个全面的理解。所幸的是经过人类的努力，未知的秘密已所剩不多。

人类基因组计划是一项为期 15 年的研究项目，主要在 20 世纪最后的 20 年组织实施。该项目的经费为每年两亿美元。虽然这已经是一个很大的数目，但不及美国国家卫生署研究经费总额的 1%。这个项目被誉为生物学研究历史上第一个国际合作项目。虽然美国为该项目提供了绝大多数的资金和研究人员，但欧洲国家，特别是法国和英国的参与，也非常重要。在酵母基因组研究的过程中，欧洲的实验室已经积累了开展基因组大规模合作研究的经验，20 世纪 90 年代早期法国科学家在基因图谱绘制技术方面占有领先地位。

该技术的目的是测定一个完整的核苷酸序列，一个完整的人类基因由 23 个染色体组成，而它的 DNA 就是由核苷酸构成的。DNA 是由 4 个被设定为 A、C、T 和 G 的核苷酸按照不同顺序组成的非常长的序列，如下图所示：

ATTCGCTAGCTAAGTCGAGTCCATGCATC

人类最长的基因拥有三亿个核苷酸。形象地说，如果我们以上述方框中字母的尺寸、格式表示人类最长的基因中 A、C、T 和 D 的全部序列，打印出来的纸张的长度将超过 400 英里。人类基因组计划就是要准确测定构成这个巨大染色体和其他 22 个染色体的 A、T、C 和 G 的序列，这 23 个染色体就是人类所拥有的全部基因。这是一项庞大的任务，需要各高级技术部门和专业人员之间以前所未有的规模进行广泛的合作。

通过绘制基因图谱，我们将认清脱氧核糖核酸决定有机体表型特征和左右其发展的方式，找到影响人类不同类型疾病的基因。人们希望，这些信息能够帮助科学家发现诊断这些疾病的新方案。

2005 年，这项计划的效益开始显现。分子预测与诊断学——通过检测脱氧核糖核酸研究发病前状态的科学，发展的速度很快。人类基因组计划催生了很多新技术，这些技术正在用于绘制具有重要商业价值的微生物（包括植物和动物）的基因图谱，为科学追踪研究遍及整个生物界的有关课题提供分子工具。为了争取财政支持，20 世纪 90 年代早期这个计划的 459 积极倡导者的观点也许过于激进，但现在人们也开始认识到这些科学家并不是仅凭空想。

像人类基因组这样的工作当然还要继续。已有现成的技术，只待寻找新的研究课题。已有的研究课题，也在等待科学家去提供答案。80 年代末，如果不发起更高水平的研究，生物学就有陷于停滞的危险。脱氧核糖核酸图谱的绘制成了解决问题的良方。只有在脱氧核糖核酸与人类有关的条件下，研究所需的资金才能募集到位。[11]

大学的角色

按照作者的观点，大学的任务就是传递已知的知识，研发新的、更有效的知识传递方法，通过分析与创新获得新知识，培植知识的未来增长点。因此，大学生产出来的畅销产品是新知识和个人能力。用通俗的话讲，就是研究成果和毕业生，这两者都与社会的需要紧密相连。知识和创造力必须超越人类不可阻挡的实践活动。未来一代人所面临的环境在变化的速度和复杂程度上要远超他们的前辈。因此，确保这两种产品的快速的生产非常重要。

不同国家之间的政策存在差异。然而一般来讲，普通的学生几乎都可以在几乎欧洲任何一所大学接受生物学某些领域的训练。当然，在这一方面一些大学的情况稍好一些。但一般来说，在评估大学对生物学发展的贡献时，本科生的产出率是一个既不好也不客观的指标。相比较而言，科研是一个比较好的指标。在最小量化单位上我们把科研成果称为“科研论

⑪ N. Grant Cooper(ed.), *The Human Genome Project: Deciphering the Blueprint of Heredity*(Mill Valley,Cal.,1994).

文”，所以完全有可能通过对科研论文的量化统计来评估和对比大学的业绩。

表 12.1 展示的是 17 世纪以来全部科学文献和过去 100 年间生物学文献增长的幅度。

表 12.1　西欧国家发表的科技文献和生物医学文献

年份	科学期刊数量	生物医学论文数量
1670	4	
1800	90	
1879		20000
1900	10000	
1979		250000
1991	70000	400000

资料来源：与 *Current Awareness in Biological Sciences*（Oxford and New York，1991）高级管理编辑 A. P. Swan 博士的个人通信。

在学术期刊论文发表方面，欧洲所做的贡献很突出吗？根据作者对 1991 年发表科技论文的作者的地理位置所做的研究，在生物学论文的发表方面，西欧、英国和爱尔兰合在一起居于第二位，仅次于美国和加拿
460 大。东欧和苏联虽然近几年确实取得了进步，但在 1991 年发表的论文仅占 4%。

在这些成果中有多少来自大学？表格 12.2 把 1991 年发表的现代生物学论文细分为 11 个领域，以厘清究竟哪些机构开展相关领域的研究。东、西欧的数据单独列出。研究发现，西欧仅有 43%的成果来自大学，而东欧和苏联来自大学的比例高达 86%。

这种不足一半的研究在大学进行的状况，自然会引发人们的思考，作者在英国的经历恰好为这样的思考提供了最好的注解。在 50 年前的英国，大学的主要职能是培养年轻人，在负责具体实施教育的教师中维持和提高学术的水平，为那些高智商的人发挥聪明才智、以专注和高强度的方式推

动知识的进步创造适宜的环境。这个阶层是社会的精英，也受人高度尊敬。今天，越来越多的年轻人（也不是过于年轻）需要接受教育。教育这些人的工作要求很高，只有那些具有干好这项工作所需的专业技能的人才能承担。并且，与50年前相比，所有这些领域的知识越来越分化和复杂，总量越来越大。因此，对于提高和保持学术水平的工作的要求异常严格，并且强度非常之大，这与教学工作的情形大体类似。但是，我们关注的最大变化可能还是大学、政府、企业间的关系。

表12.2a　1991年生物学论文的不同领域与出处：西欧 461

	微生物学	药理学与毒理学	生物化学	免疫学	遗传学与分子生物学	植物科学	神经科学	临床化学	细胞	生理与发育生物学	生态环境学	合计
大学	2403	2784	3588	1905	1797	2181	135	723	1583	3367	1173	21639
多科技术学院	370	247	387	79	140	324	11	42	70	191	232	2093
学院	473	409	806	145	237	683	28	59	321	621	369	4151
公司	619	2144	799	491	317	333	31	164	231	486	127	5742
机构	1543	2159	2084	1596	1373	625	140	384	1181	2197	82	13364
“国立”	1059	707	501	773	270	219	33	161	156	537	180	4596
合计	6467	8450	8165	4989	4134	4365	378	1533	3542	7399	2163	51585
大学占比	37%	33%	44%	38%	43%	50%	36%	47%	45%	46%	54%	42%

表12.2b　1991年生物学论文的不同领域与出处：东欧和苏联 462

	微生物学	药理学与毒理学	生物化学	免疫学	遗传学与分子生物学	植物科学	神经科学	临床化学	细胞	生理与发育生物学	生态环境学	合计
大学	1048	851	1622	638	485	1399	51	310	884	1416	420	9124
多科技术学院	1	0	1	0	0	0	0	1	0	0	0	3

续表

	微生物学	药理学与毒理学	生物化学	免疫学	遗传学与分子生物学	植物科学	神经科学	临床化学	细胞	生理与发育生物学	生态环境学	合计
学院	0	2	6	0	2	15	2	0	0	13	7	47
公司	16	71	21	6	4	8	1	2	2	12	0	143
机构	65	28	23	80	29	143	1	3	20	54	5	451
“国立”	111	145	107	160	70	34	5	34	70	72	10	818
合计	1241	1097	1780	884	590	1599	60	350	976	1567	442	10586
大学占比	84%	78%	91%	72%	82%	87%	85%	89%	91%	90%	95%	86%

资料来源：表12.2的数据由*Current Awareness in Biological Sciences*（Oxford and New York，1991）高级管理编辑A. P. Swan博士友情提供。

近些年来，大学得到了政府的财政投入。政府信任大学，更希望大学
463 能够以负责任的方式利用这些资源。一些后果由此产生。科学与技术变得十分昂贵，企业界向大学求援。这种状况循环反复，不仅对教育系统产生了影响，而且影响的范围还波及其他方面。大学要对政府负责，大学的工作要接受政府的检查，大学的政策要接受政府的评判，大学的工作方法要接受政府的评估，大学要对各项支出做出合理的解释。大学变成了拥有股东的企业。私营部门不再愿意为了高水平的研究和发展项目投入财力和人力，于是也向大学寻求帮助，大学要很快做出反应。对于那些囊中羞涩但有经营头脑的知识分子来说，这是一个新情况，充满诱惑力。这些人已经厌倦了教书的差事，厌倦了必须得对花在自己所喜欢的研究项目上的每一分钱负责。教育和推动知识进步的事业被培训、合同、咨询等所取代。研究工作需要大量财力，因此要有明确的目标。财务在管理者的心中变得非常重要。他们从新建立的企业合作伙伴那里得到启发，把实验室、图书馆和教室都变成了挤满雇员和生产原料的工厂车间。

也有一些老教师谴责这些趋势，呼唤向传统价值观和做法回归。然

而，上述变化并非在方向上出现了错误，虽然有些成功靠的经常是运气，而不是明智的判断。曾有一段时间，企业的影响好像是要阻碍科学的进步，因为他们过分重视能够产生利润的应用科学。每当大学的一些部门被过分热心的政府关门、合并和逐渐取消的时候，都会有大声的抗议与抱怨。每当英国的大学试图哄骗高水平教师辞职时，人们也曾产生深深的忧虑。而这个政策最让人深感意外的一点是，许多最优秀的教师竟然真的愿意辞职，接受提前退休补偿这样的小恩小惠，这对于一直试图一方面留住人才，另一方面裁减不称职人员的教育系统来说非常有害。然而，经过三十年的变迁，教育系统看起来更健康、更节约、更高效，配置更加优化，运转的节奏与现代社会的生活更加同步。企业界对教育支持的范围不断扩大，数额不断增加。在应用研究纷繁复杂的乱象之中，高质量的基础研究在适宜的范围内逐渐繁荣起来。目标更加明确，大学仍然赢得了公众的尊 464
重，本质上的东西并没有损失多少。在五六十年代传统大学的框架之内，大学不经过发展在速度上根本就不可能满足现代社会的需要。

影响大学生物科学发展政策的最突出的因素就是研究经费的迅速增长。1979 年，本特利·格拉斯对此发表了一份重要的数据，颇为引人注目。[12] 根据他的研究，自 1750 年以来每隔 15 年生物学领域发表论文的数量就会增加一倍。正如本章前面谈到的那样，1993 年一年的科技文献数量竟接近 50 万篇。格拉斯同时考察了生物科学领域具有突破性或里程碑意义的研究成果的增长度。他发现，尽管这类成果也出现了成倍增长的局面，但增长的速度远远低于一般意义上成果的增长速度，也远不如科研经费和科学家数量增长的速度。因此，虽然这些重要科研成果在增加，但一般的、普通的科研论文的数量与突破性、里程碑性的研究报告的数量之比也在迅速增加。格拉斯认为，科学研究取得显著成就所需的时间变得越来越漫长。因此，保持不断进步的势头，需要投入越来越多的财力和资源。

对此，格拉斯持乐观态度。他预计，只要保持科学队伍的现有人数和

---

⑫ Glass,‘Milestones’(note 1).

科研经费在国家生产总值中现有的固定的比例，在下个世纪科学就能取得进步。他同时预测，在相对不远的将来，也就是几百年的时间内，自然科学知识将非常完备，到那时只剩下零星的、微不足道的问题尚需探索。另一种观点认为，现在我们实际上处于生物科学起步阶段的末期，未来科学上不断进步的趋势只能而且必须依靠我们自己的效率和技术创新才能维持。作者也持这种观点。然而有一点绝对确定无疑，到2100年我们不会再以书写在20吨纸上的一百万篇论文的形式交流在科学研究上取得的成果。

生物专业本科生

就全世界范围来看，出现在大学招生教师办公桌前的学生有以下三类。第一类是因为没有更好的专业、退而求其次的学生。他们发现人文学科和社会科学主观色彩浓厚，缺乏智力上的吸引力。他们不能够或不愿意为数学或物理学的概念劳心费神，因而选择了生物学。接下来一类学生的成绩达不到医学、兽医学专业的要求，生物学成为这些学生的第二选择，
465 这也算是对于他们为了报考医学和兽医学院所做出的努力的一点回报。第三类学生人数不多，他们已经成为生物学家，对于认识在有生之年继续从事的生物研究工作已具有足够的经验。在整个学术领域，生物学在招生时面临的问题是最为复杂的。

我们的大学为这些未来的生物学家提供了哪些教学内容？在此我们又一次看到技术的进步、知识的拓展、年轻人在不断进步的科学面前展现出来的应对能力等因素相互影响的情形。在这些因素中，最重要的是教师掌握的资源。在教学内容的变革方面似乎有一种不祥的趋势，就是大量的知识和经验面临遗失、退化和僵化，在技术的对数曲线下它们的价值被低估，被忽视。而那些可以带来最新发现的技术，对于那些年轻的、易受外界影响的年轻人来说就具有巨大的吸引力。这些技术，在年轻人心中是与年轻的、整洁的、身着白色工作服的科研人员在洁净的、标有色码的、通

常情况下很昂贵的实验室工作的情景联系在一起的。原来的旧知识在地下室布满了灰尘。曾经，三至四年的时间内就可以教授或学习有关植物、动物和微生物已知的全部知识。50 年之后，三年的时间都不足以打下生物技术领域的基础，也许仅够讲授现代生物学某些领域的原理。在 50 年代，这些领域还处于萌芽阶段。在动物比较解剖学、植物多样性、物种演变、生长与形态等领域人类深入掌握的知识总量急剧减少。现在，能够讲授这些领域知识的人已非常稀少，能高效地讲授的人就更少了，而愿意学习这些领域的人少之又少。毋庸置疑，这种生物学具有绝对的价值，体现了人类所具有的关于生物体分类的知识。没有这种知识，过去 50 年间技术领域所有的重大进步就将失去意义。是通过有关知识保护的具体政策，还是按照市场经济的原则录取新生？大学应该对二者的比较价值进行分析。

在为接受高等培训所做的准备方面，生物学领域的大学新生甚至超过他们的学长，致力于为他们提供教育的系统也好于过去。20 世纪五六十年代的大学新生掌握的有关动物、植物的知识可能超过 21 世纪的大学新生，但他们在数学和自然科学方面一般比较薄弱，对科学逻辑一无所知，对实验方法无所适从，对于数据极度恐惧。当时的教育技术仅仅包括黑板、教材和堆满大部头期刊的图书馆。写作风格非常怪异的论文充斥这些
期刊，只有那些了解作者人格和背景的人士才能真正地理解。会议公报、 466
论文集、述评等比较稀少。因此在 50 年代，摘要类期刊无疑具有巨大的价值，但是这类期刊使用起来非常困难，且非常耗时。

毫无疑问，1956 年面世的期刊《新科学家》是欧洲科学发展过程中的一个重要的里程碑。编辑们明确指出，该期刊的目标是："通过不懈的努力，在国家范围内调动对科技发展的兴趣，激发那些对科学具有潜在兴趣但还没有决定职业选择的年轻人的想象力，吸引那些关注科学发现及其所具有的工商业和社会影响的成年男女。"[13] 借助编辑们的劳动，教师对当代科学有了更清醒的把握，除了干巴巴的教材或学术期刊之外拥有了更

---

[13] 'Editorial', *New Scientist*, 1∶1(1956), 5.

为丰富的资源，教学活动更加充实，教学活动的难度因此有了很大的降低。

这些教师在课堂上、教学实验室里向学生呈现科学发展的信息，推荐相关的著作。他们没有视频设备，没有计算机。幻灯片形式的视觉辅助教具制作费用高昂，而且质量不能令人满意。本科生肯定没有使用复印机的机会，其他人也只有在秘书和文书助理帮助下才能使用这些复印设备。

直到60年代，由单个作者完成的专著一直是本科阶段高级课程主要的教学用书。直到今天，其中的一些仍然是经典，还在被广泛地推荐和阅读。所有这些都由一流的科学家或学者撰写。按照最现代的标准来看，这些著作中的精品无疑是具有永恒价值的辉煌巨制。E. B. 威尔逊1896年出版的《演变与发展过程中的细胞》,[14] 至1924年已有不同的版本面世。1896年版在1966年以影印版的形式重印。1924年版在1955年最后一次重印。1896年版全书共有370页，至1924年扩充至1232页。迄今为止，这本著作一直是在细胞学水平上研究自然多样性问题的重要参考资料。

迈克尔·怀特的《动物细胞学演化》于1945年出版，该书的第二版和第三版分别于1954年和1973年发行。这本书为我们提供了有关染色体与遗传系统演变的大量的、具有永恒价值的资料，时至今日仍是该领域的经典著作。[15] 戈德施米特终生从事果蝇的遗传学研究，并在此基础上撰写了《理论遗传学》一书。该书共563页，内含相关领域的事实和观点。虽
467 然现在人们不会再考虑要写这样的一本书，可在作者所处的年代该书是相关专业领域最重要的著作之一。[16] 在现代动物学领域中那些真正具有里程碑意义、印制与插图精美的经典文献中，布洛克和霍里奇撰写的厚达1715页的两卷本《无脊椎动物神经系统的构造和功能》一书，无疑占有

[14] Wilson, *Cell* (note 9).

[15] M. J. D. White, *Animal Cytology and Evolution* (Cambridge, 1973).

[16] R. B. Goldschimidt, *Theoretical Genetics* (Berkeley and Los Angeles, 1955).

一席之地。[17]

今天，生物学所有领域的发展速度非常迅速，大学一年级以上的所有学生使用的教科书都被那些同行评议期刊所取代。《当代生物学》《生物学文献》《最新进展》系列和其他大量的月刊、季刊，都在帮助科学家、教师和学生追踪现代生物学热点问题最新研究进展等方面提供专业化服务。这些期刊虽有不足之处，但非常适合那些把兴趣高度集中在界定清晰并快速发展的生物学领域的科学家。当然，所有这些在互联网诞生之后已经发生了很大的变化。

有的人认为，生物学是实践性学科，在田野上或实验室里进行教学工作才能更有成效。在大学经费充足、师资数量能够满足需要、技术相对简单、试验用的动植物样本容易获取、电脑尚未问世的年代，这样的观点很少受到反驳。此后技术取得了进步，所需的资金迅速增加，大学灵活支配的财力越来越少，在政策的激励下教师用在科研上的时间越来越多，所需的动植物样本生存状态越来越濒危，计算机可以在前所未有的程度上用来制作模型和进行数据处理。20 世纪 50 年代的毕业生在相对简单的科学领域掌握范围广泛的知识，具备大量的可以迁移的实用技能。他们都是通才，依靠自己的力量生存和成功的概率很高。而到了 21 世纪，毕业生都出自培养专才的系统。与过去人们的认识相比，他们所学的科学知识更多，但他们的专长限定在高度专业的领域。与自然界的状况一样，在成员所拥有的技能具有互补性的社会里，这种专才能够成功。

在世界范围内，大学相应调整了办学思想和具体措施。最重要的变化是确认了生物学学科的整体性与科学大发展背景下专业化的必然性，认识到为了给年轻人选择适合自己的专业创造条件，为他们在现代生物学所有领域提供入门阶段的教育非常重要。培养模式随之出现了改变，原有的模式是三四年时间集中学习逐步深入某一主要分支学科。改变后的模式下， 468

[17] T. H. Bullock and G. A. Horridge, *Structure and Function of the Nervous System of Invertebrates* (San Francisco and London, 1965).

学生先学习一门内容广泛的入门课程，随后学习特定领域的单元课程，最后一两年的时间强化学习，直至在现代科学某一领域达到前沿水平，重点放在培养技术型毕业生上。这种趋势始于20世纪60年代初，80年代中期达到顶峰，90年代又突然向相反的方向转变。出现反复的原因很简单，因为技术需要大量的资金投入。生物学领域的进步一直在追求“成本效益”。生物学一直保持以有机物为研究对象的内在属性，该学科领域内所发生的一切均表明，与为了进行相关研究我们不断改进的技术相比，有机体本身更有趣，也更有意义。

互联网

互联网对于大学生活的方方面面产生了前所未有的重要影响，且这种影响迅速而巨大。随之出现的变化主要体现在科研信息的获取和出版、教学方法、大学生的学习行为等方面。

20世纪90年代，欧洲大学或科研机构的科学家通过使用摘要检索服务获取出版的文献，对生物医学领域所有文献的扫描和分类是摘要检索的基础。查询到感兴趣的文献后，科学家随后要去图书馆，从书架上取下期刊，阅读相关的文章。网络建立之后，出版商在发行纸质印刷版的同时，开始推广网络版，教师和研究者因此能够在办公室或实验室的电脑上查询最新出版的文献。出版商在自己的网络中添加了越来越多的档案资料，上述获取文献的方法也就越来越被普遍采用。现在，也就是在2005年，那些最具影响的科技期刊在过去10年及更长的时间内出版的文献通过网络均能获取。只有少量的期刊，科学和医学方面的早期文献当下不能在网络上查阅。

由于网络电子服务的出现，医学领域图书馆服务的方式在美国正在发生改变，使用远程服务的用户超过使用内部电子资源用户的人数。5个主要医学图书馆的使用者，特别是教职员工和科研人员发现，事实上他们的全部文献需要都可以通过利用馆外的资源得到满足。包括生物学在内的其他学科也出现了这样的趋势，越来越多的网络电子资源可供人们使用。对许多用户来说，“图书馆”一词现在指的是认证机构或链接页，吸引他们使用图书馆的只是因为资料查阅服务是由图书馆出售和管理的。当所有电 469
子文献向公众开放成为常态之时，人们与图书馆之间的联系将会终止。这并不意味着图书馆会成为可有可无的事物，只是未来人们不会像今天这样看待图书馆，并且纸质的期刊，也许包括书在内都会彻底淡出人们的视线。

在信息传播的速度方面互联网带来的变化最为明显。刚刚出版的科技文献，几分钟之内在家里、办公室或实验室都能获取。资讯、数据、图片在全世界范围内可以实时传播和交换。20 世纪 60 年代，科学家每周也许要给同事们写十几封信件，打几次电话。到了 2005 年，一周一百封电子邮件还是一个保守的数字。不过，这种便捷的、低成本的、高速的沟通方式被许多事实证明不利于培养人际沟通技巧、细致的规划能力、果断的品质和责任感。

现在，欧洲大学普遍通过电脑开展教学活动，教师为学生提供获取网络信息资源的策略建议。模型、图表、视频取代了实验室和田野，师生之间的电子邮件沟通受到鼓励，作业、方案在网上撰写和提交，信息反馈也采取同样的形式。自评测评甚至考试也通过电子邮件的途径进行。理科大学生平均高达 90％的正规学习和自学时间都花在电脑桌前。不过这种趋势向何处发展还很难预料。现在网络上能够获取的教学资料的质量千差万别，但总体上向好的方向发展。那些为了完成手头的工作而在网上获取最适合的、最佳的资料的方法也存在同样的情况。然而，如果不到图书馆去阅读纸质的资料，还是难以正确地认识现代科学。越来越少的大学向学生提供相关的场所。学生获得科学领域，直接实践经验的机会正在减少，因为使用互联网更加便宜和简单。实践证明，在生物学领域，互联网是一个适时的、受人欢迎的工具，因为那些有关健康与安全、在教学中使用动物样本（包括活的或死的）的法律，已经使那些实验室方式、田野方式面临绝境。

大学、毕业生和就业

取得第一级学位所需要的时间看起来与大学校园内学生的密度有广泛的联系。一般来讲，大学的规模越大，政府每年拨给每个学生的钱越少，学生达到第一级学位水平所需的时间就越长。在这一方面，校园规模较
470 小、师生之间的比例较低、政府的支持相对充足的英国大学系统总是能够通过平均时间恰好90周的校内培训，培养出质量相对较高的第一级学位的毕业生。那些拥有很大的校园、师生比例较高的大学系统，则要花费更长的时间才能使学生达到同等的学士水平。与学生人数普遍扩张相关，人们主要担心这些学生是否能够找到可以发挥才能的就业岗位。大约25%至45%的生物学专业毕业生成为专业的生物学研究人员或教师。其余的毕业生凭借那些可以在不同工作中运用的个人技能而不是掌握的生物学领域的专门知识，进入各种各样的其他行业。[18]

在20世纪60年代欧洲高校大发展的第一个阶段，那些希望成为研究人员的学生读完哲学博士学位之后，很愿意以博士后或研究助理的身份与学校签订短期合同，他们对能够在大学最终谋得一个稳定的职位充满信心。大发展阶段在70年代后期结束，学术岗位录用的人数逐渐减少，研究人员被迫在一个短期合同结束之后跳到另一个短期合同。如果到了35岁左右的年龄还没有在学术性机构找到落脚之地，通常会脱离生物学领域而转到工业或管理领域就业。

直至1975年，生物学领域的大多数本科毕业生都希望以某种形式的专业生物学家的身份找到就业机会。1975—1980年间，这样的岗位数量不足，就业前景黯淡。当然，这也算不了什么。一些冷静、客观的调查证明，80年代早期绝大多数的生物学专业的学生毕业后能够找到与其学历

---

[18] S. Green, 'Biological Science Graduates-Employment Prospects and Flexibility', *Biologist*, 36(1989), 209-213.

相匹配的工作。剩余的毕业生大多数接受继续教育或抚育孩子，只有不足2%的人确确实实地、并不情愿地处于待业状态。[19] 但是在80年代早期，那些即将毕业的生物学专业毕业生和雇主的看法确实发生了改变。雇主逐渐认识到，生物学专业的毕业生能够系统地处理大量的信息。与其他理科学生相比，生物学专业的学生接受的科学教育的范围更为广泛，因为生物学的学习不能与其他自然科学割裂开来。他们要了解统计学和计算机。他们的工作经常要以小组为单位进行，要习惯对自己在研究项目中所做的部分负责，要养成与人合作的习惯。有机体非常复杂，设计研究这些有机体的试验时通常要考虑大量的可变因素，分析复杂的数据并给予巧妙阐释。 471
具有这种学术背景就意味着学生接受过应对各种问题的良好训练。纽卡斯尔多科技术学院的大卫·欣德于1987年所做的调查表明，38%的工业界招聘新毕业生的广告都明确要求学生具有可以在多种工作中运用的技能。[20]

对于来自美国的诱惑，欧洲的学生不为所动，直到现在毕业后还是选择留在欧洲。欧洲国家之间的往来大都局限在一流的大学和研究机构内，那些希望成为研究人员的最优秀的毕业生参加这些交流项目。毫无疑问，语言和文化在这方面产生了巨大的影响。目前，改革之风劲吹，政府为西欧大学和研究机构之间的合作研究提供资金支持，大型企业也认识到跨国经营与超越语言和文化的障碍乃大势所趋。

精选文献

Boveri, T. *Zur Frage der Entstehung maligner Tumoren*, Jena, 1914.

Brachet, J. *Biochemical Cytology*, New York, 1957.

Bullock, T. H., and Horridge, G. A. *Structure and Function of the Nervous System of Invertebrates*, San Francisco and London, 1965.

[19] R. W. Pethen and P. Calow, 'Zoology Graduates of 1980—Where are they Now?', *Biologist*, 35(1988), 126-128.

[20] Green, 'Biological Science Graduates'(note 18).

Caspersson T. *Cell Growth and Cell Function*, New York, 1950.

Davies, D. R., Padlan, E. A., and Segal, D. M. 'Three-Dimensional Structure of Immunoglobulins', *Annual Review of Biochemistry*, 44 (1975), 639-667.

Glass, B. 'Milestones and Rates of Growth in the Development of Biology', *Quarterly Review of Biology*, 54(1979), 31-53.

Goldschmidt, R. B. *Theoretical Genetics*, Berkeley and Los Angeles, 1955.

Green, S. 'Biological Science Graduates-Employment Prospects and Flexibility', *Biologist*, 36(1989), 209-213.

Hill, R. 'Oxygen Evolution by Isolated Chloroplasts', *Nature*, 139(1937), 881-882.

Jeffreys, A. I. V., Wilson, D., and Thein, S. L. 'Hypervariable "Mini Satellite" Regions in Human DNA', *Nature*, 314(1985), 67-73.

Krebs, C. I. *Ecological Methodology*, New York, 1989.

Macgregor, H. C. (ed.) 'Biological Sciences', in Clark and Neave, *Encyclopedia Ⅳ*, 2181-2270.

Pethen, R. W., and Calow, P. 'Zoology Graduates of 1980—Where are They Now?', *Biologist*, 35(1988), 126-128.

Rowley, J. D. 'The Philadelphia Chromosome Translocation: A Paradigm for Understanding Leukemia', *Cancer*, 65(1990), 2178-2184.

472 Watson, J. D., and Crick, F. H. C. 'Genetical Implications of the Structure of Deoxyribonucleic Acid', *Nature*, 177(1953), 964.

White, M. J. D. *Animal Cytology and Evolution*, Cambridge, 1973.

Wilson, E. B. *The Cell in Development and Inheritance*, London and New York, 1896.

Zallen, D. T. 'Redrawing the Boundaries of Molecular Biology', *Journal of the History of Biology*, 26(1993), 65-87.

第十三章　地球科学 473

戈登·克雷格，斯图亚特·门罗

导言

鉴于欧洲地质学家们的兴趣点各有不同，我们决定请教一些比较杰出的地质领域的朋友，请他们选出第二次世界大战以来彻底改变欧洲地质学的三大课题。他们都提到了板块构造学，同时也都认为自己所研究的领域是格外令人振奋的。第三个选项五花八门，但唯独没有提到行星地质学。行星地质学这门学科是伴随着战后人类征服太空的巨大努力发展起来的。二战行将结束之际德国率先开展火箭研究，苏联宇航员尤里·加加林实现了进入太空的壮观飞行，随后美国也付出了极大努力，直至1969年完成人类登月的壮举。

但是，地质学终究是关于岩石的学科。这些岩石具有经济意义，常常用来通过山脉、河道、海岸线来标记国界。在地质学的早期发展中，自然科学家通常观察研究本地的岩石。荷兰很少有裸露地表的岩石，而有大量源自莱茵河三角洲的沙、淤泥和泥浆，因此荷兰地质学家以其对沉积物和水文的研究而闻名也就不足为奇了。挪威和瑞典的大部分地区由变质岩构成，这种岩石因掩埋在高温高压的环境下而不断发生变化，这两个国家的教学和研究也自然集中在这类岩石上。作为内陆国家的瑞士之所以闻名于世，并不是因为海洋地质研究，而是因为其对山脉的形成和冰川的认识所做出的巨大贡献。意大利拥有欧洲大陆唯一一座活火山，而其科学家也为我们对火山的认识做出了卓越的贡献等。

二战之后，区域研究让位给了超越国家和地质科学界限的跨区域、跨 474

学科的研究。对大陆漂移及其机制问题的探索、为地质记录中气候变化做出定量解释的愿望，以及对太空与日俱增的好奇心，都促使地质学家与其他相关学科的科学家之间的国际合作空前繁荣。令人惊奇的是，我们还在大洋底部的岩石和淤泥中找到了许多地质问题的答案。

我们选出的三大课题是：

1. 行星地质学。该学科研究太阳系的起源、岩石以及这些研究所带来的意外结果。

2. 板块构造学。这是一个包罗万象的理论，旨在解释地热驱动下的地壳板块运动所导致的地壳变化。

3. 气候变化。它反映了太阳系、大气层以及岩石圈的变化。

我们应该研究一下这些问题分别是如何产生的，是如何已经或正在得到解决的，以及欧洲大学对此做出了何种程度上的贡献。我们将探讨英国开放大学的建立在地球科学教学领域引发了哪些里程碑式的历史事件，这涉及将新技术及研究成果纳入不断更新的课程之中。

行星地质学

在为征服太空做准备的过程中和征服太空之后，天文学家、地球物理学家、地质学家、岩石学家、地球化学家和地貌学家共同开展的研究工作是国际合作的一项伟大胜利。宇宙空间研究始于二战临近结束时德国在火箭研究方面的努力，[①] 并在第一颗人造卫星“伴侣号”升空和加加林进入太空的时期达到鼎盛。地球作为一个整体来看就是一个悬挂在太空的蓝色小球，而加加林是看到这一景象的第一人。岩石圈、大气层、冰雪圈、水圈和生物圈之间的相互作用开始变得清晰，而今天被称为“地球系统科学”的学科随之诞生，尽管我们也在怀疑这门学科在当时是否被认可。同年，美国总统肯尼迪宣布美国打算在十年内把一名宇航员安全送上月球。

① W. von Braun, *Across the Space Frontier*, ed. E. Ryan(New York, 1952).

在早期的苏联探月飞船和美国“探测者”号之后，1969 年，美国阿波罗登月计划将一名宇航员送上了月球。对这些太空飞行带回的图片和岩石样 475
本所进行的研究比任何地球表面岩石和图片的研究都更为彻底。

地球及其卫星月球、火星、木星、水星和金星是太阳系的主要行星。通过对包括陨石在内的太阳系可用材料的年龄进行计算，我们得知它们大约形成于 46 亿到 50 亿年前。这些行星都有着相似的化学成分，但由于大气层的存在和内部持续的高温，地球已经发生了结构性和岩性方面的进化，这也使得地球不同于月球和其他无生命行星。

最初使月球和其他行星表面变得凹凸不平的剧烈的陨石轰击在大约 40 亿年前逐渐减弱，持续活跃的活火山和火山裂谷的形状并未被“流星火”摧毁，火山口和大量的熔岩流清晰可见。但是这种火山活动逐渐减弱，并最终在 25 亿年前随着月球冷却而停止。目前月球剩余的核心热量已经不足以引发火山活动。

通过太空摄影和已经在火星着陆的航天器我们知道了火星也有陨石坑和火山爆发，但不同于月球，它有一个由二氧化碳构成的大气层，沙尘暴和其他风积现象因此得以形成。在遥远的过去，火星表面在水流的切割作用下形成沟渠，现在它们大部分被锁在地下冰和永冻土之中。

在对现有军事优势和军事意义充分认识的基础上，美苏两国做出各自的政治决定。这些政治决定以及对自己国家声望的评估，构成了美苏两国之间太空竞争的基础。30 年后，这场竞争意外的赢家就是科学——它无疑是有史以来最为昂贵的科学工程并不知不觉得到了两国的认可。地质学的好处之一就是能使我们了解到太阳系内行星的相似点。其中“化石行星”的发现无疑具有特殊的意义，因为“化石行星”非常详细地揭示出地球进化早期阶段的景象。2005 年 1 月在土星的卫星——泰坦上的着陆使我们对地球的演变过程有了新的认识。地球在其历史的前 10 亿到 20 亿年中，一定经历了大量陨石的撞击。

最有趣的意外收获是重燃了对地球上陨石坑影响的研究兴趣。在侵蚀的作用下，陨石坑这一地理现象的存在是短暂的，但在发生撞击时它一定带来过灾难性的后果。流星撞击后产生了沙尘暴，遮蔽了阳光，导致了气候和植物的变化，恐龙等大规模生物种族因此而灭绝。科学家已经对陨石
476 坑进行了测绘，对有关昂西塞姆陨石坑等早期的资料也展开了相关的研究。[2] 哈里森·施密特在 1972 年登上月球，是唯一一名在月球上行走过的地质学家。他毕业于哈佛大学，博士毕业论文是对斯堪的纳维亚半岛上变质岩的研究。

板块构造学说

20 世纪初一些科学家认为现在我们看到的大陆曾经是一个超级大陆，之后它破碎成拼图似的碎片并漂移分离。其中最明显的线索就是美洲东海岸和欧洲、非洲西海岸的明显契合。天文学家和气象学家阿尔弗雷德·魏格纳出生于柏林，就读于海德堡、因斯布鲁克和柏林的大学，他是大陆漂移学说的主要支持者。这个学说认为，大陆由较轻的岩石（如花岗岩等）构成，而海洋的底部则由很重的岩石（主要是玄武岩）构成。较重的岩石就好像一种非常黏稠的液体，大陆板块在其上面漂移。魏格纳提出现在的大陆曾是一块超级大陆，之后破碎断裂。大西洋两侧的岩石和化石极为相似，这一情况有力地证明了两个板块曾经连为一体。第一次世界大战之后大陆漂移假说得到了欧洲地质学家的谨慎支持，但在北美地区，反对的声音依然强劲。另外，英国的两个重要地质学家对此学说也持不同观点。剑桥大学的地球物理学教授哈罗德·杰弗里斯认为地球如此强大坚固，不会容许板块漂移。阿瑟·霍姆斯毕业于伦敦帝国学院并先后在达勒姆大学和爱丁堡大学担任地质学教授。他对大陆漂移假说持谨慎支持的态度，为此，他于 1928 年提出了一种机制：高热上升的岩浆对流形成地幔柱，起到水平传输带的作用，从而移动相对较轻的大陆。

二战把地质学家们关注的焦点转移到了本质上更为实用的关于原油和

---

② U. B. Marvin, 'The Meteorite of Ensisheim: 1492 to 1992', *Meteoritics*, 27(1992), 28-72.

其他原料储备的问题上。大学里年轻的学者和有潜力的研究生被征召入伍，其余大多数人或超过了服兵役的年纪或受雇于更重要的工作，科研的机会微乎其微。战争结束后，教职员工们回到工作岗位，教育新一代学生。地质学家们得以重新关注包括大陆漂移之谜在内的纯科学问题的研究。现在的几块大陆是否真的曾经是一整块陆地的几个部分？如果是，那 477
么是一种或几种怎样的机制使原本结为一体的陆地分成几个部分呢？

20 世纪 50 年代，伦敦帝国学院[3]和英国剑桥大学的地球物理学家开始使用高灵敏度磁力仪测量岩石中残余的磁力。很多岩石中都含有某种形式的铁，铁在岩石的形成时期就因地球磁场方向被锁定在特定的位置上，而磁力计可以测出当时的磁偏角和磁倾角。同时，我们还可以通过分析放射性矿物的同位素来计算岩石的年龄。通过这些技术就能测量出岩石的初始地理纬度和形成年代。慢慢地我们明显发现岩石形成时期所处的纬度和现在所处的位置相距甚远，同时地球的两极和大陆板块中至少一方面发生了位置变化并在之后的年轻岩石中留下了古地磁迹象的证据。这些古地磁迹象在同一个大陆板块中是一致的，但在不同的大陆板块中则有所不同。通过这些迹象我们发现北美和欧洲在经度上移动分离了大约 30 度。

但是这种运动机制仍旧不够清晰。剑桥大学的 J. 霍斯珀斯在冰岛进行的详尽的磁力研究显示，[4] 磁场的南北极方向在连续的熔岩流中经常被倒转。在太平洋和大西洋的海洋学调查，特别是由哥伦比亚大学的亨利·海斯进行的调查，也发现了类似的磁性倒转现象。[5] 调查还显示这些岩石在地质上都是年轻的。无一例外，这两项研究是相辅相成的。磁性转换不时发生并被记录在熔岩流中，在大洋中部火山山脊两侧的熔岩流中这种现象

③ P. M. S. Blackett, 'Comparison of Ancient Climates with the Ancient Latitudes Deduced from Rock Magnetic Measurements', *Proceedings of the Royal Society*, A263(1961), 1-30.

④ J. Hospers, 'Remnant Magnetism and the History of the Geomagnetic Field', *Nature*, 168(1951), 1111-1112.

⑤ H. H. Hess, 'History of Ocean Basins', in A. E. J. Engel, H. L. James and B. F. Leonard (eds.), *Petrologic Studies: A Volume in Honor of A. F. Buddington* (New York, 1962), 599-620.

更为常见。1963年，弗雷德·范恩和卓门·马修斯提出假设，沿大洋山脊的地幔中有一个具有对流特性的上升流，大洋中主要地壳就在这个上升流之上形成（1981年，他们因为这个发现获得了巴尔赞地质与地球物理学奖）。随后的火山喷发物根据当时的地面磁场极性发生磁化，[6] 这就形成了一种机制——海底扩张机制，这一机制可以用来解释主要大陆的物理分离现象。

478 后续的研究还有更多。1965年，加拿大地球物理学家图佐·威尔逊把地球表面划分为几个坚硬的板块。[7] 1968年，法国地球物理学家萨维尔·勒皮雄发现六大板块彼此相对移动，大陆被视为板块的几个部分而并非由海岸线界定的独立实体。[8] 至此，具有革命性意义的板块构造理论诞生。

一个人所持的观点取决于他所接受的教育和他的同事们。1947年，爱丁堡大学的阿瑟·霍姆斯领导下的一名初级工作人员，他作为GYC团队的成员之一，相信大陆漂移学说。他解释这一学说的方法看上去似乎合乎逻辑。然而，1958年GYC团队在美国中西部一所大学和加州所面对的几乎全是质疑声。GYC团队清醒地认识到，当加州大学的约翰·克洛维尔在证明沿加利福尼亚州圣安德烈斯断层发生数百英里的强大横向运动时，克洛维尔本人甚至也被卷入争论之中。[9] 北美洲的地质学家和地球物理学家共同反对漂移学说，而亲欧人士和南非著名的“漂移论者”，比如亚历山大·都涂尔特和莱斯特，则支持这种学说。[10] 和政治上一样，地质

---

⑥ F. J. Vine and D. H. Matthews, 'Magnetic Anomalies over Ocean Ridges', *Nature*, 199 (1963), 947-949.

⑦ J. T. Wilson, 'A New Class of Faults and their Bearing on Continental Drift', *Nature*, 207(1965), 303-347.

⑧ X. Le Pichon, 'Sea-Floor Spreading and Continental Drift', *Journal of Geophysical Research*, 73(1968), 3661-3697.

⑨ J. C. Crowell, *Displacement along the San Andreas Fault, California*, Geological Society of America Special Paper, 71(New York, 1962).

⑩ A. L. du Toit, *Our Wandering Continents* (Edinburgh, 1937).

学领域也存在孤立主义者。

古气候和全球变暖

瑞士是欧洲唯一拥有大量的高山冰川的国家。大量的外来巨石，包括花岗岩和不稳定的页岩，躺卧在谷底露出地面的沉积物上。它们显然是被搬运过来的，而唯一现实的运输工具就是水或者冰。索绪尔在18世纪首先对这些今天被我们称作冰碛的成堆废石进行描述，得出灾难性洪水是造成这种现象的原因的结论。[11] 两百年前，爱丁堡地质学家詹姆斯·赫顿认为（尽管他从来没有去过瑞士）这些外来巨石最有可能的运输途径是流动的冰河，它们能够把这些不稳定的石块从数千米以外的源头带过来。[12] 到19世纪末期，被广泛认同的一点是北欧的大半部分地区曾一度被冰覆盖， 479
当时气候非常寒冷。

1842年，法国数学家阿德马尔创立了一个天文学理论来解释冰川作用。[13] 1846年苏格兰地质学家詹姆斯·克罗尔进一步发展了这个理论。[14] 之后在1930年和1941年，南斯拉夫地球物理学家米兰科维奇又两次将其扩充。[15] 由于地球轨道离心率的变化，旋转轴左右倾斜、“摆动”或岁差，太阳光照射到地球上的能量也在发生相应的变化，而日照能量的变化就是这一理论的基础。最近的一些发现显示，这些变化所产生的周期性与冰盖的消长相一致，而冰盖的消长又在近来大洋温度的变化上体现出来。[16] 这

---

⑪ H. B. de Saussure, *Voyages dans les Alpes* (Neuchâtel, 1779-1996).

⑫ J. Hutton, *Theory of the Earth*, Vol. Ⅱ (Edinburgh, 1795), 218.

⑬ J. A. Adhemar, *Révolutions de la mer* (Paris, 1842).

⑭ J. Croll, 'On the Physical Cause of the Change of Climate during Geological Epochs', *Philosophical Magazine*, 28 (1864), 121-137.

⑮ M. Milankovitch, 'Mathematische Klimalehre und astronomische Theorie der Klimaschwankungen', in W. Koppen and R. Geiger (eds.), *Handbuch der Klimatologie*, Vol. Ⅰ (A) (Berlin, 1930), 1-176.

⑯ J. Imbrie and K. P. Imbrie, *Ice Ages: Solving the Mystery* (London, 1979), 1-224.

个令人兴奋的结论是一项涉及多国科学家的国际项目（气候项目）的研究结果。取自大洋洋底沉积物中的泥土的岩芯为我们提供了了解地质演变的线索。一些微生物，特别是有孔虫和硅藻化石，就是在这些岩芯中采集到的。这些物种中有些曾生活在热水中，有些曾生活在冷水中。对这些相对丰富的生物种群进行研究，可以确定大洋过去的温度。另外，通过分析辐射和古地磁，可以确定化石所处的沉积物层的地质年代。因此，洋底沉积物记录了几千年来海洋温度的变化，深海化石记录也被证实为认识过去全球气候模式的重要途径。

可以理解的是，比起过去的大陆冰盖遗存下来并历经千百万年侵蚀的不完整的遗迹，这些存在于不受干扰的海洋沉积物中的前冰河时期的遗迹要更具连续性。然而，撒哈拉的岩石显示当地四亿年前被冰层覆盖着，当时非洲仍离南极很近。早在1924年，苏黎世地质学教授鲁道夫就计算出非洲自巴伯顿前寒武纪已向北漂移了5000多千米。在非洲大陆和欧洲大陆逐渐靠近的过程中，阿尔卑斯山脉得以形成。持续北移的非洲大陆，对阿尔卑斯山脉产生了强烈的挤压作用，地壳因此缩短了1000—1500千米。[17] 但地质学家大概对这些问题已经非常厌倦了。现在，坐在爱丁堡，
480 享受着由天然气（它仅有1亿年历史）带来的舒适温暖，我们意识到，仅仅一万年前，这里曾被冰层覆盖；地下的石炭纪煤层曾是生长在赤道附近的树木，而当时（即3.5亿年前）苏格兰还处在赤道附近。大陆板块跨越多个纬度发生漂移，借助于来自各个大洲的证据，地质学家和气象学家可以对与板块漂移相关的气候变化情况进行整理归纳。在板块的漂移过程中，洋流的循环多次改变了气候模式的复杂性。

20世纪90年代的研究表明，陨石冲击不仅在改变地表形态方面产生了重要影响，而且可能更为重要的是，在陨石的冲击下曾经火灾频发，尘埃遮天蔽日，出现了化学变异并导致酸雨等多种破坏环境的现象。“核冬

---

⑰ R. Staub, *Der Bau der Alpen*, Beiträge zur geologischen Karte der Schweiz, N. F. 52 (Bern, 1924).

天”一词被频繁使用，并且人们认为这些影响可能曾导致恐龙等主要古生物种群的灭绝。[18]

从这种宏观的、历史的观点出发，现在我们必须对被称为“人类最浩大的地质化学实验”可能引发的后果进行更为现实和迫切的思考。在短短四百多年中，我们就燃烧了已累积四亿多年的化石燃料。二氧化碳和其他气体的大量增加及其对温室效应带来的影响，现在是一个全世界关注的问题。国际科学联合会理事会曾提出成立“国际地圈生物圈计划”[19] 等专门委员会。该委员会旨在促成包括生物学、化学、地质学、物理学领域在内的多学科科学家之间的合作以及他们与社会学家的合作，探讨气候变化问题。

对地球科学教育的影响

关于体制方面的两个重要举措对英国的地质教学和研究实现了改造。第一个是建立远程大学即开放大学，第二个是在奥克斯伯格报告指导下将资源集中在少数大的院系中。[20]

在了解地球运行机制方面取得的很多进步都与今天被我们称为“地球系统科学”这门学科的发展相关，印证了詹姆斯·赫顿将星球看作一个完 481
整实体的观念。特别应该指出的是，板块构造理论的发展将地球科学的许多分支学科汇集在一起，因此需要一种新的教学方式。同时，随着研究人员不断发展板块构造理论的新概念，一种全新的高等教育理念诞生了。这就是被当时的首相哈罗德·威尔逊称作“空中大学”，即后来人们熟知的

---

⑱ A. Hallam, *Catastrophes and Lesser Calamities: The Causes of Mass Extinction* (Oxford, 2004).

⑲ W. Steffen *et al.*, *Global Change and the Earth System: A Planet under Pressure* (Berlin, Heidelberg and New York, 2004).

⑳ R. Oxburgh, *Strengthening Earth Sciences: Report of the Earth Sciences Review Ad Hoc Committee* (*Oxburgh Report*) (London, 1987).

开放大学。这种不顾及以前学术背景的大学使所有人都享有接受高等教育的机会，也有人称它为“二次机会大学”。这种教育采用新的模式，通过新媒介——电视，与在家的学生进行沟通。对于作为视觉学科的地球科学来说，这种方式带来了极大的机会和挑战。机会体现在用一种全新的完整的方式向学生展现这门科学，但完全用这种新技术传授这门科学同时也是挑战。

在强调地球科学活力这一理念的指导下，科学家开始筹划一本名为《了解地球》的教材。[21] 26 名世界闻名的科学家获邀参与该书的编写。这本书的作者名单现在看来就像是一本现代地质学的名人录：爱德华·布拉德、E. R. 奥克斯伯格（现在是奥克斯伯格勋爵），已故的约翰·萨顿、西尔维斯特和范恩都位列其中。此外，这是一本教学用书，更是一本论文选读，最新的研究成果通过这种方式对大学一年级的课程内容产生影响。该书在 1970 年 3 月构思，同年 12 月出版。这的确是一个奇迹。

英国人始终认为，当讲授的思想和观念继续发展时，教材就应与学术前沿保持同步。1972 年 10 月，该书第二版面世。新版本对一些章节进行了修订，一些章节被重新编写。通过这种方式，一些具有里程碑意义的成果在期刊上发表，并被收入高等学校的教学用书之中。

英国地质教育与研究领域另一项更为重要的机制改革是决定接受奥克斯伯格报告的提议，集中可以利用的资源。针对如何加强英国大学地理院系，政府曾展开相关调查。奥克斯伯格报告就是在调查的基础上完成的。这个发表于 1987 年的报告得出的结论是，当时地质院系过多，应减少三分之一的地质院系，重新分配资源和教职员工。调整后被保存下来的院系应拥有更具影响力的教职工队伍，更好的研究潜能。报告发表后，英国地
482 质院系的数量由 33 个下降为 22 个。反对者将其称为“导致分裂的、具有

[21] I. G. Gass, P. J. Smith and R. C. L. Wilson, *Understanding the Earth: A Reader in the Earth Sciences* (Sussex, 1971).

破坏性和麻木不仁的强制行动”[22]。这次行动耗资数百万英镑。此后，人们小心行事，并没有像曾经预想的那样在其他学科进行类似的变革。

但是更糟糕的情况接踵而至，另一个政府部门建议多科技术学院（高等教育的技术中心）转变成大学，结果是这次改革后的大学地质系几乎和以前一样多！不过，尽管由英国高等教育资助委员会资助的开放大学遍及英格兰、苏格兰、威尔士和爱尔兰等地，此类学校所取得的成功仍获得了广泛的承认。从创立之日起，有成千上万的学生在开放大学学习地质学。因此，开放大学有助于消除奥克斯伯格报告带来的后果。

这里所述的政策方面信息对于其他欧洲国家也同样适用。[23] 虽然“开放大学”是英国独有的高等教育机构，但在其他那些通过面向大众定期播出的，或者是特别制作的广播、电视节目进行地球科学教育的形式中也能找到开放大学主要的办学理念。[24] 新问题、新想法和新方法充实到大学课程之中，成为学术会议的讨论议题，或被列入欧盟或欧洲科学基金会的国际研究项目，为所有参与其中的大学的学生接触这些新问题、新想法和新方法打开方便之门。不幸的是，把资源集中到越来越少的地球科学系的趋势已经成了一个普遍问题。德国、荷兰和瑞士都受到这种政策的影响。地质专家对此政策的反对也只是偶尔产生效果，这是因为地球科学教育仍有很强的地域性。尽管在行星地质学、板块构造学或古气候学领域尽是吸引人的全球性内容，但一个学生首先要做的是绘制区域地图、在矿井下或考察船上工作以获得直接经验。当然，行星地质学等新的研究领域正在以各不相同的方式对大学教育和课程产生影响。例如，行星学就不如海洋研究更能引起人们的兴趣。海洋，从海岸线到深海，在过去数十年间成为地球科学的关注焦点，许多新课堂甚至新系因此建立，有些系还拥有自己的船

---

[22] E. N. K. Clarkson, ‘Academic Geology in the UK: A Matter for Grave Concern’, *European Geologist*, 17(2004), 6-7.

[23] 关于英国以外地球科学教育的信息由来自德国弗赖堡的欧根·赛博尔德(Eugen Seibold)友情提供。

[24] 参见第一章，19 页。

只。驾驶国家考察船或国际考察船都要求学生具有专业知识。顺便说一
483 下，要想学习国际合作，最好的办法就是登上一艘有国际科学家小组的考察船。当然，这只是今天符合高等教育需要的专业化的一个例子，但是大学教育面临的普遍问题还是如何寻找合适的途径，帮助学生以他们自己的方法，在规定的教学时间内，深入学习所有这些新兴的专业领域。

从整个欧洲来看，大学除了提供经典的课程外，现在有必要进行一些创新。要解决地球科学领域的新问题和创新研究方法，需要进行大量的计算机技术的培训。即使把地质学看作是历史性的科学，定量研究及其方法对这门学科来说也非常重要；对观察得来的数据进行收集、整理和利用，是我们在数据处理方面要应对的挑战；最后，模型的建构要求在视频技术上达到新的高度。

最终，地球环境科学的发展源于全球、区域甚至是地方的需要。要满足这些需求就要综合应用地质学、地球物理学、卫星大地测量学、同位素技术、地球化学、生物学的很多分支以及其他科学。一个新的且越来越重要的趋势涉及矿物资源——石油、天然气、煤、矿石、建筑材料和水，未来的挑战不仅是如何寻找和利用它们，更是如何保护和以可持续的方式开发它们。

结论

这篇简短的评述表明，20 世纪初欧洲科学家个体提出的最初的思辨性观点，已由科学家团队，特别是美国的科学家团队进一步发展，美国因此成为战后地质学研究的领头羊。美国有足够的资金资助团队和大型科研项目。美国国土在战争中并未受到损害，所以美国的大学有机会接收前途光明的年轻科学家们。另外，高工资和优厚的科研经费，吸引了许多在欧洲大学学习的最有才华的年轻地球科学家。

跨学科的国际合作使得我们对于太阳系及其中的行星有了新的理解。出乎意料的是，对海洋的研究在促进我们理解板块构造学（火山活动和坚

硬岩石层的磁条）和历史上全球气候变化（地表下淤泥中的化石）方面发挥了重大作用。在过去 200 多年的科学发展历程中，气候变化的基本原理得以确立。而气候变化所产生的结果，已被视为当今人类面临的最大挑战。欧洲大学的地球科学研究，将不断面对与迎接在这个瞬息万变的星球 484
上生活的挑战。我们要想生存下去，就有必要更好地理解地球是怎样运转的。

精选文献

Braun, W. von. *Across the Space Frontier*, ed. E. Ryan, New York, 1952.

Gass, I. G., Smith, P. J., and Wilson, R. C. L. *Understanding the Earth: A Reader in the Earth Sciences*, Sussex, 1971.

Glen, W. *The Road to Jaramillo: Critical Years of the Revolution in Earth Science*, Stanford, 1982.

Hallam, A. *Catastrophes and Lesser Calamities: The Causes of Mass Extinction*, Oxford, 2004.

Imbrie, J., and Imbrie, K. P. *Ice Ages: Solving the Mystery*, London, 1979.

Le Pichon, X. 'Sea-Floor Spreading and Continental Drift', *Journal of Geophysical Research*, 73(1968), 3661-3697.

Oxburgh, R. *Strengthening Earth Sciences: Report of the Earth Sciences Review Ad Hoc Committee (Oxburgh Report)*, London, 1987.

Steffen, W. *et al. Global Change and the Earth System: A Planet under Pressure*, Berlin, Heidelberg and New York, 2004.

485

第十四章　医学

约翰·埃利斯

1945—1995 年大学医学的变化背景

从 1945 年起，医学知识、医学实践和教育实践、欧洲大多数人物质生活及政治生活方式等方面发生了持续快速的变化，大学医学院正是在这种背景下运行发展的。二战期间，医学知识得到迅速增长。特别值得一提的是，下面三个方面的发展确保了战后医学较战前发生巨大变化：输血、麻醉和抗生素。1939 年，在英国等一些国家，输血还是很少见的，而且献血者大多是受血者的亲戚。但是在战争结束的时候，国家输血服务体系牢固地确立起来，并且静脉注射开始成为普遍采用的治疗方式。在 1939 年之前，麻醉术已有一个世纪的历史。但尽管麻醉的方式有所进步，可真正起麻醉作用的药物还是没有什么变化，仍然是一氧化二氮、乙醚和三氯甲烷。二战期间，静脉麻醉被广泛运用，而肌肉迟缓剂预示着一个新时代的到来。与战争开始时相比，那些在部队培养了麻醉师的国家发现在战争结束时他们在这一领域拥有了更多的专家。如果没有这场战争，在和平年代的话，外科手术技术发展的速度也许会减慢许多。

20 世纪 30 年代晚期，磺胺类药物在治疗一些感染性疾病（如大叶性肺炎，主要的致命病）上引发过革命性的进步，但这些进步随着战争期间青霉素的出现就显得不那么重要了。由于稀缺性或供应量方面的限制，刚
486 开始时抗生素在英国和欧洲大陆的发展受到了限制。但是从 1945 年起，这类药物的发展就从未间断，始终领先于对药物具有抗药性的有机体的发展。抗细菌药物的范围不断扩大，一些抗真菌药物乃至一些抗病毒药物相

继成为抗生素家族的新成员。这些成就的取得主要归功于制药企业和大学，当然两者之间的合作更为重要。

战后，用于治疗身体和精神上的非感染性疾病的化学疗法取得了非常大的进步，这些非感染性疾病包括心血管疾病如高血压、白血病及其他癌症、抑郁症和精神分裂症等一些精神疾病。随着技术水平的提高，人造器官开始发挥肾脏、心脏和肺等一些器官的作用，所有领域的外科手术因此得到了同样巨大的发展。1945 年后，精确测量身体各项功能的能力持续发展，通过内窥镜检查、X 光检查和核磁共振成像来观察身体构造的水平也不断提高。这些进步使诊断比以往更精确，无论是天生带来的疾病还是极高龄时才得的疾病，人们随时成功干预病程的可能性一直在稳步增加。

20 世纪 30 年代，外科学关注的焦点主要是去除身体坏掉的部分，到了五六十年代更多的是修复受损的部位，70 年代开始成功地用假体替换髋和其他关节，80 年代（由于免疫学的发展）成功实现了器官移植。骨髓移植为血液病的治疗开启了新途径。80 年代分子生物学的发展使人们对于遗传病有了更深刻的认识，使预防或治疗成为可能。

不幸的是，这些新的医疗技术最初是在老旧的医疗机构或条件下推广应用的。1945 年后，英国与欧洲其他地方相比在医学方面的进步更快一些。1947 年英国全面实施了国民健康服务制度（NHS），但维护这个制度所花费的资金大大超过了预算，以至于对医院的投资不得不大幅地削减。1938—1939 年度国民健康服务制度的年投资额超过 3000 万英镑。到了资金短缺和紧缩时期，1948—1949 年度的投资额减至大约 1000 万英镑。英国将近一半的医院在 1891 年前创办，五分之一的医院在 1861 年前创办。

在 20 世纪前半叶发展缓慢的医学专业化，在 20 世纪后半叶发展迅速。在原有的老专业内，很快诞生了儿科学、老年病学等二级专业，牙科也变得更为专业化。与此同时，这些新兴领域对接受过专业培训、能够从事专业工作的护士的需求在 70 年代催生了基础后课程，相应的管理部门 487
也发展了起来。其他二战前就存在的医疗专业，如物理疗法和 X 光照相技术得到了发展并细化出一些新的专业。与此同时，大多数国家的新型医护工作者加入到医疗工作中来。医学实践的范围逐渐扩大，既包括非专业医护人员在经验基础上实施的简单治疗，还包括各种专业医护人员团队在专用场所借助专门器材开展的复杂而昂贵的医疗活动。

尽管医疗实践的进步对疾病类型的影响很大，但文化、社会和经济的变化对疾病类型的影响更甚，这一点是确定无疑的。二战结束后的几年，欧洲大部分地方尤其是西欧，婴儿死亡率开始下降，急性器质性疾病的发病率也开始下降。结核病得到有效控制，骨髓炎几乎消失不见了，过去人类生命的主要杀手如大叶性肺炎、白喉症、风湿病越来越少，取而代之的是交通事故、自杀和不明原因的疾病如癌症、高血压和冠心病等，这些成了威胁人类生命的主要元凶。在致病原因方面，慢性疾病和退化性疾病越来越多，很快超过急性细菌（而不是病毒）感染。大多数国家的预期寿命都延长了。在 20 世纪 30 年代末期，一个伦敦东区人的预期寿命是 42 岁。至 1990 年，英国人平均预期寿命是 72.5 岁。① 经合组织国家中，出生时预期寿命涨幅最小的国家是丹麦，而丹麦男性的预期寿命是 72.2 岁，女性是 77.7 岁。② 1988 年世界卫生组织的数据显示，所有东欧国家民众的预期寿命都比西欧国家的要短。葡萄牙人的预期寿命是 74.1 岁，比其他西欧国家的预期寿命都短，但是仍然高于所有东欧国家。罗马尼亚人和匈牙利人的预期寿命最短，匈牙利男性的预期寿命为 66.1 岁。③

尽管预期寿命增长，生活标准提高，但 20 世纪后期鲜明的特征还是健康状况的恶化，尤其是表现为情感障碍及各种形式的犯罪数量的剧增。这两者都可能（至少在部分上可能）与不断变化的环境和生活方式有关系。每个国家的老龄人口都增加了。1992 年世界卫生组织的欧洲办事处曾预测，2000 年欧洲将有 21 个国家 20 岁以下的人口不到总人口的 30%。

---

① World Health Organization, *Health for All* (Geneva, 1990).

② 'Danes' Life Expectancy Stagnates', *British Medical Journal*, 306(8 May 1993), 1226-1227.

③ D. Rowland, 'Health Status in East European Countries', *Health Affairs*, 10:3(1991), 202-215.

虽然在通过医学和法律手段克服身心残障方面也取得了进展，但即使在生活节奏加快的农村地区，那些有轻微精神或身体缺陷的人还是很难独立生活。 488

人们对健康、疾病和医疗护理的态度在很多方面都发生了转变。到了20世纪50年代，享受医疗护理的权利被广泛认为是基本人权。但人们对尽快实现医疗护理的期望被严重夸大，个中的原因不仅仅是媒体对新的治疗药物经常进行的无知和不负责任的报道。医学的加速发展、复杂性和专业化使其很难为常人理解，这不足为奇。个体保持身体健康的责任意识逐渐淡化，尤其是当人们越来越相信医学可以治愈所有疾病，国家卫生服务也将转向所有民众的时候更是如此。在欧洲许多地方，人们普遍认为免疫是预防传染性疾病的一种手段，而免疫手段应在不同程度上由政府来实施。癌症和艾滋病是在1982年公布存在的，虽然国家在健康教育上投入巨资，但通过改变生活方式（如放弃吸烟或减少滥交）降低这两种疾病的发病率的进展仍十分缓慢。医学界对健康教育的投入仍然有限，其部分原因在于长期以来医生关注治疗多于关注预防，还有部分原因是这个行业根本就没有组织起来，没有就任何问题达成共识并呈现给公众。国家医疗协会可能在财政和就业等问题上能够代表大多数医生，但在许多国家，专业化导致各自为政的局面，一个专业攻击另一个专业的情况并不少见。

对医生的评价更多的是看他的实际能力而不是其职业本身，④ 而且医生常常被看作是权威而不是向导或者朋友。针对老年病人的急性病进行物理的、化学的、心理的和社会因素的调查对于了解疾病常常是必要的，但（由于长期以来的疑虑和恐惧）病人和家属常常感到焦虑。而采用科学手段帮助病人的医生也要面对被认为没有人情味和只关心高科技的危险。他们不仅要面对批评，还要应对诉讼，尽管诉讼还没有达到美国那样的规模。他们还要面对“非主流医学”带来的冲击。在很多人看来，非主流医学更加人性化，要求比较低，更有吸引力，而且在一些国家比“正统医

④ *Report of the Royal Commission on Medical Education* (London, 1968), 30.

学”更便宜。

在 20 世纪 50 年代，尽管还尚未转换成客观的需要，各地对医疗护理
489 的主观需求还是有了很大的增加，在那些可以免费获得护理的国家更是如此。但真正促使病房和门诊医护人员数量迅速增长的原因还是专业化。正是因为专业化，所有国家都迫切需要更多的医生、更多的护士和更多的保健人员。每一个新的专业部门不仅需要高级、初级的医生和护士，还需要更多的物理学家、化学家、技术员、理疗师和社会医务工作者。为了对这种扩张实施监管，还需要更多的管理人员，以及随之而来的清洁工、看门人和餐饮服务人员。

然而 20 世纪 50 年代，在医院外的社区提供卫生保健的人员数量和类别没什么变化。在荷兰和英国等一些国家，还是一如既往地在很大程度上依靠全科医生、牙医、地区护士和助产士，并不鼓励直接向专家求助。另一方面，如在苏联，人们还是更多地信赖未曾接受高等专业培训的中级医务人员。[5] 直到 20 世纪七八十年代，初级卫生保健才需要各种接受过专业教育的专门人才，他们虽然每个人都能独立完成特定的操作，但是还要作为一个团队一起工作。在大多数国家，类型各异的医护专业人员应运而生，包括最终接受医护培训并获得授权的药剂师和救生人员。

提供医疗保健的模式发生了变化，其部分原因是成本的增加，更多的是要适应不断变化的医学上的要求。各个专业部门在一个机构内组合在一起，这不仅是为了共享昂贵的辅助性服务，也是因为通常疾病或者事故会影响身体的很多部分，对老年人来说更是如此。在设计周全的健康服务体系中，医院拥有的专业范围要足够大，专家小组的执业领域要足够广阔，以维护医院应对疾病的能力。一个在 20 世纪 70 年代接受过各种专业培训的医生，如果他不经常实践并拥有足够的助手，到了 80 年代在农村社区他都会无法提供高质量的医疗服务。20 世纪后 25 年中，每隔 10 年，大多

⑤ Ministry of Health of the USSR, ‘The Training and Utilisation of Feldshers in the USSR’, *WHO Public Health Papers*, 56(1974), 7-52.

数国家医院的数量都在逐渐减少，规模在不断扩大。规模不是体现在床位的数量上，而是体现在科室的范围、门诊的数量和设施等方面。同时每隔10年，社区服务的范围就会更加多样，其中主要包括护士和其他类别的非专业医学人才。

20世纪90年代初期，提供医疗保健的方式与50年前一些西欧国家的 490
理想模式已经大为不同。当时一个家庭医生就可以满足大约2000人的迫切需要，当地社区也都有自己全面的医疗服务体系。而现在将医疗资源向少数中心集中、通过非合格专业人员向周边地区提供服务的新模式，与20世纪前半叶苏联和西欧帝国殖民地采取的方式相类似。

在1945年之后的大部分时期内，英国在健康保健方面的开支占财富的比例比许多国家都要少。1949—1950年，英国政府在国民健康保险制度上的纯支出为4.46亿英镑，占国民生产总值的3.5%。在接下来的45年（1994—1995年），英国政府在国民健康制度上的纯支出占国民生产总值的比例增长到5.7%，达到400亿英镑。20世纪90年代，全科医生开出的药物花费占初级治疗费用的比例略低于50%。任何两个欧洲国家的比例都是不同的，政府（国家或地方）、私人健康保险和慈善机构分担的份额也是不同的。但是从整个欧洲来看，中央政府发挥的作用越来越大，这不仅体现在财政支持上，也体现在医疗服务的规划和管理上。然而，任何地方只靠公共基金不可能满足所有人的所有需要，而且所有地方都同时提供公共和私人医疗护理。

半个世纪以来，所有国家和地方对医疗服务的主观需要一直持续增长，而且几乎可以肯定的是，在一些国家这种主观需要已经超越了合理的界限。⑥ 对乳腺癌或宫颈癌这种前期没有症状的疾病的筛查，会引出此前未被发觉的医疗服务需求。而应该到牙科就诊的病人人数超过了主观上有就诊需求的病人人数，个体需求和社区整体福利之间越来越频繁的冲突，

⑥ J. S. Bulman, N. D. Richards, G. S. Slack and A. J. Willcocks, *Demand and Need for Dental Care* (London, 1968).

迫切需要在国家优先发展上做出选择。

毫不意外的是，许多评论家质疑医学发展的方式，这种质疑在20世纪70年代达到高潮。支持“非主流医学”的人认为，医生虽在政策制定的过程中占据主导地位，但所起的作用弊大于利。[7] 另一派观点认为，人们对医学在改善健康上所做的贡献评价过高，因此对未来有不切实际的期望，而实际上营养所起的作用更大。[8] 其他人认为，由于科学方法在健康
491 管理中没有得到很好的运用，医疗服务效率低下，花费成本高，超过了合理的限度，[9] 例如在医学实验过程中没有采用随机对照实验等设计方法，[10] 因此有必要对这种状况进行“审计”。

医学教育对背景变化的适应

1977年，世界卫生组织呼吁“到2000年人人享有健康”，重新定义医学宗旨，着重强调基层医疗保健。[11] 实际上，自1945年以来，基层医疗机构建设已取得实质性进展。然而，深思熟虑的教育改革往往较少出现，支持者与反对者时常旗鼓相当。

二战期间，大量医学院校已损坏、摧毁或被迫关闭，许多学校不得不改变课程以应战时之需，从而维持学校运作。敌对状态一结束，大多数国家便立即采取措施，把教育恢复至战前状态。到20世纪40年代末，欧洲医学教育大部分已恢复至战前水平。但是一些国家，尤其是西德，由于缺少大学教师，恢复医学教育的步伐缓慢。东欧大多数国家在解放不久，便接受了共产主义政权实行的新型的政策安排，大多数情况下与苏联的情况

⑦ I. Illich, *Medical Nemesis: The Expropriation of Health* (London, 1974).

⑧ T. McKeown, *The Role of Medicine: Dream, Mirage or Nemesis?* (London, 1976).

⑨ A. L. Cochrane, *Effectiveness and Efficiency: Random Reflections on Health Services* (London, 1972).

⑩ C. Alvarez-Dardet and M. T. Ring, ‘Thomas McKeown and Archibald Cochrane: A Journey through the Diffusion of their Ideas’, *British Medical Journal*, 306 (8 May 1993), 1252-1254.

⑪ World Health Organization, Alma-Ata, 1977.

类似。

除苏联以外，其他所有国家都在医学院校制订课程规划（有的包括实习，有的没有实习），培养全科医师，其中一些人之后可以通过深造和积累经验成为专科医师。这些课程分为两种，其中最主要的一种是仿照德国系统，实现大学教学与研究的一体化，教学通过讲座与示范进行。虽然一些院校会推荐一门特殊的课程，但学生仍可在很大的程度上自由决定学习计划以完成学期课程进度。行医执照要通过国家级考试获得。这种课程最初的目的是培养学生掌握科学方法，但由于在本质上偏于理论，没有达到预定目标并因此受到越来越多的指责。[12] 临床实践多数情况下仅限一年的 492
实习，1939 年德国将其扩展后增加了三个月的农村督导实习。[13]

在战后初期的法国和英国，医院对医学院的影响超过来自大学的影响。法国一些所谓的“中等”医学院和大学毫无关联。苏格兰的 4 所古老医学院的影响很大，但伦敦的 12 所医学院与伦敦大学之间的联系在很多方面只是名义上的，没有实际的内容。所有法国和英国的医学院都注重临床实践。

在法国，六年制医学课程的最后一年包括在临床部门进行的强制性实习，但学生的主要实践机会仍依赖于院内实习和院外实习系统。参加院外实习的学生通过医院当局组织的选拔考试后，要在医院以助手的身份实习三个月，此后才有资格参加竞争时间更长的院内实习机会。这种可以住在医院的实习机会只有八分之一的学生才能够获得。[14]

虽然英国伦敦医学院校的学生在来病房之前必须经过短期基础医学的

---

[12] R. Dahrendorf, 'Traditionen der deutschen Universität', in P. Kipphof (ed.), *Hochschulführe* (Hamburg, 1965).

[13] H. H. Simmer, 'Principles and Problems of Medical Undergraduate Education in Germany during the 19th and Early 20th Centuries', in C. D. O'Malley (ed.), *The History of Medical Education* (Berkeley, 1970), 173-200.

[14] C. Coury, 'The Teaching of Medicine in France from the Beginning of the Seventeenth Century', in O'Malley, *History* (note 13), 121-172.

专业学习而被称为“有知识的学徒”，但他们一直被视为学徒而不是大学生。[15] 虽然在 1950 年英国并不要求学生实习，但是战后教学重点仍在于临床教学和临床实习。在苏格兰，课堂教学是一项更为重要的教学方法。由于课程不够标准化，伦敦和苏格兰之间的差异也未能得到协调，英国地方医院院校的课程遭受了冲击。1939 年之前，斯堪的纳维亚[16]与荷兰的大学仿照德国的模式，增加了临床实习的数量，现在正进一步积极扩展。

总之，不论伦敦、乌普萨拉或莱顿等地有学生小组参加的临床教学，还是博洛尼亚、爱丁堡、柏林或巴黎等地权威的、面向众多学生的封闭性讲座，战后初期欧洲各地的教学仍旧以说教性为主，弥漫着教条主义和独裁主义。课程最少为 5 年，更常见的是 6 年，但许多学生花了更长时间。
493 毕业之时，大多数人都已接受完程序化培训，能识别（主要借助身体检查）当时常见的病症并按既定的方式进行处理；当诊断只是通过病症识别且治疗方法变化缓慢时，人们通常认为这种培训可以为医疗实践提供足够的准备。20 世纪 40 年代末，通过政府和大学的考试实施的认证制度（英国的许多学生通过专业机构的考试取得认证资格）开始推行，大部分新注册的医师能够像战前的前辈一样在（医生或病人）家里、私人疗养院或者小型医院提供大部分当时医疗水平所允许的医疗服务。

然而，战后医学的发展很快就使得从患者那里获得信息（通过借鉴病历或体检）这一基础临床技能变得尤为重要并难以掌握。诊断更多依赖于全面而准确的病史资料，其中包括高度隐私的个人信息。即使在欧洲这类没有任何语言障碍的多民族社区中，个人隐私也是很难掌握的。无独有偶，20 世纪 50 年代开始，患者允许学生在自己身上练习临床技能的时间越来越少。虽然慢性疾病增加，急性疾病减少，医疗与社会经济的进步却使得患者的住院时间不断缩短。那些去往急诊、门诊和全科诊所看病的人，看病结束后更愿意赶紧回家而不是耽误时间忍受学生慢腾腾的、在学

---

[15] A. Flexner, *Medical Education: A Comparative Study* (New York, 1925).

[16] W. Kock, 'Medical Education in Scandinavia since 1600', in O'Malley, *History* (note 13).

生看来不可或缺的询问。

这些改变对德国医学教育（及其他所有因为年入学规模而不能对学生实习实施有效指导的医学院校）模式的影响主要体现在实习期间。从大学课程中不难发现，即使急症患者人数不断下降，为大班学生举办讲座和演示仍需少量患者的配合，这便于学生形象地了解疾病诊断和治疗。医学教育环境的改变对于临床技能的掌握并没有在短时间内就产生巨大而明显的影响。

医学实践的改变对那些着重临床教学和临床实践的医学院校的直接影响更大。在英国，这些影响直接而深刻，英国学生的学习内容更多是由在病房所能见到的疾病类型决定而不是由讲座和示范决定。练习基本的诊断方法、实施诊断、进行小型手术操作的机会减少了。不仅如此，随着1948年英国国民医疗保健制度的出台，在慈善医院一度由学生参与医疗护理这类天经地义的事情，在国家接手医院后反倒被认为是不恰当的。

英国的许多医生仍然认为传统的学徒模式对于英国的医学教育是必要 494
并且可行的。尽管医学教育更加专业化，疾病形式也不断改变，他们仍旧努力维持这一学徒模式，可在20世纪50年代这一传统还是被逐步蚕食。至20世纪60年代中期对英国所有毕业的学生进行的问卷调查显示，[17] 学生更多地变成了旁观者而不是医疗服务的提供者。到学期结束时学生执行的腰椎穿刺平均数量为1.1次，75％的学生从未给人洗过胃，只有33％的人认为自己曾经在制订患者重要的治疗方案的过程中发挥过作用（最后一组的大部分人的假期都在美国医院实习，而这些医院甚至都难以吸引当地医生）。与此同时，由于人们长期相信学生必须从非专业病房中的急症病人身上学习，导致学生向数量不断增加的、范围广泛的地区医院分散，医学院的师资队伍因此大量扩充（专业化已使教师队伍扩充）。不同国家的医学院的类型不同，其临床培训受不断变化的医学实践的影响也不同，但

[17] *Survey of Medical Students in 1966*. Summary report by the Association for the Study of Medical Education and the National Foundation for Educational Research. *Report of the Royal Commission*（注释 4），Appendix 19.

是这些学院受医学知识和专业化发展影响的方式和速度都大致相同。教学大纲中必须包含新资料和新科目，同时旧科目也在努力保有一席之地。课程安排迅速变得更加拥挤不堪、支离破碎，学生失去了自我掌控学习步伐的自由。

在大多数国家，医学课程仍然至少为5到6年的时间（随后是实习）。增加学习时间变得愈加困难，尤其当补助金只够支付最短学习时间的学费和生活费时更是如此。个别教师甚至个别系科试图修改教学大纲，减少学生死记硬背的负担。但20世纪50年代由学院、学校、中央政府认证部门控制的考试，可以轻易地使这种努力遭受挫折。不同国家的具体情况存在很大的差异。20世纪50年代，瑞典每个学生都要接受所有科目的教授亲自实施的测试，但测试的时间由学生决定。在丹麦，教授的问讯还需两名当地医师在场监督，医师可以向教授建议对学生进行附加问题的测试，但他们本身不可亲自发问。然而在许多国家，国家证书考试由官方制定。它们从服务公共安全的宗旨出发，考试更多地关注医学实践中已有的那些普通的、重要的内容，而不是把那些在将来有可能流行和重要的内容作为重点。当认证系统采用大学或专业机构组织的考试时，考试的结果也就只有
495 通过或没有通过两种形式，英国就是如此。即便在1953年学生必须参加的为期一年“预注册”培训或实习，起决定作用的还是人们对医生应该具备的知识或者操作能力的主观看法，而不是一个在监督下的执业实习生的实际需要。

医学教育改革

医疗实践和社会的变化对医学教育的直接影响势不可挡，医生再也不可能通过学校在6—7年之内培养出来。到20世纪50年代，人们普遍认为未来没有人能够掌握所有的医学知识。同样，获得医学的基础知识，了解人的正常情况和异常情况的起因与后果，掌握基础临床技能，这些对于所有医生来说都是必需的和可行的。除此之外，每名学生都必须掌握当前

医学实践中某一特定分支的详细知识和相关从业技能。这些分支可以是身体的某个系统（如神经学）、某个特定的年龄群体（如新生儿儿科）或者特定范围的保健（如初级卫生保健）。

为保证安全有效，所有的医生必须采用科学的、人道主义的方式，尽可能精确地测量每位患者的病患的所有方面。他们要像科学家一样思考，但要在仍然缺乏足够证据、没有绝对把握的情况下做出决定，采取行动。医生要把他们专业生活和工作中每一细节方面的变化看作常态。[18] 他们肯定会碰到疾病识别诊断模式无法解决的临床问题，面对培训过程中没有涉及的新情况，陷入新的、全然陌生的道德困境。

未来，除某些狭窄的专业之外，医学领域将发生全面的进步。那些在这种不断变化的环境中无法保持某种程度的平常心而不能正常工作的医生，很可能要面对很多不确定性。他们不是要被迫将自己的越来越多的患者转交给其他医生，就是转变成不懂医学的技工。这些技工只能开展有限的治疗，他们虽然从不间歇地学习全面的知识，可到头来还是注定一无所成。[19] 另一方面，那些具有独立思考、推理能力的人能够和愿意利用好继续教育的机会。

在本科课程中未被囊括的教育策略和方法将会促进继续教育的发展。 496
研究生阶段的培训具有继续教育的性质，不可避免地要产生培训与教学的冲突、安排学生完全按照指令去行事与鼓励学生质疑指令之间的矛盾。在安排课程时要尽量减少这种矛盾和冲突。在医学教育中，尽最大可能使职业培训由大学本科阶段向后续阶段转变是有必要和有意义的，大量在医疗实践中仍然有用的知识的教学将向后推迟。

因此从逻辑上讲，本科教育不再试图提供全科医生的相关知识和技能，医生的准备期会经历三个阶段。所有的医学学生都要参加实习，这不仅是为了职业培训，也为了学习许多学科（比如治疗学、社会医学和伦理

---

[18] *Report of the Royal Commission*（note 4）.

[19] E. E. Boesch，'Psychological Basis for the Education of the Physician'，in *Preparation of the Physician for General Practice*，WHO Public Health Papers，20（Geneva，1963）.

学）的实际知识和技能。若没有积极参与护理病患的经验，学生很难理解这些内容。每名医学学生都需要进行毕业后的在职培训并因此具备特定医学分支的相关知识技能，学习如何在多学科团队中协作并参与管理。为了跟上本职工作领域的发展步伐并留意其他领域的变化，所有的医生都需要参加继续教育。个人利用继续教育的能力有赖于初始阶段的大学课程的成功，反过来这种成功也与提供足够数量的第二、第三阶段的培训密切相关。

如果大学课程不能够使医生自学并评估医学的新发展，那就只能向他们提供定期的、必须参加的再培训，除此之外别无他途。只要医学教育依赖政府的资金投入，就不可避免要就下列问题做出公共决策：医学领域应该保留哪些分支学科，每个分支学科的职能，履行这些职能所需的学生的数量，等等。在一个相对狭窄的范围内界定一个专业的职能并非难事，更新这种职能主要指的是要与本专业的发展保持同步。然而，界定一个全科医生的职能绝非易事，政府应该就此在医学教育中发挥更大的作用。

1945年，苏联与其他国家的情况完全不同，当时苏联政府已经确定了医学教育的目标以及相关政策。1930年苏联医学院与大学和学术研究
497 机构分离，由卫生部直接管辖。1934年医学院（更名为医学研究院）被分成三部分，分别培养全科医生、儿科医生和国家卫生官员。所有学生都要参加第一部分的课程。这个以基础职业培训为主的阶段过后，学生必须参加针对成人、儿童护理和公共卫生工作量身定做的“后基础”培训，一些学生还有机会参加其他专业分支的继续培训机会。

尽管偶尔也会调整以配合政府关于医疗护理的决策，但40多年来这种医疗培训模式并无显著改变。不过，1958年政府制定了相关政策，要求医学教育中要注意传授科学的认知方法、创造性的学习科学的方法、负责任的学习态度以及独立工作的能力。在此政策的影响之下，医学院虽未回到大学模式，但医学院的“科学圈子”在自愿的基础上建立起来，学生可以考虑并讨论医学的新发展并在此过程中练习外语。东欧的大多数其他国家虽然深受苏联医疗护理和培训模式的影响，但在大学中仍留有医学

系。直到 20 世纪 80 年代末，俄罗斯才开始考虑把医学研究院放回到大学里。

没有任何一个西方国家效仿苏联体制，与之相反它们都开始加强和提高大学在基础医疗教育方面的影响力。20 世纪 40 年代第一批实施政策改革的国家，是那些战前体制在不断变化的临床实践的直接影响下变革最迅速的国家，其中包括瑞典和英国。这些学校依赖于学生的临床实践经历，对这些直接影响非常敏感。这种特点也造成了这些国家的医学院（瑞典 3 所、英国 30 所）规模较小，需限制录取人数。两国都寻求大学课程改革，增加本专业内普通教育的时长。至 20 世纪 60 年代，两国共同意识到有必要为医生提供第三阶段的研究生教育性质的培训。各自不同的发展速度反映了多种因素的影响，这些因素对变革有的起积极作用，也有的起消极作用。

1948 年，在年轻医生的鼓动下，瑞典成立了一个医学教育皇家委员会。1953 年该委员会提交了报告，报告所提的 15 条建议于 1954 年被政府采纳。1955 年医学院系开始实施全新的本科生课程计划，该课程计划以“未来研究生阶段的学习只为成为一名医生”为唯一目标。各专业内研究生阶段的培训组织随之出现，到了 1967 年，在整个医学领域参加研究生阶段的培训成为一种强制性的规定。这种快速发展得益于这样的事实—— 498
在瑞典，医学教育始终以大学为基础，政府在咨询少量大学的基础上对高等教育实施集中管理。从 1960 年起，研究生阶段的培训隶属于单一的官方机构——国家卫生局的管理。所有这些都对医学教育领域所取得的进步大有裨益。

在英国伦敦，慈善医院的董事们拥有并管理医学院，全国半数以上的医学学生在这里接受全部或部分培训。在制订国家医疗服务规划的过程中，为了综合考虑该规划对医学教育的影响，成立了一个跨部门的委员会。该委员会 1944 年提交的报告（古迪纳夫报告）建议，医学院应该成为大学的必要组成部分，大学为医学院配备的教师人数应该大幅度增加。[20] 每所大学都应根据自身的性质和标准开设本科课程，为学生提供“广博文雅”的大学教育。随后要有为期一年的实习和作为专科医师所必需的、程度更高的研究生阶段的培训。每所医学院都应与一组医院和诊所相联系，但在财务上是独立的。

该委员会警告称，国民健康服务标准依赖于医学教育和研究的质量，反过来医学教育与研究的质量又依赖于政府资金的大量投入。该委员会建议，作为“缩短必不可少的教育改革的启动与完成之间的时间间隔”的手段，“迫切需要建立数量足够的师资队伍，优先给予所需的物力和人力，开设研究生课程”。1944 年，这份报告并未引起专业人士或公众的注意，人人都忙于战争，但它并未被世人遗忘。1948 年起，随着那些不附属于大学的医学院被关闭，该报告开始得到贯彻。此后，通过大学拨款委员会附属的医学委员会，政府向那些愿意接受更多大学任命的教师的医学院提供充足资金，报告的建议得到进一步的落实。

大学对英国医学院的影响与日俱增，整个 20 世纪 50 年代，医学院全职教职工人数由 1938/1939 年的 432 人上升到 1961/1962 年的 2163 人。[21] 1953 年引进了强制性的为期一年的实习期制。1957 年英国医学总会放弃了之前推荐详细的最短课程的政策，并且督促医学院系要“少授课，多教
499 育”，使它们注意到所享有的进行不同课程与教法实验的权利与义务。同年，为了收集和传播医学教育信息，推动与开展相关的研究，成立了医学教育研究协会，出版了《英国医学教育杂志》，大学开始引进新课程。[22] 20 世纪 60 年代，重建国家医学院的计划启动（约为之前规模的两倍），三所新学院也开始兴建。因为大部分现有学院缺乏大学教育设施，该计划采

---

[20] *Report of the Interdepartmental Committee on Medical Schools*(*Goodenough Report*)(London,1944).

[21] University Grants Committee,*University Development 1957-1962*(London,1964).

[22] P. O. Williams and V. M. J. Rowe,*Undergraduate Medical Curricula*:*Changes in Britain*(London,1963).

用了现代化与规模扩张有机结合的政策。

20 世纪 50 年代初期，一项新的培训计划推出，全科医生可以有选择地参加。根据该计划，全科医生在获准执业的领域担任为期一年的实习助理后，可以参加研究生阶段的培训。伦敦大学设立了英国研究生医学联合会，下设 14 所专业机构和伦敦研究生医学院。联合会在所有专业都开设课程。1961/1962 年联合会为 3800 名学生提供研究生教育，其中有 2500 人来自以英联邦国家为主的其他国家。[23]

在英国和爱尔兰，专科医师开始私人行医之前，并不被要求必须注册参加专业性质的研究生教育阶段的培训。但是长期以来，要成为医院任命的专科医师，需有在大医院担任多年在职助理的经验，并通过皇家内、外科学院组织的考试。皇家内、外科学院是传统的、具有悠久历史的机构。

随着国民医疗保健制度的引进，医院初级职位大量增加，为英国那些要成为专科医生的年轻毕业生获得进一步的经验提供了机会，这种情况在世界上其他任何地方同样存在。然而这些职位并不是为培训设计的，工作条件也很艰苦。当政府强行限制专科医生的任职人数不断上涨后，许多毕业生选择移民，尤其是移民到美国，就不足为奇了。在美国，住院医师培训计划为受训者提供获得认证所需的一切。他们离开英国又促进了别国的学生到英国学习并毕业，这些学生主要来自较为贫穷的独立不久的国家，曾在当地匆匆建立的、规模过大的、教职工队伍人手不足的医学院校就读。在输出学生的国家，所有拥有英国高等学历的学生，即便只学过一点理论课程都会被认可为专科医师。1962—1967 年，每年有 800 名英国本土出生的医学毕业生离开英国，其中只有 400 人后来又回到英国。[24] 然而，500
英国的所得多于所失。1967 年，英国从事医疗工作的人中包括 2050 位非英国的医生和 1810 名英国本地的医学专业毕业生。尽管 1959—1969 年英国医学院年新生入学人数增长了一倍，从 1500 人左右增加到 3000 人左

[23] University Grants Committee, *University Development 1962-1967* (London, 1968).

[24] O. Gish, 'British Doctor Migration 1962-1967', *British Journal of Medical Education*, 4(1970).

右，但1969年在英国国家医疗服务系统就职的医生中，还是有几乎25%的人在国外出生且在国外接受大部分教育。[25]

由于人口流动对国家有利，在20世纪50年代和60年代政府没有采取任何举措改善专科医生的研究生阶段培训，既没有确定其内容或周期，也没有批准培训岗位或设立培训计划。英国医疗领域教育培训的完成一直以在英国国家医疗服务体系被任命为“高级顾问医生”（专科医生）为标志，而不是完成规定时间的学徒生涯或者是通过考试。然而，在20世纪60年代初，中等医院的工作条件得到了改善，医生可以获准参加短期进修，所有医生有必要参加继续教育。为了提供继续教育，英国成立了300个研究生医学教育中心（拥有图书馆、演讲厅、自修室和办公室）。该机构的资金部分来自基金会，部分来自公开募捐，还有一部分是卫生部提供的。

1965年，为了更好地针对组织研究生阶段的实习、满足社会对医生的大量需求、实现大学医学院的合理化等提出建议，英国成立了皇家医学教育委员会。在1968年提交的报告中，该委员会建议继续执行1944年委员会制定的政策，即医疗教育包括更具灵活性的本科阶段教育（除基础知识和技能外还提供选修课程），面向全科医生、专科医生和社区普通医师的普通专业培训阶段和研究生层次的培训，随后是继续教育阶段。该委员会还就研究生阶段培训的组织方法提出建议，如设立注册员告知公众医生在哪个医学领域参加过培训。此外，该委员会还建议重新组合伦敦的27所医学教育机构（包括12所本科学院和15所研究生教育机构）使之成为6大中心，每个中心与综合大学学院合作。

组织专科医生参加研究生阶段培训的工作随即展开，其中包括确定每门课程的内容、设计与在职岗位相联系的培训方案。在英国国家医疗服务体系被任命为高级顾问医生标志着培训阶段的完成。全科医生参加培训之

---

[25] O. Gish, ‘Medical Education and the Brain Drain’, *British Journal of Medical Education*, 3(1969).

后，对下一代医生的培训也大有裨益。医疗专业领域对全科医生参加研究 501
生阶段培训的敌视态度逐渐消减，继续教育的范围不断扩大。

然而直到 1978 年，那些希望在全科诊疗部门中成为负责人的人员参加研究生阶段的职业培训才成为强制性的要求。直到 1983 年，英国医学总会才承担起制定医学教育所有阶段的标准的责任。但是在十年以后，当英国医学总会提出实施新的课程体系，实现以基础知识与技能为核心的必修课程与着眼智力发展的选修课程相结合时，伦敦的大学医学院系抵制这个方案，该委员会在 1979 年和 1992 年的报告中对这个方案的极力推动收效甚微。因此，英国花费了近 50 年的时间所完成的改革，在瑞典不到 20 年的时间就完成了。在 20 世纪 60 年代，瑞典医生的数量增加了一倍。

20 世纪 60 年代人们在说起英国时普遍认为，世界上没有哪个国家发表过如此之多的充满智慧的报告，更没有哪个国家发表报告之后采取的措施如此之少。事实上英国医学教育领域的进步还是很明显的，改革过程中毕竟存在着许多困难。其中包括大学缺乏附属医院，许多临床教师（特别是在伦敦）强烈反对增加教职工人数，医院组织系统内包括与高级职员数量相当的享有自治权的医师（主要为 NHS 任命的部分兼职临床医师），包括位于伦敦、爱丁堡和格拉斯哥的皇家医学院在内的大量认证机构、研究生阶段的培训过程中与大学及 NHS 有密切关系的、数量更多的专业学院和协会。英国的年轻医生到那些提供优质研究生教育的国家去留学，在改革的过程中发挥过巨大的推动作用。然而，随着同等规模的来自其他国家的学生参加英国的文凭考试后愿意到英国的医院工作，这种推动作用在某种程度上就被削弱了。并且，全科医生并不是国家医疗服务体系的带薪雇员，他们与国家医疗服务体系之间一直保持着独立的关系。按照最初的设想，全科医生可以获得带薪雇员的身份，但这一设想遭到了英国医学总会的抵制。根据与国家医疗服务体系签订的合同，全科医生要提供与 1911 年国家保险法实施后投保的劳动者所能得到的全部医疗服务同等的医疗服务。

与英国相对缓慢的发展模式相比，瑞典的发展要迅速一些。此后，挪威、丹麦、芬兰和爱尔兰也实施了类似的发展方针，这些国家之间的一致性促进了医生之间的相互流动。在荷兰，由于国家认证资格考试的缺失以及政府对于大学未加以严密控制，医学院系，特别是像鹿特丹大学的医学院，可以非常自由地决定本院的课程。1968年，因为全科医生在医疗系
502 统中占有的强势地位，即将成为全科医生的学生可以选择参加1年的职业培训，基础课程的时间因此从7年减少到了6年。[26] 至1974年，全科医生都必须参加研究生阶段的培训，1987年培训的时间延长到2年，1993年延长到3年。

法国医学教育改革的思考和酝酿始于20世纪40年代，当时实行的还是大学医学院系与“中等医学院”混合的模式。[27] 大学教师由中央政府任命，其中的很多人缺乏临床和研究的能力。巴黎大学医学院拥有21所可供教学用的市级医院，但在任命医院的员工时大学仍然没有发言权，而大部分临床教学都是由在医院工作的专业人员提供的。这个问题不但与英国完全一致，还因为缺乏“入学名额限制”而更加复杂。没有严密设计的课程教学，就在挤满了学生的病房中从临床研究开始了。在这样的条件下，人们普遍认为必须对医学院系进行彻底重建。重建方案是通过罗伯特·德伯雷教授提出的“德伯雷改革”实施的。这位教授的儿子是法国总理[1]后任财政部长。

1956年，法国成立了不同部级单位参加的委员会，德伯雷教授任主席。1958年该委员会建议建立新的医学教学中心。在这个中心，大学和医院要能更紧密地结合在一起，所有科目的大学教师要全职任教，并且实现教学、临床、科学研究之间的有机结合。这项改革启动之初，课程也进

㉖ P. A. J. Bouhuijs et al.,'The Rijksuniversiteit Limburg, Maastricht, Netherlands: Development of Medical Education', in F. M. Katz and T. Fülöp (eds.), *Personnel for Health Care*, WHO Public Health Papers, 70 (Geneva, 1978); J. C. van Es, 'Clinical Teaching in General Practice', in H. Beukers and J. Moll (eds.), *Clinical Teaching, Past and Present*, Clio Medica (Acta Academiae Internationalis Historiae Medicinae), 21 (1989).

㉗ Coury, 'Teaching' (note 14).

❶ 即米歇尔·德伯雷，1958—1962年任法兰西第五共和国首任总理。

行了修订。此后，为了实现学生人数与临床设施之间的协调，只有参加并通过考试的学生才能进入第二年的学习，校外实习和校内实习的制度也得到了延伸。然而，由于需要投入大量资金，这项改革的步伐逐渐放缓，导致了社会上对于医科学生、助理、总住院医师以及研究人员所发挥的作用越来越多的不满，反过来造成了 1968 年 5 月戏剧性事件的发生。[28] 当时，在大学课程中居于顶尖地位的是可获得认证资质的博士学位课程。从这种课程的角度来看，法国医学教育的改革与英国相比所取得的进步相对较小。

然而，研究生阶段的培养与上述状况不同。要获得专业学习的证书，必须参加三年以上的教学活动并通过理论和实践考试。实施研究生阶段教 503
学的不仅有大学，还有由国家科研中心、国家卫生和医疗研究中心控制并支持的官方机构。由于当时对专科医生的数量没有控制，选择专攻某一专业的本科毕业生数量迅速增加。1967 年，仅巴黎的医学院就有 5300 名研究生注册。

在医学院仿照战前德国模式、较少受到医学领域最新变化直接影响的欧洲其他地区，20 世纪 50 年代社会对迅速改革医学教育并使其适应环境变化的迫切需求并不明显。当然也存在着阻碍变革的因素，如战后医学院校和医院的现状以及中央政府对它们集中控制的程度，保持大规模医学院系的倾向，在由中央政府任命的无退休限制的教授领导下的强大的自治性专业机构的传统、中央政府控制的国家认证考试机构、国家经济状况以及国家对资助医学教育的重视程度等。在比利时等国家，种族差异进一步增加了改革的难度。[29]

要求变革的压力主要有三个来源：教师、学生、新毕业生。而最高级

---

[28] C. Escoffier-Lambiotte, 'Review and Analysis of Medical Education in France', in J. R. Krevans and P. G. Cunliffe (eds.), *Reform of Medical Education: The Effect of Student Unrest* (Washington, D. C., 1970).

[29] J. E. Dumont, 'The Example of the University of Brussels', in Krevans and Cunliffe, *Reform* (note 28).

别和最有影响的教师往往希望维持现状，然而一些资历较浅的教师（包括临床医师和研究人员）则急于看到改革。不过，这些教师对于因公开批评现状给他们带来的升职方面的风险并没有做好应对的准备。那些原本希望讨论变革的团体，有时会认为最好秘密会面。来自希腊等许多国家的教师，成为伦敦医学教育研究协会的成员。当他们出席该协会的会议时，在自己的国家不会被人注意到。

在西德，联邦法律规定授予医学博士的标准和医师的从业资格，当然从业标准需要州委员会的认可。20 世纪 50 年代，在联邦内 10 个不同的州中的任何一个州建造新的大学建筑，都比修改相关联邦法案的条款要容易。一个部长级委员会除了把实习时间延长至 2 年之外，推行的其他改革相对较少。联邦研究理事会提出了许多改善措施，但重大的改革是从建立新大学和在这些大学之中的乌尔姆大学建立医学院开始的。改革的策划始于 1954 年，1969 年开始进行临床教学，研究生教学更早一些。与课程相比，那些规划新医学院的老师，更关注的是组织管理——探索组织管理系
504 统和系级结构的模式，以促进学科间的交叉教学与研究，实现人们长期以来一直期望的教学与研究之间的有机结合，促使学生掌握科学方法。[30]

20 世纪 60 年代后期，学生的抗议是大部分西欧国家医学教育改革的第二大动力。由于已经采取了改革医学教育的举措，英国医学专业学生的抗议最少。在其他地方，医学专业的学生普遍拥有年轻人特有的对权威的对抗心理。他们要花费许多年的时间为一个要为别人承担很大责任的职业做准备，但却被要求只管闷头读书而不要过问其他任何事情。面对这样的现状，不同国家的学生所体会到的挫败感各不相同。至少在这种漫长准备过程的早期，他们很难看到自己按要求应该学习的东西有什么现实意义。许多人选择医学专业可能并不是出于对于科学的兴趣。不管是否出于利他主义，他们很容易被穷人和富人之间在享有的医疗服务方面越来越深的鸿

[30] E. F. Pfeiffer, 'Organisation of New Medical Schools', in Krevans and Cunliffe, *Reform* (note 28).

沟所触动。同时他们中大多数人也会意识到，在教学医院中能见到的疾病类型不再能够反映外面世界的真实情况。[31]

学生们认为，如果课程中少一些“科学”的内容，就会给患者提供更多的“他们真正需要的东西”。不仅如此，在20世纪60年代他们还能够外出旅行，到其他地方去了解当地的医疗保健或医疗教育。虽然对国外的教育难以评估，但他们还是希望国外的做法在国内能够被采用。[32] 然而就一般而言，在学生抗议达到高峰的1968年，医学专业的学生除了要参与改革进程之外，远未清楚他们到底想要什么样的改革。在巴黎，要求变革的呼声最为响亮。可就是在这里，“尽管学院铜门之外灭火弹和催泪弹的响声震耳欲聋，学生还是能够沉着冷静地集中所有的想象力，在一张白纸上描绘未来的画卷，提出他们的建议和主张”[33]。他们自己认为他们赢得了胜利，因为临床实践在课程中所占的比例有了大幅的增加。

其他国家抗议的学生可能实现了他们希望在大学的决策过程中享有发言权的目标，不过实践证明，后续的医学专业的学生对于行使这一权利并不太热衷。具有讽刺意味的是，“入学名额限制”这项在医学教育改革中
具有重要意义的变革，竟在有些国家被学生视为对其民主权利的侵犯而遭 505
到反对。不过，欧洲国家还是通过各种形式对医学院校的招生进行了限制。20世纪60年代德国和荷兰率先实施了这种限制性的入学政策，90年代早期意大利也推广了同样的政策。对于那些不能在本国进入医学院校的学生来说，比利时成了接受他们这些外国学生最主要的国家。

毫无疑问，学生的抗议使人们注意到进行医学教育改革的必要性，但实践证明年轻医生对专业化矢志不移的追求更是一股强大的推动改革的力量。在这股力量的影响下，不仅研究生阶段的医学教育培训发生了改变，本科阶段的医学教育也产生了积极的变化。专业化进展的速度体现在瑞典相互独立的专业部门数量的增长上。瑞典1890年有10个这样的部门，

---

[31] J. R. Ellis, ‘Demands and Responses’, in Krevans and Cunliffe, *Reform* (note 28).

[32] J. R. Ellis, ‘Demands and Responses’, in Krevans and Cunliffe, *Reform* (note 28).

[33] Escoffier-Lambiotte, ‘Review’ (note 28).

1940 年有 332 个，1960 年增加至 778 个。[34] 虽然政府对高级顾问医生（专科医生）数量的增长实施了严格的控制，1949—1955 年间专科医生的数量还是从 3037 人增加至 4634 人，增长的幅度为 52.6%。[35] 在荷兰这样一个更加重视普通门诊的国家，在 1975 年的 20 200 名注册医生中，有 4800 人是全科医生，6600 人是专科医生，专科医生数量的增长速度超过了全科医生。[36] 至 1990 年，英国全部医生中全科医生所占的比例不足一半。

在大多数欧洲国家，大学授予高等医学学位。大多数情况下，论文是授予学位的条件，但有时通过考试后也可获得学位。在获得政府准许以专科医生的身份行医之前，为了取得某种形式的证书（如法国的“专业学习证书”），多数国家的学生要参加更高级阶段的课程教学并通过考试。根据医学领域的最新进展，每个专业培训的模式和内容要及时做出调整。不过，决定专科医生人数的因素更多的是市场的影响，而不是政府的医疗卫生服务机构。在政府对移民进行控制的情况下，研究生阶段的培训一定要满足市场的需求。

在 20 世纪 50 年代和 60 年代，越来越多的本科毕业生在大学、独立的医学研究生院或专业机构参加研究生课程的学习。他们获得专科医生任职资格的条件不一而足，有的只要通过理论考试即可，有的只要在英国政府的医院担任一段时间的实习生，大多数人介于两者之间（既要参加考试也要实习）。然而，在 20 世纪七八十年代整个西欧日益认识到医学实践经验的重要性。即便如此，90 年代欧共体在解决成员国之间专科医生任职
506 资格的标准化问题时还是发现，要成为英国国家医疗服务系统的专科医生所需要的实际工作的时间，比起欧洲其他任何地方都要多出好多年，标准也各不相同。大致来说，毕业生未能成为全科医生不是因为培训不足，也不是其他可能的原因，而主要是因为在医院进行的本科教学中“过度的专

[34] H. Bergstrand, *Lakaekaren och provisiallakarevandet: Medicinal vasendet i Sverige* (Stockholm, 1963).

[35] C. Webster, *The Health Services since the War*, Vol. Ⅰ (London, 1988).

[36] Bouhuijs *et al.*, 'Rijksuniversiteit Limburg' (note 26).

业化”。

20 世纪 70 年代，一些国家建立了新型的“实验性”医学院。其中马德里自治大学的医学院于 1969 年成立，马斯特里赫特大学的医学院于 1974 年成立。1975 年，在安卡拉新建的海斯特普大学里的社区医学院，除预防医学课程和在乡村健康中心进行的为期两个月的住院实习外，还提供两个月的乡村社区医学领域的见习机会。1975 年，匈牙利佩奇医科大学新的课程规划设计完成，该大学以培养服务社区的全科医师为导向。所有这些学校都有入学人数方面的限制。佩奇医科大学每年接受 200 名新生。决定一个学生能否入学的因素既有他们在生物学和物理学中的成绩，也包括一些社会因素，如他们是来自产业工人家庭或农场劳动者的家庭。[37] 1969 年，挪威在北极圈以北的特罗姆瑟建立了一所新的医学院。在这里，社会因素在决定一个学生能否被录取时也具有决定性的影响。[38]

在 20 世纪 70 年代的欧洲，所有的医学院都面临一个共同的问题，即在本已拥挤的本科课程学习中挤出时间进行附加的教育活动或组织额外的培训，以满足当地个性化的需求或为学院服务社区的发展目标提供支持。为了在课程中给深入学习、研究项目和问题解决等教育活动腾出时间，很多医学院效仿美国西储大学于 20 世纪 50 年代率先采用的方法，即围绕器官系统实施课程重组。[39] 英国的一些医学院因此可以在五年的学习时间内腾出一年的时间来开展上述活动。与此同时，其他的医学院还是给尽可能多的学生做工作，劝他们再多投入一年的时间专攻某一学科以获得理学学士学位。

在那些没有能力或不愿为全科医生提供研究生阶段培训的国家，更普遍的是医学院会将实施课堂教学重组后节省下来的时间用于社区医学或其

---

[37] Katz and Fülöp, *Personnel* (note 26).

[38] L. Cerych and P. Sabatier, *Great Expectations and Mixed Performance: The Implementation of Higher Education Reforms in Europe* (Stoke-on-Trent, 1986), ch. 6.

[39] A. G. Swanson, ‘Medical Education in the USA and Canada’, in J. Walton et al. (eds.), *The Oxford Companion to Medicine*, Vol. Ⅰ (Oxford, 1986).

他医学临床领域的额外培训。人们更加清楚地意识到不同的学生有着不同
507 的目标和要求，于是诞生了在组合性的核心课程之后开设选修性课程的观念。在将教育过程尽可能多地与医学实践过程联系起来的强烈愿望的推动下，人们认识到综合性课堂教学应该围绕解决医学实践中的实际问题或从医过程中所需的能力，而不是围绕器官组织。[40]

与此同时，20 世纪七八十年代，教育技术的不断进步对医学教育具有重大意义。从磁带同步幻灯片到电脑辅助学习，这些自主学习的设备被学生自己普遍采用，学生因此可以在自己的时间内以自己的速度安排自己的学习。同样，通过使用闭路电视、单向屏幕和视频，再加上从使用模型到雇佣演员扮演病人等综合仿真技术，学生可以克服许多基本临床实践技能教学中遇到的困难。在 20 世纪 80 年代，所有这些都对医学教育发展成为独立的学科做出了贡献。在医学发展成为独立学科的同时，医学院建立了负责教育的部门，开设了面向医学专业的教师的教育课程（包括学位课程），对教学技术、学习方法、评估方法的研究也有了一定数量的增加。不幸的是，对新型医疗教育产品提供的服务的质量无法进行评估，可望而不可即。

医学教育的成本

在二战之前，医学教育在一些欧洲国家的费用一直很低。在英国，医学教育很大程度上成为慈善医院中病人护理的衍生品，大多数教师就是医院的工作人员。在那些依赖大学课堂教学的国家，医学教育的成本要高得多。1945 年以后，医学教育的成本迅速上升，在英国尤其如此。无处不在的专业化和技术的改进，需要更多的教师，大多数国家需要更多的科研设施。除基础医疗成本的上升（使得医学院成为大学中最昂贵的学院）之

---

[40] W. C. McGaghie, G. E. Miller, A. W. Sajid and T. V. Telder, *Competency-Based Curriculum Redevelopment in Medical Education*, WHO Public Health Paper, 68(Geneva, 1978).

外，还有在提供更多的、组织更为严密的研究生教育阶段和不久之后就会出现的继续教育阶段产生的成本。

然而20世纪50年代末期，在人们可以承受改革的成本之前，甚至在一些国家的改革开始之前，人们认识到尽可能快地增加医生数量是完全必要的事情。在没有实行入学名额限制政策的国家，在对医学教育的类型不做较大调整的前提下，增加医生的数量是很容易的事情。在法国巴黎， 508
1964年医学院共有学生7690名，医学预科阶段的学生4050名。1966年，医学院的学生9481名，预科阶段的学生4903人。这种增长的趋势一直在持续。1968—1978年，法国授予的医学博士学位人数从3000名增加至9000名。[41]

在医学院规模较小且实行入学限制政策的国家，增加医学专业的毕业生是比较困难和昂贵的。不过1960—1970年，瑞典和英国的毕业生数量都翻了一番。在瑞典，当时存在的3所医学院校的规模都有所扩大，并且又建立了3所新的医学院校。医学专业学生的总数从1960年的3316名增加到了1969年的6575名。[42] 英国开始实施当时所有医学院校的重建计划，一方面使它们为提供大学教育做好设备方面的准备，另一方面使新生入学人数在上一年度全国平均水平的基础上增加了大约一倍（120—160名）。[43] 英国在这段时间创建了1所新的医学院，20世纪70年代又增添了2所。1959—1969年英国全国新生入学的人数从1959年的1500名增加到了1969年的3000名。此外，英国不再招收来自挪威和南非等国家的学生。过去这些国家的学生到英国接受医学教育，然后回国。在英国及其他国家，扩充医学教育规模的需要不可避免地延缓了改革的进程。

战争结束后，虽然在医学院或研究生院从事科学研究的教师一直在筹集大量的资金，但在整个欧洲医学教育成本还是主要由政府支付。1982年成立于德国北莱茵-威斯特法伦的韦顿-赫德克大学，是一所独立于政府

[41] Coury, 'Teaching' (note 14).

[42] *Svenska utbiedningestatistic årsbok* (Stockholm, 1978).

[43] University Grants Committee, *University Development* (note 23).

并拥有医学院的私立大学，当然这只是一个极其罕见的个案。[44] 在成本不断上升和国家投入资金等因素的联合影响下，对国家层面上的医学教育与培训产生影响的政策应运而生，且数量不断增加。在战前，政策主要涉及颁发执业证书和保持专业水准的方法。随着时代的变化，下列事项逐渐被纳入政府决策的范围：

1. 国家需要的医生数量、种类，能够提供什么样的医生；

2. 医学教育和研究投入的资金数量；

3. 这些资金如何在全国分配；

509 4. 可用资源总额中有多大的比例用来优化今天的教育，为明天提供更好的卫生服务；

5. 医学院提供的和为了医学院的运行而提供的临床资源怎样与其他类型的国家、省、地区的卫生服务机构建立有机的联系；

6. 研究生教育怎样在国家范围内扩展，谁来负责组织研究生教育，提供必要的设施，确保每个研究生教育机构的培训圆满完成并保持一定的水准。

对于应由哪个部或哪几个部为医学教育提供资金，不同国家间的看法并不一致。在有些国家，卫生部通常既负责医疗工作，又负责各个阶段的医疗教育与培训。

苏联就是实行这种体制的国家。在苏联，所有医生的培训方案都严格按照医疗工作的需要，或（现在或将来）政府部门了解到的需要制订。考虑到教育是在为不断变化的未来做准备，这种体制往往并不能令人满意，在那些独立于大学或研究机构的医学院校更是如此。在其他大多数欧洲国家，教育部负有资助大学的职责，基础医学教育因此处于教育部财政拨款的范围之内。因为大学同时提供绝大部分研究生阶段的培训和继续教育，事实上这两种形式的医学教育也同样由教育部资助。20世纪80年代之前，

---

[44] R. Wedersheim, 'The First Private Medical Faculty in the Federal Republic of Germany', *Medical Teacher*, 11(1989).

荷兰的教育部负责资助教学医院和医学院所需的临床设施。另外一种体制是教育部负责资助大学，卫生部负责提供临床资源。

后一种体制可以克服教育部门对全国最复杂、费用最高的医院负责的弊端，但也带来了每一所大学的医学院每天都要与政府卫生服务部门打交道的困境。那些只关心当地医疗需要的地区或地方医疗主管部门，往往不情愿在为医学院服务全国的过程中提供必要的临床设施。国家医疗主管部门可以更好地把握医学院校应该发挥的整体作用，但往往脱离实际，忽视各地对医疗服务需求的差异性。[45]

一些欧洲国家努力使政府的财政资助不会限制学术自由。因此，在英
国，大学拨款委员会（主要由学术人员兼职组成，设有小型常设秘书处） 510
负责为政府评估大学的资金需求，并向大学分配由政府提供的资金。这种缓冲机制每5年进行一次评估，运行效果良好。但如果迫于经济环境的压力每年都要进行一次评估，效果只能是差强人意。它在1988年被大学基金委员会取代。[46] 紧随其后，1992年，综合技术学院升格为大学。所有这些都意味着政府对医学院校的控制更加严密。

在有些国家，医学院提供的教育只为学生将来要参加的培训打基础。在这样的国家，在本科医学院校设置一系列的临床设施并非易事，虽然这对本科阶段医学院校来说非常必要。当然，一定程度上教育可以根据具体的临床环境做出调整，而在培训中却不可能做到这一点。学生可以学会解决任何一个专业内临床问题的技巧，但一个参加神经科培训的医生必须亲自观察和处理神经科方面的疾病。与培训相比，教育对临床设施方面的要求较少。然而，由于欧洲大部分国家对医疗卫生工作准备阶段的后续培训没有清晰的认识，以致事实上医学院无法在同一课程中兼顾一般专业培训和大学教育的任务，对基础课程在资金和临床设施方面的要求缺乏清晰的认识。

[45] J. R. Ellis, 'The Responsibility of Medical Schools for Teaching Hospitals and the Provision of Clinical Services', *Medical Education*, 15：3(1981), 171-183.

[46] 第一章，第15页（注释27）。

尽管在其他的国家多年来本科课程教学的任务始终是培养全科医生，当然其中一些也会成为专科医生，但这对上述国家内问题的缓解并无帮助。在20世纪七八十年代，国际组织积极倡导根据国家医疗需要的现状确定课程内容。这一政策不仅对政治家有吸引力，而且对那些无法判断大学教育合理性的普通民众也极具诱惑力。政治面临着压力，而且并非所有党派都特别渴望看到医疗行业具有良好的理性水平（这种理性水平使之对个人的治疗目标和方法、保健的优先性或其提供方式提出质疑），考虑到上述因素，许多欧洲国家的医学院能够将其基础课程定位于教育需求而非当前实践，这也许令人颇感意外。

然而，对于研究生阶段培训的需要（至少对专科医生来说）和继续教育的需要，公众很容易理解。在大多数国家，政府相对较快地对这种需要
511 做出了反应。只要是研究生阶段医学教育工作的主要承担者，大学或其他组织（包括政府卫生服务机构）都有可能获得政府的资助。不过另一方面，虽然没有人怀疑全科医生研究生阶段培训的必要性，然而因为仅在少数国家全科医生由政府直接聘用，这种形式的培训受到了很大的影响。例如在英国，作为国家卫生服务体系雇员的医生很容易获得参加研究生阶段培训的机会，但作为提供普通门诊服务的独立的签约医生，参加研究生阶段的培训就很困难，并且要承担高得多的成本。

因此，在20世纪后半段，医学教育不断适应始终处于变化之中的医学环境，其教育成本对调整速度产生了巨大的影响。虽然所有国家最终还是在努力向大学课程中加入更多的教育因素，把普通的职业培训尽量往后拖延，但它们的政府面临很大的困难。在降低大学阶段培训的范围和降低相应标准的过程中，为了学生更长远的发展，政府要把更多的资源投入到教育领域。然而与政府相比，公众关注更多的是眼前而不是未来。

改革的成果

所有有效数据都表明，20世纪后半期欧洲国家人民的健康状况有了

一定程度的提高，西欧比东欧提高的程度更高一些。[47] 但是在 20 世纪，人们却很难评价与社会经济变革相对应的医学在提高健康状况的过程中所发挥的作用，这种情况在 19 世纪没有出现过。医疗护理的质量仍然难以被测定，人们也很少对医源性疾病的范围进行研究。即使在政府卫生服务方面开销越来越高的国家，也只是在 20 世纪的最后 10 年间才开始对医疗工作实施大规模的评估。

品质低劣的医疗护理或许是因为教育和训练的不过关，但也可能只是其他因素作用的结果，例如，有些人仅仅把医学当成一个职业，服务设施不尽人意以及服务条件的欠缺。20 世纪 80 年代，在一些国家针对医生提起的诉讼数量迅速上升。在英国，大部分向医疗保障协会寻求帮助的医生是全科医生。然而，还是有少数案件被搬上法庭。20 世纪 90 年代之后，尽管医院的工作处于媒体越来越严格的监督之下，那些被报道的案例还是告诉我们，在持续较长时间的学徒阶段的初期缺乏必要的监管。

虽然大学考试的范围越来越大，然而与 20 世纪 20 年代相比，20 世纪 512
90 年代医学院的结课考试仍然是对学生基本能力的评估，只不过更为严格。由于所有学生都必须通过这一考试才能成为医生或进入下一阶段的培训，学校还是希望学生们能够真正证明他们达到或实现了本科阶段医学课程的培养目的或目标。

20 世纪七八十年代，医学院校在界定其办学目的和培养目标方面做了很多的努力。到了 20 世纪 90 年代，决定医学院校办学目的和培养目标的更多是毕业后学生要接受的专业培训，而不是大学期间的教育本身，这一点人们看得越来越清晰。公共安全要求对认证所需能力进行详细说明和认真评估，但对于大学课程中学生智力应该达到的发展程度并未准确限定。然而在许多国家，与考试相比，人们更愿意把专业培训时间的长短作为一种维护公共安全的手段，因此许多专业取消了研究生阶段培训的结业考试。在缺乏对医生从业能力进行准确评估所需客观证据的条件下，事实

---

[47] Rowland, 'Health' (note 3).

上所有欧洲国家在20世纪后半期都习惯于批评医学教育，当然它们批评的理由五花八门。

评论家们坚信，医学院校应该培养愿意从事初级保健护理并为之做好准备的毕业生（尤其是对于疾病的预防方面）。从这样的观点出发，他们对于医学院不够重视预防医学和普通门诊的现状继续予以抨击。同时他们认为，政府应以坚定的公开的政策对大学医学院施加影响。“就为将来培养医生来讲，国家各部与医学教育系统之间存在的沟通不畅的问题，是这种以初级保健为发展方向的办学模式面临的主要障碍。”[48]

从事初级医疗工作的医生愿意倾听和关心病人，他们的出现会使普通病人享受到更好的服务。不过，欧洲大部分的民众还是需要那些参与或接触当代科学研究的专科医生。[49]

1985年的一份关于欧洲初级保健的调查表明，并不是每所医学院校
513 都设有初级医学护理部门（如全科医师）。[50] 在比利时、丹麦、荷兰、挪威和英国这些国家，所有的医学院校里都设有初级医疗系；在芬兰、法国、联邦德国、爱尔兰、波兰、瑞典、土耳其、南斯拉夫等国家中，只有部分医学院中设有相应的机构。而在奥地利、保加利亚、捷克斯洛伐克、民主德国、希腊、匈牙利、冰岛、意大利、葡萄牙、罗马尼亚、西班牙、瑞士和苏联这些国家中，许多学校设有综合性医院作为教学的基地，但没有一所医学院设有初级医疗系。

学生毕业后宁愿成为专科医生，而不是从事初级保健工作（考虑到有些情况下医院并不是社区的一部分，初级保健经常被称为“工作在社区”）。可是要说本科阶段的教育是造成这种情况的主要原因始终缺乏有

---

[48] H. Walton,‘Primary Health Care in Europe’,*Medical Education*,19(1985).

[49] 见：The *Edinburgh Declaration of 1988*,该宣言由世界医学教育联合会（World Federation for Medical Education）在WHO的协助下发布，指出：“医学教育的目标是培养促进所有人健康的医生，尽管20世纪生物医学领域已经取得了巨大进步，但这一目标在很多地方仍未实现。”

[50] Walton,‘Primary’(note 48).

说服力的证据。在20世纪的后25年，为确保学生在“社区中”行医，许多国家付出了巨大的努力，医学教育关注的焦点因此实现了转移，本科课程中纯学术的气氛也逐渐淡化。曾在土耳其的海斯特普大学负责有进步意义的社区医学教育项目的费斯克于1978年曾经指出，“决定医生行为的不是国家的社会经济结构，也不是他们的大学本科教育”[51]，也许他的观点不无道理。有些医学院致力于培养希望从事预防医学和社区服务领域的毕业生，这些学生毕业后渴望到偏远的环境中从事医疗工作。从这些医学院出来的学生往往能够证明菲斯克的说法是正确的。[52]

20世纪90年代，一些学校的老师反映，“原来的毕业生处于热切和兴奋的状态，而现在的毕业生变得思想狭隘并缺乏理想主义”[53]。稍早一些时候，美国就有人批评本国特有的四年制医学院校培养的就是愤世嫉俗的人。这些老师们的发现印证了美国评论家的观点。在欧洲，人们认为发生同样转变的证据大多数情况下都是传闻性质的，各地之间也总是存在很大的差异。在英国的毕业生中间，不满的情绪和理想幻灭的感觉并非特例和出乎人们的意料。这些24岁左右的毕业生受过5—6年的本科教育，在实习期间每周要花80—100小时的时间照顾病人，但缺乏责任心。不过，从改革后的教育到传统培训模式如此急剧的过渡并非仅在英国存在。甚至在英国，初级医院医生中存在的士气低落的情况虽然被大量曝光（媒体上把 514
原因归于国家卫生服务系统缺乏足够的投资），但这并不妨碍1992年医生申请者人数出现15%的增长。

20世纪40年代到90年代，人们对医学教育培养出来的学生的批评之声一直持续不断。不过这些批评在不同的国家之间有很大的差别，甚至在欧共体内部也是如此。尽管93/16号理事会指令第23款规定医疗职业的

[51] N. Fisek, ‘School of Medicine, Haceteppe University’, in Katz and Fülöp, *Personnel* (note 26).

[52] B. Porter and W. E. Seidelmann, *The Politics of Reform in Medical Education and Health Service: The Neger Project* (New York, 1992).

[53] S. Lowry, *What's Wrong with Medical Education* (London, 1993).

基本培训应包括6年或5500小时的理论与实践指导，且这种培训既可以在大学进行，也可以在大学的监管下实施。不过，出现在各地的批评之声关注的焦点和以前相比并未发生变化，即本科的课程过于拥挤。实际上确定无疑的是，与政府报告显示的状况相比，每个学生所修课程并不像报告所说的那么繁重，可不幸的是对医学教育的批评主要基于政府的报告。不过欧洲人还是普遍认为过重的课业负担妨碍了学生的发展。

联邦德国尽管在1970年对既有的医学培训模式做出了重大的改变，并且用全新的多项选择问卷取代了过去的口头测试，但课程内容却在不断增加，迫使学生高度重视考前的临时突击。英国医学教育的改革虽始于1944年，但英国综合医学委员会在1993年指出大多数的本科课程过度拥挤的状况仍然存在。这一点也被教师所认可，并饱受学生谴责。这种强加给学生的几乎令人无法忍受的知识量考验的是学生的记忆力，对他们的智力没有构成挑战。这种课程的重点并不在于通过好奇和实验来进行发现，而是被动地获取知识，且大部分获取的知识会很快过时或者干脆被遗忘。很明显，这种情况就会造成大学课程中那些真正具有教育价值的内容过少。

客观地说，在过去50年间发生在欧洲医学教育领域的重大变化有个显著的特点，即改革的方向始终如一。大学医学课程应专注于教育，而不是培训。人们要求大学医学课程的重点应该放在教育上而不是培训上，相应的课程因此被开发出来，这种情况在那些长期以来以大学为医学教育基础的国家更为普遍。就像英国普通医学委员会1993年所总结的那样，毫无疑问教师应该为此在某种程度上承担一定的责任。总有一种“持续的力量在不切实际地追求课程体系的完整。对此趋势起到推波助澜作用的因素包括一些半自治机关不愿放弃在它们看来应该属于自己的权力（这一点很好理解），还有就是它们对自己的学科持有着值得称道的但有时过分的热

情”[54]。1970 年德国的改革旨在通过整合考试和建立考试内容与原先设定 515
的目标之间的联系，克服医学课程中存在的支离破碎的情况。但是由于对目标的具体构成未能达成一致意见，专业考试的数量自然而然地持续增加。

上述状况的突破有赖于医学院校自身具有改变自己的主观愿望，也需要现代化和扩张过程中的成本投入。直到 20 世纪 90 年代，英国的一些之前比较热门的医学院仍然没有完成重建工作。20 世纪 70 年代西德的改革方案之所以进展缓慢，其主要原因是改革的方案是在德国医学专业年新生录取人数为 5000 人左右的基础上设计的，而到了 80 年代医学专业年新生入学人数超过了 1.1 万人（随后减到 1 万人）。[55]

毫无疑问，在落实必要的毋庸置疑的改革方案的过程中之所以出现拖沓的局面，最重要的原因在于对全科医生培养中的困难没有清醒的认识。在医学的发展已经超越了单一的思维定式的时候，全科医生的培养势在必行。全科医生最早出现在 19 世纪后半叶。接受培训并成为全科医生后再学习掌握更多的知识和技术就会成为专科医生，职业地位和收入也会因此大幅提高。到 1945 年，这种专业内的等级制观念已有近一个世纪的历史，不断扩大的专科医生队伍更是强化了这种观念。上述情况容易使我们忽视世事无常的事实。虽然通过高强度的培训培养优秀的专科医生比较容易，但培养好的全科医生的难度则大得多，而保持他们的能力水平则更加困难。不仅如此，全科医生的职责也没有得到准确的界定。英国有 2 万多名独立的、与卫生部签约并提供某种服务的全科医生，就全国范围来看他们服务的内容由卫生部与有着巨大影响的专业团体——全英医学协会商议确定。在协商过程中不可避免出现的相互妥协催生了“普通医疗服务”等词语，使得界定全科医生研究生阶段培训的内容和时间更加困难。1990 年，英国对医生与卫生部之间的合约进行了 1911 年以后的第一次重大修改，

---

[54] ‘Consultative Paper’, in *Recommendations on Undergraduate Medical Education* (London, 1993).

[55] 1993 年与 R. Toellner 的私人通信。

增加对诸如老人疾病筛查等预防性医疗服务的收费，降低由“家庭医生”提供的普通医疗服务的收费。不过，“家庭医生”一词基本上没有考虑到离婚率或者“伴侣”这些因素，而伴侣之间经常会选择不同的全科医生。

因此在很多国家，那些无法知道自己哪个学生可以成为普通医生的本科学生的老师，就有了一个很好的借口确保自己所在的某个特定医学专业
516 的全部知识都纳入本科生的课程范围。1992年英国综合医学委员会在一份对本科医学教育的政策声明中指出：“本科课程中关于实践的教学没有理由不向后推迟。”[56] 不过，该报告并没有明确说明哪些知识要等到学生认真负责地护理病人后才能理解。因此，英国医学教育改革非常缓慢是很自然的事情，况且这样的改革还需要持续地增加大量的投入，国会也要通过若干相关的法案。正如一位英国医学教授在1993年所说：“我们着力培养有创新思维的一代人，但其中的很多人在按照专业考试烦冗的要求参加愚蠢的长期的学徒培训之后变得幻想破灭，这实在是毫无意义。”[57]

因此，历经50年的改革后，欧洲绝大多数国家医疗教育的问题依然存在。人们一致认为，所有的医生都应具有大学着力培养的那些品质，但是因为没能做到把大部分普通培训和专业培训推迟到后续的阶段进行，本科医学课程大体上还是没有达到预期的目的。

教师和学生

由于基础医学科学家和行为科学家更为广泛的参与及专业化程度的提高，所有医学院校聘任的教师数量自1945年起有了很大的增加。在临床领域，专业被一再细化，产生了许多附属专业，比如儿科就分化成了初生婴儿科和儿童神经科。随着需求的增加，病理学、麻醉学和放射学等所谓的辅助类专业也不断发展。1945年，有组织病理学部和中央临床实验室

[56] ‘Consultative Paper’(note 54).

[57] D. Weatherall,‘Crisis in Medical Education?’,*British Medical Journal*,307(1993),55.

作为支撑的医院，也同时需要微生物学、病毒学、病理化学、免疫学和血液病学等专业科室。

医学院校还要给医学专业学生以外的人授课，这是教师人数增长的另一个原因。战争结束后，越来越多的欧洲国家的牙科学校由大学的医学院负责。随着口腔病理学、口腔医学、牙周病和口腔手术的进步，牙科教师的数量不断增加。护理及其他医学专业学位课程的开设扩大了教师职业的 517
范围。战前，法国和英国等国家医学院校的大部分教师由医院的工作人员充任。战后，更多地向以大学为基础的本科课程转变的同时必然导致大学直接任命的教师人数的大量增加。然而在大多数欧洲国家，教师数量的增加并没有使师生比更加合理，其中的原因部分是因为学生人数的增长，另一部分是因为医学院校总工作量的增加。

由于专业数量的扩充，在专业部门内对教职工的管理变得日益捉襟见肘，并且很多专业的规模很小。许多专业的负责人不愿履行日益繁重的行政职能，反倒是一些较为初级的教职工急于参与其中。专业内的行政负责人通常向委员会和负责人轮换制等各种形式的管理机制放权。此外，教学和研究需要越来越多的跨专业的活动，许多学院因此在传统的专业管理机构之外寻求建立新型的、更加适合的管理模式。因此，一些院校把专业单位组合成包含内科、牙科或病理学等相关学科的学部，而其他院校以相近的课题而不是以专业为单位组织绝大多数的研究活动。不过，新的、被广泛认可的、理想的教职工管理系统并没有因此涌现出来。

在大多数国家，形式各异的专业框架依然存在，大多数医学院校还在探索如何能最好地找到拥有一流专业资质和信誉、热爱教育、对研究孜孜不倦、拥有广泛的管理经验和领导能力、对未来有清晰愿景的院长、校长和主任。第二个问题是如何避免管理者增加那些已长期不再从事医疗和教学工作的教师人数。

在欧洲大部分地区，医学院中的师生关系发生了很大变化。在英国等国家，跟从少量导师的、长时间的、紧密的学徒关系被在较短的时间内观察各种医生的工作状况的机会所取代。然而，小组教学和一些学校的导师制成为新的保持师生之间密切接触的方法。在一些地方，高级教师和学生之间的巨大距离有所缩小。例如在瑞典，教授带着自己的学生去一些其他大学或医学中心进行正式访问是很常见的。

518 医学领域的专业人员在20世纪的欧洲仍然享有很高的声望，人数的增长并未导致他们的形象受损。在有些国家，医学专业人员一度很少被人看重，但他们人数增加后受到了极大的尊重。伦敦12所医学院曾经仅有8位药物或外科专家，他们被认为绝顶聪明，做事严谨，但是他们或许有些脱离社会，过于专注实验而无法在急诊中提供急需的诊疗服务。到20世纪90年代，加入大学诊所至少可以被视为见到了“哈莱街专家”❷，尽管该教授外出去参加会议了。

20世纪四五十年代，许多欧洲医学院的学生由刚刚复原的男女军人和刚从学校毕业的男女学生共同组成。苏联的学生中学毕业后要有两年的工作经历才能入医学院校读书，此外苏联还制定了一些通过医学院促进护士和医生助手成长的特殊安排。其他许多国家对于年长的申请人实行优惠政策，重视本行业之外的工作经验。在这一政策的影响下，20世纪80年代初的一段时间内瑞典医学院的平均入学年龄上升至25岁。在英国，大部分学生仍然是18岁进入医学院校，有些学生17岁入学，入学年龄比世界其他地区都小。

在实行限制性入学政策的国家中，选拔医学专业学生的主要标准是他们的中学考试成绩（通常指科学学科，但也并不局限于此），智力和能力测试在录取新生时很少采用。在英国等仍需面试的国家中，申请失败与申请成功的学生之间的最大区别也是在学业成绩方面。[58] 入学学生成绩的提升与课程的要求没有关系，但与入学竞争的程度密切相关。在战后最初的几十年里，仅就中学考试成绩来看，许多医学专业的学生超过了他们的大

---

❷ 哈莱街是英国伦敦的一条街道，以名医汇集而著称。

[58] M. L. Johnson, 'A Comparison of the Social Characteristics and Academic Achievements of Medical Students and Unsuccessful Medical School Applicants', *British Journal of Medical Education*, 5:1(1971).

部分老师。不过在由运气决定能否入学的荷兰，医学院的情况与其他国家相比也无太大差异。

到战争结束时苏联一半以上的医学学生都是女性，其他许多国家也逐
渐出现了男女学生人数均等的情况。波兰实行了对男生有利的政策，避免 519
出现女生人数占优的局面。但是女性在专业能力上的提升就不像进入医学专业这么容易了。在英国，男性在外科方面能有更高的造诣，女性则较少，这或许是因为女性很少去尝试取得这样的成就。

大批女学生进入英国医学院校或许改变了公众对于医学专业的学生的印象。1939 年以前，医学专业的学生在很长一段时间内给人的印象是粗鲁但善良、热衷体育、酗酒、缺乏责任心。然而，从 20 世纪 60 年代起，英国医学专业的学生虽然年轻一些，但大体上与欧洲其他国家的医学专业的学生相类似：勤奋努力，囊中羞涩，在长期的学习过程和无休止的考试中挣扎，仍然喜欢娱乐和游戏，但比他们的前辈拥有更敏锐的社会责任感。

尽管在所有欧洲国家中，医学教育的主要花费由国家承担，但由于学生要承担漫长的大学求学期间的生活费用（在一些国家仅有短暂的假期），大部分医学专业的学生还是来自富裕的家庭。就是在英国，虽然人们一般认为这些学生接受了范围仅限于科学基础知识的中等教育，且学生在年龄较小时就要达到入学要求，大多数医学院校的学生还是很享受这样一种合理的、基础性广泛的教育。

对于那些因为利他主义而学医的人来说，如果不给他们机会去帮助别人，那他们很难安心长时间的学习。因此，英国的医学学生流失率通常高达 10%，几乎全是因为学生们发现他们做出了一个错误的职业选择，实际上大多数学生渴望得到任何照顾病人的机会。

在 20 世纪 50 年代，英国的一些学校引入了为期两个月的“选择期”。最初的想法是想给学生创造一个完成自己选定的课题的机会，但实际情况与初衷并不一致。学生很快就认为这是一个优先到第三世界游学，救治那些患有容易诊断、容易治疗的急性器质性疾病患者的机会。凑巧的是，德

国学生乐于接受每个到英国医院中观摩实际工作的机会。东欧的学生寻求各种西欧国家的选修课程，在学习选修课的过程中他们能够碰见新西兰人和美国人。此外，政府资助的欧洲交流项目，如伊拉斯谟计划、北欧学生与教师交换项目和坦帕斯项目等交流项目对学生的流动产生了进一步的影响。[59]

520 教育和培训

尽管一些大学仍然主要依靠讲座和示范的教学方式（采用大班授课时更是如此），但是这种说教式的教学方式已成为一种阻碍，它束缚了学生的求知欲，降低了他们的主动性和自立能力。许多大学开始重视新型教学模式（通常在小群体内），吸引学生参与教学过程，创设教学情境。在这样的教学情境中，老师的角色已不再是指导学生，而是鼓励学生。

有些医学院对低年级的课程进行了设计，临床和基础科学的教师从解剖学、细胞生物学和生理学角度共同为学生讲解人体系统的基本知识，同时鉴别疾病的临床表现和治疗药物的效果。[60] 这样就可以帮助学生认识到应该学习的内容与医疗实践之间的密切联系，教学活动的着眼点是学生的需要而不是专业教师的意愿。

在传统型的课程模式中，教学内容选择的标准是适应当前医学实践的需要，以确保普通病症都纳入教学的范畴。在教学目标向培养具备独立思考能力和准备参加研究生阶段培训的学生转化的情况下，课程会更多涉及教育方面的需求和医学领域未来可能出现的变化。

与为那些不需要学位的其他类型的医疗工作人员编制课程相比，改变医学院长期以来固定的课程模式自然要困难得多。在一些大学里，护士的课程比起医生的课程更需要学生积极主动地学习而不是被动地应付。牙科

---

[59] 见第三章第115—116页，《尾声》第564—566页。

[60] Swanson,'Medical Education'(note 39).

的情况也要好得多，这一方面是因为学生人数少，另一方面是因为虽然大量的指导和实践对于掌握手工技能非常必要，但是这种技能的训练可以相对容易地脱离教育而进行。

在改进教育技术、鼓励更有效的学习方法方面，英国医学院校领先于大部分其他欧洲同行。它们寻求并得到了教育心理学家的帮助，很多院校还成立了自己的教育系。在提高教师教学兴趣方面，它们也做出了很多努力，开设了提高教学技能的课程。也许它们没有认识到，临床教师（尤其是负责研究生教学的临床教师）的首要条件是做一名好的医生，提高一个 521
专业技术并不熟练的医生的教学技能可能是弊大于利。

到了 20 世纪 80 年代，许多国家成立了某种形式的国家医学教育协会，欧洲各个医学院校和牙科院校的院长们也开始定期召开会议。90 年代在计算机辅助学习手段的帮助下，学生可以更加轻松地自主学习，大大降低了对老师的依赖。准确地模拟临床实践能力的增强，也减少了学生对老师的依赖，减轻了病人的负担。计算机在整形牙科中的应用，表明牙科培训中也出现了同样的进步。另一方面，社会方面的持续变化使人们认识到，教师和学生小组在开放病房内讨论患者的病症对相关人员来说是有害的，也是不可接受的。不过，设立专用教室，实现教学过程与患者护理过程的分离，会增加医学教育的成本。

然而在有些国家，医学专业化和学生分散到医院之外观察诊疗的过程，会造成教师队伍大范围的、广泛的扩散，学院因此难以密切地监控教师。在实习和全科医生培训的过程中，出现了同样的问题且更加严重。不论大学是否应该对这个医生培养的重要阶段承担责任，实习都需要大量的培训人员，且这些培训人员承担着繁重的服务职能。制定明确的目标可以确保参加实习培训的人员达到这些目标，不过制定明确目标的大学很少。

这一阶段的培训时间在不同国家之间各不相同（通常是按照学生意愿延长）。由于本科课程中实用经验所占分量的减少，这个阶段的培训很快就成为漫长的医生培养过程中强度最高的学习阶段。学生此前缺乏学习医学知识的终极目标，而在这个阶段要完全独立地照顾伤病员，在实践中他们要承担一定的责任。在这个过程中，他们第一次获得的实际经验为他们提供了强大动力，而这种动力在过去很少充分地发挥过作用。参训的学生因此长时间地完全投入到实践之中，处理急症，没有什么用于学习与思考的时间。培训之前所接受到的教育几乎没有涉及实习工作的方方面面，而实际工作又点燃了他们新的学习兴趣。[61] 他们对患者也缺乏理解能力，而这种能力在照顾病人的过程中更容易取得，依靠读书、讲座、小组讨论、研讨会等形式学习理解人的能力则比较困难。

522 在很多国家，研究生阶段的培训主要基于大学里相对短期的理论课程。而其他国家，特别是斯堪的纳维亚半岛国家和英国，研究生阶段的培训主要是在医院的实习。越来越多的实践培训正在逐渐被大部分国家所接受，这种实践培训与所有国家鼓励大学更多参与其中的本科阶段医学教育相对应。只要临床专业技能的主要专业处于大学的控制之下，大学就自然要承担起在这些学科的培训任务，但大学的主要作用还是为学生提供参与某些创新工作的机会，使他们不仅对医疗领域的新发展，而且对他们本身的临床实践都能够进行批判性评判，从而完成相应的教育。

在继续教育中不同国家的大学发挥着不同的作用。不过在所有国家中下列两点目标是一致的：使医生与本专业的最新发展保持同步和了解其他专业的发展状况。参加继续教育的方法主要有三种：工作中学习、课堂上学习和回家自学。相对较少地借助于来自大学的帮助，专科医生就可以通过上述三种方法参加继续教育学习。全科医生独立工作或在小团队工作，所以很少有在工作中学习的机会，他们更多地依靠课堂上的讲授或在家中复习消化的内容。在英国，获得额外的报酬是医生申请参加继续教育的主要动力。尽管来自医院工作人员的临床指导教师在组织方面做了不懈的努力，继续教育对高等学校教师的需求还是十分巨大的。尽管一些国家另行成立了专门的医学继续教育机构，但在其他大部分国家，大学通过与卫生服务机构和专业组织的密切合作，在国家、地区和地方等不同层次上继续

[61] J. Grant and P. Marsden, *Service-Based Learning* (London, 1991).

组织实施继续教育。[62] 随着电子邮件、计算机辅助专家系统、卫星电视和视频等通讯与互动学习方面的技术日益进步，新的国家性或国际性继续教育机构很可能相继涌现。

除医学专业外，呼吁支持继续教育发展的声音在其他专业也时有耳闻。例如在医院不受重视的牙医，在大多数国家里他们比其他医生更依赖大学的更新性课程和牙科领域的新技术。如何使用那些在不同国家名称各异的日益增多的牙科辅助物，也需要同样形式的培训和再培训。那些向护士提供冠心病护理和重症护理等特殊技能的后基础课程，需要在很多国家内成立自己的继续教育专业化组织。与此同时，大学也很快认识到护士或 523
其他专业人员对于这类课程的日益迫切的需求，并在某些领域开设了硕士或博士学位课程。

研究

研究对于医学教师一直都很重要。随着本科阶段医学课程中教育因素的增加和培训因素的下降，研究对他们的重要性进一步提高。“学生要与热衷探寻新知识的人交往，否则他永远也学不会如何评价已被广泛接受的观点，得不到能够帮助其面对未知世界的理解能力。”[63] 正如一位英国科学家所述：“学生们应该从流淌的溪流中大口饮清水，而不是在死寂的池塘里小口呷绿锈。”[64]

从第二次世界大战起，对实验方法的作用人们就深信不疑。他们由此认为，只要投入足够的资金和人力，当前久思不得其解的问题都会迎刃而解。除大学之外，还有其他一些机构开展医学领域的研究工作，其中包括研究所、科学学会、专业院校和协会、医疗服务机构和医院、企业（尤其

---

[62] J. Vysohlid and H. J. Walton, ‘Development of Continuing Medical Education in Europe: A Review’, *Medical Education*, 24(1990), 406-412.

[63] *Ibid*.

[64] 与 D. Dunlop 的私人通信。

是制药行业）和政府部门。资金主要来源于政府、企业、基金会和普通民众。

在有些国家中，主要的资金支持仍然来自政府，总体上政府资金投入不断增加，当然基金会、企业和普通民众的资金投入也在增加。到 20 世纪 70 年代，虽然因部分项目没能激起民众的想象力或吸引其他方面的兴趣而使大学在获取资金方面出现了一定的困难，但大学从各种渠道获得的资金数量总体上还是十分可观的。20 世纪 70 年代以后，研究需要的成本越来越高，在很多国家资助未能保持同步增长。这种情况下，政府削减的经费最为明显。

到了 20 世纪 90 年代，大部分欧洲国家已经成功建立了国家生物医药研究机构，这些研究机构是对大学中的生物医药研究部门的很好补充。这些研究机构的主要作用是在全国范围内促进医学和相关生物研究的平衡发展，与同领域的其他研究机构建立合作关系而不是取而代之。[65]

政府对大学医学研究资助的力度在不同国家、不同时期存在很大的差
524 异，形式或是直接资助，或是通过研究委员会间接资助。20 世纪早期德国大学的医学研究就已经十分卓越，战后各研究机构的重点集中在基础研究领域。然而，苏联的研究却是在已经将医学院分离出去的大学中进行的。在英国，随着医学院校规模的扩大和实力的增加，大学中的医学研究也在大量增多。然而从 20 世纪 80 年代开始，英国政府对研究委员会的资金支持有所减少，这对大学也产生了间接的影响。同时，政府直接资助的方式也出现了变化，对研究和教学采取了分别予以资助的策略。

人们在评估大学医学院系科研工作的数量和质量方面进行了一定的探索，同时还尝试结合过去的研究成果确定后续的资助。那些在评估过程中被发现研究成果不佳的机构不得不缩减研究项目或向非政府部门寻求更多的资助。为了寻求企业资助和合作机会，大学之间展开了激烈的竞争。很多大学通过这种方式获得的研究资金比他们之前受政府资助的资金还要

---

[65] *Report of the Medical Research Council, 1960-1961* (London, 1961).

多。然而总的趋势是有些大学在很多领域都成为重要的研究中心，个别领域甚至成为“卓越中心”，而有些大学在有限的应用研究之外几乎得不到什么机会。

所有国家的医疗领域中的应用研究大大超过基础研究，应用研究的范围从临床医学延伸到医疗保健的方法和体系、教育和培训，研究人员包括来自各类医院、学校、医疗服务机构和大学中的各类专业人员。“医学评价”政策的出现和实施，进一步促进了从事新型应用研究的专业人员数量的增长。

在这个过程中，医学基础研究及相关应用领域的研究逐渐向跨部门、跨学科和国际化的方向转变，传统的以专业为基础的学院管理模式日益成为科学研究和开发以学生为导向的本科医学专业课程体系的共同障碍，而且对科学研究的阻碍作用可能更大。减少科系对教职工聘任、课程设计、科研项目的选择、实验室的调配、资源的利用等方面的控制，创造出新的管理系统，这些措施虽然在很大程度上符合人们的愿望，但却会威胁到教授自主从事研究的自由，临床医生的相关自由因为某种原因已经被削弱。

在那些大学可以转向各种渠道寻求资助而不只是依靠政府的国家里，大学教师享有的依据知识本身的价值探索新知识的宝贵的自由至少从理论上来说不受政府的管控。事实上，那些同时肩负着教学与病人护理等重要 525
职责的大学研究人员，比起其他人更难获得企业、公众及基金会的支持。在教师能够获得源于上述途径帮助的情况下，他们有时不得不更加专注于研究。教学、病人护理、研究之间必要的、微妙的三位一体式的平衡关系就会因此受到威胁。

研究资源向少数机构集中的趋势（类似于将医疗资源集中到少数大医院中）造成了只有某些医学院校才能进行科学研究的局面，而其他医学院校的专业人员则流失到大学外的其他研究机构从事全职专业研究，所有这些都是对医学院研究工作的进一步威胁。然而，欧洲国家间的合作大大提高了欧洲整体的研究水平。1978 年，欧盟开始实施生物医学与健康研究项目，该项目的四大目标领域为：

1. 预防、保健和卫生系统；

2. 主要的健康问题；

3. 人类基因组分析；

4. 生物医学伦理。

1978—1981 年，这四个领域只有 3 个项目。到了 1990—1994 年，已经超过了 200 个项目。同期的经费投入由 109 万欧元上涨到 1.33 亿欧元，此外还有花在具体项目之外的项目协调方面的资金。[66]

除欧共体的研究项目之外，合作研究活动还涵盖了欧洲分子生物学组织的一些活动。欧洲分子生物学组织是一家私人性质的自治机构，成立于 1963 年，在海德堡大学设有一家实验室。它在促进 700 多名欧洲分子生物学家间的交流互动方面发挥了重要的激励作用，同时也为这种交流提供了资金支持。[67] 欧洲科学基金会（56 家成员包括来自 20 个国家的研究理事会、学会和研究机构，经费由成员提供）成立于 1974 年，[68] 包括欧洲医药研究委员会的常务委员会。该基金会的宗旨是将欧洲的科学家聚集起来研究共同关心的课题，协调昂贵设备的使用，在合作研究中发现并确定新的研究方向。尽管做出很多努力，但在研究资金方面欧洲仍然远远落后于美国。1990 年，12 个欧盟国家用于医学研究的总开支是 20.45 亿美元，而美国是 85.72 亿美元。[69]

526 20 世纪 90 年代是生物医药研究领域迅猛发展的 10 年。至此，虽然欧洲大部分地区的医学教育改革仍未完成，但大家基本上共同认识到大学课程一旦摆脱了常见的羁绊，就能帮助学生在学会自主学习、批判性地评估资料、冷静地面对未知事物等方面提供最佳的（即使不是唯一的）途径，并有助于确定医疗工作的重点及完成重点工作的方式。与过去任何时候相

[66] Commission of the European Communities, *EC Research Funding* (Brussels, 1990).

[67] *European Molecular Biology Organisation, 1964-1989* (Heidelberg, 1989).

[68] 见第三章第 120 页。

[69] Organization for Economic Cooperation and Development, *Basic Science and Technology Indicators, ACCEDE* (Paris, 1991).

比，90年代大学在医疗护理方面更大的领域内承担了更多的责任。在过去50多年的时间内，大学对卫生领域的基础研究和应用研究方面的贡献持续增加，并在未来仍将发挥更大的作用。

在20世纪末，人们能够想象到大学应对的挑战将多么巨大，而面对的问题（尤其是医学院面对的问题）也将同样艰巨。在管理上存在的问题阻碍了各个专业之间教学领域必要的整合以及大量跨学科研究基础的建立。并且，实现教育、研究和病人护理三者适当平衡的问题日益突出，而在与政府卫生服务部门合作方面出现的问题也同样明显，因为政府部门考虑更多的是当前的需求而不是未来的需要。最后，成本上涨问题和资助方面存在的问题可能会威胁到学术自由，使医疗行业更加脆弱，更加依赖政府并接受政府的管理控制，不得不在越来越大的外界压力下去满足不断增长的各类医疗保健方面的需求。不仅是教师们选择研究领域的自由受到限制，而且政府还可能随时把医生的培养仅仅局限于职业培训。培训的专业领域根据政府的意愿确定，并且政府对此在一定周期内进行强制性的修订。在此背景下，在特定的大学建立国际资助项目（不能说没有风险，尤其对规模小的大学来说）可能会使医学院校发出的呼声更加强劲有力，以吸引政府关注他们的共同目标和需求。[70]

精选文献 527

Beukers, H., and Moll, J. (eds.) *Clinical Teaching Past and Present*, Clio Medica (Acta Academiae Internationalis Historiae Medicinae), 21, 1989.

Bie, K. N. *Creating a New University: The Establishment and Development of the University of Tromsø*, Studies in Research and Higher Education, 3, Oslo, 1981.

[70] B. Rexed, 'The Role of the University in the Future', *British Journal of Medical Education*, 1 (1967).

Boesch, E. E. 'Psychological Basis for the Education of the Physician', in *Preparation of the Physician for General Practice*, WHO Public Health Papers, 20, Geneva, 1963.

Briggs, A. *The History of the Royal College of Physicians*, Vol. Ⅳ, London, 2005.

Christie, R. V. *Medical Education and the State*, London, 1969.

Ellis, J. R. 'The Future Doctor', in *Priorities for the Use of Resource in Medicine*, Washington, D. C., 1976.

Ellis, J. R. 'Medical Education in the UK and Europe', in J. Waltonet al. (eds.), *The Oxford Companion to Medicine*, Oxford, 1986.

Himsworth, H. *Society and the Advancement of Natural Knowledge*, London, 1962.

Krevans, J. R., and Condliffe, P. G. (eds.) *Reform of Medical Education: The Effect of Student Unrest*, Washington, D. C., 1970.

Medawar, P. B. *Induction and Intuition in Scientific Thought*, London, 1969.

Miller, G. E. *et al*. *Teaching and Learning in Medical School*, Cambridge, Mass., 1961.

O'Malley, C. A. (ed.) *The History of Medical Education*, Berkeley, 1970.

Pickstone, J. V. (ed.) *Medical Innovations in Historical Perspective*, London, 1992.

Popper, K. *The Logic of Scientific Discovery*, London, 1972.

Report of Interdepartmental Committee on Medical Schools, London, 1944.

Report of the Royal Commission on Medical Education, London, 1968.

Rothstein, W. G. 'Medical Education', in Clark and Neave, *Encyclopedia Ⅱ*, 1163-1173.

Wall, W. D. *Child of our Time*, London, 1959.

Wilson, C. 'The Place of the University in Medicine', *British Journal of MedicalEducation*, 8 : 3(1974), 160-171.

第十五章　技术 528

克里斯托弗·沃森

战后环境

1945 年的欧洲大学呈现出两种迥异的特征。从外部看，大学是无数年轻人心目中希望的化身，是知识、专业技能和智慧的宝库，是超然于世外和公正客观的绿洲，然而，7 年战乱却迫使他们与大学无缘。从内部看，在战争期间，尽管大学在一些人的努力保护下免受灭顶之灾，却仍然遭受重创，元气大伤。校园建筑和设备或屡遭破坏，或被征作他用，教师队伍缩减（特别是年轻教师，而他们或许恰恰是大学里最具创新能力的元素），求知若渴的青年学子乃是大学的生命线，能够为教师带来欢欣和挑战，但当时大学的生源却严重不足。

上述两种观点均略显夸张，前者太过乐观，后者又过于悲观。这一问题在涉及大学与科技相关的发展方面尤为明显。约有一半德国大学（特别是位于大城市的大学）在战争中遭到猛烈轰炸；[1] 芬兰赫尔辛基市的重要大学和技术大学同样遭此厄运；[2] 波兰大学损失尤为惨重，一多半实验室和 75%以上的图书馆毁于战火。尽管如此，仍有很多欧洲大学的建筑和设施在战火中遭受破坏的程度相对较轻，总体上得以保全。[3]

将大学的建筑和设备用于战争并未完全背离其在和平时期的目标。战

① N. Hammerstein 在以“二战后欧洲大学历史”为主题的国际会议上的发言（根特大学，1992 年 9 月）。

② M. Klinge, *ibid*.

③ J. Sadlak, *ibid*.

529 争期间，特别是早期，欧洲军界和政界领袖向大学寻求技术支持，由此确保了大学里最优秀和最具创造力的教师免于流失殆尽。大学在战前以开拓知识新领域为宗旨，虽然在战时服务于战争对此有所扭曲，但尚未造成破坏。尽管规模和质量都不能与战前相比，但大学仍在战争期间持续招募新教师并招收新生入学。

1945 年，欧洲青年对大学丝毫不抱幻想。无论是因为战争爆发而被迫中断学业，还是根本就没有机会踏入大学校园，当时的年轻人普遍缺乏良好的教育，并且没有做好准备去恢复传统学科的学习。他们中有很多人目睹了技术的发展，发现其发展规模使战前大学实验室所取得的成果相形见绌，同时，传统的大学课程再也无法满足他们的需求。这些年轻人需要从民用角度（若不是学术角度）重新确立观念，学习适用于战后重建工作的技能。

当时，欧洲大学的状况无法立即满足这些要求。重新设置课程既需要时间，又需要充满热情和活力的教师。由于一时达不到条件，学校便暂时沿用了战时课程。技术教学和研究继续以战时需求为重点，明显集中于电子技术（特别是通讯和雷达领域的应用）、航空航天（空气动力学、操控装置、引擎、火箭技术）和核武器（核物理学、化学和工程学）等领域。这并不仅仅是习惯使然，而是反映出这些在 7 年的战争中形成的重点研究学科已经成为令人振奋的前沿学科。教师可以在课堂上讲解他们在这些领域取得的新成果，还可以利用学生的个人经验。

大学中与技术相关领域的发展

欧洲大学的发展受自身固有问题的驱动，而非其他制度或机构的影响，各国大学的发展表现出显著的多样性。欧洲主要国家对高等技术教育的设置有很大差异，“大学”和“非大学”高等教育之间的界限并不清晰。其中比较典型的有原来英国的高级技术学院、法国的大学校、德国的弗朗
530 霍夫研究所和所有东欧国家科学院的研究所。本章谈及的是狭义上的“大

学”，不包括上述教育机构。

整体发展状况

第二次世界大战之后，科学和技术立即受到即将进入大学的学生和欧洲公众的青睐。欧洲各国大学在招生时，对科技类科目成绩的要求高于其他学科的全国平均标准。各校扩大了相关专业的招生规模。表15.1④是牛津大学科技专业新生所占比例的发展情况。

表15.1　牛津大学科技专业新生所占比例（%）

1951	1961	1971	1981	1986	1991
21	32	38	37	39	39

英国其他地区的大学也呈现出相似的发展趋势，见表15.2⑤。

表15.2　伯明翰大学和曼彻斯特大学学习科技学科学生所占比例（%）

	1940	1945	1950	1955	1960	1965	1970
伯明翰大学	38	42	46	49	50		
曼彻斯特大学				33	34	38	40

就英国大学整体而言，1961年，学习科技的学生人数占总人数的45%。⑥ 而这一比例仍被认为过低。1963年，《罗宾斯报告》⑦ 提议，为满足经济需求，英国政府应利用未来20年的时间积极促进高等教育发展，将其整体规模扩大266%，将高等科技教育的规模扩大392%（不包括医科）。报告中提出，要特别加强技术教育，把英国高等技术教育水平提高

④ *Oxford University Gazette* (8 June 1992).

⑤ R. Low and A. Gaukroger, Ghent Conference (note 1); S. V. Barnes, *ibid*.

⑥ Lord Robbins, *Higher Education*, Cmnd. 2154 HMSO, para 66, 166.

⑦ *Ibid*., para 509, 165.

531 至欧洲平均水平。报告引用了英国与欧洲大陆各国的对比数据，表 15.3 中的数据为 1959 年各国获得技术学位的大学生在获得科学和技术初级学位学生总数中所占的比例。⑧

表 15.3　1959 年各国技术学位获得者在获得科学和技术初级学位总人数中所占比例（%）

英国	36
法国	48
美国	49
瑞典	54
瑞士	59
加拿大	65
德国（西德）	68

《罗宾斯报告》绘制的蓝图得到了广泛实现。在其 20 年规划期中，大学生人数增长了 252%，接近目标中的 266%。⑨ 如果不考虑数据可比性的话，我们可以看到，科技专业学生人数增长的幅度达到 341%，略高于目标中的 312%，而作为其中一个组成部分的技术专业学生人数则增长了 445%，更是高于目标中的 331%。⑩ 无论是在欧洲大陆还是美国，技术专业学生人数都比科学专业学生人数增长速度更快。表 15.4 为 1980 年各国获得技术专业学位的大学生人数在获得科学与技术专业初级学位的学生总数中所占比例的排名情况。⑪

⑧ *Ibid.*，table 46，127.

⑨ 参见第六章表 6.6。

⑩ A. Barblan and J. Sadlak，'Higher Education in OECD Countries：Patterns and Trends in the 1980s'，*CRE Standing Conference*（April 1988），table 1.

⑪ *Ibid.*，根据表 1 数据计算。

表 15.4　1980 年各国技术初级学位获得者在科学和技术学位获得者总数中所占比例（%）

英国	41
瑞士	42
德国	48
瑞典	49
法国	53
美国	82

《罗宾斯报告》委员会相信，技术人才的培养关系到国家经济的整体 532
增长，但当时人们却对二者之间的关系存有疑问。

第一个比较明显的变化是第二级学位相对重要性的提高和（最近出现的）降低。从某种程度上讲，其相对重要性的提高是欧洲与美国教育体系竞争的结果。在美国，学科设置范围非常广泛，其中等教育起步相对较慢，所以需要在 3 到 4 年的初级学位教育中努力提高科技专业学生的水平，使其达到欧洲学生在进入大学前就已经具备的水平。这样，第二级学位的课程设置便具备了扎实的基础，并为接下来的博士阶段课程做好准备。20 世纪 60 年代，在麻省理工学院和加州理工学院学习研究生课程的欧洲学生把在美国的经历形容为“像是在消防水管下畅饮”。他们对美式第二级学位的热情极富感染力和传播力。同美国一样，欧洲各国也面临着很多类似的压力，他们努力通过各种方式解决问题。在法国，优秀的科技人才（每年约有 3000 名学生）需要先在预科学校学习 2 到 3 年后才能进入大学校继续学习 3 年。在德国，要获得科技专业学位通常需要 5 年半到 6 年半的时间。[12]

第二个新生事物是两个或更多个学科的联合学位，这种搭配模式在前人看来是不可能实现的。可以联合授予学位的学科有：工程学和经济学，物理学和哲学，科学和管理学，心理学、哲学和生理学。二战后设置的联

⑫　*Ibid.*, table 2.

合学位数量持续增长，并在20世纪60年代略有调整。教师和学生都希望科技教育所涉及的范围不要变得过窄。整个20世纪50年代及之后的公共舆论领袖在阐释“广博”一词时认为，其价值就在于广博本身。经历了世界大战之后，人们带着更为开阔的思路和视野回归学术领域，重视广博大概正是这一时代做出的正常反应。反对者则认为对广博的追求是无谓的妄想，会干扰人们在特定领域取得杰出成就。最终双方达成妥协，两个（或三个）科目混合的课程与传统的单科课程并存（例如，剑桥大学于1968年开设了物理学与哲学联合课程、工程学与经济学联合课程），或者把“拓展”课程的教学素材渗透到整个科技课程中。

第三种发展趋势与授予联合学位相反，倾向于把初级学位限定在比战
533 前更加具体的专业范围内。例如，英国大学设置了生物技术、声学工程、采矿工程、食品工艺学、造纸学等专业。[13] 这一趋势在20世纪50年代表现得尤为明显，大学在各自擅长并具备坚实基础的研究领域设置相关学科，且经常从地方产业那里获得资助。这种做法在20世纪60年代末迅速发展，当时，学术研究的“实用性”也在大学师生中引起了广泛争论。

第四个变化趋势产生在初级学位的教学大纲中，“实践”活动的重要性相对而言有所降低。在战前，大部分课程的实践活动都使用最先进的设备。但战后，大学却日渐发现，无法把所有实践活动所需设备的数量和标准继续维持在战前的先进水平上。设备变得太过昂贵和专业化，并且更新速度太快。越来越多的大学退而求其次，保持了实践活动的全面性，却使用落后的设备，或者缩小范围，只重点选择某些“项目”，把培养学生实践技能的任务留给研究生教育。

基础技术设施

大学中科技专业系部用于购置和维护基础技术设施的资金被削减，这既是本科阶段实践活动走向衰退的一种表现，也是原因之一。值得庆幸的

⑬ B. Heap, *Vocational Degree Course Offers 1987: A Student's Guide* (Richmond, 1987).

是，该问题并未在公众范围引起激烈争论。《罗宾斯报告》在长达 837 个段落的阐述中，仅用了两个段落叙述文科和理科学生培养费用的差异。[14] 报告只是指出在 1962/1963 年，英国用于文科学生（包括本科生和研究生）的公共支出为人均 568 英镑，应用科学专业为人均 774 英镑，理论科学专业为人均 902 英镑，之后的篇幅中对此再无详细讨论。

作为对基础技术设施建设投入整体下降的一种补偿，近 20 年来，信息科技获得的资助相对有了大幅提高。二战期间，电子计算机诞生于英美两国的军事机构（用于火力控制、核武器设计和解码）。1945 年，电子计算机的研制工作在英国国家物理实验室和曼彻斯特大学（由威廉姆斯和基尔伯恩负责）展开。[15] 在此基础上，费兰迪公司于 1951 年研发出第一台商用计算机——费兰迪·马克 1 号。20 世纪 50 年代末，人们开始认为大学应当配备计算机。1958 年，牛津大学斥资 10 万英镑购置了世界上最早的 534
商用计算机之一：费兰迪·墨丘利。这台以电子真空管为核心部件的计算机由充满热情的计算机爱好者组成小团队负责全天候照管。尽管其性能远不及现在价格低廉的个人计算机（硬盘容量为 32K，加运算耗时为 0.18 毫秒），[16] 但它却对整整一代大学生的思想产生了巨大影响。对数学家和科学家来讲，计算机的使用把解析转换为运算，成为一种解决实际问题的方法。对工程师来讲，计算机的使用把大量长期以来依靠判断、工艺和经验法则处理的问题带入定量分析的范畴（因此被顺理成章地纳入大学而非学徒体系）。

有种观点持续了近 20 年，即大学应该拥有一到几台电脑，并将其放置在“计算机中心”。随着时代发展，计算机的性能和造价迅速提高：至 1971 年，牛津大学每年用于计算机实验室的资金为 6.7 万英镑，当时该实验室中有一位教授和若干名研究人员；至 1985 年，每年投入的资金增至

---

⑭ Robbins Report(note 6), paras 607-608, 201.

⑮ N. Metropolis, J. Howlett and G. C. Rota(eds.), *A History of Computing in the 20th Century*(New York, 1980), 37; M. Croarken, *Early Scientific Computing in Britain*(Oxford, 1990).

⑯ S. Lavington, *Early British Computers*(Manchester, 1980), 119.

168万英镑。[17] 20世纪80年代，个人计算机问世。学者个人（或者至少一小部分学者）开始有能力自己购置计算机。和70年代那种进行大量复杂数字运算的超级计算机不同，新问世的个人计算机更加方便，易于操作。人们很快发现，许多学术研究并不需要超级计算机的复杂性能，即使需要，也可以通过在个人计算机和中央处理机（主机）之间建立连接来解决问题。20世纪80年代，个人计算机之间的连接越来越重要，起初只是作为传递程序和数据的手段，但很快就成为普遍使用的学术交流方式，既实现了快速交流，又满足了学者在创造性思考过程中希望免受外界干扰的需要。

个人计算机还为人们提供了文字处理器。20世纪80年代，新一代大学生开始更多地使用键盘而不是纸笔来记录自己的想法。而奇怪的是，几乎没有公开发表的论著来研究这种变化对思想产生过程的规律和质量有何影响。可以肯定的是，因为计算机使文本修改变得更加容易，所以人们开始把尚未成熟的想法记录下来。与使用计算机编辑相比，在书写的文本中
535 对句子和段落进行调整比较复杂，不够灵活，因此要在写作初期确定宏观结构，否则就会破坏文章的逻辑性和条理性。而现在，学者们可以在创作过程中更加自如地进行远程合作。

复印机是20世纪末第二项使学术生活产生巨大变化的科技发明。（1956年，复印机首度在欧洲开售，[18] 但由于价格昂贵，直到20世纪70年代初大学才普遍具备购买能力。）在复印机出现之前，大量学术研究所需的文件都要通过排版印刷，或经过使用蜡纸、油墨和黏胶的复杂程序进行印制。上述方法非常费时费力，因此人们在写作时要设法从一开始就确保文稿准确无误。而物美价廉的复印机的出现使学术生活方式发生了剧烈变化。20世纪末，大学在校学生人数不断增长，在复印机的帮助下，每

---

[17] 1971年5月26日和1985年于《牛津大学报》发表。As reported in the *Oxford University Gazette* for 26 May 1971 and 1985.

[18] J. Jewkes, D. Sawers and R. Stillerman, *The Sources of Invention* (London, 1962), 408.

位学生都能在图书馆阅读到所需的学习资料。学者则能够在确定研究结论或将论著交付印刷之前，借助复印机把自己的观点印发给同行，请他们加以评价、扩展和完善。当时，图书馆的利用率下降，学者也不愿花费时间把自己的研究观点整理出版成书，复印机的发明和广泛使用弥补了这种情况带来的不良影响，学者得以解放，可以自由地记录自己的想法。

第三项对大学产生革命性影响的科技发明是价格合理、以覆盖全国的广播和电视等通信设备为载体的"远程教学"。1963 年，当时在野的英国工党领袖、后来的英国首相哈罗德·威尔逊首次提出"空中大学"的理念。英国开放大学于 1965 年通过立法获准建立，并于 1971 年开始招生。至 1974 年，该校共有 4 万名本科生。1991 年，在校生人数达到了 12 万人。[19] 类似的理念也被传播到欧洲大陆：1974 年，德意志联邦共和国（西德）建立哈根函授大学，1994—1995 年的在校学生人数达到 4 万人；[20] 1984 年，荷兰开放大学建立，至 1992 年，学生总数达到 6 万人。[21]

学生压力

二战结束后的前 20 年中，科技专业学生学习学校规定的课程。而在 20 世纪 60 年代后期，学生代表要求在课程设置和大学管理事项中拥有发言权。在科技课程设置上，其诉求重点在于课程要和外界建立更为紧密的 536
联系（尤其是要与其日后所从事的工作相关联）。欧洲各国大学都在不同程度上做出了相应的变革。

就在这场变革进行的同时，否定科技的态度在欧洲迅速高涨，这在某种程度上也影响了科技教育的变革。这种否定态度最早出现在呼吁废除核武器的运动中，特别是核裁军运动。核裁军运动组织成立于 1958 年，并在 20 世纪 60 年代获得大学生的大力支持。很多学生反对大学接受军方提

⑲ W. A. C. Stewart, Statement, Ghent Conference(note 1).

⑳ C. Boden, W. Becker and R. Klofat(eds.), *Universitäten in Deutschland, Universities in Germany*(Munich, 1994), 104.

㉑ H. C. de Wolf, Statement, Ghent Conference(note 1). Cf. chapter 1, 19.

供的资金。20 世纪 70 年代，这种观点发展成更为广泛的反科技运动。其较有影响的思想来源包括对环境污染问题的日益担忧（如地球之友组织的观点）和日渐强烈的限制依靠有限自然资源实现经济增长的主张（如罗马俱乐部发表的研究报告）。这些观点对中学生产生了直接的影响，申请就读科技专业的学生很快开始减少。1981 年起，牛津大学化学专业学生人数开始下降，物理专业和工程专业学生人数也先后从 1989 年和 1990 年开始减少。[22] 令人乐观的是，这一变化使人们对“绿色”学科的需求日益增强，如生态学、替代技术、可再生能源、环境与地球学等。尽管传统科技专业学生人数的减少引起了极大关注，但大学教师对来自学生的压力大体上可以积极应对。

和大学生一样，民众也对科技教育问题有所不满，但他们却对 20 世纪 60 年代激进的学生政治活动和部分教师极力宣扬个人观点的做法表示反感。20 世纪 70 年代，公众渐渐不再像以前那样为大学提供广泛资助。到了 80 年代，大学教师和学者的地位也有所下降。这种情况令有才华的科技专业学生毕业后不愿留在大学工作。

战后 20 年中，除少数资金充足、历史悠久的大学外，政府成为大学最主要的资助者，但在相应的权力行使上却一反常态，较为克制。1919 年，英国成立大学拨款委员会，自此，大学与政府之间的关系不即不离，
537 彼此相对独立。委员会由政府委任，但不受行政权力控制。[23] 20 世纪 60 年代，英国政府开始温和地扩大影响力，由财政部委任的罗宾斯委员会在遵循学术自由原则的同时，建议扩大和重点发展科技教育。80 年代初，撒切尔夫人领导的保守党政府断然大幅削减了向大学拨款委员会提供的资金[24]，但没料到委员会直接削减了科技教育的经费。[25] 诸如此类的政府干预愈演愈烈，1989 年，大学拨款委员会解散并成立大学基金委员会，新

---

[22] *Oxford University Gazette*, 6 June 1994.

[23] Robbins Report(note 6), para 728, 235.

[24] 参见第一章，第 15 页。

[25] A. Sampson, *The Changing Anatomy of Britain*(London, 1982), 52.

机构更加关注如何确保政府划拨给大学的资金物有所值。㉖

技术知识和研究的市场

大学之所以能够存在，是因为它可以满足人类学习已有知识和创造新知识的需要。人类的这一需求催生出一个市场，大学也置身其中，其生存取决于是否能适应和满足不断变化的市场需求。作为这个市场中的一部分，所谓“技术”在20世纪发生了巨大的变化，大学必须在调查了解这种变化之后再做出反应。面对现代技术的兴起，大学陷于矛盾之中：一方面，他们明白是大学促进了技术的产生和发展；另一方面，他们也意识到技术已经独立存在，并已形成一套大学并不完全赞同的价值观。

信息爆炸

众所周知㉗，17世纪以来，信息通过各种载体实现了持续加速发展。书籍和期刊的出版发行量、电台和电视频道的数量以及电话号码位数的增加都可以证明这一点。因此，从某种意义上讲，1945年以后并没有什么特别之处。但在战后，保持信息发展所需的资源有史以来第一次成为国民经济的重要组成部分。同时，掌握信息储备技能的人才也开始显得不足。538
大学在促进资讯获取方式的发展中做出了卓越贡献。这一过程分为几个阶段。20世纪五六十年代，图书馆是知识和信息的主要保存场所。至少历史悠久的大学图书馆已拥有大量藏书，其工作重点是扩充藏书量并为持续快速增加的书籍和期刊编目。这些出版物及其读者群体的专业化程度逐步提高。1959年，C. P. 斯诺在题为“两种文化”㉘ 的演讲中明确提到这一现象，他为“文艺复兴式人物”的渐渐消失而感到痛惜。斯诺提出这样的

㉖ D. E. Bland, *Managing Higher Education* (London, 1990), 2.

㉗ D. J. de Solla Price, *Little Science, Big Science and Beyond* (New York, 1986).

㉘ C. P. Snow, *The Two Cultures and the Scientific Revolution* (Cambridge, 1959).

疑问，艺术界友人中有几位能够说出热力学第二定律呢？因此，人们开始不遗余力地推广这样一种理念：科学知识有益于艺术的发展，培养科学家和工程师的教育活动中也要加入“文化”元素。

20世纪70年代，计算机信息技术问世。人们开始使用计算机对图书进行编目，期刊文章的题目、关键词和摘要被输入计算机数据库以供人们搜索相关资料时使用。这在很大程度上缓解了学者对错失本领域重要研究资料的恐惧和担忧，并且这也不会阻碍信息的发展。现在，各类资料和信息通常只存储于计算机可访问的存储介质中，用户通过显示器进行查阅。如果没有计算机信息技术，图书馆有限的预算可能会严重地限制图书和期刊的采购数量，继而成为知识和信息持续发展的绊脚石。计算机信息科技的使用起码可以使信息储存的选择变得更加理性。

大科学

二战后，很多学者回归平民生活，参与大型团队研究项目，或者从他人经验中了解此类研究。政府也强烈地意识到这类研究所能带来的巨大效益，因此支持大学引进此类项目。由于战争刚刚结束，最初的项目便顺理成章地源自战时军事研究项目。

曼哈顿工程耗资20亿美元[29]，进行了世界上首批核弹研制，成为核研
539 究领域的标志性事件，并确立了核研究领域的格局，该项目和战时雷达研制项目为之后30年整个大科学领域的研究项目提供了范例。通常，这类研究都在层级分明的机构中进行。机构最高层为新型的有科学家背景的管理者（例如莱斯利·格罗夫斯将军和尤里乌斯·罗伯特·奥本海默博士）；机构内划分出不同部门，分别负责整体项目中的各项工作，严格地根据时间计划、预算和人力“资源”制定工作目标；机构中还包括官方（和后来出现的多政府）资助者，资助方在项目实施之前参与整体调配，不干涉具体的管理细节。曼哈顿工程证明，这样的（组织管理）方式可以使项目在

---

[29] R. G. Hewlett and O. E. Anderson, *The New World* (University Park, Pa., 1962), 724.

科技基础形成之前就很好地运转。当出现重大疑虑时，可以同时展开多种不同的操作方法，在实施过程中随着各种方法相对优势的显现再做决策。

二战后，欧洲最早的类似项目是法国和英国的核武器研发项目。[30] 英法两国的核武器研发均与民用发电核反应堆的建立同期进行。两国的成功（英国和法国分别于 1952 年和 1960 年成功试爆第一颗原子弹，1956 年英国凯尔德豪尔核电站落成）[31] 证实了政府的观点，即应该为此类科技研究提供大量可利用资源。此类项目所需的基础设施建设由此受到极高的重视（如英国的哈韦尔核电站、卡彭赫斯特核电站、温茨凯尔核电站，法国的丰特奈核电站、萨克莱核电站、卡达拉奇核电站）。首批项目完成后，一批批杰出的科学家和工程师也获得了长期的资助和支持。

首批核项目大获成功后，包括来自大学的负责观察和辅助项目实施的人员在内的参与者构想出一系列新的大型项目。其中包括核聚变武器（热核武器）、受控核聚变反应堆和高能加速器。最初，这些项目均由各国在国家层面组织实施，但随着研发规模的扩大和成本的提高，逐渐发展成为欧洲的综合事务。1957 年，欧洲共同体成员国联合成立了欧洲原子能共同体，旨在协调欧共体各国的核研究。在其资助下，受控核聚变研究项目得以开展。最初，欧共体委员会只向被遴选出来的各国国家实验室项目提供资助。而在 1977 年，欧共体第一个大型核研究项目，欧洲联合环流器获准在英国卡勒姆进行。[32] 项目组成员包括一位德国负责人、一位法国总 540
工程师、一位爱尔兰管理者和若干来自欧共体成员国的工作人员，为大科学领域的合作提供了典范，并超越美国、苏联和日本等竞争对手，成为国际受控核聚变研究领域的领军者。

在高能加速器研究领域，欧洲各国也建立了类似的合作，1952 年，

---

[30] M. Gowing, *Britain and Atomic Energy 1939-1945* (London, 1964).

[31] M. Gowing, *Independence and Deterrence: Britain and Atomic Energy 1945-1952* (London, 1974).

[32] E. N. Shaw, *Europe's Experiment in Fusion: The JET Joint Undertaking* (Amsterdam, 1990).

欧洲 18 个国家（其中包括一些非欧共体成员国家）联合成立了欧洲核子研究中心，成为实现合作的关键。1959 年，该组织在亚当斯的领导下成功研制出质子同步加速器，成为首例获得成功的研发项目，并激发了之后一系列规模更大的项目。这些项目包括 1971 年开始运行的质子交叉储存环，1976 年开始运行的超级质子同步加速器，以及大型正负电子对撞机，该对撞机周长 27 公里，安装在日内瓦附近汝拉山下的隧道里。之后，欧洲核子研究中心又在同一个隧道中安装了大型强子对撞机，实现总撞击能量为 14 万亿电子伏的质子束对撞，并获准于 2009 年开始运行。欧洲各国之间的协作再次成为发现新粒子等杰出研究项目获得成功的关键。[33]

在航空航天领域，大型研究项目起源于德国在二战期间由多恩伯格将军和沃纳·冯·布劳恩负责的军用火箭研制项目。二战结束后，军用项目和民用项目立即同时得以发展，军用火箭项目以发射核武器为目标，民用火箭项目则服务于太空研究。[34] 在该领域，西欧落后于美国和苏联。战后，冯·布劳恩加入美国，主持了一系列大型研究项目，并最终研制出把航天员运送至月球的土星号火箭；苏联则在 1957 年成功发射了世界上最早的两颗人造卫星。[35] 苏联的成功令世界各国大感意外，在这样的刺激下，美国于 1958 年成立国家航空航天局，欧洲也采取了一系列行动以重返该领域。1962 年，欧洲六国（比利时、法国、德国、意大利、荷兰、英国）联合成立了欧洲发射器开发组织，致力于研发主发射装置。1964 年，该组织的六个成员国与丹麦、西班牙、瑞典、瑞士联合建立欧洲空间研究组织，以研发人造卫星和其他太空研究设备为目标。这两个组织成功发射了多颗人造卫星，同样也遭受过多次众所周知的失败。1975 年，两个组织合并为欧洲空间局，以阿丽亚娜运载火箭为基础取得了一系列巨大

㉝ M. Goldsmith and E. Shaw, *Europe's Giant Accelerator* (Andover, 1977); A. Hermann, J. Krige, U. Mersits and D. Pestre, *History of CERN* (Amsterdam, 1987-1990).

㉞ Jewkes *et al.*, *Sources* (note 18), 357.

㉟ *20 Years of European Cooperation in Space*, European Space Agency Report (Paris, 1984), 64.

成功。阿丽亚娜火箭承担了多项远程通信卫星（包括欧洲通信卫星 1 号系列和国际通信卫星）的发射和大量科研飞行任务，如实现乔托号空间探测器与哈雷彗星交会，以及发射同步气象卫星并建立空间气象站。一直以来，与美国航天界紧密合作是欧洲航天局项目的一大特点。欧洲在自己没有运载火箭的时期使用美国的运载火箭，并与美国航空航天局联合开展了空间实验室项目。1983 年，欧洲设计研发的空间实验室搭载美国航天飞机进入太空。 541

欧洲其他的大科学项目还涉及天文学（1957 年，乔德雷尔·班克射电天文望远镜建成[36]。1958 年，剑桥射电天文望远镜建成[37]。这两个项目均与大学有紧密联系）、分子生物学（1963 年，欧洲分子生物组织成立）、信息处理技术（其中特别值得一提的是 1985 年由英国启动的埃尔维项目，和 1984 年起由欧共体委员会资助实施的欧洲信息技术研究战略项目）、气象学（英国、挪威和德国的气象组织在用于短期天气预报的大型计算机模型开发领域处于领先地位。1973 年，欧洲在雷丁成立专门机构，重点研究中期天气预报）。

资金来源和竞争

国家和地方政府

和二战之前一样，20 世纪 40 年代至 50 年代初，大学技术研究的主要资金来源是国家或地方政府拨款，并且几乎没有专门指定的款项。大学要求自主分配所得的政府资助，并通常能够获准。20 世纪 60 年代，大学规模持续扩大，政府资助无法继续满足其需求，政府开始建立非大学机构（或扩展此类机构的职能），因此，即使有越来越多的附加条件，政府资助

㊱　B. Lovell, *Jodrell Bank* (Oxford, 1968).

㊲　G. P. Kuiper and B. M. Middlehurst, *Telescopes* (Chicago, 1969).

仍然能被专门用于技术研究。1962年，英国通过地方政府（主要向学生提供学费资助）和大学拨款委员会向大学提供的资助占大学外部收益总额的88％（同年，罗宾斯委员会提交《罗宾斯报告》）。[38] 当时的科研资助主要来源于三家研究机构，分别为农业研究委员会（1931年成立）、医学研究委员会（1920年成立）和（占主导地位的）科学与工业研究部（1916年成立）。[39] 截至1987/1988年（1988年，英国大学拨款委员会被新
542 成立的大学基金委员会所取代），大学得到的资助中有68％来自大学拨款委员会和地方政府，10％（现为5％）来自研究机构，10％来自其他途径（工业、慈善等）。[40] 如今，研究机构已经不再以资助大学的科研项目为主要活动：它们自身已成为研究主体，并根据各自的专业领域建立了大型研究中心。

20世纪70年代，作为新的官方资助来源，军方向大学提供的资助有所增加，这一变化在某种程度上令人厌恶。战后初期，出于高度保密和确保各类国防设施安全的需要，国防部一度与民用研究彻底分离。因此在1955—1970年间，尽管军事研发经费占整个欧洲研发经费总额的25％（其比例在英国更高），[41] 却并没有向大学提供十分有力的资助。然而，冷战对科技发展的要求越来越高，任何科技知识资源都不容忽视，国防部开始与大学签订协议，开展一些不太敏感的研究。这种做法导致大学在道德和实践方面陷入两难的困境。研究课题通常关注令人感兴趣的知识前沿，资金充足且不受过多的限制，但项目（资助）的申请过程却令人反感，针对研究成果的出版发表所设置的各种安全要求也令人感到厌烦。或许是出于以上原因，国防部提供的资助从未成为欧洲大学预算的主要组成部分，这与美国的情况有很大差异（1992年，该类资助在牛津大学所获资助预

㊳ Robbins Report(note 6), Appendix 4, 103.

㊴ Sampson, *Anatomy*(note 25), 241.

㊵ D. Hague, *Beyond Universities*(London, 1991).

㊶ *Eurostat* 1970-1980.

算中所占比例不足1%)。[42] 尽管如此，北约仍是欧洲科技领域专家举行会议稳定的资金来源。[43]

20世纪七八十年代，超国家（supra-national）政府机构开始向大学提供资助，使国家政府资助日渐得到补充。二战结束后，欧洲立即对建立超国家政府机构产生了强烈兴趣。最早建立的是欧洲煤钢共同体，该组织6个成员国又于1957年签署成立了欧洲原子能共同体和欧共体。最初，欧共体委员会在研发工作中扮演协调者的角色，但到了20世纪70年代，随着成员国提供的资金不断增加，委员会最终能够通过向各种研究项目提供资助的方式独立地进行重大研发活动。委员会所提供的资助面向大学、国家政府实验室和设立于伊斯普拉和莫尔等地的欧共体联合研究中心。至20世纪80年代，超国家机构所提供资助的规模相当于一个小型国家研发 543
经费的总额。其影响力在核研究和信息科技领域尤为突出。[44]

除了政府主导的研发活动，私人企业的研发能力也不断提高。二战后的几年中，企业建立的研发实验室规模不大，主要从事产品优化或质量保障方面的研发。但也有少数化学、制药和电子行业企业实验室的规模和水平与大学实验室相当。这些企业包括德国的通用电气公司、英国帝国化学工业集团、壳牌公司（荷兰）、英国石油公司、葛兰素公司和飞利浦公司（荷兰）。20世纪70年代，企业研发活动的范围扩大，水平提高，并开始在人力、物力和财力等方面与大学形成有力竞争。现在，大多数欧洲大学都从高科技企业获取研究资助。有些资助面向教授和讲师，通常不明确设置限制条件；在有些资助项目中，企业与大学签订合同，大学负责提供技术并进行调查研究；在一些项目中，大学甚至直接根据资助方感兴趣的学科建立系所。

通过观察1983年欧洲各国的研发支出比例，见表15.5[45]，欧洲大学

---

[42] 'Vice-Chancellor's oration', *Oxford University Gazette* (1992).

[43] 参见第三章，第98—99页。

[44] 1971—1995年的发展情况参见第三章，1996—2005年的发展情况参见《尾声》。

[45] *Eurostat* 1975-1985, 12.

所得资助来源的整体状况可见一斑。

表 15.5　1983 年英、法、德三国研发支出比例表（%）

	高等教育机构	国家非营利（项目）	企业研究
英国	21	41	38
法国	25	52	23
德国	40	36	24

准大学机构

欧洲各国有很多机构从事研究或教学活动，或二者兼而有之，其水平与大学相当，但却不是大学（或至少未能达到欧洲大学校长常设会议的标准）。法国的大学校、贡比涅工程技术大学、法国国家科学研究中心均属此类机构。现在，这些机构在法国技术专家（特别是顶尖人才）的培养中
544 占主导地位，并比大学占有更多的研发预算（1985 年，仅法国国家科学研究中心就占了法国非军事研发经费预算的 7.5%）。[46] 在德国，此类机构包括马普学会和弗朗霍夫研究所。很多西欧国家的科学研究院和技术研究所也都属于这类机构。在英国，相应的机构为研究理事会实验室和各所高级技术学院。这类机构的共同特点是以政府资助为主要（如果不是全部）资金来源，并且没有严格限定的研究任务。在有可能进入这类机构工作的人看来，机构中大多数研究者在所获资助层次和完成研究后的职业发展前景上都高人一等。

政府机构

在欧洲国家，战争为政府资助的研究机构带来了巨大变化：承担明确研究任务的机构在数量上有所增加，受重视程度有所提高。尽管有些机构

---

[46] ‘Innovation Policy France’, OECD(1986), 77.

在二战前便已经存在（如德意志帝国物理技术研究所、英国国家物理实验室、英国皇家航空研究院），但其数量和地位都是在战后才得到大幅提高。至 1983 年，这些机构（除德意志联邦共和国之外，如表 15.5 所示）比高等教育机构在研发经费上占有更高的份额。在英国，这类机构主要有英国原子能管理局（1954 年成立）和国有产业机构的研究实验室，如中央发电局、煤炭国家委员会、天然气局、运输委员会等，以上机构均在 20 世纪 40 年代末实行了国有化。㊼

大学在应对竞争中的成败

我们来评价一下二战爆发后欧洲大学在科技发展进程中所起的作用。大多数重要人物是由大学培养出来的吗？大多数核心理念是由大学提出的吗？大学是否做出了重要创新并将其加以推广发展？大学在创新成果的开发利用过程中是否发挥了重要作用？对于第一个问题，我们大致可以给出肯定的回答，其他问题的答案则统统为否。看来在上述 20 世纪业已明确 545
的科技发展进程中，欧洲大学充其量只是扮演了一个边缘化角色。

可能很多学者会认为这样的评价有失公允。但在错综复杂的现代世界，处处需要专门化，大学的专长在于教书育人和从事基础研究。而大学实际的活动方式以及资助者、学生和社会施于其身的需求却冲破了这道界线。自然科学和工程学系部都认为应用研究在其职责范围之内；即便是对核心科学系部来说，如果只从事基础研究，其研究资金和对学生的吸引力也会面临下降的风险。从 1980 年开始，社会期望大学能够和私营企业、政府机构等其他机构一样，在大致相同的基础上参与市场运营，提出具有应用性的理念。

技术专业毕业生的教育及职业生涯

由于法国大学校在法国高等教育中占支配地位，所以法国的情况比较

㊼ Sampson, *Anatomy* (note 25), 533.

特殊，但在欧洲其他各国，几乎所有重要人物都拥有大学授予的学位，其中相当大一部分人还获得了博士或同等学位。（J. B. 亚当斯则是一个罕见的例外，他从未获得过任何学位，却于1969—1980年期间担任了英国卡拉姆核聚变实验室和欧洲核子研究中心的负责人。）即使在政府部门和私营公司，大学教育也对研发模式有重要影响：高层管理者对传统的学者生活方式念念不忘，有时甚至试图将其部分或全部复制到非大学机构中去。这也意味着他们了解并且能够克服大学模式的局限。事实上，大多数重要人物在欧洲接受了全部的大学教育。欧洲和其他地区在高等教育的阶段划分和时间安排上存在差异，所以欧洲人很难选择其他地区的大学，也无法将其与本土高等教育进行衔接。然而，他们中有许多人选择在美国或其他国家进行博士后研究。因此，尽管欧洲保留了自己独特的技术文化，但是仍从美国以及其他国家和地区（近期）的学术界汲取了很多营养。

除顶尖人才之外，其他大学技术专业毕业生基本上也都在各个阶段拥有广阔的职业发展前景。但其就业方式却发生了巨大的变化。至20世纪60年代末，因为大学的研究或教学岗位是终身制，受人尊敬并且收入颇丰，同时还赋予个人相当大的自由来决定教研结合的程度和研究领域，所以很多符合留校要求的高素质人才在毕业（甚至获得更高层次学位）时经
546 常会留在大学中工作。当时，有才华的技术专业毕业生所面临最大的困扰就是要不要去美国工作，因为那里的薪资和研究资源要优于欧洲。但在20世纪60年代后期、70年代以及80年代，制造业和服务业的薪资与影响力超过了教育、研究和政府等部门。

即便如此，大学的技术专家仍在社会中发挥着作用。实际上，当他们走下神圣的讲坛时，便被视作独立的、没有商业偏见的专业知识的源泉，受到高度重视。这些专家致力于各种事务，担任技术灾难调查委员会的主席；针对商业对个人和环境造成的侵害提出富有见地的抗议；捍卫长远利益，反对片面追求短期效益。由于大学和政界“绿色”发展趋势之间的联系进一步加强，科技在年轻一代中的受欢迎程度明显降低。但这种情况并未阻止技术专业毕业生进入高新科技商业领域的高层工作。相反，和过去

几十年一样，在20世纪八九十年代，技术专业毕业生仍然在优秀企业的董事会中占较高比例。然而，会计师出身的董事会成员所占的比例也有所增长，雄心勃勃的大学毕业生开始认为能帮助他们在商业领域达到顶峰的是市场营销和销售部门，而非研究部门。

技术涉及设备、（研发）活动或者活动过程中所体现出的各种理念，但要确定具体是在哪个环节形成了理念，或究竟是在研发过程中的哪个阶段产生了附加值却并非易事。以核能为例，1934年，依达·诺达克首次公布核裂变的观点，豪特曼斯、西拉德和约里奥·居里几乎在同时提出了链式核反应在理论上的可能性。1938年，豪特曼斯、西拉德和约里奥·居里，以及哈恩和施特拉斯曼首次获得核裂变的实验依据；1939年，约里奥、霍尔班和科瓦尔斯基首次取得链式反应的实验依据。[48] 1939年，费
米和魏扎克提出建造可以产生钚元素的“反应堆”；1940年，派尔斯和弗 547
里希提议分离铀同位素，把上文提到的学术研究转化成了新技术的基础。[49] 这些学者几乎都在大学工作。如果不是因为战争需要依靠他们的帮助来建立庞大的核产业，其理念可能永远无法成功地付诸实践。这一系列事件，从大学里的纯研究起步，到最终成功地形成产业，都为规划者树立了典范。

20世纪60年代，涓滴理论（“trickle-down” theory）在各界引发讨论。有人认为学者在提出最好的研究理念后并不十分关注其开发利用，事实真的如此吗？这个时期，政府部门和私营企业的实验室迅速增加，说明上述疑问并不成立。学者持续不断地提出新理念，任何一所大学都会引以为荣。

面对挑战，大学以多种形式做出反应。首先，从个人层面讲，顾问制度的出现使学者可以在教学时间以外向政府或企业提供收费咨询服务。其动机既包含个人利益，又包含把大学的技能应用于国防或经济发展的理

[48] R. Jungk, *Brighter than a Thousand Suns* (Harmondsworth, 1960).

[49] Gowing, *Atomic Energy* (note 30).

想。最初，大学并不严格控制此类行为。但到了 20 世纪 70 年代，大学开始保护本校员工知识产权中属于学校的利益，以学校名义取得专利权，通过公共代理机构，如英国国家科学研究开发公司，帮助他们将研究理念推向市场。

在大学与产业界关系领域的第二项进展是，大学在系部层面与产业界建立起了联系：鼓励产业界在校企双方共同感兴趣的领域出资设立岗位、职位，甚至建立新系部。此类案例可追溯到 20 世纪 40 年代，曼彻斯特大学与英国化学工业公司和英国大都会韦氏电气有限公司的联系。[50] 部分情况下，举措更为积极的第三种做法发生在大学层面，通过建造楼宇、提供设备、借调高层次人才等方式投资兴建科技园区，即毗邻大学的企业。英国早期的案例是剑桥大学和爱丁堡赫瑞瓦特大学建立的科技园。

尽管如此，欧洲大学并没有创造出对战后世界产生重大影响的技术。喷气式发动机、雷达、火箭推动器、核能、风能、聚乙烯、有机玻璃、合成洗涤剂、集成电路、电子管计算机、机器人、粒子加速器、空间探索和射电天文学的发明创造都离不开欧洲大学。但若和非大学机构取得的成就
548 相比，这些便显得微不足道了。从商业开发角度看，大学对发展创新理念的作用更加有限。总体而言，大学在这一时期所起的作用是解决一些并不紧急的小问题，所以研究合同的存续期能够和“典型”毕业生 3 年的学习周期相匹配。这些合同提供的资金对某些大学的财务收支状况意义重大，而对资助机构来说却常常无足轻重。

总而言之，在最高水平的技术教育领域中，大学保持着统治地位，其强大的竞争对手只有法国大学校和东欧的技术学会。在基础研究或“蓝天”研究中，大学保留了重要地位但不占主导。在应用型研究与开发中，政府机构和私营企业的研发部门占据了绝对优势，而大学只能退至利基市场。为何会出现这种情况？结果会有所改变吗？

通过与美国进行对比，可以找到问题的答案。无论是发明创新还是推

---

[50] Barnes，Statement，Ghent Conference（note 1）.

进其成果开发利用，美国大学都更加成功。与欧洲大学教师相比，更多的美国教师走出大学实验室，创立小型公司并且运营得很成功。美国的科学园区规模更大，并在国家科技发展中具有更加重要的意义。美国大学从企业研发资助中获得的资金更多。这种方式在欧洲发展得比较缓慢，一部分原因是欧洲大学自身具有反商业文化；一部分原因可归结于立法体系，许多欧洲国家仍禁止大学将其知识产权进行商业开发；还有一部分原因在于欧洲大学的内部组织结构，大学中的个体自由可以超越集体行动。因此，即使是前景美好的项目也很难形成气候。但最终其主要原因仍是科技自身的成功，科技发展的蓬勃程度使任何社会机构都无法将之操控。

精选文献

Barblan, A., and Sadlak, J. 'Higher Education in OECD Countries: Patterns and Trends in the 1980s', *CRE Standing Conference*, April 1988.

Bland, D. E. *Managing Higher Education*, London, 1990.

Carson, R. *Silent Spring*, Boston, 1962.

Croarken, M. *Early Scientific Computing in Britain*, Oxford, 1990.

de Solla Price, D. J. *Little Science, Big Science and Beyond*, New York, 1986. 549

Forrester, T. (ed.) *The Microelectronics Revolution*, Oxford, 1980.

Goldsmith, M., and Shaw, E. *Europe's Giant Accelerator*, Andover, 1977.

Gowing, M. *Britain and Atomic Energy 1939-1945*, London, 1964.

Gowing, M. *Independence and Deterrence: Britain and Atomic Energy 1945-1952*, London, 1974.

Hague, D. *Beyond Universities*, London, 1991.

Hermann, A., Krige, J., Mersits, U., and Pestre, D. *History of CERN*, 2 vols., Amsterdam, 1987-1990.

Hewlett, R. G., and Anderson, O. E. *The New World*, University Park, Pa., 1962.

Jewkes, J. , Sawers, D. , and Stillerman, R. *The Sources of Invention*, London, 1962.

Jungk, R. *Brighter than a Thousand Suns*, Harmondsworth, 1960.

Krige, J. (ed.) *History of CERN*, Vol. Ⅲ, Amsterdam, 1996.

Krige, J. , and Russo, A. *Europe in Space, 1960-1973*, Noordwijk, 1995.

Kuiper, G. P. , and Middlehurst, B. M. *Telescopes*, Chicago, 1969.

Lavington, S. *Early British Computers*, Manchester, 1980.

Lovell, B. *Jodrell Bank*, Oxford, 1968.

Metropolis, N. , Howlett, J. , and Rota, G. C. (eds.) *A History of Computing in the 20th Century*, New York, 1980.

Sampson, A. *The Changing Anatomy of Britain*, London, 1982.

Shaw, E. N. *Europe's Experiment in Fusion: The JET Joint Undertaking*, Amsterdam, 1990.

Snow, C. P. *The Two Cultures and the Scientific Revolution*, Cambridge, 1959.

Williams, T. I. (ed.) *A History of Technology*, Vol. Ⅵ: *The Twentieth Century*, 2 vols. , Oxford, 1978.

Wolovich, W. A. *Robotics: Basic Analysis and Design*, New York and London, 1986.

尾声：从在欧洲的大学到欧洲的大学 550

安德里斯·巴布兰

项目起源

编写《欧洲大学史》的构想萌生于1979年。欧洲大学校长常设会议从1955年开始组织欧洲大学校长集会，1979年我作为该组织的秘书长，正在筹备即将于戈尔韦召开的会议，会议主题为“高等教育的区域作用”。爱尔兰的一些大学创办于19世纪40年代，其早期历史深深吸引了我。1845年，可怕的“马铃薯饥荒”（Potato Blight）在爱尔兰爆发，饥荒和移民导致人口锐减，大学设法处理疫病引发的亟须解决的社会和经济需求问题。当时的爱尔兰大学似乎预示了日后美国赠地学院的诞生，但红衣主教纽曼的设想则是建立以教育为中心的高等院校，并据此对英国大学进行了改革。因此，爱尔兰大学的社会角色也很快发生了转变。纽曼的大学理念与19世纪遍布欧洲多国的德国大学洪堡模式截然不同。这使我想到曾经在欧洲大学校长常设会议上讨论过的问题，即大学在社会服务、科研创新和教育改革中的作用和地位。我开始思考是否能通过历史分析获得启示，特别是在一个高等教育科研机构日益分化，大学经历某种身份危机的时代。

1980年8月底，国际大学协会第七届大会在马尼拉举行。会议期间一个闷热潮湿的夜晚，我与近代史学家、苏塞克斯大学前副校长阿萨·布里格斯有过一次令人难忘的谈话。我们一致认为，从大学对社会发展所做贡献的角度编写欧洲大学史，可以为学者提供新的见解，帮助他们找到塑造个人学术活动的潜在力量。这套书尝试寻找长期以来学者行为和大学活动

551 之间的相似之处，并且查明这些行为是否使欧洲社会产生了相应的发展。当时，欧洲大陆东西部地区局势紧张，在那样的时期通过这样的思路梳理历史尤具价值。1975年，人们曾尝试将欧洲大学校长常设会议转变为欧洲大学协会，将其建成一个致力于智力合作的泛欧组织，但由于当时东欧和西欧地区正处于剑拔弩张的对峙状态，该尝试以失败告终。

基于1980年与布里格斯在菲律宾的重要谈话，以及后来一些教育史学家和教育社会学家的建议，欧洲大学校长常设会议委员会于1981年建立了一个国际性研究团体。在负责人、高等教育历史学家盖伊·尼夫的帮助下，该团体决定对欧洲学术界现状及其历史和社会背景展开跨学科研究。欧洲大学校长常设会议的成员大学对这一大胆提议表示支持，并委派专家以“国家通讯员”的身份参与其中，向研究者提供各国的具体信息。1983年3月，欧洲大学著名的历史学家和社会学家聚集在瑞士伯尔尼举行会议，根据已有的研究工作讨论此项目的可行性并最终得出了肯定的结论。1983年9月，欧洲大学校长常设会议委员会任命编辑委员会，由伯尔尼大学社会学教授、法兰克福大学前校长瓦尔特·吕埃格担任主编，负责项目的执行与出版。

1984年，为纪念欧洲大学校长常设会议成立25周年，该组织向成员提供了一份长达350页、从古至今所有欧洲大学的简要大事记，名为《欧洲大学史纲》①，这为更加宏大的《欧洲大学史》的编写做了前期工作。《欧洲大学史》共四卷，描述了欧洲大学在中世纪晚期、近代早期（至法国大革命）、工业化和殖民主义时期（至第二次世界大战）以及二战后的发展。瓦尔特·吕埃格领导的编辑委员会由来自欧洲不同国家和地区大学的历史学家和社会学家组成。他们都是各自研究领域的专家，其中包括阿萨·布里格斯（牛津）、希尔德·德·里德-西蒙斯（根特）、亚历山大·盖伊什托尔（华沙）、诺特克尔·哈默施泰因（法兰克福）、奥拉夫·彼得森（奥尔胡斯）、约翰·罗伯茨（牛津）、爱德华·希尔斯（剑桥）、雅

① Jílek, *Historical Compendium*.

克·韦尔热（巴黎）等。这些编委的职责是选定研究上述四个历史时期欧洲大学发展情况的专家，并编辑整合不同作者的来稿。他们还负责突出强调高等教育史研究的现状、有待填补的研究空白和针对某些特定问题的争论。鉴于大学在社会中的很多特性被忽视，我们鼓励编写者运用原创性和 552
比较研究的方法，这延宕了本书的完成时间。书中很多章节的原文是用其他语言撰写的，最终由编辑用英语整理出书稿。总体而言，这套书在国际上引起了广泛关注，已被译成中文、德语、葡萄牙语、俄语和西班牙语。

历史经验

除了实际操作的问题，理论问题也增加了本书的编写难度。通过此项研究是否可能向书中被考察的大学（及其成员）提供有关其往昔与今日状况的详细说明、参考和启示？本书内容跨越了大学近千年的智力发展和组织机构发展过程，其客观性何在？为消除此类疑虑，本书四卷全部使用相同的主题结构，以共同的编写指南为基础，每卷为所有作者统一设置问题。这一方法便于将欧洲各国大学贯穿数世纪的发展情况同时进行横向和纵向比较。其编写结构帮助编者从历史叙述中抽离出来，去发现需要进一步研究的领域。由于很多作者习惯于在特定的语言或文化背景中工作，所以读者可以在本书中看到欧洲学者的独特视角。在此情况下，项目组建立了“国家”通讯员工作体系。各国通讯员对作者提交的书稿进行评估并提出修改意见，使书稿内容可以真正反映其所在国家的情况。

主观性是此类大规模研究项目的固有问题。例如，在有关各卷所涉及的历史时期的争论中，各位编者都坚持自己的观点。中世纪终止于何时？文艺复兴时期和人文主义究竟是一个时代的终点还是另一个新知识时代的开端？何为近代早期？又为何把法国大革命作为近代早期结束的标志？颇具历史意义的 19 世纪起止于何时？每个思想流派都对什么是历史以及历史是什么样的给出了不同的答案。为解决上述争论，本书根据主要的、被认可的社会文化界定来划分各卷的历史分期。尽管人文主义、民族主义和工业革命在欧洲大陆各个国家和地区兴起的时间有所不同，但都受到了大学的影响，并且同样要求大学适应其发展变化。因此，可以将其作为整个欧洲大学发展历史的时间界限。

按照最初的研究计划，本书第四卷内容的起止时间为1945—1990年，
553 因为这样编写最利于进行数据对比。但是，当初我们无法预见1989年柏林墙会倒塌并成为历史上重要的里程碑。再加上同样具有重大标志性意义的《单一欧洲法案》的影响，欧共体于1992年实现了向欧盟的转变。因此，编委会最终把第四卷内容的结束时间延至1995年。本卷后记部分没有选择某一具体时间，而是关注20世纪最后几年，因为这几年预示了21世纪初期学术界可能发生的变化。我将在尾声部分阐述20世纪最后20年学术界视角所发生的变化，它们证实了我的基本假设，即欧洲各国的大学正渐渐转变为整个欧洲共有的大学。

大学在欧洲的形象

欧洲的学术机构往往依靠“叙事”（narratives）来表明其身份。在形势发生变化时，学术机构会对此变化是机遇还是潜在威胁做出判断，“叙事”相应地成为他们采取行动的手段或者抵制变革的理由。洪堡、纽曼、雅斯贝尔斯是大学自我描述的常用参照；在少数情况下，学术界也以博洛尼亚大学为代表的学生型大学和以巴黎大学为代表的教师型大学为参照。而拿破仑式的大学遗产则鲜见沿用。

在博洛尼亚模式中，由学生选聘教授并管理学校。有学者强调需求以及社会相关性在高等教育发展过程中的重要作用，该模式符合这种观点。学生的提议可以得到学校的支持，例如向学生发放证件并允许“持证者”“用脚投票”。博洛尼亚大学正是通过这种方式将校址迁往雷焦艾米利亚，借此抗议博洛尼亚市政官员无视学生要求和阻挠学生活动的行为。巴黎模式支持教授重视学术质量，在教学过程中优先考虑教师的需求，并由科研同行来控制标准。《欧洲大学史》第一卷指出，这两种学术团体模式都具

有培养神职人员、医生和律师的社会作用，这些职业的从业者在中世纪社会为人们提供了品质良好的生活。现代大学仍然提供这样的职业培养和训练。

本书第二卷继续研究大学历史并加入了新内容，进入近代早期后，欧洲建立了新的高等教育机构以满足造船、民用、军事工程和采矿业的实际需求。通常，这些教育机构的目的是逐步培养具备较高能力的人才，令他们感到自己是提升国家声誉的参与者，并能获得丰厚的物质回报。拿破仑和帝国大学使这些机构的发展实现了系统化，形成中央集权的教育体系。在欧洲大陆很多地区都可以找到该体系下的教育机构。连同大学校和技术 554
精英学校一起，拿破仑大学模式强行贯彻了这样一种理念，即，在法兰西帝国，学术要为国家服务。如第三卷所述，在19世纪，欧洲有很多此类机构（特别是工程学校）得以蓬勃发展，其中有很多在近期转变成了大学。但也并不是所有机构都如此：法国大学校至今仍保持独立，大多数大学校由教育部以外的其他部门提供资助。俄罗斯的情况与法国相同。在学术环境中提供实践训练已成为现代大学一项越来越重要的功能。

本书第三卷讨论了洪堡模式，该模式认为科学（广义）发展是人类发展的一部分，而学术界则在科学（广义）发展过程中起主导作用。后来的红衣主教约翰·亨利·纽曼在《大学的理念》中强调了这一观点。该书于1852年即纽曼担任爱尔兰天主教大学校长的第二年出版。虽然经常暴露出不足和脱离实际，但在当今欧洲，对那些相信教学与研究相结合是大学根本特征的人来说，洪堡模式仍为大学发展提供了重要参考。纽曼强调，教育和学术是培养优秀公民的途径。当今高等教育走向大众化，大学作为科技创新中心所获得的资助有所减少，纽曼的观点得到了认可。

本书第四卷展现了1945年之后，在高等教育机构尝试自我定位的过程中，各种模式之间的冲突、交叉与融合，而美国模式在当时也成为一种参照标准。因此，现在“大学”一词含义非常广泛。2000年1月24日，欧盟颁布《议会和理事会决议》，确定了第二期苏格拉底计划。该文件和其他欧盟文件规定，无论各欧盟成员国如何定义，“大学”一词均指任何类型的、根据国家立法或惯例颁发高等教育学历或文凭的高等教育机构。实际上，布鲁塞尔的大学似乎等同于第三级教育，提供多样化的、包括各种形式在内的中等教育以上水平的培训。

然而这样的概念未必符合高等教育行业内部的期望，对它们中的大多数而言，今日的大学平衡于现代与传统之间。在这一压力的推动下，大学在社会中扮演三种角色：知识的创造者、管理者和批判者。大学的目的既可以是实现社会再生产，即为已然和应然社会的存续来利用知识和人，也可以是培养人们形成挑战正统的质疑精神，通过质疑既定事实去探索未
555 知。举例来说，大学能够同时容纳相同观点和不同见解，短期追求与长远期望，坚持执行社会秩序的克瑞翁和遵从价值更高的真理的安提戈涅❶。

因此，内部的冲突分歧是大学特征的基本要素。有些高等教育机构更多地强调综合作用，有些则关注创新功能。同一所院校可能会在某一时间倾向于综合功能，在另一时间又倾向于创新功能。此外，同一所大学的不同部门可以同时践行这两种功能。置身于功能如此混杂多变的大学中，不同学派的学者往往并不认为彼此属于同一机构。自1945年以来，社会要求大学具备多种功能，也加强了这种分化。随着学生、教职员工和高等教育机构数量的大幅增加，有些国家有一半以上的适龄青年接受了某种形式的高等教育，大学已经完成了重要的民主化进程，最终不再因距离和神秘而令人仰望。

在欧洲很多地区，公立大学和私立大学常被视作另一种形式的培训中心，是为当地社会、雇主和商业培养人才的优质学校。终身学习的需求强化了大学这一作用：越来越多的成年学生回归学术。因此对很多人而言，大学生活不再仅仅是从青春期到成年的过渡阶段。以前，人们普遍希望通过上大学来实现社会流动，但是当学生数量如此庞大时，大学就再也无法完全满足这样的需求了。由于未来的知识型社会将在知识和技能水平方面对大多数职业提出更高的要求，而人们又把大学当作通往未来知识型社会

❶ 二者均为希腊悲剧作家索福克勒斯作品《安提戈涅》中的人物。

的跳板，因此，大学仍然保持着很高的社会地位。本卷前几个章节记录了这些变化。在 21 世纪，这些变化将带领我们走向何方？它们又在近期对欧洲大学形成了哪些影响？

高等教育欧洲化的前提

1985 年，欧共体委员会主席雅克·德洛尔提交了《单一欧洲法案》。根据该法案，欧共体于 1992 年实现了向欧盟的过渡。1986 年，西班牙和葡萄牙加入欧共体，其成员国增加到 12 个。就欧洲大学而言，这两年（1985 和 1986 年）集中讨论了“联合学习项目”② 向伊拉斯谟计划转变的 556
问题。联合学习项目虽已取得成功，但却非常有限，而伊拉斯谟计划则鼓励欧共体成员国在大学教学项目中展开多边合作。1986 年，不愿接受高等教育国际化的成员国在关键时刻反对伊拉斯谟计划的实施，各大学不得不向欧洲当局施压，要求绕开反对意见并启动这一学术流动计划。伊拉斯谟计划为年轻人提供了一个独特的机会，让其体验整个欧洲的教育和文化，帮助他们发现不同文化之间的共性和差异。在伊拉斯谟计划实施之前，欧共体提出了促进高等教育和工业界合作的技术教育交流计划，即可米特计划。这些项目的目的不仅仅是鼓励在各国大学和高等教育体系之间进行对比，还要考虑课程的兼容性、研究的等效性、共同规范的重要性和对大学学习评估共享互认的需求。尽管只在欧共体 12 个成员国范围内开展，但正是这些项目使“欧洲化”成为学术国际化的一种形式。

同一时期，戈尔巴乔夫在欧洲大陆东部发起改革，致使欧洲社会主义

② 1976 年，联合学习项目（JSP）开始启动，不再进行传统的学生交换活动，而是由委员会提供一套系统的、适用于各成员国构建学术培养的学习经验。所谓“联合”，是强调对惯例的需求和实施，由参与项目的大学教学部门决定。该项目可谓是欧洲融合的实验田，成为欧洲学术一体化的代表。2001 年 3 月，欧洲大学校长常设会议过渡为欧洲大学协会。2002 年，欧盟委员会委托欧洲大学协会实施联合学位项目，继续鼓励改革，从设置简单的联合学习项目式课程内容走向完整的课程一体化，这成为各国多所大学共同的责任。

国家的结构彻底发生变化。因此苏联重新评估了高等教育的合作模式。1987 年 2 月，经互会成员国的大学在莫斯科举行会议，决定扩大欧洲东部和西部大学形成校际合作的可能性。波兰大学校长一直通过欧洲大学校长常设会议和其他欧洲大学保持联系，因此，地处东欧各国首都的各所大学的校长请波兰大学校长按照欧洲校长常设会议双年会的模式组织一次与西
557 欧大学校长共同参与的会议。[③] 1988 年 6 月，华沙大学校长格热戈日·比亚乌科夫斯基主持召开会议，主题为“作为欧洲文化熔炉的大学”。与会代表超过 90 人，其中有 35 位来自除阿尔巴尼亚和罗马尼亚之外的社会主义国家，各位代表强调了学术合作的必要性。

与此同时，被誉为“欧洲大学之母”的博洛尼亚大学正值 900 周年华诞，意大利举行了纪念欧洲大学起源的庆祝活动。活动持续了整整一年，于 1988 年 9 月 18 日在马乔雷广场落下帷幕。当天，约有 430 位大学校长出席活动，其中有三分之二来自欧洲，包括东欧和西欧；三分之一来自世界其他地区。他们共同签署了《欧洲大学宪章》，概述了未来学术一体化的原则。之前几个月，在欧洲大学校长常设会议主席卡迈恩的主持下，博洛尼亚大学校长法比奥·罗维西·摩纳科组织一些学术界领袖起草了该宪章。宪章象征着大学自主、学术自由及其赋予大学的社会责任，重要的学术界人士共同见证了文件的签署。意大利总统、多位部长和大使、教堂高级教士以及市政长官出席了闭幕活动。诗人、意大利文学教授乔苏埃卡·尔杜齐曾在 1888 年以“大学是统一的意大利的共同机构”为主题，策划了博洛尼亚大学 800 周年庆典。1988 年，大学得到认可，成为该地区所有国家的共同机构，甚至成为欧洲的熔合点。因此，博洛尼亚大学在校庆活动中不仅把荣誉博士学位授予著名科学家，还授予了欧洲的政治领袖，其

③ 关于欧洲大学校长常设会议的早期发展，参见第三章，第 94 页、第 100—101 页。1955 年，欧洲大学领导者在爱丁堡公爵辖地剑桥召开会议；1959 年，在法国第戎创立欧洲大学校长常设会议。1964 年，欧洲大学校长常设会议在哥廷根举行第三次会员大会，被列入瑞士法律，并决定将机构设置在日内瓦。从 1969 年起，该组织每半年定期举行会议，讨论学术管理和大学发展问题。

中包括教皇约翰·保罗二世、戈尔巴乔夫、弗朗索瓦·密特朗和西班牙国王。博洛尼亚大学校长及其顾问约瑟夫·卡普托的目的在于重申大学在社会发展中的政治功能；学术界通过塑造理念的方式促进欧洲大陆文化的融合，在使整个欧洲走向和谐的过程中发挥了关键作用。博洛尼亚大学在长达一年的庆典活动中邀请各国领导人参加，希望他们对学术界的关键作用给予肯定。

铁幕落下：1989 年及之后

1989 年 9 月，欧洲大学校长常设会议在杜伦举行大会，对来自保加利亚、捷克斯洛伐克、匈牙利和苏联等国的 25 位新成员表示欢迎，这些新成员均愿意振兴泛欧合作。从某种程度上来说，所有这些举措和会议都预示了两个月后发生的巨变。1989 年 11 月，随着柏林墙轰然倒塌，自二战 558
后分割欧洲的“铁幕”消失了。欧洲政治两极化的局面戛然而止（这样的结束方式出乎大多数欧洲人的意料），40 多年来柏林墙两侧出于对“另一侧”心怀恐惧而形成的智力习惯、政治反应和文化偏见得以扫清，“大欧洲”的形成开始变得可能。但上述变化也给区域差异和种族分离提供了条件，激活了人们长期受到压抑的群体认同感，因此把可能变为现实就成为一项十分艰巨的任务。

两德统一工作包括按照西德地区惯例和组织模式对东德各省进行重整，这使民主德国（东德）各大学的人事和组织结构发生了变化，很多东德大学的新任领导是来自西德的学者。重大的公共投资使变革具有可行性，实际上，大量的资金投入令德国东部的学习环境比西部更具有吸引力。据此，德国赋予自身新的定位：成为欧洲区域合作的轴心而非旁观者。

随着苏联影响的终结，忠诚意识不复存在，并且当时各国正处于开拓边界的时期，所以欧洲更多地走向了分离而不是联合。以德国为例，由于东德地区进行的经济和社会变革，原来公认的共享团结的政治模式很快便销声匿迹，放任主义似乎成为方便实用的解决方法。经过几年的时间，欧洲从原来的满怀壮志变得对未来迟疑迷茫，表明当时的世界缺乏共同准则，社会充满利益集团之间的激烈斗争。

1948—1989年，世界处于两极政治格局时期，南斯拉夫扮演了调停者的角色：使对峙双方可以在贝尔格莱德、萨格勒布或亚得里亚海海岸会晤。20世纪60年代开始，贝尔格莱德大学和南斯拉夫大学联盟每年都在杜布罗夫尼克旧城联合举办研讨会，即“当今的大学”年度研讨会，为欧洲东西部国家和地区的学术关系提供了一个中立空间，促进了多边学术合作。1971年，大学校际中心在杜布罗夫尼克旧城成立，研讨会的国际作用得到认可。然而，随着东欧剧变，南斯拉夫丧失了其特殊地位，南斯拉夫联盟最终于1991年分崩离析。斯洛文尼亚和克罗地亚率先宣布独立，并强调各自的文化特性。1992年，战火波及波斯尼亚，塞尔维亚试图维持自己先前在该地区的优势地位。大学作为文化中心成为种族清洗的首要目标，位于奥西耶克、萨拉热窝和杜布罗尼克旧城等地的学术中心遭到轰炸或烧毁。1991年夏季学期，贝尔格莱德政府驱逐了在原塞尔维亚自治
559 省科索沃任教的以阿尔巴尼亚语为母语的教师；同年10月，政府关闭了面向以阿族语为母语的学生开放的普里什蒂纳大学。为了应对当时的局势，使用阿尔巴尼亚语教学的非官方普里什蒂纳大学于11月成立，学校采用原有的组织结构并以半地下的状态运转了八年。另一个未得到官方认可的以阿尔巴尼亚语为教学语言的学术机构位于马其顿的泰托沃。1991年，马其顿脱离南斯拉夫，但到1993年才在国际上获得认可。1998年，米洛舍维奇执政的贝尔格莱德政府通过了一项法律，目的是抑制塞尔维亚大学的自治权。新法律规定，此后由内阁直接任命大学校长和其他重要职务。此举引发了教授辞职和学生罢课，其中很多人决定建立一个非传统学术教育联合组织（AAEN）来维护宽容和具有批判意识的传统学术价值观。

1999年，北约组织攻打南斯拉夫，最终由联合国接管科索沃地区。2000年，米洛舍维奇政府下台，由非传统学术教育联合组织成员领导塞

尔维亚大学体系的重建工作。欧洲学术界，特别是欧洲大学校长常设会议，对塞尔维亚地区大学日益恶化的处境非常关注。早在 1990 年，该组织就委派特别学术工作组在巴尔干地区进行斡旋。在奥地利、德国、瑞典、瑞士四国和一些大学的资助下，工作组帮助前南斯拉夫受到压制的学者与国际学术界保持联系。为了限制米洛舍维奇政府任命的大学校长染指欧洲学术界，欧洲大学校长常设会议于 1998 年做出决议，暂停塞尔维亚大学的成员资格。欧洲委员会、联合国驻科索沃特派团、欧盟和欧洲大学校长常设会议一起合作，组织会议、暑期学校和国际审核活动，为重建塞尔维亚地区高等教育的教学和管理做出了贡献。

面对新形势，欧共体迅速做出反应，1989 年便决定实施坦帕斯计划，后来，该项目对前社会主义国家高等教育的重建起到了促进作用。项目最初在波兰、匈牙利和捷克斯洛伐克开展，并很快扩展到其他大多数欧洲中东部国家，帮助大学院系从欧盟获得现代设备并和其他欧洲大学建立新的联系。欧盟成为政治改革和转型的主要焦点。二战结束后，欧洲被铁幕所分离，奥地利、芬兰和瑞典三国靠近分界线。1995 年，这三个国家加入 560
欧盟，欧盟的影响力继续增强。20 世纪 90 年代，欧盟成员国大学生交流项目的规模持续扩大，伊拉斯谟计划的成功实施便是具体表现。该项目自 1987 年启动以来吸引了成千上万名参与者，是重要的欧洲合作项目。其成功依赖于教授们同意把自己讲授的课程与其他国家同类课程加以对比并调整教学，从而对本国学生和外国交换生形成一套相同的评价体系。这套评价体系在实践中被转化至欧洲学分互认体系。前社会主义国家把参与伊拉斯谟计划看作是欧洲身份的证明。因此在 20 世纪 90 年代末，中欧和东欧国家甚至不惜以牺牲部分经济资助为代价，要求脱离坦帕斯计划（参与该计划被视作具有成为欧洲一员的资格和机会），加入伊拉斯谟计划。“欧洲兼容性”对这些国家进行大学改革的推动力比对欧盟成员国大学更强。对欧盟成员国来说，欧洲维度不过是学术流动的一个细微方面而已。90

年代末，《索邦宣言》和《博洛尼亚宣言》的签署改变了整个局面。[4] 最初使原“铁幕”两端各国大学走到一起的联合活动仍然非常频繁。例如，1990 年在格但斯克成立波罗的海大学校长会议，该组织以创办于 1983 年的多瑙河大学校长会议为模本。之后，类似的组织纷纷建立，如阿尔卑斯-阿德里亚大学联盟、阿莫斯大学联盟（欧洲东南部）和黑海大学联盟，这些组织把传统的东欧与西欧大学联系到了一起。

随着苏联解体，俄罗斯被迫重新进行自我定位。首先，俄罗斯把美国高等教育视为学术质量的标准和改革的手段。新标准和新手段被特别用来改革原来按照马克思主义路线进行教学的科目。1989 年以后，美国的大学、基金会和政府机构在大多数前社会主义国家中开展重要项目，推动这些国家和地区进行改革，包括推动各国建立私立大学和跨国创办中欧大学。中欧大学始建于布拉格，后迁至布达佩斯，使用索罗斯基金为顶尖学生提供研究生教育，这些学生包括从俄罗斯等地招收的学生。对尚未习惯把英语当作国际交流通用语言的国家而言，用英语教学是一项重要改革。二战后，在美国的支持下，萨尔斯堡论坛在奥地利设立，该智力合作机构
561 从 1995 年开始邀请欧美各国学术领袖共同参与有关中欧和东欧大学管理的广泛合作项目。1998 年后，俄罗斯也参与了合作。针对欧洲创新问题，欧洲大学校长常设会议于 1991 年在当时的列宁格勒召开会议，讨论提高高等教育质量的策略问题。后续在 1993 年 2 月，欧洲大学校长常设会议联合圣彼得堡大学召开研讨会，独联体[5]国家中有意将坦普斯计划扩大到前苏联加盟共和国（即后来的第二期坦普斯计划）的政界和学界领袖应邀参会。各种类似的活动在接下来的几年中持续开展，并得到欧盟及德国、荷兰、芬兰、瑞典等成员国的支持。虽然俄罗斯大学因为财政问题遭受了严重的人才流失（包括教师和学生），但从总体来看，并没有对 20 世纪 90 年代欧洲的学术发展造成影响。

---

④ 有关这两项分别签署于 1998 年和 1999 年的政府宣言，参见第 567—572 页，宣言要求将欧洲高等教育转变为统一的探索和传播知识的体系。

⑤ 独联体：独立国家联合体，由除波罗的海三国以外的苏联加盟共和国组成。

20 世纪 90 年代的主要问题：质量和流动

作为知识结构的网状体系，大学是社会一体化的核心，它向各界表明在欧洲大陆各国工作和生活条件存在巨大差异的情况下展开合作的迫切性和可能性。流动和质量在克服结构差异方面具有巨大潜能；相关话题的频繁探讨贯穿于 20 世纪 90 年代。质量和流动是一个概念性问题。欧洲运动的奠基人曾在二战期间和战后提出：如果人才、商品和资金都能够流动并且具有可比性，那么区域一体化必将得以实现。实现一体化不能简单地为了融合而强行使用统一模式，而是需要产品、生产者、国家、政府（以及大学）认识到他们之间的共同点，在此基础上制定趋同政策并将之转化成可以被普遍接受的规则，即欧盟所采用的倍增策略。由于需要所有相关人员和国家或者至少其中的大多数达成共识，所以这种做法常常显得比较烦琐且见效缓慢。多年来，不同区域形成了不同的观念，这些观念所达成的共识是使用比较法或质量原则来制定共同的程序、形式和标准。人们希望通过这种方式减少个人和国家经验的浪费，并使欧洲不同地区居民的工作技能和知识水平相当。由此产生一致的质量话语方式，促进人才和思想 562
流动。

学术界流行这样一种观点：虽然高等教育机构中教师和学生的日常教学生活似乎主要受国家利益的影响，但学术活动在本质上具有国际性。在新兴国家，重建的民族认同感与更加强烈的回归欧洲的迫切愿望形成冲突。经历了 40 年的国际主义后，中欧和东欧地区的智力精英需要了解以前无法接触的本民族历史。尽管有些神秘，但只有在了解民族历史之后，他们才能把自己的文化特征与更大范围的欧洲联系起来。单就有关质量问题的讨论来说（如寻求通用标准），即便不完全是空想，也是非常的理想主义。但和流动问题联系起来，质量问题就变得务实了：欧洲各国的经验有何相似之处？如果有相似点，是否可以参与欧洲所有国家和地区的共同活动？通用标准适用于一般需求，其实用性和可行性使其在生产行业比在服务行业更容易得以建立。例如在高等教育领域，虽然从理论上讲各国学术界都致力于追求真理，但仍然很难确立一个统一的标准。

有些人认为，反映学科动态是学术活动的固有价值，多年来，各个领域都形成了卓越标准，这些领域的科学家将之视为衡量质量的指标。有些人则以过程为导向，认为无论是在科学、社会还是政治方面，教育机构一旦确立目标，所谓质量就在于能否快速有效地实现既定目标。还有些人注重实用，关注学术活动的成果是否像预期那样服务于社会。20世纪80年代，法国、荷兰和英国试行了各种评估程序，结合上述三种方法建立起不同的大学组织结构。20世纪90年代，欧洲委员会将该话题的讨论范围扩大至所有欧盟成员国。与此同时，东欧大学体系的全面改革引发了政府的疑问：大学能否实现高学术水平运转？尤其是在有些地区，传统大学无法满足社会对高等教育日益增长的需求，因此政府要批准建立很多私立高等教育机构。在这种情况下，大学是否还能保持较高的学术水平？为促进质量领域的合作，欧洲大学校长常设会议于1991年春天召开了前文中提到的列宁格勒会议，主题为高等教育质量管理。同年秋天，在乌特勒支继续召开会议，荷兰在形成以大学为驱动的质量评估中取得的经验使欧洲大学
563 校长常设会议成员受到鼓舞，开始考虑开展项目来分析学术机构的质量策略。欧洲大学协会代表其成员（包括东欧和西欧地区）负责项目的实施，同时帮助它们提高能力以迎接质量竞争。从1995到2003年，来自35个国家的100多所大学同意公开教学活动和管理程序，接受欧洲其他国家拥有先进经验的同行提出的批评与建议，这些都促进了共同话语及相同观念的发展，并反映出整个欧洲学术改革的需求。

1991年，欧盟委员会在《欧洲高等教育备忘录》中提出质量问题。当时，各成员国正在对高等教育评估程序进行实验，评估主要关注大学课程的相关性、成本和效率而非教学与科研制度的合理性。关注课程反映出社会责任的必要性，而强调质量管理则使大学自身在面对各种责任和义务时具备做出制度变革的能力。尽管评估的概念和模式已在欧洲大部分地区进行测试，并且是通过非常相似的方式，但仍有人强调国家特征和差异。

因此，政府和质量评估机构同意在各国具体实践时就当地情况进行了解和交流，但却拒绝使用通用的评估方式和标准。1993年，欧盟大学校长会议联合会接受委托对质量管理进行研究。1994年，欧盟委员会在此基础之上开展了许多试点项目。受此影响，15个欧盟成员国在1998年提议将各国实践对比加以制度化。

政府拒绝接受通用标准主要有两个原因：一是对欧洲集权和无序官僚机构的恐惧，担心中央政府在大学课程建设和学术教育发展中的地位被降低；二是高等教育机构的自治权日益扩大，高等教育和科研体系的发展使大学的经济支出持续增加，因此扩大自治权通常是出于财政原因而非意识形态的原因。拥有自治权后，大学和科研机构可以向外部广泛地寻求资金支持。学生和资助者的定位和概念由此变成了“客户”，美国高等教育学家伯顿·克拉克从这种变化中获得启示，在研究了五所欧洲创业型大学的发展轨迹后撰写出一部影响巨大的著作。[⑥] 在欧洲，很多国家的教育部不愿继续监督学术活动中的细枝末节。从90年代起，法律开始代替国家对学术活动进行公共监督。质量问题事关高等教育机构自身的发展，相关争 564
论在高等教育机构中迅速升温，而政府则通过检查来确认教育质量是否得以保持。但是，这样的责任划分并没有推动整个欧洲维度下高等教育质量评估的发展。

讨论过质量问题之后，我们再来看看流动问题。流动凸显了整个欧洲大陆高等教育对欧洲维度的需求。事实表明，伊拉斯谟计划和可米特计划非常完美地展现出高等教育机构在活动和目标上的共性。欧盟委员会很快就在项目执行的过程中遇到了困难，因为他们很难使众多大学不同系部（在可米特计划中是不同的公司）达成一致。为简化行政监管，伊拉斯谟计划和可米特计划（现改名为达·芬奇计划）于1995年被纳入新的苏格拉底计划，委员会不必获得大学各个系部的同意，而是直接和学校签订协议。最终，大学领导者意识到，很多欧洲活动都是在大学中形成发展的。

---

⑥ B. R. Clark, *Creating Entrepreneurial Universities* (Oxford and New York, 1998).

他们发现大学不仅在欧洲有着出色的表现，而且还有责任继续追寻更多的成就。这意味着2000所参与苏格拉底计划的大学都可以为了自身发展而推动欧洲政策的制定。为强调此战略，欧盟委员会从1995年开始要求参加该计划的大学针对欧洲政策问题提交报告，说明其在推动欧洲学术发展事务中的优势和劣势，及其未来三年内计划为发展和巩固欧洲实力而采取的措施。

欧盟委员会要求欧洲大学协会从上述角度监督苏格拉底计划的实施。通过几年的努力，欧洲大学校长常设会议分析了提交的报告，并通过走访数百所大学了解目标和实践之间的差距。最初，资助数额和大学的欧洲视野之间并没有关系，而到了第二阶段，随着苏格拉底计划的更新，经费多寡开始和学校的欧洲视野相关。最终，欧洲一词在大学里，至少在核心层面不再只是口号。根据苏格拉底计划，欧盟委员会不仅坚持主张学生的流动，还强调建立便于流动的机制，例如教师交流、联合课程研发、通用的欧洲学分互认体系（即欧洲学分制）等。然而，由于外部支持非常少，这些补充机制相对于学生流动来说仍是次要方法。至2002年，参与伊拉斯谟计划的成员国中交换生的数量累计超过100万人。该计划成为欧盟最引人注目和最受欢迎的项目，充分证明了跨文化学习对实现欧洲一体化的重要性。

565 这些项目的成功彰显出大学在欧洲一体化过程中的作用。欧洲大学通过参与各种跨国和国际合作项目确立了欧洲形象，并在欧洲其他国家建立了良好声誉。因此，欧盟以外国家的大学也强烈地希望参与项目，或至少可以借鉴项目中的活动，例如在中欧和东欧的前社会主义国家和瑞士等联邦制国家，政府负责支付项目的全部费用，而在欧盟项目中，通常是由欧盟出资。非欧盟成员国的大学生则希望从欧洲大陆其他地区同类机构获得的文化合作机会中受益。

欧盟推行的学生交换方式在欧洲其他国家和地区同样可行。举例来说，欧洲学分互认体系为大学生提供了新的学习评价方式，不再完全依靠考试成绩进行评估。1999年，捷克还没有参加苏格拉底计划，而某外国顾问团在摩拉维亚地区的布尔诺参观马萨里克大学时，却惊讶地看到，校长已经决定在校内使用欧洲学分互认体系，来比较不同系部学生的学习任务。最初，学分互认体系只是一个转换体系，是大学用来促进流动的工具；后来，该体系被应用于所有学科并贯穿大学教育各个阶段，转变成学分累积体系。90％的大学生根本没有机会出国学习，而在这一互认体系中，评估方式变得公开透明，具有可比性，从而使学生可以从中受益。非欧盟国家的大学创新地使用欧洲学分互认体系（马萨里克大学并非特例），预示了 1999 年启动的博洛尼亚进程所实施的以兼容为目标的学分体系。这些现象同样清楚地表明，无论是否属于欧盟成员国，欧洲大陆所有的大学都开始发现自己的欧洲维度。

苏格拉底计划的另一要素是专题网络的发展，尽管没有受到欧盟的重视，但它却影响着整个项目的推进。最初，各学科教师的奉献精神和兴趣是苏格拉底计划取得成功的基础，教师的合作研究成为大学与欧盟正式签署合同的核心。当大学负责管理学生交流活动时，教师可以在项目初期借助专题网络从事比较工作。欧洲各国的历史学家、化学家或者地理学家就可以一起讨论学生在各领域对教育的需求。对于历史学家、化学家或地理学家所应了解的知识，欧洲是否有着自己的认知？这个问题促进了调整项目的推出，该项目由欧盟提供支持，旨在使欧洲在高等教育问题上达成共 566
识，为博洛尼亚进程提供参考。

伊拉斯谟计划和苏格拉底计划在欧洲的成功对高等教育国际化产生了影响。北美和日本的高等教育在赢得声望和保证成本收益比方面形成了非常成功的体系，欧洲并未加以效仿，而是进行了多元文化尝试，并对外输出自己的成果。因此，在 1993 年，包括日本、澳大利亚和大多数东南亚国家在内的亚太地区大学决定开展亚太地区大学流动计划（该项目与伊拉斯谟计划相似，以推动高等教育流动为主要内容和目的），并于 1998 年引进了欧洲学分转化体系。1997 年发表的《温斯布雷德宣言》呼吁北美各国扩大合作，可见北美地区也从欧洲汲取了很多经验教训，用于克服美国、加拿大和墨西哥三国高等教育的差异。1987 年，由欧盟委员会提供前期支持、由欧洲大学校长常设会议发起的哥伦比亚项目开始在拉丁美洲实施。拉美国家长期关注与海外高校的国际联系，却忽视了与周边邻国的合作，哥伦比亚项目则同时为大西洋两岸和拉美各国之间开展多边合作打开了大门。欧盟资助的 ALFA 项目（主要内容是促进学生交流）以伊拉斯谟计划的成功经验为基础。亚洲欧盟合作项目亦是如此，其目的是以某些特定学科为依托，以每个具体项目至少有三家高等教育机构参与的多边合作为基础，促进亚欧学术交流。由此，欧洲模式通过欧盟委员会推行的洲际合作得到了宣传，同时世界其他地区的决策者也研究欧洲模式并从中获得启示。欧洲把趋同目的的相似性作为实现国际化的途径，从某种程度来讲，这对其他高等教育体系的吸引力越来越强。在关贸总协定谈判中，高等教育全球化成为可以进入市场进行销售的服务产品，那么上述欧洲模式在这种更加广泛的讨论范围中是否依然有效呢？

1995 年，乌拉圭回合谈判结束，为二战后一直持续的关税与贸易谈判画上了句号。各国政府决定把关贸总协定升级为世界贸易组织，其性质为独立的国际组织。同时，各国政府还决定将谈判范围从货物领域扩展到服务业领域。现在，世界货物领域已基本实现贸易自由，而服务业是国际经济中增长最快的部分，各国政府仍对其采取了很多地方保护措施。尽管教育不像银行、保险、交通运输和卫生行业那样具有明显的特征，但也属
567 于服务业。有些国家希望讨论教育服务的贸易自由化，借此向外输出本国高等教育的经验和知识，或引进国外经验和技术来刺激国内的市场竞争。直到 2001 年，该问题才引起高等教育界领袖的重视，但是所有相关的讨论活动都被贸易谈判代表所掌控。他们很少向教育界的部长级同仁咨询，也不从学术角度向教育机构征求意见。总体来说，欧洲高等教育领域于 20 世纪 90 年代末做出的创新在国际范围广受赞誉。

各国政府考虑要在 WTO 框架内取消某些限制性条款，尽管一直受到这些条款的限制，欧洲高等教育仍然得到其他联合国机构尤其是联合国教科文组织的全力支持。1997 年，在欧洲大学校长常设会议和欧洲高等教

育中心[7]的支持下，来自 40 多个国家的 400 所大学的校长在巴勒莫举行会议。由于世界高等教育大会将于一年后在联合国教科文组织总部巴黎举办，所以这次会议的主要内容是为欧洲参会做准备。1998 年，来自世界各地的 4000 余名代表参加了世界高等教育大会。会议明确指出，作为众多国家和各种问题的集汇之处，欧洲的高等教育观念明显不同于世界其他地区。在面对外部问题时，欧洲大学发现其共同点要多于预期，并且能够在此基础上形成共同的自我理解。举例来说，大多数欧洲国家认为政府部门在高等教育活动中是必不可少的。这种观点的理念基础包括：高等教育是一种“公共财产”；高等教育的发展决定社会未来的整体格局，其作用不仅仅是帮助希望找到高薪职业的毕业生获得利益，也不只是使学术训练成为“个人财产”或者改变个人社会地位的跳板。因此，大学正与政府形成伙伴关系，政府也希望赋予大学越来越多的自治权。1997 年，在欧盟委员会和联合国教科文组织的支持下，欧洲各国就学位认证问题签署了《里斯本公约》，确立了合理的欧洲高等教育模式，后来被并入博洛尼亚进程。

欧洲一体化政策的回归

1998 年 5 月，时任法国教育部长的克劳德·阿莱格尔在巴黎主持古老的索邦大学建校 800 周年庆祝大会。英国、德国和意大利教育部长受邀参加庆祝活动。邀请这三位部长不仅仅是出于外交礼节，也是为了请他们主 568
持活动中为期两天的小组讨论。讨论活动还邀请了大学校长、教授和学生，以及来自工会、媒体和企业的代表。讨论的目的是倾听那些直接受益于大学教育和研究的人士的想法。四国教育部长和相关人士一起讨论促进欧洲高等教育发展所需的政治环境。最终，大会签署了《索邦宣言》，要

⑦ 欧洲高等教育中心（Centre européen pour l’enseignement supérieur），CEPES，1973 年，由联合国教科文组织成立于罗马尼亚首都布加勒斯特。

求政府和高等教育机构协调学术服务和大学条款之间的关系。宣言向提出欧洲一体化理念的欧盟委员会提出了挑战，并使欧盟其他国家政府感觉受到了挑衅，认为英、法、意、德“四大巨头”占据了主导权并且无视周边小国的意见。他们提议发起政府间合作，给欧洲一体化注入新的活力。这种合作在官僚主义的牵绊下，尤其是在以欧盟为代表的“集权式联盟”中，跌跌撞撞前行。

为了回应欧洲边缘国家的担忧，意大利教育部长路易吉·贝林格于1998年秋邀请15个欧盟成员国和所有对高等教育改革感兴趣的欧洲国家参加1999年6月在博洛尼亚举行的会议。“四大巨头”同意以《索邦宣言》为基础签署新宣言，以满足更多参与此次部长级峰会国家的要求。在巴黎，各国教育部长和来自大学的代表一起展开讨论；而在博洛尼亚，第一天的讨论则只涉及学术问题。欧洲大学校长常设会议主席把针对提案的讨论结果提交给各国政治首脑。会议第二天，各国部长签署了《博洛尼亚宣言》，确定了与会各国政府在2010年建立起欧洲高等教育区的计划。当时，芬兰和匈牙利先后担任欧盟轮值主席国，他们在东道主意大利的支持下组织了初期工作。1999年6月，意大利政府向29国部长提交最后草案。经过激烈的讨论，各方最终在圣卢西亚礼堂正式签署宣言。各国部长同意两年后在布拉格举行后续会议。

《博洛尼亚宣言》具有以下三个优点：

1. 该宣言是一个意向书，而非协议，不需要各方在具体问题上做出妥协和让步。因此，宣言提出一系列目标但不设限制，例如对欧洲高等教育的远景规划是建立欧洲高等教育区。

569 2. 该宣言是一个日程表，计划于2010年完成欧洲高等教育区的建立。

3. 该宣言是一个行动指南，为各国政府提出六种实现欧洲高等教育区的方法：建立两级学位结构（文学学士和文学硕士）；在学位证书中添加附录，详细列出学生在校期间的学习内容；将欧洲学分互认体系发展为学分积累体系；提高学术质量；加强学术流动；促进课程欧洲化。

该宣言既没有自诩为蓝图，也没有贸然规定计划于2010年建成的欧洲高等教育区应具有什么样的特征。宣言给未来留下无数种可能，并提供了一些操作方法，各国需要在为何以及如何运用这些方法上达成共识。这些方法已经过讨论并在欧盟的高等教育流动项目中得到检验，其中包括提供项目资助、文凭附录、欧洲学分互认体系和欧洲课程开发。两级学位结构的提出源于《索邦宣言》，高等教育的质量问题则长期在欧盟内部饱受争论。《博洛尼亚宣言》的新意在于使上述各项得以结合并相互加强。所有出席博洛尼亚会议的国家政府都把高等教育改革列入议程，并通过完善欧洲政府间合作扫清大多数障碍。《博洛尼亚宣言》延续了1998年《索邦宣言》提出的合作形式，要求和学术界及其代表，如欧洲大学校长常设会议、欧洲大学协会、欧盟大学校长会议联合会、欧洲各国学生联合会、欧洲学联等组织长期保持对话和伙伴关系。这些非政府组织在2001年布拉格峰会的筹备工作中起到了关键作用，并和欧盟委员会、欧洲理事会及欧洲高等教育机构协会合作，在筹备2003年柏林峰会和2005年卑尔根峰会的过程中推动各国保持政治对话。各方从彼此缺乏信任发展到相互合作，博洛尼亚进程因此而成为促进签约国进行相应的立法改革和行政改革的重要环节。大学、国家和整个欧洲都在不同范围召开会议讨论改革问题，会议邀请政府和大学的专家学者参加。学者们以欧盟委员会提出和资助的研究项目为基础，将欧洲大陆各国相关经验进行对比。博洛尼亚进程在内容、实施和涉及地域等方面均具有开放性：在布拉格峰会中，又有包括土耳其在内的4个国家加入；在柏林峰会中，签署加入的国家总数达到40个，其中包括俄罗斯。

对学习者、教师和管理者而言，2010年后博洛尼亚进程的目标是在 570
欧洲共同知识空间内实现自由流动。参与者可以在其他国家享有与本国类似的资源：

1. 同样可以进入众多高等教育机构学习并与当地学生接触；
2. 同样可以通过获得个人和学校资助以发展学业；
3. 同样的服务、技术和能力评估与认证（方式）；

4. 相似的工作和就业环境。

《博洛尼亚宣言》提出的方法旨在构建优秀的欧洲高等教育模式，从而推动某些疑难问题的讨论，如终身学习、大学生对教育（体制）建设所做的社会贡献、欧洲高等教育对世界其他地区的吸引力（各国教育部长在布拉格峰会提出的新主题）、教学与科研之间的联系（柏林峰会所强调的问题）。

签署《博洛尼亚宣言》所处的时代要求适应并遵守欧洲大学和政府新的规则。宣言加快了各国高等教育变革的步伐，同时也独具特色，是高等教育领域的共同事务，从大学生到教育部长人人参与。在这样一个滚雪球式的发展进程中，签约国首当其冲受到巨大影响，之后其影响力再延伸至世界其他国家和地区。另一方面，博洛尼亚进程也面临一些阻力，阻力最初来自一些大学生和教授，他们认为政府当局和大学形成合作就意味着对学术利益的背叛，会使高等教育流于商业化并受制于国际经济合作战略。这给该项目和关贸总协定中针对服务贸易问题的讨论带来了困扰，似乎政府建立欧洲高等教育区的目的是实现个人利益驱动下的全球化。2001年秋，欧洲大学协会[8]、美国教育理事会和加拿大大学与学院协会签署联合声明，引起了欧洲和北美各国教育部长及高等教育机构的注意。他们意识到，各国商务部长在对服务贸易问题展开讨论之前不向学术界和相关人士
571 咨询和征求意见的做法是十分危险的。虽然（服务）供应商在高等教育体系中运营，但他们关注的是企业利润的增长而非高等教育体系的发展。为应对这样的威胁，支持高等教育发展的人士在各国和世界贸易组织举办的会议中四处奔走游说，提出高等教育应当成为国家发展战略中的关键因素。因此，在布拉格和柏林峰会上，欧洲各国政府重申了高等教育作为公

---

[8] 欧洲大学协会（Association of European Universities），成立于2001年3月31日，其前身为欧洲大学校长常设会议。欧洲大学校长常设会议和总部位于布鲁塞尔的欧盟国家大学校长联盟均积极参与了《博洛尼亚宣言》的准备工作，有些大学在两个组织中同时设有代表，从外界来看这种情况显得非常怪异。因此，两个组织决定合并成唯一的欧洲大学联合机构，欧洲大学协会正是在这两家机构合并的基础上成立的。

共利益在贸易、就业和科研转化中的重要性。

《博洛尼亚宣言》通过为学生提供多种选择和出路降低了辍学率，使希望仅用3年时间完成学习之后便就业的学生不再觉得上大学是浪费时间。但是，如果大学像这样提供可以轻易完成的本科教育（3年即可获得学士学位），而只把硕士学位作为真正的学术学位，是否也剥夺了年轻人接受高等教育的权利呢？据政府预测，60%的大学生希望完成本科学习后继续深造，而政府却无法筹集到可以满足如此大规模需求的各类资源，因此新的两阶段学位体系会剥夺大多数学生接受真正意义上高等教育的机会。长期遵循传统程序的学术团体已经在改革的推动下转型，而另一方面，变革遇到的阻力也在增加。因此，法国意识到，原本在欧洲各国被认为是对等的评估方法一经比较就会显示出差异。以前民族主义者针对教育质量的争论又被用来反对旨在推动欧洲融合的博洛尼亚进程。此外，有些改革显得草率，其速度也招致了反对者的攻击。他们批评意大利在不到18个月的时间内重新设置了约1600门课程，实际上却不过是给课程换了新标签而已。但由于欧洲普遍渴求改革，再加上大量伊拉斯谟计划等教育流动项目受益者的极力主张，对博洛尼亚进程的各种抵制只能是徒劳的。然而，无论有多少优点，该项目采用的方法在面对不同观念时仍有可能遭受失败，最终仍会走向瓦解。

欧洲融合有助于世界其他各大洲形成具有连贯性和延续性的高等教育体系。拉美国家不但讨论了本国学术界类似的发展问题，还利用《博洛尼亚宣言》的方法推动创建了欧洲-拉丁美洲高等教育区。2003年，德国主办的柏林峰会邀请拉美国政府官员作为观察员参加部长级对话，使教育园
区的创建迈出了重要的一步。博洛尼亚进程，特别是其以促进区域融合为 572
目的的对比模式，引起了北美、亚洲和非洲国家的兴趣。尽管如此，欧洲大学教育的吸引力还是无法与美国形成有力的竞争。

高等教育的欧洲模式

在过去的9个世纪里，大学一直是欧洲的重要机构，但大学的特征从

法国大革命时期开始演变。当时，社会中的民族主义为大学的发展提供支持，因此大学便以各种不同的方式容纳了民族主义。欧洲一体化运动于1945年后开始兴起，但大学却在形成欧洲维度上进展缓慢。起初，其活动内容主要是促进大学生、大学教师和思想的交流，特别是欧洲和北美大学的交流，并不是国际关系中的重要内容。而随着欧共体成员国及其联盟组织认为应当在欧洲实现人员、货物和资金的自由流通，欧洲一体化慢慢变成了一种责任。1989年，柏林墙倒塌，东欧剧变，随之出现了亟待回答的、有关理念及其实施的问题。何为欧洲？欧洲文化模式的元素是什么？如何定义欧洲的核心特征？大学在其中扮演怎样的角色？博洛尼亚进程就是对上述问题的回答，该项目以对比、趋同以及合作为基础，需要政府、高等教育机构、大学生和大学教师共同参与。欧洲融合的目标自古有之，博洛尼亚进程则采用了新的方式。

1988年，在博洛尼亚，大学强调其在欧洲各地所起作用的相似性，即某项智力活动网络中的节点。大学以分散的方式证明欧洲是一个文化实体。直到1999年，欧洲各国教育部长在博洛尼亚举行会议，启动新的学术一体化进程，大学才作为欧洲文化元素进入公众领域。《博洛尼亚宣言》提出的方法使欧洲学术一体化的层次更加深入。尽管文凭附录的使用和学士/硕士两级学习体系为各国高等教育带来了变革，但却没有考虑到其他成员国的需求和目标。为了推动高等教育流动，实现学分累积和发展联合学位，用于比较学习效果的欧洲学分转化体系势必使各国高等教育课程和大学活动产生变革。因此，更要考虑和适应各国的需求和目标。[9] 质量评
573 估合作最终把高等教育从具有可比性转化至具有兼容性，这样各国大学才会信任整个欧洲高等教育的水平。博洛尼亚进程的每个阶段都需要在高等教育领域建立更多共同的目标和措施，至2010年，教育服务可以像有形商品一样在欧洲大陆所有地区实现自由流动。

---

⑨ 这正是优化项目（Tuning Project）的目标，2001年后，该项目在欧盟的支持下把各大学的代表组织起来，探究整个欧洲地区大学课程的共同特征。

博洛尼亚进程在结构上与本书存在相似之处。二者都是从与国家相关转向与教学发展相关；从人文和可利用财政资源研究转向课程和学生生活研究。如果博洛尼亚进程能够成功实施，教育机构就可以与出版商、传媒公司或其他专业公关公司合作，利用欧洲各地所有的人力和经济资源来发展和宣传其最具吸引力的教育服务，其形式非常多样，可以是课程、科研项目、资料或者出版物等。各年龄层次的学生可以根据自己的兴趣、职业发展和社会责任选择最为便利的教育服务。2000 年，欧盟首脑里斯本峰会提出要建立知识型社会。教育服务还包括统一的评估体系，用来比较教育服务的价值。该体系就像是知识领域中的欧元，能够衡量知识型社会的兼容性和凝聚力。因此，除了探索知识（大学是创新主体）和储备知识（大学是储备场所）之外，高等教育的功能还包括明确阐释欧洲在经济、社会和文化方面新的共同特征——大学能够提出建设性意见。这些意见能够帮助欧洲在寻求公共利益而非谋取个人私利的基础上提高实现一体化的可能性。这样一来，21 世纪的欧洲大学模式便会继续沿袭其自中世纪以来便具有的三大基本职能，并且必定与美国模式有所不同。

20 世纪，美国大学在高等教育领域担负了全球性的责任。到 2010 年，欧洲大学能否在自身凝聚力方面具备足够的信心，并像美国大学那样担此重任？建立“欧洲堡垒”是欧洲一体化一项隐含的主题。欧洲国家个体无法直接应对来自欧洲外部的压力，因此要通过建立欧洲堡垒使欧洲大陆成为整体，从而拥有辽阔的疆域和强大的经济实力，形成一套欧洲保护体系。欧洲在高等教育领域的某些新举措似乎是为了建立堡垒。作为《博洛尼亚宣言》内容的一部分，欧洲竞争力就是要努力吸引顶尖人才来推动欧洲大陆的长期发展。2004 年启动的伊拉斯谟世界项目获得了充裕的资金支持，尽管这种支持可以被视为欧洲式的放任，但（复杂多元的）博洛尼亚进程所具有的生机活力，还是能够帮助欧洲提升信心，使之在没有堡垒的情况下也有能力创造美好未来。将来，欧洲高等教育界与世界其他各地 574
高等教育的关系将会成为真正的考验。

位于欧洲地理范围内的大学历史悠久，其理想的发展趋势是形成整个欧洲意义上的大学（群），在更广的世界范围表达和捍卫欧洲文化的整体特性。

精选文献

A *travers l'histoire*, CRE-Information, 39, Geneva, 1977.

Carrier, H. *Rôle futur des universités*, Rome, 1975.

CRE: *40 Years of History*, CRE-action, 115, Supplement, Geneva, 1999.

Daxner, M. *Die blockierte Universität*, Frankfurt, 1999.

Marga, A. *University Reform Today*, 4th edn, Cluj, 2005.

Minogue, K. R. *The Concept of a University*, London, 1973.

Neave, G. *Abiding Issues, Changing Perspectives: Visions of the University across a Half Century*, Paris, 2000.

Neave, G. 'Apocalypse Now: The Changing Role of the University in the Emerging Information Society', in A. Tuijnman and T. Schuller(eds.), *Lifelong Learning Policy and Research*, Stockholm, 1999.

Neave, G. 'The Bologna Declaration: Some of the Historic Dilemmas Posed by the Reconstruction of the Community in Europe's Systems of Higher Education', *Educational Policy*, 17:1(2003), 14-64.

Sonder le passé à la recherche de l'université, CRE-Information, 69, Geneva, 1985.

Steger, H.-A. (ed.) *Das Europa der Universitäten/L'Europe des Universit'es/The Universities' Europe: Entstehung der ständigen Konferenz der Rektoren und Vize-Kanzler der europäischen Universitäten 1948-1962, Dokumentation*, Bad Godesberg, 1964.

Stewart, W. A. C. *Higher Education in Postwar Britain*, London, 1989.

Town and *Gown*: *The University in Search of its Origins*, CRE-Information, 62, Geneva, 1983.

Weber, L. *Challenges Facing Higher Education at the Millennium*, Phoenix, Ariz., 1999.

Zimmerli, W. D. *Proceedings of the 1964 General Assembly*, Göttingen, 1966.

575

附录：1945—1995 年欧洲新建大学

瓦尔特·吕埃格

下列名录是以鲁伯·伊列克撰写的《欧洲大学史纲》（日内瓦，1984）为基础编列的。该书是《欧洲大学史》项目的前期预备成果，由欧洲大学校长常设会议筹划并出版。各国的国别条目，部分由各国大学校长会议（欧洲大学协会，EUA）承担，部分是根据相关大学提供的信息修订并完成的。这些大学收录在国际大学协会（IAU）2005/2006 年及 2006/2007 年世界高等教育数据库中。

各国新建大学名录依其成立时间编列，同时包括如下信息[1]：

第一栏为成立年份，系指官方承认其授予博士学位权力的时间（“/”指的是举行开学典礼或向学生开放的年份，该年份和大学成立年份不同）。

第二栏为大学所在城市。

第三栏为大学名称。

第四栏为大学变更后的名称和/或前身的名称（与年份）。

[1] 译者说明：在翻译本附录时，为便于读者查阅，译者采取如下方式：第二栏，中文与外文并列；第三栏，大学名称的外文全称，其中“U.”系以地名命名的大学简写；第四栏，尽量保留原文，但解释或说明性文字译为中文。该部分内容在原版书中的页码为第 575—594 页，因排版需要，不再单独添加。

新建大学名录

国家	成立年份	所在城市	大学名称	大学变更后的名称和/或前身的名称(与年份)
阿尔巴尼亚(IAU)	1957	地拉那(Tirana)	U.	由原工程学院、医学院、经济学院、法学院和理学院合并而成。1991 年失去工程学院
	1991	地拉那(Tirana)	Polytechnic U.	
奥地利(EUA)	1962	萨尔茨堡(Salzburg)	U.	
	1962/1966	林茨(Linz)	*Hochschule* of Economics and Social Sciences	1975 Johannes Kepler U.
	1970	克拉根福(Klagenfurt)	*Hochschule* of Pedagogical Sciences	
	1973	林茨(Linz)	*Hochschule* of Art and Industrial Design	
白俄罗斯(IAU)	1945	布列斯特(Brest)	Brest ‘A. S. Pukin’ State U.	
	1961	戈梅利(Gomel)	Gomel State U. ‘Francisk Skorina’	
	1978	格罗德诺(Grodno)	Grodno State U. ‘Janki Kupaly’	1940 State Teacher Training Institute
	1992	明斯克(Minsk)	Byelorussian State Academy of Music	1932 Academy of Music
	1992	戈尔基(Gorki)	Byelorussian State Agricultural Academy	1840 Gory-Gorecky Agricultural School
	1993	明斯克(Minsk)	Byelorussian State Technological U.	1930 Forestry Institute
	1993	新波拉茨克(Novopolotsk)	Polotsk State U.	1968 Novopolotsk Polytechnical Institute

续表 1

国家	成立年份	所在城市	大学名称	大学变更后的名称和/或前身的名称(与年份)
	1994	明斯克(Minsk)	Byelorussian State Pedagogical U. 'M Tank'	1924 Pedagogical Institute
	1994	维特伯斯克(Vitebsk)	Vitebsk State Academy of Veterinary Medicine	1924 Higher Agricultural Technical School
比利时(EUA/IAU)	1965	蒙斯(Mons)	Centre universitaire de l'état	由不同院系合并而成
	1965	蒙斯(Mons)	Polytechnical faculty	1837 Mining school
	1965	蒙斯(Mons)	Centre universitaire	1971 U. of Mons-Hainaut;1899 Institute
	1968	鲁汶(Leuven)	Katholieke U.	1425 *Studium generale*
	1968	新鲁汶(Louvain-la-Neuve)	U. catholique	1425 *Studium generale*
	1969	布鲁塞尔(Brusseles)	Facult'es universitaires Saint-Louis (FUSL)	1898 Facult'es universitaires Saint-Louis
	1969	布鲁塞尔(Brusseles)	U. libre de Bruxelles	1834 U. libre de Bruxelles
	1969	布鲁塞尔(Brusseles)	Vrije U. Brussel	1834 U. libre de Bruxelles
	1991	哈瑟尔特(Hasselt)	Universiteit Hasselt	1964 Postuniversitair Centrum, 1991 Limburgs Universitair Centrum at Di-epenbeek-Hasselt, 2005 年更名为 Universeit Hasselt

续表 2

国家	成立年份	所在城市	大学名称	大学变更后的名称和/或前身的名称(与年份)
	2003	安特卫普(Antwerp)	Universiteit Antwerpen	1965 年合并 RUCA(Rijksuniversitair Centrum van Antwerpen,前身为 1520 年耶稣会商贸学校、1852 年荷兰高等商贸学校)、UFSIA(Universitaire Faculteiten Sint-Ignatius Antwerpen),1971 年合并 UIA(Universitaire Instelling Antwerpen),UFSIA 和 RUCA 开展大学第二阶段和博士阶段的教学
	2007	布鲁塞尔(Brusseles)	Hogeschool en Universiteit Brussel(HUB)	1969 年合并 UFSAL(Universitaire Faculteiten Sint-Aloysius,其前身为 1898 年 Facultés universitaires Saint-Louis)和两所高等教育层次的非大学学院(VLEKHO 及 EHSAL)
波黑(IAU)	1949	萨拉热窝(Sarajevo)	U.	
	1976	图兹拉(Tuzla)	U.	1960 Faculty of mines
保加利亚(IAU)	1971	大特尔诺沃(Veliko)	Turnovo St. Cyril and Methodius U.	1963 Teachers Training College
	1972	普罗夫迪夫(Plovdiv)	Paillii Hilendarski U.	1964 Teachers Training Institute
	1995	布尔加斯(Bourgas)	Prof. Dr. Assem Zlatarov U.	1961 Higher Institute of Chemical Technology
	1995	加布罗沃(Gabrovo)	Technical U.	1963 Higher Institute for Mechanical and Electrical Engineering
	1995	普列文(Pleven)	Medical U.	1974 Higher Institute of Medicine
	1995	索非亚(Sofia)	Medical U.	1917 Faculty of Medicine U. of Sofia
	1995	索非亚(Sofia)	Technical U.	1945 State Polytechnical Institute

续表 3

国家	成立年份	所在城市	大学名称	大学变更后的名称和/或前身的名称(与年份)
	1995	索非亚(Sofia)	Agricultural U.	1945 Higher Institute of Agriculture
	1995	瓦尔纳(Varna)	Prof. Dr. Parasker Sto-ganov Medical U.	1961 Higher Insitute of Medicine
克罗地亚(EUA/IAU)	1973	里耶卡(Rijeka)	U.	1624 Jesuit College
	1974	斯普利特(Split)	U.	
	1975	奥西耶克(Osijek)	U.	
塞浦路斯(EUA)	1989	尼科西亚(Nicosia)	U. of Cyprus	
捷克共和国(EUA)	1945/1946	布拉格(Prague)	Academy of Performing Arts in Prague	
	1946	布拉格(Prague)	Academy of Arts Architecture and Design in Prague	1885 School of Decorative Arts
	1947	布尔诺(Brno)	Janácek Academy of Music and Dramatic Arts in Brno	
	1950	帕尔杜比采(Pardubice)	Institute of Chemical Technology	1994 U. of Pardubice
	1952	布拉格(Prague)	College of Agriculture	1994 Czech U. of Agriculture in Prague
	1952	布拉格(Prague)	Institute of Chemical Technology	
	1953	布拉格(Prague)	U. of Economics	

续表 4

国家	成立年份	所在城市	大学名称	大学变更后的名称和/或前身的名称(与年份)
	1991	塞斯科·布德约维奇(Ceské Budejovice)	U. of South Bohemia	
	1991	斯特拉瓦(Ostrava)	U.	
	1991	奥帕瓦(Opava)	Silesian U. in Opava	
	1991	比尔森(Pilsen)	U. of West Bohemia in Pilsen	1948 independent Faculty of Education
	1991	拉贝河畔乌斯季(Ústí nad Labem)	Jan Evangelista Purkyne U. inÚstí nad Labem	1954 Faculty of Education
	1994	帕尔杜比采(Pardubice)	U.	1950 Institute of Chemistry
	1994	利贝雷茨(Liberec)	Technical U. of Liberec	1973 College of Mechanical Engineering
丹麦(EUA)	1966	欧登塞(Odense)	U.	
	1972	罗斯基勒(Roskilde)	U.	
	1974	奥尔堡(Aalborg)	U.	
爱沙尼亚(EUA)	1951	塔尔图(Tartu)	Estonian Agricultural U.	
	1991	塔林(Tallin)	U. Nord	以前的民办本科学校
芬兰(EUA)	1950	图尔库(Turku)	School of Economics and Business Administration	
	1958	奥卢(Oulu)	U.	1956 Teacher training college
	1966	坦佩雷(Tampere)	U.	1926 Citizens' College Helsinki

续表 5

国家	成立年份	所在城市	大学名称	大学变更后的名称和/或前身的名称(与年份)
	1966	于韦斯屈莱(jyväskylä)	U.	Teacher's seminar 1863
	1966/1969	拉彭兰塔(Lappeenranta)	U. of Technology	
	1972	坦佩雷(Tampere)	U. of Technology	1966 年,赫尔辛基技术大学的一部分在坦佩雷
	1977	图尔库(Turku)	Business School	1950 private foundation
	1977	瓦萨(Vaasa)	Business School	1966 private foundation
	1979	罗帆涅米(Rovaniemi)	Faculty of law and social sciences	
	1980	瓦萨(Vaasa)	U.	1966 School of Economics and Business Administration
	1982	赫尔辛基(Helsinki)	Sibelius Academy	1882 Helsinki Music Institute
	1983	赫尔辛基(Helsinki)	U. of Art and Design	1871 Crafts School
	1984	约苏恩(Joensuu)❷	U.	1966 Institution of Higher Education
	1984	库奥皮奥(Kuopio)	U.	1966 Institution of Higher Education
	1987	赫尔辛基(Helsinki)	Theatre Academy	1943 年失去大学资格
	1987	罗瓦涅米(Rovaniemi)	U. of Lapland	1979 Institution of Higher Education
	1993	赫尔辛基(Helsinki)	National Defence College	1779 Cadet School in Joroinen

❷ 原文为 Loensuu,经查芬兰无此城市,疑为约苏恩(Joensuu)。

续表 6

国家	成立年份	所在城市	大学名称	大学变更后的名称和/或前身的名称(与年份)
法国(IAU)①	1964	维勒班(Villeurbanne)	École nationale supérieure des sciences de l'information et des bibliothé ques(ENSSIB)	
	1965	巴黎(Paris)	École nationale dugenie rural et des eaux et des forêts(ENGREF)	1824 National School of Water and Forests of Nancy
	1968		École des hautes etudes d'ingénieur (HEI)	1885 年失去大学资格
	1970	亚眠(Amiens)	U. de Picardie	1964 Centre universitaire
	1970	塔朗斯(Talence)	U. Bordeaux Ⅰ	1441 Studium generale
	1970	波尔多(Bordeaux)	U. Victor Segale(Bor-deaux Ⅱ)	1441 Studium generale
	1970	佩萨克(Pessac)	U. Michel de Montaigne(Bordeaux Ⅲ)	1441 Studium generale
	1970	布雷斯特(Brest)	U. de Bretagne occidentale	1461 Studium generale Nantes
	1970	卡昂(Caen)	U. de Caen Basse Nor-mandie	1412 Studium generale
	1970	克莱蒙费朗(Clermont-Ferrand)	U. Clermont-Ferrand	1977 U. d'Auvergne(Clermont-Ferrand Ⅰ). 1854 Fac. lettres, sciences

① 1793 年大学被法国关闭，在较大城市，医学院和法学院(后来还包括文学院、理学院及少数神学院)将其取代。1896 年，同一地区的高等教育机构合并为一所大学，但不具备大学结构。1970 年，依据 1968 年《大学改革法案》，大学得以重建为自治性的公立院校(但仍是法律意义而非结构上的)，大城市中的大学被分解为多所小型大学。

续表 7

国家	成立年份	所在城市	大学名称	大学变更后的名称和/或前身的名称(与年份)
	1970	克莱蒙费朗(Clermont-Ferrand)	U. Clermont-Ferrand	1977 U. Blaise Pascal(Clermont-Ⅱ)1854 Fac. lettres, sciences
	1970	第戎(Dijon)	U. de Bourgogne	1722 U. Dijon
	1970	格勒诺布尔(Grenoble)	U. Joseph Fourier(Grenoble Ⅰ)	1339 Studium generale
	1970	格勒诺布尔(Grenoble)	U. des sciences sociales(Grenoble Ⅱ)	1339 Studium generale
	1970	格勒诺布尔(Grenoble)	U. Stendhal(Grenoble Ⅲ)	1339 Studium generale
	1970	阿斯克新城(Villeneuve d'Ascq)	U. des sciences et technologies (Lille Ⅰ)	1560 U. Douai
	1970	里尔(Lille)	U. du droit et de la santé(Lille Ⅱ)	1560 U. Douai
	1970	阿斯克新城(Villeneuve d'Ascq)	U. Charles de Gaulle-Sciences humaines, lettres et arts(Lille Ⅲ)	1560 U. Douai
	1970	利摩日(Limoges)	U.	1626 School of Medicine
	1970	维勒班(Villeurbanne)	U. Claude-Bernard(Lyon Ⅰ)	1245 Studium generale
	1970	里昂(Lyon)	U. Lumière(Lyon Ⅱ)	1245 Studium generale
	1970	马赛(Marseille)	U. de Provence(Aix. -Marseille Ⅰ)	1413 Studium generale

续表 8

国家	成立年份	所在城市	大学名称	大学变更后的名称和/或前身的名称(与年份)
	1970	蒙彼利埃(Montpellier)	U. Montpellier Ⅰ	1220 Studium generale
	1970	蒙彼利埃(Montpellier)	U. des sciences et techniques du Languedoc(Montpellier Ⅱ)	1220 Studium generale
	1970	蒙彼利埃(Montpellier)	U. Paul Valéry(Monepellier Ⅲ)	1220 Studium generale
	1970	南锡(Nancy)	U. Henri Poincaré(Nancy Ⅰ)	1572 U. Nancy
	1970	南锡(Nancy)	U. Nancy Ⅱ	1572 U. Nancy
	1970	南锡(Nancy)	École d'architecture de Nancy (EAN)	
	1970	奥尔良(Orléans)	U.	1306 Studium generale
	1970	巴黎(Paris)②	Panthéon-Sorbonne(Paris Ⅰ)	
	1970	巴黎(Paris)	U. dedroit, d' économie et de sciences socials(Paris Ⅱ)	
	1970	巴黎(Paris)	U. Sorbonne nouvelle(Paris Ⅲ)	
	1970	巴黎(Paris)	U. Paris-Sorbonne(Paris Ⅳ)	
	1970	巴黎(Paris)	U. René-Descartes(Paris Ⅴ)	
	1970	巴黎(Paris)	U. Pierre et Marie-Curie(Paris Ⅵ)	

② 巴黎大学(1200 年前后建校，当时名为“巴黎师生行会”)被分成 13 所大学。

续表9

国家	成立年份	所在城市	大学名称	大学变更后的名称和/或前身的名称(与年份)
	1970	巴黎(Paris)	U. Denis Diderot(Paris Ⅶ)	
	1970	巴黎(Paris)	U. de Vincennes à St-Denis(Paris Ⅷ)	
	1970	巴黎(Paris)	U. Paris-Dauphine(Paris Ⅸ)	
	1970	巴黎(Paris)	U. Paris-Nanterre(Paris Ⅹ)	
	1970	巴黎(Paris)	U. Paris-Sud(Paris Ⅺ)	
	1970	巴黎(Paris)	U. Paris-Val-de-Marne(Paris Ⅻ)	
	1970	巴黎(Paris)	U. Paris-Nord(Paris ⅩⅢ)	
	1970	波城(Pau)	U. de Pau et des Pays de l'Adour	1969 Centre universitaire
	1970	普瓦捷(Poitiers)	U.	1431 Studium generale
	1970	兰斯(Reims)	U. Reims Champagne-Ardenne	1548 U. Reims
	1970	雷恩(Rennes)	U. Rennes Ⅰ	1461 U. Nantes
	1970	雷恩(Rennes)	U. Rennes Ⅱ-Haute-Bretagne	1461 U. Nantes
	1970	蒙圣艾尼昂(Mont-SaintAignan)	U. Rouen	1966 U. Rouen
	1970	圣艾蒂安(Saint-Étienne)	U. Jean Monnet Saint-Étienne	1961 Centre universitaire
	1970	斯特拉斯堡(Strasbourg)	U. Louis-Pasteur(Strasbourg Ⅰ)	1537 higher humanist school

续表 10

国家	成立年份	所在城市	大学名称	大学变更后的名称和/或前身的名称(与年份)
	1970	斯特拉斯堡(Strasbourg)	U. des sciences humaines (Strasbourg Ⅱ)	1537 higher humanist school
	1970	斯特拉斯堡(Strasbourg)	U. des sciences juridiques, politiques, sociales et de technologie (Strasbourg Ⅲ)	1537 higher humanist school
	1970	图卢兹(Toulouse)	U. des sciences sociales(Toulouse Ⅰ)	1229 Studium generale
	1970	图卢兹(Toulouse)	U. Toulousele-Mirail(Toulouse Ⅱ)	1229 Studium generale
	1970	图卢兹(Toulouse)	U. (Toulouse Ⅲ)	Institut national polytechnique
	1970	图尔(Tours)	U. François-Rabelais	1306 U. Orléans
	1971	尼斯(Nice)	U. Nice-Sophia Antipolis	1965 U. Nice
	1972	昂热(Angers)	U.	1337 Studium generale
	1972	贡比涅(Compiégne)	U. de technologie de Compiégne	
	1973	马赛(Marseille)	U. de la Méditerranée (Aix-Marseille Ⅱ)	1413 Studium generale
	1973	马赛(Marseille)	U. de droit, d'economie et des sciences(Aix-Marseille Ⅲ)	1413 Studium generale
	1973	里昂(Lyon)	U. Jean Moulin(Lyon Ⅲ)	1808 fac. théol., lettres, sciences
	1975/1961	科尔特(Corte)	U. of Corsica Pascal Paoli	1765-1768 U. of Corte

续表 11

国家	成立年份	所在城市	大学名称	大学变更后的名称和/或前身的名称(与年份)
	1975	米卢斯(Mulhouse)	U. de Haute-Alsace	1970 Centre universitaire du Haut-Rhin
	1976	旺德夫尔莱南锡(Vandœuvrelés-Nancy)	National Polytechnic Institute of Lorraine	1971 Institut national polytechnique de Nancy
	1976	南斯(Nantes)		
	1976	尼斯(Nice)		
	1976	瓦朗谢讷(Valenciennes)	U. du Hainau-Cambrésis	1970 Centre universitaire
	1978	勒芒(Le Mans)	U. du Maine	1960 Centre scientifique universitaire
	1978	佩皮尼昂(Perpignan)	U. Perpignan Via Domitia	Centre universitaire dePerpignan
	1979	尚贝里(Chambéry)	U. de Savoie	1970 Centre universitaire de Savoie
	1979	土伦(Toulon)	U. du SudToulon Var	1970 Centre universitaire
	1984	图卢兹(Toulouse)	Institut national polytechnique de Toulouse(INP Toulouse)	1970 Institut polytechnique
	1991	南斯(Nantes)	Écolecentrale de Nantes(ECN)	Institut polytechnique de l'Ouest
格鲁吉亚(IAU)	1990	第比利斯(Tbilisi)	Georgian Technical U.	1922 Faculty of Tblisi U.
	1991	第比利斯(Tbilisi)	Georgian State Agrarian U.	1919 Faculty of Tblisi
	1992	艾提(Aieti)	Medical School	

续表 12

国家	成立年份	所在城市	大学名称	大学变更后的名称和/或前身的名称(与年份)
德国(EUA)	1946	美因茨(Mainz)	Johannes Gutenberg U.	1477-1798 U.
	1946	柏林(Berlin)	Technical U.	1879 Technical College
	1947	施派尔(Speyer)	German U. of Administrative Sciences	
	1948	萨尔布吕肯(Saarbrücken)	U. of the Saarland	
	1948	柏林(Berlin)	Free U.	
	1948	汉贝格(Hamberg)	Hochschule of Economics and Politics	
	1953	伊尔默瑙(Ilmenau)	Technical Hochschule	1992 Technical U. 1894 Private Technical School
	1962/1965	波鸿(Bochum)	Ruhr-U.	
	1962/1966	雷根斯堡(Regensburg)	U.	
	1962/1968	多特蒙得(Dortmund)	U.	
	1963/1968	汉诺威(Hannover)	U. of Medicine	
	1965	杜塞尔多夫(Düsseldorf)	U.	1978 Heinrich-Heine-U. 1923 Medical Hochschule

续表 13

国家	成立年份	所在城市	大学名称	大学变更后的名称和/或前身的名称(与年份)
	1966	康斯坦茨(Konstanz)	U.	
	1967	乌尔姆(Ulm)	U.	
	1967	霍恩海姆(Hohenheim)	U.	1818 College for Agricultural Teaching and Research
	1967	曼海姆(Mannheim)	U.	1907 Municipal Trade College
	1969	比勒费尔德(Bielefeld)	U.	
	1970	奥格斯堡(Augsburg)	U.	
	1970	特里尔-凯泽斯劳滕(Trier-Kaiserslautern)	U.	1975 split into Trier(1475-1798)and Kaiserslautern(1779 College of Public Administration)
	1970	科隆(Cologne)	German Sports U.	1947 German College for Physical Education and Sport(without university rights)
	1971	不来梅港(Bremen)	U.	
	1971	卡塞尔(Kassel)	U.	
	1972/1975	拜罗伊特(Bayreuth)	U.	

续表 14

国家	成立年份	所在城市	大学名称	大学变更后的名称和/或前身的名称(与年份)
	1972/1975	班贝克(Bamberg)	U.	1988 Otto-Friedrich U. 1647 Jesuit College
	1972/1975	杜伊斯堡(Duisburg)	Gerhard-Mercator-U.	
	1972/1975	埃森(Essen)	U.	
	1972/1975	汉堡(Hamburg)	U. of the Federal Armed Forces	
	1972/1975	帕德伯恩(Paderborn)	U.	
	1972/1975	西根(Siegen)	U.	
	1972/1975	伍珀塔尔(Wuppertal)	Bergische U.	
	1973	慕尼黑(Munich)	U. of the Federal Armed Forces	
	1973	奥尔登堡(Oldenburg)	Carl von Ossietzky-U.	
	1973/1974	奥斯纳布吕克(Osnabrück)	U.	
	1973/1978	帕绍(Passau)	U.	

续表 15

国家	成立年份	所在城市	大学名称	大学变更后的名称和/或前身的名称(与年份)
	1973/1978	费希塔(Vechta)	U.	1830 Teacher Training School
	1974	哈根(Hagen)	Tele U.	
	1978	汉堡-哈尔堡(Hamburg-Harburg)	Technical U.	
	1978	希尔德斯海姆(Hildesheim)	U.	1643 College of Art and Theology
	1980	艾希施泰特县(Eichstätt)	Catholic U.	1619 Jesuit Seminary
	1985	吕贝克(Lübeck)	Medical U.	1964 Medical Academy
	1986	开姆尼斯(Chemnitz)	Technical U.	1836 Trade Academy
	1989	吕内堡(Lüneburg)	U.	1946 College of Education
	1990	科布伦茨-郎道(Koblenz-Landau)	U.	
	1991	科特布斯(Cottbus)	Technical U.	
	1991	法兰克福(奥得河)Frankfurt(Oder)	Europa U. Viadrina	1506-1811 U.
	1991	波茨坦(Potsdam)	U.	
	1993	马格德堡(Magdeburg)	Otto-von-Guericke-U.	

续表 16

国家	成立年份	所在城市	大学名称	大学变更后的名称和/或前身的名称(与年份)
	1994	弗伦斯堡(Flensburg)	Bildungswissenschaftliche Hochschule-U.	1946 College of Education
希腊(EUA)	1964	佩特雷(Patras)	U.	
	1970	约阿尼纳(Ioannina)	U.	1964 Department of U. Thessaloniki
	1973	科莫蒂尼(Komotini)	Democritus U. of Thrace	
	1973	罗希姆诺(Rethymno)	U. of Crete	
	1977	干尼亚(Chaniá)	Technical U.	
	1984	米蒂利尼(Mytilene)	U. of the Aegean	
	1984	沃洛斯(Volos)	U. of Thessaly	
	1989	比雷埃夫斯(Piraeus)	U.	1938 Free School
	1989	雅典(Athens)	Harokopia U.	
	1989	塞萨洛尼基(Thessaloniki)	U. of Macedonia	1948 Industrial School
匈牙利(IAU)	1949	布达佩斯(Budapest)	U. of Veterinary Medicine	1787 Veterinary School，Buda U.
	1949	密什科尔茨(Miskolc)	Technical U. of Heavy Industry	1990 Miskolc U.

续表 17

国家	成立年份	所在城市	大学名称	大学变更后的名称和/或前身的名称(与年份)
	1951	布达佩斯(Budapest)	U. of Medicine Semmelweis	1769 Medical FaC. Buda U.
	1951	维斯普雷姆(Veszprém)	U.	1949 Fac. ,Technical U. Budapest
	1952	格德勒(Gödöllö)	U. of Agriculture	
	1953	布达佩斯(Budapest)	U. of Horticulture	1894 School of Gardening
	1962	肖普朗(Sopron)	U. of Forestry	1808 School of Forestry
	1970	德布勒森(Debrecen)	U. of Agriculture	1868 National High School for Economics
	1970	凯斯特海伊(Keszthely)	U. of Agriculture	1865 School of Forestry
	1971	布达佩斯(Budapest)	HungarianU. of Crafts and Design	1880 School of Crafts
	1990	布达佩斯(Budapest)	Budapest U. of Economic	1920 FaC. of Economics, Evangelical-Lutheran Theological U. ,1557 Latin School
	1993	布达佩斯(Budapest)	Pázmány Peter Catholic U.	1638 Theological Fac. Nagyszombat
冰岛(EUA)	1971	雷克雅维克(Reykjavik)	Iceland University of Education	1907 Iceland College of Education

续表 18

国家	成立年份	所在城市	大学名称	大学变更后的名称和/或前身的名称(与年份)
	1987	阿库雷里(Akureyri)	U.	
	1989	毕夫柔斯特(Bifrost)	School of Business	1918 Co-operative School of Iceland
爱尔兰(IAU)	1957	都柏林(Dublin)	The Institute of Public Administration(IPA)	
	1968	都柏林(Dublin)	The Milltown Institute of Theology and Philosophy	
	1970	阿斯隆(Athlone)	Athlone Institute of Technology	
	1970	卡洛(Carlow)	Institute of Technology Carlow	
	1971	斯来果(Sligo)	Institute of Technology	
	1977	特拉利(Tralee)	Institute of Technology	
	1978	科克(Cork)	Cork Institute of Technology	
	1989	都柏林(Dublin)	City U.	1975 National Institute for Higher Education
	1989	利默里克(Limerick)	U.	1972 National Institute for Higher Education
	1992	都柏林(Dublin)	Dublin Institute of Technology	
	1992	利默里克(Limerick)	Limerick Institute of Technology	
意大利(EUA)(U. = Università degli Studi)	1967	莱切(Lecce)	U.	1955 Istituto auto-nomo di Magistero

续表 19

国家	成立年份	所在城市	大学名称	大学变更后的名称和/或前身的名称(与年份)
	1968	阿卡瓦塔迪伦德(科森扎)(Arcavacata di Rende, Cosenza)	U. della Calabria	
	1971	安科纳(Ancona)	U.	1969 Libera U.
	1977	罗马(Roma)	Libera U. internazionale degli studi sociali 'Guido Carli'	1966 U. pro Deo
	1978	乌迪内(Udine)	U.	
	1979	卡西诺(Cassino)	U.	1964 Istituto priva-to di Magistero
	1979	维泰博(Viterbo)	U. della Tuscia	1969 Libera Università della Tuscia
	1981	波滕扎(Potenza)	U. della Basilicata	
	1982	罗马(Roma)	U. Roma Tor Vergata	
	1982	布雷西亚(Brescia)	U.	1969 Ente universitario della Lombardia orientale
	1982	坎波巴索(Campobasso)	U. del Molise	
	1982	基耶蒂(Chieti)	U. Gabriele D'Annunzio	1965 Libera U. Abruzzese degli studi
	1982	拉奎拉(L'Aquila)	U.	1952 Istituto universitario di magistero
	1982	雷焦卡拉布里亚(Reggio Calabria)	U. Mediterranea	1968 Libero istituto universitario di architettura
	1982	特兰托(Trento)	U.	1962 Istituto U. di scienze sociali

续表 20

国家	成立年份	所在城市	大学名称	大学变更后的名称和/或前身的名称(与年份)
	1982	维罗那(Verona)	U.	
	1987	比萨(Pisa)	Scuola superiore di studi universitari e di perfezionamento S. Anna	Merger Scuola superiore di studi universitari e di perfezionamento(f. 1967)+ Conservatorio S. Anna(founded in 1785)
	1990	巴里(Bari)	Politecnico	
	1990	贝加莫(Bergamo)	U.	1968 Istituto universitario di lingue e letterature straniere
	1991	卡斯泰兰扎（瓦雷泽)Castellanza(Varese)	U. 'Carlo Cattaneo' LIUC	
	1991	那不勒斯(Napoli)	Seconda U.	
	1991	罗马(Roma)	Libera U. -Campus bio-medico	
	1992	罗马(Roma)	U. Roma Tre	
	1993	泰拉莫(Teramo)	U.	
拉脱维亚(IAU)	1954	利耶帕亚(Liepaja)❸	Lilpaja Academy of Pedagogy	
	1990	里加(Riga)	Latvian Academy of Culture	
	1991	叶尔加瓦(Jelgava)	Latvian U. of Agriculture	1863 Department of Riga Polytechnical Institute
立陶宛(EUA)	1945	考纳斯(Kaunas)	Lithuanian National Institute of Physical Education	1999 Lithuanian Academy of Physical Education

❸ 原文为 Lilpaja，经查拉脱维亚无此城市，疑为利耶帕亚(Liepaja)。

续表 21

国家	成立年份	所在城市	大学名称	大学变更后的名称和/或前身的名称(与年份)
	1950	考纳斯(Kaunas)	Kaunas Medical Institute	1989 Kaunas Medical Academy
	1950	考纳斯(Kaunas)	Polytechnic Institute	1990 Kaunas U. of Technology
	1991	克莱佩达(Klapeda)	U.	
	1994	维尔纽斯(Vilnius)	Vilnius Gediminas Technical U.	1956 Vilnius Evening division of the Evening faculty of Kaunas Polytechnic Institute
马其顿(IAU)	1949	斯科普里(Skopje)	U. Sts. Cyril and Methodius	
	1979	比托拉(Bitola)	U. St. Kliment Ohridski	
马耳他(无新建大学)				
摩尔达维亚(IAU)	1992	基希讷乌(Chişinău)	Free International U. of Moldavia	
	1993	基希讷乌(Chişinău)	Technical U. of Moldavia	1964 Polytechnic Institute
黑山(IAU)	1973	波德戈里察(Podgorica)	U. of Montenegro	
荷兰(IAU)	1952	海牙(Den Haag)	Institute of Social Studies for Graduate Studies	
	1956	埃因霍温(Eindhoven)	Technische Hogeschool Eindhoven	1986 Technische U. Eindhoven(TU/e)
	1961	恩斯赫德(Enschede)	Technische Hogeschool Twente	1986 Twente U.

续表 22

国家	成立年份	所在城市	大学名称	大学变更后的名称和/或前身的名称(与年份)
	1967	阿姆斯特丹(Amsterdam)	Catholic Theological U.	
	1973	鹿特丹(Rotterdam)	Erasmus U.	1913 The Netherlands School of Economics
	1975	马斯特里赫特(Maastricht)	U.	1974 Faculty of Medicine
	1982/1984	海尔伦(Heerlen)	The Open U. of the Netherlands	
	2004	奈梅亨(Nijmegen)	Radboud U.	1923 Katholieke Universiteit Nijmegen(KUN)
挪威(EUA)	1946	卑尔根(Bergen)	U.	1825 Bergen Museum
	1968/1972	特罗姆瑟(Tromsø)	U.	
	1968	特隆赫姆(Trondheim)	U.	1910 Norwegian College of Advanced Technology
波兰(EUA)	1944/1945	卢布林(Lublin)	Maria Curie-Skłodowska U.	
	1944/1945	弗罗茨瓦夫(Wrocław)	Polish U.	
	1945	格丹斯克(Gdańsk)	Politechnic	
	1945/1946	罗兹(Łód ź)	U.	

续表 23

国家	成立年份	所在城市	大学名称	大学变更后的名称和/或前身的名称(与年份)
	1946	托伦(Torun)	Mikołaj Kopernik U.	
	1968	卡托维兹(Katowice)	Silesian U.	Merger Educational Institute and Jagiellonian U. branch
	1970	格丹斯克(Gdańsk)	U.	Merger Education Institute+Sopot Economics College
	1984/1985	什切青(Szczecin)	U.	Merger Educational Institute+Technical U.
	1994	奥波莱(Opolski)	U.	Merger Educational Institute+Theological-Pastoral Institute
葡萄牙(EUA)	1973	里斯本(Lisbon)	Universidade nova	
	1973	阿威罗(Aveiro)	U.	
	1973	布拉加(Braga)	U. of Minho	
	1979	埃武拉(Evora)	U.	1559-1759 U.
罗马尼亚(IAU)	1948	蒂米什瓦拉(Timişoara)	Banat's U. of Agricultural Sciences and Veterinary Medicine	1945 Faculty of Technical Institute
	1962	蒂米什瓦拉(Timişoara)	U. of the West	1949 Institute of Education
	1965	布加勒斯特(Bucharest)	Politecnica U.	1867 School of Bridges,Roads and Mines
	1966	克拉约瓦(Craiova)	U.	1947 Institute
	1971	布拉索夫(Braşov)	U.	1956 Transylvania U.
	1974	加拉茨(Galaţi)	U. Dunărea 'de Jos' din Galaţi	1951 Naval and Mechanical Engineering Institute

续表 24

国家	成立年份	所在城市	大学名称	大学变更后的名称和/或前身的名称(与年份)
	1989	布加勒斯特(Bucharest)	Carol Davila U. of Medicine and Pharmacy	1857 National School of Medicine and Surgery
	1991	彼得罗沙尼(Petroşani)	Technical U.	1995 U. 1864 Institute of Coal
	1992	布加勒斯特(Bucharest)	National Academy of Physical Education and Sports	1922 National Institute of Physical Education
	1992	雅西 格里戈雷(Iaşi Grigore)	T. Popa U. of Medicine and Pharmacy	1879 Medical FaC. U. Iaşi
	1992	克卢日-纳波卡(Cluj-Napoca)	Technical U.	1922 Electromechanical Institute
	1994	布加勒斯特(Bucharest)	Technical U. of Civil Engineering	1818 School of Land Surveyors
俄罗斯联邦(IAU)③	1951	莫斯科(Moscow)	All-union Extra-Mural Institute of Railway Engineering	1995 Russian State Open Technical U. of Railway Communication
	1956	雅库茨克(Jakutsk)	Jakutsk State U. ‘M. K. Ammosov’	1934 Pedagogical Institute
	1957	巴神基尔(Bashkir)	Bashkir State U.	1909 Teacher Training Institute

③ IAU 数据库中有约 800 个俄罗斯高等教育机构，其中 1945—1995 年之间成立的 59 所大学有博士学位授予权，依据它们的网站，Natalia Nosova 核对并补充了这些学校的信息。Natalia Nosova 是圣彼得堡国立大学校长负责国际事务的行政助理。

续表 25

国家	成立年份	所在城市	大学名称	大学变更后的名称和/或前身的名称(与年份)
	1957	马哈奇卡拉(Machachkala)	Dagestan State U.	1931 Pedagogical Institute
	1957	纳尔奇克(Nalčik)	Kabardino-Balkarian State U. 'H. M. Berbekov'	1932 Pedagogical Institute
	1957	萨兰斯克(Saransk)	Mordovian State U. 'N. P. Ogarev'	1931 Mordovian State Teachers' Training Institute
	1958	弗拉基米尔(Vladimir)	Vladimir State U.	
	1959	新西伯利亚(Novosibirsk)	Novosibirsk State U.	
	1959	莫斯科(Moscow)	People's Friendship U. of Russia	Before 1992 People's Friendship U. Patris Lumumba
	1959	布良斯克(Briansk)	Briansk Institute of Technology	1995 Briansk State Engineering Academy, 1930 Institute of Forestry Engineering
	1967	切博克萨雷(Cheboksary)	Chuvash State U. I. Ulianov	
	1969	克拉斯诺亚尔斯克(Krasnojarsk)	Krasnojarsk State U.	1963 Affiliated to Novosibirsk State U.
	1969	弗拉基高加索(Vladikavkaz)	North Ossetian State U. 'K. L. Hetagurov'	1920 Pedagogical Institute
	1970	别尔哥罗德(Belgorod)	Belgorod State Institute of Building Materials and Technology	1994 Belgorod State Technical U. 'V. G. Shuhov'

续表 26

国家	成立年份	所在城市	大学名称	大学变更后的名称和/或前身的名称(与年份)
	1970	克拉斯诺达尔(Krasnodar)	Kuban State U.	1924 Kuban Institute of Public Education
	1972	克麦罗沃(Kemerovo)	Kemerovo Technological Institute of Food Industry	
	1972	约什卡尔奥拉(Joškar-Ola)	Marij State U.	
	1973	Altaiskijkraj	Altaj State U.	
	1973	克拉斯诺达尔(Krasnodar)	Kuban State U. of Technology	1918 previous institution
	1973	秋明(Tjumen)	Tjumen State U.	1930 previous institution
	1974	伊凡诺沃(Ivanovo)	Ivanovo State U.	1930 previous institution
	1974	克麦罗沃(Kemerovo)	Kemerovo State U.	1954 previous institution
	1974	鄂木斯克(Omsk)	Omsk State U.	
	1974	伊热夫斯克(Iževsk)	Udmurt State U.	1931 Pedagogical Institute
	1976	车里雅宾斯克(Čeljabinsk)	Čeljabinsk State U.	
	1980	伏尔加格勒(Volgograd)	Volgograd State U	

续表 27

国家	成立年份	所在城市	大学名称	大学变更后的名称和/或前身的名称(与年份)
	1981	新西伯利亚(Novosibirsk)	Siberian State U. of Telecommunications and Informatics	1952 Novosibirsk Institute of Electrotechnics and Communications
	1982	克拉斯诺亚尔斯克(Krasnojarsk)	Krasnojarsk State Academy of Architecture and Civil Engineering	
	1984	梁赞(Rjazan)	Rjazan State Pedagogical U.	1853 College for Women
	1988	莫斯科(Moscow)	Moscow Institute of Physics and Technology(State U.)	1946 founded without U. status
	1989	莫斯科(Moscow)	Moscow State Pedagogical U.	1872 Moscow Higher Women's Courses
	1989	萨马拉(Samara)	Samara State U.	
	1989	莫斯科(Moscow)	Moscow Medical Academy 'I. M. Sečenov'	1758 Faculty of Medicine of Moscow U.
	1990	克拉斯诺亚尔斯克(Krasnojarsk)	Krasnojarsk State Technical U.	1956 previous institution
	1991	圣彼得堡(Saint-Petersburg)	Herzen State Pedagogical U.	1797 Hospice educating orphans
	1991	莫斯科(Moscow)	International Independent Ecological and Political U.	
	1991	莫斯科(Moscow)	International U. in Moscow	
	1991	莫斯科(Moscow)	Moscow State Social U.	
	1991	莫斯科(Moscow)	Russian Law Academy	1970 previous institution

续表 28

国家	成立年份	所在城市	大学名称	大学变更后的名称和/或前身的名称(与年份)
	1991	新西伯利亚(Novosibirsk)	Novosibirsk State Agrarian U.	1936 previous institution
	1991	圣彼得堡(Saint-Petersburg)	Saint-Petersburg State Agrarian U.	1904 Agricultural Courses
	1991	圣彼得堡(Saint-Petersburg)	St. Petersburg State Mining Institute'G. V. Plekhanov'	1773 previous institution
	1991	托木斯克(Tomsk)	Tomsk Polytechnic U.	1896 Technological Institute
	1992	莫斯科(Moscow)	InternationalInstitute of Marketing and Management	
	1992	莫斯科(Moscow)	Moscow Power Engineering Institute(Technical U.)	1930 previous institution
	1992	莫斯科(Moscow)	Moscow State Automobile and Highway Engineering Institute(Technical U.)	1930 previous institution
	1992	莫斯科(Moscow)	Moscow Technical U. of Communication and Informatics	1921 Electrotechnical Institute
	1992	莫斯科(Moscow)	Russian State Academy of Physical Education	1918 previous institution
	1992	新西伯利亚(Novosibirsk)	Novosibirsk State Technical U.	1950 previous institution

续表 29

国家	成立年份	所在城市	大学名称	大学变更后的名称和/或前身的名称(与年份)
	1992	圣彼得堡(Saint-Petersburg)	Saint-Petersburg State Electro-technical U.	1886 as Engineering College of Post and Telegraph
	1992	萨玛斯(Samars)	Samara State Aerospace U.	1907 Psychoneurological Institute
	1992	萨拉托夫(Saratov)	Saratov State Technical U.	1930 previous institution
	1992	托木斯克(Tomsk)	Siberian State Medical U.	1878 previous institution
	1992	图拉(Tula)	Tula State Technical U.	1995 Tula State U.
	1992	叶卡捷琳堡(Ekaterinburg)	Ural State Academy of Law	1931 Sverdlovsk Institute of Law
	1992	伏尔加格勒(Volgograd)	Volgograd State Pedagogical U.	1931 previous institution
	1993	伊尔库茨克(Irkutsk)	Irkutsk State Technical U.	1930 previous institution
	1992	伊凡诺沃(Ivanovo)	Ivanovo State U. of Power Engineering	1918 Ivanovo-Voznesensk Polytechnical Institute
	1992	伊热夫斯克(Izevsk)	Izevsk State Technical U.	1952 Institute
	1992	库尔斯克(Kursk)	Kursk State Medical U.	1935 previous institution
	1992	迈科普(Maykop)	Maykop State Technological Institute	
	1993	莫斯科(Moscow)	Moscow State U. of Forestry Engineering	1919 Moscow Institute of Forestry Engineering

续表 30

国家	成立年份	所在城市	大学名称	大学变更后的名称和/或前身的名称(与年份)
	1993	莫斯科(Moscow)	Moscow State Academy of Law	1931 previous institution
	1993	莫斯科(Moscow)	Moscow State Institute of Electronics and Mathematics(Technical U.)	1962 previous institution
	1993	莫斯科(Moscow)	Moscow State U. of Geodesy and Cartography	1779 Moscow Institute of Geodesy
	1993	莫斯科(Moscow)	Moscow State U. of Railway Engineering	1896 Engineering School
	1993	鄂木斯克(Omsk)	Omsk State Pedagogical U.	1932 previous institution
	1993	梁赞(Rjazan)	Rjazan State Radio Engineering Academy	1951 previous institution
	1993	顿河畔罗斯托夫(Rostov-na-Donu)	Rostov State Pedagogical U.	1931 previous institution
	1993	萨马拉(Samara)	Samara State Medical U.	1919 previous institution
	1993	坦波夫(Tambov)	Tambov State Technical U.	1958 Tambov Chemical Engineering Institute
	1993	伏尔加格勒(Volgograd)	Volgograd State University of Medicine	1962 previous institution
	1994	叶卡捷琳堡(Ekaterinburg)	Ural State Academy of Mining and Geology	1917 previous institution

续表 31

国家	成立年份	所在城市	大学名称	大学变更后的名称和/或前身的名称(与年份)
	1994	克拉斯诺亚尔斯克(Krasnojarsk)	Krasnojarsk State Medical Academy	1942 Krasnojarsk Medical College
	1994	雷宾斯克(Rybinsk)	Rybinsk State Academy of Aviation Technology	1955 previous institution
	1994	圣彼得堡(Saint-Petersburg)	Saint-Petersburg State Medical Academy	1907 Psychoneurological Institute
	1994	斯塔夫罗波尔(Stavropol)	Stavropol State Medical Academy	1937 previous institution
	1994	坦波夫(Tambov)	Tambov State U.	1930 Pedagogical Institute. 1994 merging with Institute of Culture
	1994	乌法(Ufa)	Ufa State Petroleum Technological U.	1948 Ufa Petroleum Institute
	1994	乌里扬诺夫斯克(Uljanovsk)	Uljanovsk State Technical U.	1957 Evening Polytechnic Institute
	1994	基洛夫(Kirov)	Vjatka State U.	1963 previous institution
	1994	沃罗涅日(Voronež)	Voronež State Academy of Forestry Engineering	1918 Forestry and Agriculture Institute
	1994	沃罗涅日(Voronež)	Voronež State Academy of Technology	1930 previous institution

续表 32

国家	成立年份	所在城市	大学名称	大学变更后的名称和/或前身的名称(与年份)
	1994	沃罗涅日(Voronež)	Voronež State Medical Academy 'N. N. Burdenko'	1918 department of Voronezh U.
	1995	格罗兹尼(Groznyj)	Čečen State U.	1972 Čečeno-Inguš State U.
	1995	基洛夫(Kirovy)	Vjatka State Humanitarian U.	1914 Pedagogical School
	1995	科斯特罗马(Kostroma)	U. of Technology	1932 Textile Institute
	1995	库尔干(Kurgan)	Kurgan State U.	Incorporating Kurgan Pedagogical Institute and Kurgan Mechanical Engineering Institute
	1995	约什卡尔奥拉(Joškar-Ola)	Marij State Technical U.	1932 Povolzsky Forestry Institute
	1995	乌里扬诺夫斯克州(Ussurijsk Primorskij Krai)	Primorsky State Academy of Agriculture	1957 Primorsky Agricultural Institute
	1995	乌兰乌德(Ulan-Ude)	Burjat State Academy of Agriculture	1931 Agropedagogical Institute
	1995	乌兰乌德(Ulan-Ude)	Burjat State U.	1932 Pedagogical Institute,1995 merged with local branch of Novosibirsk U.
	1999	莫斯科(Moscow)	Academy of Management of the Ministry of Internal Affairs of Russia	1929 Higher School of the Ministry of Internal Affairs

续表 33

国家	成立年份	所在城市	大学名称	大学变更后的名称和/或前身的名称(与年份)
塞尔维亚(IAU)	1960	诺维萨德(Novy Sad)	U.	
	1965	尼什(Niš)	U.	
	1970	克鲁舍瓦茨(Kruševac)	U. of Pristina	
	1973	贝尔格莱德(Belgrade)	U. of the Arts	
	1977	克拉古耶瓦茨(Kragujevac)	U.	
斯洛伐克共和国(EUA)	1949	伯拉第斯拉瓦(Bratislava)	Academy of Fine Arts and Design	
	1949	伯拉第斯拉瓦(Bratislava)	Academy of Music and Dramatic Arts in Bratislava	
	1949	科希策(Košice)	U. of Veterinary Medicine	
	1952	尼特拉(Nitra)	Slovak U. of Agriculture	
	1952	特尔纳瓦(Trnava)	U.	
	1952	兹沃伦(Zvolen)	Technical U.	
	1952	科希策(Košice)	Technical U.	
	1953	日利纳(Žilina)	U.	
	1959	科希策(Košice)	Pavol Jozef Safárik U.	

续表 34

国家	成立年份	所在城市	大学名称	大学变更后的名称和/或前身的名称(与年份)
	1973	利普托夫斯基米库拉什(Liptovský Mikuláš)	General Milan Rastislav Štefánik Military Academy	
	1990	特伦钦(Trenčí)	College of Management	
	1992	伯拉第斯拉瓦(Bratislava)	Police Academy	
	1992	班斯卡-比斯特里察(Banská Bystrica)	Matej Bel U.	
	1992	特伦钦(Trenčín)	Alexander Dubček U.	
斯洛文尼亚(EUA)	1975	马里博尔(Maribor)	U.	1961 Association of Higher Education institutions
西班牙	1945	埃斯科里亚尔(El Escorial)	Royal College of Higher Education Maria Cristina	1387 *Studium generale*
	1960	马德里(Madrid)	Pontifical U. Comillas	1890 in Santander
	1962	潘普洛纳(Pamplona)	U. of Navarra	1952 Estudio general de Navarra Opus Dei
	1963	毕尔巴鄂(Bilbao)	Pontifical U. de Deusto	1878 Jesuit College
	1968	巴塞罗那(Barcelona)	Autonomous(State)U.	
	1968	毕尔巴鄂(Bilbao)	U.	1973 U. of Basque country

续表 35

国家	成立年份	所在城市	大学名称	大学变更后的名称和/或前身的名称(与年份)
	1968	巴达霍斯(Badajoz)	U. of Extremadura	
	1968	马德里(Madrid)	Autonomous(State)U.	
	1971	马德里(Madrid)	Polytechnic U. of Madrid	
	1971	科尔多瓦(Córdoba)	U.	1847 Veterinary school
	1971	马德里(Madrid)	National U. of Distance Education (UNED)	National Tele-U.
	1971	马拉加(Malaga)	U.	
	1971	桑坦德(Santander)	U.	1967 Civil Engineering School
	1971	巴伦西亚(Valencia)	Polytechnic U.	1969 Polytechnical School
	1973	巴塞罗那(Barcelona)	Technical U.	1968 Polytechnical Institute
	1977	阿尔卡拉埃南雷斯堡(Alcalá de Henares)	U.	1499 *Studium generale*
	1978	阿里坎特(Alicante)	U.	
	1978	帕尔马 马略卡岛(Palma de Mallorca)	U.	1483 *Studium generale*
	1979	加的斯(Cádiz)	U.	1748 School of Medicine
	1979	拉斯帕尔马斯(Las Palmas)	Polytechnic of Canary Islands	1989 University of Las Palmas de Gran Canari

续表 36

国家	成立年份	所在城市	大学名称	大学变更后的名称和/或前身的名称(与年份)
	1979	莱昂(León)	U.	
	1982	雷阿尔城(Ciudad Real)	U. of Castille-La Mancha	
	1987	潘普洛纳(Pamplona)	Public U. of Navarra	
	1989	马德里(Madrid)	U. Carlos Ⅲ	
	1989	比戈(Vigo)	U.	
	1989	拉科鲁尼亚(La Coruña)	U.	Separated from U. of Santiago de Compostela
	1990	巴塞罗那(Barcelona)	U. Pompeu Fabra	
	1991	巴塞罗那(Barcelona)	U. Ramón Llull	
	1991	卡斯特利翁-德拉普拉纳(Castelló de la Plana)	U. Jaime Ⅰ	
	1992	列伊达(Lleida)	U.	1968 Colleges
	1992	塔拉戈纳(Tarragona)	U. Rovira i Virgili	U. Barcelona's faculties
	1993	哈恩(Jaén)	U.	

续表 37

国家	成立年份	所在城市	大学名称	大学变更后的名称和/或前身的名称(与年份)
	1993	马德里(Madrid)	U. San Pablo-CEU	
	1994	塞维利亚(Seville)	International U. of Andalusia	
	1995	马德里(Madrid)	U. San Antonio de Nebrija	
	1995	马德里(Madrid)	European U. of Madrid	
瑞典(EUA)	1954	哥德堡(Gothenburg)	U.	1891 U. College
	1960	斯德哥尔摩(Stockholm)	U.	1878 U. College
	1965	于默奥(Umeå)	U.	1956 School of dentistry
	1970	林雪平(Linköping)	U.	1956 Branch of Stockholm U.
瑞士(无新建大学)				
土耳其(EUA)	1946	安卡拉(Ankara)	U.	1925-1943 Fac. Law, Letters, Science, and Medicine
	1955	伊兹密尔(Izmir)	Ege(Aegean)U.	
	1955	特拉布宗(Trabzon)	Karadeniz Technical U.	
	1955	伊斯坦布尔(Istanbul)	Boogaziçi U.	1863 Private Liberal Arts College
	1955	埃斯基谢希尔(Eskişehir)	Anaadolu(Anatolian)U.	1958 Academy of Commercial and Economic Sciences

续表 38

国家	成立年份	所在城市	大学名称	大学变更后的名称和/或前身的名称(与年份)
	1957	埃尔祖鲁姆(Erzerum)	Ataturk U.	
	1959	安卡拉(Ankara)	Middle East Technical U.	
	1967	安卡拉(Ankara)	Hacettepe U.	
	1973	亚达那(Adana)	Çukurova U.	
	1973	迪亚巴克尔(Diyarbakir)	Dicle U.	
	1974	锡瓦斯(Sivas)	Cumhuriye U.	
	1975	埃拉泽(Elazig)	Firat(Euphrates)U.	1967 State Academy of Engineering and Architecture
	1975	马尔蒂亚(Malatya)❹	Inönü U.	
	1975	萨姆松(Samsun)	Ondokuz Mayis(19th May)U.	
	1975	科尼亚(Konya)	Selçuk U.	
	1975	布尔萨(Bursa)	Ululağ (Mount Olympos)U.	
	1978	开塞里(Kayseri)	Erdyes U.	
	1982	安塔利亚(Antalya)	Akderiiz U.	
	1982	伊兹密尔(Izmir)	Dokuz Eylül U.	
	1982	安卡拉(Ankara)	Gazi U.	1923 Teacher Training College

❹ 原文为 Matatya,疑为马拉蒂亚(Malatya)。

续表 39

国家	成立年份	所在城市	大学名称	大学变更后的名称和/或前身的名称(与年份)
	1982	伊斯坦布尔(Istanbul)	Marmara U.	1883 Academy of Commercial and Economic Sciences
	1982	伊斯坦布尔(Istanbul)	Minar Sinan U.	
	1982	埃迪尔内(Edirne)	Trakya(Thracian)U.	
	1982	伊斯坦布尔(Istanbul)	Yıldız Technical U.	1911 Vocational College
	1982	凡城(Van)	Yücüncü Yil U.	1975 Teacher Training College
	1984	安卡拉(Ankara)	Bilkent U.	
	1987	加齐泰安普(Gaziantep)	U.	
	1992	博卢(Bolu)	Abant Izzet Baysal U.	
	1992	艾丁(Aydin)	Adnan Menderes U.	
	1992	阿菲永(Afyon)	Afyon Kocatepe U.	
	1992	巴勒克埃西尔(Balıkesir)	U.	
	1992	马尼萨(Manisa)	CelalByar U.	
	1992	恰纳卡莱(Çanakkale)	Çanakkale Onsekiz Mart U.	
	1992	屈塔希亚(Kutahya)	Dumlupınar U.	

续表 40

国家	成立年份	所在城市	大学名称	大学变更后的名称和/或前身的名称(与年份)
	1992	托卡特(Tokat)	Gaziosman Paşa U.	
	1992	盖布泽(Gebze)	Gebze Institute of Technology	
	1992	尚勒乌尔法(Şanlıurfa)	Harran U.	
	1992	伊兹密尔(Izmir)	Izmir Institute of Technology	
	1992	卡拉(Kara)	Kafkas U.	
	1992	卡赫拉曼 马拉什(Kahraman Maraş)	Kahraman Maraş Sütçüİmam U.	
	1992	克鲁兹卡雷(Kırıkkale)	U.	
	1992	科喀艾里(Kocaeli)	U.	
	1992	梅尔辛(Mersin)	U.	
	1992	穆拉(Mug la)	U.	
	1992	哈塔伊(Hatay)	Mustafa Kemal U.	
	1992	尼代(Nig de)	U.	
	1992	代尼兹利(Denizli)	Pamukkale U.	
	1992	萨卡里亚(Sakarya)	U.	
	1992	伊斯帕尔塔(Isparta)	Süleyman Demirel U.	

续表 41

国家	成立年份	所在城市	大学名称	大学变更后的名称和/或前身的名称(与年份)
	1992	宗古尔达克(Zonguldak)	Zonguldak Karaelmas U.	
	1992	伊斯坦布尔(Istanbul)	Koç U.	
	1992	埃斯基谢希尔(Eskişehir)	Osmangazi U.	
	1993	伊斯坦布尔(Istanbul)	Galatasaray U.	
	1993	安卡拉(Ankara)	Başkent U.	
乌克兰(IAU)	1954	哈尔科夫(Kharkhov)	Kharkiv Institute of Fire Safety	
	1965	顿涅茨克(Donetsk)	Donetsk State U.	1937 Donetsk Pedagogical Institute
	1989	基辅(Kiev)	Inter-Regional Academy of Personnel Management	
	1992	顿涅茨克(Donetsk)	Donetsk State Academy of Management	
	1993	顿涅茨克(Donetsk)	Donetsk Technical U.	1921 Donetsk Mining College
	1993	第聂伯罗彼得罗夫斯克(Dnipropetrovsk)	Ukrainian State Chemical Technology U.	1930 Dnipropetrovsk Chemical Engineering Institute

续表 42

国家	成立年份	所在城市	大学名称	大学变更后的名称和/或前身的名称(与年份)
	1993	哈尔科夫(Kharkhov)	Technical U. of Radio Electronics	1930 Kharkiv Engineering Civil Construction Institute
	1993	敖德萨(Odessa)	Odessa State Polytechnic U.	1918 Odesa Polytechnical Institute
	1993	伊万诺-弗兰科夫斯克(Ivano-Frankivsk)	Precarpathian ‘Vasyl Stefanyk’ U. Ivano-Frankivsk	1940 Stanislav Teacher Training Institute
	1994	克拉马托尔斯克(Kramatorsk)	Donbas State Mechanical Engineering Academy	1953 Part-Time Branch of Donetsk Industrial Institute
	1994	哈尔科夫(Kharkova)	Kharkiv State Technical U. of Construction and Architecture	1930 Kharkiv Engineering Civil Construction Institute
	1994	赫梅利尼茨基(Khmelnitsky)	Khmelnitsky State U.	1967 Khmelnitsky Technological Institute of Consumer Services
	1994	基辅(Kiev)	Kiev National Linguistics U.	1948 Kiev State Pedagogical Institute of Foreign Languages
	1994	基辅(Kiev)	National Agricultural U. of Ukraine	1898 Department of Agriculture at Kiev Polytechnic Institute
	1994	哈尔科夫(Kharkhov)	National Technical U.	‘Kharkiv Polytechnical Institute’, 1885 Kharkiv Practical Technological Institute
	1994	敖德萨(Odessa)	Odessa State Maritime U.	1930 Odessa Institute of Marine Engineers
	1994	敖德萨(Odessa)	Odessa State Medical U.	1900 Medical Department of Novorosiysk U. Vinnytsya
	1994	文尼察(Vinniytsya)	Vinnytsya State ‘M. I. Pyrogov’ Memorial Medical U.	1934 Vinnytsya Medical Institute

续表43

国家	成立年份	所在城市	大学名称	大学变更后的名称和/或前身的名称(与年份)
	1995	基辅(Kiev)	National Technical U. of Ukraine 'Kiev Polytechnic Institute'	1898 Kiev Polytechnical Institute
英国(IAU)	1948	诺丁汉(Nottingham)	U.	1881 U. College
	1957	莱斯特(Leicester)	U.	1921 U. College
	1961	布赖顿(Brighton)	U. of Sussex	
	1961	科尔切斯特(Colchester)	U. of Essex	
	1962	基尔(Keele)	U.	1949 U. College of North Staffordshire
	1963	泰恩河畔 纽卡斯尔(Newcastle-upon-Tyne)	U.	1834 Newcastle College of Medicine and Surgery
	1963	约克(York)	U.	1953 Borrhwick Institute for Historical Research
	1964	坎特伯雷(Canterbury)	U. of Kent	
	1964	赫尔(Hull)	U.	1927 U. College
	1964	兰卡斯特(Lancaster)	U.	
	1964	诺威奇(Norwich)	U. of East Anglia	
	1964	埃克塞特(Exeter)	U.	1922 U. College

续表 44

国家	成立年份	所在城市	大学名称	大学变更后的名称和/或前身的名称(与年份)
	1964	考文垂(Coventry)	U. of Warwick	
	1966	巴斯(Bath)	U. of Technology	1971 U. of Bath,1804 Merchant Venturers' Technical College
	1966	布拉德福德(Bradford)	U.	1831 Mechanics' Institute
	1966	吉尔福德(Guildford)	U. of Surrey	1891 Battersea Polytechnic Institute
	1966	拉夫伯勒(Loughborough)	U.	1909 Technical Institute
	1966	乌克斯桥(Uxbridge)	Brunel U.	1957 Regional College
	1966	爱丁堡(Edinburgh)	Heriot-Watt U.	1821 Edinburgh School of Arts and Mechanics' Institute
	1967	索尔福德(Salford)	U.	1896 Royal Technical Institute
	1967	斯特灵(Stirling)	U.	
	1967	敦提(Dundee)	U.	1881 U. College
	1969	米尔顿 凯恩斯(Milton Keynes)	Open U.	
	1982	博尔顿(Bolton)	Bolton Institute	
	1983	白金汉(Buckingham)	U.	1973 U. College
	1983	南安普敦(Southampton)	Southampton Institute	1856 Private Art School

续表 45

国家	成立年份	所在城市	大学名称	大学变更后的名称和/或前身的名称(与年份)
	1990	爱丁堡(Edinburgh)	The Scottish Agricultural College	
	1992	切姆斯福德(Chelmsford)	Anglia Polytechnic U.	1838 School of Art in Cambridge
	1992	普尔(Poole)	Bournemouth U.	1990 Bournemouth Polytechnic
	1992	考文垂(Coventry)	U.	1970 Coventry(Lancaster)Polytechnic
	1992	泰晤士河畔金斯顿(Kingstonupon Thames)	U.	1970 Kingston Polytechnic
	1992	利兹(Leeds)	Leeds Metropolitan U.	1970 Leeds Polytechnic
	1992	利物浦(Liverpool)	Liverpool John Moores U.	1970 Liverpool Polytechnic
	1992	伦敦(London)	Middlesex U.	1973 Middlesex Polytechnic
	1992	爱丁堡(Edinburgh)	Napier U.	1964 Napier College of Commerce
	1992	泰恩河畔 纽卡斯尔(Newcastle-upon-Tyne)	Northumberland U.	1969 Newcastle Polytechnic
	1992	牛津(Oxford)	Oxford Brookes U.	1970 Oxford Polytechnic
	1992	谢菲尔德(Sheffield)	Sheffield Hallam U.	1969 Sheffield City Polytechnic
	1992	伦敦(London)	South Bank U.	1892 Borough Polytechnic

续表 46

国家	成立年份	所在城市	大学名称	大学变更后的名称和/或前身的名称(与年份)
	1992	特伦特河畔 斯托克(Stoke-on-Tren)	Staffordshire U.	1992 Staffordshire Polytechnic
	1992	曼彻斯特(Mancheser)	The Manchester Metropolitan U.	1970 Manchester Polytechnic
	1992	哈德斯菲尔德(Huddersfield)	U.	1970 Polytechnic of Huddersfield
	1992	伍尔弗汉普顿(Wolverhampton)	U.	1989 Wolverhampton Polytechnic
	1992	伯明翰(Birmingham)	U. of Central England in Birming-ham	1971 City of Birmingham Polytechnic
	1992	普勒斯顿(Preston)	U. of Central Lancaster	1828 Preston Institute for the Diffusion of Knowledge
	1992	伦敦(London)	U. of East London	1893 West Ham Municipal College
	1993	克兰菲尔德(Cranfield)	U.	1945 College of Aeronautics
	1993	格拉斯哥(Glasgow)	Glasgow Caledonian U.	1985 Central Institution

595

人名索引[1]

[1] 人名索引及主题索引中的页码为原书页码。

T

603

主题索引

I

 626

S

T